郑师许文集（一）

历史文献
语言文字

郑师许 著
罗志欢 李炳球 主编

东莞历代著作丛书
莞城图书馆 编

齊鲁書社
·济南·

图书在版编目（CIP）数据

郑师许文集 / 郑师许著；莞城图书馆编；罗志欢，李炳球主编. -- 济南：齐鲁书社，2024.12

（东莞历代著作丛书）

ISBN 978-7-5333-4828-1

Ⅰ.①郑… Ⅱ.①郑… ②莞… ③罗… ④李… Ⅲ.①社会科学－文集 Ⅳ.①C53

中国国家版本馆CIP数据核字(2024)第031545号

策划编辑　刘　强　责任编辑　王亚茹　装帧设计　亓旭欣

郑师许文集

ZHENG SHIXU WENJI

郑师许　著　莞城图书馆　编　罗志欢　李炳球　主编

主管单位	山东出版传媒股份有限公司
出版发行	齊魯書社
社　　址	济南市市中区舜耕路517号
邮　　编	250003
网　　址	www.qlss.com.cn
电子邮箱	qilupress@126.com
营销中心	（0531）82098521　82098519　82098517
印　　刷	东莞市信誉印刷有限公司
开　　本	880mm × 1230mm　1/32
印　　张	70.25
插　　页	19
字　　数	1653千
版　　次	2024年12月第1版
印　　次	2024年12月第1次印刷
标准书号	ISBN 978-7-5333-4828-1
定　　价	980.00元(全四册)

《东莞历代著作丛书》

为东莞市文化精品专项资金扶持项目

郑师许（1897—1953）

20世纪30年代初郑师许参与筹建的上海博物馆

1936年郑师许（二排右二）在青岛参加
中国博物馆协会第一届年会合影

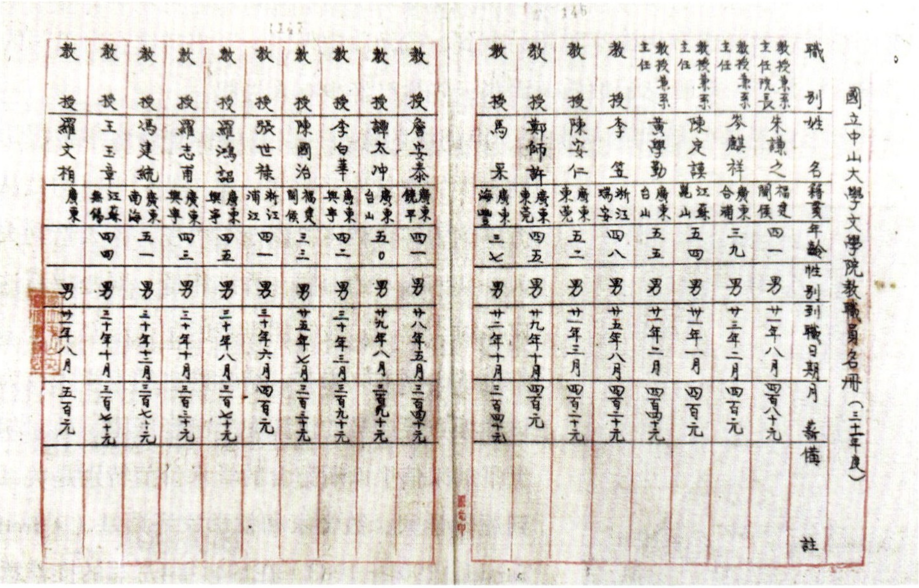

國立中山大學文學院教職員名冊（三十一年度）

職別	姓名	籍貫	年齡	性別	到職日期（年月）	薪俸（月）	附註
教授兼系主任兼院長	朱謙之	福建閩侯	四一	男	廿一年八月	四百八十元	
教授兼系主任	岑麒祥	廣東合浦	三九	男	廿三年二月	四百元	
教授兼系主任	陳定謨	江蘇崑山	五四	男	廿一年一月	四百元	
教授兼系主任	黃學勤	廣東台山	五五	男	廿一年二月	四百四十元	
教授	李笠	浙江瑞安	四八	男	廿五年八月	四百二十元	
教授	陳安仁	廣東東莞	五二	男	廿一年三月	四百二十元	
教授	鄭師許	廣東東莞	四五	男	廿九年十月	四百元	
教授	馬采	廣東海豐	三七	男	廿二年十月	三百四十元	
教授	詹安泰	廣東饒平	四一	男	廿八年五月	三百四十元	
教授	譚太冲	廣東台山	五〇	男	廿九年八月	三百九十元	
教授	李白華	廣東興寧	四二	男	三十年三月	三百九十元	
教授	陳國治	福建閩侯	三三	男	廿五年七月	三百二十元	
教授	張世祿	浙江浦江	四一	男	三十年六月	四百元	
教授	羅鴻詔	廣東興寧	四五	男	三十年八月	三百七十元	
教授	羅志甫	廣東興寧	四三	男	三十年十月	三百三十元	
教授	馮建統	廣東南海	五一	男	三十年十二月	三百七十元	
教授	王玉章	江蘇無錫	四四	男	三十年十月	三百七十元	
教授	羅文柏	廣東		男	廿一年八月	五百元	

1942年郑师许在坪石战时国立中山大学文学院
教职员名册上的登记信息（右起第八列）

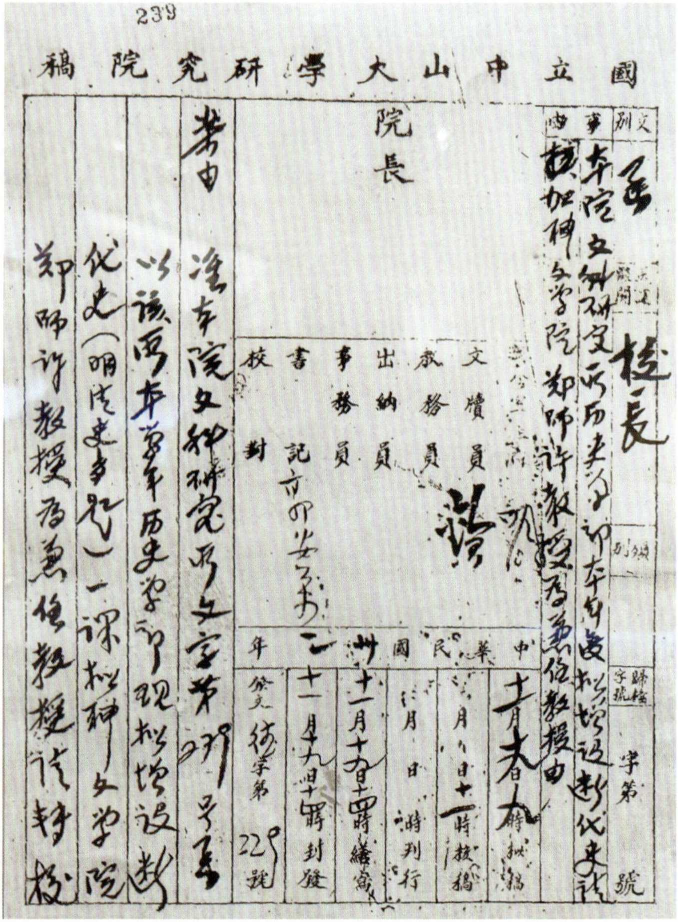

239

國立中山大學研究院稿

文別：函

事由：本院文科研究所历史学部本年度拟增设断代史课敦聘文学院郑师许教授为兼任教授由

校長

院長

文牘員　教務員　出納員　事務員　書記　校對

案由

准本院文科研究所文字第　号函

以该所本年历史学部现拟增设断代史（明清史专题）一课拟聘文学院郑师许教授为兼任教授请转核

中華民國卅二年

十一月十九日

1943年11月19日国立中山大学研究院
聘文学院郑师许为兼任教授的函

1950年暑假郑师许与家人摄于广州德政北路108号三楼家中，
左起为郑永芳、郑师许、郑永乐、容陶朱、容丽钗
（郑师许家属提供）

郑师许陈列馆内景
（位于东莞市虎门镇白沙村逆水流龟村堡，摄于2020年）

郑师许故居

（位于东莞市莞城街道北正路52号，摄于2024年）

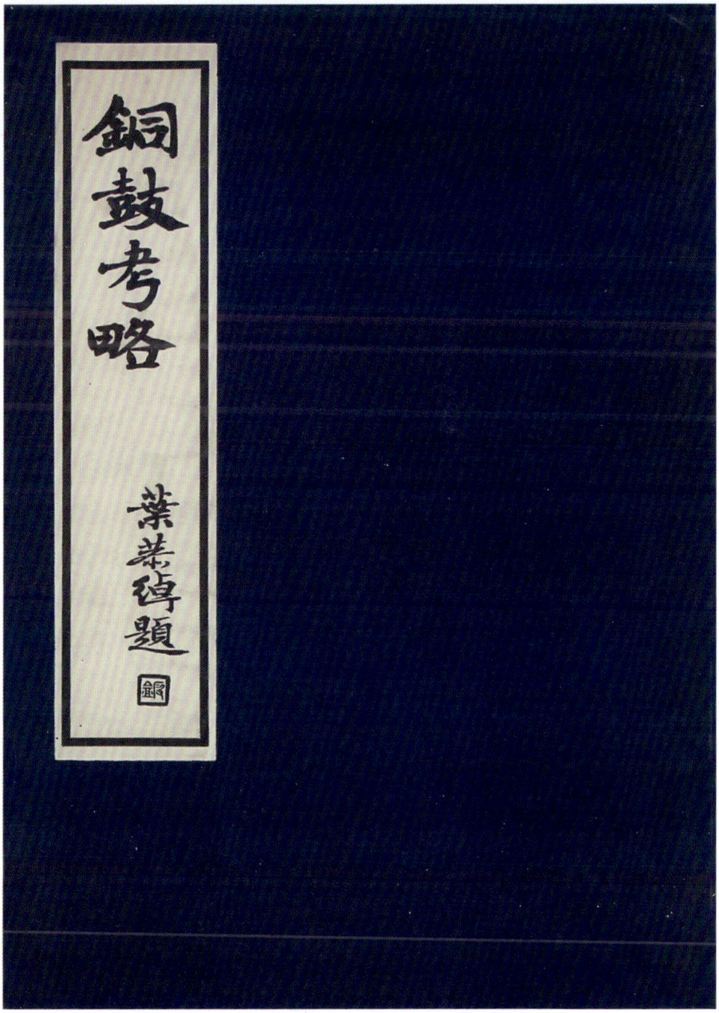

《铜鼓考略》封面（中华书局1936年版）

《漆器考》封面（中华书局1936年版）

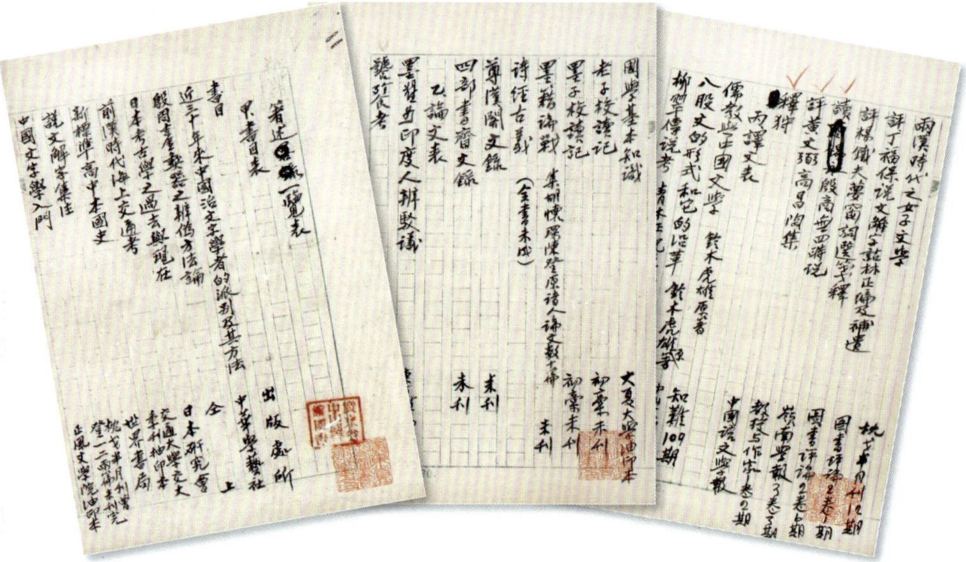

《著述一览表》手稿之一、二、三

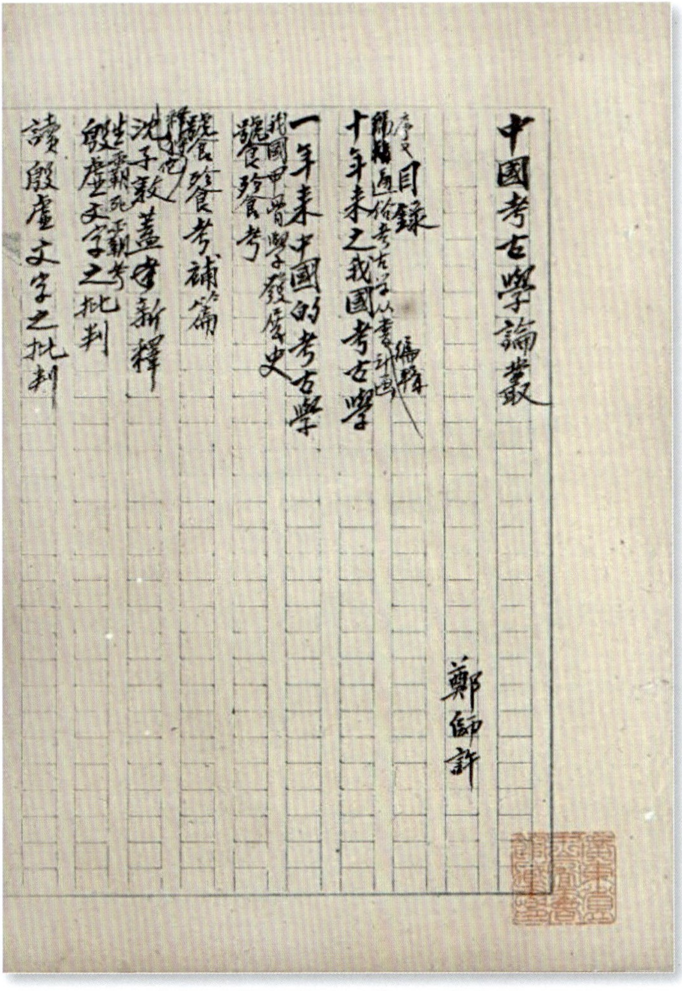
中國考古學論叢
目錄
十年來之我國考古學
一年來中國的考古學
饕餮考
饕餮考補篇
沈子毀蓋考新釋
殷虛文字之批判
讀殷虛文字之批判
鄭師許

《中国考古学论丛》目录手稿

总 序

东莞，晋咸和六年（三三一）立县，唐至德二载（七五七）县城迁于到涌（今莞城），于今有一千六百八十年了。在这悠久的历史中，东莞的先贤，创造了光辉灿烂的文化，也创作了汗牛充栋的典籍。经千百年沧桑变幻，可惜传于今者不多。据清末探花陈伯陶编的《东莞县志·艺文略》所载，至清同治间，莞人著作有八百八十九种，二万八千四百三十三卷，经调查，现存九十九种，六百二十六卷。同治至民国末，近九十年，约得典籍百种。合之前遗，约为双百之数。这是东莞历代著作的家底。

莞城，一千多年来，都是东莞的政治、经济、文化中心，众多的先贤和文化名人都或多或少地与这方土地发生关系。多少历史上精彩的故事，也都发生在这里。因此，我们组织编辑这套丛书，既是责任和使命所在，也有编辑搜集资料的种种便利。

我们编印《东莞历代著作丛书》的目的有二。

第一，把乡邦文献抢救、保存、布刊。乡邦文献，是一地的文化的重要标志，是研究一地的重要素材。时至今日，现存的东莞乡邦文献，已悬命于丝。抢救、保存、布刊东莞乡邦文献，只有我们东莞人自己动手。现在抢救、保存、布刊东莞乡邦文献，已经迟了，如果再不动手，他日就索枯鱼于肆了，我们怎对得住先贤，对后世又怎样交代?

第二，古为今用。东莞历代著作蕴藏着闪光的道德精神，精湛的艺术技巧。发潜德之幽光，对今人的道德教育，提供今人的艺术借鉴，东莞历代著作有重要的价值。

编辑《东莞历代著作丛书》是我们的尝试，发挥东莞历代著作的作用是我们的愿望。我们相信，我们的尝试是成功的，我们的愿望是能实现的。

二〇一一年五月

文化自信·炽烈爱国·心系桑梓

——《郑师许文集》序

2024年元旦过后不久，东莞市莞城图书馆曾燕芬馆长来电，今年年底将由齐鲁书社出版他们委托罗志欢、李炳球先生整理的《郑师许文集》，嘱我写一篇序。她说，李炳球主任说最好请张荣芳老师写。我说我对郑师许先生并不熟悉，请把他的生平事迹和著作情况寄给我，让我了解一下。不久，她们寄来相关资料，罗志欢、李炳球先生也说明了相关情况，中山大学出版社王延红老师提供了郑师许在中山大学任职的相关资料，齐鲁书社刘强先生也把《郑师许文集》初稿的电子版发到我的邮箱。我用几个月时间阅读这些资料，深感郑师许先生是一位文化自信、炽烈爱国、心系桑梓的学人。莞城图书馆从2011年开始编辑整理《东莞历代著作丛书》，为东莞市文化精品专项资金扶持项目。编印《丛书》的目的有二：第一，把乡邦文献抢救、保存、布刊；第二，古为今用，东莞历代著作有重要价值。《丛书》已出版了十几种（《郑师许文集》也列入其中一种），我忝为莞城图书馆的顾问，每种都赠送给我，我从中获益匪浅。为《郑师许文集》写序，义不容辞。

一、郑师许生平履历

（一）青少年时期

郑师许（1897—1953），原名郑沛霖，字惠侨。因研究古文字学，改名“师许”，即以东汉著《说文解字》的许慎为师，向许慎学习，表达自己从事《说文解字》和古文字研究的决心。

郑师许祖上居住在东莞虎门镇白沙村逆水流龟村堡，这个村四四方方宛若一座城堡，俯瞰时好像一只逆水而行的“龟”，故得名“逆水流龟村堡”。后家人迁入莞城北门正街一巷一号（旧门牌号）。1897年，他出生于此地。幼时家境清贫，父亲去世后与弟弟郑惠民全靠母亲抚养成人。幼年时期他在东莞城南小学读书，十分勤奋好学，得到老师徐亦良的精心教诲而喜欢读书作文。1935年，郑师许写了《我的老师徐亦良先生》一文回忆徐老师，说：“徐老师的教法的确令人容易进步。不到七个月，像我这样的呆孩子，便喜欢作经义题，并且顶喜欢作‘临财毋苟得临难毋苟免义’的一类双扇题目。”[①]第二年他入了高小读书，仍然不愿意离开徐老师，每逢星期日必然要去见徐老师一趟。在高小读书时，他每日读经三小时，早晨第一时讲经，下午第一时读经，第三时便是默经，四年读完《诗经》《书经》《周易》《仪礼》，“四书”和《礼记》则在未入高小以前读完。郑回忆称：“大约十二岁到十八九岁，总算是青年吧！我在这时期分作两

---

①郑师许：《我的老师徐亦良先生》，《青年界》第7卷第1期，1935年。

截，前半是逊清末年，生活在读经的氛围中；后半是民国初元，则讲求新学。”[①]后来听从徐老师的意见报考了东莞中学，并被录取。其后得到东莞明伦堂的资助，继续完成东莞中学的学业。

1918年从东莞中学毕业后，迫于生计和家庭的双重压力，郑师许投报当地邮政局，并被录取。虽然当时邮政局待遇十分优厚，但是他想，“要是天天坐在柜面里卖卖邮票，写写挂号单据，如此机械，对于喜欢读书欢喜研究的本性，岂不是全被消磨净尽！”[②]于是放弃了邮政局的工作。

因生活所迫，郑师许在东莞太平虎门一带教书3年（1918—1920），教授高等小学国文和历史。当时正值“五四运动”前后，他同当时的爱国青年一样，目睹国家积贫积弱，关心祖国向何处去，曾报考赴法勤工俭学，拟习打铁（今之冶金），后因祖母谓漂洋过海，万一家中有事无人照料，坚不允行，遂止。他一边教书，一边继续研习各门功课，继续求学之心甚切。[③]

（二）就读南京高等师范学校（后改名东南大学）时期

1920年，南京高等师范学校（以下简称“南高”）来广州

---

①郑师许：《读经与讲求新学》，《青年界》第8卷第1期，1935年。

②郑师许：《我的投考邮政局的故事》，《青年界》第9卷第1期，1936年。

③郑永用、郑永芳、郑永乐：《忆先父郑师许》，中共东莞市委宣传部、东莞市文学艺术界联合会编：《东莞当代学人》，广东教育出版社2008年版，第102页。

招生，郑师许以广州市第一名的优异成绩被录取。①“南高”是公费学校，郑又有东莞明伦堂资助路费，遂得以就读。该校1921年改名为东南大学。《史地学报》是“南高”史地研究会的会刊，“南高”改名为东南大学后，史地研究会亦改名为东南大学史地研究会。1922年，为推进研究，史地研究会将成员分成若干组进行教学。历史教学组主要成员包括张廷林、张其昀、张景玉、郑师许、郑鹤声等。郑师许就读该校时校长为郭秉文。郭秉文延聘了众多文史学家，开设了众多文史课程和讲座，增进了学生对祖国历史和文化的理解，增强了学生的民族自尊心和自豪感；他还延揽了一批著名的科学家，施行科学教育，严行科学训练，培养出大批科学人才。据郑师许后人回忆，郑经常提起“南高”的老师，如柳诒徵、陈钟凡、竺可桢等。柳诒徵在“南高”任国文、历史教员，“南高”改名东南大学后，改任历史学教授。在校期间，他始终担任史地研究会的指导员，被公认为研究会的灵魂和精神导师。1924年7月，郑师许与柳诒徵、徐则陵、陈衡哲、朱经农、王郁文等一道参加中华教育改进社第三次年会。在此次年会历史教育组，郑师许和王郁文、柳诒徵等一道提交了《小学历史宜专授近世史案》和《史地名词急宜划一以便教学案》两项议案。有机会能与诸多名家如梁启超、朱希祖、何炳松、柳诒徵等一道参与此次重要会议，并提交提案，说明郑师许在“南高”颇得老师欣

①陈宝云《学术与国家：〈史地学报〉及其学人群研究》（安徽教育出版社2010年版，第41页）一书载有《史地研究会会员列表》，其中有郑沛霖，籍贯：广东东莞，入学年龄：25，教育背景：东莞县立中学，入学时间：1920年，所在系科：文史地部。说明郑师许考入该校时，其名仍是郑沛霖。

赏。[1]柳诒徵对郑的影响很深，郑在《我最初对于考古学的兴趣》一文中回忆说：在“南高”学习期间，他时常在课后前往柳诒徵家，商讨甲骨文字，并得到老师的称赞和鼓励，“那时柳翼谋师教授我级的国文历史，他藏有甲骨数百，和王襄的《殷契类纂》[2]诸书；他住在学校附近，我每每晚饭后顺步到他家里谈天，有一次他把甲骨给我看，有一片他释为‘取羔卜其三’，我说应作‘取羔亡其三’，蒙他奖借了一两句，我便因此发愤了，一有机会作到古史的论文，便喜欢硬排一两个甲骨文字上去”[3]。有了良师的支持与鼓励，加之自身的兴趣爱好，自此郑对古文字学、考古学及中国古代文化史等领域产生了浓厚的兴趣，一生在这些领域奋力拼博，皆取得显著成果。

1925年，郑师许从东南大学毕业后回到广东。不久，北伐战争爆发。共产党的早期领导人彭湃在广东海丰县担任教育局局长，郑被邀担任海丰中学校长，他成为当时广州仅有的3名

---

①郑沛霖、王郁文、柳翼谋：《历史教育组提案目录》，《新教育》第9卷第3期，1924年。转引自张倡：《郑师许与中西交通史研究》，华东师范大学硕士学位论文，2017年。

②指王襄编纂的《簠室殷契类纂》，由天津博物院石印出版。该书正编14卷，依《说文解字》部次排列，收873个字；附编1卷，收243个字；存疑14卷，收1852个字；待考1卷，收142个字。所收文字取材于《殷虚书契前编》《殷虚书契后编》《殷虚书契菁华》等书及王氏所藏甲骨。该书为中国第一部甲骨文字典，将文字分门别类，按部排列，方便检索，其编辑体例基本为后来同类书沿用。1929年出版修订本。见王学典主编：《20世纪中国史学编年（1900~1949）》上册，商务印书馆2014年版，第253页。

③郑师许：《我最初对于考古学的兴趣》，《中国学生》第2卷第1—4期，1936年。

由中共党员担任的中学校长之一。[①]1927年5月1日，郑被选举为海丰县临时人民政府委员。大革命失败后，他因此受到政府通缉，不得不携家眷到上海避难。

（三）在上海从事教学研究时期

1927—1936年，郑师许在上海历任大夏大学、交通大学、暨南大学、正风文学院、中国文艺学院、光华大学、持志大学等院校讲师、教授。[②]在此期间，郑还曾与高中校友翟俊千一道在上海创办私立建设大学，惜在1932年毁于“一·二八”战火。[③]

在上海期间，郑师许除了在高校从事教学研究，还参与许多学术活动，参加各类学术讨论。1934年9月1日，考古学社成立。郑师许为创始人之一。《考古学社简章》称该社“以我国古器物学之研究、纂辑，及其重要材料之流通为主旨”。其成员中虽包括梁思永、董作宾、徐炳昶、何士骥等从事现代田野考古的人员，但大多仍属于一般古文字、古器物及古史研究者。这实际上反映了当时中国考古学界正由传统金石学逐步向

---

①大革命时期，东莞籍共产党员之任广东省中学校长的有3人，即广东省一中校长陈璠、东莞中学校长袁昌善、海丰中学校长郑沛霖（师许）。参见徐思道：《虎门中学校长陈璠二三事》，虎门镇人民政府编：《虎门文史》第1辑，广东人民出版社2013年版，第374页。

②查郑师许在上海最早发表的论文，即署名郑师许，写成于四部书斋。我怀疑郑沛霖改名郑师许，即在避难上海期间，但还需找证据。

③张磊：《史学家郑师许》，《东莞文史》编辑部编：《东莞文史》第25辑，东莞市政协文史资料委员会，1996年。

现代考古学过渡的特征。[①]考古学社社员开始仅有35人，到全面抗战前夕，已发展到141人。社员大多来自大学和图书馆，尤其以大学教授占据了绝大部分比重。从地域分布上看，他们来自北平、河北、河南、山东、湖北、江苏、上海、广东、云南等地，其中华北的学者占绝大部分，成员的广泛代表性是其他学术团体所远不能企及的。因此，考古学社在北平之外采取了联络员制。郑师许长期担任驻沪通讯员，1936年郑迁粤后改为驻粤通讯员。[②]

从金石雅好向职业考古的嬗变，反映在《考古》社刊上。1934年12月创刊的《考古》社刊，至1937年日本全面侵华战争影响而无以为继，共出版了六期。基于容庚和于省吾、唐兰、刘节等多位创社成员的学术兴趣，金石学占据了《考古》社刊超出半数的比重。但也有"新学"出现，创刊号即刊有郑师许《通俗考古学丛书编辑计画》，甚至唐兰的《理想中之商周古器物著录表》也表现出与传统金石著录方式不同的编辑思想，其进一步发展最终反映在1935年伦敦中国艺术展的青铜器分类编辑上。[③]考古学社在引进学术上也具有明显的特征。《考古》社刊第二期中，郑师许撰写日本考古学的介绍。第三期继续刊登了郑师许的《印度考古学发达史》。之后三期每期都有译作出现。可见引进西学是考古学社和《考古》社刊的主要兴趣点，而且在具体的引进渠道和方式上，表现出强

---

①王学典主编:《20世纪中国史学编年（1900~1949）》下册，商务印书馆2014年版，第614页。

②《社讯六》《社讯八》,《考古》1936年第5期。

③伦敦中国艺术国际展览会筹备委员会编:《参加伦敦中国艺术国际展览会出品图说》第1册《铜器》，商务印书馆1936年版。

烈的师法日本的倾向，胡肇椿、郑师许、丁士选、孙作云等推动尤力。郑师许在上海期间，对考古学的兴趣受胡肇椿的影响很深。胡肇椿曾留学日本京都大学，追随滨田耕作学习考古。滨田耕作被视为日本考古学之父。[①]郑师许对考古学的贡献，表现在下列几个方面：第一，引进和翻译外国考古学的理论与方法。郑师许与胡肇椿合译了瑞典考古学家蒙特柳斯的名著《考古学研究法》，确立了中国考古学中追溯类型学的标准文本。他还介绍了印度、埃及的考古学。第二，对器物进行研究。《郑师许文集》收入考古学的论著30多篇，重要的如《漆器考》《铜鼓考略》等，受到学术界的重视，多次重印。第三，为普及考古学知识做出重要贡献。郑师许提出《通俗考古学丛书编辑计画》，认为《丛书》的内容应包括：考古学讲话、考古学发掘法、考古学研究法、古器物的整理与陈列、考古学书目、考古学辞典、在华外人考古记、考古闲话、安阳发掘小史等。郑师许还撰写《考古学与乡村政治》一文，他以日本、朝鲜、德国和我国台湾为范本说明文物普查和文物保护意识的必要性。他呼吁，一方面通过基础调查，“一一记账，以便讲求保管之法”，每个县设“古物保管代办所”；另一方面则通过“中小学教员暑期讲习会”、民众教育馆的“博物馆部”等方式，达到“务使考古学普遍化，务使考古学成为乡村政治的动员”。[②]在《考古学研究法译者序》中，郑师许以考古学的“牧

①谭玉华：《胡肇椿：一位能力出众的文博名家》，广州市文化广电旅游局、广州市文物博物馆学会编：《广州文博》十六，文物出版社2023年版，第344页。

②郑师许：《考古学与乡村政治》，《考古》1936年第5期。

师”自任，考虑到他在上述多方面的先驱贡献，以“牧师”布道比拟他的引介之功还是很贴切的。[①]

20世纪30年代，郑师许在上海还参与了筹建上海博物馆的重要工作。1932年春，胡肇椿从广州移居上海迈尔西爱路诚德里，与郑师许同里，二人结识并引为知己。胡肇椿于1935年11月被推举为上海博物馆筹备负责人之一，1936年被任命为上海博物馆首任馆长，陈端志为总务主任，徐蔚南为历史部主任，郑师许为艺术部主任。博物馆筹备伊始，人才匮乏，为招收对于博物馆事业有兴趣之优秀青年，于1936年1月18日假借新华艺术专科学校举行招考服务生试验之机，胡肇椿、徐蔚南、郑师许、陈端志分别讲授博物馆学、上海史地、美学、考古学、摄影制图和工具书等课程，并邀请社会名流叶恭绰、黄宾虹等分别作专题演讲。对于博物馆的建设，郑师许没有任何经验，如何布展、如何保存收藏品、展出藏品的橱柜如何制作等问题，让他困惑。他写信给远在日本的郭沫若求教，二人从未谋面，但郭沫若很快给他回信，并给他提供了国外博物馆的相关专业书籍。

在筹备博物馆的同时，胡肇椿与郑师许作为上海博物馆代表与中国营造学社叶恭绰、安徽省立图书馆吴天植、安徽大学李顺卿、上海市图书馆洪逵、考古学社容庚、金陵大学中国文化研究所商承祚、东方文化学会程演生、国立北平图书馆袁同礼共同发起组织寿县史迹考察团。公推叶恭绰为团长，郑师许为秘书。程演生、胡肇椿、郑师许共同起草《寿县史迹考查团

---

①郑师许：《考古学研究法译者序》，《学术世界》第1卷第7期，1935年。

章程》。郑师许还参加了部分调查古迹和发掘的工作。1936年12月，上海博物馆和安徽省立图书馆获得中央古物管理委员会颁发的发掘执照，次年5月，胡肇椿任职发掘队长。

郑师许还参与了上海博物馆的学术研究工作，出版了不少学术图书。博物馆丛书编印计划，汇聚了胡肇椿、郑师许、徐蔚南、陈端志等同仁的科研成果，规模宏大。丛书第一期分博物馆学、历史、艺术、考古四类，共十种。其中丁类有郑师许与胡肇椿合译的《考古学研究法》、胡肇椿的《考古发掘讲话》、胡肇椿译的《古玉概说》、郑师许的《铜鼓考略》和《漆器考》。

1933年5月14日晚，中国考古会在霞飞路觉林蔬食处举行首次理事会。讨论成立常务理事会，推举蔡元培、叶恭绰、刘海粟、顾燮光、杨杏佛、吴湖帆、张天方七人为常务理事。设立调查、编辑两个委员会。胡肇椿、郑师许等被选为编辑委员。①1935年11月，胡肇椿与郑师许至上海亚洲文会图书馆，访印度语考古文献二十余种。②1937年，上海“八一三”事变前，由杨宽挑选馆藏重要文物寄存震旦博物馆，上海博物馆遂关闭。③

（四）抗战时期的漂泊不定和在国立中山大学任职时期

1936年，郑师许接受广东省立勷勤大学校长陆嗣曾的邀

①《中国考古会理事会议》,《申报》1933年5月16日。

②郑师许:《印度考古学发达史》,《考古》1935年第3期。

③杨宽:《历史激流：杨宽自传》，台湾大块文化出版股份有限公司2005年版，第135页。

请，回广州任勷勤大学教授。

1937年抗日战争全面爆发，勷勤大学向外疏散，教育学院疏散于广西梧州市。据郑师许后人回忆："记得抗日战争爆发后，勷勤大学迁到广西梧州，时第一届毕业生即将毕业，又是离乡背井，师生一起都漂泊异乡，所以学生们常到我家来，话题除了课程上的事外，还谈论战事、谈论如何走上社会。曾听到学生们询问毕业离校后如何当好老师，父亲即以'为人师表''教书育人''不要误人子弟'以及'亦师亦友'等等勉励，循循告诫一定要上好第一堂课。"①

郑师许在勷勤大学任职的时间不长，他在此期间做了一件很重要的事情，就是推荐杨宽任勷勤大学教育学院文史系的讲师。郑师许与文史系主任商定，请杨宽开设四门课："中国通史""古器物学概论""历史研究法""中国上古史"。杨宽是郑师许的学生，二人的友谊极深。杨宽在他的自传中说："郑师许原是广东东莞人，在上海闸北有一所新买的三层楼住宅，日本进攻上海时被烧毁，抗日战争胜利后，他寄来证件要我代他实地调查，我去看过，早已成为废墟，因此他没有再来上海。""郑师许所藏甲骨文、金文和考古图书很多，做学问很用功。"②

勷勤大学解散后，郑师许又来到迁校于广西北流的无锡国学专修学校（以下简称"无锡国专"）任教。无锡国专的校长

---

①郑永用、郑永芳、郑永乐：《忆先父郑师许》，中共东莞市委宣传部、东莞市文学艺术界联合会编：《东莞当代学人》，广东教育出版社2008年版，第118页。

②杨宽：《历史激流：杨宽自传》，台湾大块文化出版股份有限公司2005年版。

唐文治在迁校过程中，因年事已高，水土不服，经众人劝说，同意经香港回上海，临别委托冯振为代校长。冯振带领师生迁移到广西北流。冯振与陈柱尊是同乡，都是广西北流萝村人。二人在上海读书时，成为志同道合的挚友。而陈柱尊与郑师许在上海交大是同一个系，二人是多年的同事，又志同道合并合作创办过《学术世界》杂志。陈柱尊也是一个爱书如命的人，藏书甚丰，藏书楼名为“守玄阁”，康有为曾给他的藏书阁题号“十万卷楼”。

郑师许在无锡国专任教期间，开设过“中国学术史”“考古学”等课程。他生活十分艰苦，但备课、教课非常认真，获得师生的好评。他的三个孩子在《忆先父郑师许》的文章中说：“父亲在课堂上讲得好，同他认真备课有密切关系，而备课又与他勤奋治学联系在一起。每讲一课，他必综合自己心得、前人研究成果，使言之有物、言之有理，从容道来，如数家珍，精彩纷呈，发人深省，使人深受教益，这是受到学生欢迎的基本原因。即使在颠沛流离的战时生活中，他仍然是事先写出种种讲义，准备充足然后上课。我们儿时，曾见他从北流往藤县上课……只见衣物带的甚少，而讲义书籍却是不能不带的。……由于父亲课讲得好，学生听课踊跃。父亲自己更是不论课堂内外，只要学生有问，必定津津乐道。”[①]郑师许除了认真教课，还协助冯振校长做了不少好事。学校迁来之前，他帮助寻觅校舍，设法帮助学校延揽教授，

---

①郑永用、郑永芳、郑永乐：《忆先父郑师许》，中共东莞市委宣传部、东莞市文学艺术界联合会编：《东莞当代学人》，广东教育出版社2008年版，第117—118页。

积极提议增设五年制以扩大生源，出主意渡过难关等。聘请谭之良教授来教地理，就是郑师许推荐的。谭之良是郑师许同期考入“南高”的同学，他几乎能把世界地图背出来。他讲地理特征、风土人情、战争形势等如数家珍，脑子里装着一本活地图。后来郑师许离开无锡国专之后，还专门推荐饶宗颐担任无锡国专古文字学教授。[①]

1940年夏，郑师许在北流接到国立中山大学校长许崇清的聘书，聘任他任中山大学师范学院史地系的主任兼研究院教授。据中山大学的统计表格，1941年度主管人员姓名载“史地系主任郑师许”。郑师许在中山大学学术活动相当活跃。1941年，《中山学报》载郑师许的《我国史前文化》。同年11月16日，《新蜀报》报道《沫若先生五十大寿》，祝贺文为：“文坛新筑，君为主盟。国师北伐，奋起请缨。埋头考古，欧陆知名。绝稚归国，作狮子鸣。扬子凉远，峨嵋雪清。擎杯遥祝，翥于忠贞。朱谦之、洪深、郑师许、陆侃如、穆木天、冯沅君、彭慧、钟敬文敬祝。”

1941年12月3日，《国立中山大学日报》(以下简称《中大日报》)报道《研究院文科研究所民俗学会座谈会盛况》，座谈会最后郑师许教授、魏应祺教授捐送民俗学会十五年来全套刊物及丛书三十余种，为该会推进会务之参考。

1942年1月9日，《中大日报》报道《本校教授分纂〈广东年鉴〉》，文中称：广东省政府为维系文献，近拟编印广东年鉴书，兹闻该书第一篇总述经函请本校张校长主撰，校长接函后，已分别转请本校各教授专家分纂。闻该篇第一章沿革，

---

①陈韩曦：《饶宗颐学艺记》，花城出版社2014年版，第22页。

属郑师许先生。……闻各先生已着手撰述，不久即可脱稿，以助粤省府完成此巨大文献。

1942年10月29日，《中大日报》报道《研究院科研民俗学会座谈会志盛》，座谈会请胡体乾主任及郑师许、钟敬文、王兴瑞、董家遵诸教授等及各会员各就其擅长学问发挥民俗学与各科学之密切关系，议论风生，提示颇多，并提出了该会重要决议案三条。

1943年1月5日，《中大日报》报道，文学院庆祝元旦暨国民月会，由吴院长领导行礼毕，即由历史系郑师许教授演讲《读书的态度及其方法》，分述诚恳忠实、大公无私的态度及眼到口到手到等方法，发挥尽致。

1943年3月12日，《中大日报》报道，中山大学郑师许先生，兹聘台端为史委会委员，盼三月廿四日前莅渝开会。……闻郑教授拟与本校出席重庆中国史学会代表陈安仁、王兴瑞等教授同行。

1943年3月27日，《中大日报》报道，本校历史学系郑师许、陈国治、王兴瑞及雷荣珂诸教援已自金城江乘车赴渝，约于昨廿六日即可抵达。

1943年4月9日，《中大日报》报道《本校出席中国史学会教授代表旅途略讯》，本校出席中国史学会成立大会及第一届年会代表陈安仁、郑师许、陈国治、王兴瑞、雷荣珂一行五人先后于三月十二、三、四日出发。……郑教授三人已于二十一日抵筑，准廿三日早乘原车赴渝，得及参加大会云。又闻郑教授并携有本届史地教育委员会全体会议提案三则供给大家讨论，提案如下：

一、拟编辑《中国历史大辞典方案》案。

二、拟编辑《中国史籍简明提要及索引》案。

三、国立各大学史地教育对象拟宜就地方性质或区域情形各有所侧重。

据查，中国史学会成立大会于1943年3月24日在重庆召开。28日起大会举办学术演讲周，每日一讲，其中郑师许讲了《明清两代之军器与政治》。[①]郑师许能参加由教育部召集的中国史学会成立大会，并提出三则有意义的提案，还参与大会举办的学术演讲周，作相关演讲，说明郑师许在当时的学术地位是比较高的。

1943年6月3日，《中大日报》报道《民俗学会会员大会议决：集体调查坪石民俗，预出坪石民俗志》，席间容肇祖、关自恕、董家遵、郑师许、马采诸教授暨各会员均发表精详确切之珍贵意见，并通过诸议案，其中以该会集体调查坪石民俗为最重要。决议案确定了调查纲目和工作分工，郑师许、容肇祖、黄朝中负责史、地、人口及其他自然与社会现象的调查。会议选出杨成志、钟敬文、容肇祖、朱谦之、郑师许、董家遵、梁钊韬、罗致平、王启澍9人为下届理事。

1942年6月，国立中山大学研究院文科研究所聘请陈寅恪为该所教授。陈寅恪于1943年6月底到粤北坪石为文科研究所讲学。为迎接他的到来，学校专门派文学院历史系教授兼研究院文科研究所历史学部指导教授郑师许，前往广西桂林（时陈寅恪任教于广西大学）陪同乘火车至粤北坪石。郑师许在古文字学及考古学上颇有建树，素来仰慕陈寅恪，派他去桂林陪同

---

①王学典主编：《20世纪中国史学编年（1900~1949）》下册，商务印书馆2014年版，第867—868页。

陈来坪，是最佳选择。陈教授讲课，郑师许都准时到场，津津有味地听完。

1944年1月6日，《中大日报》报道《文科研究所集刊》已经出版，创刊号收入郑师许的《匈奴先世鬼方猃狁与殷周之交涉》。1944年2月17日报道第二期出版，收入郑师许的《我国史前文化》(续)。

1944年5月4日，《中大日报》报道《法学院举办中国社会经济史讲习会》，容肇祖、王亚南、胡体乾、陈安仁、朱谦之、万仲文、郑师许等教授参加演讲。郑师许的演讲题目为《中国历代国都经营及经济中心之迁移》。

1944年11月19日，《中山日报》(梅县版)刊登了何士谦的文章《中华文化学院略述及展望》。文中称中华文化学院于民国卅一年(1942)夏奉教育部令成立于乐昌坪石。现任董事长为邹鲁先生，教授则有黄昌谷(兼训导长)、李笠、钟敬文、陈安仁、黄海章、郑师许等，均是学有专长、经验丰富，历任中大及各大学之闻名教授。可见郑师许在学术界的地位。

1945年2月15日，《中大日报》报道《本校文科研究所举行所务会议》，会议通过编印集刊举行学术演讲等案，自本星期起，每逢星期六举行学术演讲一次，由该所各教授轮流主讲，即席商定本周六由郑师许主讲《明代的海外交通》。

抗战时期，何春帆在自己家乡连县设立中大连县分教处。1945年3月开学时，有文、理、法、工、医、师范等六个学院的师生200多人。那时候，来连县分教处任课的教授和讲师，文学院有钟敬文、陈秋帆、郑师许等人。郑师许在县城所作关于唐僧取经史实的学术报告，引起了听众很大的兴趣。[①]

据中山大学档案馆藏《国立中山大学研究院复员所部设置计划书（1945年9月11日）》（档案编号020-002-0064-008），文科研究所设两学部：（一）中国语言文学部、（二）历史学部，内分两组：历史学组、人类学组。历史学组教授有郑师许，49岁，学历：国立东南大学毕业，经历：历任上海中国公学大学部、大夏大学、国立暨南大学、国立交通大学、广东省立勷勤大学教授，教授证书第一〇六四号。

1946年5月10日，《中大日报》报道《文科研究所举行所务会议》（本年度第三次），其中内容有排定本学期学术演讲次第，郑师许讲《玄奘法师行脚考》。

1946年5月30日，《新报》（沈阳版）报道，孙中山演讲三民主义讲坛，极具历史意义，现仅存空壳，行将倒塌，陈绍贤、中大教授郑师许等为保存古迹，决筹组修复孙中山遗迹委员会，主办工作。《中央日报》（贵阳版）1946年5月30日，《民国日报》（甘肃版）、《世界日报》1946年7月5日也报道了这一事情。

1946年7月5日，《中大日报》报道，文科研究所第八次学术讲演今日举行，请郑师许教授讲《八股文的沿革及其对于士风所发生之影响》一题，欢迎各院同学参加听讲。

朱谦之《奋斗廿年》云：《现代史学》刊物，最初是由他自己负担印刷费，至1941年才收归学校办理，作为中大学术刊物之一，再到1944年，才将该刊物作为文科研究所历史学

---

①陈才禄：《记中山大学连县分教处》，连县政协文史资料委员会编印：《连县文史资料》第二辑，1985年，第45—47页。

部和史学系合编的刊物。本刊作者，均为本校历史学教授或青年史家，屈指一计，有朱希祖、陈安仁、杨成志、罗香林、容肇祖、郑师许……对于史学均有特殊的贡献。尤其可注意的，就是本刊曾发表许多专号，均为开风气之先者。关于延聘名教授，在十年中本系所聘的国内史学专家不少，如朱希祖之南明史、吴宗慈之清史……郑师许之考古学、罗志甫之希腊史，均能卓然成家，而陈安仁著述之多，尤属罕见。中大史学系在学术界的地位，无论在广东，在中国，始终是一枝新军，有举足轻重之势。尤其是从史学系和文科研究所历史学部联成一气的时候，自然造出一种学术研究的新风气。[①]由此可见郑师许的学术地位。

据中山大学档案馆藏文件（档案编号020-002-0009-001），1947年7月3日下午，在国立中山大学文学院研究所主任办公室召开文学院研究所集刊编辑委员会会议，讨论事项中有“稿件审查”一项，其中丘陶常著《南明浙江民兵考》，由郑师许审查。

据中山大学档案馆藏文件（档案编号020-002-0006-012），1947年7月14日下午，国立中山大学文学院召开第四次院务会议，出席者有郑师许等。

据中山大学档案馆藏文件（档案编号020-002-0006-035），1947年12月12日下午，国立中山大学文学院研究所召开第一次评议会会议。其中有一项决议，本所集刊编辑委员会原有编辑委员9人，其中2人现已离校，议决每学部再推荐编辑

---

①朱谦之：《朱谦之文集》第一卷，福建教育出版社2002年版，第79—80页。

委员1人，计增聘谭戒甫、方光焘、阎宗临、郑师许、黄文山5人为编辑委员。

1948年6月5日，《国立中山大学校刊》（以下简称《中大校刊》）报道，中国民族学会西南分会于本年5月5日假文明路本校历史学研究所人类学组举行，与会者达30人。由杨成志主持，致开会词后，即开始论文宣读，计有十余篇。郑师许宣读的论文为《中古时代阿拉伯人在广州活动情形》。会议选出杨成志、黄文山、罗香林、郑师许、岑家梧、江应梁、林惠祥、王兴瑞等15人为理事。

1948年8月5日，《中大校刊》报道，《文学》第二期出版，收入郑师许之《我国史前文化研究之现阶段》。

1949年2月5日，《中大校刊》报道《卅七年度校务会议各院教授代表选出》，文学院代表：詹安泰、郑师许、商承祚、吴三立、严学窘、朱师辙、黄学勤。

1949年6月25日，《中大校刊》报道《陈校长辞职获准，张云博士接任校长》。陈可忠校长以健康关系向教部呈请辞职，经行政院第六十五次院务会议决议通过，并任命张云博士接任校长。人事方面，聘郑师许教授兼任训导长，李文尧教授兼任总务长，张作人教授兼主任秘书，陈思虞先生任秘书。

据中山大学档案馆藏文件（档案编号020-002-0445-024），1949年7月20日上午，召开国立中山大学1949年度招生委员会第一次会议，地址：校长室会议厅。主席：张云。出席者有郑师许等。

据中山大学档案馆藏文件（档案编号020-005-0039-054），1949年8月4日，召开国立中山大学1949年度第一次行政会议，地址：校长室。出席者：张云、岑麒祥、邓植仪、郑师许等。决议：由教务、总务、训导三长会商拟议提付下次会议讨论。

据中山大学档案馆藏文件（档案编号020-005-0070-224），1949年8月15日下午，召开国立中山大学公物搬运座谈会。出席者：徐贤恭（张仪尊代）、邓植仪、郑师许、李文尧等9人。主席：李文尧。报告事项：一、李总务长报告各院部拟具搬运重要公物计划草案。二、讨论事项：（一）石牌地处市郊，万一时局有变，为周全起见，应否将一部分重要公物转移地点保存以策安全请公决案。（二）公物搬运应否由学校交总务处统筹办理请公决案。（三）公物应搬往何处较为安全请公决案。决议：原则上搬往医学院、附中、长堤第二医院，搬运时有关部分应派员押运。

据中山大学档案馆藏文件（档案编号020-002-0445-025），1949年8月15日上午10时30分，召开民国三十八年度招生委员会第二次会议，地点：校本部会议厅。主席：邓植仪，出席者：邓植仪、郑师许等17人。

1949年10月5日，《中大日报》报道，台湾学界展开民俗考古研究，郑师许教授接娄子匡先生函告。

1949年11月1日，《中大日报》报道，1949年10月14日，中山大学召开临时紧急会议，地点：文明路旧校大钟楼。出席者：郑师许、邓植仪（侯过代）、徐贤恭（刘俊贤代）、李文尧、岑麒祥（詹安泰代）、罗以文、钱清濂（何襄明代）、刘璟、罗雄才（陈树功代）、罗浚。主席：郑训导长。记录：卢政鉴。

甲、报告事项

（一）主席报告：张校长昨晨（十三早）召集本人及李总务

长、陈秘书谈话，谓彼即往海口，当即议定校长职务由训导长代理，总务处事务由总务长负责，文书印信由陈秘书负责，惟今晨闻陈秘书经已离校，所有张校长私章、学校印信均未交下，而张校长濒行时又将无法兑现之十月份经费支付书与久任教授奖金支票携去，学校在此严重情势下所以今日特开临时紧急行政会议。目前急切事项有二,一为全校员生现均集中文明路旧校舍，对旧校舍及医学院员生如何获保安全亟待商讨，二为石牌校警今晨再三请求撤至旧校舍，虽力加劝止，惟警队以人单力弱，势难支持，本日正午已全队撤至旧校，应如何临时处置并请公决。

（二）李总务长报告

（三）谭主任报告

（四）刘院长报告

乙、讨论事项

（一）郑训导长提议张校长虽委托本人代行职务，惟本人意见，应即组织校务委员会常务会议以处理校务较为妥善。

李总务长发表意见，可由各处及各院首长、各系主任组成校务委员会。

师范学院罗院长赞成照旧由行政会议处理校务。

决议：每日开行政会议处理校务。

（二）何襄明主任提议张校长行后未交下印章，今后支付款项签发传票，拟由行政会议指定训导长代行校长签章方得支付案。

决议：通过，由本日起实行，并分知会计室出纳组查照办理。

（三）应如何指挥校警切实保卫旧校案。

杨主任成志提议郑训导长、李总务长暂留校住宿，负责随时指挥校警。

决议：集合石牌撤来之校警与旧校原有之校警共50余人全体分班守卫，并由郑训导长与李总务长负责指挥。

据中山大学档案馆藏文件（档案编号020-005-0293-056），1949年10月17日，中山大学召开全体教授大会，主席：张农，秘书：赵君直。出席者有郑师许等98人。大会发表宣言，通过改选理监事会。

1949年10月19日，《中大日报》报道，本校教员会议决定依期注册上课，并请政府尽快接收。

本大学暨先修班附中附小教员于本月十五日下午二时假附小课室举行全体教员会议，出席80余人，郑代校长师许为主席，经议决：（一）仍请训导长郑师许继续代理校长；（二）此后校内教授会等旧有团体应派代表一人参加全校行政会议；（三）请代理校长即日设法维持石牌治安，继续校务之进行，俾能依期注册（本月廿二开始）上课；（四）积极与中华人民共和国政府洽谈接收事宜，并请郑代校长即席宣布今后处理校务要旨。郑代校长立即宣布重要校务数端：1.尽速设法维持石牌治安，俾原住旧校员生迁回石牌居住；2.照常办公及依期本月廿二日起注册上课；3.尽速与人民政府接洽派员接收事宜；4.执行本会会议议决案。

1949年10月26日，《中大日报》报道《发起“新民主主义学习会”缘起》，发起人：郑师许等32人。

据中山大学档案馆藏文件（档案编号020-004-1059-020），国立中山大学关于召开全市大专学校校长教授及全体教职员会议等的通告：现接广州市军事管制委员会文教接管委员会本年十月二十五日函开："本会为解释接管工作，兹定于本月二十七日下午二时在中山纪念堂召开全市大专学校校长教授以及全体教职员会议，请依时出席参加为荷。此致　国立中山大学校长教授暨全体教职员"等由。本校全体教职员自应依时参加，兹定于是日下午一时在平山堂集合前往，特此通告周知。此告。训导长代行校长职务郑师许，一九四九年十月廿六日。

1949年11月5日，《大公报》（香港版）报道《军管会接管中山大学，师生协力护校成功器材全部保存，由教授郑师许负责办理移交手续》，文章云：1949年11月3日是华南最高学府中山大学新生的开端，广州市军事管制委员会已派员正式接管。

当军管会代表刘渠王越等一行抵达时，即与中大全校教授及学生代表举行接管会议。以教授代行校长职权的郑师许负责办理移交。会议室中气氛愉快，大家都满怀希望。郑师许首先致词，他说自解放军进军广州，为了保全公物以待解放，曾将重要图书仪器分藏于文明路平山堂中大附中及长堤第二医学院各地。广州未解放前，伪教育部长杭立武曾令中大公物搬迁海口，但为中大全校员工所反对。深恐战争波及，若干器材都存放于秘密地方，现在已陆续搬回，幸存完璧。今后中山大学在人民政府领导之下，从新做起，从新整顿，使中大所有财产公物归于人民。郑师许并诚恳地指出：李凡夫先生勉励中大师生在思想上应改造，已进步的要更进步，不进步的要求进步，这是非常诚恳的话，我们应该接受力行。……

军管会已接管中山大学了，由郑师许移交的有全校员生工友名册及有关会计出纳等的清册，至于全部公物尚待清查制册，军管会派出的代表及工作人员，将驻中大布置接管后的工作。推动行政的校务委员会则在筹组中。现在中大已办理学生注册，不久即可开学复课。

国立中山大学文学院一九四九年度教员名册：文学院教授郑师许，到校年月：廿九、十；聘任年期：卅九、七；薪额：六〇〇；担任课目及钟点：明清史（3）、南亚史（3）、明清史料研究（2）。

1951年2月22日，广州市军事管制委员会通知，中央委派冯乃超为中大党组书记兼副校长，校长为许崇清，临时校务委员会的工作结束。①

郑师许于1953年病逝于广州。

二、文化自信·弘扬传统

中华民族有5000多年的文明史，中华优秀传统文化是中华民族的精神命脉。文化自信是一个国家、一个民族对自身文化价值的肯定，对自身文化生命力的坚定信念。诸多存在于中华优秀文化中的高尚品质，是构成中华文化精神血脉的核心。有三大精神是中华民族延续的支撑：一是以爱国主义为核心的民族精神；二是自强不息、奋发进取的创新精神；三是厚德载物的和谐包容精神。下面我们分析郑师许对中华文化的自信和弘扬优秀传统的表现。

（一）名字、书斋、日记体现其文化自信

郑师许原名郑沛霖，在“南高”读书时，他还自称郑沛霖；在上海工作时期，目前所见他发表的论文，都署名郑师

①蔡宗周主编：《中大童缘》上册，中山大学出版社2014年版，第72—76页。

许。"许"即汉代文字学家许慎，著有《说文解字》一书，"师许"就是向许慎学习，以研究《说文解字》为志愿。郑师许以许慎为师，以研究《说文》为志向，说明他对中华文化的自信。

郑师许在一生的教学与研究实践中，努力践行这一志向。在《郑师许文集》中，收入他研究《说文》的著作十多篇，如《说文解字集注》《读书难识字亦不易》《丁福保编说文解字诂林正编及补遗》《近三十年来中国治文字学者的派别及其方法》《六书总论》《象形通论》《指事通论》《说文中译音字之研究》等。他在《读书难识字亦不易》一文中说："作者近年来在各校讲授《说文解字》将近五年，吃了这种苦头不少，初时讲授《说文》，有所不足，便求之金石，继此金石不足，再求之甲骨，近且西夏文字猓猡文字的书藉，也搜罗不少。"在《高田忠周与学古发凡》一文中，他总结研究《说文解字》史，指出研究《说文》的方法，并说："作者不敏，两年以前，尝欲就甲骨吉金以至《说文》为古代社会研究一书，稿虽盈寸，以人事忽忽未就，今读高田氏书，益欲发愤了。"他在《丁福保编说文解字诂林正编及补遗》一文中说："余在十余年前，即已欲为《说文解字》作一集注……今拙著(《说文解字集注》)虽仅成初稿，尚未厘定，而获此书之益，自知已非浅鲜。披览既繁，甘苦备尝，知之较悉。"并指出丁书的优点：一是辑录时间之久也，二是搜求旧籍之勤也，三是选用之能谨严也，四是善本之不吝牺牲也。他在《说文中译音字之研究》一文中说："《说文》中有译音字，此意在吾少读《说文》时已有所疑。惟向不敢以告人。今者为暨南诸同学讲《说文解字》研究之法，触动旧思，因奋笔书之，所以取正于有道君子，非敢云是也。”凡此种种，皆说明郑师许研究《说文》之用功及其所取得的成就。

郑师许在上海时将其书斋命名为“四部书斋”，他公开发表的文章，大都于文末署“写成于四部书斋”。这也是他对文化自信的明证。

“四部”，是中国古代图书分类方法，即分经、史、子、集四大部类。民国年间编印的几部丛书，都以“四部”命名，如《四部丛刊》《四部备要》《四部丛刊广编》等。由此可见，四部书目分类，是古代中国自己创造的优秀文化传统，郑师许以“四部书斋”命其书斋，说明他对中华文化的自信和对传统的继承。四部书斋藏有多少书？田一贯曾参观过四部书斋，在《赠郑师许并序》中说：“昨过四部书斋，获睹邺架收藏之富，眼福匪浅。左图右史，四壁琳琅。主人坐拥百城，大有南面王不易之乐”，并赋诗道：“望重经师高密郑，中东图籍富收储。石铜考定千年物，甲乙签分四部书。眼福自矜真不浅，心仪已久信非虚。等身著作尤精博，朴学宁夸简竹君。”[①]由此可见郑氏藏书之多、种类之全。

郑师许十分钟爱自己的藏书。据其后人回忆：“1936年夏，父亲应广东勷勤大学教育学院之聘，离开上海返广州，行前曾设想过一二年后，还要回上海任教，所以大部分书籍留在上海，而且全部集中放在亭子间中，内安装铁门，外面用砖全部砌上，外人只看到这是一面墙，很难察觉是个密室。不料第二年抗日战争爆发，上海十分紧张，父亲有意自己去把自己的藏书搬离上海，无奈永用当时正割盲肠住在柔济医院，父亲不能

①田一贯：《赠郑师许并序》，《学术世界》第1卷第5期，1935年。

马上就走。于是写信拜托好友张豫泉先生设法送到苏州张家。但是当时的上海兵荒马乱，已经没有办法了。不久，‘八一三’淞沪抗战开始，该屋地处宝山路是华界，战火很快波及。但上海沦陷后，经过几年始终没被人发现。到了40年代初美军飞机轰炸日本占领下的上海，邻居中弹，密室外露。有友人写信来说四马路有一旧书店专门卖郑先生‘四部书斋’藏书（书上有‘四部书斋’的印章）。当时我们家住坪石，闻之只有叹息。”[①]郑师许在《广学会与戊戌前后之西洋文化运动》一文中说：“著者此时以三度为国难毁家，沪上四部书斋所积存三十年的史料刊物杂志报章，悉为敌伪盗卖，散落于外。”这是四部书斋藏书的命运，对于一位喜爱书籍的学人来说，是多么痛心。

郑师许写有日记，但没有遗留下来。他在《日本汉学家眼中所见我国平民文学发达的障碍》一文中说：“在三年前著者在沪上各大学教授中国文学史的时候……在日人宫原民平著的《支那小说戏曲史概说》第一章看到一节论及我国平民文学发达的障碍，说得颇为中肯，当时即为译出，写在我的尊汉阁日记中。”[②]“尊汉阁”，“尊”，尊重、尊奉，是一敬词；“汉”，代表了中华民族，也代表了中国及中华文化；“阁”，中国传统楼房的一种。郑师许称其日记为“尊汉阁日记”，说明他尊重以汉为代表的中华民族及中华文化。这与他的四部

---

①郑永用、郑永芳、郑永乐：《忆先父郑师许》，中共东莞市委宣传部、东莞市文学艺术界联合会编：《东莞当代学人》，广东教育出版社2008年版，第114页。

②郑师许：《日本汉学家眼中所见我国平民文学发达的障碍》，《枕戈》第1卷第8期，1932年。

书斋是相适应的。

“师许”“四部书斋”“尊汉阁日记”三者构成了他坚持文化自信的直接证据。

(二)从他的著述中看其文化自信

《郑师许文集》分七大部分：历史文献、语言文字、考古文博、史地交通、艺文民俗、桑梓杂识、砚边絮语。他的每篇文章，都从不同角度反映其文化自信。

郑师许的文化自信，受到他的老师柳诒徵的影响。在“南高”读书时，柳先生开设“中国文化史”，并编撰《中国文化史》一书。而通观郑师许的著作，大都本柳师而有所发展。

例如，他在广州勷勤大学开设“中国文化史”，并编有讲义一本，现在仅存目录于中山图书馆特藏部。从这部讲义的目录看，他借鉴和吸收其师《中国文化史》之处甚多，但也有其自身的特点：其一，采用石器、铜器、铁器三期论；其二，尤其突出古代中国与印度文明的交往与融合；其三，不仅重视思想文化的勃兴与发展，而且关注物质文明。[①]郑师许在《中国文化之特点》一文中说：“这些文化上的特点，可说是亘万古横大地而不磨灭的了。”他总结为“政治方面尊统一，军事方面重守御，经济方面均贫富，伦理方面崇为他，宗教方面主兼容，物质方面善利用，艺术方面尚质朴”。他引用徐养秋《历史教学法》说道：“我们为什么要教历史？就

---

①参见张倡：《郑师许与中西交通史研究》，华东师范大学硕士学位论文，2017年。

教历史的目的而论，有二：1.要使学生重度本国古人的生活，因而引起己群的觉心，所以要教本国史。2.要使学生重度外国古人的生活，因而引起大群觉心。有己群觉心而后知爱国；有大群觉心而后能与世界民族表同情。”他在《我国文化发生的年代》一文中说：“所以关于我国文化的起源，现时大概可以决定为，在公元前三千五百年左右，在秦岭以北的黄土地带即洛水渭水汾水等流域的土著所独自创造。这是较合于科学的说法。”他在《我国史前文化》一文中说：“总之：就现时考古的业绩而言，已由北京猿人之发现，证明我中国人确为土著的民族；由旧石器时代之考查，已足推知我国史前文化的源泉及最初活动的地域；又由新石器时代石器陶器初期铜器之分布，北自蒙古黑龙江，南达广东香港，更可测知中国文化在最早的时期中，已有其整个性及统一性，而确然无疑。”他在《民族主义的历史教学上之三大问题》中说：史地教学“‘使各级学生和国民对于我们国家的过去和现在，都有明确的认识，对于我们国家的将来，都有坚决的自信’，可谓最得其要了”。

1934—1935年，中国学术界掀起了一场关于“应不应该读经”的大讨论，以《教育杂志》为平台，参与讨论者众多。郑师许认为：“经是应该读的。不特在我国应该有人去读，就是在世界也应该有人去读。”而之所以要读，则是因为“我国的经书，原是我国文化的源泉：不特是我国文化的源泉，而且在很久的时候，早已成为东方文化的源泉”。关于读经的必要方法，他说：“我国的经书是不容易读的。……前辈读经的第一步，是必需懂得文字学的。可是在现在范围更大了。举凡近世新产生的科学，如考古学、金石学、古社会学、民族学、民俗学、宗教学、哲学、伦理学、心理学、历史学、地理学、天算学等等，都是研究我国经书的最重要的工具。”他认为，“读经”有利于促进各项学术研究的发展，“我们为要在史料中找寻古史或古代社会的真相，便都有努力去读的价值”。因此，他主张“我们要救国，我们当从一切的学术上救起。经学也是一种学术……所以极需要有一部分的学者负起这个重责，勿使薪尽烬灭”。根据当时教育现状，他还提出“读经”方案：“在已办国学研究所的大学里特地开设一个经学深造班，或经学专攻班，聘请国内的经学大师或国外的汉学专家共同主持……养成将来的标准的经学大师……这样我国经学的地位才得提高。”这是郑师许对于中国文化自信发出的铿锵有力的声音，也是一种高瞻远瞩、具有预见性的见解。

对于墨子和老子的国籍问题，郑师许的意见更是他坚定文化自信的历史见证。20世纪20年代，中国学术界掀起一股强大的“疑古”思潮。受“疑古”思潮影响，1928年4月，胡怀琛在《东方杂志》发表《墨翟为印度人辨》一文，首次以学术口吻质疑墨子是印度人而非中国人，在当时学术界引起轩然大波。当时在上海交通大学任教的郑师许，在《东方杂志》上发表《墨翟为印度人辨驳议》一文，对胡怀琛的观点逐一驳斥，引用大量中国古籍史料，有理有据，并说：“窃以为胡君武断太过，不惜灭裂史实，厚诬古人，非学者忠实学问之道，故不可以不辨。”郑师许还写过一篇《老子的国籍问题——我国文化思想的来源急待解决的问题之一》，他认为，讨论墨子、老子国籍问题是和中国文化的源流联系在一起的。中国的文化思想，究竟是自创的，抑是外来的？大量的史料证明，墨子、老子的思想文化，是中国原有的文化，有其独创性和原创性，具有强大的生命力，让我们明白中华文化在世界文化中的地位。我们要坚定文化自信，继承优秀文化传统。

三、炽烈爱国·以学术为武器

1931年9月18日，日本开始侵略我国东北，“九一八”事变爆发。郑师许在上海除了日常教书和参加学术活动，还大力支持政府的抗日活动。他被聘为副队长，协助政府进行征募工作。他还在报刊上发表了《总提高运动》一文，号召全国人民埋头苦干，从政治、经济、道德等各方面增强国家的综合实力，从而与日本侵略者抗战到底。

日本侵略中国，国民政府教育部发文，要求教育部门和相关单位加强对中国边疆史地的研究，学术界的爱国人士积极响应。1932年10月，由傅斯年执笔的《东北史纲》第一卷出版，该书的目的在于以历史事实证明东三省历来就是中国的领土。1941年，金毓黻的《东北通史》出版。此书与傅斯年的《东北史纲》第一卷，“同为我国东北地方史研究的奠基之作”[①]。1935年3月，柳诒徵在中央广播电台作演讲《讲国学宜先讲史学》，强调民族文化对培养国民爱国精神的重要意义。

禹贡学会也从研究地理沿革向民族演进史、边疆历史转变。1936年10月16日，《禹贡半月刊》出版“东北研究专号”，刊登冯家昇的《原始时代的东北》一文。有研究者指出，自此文起，中国学者开始“以坚强有力的历史资料，论证了东北地

① 王学典主编：《20世纪中国史学编年（1900~1949）》下册，商务印书馆2014年版，第839页。

区自古以来就是中国的神圣领土”[①]。

1938年12月19日，顾颉刚主持创办昆明《益世报·边疆周刊》。1941年10月，吴希庸在《东北集刊》第2期发表《近代东北移民史略》，该文梳理了清初以后关内汉族人大量移入东北的历史，分析了关内向东北移民的原因，并考证计算了相关数字。[②]

郑师许是一位讲求经世致用的历史学家，与上述学界同仁一样，以学术为武器，积极参加抗日活动。

20世纪三四十年代，中国兴起中西交通史研究的学术热潮，究其原因，是在鸦片战争之后，经世致用的史学思潮推动下孕育和发展起来的。中国学人积极从事世界形势及各国历史、地理研究，企图从中求得“御夷之策”。郑师许就是在这种历史背景下，开始对中西交通史进行研究，这也是他爱国情怀的表现。1930年，郑师许开始在上海交通大学讲授中西交通史，其后又于1936年在广州勷勤大学开设同类性质课程，并编有讲义《中国域外交通史大纲》。[③]

另外，郑师许对我国不同时期的中西交通史的一些重要议题，皆有相当深度和广度的专题研究论文。我这里只介绍他在明清时期中西交通史研究中，重视中西之间物质文明的交往。

---

①王学典主编:《20世纪中国史学编年(1900~1949)》下册，商务印书馆2014年版，第715页。

②王学典主编:《20世纪中国史学编年(1900~1949)》下册，商务印书馆2014年版，第843—844页。

③其手稿现藏在广东省立中山图书馆特藏部。目前存目录、第一章、第二章、第四章、第五章、第十六章等内容，著作年份不详。见张倡:《郑师许与中西交通史研究》，华东师范大学硕士学位论文，2017年。

他在《明清两代军器变革及其影响》一文中，详细考察了明清各个不同政治时期西洋军器引入对中国军器变革所产生的作用及其对当时军事、政治所造成的巨大影响。他之所以研究西方火器输入中国的历史，主要是因为他生活的年代正处于抗日战争的特殊时期，看到中国武器装备的落后导致中国军队节节败退，希望通过研究明清时期中国军器改良的历史，从而提醒政府注意改善中国军器落后的局面，继而取得抗日战争的最后胜利。他在本文的结论中说："依我个人的见解，以为近六百年来军事势力的消长，政治的成功或失败，莫不与使用的军器优劣有关。今者我国抗战建国正在进行中，欲求澈底驱除日寇，达到抗战完全胜利，非得盟邦有大量的优良飞机大炮坦克车及一切机械化兵器之援助不可。所谓以牙还牙，以力还力，敌人所有的一切，我有更优良更新式的所有的一切以加诸敌人，胜利自有十分把握。"①一颗爱国赤子之心跃然纸上。

1943年5月16日，郑师许在国立中山大学文学院学术研究会上发表演讲，题目是《最近史学之新趋势》。他指出史学研究的新趋势，一是舍古以重今，二是借古以镜今，三是交通史的研究改至边疆史的研究。其结论为经世致用。他在中山大学任教时，开设过关于中国边疆史的课程，编有《中国边疆史》《中国边疆史纲要》《东北史稿》等讲义。②《东北史稿》手稿现存广东省立中山图书馆特藏部，著作年份不详。他还写过

①郑师许：《明清两代军器变革及其影响》，《新中华》复刊第2卷第6期，1944年。

②郑永用、郑永芳、郑永乐：《忆先父郑师许》，中共东莞市委宣传部、东莞市文学艺术界联合会编：《东莞当代学人》，广东教育出版社2008年版，第111页。

《史前之东北与中原的关系》一文，用丰富的考古资料和文献记载，说明“故就今日所得的史前文化而论，殊无法可以诬我国东北一部非吾先民手足之烈所开发也”，驳斥日本诬称东北不是中国领土的谬论。他还在文末附注：“作者不承认‘满洲’二字为地理区域的名词，在拙著《中国边疆史讲义》中，已有专章辩论。兹因引用外国书籍，不好一一为之改译，故仍之耳。惟识者谅之！”①

郑师许在中山大学开设过“国别史”课程，写过有关南洋史的论文若干篇，其中一篇就是《世界大战后之越南》。他在“楔子”中提到竺可桢师的《世界大战后的越南》一文，在附注中又说“见柳翼谋师所著《南亚各国史讲义》”，可见郑师许研究南洋史，是在其师竺可桢、柳翼谋的影响下进行的。除了上文，他还发表过《朝鲜的过去和未来》，说：“日本考古学权威滨田耕作在《东亚文明之黎明》一书中尝称中国文化为日本文化的母亲；朝鲜文化与日本文化同为我国文化东渡后所产生，而且先到朝鲜，再由朝鲜渡海传到日本。”他在《明太祖对于海上的设施》一文中，列出明太祖时受封的海外诸国，并说：“以上十二国，据《明史》所载，其诏谕受封，皆在洪武年间，为三保太监郑和下西洋以前时事。”他在《战后太平洋问题》一文中说：“今天所最急迫的问题在那里呢？我以为是在澈底解决日本的问题。”怎样彻底解决日本问题呢？他在文中列了几条措施：一是要防止日本的侵略，应首先除去他侵略的跳板；二是朝鲜应当独立；三是安南应当独立；四是琉球

①郑师许：《史前之东北与中原的关系》，《现代史学》第4卷第4期，1942年。

应当独立或归我保护；五是台湾澎湖应还我国；六是香港九龙应还我国；等等。最后他在结论中提出几条战后彻底解决日本问题的意见：其一，应勒令日本人退回其原有的三岛上建立真正的民主国家；其二，日本一切海军舰队及商船渔船应全数交出，作为赔偿盟邦在太平洋上所受损失之用；其三，日本皇室应彻底摧毁，日本戎首应立即惩办。此文是作者在重庆国民外交协会之讲演词，足见作者的爱国情怀和远见卓识。他还发表过《中华文化流被史略——为中华文化学会成立大会而作》一文，说："中国文化为东亚文化的母亲这一句话，在我们抗战以前，国内的汉学家考古学家所常称道的，今者我们翻开我国的史籍和各地的考古学报告，熟察我国文化数千年流被国外的情形，深深觉得这句话是千真万确。""至于我国政治思想的崇高，社会道德的优美，与夫对宗教信仰的兼包并容，素为外国汉学家们所称读，今者宜如何广为传播，由东亚而推广至于全亚，或更进一步，善为整理，写成各国文字，从事传布；或更善用盟邦往来交际的机会，使外国人遍地流被世界各地，我国既为四强之一，则以其本国的文化贡献于世界林林总总的大舞台之中，似属责无旁贷，义不容辞的事情，是在肩负中华文化的从事工作者。"这是一位历史学家的淳朴之语。

郑师许特别关注历史教学中的民族主义教育问题，他发表《民族主义的历史教学上之三大问题》一文，引用孙中山先生的话说："大家一定明白我们今后教育的重心在于提高国家民族的意识，和国民自觉的责任心，换言之，就是要以爱国为中心。我们要教一般学生有爱国的精神，要激发他们爱国的思想，最重要的科目和教材，就是历史与地理。历史是纪载我们先祖功烈和国家民族文化发达之所由来；地理是说明我们国家在世界上的地位和我们民族生活栖息之所在。”他认为历史教学中急待解决的三个问题是：一为史学理论之急应统一，二为历史课本应采集体写作之法，三为历史标本之复制与流布。他谆谆说：“在今日我国民族主义教育的历史教学当中，苟于以上三大问题，不得早日解决，其结果必至影响于我国抗战建国前途甚大。”抗战胜利后，他又针对当时国际上觊觎我国南方诸群岛的问题，写过东沙群岛和西沙群岛的论文，从历代我国边疆建制及当地出土文物证明历来受我国管理。他著有《我国在东沙西沙等群岛的主权上之历史证据》（1946年），以后又受命担任《西沙群岛志》编纂委员会总编纂。①

由以上可见，郑师许在抗战时期，投入全国以学术为武器的热潮，积极参与抗日活动。抗战胜利后，又继续关注南海诸岛问题。说明郑师许的一生，是爱国的一生，他是经世致用的学者。

四、心系桑梓·造福百姓

《郑师许文集》中收入郑师许关于桑梓史事的文章有十多篇，大抵可分为几类。

（一）怀念、思念亲人

郑师许出身贫寒之家，父亲去世之后，他和母亲、弟弟惠民相依为命。1922年12月，郑师许在“南高”求学的第三年，

---

①郑永用、郑永芳、郑永乐：《忆先父郑师许》，中共东莞市委宣传部、东莞市文学艺术界联合会编：《东莞当代学人》，广东教育出版社2008年版，第112页。

在北京大学读书的弟弟身患肺结核，辍学归来，后去香港就医。在香港治疗不久就不幸离世，令郑师许痛苦万分。在弟弟去世一周年时，郑师许写了《最苦行》一诗，诗序曰："壬戌十二月三弟惠民自北京大学病返，卒于香港。癸亥十二月作此志哀。"诗云：

去年今日我最苦，泪不垂眶倒入肚。弟病临危母捶胸，勉强慰弟复慰母。医经有语弟不治，九曲肠如遭鬼斧。母子三人局一隅，夜深灯映眉峰聚。苦哉诀别弟呼兄，负债累累兄是主；惟念慈亲独爱儿，中道别离伤肺腑；阿兄事母当倍劳，弟死不瞑念阿母。言时作势请母出，虑母痛儿不忍睹。阿兄闻言中心摧，欲再问时转无语。回看母倒弟长眠，慰生哀死知何所？白人黑人共悲伤，鴃舌咿哑首齐俯。悠悠生死别经年，联床无复听鼍鼓！愁来晨起忆香江，翘首白云亲舍处。

这首诗细腻而浓重地描写了母子的深厚感情，弥漫着浓郁的悲伤气息。

再看《坪音两则》：

内寄书

别来才几日，致书问归期。结发三十年，此景最堪思。人生要有别，不别不知悲。儿女早成行，两鬓白如丝。岂云依依情？太阳葵藿倾。念子衣裘薄，况复多甲兵。饱饥忧失时，喜怒梦魂萦。谁能就浅深？最是解朝酲。既已无封侯，又薄有文名。远离何所求，胡为事长征？唱随共天涯，无间雨与晴。令人一回首，珠泪双盈盈。此意不可忘，油盐柴米轻。

书寄内

来书问归期，归期未有期。结发三十年，朝朝乐画眉。如何年少时，不知别可悲。上庠勤诗书，闺中勤织丝。阿母爱抱孙，谓尔何迟迟。寄书远相慰，欢乐会有时。此行咫尺近，更兼驱自饥。乱世多离别，家家咸若斯。夫妇每参商，行踪似奕棋。颇愧为人父，远道邮礼诗。乐育天下英，荒嬉所生儿。郁郁结中肠，报书相泪垂。固穷誓相守，当归耕东陂。

诗跋说：“两诗作于民国三十三年冬十二月十六日，时家人留居连县东陂，余于十二月初回坪石，未几倭寇自东陂穿星子而窜坪石，坪石于三十四年一月二十三日陷敌，此亦离乱之音也。”这两首诗反映了抗战时期郑师许颠沛流离的生活以及夫妻感情之深，“此亦离乱之音也”。

（二）关于桑梓的人事、史地考证

关于这方面的文章有多篇，如果把这些文章联系起来考察，则宛如一部近代广东的学术史。

我们知道，广东的学术，自清代阮元督粤创办学海堂，一改之前学风，由明代以来的心学、帖括之学变为重视考据训诂之汉学。广东汉学学风形成的标志，是出现了陈东塾之学及东塾学派。郑师许著《陈兰甫先生的诗学》一文。陈澧（1810—1882），字兰甫，号东塾，自号江南倦客，广东番禺人。他是学海堂第一届专科生，学者称为“东塾先生”。郑文称：“我于陈兰甫先生，大概应称为私淑弟子。先师梁任公先生尝自称为兰甫先生的再传弟子，我曾亲炙过任公老师；又我的先太老师张其淦豫泉曾亲侍兰甫先生之门，承其面命耳提；我就孔孟二圣的前例，亦得自称为兰甫先生的私淑弟子。”“大概兰甫先生的学问，最为切实，最为脚踏实地，与乾嘉时代的竞尚文字音韵训诂校勘辑佚之学者固然不同，即与明末清初的学者扯起汉学旗帜以推翻宋学的，亦大大有别。……我向者颇疑后日康梁戊戌变政的思想来源，受兰甫先生言论的影响最大，故这一回轰轰烈烈地违反时俗的新思潮，断断然必定发生于广东，今者重读《东塾集》，更足以证明我的怀疑是不错的。又集中极论粤城大馆讲学的可法，后日长兴学舍万木草堂讲学的大胆抨击时文，提倡实学，不能不说是受兰甫先生的暗示出来的。”康梁戊戌变法，受兰甫思想的影响甚深，郑师许文中言之甚明。

郑师许的这篇文章，主要是讨论兰甫先生的诗学。上海“一·二八”战役之后，郑师许当时颇喜为诗，走访先太老师豫泉先生请教怎样为诗，太老师嘱买一部《渔洋精华录》读之，并说：“由王渔洋入杜工部，其诗可卓然成家，此兰甫先生当年教吾辈学诗法也！”豫泉是张其淦的字。兰甫先生于《东塾集》卷三《听松庐诗略序》中说：“张南山先生晚年仿昔人《精华录》之意，选刻其诗三百余首。当是时澧欲为先生选之，而未以告也。先生殁后……乃读先生诗数遍，抄二百余首为一卷，意在精华，不必多也。……先生长澧三十岁，尝教澧为诗，澧学诗不成，以为愧负，安敢选先生诗，谨题曰诗略而已，其精华恐不止此也。”张南山即张维屏，是近代广东具有全国影响的爱国诗人。这段话说明，张南山的诗学自王渔洋，陈澧的诗学自张南山，陈澧又以此法教郑师许的太老师张其淦，张其淦又以此法教郑师许。这是一幅郑师许学诗的师承关系图。

郑师许在《番禺二山》一文中又提到汪憬吾先生告诉他番

山禺山在当时广州市的位置。汪憬吾即汪兆镛，对广州掌故、地理十分谙熟，郑师许视他为老师辈。汪兆镛一生著述繁富，治经史主要从陈澧的学说，会通汉宋，不避门户，往往能道人所未道。他十分重视乡邦文献的搜集整理，参与修撰了四十四卷《番禺县续志》。他还善于发现人才，提携后辈。以陈垣为例，1939年汪兆镛逝世，陈垣的儿子陈乐素把这个消息告诉陈垣，陈垣在复信中说："知憬老（即汪兆镛）去世，至为感怆。卅年前，憬老见予所写作小品，以为必传。当时受宠若惊，不审何以见奖至此，然因此受暗示不少。今日虽无成，不能如老人所期，然三十年来孜孜不倦，未始非老人鼓舞之效也。今往矣，天南知己又少一个矣，为之凄然者终日也。"[①]从这里可知，汪兆镛对后辈陈垣多加勉励，被陈垣视为"知己"。

郑师许著《龙溪书院考略》一文，作于民国二十三年（1934）。全文分建置沿革、院址及外馆、经费来源、作育述要（甲、山长，乙、生徒）、废弃始末五部分。主要有三个特点：

第一，在郑师许太老师张其淦和老前辈陈伯陶先生的指导下写成。在"作育述要"中，郑师许说：作者虽为东莞人，但"余生也晚，未尝厕身其间，近且久客江南，十余年未归，欲搜集故乡文献，而有志未逮也。幸太老师张豫泉世丈，同寓海滨，特为此事，怀铅置椠，日侍其侧。豫丈榜名其淦，旧为龙溪书院正课生，与陈子砺（伯陶）丈同侍太姻丈容青田公讲席，晚年为龙溪山长七年，于当时作育之盛，略能记忆。今更参稽陈子砺丈新修之《东莞县志》……豫丈旧著《吟芷居诗话》《东莞诗录》，校其文献之确可征信者，分山长，山徒两项，略

---

①张荣芳、曾庆瑛：《陈垣》，金城出版社2008年版，第186—187页。

述于左”。

第二，文中所列的山长14人，包括林茂封、黄之球、卢应、邓淳、韩荣光、陈澧、蒋理祥、容鹤龄、邓佐槐、黄崿、崔永安、张其淦、桂坫、尹庆举等，多为进士，或肄业学海堂，或为龙溪书院所培养，学问渊博，多有著述。关于当时的生徒状况，以无院中文献可据，搜集更为困难，综核所得，仅有三人：何仁山、陈伯陶和张其淦。

第三，龙溪书院虽始建于乾隆四年，从其山长的情况看，乾嘉考据学对其影响不大。嘉庆、道光、咸丰时期，学术思想界渐趋活跃，书院也出现三种类型，即讲授汉学、博习经史词章为主的书院、讲授程朱理学的书院、提倡通经致用的经今文学派的书院。阮元督粤，于嘉庆二十五年（1820）在广州创办学海堂，改变广东的学风。学海堂的特点为提倡汉学，但并不排斥宋学，而主张汉宋兼采；教育学生以实践为主，培养通经致用的专门人才。从郑师许对龙溪书院的论述，该书院应属于讲授汉学、博习经史词章为主的书院，受学海堂学风的影响甚深。

郑师许写过一篇《悼张豫泉先生》①的文章。全文分六部分，郑在序中说：“张先生是我的太老师，从前在上海对我的训示，照料，我在上海建造的四部书斋，张先生为我计划，为我筹款，送给我的食物，送给我的好书，我两人的交情，这种种如在目前，令人想到，如何不哭。我决心要作一篇悼念的文字。”在著述部分，他写道：“余在上海各大学任课凡十

---

①东莞市政协编的《张其淦纪念文集》，根据手稿将本文题目改为《悼张豫泉太老师》。

年，至民国二十五年十月乃奔先祖母丧回粤，在沪上共侍先生凡九年，自沪上四部书斋落成后，与先生咫尺而居，每星期日必来召往共午餐，其一书之成，必嘱为校读，因而知之颇详。先生经子之学，甚有根柢，能镕铸经子以入诗骈文，以故诗骈文成就最大。”另专辟一节介绍张其淦的诗、骈文，张将自己的著述都赠给郑师许。郑在文中说：“余自抗战以来，六次毁家救国，先生所赐赠诸大著，十之八九同散失于沪上四部书斋中。”张其淦晚年处境颇困，寓庐为日本飞机炸毁，后移居法租界，复名所居曰寓楼，以见其志。郑师许在文末说：“以先生这样待我之厚，而其积学既如此之深，风节又如此之高，为我素所景仰的一人，而我自愧不才，未能哭之以诗，仅为挽语一联：至道通圣上，海若无倪托秋水；及门惭诗礼，武城有瑟怅春风。未能说出吾二人之交情，及发潜德之幽光于万一，用特不惜辞费，再为琐屑一文，泄其愤思。”

为纪念张其淦，东莞市政协搜集有关文章编辑《张其淦纪念文集》，收入张其淦后人的文章和郑师许《悼张豫泉太老师》、杨宝霖《张其淦和他的诗》等文。杨文说：“张其淦在清末为官，颇有善政。辛亥革命以后，隐居上海，以遗老自居，积极从事工商业活动。他长于诗文，著作众多，对保存、整理地方文献，作出了很大的贡献”，并赞扬郑师许纪念张其淦的文章。

郑师许一生写过两篇悼念文章，除了上述一篇，还有《我国学者与政治生活——为哀悼梁任公先生而作》。文中认为，“凡是可以占有学术史上一个位置的人物，没有一个不曾和政治发生过关系的”。他分析原因有几点：其一，在我国的历史上，士农工商，士人的职业就是做学问，其他农工商没有多大空闲给他们去做学问；其二，当时有“学而优则仕”的一句话，只要学问做到家了，便都跑去做官；其三，做官的就叫作显者，显者容易出名；其四，其他画工、垩墁，一切奇技淫巧形而下学者流，被视为贱业，不能入学术之林。所以我国在从前，便是做官的人和做学问的人分不开的。“我因此希望以后的学者，一方努力学问，同时并能有一技一艺之长，能谋可以供给生活的职业，而有了相当职业的人们，也能努力从事学问，以求打破这种畸形发展的学术界的特殊现象。我于是很恭敬地对于梁先生表示十二分的悲悼。”郑师许告诫学者弃官之后，要积极从事学术研究。这一告诫不但有历史意义，亦有现实意义。

（三）创办学校，造福百姓

郑师许对其家乡东莞还有一个特殊的贡献，就是兴办学校。抗战胜利后，郑师许随中山大学回到广州石牌原址复课。他从事学术研究、教育工作几十年，认为国民素质的优秀与教育普及程度关系极大，又结合自己青年时代求学的经历，认为东莞青年要求升学者甚众，而学校不敷亦很明显。1946年，郑师许积极倡议在东莞境内多办几所中学，以利于青年升学。后得到明伦堂董事会赞同，并推举他任筹办主任。为此，他多次亲自到太平、常平、莞城等地，选择校址，最后决定筹办虎门中学于太平，常平中学于常平，莞旅中学于广州。他凭着自己的教学经验，物色优秀人才任校长。

1948年，郑师许还专门为莞旅中学开办一周年写过一篇文章《莞旅中学创办一年来之经过》。1947年7月30日晚，“旅省教授联谊会同人在占元阁召集茶话会，偶然谈及广州各私立中学收费之昂，旅省同乡公教人员无力负担子弟入学者日见增加，于是即席提议创办东莞旅省中学一所，以期补救此社会需要的不足。由祁士恭、胡章、陈安仁、邓柱燊、郑师许、何作霖等12人，每人捐助开办费20万元，分别推定名誉校董及校董各若干人，公推蒋光鼐为董事长，卢颂芳为校长，加速进行”。后来得到东莞明伦堂的资助，1947年9月7日在明伦堂开第一次校董会，推定郑师许为校董会秘书，胡章为司库，呈报教育局立案。又于11月24日接到广州市教育局穗教三甲字第三四五七号批示，准本校校董会立案，并改名为私立莞旅中学。至于校舍，承蒙蒋光鼐董事长将其逢源北街自居大屋一所迁出，借让本校为校舍。至于学校设备，先后得到邓植仪、邓柱燊、郑师许等捐书数百种，李扬敬、王若周、王光海、何仲达、简作桢、莲溪局及联兴船务行等捐助高中标准物理仪器、化学仪器、化学药品全套、生物标本一部分……于是本校图书仪器渐告充实。由此可见，郑师许在创办莞旅中学中发挥的关键作用。①

郑师许还为常平中学校歌作词：

惟我常平，毓秀钟灵，擅山川之形胜，萃岭海之菁英，控广九之交通，握陆运之重心，为南方之国际孔道，吸取世界之文明。常中于是孕育，常中于是诞生，常中于是发展，常中于是成长。惟我常中同学，生也何幸，惟我

①莞旅中学的经费主要由东莞明伦堂拨给。1948年2月后，由邑人邓柱燊接任校长。广州解放后，1950年2月新学期开始，选出陈沛霖接任校长。1951年，莞旅中学并入荔湾中学，1953年改为公办，名为广州市第二十九中学。

常中同学，责任匪轻，惟我常中同学，当认识使命之神圣，完成神圣之使命。①

由此可见郑师许对常平中学同学的殷切期望。

郑师许是一位杰出的学者，著作甚丰。但他逝世后，研究他的人很少，这是一件遗憾的事。今莞城图书馆整理出版《郑师许文集》，供后人参考研究，这是一件弘扬优秀传统文化，为振兴中华、实现中国式的现代化作贡献的大事。经过半年多断断续续的工作，梳理了郑师许的生平履历、文化自信的理念、炽烈爱国的精神、心系桑梓的家国情怀，写成此文并以此祝贺《郑师许文集》的出版。

张荣芳

2024年10月13日于广州中山大学康乐园

---

①莞旅中学的经费主要由东莞明伦堂拨给。1948年2月后，由邑人邓柱燊接任校长。广州解放后，1950年2月新学期开始，选出陈沛霖接任校长。1951年，莞旅中学并入荔湾中学，1953年改为公办，名为广州市第二十九中学。

江山文藻予怀渺　望断苍梧起暮烟

——敬读《郑师许文集》

齐鲁书社和广东东莞的同志推出了在20世纪初期有影响力的历史学家、文物学家、考古学家、古文字学家研究丛书。20世纪初期恰恰是考古学刚刚进入中国，中国古典金石学转型走向科学的文物学，中国古文字学成长为一个独立的科学学科的时期，因此，研究当时的一批先行者的著作，编印《东莞历代著作丛书》，据云其目的有二：第一，把乡邦文献抢救、保存、布刊。乡邦文献，是一地的文化的重要标志，是研究一地的重要素材。第二，古为今用。东莞历代著作蕴藏着闪光的道德精神，精湛的艺术技巧。发潜德之幽光，对今人的道德教育，提供今人的艺术借鉴。这的确是当务之急，尤为必要的。

广东东莞这个地方，就从事历史学、金石学、文物学、考古学及艺术学研究的同仁来说，仿佛是“杏坛”“绛帐”式的圣地一般的存在；就我相对比较熟知的容庚先生、容肇祖先生、容媛先生还有邓尔雅先生，都是东莞籍的物质文化史、文字学、思想史、艺术史的大师巨匠。但是对于郑师许先生，我以往很不熟悉。东莞的同志和齐鲁书社的同仁，认为郑师许先生早年就读于南京高等师范学校（一说金陵大学，后校名辗转改为国立东南大学、中央大学等），正是50多年之后我求学的母校南京大学，有前辈后生之缘；又因为在21世纪初叶，南京大学进行文物学科的重建与研究，我参与其中，便嘱咐我，能不能写几点读后感。抱着学习的态度把文集看了一遍，如果形容我的感受的话，确实感到了震惊，这是一份非常沉雄厚重的历史学、考古学和教育学文化遗产。我感激东莞的同志和齐鲁书社的同仁赐予了一个学习的机会，使我初次认识了郑师许老前辈。

一

看了多种传记、纪念文字，首先，简单梳理一下郑师许先生丰富的人生历程。

郑师许先生（1897—1953，有的文献记录先生1952年病故，这里依据郑师许先生的子女郑永用、郑永芳、郑永乐的纪念文章《勤奋治学　教书育人》所记），原名沛霖，字惠侨。1897年出生于当时的东莞县莞城镇北门正街一巷一号，祖上原籍为东莞县虎门白沙村。先生妻容丽钗女士，东莞城外旨亭街容家人，容庚、容肇祖、容媛教授是丽钗女士的堂兄妹。郑师许先生自幼勤奋好学，孩提时便能熟读“四书”和《礼记》，在东莞县城南小学读书时深受老师徐亦良的精心栽培，四年读完《诗经》《书经》《周易》《仪礼》，为日后的学术研究打下了坚实的功底。在郑师许先生少年时学用的《纳氏英文法第三册》（英文版）上有他写的一段话：“余习旁行文字五年于此矣，然竟不能作书属文，是知文法之不可不讲也。乃发愿熟此书以固根柢，然后进语于修词之学。余恐久而忘之乃撰数言。民国四年暑假中沛霖志”，语尚稚直，却是基本规范了他一生的学研。

郑师许先生少年丧父，家境清贫，与母亲、弟弟相依为命。1918年从东莞中学毕业后，他迫于生计进入邮政局工作，尽管待遇优厚，但郑师许先生日日念想求学深造，决定辞去邮政局的工作。在《我的投考邮政局的故事》一文中，他写道：“要是天天坐在柜面里卖卖邮票，写写挂号单据，如此机械，对于喜欢读书欢喜研究的本性，岂不是全被消磨净尽！”辞去邮政局的工作后，他在东莞太平虎门一带教授小学国文与历史，同时继续勤奋自学。郑师许先生青年时期可分两个阶段，前半是逊清末年，生活在读经氛围中；后半是民国初元，则讲求新学，正是那一代学人共有的经历，塑造了郑师许先生融汇中西、兼容并蓄的治学方法。

1920年，先生以广州考区第一名的成绩被南京高等师范学校文史部公费录取，受业于柳诒徵、陈中凡、竺可桢等多位名师。1924年7月，郑师许先生与梁启超、朱希祖、何炳松、柳诒徵等诸多知名学者一同参加中华教育改进社第三次年会，和王郁文、柳诒徵等人提交了《小学历史宜专授近世史案》《史地名词急宜划一以便教学案》两项议案，足见他在南京高等师范学校颇受老师们的欣赏。郑师许先生对导师陈中凡非常尊敬，陈的治学方法深受蔡元培“以科学方法整理国学”的影响，他们亦师亦友的关系一直持续到晚年。当时，郑师许先生经常在课后前往中国近现代史学先驱柳诒徵家中求教，“那时柳翼谋师教授我级的国文历史，他藏有甲骨数百，和王襄的《殷契类纂》诸书；他住在学校附近，我每每晚饭后顺步到他家里谈天，有一次他把甲骨给我看，有一片他释为‘取羔卜其三’，我说应作‘取羞亡其三’，蒙他奖借了一两句，我便因此发愤了，一有机会作到古史的论文，便喜欢硬排一两个甲骨文字上去”。（见《我最初对于考古学的兴趣》）

郑师许先生自上中学以来就关注古文字学、考古学，深受著名学者王国维“二重证据法”的影响；南京高等师范学校主张“昌明国粹，融化新知”，推崇传统文化，主张中西融合与兼容并包。沐浴在如此时风、校风之中，在诸多良师的影响与支持下，郑师许先生对古文字学、古器物学、考古学以及中国古代文化史等领域产生浓厚兴趣。可以说，南京高师为其后的治学奠定了扎实基础。

郑师许先生学术生涯的黄金时期是1927年至1936年。这期间他在上海历任或同时担任大夏大学、交通大学、暨南大学、正风文学院、中国文艺学院、光华大学、持志大学等院校讲师、教授，并兼任上海博物馆筹办委员会委员和艺术部主任、中华学艺社《复兴丛书》编撰委员会委员等职务，积极从事各种学术活动。

郑师许先生积极普及考古学的基础知识、研究方法、国内外考古咨询，编撰教材等，是我国考古学启蒙者之一。中西交通史研究在20世纪30年代是一门新学科，发源于欧美、日本探险家对中亚地区的考古探索。郑师许是较早涉足这个领域的学者之一，他在上海交通大学任教期间就开设了中西交通史的相关课程，编著讲义《中国域外交通史大纲》，扩展了中西交通史的研究范围，对中西交通的开端和内涵见解新颖，推动了中西交通史的整体研究。

20世纪30年代初期，郑师许先生除了在上海各大学讲学，还积极参与上海博物馆的筹建。1935年，上海博物馆建成开放，他担任艺术部主任。在上海博物馆任职期间，他出版了多种关于博物馆收藏的著述，尤以铜鼓、漆器和古钱为主。

1936年夏，郑师许先生应邀前往广州勷勤大学担任教授，讲授中国文化史、中西交通史等课程。1938年广州沦陷，他辞去广州勷勤大学教授职务，担任战时南迁广西的无锡国学专修学校教授。1940年夏，郑师许先生从广西远赴坪石中山大学任文学院历史学系教授，翌年增聘为师范学院史地系主任、研究院文科研究所历史学部教授，成为“坪石先生”的一员。在坪石任教期间，他讲授明清史、中国边疆史、中西交通史、考古学等课程。在这期间他关注民俗学研究，在中山大学《民俗周刊》上发表《我国民俗学发达史》《方志在民俗学上之地位》等著述。

1942年6月，陈寅恪从香港抵达桂林，中山大学闻讯即聘其为研究院教授。7月1日，郑师许先生受委托，由文科研究所先行垫支旅费，前往桂林邀请陈氏来坪石任教。时陈氏患病，至翌年6月30日，陈寅恪在其学生李坚的陪同下，抵达坪石中大，以文科研究所特约教授的身份讲学。

郑师许先生是一位爱国爱乡的赤子，多次参加抗日募捐活动，并在报刊上撰文号召民众积极抗战。“九一八”事变发生后，郑师许先生以“学术”为武器，参考金毓黻的《东北通史》完成《东北史稿》，用丰富的史料论证东北自古以来就是中国领土，反驳日本军国主义的谬论。

郑师许先生是融汇中西学人思想的学子，更是递薪传火的师长，历任上海交通大学、上海暨南大学、中山大学教授期间，培育了杨宽、黄廷柱、关履权等众多知名学者。郑师许先生在东莞亲自筹办常平中学、虎门中学等多所中学，以及在广州创办莞旅中学，解决在乡青年及旅省莞人子弟入学难的问题，为家乡基础教育建设倾心尽力。

抗战胜利后，郑师许先生先后出任广东文献委员会委员兼整理组组长、《西沙群岛志》编撰委员会总编、广州市临时参议院议员、中山大学训导长、代校长等职务。1953年，郑师许因脑溢血病逝于广州，他的后人将其手稿、未刊作品、书籍等悉数捐赠给广东省立中山图书馆和中山大学图书馆。

二

《郑师许文集》所涉及的内容，大略分历史文献、语言文字、考古文博、史地交通、艺文民俗、桑梓杂识、砚边絮语等七卷，覆盖宽广，深刻博洽，相信每一位细心的读者都会有自己的体味与收获。匆匆拜读一遍之后，我印象比较深刻的有如下四端。

（一）近现代涉猎全面的历史学者

在历史学科的庞大领域中，郑师许先生实际上涉猎了多个分支门类，下面列举几项。

在史学认识与史学思想，即所谓“史识”“史德”范畴，郑师许先生指出，史学认识的新趋向，大要可从三点观察：一是一般思想的趋势，二是历史观念的趋势，三是各种教学的趋势。（见《最近史学之新趋势》）他又结合“中国文化”的研究而关注历史学，认为我国文化在艺术方面所表现者为既尚质朴，又重美观，无论何种类的艺术皆然；这可以说是我国的特征无疑。而试探究其何故如此，疑是与我国地理环境，温带的、大陆的、平原的、农业的等有莫大的关系。他提出了“中国文化”的特点：政治方面尊统一，军事方面重守御，经济方面均贫富，伦理方面崇为他，宗教方面主兼容，物质方面善利用，艺术方面尚质朴。所以讲述我国文化史的人们，应当善于描写，使其各方面的过去事迹，一一活现眼前，惟妙惟肖。他赞成徐养秋先生在《历史教学法》中的意见：我们为什么要教历史？就教历史的目的而论，有二条件：一要使学生重度本国古人的生活，因而引起己群的觉心，所以要教本国史。二要使学生重度外国古人的生活，因而引起大群觉心。有己群觉心而后知爱国；有大群觉心而后能与世界民族表同情。有此二重目的，用想象为主要工具，学生始能心领神会，与古人共同生活，而后能晓得古今生活如大河一般，长流不息，现在的生活，上承过去的生活，下起将来的生活，互相继续，绵延不断。我们所以应当善于描写到惟妙惟肖的原故，一以使本国人引起己群的觉心，一以使世界人士与我同情；而我先民努力创造的遗业，庶几得以为将来全人群生活的因素。（见《中国文化之特点》）这些意见，至今值得史学界注重。

郑师许先生在史学领域对中华文明的起源及其对东亚文明的影响，做了以下论述：盖石铜器时代过渡期民族繁殖之速，及其来势之骤，则谓为气候变化所致，尚不如谓文化进步所致之为愈也。其又与李希霍芬的结论谓“中国文明的发生实被黄土的恩惠所赐”一语相合。而殷商之前确已先有东土西土两文化系统，所以关于我国文化的起源，现时大概可以决定为，在公元前三千五百年左右，在秦岭以北的黄土地带即洛水渭水汾水等流域的土著所独自创造。这是较合于科学的说法。（见《我国文化发生的年代》）中国文化为东亚文化的母亲这一句话，在我们抗战以前，国内的汉学家考古学家所常称道的，今者我们翻开我国的史籍和各地的考古学报告，熟察我国文化数千年流被国外的情形，深深觉得这句话是千真万确。我国的文化最初发生于渭水流域、洛水流域、汾河流域和淮河流域，在今日已成定论；其后逐渐向四周扩展，据我们今日从考古学上所得的材料而言，除戈壁文化另属一系外，东亚史前的文化，自更新纪结束以后，至历史时代的殷商，其系统性十分明白，即自中石器时代，进入石铜器并用时代，以至进入青铜器时代，其材料确已足资证明，至于史前文化的整个性的发展，北自蒙古，南至马来半岛，东自山东、江苏、浙江，西至四川西康，东北自黑龙江、吉林、朝鲜半岛，西北自新疆、甘肃，西南自云南、缅甸，东南自广东、海丰、香港、越南，皆同出一型，与中原的关系极为密切，故进入历史时代不久，我国的政治地区，即与这文化分布情形相应。及至秦始皇汉武帝的努力，我国国境的雏形，略成定形。而我先民的心思才力所造的高度文化，又因交通往来，遂以流被于国外。《书经·尧典》所称“光被四表”，说者谓光字即广字假借，这种我国文化广被四表的情形，在秦汉以来即可见之。大约有下列数事：一、为以中国语言文字为东亚语言文字的中心，而朝鲜、日本、越南诸国，直至后起的琉球、新加坡、苏门答剌莫不使用中国汉字，或准汉字，使成为一种东亚的国际语言。二、为佛教文化的传入中国，辗转流被于朝鲜、日本，成为一种东亚的公同宗教和文化思想，而印度人所用的字母成为东亚各国的标准注音工具；至于祭天祀祖建祠立庙的习惯，东亚各地大抵相同。三、为各国的动物、植物及物质文明的美术建筑等的互相传播，逐渐成为东方文明整统化的基础。四、因各国民族互相往还，其文化高下不齐，生活方式亦各异样，于是中国人对于世界智识日有增加，而朝鲜、日本、安南等后起民族的政治社会遂得长足的进步。今者如将世界的文化分为三大类型，我国文化自然足与西洋文化印度文化对立而自成一系统与范围。（见《中华文化流被史略——为中华文化学会成立大会而作》）这个意见是全面而深刻的。

郑师许先生自1930年进入交大任教后，结合自己在考古学研究中接触到的通西域的文物以及史料，又针对当时理工科学生一般比较专注于西方科技，遂又开设“中西交通史”一课，一则中国古代汉唐盛世文化发达，国威远播，使学生增加对文明古国理解，加强振兴中华的信心与志气，再则也应了解与西方通过古丝绸之路以及后来郑和下西洋水上丝绸之路，进行文化交流，以及后来西方传教士来华，西方文化再度输入等对中国的影响，从而弄清楚今日研习西方科学，目的是振兴中华。当时把中西交通史作为一个专题来研究的人很少，郑师许先生是研究该专题史的先驱之一。主要著作有《前汉时代海上交通考》《前汉时代陆路交通考》《中西交通史》《中国域外交通史大纲》《玄奘三藏之行脚与取经》《玄奘传》等。（参见《勤奋治学　教书育人》）面对当时内忧外患、国土沦陷的时局，郑师许在明清史研究方面，特别注重考察边疆、台湾、香港、澳门及周边国家等，写下大量论著，表现了一位历史学家热爱祖国的坚定的情怀。

20世纪30年代中期，中国学术界曾掀起一场“应不应该读经”的大讨论，何炳松、唐文治、陶希圣、蔡元培等知名学者皆参与讨论。在这次讨论中，郑师许先生应邀写成《郑师许关于读经问题的意见》，他认为我们要救国，当从一切的学术上救起。经学也是一种学术，所以极需要有一部分的学者负起这个重责，勿使薪尽烬灭。根据当时教育现状，他提出了颇具预见性的方案：在已办国学研究所的大学里特地开设一个经学深造班，或经学专攻班，养成将来的标准的经学大师，这样我国经学的地位才得提高。他在阐述继承中国文化传统的重要性时，又着重指出，这个工作可以由专门从事国学研究的人来做，经由他们普及而不必要求小孩子从小读经，他是反对小孩从小读经的。(见《读经问题的我见》)他关于经学乃至于整个传统文化的意见，值得后人好好咀嚼。

郑师许先生有许多关于专门史的研究文论，大多为一时佳作，颇具有启发意义，这与他幼学功底扎实、终生勤奋不辍紧密相关。尤其值得注意的是，他的史学研究是一种新型的研究，摆脱了埋头故纸堆“书蠹鱼”式的风格。他的眼光深邃宽广，将历史学研究建立起一种立体的网络化的科学架构。他的历史学研究除了涉及下面还会谈到的考古学、文物学、文字学方面，还联络起了人类学、民族学、民俗学、方志学、哲学，等等，这一鲜明的研究特点值得后人学习和继承。在《墨翟为印度人辨驳议》一文中，郑师许先生说：夫学术，公器也；学人尤不必界限其国籍。使子墨子果知为印度人，于我国民族之光荣，固无所增减，而仆之所以呶呶不已者，盖治学之态度，不容不审慎也。这是一个小例，但看出一位历史学者应有的胸襟。

(二)金石学向文物学、考古学演进的推手

不晚于东周时期，在我国就有了古物的研究，到了赵宋时期，一门具有中国特色的古器物研究学科——“金石学”全面

凸显。郑师许先生将金石学定义为：研究前人所遗金石诸器的名称、式样、用途、年代和附着器面上的文字的科学。（见《金石学的定义及其研究的对象》）对于“金”，他阐释道：吉金彝器为上代物质文化之结晶，其在我国古史上之地位，与书本之记载，风俗之流传，为有同等之价值。自来历史学家莫不重视之。辨伪一事，本为研治一般学术之最重要工作，矧吉金彝器之有伪作，已为前述之多乎！则今兹所论，诚有不能已于言者。吾请得以三事明之：（A）从器物入手，然器物之攻究，又可分为（1）铜质、（2）花纹、（3）色泽、（4）装饰、（5）手法、（6）成分六方面以辨别之；（B）从款识入手，分为（1）铸法、（2）部位、（3）书法、（4）款式、（5）后刻、（6）铭伪六方面以辨别之；（C）特殊鉴别法，分为（1）调查来历、（2）参稽载籍两方面。（见《吉金彝器之辨伪方法》）他对于旧金石学的认识是全面的。

他又指出，先民物质上的遗物，如殷墟甲骨、流沙坠简、乐浪漆器、南越木刻，以至陶玉瓦砖之类，非金非石，我们研究的人，难道真的能够将它割爱吗？实际上也都在我们研究的范围之内。所以他以为应当说得稍为宽泛一点，说是“金石诸器”以便把它们都包括在内里。换言之，这种学问就是考古的一部分学问。我们又把它加上“中国”二字，所以表示这里所研究的，只限于中国的东西，外国的并不在内。自来研究这种学问的，向来有两派的人，一是专供赏鉴的，叫作赏鉴的金石学家；一是专事考证的，叫作考证金石家。近人宣愚公《金石学著述考叙》谓：“金石家者往往长于考据，短于赏鉴……求所谓金石家之书读之，正如老饕之简食单，望屠门：好色者报巧笑美目之图，诵惊鸿游龙之赋。……”考证的金石学，诚然不免有这种弊病，但不尝过这种考证的苦头，徒言赏鉴，将不免如前世的盐商烟贩，琳琅满架，尽属赝器伪刻，又何足以言学问？这篇所述，学者直视为“食单”便算了。（见《金石学的定义及其研究的对象》）他在《铜鼓考略》等文论中，开创性地提出以生产工具划分古代史。从郑师许先生的这一些意见中，可以看出他正在摆脱旧金石学的藩篱，走向现代科学的文物学。考古学是20世纪初传入中国的，中国一部分学者认为它是纯由传入的先进科学；一部分学者认为考古学在中国有它的前源就是金石学。郑师许先生表达得不是十分清晰，却说出了金石学对考古学在中国成长的促进作用，以及金石学发展为现代文物学期间的复杂关系。他的意见，基本上是正确的。

1930年郑师许先生在上海正风文学院担任金石学、古文字学任课教师时，发现没有初学者的课本，提出考古学至今之所以不能发达，实因通俗的书籍供应太少，要编一种通俗考古学书。郑师许连续在《考古》社刊发表了《通俗考古学丛书编辑计画》《日本考古学界最近之概况》《印度考古学发达史》《为上海市博物馆接收晴韵馆收藏古钱小记》《考古学与乡村政治》等多篇文章，致力于向中国考古学人介绍海外考古学的进展，并关注考古学普及。1933年5月14日，中国考古学会成立，郑师许先生是发起人之一。1933年6月，郑师许与容庚、徐中舒、容肇祖、商承祚、董作宾、张荫麟、孙海波等12位先生发起成立金石考古学组织，定名“金石学会”；1934年9月1日正式成立并改名为“考古学社”，这是中国最早的考古学家社团，并发行《考古》社刊。郑师许先生对于考古学的基本认识是：考古学为遗迹与遗物研究之学，即以遗迹的层位学的研究与遗物的型式学的考察，以考究人类过去的文化之学，与我国所谓金石学者不同。这里所说的古物发掘，系专指现代的考古学而言，故虽容庚所撰集的《秦汉金文录》中收集秦铁权三、诏版疑铁权二，这里不举以为例证。[见《我国铁器时代(Iron age)之新考察》]在这里，郑师许先生是将金石学与考古学划了界限的。他谈道：我国向来只有骨董家没有考古学者，故真正的脱离玩古董的玩意，而为现代化的考古攻究，是最近二三十年间的事。郑师许先生盖欲使吾国人明白这种新事业的真面目。我国考古事业的前驱，要数到九百年前左右的北宋末年。其时的学者，因受史学发展的影响，盛行搜集考证金石古器，如李公麟、刘敞、赵明诚、吕大临、薛尚功、洪迈等辈，均可算为此学的先锋队。他们研究古器物的态度，不外乎"明其制度""正其文字""考其世谥"而已。至清朝末年，因考证学发达的结果，此学更为盛行。如冯云鹏、阮元、吴式芬、刘心源、吴大澂、孙诒让、叶昌炽、蒋斧，皆为此学著名的人物。民国以后，罗振玉、王国维振其遗风，此学遂以大盛。计这一类的著作，总在一千种以上，但我们严格的考核一下，这些只能算是金石学，不能算是考古学。所以我们只好叫它做考古学的先驱罢了！(见《我国考古事业之回顾》)这些意见都值得反复玩味思考。

在抗日战争中，郑师许先生说：一定有人笑着问我，"在这万方多难的年头，谁愿意听您的噜苏的话？"我可以很恭敬的答覆："我愿意终身做一位考古学的牧师，无论人们的愿意不愿意来听，我总是一般布道的。"万一我国或者世界是需要学术来救起它的，这考古学一门无疑地是一种新兴的科学。(见《考古学研究法译者序》)读到这样的文字，真为他的精神、事业而动容。

郑师许先生结合文物学和考古学的研究，在一些具体的项目上也做出了超越前任的贡献。

例如对于中国铁器的出现，他说：孙诒让乃创为铁兵易朽之说，朱希祖则谓："铁遭湿气，即易酸化，故埋于土中，久即失形。秦汉以前铁器，殆无保存至今之理；即有保存，而所刻花纹字形，必至消失，与寻常之烂铁同，无从认为何代之物，故秦汉以前铁器之有无须待出土之古铁器证明，恐永无此一日。"朱氏所言，即据孙氏以引申其说，然而考古学家的态度，总以求得其真凭实据，不惮烦劳，请进而求诸近世发掘所得的实物。我国铁器时代，就现时研究的结果，大约是开始于春秋战国之际，发展于战国至秦汉之交，至前汉时已完全到达于铁器时代。过此以后，则登峰造极。这是无可疑的。惟现时材料不足，不得视为不变的结论。这里所再欲提出讨论的，有以下诸问题。(一)东方西方用铁的先后。关于这问题，以其所见西史又称公元前三四世纪时，中央亚细亚诸国，直至罗马市场，铁的供给，均仰赖远东。罗马输入各铁有中国铁一种，这是未曾经过考古学工作的传说。(二)铁器传入我国的路径问题。对于铁的制造，系由蒙古条耳诸族传入中国，或铁之输入中国或北部匈奴为之媒介也，诸种假说，郑对此颇不以为然。(三)我国古代采冶铁矿的方法。[见《我国铁器时代(Iron age)之新考察》]

郑师许先生对于古代漆器有他的看法：一般人的心目中，莫不以为漆工业是日本人的专长。因为编著《中国金石学概论》，其中有一章是专论我国漆器的，于是立意搜集此种材料，但国人此种名著殊不多见；由于见到日本内藤虎次郎所著《乐浪遗迹出土之漆器铭文》《乐浪出土之漆器铭文再考》，因知此等漆工业在我国汉魏时代已极发达，东邻日本，不过由我国输入而能继守而已。彼邦考古学专家滨田耕作所著《东亚文明之黎明》一书，称我国为日本的母国，一切人种与文化，都由我国汉时代输入彼邦；今证之乐浪漆器，至少可以算是一个证据。在《漆器考》中，郑师许先生采用了当时刚刚用有机化学分析而得的分子结构，使一个古老的传统工艺，有了现代科学研究的新内容，也体现了他推动文物科技的进步。（见《漆器考》《中国髹漆之研究》等文）

汪宁生先生曾经称赞郑师许先生的《铜鼓考略》是我国第一部研究铜鼓与少数民族文化的专著。（见《铜鼓与南方民族》，吉林教育出版社1989年版）《铜鼓考略》以上海博物馆铜鼓藏品为样本，首次将国外学者研究中国铜鼓的情况介绍到国内，较早提出“铜器时代”的说法，具有一定的开创性，并被多次翻印。其在铜鼓文物的分期、分域、分类、作用、文献考据诸方面，堪称是一部典范性的著作。（参见《铜鼓考略》《铜鼓考略追记》《铜鼓考略追记续补》）

在许多文论之中，郑师许先生谈到了中国考古学的研究目的。昔吴稚晖先生说：“欲知汉族之起源，重订古史者，当发掘黄河上流秦陇一带，可得上古之遗迹，以分析证明之。”这句话当是千真万确的。自从顾颉刚发表《古史辨》以来——其实辩证我国古史一事，在外国学者已先我而为之——我国一部分的历史学家已感到这样从书本上你搬文字我也搬搬文字，是极之无聊的一件事，搬来搬去，结果是搬不出真凭实据来的。于是慢慢地有人注意到考古学的一条新路了。于是有计划有组织的西阴村发掘安阳发掘等，遂应运而兴了。在研究的方面言之，人数比从前来得多了，方法比从前来得进步了。在著作的方面言之，报告书渐渐印出来了，外国专籍慢慢翻译过来了。研究古史的人们也比从前清醒了许多了。[见《孟德鲁斯（Montelius）与考古学研究法》]他还思考了考古学的教育、教材问题：当民国十九年（1930）的秋季，“我在上海正风文学院担任‘金石学’和‘古文字学’的功课时，首先感觉着的问题，就是没有初学的课本。以‘金石学’而论，截至最近时止，前人的著作，不下一千余种，可是都是零篇琐记，只足为于这学已有门径的人们浏览；从没有有系统的通俗课本，堪为教室里讲说之用。这时我便自告奋勇，着手自编讲义，一以通俗而系统化为主。至于‘古文字学’也是犯着同一的毛病”。如有余力，可再将考古学的内涵，分门别类，编成部分的专著，如：一、有史石器通释，二、史前石器通释，三、铜器通释，四、兵器通释，五、镜鉴通释，六、玉器通释，七、陶器通释，八、钱币通释，九、东洋考古学，十、西洋考古学，等等。彷佛如坊间出版的百科小丛书性质，只求解释名词，附举图照为例；不求学理考证与史的叙述。因为这些专门事业，非我通俗考古学所宜包括的。（见《通俗考古学丛书编辑计画》）现在学界兴起“大众考古学”之风，彰显了考古学的科学作用，郑师许先生考虑到了“通俗考古学”建设，真是先驱先进者也。

（三）新型的文字学家

郑师许先生原名沛霖，因有志于古文字学研究，改名师许，“许”即汉代《说文解字》的作者许慎，表达自己师从许慎从事古文字研究的志向。他开始研究古文字学，是在1898年殷墟甲骨出土之后，正是史学大师王国维创始应用甲骨文、金文研究和解释中国古代史卓有成果的年代；也是中央研究院考古组先后三次在河南安阳发掘殷墟遗址（1928—1929），发现大量的刻字甲骨、陶器陶片及石器铜器，以及对山东史城龙山城子崖进行考古发掘（1930），首先发现黑陶的时代，自然深受王国维学说以及当时新兴考古学成果的影响。

1928至1933年五年间郑师许先生写过几十种训诂学、古文字学方面的文章及讲义。近代著名文字训诂学家胡朴安所著《中国训诂学史》一书中自叙："方言一章之材料，许多是郑师许先生所供给。因为有一时期师许为我在持志代课，恰授方言一章，《方言之注本》《方言以后之续方言》二篇，可谓出郑先生手也。"由此得知此书第四章《方言派之训诂》后两节内容由郑师许先生撰写。他也用等身著作诠释了"师许"的含义，有《说文解字集注》《说文中译音字之研究》《近三十年来中国治文字学者的派别及其方法》《古文字的语言学》《古文字的章句学》《古文字的经史学》等文字学研究著述。

现在人们能够看到郑师许先生对于汉字起源和发展的讨论：大抵吾国文字之发生，其始必为图画，在辛店期彩陶中已见之。其后由图画演进而为象形文字，则城子崖陶文、殷墟甲骨文字中亦见之。象形而甚繁复也，则以指事之法济之，所以由繁变简也。而复杂心理，又不可以无所表现焉，于是会意之法生焉。至象形不足于用，形符之技有时而穷，于是形声之事出焉。（见《我国初民文字发生之蠡测》）既和国际文字学界关于最初的文字考量有相合之处，也有立足于汉字发展的思考。

郑师许先生指出：研究文字学的人们，至少应具备下列的四个条件：第一，须有清代汉学家的考证学的方法和技能之专门训练，能检查中国文字学界的已往的成绩。第二，须通一两种外国文字，对于外国学者现时考证学上所用的方法，有了相当的认识。第三，对于考古学者所需要的基本学问，如民族学、土俗学、社会学、政治学、历史学、宗教学、生物学，等等，有了相当的研究。第四，要抱有“知之为知之，不知为不知，是知也”的决心和精神。倘是这几个条件都不具备，就奉劝他慎毋轻于着手了。（见《近三十年来中国治文字学者的派别及其方法》）这可以看出他比一般汉字学家眼界开阔之处。他还讨论了汉字研究史上新旧派别的特点：近三十年来中国文字者可分为四派，一、古文派，二、今文派，三、斯今文派，四、科学派。闻宥接连在国立中山大学的《语言历史学研究所周刊》里发表了两篇文章，一篇题为《研究甲骨文字的两条新路》，主用土俗学的方法和型式学的方法来整理甲骨文字；一篇题为《中国文字之本质的研究》，以为我国文字的形态，几千年来正演着一种迟缓的蜕化，这个蜕化的方向，是由繁重的移到简捷的，由凝固的移到流动的，欲从甲骨文中找出文字孳乳蜕化的迹象。这种工作，都系从现代各国古文字学家应用的方法推演而出，以期建立一种科学的文字学研究法。都是超出古今文字的旧圈套之外的。可惜事在草创，尚未能谈到成功两字。在从前文字学的用途，是在解经，是在说字，换言之，文字学即是汉学或国故学的基础科学。现在却不然了，自从王静安等辈，用以考史，成功所谓《殷周制度论》等文，学者之间，遂深知文字学的疆土日辟，文字学遂逐渐地成为考古学的一部分的工作。现在既然慢慢地有使之成为科学的文字学，以现代的科学知识做基础，来整理文字学，则科学界里的最重要的方法——自己假设问题，自己搜集证据以求解答——自不能

不采用于文字学中了。（见《近三十年来中国治文字学者的派别及其方法》）

在《六书总论》《象形通论》《指事通论》《说文中译音字之研究》等名著中，郑师许先生提出不少独到、深刻而有趣的观点，下面仅看一段：（一）译音字必非原始造字　原始造字为形符系统之象形，指事、会意者居多。今者译音字中如璧离之字非原始造字，决不在六书之形符系统中。（二）译音字大率为形声字　此事亦极易明白，如前节所述诸字，几于全数为形声字。惟“璧”为假借字耳。（三）译音字字无定形　译音字既可以假借字为之，故璧珋璃写作流离，琅玕写作球琳，均无不可。其音相同，其字即可假借，致后世译音字之无定形者不殊。（四）译音字原为复音字，其词二字连读或三字连读，许书则不得解说　如玉部诸字，珋下云璧珋也，琅下云琅玕似珠者，玕下云琅玕也，珊下云珊瑚色赤，生于海或生于山，瑚下云珊瑚也，玫下云火齐玫瑰也，瑰下云玫瑰，珣下云医无闾珣玗璂，必合二字或三字始成为一词，而单独一字，则不得解说；与天，颠也，日，实也，帝，谛也，礼，履也，诸字之以双声叠韵字为训者迥异。换言之，其字本非原始造字，而为复音字，故离之必不得其解说也。以上四大原则，似可以之为尺以量度全部《说文解字》九千三百五十三文而辨别其为译音字与否，若犹以为未甚可靠者，则须以《说文》中疑为外交语者，校之汉以后诸佛书或佛书辞典如《翻译名义集》之类，或史部之《外夷传》中夷语，则必可穷源竟委也。（见《说文中译音字之研究》）至今读来令人兴味盎然。

在《说文解字集注》《读殷虚文字之批判》《丁福保编说文解字诂林正编及补遗》《玉篇研究》《北溪字义在训诂学上

之地位》等著述中，郑师许先生也从新鲜的角度做了大量的介绍和解读，以下面一段关于宋代训诂学文字为例：《北溪字义》此书，目止二十有五门，所言则太极理气之源头，性命道德之宗旨，心学一贯之会归，阴阳鬼神之通复，异端曲学之流弊，逐一分疏，既极亲切，合而会通之，又极其融洽，其间体用分合，源流本末，无不纲举目张，秩然条理。然非先生之创说也，先生为朱门高弟，学见原本，故能合周程张朱之论，而约略其旨，贯串其理，著为上下卷，以示下学正的；而上达之途，即不外是焉。学者得是书而熟玩之，而后读周程张朱之全书则胸有绳约，而不患其浩瀚，于以合之六经，四子之《章句集注》，其于圣门一贯之旨，殆庶几乎！则是书之足供专治宋学之用，其在训诂学上当占相当之地位。大抵吾国训诂之书，每一时代每一思潮，皆应有一结晶作品，不先通读此等作品，不足以治此一时代之学。《字义》之功用与地位，直与《尔雅》《说文》《玉篇》同焉可也。（见《北溪字义在训诂学上之地位》）

（四）充满热情的博物馆学家、教育家

前面叙述了郑师许先生在历史学研究、考古学和文物学研究、文字学研究方面的重要贡献，这些是不争的事实。可是终其一生，他对博物馆事业的热爱，以及一生将自己看作一位老师，则是自始至终的亮点所在。

郑师许先生是继南通张謇之后，又一位对近现代博物馆事业特别关注的先进的中国人。他认为：博物馆乃保存最足以说明自然的现象及人类的业绩等物品，利用之以为民众知识的向上，及文化事业的发展之一种设施。近来在欧美各国的教育思

潮中，大多数主张实验主义的教育和直接的教学法。这种话在我国的出版物中，也唱导已有多时。而我们回顾国内的学校，真能有这种完备的设备，和真能做到这一步的，究竟有几所？教者还是读课本，学者还是读课本，历史一科是只好读读课本，地理一科也是只好读读课本，甚至理化自然等科有时也只好读读课本。无怪人们说我国的教育是打了折扣的教育，不是耳眼口手全到的教育。说儿童的天才不及别人家吗？教师的本领不及别人家吗？不是，可以说全然不是。实在是因为课本上所讲及的事物，儿童有时绝少机会可以看得到的，尤其是历史地理等社会科学，有时并且连当地上的东西也无法见到。（见《论吾国急宜提倡博物馆事业》）这种将博物馆视为重要的公民教育机构的看法，远胜于那种藏宝、炫富式的收藏观。20世纪30年代初，郑师许先生受命筹备上海博物馆，历时数年，博物馆于1935年落成，郑先生任该馆艺术部主任。在筹办期间，他曾写信向当时在日本且从未谋面的郭沫若求教，郭沫若从东京寄来关于外国博物馆的日文书籍数种，内容涉及资料搜集、展馆布置、展品保存、橱柜展出及橱柜图样等。郑师许先生还结合上海博物馆的征集工作，与商承祚教授同赴安徽合肥调查双墩集六朝古墓的田野考古工作，写有调查报告。郑师许先生是博物馆理论的开拓者、博物馆事业的实践者。

郑师许先生的教书生涯开始于入大学之前，后来终身不离教书岗位，以教书育人为乐，成为他生平事业的一个重要方面。这一点在众多人包括他子女的回忆纪念文章当中，都有大量的非常感人的记载。郑师许先生的教育理念和实践，有这样几个明显的特点：第一，他的教育目的在开发和提高民智，振兴中华。在国难当头之际，他热爱祖国、誓雪国耻、为国育才的精神大放异彩，他常将欧美日本的教育状况与我国作比较，认为欧美日本等发达国家，国民素质（当时亦称民族性）之优秀与教育普及程度关系极大。在坪石任教期间他从基础教育入手，编撰初中历史地理教科书，开设中国边疆史课程，撰写《中国边疆史》《中国边疆史纲要》《香港问题》《刘铭传与台湾》等论著，以历史研究的方式驳斥当时的侵略史观，维护国家领土完整。第二，在前面讲到的若干部分，包括历史学、考古学、文物学、文字学等的著作当中，郑师许先生总是把科学的问题和正确的教育方法结合在一起，他的许多著作既可以看作有关学科门类的专著，也可以看作教育学的论文，这是一个非常明显的特点。第三，他力除旧式教育科举遗毒，克服在故纸堆里埋头训诂育人的方法，既精通本国文化又融合西方文化，择善而从，博采众长。他不光接受西洋文化的成果，最紧要的是接受西洋科学方法、教学思想，从不拒绝世界上先进的教学理念和教学实践，但是也不盲从，而是有分析、有针对地应用于祖国的教育事业。第四，他关爱底层，以教育造福乡里为自己的终身之任。这里举一个例子，他在介绍日本学者的文章当中，明确地把先进的教育理念带入其中：考证古代文法各例，不过是摘录数条，以见一斑，欲知详细者，当然要阅读高田氏原书。其次关于补订我国经史的，高田氏的贡献更大。现在请就经而论，高田氏以为，凡属殷周真实的古器，它的文字，与经书所载相合的，可以互证；又或事实相合，而经书的文字有误，则宜用以正经；又或事实与经书不合，这大概是经书的逸脱，则宜用以补经。高田氏在礼乐方面的研求，所得的成绩也不少。大抵高田氏的特点有四：第一，高田氏研究我国书法，凡五十余年，原书于我国书法源流，讨论极详；故能从书法上，辨别器物的真赝。第二，高田氏享年极高，上得及见吴大澂、陈介祺诸氏，下得与罗振玉、王国维、林泰辅、大村西崖、内藤虎次郎为友，得读诸家之书，收商榷借助之功。第三，他生在日本政治清明、科学大兴之时，举凡世界上考古的学说，已有翻译与输入，以加富其整理的常识。第四，高田氏的态度最为公平，对于汉学今古文学派无所轩轾，无入主出奴之见。(见《高田忠周与学古发凡》)

以上从四个方面介绍了郑师许先生的成就，显然这是不够的，先生的学识博洽深广，即在今天，学者们也很难达到这样的程度。我相信只要认真拜读了郑师许先生的著述，都应该能寻找到更多的值得研究光大的亮点，他真正是在20世纪上半叶树立了一个爱国、爱真理的优秀知识分子的光辉典范。由于时代的局限，郑师许先生的研究当中不免也有一些不足之处。时代在进步，考古学也在进步，收获远非20世纪初所能够预期的，这些是我们今天的学生辈不能强求于先人的。

三

近年在广东东莞逆水流龟村堡建立了郑师许陈列馆，记述了他的生平事迹，以示纪念。郑师许一生著述宏富，在治学过程中始终坚持“求真致用”，在历史学、古文字学、考古学、中西交通史研究等方面成果丰硕。

就当今的时代来看，由于新技术的发展，在一定程度上已经超越了电脑时代，而进入了一个全新的时代，可能也可以称为“新质生产力”时代。回看一下人类发展的历史，人类文明就是一步一步的由低级走向高级，由于时代发展得太快，新技术层出不穷，人们往往忘记了来路，忘记了人类文明史的初期。我以为无论人类发展到怎么样的高度，都应当回顾文明的开始阶段、初期发展阶段，从文明的源头了解人类发展的动因和基本过程，这就是现在重视历史学、考古学、文物学的原因，必须从这些学科的代表性人物及其著作当中汲取营养，郑师许先生正是这样的学者典型。郑师许先生首先是卓越的历史学家，他会以精深的研究和等身的著作永存于历史。

先生辞世之年，正是小鹿来到人间之年，忽忽七十余年过去了，可是再度拜读郑师许先生的遗作，还是感到那么蓬勃、那么充满活力！他是长我们数辈的先贤，也是一同前行的同志。在此想到南京大学老前辈、郑师许先生的导师和老友陈中凡先生一九三八年七八月间的诗《和郑师许梧州见寄韵，并示吴辛旨》："湖海交游忆往年，茫然万里各华颠。遥闻南海培风翼，近泛西江载月船。书翰连犴令长质，图经赅洽广文虔。江山文藻予怀渺，望断苍梧起暮烟。"（载《清晖集》，书目文献出版社1987年版）郁穆熨帖深沉，小鹿不由依韵写下56个字，以表达对郑师许先生的敬意，以及继承郑师许先生事业的寸衷："悬隔先生七十年，欣然奉教读峰颠。恨无绛帐关山翼，幸有杏坛洙泗船。师许夜灯稀纯质，沛霖朝拜重诚虔。沧茫粤海踪虽渺，初晷催征继夕烟。"

周晓陆

2024年5月10日于南京大学桂山麓

整理说明

一、本集主要收录郑师许先生公开发表之论著及遗存文字等凡163篇，附录6篇，共计169篇。

二、本集根据郑师许先生著述所涉及的内容，大略分为七类：历史文献、语言文字、考古文博、史地交通、艺文民俗、桑梓杂识、砚边絮语。书前有相关图片若干，书后有附录。

三、本集以收录报刊论文为主，少量短文因报纸版面模糊不清，无法卒读，故从略；篇幅较短的单行本，如《漆器考》《铜鼓考略》等，则适当收录。

四、本集各卷之下各类篇目，大致以出版或发表时间为序，首撰著，次译作，按年系之。为便于归类分册，个别著作出版或发表之月次、卷次、期次不再细排。

五、本集所收著作一律采用原标题，原无标题者，兹摘首句以题，如《现代化的考古学》，文末均标明出处。未问世之手稿，文末亦注明。

六、本集所收内容，原为竖排者改为横排，繁体字者改用简体字，但在字形比较和专用名词方面必要时保留繁体字。原文用旧式标点者改用今之规范标点，用新式标点者仍其旧；部分未有标点者，由整理者点校。凡由整理者点校或加工标点的，均以页下注注明。原文之尾注、文中夹注则一仍其旧。原文章发表时标题中涉及著作而未加书名号但正文中已标注者亦仍其旧。

七、本集的整理坚持尊重原作的原则，尽可能地保存作者个人的语言风格及其论著的历史原貌，除了个别明显讹误处修改，其余不作任何增删与修改。已修改处出页下注予以说明。对于原文中部分于民国间混用的字如“那—哪”“她—他—它”“的—地—得”“很—狠”“见—现”“智—知”“籍—藉”“源—原”“辩—辨”“份—分”“纪—记”“杨—扬”“象—像”“吧—罢”“番—蕃”“文—纹”“型—形”“竟—镜”等，一仍其旧；如“利害—厉害”“甚么—什么”“透澈—透彻”等词语，亦仍其旧。凡缺字或今无对应字者均照原样摹画增补，以保持原貌。个别模糊不清、无从判断之字，以“□”代替。

总 目 录

历史文献

目 录

【附译作】

墨翟为印度人辨驳议[1]

顷读《东方杂志》二十五卷八号，胡怀琛君著《墨翟为印度人辨》，窃以为胡君武断太过，不惜灭裂史实，厚诬古人，非学者忠实学问之道，故不可以不辨。

我国自新文化运动后，整理国故之说，甚嚣尘上。顾整理古史经传文学者不乏其人，独于诸子百家之书，除有摭拾一二以便其学术史之叙述者外，求如胡君之勇于怀疑者，殊未多见；[虽数年前有北京《晨报副镌》张某与梁任公先生讨论老子有无(?)；东大《国学丛刊》陈旦考证《列子·杨朱篇》真伪(?)；但此等文字不多见。]使胡君此文，能卓然成一家之说，仆亦何必多所苛求。无如胡君素以国故学蜚声于海上，其言论足以左右学术界之观听，而《墨翟为印度人辨》一文，毫无佐证，绝对不能成立；而清代汉学家精密比勘，不妄下断语之家法，扫荡无遗。此不能不将仆之见解，就正于胡君，而求胡君明白答覆者也。

胡君原文大意谓：

---

①编者按：本篇局部标点、外文字母有改动。

一、墨翟者“黑狄”也。因面黑或衣黑而称“墨”，因外国人而称“狄”。

二、墨翟，印度人也。

三、“兼爱”“节有”，佛学也。

四、“天志”“明鬼”，佛教也。

五、“名学”，“因明”也。

六、“无父”，出家也。

七、“摩顶放踵”，秃头赤足之僧装也。

八、索卢参，印度字之译音也。

兹不揣鄙陋，试就事实，逐条反驳，以明其不足信。

“墨”非姓，实为学派之名，其说创于江瑔《读子卮言》，其言可信。江君积学之士，其《读子卮言》一书，若论农家诸章，尤多独到之见，仆八年前得读此书，叹为奇宝，而胡君论“翟”即“狄”之别写，其说亦精。然不能以此即肯定其为印度人也。《论语》：“子欲居九夷。”九夷即在今日山东沿海诸地，亦为当日齐鲁之邻邦。盖殷周之际，所谓华夏民族者，其势力不出雍岐河洛一带，即所谓黄河流域者是也。故齐太公初至营丘，莱夷与之争国（见《史记》），鲁则密迩淮夷徐戎（杂见《诗书》），晋则“疆以戎索”（《左》定四），“狄之广莫于晋为都”（《左》庄二十八）；籍谈谓：“晋居深山，戎狄之与邻；王灵不及，拜戎不暇。”（《左》昭十五）使子墨子而果为外国人，亦不过齐鲁间之尚未混合于中国之夷狄耳。况子墨子为鲁人（从孙诒让说），而仕于宋，见于本书《贵义篇》《鲁问篇》，昭然可考乎！

胡君谓：其面黑，疑墨翟为印度人。庸讵知墨者形容枯槁之谓，其学派特色如此。《庄子·天下篇》称其：“其生也勤，其死也薄，其道大觳；……日夜不休，以自苦为极，曰不能如此，……不足为墨。”又曰：“虽枯槁不舍也，才士也夫！”则其面黑为枯槁之象征也明矣，胡君何得以今日红头阿三之面色而遽疑子墨子哉？夷考印度古史，有阿利安人与非阿利安人之别，然则胡君谓子墨子为阿利安人乎？为非阿利安人乎？谓为阿利安人欤，则是族也，源出欧洲，与古代希腊罗马，今世英法德意人为同族，在当时固白皙人也。（见王桐龄新著《东洋史》第二编三十四页及四十七页）谓为非阿利安人欤，则据印度史所载，其族为浅化之民，决不能产生伟大人物如子墨子者。胡君又谓或其衣黑，则僧衣缁衣，缁亦黑也。此盖误以后世之事实而厚诬古人也。是乌乎可？

胡君又谓：“兼爱”“节用”，佛学也；“天志”“明鬼”，佛教也。此又当分别言之。夫佛之生，迄无定说；而印人于历史观念，又素不重视，即其今日所存最古之《吠陀经》（Veda），亦不过不冠年月之史诗耳，故印度史之研究最难。摩腾对汉明帝云：“佛生周昭王二十四年甲寅，卒穆王五十二年壬申”；隋翻经学士费长房撰《开皇三宝录》，云：“生鲁庄公七年甲午，以《春秋》恒星不见，夜明，星賈如雨为瑞应，周匡王五年癸丑示灭”；《什法师年纪》及《石柱铭》云：“生周桓王五年乙丑，周襄王十五年甲申灭度”；诸说纷纭，皆不足信。此外又有谓：佛生夏桀时，商武乙时，周平王时者（俱见严复《佛生卒年月考》），则更滑稽支离矣。梁任公先生《中国历史研究法》谓：“近年欧人据西藏文之《释迦传》，印度石刻文，巴利文之锡兰岛史，复将此诸种资料中有言及佛灭年者，比较推算，确定佛灭年为纪元前四八五年。”《印度五千年史》谓：“释迦以纪元前五五七年（周灵王十五年）生，前四七七年（周敬王四十三年[①]）逝。”使此说而果可信，则胡君之说，亦不能成立。子墨子生卒年月，据胡适氏考证，谓为大概生在纪元前五〇〇年至四九〇年（周敬王二十年至三十年）之间，死在纪元前四二五至四一六年（周威烈王元年至十年）之间，墨子生时，约当孔子五六十岁。（见胡著《中国哲学史大纲》一百四十七页）梁任公先生则谓其生于前四七〇至三八〇年之间。（见《先秦政治思想史》一百六页）之二说者，以胡适氏考证为最可靠。则是子墨子之生，佛释迦尚未寂灭也明矣。而据印度史所载，佛行年二十九岁，乃入深山求道，以三十五岁始豁然开朗，创立宗教，说法凡四十余年；迨释迦入寂后二百年间，佛教乃流行于恒河流域。然则当子墨子正在中国大唱“兼爱”“节用”“天志”“明鬼”之时，佛教是否成立，尚属疑问；或正值其高弟摩诃迦叶等肆力奋志之时。而胡君必指而名之，曰：此佛学也，此佛教也，毋乃太武断乎！若谓子墨子之思想，固与释迦同受之于婆罗门教，则彼教固明明崇拜阶级制度，与“兼爱”何涉？即佛氏慈祥恺恻，与“兼爱”有类似之点，而“节用”与佛学又何得相合？且子墨子之主张以武力“非攻”，重守御（详见《公输篇》中）；完全为战国时代背景之产物，与印度思想不类。而其《备城门》以下诸篇，与夫《经》上下《经说》上下，似皆言科学与武备诸事，为印度全部思想所无有。（案印人受太阳恩惠多，得天独厚，故科学思想，始终未见萌芽。）宁能谓之出于佛学乎？吾知胡君亦将无辞以自解也！至于“天志”“明鬼”诸思想，则发生

①编者按：原稿为“周敬王十三年”，公元前四七七年当为周敬王四十三年。今改。

于我国民族浅化之际。“殷人先鬼”，除见诸古经传外（如《尚书·盘庚上》《盘庚中》《多士》各篇均有其文），即迩来洹水之上，出土诸甲骨文字，亦多记其文。《论语》：“子曰：禹吾无间然矣，菲饮食而致孝乎鬼神。”注：“马融曰：菲，薄也。致孝乎鬼神，祭祀丰洁也。”（见日本正平刊本《论语集解》四卷十八页）远者且不具论，即此夏商之事，已足证明“明鬼”“尚同”“天志”，乃真正华夏民族本家老店之货色，子墨子不过稍加整理，使成为有系统之学说，便于说法耳。夫何必以使用洋货为风头十足耶？

胡君又谓：“名学”为我国素所未有，而子墨子突然发明，一蹴即造此精深之域，疑其“名学”，即“因明”也。殊不知各民族之进化也，自有其历史过程，苟其进化而达相当之时候，自有某种思想学术之发明，不必同出于一源也；各国“文学”“史学”“哲学”“美术”之发生，皆然；何独于“名学”而不然乎？有老子之无名，孔子之正名，开其粗浅之途径，则后之学者，何尝不可极几研精乎！孔子系《易》：“极天下之赜者存乎卦，鼓天下之动者存乎辞。”演绎推理，确乎已发生矣，至子墨子而后进展之，至别墨时代乃始完全成立，此正合于进化之秩序，何得以此而疑之。且也亚里士多德不尝于古希腊时代发明三支论式乎？然则何尝必由印度传至也，谓之暗合则可，必谓之辗转传布则不可！

胡君又谓：“无父”，即出家；“摩顶放踵”，秃头赤足之僧装也。考子墨子书十五卷具在，即其散见之佚文，经孙诒让氏搜集者，并无提倡无父，及必去其宗族姓氏以符“兼爱”之义之言。孟子以卫道自任，丑诋之耳。即赵氏注此节，亦曰：“若杨墨之徒，无尊异君父之义，而以横议于世也。”（据涵芬楼景宋刊本《孟》六之十三叶）盖儒家方以尊君亲父倡于时，今见子墨子之学说，微有异同，故执其无尊异君父之义之弱点，以为攻击排斥之口实。赵氏之注，至为明通。宋儒空疏，朱注尤不足置辩。赵注又谓："兼爱他人，摩突其顶，下至于踵，以利天下，己乐为之也。"（宋刊本《孟》十三之十一叶）胡君不依旧注，改"放"为"放任"之"放"，以曲就其说。然试问只是秃顶赤足，何利于人乎？摩縻古字通，"摩顶放踵"，当为"縻顶至踵"；亦犹之禹亲自操橐耜，而九杂天下之川，腓无胈，胫无毛（见《庄子·天下篇》引子墨子语），以利天下而已。与佛教之僧装，真风马牛不相及哉！

胡君又谓：子墨子之弟子辈，姓名多不经见，索卢参则印度字之译音也。此可谓完全不知古学。试问氏族之制，起于何代？殷商以干支为人名，犹之今日No.One，Mr.B.之呼谓耳！周初制礼，始尊男系；然姓氏之制，犹未大行也！姓名之不经见，顾何必肯定其由印度字之音译乎！孔门之徒，有漆雕开，廉瑀，宾牟贾，颜涿聚，鞠语，馯臂弓。（据《曝书亭集·孔子弟子考》）孟氏七篇，亦有咸丘蒙，桃应，盆成括诸人名字，亦皆不经见。岂诸人者，亦悉来自日本，高丽，琉球，菲律宾诸地，而悉为译音者乎？毋亦以氏族之制，初行于世，有从众有不从众而已！

要之：胡君所假定墨翟为印度人者七事，征之子墨子书及古代史实，无一相合；则胡君此文，其不能成立也明甚！胡君亦自知其武断太过，复假为或人之问，以广其义。而俱以数千年后之史实，比例附会，尤犯考据家之大病。其言子墨子以帆船至，与晋之法显，梁之达摩来去同。殊不知特质之进化，由粗而精，名同而实异也。刳木为舟，舟之用舍便否，操舟者之险顺与否，莫不有其时代历史。由周而来，以至两晋南北朝千余年间，人事之进步，何可抹杀。《左传》城濮、殽、邲[①]诸战，以战车相斫耳！及至《通鉴》所记赤壁、淝水诸战，莫不舳舻千里，运漕万艘。舟楫之为用，同乎？否乎？且也子墨子自印度浮海而来，雕题交趾，何独无所闻见？抑其时航运为已盛乎？不应于周秦数百年间，别无操舟而至者。抑为未盛乎？则子墨子独不应以一人飘然而至。据国史所载，佛教东来，尚假借大月氏之手；张骞通西域，出条支，复马行六十余日，始至安息。使子墨子时，由山东而南，海运已通，其后五百年间，当西汉之末造，固当海陆交通俱盛也，而其难至也如此，则胡君之说，为不足据，可知矣！

若谓子墨子书，即佛经之异译。此亦不足置信。姑无论自佛释迦入寂以后，经弟子第一次、第二次结集，始能编纂经典。即令子墨子所见之《百国春秋》(《史通·六家篇》引，并见本书《明鬼篇》)，为携来贝叶之本，何以当世评学之士，如荀孟庄韩，俱不明斥之乎？而佉庐之文，伽蓝之塔，均不见之时贤之书。即汉世《淮南王书》，亦无片言及之者。是则子墨子非从身毒天竺飞来也明矣！至以竺震旦拟其呼，元客卿例其仕，更何从说起耶？

子墨子之学，源出夏禹。殷商之际，学在巫史。“鲁惠公使宰让请郊庙之礼于天子，桓王使史角往，惠公止之，其后在于鲁，墨子学焉。”(见《吕氏春秋·当染篇》)然则非子墨子之托言也。《淮南·要略训》谓其：“背周道而用夏政。”清儒孙星衍氏比勘诸子百家之书所记载，以为举凡“兼爱”“明

①编者按：原稿为“泌”，当以“邲”为是。今改。

鬼”“节用”“节葬”皆禹之教也。（见孙氏《墨子注后叙》）近儒柳翼谋先生亦谓：“大抵‘尚同’‘兼爱’‘节用’‘节葬’之义，多由夏道而引申之，凡所谓圣王之法，疑皆夏时之法。”（参考《学衡》，柳著《中国文化史》第十五章忠孝之兴）则其渊源所自，固信而有征矣。抑尤有进者：禹之上世，五行常胜之说，囿蔽人心，鲧以土堙水，汩陈其五行，至禹乃发明五行毋常胜之理，水乃以治。今考《墨经》有五行毋常胜说在宜之语，其《经说》下又曰：“火铄金，火多也；金靡炭，金多也。”（参考梁任公先生著《墨经校释》）近人栾调甫氏谓：“‘说在宜’之‘宜’字，乃多字之讹；宜古文㝖，与多字形近。”（见《东方杂志》二十一卷第十五号栾著《梁任公五行说之商榷》）是其所言，固禹说也。此更足证明夏禹之教，子墨子实为其嫡传。而禹翟合称（见《列子·杨朱篇》并张湛注），有由来矣。岂得谓子墨子借用中国圣人之大名，如李佳白之偶然征引孔子之言者，同其作用乎！

佛教自佛入寂后二百余年，始行于恒河流域，亦即自佛入寂后经迦叶阿难诸人一次、二次、三次结集后，而宗教之制度始确立。然墨家巨子制度，组织不密，不及百年，已风流云散，其年代固先后不相及也。即令其制偶然相同，亦何能混为一谈也。

印度民族，于政治统一观念，至为薄弱；而子墨子政治哲学，则主“尚同”。诸侯上同于天子，天子上同于天，直欲以天统治天下，其理想与天主教之教皇相似，与印度民族思想相远。盖正以其生于中国，目击周自平王以后，王室夷陵，诸侯攻伐不已，而欲觅一途径以收其大一统之效也。

时至今日，学术上之异说，亦已多矣！法人拉克伯里

(Terrien de Lacouperie)倡中国民族西来说，谓：神农即巴比伦之莎公，仓颉即但克。日人白河次郎附和之，其所著《支那文明史》，引证至六十余。及德人Friedrich Hirth《支那古代史》出，痛论其无稽。(见日本渡边秀方著《中国哲学史概论》序论中)近日我国学者，始不敢推波助澜(前人如刘师培丁谦等均笃信拉氏之说)，自附于闪含诸族。夫学术，公器也；学人尤不必界限其国籍。使子墨子果知为印度人，于我国民族之光荣，固无所增减，而仆之所以呶呶不已者，盖治学之态度，不容不审慎也。质之高明，以为何如？

十七年，七月，二十一日，写完

(原载《东方杂志》第25卷第16号，1928年)

高田忠周与学古发凡[①]

目录

一、序论

最近陈德征在日本研究丛书里分析日本民族性的特点为二十种，最后一种为“好学问喜研究”（见该丛书提要页十四）。诚然，日本人有了这种特点，所以在三十年来新著的翻译的刊物极一时之盛：

①编者按：本篇局部标点、外文字母有改动。

日本出版图书年表(根据昭和四年《时事年鉴》页三九三)

年次	单行本(部)	其他(部)	杂志(种)	总计
大正一二	一〇九四五	一〇五九六	一八四〇九	
一三	一四三六一	九七三五	二三五三三	
一四	一八〇二八	一二八四四	一五六三六	
昭和元年	二〇二一三	九四六八	二九二九〇	
二	一九九六七	九五七六	三三七一五	

即以最近一年而论，专门的出版物竟达六百九十三种之多，其中关于中国或支那学的有二十二种(据昭和四年《每日年鉴》所调查，见该书七六五页—七六八页)；可见他“好学问喜研究”的真相了。加以迩来日本朝野上下日以侵略我国为事，所以我国便不啻成为日本一部分学者研究的对象。“你们试跑到日本书坊店里去看，日本所做关于中国的书籍，有多少？哲学，文学，艺术，政治，经济，社会，地理，历史各种方面，分门别类的有几千种，每一个月杂志上所登载讲‘中国问题’的文章，有几百篇。”(详见戴季陶著《日本论》页一一四)所以日本人对于支那学的研究，是极值得我们中国人去注意的。作者不自揣浅陋，写成这篇，也无非想报告一点“此中消息”于我国学术界之前，使大家知道自勉或借助而已！

在日本人研究支那学之中，就作者短浅的视野所知道的，文学方面有铃木虎雄，古城贞吉，岛儿献吉，盐谷温，宫原民平，羽田亨，狩野直喜，内藤湖南，青木正儿诸人；哲学方面有服部宇之吉，宇野哲人，武内义雄，小岛祐马，本田成之，狩野直喜诸人；而史学，佛学，文字学各方面的学者，也自不少；或则已有成书，或则正在研究。而其成绩最大，影响学术界最巨者，则为林泰辅的《周公及其时代》，桑原骘藏的《蒲寿庚的事迹》，新城新藏的《东洋天文学史研究》，大村西崖的《密教发达志》，矢吹庆辉的《三阶教的研究》，高田忠周的《古籀篇》和《学古发凡》，这些都是伟大的作品，而高田忠周的巨著，乃是新近成书的，我国学人，知者尚少，尤为有绍介的必要。

原来日本与我国为同文同字的国家，他的学者自小学渐次升入中学大学，汉字的认识渐多，倘能再有三四年的专功研究，通读汉籍是不难的。而其少年时，所读的课本，采用我国的故事或典籍常居十之三四；故其研究支那学，迥非如欧美学者根本不识汉字，往往道听涂说，臆测武断，牵强附会，不合事实，即如某外国博士，居留我国十余年，讲学演说凡数十次，却不能阅读我国旧书，执笔不能成我国文字，故其所为发表他的对于我国的观察，往往浅薄，作者第一次与他谈话的时候，他偏爱说中国的南部的民族异常活泼的原故，实因为他们是从印度迁徙而来的，问他有什么证据，他则谓为心理学上研究的结果，而又不能举史实上的证据。又如韦尔斯《世界史纲》对于东方各国的时代与史实，全不清楚：

> 秦王（后于亚历山大第一八十年）痛恶古训之为害，乃欲毁灭书籍，其子始皇帝立，大索儒书而焚之。The king of T'sin（who lived about eighty years after Alexander the Great），impressed by the mischief "tradition was doing in the land resolved to destroy the entire Chinese literature，and his son Shi-Hwang-Ti the first Universal Emperor"，made

a strenuous attempt to seek out and destroy all the easting classics.（原文见韦氏书一九五页，译文据梁思成本一五九页）

不特遍查我国史书，并无始皇之先已有计画焚书之事，而“孝文王庄襄王享国之日浅”，据日人森田铁三郎等编著之《模范最新世界年表》，亚历山大第一以西元前三三六年即位，则所谓距亚历山大第一八十年之时，正是秦昭襄王未薨孝文王未立的时候，始皇帝又那里是这位秦王的儿子呢？始皇帝直至他在位三十四年的时候，才由李斯议及焚书。以这样仅知以希伯来波斯代表古代东方的欧美学者，研究我中国的古学，无怪其谬误百出，这里不过算是一个小小的例证吧了。至如大著作家张伯伦教授（Professor Chamberlain）竟把“二十四孝”当作日本的故事（见少年史地丛书《日本一瞥》页十七），那就更闹大笑话了。所以以西洋的学者研究中国古学的成绩，远不及日本学者之大；而其可信的程度，又远不如日本学者所研究的之多；这是由于环境所造成，不能怪责他的。

二、高田氏小史和他的名著

高田忠周，是日本东都牛込人，号士信竹山，又号未央学人；文久元年五月九日生（西元一八六一），去年六十八岁，在他十岁的时候（明治二年），即从日本学者村田直景，岛琦醉山研究汉学，至十八岁时（明治十一年）就植村芦州氏研究汉学及文字学，和汉诗汉文，汉魏晋唐的书法。翌年刊行他所书的《五体千字文》，有神手之称。其后所从质问汉学的先生如大桥陶广，竹内朴斋等，皆一时硕学之士。至二十四岁（明治十七年）以后，他即辍童子师之业，专心研究《说文》六书之学，以及三代秦汉古文字的读法写法，得先辈庄原和的指导，已略有头绪。在那时候他已经担任书写日本印刷局纸币，公债证书及贵重制品的文字，有名于当世。三十八岁（明治三十一年）以后以重野文学博士的推荐，担任说文会的讲师，有《说文段注辨疏》（二百余卷）之作；越二年为明治三十三年（西一九〇〇），氏四十岁，始着手起草《古籀篇》。其后屡有增补，为《古籀篇》正编续编，阅十八年为大正七年（西一九一八），而《古籀篇》改定本一百卷至是完成；乃继续着手撰著《学古发凡》，凡一年成《学古发凡》八卷计十册。他自谓该二书为氏精心结撰之作。日本学术团体如京都帝国大学，大阪每日新闻社，大阪朝日新闻社等，请他开讲演大会的，时有所闻。大正十二年日本子爵渡边千冬，故公爵德川瀬伦，关谷宫内次官，服部文科大学长，池田印刷局长谋为刊行；大正十五年书成，分赠国内各大学及公立图书馆，并赠海外各国大学图书馆，于是遂震动于欧美学术界的耳目。《古籀篇》曾经桐城派殿将吴汝纶为之作序，我国学人已有介绍过的，这里暂且不说，现在只把《学古发凡》介绍介绍吧！

他所撰著①的文字学的书籍，有《五体千字文》《行草字汇》《书体要览》《悬腕拨镫法俗解》《说文段注辨疏》《古籀篇》《说文字原谱》《朝阳阁字鉴》《汉字系谱》《说文捷要》《汉字详解》《国定汉字谚解》《圣敕字解》《学古发凡》《朝阳字鉴补正》《汉字起原与支那古代文化》，凡十六种。可以说他一生的生活，尽在文字学中过日子；我们也可以想见他搜讨之勤了。

①编者按：原稿为“箸”，当以“著”为是。今改。

三、《学古发凡》略论

《学古发凡》一书，凡八卷计十册内容：

文原第一

文字变易第二

文法第三

书法第四

经第五

史第六

礼乐第七

植物动物第八

共分八大部类，每部又分为十数类，或数十类。现在只略摘其中关于文法，经，史，礼乐各篇，以为讨论介绍。

高田氏研究我国三代秦汉的古文字凡四十余年，所以他的成绩极大。第一，他在文法的方面，有特殊的贡献；他从文字学上研究的结果，以为殷人的文法和周人的文法，大体上虽然相同，但仔细分别，自有不同的地方。大抵殷人的体例宽弛，而周人细密。这种时代上的变迁，成为殷周的分野，其区别判然可见。试举一二为例：

记载岁月日例：

〇丁子，王赐嶲畓贝，在寒，用作兄癸彝，在九月，惟王九祀肜日。（殷卣文）

〇惟六祀五日，在四月。（殷斝文）

在殷人所记，年与月相隔杂，而年与日却相连而言，这是与后世文法相异的。

〇惟王廿又三年，下云“適征八自之年”，文末又云，惟王廿又三祀。（周成王时盂鼎铭）

此文作于殷周之际，所以祀与年并称。

〇惟王三祀，四月既生霸辛酉。（周敦文[①]）

〇惟王命元年，正月初吉丁亥。（周尊文）

而周人所记年月日，则依照次第来说。

〇王受□在正月（殷贞卜文）

〇唯正月初吉元日丁亥（周钟文）

〇惟正月王春吉日（同）

〇正月初正（周盘文）

正月二字，见于《书·尧典》“正月上日”，与这里“正月元日”正相合。

〇我一月　今一月（贞卜文）

〇一月初吉（周敦文）

可见殷周的时候可以叫做正月，也可以叫做一月，是没有不同的。

〇惟十又四月既死霸。

旧说谓欧阳修刘原父均对此致疑，董逌谓，“自王即位，通数其月，是也。今考邢侯之彝云‘十八月’，《管子·轻重戊篇》云‘十三月’，古人记月，诚有不可解者”。

〇辛月一　午月（贞卜文）

是殷人有以干支记月的。

〇冰月丁亥（周敦文）

吴式芬说“冰月，见《晏子春秋》。乃十一月也”。这是记月

---

①编者按：原稿脱一“文”字。今补。

的又一个例子。

〇惟鄀正二月初吉乙丑二（周敦文）

〇惟邓九月（同）

这是记月而冠以自国国名的例子。

〇中辛父作朕皇且日丁皇考日癸尊彝。（周敦文）

〇作乒文考宝彝日辛。（周卣文）

这是以干支记载祭日的。以上为三代记录年月日的文法的一斑。

记载征伐日例：

〇伐戊。（殷彝文）

〇唯王五月初吉丁亥，□白边及中侃父，伐南夷，孚金用作宝鼎。（周鼎文）

这两文虽然繁简有别，而记载征伐的日期的意义则正同。

记飨宴射仪例：

〇王在寝㫃宫，大以乒友守，王飨醴……（周鼎文）

〇王大藉农于諆田，饧，王射……（同）

〇雩八月，初吉庚寅，王以吴禾吕犅飨。（周敦文）

与《礼经》所见飨醴习射，可以互相证明了。

记赏赐例：

〇惟二月初吉丁亥，王在周成大室，且王各庙，宰朏右作册，吴入门立中廷北卿，王乎，史戊册命吴，嗣旃众叔金，赐秬鬯一卣，玄衮衣，赤舄金车，幸弘，朱虢，鞹虎冟熏里，幸較，画轉，金角，马三匹，攸勒，吴拜䭫首，敢对扬王休命，用作青尹宝隮彝，吴其世子孙永宝用，惟王二祀。

这种例子本来极多，现在只举这一个例。此外又有记争讼订盟之事的：或有两人的事情相同，同作一个器的；或有并作几个器的；或者一个器上记一铭的；或者一篇铭文，分记在几个器上的；这种例子太多，不暇一一举出了。

对扬二字用例：

〇善，敢拜䭫首，对扬皇天子丕显休。（周鼎文）

〇敢用拜䭫首，弗敢不对扬朕辟皇君之休命。（周镈文）

〇公赐乒涉子效王休贝廿朋，效对公休，用作宝隮彝，乌虖效不敢不万年夙夜奔走扬公休。（周尊文）

〇对王休鼎其万。（周鼎文）

〇扬王休于尊。（周敦文）

曰子孙曰万年曰眉寿曰多福曰永宝例：

〇析子孙，父已。（殷鼎文）

〇进作祖辛宝敦，其万年子子孙孙永宝用，聿贝。（殷敦文）

〇用祈眉寿万年无疆，子孙是尚，子孙之宝。（周敦文）

〇用享用孝，用祈万寿，子子孙孙，永保用之。（周鑃文）

〇用祈眉寿万年无疆，永寿用之。（周簠文）

〇万年无期，眉寿无已。

〇用丐多福，眉寿无疆，永纯灵，终子子孙孙其永宝用享。（周敦文）

〇虢姜其万年眉寿受福无疆。（同）

这种的例子也极多，今不枚举，只举这几种吧。

殷周人用语与今人用语同一例：

〇王□曰大吉，王□曰吉，子夫女凶。（贞卜文）

〇吉日丁亥（周钟文）

〇今月　正月　一月　今日　（贞卜文）

〇用宁室人□人，万年宝用，作念于多反。

记吉凶月日四千年来，同一不变，可谓奇极了？又“念”字与今人“记念”一语同意。

殷周人语今世已亡例：

〇叒日，多亚叒。（贞卜文）

〇亚叒（殷匜文，但叒字的位置，插入亚字内里）

〇亚箬其华（周石敦文）

叒日可说是吉日之谓，亚叒自然是一语，似亦为嘉吉之意。亚箬与亚叒[1]为通用字，可不必思疑了。

〇王令戒曰，𠭯淮夷敢伐尻国，女其以成周师氏。戍于古自，白雍父蔑录历赐贝十朋，录拜䭫首，对扬白休，用作文考乙公宝障彝。（周卣文）

〇王弗忘圣人之后，多蔑历赐休。（周鼎文）

“蔑历”一语，所见极多，或作穖厤[2]，或作穖历，皆同；而经传绝不见，清儒考证家也无论。以上是已亡的古语的一斑。

倒置字例：

〇且辛作彝障宝。（殷卣文）

依他器的文例，可作“祖辛作宝障彝”。

〇录旁中驹父作中姜敦，子子孙孙，永宝用享孝。（周敦文）

①编者按：原稿为“箬”，当以“叒”为是。今改。

②编者按：为保留形近字比较，此处保留异体字不简化。

依他器的文例，可作“作宝隮敦，用孝享于皇妣中姜”。

〇己酉卜㱿，王西北羌伐。（贞卜文）

当作“王伐西北羌”。

〇不雨，自今日至庚寅，雨不。（贞卜文）

〇弗受　受弗（同）

这是一正一倒例，殷人似不甚拘。

——以上考证古代文法各例，不过是摘录数条，以见一斑，欲知详细者，当然要阅读高田氏原书啦。

其次关于补订我国经史的，高田氏的贡献更大。现在请就经而论，高田氏以为，凡属殷周真实的古器，它的文字，与经书所载相合的，可以互证；又或事实相合，而经书的文字有误，则宜用以正经；又或事实与经书不合，这大概是经书的逸脱，则宜用以补经。现在也举几个例子说说吧。

可证《商书》伊尹之名：

〇癸丑子卜，禾丁酉羊伊尹。

伊尹为殷商名臣，《史记·殷本纪》：“帝沃丁之时，伊尹卒，既葬伊尹于亳。”《正义》说：“沃丁以天子之礼葬之。”以这样被尊重的人，所以要祭他的时候，当然有卜祭之礼。

可证《书·顾命》“同瑁”：

〇用铸尔羞铜用御天子之事。（周齐侯钟文）

《顾命》：“太保，太史，太宗，皆麻冕彤裳。太保承介珪，上宗奉同瑁。”郑玄注谓：“一人奉同，一人奉瑁；同，杯也。”《三国志》注引《虞翻别传》云：“虞翻所见别本。铜有作同者。”清人朱骏声说：“《顾命》同字，与《周礼》典同，故书六铜相同。段氏云《说文》钟，酒器，从金重声；钟古贮酒大器，由钟注尊，其器大腹小颈，似今大酒瓮。”现在就这个齐侯钟的圆形所见，与段氏之说略合。吴大澂谓为壶，非是。虽然，郑玄之说，根本有误；可知《顾命》同瑁，或写为铜瑁，皆钟瑁的假借字。大器之酒，正可以分与一族；一杯之酒，作甚用呢？

可证《春秋左氏传》：

〇唐子　且乙（殷爵文）

阮元说：“唐国名。《左昭元年传》云，迁实沈于大夏主参，唐人是因以服事夏商。杜注云，唐人若刘累之等，累迁鲁县，此在大夏是铭曰唐，是商世唐君之器。”

〇惟正月吉日丁酉，郐王义楚，择余吉金，自作祭鍴，用享于皇天我文考。（周郐王觯文）

鍴为觯的假借字。《说文》：“觯，小卮也，从卮耑声，读若捶。”此当为其本字。清人刘心源说：“义楚即《左传》仪楚；《说文》郐，邾下邑地，从邑，余声。实则徐之本字。徐僭称王，始自偃王，见《史记》；此器称王，盖私王其国而已。古器铭可补经传之缺，此类是也。张玉珊曰：‘《左传》昭公十六年，徐义楚聘楚，楚子执之，逃归，仪楚徐大夫。今证之鍴文，义楚即仪楚非大夫，乃徐王也。’心源按：徐王不得出聘，此必义楚为公子时事，后为徐君僭称王。”

可证《商书·高宗肜日》之肜字：

〇惟王廿祀[illegible]日遘于妣武乙。（殷彝文）

〇[illegible]日　[illegible]日　[illegible]日（贞卜文）

《说文》脱肜日，众说纷纭，遂无定论。《尔雅·释天》：“绎又为祭，周曰绎，商曰肜，夏曰复胙。”《书·高宗肜日》传则谓为祭之明日又祭。《诗·丝衣叙·释文》谓，肜又作融。今按：融，元是虫声所以从虫，这里篆文从[illegible][illegible]，依照他例作“月”；而巛则显然为虫。然训为祭之翌日的祭，从日月的“月”而为虫声。肜的字旁彡，明为虫字省文之误，而读为参（日音サン）。肜与融同声，所以或借融为肜。

订正《大诰》宁王为文王之讹：

○殷器文：文父之文，借文心为之。

周器文：文考之文。

○安宁之宁。

《书·大诰》文里所见宁王，前宁人，皆为宁之讹字；又周器文里所见文王，前文人之字颇多。吴大澂说：“伏生所传今文《尚书》二十九篇，内《周书》二十篇。大澂以《大诰》为武王之命，汉儒误读文王为宁王遂谓《大诰》为周公摄政时作。大澂据文义以考正之，《大传》列《大诰》于《金滕》之前是也。”这个学说最有卓见，上揭篆文如文王，前文人的“文”字，周人多借忞为之，因与宁字有多少相似，故传写之际，有误释啦。

确定《诗》禴祠烝尝的烝字之本字：

○贞卜文：王家烝，家通假。

○周器文：祡烝祀，烝四方之烝。

《诗·天保篇》说，“禴祠烝尝”，《毛传》谓“冬曰烝”，《尔雅》作蒸。然“烝，火气上行也，从火，丞声；又蒸，析麻之中干，从草，烝声”；与祭名的意义有甚关涉呢？今征之贞卜文，金文，它的本字，固别有在，由米，禾，豆，草四文合成，即新谷盛在豆上，两手捧之，实合冬祭的意义，而它的音同烝，故经传借烝为之，于是本字遂隐晦了。

可正《论语》乱十人及《关雎》之乱的乱字：

○周器文：大嗣工，即经文大司空。

同上，有𤔲，即经文有司。

同上，𤔲乃祖啬官，借为治，实为理。

同上，𤔲土，即经文司徒。

同上，𤔲土，上之省文。

《说文》:“辞，讼也，从辭，犹理辜也；辞，理也，籀文作𤔲。又词，意内言外也，从司从言。又司，臣司事于外者，从反后。”这三个字在周器铭文里，皆以𤔲为之，𤔲古文；这可揭以为证。而它的省文作𤔔或作𤔔，遂因混乱。《论语》:“舜有臣五人而天下治，武王曰，予有乱臣十人。”今本作乱臣。这个乱字为𤔔字之误，𤔔十人与上“有𤔲”同，为司字的假借字；况且上文篆文有𤔔土，𤔔土，最足以为确证。司与臣同义，石经本𤔔傍记以小字臣，以便记忆，后人于𤔔下误入臣字，成为乱臣字样，所以愈不可解了。又“师挚之始，《关雎》之乱，洋洋乎，盈耳哉！”这个乱字也是𤔔字之误，始，与理字通，与治理的理字通。𤔲，与词字通，歌词的词字为本义之转用。孟子“不以文害辞”，那个辞字也是原本作𤔲，所以不必思疑了。就文义言，师挚振兴已废的乐曲；《关雎》的词，元来又是上上的诗词。当此双美得合，所以有“洋洋乎，盈耳哉！”的叹美，且这一章书，理，词，耳押韵，若此等误为乱字，则文义全不可通。

可正经传粤字：

〇雩四方死母瞳，雩毕行师慎中于罚，雩朕亵事，以乃族于吾王身。（并周鼎文）

这个雩字实为经传语词的粤字之原字。《说文》:“雩，夏祭乐于赤帝以祈甘雨也，从雨亏声；又或作䨁。”这本于语词之义是没有的，所以用为语词只是借用它的音而已。然《说文》

“粤，亏也，审慎之词者，从宷从亏；《周书》曰，粤三日丁亥”。是汉儒之误，𠕁𠂹相似，误𠕁为宷，遂别出另作一字。

可据钟鼎文以补《周书》之缺：

〇惟九月，王在宗周，命盂。王叒曰，盂，不显文王，受天，有大命在武王，嗣文作邦，辟乃匿匍有四方。畯正乃民在雩，即事，叡酒无敢酗，有祡烝祀，无敢醻，故天翼临子法保先王，□有四方，我戠殷述命，惟殷边侯田雩，殷正百辟，率雉干酒，故丧师已，女妹辰又大服，余惟即朕小学，女勿克，余乃辟一人，今我惟即型宪于文王正德，叒文王命二三正，今余惟命女盂，绍艾敬奋德经敏，朝夕入谏，享奔走畏天畏。王曰，鸟命女盂，型乃嗣祖南公，王曰盂，乃绍夹，死嗣戎，敏谏罚讼，夙夕□我一人烝四方，雩我其遹眚先王，受民受疆土，赐女鬯一卣□衣市鸟车马，赐氏祖南公旂用還，赐女邦嗣四白人，献□驭，至于庶人，六百又五十又九夫，赐乃嗣王□臣十又三，白人鬳千又五十夫，徧寰□□𡴆上，王曰，盂，叒敬乃正，勿法朕命，盂用对王休，用作祖南公宝鼎，惟王廿又三祀。(周鼎文)

按文义盂为殷之贤臣，武王聘而用之，其作鼎则事在成王二十三年。又有一器，小字，曰盂鼎，虽其文多漫漶不可属读，然其中有二十五祀字样，知那器作于后二年，为成王二十五年。而其铭中所述甚为宏大，有“盂有大战功，受赐恩赏”等语。那末，成王二十四年有大战事，盂为将率，得有胜利等事实，可以决定。而《史记》《竹书纪年》，于二十四年二十五年，均没有记载，且盂之为人又不见于史，此为史之大缺文无疑。今得此大记事，得以补《尚书》的遗漏，殊可称为经学上一大快事。此外有毛公鼎铭，即毛叔郑之器，吴大澂称为《周诰》的遗文；已有单行本，这里只得从略。

以上所介绍的，是高田氏就我国古文字学补正经传的一斑，现在再就他补正古史者来说。他也以为凡是殷商器物的真迹，与历史所载相合的，可为互证，又或事实相合，而历史的文字有误，正可用以校正历史；又或事实与历史不合，此则历史有逸脱，正宜从新补上。现在略略介绍他所发见的几条以为例证。

殷代帝名史记与贞卜文及金文相合的：

〇契　大乙　太丁　外丙　太甲　太康　小甲　大戊　仲丁　外壬　祖乙　祖辛　祖丁　南康　阳甲　盘康　小辛　小乙　武丁　祖庚　祖甲　武乙

殷商自契以来，世袭四十有四，成汤以来，除纣以外，尚有三十世；而卜词，金文所见的，与史的记录相合的，得以上三十帝，正足以与史互证。唯于此外，史天乙为大乙之误；史之外丙，外壬，卜词作卜丙，卜壬；又凡祖字皆作且；史之阳甲，卜词作羌康；史之庚丁，卜词作康丁；盖殷人遗器，往往有假借字，殊难谓史之文字，一概悉属误字，贵在参考笃思而已。

可证郑国之史：

〇奠饔遼父铸鼎其迈子孙永用。（周鼎文）

郑国的郑字，金文悉作奠，不从邑，所以这里的奠字为郑，不必怀疑。《史记·郑世家》称："厉公突自栎复入即位……而让其伯父原曰，我亡国外居，伯父无意入我，亦甚矣！原曰，事君无二心，人臣之职也；原知罪矣。遂自杀。"凡经传原字，金文悉作遼，这里遼父可知即为那里原父，雍为其姓，以饔食为之。

可证齐国之史：

〇乙公作𫑩鼎。子子孙孙永宝。(周鼎文)

《史记·齐世家》称："盖太公之子卒，百有余年，子丁公吕伋立，丁公卒，子乙公得立。"然这器有乙公作的铭[①]文，更足以为证了。

可证楚国之史：

〇惟王五十又六祀，徙自西阳，楚王酓章作曾侯乙宗彝，窴之于西阳，其永时用享。(周钟文)

楚王之名，史冠以熊字，而熊从炎声，与酓声近；这里酓章可知即为熊章。阮元说："按此钟，薛氏以为楚惠王器，其纪年确然无疑。惠王名章，《左传》及《史记》并同。考《左传》楚昭王于鲁定公六年迁鄀，《汉志》注云，楚昭王畏吴，从郢徙此，后复还郢，此云徙西阳，当即从鄀还郢之时。是时越已灭吴，楚东侵，广地至泗上，无所畏惧，故还旧都。西阳《汉志》属江夏郡，去鄀甚近，其从鄀徙曰自阳徙者，西阳先君庙观在焉，下文作曾侯乙宗彝，窴[②]西阳，其义盖谓徙都大事，告祖庙而后行礼，见楚之僭号久矣。此曾侯乃其远祖，曾义为重，亦为高，凡先祖皆可称曾侯犹如先公云耳。"

可证陈国之史：

〇惟正月初吉丁亥，敶侯作□妫四母媵鼎，其永寿用之。(周鼎文)

《左传》庄公十八年，"逆王后于陈，陈妫归于京师，实惠后"。《史记·陈世家》，"陈胡公满者虞帝舜之后也。昔舜为庶人时，尧妻之二女，居于妫汭。其后因为氏姓"。又"庄公卒，少弟

---

①编者按：原稿为"明"，当以"铭"为是。今改。

②编者按：原稿为"置"，当以"窴"为是。今改。

杵臼立，是为宣公[1]……宣公十七年，周惠王取陈女为后”。是史实非常明晰。而这个器铭，可知为惠后初入宫时所作。

可正殷之国名：

〇子商亚形中繞乙。（殷甗文）

阮元说：“按子为商之姓，商之孙子所作以祀先人者也；故曰子商。《左哀九年传》史龟曰，是谓沈阳，可以兴兵，利以伐姜，不利子商。此古之繇辞，子商谓殷商，在春秋时则谓宋。”又罗叔言君说：“史称：盘庚以后，商改称殷；而遍[2]搜卜词，既不见殷字，且又屡言入商，田游所至，曰往曰出，独商言入，可知文丁帝乙之世，国尚号商。”二家之说，极为详明。而此铭亚形即宗庙之形；繞乙，依阳甲之羌甲又作繞甲例，亦是阳乙；惟不见于史，存疑吧了！

可正周公亲征武庚之非：

〇王命公伐郄，攻战无敌，郄方以静。赐公宝鼎大典彤矢仆马衮月，以章公休，世为周備，卣受多福，其子孙万年，永用享。（周鼎文）

又有钟同铭，只是宝鼎改为宝钟而已，《史记·周本纪》称：“晋唐叔得嘉谷，献之成王，成王以归周公于兵所，周公受禾东土鲁天子之命；初管蔡畔周，周公讨之，三年而毕定，故初作《大诰》。”《大诰》之作，非在周公摄政辅成王时，上文已有说过。又《周公世家》说：“封周公旦于少昊之虚曲阜，是为鲁公，周公不就封，留佐武王……于是卒相成王，而使其子伯禽代就封于鲁。”又说：“管，蔡，武庚等果率淮夷而反，

①编者按：原稿为“法”，当以“公”为是。今改。

②编者按：原稿为“偏”，当以“遍”为是。今改。

周公乃奉成王命，兴师东伐，作《大诰》。”这一条可以决定是靠不住。又说：“周公卒，子伯禽固已前受封，是为鲁公。”又说：“伯禽即位之后有管，蔡等反也，淮夷，徐戎，亦并兴反。于是伯禽率师伐之于肹，作肹誓。”这里便自相矛盾了。然而后记甚是，周公固未尝离开成王之傍，自不当有征伐之劳。其伐徐戎，即亡灭武庚，管，蔡，皆为伯禽之功，决是事实，此铭殊可为证，但铭里不言及管蔡，惟举郐言而已，此为避去皇室的书法。

可正陈之史：

〇惟十又三年，陈侯午，以群诸侯，献金，作皇妣孝大姬祭器镈錞，以登以尝，保乂齐邦，永叶□忘。（周敦文）

〇隹正六月癸未，陈侯因資曰，皇考孝武超公，龏哉大慕，克，成其惟。

《史记·田敬仲完世家》称：“完卒，谥为敬仲，敬仲之如齐，以陈字为田氏……”云云；又称“……田常卒，子襄子盘代立，相齐，……襄子卒，子庄子白立，……庄子卒，子太公和立，田太公相齐宣公，……宣公卒，子康公贷立，……淫于酒妇人，不听政，太公乃迁康公于海上，食一城，以奉其先祀，……齐侯太公和立二年和卒，子桓公午立，……桓公卒，子威王因齐立，是岁故齐康公卒，绝无后，奉邑皆入田氏，……于是齐最强于诸侯”。从这样看来，这两个铭一定是威王父子时的作品。按《世家》又称：“三年太公与魏文侯会于浊泽，求为诸侯，魏文侯乃使使言周天子及诸侯，请立齐相田和为诸侯，列于周室，纪元年。”这铭里有“以群诸侯，献金，作皇妣……祭器”之语，可以察知当时田氏的势力之大。

又威王因齐，本字当作因脐；資字乃古文脐字的异写。那末，依据这种真古文来说，陈氏改为田氏，实在有误，在金文里，未尝一作田氏，这也是与上文殷商之例相同的历史上的谬误的一页，不能不因此改正了。

金文贞卜文足以补史的，例子甚多，现在只能略举几例。

殷商之时已有周卤之名及齐之名：

〇惟八月甲申，公中在宗卤，赐□贝五朋用作父辛障彝。（殷彝文）

这铭的篆法纯然为殷人的书法，且有“父辛”之称，无论如何，决是殷器无疑，然所谓“公中在宗卤”，因明是周以前已有卤国了。又有一器，它的铭词有“㽔文旁作父丁宗宝彝”；又贞卜文有“㽔二十月”。这个卤字，或即周之省文，也未可知，周，卤二字的通用，在周器里所见极多。《竹书纪年》称：“武乙名瞿，元年壬寅，即位，居殷之邠，迁于歧周，三年自殷迁于河北，命为周公亶父，赐以歧邑。”宗周大约是指武乙在歧周之时，然无论如何，史有缺文咧。

〇□月在齐师，惟王来正人方。（贞卜文）

这个齐字像是国邑的样子，是殷商之时，已有齐国了，周世分封，不过是袭其旧日名称吧了。人方即夷方，正即征字。

殷商之时已有召公召白：

〇□子卜贞，王赴于招亡巛。（贞卜文）

〇大史友作招公宝障彝。（殷甗文）

〇白害作招白父辛宝障彝。（殷盉文）

周之召伯，在周器文里也作招白，依例在卜词里，招，算是地名；而这里有招公，招白，案文义招当是封地，此可为周以前已有召公召白之证。

𩁹本殷地名至周封为诸侯：

〇谴小子韦，以其友，作𩁹男王姬𩰫彝。（周敦文）

〇癸未王卜贞云，□才九月才上𩁹。（贞卜文）

〇癸子卜，才𩁹贞于（下缺）（贞卜文）

在这里可以明白知道在殷商之时，𩁹已成为地名，至周始受封而为男爵。这又是史的缺文了。

可补晋史之缺：

〇噩侯作王姞朕敦，王姞其万年，子子孙孙永宝。（周敦文）

《史记·晋世家》称："孝侯十五年，曲沃庄伯弑其君晋孝侯于翼，晋人攻曲沃庄伯，庄伯复入曲沃；晋人复立孝侯子郄为君，是为鄂侯。鄂侯六年卒。曲沃庄伯闻鄂侯卒，乃兴兵伐晋，周平王使虢公将兵伐曲沃庄伯，庄伯走保曲沃。晋人共立鄂侯子光，是为哀侯。"今据这铭，鄂侯之女，盖为平王之妃。左氏，司马迁皆所不记，是为史之缺文，噩与鄂为通用字。

可补吴史之缺：

〇吴季子之子逞之永用剑。（周剑文）

《史》称："吴太伯卒，无子，弟仲雍立，……大凡从太伯至寿梦十九世，……寿梦立而吴始益大称王，……寿梦有子四人，长曰诸樊，次曰余祭，次曰余昧，次曰季札。季札贤，而寿梦欲立之，季札让不可，……季札封于延陵，故号曰延陵季子。"但史传不录其子孙，而据此剑铭可知季札之子名逞，这不是食金文之赐吗！

可补虢史之缺：

〇惟十又二年，正月初吉丁亥，虢季子白作宝盘，不显子曰，墉武于戎工，经维四方，博伐厰狁于洛之阳，折首五百，执絢五十，是以先行，趄趄子白，献馘于王，王孔加予白义，王各周庙宣廟，爰卿，王曰，白父孔显又光，王赐乘马，是用左王，赐用弓，彤矢其央，赐用繇，戊用政方，子子孙孙，万年无疆。（周盘文）

清人张石匏已有考证，他大要说："按其文，是伐玁狁纪功，子白虢季之名，此文与敌敦同义，彼述追南淮事，此述追玁狁事，故彼云自洛至伊，此云洛之阳也，是盘出郿地，盖西虢所造器；《汉书·地理志》，虢，郿，同属右扶风；又曰，西虢在雍州，即其地，虢，与郿近，虢县废入郿。《九域志》郿县有虢川，亦一证也。按《史记·周本纪》宣王不修耤于千亩，虢文公谏；《注》贾逵曰，文公，文王母弟虢仲之后，为王卿士也；韦昭曰，文公，虢仲之后，西虢也，宣王都镐在畿内也。此云虢季子伯，定为虢仲之后，未知即文公其人否也。《诗·小雅·六月》序谓，宣王北伐，而称其从臣尹吉甫，于是知子伯亦与其功者，惜史迁未著北伐之年，后人莫由得考。然以此铭证之，知其铸器铭功，固即在北伐之后。蒋孝廉湘南精推步，谓以泰西法推之，宣王十三年正月辛巳朔，七月丁亥，亦合初吉之文。铭云，经维四方，经维即经画，转训为经营，即《诗·江汉》云经营四方是也。薄伐玁允于洛之阳，据《六月》诗意，彼时玁允整居蕉获，侵及镐方，以至泾阳，王师逐之，遂奔于洛，而至于太原。故《诗》于吉甫著其事之始终，此于子伯纪其功之一节。昔陈仓有石鼓，今此盘自郿出，同是纪宣王之盛，且其篆文亦颇类石鼓；若昌黎见之，所谓荐流太庙，比部鼎者，殆不过是也。"

宣王北伐的功臣的逸名：

> 〇惟王十月，王在成周。南淮尸迁及内，伐浪昴参泉裕敏阴阳洛，王命敔追逌于上熄谷至于伊班马，榜馘首百执絢册杂孚人三百，图于营白，之析于熄，卒隷复付氒君，惟王十又一月，王各于成周大庙，武公入右敔，告禽馘，执絢册，王蔑敔历，使尹氏受赉敔圭鬲□贝五十朋，赐田于攲五十田于早五十田，敔敢对扬天子休用，作障敦，敔其万年子子孙孙永宝用。

依照张氏前说，敔亦当为宣王的时候的大武官，且为有大战功之人，其事甚明。史传不录其名，幸从此铭得之，实可称为史学上一大快事。

又次，高田氏在礼乐方面的研求，所得的成绩也不少。现在关于补正经史的暂行停止介绍，关于礼乐部分的，再略略介绍吧。

孔子说："夏礼吾能言之，杞不足征也；殷礼吾能言之，宋不足征也；文献不足，故也；足，则吾能征之矣。"大抵圣人决不妄说的，他所谓吾能言之，不是不知道只有杞宋二国可以保存夏殷之典礼；行见其国绝，典籍不存，将尽亡灭，将不可得其只影，二国之古道，损失甚大，故为之叹息吧了！但时至今日幸有吉金器及甲骨文出土，虽所记不过片言只语，然正是旧殷的真迹，当可以考证殷商的典礼，并可以察知先圣所说礼乐的微旨呢。

高田氏谓：吾友罗叔言君于贞卜文字的研究甚深，今因从他的条例，摘录大要，唯其征引有误则删削了它，而补以金文，使成为较有系统的学说。罗君说："殷商礼制，征之卜辞，其可知者六端：曰授时，曰建国，曰祭名，曰记礼，曰牢鬯，曰官制，取以校周礼，其因革略可知也。"然以今日所见，有

《周礼》为周公所作的传说。然周公那时候，天下尚未太平，在这样忙碌的时代，何暇制定极完全极大部的典制呢？大约这部书一定是后来康王时的作品，近来屡屡有人倡为此说，然无论如何，总之不是周公时代作的。现在更举个证据，孔子尝谓能言殷礼，又谓“殷因于夏礼，所损益可知也；周因于殷礼，所损益可知也”。大概周之礼制也是改正殷之礼制的，不是从新制作《周礼》。汉亡秦时，萧何首先收得秦代的簿籍；何况周为尚文之国，他灭殷的时候，那有不首先没收殷的典籍的道理呢！那吗，取其所长而补其所短，遂称为周代自作吧了。然苟不添上多少珍贵的事实，是不能使人不疑的。

商人称年曰祀亦曰祠亦曰载：

〇惟王二祀，惟王五祀，惟王九祀，惟王十祀，惟王廿祀。（殷器文及贞卜文）

〇惟王来正人方，惟王十祀又五，五日。（殷尊文）

〇王廿司（贞卜文，借司为祠）

〇戈二月（贞卜文，借戈为载）

《尔雅》说：“商曰祀，周曰年，唐虞曰载。”今依这个例，殷人或亦称祠，又或称载，盖孔子所谓殷因于夏礼呢。

王畿曰京师亦曰大邑：

〇有王其乎官于京师，大邑商。（贞卜文）

金文卜词皆用“𠂤”或用“帀”为师，周人又每每称京师，《书·康诰》称：“作新大邑于东国洛。”是周人亦称大邑，这是殷周皆同的。

宗庙宫室——即大室——之制：

〇其叙丁于大室，甲戌王卜□大室□□□命。（贞卜文）

按大室宗庙的制度，至古依殷商遗器所考察，室字在贞卜文里作三种书法，在金文里作五种书法；依《考工记》所说，大室的制度，分成区划如囲，东西南北四方，各作四室；其四隅小区，叫做亚室，其中央一区为大室。而大室之处屋顶与天花板是没有的，所以不能打开，这大概是保存着太古穴居的遗制。这种制度夏时仍然袭用。至殷商时，大室的空地，常常有天雨之患，妨害祭祀之礼，所以盖上二重大大的屋顶，我们从贞卜文殷器文仔细研究[①]，便可察知这种事实的变迁。又卜词有南室，罗君说：“《尸子》称明堂在殷曰阳馆。抑亦为庙中南方之室也。”又有祠堂有东寝，皆与庙室相关。

在贞卜文里卜祭日之例：

〇壬戌卜贞，王家示壬鼠亡□。

罗君说：“卜祭日者，以所祭之祖之生日为卜日；示壬者以壬日，示癸者以癸日，大乙者以乙日。”这个说法最对啦。这文里的家字可读假，有只壬格庙之义。在金文里，如这文的记祭日的也有：

〇用作文父日乙实隣彝析子孙。（殷鼎文）

〇大且日己，且日丁，且日乙，大父日癸，中父日癸，父日癸，父日辛，大兄日乙，兄日戊。（殷句兵文）

这类极多，现在只揭举一端。

殷周祭名相同：

〇王□曰大吉，甲午禘□甲。（贞卜文）

〇丁亥王家大乙禘，亡□。（同）

①编者按：原稿为“完”，当以“究”为是。今改。

〇癸卯卜贞，王家烝亡□。（同）

〇□戌卜贞王家示癸爽七□肜日亡□。（同）

〇壬戌卜贞，王家示王，鼠日亡□。（同）

〇乙巳卜□贞，尞于七乙，五牢□十牛，十月。（同）

鼠即是腊，尞为柴祭，又有戚祭，有福祭，此为《周礼》所无有。又在卜词里有卜祭牲之例。又有王亲相牛之事，在《周礼》里为大宗伯，小宗伯所掌，其他卜词有"贞乎子渔之于且乙""十月在渔"，此为王亲渔之礼，在《周礼》里为献人之官所掌。又卜词有"贞王兽于乂""王卜贞，田虤往来亡巛王□曰吉只鹿十"，此为王亲狩之礼，在《周礼》里为兽人之官所掌。殷周之制虽有小异，其实相同。

临祭称册：

〇己未卜贞尞酉鬯𠕋太甲。（贞卜文）

〇每册乎妣乙。（同）

〇倗册册父乙。（殷觯文）

〇用作父乙尊彝，册册。（殷鼎文）

此类所见至多。或有作聿贝二字的，聿为笔字，与册字同义；贝亦与倗字同，以为作器之资者。周器铭里有"贝何，以倗作某器"之语。

祭祀的供物：

卜词有鬯牛，大牢，小牢，或牛，或犊，或羊，或豕，或犬，皆牝牡可用，其中有以蚺为供的，最为奇特；蚺为毒蛇。所用牲数自一至百皆有，鬯之数亦然。

殷周官名：

〇卿事（贞卜文）

〇乙未，卿事，赐小子仔贝二百。（殷器文）

又周代的毛公鼎，番生敦等铭，有卿事的官名。罗君说："士古训事，卿事即卿士，《诗·商颂》予降卿士，又《大雅》百辟卿士；《笺》云，卿士，卿之有事者也。《周官》虽无卿士之名，而见于《诗》及周初古金文，是周官实沿革殷制者也。"

〇大史（贞卜文）

罗君说："《周礼·春官》，太史掌建邦之大典，亦掌大祭祀。卜词中因卜祭有太史之名，是殷太史职掌与周略同，卜词有太史寮，周毛公鼎及番生敦，亦均有此语。"

〇太祝禽鼎（殷鼎文）

《周礼》有大祝，此当亦为殷周的通名。

〇王易小臣䡴夔贝。（殷器文）

〇乙未，卿事易小子仔贝一百。（同）

《周礼》有小臣有小子，这不是殷周制度不异的明证吗？

征伐之例：

〇贞勿惟王往伐舀。（贞卜文）

〇伐戚。（殷彝文）

〇王命南宫，伐虎方。（周鼎文）

〇王命公，伐郐，攻战无敌，郐方以静。（同）

田狩田渔：

〇作且乙虩侯俶尊彝，告田。（殷敦文）

〇王十月，攸田，丽猋猋，作父丁尊，洫。（殷尊文）

〇□戌卜，王往于田，亡巛。（贞卜文）

〇辛丑卜贞王田于疆，㞢来亡巛，弘告。（同）

〇癸未卜，丁亥渔。（同）

〇贞弗其毕，九月在渔。（同）

〇辛卯卜贞，今月□囙，十月渔。（同）

凡此田狩田渔之事，王皆亲身行之，因为这也是大礼呢。

藉田及射御：

〇王大耤农于諆田饧，王射，有司众师氏小子卿射，王归自諆田，王驭溓，云云。（周鼎文）

这是礼的大要，此类颇不少，现在仅举一个例子。此外由王赏赐臣下之物的例子也不少，现在只得从略。

又属于乐的虽不多，但也有多少保存着：

〇郑井叔作和钟用，妥宾。（周钟文）

阮元说："妥宾即蕤宾，应钟所律也。《周礼》夏蕤郑注，故书多作绥；今礼家定作蕤，知妥字古通绥，绥又同妥。"

这里是说钟为乐之体的，但是说钟为乐之用的也有：

〇用铸乒和钟，以作其皇祖皇考，又曰，铸其和钟，以恤其祭祀盟礼，台乐大夫以宴士庶子。（周钟文）

〇姑冯敢同之子，择乒吉金，自作商句鑃，以乐宾客及我父兄。（周鑃文）

又有关于易卜之礼，罗君已有专书公之于世，故姑从略。

现在关于本文介绍《学古发凡》的内容，算已写完。凡是高田氏引用我国典籍，作者悉行查考我国原书，照原书句子录入。其有为高田氏笔误或为手民误植者，如上文"补《周书》之缺"条，误植和脱佚数处，则据《窓斋集古录》为之校补，又上文"可证陈史"条，太公和高田氏书误作"太和"，"可补吴史"条，至十九世，高田氏书误作十七世等处；则悉就竹简斋本《史记》更正。间有一二是就高田氏书重译者，则以作者一时，找不到原书之故，这是作者对高田氏和阅者非常抱歉的。总之：本篇摘译的地方，文责完全由作者担负，谨此声明，希望高田氏原谅吧！

四、结论

许慎《说文解字叙》说："郡国往往于山川得鼎彝，其铭即前代之古文。"大约三代鼎彝，每经一次战争，即散失埋没不少，至西汉晚年，始渐有出土，至东汉时，秘府所藏已多，许氏犹得及见，惜乎许氏不知集录原器，微为遗憾。六朝隋唐，学者似不甚重视。至北宋政宣年间，欧阳修始加以整理，《宋史》本传说："……好古嗜学，凡周汉以降，金石遗文断编残简，一切掇拾，研稽异同，谓之集古录。"继续努力的为赵明诚，李清照《金石录后序》说："右金石录三十卷者何？赵侯德父所著书也；取上自三代，下迄五季，钟，鼎，甗，鬲，盘，匜，尊，敦之款识，丰碑，大碣，显人晦士之事迹，凡见于金石刻者二千卷，皆是正讹谬，去取褒贬，上足以合圣人之道，下足以订史氏之失者皆载之。可谓多矣！"但是整理得有了系统，而可以留给我们来研究的，要以薛尚功《钟鼎款识》，王俅《啸堂集古录》二书为最足宝贵。元明以来，代有增葺，至清代则金石文字之学研究者至众，即以晚清而论，阮元在《积古斋钟鼎款识叙》里说道："……友人之兴余同好者，则有江德量，朱为弼，孙星衍，赵秉冲，翁树培，秦恩复，宋葆醇，钱站，赵魏，何元锡，江藩，张廷济等；各有藏器，各有拓本。……"风气之盛，可以想见。所以吉金文之学，至是大放光明。阮元的《积古斋钟鼎款识》，陈介祺的《簠斋吉金录》，吴大澂的《窸斋集古录》，端方的《匋斋吉金录》及《续录》，刘心源的《奇觚室吉金文述》，朱善旂的《敬吾心室彝器款识》，吴式芬的《攈古录金文》，罗振玉的《殷文存》，邹安的《周金文存》，皆为重要的著作，中尤以窓斋的发见为最有功。民国以后，又有周公敦，秦公敦，伯勇父簠，余冉钲等器出土，新近成书的又有燕京大学教授容庚所著《金文编》。民国十二年九十月间郑州南部有古代铜器大宗发见（见《东方杂志》二十一卷二号），十三年七八月咸阳也有大宗古器发见（见十二年八月十八上海《时事新报》）；皆有文字，足资研究。大约关于金文的发见和前人整理的成绩，略如上述；至于贞卜文字的发见，虽为时甚短，而其整理的成绩，亦有足称。先是清光绪戊戌己亥年间（西元一八九八——一八九九）河南安阳县西北五里的小屯洹水崖岸为水所啮，土人得龟甲牛骨，上有古代文字。那个出土的地方，周围有四十余亩，东西北三面，有洹水环绕着它，《史记·项羽本纪》所说的“洹水南，殷虚上”，《彰德府志》所说的“河亶甲城”就是了。其初土人于农忙的余时，从事掘发；掘地深约二丈许，执拾皆是。其中有有文字的，也有没有文字的；骨之外，蜃壳和古兽角也不少，断非今世的人所能伪造。一八九九年有估客携至北京（即今北平）卖给王懿荣。次年王懿荣为了庚子的国难而死，他所藏的甲骨千余片就归了丹徒刘铁云鹗——《老残游记》的作者——以后土人所得，也归了他；大约共有五千斤。一九一〇年上虞罗振玉始有所得，遂命他的舅弟亲往洹阳采掘，大约共得二三万片。其散在诸家的约有一万片。又闻说住在彰德一位外国牧师名叫明义士（号子宣，James Mellon Menziers）也得有五万片（见一九二四年六月十七日英文《东文时报》），可见是不少了。最初在一九〇二—三年时刘氏拓墨成书，有《铁云藏龟》十册；其后罗氏在一九一四年印行《殷虚书契前编》八卷，《殷虚书契菁华》一卷，《铁云藏龟之余》一卷；一九一六年复印成《殷虚书契后编》二卷。英人哈同氏复得刘氏所藏之一部八百片，在一九一七年印行《戬寿堂所藏殷虚文字》一卷，大都在《铁云藏龟》之外。同时日本人林泰辅亲至河南搜求，亦成《龟甲兽骨文字》二卷；明义士亦写印《殷虚卜辞》（*Oracle Records from the Waste of Yin*）一书。一九二一年天津王襄著《簠室殷契类纂》，一九二五年，复印行《簠室殷契征文》二册。同时丹徒叶玉森印行《铁云藏龟拾遗》。自诸书陆续公布于世，学者研究亦渐众。最初考释贞卜文字的书籍，算是孙诒让的《契文举例》。孙氏治理金文凡四十年，所见彝器款识在二千种以上，他的名著《古籀拾遗》为当时学者所最佩服，所以这本《契文举例》确实有点凿空的功劳。其后罗振玉，王国维继续研究，整理的成绩，着实不少。王国维至谓"治《说文》之学者，不能不探源于此"。而他的名著《戬寿堂所藏殷虚文字考释》《殷卜辞中所见先王先公考》《续考》《殷周制度论》等发见尤多。近人丹徒叶玉森，番禺商承祚最为努力，而叶氏成绩最大，所著有《殷契钩沈》（见《学衡》二十四期），《说契孯契枝谭》（见《学衡》三十一期）三篇，时是以纠正罗王之误；商氏有《殷虚文字类编》，则多本其师罗振玉之说，无甚发明。总之吉金文字与贞卜文字，在今日讨论研究已至，吾人所得前人的遗产亦已多，似已至总账式的整理的时候了。

虽然，今日学者对于这种学问的见解，大约可分为三派，（甲）排斥派，（乙）拥护派，（丙）折衷派，就作者个人所见，甲派最为器量褊浅，因为他重视家派，故宁可拒绝不信，实则近世考古之学，对于地下的材料，不能不加以注意，而吉金文与贞卜文，经无数的学者的努力，已如上述，自不容诬为金伪。至于乙派之说，又往往不免武断，贻误后学不浅。丙派折衷之论，又常失之浅陋。大抵今后有志整理的人，第一，须先通一两种外国文字，对于外国学者现时考古的方法，有了相当的认识（当然同时对于清代汉学家的考证方法与技能，要有相当的修习）；第二，对于考古学者所需要的基本科学，如民族学，社会学，政治学，历史学，有了相当的研究；第三，要抱有"知之为知之，不知为不知，是知也"的决心；然后这种结账式的整理的责任，乃可担负。今读高田氏书，虽不可谓尽合这三种条件，而其搜讨之勤，辨析之精总可以说是难得的了！

大抵高田氏的特点有四：

第一，高田氏研究我国书法，凡五十余年，原书于我国书法源流，讨论极详；故能从书法上，辨别器物的真赝。

第二，高田氏享年极高，上得及见吴大澂，陈介祺诸氏，下得与罗振玉，王国维，林泰辅，大村西崖，内藤虎次郎为友，得读诸家之书，收商榷借助之功。

第三，他生在日本政治清明，科学大兴之时，举凡世界上考古的学说，已有翻译与输入，以加富其整理的常识。

第四，高田氏的态度最为公平，对于汉学今古文学派无所轩轾，无入主出奴之见。

有此数因，乃生两果：

一、高田氏《古籀篇》与《学古发凡》，材料丰富而极有系统。

二、解释详明，而不妄下断语。

就作者个人所见，高田氏书虽不可谓结账式的整理，然而欲为结账式的整理，非先读高田氏书不可呢！

抑作者尤有不能已于言者，则为今后研究这种学问的途径。照现时所见殷周金文及贞卜文字可以详知礼器的构造，除本文所介绍外，一切祭器宴器婚器寿器皆有；又古代兵器之制，钱货之制，以及大之如宫室之制，小之如舟车弓矢旌旗之类，冠弁衣服以至饮食植物动物等文字，也自不少。苟能别出途径，仿严复《社会通诠》附注，梁任公先生《国文语原解》的例子，未常不可以成就下列各种新学问！

一、古代民族的研究

二、古代社会的研究

三、古代宗教的研究

四、古代语言的研究

五、古代地理的研究

六、古代生物的研究

七、古代兵器的研究

八、古代……

九、古代……

总之，古文字在今日确非这种学问本身研究的时代，实为应用这种学问以作材料而为原史研求的时代了。作者不敏，两年以前，尝欲就甲骨吉金以至《说文》为古代社会研究一书，稿虽盈寸，以人事忽忽未就，今读高田氏书，益欲发愤了。

十八年一月二日成于沪上四部书斋

（原载《艺观》1929年第5、6期）

东汉末年儒家学者荀悦的思想①

自从东汉初年思想界生出了一个王充，对于古来的传统思想，作了很猛烈的攻击以后，学术界思想界遂起了一个很强大的变化。就中尤以《儒增》《艺增》《问孔》《刺孟》诸篇，对于儒家为很不客气的批评，于是学者对于前世所谓儒家的学说，便发生了很大的怀疑，自是以后，儒教便有点站不住脚的样子，而印度的佛教便乘机侵入了。在那时的儒家学者，自然只有两条路径可走，其一，是认为西汉的学者误解儒书，得不着上古圣人思想的真面目，欲从文字诂训入手，以求得儒书的真义，结果遂成为诂训派的学者；其一，是仍然欲继承孔，孟，荀，董的系统，努力为最后的挣扎，以求支持这个残局。代表前一派的，有马融，许慎，郑玄诸人；代表后一派的似乎不多，即偶有一二，其所成就，也并不伟大，就我的观察，似乎只有一个，就是本题所要讲的荀悦。

荀悦为荀叔的孙，荀俭的儿子。仕于献帝之朝，初辟镇东将军曹操府，旋迁黄门侍郎，与孔融及他的从弟荀彧同侍讲

①编者按：本篇局部标点有改动。

于禁中。虽则志在献替，而谋无所用，因此遂作《申鉴》五卷。他本来志在经世，但是因为当时的政权，全然出于曹氏的手中，所以一句也没有说到；后来孔融与荀彧先后以忤曹氏意旨，不得其死，而他却独得优游以终其寿，大抵是所谓：处于浊世苟全性命的君子而已。他的行事略详于《后汉书》本传，这里可不必多讲。建安十四年死，享年六十有二。

他的一生，似乎无甚可以称述，但是他所著述的《申鉴》一书，其中不少独见之语，所以足传于后世；现在就是根据《申鉴》一书里，以研究他的思想和见解。

《申鉴》共分五卷，曰：

政体第一，

时事第二，

俗嫌第三，

杂言上第四，

杂言下第五。

这书在从前整理的人很少，只钱氏《小万卷楼丛书》里有钱培名的校本，但是也不见得怎样精到；似反不如现在《四部丛刊》里，景印的明朝人黄省曾的注本。

怎样叫做《申鉴》？在原书《政体》第一里，曾经解释它的意义，道：

夫道之本，仁义而已矣！五典以经之，群籍以纬之，咏之，歌之，弦之，舞之，前鉴既明，世复申之。故古之圣王，其于仁义也，申重而已。笃序无疆，谓之申鉴。

从而在《政体》第一里所叙，他的议论的要旨，也可以窥见一二。他说：

立天之道，曰阴与阳；立地之道，曰刚与柔；立人之道，曰仁与义。阴阳以统其精气，刚柔以品其群形，仁义以经其事业，是为道也。故凡政之大经，法教而已矣。教者阳之化也，法者阴之符也，仁也者慈此者也，义也者宜此者也，礼也者履此者也，信也者守此者也，智也者知此者也，是故好恶以章之，喜怒以莅之，哀乐以恤之。若乃二端不愆（黄注云：二端者教与法也），五德不离（黄注云：五德者，仁义礼智信也），六节不悖（黄注云：六节者，好恶喜怒哀乐也），则三才允序，五事交备，百工惟厘，庶绩咸熙。

他以为道之本，只是仁义，政之大经，只是法教；我们从这里便可以测知他的哲学的根据，即是在于《易》的阴阳二元论。

其次他论政体说：

天作道，皇作极，臣作辅，民作基；惟先哲王之政，一曰承天，二曰正身，三曰任贤，四曰恤民，五曰明制，六曰立业。承天惟允，正身惟常，任贤惟固，恤民惟勤，明制惟典，立业惟敦，是谓政体也。

他所讲的话，醇乎儒家之言，虽谓儒教的德治主义的真髓，尽于以上数语，也非溢美。或者也可以说，这是万世不易之教。他的所谓“政体”一语，当然是与吾人今日所说的意义不同，这是我们所应当知道的。

他又再进而论及政治的术，说：

政治之术（案黄注本作致治，今依《后汉书》校改），先屏四患，乃崇五政。一曰伪，二曰私，三曰放，四曰奢。伪乱俗，私坏法，放越轨，奢败制，四者不除，则政末由行矣。俗乱则道荒，虽天地不得保其性矣；法坏则世倾，虽人主不得守其度矣；越轨则礼亡，虽圣人不得全其道矣；制败则欲肆，虽四表不能充其求矣；是谓四患。兴农桑以养其生，审好恶以正其俗，宣文教以章其化，立武备以秉其威，明赏罚以统其法，是谓五政。……四患既蠲，五政既立，行之以诚，守之以固，……而海内平矣，是谓为政之方也。

他的说法，虽不见有何等的崭新；然而他颇能整理出一种具体的治术，以补救上世儒家空言仁义的错误。这或者就是时代思潮也未可知。在他的本传里，即引用这一节。他又谓信任贤能有十困难，其言颇可动听，说：

一曰不和，二曰不进，三曰不任，四曰不终，五曰以小怨弃大德，六曰以小过黜大功，七曰以小失掩大美，八曰以奸讦伤忠正，九曰以邪说乱正度，十曰以谗嫉废贤能，是谓十难。

我以为他所说的不独是为君主者所宜鉴戒，凡为在人之上指挥人材者，所必不可不知的。

《时事》第二以下，可以窥见他的识见的地方也不少，今节录一二，以见一斑。在十五曰备博士节里说道：

仲尼作经，本一而已！古今文不同，而皆自谓真本经。古今先师，义一而已！异家别说不同，而皆自谓古今。（案黄注云：此处有误，是也。）仲尼邈而靡质，昔先师殁而无间，将谁使折之者？秦之灭学也，书藏于屋壁，义绝于朝野。逮至汉兴，收摭散滞，固已无全学矣。文有磨灭，言有楚夏，出有先后，或学者先意有所借定，后进相放，弥以滋蔓，故一源十流，天水违行，而讼者纷如也。执不俱是，比而论之，必有可参者焉。

这一番议论，可为对于所谓专门一经的学者，我道独尊的偏见，当头棒喝。又如在十六至德要道节里说道：

或曰：至德要道约尔。典籍甚富，如而博之，以求约也。语有之曰：有鸟将来，张罗以待之。得鸟者一目也，今为一目之罗，无时得鸟矣。道虽要也，非博无以通矣。博其方，约其说。

博文约礼，为孔子所教，尊德性道问学，为子思所教，两者相待而后得。若专论尊德性，则为以一目之罗，以捕鸟之类；若多言道问学，则博而寡要。所以说：博其方，约其说。

在《俗嫌》第三里关于卜筮，方忌，形相，神仙，养性等的迷信，一一辩驳。今不悉举，只录一条看看。

世称纬书仲尼之作也，臣悦叔父故司空爽辨之，盖发其伪也。有起于中兴之前，终，张之徒之作乎。（黄注云：起于哀平。……非仲尼之作矣。）

试问：以相信纬书为自家学说唯一的根本之流，有何话可以反驳他呢？

至若他的学说，成为儒家的共通问题的，即是性情之论。其说详于《杂事》第五那卷中。性是甚么呢？说：

生之谓性也，形神是也。

元来生之谓性，是告子所主张的。在汉代殆成为学者间的定论。形就是肉体，神就是精神。观于“有气斯有形，有神斯有好恶喜怒之情矣”一语，便可以明白了。他关于善恶的标准，卒之一句没有论及，大概以为从常识上一见自明之事吧！但是既然已有孟子的动机论，荀子的结果论，以及董子的完具为善之论，关于这些不可不一言及之；所以他关于性的问题，历评诸家的学说，并述自己的意见，说：

或问：天命人事？曰：有三品焉。上下不移，其中则人事存焉尔。命相近也，事相远也，则吉凶殊矣。故曰：穷理尽性，以至于命。孟子称性善，荀子称性恶，公孙子曰性无善恶，扬雄曰人之性善恶浑，刘向曰：性情相应，性不独善，情不独恶。曰：问其理？曰：性善则无四凶，性恶则无三仁，人无善恶，文王之教一也，则无周公，管，蔡，性善情恶，是桀，纣无性，而尧，舜无情也；性善恶浑，是上智怀惠，而下愚挟善也；理也未究矣。惟向为然。

三品之说，虽然是答覆或人天命人事之问的答语，而下文所云：上下不移与其中云云，正指孔子的上智下愚与中人，命相近事相远一语，也是孔子的性相近，习相远，是不用思拟的。叫这个做性三品说，谁也不可以不承认的。而历评孟子的性善论，荀子的性恶论，扬雄的善恶混论的地方，殆可说是唐韩退之的性三品说的先驱。而且他所取的性情相应说，亦可说是韩退之的性情相称说的先驱。因为采取性情相应说之故，所以他对于当时某人的性善情恶之说，务为排斥的议论，说：

或曰：仁义性也，好恶情也，仁义常善，而好恶或有恶。故有情恶也。曰：不然，好恶者性之取舍也，实见于外，故谓之情尔，必本乎性矣；仁义者善之诚也，何嫌其常善；好恶者善恶未有所分也，何怪其有恶。凡言神者，莫近于气，有气斯有形，有神斯有好恶喜怒之情矣。故人（案黄注云：人当作神）有情，由气之有形也。气有白黑，神有善恶，形与白黑偕，情与善恶偕。

以体用言之，性为体，情为用。以好恶是情，而名之为性之取舍，以实见于外的原故，名之曰情，必本乎性等话，说明他的意见。而且这样说，以好恶为善恶所未分，说明他的情不必善，亦不必恶的意见，真可谓没有遗憾了。

或曰：人之于利，见而好之，能以仁义为节者，是性割其情也。性少情多，性不能割其情，则情独行为恶矣。曰：不然，是善恶有多少也，非情也。其人于此，嗜酒嗜肉，肉胜则食焉，酒胜则饮焉，此二者相与争，胜者行矣，非情欲得酒，性欲得肉也。有人于此，好利好义，义胜则义取焉，利胜则利取焉，此二者相与争，胜者行矣，非情欲得利，性欲得义也。

论破以情为恶，以性制之为善之说，可以说极其明了痛快。因引经以证明其说，说道：

《易》称：乾道变化，各正性命，是言万物各有性也。观其所感，而天地万物之情可见矣。是言情者应感而动也。昆虫草木皆有性焉，不尽善也；天地圣人皆称情焉，不主恶也。

他遂谓："凡情意心志者，皆性动之别名也"；"情何恶之有"？即是他对于像后世唐之李翱的复性灭情之说，也是在所排斥的。

性既然有三品，则性的善恶与教育的关系如何？这个问题，他也有论及。说：

或曰：善恶者皆性也，则法教何施？曰：性虽善，待教而成；性虽恶，待法而消。唯上智下愚不移，其次善恶交争，于是教扶其善，法抑其恶。

大概性三品说，胚胎于孔子，至子思而渐明，至荀悦而完成，韩愈更为祖述其说，这句话是不错的。《申鉴》一书，虽属寥寥短篇，而颇足以窥见他的思想与见解，今日所讲，不过是一个大要而已。

在那时候，为儒家支持残局的学者，殊不多见；过此以后，则更无足道。直至北齐颜之推出，其所为《家训》一书，虽然间有独到的见解，可是已含不少佛教的道理，并且承认三教合一了。至若《文中子》一书，则久经学术界认为赝品，无甚价值可言。所以在中古时代，可以说是我国哲学黑暗时代；苟非六朝，隋，唐人努力翻译佛典，则思想界的危险，真不堪设想了。

（原载《青年进步》1931年第141期）

东洋史专家桑原骘藏及其所著书目表①

桑原骘藏为我国史学界所熟稔的一位历史学家。与我国史学界的关系极深，尤其是在历史教科书方面。他在这方面的创作，虽不能有很大的成就，可是筚路蓝缕②之功，不得不归于他了。

他逝世已逾三年，可是在我国尚没有一篇介绍他的生平和著作的文章。昔年藤田丰八逝世以后，作者已有过介绍的论文，这一位和我国史学界关系更深的历史学者，似乎不能不照例再来一篇介绍的文字。

桑原在彼邦明治三年（公元一八七〇）十二月七日生于福井县敦贺郡敦贺町字蓬莱区。明治十八年（公元一八八五）入京都府寻常中学校。至二十一年（公元一八八八）乃进第三高等中学校。二十六年（公元一八九三）负笈东都，入东京帝国大学文科大学汉学科。二十九年（公元一八九六）以优秀的成绩卒大学业，即入大学院，专攻东洋史。明治三十一

①编者按：本篇局部标点有改动。

②编者按：原稿为“筚簬篮缕”，当以“筚路蓝缕”为是。今改。

年（公元一八九八）八月任第三高等学校教授，在任一年，转东京高等师范学校教授，任教约十年之久。明治三十九年（公元一九〇六）受文部省留学中国之命。翌年即四十年（公元一九〇七）四月发途。四十二年（公元一九〇九）四月期满归国，即任京都帝国大学文科大学教授，于四十三年（公元一九一〇）六月授以文学博士学位。其后以博洽的学识，从事讲授二十一年余，于昭和五年（公元一九三〇）十二月七日以达花甲之期辞职。翌年二月以敕旨授京都帝国大学名誉教授名义。

顾桑原博士夙与彼邦东洋史学界先觉那珂（通世）博士，白鸟（库吉）博士齐名。其少年时所著[①]之《中等东洋史》上下二卷，因裁制的创新，删修的整美，早著称于学界。我国学者取此以为范本，翻译仿撰，盛极一时。《桑原博士还历纪念东洋史论丛·序》说道：

> 我邦之有东洋史学，其筚路蓝缕[②]之功，不可不归之于三君，曰那珂博士通世，曰白鸟博士库吉，而其一曰桑原博士。那珂博士，中年以后，效力于东洋史学之创设，晚覃精于蒙古史，成不朽之名著；白鸟博士用言语深厚之资力，所发明于塞外史，与泰西东洋学者，联镳并驰，皆可称为一代之大师。而桑原博士在其间，以最少之晚进，夙与二君齐名，其少年作之《中等东洋史》，已以裁制之创新，删修之整美，著称于学界，中国学者，取范于此，译行仿撰，极一时之盛。以致苟谈史学者，未有不知东瀛有桑原氏也。

---

①编者按：原稿为“箸”，当以“著”为是。今改。本篇此字统改。

②编者按：原稿为“筚簬篮缕”，当以“筚路蓝缕”为是。今改。

这文为桑原博士还历纪念会诸君子所作，盖非溢美。其书为明治三十一年（公元一八九八）出版，逾四年我国学人梁任公先生在《东籍月旦》中曾有批评说：

日本现行东洋史之最良者，推桑原骘藏著《中等东洋史》。此书为最晚出之书，颇能包罗诸家之所长，专为中学校教科用，条理颇整。凡分全史为四期：第一上古期，汉族膨胀时代；第二中古期，汉族优势时代；第三近古期，蒙古族最盛时代；第四近世期，欧人东渐时代。繁简得宜，论断有识。

梁先生作这文时，我国尚无自编历史教科书，故云此书最为晚出，专为中学校教科书之用。其时值我国各地学校先后设立，国史教本，旧的既不合用，新的又不可急就，故时人多以这书为枕中鸿秘。即号称“江苏学者”兼以教授历史著名的陈庆年，时在武昌两湖文高等学堂讲授国史，亦以桑原这书为蓝本。光绪二十九年（明治三十六年，公元一九〇三）两湖文高等学堂出版《中国历史教科书》，陈氏在他的序文中说道：

历史之学，其文不繁，其事不散，其义不隘，而后足以为教科。三者不一备焉，皆无当也。……余观日本所为东洋诸史，庶几其近之欤！桑原骘藏之书尤号佳构：所谓文不繁，事不散，义不隘者，盖皆得之。今据以为本，更令事义少近周赡；依据或乖，亦为匡救；与夫回易数字，加足片言，俾分布所得，弥缝无缺，如刘知幾所云者，余皆于此断断焉；而虑其未能逮也。商量邃密，姑俟之异日矣。

此外我国樊炳清金为两君也曾将这书翻成汉文，俱名为《东洋史要》。《国立北平图书馆馆刊》第五卷第五号《俄日东方学者之噩耗》论及桑原博士说道：

> 博士于清光绪季叶，曾至我国留学两年，上自典章文物，下逮堪舆，无不致意，搜集资料，以立其东洋史科学的研究之基础。明治四十二年归国后，即任教京都帝大文科大学，与那珂通世，白鸟库吉等相为互应，为彼邦史学界之重镇。其早年所著《中等东洋史》，可谓为斯学辟一新时代之作，我国有樊炳清金为两氏之译本，俱名为《东洋史要》。

然而博士的成绩，不仅在此。他在京都帝国大学担任东洋史讲座时，奖引学徒，使成一时风气；与夫研钻不倦，精益求精，著成《张骞之远征》《大宛国贵山城问题》《宋末提举市舶西域人蒲寿庚事迹》，郁然立于著作之林，而倾当代的视听；这是他的成绩的所在。就中尤以《蒲寿庚事迹》一书为最。氏即以此书于大正十五年（公元一九二六）得学士院授赏，称为不朽的名著，未几东洋文库将其英译刊行，而我国关于这书更有两种的汉译：一为陈裕菁译本，改题《蒲寿庚考》，为南京中国史学会丛书的一种，中华书局出版；一为冯攸译本，改名为《唐宋元时代中西通商史》，由商务印书馆出版。我国史学界对这书这样留意，大约是这书确是近代的名著的原故。陈裕菁序谓：

> 桑原骘藏《蒲寿庚之事迹》征引详富，道人之所未道。于中西交通往事，发明不少，非徒事襞绩旧说者可比。为史学界所推重者久矣！原稿载大正四年至七年（公元一九一五至一九一八）《史学杂志》中，分期发表，前后凡经三年。纪元十二年夏，日长无俚，汇全文译之。……忽忽六载。客岁修史白下，柳翼谋（诒徵）舅祖，缪赞虞（凤林）先生以桑原单行本见示，则篇幅已较初稿

加倍。

然则桑原博士对于这书，著作的谨慎精审，费时的长久，也可以想见了。

《张骞之远征》一文，钩稽也极详博，考证也极审慎，于研究中古时代中西交通史上可得最大的参考，与《蒲寿庚事迹》同为在史学上有不朽的地位。早年余尝试为译出，以人事冗迫，未能完毕，最近当为续成。至于《大宛国贵山城问题》乙文，则不知已否有了译者。

其他短篇著作散见于彼邦的《史学杂志》《史林》《艺文》《历史与地理》诸杂志中，昭和三年（公元一九二八）裒集若干为《东洋史说苑》，中多精警之作。及博士卒后三年，他的门人乃辑录旧稿刊行于世，名《东西交通史论丛》，第一册已于昭和八年（公元一九三三）十月印成。闻尚有第二、三册于最近付印。本文所移录的著作年表，即为其第一册所附载的。其中非关交通史的不收，已见《东洋史说苑》的亦不收，大率皆为博士精心结撰的著作。总之：博士一生最大的贡献，实为对于东洋史学力倡科学的研究，而于塞外史、东西交通史上，多所发明，这是我们史学家所共同承认的。

惟博士体质素弱，屡患病。虽平生善于留意摄生，得跻花甲之寿。不幸于昭和六年（公元一九三一）二月为二竖所侵，卒以不起，遂于是年五月二十四日卒于京都市邸。享年六十有二。越二十六日葬于洛东黑谷金戒光明寺。博士持己谨严，待人宽大，对于生徒的指导，极为真挚热心，且加以慈父之爱，德高学博，望重内外，闻讣莫不悲悼恸哭。兹特录出博士著作篇名，以记念不朽的功业。

附录

桑原博著作年表（移录桑原氏《中西交通史论丛》）

甲、 著书

（书名）	（发行年月）
中等东洋史上卷	明治三十一年三月
同　　　下卷	明治三十一年五月
中等东洋历史地图	明治三十二年三月
东洋史教科书备考	明治三十七年
续东洋史教科书备考	明治三十七年
东洋史教授资料	大正三年五月
增补东洋史教授资料	大正十二年八月
诸新制东洋历史教授资料第一辑	昭和三年五月
宋末提举市舶西域人蒲寿庚事迹	大正十二年十一月

右书汉译改题《蒲寿庚考》《唐宋元时代中西通商史》，由中华书局，商务印书馆印行。此外又有英文译本。

On PuShon-Keng（蒲寿庚）

Memoirs of the Research Department of the Toyo Bunko (The Oriental Library), Tokyo, 1928.

	昭和元年
东洋史说苑	昭和二年六月

乙　论文

（论文题目）	（揭载刊物）	（发行年月日）
东洋学者所说关于中国太古者	国民之友 二八七・二八八	明治二十九年三月
关于三皇五帝之名称	精美	明治二十九年八月
关于中国古代之祭祀	史学杂志七，二・一二	明治二十九年十一、十二月
佛教之东渐及历史地理上佛徒之功劳	反省杂志三，三・四・七	明治三十年二、三、四、七月
中国学研究之必要	东亚学会杂志一,一・五	明治三十年二、六月
ランスデル氏之中國領土中央亞細亞	东亚学会杂志一,三	明治三十年四月
铁木真与哥仑布	东亚学会杂志二,四	明治三十一年四月
关于老子之学	东洋哲学五,九	明治三十一年九月
释迦牟尼出世年代考	岳水会杂志一	明治三十二年三月

右文转载于《史学界》一,二（明治三十二年十二月）。

北方佛教研究之价值	岳水会杂志二	明治三十二年六月
明代庞天寿送呈罗马法皇之文书	史学杂志二，三・五	明治三十三年三、五月

明清时代滞在中国之耶苏教士	地理历史一,六·八	明治三十三年八、十月
关于韩非子之学说	东洋哲学八,六	明治三十四年六月
六朝隋唐时代文化上所受佛教之影响	新佛教二,七	明治三十四年七月
关于汉字	教育学术界六,一·三·五	明治三十五年十、十二月，三十六年二月
元时代之蒙古人	明治学报	明治三十八年六、七、十月
教育管见	教育学术界一一,六；一二,二	明治三十八年九、十一月
消夏漫录	教育学术界一三,六·七	明治三十九年八、九月
骊山行	燕尘一,二	明治四十一年二月
悼那珂博士文	大阪朝月新闻	明治四十一年三、四月
入天竺求法之僧侣	燕尘一,一〇·一一	明治四十一年六、十一月

右文曾转载于《中外日报》《六大新报》中。

雍豫二州旅行日记	历史与地理一一,三·四；一二,一·二·四·六	明治四十一年三、四、七、八、十、十二月
南京启行	燕尘二,五	明治四十二年五月

大宝令与唐制	泽柳政太郎氏著我国之教育附录	明治四十三年一月
山东河南地方游历报告书	历史与地理一五，一·二·四·六；一六，二·三·五·六	明治四十三年一、二、四、六、八、九、十一、十二月
西安府之大秦景教流行中国碑	艺文一，一	明治四十三年四月
高岳亲王	六条学报一〇四	明治四十三年四月

右文揭载于《六条学报》《禅宗》等杂志，为讲演笔记的节略，谬误不少。今收入《东洋史说苑》者，乃博士所亲加校定者。

清国之京师大学堂	艺文一，二	明治四十三年五月
热河之离宫	艺文一，五	明治四十三年八月
老子化胡经	艺文一，九	明治四十三年十二月
释尊之降诞地	佛教演讲集一七	明治四十三年十二月
关于道教佛教的冲突之老子化胡经	佛教演讲集一七	明治四十三年十[1]二月
东蒙古旅行报告书	历史与地理一七，一·二·四；一八，二·三·四·五·六	明治四十四年一、二、四、八、九、十、十一、十二月
观耕台	艺文二，二	明治四十四年二月
观耕台	燕尘四，二	明治四十四年二月

①编者按：原稿此处脱漏“十”字。今补。

答阿部氏	六大新报四〇〇	明治四十四年五月
答再阿部氏①	六大新报四〇四	明治四十四年六月
纸之历史	艺文二,九·一〇	明治四十四年九、十月

右文转载于《纸业杂志》中。

中国之革命	大阪朝日新闻	明治四十五年一月一、二日
创建清真寺碑	艺文三,七	明治四十五年十月
秦始皇帝	新日本三,一	大正二年一月
中国人辫发之历史	艺文四,二	大正二年二月
从东洋史上观察明治时代之发展	太阳一九,一一	大正二年八月
黄祸论	六条学报一四一·一四三	大正二年七、九月

右文转载于《新日本》三,一一(大正二年十月)。

晋室之南渡与南方之开发	艺文五,一〇	大正三年十月
东洋人之发明	中等学校地理历史教员协议会会议事及讲演速记录	
关于大宛国之贵山城	艺文六,九	大正四年九月

①编者按:原稿为"答再阿部氏",疑为"再答阿部氏"。存疑。

关于宋末提举市舶使西域人蒲寿庚	史学杂志二六，一〇；二七，二·五；八，九；二九，一〇	大正四年十月，五年二、五月，六年九月，七年十月
关于Nestar教僧之逸事	艺文六，一一	大正四年十一月
《那珂通世遗书》读后感	史林一，一	大正五年一月
张骞之远征	续史的研究	大正五年二月十一日
夏德等合译之《诸蕃志》	史林一，二	大正五年四月

Chao Ju-Kua（赵汝括）：his Work on the Chinese and Arab Trade in the 12th–13th Centuries, entitled Chu-han-chi.

柯劭忞《新元史帖木儿传》	史林一，二	大正五年四月
中国人之文弱与保守	支那研究	大正五年五月
关于波斯湾之东洋贸易港	史林一，三	大正五年七月
再关于大宛国之贵山城	史学杂志二七，七·八·九	大正五年七、八、九月
读藤田君之贵山城及监氏城考	艺文七，一一·一二	大正五年十一、十二月
东洋史研究所感	日本及日本人六九六	大正六年一月

佐伯君之The Nestorian Monument in China	史林二，一	大正六年一月
东汉之班超	大阪朝日新闻	大正六年一月十七、十八、十九日
中国国教之孔子教	大阪朝日新闻	大正六年二月二十二、二十三、二十四日

右文转载于《东京朝日新闻》。

支那学研究者之任务	《太阳》二三，三	大正六年三月

右文曾经汉译转载于上海《新青年》杂志中。

中国国教问题与基督教徒	外交时报二五，三	大正六年三月
增补《东达中国记》	史林二，三	大正六年七月

Sir. H. Yule, Cathay and the Way Thither, New edition revised throughout in the light of recent discoveries by H. Cordier, Vol. 1–111, *Hakluyt Society*, 1913–1915.

对于东洋史受验者之注意	历史与地理一，四	大正七年二月
关于藤田君之《宋代市舶司及市舶条令》	史学杂志二九，七	大正七年七月
关于广府问题及其陷落之年代	史林四，一	大正八年一月

从历史上观察南中国之开发	雄辩一〇,五	大正八年四月
见于经子之宋人	艺文一〇,五	大正八年五月
中国人之食人肉风习	太阳二五,七	大正八月六月
对支政策管见	外交时报一〇,四	大正八年八月
十八史略解题	有朋堂文库汉文丛书	大正八年十月
关于见于Ibn Khordadbah中国贸易港中之泉府及广府	史学杂志三〇,一〇；三一,一〇	大正八年十月 大正九年十月
中国人之妥协性猜疑心	大阪每日新闻	大正九年三月四、五、六、七、八日

右文曾经汉译转载于上海《新青年》中。

史记解题	有朋堂文库汉文丛书	大正九年七月
关于乌洛弗尔氏Laufer的新著*Sino-Iranica*，pp. 185–630，1919	史林五,三	大正九年七月
王朝之律令与唐之律令	历史与地理六,五	大正九年十一月
中国之人口问题	大阪时事新报	大正十年一月
讀コルデエ氏的新著《マルコ·ポ丨ロ》	支那学一,九	大正十年五月

关于假定“亚细亚人之亚米利加大陆发见”的学说	日本及日本人八二三	大正十年十一月
大师之入唐	弘法大师宗祖降诞纪念讲演集（大正十年六月十五日讲演）	大正十一年二月
读梁启超氏之《中国历史研究法》	支那学二，一二	大正十一年八月

右文曾经汉译转载北京《现代评论》中。

予之孔子观	斯文四，五孔夫子追远记念号	大正十一年十月
關於指中國人爲“タゥガス”或“タムガヅ”的稱呼	史林七，四	大正十一年十月
见于中国记录中的回教徒之猪肉食用禁制	史林八，一	大正十二年一月
宦官之话	大阪每日新闻	大正十二年八月三、四、五、七日
关于对支文化事业的希望	外交时报三九，一	大正十三年一月
唐宋时代的铜钱	历史与地理一三，一	大正十三年一月

在中国人间的食人肉风习	东洋学报一四，一	大正十三年七月
读陈垣氏《元西域人华化考》	史林九，四	大正十三年十月
中国史上的伟人（孔子与孔明）	文化学术讲演集	大正十四年六月
从历史上观察南北中国	白鸟博士还历记东洋史论丛	大正十四年十二月
卡特尔氏著《中国印刷的起源》	史林一一，一	大正十五年一月

Carter, *The Invention of Printing in China*, pp. XVIII 282, 1925.

中国猥谈	外交时报四三，一	大正十五年一月
关于隋唐时代来往中国的西域人	内藤博士还历祝贺支那学论丛	大正十五年五月
新发见的Catholic教的宗论关系之二史料	史林一一，三	大正十五年七月
旧稿《关于高岳亲王的御渡天》书后	东洋史说苑	昭和二年六月
于大秦景教流行中国碑	东洋史说苑	昭和二年六月

关于长安青龙寺的遗址	史林一二,三	昭和二年七月
中国国际间之骄儿	外交时报四六,七	昭和二年十月
中国之孝道殊别的从法律上所见的中国之孝道	狩野博士还历记念支那学论丛	昭和三年二月
坂口博士之追忆	艺文一九,五	昭和三年五月
关于祆教的一史料	史学杂志三九,七	昭和三年七月
应答支那论三则	外交时报四八,四	昭和三年八月
东洋史之轻视(关于中学课程改善案之杜撰)	东京日日新闻	昭和三年十月二、三、四日
唐明律的比较	高濑博士还历记念支那学论丛	昭和三年十二月
读夏德著西山荣久译《支那古代史》	大阪每日新闻	昭和四年六月廿四日
关于司马迁的生年之一新说	史学研究一,一	昭和四年十月
日支共存共荣论	外交时报五二,一	昭和四年十月
ヴィニング的《無名之哥侖布》	三宅博士古稀祝贺纪念论文集	昭和四年十月

右文曾经汉译转载《中大史学半月刊》中。

从东亚交通史上观察日本的开发	开国文化	昭和四年十一月
古代法律	京都帝国大学夏期讲习会讲演笔记（未经著者校阅）	昭和四年八月一日—六日

除上之外，有关于佛教论文若干篇载于《密严学报》。又《国语汉文讲义录》中有关于经籍解题的论文若干篇，今遍检不得，兹不揭录。

民国二十年双十节之前夕写于沪上四部书斋

（原载《大夏》第1卷第7号，1934年）

读殷商无四时说[①]

顷得友人自平邮寄《清华周刊》文史专号一册，内有吾友商锡永先生《殷商无四时说》一文。锡永先生与吾虽为初交，然其治甲骨之学，实较吾为先，其所刊布诸著[②]作，吾尝一一取而读之，盖久已心折之也。其为学之谨慎，即就此文之结论“此问题目前虽不易解决，然地下之材料，层出不已，信必有证明之一日；但处现今之地步，与其必之，无或疑之也”以观，亦可以窥见一二。然而不能无疑者，请为锡永先生及吾诸同志言之，或亦愚者尽其千虑，而为大雅所许乎！

原文大意，可分四部：一辩吾友叶蒸渔（玉森）先生《殷契钩沈》及《揅契枝谭》释甲骨文春夏秋冬四字之误，二辩董作宾先生《卜辞中所见之殷历》之说，三辩吾友束世澂先生“殷以三月至五月为春，六月至八月为夏，九月至十一月为秋，十二月至二月为冬”之说，四引申唐兰先生释作甫之说，以征实叶氏秋字之误释。

①编者按：本篇局部标点有改动。

②编者按：原稿为“箸”，当以“著”为是。今改。本篇此字统改。

日本文学博士饭岛忠夫持中国天文学外来说，与彼邦天文学专家新城新藏博士关于我国上古天文学智识之辩难亘二十年，近在其新著《支那历法起源考》一书草《殷虚文字之批判》一文，谓吾国甲骨文字断非战国以前之文字。（释文及拙著《读殷虚文字之批判》一文均载《大陆杂志》第一卷第十一期）得锡永此文，当不胜引为知己。

吾与锡永先生均非专攻天文历法者，关于董束两先生之论，拟不欲说。《燕京学报》第十期有刘朝阳先生《殷历质疑》，在锡永先生刊布此文之前，已先向董束两先生辩难。此场官司之不能结案，犹之彼邦新城氏与饭岛氏云耳。今兹所言者为甲骨文字本身问题，此问题一明，则于殷历之辩，或不无小补也。

叶氏春夏秋冬之释，在吾国甲骨文字之学中自不能不许为绝大发明。吾与渼渔先生交最久，其治甲骨，素持“以甲骨证甲骨，不轻以金文《说文》证甲骨”之法，最为吾辈所服膺。其近著《殷虚书契前后编集释》即为其半生最精到之著作。今观锡永先生所辩论者“秋”字提出反证，有“甫反币”“莆子币”“[illegible]册父丁爵”三文之多，然三文均非甲骨文字，除币文为另一系统文字，决不能并论外，[illegible]原文作[illegible]，罗氏所不释，亦决不能定其非秋字。“冬”字锡永先生不提反证，仅以想像出之，谓“冬”字与“今”字连文，又谓“[illegible]不及五，冬事不应若是之少”。甲骨破碎者多，连文殊不易得，且未尽出，亦不能遽断为少。以此为辩，恐不足以服叶氏。至谓前编卷一第四十六叶“丙戌卜，今Ψ方其大出，五月”。五月为春，于事实不可能。今查原书，“丙戌卜，今春方其大出”。是一辞，其下“五月”二字则斜契于下一行，作□，与本辞不相联属，当为右一辞斜契者之残文，是不能以此为反证。刘朝阳《殷历质疑》写作：

丙戌卜，今春方其大出。五月

较锡永先生为矜慎矣。所以董氏“这似是在五月追叙本年春季的事”之言，未免为多此一举矣。至于王氏《征文》征伐第二十六版，据淇渔先生告我，谓决为伪品，原版共契两辞，□契作□，□契作□，□契作□，十一月作□，行式参差，刀法纤弱，以故知之。锡永先生既藏有原拓照片，未知能景印公布，以证明其不伪否也？是锡永先生反驳“春”字误释，亦不成立矣。此外所余者只一“夏”字。查锡永先生所称□为七月之文，《龟甲兽骨文字》卷二第十八叶原为残辞，文曰：

丁巳缺□上不完夏｜上不完西□上不完七月

残蚀过甚，虽于审其文义，且全文无“今”字字样，又不足以确定其矛盾性。至于“□为十月又二”之文，则见于《前编》卷五第二十二叶中，其原版亦为残辞，文曰：

缺夏缺受又祐缺在十月又二

亦残缺过甚，共缺几字，共纪几事，实不可知。未知锡永先生更能举出其他有力证据否？总之：撮合残文，援作反证，必随在可以文织。是谓“夏”字为误释，亦尚有商量之余地也。

吾师竺藕[①]舫先生尝为一文《论以岁差定〈尚书·尧典〉四仲中星之年代》刊布于《科学》第十一卷第十二期中，谓

①编者按：原稿为“耦”，当以“藕”为是。今改。

“《尧典》四仲中星，盖殷末周初之现象”。据竺师之说，则《尧典》为殷末成书。果尔，则四仲中星之说殷末已有之。怀疑殷时尚无四时，且并此“春”“夏”“秋”“冬”四字而无之，吾盖不敢置信矣。

民国二十一年七月二十二日读后记

文成后搁置行箧中已一年，今年四月间寇犯平津，中央研究院历史语言研究所移沪，董彦堂先生南来，以容希白兄之介，得与定交。一日畅论此事甚欢，彦堂并出抽印本《卜辞中所见之殷历》相示，其所见与余全同。新近关于殷契之著作有三，除《福氏所藏甲骨文字》为锡永所撰集者外，一为郭沫若著之《卜辞通纂》，一为希白兄与瞿润缗君合释之《殷契卜辞》。郭氏书新材料不多，而编理甚为新颖，郭氏虽不采用蕻渔先生之说，然亦不持反对之论。如《天象》第四三一片释文云：

……壬寅王亦冬(终)夕。……

释为冬，借为终字，为蕻渔先生旧说。又《食货》第四四一片释文云：

> 上辞“乙未卜，贞黍在龙囿，受有年”，龙囿自系地名。字或释秋，义虽可通而形不合，疑亦啬之异文。

郭氏虽不肯承认蕻渔先生旧释，然亦云“义虽可通”，不持“不可通”之论。《食货》九十五页所引蕻渔先生认为

今春乎伐苦方；

之片，则于之下配以，同于蕻渔先生所见。

至《殷契卜辞》则于此等字均不附释文，持阙疑态度。然其骨片旧为徐坊所藏，为向未著录之新刊。余尝遍翻全书，凡希白等所未释，如：

二九丙　[缺]出贞来㞢王其桒丁[缺]

七〇六　戊午[缺]来屮[缺]甲[缺]

七〇四　壬戌卜[缺]今㞢[缺]

等辞之㞢屮㞢皆可释春；如：

四九四背　佳∧

之∧，亦可释冬；不与蒺渔先生旧说抵牾。犹忆日前读润缗君《殷契卜辞》底稿于胡朴安先生所时，锡永先生之《殷商无四时说》全文已录于书中，后竟全行删去，未知为希白兄所删，抑为校者锡永先生等所删，虽未能明；总之不为定说，可以想见。

民国二十二年八月八日再记于沪上四部书斋

（原载《岭南学报》第3卷第2期，1934年）

左传真相之先决问题[1]

一、引论

古书之难于研究，自古而然。其一，古书作者，往往不得主名；其二，古书之作成年代，向无本证；故也。此其研究之困难，不特在中国为然，在外国书亦莫不皆然。例如《旧约》中最重要之“法典”（The Law），共有五篇，即《创世纪》《出埃及记》《利未记》《民数记》《申命记》等；或云摩西作，向称为“摩西五书”，或云以斯拉（Ezra）作，相差已一千年之谱。又如印度《吠陀》中之《里克》（Rich）、《赛门》（Saman）、《叶迦斯》（Yajus）、《阿萨文》（Atharvan）等四部颂诗，其著作之真确年代，亦不易决定。凡兹往例，最足为证。盖古人著书，羞称创作，而后世增益，迄无已时。此中外之通例也。吾人生数千年之后，而欲尚知数千年之前，舍辗转推求，旁通广证之外，别无良策。而所用方法，偶一不慎，即迷古与疑古之妖魔，便四面包围袭击，而或为吾辈之主观矣。

---

①编者按：本篇局部标点有改动。

吾国古籍，自秦火以后，悉经汉代经师整理，真相已不易明；而其时今古文家各挟政治上之奥援，务欲为毁灭异己者学术思想之计，则其所言，宁复可信。此吾人所以每掩卷而不欲观者也。惟吾国文化之泉源，向附于经传，苟不之究，从何以探吾国文化之源？此古代经籍之又不能不读也。

读之之道宜如何？曰在博、在精、在通。博之云者，匪独以群经传通一经也，必也参之以先秦之诸子百家焉，证之以两汉经师之说焉，验之以今日欧美之考古学、民族学、民俗学、宗教学等诸新兴科学焉。（详见《教育杂志》拙著《读经问题的我见》一文中）精之云者，于一经之义例，作者见地、时代思潮以及传授源流、派别变迁、增广附益，洞悉无遗，而又于后世注疏异同，有相当之阅读，使其所言，必公正平允，能得客观之旨也。通之云者，不限于一家，不拘于一说；释一字也，贯之全书而可通焉，求之当时之语法而可信焉，夫然后吾心乃安；解一说也，规之吾国进化之迹象而合辙焉，例之各国浅化民族之现象而同涂焉，夫然后吾说乃得假设。虽然，兹事也，何事也？吾尝有志焉，迄于今而未逮也。

昔者尝从事于《诗经古义》之纂集，剪录黏贴，不惮烦劳。以《诗经》古说散见于《左氏传》者最多，因而《左氏传》之检讨分析亦至巨。而其缠夹于今古文争斗攻击，棼如乱丝，最不易分别其信否。浸假而剪录黏贴之工作停顿矣，浸假而《左氏传》不敢复读矣。思之，思之，重思之，吾若欲赓续此工作，则《左氏传》真相之先决问题，不得不为之攻究也。顷者读瑞典人珂罗崛伦（Bernhard Karlgren）《论左传之真伪及其性质》（*On the Authenticity and the Nature of the Tsochuan*），□人卜德（Derk Bodde）之《左传与国语》（Tsochuan and Kuo-

Yü)，日人重泽俊郎之《左氏春秋平义》诸篇，知时贤多有与鄙意同感者。因而见猎心喜，聊举向所蕴蓄于中者笔之于篇，以求正于世之君子。

二、左传不伪

《左氏传》之为伪书，在今日今文家之心目中，几乎已成为定论，如刘逢禄康有为等，便一口咬定，不肯放松，直是刘歆伪造无疑也。然此为入主出奴之见所限，非平允之言也。考《史记·十二诸侯年表》云：

> 孔子明王道，干[①]七十余君，莫能用，故西观周室，论史记旧闻，兴于鲁而次《春秋》，上记隐，下至哀之获麟，约其辞文，去其烦重，以制义法，王道备，人事浃。七十子之徒，口受其传指，为有所刺讥褒讳挹损之文辞，不可以书见也。鲁君子左丘明，惧弟子人人异端，各安其意，失其真，故因孔子史记，具论其语，成《左氏春秋》。

此为《左氏春秋》著录最早而又最完备之文献也。司马迁父子为前汉史学最高而读书最博之人，父谈尝论大家要指，于古代学术源流得失，辨别至精，子迁读《春秋》，历谱谍，深通各家春秋；其时去除挟书之禁不远，若为伪作，宁肯为其所欺？而其所言如此，则其必有所本也，明矣。今《史记》录改《左氏传》者不少，则当时确有其书，且为巨制，亦可以明矣。吾尝怪今之人勇于疑古而敢于信今，须知古人所见典籍，今日十亡八九；吾人生贫乏史料之今日，而必谓古人所著书所据原本为不可信，非愚则诬也。其言曰“鲁君子左丘明”，与

①编者按：原稿为“于”，当以“干”为是。今改。

《论语·公冶长章》“子曰：‘巧言，令色，足恭，左丘明耻之，丘亦耻之。匿怨而友其人，左丘明耻之，丘亦耻之’”之左丘明非一人而何？又曰：“惧弟子人人异端，各安其意，失其真，故因孔子史记，具论其语，成《左氏春秋》。”则《左氏春秋》实“因”经文而造，再不容疑矣。其《报任安书》曰：

> 及如左丘明无目，孙子断足，终不可用，退而论书策，以舒其愤，思垂空文以自见。

所谓“退而论书策”，即“具论其语”之论。“舒其愤”以“垂空文”，非即孔子著《春秋》以“褒贬挹损”乎？此司马迁之真言，非刘歆所得而改窜也。若谓司马迁[①]亦有“左丘失明，厥有《国语》”之言，此《国语》为《左氏传》之姊妹篇，非即《左氏传》也。《汉书·司马迁传赞》云：

> 司马迁据《左氏》《国语》，采《世本》《战国策》，述《楚汉春秋》，接其后事，讫于大汉。

《左氏》《国语》为二书，与下文《世本》《战国策》为二书同，不言传者，古人行文之省耳。故同书又曰：

> 孔子因鲁史记而作《春秋》，而左丘明论辑其本事以为之《传》，又纂异同为《国语》。

即为本文“司马迁据《左氏》《国语》”一语之注脚，此班氏之文章，又宁得谓为刘歆所窜入乎？此必有当时直接史料可据也。惟因刘歆好治《左氏传》，欲立学官，致遭今文家之忌，于是后世党同伐异之端生，申辩相承，迄二千年而不能已，岂不大可悲乎？刘向卒在成帝绥和元年（公元前八年），刘歆复领五经在二年（前七年），争立古文经博士在哀帝建平元年

---

①编者按：原稿为“史马迁”，当以“司马迁”为是。今改。

（前六年），是古文经之争立，去其校书时仅一年。向博学君子，不伪古经。谓向死后一年，歆能遍伪群经乎？不特编遍群经，且又乱窜《太史公书》以文饰其作伪之迹。歆何等人？有此精力耶！且竹简厚重，检讨不易，以此短时，何能遍伪？此又不通之论也。且其时校书非一人，如任宏、尹咸、李柱国等，有与其父年辈相若者，歆纵不恤人言，何无一人揭而攻之也？考《汉书·翟方进传》云：

> 方进读经博士，受《春秋》，积十余年，经学明习，徒众日广，诸儒称之。……方进虽受《穀梁》，然好《左氏传》天文星历，其《左氏》则国师刘歆，星历则长安令田终术师也。厚李寻，以为议曹。

如淳注曰：

> 刘歆及田终术二人，皆受学于方进。

是刘歆以前，翟方进好《左氏传》，最为大师，歆之好《左氏传》，其学盖出于翟方进。绥和二年（前七年）二月方进以言灾异自杀，下距刘歆争立古文经，不及一年，歆何得背其师而遍伪群经？康有为谓此传出刘歆伪托。然方进子翟义反莽见诛，主发方进及先人冢，夷灭三族。歆既遍伪群经以媚事王莽，假托传授，何独托之当时所谓反动分子耶？此必无之事也。

《汉书·楚元王传》曰：

> 歆及向始皆治《易》。宣帝时诏向受《穀梁春秋》，十余年，大明习。及歆校秘书，见古文《春秋左氏传》，歆大好之。时丞相史尹咸以能治《左氏》，与歆共校经传，歆略从咸及丞相翟方进受质问大义。初《左氏传》多古字古言，学者传训故而已。及歆治《左氏》，引传文以解经，转相发明，由是章句义理备焉。歆亦湛靖有谋，父子

> 俱好古，博见强志，过绝于人。歆以为左丘明好恶与圣人同，亲见夫子，而公羊、穀梁在七十子后，传闻之与亲见之，其详略不同，歆数以难向，向不能非间也？然犹自持其《穀梁》义。及歆亲近，欲建立《左氏春秋》及《毛诗》《逸礼》《古文尚书》皆列于学官。

就此文紬绎之，在刘歆以前，不特翟方进好《左氏传》，尹咸亦能治《左氏》；歆父向虽不治《左氏传》，然与其子歆问难申辩，当亦得见也。“初《左氏传》多古字古言，学者传训故而已”，则治训故之前汉学者，见者固不少也。何得谓《左氏传》向无传人乎？盖有之，行于民间，不为显学而已，官学与私学，自今日观之，不当有所轩轾，吾辈又何必重官学而轻私学乎？若必谓向、歆附传为班固受刘歆所骗而然。今试细读此传，首段云：

> 楚元王交字游，高祖同父少弟也，好书，多材艺，少时尝与鲁穆生白生申公俱受《诗》于浮丘伯，伯者孙卿门人也。及秦焚书各别去。

末段云：

> 初歆以建平元年改名秀，字颖叔云。及王莽篡位，歆为国师，后事皆在《莽传》。

于其先人不夸张天潢懿亲，而仅叙其读书小事，以明其家学渊源；于其失节事异姓，不稍假借，而曰：“歆为国师，后事皆在《莽传》。”此种不以人废言之精神，深得“史，从又，持中；中，正也”之初期史家之审慎态度。吾又何得以此厚诬班氏乎？即此观之，吾人即不必再读王充《论衡·案书篇》、许慎《说文解字序》、陆德明《经典释文序录》、孔颖达《春秋正义序》诸文，而《左氏传》之早已有传授之人，亦足以自明矣。尝见近人钱穆著《刘向歆父子年谱》，举二十八证以难康氏，谓歆决无遍假诸经之事，考证精审，虽康氏复生，不得再事哓哓矣。此就作伪主名之剧歆及其传授统系言，《左氏传》不得为伪书已铁证如山矣。

至就《左氏传》一书自身研究，则瑞典人珂罗崛伦氏首创以中国文去考证《左氏传》作成年代之法，证明《左传》是公元前四五世纪之作品，其言曰：

讲到《左传》的真伪问题，我们第一要明白甚么叫作真伪问题。照一般人所承认的中国传说看来，《左传》作于鲁国，同孔门有直接的关系。所以认为它在西历前二一三年的焚书以前就存在，后来从此救护出来，保存到如今。

在这传说里有两个要点：第一，它是焚书前的古代文件。第二，它是属于鲁国学派的。这两点并没有不可分离的关系，是很明白的。假使能证明此书在焚书前存在，也不能藉以证明从孔门产生。反过来说，假使能说它与鲁国无关系，这也不是说此书是伪造的。只有能证明此书是汉人所作来冒充焚书前的文件，然后可说它是伪的。换言之，假使在前一九一年——焚书禁令取消之时——到哀帝（西历前六—一）——《左传》正式讨论之时——中间有一个或几个学者著此书来冒充前二一三年前的古代文件，此书便是伪的。若然，此书便完全是根据他们自己的构想的，或者更合理一点说，他们是依靠着少数真的但短一点的文件，任意变动，并且加入一点自己的创作。（这两种情形是同样的坏，因为支那学家若要分别真伪，几乎是个绝望工作，而且他时时有根据伪材料来下结论的危险。）

反过来说，此书是真的，假使它真在前二一三年前写

> 定，假使它是前七二二到四六八年中事实的真正记载，是作者尚可自由参考各种文件的时候（即上说年代）内所写定，到了二一三年许多古代文件都毁灭以后，那些假文件——纯粹根据理想做成而误认为周代的史料——的危险，方才起头变为严重。它当作史料的价值的或高或低，是看它写在这个时期的或前或后来断定的。假使它写定时近四六八年（传说的意见把它放在前五世纪），自然它有更大的价值，因为几乎是同时的见证了。假使它写定比较迟一点，譬如说是前三世纪，那么它不过根据几百年前的旧传说（口传或笔录）来编辑的，它的价值便小一点——可是它仍极重要，因为无论如何它还是中国历史最古的详细记载之一。但是只要它的时代在前二一三年以前，我们就没有理由说它是伪书。

珂罗崛伦氏之言允矣。氏又于《左传》旧账如《通志堂经解》《皇清经解》《皇清经解续编》中《左传》之部之外，举出反《左传》运动二人以为原告人代表而加以辩论。一是日本支那学者饭岛忠夫（T. Lijima）在《东洋学报》（*Toyogakuho*）上所发表之文章，纯粹根据天文学以证明《左传》是前汉末年作品者，一是康有为。氏驳饭岛之言曰：

> 中国的注释家很注意《春秋》与《左传》的年代上的歧异，及此二书同周室年代的歧异。……有一种大家公认的基本的理由，就是许多诸侯各有与王室不同的历法，而且诸侯间文件的日期便根据这不同的历法，所以各国太史的记载也混乱了。至于《左传》纪年有前汉的味儿在内，是不成问题的——中国的批评家很早就可以查出的。假使只有一段记载可以说是汉代的，那对于《左传》全体也无

大关系。而且我要读者注意这是因为还有一种心理的理由在里头呢。

……关于用干支的记载，在前汉的末年，传说时常要弄错的。所以在改正的时候，自然要带些汉代的味儿。但是根据这一点来断《左传》全书的年代，那未免是太薄弱的材料了。

关于饭岛氏主张之不能成立，在彼邦新城新藏理学博士已有长期辩论，详见《支那天文学史研究》一书中，吾辈非天文学专家，可不具论，而珂罗崛伦氏之说弥可信矣。氏论康氏之言曰：

在我们详细考察此种激烈主张以前，我们先要知道并且记住康有为是一个政客，兼宣传教义的人，并且要知道他“考证”的方法并不是科学的论证，而有点新闻纸的味儿。康氏要想说明孔子原有的精神在汉代已经湮灭了，中国在十九世纪末年的各种国耻便是因为离开了那位大圣人的真教训的缘故。他要这样主张，他必须要说明孔子的教训是怎样湮灭了的，所以就把刘歆作了个牺牲。这种论调的全体，当它是中国思想在欧洲政治侵略压力之下的混乱新方向的表征，是很有趣。……照我看来，康有为的全体主张显然是太牵强了。

指摘康氏著书之心理，如见其肺肝焉。迩来非议康氏之说者虽多，要皆不能有如此之明白也。虽然，以上所引，只不过珂罗崛伦《左传》真伪研究之导论而已，其重要性则全在其合先秦前汉诸书为比较研究，校其语词语法之异同，而决定《左传》成书之年代也。氏第一步工作以《史记》与《左传》合读，证明司马迁改动《左传》，《左传》为原本，司马迁《太史公书》为副本。其言曰：

> 以上讲的是从古史里看来，《左传》比司马迁早是可能的事情。但是我愿意说这类的“证据”不能使我满意。有些事情在古书内记载了；有些事情忘掉了，并没有记载下来；有些事情记载下来了，可是亡佚了，这都是碰运气的事。司马迁刘向刘歆班固王充许慎所说的关于《左传》的话，不过是第二等的证据。我自己相信的原则是：《左传》之科学的研究应该注重《左传》的本身。

氏乃在下文举出司马迁改动《左传》之在今《史记》中者凡二十三处，而与彼之主张无一矛盾者。其第二步工作，则用《书经》《诗经》《庄子》《国语》诸书以比较《左传》文法，证明《左传》有特殊之文法组织，殊非作伪者所能虚构，然后再用《左传》文法以比较“前三世纪标准文言”，证明《左传》实为前四五世纪之作品。此种工作最为繁重，而其成功亦即在于此。其言曰：

> 最后的一个证据，就是《左传》如下文用语言学研究的时候，可证它自己有它的文法，一种很特殊的文法系统，没有一个作伪者可以想像到，可以前后一致地用《左传》上这种特殊的文法结构。

又曰：

> 所以《左传》助词的特殊组织，是它真伪问题的最后且最好的证据。

珂罗崛伦氏为实验其理论计，遂选定七种“助词”。

一、“若”与“如”。

二、“斯”字作“则”字解。

三、“斯”字作“此”字解。

四、“乎”字作“於”字解。

五、“与”字作疑问语尾。

六、“及”与“与”。

七、“於”与“于”。

以为比较之标准，精密统计之下，发表结论曰：

《左传》有一律的文法，和《国语》很近，但不全同（和别的中国古书却完全不同）。这种文法绝不是一个后来的伪造者所能想像或实行的。所以这一定是部真的书，是一个人所作的，或者是属于一派和一个方言的几个人作的。它同鲁国学派没有关系（至少没有直接关系），因为它的文法和孔子及弟子及孟子完全不同。此书是在四六八年以后（书中所述最迟的一年），而无论如何总在二一三年前，多份还是四六八年到三〇〇年中间。

虽然，珂罗崛伦氏于甲骨文、金文未尝问津，致“於”“于”诸字变迁史迹全然不明，故其所研究，只能注意其“空间性”，而不能注意其“时间性”，故毅然谓此书非鲁国人所作，而不知其成书年代实在孔子已没《论语》未修之时。（关于《论语》结集时期，可参考拙译武内义雄著《论语原始》。）其时语言变化如何，须再下一番研究，此吾人所当为之补正者也。

同时，就《左传》本身研求真伪者，最近有卜德（Derk Bodde）著《左传与国语》一文，于珂罗崛伦七种助词研究之外，又有一、引诗；二、“帝”与“上帝”两事。其言曰：

《左传》最喜欢引《书经》和《诗经》。《书》，它引过四十六次；《诗》，引过二百零七次。但是那部比了《左传》分量约少一半的《国语》，所引《诗》《书》并不止减少了一半，它只引了十二次《书》，二十六次《诗》。这实在太少了！尤其是《诗》的比例，只有八分之一。况且《国语》引《诗》不但只有二十六次，而在这二十六次之中，有十四次都在一篇里。所以，除了这一篇之外，其余十分之九的书里，只引了十二次《诗经》而已！

这真是一个大不相同的情形。我们要替这种现象作解释，只有两种法子：(一)《左传》和《国语》所根据的材料不同；(二)《国语》的作者对于《诗》学没有深研，或者他对于引《诗》的癖好及不上《左传》的作者。

又曰：

《左传》和《国语》中提到的“天”字，真是多不胜数。然而“帝”或“上帝”两个名词(用作“天”解，不作“皇帝”解)，在《左传》中只有八次，而在分量少了一半的《国语》里却已说到十次。“上帝”不单称“帝”，《左传》中只有四次，而在《国语》的十次之中，只有一次单言“帝”，余俱为“上帝”。这样的大差别，又岂可说是偶然的事！总之，《左传》专用“如”字而《国语》用“如”兼用“若”；《左传》最好引《诗》而《国语》则否；《左传》不大说上帝，比较《国语》中用的这名词只占得四分之一。

以吾观之，引用《诗经》为孔门后学之通例，不特孟子然，荀子亦然。吾尝拟编《诗经古义》，即欲从此数书入手。卜德此种研究，殊足为证明《左氏传》作成于孔子既没《论语》未修之时之一助。至不用“帝”字或“上帝”为“天”字之代表字，则显然为人事未进之证。盖《左传》时期较先，故只能用具体名词，而未用抽象名词也。卜德又于今文家重要证据不肯轻视，文中又举钱玄同所论：

> 一、《左传》记周事颇略，故《国语》所存春秋时代底周事尚详。
>
> 二、《左传》所记鲁事最详，而残余之《鲁语》所记多半是琐事。
>
> 三、《左传》记齐桓公霸业最略，而《齐语》则专记此事。
>
> 四、《晋语》关于霸业之荦荦大端记载甚略，《左传》则甚详。
>
> 五、《郑语》皆春秋以前事。
>
> 六、《楚语》关于大端的记载[①]亦甚略。
>
> 七、《吴语》专记夫差伐越而卒致亡国事，《左传》对于此事的记载又是异常简略。
>
> 八、《越语》专记越灭吴之经过，《左传》全无。
>
> ——综上所记，此详则彼略，显然是将一书瓜分为二。

逐条加以辩正，谓：

> 这两部书的宗旨是不同的。

又谓：

> 无论如何，一个人决不能从一部原有的书里著成或改成两部书——《左传》和《国语》。

卜德虽对于《左传》真伪绝口不提，吾人观其结论，因已明白其不信《左传》为《国语》所改削者。氏又于作文之动机，明谓：

> 这（珂罗崛伦把《左传》和《国语》的文法比较研

①编者按：原稿为“转”，当以“载”为是。今改。

> 究）真是一个最有力的凭证，不过还有学者不甚信服。例如胡适先生。……

则其态度可以见矣。

最近孙海波《国语真伪考》谓："《国语》与《左传》非一书之化分"，"《左氏》三十卷者，即《国语》之旧文，刘歆喜而治之，并无割裂之事"。诚可谓直截了当者。凡此皆近人就《左传》本身研究，不信其为伪书者也。

今者吾人更就考古学、民族学、民俗学、宗教学等诸新兴科学之规律以校《左传》，则《左传》诚足为公元前五世纪浅化时代之古文件。所谓"左氏艳而富，其失也诬"，非诬也，浅化民族之风俗、信仰、思想存焉也。如《僖公十九年传》"夏，宋公使邾文公用鄫子于次睢之社"，为杀人以祭之遗风，所谓："六畜不相为用……民，神之主也，用人其谁飨之？"古者"尸"祭，代神享受实质，杀人以祭，非公开食人而何？君子讥之以此也？然又谓："神不歆非类，民不祀非族"，"以其物享"，则又何解于"人将相食"乎？此浅化蛮俗之遗留无疑也。此等记载，不特刘歆不能梦想，亦岂已进化之汉时人所得知乎？其他如战胜献俘，驱鬼演傩，媚神角技，巫医视鬼等等无不照实直书，则宜非汉代人所敢窜入矣。故吾谓《左传》必不伪也。

三、左传有为后人附益者

虽然，《左氏传》亦有为后人附益者。陈澧《东塾读书记》卷十曰：

> 陆氏《纂例》云："左氏功最高，能令百代之下，颇见本末，因之求意，经文可知，而后人妄有附益，左氏本

未释者，抑为之说。”（卷一）此数语乃定论也。文十三年《左传》云：“其处者为刘氏。”孔疏云：“汉室初兴，左氏不显于世，先儒无以自申，插注此辞，将以媚于世。”澧案：《左传》有附益之说，实昉于此。既可插此一句，安知其不更有所插者乎！《公羊传》有子沈子曰、子司马子曰，《穀梁传》有沈子曰、尸子曰、穀梁子曰之类，皆后师之语，安见《左传》必无后人附益乎？《左传》不可通之说，指为后人附益，乃厚爱左氏，非攻击左氏也。

又曰：

《左传》解《春秋》书法，有不通者，必后人附益。如宣元年春王正月公子遂如齐逆女。《传》云：尊君命也。三月遂以夫人妇姜至自齐。《传》云：尊夫人也。（成十四年秋叔孙侨如如齐逆女，九月侨如以夫人妇姜氏至自齐。《传》亦云：称族，尊君命也；舍族，尊夫人也。）《公羊》则云：“一事而再见者卒名也。”此《公羊》之胜《左传》者。然此乃文法必当如耳。左氏岂不如文法者乎？（如《论语》公叔文子之臣大夫僎，与文子同升诸公，再见不称公叔。《檀弓》公仪仲子之丧，下文再见，但云仲子趋而就。子服伯子于门右，下文再见，但云伯子。此等文法，触目皆是，浅人皆知之。）（昭十三年晋人执季孙意如以归，十四年意如至自晋。《传》云：尊晋，罪己也。更不通，不必辩。）其尤可怪者：襄二十七年夏，叔孙豹会晋赵武楚屈建云云于宋。秋七月，豹及诸侯之大夫盟于宋。《传》云：“季武子使谓叔孙以公命曰，视邾滕。既而齐人请邾，宋人请滕，皆不与盟。叔孙曰：邾、滕人之私也，我列国也，何故视之？宋、卫吾匹也，乃盟。故

> 不书其族，言违命也。”此竟颠倒是非矣。贾逵[1]云：叔孙义也，鲁疾之，非也。服虔云：虽以违命见贬，其于尊国之义得之。（并非疏引）贾说可以纠正《左传》，服注已稍依违矣。杜注云：豹不倚顺以显弱命之君，而辨小是以自从。孔疏云：“豹若即以为真，共敬从命，则国内义士必云：‘豹是国之大贤，闻是公命，虽非亦从。’则知公之所命，悉不可违。岂不使季氏惧而公室尊也。”如杜、孔之说权臣假称君命，大贤义士，共敬从之，权臣复何所惧乎？传谬而注曲从之，注谬而疏曲从之，而以为孔子之意（孔疏云：贾、服不以孔子之意说《春秋》），此经学之大害也。故附益之语，不可不辨也。

陈氏最为清末大师，读书最博最精最通，其言实可从也。今更就全书义例通考之，可得十二例证焉。

一、隐公元年冬十有二月，公子益师卒。《传》曰：公不与小敛，故不书日。桓公十七年冬十月朔，日有食之，《传》曰：不书日，官失之也。孔疏杜氏《集解序》云：“《春秋》诸事，皆不以日月为例。其以日月为义者，……丘明发传，惟此二条，明二条以外皆无义例。”陈澧《东塾读书记》云：

> 此说可疑。岂有一书内唯二条有例者乎？且日食不书日为官失之，其说通。大夫卒公不与小敛不书日，不可通。盖《左传》无日月例，后人附益者，以《公》《穀》有之，故亦仿效而为此二条耳。

案陈说是也。使左氏果有例，则庄三十二年书秋七月癸巳公子牙卒，文十五年书九月甲申公孙敖卒，一毒死于鸩，一客死于

---

①编者按：原稿为“贾达”，当以“贾逵”为是。今改。

齐，公皆不与小敛。然反书日，何耶？左氏本无例，而卿卒日食忽发书日不书日之传，明是后人附益矣。此其一。

二、桓二年宋督弑其君与夷及其大夫孔父。《公羊传》云："及者何？累也。弑君者多矣！舍此无累者乎？曰有，仇牧、荀息，皆累也。舍仇牧、荀息，无累者乎？曰有。有则此何以书？贤也，何贤乎孔父？孔父可谓义形于色矣。其义形于色，奈何？督将弑殇公，孔父生而存，则殇公不可得而杀也。故于是先攻孔父之家。殇公知孔父死己必死，趋而救之，皆死焉。孔父正色而立于朝，则人莫敢过而致难于其君者，孔父可谓义形于色矣。"《穀梁传》亦云："其曰及，何也？书尊及卑，《春秋》之义也。孔父之先死，何也？督欲杀君，而恐不立，于是乎先杀孔父，孔父闲也。"范注：闲谓捍御。案《说苑·尊贤篇》云：

> 以宋殇公不知孔父之贤乎？安知孔父死己必死趋而救之，趋而救之者，是知其贤也。

此说与《公羊》互相足，事当属实。参以《穀梁传》，知孔父实死君难。其忠节与仇牧、荀息同。《左传》于桓元年冬则曰："宋华父督见孔父之妻于路，目逆而送之，曰美而艳。"至二年春，即申之曰："宋督攻孔氏，杀孔父而取其妻，公怒，督惧，遂弑殇公。"观其文，反似孔父因妻得祸，无形式之义者然。非后人妄有附益，何参诸《说苑》《公》《穀》，乃大相径庭若是也。《礼·内则》：女子出门，必拥蔽其面。督亦何从窥见其妻美而艳者，此又事之必不可信者也。矧孔父为夫子六世祖，而书名以贬，倘左氏如此，尚得谓亲见夫子而好恶与圣人同者耶？此必为后人附益也审矣。此其二。

三、桓十六年《左传》云：初卫宣公烝于夷姜，生急子。

杜注：夷姜，宣公之庶母也。案刘向《列女传·卫宣公姜》条云：

> 宣姜者，齐侯之女，卫宣公之夫人也。初宣公夫人夷姜生伋子，以为太子。又娶于齐曰宣姜，生寿及朔。

据此，则夷姜乃宣公初娶之妻。若谓《列女传》不可信，则《史记·卫世家》亦云：

> 初宣公爱夫人夷姜，夷姜生子伋，以为太子。

夫曰爱，犹言有宠耳；曰夫人，则非庶母可知。《左传》诬之曰烝，杜注复实之曰庶母，孔氏《正义》不辨传注之非，反驳《世家》，以史迁为谬。何其未之深考耶？后人附益《左传》，不改事实，渎乱伦纪，莫此为甚。此辨之不容不辨者也。此其三。

四、庄十一年《左传》云：凡师敌未陈曰败，某师皆陈曰战。孔疏云：《释例》曰：令狐之役，晋人潜师夜起，而书战者，晋讳背其前意，而夜薄秦师，以战告也。成十八年《左传》云：凡去其国，国逆而立之曰入，复其位曰复归，诸侯纳之曰归，以恶曰复入。孔疏云：《释例》曰：庄六年五国诸侯犯逆王命以纳卫朔，朔惧有违众之犯，而以国逆告。陈氏《东塾读书记》云：

> 此皆明知凡例不合，而归之于告。是遁辞矣。

又云：

> 《左传》凡例，与所记之事有违反者，可见凡例未必尽是，左氏之文有后人所附益，而又未详考传中之事也。

陈说是也。其证四。

五、庄十二年《左传》云：宋万弑闵公于蒙泽，遇仇牧于门，批而杀之，遇大宰督于东宫之西，又杀之。案《公羊传》

云:“仇牧闻君弑，趋而至，遇之于门，手剑而叱之，万臂摋仇牧，碎其首，齿著乎门阖，仇牧可谓强御矣。”《榖梁传》亦云:仇牧闲也。范注:仇牧捍卫其君，故见杀也。《史记·宋世家》:“万以局杀湣公于蒙泽，大夫仇牧闻之，以兵造公门，万搏牧之齿著门阖死。”《新序·义勇篇》第八云:

> 仇牧闻君死，趋而至，遇万于门，携剑而叱之，万臂击仇牧而杀之，齿著于门阖。仇牧可谓不畏强御矣。趋君之难，顾不旋踵。

此说并与《史记》《公》《榖》合，乃实事也。《左传》于仇牧不下一褒语，反挤之与宋督并列，知为后人附益断断矣。此其五。

六、庄十四年《左传》云:“楚子灭息，以息妫归，生堵敖及成王焉。未言。楚子问之，对曰:吾一妇人而事二夫，纵弗能死，其又奚言。”(《释文》堵敖,《史记》作杜敖。)案《史记·楚世家》:“文王十三年卒，子熊囏立，是为杜敖。五年，其弟熊恽袭弑杜敖，代立，是为成王。”并不言其所出之母。刘向《列女传·息君夫人》条云:

> ……楚伐息，破之，虏其君，使守门，将妻其夫人而纳之于宫。楚王出游，夫人遂出，见息君，谓之曰:“人生要一死而已，何至自苦?妾无须臾而忘君也!终不以身更贰醮。生离于地上，岂如死归于地下哉!”乃作诗，曰:谷则异室，死则同穴;谓予不信，有如皦日。息君止之，夫人不听，遂自杀，息君亦自杀。同日俱死。楚王贤其夫人守节有义，乃以诸侯之礼合而葬之。

据此，知息妫乃妇人之以节烈著者。《左传》乃独诬以事二夫，生二子，污人名节，悖谬孰甚!知此必为后人所附益也。此其六。

七、庄二十六年《左传》云：秋，虢人侵晋，冬，虢人又侵晋。杜注：此年经传名自言其事者，或经是直文，或策书虽存，而简牍散落，不究其本末，故《传》不复申解，但言传事而已。孔疏：曹杀大夫，宋齐伐徐，或须说其所以，此去邱明已远，或是简牍散落，不复能知耳；上二十年亦传不解经。案杜预《春秋序》云：左邱明受经于仲尼，故传或先经以始事，或后经以终义，或依经以辩理，若错经以合异。今传既不解经，明是后人附益。此其七。

八、僖十五年《左传》曰：上天降灾，使我两君，匪以玉帛相见，而以兴戎；若晋君朝入，则婢子夕以死，夕以入，则朝以死；唯君裁之！《释文》云："此凡四十二字，检古本皆无，寻杜注亦不得有；有，是后人加也。"案乃附益之显据，陆德明已疑之矣。此其八。

九、宣元年春王正月公子遂如齐逆女。《左传》云：尊君命也。三月遂以夫人妇姜至自齐。《左传》云：尊夫人也。案《公羊传》谓讥丧娶。《穀梁传》亦曰：其不言氏，丧未毕，故略之也。《汉书·五行志》:

> 宣公三年，郊牛之口伤，改卜牛，牛死。刘向以为近牛祸也。是时宣公与公子遂谋共杀子赤而立，又以丧娶。

今考文十八年正月至宣元年二月，才十三阅月，正暮年祥练之际，乃甫即位，急于逆女，致先君之丧服未除，而遽行昏礼，正《春秋》之所恶者。《左传》反以为尊君命云云，显没《春秋》讥丧娶之义。如此不通之书法，必后人附益无疑也。此其九。

十、襄二十五年齐崔杼杀其君光。《左传》云："晏子立于崔氏之门外，……曰：……君为社稷死则死之，为社稷亡则亡之。若为己死而为己亡，非其私昵，谁敢任之？……门启而入，枕尸而哭，兴，三踊而出。”案《新序·义勇篇》第八云：

崔杼弑庄公，令士大夫盟者皆脱剑而入。言不疾，指不至血者死。所杀十人，次及晏子。晏子奉杯血，仰天叹曰：恶乎！崔子将为无道，杀其君。盟者皆视之。崔杼谓晏子曰，子与我，我与子分国；子不吾与，吾将杀子。直兵将推之，曲兵将钩之，唯子图之！晏子曰：“婴闻回以利而背其君者，非仁也。劫以刃而失其志者，非勇也。《诗》云：恺悌君子，求福不回，婴可谓不回矣。直兵推之，曲兵钩之，婴不之回也。”崔子舍之。晏子趋出，授绥而垂。其仆将驰，晏子拊其手，曰：“虎豹在山林，其命在庖厨，驰不益生，缓不益死。按之成节，然后去之。”《诗》曰：“彼己之[①]子，舍命不渝。”晏子之谓也。

观此，则婴非不能死君难者。《左传》所云，反似庄公之罪，已不容于诛，而崔子之废昏立明，功不在伊尹下也者。矧非其私昵，何又枕股而哭，三踊而出，效儿女子之态，如俞长城《晏婴论》之所讥耶？此必好事者所为，虚造此言，以诬毁晏婴。不然，何事出一人，而《左传》与《新序》所载，其勇怯竟大相剌谬也！然则《左传》有后人附益倍可信矣。此其十。

十一、庄二十二年《左传》云：“陈公子完奔齐。……初懿氏卜妻敬仲。其妻占之曰吉，是谓‘凤皇于飞，和鸣锵锵，有妫之后，将育于姜。五世其昌，并于正卿；八世之后，莫之与京。’……敬仲其少也，周史有以《周易》见陈侯者，陈侯

---

①编者按：原稿为“子”，当以“之”为是。今改。

使筮之，遇观☷之☰否。曰是谓‘观国之光，利用宾于王’。此其代陈有国者乎？不在此其在异国，非在其身在其子孙，光远而自他有耀者也。坤，土也，巽，风也，乾，天也，风为天于土上山也；有山之材，而照之以天光，于是乎居土上，故曰‘观国之光，利用宾于王’。庭实旅伯，奉之以玉帛，天地之美具焉，故曰‘利用宾于王’。犹有观焉，故曰‘其在后乎’。风行而著于土，故曰‘其在异国乎’。若在异国，必姜姓也，姜，大岳之后也。山岳则配天，物莫能两大，陈衰此其昌乎？——及陈之初亡也，陈桓子始大于齐；其后亡也，成子得政。”吾尝闻之太老师张豫泉丈云：“其师陈东塾在日，尝疑此段为后人附益。盖左氏原文不应有预料后世之事。”此必后日好事者见三家分晋，田氏篡齐，因而附益以神其事。而不知其增加之迹，即露于此。此其十一。

十二、哀二十七年续经之传云：悼之四年云云。考《史记·鲁世家》及《竹书纪年》，悼公在位三十七年，其薨在周考王十二年，上距获麟相去五十三年，孔子时且未即位，何得遽称其谥？同年《传》又曰：赵襄子由是惎知伯。考《史记·六国表》及《赵世家》，襄子立三十三年，其元年当周定王十二年，其卒也当威烈王元年，上距获麟相去五十七年。此称其谥，亦不合。亦后人附益之显据者。此其十二。

综上所述，今本《左传》确有为后人附益者，证据确凿，无可否认。《朱子语类》八十三林黄中谓《左传》君子曰是刘歆之辞，《四库提要》朱子谓“虞不腊矣”为秦人之语，叶梦得谓纪事终于智伯，当为六国时人。姚鼐《九经说》及《左传补注序》以左氏言魏氏事造饰尤甚，乃谓吴起之伦附会私意为之以媚魏君。案以上各说以姚氏为最有识。陈澧《东塾读书记》曰：

> 刘申受《左氏春秋考证》凡书曰之文亦以为增益。然谓刘歆所增益则未确也。桓五年甲戌、己丑陈侯鲍卒。《左传》云：再赴也，……公疾病而乱作，国人分散，故再赴。《史记·陈杞世家》采此数语，可见史迁所见《左传》有解经之语矣。姚姬传《九经说》及《左传补注序》以为吴起之伦附会私意，则颇近是耳。

陈氏治学，不主一家，其所言又平心静气如此，殊可信也。近人卫聚贤《左传之研究》谓传者为卫左氏人吴起，其言不为无见。吴起为最初传人，此其所以为附益之张本欤！

四、附益为先秦书中通例

且也，续貂附益，为先秦书中通例。不特《左氏传》为然也。最近吾友陈柱尊前辈《书司马穰苴传后》曰：

> 余读司马迁《穰苴传》，至齐威王使大夫追论古者《司马兵法》，而附《穰苴》于其中，因号曰《司马穰苴兵法》。未尝不喟然叹曰：古人编书之法，固不类是耶！夫既使大夫追论，则大夫岂能无意去取于其间耶！且所谓大夫者，又岂一大夫而已耶？且既为古者《司马兵法》，而又附《穰苴》于其中，则所谓《司马穰苴兵法》者，谓其果为司马《穰苴》兵法耶？不可也。谓果非司马穰苴之兵法耶？亦不可也。然则所谓《司马穰苴兵法》者，有古者大司马所传之兵法焉，有穰苴所行之兵法焉，又有齐诸大夫所论之兵法焉。而其书因司马穰苴而成，故曰《司马穰苴兵法》。然则古人编书之法，不已可知也耶？然则今世所传周秦古籍，其所以成书之故，不已可知也耶？后之

读书，尽视为古人之原著固非，而以其有一二抵牾，遂一切从而伪之，则又奚可哉！

陈氏专治先秦诸子，于古籍所见最多，其言最为通达可信。《左传》虽远不如《司马穰苴兵法》之复杂，然如吾上文所举附益诸例，如例八、例十一等条，及陈澧所引“其处者为刘氏”等，公开附益，无容讳饰。其余诸例，则可推而定，虽欲秘密而不能隐吾辈法眼也。以吾所见，有原本左丘明《左氏春秋传》，篇帙最巨；有吴起附益《左氏传》，次之；有六国时人附益《左氏传》，有秦人语《左氏传》，有汉人插入语《左氏传》，有隋前附益《左氏传》，其所附益分量最少，吾人一望而知。然其书亦因之不易读矣。然以此求之《公羊》《穀梁》，亦犹是焉耳。求之《论语》《孝经》，亦犹是焉耳。求之《老子》《墨子》《庄子》《荀子》《韩非子》《吕氏春秋》，亦犹是焉耳。是先秦之书无不然也。然此犹可诿之书经秦火，整理维艰，故出于此。即在秦后，司马迁《史记》、刘向《说苑》《新序》之类，亦何独不然；若概以一伪字抹煞，不几于无书可读耶？吾尝见《切韵》失，有从《广韵》以追求之者，《玉篇》亡，有从《大广益会玉篇》以追求之者。若《左氏传》则原本俱保存于附益本中，其价值不高出于《广韵》《大广益会玉篇》耶？是乌可以废之而不讲也。知此义也，然后可以语于《左氏传》之研究。吾所谓《左氏传》真相之先决问题，即在于此，是不可以不知也。

五、左传读法

《左传》一书，非出伪作，已如前述；而续貂附益，又为先秦古籍之通例，然则读之之法宜如何？《孟子》曰：“尽信书则不如无书”，学者于此宜不以文害辞不以辞害意可也。朱朝瑛《读春秋略记》曰：

> 《春秋》经史相辅而行，史以陈其事，经以著其义，一笔一削，了然可见。自鲁史亡而《左传》作，《春秋》之义多不可解矣。赵襄子之卒，后孔子五十五年，而左氏已举其谥，是作于战国时无疑。故其书多采他史以附之，与经文谬戾而不合。其大者莫如赵盾许止弑君而以为不弑君，栾书莒仆不弑君而以为弑君，千载之下，论议纷然，终莫能定。皆蔽于左氏之说也。《公》《穀》之疏略，益不足言也。学者不因经以考传，而欲据传以明经，于是名实抵牾，是非舛错，《春秋》之义，愈辨愈晦。或起而矫之，一切弃去，凭臆为说，则又失之太悍。苟义之可通，以传释经可也；义之必不可通，不得以经废传耳。

此言《春秋经》《左氏传》合读之法也。至于《左氏传》独立读法，则宜以传明传。传文必不可明者，然后求之《公》《穀》，求之《史记》《新序》《说苑》《列女传》诸书，自先秦书至前汉为止，慎勿从后世注疏家之所说也。故第一步，须先从孔颖达回复至杜预时面目，再从杜预回复至服虔贾逵，再从服虔贾逵回复至刘歆，终乃由刘歆回复至原本《左传》，注疏家之必不可信者则不必信。夫如是谓之“《左氏传》归真”读法。

此读法也，如孔子学说之先去其后世之附于耶稣说者，再去其宋世之附于释迦说者，终乃去其汉世之附于道家方士之言者，重重剥去，然后真孔子面目乃可得见。苟世有《左传》专家，于其全书细细阅读，句句估定，其确为附益者逐条摘出，以双线记之，如其处者为刘氏，以为分别，则事实胜于雄辩，有益吾人研究不少也。彼其功之于学术界，岂《春秋复始》《论语足征记》《史记探原》诸书之所可及哉。要在平心静气，不入主出奴，则熟读深思子自知矣。

六、结论

吾于此，可得一结论，曰：

《左氏传》决非伪书，刘歆不得作伪，不得窜乱。

《左氏传》成书，在孔子已没《论语》未修之时。

惟其中有后人附益处，吴起附益最多，秦汉后附益最少，人所易知。

《左氏传》为吾人必读之书，除明《春秋经》外，其书本身为吾国最古文件。

研究考古学者必须读，研究金石学者必须读，研究古史者尤必须读。

民国二十四年四月六日再度修正于沪上四部书斋

（原载《学术世界》第1卷第1期，1935年）

读经与讲求新学[①]

大约十二岁到十八九岁，总算是青年吧！我在这时期分作两截，前半是逊清末年，生活在读经的氛围中；后半是民国初元，则讲求新学。所以我在高小的时候，每日有三小时与经书为缘，早晨第一时讲经，下午第一时读经，第三时便是默经了。如是者四年，《诗经》《书经》《周易》《仪礼》四部大书，是在这时读完的。四书和《礼记》则在未入高小以前读完。校中教师是用程朱蔡沈的注解，父亲则交下一部《十三经注疏》并阮氏《校勘记》嘱令参考，而我自己又高兴那部《御纂七经》。于是这一位小孩子便日日与经书为伴。那时我最爱读的是《诗经》，其次则为《尚书》。《周易》是极不爱读的。暇时便喜欢做一两条考证。譬如读了“于嗟乎不承权舆”，便做一则“权舆解”；说甚么“醴酒不设，楚王戍之意怠”。读到“媒氏掌万民之判”，便又做一则“媒氏解”，说甚么“若无故而不用令者罚之”的故字不应该作普通“故”字解，当为三年之丧的大故。教师看见了，有时奖励了一番，

①编者按：本篇局部标点有改动。

有时并向我母亲说“您的两个小孩子有些经学天才，如果科举不废，便早已成为秀才了”。可怜呀！这样的生活，混过四年。

到高小末年，清朝反了。民国初元，学校云起，居然有一间小学来聘请为国文教师了。我不肯去。先生又怂恿我投考广东法政，我又不肯；眼见同学们有入法政的，有入警官的，但我自己决定入中学，专心英文代数博物理化。那时候英文书最爱读《纳氏文法》，王蕴章编的《英文云谓字通诠》，《翻译[①]金针》，《英语作文初步》，《英文杂志》。代数几何则陈文、何崇礼、温德华的书籍无不买。理化因为是叔父在学校教的，硬要将公式背熟。博物则喜欢其所附的英文原字。《纳氏文法》第四书读完三遍，是教师课外教的，在中学第二年级，我便担任讲授《纳氏文法》第二书，同时并在《英文杂志》作征文投稿了。现时我家的英文文学书，尽是投稿换来的。到了中学三、四年级时，连自己的日记和朋友往来的信件，都全是用英文写的。《美国伟人轶事》全部译出来了。中国文方面最高兴读《史记》，全圈点了一遍。可是今日再看，真的点错不少呀！有一次竟然试译了《伯夷叔齐列传》，但是“木主”二字便无法找得到。后来又试译《聊斋志异》数篇。教师便拿我作广告，说，“这是能译《聊斋志异》的学生”。这一段生活，可说全活在英文书中了。《翻译金针》全部练习做完。《纳氏文法》第四书的习题作过三遍。真冤哉枉也！

不过这时小说书渐渐刊布，我已看过的，有：《恨海》《不

---

①编者按：原稿为“绎”，当以“译”为是。今改。

如归》等等。使我最爱看的，尤其是林纾译的小说。

二十岁那年我便在一间高小里当国文教员，和几位秀才举人分担功课。可是从前熟读的《东莱博议》《三苏策论》几部书，从未讲给学生听过，从未介绍过学生去读。

民国念四年四月十七日写于沪上四部书斋

（原载《青年界》第8卷第1期，1935年）

世界学者介绍[①]

——新城新藏

新城新藏理学博士，为日本“东洋天文学”之最高权威者。明治六年（一八七三）八月二十日生于福岛县若松市，现年六十三岁。明治二十八年（一八九五）东京理科大学卒业。明治三十三年（一九〇〇）始在京都帝国大学担任天文学讲授，凡三十余年。其间于明治三十六年（一九〇三）来朝上海（徐家汇）、汉口、沙市、香港各地测定地球重力及磁力。明治三十八年至四十年（一九〇五——一九〇七）在德国格丁根（Göttingen）大学专攻天文学。大正八年（一九一九）后半年旅行美国。大正十五年（一九二六）来沪，任东方文化事业上海委员会委员。是年末来沪，其后再来上海三四次，留居颇久，与我国学者竺藕舫及郑贞文、文元模等相友善。昭和二年（一九二七）四月赴北平，于是月十三日访王国维于清华大学，讨论生霸死霸问题，一见如故，返国后撰《周初年代考》，闻

①编者按：本篇局部标点有改动。

王国维之丧，至称为百世之师，恨其文不得就正于王氏也。昭和四年至八年（一九二九—一九三三）被任命为京都帝国大学总长。旋以已登花甲之年，退任京都帝国大学名誉教授。是年秋（一九三三）赴里斯本（Lisbon），出席万国地球物理学总会会议。本年（一九三五）春被任东方文化事业上海委员会上海自然科学研究所所长，以二月廿七日到任。余向读博士书，深有所感，以中尾万三博士及同乡曾广方之绍介，得谒博士于邸舍，并呈本刊创刊号一册，博士于《左传》问题最为注意，殷殷垂询，知其为好学不倦君子人也。其所著书，有：《天文大观》《宇宙大观》《宇宙进化论》为一般天文上之研究，均岩波书店出版。然博士于东洋天文学史之著作极富，《东洋天文学史研究》集有重要论文九篇：

一、《東洋天文學史大綱》

二、《周初の年代》

三[①]、《二十八宿の傳來》

四、《春秋長曆》

五、《歲星の記事によりて左傳國語の製作年代と干支紀年法の發達とを論ず》

六、《再び左傳國語の製作年代を論ず》

七、《漢代に見えれろ諸種の曆法を論ず》

八、《戰國秦漢の曆法》

九、《干支五行說と顓頊曆》

在我国已有中华学艺社沈璇译本；《さよみと天文集》有论文十七篇，其重要者有：

---

①编者按：原稿为“是”，当以“三”为是。今改。

三、《天文學上より見れる支那上代の文化》

四、《東洋文明の淵源に關する論争其一》

五、《東洋文明の淵源に關する論争其二》

七、《支那上代の紀年》

八、《所謂天地開闢の年代》

九、《干支紀年》

十、《十二支獸の起源》

等，除余前已译登《生霸死霸考》外，似尚未见译本。最近岩波讲座“东洋思潮”中，博士著有《支那思想科學(天文)》一册，则为东洋天文学中之通俗书。此外尚有单篇论文散见《支那學》等杂志中而未经集印者，有：

一、《上代金文の研究》

二、《孔孟紀年》

三、《支那古代の天文學》

四、《支那上代の曆法》

五、《支那古典の年代に就て》

等。考博士研究东洋天文学史之兴趣，实是明治四十一、二年(一九〇八—九)时，以狩野直喜博士之提供尧之年代问题为始。其后以狩野、内藤(虎)两博士之热心指引，二十余年博士勤搜不已，迄今遂著作等身，见解超卓，岂不令人生好古敏求之思哉。内藤博士之言曰：

清朝经学之昌明，所以度越前古，其本有数端焉：学尚有师法，一也；小学之精，二也；名物度数之征实出土古器，三也；校勘之勤，四也；历算参西术，五也。夫西洋历算之学，汤若望南怀仁传之，梅定九倡之，而乾隆以后，攻经学者据以考三统四分之术，推殷商颛顼之历，莫

> 不凿凿然言之成理矣。我邦天算之学，亦开自梅式，……新城博士之研究经史天文，上谓能补苴罅漏，有光前修者矣。其考周初年代，则断纬书纪年之本于殷历，《逸周书》历日之有汉末窜乱，《竹书纪年》之不足信据，考《春秋长历》，则辩三正之非三代定制，论禹域推步之术，一大变于文宣间，又据《左传》《国语》所记岁星，推其书作于战国中叶，综论战国秦汉历术，以明太初以前推步之渐密，皆发彼中经师所未发，其有功于研经论史甚大。大抵博士之意，以禹域历术为其国人所自创，又审二十八宿之定，先于印度天方，以绌泰西古历东渐之诐说，是其独见。其有功于东西古史，不止补苴罅漏云尔也。盖禹域文明起于帕克特之说，出于三十年前，使人齿冷。而人心之好奇，西历东渐之妄谈，至今未熄，则摧陷廓清之力，不得不俟之于博士也。……

其推崇可谓备至矣。博士年望虽高，犹孜孜不已，迩者正拟撰著《左傳著作年代の研究》一文，欲从天文学上考定《左传》成书之年代，以余曾于本刊首期发表《左传》真相问题，复嘱同事王梅堂以书招余，谒之，则稿可百页，谓本年内当可完成也。同时饭岛忠夫博士著《殷墟文字の年代》一文，谓甲骨文字为战国时梁襄王故物，博士不信，出其书嘱为辩正，亦可见博士之为学日益也。闻去年日本朝野上下有日本学术振兴会之成立，博士被推为第四常置委员会（数学、物理学、天文学、地球物理学）委员长云。

（原载《学术世界》第1卷第5期，1935年）

日本提倡汉学的故事

偶然想到这么一回事，便去翻书，首先在藤田丰八著的《东西交涉史之研究·南海篇》里的小柳司气太的《藤田丰八略传》里看到这样一段话，说道：

维新改革，从教育上驱逐汉学，但其后以加藤弘之先生的尽力，在东京帝国大学内，新设古典科，计划和汉学的复兴，寻在本科里更设汉学科。其第一回的卒业生是在明治二十七年出来的。

但是在这段文字里只说到计划复兴汉学的是加藤弘之，尚未说明提倡汉学是在那一年。其后又在《市村博士古稀纪念东洋史论丛①》里泷川龟太郎的序文中看到了这样的一段话：

明治十六年春，东京大学总理加藤弘之先生慨汉学专攻之人渐少，与教授中村教宇，岛田篁村等相谋，在文学部内新设古典讲习科汉书课，募集生徒。应募者大概如非硕学鸿儒的门徒，即为他们的子弟。其中多年逾三十，学业既已成熟者。现今东京帝国大学名誉教授文学博士市村

①编者按：原稿为“从”，当以“丛”为是。今改。

瓒次郎即以弱冠参加其间。

这里说得清楚了。查明治十六年即公元一八八三年，为我国清德宗光绪九年，当时日本正在法英美荷兰联合舰队炮击之后，全国朝野上下极力唱着“以炮舰还炮舰”的时候，加藤氏却能毅然不疑，提倡汉学，不能不佩服他的远识。到现在不到七十年间，造就了不少的人才。这自然不能不说是已有了相当的成绩。

其实一个国家一个民族的兴起，是有多方面的原因的。船坚炮利固是一件重要的事，而各种学术上的研求，也绝对不能忽视的，日本在文化上向来是迎受外来的，虽然汉学，兰学先后迭兴，无不有益于其民族；现在仿效西洋，全盘欧化，人人已见其功效。但在汉学上的努力，未始不是在国际上增高其地位的一件事。我从前说的“总提高运动”一句话，实在值得大家注意的。

在这时日本虽也有一二老师宿儒故步自封，甘蹈顽陋，而如内藤虎次郎等辈独能“大张所谓科学的研究之阵容”（录羽田亨序《内藤虎次郎著东洋文化史研究》中语），以号召后学，迄今这方面的成绩，已高出我国的江藩臧庸这一流的汉学家了。以我的观察，这时正是欧洲学者研究汉学兴趣正浓的时候，如夏德，拉克伯里，沙畹，烈维，费琅，伯希和之徒，竞为译注我国古书；于是初期的日本汉学家无不辗转移译，以充实其说。所以我国的学者如丁谦，刘师培，以至王国维一流看到了，高兴得不亦乐乎，大为兴奋。结果：凡是接纳或采用科学方法的，无不得到相当成绩；凡是违反或鄙弃科学方法的，无不失败。现在汉学的发达，虽然离成功尚有一万八千里，但是这条路子一定是平坦可行的大道。试举一例，即如现在人们无不相信“考古学”是研治古史的极可信靠的一条大路，为的就是“考古学”纯粹地是现代科学的产儿的原故。

可是现在的汉学又较前进步了，不特在我国是如此，在日本是如此，即在欧美也是如此。近人齐思和在《评马斯波罗中国上古史》一文中说道：

> 马氏每树一义，必注其所根据之原始史料；每用一史料，必批评其价值。吾人试一检其细注，即可见其于古代之史料，征引殆遍；而于后人之研究，亦能择要引用。以一外人，而能搜罗详尽若是，其用力之勤有足多者。……此外氏于近年来日人于中国古史之著作，间亦征引。

在这文里，不特可见欧洲学者的进步，而日本汉学家之在从前辗转翻译法国学者的著作，现在却为法国学者的注视，我们也可以看见了。

在这一个故事中，我们可以得到一个教训，我国古书并不是不可读，实在应该有一部分专门学者赶紧去读。不过读古书的方法更应该十分注意。不然，我们连在汉学上的国际地位也会低落了。

民国二十五年六月九日早寄于沪上四部书斋

（原载《西北风》1936年第5期）

老子的国籍问题[①]

——我国文化思想的来源急待解决的问题之一

近日怀疑老子的生时生地一问题的人很多，自从梁任公师以至张寿林、钱穆等辈，不下十数人。不意天下事无独有偶，自从那回我在《东方杂志》与友人胡怀琛君辨论墨翟为印度人与否一问题之后，有一天我在上海建设大学讲授中国哲学史时，偶然阅读日本宇野哲人著的《支那哲学史讲话》竟发见了老子也是印度人了。这个老子国籍的问题，怎好不写出来供给大家来讨论讨论。

原来老子是我国第一个创立哲学的学者，——不特胡适氏这样说，作者也是这样说，只是两人的见解，截然不同（详见拙著《中国哲学史稿本》中），——他的最伟大的地方，不是像以前的学者创造了许多零碎的见解，而是在乎创造了一个系统哲学；不是在乎打倒当时的黑暗政治，而在乎打倒当时黑暗政治的靠山——宗教。原来哲学与宗教是不两立的，从历史

①编者按：本篇书名号为整理者所加。局部标点、外文字母有改动。

上看来，是互为消长的（详见日本纪平正美著《哲学概论·绪论》四章），人类初生，见环境异象而生惊疑，于是乃产生迷信，——即粗浅的宗教——以为之解释。及人事日进，乃成为真正宗教，遂有种种宗教上的学说，以维持其当世的种种社会制度。至有大智慧者出，乃非难宗教上的学说，欲代之以新见解，遂有所谓系统的哲学。在老子以前，言政治者，莫不以天意为其最大的护符，如殷周两民族，关于政治的宣传，动辄称道天命、帝命、大命，以欺骗愚民；至周之末年，滥用太过，遂成为极度的腐败政治。老子深洞其弊，遂大声疾呼，直斥之道：

天地不仁，以万物为刍狗；圣人不仁，以百姓为刍狗。

直欲以一语打破时人所承认有意识的天，而返之于无意无识的自然，他可谓勇敢极了，他的伟大，就在这些。他又怕人家不相信他的话，于是又欲找出宇宙的本体，倡为一种先天地生的“道”，以成就其本体论。到了本体论创造成功了，我们研究哲学史的人，你能究说它不是一种真正哲学吗？所以我常说老子的哲学，以本体论为最有成绩，人生哲学次之，其政治哲学为最肤浅不足观。

现在愈说愈远了，扩而充之，便可成功一套老子哲学。总之：老子是我国第一个创立哲学的人物，是不容思疑的。

然以这样伟大的人物，宜乎书史所载，有姓氏，有世系，有籍贯里居，有嘉言懿行，为我们说个明白。可是一查《史记》，不特不能详细，只是寥寥不及五百个字，迷离惝恍，令人捉摸不着。据《史记》本传初以为楚苦县厉乡曲里人也。

又谓或曰亦楚人也，或曰即老子，或曰非也，世莫知其然否等语，即太史迁亦不能为之决定。后世解释的人，也只是依样葫芦，没有一个能解释得清楚的。

说老子是印度人的话，据宇野哲人所称引，是一个法国学者叫做拉克伯里（Terriern de Lacouperie）的。拉氏为法国著名的支那学者，倡中国人种西来之说，为我国学人素所崇信。作者手边没有法文原本，原书怎样说法，可不甚知道；但就日籍所引，他证明老子为印度人的理由，约有四点：

1.中国与印度的交通，在老子以前，早已有的；故老子从印度地方移居中国，在事实上有可能性。

2.据老子传说：老子居母胎数十年，生而头发皆白，故号老子。人初生时是不会有白发的，因为是从印度迁来中国，年纪已很大了，所以便有了白发，别人见了，莫明其故，所以说是在母胎数十年了。

3.传又称：老子姓李名耳，谥聃。聃是大耳的意思，他以耳为名，以聃为谥，便可证明他的耳是很大的。在缅甸的地方，现在尚有大耳的人种。所以说老子即南方大耳国移来之人，也不为错。

4.姓李在老子以前是没有的。在喜马拉雅山附近的地方，有一种风俗，凡是自己住居的地方有那一种树木的，即以那个树木的名作为自己的姓。老子的先祖，他的宅旁必定是有李树，所以他就以李为姓。

根据以上几种证据，拉氏便决定老子是印度人，是从印度移居中国的。

这个问题像是很少，可是就研究文化史的人看起来是很大的了。先秦的哲学思想家，最有名的只有三个，一、老子，二、孔子，三、墨子。墨子已经被考证为印度人了，倘然老子也是印度人，难道剩下来的孔子，又不可以证明他是印度人吗？——只要有人肯去做考证。那吗，那时黄河流域，简直没有文化思想，只是一群野蛮兽类居住在这里，不特尧、舜、禹、汤生得太早，即使管仲、晏子也不过是孟子的理想国里的角色而已。

而且照胡适氏《中国哲学史大纲》的写法，老子是我国劈头第一位哲学家，或者嫌他其源不清；老子既是印度人了，只好替他添上一章上古中国与印度交通的大概，一章上古印度哲学的概说，然后接入老子哲学，岂不较好吗？

照我的意见，拉氏的学说，最不足靠；他的中国人种西来说，已给吾友缪凤林君反驳得体无完肤了；这回老子为印度人的话，他的四大理由，没有一个是充分的。

1.在老子以前，中国和印度已有交通了，这句话在现在无法证明。就梁任公师的考证，也以为最早不过在秦始皇统一以后。此外从《山海经》《穆天子传》的考证，也只是后世注释家附会之辞，不足据为信史。

2.老子生而白发这句话，是后世制造的谰言，故为神奇其说的，决决不是事实，可不置辩。且周灵王也生而有髭，难道又是印度人么？

3.以老子为南方大耳国之人，近人廉江江瑔也有这个说法。在他的《读子卮言》第十二章《论老子之姓氏名字》里也有说及，他以为儋耳即指今广东琼州之儋耳；又疑古有二儋耳，一南一北，而其名称及民俗，则皆同。即使据老子字耳谥聃，聃儋古字通，或曰儋即老子；审知老子的耳是很大的，老子为南方大耳国之人，也不过是中国境内的儋耳之人耳；又何必定是缅甸的地方呢？

4.说老子姓李，定为印度喜马拉雅山麓的风俗，殊不知我国姓氏制度，在那时刚才发生，近水的以水为姓，近树的以树为姓，容或有之，要不必出于印度。何况老子姓李，究竟怎样得姓，在中国古书里从没说过，怎么可以保证其不是中国的风俗呢?

总之：宇野哲人说的话“东西异处，古今异时，往往所说有暗合的，老子的学说，与佛教有几分类似，但无确实证据，则其言必不足信”；其言最合历史学家的态度。我记起一件很有趣的事，彷佛是前年春间，我有一天偕友人吴博文君往访卫中博士(Dr. Alfred Westharp)。请益之下，他劈头说：“你们广东人是从印度迁来的，我并且思疑孙中山先生也是印度人呢。”我问他历史上有甚证据，他说：“历史上的证据，是靠不住的，我是从心理学上证明出来，广东人和印度人的活动本领，彷佛相似。”我问他：“广东人见过多少？孙中山先生见过没有？”他说：“广东人见得不多，孙中山先生也未见过。”后来我只好怂恿他到广东去。卫中先生现在已到了广东去了，未知他的研究的结果是怎么样。卫中先生总算寓居中国多年，与中国的学者交游甚广，尚且发为如此奇论，这也难怪拉克伯里了。

不过中国的文化思想，究竟是自创的，抑是外来的？这一点当然很值得学人们的注意。在过去的二十年中，日本学者也为了这个问题，起了一场大辩论。据说是从研究中国天文学史起因的，辩论两方，都是知名的学者。其一为现在京都帝国大学总长理学博士新城新藏，其一为文学博士饭岛忠夫。就新城氏的主张，为中国天文学是自创的；饭岛氏则以为是外来的。双方在一九一一年开始争论，直至现在，尚没有结果。新城氏已著有《历与天文》《东洋天文学史研究》两巨册，饭岛氏亦刊有《支那古代史论》《支那历法起源考》两书，较新城氏书为尤巨。最近新城氏又著《上代金文之研究》一文，举出多数反证，可是尚无结论呢。其实我国古代月之四分法，确有点与西方“周”的形式相近。是由中国传入西方呢？是由西方转入中国呢？抑各自创化的呢？这与老子为印度人，墨子为印度人，同为我国文化思想的来源急待解决的问题，生在现在的我们学者所不能辞其责的。

好了，我现在通通介绍过了，“尧、舜不复生，各自谓是真尧、舜”；是不可的。但是如何去考证真确明白呢？是在我们有勇气有毅力的同志。

这文是作者在十九年八月十八日的早上，费了两小时的工夫写成的，自以为不是精心结构的作品，向不肯举以示人；一日偶与友人卫聚贤谈及这事，原作为笑话说说的。不意卫君刊布《古史研究》第二集时，中有《老子是云南的苗民》一文，文末称：“郑师许先生告诉我，日本人也有此主张……日本人以老子为暹罗人，其原书未见，详情如何，不得而知，要其结论与我相同。可知老子之非中国人，已有人疑到。”云云。深恐有讹传之虞，因将此文投付《逸经》编者发表，免累他时学者搜逸云耳。廿五年三月四日师许附志。

（原载《逸经》1936年第3期）

中国先贤学说[1]

中国先贤学说
胡怀琛著
正中书局出版
全书一七一页
定价七角

一、楔子

这一本书，是去年二月出版的，承著者的不弃送给我一本，并嘱对于这本书发表意见。作者既承受了著者的雅意和虚心，便不由得在百忙之中，抽出半天工夫，把它一口气读完，便高兴得了不得，于是伸纸濡墨，作了一篇书评，这也是“奇文共欣赏，疑义相与析”的意思罢了！

彷佛记得在民国十九年的秋天，作者到正风文学院教授金石学的时候，有一天该校的当局说中国哲学史的教授胡先生不来，嘱作者兼授了这一门的功课。作者虽然有好几年不弹此

---

①编者按：本篇局部标点有改动。

调，终因推却不得，只好答应下来。后来开场那一天，拿从前胡先生的讲义一看，原来里面的编法，不是我们普通的窠臼和格式。当时只因为作者有了旧著的《中国哲学史》的稿子，未能萧规曹随，可是心中向往久之。

现在又隔了几年，胡先生的大作居然告成，并且印刷出来，使作者得窥全豹；回视拙著仍然不出什么宇宙论、什么人生观，硬拿西洋的衣砵，套在先圣贤的身上，真不知要惭愧到怎么一个田地了。我现在拿笔作这个书评，实在不敢评，不配评，只是忏悔我从前的鲁莽罢了！

二、全书内容

原著者胡先生讲中国先贤的学说，既然不肯依照西洋哲学史的格式，自然不得不自起炉灶。所以我们现在拿全书的细目一看，便觉得有点新鲜。我现在先将全书的目录钞下，然后加以批评。全书目录：

南面术说
仁政说
礼乐说
中庸说
忠恕说
乐道说
克己慎独说
性理说
天人合一说
知行合一说
总述其他各说

全书共分十一个单位来讨论，为什么要这么样来划分呢？胡先生的编辑大意里第一条便加以说明：

> 今人研究中国先贤学说者，多依照欧洲学术分类之法，分为哲学、文学、政治、社会、经济、法律等。殊不知中国旧有学说，自成系统，倘依照今日学术分类法而分之，必至于支离割裂，牵强误会，而失去其本来面目。余（案原书著者自称）窃有鉴于此，因取中国学说固有之名称（如仁政、礼乐、中庸等），而为之整理贯串，并加以相当之说明，使每一种学说，自成一系统，始终本末，短长利弊，可以一目了然。

然则胡氏的这种分法，全然是依照了我国先贤的固有术语的。我记得梁任公师从前讲先秦政治思想史的时候，也常常采用先贤固有的术语，用西洋的术语是很少的。可见这里面必然有很充分的理由。听说现在北京大学也把中国哲学史的课程改成中国思想史的名称了，自去年以来，是敝同学容肇祖在那里担任讲授，我曾经接到了关于清代的一部份的思想家的讲义，内容崭然一新，佩服之至，只可惜未能全部拜读，不得在此批评。但已可见中国哲学史这一种研究，已发达到这一步，可说是人同此心、心同此理了。

或者说："中国先贤的学说，不止这十一个单位？"我看胡氏也已知道。他的编辑大意第三条说：

> 此书所述之各种学说，除一篇属于道家者而外，其他皆属儒家。至于名法诸家，暂未叙及，请俟他日续为之。

这是一个很好的声明吧！我们从这里并且可以知道[①]将来还有续篇呢！

---

①编者按：原稿为"知到"，当以"知道"为是。今改。

三、内容得失

这书原也是“一种尝试之工作”，其内容得失，原待我们去批评。就我个人的短视看起来，至少有这几点的好处：

（一）考证有识　我是研究考古学的，自然最初的一步，是从考证方面来读这书。不过我们从这一面已经看到胡氏的有识处。例如原书第六十五页讨论《中庸》一书的真伪，是不是子思所作，胡氏提出了有可疑者三点：

> （一）《中庸》有云：载华岳而不重。使为鲁人所作，当引泰山而不引华山。如孟子书可以为证。今《中庸》引称华山，分明是汉初西京儒者所造。
>
> （二）《中庸》有“书同文”之语，按，战国时文言不能统一，李斯改小篆，始得天下同文。故“书同文”一语，是秦以后语，非春秋时语。
>
> （三）《中庸》有“国家将兴，必有祯祥，国家将亡，必有妖孽”之语。是讲阴阳五行者之说，非纯然儒家语，绝似西汉董仲舒辈之言，非春秋时儒者言也。

胡氏对于《中庸》所提出这三点，的确是很值得我们注意的。这是胡氏的读书有识处。

（二）辨别精审　例如原书一一九页云：

> 按扬子（雄）所谓“气”，当指一种冲动之力而言，与宋儒“气质”之气不同。

这是何等的精审！

（三）议论平允　胡氏于我国先贤的学说，爱护最力，处处用拥护的口气去叙述，如《仁政说》《礼乐说》《中庸说》《忠恕说》《乐道说》等，尤其发扬得利害。但是他在每一章的结论中，批评得失，极为平允。如《仁政说》说道：

大抵讲“仁政”者以教养为主，而其惟一之弊病，在于“不能御外侮”，讲“功利”者以富强为先，而其惟一之弊病在于扰民。故在中国历史上二者互有得失。讲“仁政”者虽高谈以德服人，然其收效极缓，而不能救眼前武力之侵略。此所以中国人一与外人相遇未有不受其蹂躏者。史册往事，历历可考也。

《礼乐说》说道：

中国之所以积弱不振者，未始非《礼乐说》有以致之也。礼则过于烦琐，人不胜其烦，乃一变而为虚伪；乐则过于和缓，由和缓而浪为消沈。虚伪之礼，与消沈之乐，其为害已不可胜言，况其间又礼、乐分裂为二，礼乐之弊至是而极矣。

《中庸说》说道：

即就“时中”而言，其本身亦有缺点。盖“时中”虽时时移动，然必须外界改变后，而始随之移动。其动也，非自动，乃被动。如中国最近亦不无进步，乃受外界之逼迫，则不得不向前走，苟无外界之逼迫，则今日中国之一切状况，均如百年前之状况可也。总之，只能被动，不能自动，此“时中”本身之缺点也。

《忠恕说》说道：

曰：“忠”与“恕”皆为人与己交际间所应尽之职责也。所谓人与己，是两方面的，非一方面的。我以“忠恕”待人，人亦以“忠恕”待我。于是“忠恕”之效乃见。我以“忠恕”待人，人不以“忠恕”待我，结果，我必变为受压迫者，被损害者。今日中国受帝国主义者之压迫，被列强所损害，而不能抵抗，原因虽多，而被传说的“忠恕”的思想所误，为其原因之一，实无可讳言者也。

《乐道说》[①]说道：

中国人之性情懒惰，苟且偷安，惮于进取，不思改革，但希望自然能得到较佳之命运，而不能以人力改造不良之环境。其原因虽不止一端，然听天由命之说支配一般人之心理，实为其原因之一种，是无可讳言者也。此种思想一日不革除，则中国一日不能振作，然此与孔、颜之乐道无涉。或见中国人之萎靡不振，乃归咎于孔、颜，此则大谬不然者也。

这几段的话，都是极平允的话。而且深中事理，足以发人深省。

除了以上几点之外，胡氏尚有一段话讲得最精到的，就是在《礼乐说》里，说礼乐两事不能分离，则同为社会教化之工具。自魏晋至今千数百年，礼乐分离，各走极端；个人之生活，国家之命运，皆受其莫大之影响。胡氏这番话，与我个人的见解完全相同。可说是同出于荀子的。

四、赘语

这本书虽只是一百七十一页的薄本，而内容却甚丰富。而尤其难得者，是著者为著书而著书，不肯把他个人成见写到里面去，这慎重的态度，是可佩服的。我现在拟不多说了，让各位读者自由地去读，自由地去批评吧！

（原载《教与学》第1卷第8期，1936年）

①编者按：原稿为“《礼乐说》”，根据胡怀琛《中国先贤学说》，当以“《乐道说》”为是。今改。

大学历史系课程分配之商榷[①]

一、序旨

历史为一种最富复杂性，最不易了解而又最占重要地位的一种社会科学。著者向来从事史料的搜集与批判及工具的修治之学，像这样的一个题目，是从不敢开口的。不过因为生成一副历史的头脑，除年少时以《史记》《汉书》及《纲鉴》等书为小说阅读外，在大学时即以历史为主系，来沪掌教各大学后，又常担任国学系史学系的功课，十余年与大学里的历史系结缘，眼看自我的学生时代，大学里的历史系课程，实在有点不能负起它的使命。若长此任其贫血下去，未免于现时的史学生为无益，于未来的史学界为有莫大之损失。因敢不揣浅陋，以十余年蕴蓄于胸者，拉杂写来，以求各专家发表高见而已。闻说大学的各院系课程，教部正在规划，倘能因此引起编订历史系课程的委员们的注意，更是意外的因果了。

---

①编者按：本篇局部标点有改动。

二、现行各大学历史系一般课程的鸟瞰

著者见闻不广，现行各大学历史系一般课程是怎么样的？除目前服务的学校外，确实不甚清楚。据持志学院卫聚贤的《史学史》讲义所统计，民国十七年度全国各大学史学系所开的学程，有如下的配置：

史学通论	中央必2	
史学原论及研究法	成都必4	
史学方法论	清华必4	暨南必2
	大夏选2	燕京选3
史料之收集与整理	暨南选2	
世界史纲	金陵必5	光华3
中国通史	清华必6	暨南必3
	金陵必10	光华3
国史鸟瞰	燕京必8	
中国上古史	中央必2	成都必4
中国中古史	中央必3	成都必4
中国上中古史	河南必3	
中国近古史	中央必3	
中国近世史	中央选3	成都必6
	河南必3	沪江选3
中国近百年史	清华8	金陵必5
先秦史	燕京选3	
秦及两汉史	燕京选3	
唐代西北史料	清华选2	
宋辽金元史	燕京选4	

清史	河南必3	燕京选4
民国史	燕京选4	
国民革命史	河南必3	
东洋通史	中央选2	成都必7
	河南必3	金陵必25
	燕京选4	
印度史	金陵选5	
西洋通史	暨南必3	燕京选4
	成都必3	
西洋上中古史	河南必3	
西洋中古史	清华选6	
西洋近古史	中央必2	
后中世纪至维也纳会议之欧洲		燕京选4
欧洲十九世纪史	燕京选4	
西洋近百年史	清华必8	
西洋现代史	中央河南必3	成都必4
	金陵必10	大夏必6
	沪江选3	燕京选4
	光华3	
希腊史	成都必2	大夏选2
罗马史	厦门必3	大夏选2
亚历山大以后希腊势力之影响		燕京选2
罗马百年统治下之帕勒斯厅		燕京选2
英国史	金陵必5	沪江选2
	燕京选3	光华3
英国藩属史	燕京选3	

美国史	中央选2	清华必6
	成都必4	金陵必5
	燕京选4	
法国史	厦门必3	
俄国史	金陵选5	
近代俄国史	燕京选6	
近代大事记	金陵选5	
国际关系史	光华3	
欧洲势力扩张史	厦门必2	
中西交通史	清华选4	
中国民族史	成都选4	燕京选4
	中央选2	
中国法制史	中央选2	
中国古代法制史	中央选3	
中国社会史	光华3	
中国史学史	清华必2	暨南必3
中国文化史	中央必3	金陵选3
河南文化史	河南必2	
中国学术史	厦门必3	
中国文学史	金陵大夏必3	
社会思想史	暨南大夏选3	
佛教史	暨南必2	
宪法史	大夏选2	
西洋经济思想史	大夏选3	
西洋民族殖民史	中央选2	
英国实业革命史	中央选2	暨南选3

西洋近代哲学史	大夏选3	
西洋文化史	中央必3	暨南选3
	成都必6	
外国史学史	清华必2	
历史上之重要人物	燕京选4	
中国历史专书选读	清华必4	
外国历史专书选读	清华必4	
中国史学研究	中央选2	
西洋史学研究	中央选2	
进化论	清华选4	
中国历史地理	中央选3	暨南必2
	成都必3	
西北史地	燕京选2	
人文地理	清华选4	暨南选3

（原注说明）选必表明必修或选修，数字表明学分数。

其后国民政府定都南京以后，首都的教育，俨然为全国新教育试验的中心。据民国十九年《国立中央大学文学院史学系课程规则说明书》所开学程说道：

本系学程区为下列甲乙丙丁四种：

（甲）本国史

（10）中国通史	（11）中国上古史
（12）中国中古史	（13）中国近古史
（14）中国近世史	（15）中国现代史
（47）中华民国史	（50）中国文化史
（51）中国民族史	（52）中国风俗史

（续表）

（53）中国法制史	（54）中国经济史
（59）中国历史地理	（61）中国外交史
（66）中国革命史	（88）蒙古史
（89）西藏史	（91）中国古史研究

（乙）西洋史

（10）西洋通史	（11）西洋上古史
（12）西洋中古史	（13）西洋近古史
（14）西洋近世史	（15）西洋现代史
（36）东罗马帝国史	（41）文艺复兴与宗教改革史
（42）欧洲君主专制时代史	（43）法国革命史
（50）西洋文化史	（61）欧洲民族殖民史
（71）英国实业革命史	（81—90）西洋国别史

（丙）东洋史

（11）日本史	（15）日本近世史
（19）朝鲜史	（21）印度史
（25）南洋诸国史	（31）北亚史
（41）回教民族史	（51）欧亚交通史

（丁）通论与研究班

（10）史学通论	（11）中国史学史
（12）西洋史学史	（13）中国史部目录学
（14）西洋史部目录学	（15）历史哲学
（41）考古学	（50）历史研究班

上列各学程外，遇有必要时，得随时增设学程。

本系各学程分为必修选修二类，今分列如下：

（一）必修学程表[①]

年级	上学期	学分	下学期	学分
一年级	中国通史（甲10上）	三	中国通史（甲10下）	三
	西洋通史（乙10上）	三	西洋通史（乙10下）	三
二年级	中国上古史（甲11）	三	中国近古史（甲13）	三
	中国中古史（甲12）	三	中国近世史（甲14）	三
	以上四学程任习二门为必修			
	西洋上古史（乙11）	三	西洋近古史（乙13）	三
	西洋中古史（乙12）	三	西洋近世史（乙14）	三
	以上四学程任习二门为必修			
三年级	中国现代史（甲15）	三	西洋现代史（乙15）	三
	中国文化史（甲50上）	四	中国文化史（甲50下）	四
	西洋文化史（乙50上）	四	西洋文化史（乙50下）	四

①编者按：为保证表格格式规范，下表表头有改动。

（续表）

年级	上学期	学分	下学期	学分
四年级	史学通论（丁10）	三	历史研究班（丁50）	三

（二）选修学程表

（1）二三年级选修学程

学程	学分
中国民族史（甲51）	三
中国风俗史（甲52）	三
中国历史地理（甲59）	三
中国外交史（甲61）	三
蒙古史（甲88）	三
西藏史（甲89）	三
欧洲民族殖民史（乙61）	三
英国实业革命史（乙71）	三
西洋国别史（乙81—90）	三
日本史（丙11）	三
日本近世史（丙15）	三
朝鲜史（丙19）	三
印度史（丙21）	三
南洋诸国史（丙25）	三
北亚史（丙31）	三
欧亚交通史（丙51）	三

（2）三四年级选修学程

学程	学分
中华民国史（甲47）	三
中国法制史（甲53）	三
中国经济史（甲54）	三
中国革命史（甲66）	三
中国古史研究（甲91）	三
东罗马帝国史（乙36）	三
文艺复兴与宗教改革史（乙41）	三
欧洲君主专制时代史（乙42）	三
法国革命史（乙43）	三
回族民族史（丙41）	三
中国史学史（丁11）	三
西洋史学史（丁12）	三
中国史部目录学（丁13）	三
西洋史部目录学（丁14）	三
历史哲学（丁15）	三
考古学（丁41）	三

此外又规定系外选修课程，于可能范围内宜尽量选习：

人类学　　人生地理　　政治地理
经济地理　　经济原理　　经济史
政治原理　　政治思想史　　社会史
文学史　　哲学史 科学史
宗教史　　美术史 教育史

并谓：“以上课程，本系可承认为主系选修课程，但以十学分为限。”中央大学于历史系有深长的历史，而常年经费又较他校为多，故所开课程在当时最为完备。

到了国难以后，全国教育经费，因之大为减缩，各校的课程，不无变动，但详细的调查统计，现在尚未见到。仅就已有的材料，选录一二，以为讨论的根据。至于不能力求精确详细，应请读者原谅。在《战后之暨南》一书里，载着该校二十年度第二学期文学院文史哲学系外国语文学系准开学程：

中国文字学	2（学分）
中国文学史	2
西洋艺术	3
诗选	3
词选	3
文学批评	3
社会经济学	2
中国社会史	3
中华民族奋斗史	3
散文	3
曲选	3
英国文学史	3
现代欧美戏剧	3
英诗研究	3
西洋文学史	3
浪漫派诗人	3
莎士比亚	3
文学概论	3
西洋史	3

现代政治地理	2
社会调查与测验	1
各国政党与社会	1

在当时喘息未定之中，该校又为战争损失最重的一校，能照常开学上课，已属万幸，故三系合开仅得二十二学程，这是非常之变，不能作为举例。不过即此可见国难以后各校紧缩的情状了。

现在该校经已恢复常状，各系课程亦充实异常。据二十三年度第一学期历史地理学系准开学程，有：

西洋上古史	3（学分）	二（年级）	必
中国文化史	3	二	必
西洋文化史	3	二	必
人文地理	3	二	必
中国学术史	3	二	必
海外侨民史	3	二	选
南洋地理	3	二	选
地文地理	3	二	选
世界地理	3	三	必
中国现代史	3	三	必
西洋近代史	3	三	必
史学方法论	3	三	必
战后欧洲政治史	3	三	选
本国沿革地理	3	三	选
史籍解题	3	三	选
东洋诸国史	3	三	选
中国中古史	3	三	选

气象学	3	三	选
考古学	3	四	必
本国地理	3	四	必
西洋诸国史	3	四	必
中国社会史	3	四	必
社会进化史	3	四	必
史地各著选读	3	四	选
地理教学法	3	四	选
历史科学研究	3	四	选
法国大革命史	3	一二	选
中国民族史	3	二三	选
社会学	3	二三	选
经济地理	3	二三	选
世界民族运动思潮	2	二三	选
产业革命史	3	二三	选
各国现代经济史	3	三四	选
英国史	3	三四	选
中国土地制度	3	三四	选
西洋社会思想史	2	三四	选

等等，属于历史的有二十二种，属于地理的有十种，属于史地合的有一种，属于其他的有三种，足见该校已恢复常态了。可是该校是以历史与地理合系的，故所开课程不能不分开一半以容纳地理的功课。此外又有以历史与社会合系的，我们也应当看它的分配如何。据二十三年六月《大夏大学一览》载该校历史社会学系所定课程为：

（子）普通学程

中国通史	一学年	6（学分）
中国近百年史	一学期	3
中国民族史	一学年	6
中国上古史	一学期	3
中国中古史	一学期	3
清史	一学期	4
中国文化史	一学年	6
西洋上古史	一学期	3
西洋中古史	一学期	3
西洋近代史	一学年	6
英国史	一学期	3
美国史	一学期	3
俄国史	一学期	3
西洋文化史	一学年	6
族国主义发展史	一学期	3
亚洲通史	一学年	6
社会问题	一学年	6
社会调查	一学期	3
社会事业概论	一学期	3
人类学	一学期	3
社会起源	一学期	3
社会心理	一学期	3

（丑）研究课程

历史研究法	一学期	3
现代史（世界政治思潮）	一学期	4
西洋史学史	一学期	3

中国史学史	一学期	3
历史教学法	一学期	3
社会运动史	一学期	3
社会专题研究	一学期	3
社会思想史	一学期	3

计历史课程有二十一种，社会课程有九种；历史课程与社会课程的分配，约如前项历史课程与地理课程分配的比例，大家都是侧重在历史方面的。

此外各校在国难以后课程改进的情形，大致不出上列的范围，恕不再列。

三、现行课程的缺憾

我们从上列的课程以观，足见现时各大学历史系的课程的分歧，从好的一方面说，是自由发展，各有专长；从坏的一方面说，是漫无目的，不合实际。就现时观察所得，约有下列六种的缺憾：

一、共同必修学程分配不合　现行各大学的课程，大抵第一学年多为共同必修学程。如基本国文六至十二学分，英文十至十八学分，军事训练六学分，党义二学分，心理学三学分，自然科学四至八学分，论理学哲学三至六学分，社会政经六学分。虽各校不必尽同，但大致则必不可免。第二学年以后，则逐渐添上第二种外国语及辅系必修，则每一学生在四年一百五十学分中，能够得读本系必修学程五十二学分，选修学程二十四学分（ ？ ），仅占全学分数三分之一或二分之一，这种损失是何等的重大！其实现在各地的高级中学已办有相当的历史，这种语言文字的训练如基本国文英文及科学常识的训练如物理化学政治经济等课程，应由高中这一段教育阶段负责，在大学入学试验时应提高试验的标准，毋庸再如前此在高中未办旧制中学依然存在时青黄不接的时候，在大学初年再为补足此等基本训练的工作。这种与高中重复的课程，往往因所授的内容材料与高中时所已习者全然相同，而失去训练的意味和精神，学者生厌，教者愁眉，这是我们应该注意和矫正的。鄙意以为这种学程应极力减少其学分，而每一种共同学程如基本国文英文等当加速学生阅读能力而严定其及格标准。庶于双方兼顾之中，免占本系应有训练的时间。

二、本系课程的重复或偏枯　这事发生的原因，大抵与所聘的专任教授的专长有连带关系，今时因为聘来一俄国史或法国史专家，他时因为聘来一希腊史或罗马史专家，于是便不问全部课程的主辅轻重，临时遂添开适合专家的一类课程，甚至忘记了一系里并无西洋通史、西洋上中近古史等项的课程，形成了偏枯的毛病。试问这一项有特别专长的学生，出校后将就何种的职业或研究？又或者因为应开的学程，一时找不到专家担任，于是以别项同性质的课程移补，故既有中国近世史，复有清史；既有史学方法论，复有史料搜集与整理；形成叠床架屋的重复。试问内容交互相同，或彼包于此，教材又将如何支配？所以重复与偏枯，实应有重行订定的必要。

三、选必课程彼此不相联络　教育的实施，似应有一定的计画和系统，故同在一系里选修与必修应有层累的阶进；主系的课程与辅系的课程应有互相助长的作用。如本系既无文学概论、文学批评等等为之预修，则中国文学史一课程，便无关联，似应改为选修，或简直可以不开，改将这学程列入中国语文学系里让该系的学生学习。反之，如在本国史里已习蒙古史与西藏史，则东洋史里的回教民族史似应修习。又如中国通史已经学习，则其余中国民族史，中国法制史，中国学术史，中国社会史，中国历史地理均可定为必修或选修；而中国文化史尤当为必备的课程。否则无以明了一事件发生的各方面。现在检查上项的课程，往往犯了彼此不相联络的现象。

四、各校功课的不一致　这显然是整个高等教育问题。其是非优劣，著者不敢妄加末议。现在所能说者，只是事实问题，我们根据上文卫氏的统计表，现行各大学史学系课程的彼有此无，彼多此少，如果有甲校一个学生转入乙校，则学分的承认补修或截长补短，须经过很麻烦的手续，或竟至延长这个学生的修习年限，这是常见的事实。这是值得注意的。

五、与中学课程不衔接　中学当然不是纯为大学升学的预备学校。但是现行新标准高中本国史及世界史的分量，已超过原日大学预科制的程度。所以在大学史学系里的中国通史与世界史纲的内容标准应早为厘定，免使大学史学系里这两个课程的内容有与高中时相等或较低的弊病发生，而应使之衔接或推进。无奈照现行的办法，这显然又是一个缺憾。

六、与社会的需要不适应　大学里特设史学系的目的与功用，虽然要留待下文再说，现在不妨先谈事实。就目前而论，史学系的学生毕业后可以就绝对与他的本行没有关系的职业者可以免论外，其余则大部分为中小学校史学教员，其次则为国史馆地方通志馆各书局里的编纂，专门从事史学的占少数，一出校门即任大学教授或讲师者更占少数。别的尚有时间可从事加修者，暂可不讲，最苦者厥为在中小学担任史学教员。一经做了教员，全校或全乡村便视这教员为专家。往往在校时并无这学程或虽有而并不充实，而现行教科书则往往有此种应授的材料，如中国史前史一学程在现行各校间是没有的，而今日高中课本则当然排去传疑神话而代以新科学的成分；或又如国民革命史在大学可以不讲，在中学则绝不能不讲。临时准备，虽可以勉强应付一时，但因生吞活剥，勉强敷衍，未免有失学生的信仰。甚至有在校时辽西夏金元史没有读过，而中学的课本，这一段约占十分之一，地名人名倘然发生问题，课本中若有脱误，这时便没法更正。现时中学里历史教员最难引起学生的兴趣，大学校史学系的课程支配得不好，实在应该负一部分的责任。

四、历史系设置之目的与功用

历史系设置的目的与功用，在现在似乎讨论的人不多。《国立中央大学文学院史学系课程规则说明书》说道：

> 本系之设，旨在研究历史之重要知识，期以阐明历史对于人类社会之关系，并策专精研究之效。盖稽古所以知今，故讲明历史，最有助于事理之观察与推断。分析言之：于本国史则注意政治文化蜕变之因果，庶可明其利弊，知所兴革；于外国史则详察各国兴衰存亡之故，庶可明其得失，而有所取舍，识其情状，而知所应付。惟同时于各门类之历史，仍注意专研之工夫；庶于切合实用之外，兼图专深之造诣。

据这个说明书所解说，大学里史学系设立的目的，在“研究历史之重要知识，期以阐明历史对于人类社会之关系，并策专精研究之效”；换言之，即在养成史学的专家。在尊重学术研究的大学里，当然这个是它设立史学系的惟一目的。同时在兼重供应社会需要的大学里，恐怕还有一种切合实用的副目的，换言之，就是兼为养成中等学校的历史教员人材。自从全国高等师范学校裁废后，从前高师里的史地部或文史部已受撤销，中学历史教员已无供给机关，有史学系的大学便应负此责任。所以在现时大学的史学系的功用，既须养成史学专家，又须养成中等学校的历史教师。这恐怕是办高等教育的人们所承认的。

五、新兴科学与历史学的关联性

在这里，我们没有讨论大学史学系课程应如何分配之先，似乎应该要说一说新兴科学与历史学的关联性。世界的进步，瞬息万变，学术的分工研究，愈趋于狭小，从前依附或包含于某科中的，现在已纷纷独立自成一科。计二十世纪以来，新兴的科学，着实不少。现在只就其中与历史学最有关系的，约略举三数个例说说。

一、考古学　考古学的目的在发现及研究过去人类的物质的遗物。因这种遗物的研究，结果每每足以更正前人纪录上的不足或讹误。例如印度古史，外民族的侵入印度，大别之可分为三次：第一次为希腊人（Yavana），第二次为萨卡尔人（Sakai），第三次为帕提亚人（Pahlava，Parthia）。在希腊人的侵入，也可分为三个阶段，其初因希腊的佣兵及官吏，与波斯的势力，同时东进，在公元前四世纪前后在印度西北繁荣起来。然直至亚历山大东征，乃为第一阶段。第二阶段为安泰奥卡斯（Antiochus）三世大王之时，在公元前二一二至二〇四年。第三次为巴克特里亚（Bactria）之侵入。所以亚伽多克勒（Agothokles）、安泰麦卡斯（Antimachos）诸王或亚历山大、安泰奥卡斯、尼喀昔罗（Nicastro）等肖像无不刻铸于货币的面上。这次巴克特里亚侵入，为侵入印度的空前大举，向印度中部各地东进，凡喀布尔(Kabul)河流一带地方，莫不受其骚扰。关于此点，希腊、罗马及印度诸史所说，均为断片的纪录。此时唯一的史料，厥为考古学上所发见的铸像货币。《史记》《汉书·西域传》，所谓各如其王面者是也。从公元前二世纪至一世纪之间，三十王及二妃的货币，殆成为唯一可靠的史料，其后巴克特里亚王统，自公元前一六二年以后，有新旧王统之分，巴克特里亚与印度对立，这事也可由货币上推定。兴都库什山以北，即巴克特里亚的铸币，其式样、铭记、量目等，皆纯然希腊遗风。反之，其南，则为类型的模仿，而铭记为两国国语并记式，其量目则或为印度式，或为波斯式。则其内讧篡夺，诸王并立，及亚历山大东征，希腊政治势力没落阶段a的实情，可以考见。在第二次第三次侵入以后，则我国及希腊史籍，及印度、波斯的碑文货币，均足为其史料。而货币的作风，往往不铸王号，肖像，而铸入个已的名字。但是，我们如无考古学上的常识，怎样能够考证这时期史料上的漏略和脱误呢？这不过是顺手拈来的一例吧！已可证明考古学与历史学的关联性。所以我以为今后大学史学系的课程，务必加入相当考古学的学分。

二、方志学与年鉴学　方志学为我国固有的学术，自来研究历史的人，无不有相当的注意。如清朝的章实斋一辈，便是在这方面有极大贡献的一人。迄今，《章氏遗书》为历史学生所必不可不读之书。但是时移世易，古昔的方法，往往不能范围新近发生的材料。自民国以后，各省县的通志局馆，往往

---

①编者按：原稿为“段阶”，当以“阶段”为是。今改。

成立多年，不能藏事，早日杀青。最近上海市通志馆编纂诸君，有鉴于此，于编纂通志之余，另分一部分功力，从事《上海市年鉴》的编辑。所以Year Book虽为外国新兴的科学，而我国史学界终必不能不采用，而与方志学成为姊妹学了。日前瞿兑之在《禹贡》半月刊发表《读李氏方志学》一文，说道："……每省每县请上一两位年高望重的耆绅作个幌子，支上几千块钱的局用。究竟修志有什么用处？就是修成了以后，又何尝不是望图书室里一交，原封不动的摆在架上。过上若干年之后，偶然遇着我们这类的呆子从这里面往复搜寻那极稀微淡薄的材料，徒然掩卷长吁，追恨修志者之无史识而已！……简直将修志的事情停止，另外想别的办法。……以国民政府主计处担任搜集材料之责，以中央研究院担任整理之责，然后再与各省的学术机关分别订立合作的方法，叫他们实地参考研究。分之则为一县一县的志，合之则为一省一省的志，再合之则为全国一览。经过这一次大举之后，便可以每年出一种年鉴，以记载流动的事实；其他的事也可以在这里附带的补充修正，使其日异而月新。……这个办法如果办不到，我以为更可以干脆停止修志。但须由中央制定一种钞送史料的格式，每一地方限定他们若干时期必须送来多少史料。只请他们钞而不请他们作；只求现在仅有的史料不再损失，而不遽求史料之整理。与其嚷了多少年的修志而仍是一字无存，倒不如多钞点书，犹为慰情胜无。"这是瞿君说明方志学不得不变通和年鉴学的不得不采用的道理。现在我国的各行政当局及实业机关学术机关等已渐渐知道保存现代史料的重要，故近来除《申报年鉴》《上海市年鉴》以外，其他如《铁道年鉴》《财政年鉴》《银行年鉴》等，似乎已有发见。而各学术机关的年报，也出了不少。所谓历史系切合实用的人才，将来恐怕以编辑年鉴这项的需要为最多。所以我以为大学历史系应添加这一类的课程，使之与文学系的新闻学分道扬镳，一则应尽量搜集现时已有的中外年鉴以供他日史学生的攻究与考证，二则应聘专家为之讲习，造成出门合辙的高车。不过现时的大学，真的能留意及此的很少很少。以我所见早年昙花一现的建设大学的图书馆里储有自欧洲带回六十余册的英法年鉴，恐怕是最多的了。

三、宗教学　宗教虽不是新的东西，可是宗教而可以自由讨论研究至成为一种学，确是新兴的事情。在宗教学尤其是比较宗教学的平等观看来，各国的古史，有许多事情，是可以解说和证明的。如果不懂宗教学，古史便无法明白，无法整理。最近著者在本杂志《读经问题专号》里有一段话，说道："又如夏、殷、周间言天言巫、祝之事至多，《洪范》九畴，也须天命锡禹，彷佛与摩西十诫受之西奈山的故事相同。其余如《尚书》之《高宗肜日》《西伯戡黎》《大诰》《康诰》《多士》《多方》，《诗经》之《文王》《大明》《皇矣》等篇，俨然与《旧约》之《申命记》同一口吻。而周人宗教祭祀的典礼，清儒考据，亦极为详明。康有为至怀疑这些都是后人的伪造，以为古人断无此事，如果是真实的话，古人只得日日拜神，宁复有人事之可言。康氏虽然在经学上有了很大的创造和成绩，而其所言如此，为的就是犯了没有比较宗教学的常识与造诣的毛病。所以有志读经的人们，我也得奉劝他涉猎涉猎宗教学才是。"其实六经只不过是尚未整理的史料，所以上文这一段话，也得说明宗教学与历史学的关联性。又如"汤一征自葛始"这一场战争，据我看来，是古代藉宗教名义以侵伐别国的史实。（详见拙著《中国学术概论》宗教章）又如曾国藩与太平天国的对抗，说者也谓可以拿宗教心理来解释。此外西洋史中的十字军战争、宗教革命、印度的佛回两教冲突和我国近百年来的教案，都随在需要宗教学的常识来帮助我们去理解它。所以宗教学一课程，似乎有添加大学史学系里的必要。

此外其他新兴科学如统计学、民族学、民俗学、史前史等，他们与历史学的关联性也很大。别的且不说，即如最近日本交通史专家白鸟库吉、藤田丰八与桑原骘藏辨论大宛国贵山城问题，桑原氏终于高出一筹，为的就是他已知道汉代里数换算的方法，汉代一里约合今日四百米突，为近世欧洲汉学家所已统计出来的。（详见《交大季刊》第十六期拙著《前汉时代陆路交通考》中。又早年《中国学术周刊》里，闻宥也有说过。）推之：民族学、民俗学、史前史等，它与历史学的关联性，可以不言而喻了。善哉英国弗里曼（E. A. Freeman）之宣言曰："历史常须从事于任何事物之叙述，故彼所通晓者愈多，则彼工作之预备亦愈优胜！"

我们在现代的新环境里，既然知道了各种新兴科学与历史学的关联性，则我们重新分配大学历史系的课程时，自应酌量添入为是。

六、今后历史系课程分配刍议

在这里，我们既已明白大学历史系设置的目的和功用，又已认识今日新兴科学与历史学的关联性，自然可以谈到今后历史系课程分配的问题。不过著者所见不多，读书亦少，何敢自作主张？况现下教育部正在编订大学各院各系的课程，这是当局的责任，我们只可拭目以观吧了！惟是古语云："愚者千虑，必有一得"；我们不妨把个人所见到的，归纳成几条原则，说了出来，给大家作个参考。

这原则是怎样的？

第一，根据上文所说大学历史系设置的目的，（A）是养成史学的专家，（B）是养成中等学校的历史教员。所以今后的历史系课程，以并包兼顾为是。不过课程的多少与全校的经费极有关系，鄙意以为可由教部豫为规定若干大学养成（A）项人材，若干大学养成（B）项人材，或侧重（A）项（B）项。如是则办理者易于聘请教师及设备，而学者亦得于投考之先，知所抉择。

第二，课程分配之间，固然不得有偏枯与重复之嫌，尤须与高级中学所已授者相衔接而不可有流于补习的事实或形式。

第三，新兴科学有添设的必要者应尽量添入，从前误为排入，在现今实无需此者应尽量删去。

第四，本系的学生应规定须修习中国史学分占全学分数三分之一，西洋史占三分之一，东亚史及史学通论或研究占六分之一，其余六分之一则为辅系选习及共同必修。如属（A）项目的的学生以不选辅系功课为原则。

第五，如史地合设或历史社会合设为系的大学里，并得规定历史课程应占六分之三，地理或社会则占六分之二，辅系选习及共同必修至多不得超过六分之一。

第六，各地方大学虽得因其特别环境添设地方文献的课程，但教部所编订的课程大纲的最低限度应不得减少，庶于自由活用之中，有全国一致的精神。

第七，规定课程项目后，如此项教师难得，得由相近数校合聘一教师，排年讲授，但不得藉故变更。

以上七项原则，如认为尚可采用，或尚需增减，大致决定后，然后由教部召集专家会议，全盘审定，并将各项课程，定出详细课程大纲，暂行试用。

七、赘语

我国兴学三四十年，对于学制上一切的一切，向来只有抄袭外国，尚无适合本国国情的十年大计。近数年来，全国上下，对于此点已有深切认识，小学中学各级课程标准和大纲，已有详细的规定。据最近国立编译馆所报告，高中的各项教科书，亦均有精密的审查。将来此项高等教育课程，也能如此规定，从试用而渐臻于完备，则我这回小小的提议，自然不算是废话了。

民国二十四年五月二十八日写完于沪上四部书斋

（原载《学术世界》第1卷第10期，1936年）

秦汉时代在中国历史上之地位①

（拙著②《秦汉史·序论》）

治史者每以成败论人，秦自始皇帝统一（秦王政二十六年，公前二二一），至秦子婴亡国（秦二世三年，子婴在位四十六日，公前二〇七），其间仅十五年事耳，读者向谓秦刻薄寡恩，故享祚不永。贾谊至有过秦之论，以为“‘仁义不施’，故虽践华为城，因河为池，据亿丈之城，临不测之溪以为固，良将劲弩，守要害之处，信臣精卒，陈利兵而谁何，然而陈涉瓮牖绳枢之子，氓隶之人，而迁徙之徒，蹑足行伍之间，而倔起什伯之中，率罢散之卒，将数百之众，转而攻秦，山东豪俊，遂并起而亡秦族矣。一夫作难而七庙隳，身死人手，为天下笑”。甚者至谓：“秦之亡，不亡于二世之荒淫，而亡于始皇之雄武。”（见鲁一同《秦论》）詈秦辱秦，狗彘不食。有议及秦政者，群焉嗤之。千数百年来，秦之湮没久矣！

---

①编者按：本篇局部标点有改动。

②编者按：原稿为“箸”，当以“著”为是。今改。

及至近世始稍稍有为秦政呼冤者，起而大声疾呼之，曰："秦皇微点，独在起阿房及以童男女三千人资徐福，诸巫食言，乃坑术士，以说百姓；其他无过！"（说录章炳麟《秦政记》文中语，其详请自行参阅）秦政乃为世人所注视。闲尝论之，秦以前，我国固未尝统一也。小国寡民，世守其地，强者崛起，因其故业，假以爵号，名曰封建，实则羁属，天王政令，守府而已；各部落之割据自主如故也。假无秦人大统一成功，则后此二千数百祀，犹印度可也，犹欧陆亦无不可也。夫使百数十大小不同之民族，散处寒、温、热三带山川罗列之神区，杂揉而混同之，而必致之书同文，车同轨，衣服不得异制，言语不得异声，郡县不得有诸侯，守尉不得世官爵，中央之命令地方，无远弗届，如身之使臂，臂之使指，上下齐同，黔首乐业，其卒也熙熙攘攘，不复自分为彼我，同号曰大中华民族，追原俑始，其功首罪魁，当属秦皇。虽然，使有秦焉，而汉不为之继，则犹昙花一现，是蒙兀儿帝国耳，罗马大帝国耳，非所以语于吾国也。柳翼谋师曰："盖嬴政称皇帝之年，实前此二千数百年之结局，亦为后此二千数百年之起点，不可谓非历史一大关键。惟秦虽有经营统一之功，而未能尽行其规画一统之策，凡秦之政，皆待汉行之；秦人启其端，汉人竟其绪，亦有秦启之，而汉未竟之者，故吾论史，以秦与汉相属，而不分焉。秦与六国并立时，其内政已完善，见称于孙卿。至吞并六国，规模益大，长驾远驭，非有适应时势之法，不足以为治也。尉缭、李斯之徒，诸尝学帝王之术者，为秦立法，未尝不善，二世之亡，罪在赵高，非法之罪也。世徒以秦祚短，遂病其法。实则始皇时代之法制，实具伟大之精神，以一政府而辖制方数千里之中国，是固国家形式之进化，抑亦其时思想之进化也。”（柳著《中国文化史》第二十九章）梁任公师曰：“法家本从儒道墨一转手，其世界观念，亦多袭三家。但彼最晚出，正当列强对抗竞争极剧之时，故其中一派以‘富国强兵’为职志，其臭味确与近世欧美所谓国家主义者相类，无庸为讳也。虽然，彼辈之渴望统一，与余宗同，特所用手段异耳。勉以今语比附之，则儒墨可谓主张联邦的统一，平和的统一，法家可谓主张帝国的统一，武力的统一也。其后秦卒以后者之手段完成斯业，然而不能守也。汉承其绪，参用前者之精神，而所谓‘定于一’者，乃终实现焉。秦汉以降，以统一为常轨，而分裂为变态。虽曰干戈涂炭之苦亦所不免乎？而终能冶为一体，则又何也？我之统一，虽物质上环境促成之者亦与有力；然其最主要之原因，则圣哲学说能变化多数人心理，博之以为一也。”（梁著《先秦政治思想史》第十七章）此皆言秦汉时代在吾国历史地位之重要。虽则或主尚秦，或主尊汉，而要皆视秦汉为一时期，宜合一炉冶以治之，不得划分二代也。吾尝谓秦汉统一局面，其势始于秦前，而时代思想之进化，先圣哲人之所宣扬运动，不啻摩托车之发动力，而秦汉时代则其前后二轮，吾全部中华民族之发展史，乃安坐于其上。则其重要，盖可知也。述秦汉史。

（原载《学术世界》第2卷第3期，1937年）

哲学的语义[①]

哲学一语，是译语的名称，其在英语为Philosophy，德语为Philosophie，法语为Philosophie，在拉丁语为Philosophia，其他意大利西班牙俄罗斯等语，或F代Ph，不过为拼音缀字的变化，其实字义仍是一样，而皆原出于希腊Φιλοσοφία一语。现在照语音译出来，当为“费罗索费”。如果我们要找他的意义，当将希腊语拆开，则见为由“费罗[②]”φιλο和“索费”σοφία两语拼合而成。“费罗”的语义，为“爱”(Love)的意思；“索费”为“智”(Wisom)的意思；所以从哲学的语源解释，可以说是“爱智之学”。但我们深究它的真意，当为“究理求真”之义。现在义译为哲学。我国“哲”字最初见于《诗经》，《大雅》“既明且哲”，《商颂》“浚哲为商”，它的解释，据《尔雅·释名》，哲，智也，扬雄《方言》，也说哲，智也；似乎与原语的语义想通。若求与原语真意相合，则这里所谓“智”，当比“智识”“智慧”等语，更为广博；在往古

---

①编者按：本篇书名号为整理者所加。局部标点、外文字母有改动。

②编者按：原稿为“罗费”，当以“费罗”为是。今改。

的成语中，只有宋儒所谓“理学”，可与相合；所以吾国旧译，谓之理学。但“理学”二字，在最近的过去，曾译为自然科学的总称，所以也不好用，现下只得译为“哲学”。

哲学原语总源出希腊，然在希腊古籍中，却没有这个字。希腊太古诗人，首推荷马（Homer）和赫萧迭（Hesiod）；但他俩的诗篇中，也不见有“费罗索费”之语，只有“费罗”一语，也不过用为“一艺一能的意义”。相传用“费罗索费”一语为学术之义为[①]毕达哥拉士（Pythagoras），然毕氏的传记，多为后人所附会，不能相信。然则这语最初发见于文籍，大约算是见于希罗多德（Herodotus）的《希腊波斯战争记》中。其书载利底亚（Lydia）王克雷西斯（Croesus）问梭伦（Solon）之语，谓“朕闻卿因‘费罗索费’的知识欲而游历诸国”，这个“知识欲”一语，恰好演为“费罗索费”一语的解释。可见“费罗索费”一语，实含有爱其知识不问其实益的意思，凡是求衣食住以外的知识的，均可称为“费罗索费”。

“费罗索费”一语，总具有知识之义，然知识之义，单以“索费”一语，也足以表示出来，故当时尚用“索费”一语。其最初特别置重“费罗”一语的为梭格拉底（Socrates），他说，“我知我的愚蠢，但系我知爱智，我不是智者，却是一个爱智者”。其后柏拉图（Plato）亚里斯多德（Aristotle）等，其见解与之相似。从此以后，此语遂被用为“学”之义，或为“依一定方法而研究”之义，渐渐确定。柏拉图的《对话篇》（*Dialogues*）说，“智为神所独有，人则但能爱它”。《响应篇》（*Symposium*）说，“业已智者，与愚昧不觉之徒，皆不得称为

①编者按：原稿为“为义”，当以“义为”为是。今改。

哲学家，所谓哲学家，是智与不智之间的人”。其言与梭氏相同。后来柏氏在《食德篇》(*Theaetetus*)，遂把哲学的定义说出，道：“这里所谓智，乃是真正知识的意思，所以智学者，即是修养这种真正知识之事。但甚么叫做真正知识？有感觉所得的知识时时刻刻，随人人的状态而变化无极，这样不得称为真正知识。真正知识，乃是存在于事物的真实不变常住不灭的东西，而由理性所觉知的。”所以哲学至柏拉图以后而性质大定。

柏氏以后，集希腊学术大成的人，为亚里斯多德(Aristotle)。亚氏又呼哲学为形而上学。但是哲学语，从广义解释时，形而上学，为哲学的一部，为形体以上的东西，经验以上的东西，与根本原理的研究，同其意味，可解作与哲学同一意味。形而上学，英语为Metaphysics，德语为Metaphysik，法语为Metaphysigue，其语源亦同出于希腊Μεταφυσικά。亚氏又名其形而上学为“第一原理”。后纪元前八十年顷安得洛尼(Andronicos)将亚氏全集出版，以此一部分置于物理学之后，其意即为“物理学之后”。然此一语，恰好表明哲学研究的对象，即物理学为形而下之事的研究，哲学位于物理学之后，物理学所不能研究者，即为形而上学所研究之事。其后不限于指明亚氏的东西，而泛指一般的哲学。勿论物理学研究以上的事项，果即为形而上学与否为一问题，即依形而上学的意味，亦生种种变化。今举其最广义与最狭义为例。最广义的解释为精神现象即物的现象以上之事，因此，形而上学，与一般的精神科学同义。最狭义的解释，形而上学之事为纯粹之理之事，所以形而上学与纯正论理学同义。这两种解释皆不能与“费罗索费”一语相吻合，所以不能采用。

（原载《新时代》第7卷第1期，1937年）

明史纂修之得失及其整理之方案[①]

一、明史之纂修

清人列《明史》于正史第六，除马班范陈四书及《新五代史》外，最为精善。盖一则明代《实录》俱存，仅缺建文、天启、崇祯三朝；当时搜括天下公私著述甚富，故采撰编次，本末俱备，取之博而择之审，能成一代之良史；二则《明史》虽亦属官局分修，然实际上全由万斯同一人核定，钱大昕《潜研堂集·万季野（斯同）传》云："乾隆初，大学士张公廷玉等奉诏刊定《明史》，以王公鸿绪史稿为本而增损之，王氏稿太半出先生手"；盖实录也。

斯同受史学于黄宗羲，学问渊博，尤酷嗜文献，熟悉明代掌故，自幼即以著作《明史》自任。康熙十八年（一六七九）开明史馆，斯同以布衣参史事，不署衔，不受俸。时顾炎武甥徐乾学任总裁，斯同遂寓其家中，诸纂修官以稿至，皆送斯同审核。斯同在京师十余年，士大夫就问无虚日。于前史体例，

①编者按：本篇书名号为整理者所加。局部标点有改动。

贯穿精熟，指陈得失。且博闻强记，于有明十五朝之《实录》，几能成诵。此外，邸抄、野史、家乘，无不遍览。故能参考订正，或增或删，或离或合，成《明史稿》五百卷，事详文简，体例谨严，文笔雅洁，堪称良史。

明初遗老，于故国念念不忘，顾炎武黄宗羲王夫之诸人，皆欲传一代之真相。王氏著有《永历实录》，纪永历帝十五年间事甚详，有纪有传。顾氏庋藏史料甚富，会有青年史家吴炎潘柽章二人，与顾氏为忘年之交，二人合著《明史》。《亭林文集》有《书吴潘二子事》一文，据所记，则吴潘二人，皆明诸生，明亡时年仅二十以上，发愿以私人之力著成《明史》，顾氏即以所藏关于史料之书千余卷资之。康熙二年，湖州庄廷鑨史狱起，株连七十余人，吴潘二人皆与其难。顾氏称其“怀纸吮笔，早夜矻矻，其所手书，盈床满箧，而其才足以发之”。潘耒《遂初堂集》亦略记其要。二人合著之《明史》既已烧毁无余，而顾氏藏书亦悉遭焚毁，尤为可惜。吴炎别无著作，柽章著书存者有《国史考异》《松陵文献》两种，然已残缺不完矣。宗羲为学多端，所著《明史案》，今仅存其目，其曾否成书盖未可知，而斯同所传，即其史学。据李塨《恕谷后集·万季野小传》，述其自道语云：“吾自误六十年矣，吾少从黄先生游，闻四明有潘先生（平格）者曰：‘朱子道，陆子禅’，怪之，往诘其说，有据，同学因轰言予叛黄先生，先生亦怒予，谢曰：‘请以往不谈学，专穷经史’，遂忽忽至今。”据此，可以为证。

斯同于唐以后史书设局分修制度，深致不满，《潜研堂集·万季野传》引其语云：

> 昔迁固才既杰出，又承父学，故事信而言文。其后专

家之书，才虽不逮，犹未至如官修者之杂乱也。譬如入人之室，始而问其堂寝匽湢，继而知其蓄产礼俗，久之其男女少长性质刚柔轻重贤愚无不习察，然后可制其家之事。若官修之史，仓卒而成于众人，不暇择其才之宜与事之习，是犹招市人而与谋室中之事也。吾所以辞史局而假馆总裁所者，惟恐众人分操割裂，使一代治乱之迹，暗昧而不明耳。

其言不为无见。万氏学博才高，当时史馆诸人崇信备至，故其所修，咸出己意，方苞《望溪文集·万季野先生墓表》引其自述著书旨趣云：

史之难言久矣……而在今则事之信尤难。好恶因心，而毁誉随之。一家之事，言者三人，而其传各异矣。况数百年之久乎？言语可曲附而成，事迹可凿空而构，其传而播之者，未必皆直道之行也；其闻而书之者，未必有裁别之识也；非论其世知其人，而具见其表里，则吾以为信，而枉者多矣。……《实录》者，直载其事与言而无所增饰者也。因其世以考其事，核其言，而平心察之，则其本末十得八九矣。然言之发或有所由，事之端或由所起，而其流或有所激，则非他书不能具也。凡《实录》之难详者，吾以他书证之，他书之诬且滥者，吾以所得于《实录》者裁之；虽不敢具谓可信，而枉者或鲜矣。昔人于《宋史》已病其繁芜，而吾所述将倍焉。非不知简之为贵也，吾恐后之人务博而不知所裁，故先为之极；使知吾所取者有可损，而所不取者，必非其事与言之真而不可益也。

以如此一手经理，而又用科学精神治史，其一生精力全在搜集史料及鉴别史料上用功，宜乎吾人今日所读之《明史》，足为一部最合理想之佳书矣。无奈《明史》之厄运，有出吾人意料之外者。盖明史馆总裁，自徐乾学后，继任者为张玉书，为陈廷敬，为王鸿绪，对于万氏咸能敬礼有加，斯同遂以十余年不断之努力，乃将五百卷《明史稿》著成。最可惜者万氏卒于京师，旁无亲属，所藏书籍数十万卷，钱名世一人囊之以去；而《明史稿》原本，竟落王鸿绪之手。鸿绪本佥壬巧宦，在康熙晚年，依附皇八子构煽夺嫡，卒坐放废。其人既无学问，又无人格，得此稿后，即攘为己有，嘱人誊钞，每卷悉题"王鸿绪著"，板心均印"横云山人集"字样，进呈窃官，自此五百卷本之万稿遂成为三百十卷之王稿矣。梁任公师谥之为"白昼行劫偷书贼"，真痛乎其言之。然而鸿绪如能依原本保存，尚属无损于万氏，无损于《明史》；无奈其又虑为别人所举发，改头换面，颠倒是非，于是万氏所谓"必非其事与言之真而不可益者"，竟不知为鸿绪所增益窜改多少。使非《明实录》、万氏《明史稿》及四百十六卷本《明史稿》尚留于今，吾人真无从得校其孰真孰伪。此为《明史》遭厄之一。关于此事，魏源《古微堂外集》有《书王横云明史稿》二篇，足为原证；而近人陈守实《明史稿考证》，黄云眉《明史编纂考略》，伦明《清修明史考》，李晋华《明史纂修考》诸书，言之已详，可供参考，兹不具论。

不独此也，斯同所最反对者为官局分修制度，而史馆沿袭旧制，卒不可革，斯同虽雅负时望，岂能令分纂者悉如其意。矧万氏之卒为康熙四十一年（一七〇二），《明史》成于乾隆四年（一七三九），相距几四十年，中间史馆废弛已久，张廷玉草草奏进时，馆中几无一知名之士，则其笔削失当之处，亦概可想见矣。故万氏虽视吴潘庄戴诸人为幸，而仍属不幸也。

此为《明史》遭厄之二。虽然，今日《明史》能稍满人意者，微斯同之力不及此。

至于官家之修撰，始自康熙十八年开馆，用博学宏词诸臣担任分纂，叶方蔼，张玉书任总裁。继又以汤斌，徐乾学，王鸿绪，陈廷敬，张英先后为总裁，徐乾学极力罗致万斯同，始终其事。其后玉书任志，廷敬任本纪，鸿绪任列传。至康熙五十三年（一七一四），鸿绪传稿成，表上之，而本纪志表尚未就。鸿绪又加纂辑，雍正元年（一七二三）再表上。雍正帝乃命张廷玉等为总裁，就鸿绪稿本选词臣再加订正。至乾隆四年七月二十五日书成，表进，凡本纪二十四卷，志七十五卷，表一十三卷，列传二百二十卷，目录四卷，即今定本。其首列奉旨开列在事诸臣职名，计监理一人，总裁九人，纂修二十五人，提调九人，收掌十二人，缮写四十二人，校对三十七人，监造九人，共一百四十四人，噫亦盛矣！其进表有曰“仰惟圣祖仁皇帝，搜图书于金石，罗耆俊于山林，创事编摩，宽其岁月”。盖康熙十八年始诏修《明史》，并召试彭孙遹等五十人入馆纂修，以记载浩繁，异同歧出，递相考证，未遑定也。又曰“我世宗宪皇帝重申公慎之旨，载详讨论之功，臣等于时奉敕充总裁官，率同纂修诸臣，开馆排辑；十有五年之内，几经同事迁流，三百余卷之书，以次随时告竣”。盖雍正二年诏诸臣续蒇其事，至是乃成书也。又曰：“聚官私之纪载，核新旧之见闻，签帙虽多，抵牾互见，惟旧臣王鸿绪之史稿，经名人三十载之用心，进在彤闱，颁来秘阁，首尾略具，事实颇详，爰即成编，用为初稿”，则纪实也。

总之：《明史》之纂修，开馆逾六十年，历逊清康熙雍正乾隆三世好古右文之主，郑重其事；又能网罗全国知名之士，如叶方蔼、张玉书、徐乾学、万斯同、王鸿绪、陈廷敬、汤斌、张英等经纪之。同时又兼重私家之专业，除野史、家乘、诗文集足资参考外，胜朝遗老如黄宗羲顾炎武辈咸间接商订义例。一时绩学能文者，无不参预撰述，据梁任公师所稽考，《明史》初稿某篇出某人手笔，大致可说，如太祖本纪高文昭章睿景纯七朝后妃列传至江东李文进龙大有列传四十七篇出汤斌，成祖本纪及顺成宏正四朝后妃列传出朱彝尊，《地理志》出徐乾学，《食货志》出潘耒，《历志》出吴任臣汤斌，《艺文志》及列传三百余篇出尤侗，太祖十三公主至曹吉祥传一百二十九篇出汪琬，熊廷弼袁崇焕李自成张献忠诸传出万斯同，流贼土司外国诸传出毛奇龄，崇祯长编出万言。而施闰章黄仪王源等亦咸在纂修之列，咸有拟稿。如是久久而后告成，亦可谓之刻意求精矣。

二、明史之体例

《明史》虽属后起之秀，然不能轶出前人范围，故其体裁仍为纪传体，与马班诸史相同，包括纪志表传四者。其三百三十二卷中，本纪凡二十四卷，十六帝事迹，多据各朝《实录》、皇明祖训、皇朝本纪、御制皇陵碑、世德碑、西征记、平西蜀文而成。

志七十五卷，为目十五，即：天文、五行、历、地理、礼、乐、仪卫、舆服、选举、职官、食货、河渠、兵、刑法、艺文，是也。诸志一从旧例，而稍变其例者有二：《历志》增以图，以历生于数，数生于算，算法之勾股面线，今密于古，非图则分剖不明；《艺文志》惟载明人著述，而前史著录者不载，其例始于宋孝王《关中风俗传》，刘知幾《史通》又反覆申明于义为允，唐以来弗能用，今用之也。

表十三卷，为目凡五，即诸王、功臣、外戚、宰辅、七卿是也。从旧例者四，创新者惟七卿一表，盖明废左右丞相，而分其政于六部，六部尚书为最高行政长官；又设都御史谓之都察院，都察院纠核百司，为任亦重，故合六部一院之长官而谓之七卿也。

列[①]传二百二十卷，第一、第二，为后妃列传。第三为兴宗孝康皇帝睿宗献皇帝列传，盖仿《元史·裕宗睿宗列传》之例，别为一卷，各以后附焉。第四至第八为诸王列[②]传，第九为公主列传。第十至十一为郭子兴陈友谅等传，皆元末起兵称雄之人。自第十三以下为诸臣列传，于诸臣奏议，凡切当时利弊者，多载原文。其以性质为类以标题者凡十七，即：循吏、儒林、文苑、忠义、孝义、隐逸、方伎、外戚、列女、宦官、阉党、佞幸、奸臣、流贼、土司、外国、西域是也。列传从旧例者十四、创新例者三：曰阉党、曰流贼、曰土司。盖貂珰之祸，虽汉唐以下皆有，而士大夫趋势附膻，则惟明人为最夥，其流毒天下亦至酷，别为一传，所以著乱亡之源，不但示斧钺之诛也。闯献二寇，至于亡明，剿抚之失，足为炯鉴，非他小丑之比，亦非割据群雄之比，故别立之。至于土司，古所谓羁縻州也，不内不外，衅隙易萌，大抵多建置于元，而滋蔓于明，控驭之道，与牧民殊，与御敌国又殊，故自为一类。凡兹新创，均应世变而增设。传赞持论，虽本忠厚，而皆协是非之公心，尤足取焉。

①编者按：原稿为“例”，当以“列”为是。今改。

②编者按：原稿为“例”，当以“列”为是。今改。

若夫甲申以后，仍续载福王之号，乙酉以后，仍兼载唐王桂王诸臣，已属新朝宽大，虽南都以后事迹，史文仅草草数语，不及陈鹤《明纪》之记载翔实，然亦诸臣委曲保存史料之苦衷，又当别论者矣。

三、明史之得失

纪传之体，包括纪志表传，各史所同，虽分目或异，亦不足以言《明史》之得失也。《四库提要》专就《明史》优点而表扬之，可谓尽美矣。赵翼《廿二史札记》已指其疏漏，方苞《望溪文集》卷十八于《明史》亦有微词，此盖言其失者也。惟平情而论，本纪与传参差甚多，如《太祖本纪》称元至正二十一年八月帝自帅舟师征陈友谅，戊戌克安庆，壬寅次湖口，败友谅于九江，克其城，友谅奔武昌。《陈友谅传》《廖永忠传》皆同。而《刘基传》则谓未克安庆，经捣江州，与《本纪》及《友谅传》等不符，自是疏漏之显然者。《艺文志》只载明人著作，而不考古书有亡之源委，则古书流传至明者究有若干，不可考矣。是乃一大缺失。或谓因明代秘书尽亡，无从取征，以此失载；此亦不能不谓为疏漏之处。

其实《明史》疏漏，并不止此。即或间有重复，反为小疵。如乔允升刘之凤两传前后相隔止二卷，而传中文字相同百数十言。又如卷二九二《忠义四·张绍登传》附张国勋等云云，卷二九四《忠义六·谌吉臣传》附张国勳等云云，张国勋与张国勳，同为应城训导，城陷殉节，明是一人，而名字微有不同，殉时情节亦微异。果属传闻异辞，当并作一传而云，或说如此，《明史》乃截然分作两人，断断不能不谓为疏忽失误。

又因行文务求简洁，致失之简略，此等情形，以本纪为最甚。列传则以反对子孙附传，竟至父子分卷，已不免灭裂；而事相类者，则又附卷，《孝义传序》附孝义数百人，又为指大于踵。此犹以《明史》本书校本书而言，若以他书校之，其小疵之可指摘者，何止寥寥数十条而已。近人吴晗曾著《明史小评》一文，指陈其失。以明代史籍，清人传述，与乎清代学者所撰之史稿诗文集等互校，即举出其不妥之处有十：曰脱文、曰错误、曰事误、曰重出、曰矛盾、曰简失、曰互异、曰缺漏、曰偏据、曰字讹。则《明史》之急待补正或可补正者，当复不少。然此皆其枝节者也。

今案《明史》根本之病，在于隐没事实，不足传信于人。此固当时馆中诸臣逼于清帝意旨无可如何。然既隐没其事实矣，则后世史家亦无由发见其难于传信之处，为害之大，莫此为甚。故隐没事实，实为修史之大恶。前此诸史虽或有之，然绝未有如《明史》之有意隐没之甚。考《明史》所以有必须隐没事实者，即在清代与明本身之关系。清之发祥，与明之开国，约略同时。清以肇祖为追尊入庙之始，今考之明代《实录》，在成祖时，已见肇祖事迹，若再参以当时属国《朝鲜实录》，在太祖时即已有之。至清之本土，所谓建州女真部族，其归附于明，本在明太祖时。建州女真既附于明，即明一代二百数十年中，无时不与相接触。故《明史》中不但不许见建州女真，并凡女真皆在所讳。于是女真之服而抚字，叛而征讨，历朝之恩威，诸臣之功过，凡关涉于女真者，一切削除之。此为隐没事实之最大者。近人孟森于明清研究最精，故能言之最澈。孟氏《清朝前纪》云：

清朝自讳其建州之旧号，最启疑问。建州三卫，为明代羁縻之臣，无可忌讳；而清必欲掩灭其迹，自乾隆以前，历次搜毁明代文字，大半用意在此。官修《明史》，全部不见建州事，《外国传》既无建州，亦无女真，本纪亦尽削嘉隆以前辽东之兵事，至万历以后，清太祖已崛强，明驭夷之威信，亦一蹶不振，乃始张其开国之武功焉。仅有一二守辽将帅列传，偶然漏见建州事实，亦已削去建州二字之明文，然正以文字中不见建州，故所载事实，猝不易辨为是何部落，以故转得幸存一二于《明史》。当时之君若臣，皆于意想之外，留其所甚讳者于简册，如张学颜李成梁等传，是也。南浔庄氏史案，以有王杲之名，为罪状之一端，而张李传中，俱有捕斩王杲之明文，钳制如是之酷，卒不免有此罅漏。古人所谓校书如扫落叶，旋扫旋生，而当时生事邀功之文人，亦复未能举发及此，二百年来，在茫昧之中，无人敢研究及之者，吁可慨也！其最可笑者，《吉林通志》引《盛京舆图》言三姓人共举布库里雍顺为主，定号满州，南朝误为建州，云云。此日本人所指为乾隆帝及当时史官等，以祖宗臣服于明为忌讳，乃发此言，主张曾有创建之国号，故意捏造事实者也。本以建州捏称满州，反谓南朝误满州为建州，有意颠倒，非但隐没之而已。清修《明史》，但有隐没，尚无颠倒，然虽百计隐没，仅能使建州之名，不见于《地理志》，不见于纪传，犹见于《兵志》羁縻卫所之中。《兵志》云，洪武永乐间，边外归附者，官其长为都督都指挥千百户镇抚等官，以敕书印记设都司卫所；此下载三百八十四卫之名，有建州卫，洪武间置，有建州左卫，永乐十年置，有建州右卫，正统间置，以其与一代兵制有关，未能抹煞。然建州设卫与朵颜三卫同见，而朵颜三卫在《外国传》，建州三卫则无传；非惟建州三卫无传，并海西等部，凡女真部族俱无传，建州之方向道里，俱不见于《明史》，无论其沿革事实矣。然则虽一见于《兵志》，当时修史者之意，仍使人不知建州为何地，及何人所辖。乃于乾隆朝更捏为满州误名建州之说，如彼之说，建州本无此名，《明史》之建州三卫，又应改为满洲三卫矣。自相矛盾，欲盖弥彰，宜日本人之姗笑也。

以如此之隐没事实颠倒事实，故从前之研究明清间掌故者，但知万历以后清太祖蚕食辽沈，始有冲突之可言，而于其前，固懵如也。又相传谓清代官书，所述征明等语，必不正确。而《明史》既由官修，万历以后之辽东兵事叙述，乃本之清室纪载，官修诸臣必求其不相抵触，自不能用明代真实史料，可推而知也。殊不知女真之服属于明，尚远在二百年之前，凡为史所隐没者，乃因今日讨究清史而发见《明史》之多所遗缺。然则非将有明一代之本纪列传及各志，统加整理补充，不得遽以为信史，亦可知也。

但明与清始终相涉，故一经隐没而遂及一代史之全部，凡明代文武诸臣曾为督抚镇巡等官者，皆削其在辽之事迹，或其人生平见长之处在辽，则不得不并削其人不为立传。甚至有本史一再言其人自有传，而卒无传者，则以史文本出众手分纂，而又叠经删削，曾无一有史才者为之最后编定，以至此极也。如王翱李秉赵辅彭谊程信诸传，均于建州有抚治或征讨之绩，史文均为略去，即或间留一二语，亦不辨其为对何部落，以何因由启衅。又如马文升以抚安东夷，自著专书纪其事，史本传亦叙其事，而使读者不能辨为建州女真事实。宦官汪直及朱永传亦然。惟伏当加为建州一酋之名，转见于《宪宗本纪》及

《汪直传》中，当是史臣自不审伏当加一词为何部酋，故于无意中漏出其名耳。又和顾养谦及宦官亦失哈等，于辽事极有关，遂以无传。而王象乾张宗衡两人于《王洽传》中叙会议款虏，云见象乾宗衡传，然卒无传。又于《忠义·张振秀传》叙及宗衡之徇烈，亦云宗衡自有传，而仍无传。凡此皆其一念之差，病在隐没，故使失实。此读《明史》者所应急为纠正也。

四、明史整理之方案

《明史》之急须整理，已成为史学界所公认，而公私史料复渐渐流布人间，则其整理方案，似亦可得而言。今特不揣固陋，略为述说，傥亦读《明史》者之所采欤！

一、既经流布之史料须先为搜集也。法国史学大家朗格诺瓦（Ch. V. Langlois）瑟诺博司（Ch. Seignobos）《史学原论》（*Introduction aux Etudes Historiques*）有云：历史由史料构成，无史料斯无历史矣。近世史家奉为圭臬。矧《明史》之经隐没史实颠倒捏造如此，今人而欲加以补正整理，自非多搜史料，勤加抄录，不能为功。盖明代向无国史，而士习甚嚣，党同伐异，野史如鲫，各从所好恶，以颠倒是非，故《明史》号称难理。幸而明清之交各大师，大率重视史学，影响所及，清初史学特盛。并当时随笔野史甚多，虽屡经清廷禁毁，现存者尚百数十种。其用著述体稍经组织而其书有求久价值者，如南浔庄氏《明史》已毁，其出于庄史而略加删削纂成者有查继佐《罪惟录》，今其稿本业已刊行；尹守衡之《明史窃》虽属禁书，而民国以后亦有覆刻本；谷应泰《明史纪事本末》，陈建《皇明通纪》诸书，虽无新刊，而旧刻则随在皆有；即成书在开史馆以前之傅维鳞《明书》，虽平庸不足称，以吾观之，亦尚少隐没颠倒之处，此皆可搜集购买者。其述鼎革之交者，则有吴伟业之《鹿樵纪闻》，专记流寇始末；有王夫之之《永历实录》，专记桂王时事；有戴笠之《寇事编年》《殉国汇编》，实潘柽章《明史长编》之一部；有黄宗羲之《行朝录》，于浙闽事言之较详；有万斯同之《南疆逸史》，有温睿临之《南疆绎史》，皆半编年体；有计六奇之《明季北略》《明季南略》，用记事本末体，组织颇善；有邵廷[1]采之《东南纪事》《西南纪事》，盖以所闻于黄宗羲者重加甄补，成为有系统之著述，于当时此类著作中称最善云。凡此皆其必须搜集之史料，以补《明史》甲申以后之事。嘉道以降，文网渐宽，宜可以自由著述矣；惟以隔时已远，资料之搜集审查皆难，其间只徐鼒之《小腆纪年》[2]最称简洁。戴望[3]尝欲作《续明史》，成传数篇，惜不永年，未竟其业。钱绮著《南明书》三十六卷，据谭献称已成，不审有刻本否？凡此之类，如可搜集，亦应依照谢国祯《晚明史籍考》所开列者，尽量搜集之。同治间有陈鹤之《明纪》，其书为编年体，与夏燮之《明通鉴》，《通鉴辑览·明鉴》，《纲目三编》性质相同，而成书最晚，承前人考订精详之后，审慎翔实，亦可参考。延至最近，故宫既已发见乾隆四十二年（一七七七）重修《明史本纪》刻本；而《明清史料》甲乙集，明清《实录》，启祯诸臣列传，庄廷鑨《明史抄

---

①编者按：原稿为“建”，当以“廷”为是。今改。

②编者按：原稿为“徐鼐之《小腆年纪》”，当以“徐鼒之《小腆纪年》”为是。

③编者按：原稿为“笠”，当以“望”为是。今改。

略》残本，均已印行；而万斯同《明史稿》及四百十六卷本《明史》，旧藏国立北平图书馆中，将来必有刊行之一日；加之新刊《国立北平图书馆善本丛书》第一集，《景印国藏善本丛刊·史部》；则参考之资，需夫抄录者尚少。他如北京大学中央研究院历史语言研究所所藏内阁大库档案，有关于明史者不少，则又当旦旦以求之，以次辑录。此史料之不难求也，此外集部之最重要者，除《皇明经世文编》外，则为全戴两家。全祖望，浙江鄞县人，号称浙东史学健将，先是万斯同兄子经著《明史举要》，有名于时，全氏尝从问业，衍其端绪。章学诚论浙东学术，谓："梨洲黄氏出蕺山刘氏之门，而开万氏兄弟经史之学，以至全氏祖望辈尚存其意"，其推服极矣。全氏于宋明两朝野史所见最多，最能以其公平锐敏之目光，评其价值，惟以体弱善病，未能竟其所学，于明史未尝著书，今其《鲒埼亭集》中记明末清初掌故者约居十之四五，订正前史讹舛者约居十之二三，足为删补《明史》之助。所可惜者《鲒埼亭集》为杭世骏藏匿多时，今所传者已非全璧。戴名世史识史才，于世无两。而又生当明史馆久开之后，深痛于史馆诸公所为，每欲以独力私撰《明史》，又当与斯同及刘献廷蔡瞻岷约共沕成书。惜其以史事罹大僇以死，一字未成。今其集中有遗文数篇，足觇史才之特绝。其《孑遗录》一篇，以桐城一县被贼始末为骨干，而晚明流寇全部形势，乃至明室之所以亡者具见焉。其《杨刘二士合传》，以杨畏知刘廷杰王运开运宏四人为骨干，寥寥二千余言，而晚明四川云南形势若指诸掌。其《左忠毅公传》，以左光斗为骨干，而明末党祸来历及所生影响与夫全案重要关系人面目皆具见。盖戴氏之于文章有天才，善于组织，最能驾驭资料而熔[①]冶之，恰如其分。梁任公师尝谓有清一代史家作者之林，吾所俯首者，此两人而已。然则考证《明史》欲于集部中求史料，全戴两家最为重要无疑。其他译著之已刊布者如费赖之（Aloys Pfister）《入华耶稣会士列传》（*Notices Biographiques et Bibliographiques sur les Mission de I'ancienne de Chine*）等不论其为牛溲马渤，要足为补正《明史》之助者，咸在搜集之列。

二、近日中外学人专题论文必须参考也。历史之学，日新月异，近人学有专门，喜为专题研究，各就其所学部门如经济、政治、社会、交通等等之学识，勾稽前代史料，从而补算之，考证之，排比之，以告当世，使前代某一问题或史实，了如指掌，其所造诣，往往突过前人。其始也发端于欧美之研究汉学者，日人之游欧者，见而异之，喜而译之，辗转流布，近三十年我国学人，亦憬然自觉，咸采用欧美专家办法，发挥清代汉学家考证精神，其专题之论文，乃与世界著作之林比肩而立。其中关于《明史》者指不胜屈。今试举明初三保大监下西洋一事为例而说明之。考明成祖遣使郑和下西洋踪迹建文，宝船所经凡二十余国，号称明初盛事。然而《明史》本传语焉不详。即《明史·外国传》、《大明会典》、《大明一统志》、王圻《续文献通考》、《图书集成·边裔典》、《四库全书总目》卷七十九《礼部志》稿内载朝觐赏赉诸制条，及钱谦益《建文年谱序》等号称官书，亦于此事忽略异常。而并世著作如费信《星槎胜览》，马欢《瀛涯胜览》，巩珍《西洋番国志》等号称身历其境，可为直接史料者；或如黄省曾《西洋朝贡录》，

①编者按：原稿为“溶”，当以“熔”为是。今改。

罗懋登《西洋记》，严从简《殊域周咨录》，茅瑞征《皇明象胥录》，郑晓《吾学编》，罗日褧《咸宾录》，何乔远《闽书》及《名山藏》，钱曾《读书敏求记》，郎瑛《七修类稿》，袁忠彻《古今识鉴》诸书，去郑和不远，足为旁证者；或则久经埋没，搜集维艰，或则视同小说，不登大雅之堂，于是一代官家对外贸易，暗焉不明。直至近世梁任公师，始勾稽诸书撰成《祖国航海大家郑和传》一文公布于世，始为学者所注视。其后法人伯希和（Paul Pelliot）著《郑和下西洋考》（Les Grands Voyages Maritimes Chinois au début du Xve Siecle），极考证之精详，日人山本达郎著《郑和征西洋考》，粗成有系统之著作。同时《娄东刘家港天妃宫石刻通番事迹记》，长乐县《天妃之神灵应记》，锡兰岛迦罗佛寺《郑和供养石碑》，华亭李至刚撰《郑和先人墓志铭》，先后发见；于是学人向达、郑鹤声、冯承钧、黎协万、童书业、夏璧咸加论述，其事遂显于世。今日而欲为郑和重撰本传，或为《明史·郑和传》作注，则此等著作均当参考。其他关于明代之漕运，海运，水陆交通，以至利马窦东来，佛朗机贸易等等问题，近世中外学人之单篇论文亦不在少数，举凡《明史》阙书或言之过简者，莫不有之。学者而欲遍知近人有无此等论文，似可先查国立北平图书馆编之《国学论文索引》一至四编，及《文学论文索引》，《中国地学论文索引》，及燕京大学编之《日本期刊三十八种中东方学论文篇目》，以至欧、美出版各种汉学论文引得，以期周知一二。又燕京大学编之《明史五十九种传记引得》，亦须置之座右，藉资翻检。犹忆在八一三我国抗战以前，日本平凡社编之《东洋历史大辞典》：每条名词之下，略附近日各国单篇论文题目、作家及其刊物，最便搜索。书凡八大册，已见三本，未知现已出齐否。大约此等有价值之论文参考愈多，则闻见愈广，于吾人之研究愈有裨益也。

三、推勘比证之法须先为讲求也。校雠之学，本为吾国所擅长，盛清汉学家已渐采用科学精神，于史料之鉴定，已极审慎。自大陆派史学传入中国以后，如朗格诺瓦瑟诺博司诸人所盛倡之史料考证，尤为风靡一时。学者而欲整理《明史》，此种校雠考证辨伪疑古之技能，自属基本必具之条件：但于史料缺乏之时，或隐没颠倒疑似莫辨之际，则推勘比证之法，实为首要。孟森《清史前纪》云："反而求之吾国故藉，为明季士大夫所著者，再从清代官修之《明史》推勘之，其所掩灭者固多；亦有事迹虽不明了，年月节目尚相符合亦不少。"则用推勘比证以求之，自可得其本来面目也。

四、重编或补注之体例亦须先为决定也。晋唐史家于前史著者有不满意或不详赡者，喜为作注，然莫如裴松之注《三国志》，补苴前修之所未备，传真相于后人，不特堪称原著功臣，即其所注亦足不朽。赵宋史学发达，学者多方面创造，如《资治通鉴》，如《通志》，如《文献通考》，如《汉会要》，如《续资治通鉴长编》，如《通鉴纪事本末》，均有极高价值。影响所及，风气为之一变，专家治史，至不肯为前人奴隶。宋祁欧阳修等之《新唐书》，字较旧书为省，而史事较旧书为详，造诣所至，实过原书。自时厥后，对旧史不满者，竟造新篇。此亦整理之一法也。迄逊清以来，风气为之一变，如王先谦之注两《汉书》，集各家解释之大成，务折衷于至当，其便利学人，又似较重新编撰之一法为伟。犹忆近人柯劭忞[①]《新元史》

①编者按：原稿为"柯绍恋"，当以"柯劭忞"为是。今改。

刊布以来，批评者或誉或否，可不必论；独陈垣谓柯氏当时如不重编，而仿裴松之注《三国志》例，其价值必较新著为高，其言不无可信。今者整理《明史》，则采用补注体例，或竟重编，实不能不先为决定也。试就鄙见所及，以为《明史》原有者，应就研究所得，悉为集注，补苴于原史文之下；其未有者如南明三帝本纪，孤忠列传，瞿纱微（Andreas Xavier Koffler）卜弥格（Michel Boym）诸客卿，建州三卫设置始末，咸加撰述，其有关于明清两代学术思想贸易文化诸大端之欧人东来所输入者，别为书表，各补新篇，作为《明史》续录，其不合史例之扩廓帖木儿、陈友定、把匝瓦尔密三传等，移置于后，作为附录，如是，似为计之至得。一旦整理告成，既[①]无碍于原书，并功深于补正，其有裨于史学界者，岂在裴松之，宋[②]祁，欧阳修诸人之下哉！

虽然兹事体大，为学多途，烽火余生，苦流离于奔走；干戈载道，甚五厄之方张；盖有志焉，其逮否未敢必也。惟愿与诸同志共勉之而已，若其不我遐弃，河汉斯言，进而教之，诚甚幸矣！

民国三十一年中秋节日成于坪石国立中山大学文学院

（原载《新建设》第3卷第11—12期，1942年）

①编者按：原稿为“即”，当以“既”为是。今改。

②编者按：原稿为“宗”，当以“宋”为是。今改。

明代初年地方政治之整理[①]

一、引论

明太祖以匹夫崛起，驱逐胡元，以民族立场言之，确足称为我国历史上不可多得的英雄豪杰。顾世之论者，每忽视其政治上的创造，以为亦不过仅如汉之高祖而止。其实不然，明代初年政治的设施，确有不少足为后世所取法，故明自英宗以后，内外多故，国事日非，而犹能支持二百年，系民心于不坠，这并非可幸而致的。兹特就其地方政治上所表现者，著之于篇，以告世之研究政治史者。

我国政治的窳败，以元代为甚，尤其是元代的末年，贿赂公行，贪污无厌，民之不能为生已久。明太祖及其起义诸臣，莫不深受其害。一旦大权在握，而谋所以改造之，固为意中之事。明太祖于戎马倥偬之际，犹能手不释卷，日以《资治通鉴》一书为其良好伴侣，意盖为此。幸其时隐居学者如陶安叶兑宋濂刘基陈遇秦从龙之辈，素有政治修养，为太祖所深知，

①编者按：本篇书名号为整理者所加。局部标点有改动。

一时罗致左右，敬礼有加，《明史·秦从龙传》称：太祖自迎之于龙江，因邀从龙与同处，朝夕访以时事，事无大小，悉与之谋，尝以笔书漆简，问答甚密，左右皆不能知。疑其茶余饭后所谈论者，要无非后日政治上的设施。以吾人今日所见，明太祖不但为历史上的英雄豪杰，且足为一代的大政治家，则其环境教育为力至大，这是本文所应当先为说明的。

二、地方行政之根本规画

明初承元季凋敝之余，人民逃散，流贼四起，地方行政毫无基础。故(甲)户口的调查，(乙)坊厢里甲的编制，(丙)赋役黄册的制成，最为明初地方行政的根本，而(丁)土田的丈量，(戊)粮长的设立，亦为推行政令，增加国库所必要，所谓有人此有土，有土此财有，为我国上世政治原理的不二法门，兹约述之如左。

(甲)明初关于户口的调查，系用国子监生(按即今日在国立大学肄业的大学生)为之。先查明人口疏密的程度，与土田多少为比例，分别定为宽乡狭乡，政府酌令迁徙。《明史·食货志》云："明初尝徙苏松嘉湖杭民之无田者四千余户，往耕临濠，给牛种车粮以资遣之，三年不征其税。徐达平沙漠，徙北平山后民三万五千八百余户，散处诸府卫，籍为军者给衣粮，民给田。又以沙漠遗民三万二千八百余户，屯田北平，置屯二百五十四，开地千三百四十三顷。复徙江南民十四万于凤阳。户部郎中刘九皋言：古狭乡之民，听迁之宽乡，欲地无遗利，人无失业也。太祖采其议，迁山西泽璐民于河南利；又徙登莱青民于东昌兖州；又徙直隶浙江民二万户于京师充仓脚；太祖时徙民最多，其间有以罪徙者。"可见以罪徙者是少数，夫徙民的原意，完全是出于宽乡狭[①]乡的调剂，欲人尽其才，地尽其利[②]，使成为地方行政的根本规画无疑。

（乙）明初关于坊厢里甲的编制，即今日所欲推行的保甲制度。《明史·食货志》云“太祖籍天下户口，置户帖，户籍。具书名岁居地，籍上户部，帖给之民。有司岁计其登耗以闻。及郊祀，中书省以户籍陈坛荐之天，祭毕而藏之，洪武十四年诏天下编赋役黄编册，以一百十户为一里，推丁粮多者十户为长，余百户为十甲，甲凡十人，岁役里长一人，甲首一人，董一里一甲之事，先后以丁粮多寡为序，凡十年一周，曰排年，在城曰坊，近城曰厢，乡都曰里，里编为册。册首总为一图。鳏寡孤独不任役者附十甲后，为畸[③]零。僧道给度牒，有田者编册如民科，无田者亦为畸零，每十年有司更定其册以丁粮增减而升降之。册凡四：一上户部，其三则布政司府县各存一焉。上户部者，册面黄纸，故谓之黄册，年终进呈，送后湖东西二库庋藏之。岁令户科给事中一人御史二人户部主事四人厘校讹舛。其后黄册只具文，有司征税编徭，则自为一册，曰白册云”。保甲为推行政令，实施征税编徭的根本组织，除有司的白册情形不明外，其赋役黄册，分缮四为，户部与司府州县互相考核，互相校勘，而又虑有讹舛，政府复份之派员厘正，已可见其郑重其事。郊天大典，中书省至以户籍陈坛下而荐之于天，其庋藏则另于后湖库行之；史又称太祖每每展览户籍，计其登耗，则其重视更可知。而每户给以户帖，俾得存查，以

①编者按：原稿为“挟”，当以“狭”为是。今改。

②编者按：原稿为“而”，当以“利”为是。今改。

③编者按：原稿为“畤”，当以“畸”为是。今改。

示公开之意，更与今日户政无异。其所谓排年者，亦欲以示均劳；而畸零不科，则又较宋代王安石的助役钱为宽大。诚足为古今保甲制度的规范。至每十年有司更定其册一语，未免含混不明。查此文互见《明史·范敏传》中，敏所定之法，实年年更改，以适合现状，阅十年乃清造一次，故云然耳。

（丙）全国黄册既经编定，则赋役制度，自可得而实施。《明史·食货志》云："太祖即位之初，定赋役法，一以黄册为准。册有丁有田，丁有役，田有租。租曰夏税，曰秋粮。凡二等。夏税无过八月，秋粮无过明年二月。丁曰成丁，曰未成丁，凡二等。民始生，籍其名，曰不成丁，年十六曰成丁；成丁而役，六十而免。又有职役优免者。役：曰里甲，曰均徭，曰杂泛，凡三等。以户计曰甲役，以丁计曰徭役，上命非时曰杂役，皆有力役有雇役，府州县验册丁口多寡，事产厚薄[①]，以均适其力。"大概徐役编征，一以黄册为准，夏秋两税，则参之鱼鳞图册，盖亦以与土地的丈量有关。惟白册盛行，有司得以操纵，而黄册便成为具文了。

（丁）土田的丈量，亦为明初地方行政根本规画之一。盖元季丧乱，版籍多亡，田赋无准，不得不重为清理。《明史·食货志》云："明太祖即帝位，遣周铸等百六十四人核浙西田亩，定其赋税，复命户部核实天下土田，而两浙富民畏避役徭，大率以田产寄他户，谓之铁脚诡寄，洪武二十年命国子生武淳等分行州县，随粮定区，区设粮长四人，量度田亩方圆，次以[②]字号，悉书主名，及田之丈尺，编类为册，状如鱼鳞，号曰鱼

①编者按：原稿为"原簿"，当以"厚薄"为是。今改。

②编者按：原稿此处多一"图"字。今删。

鳞册。先是诏天下编黄册，以户为主，详具旧管新收开除实在之数，为四柱式；而鱼鳞图册，以土田为主，诸原坂坟衍下隰沃瘠沙卤之别毕具。鱼鳞册为经，土田之讼质焉；黄册为纬，赋役之法定焉。凡质卖田土，备书税粮科则，官为籍记之，毋令产去税存，以为民害。”按鱼鳞图册[①]之制，为田土的最要底册，明初创之，迄清代沿用。为地政的优良设施[②]。次以字号，编类为册，凡土田质卖，备书税粮科则，去今日的科学管理无几。这是值得我们注意的。

（戊）明代粮长之制，屡革屡复，而终于革废，其得失殊未易言。大抵粮税之征收，为国家经常收入的最大宗，然郡县胥吏经办其事者，每多额外征收，闾阎蒙受其害至大。明太祖生长民间，深知其弊，故于洪武四年九月，命有司料民田，以田多者为粮长，即所以除去其害。《明史·食货志》云：“粮长者，太祖时令田多者为之，督其乡赋税，岁七月，州县委官偕诣京领勘合以行，粮万石长副各一人，输以时至，得召见，语合辄蒙擢用”，其后并定“粮长有杂犯死罪及流徙者，许纳铜赎罪”，其意盖谓小农纳税不多，不能亲诣缴纳，粮多者除应自纳外，并督其乡赋税，其事易行，故给以粮长名义，使负其责。然又以规避逋欠势所不免，则为粮长者难保无亏折赔累之情，因又定为召见赎罪两法，以偿其已尽的义务，故粮长的设立，尚为明初准情酌理的善制。

编徭已有里长甲长负责执行，督赋复有粮长为之代办，故明初地方政治虽不如现代区公所乡公所的严整，而政令的推

---

①编者按：原稿为“册图”，当以“图册”为是。今改。

②编者按：原稿为“施设”，当以“设施”为是。今改。

行，下情的上达，已可无甚隔阂了。

三、地方吏治之严加整顿

孟子说道：“徒善不足以为政，徒法不能以自行”，这是最有经验的说法，以上所称述（甲）（乙）（丙）（丁）（戊）五点，虽为善政善法，然使地方亲民之官不能善体上意，则其成败，亦未可知。故明太祖于地方行政的根本规划详为制定外，对于地方吏治复不惜严加整顿，以促于其成。今以试细为分析，大约可得：（甲）重视吏治，（乙）谨慎简任，（丙）严明考察，（丁）奖进循吏，（戊）惩治贪污五点，略述如下：

（甲）明初对于吏治之重视，可于《明史·选举志》见之。其文云：“选举之法，大略有四：曰学校，曰科目，曰荐举，曰诠选。学校以教育之，科目以登进之[①]，荐举以旁招之，诠选以布列之，天下人才，尽于是矣。”大抵明初用人，不限于科目，太祖虽间行科举，而监生与荐举人才参用者居多，故其时布列中外者，太学生最盛。《明史·选举志》称：“洪武二十六年，尽擢监生刘政龙镡等六十四人为行省布政按察两使及参议副使佥事等官。其一旦重而用之，至于如此。其为四方大吏者盖无算也。”这可说是吏途的正本清源。及选任以后，则又勤其考课。《明史·循吏传序》云：“明太祖惩元季吏治纵弛，民生凋敝，府州县吏来朝，陛[②]辞谕曰：‘天下新定，百姓财力俱困；如鸟初飞，木初植，勿拔其羽，勿撼其根，然

①编者按：原稿为“登以进之”，根据《明史·选举志》，当以“以登进之”为是。今改。

②编者按：原稿为“陞”，当以“陛”为是。今改。

惟廉者能约己而爱人，贪者必朘人以肥己，尔等戒之！’洪武五年下诏有司考课，首学校农桑诸实政，日照知县马亮善督运，无课农兴士效，立命黜之。一时守令畏法，洁己爱民以当上指，吏治丕变矣。下逮仁宣，抚循休息；民人安乐，吏治澄清者百余年。”是明初考课，首重课农兴士，其事似简，而确能得为治之本，故能吏治澄清者百余年，则其为效已可睹了。

（乙）明初简任官吏的谨慎，亦为前代所不及。例如荐举一事，山林严穴之士，一登荐牍，便加简任，同时被荐之士，亦可各举所知，似属为途甚宽；然使偶有贪污不职，则举者与之同罪。执行甚为严厉。故举者辄重视其事，不敢轻易荐人。同时又每简任廷臣出守，以中央吏绩昭著的人才，出为朝廷耳目，其事亦属甚善。赵翼《廿二史札记》记其事云：“宣德五年五月，择廷臣九人为知府，赵豫松江，况钟苏州，罗以礼西安，莫愚常州，邵旻武昌，马仪杭州，陈本深吉安，陈鼎建昌，何文渊温州，皆赐敕乘传行。是年十一月，又择廷臣二十五人为知府，李骥河南，王莹肇庆，徐鉴徐州，许敬轩汀州，郑恪宁波，王升抚州。英宗正统元年，亦择廷臣十一人为知府，王源潮州，李湘怀庆，翟溥南康。”这是较显著的例证。

（丙）简任之后，复加以严明的考察。考核严密，则善恶自彰，而循污可得奖惩了，《廿二史札记·遣大臣考察官吏》条记载云：“明初以十五布政司分治天下，永乐初遣给事中御史分行天下，有司奸贪者逮治。其后又遣蹇义等二十六人巡行天下，按抚军民，还朝，不为例。寻又遣郭敦以礼部侍郎偕给事中陶衎巡抚顺天，吾绅以刑部侍郎奉敕，考察两广福建方面官，有故人官参政者黜[1]之。正统初又分遣大臣考察天下方面官，刘辰往四川云贵，悉奏罢其不职者。徐琦奉命与工部侍郎郑辰考察南畿官吏，黜不法者三十人。段民为左参政，奉命与巡按考州县吏廉墨以闻。景泰中亦遣大臣行天下，黜陟有司。礼部侍郎邹干至山西黜布政使以下五十余人，巡抚朱鉴请召干还，干并劾鉴。时已设巡抚，又遣大臣考察，重吏治也。"赵氏所言甚是。今者中央每组各省考察团分视各省吏治，省政府主席出巡各县，广西并制定县长出巡各区乡镇规例，无非欲使地方官吏振刷精神，并以周知廉墨而已。

（丁）地方官吏之廉墨，既已周知，则廉循之吏，自当奖进；贪污不职者，自当惩治；吏治方有澄清之望。《明史》魏观等传赞云："太祖起闾右，稔墨吏为民害，常以极刑处之。然每旌举贤能，以示劝勉，不专任法也。尝遣行人赍敕并钞三十锭，内酒一尊，赐平阳知县张础。又建阳知县郭伯，泰丞陆镃，为政不避权势，遣使劳以酒醴，迁其官。丹徒知县胡梦，通丞郭伯高，金坛丞李思进坐事当逮，民诣阙言多善政，帝并赐内尊，降敕褒劳。永州守余彦诚，齐东令郑敏等十人，坐事下狱，部民列政绩以请，皆复官。宜春令沈昌等四人，更擢郡守。其自下僚不次擢用者，宁远尉王尚贤为广西参政，祥符丞邹俊为大理卿，静宁州判元善为佥都御史，芝阳令李行素为刑部侍郎。至如怀宁丞陈希文，宜兴簿王复春，先以善政擢，已知其贪肆，旋置重典。所以风厉激劝者甚至，以故其时吏治多可纪述云。"这是赏罚严明的实效。

---

①编者按：原稿为"默"，当以"黜"为是。今改。

（戊）明初惩治贪污，其例不胜枚举。如附马都尉欧阳伦赐死，及手刃胡大海的儿子二事，彰彰在人耳目，《廿二史札记·重惩贪吏》云："洪武十八年，诏尽逮天下官吏之为民害者赴京师筑城。帝初即位，惩元政弛纵，用法太严，奉行者重足而立，官吏有罪，笞以上，悉谪凤阳屯田，至万余人。又按《草木子》记：明祖于吏治，凡守令贪墨者，许民赴京陈诉，赃至六十两以上者枭首示众，仍剥皮实草，府县尉之左，特立一庙以祀土地，为剥皮之场，名曰皮场庙。官府公座州[①]旁，各悬一剥皮实草之袋，使之触目惊心。法令森严，百职厘举，祖训所谓'革前元姑息之政，治旧俗污染之徒'也。"据此，则明初惩治贪污的严厉可知。

大抵明初地方吏治的整顿，最有成绩，可说是明代建国的最大成功。昔王安石《上仁宗皇帝言事书》，以为任人之道，宜久其任而待之以考绩之法。所谓"三载考绩，三考，黜陟幽明"，任官而至于三考，尚不能有所作为，则其愚庸可知，以其失职而黜之，是非已成标准。不然才与不才，同于短期试用，则才者不足以自见，而不才者可以逃避责任，这是吏治失败的重要原因。今若以日后吏治的升降证之，亦是以说明明初地方政治的整理有法。考明成祖之能不坠明业，实在于能遵依太祖整饬吏治的美意。自永乐以来，历洪熙宣德三朝，皆未之改。当太祖时，重赏重罚，一闻守令有不贤者，立予逮问，至则严核其实，若以守官被谤，立予升擢，反跻显秩。故亲民之官，不患公道之不彰，不以权贵为可惮，天下多强项之吏。永乐以降，所用公卿，其历外任时，率多循良之绩，其专以爱民

---

①编者按：此处"州"字疑为上一行"府州县尉之左"脱漏之字。

勤政著者，如周新等一传二十余人皆有异政，这尚不在《循吏传》之中，盖又为循良的特殊者。至《循吏》一传，有目者三十人，而附传者至多：《吴履传》附二十五人，《高斗南传》附十三人，以上皆洪武时；《史诚祖传》附四人，《谢子襄传》附二人，《贝秉彝传》附五人，以上皆永乐时；《李信圭传》附二十人，皆洪熙宣德至正统时，皆秩满以民意奏留的。此类官亦有作伪。宣宗时发觉二人，罪之，自后部民奏留，必下所司核实。《李骥传》附五人，历洪永洪宣时，同以宣德五年为奉特敕的郡守。《赵豫传》附[①]人，历永乐至正统时；《范希正传》附七人，皆宣德正统时。计全传百二十七人，宣德以前六十余年间得百人以上，正统至嘉靖百三十余年间得十余人，隆万五十余年间仅二人，天崇两朝则无一人；吏治的日降，观此可知。且宣德以前，尚多不入《循吏传》的循吏，正统以后，公乡有吏绩者极少，嘉靖以后，则更不足言。这也是吏治日降的明证。正统初三扬当国，多循依宣德的旧政，故其以前的待贤长吏，且以国脉民生相倚任，选择郡守，皆由廷臣公举，赐特敕遣行，即后世之任命督抚，无此隆重。治有善状，秩满九年，升秩加俸，而使再任；久者任一地至三十余年，其联一任至十八年，联两任至二十七年者尤多。这可谓深得久其任而待之以考绩之旨。盖久任责成，为政治一定的盛轨，世愈衰而愈不可见。或谓其人原不足使之久任，则久任亦未必即为良法；然不久任，亦不过使虎狼更迭为暴。此监司方面之责，实亦朝廷的意向为之。这是明初家法贻留数朝，关系国家兴衰者甚大，不可不注意的。

---

①编者按：据《明史·赵豫传》，此处疑脱一“七”字。

四、水利之修治

我国政治，向以不扰民为主，故所谓爱民善政，往往流于“无为”。然在有关全国性的大事业，非地方政府所能为力的，则不得以此相推诿，故明代初年政治，亦不尽出于“无为”。其中有积极兴造规模甚大者。要视其事于全国人民利害如何，及经办情形如何，不可以一概论。兹举一列，如洪武年修治水利，可以略见一斑。史称洪武二十七年八月乙亥，遣国子监生分行天下，督修水利，太祖谕工部曰：湖偃陂塘，可蓄溲以备旱潦监因地势修之。复谕诸生曰：“周时井田制行，有潴[①]防沟遂之法，故虽遇旱潦，民不为灾。秦废井田，沟洫之利尽坏，于是因川泽之势，引水溉田，而水利兴。惟有司奉行不力，则民受其患。今遣尔等分行郡县，毋妄兴工役，毋掊[②]克吾民。”寻给道里[③]费遣之。明年冬，河渠之役，各郡邑交奏，凡开堰四万九百八十七处，河四千一百六十二处，陂渠堤岸五千四十八处，水利既兴，田畴日辟，一时称富庶云。这是明太祖时修治水利的故事。以这样大规模的兴建，不遣官吏，而分命大学生为之，且全国大举为之，结果成绩昭著，这不能不归功于太祖的善于用人。其颁行时所嘱“毋妄兴工役，毋掊[④]克吾民”一语，虽亦出于不扰民的立场，要惟国子监生乃能负此使命。建设之伟，无过于此。此外，大规模筑海城[⑤]防

①编者按：原稿为“猪”，当以“潴”为是。今改。

②编者按：原稿为“培”，当以“掊”为是。今改。

③编者按：原稿为“道理里”，“理”应为衍字。今删。

④编者按：原稿为“接”，当以“掊”为是。今改。

⑤编者按：原稿为“诚”，当以“城”为是。今改。

倭及兴办屯田，皆是以谋全国人民福利为目的的，这均不可以“消极政治”抹杀之。

五、结论

语曰：“前事不忘，后事之师。”今者建国大业，千头万绪，地方政治，尤宜急起直追，使世之治断代史好学者，各能于秦汉唐宋开国规模，为详尽的叙述，未始无补于当局的参考。著者不敏，颇有志此事，兹先略述明初地方政治，不加修饰；他日有暇，乃再陈述明初中央政制及其文治武功，则明祖勋业之隆，实足以媲美汉武唐高而无愧。而其当年地方政法的整理，甚足为我们今日所借镜无疑。

（原载《广东政治》第2卷第1期，1942年）

最近史学之新趋势

一、楔子

作者尝闻抱定一种见解，以为思想的变迁，实由时代环境所影响，一个敏锐的历史家受到大时代的影响尤大。作者与史学为缘，自学生时代计起，大约有三十余年，当时正在废除八股改试策论不久之后，见到了史学的一个趋势。自在大学掌教历史时期计起，迄今也差不多有二十年，正在科学与人生观论战还未停止，国民革命正在出师北伐之时，作者又见到了史学的一个趋势。自抗战事起，举国一心，史学界受了极大的影响，趋势激变，时至今日，已臻成熟。作者这回出席参加中国史学会成立大会及教育部史地教育委员会第三届全体大会，与我国史学专家济济一堂，聚首兼旬，交换意见，并搜集史籍书报旧刊四五十种，益加证实。现在利用这个机会，和大家提出商榷。

二、史学认识的新趋向

研究史学必须先能认识正确，乃能从事工作。其他翻译、教学，一为所以增加学识以扩所知，一为传播学识以扩其用，所以使这门学问发扬光大而已。并拟分史学认识、史学研究、史学翻译、历史教学四个方面，各述其新的趋势。

史学认识的新趋向，大要可从三点观察：一是一般思想的趋势，二是历史观念的趋势，三是各种教学的趋势。兹请先说思想的趋势。从世界各国的历史讲起，人类初生浑浑噩噩，根本就无所谓思想，其尽为恐怖心理和祈求前程思想所包围，于是迷信和宗教遂占领其全部生活，是为神权时代。人类的思想为神权思想历史的萌芽，适在这时，史家首先受到影响，以为一切事情，莫不有一个主宰，一个尊神为之前定，所以宗教史官遂产生于这时。统治者的理论根据，也只好依赖神权，无他异说。一切的是非也以信仰为标准。与自己的信仰不同的，目为异端，目为邪说。历史的作用，无非为教训与排异两目的。其后聪慧的思想家出，以为神并没有造天地，创立了新的宇宙观，人类的思想起了动摇，由怀疑而创造，人生哲学、政治哲学都产生了新的见解。黠的统治者遂创为君权之说以打倒宗教的掣肘，是为君权时代。史学家也慢慢受到影响，提倡尊君，提倡正统，满纸为一姓、为一人死节记载，于是英雄史观遂代宗教史观而兴。其后人的认识、自我的认识先后发生，于是有了人权宣言，有了革命大势所趋，君权没落，民权代兴，于是“皇帝教科书”的历史有不得不变为“大众化”的历史的趋势。旧日“资政”式的著作遂为史家所放弃，而有重新编撰的趋势。这是一般思想的趋势，由神权、君权而向民权，史学家受到了影响，自然而然成为民权主义的史家。

次言历史观念的趋势。从大历史纲析取一点以为观察历史的理论根据是为史观。今日史观的派别，已有十种以上。自科学昌明，经济组织日趋复杂，史家受了撼震，惊魂未定，以为一切历史的进行，莫不以经济为基础，谓一切人事政治都建筑于此，或称为科学史观，或称为经济史观，或称为唯物史观。这其中虽偶有不类此见，但谓一切人事皆由此决定，则殊未然。总理在《民生主义》第一讲谓：马克斯发明物质是历史的重心，经过欧战后几年的试验以来，便有许多人说是不对。到底什么东西才是历史的重心呢？我们国民党只讲民生主义。……近来美国有一位马克斯的信徒威廉氏（M. Williams）说马克斯以物质为历史的重心是不对的，社会问题才是历史的重心，而社会问题又以生存为重心，他说古今人类的努力，都是求解决自己的生存问题，人类求解决生存问题，才是社会进化的定律，才是历史的重心。民生问题就是生存问题。这位美国学者最近发明，适与吾党主义若合符节。这种发明就是民生为社会进化的重心，社会进化又为历史的重心，归结到历史的重心是民生，不是物质。……民生是政治中心，就是经济的中心，和种种历史活动的中心。我们现在要解除社会问题中的纷乱，再不可说物质问题是历史的中心，要把历史上的政治、社会、经济种种中心都归之于民生问题，以民生为社会历史的中心。先把中心的民生问题研究清楚了，然后对于社会问题才有解决的办法。这句话是很对的，我们在今日国难日深，恢复国土日益迫切的非常时期，明白苟非意见集中、力量集中，必不能抗战御侮。尚何能为宋人议论未定而兵已渡河，贻后代子孙疾首蹙额，痛言吾辈未能同心同德，采用整齐的步调、一致的史观，树立救国家、救民族的大计。故近数年来，全国史家已能一致地趋向总理的民生史观而绝无异志。这可说是最近对于史学的新认识之一。

又次则为各科教学的趋势。教学之法，代有不同，大率因缘时间、空间而异，换言之，要不外乎适合国情而已。我国自总理创立三民主义以来，迄今数十年，我中国国民党日夕宣传深入民间，几于家喻户晓。三民主义就是救国主义，几乎无人不知。观之欧美诸国如英、如苏、如德、如意、如法、如美，自从上次欧战后莫不各本其固有的文化习俗和历史的精神，极力发展其民族主义的教育，极力提高其国民的民族意识，以图应对其非常艰巨的前途。故我国之采用民族主义的教学，自为必然的趋势。况在以三民主义立国已久之今日，苟不能将民族主义的教育顺利进行，充分发展，则将何以慰总理在天之灵，何以对国家，何以对民族，何以对我们未来无穷无尽的后代？所以在今日的教育上应充分改进其教学以期与民族主义相吻合，必无疑义。总裁于党化教育的重要演讲中曾说：倘使中国教育能达到我们能所理想的那种成功地步，民族主义实是这种成功的唯一要素，目下中国在这种国际帝国主义和军阀交相宰割的时候，中国的小学生、中学生、大学生以及各阶级的同志、同胞，都要明了民族主义的意义和受民族主义的教育。大家如果不懂民族主义的意义，不受民族主义教育的机会，中国的国民革命是难得有希望的。这几句话可说是千真万确。总裁当时是为国民革命进行中的国内情形说的，可是到了今日，抗战建国工作更为艰巨，这话尤其切合实际。故今日一般教学的趋势，咸趋向于民族主义。史学亦何能例外，以我的观察，浪漫的世界主义教学时代已过，即为五四运动以后所谓混合历史教科书，以本国的史料，归纳于世界史之中，其所叙列，往往先述一社会学学说，剪裁中外史料以堆砌之，这一类的著作，已经绝迹。可知历史教学的趋势，最近已由世界主义归到了民族主义。

由此观之，现代史家对于史学的认识，可谓由漫无所归而趋向于三民主义的史学。这种学风可以国立中山大学历史系为其代表，该系十余年来由朱谦之先生主持，创立《现代史学》已有十年，始终向此目标迈进，迄今已成为史界的重镇。朱先生于现代史学研究会十周年纪念明告大众：所谓现代史学就是三民主义的史学，可谓一语道破了。

三、史学研究的新趋向

史学的认识既已改观，则其研究工作，亦必就因之改其趋向。以吾所见，亦有三点：一是舍古以重今，二是借古以镜今，三是由交通史的研究改至边疆史的研究。我国七七抗战以前的史学界，无疑地是受了兰克（Ranke）和瑟诺博司（Seignobos）等考证学派的影响，史料的研究几于占领了史学研究的全部。风气所及，考古学遂尽扫史学界的全面。作者最初与张荫麟、董作宾诸人发起考古学社的时候，只有八名好汉，及至七七抗战以前，全社社员已增至一百零六名。这种现象迄今不能评价其是好是坏。抗战以后，考古学社诸友，大半改行，从事考今。朱谦之于《现代史学》一期卷首语谓：在七七抗战展开之后，这种纯粹考古考证的史风，似乎已经急剧地转变。民族意识的增强，使我们对于本国文化的价值，从极端怀疑古史中解放出来，考证考古的工作一转而从事抗战史料的搜集、社会经济史料的搜集、民族文化史料的搜集，这种努力，使研究工作与现在问题产生密切的联系，不能不说是有很重大底历史意义的。现代史学为要明了我们的现状，故将现在同过去、同未来联成一条生命，而以“现代”为历史生命的中心，所以现代史学不应只是考古，更应该注重“考今”，不然读破“二十四史”，尚不知何谓“现代”，亦有何价值？有何益处？……过去是现在之积，现在是过去之续，所以有“古”即有“今”，考古即以考今，所谓“温故知新”便是。现代史学与从前史学的不同，即在从前史学以“考古”为目的，现代史学则以“考古”为方法，而以“考今”为目的。这几句话可谓最能道出最近史学的趋向。本年五月十日《大公报》载有傅孟真《盛世危言》一文，极论今事之当注重，以为我们应该有一个口号，这个口号须是“一切为反攻”，既然一切为反攻，则凡与反攻有直接关系者，从有关乎十年大计，百年树人，也不妨从缓。故考古考证之学，大约总得在反攻胜利，失地收复，才有从容讨究的余暇了。

不过现在在史界的新刊物中，我也见到尚有不少研究前代的题目，如《黄巾贼与太平道》《王安石与司马光》《张浚与虞允文》《靖康之乱与北方人口的南迁》《宋代官制与行政制度》《宋代外交的失败》《宋代通货膨胀及其对于物价的影响》《论明太祖起兵及其策略之转变》等等。或者有人怀疑仍是史料的讨论，古制的讨论，殊不知其研究的动机已有不同。有一次我读到了张九如的《抚今思古述弘羊》和《文史杂志》二卷四期的社论《从宋代官制说到现代的政治机构》两文，我恍然大悟，知道这是借古以镜今的一种方法，讲的虽然是古代，而动机为的是镜今，仍然是以致用于今为目的。

此外另有一种研究的新趋向，就是由交通史的研究改至边疆史的研究。原来自鸦片战争以来，我国便接二连三地受到帝国主义者的压迫和侵略，边疆土地渐次沦丧，于是有志于史地学者咸趋重于边疆的研究。为王国维、何秋涛、张穆、李文田、范金寿、钱询、于谦、屠寄、张相文等都是，所有的著述，都是研究蒙古、新疆、东北等边疆史地。民国间，史地学者稍稍留心文化交流问题，自张星烺、冯承钧倡导以来，研究的新题以中外交通为史地学的骄儿，丁谦、屠寄诸人所著的书，成为交通史家的必读课本。研究边疆史者反在少数。不幸在“九一八”沈阳被夺以后，一般习交通史的学者，悉皆改为边疆史地的研究。最初傅斯年等著《东北史纲》，其后杨成能等译《东北开发史》，金毓黼辑《辽海丛书》、辑《渤海国志》、长编著《东北通史》，我国东北史的研究已超过外国的专家了。又次研究西北，研究西南，研究中南半岛，研究南洋，研究西康、西藏，最近在各刊物各书报上所见的文章，以这一类为最多。最近法尊大师所著的《西藏民族政教史》竟能为有系统的叙述。这些俱是最重要的新趋向。

四、史学翻译的新趋向

史学的翻译自是为史学界一种求知欲的补充，因欲知己知彼，故翻译西洋史籍，因欲借助他山，故翻译西洋史学。百年以来，其事数变，以吾所知，有两点趋势，堪供注意的：一为由小册子的翻译而侧重大丛书的翻译，一为由课本的翻译而专重史料的搜集。

我国翻译西洋史籍，在近百年来以上海广学会李提摩太译的《泰西新史揽要》《列国变通兴衰记》《三十一国志要》，林乐知的《俄国政俗通考》，李思伦白的《万国通史》为其嚆要。李思伦白所译的《万国通史》凡三十册，当是最巨的一部。废科举、兴学校以后，西洋史为各学校必修的学科，一般莫不雇人编译，在谢洪赉、樊炳清时代大抵全是三四十页的小册子而已。及至梁思成等翻译威尔士的《世界史纲》，见者已惊为奇迹。今者求知欲日炽，区区小册子颇不欲观。自然的要求，遂有着眼于大丛书的移译。作者这回在北碚参观中山文化教育馆，知道已有征求专家翻译英国剑桥大学《世界大历史全书》，即此可见一斑。

至于史学理论或方法论的翻译，最初有鲁滨孙的《新史学》、瑟诺博司的《史学原论》，其后班兹的《新史学与社会科学》和《史学》、施亨利的《历史之科学与哲学》、弗领的《历史方法概论》等也在翻译。今则拟译汤贝《史学研究》（Toynbee，*A Study of History*）了。这也是一种由小册子而侧重大部书的翻译趋向。

课本为应对急需，自然最初译出就是这一套。在作者学生时代，Hayes氏、Moon氏的课本最为通行，其后各书店渐渐为之移译。教者、读者皆以能读课本为已足。近则国难严重，知彼之心更切，以区区课本不足为专门的研究。出国学生有在欧西专事西洋史料的搜集，或断代，或专史，咸有其人。迩来有谈西洋史实发为文章的，为特殊史料与考证，读者颇不欲观。这回全国史家在国立编译馆作学术演讲时，至有以西洋的史料为讲题，这也可见新趋向的所在了。

五、历史教学的新趋向

历史教学的新趋向，以我所见，仅有三点：一是由国耻史的教学而至国防史的教学，二是由提倡怀疑而尊重教学目的，三是由考证式的编著而至通俗本的撰述。我国自受不平等条约束缚以来，无疑地是积受了无数的国耻。可是因为提倡者太过，就课程标准中所定的教材大纲关于近代、现代两部分，可说大半部是外交失败史，亦即国耻史，甚么鸦片战争、不平等条约的缔结、英法联军、中俄交涉、中法战争、西南藩属的丧失、中日战争、中俄密约、沿海港湾的租借、八国联军与辛丑条约、日俄战争与东三省、民国初年的蒙藏问题、二十一条要求、山东问题、华盛顿会议、五卅惨案、“九一八”、“一·二八”、东北四省的被侵略等等，应有尽有，一部近代现代史无非是国耻史的讲授。此外学校中所悬挂的有国耻教材，教师补充的有国耻教材，纪念日报告的有国耻教材，中小学校用的教材之中而尤其是历史教科书中全为国耻氛围所布满了。这原是想拿痛定思痛的一种情感作用来刺激儿童和青年，使大家由受到刺激而得到兴奋，油然生报仇雪耻之心，企图借此达到振发民族精神的目的，那知这种刺激用得太多太过，听者便成了麻木不仁，完全不能兴奋，甚而发生颓丧，反思所以急于享乐。史界同人早已见及此点，急思所以挽救。最近如刘熊祥发表的《论中国近代历史的主流》一文，主张以后应改弦易辙，由国耻的教学改为国防的教学。

怀疑古史确已成为清季以来我国学术界一种主要学派，不意自五四运动以后，今文所煽，末流更甚，挂疑古为招牌，谥古圣为天神，推极所至，墨子为印度人，老聃为大耳族，诸说纷至，上世文化尽被廓清。少年之研习历史者，不特数典忘祖，几将不能自立，不能相信自己民族足以生存。这其间虽不无一二小节，偶然猜中之处，然而因为捉影捕风，造谣生事，动摇传统的历史认识，危害民族自信的精神，为祸之烈，不可想象。使偶然批之书眉，以验个人见解，或私授于其徒群，当无大碍。而竟播之书报，广为流布，以自鸣高，令中小学生不知应有的解释，而徒见新奇可喜之论，则万万不可。最近教育部于三十年十月印发征求高、初中本国历史地理本办法，其关于本国史课本编辑要点第二条第十项规定谓：“史料中有疑系古人托古改制之处，但已为历代史家所称述，且确足资教训者，仍从古说。近代以科学方法所研究有得之资料，虽经史学界之公认，亦应慎重采择，其过于抵触传统学说，摇动历史观念者，皆所不取。”这可说是代表历史教学最近的一种趋势。故今后为中小学生解释，仍当讲述黄帝武功、尧舜禹汤文德，不得因古史有辩，而演为歧说，为的是要尊重教学目的的原故。

历史以研究已过史实的真相为目的，自为一般历史学家所公认。故近三十年来历史课本的著作，大半是考证式的。史家竞为寻求可靠的史料，往往将原史料节录于著者的撰述之内，或作为附注。自柳翼谋师的《中国文化史》、梁任公师的《先秦政治思想史》，直至最近周谷城的《中国通史》，都是这个作法。但是这种编纂撰述，最易犯上啰嗦不可卒读的毛病。抗战以后，人事忙迫不了，作家为要争取读者大众，自然文字畅达、趣味浓厚为主。史家也受了时代的影响，钱穆著的《国史大纲》，已不节引原文，极力避免考证，后来张荫麟著《中国史纲》上册居然运用小说书的辞句，富有文学色彩，结果，读者极多，最为大众所拥护。这种由考证式的编著而至通俗本的撰述，可说是自然的趋势，不是强求的，亦不可逆转过来的。

六、结论

综上所述，吾国史学最近的趋势，是酝酿于国民革命出师北伐之时，到了七七抗战而大为发展，及至今日，已臻成熟。国难愈重，国史的认识愈为深切，研究翻译，工作愈为进步。虽有大力，莫之能挽。今后史家而欲从事努力，尚乞三复斯言。

民国三十二年五月十六日讲于国立中山大学文学院学术研究会

（原载李孝迁编校《中国现代史学评论》，上海古籍出版社2016年版）

我国历史之自学与教学的目的及其研究法①

一、历史的意义和学习本国史的重要性

我对于历史的见解，和梁任公师稍微不同；我以为研究历史的目的，在于能知过去、现在、未来，以为做人的指针，非徒在于足为“资鉴”而已。故十余年前曾替梁师修正了历史的定义，说道：

> 历史为记述全人类赓续活动的体相，以说明现代社会种种制度和现象，使我们能够自行创造适宜的环境以为应付。

并且自己解释道：

> 历史为绵延文化的源泉，推知未来的测候。史前时代较有史时代为长，就近世考古家所发见，约有五十万年之谱。但人事的进步，则有史时代比之史前时代为等倍数的

①编者按：本篇书名号为整理者所加。局部标点、外文字母有改动。

加速；这是因为史的记录，能以前人的成绩，遗留后人，使后人不再重走枉费脚力的故道，而能递遗递袭，增高继长，故研究历史，在明白过去与现在。但是未来的趋势，可由过去历程及现在情状，两相比较，测知一二，所谓“虽百世可知也”，这句话是一点不错的。我们孙总理熟读近八十年来的历史，遂测定我国居于次殖民地的地位，谓我国将来的命运，应在此中寻求出路，于是创为革命的环境以应付之，故历史的又一目的，在寻求将来。

故能知过去未来的人，然后可以谓之已读历史，否则便不配了。

人与人相处，必有所自处与共处之道，国与国并立，亦何莫不然，所谓知己知彼，百战百胜，就是这个道理，即以我们的失地而论，倭奴强谓东北四省是他们的生命线，试问这四省在历史上，究竟在甚么时候曾经劳他们民族的胼手胝足做了些微的工作？在史前时代，沙锅屯的石器陶器文化，经安特生（J. G. Andersson）的搜集，完全与我国甘肃河南各地出土有关联性，与彼邦无丝毫关系；在有史时代，濊、貊、东胡、肃慎、扶余诸国，早见于我国古史，其稍偏于正北者则为匈奴民族欧亚草原（Eurasia）文化所波动；东北半岛则箕子早建朝鲜古国，战国时代燕齐诸国次第殖民于其间，迄今考古学家在辽东貔子窝，牧羊城，南山里以至朝鲜乐浪一带所得出土物，皆足证明为汉民族文化所启发，故熟读历史的学者如彼邦的滨田耕作、藤田亮策、梅原末治以至已故的林泰辅、内藤虎次郎等，无不一一承认。惟有不学无术的矢野仁一、鸟居龙藏等辈始敢乖曲史实，虚伪解释，为野心军人张目而已。甚至有不惜卑鄙，自承其先世为东胡民族，以图分得祖宗祭祀的一份祭肉。但是我们抚躬自问我们现在与他们争论这所旧房子原是我祖宗所遗留下来的，我们如不好好地把数契箱里找出我们这张上手红契来，如何能够理直气壮讲说得有声有色呢？不特如此，即使对方的辩护师的新证伪证，我们也得要十分注意的。所以研究本国史的重要性，第一为的就是保存领土。因我们研究得明白，我们后代的子孙听得清楚，就算一时为强盗所窃据，终之有群起反抗“光复旧物”的一日。所谓熟读本国史会油然引起我们的爱国心，便是这个道理。不然，我们口口声声说人家来侵略，究竟所侵略的在那里，侵略了有多少呢？

其次，则我们祖宗的创造力，艰难缔造了一个国家，开辟了如许疆土，造成了独立的文化，这种种的伟大建设，皆足为我们所景仰所矜式所应世守勿替的；不熟读本国史，何由得以详细知道。即以言本位文化，自力更生，以至全盘承受迎头赶上等等，究竟我们的固有文化，祖宗已发展至如何程度，我自己有的是那几件，没有的是那几件，自力是用我自己的若何大力，应承受别人家的又是那几件，应迎头赶上的又是那点，一一明白，才不至囫囵吞枣，成了一个还未经分析过的笼统名辞。我们还记得冯煖为孟尝君市义，事先也应得问“以何市而返”，还应得先研究清楚“吾家所无者”是那几件；这事虽然有点滑稽性，仍然不能马马虎虎随随便便的。何况我们早已许身救国，要担当天下大事的人们，可以不熟读我们本国的历史吗？故我国的历史是凡为我国的国民，受过中等教育以上的，无不应当努力自学，勤搜博览；至于专门的学者，那更不必说了。

二、研究我国历史的方法

我国历史在史前时代的材料还嫌不彀，所以不能十分清楚。至黄农虞夏时代，则半带神话性质，半为传说所演化，究难认为信史。我们近日虽然有些同志倡议为“古史建设运动”，可是兹事体大，不是一时可以成功。惟殷商则自龟甲兽骨文字出土以来，经无数考古家的努力，已可承认为我国有史时代的开始期，千真万确，不容任何人造谣否认的。最近郭沫若整理刘体智所藏甲骨，撷取精华，集为《殷契萃编》一书，第一、第二两片均有高祖夒之名，而第三片并有“夒众上甲”一语，于是王国维以卜辞先公有名夒者意即帝喾，为殷商的始祖一说，遂有了大家可以共信的真凭实据，而间执怀疑者之口。夒及上甲以后，《史记·殷本纪》所载殷王世系，悉见于甲骨文中。两周史迹及天文历法，则有各地出土青铜器足为证明。春秋战国以后，则有《春秋》《国策》诸子百家之文，记述详尽。故我国史学发生极早。以我的愚见，以为：我国民族在秦汉时代始成大统一；其先则各地各自发展。大约在洛水一带及其以东至山东城子崖等地为殷民族所繁殖，在史前直至有史，文化久已发达至高程度。渭水一带及其以西以至四川东部为周民族，文化略如殷民族或稍后。淮、汉两水以南直至今日江西湖南为徐楚民族，文化或与殷周同时，但不能太晚。往南则浙江福建以至广东广西贵州云南及安南一带，为百越民族，文化发展经过尚未明。其余边塞则北为匈奴民族，西为伊兰民族，东为东胡民族所分布。因考古学的资料尚嫌贫乏，只得假设如此，不能十分详细。自武王伐纣一役，率领“庸、蜀、羌、髳、微、卢、彭、濮”诸种人，征服殷民族，灭国五十，血流漂杵，于是殷周民族混合为一，周人遂全盘承受殷人文化。其后经过春秋战国互相攻伐，徐楚民族遂受有中原文化的影响，往南往东推动，今于安徽寿县出土铜器屡有“铸客为御铚为之”字铭，可见南方铸铜初由外来铸客为之。及秦灭六国，楚最无罪，文化遂起一大交流，民族亦大迁徙，秦皇晚年初平南越，百越民族亦受波动。任嚣、赵佗先后率领中原子弟入粤，铜鼓文化渐见穷促。及汉武帝平定南越，设置南海、苍梧、郁林、合浦、交阯、九真、日南、珠崖、儋耳九郡，百越民族遂与中原人相混，造成全中国统一的局面，谓之汉族。其后又叠次开西南夷、平朝鲜、征匈奴、通西域①，各塞外民族次第加入汉族，遂成为今日的中华民族及中华民国的基石。及至海陆交通大盛，于汉唐以后，先后加入印度文化，阿拉伯文化。元明以后，加入泰西文化，基督教文化。我汉民族的本来文化渐次于各时代与之起同化作用，以成为今日的面目。我中华民族的伟大，就在不断地融合各种异民族，不断地接受各种异文化，合一炉而冶之。至于将来，必能成为世界文化的一重要单位，全世界整体的一活动细胞。这是我们研究的结果，这是暂时假设的真理。

但是我们现在既然明白了我国历史演变的大要，然则我们若要仔细地痛下一番研究工夫，应当如何着手呢？在下的不揣浅陋，略略开列一些必读的书目，请大家跟着这个比较正确的路线去走走吧！

（附）研究我国历史必读书目

甲、史学研究法及理论

1.《中国历史研究法》及《补编》（梁启超）2.《历史方法概论》（Fred Morrow Fling，薛澄清译）3.《史学研究法》（坪

①编者按：原稿为“西城”，当以“西域”为是。今改。

井九马三）4.《史学原论》（Ch. V. Langlois，李思纯译）5.《新史学与社会科学》（Harry Elmer Barnes，董之学译）6.《新史学》（J. H. Robinson，何炳松译）7.《黑格尔历史哲学》（王造时译）

乙、史前史

8.《中华远古之文化》（安特生《地质汇报》第五号第一册）9.《东洋考古学》（驹井和爱，江上波夫，后藤守一《世界历史大系》本）10.《支那文化四源泉》（梅原末治《东洋思潮》本）

丙、有史时代

11.《史记》（司马迁）12.《中国上古史》（马伯乐，Henri Maspero）13.《资治通鉴》（司马光）14.《续资治通鉴》（毕沅）15.《清代通史》（萧一山）16.《中国近代史》（陈恭禄）17.《中国文化史》（柳诒徵）

丁、工具及参考用书

18.《纪元通谱》（史襄哉、夏云奇）19.《各科对照世界文化年表》（东京大东出版社）20.《中国历代疆域战争全图》（欧阳缨）21.《国学论文索引》（四，北平图书馆编）22.《西文东方学报论文举要》（贝德士，M. S. Bates）23.《日本期刊三十八种中东方学论文篇目引得》（于式玉）24.《中国地学论文索引》（正续，王庸、茅乃文）25.《史学消息》（燕京大学定期刊物已出八册）

这个书目虽嫌有点不完不备，然甲乙两类书可任选读一二种，以期认识现代治史的方法。丙类书为最低限度必读书，切不可少读一本，上古史只可读《史记》，如嫌其未经整理（？），则多读马伯乐氏书一种，如马氏书买不着或不能通读时，可换读夏德氏（Friedrich Hirth）《支那古代史》，这书有英文本，有日人西山荣久译本。我国通史只有《通鉴》一书最平正无疵最可读，如以为翻检一事首尾颇不容易，可换读坊间通行本《九种纪事本末》，至于十五、十六、十七三部书，则应为人人读尽之本，现时尚无较胜于此者。丁类书亦为最低限必备之书，备置案头，不时翻检。末五种为学者有问题发生时，欲查考近人对这问题曾否讨论时的指南针之用。因此，我这个书目固可为忙碌的人最合度最省时间的配方，同时又可为勤求进步，不避麻烦的人的补剂。

三、结论

当我拈笔撰这文时，本打算用最经济的字数说明这一个“不知从何说起”的大题目，但是这事谈何容易。一时想不出很好的议论，只得如此草率交卷。然而我固甚希望一般读本国史的人们，都能如此做去；如果到了因为如此做去而有很浓厚的兴趣时，便不妨踏进史学专家的门限而自行研究。至于再应如何研究，这可惭愧算是我说不出了。

（原载《读书通讯》1943年第63期）

中等学校本国史教科书之编撰问题[1]

一、现行中学本国史课本的不适于用

我国新教育[2]思想的萌芽，大约在逊清光绪二十年（一八九四）中日战争失败以后，而其设立学校确定课程，则在光绪二十九年（一九〇三）学部大臣张百熙等厘定学堂章程之时。迄今四十余年，教育渐有进步，自是不可否认的事实。而一般受过中等教育的人大多数仍是自私自利，有家无国，或则浪漫，或则颓废，总不能不说是从前教育的失败，尤其是历史教育的失败。今者推原其故，则教科书的不适于用，实为近今五十年历史教育失败唯一的重大原因。现行的中等本国史教科书，大率由书肆雇用不学无术的人员，草率编辑而成。著者与史学为缘，自学生时代计起，大约有三十余年；自在大学掌教历史时期计起，迄今也差不多有二十年了。以吾所知，当时新教育正在萌芽之时，从前细读《资治通鉴》的老办法既为时

①编者按：本篇书名号为整理者所加。局部标点有改动。

②编者按：原稿为“救育”，当以“教育”为是。今改。

间事实所不许，而书肆老板又为急于供应市面的要求，日迫对于历史没有何等素养的编者，限其于短促时间内完成全稿，于是桑原骘藏的《中等东洋历史》教科书便成为唯一样本。据吾记忆所及，有樊炳清氏的译本，有陈庆年氏的编著本，樊氏明曰译本，用者当能小心。陈氏号曰编著，用者往往堕其术中。民国以后新出各历史教科书，大概全属这一个系统。吾无以名之，名之白桑原式的本国史教科书派。五四运动以后，思想号称自由，于是又有混合历史教科书出现；以本国的史料，归纳于世界史之中，式样虽稍稍新鲜，而其叙列，往往先述一社会学学说，剪裁中外史料堆砌之，浪漫文学色彩甚浓，而本国民族性不惜埋没净尽。吾无以名之，名之曰社会学式的本国史教科书派。稍有史学修养的人，早能辨别史学与社会学的不同，采单一的观念以解释人类社会（Manistic interpretation of humanity）实不可能，纵或能之，亦须俟此极难的科学——社会学——制成种种公例，足称为真正科学之后。故这派的贻误，与前派相等。及至最近日本森谷克己的《中国社会经济史》及佐野袈裟美的《中国历史教程》等书传入我国，而译者纷起，甚有改头换面，半编半译的类似外货的史书出现。而学校中竟有用为课本，或指定参考书以号称时髦者岂不大可哀乎！于是有必须审定的课本出现，编者既为重利的稿酬所驱使，又怕不能时髦而有落伍之称，首尾两端，竟有谓，“汉志说形法家的内容，是‘形人及六畜骨法之度数器物之形容，以求其声气贵贱吉凶，犹律有长短，而各征于声，非有鬼神，数自然也’。其思想可谓近乎唯物论。设使此派而兴盛，中国的物质之学，必且渐次昌明，惜乎其应声很少，这一派的思想，就渐渐的消沉了”（见《复兴高中本国史》三十七版页六十四）的妙文！这可说是荒天下之大谬！我国古代重视物质之学，自是事实。及印度佛教东来以后，人生观始稍改变，要举出证据实在非常之多。详见著者在《新建设》第二卷第三期所发表的《我国文化的特点》一文之中，这里恕不再述。但又何必如此歪曲解释呢？若谓这样可以表示编者自己也懂得唯物论，以炫其博学；则试问所谓唯物论派的人们肯相信这一段话吗？吾无以名之，名之曰胡说的唯物论式的本国史教科书派。总之，以这样毫无中心信仰的本国史教科书，如何能教出对民族未来的自信心，和爱护锦绣山河的国家的青年。总裁在《革命的教育》的训词中剀切地指出我国从前教育的失败，以为“国民不知道本国历史的光辉，如何能深切体认今日的耻辱”。著者为欲求我国中等本国史教科书独立创作起见，因敢不揣固陋，略略向我国教育界同人提供小小的意见。尚乞大雅君子进而教之！

二、教科书的编撰与教育宗旨的关系

前教育部长朱家骅氏在报告《九个月来教育部整理全国教育之说明》中说：“中国民族复兴必须待于教育者有二：一为养成国民之民族观念，一为恢复国民之民族自信。”故民族主义实为我国历史教学的新趋势无疑。现任教育部长陈立夫氏曾在《中国文化建设论》一文中谓“无论任何方面，中国在世界历史上，其文化是光芒万丈，无与伦比。此为绝对不可否认的事实。纵横数万里，上下几千年，有多少圣贤英雄，挺身崛起，发挥他的智能，建树他的功业，为中国民族争光荣。然而近六十年来，因物质不如人，缺乏自卫之力，民族的自信力给外国的大炮毁得粉碎零乱。因此中华民族好像失了它固有的宝贝无所自恃，遂[①]走上了颓废丧气的歧途”，我们今日为了补救六十年来的失败与错误，为要寻回我们固有的宝贝，故民族主义的历史教学，尤应以爱国家爱民族为中心题材。前国立中山大学历史教授李季谷氏曾于二十八年秋作一长途旅行，自陕西而四川，而贵州而云南，一路访晤中学历史教员甚多，彼等俱谓中学生历史与地理的成绩，俱不见佳，欲使学生注意史地课程，深感困难。李氏遂发表《历史的新使命》一文主张“今后的历史教育，应负起对大时代所赋与的特有使命”：

1.诱导一般国民的“爱国心”及“爱民族心”。

2.加强一般国民的“民族至上”“国家至上”的信念。

3.扫除过去自卑自馁，先涤一切自私自利的劣根性及因循苟且的惰性。

使一般国民立刻醒觉起来，自任为国家的栋梁，中流的砥柱！我以为要补救我国近数十年来中等教育历史教学的失败和错误，除在依照朱陈两氏所说外，李氏曾经调查考察，其所主张，正是一种对症下药。

虽然，中等历史教育，由于本国史教科书编撰的不良，而教科书的编撰，实亦与在上者主持教育所明定的教育宗旨有关。

考光绪二十九年《奏定学堂章程》，设立普通中学堂，以施较深的普通教育，其历史科教法规定下列四端：

1.先讲本国史，当专举历代帝王之大事，陈述本朝列圣之善政德泽，暨中国百年以内之大事。次则讲古今忠良

---

①编者按：原稿为“逐”，当以“遂”为是。今改。

贤哲的事迹，以及学术技艺之隆替，武备之弛张，政治[1]之沿革，农工商业之进境，风俗之变迁等。

2.次讲亚洲各国史，先就日本朝鲜安南暹罗缅甸印度波斯中亚细亚诸小国讲其事实沿革之大略，宜详于日本朝鲜暹罗缅甸而略于余国，详于近代而略于远年，五十年以内之事，尤宜加详。说近世事者十之九，说古事者十之一，并示以今日西力东侵东方诸国之危局。

3.次讲欧洲美洲史，宜就欧洲诸国讲其古今历史中之重要事宜，上古不必多讲，详于大国而略于小国，详于近代而略于远年，五十年以内之事，尤宜加详，近世事者十之九，古事者十之一。

4.凡教历史者注重在发明实事之关系，办文化之由来，使得省悟强弱兴亡之故，以振发国民之志气。（初级师范同）

这一回所规定的教法，除有一两点尚须修改外，大体上可说是没有多大错误。以本国史为中心，推而至于四裔，再推而至于友邦，详近而略远，以振发国民的志气为目的，在今日不能谓之错误。

国民成立，诸事更新，教育大计，自然不能例外。民国元年九月教育部公布《中学校令》，以完成普通教育，造成健全[2]国民为宗旨。其讲授历史之要义，有下列二点：

1.历史要旨在使知历史上重要事迹，明于民族之进化，社会之变迁，邦国之盛衰，尤宜注意于政体之沿革，

①编者按：原稿为“政浩”，当以“政治”为是。今改。

②编者按：原稿为“建全”，当以“健全”为是。今改。

与民国建立之本。

2.历史分本国历史，外国历史。本国历史授以历代政治文化递演之现象与其重要事迹。外国历史授以世界大势之变迁，著名各国之兴亡人文之发达，及与本国有关系之事迹。（师范学校同）

这一回的修正，较上次所定者为赅括，内涵亦较切要而进步，亦不能谓为错误。

民国十一年，全国教育联合会为适应时代的要求，分中等教育为三三制，厘定初中各科目纲要及高中课程总纲，采用学分制，于中外历史外，更设文化史一科目。国民政府成立后，中学修业年限仍为六年，初中三年，高中三年，十七年五月全国教育会议决议，组织中小课程标准起草委员会，编订中小学课程标准，于十八年八月颁布《初级中学暂行课程标准》，十月颁布《高级中学课程暂行标准》，旋修改于二十年十一月起陆续正式公布。二十五年后，再度修订，于是年六月公布。其历史教学时间，初高中每学期二小时，三学年共十二小时，本国史及外国史各占一学年半。其教学目标，初中方面有下列四点：

1.研究中国民族之演进，特别说明其历史上之光荣，及近代所受列强侵略之经过与其原因，以激发学生民族复兴之思想。

2.叙述中国文化演进之概况，特别说明其对于世界文化之贡献，使学生明了我先民伟大之事迹，以养成其高尚之志趣，兴自强不息之精神。

3.叙述各国历史之概况，说明其文化之特点，以培养学生世界的常识，并特别注意国际现势之由来，与吾国所处之地位，以唤醒学生在本国民族运动上责任的自觉。

4.叙述中外各时代文化之变迁，应特别说明现代政治制度及经济状况之由来，以确立学生对于民权主义民生主义之信念。

高中方面有下列六点：

1.叙述我国民族之拓展，与历代文化政治社会之变迁，以说明我国现状之由来，而阐发三民主义之历史的根据。

2.注重近代外交失败之经过，及政治经济诸问题之起源，以说明我国国民革命的背景，指示今后本国民族应有之努力。

3.过去之政治经济诸问题，其有影响于现代社会者，应特别注重，使学生得由历史事实的启示，以研讨现代问题，并培养其观察判断之能力。

4.叙述各重要民族之发展，与各国文化政治社会之变迁，使学生对于世界之趋势，获得正确的认识与了解。

5.说明近世帝国主义之发展，民族运动之大势，与现代国际重要问题之由来，以研讨我国应付世界事变之方策，而促成国际上自由平等之实现。

6.叙述各民族在世界文化之贡献及其学术思想演进之状况，应特别注重科学与工程对于现代文明之影响，以策进我国国民在文化上急起直追之努力。

这一回对于高初中历史教学内涵的列举，确较以前为进步。惟有一点为我国史学界所不满，即以本国史与外国史并列是也。傅孟真氏在《闲谈历史教科书》一文中谓：“近来教育部把中学的历史分作本国史外国史，我也莫测其用意。外国真不成一个历史的体（entity），以外国为范围，这历史怎样写法呢？想这位创法者之心中，必以为外国史如下式：世界史减去中国史等于外国史，须知世界上的国家民族虽多，而文化的统绪并不多。"主张照旧分成"中国史""西洋史"，如此，既可以明了西方文化因革的脉络，并可以表显中国文化的地位。郑鹤声氏的《历史教育之任务》谓："关于各级学校之历史教育，据民国二十五年教育部颁布之《中学历史课程标准》，无论初高中本国[①]史与外国史教授时间各占其半，以本国史与外国史[②]并列，其材料支配，亦颇为散漫，未能全以本国史为其教育之中心。"大约教育当局，亦颇知此失，至二十九年九月经教育部再度修正公布，其时间支配，初中每周二小时，共三学年，本国史占五学期，在第一二学年及第三学年第一学期授之；外国史占一学期，在第三学年中第二学期授之。甲组第一学年每周选习一小时，添授本国历史上对于抗战建国有关重要人物之传记；高中每周二小时，共三学年，本国史占四学期，在第一二学年授之；外国史占二学期，在第三学年授之。其教学目标，教材大纲等，亦各有所厘订，关于教学目标，初中方面有下列四点：

> 1.叙述中华民族之演进，特别注意于各支族间之融合与其相互依存之关系，以阐发全民族团结之历史的根据；而于历史上之光荣以及近代所受列强之侵略与其原因，尤宜充分说明，以激发学生复兴民族之意志与决心。

---

①编者按：原稿为"国个"，根据郑鹤声《历史教育之任务》，当以"本国"为是。今改。

②编者按：原稿为"外史"，当以"外国史"为是。今改。

2.叙述中国历代大事，并略论文化之演进及其对于世界之贡献，使学生明了我先民之伟大，以养成继往开来之志操与自强不息之精神。

3.叙述世界各主要民族之演化及其在文化上之特点与相互间之关系，以养成学生对于世界之认识，并特别注意国际现势之由来，与吾国所处之地位，以启发学生对于抗战建国责任之自觉。

4.对于三民主义之历史根据与其必然性，应郑重申述，使学生有真切一贯之信仰。

高中方面有下列三点：

1.叙述中华民族之起源形成，及其疆土开拓之经过，而各支族在血统上与文化上之混合情形，及其相互依存之关系，尤应加意申述；使学生对于中华民族有整个之认识与爱护。

2.叙述我国历代政治文化经济社会之变迁，尤其足以影响于现代社会生活之史迹，应特别注重，藉以明白我国现代之由来，而于古代之光荣与近世外力之压迫，以及三民主义之历史背景尤应从详申述，以启示学生复兴民族之途径及其应有之努力。

3.叙述上古以来世界各主要民族之演化，与各国政治文化经济社会之[1]变迁及其相互间之影响与关系，使学生对于世界有正确之认识，而近世科学之功能，帝国主义之发展，民族运动之大势，以及现代国际问题之由来，尤应充分说明以策励学生，研讨世事，探求科学而努力于抗战

①编者按：原稿此处多一“之”字。今删。

建国之大业。

这最后一次的修订，可算是最善最美，如果历史课本的编纂，能仔细体会，善符其旨，自能可收良好的效果。可是新编的课本，尚未多见，未免是[1]一件可憾的事。

教育部为此慎重其事，于是又有史地教育委员会的组织，聘请专家担任委员，于二十九年五月十四日开第一次全体会议，于三十年七月四日开第二次全体会议，第一次会议共议决十八案，关于改进中学史地教材及教学法者有第四案。第二次会议议案共有四十一案，其中关于中学史地教育者有第四，第十八，第十九，第二十，第二十一，第二十八，第三十，第三十一，及临时提案第三第四等共十案，计占全提案四分之一，可见举国朝野对于中等史地教育的重视了。第一次会议第四案提案的理由称："历史地理为一国文化之结晶，与人类生活有密切关系，我国民之伟大事迹，土地之丰富宝藏，对于世界文化尤多贡献，教学史地，应激发民族复兴思想及研究现代政治制度经济状况，以确立对于三民主义之信念，而增进自强不息之精神。惟书店出版之中学史地教科书，向用传统的方法编辑，陈陈相因，取材颇嫌割裂琐碎，教学方法亦多受教科书拘束，沿用注入的演绎式，未能利用当前发生事件为教材，而使学生有多方面活动。因此未能达史地教学之目的，在抗战建国时代，中学史地两科关系尤为重要，亟应加以改进。"云云。结果议决：另加补充材料，以补救教科书不良的缺憾。第二次会议，提案较多，决议亦多切实易行。其有关于本题或足供以后中学本国史课本编撰之参考者，议决案（7）原办法云：

---

①编者按：原稿此处多一"是"字。今删。

关于本国历史方法应改进之点：

1.证明国内各民族早经混合，其文化早经沟通。

2.证明各派宗教传入中国，受中国文化影响，都成中国文化。

3.注重历代之武功及军备情形。

4.注重历代政治修明及腐败之转变。

5.注重[①]历代移民与亚洲诸国交通之情形。

6.注重历代文化学术之演进。

7.注重民族英雄之丰功伟业。

8.注重成仁取义之民族气节。

9.注重异族侵略及复兴情形。

10.注重近代国耻。

11.注重民生史观。

议决案（26）中等司提“六年制中学历史地理两科教材大纲应如何规定案”谓：六年制中学教学科目及时数表业经公布，并自本学年开始试行。历史自第三学年至第六学年教学，合计二十小时，本国历史十四小时，外国历史六小时。这两次会议的结果，我国中等教育本国史教学的新趋势便可测知了。

三、我们理想中的新编中学本国史课本的拟议

根据这四十余年我们教育宗旨的演变，和最近本国史教学的新要求，我以为我们理想中今后完善的新编中学的本国史教

①编者按：原稿为“法重”，当以“注重”为是。今改。

科书，应该是：

1.“民族至上”“国家至上”的民族要义为中心思想的课本；

2.历史哲学绝对采用民生史观；

3.打破种族界限，团结民族精神；

4.树立本国文化中心，对历代文化的输入和输出的结果，善为描写；

5.养成对于领袖的崇拜，和对于民族英雄的敬重；

6.注重历史文治武功的叙述，和其盛衰成败的转变之因果；

7.考证确当，而无游谈无归的空论；

8.文字浅显而富于文学趣味，务必避去枯燥无味；

9.图像丰备而引起美感，使学生对课本发生敬念；

10.地图年表，务须切合教学需用，力求正确可信。

如能依照二十九年九月教育部所分布的课程标准，而又适合我的理想的十大条件，庶几可以合于我们所谓适用的教科书。

四、如何编撰与谁去编撰

关于这个问题，我向来主张集体写作。在我的旧著《民族主义的历史教学上之三大问题》一文中，曾谓：

惟兹事体大，不能责备于一二个人，就鄙意而言，应由国家的学术机关如国立编译馆或中央研究院北平研究院之类为之倡导，集合全国史学界同人的力量，在民族主义教学中心，在民生史观指挥之下从事写作。本来我国自隋[①]唐以后开局修史，已为极进步的集体写作的不可更易的善法。须知人事日繁，个人的精力有限，隋唐以后，司马迁班固的时代已过，虽有大力莫之能挽，以今日所见《史》《汉》两书，亦非个人所能秉笔，不过是父子兄弟的集体写作而已。旧日官局修史之不善，在不得其人，非其所用方法有逊于私人著作也。

就鄙见所及，我国各大学的断代史及专门史功课讲习有年，若上古史若秦汉史，若魏晋南北朝史，若隋唐五代，若宋辽金元史，若明清史，若现代史或近三十年史，或国民革命史等断代史课程；若中国文化史，若中外交通史，若中外文化交流史，若中国经济史，若中国商业史，若中国艺术史，若中国民族史，若中国边疆史等专门史课程；各大学莫不有史学专家讲座，同者或至三，四，五，六，七人不等，而专门学者闭户著书，不任功课者，多至不可悉数。因其所习至精至博，其专业所届，靡不周知。今宜由倡导机关广为物色，多聘专材，先将大学用书之“中国通史”，分时代或专目，函请各专家发表意见，或详拟细目，收集整理，然后将已定细目，分请专家撰述长篇，重酬稿费，另由倡导机关聘定声望素著，精力富强，虚心接受他人意见者数人，为之监修。先成堪适合今日需要标准者一种，由政府公布颁行，一如前世公布正史的隆重，然后再定高中历史用书标准，初中历史用书标准，一般国民历史用书标准，各就其所需要，拟定其内容，逐渐编修，则三五年后各级新编课本可以完

①编者按：原稿为“随”，当以“隋”为是。今改。

成，而我们民族主义的历史教学的目的，必可达到，而今日光怪陆离轻重失宜的教材，可以完全消灭。

这文发表后，后来承教育部史地教育员会寄赠[①]一二号概况，得见第一次全体会议的议决案，和顾颉刚氏所拟《编辑中国通史方案》，与鄙意完全相同。可知这是今日历史界同人共同的见解了。

但是对于中学本国史地课本，教育部更有征求专家编撰的办法。据三十年十月所公布者，可说是寓征求于比赛之中，他日者重赏之下，必有勇夫，自有成功的可能性。本来陈部长立夫氏在史地教育委员会议开会辞中，极力称道这样办法，谓："本席以为举世各国，对于史地，莫不十分注意。例如苏联即不惜以巨额奖金，征求一部苏联完善的历史，而录取之时，仅发表第二名一人，仍以第一名之名额，留待更佳之著作。"这次公布的征求办法中，由教育部特设高初中史地应征课本评选委员会，每种各选取内容最优者二名。现在尚未至截稿时期，将来结果应取几名，未可预料。惟著者拟贡献几点意见，一是评选委员的人选，应有相当的选择与审慎；二是评选时千万勿如往日为各书局审定教科书这样的疏懒与马虎；三是应注意落选的卷子中某一部份或某几课的特别优良。因为迩来史学界确有不少的进步，而应征资格，规定为大学教授或久在中学授课的人，则应征者自必为对史学上素有修养或饱有条理的史学训练之人，如能依着著者集体著作的主张，一书之中若干课是采用某作家，若干课又采用另几位作家，集腋成裘，印成试用本子，分发各著名中学试用，不惜再三修改，自有可以达到我们

①编者按：原稿此处多一"赠"字。今删。

理想的目的之一日。

抑有进者：教育部这次征求办法中，对于编撰时应细微注意之点，更有严密[1]规定。兹节录其关于本国史课本编辑要点于下：

（二）本国历史课本编辑主旨及取材原则如左：

1.本国历史课本之编辑，在根据部颁课程标准，以民族主义为中心，选集我们历史史实，采用适合学习心理之编辑方法编辑之。并应注重文化制度之演进，及各时代社会生活状况，初中以人物为中心，连带叙述其社会背景；高中以各项文物制度为中心，溯其起源及演变，附带批评其得失利病，以养成民族道德观念，而宏大中学历史教育为主旨。

2.本国历史课本之编辑，应遵照总裁训示，如《革命的教育》一文略云："我们今后教育的重心，在于提高国家民族的意识和国民自觉的责任心。……历史是记载我们祖先功烈和国家民族文化发展之所由来，……要知道我们祖先创造遗传下来的是有如此悠久光荣的历史，……我们固有的精神是如此伟大高尚，一切固有的文化是如此宏博优美，……试想我们的国家在过去是如何高尚的地位，我们的祖先在历史上曾创造如何的光荣，我们能认识历史，才能获得历史的教训，继续我们祖先艰难创业的精神，……使一般学生和国民认识本国的历史和地理，始能使他明礼义，知廉耻，以激发其爱国的良知，燃烧其爱国热忱，而发挥他救世救民的良能。如此我们爱国爱民的精

①编者按：原稿为"严规密"，当以"严密"为是。今改。

神，自会蓬蓬勃勃的发扬起来，民族的自信心一定会恢复而坚定起来了。”

3.本国史课本之编辑，应根据课程标准内之教学目标。

4.编者应分别历史专著与历史教科书不同之点：

历史专著，其特性为：(1)采取叙述科学的态度，(2)取材标准重“真”，(3)以专研史者为对象，(4)叙述务求赅博详尽，(5)著作避免表示断论，(6)重视史事可疑之点，促起学者进一步之研究，(7)以澈底阐明过去为主要目的，而由此认识现状，测量将来，为副产，即为研究过去而研究过去，(8)著者要专精于史学与史法，(9)文体与修辞，除仿春秋义法，有正名定分之意者外，皆所不拘，(10)编辑体例，不拘为列传体，为记事本末体，为其他一切体，悉无不可。

历史教科书，其特性为：(1)采规范科学的态度，(2)取材之标准重“善”，(3)以一般国民为对象，(4)叙述务求取舍得宜，(5)著者应当表示正确论断，(6)重视史事可信之点，以导出学生正确之信念，(7)以增强认识现状，观测将来之能力为主旨，而明了过去为过程，即为研究现在将来而研究过去，(8)著作者应具有明切之政治及教育头脑，(9)修辞应注意正名定分，文字应适合学生程度，并须要言不繁，足资精诵，(10)编辑体例，须适合学习心理而宜于教学者。

5.本国史事迹浩繁，何者宜于教训与必需学习，编者应详加审慎抉择，其标准如左：

一、应择足以阐明三民主义之资料。

二、应择足以刺激青年爱国心，养成其坚强民族意识之资料。

三、应择有关社会文化演进的主要潮流并能启悟读者未来的责任者。

四、应择足助吾人从事复兴民族及建国工作之应用者。

五、应择足助吾人解释过去，明白现在与指导将来者。

6.此次中学课程标准之修订，历史部份初中以政治史为主，以文化史为副；高中以略述政治史为基础，而特别重于文化史。

7.在政治史方面，除朝代兴亡，政治沿革之材料外，应特别注重中华民族之构成与滋大的情况，历代政治上对内，对外，足以影响一时代生活思想之重大事件，及其因果，分析历代民族离合情形，历朝支配一大时代之名人伟绩，或历代开创时期与衰亡时期，在武功政教气节上足资模范人物之事迹，民族英雄之史事，历代抗拒外侮之史迹，及经营边疆之资料等，至于历代帝王，不必一一详述，其史迹无大关系之人名地名，尤宜少举。

8.在文化史方面，除述历代社会之进化，文明之发达，政教之变迁，及对外文化之交换等史实外，应特别注重中国固有文化一贯之体性，及其所予生活上之优良影响，历代学术思想上对于民族生活向上，精神团结及国家缔造上之关系，历代文物制度与社会生活互应的递变，及其对于现代生活的影响等资料，但材料须力求精湛，而避琐繁，凡一种文物制度，在当时既未发生深切影响，于现代生活尤无关系者，均可从略。其玄妙难解之学术思想，如西汉谶纬[①]之说晋魏以下人之谈玄等，或消极厌世之思想，如黄老学说，或颓于浪漫之风尚，如两晋六朝之清谈竹林七贤之行径等史料，亦尽量减少为宜。

9.在史实中对于人物之评骘，忠奸之辨宜清，但其事实之叙述，可详于忠者而略于奸者。

10.史料中有疑系古人托古改制之处，但已为历代史家所称述，且确足资教训者，仍从古说。近代以科学方法，所研究有得之资料，虽经史学界之公认，亦应慎重采择，其过于抵触传统学说，摇动历史观念者，皆所不取。

11.多取沿革地理材料，与各时代史实联络叙述。

12.本国史料选择方法，应注意：（1）取大弃微，（2）以简驭繁，（3）详今略古，（4）举纲张目四个原则。

13.高初中课本，应互相衔接联络。

（五）本课本所应用各项名词统计符号等规定如左：

1.学术专词　根据国立编译馆整理及公布之史地学术名词为准。译名应于书后附译名及原文之索引。

2.人名称谓　历史人物其有一定之称谓者，如黄帝，周文王，汉武帝，唐太宗，周公，孔子之类从其称谓。否则用其名，如王安石朱熹郑和之类。近人及今人，除国父中山先生蒋委员长林主席从其称谓外，余称其名。

3.地名　历史上所用地名，随时代而异，下必注今地名。地理上概用今地名，今地名中有二名者，从其法定名词，而注以习称。如吴县“苏州”杭县“杭州”鄞县“宁

---

①编者按：原稿为“纤纬”，当以“谶纬”为是。今改。

波”之类。外国地名，从外交部之统一译名如义大利不曰意大利之类。

4.年代　凡本国材料，以用本国年代为主，而注公元年代。如系外国材料，以用公元年代为主，而注本国年代。（关于年代对照，可参考郑鹤声编《近世中西史目对照表》，万国鼎编《中西对照历代纪年图表》[①]，傅运森编《世界大事年表》诸书。）凡历史人物，应尽量注明其生卒年代。（关于此项材料，可参考姜亮夫编《历代名人年里碑传总表》[②]及梁廷灿编《历代名人生卒年表》诸书。）

5.统计　各项统计，应根据国民政府主计处统计局所编之《中华民国统计提要》一书为主。书上所缺乏之材料，以根据国家政治学术机关所公布者为主。再有缺乏，始采用著名事业机关及学者之调查公布者。所用统计资料须注明出处。外国统计之限制，略同于此。

6.度量衡单位　凡系本国材料，应用本国国家规定之单位，而附注以国际公用单位。如系外国材料，应用国际公用单位，遇必要者附注本国单位，以资比较。

7.符号　注音符号，遇需要时，根据本部所编印之注音符号传习小册。标点符号，除顿号（ 、）点号（ ，）分号（ ；）冒号（ ：）句号（ 。）问号（ ？）祈使感叹号（ ！）从其习用法外，余如引号（“”）用于成语及他人原

---

①编者按：原稿为“《中西对照历代纪元图表》”，当以“《中西对照历代纪年图表》”为是。今改。

②编者按：原稿为“《历代名人年里碑总表》”，当以“《历代名人年里碑传总表》”为是。今改。

文之引用，复提引号（‘’）用于原文中更有所引之文时用，删节号（……）破折号（——）均占两格，从其习用。私名号（___）及书名号（﹏﹏）概书于名之左旁。

8.检字法　以部首方法为主，四角号码法为辅。

9.普通用语　在史地中有非专门术语，非法定译名之普通用语，其有不良之影响者应慎重检点，改为适当之词。如“华北”“华中”“中国本部”“汉民族”“满民族”等，皆敌人分化我国所创之词；“皇军”“扫荡”等语，乃敌人之自尊。我用之久，在下意识中默认当然矣。皆不可取，应当审慎改订。

（六）本课本中所引用图表，应注意之点如左：

1.本课本为引起学生之浓厚的学习兴趣，造成学生具体之观念，辅助学生的记忆起见，应尽量编制各种历史图表。

2.各种表类举例如下：

一系统表　如帝王世系表大事年谱名人年度，各种制度系统表，学术思想源流表，学派师传表，列国分合表等。

二概念表　如普通概念分析表（如将一课之内容分析编为表），特殊名事内容分析表（如八卦六礼六艺五刑九流九畴等内容分析，或如[①]五霸七雄的消长分析等。）

三析类表　即将各事类物类，分析其名称内容要点数量等，列而为表者。（例如黄帝时之创作分析表，即以嫘祖发明蚕丝，仓颉作文字，大挠容成制历法，岐伯雷公明

①编者按：原稿此处多一“如”字。今删。

医术，伶伦荣猿作音乐等，比类列之。或如晋时五胡十六国，唐之藩镇，五代时十国等，以及地理上表示各地物产气候人文等，皆可析类为表。）

四比较表　如中西年代对照表，古今地名对照表，各种文物制度思想学派比较表，各地物产气候形势山川等比较表。

五因果表　如某之因果分析为表类，如八王之乱，藩镇之祸，梃击红丸之案等某一单纯事件之因果分析等。

3.各种图类举例如下：

一疆域图　指历代疆域地图，此图绘时，均应以现在疆域比照绘制。

二形势图　历代抗御外侮对外拓殖重要国防上地理等形势图。

三暗射图　如国耻地图之丧失土地之暗射图。

四古迹图　如孔林，黄帝陵，万里长城等各种与史事攸关之古迹风景图片。

五战场图　指古代重要战役之两方行军状况战争地图。

六人物图　指历代重要人物之照片。

七名迹图　指重要史事之图片，石刻之类，如孔子问礼于老子图等。

八风俗图　指历代及各地社会风俗绘图。

九器物图　指古代器物如陶器兵器货币舟车观象仪器等照片绘画。

十建筑图　指古今建筑图式。

十一制度图　指古代各种重要制度构图，如井田图，八阵图等。

十二书画真迹　各时代重要书画家真迹，拓片，影印图等。

十三史迹变迁图　类如各种政制组织变迁图，民族融合状态图，列国分合图等。

十四统计图　各种史地事项之统计。

十五物产图　各地物产。

十六风景图　各地风景片。

4.各种图片应慎为采选，以能代表一事一物的特性为主，与课文密切配合。

5.各种表类之编制，以简明切要为主，各种图类应求其真切而有代表性者，搜集真物之图片最佳，否则模仿绘制之。

6.各图片除标列名称外，如系采用他书者应并注明其出处或制作者自制者不书。

7.各图片应用简便生动之笔致，写为简短之故事传说表述句语，以为注释，以补正文之不足，尤其于特别事物，使学生能明其源流，于重要人物，使学生能明其传略，于山川形势，使学生能明其重要。

（七）本课本[①]所用文字，关系教学影响学生思想者甚大，应特别审慎出之，注意事项如左：

1.课文均用语体文。

2.行文以简洁明畅为起归，切忌粗俗繁冗。

3.各课文字，应力求融合贯通，最忌抄袭古籍成文。故在行文以前，宜先选定资料，立为大纲，订定分目，然

①编者按：原稿为“本课本文”，当以“本课本”为是。今改。

后行文。其率尔操笔，以意直书，或杂糅[1]成章，整抄古史及成文著作，不事演化者，最宜避忌！

4.课文中非绝对必要时，不引用成文。

5.本民族至上国家至上之意，对于史事及人文地理上事实之叙述，行文立词，应略具褒贬之义，并以简要为主。

6.描述史事及各地人文状态，文笔略求生动，论断则应简明扼要而有魄力。

7.对于史事上国内民族中之斗争，虽不可免，而忌用卑视他族之用语，免蹈侮辱之嫌，结分化之果，应遵照中央所公布之用语。

8.对于历史上之光荣，地理上之优越处，自应宣扬以增爱国爱乡之情绪，但忌浮夸及违背事实。

9.行文中凡遇述本国字样，应以“我们的”及“我们政府的”等立场出之，不应用第三者之口吻。

10.附注之释文，力求简明扼要，以节篇幅。

11.插图旁用生动有趣之笔致，写为简短故事，以为释文，所以引起学生研究兴趣，而调节其读书趣味。

12.习题或复习大纲之用语，宜简明肯定。问题式者则注重理解，以冀启发学生之思想。填充式者则注重记忆。但记忆之资料，宜择其大者要者，细微末节切忌列入。

（八）其他未尽事宜，编者应随时与本部教科用书编辑委员会商讨之。

---

①编者按：原稿为“杂揉”，当以“杂糅”为是。今改。

如此详细示例，苟能细心体会而运用之，定可达到完善的目的。说者谓普鲁士统一的成功，全在特罗生（Droysen）所著的《普鲁士政治史》一书。吾国今日有其书乎？企予望之！

五、附论教科书的管制和供应

理想的优良教科书[①]编成了，但是尚有一个问题急待解决，就是出版和供销的问题。著者拟于本文结束之前，在这里顺便讨论一下。大概现在进步的国家对于中小学的各级教科书，都由政府聘请专家编撰，由国家学术机关或委托著名书局印行，指定全国学校一致采用。这与近世各种民生物品由政府管制，大致无异。如有因时势转移，政府即随时聘人或委托学术机关修正。这样自然对于教学的效能，可以如预期的做到。我们中国向来甚么事都采放任态度，所以教科书也向来由各书局编撰发卖。虽然有部颁的标准，可是同种类的教科书每家所出版的其细目和内容相差很远，不但采用的教师和命题会考的委员发生困难，而各校的入学试验也受了莫大的障碍。现在为补救这缺憾起见，著者的意见，以为也应当由政府收归自办。

从前交通不便，公家运输的技能不及商人，因为各书局在各地有分馆设立，帮助供求问题的解决不少，政府把销售的权利酬报之，尚属合情合理。自抗战以后，公家的交通已日见进步，而商人则藉口运输困难，或出货迟慢，于是各地均感供不应求。书商日日涨价，往往高至战前二三十倍，竟有战后新价亦同样加售二三十倍者。不但各级学生无此购买

①编者按：原稿此处重复“科书”两字。今删。

能力，或甚至因市面无书，不能讲授者。鄞意教育部正宜因此机缘自行印售，各省托教育厅代印代售或指定中学课本由教育部统筹办理，小学课本及国民教育课本由教育厅代办，由各省企业公司承印，由教育厅统筹供销，则不特全国教科用书可以统一，而供销的困难也可解决。这就是所谓："不一劳者不久逸，不暂费者不永宁。"鄙见如是，不知我贤明的教育当局及中学界同人以为何如？

民国三十二年一月九日在繁忙与警报交困之下写于国立中山大学文学院

（原载《贵州教育》1943年第10期）

中国古史上神话与传说的发展[1]

古代的片段传说为文学家与巫祝师运用，最初见于《楚辞·天问》的神话，传说，《尚书》《春秋》中被刑削，《诗经·商颂》《大雅》里还留痕迹，秦汉方士们又丰富的记取，佛教带印度神话东来因此更使系统化，由宋至清神话，传说冶为一炉。

历史原为无始终的科学。因为人类初生，没有文字和记事的方法，及至知识进步，有意追求古代的遗迹，那时去古已远，真相不易明白，只有片段的传说，文学家便拿来组成有系统的史料。或者聪明的巫祝造为谣言以欺骗一般民众，以求达其统治的目的；后世史家搜集[2]这项材料，不忍舍弃，权且认为是上古的史料。故各国古史如希腊、印度，无不满载着神话与传说。我国为古代六大文明国之一，历史悠久，当然也不能逃出这个公例。

①编者按：本篇书名号及第一段标点为整理者所加。局部标点有改动。

②编者按：原稿为“及”，当以“集”为是。今改。

我国神话与传说，最初见于《楚辞·天问篇》，如：

遂古之初，谁传还之？上下未形，何由考之？冥昭瞢暗，谁能极之？冯翼惟像，何以识之？明明暗暗，惟时何为？阴阳三合，何本何化？圜则九重，孰营度之？惟兹何功，孰初作之？斡维焉系？天极焉加？八柱何当？东南何亏？九天之际，安放安属？隅隈多有，谁知其数？天何所沓？十二焉分？日月安属？列星安陈？

便是对于天地开辟，日月星辰诸神话与传说，有所不满，而发为疑问。其下文便接叙鲧禹治水，羲和御日，尧时大旱，夷羿革夏，直至吴光争国，爰出子文诸史实。其中所言，在半疑半信之中，所以《天问》一篇，实可说是我国片段古史总集。大约在春秋战国之际，我国人文思想日趋发达，古代的神话与传说，已不为搢绅所乐道，而民间口碑流传尚属盛行，南方新兴文人乐其怪诞，因而尽量搜集，编缀成书，故迄今尚得保存。这与希腊的史诗，印度的四吠陀，同出一例。

其他若《楚辞》的《离骚》《招魂》，及《庄子》《吕氏春秋》等战国晚年诸著作，都颇含有这类的神话与传说。儒家诸书，号称不语怪力乱神，故《尚书》《春秋》诸古史，于这类材料，概从删削。司马迁所谓"《尚书》独载尧以来……孔子所谓，宰予问五帝往及帝系姓，儒者或不传"，是也。惟《诗经·商颂》的《玄鸟篇》，《大雅①》的《生民篇②》尚存多少史事化的神话与传说的痕迹。

秦汉以后方士学日盛。杂家如《淮南王书》，纬书如《春

①编者按：原稿为"稚"，当以"雅"为是。今改。

②编者按：原稿为"笃"，当以"篇"为是。今改。

秋元命苞》,《春秋命历序》,《春秋运斗枢》[1],《春秋保乾图》,《尚书中候》,《易通卦验》,《易乾坤凿度》,《礼含文嘉》,《诗含神雾》,晚出诸书如《神异经》《说苑》《列女传》《山海经》《论衡》《穆天子传》《竹书纪年》等,这类的材料,日益丰富。如《淮南子·天文训》云:

天墬[2]未形,冯冯翼翼,洞洞灟灟,故曰大昭。道始于虚霩,虚霩生宇宙,宇宙生气,气有涯[3]垠。清阳者薄靡而为天,重浊者凝滞而为地,清妙之合专易,重浊之凝竭难,故天先成而地后定。天地之袭精为阴阳,阴阳之专精为四时,四时之散精为万物。

说明天地从浑沌的状态,因时间的发达而剖判,以生万物的过程,与"易有太极,太极生两仪,两仪生四象,四象生八卦"的《易经》思想相同,而为抽象的宇宙开辟论。同书《精神训》又云:

以天为父,以地为母。

《论衡·说日篇》则谓:

天地夫妇也,合为一体。

渐由抽象的宇宙开辟而为拟人的宇宙开辟论。然当时民间的传说与神话尚属素朴,故仅能以父母夫妇的人间事象譬况天地。

及至佛教东来,印度的神话传说流入中国,学者之间,受了这些影响,各家著书立说,莫不竞尚夸耀,以示博闻。如,

---

①编者按:原稿为"《春狄元命芭》《春秩命历序》《春秋连斗枢》",当以"《春秋元命苞》《春秋命历序》《春秋运斗枢》"为是。今改。

②编者按:原稿为"坠",当以"墬"为是。今改。

③编者按:原稿为"汉",据《淮南子》,当以"涯"为是。今改。

昔郭璞《玄中记》，张华《博物志》，王嘉《拾遗记》，干宝《搜神记》，梁宗懔《荆楚岁时记》，任昉《述异记》，吴均《续齐谐记》等，莫不开始从神话与传说的素朴的型态及片段的材料组织成系统化与神秘化。如《述异记》云：

盘古氏天地万物之祖也，然则生物始于盘古，昔盘古之死也，头为四岳，目为日月，脂膏为江河，毛发为草木。秦汉间俗说："盘古氏头为东岳，腹为中岳，左臂为南岳，右臂为北岳，足为西岳。"儒说："泣为江河，气为风，声为雷，目瞳为电。"古说："喜为晴，怒为阴。"吴楚间说："盘古氏夫妻，阴阳之始也。"今南海有盘古氏墓，亘三百余里，俗云："今后人葬盘古之魂也。"

神话与传说的记述，比之秦汉时代，来得有声有色。即当时史书如皇甫谧《帝王世纪》和《晋书》《宋书》《南齐书》《南史》等正史，也于这些不经的神话与传说，视同真实的史料。直至徐整作《五运历年记》《三五历记》，司马贞补作《三皇本纪》，则所说更为详尽。如《五运历年记》云：

元气蒙鸿，萌芽兹始。遂分天地，肇立乾坤。启阴感阳，分布元气，乃孕中和，是为人也。首生盘古，垂死化身，气成风云，声为雷霆，左眼为日，右[①]眼为月。四肢五体为四极五岳，血液为江河，筋脉为地里，肌肉为田土，发髭为星辰，皮毛为草木，齿骨为金石，精髓为珠玉，汗流为雨泽，身之诸虫，因风所感，化为黎氓。

《三五历记》云：

天地混沌如鸡子，盘古生其中，万八千岁，天地开

---

①编者按：原稿为"有"，当以"右"为是。今改。

辟，阳清为天，阴浊为地，盘古在其中，一日九变，神于天，圣于地，天日高一丈，地日厚一丈，盘古日长一丈，如此万八千岁，天数极高，地数极深，盘古极长。后乃有三皇。

《补三皇本纪》云：

一说：三皇谓天皇、地皇、人皇为三皇，既是开辟之初，君臣之始，图纬所载，不可全弃，故兼序之。天地初立，有天皇氏十二头，澹泊无所施为，而俗自化。木德王，岁起摄提，兄弟十二人，立各一万八千岁。地皇十一头，火德王，姓十一人，兴于熊耳、龙门等山，亦各万八千岁。人皇九头，乘云车，驾六羽，山谷口，兄弟九人，分长九州，各立城邑，凡一百五十世，合四万五千六百年。自人皇以后，有五龙氏，燧人氏，大庭氏，柏皇氏，中央氏，卷须氏，栗陆氏，骊连氏，赫胥氏，尊卢氏，浑沌氏，昊英氏，有巢氏，朱襄氏，葛天氏，阴康氏，无怀氏，斯盖三皇以来，有天下者之号。……故《春秋纬》称自开辟至于获麟，凡三百二十七万六千岁，分为十纪，凡世七万六百年，一曰九头纪，二曰五龙纪，三曰摄提纪，四曰合雒纪，五曰连通纪，六曰序命纪，七曰修飞纪，八曰回提纪，九曰禅通纪，十曰流讫纪。盖流讫当黄帝[①]时，制九纪之间。

又云：

太皞庖牺氏，风姓，代燧人氏继天而王，母曰华胥，履大人迹于雷泽，而生庖牺于成纪，蛇身人首。……女娲

①编者按：原稿为“黄皇”，当以“黄帝”为是。今改。

氏亦风姓，蛇身人首，有神圣之德，代宓牺氏。……女娲氏没，神农氏作。炎帝神农氏，姜姓，母曰女登，有娲氏之女，为少典妃。感神龙而生炎帝，人身牛首，长于姜水，因以为姓。……凡八代，五百三十年而轩辕氏兴焉。

合之洪水传说，旱魃传说，不特天地开辟及日月星辰山川河岳所由来，都有很好的解答；而且人类的出生和草木金石珠玉的生长变化举凡今日宇宙生成论，地质学，古生物学，人类学所亟待研究的问题，在这时也已有了主观的理论。

及宋罗泌著《路史》，清马骕著《绎史》，集合古史的神话和传说，冶为一炉，而条列之，排比之，于是我国古史上所缺乏的材料，渐次补足，使吾辈生千载之下，俨然如与羲皇并世，而眼见其嬗变的陈迹。正统的史家，加之其向所相信的《尚书》典谟训诰和《史记》的《五帝本纪》《夏本纪》《殷本纪》《周本纪》诸书，于是我国的古史遂得以全部成立。

[原载《风物志(重庆)》1944年第1期]

【附译作】

中国文化的起源[1]

中国文化（即汉民族的文化）的起源，实为学术界的一个难题。许许多多的专门学者曾经提倡为种种的学说，但在今日尚不能确定，也许是今后永远一个难解决的问题，我想是这样的。

第一个问题，就是汉民族发祥的故乡。曾经被考查出来的，汉民族从不可测知的太古，特然发生于黄河流域。其后有人唱为在黄河上流很远的内地发生，慢慢地东下；更其后有人说是在中央亚细亚的边境发祥的；在今日甚至听见说美索不达迷亚（Mesopotamia）起源说，或者希腊起源说。像这样的汉民族发祥地，时刻次第地向远西移动，确是极有趣的现象；但这是学术的研究，特别地是考古学的研究的结果，中国古代文化与西亚地方，乃至希腊的工艺，天文，历数等等，从其间暗示与多少的关系。但是这等西亚乃至希腊的文化，给与汉民族的影响，或者虽也被确认了；然遂从这些考定汉民族的发祥地，

---

①编者按：本篇为日本伊东忠太博士著，郑师许译。局部标点、外文字母有改动。

谓就是在这里，其事颇可疑问。

原来汉民族，勿论属于广义的蒙古种，它的性质，极为特殊。第一，它的言语的构成，它的文字的组织，风俗惯习，宗教哲学，与及不可解的彼等的心理状态等，大大地与西亚乃至希腊方面的古代民族相异。比如这样，它是从西亚方面输入文化，并摄取这种文化，以它的独特的民族性做基础，建筑在这基础的上面；这样的解释，最为妥当。结局，汉民族从太古已住在今日的汉土；不然则从相距甚远的亚细亚内地发祥。这样的思索最为合理。我正是倾向这样的说法。

其次的问题，就是汉民族的文化发生的年代。原来汉民族的历史，虽则何人，不得为的确地阐明的未知数。在今日中国的历史，以周朝为始。勿论三皇五帝，即夏，殷时代，也不过承认为有史以前的传说时代，不然则为神话时代。根据闵斯德（Miinster）所著书，从太古至西元前二千年左右，即夏的中叶左右，为石器时代；从这时直到西元前一千年左右，即是周朝初年，为铜铁时代；其后直至西元前二百年左右，即是汉朝初年，为铜铁时代，这是一个有识的见解。在春秋时风胡子对楚王的问，说轩辕，神农，赫胥的时候，以石为兵；黄帝的时候，以玉为兵；禹穴的时候，以铜为兵；近时作铁兵以威服三军。（译者案：说见《越绝书·外传记宝剑》中。）他的说法，正与闵氏说相当。要之：中国太古的文化，已有石器或兽角兽骨等发现；铜器迟至殷末才发现，与石器相伴，以所谓金石文字，代表中国古代的文化；这样的事实已见到了。早年在河南的殷墟，与龟甲兽骨一同发见的，有兽角的及铜的作品；但是关于这些，专门学者之间，有多少疑议。

从兽骨的刻文的内容和文样的性质来观察，认为这是周末的东西，这种说法也有；但这是殷都的故址，确实可信，疑为周以前的东西，这种说法也有。要之：这些，大概在中国所发见的，也许是最古的文化的物件了。

又次的问题，就是中国文化的性质。要解决这个，不得不从汉民族的思想，心理做出发点，到达至他的性癖，意匠或技巧力为止；但是要把这个寻根究柢，倒是不容易的事情。但从形式上所发见的地方以为考查，在中国古代的艺术的作品里头窥见若干伊特鲁立亚（Etruria，译者案：在地中海沿岸，为古代意大利的地方）或迈锡尼（Mycenae，译者案：为古代希腊的地方，产出铜器最多，又名为Treasury of Atreus）的精神；一方又被认为有美索不达迷亚的容貌；翻过来又被感觉得与古代墨西哥（Mexico）的意匠，也有类似之点；问题便益益复杂了。总之无论如何，这个汉民族的文化，如曩所述，有不可测度的深厚的根柢，决不是继承其他的民族的文化，而模仿得来的。虽然，勿论因为从太古的时候汉民族与其他民族有了交涉是不错的，遂谓与其他民族成为文化的交换，这个事情也不至到这样说。就中最重大的即是与西域地方的交涉。西域如果用广义来解说，极西亚细亚，埃及，希腊，罗马也包含在内。举最乎近的一个例，汉民族在古代是必需品的玉，就是从西藏方面供给来的；为必须的家畜的马，就是从中央亚细亚输入的；日用的什器，或者也就是从西域地方供给来的东西。现在今日从古坟发见的陶器之内，殆纯粹作希腊式的形状的也有。试又调查中国的语汇来观察，其中系西域方面的言语的音译的东西（译者案：关于这个可参考夏德《支那古代史》，有英文本，有日本西山荣久日译本），却意外的多，也许是很可惊的。到底中国民族的文化的起源，追溯到几万年的古昔，是不能臆测的事情。但是曾经在五千年以上的古代，以石造成各种的器具，这件事情已知道了。把文字刻在兽骨或龟甲上面，这件事情已思索出来了。其次与文字同性质的绘画或文样也创立了，雕刻也作成了。在三千年以前的时代，制作铜器的技术已经纯熟；各种用具，也都作成。先从这些与西域诸国交涉的结果，摄取若干西域的文化，于是意匠，技巧两者正在长足的进步，入至周代，遂得见其雄浑的气魄，神秘的意匠，练磨的技术，已郁乎集文化的大成。

因为他们的艺术的根柢，以他们的不可解的思想做出发点，所以不许窥见其他民族的端倪。但是我想呀，第一就是受它的发祥地和北部中国地方的国土的状态的感化，茫茫的大野，奇峭的山岳，蜿蜒的江河，苛酷的气候，尤其特殊的是干燥的大气及其猛烈的流动等，也许是无论何时养成他们瑰奇怪伟的趣味；更加又与先天的心理相伴。在这不可思议的国土里，也许应发生一种的宗教的思想。他们的阴阳五行说，就是以这些做基础，为森罗万象的解释；或者更准据了这些，而艺术的图案等等，一半可以由这些说明，我的主见是如此。

迩来物换星移，直至数千年的今日，汉民族的文化的性质，它的根柢毫无异处，依然留做世界的疑问；暗示着它的文化的渊源如何深厚，又表出它的力量如何强大的。

译者案：关于我国的文化的起源这个问题，近来中外学者研究的人很多，日本考古学专家滨田耕作新著的《东亚文明之黎明》一书，就是一种试探（这书已由译者译就，现下在校订中）。其余各国来华的探检队，以及国人的古史研究，无非欲想知道一个究竟。原作者伊东忠太是日本一位工学博士，专门研究我国的古代艺术和工艺的，关于满蒙部分，他已得有许多宝贵的材料。这文登载日本平凡社出版的《世界美术全集》（案：全书三十六册，本年十月出齐）的第二册中，纯然就科学的立场，根据已发见的史料以为解释。提出几个重要的问题，确是搔着痒处，为研究我国古史的短小精悍的论文；就中尤以第三个问题：汉民族文化的性质，解释得最为平允。因为移译，以供国人参考。

（原载《青年进步》1931年第139期）

二十八宿之传来[①]

二十八宿从古以来存在于中国、印度、阿剌伯、波斯诸国。世界学者认为此等有共同的起原，而关于其发生地，则有多种异议互为论战。西历一千八百零五年时，William Jones的考查，以二十八宿（Nakshatra）为印度固有的发达；其成立的时代为B. C. 1811[②]以后。在不久之间，这个遂成为普通的说法。但是Biot于1839，1840，1845，又更于1859，1860，1861在*Journal des Savants*杂志上发表他的新意见，主张二十八宿的起原在于中国，印度的东西是由中国传来的。Biot推定二十八宿在中国成立的年代为B. C. 1100，即周代之初。

Lassen及其他多数的印度学者，倾耳于其学说的新奇。Hardwick于其所著的"Ar Historical Inquiry into some of the Chief Paralellisms and Contrasts between Christianity and the Religions Systems of the Ancient World，1855-58"以为中国与印度之间，

---

①编者按：本篇为日本文学博士饭岛忠夫著，郑师许译。局部标点、外文字母有改动。

②编者按：原稿为"P. C. 1811"，当以"B. C. 1811"为是。今改。

从太古以来，文化的交涉，早经有了；并论及中国的天文学被传入于北部印度的事情。Max Muller则批评Biot，Hardwick的各家的学说，以中国的二十八宿由于恒星的真位置，而印度的则被配置，于平均的度数，或印度的最初为二十七宿，其后成为二十八宿等等为其根据；主张印度的学术，在其本土为自然的发达。又论及中国与印度的文明的关系，与在后世佛教被输入于中国为同样的状态，从上古以来，常常保持着的了；若果想承认反对这个说法般的关系的场合，则积极的不可移动的证据是有必要，决不许可依照臆说的（*Rig-Veda Samhita*，Vol. IV，1862，Preface）。Biot更不相下，为反驳之论。但是Whitney那人出，为Biot的赞成人，精密地比较阿剌伯、中国、印度三国的二十八宿之组织，论断这个是同出一源的东西，更以为它的起原是在中国；中国的二十八宿的智识，在B. C. 1100之后不久便被输入于西方亚细亚；被采用于塞姆人（Semitic）或伊兰人（Iranian），在那地方蒙上多少的变更；更从而被输入于印度，成为加上印度的特色的样子；他是这样说明的。继续有Weber者出，著有*Die Vedische Nachrichten von den Naksharta*，1860-62一书，论述二十八宿的起原在于巴比伦（Babylon），其后一方传入中国，另一方传入印度，又另一方传入塞姆族诸国的。如此，这种论战一时中止了。更至1891年Hommel大唱巴比伦起原说（Ueber den Ursprung und das Alter der Arabischen Sternnamen und Insbesondere der Mondstationen）。Weber也赞成这个说法。同时Tilak及Tacobi则大唱印度固有说的高调，上溯至B.C.6000年的太古的议论已发现了。更其后至Saussure的中国起原说（Les Origines de L'astronomic Chinoise，Toung Pao，1909-1922）出，又把这个上溯西元前二十四世纪的尧时代了。

在巴比伦二十八宿的记录之存在的明证，在今日尚未发现，但是从上代文化的大势观之，巴比伦起原说最为稳当；Ginzel等也采用这个说法。在日本则高楠博士（译者案：即高楠顺次郎；原注云：见《哲学大辞书》宿曜说条）白鸟博士（译者案：即白鸟库吉）也承认这说。而新城博士（译者案：即新城新藏。著有《东洋天文学史研究》及《历与天文》等书）则更主张中国起原说（《史林》三之一《论二十八宿之传来》，大正七年。译者案：这文已修正，收入《东洋天文学史研究》中），假定二十八宿起于周初（B. C. 1100）之顷或更在其以前，在春秋中期（B. C. 600）从中国出发，经由中央亚细亚，传于印度，更传于波斯、阿剌伯方面；他的论断是这样。这在大体上是与Biot，Whitney及Saussure等同属一个系统的，续着著者自己于大正十年在《东洋学报》揭发一篇论文，题为《中国上代的希腊文化之影响及儒教经典之完成》，赞成于巴比伦起原说。而且论证二十八宿的组织在春分点存在于a Arietis里的时代，即是本于西元前四百年前后的天象而成立的东西，然后被输入于中国的；于西元前三百年前后，与本于其时的天象而被制定的木星周期相结附，又与克利波斯历（Callippus）相结附而来的东西。而印度的东西，也是同时从巴比伦附近传来的东西，作兴被推测出来了。于是在其后研究的结果，印度的二十八宿也是根据于a Arietis的春分点而被制定的东西，而木星周期也是根据B. C. 294年的天象而被制定的东西，认为全然与中国的二十八宿木星周期同其根据的。可见中国与印度于二个同一的年代被制定的二个同一的事实之存在了，而且根据了这个而被考察的许多类似的事实成立了，决不是见其偶然相一致的。何况在于a Arietis被固定的春分点最初在巴比伦出来的又是事实；而阿剌伯的二十八宿也是把春分点结附于这个星；倘是如此，则推想此等所有都有连络，是必然的事情了。更加从入于后世精确的历史时代观之，中国的文明，在大势上常常是从西方流入的东西；印度的文明也是被动于同样的大势里的，所以单独于与①其说是历史时代毋宁说是传说时代的上代，各发达其特有的学术，各各于隔开一百年的二个同一的时代，发见二个同一的事实，以之为本而许多类似的考察被成立了；这句话是说不得的。即使想勉强讲这句话的人，其实只是依照Max Muller所言，其他的积极的难动的证据有提供之必要呢。

又中国的东西，不是从印度传来的东西，这件事可以依照西元前三百年前后及其以前之东西交涉的状态考定出来。这个时代，就是自从亚历山大大王（Alexander the Great）征服以来，希腊人进入波斯故地，一方压迫印度，一方窥伺中国的时候。又在亚历山大以前，波斯帝国拥有强大的势力，领有自葱岭直至印度河之地。西方的文化如此传于中国、印度，想必是乘此人种的大潮流而来的，所以在这亚历山大前后的时代，以印度为立于介绍者的位置，完全是没有理由的。在印度的国境或中国的西域的边疆里，接近的地方为巴克特利亚（Bactria）甘达克拉（Gandhara）旁遮普（Punjab），就中尤以前者为最重要。此等地方为波斯诸州中的头一个；在亚历山大征服以后，此等地方多数的希腊人便进入了，为边疆开拓的策源地；经已判明。传布西方文化于中国或印度的介绍人，作兴就是以此等地方的人为主。据希罗多得（Herodotos）所说，希腊人亚理士

①编者按：原稿为“愈”，当以“与”为是。今改。

德亚士已于西元前六七世纪时从巴克特利亚方面旅行于中国的西域；又亚历山大大王的将军泥阿卡斯（Nearchus）攻入印度，得见从印度河的上流方面传来的中国绸绢。在后世印度的佛教及其他的东西传布于中国，也是以经由此等地方为主。在B. C. 302年的时候，印度王旃陀罗麹多（Chandragupta）（译者案：即世称孔雀王朝）因与叙利亚（Syria）王塞琉卡斯（Seleucus）媾和，重新又领有属于印度河流域的旁遮普、甘达克拉各地以及兴都库什（Hindu Kush）山脉以南之地，但是结果是加一层促进希腊的文化东渐之势，所以带有印度式的特色的文化，经过此等地方以达于中国方面，可以传播的机运尚未到来。若是从此等状态考查，二十八宿或木星周期，从印度传入中国这件事，可以断定是不可得的。何况如二十八宿，在印度为二十七宿，分配于平均的度数是不拘的，在中国则依照实际的星之位置，精密地定宿的广狭；木星周期，在印度与五年再闰法相结合是不拘的，在中国则与克利泼斯历的十九年七闰法相结合；中国的东西比之印度的东西，看起来是保有加一层科学的精确的样子。中国的木星纪年法，依照假设的与于木星相反对的方向同速度地运行的东西之太阴（或太岁）的所在而被明示是不拘的，在印度则全然无此法；以之为内部的证据，可以断定不是印度传来的东西。但是在阿育王（Asoka）即位之八年（凡B. C. 262时），征服南方迦陵迦国终了之后，因为佛教的大宣传，想企图平和地侵入于西方希腊的势力范围以后，在其第十三年，设佛教传布之官派遣于各地，在其时又于甘达克拉地方命造从十四章出来的佛教传布敕谕的刻文，所以从此以后，或逾越北方的千山万壑而到在中国西域的于阗地方附近，有王的使者进入，也不可知。但是从在王的刻文之中，不拘于诸外国的国名的列记，适当于中国方面的东西，全然没有的场合看来；而且于阗国的被建立，系从阿育王的王子瞿萨但那为始，那王子传说是生于阿育王在位三十年的时候，若果这话有多少可以置信，则此想像为不适当的；假使万一是适当的，也只是在阿育王的十三年以后，进入于中国的西域的使者，传布印度的历法；这历法更传到于中国本土的时候，年代更过于新，与中国的史实，有不相当的样子。倘若中国于此时传入西方的新智识，则其著名学者，当为驺衍，驺衍的生存时代，有不明了之点。但是阿育王即位的时候，他已是晚年，一定是观察不错的。无论从任何一点考查，中国天文历法的智识，与印度没有关系的；为直接地从西方，大半的是经由巴克特利亚传来的东西，是不得不承认了。若果然如此，则中国的二十八宿及木星周期的智识，及印度之同样的智识的发源地，卒之不得不归于巴比伦了。Weber之说，于此点为最正当，殆不可得而争了。

译者案：这文是从饭岛博士新著的《支那历法起源考》第十八章里译出来的。就译者个己的意见，是不赞成饭岛博士的，比较地是相信新城博士之说。等下一期译者再将新城博士所著《二十八宿之传来》译登时，乃发表个己的意见。饭岛博士与新城博士讨论这问题，二十年未尝少懈，是值得佩服的。二十年二月二十三日译成附记。

（原载《科学月刊》第3卷第3期，1931年）

吉田松荫先生年谱略①

先生名矩方，字义卿，号松荫，又有二十一回猛士及蓬头子诸别号；初通称虎之助，后改大次郎，松次郎。又改寅次郎。

天保元年（公元一八三〇年）庚寅八月四日，生于长门萩松本村护国山之南麓。名虎之助。为藩士杉百合之助（名常道）之次子。母儿玉氏（名泷子，实即毛利志摩家臣村田右中之第三女）。

五年（一八三四年）甲午，先生五岁。为仲父吉田大助（名贤良）之养子。以家世世兵学师范（传山鹿派）仕于毛利氏，班列大番组。

六年（一八三五年）乙未，先生六岁。四月三日大助殁，六月二十日嗣其后，而同居于杉氏。此岁称大次郎。

九年（一八三八年）戊戌，先生九岁。正月始着袆（译者案：此为德川时代士人之礼服）。此月始为家学教授见习。而登藩学明伦馆。

①编者按：本篇为日本吉田库三纂录，郑师许译。局部标点有改动。

十年（一八三九年）己亥，先生十岁。十一月始出勤于明伦馆，而授家学。（藩制：师家幼少之时，为家学之高足，后见教授之事，定以为例。）

十一年（一八四〇年）庚子，先生十一岁。当藩主忠正公（毛利敬亲公）召文武师范于城中，亲试学艺时，先生讲《武教全书·战法篇》三战。藩主奇之。问其师，左右答曰："玉木文之进（名正韫）。"即百合之助，大助之弟先生之叔父也。

十二年（一八四一年）辛丑，先生十二岁。学马术于波多野源左卫门。

十三年（一八四二年）壬寅，先生十三岁。又有亲试。先生讲《武教全书》。又探题赋诗。

十五年（一八四四年）甲辰，先生十五岁，九月七日亲试。先生讲《武教全书》。藩主又特命讲《孙子·虚实篇》，叹赏不已，赐《七书直解》。其年藩士山田宇右卫门（名赖毅，号治心气斋）从江户归，讲说万国形势，激励先生。自是忧国之志益坚。（宇右卫门为大助之高足，先生终身师事之。丙辰七月与治心气斋先生书有云："少小亲炙先生，片言只辞，未尝不取正于先生，先生亦倾倒无遗"云云。）

弘化二年（一八四五年）乙巳，先生十六岁。从山田宇右卫门之劝，就藩士山田亦介（名公章，号含章斋）兼修长沼派兵学。（戊午七月二十二日与含章斋山田先生书云云"因思十四年前，仆年甫十六，谒先生含章斋，先生一见招仆，谓曰：'近时欧夷日盛，侵蚀东洋，印度先被其毒，而满清断受其辱，余焰未熄，朵颐琉球，突来崎岙，天下人士，方痛心疾首，以防御为急务。殊不知夷之东侵，彼必有杰物，杰物之所在，其国必强，国强无敌，将振长策，建雄略，使人备已之不遑，何区区防御云尔哉！维我神州，屹立万国之上游，自古耀威海外者，上则神后，下则时宗秀吉数人耳。吾子年富才足，不能激昂以建勋名于万国，则非夫也。'当时仆自不揣度，慨然自任，谓时宗秀吉，诚不易及；然义律伯麦马里逊陋夷小材，何足与校哉"。云云。）又受《兵要录》于藩士佐藤宽作（名信宽）。

三年（一八四六年）丙午，先生十七岁。其春寓藩士林真人（名靖宗，号百非，为家学之高足，又善图画）家，偶因失火，所携书籍衣服，皆为烧尽。三月由山田亦介受长沼派兵学之卒业证书。此后又就藩士饭田猪之助研究西洋阵法。本年亲试，又举行。（本年著有《外夷小记》《舆地志略抄》等稿）

四年（一八四七年）丁未，先生十八岁。二月二日及十一月某日藩主临学馆，视先生及门人之家学讲义及作图。九月学馆秋试，作《平内府论》，入丙科。十月二十七日从林真人受《大星目录》（译者案：此为日本兵法名称）之精通卒业证。

嘉永元年（一八四八年）戊申，先生十九岁。正月就班及其职务，又解除家学教授"后见人"之职。六月四藩主召先生及门人于城中，视其家学作业。其秋亲试。十月四日上《关于再兴明伦馆之意见书》，切论赏罚风俗，规则，试法，选举等诸事。（上书三卷之一）

二年（一八四九年）己酉，先生二十岁。二月明伦馆新筑成，赐章服并金。兵学寮定《掟书》及门弟子等级之次第（读《武教全[1]书》二篇五层阵论及学规）。三月十七日著[2]《水陆战

---

①编者按：原稿为"金"，当以"全"为是。今改。

②编者按：原稿为"箸"，当以"著"为是。今改。本篇此字统改。

略》，呈于外寇准备官。（上书三卷之一）已而外寇准备官命为特任委托官。五月十五日赠书于平户藩士叶山佐内（名高行，号铠轩），陈从学之志。六月四日亲试，讲《武教全书·用士篇》。七月四日，奉命巡视大津，丰浦，赤马关诸海岸。九月朔日藩主临学馆，视察家学作业。三日当馆内神器阵始业时，讲《孙子·兵势篇》。十月十日率门人行操习于城东羽贺台，门人国老益田越中（弹正）将之（著有《操习总论》《操习筌蹄》《操习次第》诸书）。十一日进呈对策一道。

三年（一八五〇年）庚戌，先生二十一岁。五月二十七日，文学亲试，讲《中庸·慎独章》。八月二十日亲试，讲《武教全书·守城篇·笼城大将心定》条，藩主大感动，始有兼派之意。二十五日游九州，十二月二十九日归。此行所经为小仓、佐贺、大村、长崎、平户、天草、岛原、熊本、柳川、久留米等，留平户五十余日。叩家学于叶山佐内、山鹿万介（名高绍，号岩泉），又多读新译珍书。在长崎问支那语于译宦郑幹介。游唐馆、兰馆，上兰船，于熊本结交宫部鼎藏等，于佐贺交草场靴（佩川）武富文之助（圯南）等。其他到处访文武之士。又所得于海外事情为多。（著有《西游日记》）

四年（一八五一年）辛亥，先生二十二岁。正月元日由林真人受"极秘三重传"之精到认可。十五日藩主就先生，受山鹿派兵学真谛传授，赐章服并金。二月十五日谒藩主，讲《孙子》，以后每月数回进讲，定为常例。二十日上《文武稽古万世不朽之策》，痛论时弊。（上书三卷之一）三月五日为"兵学研究"，从藩主东行，四月九日达江户。（著有《东游日记》）从学于平冈弥三兵卫（藩之剑术师范）、安积祐助（艮斋）、古贺谨一郎（茶溪）、山鹿高补（素水）、佐久间修理（象山）等，又与鸟山新三郎（确斋）、宫部鼎藏等切磋，文学研修，日课甚忙。（先生日记五月二十八日条云：从今日稍学蛮语。盖先是先生曾就藩医田原玄周学兰语。）

六月十三日与鼎藏等共视察房相海备，经镰仓，访竹院上人于瑞泉寺（上人为母儿玉氏之兄，村田某出，某后为僧）。二十二日归。（著有游记。当时借与长井雅乐以致亡失。）七月二十三日，许游历东北诸国。十二月十四日因故，不待"过书"（译者案：此即护照）付下，先发江户至水户，十日鼎藏等来会。

五年（一八五二年）壬子，先生二十三岁。正月二十日与鼎藏等发水户历游白川、会津、新潟、佐渡、弘前、青森、盛冈、仙台、米泽等，四月五日归江户，投止鸟山新三郎家。（著有《东北游记》，详记此间事实。）十日入藩邸呈待罪书，五月十二日归萩，谨慎待命。（著有《屏居读书抄》《猛省》等）十二月八日以亡命之罪削士籍，夺世禄，依生父杉百合之助。（有《示诸友诗》）此日以后改称松次郎。先是藩主闻先生亡命，叹息不已。于是益怜先生之志。特内谕百合之助以先生十年间游学诸国之事请于藩府。

六年（一八五三年）癸丑，先生二十四岁。正月十六日藩府许先生游学。某日改称寅次郎。其月二十五日，发萩，经摄津、河内、大和、伊势、美浓、上野，访坂本铉之助（鼎斋）、后藤春藏（淞荫）、藤泽昌藏（东畡）、森田谦藏（节斋）、谷升平（三山）、足代权太夫、斋藤德藏（拙堂）、水沼久太夫、森伸助等数十人。五月二十四日入江户，投鸟山新三郎家。（此后每来江户，必寓此家。）次日游镰仓，寓竹院上人之禅寺。六月朔日归江户。四日闻美舰来浦贺。直往刺探事情。

十日归江户。（著有《祭丑游历日录》，记正月至此之事）。先生著《将及私言》呈于藩府邸，上达君览。已而呈《急务条议》《必胜策》《急务策》等，又著《接夷私议》。此间与佐久间修理等同志之士，日夕讨究时事。七月俄舰来长崎，与修理等谋，决航海之志。欲私投俄舰。九月十三日访竹院上人于镰仓，十五日归江户，十八日上程，经京都［拜访梁川新十郎（星岩），有《禁阙》诗］熊本（访宫部鼎藏、横井平四郎等），十月二十七日至长崎，俄舰已去。复赴熊本，伴宫部鼎藏、野口直之允，于十一月十三日归萩。（有《长崎纪行》）居数日（有《拜先考坟》诗）东上，十二月四日入京师，结交梁川新十郎、梅田源次郎、森田谦藏、鹈饲吉左卫门、池内大学等，于伊势交足代权太夫、土井几之助（聱牙）、松田缝殿等，于尾张交秦寿太郎、奥田传藏、伊藤民之辅等。此外沿途均访知名之士。十二月二十九日达江户。

安政元年（一八五四年）甲寅，先生二十五岁。正月著《海战策》达于君览。其月美舰再来，与金子重辅托之，欲游海外。三月五日发江户，追美舰，至下田，二十七日夜上舰，美人拒不纳。二十日自首，就捕，四月十五日拘致江户。九月十八日幕府判其罪，与重辅同幽于藩。其日暮出狱，拘于麻布藩邸数日，槛舆发江户，十月二十四日达萩，入于藩狱。（称野山屋敷。从三月三日至此，其事实详《回顾录》中。有《二十一回猛士说》，载《野山文稿》。成《幽囚录》。）

二年[①]（一八五六年）乙卯，先生二十六岁。正月十一日金子重辅病死狱中，先生作诗哭之，又撰其行状。十二月十五日

---

①编者按：原稿为“月”，当以“年”为是。今改。

免狱，锢于杉氏，禁接见外人，而有密就学者。（著有《士规七则三余说》，载《野山文稿》中。成《回顾录》《清国咸丰乱记》。又著《赏月雅草》，录狱中仲秋之唱和。）

三年[①]（一八五七年）丙辰，先生二十七岁，藩禁虽未解，而门人日进，于是杉氏之宅地内小舍，遂充家塾，至用“松下村塾”之名。（著有《七生说》《续二十一回猛士说》《松下村塾记》，载《幽室文稿》丙辰之卷。成《讲孟札记》《武教讲录》《鸿鹄志》《左氏战抄》《史记前后汉书明伦抄》《宋元明鉴奉史抄》等。）

四年（一八五八年）丁巳，先生二十八岁。十一月五日松下村塾增筑成。（成《幽室文稿》丁巳二卷，《外蕃通略》，《吉日录》，《讨贼始末》，《登波一件》等。）

五年（一八五九年）戊午，先生二十九岁，忧国益深。论策谋议，皆切时务。六月藩主从江户归，见先生所著《狂夫之言》《私拟对策》《愚论》等，更传旨国老益田弹正不妨上书建言。七月藩府特为家学教授，许门人引见。先生感激君恩，大为计画议论，藩府遂忌惮，欲钳默，谕旨严囚一室（十一月二十九日），寻入狱。（十二月二十六日。关于《严囚纪事》，《投狱纪事》，其他时事之文章皆具在《幽室文稿》戊午之卷。又成《孙子评注》《急务四条》《读纲鉴录》等。）

六年（一八六〇年）己未，先生三十岁。在狱中盛唱道正义，勉为奋励，画策不已。当拘捕幕府勤王诸志士时，亦命藩拘致先生于江户。五月二十四日，司狱福川犀之助特归先生于杉氏，与父母亲戚诀别，翌日槛舆发萩（途上所作诗歌，

---

①编者按：原稿为“月”，当以“年”为是。今改。

有:《缚吾集》《泪松集》《和文天祥正气歌》,亦载集中。)六月二十五日达江户,因于麻布藩邸。七月九日“奉行”(译者案:日本官名)讯问,下传马町之狱。遗著《留魂录》中有一节云:“七月九日始自‘评詖所’呼出,三‘奉行’出座,寻鞫事件两条:一曰梅田源次郎长门下向之‘节面会’由何密议;二曰御所内有匿名书,其手迹似汝!源次郎之外,有申辩者,有觉悟者!只此二条而已!夫梅田素有奸骨,余不欲与之语志,何有密议?吾性公明正大,岂有匿名书隐昧之事哉?余于是六年间幽囚中之苦心,悉所直陈,如请大原公西下,要鲭江侯等事,终于自首。因鲭江侯事下狱。其后讯问仅二回,而十月十六日闻读‘口供’。二十七日朝于评詖所宣判罪状。四时幕吏遂处以死刑。”(关于时事文章,皆存《幽室文稿》己未之卷。五月十四日闻幕逮之事以后日录及从江户狱所赠书牍类,皆收于《东下杂集》中。又著《藩狱中东坡策批》《评照顾录》《坐狱日录》等。)

先生死后,尾寺新之允,饭田正伯,木户孝允,伊藤博文等收其尸,葬于小冢原回向院内常行庵,文久三年(一八六三年)癸亥正月久坂义助,高杉晋作,伊藤博文,品川弥二郎等移之于荏原郡若林村(今有世田ク谷村大字)。

明治十五年(一八八二年)甲午十一月于墓畔建松荫神社,事闻,以恩召赐金。十二月三十日先生自赞肖像,《留魂录》,《山河襟带诗幅》等得达天览。二十二年(一八八九年)己丑二月十日特旨赠以四位。二十三年(一八九〇年)庚寅六月二十三日故有栖川炽仁亲王殿下亲临杉氏及松下村塾,问先生遗事。八月改修松下村塾成。四十年(一九〇七年)丁未十月三日认可于松下村塾域内创建松阴神社,列于县社之中。

四十一年（一九〇八年）戊申四月皇太子殿下行启山口，于其十一日，御使就松下村塾及县社松阴神社及杉氏视察遗著遗物。十月十八日于东京松阴神社举行先生殉节五十周年祭。其月十五日以恩召赐祭祀物品。十六日皇太子殿下亦有此赐。其日新刊《松阴先生遗著》成（即前刊第一编），献于上。

先生不娶，无子，终身与杉氏同居。文久三年（一八六三年）癸亥四月二日有吉田家再兴之命，乃以先生之兄杉民治之长子小太郎承祀，复旧禄。小太郎死后，以民治之幼女道子嗣之。其后夭死，乃以先生之妹婿儿玉祐之之次子库三嗣之。（译者案：此即本文之纂录者。原文附载《松阴先生遗著》第二编中。）

民国二十三年十月二日译于沪上四部书斋

（原载《国风》第5卷第8/9期，1934年）

元朝私刻本表①

案我国版本学专家叶德辉旧有《元私本考》之作，其遗著近人始为刊布于武汉大学《文哲季刊》第一卷全卷中。然我国旧书近年流出海外者不少，有叶氏未及见者，又有叶氏遇难后而藏书始散出者。故叶著实有修正之必要。日人长泽规矩也为专攻汉书版本学者，近且参与彼邦公家图书事业，所见益多。近为此文投登《市村博士古稀纪念东洋史论丛》，补正叶氏不少。因亟移译，付之《人文月刊》，亦近世书本学之极好参考资料也。译者志。

此私刻本之称者，所以对官刻本而言，即所谓家塾本、家刻本、私宅本、书院本、坊刻本等之总称也。细别之，家刻本又有某堂、某室、某书院之称，坊刻本又有某氏、某宅、某家塾之称。按彼等所用称呼，直与营业有关与否，不得以此判断之，因只得暂以“私刻本”的总称总括此等书物。而从来予等所据之《书林清话》，分为书院、私宅家塾、书坊刻书三

①编者按：本篇为日人长泽规矩著，郑师许译。局部标点有改动。

者，其间整然区分，则殊不敢以为然也。又其书有同一书肆重出者，又有脱误者。兹因近时书志学之进步，书目书影刊行甚夥，予以所见所闻，最适宜于增订此书，此吾文之所由作也。故虽为订补《书话》所纪载，然予之业，所负于叶氏者亦不鲜。对于叶氏草创之功，固当厚谢也。

次为基于诸家之目及予年来之观书记而成，从书斋、堂号等之笔顺，列举各刻书目如左：

一　一山书堂

至正一二　文场备用排字礼部韵注五卷　钱日记一

丨　中和轩　王氏　平水

正大　五　道德宝章一卷　杨录三

大德一〇　新刊韵略五卷　张志七·瞿目七·陆续跋四·缪记一·杨录一

元统　二　滏水文集二十卷　杨续录四

丨　中溪书院　可轩书院　月洲书院　张山长宅　张氏　建安

大德　周易本义附录集注十一卷　图书寮·成篑堂

人　仰高堂　刘通判宅　麻沙

无年号　纂图分门类题注荀子二十卷　天录琳琅六

力　务本书堂　务本堂　虞平斋　建安

泰定　四　新编四书待问二十二卷　陆志一〇

后至元七　赵子昂诗集七卷　陆志九六·陆续跋一三·传目四·静嘉堂·帝国图书馆

至正　六　周易程朱传义十四卷附音训毛诗朱氏集传八卷　清话四

无年号　伤寒直格方三卷后集一卷续集一卷张子和心

镜一卷　瞿目一四·陆志四七·陆续跋九·静嘉堂

同　增刊校正王状元集注分类东坡先生诗二十五卷　天禄琳琅续六·杨录五

同　老子道德经河上公章句四卷　瞿目一八·黄书录

洪武二一　易传会通十四卷　朱目一·学部馆目一

力　**勤有书堂　勤有堂　余志安　建安　崇化**

大德　八　增注太平惠民和剂局方三十卷　杨谱八·图书寮

至大　四　分类补注李太白诗二十五卷　天禄琳琅六·张续志四·瞿目一九·丁志二四·森志六·孙记一·刘影五·传目四·尊经阁

皇庆　元　集千家注分类杜工部诗二十五卷　天禄琳琅六·故宫书影·森志六

延祐　六　书蔡氏传辑录纂六卷　天禄琳琅八·瞿目二·莫录二

天历　二　四书通二十六卷　瞿影

元统　三　国朝名臣事略十五卷　张志一三·瞿目一〇·陆志二七·阁库

至正　三　汉书考正后汉书考正不分卷　丁志六·江苏目二

四　诗童子问十卷　森志一·图书寮·北平图书馆

五　书蔡氏传旁通六卷　张志二·瞿目二·陆跋一·刘影一·阁库

一一	故唐律疏[1]议三十卷附唐律释文　张志一九·瞿目一二·孙记一·杨谱四·森志三·图书寮二·北平图书馆
无年号	诗缉三十六卷　图书寮
同	仪礼图十七卷仪礼旁通图一卷　天禄琳琅续二·张志四
同	新刊古列女传八卷　阮氏覆刻本（通行）
同	麟经集十二卷　潘记三
力	**勤德堂　余氏　建安**
至正　四	增修互注礼部韵略五卷　杨谱三·成篑堂
力	**勤德书堂（前者或与清话卷五之古杭勤德堂同）**
无年号	广韵五卷　杨志三·杨谱三
同	古今历代十八史略二卷　森志三·杨续谱四
力	**励贤堂　余彦国　建安（列于宋刊本）**
无年号	新编类要图注本草四十二卷序例五卷　森志补遗·图书寮
十	**南山书院**
至正二六	大广益会玉篇[2]三十卷　静嘉堂·图书寮
同	广韵五卷　陆续跋四·森志二·杨志三·杨谱三·阁库
十	**南阜书堂　叶曾（括苍）?**
延祐　七	东坡乐府二卷　黄记六·杨录五
十	**南涧书堂　刘氏　建安　麻沙**

①编者按：原稿为“琉”，当以“疏”为是。今改。

②编者按：原稿为“玉编”，当以“玉篇”为是。今改。

无年号	书集传六卷　森志一·杨谱一
同	论语集注十卷　森志二
十	**南谿精舍　崇川书府　明复斋　虞氏**
至正　五	书集传音释六卷　天禄琳琅续八
一一	春秋诸传会通二十四卷　天禄琳琅续八·吴记一·张志五·瞿目五·陆志九·陆续跋三·蒋目一·图书寮·静嘉堂·苏州许氏
又	**友于堂　吴氏**
泰定　元	新编事文类聚翰墨全书甲集十卷乙集十二卷丙集十九卷丁集九卷戊集十卷己集十二卷庚集十卷辛集二十四卷壬集十一卷癸集十九卷　成篑堂
又	**丛桂堂**
至正二二	通鉴续编二十四卷　学部馆目二
口	**可轩书院——见中溪书院**
口	**古迂书院　东山书院　陈仁子　茶陵**
大德　三	增补文选六臣注六十卷　丁★志三八·叶★志一五
九	梦溪笔谈二十六卷　丁志一九·韩目
无年号	文选补遗四十卷　天★禄琳琅四
口	**古林书堂　胡氏　庐陵**
后至元五	新刊补注释文黄帝内经素问十二卷　孙记一·瞿目一四·森志补遗·刘影·图书寮
六	新刊黄帝内经灵枢集注十二卷　张志二二·瞿目一四·森志补遗·图书寮
无年号	增广太平惠民和剂局方十卷指南总论三卷图经本草一卷　森志补遗

	口	**同文堂　建安**
至正一一		四书经疑问对八卷　吴记一
	口	**商山书塾　海宁**
至正二四		春秋属辞十八卷春秋左传补注十卷春秋师说三卷　瞿目五·陆续跋三·丁志三·江苏目一·邓目二·沈志六·蒋目一·刘影一·静嘉堂
	口	**圆沙书院**
延祐	二	大广益会玉篇三十卷　杨录一·图书寮·积翠★文库·尊经阁
	四	新笺决科古今源流至论前集十卷后集十卷续集十卷别集十卷　张志二六·瞿目一七·缪记五
同		皇鉴笺要六十卷　朱目三
	七	山堂考索前集六十六卷后集六十五卷续集五十六卷别集二十五卷　瞿目一七·朱目三·陆志六〇·陆续跋一一·光庆图书馆·北平图书馆
泰定	二	广韵五卷　森志二·杨谱三
同		记纂渊海一百九十五卷　浙录庚
	土	**圭山书院　积庆堂　潘屏山**
至正	八	集千家注分类杜工部集二十五卷　张续志四·陆志六八·陆续跋一二·学部馆目五·森志六·邓目二·北平图书馆·图书寮·积翠文库
	子	**存存斋　读易楼　俞氏**
至正	八	周易集说十卷　陆续跋一·学部馆目一·静嘉堂
	子	**存惠堂　张氏**
至元	元	经史证类大观本草三十卷　杨志九
	子	**存耕堂　严氏**

壬午（至正二？） 和剂局方·图注本草·药性歌·括总论四卷　森志补遗

子　存耕堂　唐氏（？）　见齐芳书院

子　孝永堂

大德　八　伤寒论注解十卷　孙记补遗一

宀　宗文书院

大德　六　经史证类本草三十一卷　四库提要一〇三·天禄琳琅续一〇·钱日记一·孙记一·同续·丁志一六·陆志四五·杨续谱七

无年号　本草衍义二十卷　陆志四五

同　五代史记七十五卷　张志八·瞿目八·朱目二

宀　宗文书堂　宗文堂　郑天泽　建安

至顺　元　静修集二十二卷补遗二卷　张志三二·瞿目二二·陆志九六·沈志五八·傅目四

同　增广太平惠民和剂局方十卷指南总论三卷　瞿目一四·森志补遗·缪续记二·图书寮

无年号　书集传音释六卷　北平图书馆

同　大广益会玉篇三十卷　杨志三·杨谱三

同　鼎雕铜人腧穴针炙图经三卷　孙记二

正德　元　五伦书六十二卷　天禄琳琅续一六

嘉靖　三　蔡中郎伯喈文集十卷外集一卷诗集二卷独断二卷　缪记六

一六　初学记三十卷　森志五

无年号　艺文类聚一百卷　陆志五九·陆续跋一〇

寸　尊贤堂　高昂霄　平水

皇庆　二　河汾诸老诗集八卷　缪续记六

	小	**小村书塾 谭氏**
皇庆		村西集十卷 森志六·图书寮
同		西翁近稿十一卷 图书寮
	尸	**居敬书堂 桃溪**
至正	二	周易程朱先生传义录十七卷 吴记一·张续志一·陈目一
	尸	**屏山书院**
至正二〇		止斋先生文集五十二卷 瞿目二一
同		方是闲居士小稿二卷 丁志三一·陆志八九
	山	**崇川书府 见南谿精舍**
	山	**崇道精舍 彭寅翁(安成郡)**
无年号		史记集解索隐正义一百三十卷 张志八·瞿目八·森志三·杨谱四·图书寮
	巾	**师山书院 郑玉**
无年号		春秋经传阙疑四十五卷 瞿目一五
	广	**广信书院**
大德	三	稼轩长短句十二卷 杨录五
	广	**广勤堂 广勤书堂 叶日增——景逵 建安**
天历	三	脈经十卷 张志二二·瞿目一四·森志补遗
洪武一九		丹墀独对二十卷 阁库
永乐一二		大广益会玉篇三十卷 成箦堂
壬寅(永乐二〇?)		集千家注分类杜工部诗二十五卷文集二卷 天禄琳琅六·瞿目一九·杨录四·丁志二四(圭山书院本再印)
无年号		唐诗始音辑注一卷正音辑注六卷遗响辑注七卷 孙记一

宣德以前	万宝诗山三十八卷　清话四·莫录一·静嘉堂·米泽①图书馆
正统　九	增广太平惠民和剂局方十卷指南总论三卷图经本草一卷　森志补遗
一二	针灸资生经七卷　瞿目一四·陆续志四·丁志一六·森志补遗·陆跋七
成化　九	埤雅二十卷　森志二
廴	**建安书院　建宁**
至正　九	蜀汉本末三卷　瞿目九
廴	**建安书堂　李氏**
后至元二	皇元风雅前集六卷后集六卷　陆志一一六
廴	**建阳书院　詹氏**
大德	古今源流至论前集十卷后集十卷续集十卷别集十卷　清话四
彳	**复古堂**
后至元三	李长吉歌诗四卷外集一卷　张续志四
彳	**德星书堂**
至正一一	重刊明本书集传附音释六卷　张志二·瞿目二·瞿影
彳	**德新书堂　德新堂　吴氏　富沙碧湾**
后至元三	四书章图纂释二十卷　森志二·阁库
攵	**敏德书堂**
泰定　三	直音傍训周易句解十卷　森志一·杨续谱一
至顺　元	广韵五卷　森志二·杨志三·杨续谱一·陆

①编者按：原稿为“译”，当以“泽”为是。今改。

		续跋四
无年号		直音傍训尚书句解十卷　杨谱一
	日	**日新书堂　日新堂　刘锦文字叔简　建安**
元统	三	广韵五卷　米泽图书馆
后至元	四	春秋集传释义大成十二卷　森志二·杨谱一
	六	揭曼硕诗三卷　张志三三·傅目四
同		伯生诗续编三卷　莫录二
	七	五百家注音辩[1]昌黎先生文集四十卷　森志六
至正	元	朱子成书十卷　瞿目一三·学部馆目四·故宫影·北平图书馆
	六	汉唐事笺对策机要前集十二卷后集八卷　张志二六·瞿目一七
	七	诗经疑问七卷附录一卷　瞿目三
	八	春秋胡氏传纂疏三十卷　陆续志二·瞿目五·莫录二·尊经阁
	九	太平金镜策八卷　浙录壬
	一二	诗传通释二十卷　天禄琳琅五·张志三·瞿目三·丁志二·森志一·陆志五·陆续跋二·缪续记二·尊经阁·静嘉堂·北平图书馆
	一五	增修互注礼部韵略五卷　森志二·杨志四·学部馆目一·图书寮·北平图书馆
	一六	新增说文韵府群玉二十卷　天禄琳琅续一〇·杨谱三
	一七	明州本排字九经直音二卷　森志二·阁库

[1] 编者按：原稿为“办”，当以“辩”为是。今改。

至正癸丑（洪武六） 春秋金钥匙一卷 丁志三
无年号 童溪先生易传三十卷 天禄琳琅续二
同 新编方舆胜览七十卷 森志三

日 日新堂 高氏 建安

无年号丙午（大德一〇？至正二六？） 增广惠民和剂局方十卷 森志补遗·陆志四六·图书寮

日 明复斋——见南谿精舍

日 会文堂 云衢

至大 元 集千家注批点杜工部诗集二十卷文集二卷附录一卷 森志六·傅目四·图书寮
元统 三 文场备用排字礼部韵注五卷 阁库

月 月洲书院——见中溪书院

木 东山书院——见古迂书院

木 桂山书院 茶陵

无年号 孔丛子七卷 天禄琳琅续一〇

木 梅溪书院

大德一一 校正千金翼方三十卷 森志补遗·杨谱七·缪续记二
泰定 元 类编标注文公先生经济文衡前集二十五卷后集二十五卷续集二十二卷 天禄琳琅六
四 书集传纂疏六卷 张志二·森志一·陆志四·陆续跋一·静志一·北平图书馆·阁库
元统 二 韵府群玉二十卷 森志五·成篑堂
后至元三 皇元风雅三十卷 瞿目二三

木 梅谿书院 刘氏 平江路天心桥南

无年号 郑所南先生文集一卷·清隽集一卷·百二十

图诗一卷·锦残余笑一卷　清话四

木　**梅隐书院**

无年号　书集传十卷　杨谱一

木　**梅隐书堂**

至元二四　明州本排字九经直音二卷　四库提要三三·莫录一

止　**武溪书院　庐陵**

泰定　三　新编古今事文类聚前集六十卷后集五十卷续集二十八卷别集三十二卷新集三十六卷外集十五卷遗集十五卷　孙记一·丁志二〇·缪记五·韩目·北平图书馆·阁库·京大·东方文化东京研究所

止　**岁寒堂　范氏**

天历　元　范文正集二十卷别集四卷 张志三〇·瞿目二〇·缪记六·潘记三·学部馆目五·故宫影·北平图书馆·静嘉堂

元统　二　政府奏议二卷　张志一二·丁志八·陆志二五·陆续跋七·学部馆目五·刘影二·潘记三·北平图书馆·静嘉堂

水　**泰宇书堂　庐陵**

至正　三　增修妙选群英草堂诗余二卷　清话四

水　**活济堂　窦桂芳　燕山**

至大　四　新刊黄帝明堂针炙经一卷伤寒百问伤寒百证经络图九卷　森志补遗　针炙四书八卷　张志二二·瞿目一四

水　**清江书堂　杨氏**

至正　　　通鉴纲目大全五十九卷　钱日记一
无年号　　和剂局方十卷　森志补遗
宣德　六　大广益会玉篇[①]二十卷　杨谱三
　　　玉　**玉融书堂　建安**
至正一七　阴阳备用选择成书十二卷　浅野图书馆
　　　石　**碧山精舍**
无年号　　湖海新闻夷坚续志二十卷　阳明文库
　　　皿　**益友书堂　孙存吾字如山**
至元　六　范德机诗集七卷　瞿目二二 · 丁志三三 · 宋元书景
无年号　　新编翰林珠玉六卷　瞿目二二 · 陆志一〇〇 · 陆续跋一三 · 静嘉堂
同　　　　皇元风雅前集六卷后集六卷　森志六 · 丁志三八 · 陆志一一六
　　　禾　**秀岩书堂**
丙午（至正二六？）　增修互注礼部韵略五卷　杨谱三
戊申（至正二八即洪武元？）　韵府群玉二十篇　杨志四
　　　禾　**积诚堂　郑氏**
后至元六　纂图增新群书类要事林广记二十卷　图书寮
　　　禾　**积德书堂**
至正　九　伊川易解六卷系辞精义二卷　杨志一
　　　禾　**积庆堂——见圭山书院**
　　　竹　**竹坪书堂　庐陵**
至正　九　周易程朱先生传义附录十五卷首一卷　阁库

---

①编者按：原稿为“玉编”，当以“玉篇”为是。今改。

米　精一书舍

延祐　四　孔子家语三卷　森★志四

羽　翠峰丹房

大德一〇　清庵先生中和集前集三卷后集三卷　阁库

羽　翠岩精舍　刘君佐　刘氏家塾　建东阳

延祐　元　周易传义十卷　森志一・图书寮

泰定　四　朱子诗集传附录纂疏二十卷　钱日记一〇・张志三・瞿目三・陈目一・莫录二・陆志五・陆集一六・静嘉堂

同　三家诗考六卷　杨录一

天历　二　新编古赋解题前集十卷后集八卷　天禄琳琅六

至正一四　陆宣公奏议十五卷　张志二九・阮外集五・朱目四・朱志二・瞿目九・丁志八・陆志二五・杨录四・韩目・江苏目二・静嘉堂

一五　集千家注批点杜工部诗二十卷　久原文库

一六　大广益会玉篇三十卷　森志二・杨志三・杨谱三

同　广韵五卷　刘影一

同　四书笺注批点？卷　学部馆目一・北平图书馆

甲午（永乐一二？）　尚书辑录纂注六卷　陆志四・陆续跋二・静嘉堂

永△乐一六　纂图新增群书类要事林广记前集后集续集别集新集外集各二卷　陆志六〇・陆续跋一一・静嘉堂

成化　五　通真子补注脉诀三卷脤诀秘括二卷　森志补遗

无年号　国朝文类七十卷　刘影五

臣　临汝书院　抚州路

丁未（大德一一？）　通典二百卷　陆跋四

臼　与耕书堂　朱氏　建安

无年号　大广益会玉篇三十卷　吴记一·陆志一三·静嘉堂

同　续宋编年资治通鉴十八卷　丁志七·陆续跋六·江苏目二·静嘉堂

臼　兴庆书堂　妃仙

至正二一　增修互注礼部韵略五卷　张志七·瞿目七·清话四

臼　兴贤书院　庐陵

至元二〇　滹南遗老集四十五卷　张志三二

草　万玉堂

至元　五　分类补注李太白诗二十五卷　天禄琳琅续一一

无年号　太玄经十卷　缪续记

草　万卷堂　麻沙

延祐　元　孟子集注十四卷　森志二（据图书寮藏本木记补写）

草　苍岩书院

泰定　元　标题句解孔子家语三卷　森志四·成篑堂

虍　虚谷书院　方回

大德　三　牧潜集不分卷　陆续跋一三

西　西湖书院

泰定　元　文献通考三百四十八卷　丁志一三·瞿目一二

后至元五　同　陆志三五·陆续跋七·瞿目一二·潘记一

至正　二　国朝文类七十卷　瞿目二三·朱目四·陆志

一一六·丁志三八·杨录五·傅目四

二三　金陀粹编二十八卷续编三十卷　张志一三·瞿目一〇·潘记一·陆志二六

西　西园精舍

至正二四　诗苑丛珠三十卷　天禄琳琅六

无年号　新编纂图增类群书类要事林广记前集后集续集各十三卷别集十一卷　阁库

永★乐一四　刘向说苑二十卷　森志四

言　读易楼——见存存斋

豕　豫章书院　沙阳

至正二五　豫章罗先生文集十七卷　瞿目二一·丁志二九

辵　进德斋　曹氏　平水

大德　三　尔雅郭注三卷　瞿目七·朱志一

至大　三　翰苑英华中州集十卷中州乐府一卷　张志三五·瞿△目二三·陆志一一五·陆续跋一四

佳　双桂书堂　余氏　建安

无年号　广韵五卷　陆续跋四·杨谱三·森志二

成△化二三　剪灯余话全相五卷　阁库

佳　双桂书堂(同前乎)

至正一一　诗集传音释二十卷　张志三·瞿目三

雨　雪窗书院

无年号　尔雅郭注三卷　张志七·朱目一

雨　云庄书堂

无年号　古今事文类聚前集六十卷后集五十卷续集二十八卷别集三十二卷新集三十六卷外集十五卷　森志五

雨　云坡家塾

无年号　类编层澜文选前集十卷后集十卷续集十卷别集十卷　天禄琳琅六

页　颐真堂　司氏　平阳

至元三〇（？）　新刊御院药方十一卷　森志补遗·杨志一〇

食　余庆堂　陈氏　建安　妃仙

皇庆　元　宋季三朝政要五卷附录一卷　陆志二一·陆续跋六·森志三·静嘉堂

至正一五　增修互注礼部韵略五卷　静嘉堂

无年号　续宋中兴编年资治通鉴后集十五卷　张志九·瞿目九·陆志二一·陆跋三·陆续跋六·丁志七·蒋目二·学部馆目二·北平图书馆·静嘉堂

无年号　续宋编年资治通鉴十八卷　陆志二〇·陆续跋六·森志三·静嘉堂

齐　齐芳堂　齐芳书院　章林书院？　存耕堂？　唐氏　讷斋

无年号　尚书表注二卷　张志二

龟　龟山书院

至顺　四　道命录十卷　天禄琳琅六

以上为自刊行者之堂号所成之表。今再以刊行者之姓，别列为表。凡在上列之外者，则表示各刊行之书。兹再列表如下：

人　余彦国——见励贤堂

人　余志安——见勤有书堂

人　余氏——见勤德堂及双林书堂

人　俞氏——见存存斋

	刀	刘克常 建阳
无元号丁未		新笺决科古今源流至论前集十卷后集十卷续集十卷别集十卷 杨录三·丁志二〇
	刀	刘叔刚——见日新书堂
	刀	刘君佐——见翠岩精舍
	刀	刘承父 建安
无元号癸未		新刊续添是斋百一选方二十卷 陆志四六·陆跋七·森志补遗·杨志一〇
	刀	刘氏——见南涧书室及梅谿书院
	刀	刘氏书肆 建阳
至正二三		楚国文宪公雪楼程先生文集三十卷附录一卷 丁志三三·陆续跋一三
	刀	刘衡甫
至正 九		联新事备诗学大成三十卷 丁志二〇
	刀	刘通判宅——见仰高堂
	刀	刘锦文——见日新书堂
	口	司家——见颐真堂
	口	吴氏——见友于堂及德新书堂
	口	周家书肆 闻德坊
元初		西子学易编一卷 四库提要三
	口	唐氏——见齐芳堂
	口	严氏——见存耕堂
	子	孙如山——见益友书堂
	子	孙存吾——见益友书堂
	子	孙氏 盱南
无元号丁未		详音句读明本大字毛诗四卷 瞿目三

弓　张氏——见中溪书院及存惠堂

弓　张氏　云衢

至治　三　宋季三朝政要六卷　森志三·阁库·静嘉堂

同　　续宋中兴编年资治通鉴十五卷　陆跋三

同　　续宋编年资治通鉴十八卷　莫录二·缪续记四·阁库

乡　彭寅翁——见崇道精舍

方　方回——见虚谷书院

日　曹氏——见进德斋

木　朱氏——见与耕书堂

木　李氏——见建安书堂

木　梁宅　平阳府　尧都

元贞　二　论语注疏[①]二十卷　杨志二·杨谱三·缪记一

木　杨氏——见清江书堂

殳　段子成　平阳道佥幕

中统　二　史记集解附索隐一百三十一卷　钱日记一·吴记二·莫录二

水　沈氏家塾　璜字伯玉　花溪

后至元五　松雪斋集十卷外集一卷附录一卷　天禄琳琅续一一·陆志九六·丁志三三·缪记七·潘记三

水　潘屏山——见圭山书院

水　溪山道人——见田紫芝

王　王氏——见中和轩

①编者按：原稿为“琉”，当以“疏”为是。今改。

田　田紫芝　字英淑　溪山道人　溪山家塾
至元三〇　山海经十卷　杨录三
至治　元　四书疑节十二卷　浙录丙
穴　窦氏——见活济堂
耳　耶律氏　燕京中书侍郎宅
无年号　西游录一卷　图书寮
肉　胡氏——见古林书堂
虍　虞氏——见务本书堂及南谿精舍
虍　虞氏　建安
至治　全相平话不分卷　阁库
草　范氏——见岁寒堂
草　叶日增——见广勤堂
草　叶曾——见南阜书堂
草　叶敦　石林　三衢
至正　三　新刊冷斋夜话十卷　天禄琳琅续一〇·陆志五七·陆续跋一〇
草　董氏——见万卷堂
草　蔡梅轩
后至元四　群书通要七十三卷　阮外集三
后至元[1]六　增修诗学集成押韵渊海二十卷　天禄琳琅一〇·丁志二〇·阁库
弘治　七　精选东莱先生左氏传博议句解十六卷　丁志三
草　蔡氏　建安
无年号　玉篇三十卷　森志二

①编者按：原稿为“正元”，当以“至元”为是。今改。

	言	许宅　平水
大德一〇		重修政和经史证类备用本草三十卷　森志补遗·陆志四五
	言	詹氏——见建阳书院
	言	詹璟　建安
至正	九	蜀汉本末三卷　瞿目九
	言	谭氏——见小村书塾
	走	赵国宝　龙山
至大	三	翰苑英华中州集十卷　缪续记六
	邑	郑天泽——见宗文书堂
	邑	郑明德　建安
天历	元	礼记集说十六卷　陈跋·丁志二·森志一·图书寮·阁库·足利学校
	邑	郑氏——见积诚堂
	邑	郑玉——见师山书院
	阜	陈仁子——见古迂书院
	阜	陈忠甫
天历	三	楚辞集注八卷辨证二卷后语六卷　清话四·阁库
	阜	陈氏——见余庆堂
	阜	陈氏家塾(同古迂书院否)
无年号		尹文子二卷　张志二四
	阜	陈氏书堂　妃仙(或同余庆堂否)
无元号癸丑		伤寒直格三卷后集一卷续集一卷别集一卷　瞿目一四
	高	高昂霄　见尊贤堂

高　　高氏——见日新堂

所谓元朝私刻本者，就予直接间接见闻所及，已如上述；然予所目睹者，——目录著录——或已考为明刻者，从不阑入。故暂不从旧说。但明非元时者则剔除之。元时书肆，其业及于明时者，其明时所刻书，在便宜上附以符号而后著录之。又同一书之板本，因卖买而重复著录，为实物对照之便，势所难免。

《书林清话》著录者，因上表省略不列，今附记于此：

刘震卿　大德一〇　汉书一百二十卷　森志三

右本据《森志》有"缝心有大德十年刻刘震卿八字"之语，刘某为刻工之名。在版心记出资者之堂号斋号，最为少数；而姓名只刻于或页之上。非然者，殆不知例类。

武夷书室　熊禾　至元二六　易学启蒙通释二卷　四库提要三

《四库提要》之文，未必认为熊氏家刻。

万卷堂　建安　无年号　王状元集百家注分类东坡先生诗二十五卷附东坡纪年录一卷　吴记五·森志六·图书寮·静嘉堂

按原本，似为宋刊元修本。

诚意斋　集书堂　汪氏　无年号　增刊校正王状元集注分类东坡诗集三十二卷纪年录一卷　天禄琳琅六·积翠文库

见石井氏藏本，明为明覆元刊本。以书堂之上四字，在覆刻之际改刻，与下二字不合。

关于同一板本，因卖买而再印，旧所知者有《集千家注分类杜工部诗集》。《书林清话》卷四，元建安"叶氏刻书"之条，述之甚详。在《天禄琳琅》卷六云，此勤有堂移于广勤堂者。然予近次，并其厚本比较对校各书影之结果，两者全然别板，如在表中所示，覆刻勤有堂刊本之圭山书院本，移于广勤堂者，从其木记之外廓及其他，得以考证。然广勤堂本之刊年为壬寅，早在永乐二十年也。于《和剂局方》等，为同板本之转印者，亦为此种之一例。

以下按上表所记，试稍加考察。

先试为地理的考察，以刻于当时之建宁路，即今日福建之地者为最多。此为先辈所已知之事实。据元《地理志》建宁路分为建安、瓯宁、浦城、建阳、崇安、松溪、政和七县。上表中称建安者，有：中溪书院、务本书堂、勤德堂、励贤堂、南涧书堂（又称麻沙）、同文堂、宗文书堂、广勤堂、建安书院、建安书堂、日新堂、玉融书堂、与耕书堂、双桂书堂、余庆堂、刘承文、虞氏、蔡氏、詹璟、郑明德之多。称建阳者，有：建阳书院、翠岩精舍、刘克常、刘氏书肆。称崇化者有勤有书堂。称麻沙者有仰高堂、南涧书堂、友于堂、万卷堂等。而其中如务本书堂、勤有书堂、宗文书堂、广勤堂、日新书堂、翠岩精舍等，则为刻书最多之书肆。何为悉发生于此地，则其刻书风气之盛，可知也。

建安刻书，虽多而劣，不必多述。而建宁以外，即首推庐陵，有古林书堂、武溪书院、泰宇书堂、兴贤书院，此则属今日之江西省也。南宋杭本，最为上乘，其地属今之浙江，其地名有三衢、海宁、花溪等。元代刻书之地，最有特色者，为自金以来今山西之地，平阳、平水属之。平阳有颐真堂、张氏、梁氏、段氏；平水有中和轩、尊贤堂、进德斋、许氏等。蜀本，如上表所见，无之。明记之书颇少，惟此表判明者，加以考证以正其非，聊资参考而已。

家刻本与坊刻本，若严加区别，则甚困难。惟在初所述书坊刻书风气之盛，为要言不烦耳。

最后，按刻书之种类，元代一时科举中绝，刻书之业，实受宋以来科举之影响。经书属于新注者多，如：《周易本义附录集注》《周易程朱传义》《易传会通》《书集传》《书蔡氏传旁通》《书集传音释》《书集传纂疏》《尚书辑录纂注》《诗集释音释》等，只上表所列，有四版之多。关于四书者，纂图互注本、句解等亦然，而表中所无，无刊记者，亦颇多。字书韵书用于俗学者，只上表所列，《大广益会玉篇》有五种，《广韵》五种，《礼部韵略》六种不同之版本。史部则多关系于《通鉴》者，子部则多为医书及类书。除医书为实用者外，其他则皆为帖括之风所致。尤其特殊者为类书，上表所列有重版者不过《古今源流至论》《古今事文类聚》《事林广记》等；表之内外，后世不名俗书者颇多。集部则元人诗文集之外，李杜之集最为盛行，此亦一旁证也。

予所作表，拟更为详考。然只此表所列，篇幅已巨，完备之作，期之他日；今殆止于表云尔。

原著一九三三·二、二一日作，其明年五月廿七日译成于四部书斋。

附录

表中略称之说明

四库提要	四库全书总目提要
阮外集	揅经室外集
浙录	浙江采集遗书总录
莫录	宋元善本书经眼录

朱志	开有益斋读书志
森志	经籍访古志
杨志	日本访书志
叶志	郎园读书志
黄书录	百宋一廛书录
孙记	平津馆鉴藏书籍记
吴记	拜经楼藏书题跋记
钱日记	竹汀日记钞
清话	书林清话
天禄琳琅	天禄琳琅书目
张志	爱日精庐藏书志
瞿目	铁琴铜剑楼书目
丁志	善本书室藏书志
杨录	楹书隅录
陆志	皕宋楼藏书志
沈志	抱经楼藏书志
朱目	结一庐书目
缪记	艺风堂藏书记
陈目	带经堂书目
邓目	群碧楼善本书录
潘记	滂喜斋藏书记
蒋目	传书堂书目
傅目	双鉴楼书目
韩目	云间韩氏藏书目
陆跋	仪顾堂题跋
学部馆目	学部图书馆善本书目

江苏目	江苏第一图书馆覆板善本书目
杨谱	留真谱
瞿影	铁琴铜剑楼宋元本书影
刘影	嘉业堂善本书影
故宫书影	故宫善本书影
盋影	盋山书影
成篑堂	德富苏峰氏
积翠文库	石井光雄氏
尊经阁	前田侯
光庆图书馆	蜂须贸侯（同馆寄托）
阳明库	近卫家（京大寄托）
阁库	内阁文库

○校本　　△钞本　　★翻刻本

（原载《人文月刊》第6卷第5、7期，1935年）

语言文字

目 录

【附译作】

说文解字集注[①]

部首篇（抽印部首之部）

《说文解字》第一

十四部

一 惟初太始，道立于一，造分天地，化成万物。凡一之属皆从一。于悉切。弌古文一。

一之形于六书为指事。许氏言六书以指事为首，故以一冠全书。其言“惟初太始，道立于一”云云，只不过堂皇其说而已，非真有哲理存焉也。《汉书》曰：“元元本本，数始于一。”或汉人本有其说，许氏引之以为解说欤。《礼运》曰：“夫礼必本于大一，分而为天地。”许氏造分天地之说本此。《老子》曰：“道生一，一生二，二生三，三生万物。”为许氏化成万物之说所本，故谓许氏为哲学家。《说文》一书始一终亥，为哲学家言，不攻自破。徐锴仿《易·序卦》作《说文解字部叙》，未始非误于以字书为哲理书之一念矣。所云凡某

①编者按：本篇书名号为整理者所加。局部标点有改动。

之属皆从某者，《自序》所谓“分别部居，不相杂厕”也。许氏之功，即在于此。近人石氏谓一者平画，乃原始造文八法中之一式，不可以为部首。此一人私言，不可为训。

顾惕森先生曰：“凡大徐音切，悉录自孙愐《唐韵》。孙书久佚，赖此可征。”

段玉裁曰：“凡言古文者，谓仓颉所作古文也。此书法后王尊汉制，以小篆为质，而兼录古文籀文，所谓‘今叙篆文，合以古籀’也。小篆之于古籀，或仍之，或省改之。仍者十之八九，省改者十之一二而已。仍则小篆皆古籀也，故不更出古籀。省改则古籀非小篆也，故更出之。”

顾惕森先生曰：“弌从弋，会意兼指事。弋杙古字通。《周礼·牛人》注曰：‘杙谓之杙，可以系牛。’《尚书大传》：‘椓杙者有数。’注曰：‘杙者系牲者也。”案《曲礼》：‘问度人之富，数畜以对。’故一二三，古文皆作弌弍弎，从弋以记数欤。徐锴曰：‘弋者物之株橛，义主于数，非专一之一。若言一弋二弋三弋，如今人言一个二个一枚二枚。’（《系传》）盖弌弍弎又为后起分别字，特造以记数。与一二三释言专一或‘二三其德’之义者不同，许君从其本同，故系之重文。后世弌弍弎又废，则用壹贰叁等字矣。”

又曰：“许书正篆，本糅合古籀篆三体为之，而于重文复著古文籀文篆文者。段玉裁曰：‘盖所谓即古文而异者是也。’钱大昕曰：‘作字必先简而后繁，有一二三，然后有从弋之弌弍[①]弎，以是知许所言古文者，古文之别字，非弌古于一也。’（《汗简跋》）钱段二家之说至确。若罗振玉据古金文有

①编者按：原稿为“段”，当以“弍”为是。今改。

一二三，无弌式弎谓《说文》所录古文，多六国诡更正文之体，则不知古人鼎彝铭刻与简策篆写，容有异体，未可以一概论矣。”

丁福保曰：“贾逵修理旧文，逵弟子许慎承其师说撰《说文解字》十四篇。自言‘叙篆文，合以古籀’，即古籀篆三体同者入正篆，而别以三体特异者入重文。六艺群书之诂，皆训其意，至于天地鬼神，山川草木，鸟兽虫鱼，杂物奇怪，王制礼仪，人间世事，莫不别载，盖其集篆籀之大成……故吾人处千载之下，而独得见古人造字之精神者赖有此书存也。”

二　高也。此古文上，指事也。凡二之属皆从二。时掌切。丄，篆文上。

按此条许氏与段氏略有出入，许氏古文作丄，篆文作上；段氏改古文作二，篆文作丄。据帝下旁下示下皆云从古文上为证，其说较确，今依段氏校改。自段氏此说出后，持许说者纷纷攻段，如王筠《说文系传校录》《说文释例》、钮树玉《段注订》、徐承庆《段注匡谬》皆以不改为是。至甲骨文字出，于是古六书中指事之法，一在一上之意乃得复睹。王国维释一田为上甲，罗振玉曰：“一田即上甲二字合文，许书帝古文作帝，注：古文诸上字皆从一、篆文皆从二,二古文上字。考之卜辞及古金文帝示诸文，或从一或从二。知古文二亦作一。”然则许氏解之曰高也者，亦犹高高在上之意耳。郭璞《尔雅·释亲》注“高者言最在上”，其言可证。许氏部首始一次上，亦犹本书序文所言六书首曰指事之意。丄，篆文上。段氏谓“今各本篆作上，后人所改”。徐灏曰：上下无形可象，故于一画作识，加于上为上，缀于下为下，是谓指事。《自序》

曰：指事者视而可识，察而见意也。不以为会意者，意属于虚；凡有事物可见者，皆指事也。弍氏订正古文丄作二，宋张有《复古编》、李从周《字通》，皆如此作。盖《说文》旧本如是，惟以为小篆则误。古文或纵或横相承，笔迹小异，丄丅犹二二耳。郭忠恕《汗简》引《王庶子碑》上作二，《华岳碑》下作⼆，乃最古之体也。篆文且秦《峄山刻石》有之，今摹本尚存，不得谓后人所改。

石广权曰："古文上下二字其文各有二。其表示名位之高氐者，上作二，下作二，各以短画或圆点加于平画之上下是也。其为自下而上及自上而下之动词者，上作丄，下作丅，各以直线或曲线分加于平画之上下是也。许书以动词之丄为位高之二，并以动词之丅为位氐之二，大谬。"石说存参。

示　天垂象，见吉凶，所以示人也。从二。三垂，日月星也。观乎天文，以察时变。示神事也。凡示之属皆从示。神至切。𠀀，古文示。《系传》《韵会》作不，《玉篇》作不。

按"天垂象，见吉凶"，一语为《易·系辞传》文，"观乎天文，以察时变"，一语为《易·贲·彖传》文；许氏两引《易》语而不明言《易》曰者，以全书为字书，博征古说不及一一细别故也。所以示人也者，以示视古字通，天垂象所以视人也。《说苑·辨物篇》曰："玄象著明，莫大于日月；察变之动，莫著于五星。"是也。许氏谓"三垂，日月星也"者，盖以小非字，故谓三垂；又恐人误会其意，故承上文天垂象而云为日月星耳。徐锴谓："三垂者，左画为日，右画为月，中画为星也。"饶炯《说文部首订》引后世字书，定为古文作不，谓左形大为日，中形曲而长为月，右形小为星。均属望文生义，不可信。其言"示神事也"者，以示部从示诸字多有神义而言也。古文示，大徐作𠕁，非是。小徐作𢀓，钟鼎文有二体，可信。罗振玉曰："今卜辞示多作𡗗，间有省作亍者。金文中从示之字，亦示𢀓互见。其下三垂无作小者。"故知大徐本为传钞之误。萧道远《说文重文管见》谓"按一，天也"，其说可信。顾惕森先生曰："其横画在上者，或一画或二画，非有异义。天大不可为象，故以横画为表识。其从画或一或三，均为表识其所示。是多不过三，少不过一，不必限于垂象者为日月星也。"是也。又曰："或曰：'法国人拉克伯里谓中国人种来自西方，西方古国迦尔齐亚（Chaldia）以上帝为诸神之极，则日月星为最尊贵之神。故中国造字于示字即含此义。'此说亦不免附会。"征之甲骨文省作亍、丅，而益见或人说之无稽。

三　天地人之道也。从三数。凡三之属皆从三。（稣甘切。）弎古文三，从弋（《系传》无"从弋"二字）。

《易·说卦传》曰："立天之道，曰阴与阳；立地之道，曰柔与刚；立人之道，曰仁与义；兼三才而两之，故《易》六画而成卦。"其《系辞传》又曰："《易》之为书也，有天道焉，有地道焉，有人道焉，兼三才而两之故六。六者非他也，三才之道也。"为许说所本。本书下文云："三者天地人也。"又云："天大地大人亦大。"均与此同意。意者自创造文字以迄两汉，为时已远，读者见此三画，不复能明古人制字之旨，故曲为之说，许氏因而本之欤？故《淮南子·墬形篇》曰："天一、地二、人三。"《素问》曰："天地之至数始于一，终于九焉。一者天，二者地，三者人。"凡此皆汉时旧说。实则古者浅化之世，人民数目观念未清，所以卦象始于三才者，以当时仅能知此数耳。陈柱《释数篇》，详述古人数之观念进展史，曰："古人数物，其第一期为至三而止，第二期为至五而止，与六七以后别为一时期。”其考证至为详核，可信。《史记·律书》：“数始于一，终于十，成于三。”《说苑·辨物篇》曰：“发于一，成于二，备于三。”是汉时人犹有知其说者。许氏谓“从三数”，恐即是古人相传之遗说，段氏以其不可解，改为“数名，天地人之道，于文一耦二为三，成数也”。后之学者遂过信黄公绍《韵会》而不知返，则其义遂湮矣。陈氏又曰：“故说弌弍弎三字者吾独颇有取于刘师培胡以鲁之说焉。刘师培云：‘结绳之字不可复考，然观一二三诸字古文作弌弍弎，盖田猎时代以获禽记数，故古之一二三三字，咸附列弋字于其旁，所以表田猎所得之物数也。’胡以鲁云：‘纯体指事，近于象形，如弌弍弎纯体指事也。吾观台湾土人县记数珠于弋形之架下也，想见其象形矣。’盖弌弍弎古本象形而兼指事之字，当结绳时代，人民游牧所弋获之禽兽，记数于弋绳之端，由结绳变而为文字，故象其形为弌弍弎也。胡氏谓‘台湾土人县记数珠于弋形之架下’，以今证古，足为弌弍弎为象记数弋下之形之证。可知说数止知一二三之时，其人民正当恃弋以为生活之时期，故加弋于一二三而为弌弍弎也。”案自来解释古文三作弎，无逾于陈氏者。然则先有弎而后有三，许氏又乌能睹其本义乎。三古文作弎，篆文作三，或篆文省改古文为之，或假借别有本义之三字为之，今不可征考。

王　天下所归往也。董仲舒曰：“古之造文者，三画而连其中，谓之王。三者天地人也，而参通之者王也。”孔子曰：“一贯三为王。”凡王之属皆从王。（雨方切。）𤣪古文王。

朱骏声曰：“此字为学者一大疑问。谓为苍颉所造耶？轩辕承三皇之终，肇五帝之始，为臣民者称君为皇为帝，无王称，字安用之？唐虞之书，未有王字，始见于《禹贡》王屋。夏谚‘吾王不游’，则字当起于夏；然《尧典》闰月，字已从王，又似不始于夏。疑莫能了也。”又谓：“王古文作𠙺，《华岳碑》作𤣪，杨氏阡作𤣩，则以一贯三之说，亦殊难定。”案王字古今学者聚讼纷纭，诚为千古一大疑案。顾惕森先生曰：“谓三画而达其中谓之王者，犹谓亥有二首六身（《左襄三十二传》）、推十合一为士（《说文》），皆古人假象说字，比诸后世江湖测字之流，应机说法之伦，而非其本义也。”顾先生痛辟前人谬说，至比诸后世江湖测字之流，至为畅快。此字篆文，自许氏所不敢释，只称引孔子董子之说以塞责，则其苦心可知矣。后世迷恋于三者天地人也之谬说，遂至缭绕于参通一语，作茧自缚，终不得出。愚意此是古者象形文字。王者与人无异，何得为象？象其身上所佩之玉，如冕旒所饰物而已。此当在新石器后期，为时甚古，故后世不能发明其说耳。譬之：帝字原为蒂字（从吴大澂罗振玉两君说），皇字原为王冠（从汪荣宝说），主字原为火炬，亦皆象形文字；自汉世学者已不能明白，直至今日金甲文之学大盛以后，乃得说明。徐灏曰：“王与玉篆体相似，故以中画近上别之。古文𠙺下曲，亦所以识别也。”愚意两字不但相似，在其初直是同字。不过初时玉不易得，故王者乃能佩之，可以别异于人；及至后世盛用玉器，乃分为两字耳。金文姑冯句鑃作王，古鉩文作王、𤣩、𤣩、王、𤣩，皆不象三画而连其中，孔子所谓一贯三为王者，亦《说文》多不过三之意。汉蔡邕书《夏承碑》作王，知隶书亦源出金文。可证三画四画，原无一定，求其象玉饰而已。至于古文作𠙺，金文或作王、作王、作𤣩，则另为一系统，疑从主字分化而来，后世乃混合为一。许氏谓王者天下所归往也，原是《乾凿度》文，此为从声得义与字形无涉。章炳麟谓："王即皇，大也，王亦训大。盖古三王只作王，夏以来分别作皇尔。孳乳为喤，小儿声也；为瑝，玉声也；为锽，钟声也；皆大声也。"其说至确。

俞樾曰："许君所征引，未足据也。古金玉字亦作王，玉部曰象三玉之连，丨其贯也。然则玉字亦三画而连其中，古之造文者不太无别乎？今按王字从二从十，二者天地也。二者亟篆下说解曰，二天地也，是其义也。十者四方也。十部曰，十数之具也，一为东西，丨为南北，是其义也。王者中天下而立，其德上际于天，下极于地，东西南北，无思不服，故其字从二从十，而天地四方无不具矣。是谓天下所归往，非止通天地人之谓也。至玉字从三玉相连，自是制字者本意。而王字从二从十，适与相似；古人虑其无别，故王字作⿻王凵，玉字或作⿱一⿻王丅，许书所收为古文者，是也。然于字义实皆不合，故后人又有王字中画近上，玉字三画适均之说。"俞说存参。

王　石之美（桂馥观当云石之美者）有五德（段玉裁谓新补者字）：润泽以温，仁之方也；鰓理自外，可以知中，义之方也；其声舒扬，专以远闻，智之方也；不挠而折，勇之方也；锐廉而不忮，洁之方也。象三玉之连，丨其贯也。凡玉之属皆从玉。（鱼欲切。）

案李阳冰曰："三画正均，如贯玉也。"金文乙亥敦作丰，甲骨文作丰，露其两端，亦为玉字，则贯玉之说，弥觉可信。徐锴曰："君子执玉不趋，执圭鞠躬如不胜，故系之。《左传》荀偃以朱丝系玉二珏，是也。古文𠘧，亦系也。"朱骏声曰："象三玉之连，丨其贯也，谓贯组。古文又象绶。"徐灏曰："玉篆当以古文⿱一⿻王丅为正，省甚二垂，故作玉耳。汗简有琿字，其旁二垂不省，可见古文本有二垂也。古文上二画象珩琚，下一画象冲牙，两旁曲画象璜，其中直画象系组也。玉在璞中，本是石类，制以为器，乃名之玉而专造一字焉，故象佩玉形矣。”玉只是象贯玉形，朱说可信，徐说未谛，商承祚曰：“至古金文皆作王，无作𤣩者。”尤足证玉篆不当以古文𤣩为正。徐绍桢曰：“绍桢少时，曾闻八兄樾言，闻之先人，此字当如金字从土，两垂象玉在土中，一声也；后读《说文笺》，则无此说，或已删弃之。”则徐氏之说，亦未为定说也。

顾惕森先生曰：“《礼记》言玉之德有十（《聘义篇》），《管子》言玉有九德（《水地篇》），《荀子》言玉有七德（《正名篇》），《贾子》言玉有六理（《道德说篇》），《说苑》言玉有六美（《杂言篇》），皆与许说不合。惟《御览》引刘向《五经通义》云：‘玉有五德，温润而泽，有似于智；锐而不害，有似于仁；抑而不挠，有似于义；有瑕于内必现于外，有似于信；垂之而坠，有似于礼。’此刘向说，当为许所本。而许说五德之目，又不同也。郑玄《毛诗笺》曰：‘玉有五德’（《秦风·小戎》），不言德目。郑有驳许五经异义，或当本许说欤！”案许说当有所本，顾说存参。

玨　二玉相合为一珏。凡珏之属皆从珏。（古岳切。）瑴珏或从㱿。

案：《尔雅》双玉曰玨。《穆天子传》曰：天子于群玉之山，载玉万只。《左传·庄十八年传》：虢公晋侯朝王，王飨醴命之宥，皆赐玉五珏；《僖三十年传》：公为之请，纳玉于王与晋侯皆十珏；《襄十八年传》：献子以朱丝系玉二珏而祷；杜并注云：双玉曰珏。《国语·鲁语》：行玉二十珏；韦注双玉曰珏。是双玉为珏，古之通义。商承祚《殷虚文字类编》有丰字，祚谓以玉作丰半征之，则此当为珏字。是珏字之使用，远在殷商之世，鄙意当新石器时代，必有以玉为货币者，故珏之与玉，犹朋之与具，即《易》所谓或锡之十朋之龟之意云耳。《左传》所谓赐玉五珏，纳玉十珏，祷玉二珏；《国语》所谓行玉二十珏；皆属一种经济行为，亦犹锡之十朋之龟而已。梁任公先生《中国古代币材考》第七项论珠玉云：“《管子》称：古者以珠玉为上币。《汉书·食货志》言：秦并天下，始不以珠玉为币。则珠玉之充币材久矣，然其为物，所值太奢，而毁坏极易，一有破损，价值全失，实币材中之最不适者也。故虽在前代已不普行，群治稍进，遂受淘汰；遗迹所存，无甚可考。大率以供藏袭之资，备享馈之用耳。朝觐会盟聘飨必以圭璧为礼，盖犹是玉币之遗意。而《尔雅·释器》云：玉十谓之区，郭璞注云：双玉曰珏，五珏为区；是则古代用玉计数法之可考见者也。”梁先生之说至确。其字朱氏定声，徐氏笺皆谓于六书为会意，饶氏《部首订》谓是指事；皆不合。鄙意以为当是象形字，犹艸[①]之从二中也。

顾惕森先生曰：“玨从二玉会意。二玉相处相触，则声珏然，故字音亦如之，珏从玉𣪊声，形声字也。”顾说存参。段玉裁曰：“因有班𤤻字，故珏专列一部，不则缀于王部末矣，凡《说文》通例如此。”段说甚精。

 云气也。象形。凡气之属皆从气。（去既切。）

徐灏曰：“古盖作象形，所谓画成其物，随体诘诎也；篆文小变其势。”饶炯曰：“案气之形与云同，但析言之，则山川初出者为气，升于天者为云，合观之，则气乃云之散蔓，云乃气之浓敛，说解故以云气释之。其形叠三为文者，气之上

①编者按：为使下文容易理解，此处保留异体字不变。

出，层累而升，篆因从积画以象之。譬诸火烟，尤易见其状，盖烟亦火气矣。”朱骏声曰：“按云者地面之气，湿热之气升而为雨，其色白；干热之气，散而为风，其色黑。又按古文云૨，象云气，此气象天地间氤氲之气也。”其说是也。段玉裁：“气氣[①]古今字，自以氣为云气字，乃又作饩为廪气字矣。气本云气，引伸为凡气之偁。”气字沿革，略如段说。今隶作乞，或借为行丐字。说详张行孚《释乞》。

士　事也，数始于一，终于十，从一从十。孔子曰：“推十合一为士。”凡士之属皆从士。（鉏里切。）

案顾惕森先生曰：“孔子曰：推十合一为士，或作推一合十为士者，段玉裁曰：‘学者由博返约。’王筠曰：‘据算术，十则进而为一。’此主前说者也。钮树玉曰：‘推一合十，盖即闻一以知十之义。’此主后说者也。朱骏声曰：‘推十合一，返约之义。推一合十，一贯之义。’此主两可之说者也。章炳麟曰：‘士从十一，即橛弋记数之义，刑官所以独名士者，狱讼之始，无过辨约剂而已。’（《文始八》）此亦模棱两可之说也。实则孔子之言，与其说一贯三为王，皆假象之谈，非造字之本义也。不见夫《韩非子》曰：‘以一得十者上道也；以十得一者下道也。’（《八经篇》）如是则依数为释，安从得字士之本解哉？故诸家曲说，都无是处。”顾说最有识力。或曰：“士者四民之首也，十人中之一人也。”或曰：“军士，十人之长也。”（见孔广居《说文疑疑》）皆江湖测字之徒，望形造义，不可信。友人梁念萱曰：“顾惕森先生曰：‘士之本义当为甲胄之士，从十，十古文甲子。士训事也，则假士为事也。

①编者按：为保留形近字比较，此处和下文保留“氣”字不简化。

本部子壻从士，婿从女，则士女对文，而士之本义，当为甲士愈明。又壮大也，墫舞也，字皆从士得形义，亦足以证士之本义当为甲士。’接此说颇精，可谓空前之发明者也。《诗·祈父》：‘予王之爪士。’朱骏声曰：‘士军士也。’《淮南·本经训》‘武王甲卒三千’，高诱注曰：‘在车曰士，步曰卒。’《荀子·王霸篇》‘霸者富士’，注：卒伍也。《文选·东京赋》‘戎士介而扬挥’，注：士卒也，皆可证士为甲士，而与卒同为军士之义。试与卒字比观之，许书卒下曰：‘隶人给事者为卒，古以染衣题识，故从衣一。’朱骏声曰：‘今兵役民壮，以绛缘衣当胸与背，有题字，其遗制也。’按卒字从衣，犹士字从十也。卒字从一指事，犹士字从一指事也。卒从衣从一，其义为著褚衣之人，亦即士从十从一，其义为披甲之士也。许说以事释士，为声训。引孔子之语亦非本义，盖与解王字同一段象说义也。”梁说至为详确。《诗·东山》曰：“勿士行枚。”《祈父》曰：“予王之爪士。”《访落》曰：“陟降厥士。”《桓》曰：“保有厥士。”《毛传》并曰：“士事也。”《春秋繁露》曰：“士者事也。”深察名号篇。《白虎通》曰：“士者事也，任事之称也。故传曰通古今辨然否谓之士。”此皆许说所本也。士事古字通，《荀子·致士篇》“士其刑赏”，杨倞注：“士当为事行也”，可以为证。

丨　下上通也。（依《玉篇》）引而上行读若囟，引而下行读若退。凡丨之属皆从丨。（古本切。）

徐锴曰：“此二字同用一文，皆从所在而知之。囟音信，今人音进。引而下行，音退。又音衮。巾字从丨，音退。于中字从丨，音进。”段玉裁曰：“可上可下，故曰下上通。竹部曰：篆引书也。凡字之置，有引而上，引而下之不同，分用之，则音读各异。”桂馥曰：“引而上行，若草木之出土，上通也；引而下行，若草木之生根，下通也。”诸家解说甚晰。其读法有四：引而上行，有“囟”及“思二切”（见《玉篇》）二读；引而下行，有“退”及“古本切”二读。

屮　艸[①]木初生，象丨出形，有枝茎也。古文或以为艸字。读若彻。凡屮之属，皆从屮。尹彤说。（丑列切。）

段玉裁曰：“或之言有也，不尽尔也。凡云古文以为某字者，此明六书之假借以用也。本非某字，古文用之为某字也。如古文以洒为灑[②]埽字，以疋为《诗·大雅》字，以丂为巧字，以臤为贤字，以㠭为鲁之鲁，以哥为歌字，以诐为颇字，以𦣞为䚦字，籀文以爰为车辕字，皆因古时字少，依声托事。至于古文以屮为艸字，以疋为足字，以丂为亏字，以侯为训字，以臭为泽字，则此非属依声，或因形近相借，无容后人效尤也。”桂馥曰：“古文或以为艸字者，《洪范》庶艸蕃庑，《古文尚书》作屮，《荀子·富国篇》刺屮殖谷，杨倞注屮古艸字，《史记·司马相如传》掩艸蔽地，《汉书》作屮，《礼乐志》屮木零落，《地理志》屮繇木条，《董仲舒传》朱屮生，《晁错传》屮茅臣，《叙传》天造屮昧，颜师古并云，屮古艸字，汉《高彪碑》岳狱生屮，屮即艸字，见《隶释》。”徐灏曰：“屮象艸木初生之形，《汉书·地理志》屮繇木条，《荀子·富国篇》刺屮殖谷，颜师古杨倞并云屮古艸字，是古文借屮为艸也。假借之例，如西本象鸟巢，借为东西之西，来本象麰麦，借为行来之来，许云假借者本无其字，依声托事，西来是也。此借屮

①编者按：为保留形近字比较，此处及下文均保留“艸”字不简化。

②编者按：为保留形近字比较，此处保留繁体字不简化。

为艸，则取其形近相通。”此皆说明中为古文艸字之证，尹彤未详何人，本书叙言“博采通人”，其必为通人之一可知。

 百芔也，从二中，凡艸之属，皆从艸。（仓老切。）

案本书卉下曰艸之总名也，段氏谓为转注，二中三中一也。《论衡》艸初生为中，二中为艸，三中为芔，四中为茻，言其生之繁芜也，《易·屯》天造草昧[①]，或曰上古之世，地未垦辟，多见草木，少见人伦，故曰草昧。因之凡创始之事，皆谓之草。

 陈艸复生也，从艸辱声，一曰簇也，凡蓐之属皆从蓐。（而蜀切。）籀文蓐从茻。

顾惕森先生曰：“陈艸复生也者，《经典》希见此训。惟《玉篇·艿》下引《说文》曰：‘旧草不芟，新草又生曰艿。’又有芿字，训义亦同，今本书无艿字，艿从乃，芿从仍声，仍乃同声。乃蓐一声之转，盖蓐艿同字也。”徐锴曰：“陈草更生繁缛也。”蓐缛同声，义亦得近。又三苍声类皆曰蓊荐也。王筠曰：“案薦[②]与荐通，荐，席也，席，广多也，即《左传》之左追蓐矣。乃引伸之义。”一曰簇也，此蚕兹字亦作褥。王筠曰：“案《释器》蓐谓之兹，注《公羊传》曰属负兹，兹者蓐席也，《左宣十二传》，左追蓐，注在左者追求草蓐为宿备。案此皆人之蓐也。簇则蚕之蓐也。俗作褥字，盖即蓐之分别文。”又本书蔌下云“一曰蓐也”，《广雅·释器》曰“蓐谓之蔌”。然则“薦”“荐”“簇”“蔌”又皆与“蓐”声近通转者也。

---

①编者按：原稿为“艸”，当以“昧”为是。今改。

②编者按：为保留形近字比较，此处及下文保留“薦”字不简化。

石广权曰："此茻部所隶字，并无可隶之字，不得为部首。鄦书于下隶文二，嫨嫝皆应入茻部或女部，莯应入茻部。"石说尚有见解。

茻 众艸也，从四中，凡茻之属皆从茻，读与冈同。（模朗切。）

茻古通作莽，段玉裁，桂馥，朱骏声皆谓《经典》通作莽字，是也。元应引众艸曰莽也，即是此说。《易·同人》伏戎于莽，虞注，震为草莽。《左哀元年传》，暴骨如莽，杜注，草之生于广野莽莽然，故曰草莽。《孟子·万章》在野曰草莽之臣，赵注，莽亦草也。皆足为证。冈俗作莔。《周礼·剪氏》"以莽草薰之"，郑注曰"莽草药物杀虫者"。桂馥曰："本草莽草一名莔草，《一切经音义七》，莔药，正言茻草，有毒，出幽州。人或捣和食，置水中，鱼皆死。"案桂说是也，今谓之水莽草。茻冈通假，即莽莔通假也，又《尔雅·释草》曰"葞春草"，郭注曰"一名芒草，本草云"。是郭所见本草字又作芒矣。

小 物之微也，从八，丨见而八分之。凡小之属皆从小。（私兆切。）

段玉裁曰："八别也，象分别之形，故解从八为分之，丨才见而辄分之，会意也；凡椈物分之则小。"案桂馥曰："微当为散"，是也。《易·系辞》曰："其称名也小，其取类也大。"《吕览·荡兵篇》曰："贵贱长少贤者不肖相与同，有巨有微而已矣。"古人每以大小巨微两两相对，许氏以微释小亦有所本。本书曰："散妙也"，本书无妙字，妙即眇也。《庄子·德充符》曰："眇乎小哉。"桂氏解说殊确。丨见而分之，本书"八别也""半从八从牛，牛为物大，可以分也"；故八有八别义也。徐锴曰："丨（原作小，依《韵会》引改）始见也，八分也，始可分别也。"最得许氏本意。徐绍桢曰："此言物之大小，因之亦以论人。《论语》子曰，管仲之器小哉，讥其不能成大器也。樊迟学稼学圃，子曰，小人哉，言其所事之小，不关德行也。后人分别君子小人，以道德为判，此小人则不可为矣。"此亦伸说许义者也。

)(别也，象分别相背之形。凡八之属皆从八。（博拔切。）

案八别古今字，段玉裁曰："此以双声叠韵说其义，今江浙俗语，以物与人谓之八，与人则分别矣。"本部公下云："八犹背也。"《韩非子·五蠹》曰："古者苍颉之作书也，自环为私，背私谓之公。"《汉书·高帝纪》"项羽追北"，韦昭注曰，"北古背字"，《三国志·虞翻传》注曰"北古别字"，盖"八""别""北""背"皆古声转通假字。象分别相背之形，据本书柬从八分别也，兆重八八别也，则依文以说也。

釆 辨别也，象兽指爪分别也。凡釆之属皆从釆。读若辨。（蒲苋切。）㸚古文釆。

案釆辨古今字，此以古今语为释也，读若辨者，同声通假也。辨别即釆八也，为双声连语字。段玉裁曰："仓颉见鸟兽蹄迒之迹，知文理之可相别异也，遂造书契。釆字取兽指爪分别之形。"顾惕森先生曰："盖上古人处大鸟大兽之世，分别智慧，得自兽蹄鸟迹，是知釆之一字者，亦人禽间之纪念字也欤。"古文作㸚，省下两爪，惠栋曰："古文《尚书》平章百姓、平豑东作，皆从此。伪《孔传》作平章，乃㸚字之误。郑氏《尚书》作辨章，云辨，别也。音谊与㸚合，而文异。郑氏得之，孔氏伪古文非也。"朱骏声曰："《书·尧典》平章百姓，《史记》作便章，《后汉书[①]·刘恺传》注作辩章。平秩东作，《史记》作便程，《周礼》冯相氏注作辨秩。《洪范》王道平平，与偏为韵。《诗·采菽》平平左右，《韩诗》作便便。此皆即古文𠂔字，形误作平。”惠朱二家之说是也。

章炳麟曰：“《说文》釆辨别也，象兽指爪分别也，古文作𠂔，变易为𤰷，兽足也，亦作番，从釆田象其掌。釆𠂔𤰷本古文殊体，皆仓颉初文，番亦准初文也。（宷从釆，篆文作審[②]从番，然则采番同字可知。）”徐灏曰：“釆象兽指爪，中四点⁚⁚其体，十其分理也。直画微屈，以别于米粟字。番从田，象掌，本作象形，中虚点白者，即其指爪，十其分理。与釆之四点⁚⁚及十同，古文作𤰷亦同。如合以为形，则掌上加掌矣。”林义光曰：“采已象掌指爪，其下不当复象掌形，从田说兽足所践处也。与畽字从田同意。”诸说存参。

石广权曰：“釆此有二文，一从爪从木，乃采择之采，一从丿从米，为古文瓣，乃花瓣之瓣。或作𠂔，又指爪之分别，亦有作𤰷者，或作番，番亦作蹯蹞，与花瓣釆字形近，而一横一竖，皆为象形字。鄦氏以瓣为辨，盖混采釆𤰷三字为一，大谬。”石说殊不可信。

半　物中分也，从八牛，牛为物大，可以分也。凡半之属皆从半。（博幔切。）

桂馥曰：“本书料从半，云量物分半也。”案本书徐铉所加十九文“件分也，牛大物故可分”；许氏所说，当有所本。程树德曰：“半，物中分也，从八从牛，牛为物大，可以分

---

①编者按：原稿此处脱漏一“书”字。今补。

②编者按：为保留形近字比较，此处保留繁体字不简化。

也。又分字下云：别也，从八从刀，刀以分别物也。按古无货币，交易恒以牛羊，牛为物大，不便交易，故以刀分别之。”本书解下云：“判也，从刀判牛角。”案古者以牛为易中，遇买卖物品不相称时，则以刀判其牛角，各执一角，俟再次交易时，验角归牛。故程说可信。朱骏声曰：“件即伴字，从人，半省声。后世所用条件名件字，皆借伴为半耳。”顾惕森先生曰：“伴读为件，则唇音转入牙音，古固有此例也。（详章炳麟《古双声说》）凡事物之条件，皆非其全，故义于半也。原始社会以牛为易中，今蒙古、青海犹有然者，且如印非黑人，则以牛为易妻之俪皮，此即条件之所由起欤。”朱顾说是也。

朱骏声曰：“半字实即判之本字；假借为判，《史记·项羽纪》汉有天下大半，《集解》凡数三分有二为大半，一为少半，又为料。《汉书·项籍传》士卒食半菽，注五升器名。”朱说存参。

𠂉 大牲也，牛，件也，件，事理也，象角头三封尾之形。凡牛之属皆从牛。

案：段玉裁校改作事也，理也，谓：“牛、事、理三字同在古音第一部，此与羊，祥也，马，怒也，武也一例。自浅人不知此义，乃改之云大牲也。牛，件也。件，事理也。与吴字下妄增之曰姓也亦郡也，同一纰缪。”段说似不可信。徐承庆曰：“段氏因件字为十九文之一，《说文》本无，谓牛件也，为浅人所改（ ？）并，大牲之训，亦以为非，而去之，反用事、理二字分释，杜撰成文，居然自谓与《说文》云羊，祥也，马，怒也，武也一例，若许书所本有者，纽合傅会，视浅人之纰缪，殆有甚焉。”牛，件也，条件之件字，源出原始社会以牛为易中之时，此并非前代浅人所能梦想，实为确诂，极可信。桂馥曰：“大牲也者，本书牛为大物，《贾谊书·胎教篇》牛者中央之牲也。牛件也者，本书件从牛分也，牛大物故可分。件事理也者，徐锴曰若言物一件二件大则可分也。象角头三封尾之形也者，本书引孔子曰牛羊之字以形举也，徐锴曰封高起也，《汉书·西域传》罽宾出封牛，颜师古曰封，牛项上隆起者也，《东观记》封牛其领上肉坟起若封然，因以名之。”顾惕[①]森先生申之曰：“凡牛皆有封，领脊高起处是也，然《尔雅·释畜》之犦牛即犎牛，《汉书·西域传》‘罽宾出封牛’，颜师古曰‘封，牛项上隆起者也’（《西域传》注），此牛之别一种，今俗呼‘幫[②]牛’是也。幫者正即封犎之古音也，以其封特高而得名，不与凡牛同也。”桂顾之说是也。徐灏[③]曰：“古盖作，象背视之形，牛羊字皆象牲体，知者以羊篆四足排列也。牛为物大，故不著其足耳。”金文：师寰敦作，友敦作，足证徐说不误。段玉裁曰：“角头三者，谓上三岐者象两角与头为三也。牛角与头而三，马足与尾而五，封者谓中画象封也。封者肩甲坟起之处，字亦作犎。尾者谓直画下垂，像尾也，羊豕马象皆像其四足，牛略之者，可思而得也。”王筠曰：“下云，象角头三封尾之形，芊下云，象头角足尾之形。案牧牛羊者，必群驱之，而牧牛者，牛在前，人在后，牧羊者，人在前，羊在后。《诗》曰，麾之以肱，毕来既升；羊性然也。牛则各识家而竞入矣。故牛之为字也，亦象自后视之之形。”段王两说是也，惟王氏误信妻言，谓中出者

---

①编者按：原稿为“杨”，当以“惕”为是。今改。

②编者按：为保留形近字比较，此处及下文保留“幫”字不简化。

③编者按：原稿为“颢”，当以“灏”为是。今改。

象项领形，则殊不足信。

商承祚《殷虚文字》有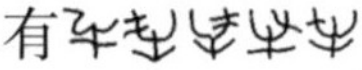等字，商氏谓："《说文解字》告，牛触人，角著横木，所以告人也。卜辞中牛字，或从二或从乚，乃象著横木之形，其文曰十牛（卷五第四十六叶），曰⿱囟巳（同上），知亦为牛字矣。"商说存参。程树德谓："盖古恒于牛双角著一横木，以防其触人，至周犹然。"其说可信。

 西南夷长髦牛也，从牛𠩺声，凡犛[1]之属，皆从犛。（宋本莫交切，毛本改里之切，段氏从毛本。）

案《尔雅·释畜》有"犣牛"，犛犣盖一声之转。段玉裁曰："今四川雅州府清谿县大相岭之外有地名曰旄牛，产旄牛。而清谿县南抵宁远府，西抵打箭炉，古西南夷之地，皆产旄牛。如郭璞注《山海经》所云，背膝及胡尾皆有长毛者，小角，其体纯黑，土俗用为菜，其尾腊之，可为拂子，云长髦者，谓背膝胡尾，皆有长毛，下文氂字，乃专谓尾也。此牛名犛牛，音如狸。《楚语》巴浦有犀犛，《上林赋》獑旄貘犛，以其长髦也。故《史记·西南夷传》谓之髦牛，以其尾名髦也。故《周礼·药师》注，谓之氂牛，以氂可饰旄也。故《礼注》《尔雅注》《北山经》《上林赋注》《汉书·西南夷传》，皆谓之旄牛。氂，髦，旄三字音同，因之读犛如毛，非也。据《上林赋》则旄犛异物，《中山经》荆山多犛牛，郭曰旄牛属。"孙诒让曰："《山海经·北山经》云，潘侯之山有兽焉，其状如牛，而四节生毛，名曰旄牛。郭注云，今旄牛，背膝及胡尾皆有长毛。又《中次八经》云，荆山，其中多犛牛。注云，旄牛

---

[1] 编者按：为保留形近字比较，此处及下文均保留"犛"字不简化。

属也，黑色，西南徼外也。《史记·司马相如传》云犛旄貘犛，《索隐》引张揖说与郭璞略同。案旄牛即犛牛，《上林赋》以旄犛并举，文人属词，不嫌緟复，郭张分为二物非也。”（《周礼正义·乐师》[①]）段，孙二家之说皆是也。本书“氂，犛牛尾也”，徐锴曰“其牛曰犛，其尾曰氂，以饰物曰旄”，盖本谓之犛牛，因其尾而得名，则谓之氂牛，因其尾以饰物名旄，则又谓之旄牛，且又因其长髦也，故亦谓之髦牛。不过一物四名而已。桂馥独谓旄牛非犛牛，繁征博引，以足其说，殊不可信。

顾惕森先生曰：“犛氂二字，形近易混。《周官·乐师》释文曰：‘氂旧音毛，刘音来，沈音狸，或音茅，字或作犛或作斄。’此犛氂互混，而斄则又犛之形声俱近，通假字也。（《庄子·逍遥游篇》作犛牛。）《玉篇》犛，莫交切，又刀之反，即已不能定其孰是。本书犛徐铉本莫交反，氂里之反，锴本犛利之反，氂梦稍反，铉非而锴是。”顾说存参。

𣥂　下基也，象草木出有址，故以止为足。凡止之属皆从止。（诸市切。）

案本书𨸏部：阯[②]，基也，或作址。是许以止为阯之古文。《易·噬嗑》：初九，屦校灭止。陆氏《释文》云，止本亦作趾。《士昏礼》：御衽于奥，媵衽良席，在东，皆有枕北止；注，止足也，古文作趾。是址阯趾为后起字，止为本字。徐灏曰：“凡从止之字，其义皆为足趾，许以为象草木出有址，殆非也。考阮氏《钟鼎款识·父丁卣》有足迹文作𣥂，在象足

①编者按：原稿为“《周礼乐师正义》”，当以“《周礼正义·乐师》”为是。今改。

②编者按：为保留形近字比较，此处及下文保留“阯”字不简化。

趾之形，惟止为足趾，而非草木，故反止为𣥂，相并为癶，相承为步，而足字从之，无可疑也。三趾者与手之列多，略不过三同例。戴氏侗曰，进止由足，故不行，因谓之止。止居一身之下，故引申之，又为基址。”徐说是也。《诗·豳风》四之日举趾，传云民无不举足而耕矣；《汉书·食货志》引作止。《诗·麟之趾》，传云趾足也，《释文》作止，云本亦作趾，《左传·桓十三年》举趾高，《汉书·五行志》引作止。是汉儒多有用本字者。刘心源《奇觚室吉金文述》曰：“许以草木解止者，盖本㞢出二字为说，不知辵走从止，于草木何与。止实趾之本字，故为下基，古刻从止之字，本作乂，如矢人盘涉字道字武字皆然。盖彐象手，乂象足，故其形同也。足形为止，大保敦乢字可证。”朱骏声《说文通训定声》曰：“止象草木非形。止部文十四，无一涉草木者。当以足止为本义，象形也。三出者，止之列多，略不过三，与𠂇彐同意。字为借义所专，因加足傍作趾。”刘朱两说是也。象草木出有址，草木二字不可解，疑为后人误加或窜入，或者原文作象出趾形亦未可定。今者庐江刘氏善斋藏有步爵，步作𣥠，两止字显是初文，则止非象草木形殆可确然无疑。

癶　足刺癶也。从止𣥂，凡癶之属皆从癶。读若拨。（北末切。）

徐灏曰：“止𣥂相并为癶，相承为歨，皆为会意。《淮南·修务训》：琴或拨刺，枉挠。高诱注拨刺不正。拨刺即刺癶，此引申义也。”徐绍桢曰：“按步从止𣥂相背，既训为行；癶从止𣥂相并，亦有行义。盖步为行步，而癶行有登陟之义，故登字从之也。或谓人欲登陟则并其两足，一纵而上，故癶从止𣥂相并。”徐氏父子所说是也。顾惕森先生曰：“本书足部跟下云：‘步行猎跋也。’犬部犮下云：‘走犬貌。从犬而丿之，曳其足，则刺犮也。’猎跋即刺癶之异文。癶犮则又因人犬之别而异文也。今俗犹谓行时两足左右易置，而几于颠踣者曰刺癶。音转如立别。又谓落魄无立足地曰别脚，亦即癶脚也。读若拨者，明癶拨通假字也。《淮南子》曰：‘琴或拨刺枉挠。’（《修务训》）拨刺盖即刺癶。凡双声叠韵连语字，正倒皆同义也。许君本注《淮南》，殆存其音义于此欤。或谓通作蹳。（杜馥说）则亦同声义通也。”顾说更为详确。此癶字所以次于止而先于步之意也。

步　行也。从止𣥂相背。凡步之属皆从步。（薄故切。）

段玉裁曰：“止𣥂相并者，上登之象；止𣥂相随者，行步之象。相背犹相随也。”严可均曰：“相背当作相承。据舛从夊㐄相背，韦从夊㐄相承，明此亦相承，云相背则癶矣。”严说较长。案《殷契类纂》作[illegible]、[illegible]、[illegible]、[illegible]，盖左右足易置可任意也。《诗·白华》曰：“大步艰难”，大抵人之最初学步，本不易[1]欤。

此　止也。从止从匕，匕相比次也。凡此之属皆从此。（雌氏切。）

桂馥曰：“此止声相近。《释诂》已此也。已止义同。本书彼、往有所加也，于此不往也。”盖彼此适相为对待，如《诗·周颂·振鹭》曰：“在彼无恶，在此无斁。”《小雅·十月之交》曰：“彼日而微，此日而微。”皆对待而言，故有相比次之意。徐灏曰：“匕当为声。”朱骏声曰：“按从匕声。”顾惕森先生曰：“朱徐说为长，声亦有义。……此从止，彼从

---

①编者按：原稿此处多一“易”字。今删。

彳，彳即行也。一止一行，已足相对成义，则此从匕声，彼从皮声，亦均无不可也。声亦有义，故匕有比次比近诸义。而又实可为玄牝之牝。匕牝古今字。玄牝，玄静也。《老子》书恒言去彼取此，即此意。彼从皮得声，则有如波流字，波主动。是此静彼动亦适相为对待也。”此就动静为解，义亦可通。

江藩曰：“此从止，为会意。止与此音相近，亦可通作止。亦通作些，些乃呰之伪体。《尔雅》呰此也，《释文》曰郭音些。《玉篇》《广韵》些此也。可证呰为些之正体。《楚辞·招魂》句末用些字，自此止同义尔。又可通作斯，斯呰《尔雅》皆训为此。斯又通作思，《诗·河广》‘不可求思’是已。又可通作只，只《说文》语巳词也，《释诂》训巳为此，是此亦可训为巳也。《楚辞》句末用只字者，音义皆与呰通也。”江说存参。

正　是也。从一从止（从《系辞》《韵会》校），一以止。凡正之属皆从正。（之盛切。）古文正，从二，二古上字。古文正，从一足，足亦止也。

案盂鼎作，师遽敦作，毛公鼎作，师兑敦作，免敦作，善鼎作，甲骨文作，，，，。商承祚《殷虚文字类编》曰：“《说文解字》正从止，一以止，古文从二作，又从一足作。此从□，古金文作，此但作匡郭者，犹丁之作□，就刀笔之便也。许君云从一足，殆由而讹。”商说是也。顾惕森先生曰：“填实书之则为，空白书之则为，单笔书之，则为一，双笔书之则为二，与从止从舛，古文均得任意也。”顾说亦可信。谢彦华曰：“鼎彝文丁字作，从止，声。形声相益之字。”谢说近是，案丁宁为钲，钲从正声，正丁古同声也。《书·尧典》以闰月定四

时，《史记·五帝本纪》作正四时，正定同义。故正从止丁声。凡声兼含义，丁声亦有订定之义也。且天字亦作(《录伯戎敦》)、、(《殷契类纂》)，天正从●声，故字亦为颠，又作顶。是天正二字皆从●声，与帝示辛诸字从古文上者迥殊。自书写趋便，遂致正字亦若从古文上耳。徐灏曰："守一以正也。"饶炯曰："一上也，上之所止，事必从正。"朱骏声曰："受矢曰正，拒矢曰乏，故文反正为乏。"林义光曰："本义当为正鹄。象正鹄形，从止，矢所止也。"徐饶说固非，朱林说亦误以假借为本义。

古文又作从足，足止通也。或曰非从足，即止字之上端空白书之者，其说亦通。

顾惕森先生曰："是也者，《诗·鸤鸠》曰'正是四国'，毛传曰'正是也'(是或讹作长，详胡承珙《毛诗后笺》)。此许所本也。是正以支清对转，声义通也。然非其本义也。从止一以止者，亦许望文空说也。江沅[①]曰：'一所以止之也，如乍之止亡，毋之止奸，皆以一止之。'徐灏曰：'一者建中立极之义。由是而止焉，则正矣。'俱曲从许说，失之。"顾说存参。

　直也。从日正，凡是之属皆从是。(承旨切。)籀文是，从古文正。

案毛公鼎作，虢季子白盘作，陈公子甗作，齐镈作，石鼓文作；从止从日。今日作者，因日下有晷故也。本书"晷日景也"是也。从者，又以手揆度之，求景之直也。至小篆变而为，从日从正，从正亦犹从止耳。《荀子》

①编者按：原稿为"沅"，疑为"沅"。

曰："是谓是，非谓非，曰直。"故许氏谓直也。《诗·小明》曰："正直是与"，正直连语，故今俗犹谓昼正午则日影直也。古者日出而作，日入而息，夙兴夜寐，古有明训。故端人为是，必于昼。《书·皋陶谟》以"罔昼夜额额，朋淫于家"为戒，《诗·大雅·荡》以"式号式呼，俾昼作夜"为刺，故匪人为非，必于夜。是从日正，殆取此义。徐锴曰："日中为正，则一直不移也。"段玉裁曰："从日正会意，天下之物，莫正于日也。"朱骏声曰："十目烛隐曰直，以日为正曰是，其义同也。"诸家说皆可互相发明。

 乍行乍止也。从彳从止，凡辵之属皆从辵。读若《春秋公羊传》曰辵阶而走。（丑略切。）

案乍辵二字叠韵，故许君以声为训。饶炯曰："乍行乍止，止当为步字之误，部属篆皆无止义可证。乍，迫也，谓辵疾于行，步而迟于走趋，犹之迫行迫步也。因省行步会意以见其迫。说解云从彳从止者皆非也。"饶说得失参半。甲骨文作（见《殷契类纂》），从止，疑小篆实为从足之误。

王筠曰："许君以字形有止，遂说以乍止，非也。部中字皆行义，辵与行同意。行不能左行而右止，辵不能前行而后止，止是足耳。"王说止即足，足证饶氏"止当为步字之误"之非。又辵实兼行止二义，王说所怀疑之点，未见其可也。《史记·司马相如传》"踁踱轕辖"，徐广曰："踁踱乍前乍却也。"张揖曰："踁踱疾行互前却也。"《汉书》注引张揖说无疾行二字，意不完。《玉篇·足部》云"踁踱乍前乍却"，即本徐广所说。是踁踱字即辵之后起字也。乍迫也疾也，即迫疾行迫疾止之意。读若二字，臧琳洪颐煊段玉裁桂馥钮树玉王筠均谓为衍字当删。案《公羊》文见宣六年传，今作躇，何休曰："躇犹超遽不暇以次。"陆氏《释文》曰："躇与踱同，一本作辵。"是《释文》所谓一本者与许书合。又与《仪礼·公食大夫礼》郑注"不拾级而下曰辵"亦合。盖古本也。然此辵之别一义也。《玉篇》云："辵乍行乍止也，又走也。"显分二义。其云又走也，与《广雅·释宫》云："辵犇也"，皆此义也。既非一义，故读若二字不可少。朱骏声曰："假为迮，《释文》与踱同，'三苍'徒跣作踱跣，又作跅，以脚践土也。"是也。张行孚曰："《说文》读若本字，有音同而义不同者，如示部禶，数祭也，读若舂麦为禶之禶。走部趚，动也，读若《春秋传》辅趚。辵部辵，乍行乍止也，读若《春秋公羊传》曰辵阶而走。言部该，军中约也，读若中心满该。髟部鬗，发貌，读若江南谓酢母为鬗。黑部黗，浅黄黑也，读若染缯中束缬黗。手部扰，深击也，读若告言不正曰扰。女部嬺，谨也，读若人不孙曰不嬺。此为禶之禶，辅趚之趚，辵阶之辵，满该之该，为鬗之鬗，缬黗之黗，曰扰之扰，曰不嬺之嬺，其义不与禶、趚、辵、该、鬗、黗[①]、扰、嬺八字本义相同，而其音则与此八字之本音相同。故许君但举《春秋公羊传》及俗语以证明八字之本音也。"张说汇类而论，疏通证明，尤为明确。饶炯谓："或以读若为衍文亦非。当是汉世音变字异，惟《公羊传》辵阶而走，世犹读为本字本音，故引之为证云尔。"相当如此也。

 小步也，象人胫三属相连也。凡彳之属皆从彳。（丑亦切。）

案王筠曰："《魏都赋》泽马彳阜，李善引本书同，五臣

①编者按：原稿此处多一"黗"字。今删。

本误作亍。案彳亍皆当有行止二义。《射雉赋》彳亍中辍，徐爰曰：彳亍止皃；张铣曰：行皃，中少留也。然则彳亍自是行，中辍乃谓其中道忽止也。张衡《舞赋》彳兮中辄，亦同此义，盖许君列彳亍于行部之前，行，人之步趋也，彳得其半，故曰小步，亍反彳，故曰步止。”王说是也。彳步叠韵声训，本书行下云：“人之步趋也”；彳得其半，故曰小步也。赵宧光曰：“彳亍方音读剔秃，犹踯躅之方音，读笛独类也。”朱骏声曰：“彳亍，今字作踯躅。”赵朱说皆是也。今广东韶关南雄一带犹谓散步曰剔秃，是古代方音犹有存者。顾惕森先生曰：“象人胫三属相连也者，此许误解也。三属者，属注也。读如《考工记·函人》犀甲七属之属。盖指字形三笔相连属，而望文为说也。诸家随顺为释无是处。”顾说最为明通，其余诸家之说不必信也。

廴　长行也。从彳引之，凡廴之属皆从廴。（余忍切。）

案本书延部：“延长行也”，与此字同训，盖廴延本一字也。廴引叠韵，故以从彳引之为训。《尔雅》曰：“引长也”，《诗·召旻》《毛传》与此同。许盖本亦以廴引字通，故训长行也。如篆笔引书之类，皆当作廴。《玉篇》曰：“今作引。”段玉裁曰：“引弓字行而廴废矣。”则假字行而本字废也。徐锴曰：“彳而引之，故曰长行。”徐灏曰：“长行者连步行也。从彳而引长之，与世从卅而引长之，同例。”此二说俱足伸许义者。章炳麟曰：“《说文》廴长行也，从彳引之。旁转寒，变易为延长行也。延孳乳[①]为挺，长也。为梃，木长也。（或作挺梃。）又孳乳为筵，竹席也。《春官·司几筵》，注曰铺陈

①编者按：原稿为“孽乳”，当以“孳乳”为是。今全文统改。

曰筵，此谓廴而长之也。又孳乳为袁，长衣皃。袁对转歌，变易为袳，衣长也。（今《说文》作衣张，从《篇》《韵》正。）其远训辽者，本为兀之孳乳，亦与延义相引申。廴在本部，则孳乳为演，长流也。演孳乳为濥，脉行地中濥濥也。又为衍，水朝宗于海也。衍别入寒部，于兵为戭，长枪也。然廴本从彳引之，故引申皆受声义于廴。……廴孳乳为引，开弓也。旁转寒，孳乳为弯，持弓关矢也。又孳乳为弨，角弓也。又引申为诸开引牵引之义。”阐明其流变至详，可信也。

㢟　安步㢟㢟也。从廴止。凡㢟之属皆从㢟。（丑连切。）

孙诒[①]让曰：“㢟延相通”；其说是也。本书目部䀡亦作㿂，肉部脡亦作脠，足以为证。此字读如迁延，《左传》迁延之役，即㢟也。形音皆同，疑本即一字。段玉裁曰：“引而复止，是安步也。”饶炯曰：“安步者，缓步也。㢟㢟者，状其安步皃。从廴从止，会意。止蹛也。犹言其展脚长行，而㢟㢟自如也。”段饶两说，俱足引申许义。

行　人之步趋也。从彳亍。凡行之属皆从行。（户庚切。）

段玉裁曰：“步，行也，趋，走也，二者一徐一疾，皆谓之行，统言之也。《尔雅》：室中谓之时，堂上谓之行，堂下谓之步，门外谓之趋，中庭谓之走，大路谓之奔，析言之也。引伸为巡行行列行事德行。”段说得失参半；其引《尔雅》以释许义，足为许氏功臣；其说篆则未尽善也。金文虢季子白盘作行，甲骨文则《后编下》第二叶作行，古钵悊行作行，无与小篆同者。当以作行为本形。故许书篆形亦以小徐《系传》本作行为是，余皆传写讹误或变形通假。刘心源曰：“行即行

①编者按：原稿为“贻”，当以“诒”为是。今改。

字。”（《奇觚室吉金文述》卷三）罗振玉曰：“卝象四达之衢，人所行也。石鼓文或增人作衜，其谊甚明。由卝而变为行，形已稍失，许书作行，则形谊全不可见。于是许乃释行为人之步趋，谓其字从彳从亍，失弥甚矣。古从行之字，或省其右作彳，或省其左作亍。训宫中道之壼，字正从卝，许君谓从囗，象宫垣道上之形，不知囗但象宫垣，而象道路者，乃在囗内之卝字也。”（《殷墟书契考释》）徐绍桢曰：“按人之行步既有止止相并之步，其于小步则有彳，长行则有廴，安步则有㢟，乍行乍止则有辵，疾走则有趋，亦似无义不备矣。行字当不专属之于行步。窃疑其本义当为行列，《左氏襄十五年传》云王及公侯伯子男甸采卫大夫，各居其列，所谓周行是也。用兵之行陈，亦称行。（《左氏襄三年传》乱行于曲梁，杜注行陈也。）又引申之为往、为去、为之、为移、为出奔。（《诗·无衣篇》与子偕行，《毛传》行往也。）因之行谓行人，使人亦曰行人，行食则游食也，行潦则流潦也。（《管子·小匡篇》隰朋为行，房注行谓行人。《左氏桓九年传》巴[1]行人，疏行人谓使人。《管子·君臣篇》淫悖行食之徒，房注行食游食也。《诗·采蘋篇》于彼行潦，《毛传》行潦流潦也。）又世人谓天子死曰大行，饭后闲行为行，乞食于市曰行乞。又人之所行者为道路，故行亦训道。因之又为日行之常度，为五行之名。（《诗·载驰篇》亦各有行，传行道也。《诗·十月之交篇》日月告凶，不用其行，笺行道度也，疏不用其常道度，所以横相干犯也。《素问·藏气法时论》五行者金木水火土也。）人之行道，多所经历，故为由经，为历，为驿，为迹，为被，为

①编者按：原稿为“己”，当以“巴”为是。今改。

降，为用，为为，为通，为奉，为赐，为察，为视，为言，为曲，为事，为德行，为行，行刚强皃，又为首，为先，为成，为且。”罗徐两家所说，皆较段说为明通，然则行字初义为行列，因行列而有行动，故引申为人之步趋。字形至于小篆，则已渐变矣，故许氏只言其引申义。

　口断骨也，象口齿之形，止声。凡齿之属皆从齿。（昌里切。）古文齿字。（《系传》作，《韵会》作。）

案齿从止声，象形。段玉裁曰：“者象齿，余字也。”王筠曰：“口犯切，口张则齿见，一者上下齿中间之虚缝，则齿形。”段说从口，王说从，俱有未是。徐绍桢曰：“此字古文无止，盖象口中有齿之形，传写者稍失其真，遂不能如画成其物耳。”徐说得之。古文中不连为一画，全象齿形。段玉裁曰：“古文独体象形，不加声旁。”是也。今甲骨文作（见《殷虚书契前编》卷六第四十五叶）、作（见《后编下》第五叶），则真随体诘诎矣。其谓口断骨者，《玉篇》曰：“断齿根肉。”颜师古《急就篇》注曰：“齿者总为口中之骨，主齰啮者也。”是也。徐灏曰：“文王世子曰，古者谓年龄，齿亦龄也。按谓年龄者，古音读年如龄也。齿亦龄者，齿亦谓之龄也。因之高年谓之齿。齿以长幼列序，故又训为列，《左氏隐十一年传》不敢与诸任齿，杜注齿列也。”徐绍桢曰：“《周官》有司氏一职，自生齿以上，皆书于版。《王制》有屏之远方终身不齿之语，郑注云：齿犹录也。录者言书于版耳。齿触物而食之，因之与物相触，亦谓之齿。《文选》腐肉之齿利剑，注云齿犹触也。又云齿谓当之，意亦同。此外有训齿为数者，数其年齿也。有训齿为类者，不与同类，是为不齿也。有训齿为始者，生齿乃书于版，故谓之始也。”徐氏

父子所言引申义至为详尽。

 牡齿也。象上下相错之形。凡牙之属，皆从牙。五加切。古文牙。

案王筠曰：“牡，《九经字样》《通志》并作壮，壮者大也。”段玉裁注本径改牡为壮[①]，曰：“壮[②]，各本讹作牡，今本《篇》《韵》皆讹，惟石刻《九经字样》不误，而马氏版本妄改之。士部曰壮大也，壮齿者齿之大者也。统言之皆偁齿偁牙，析言之则前当唇偁齿，后在辅车者偁牙，牙较大于齿，非有牝牡也。”当时见者皆以为不然，段氏至贻书江晋三盛气以辩。其后攻之匡之者亦不少。愚意当唇为齿，居辅为牙，今谓之大牙。疑汉语号大牙为牡牙，如蚌之大者为牡蛎，非谓有牝牡也。故以不改字为是。徐灏曰：“段未知其义也。口断骨齐平者谓之齿，左右锐者为之牙。故曰牡齿，亦谓之虎牙。《易·大畜》豶豕之牙，即其义。齿锐者为牙，故东方朔说驺牙曰：其齿前后若一，齐等无牙也。引申之则凡物纤锐者曰牙，如草木萌牙，是也。又左右分列者，亦谓之牙，如佩玉之冲牙及牙旗牙门之类是也。《说文》各本及《玉篇》、《广韵》、《集韵》、《类篇》皆作牡齿，独《九经字样》误作壮齿，不足为据也。象上下相错之形者，盖本作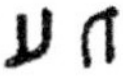象形，相错则成横视乃见，必相错者，不如是则不成字也。”徐说是也。凡幼时生齿，先生门牙，故萌芽字作牙。《汉书·金日磾传》霍氏有事萌牙，师古注：若草之始生。金文夏赦敦作，鲁邍父作季姬牙父敦作，则真上下相错者也。古文象齿在两边，其形

---

①编者按：原稿为“牡”，当以“壮”为是。今改。

②编者按：原稿为“牡”，当以“壮”为是。今改。

中陷，则连牙床而言也。

　人之足也。在下，从口止。凡足之属皆从足。（即玉切。）

案《玉篇》引在体下，段玉裁王筠均依《玉篇》订正，是也。王筠曰："人之足也，与目部说，人眼也一例。鸟兽曰蹄曰爪，不曰足也。虎部曰虎足象人足，厹部曰兽足，散文则通也。"盖所以别异于鸟兽之足，故以人之足为词。惟从口止，口则不能象足形，诸家解说，各有争论。徐锴曰："口象股胫之形。"戴侗曰："自股胫而下，通谓之足，上象膝髁，下象跖。"朱骏声曰："足膝下至跖之总名，从止即趾字，从口象膝形，非口齿字，举膝与止以晐胫。"徐，戴，朱三说近是。疑止足古本一字，《汉书·五行志》曰："足者止也"，汉时犹有此语。盖古无足字，但有止字，即象足形。王筠《释例·存疑》曰："上象足指，下象足跟，右上作亅者，足掌长而指短，然不能画其掌于下，故曲一笔以见意，谓足指止于是耳。"是止者即足字也。而足字后起。又讹变为口，故诸家解说，不能曲尽其谊。

　足也。上象腓肠，下从止。《弟子职》曰："问疋何止。"古文以为《诗》大疋字，亦以为足字，或曰胥字，一曰疋记也。凡疋之属皆从疋。（所菹切。）

案金文楚公钟楚字偏旁作，或以为疋足为一字之异体，或以为疋乃足之别体，愚以为非也。盖止足古本一字，足为足部全体之统称，疋乃腓肠一节之专称，足为大名，疋为小名，其义有别；《弟子职》有"问疋何止"之语，意谓内涵不一致也。许云"疋，足也"者，此以大名释小名，本书之义例常然，不足异也。又以二字形近，昧者误以为同字，故下文谓古

文“亦以为足字”，所谓“亦以”者，即本来不相通之意隐然见于字里行间。下文“或曰胥字”“一曰疋记也”，皆不谓为本义明矣。疑疋即脚本字。本书肉部云：“腓胫腨也，腨腓肠也，脚胫也”，今云“上象腓胫”，脚训胫，是疋为脚之古文甚明。朱骏声曰：“腓肠苏俗谓之膀肚肠子。”是也。“下从止”者，止足古本一字，此谓腓肠之连于足也。石广权曰：“此从止上曲而缩，象趾欲进而缩缩不前之状，从此形者如胥如楚如疏，皆会意字，鄦说以为上象腓肠，岂有腓肠著于趾前者？”石氏乌足以知此也。古文以为《诗》大疋字以下，胪举假借诸义，所以便后人推检。《尔雅》释文云：“雅字，亦作疋”，是陆德明所见本，犹有作疋者，与许所见，皆古本也，岂古文家故作此无征之言哉。《玉篇》《广韵》引此大疋作大雅，盖据今本改，段玉裁反据以改许书，误矣。《新序·节士篇》曰：“今为濡足之故，不救溺人。”《韩诗外传》卷一作“今为濡雅之故”；是足误为疋，疋复变为雅，即古文以为《诗》大疋字，亦以为足字之证也。或曰胥字，故《诗》大雅小雅，即《周礼》之大胥小胥，袁枚、朱骏声说皆如此，可信也。章炳麟曰：“苍颉见鸟兽蹄迒之迹，知分理之可相别异也，初造书契，故记录称疋，取义于足迹。今字作疏。疋写古音同，故亦为写。《诗》之雅颂，颂本颂皃字，褒美则曰形颂，纪事则曰足迹。故疋颂相待为名。”（《文录》一《小疋大疋说上》）又曰：“古者以铁擿作书，著之简牍，与刻木同。故疋又有刻义，凡言疏越疏匕疏屏皆是也。”（《文始五》）章说是也。疋脚古今字，今俗犹谓扎记蓝本曰脚本，院本戏曲亦曰脚本，皆义取记录，是亦疋训记之证。若今俗读疋同匹，已见《韵会》，乃形近致讹。或曰：“疋即足之倒文，疋疏古今字，《论语》曰饭疏食，《鲁语》曰能植百谷百疏，疏谓疏菜也，字亦作蔬。自古人以足疋形近通假，本义为假义所掩，遂莫知其即疏菜本字矣。”此说纤巧，不足信。

品　众庶也，从三口，凡品之属皆从品。（丕饮切。）

徐锴引《国语》曰：“天子千品万官。”段玉裁[①]曰：“人三为众，故从三口。”假说是也。众品均从三者，“列多略不过三”之例也。（未完）

（原载《枕戈》第1卷第2—8、11—15期，1932—1933年）

---

①编者按：原稿为“栽”，当以“裁”为是。今改。

读书难识字亦不易①

在去年出版的《大陆杂志》第一卷第五期，有一文题为《读书不易断句亦难》，虽然为嘲讽现在标点学家而作，但其中却有至理，不能谓为全无意义。我以为读书的第一道难关不在断句，而在识字。前人谓读书以识字为先，清代汉学家无不先通小学，今日大学的国学系里，一二年级的课程必先授以文字学，为的就是这个原故。作者近年来在各校讲授《说文解字》将近五年，吃了这种苦头不少，初时讲授《说文》，有所不足，便求之金石，继此金石不足，再求之甲骨，近且西夏文字猓猡文字的书藉，也搜罗不少。往往为了一个字形的异同，经年不能解决，遍翻各书，求之亲友，此是彼非，终于没法决定。不但字形是如此，音义也是如此。例如一个“仁”字，孔子说是“仁者人也”（见《中庸》），孟子说“仁也者人也”（见《尽心章下》）。到了汉朝，郑康成便说：“仁相人偶也”（见《礼记注》），与孔孟所说尚差不远。到了唐宋便大不同了。韩昌黎说：“博爱之谓仁。”（见《原道》）程明道说：“仁者浑然与

①编者按：本篇书名号为整理者所加。局部标点有改动。

物同体，义礼知信皆仁也。”（见《识仁篇》）朱晦庵说：“仁人心也，……众善之源，百行之本，莫不在是。”（见《仁说》）我们为了一个“仁”字，便翻开了这许多书，读到了这许多说法，我们究竟依了那一家的解说。所以我国古书实在不容易读呀！不但形义如此，字音更为麻烦。有一天我读到一个“敦”字，便发见它有几十种的读法，据雷氏浚言，或云十三音，或云十四音，或云十六音，或云二十四音，够了够了，有了二十几种读法了！虽然十六音二十四音之说尚未能证实，但就通用的读法，已经有了十五种读音，可以从古书中证明出来。在明人方日升所著的《韵会小补》一书，便有了很好的解说。该书于一字之音，或仅一读，或有数读，或为古读，且[①]一一分别说出，最便学者的检查。兹者根据方氏之书，略参用雷氏之说，将“敦”字读音，录之于下：

（一）敦，都昆切。《说文》敦怒也，诋也。一曰谁何也。从攴𦎫声。隶省作敦。一曰大也。《广韵》又迫也。《诗》王事敦我。《韩诗》云追也。又姓敦，洽卫之丑人也。

（二）敦，徒浑切。大也。一曰敦煌郡名。《广韵》燉煌，《史·张骞传》燉煌。杜林云古瓜洲地。《汉书·礼乐志》车千乘敦昆仑，《扬雄传》敦高骑弦中管，并读为屯聚之屯。

（三）敦，他昆切。燉惛心不明也。《集韵》或作敦。据雷氏浚云，此字此音，仅见《集韵》。不知《集韵》何本，颇疑《诗》大车啍啍，或《左传》天策焞焞。古本

①编者按：原稿为“切”，当以“且”为是。今改。

有作敦者，而遍检不得其说。惟《广韵·二十三魂》也昆切内，有啍字无敦字。又有暾字，引《诗》大车暾暾，疑古本作敦敦，而暾其疑体也。

（四）敦，都回切。《诗·豳风》敦彼独宿。朱氏云，独处不移貌。又《鲁颂》敦商之旅，笺云治也。《释文》敦都回反。又《尔雅》如覆敦者敦丘。注敦音堆，敦盂也。本作墩，通作敦。疏云，如覆敦者举其类言之也。

（五）敦，殊伦切。《礼记·乐记》乐者敦和。注音纯，通作醇。按敦读为殊伦切者，即惇之借字，《说文》惇厚也。本在元韵，流变入真韵，而今本真韵未收。

（六）敦，徒官切。《诗》有敦瓜苦。《传》犹专专也。《正义》云，是瓜之系蔓之貌。故转为专，言瓜系于蔓专专然也。又聚貌，《诗》敦彼行苇。

（七）敦，都玄切。苏轼《祭同安郡夫人》文：嗣为兄弟，莫如君贤。妇职既修，母仪甚敦。

（八）敦，丁聊切。画弓也。《诗》敦弓既坚，即弴之借字。《说文》弴画弓也。徐云雕弓。

（九）敦，直由切。《周礼》每敦一几。《释文》敦刘昌宗音畴。《集韵·十八尤》敦覆也。陈留切。

（十）敦，主尹切。《周礼·天官·内宰》出其度量淳制。郑注曰故书淳为敦。杜子春读敦为纯。《释文》诸久反，则杜读敦为诸久反也。《集韵》主尹切。

（十一）敦，徒损切。倱伅不慧。《集韵》本作伅，杜本切。或作敦。《左文十八年传》天下之民，谓之浑敦。浑敦不开通之貌。《释文》敦徒本反。

（十二）敦，徒皓切。《周礼》每敦一几。《释文》敦音道。《集韵·三十二皓》敦覆也。杜皓切。

(十三)敦，都内切。器名。《周礼》珠盘玉敦。注敦槃类，珠玉以为饰。古者以槃盛血，以敦盛食。郑司农云，玉敦歃血玉器。又《周礼·九嫔》凡祭祀赞玉皿玉敦，受黍[①]稷器。《礼记·明堂位》有虞氏之两敦，注黍器。《集韵》或作瓻，本作𥁕。

(十四)敦，都困切[②]。《集韵》竖也。又太岁在子曰困敦，在午曰敦牂。又丘一成为敦丘。班固《宾戏》欲从旄敦而度高乎泰山。通作顿。《诗·氓》至于顿丘。疏云，《尔雅》顿丘音顿。

(十五)敦，徒到切。《周礼》每敦一几。郑玄云，敦读为焘，覆也。《说文》焘溥覆照也。敦即焘之借字。《集韵·三十七号》敦覆也，大到切。与导同。《释文》敦音道，道有上去二读。故《集韵》敦即收于皓韵，又收于号韵也。

读者看了敦[③]十五种的读法，知道它每一种的读法，便有了一种特别用法，不是随便乱读的。若是我们加上了各地的方音，便更加多了。又如我们广东人的“东”字，在从前便不如此读。日本人读“东京”为“トーキョー”，读“广东”为“カントー”，这样读“东”为“トー”，是我们中国隋唐的时候传出去的。西历九世纪Ibn Khurdadbah氏所著的《道里志》，译“广东”为“Kantu”为“Khantou”，“东”音

①编者按：原稿为“泰”，当以“黍”为是。今改。

②编者按：原稿此处多一“切”字。今删。

③编者按：原稿为“能”，当以“敦”为是。今改。

如“Tu”“Tou”，这是唐高宗永徽初年传出去的。是“东”字唐宋以前不读为“Tong”，读为“Tong”者，乃宋元以后之事。“东”韵中有“铜”字，今日本人亦读为“卜一”，与东字一样，这可见“东”音在古代必读如“Tu”，断不是向壁虚造的。但是现在的我们又怎么晓得呢？又如“茶”字，福州厦门漳潮一带读为“ㄉㄝ”，所以在初次通商的时候，西洋人便译为“Tea”，完全是就中国沿海人民的方音译成的，不意传之又久，西人便不会读，今日直读“Tea”为“体”音了。此外尚有一奇怪的事情：明万历时，广东潮州府饶平县有一海盗名叫林阿凤者，猖獗于闽广海边一带，其后竟占据斐[1]律滨，故西史有“Limahong”占领斐律滨之事，后来中国学者传译此事，译为“李马奔”，何以有此错误呢？盖漳潮一带“凤”读为“Hon”，故“林阿凤”译为“Lim-A-Hong”尚不错误，后来西班牙人写成一字“Limahong”，而后世读者依其音节读为“Li-ma-Hong”，便失之毫厘，差以千里，译者便译为“李马奔”了。又如“陈嘉庚”一字，就厦门方音以英文拼之为“Tan Kah Kee”，若再译为国音，岂不是“唐喀奇”吗？原因是我国幅员太大，方音复杂，而时代又长，每时代语言讹变，故今日读一字而求其的确的音读，便不容易了。所以在今日我们尚没有标准字典“Standard Dictionary”可以检查的时候，我们读书便发生许多困难。说了千言万语，只是一句“不识字”。“不识字”的痛苦，在读书愈多的人们愈加感觉着的。所以平时朋友意气的争执，大可以不必。他日读书愈多，便愈见怪不怪了。二十年前我读张士一先生在《中华学生界》发表一

---

①编者按：原稿为“裴”，为与下文统一，今改为“斐”。

篇《英文字典使用法》（ ？ ），说从前有两个人关于英字长音与短音的争辨，势将用武，后来有人调解，知道他两人所持的字典，是两种不同的本子，他那个认为长音的音符便是别一个认为短音的音符，便哑然失笑。此言虽小，可以喻大。我们现在所以能够稍为认得一点字，敢放胆去读它的音，或确定它的形义者，大约半由于师承，半由于学识。若师承错了，学识有限，真的便不能不错。那一个敢说识字是容易的事情呢？然则我们读书，可不提心吊胆吗？

民国廿二年写于五卅惨案纪念之夜，在四部书斋

（原载《朔望半月刊》1933年第11号）

读殷虚文字之批判[①]

日本文学博士饭岛忠夫为彼邦最勤慎之学者，以攻究我国天文学史著名，尤以其与彼邦天文学界之权威者理学博士新城新藏为绵亘二十年之中国天文学史论战著称于东西两洋学术界之林。惟以其所立战线为反中国自创天文学之一翼，故诵读中国故书虽多，往往自陷于武断，为其治学之最大毛病。

氏于昭和五年（即一九三〇年）一月印布《支那历法起源考》一书，凡十八章，计六百页，为其关于中国天文学史讨论之第十八回出版之著作，可称为其二十年来思想之总结晶。本文附于第十章《干支起原论》中（原文由著者代为译出，见本志），为其最得意之作品。然就著者所见，则全属谬误，不能成立。

氏或者对于中国之古文字学，无深切之了解，故其原文之首段，即依据大正三年《东洋学报》（为彼邦有名之支那学论集）所载后藤朝太郎《龟甲兽骨文字之研究》，采撷其精华，录为九项，而自加演述。

---

①编者按：本篇局部标点有改动。

查后藤朝太郎氏为彼邦最无赖之汉学家（详见大夏大学出版《穗潮》拙迷《古名砚现藏小记》一文中），其著作虽达五十余种之多，然竟无一册足为学术界所称道者。其少年所著《文字之研究》《文字之沿革[①]》二书，虽为其得享盛名之作，然就著者所见，即无一不谬误，则其他可想而知矣。今试探究其关于殷虚文字此九项之疑问，辩正如左：

一、片面的刻文，果为文字否也？

此问可谓全无价值。查殷虚甲骨文字，与铜器同时，其文字与铜器文字相同者最多。使果非为同一系统之物，则自来读者如孙诒让王国维诸人，将何从研究？即舍其普通文字不论，今试择其一二有特殊构造者，亦无不相同。如最近《贞松堂集古遗文》有吕仲仆爵，文曰“吕中仆作毓子宝尊彝或”，毓字作，与殷虚文字之毓字，完全相同。罗振玉曰：“毓殷虚遗文作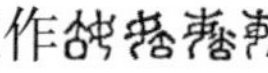，亡友海宁王忠悫公释作毓，象母产子形，从母从倒子，此作，与殷虚遗文同。”罗说是也。此一例也。同书又有孳作父甲爵，文曰“孳作父甲隮彝”，孳字作，其所从之子字，与殷虚遗文同。罗振玉曰：“子《说文解字》作，殷虚遗文作，子铙作，召伯虎𣪘作，虽笔画小异，均为子字，此从从，殆即孳字。”据罗氏的说，殷虚子字作，不特与金文各器相同，且可下与《说文解字》相通；谓非同一直系演化之物，其谁信之？然则饭岛氏谓：“姑无论其为文字，即如图画亦非。”直梦呓而已。

二、文字者从绘画的复杂变为单纯化，此为一定之原则。今以龟版刻文为周器铭以前之文字，在字体进步上为矛盾；断

---

①编者按：原稿为“华”，当以“革”为是。今改。

不能视为周代以前之遗物。

饭岛氏申述之曰：但其关于动物等文字，无论如何比较周代钟鼎古文为复杂，又其式样甚多，且无一定笔法，而为逼近于图画者。若以此为理由，谓刻于龟甲兽骨者非为装饰文字而为实用文字，所以成为简捷草略，因而其文字之笔墨少于一般。若此，更何故独关于动物等文字有不可简单书写之必要乎？

饭岛氏所称动物文字式样甚多，且无一定笔法，疑所指为见于商承祚氏《殷虚文字类编①》第十卷第一页之马字，凡三十二体。庸讵知殷虚文字之研究，如近三十年来之事，历史不长，事属幼稚，商氏所集马字中多麟字误入，详见《安阳发掘报告》第二期董作宾氏《获白麟解》(见该报告三〇一页)中，今可不述。然除此以外，则如饭岛氏所云云，绝不能指出。且同一时代之文字有简有繁，绝不能谓之矛盾现象。盖文字非一人所特创而为全社会意识之结晶物，此为近世我国文字学者之公言。况夫原始创造之时，有象形与指事之多头应用乎？所以某字而或繁或简，或倒或顺，或飞或伏，全无定范，询之全社会而人人皆识，人人可得而指用，则文字之功用毕矣，而其为字可得而成立矣，此凡属演形文字之通例，不足为异也。矧饭岛氏所疑者为“十干十二支以至其他文字，一般比较周代钟鼎古文为单简”乎？征之后世篆隶行草，往往有较前代文字为更繁复者。此曷足异乎！

三、中国铁器时代，在记录上始于春秋之时。然龟甲截断之细工及刻文为使用铁器以成之工作物；所以否认为周代以前之遗物。

---

①编者按：原稿为“篇”，当以“编”为是。今改。

曰：呜呼！是所谓知其一不知其二者也。夫古代文化，每为多元之演进，往往此一民族正在石器时代而彼一民族则已在铁器时代，例如日本在我国秦汉之际尚徘徊于石器时代（见彼邦滨田耕作氏《东亚文明之黎明》），我汉族先民绝早已分占大河南北，即就今日发掘所得，仰韶文化已与殷虚文化不同，安知他日所得不更有较丰富之材料。谓在此时尚无可以为雕刻细工用之金属，吾未敢信。此零碎而不能有系统之发见，在埃及美索不达米亚各古国皆然，不能以是责之殷墟也。犹忆作者有一日在中国科学社与李济博士谈及此事，据云殷墟已发见铜刀，惟铜刀确不足以任雕细工之事。不过亦不必要使用铁器乃优为之，即石器亦可以为雕刻之用。如燧石等，其硬度实优于铁。后藤氏所疑虑者殊不足以为问题。就李氏所见，实为先书于骨上，然后从事雕刻者。此最足以破后藤氏此问也。在十余年前著者专攻许氏书时曾以此论怀疑甲骨，并不相信金文，及今而所见益多，遂不得不放弃旧说，而决然相信殷遗之说也。

四、殷之时代，不得认为历史时代，果为殷代，其证明之根据如何？

曰：此则请读吾友束世澂《殷商制度考》（见《中央大学半月刊》二卷四期中）及近人张龙炎《殷史蠡测》（见《金陵学报》第一卷第一期中），以上至王国维氏之《殷卜辞中所见先公先王考》并《续考》，罗振玉氏之《殷虚书契考释》诸文，当可自明。近世勇于怀疑古史之胡适顾颉刚诸氏，尚且有“商民族时期应该向甲骨文字的系统的研究里去寻史料”，以为“做我们建设信史的骨干”之语（见《古史辩》、胡适之《与顾颉刚书》），则其故可深长思矣。

五、出土地限于一个场所，其理由如何？

查殷虚为殷民族古帝王之都，全民族之文件之档案，积存于此，故今者发见独多。意其他殷民族活动之地必曾经使用，今尚未发见，殊不足奇。或其物少岁久，不易保存；或其时机未至，不克为多场所之搜掘。故今日未发见，不能疑其终之不得见也。至于发掘地点，初称为古羑里城，继称为安阳之殷虚，以至林泰辅所调查，与《铁云藏龟》所指说，此则刘铁云误信估人之言，无伤于甲骨之为真古物也。

六、断片板数初出以来达四五万，其过多之事情又如何？

吾说已见上一节。且以吾所闻，今者发见已达十五六万片。即以吾友庐江刘氏善斋所藏亦已四万片矣，其他流出海外者尚难切实查考。今我国中央研究院派员日夕在安阳发掘，亦有大量发见，详见《安阳发掘报告》书中。意者异时所得，当更不止此数。

七、动物质骨片埋没土中三千年以上，尚得保存，其事情又如何？

曰：此为考古学普通之常识，何后藤朝太郎氏竟未之闻也。彼埃及之木乃伊，爱琴海之币贝，日本浅口郡之贝冢（见《京都帝大考古图录》中）诸物之发见，何莫非三千年以上之动物质骨？氏果能一一怀疑而尽称为赝造者乎？若独谓龟壳不能致久远，则有吾师秉志《河南安阳之龟壳》（见《安阳发掘报告》第三期中）一文在。

八、未经人类学考古学上查勘之出土物，如何可以遽定为殷之遗物？

此为后藤朝太郎一文中最有价值最堪注意之疑问。然此为大正三年（即我中华民国三年）时代之问题，自我民国十七年十月中央研究院试掘安阳小屯以后，即不复成为问题。今者盖已有人类学考古学专家纷纷查勘矣。饭岛氏于一九三〇年刊布此书，尚复称引。宁非有意造谣乎？

九、如非赝物，其证明之方法又如何？

此问亦颇有价值。盖当出土之际，无字之甲骨，弃置小屯者常十数万片，其土人即以之仿造。传说坎拿大人明义士最初所得甲骨，逾月即恶臭异常。又美国芝加哥博物院所藏，竟至有以骨刻成全龟形或玉环形，而文字系小圈若断句然者，经吾友叶玉森氏断为赝造。又沪上出售，十九便非真品。则此项赝物，固已多矣。若此时而无一有确实把握之鉴别法，则吾辈研究，岂非徒然。此在近五年来著者所为日夕汲汲也。兹节录五年前旧著《金甲文发凡》（原著未刻。曾于民国十八年一度油印于上海建设大学，十九年一度油印于上海持志大学及正风文学院，作为讲本）第十三章“今后金甲文字研究的新出路”第一节“去伪的工作”之后半节以为后藤朝太郎氏告：

> 至甲骨文字的辨伪方法，也有三目：一是文字，二是骨的磨制，三是契文的行式。因为出土之际，无字的甲骨，遍于原野，所以便给以作伪的人一个很好的机会。但是作伪者原是没有学识没有研究的人，所以虽则作伪有须臾之便，可是终于给我们看出来了。一是从文字入手，凡是真的，文字都可解，从文义上观察，都是有一定用字用词和一定的语法，仔细研究出来，必是文从字顺；因为仿刻的人，只是东仿一个字西凑一个字，不知字例语例的原故。二是从骨的磨制入手。凡是真的甲骨的面上必已磨光，文字就刻在已磨光的骨片上面；凡是伪的，甲骨的面上，必未磨光，文字就刻在毛骨的上面。因为在殷时用骨

> 的公例已给我们发见了。甲骨的用途有二：一是为刻文字用的，甲骨必经磨制；一是为不刻文字用的，甲骨必不磨制。作伪的人没有晓得这个道理，所以就在毛骨上刻起字来了。如果是将毛骨新磨的，我们也可以发见他新磨的痕迹的。而甲骨因年久易脆，复加磨光是决做不到的。三是从契文的行式上观察。商人刻文字于甲骨上的办法，大骨片[①]或纵刻一行文字，或二行文字，或三行文字；没有一定的。但是他的行式却有一定。就大骨片言，最初是刻在甲骨面上最中的部位，文字左行右行，均无不可，若他时有事将此骨再用时，则刻于中部的左方，文字[②]自右而左；若再将此骨举行第三次应用时，则刻于中部右方，文字自左而右，这是一定的办法，不能有例外的。不合此例，便是伪刻。……（举例及附图从略，详见正风油印本九四——九五页）

然则后藤朝太郎所疑问者，可以安然放心矣。

以上辩正原文上半篇，即其所称引后藤朝太郎氏之说而为饭岛氏所申说者。其下文饭岛氏所自行提出者，尚有诸点，兹再为约述，而加以辩明。

一、关于殷代之帝都者

本来此项极不成问题。罗振玉氏在《殷虚书契考释》第一篇都邑中，已有极详明之解说；以此之殷虚为武乙文丁帝乙三世之都。王国维氏更参照古本《竹书纪年》，谓此为从盘庚至纣之世所常都之地。饭岛氏故为翻案，谓此殷虚曾为河亶甲一

---

①编者按：原稿为“骨”，当以“片”为是。今改。

②编者按：原稿此处多一“的”字。今删。

代九年间之都，而今日龟甲兽骨刻文之中，记载在此以后帝王之名甚多，谓殆不可能，真作茧自缚矣。若谓王氏信《竹书纪年》而疑《史纪》，谓为颠倒之见；吾常读近人雷海宗著《殷周年代考》（原文载武汉大学《文哲季刊》第二卷第一号），谓古本《竹书》纪录必为可信，且举旁证以征之，则王氏所云，不为无见。

二、关于天文历法者

（一）饭岛氏谓甲骨刻文所记之月名，在其数万枚之中，记十三月以上者，绝无一枚。不知即此一语，已足证明闰月之存在。今考甲骨文之称十三月者，见《殷虚书契前编》凡五处：

一、卷一，第四十五叶第六版。

二、卷二，第二十五叶第三版。

三、卷三，第二十二叶第六版。

四、卷四，第七叶第六版。

五、卷七，第五叶第二版。

然则并非偶然一见可知矣。罗振玉《殷虚书契考释》礼制第七曰：

卜辞中书十三月者凡四见，殆皆有闰之年也。古时遇闰称闰月，不若后世之称闰几月。至商有十三月则并无闰之名，可征古今称闰之不同矣。

近人董作宾在《卜辞中所见之殷历》（详见《安阳发掘报告》第三期中）一文中，亦主张此说。并谓殷历有大小月建，及大月三十日，小月仅二十九日，则饭岛氏可毋哓哓肆辩矣。

（二）饭岛氏以殷虚文字有“祀”字，谓此时冬至既已测定，疑殷虚文字不能在殷时代之早。不知“殷曰祀”之名，早见于《尔雅》，是书传有载，而铜器铭文中“唯王某祀”字样，实屡见不一见。何能概谓春秋以后之遗物？此可不必致疑者也。

（三）饭岛氏谓殷虚文字中有“岁”，谓木星之周期已被发见，谓殷虚文字时代至少五行说既已成立。不知吾国五行说发生极早，《洪范》即不可信，而《墨经》五行毋常胜之说，亦完全为谣言乎。墨子法夏而不法周，其说当有所本。所以殷虚文字有“祀”“岁”等字，则可知其时天文学说久已盛行。

（四）饭岛氏谓殷虚文字有“历”字，谓殷时不应有历。关于此项吾不作答，请读董作宾氏《卜辞中所见之殷历》可也。吾友商承祚近在《清华周刊》五三六七号发表《殷商无四时说》一文以攻驳董氏，吾将另为文以论之。

（五）饭岛氏谓殷虚文字有“史”字，断为周汉时代之事。不知殷商为巫史掌管文化时代，至周而“史”之地位更见重要。（详见拙著《我国古代宗教与文化的关系》一文中，曾载《青年进步》一百四十五期）周初史官最著者，首推史佚（详见汪中《墨子序》一文中），而其人实为殷之遗民，为文王所访。然则奚得以此一“史”字，疑其非殷时代遗物乎？

（六）饭岛氏以殷虚文字有“祋”字，引王国维之说，谓与“祝”同意。不知“祝”之掌祭祀之事，其源实始于殷，吾为《我国古代宗教与文化的关系》一文，已有极详明之考证，今不再述。

（七）饭岛氏以殷虚文字有十干十二支之表，谓不应刻之于甲骨而埋藏之。不知此为其当时之历书，本为日常用品，其后山陵变迁，因以埋藏，此殊不足奇也。若谓吾国天文学智识必始于战国之时，此问题吾固不肯承认，即氏与新城新藏氏之笔墨官司尚未了也。至于干支之起源及处理，有近人赵曾俦氏

《干支论》(见《史学杂志》第二卷五六期中),发挥至为透辟精到,饭岛[①]氏何不取而读之乎?

以上辩正原文下半篇竟。

要之:殷虚文字必非杜撰,又非春秋以后之物,可决然无疑;饭岛氏所批判,断不可信。敢以是质之世研究甲骨文字之学者。

民国二十一年十月二十一日读后记

(原载《大陆杂志》第1卷第10期,1933年)

①编者按:原稿为“田”,当以“岛”为是。今改。

丁福保编说文解字诂林正编及补遗

上海医学书局印行
民国二十二年二月出全
正编六十六册　一百元
补遗十六册　二十七元

《说文解字诂林》六十六册，七千六百余叶，为无锡丁仲祜先生所编纂，采用书籍一百八十二种，凡一千零三十卷——其自各家文集中采出之释某字或某句者，尚未计入。是书开始编于民国十三年，至十七年毕。《补遗》十六册，一千二百余叶，采用书籍四十六种，凡一百七十卷，自搜求至编纂，亦经五年。两书体例一依许氏，而篇末各附通检，甚便学者。

余在十余年前，即已欲为《说文解字》作一集注，只以购求前人著述，虽费巨金而善本仍不易得，久久不能毕业；迨丁氏书出，乃得博观，今拙著(《说文解字集注》)虽仅成初稿，尚未厘定，而获此书之益，自知已非浅鲜。披览既繁，甘苦备尝，知之较悉，愿述此书佳处之为诸家评论所犹未及道者。

一、辑录时间之久也

丁氏为南菁书院高材生。约在四十年前，江阴之南菁书院，实“振朴学于东南”。其时讲学者间，闻有南汇张文虎，定海黄以周，江阴缪荃孙，慈溪林颐山者（据吴稚晖《寒崖诗集序》），固皆晚清大师也。即同舍生如吴稚晖汪衮甫诸人，亦皆称为专攻文字学者。故丁氏之治《说文》，年代实已久远。《诂林》出版之初，汪衮甫曰：“仲祜以三十年之力成之”，疑若可信然。其后丁氏又费五年之力，尽搜关系许书之珍籍，汇为《补遗》，如今所见。吴稚晖为之叙曰：“许君十四篇之作，亘二十有二年；先生附益之，所积之年，前后且倍之以四十。可谓尽心矣！”此其辑录时间之久长，信非率尔操觚者可比也。

二、搜求旧籍之勤也

《诂林》正补两篇，共采二百二十八种书籍，为时亘四十年，已如上述。丁氏于此，历尽艰辛，盖可想见。在《补遗自叙》之《附记》中间，有足以证丁氏搜求之勤者一段：

> 是书贴裱至第七卷时，适有书贾自宝应来，手携朱士端氏《说文校定本》手稿四巨册，为吉金乐石山房蓝格纸抄本，盖即朱氏当日手定本也。索价奇昂，议价几不谐，卒以国币一百八十元购之。考朱氏在咸同间，因家贫，不能将全书付印，仅选录二分之一，每字补录许书原文，刻入《春雨楼丛书》。姚氏又刻入《咫进斋丛书》。书仅二卷，即《诂林》采录之本也。今校朱氏原稿，除已刻者外，尚余二百余条。惟得此书稍迟，仅可将七卷以下各字依次编入，其七卷以前者皆辑入补遗之续而已。

读者至此，当可测度丁氏搜求之勤，诚属有过人者。

三、选用之能谨严也

马夷初著《说文解字研究法》中，有及丁氏书者（页一二〇）：

> ……又丁所为《说文诂林》，虽失之驳杂，其意在博取。学者明于六书大法，以简驭繁，则丁书固足资渔猎也。

此虽善意之批评，然亦不可不辩。盖丁氏固非“意在博取”“失之驳杂”者。其书不特不采《说文凝锦录》与《说文长笺》等等书籍，即近人之以甲骨钟鼎文字考订《说文》者，丁氏亦不敢辑录也。可见其选用之范围，或且病在过狭。“驳杂”云云，吾实未见其然。

四、善本之不吝牺牲也

丁书为将古籍拆剪，依字排列，裱贴影印而成者，故《诂林》告成而四十年来苦心搜求之善本概归无用焉！使丁氏吝惜原本，觅人重钞，则错误必不能免。如仿《清经解》例，依成书之先后，整部排列影印，则吾人又将感其翻检之不便。故丁氏虽极爱护原本，而仍“忍痛”牺牲也。

凡此，皆丁氏编纂此书之特点。至于此书本身价值之大小，评述当俟另篇。

二十二年四月十日，成于四部书斋

（原载《图书评论》第2卷第1期，1933年）

近三十年来中国治文字学者的派别及其方法[①]

一、引论

我今天拿起了这样的一个题目来讲，或者有人误会以为我现在忽然时髦起来，仿佛市面上有了某一家书店出版了一种三十年丛书，叫做三十年文学史，三十年……三十年……现在我也在写一本三十年中国文学史了。这个不要怀疑的，我没有这种思想，实在也不愿意这样干，不过因为这三十年我国的文字学实在进步得狠利害。有研究的价值，所以特意拿出来讲讲罢。

二、文字的界说

现在所要讲的为近三十年来中国文字学的派别及其方法，所以我们首先要明白的，就是这里所讲的，是个什么东西。本来这一种学问在清朝或在以前的时候，一般人都叫他做“小

①编者按：本篇局部标点、外文字母有改动。

学”，因为《说文叙》里有说道：“《周礼》：八岁入小学，保氏教国子，先以六书”；这种既然是六书之学，所以也只好称他为小学。何况最初（？）将学术分类的《汉书·艺文志》，在《六艺略》里有小学一门，就是把一类学问的书目排列着，称他为小学，岂不是名副其实吗？！其实不然，小学是学制上的一个阶段，因为从前小学校里教的是六书，便称六书为小学。难道今日小学里教的唱歌游戏，现在我们也可以称唱歌游戏为小学吗？所以这个名称总得更改为好。查最初许慎著成这书，名叫《说文解字》，并且叙里说道：“盖文字者经艺之本”；我们现在称他为文字学，最赅当没有了。

但是因为在中国的文字是象形的，徒有形则不能达于口而通于人耳，则必有赖夫声；而更求其能为全社会共同的公共意识，故必更有赖夫义的作用，于是文字之内，遂包有形、声、义三部份。古今四方，时异地异，语言文字，因之变异；于是文字的形、声、义三者，遂因而变迁。今人为求明了这种变迁的迹象起见，遂不得不创为这种学问；所以文字学里，实在也包含有形、声、义三种。可是学术愈进步，则愈起分化。现在关于文字的声音方面的研究，已渐渐地独立成为音韵学或语言学了。关于文字的意义方面的研究，也已渐渐地独立成为训诂学或词诠学了。所以余剩下来的，只有文字的形体的一部分。一直到了现在，我们谈起文字学来，大家便都领会这是讨论文字的形体的构造，或变迁的。我现在所讲中国文字学家，大抵就是偏于这一种。

三、一八九八年意义之重大

原来这一门学问，在清朝特别发达，名家辈出，因为当时汉学盛行，这一门学问就是汉学的基础的原故。自乾嘉时段玉裁以毕生的精力，研究《说文解字》，成《说文解字读》五百四十卷，旋又约成《说文解字注》三十卷，而这种学问，遂告大成。说者谓段氏为许氏的功臣，我们可于此中得其消息。此后匡段、订段、补段、笺段，虽不乏人，然而只有日益繁密，于段氏虽或有异同，而于许君则从无敢毁之者。及至晚清，吴愙斋中丞出，为《说文古[①]籀补》一书，以全文校正《说文》，并谓金文中古文，为周初文字；《说文》中的古文，为周末文字；疑许君未见古籀真迹。于是治此学者，遂起怀疑。但是金属诸器，真赝杂出，文字诡变，难求确释；学术界尚未完全相信。到了一千八百九十八年，在河南安阳县的地方，忽然发见了商朝的甲骨文字，字数众多，形体齐一，而时代又较周朝铜器为古，而溯其源流，与铜器文字相同者多；与《说文》中古籀文字相同者少。于是文字学界群然相顾失色，咸视为古史上一大秘宝。我相信世界考古学上所发见的东西，没有比这回的意义更重大的了。就我所见：即如日本学者田崎仁义，在他所著的《王道天下之研究》一书里，便赞不绝口了。所以自那时起，中国文字学界，便起了急激的变化。

四、近三十年来中国文字者可分为四派

可是在这时候，古文学派出了两位大师，一位是章太炎，一位是刘师培，墨守东汉经师遗说，抱残守阙，为最后之挣扎。同时瑞安孙仲容，以金文耆宿，努力为甲骨文做凿通的工作，一时承学之士，如罗叔言，王静安诸人，笃信不疑，搜罗

---

①编者按：原稿为“吉”，当以“古”为是。今改。

爬梳，为力至巨，一直到了现在，金文甲骨文，遂由附庸而蔚为大国；于是一般摇旗呐喊之徒，如吕诚之石一参等，遂肆意向许君掊击，以为《说文解字》一书，无一是处。自是以后，治文字学者，无形中遂成为两大壁垒。现在为明了各人治学的方法起见，拟分为四派：一、古文派，二、今文派，三、斯今文派，四、科学派。分别举例说明于下。

五、古文派的学者

章太炎　刘师培　顾惕生　马夷初

原来经学家之分今文古文，由来已久。可是自唐、宋以后，这种派别上的论争，久已止息。自清朝中，武进庄存与倡今文学，其同县刘逢禄，继承其说，历晚清廖平康有为等，于是今文学遂大盛，在经学上遂复有今文古文之争。然在这时期，古文学派经已衰落，大师亦不多，今文学说，几有披靡全国之势。维时有一人焉，堪称为古文学家的押阵大将，即是这里所首先要说的章太炎。章太炎名炳麟，浙江余杭人，少年受学于俞曲园樾，治文字学极谨严，所著有《文始》《小学答问》《国故论衡》诸书。早岁倡种族革命论，为清廷所忌，既而亡命日本，涉猎西藉，遂以新知，附益旧学，学问日益闳肆。他自己尝在《蓟汉微言》里说道：

> 少时治经，谨守朴学，所疏通证明者，在文字器数之间。虽尝博观诸子，略识微言，亦随顺旧义耳。……既出狱，东走日本，旁览彼土所译希腊[①]德意志哲人之书。……以是数者，格以大乘，霍然察其病，识其流变，

①编者按：原稿为“希猎”，当以“希腊”为是。今改。

而诸生适请讲说许书，余于段桂严王，未能满志，因翻阅大徐本十数过，一旦解寤，的然见语言文字本原，于是初为《文始》。……自揣平生学术，始则转俗成真，终乃回真向俗。……秦汉以来，依违于彼是之间，局促于一曲之内，盖未尝睹是也。

可见他的造就，的确不少。他治文字学的方法，以音韵为骨干，谓文字先有声然后有形，字的创造及孳乳，皆以音衍，在文字学上为一大发明，迥非乾嘉诸老所能望其项背。如《国故论衡》上卷《小学略说》《语言缘起说》《成均图》《音理论》诸篇，与及《文始》中所说，多为前人所未发的精义。中尤以古韵阴阳对转，为其最大发明。良由时会所趋，参稽东西学说，故能成就其大。然而他的影响于近三十年来的中国文字学界，确实是极其伟大了。惜乎主观见解太深，不肯轻易放弃门户之见，是其所短。如《新方言》及后附的《岭外三州语》，往往谓某字某字三州人读作某，即古《说文》某字，殊不知广东语言复杂，惠州客籍，虽与嘉应州通，而潮州人又名福佬，与福厦漳方音相近，而与惠嘉应则不能相通，以一不识粤东各种方音之人，而强为解事，所以里头所说的，往往不免错误。这样的以主观见解，应付学术，未免太不忠实。又如甲骨文的发见，确是天地间的至宝，已如前述；而章氏则以其足以摇动许君的地位，始终不肯承认，至诋为“作伪有须臾之便，得之非贞信之人”；然则今日中央研究院诸君，日日在安阳新发掘的，果皆不足信吗？所以我们今日读章氏书，关于这一点，不得不认真注意了。

其次，在当时与章氏同治古文之学，而学术地位不相上下的，厥为刘师培氏。刘氏原名光汉，字申叔，江苏仪征人，其后便改成这个名字。著有《古文字考》《小学发微》等书。他的曾祖文淇、祖毓松、伯父寿曾，三世治《春秋左氏传》，有名于清道咸同光之世，所以他少时受了环境的关系，便狠早的走上了古文学家的路子。他中岁旅居日本，得与章太炎相交，所以他治文字学的方法，也彷彿与章氏相似，也是大大地注意于声音的转通的。他在《新方言后序》里说：

> 光汉自幼治小学，窃有志于此，以为淮南之言，虽稍岐出，然皆有所承受。如事逾其期谓之愒，而玩愒之训，载于《左传》。身倾于前谓之磬，而磬折之义，著[①]于《礼经》。触类引伸，庶几古义益显。壮游四方，获从贤豪长者游，通言别语。日闻于耳，听习既久，知古语可以证今言，而今言亦可通古语。……亦略有撰述，梗概粗具，未遑编录。及旅东京，余杭章太炎适有《新方言》之作，……夫言以足志，音以审言，音明则言通，言通则志达，异日统一民言，以县群众，其将有取于斯！

因为他是这样地注意声音通转的，所以他便对于六书中的“假借”的道理，便大有所发明。他在《古本[②]字考叙》里说道：

> 许书以令长说假借，例隶引申；后郑谓仓卒无其字，例赅互用；辗转蔓延，摩引而长，阜息封孳，缀联同贯，似类之旨，挚积容函，一字数义，文无别创，引申之谓也。舍殊本字，丐役异文，声通旨别，此貣彼施，这遣賍迻，托诒而往，形此谊彼，趞易庑居，互用之谓也。互用例六：一曰省形，字隶合体，省假右声，然嗽贯遺，是

①编者按：原稿为“箸”，当以“著”为是。今改。

②编者按：原稿为“文”，当以“本”为是。今改。

也。二曰益形，部首之文，陪益殊体，泰大垂乑，是也。三曰同声，得声两符，形弗均录，袒但被彼，是也。四曰声近，稡均枳部，同部遣书，衎侃剩蓟，是也。五曰音转，植纽域音，纽同递役，胥相宛蕴，是也。六曰合音，本字一音，缓呼易二，椎为终葵，是也。……今字失守，字改形失，始检柙勿施，曷其有括，且久假弗归，故文瘯媎，践迹义袭，庸异俳嫔，亦非所以一统纪，树矩常也。……今粗揭恒文，讨鞠名原，撮览摄持，宣示概略，所以反本复始，不忘其初也。

可见他的意志了。不过他对于字形方面也有多少的发见，如《小学发微》里说象形为古图画之变，会意也为古图画之变等，自是千载不磨的学说。可惜他对于外国的学者崇拜太过，好以古书附会新说，往往浅薄可笑；如法人拉克伯里（Terrien de Lacouperie）为支那学中的无赖鬼，彼邦的学者均不信其说，刘氏治史学则附益拉氏，谓中国文化源出亚西；治文字之学也不惜应用拉氏《易经》用字多同声假借之例，谓《易经》六十四卦为文字之祖，未免太流于轻易了，故其失在诬。这亦时代环境使然，时人如丁谦辈等，莫不如此，所以也难怪他了。

又其次说到顾惕生。顾氏名实，江苏武进人，早岁治《说文》之学，以段氏为宗。中年留学日本，闻见益广，归国后即掌教东南大学——即今中央大学——近十年所著书，有：《中国文字学》《六书解诂及其释例》《说文解字部首讲疏》等书，他的长处在不驰心于政治，日惟孜孜矻矻以读书为事，与章刘二人不能忘情于功名者不同。他在《中国文字学自叙》说道：

成童之年，闻诸乡先达，知中国有汉学宋学，汉学必自治许君《说文解字》始；遂观段氏《说文解字注》、朱氏《说文通训定声》，而于朱氏书翻检尤熟。尔后陆续购阅桂氏《义证》、王氏《句读》，以下无虑数十百种，尝欲仿《五经汇解例》，辑《说文解字汇解》五百卷，以总汇古今释许书者诸家成说。

他的功力，大抵可以想见了。他于六书次第，崇郑黜许，与近世治文字学者不同，他在《中国文字学》里说：

若郑司农六书诠次，世辄诋其凌杂无序，然细审之，则实有不易之精义在也。……然大抵尊许崇班，而从无伸郑司农之说者，岂千年莫阐之坠绪，将待吾而发之乎！

故其全书的排列，一似郑氏的六书次第，但是那时候金文甲骨文的学问大盛，所以顾氏虽自承为古文家的学者，也不得不相当的承认罗叔言王静安诸人的论说，他在《说文解字部首讲疏》一书里，深欲为沟通之说，所以每释一字，必举金文甲骨文或其偏旁，以证明许书之不误。他在《中国文字学自叙》里说道：

至最近发见骨甲文字，而所得益多矣，然此非濡染甚深于科学观察者莫能言，即言之而亦莫信也。……而隐求括千年来几多小学家冲突反对之说，而成一系统有条不纹。……

然而他的弊病，即在于此。今观其所著书，似乎凌乱无章，即由其家法不严，欲为折衷之说，而识力不足，又不足以任此艰巨，所以他自以为是独到处，庸讵知就是他的弊病处，用功虽勤，而精到独少，大约因为金文甲骨文日以昌盛，古文学家虽欲主持挣扎，而为势有所不能，他便不得不为时代的牺牲者呢。

又其次讲到马夷初了。马氏名叙伦，浙江杭县人，研究

《说文解字》之学甚早，闭门研讨，读者亦甚多。晚岁掌教北京大学，门弟子甚众，他所著书，有：《说文解字六书疏证》《六书解例》《说文解字研究法》《中国文字的构造法》等。他治文字学的方法，仍是一本许君之说，但以其阅书多，辩别精，故于中国文字的构造及六书的分别，解说得最为详明，最便于初学者的学。他虽自承为古文家的学者：

> 《汉志》本于刘向父子，必是自古传述之名；……或诬六书出于刘歆伪作（康有为说），皆援隙奋笔，率臆謷说，固不足辩也。

而他所著书中，屡采用金文甲骨文之说，怀疑许书的错误，为后人妄增妄改，为相当的修正；如《说文解字研究法》里“说文部首亡益”条说：

> 部首之字，有无因有所益而后人删之削其本有存其本无者，未可必也。今观才字无所属而自为部，廿入十部，而卅为部首，所属仅世字，戴侗谓商癸卣世字直作卅，容庚谓卅世一字，余以为三十年为一世，象形、指事、会意三法，皆不可作字，故借卅为世，此六书之假借也。假借之字，体不改造；故古书世字亦当直作卅，今作世者，是由金甲文卅作山山屮，少变其形而致，以山山屮证之，卅与世无殊也。……余意许书本无世字，卅在十部，后人习见汉隶世字作世，妄增从卅而曳长之，亦取其声之辞，而移出卅字以为部首。

大约马氏心目中，也以为纯粹东汉经师旧说，不足以为维持，故发为此议，这也可以说时代的产物。但是他虽相当地承认金文甲骨文，然也不至如一般人之漫无限制地迷信拥护，故常得持平之论，如《六书释例》页九说：

《说文》曰：史，记事者也，从又持中，中正也，晚近吴大澂王国维皆谓中非中外之中，象所持之物。余谓史即聿之对文，《说文》曰：聿所以书也，聿下之巾，即史上之中，到其形耳。又《说文》曰：聿，手之疌巧也，从又持巾，余谓巾非巾市之巾，乃象韧木之具，即刀笔也，聿聿实一字，巾巾皆由丨而变，金文聿作巾作书，甲文亦然，其明证矣。史则因书而得名，故徒到其形，此首県之例也。

马氏勤于许书，而又通金文，故足为古文派中后起之俊。此外若陈石遗，胡朴安，陈柱尊，叶长青诸氏，治文字之学亦至勤，时有新创的见解，但也是属于这一派的学者，以其所著书未尽刊布，余尚未通体读过，现在暂且不说了。

六、今文派的学者

吕诚之　石一参

今文学家，本不研究文字学，以西汉学者对于这种学问未尝著书，而许慎所著书，则只足为古文学家张目而已。所以在清末的时候，虽以康有为之渊博，也不以小学名家，以后研治今文学者，以许氏《说文解字》一书，最足为古文学的护符，始有肆力向之攻击者，现在在近三十年来这派的学者而兼治文字学者中举一二人以为代表。

在这里第一个说到吕诚之。吕氏名叫思勉，江苏武进人，早岁治今文家学问，晚岁成《中国文字变迁考》及《字例略说》两种，成就颇大。他在《中国文字变迁考》第三章“古文篆籀”里开始攻击许慎，他说：

论中国文字之变迁者，莫早于《汉书·艺文志》。《说文解字序》与《汉志》大同小异，而其说尤详，今以许《序》为本，加以辩证焉。……许氏之说，盖全因汉世所谓古文者系出于壁[①]中书等而起也。许《序》云："及孔子书六经，左丘明作《春秋传》，皆以古文。"此语根据，盖在下文"壁中书者，鲁恭王坏孔子宅而得《礼记》《尚书》《春秋》《论语》《孝经》。又北平侯张苍献《春秋左氏传》"二语。许《序》又云："始郡国往往于山川得鼎彝，其铭即前代之古文，皆自相似。"案后世所得鼎彝之类甚多，其文实与《说文》所载不合之古物固多伪造，决不能尽为伪物，且作伪者必求其于古有征。《说文解字》为载古文最古之书，作伪者安得不求合之以自重邪？故许《序》此语，后人颇多疑之者。……然则许《序》所述，史籀而后，文字变迁，悉系根据古经追溯而得。后人谓许氏于字之变迁甚明，而不知许氏亦受人之欺。彼方自谓根据古经，得通古字，而不知当时所谓古经者，正据古字伪造也。

他不但攻击许慎《序》里所说的古文靠不住，他并且攻击许氏的大本营，就是《序》里所记的六书，他说：

六书之说，为许氏全书经纬，此盖许氏所谓字例之条者也。然六书实非古说，周官之六书，亦未必许氏所言之六书。

他再于《字例略说》里开章明义第一章著《六书非古说》一文，拼命地攻击道：

六书之说，许《序》以为出于周之保氏，后人因谓许

①编者按：原稿为"璧"，当以"壁"为是。今改。

氏字例之条，必传之自古，其实非也。……夫自周初至汉末，历时已逾千年，《周礼》固战国时书，其距汉末，亦数百岁。果使其时已有六书之说，安得自许以前，迄无用其法著字书者？而班郑许三人而外，且迄无提及者乎？且六书之说，岂可以教学僮哉？……若以六书之说教学僮，是犹今之教学僮者用字典分部之说也。有是理乎？又六书之说，许似不甚明了，许说某字当属六书之某种，而其实不然，及依许说，则在六书中无类可归者甚多。……夫学问历时愈久，则研究愈深，研究愈深，则立说愈密。果使作《周礼》之时已有六书之说，至许君时，研究者必已甚多，某字当属某书，当早有定论，安得茫昧为此乎？故六书决非古说也。

他不但攻击许《序》，攻击六书，并且渐渐地攻击到《说文解字》的本身了。他在《六书非古说》里，继续说道：

许书所以为后人所信者，以其所说多字之本义……即谓果有本义，经典皆已不用，许氏何由知之？则许说之多本义，殆亦皮传字形耳，此乃据形立说之例，至许氏而后明。非真有本义传之自古也。故六书决非古说也。

所以许君一书，已给吕氏攻击得体无完肤了。可是吕氏攻击得尚不利害，我们看他所著的《字例略说》，尚依违许氏的六书，而其中关于六书的解释，尚多采用前人的学说，便可知道。

不意这一派的学者，愈出愈利害，同时复有一人叫做石一参者，竟欲把许君的老巢都焚毁，许君的坟墓都掘去，那真厉害极了。石氏名广权，字一参，自署楚南苍石，又称十年前讲学船山学社，疑是湖南人。其自著书目表，有：《孔氏论语今读》《大同新义》诸书，可知其为今文家的学者。其自称关于研究文字学的著作，成书甚早，可是至最近才得刊布。已刊布于世的，有《苍石山房文字谈》《说文匡鄦》《部首匡谬》，据说尚有《古文匡谬》《形声匡谬》《文字学发微》诸书，成而未刊。他在《部首匡谬》的《叙指》里便破口大骂许君，说：

自髫龄习《说文解字》文学，向先君子即有所贡疑。以为鄦氏既以形隶文，似六书皆为衍形之字，名为六书，其实一书，所不解者一也。鄦书之例，建为五百四十部首，究竟文之可为部首者，是否天然限于此数，不可增省，如有可增，则鄦例疏矣；或有可省，则许例芜矣；不审鄦书何所据而定之？所不解者二也。书《后叙》言其建首也，立一为耑，据形系联，引而申之，毕终于亥。然则一二至十诸数名，甲乙至亥诸干支名，合三十二文，殆为仓帝造文起例之原始字母，乃书除一二八十乙戊已辛及子丑辰午申酉外，余部概无可隶之字，无字可隶，安得建首，所不解者三也。……而其所以不能为古人饰者，则以真理具在，既不甘终为古人欺，又安肯俯为古人奴，此《匡鄦》之作，所为不能自已也。

所以他在《部首匡谬》一篇里，便将许君原书逐条逐条批驳，以为没有一条可以成立，他的胆量可谓大极了。他不特在攻击许君，并且欲自立一个系统，为建设上的工作，从积极方面打倒许君。他在最近写成一本《苍石山房文字谈》，又名叫《六书浅说》，每一个篆形，都用了他自己创作的解释，有时候甚至不惜用了现代的事理来解释古篆，就是为的是要达到他的目的。他最恨许君，他在《六书浅说》的知言里说道：

汉代有一个最不通文字，而强作解事的伪古文家，姓许名作许慎，别号叔重，他著了一部好书，名曰《说文解字》，其实他约略晓得解字，全不知道说文。他于六书，除象形外，可算完全不通解的。最荒谬的他因为不通谐声的方法，便硬创形声一门，将建类一首的字，归入其中，浅陋可笑。……后世治《说文解字》的学者，都认许氏为先师，所以只知认中国的文字为粗浅的象形文字，真可对原始造字的仓颉先生痛哭一场了。

我们推究石氏的心理，真要替他补上一句“呜呼噫嘻！许书不焚，其如苍生何！”了。好在这一派的学者不多，不然我们也真要大哭一场了。归结一句话，这一派的学者，本来对于文学是门外汉，现在居然大大地竖起旗帜来，所以不失之诬，便失之妄。吕氏尚有相当学问，所以谈论起来，尚能够循规踏距，只可惜搬演了许多康有为的话，门户之见甚深而已。至于石氏，便胆大妄为，欲自为仓颉，而学识不足，不能有建树，结果仅成为陈涉吴广，叫嚣呼啸而止。

吾友丁仲祜[①]《说文解字诂林补遗自叙》说：

客曰：近读石一参先生《六书浅说》，对于许氏毒詈痛骂，又著《说文匡鄦》三种：一《部首匡谬》，二《古文匡谬》，三《形声匡谬》，石氏之书，亦将采入《补遗》中乎？丁子曰：通人著述，信今传后，平情而读，自有颠扑不破之真理存焉；何事类村妇之破口嫚骂，有乖雅道？昔明陈耀文氏撰《正扬录》，专纠杨慎之讹，衅起争名，语多攻讦，丑辞恶谑，无所不加。清初吴殳氏撰《正钱录》，专攻钱谦益之讹，深文苛索，有意求瑕，挟怨构争，

①编者按：原稿为“诂”，当以“祜”为是。今改。

愤若雠寇。清初朱直氏撰《史论初集》，专驳有宋胡寅氏之《读史管见》，每诋氏为腐儒，为蒙蒙未视之狗，为双目如瞽，满腹皆痰，为但可去注《三字经》《百家姓》，不应作史论，为痴绝呆绝，稚气腐臭。是虽胡氏持论之酷，原有激万世不平之气，然亦不当为是之毒詈也。近人关于小学之著作，每欲推倒许氏，别创六书，信口开河，向壁虚造，较之杨桓氏《六书统溯原》，魏校氏《六书精蕴》且什伯倍蓰过之，宜乎学者得其书，每掩卷而不欲观也。

丁氏的批评，至为公允。呜呼！此今文家之所以必有待于所今文家之继起也欤？

七、新今文派的学者

孙仲容　罗叔言　王静安

新今文派本来自己也勿得这个称号，不过我以其与今文家所说的同而不同，故为之特别起上一个名称。原来这一派的文字学家，已发生在一八九八年以前。在清朝末年，吴窓[1]斋氏的《说文古籀补》成书以后，便可说是这一派的学说已有萌芽了。不过到了一八九八年甲骨文字发现以后，文字学界乃起了大大的变化，我们就说他是在这时成立了。

首先担任开凿的工作的，是孙仲容氏。孙氏名诒让字仲容，晚号籀高居士，浙江瑞安人，著有《籀高述林》《古籀拾遗》《古籀余论》《名原》《契文举例》等书。他本治古文大篆之学，尝自谓"治古文大篆之学四十年，所见彝器款识逾二千种"。至是根据刘铁云氏的《铁云藏龟》，考证文字，成《契

①编者按：原稿为"客"，当以"窓"为是。今改。

文举例》一书，分为十篇：

一月日　二贞卜　三卜事　四鬼神　五卜人　六官氏　七方国　八典礼　九文字　十杂例

他又著《名原》，常常称引这种文字。他在《契文举例自序》说道：

顷始得此册，不意衰年睹兹奇迹，爱玩不已，辄穷两月力校读之，以前后复緟者参互审绎，乃略通其文字，大致与金文相近，篆画尤简渻，形声多不具，又象形字颇多，不能尽识，所称人名号，未有谥法，而多以甲乙为记，皆在周以前之证。

他仅以两月的期间，而有这样的成绩，我们不能不佩服了。何况他还是一位开山老祖呢！

继孙氏而起的为罗叔言氏，罗氏名振玉，字叔言，浙江上虞人，早岁与蒋斧等友善，治金石文字之学，收集古器墨本二千余通。至甲骨文字发见后，命舅弟范兆昌等至安阳搜集，得二万余片，除拓印成《殷虚书契前编[①]》《后编》《菁华》等书外，复著有《殷商贞卜文字考》《殷虚书契考释》《殷虚书契待问编》等书。他在《殷商贞卜文字考》里，有两大创见，一知史籀大篆即古文，非别有创改；二知古象形文字，第肖物形，不拘拘于笔画繁简异同。其《殷虚书契考释》，分为八篇：

一都邑　二帝王　三人名　四地名　五文字　六卜辞　七礼制　八卜法

---

①编者按：原稿为“篇”，当以“编”为是。今改。下文“《后篇》”改成“《后编》”，“《待问篇》”改成“《待问编》”。

其文字一门，可分为三：一、形声义悉可知的约五百字（重文不计），证之《说文》并及金文等，明籀篆变迁之迹及识其错误之由，其最重要的，如辰巳之巳，甲文皆作子，子丑之子，甲文皆作𡿪或作𢀓，可知古器中乙子癸子诸文，当为乙巳癸巳。二、形义可知，而声不可知的，约五十余字。三、形声义胥不可知，而见于古金文的，约二十余字。自有罗氏此书出，而甲骨文始稍稍可读。他治文字学的方法，专攻字形，与章太炎刘师培等之以字音为骨干的不同。惟主观甚强，与章氏同。如《殷商贞卜文字考》论许书之违失，谓据古金文有一二三，无弌弍弎，疑《说文》所采古文，多六国诡更正文之体，殊不知弌弍弎为结绳文字之遗，是象形文字，叠经近人胡以普陈柱尊考证许君古文之说不误，罗氏未始非千虑一失哩。他的长处在有阙疑精神，前人治金石文字的，每字必加诠释，以致牵强附会，不可究诘，罗氏深知其非，故于甲骨文之不可识者，别为《待问编》一书，俟之异日，这未始非深有得于许君阙如之旨。

又其次说到王静安氏了。王氏名国维，字静安，浙江海宁人，早岁通日文，治西洋哲学，继治宋元词曲，东渡日本后，乃治古文字及声韵之学，所著书极富，死后他的友人罗叔言等为之集成《观堂集林》。他于考证古文字之学，首重阙疑，他在《金文编序》说道：

> 孔子曰：多闻阙疑，又曰：君子于其所不知，盖阙如也；许叔重撰《说文解字》，窃取此义，于文字之形、声、义有所不知者，皆注云阙。至晋荀勖等写定《穆天子传》，于古文之不可识者，但如其字以隶写之，犹此志也。宋刘原父杨南仲辈释古彝器，亦用此法。自王楚王俅薛尚功之

> 书出，每器必有释，虽字之绝不可释者，亦必附会穿凿以释之，甚失古人阙疑之旨。

他复在《殷虚书契考释后序》，于逞臆之徒痛加诋骂：

> 古文之学，萌芽于乾嘉之际，其时大师宿儒，或殂谢，或笃老，未遑从事斯业。仪征一书，亦第祖述宋人，略加诠次而已。而俗儒鄙夫，不通字例，未习旧艺者，辄以古文所托者高，知之者鲜，利荆棘之未开，谓鬼魅之易画，遂乃肆其私臆，无所忌惮，至庄保琛，龚定庵，陈颂南之徒，而古文之厄极矣。

他自述治古文字之法，仍然再三致意阙其所不知，在《毛公鼎考释序》说道：

> 自周初讫今垂三千年，其讫秦汉亦且千年，此千年中文字之变化，脉络不尽可寻，故古器文字有不可尽识者，势也。古代文字，假借至多，自周至汉，音亦屡变，假借之字，不能一一求其本字，故古器文义有不可强通者，亦势也。自来释古器者，欲求无一字之不识，无一义之不通，而穿凿附会之说以生，穿凿附会者，非也，谓其字之不可识，义之不可通，而遂置之者，亦非也。文无古今，未有不文从字顺者，今日通行文字，人人能读之，能解之，《诗》、《书》、彝器，亦古之通行文字，今日所以难读者，由今人之知古代不如知现代之深故也。苟考之史事与制度文物，以知其时代之情状，本之诗书以求其文之义例，考之古音以通其义之假借，参之彝器以验其文字之变化，由此而之彼，即甲以推乙，则于字之不可释，义之不可通者，必间有获焉，然后阙其不可知者，以俟后之君子，则庶乎其近之矣。

他所用的方法，精密而又能虚心求阙，所以他的成就，迥非他人所可及。他虽治金甲文字，但从不漫骂许君，或有时竟为许君辩护，如谓许书古文出壁中书，乃六国末文字，自不能与殷周合，用正误真伪，自系两事，实为最持平之论。

此外王罗两氏的弟子，如容希白商锡永诸人，颇能奋迹前修，追踪往哲，颇有创获，为此派之殿，兹不具论。

八、科学派的文字学者

于此更有一派学者，以为今古文家拘于家法，各有得失，都不足宗，欲于以上三派以外，独创一派，一以现代的社会科学智识为其基础，借助现代考古学，民俗学，以及西亚各国古文字学，以为比较，以寻求一研究的新出路，不以古今文派之所是的为是，也不以古今文派之所非的为非，一以事实之真相为鹄的。

就我所知，现在正在努力向此路奔上的，颇不乏人，可惜成就尚浅，举不出一位代表来，在民国十七年十一月里，《中国学术周刊》第三期里，闻宥有一文，题目叫做《从章太炎到王静安从王静安到科学的国故学》，似乎就是在检阅已往的成绩，并说道：

> 不过王静安虽了解这种趋势，而他的事业，却并没有成功。第一，从学力言，他并没有懂得基础的科学，所以应识实物的知识还不够。第二，从方法言，他虽说“不绌新以从旧”，但还处处以地下的材料，去迁就纸上的材料，所以他的结论，往往不过是在旧史料的骨子上，加以一些新史料的点缀。而且纸上的旧史料不够时，他还时时助之以个人的幻想。……我们如果要把稀松的变而为坚实的，

> 把彷徨的变而[①]为前进的时，我们应该比王静安更进一步，明目张胆地主张“屈旧以就新”，到那才有“由非科学的进而为科学的”希望。

他所说的，虽然是就国故学的全体而言，但那文的骨子里，确是在说地下所发掘的金文和甲骨文，以及书本上的《说文》，并且批评的人物，就是古文字学专家的章太炎王静安，所以我们这里不妨借他那段文字当作科学派的文字学者的宣言书。这种呼声慢慢地从微弱而波动到全文字学界时，博得全大众的同情，便可成功了有力量的革命势力，所以近三十年来中国文字学界的真正革命军，可以说在这时才正式成立。后来闻宥接连[②]在国立中山大学的《语言历史学研究所周刊》里发表了两篇文章，一篇题为《研究甲骨文字的两条新路》，主用土俗学的方法（Ethnographical method）和型式学的方法（Typological method）来整理甲骨文字；一篇题为《中国文字之本质的研究》，以为我国文字的形态，几千年来正演着一种迟缓的蜕化，这个蜕化的方向，是由繁重的移到简捷的，由凝固的移到流动的，欲从甲骨文中找出文字孳乳蜕化的迹象。这种工作，都系从现代各国古文字学家应用的方法推演而出，以期建立一种科学的文字学研究法。都是超出古今文字的旧圈套之外的。可惜事在草创，尚未能谈到成功两字。此外为科学派的声援者，尚有多人，但其新发表的大都为散见于各刊物中的零星论文，成为有系统的论集者狠少，所以现在也不说了。

---

①编者按：原稿为“为”，当以“而”为是。今改。

②编者按：原稿为“连接”，当以“接连”为是。今改。

九、附论日本的中国文字学者

林泰辅　高田忠周

日本以同种同文的关系，所以研究中国文字学的，自较别国为易。在明治四十三年的时候，后藤朝太郎发刊他的文字学的总集，题名《文字之研究》，那时刚巧是西元一九一〇年，在甲骨文发见后十二年，其中所讲的话，略略带些新见解，在当时颇有权威，可惜后藤氏不自长进，以后便丝毫没有进步，而且日益堕落了。

同时日本的学者，研究中国文字学而有极好的成绩者，就我的短视所及，有两个人。一个叫做林泰辅，一个叫做高田忠周。林泰辅字浩卿，日本文学博士，他是一个首先注意甲骨文字的外国学者，在我国龟甲兽骨文字发见不久的时候，他便亲到出土的地方去研究，后来在一九〇九年发表《清国河南省汤阴县发见龟甲兽骨》一文于日本《史学杂志》，其后又于大正六年（即一九一七）印行《龟甲兽骨文字》二卷，附抄释六页，《自序》说道：

> 欲究邃古之文明，则方策未必可得而征，于是乎金石器物之类，凡可以窥其情状者，皆莫不供资料。况于录文字者乎？是挽近学者所最用心，而东西一其轨者也。禹域金石文字之学，北宋既开其端。至前清益极其盛，地不爱宝，钟鼎彝器之出，迥逾乎前代，光绪二十五年，河北安阳县洹水之南，始出龟甲兽骨，片片奇古，且有文字，别放一异彩矣。……而出土以来，十有九年，致思于斯者，诚寥寥矣。

我们从这里可以窥见他对于甲骨文字的态度。他又于大正八年发表《殷墟遗物之研究》一文于《东亚之光》，同年更发表《甲骨文地名考》于《斯文》杂志，闻说他尚有《龟甲兽骨文字表》六卷，《龟甲兽骨文字》第三卷，《上代文字之研究》八卷，尚未公布于世，可见他的毕生精力之所在了。可惜他死得尚早，不得尽其才力呢。

至于高田忠周，则专为吉金文字的研究。高田氏字竹山，在一八六一年生于东京之牛込，在十八岁时，着手为汉学及文字学的研究，直到现在，有四十余年的专攻。他所著的关于文字学的书藉，有：《古籀篇》《学古发凡》《说文段注辨疏》《说文字原谱》《朝阳字鉴》等书十六种，我曾经读过的为《古籀篇》《增补学古发凡》《朝阳字鉴》《汉文之起原与中国古代文化》《转注假借说》五种。《古籀篇》凡百卷，得字一万二千余，较吴愙斋《说文古籀补》，增多何止两倍。其中每一字来源及异同，解说得又较吴氏书为详备，的确是研究中国古文字学的所必读的书籍。《学古发凡》刊布最后，他的《自序》说道：

> 但近来出土金石及龟甲兽骨文字，即是三代真迹，而其所记，与传来载籍符合者，寥寥晨星。当知载籍事实颇为不备矣。且谓出土文字，三代真迹，信而无疑者；而传来载籍，多经后人转写，或讹脱，或改羼，不能无疑焉。然则欲究三代事迹，知其文明，不可不专据出土文字，以补载籍之不备也。故余辑《古籀篇》，研鬰三代文字，阅岁三十有四，聊有创见新获，今拔其萃，类聚别裁，名曰《学古发凡》，庶几为初学之指针。

全书凡八卷，印于大正八年，至昭和五年重印，增补一卷，他的特长，在搜罗宏富，并能从书法上辨别它的源流，虽其书不无误释之处，但是他的成绩，自是不可磨灭的。

此外则内藤虎次郎中村不折等，均对于中国文字学有狠深刻的研究，但都不是专家，现在也不说了。

十、中国文字学者未来的新趋势

在从前文字学的用途，是在解经，是在说字，换言之，文字学即是汉学或国故学的基础科学。现在却不然了，自从王静安等辈，用以考史，成功所谓《殷周制度论》等文，学者之间，遂深知文字学的疆土日辟，文字学遂逐渐地成为考古学的一部分的工作。现在既然慢慢地有使之成为科学的文字学，以现代的科学知识做基础，来整理文字学，则科学界里的最重要的方法，——自己假设问题，自己搜集证据以求解答——自不能不采用于文字学中了。最初严几道翻译《社会通诠》的时候，便引用《说文》字义以证明浅化民族之果有其事。其后梁任公便仿其例，成《国文语原解》一书，最近有程树德著《说文稽古篇》，所得较严梁二氏为多。其目的同欲利用文字学以为考古学的工作，即如兄弟最近在《东方杂志》发表一文，叫做《饕餮考》，也是打算从文字学上考证我国上世民族部落分立的情状。可惜都没有多大的成绩。去年《安阳发掘报告》第二期，登载傅斯年著的《新获卜辞写本后记跋》一文，傅氏因《新获卜辞》有“伐羋”字样发见，便推论楚之先世，并及当时南方蛮族蟠据的情形，实在可称为近年来文字学界里最得意的文章。所以我敢决定将来文字学里的趋势，是这样的。

如果继续就这种趋势努力下去，将来不难成就下列各种新学问：

一　古代民族的研究

二　古代社会的研究

三　古代宗教的研究

四　古代语言的研究

五　古代地理的研究

六　古代生物的研究

七　古代器物的研究

八　古代兵器的研究

九　古代……………

十　古代……………

总之：古文字学在今日确非这种学问本身研究的时代，实为应用这种学问以作材料，而为原史研求的时代了。但是研究文字学的人们，至少应具备下列的四个条件：

第一，须有清代汉学家的考证学的方法和技能之专门训练，能检查中国文字学界的已往的成绩。

第二，须通一两种外国文字，对于外国学者现时考证学上所用的方法，有了相当的认识。

第三，对于考古学者所需要的基本学问，如民族学，土俗学，社会学，政治学，历史学，宗教学，生物学，等等，有了相当的研究。

第四，要抱有“知之为知之，不知为不知，是知也”的决心和精神。倘是这几个条件都不具备，我敢奉劝他慎毋轻于着手了。

著者治文字学约有十六七年，交友亦遍南北各省，篇中所称引者，大半非师则友，如有开罪的地方，千万乞为原谅。原文是民国二十年五月十六日在东亚同文书院讲演的，常时讲话极为谨慎，只从学理上加以阐述，绝无一点成见。其后写成大要，在持志学院油印作为《中国文字学大系》讲义的一章，即是这稿。现在学艺杂志社周宪文先生索稾，偬促不及修改，只采上丁仲祜①先生一段话，即付手民。然亦尚足为治文字的人们的参考吧！

民国二十一年十一月三日附记于四部书斋

（原载《学艺》第12卷第1、2号，1933年）

①编者按：原稿为“诂”，当以“祜”为是。今改。

六书总论[1]

我们研究文字学的人们，最先遇到的问题，就是六书。如果六书还没有明白晓得，恐怕随处发生困难，研究起来，就着实是不容易了。现在打算用极经济的时间，跟大家将六书的内容，详细地讲说明白。这回所讲的是六书总论，打算将六书的由来，六书的解释，六书的名称，六书的次第，六书与造字的关系，六书本身的互相辨别等项，略为说明。至于六书分论，如象形通论，指事通论，会意通论，形声通论，转注通论，假借通论等，则留俟下几回跟大家讲明吧。

六书是怎样由来的？我想这样的一句话，各位是一定要问我的。六书的由来，据我所知道的，是最初见于班固的《汉书》的《艺文志》；其次则见于郑众的《周官保氏注》；又其次则见于许慎的《说文解字叙》。前此诸书，都没有说到这一种话，或者是有了，因为书阙有间，我们现在看不见了。（详细的考证可参阅吕思勉《字例略说》的第一章）但是我们不能以此怀疑这个学说是靠不住，因为文字的创作，当然不是某一

①编者按：本篇书名号为整理者所加。局部标点有改动。

个圣人的工作;《说文解字叙》说:“黄帝之史仓颉,见鸟兽蹄迒之迹,知分理之可相别异也,初造书契,以迄五帝三王之世,改易殊体,封于泰山者七十二代,靡有同焉”;《荀子·解蔽篇》也说道:“好书者众矣,仓颉独传者壹也”;说五帝三王,说七十二代,则当时各部落民族中文化程度稍高的,都必创作文字;所谓好书者众矣,可谓最得其情了。既然各部落有各部落的创作,自然不能人人创作方法都相同,所谓靡有同焉那一句话,便是最实在的话。今日我们虽然不能尽见古代文字,但是我们从殷周古器文或甲骨文字里也可以略见一二。在许多古代的文字中,我们用比较的方法虽则可以决定某某等字是同一的文字,可是字符或繁或简,已不一样了。(参阅高田忠周《古籀篇》,罗振玉《殷文存》,商承祚《殷虚文字类编[①]》,容庚《金文编》诸书,可见)在这样不是一手一足的功烈,怎么可以先有六书然后乃有造字呢?所以六书的学说,乃是后人研究文字时所归纳出来的法则,犹之后世文法书是归纳前人文章中所用语句的法则,修辞学书是归纳前人文章中结构词藻的法则吧了!朱宗莱《文字形义篇》说:“六书者造字之本,古有其实,周定其名,犹旧有叠韵,而陆法言定为二百六部;书有双声,而僧守温定为三十六母也。”这个说法最为公允。《汉书·艺文志》说:“古者八岁入小学,故周官保氏掌养国子,教之六书。”可见“六书至周,掌诸保氏,以教学僮,则自古奉为识字之径涂也明矣”。(语从顾实《中国文字学》第三章中)然则怀疑六书非古说的,亦可以无所用其怀疑了。

---

①编者按:原稿为“篇”,当以“编”为是。今改。

至若六书的解释，依就许氏《说文解字叙》，则为：

一曰指事，指事者，视而可识，察而见意，上下是也；

二曰象形，象形者，画成其物，随体诘诎，日月是也；

三曰形声，形声者，以事为名，取譬相成，江河是也；

四曰会意，会意者，比类合谊，以见指抐，武信是也；

五曰转注，转注者，建类一首，同意相受，考老是也；

六曰假借，假借者，本无其字，依声托事，令长是也。

分为六种，每种都有明确的意义或界说。可是后世讲习的人，“或因或变，而揣测形声，依文立范，人自为说，陋谬滋多”。（用顾实语）转成为不可理解的神秘学问，而研究之者遂有如坠五里雾中的光景。今人马叙伦说：“从来研究六书的人，各异其说，如说转注，大同大异，小同小异的，竟有数十家之多，这都因为没有把《说文解字》里说六书的条件弄得清楚，所以朱骏声竟欲将转注和假借的条件，互相交换。其实许慎所下的六书定义，决非信口雌黄，向壁虚造。我们虽则不能说《说文解字》里没有错误的地方，依兄弟研究《说文》的结果，发见他的错误实在不少，详述在拙撰《说文解字研究法》和《说文解字六书疏证》里头，但是兄弟以为许慎说的六书的定义，却是金科玉律，变更不得。”（见马氏著《中国文字的构造法》三页）所以近人有欲稗贩东西洋的学说，以期推翻许氏的成说，我以为只是一种假设的研究，绝对地不能成立，如果这种新六书说成立了，也便不是中国的文字学了。

其次讲到六书的名称。六书的名称，在汉时班固，郑众，许慎三人之间，已微有不同。班固说：

> ……六书，谓象形，象事，象意，象声，转注，假借，造字之本也。（见《艺文志》）

郑众说：

> 六书，象形，会意，转注，处事，假借，谐声也。（见《周官保氏注》）

许慎说：

> ……六书，一曰指事，……二曰象形，……三曰形声，……四曰会意，……五曰转注，……六曰假借。（见《说文解字叙》）

其后研究的人，或尊许，或崇班，或因郑，亦至不一。我以为班氏于前四者各标以象字，似乎视这四者为造字的四大法门，以后二者为救济的附则；但严格绳之，象声似乎不能成立；因为我国上世的文字，从没有单独模声的原故。所以许氏形声之说为最通。郑众的说法，与许慎的相同最多，其中处事的处字有处理的意思，似乎不词，较不若许氏指事一语浅显易解。所以自晋卫恒的《四体书势》以下，若北魏江式的《古今文字表》，梁顾野王的《玉篇》，南唐徐锴的《说文系传》，宋陈彭年等《重修广韵》，郑樵《通志·六书略》，皆依许氏。所以我的意见，也以为六书的名称依从许氏为最对。

又其次讲到六书的次第。六书的次第，便是文字构造的程序，是很应当先弄明白的。可是关于这一点，发生的争辩，也至为纷[①]纭。原因为的是班固、郑众、许慎三位，都是东汉时代的人，生年的相差又极近，三人说来便大大的不同，我们看看上文所引《汉书·艺文志》和《周官保氏注》《说文解字叙》的六书排列的先后，便可以知道。究竟他们是有意的弄出来，或是无意的呢，虽然是不可晓，而这排列的不同，显然就是事实，所以就不得不令人迷罔。后世如晋卫恒的《四体书势》，北魏江式《古今文字表》皆依许氏次第；唐颜师古《汉书注》，张参《五经文字·序例》，皆依班氏次第，贾公彦《周礼疏》则遵依郑氏次第。此外若宋张有的《复古编》，元周伯琦的《说文字原》，杨桓的《六书溯源》，戴侗的《六书故》，包希鲁的《六书补义》；明赵古则[②]的《六书本义》，吴元满的《六书正义》，王应电的《同文备考》，魏校的《六书精蕴》；莫不钩心斗角，竞巧争奇，几至纷然不可整理。及至清世，文字之举，较前进步，学者考论，不下数十家，如戴震、江声、曹仁虎、夏炘、段玉裁、王筠、朱骏声诸家，号称精当，然亦不能衷于一是。直至今人马叙伦，这种六书次第的论辩，方才有了结果；他说："……但是我们可由文字的本身上研究出他们的构造法产生的先后，这是最科学的。何况许慎《说文解字叙》中也有很精到的几句话，他说：'黄帝之史仓颉见鸟兽蹄迒之迹，知分理之可相别异也，初造书契。'又说：'仓颉之初作书，盖依类象形，故谓之文，其后形声相益，则谓之字。'这虽是大概的分别，可是他显然告诉我们，中国文字先

①编者按：原稿为"纺"，当以"纷"为是。今改。

②编者按：原稿为"赵则古"，当以"赵古则"为是。今改。

是形符，后是声符，形符所统属的，是象形、指事、会意三种方法构造出来的文，声符所统属的是形声、转注、假借三种方法[①]构造出来的字；我们已可明白形声、转注、假借三书，决定产生在象形、指事、会意三书之后，因为形声、转注、假借三书，虽然性质属于声符，其表声的本身，还是属于形符的象形、指事、会意三种方法构造的文。……说到形符三种方法的先后，自然象形最先，指事为次，会意第三；声符三种方法的先后，自然形声最先，转注假借却难强生分别。只要我们明白了六书的本身，便都明白了。兄弟根据这一点，所以对于六书的次第的讨论，是赞同班固一说。”这是马氏在《中国文字的构造法》里所讲的一段话，到底我也赞成这个说法，早年我在拙著《文字学入门》第三章“论文字构成之次第”里说道：“……考《说文解字叙》首列指事，王筠《说文释例》已谓其似不可解。今以吾人思想发达之历程言之，大抵先具笼统之观念，而后能从事分析；即先具体而后抽象也。今之儿童，犹古之浅化人民，当其以荻画地，或一犬或一鸡，察目前之事物而描写焉，非必先作点线，俟其运用熟习，然后能积点线以为画也。或疑符号简而图画繁，谓古人造字之法，其始也借标点以为识别，继则按物体以为写生；意标之中符号先于图画；其说殊不合事实。象形为物，指事为事，物形生于自然，事状本乎人为；仓史草创，仰观俯察，写实宜先于创意，斯象形宜先于指事也明矣。再进则会合数文以著意，斯为会意。此三者所谓意标之文字也。至于意不足喻，则模拟声音，以济其穷，是谓形声。形声者，不徒取义，兼譬其声，已由意标文字而进于音

①编者按：原稿为“注”，当以“法”为是。今改。

标文字矣。转注假借所以穷音标之流变，六书之应用也。”郑樵说：“六书也者，像形为本，形不可象，则属诸事，事不可指，则属诸意，意不可会，则属诸声，声则无不谐矣，五不足而后假借生焉。”（见《通志·六书略》）他所说的，的确是合于六书发生次第的真相。

现在讲到六书与造字的关系。在上文说六书的次第里已有说过，象形为造字之本，所以最初造字的时候，大都是仰观俯察，就目前事物描画它的形状，我们就现存的上世文字如殷、周古器文，甲骨文字等所见，以象形为最多，而会意次之，指事、形声间见一二，决不及前二者之多，至于转注、假借却很难发见了，其实那时候所谓会意字即是从象形那方法推广而来，例如甲骨文里的字，从又持一以拨火，以见“尽”字的意义，从又待以涤皿，见“尽”字的意义；又如字象人就食的意义；字象食毕返身而去的意义；字象两人相向对食的意义。虽然我们后世名叫这一类为会意字，其实在当时亦只算是像形，不过所象的形意义较为复杂不能采用纯的象形意标吧了！我常常说：“以象形造字譬犹现世图画中的写生，以指事造字譬犹现世的速写，以会意造字譬犹现在的意象画，其为图画一也。”这句话大抵是不错的。因此我们从殷周古器文，或甲骨文字里所见有两条原则可以发见。其一为古文形体正反顺倒可以不分。例如《殷虚文字类编》第十的一页所集马字共有三十二文：

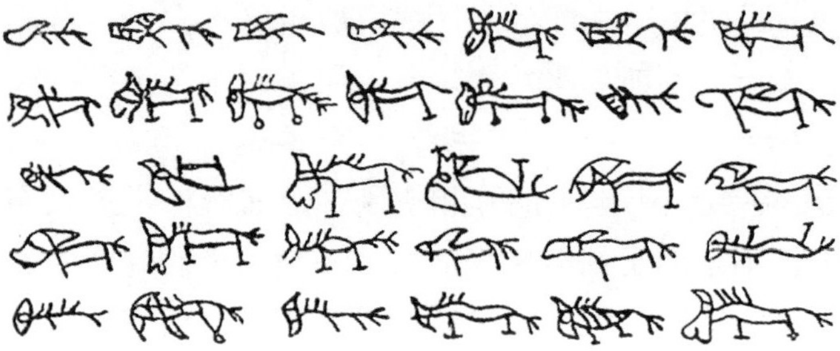

反正顺倒通通不拘，而所表示的皆为马字。其二为笔画繁简增省，均无一定。例如高田忠周氏的《古籀篇》第一百卷之一至三页，所录的鱼字，为

等文，或繁或简，均无所拘束，只求其所表示的，人人皆知其为鱼而已。这两大原则，不独象形之文是这样，即求之会意之字，也是这样。这大概是因为在上古的时候，创造文字的人，人自为政，只求能将所见的物描写出来，所似繁简，顺倒，都没有齐整的步调。其后人事日进，由于实际生活上所需要，原有之字不敷应用，于是制为新字；其方法亦有二种：一就固有之字，垒加偏傍，于是会意形声之字大盛；二则本无其字，则或同类相受，或依声托事，采用转注，假借之法；而孳乳之字，遂可以应付无穷。据近人来裕恂胡朴安所统计，则我国文字，历代都有增加。汉初仅三千三百字，汉末则增加至九千三百五十三字，至魏则为一万八千一百五十字，至梁则为二万二千七百七十九字，至唐则为三万六千一百九十四字，至清则为四万二千一百七十四字。（参考来氏《汉文典上》、胡

氏《文字学ABC》）直至今日则增加当更不少，然考其造字之法，大抵尚不能出乎六书之外，可见六书与造字的关系之深了。

最后讲到六书本身的互相辨别。上文既然说过六书的最初发生，不是出于创造文字的人，乃是后世研究文字的人所归纳出来的法则。大凡这种法则最难得的是精密，六书自然也不能例外。所以六书的本身互相分别自然也是很困难的事，清朝有一位大名鼎鼎的文字学家朱骏声氏，竟欲将转注和假借互相更换，这是多么可惊异的事。虽然，我们既然在研究六书，自然要把种种[1]困难打破，所以也不得不稍为讨论讨论。

第一，就是象形与指事的分别。字书所举的字，以指事为最少；《说文解字》共九千三百五十二，指事只一百二十五；《通志·六书略》共二万四千二百三十五，指事也止不过一百零七。所以王筠说："六书之中，指事最少，而又最难辨。"（见《说文释例》卷一）大抵指事之字，其数目原不算少，以自来研究的人，往往以之与象形或会意——尤其是象形——相溷，故觉其为少而已。今人顾实说得最好，他说："故本文字之见象而论，象形之纯者，全半皆著，指事之纯者，能所互见，其界畔较然矣。且有象形而兼指事者，如韭耑等字是也。有指事而兼象形者，如毌丹等字是也。更可见像形实而指事虚，造字者之匠心独运，虚实互施，各尽其妙用。而于物之大而不可像者，如天地；小而不可象者，如贯贝者，束丝者；均辄虚掩一横以见想，是实

---

①编者按：原稿此处脱漏一"种"字。今补。

者虚之也，尤足征指事之特色。然而终有不易辨者在也，盖象形指事不尽出于原始之区别，而亦有本为象形，其后省之又省，遂流为指事者。故为六书之说者，亦只曰象形者画成其物，指事者视而可识，则象形有实物可图。而指事则但凭表识而已，非有虚实可论也，此其所以难辨也。”象形与指事既然这样的难于辨别，所以王筠在《说文释例》里竟欲以后世文法家的名词动词等语为别，以便后人。但是他的学说也不能成立。今人朱宗莱顾实皆反驳他的说法，以为不可通，其中尤以朱宗莱所说为最透辟，他说：“若夫象形与指事之殊，王筠以名动为别，谓象形字必为名字，指事字必为动字静字，似未必然。盖象形虽以物为主，亦但能象其可象者耳；若不可象，则以指事之例造之。指事固以事为主，亦但指其形之不可象者耳，若其可象，未有不以象形之例制之也。故飛为动而字实象形，亼为名而字乃指事。由是以观，象形之与指事，论体则封域各异，言用则消息互通；若必断断以名动为别，则古人用字虚实无常，孰先孰后，盖有难言者矣。”但是我们究竟要把它俩分别出来，到底有没有简便的方法？我以为只得就形与事两者着想，便自能分别得出。早年在拙著《文字学入门》里说道：“指事之所以异于象形者何？一则曲肖实物，必特指一体；一则假设象征，而泛指事理，盖象形者图画而指事者符号，二者显然不同，无取乎以事物名动为区别也。”这句话大抵尚属可用。无已，请得再征引近人马叙伦的说法。他在《中国文字的构造法》里说道：“……指事的字，必是一部份或一部份以上的象形字，和一部份不成字而为表示这象形的物事上发生了什么现象的符号的和合而成。所举的例证马牟甘刃二二，是一部份成字，一部份不成字。如《说文》里爨字，臼象持甑，为冂灶口，廾推林纳火，孙诒让说冋为鬲省，那末分析起来，爨字从[①]𠂎从⺕鬲省，从𠂇从又从二木从火，都是成字，而且都是象形的部份，只有冂为灶口，却不成字。又如《说文》里说履字从尸从彳从夊舟象履形。那末尸彳夊都是象形的成字部份；只有舟象履形，却不成字。甲文有𩵘字，便是《说文》的渔字，是合又鱼两个象形字和一部份不成字而表示为钓鱼缴的𠂆而成。这都是一部份以上的象形字和一部份不成字而为表示这些象形的物事上发生了什么现象的符号和合而成的指事字的证明。以此例推看，加一种符号在象形的东西上，以指出这东西上发生的事情。便是指示的字，成字的部份是一个或数个象形的字，不成字的部份，必是单纯的符号；所以与象形，会意都不同者便在此。”马氏所说，最为切实而且周详，用这种方法去分别象形指事两者的不同我敢决定是不会再有错误的了。

第二，讲到会意与象形、指事、形声三种的分别。现在请先得说明会意与象形的关系。原来会意也源出于图画，其始也与象形的性质有多少相同。近人刘师培说得最好，他说：

> 《说文》之释会意也，谓比类合意，以见指㧑，武信是也。吾谓两形并列之字，亦出于古代图画。例如武字从止从戈，在上古时必画一人作止戈之形。信字从人从言，在上古时必画一人作欲语之形。又如僲字从人从舞，即画一人而加以舞蹈形也。位字从人从立，即画一人直立之形。伐字从人从戈，即画一人荷戈之形。男字从力从田，

---

①编者按：原稿此处多一“从”字。今删。

即画一人耕田之形。妇字从女从帚，即画一人持帚之形。苗字从草从田，即画草生于田之形。焚字从林从火，即画火烧林之形。鸣字从口从鸟，即画羽族发声之形。吠字从口从犬，即画犬属发声之形。嵩字从山从高，即画山峰最高之形。由是言之，即会意者两形并列之谓也，亦即古代之画也。故会意出于象形。又如祭字从又从示肉，即古人祭神以手持肉之图也。丈字从又从十，即古人以手持丈之图也。集字从木从鸟，即鸟在木之图也。牢字从宀从牛，即牛在屋下之图也。此皆会意之正例，余可类推。故《说文》列会意各字，约分二类，例如天（从一大），皇（从自王），周（从用口），闰（从王在门中），仁（从人二），吏（从一史）诸字，王筠以顺递为义之字释之。案此类文字之中，有出于象形者，亦有出于[1]指事者，然以出于象形为正例。又在祝（从示从人口），咠（从口从耳），咸（从口从戌），启（从户从口），正（从一从止），竟（从音从人），癸（从癶从矢）诸字，王氏筠曰：此对峙为意之字也。此类之字，不能以所从之两体三体连贯而直接言之，由其用意多委曲也。凡两言从者皆是。要而论之，会意虽以意为主，然每字之义，皆起于字形。故《说文》所列会意之字，有以字形发明字义者，如莫（日且冥也，从日在草中），益（水在皿上，增益之意也），杲（明也，从日在木上），之（出也，从屮从一，一，地也），圂（厕也，从豕在口中），光（从火在人上），坐（从二人在坐土上），或（古域字，从口从戈以守一），辇（从夫在车前引之）诸

[1]编者按：原稿为“有”，当以“于”为是。今改。

字是与顺递为义者为一类，然字义即见于字形，则亦古图画之变形也。又如萑（鸱属，从佳从𦫳有毛角也），夒（似人，故从页巳，止夊其手足也），氐（木本也，从氏从一，其贯于一下者，根在地下也）三字皆会意而兼象形者也。又如葬（从死在草中，一则荐之之物之形），父（从又举杖），脑（从囟从匕，相匕著也，巛象发）三字，皆于会意外，另加一形者也。举此数证观之，则会意一体，即象形中复杂之字也。（《国粹学报》乙巳第十二号《小学发微》，并附原注）

从刘氏所说，会意原来也只是图画。这种论调不但是刘氏是这样讲，近人马叙伦也是这样讲的，他在《中国文字的构造法》里说：

最初的会意字都是用几部份象形字比联起来；我们看甲文里埶字作，及字作，启字作，牧字作，既字作，即字作，昃字作，宿字作，剁字作，彘字作，沐字作，浴字[1]作，可以知道起初会意的字，亦知象形指示一样显明画出一件事情来，所以又叫做象意。

他又说：

指㧑当作指扜，今作指㧑，或作指麾，都是假借字。以见指扜，是说两部份或两部份以上的事物，比联起来，共同发生一个意义。并不是偶然随便的，乃是由造字的应着需要，指扜两部份或两部份以上有可以比联起来的事物做成一字，即由他们联合关系而发生一个意义，如

①编者按：原稿此处多一“字”字。今删。

许慎举的例证武信两个字：武是最初舞字，舞的发生由于战胜凯旋以后，非常高兴，就将打仗的样子，演述一番，手拿兵器，脚亦腾蹈，表示他们那种威武，所以将戈字和止字比联起来，发生一个舞的意义，亦便是武的意义。信字当用《说文》所载的古文信字作㐰的㐰，是最初信字从人从口，人和口都是象形字。……所以会意字也属于形符的系统里面。信从人口比联起，表示人口说话要有信实。

“盖中古以来，名物渐繁，独体之文，既难周用，将欲随事制名，又不尽有形可象，有事可指，乃增立会意……之法，俾便孳乳其为文也。”（朱宗莱说）虽然，会意既源出于图画，其始固与象形相同；然则会意将与象形如何分别呢？就我的意见：以为象形以形为主，象意则以意为主；象形为独体之文，会意为合体之字，其最大的分别在此。所以当造字的时候，有事物的形体可象则必以象形，否则无形可象，而属于一般社会的共同意识的抽象事理，乃不得不以会意造字。所以在象形文里，大率是独体的，无论为纯象形，为半体象形，固皆为独体之文；至于合体象形，则大半与会意有关系的。若在会意字，则从无是独体的；或会两字以见意或会三字四字以见意，总之：要皆取诸体之义以成字。所以不同之处，也很容易辨别得出。

其次说到会意与指事[①]的分别。就上文的研究，会意与指事，同出于图画，又同为合体之字，恐怕我们是不大容易分别的了。但是我们可以就它俩的形体和意义两方面分别出它。

---

①编者按：原稿为“示”，当以“事”为是。今改。

现在先就形体方面来讲。郑樵说：“指事，文也；会意，字也。独体为文，合体为字。”（《通志·六书略》指事条）这是就纯指事来讲，如：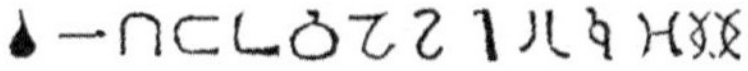等等，皆可以独体成文。会意字则从没有是独体的。至于合体指事，虽则往往合两体以上，而其所合之体，或则两体皆不成文字，在字之类；或则一体或一体以上为文字另一体则必不成文字，而仅为指事上用的单纯符号，从没有两体皆成为文字的，如上文所说马叙伦所举爨，履，渔等字例便是。至于会意则必然是两体皆成文字，这一点是最容易看出的。

至于就意义上的分别，指事虽或有两体成字，形式上与会意字相像；但指事的重要在事，故必兼有事能事所，如上下二字，或作丄丅，或作⼆⼀，它的一或·，能上能下，则为事能，一则为事所；会意的重要在意，故必两体比类合谊，如止戈为武，人言为信，其意皆相联属，由联想而来，非可以察而见意的。

就上文所用形体和意义两方面去观察会意和指事的文字，大抵是没有不能分别的。

又次讲到会意和形声的分别。会意字与形声字，两者最大的相似之点，在同为两体以上合成的文字，而这两体以上的诸体，拆卸下来，又往往单独可以各自成为文字。如江河二字，本为形声字，但是这江河二字各由两体合成，而又假使把它拆卸，则水工水可四体，又各为有意义的文字，令人骤看起来，好像武信二字之与止戈人言之能各独立成为文字一样。所以令人难于辨别的在此。

但是我们又有法子把它分别的。顾实说：“会意……其与转注、形声，合体象形、合体指事，断然不能强同者，则彼四者皆以机械之关系而成字，而会意则以化合之关系而成字者也。”化合的关系，则为自然科[①]学中之“轻二养”化合成水，所以在H_2O符号上看，知为有轻有养，而两者既经化合以后，则迥非未化合前之物质，而为化合以后所产生之物质了。会意字之止戈为武、人言之信，其武信二字的新意义，乃化合以后产生的新物质。与水工水可之不能化合者，当然不同。近人马叙伦在《中国文字的构造法》里也说道：

> 如果两部份或两部份以上的事物，没有可以比联性的，虽则也可以合成一字，但他的意义决不是共同发生，必是仅由一部份字演出，所以只是形声，不是会意。……所以会意字也属于形符的系统里面。信从人口比联起表示人的口说话要有信实。假如把人字和必字比联起字，必字的意义，是分极也；那末人必两字共同发生一个意义，必定是分解人到极点，除了现在科学时代医学上的人体解剖，或者有之，否则就是最惨酷的刑罚，也未有拿人分解到极点的。所以人必两字不能比联起共同发生一个意义。《说文》里有佖字解做威仪也，从人必声，却是形声，不是会意。再举个例，如代字，从人戈，人拿了戈，当然要打人，所以代字意义，是击也。保从人呆，呆是褓字的初文，保从人负呆，所以保便是负背的木字，他的意义，当是负也（今《说文》里作养也非是）。由此我们可以晓得：会意字由两类（或两部份）或两类以上字合起来发生一个意义，必是每一部份都负供给意义的责任，假如去他一部份，即要消失一部份意义，

①编者按：原稿为“税”，当以“科”为是。今改。

假如存一部份而变更他一部份，意义一定亦跟到变更。所以以见指㧑这一句，并非泛泛凑数的。

马氏所讲，最为明白了。我们从这样看来，就可以知道会意与形声的分别，虽则同为两个或两个以上的各各可以独立成文的文字结合而成，但一是是化合的，一是非化合的，这是很容易分别的了。

最后要讲到声符系统里形声与转注假借的分别和转注假借的自相分别这一个问题了。

现在请得先讲明白形声与转注假借的分别。在上文讲六书发生的次第时，曾经根据《说文叙》里所谓“依类象形，故谓之文，其后形声相益，则谓之字”的话，分别我国的文字为形符与声符两大系统，声符所统属的是：形声、转注、假借三种，现在形符系统里的东西已讲明白了，声符系统里的东西，也不得不说个明白。除声符系统里的形声和形符系统里的会意有点相像，业已讲解外；其余两系统里相混的地方很少很少，所以现在专就声符里本身的东西自行研究清楚。

许慎解释形声曰：“形声者以事为名，取譬相成，江河是也。”段玉裁注此条说：“事，兼指事之事，象形之物，言物亦事也。……以事为名，谓半义也；取譬相成，谓半声也，江河之字，以水为名，譬其声如工可，因取工可成其名。”然则形声之字，必合两体以上比联成字，其一半为形，形不独为象形，实统指形符里之象形、指事、会意三者而言；其另一半则必为声，得声的部分，无论象形、指事、会意字，也都可以，由形与声结合而生一意义，其事甚明。反观转注与假借等字，则殊无此限定。许《叙》所举假借字之令长，均为假借已成之字符，取其声音通假而为另一意义之字，其令长字中之某一部份孰为形孰为声，简直不可分析。至于转注例中之考老，虽则可分为形与声两体，似乎有点与形声相像，然亦不易混误，盖许《叙》明言建类一首同意相受，建类是拿事物为主体的意思，因为土地广大，语言复杂，同一事物，这里叫什么，那里却和这里叫得不同，所以便同意相受，有了一个老字，复造出一个考字，其主要点在义，与形声字之主要点在声者迥然不同，所以也不得相混乱。至于讲到造字的法则上说，形声字为从形符进步到声符的进一步的办法，仍然属于造字的基本法则；转注与假借，则皆为造字的变则，补助的方法，两者显然异样，所以也不是混误呢。

虽然转注与假借均系造字的纬，为其他四种方法的补助法；但是其中也有明确的界限，迥然不同，所以在这里又得替他分别一番。现在先就虚实言之：则转注实而假借虚。盖数字同意为转注，所以寿考皆有老义，而老亦可称寿考；一音数用为假借，故令为号令使令之令，亦为时令律令之令，又为令善之令。所以有了转注一法，则许多不同的字符，可以有得统属，而不为虚造；有了假借一法，则字符可以转移借用，而不必强造，若就其用途的性质言，则一为恣肆文字的孳乳，一为节制文字的孳乳，两者迥异其作用，近人章炳麟说：

> 余以转注假借字，悉为造字之则。……盖字者孳乳而浸多，字之未造，语言先之矣。以文字代语言，各循其声，方语有殊，名义一也。其音或双联相转，叠韵相迤，则为更制一字，此所谓转注也。孳乳是繁，即又为之节制，故有意相引申，音相切合者，义虽少变，则不为更制一字，此所谓假借也。……转注者繁而不杀，恣文字之孳乳者也。假借者志而如晦，节文字之孳乳者也。二者消息

相殊，正负相待，造字者以为繁省大例。知此者希，能理而董之者鲜矣。(《国故论衡上·转注假借说》)

章氏说得已甚清晰，固不必如近人蒋善国之缴绕其言，纠缠其说之为快呢。蒋氏在《中国文字之原始及其构造》最后一章说：

> 假借系因此字即当彼字；转注系因此字又造彼字。异义同字曰假借；异字同义曰转注。有假借而一字可数义也；有转注而数字可一义也。假借兼主声，犹形声也；转注专主义，犹会意也。故假借将指事、象形、形声、会意、转注五者之字，但令同声，俱可援为此用。转注将指事、象形、形声、会意、假借五者之字，但有一义，俱可注成一文。由运用或变化方面观之，语言因时间空间之关系而生歧异，于有其语而无其字者，借之；即有字者，亦借之，以取其入耳可通，遂一字数义，而假借生焉。于其语之不能比而同之者，取其方言而制以为字，以足达其意，遂数字一义，而转注生焉。故语变而字形不变，欲拟其音，爰取譬于同音之字，则假借也。语变而字形随以俱变，则转注也。

他所讲的话，与章氏相同，不过更加繁复而令人目眩耳。

然则转注与假借的性质迥然不同，无论就虚实言，就用途言，皆容易可别，不虞混乱，从前朱骏声欲将这两者的条件互易，我不明其何以出此咧。

从上文研究起来，六书的各个间相互分别，可以明白了。日人高田忠周谓："西人曰，六书之工夫，真是人间一大发明，如此者非依积世之智识，焉能得完成之。"其说至为确当。以后我打算将六书的各论——象形通论，指事通论，会意通论，形声通论，转注通论，假借通论——分别细说。六书总论的一个题目，就此收场罢。

二十年四月廿五日，完于持大

（原载《学艺》第13卷第8号，1934年）

象形通论①

象形源出于图画，故许慎《说文解字叙》谓："象形者，画成其物，随体诘屈。"朱骏声解说谓："诘屈者，曲也。"意盖谓随物形体而曲肖其形。刘师培说：

凡象形之字，即古图画之变也。许君之《叙》象形曰，"画成其物，随体诘屈"，字出于画，此其明征。如日字，篆文作（外以象其体之圆，其中一画即古人目中有黑影之说也），即古人所绘之日图也。月字篆文作（月阙时多，满时少，故象其阙，中其一画，即古人所谓月中有大地山河影之说也），即古人所绘之月图也。气字，篆文作（气下云"云气也。象形"，盖三画所以象云气之重叠，复曲其形，以象云气之流动也。又《说文》雷字下云"从雨，畾象回转形"，云字下云"从雨，云象回转之形"，盖古人以云雷皆回转于天，故并有转义），即古人所绘之云图也。雨字，古文作，即古人所绘之雨图也（字见《玉篇》，盖冂字象天形，象雨点之形也。《说

①编者按：本篇局部标点有改动。

文》雨字下云“一象天，八象云，水霝其间也”，亦此义)。山字，篆文作，即古人所绘之山图也(上以象其峰，下以象其洞穴)。水字，篆文作，即古人所绘之水图也(水字古文作，即坎卦之形，今人绘水纹有长有短，皆有字之象，此其确证)。田字，篆文作⊕，即古人所绘之田图也(《韵会》引《说文》曰“田陈也，树谷曰田，象形，从口从十，阡陌之制也”，盖田字象古井田，沟洫纵横，阡陌交通之形)。若夫象身体之形者，如心字(心字古文作，中象心形，外兼象心包络)、囟字(篆文作，即脑字也，脑形上尖下圆，故《绎山碑》作，象其形，者即脑筋交通之象也)、目字(古文作，外象目匡，八象睞毛，○象黑睛，●象瞳子，故为象形)、耳字(耳古文作，外则轮廓之形，注中之点，象窍形也)、臣字(臣古文作，左之圆者鰓也，右之突者，颊旁之高起者也，中一笔，则臣上之纹，状如新月，此亦象形之文字也)、手字(段氏谓手象五指及义手，是也)、吕字(脊骨也，象其雨雨相连之形)是也。(又如包字，象子未成形，象臂胫之形，亦象字形。)此皆古人所绘身体图之变形。象动物之形者，如鸟隹马象之象立形(隹者短尾也，鸟者长尾也，隹字鸟字，其上为头为喙为目，其中为翼，其下为尾为足，乌与鸟同，惟未象目形也)，虎犬之象蹲形(犬蹲则尾下垂，故犬字为蹲形)，鹿鼠之象走形，虫象卧形(《说文》云“虫象其卧形”)，巴象盘曲之形是也。(凡禽兽字无正面形，无向右形，王菉友说。)此皆古人所绘动物图之变形。象植物之形者，如谷类之来字(来字，篆文作。上出者穗也，左右四出者叶也，故来字象麦之形，其下为根）、禾字（《说文》云“从木从𠂹省”，𠂹象其穗）、米字（四点象米之形，十则其界画也），蔬类之韭字（《说文》云“象形，在一之上”，盖一象土形，非则韮叶之齐也）、瓜字（象外蔓内实之形），以及竹草、林木（竹草林皆象其多，木字象上枝中干下根之形）诸字是也。此皆古人所绘植物图之变形。象器械之形者，如户字（户字古文作戶，以象户扇之形，中以象户之扃形）、皿字（皿字篆文作皿，上象口圆，下象底平，中以象腹，古文又作𠙴，尤与器皿之形相似，亦象形字）、瓦字（外象屈曲之形，中有界画，象其初为圆筒时之形也）、戈字（戈字古文作戈，见象立戈鼎形荷戈之形，上半象其尖形）、弓字（古文作弓，象弛弓形）是也。皆古人所绘器械图之变形。（录《国粹学报》乙巳第八号《小学发微》，并附原注）

刘氏所说极是。惟当时考古学尚未盛行，刘氏所见古器物文字极少，故只能以理想推测其理，而未能举实例以为证明。近三十年以来，考古学大盛，甲骨铜器匋器出土日多，于是古人图画文字得以目验，并能深究它演变的迹象，于是象形为图画之变，更得以证实无疑。唐兰《殷契佚存序》说道：

安特生氏考古甘肃，尝获骨版，刻作齿状，疑是文字，其实契也。乃有绘陶，为为为为，此真文字，反谓图形。盖此匋器之时代，当在四千余年以前，则其文字古拙，较之商，周，自当有殊。然其为同一本源，治文字学者，固可望而知也。孟子曰：“自尧舜至于汤，五百有余岁；自汤至于文王，五百有余岁；自文王至于孔子，五百有余岁”；则唐虞迄今，当有四千余岁。自炎黄

> 至于唐虞，不过数世。则辛店期之匋器文字，其在诸帝之世邪？

查唐氏所举诸文，均见安特生氏《甘肃考古记》陶器中，为安特生氏所发掘的，这话确实可信。又如《殷文存》及诸书所收殷器，其文字亦往往与图画无异，如吾人的人字，殷器文作，莫不毕肖人形。人大同字，殷器文作，一望便知为象人形。动物形的鸡字殷器文作，也一望知为象鸡形。其他类这样的很多很多。自殷周以来，至于小篆成立的时候，其间不下千年，以书法渐趋简易，亦只能随体诎屈，画成其物而止，故虽为象形，亦不必图写本来的物形了。自是以后，图画与文字分流，图画限用于刻石，而日常所用，只是图画之变的象形文字。盖为书写方便起见，渐为匡廓的粗具，而不必字字出于工笔，必毫发无伤了。

大抵象形一类文字，近人所研究，较前人为精。故自许慎以后，若晋卫恒，唐贾公彦，宋张有，元戴侗，杨桓，明王应电，赵宧光诸人所解说，从无优于近人的。故诸家之说，俱不征引。

至若近人，则章炳麟，朱宗莱，钱玄同，林义光，顾实，胡韫玉诸人研治极精，他们的著作，几于家喻户晓，惟于象形一类，犹有异同。大概诸人，多沿袭郑樵段玉裁王筠兼生合体之说，未能确定“象形”的定义，马叙伦在《六书解例》[①]中，已有详明的辩论，这里可不必再说。

惟考之许书原叙，一则曰：

---

①编者按：原稿为“《六书释例》”，当以“《六书解例》”为是。今改。

……仰则观象于天，俯则观法于地，视鸟兽之文与地之宜，近取诸身，远取诸物，于是……黄帝之史仓颉，见鸟兽蹄迒之迹，知分理之可相别异也，初造书契。

再则曰：

仓颉之初作书，盖依类象形，故谓之文。其后形声相益，即谓之字。字者言孳乳而浸多也。

我们既然承认象形为六书中的最初造字方法（详见拙著[①]《六书总论》中），自然许氏所说这一段话，是千真万确的了。郑樵说：

独体为文，合体为字。

在上世吾先民（仓颉也自然包括在里面）最初只能用象形的方法去造“文”，而尚未采用指事会意形事三方法去造“字”的时候，其所作的“文”符，只得浑然一体而已。是故无论为仰观俯察，为近取诸身，远取诸物，其依类象形，莫不为“独体”之文无疑。

喻谦[②]《六书存微》论象形说道：

鄦叙说象形云：“画成其物，随体诘诎，日月是也。”此盖史篇旧文，取“保氏”遗意而分别之。夫有形必有物；全体乃成象。三代以来字学之论，非鄦所创说也。若分支半体，既不成物，斯非全形，不在画成之例者，皆不得相混也。孔子曰：“牛羊之字以形举”，又曰：“视犬之字如画狗”，圣门讲求六书，其说象形，不外画成之旨。知鄦所说，由来旧矣。是知名无虚寄，形不偏立，物

---

①编者按：原稿为“箸”，当以“著”为是。今改。

②编者按：原稿为“喻兼言”，当以“喻谦”为是。今改。

有全体，象取纯备，品类虽殊，各有专形。故郑樵别象形为十种。今兹所说，虽不尽如郑氏所分，然所谓天物之形者，日月雨靁云是，山川之形者，山丘厂石川〈巜𣲜水灥泉仌氏𠂤𨸏皆是，井邑之形者，冂井亯田㠯是，草木之形者，屮丰竹来木桼朿禾朮米𣎳菽韭瓜是，人物之形，人𠤎儿女子是，禽鸟之形，隹鸟朋乌舄焉燕乙之类是，兽畜之形，牛虎为羊豕彖𧰨象马廌鹿㲋兔犬鼠𧰼是，虫鱼之形，贝易鱼虫蚤它龟黾卵万禹禼巴巳皆是，器用之形者，臾册鬲盾革刀互甾丌豆皿缶矢朿凵㫃鼎臼网囪舟殸勿壶珡瑟匚曲甾瓦弓糸率金𢆶勺几且斤斗矛车是，服饰之形者，玉冃巾带市衣衰求先皃是。凡此十类，皆有物可象。故为象形。若耳目口自𦣻面牙爪又手丫角丂𠂢卤耑冄𣏟而彑亢囟诸文，或取其一支，或写其半体，或为形容之词，或为初生之号，既非全形，则不成物，名尚未正，何所取象，故师说（案：即王闿运，故丁氏《诂林》误指为王氏《六书存微》）皆以为不在象形之列，不得入此篇也。盖六书之中，唯象形指事难于分别。鄦于耳目之类皆说为象形，故学者惑焉。然耳指所听，目指所视，口指所食言，推古圣造字之原，皆为指事而作。虽曰象形，实象事也。盖画物必有全形，一端可以见事，又所以执，手所以掌，爪牙所以搏噬，皆事也。故举一体者，不得谓之象形明矣。谨依师说，区分其类，凡全体象形，画成其物。合于古说者，汇入此篇，使学者因名按物，即字求形，一见了然云尔。

喻氏全体象形之说，与鄦书独体为文相合。惟以耳目口自𦣻面牙爪又手丫角丂𠂢卤耑冄𣏟而彑亢囟诸文，非象全形，不在象形之列；又硬指耳目口又手爪牙为指事，未免于义未安。

良由当时金石甲骨之学尚未盛行，王喻师徒又囿于“象事”之陋说，致有此失。即以全体象形而论，有统全体与局部全体的分别。如言“人”则五官百骸俱备，方足为“人”，这固然是不错，即所谓“统全体”也。如言人身的一部分，如耳目口自，即为“局部全体”，已分之单位也。作字的人，将必画其人身全体而再析言耳目口自乎？这是必无的道理。试看今日工于画人物的画家，那有不是画口时只画口，画鼻时只画鼻，而他人已了然共喻呢？盖分言之，则耳目口自，都各自成一独体了。且古人造字，因视法而异，正视与侧视易位，则所见偏全不同，所象繁简自不必一致，然究其指归，皆为独体象形。即如喻氏所举“𦍋”“彑”两文，亦不得谓之非独体象形。彑字甲骨文吉金文不见，试以𦍋字为之说明。《说文》云：“𦍋羊角也，象形。”金文有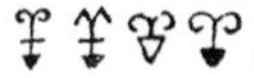，甲骨文有诸篆，均象羊之首角，当即𦍋字的初文。以诸篆观之，正与《说文》所说相同。今诸家释此等字为羊，则羊𦍋当是一字。蒋善国《中国文字之原始及其构造》页二十五说道：

> 象形之摹拟物类，固应图其全体，然宇宙间之物类，可举偏以赅全，无待于全体毕具，故类推之，以造其局部象形。惟初民所最注意者为首，故有时只图物之首，或阔大其首部以象之。其尤奇者以一字而全形首形并行。如……羊，殷器铭文作，《卜版文》解字所从作，皆象全形。又殷器文作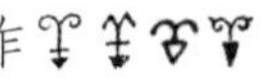，《卜版文》作，周器文作羊，则象首形。

蒋说是也。造字之初，或象全形，或象首形，在用途上，全民族社会，皆得知为一字，则流行于社会，并行不悖。及后分途演化，则象全羊的，小篆作羊，象首形的，作𦍋，其实皆一字而已。《说文》释为羊角，只不过采用后世说法，非造字本意。即以象羊角言之，一观其文，而人人便知为羊角，则其非独体象形而何？推之彑字之为豕首，虍字之为虎头，其初固无不是全形与首形并行。故王喻师徒所说，实不可信。

惟近人马叙伦解说最为精当。马氏《六书解例第三》说道：

> 象形之文，惟在取似物体，不徒正侧，固无规齐；亦复简繁，未尝刻定。然而界以一言，曰：凡画成物之形状，不可分析者，为象形。象形既为纯形独体，理绝疑耑。而郑樵倡兼生之论，近人多合体之谈，变例减文，家自立说。视听易昏，未可谧尔。……晚近朱骏声张度亦有兼生之说，虽持之若有故，言之若成理，而实无谛于造字之法。……至若合体象形，段玉裁已不能正，今则章炳麟犹持之。段之言曰："有独体之象形，日月水火，是也。有合体之象形，从某而又象其形。如哀从衣而以象其形，箕从竹而以象其形，是也。象形则成字可读，附于从某者不成字，不可读。此等字半会意半象形，一字兼有二者，会意则两体皆成字，故与此别。"
>
> 如段所举象形之例，实乃指事之法。然若箕字，今虽从竹，而《说文》列其古文作，证之金甲文亦多作，则固象形之文也。从竹之箕，乃从起之俗字耳。

然则我们现在研治象形一类文字，绝不宜再举出兼生，合体的话；即近人变体象形，半体象形，连延象形，分理象形，殽列象形，减文象形诸名目，均不必再立。惟能孰玩许书，明其为独体象形，乃能确定"象形"的定义。

虽然，象形一类，为独体纯形，定义既已确立，则分类研究，自属易易。近人饶炯《文字求真》中，分象形为十例，实较诸家为胜。兹特扩而充之，重为厘定分十二例，述说于下：

（一）从仰视象形例　许《叙》说上世造字，仰观象于天；盖先民日出而作，日入而息，其生活状况，全为天时所驱策，故对于天象的变化，特为重视。因之造字时于这些字，首先创造，亦所谓源出于图画之微意。许氏解说象形，即以日月为言，殆必以此为正例。

 日　《说文》云："实也，太阳之精不亏，象形。"这里举《说文》所附古文，以象自转运行之象。若在殷商以前的古象作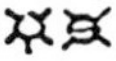，并象其光芒四射。

 月　《说文》云："阙也，太阴之精，象形。"小篆作，已稍整齐。这里以甲骨文为例，象上下弦时亏阙形。

 晶　《说文》云："精光也。"这是散布天空间的星象，当即是古星字象形，非从三日。

 云　《说文》云："山川气也，象云回转形。"惟小篆不象，这里采其所附的古文。

 雷　《楚公鼎》雷字如此作，象雷电交作光响不绝之形。《说文》古文作，则已改省整齐了。

 气　《说文》云："云气也，象形。"这是象蒸气上升。

（二）从俯视象形例　许《叙》又谓上世造字，有俯观法于地的一例。盖其时群化未进，与木石居，与鹿豕游，于其所居处的四周，亦颇重视，因亦采以为造字的一法。

 丹　《说文》云："巴越之赤石也，象采丹井，象丹形。"这是采掘之时，人从井口俯视，见其中有丹如，因而象其形造字。

 泉　《说文》云："水原也，象水流出成川形。"这是

从高处俯视低洼，见其水流潺潺，因写其形以为字。《说文》又有𠂢𠂢𠂢字，即繁文省文并行的例证。

釆 釆 章炳麟曰：“《说文》釆辨别也，象兽指爪分别也，古文作丂，变易为釆，兽足也，亦作番，从釆田象其掌。釆丂釆本古文殊体，皆仓颉初文，番亦准初文也。”徐灏谓本作田象形，中虚点白者，即其指爪，十其分理。徐氏所说极对，即许《叙》所谓“见鸟兽蹄迒之迹，知分理之可相别异也，初造书契”。故许书解为兽足。这是俯视象形的。

龜 龜 古文龟，见《说文》所合古籀中。惟龟不可仰立，人必俯而视之，乃可首尾壳文皆见。

（三）从正视象形例 象形虽顺倒不拘，正侧同视，然今日从其所作篆以为分别，实有正视一例。其例甚多，兹略举数事。

目 目 《说文》云：“人眼也，象形。”惟小篆竖之作目，不像。这里举《屰目父癸鼎》文，以见正视象形之例，《说文》又有䀠字，《䀠父丁敦》作䀠，即为目之繁文。

自 自 古文鼻字作自，《说文》说解自字，谓鼻也，象鼻形，可见。惟小篆作自，所附古文作𦣹，均不象，这里举甲骨文为例。盖人与人相见，首先见其眼鼻，故即以为象。

手 手 《说文》云：“拳也，象形。”疑为正视，象其掌。

壴 壴 《说文》云：“陈乐立而上见也。”饶炯曰：“壴即鼓之古文，象中鼓两旁虡上下笋及崇牙形。”

壶 壶 《说文》云：“昆吾圜器也，象形，从大，象其盖也。”惟小篆作壶，仍不能毕肖，今取《鲁侯壶》文，以见其正视作篆。

 矢 《说文》云："弓弩矢也，从入，象镝栝羽之形。"惟小篆作，不毕肖，今取《豆闭敦》文为例。

（四）从侧视象形例　象形有从侧视造字的，其事与从正视造字的相同。

 人 《说文》云："天地之性最贵者也。"象侧立磬折形，全体而一手一足。盖造字之时，既制字以象人形，复制此字以象之，则必以一为正视，一为侧视，象形文正侧不拘，因而并行呢！

 虎 《说文》云："山兽之君，从虍，虎足象人足，象形。"许君因小篆形讹作，故说解字形有误。今以甲骨文为例，知亦纯然象形。虎四足，今仅见两足，盖以从侧视象之。

 隹 《说文》云："鸟之短尾总名也，象形。"实则象全体而一目一足，为侧视形，金文中如《舀鼎》作，《善夫克鼎》作，则更像了。

 舟 《说文》云："船也，刳木为舟，象形。"惟小篆作，器形本横，小篆因其不便偏旁，故为作竖形。不知世固无此竖舟。今改用《敄觯》文，为侧视象形。

（五）从平视象形例　海水汪洋，一望无际，田连阡陌，一片平畴；皆难于象形。故造字的人，又创用平视象形一例。

 水 《说文》云："准也，象众水并流，中有微阳之气也。"或谓准为平物，象众水平流。其说较许氏为胜。众水平流，故从平视象形。许书有字，云"二水也，阙"，亦为繁文省文并行之证。

 永 《说文》云："长也，象水巠理之长。《诗》曰，江之永矣。"案永字原为水之长，故其文与水字同，而加曲折，亦为平视象形。

 𠂢 《说文》云:“水之邪流别也。从反永。”这也是平视象形，与水永诸字同，非从反永。

⊞ 田 《说文》云:“陈也，树谷曰田，象四口，十阡陌之制也。”案梁任公先生云:“田当是田猎字，象网兽之网。”疑作⊗。今《说文》云:“树谷曰田”，则为农业社会时事。疑由田猎进入农业，即以猎场为耕植地，故沿用此字。许君以阡陌释十，就后世言之而已。⊗为象网形，为正视象形，若⊞为象耕地形，则为平视象形。说文有畕字，云:“比田也”，则平视之意益显。

 宁 《说文》云:“辨积物也。象形。”宁字形如今日乡村贮谷之谷围，以竹片编织为之。这是平视象形，人从围外观之。中空所以辨积物。

(六)从正视侧视平视互画象形例　这是因为欲求字形毕肖，不惜互用正视侧视平视诸法。否则不能随体诘屈了。

 鹿 《说文》云:“兽也，象头角四足之形，鸟鹿足相似，从匕。”许氏盖因篆文作，故为此言。今观甲骨文，则身作侧视，头作正视，为互画象形。三足，四足，两足均不拘。不从匕，与鸟足不相似。

 亩 《说文》云:“谷所振入也，宗庙粢盛，苍黄亩而取之，故谓之亩。从入，从，象屋形，中有户牖。”案亩即储谷之所，所以象之，从平视画，即其上盖，所以防雨水，从正面视，合之即象屋形。金文《农卣》作，从米，疑为会意，否则必是上盖茅茨之讹。下象户牖。

 宫 《说文》云:“室也，从宀躳省声。”徐灏曰:“钟鼎文宫字屡见，皆从二口，不从吕。阮氏《款识》刊《宫尊》作，疑象室有窗牖之形。徐云宫不从吕，甚是。故此非形声

字，不为躬省声。象两穴相连，为穴居遗制，为上盖，即茅茨之类，一为平视，一为正视，交互成文。今安阳殷虚发掘，得穴居遗址，可证。

章 《说文》云："度也，民所度居也。从回，象城章之重，两亭相对也。或但从口。"金文《禽章鼎》作，《章鼎》作，甲骨文作，均为正视平视互画象形。

册 《说文》云："符命也。象其札一长一短，中有二编之形。"案册即上世竹简书，正视侧视平视作字。

（七）从遥视象形例 象形之字，虽为仰观俯观，但观察所及，或有不能逼视的，只得就遥视以为造字。凡篆约略象物，而细微处不分的，皆属这例。

百 《说文》云："头也，象形。"顾实曰："首头古今字，古音首亦为舌头，音百为头而只象画其突陷，即遥视不清之故。"

巳 顾实曰："似也。象子在包中形，包字从之。孺子为儿，襁褓为子，方生顺出为㐬，未生在腹为巳。"顾说极是。这亦遥视模糊之例。

几 《说文》云："鸟之短羽，飞几几也，象形。"象侧翥飘扬之象。

卂 《说文》云："疾飞也，从飞而羽不见。"这也是遥视造字，与几字相同。为全体象形。看不清，非为减省半体。

（八）从逼视象形例 象形有从逼近视察，乃能毕肖其形的。凡篆文详图其形，而无微不见的，皆属这类。

肉 《说文》云："胾肉，象形。"在物叫肉，在人叫肌。象屠者割下牛羊诸肉的肌理。

冎 《说文》云："剔人肉，置其骨也。象形。"疑古者磔人于市，剔肉置骨，造字者逼近视之，上大下小，其骨隆起，因而象之。再剔为皮，《说文》有字，云："𠛱骨之残也。从半冎。"实则非从半冎，只象其剔之甚而已。

心 《说文》云："人心土藏，在身之中，象形。"象心形兼象心包络附着其上。古者刑史同官，刑人后剖而谛视之，故能形态毕肖。

冓 《说文》云："交积材也。象对交之形。"案即构之古文，象屋材交积纵横平形。《寰盘》作尤肖。非逼视不能灼见，为独体象形，或谓指事，非。

（九）从前视象形例 陈斠玄说："吾人图写物体，于观察明析之处，则加意临摹；疏忽之点，每草率从事；人之遗习，恒如是也。观于象形文中，人体及兽类诸字，多扩大其头部，则初民视察动物，其注意之所在，可以见矣。"陈君所说甚是，惟只限于从前部视察诸字而已。

牛 《说文》云："大牲也，象角头三封尾之形。"造字时从前注视，故特重角头。惟篆文已稍整齐，这里举金文《曶鼎》文为例。

羊 《说文》云："祥也。从象头角足尾之形。孔子曰，牛羊之字以形举也。"亦前视象形。

舄 《说文》云："如野牛而青，象形。"案字形头部特大，亦为前视象形。

彖 《说文》云："豕也。"朱骏声曰："即豕之异体。"案其注重在头，亦属前视象形。

燕 《说文》云："元鸟也。籋口，布翅，枝尾，象形。"甲骨文作，特重在前半，亦属这例。

（十）从后视象形例　从后视象形，详其尾足。惟这例字不甚多耳。

 厹 《说文》云：“兽足蹂地也，象形。《尔雅》曰，狐狸貛貉丑，其足蹞，其迹厹。”案蹞即字。厹为从尾后视之，只见其一节之形。而所辖之字，为虫为兽，均无不可。金文偏旁作，足尾毕见。

 欠 《说文》云：“张口气悟也。象气从人上出之形。”案字形甲骨文作，当为人反身而奔，人反身而奔，其气呵欠，他人从后视之，徒见其气，不能见全形，故造字如此。

（十一）瞥视即以一端象全形例　凡人行走甚疾，所见两旁之物，只能瞥见一端，所谓走马看花，必不能窥其全豹。古人亦往往如此。故瓜果诸字，只能一端象全形。又或物行甚疾，人人的视线，亦只能摄取一端。如车，只取一轮；如勿，只取三游。这是瞥视即以一端代全体造字例。

 瓜 《说文》云：“胍也，象形。”瓜虽蔓生，造字者只瞥见其实，即以实代全形。又有字，云：“本不胜末，微弱也。”其实即是瓜的繁文。

 果 《说文》云：“木实也。从木，象果形在木之上。”甲骨文作，古文繁省不拘。

 车 《说文》云：“舆轮之总名。象形。”以舆轮代车全形。

 勿 《说文》云：“州里所建旗，象其柄，有三游。”以三游代所建旗全形。

（十二）象形有从造字后即借字形为画例　这是象形中之带有理想，非纯写全形。再进一步，便成为会意了。饶氏举鼠

字包字为例，极对极对。

 鼠　《说文》云：“穴虫之总名也，象形。”案鼠性畏人，不得逼视，全身浑黑，又不可象。惟其齿善啮，故从古文齿为意，而篆即借象其头。

 包　《说文》云：“象人裹妊，巳在中，象子未成形是。”妇人妊时，子未成形，不可得象，借巳字为之，象人子未成人形，亦从造字后即借字形为画例。

民国二十三年十一月十七日讲于国立暨南大学

（原载《学艺》第14卷第3号，1935年）

指事通论①

什么叫做指事？许慎说："指事者，视而可识，察而见意，二亖是也。"这样的条文，也不算不明白，可是从来没有人弄得清楚，故古今异说很多。卫恒说："在上为上，在下为下"，解说过于抽象，令人莫明其妙。其后唐、宋、元、明各家，如贾公彦、徐锴、张有、戴侗、杨桓、刘泰、周伯琦、赵古则、王应电、朱谋㙔、张位、吴元满、赵宧光等，或拘泥于许氏所举的二亖二例，或误认会意为指事，或与象形，会意相混杂，或则举例不能明确，或则发挥不精到不详尽，都不能得指事的真旨。清代学者，如段玉裁号称许慎的功臣，只能心知其意，而不能明定其说。若江艮庭以下，往往误认会意为指事了。最可笑的莫如近人石一参。他在《苍石山房文字谈》里说道：

> 这个指事的法门，许叔重先生便不十分明了了。他所引的指事之界说，曰："望而可识，察而见意"，明明说出一个意字，便含有象意的作用，说者谓此二语是会意的界

①编者按：本篇局部标点有改动。

说，不是指事的界说，实有一部分的理由。

这明明蹈了江艮庭一辈子的覆辙，尚强颜谓实有一部分的理由，不知所谓理由者何在？若谓许氏必以本字为解，明明说“察而见意”，便是会意，则又将何以解说“同意相受”的意字呢？难道真的要将“以事为名”为指事的定义吗？清朝一代只有王氏筠，张氏行孚二人，尚能精思冥索寻出一条出路，王筠在《六书总说》里说道：

> 所谓视而可识，则近于象形；察而见意，则近于会意。然物有形也，而事无形，会两字之义，以为一字之义，而后可会；而丄丅之两体，固非古本切之丨，于悉切之一也。……明乎此，而指事不得混于象形，更得不得混于会意矣。

张行孚在《说文发疑》里说道：

> 指事与会意，其字虽皆两体相成，然必两体皆字而可。合两字之意者为会意，如一大为天，一与大皆字，其意谓天之为物，至大无二；人言为信，人与言皆字，其意谓人之出言，宜乎有信；卜中为用，卜与中皆字，其意谓卜而既中，乃可行用；又中为史，又与中皆字，其意谓史官所书，手持中道；凡两体相成，莫非两字是也。字虽两体而或两体皆非字，或一体为字，一体非字，但可察见其意，而未尝有两字会合之意者为指事。如一在一上为上，一与一两体皆非字，许氏以为指事；口含一为甘，口为字而一非字，徐氏锴以为指事；日出一上为旦，日为字而一非字，江氏声以为指事；到入于一为干，入为字而一非字，王氏筠以为指事；凡指之字，两体相成，必非两字，是也。

惟他们两人也有疏略处，一则于象形指事发生的先后，都没有切实的认识；二则他们的说法，也往往有自相冲突处，尤其是有许多非指事字，他俩说是指事，许多指事字，他俩却说是非指事字；尚未得为澈底明白。

大抵指事为速写画之变，其一体为字固为图画之变，其一体非字也由于图画之变，因为速写太快，只得将一根线或一小点作为记号以暗示其事，后人观之，不明所以，故只得谓为指事，谓为非字而已。故许君曰："视而可识，察而见意。"吾人今日只得从许君所说，为之疏通证明耳。

朱宗莱《文字学形义篇》解说许君语义道：

> 按视为初视，察谓细察，初视之而识其所指之形，细察之而见其成文之意。不徒取象于外，抑又参酌乎己；此指事之所以异于象形也。

马叙伦在《中国文字构造法》里也说：

> 视而可识，这句白话便是一看就可认识。自然日月马牛这些象形字，见过了日月马牛这些形象的，当然不会认错，所以决定这句明白地是说象形的字。察而见意，这句是象形和指事分别的要点，看见就认识他是马，但是细细地一看，见得有些别的意思，并非单独是马；看见就认识他是牛，细细地一看，见得有些别的意思，并非单独是牛。拿……馽牟两个字做例，……因为马牛上各加了些东西，这个东西并非别成一物，即不是另外一个象形字。并且他的地位不可变动。如马字是绊马足，所以〇在马足上，牟字是牛鸣，所以乚在牛头上。再举两个例，如甘字是最初的含字，分明表示口里含了东西，但是含的东西并不限定那一样，所以只把一、来表示所含的东西；而且

这一丶不能变动他的位置，才能表出含的意义。如刃字是刀的锋，就是刀的铦处，但是刀画得出来，刀的锋画不出来，如刀字本象刀的形状，作，如果画成，作为刃字，不但不能显明地表出刀的铦利，而且容易叫人认不出刀字，所以只在刀口上加个符号，叫人仔细一看，便见得意思，所以说视而可识，察而见意，所以叫做指事。

朱宗莱说不徒取象于外，抑又参酌乎已，这明明是说指事之字，已由具体趋于抽象，不能只在物象上打点，造字的时候要经过造字的人运心独匠，用最简单最经济的符号在里面，表示这些抽象的事理来。马叙伦说从象形的字上，各加些东西，这些东西并非别成一物，即不是另行一个象形字，并且他的地位不可变动；这话是比朱氏更进一层，加深了他的严密性。从象形字上各加了些东西，这些东西是很抽象的，非参酌乎已，不能凭空造了出来。而且并非别成一物，这所以并不会合两字或两字以上成意的会意字。而他的地位也不可变动，所以是指事的指明所在了。

岳森《六书次第说》说道：

古未有字，圣人见蹄迒之可别识也，然后象物以制字，见其字面即知其字为何物，正如图画之肖形，故谓之象形，则象形最先也。既有象形之法，遂已有日月一木马又诸字矣，而如丄丅本未诸字，固不能离一木等形，又不能混同其形，于是创为指事之法。指一之上为丄，指一之丅为丅，指木之上中下为末朱本，指马之足为馬为馵为馽，指手之执为叉为叉为尹。盖以是字象物，而有别义，不能即其字而见，则就其字加一二画以见义；凡所加画，即手指痕，故谓之指事。其字有似会意，但所指之一二画不成字，会意则两体皆成字者。又似合体象形，但合体象形，合二字为一字，义与原字异，此则具从原字生义，是其异也。而要非先有象形诸字，则事无所措，即法无所立，是指事必在象形后也。

岳氏虽尚嫌于独体象形，繁省不分之义，未能领悟，而要其大体于象形指事之先后，指事与象形会意大别之点，确较从来诸家为明确。今既明合体象形为繁文，其字义与省文无别，则指事必于独体象形之字，不能即字以见其所含之别义，就其字加一手指痕以见义；其于指事之特质，当能涣然冰释了。

于此当先为指事下一确当之界说，乃可分类述之。考近人曾为指事下界说者有二：

一、陈启彤《论六书指事之原》里定指事之界说道：

（一）指津一体，为象形之单简符号；

（二）形无一定，以一定之点画代其形；

（三）字虽两体会合，指事之一体，不可谓之文。

二、马叙伦《六书解例[①]·指事解例》里说道：

凡加标帜于象形之文，于其标帜见意者，为指事。凡指事之文，分析之，必有一部分或一部分以上为象形之文，亦必有一部分或一部分以上不成文字而为标帜以指示此象形之文发生何种现象者。由此言之，指事之为独体之文，《说文》叙以与象形并称为依类象形，可谓密察者也。

两氏之说，意义全同。所谓“以一定之点画代其形”，其

①编者按：原稿为“例解”，当以“解例”为是。今改。

实即是标帜，即所谓“手指痕”，吾上文所谓速写画之一根线而已。理盖无不相同了。

虽然，马氏既主“指事为独体之文”之说，又谓指事有兼声之例。其言曰：

> 然旁从二，ㄗ指旁溥形，于方得声，莽从𠚕在茻中，一以荐之，茻亦声。牵从牛，冂象其绳，玄声则指事有兼声之例。又少异于象形者也。

则与向来言六书者谓指事有兼形声一例相合，求之《说文》，添此一则乃能完成，马说可信。兹分指事为两大类：甲因形指事；乙兼声指事；述说如下：

甲、因形指事　这一类的指事字，为指事的正例，其特色，为每字必先为一个独体的象形文，因意有所加，非象形文所能单独表出的，再加一不成文字的符号，以足成其意。其中又因表识的符号不同，约分为十四例。

(一)从一为表识例

丄 上 《说文》云：“高也，此古文上，指事也。”或作二，或作⊥，为传写别体，为表示一标帜在另一标帜之上，无不相同，而其拆卸下来，为两体不成文之符号。为例之最纯者。

丅 下 《说文》云：“底也，指事。”或作二，或作丅，其为指事例之最纯者，与丄字同。

弌 一　古文一，篆作一，《说文》云：“惟初太极，道立于一，造分天地，化成万物。”许君本老子“道生一,一生二,二生三,三生万物”之说，为后起义，其实这是计数的一字。陈柱《释数篇》谓古人数物，其第一期为至三而止，第二期为至五而止，与六七以后别为一时期。其言曰：“故说弌弍弎三字吾独颇有取于刘师培胡以鲁之说焉。刘师培云：‘结绳之字，不可复考，然观一二三诸字古文作弌弍弎，盖田猎时代以获禽起数，故古之一二三三字，咸附列弋字于其旁，所以表田猎所得之物数也。’胡以鲁云：‘纯体指事，近于象形，如弌弍弎，纯体指事也。吾观台湾土人悬记数珠于弋形之架下也，想见其象形矣。盖弌弍弎古本象形而兼指事之字，当结绳时代，人民游牧所弋获之禽兽，记数于弋绳之端，由结绳变而为文字，故象其形弌弍弎也。’胡氏谓‘台湾土人悬记数珠于弋形之架’，以今证古，足为弌弍弎为象记数弋下之形之证，可知说数止知一二三之时，其人民正当恃弋以为生活之时期，故加弋于一二三而为弌弍弎也。”陈说极精，吾意弋为悬挂记数珠的架子，是为象形成文部分，一为加于象形以表意义之不成文字的符号，故弌为古文，一为后起之篆文，为指事中最纯的一例。或疑弌非古文，不可信。

弍 二　古文二，篆文作二。

弎 三　古文三。篆文作三。二三两文，也是指事中最纯之例，说详前弌字条。

𠄡 五 《说文》云：“五行也，从二，阴阳在天地间交午也。”案五即交互本字，人事进步以后，借为记数之五字。拆卸[1]下来两体不成字或一体不成字。甲骨文作X。交互之意益显。

毌 毌 《说文》云：“穿物持之也。从一横贯，象宝贝之形。”案⑪象贝，一所以指贯之之事。

𣎵 本 《说文》云：“木下曰本，从木，一在其下。”徐

①编者按：原稿为“御”，当以“卸”为是。今改。

锴曰："一记其处也。本末朱皆同义。"古文作，则独体象形。

朱　《说文》云："赤心木，松柏属，从木，一在其中。"

末　《说文》云："木上曰末，从木，一在其上。"案本末朱三字各家皆谓指事字。盖同以一为表识的。

兀　《说文》云："高而上平也。从一在人上。"

元　《说文》云："始也。从一从兀。"顾惕森先生曰："首也，从古文儿。与兀同字。其上作一作二，犹正疋平辛之例也。孟子曰：'勇士不忘丧其元。'故元本义当训首。"又举䡇髡亦作軏髡为证，谓《说文》误分为二。顾先生之说可信。陈柱曰："元兀当为一字，犹示与为一字，帝与为一字也。……段氏云元兀古音相为平入。其说固胜于徐氏矣。然古音岂特相为平入而已哉。"

天　《说文》云："颠也，至高无上。从一大。"案大即古文人字。甲骨文作，金文《盂鼎》作，《录伯戎敦》作，皆独体象形。颠即颠顶，今人谓天膛，甲骨文金文特象其圆颅，小篆则以一指其颠顶处。可以窥见象形递变为指事的迹象了。

夫　《说文》云："丈夫也。从大，一以象簪。"案一虽肖簪，然实指其戴簪之处。甲骨文作，，《金文盂鼎》作，《善夫克鼎》作，《克簋》作，其演变之迹与天字同。

毋　《说文》云："止之也。从女，有奸之者。"段氏补其词曰："一禁止之，令勿奸也。"案从刁，所以表识其止之之事。

甘　《说文》云："美也。从口含一。"朱骏声曰："甘者，五味之美，一者味也。”案此字指其口中有所含也。但不甘，则必吐在口外。

血 《说文》云：“祭所荐牲血也，从皿，一象血形。”盖指其皿中有牲血之事。

寸 《说文》云：“十分也。人手却一寸动脉，谓之寸口。从又从一。”案一所以指其寸脉的部位。

聿 《说文》云：“所以书也。”甲骨文作，金文《聿父辛卣》从，与甲骨文同，皆为象手持笔形，小篆则指其所持为笔，亦演变之可见者。

不 《说文》云：“鸟飞上翔，不下来也。从一，一犹天也。”王筠曰：“其实指事字。”盖亦以拆卸下来，一两体皆非字，而文独象鸟形。

至 《说文》云：“鸟飞从高下至地也。从一，一犹地也。象形，不上去而至下来也。”案象形二字段氏谓指文而言。其为指事字，理由与不字同。

立 《说文》云：“佢也。从大在一之上。”章炳麟曰：“此合体指事，一者地也。”甲骨文作作，金文《毛公鼎》作，《颂鼎》作，均指人立在地上。

（二）从·为表识例

上 古文上。

下 古文下，案见《汗简》引《王庶子碑》及《华岳碑》。解说已见前例。

玄 古文玄。《说文》玄下云：“黑而有赤色者。”案此为本义，即今所谓玄青色也。从古糸，象形。指其黑而有赤色之色。是为指事。

（三）从丶为表识例

馬 《说文》云："马一岁也。从马，一绊其足。读若弦。"案从丶指绊其足之事。

馵 《说文》云："马后左足白也。从马，二其足。读若注。"案从⺀从丶无异。繁书之，所以明其不雷同耳。

豖 《说文》云："豕绊足，行豕豕，从豕，系二足。"

久 《说文》云："从后灸之也。象人两胫后有歫也。《周礼》曰久诸墙以观其桡。"案这是指犯人刖足之刑。火部曰："灸灼也，灼灸也。"从后灸之，有火伤之意。胫后有歫，歫为相撑拒之意，疑刖后以木支柱之。如是，又有行不快步之意，故引申之为迟久。从丶指其胫后有歫之事。

刃 《说文》云："刀坚也。象刀有刃之形。"顾惕森先生曰："刀鉴也，从刀。丶以指之。案指刀之锐利处也。今俗曰刀口。"

刅 《说文》云："伤也。从刃从一。"徐锴曰："一刃所伤，指事也。"

叉 《说文》云："手指相错也。"从丶指叉手之事。

叉 《说文》云："手足甲也。"案从⺀与从丶无异。今通作爪蚤。

（四）从丿为表识例

尹 《说文》云："治也。从又丿，握事者也。"

卒 《说文》云："隶人给事者为卒，卒衣有题识者。"案即今外国所谓三道头之类，制服的标识。

犮 《说文》云："走犬皃。从犬而丿之，曳其足则刺犮也。"

（五）从丨为表识例

中 《说文》云："内也。从○，丨下上通也。"甲骨文作兑，金文《沇儿钟》作兑，《盂鼎》作兑，《颂敦》作兑，皆作中正兑。其字拆下来两体不成字。

引 引 《说文》云：“开弓也，从弓，丨。”徐铉曰：“象引弓之形。”

芈 芈 《说文》云：“羊鸣也。从羊，象声气上出，与[①]牟同意。”

（六）从乚为表识例

曰 曰 《说文》云：“词也，从口，乙声。亦象口气出也。”案乚非乙字，仅为指口气上出之符号。

（七）从乁为表识例

尺 尺 《说文》云：“十寸也，人手却十分动脉为寸口。十寸为尺，尺所以指尺规矩事也。从尸，从乙，乙所识也。”案乁亦非乙字。

（八）从)(为表识例

亦 亦 《说文》云：“人之臂亦也。从大，象两亦之形。”从)(指其两腋。

只 只 《说文》云：“语巳词也。从口，象气下引之形。”案)(八指气下引之事。

兮 兮 《说文》云：“语所稽也。从丂，八象气越亏也。”

尔 尔 《说文》云：“词之必然也。”孔广居曰：“个，楷作丁，所以固器者。丁宁亦词之必然也。)(象口鼻出气形，与余只等字同意。”

（九）从○为表识例

馽 馽 《说文》云：“绊马也。从马，口其足，读若辄。”

---

①编者按：原稿为“举”，当以“与”为是。今改。

从○即系马足之绳。

（十）从⌒为表识例

疐　《说文》云："碍不行也。从叀引而止之也。叀者，如叀马之鼻，从此，与牵同意。"案从⌒为牵叀之绳。

（十一）从乛为表识例

魰　甲骨文。马叙伦曰："甲文有字，便是《说文》的渔字。是合又鱼两个象形字和一部份不成字而表示为钓鱼缴的乛而成。这是一部份以上的象形字和一部份不成字而为表示这些象形的物事上发生了什么现象的符号和合而成的指事字。"

（十二）从乙为表识例

牟　《说文》云："牛鸣也。从牛，象其声气从口出。"

（十三）从⺀[①]为表识例

𢇍　古文绝。顾惕森先生曰："象不连体，绝二丝。"

（十四）从囗为表识例

画　《说文》云："界也。象田四界，聿所以画之。"案囗为田的四界。

乙、兼声指事　这一类的指事字，为指事的变例。其特色为兼有一个形声字的符号。

牵　《说文》云："引前也。从牛，象引牛之縻也。玄声。"案冂为引牛之縻。

葬　《说文》云："藏也。从死在茻中，一其中，所以荐之。"案从一，为不成文部分。又从茻得声。故合这例。

---

①编者按：原稿为"⺀从"，当以"从⺀"为是。今改。

㫄 旁 《说文》云："溥也。从二，阙，方声。"案冂指旁溥形，从方得声。马叙伦顾惕森先生均谓为指事兼形声字。

民国二十三年十二月二十四日讲于国立暨南大学

（原载《文艺》第14卷第4号，1935年）

玉篇研究①

（《训诂学史》第五章第一节）

一、顾野王之历略

《玉篇》著者顾野王之历略，莫详于《陈书》本传。《陈书》卷三十云：

顾野王字希冯，吴郡吴人也。祖子乔梁东中郎武陵王府参军事。父烜信威临贺王记室，兼本郡五官椽，以儒术知名。野王幼好学，七岁读《五经》，略知大旨；九岁能属文，尝制《日赋》，领军朱异见而奇之；年十二，随父之建安，撰《建安地记》二篇。长而遍观经史，精记嘿识，天文、地理、蓍龟、占候、虫篆奇字，无所不通。梁大同四年除太学博士，迁中领军、临贺王府记室参军。宣成王为扬州刺史，野王及琅琊王褒并为宾客，王甚爱其才。野王又好丹青，善图写，王于东府起斋，乃令野王画古贤，命王褒书赞，时人称为二绝。及侯景之乱，野王丁

①编者按：本篇局部标点有改动。

父忧，归本郡，乃召募乡党数百人，随义军援京邑。野王体素清羸，裁长六尺，又居丧过毁，殆不胜衣，及杖戈被甲，陈君臣之义，逆顺之理，抗辞作色，见者莫不壮之。京城陷，野王逃会稽，寻往东阳，与刘归义合军据城拒贼。侯景平，太尉王僧辩深嘉之，使监海盐县。高祖作宰，为金威将军安东临川王府记室参军，寻转府谘议参军。天嘉元年敕补撰史学士，寻加招远将军。光大元年除领东鄱阳王谘议参军。太建二年迁国子博士。后主至东宫，野王兼东宫管记，本官如故。六年，除太子率更令，寻领大著作掌国史知梁史事，兼东宫通事舍人。时宫僚有济阳江总、吴国陆琼、北地傅縡、吴兴姚察，并以才学显著，论者推重焉。迁黄门侍郎光禄卿知五礼事，余官并如故。十三年卒，时年六十三。诏赠秘书监。至德二年又赠右卫将军。野王少以笃学至性知名，在物无过辞失色，观其容貌，似不能言，及其励精力行，皆人所莫及。第三弟充国早卒，野王抚养孤幼，恩义甚厚。其所撰著：《玉篇》三十卷、《舆地志》三十卷、《符瑞图》十卷、《顾氏谱传》十卷、《分野枢要》一卷、《续洞冥记》一卷、《玄象表》一卷，并行于世。又撰《通史要略》一百卷，《国史纪传》二百卷，未就而卒。有《文集》二十卷。

《南史》卷六十九有传，其文与《陈书》大略相同，而较简略。如于大同四年迁除事，往东阳与刘归义合军事等等皆阙而不书，是《南史》行文疏略处。又于充国早卒，抚养孤幼一节不载。故野王历略，以《陈书》为详也。此外《大广益本》大中祥符牒后有："梁大同九年三月二十八日黄门侍郎兼大学博士顾野王撰本"等字样，则显为杜撰，不辩自明。不足信也。今更就《陈书》本传所载，作为年谱如左：

梁 天监十八年（公元五一九） 野王生。（僧慧皎著《高僧传》）

普通六年（五二五） 七岁，读《五经》。

大通元年（五二七） 九岁，能属文。（梁武帝舍身同泰寺。达磨到广州。郦道元卒）

中大通二年（五三〇） 年十二，随父之建安，撰《建安地记》二篇。

大同四年（五三八） 年二十，除太学博士。为宣成王宾客。（分东西魏）

太清二年（五四八） 年三十，值侯景之乱。丁父忧。

承圣元年（五五二）[①] 年三十四，侯景乱平。监海盐县。

太平元年（五五六） 年三十八，陈霸先作宰。为金威将军安东临川王府记室参军。（宇文泰卒）

陈 永定元年（五五七） 梁亡。野王年三十九。

天嘉元年（五六〇） 年四十二，撰史学士，招远将军。

光大元年（五六七） 年四十九，镇东鄱阳王谘议参军。

太建二年（五七〇） 年五十二，国子博士，东宫管记。

六年（五七四） 年五十六，太子率更令。大著作掌

①编者按：原稿为“承圣二年（五五三）”，因下文说顾野王此时“年三十四”，故应改成“承圣元年（五五二）”。

国史知梁史事。黄门侍郎光禄卿知五礼事。（孔颖达生）

十三年（五八一） 年六十三，卒。（隋杨坚称帝，后周亡。庚信卒。颜师古生）

至德二年（五八四） 赠右卫将军。时野王卒后四年。

二、玉篇成书之年代

顾氏著作甚富，在本传中，除《玉篇》外尚有：《舆地志》《符瑞图》《顾氏谱传》《分野枢要》《续洞冥记》《玄象表》《通史要略》《国史纪传》《文集》凡九种。隋陆德明《经典释文》云：

> 陈舍人顾野王并撰《尔雅音》，既是名家，今亦采之附于先儒之末。

宋高似孙《史略》有：

> 顾野王《陈书》三卷。

并云：

> 姚思廉采谢炅顾野王等诸家之言，推究总括，为梁陈二家之史。

《陈书》三卷，疑即《国史纪传》之残。顾氏著作可考知者约有十一种。其在训诂学上有贡献者，只《玉篇》《尔雅音》二书耳。《尔雅音》已不存，《汉学堂经解》中有辑佚本。如云：

> 緉（卢氏《考证》云疑缡字之误），罗也。介，别也。梦梦訰訰、烦懣而乱也。

实非纯然音切之书，亦时有涉及字义者。惜今不传，难于论究也。

《玉篇》卷数，本传云三十卷，《隋书·经籍志》云三十一卷，《日本国见在书目》亦同其数。今日者三十卷首尾完好，何来添此一卷也？据吾人所知，《法苑珠林》有一佚文。同书卷第二十二《敬佛篇》第六之三引宣律师《感通记》问天人，天人答曰：

> 师不闻乎？梁顾野王太学之大傅也，周访字源，出没不定，故《玉篇序》云："有开春中君墓，得其铭文，皆是隶字。"

此一条实为唯一之佚文也。盖宣律师及天人云云者，《法苑珠林》卷十六《千佛篇》第五之四云：

> 长安西明寺道宣律师者德镜玄流，业高清素，精诚苦行，毕命终身。……粤以大唐乾封二年仲春之节，身在京师城南清宫故净业寺，逐静修道，身至桑榆。

又云：

> 又有天人韦琨，亦是南天王八大将军之一臣也。四天王合有三十二将，斯人为首。生知聪慧，早离欲尘，清净梵行，修童真业。面受佛嘱，弘护在怀。

其殆此二人欤!《感通记》又谓益州成都多宝石佛者，盖昔迦叶佛时，有人于西耳河造之，拟多宝佛全身相也，在西耳河鹫山寺，有成都人往彼兴易，请像将还，至今多宝寺处，为海神蹋船所没。其华趺有多宝字，因遂名焉。因问多宝字是其隶书出于亡秦之代，如何迦叶佛时已有神州书耶？天人答曰："亡秦李斯隶书，此乃近代。远承隶书之兴，兴于古佛之世。"遂引《玉篇序》以为秦代以前已有隶书之征。《玉篇序》今尚存，虽不著撰人姓名，以文中有"猥承明命，预缵过庭"一语，知为野王所作。谢氏《小学考》亦以为野王自序。然具文为骈俪体，与《法苑珠林》所引不类，难以排比。若《法苑珠林》所引果真顾氏之书，宣律师所载容有误记，而辩明字体之沿革，或另为一卷。则《隋书·经籍志》三十一卷之数，或不误耶。

至其成书年代亦有可得而言者。《梁书》卷三十五《萧子显列传》云：

> 先是时太学博士顾野王奉令撰《玉篇》，太宗嫌其书详略未当，以恺博学，于文字尤善，使更与学士删改。……太清二年，迁御史中丞。顷之，侯景乱，恺于域内迁侍中。寻卒官，时年四十四。

是《玉篇》之成，当不后于此时也。宋本有“梁大同九年三月二十八日黄门侍郎兼太学博士顾野王撰本”之语，普通以是为成书之年。稽之本传，野王于梁大同四年除太学博士，迁中领军，入陈后，至大建二年迁国子博士、迁黄门侍郎。是野王在梁时固未尝为黄门侍郎也。宋人误混为一谈，此不足信，前已言之。清人王昶辨之甚详，见《春融堂集·玉篇跋》中。惟王氏断为《玉篇》成于梁武帝之时，至简文帝时进呈；观于《进玉篇启》中有“殿下天纵岳峙，睿哲渊凝，三善自然，匪须勤学，六行前哲，宁以劳喻”之语，足以为证。王氏之说亦未为得。盖萧恺之受命删改，在大清二年以前，其时犹为梁武帝之世；至侯景之乱，萧恺亦死，则书已早出矣。以鄙意言之，以梁大同九年为《玉篇》成书之年，似仍可信，不能以其官衔误混或杜撰而疑之也。查大同九年，野王已二十五岁，虽略嫌年轻，然以其十二岁撰《建安地记》二篇推之，其人必为夙慧；若再以九岁能属文推之，则其下距著《玉篇》之时已十有五年矣。《玉篇序》云：

> 《五典》《三坟》，竞开略义；六书八体，今古殊形；

> 或字各而训同，或文均而释异；百家所谈，差互不少，字书卷轴，舛错尤多。难用寻求，易生疑惑。猥承明命，预缵过庭。总会众篇，校雠群籍，以成一家之制，文字之训备矣。

疑当时材料为顾氏所保存者必不少。在前辈指导之下，为“总会众篇，校雠群籍”之工作，当不甚难。《梁书》云：“大宗嫌其书详略未当”，则又非成熟之作品可知也。萧恺当时年仅四十余，视野王为后辈，似亦足为旁证之一。以此推定，虽不中不远也。

三、玉篇之内容

《玉篇》原本，在我国久已佚失。在日本则有如左七卷残本尚存：

一、卷第八	心部
二、卷第九	言部—幸部
三、卷第十八之后半	放部—方部
四、卷第十九	水部
五、卷第廿二	山部—品部
六、卷第廿四	鱼部
七、卷第廿七	糸部—索部

今残本卷第八藏久原文库中，为杨守敬、罗振玉诸人所未见，所收为自心部第八十七至惢部第八十九，为日本大正七年（民国七年）五月在东京发见者。卷第九则藏早稻田大学图书馆中，所收为自言部第九十一至齐部第一百十九，今缺言部之首及次部及幸部之首，而其间册部之尾，㗊、只、㕯三部之全部及欠部之首，又均失去。卷第九之中间，册、㗊、只、

(part)、欠五部，则藏福井氏之崇兰馆中。卷第十八所收为自金部第二百六十九至方部第二百八十四，仅放部第二百七十一以下后半藏大和国东大寺尊胜院中，明治七年（民国前三十九年）妇[1]柏木探古之手，后藏三浦观树将军，大正五年（民国五年）十月入大阪藤田男爵家。卷第十九所收为水部第二百八十五之一部，今缺首尾，只存中间一百四十四行，向在南都东大寺尊胜院，现亦入藤田家。卷第二十二所收为自山部第三百四十三至品部第三百五十六，存神宫文库，《古逸丛书》所刻者，乃其摹本。卷第二十四所收为自鸟部第三百八十六至鱻部第三百九十八，今仅存鱼部第三百九十七之十三行而已，于明治末年在京都府船井郡高原村大福光寺发见，为黎庶昌所未见。卷第二十七所收为自糸部第四百二十五至索部第四百三十一，今前半在高山寺，后半在右山寺，合之为一卷。今则次第印行，颇便于研究也。

<table>
<tr><td>一、</td><td>卷十八之后半</td><td>明治十五年十月</td><td>柏山本</td></tr>
<tr><td rowspan="4">二、</td><td>卷九（中间缺失）</td><td rowspan="4">同年十一月</td><td rowspan="4">《古逸丛书》本</td></tr>
<tr><td>卷十八之后半</td></tr>
<tr><td>卷十九</td></tr>
<tr><td>卷二十七（仅后半）</td></tr>
<tr><td>三、</td><td>卷二十七（前半）</td><td>同十六年十一月</td><td>高山寺本</td></tr>
<tr><td rowspan="3">四、</td><td>卷九</td><td rowspan="3">同十七年六月</td><td rowspan="3">《古逸丛书续》收本</td></tr>
<tr><td>卷二十二</td></tr>
<tr><td>卷二十七（前半）</td></tr>
<tr><td>五、</td><td>卷二十二</td><td>同廿七年四月</td><td>《神宫文库》本</td></tr>
</table>

① 编者按：此处“妇”字解释不通，疑为“复”。

六、卷九（二、四、分）
卷二十四　大正五年十一月
卷二十七（后半）　　原本《玉篇》本（罗振玉影印）

七、卷八　　《访书余录》中

顾氏《玉篇》，据上文所述，在今日所存，只不过数卷，然与宋本相较，大略相符，据此，知宋本分部，多依旧本也。但誩部宋本第九十一，原本为第九十二，可知自卷首至此，原本多一部。放部两本俱为第二百七十一，自誩部至放部则原本较宋本少一部。

日本空海僧之《篆隶万象名义》一书为依顾氏《玉篇》所编纂者，杨守敬在《日本访书志》已明言之。兹拟检此书以推究原本《玉篇》部首之真相。查《万象名义》部首第四十七之次有“㕣”（徐利反）部，故至誩部止较宋本为多一部；又宋本第百五十八为东部，《万象名义》无之，故放部恰为第二百七十一。其他在《万象名义》之部首，亦有与宋本不同之处，如：

宋本来第一百九十六则序为第一百九十之次；

皿第二百二十八则代入重第二百四十；

大第三百二十一、奢第三百二十二，则改为奢大顺次；

习第四百十一、凡第四百十二、非第四百十三，则改为凡非习顺次；

素第四百二十七、丝第四百二十八，则改为丝素顺次；

比第四百十七则移下置于第四百六十之次；

录第四百九十五则移上置于第四百七十六之次。

亦殊可注意也。

又其部首始于一上示，终于十干十二支，与《说文解字》同，而其中间则全不相合。故《说文》部首在《系传》中有《部叙》一篇可以明其次第之意，而《玉篇》则殊难发见其一贯之理也。段玉裁非之曰：

> 顾氏《玉篇》以而部次于毛，毳、𣯶之后，角、皮之前，则其意训而为兽毛，绝非许意。

是也。又删去《说文》所立“哭、延、教、眉、白、饮、后、大、弦”等十部，而增添“父、云、处、兆、磬、索、床、戈、单、丈”等十二部，故《说文》五百四十部，在《玉篇》则为五百四十二部。此《玉篇》部首内容之大校也。

至其所收字数，因顾氏原本残佚，宜不可知；惟唐封演《闻见记》云：“梁朝顾野王撰《玉篇》三十卷，凡一万六千九百一十七字”，为惟一可信之史料耳。先是周秦之际，我国通用文字，具载于《史籀》《苍颉》二书，《汉书·艺文志》曰：

> 《史籀》十五篇　周宣王太史作大篆十五篇，建武时亡六篇矣。
>
> 《苍颉》一篇　上七章，秦丞相李斯作，《爰历》六章，车府令赵高作，《博学》七章，太史令胡母敬作。

是也。而《史籀篇》之字数，则据张怀瓘《书断》称凡九千字。桂馥《说文义证》曰，“大篆十五篇，断六百字为一篇，共得九千字”；其说与《书断》合。《苍颉篇》残佚不全，秦时字数多寡，至难推究。汉时则省并为多。《汉志》云：

> 汉兴，闾里书师，合《仓颉》《爰历》《博学》三篇，断六十字以为一章，凡五十五章，并为《苍颉篇》。

案颜师古曰："并，合也，总合以为《仓颉篇》也。"是汉时《仓颉》与秦时不同。今以六十字为一章，五十五章，凡三千三百字也。《汉志》又云：

> 武帝时，司马相如作《凡将篇》，无复字。元帝时，黄门令史游作《急就篇》。成帝时将作大匠李长作《元尚篇》，皆《仓颉》中正字也，《凡将》则颇有出矣。至元始中，征天下通小学者以百数，各令记字于庭中，杨雄取其有用者，以作《训纂篇》，顺续《苍颉》。又易《仓颉》中重复之字，凡八十九章。臣复续扬雄作十三章，凡一百二章，无复字，《六艺群书》所载，略备矣。

此盖明汉以后续秦字也。以六十字为一章推之，一百二章，当为六千一百二十字。至后汉许慎《说文解字》所收九千三百五十三文，重一千一百六十三文，则所增颇多也。三国以后，佛教盛行，写经风起，文字之用途激增，异体遂纷然而起。封氏《闻见记》谓，魏李登撰《声类》十卷，凡一万一千五百二十字，晋吕忱撰《字林》七卷，亦五百四十部，凡一万二千八百二十四字，后魏阳承庆复撰《字统》二十卷，一万三千七百三十四字，云云。其下即接以《玉篇》字数。如封氏所记不误，则字数之增加，推定如下：

《说文》至	《声类》	增二一六七字
《声类》至	《字林》	一三〇四
《字林》至	《字统》	九一〇
	《玉篇》	四〇九三

可知《玉篇》所收字数至为丰富，抑亦时势之所要求欤。

原本《玉篇》所收字数，或体字不少，故往往明注"或为”“亦为”字样，为最殊特之现象。如：

讴　或为呕字在口部　或为怄字在心部

讶　亦为迓字在辵部　亦为㧎字在手部　为枒字在本部

咢　或为谔字在言部　或为顎字在页部　或为愕字在心部　古文为噩字在㗊部

盖此类或体之多，天下同文之化，意近而变易其偏旁，而使用之结果，使得会而通之，此字书之所以不得不收也。

其次，《玉篇》之特点，则在音切。阮元称：穷经之道，必先识字。识字之要，又在审音。汉代经师辈出，传注诸家，始有譬况假借，以证音字，如内言、外言、急言、徐言、读若之类，矢口得音，无不审其轻重清浊。故《说文》一书，仍不能脱其窠臼。至魏孙炎纽以双声，创为反语，反切兴，韵学即已萌芽。顾氏承其风会，自不能故步自封，故全书于此事至为注意。今本书所标记，确为当时之标准音。故其价值亦至高。学者试检原本《玉篇》音切与陆德明《经典释文》、陆法言残本《切韵》详细校之，自可见也。

又其次，则为训义。大抵《玉篇》多出一字，先注其音，次出古书用例，次引其注，次附野王案，次采其他小学诸书，其引《说文》则仅取其义以定形，终出或为亦为，此通例也。如：

呕　于侯反。（音）《左氏传》讴者乃出。（古经用例）野王案：《说文》讴齐歌也。《孟子》绵驹处于高唐，而齐右善歌是也。（案语）《广雅》讴喜也。（小学书）《埤苍》或为呕字，在口部。（或为一）字书为怄字，在心部。（或为二）

在全书中保存古代字书之原料不少，于训诂学上之功用至大，此最足为吾人所心服者也。

《玉篇》之内容，大略如此。至若以之与《说文》《方言》《字林》等字书校勘，而是正诸书之讹误，则为专门学者之事，非本书所得详也。

唐宋以后，代有增益，已非顾氏之旧。朱彝尊重刊《玉篇序》云：

> 顾氏《玉篇》，本诸许氏，稍有升降损益。迨唐上元之末，处士孙强，稍增多其字。既而释慧力撰《象文》，道士赵利正撰《解疑》，至宋陈彭年、吴锐、邱雍辈又重修之。于是广益者众，而《玉篇》非顾氏之旧矣。

则又宜取《系传》《类篇》《汗简》《佩觿》《手鉴》诸书以校之，以明其变迁源流之迹，是亦专门学者之所事也。

四、玉篇之版本

《玉篇》版本，可分为：顾氏原本，孙氏增本，陈氏等重修《大广益会》本三种，兹略述之如次：

甲、顾氏原本

顾氏本今不可见，惟考之各家书目，则《隋书·经籍志》云：

> 《玉篇》三十一卷　陈左将军顾野王撰。

《旧唐书·经籍志》云：

> 《玉篇》三十卷　顾野王撰。

宋嘉祐中《崇文书目》云：

> 《玉篇》三十卷　顾野王撰。

元马端临《文献通考》云：

《玉篇》三十卷

晁氏曰："梁顾野王撰，唐孙强又尝增字，僧神珙《反纽图》附于后。"陈氏曰："大约本《说文》，以后汉反切音未备，但云读如某，其反切皆后人所加，多疏朴脱误。至梁时四声之学盛行，故此书不复用直音矣。其文字虽增多，然雅俗杂居，非如《说文》之精核也。又以今文易篆字，益以舛讹，世人以篆体难通，今文易晓，故《说文》遂罕习，要当寻其本原也。"

马氏特引晁陈二氏之言，实可说是留意重修本《玉篇》以前之古者。疑此时顾氏原本《玉篇》已亡佚矣。以后各家书目，均无此书。惟清钱曾《述古堂书目》有："顾野王《玉篇》三十卷（三本）宋版"一条，虽出顾氏之名，然恐仍是《大广益会》本。否则，钱曾距今不过三百年，疑原本尚在中土也。余惟馨香祷祝以求之。

至于日人残卷本，则收藏刊刻始末，已详上文，兹不复赘。

乙、孙氏增本

孙氏增字本《玉篇》，今亦不可得。朱彝尊重刊《玉篇序》曰：

予寓居吴下，借得宋椠上元本于汲古阁。……孙氏《玉篇》，虽非顾氏之旧，然去古未远，犹愈于今之所行《大广益本玉篇》。复上元之旧，而古之小学存焉矣。

是孙氏本之足贵，在清初时（案朱氏《序》为康熙四十三年六月作）已然。惟《四库全书提要》云：

> 宋时《玉篇》，原有二本。彭年等《进书表》称，肃奉诏条，俾从详阅，讹谬者悉加刊定，敷浅者仍事讨论。其敕牒后所列字数，称旧一十五万八千六百四十一言，新五万一千一百二十九言，新旧总二十万九千七百七十言，注四十万七千五百有三十字。是彭年等大有增删，已非孙强之旧，故明内府本及曹本均称重修张本，既与曹本同，则亦重修本矣。乃删去重修之牒，诡称上元本，而大中祥符所改《大广益会》之名，及卷首所列字数，仍未及削改，可谓拙于作伪。彝尊《序》乃谓胜于今行《大广益会》本，殆亦未见所刊，而以意漫书欤！元陆友《研北杂志》称，顾野王《玉篇》惟越本最善，末题会稽吴氏三一娘写，楷法殊精。又考《永乐大典》，每字之下皆列顾野王《玉篇》云云，又引宋重修《玉篇》云云，二书并列，是明初上元本犹在，而其篇字韵中所载《玉篇》全部，乃仍收《大广益会》本，而不收上元旧本。顾孙原帙，遂不可考。殆以重修本注文较繁，故以多为贵耶？当时编纂无识，此亦一端矣。

疑朱氏实未见其书。其后《天禄琳琅》宋本《玉篇跋》，亦疑朱氏说不尽可信。则吾辈尤不敢置信矣。考之各家书目，尚昭昭不见。南宋初《郡斋读书志》云：

> 《玉篇》三十卷
>
> 右梁顾野王撰，唐孙强又增字，僧神珙《反纽图》附后。

南宋末《直斋书录解题》云：

> 《玉篇》三十卷

梁黄门侍郎吴兴郡顾野王希冯撰，唐处士富春孙强增加。……

是两宋之世，此书尚存。元马端临《文献通考》则已不收，岂遂未见耶？惟《四库全书提要》谓明初上元本犹在，则疑莫能释也。今者顾氏原本尚有残卷可见，而孙氏上元本，则已湮没无闻，是亦有幸不幸存焉。

丙、陈氏等重修《大广益会》本

陈氏等重修《大广益会》本，最初见于《崇文书目》，云：

重修《玉篇》三十卷

皇朝诏翰林学士陈彭年，与史馆校勘吴锐、直贤院丘雍等重加刊定。

《文献通考》此条，则全录《崇文》之旧。书刊于宋大中祥符六年九月二十八日，迄今尚完存无缺，遂为最古之本矣。

我国现行之宋椠本《玉篇》，有泽存堂（张士俊）五种及楝亭（曹寅）五种所收两种，皆为清初翻刻之物。惟日本宫内省图书寮有完存者。又尾张真福寺有零存，见《经籍访古志》中，最近金泽文库发见其零叶。杨守敬《日本访书志》云：

《大广益会玉篇》三十卷　北宋椠本

款式与泽存堂本全同，首亦无大中祥符牒，而野王序前亦有新旧字数云云。……

疑杨氏所云，即日本宫内省图书寮所藏者。是宋椠本今亦不易见矣。兹节略宋本与原本数段，引列如左：

原本	宋本
諈，竹恚反。《尔雅》諈诿累。郭璞曰：以事相属累为諈也。	竹恚切。托也。《尔雅》曰：諈诿累也。
诿，女恚反。《汉书》尚有可诿者。孟康曰：诿累也。蔡谟曰：诿托也。犹言委罪彭生也。	女恚切。諈诿。
警，居影反。《尚书》口水警予。孔安国曰：警戒也。《周礼》正岁则以法警戒群吏。郑玄曰警谓敕解之也。	居影切。戒也，敕也。
谧，莫橘反。《尔雅》谧静也，慎也。野王案《韩诗》贺以谧我我是。	莫橘切。静也。
谦，去兼反。《周易》谦轻也。云云。野王案谦犹冲让也。云云。《说文》谦敬也。（下略）	苦嫌切。轻也，让也，敬也。
谊，鱼寄反。云云。《周易》曰：义无咎也。王弼曰义犹理也。云云。《礼记》谊者宜也。（下略）	宜寄切。理也，人所宜也。
誐，鱼何反。《说文》喜善也。	五歌切。吟也。又牛何切。
诩，吁雨反。《毛诗》川泽诩诩。《传》曰：诩诩然大也。	虚甫切。普也，大也，遍也，人

《礼记》德发扬诩万物。郑玄曰：诩犹普也，遍也。云云。《说文》人语也。	语也。
诜，似剪反，子践反。云云。《国语》又安和知是诜诜者。贾逵曰：诜诜巧言皃也。（下略）	疾箭、疾剪二切。巧言也。
诇，徒贡反。《说文》共同也。云云。字书謥诇也。	徒贡切。謥诇文出同也。

由以上所举十字为例，可以推定其全体，顾氏原本虽嫌其详略未当，然引书必明示来历，保存原料不少。宋本重修以后，未免失之轻率，引书原文，书名十九删去，今人疑自我作古之嫌，殊非字书极则。今试从上列十字下一结论：

宋本全包含于原本中者	谥　诇　警
宋本之音同于原本者	諈　诿
宋本之义全存于原本中者	谦　诩　诜
宋本全与原本异者	誐

又以十字顺序言，原本为諈、诿、警、谥、谦、谊、誐、诩、诜、诇，与《说文》作諈、诿、警、谥、谦、谊、诩、诜、誐、诇者已有不同，而宋本则作諈、诿、警、谊、谥、谦、诩、诜（謥）、诇……誐，与原本更异。且无端闯入他字。乃知宋本不单直录原本，又非必补其所短者。其用意之周到，不及原本远甚也。或谓《大广益会》为本俗书，宜哉。又《天禄琳琅书目》卷一宋版经部云：

　　《大广益会玉篇》一函六册

　　梁顾野王撰，唐孙强增三十卷。前有大中祥符六年都大提举《玉篇》所牒及字数，野王序启各一首。近吴江张士俊泽存堂重刊宋本《玉篇》，朱彝尊为之序。……其书较是本独无牒文。二十四卷后新加两条在三十卷后，而阙十八卷后两条。但多附《分毫字样》及神珙《反纽图》耳。

为清乾隆九年命内直诸臣检阅秘府藏书择其善本，因而发见者。同书目《后编》卷三宋版经部又云：

《大广益会玉篇》一函八部

梁顾野王撰，唐孙强增，宋陈彭年、吴锐、丘雍等重修。书三十卷五百四十二部，前有野王序一篇启一篇，又总目、《玉篇广韵指南》。按孙强所增称上元本，即附释神珙《反纽图》于后。今其本已佚，此宋大中祥符六年重修本也。

其书无大中祥符牒，与泽存堂本同，而末附《玉篇广韵指南》，与泽存堂本亦异。

又同书同卷同部云：

《大广益会玉篇》一函六册

同上，惟多大中祥符六年敕雕印颁行牒一道，并记梁大同九年乃至经四十万七千五百有三十字等。

《大广益会玉篇》一函二册

同上，亦无大中祥符牒。

宋椠本《玉篇》之见于著录者，惟此而已。

至元朝刻本，据吾人所知者有：建安郑氏本（即《四部丛刊》所景印者）、建安蔡氏本、《天禄琳琅书目》所载元版本、铁琴铜剑楼藏本、开封府所翻元本、日本宫内省图书寮藏圆沙书院延祐本、日本尊经阁藏圆沙书院泰定本、日本内阁文库十一行本、日本内阁文库十二行本、内藤博士藏十二行本、又至正丙申（十六年）本、静嘉堂藏至正二十六年本等等。惟元本较宋本则顺序又往往不同，注解简略，谬误较多。自郐以下矣。

明刻本有：永乐中朱氏与耕室本、宣德辛亥清江书室本、弘治辛酉刘氏文明书堂本、弘治詹氏进德堂本、万历初元益王府刊本、内府（司礼监）本、南京国子监本、开封府翻本、刘氏明德堂本、福建书房本等等。

清人刻本，大率翻宋元之旧，惟校雠稍精耳。有：泽存堂本、栋亭本、《小学汇函》本、邓氏本（新化邓显鹤道光三十年刊）、新安汪氏明善堂本等等。此外日本翻刻元本尚多，恕不论列。

民国二十三年四月十日讲于持志学院

右文写成后搁置数月，友人张世禄自东瀛归，携有冈井慎吾著《玉篇の研究》一书，假予校读一过，补正不少。以限于篇幅及本书（《训诂学史》）体例，不克尽量采入，至称抱歉。特志于此，示不敢掠美之意云耳。

民国二十四年三月廿三日修正于沪上四部书斋

（原载《学术世界》第1卷第4期，1935年）

说文中译音字之研究[①]

一、说文中应有译音字成分

《说文解字》一书，其中有无译音字成分？欲解决此问题，应先考明在此书成立以前，中国与四裔往来交涉之情形如何。马端临《文献通考序·四裔》条曰：

> 唐虞三代之际，其详不可得而知矣。《春秋》所录，如蛮则荆舒之属也。夷则莱夷之属也。戎则山戎，北戎，陆浑，赤驹之属也。狄则赤狄，白狄，皋落，鲜虞之属也。载之经传，如齐桓之所攘，魏绛之所和，其种类虽曰戎狄，而皆错处于华地，故不容不有以制服而羁縻之。至于沙碛之滨，瘴海之外，固未尝穷兵黩武，绝大漠，逾悬度，必郡县其部落，衣冠其旃毳，以震耀当时，而夸示后世也。

以马氏所考证，我国上世与异族无甚交通，藉曰有之，亦不过密迩中国之蛮夷戎狄而已。其语言文字，虽未必与华夏尽

①编者按：本篇局部标点、外文字母有改动。

同，然以其时四裔文化之低浅测之，意其影响于我国必不甚大也。马氏又曰：

> 秦始皇既并六国，始北却匈奴，南取百粤，至汉武帝时，东并朝鲜，西收甘，凉，南辟交趾，珠崖，北斥朔方，河南，以至车师，大宛，夜郎，昆明之属俱遣信使，赍重贿，招来而羁置之，俾得通于上国，窥其广大，割齐民以附夷狄，弊所恃以事无用。自是之后，世谨梯航，历代载记所叙，其风气之差殊，习俗之诡异，可考而索。

是秦汉以后，与西域始有往来，而航海梯山，招来羁置，或齐民附夷，则语言之变化当甚急剧。是当时语言，应有外族传入之成分。未几乃有张骞班超两度通使西域之大事业。据严可均所考证，建光元年九月许慎遣其子冲奏上《说文》十五篇并上《孝经古文说》一篇，建光属后汉安帝年号，其时为公元一二一年，距前汉张骞始往西域为二百四十三年（武帝元狩元年，公元前一二二年），距后汉班超归国西域五十余国内属于汉时亦有二十六年（和帝永元六年，公元九四年）。是许书成立时，我国与西域交通，实已有二百余年之历史。且也，民间往来交际，又远在官府正式交涉之先。则此数百年间，重译来朝者，其事至繁，官书记载，民间口语，为许书所不得不收。此许书中有译音字，实为一可能之事，矧书中往往明言为胡语，为西胡语者是许君亦不讳言而欲为吾人告者也。

二、琉璃与琅玕

今试检《说文解字》第一篇玉部，即有极可注意之译音字数事。现为讨论便利起见，姑举琉璃与琅玕为例。《说文》珋下云：

石之有光者，璧珋也。出西胡中。

段玉裁云：

西胡，西域也。班固曰："西域三十六国，皆在匈奴之西"，故《说文》谓之西胡。凡三见。《魏略》云："大秦国出赤，白，黑，黄，青，绿，缥，绀，红，紫十种流离。"师古曰"此盖自然之物"。采泽光润，逾于众玉，其色不恒。今俗所用，皆销洽石汁，加以众药，灌而为之，尤虚脆不贞实。

许氏明言出西胡中，段氏引《汉书》，谓西胡即西域，复引《魏略》以大秦国证[1]实之。是不特其物为西域所传入，即其字亦必译音字也。惟《说文》无璃字，以璧珋连读，汉人有写作流离者。雷浚《说文外编》卷十二《珋琉璃》条云：

《说文》无琉字璃字，《汉书·地理志》："入海市明珠，璧流离。"《西域传》："罽宾国出璧流离。"璧琉璃三字为名。许省言之曰璧珋，后世省言之曰流离，俗作琉璃，或作琉离，尤俗。

雷说至确。段玉裁亦云：

璧珋，即璧流离也。《地理志》曰："入海市明珠，璧流离。"《西域传》曰："罽宾国出璧流离。"璧流离三字为名，胡语也。犹珣玗琪之为夷语。汉武梁祠堂画有璧流离曰王者不隐过，则至。吴《国山碑》记符瑞，亦有璧流离，梵书言吠琉璃，吠与璧音相近。《西域传》注孟康曰："璧流璃青色如玉。"今本《汉书》注无璧字，读者误认正文璧与流离为二物矣。今人省言之曰流离，改其字为

①编者按：原稿为"征"，当以"证"为是。今改。

琉离，古人省之曰璧珋，珋与流琉音同。杨雄《羽猎赋》：“惟夜光之流离”，是古亦省作流离也。

是璧流离三字连读，原为胡语，后世译梵书作吠琉璃。许书省言璧珋，以璧珋连读；而杨雄等辈省言流离；可以明白矣。惟考证至此，犹不能谓满人意，以无外来语原字可资比对也。近有日人松本文三郎者，为东洋文化史专家，尤深于梵学，最近发布《琉璃考》一文，谓璧流离为印度俗语Veluriyain一音转讹而成；中国音“璧”“毗”“鞞”三字，皆为Pi，“吠”则为Fei，音极相近，梵译或作毗琉璃或毗琉璃耶，或作鞞头梨。鞞头梨似为梵语Vaidwya直接间接所转译者，其言极为可信。且以琉璃[①]产地及印人习尚证之，均铁证如山，不可移易者也。

复次请进而探究琅玕。《说文》琅下云：

琅玕，似珠者。

玕下云：

琅玕也，《禹贡》：“雍州璆琳琅玕。”

段玉裁释之曰：

《尚书》：“璆琳琅玕。”郑注曰：“琅玕，珠也。”王充《论衡》曰：“璆琳琅玕，土地所生，真玉珠也。鱼蚌之珠，与《禹贡》琅玕，皆真珠也。”《本草经》青琅玕，陶贞白谓：“即《蜀都赋》之青珠。”而某氏注《尚书》、郭注《尔雅》《山海经》皆曰“玻玕，石似珠”。玉裁案：出于蚌者为珠，则出于地中者为似珠。似珠，亦非人为之，故郑王谓之真珠也。

---

①编者按：原稿为“琉琉”，当以“琉璃”为是。今改。

惟当时考古之学，尚未盛行，故段氏亦不能明言其为何物，产于何地。遑论为译音字乎？近世则欧美学者均欲试为探究，如勒格（J. Legge）、李希霍芬（Richthofen）、沙畹（E. Chavannes）、夏德（F. Hirth）诸人均考证为实石之一种，其言仍嫌笼统。至一九〇四年，福尔刻（A. Forke）在《柏林东洋语学院报告第七年报》中明言《山海经》《穆天子传》所言琅玕即白珊瑚，产于波斯湾，或红海，为大秦国之产物名。洛乌弗尔（B. Laufer）于一九一二年刊布《支那古玉考》赞同其说，谓琅玕为白珊瑚珠之称（Beads of the white coral called "lang-pen"）。其后吾国章鸿钊日人新村出均加以详明之考证，而琅玕非中国产，其说乃定。

以吾国进化史言之，其初盖在黄河流域，洛水，渭水为殷周两大民族之摇篮[①]地。雍州云云，其地盖包括与中央亚细亚接境之一带言之，认识至为模糊，犹之"淮海惟扬州"云焉耳。今考《禹贡》所记载，雍州居九州之末，雍州之次，即述西戎之事。胡渭《禹贡锥指》[②]至谓璆琳琅玕，非雍州所产，而为外国所贡献。李慎儒《禹贡易知录》赞同其说，谓为于阗所出宝玉。邵晋涵《尔雅正义》亦因之。意者当中西交通盛行之时，贾胡各以其国之所出，来相贸易，因以间接传入吾国。则福尔刻洛乌弗尔之说，深可信也。

章鸿钊《石雅》上编《琅玕》条云：

> 琅玕与璆琳并见《夏书》，则其物古矣。璆琳即青金

---

①编者按：原稿为"蓝"，当以"篮"为是。今改。

②编者按：原稿为"《禹贡指锥》"，当以"《禹贡锥指》"为是。今改。

石。青金石之产巴达克山者，昔最有名。而与之并传者，厥为“巴瓎”。详言之曰巴拉斯瓎(Balas ruby)，实今斯壁尼石(Sqinel)。陶宗仪《辍耕录》及《明史·外国传》所谓“昔刺泥”(Ceylonite)者，即其属。洛乌弗尔氏《东方绿松石考》云：“青金石巴瓎为伊兰古时最最有名之宝石。古物中常得见之。其产地适在康居，波斯，于阗之间，兴都库施山脉之北，所谓巴达克山者即是。近人咸称二石所出，惟此为盛，且其地自青金石外，亦更无宝石足与‘巴瓎’并重者。”考之璆琳琅玕,《尔雅》谓出昆仑虚。《禹贡》并贡自雍州。《穆天子传》谓：“琅玕出采石之山，重雍氏之所守。”又巨搜献琅玕四十。今巴达克山，亦古昆仑之虚也。雍州乃西方入贡孔道，重雍巨搜，准之地望，当在今中亚细亚达失干之地，去巴达克山亦不远。且古每以琅玕与璆琳并称，则二物当同出矣。璆琳即青金石，则琅玕非即“巴瓎”乎？又“巴瓎”之形，与珠为近，正与琅玕似珠之说合。巴达克山俗称巴刺克希(Balakhshi)。“巴拉斯瓎”之名，即由此出。阿刺伯语谓之“阿伯刺克雪”(Al-balachsh)。刺克二音，急读之如琅玕，波斯语又谓之瓎(lai)与琅音尤近，疑琅玕即彼域方言也。某形其音与其产地，均若相符，则琅玕之为“巴瓎”愈明矣。

章氏所考证至为可信，日本新村出亦盛称之，谓：“刺克(Jak)二音急读，即成琅玕(sangkan)，其事或难。况省略前后音，而独取中间一音节急呼之乎？惟近代波斯语sal为红宝石，与‘琅’字音近。总之，琅玕一语，与其谓为中国语，毋宁谓为西藏语或伊兰语或印度语之为愈也。”然则琅玕二字，决为译音字可知矣。此外玉部诸字，如璆琳，瑾瑜，珊瑚，玫瑰，珣玗琪，均为译音字，或许书明言，或近人考证，大致可以决定，兹恕不一一疏证。其他各部之字，疑亦不少。惟下文详列之。

三、译音字之特质

我国为单音字，其四裔民族大率为复音字，因之当时以外来语译成汉字，其特质往往可见。

（一）译音字必非原始造字　原始造字为形符系统之象形，指事，会意者居多。今者译音字中如璧珋离之珋字非原始造字，决不在六书之形符系统中。

（二）译音字大率为形声字　此事亦极易明白，如前节所述诸字，几于全数为形声字。惟“璧”为假借字耳。

（三）译音字字无定形　译音字既可以假借字为之，故璧珋璃写作流离，琅玕写作球琳，均无不可。其音相同，其字即可假借，致后世译音字之无定形者不殊。

（四）译音字原为复音字，其词二字连读或三字连读，许书则不得解说　如玉部诸字，珋下云璧珋也，琅下云琅玕似珠者，玕下云琅玕也，珊下云珊瑚色赤，生于海或生于山，瑚下云珊瑚也，玫下云火齐玫瑰也，瑰下云玫[1]瑰，珣下云医无闾珣玗璂，必合二字或三字始成为一词，而单独一字，则不得解说；与天，颠也，日，实也，帝，谛也，礼，履也，诸字之以双声叠韵字为训者迥异。换言之，其字本非原始造字，而为复音字，故离之必不得其解说也。

---

①编者按：原稿为“玖”，当以“玫”为是。今改。

以上四大原则，似可以之为尺以量度全部《说文解字》九千三百五十三文而辨别其为译音字与否，若犹以为未甚可靠者，则须以《说文》中疑为外交语者，校之汉以后诸佛书或佛书辞典如《翻译名义集》之类，或史部之《外夷传》中夷语，则必可穷源竟委也。

四、说文各部中译音字汇表

《说文》中确有译音字，至此可以下一判断。惟许氏有明言为夷语或胡语者，亦有不明言为夷语或胡语而只暗示于其中者，甚且有采用引申义而证据几于毁灭者。

《说文》球下云："玉磬也。"球与璆同，原为球琳，此本义也。今不言球琳也，而用玉磬之义，此后儒所以以球琳分为二物而聚讼纷纭。此岂非几于毁灭证据乎。

今者为便于读者研究起见，分为二类：一为许书明[①]言者，一为许书不明言者，分列依部首次序，排列之如下：

（甲）许书明言为外来语者

玉部　珣　医无闾珣玗璂，《周书》所谓夷玉也。

　　　珈　西出胡中。

牛[②]部　犀　南徼外。

犛部　犛　西南夷（氂）（斄）（庲）

口部　喧　朝鲜

　　　嗷咷　楚

①编者按：原稿为"明书"，当以"书明"为是。今改。

②编者按：原稿"牛"之前有一"午"字，根据《说文解字》，犀属牛部，此处"午"字应为衍字。今删。

嘳 东夷

走部 趧娄 四夷之舞，各自有曲。

羽部 翰 一名晨风，周成王时，蜀人献之。

羊部 羌 西戎牧羊人也。从人从羊。南方蛮，闽，从虫。北方狄，从犬。东方貉，从豸。西方羌，从羊。此六种也。西南僰人，僬侥，从人。东夷从大。

鸟部 凤 出于东方君子之国。

鸾 周成王时，氐羌献鸾。

鷟鷟 《春秋国语》曰周之兴也，鷟鷟鸣于岐山。

鷐风（见翰字注下）

角部 觱 羌人所吹角屠觱以惊马也。

丹部 丹 巴越之赤石。

矢部 矢 古者夷牟初作矢。

木部 櫾 昆仑河隅之长木也。

核 蛮夷以木皮为箧，状如敛尊。

叒部 叒 日初出[1]东方汤谷，登榑桑，叒木也。

贝部 賨 南蛮赋也。

邑部 鄯 鄯善，西胡国也。

竆 夏后时诸侯夷羿国也。

鄋 北方长狄国也，在夏为防风氏，在殷为汪茫氏。

鄘 南夷国。

邾 西夷国。

疒部 痸 楚人谓药毒曰痛痸。

---

①编者按：原稿为“出初”，当以“初出”为是。今改。

	痨	朝鲜谓药毒曰痨。
冃部	冃	小儿蛮夷头巾也。
巾部	帣	楚谓大巾曰帣。
	幏	南郡蛮夷賨布。
人部	僰	犍为蛮夷。
	侥	南方有焦侥人，长三尺，短之极。
石部	砮	《夏书》曰梁州贡砮[1]丹。《春秋国语》曰，肃慎氏贡楛矢石砮。
豸部	貔（豼）	出貉国。
	豻（犴）	胡地野狗。
	貂	出胡丁零国。
	貉	北方豸穜。
象部	象[2]	南越大兽。
马部	駂	周文王时犬戎献之。
	騊駼	北野之良马。
犬部	獀	南越名犬獿獀。
	狡	匈奴地有狡犬。
	狄	赤狄，本犬穜。
	㺅	出蜀北嚣山中。
鼠部	鼨	出胡地。
	鼢	胡地风鼠。
	鼲	出丁零胡。

①编者按：原稿为“帑”，当以“砮”为是。今改。

②编者按：原稿此处脱漏一“象”字。今补。

壶部　壶　昆吾圜器。

水部　泑　在昆仑下。

鱼部　鮸　出薉邪头国。

　　　魵　出薉邪头国。

　　　鱄　出乐浪潘国。

　　　鰸　出辽东。

　　　鯜　出乐浪潘国

　　　鯑　出乐浪潘国。

　　　鮙　出乐浪潘国。

　　　魦　出乐浪潘国。

　　　鱳　出乐浪潘国。

　　　鲜　出貉国。

　　　鰅　出乐浪东暆。

耳部　瞻　南方瞻耳之国。

氏部　氏　巴蜀名山。

糸部　絨　乐浪挈令织。

　　　縛　薉貉中。

　　　繝　西胡毳布。

虫部　蛮　南蛮蛇种。

　　　闽　东南越蛇种。

黽部　鼆　薉貉之民食之。

土部　堣　堣夷在冀州。

厽部　絫　周成王时，州靡国献絫。

（乙）许书不明言为外来语者

玉部　璠玙　瑾瑜　球（璆）琳　琥　玓瓅　玫瑰

　　　琅玕（琿）　珊瑚

草部　芦菔　营（芎）藭　芄兰　蘪芜　萹茿　葱(蘴)冬（苳）　苌楚　薏苢　薯蔗　薢茩　菡藺　莲荷　芙蕖　藕　萝莪　荎藸　蕛英　茱萸　茮菉

口部　啾嘆

走部　趌趨　趍赵　趑趄　趯趢

足部　蹢躅　蹎跋　踼跌

言部　謰謱　譔諮

鸟部　鹔（鷞）鹴［五方神鸟也。东方发明，南方鷦（焦）明，西方鹔鹴，北方幽昌，中央凤皇］　鵬鸠　鹘鸼　鷦鷯　鹠离　鸿鹄　鸳鸯　鴚鹅　鸏鷎　鷵鷹　鸬鹚　鴔鵖　鸡鹊　鸃鸞　鸲鹆（鵒）　鵔鸃　鸚鵡

骨部　髑髅

刀部　剞劂

竹部　箘簬（簵）①　籧篨　筵筆

木部　榙樑　枥椒

禾部　稹稷

米部　粳粲

尸部　屠层

舟部　舳舻

见部　覰覷

欠部　歐歔（嘘）

①编者按：原稿在“竹部”上有“草部”，并将“箘簬（簵）”归于其中，根据《说文解字》，“箘簬（簵）”为“竹部”，故将其移入“竹部”，“草部”二字删去。

页部　憔悴

山部　崝嵘

厂部　厜㕒

马部　駃騠　驒騱

廌部　廌

犬部　玃㺜

火部　熚燹

尢部[1]　尲尬　尳尢

雨部　霡霂

门部　闉阇

女部　嫛婗

虫部　蜥蜴(易)　蝘蜓　蛣蚰　蝤蛴　蝼蛄　蛁蠰

　　　堂螂　蟠蟥　蟰蛸　蠃蝘　螟蠕　蛱蝶　盘蝥

　　　蜙(蚣)蝑　蚍蜉　蜻蛚　蝤蟉　虾蟆　蝄蜽

　　　蝙蝠　螮蝀

䖵部　蠽蠭　蠹蠢

黾部　䵷鼁　鼅(蜘)鼄(蛛)

金部　镆铘　錏鍜　银铛　鋃鏜　鎕銻

阜部　隓隗

右表所列凡一百八十三词，甲类许书明言其产地或最初传入我国之时地，则其为外来译音字无疑。其中已有多字为东西学者所证明，如章鸿钊之于珣玗琪，璧珋(见《石雅》)，白鸟库吉之于“鲜”“群”(见《东胡民族考》，方壮猷译)等，

①编者按：原稿“尢部”与“火部”之间为“火部　尲尬”，明显为衍字。今删。

吾辈苟能假以时日，平心静气以求之，必不难悉数发见也。惟乙类则许书并未明言，吾人只就当时语例以译音字特质推定之耳。其能成立与否，不敢断定。他日者当逐字为之考证，存是汰非可也。至于新附诸字，非许书原文，以其为汉以后中外交通盛行时所产物，非此系统，概不之及焉。

五、以说文中译音字校定先秦典籍成立先复举隅

《说文解字》实曾收集当时之译音字，已如上述吾人于此，若利用此等已可决定之译音字以校定先秦典籍成立之先后，似亦非一不能之事。今为解释便利起见，就举“琅玕”一词为例。

考先秦诸书，《诗经》绝无琅玕二字，《楚辞》则《九歌》中之《东皇太一》中有之。屈原以后，在周末成书之《荀子·正论篇》又有之。稍后则《庄子》《列子》(案《列子》一书为晋张湛改述佛经而成，近人已有定论，此当注意)中又有之。大抵成书愈后，则所说愈详。编缀元秦传说，典籍，明言琅玕产于昆仑者，《山海经》凡三见(《西山经》第二，《海内西经》第十一，《大荒西经》第十六)，《穆天子传》凡二见(卷四)。由此观之，琅玕一物，在西周时绝无一人知之，及战国末，时则知者渐众，至秦汉已成为社会上习见之物，其事可断然矣。惟《禹贡》所记有“璆琳琅玕”，则吾人将因此而将中西交通之历史，提早千数百年乎？抑将《禹贡》之成书移后数百年乎？此问题显为吾人急待解决者也。在《古史辨》中钱玄同《答顾颉刚先生书》有言：“如《尧典》《皋陶谟》《禹贡》《甘誓》等篇，一定是晚周人伪造的。”惟以吾意度之，

中外交通，不能过早。矧如上文所考证，琅玕为产于波斯湾或红海，为大秦国产物之名，姑无论在夏商之时，西亚一带不能与我国直接交通，即间接交通亦为必不可能之事。琅玕二字最初见于《楚辞》，则其传入时代为战国末年无疑。然吾人于此又不能谓《禹贡》成书在《楚辞》之后。意者《禹贡》在周初已有其书，惟详其河雒而略于边鄙，周末秦初，学者乃至以其时所已扩大之地理智识添附于雍州之末，犹之《说文解字》中有新附字云耳。吾尝谓伪书中有全书皆伪者，有一篇一章伪者，亦有篇章皆真，而一句一字为后人所添附者，此类是也。梁任公先生在《中国历史研究法》中谓《尧典》有“蛮夷猾夏”“金作赎刑”二语，疑为不尽可信。但又谓：“《尚书·尧典》所记‘仲春日中星昴仲夏日中星火’等，据日本天文学者所研究，西纪前二千四百年时，确是如此。因此可证《尧典》最小应有一部分为尧舜时代之真书。”（原书一四二页）《禹贡》之有“璆琳琅玕”，亦犹是云耳。

今者《说文》之学尚未发达，吾辈所知又至浅薄，未足以知此事。他日者有能将《说文》全书校定，而此等译音字又悉已知其字源，然后复用前人“由小学入经学”之法，徐图整理可耳。

六、附言

《说文》中有译音字，此意在吾少读《说文》时已有所疑。惟向不敢以告人。今者为暨南诸同学讲《说文解字》研究之法，触动旧思，因奋笔书之，所以取正于有道君子，非敢云是也。

（原载《学艺》第14卷第6号，1935年）

我国甲骨学发展史[①]

一、从卖龙骨的李成说到刨宝贝的董作宾

今天承贵会诸君子邀约前来演讲《我国甲骨学发展史》这个[②]题目，实在惭愧得很，我研究甲骨文字虽说始于民国九年（一九二〇）的秋天，可是直到现在，毫没有心得，如何可以为贵会诸子告呢！所以当到那天贵会代表方翁两先生特地到敝寓邀约的时候，我预先声明说，“恐怕一定没有精采，将来必至令到贵会诸君子大大地失望”。

话又说转来了，现在既然在开始讲演，自然只得献丑。但是照这样的一个题目，究竟该从何处说起呢？最近我替北平考古学社作了一个“通俗考古学丛书编辑计画”，当中有一种《安阳发掘小史》，我所拟定的，为从卖龙骨的李成说到刨宝贝的董作宾。现在就以这个为楔子，作一个说起的原委吧！

原来甲骨文字最初与世人相见，为逊清光绪二十五年

①编者按：本篇局部标点、外文字母有改动。

②编者按：原稿为“个这”，当以“这个”为是。今改。

（一八九九）。那时正是庚子之乱的前一年。当时有一个山东潍县的估客名叫范维卿，携带甲骨百余片卖给北京王懿荣，这是甲骨文字开始与世人见面的日子。次年王懿荣为着庚子之乱死了，这一批甲骨，归了《老残游记》的作者刘铁云，便慢慢地为世人所知道了。所以在罗振玉王国维各人的书中，都是这样说法。

可是到了现在的考证，便知道不是这样。据董作宾的《甲骨年表》说，最初当地有一农民，姓李名叫李成，无意中在田土里得了这种有文字的甲骨，他也不懂这是什么东西，谎说是龙骨，可以医病，卖给当地的药店，大约是四五十文一斤。但是药店里不要有文字的，他便把文字暗中磨个光净。如是者约十年的光景，甲骨方才与学者相见。这与炖煌写经最初由一位道士得到，谎说能为人治病，每一叶卖至大洋一元彷佛同一样的情形。说到这个，我不由得不替我国考古界流泪。其后范估听到了这个消息，便试办了几片送给端方看看，端方乃是当时第一名玩古董的人家，见了这个东西，以为比陶器铜器都来得古远，便着实高兴。于是范估便知道这是很值钱的宝贝。以后才卖给王懿荣。闻说近来端方后人出卖古董，当中便有甲骨多少，这话可以为证。

其后再经过十年，给罗振玉知道了，便派人来收买。日本人也知道了，当地的西洋教士如明义士（James Mellon Menzies）之流也知道了，便你也收买，我也收买了。于是当地的农民，便于农余的时候，私擅盗掘，发掘的来不及，便又随意仿造。其后如蓝葆光之流，便摹拟了几个字，把发掘出没字的骨，替它刻上了字，整批的卖出来。大约近年在上海买得来的，都是一些假的。

最初将甲骨拓印的，算是刘铁云，即世所谓《铁云藏龟》便是。在《铁云藏龟》印出来以后，于是孙诒让便把它来读，将已可认识的字，著成《契文举例》一书。《契文举例》一书的稿本为罗振玉买得，直至近才由罗氏蟫隐庐为之印行。其后罗振玉收藏极多，遂于民国元年（一九一二）印行《殷虚书契前编》八卷，其后又印《殷虚书契菁华》《殷虚书契后编》各书。罗氏又因为读到日人林泰辅的著作，便又著了一本《殷商贞卜文字考》。当时研究的人不多，这学便成为罗王之学。否则便是罗王的弟子之学。当中只有一位叶玉森不是这个系统的。

直到民国十七年秋天，董作宾从广东中山大学回家，便想起这事了。董氏为河南南阳人，恰巧距离发见甲骨的地方不远；那时董氏是在中山大学教书的，在回来时，便亲自去调查一趟。后来又跑到上海和蔡孑民傅斯年商量一回，便决定由中央研究院历史语言研究所用科学方法去发掘，这便是现在的“安阳殷虚发掘团”的雏型。在那年十月十三日便招集工人开始发掘。这是一种试掘。其后到十八年的秋天，才正式做发掘的工作，由中央研究院历史语言所考古学组主任李济主持其事，这是我国学术团体公开发掘的。后来除民十九中间曾经停顿一年外，直至现在仍然在发掘。现时已出版了《安阳发掘报告》共四册，其余散见历史语言研究所《集刊》及《集刊外辑》的论文，也有多篇。欲知近来发掘的详细情形如何，诸位可自行参考。

话说刨宝贝的董作宾在安阳发掘多年，也不免惹起当地土人的眼红。于是最初称为“南京掘地层委员会”，不久又上一个尊号“刨宝贝的”。试问这回董作宾的发掘，可有若何成绩？最妙的是在小屯村北地掘得鲸鱼肩胛骨，大数尺，颇完整。董氏自己有诗为证，正是：

漫说鲸鱼肩胛骨，殷商时代运输难！而今试看安阳景，鲸背游人观栏杆。

这是甲骨发见的略史。

二、甲骨学发展的经过

甲骨发见的略史，经已一笔表过不提。现在且说这学发展的经过。大约这一节最属重要。不过经过的时期很长，恐怕今天一时讲之不了，只得把最扼要的，分作（一）发掘、（二）收藏、（三）著录、（四）考释、（五）研究、（六）辟谣、（七）辨伪等七方面来和大家说说：

一、发掘　甲骨发掘的经过，大略上文已有说过。不过自从归公家发掘以后，便可有系统化和科学化的工作。安阳发掘，最初规模他颇小，自“十九年夏季梁思永君由美归国后，即受中央研究院之聘，加入考古组的团体。梁君是一位有田野工作训练的究古家，并且对于东亚的考古问题作过特别的研究。两年来[①]对于考古组的组织上及方法上均有极重要的贡献。与梁君同时加入考古组的还有郭宝钧君。郭君曾参加第一次安阳发掘，他是最不怕困难最能想办法的人。安阳发掘团得了这支生力军，壁垒就为之一新”（用李济语），以后便慢慢地进步了。最初是以发掘甲骨为目的，渐渐注意到地层的变化，其后竟然发见了殷人版筑的方法和殷代故都的遗址。初考古组

①编者按：原稿为“两年对考于考古组……与梁君来同时”，“来”应置于“两年”之后，今改；第一个“考”为衍字，今删。

因民十九殷虚停顿，移其工作于山东的城子崖，发掘之后，无意中发见了黄土基和版筑方法，于是发掘诸人遂联想到前次[①]殷虚发掘也有同样情形间绩发见。及至二十年春天安阳第四次开始发掘，领B区的郭宝钧首先注意这事，结果遂发见殷人穴居和宫室的痕迹。甲骨文宫作作作，皆上象复盖，下象洞穴，且有二穴相联的。盖最初的宫室是穴地的。现在出土遗物正是如此。及至那年十一月第五次发掘，又发见黄土堂基的事实，耕土之下，黄土纯净坚凝，联为一片，毫无合物。穷其边际，略近正方，东西长十二米，厚一米，相其方向，合于磁针的正南北。察诸周围，推测为殷人的“明堂”“路寝”。因知殷之末世，确为由穴居进而为宫室居住的过渡时期。这种意外的收获，是最初其人所料想不到的。这是发掘方面的发展。

二、收藏　最初收藏甲骨的人，如端方如王懿荣如刘铁云如罗振玉，都只是如一般收藏古玩看待。大概是以多为贵，肯出重价收买，动辄数千片数万片。结果每次出土，每次收买，便有无数伪片羼杂其间。及董作宾试掘以后，研究院诸人决定一个原则，绝不收买，专事发掘。近且由坑位与贞人关系的发明，为易于辨别时间性起见，收藏的时候，便逐坑出土的分别包裹，这是比以前收藏家进步得多。从前李成卖龙骨时，有字的不要。其后端方王懿荣等收买时，是每一字算银二两，至罗振玉便晓得无字的骨琵琶也收买（见《殷虚古器物图采》所著录），已算进步了，直到现在“安阳发掘团”，便连无字的甲骨，以及非甲骨的其他杂物也扫数保存。（《详见安阳发掘报告》各期）这才是科学的考古。这是收藏方面的发展。

①编者按：原稿为“此”，当以“次”为是。今改。

三、著录　著录是古董家一种很风雅的玩意。所以在刘铁云收买得王懿荣那批甲骨的第三年（一九〇三），便自选了一千零五十八片，拓墨成书，用石印印成《铁云藏龟》，这是甲骨文字著录之始。可是这回的编印是很幼稚的，石印的手术，亦极不高明，类次也没有方法；其惟一的好处在能公开于世便是了。其后十年，罗振玉印行《殷虚书契前编》便大见进步。拓墨精，景印也极考究。惟类次仍然没有方法，大概就骨片中文字有相同的集在一堆，便于比较考释而已。其后罗氏印行《殷虚书契菁华》《铁云藏龟之余》《殷虚书契后编》诸书，便不及《前编》之精。日人林泰辅的《龟甲兽骨文字》，也和罗氏诸书不相上下。加拿大人明义士的《殷虚卜辞》（*Oracle Records From the Waste of Yin*）只能摹写上石，就著录言大大地不及以上诸书，惟其类次的方法，每片命以号数，在诸书中较合科学方法的，最便引用的人的称述，为近日著录家所取法。其后王襄印行《簠室殷契征文》，类次方面，颇见巧思，计分十二类：曰天象，曰地望，曰帝系，曰人名，曰岁时，曰干支，曰贞类，曰典礼，曰征伐，曰游田，曰杂事，曰文字。可是古人并不如王氏的有思想，往往一片之内有征伐，又有地望，又有人名，于是王氏便没法可分，只得将一片剪为数段，不特有削趾适履之嫌，且一经分碎以后，于研究上全归无用。而且这书拓印不精，文字多上粉，世多疑为伪作。亡友叶玉森洪渔尝笑对我说“甲骨之书，以罗氏印拓最精，王《簠室》最劣；故罗氏所著录，真伪不易辨别，《殷契征文》则片片皆伪了！”这是的论。直至最近，著录方面，远较以前进步。第一，从前以多为贵，今人则以精以真为贵。故从前藏家往往全数付印，近则主张选印。第二，从前类次方法，多主王襄之说，近则多从明义士之说，如董作宾编印的《新获卜辞写本》，容庚编印的《殷契卜辞》，商承祚编印的《福氏所藏甲骨文字》《殷契佚存》等均以号数类次。《殷契佚存》且以拓本来历为次，而附注藏家于下，尤便攻究，早已起过罗振玉《殷虚书契前编》的时代了。第三，近人于涂朱，挩刻，或挩刻若干笔，均加以说明，其精细尤为前人所不及。这是著录方面的发展。

四、考释　甲骨文字考释的功劳，自然首推孙诒让氏。孙氏深于文字之学，自谓治古文大篆之学凡四十年，所见彝器款识逾二千种。曾著《古籀拾遗》，推为晚清文字学的名著。至是根据《铁云藏龟》来考证文字，成《契文举例》一书，分为十篇：日月第一，贞卜第二，卜事第三，鬼神第四，卜人第五，官氏第六，方国第七，典礼第八，文字第九，杂例第十。以这时材料的缺乏，凿空的困难，其成绩已迥非后日罗振玉的《殷商贞卜文字考》所可企及。自孙氏原稿归于罗氏以后，所有甲骨材料，以罗氏所藏为最多，故其时罗振玉王国维遂于这学称为巨擘。其他笃嗜这学的如商承祚等皆为其亲炙弟子，均秉承师说，没甚别异。这时考释文字，大抵依据《说文解字》《说文古籀补》诸书，察其同异，考之本文，征之《尚书》《三礼》《左氏传》《史记》所载而均无不合，遂仞为某字。其不识的遂归之“待问”。一时成书，如《殷虚书契考释》《戬寿堂文字考释》《殷虚文字类编》《簠室殷契类纂》，莫不如此。至民国十二、三年之交，叶玉森先后刊布《殷契钩沈》《说契》《揅契枝谭》三文于《学衡》杂志，异军突起，与罗王微有不合，可说是甲骨文字学中的划期时代。其中如春、夏、秋、冬、虞、罗、鼠、犷诸字，确属创获。其后叶氏舍政从商，旅居上海，日夕攻究，尤多心得。其遗稿有《殷虚书契前后编集释》（序文见《岭南学报》第三卷第二期），凡五易稿乃能写定。主张以卜辞证卜辞，必不得已始援引金文经训以济其穷，这种方法，是研治甲骨文字学的人们所当奉为圭臬的。后来又有郭沫若氏继起海外，其最初所刊布《甲骨文学研究》一书，如释祖妣、释支干，硬用西方古代社会学间架，装上中国材料，未免失之附会；然亦不无创获。及最近《卜辞通纂》中考释诸文，则迥异从前，堪称为甲骨文字学中后起之俊。最近所刊布如朱芳圃的《甲骨学文字编》、吴其昌的《殷虚书契解诂》（未印完）诸书，均属征引丰富，便于初学的作品。惟坊间最近尚有刊印如二十五年前《殷商贞卜文字考》之类的著作，直可谓开时代的大倒车了。这是考释方面的发展。

五、研究　由文字的考释，进而为殷商史实的研究，这是甲骨文字学上应用的手段。最初考释文字的孙诒让，便有这意。其中如方国、典礼、文字诸章，考证颇为详细。及后罗振玉著《殷商贞卜文字考》，除考释文字外，便同时考证古史，如《殷帝王之名谥节》，就是往这个路线跑去。可是直到《殷虚书契考释》增订本成书时，才止考得殷代帝王凡二十三人。同时王国维著的《殷卜辞中所见先公先王考》及《续考》，所见也与罗氏相同。王氏在《古史新证》里，说："有商一代三十帝，其未见于卜辞者，中壬、沃丁、雍已、河亶甲、沃甲、廪辛、帝乙、帝辛八帝。而卜辞出于殷虚，乃盘庚至帝乙时刻辞，其先王中自当无帝乙帝辛之名。则不见卜辞者，二十八帝中仅六帝耳。"其后郭沫若著《卜辞通纂》，于殷之世系除中壬廪辛而外，其为罗王诸家所未知或遗误的，均有揭发，补苴不少。董作宾著《甲骨文断代研究例》，于六帝中，确定沃丁、沃甲、廪辛三人，而中壬，雍已，河亶甲则尚在疑似之中。并增一契。郭氏在《序》文中又增一帝乙。最近吴其昌著《卜辞所见殷先公先王三续考》，阐发王说，毫发无遗。然后龟契与经典传说，密合妙符。后之读史者，就此研究，宛如登三代之堂，面询殷人文献，岂不快哉！虽然在这方面中，尤足称述的，无过于董作宾“贞人”之说。董氏在《断代研究例》中，以贞人之同见于一片及辞中的称谓或坑位等，得以判定多数贞人的时代；谓㱿、亘、永、宾、[illegible]、韦、[illegible]、[illegible]、[illegible]、[illegible]、箙、吏等十二人为武丁时人，大、旅、即、行、兄、出等六人为祖庚、祖甲时人，逆、[illegible]、[illegible]、宁、犾、彭、宄、口、旅等九人为廪辛、康丁时人。多数贞人之年代既明，则多数卜辞的年代，直如探囊取物。故董氏在《断代研究例》中，拟定了一、世系，二、称谓，三、贞人，四、坑位，五、方国，六、人物，七、事类，八、文法，九、字形，十、书体的十个标准，分甲骨文字为五个时期：

第一期：武丁及其以前盘庚、小辛、小乙；

第二期：祖庚、祖甲；

第三期：廪辛、康丁；

第四期：武乙、文丁；

第五期：帝乙、帝辛。

其中就坑位辨别，实为中央研究院历年发掘田野工作上所得的经验，非董氏不能发明，而足以唤醒收藏家不少的迷梦。郭沫若称为“如是有系统之综合研究，实自甲骨文出土以来所未有”。足见董氏于研究上的贡献，诚非浅鲜。这是“甲骨文字的本身及其对于殷虚”之研究的发展。至应用甲骨文字以推求古代社会文化的，则自《殷周制度论》以后，近十年来的发展尤为迅速，最要者如吴其昌《殷代人祭考》、刘盼遂《甲骨中殷商庙制征》、束世澂《殷商制度考》、徐中舒《殷周文化之蠡测》、温丹铭《殷卜辞婚嫁考》、程憬《商民族的民族社会》《商代的社会经济》、容肇祖《占卜源流》、张凤《古耕织字品物图证》、董作宾《卜辞所见之殷历》、郑师许《读殷商无四时说》等，皆为必不可不读的论文。而郭沫若的《卜辞通纂》，尤须必备。于是殷人社会中的渔、猎、牲畜农业、工商诸业；及氏族，阶级、邦国诸组织；占卜、祭祀、婚嫁、历时诸制度，无不了如指掌。这是研究方面的发展。

六、辟谣　甲骨发现不久，文字学界里便有许多谣言发生。最初为叶德辉氏，谓："近日出土之竹简龟甲兽骨卜兆所刻文字，学者惊骇以为真三代之遗文，近人撰有专书以张大之，一时言小学者，喜其于钟鼎之外，又获一种古文，于是赏奇析疑，互相训释。无论此等动植之物，不如金石之坚久，而传写滋讹，几何不如汲冢书中《穆天子传》之文，虽郭璞有所不识乎！夫文字全在训释，训释必求之同时之古书，以相比证，否则取相类之文辞句法互相参稽。今以断简残篇零畸破裂之枯骨，文句既不完备，刀刻易失真形，存其物未始不可为博物之资，正不必强不知以为知，蹈杨慎释《岣嵝碑》，邹汉勋释《红崖碑》之笑柄也。"在叶氏尚不敢谓为全伪。至章炳麟则明言"作伪有须臾之便，得之非贞信之人"，谓为极不可信了。章氏最近致金祖同书，又谓董氏初抵安阳时购自民家屋檐上。然事实胜于雄辩，以中央研究院近年之公开发掘，人所共知，于是章氏乃作最后决定，谓此为五代契丹遗物。今幸而契丹文字业已发见（见北大《国学季刊》三卷三号中），不知反甲骨者又将作何语？同有日本人饭岛忠夫因反对天文为中国自创说之故，在《支那历法起原考》中硬作《殷虚文字之批判》乙文，提出反对论据九点，抵死不肯承认。前年余始作《读殷虚文字之批判》一文刊布《大陆杂志》中以反驳之。不知饭岛氏尚能释然了否？大抵造谣者每谓如古代确有这种文字，何以出土限于一地，掘之限于一人？殊不知“安阳殷虚发掘团”近且扩大范围，于安阳县西北的后冈，及小屯迤西三处试掘，均得有极好成绩。（见《安阳发掘报告》第四期）最近于本年春间又在小屯之北对岸侯家庄，掘得大龟版七版，较大龟四版尤完好，文字皆第三时期物。如果那些怀疑的人们肯去照样发掘，也是无不可得同样的成绩的。这是辟谣方面的发展。

七、辨伪　甲骨有伪刻伪字，这的确是事实。不特是有，而且是很多。恐怕每一批都有，每一个藏家都有。所以我前年便老实告诉饭岛忠夫以辨伪的方法：

一、是从文字的语例词例上入手；

二、是从骨的磨制上入手；

三、是从契文的行式上入手。

其后发见作伪者数事：

一、是作伪的人识字不多，大概多是其雨等字。

二、作伪的人从字甲或字骨将字摹在纸上，再从纸上摹到骨上。重抄两次，字体必已变坏。

三、是作伪者所刻的字里行间的行气，必然呆直，无活气及乖斜状。

四、是作伪的于字体的时期（用《断代研究例》五时期法）书法上，必然分不清楚而致误混。

五、从骨片颜色及刀法深浅新旧上亦可辨别。

作者现在搜集材料，拟另扑《殷虚文字辨伪方法论》一文详细论列，这里恕不多说。总之：现在出土日多，著录日众，作伪者已有许多弱点为我们所已发见，自不愁为蓝葆光之徒所哄骗了。最初辨伪的为叶玉森在《中山大学语言历史研究所周刊》文字专号中所发表的论文，最近则董作宾，商承祚皆辨别极精。日前商氏过沪当面见告，亦谓正拟着手作辨伪的论文了。这是辨伪方面的发展。

统观以上七项的发展，差不多甲骨学以后的进行，应该如何，大略可以决定了。

三、今后发展的趋势

从前董作宾在《甲骨文研究的扩大》一文里说：

专就文字方面说，我们也在想：应该作一个大规模的整理。大整理可分三个步骤来讲：第一步是作“甲骨文字汇编”，打算这样，把汇编分做三栏：上栏，采“三位一体”的办法，把影片，拓本，摹写并用，以存其真。中栏，把每一版中的各条分列，录其释文，原有的照抄，没有的补入。下栏，专录考证的文字。而每版给他一个总号，每条给他一个分号。这样，把私人所藏，公家所有，统统搜求出来汇为一编，可以说是集甲骨文材料的大成。第二步，是作“索引”，索引可分为三大“典”，甲部是“字典”，把每一个字所见的号数，录在下面。乙部是“辞典”，所收的是复词，作法与甲部同。丙部是“类典”，把每类（如田猎，征伐，祭礼等）的卜辞号数统编在一起。这些都是研究的工具。第三步，才可以分工合作的从事整理，你考祀典，我考文字，他们考畋猎，征伐等等，这样的才可以把甲骨文字一举研究成功，才可以把“契学”作了基础，把殷商代一文化史分门别类，从废墟中一砖一石的建筑起来。

这段话颇有意义，可是事隔多年，尚没有人去作。我以为“安阳殷虚发掘团”应该分一部的人力财力去将董氏所说第一第二两步先作起来，然后第三步便由“安阳殷虚发掘团”联合国内甲骨学同志组织“甲骨文字学会”，由全体会员通力合作。俟董氏所说这三步都办到了，我以为应该有以下发展的趋势：

一、编印《海外甲骨录》，将已流出海外而我国尚未著录的甲骨，尽力搜集拓片，编印成书。

二、安阳发掘事业尽量扩大，并极力持续，以期全数搜求。

三、将甲骨文字与世界各国象形文字编为比较字表。

四、将殷史中之已可考证者，仿“断代史”例，编一《殷史》，并将史料如《尚书》中之《殷书》《周书》，《史记》中之《殷本纪》等附录其后。

这四项是暂时所想得到的。将来甲骨学日有发展，诸位自然也会寻得新的出路了。完了，谢谢贵会诸君子！

民国二十三年十月廿九日一时讲于上海复旦大学中国文学系研究会

（原载《文学期刊》1935年第2期）

释[illegible][1]

罗振玉新撰《贞松堂集古遗文》，其卷九第四页，有[illegible]父乙觚一器，[illegible]字诸家未释。余意此狩字古文，狩父乙者，美其父乙善狩也。其人善狩，以狩字归之，或即谥之所由起欤！

狩字最初之典籍，为《易经·明夷》：“九三明夷于南狩，得其大首，不可疾贞。”《明夷》有箕子[2]之文，疑其所记，为殷周之际，其时尚未全入农耕社会也。《虞书》有东巡守之文，惟《尚书》为孔子所删定，用周语改编不为典要。阮元《周易校勘记》谓：“狩，手又反，本亦作守，同。”然则狩守古今字，本作狩，其后通用守耳。狩小篆作[illegible]，许氏谓：“犬田也，从犬守声。《易》曰：‘明夷于南狩。’”古籀犬在网前，不在侧，两手上下捕之，象猎获形，小篆形不显矣。梁任公先生《国文语原解》释田畋云：“《说文》田下云：‘陈也，树谷曰田，象形，从口，从十。’《广雅·释地》，田土也。《释名·释地》，已耕曰田。此皆以农耕之义为解释也。然《易·系

---

①编者按：本篇局部标点有改动。

②编者按：原稿为“箕了”，当以“箕子”为是。今改。

辞》以田以渔。又《师卦》田无禽。《书·无逸》不敢盘于游田。《诗》叔于田。《周礼》田仆，以田以鄙。《穀梁桓四年传》，春曰田。《礼记·曲礼》天子诸侯无事则岁三田。此皆田猎之义。后儒谓此乃假借田畴之田以为用。然渔猎社会远在农耕社会以前，断无前人反假借后人所造字之理。窃以为田猎之田，实其本字；而田畴之田，乃其假借字也。《易·系辞》作结绳而为罔罟，以田以渔，罔篆作网，《说文》云象网交文。而钟鼎从网之字皆作冈，与田相似。窃以为田字之十，乃象结罔形，其口则画各部落猎场之界也。厥后耕稼事兴，而田畴之形又正与相类，乃即假此而为之耳。既假田为田畴，而本字反加攴，为畋，以示别，此又其后起也。"梁说是也。古者田猎必有猎场，田即猎场也。网立于猎场之一面，人驱兽而密迩于网，即合诸猎夫手力而捕捉之，今字形作[illegible]，毕肖其状，二手亦《说文》多不过三之例，示众手也。犬最凶猛难近，故捕之极难，小篆变为[illegible]，仅得犹羊之遗意，而形晦矣。史称汤开三网之仁，曰欲左左，欲右右，亦可想见网之张罗之严密也。后世假借为巡狩字，孟子曰："天子适诸侯曰巡狩，巡狩者巡所守也。"今世赛足球有守球门者，昂首立门前，非即所谓守欤。古代猎时匿守网侧，俟兽至起而掩捕之，事与守球者异，而其理可相发明也。自手变为⺕，[illegible]讹为宀，而犬守于其侧，则知此意者鲜矣。今得此器，而狩字本义乃可得明也。姑为诠释如此。

民国二十二年十月十九日写成于四部书斋

（原载《中国语文学研究》，中华书局1935年版）

全国专家对于读经问题的意见①

——郑师许先生的意见

一、序旨

经是应该读的。不特在我国应该有人去读，就是在世界也应该有人去读。因为我国的经书，原是我国文化的源泉：不特是我国文化的源泉，而且在很久的时候，早已成为东方文化的源泉。现在世界日趋大同，东西文化互相影响，互相融合，在不久的将来，我国的经书也必成为世界文化的源泉的一部分。凡是要探求或研究这文化的源泉的人，也必定要熟读这经书的。所以经书该读或是“读经”，向来没有人怀疑，向来是不成问题的。日昨忽得教育杂志社的快信，以读经问题见询，嘱为文以论其事。著者从八岁读经，中间有过四年的光阴每日须听经一小时，读经一小时，默经一小时，日夜与经为伍，直至现在虽然有十多年是从事考古学，东西交通及东西文化交流的迹象之学，但是一部《十三经》白文是常在手边，不时的翻

①编者按：本篇局部标点、外文字母有改动。

检，虽然没有读熟，然向来是很高兴地去读的。所以接到了这信，便不由得不要说几句话。可惜著者未尝研究过教育学，不能从教育的立场上去说，只得就我个人的直觉去说，恐怕十有九分说得不中肯，不足以供全国青年读者参考罢了！

二、经的性质

什么是经？大凡研究一个问题，总得先要知道所研究的对象是什么。所以这个问题一定要回答清楚的。经字的字义，通常有两种的解释。一、是《释名》云："经，径也，如径路无所不通，可常用也。"凡是儒家的典籍中所用的经字，每多作如此解法。例如：《尚书·酒诰篇》的"经德秉哲"，孔安国传说"能常德持智"；《左传》昭公二十五年的"夫礼，天之经也"，杜预注说"经者道之常"；《中庸》的"凡为天下国家有九经"，孔颖达说"治天下之道，有九德常行之事"，朱子云"经常也"；《中庸》又有"唯天下至诚，为能经纶天下之大经，立天下之大本，知天地之化育"，朱子注："经，常也，大经者五品之人伦"；《孟子·尽心章》的"经德不回"，朱子注"经，常也"；同章又有"君子反经而已矣，经正，则庶民兴"，朱子注云"经，常也，反，归也，君子治国家，归其常经，谓以仁义礼智道化之，则众民兴起"，云云。照这样的解说，经为常用之义，换言之，经也者，可常用之典籍也。二、是《说文解字》云："经，织，从丝也，从系巠声。"段玉裁注云："织之从丝，谓之经，必先有经，而后有纬，是故三纲五常六艺，谓之天地之常经。"然则经谓织之从丝，实则织于布帛的纵缕而已。经为直通布帛，贯澈本来的纵缕；譬犹圣贤的述作，亦贯通古今，明示修己治人的大纲之义。《诗·大雅·灵台篇》的“经之营之”，《易·屯卦》的“象曰，云雷屯，君子以经纶”，皆是这个意思。现在我们所说的“六经”“十三经”，经字的意义虽不能说应依从那一义，可是为“圣贤述作的典籍”的名称，可说毫无疑义了。不过照著者的意见，还不如以章实斋所说“六经皆史”这句话最合实际而无语病。如果这句话是对的话，我们便不管它是不是可常用的径路，或是贯通古今的述作，我们为要在史料中找寻古史或古代社会的真相，便都有努力去读的价值。

三、读字的解释

怎样才算是读？我们在这里所讨论的，是阅读的读呢？是高声朗诵的读呢？是反复低吟的读呢？是不求甚解只管死读死记的读呢？抑或是浏览一遍大意明白留待翻检之用的读呢？这些虽然看似小事，其实也是本文的大前提应该预先决定的大事，如果要高声朗诵，或反复低吟的读，经书中如《诗经》《尚书》，固然可读，如《周礼》《仪礼》，却又如何可读呢？若是要读得烂熟，牢牢记得，默得出背得出，一个字也不差，这种呆读死读，现在有了《十三经索引》，一翻便得，又何必冤枉了工夫，糟跶了精神，教人白白吃苦？我们吃了的苦头，除了那些立定志向要拿它来揣摩的一部分的人以外，我以为主张读经的人不是教人如此读法的。而且全不知道内容，只是读得烂熟，背得一字不差，这也有何益处呢？如果不是这样的话，选择经书中可高声朗诵者便高声朗诵，彷佛读西洋文学书一般，不可朗诵的只随便浏览，明白大意便了，彷佛如时下的人看小说一般，快快的读完，原不费甚么气力，在专门研究的人，这算不得什么。这比读《资治通鉴》、读《二十二子》、读宋儒理学书容易得多，这又何必不读呢？而且读了一遍，总比不读好得多，最低限度在将来需用这材料时，比别人容易找得出。所以这个读字是应该因人而异的。

四、读经的必要和方法

经是应该读的，这是很容易明白的道理。阅者不要性急，待我慢慢说来。天下事，三句不离本行，即如著者，近十年以来专攻考古学金石学的，就以这本行而论，那非熟读经书不可，尤其是“三礼”、“三传”、《尚书》、《诗经》等几部大书。我们为什么要研究考古学和金石学呢？为的就是纸面上的材料不够或者不可靠，所以才去找丰富的材料及用科学手段审定的材料以为补救。如今地下的材料发见了，你不拿纸面上的材料来比较以为寻究的线索，这新发见的材料有甚用处？这只是古董家的事，非所以期待于专门的学术家的。例如安阳殷墟最近B区发掘有黄土堂基发现，你若不知道《考工记》里匠人职有：“殷人重屋，堂修七寻，堂崇三尺，四阿重屋”的话，你便不能联想到这或者是殷人的明堂、路寝的遗址。又B区发现了许多方坑、圆坑，你若不知道《易传》所谓：“上古穴居而野处，后世圣人易之以宫室”，或者《诗经》所谓：“陶复陶穴”，《月令》所谓：“仲秋之月，可以筑城郭，建都邑，穿窦窖，修囷仓”等语，你便不容易测定何者为覆穴，何者为窦窖。又如最近山东发见城子崖遗物，你若全然不知春秋鲁庄公十年《左氏传》“齐师灭谭，谭无礼也”，和《诗·卫风》“谭公维私”这些话，你便不能联想到这是谭国的故城。你得了这些遗物，简直不能去推究。其他如甲骨文的发现，铜器的发现，它的铭刻或刻词所记的往事，往往与经书的材料有关联，这是非靠你熟记的经书去联想以引起研究的动机不可。所以历来金石出土虽多，玩味金石的人也不少，直至吴大澂王国维始能以专家名于时，若邓石如等辈只不过是一个写字匠或图章匠而已。换句话说，就是经书读得愈多，在考古学，金石学上的造就愈大。所以考古家，金石家实有熟读经书的必要。其次，讲到那些文字学家，言语学家，著者在十五六年前，曾经向《说文解字》一书讨过生活，最初者看段玉裁的注，便发见段氏对于经书的烂熟，着实有点可怕。然试问《说文解字》一书所详记的大半是汉以前的典章制度人情风俗，你若不向经书上去追寻，如何能够懂得？意义不懂，则字形所从生，简直是莫明其妙。这是文字学家应该要熟读经书的。至于言语学的研究，除现代语言外，当然要寻求语源，这些同声通假的例子，便大部分附在经文之中，你若不熟读，如何可以供你采用？而且经书里用韵的地方很多，历来的古韵学家都是好好地在那里下苦功的。近人如章炳麟，汪荣宝便是些最肯向经书用功的人。所以语言学家也应该熟读经书。又其次，有心研究我们古代社会的人，有心研究民族学民俗学的人，也无不应读经书，西洋社会学者谓人类婚姻进化，须经过掠夺姻一个阶段，如甄克思（E. Jenks）的《社会通诠》（*History of Politics*）卫斯脱马斯（Edward Alexander Westermarck）的《人类婚姻史》（*History of Human Marriage*）便是如此说法。到了刘师培便联想到《礼》阳侯杀穆侯劫其夫人，梁任公先生便联想到《易》匪寇昏媾等经文而得其确证。又如广东人食狗肉，往往杀狗以飨宾客，这是沿出古礼俗的。刘师培《中国历史教科书》曰：“士冠礼、士昏礼用豚，乡饮乡射及燕礼、大射均用狗，聘礼用太牢、少牢，公食大夫礼用太牢，士丧、既夕、士虞皆用特牲。”今考之《仪礼·乡饮酒礼》曰：“其牲狗也，亨于堂东北”,《乡射礼》曰：“其牲狗也，亨于堂东北”,《燕礼》曰：“其牲狗也，亨于门外东方”，苟非熟读《仪礼》之文，宁不讥笑广东人为未开化的蛮俗。又如广西郁林、太平、思恩、庆远一带的蛮人，用手抟饭及肴菜，这也与我国周时的人食法无异。近人刘锡蕃的《岭表纪蛮》说道：“苗民以甑蒸饭。炊熟，倾于圆形竹器，不用碗著，以手抟饭为球形，纳诸口而食之，菜肴盛于竹筒瓦缶，亦用手攫食，间亦有用著者，但为数极少。”与柳翼谋先生《中国文化史》所记周代礼俗，饮食之俗曰：“凡取饭于器中皆以匕，而承之悉以手。其未食也，先盥其手，将食则仰手而奉之，既食则覆其手以弃余粒”无异。然则我们研究民族学的学者，苟不先读熟“三礼”等经书，而偶然发见了蛮人的风俗，便无法找寻比较研究的材料。所以我说，凡是研究我国古代社会学或民族学，民俗学的学者，都是应该读经的。此外研究中国上古史的、中国文化史的、中国文学史的、中国哲学史的等等的专家，无不要读经的。此外还有，即使疑古派的学者，疑古经非圣人所作的如康有为钱玄同等辈，也要读经或者是已经读经。因为如果没有去读，怎么知道它是假的，非圣人所作的？再退一步讲，反对读经的学者，也必须读经。据我所知这回反抗读经的第一位学者容肇祖君（详见《独立评论》一一四期），他现在已从中山大学、岭南大学跑到北京大学、辅仁大学当教授了。他在北京大学教的是中国哲学史，如果他全没读过经，他如何能把古代哲学理出一个系统呢？所以我说：“经是千应该万应该读的。”除非这个是绝对没有需要的。我的女孩子现在七岁不足，从前在幼稚园上学两年，园里的教师没有教她认字，没有教她读书，甚至没有教她计算。园里的其他学生也是一样，除了唱歌、拍手游戏、剪贴纸工以外，大概就是饮茶，吃小饼，午睡而已。当时据园里一位教师告诉我，园里的儿童当中有一位他的家长是个小学教师不以这办法为然，要教师们教授他的孩子读书、认字，问我的意见如何，我说："孩子年岁太小，让他活活泼泼，学学规矩，自然是儿童生活的规矩，不必教他什么。"结果，听说园里的儿童已教读书识字的，升入小学初年组后成绩不甚佳，在园里没有教什么的，成绩反而很好。这个事情我不大清楚。不过我的女孩子现在已升入小学二年级下学期了，在家读读《幼童文库》，十分有兴趣，能读能解，并讲给别的人听。二百本《幼童文库》将近读完了。这是甚么原故呢？这是她的兴趣提高她的研究的自动力的原故。读经这件事也是如此。只要提高人们做学问的兴趣，他自然知道经书的好处，自然知道经书是应该读的。所以只要教育普及，自然读经的人也愈多，能读经的人也愈多，该读经的人也愈多。这是应该提倡的。大凡教育和学术之事，一方面要提高，一方面要普及，如果教育愈普及，有志趣做学问的人愈多，自然愈有人做高深的学问，因此学问愈能提高。彷彿像埃及的金字塔一样。最怕的是教育不能普及，便没有基础了。所以教育愈是普及，自然需要读经的人便愈多。

虽然，我国的经书是不容易读的。从前张之洞说："由小学入经学，则经学可信；由经学入史学，则史学可信。"这句话实在不错。盖六经皆史，否则也是史料。所以不懂经学，史学便无从做起，这话上文已经说过。但是不明小学，则经学也无从着手。因此前辈读经的第一步，是必需懂得文字学的。可是在现在范围更大了。举凡近世新产生的科学，如考古学、金石学、古社会学、民族学、民俗学、宗教学、哲学、伦理学、心理学、历史学、地理学、天算学等等，都是研究我国经书的最重要的工具。现在不能详细说明，且非本题所许可。只得大略举例说说吧！例如《论语》里有：“舜有臣五人而天下治。武王曰，予有乱臣十人”，又有：“师挚之始，《关雎》之乱，洋洋乎，盈耳哉！”这里忽然跑出两个乱字来，便不可解。前世的经师遂创为反训一说，谓武王所言的乱臣，应反乱为治，借为理也之义。又谓《关雎》之乱的乱字，与《离骚》乱曰已矣哉的乱字相同，同为音乐上的术语。这虽然是勉强可通，但总嫌左支右绌，牵强附会，不能文从字顺。若是懂得金石学的人，便一望而知这些乱字是传写讹误的。金文周《召尗山父簠》大𤔲工的𤔲字作𤔲，即大司空，周《招白虎敦》有𤔲作𤔲，即有司，周《冗簠》𤔲土作𤔲，即司徒，周《令鼎》有𤔲众师氏小子，作𤔲，周《𤔲土彝》作𤔲作𤔲。因知予有乱臣十人的乱字为𤔲字之误，盖𤔲一省作𤔲，再省作𤔲，遂与乱相混。这𤔲字假借为有司字，武王之司，犹舜之臣，故后世师门弟子间注以臣字，以释𤔲字，谓即司字也。唐石经臣字注在乱字傍，足以为证。同时因为𤔲字在周代最为流行，故《说文》有：“辭[①]，讼也，从𤔔辛，𤔔辛犹理辜也，𤔔理也。𤔲籀文辭从司。”又有：“辤，不受也，从辛从受，受辛宜辤之，辝籀文辤从台。”又有：“词，意内而言外也，从司从言。”经，传间往往借用。因知《关雎》之乱的乱字为𤔲之误，即词字也。此章始、𤔲、耳三字叶韵，不特文从字顺，且叶韵

①编者按：为保留形近字比较，此处“辭”和下文“辤”保留繁体、异体不简化。

亦至有关系，若释为乱，则韵亦不协了。据以上所举的例推之，若果不涉猎一些金石学的常识，真不知要读错了多少的经文了。又如："《毛诗序》以《小雅·十月之交》《雨无正》《小旻》《小宛》四篇，为刺幽王作，郑君独据《国语》及《纬候》以为刺厉王之诗，于《谱》及《笺》，并加厘正。尔后王基、王肃、孙毓之徒，申难相承，洎于近世，迄无定论。逮同治间《函皇父敦》出于关中，而毛郑是非，乃决于百世之下。"盖"敦铭云：'函皇父作周娼盘盉尊器敦鼎，自豕鼎降十，又敦八、两罍、两壶，周娼其万年子子孙孙永宝用'，周娼犹言周姜，即函皇父之女归于周，而皇父为作媵器者，《十月之交》艳妻，鲁诗本作阎妻，皆此敦函之假借字。函者其国或氏，娼者其姓，而幽王之后则为姜，为姒，均非娼姓。郑长于毛，即此可证"。（以上均录王国维语）像这样以地下材料校定纸面上材料，苟非有考古学常识如王国维者，曷足以语此？其次，则古社会学、民族学、民俗学、宗教学等四者，也不得丝毫没有懂得。例如我国的经书里如"三礼"、"三传"、《诗经》、《论语》等所记，"用人于社""夹谷之会""乡人傩""天子巡狩""成汤祷于桑林""周公献身乃祖乃父"等等的材料，在前代经师便在可解不可解之间。及至这些材料到了法国社会学家马尔塞尔格拉勒（M. Marcel Granet）之手，便明白了它的作用，著成了《古中国的跳舞与神秘故事》（*Danses et Legendes de la China Ancienne*）一书，然后知道这些都是人类文化进展史上必经的阶段，没有什么善恶的问题。又如法国的著名社会学家涂尔干（E. Durkheim），他解释图腾部落（Clan totemique）的定义道："一大群的人，彼此都认为个个有亲属的关系，但这个亲属关系不是由血族而生，乃是同认在一个特别的记号范围内，这个记号便是图腾。”图腾是一个木牌或旗帜，上面画一个生物或非生物，最常见的是画禽兽类或草木类，一群人大家承认他们的祖先便是这个木牌上画的东西，同时这群人的全体名称也叫作这个东西。这是在现代浅化的民族里所常见的。如果我们没有这些学识与观念，便没法懂得经书上“蛮”“貉”“羌”“狄”等的正确解释，而真的认为它们是“它穜”“豸穜”“羊穜”“犬穜”了。所以古社会学、民族学等，都是预备读经的学者们所以不可少的学识。（参看《东方杂志》二十八卷七号拙著《饕餮考》）又如夏、殷、周间言天言巫、祝之事至多，《洪范》九畴，也须天命锡禹，彷佛与摩西十诫，受之西奈山的故事相同。其余如《尚书》之《高宗肜日》《西伯戡黎》《大诰》《康诰》《多士》《多方》，《诗经》之《文王》《大明》《皇矣》等，俨然与《旧约》之《申命记》同一口吻。而周人宗教祭祀的典礼，清儒考据，亦极为鲜明。康有为至怀疑这些都是后世的伪造，以为古人断无此事，如果是真实的话，古人只得日日拜神，宁复有人事之可言。康氏虽然在经学上有了很大的创造和成绩，而其所言如此，为的就是犯了没有“比较宗教学”的常识与造诣的毛病。所以有志读经的人们，我也得奉助他涉猎涉猎宗教学才是。又其次，如果没有懂得哲学、伦理学、心理学等等，便没法明白圣人立言的真义，便没法明白道德产生的真因，便没法明白当时社会心理的真相。这些人读了经书，便等于没有读。我国文化源泉最可宝贵的材料，在这些人的手里，便是石田，便是僵壳，必然是丝毫没有益于国计民生、人心风俗，甚而至于学术的全体。又其次，没有懂得历史学，便没法用历史律来考定经书的真伪；没有懂得地理学，便没法决定经文的空间性；没有懂得天算学，便没法决定经文的时间性。所以这些学术，懂得愈多，则这一个学者的为学愈通（这个通字从张之洞说），而读经也愈深刻。我们试检视全部《清经解》《续清经解》，他们学问的高强，全视他们的天算学、史地学等等的精博与否而定。前人谓“读一经必不能通一经”，我也欲套上一句，“只是在经书里咬文嚼字，结果必不能认识经书”。这自然是不咬文嚼字更不可的。

所以经书的好处，我们要知道，经书的必须读，我们也要知道，而经书的如何读法，我们更要知道。否则无从着手，也不需要这种的着手了。

五、从超今古文说到超经学

然则读经这一个问题，不特是成问题，而且是大大地成问题了。记得从前有一个香港大学的汉文专科学生向著者问道，他们的中国人教师在开学的一天演说道：“现在中国已无人保存国粹了，保存中国国粹的责任全在香港大学。”这句话是不是真的？我当时恰是跟梁任公先生读书，便随口说道，“你近来有没有看到商务印书馆的《图书汇报》，梁任公先生新近刊出的《陶渊明》，是不是整理国故？是不是保存国粹？北京大学的《国学季刊》，东南大学的《国学丛刊》，有没有阅读过？它们的学生是不是正在埋头埋脑来苦干的？”这一位问的朋友便哑然失笑。听说最近香港大学从伦敦聘请了一位他的祖国人来教授汉学，大约为的是真的要负起保全中国国粹的责任吧！我们教育杂志社的主编何柏丞君在《论所谓国学》一文里说得最好，他说：

> 我们既自命为国学专家，为什么要让瑞典的安特生（Andersson）来代我们研究中国古代的石器？为什么要让

> 美国的卡德（Carter）来代我们研究中国印刷术的西传？为什么要让法国的伯希和（Pelliot）来考订燉煌石室的古籍？为什么要让法国的考狄厄（Cordier）来代我们编《中国通史》？为什么让日本的桑原骘藏来代我们研究蒲寿庚，来替秦始皇帝伸冤？我们研究国学的人为什么要等到西洋人赏识《大唐西域记》，才去研究慈恩法师？为什么要等到西洋人赏识《诸蕃志》，才去研究赵汝适？我们既然自己有国学，为什么要从荷兰出版的《通报》（*Toung Pao*）这类出版物中去翻译中国的史料？像这一类问题，真是可以无限的写下去，我们应该请求我国的国学家给我们解答。

真的，在国学是如此，在经学也是如此。例如经学里的《左传》一书，不是人人读过的吗？从前稍为读书四五年的人，便也都可以读到《左传》。为什么直到①瑞典的支那学大家珂罗倔伦（Bernhard Karlgren）才能替我们著一本《论左传之真伪及其性质》（*On the Authenticity and the Nature of the Tsochuan*）？我们中国读《左传》的朋友到那里去了？为什么一向不能以中国文法上的关系来考证中国古籍的真伪？这大约是因为所读的方法不同，自己个人所修养的学术工具不完备吧！我又记得彷彿是民国四五年（ ？ ）我正在中学将要毕业的时候，一日偶然阅报，看见了日本东京帝大汉文科行开学式，哲学博士服部宇之吉的演说，他说："在学诸君要努力专攻支那经学，十年以后，支那无人认得经学了，我们预备到支那去讲授经学。"当时著者虽然年纪很小，可是已认为奇耻大辱了。所以在投考南高的时候，便决心以文史部为第一志愿，以英文部为第二志

①编者按：原稿为"直至到"，当以"直到"为是。今改。

愿。可怜得很，一直到了现在全然没有进步；个人的奇耻大辱（也可以说是国家的奇耻大辱）仍然压在心头。现在我们看看邻邦的支那学者，虽然服部的造就甚少，而狩野直喜，内藤虎诸人的确已值得我们佩服了。其他新进之士如增本桥吉、宇野哲人、木田之助、泷熊之助、吉川幸次郎、重泽俊郎、松浦嘉三郎等都已超过彼邦服部宇之吉、后藤朝太郎之上了。看了别人家的进步，我们那得不惭愧不惊讶。所以我说我们读经的人如果读得不好，这种经学便不为我中国所专有而须与世界学者所共有了。后之研究吾国经学者，将不必需要到我们中国来了。这一个问题，实在是何等的严重？

现下闲话休谈，言归正传。我们要读经，自然不得不请求所以读之之法。可惜在下天生成一副笨头脑，没有好的方法来尽量介绍介绍。真是十分抱歉。如果不嫌蛇足的话，我便不妨将我的直觉来再讲讲。

著者在八九岁时，跟随我父亲读读四书、《礼记》。有一天，父亲向我说及康有为《新学伪经考》里的新议论，我登时张脉偾兴，说："刘歆甚么时人？有甚本领？如何伪造得出如许经文？"写了一百多个字的文章去驳我父亲所述的说话。后来跟莫友篪老师（名伯壎，为吾邑五十万卷楼主人莫天一之兄）读完了《诗经》《尚书》《周易》《仪礼》。（当时的学制，高等小学四年便须读完这四部经，否则不得毕业。）因为别种功课又多，所读的又只程、朱的注解，便没甚感觉得。其后六七年，来了中原。又其后跟随梁任公先生念书，便大受今文家的话所感动，因尽取康氏所著书读了一遍，自不得不有了今文学先入为主的成见，其后又为刘师培之说所感动，试取古文家的书读读，几乎又变成了古文家的主张。其后愈弄愈不对了，今文家的路上碰见了五行灾异，怕得真要变成董仲舒辈方士的样子；古文家的路上，又嫌过于饤饾，失却了微言大义。民十四来沪教书以后，遂不由得不将正在剪贴工作的《诗经古义》放下不干，从新来做做预备读经工具的工作了。我还记得第一次到持志大学去授手胡朴安前辈的功课时，有一位学生问道，“先生是相信今文家的呢？还是相信古文家的呢？”我便答道：“我是一个超今古文的人，既不相信今文，又不相信古文；同时是相信今文，又是相信古文。这句并不是滑头的话。这句话又与宋儒的态度和方法不相同。我是打算用现代的科学方法和精神来治经学的。……”当时噜噜苏苏地讲了一大遍。大概和上文所讲的相同，而没有怎样具体。其实，在这个时候，我已决定一种读经的态度，第一步，须先做到超今古文，第二步便愿做到超经学了。超今古文的办法，便是这种经解注脚，无论是今文家说的或是古文家说的，一以历史的进化和时代（这是指经书结集的时代）的精神为标准（Standard），有与标准或事实相违反的便不去相信它。这是第一步。至于经书这一股脑的材料，靠一二个人的力量和学识去读，似乎不大经济而且是事实上所不容许的。于是便想起孔子删经的故事，要把一大套的经书从新拆卸下来改编一下。然后就专门学者的识力和兴趣去读。你读历史的一部分，我读地理一部分，他又读天文的一部分，各就各的位，各走各的路，全国的读经学者，分工合作，殊途而同归，真正地建立我国的经学。这我所谓超经学的办法。不过在这十年中，我的工具学问还没预备得好，一直到了现在，还没着手去做。

最近同事陈柱尊前辈已将《论语》一书分拆了重编过来，每类又做了一篇大义，名叫《论语类纂》，这确是最便初学而最有益于研究的一种工作。但是我们两人的见解虽然相同，而事前并没有讨论过。可见读经的阶段，确已进步到这一段了。

六、结论

我这篇文章，总算是已做到如教育杂志社来信所云："平心静气从长讨论"的八个字了。希望我亲爱的读者们也平心静气地读去。这当然只能代表我一个人的见解，而且是不成熟的见解，自然不算得什么。只是我所要讲的话，也一一讲完了。

不过我常常有一种偏见，以为救国应从各方面一齐做起。国势陵夷，至于今日。政治不及别人家，军事不及别人家，经济不及别人家，固然可耻到万分，然而一切的学术都比不上人家，都在水平线以下；连到自己的先民所创造或记述下来的学术遗产，都研究得不及人家，这真是顾亭林所谓"亡天下"之痛了，我们要救国，我们当从一切的学术上救起。经学也是一种学术，这和社会科学当中的政治、经济等等，自然科学当中的地质、无线电、机械工程等等，处在学术上一般的重要地位，所以极需要有一部分的学者负起这个重责，勿使薪尽烬灭，千万千万。所以我的办法，打算在已办国学研究所的大学里特地开设一个经学深造班，或经学专攻班，聘请国内的经学大师或国外的汉学专家共同主持，招集些国学研究所毕业而又有相当现代科学修养的或社会科学研究所毕业而有能力翻检《清经解》《续清经解》的[①]学子在那里来研究来诵读。养成将

①编者按：原稿此处多一"的"字。今删。

来的标准的经学大师，专一经或兼通全经，明源流派别而又懂得整理给后人以可走的路。先从二三十个学生做起，修业没有年限，直至学有专长为止。这样我国经学的地位才得提高。这是我的希望，这是本文的结论。

民国二十四年三月八九日直书于沪上四部书斋

（原载《教育杂志》第25卷第5号，1935年）

北溪字义在训诂学上之地位[①]

一、北溪先生之历略

北溪先生旧有《传略》附《字义》卷末，其文曰：

北溪先生讳淳，字安卿，漳州龙溪人。与同里林实夫宗臣友善，宗臣尝谓先生曰："子所习科举之文耳！圣贤大业，则不在是。"以文公《近思录》授之。后文公守漳时，先生从游郡斋，公曰："南来为吾道得一安卿。"先生义理贯通，洞见条绪。尝叹："张陆王学问无源，全用禅宗，反托圣门以自标榜。"遂著《学道体统》《师友渊源》《用功节目》《读书次序》。又有《似道》《似学》二辨，以示学者。家故贫，而事母至孝。母病，日号泣于天，乞以身代。身虽未用，而忧时论事，感慨动人。嘉定十六年，以特奏恩授安溪县簿，未任而卒。年六十有五。学者称为北溪先生。所著有：《论语大学中庸口义[②]》《字

①编者按：本篇局部标点有改动。

②编者按：原稿为"语"，当以"义"为是。今改。

义详讲》《礼诗女学》等书。墓在县北二十三都龙图。陈宓题曰北溪陈先生之墓。二子：植、格。植登淳祐进士，提督岭南海路兵马。帝昺浮海，植提岭海舟以六舟泊梅岭收亡命，驰檄诸蛮，图立宋后。闻世杰覆舟，遂变姓名，匿于九侯山，临终，令葬海滨，南望崖山。格为宋海滨监簿，帝昺之亡，格从容就死，忠义形于六咏。植敛其袍笏，招灵葬于渐山书院。

同书陈宓序云：

临漳北溪陈君淳，从文公先生二十余年，得以亲炙，退加研咏，合周程张朱之论而为此书。

同书弘治三年刻本《后序》云：

闽漳北溪陈先生为朱门高弟，下学上达，贯澈本末，所著《字义》上下二卷，凡二十五门。

按嘉定为宋宁宗年号，其十六年即为公元一二二三年，《传略》云卒年六十五，上距宋高宗绍兴二十九年，即公元一一五九年，为其生年无疑也。先生生两宋理学极盛之世，从游集理学大成之朱晦庵先生凡二十余年，则其造就之深可知。其《严陵讲义》自序云：

淳恭承判府寺丞，偕府判大著权广文先生领郡之群贤众俊，会于学校，谓淳从游晦庵先生之门，俾讲明大义，以开发后进。区区浅陋，辞不获命，辄吐为说四篇：一曰《道学体统》，二曰《师友渊源》，三曰《功夫节目》，四曰《读书次第》。以为贤侯作成人材之助。愿诸同志，共切磋之。

是北溪先生亦未尝讳言之也。其《师友渊源》云：

及我宋之兴，明圣相承，太平日久，天地真元之气，复会于是。濂溪先生，与河南二程先生，卓然以先知先觉之资，相继而出。濂溪不由师传，独得于天，提纲启钥，其妙具在太极一图。而《通书》四十章又以发图之所未尽，上与羲皇之意相表里，而下以振孔孟不传之坠绪，所谓再辟混沦。二程亲受其旨，又从而光大之。故天理之微，人伦之著，事物之众，鬼神之幽，与凡造道入德之方，修己治人之术，莫不秩然有条理，备见于《易传》《遗书》，使斯世之英才志士，得以探讨服行，而不失其所归。河洛之间，斯文洋洋，与洙泗并闻而知者，有朱文公，又即其微言遗旨，益精明而莹白之，上以达群圣之心，下以统百家而会于一；盖所谓集诸儒之大成，而嗣周程之嫡统，萃乎洙泗濂洛之渊源者也。学者不欲学圣人则已，如欲学圣人，而考论师友渊源，必以是为迷途之指南，庶乎有所取正而不差。苟或舍是而他求，则茫无定准，终不得其门而入矣。既不由是门而入，而曰吾能真有得乎圣人心传之正，万无是理也。

然则北溪先生，何止朱门高弟，即陈宓所谓“合周程张朱之论”者亦未始过言也。

二、北溪字义之版本

关于《北溪字义》之最初刻本，据陈宓序云：

吾党下学工夫已到，得此书而玩味焉，则上达由斯而进矣。学者往往未见。温陵诸葛珏来莆，一目是书，恨见之晚，归诸永嘉赵崇端锲板以惠同志，俾莆田陈宓为之序云。

传称陈宓莆田人，字师复，俊卿子，少登文公门，长从黄榦游。嘉定七年入监进奏院上封事。当与北溪先生同时，同事朱晦庵先生，疑略少耳。而其所言如此，是北溪先生身死未几，而永嘉赵氏，即为之刊行也。《北溪先生字义·后序》云：

浙江参议林君进卿，先生乡人也。自少讲学，即读先生之书，而精察实体焉。常病旧刻讹谬，时加校正，欲重锓梓，以惠后学。属序一言于端。荣丱角时，先给事府君手钞是书授读，遂于性理之说略知推究。中岁提学广浙亦尝衍先生辞旨，启迪诸生。

案《后序》为弘治三年庚戌春三月朔作，即弘治庚戌刻本也。又《北溪先生字义补遗》顾秀虎识语云：

《字义》二卷，最初为永嘉赵氏刻本。又清漳家藏本。又弘治庚戌刻本。又四明丰庆刻本。诸本增减，互有异同。按《性理大全》所纂入者，未能悉收。则桐川施氏刻本为略备。及细为校阅，亦有《大全》所引而施氏所无者。或非专论一字之义，当从他处录出；或有专讲一字者亦所在遗。则知屡经刊板，自不能无脱略，今悉采录增入。

顾秀虎虽未查明为何许人，然其书自赵氏刊行之后，续有各种版本，固可知也。今书卷首，有康熙五十三年海阳戴嘉禧序，其言曰：

禧向购是书不得，及得竹垞朱先生所藏钞本，方欲授梓，而桐邑施翼圣亦得旧本，锓板以行。第其间尚有缺漏，及字句讹谬者，因复为增订，以公诸世云。

其后光绪九年七月广州学海堂重刊本，即据戴本重雕。故其卷首依旧署有清源门人王隽集编，海阳后学戴嘉禧增订，横山后学顾秀虎校阅字样。则其是否足本，尚未能明也。

三、北溪字义之内容及其条例

全书凡二十有五门，抉择精确，贯串浃洽。兹先列举全目如下：

上卷

命　性
心　情
才　志
意　仁义礼智信
忠信　忠恕
一贯　诚
敬　恭敬

下卷

道　理
德　太极
皇极　中和
中庸　礼乐
经权　义利
鬼神　佛老

全书作语录体，于每一门目，反复解释，不厌周详。如上卷“性”条云：

> 性即理也。何以不谓之理而谓之性？盖理是泛言天地间人物公共之理，性是在我之理。只这道理受于天，而为我所有，故谓之性。性字从生从心，是人生来具是理于心，方名之曰性。其大目只是仁义礼智四者而已。得天命之元在我谓之仁，得天命之亨在我谓之礼，得天命之利

在我谓之义，得天命之贞在我谓之智。性与命本非二物，在天谓之命，在人谓之性。故程子曰："天所付为命，人所受为性。"文公曰："元亨利贞，天道之常；仁义礼智，人性之纲。"

性命只是一个道理，不分看则不分晓。只管分看，不合看又离了不相干涉。须是就浑然一理中，看得有界分不相乱。所以谓之命谓之性者何故？大抵性只是理，然人之生不成只空得个理，须有个形骸，方载得此理。其实理不外乎气，得天地之气成这形，得天地之理成这性。所以横渠曰：天地之塞吾其体，天地之帅吾其性。塞字只是就孟子浩然之气塞乎天地句掇一字来说气，帅字只是就孟子志气之帅句掇一字来说理。人与物同得天地之气以生，天地之气只一般，因人物受去各不同，人得五行之秀正而通，所以仁义礼智，粹然独与物异，物得气之偏，为形气（一本作骸）所拘，所以其理蔽塞而不通。人物所以为理只一般，只是气有偏正，故理随之而有通塞尔。

天所命于人以是理，本只有善而无恶，故人所受以为性，亦本善而无恶。孟子道性善，是专就大本上说来，说得极亲切，只是不曾发出气禀一段，所以启后世纷纷之论。盖人之所以有万殊不齐，只缘气禀不同。这气就是阴阳五行之气，如阳性刚，阴性柔，火性燥，水性润，金性寒，木性温，土性重厚，七者夹杂，便有参差不齐。所以随人所值，便有许多般样。然这气运来运去，自有个真元之会，如历法算到本数凑合，所谓日月如合璧五星如连珠时相似。圣人便是禀得真元之会来。然天地间参差不齐之时多，真元会合之时少，如一岁间剧寒剧暑阴晦之时多，不寒不暑光风霁月之时极少，最难得恰好时节。人生多值此不齐之气，如有一等人非常刚烈，是值阳气多，有一等人极是软弱，是值阴气多，有人燥暴忿戾，是又值阳气之恶者，有人狡谲奸险，是又值阴气之恶者，有人性圆，一拨便转，也有一等极愚拗，虽一句善言也说不入，与禽兽无异。都是气禀如此。阳气中有善恶，阴气中亦有善恶。如《通书》中所谓刚善刚恶、柔善柔恶之类。不是阴阳气本恶，只是分合转移，齐不齐中便自然成得粹驳善恶耳。因气有驳粹，便有贤愚，气虽不齐，而大本则一。故虽下愚亦可变而为善。然工夫最难，非百倍其功者不能。故子思曰："人一能之己百之，人十能之己千之，果能此道，虽愚必明，虽柔必强。"正为此耳。自孟子不说到气禀，所以荀子便以性为恶，扬子便以性为善恶混，韩文公又以为性有三品，都只是说得气。近世东坡苏氏又以为性未有善恶，五峰胡氏又以为性无善恶，都只含糊就人与天相接处捉摸说个性，是天生自然底物，竟不曾说得性端的指定是甚底物。直至二程得濂溪先生《太极图发端》，方始说得分明极至，更无去处。其言曰："性即理也。理则自尧舜至于途人，一也。"此语最是简切。端的为孟子说善，善亦只是理。但不若指认理字下得较确定。胡氏看不彻，便谓善者只是赞叹之辞，又误了，既是赞叹，便是那个是好物方赞叹，岂有不好底物而赞叹之耶？！程子于本性之外，又发出气禀一段，方见得善恶所由来。故其言曰："论性不论气，不备；论气不论性，不明。二之则不是也。"盖只论大本，而不及气禀，则所论有欠阙而未备，若只论气禀而不及大本，便只说得粗底，而道理全然不明。千万世而下学者只得按他，更不可改易。

孟子道性善从何而来？夫子系《易》曰："一阴一阳之谓道，继之者善也，成之者性也。"所以一阴一阳之理者为道，此是统说个太极之本体，继之者为善，乃是就其间说造化流行生育赋予，更无别物，只是个善而已。此太极之动而阳时，所谓善者，以实理言，即道之方行者也。道（一本到字上无道字）到成此者为性，是说人物受得此善底道理去，各成个性耳。是太极之静而阴时，此性字与善字相对，是即所谓善而理之已定者也。继成字与阴阳字相应，是指气而言；善性字与道字相应，是指理而言。此夫子所谓善，是就人物未生之前，造化源头处说；善乃重字是实物。若孟子所谓性善，则是就成之者性处说；是人生以后事，善乃轻字，言此性之纯粹至善耳。其实由造化源头处，有是继之者善，然后成之者性时，方能如是之善。则孟子之所谓善，实渊源于夫子所谓善者而来，而非有二本也。《易》三言、周子《通书》及程子说已明备矣，至明道又谓孟子所谓性善者，只是继之者善也，此又是借《易》语移就人分上说，是指四端之发见处言之，而非《易》之本旨也。

气禀之说从何而起？夫子曰："性相近也，习相远也，唯上智与下愚不移。"此正是说气质之性。子思子所谓三知三行，及所谓虽愚必明，虽柔必强，亦是说气质之性。但未分明指出气质字为言耳。到二程子始分明指认出甚详备。横渠因之，又立为定论，曰："形而后有气质之性，善反之则天地之性存焉。故气质之性，君子有弗性者焉。气质之性，是以气禀言之；天地之性，是以大本言之；其实天地之性，亦不离气质之中，只是就那气质之中，分别出天地之性，不与相杂为言耳。”此意学者又当知之。

韩文公谓人之所以为性者五：曰仁义礼智信。此语似看得性字端的。但分为三品则又差了。三品之说，只说得气禀，然气禀之不齐，盖或相什百千万，岂但三品而已哉。他本要求胜于荀扬，却又与荀扬无甚异。

佛氏把作用认是性，便唤蠢动含灵，皆有佛性；运水搬柴，无非妙用。不过只认得个气而不说著那理耳。达摩答西竺国王作用之说，曰：在目能视，在耳能闻，在手执提，在足运奔，在[①]鼻臭浥，在口谈论，遍现俱该沙界，收摄在一微尘，识者知是道性，不识唤作精魂，他把合天地世界总是只个物事，乃吾之真体，却指吾之肉身，只是假合幻妄，若能见得这个透彻，则合天地万物皆是吾法身，便超出轮回。故禅家所以甘心屈意枯槁山林之下，绝灭天伦，扫除人事者，只是怕来侵著他这个灵活底；若能硬自把捉得定，这便是道成了；便一向纵横放恣花街柳陌，或吃猪头鸠子都不妨。其实都是把持到年暮气衰时，那一切情欲自然退减，却自唤做工夫至到，便矜耀以为奇特（一本奇特下有神通二字），一向呵佛骂祖去。

今世有一种杜撰等人，爱高谈性命，大抵全用浮屠作用是性之意，而文以圣人之言，都不成模样。据此意其实不过只是告子生之谓性之说，此等邪说，向来已为孟子埽却，今又拈起来，做至珍至宝说。谓人之所以能饮能食能

---

①编者按：原稿为“大”，当以“在”为是。今改。

语能默能知觉运动一个活底灵底，便是性。不商量道理，有不可通。且如运动合本然之则，固是性；如盗贼作窃，岂不运动，如何得是性？耳之欲声，目之欲色，固是灵活底；然目视恶色，耳听恶声，如何得是本然之性。只认得个精神魂魄，而不知有个当然之理；只看得个模糊影子，而未尝有的确定见，枉误了后生晚进，便相从于天理人欲混杂之区为可痛。

“命”条云：

命，犹令也。如尊命，台命之类。天无言做，如何命？只是大化流行，气到这物，便生这物；气到那物，又生那物；便是分付命令他一般。

命一字有二义：有以理言者，有以气言者。其实理不外气，盖二气流行，万古生生，不息不成，只是个空气。必有主宰之者，曰理是也。理在其中为之枢纽，故大化流行，生生未尝止息。所谓以理言者，非有离乎气，只是就气上指出个理不杂乎气而为言耳。如天命之谓性，五十知天命，穷理尽性至于命，此等命字，皆是专指理而言，天命即天道之流行而赋予于物者。就元亨利贞之理而言，则谓之天道；即此道之流而赋予于物者而言，则谓之天命。如就气说，却亦有两般，一般说贫富贵贱夭寿祸福，如所谓死生有命与莫非命也之命，是乃就受之短长厚薄不齐上论，是命分之命；又一般，如孟子所谓仁之于父子义之于君臣命也之命，是又就禀气之清浊不齐上论，是说人之智愚贤否。

人物之生，不出乎阴阳之气。本只是一气，分来有阴阳，阴阳又分来为五行，二与五只管分合运行去便有参差不齐，有清，有浊，有厚，有薄。且以人物合论，同是一气，但人得气之正，物得气之偏，人得气之通，物得气之塞。且如人形骸却与天地相应，头圆居上象天，足方居下象地，北极为天中央却在北，故人百会穴在顶心却向后，日月往来只在天之南，故人之两眼皆在前，海咸水所归在南之下，故人之小便亦在前下，此所以为得气之正。如物则禽兽头横，植物头向下枝却在上，此皆得气之偏处。人气通明，物气壅塞，人得五行之秀，故为万物之灵，物气塞而不通，如火烟郁在里许，所以理义皆不通。若就人品类论，则上天所赋皆一般，而人随其所值，又各有清浊厚薄之不齐。如圣人得气至清，所以合下便能生知，赋质至粹，所以合下便能安行；如尧舜既得其至清、至粹，为聪明神圣，又得气之清高而丰厚（丰一作禀），所以贵为天子，富有四海，至于享国皆百余岁，是又得气之最长者。如夫子亦得至清、至粹，合下便生知安行；然天地大气到那时已衰微了，所以夫子禀得不高不厚，止栖栖为一旅人，而所得之气，又不甚长，止仅得中寿七十余岁，不如尧舜之高。自圣人而下，各有分数。颜子亦清明纯粹，亚于圣人，只缘得气不长，所以夭死。大抵得气之清者，不隔蔽那义理，便呈露昭著，如银盏中满贮清水，自透见盏底银花子甚分明，若未尝有水。然贤人得清气多而浊气少，清中微有些渣滓在，未便能昏蔽得他，所以聪明，也易开发。自大贤而下，或清浊相半，或清的少浊的多，昏蔽得厚了，如盏底银花子看不见，欲见得须十分加澄治之功，若能力学，也解变化气质，转昏为明。有一般人禀气清明，于义理上尽看得出，而行之不笃，不能承载[1]得道理，多杂诡谲去，是又赋质不粹，此如井泉甚清，贮在银盏里面，亦透底清彻，但泉脉从污上恶木根中穿过来，味不纯甘，以之煮白米则成赤饭，煎白水则成赤汤，烹茶则酸涩，是有恶味夹杂了。又有一般人生下来，于世味一切简淡，所为甚纯正，但与说到道理处，全开发不来，是又赋质纯粹，而气禀不清，此如井泉脉味，本纯甘绝佳，而有泥土混浊了，终不透莹，如温公恭俭力行笃信好古，是甚次第正大资质，只缘少那至清之气，识见不高明，二程屡将义理发他，一向偏执固滞，更发不上，甚为二程所不满。又有一般人，甚好说道理，只是执拗自立一家意见，是禀气清中被一条戾气冲拗了，如泉脉出来甚清，却被一条别水横冲破了，及或遭巉岩石头横截冲激不帖顺去，反成险恶之流。看来人生气禀是有多少般样，或相倍蓰，或相什百，或相千万，不可以一律齐，毕竟清明纯粹，恰好的，极为难得，所以圣贤少而愚不肖者多。

若就造化上论，则天命之大目，只是元亨利贞，此四者，就气上论也得，就理上论也得。就气上论，则物之初生为元，于时为春；物之发达处为亨，于时为夏；物之成遂处为利，于时为秋；物之敛藏处为贞，于时为冬。贞者正而固也，自其生意之已定者而言，故谓之正；自其敛藏者而言，故谓之固。就理上论，则元者生理之始，亨者生理之通，利者生理之遂，贞者生理之固。

问天之所命，固是大化流行，赋予于物，如分付他一

①编者按：原稿为“戴”，当以“载”为是。今改。

般。若就人事上论，则如何是赋予分付处？曰：天岂谆谆然命之乎？亦只是其理如此而已。孟子说天与贤与子处，谓天不言以行与事示之而已。使之主祭而有神享之，使之主事而事治，百姓安之，则天与之，人与之。又曰莫之为而为者天也，莫之致而至者命也，其意发得亦已明白矣。如孟津之上，不期而会者八百国，亦其出于自然而然，非人力所容强，便是天命之至。武王但顺乎天而应乎人尔。然此等处又是圣人行权底事，惟圣人及大贤以上地位，然后见得明，非常情所及。唐陆宣公谓人事尽处是谓天理。盖到人事已尽地头，赤见骨（赤见骨一作亦见得），不容一点人力，便是天之所为，此意皆极精微。陆宣公之学亦识到此。如桎梏死，岩墙死者非正命，是有致而然，乃人所自取，而非天。若尽其道而死者为正命，盖到此时所值之吉凶祸福，皆莫之致而至者，故可以天命言，而非人力之所取矣。

问莫之为而为者天也，莫之致而至者命也，朱子注曰：以理言之谓之天，自人言之谓之命，其实一而已，此处何以见二者之辨？曰天与命只一理，就其中却微有分别。如以做事言，做事是人，对此而反之，非人所为，便是天。至以吉凶祸福地头言，有因而致，是人力，对此而反之，非力所致，便是命。天以全体言，命以其中妙用言。其曰以理言之谓之天，是专就天之正面训义言，却包命在其中。其曰自人言之谓之命，命是天命，因人形之而后见，固吉凶祸福自天来，到于人然后为命。乃是于天理中截断命为一边而言其指归尔。若只就天一边说，吉凶祸福，未有人受来，如何见得是命。

问天之所命，果有物在上而安排分付之否？曰天者理而已矣。古人凡言天处，大概皆是以理言之。程子曰夫天专言之则道也，天且勿违是也。又曰：天也者道也。《论语集注》获罪于天，曰天即理也。《易本义》先天弗违，谓意之所为默与道契，后天奉天，谓知理如是奉而行之。又尝亲炙文公说上帝震怒，也只是其理如此。天下莫尊于理，故以帝名之。观此亦可见矣。故上而苍苍者，天之体也。上天之体以气言，上天之载以理言。

问天之所命则一，而人受去何故如彼之不齐？曰：譬之天油然作云，沛然下雨，其为雨则一，而江河受去，其流滔滔，不增不减；溪涧受去，则洪澜暴涨；沟浍受去，则朝盈暮涸；至于沼沚坎窟盆瓮罂缶螺杯蚬壳之属受去，或有斗斛之水，或涓滴之水，或清甘，或污浊，或臭秽，随他所受多少般样不齐，岂行雨者固（一本作故）为是区别哉？又譬之治一片地，而播之菜子，其为播种一也，而有满园中森森成行伍出者，有掷之蹊傍而践蹂不出者，有未出为鸟雀啄者，有方芽为鸡鹅啮者，有稍长而芟去者，有既秀而连根拔者，有长留在园而旋取叶者，有日供常人而羹食者，有为俎于礼豆而荐神明者，有为齑于金盘而献上宾者，有丐子烹诸瓦盆而食者，有脆嫩而摘者，有壮茂而割者，有结实成子而研为齑汁用者，有藏为种子到明年复生生不穷者，其参差如彼之不齐，岂播种者所能容心哉？故天之所命则一，而人受去自是不齐，亦自然之理，何疑焉！

下卷“道”条云：

道，犹路也。当初命此字是从路上起意。人所通行方谓之路。一人独行不得谓之路。道之大纲，只是日用间人伦事物所当行之理，众人所共由底方谓之道。大概须是就日用人事上说，方见得人所通行底意亲切，若推原来历，不是人事上划然有个道理如此，其根原皆是从天来。故横渠谓由太虚有天之名，由气化有道之名，此便是推原来历。天即理也。古圣贤说天，多是就理上论，理无形状，以其自然而言，故谓之天。若就天之形体论，也只是个积气，恁地苍苍茫茫，其实有何形质。但横渠此天字是说理，理不成死定在这里，一元之气流出来，生人生物便有个路脉，恁地便是人物所通行之道。此就造化推原其所从始如此。至子思说率性之谓道，又是就人物已受得来处说，随其所受之性，便自然有个当行之路，不待人安排著。其实道之得名，须就人所通行处说，只是日用人事所当然之理，古今所共由底路，所以名之曰道。

老庄说道，都与人物不相干，皆以道为超乎天地形气之外。如云道在太极之先，都是说未有天地万物之初，有个空虚道理。且自家身今见在天地之后，只管想像未有天道之初一个空虚底道理，与自家身有何干涉？佛氏论道，大概亦是此意。但老氏以无力为宗，佛氏以空为宗，以未有天地之先为吾真休，以天地万物皆为幻化，人事都为粗迹，尽欲屏除了，一归真空，乃为得道。不知道只是人事之理耳，形而上者谓之道，形而下者谓之器，自有形而上者言之，其隐然而不可见底则谓之道，自有形而下者言之，其显然可见底则谓之器，其实道不离乎器，道只是器之理，人事有形状处都谓之器，人事中之理便是道，道无形状可说，所以明道曰，道亦器也，器亦道也，须著如此说，方截得上下分明。

道非是外事物有个空虚底。其实道不离乎物，若离物则无所谓道。且如君臣有义，义底是道，君臣是器。若要看义底道理，须就君臣上看，不成脱了君臣之外，别有所谓义。父子有亲，亲底是道，父子是器，若要看亲底道理，须就父子上看，不成脱了父子之外，别有所谓亲。即夫妇而夫妇在所别，即长幼而长幼在所序，即朋友而朋友在所信，亦非外夫妇长幼朋友而有所谓序、别与信。圣门之学，无一不实。老氏清虚厌事，佛氏屏弃人事，他都是把道理做事物项头玄妙底物看，把人事做下面粗底，便都要摆脱去了。

若就事事物物上看，亦各自有个当然之理。且如足容重，足是物，重是足当然之理；手容恭，手是物，恭是手当然之理；如视思明，听思聪，明与聪便是视听当然之理；又如坐如尸，立如齐，如尸如齐，便是坐立当然之理。以类而推，大小高卑，皆有个恰好底道理，古今所通行而不可废者，自圣门实学不明，然后有老庄佛氏一切等说。后世传者才说到道，便涉老庄去。如子云用心亦甚苦，然说到道理，皆是黄老意。如中首所谓灵根，及爰清爰净，游神之庭；惟寂惟寞，守德之宅等语，都是纯用老子意。

论道之大原则是出于天，自未有天地之先，固先有是理，然才有理便有气，才有气此理便在气之中，而不离乎气，气无所不在，则理无所不通。其盛著见于造化发育，而其实流行乎日用人事，千条万绪，人生天地之内，物类之中，全具是道，与之俱生，不可须臾离，故欲求道者，须是就人事中尽得许多千条万绪当然之理，然后可以全体是道而实具于我，非可舍吾身人事，超乎二气之表，只管去穷索未有天地始初之妙为道体，则在我此身有何干涉？此佛老庄列异端邪说所以为吾道之贼，学者不严屏峻却，而圣门实学，坦如康庄，学者亦不可自暴自弃而不由也。

学者求道须从事物千条万绪中磨练出来。

道流行乎天地之门，无所不在，无物不有，无一处缺人（著者案人字疑误衍）。子思言鸢飞鱼跃上下察以证之，有以见道无不在，甚昭著分晓，在上则鸢飞戾天，在下则鱼跃于渊，皆是这个道理。程子谓此是子思吃紧为人处，活泼泼地。所谓吃紧云者，只是紧切为人说，所谓活泼泼地云者，只是真见这个道理在面前，如活底物相似。此正如颜子所谓卓尔，孟子所谓跃如之意，都是真见得这道理分明故如此说。

《易》说一阴一阳之谓道。阴阳气也，形而下者也。道理也。只是阴阳之理，形而上者也。孔子此处是就造化根源上论。大凡字义须是随本文看得透方可。如志于道，可以适道、道在迩等类，又是就人事上论。圣贤与人说道，多是就人事上说，惟此一句乃是赞《易》时说来历根原。儒中窃禅学者又直指阴阳为道，便是指气为理了。

韩公《原道》头四句如所谓博爱之谓仁，行而宜之之谓义，尽说从外面去。其论德如足乎己无待于外之言，虽未圆，犹未害。至由是而之焉之谓道，则道全在人力修为之方有，而非子思《中庸》率性本然之道矣。如老子失道而后德，失德而后仁，失仁而后义等语，又想把道都脱从上面去说，与德仁义都分裂破碎了。扬子云又谓老氏之言道德，吾有取焉耳；及捶提仁义，吾无取焉耳。是又把道德仁义判做二物，都不相交涉了。

韩公学问无原头处，如《原道》一篇铺叙许多节目，亦可谓见得道之大用，流行于天下底分晓，但不知其体本具于吾身。朱子讥其引《大学》不及致知格物，故于反身内省处殊无细密工夫，只是与张籍辈吟诗饮酒度日，其中自无所执守，致得后来潮阳之贬，寂寞无聊中，遂不觉为大颠说道理动了，故俯首与之同游，而忘其平昔排佛老之说。

“德”条云：

德是天地间本然之道，不是因人做工夫处论德。便是就人做工夫处论德，是行是道而实有得于吾心者，故谓之德。何谓行是道而实有得于吾心者？如实能事亲，便是此心实得这孝；实能事兄，便是此心实得这悌。大概德之一字，是就人做工夫已到处论，乃是做工夫实得于己了，不是就方做工夫时说。

大概德者得也，不能离一个得字。古经书虽是多就做工夫实有得上说，亦有就本原来历上论。如所谓明德者，是人生所得于天本来光明之理具在吾心者，故谓之明德。如孩提之童，无不知爱亲敬兄，此便是得于天本明处，有所谓达德者，是古今天下人心之所同得，故以达言之。有所谓懿德者，是得天理之粹美，故以懿言之。又有所谓德性者，亦只是在我所得于天之正理，故谓德性。又有所谓天德者，自天而言，则此理公共在天得之为天德，其道流行，赋予为物之所得，亦谓之天德，若就人论，则人得天之理以生，亦谓之天德，其所为纯得天理之真，而无人伪之杂，亦谓之天德。

道与德，不是判然二物，大抵道是公共底，德是实得于身为我所有底。

其余二十一条，大率类此。大抵每释一字，先释字形所从及字义普通解释，次为宋儒理学中字义，次设为问答，于“弥近理而大乱真”之点，反覆申辩，最后则征引其“师友渊源”所说及所亲炙者之言为断。此全书之条例也。

吾人治宋学，每苦语录琐碎，不易理出头绪，今得此书，每一字而繁征博引如此，俨然一最早之我国哲学大辞典也。虽其字义体例，与《尔雅》《说文》《玉篇》诸书均不相同，校其实际，实亦字书无疑。著者北溪先生只述而不作，又自名为《字义》，盖亦仿[1]之《尔雅》《说文》《玉篇》云耳。

其后有《性理大全》一书，其性质亦与《北溪字义》相同；惟直录各家语，杂而不纯。即其摘录本书处，亦间有详略不同。盖一未完成之著作，与此书大相径庭也。

四、在训诂学上之功用与地位

宋儒学说，在吾国学术史上自成一系统一阶级，《北溪字义》一书，实为阅读宋儒书之锁钥。此为另一学问，自有专门“术语”，非求之此等专门辞典，无由知其确诂也。陈宓《原序》云：

道德性命之蕴，阴阳鬼神之秘，固非初学所当骤窥，苟不先析其名义，发其旨趣，使之有所向望，则终日汩没于文字，有白首不知其原者矣。诸老先生虽虑学者居下而窥高，然其所以极本穷原，发挥蕴奥，以示人者，亦未尝

①编者按：原稿为“方”，当以“仿”为是。今改。

> 有隐也。然随叩而应，或得其一二，而无以会其大全，学者病焉。

然则研治宋学者，同有感觉此书之必要者也。弘治庚戌本《后序》云：

> 《字义》上下二卷，凡二十五门，究极根源，推明物理，由一本而万殊，合万殊而一本，毫分缕析，脉络分明，其于性道仁义诚敬忠恕等字义，咸确有定论，不为谬说异言所参杂，而道之体用，学之始终，因是而可明也。学者诚能熟绎其义，溯流寻源，由本达支，则孔子一贯，颜子之博约，曾子之忠恕，《中庸》之性教，《七篇》之仁义，皆总括于是书矣。

则是书之功用，固可以窥见一斑。抑尤有进者，吾辈研治宋学之士，非不识字也，特所识者普用之字义，不足以为治宋学之用耳。康熙甲午本戴嘉禧之《序》曰：

> 昔贤教人为学，必先识字；识字者非徒记其点画形象，辨其声韵平仄已也，字各有义，识字而不确究其义，虽识得此字，何所用之？故韩昌黎教人须略识字，非轻薄讥笑世人也，正以徒识字，而未曾确究其义为无益也。然昌黎之言，大概为文章家声韵错误言耳。声韵误则义亦多误，固也，要未尝根极性命道德之指归而为言也；以故《原道》一篇首句云博爱之谓仁，是全未见仁之原本，为后儒呰议不少，是昌黎犹未得为识字也。

戴氏之言是也。又曰：

> 北溪陈先生之书，世人或未见之者，但闻其《字义》之名，以为考订字学之书耳。夫字之为数，多至几千万，古今字书，自《说文》至《玉篇》诸种，注释略备，亦大

> 概注其点画形象音韵平仄及字之本义止矣。先生此书，目止二十有五门，所言则太极理气之原头，性命道德之宗旨，心学一贯之会归，阴阳鬼神之通复，异端曲学之流弊，逐一分疏，既极亲切，合而会通之，又极其融洽，其间体用分合，源流本末，无不纲举目张，秩然条理。然非先生之创说也，先生为朱门高弟，学见原本，故能合周程张朱之论，而约略其旨，贯串其理，著为上下卷，以示下学正的；而上达之途，即不外是焉。学者得是书而熟玩之，而后读周程张朱之全书则胸有绳约，而不患其浩瀚，于以合之六经，四子之《章句集注》，其于圣门一贯之旨，殆庶几乎！

则是书之足供专治宋学之用，其在训诂学上当占相当之地位。大抵吾国训诂之书，每一时代每一思潮，皆应有一结晶作品，不先通读此等作品，不足以治此一时代之学。《字义》之功用与地位，直与《尔雅》《说文》《玉篇》同焉可也。

民国二十四年七月十三日挥汗写于沪上四部书斋

（原载《学术世界》第1卷第8期，1936年）

我国初民文字发生之蠡测[①]

文字之发生，必在语言发达之后，人类创造语言，是人类文明第一个阶段之开始；其后人类再创造文字，是人类文明第二个阶段之开始。然而人类文明最伟大之传布利器，厥推文字。《说文解字叙》曰："盖文字者经艺之本，王政之始，前人所以垂后，后人所以识古。"所以文字之发生，即为人类文明大进展之时期，文字之功用，迥非语言所可及。

虽然，今试有人而问"吾国语言在何时创造"？固瞠目不能置答。即问"吾国文字在何时发生"？恐亦不易具答也。吾国考古事业幼稚异常，古代文化之埋葬于地下者疑亦不少。以今日所已得之材料而论，殊不足以解答此问题也。人类用器，其始用骨，其继用陶。近年以来吾国矿政顾问瑞典人安特生氏（J. G. Andersson）在奉天锦西县沙锅屯所得有骨针，骨锥，河南渑[②]池县仰韶村有骨镞，骨针及鹿角制针，甘肃洮沙辛店有牛骨制之鹤嘴锄，皆无文字。惟甘肃西宁周家寨获得一长方小

①编者按：本篇大部分书名号为整理者所加。局部标点、外文字母有改动。

②编者按：原稿此处脱漏一"渑"字。今补。

骨板，刻纹作区形，安氏谓为原始文字。但学者之间不敢置信。至甘肃彩陶则辛店期彩色陶瓮细部之花纹，出辛店者有二纹，出四时定者有二纹，学者即以为吾国文字之始型。唐兰序《殷契佚存考释》曰：“安特生考古甘肃，尝获骨版，刻作齿状，疑是文字，其实契也。乃有绘陶，为，为，为，为，此真文字也，反谓图形。盖此陶器之时代，当在四千余年以前，则其文字古拙，较之商周，自当有殊。然其为同一本源，治文字学者，固可望而知也。”丁山《中国文字学通论》曰：“辛店期陶器则有人形、犬形、马形、鸟形点缀于重要花纹间，所谓人形，……鸟形，显与殷虚文字及鼎彝款识不远矣。虞象夏鼎，今已莫传，中国图画，更未有古于辛店期陶器花纹者。此等花纹，后皆直接变为商代象形文。”然则辛店期之陶器文字，其惟吾国最初之文字欤！最近中史研究院在山东历城县龙山镇城子崖发掘，得有刻字陶片，最大者有“齐人网获六鱼一小龟”九字，董作宾以之与甲骨文，金文相比较，作成比较表三张，初发表于《谭“谭”》一文，近则略加修正，收入中国考古报告集之《城子崖》一书中。兹特为转录于此，以示演进之迹。

表一　城子崖陶文“子”“犬”二字与甲骨文金文之比较

楷书	城子崖陶文	甲骨文	金文
子		（前7.15） （后下.24） （前3.7）	（传卣） （召伯敦） （父丁鼎）
犬		（前1.46） （前8.43） （前3.23）	（虢季子白盘献字偏旁） （伯贞鼎献旁）

（附注）甲骨文栏内所用略字：前为《殷虚书契前编》，后为《殷虚书契后编》；上为卷上，下为卷下；区点前之数码为卷数，区点后之数码为叶数。

表二 城子崖陶文数字与甲骨文金文之比较

数字	城子崖陶文	甲骨文	金文
七		十（前3.1）	十（盂鼎）
十		｜（前3.23）	（盂鼎） （秦公敦）
十二（合文）		（十五合文）（前3.23）	
二十（合文）		（前2.19）	（宗周钟） （颂壶）
三十（合文）		（后上23） （前1.35）	（滔鼎） （格伯敦）

表三 城子崖（刻字陶片）陶文与甲骨文金文之比较

文字	城子崖陶文	甲骨文	金文	
齐		（前2.15）	（陈侯因资敦）	（齐癸姜敦）
人		（前2.15）	（天君鼎）	（盂鼋）
网		（前6.38）		
获		（前2.32）		
六		（前1.18）	（免卣）	
鱼		（前5.38） （前4.55）	（番生敦）	
一	一	一（前3.1）	一（毛公鼎）	
小		（前1.16）	小（散盘）	
龟		（后上19）	（龟父丙鼎）	

据梁思永在《中央研究院历史语言研究所集刊外编》第一种下册发表《小屯龙山与仰韶》一文，谓依后冈发掘[①]所得，认知龙山文化最早期之时代比仰韶期彩陶文化时代为早；两者有互相影响[②]交流之关系。而仰韶期文化又为甘肃彩陶文化演进而来。董作宾亦谓城子崖之陶文，则与甲骨文早期为近。苟非在地不爱宝，吾人得有更丰富之材料时，固不得易其说也。辛店期之年代，安特生氏假定其为公元前二千六百年至二千三百年，则吾国文字之发生，其殆在四千年以上时乎！

时代稍后则有甲骨文字。甲骨文字最早者为武丁时物，最晚者为文丁以后时（据董作宾《甲骨文断代研究例》），大约距今三千三百年以前。以其发达历程测之，不独其时书法已甚进步，而其书契之具行文之例，以及朱墨涂饰等等，亦颇完备，则其开始当在距今四千年时也。

惟文献无征，无征不信。若必欲补此罅隙者，其必不可得而言也。无已，则只就吾人所能蠡测者言之耳。大抵吾国文字之发生，其始必为图画，在辛店期彩陶中已见之。其后由图画演进而为象形文字，则城子崖陶文，殷虚甲骨文字中亦见之。象形而甚繁复也，则以指事之法济之，所以由繁变简也。而复杂心理，又不可以无所表现焉，于是会意之法生焉。至象形不足于用，形符之技有时而穷，于是形声之事出焉。其发达之过程，有如下表。

①编者按：原稿为“据”，当以“掘”为是。今改。

②编者按：原稿为“响影”，当以“影响”为是。今改。

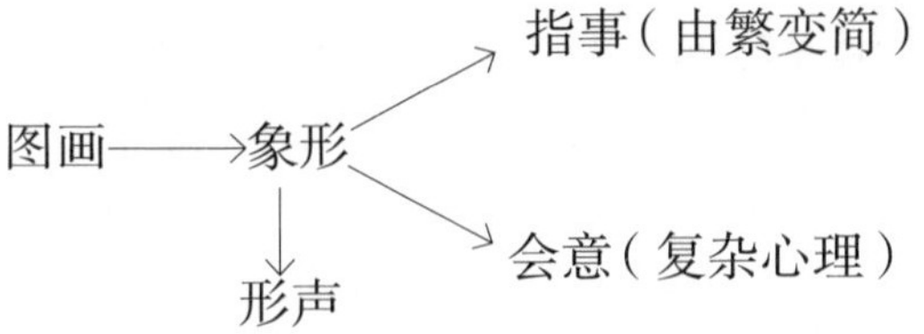

故六书之说，古无其目，而其事则在创造文字不久之时已有之，初无待于周官为之张目也。此一造字之法，直至于今而不替可也。

若夫结绳，画卦之事，亦不为虚语。吾国古代部落并立，酋长分治，小国寡民，民至老死不相往来，则此一地而用图画，由图画而演进至象形，彼一地用结绳可也，用画卦亦无不可也。非书传记载有矛盾冲突也，各部落自由发展耳。《说文解字叙》记之曰："古者庖牺氏之王天下也，仰则观象于天，俯则观法于地，视鸟兽之文与地之宜，近取诸身，远取诸物，于是始作《易》八卦以垂宪象。"卦字甲骨文作圭，叠土为之，疑为陶制之字母符。是古代有所谓庖牺氏部落者，创造"八卦"此八种字符以为记事之用，而一部落之内行之，此亦为可能之事。《易纬·乾凿度》曰："☰古文天字，☷古地字，☴古风字，☶古山字，☵古水字，☲古火字，☳古雷字，☱古泽字。"后世又以☰为乾，☷为坤，☴为巽，☶为艮，☵为坎，☲为离，☳为震，☱为兑。《乾凿度》虽属伪书，然以☰☷等线画，代表天地等现象，必为上世所传说，后世作伪书者以之收入《乾凿度》中耳。在其初创造此八种字符时，只有此"天、地、风、山、水、火、雷、泽"八种用法，故容易辨认。然而人事断不止此，所以后人又将此八种字符应用至其他人事上，以代表种种"天下之至赜"以至"天下之至动"；《易·说卦》称："乾为马，坤为牛，震为龙，巽为鸡，坎为豕，离为雉，艮为狗，兑为羊。乾为首，坤为腹，震为足，巽为股，坎为耳，离为目，艮为手，兑为口。乾为天，为圜，为君，为父，为玉，为金，为寒，为冰，为大赤，为良马，为老马，为瘠马，为驳马，为木果。坤为地，为母，为布，为釜，为吝啬，为均，为子母牛，为大舆，为文，为象，为柄，其于地也为黑。”如此成为“其名称也小，其取类也大”之应用，于是应用范围愈推广矣。虽然，以简单八种字符以代表一切繁杂人事，必将使读此字符者如猜哑谜，茫然不知所指，于是结果必至于不能应用。即以此八种字符重叠成字，亦不过仅有六十四字耳。此所由与用象形文字之部落接触而遂归于失败欤！

至结绳文字，据许氏《说文解字叙》曰：“及神农氏结绳为治而统其事”，神农氏为别一部落，用结绳记事，亦殊可能。在西洋史埃及古代有用绘文字者，亦有用线记号者，两者同时存在，或曰线记号较古，其情形或与我国上世相同。惟后世失传，经师不得其解，《虞郑九家易》虽有“古者无文字，其有誓约之事，事大，大结其绳，事小，小结其绳，各执以相考，考亦足以相治也”之语，然读之者迷惑不解。庸讵知人事进化，各民族皆然，今日浅化民族之间尚有行之者。严如煜《苗疆风俗考》谓：“苗民不知文字，父子递传，以鼠牛虎马记年月，暗与历书合。有所控告，必倩土人代书。性善记，惧有忘，则结于绳，为契券刻木以为信，太古之意犹存。”柳翼谋师尝云：“吾尝在日本帝国大学文科历史地理馆见琉球人之结绳，而不详其意；嗣读早稻田历史讲义详述秘鲁及琉球人结绳之法，知吾国古代之结绳，大致当与之相近也。”是则结绳习俗，今日犹然，许氏所叙，非为谬妄可知。或谓结绳痕迹，犹存今日古文字中，观弌式弎等古文，其字如后世之记事珠；

说详见刘师培《文学教科书》，胡以鲁《国语学草创》，陈柱《释数篇》各书，可毋俟赘述。近人姚华《弗堂类稿》论著乙又谓：“予意结绳若今女红之为结，或其遗制。惟其用也，饰故精致有加而不能普。然观所为诸式，最便形象。结绳取象，亦形为多；因物宛转，费而有穷。及变而为书契，即以结绳之形，规模而刻画之。予观诸书，若系网之属，犹可得结绳之仿佛。钟鼎彝器款识类此者，尚未可悉数也。乙燕豕马牛羊龟蛇形极肖矣；女斗象形古今不得其说，非后人讹夺，即结绳未工耳。癸爻囟之字囱古亚囧曲田米之见于《说文》，环𢿱册田丁单丙中贝亚册玄才甲周鲁举之散见诸古器者，其书如结。今之结耶？古之结耶。殆不可辨。……皆结绳之影相也。由此以言，则象形之制，结绳模其型于实象，书契因其成于结绳。”姚氏之说，虽属创论，然亦或者古代用结绳记事之部落与象形文字之部落相接触，结绳者自弃其不便，而象形者兼采及结绳符号而象之，因而象形文字中仿佛可见结绳而治之遗迹欤！

《荀子·解蔽篇》曰：“好书者众矣，仓颉独存者壹也。”《说文解字叙》曰：“黄帝之史仓颉……初作书契，以迄五帝三王之世，改易殊体，封于泰山者七十二代，靡有同焉。”所谓仓颉初作书契者，疑只不过言仓颉为好书者中众人之一人耳，非谓其始书契尽由仓颉一人所创作也。夫文字之道，在乎人人能习，人人能用，姑不论仓颉一人不能创作如许文字，即曰能之，然试问其如何能强人人习用之。故曰此必当时全社会人士之劳积之也。有人焉而画一图，他人明之，仿之而转示于又一人，又能明之，则此图画直一社会通用之字符也。其后删繁就简，则为象形，其于象形也亦然。故曰文字者非一手一足之烈所能成之也。仰观俯察，近取诸身，远取诸物，随体诘诎，在在可成文字，则孳生变化，因以无穷。今日古文字中如甲骨文，如金文，往往一字之异体至十数，如马字则多至四十余体，可见俯仰坐卧皆可以象形，象形而人人习用焉。皆可知为马字，而不得否认误会者也。如此，则人人可创，人人可用，此所谓“好书者众矣”也。言五帝三王，言七十二代，则当时各部落民族中凡属文化程度稍高者，无不有制作文字之事。其后强凌弱，众暴寡，各地所制之文字，亦因政治之力量而日趋于混同焉。然其事断断不得在仓颉时也。

民国二十五年十月五日完于广州岭南大学怡乐村郑氏四部书斋

（原载《学艺》第16卷第2号，1937年）

八股文的沿革及其对于士风所发生之影响①

在我们中国已往的历史里，有一事长足以为我国社会与文化的进步的大障碍的，就是明清两朝政府所用以取士的八股文。吴稚晖先生尝谓中国从前有土八股，现在有洋八股，又周××谓“我们不能轻易地笑前清的老腐败的文物制度，它的精神在科举废止后在不曾见过八股的人们的心里还是活着”。这可见八股文的毒害之大了。虽然，人事日进，现下距离废止八股的时候，已有四十余年，当时受过八股教育的人存者已不甚多，故八股的体式和发生长成次第及其对于士风所生的影响，学者之间明白的很少；如果不趁时写成有系统的叙述，他日搜集材料颇不容易。作者年事太轻，幼时未得受到八股的训练，自知不配操觚，但颇愿就我所已知道的写出来，求教求教。这也是一种保存掌故的意思吧！

原来八股文的发生很早，周××的《中国新文学的源流》第三讲说道：

①编者按：本篇书名号为整理者所加。局部标点有改动。

为什么会有八股文这东西起来呢？据我想这与汉字是有特别关系的。汉字在世界上算最特别的一种，它有平仄而且有偏旁。于是便可以找些合适的字，使之两两互对起来。例如“红花”可用“绿叶”作对，若用“黄叶”或“青枝”等去对，即使小学生也知其不合适，因为“红花”和“绿叶”，不但所代表的颜色和物件正好相对，字的平仄也是正对的，而且红绿二字还都带有“系”旁，其它的“青枝”“黄叶”便不是这些条件了。……这样子，由对字而到门联，由门联而到挽联，而到很长的挽联，便和八股文很接近了。

周氏这话说得很对，所以八股文的体裁虽成于宋人，而在唐时韩愈的文章已渐渐有了八股文的股法的朕兆，韩文中有：

其后阁下位益尊，伺候于门墙者日益进，夫位益尊，则贱者日隔，伺候于门墙者日益进，则爱博而情不专。

虽不甚细密，然已用文章家所谓“双关法”了。至于

亦尝一进谒于左右矣，温乎其容，若加其新也，学乎其言，若闵其穷也。……

亦尝一进谒于左右矣，邈乎其容，若不察其愚也，悄乎其言，若不接其情也。……

这俨然是八股文中的两扇了，其他韩愈文中如《原毁》等篇也常常用这个法子，可见股文在这时已经发端了，其后在宋代的《三苏策论》中就是专仿效韩愈这法子的；而王安石的作法最细密，如俞长城《可仪堂一百二十名家制义》所收王氏的《里仁为美》一文，可说是八股文的正式诞生，其中所录宋六家诸作，除王安石外，有北宋苏辙，南宋杨万里，

陆九渊，陈傅良，汪立信，文天祥诸人，这些都是后世八股的文体。

大抵我国取士之法，秦汉时的郡县吏以至先秦时代的世卿大夫是出于学校，魏晋六朝出于九品中正，隋唐以来出于科举。仅以科举而论，唐代则以诗赋，宋代则用策论。宋神宗熙宁四年（公元一〇七一），王安石改用经义取士，当时所谓经义之文，即就先儒的注解，敷衍它的意义，与后世八股文家所谓“未作破题，文章由我，既生破题，我由文章”的作法无异。俞长城谓：“制义之兴，始于半山。半山之文，其体有二：或谨严峭劲，附题诠释，或震荡排奡，独舒己见，一则时文之祖也，一则古文之遗也。”梁任公师《戊戌政变记》亦谓经义试士始于王安石，俞说可信。但宋时经义文流存于世者不多，元祐中张庭坚有《自靖人自献于先王》一文，足为表式，南宋时，魏天应有《论学绳尺》[①]十卷，论及当时场屋应试颇为详细。甲集十二首，乙集至癸集十六首，每两首立为一格，共七十八格。《四库提要》记之云：

> 当日省试中选之文多存于此。存之可以考一朝之制度。

又谓：

> 且其破题按题，小讲大讲，入题原题诸式，实后来八股之滥觞，亦足以见制举之文源流所自出焉。

据此是宋人所作文章，即所谓经义文，已有逼近后世八股文面目的一体。这些经义文详见近刻《经义笔法十种》一书

① 编者按：原稿为“《诸学绳尺》”，当以“《论学绳尺》”为是。今改。

中，至元仁宗皇庆二年（一三一三）举行科举，就四书中摘出题目，限用朱子《章句集注》并限作三百字以上，为后世规矩的滥觞，详见《日知录集释》卷十六中。明太祖得天下后，因刘基的划策，制定经义，据明邱濬《大学衍义补》所说，为四书三篇，五经四篇，故当时有“七篇出身”的名目。《明史·选举志》云：

> 科目者沿唐宋之旧，而稍变其试士之法。专取四子书及《易》《书》《诗》《春秋》《礼记》五经命题试士，盖太祖与刘基所定，其文略仿宋经义，然代古人语气为之，体用排偶，谓之八股，通谓之制义。

这是概括而言的。至成化二十三年（一四八七）八股文遂定立成规，多所限制，为明末及清代的张本。顾炎武《日知录·试文格式》条谓：

> 经义之文，流俗谓之八股，盖始于成化以后。股者对偶之[①]名也，天顺以前，经义之文不过敷演传注，或对或散，初无定式，其单句题亦甚少。成化二十三年会试“乐天者保天下”文起讲先提三句，即讲乐天四股，中间过接四句，复讲保天下四股，复收四句，再作大结。宏治九年会试“责难于君谓之恭”文起讲先提三句，即讲责难于君四股，中间过接二句，复讲谓之恭四股，复收二句，再作大结。每四股之中，一反一正，一虚一实，一浅一深。（原注谓：亦有联属二句四句为对，排比十数对成篇，而不止于八股者。）其两扇立格（原注云：谓题本两对，文亦两大对），则每扇之中，各有四股。其次第之法，亦复

---

①编者按：原稿为“文”，当以“之”为是。今改。

如之。故今人相传，谓之八股。若长题则不拘此。嘉靖以后，文体日复，而问之儒生，皆不知八股之何谓矣！孟子曰，大匠诲人，必以规矩。今之为时文者，岂必裂规偭矩矣乎？

顾氏所考证是也，后日胡鸣玉考证其事，亦引《日知录》为证。胡鸣玉《订讹杂录》卷七《八股文缘起》条云：

今之八股文，或谓始于王荆公，或谓始于明太祖，皆非也。案《宋史》熙宁四年罢诗赋及明经诸科，以经义论策试进士，命中书撰大义式颁行，所谓经大义，即今时文之祖。然初未定八股格，即明初百余年，亦未有八股之名。故今日所见先辈八股文，成化以前，若天顺景泰正统宣德洪熙永乐建文洪武百年中，无一篇传也。

胡氏之说，更为明确。吾友卢前《八股文小史》谓："八股文一作八比文，或四书文，或曰制艺，称之为时文者，与古文对待言也。考其渊源，有谓出于唐之帖括，有谓出于宋之经义，或云创自王安石，或云昉乎张才叔，要之为帖括经义之变体，若具体之八股文，则始于明成化之世。"卢氏并举侯康郑灏若梁杰周以清刘熙载诸家之说为证，结论与顾氏胡氏全同。

八股文的异称颇多，有"经义""制艺""时文""程文""四书文""八比文"等。至于房刻诸生会课的作品叫"社稿"，举人的作品名叫"行书"，十八房进士的作品，名叫"房稿"，三场主司及士子的文章，名叫"程墨"等。这类书籍数量之多，真可惊异，据黄宗羲编的《明文海》而言，其中三百零七卷至三百十三卷，已序录诸家时文凡七十八首，至于清代，则更难屈指而数，可见人才之汩没[①]于八股文的不少了。

八股文的体式，据清崔又尚所著《少学》(见《檀几丛书·二集》卷九)所说，八股文的八个部分为：

第一，破承(破题承题合称，破题二句或三句，承题三四句)

第二，起讲(又名小讲)

第三，入题(又名入手)

第四，起股(又名前比)

第五，虚股(又名中比)

第六，中股(又名大比)

第七，后股(又名后比)

第八，束语结句(又名结束)

八种如果破题承题分开来说，便有九个部分。其中破承，起讲，入题，结束用散句；起股，虚股，中股，后股各部分，每称扇或称比，则须用成柱般长联的对句，例如前比(即出比)，这一比的对句用五句或六句，则后一比(即对比)必须用同一句法五句或六句，每股有二比，四股便有八比，因有八比，所以叫做八股。然征之实例，股文之中亦有时是不对的；即如虚股一项，往往止有一二句；实则不过仅得六股，所以有"凑八股"之称。兹试举陈国彦所作的《内无怨女外无旷夫》一文为例：

"配耦无丧，怨旷泯矣"，夫怨女旷夫恒相因者也，合内外无之，非有以保聚其室家乎。且周之兴也，夭桃咏而

---

①编者按：原稿为"洎没"，当以"汩没"为是。今改。

之子于归，标梅歌而庶士迨吉，一时男女正。婚姻时，各遂人生之欲矣。顾后嗣宫帏起化，室家之保聚者周。而前朝沮漆宣猷，匹耦之绸缪者至。梦已庆乎同甘，车岂伤乎独宿。追维其际，所由予美无嗟，妻孥共乐也。古公偕姜女而胥宇，而其时何如乎？十年守不字之贞，意绝唱随，讵识聚离之甘苦。惟是昔方招彼以由房，今忽执殳而祖道。牵裾把袂，珍重徒属乎前途。而抚角枕以兴怀，知生离较情深于死别。三年罢徂东之役，归期旦夕。尚怀室妇之忧思，况乎昔方聆鸡而戒旦。今忽策马而从征，洒泪沾衣，相对徒劳乎恋别。而望室庐之已远，知一日如结想乎三秋，此怨旷之所由来也。且夫怨旷正难无耳，夫婚原为少妇所羞称，况义切从王。即仳离奚容动念，然而独处其难与也。残灯课织之余，尽属思妇怀人之景。征衣可寄，别绪难缄。睹杨柳之依依，有不禁伤美人之薄命者矣。纵慰藉亦有诸姑，笑言无非伯姊。而含情独喻，空教掩袖以惹啼。背有草我其树诸，野有蔹我其歌诸。岂得谓深闺窈窕，莫解离愁。儿女非英雄之所恋，况情殷就道。即寡偶亦复何伤，然而之子其无裳也。雨雪风霜之苦，益思家人妇子之欢。音问谁通，衷怀莫达。览卉木之萋萋，有不禁撄异地之归心者矣。纵蛾眉只堪伐性，狐媚亦足倾城。而只影自怜，谁谓无家之可乐。匪虎也何为而率野，匪狐也何为而在梁，岂得谓道左仓皇无难割爱。而抑知其内无怨女也，夫咏《卷耳》而怀人，贤妃犹志永伤之感。岂邠民独无情乎？而何以未闻其怨也。想当年星言夙驾，后宫且率鱼贯以相从，则妇子亦必有偕良人而远适者。虽巾帼未经车马之劳，不免致伤于憔悴。而情深伉俪，即历险阻而有余欣。不然，予发曲局之歌，何仅见于成康后也。且外无旷夫也，夫赋《采薇》而遣戍，军士犹兴靡室之悲。岂郊民独无意乎？而何以未闻其旷也。想当年适彼乐郊，我君且偕鱼轩而并逝，则小偕亦必有挈妻妾以谌征者。虽行李更重室家之累，未免浩费乎舟车。而念切瑟琴，即竭斧资而有愉快。不然，何人不矜之叹，何待作于周幽时也。此录王之好色，能与民同者也，王盍法诸。

题目大多是从《大学》《中庸》《论语》《孟子》即所谓四子书中出来。明初之制，试验题目限摘用经书中与大道理大制度人伦治道有关系的。作者除代圣贤立言外，可及本朝时事，自摅所见，或数十字或百余字，谓之大结。以后功令益密，恐有藉以自炫者，但许言前代，不及本朝。至万历中大结止三四句，便成为清代所用之体式。虽然在这种困难矩矱中，也有可以活用为规切时事的地方。如宋汪立信《天之方蹶》一文，很激烈地非难贾似道；明天启时应天乡试“今夫奕之为数”一节讥讽魏忠贤用事；崇祯三年应天乡试题“举直错诸枉能使枉者直”藉以论列宦官的罪状，都是拿政治上的活问题来寓于题目之中，所谓有为而发，或竟用了骂人的艺术。可是这种例子不多了。

此外又有所谓“截搭题”一法，大约因为命题限于四书，因而务于捷得的人们便于四书之中，预拟二三百题窃取他人之文记之，入场之日钞誊一过，便可饶幸中式。故司文衡的试官，创为此法以难士子。顾炎武《日知录·拟题》条云：“今日科场之病，莫甚于拟题。且以经文言之，初场试所习本经义四道，而本经之中，场屋可出之题不过数十，富家巨族，延请名士馆于家塾，将此数十题各撰一篇，计篇酬价，令其子弟及僮奴之俊慧者，记诵熟习，入场命题，十符八九，即以所记之文抄誊[①]上卷，较之风檐结构，难易迥殊。四书亦然。发榜之后，此曹便为贵人，年少貌美者多得馆选。天下之士，靡然从风。”然则蓝本的弊病，在明代已有。在后世这种毛病愈加利害，所以“截塔题”一法，实为补救这种毛病而来。然而这种题目，更不易下笔了。周××的《中国新文学的源流》第三讲说道：

> 其更难的是所谓“截搭题”。即由四书上相邻的两章或两句中，各截取一小部分，便合为一题目。例如从“三十而立四十而不惑”两句中，可截取“而立四十”作题。这种题目有很多凑得非常奇怪的，如“活昏”本是“民非水火不生活”的末一字和“昏夜叩人之门户”的首一字，毫无关系，然而竟凑为一个题目。遇到此类题目，必须用一种所谓“渡法”，将上半截的意思，渡到下半截去。在《制艺丛话》中有一个很巧妙的例子，题目“以杖叩其胫，阙党童子”。这是原壤夷俟章的末句，和阙党童子将命章的前半句，意思当然不相连接，然而有人渡得很妙，“一杖而原壤痛，再杖而原壤哭，三杖而原壤死矣，一阵清风而原攘化为阙党童子矣”。作八股文不许连上，不许犯下，不许骂题漏题，这篇文章全没违犯这些规则，而又将题中不相干的两种意思，能渡在一起，所以算最好。

总之，作文章的人，处处都受有限制，无论什么花样的题目，都得要作，必须得模仿当时圣贤说话的意思，又必须

---

①编者按：原稿为“胆”，当以“誊”为是。今改。

遵守形式方面的种种条规，作一篇文章，须得消磨很多的时间，而却毫没价值。后来不但是规矩，而且一篇文章的字数也都有一定。在顺治初年，定为四百五十字算满篇，康熙时改为五百五十，后又改为六百五十字，乾隆时又定为每篇七百字为率，字数在三百以内不及格，若多至六七百以上也同样不及格，俞正燮《癸巳存稿·八股文旧事》云：

> 康熙二年癸卯八月定试士不用八股时文，用策论，制分二场。四年乙巳，侍郎黄机请复三场旧制。七年戊申七月，定乡试复用八股时文，限五百五十字。二十年限六百五十字，后又冗长。四十四年南巡，四月十一日泰州贡生俞楷奏请时文不去破题承题增大结，庭议不行。四十五年三月，陈廷敬参奏会元尚居易首篇一千二百余字，文亦不佳，向来作文不得过六百五十字，所作违例，应黜革，从之。乾隆四十三年复限以七百字。学政校文，例以平正明畅，典实尔雅。学生凡五等，廪、增、附、青衣、发社。发社者或充吏，或为民。论文凡六等，文理平通，文理亦通，文理略通，文理有疵，文理荒谬，文理不通。惟剿袭录旧，凡在考试磨勘出首，皆黜革。其充吏者，准作典吏，或误刊为典史。有读而喜者曰：吾文理不通，尚可作典吏。真荒谬不通五六等之谈也。

所以在这种有定制的文章里，作者须得完全失去其自由乃可。在热心功名的人，如果气运不好，便一生潦倒场屋，辗转哀鸣于科举制度之下，终身不得读有用书，甚至连经书也不能有空去读。而黠者以舞弊犯法，或揣摩时习得之，而经书亦废置不读。顾炎武《日知录·拟题》又谓：

……成于剿袭，得于假猜，卒其所未读之经，有茫然不知为何书者。故愚以为八股之害，等于焚书，而败坏人材，有甚于咸阳之郊所坑者，非但四百六十余人也。

不但顾氏是痛恶八股文，在同时又有徐大椿其人，也是痛恶八股的。徐氏的《洄溪道情》里面有一首曲子叫《时文叹》，其词是：

读书人，最不济，烂时文，烂如泥。国家本为求才计，谁知变作了欺人计。三句承题，两句破题，摆尾摇头，便是圣门高第，可知道三通四史是何等文章？汉祖唐宗是那朝皇帝？案头放高头讲章，店里买新科利器，读得肩背高低，口角嘘唏。甘蔗渣儿，嚼了又嚼，有何滋味？辜负光阴，白白昏迷一世。就教他骗得高官，也是百姓朝廷的晦气。

这几句确实可以代表当时一部分人的意见。又因生员定有额数，中选者不易，于是夹带，抢替，关节，贿赂等弊病，相缘而生。于是国家设科立法，专以防奸为主。如弥封，誊录，搜索，科场禁约等，一切制度，亦日益严密。甚者解发袒衣，搜及耳鼻，以至停廪，停科，黜革，枷示等辱士之事，视为固然。士子出身之路如此，则由此辈士子而生的政治社会，学术人心，宁有澄清的一日？晚明八股文大师钟惺，天启初，任福建提学副使，大通关节，丁父忧去职，尚挟姬妾游武夷山而后即路。巡抚南居益疏劾有云："百度逾闲，五经扫地，化子衿为钱树，桃李堪羞；登士子于皋比，门墙成市。公然弃名教而不顾，甚至乘亲讳而冶游，疑为病狂丧心，讵止文人无行。"这可说是明末士风败坏的典型人物。

及满清入关，深知此病，故康熙二年（一六六三）便有

“八股文章，实于政事无涉，自今以后，将浮饰八股文章，永行停止”之谕。将这种误士子误天下的东西，毅然不用。可是自唐太宗以来，使天下英雄尽入吾彀中的愚弄政策，“借崇奉孔孟之教的美名，收束缚人材的实效”，毕竟为专制君主所舍不得的宝贝。于是聪明的清圣祖便又于禁止八股文的次年，恢复八股文了。其后以科场大狱可以任意诛锄，遂认考试八股文为政治上无上的操纵术，愈益不肯放弃了。

自是以后，举子业的空气弥漫了全国，结果在清朝一代，生出了两种现象：上焉者终身揣摩文尚，认考试和得中式为做人唯一的法门；下焉者藉士子的招牌，走私漏税，强横买卖；二者同为国家社会的败坏的根源。吴敬梓《儒林外史》第十三回写着：

> 次早马二先生换了大衣服，写了回帖，来到蘧府，公孙迎接进来，说道：“我两人神交已久，不比泛常，今蒙赐顾，宽坐宽坐，小弟备个家常便饭，休嫌轻慢。”马二先生听罢欣然。公孙问道：“尊选程墨，是那一种文章为主？”马二先生道：“文章总以理法为主，任他风气变，理法总是不变。所以本朝洪永是一变，成宏又是一变，细看来理法总是一般。大约文章既不可带注疏气，尤不可带词赋气；带注疏气不过失之于少文彩，带词赋气便有碍于圣贤口气，所批词赋气尤在所忌。”公孙道：“这是做文章了，请问批文章是怎样个道理？”马二先生道：“也全是不可带词赋气，小弟每常见前辈批语，有些‘风花雪月’的字样，被那些后生们看见，便要想到诗词歌赋那条路上去，便要坏了心术。古人说得好：‘作文之心如人目’，凡人目中尘土屑固不可有，即金玉屑又是着得的

么？所以小弟批文章总是采取《语类》《或问》上的精语。时常一个批语要做半夜，不肯苟且下笔，要那读文章的读了这一篇，就悟想出几十的丰道理，才为有益。将来拙选告成，送来细细讲教。”说着里面捧出饭来，果是家常肴馔，一碗炖鸭，一碗煮鸡，一尾鱼，一大碗煨的稀烂的猪肉。马二先生食量颇高，举起箸来，向公孙道：“你我知己相逢，不造客套，这鱼且不必动，到是肉好。”当下吃了四碗饭，将一大碗烂肉吃得干干净净。里面听见，又添出一碗来，连汤都完了。抬开桌子，啜茗清谈。马二先生问道：“先生名门，又这般大才，久已该发达了，因甚困守在此？”公孙道：“小弟因先君见背的早，在先祖膝下料理些家务，所以不曾致力于举业。”马二先生道：“你这就差了。‘举业’二字是从古及今人人必要做的。就如孔子生在春秋时候，那时用‘言扬行举’做官，故孔子只讲得个‘言寡尤，行寡悔，禄在其中矣’；这便是孔子的举业。讲到战国时，以游说做官，所以孟子历说齐梁；这便是孟子的举业。到汉朝用‘贤良方正’开科，所以公孙弘董仲舒举贤良方正；这便是汉人的举业。到唐朝用诗赋取士，他们若讲孔孟的话，就没有官做了，所以唐人都会做几句诗；这便是唐人的举业。到宋朝又好了，都用的是些理学的人做官，所以程朱就讲理学；这便是宋人的举业。到本朝用文章取士，这是极好的法则，就是夫子在而今也要念文章，做举业，断不讲那‘言寡尤，行寡悔’的话。何也？就日日讲究‘言寡尤，行寡悔’，那个给你官做，孔子的道也就不行了。”一席话说得蘧公孙如梦方醒，又留他吃了晚饭，结为性命之交，相别而去。

这般谈话应酬，可说是八股举业社会中“上焉者”阶层一般的写照。最近陈独秀的《实庵自传》第二章“江南乡试”(见《宇宙风》五十三期)写着：

大概是光绪二十三年罢，我不得不初次离开母亲，初次出门到南京乡试了。同行的人们，是大哥，大哥的先生，大哥的同学，和先生的几位弟兄。大家都决计坐轮船去，因为轮船比民船快得多。那时到南京乡试的人，很多愿意坐民船，这并非保存国粹，而是因为民船可以发一笔财，船头上扯起一条写着“奉旨江南乡试”几个大字的黄布旗，一路上的关卡虽然明明知道船上装满着私货，也不敢前来查问。比现在日本人走私[①]或者还威风凛凛。我们一批人居然不想发这笔横财，可算得正人君子了。……我们这一批正人君子，到南京的头一夜，是睡在一家熟人屋里的楼板上。第二天早起来，留下三个人看守行李，其余都出去分途找寓处。留下[②]的三个人：第一个是大哥的先生，他是我们这一批正人君子的最高领袖，当然不便御驾亲征，失了尊严；第二个是我大哥，因为他不喜言辞；我这小小人，自然更不胜任，就是留下看守行李的第三个。午后寓处找着了，立刻搬过去，一进屋，找房子的几个正人君子，全大睁着眼睛，你看看我，我看看你，异口同声的说：“这屋子又贵又坏，真上当！”我听了真莫明其妙。他们刚才亲自看好的房子，怎么忽然觉得上了当呢？过了三四天，在他们和同寓中别的考生谈话中间，才发见了上

①编者按：原稿此处脱漏一“私”字。今补。

②编者按：原稿为“上”，当以“下”为是。今改。

当的缘故，原来在我们之先，搬来的几位正人君子来找房子的时候，大家也明明看见房东家里有一位花枝招展的大姐儿，坐在窗口做针线。等到一搬进来，那位仙女便化做一阵清风，不知何处去了。后来听说这种美人计，不只南京房东招揽考先生的惯技，上当的并不只我们这几位正人君子。那些临时请来的仙女，有的是亲眷，有的土娼，考先生上当的固然很多，房东上当也不是没有。如果他们家中真有年轻的妇女，如果他们不小心把咸鱼腊肉挂在厨房里或屋檐下，此时也会不翼而飞。好在考先生都有“读书人”这张体面的护符，奸淫窃盗的罪名，房东那敢加在他们身上！他们到商店里买东西，有机会也要顺带一点藏在袖子里。店家就是看见了，也不敢声张，因为他开口便说：“我们是奉着皇帝圣旨来乡试的，你们诬辱我们做贼，便是诬辱了皇帝！”天高皇帝远，他们这几句大话，未必真能吓倒商人，商人所最怕的，还是他们人多，一句话得罪了他们，他们便要动野蛮，他们一和人打架，路过的考先生，无论认识不认识，都会上前动手帮助。商人知道他们上前帮着打架，还不是真正目的，在人多手多的混乱中，商人的损失可就更大了，就是闹到官，对于人多势大的考先生，官也没有办法。南京每逢乡试，临时增加一万多人，平均一人用五十元，市面上有五十万元的进账。临时商店遍城南到处都有，特别是状元境一带，商人们只要能够赚钱，受点气也就算不了什么。

这一段的记载，可说八股举业社会中“下焉者”阶层一般的写照，所以有些人困守场屋数十年，不胜其烦扰；有些人尽管困守场屋数十年，也不见得什么。因为他们的副目的是有着的呢！但是这些都一般地败坏了士风，以此搜求人才，岂不是等于缘木求鱼吗？但其中未尝没有真能读书讲求实学之人，如曾国藩李鸿章之流。这却是因为他们在二十五岁左右成进士入翰林，很早便不要再治帖括业，抛弃了“敲门砖”“半路出家做和尚”的原故。所以便很早得有读经书或有用书的机会，否则屡困场屋，还有什么希望？即如居心无他，一生认念文考试为做人唯一的法门的人，不特他个人贪鄙得可怜，而且国家社会以至学术文化上的正经事业，急待人办的，也荒废得可以。胡适在《吴敬梓传》里评论《儒林外史》的价值说道：

《儒林外史》这部书所以能不朽，全在他的见识高超，技术高明，这书的“楔子”一回借王冕的口气，批评明朝科举用八股文的制度道：“将来读书人既有此一条荣身之路，把那行文出处都看得轻了。”这是全书的宗旨。

书里的马二先生说……这一段话句句是恭维举业，其实句句是痛骂举业，末表卷文所说“夫萃天下之人才，而限制于资格，则得之者少，失之者多”；正是这个道理。国家天天挂着孔孟的招牌，其实不许人说“孔孟的话”，也不要人实行孔孟的教训，只要人念八股文，做试帖诗，其余的“文行出处”都可以不讲究了。又“那个给你官做不给你官做”，便是专制君主困死人才的唯一妙法。要想抵制这种恶毒的牢宠，只有一个法子，就是提倡一种新社会心理，叫人知道举业的丑态，知道官的丑态，叫人觉得“人”比“官”格外可贵。社会上养成了这种心理，就不怕皇帝“不给你做官”的毒手段了。

一部《儒林外史》的用意，只要想养成这种社会心理。看他写周进范进那样热中的可怜，看他写严贡生严监生怎样贪吝的可鄙，看他写马纯上那样酸，匡超人那样辣；又看他反过来写一个做戏子的鲍文卿那样可敬，一个武夫萧云仙那样可爱；再看他写杜少卿庄绍光虞博士诸人的学问人格，那样高出八股功名之上。——这种见识在二百年前真是可惊可敬的了。

程晋芳做的《吴敬梓传》里说他生平最恨做时文的人，时文做得越好的人他痛恨他们也越利害。《儒林外史》痛骂八股文人有几处是容易看得出的，不用我来指出。我单举两处平常人不注意的地方：

第三回写范进的文章，周学台看了三遍之后才晓得是“天地间之至文，真乃一字一珠！”

第四回写范进死了母亲，去寻汤知县打秋风，汤知县请他吃饭，用的是银镶杯箸，范举人因为居丧不敢举杯箸，汤知县换了磁杯象牙箸来，他还不肯用。汤知县疑惑他居丧如此尽礼，倘或不用荤酒，是却不曾备办。后来看见他在燕窝碗里拣了一个大虾元送在咀里，方才放心！

这种绝妙的文学技术，绝高的道德见解，岂是姚鼐方苞一流人能梦见的吗？最妙的是写汤知县范进张静斋三人静谈的话：

张静斋道：“想起洪武年间刘老先生——”

汤知县道：“那个刘老先生？”

静斋道：“讳基的了。他是洪武三年开科的进士，‘天下有道’三句中的第五名。”

范进插口道：“想是第三名？”

静斋道："是第五名，那墨卷是弟读过的。后来入了翰林，洪武私行到他家，恰好江南张王送了他一坛小菜，当面打开看，都是些瓜子金，洪武圣上恼了，把刘老先生贬为青田县知县，又用毒药摆死了。"汤知县见他说的"口若悬河"，又是本朝确切的典故，不得不信！

这一段话说写两个举人和一个进士的"博雅"，写时文大家的学问，真可令人绝倒！这又岂是方苞姚鼐一流人能梦见吗？

胡氏批评《儒林外史》的话，也就是当时八股社会的写照。胡氏在《吴敬梓年谱》中又说道：

吴敬梓是一个八股大家的曾孙，自己也在这里面用过一番工夫来，经过许多考试，一旦大觉悟之后，方才把八股社会的真相——丑态——穷形尽致的描出来。他是八股国的一个叛徒，程晋芳说他"生平见才士，汲引如不及。独嫉时文士如仇。其尤工者则尤嫉之"。他为什么这样痛恨八股呢？我们在他的诗集里寻出一篇《哭舅氏》的诗，大概是乾隆五六年间做的。这诗大可以表出他那时候对于科举时文的态度，"河干屋三楹，丛桂影便娟。缘以荆棘篱，架以蒿床眠。南邻侈豪奢，张灯奏管弦。西邻精心计，秉烛算缗钱。吁嗟吾舅氏，垂老守残篇。弱冠为诸生，六十犹屯邅。皎皎明月光，扬辉屋东偏。秋虫声转悲，秋藜烂欲然。主人既抱病，强坐芸窗前。其时遇宾兴，力疾上马鞯。夜沾荒店露，朝冲隔江烟。射策不见收，言归泣涕涟。严冬霜雪凝，偃卧小山巅。酌酒不解欢，饮药不获痊。百忧摧肺肝，抱恨归重泉。吾母多弟兄，惟舅氏爱专。诸舅登仕籍，俱已谢尘缘。有司操尺度，所持何其坚！士人进身难，底用事丹铅？贵为乡人畏，贱受乡人怜。寄言名利者，致身须壮年”。他的一位母舅，简直是一位不得志的周进范进。认得了这一位六十岁“抱恨归重泉”的老秀才，我们就可以明白吴敬梓发愤做《儒林外史》的心理了。有人说“清朝是古学昌明的时代，八股的毒焰并不曾阻碍经学史学文学的发达。何以吴敬梓单描写那学者本来都瞧不起的八股秀才呢？那岂不是俗话说的打死老虎吗？”我起初如此想，也觉得《儒林外史》的时代不像那康熙乾隆的时代。但我现在明白了，看我这篇年谱的人，可以看了吴敬梓的时代，恰合康熙大师死尽而乾嘉大师未起过渡时期。清朝第一个时期的大师毛奇龄最后死。学问方面顾炎武黄宗羲阎若璩胡渭都死了。文学方面尤侗朱彝尊王士祯也死了。当吴敬梓三十岁时，戴震只有八岁，袁枚只有十五岁，《四库全书》的发起人朱筠只有两岁，汪中姚鼐都还不曾出世呢。当这个青黄不接的时代，八股的气焰，忽然又大盛起来了。我可以引章学诚的话来作证：“前明制义盛行，学问文章还不古若，此风气之衰也。国初崇尚实学，特举词科，史馆需人，待以不次，通儒硕彦，磊落相望，可谓一时盛矣，其后史事告成，馆阁无事，自雍正初年至乾隆十许年，学士又以四书文义相为矜尚。仆年十五六时（一七五二——七五三，当吴敬梓将死的时候），犹闻老生宿儒自尊所业，至目通经服古谓之杂学，诗古文辞谓之杂作。士不工四书文，不得为通，又成不可救药之蛊矣。”（《章氏遗书》卷四《答沈枫墀论学书》，“四书文”即八股时文。）这正是吴敬梓做《儒林外史》的时代。懂得这层，我们格外可以明白

《儒林外史》的真正价值了。

《儒林外史》的价值如何，已不在本题，我们不必去论他。惟是吴敬梓这种反八股文的勇气，我们着实是佩服的。后来吴氏的书渐渐为世人所注视，于是卑鄙八股时文，遂成为社会上的群众心理。

所以这种困死天下英雄的八股举业，到了清末时，朝野上下都很能知道。据李文忠《朋僚函稿》卷十七《光绪三年复郭筠仙星使书》云：

> 人才风气之固结不解，积重难返，鄙论由于崇尚时文小楷误之。世重科目，时文小楷即其根本。来示万事皆无其本，即倾国考求西法亦无裨益，诚破的之论。而中国上下果真倾国考求，未必遂无转机，但考求者仅执事与雨生鸿章三数人，庸有济耶？

这是当时握有高级政权的臣僚，深知八股举业的害处的。不特如此，据梁任公师《戊戌政变记》第二章说道：

> 谨案：经义试士始于王安石，而明定为八股体式，尊其体曰代孔孟立言，严其格曰清真雅正，禁不得用秦汉以后之书，不得言秦汉以后之事，于是士人皆束书不观，争事帖括，至有通籍高第，而不知汉祖唐宗为何物者，更无论地球各国矣。然而此辈循资按格，即可致大位，作公卿，老寿即可为宰相矣。小者亦秉文衡，充山长，为长吏矣。以国事民事托于此辈之手，欲其不亡，岂可得乎？况士也者又农工商贾妇孺之所瞻仰而则效者也，士既如是，则举国之民从而化之。民之愚，国之弱，皆由于此。昔人谓八股之害，甚于焚书坑儒，实非过激之言也。故深知中国实情者，莫不谓八股为致弱之根源。盖学问立国之基

础，而八股者乃率天下之人使不学者也。近日有志之士，谓八股与中国不两立，岂不然哉？

康有为及御史杨深秀于三月时曾上书请废之，为许应骙[①]所驳，遂不行。四月初旬，梁启超复联合百余人连署上书请废之，格不达。至康有为张元济召见，皆力陈其害。康至谓辽台之割，二百兆之偿，琉球安南缅甸之弃，轮船铁矿务商务之输与人，国之弱，民之贫，皆由八股害之，皇上喟然曰：西人皆日为有用之学，我民独日为无用之学。康即请曰：皇上知其无用，能废之乎？上曰：可也。于是康退朝，告宋伯鲁使抗疏再言之，康亦自上一书。疏既上，上命军机大臣立拟此旨。刚毅谓此乃祖制，不可轻废，请下部议。上曰：部臣据旧例以议新政，惟有驳之而已。吾意已决，何议为？诏遂下。于是海内有志之士，读诏书皆酌酒相庆，以为去千年愚民之弊，为维新第一大事也。八股既废，数月以来，天下移风，数千万之士人，皆不得不舍其兔园册子帖括讲章，而争讲万国之故，及各种新学，争阅地图，争购译出之西书。昔之梦梦然不知有大地，以中国为世界上独一无二之国者，今则忽然开目，憬然知中国以外尚有如许多国。而顽陋倨傲之意见，可以顿释矣。虽仅数月，八股旋复，而耳目既开，民智骤进，自有不甘于谬陋者。旧藩顿决，泉涌涛奔，非复如昔日之可以掩闭抑遏矣。故此数月废八股之效，其于他日黄种之存亡，实大有关系也。然愚陋守旧之徒，骤失所业，

---

①编者按：原稿为“许应龙”，据《戊戌政变记》，当以“许应骙”为是。今改。

恨康有为特甚，至有欲聚而殴之者。自是谣诼大兴，亦遍于天下。

又案世之论者，多以为此次政变，由急激所招。夫所谓急激者，殆谓不顺人情，故召怨谤也。然怨谤之起，莫甚于废八股一事。然世之论者将畏谤而不废八股乎？不废八股可以为治乎？吾欲问之。

是当时最高政权的皇帝亦深知八股举业的害处。邹诚《夷氛纪闻序》云：

一言以蔽之，每慨由明至今以制义时文取士，群益舍格致而专尚时文。不知就时文论，亦当案时势以立言也。试观三代上语言文字不分两途，以当时之人，为当时之文，即叙当时之事，或通今变古，或引古证今，经典所存，昭然若揭。今人作时文，只得代古人立言，好为推测杜撰，甚至油滑空腔，终不敢轻时务，直是伪古文耳，非真时文也。

案邹氏撰这文时，为同治十三年（一八七四），正是俄取基华，日本伐台湾的时候。又《严幾道文钞》中的《救亡决论》谓："今日不变法则必亡，变将何先？曰莫亟于废八股。八股有三大害：曰锢智慧[1]，曰坏心术，曰滋游手。"按严氏撰这文时，是光绪二十一年（一八九五），严氏连年赴乡试在八股举业的氛围中，而所言如此。是即举在野的老先生也深知八股举业的害处的。所以到了清末，凡是头脑清楚的人，无不知八股的害处的。结果康有为张元济及梁任公师诸人请废八股，虽一时因戊戌变政失败，而一度阳光返照。及至庚子战后，这

①编者按：原稿为"智锢慧"，当以"锢智慧"为是。今改。

种为害于中国社会文化至数百年之久的大碍物——八股文——遂不得不废止了。

民国二十七年五月十八日初稿
写于梧州广东省立勷勤大学
三十三年三月三日修正于坪石国立中山大学

（原载《说文月刊》第5卷第1—2期，1944年）

【附译作】

八股文的沿革和它的形式①

（译自日本铃木虎雄《支那文学概论》第五卷）

一、什么叫做八股文

八股文就是中国古代登庸官吏——即世所谓科举——试验所用的一种文体的名称。在前清光绪二十八年（一九〇二）废掉科举制度以后，这种文体只留存一个名字在历史上吧了。但是它的残骸是如何成功的呢？现在也值得检验一下。

在科举未曾废止以前，中国读书的人如果要成功的呢，大抵要研究关于科举受验所用的书籍。那吗，八股文的书籍，不胜枚举了。但关于八股文的作法构造上的记载，没有有系统的，只有些零星断片的批评加在前人的作品之上而已！大抵这种种作法，在当时中国人父子相传师弟相传口口相传，不必另成学说。自今日外国人拿来研究，颇为不便。清初大儒顾炎武说："嘉靖以后，文体日变，问之儒生，皆不知八股之何谓矣。"今仅就两三种书籍，和一己未成熟的见闻臆说，略述八

①编者按：本篇局部标点有改动。

股文的构造于下，其中只是关于正宗的，至于变体种种，不暇一一细说了。

据清崔文尚所著《少学》(《檀几丛[1]书》二集卷九)八股文分作八个部分(如果破题，承题分开，便有九个)：

第一，破承(破题承题合称，破题二句或三句，承题三四句)

第二，起讲(又名小讲)

第三，入题(又名入手)

第四，起股(又名前比)

第五，虚股(又名中比)

第六，中股(又名大比)

第七，后股(又名后比)

第八，束语结句(又名结束)

就是了。(这种部分的名称，还有种种异名。)其中破承，起讲，入题，结束用散句；起股，虚股，中股，后股各部分，每股称扇或称比，则须用成柱之对句，例如前比(即出比)这一比的对句用五句，或六句，则后一比(即对比)必须用同一句法五句或六句，每股有二比四股所以便有八比。因有八比所以叫做八股，而八股文的名称遂以生成咧。然征之实例，股之中亦有时是不对的(虚股止有一二句)，所以股之数，亦不限于八个。大体依照这种作法的文章总称之为八股文便是。

(注)参考下文明王鏊著《百姓足君孰与不足》。

---

①编者按：原稿为“从”，当以“丛”为是。今改。

二、八股文和六韵诗

散文之中插入有对句的四股，清毛奇龄说，这种关系可以拿一首诗来譬况说明呢。唐代于试验用诗，清代于试验也用诗，这种体例名叫“试律”，即是六韵的五言句的“排律”咧。豪杰之士如李鸿章，曾国藩，在其未中进士以前，这种诗体也要练习的呢。这种诗的构造，全篇有十二句，起两句和结两句，不对，其余八句，则用四对对句。毛奇龄说，“这中间四对对句，和八股文中的四股是相当呢”。这句话大约是靠得住的。

三、八股文的异名

八股文的题目，必然要在经书中出来，或取一句，或取一节，或取一段；但受验人（举子）的笔墨用恰如出自圣人的口吻的来敷陈经句的意义；依照这种文体以成一篇文章，所以有“经义”“制义”“制艺”“时文”“程文”等名称。又因为题目多是从四书（《大学》《中庸》《论语》《孟子》）中出来，所以又名四书文。编纂书院试或社课的受验人的作品，名叫社稿；乡试（译者案：即省试）及第的作品，名叫行书（译者案：又名直省闱墨）；会试（译者案：即国考）及第的作品，名叫房书；其他试验官（主司）发表进士等的作品，又有“程文”“墨卷”等书名。这种书籍之多，真可惊异。黄宗羲（梨洲）编纂的《明文海》四百八十二卷，其中三百零七卷至三百十三卷，序录诸家时文凡七十八首，至于清代，则其详殆难屈指而数了。

四、八股文的起源

上文所讲如此整然的八股文，虽发生于明朝，但它的朕兆，在明朝以前，已经有了。大抵八股文的股法，即近于文章家的所谓“双关法”；唐韩愈《与陈给事书》已屡屡用双关法，其中如：

> 其后，阁下位益尊，伺候于门墙者日益进。夫位益尊，则贱者日隔，伺候于门墙者日益进，则爱博而情不专。

犹不甚密；至于

> 亦尝一进谒于左右矣，温乎其容，若加其新也，学乎其言，若闵其穷也。……亦尝一进谒于左右矣，邈乎其容，若不察其愚也。悄乎其言，若不接其情也。……

则益密了。其他如《原毁》等篇，也常用这个法子。股文在这时已经发端，可无疑了。

至于考试制度，在何时发生呢？

中国官吏的产生法，三代之际，出于学校；秦汉之时，郡县之吏，也出于学校；及至魏晋，则出于门阀之家（九品中正）；隋唐至清，出于科举。就科举[①]而论，唐代取士，则用诗赋，宋代则用策论。宋神宗熙宁四年（西纪一〇七一，民国纪元前八三一）时，王安石改用经义取士。当时所谓经义之文，本就先儒的注解，敷演它的意味。或以为王安石的经义，即八股文所由始［俞桐川（长城）百二十家名选之说］；或以为始于张才叔（名庭坚）的《自靖人自献于先王》一文（朱良矩《经义模范》之说），张才叔那文，吕祖谦著的《宋文鉴》

①编者按：原稿为“学”，当以“举”为是。今改。

有收录呢。王安石，张庭坚，皆为北宋人，所以假定经义文是始于北宋也可以的。此外宋人的经义流传至今的，还有苏辙陆九渊陈傅良汪立信文天祥诸家。

俞长城《一百二十名家制义》所收王安石经义文之例如下，或疑俞氏所录，不明指出出处，但也足作为参考，特录于下：

例：

里人为美　　　　王安石

为善必慎其习。（习字是骨）故所居必择其地。善在我耳。人何损焉。而君子必择所居之地者。盖慎其习也。（应一笔）孔子曰。里人为美。意以此欤。一薰一莸。十年有臭。非以其化之之故耶。（看其引喻处，忽参差忽整齐之妙。）一日暴。十日寒。无复能生之物。傅者寡。而咻者众。虽日挞不可为齐语。非以其害之之故耶。善不胜恶旧矣。为善而不求善之资。在我未保其全。而恶习固已乱之矣。此择不处仁。所以谓之不智。而里仁所以为美也。夫苟处仁。（实谓美处）则朝夕之所亲。无非仁也。议论之所契。无非仁也。耳之所闻。皆仁人之言。目之所睹。皆仁人之事。相与磨砻。相与渐渍。（美字写得津津有味）日加益而不知矣。不亦美乎。夷之里。贪夫可以廉。惠之里。鄙夫可以宽。既居仁者之里矣。虽欲不仁得乎。（看其引证处，忽参差忽整齐之妙。）以墨氏而已所有不及。以孟氏之家。为之数迁。可以余人而不择其地乎。然至贤者不能渝。至洁者不能污。（朝进一步，非说里不必仁，正要人不污于俗耳。）彼诚仁者性之。而非假也。安之。而弗强也。动与仁俱行。静与仁俱至。盖无往而不存。（君子居之，何陋之有。）尚何以择为哉。（见《可仪

堂一百二十名家制义》)

俞长城曰。制义始于荆公。原与论体相似。不过以经言命题。令下学出于正。且法较严耳。故比仗不必整。证喻不必废。侵下文不必忌。后人踵事增华。文愈工。品愈下矣。夫下文不可侵。是也。工比仗。废证喻。非也。读明文。而以宋文参之。可以得文质之中矣。(俞长城总评)

又曰。制义之兴。始于半山。半山之文。其体有二。或谨严峭劲。附题诠释。或震荡排奡。独舒己见。一则时文之祖也。一则古文之遗也。宗时文者。流为王钱。终于杨艾。宗古文者。流为周归。终于金陈。夫寄偶配合。乃成天地。正变乘除。乃成古今。道术源流。人才升降。物各有尔。惟文亦然。半山兼之。故能读半山文。斯可以读一百二十家之文矣。(俞长城《题王半山稿》)

这篇文如不可信，犹有张庭坚在。张氏为元祐中的进士，他的文录于下：

例：

自靖人自献于先王　　张庭坚

君子之去就死生。其志在于天下国家。而不在于一身。故其死者非沽名。其生者非惧祸。而引身以求去者。非要利以忘君也。仁之所存。义之所主。鬼神其知之矣。昔商之三仁。或生或死。或为之奴。而皆无愧于宗庙社稷。岂非谋出于此欤。此其相戒之言曰。自靖人自献于先王。盖于是时。纣欲亡。而未寤也。其臣若飞廉恶来者。皆道(虎曰音导)王为不善。而不与图存。若伯夷太公。天下可谓至贤者。则洁身退避。而义不与俱亡。夫为商之大臣。而且于王为亲。惟王子比干箕子微子也。三人者。欲退而视其败。则不忍。欲进而与王图存。则不可与言。虽有忠孝诚悫之心。其谁达之哉。顾思先王。创业垂统。以遗其子孙。设为职业禄位。以处天下之贤俊。俾相与左右而扶持之。期不至于危亡而后已。子孙弗率。亡形既见。而忠臣义士之徒。犹不忘先王所以为天下后世之意。以为志不上达。道与时废。乱者弗可治也。倾者弗可支也。而臣子所以报先王者惟各以其能自献可也。虽然。君子之志不同。而欲死生去就。各当于义。不获罪于先王。非人所能为之谋。其在于自靖乎。盖若商祀之颠跻。则微子以为心忧。而辱于臣仆。不与其君俱亡者。箕子比干之所羞为也。微子抱祭器。适周以请后。则奉先之孝得矣。比干谏不从。故继以死。则事君之节尽矣。箕于以父师为囚奴。犹眷眷不去。则爱君之仁至矣。其死者若愚。其囚者若污。而其辄去者。若背叛非忠也。然三子皆安然行之。不以所不能为自愧。而亦不以所能为愧人。更相劝勉。以求合于义。而不期于必同。夫谓先王所以望于后世臣子者。惟忠与孝也。故微子之去自献以其孝。比干以谏死。箕子以正囚。则自献以其忠。则是三子之非苟为也。处垂亡之地。犹眷眷乎天下国家。而不在一身。故其志之所谋。各出其所欲为。以期先王之知耳。古所谓皎然不欺其志者。非斯人之谓乎。虽然。书载微子与箕子相告戒之辞。而比干不与焉。何哉。人臣之义。莫易于死节。莫难明于去国。而屈辱用晦者。亦所难辨者也。比干以死无足疑。故不必以告人。而箕子。微子不免云云者。重去就之义。而厚之故也。不然。安得并称三仁哉。(《宋文鉴》卷百十一经义部)

及至元仁宗皇庆二年（西纪一三一三，民国前五九八）举行科举，当时试验题目，从四书中摘出来，限用朱子《章句集注》，并限作三百字以上（《元史·选举志》），后世限用朱子的注解和限定字数，从这个时候开始了。明太祖与刘基共谋，制定经义，始继承有宋的遗风。他所试验的，为四书三篇五经四篇，故当时有“七篇出身”的名目。这是据明之邱濬的《大学衍义补》所说的。在明初时，试验题目，限摘用经书中与大道理，大制度，人伦治道有关系的；非如后世随便出一二句的呢，故在明世之始，犹与宋元不甚相异。清顾炎武以为明成化二十三年（西纪一四八七，民国前四二四）前后，为八股文成立的分野。其说如下：

天顺（西纪一四五〇，民国前四六一）以前，经义文单敷演传注而已；成化二十三年以后，则八股名字之体裁始生。（译者案：未暇参考原书，只得直译。）

五、明清的八股文作家

“八股文”在明代乃始成立，当时作者辈出，故后世学习“八股文”的人，也宗奉明人作品为圭臬。虽然，试把明代八股文仔细研究一下，它的变迁，可得而说。先是洪武，永乐，以至成化之间，风气初开，当时有邱濬，黄子澄，李东阳等，其文有简朴之风，及至成化，弘治之际，王鏊[①]（守溪）钱福（鹤滩）出，以时文冠称一代。正德，嘉靖时，有唐顺之，茅坤，归有光，胡友信等，以古文笔法加之时文，为文时极盛时代。隆庆万历以后，以机法为贵，渐超佻巧，当时有赵南星，

①编者按：原稿为“螯”，当以“鏊”为是。今改。

方应祥，黄汝亨，汤显祖诸人。最后至于天启崇祯，则有章（世纯）罗（万藻）陈（际泰）艾（南英）四家，以及金声。自是横议之风渐长，文格渐坏，而国运随之而倾了。

沿至清朝，世祖顺治二年（西纪一六四五，民国前二六六）定四书之题：第一题用《论语》，第二题《中庸》，第三题《孟子》；若第一题用《大学》，第二题则用《论语》，第三题《孟子》。（这个办法，实际上在后来不行。）其后屡屡发布上谕奖励八股文，清初知名的作家有陈子壮，熊伯龙等。（以下作者从略）

六、八股文采用的精神

官吏登庸之法，单把文章来试验，已是奇怪；更以这种文体如八股，以为试验，令天下之士，终身讽诵朱子的注解，以求一一记忆，岂不更奇怪吗？所以有说“这全是唐太宗以来，愚弄士子的政策；借崇奉孔孟之教的美名，收束缚人材的实效”。这句话大概是不错的。虽然，观察立法者精神，也不能谓为没有多少条理呢。

康熙七年（西元一六六八，民国前二四三）上谕，虽有“八股文章，实于政事无涉，自今以后，将浮饰八股文章，永行停止”之文，而其翌年（八年）依然以八股文取士。至雍正十年（西纪一七三二，民国前一七九）上谕，内有“考官所拔之文，务令清真雅正，理法兼备”之语，自此以后，八股文遂标出“清真雅正”为准则。高宗乾隆元年（西元一七三六，民国前[1]一七五）命方苞依照这个宗旨，选辑四书文四十一卷。

---

①编者按：原稿此处脱漏一“前”字。今补。

方苞发表试验上采用四书文的意见，说道：

> 伏读圣谕（案即乾隆元年命方苞的上谕）曰，“国家以经义取士，人心士习，呈露端倪者甚微，而征应甚巨；故风会所趋，即关气运”。良由“经义者代圣贤立言，苟非明经史之义理，挹古文之精华；虽勉袭其形貌，而识者能辨其伪”。（译者手边无此书，只照大意重译。）

虽然受验者对于经书的真意，确实了解与否，固不可知，然就立法者方面的主张言之，这种精神必不可没有。

又一般人以为“八股文”乃是死物，这话也不见得是对。如：宋之汪立信《天之方蹶》一文，很激烈地非难贾似道；明天启时，应天乡试《今夫奕之为数》一文，讥讽魏忠贤用事；崇祯三年应天乡试题《举直错诸枉，能使枉者直》，籍以论列宦官的罪状；此皆政治上的活问题，拿来寓于题中，所谓有为而发的了。但是在八股文体中，不据经义之说明，理由毫不明白；那吗，政治策略虽从这里可以看得出，然而明显之辞，却是一句都没有的。所以在清末时才废弃八股文，我觉得时机已迟了。

七、关于八股文的杂话

在科举时代，举子（受验者）沈迷其中，遂发生了不少的迷信。或者扶乩以求试题，或从梦中暗得题目，和其他种种之类。现在举一二例子说说吧。传说明万历二十三年会试前一日，有一举子梦得考试题目有“晋元帝恭默思道”七个字，而记这个题目的纸却为“易水生”夺去，及至入场，则题为“司马牛问仁”，晋是姓司马的，元帝为牛舍的儿子，两者相合，便成为司马牛，“恭默思道”四字，正符合《论语》[1]“仁者其言也讱”的讱言之义；而这科会试的状元（第一名的人）为汤宾尹正合了易水之生的呢。

清朝诗学大家王士祯（渔洋）也有梦知试题之事；《香祖笔记》说：“顺治辛卯，祯年十八，一日读书，倦而假寐，梦神人告曰，今期试题为‘子曰惟仁者能好人能恶人’（《论语》）与‘维清缉熙文王之典’（《诗经》）。其余不言。其年余乡试得前题，及第第一；翌年会试出《诗经》题‘维清缉熙’，余落第而吾兄及第。”（译者按：这是重译的。）至于仙人扶乩的一类例太多哩！

试验官也有许多迷信。例如：江南乡试，不用《大学》命题，问他何故，则谓明崇祯十五年乡试，用《大学》“定而后能静”三句，遂以灭亡。又广东乡试也不能用《大学》命题，如果用了，必致试场火灾，试官受祸，以这种迷信，所以不敢出。其余试验题目如何出法，试场内种种不可思议的事变，传说有屡屡目击的。

其次关于八股文中的八个部分，也有种种杂话，但只得省略；现下单就破题略述一二。

“破题”又名“冒头”，即文章起手处。八股文发端两句（亦有用三句的），大抵是用对句；其次“承题”用四五句；合称为“破承”。

破题为最关重要的部分，全文巧拙的价值，即定于此了。至有破题甚巧，可以免其试验时之全部答案的。

例如：有一赵时春，他受童子试时，试官以“子曰”二字

---

①编者按：原稿为“论话”，当以“《论语》”为是。今改。

命题，赵应声说："匹夫而为百世师，一言而为天下法。"复以他的姓名为题，赵又说："姓冠百家之首，名居四时之先。"又有商邱安世凤，尝与太守共行，太守以路傍"此屋出卖"四字命作破题，安应声说："旷安宅而弗居，求善价而估诸。"凡此皆本之四书五经，而用其语法的。其文字的优劣，又全以试官个人见解以为评判的标准；所以科举的受验，殊非容易的事情哩!（其他种种滑稽之谈概行从略）

八、关于八股文的书籍

以上诸说，大抵根据梁章钜的《制义丛话》二十五卷，而参加鄙见；此外的主要参考书籍，有：

《可仪堂一百二十名家制义》（四十八卷） 康熙中俞长城编

《钦定四书文》（四十一卷） 清方苞编

《宋文鉴》（百五十四卷，五十本） 宋吕祖谦编

《师竹斋时文》（四册） 清金虚谷编

《利试文中》（六册） 清郝廷显评选

《读书作文谱》 唐翼修编

《少学》 清崔又尚撰

《仁在堂全集》（三十六册） 清路闰评选

等等。

九、文例一

百姓足君孰与不足　　明　王鏊

民既富于下。君自富于上。（破题）（此文用对句）

盖君之富。藏于民者也。民既富矣。君岂有独贫之理

哉。（承题）

有若深言君民一体之意。以告哀公。（起讲）

盖谓公之加赋。以用之不足也。欲足其用。盍先足其民乎。（入题）

诚能百亩而彻。恒存节用爱人之心。

什一而征。不为厉民自用之计。

则民力所出。不困于征求。

民财所有。不尽于聚敛。

闾阎之内。乃积乃仓。而所谓仰事俯育者。无忧矣。

田野之间。如茨如梁。而所谓养生送死者。无憾矣。（以上起讲）

百姓既足。君何为而独贫乎。（虚股）（今不用股，唯顿一二语耳。）吾知

藏诸闾阎者。君皆得而有之。不必归之府库。而后为吾财也。

蓄诸田野者。君皆得而用之。不必积之仓廪。而后为吾有也。

取之无穷。何忧乎有求而不得。

用之不竭。何患乎有事而无备。（以上中股）

牺牲粢盛。足以为祭祀之供。玉帛筐篚。足以资朝聘之费。

借曰不足。百姓自有以给之也。其孰与不足乎。

饔飧牢醴。足以供宾客之需。车马器械。足以备征伐之用。

借曰不足。百姓自有以应之也。又孰与不足乎。

吁。彻法之立。本以为民。而国用之足。乃由于此。

何必加赋以求富哉。（结束）

方苞评曰。层次洗发。由浅入深。题义既毕。篇法亦完。此先辈真实本领。后人曾开阖照应。备极巧变。莫能继武也。

文例二

（《中庸》）

《诗》云鸢飞戾天　　王守仁

《中庸》即《诗》而言一理充于两间。发费隐之意也。（破）

盖盈天地间皆物也。皆物则皆道也。即诗而观。其殆善言道者必以物欤。（承）

今夫天地间惟理气而已矣。理御乎气。而气载乎理。固一机之不相离也。奈之何，人但见物于物。而不能见道于物。（逗起察字，并引《诗》语，气亦到。）见道于道。而不能见无物不在于道也。（起讲入题）

尝观之《诗》。而得其妙矣。其曰鸢飞戾天。鱼跃于渊。

言乎鸢鱼。而意不止于鸢鱼也。

即乎天渊。而见不滞于天渊也。

为此诗者其知道乎。（第一比）

盖万物显化醇之迹。

吾道溢充周之机。

感遇聚散。无非教也。

成象效法。莫非命也。

际乎上下。皆化育之流行。

合乎流行。皆斯理之昭著。（第二比）

自有形而极乎其形。物何多也。含之而愈光者。流动充满。一太和保合而已。

自有象而极乎其象。物何赜也。藏之而愈显者。弥漫布濩[1]。一性命各正而已。

物不止于鸢鱼也。举而例之。而物物可知。

上下不止于天渊也。扩而观之。而在在可见。（第三比）

是盖

有无间不可遗之物。则有无间不容息之气。

有无间不容息之气。则有无间不可乘之理。

其天机之察于上下者。固如此乎。（第四比）（结）

方苞评曰。清醇简脱。理境上乘。阳明制义。谨遵朱《注》如此。

（上《钦定四书文》化治部）

文例三

（《孟子》）

周公兼夷狄　百姓宁　　　邱濬

惟圣人有以除天下之害。则民生得其安矣。（破）夫人类所以不安其生者。异类害之也。苟非圣人起而任除害之责。则斯民何自而得其安哉。（承）昔孟子因公都子好辨之问。历举群圣之事。而告之及此。（入）谓夫，周公以元圣之德。为武王之相。斯时也。成周之王业方兴。有

---

①编者按：原稿为“护”，当以“濩”为是。今改。

殷之遗患未息。

其所以为天下害者。非独奄飞廉而已。而又有所谓夷狄者焉。夷狄交横。不止害民之生。而彝伦亦或为之渎矣。非力去之。不可也。其所为天下患者。非独五十国而已。而又有所谓猛兽者焉。猛兽纵横。不止妨民之业。而躯命亦或为之戕矣。非急除之。不可也。

周公生于是时。以世道为己任。宁忍视民之害。而不为驱除乎。(第一比)是以

于夷狄也。则兼而并之。而使之不得猾夏。

于猛兽也。则驱而逐之。而使之不至于逼人。(第二比)

夷狄既兼。则夷不得以乱华。而凡林林而生者。莫不相生相养。熙然于衣冠文物之中。而无渎乱之祸。

猛兽既驱。则鸟兽之害人者消。而凡总总而处者。莫不以生以息。恬然于家室田畴之内。而无惊扰之忧。

谓之曰百姓宁。信乎无人之不安其生也。(第三比)

周公以是而相武王。其及人之功。何其大哉。(结束)

(上《钦定四书文》化治部)

(原书附言)引用文例的傍注小字悉依原本。破承股比等的分段,系我私见;如有分段错误,由我负责。

(原载《国立中山大学语言历史学研究所周刊》第9卷第102期,1929年)

文字之国[①]

文字之国是甚么意义?

那一个人都会提起这一句话，支那有“文字之国”的称呼；“文字之国”究竟含有如何的意味呢?或者是尊重文字之国，或者是文字丰富之国，或者是好以文字表示之国，或者是雕琢文字而使用得很巧妙之国；作兴是含有这种意味吗?任何国家，都有文字，并且使用文字；何以特别的只有支那被称为“文字之国”呢?

文字的尊重

支那的文字被尊重的一个举例，即如各地的孔子庙以及各学校，以至各乡村的街头路尾，都有叫做“惜字塔”那个东西。以石或以砖造成彷彿“石灯笼”的小龛；苟有文字记在上面的纸片，必须在这内里烧焚的，抛弃的；这种习惯，是可

①编者按：本篇为日本铃木虎雄著，郑师许译。书名号为整理者所加。局部标点有改动。

以见得到的。这一件事情，在文昌帝君（司理试验及第或落第的神）的禁戒里也有的。现在新闻纸或其他用活版排印的印刷的纸片，用于包纸等等的，或人所书写的纸片，依然是被尊重的。文字呢，所以成为有学问的人，所以成功官吏的人，凡属上流的人们所由制成的东西；而大多数的人民，不得享受。文字这东西，从大多数人民，即从文盲的民众看来，以为叫做认识文字的人们，至少值得起一种尊敬的念头。我们做旅客的人，通行的时候，徒然以言语表示的，不足得到何等的尊敬，如果示以所写的文字，尤其是笔迹作兴足以得到尊敬的。这样为民众所尊敬，已有十分的价值了。何况叫做认识①文字那事情，与认识文字的人都是属于上流之人，这种念头常相伴而起，所以将这两者合拢起来，更足以增加其尊敬的热度。即如日常使役的侍仔（Boy）们以生活程度而论，我们到底不及富人，但是因为我们是从事学问的，从这一点看来，受他们的十分的尊敬，每不减于富人。

文字的丰富，表彰好，使用巧

文字的丰富，自不待言。

好以文字表彰某事，与巧妙地使用文字，这两件事情是常相关联的。好的，所以用来表彰，表彰所以竞为巧妙。

大之上至天子为夸示其功德于天下之用的刻石（即是从封禅所行的仪式而为之的在高山顶上的刻石②摩崖），以及用于一般的墓碑；与夫金属的钟、鼎等的铭文，无非是好以文字表

①编者按：原稿为“知认识”，当以“认识”为是。今改。

②编者按：原稿此处多一“每”字。今删。

彰的结果。

文字上的日常生活

这里是我所述的，并非如上文的古典的东西，只是就日常生活中耳目所触的东西，大略说说。特别是关于由文字上所为的游戏的二三点。

匾额招牌等

我们逍遥街道之际，所见的文字，多数认为是文学的。不但揭橥于堂堂的宫殿的殿名，用了“太和”“保和”等庆颂语；即街坊随处所见的牌楼，即日本人所谓“鸟居”之类，也撰用同样典雅的文字。如所谓“履中”（这语出于经书的）之类便是。从这一点所见的，如同克林德（Kettler）因为团匪事件，中国政府为德国人在北平所建筑的牌楼，在中国人，足以表现非常的苦痛了。（闻说现在已击仆了）点心铺的名称，叫做“稻香村”“桂香村”；酒馆叫做“杏花村”“杏花楼”；浴室叫做“一品香”“升平园”；随意小酌的馆子叫做“便宜坊”等，无非是做成很文雅的。在医生的门口，常常揭橥着美丽的大字的金字招牌；这文字或写着“扁鹊遗风”，即是说专长于汉医的；或写着“术贯中外”，这是说兼精西医的；或见有[①]“内扁外华”，这是说内外科兼长的。妇人科小儿科的医院叫做“妇孺医院”，文字异常简单。至于前期的遗风，进士公的府第，则用泥金大字颜曰“文元”“状元”等等；翰林院修撰等府邸，则曰“太史第”；地方的乡试等等则曰“解元”等

①编者按：原稿此处多一“有”字。今删。

等。悬挂门口的灯笼，则用扁平的书体，记文字于其上。再讲一句失礼的话，大便的事情，叫做“出恭”；不得随意在此小便的，叫做“君子自重”；无用者不得入也（译者案：这是日本的俗语），叫做“闲人免入”或“游人止步”之类。这未免是太有礼让了。

对联

一般最惹人注意的东西，算是“门联”或“楹联”了。单称叫做“对联”。联是用对句做成的。所谓门联就是题在门扇上的对句；楹联就是悬挂在柱上的对句。对句是将来作诗赋文章的素地的东西，在读书人的家庭里，他们的子弟必须苦心学习的事情。

清梁章钜（道光年间的人）的《巧对录》说：

> 章钜尝晨起盥洗，二孙在傍，乃以“铜盘”命对；一人直应“玉爵”。又尝于雨夜以“清明时节雨纷纷”命对，二孙大窘，其母杨氏在傍，饬曰：“此《千家诗》中语也。何不对以《千家诗》中‘歌管楼台声细细’耶？”又以“牡丹花富贵”命对，一孙已对，一孙尚未能对也。偶然长女在傍曰：“闻汝读杜甫《秋兴》诗，何不以对以‘枫树气萧森’耶？”

殆可见全家协力为对句的苦心呢！如此之类的话，在读书的人家里，甚多甚多。对句殆可说是他们的性命了。

“门联”就门户的广狭大小，剪裁应当大小的红纸，左右各一枚，各书一句。大抵是准备在除夜张贴的，故又名“春联”。其起源在五代时，从蜀孟昶始的。元明以后，渐渐成为风气。梁章钜的《楹联丛话》（卷一《故事》）曰：

按《蜀梼杌》云：蜀末归宋之前一年，岁除日，昶令学士辛寅逊，题桃符版于寝门，以其调非工，自命笔云，“新年纳余庆”“嘉节号长春”。后蜀平，朝廷以吕余庆知成都，而长春乃太祖诞节名也。

又有明太祖尝于除夕微行金陵，为阉豕苗者作一春联，书：

双手劈开生死路

一刀割断是非根

与之这段逸话。（《楹联丛话》卷一引《簪云楼杂说》）

于普通民家，在门面的大抵称为“门神”，帖以代表文武两人的画像，这是雕刻的。而且帖付“门联”，其文句常常采择适当某家的身世的，中间往往揭出渊源甚远的东西。先说读书的人家，如：

忠厚传家久

诗书继世长

如果是商人的家庭，则为：

……

大学十章半是理财

这种语句，当然是可用的。

澡堂即日本人所谓汤屋，它的门联大抵为如下的句子：

金鸡未唱汤先热

红日东升客满堂

还有船户亦有用对联的。我于今年（译者案：这文是原作者在大正七年十一月二十九日在日本京都帝国大学学术恳谈会的谈话。即我国民国七年）二月十二日（阴历正月二日）从扬州雇民船向镇江出发，这船里的客厅的门联，有：

大门外清风明月

中舱内积玉堆金

的句子。门的匾额，也各在檣上迹用吉祥语。

门联多用旧式的式子，其中关于时世的东西也有。在民国五年袁氏帝政喧传最盛的时候，有一联（见《都门趣话·特别春联》）说：

道通不通皇帝万岁

得过且过民国五年

某报曾载其事，是即活文学之一例。

“楹联”挂在屋内柱上，庙宇、林园、名胜、古迹、楼阁亭榭，凡所到的地方，莫不有之。要贵乎与这人或这地方适切而已。读了这种适切的东西的读者，得到历史的兴感，便如想见其人了。

我今年春初至浙江省的绍兴府游了一回兰亭，见到王右军（羲之）祠里的楹联为汤寿潜所撰的说道：

陵邑久蒿莱，缅江左衣冠，尚有文章传胜远。

登临余感慨，望中原戎马，莫教人物负溪山。

又在鉴湖的傍边，登临宋朝陆放翁的快阁，上有董其昌的木匾，说道：

此地天教著放翁

李慈铭的楹联说道：

放翁万篇，半皆归里作。

柳家副本，全是借人看。

快阁今归姚氏，姚氏为藏书家，故后句云云。

这类太多，所以动不动生出了厌倦之情了。

关于揭帖在个已的邸宅的东西，多是属于个已的趣味，古人的格言。它的装饰的东西，是嵌以宝玉等等的。

联的长短，就诗的一句以为比例；而长至数十字或数百字的也有。俞樾（曲园）所撰西湖彭玉麟的别墅的联，将近三百字了。

联又有用于生日，吊唁的，是谓“寿联”“挽联”。

四六文

其次说到四六文。四六文乃是把对的句法应用于文章里的东西。这种文体在远昔是很盛行的，在现代说是已经废弃了。不然，在袁世凯的时代，大总统所发布的命令，议员的建议案等等，或者平常的公文，仍然盛行。那张勋复辟的事件发生的当时，这等典雅庄重的文章，重复出现呢！（译者案：在《艺文》第十九年第十一号大典纪念号日本京都帝国大学总长荒木寅三郎上表，中有：

盖闻　统天立极，国体之殊风；
　　　明祀奉先，政治之大本。
是以　列圣一揆，功存抚绥；
　　　兆民同心，要归忠存。……

等句也是很典雅庄重的呢！）最近徐世昌的尊重和平的大总统令依然是用这种文体，说：

虽西南数省，政见偶有不同；而休戚相关，奚能自外。本无南北之判，安有畛域之分。试数上年以来几经战伐；罹锋镝者，就非胞与；靡饷械者，皆我脂膏。无补时艰，转伤国脉。

又说：

吾国文教早辟，而民智蓓僿，进民较晚，是宜旁采列邦之文化，以灌输之；

吾国物力素丰，而兴业所资，毋则犹乏，是宜兼集中外之资力，以辅助之。

像上文的后一节，纯然采用“八股文”的句法，句句顺次相对，两两均齐的（Symmetrical）。文的大体是这样了。

郑重的“尺牍”也用四六文。因为这样，所以要聘用“文案”（担任文章起草之职的人）。又新闻纸上，往往报告有名的歌妓到着的广告，剧评，戏文等等；其文亦用四六体。

文字的游戏

又次关于文字的游戏，也略述一二。

其一就是酒令。我没有酒量，兼之甚少出入酒场，所以他的详细，不能知道。但根据小说及其他书籍所见，司觞政的人发布命令，座客从一定之事，唱有嵌以特定的文字的歌曲。或于庭间，见有某物，即诵出与某物有关系的四书五经的句语，或古人的诗句等等的事情。

例如饮了一杯，手中拿有一梨，即说：

雨打梨花深闭门。

又假如是“鸡”即诵：

鸡声茅店月。

又闻说“骨牌”里也应用许多诗句的。宛如日本的歌。

谜

其次说到“谜”了。谜就是正月十五夜在街上门口，悬挂纸灯，在其上黏贴出来，待人详解的东西，名叫“灯谜”。它的异名，又称为“春灯”“商灯”“灯虎”“灯糊”“文虎”等。解谜叫做“射”。所以名为“虎”呢，就是由以矢射之而中这意义而成。现在上元节的风俗渐渐废弃；所以悬谜求解的事情，在新闻纸上盛行啦。像日本的《福引案内》那书，便是关于“谜”的专门书籍呀。

谜的出题叫做“面”，而它的解答叫做“底”。底就是里面的意味。但是与我们的叫做“何挂何解”之类稍有异趣。大抵出题的先生从题意出了很适当的古书（四书五经）或古诗的成句；而答的要拿出著名的词曲小说等句子；这样为主的：

例一，以“牧童遥指杏花村”为题，射《诗经》一句。

答：彼有旨酒。

例二，以“聋子的耳朵，也是个样子”为题，射《诗经》一句。

答：不闻亦式。

答者所用语不妨与原文的意义相异。

例三，以“虚账不必实给”为题射唐诗一句。

答：花开堪折直须折。

这个答语是利用开为费之义，折为减之义的。

例四，以“德意志假道比利时”为题，射四书一句。

答：必来取法。

原文的法字为法则之义，答者利用为法兰西之义。

像这样皆是。这种习惯，在旧科举时代，作兴颇便于古典或古文学的记忆与机智的练习；但在今日，非是胸中蓄有多量的书卷的人，不能为这游戏。

近时流行的诗钟

最后从道光，咸丰的时候开始的（听说是福建人创始的），现今各处都最盛行的文学的游戏，就是所谓“诗钟”。这东西也有种种的异名，但以“诗钟”那名为最通行。以全然没有关涉的两事物为题，使各作一联的对句。何故叫做“诗钟”呢？听说是取击钵催诗的意义；钟者就是催促作诗所击的钵吗？详见《春冰室野乘》。

例如以“《史记》，砂糖”为题：

传世文章无碍腐（《史记》） 司马迁曾就腐刑。

媚人口舌只须甜（砂糖） 即宫刑。

以“新闻，靴衬”为题：

事经访后传多误（新闻）

步太高时稳最难（靴衬）

可见一斑了。

对于这个，更附以种种的制限；如造句限用古人的成句啦，或用某某等字嵌入句里第几字之类；因之遂有种种的格。嵌以文字的叫做“嵌珠格”。其中又因嵌入第一字或二字而又有特别的名称。嵌入第二字的叫做“鸢肩格”。

例如某人以“女花”两字，用鸢肩格，求集唐诗（采集唐人成句制诗之意），应者道：

商女不知亡国恨

落花犹以坠楼人

上两句共为唐人杜牧的诗句，而又依照出题者的请求，第二字用了“女”字“花”字了。

又有叫做“碎锦格”的，出了多量的字，作者随意把它用在联句里头。详见《清稗类抄》。

例用“天，地，人”的碎锦格：

鸡踪踏地斜书个

鲤尾朝天倒写人

又用“张三李四”的碎锦格：

四壁图书三尺剑

半肩行李一张琴

又用“十二月十二”的碎锦格：

十里楼台十里月

二陵风雨二陵秋

像这个可见要甚为机才了。这种游戏今世盛行在新闻纸上悬赏募集。清末张之洞，陈宝琛，易顺鼎等诸人，号为精于此道。

拆字卜

又有用于占卜而把文字分拆这事情，“拆字卜”就是。例如某卜者从“洪宪”（袁皇帝用的年号）那文字，断定袁世凯的天下只有八十四日之类便是。据他的解说，洪宪的“洪”字系由“三”与“廿”与“八”合拢而成；以三倍二十八，便成为八十四，所以知道是[①]八十四日。

结论

上文所述，非必皆足列于堂堂文学的东西，但从这些，支那人的日常生活的东西，由文字的媒介，可见其有文学性的。近于日常生活的尚且如此，至于一世的文人学者呕尽心血所制作的作品，其程度可以类推了。原来贵贱贫富，与有教育没教育的悬隔甚远；在支那社会上所发生的文学，常常出于富贵者有教育者之手，因为他们在物质方面也好，在精神方面也好，都有余裕，都有悠扬不迫的态度。这是它的特长呀！他们的文学，又与“天然”相亲，就这一点而论是很优越的。这些围绕

①编者按：原稿为“知是道”，当以“知道是”为是。今改。

自己的天然状态，也与有力焉。像支那的茫茫的平原，滚滚的长江，大河，即使不是富贵人，无论如何的人也可以养成感觉兴趣的习性。所以当到人们疲于生活的压迫的时候，与精神上急切没有余裕之憾时，要宽和这种苦恼的材料，他们多在文学中求得来呢！

最终我要说一句话：支那的事物，不能以繁缛一言排去的；这不过是程度的问题而已！如果以最简单为贵，则人们便以开倒车倒到原始生活为最妙了。从进步的发展说起来，有意义的复杂，作兴是比之简单好些。即如只有厨房而无客厅的家，这个家的品位应在何等呢？！若其家以厨房的设备紧急性，自然是先其所急，自不待论。若以论厨房的笔法拿来批评客厅，那就失当了。要之：一个国家的文化，是有得失长短的；应当取其得者长者，舍其失者短者。若只见其短失之处，并连其优长之点亦丧失去，这种损失是何等的重大呀！

日本铃木虎雄是现在东洋学者支那学的老手，虽然在彼邦不及狩野直喜，内藤虎次郎诸人，但就他所发表的支那文学研究而论，成绩已很可观了。这文与《支那文学的语戏》那文，同为著者变格的文章，译者很久看过，没有意去翻译它；现在《文华》编者张亦庵先生向我索稿，并且要有趣味的，故此把这两文译出付给了他。

民国十九年九月十七日译后记于沪上四部书斋

（原载《文华》1930年第14、16期，1931年第18期）

殷虚文字之批判①

殷虚文字之发见，在清光绪二十五年（1899），即日本明治三十二年。关之此项书籍，出版已多。西洋人所著书，亦在数种以上。其最著名者：为罗振玉氏之《殷商贞卜文字考》《殷虚书契前后编》《殷虚书契菁华》《殷虚书契考释》；王国维氏之《戬寿堂所藏殷虚文字并考释》；林泰辅博士之《龟甲兽骨文字》等。其后罗氏弟子商承祚氏又著《殷虚文字类编》。此等学者皆认定此种遗物为殷代之物，因而所谓殷代文化之真相，人咸欲于此中探其消息。

自殷虚龟甲兽骨文字出土，其事传播东西洋以后，世界多数学者对之提出种种疑问。其大体有如次之九项（据大正三年《东洋学报》所载后藤朝太郎《龟甲兽骨文字之研究》）：

一、片面的刻文果为文字否也？

二、文字者从绘画的复杂变为单纯化，此为一定之原则。今以龟版刻文为周器铭以前之文字，在字体进步上为矛盾；断不能视为周代以前之遗物。

①编者按：本篇为日本饭岛忠夫著，郑师许译。局部标点有改动。

三、中国铁器时代，在记录上始于春秋之时。然龟甲截断之细工及刻文，为使用铁器以成之工作物；所以否认为周代以前之遗物。

四、殷之时代，不得认为历史时代，果为殷代，其证明之根据如何?

五、出土地限于一个场所，其理由如何?

六、断片板数初出以来达四五万，其过多之事情又如何?

七、动物质骨片埋没土中三千年以上，尚得保存，其事情又如何?

八、未经人类学考古学上查勘之土物，如何可以遽定为殷之遗物?

九、如非赝物，其证明之方法又如何?

此九项之疑问中，第一项无怀疑之必要。姑勿论其为文字，即为图画亦非。第二项疑问最有价值。十干十二支以至其他文字，一般比较周代钟鼎古文为单简；若此果为周代以前之文字，在字体的进步上，已陷于矛盾。但其关于动物等文字，无论如何比较周代钟鼎古文为复杂，又其式样甚多，且无一定笔法，而为逼近于图画者。若以此为理由，谓刻于龟甲兽骨者非为装饰文字，而为实用文字，所以成为简捷草略，因而其文字之笔墨少于一般。若此，更何故独关于动物等文字有不可简单书写之必要乎？此疑问不得不生。而此疑问亦殊难容易解答。第三项疑问更为重要。盖切断骨甲之锯及浅细刻用之小刀，均不得认为铜制。若所谓殷代既可称为铁器时代，则春秋战国时所流行者尚以铜制武器为主；则此事亦不容易承认。第四项对于殷代不得认为历史时代之说，有主张以此等遗物为其历史时代之证者，然而只此一证，必为空论而无益。第五项为古往今来只此一个场所有此出现，此一疑问亦殊有价值。又发见之地最初传为河南省彰德府汤阴县[①]之古牖里城（即周文王为殷纣所囚而演《周易》之羑里）。后据罗振玉所说为河南省彰德府安阳县西五里（原书指中国里，以下仿此）之小屯，此小屯据《史记·项羽本纪》有殷虚之称，因而考定其地名为殷虚，何故最初有此如误传？此亦是疑问之一。第六项则为在此一个所在便有如此大量出现，未免可疑，此疑问亦颇有价值。第七项为记于最初介绍者刘铁云之《铁云藏龟》中，据其发见的记事云："骨片与泥相粘结成团，浸于水中或数日，或月余，始渐离晰，然后置诸盆盎中以水荡涤之约两三月，文字方得毕现。"云云，则所谓在泥土中三千年间不少腐蚀，不无可疑，此疑问亦有价值。第八项则因其发掘事情不明了不免疑问。林泰辅博士于大正七年亲自查勘[②]，其记事（见《支那上代之研究》）与《铁云藏龟》《戬寿堂殷虚文字》等书发见的记事不一致。《铁云藏龟》谓："士人见地坟起，掘之得骨片"；《戬寿堂殷虚文字序》谓："恒（川名）曲崖岸，为水所啮，土人得龟甲牛骨。"林博士于其所著《龟甲兽骨文字序》谓："洹水之南，始出龟甲兽骨。"其于调查报告，则谓："遗物之出，于茫漠平野之中，距洹水大约百间（日本度名）向南之地，其区域约方一町许，从深度约六尺之处出现，又从约一丈二尺之处掘出，洹水之岸全属土质，并无石质，离水面有三四丈之高"云云。此林博士之报告，与所谓从地之坟起处出，其说全

①编者按：原稿为"阴汤县"，当以"汤阴县"为是。今改。

②编者按：原稿为"查礀"，当以"查勘"为是。今改。

异；又与所谓川岸之断崖出，其说亦异。三千年来时时因洪水冲积，黄土层已甚厚。从其下被发见，实为偶然的幸福而已。但是不在坟起之处，不在川岸断崖，而在并无何等目标之地六尺或一丈二尺之下；若果如此，其于发见之机会为如何实尚有调查之必要。又六尺与一丈二尺二种地层本于如何事情而来，此点亦须研究。第九项则为刻卜辞于龟甲或兽骨之事，不见于典籍，又此龟甲兽骨最初出于山东省潍县之骨董搜集家之手，从潍县而出之，书画骨董极无信用。又世上散在甲骨之中，一见便可认为赝物者异常之多，此疑问亦有相当价值。

吾且将此等许许多多之疑问，暂时搁置，姑从刻文之内容，一为检点，以观其如何。

刻文之中，自殷天子之名，十干十二支之发见最夥。干支之成立在西纪前三百年左右，则龟甲兽骨不足直接表示所谓殷代文明。其实此种简易判断法，对于确信龟甲兽骨为殷代遗物之学者，决不能予以满足，反而根据龟甲兽骨以证明干支存在于殷代。因此更就其他多项之事实，试为论究如左：

（甲）关于殷代之帝都　殷虚与殷墟同义。即所谓殷都之故址是也。殷虚二字始见于《史记·项羽本纪》，曰："项羽乃与期于洹水南殷虚上。"后魏郦道元《水经注》则曰："洹水出山，东经殷虚北。"至明言其为安阳之傍者，则在唐初编纂[①]之《括地志》，曰："洹水南岸三里有安阳城，西有城，名殷虚"（据《史记正义》所称引），其说可信。殷都屡屡播迁，则此地为某王之都，亦不得不特别研究。

足为考知殷代史实之根据者厥为《史记》之《殷本纪》。

---

①编者按：原稿为"篡"，当以"纂"为是。今改。

《竹书纪年》则传与《史记》颇异之事实，然此书可凭信之价值殊少。其理由详述于拙著《支那[1]古代史论》中，兹从省略。据《殷本纪》最初汤居亳。亳者距周代宋国之都不远，《史记·宋世家》云："公子御说奔亳"，即其地。在今河南省归德府商邱县北方五十里之地。后经数世在仲丁之时迁隞。据晋皇甫谧曰："或云河南敖仓是。"敖仓今河南省开封府荣泽县。其次河亶甲居相。汉孔安国谓是在河北地名。《括地志》谓其地当今河南省彰德府内黄县。然《读史方舆纪要》则于此安阳县之殷虚，附以相城之名。其次祖乙之时迁邢。《史记索隐》谓其地当今之山西省蒲州府河津县。王国维氏取《说文》邢字条下"周公子所封地近河内怀"以为之说明。吾以为此说最合。河内怀即今河南省怀庆府武陟县[2]，近于黄河北岸之地。其后又经数世盘庚之时迁于黄河之南，复汤王之故居，居亳。其后又经数世，武乙之时从亳徙居河北。其后无迁都之事，经二代，至纣王之时，见灭于周之武王。此河北之地究为何处，不明记于《殷本纪》中，然据《卫世家》有"封康叔为卫君，居河淇间故商墟"之文，商即殷代最后之都，在黄河淇水之间，即古之朝歌之地，当今之河南省卫辉府淇县之地。然武乙所移居或即为此地。洹水之殷虚与淇水之商墟共记载于《史记》。淇水之商墟为武乙以来至纣之都；洹水之殷虚，即河亶甲之都。《括地志》以殷虚为盘庚之都，其说本之《竹书纪年》，加以臆见而成，不足置信。

汤所都之亳，自来已有种种解说。《括地志》综合各说曰：

---

①编者按：原稿为"所"，当以"那"为是。今改。

②编者按：原稿为"武涉县"，当以"武陟县"为是。今改。

“宋州谷熟县西南三十五里南亳故城，即南亳，汤都也。宋州北五十里之大蒙城为景亳，汤所盟也。因景山为名。河南偃师为西亳，帝喾及汤所都，盘庚所徙都之。”王国维氏研究之，以为汤之所都，不得不为景亳；南亳与西亳殊无根据。(《观堂集林》卷十二《说亳》)吾亦赞成此说。

罗振玉氏以此之殷虚为武乙文丁帝乙三世之都，河亶甲之都为内黄，纣王之都为朝歌，即淇县之地。王国维氏则以为从盘庚之时至纣王之灭亡，数百年之间，常都于此殷虚之地。罗氏王氏同以《竹书纪年》为主而参照《括地志》之说以立论。但罗氏之法，不必拘泥于此，而折衷于其他各书。王氏谓现行之《竹书纪年》为宋代所伪作，学者之间已有定说，更搜集引用于宋以前之古书者，著《古本竹书纪年》，本之以为说如此。但是信《竹书纪年》而疑《史记》不得不谓为颠倒之见。

本之《水经注》《括地志》，以此安阳近傍之地为殷虚，从此地发见之遗物，考证为殷时代之物，或亦言之成理。然必以从所谓殷虚之地所发掘之物，尽速断定悉为殷代之物，则未见其宜。又此殷虚曾为河亶甲一代九年间之都，而今日龟甲兽骨刻文之中，记载在此以后帝王之名甚多，殆又不可解者。况龟甲兽骨之发见，其事情缺乏明了，已如前论乎！所以欲确定龟甲兽骨之价值，更当于相传为殷都之各地，有严密举行真正考古学的探检之必要。

(乙)关于天文历法 (一)甲骨刻文所记载之月名 其文有自一月以迄十三月者。十一月、十二月、十三月据其文字所表示如。十三月者可认为于平年十二月加上一月，即所以示置闰之法。即太阴太阳历在此时代既已存在。但在《积古

斋钟鼎彝器款识》所载所谓殷代器物之中，有庚申父丁角，其铭文中记有“十六月”一语，阮元为之说曰：“岁云十二月，此云十六月者，《管子》有十三月、二十四月、二十八月之文。古洛鼎铭有十有四月之文。欧阳修蔡襄[①]刘敞皆疑之。董逌谓自王之即位，通数其月，盖时君未改年也。”然检点《管子·轻重篇》原文，其所云云，并非言月之顺序数，乃言月之总和数，从文意上观之，毫无疑义。庚申父丁角文中“十六月惟王乙祀”之“十”字，其文初与“王在东门”之“在”字，其字形殆难区别。所以在此处点读为“在六月”亦无不可。其所用文法可参照《周书·洛诰篇》所谓“在十有二月，惟周公诞保文武受命，惟七年”以释之。又“乙祀”之“乙”字亦可读为“廿”字。欧阳修等疑古洛鼎之十有四月，不为无理。董逌之说，只不过想像而已。在龟甲兽骨数万枚之中，记十三月以上者，绝无一枚，所以以此十三月示月之顺序数，以之证明为计算闰月者，未必不是无理。

（乙）之（二）　此为“祀”字，在刻文之中有“唯王二祀”“唯王五祀”等。（《书契前编》卷三之二七、二八）谓殷时代称年为祀，《尔雅》曰：“夏曰岁、殷曰祀、周曰年。”此字之意义为祭，以每年之大祭计算其年。据《书经》《礼记》等书所载，此等大祭，于冬至之日行之，以始祖配天。然在殷虚文字时代冬至之测定既已举行之说亦足以成立者乎？

（乙）之（三）　此字为岁。《说文》云：“岁木星也。越历二十八宿。宣遍阴阳，十二月一次，从步戌声，律历书五

①编者按：原稿为“蔡囊”，当以“蔡襄”为是。今改。

星为五步。”者二尺相并之步，者谓从“戌”字变来，宁可谓与“戊”字相当。盖“戌”与“戊”在钟鼎古文中每每混用也。律历书即《汉书 · 律历志》。其中所记有五星为五步之语。从所“步”即步行之本义转为表示运行天空之惑星之义。《说文》所解释，大略如此。《释名》曰：“岁越也，越故限也。”此处以“越”为“岁”字之语源。若“岁”字之组织，果为《说文》所言，为“步”与“戌”之合成字，则“戌”当代表音标的一部分，《释名》所解释，异常适当。“岁”与“越”两字音今为Sin与Yüeh。又为Hwei“越”之古音之一，亦读为Hwat。福州音之“岁”则有Swoui，Hmoui两音，因而其语头所用之S与H为互相通用之音。又在古音其入声音可与其他平上去三声之音自由相通。因而《释名》编著时之后汉时代之音，“岁”与“越”两音，必极接近，可以推测矣。然从后汉上溯上代，亦必如此，所以《释名》之语原论，当可认为极其正当。越过天上之某一界限所运行之星，如《说文》所言，不外是指木星。木星者在一年行天之一界限即一辰；而其他惑星则不足以当之。以此之故，“岁”之一字当为豫想木星而作者。此字既已存在于龟甲兽骨时代之中，则此时代木星之周期已被发见。谓木星已被注意，则其他四个惑星亦必为所注意矣。五行说者为注意于五星运行之事，因而成立者也。若果如此，则不得不承认在此时代五行说既已成立矣。而被记载于龟甲兽骨之干支之意义，当然可以五行说解释矣。

（乙）之（四）　此是“歷”字。“歷”者于古代用为“曆”字。“曆”字之起来，出现于汉魏以后。于殷虚文字，此字认为被用于“曆”之意义，其证据不足。然而有月字，

岁字，干支等字。以上诸字依然为含有“曆”之意义之“歷”已被应用矣。此种推定，必不甚误。[①]

（乙）之（五）　此是史字。史官者于周汉时代，掌文字记录者也，同时亦掌天文占星之官也。在殷虚文字时代，文字与天文既已存在，所以在此时代，史之职掌，与周汉时代相同。

（乙）之（六）　此字偏旁不明，然可定为“祑”字，“祑”字不见于《说文》。在《殷虚文字类编[②]》有王国维之说云：“祚案王徵君曰：此疑史字。从示，与祝同意。”上代之史官，除掌记录及天文外，并带有祭祀之职，在《左传》或《礼记》中，有祀史祭史等语，足为证明。所以王氏说与“祀”同意。祝者即祭祀时掌诵祝词之职者也。

（乙）之（七）十干十二支之表　在殷虚刻文之中，有组合十干十二支者，即列记六十甲子者。在《殷虚书契前编》之中者，有四十四枚，《龟甲兽骨文字》中亦达二十枚。干支之表卜辞无之，何故刻之于龟甲兽骨而埋藏之也？其理由如何，不明，颇为可疑之点。总之：有所刻则是事实也。其事皆是以甲子为顺序之第一，癸亥为第六十。分为六行列记。中国最古的历法，相传为黄帝之时命容成所作之黄帝历（吾为便当起见，称为古颛顼历），岁月日时为甲寅，否则从“寅”算起者也。自此以后，相传有秦之吕不韦，称为截取古颛顼历之前法之颛顼历，以岁从甲寅为始，日从甲子为始。其以子为一岁计算之

---

①编者按：为保留形近字比较，本段“歷”与“曆”字保留繁体不简化。

②编者按：原稿为“篇”，当以“编”为是。今改。

始者，则始于前汉末年之三统历。其以甲子为一岁计算之始者则始于晋之三纪甲子元历。而确立此历法制度者以唐之麟德历（日本称为仪凤历）为始。兹将黄帝历以来逐次所制定之各种历法，列记其岁始与日始如次：

上古	黄帝历（古颛项历）	甲寅岁	甲寅朔旦立春
秦	颛项历	甲寅岁	己巳朔旦立春（甲子朔旦冬至）
汉	殷历	甲寅岁	甲子朔旦冬至
	太初历	甲寅岁	甲子朔旦冬至
	三统历	丙子岁	甲子朔旦冬至
后汉	四分历	庚申岁	甲子朔旦冬至
	乾象历	己丑岁	甲子朔旦冬至
魏	景初历	壬午岁	甲子朔旦冬至
晋	三纪甲子元历	甲子岁	甲子朔旦冬至
宋	元嘉历	庚辰岁	甲子朔旦雨水
齐	大明历	甲子岁	甲子朔旦冬至
唐	戊寅元历	戊寅岁	甲子朔旦冬至
	麟德历	甲子岁	甲子朔旦冬至
	大衍历	甲子岁	甲子朔旦冬至
	五纪历	甲子岁	甲子朔旦冬至
	宣明历	甲子岁	甲子朔旦冬至

自晋至唐，其间尚有种种历法。唐宣明历以后亦有多种历法，但是此种历法传入日本以后约八百年间，乃得尽量采用，结果于德川时代造成贞享历。此后虽尚有继续，但暂时以此处截止，其他悉从省略。盖于此等历法，为比较其岁初与日初，以甲子统一双方之法，比较居以甲寅统一之法之后，以甲子为

起点者比之以甲寅为起点者明白可认为第二次之修正。又以木为寅与以木为立春相结合，与以水为子与以水为立冬相结合之日为岁初，比于以木为甲与以火为立春相结合之日为岁初，未免稍有牵强之感。《淮南子·天文训》谓以自甲子冬至迄乙亥之七十二日为木，以其翌日丙子迄丁亥之七十二日为火，以其翌日戊子迄己亥之七十二日为土，以其翌日庚子迄辛亥之七十二日为金，又以其翌日壬子迄癸亥之七十二日为水，周一年三百六十日配合五行；即为此事。是甲与木、丙与火、戊与土、庚与金、壬与水，其配合之意义已极明显；而春与木、夏与火、秋与金、冬与水，其配合则殊不自然。此亦足明其为第二次后出之证据。颛顼历以B. C. 1506之己巳朔旦立春为岁初其事殊为虚伪；其实当自其六十一年以前之B. C. 1567之甲子朔旦冬至起算。此颛顼历之被实施时代，是因《淮南子·天文训》"数从甲子起""冬至甲子"等语推定而来。但是自表面上观之，以甲子朔旦冬至为岁初者以殷历为始；而此历则自前汉之初至于中顷乃能发明。然则殷虚文字干支表，于大体上在颛顼历以前尚未实施。殷历者如其名所昭示假托为殷代历法，其历之元始为B. C. 1567甲寅岁甲子朔旦冬至之年，用其历之学者，为殷太甲元年。否则以殷虚之干支表连络于此历，其事亦可考而知矣。

若如此检点，在殷虚文字之中，已含有战国以来天文学之智识矣。若然，则龟甲兽骨之刻文，不得不为战国以来之制作。据此以解说所谓殷代文明，增加新资料于中国上古史之中，其事绝对谬误。

若然则此为自战国以来于某时代作成之物，自必生研究之必要。若谓秦始皇帝以后，姑勿论当时通行之文字为隶书，对于无何等修饰之必要之物，特别使用古文，则殊不可解。但是其中据其干支表以甲子为始一点观之，从严格言之，不得不是颛顼历制定以后之事，即秦始皇帝以前之事。然亦无确证。谓秦始皇帝以后事势不可能，谓为以前亦无确据。其殆失去其成立之时代乎！此诚一大疑问也。

（下略）

（原载《大陆杂志》第1卷第10期，1933年）

郑师许 著

罗志欢 李炳球 主编

郑师许文集

（二）

考古文博

东莞历代著作丛书

莞城图书馆 编

齊鲁書社

·济南·

考古文博

目　录

【附译作】

金石学的定义及其研究的对象①

大凡研究一种学问，必须先将它的定义弄清楚，然后可以着手研究，否则，必然至到连研究的对象是个什么，也不能明白，那就无从着手了。那吗，金石学不也是一样吗？所以在这里也得先将它的定义弄出来了。可是我为了这个，便检查了许许多多前人所著金石的书和近人在杂志或刊物上所发表关于金石的论文，真是令我大大的失望，不特没有很好的很清楚的定义可参考，简直是没有人提起过这件事呢，现在我个已虽不愿自我作古，但事实上没法了，只得由我自己杜撰一回，试试用得用不得。

金石学就是研究前人所遗金石诸器的名称，式样，用途，年代和附着器面上的文字的科学。

金石学这个名词，顾名思义，便可想见这种学问是研究金属器和石质器了。可是我们有了限度，这是研究前代人类所遗留的制作品，若是现代制作品，不在本学范围之内，那自然年代是有问题了。所以每一件金石器出土，无论他有文字也好，

①编者按：本篇书名号为整理者所加。局部标点有改动。

没有文字也好，我们总是考证它的被制作的年代。至于这是什么器？式样大小是怎样的？用途又是怎样？当然也在研究的范围之内。如果是附有文字的，也得替它作一番考释的工夫，因它的文字可以被考释得出呢，那器的名称年代等等，都容易决定了。但是前人对于这种工作，已经费了不少的工夫，所以我们在着手研究的时候，应当先把前人的著录，先行阅读，以考查他们的成绩，方不至白费了气力。

此外还有一点小小的意见，就是“金石”这两个字，不能包括得这一类被研究的对象的全体。先民物质上的遗物，如殷墟甲骨，流沙坠简，乐浪漆器，南越木刻，以至匋玉瓦砖之类，非金非石，我们研究的人，难道真的能够将它割爱吗？实际上也都在我们研究的范围之内。所以我以为应当说得稍为宽泛一点，说是“金石诸器”以便把他们都包括在内里。换言之：这种学问就是考古的一部分学问。

我们又把它加上“中国”二字，所以表示这里所研究的，只限于中国的东西，外国的并不在内。

学问之道无穷，个人的学识实在有限，何况这些东西，日有出土，其中真伪揉杂，辨别不易，我们只有抱着“知之为知之，不知为不知”和“于其所不知，盖阙如也”的态度，把前人所整理的已经成为定论的，编为有系统的解说，名之为概论，亦所以为行远登高之一助而已。至于高深见解，昔贤所著专书具在，学者当可取而读之，毋庸鄙人哓哓不已。

自来研究这种学问的，向来有两派的人，一是专供赏鉴的，叫做赏鉴的金石学家；一是专事考证的，叫做考证金石家。近人宣愚公《金石学著述考叙》谓：“金石家者往往长于考据，短于赏鉴；……求所谓金石家之书读之，正如老饕之简食单，望屠门：好色者报巧笑美目之图，诵惊鸿游龙之赋。……”考证的金石学，诚然不免有这种弊病，但不尝过这种考证的苦头，徒言赏鉴，将不免如前世的盐商烟贩，琳琅满架，尽属赝器伪刻，又何足以言学问？这篇所述，学者直视为“食单”便算了。

按这文为著者《中国金石学概论》第一章“叙论”中之一节，原书凡三编，计十章，篇幅过巨，修饰订正，尚需时日，一时未能出版，故先为发表一段，以告世之学者。

（原载《文华》1931年第20期）

饕餮考[1]

一、楔子

曩余掌教海上持志大学古文字学、文字学史，有蒋生焕章者造寓，出其所为文《古籍上传说对于研究饕餮之暗示》一文，征余意见，并请为批答。蒋生好学君子也，自谓于此道用功最勤，闻同校前教授闻宥君已为文勉之矣。余受而读之，虽未直许为成熟之作品，然其志则殊可嘉也，允为考证，溽暑未就，良用歉然。今秋复为正风文学院讲授中国金石学，为诸生讲解商、周礼器，则所谓饕餮者，在诸器文样中占最重要之地位，时刻触吾眼帘，因发愤取前人所著书，钩稽成说，为诸生告，并以答蒋生殷勤下问之盛意云。

二、古籍上关于饕餮故事之传说

“饕餮”一语，最初见于《春秋左氏传》：

文公十八年文云：昔帝鸿氏有不才子，掩义隐贼，好

①编者按：本篇局部标点、外文字母有改动。

行凶德，丑类恶物，顽嚚不友，是与比周，天下之民，谓之浑敦。少皞氏有不才子，毁信废忠，崇饰恶言，靖谮庸回，服谗搜慝，以诬盛德，天下之民谓之穷奇。颛顼氏有不才子，不可教训，不知话言，告之则顽，舍之则嚚，傲狠明德，以乱天常，天下之民，谓之梼杌。此三族也，世济其凶，增其恶名，以至于尧，尧不能去。缙云氏有不才子，贪于饮食，冒于货贿，侵欲崇侈，不可盈厌，聚敛积实，不知纪极，不分孤寡，不恤穷匮，天下之民，以比三凶，谓之饕餮。舜臣尧，宾于四门，流四凶，族浑敦，穷奇，梼杌，饕餮，投诸四裔，以御魑魅，是以尧崩而天下如一，同心戴舜以为天子；以其举十六相，去四凶也。

与十六相对举，后世注家以《尚书·尧典》之驩兜，共工，鲧，三苗释四凶，遂误以饕餮为人名。

详见《十三经注疏·左氏传》孔颖达疏《正义》中。

其后见《吕氏春秋》，一则解释周鼎所著：

《先识览》云：周鼎著饕餮，有首无身，食人未咽，害及其身，以言报更也。高氏注谓，《广雅·释言》云，更偿也。

以为报偿者戒，一则明言其为种族部落之称：

《恃君览》云北滨（依毕氏校改）之东，夷秽之乡，大解陵鱼，其鹿野，摇山扬岛，大人之居，多无君。扬，汉之南，百越之际，敝凯诸夫风余靡之地，缚娄阳禺驩兜之国（案地名多不可考），多无君，氐羌呼唐离水之西，僰人野人篇笮之川，舟人送龙突人之乡，多无君。雁门之北，鹰隼所鸷，须窥之国，饕餮穷奇之地，叔逆之所，儋耳之居，多无君。此四方之无君者也，其民麋鹿禽兽，少者使长，长者畏壮，有力者贤，暴傲者尊，日夜相残，无时休息，以尽其类。

并申述其民情风俗政治社会；就其所述，宜为华夏远裔浅化之民。后此遂不复见于经传，直至汉东方朔搜讨异闻，撰《神异经》，始叙述其形态面皃：

西荒中有人焉，面目手足皆人形，而胁下有翼，不能飞，名曰苗民。《书》曰窜三苗于三危。西裔，为人饕餮，淫佚无礼，故窜于此。（据商务版《汉魏丛书》景明刊本）

服虔至引用注经，谓为兽名，身如牛，人面，目在腋下，食人：

见《十三经注疏·左氏传》文十八年项下。

与今本《神异经》少异。意者浅化之民，物人观念不清，传述异辞耳。总之，不离乎夷狄者近是。古籍所载，大略如此。

三、饕餮疑为西南译音字

今考之《说文》，饕篆文作[illegible]，籀文作[illegible]，俗又作叨，土刀切；餮篆文作[illegible]，他结切；现代注音当作“t’au–tie”，古音则为“t’o–t’it”“t’o–t’in”或“t’o–tim”（拼法依照德人夏德《支那古代史》Friedrich Hirth’s “*The Ancient History of China*”第三章第二十一节《关于饕餮》文中所引）。在原语当为“Tor–im”，与古之峋嵝原为“Clowd”唐之突厥原为“Turk”同为屈折语系无疑。华夏字不能发此音，因转而为双声复辞耳。凡外夷语之无相当中国字音者，传译时大率若此。今《史记》《汉书》尚存有汉时译音字，可资为证。又以其为传译故，故书写时从口从食，都可通假，不统于一也。

虽然，曷言夫必为西南译音字乎？夷考我国上世，蕃殖于黄河洛渭之间，其西南则荆汉巴蜀，有苗之人居焉；密迩华夏，交通最早。其后汉族以地利天惠之故，急剧增殖，遂逐之三危。所谓窜斥之者，亦如现世皙种占领非澳海岸，迫其土人聚居山深林密之境云耳。《神异经》明言三苗即为饕餮，《左氏传》明言投诸四裔，以御魑魅；岂不可于此中观其消息耶！所以必谓舜流之去之者，直以指虞夏时我民族之顿然膨胀，乃有此力量而已。《吕氏春秋》疑有脱简，以饕餮在雁门之北，则穷奇将何居耶？儋耳在今广东海南，饕餮与儋耳同居，亦不过湘水衡岳之间而止。《神异经》今本作西荒，或本西下有南字（据蒋生所见本），征之近世苗人尚有住居湘境深山者，则吾之推度为可信。饕餮二字如为音译，谓非西南鴃舌之语而何？

四、饕餮纹入器之由来

然则饕餮何以入器？蒋生疑饕餮纹原为人头纹，尝欲搜集古武器图，以时间线排比之，溯其原始，卒以材料太少，不得端倪，废然中止。余意则谓饕餮纹初为人头纹，当无疑义。其所以必饰此人头纹者，意者饕餮种人，当时必盛行“出草”之风，与今日台湾番族无异。

林惠祥编著之《台湾番族之原始文化》上编第五章云：馘首为台湾番族之特殊的风俗，台湾汉人称之为“出草”，出草者谓出门杀人取其首以归也；其所杀者为社外或族外人，而汉人之头，尤为所喜。昔派宛族之一部名傀儡番者极凶暴，异族近境，立失其首，汉人甚畏之，有谣云：“傀儡山深恶木稠，穿林如虎攫人头”，云云。此种风俗在昔时除野眉族外，各族皆有之，其后渐趋衰微。现只

> 行于太么族及蒲嫩派宛二族之一部；此外各族，或时一为之，如阿眉族固已属驯化之民族，然其在北部者因生存竞争之故，有时亦斩太么之首置于首级架上。出草之手续，或袭入对手者之家，馘取其首以去，然大都匿于路上之树荫岩隙，以伺行人，待其过，先以铳弹弓箭射之中，然后跃出拔刀割其首。割首时大抵先将尸身拖近树干或岩石，将颈置其上，然后斫下。割首后拔去脑髓，洗净血污，装入名为“票干”之一种网袋，背负回社，既入社即高声叫喊，报告成功。于是一社之老少男女皆惊喜奔集，欢迎凯旋，有酒者便出以祝贺，妇女儿童围绕人头而舞。最后由出草者携回己家，陈于人头架上，下垫萱草；得新人头则将旧者推移两旁，将新者置于中央。对人头亦有祭献，将食物塞入其口，唱祭辞，大意谓：“供尔以番薯及猪肉，尔其尚飨！盍邀尔之父母兄弟同来此地享乐乎。”其意以为如此便可招致被害者之亲族同被馘首云。邻近之人咸来饮酒歌舞，欢呼庆贺，继续至于一二个月。出草成功者被尊为勇敢之士，极有光耀。青年男子得人头后便得成丁；结婚期有限于夏季者，但出草成功者不受此限制；出草成功后，前所犯之罪，亦一概消灭。……出草之原因非为满足残暴之念，而实由于数种正当之希望，如（一）履行成丁之必需条件，（二）取得社会上之名誉，（三）复亲人之仇，（四）祛除恶疫，（五）祈求丰年，（六）争婚之方法，（七）裁判之方法等。

攫取他族首级，携回社中，吕氏《先识览》所谓食人未咽，《恃君览》所谓日夜相残，意即指此。后世注家未明古俗，如贾逵服虔杜预辈，皆曰贪财为饕，贪食为飻，盖不过对左氏文望文生义，反不若俗谓大食为饕餮之得其遗意也。饕餮种人，得首级后，或亦有岁时伏腊之祭置食骷髅之口，而为之辞。历时久之，物品不化，遂悟以器盛物之理，于是有漆头为器之举而觞缶之制以成。

《战国策·赵策》云：赵襄子最怨知伯，而将其头以为饮器。沈钦韩引《吕览》云：断其头以为觞。据此则饮酒之器是也。

汉时胡俗尚有行之者：

《汉书·张骞传》云：时匈奴降者，言匈奴破月氏王，以其头为饮器。《匈奴传》云：以所破月氏王头，共饮血盟。王先谦《补注》谓：元僧杨琏真伽截理宗顶骨为饮器，胡俗同然。

则上世饕餮种人能为是器，自属可信。其后陶器发明，或即以人头器为胚，或即象人头而为之器。今俱不可考；要之陶器之来源，殆因袭夫骨器，可无疑义也。

日本平凡社新刊《世界美术全集》第二册第一百三十五页有殷墟出土陶器及其断片，据日本考古学专家关野贞考证云：自殷墟发见之白色雕文陶器，其面施以刻画精利之文样，类先秦时代之钟鼎文，不但与殷墟牙角器之雕文同其性质，且与秦汉时代之灰色陶器，异其手法。其（一）为东京美术学校所藏，壶之肩部刻有饕餮纹；其（二）为东京帝国大学工学部所藏，壶之肩部亦有饕餮文带。据此则饕餮纹最初入器，不始于铜制器也明矣。

其后进入铜器时代，最初亦必有仿制人头器者。今虽无实物可证，然梁任昉《述异记》尚有当时发见铜制髑髅之文：

《述异记》卷上云：轩辕之初立也，有蚩尤氏兄弟七十二人，铜头铁额，食铁石，轩辕诛之于涿鹿之野。涿鹿今在冀州，今冀州人掘地得髑髅如铜铁者，即蚩尤之骨也。据此，则梁时实有此物发见，不得其解，黠者遂附会为蚩尤故事云耳。

堪供推测。及至此等用器传入华夏，华夏为文化较高之族，始斥去骨制，专尚陶制或铜制；犹夫子舆氏所谓始作俑者之意云耳。其后工业竞兴，递事模仿，传写失真，渐渐不作人头形，而仅附其纹样于器面。有艺术思想者，复随意变化之，于是始有仅存其两目者：

《宣和博古图》卷九第十页之商卣，《世界美术全集》第二册第十页之夔龙饕餮纹卣，只仅存两目。

亦犹告朔饩羊之故事而已。后人不察，又从而为之辞；于是食人未咽，害及其身，坐为饕餮之罪名，用昭炯戒。而饕餮之或为兽：

见前服虔注。

或为长毛猎犬，或为西藏之獒：

见夏德《支那古代史》第二十一节。

皆随后世注家之意以为变迁，而用具源出于蛮夷社会遗俗之一义，遂不复可晓。其隐晦不彰，亦已久矣！

五、饕餮纹饰器不限于鼎彝

今世所存殷周鼎彝，以作饕餮纹者居最多数，是固然矣。

案《宣和博古图》《西清古鉴》《西清续鉴》《宁寿古鉴》《金石索》《商周彝器》各书此类器图极夥，试一翻阅，便可证明，恕不列举。

然而自实物考之，前夫铜器时代之骨器，亦有作饕餮纹者：

见《世界美术全集》第二册第一百三十四页三十五页殷墟出土牙角器及陶器考释文中。

同时代之兵器舞器，亦间或有之：

《宣和博古图》卷二十六四十九页汉舞戚，《西清古鉴》卷三十七第七页周舞戚三之柄，《金石索》金索二戈戳之属第五器古戳之正面，皆有饕餮纹。

然则饕餮纹饰器不仅限于鼎彝也明甚。

顾或者又以兵器舞器曷为饰以饕餮纹也为问？则谨对曰：意者种人以武器杀人，庆其成功，刻之以鸣其盛。然此其起源，当在骨器陶器以后，故其纹宛然两目，无复作全人头形者。梁陶弘景著《古今刀剑录》记夏至周七器，不及饕餮纹之语；今者三代兵器，存者益少，其蜕变之迹，已难详考。干戚舞器，由兵器演变而来，乃文化大开以后事，不足以资古俗之研究。大抵饕餮上饰最初当为饮食用器，由具体而征象，其系统整然不紊；及至仅存样纹，则一切用器皆可成刻，棼然杂兴矣。今日据一二或然之物，而谓饕餮纹最初实出于是，吾知其必不可也。

六、饕餮与夏疑皆为图腾社会种人之称

于此而尚有一疑义焉，则饕餮与夏，疑皆为图腾社会种人称。近世严氏幾道译英人甄克思《社会通诠》有“图腾”（Totem）之说。

《社会通诠·蛮夷社会篇》云：蛮夷之所以自别也，不以族姓，不以国种，亦不以部落，而以图腾。聚数十数百之众谓之曰一图腾，建虫鱼鸟兽百物之形，揭橥之为徽帜。

吾尝疑之，以为我国古代名呼蛮夷异族之字符，皆所谓图腾之

徽帜也。许慎《说文解字》释蛮、闽、狄、貉、羌诸种，谓为虫兽所出。

(1)蛮，它种，从虫，䜌声。

(2)闽，东南越，它种从虫，门声。(按它蛇古今字)

(3)狄，北狄也，本犬种，狄之为言淫僻也。从犬，亦省声。

(4)貉，北方貉，豸种也；从豸各声。孔子曰：貉之言貉貉恶也。

(5)羌，西戎，羊种也，从羊儿，羊亦声。南方蛮，闽，从虫；北方狄从犬；东方貉从豸；西方羌从羊；此六种也。(段注：当云皆异种也)

其传说之谬，殊足惊异。今者盛言生物进化，人类祖先，或即出于下等动物，然进化历程，以渐不以顿，即令虫兽可以进化为人，要亦千万年间之事，人亦乌从别之某为虫出某为兽出也哉？疑许氏所谓羊种犬种豸种蛇种也者，非真出自羊豸蛇犬，亦图腾之徽帜云尔。案羌篆文作，金文《郑羌伯鬲》作，羊头人身，象护羊之神；狄篆文作，金文《戰狄钟》作，《曾伯簠》作，从犬从火，或从亦，亦，人身之臂亦也，象守犬之神；意者游牧之世，兽为财产，人咸重之，不幸牲畜疾疫，财产顿归乌有，图为神像，以资守护，亦聊以自慰，而安众心，其后遂用为种人之神，绘为徽帜。又案闽蛮二字，为一音之转，其初或只有闽字，后郑曰："闽，蛮之别也"，引《国语》闽芈蛮矣。蛮篆文作，金文《虢季子白盘》重文作不从虫，可资为证。闽篆文作从门从虫，象闭门拒虫也，《说文》它，虫也，上古草居患它，故相问无它乎。意者南方卑湿，虫蛇滋生，人以为患，故闭门避之；今闽粤人外门多画

二巨神，持戈披甲，耸立，号曰神荼郁垒，或即古所谓图腾徽帜之遗制欤！

由此推之，所谓夷、夏二字，《说文》虽不明言其所自出：

夷，东方之人也，从大从弓。案羊部云：惟东夷从大，大，人也；夷俗仁，仁者寿，有君子不死之国。孔子曰：道不行，欲之九夷，乘桴浮于海，有以也。

夏，中国之人也，从夊从页，从臼。臼，两手，夊，两足也。

要亦图腾之徽帜无疑。夷篆文作，金文异体十三文（据容庚《金文编》所撰集）均不从弓。段玉裁曰："大象人形，而夷篆从大，则与夏不殊，从弓者，肃慎氏贡楛矢石砮之类也。"意者东夷开化最早，其新石器文化较他族为高。

日本滨田耕作《日本文明之黎明》云：石器之制作，除埃及之石刀外，以日本石镞之技术为最优异。其新石器时代之文化，除美洲土人外，在他国难求其例。又云，其石器时代之文明，大抵由朝鲜九州方面传来。（见《东亚文明之黎明》附录第九十页。著者已译登华通书局出版《日本杂志》第六期。）

故其图腾之徽帜，象神操弓矢守护，当时人神观念不清，人即神也。甄克思氏所谓浅化之民，其为鬼神也，常多厉而少祥，是也。夏篆文作，金文《秦公敦》作，与无异。

夒，贪兽也。一曰母猴，似人。从页，巳止夊，其手足。

夔，即魖也，如龙，一足。从夊，象有角手人面之形。

意者我国先民山居畏鬼，魑魅魍魉之属，常出为人害，故奉一神如“夏”者，以为呵护，举族之人祀之，遂成图腾之制。厥后文化日进，羞言其故，因尊之曰，夏，中国之人也已耳。

凡此皆因其字符可以推知其原始社会团结之所由，及图腾建帜之遗意。饕餮既为当日主要部落，则此种制度，当不能例外；而又不能就其所图纹样，以为解释，疑此“饕餮”一语，与浑敦，穷奇，梼杌，驩兜，共工，崇鲧，有苗诸字，同为族名之音译。

近人杨成志著《云南民族调查报告》第五章云：苗的名称，根源于《书经》所载的“三苗”和“有苗”，或谓其语言似猫声而得名（如T. de Lacouperie 的主张是）；或谓其自称为“muug”或“Hmung”而得名（如L. D. Lajonquiere的主张是）。更有的说“苗”字的由来，是从“mu”“mun”“mu’n”“A’m’on”“mon”“maw”和“nHun”转变而成的。（见《苗族调查报告》）然而我调查云南巧家和永善两县的花苗，他们称自己为“Amoau”，这又可值得注意的。（该刊为广州国立中山大学出版）

年代久远，文献无征，因而稽考不易耳。

七、结论

古史之难于研究，由来尚矣；所谓尧舜不复生，各自谓真尧舜，实慨乎其言之。孔子曰多闻阙疑；又曰，君子于其所不知，盖阙如也；吾人为学，应奉此以为圭臬。虽然，学问之道无穷，人之求知欲与时俱进，迩者人类学，民俗学，古生物学，古社会学，皆甚进步；随在与考古学相提携；吾人之考证古物虽或有时不能得其真凭实据，而出于应用比量之一途，而事物之真面目，或即在于是；是又不能不出于试为探索者也。

日人田边孝次谓："饕餮为表示大眼开口之人兽面，未知是否为中国人创作之怪物？今南洋土人用置屋前之'图腾'，其名其物，亦与饕餮相类似；又阿拉斯加（Alaska，案地为美国属地，隔白令海峡与俄领西伯利亚相向）及秘鲁（Peru）土人之工艺品中亦有同样之花纹；意者为太平洋沿岸人种共通之怪文样，未可知也。"（见《世界美术全集》第二册解说第三十七页中）据此，则他日者出土日多，比量日富，将有更重大之真象发见，则吾文直覆瓿可矣。愿以是质之世之高明，为引玉之砖而已！

十九年十月十六日于沪上四部书斋

（原载《东方杂志》第28卷第7号，1931年）

吉金彝器之辨伪方法[1]

一、吉金彝器在古史上之地位

吉金彝器为上代物质文化之结晶，其在我国古史上之地位，与书本之记载，风俗之流传，为有同等之价值。自来历史学家莫不重视之。王国维曰：

> 中国纸上之学问赖于地下之学问者，固不自今日始矣。自汉以来，中国学问上之最大发见有三〇……近三十年中，中国古金石，古器物之发见，殆无岁无之。其于学术上之关系，亦正自无穷。（见《最近二三十年中中国新发见之学问》）

又曰：

> 新出之史料，在在与旧史料相需。故古文字古器物之学，与经史之学，实相表里。（见《殷虚文字类[2]编序》）

可见一般历史学家对于吉金彝器之态度矣。其应用此等彝器以

---

①编者按：本篇局部标点、外文字母有改动。

②编者按：原稿为“革”，当以“类”为是。今改。

考订古史者，为数不鲜。宋王黼《博古图录》卷七周象尊曰：

> 三代之器，遭秦灭学之后，礼乐扫地而尽。后之学者，知有其名而莫知[①]其器，于是为臆说以实之。以疑传疑，自为一家之论，牢不可破。安知太平日久，文物毕出，乃得是器以证其谬耶！

是有赵宋古器物出，而后古礼之典用以明。王国维《玉溪生诗年谱会笺序》曰：

> 《毛诗序》以《小雅·十月之交》《雨无正》《小旻》《小宛》四篇为刺幽王作，郑君独据《国语》及《纬候》以为刺厉王之诗，于《谱》及《笺》，并加厘正。尔后王肃之徒，申难相承。洎乎近世，迄无定论。逮同治间函皇父敦出于关中，而毛郑是非乃决于百世之下。

是有胜清古器物出，而后《毛诗》之误传乃见。此皆有赖于古彝器之为之证明也。然此不过举其一二例者而言之耳，其为用之广，当千百倍于此。则其地位之重要，盖可知矣！

虽然，古器杂出，真伪间陈，若伪器不除，则价值全失。孙诒让《宋政和礼器文字考》曰：

> 若乃懵厥本原，张其题品，商鬲周盉，同论共宝，斯犹唐固诂语援莽币以释周泉，子邕论礼信齐尊而破郑谊。殆亦考证之疏，通博之蔽乎！

此吉金彝器辨伪方法之所由不可以不备也。

二、伪器之由来

吉金彝器自汉世出土，已为一般人所重视。《汉书·郊祀

---

①编者按：原稿为“和”，当以“知”为是。今改。

志》载：

> 武帝临天下二十有八年，……其夏六月，汾阴巫锦，为民祠魏脽后土营旁，见地如钩状，掊[①]视得鼎。鼎大异于常鼎，文镂无款识。……以闻天子，……迎鼎至甘泉，从上行荐之。……至长安，公卿大夫皆议尊宝鼎。……有司皆言：……鼎宜视宗弥广，藏于帝庭。制曰可。

即其一例。然宝重者多，则作为伪器，以求善价者，自亦不少。及至赵宋之世，研治者日精，而作伪之法，亦即目以进步。宋明两代帝王竟至有公开仿制者。据翟耆年《籀史上·徽宗皇帝祀圜丘方泽太庙明堂礼器款识》三卷所载，谓：政和癸巳，帝获周罍于镐京；秋，获兕敦于长安，又获黄目尊于浚都。后复幽燕，获耶律得光所盗上古宝玉尊，形制与黄目尊等，莹然无少玷缺。在廷莫知所用，帝独识其为灌尊，实为周人之重宝，诏礼官圜丘祭天之器，仿古尽用吉玉。然后知古人之祀，不特止于玉几玉爵玉豆也，其明年，获周镈；越三月甲子，获宝簋。帝承天休，宪三代，稽古象物，昭[②]德于彝器，凡祀圜丘，祭方泽，享太庙，及祢宫诸器，命我先人典司制作，肇新宋器，匹休商周，铭功以荐神祇祖考，罔有弗格。于是徽宗皇帝圣明述作之盛，一时文物，比隆三代云云。计当时所作牺象鼎彝[③]尊罍壶豆凡二十八款，其铭之见于翟汝文《政和礼器铭》中者凡十七章，亦可见其仿制之盛也。孙诒让《宋政和礼器文字考》曰：

---

①编者按：原稿为“培”，当以“掊”为是。今改。

②编者按：原稿为“晤”，根据《籀史》，当以“昭”为是。今改。

③编者按：原稿为“汇”，根据《籀史》，当以“彝”为是。今改。

> 爰在政和，修定礼典，新仪缉简，综汉唐之缛文，吉金作器，放子姬之故范。冶铸之精，铭勒之伦，遐稽前古，厥制靡忝焉。

即谓此也。其后明宣宗时复为大规模之仿制。据《宣德鼎彝谱[1]》所载，谓：初，暹罗国王剌迦满靄贡风磨铜。宣宗以堪铸鼎彝以供郊坛太庙内廷之用，著礼部会同太常寺司礼监诸官参酌机宜，勒铸鼎彝，自上用之外，以及颁赐各王府两京文武衙门。数目多寡，款式巨细，悉放《宣和博古图录》及《考古》诸书，并内库所藏柴、汝、官、哥、均、定，各各器皿，款式典雅者。于《古图录》诸书中选得八十八种，柴、汝窑器中选得二十九种，共一百一十七种，三千三百六十五件。后复补铸鼎彝壶尊俎豆簠簋卣簿诸器一万五千六百八十四件。其初次所用物料：风磨铜三万一千六百八十斤，作铸造鼎彝诸器用。赤金六百四十两，白银二千零八十两，作商嵌泥金泥银流金流银等用。天方国番硇砂，三佛齐国紫碓石，渤泥国紫礦石，渤泥国胭脂石，金丝矾，鸭嘴胆矾，黄明矾，辰州府朱砂，梅花片石青，石绿，铜绿，古墨，黄丹，硼砂，无名异，血竭，赤石脂，云南棋子，云南料石，作鼎彝点染朱砂斑色，紫葡萄斑色，枣斑色，桑椹斑色，蜡茶色，鹦羽绿脚地，蜡茶色脚地，朱砂斑色，石青斑色，石绿斑色，绿色脚地，黑漆古蟹壳青颜色，铅古色脚地，水银古脚地，青磁色，朱红斑色，海棠红脚地，磁泑色，磁砌泑铸用。其他物亦称是云。其窑器之多，殊属出人意表。项元汴《宣炉博[2]论》曰：

---

①编者按：原稿为“澘”，当以“谱”为是。今改。

②编者按：原稿为“傅”，当以“博”为是。今改。

宣炉除本色之外，有仿古青绿一种，非若河南金陵姑苏等处烧斑土窖之伪造也。闻之老铸工云：宣炉仿古青绿者，取内库损缺不完三代之古器，选其色之翠碧者，椎之成末[①]，以水银法药等和倾入洋铜汁内，与铜俱镕。器成之后，复以青绿朱砂诸色，用安澜砂化水银为汁，调诸色涂抹炉身令漏入。次猛火第敷炙至于五次，则青绿之色沁入炉骨。复以白蜡镕化，烘清炉鼎，擦以棕帛，揩以布帛，则内外青绿朱斑垤起，即以利刃剔之亦不遽去。

则其冶铸之精，又超越前代而过之。其他各时代市贾之所伪，虽仿制不精，本足乱目，然其数量，想亦不在少数也。使非宋绍兴间明崇祯[②]中两度毁器取铜，不惜旧物，则流布人间者，宁非举日皆赝鼎欤！

虽然，辨伪一事，亦殊不容易。吾友商承祚《评宝蕴楼彝器图录》曰：

鉴定彝器，不难而难，若商周之重宝，金光夺魄，花文扑茂，文字凝重，此种鼎彝，耀眼即知其为真赝，此辨别之不难也。历朝翻铸之器，最精良者，厥为赵宋好古之风，人君倡之于上，士夫风从于下，此端一开，而后狡狯之工匠争相仿铸，拙者摹其器形，巧者兼其文字。今吾人每见彝器中有花文文字皆在中下优劣之间，是之则疑，弃又不可，若存器有巧拙文有精粗之心而原谅之，则又必至偾事。若稍有疑点，即弃不取，则在当时固有此种之鼓铸，是又不能武断为赝品，可谓最难鉴别者也。……即以鉴定

---

①编者按：原稿为“推之成米”，当以“椎之成末”为是。今改。

②编者按：原稿为“崇斋”，当以“崇祯”为是。今改。

> 宝蕴楼诸彝器而论，一器之出，诸委员互相商讨，及其终也，尚不能惬世人之意，吁其难矣！……若以色泽之斑烂而定之，宋人作伪，非后世可及，须潜究其骨肉而不可以皮相也。……嗟呼！古器物鉴定之不易也，既究其文，评其器，花文颜色，铜质制度，在在在注意之中，安可忽之哉！今此书以七人之目力，数月之评定，尚有不惬于予者。

案宝蕴楼彝器，为胜清热河行宫故物，运置北平古物陈列所凡七百九十八件。所长周肇祥，以其真赝杂糅，须加鉴别，乃组织古物鉴定委员会，聘李盛铎，徐鸿宝，陈汉第，王禔，马衡，邵章，吾友容庚凡七人任之，汰伪留真，共得九十二器。而犹不满人意若此，则吉金彝器辨伪之事不戛戛然其难哉。吾今兹所论，不过就目验所及，贡其愚者千虑之微忱，以为举一反三之助云尔，非敢谓有所得也。

三、辨伪方法论

然而辨伪一事，本为研治一般学术之最重要工作，矧吉金彝器之有伪作，已为前述之多乎！则今兹所论，诚有不能已于言者。吾请得以三事明之：（A）从器物入手，（B）从款识入手，（C）特殊鉴别法。试为论列如左：

A. 从器物入手

夫吉金彝器之足宝贵，原以器物为先民手泽所遗留，最富时代文化之精神已耳。使其时代性发生错误，当然不足以代表其所定之时代；则器物之攻究，自属第一步工作，今拟首从器物入手。然器物之攻究，又可分为（1）铜质，（2）花纹，（3）色泽，（4）装饰，（5）手法，（6）成分六方面以辨别之。

（1）铜质

人类之能用铜，为人类文明之一大进步，况我国开化最早，在商周之世即已入于铜器时代（或说已在其前，吾当另为文论之）。至东周而极盛。过此以后，铁器继兴，铜器不抵。唐宋之世，铸铜为钱，禁铸用器，铜器因以衰落。尔时铸造之工，亦不复如上世之专精。吾友商承祚曰：

> 铜质轻浮，冶炼之术不精，器身多有稀疏之气孔者伪也。

是也。凡市估所恶制，即以此法可鉴定。此仅就铜质之外表观之，至于其手工成分，为更进一步之观法，吾下文详焉，今不具论。

（2）花纹

花纹随时代而演变，陶器然，铜器亦然。大抵上世之器，最初为直纹，进而为云雷文，饕餮文，乳珠文，更进则为螭文，夔文，鱼龙文，牛羊文，熊虎文，凤鸟文等。日人滨田耕作论《鼎与鬲》曰：

> 更以纹样装饰观之，则鬲多饰以纵而并行之纹，即世所谓直纹者，此正尚存有制作瓦器时手法的模样（Technical Ornament）之典型；凡此种种，皆足以见鬲之形式，较古于鼎。

其说是也。是故商周秦汉各有其时代好尚，不能紊乱。至于辨伪之法，除此以外，可更细察其深度。犹忆去夏吾偕吾友容庚等摄制卢江刘氏善斋所藏商周吉金五百余器，容氏顾谓余曰：

> 其无文字，可辨花纹。真者刻画深显，仿者花纹虽工

> 整，而所间云雷文多模糊。缘未见原器，故于细微处每多忽略，吾得从细微处而审辨之。

其后余叠为桂林梁氏中山甘氏等鉴别诸器，莫不皆然。自今春迄今复为善斋整理，尽观其所藏，则如登三代之堂，与考工对语。目验既多，弥坚吾信。大抵器之真者其花纹必精细，深显；其伪者必粗劣，模糊。虽千百试不能失一也。

（3）色泽

色泽以出土迟早变化久暂而异，有水银色，黑漆色，紫褐色等等之分。日人大村西崖《中国美术史》（十一页）曰：

> 吾友高田竹山之《古籀篇》其所以能成此旷古未有之巨著者，实由精研龟版金文，以资借镜也。自其鉴别而言之：三代之金文，皆用阴款（凹字），而阳款（凸字）则为汉以后之物。今欲考一古铜器，除其冶铸之技巧与铭字之外，又在视乎其色。说者谓赵宋以来，已有土古，水古，传世古之名。土古则色青，水古则色绿，其理似有未充。盖以土之燥湿，与潜壤之状态各殊，因而影响于其器之铜质，呈种种不可思议之变化。大抵出地之器，绿色最多；其绿色有称之为瓜皮，虾蟆斑，云头片，芝麻点，两雪点等；且其间往往显有绀青色，纯青斑，亦有朱砂斑，朱砂堆者。此种铜器，青绿彻骨，澄莹如玉，翠澜欲滴之古色美，非他物所可及；或有土蚀穿剥，而为蜗篆者，亦断非人工所可为，故有奇趣。若扣之有清脆之微声，摩而嗅之，绝无腥气者，是之谓之银色，或谓由于墓中水道所化；此银色与铅色有别，若铅色更经变化，则成黑漆色也。其器为潜壤之时间极少，或全在人间，则多紫褐色，即谓之传世古色。银，铅，黑漆诸色之器，或显有青绿之

> 斑点。紫褐色之器，往往亦显有朱砂斑。以上所述三代之金玉，实为世界最古人文之至宝。善鉴赏者，不仅取乎制作之技术，而在乎摩挲钟鼎，如亲观商周之盛，……始得领其真趣，神与古会；从后世赝物之多，而日常寝馈其中，则冷冲（即用铅与蜡所补者）屑凑（即用古器之碎片所凑成者）诸伪器，无所逃于其鉴别之下矣。

其言颇为详细。又吾友商承祚曰：

> 青绿斑烂，浮于器面，乃人工之涂泽，非发于内者，伪也。

孙诒让曰：

> 宋时于古铜器皆磨冶之，涂以蜡，今之鉴古者名曰宋磨蜡也。

盖皆伪品也。就吾所见，今世估商敷涂色泽之法，大抵不出用漆（或松脂）用蜡两途。然亦吾有法可以破之。以漆者以火攻之，以蜡涂者以水泡之，未有不剥落者。是真伪之辨，不甚难也。

（4）装饰

古器原无装饰，仿者为欲增加其美观之故，往往于其提梁、盖、纽、鋬、耳、流、足等处，以错金鎏金为之。然真者则极少极少。吾辈亦可于此等装饰处以辨别焉。

（5）手法

就器物外表攻究真伪之法，尚可于手法得之。日人香取秀真擅翻砂拨蜡之绝技，兼具考古之学识，亦常谓商周吉金之不容摹拟。氏在近著《支那之金工》（见《大支那大系》第十卷中）四百二十四页《论周代铜器之特色》引张茂实之言曰：

> 三代用阴款，秦汉用阳款，间有凹入者，或用刀刻，

如镌碑法。盖阴款难铸，阳款易成，故也。

又曰：

古人作事必精致，非如后世贱丈夫之事。故古器款识必细如发，而匀整分晓，无纤毫模糊。文笔刻画，宛如仰瓦，而大小深浅如一。亦明净分晓，无纤毫模糊。此盖用铜之精者，并无砂颗，一也；良工精妙，二也；不吝工夫，非一朝一夕所为，三也。

考其所以能致此者，一则当时工为世守，专家分任：

《周礼·考工记》：攻金之工，筑氏执下齐，冶氏执上齐，凫氏为声，㮚氏为量，段氏[1]为镈，桃氏为刃。

又：

筑氏为削，……冶氏为杀矢刃，……桃氏为剑，……凫氏为钟，㮚氏为量。

二则事神致福，谨慎敬虔；故绝非后世贱工所能及。所以“铸损”或“赘肉”之事，在真器中殊虽发见。去岁见善斋所藏𠫑氏编钟十二器，有未剥蚀多处，其“地文”与“表文”打磨之平滑，浅深之划一，真足令人想到当年工技之匠心，真不愧以“铜器时代”四字归之也！

（6）成分

成分与铜质极有密切之关系，人事进步，合金之法亦渐以进步。故商周之器，即属青铜。《周礼·考工记》记当时铜器之成分，曰：

金有六齐：

①编者按：原稿为“段”，当以“氏”为是。今改。

六分其金，而锡居一，谓之钟[①]鼎之齐；
五分其金，而锡居一，谓之斧斤之齐；
四分其金，而锡居一，谓之戈戟之齐；
参分其金，而锡居一，谓之大刃之齐；
五分其金，而锡居二，谓之削杀矢之齐；
金锡半，谓之鉴燧之齐。

此必为当时通行之成法。今为便利计算起见，换算其百分率如左：

齐之种类	内割		外割		备注
	百分中铜量	百分中锡量	百分中铜量	百分中锡量	
钟鼎之齐	八三.〇〇	一七.〇〇	八六.〇〇	一四.〇〇	
斧斤之齐	八〇.〇〇	二〇.〇〇	八三.〇〇	一七.〇〇	
戈戟之齐	七五.〇〇	二五.〇〇	八〇.〇〇	二〇.〇〇	
大刃之齐	六五.〇〇	三五.〇〇	七五.〇〇	二五.〇〇	
削杀矢之齐	六〇.〇〇	四〇.〇〇	七〇.〇〇	三〇.〇〇	
鉴燧之齐	五〇.〇〇	五〇.〇〇	五〇.〇〇	五〇.〇〇	

近世东西洋学者屡将上世铜器试行分析，而其结果往往与《考工记》所载相近。日人近重真澄博士研究多年，曾以其分析结果，发表于彼邦《史林杂志》及《ロヽトヽ會雜志》，最近则收录于《东洋炼金术》一书中。兹就香取秀真《支那之

①编者按：原稿为“视”，当以“钟”为是。今改。

金工》所转载者揭之如左[①]：

表一　钟鼎之齐

铜器	铜	锡	铅	锑	铁	镍	金	砒素	铜：锡
周公作文王鼎1	59.48	8.51	2.15	—	0.57	—	—	—	87：13
周公作文王鼎3	81.98	6.91	7.01	—	2.82	—	痕迹	—	92：8
周公作文王鼎3	83.97	6.00	7.02	—	2.96	—	0.02	—	93：7
春秋时之钟形货币	67.53	16.52	10.84	1.83	—	0.92	—	2.35	86：14
日本伊贺之铜铎	68.96	15.45	5.63	8.32	0.04	1.35	—	痕迹	82：18

（附注）近重博士未举行鼎之分析，右表据中山博士《支那古代之金属文化》中补足。

表二　斧斤之齐

铜器	铜	锡	铅	锑	砒	镍	铁	亚铅	金	银	铜：锡
洛阳出土舞戚	92.08	4.94	0.55	—	—	—	—	—	—	—	95：5
西汉发掘之斧头	92.90	5.54	1.46	—	—	—	—	—	—	—	94：6

表三　戈戟之齐及大刃之齐

铜器	铜	锡	铅	锑	砒	镍	铁	亚铅	金	银	铜：锡
戈1	73.35	17.48	9.17	—	痕迹	—	—	—	—	—	80：20
戈2	73.49	23.11	1.70	1.25	—	—	—	—	—	—	76：24
戈3	69.56	18.48	11.86	—	—	0.10	—	—	—	—	79：21
剑1	73.34	19.84	—	3.80	0.55	2.47	—	—	—	—	78：22
剑2	69.31	12.55	7.92	2.30	3.01	3.52	1.37	—	—	—	84：16
剑3	76.60	14.13	1.32	1.93	痕迹	2.93	0.09	—	—	—	84：16

---

①编者按：为符合表格规范，下文五个表格中表头之“铜器”二字为整理者所加。

表四　削杀矢之齐

铜器	铜	锡	铅	锑	砒	镍	铁	亚铅	金	银	铜：锡
铜镞	74.47	10.82	—	8.00	痕迹	3.68	3.03	—	—	—	87：13
铜镞	37.12	16.15	—	8.69	痕迹	2.04	痕迹	—	—	—	82：18

表五　鉴燧之齐

铜器	铜	锡	铅	锑	砒	镍	铁	亚铅	金	银	铜：锡
汉镜	65.10	25.07	9.12	痕迹	痕迹	—	0.06	0.16	—	—	72：28
汉镜	66.07	26.57	5.29	—	—	0.63	0.81	0.20	—	—	72：28
汉镜	62.15	26.47	5.29	1.08	—	—	—	5.00	—	—	70：30
汉镜	71.11	24.28	5.59	—	—	—	0.22	—	—	痕迹	74：26
日本出汉式镜	92.99	24.12	3.27	—	2.63	1.83	—	—	—	—	72：28
日本出汉式镜	67.22	25.44	0.61	—	—	—	—	6.73	—	—	72：28
日本出汉式镜	65.82	28.72	5.05	—	—	—	—	—	—	—	70：30
日本出汉式镜	63.63	30.69	0.69	—	—	—	—	—	—	—	69：31
唐式镜	67.56	27.57	5.43	—	—	—	0.37	—	—	—	71：29

以资证明。然则吾侪对于吉金彝器真伪之鉴定，独不可以其成分之比率以追求之乎？故若已用以上五项之鉴别法，尚不能充分满意时，则此法亦可采用。其法可分为（一）应用物理学比重方法，（二）应用化学之合金分析。前法可不损及铜器而结果不精密，后法则结果精密而每损及铜器。又举行化学分析时对于铜器锈蚀所包含之杂质，亦宜严密注意，否则亦不能精确也。

B. 从款识入手

至于有款识之器，则其文字足以助器物之鉴定，此为人所共知。然亦有器本无字，后人附刻以求善价。或并无其器，而拓片全属伪造者。故辨别彝器之真伪，其第二步工作，则为文字款识之鉴定，此为刻不容缓者也。今拟分为：（1）铸法、（2）部位、（3）书法、（4）款式、（5）后刻、（6）铭伪六方面以辨别之。

（1）铸法

吉金文字之见于彝器中者，大抵三代用阴款，秦汉用阳款，盖一为铸造，一为镌刻，故也。然其中亦不无例外。秦汉之器，间有凹入者，多为刀刻；三代之器，间有刻字者，必为战国晚年所作。最近《贞松堂集古遗文》卷六第二十四叶著录一器曰䐗侯簠者，罗振玉自注曰：

> 贞松堂藏三代彝器，多铸成；此簠款独出刻画。平生所见三代器作凿款者，此簠及公无鼎耳。

以罗氏收藏之富，目验之多，而所言如此，亦可见其例外之少也。同书卷二第三十叶又著录一器曰上乐鼎，罗氏注曰：

> 欧人明义士藏，此刻字列国器也。

同书卷七第二十七叶，又著录一器曰盛季壶，罗氏注曰：

> 真松堂藏，此方壶，形如汉钫，二面有铭，面各一行，刻字，列国器也。

是则刻字之器，最早不过至战国晚年而止。然亦不多见也。最近吾友容庚著《秦金文录》，所收秦器凡八十三器，除一二伪刻及石权不计外，虽为阴款，然皆刻字也。不假思索，一见便知其与三代不同。其《汉金文录》所收汉器凡七百四十九器，虽阴款阳款各半，而所谓阴款者，其刀凿之迹疑居百分之九十五。则可于此中观其消息矣。

故彝器之真者，其款识之字底必平，翻砂者其字底必浅而不平，伪摹者必刀痕显著。去岁桂林梁氏出一簋视余，文曰“东孙作祖乙永宝”七字，云时值约万金。余细辨之，字底不平，他面旧有裂痕而曾经补治者。余曰：“此器虽色泽斑斓可爱，然当是赵宋仿铸之器，不足贵也。”又吾友商承祚《评宝蕴楼彝器图录》曰：“第二十二页商[illegible]中鼎，第四十六页商鼎簋，第八十八页商爻盉，百八页商[illegible]觚，其文字斧凿之痕宛然犹在，必为后刻。”盖即以此法辨别之。

（2）部位

吉金铭文，皆有一定部位。如鼎则铭文皆在腹内近口之处。鬲则铭文皆在腹内，或口之上缘或内缘。爵则铭文多在鋬内，或有在柱者、尾者，或柱连鋬者。钟则铭文有刻两面者，一面者，或鼓之左右者；两面者大率从前面之钲起，由鼓左绕至后面之鼓右，再及于钲，而鼓左，复绕至前面之鼓右；一面者则多起自右栾，而鼓右，而钲，而鼓左；亦有刻于甬上者，腹内者。如此等等，皆有一定部位。虽其中不免例外，如《贞松堂集古遗文》卷三第十五叶著录一器曰郬白祁鼎，铭文环刻鼎口，罗氏注曰：

> 中江李氏藏，与内府藏郬白肇鼎二器，文均环刻鼎口，他器罕见。

晚周亦有凿款在腹外者。北平古物陈列所藏一器，铭在两耳，为向所未见。则例外者殊属少数也。此等部位，最不便仿造，故吾辈可得从此点以辨别之。

（3）书法

吾国书法发达最早，自商周以来，各成风气。日本高田忠周（竹山）《学古发凡》卷四，专论三代书法，其言曰：

> 殷初人篆法严密，笔致豪爽，……虽字有小大，布置磊落，不甚拘泥；然笔法谨严，殊富雄大气魄。……周初文明，与殷文明直属，故书法皆似。如鲁侯伐郐鼎铭为成王赐白禽器，篆法洒落，有殷人遒动之风。即知殷末周初人，于书法练熟研磨，费工夫务经营，其技所由来远矣。……然当时文字之流行，既久且远，已稍有弄技巧者，故其风格亦不一，或有浑圆而温雅者，如殷白矩簋是也。……又有结构整齐极巧致者，如殷文父鼎是也。……周人篆法，结构虽巧，而无浑古雄劲之气，如周叔向敦、周白大师簋是也。……秦国书风，出于大篆籀文，如诅楚文结构丰润，与石鼓相似。

虽其言多扬殷抑周，不无偏激，然就书法而论，各时代实自成系统，多见则必能得之。大抵商人雄健，周人秀劲，秦人丰润，各能表见其时代精神。若伪造者多轻松壅肿，结构上实与上世不同。此虽赵宋之士，亦无可如何，不能眩法眼也。吾友商承祚曰：

> 文字能摹其形而不能得古朴之韵。平淡无神，笔气疏泄者伪也。

又曰：

> 商守父簋（见《宝蕴楼彝器图录》五十九页）字大而不雄厚，画粗而肿滞，此必后作（或字后刻）者也。

是也。吴大澂《恒轩所藏吉金录》第十七叶著录一器曰叔麎鼎，吾在善斋见其所藏旧拓有江标跋语者，但其书法极劣拙，王国维《金文著录表》疑其为伪，宜也。又《窸斋集古录》第十七册第十八页著录一器曰仲汝鬲者，王《表》曰伪，今观其结字法，即可见矣。又善斋所藏旧拓曰自彝者，云是铭造。今摹其字如下：

其篆法全误，一望即辨。又《贞松堂集古遗文》卷十二第三十九页廿六年诏版，亦属伪作。其书法拙劣如此，则其器之属伪造必可知矣。

（4）款式

作伪器者对于款识，只知东涂西抹，凑成几字，以欺一般非专家者，其款式文理往往不甚明了。如以甲子纪年，其事始于东汉石刻，在秦以前，尚未有甲子纪年之法。今赵宋政和伪器，则往往以甲子纪年：

（壹）牛鼎（见王昶《金石萃编》）

佳甲午八月丙寅帝若卧古肇作宋器采厥象作牛鼎格于太室迄用亨啻宁神休佳帝时宝万世其永赖

（贰）甲午簋（见《积古斋钟鼎款识》）

佳甲午八月丙寅帝盥清庙作礼簋吉蠲明神神鉴馨德俾帝迈年永绥受命

此不知金文词例者也。又三代文字，其结构方法与后世不同，作伪者往往不能辨别，以致发生破绽。如牛鼎之“卧”字、甲午簋之“清”“神”“馨”“俾”诸字，皆不免此弊。孙诒让《宋政和礼器文字考》辨牛鼎条下曰：

绍兴距政和不及二纪，于先朝祭器，已懵然不复辨识，南宋时朝臣之疏陋如是。陈世崇田汝成诸人之重怪虵缪，复何足怪乎？铭云帝若乩古肇作宋器者。《说文》卜部云乩卜以问疑也。从口卜，读与稽同。徐锴《系传》云，《尚书》曰明用卟疑，今文借稽字。徐铉本《说文》卟字注末，有书云卟疑四字。夏竦《古文四声韵》稽字下引《尚书》作□，又引王存乂《切韵》作□□二形。唐人《碧落碑》粤若稽古，稽字作□，盖本《说文》卟字而变从口为从占，不知占卟皆从口从卜，惟结体纵横，微有变易耳。今乩字复从占，则是从二卜矣，于古籀字例殊不合。此乃展转增益之俗体，后人乃以尽改《尚书》稽字。薛季宣《书古文训》本《尧典》稽古，《洪范》稽疑，字并作乩，夏竦所谓古《尚书》者，盖即此本。此亦六朝以后伪托之册，不第非壁中书，并非东晋伪孔本之旧，宋人无识，乃承用勒之鼎彝，亦不讲小学之过也。

又辨甲午簋条下曰：

此器与丰润牛鼎同时所作，故铭首年月日并同。铭文为翟汝文作，见《忠惠集》中。帝盥清[①]庙，盥集作祼，盥与祼通，《易观彖辞》盥而不荐，李鼎祚《集解》引马融注云，盥者进爵灌地以降神也。即此铭所本。清作□，《说文》青部青古文作□，此从为声而小变其形。《古文四声韵》引《云台碑义云章》并同。神鉴馨德，神作□者，《碧落碑》神字作□，与此略同，馨作□者，《古文四声韵》引《义云章》馨作□，与此略同。……俾作□者，薛尚功《钟鼎款识》师𫸩敦有□字，薛释为俾，盖谓□即卑字，俾与卑通。今考师𫸩敦□字实当为畀字，彼文云王

①编者按：原稿为“减”，当以“清”为是。今改。

> 曰师寇哀哉今日天宊畏降丧首，畏读为威。天宊威犹《诗》云旻天疾威也。（注《古籀拾遗》毛公鼎释文）彼时释金文误仞为俾，此铭遂承认袭缪，不能諟正。此亦宋人之陋。若先秦铭款，岂有不辨畏卑二字者？不徒以甲子纪年之不合金文例也。

此不知金文字例者也。孙氏又辨钦崇豆条曰：

> 此铭亦翟汝文所作，见《忠惠集》。……绍兴二十七年，上距政和乙未不逾四十年，而亦误以为商器，足证政和礼器，南宋初人已不能辨识矣。铭云帝钦崇元祀，崇作㓻者，即崇之变体，《汉书·地理志》崇高字如此作，元祀见《书·酒诰》《雒诰》，伪《孔传》并释为大祀，此用其谊。作豆维旅者，旅众也（《尔雅·释诂》），言作豆不止一器。翟耆年《籀史》记政和四年祀方泽礼器款识云器则维旅，即本此铭。薛艮斋释祀为商曰祀之祀，以元祀为元年，又以旅为祭名，并失其谊。

盖古人礼器有旅器一种（说详拙著《中国金石学概论》中篇），为征行之用，故彝器中作旅字甚多，今翟氏不知其义，误凑此字。又吴式芬《攈古录》著录一器曰鬲尊者，有“鬲锡贝于王”字样，文理不通，王氏疑其伪作是也。此不知金文语例者也。凡如此作者皆伪器也。若属真器，即有不释之字，而词例字例语例决未有舛误者也。

（5）后刻

所谓后刻者，即是原器本无文字，估人为居奇起见，刻字于其上，以骗收藏家者。此类伪作，多以秦汉以后诸器为之。《秦金文录》第三十叶著录一器曰萯廿六诏量者，铭文亦见《贞松堂集古遗文》卷十二第三十八叶，吾友容庚注曰：

原乃汉器，仅一牦字，廿六年诏后人伪刻。

是也。又间有伪及商周器者。如日人滨田耕作编著《泉屋清赏》第八十八图著录一器曰饕餮文斝者，铭曰：

惟元年正月初吉丁亥，嘉仲父择其吉金自作宝尊。

其器之式样，全属周式，有奇拔之意匠，通体带苍绿色，内侧尤褐绿多斑，可信为真。惟口缘内侧之铭文，则决为后刻。此类伪作，最足乱真，尤堪留意。

（6）铭伪

又有本无传世之器，而铭文全属伪托，刊木或刊石以炫人者。如《西清古鉴》卷第十三，著录一器曰毛伯彝者，云器已佚，从原刊本摹录。但观其所摹录及考释者，均多谬误，可决其必无此器也。此虽无关于本题，然不得不为一般收藏拓本者告，故特附记于此。

C. 特殊鉴别法

吉金彝器之辨伪方法，在上文A、B两项所讨论者已极详尽，此外尚有不在上列两项范围之内者，亦可应用特殊鉴别法，以为旁证。兹试杂举数例，以殿吾文。

（1）调查来历

古物之出土，在现世每用大规模之发掘以得之，各国政府每设立科学探检队或考古学发掘队，使专从事于此。我国中央研究院之考古学组等等即属于此种性质。其最足令人相信者，以其为公开研究，事事有来历也。但在以前我国器物之出土，多为偶然，或由耕锄，或由浚井；而获得者多虞为有力者所夺，秘不告人。及至辗转贩售，则群莫知其所自来。诸家著录之书，除宋人《考古图》《宣和博古图》《续考古图》诸书于出土之地藏器之家予以记载外，大多是记载藏家，不言出地，所以于调查来历未易进行也。惟此事于器物鉴定，亦殊属重要。例如吾友徐传保著《先秦国际法之遗迹》，其附录四，有《中国古铜器铸造之研究》一文，其中有一段曰：

余法友范崇君Andre Vayson de Pradenne为矿师；兼精于考古之学。前岁值巴黎某氏藏器拍卖之机会，购得中国铜兵器三件，计：戈一剑二。据主持拍卖之专家Porier云，戈且确发现自距古越国六日行程之某古南越地。范君亦觉其所得之三器之古色斑斓，确为远代之遗物。……范氏为矿师，故考查之始，即欲化验，而为特示郑重起见，乃敦请法国国立矿校校长及全国矿务总监督帅诺Chesneau氏为之。帅氏所化验者，乃为范君之戈。……帅氏化验后致范氏之报告书，大要言之：是项兵器，其主要之组织成份，即铜与锡化成之质；而器之外，又镀以一种极纯之锡；今附录其详细分析于后：

锡…………一六.四四

铜…………八二.三二

铅…………〇.一五

铁…………〇.四三

锌…………〇.二〇

锰…………微弱之痕迹

镍…………痕迹

钍…………极微弱之痕迹

范君觉帅氏之报告书中，乃有左列二点，足证中国古铜兵器之铸造之精：

其一，戈质系百份之一六.四四锡质混铜质而化成者。

其二，戈之外更镀有纯粹之锡质一层。

范君更亲从事细察其二铜剑之外镀，而果得进一层之结果。

云云。徐君书成，即挟以叩余意见。余读毕后，即觉此次分析为枉费工夫，盖以此器来历不明也。所谓拍卖，即为辗转贩售，所谓古越国六日行程之某地，亦不能实指。则其发见之时与地完全不明，即所谓来历不明者是也。且器中复无款识，徒恃色泽，更何从定其为远代某一代之遗物乎？此调查来历之有必要也。又自矢彝出土以后，罗振玉为考释，刻《辽居杂著[①]》中，《贞松堂集古遗文》附注云：

此彝近年出洛阳，闻已入市舶矣，同出土之器不少，惜不能备知也。

吾友鲍鼎谓为伪作，著《矢彝考释质疑》一书云：

今年夏此器为豫贾载来上海，猗文阁主人及予先得见之，主人首言其伪，谓其文字乃缀合各器之字而成。……玩索其辞，果多乖舛，殆信猗文阁主人之言之不谬。

其后唐兰为文以跋之（见《商报文学周刊》），维持罗说，鲍氏复为书致陈淮生申述前义，并谓：

此器篆文，乃习于盂鼎者所为，仅得皮毛，略无古趣。深于篆法者，当自知之。

其后吴其昌复为《矢彝考释》（载《燕京学报》第九期），繁征博引，确定其作器之年代。吾不能决，质之吾友容庚叶玉森两先生，则各有所是。使非善斋藏有同时出土之矢方尊，铭文全同，以证明其来历，不几令人坠于五里雾乎？吾甚愿后之著

---

①编者按：原稿为“箸”，当以“著”为是。今改。

录诸家，于器物出土之时地及其地层方位，均有详细之记载，以便研究者之得以调查也。（案日本迩来出土诸器物，均有此等记载，是所谓科学的考古家，当如是也。）

（2）参稽载籍

一器之出，当时往往即有记载，不过野史不显，其事或不易知耳。吾人即可利用此点，勤为参稽。如各金石学家之笔记、文录，或各地方志中之金石志，均应搜索，即所谓金石学掌故是也。如赵宋政和仿制诸器，向来聚讼纷纭，莫衷一是。今孙诒让得翟耆年《籀史》有：

命我先人典司制作，肇新宋器，匹休商周

数语，已露端倪。及孙氏“复以遐讨群藉，浏览四部，绸永乐之秘移，得公巽之遗集，器铭诸章，缀集靡佚。甲午之簋，钦崇之豆，两文具存，一字不异”，则铁证既得，虽阮元曹奎诸人不复能反唇相稽矣。此辨证吉金之有须于多读书也。

其他例证，恕不多举。

四、赘语

夫以吉金彝器在古史上地位之重要如此，而其伪器之多及辨伪之难也如彼，则吾人对于吉金彝器之态度，愈其过而信之，宁能过而疑之。此为学矜慎之一法也。昔陈介祺最精辨伪，同时诸人，皆颇厌之。潘祖荫尝令王懿荣贻书，戒勿过直。甚矣直道之难也已！然则吾文一出，世之有识者得毋笑其为多此一举乎！

民国二十一年十月三十日写成于沪上四部书斋

（原载《学艺》第12卷第6、7号，1933年）

小檀栾室镜景

徐乃昌藏器并撰集
廿一年八月自印本
六卷计三百八十三纽

《小檀栾室镜景》六卷，新近上石成书，为南陵徐积余先生所撰集。徐氏在近世以嗜竟著称，积四十余年，集竟逾千纽。友朋中藏竟若为所知，往往愿以重宝交换（宣愚公《序》文：谓尝以元祐承安二竟，换先生汉五铢钱范，不少吝惜），宜其所得独多（与方药雨之精集古钱，并称为南北两大家）。今者乃精选其尤古雅者三百八十三纽，辑印成书，其有功于艺林可知。考古竟著录，前人往往附于礼乐服御诸器之末，如《金石索》《西清古鉴》《西清续鉴》《宁寿鉴古》之类皆是，为吉金图象之附庸。其能独立成书者，就作者短视所及，在前只有：

钱坫《浣花拜石轩竟铭集录》二卷
陈介祺《簠斋藏竟》二卷
吴隐《遯盦古竟存》一卷

梁廷枏《藤花亭竟谱》八卷

罗振玉《古竟图录》三卷

梅原末治《歐美ニ於クル支那古竟》一卷

六种。然吴书仅二十二纽，钱书仅二十五纽，陈氏罗氏各得数十纽；梁氏梅原氏两书，号称最多，亦均不过百四十余纽而止。较之徐氏书只三分之一而强，则徐氏可称为竟录中最新刊最丰富之佳著。撰者自序，谓专籍纷呈，直款独树一帜，心窃慕焉，则此书之成，谓为古竟学之独立成功，蔚为大国，可也；谓为徐氏多年积学，洞澈源流，成此专籍，亦无不可也。宣氏《序》曰：

> 今所传宋以来图谱，暨近人专考古竟诸录，综其述作之例，约有三失：录铭词而弃图象，其失也略；牵事实以合文字，其失也诬；宝两汉遗物，鄙晚近所制为不足观，其失也隘。善本未之见也！

前人之书，诚不免有此三失。今徐氏书，于此三点，务期矫正。宣序谓：

> 是编以打本上石，披图无异于揽竟，其善一也。不系释文，不缀跋尾，一洗穿凿傅会之习，其善二也。朱明以前，皆见甄择，若刘秉忠茅鹿门等竟，既确有主名，即薛家茅家石十三郎诸题字，亦传巧工者所取资。况韩州临洮等官凿之款，可考见金源一代铜禁之制。搜集颇富，尤有裨于史学，其善三也。

然吾统观全书，其长处尚不只此。《自序》谓：

> 不列同范，盖以削繁。

盖竟为官铸，往往同出一范。今所传竟范，亦间见一二。然则徐氏所藏千余纽中，同范者或不在少数，若尽行拓印，不特浪费纸张，抑且将使读者目眩。此为徐氏见解最高之点。不过私意徐氏当时若于同范者逐项注明藏有同范者几纽，则更便研究矣。至于时代之考定，前人往往喜为夸张，如海兽葡萄竟，必冠以汉字，《宁寿鉴古》卷十六，列此种竟二十一纽，方鉴五纽；《西清续鉴甲编》卷二十，则列十二纽，方鉴二纽。考葡萄原字从希腊文Borpus传译而来，为美索不达米亚土产，汉张骞时始传入我国，其与动物纹结合，而成为美术上饰纹者，则最初见于波斯之Maschata宫殿石壁之上，经由中亚以入我国，则在六朝之末，所以此种纹饰竟，当属之唐代无疑。今徐氏书卷五所列海兽葡萄竟七纽，方竟三纽，概不冠以汉字，此可见徐氏矜慎之处。其他无文字可征，不能定为何代古竟者，其矜慎大率类此。至于汉善铜竟，新善铜竟，则竟铭中自有明言，大致可信，徐氏亦一一依铭文著录。凡此诸点，皆为徐氏书精到之处。然兹事体大，创始尤艰，就鄙意所及，此书可改良之点，尚有数端。今者不揣鄙陋，贡其愚者千虑之一得，若能于再版时加以采择，则幸甚矣。

一、摹印图状之可商榷也　迩者摹印彝器，盛倡三位一体之说，即摹本，打本，景本，一器而三本平列，是也。盖古器年代久远，土化气化，在所不免，故蚀锈斑绿，随在可见。若徒恃打本，则工力所不及之处，自必漫漶不清。如此书之海兽葡萄竟，云蝶竟，方诸竟，蝙蝠竟，建兴二年九月一日竟，凤皇元年五月廿四日竟等，是也。闲尝阅读庐江刘氏《善斋吉金录》，其古竟之部，于打本之次，附以摹本，诚可取也。然打本摹本，于器面质地之打磨工作，及文样之距离深度，不能显出，故近人又采用摄景之法，如梅原氏书是也。然景本最大缺点，则凡文字或文样之为竟纽所遮蔽，或锈蚀之处，文字不定者，均无法显出，故又不能遍[1]用。摹本大小，往往与原器异，不足为据。然摹者亲见原器，且可利用放大诸法，于锈蚀之处，设法将文字文样钩出，此三位一体法之最为进步者也。今此书仅用一法，故只具一美，此可商榷者，一也。

二、不附释文之可商榷也　前人著录，必附释文及跋语，诚不免蛇足之嫌。然竟文繁省伸缩，与字书异，且往往锈蚀，其文字拓印不完。今概不附释文，则最足以裨益史学之处。势将减削其功用。鄙意以为跋语可全不附缀，而释文则不可不有。或者仿张凤《汉晋西陲木简汇编》，容庚《秦汉金文录》办法，将释文另印，附于每卷之末，未始非一较适用之法也。此可商榷者，二也。

三、竟目繁琐之可商榷也　关于竟目讨论，东人至为热心。迩者其帝室博物监查官补后藤守一氏著《汉式镜》一书，并欲以一机械方法，厘定各竟名目，虽其法尚未成功，然亦不无可采。今此书所立名目，过求繁密，如祥禽异花竟，则分为雀绕花枝，雀踏花枝，凫雁花枝三种，又如以八卦为主者，本可以八卦竟一目括之，今则分为八卦竟，八卦十二辰竟，八卦十二生肖竟，八卦干支竟，八卦龟卜竟，八卦菱花竟，八卦玉壶竟，八卦七星竟八目。鄙意以为应以分类单纯，易于称述者为妙。此可商榷者三也。

至于排列次第，似宜以门类为归。凡此皆徐氏之所已知，而兹编所不欲论者也。虽然，徐氏一书，优点固甚多，所谓小疵不掩大纯，必不因有可商榷之处而减其毫末。《自序》谓：

---

①编者按：原稿为“偏”，当以“遍”为是。今改。

特是竟虽小品，然文字体裁，雕绘技术，营造法式，风俗习尚，举历期制度变嬗之迹，灿然具陈，……其典重乃与钟鼎尊彝趾媺也。

吾甚愿此书一出，世之好古敏求之士，人手一篇，以资研究，未始非学术普及之急先锋也。作述评竟。

二十一年八月十三日读后记于四部书斋

（原载《图书评论》第1卷第7期，1933年）

沈子它敦盖新释①

右沈子它敦盖身高三寸半，口径九寸半，顶径三寸三分。于民国二十年在洛阳出土。花纹之精，文字之美，世罕其匹。初归秀水郭氏。既而输致海上，辗转归庐江刘氏善斋。其年夏，余与容君希白商君锡永徐君中舒为燕京大学摄制善斋所藏吉金全部，抚玩者旬日。其明年夏善斋主人复嘱为考释，溽暑挥汗，尽一日之力，成跋及释文一篇：

沈子佗敦盖（一百四十八字）
佗曰拜稽首敢扬邵告朕
吾考命乃鶶沈子作显于周公
宗陟=公不敢丕显休同公克成
绥吾考以于显=受命焉
虖隹考攻父念自先王先公
乃妹克衣吉剌堡覃吾考
克渊克乃沈子其顡裒多公能福
乌虖乃沈子妹克蔑见猒

①编者按：本篇局部标点有改动。

沈子它敦盖影一

沈子它敦盖影二

于公休沈子肇斁𢁔賓啬

作兹敦用飷飨已公用佫多公其

丮念乃沈子佗唯福用永霝命

用绥公唯寿佗用褱𢿬我多叔

子我孙克又型斆懿父乃孙子

以报。主人颇以为然，然余以其文字奇奥，凿空尤艰，殊不敢自谓是也，两旬后乃于远碧楼旧拓丛中发见用粗纸书就释文一通，不具姓名，不知为何许人所作，亟为钞录：

㐌曰拜稽首敢昭告

吾=考命乃鸿沈子作〇于周公

宗陟=公不敢不〇休同周公克成

妥吾考以于显=受命乌

乎唯考　有念自先王先公

乃妹克依告刺成王〇吾考

克渊克乃沈子其〇怀多公能福

呜乎乃沈子妹克蔑见厌

于公休沈子肇斁〇用贝赉

作兹敦用孰享已公用徭多公其

扬依乃沈子乍唯福用永霝令（或命）

用妥公唯寿乍用怀厘我多叔

〇我孙克有斆〇父乃子孙

已而得容君希白书，谓郭沫若已有释文，见《金文丛[①]考》及《两周金文辞大系》。因函东京友人为购此书，而已邮至，得见

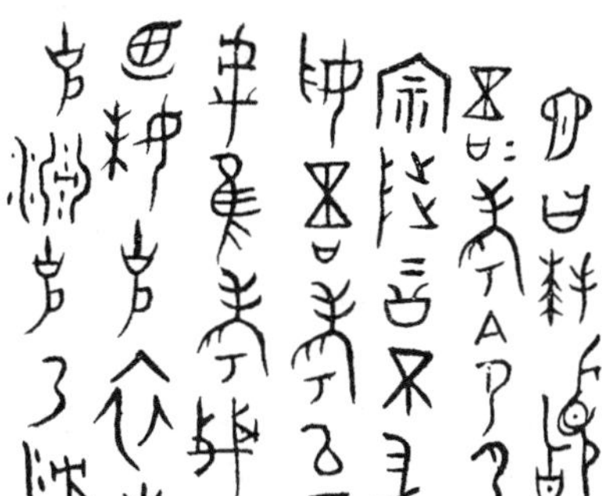

沈子它敦盖文字一

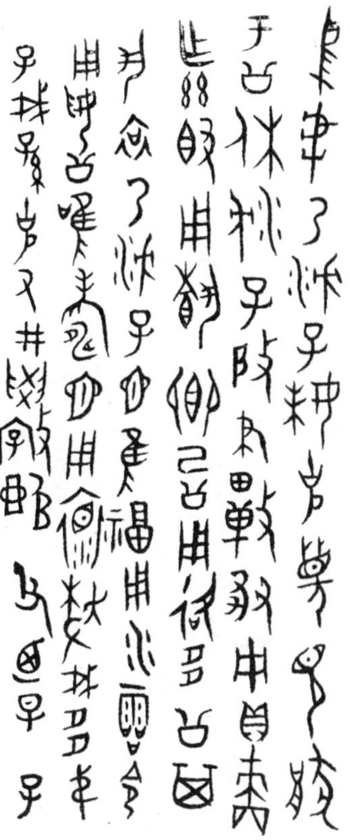

沈子它敦盖文字二

①编者按：原稿为“从”，当以“丛”为是。今改。

郭释，其文曰：

也曰“拜䭫首敢𠬝（或）邵告。朕吾考令乃鴅（倩）沈子乍御于周公，宗陟=公，不敢不御休同公，克成妥（绥）吾考以于显显受命。乌虖隹考䀛叒。念自先王先公乃妹（敉）克衣（殷）告剌（烈）成工（功）。䖒（徂）吾考克渊克夷。沈子其顈（缅）褱（怀）多公能福。乌虖，乃沈子妹克蔑见猒于公，休沈子启聿田戳（战）狃（鸨）贮賨。作丝段，用觙乡（飨）已公用徭多公。其丮哀乃沈子也隹福。用水（气）霝命用妥（绥）公隹寿。也用褱妖（柔）我多弟子，我孙克叒（绍）井（型）斆（学）懿父乃是子”。

其秋九月，罗振玉《贞松堂集古遗文补遗》成书，购归读之，则此段释文果收于是书卷上二十九叶中。文曰：

它曰拜稽首敢口邵告朕
吾=考令尸𦋹沈子𠃊緻于周公
宗陟=公不敢不緻休公同克成
妥吾考以于尹显=受命乌
虖隹考口口念自先王先公
迺妹克衣告口成工𠭯吾考
克口克口沈子其口褱多公能福
乌虖乃沈子妹克蔑见猒
于公休沈子肇斁口賓賨
𠃊丝毁用觙乡已公用徭多公其
丮哀乃沈子它隹福用水霝令
用妥公唯寿它用褱𢘅我多弟
子我孙克又井斆䜴父迺口子

此外时贤有无其他释文，则以海上购求不易，未及见也。然只就诸释以观，犹有未惬于怀者。寒假多暇，发愤重加考定，朝夕思维，几忘寝食。久之乃得写定，即今释是也，然犹未敢自是其私，因为文以述之，以就正于当世之君子焉。名之曰新释者，所以志余前此鲁莽之罪而已。兹复为录之如次：

它曰：拜稽首敢扬邵告

它，沈子名。罗振玉曰："它与虫殆是一字"，是也。古人每以虫鱼字为名者，如鲧如禹，均为前例。

全文疑未完，其另一半，疑附于器，今不知在何所，未得见。故曰字下诸语无所止，与一般金文之具首尾者异。

扬，罗氏不释。郭释为䁓，曰："䁓，《说文》云'捪目也，从目叉'，捪目无义，殆假为或。古音䁓或同纽，例可通假。"郭说不可信。案敢字下当为扬字，《说文》扬下古文作[illegible]，諸之为早，[illegible]，见《古籀补》所集金文，为㫚㫚，见《殷虚文字》，今作□[1]，盖省变也。《说文》第三篇丮鬥又三字部首相连，知古者丮又形近；此盖形近而讹变者。敢扬邵告者，敢扬昭告也。敢扬二字，不独有义，且为金文习用语。善鼎云："善敢拜稽首对扬皇天子不显休"，齐侯镈云："敢用拜稽首弗敢不对扬朕辟皇君之赐休命"，盖其例也。

朕吾=考命尸鹃。

[illegible]：罗释为吾，可信。郭著[2]《金文丛考》释作缶，又假为舅，谓"[illegible]考"为舅翁之称，不确。

[illegible]余初释为腹，误。郭释为鹏，谓为鹊之省，假为倩。因谓沈子与鲁君之婿。殊属牵强。容庚亦释鹏，谓《尚书大传》

---

①编者按：原稿此字模糊不清，今以"□"替代。

②编者按：原稿为"箸"，当以"著"为是。今改。

郑注鸆兜作鵰叟。信而未谛。今四部丛[1]刊本《尚书大传》作舟鸟叟，罗释作睢，疑亦谓鵃字。《说文》舟鸟，鸼舟鸟也，从鸟舟声。《诗·小宛》毛传鸣鸠鸼鵰[2]，作鵰。《释文》云："鵰《字林》作舟鸟。按鵰乃雕之籀文。鸆兜为双声连语字，故鸆古音读如堆，从隹得声。鵰鸆一声之转，故可通假。命尸舟鸟者，命结鸆也。"

沈子作緅于周公

郭著《金文余醳[3]之余》曰："沈之见于《左氏》者有二，一与蔡为邻者，乃姬姓之国（《史记索隐》引《世本》说），文三年见，定四年为蔡所灭，后属楚为平舆邑。一为沈姒蓐黄之沈，乃金天氏之后，封于汾川，为晋所灭，昭元年见。今器之沈子乃鲁婿，自不得为姬姓之沈，亦不得远在汾川。《汉书·古今人表》有沈子殆，战国时人，师古云'鲁人也，善《春秋》'。《孟子·公孙丑下》有沈同，赵注云'齐大臣'。疑齐鲁之交，别有小国名沈，初为鲁之附庸，后或灭于齐，今已不可考矣。"郭说误以沈子为鲁君之婿，故作茧自缚；又误定为鲁炀公时器，故于年代事实纠缠不清。刘节《两周金文辞大系商兑》曰："沈子它敦为周初作器，可于字体定之。而郭君列入鲁国四世以后之炀公时器，更非吾人能想像而得矣。铭曰：'朕丕考令乃鵰沈子作御于周公。'所谓'丕考'考与周公同时，则其子它自当在周初。又曰：'念自先王先公。'盖指文王周公而言。曰：'宗陟=公'，即指周召而言。又曰：

①编者按：原稿为"从"，当以"丛"为是。今改。

②为保留形近字比较，本段保留"鵰"字不简化。

③编者按：原稿为"醳余"，当以"余醳"为是。今改。

‘不敢不御休同公。’与小臣宅敦合，其文曰：‘同公在丰。’凡此种种皆足证为周初重器。”刘说是也。余旧跋云：“盖为周初沈国之器，春秋时为楚所灭者也。（案楚字为当时笔误）文中多公多叔，其义与诸公诸父同，犹存殷时遗俗。”（见《枕戈》第六期）与刘氏所说相同。余更证以目验，确周初制器无疑。余意此沈子实姬姓之沈，与蔡为邻，定四年为蔡所灭，后属于楚者也。下文云：“用已公，用徭多公”，已公即姬公，是其明证。“宗陟陟公”，盖即以鲁周公为宗，《孟子·滕文公》：“吾宗国鲁先君未之闻也”，是也。

緼，郭云：“两𢆶字余曩释御，以《卜辞》御字多作𢆶，与此形近也。今案字实从糸从夃，当是緼之省文。《说文》云“緼，缓也，从糸盈声，读与听同，緹緼或从呈，字在此无义可说，疑即假为呈字也”。郭说是也。余初释显非。

周公，周公旦也。

作緼于周公者，它奉父命结驩于鲁，乃作緼于周公也。

宗陟=公。不敢不緼休同公。

宗陟=公者，盖以周公为宗国也。

同公人名。疑亦姬姓之国。

克成绥吾考，以于尹，显=受命。

盖述它受其父命结驩于鲁，至是得鲁君之驩，而成绥吾考也。

尹君也，君其自国也。

乌虖：隹考攻又！

攻又疑是它之父名。罗氏未释。郭释畋叉，云义未详。案攻字作𢼄，𠂤与甲骨文𢀖形近，叶玉森释为攻。今繁变耳。又字余初释父，非。

念自先王先公，乃妹克衣，告剌成工；

郭曰：“妹读为敉，《说文》‘敉抚也，读若弭’。弭、敉、妹，古本同音字。衣即殷。《书·康诰》‘殪戎殷’，《中康》作‘壹戎衣’，郑注云‘衣读如殷，声之误也。齐人言殷声如衣’。《吕氏春秋·慎大览》‘亲郼如夏’，高注‘郼读如衣，今兖州人谓殷氏皆曰衣’。《大丰殷》‘王衣祀于王丕显考文王’，孙诒让读衣祀为殷祀。《卜辞》屡见‘自上甲至于多毓衣’。王国维亦读衣为殷祀之殷。”郭说是也。惟郭未云先王先公为何人，刘节曰：“盖指文王周公而言。”其说可信。

成工者成功也，余初释壓，非。

叡吾考克渊克乃；

叡余初释覃，非。

渊乃就上下文例言之，当是国名，今不可考。郭释乃为夷，未谛。

沈子其䫉褱多公能福。

䫉即藐怀之省，谓远怀也。多公指周公同公吾考也，其年辈疑为兄弟行。郭云：“多公即周公鲁公考公炀公之等”，未谛。惟云：“能福犹言宏福”，其说可信。能熊古字通，熊宏古音通，可假借也。

乌虖！乃沈子妹克蔑，见猒于公。

《左传·隐元年》“公及邾仪父盟于蔑”，蔑是国名，此自言其敉克蔑之功也，郭云：“猒犹今言满足也，《书·洛诰》‘万年猒乃德’，毛公鼎‘皇天弘猒氒德’，叔夷钟‘余弘猒乃心’。”郭说是也。公指周公。

休沈子肇斁狃賓。

休[1]，锡也。肇斁狃当均是地名，未详。賨赋也。郭云："賨贮，金文多用为租赋义。《吕览[2]·乐成》'我有田畴子产赋之，我有衣冠子产贮之'；贮与赋对文，乃古义之仅存者。"是也。容庚曰："贮积也，积之古文为责，故又假责为之也，兮中盘'王令甲政嗣成周四方责至于南淮夷'，是也。《战国策·齐四》'孟尝君出记，问，门下诸客，谁习计会能为文收责于薛者乎'？疑责为储积于民，署券待偿，……或当时俗尚如此。"容说亦通。

啻作兹敦。

啻，克鼎作㴬，克钟作𦃵，此器作𧶠，文省变耳。余初释啇，非。郭释𧶠，疑赍之或作，亦非。

用𩚁飨已公用徭多公。

郭云："已公疑即姬公"，是也；惟云："上文之周公也"，非是。姬公者姬姓之先公也，疑即文王以前之先公。多公者周公，同公，吾考也。

其丮哀乃沈子它唯福，

郭云："'丮哀'殆读为剧爱，丮剧声相近。《乐记》'爱者宜歌商'，郑注'爱或为哀'。《吕览·报恩》[3]'人主胡可不务哀士'，高注'哀，爱也'。是爱哀古可通用。"郭说是也。

用永霝命，用绥公唯寿。

永误作水，此工匠笔误也。𪒠编钟作𣲙，此作巛，误更甚

①编者按：原稿为"林"，当以"休"为是。今改。

②编者按：原稿为"觉"，当以"览"为是。今改。

③编者按：原稿为"《品览·报思》"，当以"《吕览·报恩》"为是。今改。

耳。罗释作水，照字译也。郭云："水当读为气，今作乞"，非。

它用褱杕我多弟，

杕，培植之义。《诗》有杕之杜，杜当即土字音假。《说文》杕树皃，《玉篇》云木盛皃，皆有种植意。今作𢍁从又，植意更为明显。用怀杕我多弟行，念多公之能福，而培植其后也。多弟为多公之后，它之同姓兄弟行也。余初释作多叔，误。

子我孙。

犹言子我民耳。

克又井斆欧。

又有通。井，型也。斆，教也，欧古懿字。

乃是子。

是子或释作子孙，余初释作孙子，皆非也，罗未释孙字。郭释作是，余初未肯置信，后反覆审视原器，其字作昰孑，郭释是也。影本拓本均不明，非见原器，不能定也，释文之难如此。父与抚通。

民国二十二年三月十九日写于四部书斋

（原载《国立中山大学文史学研究所月刊》第1卷第5期，1933年）

陶器之研究①

陶器在我国起源甚早，《物源》说：

> 神农作瓮。即修大利，以凝土为器者，必自神农始。

这一句话，虽然不甚可靠。但陶器为火②的艺术，人类自从发明了用火③之后，拿火来燃烧凝土，使成为器用，这当然非甚后之事。所以吾人的祖先，一旦发见陶土，以水簸之，取微细的粘土，拿它来充分精炼，与之以粘着性，遂以这种粘土制作器物，利用火力造成与石器同样的固形物，这是陶器的起源。其后人事进步，于粗制陶器之上，涂以金属矿物性的液汁，再加以还元焰或酸化焰等火力作用，遂成为千种万样的色彩。其中经过几许失败与几许成功，历史是很长久的了。最近安特生在河南仰韶村发见我国上古陶器的破片，据徐中舒的研究，定为夏时的遗物。此外在甘肃各地亦有陶器发见，这是有实物可以证明的。

---

①编者按：本篇书名号为整理者所加。局部标点、外文字母有改动。

②编者按：原稿为“大”，当以“火”为是。今改。

③编者按：原稿为“大”，当以“火”为是。今改。

我国的陶器，其历史的久远，世界各国的考古学家，无不承认。英人波西尔（S. W. Bushell）《中国美术》（*Chinese Art*）说：

> 瓷器确发明于中国，此则英人亦承认之。故英文China之义，等于Porcelain。即在波斯，羡慕中国瓷器而仿制者已数百年；且有人称其国之瓷艺，乃由本土人发明，而非师仿他国者！然波文Chiui亦兼摄瓷义。

至于变化之富，形制之妙，式样之雅，确为世界之冠。

本文所谓陶器，乃就其广义言之。凡一切埏埴之工艺品，如朴陷之土器，粗厚之缶器，以及坚致之瓷器，皆包括之。统而言之，凡烧成之埏埴器为陶，陶者其字义与窑字相合。今特用之以统称其全体。现在暂时以其精粗，区别为三种：

（一）土器

（二）缶器

（三）瓷器

土器者，以天火使之干燥，以草或树叶熏之，入于窑内，以火烧之而有吸水性，而不适于液体贮藏者也。

若外边加以白，赤或黄等彩色，略加以绿釉，则谓之缶器。适于液体贮藏，其事始于秦汉。

至唐，宋的副葬陶器，于绿釉之外每加以白，褐，黄等色，使成复色。即世所谓“唐三彩”是也。至于宋时瓷器乃完全成功，有极精致之白瓷。

最大的分别，为：土器若不施以釉药，不可以贮藏液体及不堪烧煮；瓷器则虽不施釉，亦能注水不泄，凝冻不拆[①]，耐

---

①编者按：原稿为“圻”，当以“拆”为是。今改。

火不裂，若施以矿物金属性的釉药，曾经还元焰或酸化焰等作用者，则有与宝石同样的光泽，肌理及美观出现。尤以半透明性及玻化状二者最为瓷器之主要特质。若缺其一，则必不得称为瓷器了。故若缺去半透明性者，则为粗厚的缶器；若缺去玻化状者，则属于紫砂窑或彩色窑了。故英人波西尔定瓷器的界说，曰：

> 瓷器者，白而半透明之坚片，质纯而坚，不可以刀削；扣之则共鸣，融之则为玻璃状，碎之则呈有光辉之介壳屑状者也。

其说尚属可用。

施以釉药的陶器可区别为单彩及多彩二种。单彩常为一度窑，分为：白瓷，青瓷，黑釉，黄釉，青釉，绿釉，红釉，紫绀釉，黄褐釉，茶叶末釉，钱砂釉，玫瑰釉，天蓝釉等。多彩则为二度窑以上，绘附以复杂的各色，通常分为：三彩，五彩，粉彩，金栏彩等。

《周礼·考工记》陶人有甗，甑，鬲等，旊人有簋，豆等礼器：

> 陶人为甗，实二鬴，厚半寸，唇寸；盆，实二鬴，厚半斤，唇寸；甑，实二鬴，厚半寸，唇寸，七穿；鬲，实五觳，厚半寸，唇寸；庾[1]，实二觳，厚半寸，唇寸。
>
> 旊人为簋，实一觳，崇尺，厚半寸，唇寸；豆，实三而成觳，崇尺。凡陶旊之事，髻垦薜暴不入市。器中膞，豆中县。膞崇四尺，方四尺。

可见周代常用瓦陶。其后秦汉时代，则不甚明了。晋潘岳

---

①编者按：原稿为“瘐”，当以“庾”为是。今改。

《笙赋》云：

倾缥瓷而酌醽醁。

疑汉魏时已有釉陶之事。且近年出土之汉代瓶，壶，杯，勺等，每有外涂褐釉绿釉者。汉代明器中之井，户，灶等，亦间有涂釉发见。最近日本东京，京都两帝大均有汉代人俑之购入，亦竟体涂褐色釉，但涂法陋劣，间有不着釉处者，经日人原田淑人考证，断为汉人所制无疑。则汉代陶业已有进步可知。英人何苏（Dr. R. S. Hobsow）于其*The Chinese Pottery and Porcelain*，Vol P，PP. 7-9谓中国汉代之有釉陶始为张骞使西域以后所传来者。美人洛法（Dr. B. Laufer）*The Beginning of Porcelain in China*，PP. 120-147亦倡釉陶为西方起源之说。盖汉陶中之绿釉酷肖安息（Parthia）的产品。又汉绿釉经年代的变迁，乃渐趋银白色，因是益可推定其受安息釉法东来的影响。大约文化之交流，每因时代而互促其进步。

六朝以后，人俑多有施以彩色。及至李唐一代，乃益蔚为大观。如三彩釉之以釉料熔于低火度者暂时不说，其中以釉料熔于高火而成为青瓷或白瓷者，略为说之。

唐代陶瓷的代表出产地，在北为邢州（即今河北省顺德府邢台县），在南为越州（即今浙江省绍兴府）。邢，越两州瓷器，在文献上是很有名的。据陆羽《茶经》谓越瓷类玉或[①]类冰；邢瓷类银或类雪。是越瓷为青瓷，邢瓷为白瓷了。其后诗人皮日休亦谓：

邢客与越人，皆能制磁器；圆似月魂堕，轻如雪魄越。

---

①编者按：原稿为“成”，当以“或”为是。今改。

是当时邢，越两瓷确占优越的地位了。月魂盖形容越州青瓷，雪魄盖形容邢州的白瓷。其后影响于宋代，有名的窑，一是承受邢窑系统，一是承受越窑系统。

两窑如何有此差异呢？考邢窑的窑形作半球状的圆状，越窑斜而略高。邢瓷的胎土，含铁分较少，行白陶土的化妆挂，再涂铁分[1]甚少的釉药，以酸火焰烧之；越瓷的胎土，含相当多的铁分，不行化妆挂，涂以含铁分的釉药，以还元焰烧之，因而邢瓷色白，越瓷色青。

邢窑入宋以后，则为定州窑，亦以白瓷著名。加以花纹，名为定州花瓷。其色白，其花纹[2]多巧变可爱，但定窑亦有红瓷，苏东坡诗云"定州花瓷琢红玉"是也，疑这是均窑的先驱。于釉药之中加入铜盐，故呈红色。

周世宗的雨过天青瓷，疑亦出这个系统。世宗姓柴，故又称柴窑。世宗历年甚少，宜无足称，惟闻其尝亲称瓷为"青如天，明如镜，薄如纸，声如磬"，故后世慕之云。

均窑出自河南万州均台，明人赞其为朱砂红，葱翠青等，釉色斑斓，艳美可爱。这窑与定釉同一系统。

赵州窑在唐代极有名，诗之所谓"九秋风露越窑开，夺得千峰翠色来"是也，五代时钱氏吴越王时，为有名的秘色窑，南宋都于临安，有修内司的官窑，故越窑反而无闻。

先是北宋末年徽宗政和年间，于汴京设窑造器，其历史不明，疑与定窑相同。宣和年间，设汝州窑，此汝窑即官窑也。南宋以后，官窑移于杭州，即所谓修内司窑。入明以后，则为

①编者按：原稿此处多一"分"字。今删。

②编者按：原稿为"文"，当以"纹"为是。今改。

哥窑。

明代的瓷器，最大的特色为五彩。此类重要的瓷器，皆经火二次，当瓷坯[1]镂成凹凸花纹及花边之后，乃入窑烧之，是为素烧瓷，素烧瓷之上，填以彩色釉，入微火再薰，完美的瓷器乃成。此釉亦名半大火釉，因其炼制之火，其熟度较窑火略减故云。

其次请言明代五彩窑之绘珐琅质者。此类瓷器初仅涂以白釉，烧后乃绘彩色珐琅，再入炉薰炼，以固其颜色。

钴蓝一色通有明一代皆用之，涂于釉下，与他色交杂成章；然亦有独用者，此色所饰之瓷，通称为蓝白瓷。大约可区分三个时期：一曰宣德时的回青，为纯洁的灰色白淡色，二曰嘉靖时的深蓝，其色深厚，光泽夺人心目，三曰隆庆及万历时的蓝地，此两朝中的瓷艺，日渐进步，而钴蓝地子的制法，尤为精妙，康熙时代瓷器之盛实启于此。

明太祖即帝位二年，即建御器厂于景德镇。后世君主，踵事增修，精益求精，故制瓷乃变为江西景德镇人的尊业。今《江西通志》《浮梁县志》，足资参考。

此外又有建窑广窑，为明以后福建德化广东阳春两地所造，其初皆出于龙泉，同哥窑同一系统，然所造不精，去景德远甚。

清代瓷器，以康熙，雍正，乾隆三朝为最盛。虽景德[2]御窑曾一度烧毁于吴三桂的叛卒，然不久即能恢复，而一方面人才辈出，如郎廷极，年希尧，唐英等，对于窑技均能极力整

---

①编者按：原稿为“坏”，当以“坯”为是。今改。

②编者按：原稿为“得”，当以“德”为是。今改。

顿。一方面继承明代万历时采用西洋珐琅质入瓷，备称华丽。故康熙年景德镇为一有百万人口的都市；而广东一隅又为珐琅器制作的中心。盖当时从景德镇制成素烧，移送广东施以文样及装饰也。及至太平军占据景德镇，御窑烧灭，工人被杀，清末时虽空言努力古窑复活，然而技巧的艺术的传统，丧失殆尽，无振兴之望了。

关于陶器的著①录，可算极少极少。清宣统元年王襄著有《簠室古甬》一卷，为②影印本，其后罗振玉辑有《古明器图录》四卷，曾于民国五年影印，后又收入《艺术篇》中。然皆偏于明器方面。此外藏陶文字之书，大率瓦当文砖文居多，兹不羼入。

在西洋方面，此种著作较多，在康熙时已有《支那陶器史》出现，今则成书更多。日人所著专书有：滨田耕作氏《支那古明器泥象图说》《东亚古代土器概说》，中尾万三氏《支那陶磁源流图考》《西域系支那陶磁之考察》，奥曰诚一，限元谦次郎③合著《支那之陶磁器》，上田恭辅氏《支那陶磁时代的研究》等书，足资参考。

二十二年三月十七日初稿写于诚德里

（原载《文华》1933年第38期）

①编者按：原稿为“箸”，当以“著”为是。今改。本篇此字统改。

②编者按：原稿此处多一“为”字。今删。

③编者按：原稿为“即”，当以“郎”为是。今改。

孟德鲁斯（Montelius）与考古学研究法①

一

昔吴稚晖先生说：“欲知汉族之起源，重订古史者，当发掘黄河上流秦陇一带，可得上古之遗迹，以分析证明之。”（见张继《夏德支那古代史序》文中）这句话②当是千真万确的。自从顾颉刚发表《古史辨》以来——其实辩证我国古史一事，在外国学者已先我而为之。——我国一部分的历史学家已感到这样从书本上你搬文字我也搬搬文字，是极之无聊的一件事，搬来搬去，结果是搬不出真凭实据来的。于是慢慢地有人注意到考古学的一条新路了。于是有计划有组织的西阴村发掘安阳发掘等，遂应运而兴了。在研究的方面言之，人数比从前来得多了，方法比从前来得进步了。在著作的方面言之，报告书渐渐印出来了，外国专籍慢慢翻译过来了。研究古史的人们也比从前清醒了许多了。

---

①编者按：本篇局部标点、外文字母有改动。

②编者按：原稿此处多一“的”字。今删。

在现时我国的出版界，关于考古学的书籍自然是不少；报告书有《西阴村史前的遗存》,《安阳发掘报告》一、二、三期,《中国猿人类北京种之成人头盖骨》,《河南石器时代之着色陶器》,《奉天锦西县沙锅屯洞穴层》,《甘肃考古记》,《高昌专集》等；通论有俞剑华译的《考古学通论》,张凤的《考古学》，卫聚贤的《中国考古小史》等；译述有冯承钧译的《中国西部考古记》和《东蒙古辽代旧城探考记》，汪馥泉译《东亚文明之黎明》，郭沫若译《美术考古学发见史》，郑振铎的《近百年古城古墓发掘史》等。所以现在若是专门攻究考古学的人们或专授考古学的教授们，不患无足以参考的书籍。这的确算是这十年来我国在考古学方面的进步。

不过就愚见而论，现在似乎尚缺乏一种专言考古学的方法的书籍。所以这回作者见到了滨田耕作氏译述的孟德鲁斯著的《考古学研究法》，是非常之高兴了。现在特将这书撮述大要，附以孟氏小传，介绍给我国的学术界之前，一俟有暇，愿将这书全部译出，俾大家得供参考。

二

孟德鲁斯博士，原名Gustaf Oscar Augustin Montelius，一八四三年九月九日生于瑞典的首府斯德哥尔摩（Stockholm）。其后肄业于当地的大学，一八六九年得了博士的学位。幼年时有志从事先史考古学之研究，在一八六九年时已有关于先史考古学的论文公布于世。翌年德国人舍利曼（Heinrich Schliemann）开始在推来城（Troy）从事发掘工作，以次及于希腊古传说中所见诸遗迹的发掘，这位青年考古学大家由是遂感受到极大的刺激①，得以希腊的传说资为青铜时代的说明之机会。从而不独青铜时代得为比较研究，进而青铜时代及铁器时代之真实年代亦得试为考定。当时希腊地方及北欧地方之时代尚无比定之材料，迈锡尼（Mycenae）时代之年代亦不明了，今则全以这些为其键钥而可以考见了。及至一八八八年斯坦马塔克（Stamatakes）在迈锡尼的城山从一墓中发见了二个留针，与在埃及阿门和忒普（Amenhotep）三世的饰物及在其后数年在意大利的拍斯歧亚剌（Peschiera）杙住居址——与我国古史所谓巢居相似——发见同形的留针，孟氏遂得完成其关于意大利留针之发达史的大研究。即以这基础的事实为出发，考定欧洲青铜时代的年代。一八九〇年出版其名著《东方及希腊之青铜时代》（*Die Bronzezeit in Orient und Griechenland*）一书，从一八九五年始，孟氏又着手编著《意大利在金属输入以后之原始文明》（*La Civilisation Primitive en Italie Depuis L' introduction des Metausx*）。其后许多论著公布于世，又因克利地（Crete）岛上克诺索斯（Cnossus）发掘的结果，得到与埃及为时代比定的资料，进而为更精细的研究，一九一二年遂出版《意大利古典以前之年代》（*Die Vorklassische Chronologie Italiens*）一书。其他孟氏的著作享盛名的有：《东方及欧洲古代文化诸期》（*Die älteren Kulturioden in Orient und in Europa* 1913–1923）及《古典以前之希腊》（*La Grèce Prèclassque* 1942）两种。最近出版滨田氏译述之《考古学研究法》，即为《东方及欧洲古代文化诸期》的第一册Die methode的全译。

①编者按：原稿为“刺戟”，当以“刺激”为是。今改。

一九一三年博士得七十岁高寿，各国友人群集祝寿，因为欲为之善颂善祷，出一纪念论文集。但博士以一九二一年十二月四日长逝，享年七十有八，孟氏于一八八八年被任为博物馆教授，一九一三年补瑞典国考古学员，久之被任为瑞典国立博物馆馆长，又为瑞典学士院会员，其他各国学会均推孟氏为名誉会员，成为考古学界重镇的地位，这是国内外所一致公认的。要之：博士未常携有自掘之长物，又未常埋头为一遗物的详细记述，只就他人所发掘的发见物以相比较，完成其大组织而为伟大的综合的学者。吾人于这一点，特别地是孟德鲁斯博士的修学的态度，自不能不表示大大地尊敬与渴仰了。

三

《考古学研究法》的来历，已如上述，但在现时我国国内尚无此项译著；尤其是型式学的方法论，精到而且亲切；不特我国，即在世界的考古学界里，在这书出版后三十年，在博士逝世后十年，直至今日，尚无像这样伟大的著作，这可见该书有永久的价值了。

译者滨田耕作氏为日本京都帝国大学考古学教授，关于考古学的著作，有：《通论考古学》，——即俞剑华所译的本子——《考古游记》，《支那古明器泥象图说》，《泉屋清赏别集陈氏旧藏十钟[①]》，《百济观音》，《桥与塔》，《东亚文明之黎明》，——即汪馥泉所译的本子——《东亚考古学研究》等，译述的有《美术考古学发见史》——有郭译本——及这书。在

①编者按：原稿为“种”，当以“钟”为是。今改。

彼邦算是考古学的权威者。据他的自述，谓译孟氏此书时就原文一一对校，期无一字一句的增减，这可见他的忠心了。

原书只分章节，并无目次；译者为便利计，为之添上。兹将全目移录于下：

一、在考古学上年代学的研究

相对年代与绝对年代

二、何谓发见物

住居地，墓地，高冢的发见物，埋藏发见物

发见物的相对的新旧

三、型式学的研究

发见物的相互关系

平行性

四、型式学的组列

意大利金属制斧

北欧金属制斧

意大利青铜制短剑及长剑

北欧长剑

意大利留针

希腊留针

北欧留针

北欧青铜制容器

意大利青铜制容器

莲花纹与Palmette

全书插图凡四百九十八种，尤足以资为我国学者作比较研究的资料。

四

孟氏最精到的地方，为比较研究一点。他一生的生活，为未常操持过锄头的生活，为始终坐在书桌上详较他人发掘的报告书而推定其年代先后及分布的大势的生活，但他的最大的贡献即在这一点。

原书第三章所论“型式学的研究”，即为其最大的成绩，比之镇日埋头于发掘的锄头考古学者头脑清醒而见解高超。

他说：

> 如何谓之型式学的研究？即是非常注意发见物的相互关系（Fundverhältnis）的研究之谓。
>
> 型式学上的组列，以编比确实的发见物而考见出来。这种确实的发见物的全体，以如何足惊的确实性，想像而为实际型式学的研究的顺序，从而它的型式渐次得以考见。
>
> 在这时最上的统制的方式，为某一方比较他方作成略早，虽未必可知；但是大体则平行而进。同一地方的发见物品的二种组列，试探究其应给与以如何说明。
>
> 关于这个问题的二种重要组列之物，为在北欧青铜时代出土的留针及青铜制容器。今假定各组列的种种型式为ABC等名。A为最古的型式，B居次位，以下类推。观察包含这两方的组列的代表物之发见物，分为如次各事：
>
> A型式的留针与A型式的容器，并非在一块儿发见。即是这留针比较A型式的容器为古。

BCD型式的留针与A型式的容器为同时代。

EFG型式的留针反之，与BCD型式的容器为同时代。

H型式的留针与EF型式的容器为同时代。

而但是从A型式至D型式的留针与BCDEF型式的容器；

或EFG型式的留针与AEF型式的容器；

又H型式的留针与ABCD型式的容器；并非在一块儿发见。

同样地关于其他的组列，也是如此；例如本人研究《关于青铜时代的时代决定》（*On Tidsbestämning Inom Bronsaldrern*）时，关于这个问题的重要寄与，我以为是一八八五年的斯干的纳维亚（Scandinavia）的发见的已知发见物的全内容，一目了然而又综括。

本人在上记的研究公布以来，在十七世纪的末期之间，斯干的纳维亚的青铜时代的大量发见物，与北德意志所发见者的多数发见物为同样，总能到达同样的结果，而有重大的意味。

若只是一回的发见物中，H型式的留针，包含有与E或F型式的容器，实际只是两方的型式为同时代，这不过只是与以一种暗示（Andentung）而已。但是在其他的发见物之中，也有此等的型式同时出现，则前记的形的留针与容器实际为同时代之物，其准确性渐次加多。即是这些是在一块儿发见的回数与准确性同行增加。H型式的留针与E或F型式的容器在一块儿发见的度数实际已经有这样——三十回以上——了，则所谓“或然性”（Wahrscheinlichkeit）应代以“确实性（Gewissheit）”一语，而无须何等踌躇的了。所以主张这型式的留针与容器，实际为同时代之物。

这全然是孟氏研究的结果的经验而得来的。孟氏又说：

以如斯之方法作成种种的组列的平行性（Parallelismus）对于前述的问题的解决，有非常的重要性。所谓平行性者，以某一组列的稍古的一型式，与其他的组列的稍古的一型式；又以他组列的稍新的一型式，与后的组列的稍新的一型式，谓为同时代之物之谓。

故如左样的相互组合的组列则为平行：

ABCDE　　A　　B　　CD

或

ABCDE等　　ABC　　DEF

但是如次的组列，

BAEDC

ABCDEF

则为不平行。

该书最重要的第四章，列举多量的古物插图，就是应用以上的学理而演绎证明的。

五

关于孟氏及其《考古学研究法》，已完全介绍过了，至其应用，则全世界的考古学家莫不奉为圭臬。我国从前叫这种学问为金石学或古器物学，其所用的方法只从文字上辨别；今则渐渐改变方法，从花纹式样研究，亦无非应用孟氏型式学，拿世界各古国的发见物与我国新发见物相比较以定其年代及同异嬗递。日前李济博士演讲河南浚县的发见物，谓某几点与安阳发见物相同，某几点相异；浚县的和安阳的斧，某种与西亚相同，某种不同，因而假定我国古代文化与西亚有关系，安阳与浚县的时代先后。这亦只是孟氏的老把戏而已！所谓考古学专家者亦只是多记认这许多样张而已！

二十二年一月三日写于沪上四部书斋

（原载《大陆杂志》第1卷第8期，1933年）

古玉之研究①

原为《中国金石学概论》中篇第六章第四节。

玉有软玉硬玉之分，硬玉即世所谓翡翠，产于缅甸，近世始盛行于中国，在金石学中尚没占何地位，暂时搁起不说。现下所要讲述的，是专属于软玉一种。

我国使用玉器，其事甚早。《越绝书》风胡子说黄帝之时，以玉为兵，这句话虽然不甚可靠，可是也有几分猜中。我疑心我国人使用玉器，是在新石器时代的末期和金石并用期中，近年考古学家在这两个时期的发掘，也往往有玉器发见。并且玉器的形式，源出于石器者甚多。近人胡肇椿《玉话》说：

> 玉器大半从石器时代的利器脱变下来的，所谓瑞玉、含玉、佩玉，大部份都有它们石器的老祖宗，——除了后起的东西是模仿铜器时代及其以后的用品以外，——瑞玉中的圭，无疑的是从有孔石斧而来，似犁冠的瑁从锄头而来，璧和同一系统的环、瑗、璜、珑、联璧等也从环状石

①编者按：本篇局部标点、外文字母有改动。

斧递嬗而来的。大抵石器最初给人们以无上的威力，导进文明的阶梯的就是石兵，人们得了一个石斧的助力制服了野兽，征服了自然，那么，对于它便生了神秘的崇拜和信仰，这和生殖崇拜，自然对象的崇拜立在同等的地位。其后酋长家传最有力的石斧便成了酋长彼此相会的符信，这便是“公执桓圭，侯执信圭，伯执躬圭，子执谷璧，男执蒲圭”的起源；同时在崇拜方面，渐渐苍璧祀天，黄琮礼地，青圭、赤璋、白琥、玄璜礼四方，也演变而生。笏的母亲是石刀；最初石刀是宰割野兽的利器，人们把它插在腰带上，时刻不去身的，以后笏的用途就失去原意了。但古笏的形制还没有脱去石刀的原形。至于充耳的瑱，分明是野蛮民族面饰的遗留品，至今澳洲、南洋等处未开化民族还有用小石条穿耳贯鼻的风习，这可知瑱的始制是具同一意味的罢！那么，所谓“闭奸声，弇乱色”，全是后世附会之谭。佩玉中的觿形似乐器的拨，上端有孔，便于佩系，下端扁平而尖锐，《说文》说它本来用角制造，尖端用以解结。《诗经·卫风·芄兰》说童子佩觿；《礼记·内则》又说左佩小觿，右佩大觿。综合研究起来，觿的形制很小，穿孔和尖端都和勺玉相似，而勺玉是由原始人佩带兽的牙爪的风习演变下来的。原始人猎到一只猛虎或野兽，爱好它的牙爪的美丽，于是贯穿起来用作颈圈或佩饰，一来可以佐妆饰，二来可以把他自己的武功夸耀于同侪。所以觿的字形仍脱不了用角字旁，所以它的佩带的数目仍不少，有大觿小觿之别，而解结的话，不过是后起的用途罢了！其他如器用中的玉鼎、玉敦、玉爵全是铜器时代以降的模仿品，钗、珥、文具、玩物等便是玉器滥造以后的产品。

胡氏所说的话，虽然是一种尝试的解释，但在事实上极合事理，这可证我国用玉的起源了。夏商之世用玉的情形虽不甚明了，但《周礼·太卜》一曰玉挂，杜注云帝颛顼之挂，近世出土龟甲兽骨文字，有玉字。而《礼记·玉藻》《明堂位》《聘义》诸篇，叠称古之君子必佩玉，疑古之君子，即指周代以前。《周书》言武王得商之佩玉，亿有八万，大约颛项以后迄夏商之世，沿用不替。其情形可以想见。古玉的原料，俱是新疆输入的软玉，晋金州防御判官高居诲《使于阗行程记》云：

> 玉河在于阗界牛头山，乃疏为三河，一曰白玉河，在城东三十里；二曰绿玉河，在城西二十里；三曰乌玉河，在绿玉河西七里；其源虽一，而其玉随地而变，故其色不同。每岁五六月，大水暴涨，则玉随流而至。玉之多寡，由水之大小。七八月水退，乃可取，彼人谓之捞玉。其国之法，官未采玉，禁人辄至河滨者。故其国中器用服饰，往往用玉。今中国所有，皆自彼国来者。

此外甘肃、青海也出和于阗同源的软玉，这是根据一八八一年俄国地质学者报大脑威（Bogdanovich）调查所得。周初扩张领土，新疆、甘肃、青海等地，当然与之接触，所以《山海经》《穆天子传》之初秦，都于此时成书，西域的传说，约略载于书中。大约初期输入不多，加之玉之硬度很大，不易琢治，故得之不易，往往视为奇宝。所以最初仅是酋长配有的东西，只是祭祀朝聘的器物得以用玉造成，应用不广。所以称玉器为瑞。其后西域交通日繁，玉璞由民间输入者日多，制玉的工具日精，于是使用日广。在周、秦间以玉为器用，殉葬品及佩饰之事，史传不绝于书。而卞和等玉工，及秦王愿以十五城交换赵璧等有趣故事，成为器玉的掌故。汉魏以后，推行益广，达官贵人，以至民间皆得用玉。唐、宋以来，用玉益滥，所谓管笛、凤钗、乳络、人物神像、文具、扇坠、梳背、簪、珥、猿、犬、牛、马、花朵、玩物，无不用玉。加以道家利用食玉延寿，于是更制出不少奇怪的玉器。明清以后，收藏家事业大兴，于是古玉遂为其枕中不可少的秘宝；而妇人女子莫不以玉为饰，玉器遂无人不宝之了。

玉的色泽，最足夺人，大别之有青、黄、碧、绿、紫、红、白、黑等。

椿园《西域闻见录》曰：莎车有玉河，内产圆形小玉。大者如盘或如斗，小者如拳或如栗，其最大者重至五百余斤。颜色亦种种不一。有白如雪者，有黄似蜡者，有黑似墨者，有红如朱砂者，有绿如翡翠者。其最难得而可贵者，则为纯粹之水玉，纹理坚密，色泽如羊脂，而又有朱砂斑附其上。又有碧如波斯菜而全片透湿者，亦难得。故价皆最高。

明高濂《遵生八笺》云：玉以甘黄为上，羊脂次之，以黄为中色，且不易得。……甘黄如蒸栗，色佳。焦黄为下。……碧玉色如波菜，深绿为佳。有细墨洒点，有淡白间杂者次之，墨玉如漆者佳。……红玉色如鸡冠者可贵。

明曹昭《格古要论》云：凡玉……白色为上，黄色碧色亦贵。……白玉其色如酥者最贵，但冷色即饭汤色油色及有雪花者次之。黄玉如栗者为贵，谓之甘黄玉，焦黄者次之。碧玉其青如蓝靛者为贵，或有细墨者，色淡者皆次之。……赤玉其色红如鸡冠者好，人间少见。其中尤以羊脂色，菠菜碧，鸡冠红，为最足宝贵。但各人好尚不同，不可一体以论。

至于玉器的文献，首推《周官·春官宗伯·典瑞》《冬官考工记·玉人》，一则载其用途，一则记其制法。自是以后，《尔雅·释器》《说文·玉部》，都略有记载。晋唐两代，有无成书，今不可考。宋人作图谱的有：王黻撰《宣和博古图》、吕大防撰《考古图》，略收玉器，所言不详；龙大渊《古玉图》专言古玉，号称一百卷，载内府收藏之玉器七百幅，惟自来疑为伪书，《四库全书》至列于存目中。元朱德润撰《古玉图》，寥寥数十器，名称讹乱，无从征信。清道光初瞿中溶撰《奕载堂古玉图录》，著录三代礼器及秦汉法物，凡三百六十五器，详其形制玉色，度其高低尺寸，雕琢精粗，文字原委，援据经史，阐发疑义，足称详备。惟其书未刻，——于民国十九年刻成——向只有江宁图书馆传钞本，殊不易见。故罗振玉，内藤虎均谓吴大澂《古玉图考》为古玉图谱之始。吴氏书成于清光绪十五年，在瞿氏后，而刊行在前；今并有同文书局石印本，家喻而户晓矣。又章鸿钊的《石雅》，其第三卷玉类颇多创见，足资参考。

东西洋则美国人毕畜步（Heber Bishop）著《毕氏玉器收藏及研究》（*The Bishop Collection Investigations and Studies in Jade*）成书最早，一千九百零五年私刊于纽约。书分两厚册，附有水彩画十三幅，于制玉之各种技术，详论靡遗。可惜当时只刊印一百部，分赠各博物院，图书馆，不易得见。英人波西尔（S. W. Bushell）《中国美术》（*Chinese Art*）第六篇《琢玉》亦专言制法。两书于考证之学，无甚裨益。其后美国人洛乌弗尔（Laufer）撰《古玉》（*Jade*，Chicago，1914）、英人波皮（Pope–Hennessy）撰《中国古玉》（*Early Chinese Jade*，London，1925）二书，最为可称。日本则林泰辅博士著《从中国上代石器玉器所见之汉民族》（《史学杂志》卅八篇七号八号）一文为最初著录。近则滨田耕作氏于大正十四年撰《有竹斋藏古玉谱》，书凡两巨册，上册古玉图版共二十八页，玉器八十九品，下册《支那古玉概说[1]》，共三十七页。图版照原色制版，色泽夺人；卷末并附实测图，大小不爽毫黍，开卷如对实物，为东西著录中最新刊最精善的著录。

至于古玉分类，前人尚无定说。龙大渊《古玉图谱》分为九部：

一、国宝部　圭、瓒、璧、琫、琮、珌、璋[2]、白琥、元璜、符、节、戚、剑、杖、戟、鞭、环、玺、册、镇、库钱等物。（见原书一卷至四十二卷）

二、压胜部　压胜钱、撒帐钱、洗儿钱、汉王刚卯等物。（见原书四十三至四十六）

三、舆服部　指南车饰玉人及蚩尤、承辕、相轮、承绥鸠车、辋头、冠、朝带、玉佩、钗、玦等物。（见原书四十七至六十六）

四、文房部　砚、笔管、砚山、笔床、水丞、水注、书镇、书尺、裁刀、贝光、界尺、如意、尘柄、搔劳等物。

五、薰燎部　鼎、炉、彝、敦等物。（见原书七十七至八十一）

六、饮器部　鬲、盂、甗、觚、尊、卮、杯、觥等

---

①编者按：原稿为“论”，当以“说”为是。今改。

②编者按：原稿“璋”后面为“玺”，与下文重复，经查《古玉图谱》，此处“玺”删去。

物。（见原书八十二至九十）

七、彝器部　卣、洗、簠、簋、罍、豆、觯、匜等物。（见原书九十一至九十三）

八、音乐部　琴、钟、磬、笙、箫、笛、管、鼓、拍板、阮咸、胡琴、琵琶等物。（见原书九十四至九十六）

九、陈设物　凭几、屏风、灯、笼、像、枕、支臂、薰笼、古玉雕文鱼龙缸、古玉雕文云龙瓮、花斛、盆等物。（见原书九十七至一百卷）

滨田[①]氏《支那古玉概说》等五节至等九节则分为：

五、圭及其与有关系的玉器

六、璧及与有关系的玉器

七、琮与璇玑

八、刀剑及带饰等用的玉器

九、附属于身体的各种玉器（附葬玉）

其余吴氏瞿氏等则均就其材料性质相近排比成书，无显明的分类。所以直到现在，尚找不到合科学标准的分类法。

今者除去模仿铜器时代以后的法物，如：鼎、彝、敦、鬲等等不加解释外，其余则择足以代表玉器之特色者，略加诠释。至于全部器名及其用途，则经史、《说文》等书具在，学者可自行查考了。

一、圭

圭与有孔石斧最相类似，林泰辅、洛乌弗尔、滨田耕作均认为是由石器时代的石器传统而来。今者山东陕西及他处发见

①编者按：原稿为“由”，当以“田”为是。今改。

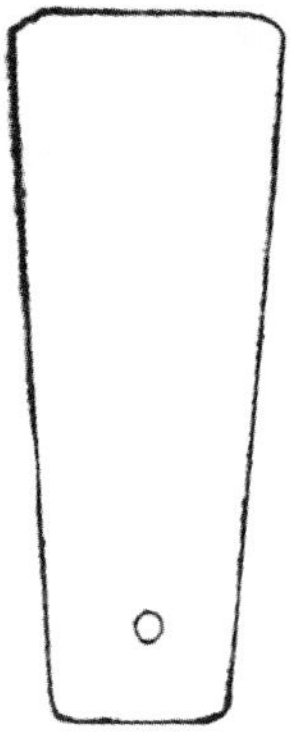
镇圭

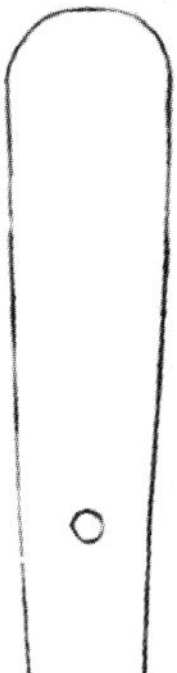
琬圭

琰圭

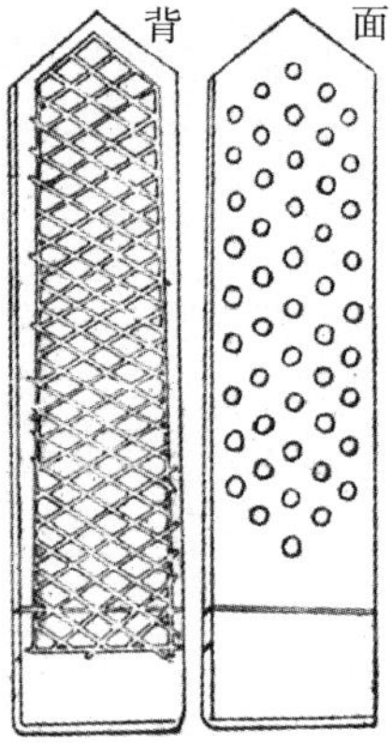

谷圭

的石斧，其材料属于玉制的不少，这事最足以为佐证。圭的形制长短不一，但大体上作长细形，或作拨形，或表面加刻纹样，或有一端穿孔者。《周礼·考工记·玉人》说：

> 天子圭中必（吴大澂氏释为中秘），四圭尺有二寸，以祀天。大圭长三尺，杼上终葵首，天子服之，土圭尺有五寸，以致日，以土地。祼圭尺有二寸，有瓒，以祀庙。琬圭九寸，而缫以象德。琰圭九寸，判规以除慝，以易行。……谷圭七寸，天子以聘女。

将圭的形制说得颇为详明，征之今日所见实物，其说颇为可靠。中必的意义，是圭的中央穿了孔之义。吴大澂曰：“杼上者言其长而薄，终葵者言其广而方也。”镇圭为天子所守，其状略如，见《古玉图考》等二图。今日在《汉武梁祠画像石》祥瑞图中的玄圭，也约略可以考见。其他“琬圭”为无锋芒而圆长的，“琰圭”为抉去上端的圭角的，“谷圭”为有谷粒状纹样的。但又有所谓“天子执冒，以朝诸侯”的“冒”，吴大澂引《说文》瑁下云："诸侯执圭朝天子，天子执玉以冒之，以材冠"，谓与耜相似，上下皆方。此外又有"璋""笏"等等，即"圭"的变相。

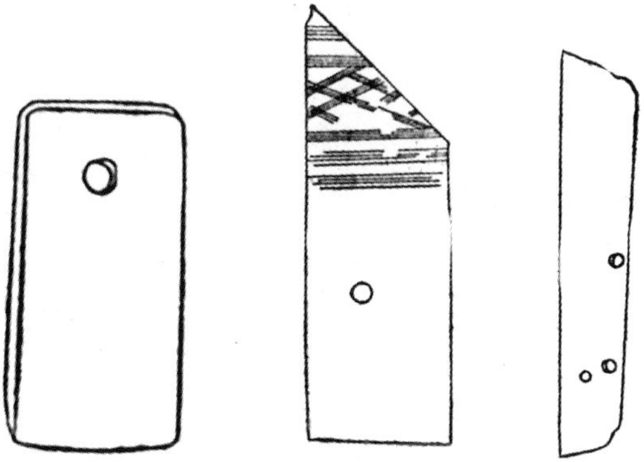

瑁　　璋　　笏

二、璧

"璧"与"圭"在玉器中同为最重要的器物，其形状作圆板形，中央穿有大孔。疑是环状石斧变化而来，林泰辅和滨田耕作都是如此主张。《周礼·玉人》说：

> 璧，羡度尺，好三寸以为度。

所谓"羡"即是"直径"，"好"即是"孔"，《尔雅》说：

> 肉倍好，谓之璧。好倍肉，谓之瑗。肉好若一，谓之环。

则又因其形状以为分类。"璧的遗品"以日人关野贞博士等在朝鲜平安南道大同江的发掘的第九号坟的出土品为最可靠，与《古玉图》所载的拱璧酷肖。（见关野贞等《朝鲜总督府古迹调查特别报告》中）此外似璧而缺其口者叫做

“玦”，有不象璧的整圆而折半成为弧形的玉器，叫做“璜”，又有和“璜”相似的叫做“珩”，均为佩饰之物，与“璧”同一系统者。

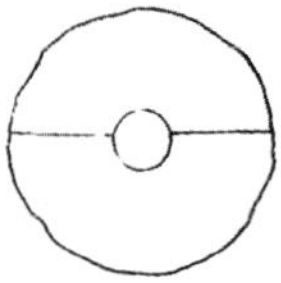
大璧

璜

珩

三、琮

《说文》说：

琮瑞玉，大八寸似车釭。

《周礼》琮下注云：

琮之言宗也。八方所宗故。外八方象地之形；中虚圆，以应无穷，象地之德，故以祭地。

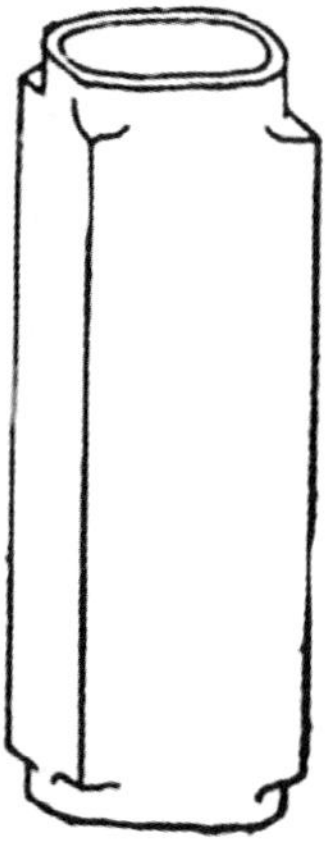
大琮

吴氏所举方柱状而内作圆筒形者，所谓形如车釭的琮，外面四侧或光滑无纹，或作组带纹样，其大小长短也没有一定，或高作柱形，或扁平而短小者。但其起源不甚明了。此外又有与“琮”同具特殊的形制，而其意义亦难明了者，叫做“璇玑”。《尚书》云：

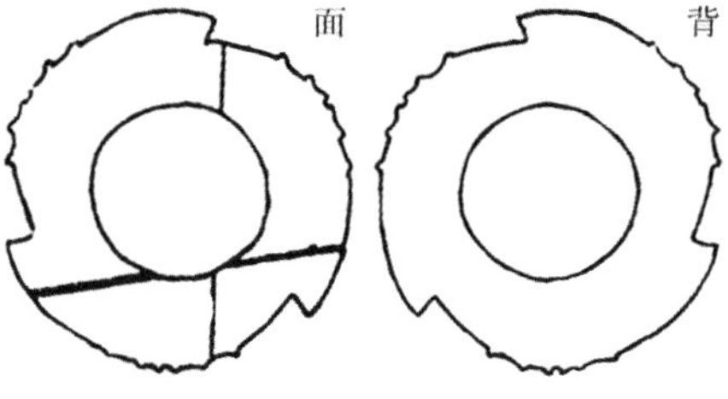

璇玑

璇玑，玉衡，以齐七政。

吴氏所图录者，其形状似一圆板，中央穿孔，周围又有机牙，是否即浑天仪中所用的机轮，现下不敢断定，只好存而不论。

四、觿

觿，为童子所佩的小刀，《诗·芄兰》云：

芄兰之支，童子佩觿。

相传是解结的用具，疑即成年人佩剑之意，因是童子或妇女所佩（见《礼·内则》），故形制略小耳。此外又有仅为刀剑上的饰物者，如“璏”则为剑鼻的玉饰；“璊”则为与组带相连属的玉饰；“珌”则为剑鞘的下端的玉器等；疑古者金石并用时期，金属稀少，不足于用，故剑身与剑柄用两种材料做成。

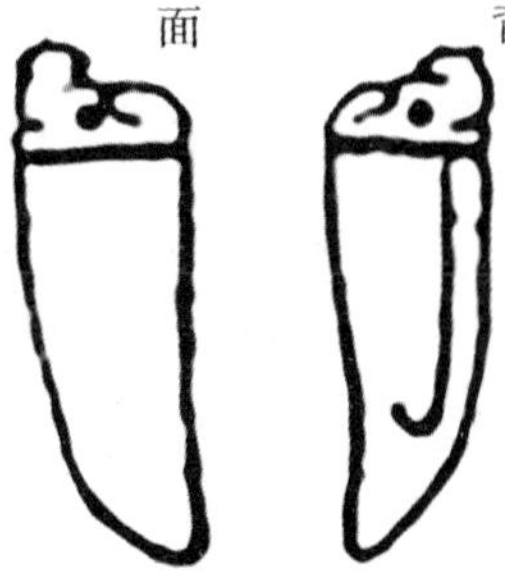

小觿

五、瑱和珰

瑱与珰均为耳上饰物，《诗·淇奥》云：

充耳琇①莹。

《偕老》云：

玉之瑱②也。

瑱

①编者按：原稿为“瑱”，当以“琇”为是。今改。

②编者按：原稿为“轮”，当以“瑱”为是。下文“充耳谓之瑱”“天子玉瑱”，“瑱”原稿均为“轮”，今改。

《毛传》云：

充耳谓之瑱，琇莹，美石也。天子玉瑱，诸侯以石。

《说文》云：

瑱，以石充耳也。

今见于吴氏图录者，一为扁桃形，一为尖头方柱形，皆一端有小孔。谓用之以充塞耳孔云。

六、琀

琀为葬玉。我国古代以玉为天地之精，且为阳精的至纯之品，于是有吞食玉屑以求长生者。不幸人竟不免一死，若能把玉①放在死者身旁，也可令尸体不致朽坏。（见《本草②纲目》）于是在上世已有把死者口中含放玉粒之事，《周礼·典瑞》云：

大丧共饭玉含玉。

是也，其实葬玉不限“琀”一种。

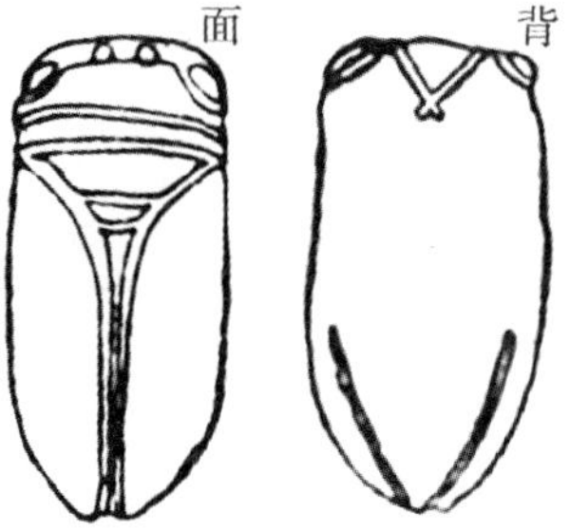

琀

《典瑞》又云：

驵圭③、璋、璧、琮、琥、璜之渠眉，疏璧琮以敛尸。

可见不限于一种了。

此外自唐宋以下，形制更多，《遵生八笺》云：

自唐宋以下，所制不一，如：管、笛、凤钗、乳络、

---

①编者按：原稿此处脱漏一“玉”字。今补。

②编者按：原稿为“章”，当以“草”为是。今改。

③编者按：原稿为“圭震”，当以“驵圭”为是。今改。

> 龟、鱼、哇哇、树、石、炉顶、帽顶、提携、袋挂、压口、方、圆、细花带板、灯板、人物、神像、炉、瓶、钩、钮、文具器皿、杖头、杯、盂①、扇坠、梳背玉、簪、珥、绦环、刀靶、猿、马、牛、羊、犬、猫、花朵，种种玩物，碾法为刻，细入丝发，工致极矣。

名目繁夥，这里不便细说了。

（原载《教授与作家》第1卷第1期，1934年）

①编者按：原稿为“杯”，当以“盂”为是。今改。

通俗考古学丛书编辑计画[1]

一、动机

当民国十九年（公元一九三〇）的秋季，我在上海正风文学院担任“金石学”和“古文字学”的功课时，首先感觉着的问题，就是没有初学的课本。以“金石学”而论，截至最近时止，前人的著作，不下一千余种，可是都是零篇琐记，只足为于这学已有门径的人们浏览；从没有有系统的通俗课本，堪为教室里讲说之用。这时我便自告奋勇，着手自编讲义，一以通俗而系统化为主。至于“古文字学”也是犯着同一的毛病。同时要在课外介绍几本有趣味而确足供参考的书籍，也是十分难于筹画。其后掌教各大学，莫不感着这样的困难情形。

民国二十二年（公元一九三三）春，故宫古物南迁，李济之董彦堂先后来沪，同时张天方，卫聚贤，胡肇椿等亦同在上海，考古的朋友，同聚一处，见未尝不谈，谈必及这问题。以为考古学至今所以不能发达，实因通俗的书籍供应太少。其实

①编者按：本篇局部标点、外文字母有改动。

研究“古史”“古社会学”“民族学”“神话”“宗教”“美术”等的学者，未尝不愿意稍为涉猎一涉猎考古学。可是除了能够直接阅读外国语的人以外，谁愿意阅读这些杂乱无章的金石笔记或题跋呢？现时我国出版界，对于这类的书籍也极少注意。通行的只有滨田耕作《通论考古学》及《东亚文明之黎明》几种译本。此外要数到卫聚贤的《中国考古小史》，郭沫若译的《美术考古学发见史》，郑振铎译的《近百年古城古墓发掘史》一类的书籍了。其余只有些考古报告书，稍为有价值的几种又为外国文字所占有，即为中英合璧的亦不过中文略译而已。试问这种专家报告书，除专门学者之外，尚有几人能从首到尾阅读一遍？我国出版界固然贫乏得可怜，而我们研究考古学的人，从不肯为一般普通学者着想，亦未始不是一种疏忽。

本年春间，胡肇椿君来，因我旧日译有孟德鲁斯（Oscar Montelius）《考古学研究法》的译稿，还没完成，因怂恿共同合译。同时他也决定将某氏的《发掘法》一书译成。当时我便有一个提议，何不大家再联合几个朋友，共编一种《通俗考古学丛书》。他也极为赞成。登时由著[①]者拟定几本基本的书籍。大家公推容希白为主编。并且由著者个人写信去征求希白同意。未几，便见北平的几位同志发起了金石学会，有编辑各种丛书的拟议。九月十四日接到北平寄来的通告，云已由金石学会改名考古学社。这是我个人拟编《通俗考古学丛书》的动机。

二、初拟的计画

在未接北平考古学社的通告之前四日，著者因上海大夏大

---

①编者按：原稿为“箸”，当以“著”为是。今改。本篇此字统改。

学十周年纪念，嘱为《大夏学报》撰《十年来之我国考古学》一文，便翻检近十年关于考古学的各种著作，只在《国立大学联合会月刊》第一卷第一号里，看见了马衡的《筹备考古学系之计划》一文，大为感动，预测今后考古学的进行，因提出三事：

甲　人才之养成

乙　图书之供给

丙　古物之翻制

当时在第二项中大略说道：

吾尝为拟一《考古学丛书》，其第一步约得通俗书十种左右。其必不可少者，如：

子　考古学通论

丑　考古学发掘法

寅　考古学研究法

卯　古器物之整理与陈列

辰　考古学书目

巳　考古学辞典

庚　等等

第二步乃编著各种专门书类，如金，石，甲骨，陶，玉等专籍，或各地发掘之报告书。

这时因为学人尚未注意到这事，故略为呼吁吧了。

三、本计画的重新厘定

后来接到考古学社的通告，大略谓“本社于九月一日在大美餐馆开成立大会，……将旧拟金石学会名改为考古学社。……编辑《社讯》,《社讯》定于十二月出版，征求……

自述对于考古学研究之经过或著作之计画”等语。作者感到十二分的兴奋，便决计旧事重提，在我们的社里，联合几位同志，编辑一种《通俗考古学丛书》的新计画。

虽[①]然我们的社里人才济济，然亦不妨分工合作，各行其是。大抵在今日我国学术衰落的时候，无论何种学问，都宜一方面提高，使其专门化；一方面普及，使其通俗化。如果通俗方面，使真的普及于大众，自然大众里面有十分之几会感到极浓厚的兴趣，而渐趋向专门。于这种学问不特没有损害，且能达[②]到提高的目的。我在这五年来在上海各大学担任“古文字学”“金石学”“考古学”等功课，一向是抱定一个宗旨，是为这一门学术努力做一种通俗运动；将许多专门术语和学识，改为通俗的人人易懂[③]的技术和常识。或者以为我不应该自毁其尊严和神秘，然而我却认为这是由“古董”进至“科学”的途径。这一次提议编辑《通俗考古学丛书》，其目的即在于此。

现时先将这丛书的内容，先行开列，并逐项提供意见。

一、考古学讲话　查现时关于通论考古学的书籍，有俞剑华译的滨田耕作的《考古学通论》和张凤的《考古学》两种。《国立北平图书馆馆刊》第五卷第六号评论道：“但滨田原书出版时（民国十一年七月）中国史前考古上之发见，多未公布；故河南仰韶村，辽宁沙锅屯，山西西阴村等考古事实，皆没有提及。张氏此编，除大部据滨田之作改编外，再补述中国考古

---

①编者按：原稿为“谁”，当以“虽”为是。今改。

②编者按：原稿为“发”，当以“达”为是。今改。

③编者按：原稿为“董”，当以“懂”为是。今改。

事迹，且于西方的史前考古亦比滨田所述稍详。所以此书较俞君译本当然胜过一筹。不过我们还觉得这书太简略些。如‘人类的化石’只讲到四种；关于新石器，不过说及在中国发现的各省，而不及其他；还有山西西阴村的科学发掘，并未提到。至于近数年来中央研究院历史语言研究所在安阳的发掘，已有报告继续刊行，而西北科学考查团的考古，燕下都的考古，和最近谭国都城的发掘等，都应当依据报告或正确的新闻，在再版时补入的。”俞译的不适用，已不用说。张著如未再版补正，似亦未可为初学说法。何况这两书已近专门，非为通俗说法的呢！据最近商务印书馆《出版周刊》新九十六期刘虚谷《考古学研究法》所称述，谓已着手草《中国考古讲话》，大约一年后或能竣事。但我看看他的书名，顾名思义，只是一种中国考古小史的性质，与我们这里所拟的《考古学讲话》性质又是两样。故仍有另行编辑的必要。这书的内容：虽然注重在“学”字，但须偏重中国材料与例解，尤须多插图样；如果中国材料找不着时，乃采用西方成例以为救济。

二、考古学发掘法　发掘法完全根据于经验与学理。如何使发掘时合于搜集与保存，而不致损坏古器与层位的研究，则发掘前的计画，与发掘时的摄影、测绘、记录，发掘后的处置等等，均须精细周到，而不可丝毫疏忽。至若者情形宜用披葱式，若者宜用平行横沟式等等，在本书中都应详细说明。至于人夫的训练，工具的使用，均须有具体的指示。不过在我国这发掘学尚属幼稚，举例也不能周详。在著者个人的意见，仍然主张就欧西出版界中择一名著翻译，尚可应一时急需。

三、考古学研究法　这里所说的研究法，并非如《出版周刊》新九十六号刘虚谷所称的研究法，乃是一种桌面上的比较研究法。集合各地的报告专籍，将各地的出土品，比较其时代的先后，而决定其文化上的关联作用。这是考古学应用上的必要工作。但是我国现时尚没有这项材料，足以著成一书。为一时应急起见，鄙意暂时将孟德鲁斯的《考古学研究法》或别种名著译印出来，以供需要。将来如有充分材料，自可另行编著。

四、古器物的整理与陈列　古器物出土以后，惟一的重要事件，在整理与陈列。所以一切修补、复原、复制、保存、庋藏、陈列、管理等项，均须合于现世各国博物馆所采用的科学方法。试举一例，譬如古书的保管，在我国从前毫无办法，自新式图书馆事业传入我国以来，刻下已成为专门而普遍的事业。博物馆事业，将来也是如此。所以现在最重要的为将欧美关于这事业的学理与经验，介绍到我国来，所以这是一部必不可少的著作。

五、考古学书目　关于我国金石学书目，以中央研究院出版的容媛编录的《金石书录目》为精审详备可用。惟关于《考古学书目》一书，尚未有人编录。就著者意见，我们考古学社里，可以函向欧美各国搜购这项书目，推举几位社员，共同编订，先出正编，随时搜得，录为续编，以备我们同志大家参考。

六、考古学辞典　研究学问的工具，最重要为有几本丰富精当的辞典。这是人所共知的。现时考古学辞典，在欧西已编印不少。但在东方似乎尚无所闻。就鄙意应由一学术机关或团体从事编译，除欧西已有者应采录外，其他关于本国的考古学家姓名，金石书目，古器物名，出土地名，收藏家人名书斋名及一切术语，均须分别摘要录入。务使成为东方考古上巨著。

七、在华外人考古记　我国考古事业，肇始于在华的外国学者。但其报告或论文，常散见于欧美日本各杂志中，搜集颇不容易。现拟搜集自洛乌弗尔（Laufer）以前的安特孙（John Anderson），勃郎恩（J. Coggin Brown），白勃（E. Colborne Baber），威利安母（Williams），远维特（Armand David）及以后的格路维德（Albert Gremwedel），勒可克（Albert ven Le Coq），鄂本笃（Benediot Goes），法占（Gilbert de Voisms），拉狄络（Jean Latirgue），色伽兰（Victor Segalen），鄂登堡（S. Oldenburg），伯希和（Paul Pelliot），沙畹（E. Chavannes），霍斯洛夫（Kozlou），斯坦因（A. Stien），大谷光瑞，鸟居龙藏，八木奘三郎，林泰辅，滨田耕作，原田淑人以至现在的安特生（J. Y. Andersson），阿尔纳（T. G. Arne），斯文赫定（Sven Hedin），毕士博（C. W. Bishop），安特思（H. Andrews）等学者在我国的考古学业，作为有系统的记述。以明我国这种新事业的渊源与影响。

八、考古闲话　将一切考古学上有趣的见闻，古玩家收藏买卖轶闻，伪造古玩的专家如胡麻子蓝葆光之类，都加以记录，以为茶余饭后之资。

九、安阳发掘小史　自卖龙骨的李成以至掘宝贝的董作宾李济等的一切公私发掘作为有系统的记述。

这是第一期拟着手编辑的书籍。如有余力，再可将考古学的内涵，分门别类，编成部分的专著，如：

一　有史石器通释

二　史前石器通释

三　铜器通释

四　兵器通释

五　镜鉴通释
六　玉器通释
七　陶器通释
八　钱币通释
九　东洋考古学
十　西洋考古学
等等

彷佛如坊间出版的百科小丛书性质，只求解释名词，附举图照为例；不求学理考证与史的叙述。因为这些专门事业，非我通俗考古学所宜包括的。

这个计画，在著者已蕴积五年，现在乘我们社刊出版的机会，写出来请大家指教指教！

民国二十三年十月二十一日晨写于沪上四部书斋

（原载《考古》1934年第1期）

一年来之中国考古学①

目次

一、序论

在这样的年头，大谈考古学，有些人实在是很不高兴。不

---

①编者按：本篇书名号为整理者所加。局部标点有改动。

②编者按：原稿为“箸”，当以“著”为是。今改。本篇此字统改。

过著者生性是有历史癖和考据癖的人，近十年来，因为在沪上各大学担任金石学和古文字学的讲座，所以三句不离本行，执起笔来作文章，总是不离这个题目。有一天《大陆杂志》的总编辑黄君度先生告诉友人姚宝贤先生说：“我看郑某人是愈考愈古的了！”这句话虽是偶然的笑话，这恐怕是一句很真实的话。可是这回我给《中华日报》和《中华月报》的编辑先生们难倒了。他们因为《中华月报》编印特大号，来一封征文启事，要我替他们作一篇文章，题目限定以二十二年来或一年来中国的事态作题材。我接到这封信以后，我心里想想：我究竟代他们作什么文章好呢。现在这样年头当然是谈经济，政治，航空救国，国际风云最好，可是我对于这些都是一个门外之表的汉，怎么好冒充内行呢？不行，当然不行。所以我又只好谈谈考古学罢了。不过在最近一个月前我已为了《新中华杂志》作了一篇《金石学在我国之史的发展》，二十二年来的中国考古学这个题目，当然是不好再作，免得重复。因此这样的——一年来中国考古学的总结算——一个题目，便不得不产生了。

虽然，我国的学术在水平线以下，这是毋庸为讳的。所以我们救国，应该为多头的进行，不应该从一二点去着想。友人李济之先生说得好，他说：“九一八国难发生后我们常常自问：我们这种工作，在我们现在所处的环境中，是否一种浪费？我们虽并不懊悔我们职业选择的荒唐，但那放下铲子抗枪赴前敌去打仗的冲动是免不了的，并且是很强烈的。记得英国埃及学家裴居离爵士在欧战期间也经过这种心境，但是他的志愿始终没有具体化。现在我们既尚没有机会表现我们这类的志愿，只有继续我们原来的工作。”又说：“五次收工以后我们的国难更加严重了。眼看着日本军阀在上海杀人放火，连东方图书馆也作了他们摧残的目标。我们的反感自然很多，我们的共同感觉及结论是：在这种严重时期，我们最要紧的责任，还在按秩序加紧我们的工作。”（见《安阳发掘报告》第四期中）诚然，我们如果要多方面去救国的话，最重要的还是：各人继续各人原来的工作，各人按[①]秩序加紧各人的工作，起劲地工作吧了！所以我们现在不管他是什么学问，只要这种学问还未登峰造极，便值得我们的专家去努力，以提高我国的国际地位。所以这种正在萌芽的我国考古学，也值得我们去检讨一下。

现在拟将一年来我国的考古学，分为发掘，著录，研究，及考古会的成立，和考古学界的损失五方面，作一个小小的总结算。

二、发掘

发掘，尤其是科学的有计划的大规模的发掘，是考古学上最重要的工作。国立中央研究院历史语言研究所自从民国十七年组织安阳发掘以来，在考古学上的当掘出不少的成绩。可是自十九年秋季该院与山东政府合组的山东古迹研究会成立以后，就慢慢地将河南的工作移向山东邹滕峄三县发掘去了。安阳方面虽还有二十年的第四次，第五次，和二十一年的第六次，和第七次的发掘，和二十一年的河南浚县的发掘，但从二十二年起，这安阳发掘，已完全停止工作了。本年该所的工作，已转向山东方面。在本年三月间故宫古物南迁的时候，同时该所的古物和工作人员也搬到上海曹家渡小万柳堂来了。其后在六月间该所工作人员董作宾跑到山东住了一个多月，据董

①编者按：原稿此处有一“在”字，应为衍字。今删。

氏前月来沪的时候，和著者当面谈及，说：该所原拟发掘临淄的齐国故城，可是这回亲自调查以后，觉得临淄工程浩大，本年内不能动手，现拟先行发掘滕县。现在董氏已于十月十九日到滕县，二十日到安上村，工作已经开始。据《申报》本年十一月三日及六日两次滕县通讯，这回发掘工作分安上村和曹王墓两处。安上村在滕县东南三十华里。每日工作人员，除董作宾外，有祁延霈，牟祥农，潘悫，王湘，李兰芳诸人。自十月二十四日开工，至十一月三日，已开二十二坑。出土的遗物，可分为六类：（一）陶类，以鬲足为多，豆、罍、尊、彝等残器也有；而近似城子崖出品的黑光陶片，亦见于此间。十一月七日并获有篆文印章陶片一，颇为珍贵。（见《申报》十一月十日济南专电）（二）骨器有骨镞，骨锥，带孔扁针等。（三）石器，颇可注意，有石镞，带孔石镰，石凿，石刀，形制皆类殷墟出土者。（四）蚌器，有蚌制钱刀，刀口作锯齿形，极似城子崖下层黑陶文化期的出品。（五）铜器，此类仅见铜镞及残铜屑。（六）兽骨，不甚多，有鹿角，野猪牙之类。惟发掘至十一月三，四，五日时，又获有殷代卜筮用龟甲，灼痕斑斑，与殷墟出土者全同，极为名贵。（见《申报》十一月六日济南专电）据董作宾云，商代占卜吉凶之术有二：一为龟卜，一为骨卜。骨卜系用牛的肩胛骨，在城子崖发掘时，曾得骨卜的牛胛骨多块，这回又得龟卜的龟腹甲，均为稀有的珍品。按龟卜骨卜之术，盛行于商朝，至周时即已渐行废没。我国当商代时，版图幅员甚小，其时对齐鲁等处，尚以蛮荒视之，文化亦未传至东方（即今山东）。其后始渐贯通，骨卜之法，齐地多仿行之。龟卜之法，传至郑地，今在此处获得龟版，即可证明此地在春秋战国以前，西方文化（商都亳，故称西方）已经至此。至于这回发掘的最初目的，所期望的“小郏”遗址遗物，尚无所见。曹王墓在安上村东十里，彷佛一小山。据居民谈，山上有坟墓九十九个，惟王献唐于本年春四月亲往调查，实际仅有八个。这回也与安上村同时发掘，于十月二十六日开始工作，至十一月三日，已开五圹。工作人员初为牟祥农，潘悫，刘雪篷，后增王湘。董作宾亦曾亲往计划。因各圹均曾为土人揭发，故遗物甚少，骸骨亦散乱不堪。惟建筑法则颇足资研究，其他各墓的顶门均为叠石建筑，惟第四圹则盖以石版。墓门向南，内部前方为石室，其余石壁上壁画不少。其中一块镌刻极精。据董作宾牟祥农等推测：可是断定此处当日必为一贵族的墓地。此处地面上必有其他伟大建筑物，如食堂（即祭堂）祭亭等物。现在第一圹旁，石基宛在，及附近墓地的经幢甚多。或系当日的建筑物为后人夷毁迁移者。按其陶片制造及雕刻的花纹，五铢钱，铅簪等物，可断定其时代确为东汉。其中有一画石，为孔子见老子的画石像，与山东嘉祥县武梁祠及肥城的孝堂山的石刻相同，最足供我们研究。又山东泰山于今春二三月间发见唐明皇封禅玉简，为开元十三年时物。

这是有名的羼氏编钟的一面。这钟凡十六器材，都完好出土，是吉金彝器中最难得的珍品。十二器前归海上刘氏善斋。据马叔平先生云美国已买得三器。本年国立北平图书馆，在陕西又买得一器。十六器如陈列一处，可研究古乐的音律。此器为善斋所藏

其重要处：一方面可以考量古代封禅泰山的典礼仪式，一方面可见古代书简的形象，与中国历史文化均有关系。此外西北科学考查团，自从徐炳昶裴文中等去年回来北平以后，也不见再有什么工作。广州黄花考古学院亦以限于经费，不能有大规模的工作。所以本年的发掘除各地土痞私擅盗掘外，公家的发掘工作以这回滕县安上村和曹王墓的成绩为最多。

三、报告与著录

报告与著录，在本年可说是最为起劲。报告方面，虽然只看到《安阳发掘报告》第四期一种，可是这期报告的内容非常丰富，意义非常重大，其中如李济的《安阳最近发掘报告及六次工作之总估计》，刘屿霞的《殷代冶铜术之研究》，董作宾的《帚矛说》等均为数年来我国考古学上的结晶。至于著录，则甲骨学方面有：商承祚撰《福氏所藏甲骨文字》一册，选印美国人福开森氏所藏刘铁云，徐梧生故物三十七片；容庚撰《殷契卜辞》三册，选印燕京大学所藏徐梧生故物八百七十四片；郭沫若撰《卜辞通纂》四册，除就传世卜辞择其菁粹者凡八百片外，复著录新获卜辞二十二片，何氏拓本十六片，大龟四版，及日本所藏甲骨大龟二版，巨兽骨一枚，零碑甲骨八十四片，皆为世所未见之精品。金石学方面，有容庚撰《颂斋版金图录》一册，为容氏自藏铜器。此外据闻商承祚契斋所藏，及明义士所藏，刘晦之善斋所藏甲骨均已编著成书，前二者正在印刷中，后者在拟印中，现时尚未出书。

四、研究的成绩

在这一年中我国考古学研究的成绩，确实很不少。约略言之，可以分为三点：(a)研究的范围的扩大，(b)研究的内含的提高，(c)独到的创见。现在将这三个优点，依次分述如下：

A　研究的范围的扩大

最初研究考古学的人，只是把有文字的来研究，所以铜器，石刻和甲骨，都是有款识文字的，才有人收买，否则无人过问。其后渐知研究花纹式样，称它为古器物学。现在已经不是这样了，不特连带出土的有用无用的东西都要研究，连带那出土的坟墓和人骨，都要于未动乱前拍照绘图，于检出后，都要加以科学上的分析整理。这一年来关于殷墟的版筑，版筑台旁的全幅猪骨，浚县古墓里的马厩，全幅马骨，马的饰物，都加以研究。不特就殷周的史实作综合的研究，并且把它与中亚及西亚的关系作比较的研究。研究的范围，愈推愈广了。

B　研究的内含的提高

从前的考古家，其实只是好古家，收藏家，鉴赏家，不客气地称为古董家，与研究两字完全没有关系。在这一年来却不然了。有两点我们可以看得出和从前是两样的。一是介绍西方考古学家应用的方法，如本年郑师许在《大陆杂志》的第一卷第八期里发表了一篇题为《孟德鲁斯与考古学研究法》的文章，把瑞典考古学的权威者孟德鲁斯(Gustaf Oscar Augustin Montelius)的《考古学研究法》介绍过来，使大众知道“型式学的研究”的重要。同时胡肇椿在《文史丛刊》第一集里发表一篇题为《古物的修复和保存》的文章，把发掘以后和研究的开始以前当中的整理的修复工作，及工作中的古物健康的恢复和古物健康的保持，外国学者所用的最新方法都介绍过来，使人人有了修复和保存的常识。这可算是一种最有用的介绍。二是辨伪的工作和方法的提倡和指导。本来这种常识，有经验的古董家都能懂得，但是他们从来秘不示人；甚至他自己就在内里自行作伪，以图诈骗一点钱。可是年来在历史学里国故学里盛行着一种辨伪的风气，这风气影响到考古学来了。董作宾安阳试掘回来，大叫当心蓝葆光伪刻甲骨。叶玉森察看了芝加哥博物院所藏的甲骨照片，大呼善出高价的外国图书馆所收多为赝品。容庚观看了热河行宫搬回来的古铜器，于是去取格外小心。在这一年郑师许接连发表了两篇文章：一是《大陆杂志》第一卷第十期的《读殷虚文字之批判》，中有关于甲骨辨伪的一段话；一是《学艺》第十二卷第六七号的《吉金彝器辨伪方法论》，把这个秘密完全公布。以后作伪的人固有所畏惮，而研究的人也有了这种经验了。从此以后，考古学的研究的内含提高了。换一句话说，就是研究得渐渐地精到了。

C　独到的创见

本年来研究的成绩最伟大的一点，尤其是要推到董作宾的甲骨文的断代研究。他在《中央研究院历史语言研究所集刊》外编第一集发表了一篇《甲骨文断代研究例》，拟定了十个标准；复在《安阳发掘报告》第四期发表了一篇《帚矛说》，把甲骨文里面各时代的史官的名字都找了出来，就时代的先后列成了一个表，以后辨别甲骨的时代，有了极确实的把握了。所以郭沫若在《卜辞通纂·后记》里说：“如是有系统之综合研究，实是自甲骨出土以来所未有。”这可见这个创见的意义的重大了。有人说：“这个发明已足抵偿东方图书馆焚毁了几种稀有的古本书”，这不是徒然的恭维呀！同时在本年内郭沫若的《卜辞通纂》里，也有“贞人”的推定，和甲骨文字破片凑合的试验，也可算是独到的创见。

五、考古会的成立

中国考古会在本年五月十四日成立，为我国考古学史划分时期的大事，我这一篇文里，应该大书特书的。最初蔡孑民叶誉虎顾鼎梅等，感觉着我国考古事业的幼稚，宝藏出土，不罹自然销亡，即遭海外劫夺，欲谋免除此弊，非得联合全国考古界同人，群策群力不可。特为邀请海上藏家刘晦之徐积余丁仲祜及各大学考古学教授张天方卫聚贤郑师许等共同发起。筹备数月，得南北考古学者的一致赞成，遂于是日开成立大会。除推定该会理事外，并先行组织调查编辑两委员会。其工作正在进行中。

六、考古学界的损失

本年考古学界最大的损失，为死去有名的学者四人：

一为浙江的叶瀚浩吾。据董作宾云，他是现今故宫博物院院长马衡的老师。担任前北京大学金石学教授多年，著作等身。可惜他的著作，到现在还没刻成，故不甚知名。

二为江苏的叶玉森荭渔。他是一位专攻甲骨文的学者，所著书已发表者，有《殷契钩沈》甲乙二卷，《说契》一卷，

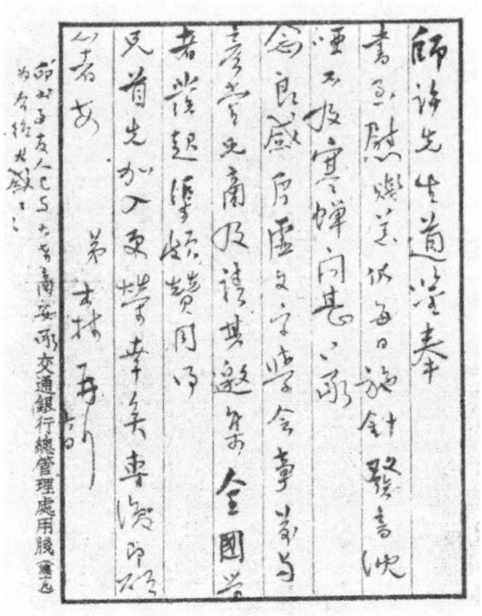
交通銀行總管理處用箋

这是本年逝世的考古学大家叶荭渔玉森先生的手迹

《研契枝谭》卷甲，当世甚为知名。新近著成《殷虚书契前后编集释》八厚册，手稿经已写正，是叶先生扶病写的，现在尚未付印。他的长处，在以甲骨证甲骨，不妄引用金文说文。

三为福建的陈承修准生。他本是一位留学日本大阪[1]工业学校的学生，后来感着金石学的兴趣，专门研究金石了，收藏颇不少，所著《猗文阁金文》，尚未梓行。

四为安徽的吴士鉴。所著书有《九钟精舍跋尾》。

这些老成的凋谢，的确是我国考古学界里的大损失。

七、结论

“前事不忘，后事之师也。”我结算这一年来我国考古学的账目，的确比往年大有盈余。说者谓：“近数年来我国考古学日有进步”，这是很老实的话。所以现在要是有人提出来要用《匋斋吉金录》的绘图办法来代替《泉屋清赏》的照相制版，或毁弃出土中的动物残骸而徒能重视有文字的器物，吾无以名之，名之曰考古学界的不长进。

民国二十二年十月二十二日写于四部书斋

十一月十三日删正

（原载《中华月报》第2卷第1期，1934年）

①编者按：原稿为“版”，当以“阪”为是。今改。

十年来之中国考古学①

一、楔子

大夏大学十周年纪念，有特刊之辑，征文于余。余自维不学，文不足以张之；而情顾不可却。因思余近十年来对于考古学殊感兴味，攻之尤勤；乃拉杂书其所见，题之为《十年来之中国考古学》，聊以塞责而已；非云有若何心得也。海内明哲，尚其教之！

二、我国考古学史略

我国考古学之历史，迄今不过十年。较吾大夏大学之成立，尚得称为小弟弟。而其胚胎时期则过之。日本考古学权威滨田耕作教授《通论考古学》曰：

> 考古学之研究，其起源颇古。在中国自南宋以后，盛行搜集考证金石古器。至清朝末年，更为发达。……但是自今日的眼光观之，此不过是一种考古学的研究而已。

---

①编者按：本篇局部标点、外文字母有改动。

其言至为切当。余最近曾为《新中华》杂志撰著《金石学在我国之史的发展》一文，亦主张此说。其中第七章“公家试掘时期”，以我国对于古物正式为有计画之试掘，为始于民国十九年北平地质调查所安特生（J. G. Andersson）之奉天锦西县沙锅屯洞穴及河南渑池县仰韶村遗址之亲自按法采掘。其前之种种学术上工作，只是所谓金石学（Epigraphy）而非所以语于考古学（Archaeology）也。然自今思之，其事犹不足以语此，盖以当时主其事者为外国人士。若此，则调查采集，日人鸟居龙藏固已早安氏而为之。此只是我国考古学事业之先驱而已。若夫吾国人士手足之烈自行主持发掘者，实推民国十五年清华大学教授李济袁复礼等在山西夏县西阴村遗址之试掘。李济《西阴村史前的遗存》曰：

> 在民国十五年三月二十四日那一天，当着我们第一次往山西南部考古的时候，我们发现了这个遗址。据袁复礼先生的测量，这个遗址的区域是极广。我们的目的，既是在最详细的研究，所以我们动手挖掘的时候，就没有想把这遗址完全掘开；我们把我们的精力集中在一段很小的面积。这遗址俗名叫着“灰土岭”，大部份现在都化为耕地。“灰土岭”的南面壁立，突出于邻地约三四公尺。这种地势宜于“披葱式”的挖掘，所以我就决定了采取这个方法。挖掘时间由十月十五日起，直到十二月初；中间因为下雨停了五天的工。

余以为当李济等动手挖掘的时候，乃得为我国考古学正式诞生之时。其言虽似滑稽而实有意义。然以其期计之，迄今尚不足十年也。

其后国内学术团体，试为发掘者颇多，要以西北科学考察团之高昌发掘及中央研究院之安阳发掘为最。高昌发掘，已刊行有《高昌专集》一册、《高昌》第一分本一册、《高昌陶集》二册，知已掘得木简、钱币、石刻、石器、陶器、漆木器不少；又于诸物之外，并得有梵文、龟兹文、畏兀儿文、蒙古文、土耳其文、西藏文之诸文书。安阳发掘则规模更大，为时更久，其报告之已发表者，有《安阳发掘报告》四期。而主持者之论文散见于《中央研究院历史语言研究所集刊》中及外编《庆祝蔡元培先生六十五岁论文集》中者凡十余篇。知其所得，除甲骨文字、古器物、兽骨、蚌壳、白陶、带釉陶片之类甚夥外，最可宝贵之材料，如屈肢葬古墓、俯身葬古墓、殷墟版筑法、殷代冶铜术之发现。关于我国古史可以补足不少。

此外如周口店之发见“中国猿人”（Sinanthropus pekinenais），城子崖之发见新石器时代遗址，临淄之发见滕国故址，皆为比十年来发掘上之重要工作。而河南浚县、山西汾阴、广东晋家等诸发掘，风起云涌，成为我国考古学界之繁花怒放，盛极一时。

至于公私团体，则受此氛围所影响，耳目为之一新，始而有国民政府于十九年六月二日所公布之《古物保存法》之颁行，继而有南京古物保存所、山东古迹研究会、燕下都考古会、广州市立博物院之纷然设立。而中国考古会遂于民国二十二年五月十四日因以诞生。漪欤盛哉，我国考古学将从此而增高继长也！而私人团体之为学术上结合，如去年叶玉森董作宾等有甲骨文字学会组织之拟意，本年容庚郑师许等金石学会之发起，则叠见报端（前者见本年《中华月报》元旦特大号，后者见本年七月二十一日《时事新报》），欲分门别类，为窄而深之研究。若能长此发扬光大，则十年后余将为文，振笔直书二十年来之我国考古学，其可记者当不止此也。

三、十年来我国考古学之成绩

原夫考古学之意义，不仅在于发掘前之调查、搜集，发掘后之整理、陈列，以有计画有秩序之进行，而报告于学术之林为最终目的者也。抑推而言之，又不仅于已湮没者之当寻求也，即举凡古代事物之尚存于今者，尤当调查、搜集，而善为保存、整理，使其彰于人世者也。推此义也，吾于我国十年来考古学之成绩，请得稍扩其范围。今兹所论，拟分为：

甲、金石

乙、甲骨

丙、古逸文字

丁、史前遗物

戊、历代建筑

五项，述说于下。其他方面所应说者或尚不少，而一则以吾文篇幅有限，一则以其事方在萌芽，尚无成绩可言，只得略之而已。

甲、金石

金石之学，在我国历史甚长，其成绩自较显著。然以时代变迁，物力之供给，较前迥异，则整理方法，自不得因依于前人。今以著①录而论，十年来所成之书如容庚撰集之《宝蕴楼彝器图录》《武英殿彝器图录》《颂斋吉金图录》、徐中舒之《厵氏编钟考释》等书，咸以原器摄景上石，花纹色泽，盎然

①编者按：原稿为“箸”，当以“著”为是。今改。本篇此字统改。

在目，迥非前此之《西清古鉴》、《续鉴》甲乙编、《宁寿鉴古》、《陶斋吉金录》、《续录》等之专恃摹抚者可比，若今日者而墨守旧法，重视文字，忽略花纹，或竟欲与《古鉴》《鉴古》《陶斋》诸书相追逐者，吾无以名之，名之曰“金石学之开倒车”而已。惟民国十六年石印本之《梦坡室获古丛编》，印刷模糊，中多伪器，最为著录之玷。然此为海上藏家之通病，不足怪其编次之人者也。若夫编集文字之书，有容庚之《金文编》；录目之书有王国维之《宋代金文著录表》《国朝金文著录表》，容庚之《西清金文真伪存佚表》，工具既已丰备矣。而近者容庚且拟毁其旧稿，重编《金文编》，多录同字异器之文字。而罗福颐又嫌王氏书不足于用，更重订而为《三代秦汉金文著录表》一书，增行款、藏器家、出土地三项，于诸家著录并注卷叶，则检讨尤便焉。至于通释文字之书，有郭沫若之《两周金文辞大系》，于省吾之《双剑誃吉金文选》；通考金属器物图象者，有容庚《殷周礼乐器考略》《汉代服御器考略》，马衡《戈戟之研究》，李济《殷虚铜器五种及其相关之问题》，唐兰《古乐器小记》；其书皆属可读，而最便攻究者也。此金文方面之成绩也。石刻方面，则近人著作不及前人之盛。马衡《石鼓为秦刻石考》，刘节《好大王碑考释》，张国淦《历代石经考》，发前人未有之秘，差足慰耳。其他若顾燮光之三版《梦碧簃石言》、《河朔访古新录》、《河朔金石目》、《古志汇目》、《古志新目》，刘体信之《续补寰宇访碑录》，虽不及前人，而犹有足传之道。

至于利用金石文字，以推究古代社会，其事始于王国维，其发布于《学衡杂志》、清华燕京各学报者，皆为必传之作。惜乎颐和园一泓清水，冤气长沈，其损失岂仅在我国金石学界而已哉。（借用梁任公先生《王静安先生纪念号》序文中语）最近有郭沫若继述其志，著述亦不下于王国维。除其旧著之《殷周青铜器铭文研究》尚有不能满人意处之外，最近所刊布如《金文丛考》《金文余醳之余》《古代铭刻汇考》《古代铭刻汇考续编》等，堪称矜慎之作，足为后起之俊。

其他若鲍鼎吴其昌之《矢彝》真伪问题（《燕京学报》），郭沫若吴其昌之《毛公鼎》年代先后（《东方杂志》），郭沫若郑师许之《沈子佗敦盖》年事考证等，辩论至为热烈，迄今尚成为悬案。盖以其中不能彻识之字尚多，疑非最近期间所得判定者也。

然在此十年中尚有一极为可喜之事，足为读者告者，则铜器辨伪之术较前进步。余前年《吉金彝器之辨伪方法》（《学艺小丛书》）之作，历举伪器异同之点。本年商承祚又有《古代彝器伪字研究》（《金陵学报》单行本）之刊布，比较异常精密。盖以铜器流布者众，目验既多，易有定见，虽以胡麻子之精工，不能眩法眼也。

乙、甲骨

甲骨学之历史，迄今已有三十五年。前人研究之成绩，在王国维《最近二三十年中中国新发见之学问》（《学衡》四十五期）及容庚《甲骨文之发见及其考释》（北大《国学季刊》一卷四号）两文已有详细记载。然此学在最近十年中，则进步迥非前人所能梦想得及。昔也自孙诒让凿通此学后，所有甲骨材料，以罗振玉所藏为最多。著录之书，亦以罗氏为最富。其间虽有英人明义士（James Mellon Menzies）刊布《殷虚卜辞》（*Oracle Records from the Waste of Yin*）一书，然以非拓本景印，世不之重。故其时罗振玉王国维独霸盟坛，商承祚为其亲炙弟子，秉承师说，固犹一系统也。洎[①]民国十二三年之交，丹徒叶玉森先后刊布《殷契钩沈》《说契》《揅契枝谭》三文于《学衡》杂志中，异军突起，与罗王微有不合，可说甲骨学中之划期时代。已而藏龟之家，先后刊布所藏。而中央研究院自民国十七年董作宾在小屯试掘后，遂为大规模之发掘，材料较前丰富美备，信而有征。一则事事公开，非一人所得捏造；一则绝不收买，从无伪刻羼杂其间。故一时研究文字学者如胡朴安氏等咸反向日所持怀疑态度，埋首钻研。斯学之盛，冠绝前人。以著录而论，如董作宾《新获卜辞写本》，容庚等《殷契卜辞》，商承祚《福氏所藏甲骨文字》《殷契佚存》，其选印精审，考释矜慎，确为前人所未有。《佚存》中四二六、四二七、五一八三片，皆雕错之骨而有文字者，与彝器铭文相类，为前所未见。而《殷契卜辞》二〇片足证殷之先公先王之次与王氏所论者正合，三一片足知卫人读“己亥”为“三豕”之由，五九片知卜法先灼龟而后刻辞，且卜辞不加于兆上，三八八片知卜辞之有误字，二二九及二三〇诸片，知有以甲骨为练习契刻之用者，虽一鳞一爪，当有补于于研究是学者。凡此皆必传之名著也。而罗氏删改《殷虚书契前编》，并增补《后编》为《续编》，亦于此时出书。最近郭沫若之《卜辞通纂》，选印诸家并录精品，及日本藏家所未刊布者类而萃之，并试为裂片之复原配合，在诸书中又为创格。其影响于斯学，实至巨大也。虽其时有时经训者撰《河南地志》称甲骨为商简，骂罗振玉认竹简为龟。然此等瞎说，为有识者所窃笑，不足为

---

①编者按：原稿为“泊”，当以“洎”为是。今改。

此时代之羞也。若夫中央研究院方面，则以其为公家学术机关，所负使命至重，于是集合多数专门学者，通力合作，为多方面之专攻。据其所已发表者，如董作宾《商代龟卜之推测》、张蔚然《殷墟地层研究》、秉志《河南安阳之龟壳》诸文，不得不谓为以田野工作之经验，辟去不少“作伪有须臾之便”（用章太炎语）之谣言。近且扩大范围，于安阳县西北之后冈，及小屯迤西之三处试掘，均得有极佳之成绩。最近董作宾来书谓：

> 本年春间于安阳小屯之北对岸侯家庄，掘得大龟版七版，较大龟四版尤完好，文字皆第三时期物。

是则出土不限一地，掘之不拘一人，虽欲谓为购自民家屋檐上，或决其为五代契丹遗物（用章太炎致金祖同函中语）而必不可得也。通释之书，已发表者有吴其昌《殷虚书契解诂》。其未发表者据董作宾告余谓尚有北平开封某某诸君。而亡友叶玉森攻此学尤勤笃，遗稿有《殷虚书契前编集释》，沪上大东书局谋刊行，稿本凡八卷，皆叶氏二十一年春亲自写定，至临终前复亲自钩改。余以旅沪之便，过从无虚日，得尽读其稿，其以卜辞证卜辞必不得已始援引金文经训以济其穷之态度，极为余所佩服。若其书能公布于世，吾知攻甲骨学者之手段与态度，必有所改变矣。至若朱芳圃《甲骨学文字编》，虽摹写时有脱误，而集录前人成说，微为繁富，亦通释中之佳著也。

至利用骨文字材料以攻究殷史者，在其前首推王国维。其所著《殷卜辞中所见先公先王考》《续考》《殷周制度论》诸文，是正《史记》《汉书》之讹，并破除自来史家夏商周三代相承之历史观念，久已炙脍人口。自王氏谢世后，复归寂寞。最近则郭沫若首著《卜辞中的古代社会》刊之《中国古代社会研究》一书中。其后又为《甲骨文字研究》，时有所论。然其中未免有分析错误，论证不充之处（用郭氏语），远不如其后出《卜辞通纂》所释之矜慎。今者若《卜辞通纂·后记》所论赞同董作宾《甲骨文断代研究例》“贞人”之说，其见解已非前辈学者所可囿矣。董氏文刊《庆祝蔡元培先生六十五岁论文集》中，文分：世系第一、称谓①第二、贞人第三、坑位第四、方国第五、人物第六、事类第七、文法第八、字形第九、书体第十，于多数“贞人”之时代，均能判定。郭沫若称为“如是有系统之综合研究，实自甲骨文出土以来所未有”。诚非虚语。故近世治中国古代社会史者，若犹拘牵于罗氏《殷虚贞卜文字考》诸书之文，夫岂复知学术之有进步者哉！此外若吴其昌《殷代人祭考》《卜辞所见殷先公先王三续考》、刘盼遂《甲骨中殷商庙制征》、束世澂《殷商制度考》、张龙炎《殷史蠡测》、徐中舒《殷周文化之蠡测》、温丹铭《殷卜辞婚嫁考》、程憬《商民族的民族社会》《商代的社会经济》、容肇祖《占卜源流》、张凤《古耕织字品物图证》，皆为此十年中之时代产物，而足为参考者也。至于殷历有无之辩，则有刘朝阳之《殷历质疑》（《燕京学报》十期）、董作宾之《卜辞所见之殷历》（《安阳发掘报告》三期）、商承祚之《殷商无四时说》（《清华周刊》文史专号）、郑师许之《读殷商无四时说》（《岭南学报》三卷二期）诸篇，各执己见，两不相下，亦笔墨官司中之难遽判定者也。

甲骨伪造，较铜器为易。据明义士《殷虚卜辞》自序，谓“第一次，所得之大骨，全为伪器”。盖为新牛骨所仿制，购

---

①编者按：原稿为“称为”，当以“称谓”为是。今改。

买未久，腐臭不可响迩。其后当地人士如蓝葆光等，以其有利可图，盛行仿造，以致每次甲骨出售，均有伪造者参杂其间。尤以善出高价之外国图书馆所藏为最多。《中山大学语言历史研究所周刊》文字专号有叶玉森论芝加哥博物院所藏甲骨，竟有刻成完好全龟而文字殷周杂作，文义不贯者。非伪契而何？惟以近世治之者众，行款日明，辨别亦易。余于前年曾撰《读殷虚文字之批判》一文，刊布《大陆杂志》中，略有论及，兹者拟另撰《殷虚文字辨伪方法论》详细论列，故不再赘。

丙、古逸文字

古逸文字之研究，其动机与研究金石甲骨文字者相同。盖时代变迁，每有盛行于一时一地之文字，积久而不能通其读，犹焉亡佚云耳。好古之士，得此可贵之材料，宁有不绞尽脑汁者哉！我国叠受外族之侵略，久之与吾同化，如古代匈奴、鲜卑、突厥、回纥、契丹、西夏诸国，均立国于我国北陲，其遗物颇有存者。当一八八九年俄之拉特禄夫考古于蒙古，在元和林故城北，访得《突厥阙特勤碑》《芯伽可汗碑》《回鹘九姓可汗碑》三碑。《突厥》二碑，皆有中国突厥三种文字，回鹘碑并有粟特文字。逾四年俄使喀西尼以拉氏书送总理各国事务衙门属为考释，时沈乙庵在译署为作三碑跋以报。俄人译以行世，即西人书中所称总衙门书者是也。其后英法德俄四国探检队入新疆，所得古逸文字写本尤夥。其中除梵文佉卢文回鹘文外，更有三种不可识之文字。中间几经研究，知一为粟特语，一为吐火罗语，一为东伊兰语。与玄奘《大唐西域记》所记三种语言相合。盖粟特语即玄奘之所谓窣利，吐火罗即玄奘之睹货罗，其东伊兰，则其所谓葱岭以东诸国语也。惟当时以我国人尚未有研究此种文字者，势不得不求之英法诸国之人。最初发明粟特语者为法人哥地奥（Robert Gauthiot），吐火罗语者为西额（Sieg）及西额林（Sieging）二氏，东伊兰语则伯希和（Paul Pelliot）之所创通也。而释《阙特勤碑》之突厥语，则为丹麦人汤姆生（Thomson）。回鹘文研究之最精者，为日人羽田亨氏。凡此，虽非近十年来之考古事业，而吾国则至最近乃有方壮猷、冯承钧、钱稻孙等将西人所已研究者译出，饷之国人，即今女师大《学术季刊》一卷四期所载《乙种吐火罗语即龟兹国语考》《龟兹国语及其研究之端绪》《所谓东伊兰语即于阗国语考》《窣利语字母之研究》《粟特国考》诸文是也。而国人始有着手研究之入门办法焉。而方壮猷《三种古西域语之发见及其考释》、冯承钧《关于西域语之讨论》诸文，均为此学之重要文献者矣。一九〇八年俄人科智洛夫大佐（Captain P. K. Kozloff）以俄国皇家地学会之助，于甘州古塔西夏故都，得西夏文字书籍甚多。科氏之后更六年，英国斯坦因爵士（Sir A. Stein）又于同地考古，所得不下于科氏。其详细记载，有罗福苌《俄人黑水访古所得记》、向达《斯坦因黑水获古纪略》两文，读者可自行参考也。其后元时所刻河西文《大藏经》亦发见于北平，世遂有立志研究之者。俄人伊凤阁（A. I. Ivanov）于西夏文字造诣甚深，其弟子聂斯克（Nicolas Nevsky）著《西夏文字便览》，尤有青出于蓝之誉。由俄而日，日人有石滨纯太郎治此学甚精。罗氏寓日，其子罗福成，罗福苌两君，乃得通读其文字。惟福苌英年早逝，不得成其志为可惜耳。现我国惟中央研究院历史语言研究所王静如孤踪远迈，造诣独深。其所著有《西夏研究》第一辑、第二辑两书盖杰作也。同时北平图书馆亦集录罗福成诸人所为文，印成《西夏文专号》一本，足为此学之重要参考品。

此外关于匈奴鲜卑之语文，《燕京学报》八期有方壮猷之文字两篇；关于契丹文字，则北大《国学季刊》三卷三号有辽碑九种，皆此学之权舆也。至若刘复李家瑞合编之《宋元以来俗字谱》，虽其性质不同，然其虑古代文字之散佚而便后人之研究，其为用一也。

丁、史前遗物

在此十年中史前史之研究，不及前此外国学者之为吾国研究者之盛。惟其成绩，似或过之。今可得言者：为斐文中杨钟健之于周口店发见“中国猿人”。民国十六年四月周口店发掘工作开始，聘瑞典人步林博士为古生物专家，李捷先生为地形质研究专员兼事务主任，步李两氏工作数月之久，得猿人下臼齿一枚，此齿已稍消磨，似为七岁至九岁之儿童者，步达生博士根据此牙齿定为周口店猿人科化石，为“中国猿人”，属北京种。次年发掘事宜，由步林及杨钟健负责，裴文中从事助理，得猿人化石较多。又其明年地质调查所改派裴文中独力负责。工作四阅月，至十一月底忽发见一小洞中化石，保存较好。至十二月二日，遂发见一未受压力损毁之头骨。据步达生所研究，此“中国猿人”之脑量，较有名之爪哇猿人为大。其后几经研究，世界学者咸认为世界人类之始祖。二为西阴村残茧之发见。西阴村发掘之经过，前文已略述及。惟其所得，除石器、兽骨、木炭、玻璃、贝壳、陶片以外，复有一残茧。李济《西阴村史前遗存》曰：

> 我们最有趣味的一个发现，为一个半割的、丝似的半个茧壳。用显微镜考察，这茧壳已经腐坏了一半，但是仍旧发光，那割的部分是极平直。清华生物学教授刘崇乐先

> 生替我看过好几次，他说：他虽不敢断定这就是蚕茧，然而没有找出什么必不是蚕茧的证据。

可见其发见之重要矣。

此外在此十年中，关于史前之研究者，为梁思永之昂昂溪史前遗址之调查，董作宾等之城子崖发掘。其他则无甚成绩可纪。

戊、历代建筑

建筑原为古代物质建设之遗留于今者，不特残砖断瓦，为考古家所不废，即有古坟墓古宫室，皆早已列之于考古学范围之中。惟我国学人每视此为梓匠者之事，向不之重。最近始有朱启钤、梁思成、刘敦桢、瞿兑之、单士元等在北平组织中国营造学社，从事调查整理，其出版书籍，除《中国营造学社汇刊》已出至四卷四期外，另有梁思成编订之《营造算例》，刘敦桢之《牌楼算例》诸书。最近出版梁思成著之《清代营造则例》，尤为精心结撰之作。其已办或已定之工作计画，如山西大同及河北省境内古建筑之调查，样式雷世家考及清代建筑年表之编辑，明代营造史料及圆明园史料之搜集古籍如《工程做法》等书之整理，皆有功古学者也。虽兹事体大，经始维艰，然苟能成为风气，则他日我国古建筑之研究，当不减于日人之朝鲜古迹调查。最近中央研究院赵邦彦之云冈调查，燕京大学顾颉刚等之绥远考察，即由古建筑引起兴趣而然也。

四、今后考古学之进行

我国考古学界已进至分门别类，为窄而深之研究，既如上述，则其今后之进行有亟待商榷者，厥为有系统、有计画之进行。马衡《筹备考古学系之计画》曰：

> 今日世界历史学家皆感到以前之所谓史者，都是少数的特殊阶级之史，而非普遍全人类之史，在近数十年中，都努力于改造之工作。此工作之最重要者厥惟考古学。盖考古学者是从人类的遗物中求其进化之过程，为求其真的，是客观的。故欲改造旧史，非从考古学入手不可。现在世界各国考古学之成绩，都已斐然可观；而我国号称东方古国，对于此学，犹在萌芽时代。若能急起直进，努力于我们自己的工作，不特在中国史上有很大的成绩，抑且于世界人类史上有相当的贡献，可断言也！

旨哉言乎！我国而不欲自列于世界之一员也则已，否则当谋于世界人类有相当之贡献，使吾国之种种学术，皆成为世界学术之林之一部分。然则今后之动向，当从此点着眼。夫数典忘祖，学人所羞，矧先民文物思想所附丽者乎？故今后宜如何使考古学之常识灌输于大多数人之心脑中，使其随在知所以保护先民手泽之烈。而全国各地就已成之图书馆，博物馆，改成为带有历史陈列所之性质。则吾以为应进行之步骤有三：

甲、人才之养成；

乙、图书之供给；

丙、古物之翻制。

何以言夫人才之当养成也？盖今后而考古事业之能臻发达也，则古迹之调查需人，史料之搜集需人，发掘需人，整理需人，保管需人，苟此项人才而不预为养成，则楚材晋用，其事必费，而难期展布也。吾意各大学内可就其已成院系添设考古一系，选理科生之曾习地质学、古生物学者，而授以考古学上所必需之发掘方法、研究方法与及我国古史、古文字学、古器物学；或选文科生之曾习古史、古文字、古器物学者而授以所缺之地质学、古生物学、发掘方法、研究方法等之学识。如此，则有特系之功用，而所费不多。否则在社会历史系内而兼授考古学上之常识，虽未得为专才，而慰情聊胜于无也。

何以言夫图书之当供给也？夫我国考古学之成立，亦已十年，而坊间所出书籍，除滨田耕作《通论考古学》有数种译本外，不闻更有若何专书。若初学之人而欲求一自习机会，将不可得。此吾出版界之过也。吾尝为拟一《考古学丛书》，其第一步约得通俗书十种左右。其必不可少者如：

子、《考古学通论》

丑、《考古学发掘法》

寅、《考古学研究法》

卯、《古器物之整理与陈列》

辰、《考古学书目》

巳、《考古学辞典》

庚、等等

第二步乃编著各种专门书类，如：金石、甲骨、陶、玉等等专籍或各地发掘之报告书。然此为考古学界之事，非出版界之责任也。

何以言夫古物之当翻制也？夫古物之出土者有限，各地之设立图书馆、博物馆也无穷，其供求必不相应。若必得真迹而珍藏之，此为古董家之事，非一般人力所能致。若必有馆之名，而不得一物以实之，则游馆乌从以睹？则设与不设等也。尝忆东京神田区冈书院专仿制并发卖考古学、人类学等各种模型，注明某时某地翻制，售价极廉，购求甚易。仿佛沪上之各仪器公司焉。使人人有目验之机会，而无玩物丧志之可虞。彼读之者只求其形态毕肖，大小相等，又何必宝此价高而难得者乎？其嘉惠士林不少也，亦吾人所当仿而行之者也。

五、结论

吾草此文已竟，而回视此十年中，若周口店“中国猿人”之发见，明我国为人类之始祖；西阴村残茧之足上证古代已有蚕桑；殷虚版筑之可补建筑史之一页；甲骨文字之是正殷史；古逸文字之有功于边陲研究；则此十年来考古学界之努力为不虚也！岂不快哉！

二十三年九月九、十日写于沪上四部书斋

（原载《大夏》第1卷第5期，1934年）

日本考古学之过去与现在①

目次

一、引论

在去年我接连写了两篇关于我国考古学史的文章，一题为《我国金石学之史的发展》，投登《新中华杂志》，一题为《一年来我国之考古学》，投登《中华月报》。对于我国的金石学嬗变而为考古学的过去史，作为有系统的叙述。最近读《东方杂志》春季特大号李济的《中国考古学之过去与将来》一文，不觉见猎心喜，因发愤取吾斋所藏日人《考古杂志》，《考古

①编者按：本篇局部标点、外文字母有改动。

学讲座》及各种考古报告及著录，研究，论丛诸书，并中央研究院所藏朝鲜总督府各年度《古迹调查报告》数十册，加以近十年所见闻写成此文，欲为有系统的介绍。《诗》曰：“他山之石，可以攻玉”；亦聊供我国考古学界参考之一助云尔。

二、日本考古学的史略

在日本考古学发达的历史，与我国过去的情形略相似。日本考古学权威滨田耕作教授在《通论考古学》里说道：

> 考古学的研究，其起源颇古。在中国自南宋以后，盛行搜集考证金石古器，至清朝末年，更为发达。在日本自德川时代以来，或受中国清代考证的学风，或因国学的复兴，或勤王思想的勃兴，渐作山陵的调查与古坟古器的研究。……在中国的“金石学”，乃以铜器碑石等金石的材料为主，其目的在研究上面的文字，以作研究经史的参考。在日本初译为古物学，后乃改为考古学。

其实这种专攻器物上的文字，从现在的眼光看起来，只不过是一种考古学的先导而已。关于这一段的历史，在三宅米吉博士的《日本考古学发达之概略》(《考古学杂志》七之十二)及高桥健自博士的《上古遗物研究之沿革》(同上)两文，已有详明的介绍，学者可自行参考，这里不必再赘。至于那真正的近代意义的考古学究研，其事实始于十九世纪的后半期。最初也与我国一样，是由几位西洋学者发掘在先，然后，引起本国人考古学的兴趣。在一八七九年①(明治十二年)摩尔斯

---

①编者按：原稿为“一七八九年”，发掘武藏大森贝冢当在一八七九年。今改。

（Edward S. Morse）发掘武藏大森贝冢，然后日本最初的考古学权威坪井正五郎博士始作石器时代的研究。这可说是日本考古学的真正成立时代。其后便有三宅米吉，高桥健自，八木奘三郎，鸟居龙藏等为之继起。在明治末年（大约是四十二年吧）朝鲜总督府始有古迹调查委员会的组织，《古迹及遗物保存规则》的制定，并聘请关野贞，黑板胜美，今西龙，黑田甲子郎，鸟居龙藏等诸人为委员，逐年分道踏勘。其后滨田耕作自欧洲归，盛唱“锹的考古学”（archaeology of spade），翻译各种理论书籍，成为日本划期性的考古学。最近原田淑人，梅原末治，后藤守一诸人朋兴，各为分工的研究。日本考古学遂盛极一时。及后东亚考古学会成立，更进一步促进东亚各地考古学的研究，骎骎乎以学术的研究，为侵略邻邦的工具了。

三、日本考古学的成绩

我国考古学仅有十四五年的历史，可是成绩已经不少了。据吾友李济《中国考古学之过去与将来》所述，至少有两件值得称述，一为发现中国北部的石器时代文化，一为确定中国的青铜时代文化。何况日本此学的历史，比我们早了四十年，他的成绩，当然也有足以称述的。现在为便利叙述起见，拟分日本，朝鲜，辽东三方面来说。

A　日本方面

日本考古学既然以其本邦为发源地，自然历史很长，成绩很好，可是日本的原史时代发生得很迟，且自汉族文化侵入以后，处处与我国及朝鲜文化发生关系，故对于其本邦的考古，不免有英雄无用武之地的感想。吾友缪凤林《日本史鸟瞰》说：

> 中国为日本文化之母国。日本之开化，悉由中国文化之输入，此日人所共许也。汉魏时代太和大酋于中国果朝贡受封与否，日人虽间有异辞，而其得吾国之文化，则莫不公认。据近世日本考古学者之研究，汉代文物之传播倭土，如铜铎，铜剑，铜鉾，铜镜及璧玉，泉货等，今多历历可考。……中国为日本文化之母国，朝鲜半岛不啻为中国文化之支店，其时由支店输入者影响视本店为尤大。

滨田耕作在《东亚文化之黎明》中，亦谓中国为日本文化的母国，可见这话不是造谣的。不过日本在石器时代经过甚长，故在考古学中，关于这一方面，成绩也很好。现在拟依照顺序，从其先史时代说到原史时代，择其贝冢，石器，土器，埴轮，和镜，述说于次：

一、贝冢　贝冢为先史时代的居民弃置其日常食用之贝类的遗壳堆积而成，留存至于今日，在欧洲人叫作 Kjo kon mo-Idings, Kitchen-Middens，在日本叫作贝冢。因为在其一隅，往往有埋葬的人骨发现的原故。今日一般专门家在石器时代的墓地，亦屡屡发见贝冢的存在，所以便得了这种称号。在我中国现时尚无此类的发现，即如殷墟出土虽也有大量的水产遗骸，但完全不是这么一回事。在日本则自从奥人摩尔斯发掘武藏大森贝冢之后，渐渐成为日本考古学界一种专门的研究。因贝冢而连带研究的竖穴与墓地，也为一种极重要的研究工作。坪井正五郎曾在北海道调查过竖穴群，佐藤传藏氏曾在陆奥国西洋轻郡森田村发见八十五个竖穴的遗址，大正十五年宫板光次，八幡一郎氏等在下总国东葛饰郡大柏村字伯井姥山贝冢发掘过大小二十三个竖穴。明白了先史时代住居竖穴的情况及竖穴构造上的坚实，这种成绩可算是不少。贝冢的位置，大率在海岸或河岸不远的地方，前面拥有冲积层的低地，后缘台地，向日，交通便利，至如武藏国北丰岛郡泷野川町大字中里贝冢，故意下了台地，而结构于低湿地中者，实为极少数的例外。贝冢的原料取之于海，故不能离岸很远。据《东京人类学会杂志》第百八号兵浅次郎博士的《日本贝冢之贝类》所发表参东京帝室博物馆所发行的《日本产贝类标本目录》，当时用贝，已达六十三种之多。其中所用原料，贝类以外的动物遗骸如貛之类也有。贝冢分布的情形，据现在已调查者言，在太平洋及濑户内海斜面深湾入的海岸为多，而日本海沿岸则为极少数。盖以介壳出产的地方以松岛湾，东京湾，伊势海，有明海为最多，而日本海的海底地形恶劣，砂或岩礁甚多，不利于贝类繁殖的原故。至于墓地的研究，因遗骸埋葬的式样而发见其古代有屈葬，瓮棺葬，瓮被葬，抱石葬，合葬，重葬，积石葬，棺椁葬等不同的习俗。

二、石器　在日本先史时代的遗迹有贝冢，遗物则有石器。石器在日本已发现的种类甚多，大别言之，可分为利器与家具两种。利器如石镞，石枪，石匙，石小刀，石锥，石斧，石钻，石庖丁，石环，石棒之类，均有发见。石钻即两头石斧，两端尖锐，中央有括，以柄紧缚，如今之鹤嘴，为武器与农具之用。石环即多头石斧，中央穿孔，可着于棍棒顶端，亦属利器。其小者变为纺锤车。这些石器，多以燧石，蛋白石，黑曜石为之。间有用玛瑙或水晶的。有打制及磨制两种。家具为石皿，石臼，石槌，石冠，凹石，石锤，砥石多种，石皿有圆底，平底，二脚，四脚之别。石冠则宛如冠形，如三河国伊川津所发见的，则置于人头骨之上，用途迄今不明。以上各种石器，以北海道为多。坪井正五郎博士在彼邦《史学杂志》第四编第四十号至第五编第八号，有关于石器研究的论文多篇，可供参考，这里不暇细引。大抵日本石器时代最初研究的一人，仍然属诸摩尔斯氏。其前虽有新井白石采集石器甚富，但用新法研究，则以摩尔斯氏为嚆矢。与摩尔斯氏同时的有神田孝平氏搜集无数石器，断为矮奴族的遗物。然氏亦大体近于弄石家，不能称为纯然的研究家。但彼当时为东京人类学会的会长，诱掖坪井正五郎，神保小虎，丘浅次郎诸新进，致斯学于隆盛，他的功劳，当不在摩尔斯之下。其后坪井博士就人骨调查的结果，非难“矮奴”民族说，而今日八木奘三郎，滨田耕作，鸟居龙藏等又拥护“矮奴”民族说，迄今不能解决。而骨，角，牙，贝诸器，与石器一同出土的亦多。

三、土器　石器时代的遗物，除石器外，以土制品的土器为最多。以容器为主，此外则土偶，土盘，土面之类。石器时代的土器可分绳文式土器与弥生式土器两种。绳文式土器为绳文之器，大约为“矮奴”族的遗物，东日本出土最多。弥生式土器则因明治十七年从东京本乡弥生町的遗迹发见，因而得名，其实即是一种中间土器，属于一种变种土器。以土器系统论，可以说两者同出一系统，不过受文化的影响，从绳文式土器移行到弥生式土器吧了。故于备中津云，萨摩指宿等地的遗物包含层，其绳文式土器比较在弥生式土器的下层，即第一层获得弥生式土器，第二层获得绳文式土器，显然示着年代的顺序。若从烧成的技术观之，弥生式所用的方法，年代亦较晚。但这种综合的研究，尚不充分，故持反对之说的也有，迄今不能认为已经决定。惟绳文式土器又分厚手式，薄手式，奥羽式三种，大抵皆为贮藏食物之用。弥生式土器则变化甚多，用途亦广，甚至有祭器之用的。

四、埴轮　埴轮为土制而富于吸水性之物，以作红褐色的为多。器身多附有短而细的直纹，即彼邦人的所谓刷毛纹的。与其器石时代及金石并用期的弥生式土器酷肖。埴轮以圆形作筒状的为最多，彼邦学者即称之为圆筒。圆筒高度通常在英尺一尺一寸至二尺前后，顶口边径约一英尺，底略小，底径约十英寸，厚度全体均为二英寸半，无底无盖。筒之外体，缘以凸边，筒体多穿有圆孔，孔多作两两相对。这是埴轮圆筒中的最通常形。而埴轮于圆筒之外，有作男女人物，或牛，马，鸡，水鸟等鸟兽，或韧，盾等武器等模样的，即所谓埴轮树物。埴轮土偶以全体立于祈筒之上的为独多。其余则有腰以下为圆筒状的，腿以下为圆筒状的，脚以下仅立一平块之上的，及仅仅及腰而无脚的。日本考古学界，研究埴轮的人最多，成绩亦最好。在明治三十四年时，坪井正五郎博士已有《埴轮考》的刊行。其后鸟居龙藏在武藏南多摩郡日野台七家发见埴轮，遂著《似岛田髷之古代结发》，发表于《人类学杂志》第百五号中。一时八木奘三郎，大野云外，和田千吉诸氏，于实际发掘与研究，均有相当的结果。及至明治四十年，滨田耕作著《支那土偶与日本之埴轮》，发表于《艺文》第二年一号中，高桥健自著《支那发掘土偶及其与埴轮之关系》，发表于《考古学杂志》第一卷十一号。近年后藤守一又有《埴轮之意义》一文，发表于《考古学杂志》廿一卷一号中。诸氏对于埴轮的起原诸问题，各有特异的见解。至于埴轮土偶研究日本原始及古代服饰的，首推高桥健自博士。博士曾著有《历世服饰图考》《日本服饰史论》。最近又有《埴轮及装身具》之作，刊于《考古学讲座》中。专为埴轮圆筒制作技术的研究者，有清野谦次博士，博士著《埴轮圆筒之诸研究》，刊于《社会史研究》第九卷第二号中。由埴轮的陶屋而为日本古代建筑的研究者，则首推高桥健自博士有《由遗物上观察上古之家屋》一文，刊于《历史与地理》第三卷第二号中。据埴轮的土偶而为人类学的研究有小松真一氏，氏曾著有《埴轮所表现历史时代日本人，或一二人身之性质》一文。其余研究埴轮的美术的有和辻哲郎，福原武等；研究埴轮制作所址的，有森本六尔，柴田常惠等；森本氏著《埴轮》一文，刊《考古学研究》第二卷第一号中。以我所见，已如此之多的，最近或更有新的著作。总之：在埴轮上各方面的研究及各问题解答，都已有了很好的成绩了。

五、和镜　日本历史时代，用镜的风习至为盛行。我们在“天孙降临”的神敕中，已可窥见上代的日本人以镜为一种神秘的用具，除了为服饰器具之外，更有宗教上的意味。在后世的人事中，如于神社中每供奉镜子一面。又如《景行纪》所载，则于舟轴之上，高悬镜鉴一面以向敌人。又如发掘时所见，镜的存置，多在遗骸之上，安放面上，以为避邪之具。就以上各点观察，日本人对于镜的信赖及神秘[①]，真有意想不到的妙处。可是日本的铜镜，全然渊源于我国。据后藤守一氏《日本考古学》所论述，支那镜传入的历史，大约可分为四个阶段。第一类最多，为周末前汉初期的遗物。文样大率为蟠蛇文镜，雷文镜，细线文镜等。边缘为匙面，纽作带状。第二类盛行于前汉时代，号前汉式镜，文样在今日不易推测其意味，多以文字为主。大致有内行花文镜，夔凤镜，兽首镜，叶文镜，星云文镜等。第三类起于前汉时代末期，经后汉三国而至六朝

①编者按：原稿为“密”，当以“秘”为是。今改。

时代，普通以汉镜呼之。细别之有神兽镜，TLV式镜，兽带镜，兽形镜，画象镜等。而其文样则同为受到了当时一般民间思想之道教关系的神兽形所表现的。第四类从后汉末期为始，而至六朝时代，仅以神兽镜的一部分属之。此外又有唐式镜，起于隋唐之际，大都为海兽葡萄纹。至于和镜，则全然仿效汉镜而来，故又名为仿制镜。据富冈谦藏氏所研究，仿制镜的特征有四：一、镜背文样所表现的手法，支那镜则锐利鲜明，模造的则模糊不清，为当然的结果。至图像加大时，则全无意义。线带其他圆味，一见便认出已非原型。二、支那镜内区文样各分子咸有意味，配列非常得当。模仿一律认为是文样化，图样本来的意义全失。三、日本所仿制者，大率于支那镜所重视的铭文这一部分全缺。虽然在图样中也有铭文带，可是全然不成章句，多似文字而字体全非，当然只有文字的位置而成为无意义的圆带吧了。四、支那镜存在的周围，就见闻所及，每附有铃。日本仿制镜无之。这种区别，虽梅原末治氏甚为反对，要亦大致不差。支那镜与和镜的关系如此之深，所以研究和镜的人，必要研究汉镜，而《西清古鉴》《西清续鉴》《宁寿鉴古》等书，遂为彼邦专家所必读之书。但据我个人所见彼邦学者对于汉镜研究的著作，如后藤守一氏的《汉式镜》，梅原末治的《在欧美之支那古镜》二书，一则解释详明，一则图版精美，为我国前此一切著录所不及，诚所谓青出于蓝而胜于蓝了。专家的研究，最初有三宅米吉博士著《古镜》一文，刊明治三十年《考古学会杂志》第一卷第五号中。其后八木奘三郎著《镜》及《镜鉴说》，前者见明治三十五年出版的《日本考古学》中，后者见同年出版的《考古学便览》中。至高桥健自，富冈谦藏则著作更富，其见于《考古界》《考古学杂志》

《史林》《艺文》《国华》《民族与历史》等杂志中的，多至不可胜数。其他考古学者，如：滨田耕作，梅原末治，松本文三郎，黑板胜美，和辻哲郎，山田孝雄等，均有很大的贡献。

此外如经冢，纹章，建筑，铜鉾铜剑等，在日本考古学史上，均有很好的成绩，但不及以上五种之大，故暂且不说。

B 朝鲜方面

在朝鲜方面，进[①]步尤为迅速。后藤守一氏《日本考古学》叙说里说道：

> 挽近日本考古学的研究，颇著进步，尤以朝鲜方面，于此学的开拓，与十数年前的面目，完全焕然一新。因之，此学亦渐见普及。……每次所公布此学的论著，报告，无不入微尽细。

后藤氏这一段话，没有一点夸张的意味。我们据朝鲜总督府《古迹调查报告》各年度的报告记载，他们似乎有一个统制的计划，第一步先由朝鲜总督府聘彼邦有名的考古学专家从事分道调查，举凡朝鲜各道的古坟，建筑等遗迹，无不作精密调查，作成详细报告，然后派员保管，计划发掘。整个在政府监督之下作有系统的研究。我怀疑他已经制成了全朝鲜古迹散布地图，古迹调查委员会里已经明白了全国古迹分布大势。这种分图已经看到了不少。不过总图尚未见过，不能证明我这话吧了。总之：决不是东一鳞西一爪，任意乱图乱掘的了。我见到最早的调查报告为大正三年九月所出版的，乃是明治四十四

---

①编者按：原稿为“在朝，进鲜方面”，当以“在朝鲜方面，进”为是。今改。

年九月至十一月所调查，为调查委员关野贞，谷井济一，栗山俊一等所报告。听说日本政府的调查朝鲜古迹始于明治四十二年，其时日本尚未吞并朝鲜。可惜这项报告我没有看到，不然，很可以知道帝国主义者以考古为侵略的工具了。自翌年并韩之后，日本更得放手进行。他每年调查的性质不同，因此所聘的专家亦异。例如大正九年度金海贝冢的发掘调查报告则成于梅原末治，滨田耕作两氏之手；大正十一年度南朝鲜的汉代遗迹，则成于藤田亮策，梅原末治，小泉显夫三氏之手；昭和二年度鸡笼山麓陶窑遗址的调查报告，则成于野守健，神田惣藏二氏之手；可见其对于学者的支配与善用的情形了。就现时而论，关于朝鲜的考古成绩，以乐浪的发掘，为最足惊异，现在我拟以乐浪为其代表，解说于次。

乐浪在朝鲜平壤府外大同江郡，即我国汉代乐浪郡治遗址。乐浪漆器的发见，始于大正五年，其发见情形，详见朝鲜总督府《古迹[1]调查特别报告》第一册第二册第四册中。这报告书成于关野贞博士之手。关野贞为乐浪研究专家，其所说当极可信。他在《乐浪郡时代的艺术》一文中说道：

> 自明治四十二年以来，余等曾数度调查，于是乐浪郡治的土城，在今平壤对岸，大同江下流一里许之处发见。在以土城为中心的周围，见有无数古坟，星罗棋布。发掘其中十数茔，获得大量的古物，乐浪郡时代的文化，次第明确。加以土人盗掘大起，出土遗物丰富，好事者竞为搜集，于是乐浪的遗迹遗物，遽至喧传于世间。

这是仅就关野贞个人调查发掘的经验而言，这时发掘的漆

①编者按：原稿为“蹟”，当以“迹”为是。今改。

器尚无铭文可得，不能确认其文化史上的地位。及至大正十三年朝鲜总督府发掘，始获得有铭文的漆器，如始元二年，阳朔二年，永始元年，元始三年及舞阴家，郑氏等字，价值始大。其明年大正十四年东京帝大教授黑板胜美等提议计画发掘乐浪古坟为其史学会的事业，旋得细川侯爵家的赞助，于是发掘得以顺利进行。是年九月二十八日起，将此等古坟逐个调查，至二十九日选定发掘的坟穴，三十日开始发掘。当时选定古坟中的北墓（按即王盱墓），由田泽金吾主持，南墓由小泉显夫主持，以黑板胜美总其全责。其后以北墓出土甚富，遂集中全力于北墓。从十月二日始，至十月六日，始得到达木椁的天井部。十月十二日东京帝大考古学研究室员原田淑人归至平壤，乃由原田氏总其全责。直至十二月四日始全部终了。当时所获遗物，最重要的有"五官椽王盱印"及"王盱印信"的两面木印及建武二十一年在铭漆杯，建武二十八年在铭漆杯，永平十二年在铭神仙龙虎画象漆盘，永平十二年在铭漆盘，漆镜匣，长宜子孙镜，小盒子，化妆用的白粉，赤黑色之物，黄色土块状之物，式占天地盘，玻璃制耳珰，冠，缨，绢，纽等诸物无数。其余漆器，铜扣器，木皮制器，瓦器，果核，玳瑁，琥珀，石炭，水晶等，亦发见甚多。甚后全部遗物，携归东京帝大文学部整理，在昭和五年十月，由原田淑人，田泽金吾编纂成《乐浪》（《五官椽王盱之坟墓》）一巨册。据原田淑人序称：

本书文献上由编者二人负责。其漆器文样之摹写，出东京美术学校讲师小场恒吉之手，一部漆器之修理，出同校教授六角紫水之手，椁材研究，出东大农学部森林利用学教室兼次忠藏之手，镜奁内遗存化妆材料的研究，出东大理学部生物化学教室左右田德郎及上海自然科学研究所中尾万三博士之手，椁内残存白桦制饮器及果核的研究，出东大理学部植物学教室中井猛之进教授之手，棺内发见的绢布及镜纽带的研究，出东京工业大学纺织科太田勤治，中原虎男两教授之手。合十数人之力编成此书。

结果这一本考古报告书，遂为彼邦[①]考古界的权威著作。出书以后，各方赞许之声，如雷灌耳。兹特节录北平中国大学的《国学丛编》第一期第六册杨树达《读乐浪书后》里一段话，以见一斑。这书后道：

此书叙述详尽精审，实为近来考古学上一大著作。吾人欲研究汉代事实者，得此可以明了许多事实。不至如在五里雾中，信可谓学术界之鸿宝也。

至于这回发掘的重要性，我可节译《乐浪》第七章结论于次，以为证明。他的结论说：

《乐浪》古坟，为地下一大宝库，同时又为地下一大文献。其出土之遗物，不啻为两汉及六朝初叶的美术工艺放一陆离之光彩。于当时思想风俗等各方面，提供大量具体的资料。尤其是如坟墓全体的完整保存，余敢决信其学术的价值大著。

棺椁的完整，于汉代墓制研究上投一大光明，彼见于《周礼》《礼记》等之零碎葬礼，及墓制的记事，得以补足，姑且勿论，而木材之雄伟，构架法之精巧，自可推想宫阙楼阁等一般木造建筑的如何发达。

本墓内发掘的遗物，于其质及于其量，虽不比已发

---

①编者按：原稿为“那”，当以“邦”为是。今改。

见者为优，然棺椁之完全，而大部分保留旧态，殊足窥见当时工艺进步的情形。至如漆盘上所描写之神仙画象，玳瑁小匣所画之人物像，足以证明汉代壁画的盛行。从来研究汉代的绘法者，只不过以山东及其他各地所存之石室石阙等的雕刻画，类推其性质而已。而这些画象因为已属于雕刻之物，所以不能会得其中的真趣。今本墓所出土之漆画，其笔致之优丽而遒劲，正足以代表当时的绘画了。

又如用汉代道家思维[①]所弥漫着的神仙画象为壁画等题材，其事为文献所明示，而其具体的征证，不过为画象石，画象砖，镜背文而已，而现今本墓出土的日常食器一漆盘，则画有西王母等神仙像画饰，则其道家思想如何盛行，可以想见。又阴阳占星之术，当时风[②]靡全社会，吾人一读《王莽传》，便可察知。今本墓出土如式占天地盘一器物，为硕果仅存的一占具，于千岁以后的今日，得以明确知道汉代占星风靡之迹。

又依本墓主人公的木印，得以明知其为郡太守的属僚五官椽之职。然以五官椽的身分，其遗物已如此瑰丽，则当时社会生活如何向上，因之亦可察知。

关于汉代的风俗，从前只不过据画象石，明器等以推见其一斑，而已往乐浪出土的遗物，则悉为其活材料。今本墓所发见的器物，如日常饮食诸具，勿论化妆调度，即至于其他服饰装身诸具，俱有资料，其价值尤大。

---

①编者按：原稿为“惟”，当以“维”为是。今改。

②编者按：原稿为“西”，当以“风”为是。今改。

随汉代政治的发展，而其文化包容外来的成分，其事亦不难想像。汉与匈奴的政治交涉，已如《史记》《汉书》所明示，今不俟言。而匈奴的文化，与西徐亚民族（Scythians）有极大关系，从其文献上亦可推得。依据珂兹洛夫氏（Kozlov）在外蒙古所发掘得为具体的证明。同时汉文化之盛，其浸染于匈奴，亦得以征知。而汉代支那受了匈奴文化的影响，亦可考见。又如劳弗尔氏（Berthold Laufer）夙以见于汉代瓦器的浮雕被戴有西徐亚帽的人物，跨马顾射禽兽的图象为其一证，乐浪以往发掘的黄金制带具，有以明示萨尔玛底（Sarmotians）人式的技巧。又在栉的装饰中，表示猛兽搏噬的意匠者，又不失其为一左证。如本墓发见的羊钮金具，亦可说是加以上很好的证明资料。

自汉张骞使西域以来，开西域的交通，至班超而突飞猛进，汉威遂振于葱岭东西。随而东西洋的文化交涉上与以极大影响。汉代西方的一强国安息（Parthia）占仲买之利，从大秦（罗马东方领）输送各货于其本国，则汉的绘彩，又将何如呢？本墓出土的精巧绢布与珂兹洛夫在匈奴坟墓中所获汉绢及斯坦因（Stein）氏在楼兰地方所获得的，其性质相同，当时罗马士女爱好之笃，吾人实不得不首肯。

又于罗马时代得大进步的玻璃器，必因罗马势力所及而发见其遗品。汉与大秦文化上的交通其文献上所不及明言者，又如玻璃的制作法，当时传来于支那者，从本墓内的玻璃制耳珰的出土，可决其非偶然了。

然则这回发掘的重要，日本的考古学里可说是首屈一指了。

其后朝鲜总督府将历年调查搜集所得，刊行《朝鲜古迹[①]图谱》十一册，开始于大正四年，完毕于昭和六年。第一第二册为乐浪郡带方郡时代及高句丽时代的遗物（古瓦，绘画，雕刻等）。第三册为马韩时代百济时代任那时代沃阻时代濊时代[②]古新罗时代的遗址遗物，及三国时代的佛像等。第四第五册为新罗统一时代的废址[③]遗物及古佛像与古瓦等。第六第七册为高丽时代的建筑石塔碑文及铜器佛像古版藉陵墓等。第八第九册为高丽陶瓷器古镜鉴古玉古钱等（这两册于日本地震时烧失，其后又将朝鲜总督府博物馆，时代的李王家博物馆，东京帝室博物馆，东京帝大工学部及大仓集古馆等处所藏的陶瓷器金属器玉石器等再行选辑付印）。第十册朝鲜宫殿建筑（这册选录属于景福昌德昌庆庆熙四宫的建造物，能传朝鲜时代宫殿建筑的真相）。第十一册辑载其他的朝鲜建筑（这册选录关于朝鲜时代所经营的城郭，坛庙，学校，文庙，客舍，史库，书院，先儒住宅，及历代王陵的规模象设等）。全书出于关野贞博士之手，内容甚为丰富，为研究朝鲜历史考古[④]学美术史建筑史的无比的好资料，裨益学术界不浅。（只可惜定价日金三百八十元，购求不易而已。）

C　辽东方面

辽东半岛与山东隔海峡对峙，原属我国的疆土，自日俄战

---

①编者按：原稿为“赜”，当以“迹”为是。今改。

②编者按：原稿为“时濊代”，当以“濊时代”为是。今改。

③编者按：原稿为“废趾”，当以“废址”为是。今改。

④编者按：原稿为“老古”，当以“考古”为是。今改。

争后，旅顺大连遂为日人转租而去。日人以辽东与朝鲜关系密切，遂派专家调查，结果，考古发掘，亦为其调查事业之一。担任这种工作的人，在私人方面有鸟居龙藏，旅居辽东数十年，先后调查十余次；在政府方面有旅顺博物馆的设立，聘八木奘三郎主持其事，八木居辽东二十余年，工作亦至勤慎，成绩优异。于是强分我国东北四省为南满洲，北满洲，口满洲，奥满洲（见《满州考古学》坪井九马三《序》文中）等怪名目，故日本这一方面的考古，可说是侵略考古。计这方面大规模的考古，已举行三次，一、貔子窝，二、牧羊城，三、南山里。现时这三次的考古报告书，亦已先后出版，兹特依据该项报告书，顺序叙述于下：

一、貔子窝　貔子窝在日本人所谓关东州的最东北部，与我国辽宁省庄河管内相邻之处。距貔子窝城邑东北四里许，近碧流河口，其前与岬状小台地相接，其间有三个小岛，棋布①于千泻之上。这回所发掘的遗迹，即与此台地最接近的一岛屿。此台地在现时行政区域上，属于貔子窝管内东老滩会，火神庙屯；但所谓小岛，即台地与岛的中间，以小流为界，而附隶于碧流河会杏树房屯的。这貔子窝管内东老滩附近的石器时代遗迹，在十余年前，八木奘三郎已于碧流河②会三岛子发见贝冢，石器及土器，而尤特殊的有彩色土器的发见。这种类似的彩色土器，据岛村孝三郎云，在其前大连滨町的贝冢已有发见，旅顺大台山贝冢，亦有出土，其后遂至注意。这班考古家得了这些彩色土器，遂特别起了兴味，从此貔子窝附近遗迹的

---

①编者按：原稿为“基布”，当以“棋布”为是。今改。

②编者按：原稿为“流碧河”，当以“碧流河”为是。今改。

必需完全调查，遂成为东亚考古学界的中心问题。自大正十五年以来，日本东亚考古学会开始树立计画，其后得日本外务省文化事业部与关东厅的援助，至昭和三年四月这计画遂得实现。主持这遗迹发掘事务的为东亚考古学会与关东厅博物馆两者，东亚考古学会方面以东京帝大助教授原田淑人，考古学教室员田泽金吾，驹井和爱，人类学教室员宫坂光次四人；京都帝大教授滨田耕作，讲师小牧实繁，助手岛田贞彦三人，会方干事岛村孝三郎，小林胖生两人；关东厅博物馆方面以其主事内藤宽，馆员森修二人，朝鲜总督府博物馆小泉显夫等参加发掘。南满洲铁道会社特派最初研究这遗迹的八木奘三郎前来参观。而我国北京考古学会亦派北京大学教授马衡，陈垣，北京历史博物馆员罗庸，董光忠四人参观发掘情形。四月二十九日一行人从普兰店经貔子窝，达距遗迹地西南约一里的东老滩，次日踏查遗迹并决定发掘方针，是日下午即开始发掘，至五月十五日经两星期的时间，乃得终了。计这回发掘所得，单砣子岛遗物石器有石斧，石庖丁，石镞，石凿，石剑，管玉，骨器有牙器骨针，贝轮片，土器有彩色小壶片，鬲片，高坯，纺锤车，金属有青铜片。高丽寨台地遗物，除与上述相同者外，并有鹿角[1]兽牙鱼骨，铜镞，弩机，铁器，铁片，明刀，一刀钱，布泉等。其后各遗物送致京都帝大考古学教室，在滨田耕作指导之下，由岛田贞彦，田泽金吾及水野清一三人整理，于昭和三年十一月，编纂成书。人骨方面由清野谦次及金关丈夫，平井隆三人研究，钱片由工学博士斋藤大吉研究，作为附录，由东亚考古学会印行，作为《东方考古学丛刊》第一

---

①编者按：原稿为“鹿田”，当以“鹿角”为是。今改。

册，题为《貔子窝》(《南满洲碧流河畔先史时代遗迹》)。这回发掘最重要所得为彩色土器及彩色土器破片，滨田耕作，八木奘三郎，岛田贞彦等均有单篇论述，这里恕不再赘。而其价值如何，拟节译该报告书第十六章结论以作答覆。这结论说道："关于这遗迹的绝对年代，我们幸由发见的支那古钱，大略得以确实知道。而这岛与台地之间，相隔若干年代，文化的外观如何，均得考知。然因其年代互相接近，故以此两遗迹为有别种民族曾经居住则凭证不足，我们只以其为不外同一民族的居住地而已。但果为如何人种，如何民族，此问题又须提出。我们偶然在单砣子发见二个埋葬墓的人骨，因之与以最有力的资证。由清野博士等这人骨研究的结果，与现代朝鲜人，现代支那人比较相差甚远，与奉天沙锅屯及河南仰韶村的人骨则相近；以之为现代支那人的祖先，实无不可。然此只不过二个人体的骸骨，而这遗迹的构成，或出于此边一带先史民族之手，即以此断为支那人的祖先，未免过早。与住居于古代满洲地方而又见于文献上的肃慎氏(其后的挹娄，勿吉等)有无关系，亦不得不一应诠议。鸟居博士夙以南满洲石器时代遗物，为见于《晋书》等的肃慎氏，即通古斯族所遗留。以砖墓贝墓等类，为其后移来的汉民族所遗留。这论确是有力的一说。虽然，肃慎氏疑即通古斯族，果彼等于周末汉①初之顷，曾住居汉地方，确实的文献上，或考②古学上，或人类学上有没有证据呢？而与此相别异的，在汉武帝征服辽东，朝鲜以前，汉民族流入此地殖民，其事全不可考吗？即在汉武帝时代的汉族扩

①编者按：原稿为"此"，当以"汉"为是。今改。

②编者按：原稿为"者"，当以"考"为是。今改。

张屡行于其地以前的汉族膨胀，在其以前的人种以其文化浸润于这地本无文化的素地之上，始告成功，果无可能吗？我们一方以此仅仅的人骨上所见为傍证，而信此想像有可能。而这认为支那民族固有所产的鬲甗同形式的土器，及周末汉初的支那古钱存在的丰富的事实以之为其民族所流入所引放，认为单是物品的入，及文化影响的结果，宁可谓为失当，所以我们以这貔子窝附近的石器时代遗迹输[①]，如假令肃慎氏即通古斯族民族要素稍稍浓厚时，则必为受汉民族人种的文化的影响最强的民族所产生。这是人骨的研究与考古学的遗物及其研究的结果所给与我们的自然的结论吧了。总之：我们一部分的学者，考古汉族的成立，应置于悠久的史前时代，或表现于史后的膨胀移动呢？后屡应反覆考究，毕竟以为是史前时代了。盖人种上的问题如何决定为一问题，而这遗迹所示的文化，于支那周末汉初的文化的色彩，颇有显著的存在。即如有孔石斧即所谓支那式石器呀，如鬲甗即支那特有的形式的土器呀，支那汉式的青铜器具呀，又周末汉初的钱货的存在，皆足为其证明。凡此种种，若单认为输入品，或皮毛的文化的影响的结果，实不可能。何则？盖不外以混合于彼等生活的根本的存在性以为推测而已。但在另一方面，如认为彩色土器的存在，与支那固有文化或西方文化，都绝无关系，则又如何解释它呢？这是因将来支那内地或其他地方的考古学的调查的进运而生，或以之为汉族固有的文化，也不可知。或另以为出于西方文化的系统，也不可知。总之：彼等就遗物所示，主要的是渔捞之民，或狩猎

---

①编者按：此处的“输”字疑为上一行“认为单是物品的人”的脱字，似应为“认为单是物品的输入”。存疑。

之民，而彼等只是限于实际的生活，至于营丰富的美术的宗教的生活等余裕，例如日本石器时代的土偶，则在彼等遗物中，全付缺如，即就这点可以想像了。但是如斯文化的生活的贫弱的聚落，在东亚的文化史上，决不是全无重要的意义。实则汉民族如斯的自己植民，或以这辽东半岛所有沿岸的地方点[①]为其自己文化植民地，如这碧流河畔的遗迹，毕竟不过为其一例吧了。而此地即为往古从山东至朝鲜半岛汉民族植民交通的踏石。由此而行于沿岸交通的结果，遂确立如朝鲜乐浪的植民地。又如南鲜唐津等明刀发见地，遂又与日本交通，即为实现此沿岸航路的结果。金属文化所以流入于朝鲜日本者，全然不外此文化的交涉的结果，可以见了。然则此东方今日名为貔子窝的海岸边土的遗迹，实为支那文化的黎明，次第光被于土著原住民族之间，可以说是东亚文化进行的历史上，最有兴味的职务。”由此以观，貔子窝的发掘，价值很大。而这报告印行以来，我国考古界引用已不少了。

二、牧羊城　牧羊城在日人所谓关东州的老铁山西北麓鸠湾附近刀家疃，刘家疃二聚落之处，当刀家疃南数町，接近刘家疃之东隆起的一丘陵便是。《盛京通志》卷十五《木羊城》条下云：“牧羊城，城（金州）西南一百五十里，周围二百五十四步，门一。”今日人即以这条比定，谓为牧羊城之误。疑即《前汉书·地理志下·辽东郡》条所称沓氏县故地。原来旅顺市西南所耸的老铁山山麓，丘陵起伏，南赜颇多，自来遗物出土亦不少。滨田耕作教授夙留意这城址，习于明治十月，四十五年六月两度调查，并于第二回调查之际，于其北

①编者按：原稿此处多一“点”字。今删。

边，穿一小沟，获有铜镞四十三，角制弭，铁斧，明刀残片等物。当时调查的日子甚短，有组织的发掘，则期诸后日。自东亚考古学会成立以后，拟定第一回发掘貔子窝，第二回则发掘牧羊城。昭和三年九月，诸种手续准备完毕，东亚考古学会依旧与关东厅博物馆合作。学会方面以京都帝大教授滨田耕作，考古学教室水野清一两人，东京帝大助教授原田淑人，考古学研究室嘱托田泽金吾，人类学教室副手八幡一郎三人参加。其后加入在北平留学中的东京帝大副手驹井和爱，及替代滨田的京都帝大助手岛田贞彦。学会干事岛村孝三郎始终其事，小林胖生仅滞留数日。关东厅博物馆方面以其主事内藤宽，馆员森修二人出差调查。而北京大学考古学会则以助教庄严随同发掘。从是年十月一日开始发掘，至二十五日终结。同时认为其间与城址关联的附近古墓有调查的必要，特组别动队，从十月九日发掘刁家疃，于家疃，官屯子等贝墓，石墓，瓮棺等，至二十三日终了。这回发掘，不但确定城址的性质，及贝墓的进一步的研究，实则从来所知的瓮棺，石墓及伴铜剑而出的一异例的古墓，皆为最重要的发见。计在牧羊城址出土的遗物石器有石斧，石庖丁，石制纺锤①车，石镞，石锤，铜斧石范，铜镔石范，石制管玉，骨器有骨针残片，骨镞，骨制管玉，鹿角加工品，骨制半加工品，铜器有铜镞，带钩，铜扣，残片，铜镦，铜制弭，铁器有铁斧残片，铁镞，铁斧，铁制刀子残片，铁制刀子，古钱有明刀圆钱，明字刀钱残片，一刀钱，半两，五铢，大泉五十，及瓦当残片，玻璃制耳珰，玻璃断片，玉

①编者按：原稿为“缍”，当以“锤”为是。今改。

器，土制纺锤[1]车，玻璃制钏残片，长未瓦当残片，乐央半瓦当，双马画象半瓦当等。牧羊城附近古墓所得，有瓦盘，瓦壶，瓦豆，及各种贝壳等。其后将所有遗物，运回东京帝大考古学研究室，由田泽金吾[2]，驹井和爱从事整理编纂，而原田淑人负其全责。人骨方面，则由清野谦次，金关丈夫，关政则三人从事研究。贝壳及各墓中残存的动物遗骨，则由东京帝大理学部动物学教室泷庸氏，堲[3]周墓发见的剑把金质，则由东京帝大工学部助教授三岛德七氏指导研究。于昭和六年十一月编成《牧羊城》(《南满洲老铁山麓汉及汉以前遗迹》)一书，由东亚考古学会刊行，作为《东方考古学丛[4]刊》第二种。这回发掘所得的价值，据其报告书的结论说道："……抑支那自周末以至秦代，一方已见铁制兵器的存在，而一般被使用的兵器，依然为青铜所制。盖秦始皇帝没收民间兵器，铸造钟镰金人，即以这事为证，不难推想而知。而始皇销却兵器，于考察支那古代兵器的沿革上大可促吾人注意，即秦始皇时假令民间的兵器全然绝灭，同时又禁断兵器的新铸造，总之，当秦盛时，民间的兵器，极度减少，确是事实，从而当秦末汉初的大骚乱时，兵器的大制作必被促进，其时青铜制的旧兵器渐次废止，自战国以后所抬头而起的铁制新兵器遂代铜兵而为主要用品了。当时铁的需要益激增，汉武帝时遂至以铁为官营之物，不是可于此中泄露消息吗？当支那内地铜铁两兵器交替的时

①编者按：原稿为“缍”，当以“锤”为是。今改。

②编者按：原稿为“田泽全石”，当以“田泽金吾”为是。今改。

③编者按：原稿为“垦”，当以“堲”为是。今改。

④编者按：原稿为“从”，当以“丛”为是。今改。

候，南满洲北朝鲜方面的文化又成如何的状态呢？南满洲已自石器时代认出有支那人居住的痕迹，稍晚，自周末至汉初，已有相当多数的支那移民入居，无论从文献上或遗物上，均可考察得出。例如官屯子发见塱周墓的遗存，决决不是偶然之事。又如北朝鲜的箕氏卫氏，假令其时只是少数，而为支那移民所占据，确是事实。在汉武帝建置四郡大规模扶植势力以前，支那文化所浸润已不少这话谁也承认。当时南满洲或北朝鲜的土民，适置于从石器时代进入金石并用时代程度的文化状态，但是支那的移民，已挟有青铜器时代的高级文化，实不容疑。在汉乐浪郡管内所遗留的遗迹，其出土状态不明，而与南满洲出土物属于同一系统的铜剑，已发见的，已归朝鲜总督府博物馆或平壤居民诸氏所藏。又大正十四年原田等调查一砖椁墓，发见一插入漆鞘的铜剑断片。此等铜剑，或者不可说是汉武帝以前所使用，而为与同地出土的秦始皇二十六年在铭的铜戈，同样地自古以来存在的。总之：与[1]其以此等铜剑为汉武帝以后渡来的支那新移民所遗留，毋宁谓为汉武帝以前的旧移民或其子孙，乃至被存留于此地的土民之间的遗物，所解释为合理。与从黄海道黑桥面以至南满官屯子塱周墓出土的枕状铜器有形体上关系的结纽状铜器同时相伴出土的铜剑，发见其汉宣帝神爵二年所铸造的穿上横文五铢二字共存者，余等下同一的解释而不容踌躇了。其次，南朝鲜及日本内地出土的细形铜剑，与南满及北鲜出土的，属于同一系统，已可勿论，但与之同时所谓马来族高里斯式形铜剑，细线锯齿文镜，铜铎等，亦属同一文化系统，或于某时期有共同存在性，如学界所周知，在朝鲜

①编者按：原稿为“愈”，当以“与”为是。今改。

庆尚北道庆州郡入室里有细形铜剑，高里斯形铜剑及细锯齿文镜出土，长门国丰浦郡安冈村大字富任梶粟滨有细形铜剑及细线锯齿文镜出土，安艺国安佐部福木村福田有细形铜剑，高里斯形铜剑及铜铎出土，而大和国南葛城郡吐田乡村名柄有细线锯齿文镜，铜铎共同发见，据此事足以证明。高里斯形铜剑及铜铎，到现在在南满洲及支那内地这类遗物，尚无发见，所以多数学者，不认为支那文化直接所生，而为受支那文化所影响的东[①]民族之间所制作。细线锯齿文镜为在西伯利亚浦潮斯德（Vladivostok）附近有与细形铜剑共同发见者。关于此等制作者的推定，在今日尚非其时。高里斯形铜剑，如高桥健自博士所称道，认为与支那铜戈的钩兵有关系。但是支那铜戈盛行的时代，却为周朝，汉初以后，宁可谓为失去钩兵的形态。从而高里斯形铜剑出现亦少。故可以置于汉武帝以前。尤其是汉乐浪郡时代的遗迹，遗留尚多，从汉式镜出土最夥的大同江畔发见此种细线锯齿文镜二面，到底在乐浪郡时代此地土民不是取汉镜及其范而仿制之，从而细线锯齿文镜的出现，亦可同置于汉武帝以前。又铜铎，除一部的学者外，咸认为与支那的钟有关系，但在支那钟的制作盛行之时并被尊重为一种宝器之时，则为周代；及至汉代以降，对于此事，则思想大为变化了。从而铜铎的出现亦少，所以不得不置之汉武帝以前。至如平形铜剑，与其他退化型青铜兵器，引长青铜器时代的流风余韵，为出现于汉武帝以后浸润于新文化时代的产物，余等并无何等异

①编者按：此处疑脱漏一“方”字。

议。要之：在周末汉初[1]之际，南满洲为朝鲜及日本内地金[2]属文化的发足地，而其文化的扩大，其波纹渐次扩至东方，从北鲜至南鲜，又从南鲜及于日本。而文化的浸染，明示浓厚的色彩。在支那内地，已入于纯然的铁器时代了。所留存于东方者，只不外袅袅余音吧了。”这话甚为切要。

三、南山里　南山里在辽东半岛的西南端，旅顺市外的西方二三里，为耸立云间的崔嵬，即老铁山的一群，而鸠湾的尽处。与牧羊城[3]相距甚近。自牧羊发掘不久，关东厅博物馆森修又得报道，确认牧羊城址东南尹家屯部落，有砖墓的存在，昭和四年九月，在关东厅博物馆主持之下，又得东亚考古学会的援助，遂从事发掘此等砖墓。当时关于发掘上各项的准备，由该博物馆内藤宽，森修两人任之。是年十月二日滨田，岛田二人由朝鲜到旅顺，会同东京帝大医学部病理学教室员金高勘次博士，于三日抵牧羊城址，是日下午会同内藤，森两氏直至尹家屯的南山里着手发掘其附近的砖墓。时滨田来华，于是月八日与梅原末治一同出发。改由清野谦次主持其事。并加入田泽金吾及东京博物馆员矢岛恭介，共同工作，在尹家屯各地点，发掘砖墓凡七基，费十数日工作乃得完了。这地恰好与朝鲜乐浪的土城接近，其南方一带宛如古坟带，关于与牧羊城址有相连关系的南山里的砖室古坟，其性质始可阐明。当时发掘的遗物，为整理便宜起见，尽数携归京都帝大，其考古学的遗物，由考古学教室滨田，岛田等之手，其人骨兽骨的部分，由

①编者按：原稿为“汉末汉初”，当以“周末汉初”为是。今改。

②编者按：原稿为“全”，当以“金”为是。今改。

③编者按：原稿为“攸羊城”，当以“牧羊城”为是。今改。

病理学教室清野，三宅（宗悦），金关三人之手；各为详密的研究，于昭和八年三月编成《南山里》（《南满洲老铁山麓的汉代砖墓》）一书，由东亚考古学会刊行，定为《东方考古学丛刊》第三册。这回发掘所得，除得有土器铜器，玻璃制耳珰，五铢钱各小许外，以瓦器为最多，且各种式样亦最丰富，如瓦杯，瓦灶，瓦甑，瓦奁，瓦釜，瓦盘，瓦碗，瓦豆，瓦勺，瓦皿，瓦屋，大形壶，小形壶，脚附钵形瓦器，鼓形制瓦器，阶段附瓦屋，桶形瓦器，圆筒形小瓦舍，小形瓦臼，小形瓦俎，小形瓦槽，篦画双鱼瓦洗，以至瓦狗，瓦豚等，均有考古学上的价值。此外又有铁器墓一座，获得大量铁器。这书的序文说："发掘南山里的砖墓七基，明其构造与遗物，关于南满洲这种汉墓的性质，期得完成最高学术上的记录。"这话并非夸大。该报告书在第六章后论，讨论牧羊城与古坟的关系，及砖墓年代与乐浪汉墓的比较，于是下一结论道："代表南山里的南满洲的砖墓，与距支那中心同远的印度支那东京地方的砖墓及其副葬品及其他等等的性质相似，却与朝鲜乐浪汉墓中的木椁墓相殊，而与其砖墓相近。至其筑造年代，则与乐浪的砖墓相同，大体上置于后汉时代最为稳当，但亦必否认其中有前汉时代遗物的存在。于支那本土汉墓的调查尚不充分的今日，为得以辨明汉墓的构造，副葬的明器最有力量的材料。与乐浪的古坟，为姊妹的位置，颇有考古学上的重要价值云。"由是以观，我们对于这回发掘的意义，可以认识清楚了。

关于辽东方面这三次的发掘，与朝鲜乐浪时代的出土，综合以观，则我中国上世移民状况及文化东被的次第，均有显著的痕迹可寻，与《史记》《汉书》等文字记载相合。这可算是考古学上的大成功。日人滨田耕作[①]著《东亚文明之黎明》一书，大抵着眼于此。现时我中央研究院屡次派遣董作宾到山东沿海一带去调查，也是这个用意。我们今日念先民缔造之多艰，能不肃然起敬？

四、日本考古学者述评

日本考古学的成绩已如上述，而其用力最勤的学者，拟举几个出来加以介绍。

A 考古学的先驱者

在上文已说过，日本的考古学到了坪井正五郎时，然后可以算是正式的成立。故日本考古学的先驱者，便须首先数到他了。明治四十三年坪井博士任东京帝大理学部人类学教室主任时，即与鸟居龙藏犬野延太郎等努力考古事业。氏所偏重者为人类学，故所发表论文，如《人类学年表摘要》《人类学略史》《关于桦太石器时代人类的研究》等，皆为有名的著作。但氏亦颇注重锹的考古学，如《关于在日本采集石器土器研究上可注意的诸件》《关于考古学者所谓三时代的名称》都很能注意到实际上的考古。晚年卒于俄罗斯。

其次为三宅米吉博士。他在早年已享盛名，如：《汉委奴国王印考》《关于拉克伯里的支那古代开化起源说》等论文，很能博得一般学者的注意。所著书有《考古学研究》等，然其造就甚浅薄，故其所著书在今日已不甚为人所采用。

---

①编者按：原稿为“田滨耕作”，当以“滨田耕作”为是。今改。

B　高桥健自

高桥健自博士，为日本已故的考古学者中最有造就的一位。他一生专攻镜鉴，所著论文极多，如：《镜的沿革》《本邦镜鉴沿革考》《在铭最古日本镜》《关于六朝以前年号在铭的古镜》《关于王莽时代的镜》《南葛城郡名柄发掘的铜铎及铜镜》等都是很有名的著作。其后专攻铜兵器，曾撰《关于日本上古的刀剑》《铜鉾铜剑考》，发表各杂志中。至大正十二年十二月末，撰《铜鉾铜剑之研究》为博士学位论文，至大正十四年七月受领学位，遂以铜兵器专门名于世。

C　鸟居龙藏

鸟居龙藏为我国学界最早认识的日本考古家。因氏留居我国最久，而文字亦最通俗，这是很早我国人已有推译其著作的原故。在明治二十八年时他第一次赴满洲调查研究。这时氏只二十岁以外。其后于明治三十八年作第二次探查。第三次探查在东蒙古一带，自明治三十八年至四十年，探查凡三年之久。第四次在明治四十三年。第五次在明治四十四年。第六次在大正元年至大正二年。第七次在大正八年，调查东部西伯利亚。第八次在昭和二年。其后似长居满蒙。其在朝鲜调查，亦有十多年之久。他的工作，全是由日本政府派遣。实则这种调查，不啻为侵略的先锋。氏专研人类学，其后兼治石器时代遗物的研究。所著书极多，如《满蒙古迹考》等，皆为日记式。

D[①] 八木奘三郎

八木奘三郎为日本考古学界中成名最早的一位，在三十年前编撰《日本考古学》一书，有名于时。凡是日本今日考古学界里最活跃的少壮学者，无不受其影响。即如今日号称考古学界前辈的清野谦次博士，亦为嗜读氏著《日本考古学》而引起兴趣的一人。彼邦历史学权威坪井九马三博士至称氏为考古学界的权威者，则其推重可知。在二十余年前，氏辞去大学教席，旅居满洲朝鲜，奉职旅顺博物馆，其后更转而担任满铁的古迹调查。清野谦次誉其为支那考古学的先驱者，我以为毋宁称氏为彼邦侵略满蒙的先锋。然彼最近的著作《满洲旧迹志》《满洲考古学》，二书实不愧为必不可不读的名著。

E 滨田耕作

滨田耕作为日本考古学最高的权威。明治三十五年时，他是第三高等学校的学生，这时已对于古坟和埴轮[②]，有极大的研究兴趣。明治四十二年就任京都帝大文科大学讲师，未几兼任该大学考古学陈列室保管员，更与氏以极好的研究机会。其后亲赴欧洲研究考古学，对于西洋现代考古学的方法，研治极精。最初著有《考古游记》《桥与塔》及翻译A. Michaelis的《美术考古学发见史》，其后著《通论考古学》《百济观音》《支那古明器泥象图说》《有竹斋古玉图说》《东亚文明之黎明》《东亚考古学研究》等，及各种报告书，图录等，于各方

---

①编者按：原稿为“C”，下文分别为D、E、F，联系上文，此处应为“D”，下文按顺序重为排列。今改。

②编者按：原稿为“轮埴”，当以“埴轮”为是。今改。

面的造就，均极伟大。

F　梅原末治

梅原末治为日本考古学界的后起之秀。与原田淑人齐名。现任京都帝大讲师，为滨田博士的高足。最近游历欧，美，中国各地，专攻中国镜鉴及铜兵器，著《在欧美之支那古镜》等书，颇有见地。

G　其他

日本考古学界历史较长，故各方面努力的学者不少，若必欲每人作一小传，其事甚难，亦不为本篇所许，因思得以简驭繁的方法，附列一表于左，以代行文。

姓名	专攻科目	代表著作	附注
富冈谦藏	镜、埴轮	《古镜之研究》 《支那古镜图说》	兼治殷虚甲骨文字
林泰辅	殷虚甲骨	《龟甲兽骨文字》 《甲骨地名考古》	兼治金文
中尾万三	釉、陶瓷		专攻药物
关野贞	建筑、古坟		二人论文多至不胜枚举
伊东忠太	中国古建筑		
伊藤清造	中国建筑	《支那之建筑》	
清野谦次	人类学、动物骨骸		专攻病理学
金关丈夫	动物骨骸		专攻医学

（续表）

姓名	专攻科目	代表著作	附注
三宅宗①悦	动物骨骸		专攻医学
上田恭辅	陶瓷器		
原田淑人	中国古镜、服饰	《乐浪》《牧羊城》	
石田干之助	货币		
后藤守一	镜、埴轮	《汉式镜》	
近重真澄	支那铜器分析		
水野清一	铜器、玉器		
西村真次	人类、史前		
今西龙	朝鲜考古		
末广重雄	发掘		
长广敏雄	汉镜与工艺		
六角紫水	漆器		
香取秀真	中国铜器	《支那之金工》	
大谷光瑞	西域考古、中国陶瓷	《西域考古图谱》《支那古陶瓷》	
羽田亨	西域考古	《西域文明史概论》《中亚探检》	
坪井九马三	日本历史考古		
黑板胜美	日本历史考古		
岛田贞彦	日本、中国考古		
内藤虎次郎	中国考古		
森本六尔	日本考古埴轮		
大山柏	满洲考古、史前欧洲②		

①编者按：原稿为“素”，当以“宗”为是。今改。

②编者按：原稿此处有“史前”二字。今删。

（续表）

姓名	专攻科目	代表著作	附注
藤田亮策	朝鲜考古		
松本文三郎	佛教考古、西洋中国考古		
谷口樋之	民俗		
若林胜邦	民俗		
池内宏	朝鲜考古		
岛村孝三郎			东亚考古学会总干事（近已堕落）
后藤朝太郎	甲骨文字、民俗、砚石		
足立文太郎			（待考）
沼田赖辅	日本考古		
小泉显夫	发掘		
柴田常惠	日本考古埴轮		
山田孝雄	镜		
田泽金吾	测量、绘图		
驹井和爱	测量、绘图		

五、日本考古学定期刊物述略

日本考古学的著作，前文已说过不少。现在所说，只是关于考古学上的各种定期刊物。最有名的定期刊物为：一、《考古学杂志》，二、《考古学讲座》两种。《考古学杂志》为日本考古学会的刊物，已有二十余年的历史，为彼邦考古学界发表最新消息的刊物。《考古学讲座》为国史讲习会印行，由彼邦考古学界专门家如滨田耕作等所执笔，彷彿与函授学社的讲义相同，每期分登若干门类，合之则成一丛书。现时已有分装本，如：关野贞的《瓦》，三上香哉的《货币》，小此木忠七郎的《刀剑与古代兵器》，关野贞，原田淑人的《支那朝鲜考古学》，后藤守一的《石制品》，沼田赖辅的《纹章学》，八幡一郎的《先史时代之遗迹》，六角紫①水的《漆工史》，香取秀真的《金工史》，石田茂作的《经冢》，广濑都巽的《和镜》，清野谦次的《民族论》，滨田耕作的《考古学研究法》，大山柏的《欧洲旧石器时代》，宫坂光次的《欧洲新石器时代》各册，均为极精到的著作。此外如：《人类学杂志》《民族与历史》《史学杂志》《史林》《艺文》等杂志，亦常有此种论文发表，可常留意参考。至于出版考古书籍最多者为东京神田区冈书院，可常索阅其新书目录。这书院并发卖考古学，人类学等各种模型，对于考古学界的贡献很大。

六、结论

这篇文章总算写完了，可是日本考古学界究竟进步到怎样？恕我答覆不出来。不过他②的趋势，我可以说说。后藤守一《汉式镜》的序里说道："日本考古学，在这十数年间，果有长足的进步。可见这学的普及了。著书呀，杂志呀，续出不已的考古学论文呀，及其相关的论文呀，至目不暇接。居这学树立已经数十年的今日，欲追溯古昔，则其关系的论文，已如汗牛充栋。欲一一熟读，而得其大意，决不是容易之事，兹者遍搜

①编者按：原稿为"柴"，当以"紫"为是。今改。

②编者按：原稿为"不他过"，当以"不过他"为是。今改。

先人的业绩，摘出大意，使后之治斯学的，得以先行肄习，而知从前学者到达的境地及其结论的大体，这种书物实有兴起之必要。本丛书——日本《考古学大系》——就是为供给这种需要而作。所以本丛书的计划，以先史时代为第一期，以原史时代为第二期，以有史时代为第三期。每期各分数卷，各聚集关系于各题目的论著而分为各项目，摘记其所说的梗概，以为后之研究者告，然个人才力有限，不容易达到这种愿望。欲进一步在各方面的专门学者指导之下，而为之努力。这是本丛书的第一个目的。又考古学者，最初不得不详细知悉遗迹，遗物的详情。资料的搜集，为考古学研究者第一应该努力之事。本丛书第二个目的，在注意材料的聚成。从来文献上的资料，拟努力搜集，使其全部尽聚于此。第三个目的，则本丛书所能致力的表题项目，只能各述其概略。至于盈千累万的关系论文，穿细入微，苟非得理解甚深的少数专门学者沈潜其中，不能咀嚼出来。这种未来的成就，就是我们的第三个目的。”我们读完了后藤守一的话，就可以知道他们现在努力的趋势了。

至于著者个人作这篇文章的小小目的，当然不是如日本评论编者在第四卷第一期的《编后记》所说，要“长他人的志气，短自己的威风”。不过以考古学在我国正在萌芽，要我们考古学界同人更加努力①，在五年十年之后，与人家比一个高低吧了！

（据《日本研究会小丛书》第六十四种，正中书局1934年版）

①编者按：原稿为“更努加力”，当以“更加努力”为是。今改。

评黄文弼高昌陶集①

全书乙函二册分上下二篇
上篇文字六六页下篇图版五六页
二十二年西北科学考查团②理事会印行
定价十六元

一、批评的动机

这本书无疑地是一本考古的报告书，在曾经发誓要把近十年来出版的金石书及考古报告书全作评论的我，得到了这书，便不由得不高兴到万分，所以便连忙一口气把这书读完。现在要把读完以后的感想报告给诸位读者，原不算得什么评批。

二、西北科学考查团的由来

在未入本题之先，对于西北科学考查团的由来，似乎不

---

①编者按：本篇局部标点、外文字母有改动。

②编者按：本篇“考查团”“考察团”均有出现，不刻意强求统一，均保持不变。

能不向读者介绍几句。关于我国西北考古的历史，恕我不再介绍，读者可自行一读《燕京学报》第十二期贺昌群编译的《近年西北考古的成绩》一文，便可知道明白。我国西北方面自从汉唐以来，便蕴藏着无量数我国中古时代的文化。可是自斯坦因（A. Stein）三次劫夺以后，这些可宝的材料，已经十之八九流出海外了。在民国十六年的夏天，北平中国学术团体协会与瑞典人斯文赫定（Sven Hedin）有西北科学考查团组织之举。这是我国学者自动地向西北方面作有系统的考古的开始。当时双方协议的结果，决议考察团的名称，为中国学术团体协会西北科学考察团，由协会特组织理事会（九人）管理之。定团长二人。中国一人，以徐炳昶为团长，外国一人，即斯文赫定。另有中国科学家四人（袁复礼，黄文弼，丁道衡，詹蕃勋），学生五人。外国团员十七人。考察时期定为二年，专为考古的工作。这是西北科学考察团的由来。

三、这回发掘的经过

西北科学考察团成立以后，即于十六年五月九日自北平出发至十七年一月抵哈密，旋因事故，进行不利，徐氏与赫定不得已于十七年底先回北平，外国团员纷纷散去，其余中国一部分团员继续留居各地工作。至十九年九月该团第一批团员黄文弼（即这书著者）等回抵北平。惟尚有一部分团员未返，行政院亦准该团再延长两年，于二十二年五月八日止。后于二十一年五月十一日该团第二批团员袁复礼亦已回至北平。这是该团往返的始末。

至于与本文有关之高昌发掘的始末，据黄文弼《西北科学考查团在新疆考古情形报告》（载《女师大学术季刊》第一卷第四期中）云：

> 二月中旬（案：即二十一年二月，下同）发迪化，六日至雅尔湖，工作月余，转至鲁克沁，鄯善等处视察。

同时黄氏并将这文发表于北京大学《国学季刊》第二卷第三号，题为《蒙新旅行之经过及发现》，所言亦全然相同；足证这回发掘的时间，只为一月有余。本书黄氏《叙言》，则不明言工作时间，只云：

> 余于民国十九年春，赴吐鲁番考古，在雅尔崖古坟茔发现墓表百三十余方，及陶器八百余件。

而已。然于其上篇《雅尔崖古坟茔发掘报告》中，则记载发掘始末甚详，以其时日核之，亦与一月余相合。

四、全书的内容

这书的内容，以陶器为主，附录石器，骨器，铜器，泥器四类。分上下两篇，上篇为文字解说，下篇为图版。上篇文字解说，分三部分：一、《雅尔崖古坟茔发掘报告》，附《雅尔崖沟北及沟西古冢遗物分茔表》《吐鲁番古址分布图》《吐鲁番西雅尔崖形势图》《雅尔崖古城图》《雅尔崖沟西古坟茔分布图》，及插图凡二十二；二、《雅尔崖古冢中遗物图说》，即解说下篇图版之文字；三、《雅尔崖陶器之研究》，计研究文字凡十六页（五一至六六），插图凡七。下篇图版凡五十六页。计分：甲，沟北陶类单耳瓶一，圆底浅钵四，平口小钵五，俯口小钵一，桶状把杯六，圆底把杯一，碗状把杯一，把盏一，石斧一，骨签二，骨矢镞带木干一，铜兽环一，插图十四；乙，沟西及沟南陶类兽足形盆二，驼蹄足盆三，牛蹄足盆四，羊蹄足盆一，漏底甑二，撮口瓮一，卷口瓮八，单耳瓶四，波纹壶三，卷口罂一，汤罂二，卷口瓿二，蒲纹瓿一，磨纹瓿一，卷口瓿四，辘纹瓿二，莲纹瓿一，条纹瓿一，薄口瓿一，双耳瓿一，双鼻瓿一，瓠形瓿二，纯素盂一，俯口盂十二，彩绘盂二，碗状盂①，辘纹盂二，斑彩盂二，叶纹碗一，斑彩碗一，圆底碗一，辘纹碗二，桶状碗一，碗状杯三，莲纹杯一，纯素杯一，俯口杯七，磨纹圆底盘一，盘状碟二，盘状浅碟一，盛丹碟一，圈足豆二，弦纹豆一，盘状镫五，窝状镫三，碟状镫一，泥杯状镫一，泥弦纹残镫擎一，铜簪一，铜钗二，铜蒂饰五，铜饰二，铜耳环一，铜饰二，铁件一，带耳残铜器一，残铜件一，残铜片七，泥车残毂，泥残器一，泥车毂二，残泥塑马一，残泥塑二，残泥马头一，插图六十五。插写形图六，计陶类大小一百二十九。附录石类一，骨类三，铜类二十三，铁类一，洗类十二。陶类著录仅及发掘物七分之一。

五、著者研究的要点

这回西北考古的目的，在找寻我国中古初期东西交通的路线与文化交流的情形。著者于此等处，却能处处小心，不为偏倚之论。既不盲从汉人种西来陋说，又不误信中国文化高于一切的怪论。兹节录其在《雅尔崖古冢中陶器之研究》的结论，以代表著者研究的态度，而为本文讨论的根据。他说：

> 又余在此处关于东西文化之推进，附带叙述，以作余文之结论。盖新疆居于东西交通之邮，在海道未通以前，东方民族之至西方，与西方民族之东来，必经过新疆。新疆如一水管，一方是水塔，一方是龙头。而新疆本身，原

①编者按：此处疑脱“碗状盂”的数量。

无所谓文化。故所有文化皆自外来。然因何而来，则其推动之原因，不能不有所论述。

据一般学者所云，东西文化有二大策源地，一为伊兰高原，一为中国本部。世界文化皆此二大文化区之活动。但此两大文化区，均位于新疆之两端，如何能沟通使彼此交流为一问题。盖西域地形，沙碛[1]大半，水草缺乏，暨西荒岭（？）旷漠，时虞盗贼，非有伟大之兵力与财力，平夷道途，警卫行旅，不能有多数运输之通过。此在稍明西域地形者所公认。因此东西文化之活动，非藉外缘之驱使，不能显其机能。故余以为军事之拓展，与种族之移徙，皆为推进文化之重要原因也。在有史以前，西域之情形如何，吾人不得而知。近今学者，关于人种之来源，与文化之发生，皆有不少拟议。但均无确切之证明，不可信为必然。故东西人文之活动，溯其最先而略有依据者，略可分为二期。一为大流士远征与塞种人之移徙。一为亚历山大东征，与张骞之通使西域。兹先言其前者：

当西历纪元前五二一年时，波斯王大流士第一继立。袭居鲁氏之遗业，统有小亚细亚，叙利亚全部，如文化发生最早之埃及，巴比伦，亚述及赫族，均为波斯领土之一部。其疆域西极多脑河，北与塞种为邻，东与印度相接。而雄才大略之大流士复转兵北征，与塞种人战于多脑河岸。战虽不胜，而东西民族因此而受一极大之冲动，此在世界史上可注意之事也。盖塞种原为黑海沿岸之游牧民族，后渐次东展，向里海阿拉海之北岸蔓延。自经此次战

①编者按：原稿为“迹”，当以“碛”为是。今改。

争之后，又分为两支移徙。一支向东徙，沿伊犁河山谷，以入新疆。一支向南徙，沿阿母河以至大夏（此据法国伯希和P. Pelliot教授对余所云）。除南徙之一支，俟另文论述外，其东徙之一支，究在何时入新为一问题。但按中国传记所述，亦有可资参考者。《汉书·西域传》云："乌孙本塞地，大月氏西破走塞王，塞王南越悬度，大月氏居其地。"又称："乌孙东与匈奴，西北与康居，西与大宛，南与城郭诸国相接。"是时匈奴约在今新疆东部，奇台，阿尔泰一带。大宛即今浩罕一带。康居在北，约在今巴尔喀什湖西北之荒原，锡尔河沿岸，今为可萨克地。所谓城郭诸国，即今天山南路诸地也。《汉书》既云乌孙本塞地，则塞种人是时占有巴尔喀什湖已东，沿伊犁河，及特克斯河诸山谷，东展至新疆中部，如绥来以西，焉耆以北，皆为其领域。及大月氏受匈奴威逼西奔，塞种人遂南徙（此支系由天山向西南徙，疑与由沿阿母河南徙之一支不同）。大月氏复追踵而南，乌孙遂居其故地。乌孙迁徙之年代，虽史无明文，但大月氏西奔，为汉文帝四年，即西纪前一七六年。则乌孙之据其故地，必在是时，据上所述，是塞种人之东移，必在西纪前五二一年已后，一七六年以前，考之史传，可以信其然也。至于因塞种人之移徙，其所附带之文化若何，余虽未发现指明何者为塞种人所遗留之故物，但塞种与亚述，米太，波斯血统相属。经此一度之开通，其文化或直接，或间接，均有侵入新疆之可能。故在西纪前二世纪至五世纪之间，为东西文化推进之第一期。且此期文化，乃由西北荒漠以入新疆之北部也。

其次即述亚历山大东征，与张骞之通使西域。在西纪前三三〇年马其顿王东征波斯，占据其都城苏萨。又进兵至印度西北部之干达拉，同时即将希腊文化，充分带至此地。并遗留士兵与波斯人婚媾，而成希波之混合民族，虽马其顿王死后，国土分裂，而希腊之文化，仍在此处葆荏滋长。虽在西纪前一七六年以后，被东方游牧民族塞种人，与大月氏人，相继侵入。然终被本地优秀之文明同化，改其故习。（参考德国奈柯克氏 V. L. Coq《东土耳其斯坦之希腊遗痕》*Auf Hellas Spuren in Ostturkistan*）及西纪前一二六年张骞使月氏，一〇二年李广利伐大宛，而东西之文化，如两地水池之被沟通，彼此交流。故一般学者均认此时为东西文化最活动时期。在西纪前一世纪至三世纪之间，为东西文化第二期之推进。且此期文化乃由波斯越帕米尔高原以入新疆南部者也。新疆之承受东西文化亦以此期为最巨。又以后之佛教文明，传至印度之西北部，与希腊文化混合，而成立之犍陀罗佛教，渐次传入新疆及中国本部。虽张骞使月氏还未提及佛教之事，但佛教之传播，亦系受此期之影响，跟随而入，无可疑也。

综上所述军事之拓展，与人种之移徙，而东西文化早期推进之原因，由此可见。但余在沟北所掘拾之古物，为受何期推动之影响，为何种民族所遗留，在未得充分证明已前，暂不能有确切之推断。但于各种民族移徒之路线，考究古物之分布，比较同异，可使吾人发进一步之深省。则余之建立两期推进说，亦为研究东西文化交通之重要提示也。

自此以后，东西交通频繁，文化之推动亦极活跃。如匈奴人，突厥人，蒙古人之西移，景教，摩尼教，回教之东来，于文化之沟通上，莫不有相当之关系。因与本篇无关，故不论及。

从这一段话看来，著者黄君对于研究上审慎的态度，可以完全明白。自法人拉克伯里（Terrien de Lacouperie）倡汉族人种西来说以后，一时我国的学者如丁谦，蒋智由，刘师培等莫不靡然从风，甚至欲向我国文字史料，找寻证据，以附会其说。而外国来华的考古学者如阿恩博士（Dr. T. J. Arne）等亦屡欲将我国河南仰韶村及河南其他各地所得的彩色陶器，比附欧洲或埃及所获，而证明其同出一源。阿恩博士（或译阿尔纳博士）在《河南石器时代之着色陶器》（*Painted Stone Age Pottery from the Province of Honan China*）中说：

考三足陶器，最古之脱劳伊市（或译突罗邑）已有之。（第一市）相传此种三足器形状如釜，有高足三，宽大之直耳一。其形或直类中国之鼎。因此则中国之鼎，或系脱胎于西方流入之三足器，亦未可知。仰韶村所获之双凸瓶，底部有穴，亦与最古脱劳伊（突罗邑）市之文化有关。而埃及与帖钵模襄（或译太仆茂宣）出者，亦略如是。此种陶器之见于高丽者，为时极久。安博士所称长大之尖底陶器（Pathoi）不仅与出埃及①者相似，且与来自赫沙利克脱劳伊（突罗邑）及印度者相类。

在刻下尚未发现东西文化推移的确实路线时，黄氏从不肯下轻易的断定。所以他只是这样地说：

近今学者关于人种之来源，与文化之发生，皆有不少拟议。但均确切之证明，不可信为必然。

---

①编者按：原稿为“俟及”，当以“埃及”为是。今改。

我是向来反对汉族人种西来说的，所以对于黄氏的审慎态度，表示十二分的佩服与赞叹。至于谓东西文化推进的第一期，约为西纪前二世纪至五世纪之间这话，我以为黄氏这话应该有多少修正。以我多年的搜索，我国人在战国时尚无与西亚，南亚交通的可能，说详《交大季刊》拙著《前汉时代海上交通考》中，恕不再赘。大约东西交通的第一期，当在秦始皇统一的前后，这时距离亚历山大东征后约一百年，距离大流士第一全盛时代约三百年，这时因中国军事政治势力的进展，最足以助长东西的交通。这话梁任公先生在《佛教初输入》文，亦极赞成其说。黄氏亲身走万里路经行蒙新大沙漠中，若肯加意搜索材料，对这些问题，当不难有所解决。至关于发掘物年代的推定，黄君用两种客观的方法，凡有文字可考的，用文字推定，若无文字可考的，乃就式样花纹来推定。黄君云：

按沟北之遗物，无文字作证明，故研究时代必根据陶器之花纹形式，及同时出土遗物作相当之推论。而沟西及沟南之陶器，皆附带墓表，以墓表所署之年代，判断墓里陶器之年代，故年代极为可信。盖吾人研究古器物，其最要之工作，即推论其时代。盖陶器有自署年代者，其真确固无论矣。其次则同时出土之遗物，标明有确实之年代者，亦可以彼例此作同等之推论，在考古学上亦认为极真确之方法也。盖沟西及沟南墓室前均有墓道以为通往，死者及陶器，均在墓室中，而墓道两壁则砌有墓表。故墓表上所置[①]之人名，当然即墓中之死者，而墓表上之年龄藉

①编者按：原稿为“置”，似当以“署”为是。存疑。

贯及埋葬年月，当然亦为叙述死者之事。今此陶器均陈列于死者两旁，故必系与死者同时入土，而墓表上署之埋葬年代，亦为陶器入土之年代，毫无可疑也。

至于黄君用式样花纹推定年代之法，亦极有分寸，故黄君又云：

……但在此东西不同区域之地，而有同一式样及花纹之器物，因为研究东西文化开展之良好材料。若进而研究其时代，殊感困难。据安特生，阿恩博士研究河南，甘肃出土陶器之时代，根据苏萨，亚诺之第一二纪为断，计时为纪元前二千五百年，殆近三千年之谱。（见阿尔纳《河南石器时代之著色陶器》页二五。安特生《甘肃考古记》*Preminary Report on Archaeological Research in Kansu* 页二二）但吾人推论此器年代，不能完全根据安特生所拟。（李济教授在《小屯与仰韶》文中已发生怀疑，见《安阳报告》第二期）盖推论年代，最上者为本身文字之证明。其次则借助于地层学及同时发现之器物，比较研究，亦可得相当之验征。再次则征之于附近出土器物，及历史之纪载。此虽较上二法为逊，然犹较取东西悬远之物，论其花纹之同异为胜也。

黄君于这本著作中，可谓严守此旨，凡陶器之推定其年代的，大抵皆依据其同出土之墓表文字而定。否则仅记其出土之第几冢名，而阙去不可的年代。这种“阙如”精神，我们极应佩服的。若安特生，阿恩两博士，将甘肃沙井期忽而推晚一千余年，重订为西纪前一百年至六百年（详见《安阳报告》第二期《小屯与仰韶》一文所引），这种儿戏宁不大可惊异吗？！

六、全书的价值与得失

全书陶器的著录，虽仅及发掘物七分之一，然其价值，实可称为我国金石陶瓷著录中之第一种有价值的书。日人滨田耕作在他的《通论考古学》中分别遗物的等级为四：

（A）第一等遗物　考古学者自己发掘，发掘地点与其共存物都明了。

（B）第二等遗物　只有发见地明确，其他状态不明。

（C）第三等遗物　发见地不明，是否是真物，可疑。

（D）等外遗物　真伪不明。

这事我们应该特别注意。诚以我们辨别器物的真伪，是十分困难的一件事，所以我在拙著《吉金彝器之辨伪方法》一书中，也特别提出“调查来历”的一点。我国考古学发生极迟，故向来著录，大率属于第三等遗物与等外遗物者居多；辗转移录伪常八九。即海内藏家能罗致一二第二等遗物的，已属不可多得。今这书的材料，除第一图单耳彩色瓶，非由黄君亲手掘出外，其余著录，则皆为第一等遗物。以这一点而论，已应压倒前人。且著录诸器，残缺的甚少，而式样的种类繁多，花纹的精致特别，如兽形足盆，中有猿猴形，龙形，虎形，马形，狮形等，在考古学上，尤为有无上的价值。又全书于各沟所发掘的冢墓及墓中遗物存置的情形，均加以实测，绘图精细而详明，与日本东京帝大原田淑人所编撰的《乐浪》，异曲同工。惟《乐浪》只王盱一墓，出土器物又不多，其书成于十数专门家之手；今这书所发掘，则墓茔凡十六基，合若干冢为一茔，较《乐浪》何止十倍，出土墓表凡三百余，陶器凡八百件，而书成于一手一足之烈，其工作亦繁复百倍。此外著者又于照片制版外，凡遇花纹精美，照相不容易显示的，每用摹写方法附一写形或剖析图，深合吾人向所主张的三位一体法。（详见拙著《小檀栾室镜景述详》乙文，载本评论第一卷第七号中）陶器无文字可拓，故不用拓本。然著者另有《高昌专集》，为民国二十年出版，为《高昌》第二分本，系选择出土墓砖中字迹显明者八十四方影印而成，可与这书汇合研究。这是读者认为满意的地方。

至于失望之点，不能说为完全没有。第一，发掘的工作，规模太少，时间太短，在这书上篇《雅尔崖古坟茔发掘报告》里，时时流露，如十一页云：

> 古坟累累如棋布，土人亟称从未有人掘过，邀余试往工作，致使余停工之意思消灭，而又欲继续前往一试，……彷佛因余之将停工，而特别向余献殷勤者也。

又十二页云：

> 余今日虽得最丰美之收获，仆人等均劝余继续工作，但余终不欲更改余之原定计划，明日仍然停止工作……三月二十一日下午二时率全队离开二十日勤苦工作之雅尔湖，向哈拉和卓出发。

故这回的发掘，只可说是试掘的性质。第二，执笔方面，参考太少，限于才力，故地下史料，每不能应用纸上史料为之补充，校正，使成为更充实更完满的著作。上篇文字解说，亦只是叙述与描写方面居多，考据与论述方面太少。在著者《高昌》第一分本出版后，《国立北平图书馆馆刊》第五卷第六号明君已有批评，校正不少，似应采纳。今观所列参考书只寥寥十六种，于近人著作，似多未阅过。第三，印刷方面，纸张太劣，误字太多。若能改用上等林纸或粉纸，各彩色陶器，皆能依照原色印出，即不能如日本东方考古学会所出《貔子窝》《牧羊城》《南山里》三书之精美，亦当不至在朝鲜总督府昭和二年度《古迹调查报告》第一册《鸡龙山麓陶窑址调查报告》之下。至于误字之多，亦最为这书减色。略举数例，如《述例》页二《河南石器时代之着色陶器》的河南二字误为瑞典，《陶集》上五七页蔓延误作漫延，移徙误作移徒，其他不胜枚举。书末又不附勘误表，不能不说是疏忽。这是读者失望的地方。

二十三年四月四日儿童节日写成于四部书斋

（原载《教授与作家》第1卷第2期，1934年）

论所谓“秦式”铜器①

一、本文的动机

在最近的一个月以前，我替交通大学的《交大季刊》第十五期作了《前汉时代陆路交通考》上篇，中间有一段文字这样说道：

> 近人盛称秦时与西域、印度诸国已有交通。日人藤田丰八《中国石刻之由来》一文云：“中国在始皇以前，尚无石刻之风。……波斯此等刻石之文，盖颂帝功德教训臣民之意，始皇之刻石亦如此。……其间似系一脉相通。”……虽然，藤田之说，尚为推测之辞，未敢下一轻易之决断。余尝疑秦时与西域诸国或已有间接交通，与藤田所见同，然以无确实证据，未敢谬然判定。藤田氏始终不敢肯定言之，是也。至日人滨田耕作氏则不然，在其所著《东亚文明之黎明》中，有所谓秦式艺术者，谓：“秦原是西戎之国，在人种上，文化上，与西方蛮族有极深

---

①编者按：本篇局部标点、外文字母有改动。

之关系者。……”并谓秦器中之变形雷纹，乃受西徐亚（Scythian）文化之影响。其言似若可信。惟最近安徽寿州出土楚器一大宗，其文字，形制，纹样，与近二十年来数次发现之重要铜器若新郑出土郑器，洛阳出土韩器，归化出土赵器，皆有连带关系。近经北平考古学社刘节考订，著为《楚器图释》一书，遍举东周以来铜器纹缕衍变之迹，证明所谓变形雷纹者，在吾国本土自有渊源可寻，秦器之名，不攻自破矣。是秦时未尝与西亚诸国直接交通也。藉曰有之，亦为时甚暂，并不频繁，故于文化方面，未受若何大影响也。

这文交卷以后，心胸中常萦思着这个问题，以为足以寻究我国与西方交通的原始情形，寒假中闲着无事，因发愤尽取近人所著金石学，考古学诸书，详为检阅，乃毅然决定所谓“秦氏”铜器之说不能成立，当时东西文化尚未交流。现在拟舍弃交通一事和书传传说不谈，专从实物方面，一一为之分别讨论，作为一种新假设。

二、“秦氏”铜器说的来源

关于“秦氏”铜器说的来源，郭沫若在《杕氏壶》一文中，说得最为清楚，他说：

秦器之说，倡于法商王涅克氏（L. Wannieck）。原以民国十二年（西纪一九二三年）山西归化城北百里许之李峪村有大批青铜器出土，大率为王氏所得。器形多奇状，制作纹样均与商器及周代较古之器有异，器薄而带轻快味，文样平面施于全身，多作虺龙文，间有镶嵌及立体动

> 物形之附饰。此等形制在古器中自为一式，自来著[1]录中本习见，特以多无铭文，未能判别其年代，旧不甚重视之，而多拟为汉器，归化器有铭者仅二，一为戈，一为剑，剑见西仑氏著[2]《古代中国艺术史》（O. Siren：“*A History of Early Chinese Art*”）第九十六图A，仅见其一面，腊末尚余止ㄊ彐三字，与《贞松堂集古遗文》（十二，二十）所录“吉日壬午剑”末三字相同。……罗氏云：“往岁见之都肆，错金成文”，与李峪剑盖同时所铸，并同时出土者也。李峪剑铭，说者均未及，疑仅存三字，被认为花纹故。就此字体观之，自当在周末，然王涅克氏据归化土人言，认为秦始皇二十八年巡狩时所遗留之器，于是“秦器”之名遂噪于世。

此外滨田耕作的《东亚文明之黎明》，梅原末治的《歐美ニ於ケル支那古鏡》及《北支那發見ノ一種銅容器ト其ノ性質》，刘节的《寿县所出楚器图释》等书所说，与郭氏相同而较简略。然则所谓“秦式”铜器一说，是由法国古董商王涅克氏误信归化土人之言而捏造出来的谣言。

三、东方学人的解释

王涅克氏造下了谣言以后，东方学人附和其说的便不在少数。据著[3]者所见，以日本考古学权威滨田耕作氏拥护为最力。他在《東亞文明ノ黎明》里第七章说道：

---

①编者按：原稿为“箸”，当以“著”为是。今改。

②编者按：原稿为“箸”，当以“著”为是。今改。

③编者按：原稿为“箸”，当以“著”为是。今改。

至少周代底古典艺术崩溃了，到新的艺术产生为止，只有继续堕落衰颓的状态了。对于这过渡期，我们没有给与特别的名称的必要。如其要勉强给与，怕有不适的地方，叫作欧罗巴底学者们也在使用的所谓“秦式”也是一种方法罢。我们历来是将它在周代之末附论，或摄入汉代处理的；近来，因得到稍稍丰富的资料，常常作为秦代底遗物而区别开了。……其主要的资料之一，是距今数年前，法国古董商王涅克在山西李峪村发见的二十余点的铜器群。……其器形，纹样等，正是可认为周汉之间的秦代底东西。我幸于去年在巴黎得有参观的机会，其大体的样式，实是可以看作汉代的铜器的。而且其上面装饰着的纹样，是周代的变坏了的一种的变形雷纹的平板的表面装饰，以前那样的有凹凸的浮雕式的地方全然没有了。作为周汉间过渡期的东西，实是适当的。所以把它当作秦式也是绝不错的。又自唱导了秦式这东西之后，历来作为汉镜底极古的形式的一种薄镜上加以浅的变形雷电纹的一类，现在也有人把它当作秦镜来处理了。无论如何，把它当作周汉之间的东西，这是无异论的。铜器中的样式底分类，在这数年间也渐渐精密了，这是很可喜的。

又在同书第八章里说道：

但这单是不承认商周时代底古典的东西中的斯基脱（Scythian）文化底影响，通过周末至汉代的北方民族的斯基脱，西伯利亚底艺术有及于中国底艺术底显著的影响，这在我，也不踌躇地承认的。就是，其最好的例子，从中国发见的带钩底装饰，马具底透雕装饰等之中，看到必须看作斯基脱式的动物样式，尤其是兽类底争斗或交错着的

> 纹样之类；原来这些马具、革带等底使用，是由北方输入中国、朝鲜的，所以随伴着它的艺术样式底移入，不仅是最自然的现象，其特殊的模样底相互的一致，到底不能说是偶然的符合。

我们从这两段话当中，可以看见滨田氏的态度底坚决了。其次在日本考古学界有一位新兴的学者名叫长广敏雄，主张“秦式”铜器之说，与滨田氏同一坚决。他在《工藝史上ヨリ見タル璞様式ト銅鏡》说道：

> 所谓秦铜器者，从秦镜而言之者也。在历史上有无秦代是别一问题，而在艺术史上，明其为中间式样，自有存在之理由，可无容疑也。何以言之？在周式样与汉式样之间，其中有一式样，即秦式样，此种假定，可无问题也。盖此种假定之秦式样，从考古学精密考察之结果，与历史上之秦代平行，渐得一般人之确认，此从研究上之见地言之，固如此也。此秦式样之确认，可为今后支那考古学或至支那古代艺术史之中心课题；然从其式样之立场言之，可得如下之展望。第一，当思秦式样者为周式样之解体过程。即周式样与秦式样之大区别，周式样为秩序（cosmos）的，而秦式样则为无秩序（chaos）的也。从而秦式样者，群雄割据的诸种要素比之统一的要素为重。第二，当思秦式样与汉式样之关系极为重大，所谓汉者，秦之纯化而已。由是言之，周式样者，与秦式样对立者也。而秦式样则与汉式样同属一体系者也。

又说：

> 所谓秦式样者极有意味，而就秦镜可以明之。今试手一面秦镜（如附图一）为例。其镜背之浮刻文样与其地文

样之并合，自不得不首先注意也。……如此图之秦镜，合三个怪兽顺次追逐以为圆带者也。怪兽一一变其姿态，而三者同为S字形，有跳跃之气。以足踏于钮上为远心之结构。此等怪兽形，其见于周器中之抽象的走兽形（如虺龙夔龙等），渐渐弃去，而给与写实的动物之印象。而所谓动物形亦决不为立体的肉体之表现。由此观之，此等怪兽形有二事极堪注意，即第一，以写实性为动物之表现，第二，此等写实形，非为雕刻的，而为影绘的表现，即非浮雕的而为平面的也。

其次，怪兽文之性质，为影绘的平面的，非空间的是也。若用考古学上的熟习言法，则为拓影的也。被描写之物象从其背面，自其轮廓浮上。平面背面与平的物象二层的互为分离。怪兽跳跃而上，但非自大地及空间关系跳跃而上。譬如在暗暗中照出路傍之石佛，从前后左右之暗暗处分离者也。此之谓原质的个体性也。

以上吾人以秦镜镜背之动物图像的影绘性、平面性说来，秦镜也者，其地文样实有考察之必要也。第一，其文样为几何学的文样，即常见于周器中之雷文也。第二，与前述之浮文样的动物形无交涉无关系也。第三，文样之构成，为织物作风之平面的无限扩大性也。其中所谓文样构成之无限扩大性，尤为秦镜及秦铜器最显著之特征。结果，我所感受的印象，圆镜之中心的统一性甚受损失。其无限扩大性，与其动物之[①]圆周的S字形之律动性（rhythm），矛盾并存者也。

---

①编者按：原稿此处多一“之”字。今删。

地文与浮文样之如斯关系，以之与周式样之饕餮文化比较，则甚有兴味也。周器所装饰，可称为文样的要素之夔龙文虺龙文等，已化于左右均齐的饕餮文之中，即所谓兽面化，——单取其二眼——以为主眼。周式样之原理，最后则为匀称、调和的（symmetry）也。故从周铜器之浮文样与地文样之关系见之，俨然有统一性的相互之关系，决不如秦镜之矛盾的对立也。即作为地文样之雷文、涡文等，沿浮雕文样（饕餮文）之轮廓，先起运线。而其笔线对于作为饕餮文之笔线为对照的细线。两者之间，有主从的紧密也。

虽然，如前所述地文样之无限扩大性，实为一般的秦式样之特色。元来若从铜器上以窥秦式样之生起，当先举周式浮文样（饕餮文）挨近于地文样者，即饕餮文平面化一点也。换言之：周式之浮文样是浮出的，而其饕餮文有统一的威严。若此浮文样渐渐平面化，而其统一作用力渐渐消失，只存视觉的平面性，便成为秦式样之一侧面也。抑有进者，虺龙文之平面的复杂的蔓络业已出现，而其倾向益[1]强也。此蔓络即所谓复合虺龙文，正是无限扩大性之最普通之形式，即秦式样最显著之点也。大别言之，周式与秦式不同之处，可云对于触觉的，象征的，而为视觉的，装饰的也。秦式铜器之形式，可以秦镜为其式样之代表。

这一大段话，是长广氏说“秦式”铜器与周式不同的地方。他又说：

自此以后，新的浮文样又起，其跃动性，其手法的影

①编者按：原稿此处多一“益”字。今删。

绘性，尤特殊者如见于附图之怪兽形的写实性，与附于S字形式之律动性等，固然与周式样隔绝，而又比之秦式铜器，有一段新的展开。盖汉式样者，以汉镜为其流布之作风（type）者也。又一方，依据其浮文样与地文之矛盾的对立之反拨的弹性，煽动其浮文样自身之跃动性更为激烈。而此性只在汉镜中见之。

自此以往，此种跃动开始矣。兽眼的凝视力次第失去，反之而狂跳之兽自此飞出矣。动物崇拜之形式，自此展开，其故何哉？盖从西方所受大小种种文化的影响，此种现象的背景，其径路已捕捉汉族之心。此事在我尚只是疑问，有待于将来考古学上之证明也。……总之：周末汉初之动物[①]的问题，即所谓秦式，已完全认识。而汉式样一问题，则缺乏重要点，须待将来解决。此时我辈对部分的分野，尚不得云不满足。

汉式样的特色，可见者有二。其一为有明确的触觉的所缠绕之影绘性。即前文所述之原质的个体性。第二[②]，为酝酿于相互关系之律动性。……换言之，汉式样者，以流布之作风言，即秦镜之纯化而有统一性者也。

这是长广氏说明秦式铜器与汉式不同的地方。由此观之，长广式于秦式铜器的主张，较之滨田氏不相上下。谓对于“秦式”铜器，已完全认识；而于秦式所以成立之故，秦式与周式所以不同，又与汉式所以不同，分辨入微。其理论，较滨田氏更能持之有故，言之成理。盖在王涅克滨田耕作两氏之后，以这一

---

①编者按：原稿此处脱漏一“物”字。今补。

②编者按：原稿为“三”，当以“二”为是。今改。

说为最有力量。此外则日本水野清一亦主“秦式”铜器之说，他在《支那古銅器ノ一考察》（構築的ナ部分ト裝飾的ナ部分）一文里大略说道：

> 但是代表有秩序的礼的生活之周铜容器，含有自其本身展开的二种端绪：一为饕餮文的形式，而另一则为饕餮性者。而新的秦铜的式样，从此发见了。其初饕餮文于根原上只是借用现实动物的形体。渐渐饕餮形的扩充，一面不免饕餮兽化了。（如附图二）然铜容器的全体不免有不安定之感，结果这种自由的写实的姿体动物化达于顶点了。这是秦铜器的特征之一。又周铜器以“明德”为主，故伐国收其重器，分国则班以重器，这无非是“明德”的表征。及秦的政治为离德的政治力，即所谓霸道，以兵力为主，故促进礼器的移动的原动力出现了。从而失去德力的礼器的赠赐，除货财的赠答以外，不用何物。宗器者遂从宝器而流为经济的货财的性质了。其结果，秦铜器的式样发生。新式样即据周铜器崩坏的原理而有显著的方向。即饕餮文的动物化，感觉化，礼器的货财化，礼的客观化，构成上的动摇为多样的。及至秦铜的多样性到来，装饰的与构筑的[①]自由并存关系，从紧密合成的周铜变为分离的秦铜，这是一般的特征。周铜的基本构成的紧密合成被破坏了，于是秦铜容器遂为构筑的机能的器形，与非构筑的非机能的装饰便凑集起来了。

这种“秦式”铜器的理论，是深信了滨田、长广两氏之说以后创出来的。

---

①编者按：原稿此处多一“的”字。今删。

四、最近发见的新事实

元来殷周古器物出土，在近二十年来，大者已有五次，而王涅克氏所假定之材料，仅只在山西归化一处。刘节《楚器考释·绪言》说道：

> 就其役之卓卓大者而言，凡有五次。民国十二年秋，河南新郑所出古器，一也；同年山西归化李峪村所出古器，二也；十八年洛阳韩君故墓所出古器，三也；同年秦中宝鸡县斗鸡台所出古器，四也；及二十二年夏间安徽寿县所出楚器，五也。……归化所得诸器大部流往外国，其在国内者，亦秘不示人。吾人唯于日人梅原末治氏，法人狄柴克氏，英人西仑氏诸人所著书中见其涯略焉。

案日人梅原末治所著：《支那古銅精華》及《歐美ニ於ケル支那古鏡》二书，其中均有论及归化出土及所谓秦器者。狄柴克氏（H. D. Ardenne de Tizac）所著书名《中国古典美术》（*L' Art Chinois Classique*），其第八章专论秦器。西仑氏（Osvald Siren）所著书名《中国古代美术史》（*A History of Early Chinese Art*），其第一册最后一章论及归化出土诸器。但在国内尚无专书论及此事。而王涅克在归化所得各器物，即捆载而归巴黎，旋即分售各国，现时英，法，德各国公私分藏，将来恐亦永无可靠的报告书。秦中宝鸡县所出诸器，盗掘匪党毓琨为官方所获，器物散入私家，间有流往外国，今惟国立北平图书馆藏有器物目录及照相本一册，其他亦无著录。新郑出土，有马衡的《新土古物调查记》，关百益的《新郑古器图录》，靳云鹗的《新郑出土古器图志》；洛阳韩墓出土，有怀履光（Bishop W. White）氏的《洛阳故城墓考》(*Tombs of Old Loyang*)，徐中舒的《羼氏编钟图释》等，残缺不完之报告书可资研究。寿县则先后出土二次，除十年前所出物为瑞典人加尔白克(O. Karlbeck)所得分售欧美各地外，其二十二年所出土者，大部分尚留在我国，而材料亦最为新鲜。郭沫若在《寿县所出楚器之年代》一文云：

> 安徽寿县淮河流域附近，于十一、二年前曾有大批铜器出土，大抵为时驻留于蚌埠之工程师瑞典人加尔白克氏所得，由其手分售欧美各地，遂喧传于世。唯时所得者多零碎之车马饰具及带钩铜竟之属，其较大者仅有鐍鼎壶毁数事(现存瑞京之东亚搜集部)。一九二六年加氏曾有文发表，论其中之铜镜。(Notes on Some Early Chinese Bronze Mirror, C. J. S. A. Jan, 1926)……然自去年春间，于该县之朱家集李三孤堆复有大批古物出土，据报所载，云土人鸠工六十余人，掘深五六丈，长可二丈，得见古铜器多种，四周皆架以大木，木料坚致，排列数层，约有七八房间之大。其中有大鼎重七百余斤，鼎盖皆雕镌有文，花纹极古，又有大小铜锅，若镬，若锜，若釜，以及盘，匜，尊，簠，壶，毁之属。玉器则有珪，璧，环，玦，球琳，琅玕。武器则有刀，剑，戈，矛，兜盔，矢镞各件。石器则有盘龙形，蟠螭形，并有石牛八座，刻镂极精。此外尚有杂器多件，为三代庙堂之祭器，名称多难定。总计所出，大小诸件在八百以上云。

出土之时，虽不免略有散落，未几即经当地人士封存于县教育会，其后即移庋安徽省立图书馆中，计有大小共七百余件。最近因选择参加英国伦敦中国艺术展览会，吾友容希白唐立庵曾亲至该馆审选，据云：诸铜器质料花纹多粗恶，确为战国晚年铜器末期之物，作工不及新郑出土，惟式样之新奇，实足讶为壮观云云。此外散落者，幸流出尚少。刘节《楚器考释·绪言》说：

> 其因土人窃卖，流落于外者，平，津，京，沪皆有之。在沪而归庐江刘氏善斋者，有曾姬无恤壶二，楚勺二，具见《善斋吉金图录》。在京者楚王酓肯鼎一，胡光炜氏曾为考释，其器今不知在何许。又一部流落天津者，归李氏所藏，计鼎一，簠二，豆二，勺二，匜一，凡十件（？）。其在北平者，计罍一，盘一，剑一，簠三，豆二，勺二，凡十件。其中一勺，曾归海城于省吾氏，著录于其所著《双剑誃吉金图录》中，今转归东莞容氏颂斋所藏。此外九件，中华教育文化基金董事会以二千零三十元购其七件于尊古斋黄百川氏之手。其余一勺一簠，黄氏以赠该会，今皆寄存于国立北平图书馆金石部，即本书所录九器是也。

据刘氏所说，寿县楚器之散落于平，津，京，沪，而藏家可稽的，已有三十四件。合之安徽省立图书馆所藏，差足八百件之数，较之近二十年来之其他五次出土，流出国外者，实居最少数。

我们据这次寿县出土，以比较归化出土中而国外学者所称秦式铜器者，其新事实立可发见，而秦式铜器之说可得推翻了。

五、所谓“秦式”铜器说的不能成立

“秦式”铜器说创自无识的古董商之口，其说原无根据，在学人之间，首先怀疑者为日本考古家梅原末治氏。他在日本三田史学会出版的《史学》十卷三号里有《论所谓秦铜器》一文，对于所谓“秦式”铜器已怀存疑态度，谓当称为“战国式”，惟态度尚不鲜明。其后在《歐美ニ於ケル支那古鏡》一书第五章“所謂秦鏡ノ性質ト支那鏡ノ起源”中说得更为坚决。他说：

通观是等，已有利用此等资料考察秦镜文样的特质之长广敏雄氏举例说明，其间自存规矩，氏已用近式轻妙言辞，说明其性质。……于是此等所谓秦镜者，不及考察实在年代的顺序，而遽下秦镜之名，然亦行之不广也。盖其初出于支那古美术商之口，而学者之间，不过袭其唾余耳。除加尔白克工程师从其出土地的沿革略加考察，而西仑博士承袭其说以外，其余诸子于所谓秦镜之故，殆无论究。今从支那考古学的现状以求所谓范畴（found）上立论的根据，其事有所不可能。幸而加尔白克氏所示的资料尚存，宁可舍彼而就此也。然而确实的证据尚嫌不足。若从可以代此的型式学上考察，乃至其他事象，又不能提供傍证。所以波士顿（Boston）博物馆富田幸次郎氏乃生怀疑论，这可云是当然的。盖以以上记载所谓秦镜之诸形式，在日鲜考古学上所示之事实，并从种种方面型式学的研究以归纳所认定为前汉时代的诸镜之样式，以之对比，其间颇有相同之处。若得以此推定蟠螭镜之关系，在前汉镜之先，亦得成立秦镜说。今更进而考察其年代，或可与以确实性。……此处所谓秦铜器者，初举河南省新郑县出土的一群遗物所示的事实。从种种之点考察，认为周汉过渡期之形式，推得如上之合理的镜的年代。稍为见于汉镜之均势的，自由布置的，其间手法上，可说略有异同。更进而

> 观察此问题所谓秦镜的图样之全体，从以最简单地文埋于面上的式样，以至加入其他分子，而为二层的图样之类，以装饰于图的空间之构图为原始的，为缺乏统一性的。对此，其次之蟠螭镜遂可云有一段之进展。而地文的面影，前汉时代诸镜的构图太整美化了。其间确有相当的展开。解为两者同时并存，距离事实尚远。即以所谓秦镜之类，在从来所知前汉镜之先预立一群，此种见解，从现在支那考古学上的知识乃至一般的型式学的考察，可以支持。以上所注记，有为如右之趋向，此类之镜，不得为秦代之镜。如上所述，所谓秦镜者，在图样之上，有种种类别。其中从形式上考得如右之前后系统观，限于极短促之秦代，其为不当，不必多言。加尔白克氏所搜集之品类，多为淮河流域之物，即信为楚国所据之地，而已故特律布涅（Jorg Trubner）博士所获所谓秦镜之类，皆为河南省洛阳附近发见之物，今以之只与“秦”结合，称为秦地方的式样，殊不稳当。而在前者加尔白克氏的聚集品中，可云含有所谓秦镜种种形式之蟠螭镜，可云有一番显著之形式者，事实上带有一种古调的形式，因而其实在年代可得上溯，自前汉镜盛行以前上溯至战国时期，此等通行之实在年代，得以想定。彼饕餮文镜与河北省易州燕下都出土之瓦当文的图样相合。从此推测之年代，不致误排。而所谓秦铜器的盛行年代，可以推定，同时，两者的手法相合，不是偶然性可知也。

我们在这里可以看见梅原氏否认“秦式”铜器的态度底坚决与理论底充足了。他又于近人谓“秦式”铜器乃受斯基脱文化影响之说，加以辨正。他说：

虽然，因此铜制圆镜的起源，除支那以外，应考其所导出。盖在昔一部分人士所说其形式基于所谓斯基脱铜镜之说，不得不从新加以考量。……此等之镜，其形略小，这一点已如上述。同时又甚似从同地域向西方扩充所谓民族大迁移时代之镜。殆全部为青铜质的素文镜，这点又呈别个之趣。有与伴同出品确示不同之时代较古之说。而这时代，相当于所谓斯基脱文化的盛时。于从其文物之一部的遗迹的实际考知，近时又从其文化东渐种种之点考之，互为表里，在有纽的之该素文的小镜中，寻求支那铜形式上的母型，鉴于上述支那古镜所示的事实，可有一新容认之一有力见解。这见解可认的应特别注意之点，比之上述斯基脱系小镜，从上述支那镜的开始，即作白铜质而极优良，此亦自是事实。因思所谓三代，支那的铸铜技术异常发达。既然，在一部分所谓三代铜器之中是白铜货，自实物上见之，则适用照面之镜，自为所产无疑也。而支那古镜对于斯基脱系小镜，可以认为有一特异性了。

以上从所谓秦镜为发足点，并及支那镜的起源，与近东金属镜之关系，一一推测。此有兴味的一问题，正待南俄西伯利亚等地的材料的记述以考明其性质。近拟搜集是等材料而整理之，以改为详说。

他又在《北支那發見ノ一種銅容器ト其ノ性質》一文的结论说道：

从以上诸点观之，对于这种铜器在北支那存在，系经过西伯利亚的西方文化向东方可及的考察有一重要意味是不能相信的。这类在北支那的，与支那自来的古铜器并存的事实，而又以支那古铜器与斯基脱文化相结合而说明其

> 性质，这一部分的西欧学者所说，殊不确当。……如上记云云，于这可求斯基脱文化的本源的铜器，在北支那发见了，与某种在技术上较优的汉铜器并存状态不明，从而与汉铜器年代上的对立，上溯的时期遂特殊的发展，以所谓三代铜器附随斯基脱文化，这到底是不能的。

梅原氏治学的认真，态度的审慎如此，也不得不断定我国古镜与斯基脱系小镜有特异之点，不可混为一谈，则吾国学人可以恍然悟了。

其次怀疑"秦式"铜器说不能成立者为吾国郭沫若氏。他在《羼氏钟补遗》一文里说道：

> 又此器乃周安王二十二年之器，在战国初年，而花纹亦正是所谓"秦式"，此亦足证"秦式"之非秦式矣。此等形式之器之较古者多出于燕晋之地，谓曾受斯基泰（Scythia）艺术之影响，庸有可能，然可断定出于秦地或确为秦器者迄未一见。则传播此影响者亦不得属之秦人。外来影响之说如果确，则为之媒介者或即鲜虞燕晋人，而以鲜虞为尤有资格。鲜虞古称"白狄别种"，恐有西方人之混血亦未可知，将来北部发掘盛行，由人骨之测量比较，或能得其究竟也。

又在《杕氏壶》一文说道：

> 前有嵌石之陈骍壶，已由余考知为齐襄王五年齐人攻破燕军时所得之燕器，今又有此同镶嵌与飞兽文样之杕氏壶，乃春秋末年为燕人所得之鲜虞器；近年河南洛阳韩墓所出之羼氏钟，乃韩列侯时器；安徽寿县所出之楚王鼎，乃楚幽王之器；此外善斋所藏之"取它人之善鼎"，取聊省，乃孔子所生地之聊氏色（善一，五一）；"东周左自

壶”乃周考王末年河南惠公封其少子班于巩之东周（善三，五〇）；此等器物之花纹形制均为一系，而其绝对年代或相对年代均可推考。故此等器制似直可定为“周末式”也。

又在《寿县所出楚器之年代》一文中论《善斋吉金录》之曾姬无恤壶二器，说道：

此二壶（《善斋》礼器录三，五四，五六）据著录者云“出于皖之寿州”，则是与楚王鼎诸器乃同出于一地者。然此器之作，与楚王鼎不得同时，据《史记》，幽王在位仅十年，考烈王亦只二十五年，此言“王廿又六年”，用知必在考烈以前。器之形制纹样既与新郑壶相似（新郑器乃郑子婴齐之殉葬品），或者乃春秋中叶楚之成王（四十六年）或共王（三十一年）时器也。楚王鼎诸器，其纹样亦即所谓“秦式”，然与此二壶之纹样显有一脉相承之系统。使所谓“秦式”器果系受外来艺术之影响者，其影响之输入或当在春秋初年矣。

郭氏虽对于斯基脱文化影响之说尚怀存疑态度，未敢公然加以否认，然于“秦式”铜器之说，则决然谓非秦时之器，而假定为“周末式”了。虽然，郭氏身居海外，尚未得睹寿县此次出土楚器之详，故尚嫌未能畅论。楚器异同之制，最近刘节在《楚器图释》第四章“形制与纹样”里即畅言之，盖即根据新发见的事实而推翻“秦式”铜器者也。刘氏说：

楚器年代适当战国之末叶，其形制与纹样即可作该时代之一标准。以此为的，而与新郑，洛阳，归化三次所出之铜器相较，则其形制与纹样之渊源可历数而得也。近年以来，西洋学者昌言秦式。又谓秦式者，乃受斯克坦（斯基泰）文化之影响。甚至附会俗说，谓归化所出诸器，乃秦始皇二十八年巡狩时所遗留之物。吾国学者数典忘祖，遽信为真，又从而鼓吹之，于是秦器之名，遂哗于世。今得楚器为研究之中心，则所有疑难皆可涣然冰释矣。今分形制与纹样两项以探讨上述四次出土诸器异同之点如次：

楚器之鼎，其形制有四种。其一，鐈鼎，……其制与归化所出之鼎……洛阳韩墓之……鼎，相似。新郑所出鼎，其制甚大，与楚鼎之大者相彷彿，……就其大体观之，与虢文公鼎相同。其二，日鉈鼎，……其制盖从匜变化而来，……然此风郑国已有，郑戚句父鼎其一例也。其三，说者谓瓟鼎，……与纽约Metropolitan博物院所藏一豆相同，皆战国晚期之器。其四，说者谓之小口鼎，……此器与浑源所出之鼎有相似之点。……浑源所出者，时代确在其前。

鼎之外，楚器中有敦有簠。而敦之形制最为别致。诸役之中未有此体也。……郑器敦有二种，无足者上承周制，有足者下开战国之风，则郑器之时代于诸役为最早者矣。

簠之形制，楚器与郑器亦相同。……

壶之形制，楚器与郑器亦极相似。……楚郑之风相近，于此又得一证矣。……

盘之制，楚器与古相承，并无特异之点。……

豆之制，楚器郑器亦相似。……而新郑所出之豆稍矮，亦纯素无花，又楚郑作风相同之一证也。

诸器之中，其关键尤大者，厥为铜镜。西洋学者所谓秦镜，大部皆出寿州。郑，洛之间，并有出土者。而无秦甸之物。其非秦镜，学者已辨之。就其中有字者考之，乃整齐挺拔之小篆。此斯翁以后之字体，颇疑西汉之物，而洛阳韩墓中亦有出土。就其体制而言，又较早。总之，寿州洛阳间所出之镜，与汉镜异撰。而其时代自战国中叶以至西汉初年为限，其不能名之为秦镜，则甚显著也。

楚器纹样与诸役所出各器相同者亦甚多。然诸役之中，除新郑所出较早者外，吾国古器中所常见之饕餮纹反而稀见，此为晚周铜器作风之一特点。䙖羌钟出于韩墓，其纹样亦最生动有力，而其中具有饕餮纹。此可证该钟尚守成周旧法，非晚期之器也。楚器中无饕餮纹样，而最普遍者则为蟠螭纹，蟠云纹，其次则蟠凤纹，蟠夔纹。吾人今日以楚器为中心而研究此四种花纹衍变之迹，则所谓秦器纹样乃受斯克坦文化之影响者，其疑惑可以涣然冰释矣。日本滨田耕作氏谓秦器中作变形雷纹者，即吾国学者所谓蟠螭纹也。此项纹样其简单组织，则从蟠虺纹而来。新郑出土，铜器大都作蟠虺纹，浑源所出者亦有同样之花纹，然同地所出之物中亦有较繁复者，即所谓蟠螭纹矣。其出于归化之鼎为代表作，确类螭虫蟠曲之状。然至楚器时代则更复杂，由拳曲之螭身而变为两正方形套结之状。螭身初由蟠虺纹之一线而来，自是此线由一画而变为双钩，此双钩之螭身中更添入云纹之小圈，由一小圈更变为S形之数小圈缭绕而成。此蟠螭纹由新郑器至于寿州器变迁经过之素描也。

更进而论蟠云纹，其较早者如虢文公鼎，笔力极浑厚，稍晚为新郑所出之方甗，更晚为韩墓所出之壶；至于楚簠之器沿，其制则更形复杂。云纹钩勒带有秀劲之气，虽远胜虢鼎，而未变其法度，亦可见楚人之风渊源虢郑，到处流露而不自觉也。

> 蟠夔之纹，郑人亦已有之。郑戚句文鼎其腹间有花纹一道，与《西清古鉴》卷七所著[①]录之夔纹鼎极相似。唯此鼎比较复杂，夔身双钩，其中亦添入云纹细花，此鼎亦六国时物，其衍变之阶段虽未能尽得，然酓忑鐈鼎之纹样则确从其制而来，每为显著之事实。……凡此种种，皆可证楚器之纹样，于先秦诸器中自有渊源可寻，未可以外来影响一语而搪塞其责也。

就刘氏以这次出土的楚器为中心，从其形制，纹样研究的结果，晚周时代流行于归化，浑源，新郑，洛阳，寿州各地之器，自有渊源嬗变[②]之迹可寻，当然不得名为“秦式”，且亦非受斯基脱文化所影响而来的了。

查Scythia旧译为西徐亚，系指黑海北方的草原及咸海附近或亚细亚北部及中部的古地域而言，为印欧语系诸民族的居地，即今日南俄及高加索诸地。日人则译为スキタ人，近人重译则或为斯基脱，或为斯基泰，或为斯克坦。其文化的发生，虽甚久远；然其本土文化的发扬，确在腓尼基已握地中海贸易之权，希腊人南下，迈锡尼（Mycenae）时代青铜器文化盛行之时，大约为公元前一千年，我国周穆王之世。因当时海上交通已有进步，腓尼基商人往来其间，东方诸文明国，与克利地岛上特赖城（Troy），希腊的迈锡尼，尼罗河的埃及已有密接关系，东方人与彼等接触的机会愈多，因而互为影响。今日考古家所发掘得这时期的陶器青铜器的纹饰，确有作狩猎形的。西洋史家至有称这时期为“希腊西徐亚”文化。其后至公元前

---

①编者按：原稿为“箸”，当以“著”为是。今改。

②编者按：原稿为“遭变”，当以“嬗变”为是。今改。

五六世纪以后至前二三世纪之间，乃有西徐亚式铜器传至匈牙利一带。这是就今日匈牙利发见诸例的遗品的年代以观，为欧洲考古学家所考证出来的。传至欧洲之难已如此，然则在这时东西交通之路未辟，西徐亚文化如何可以传至我国？除非我们承认《穆天子传》等伪书，并证明周穆王确曾乘了八骏马飞跑至波斯或土耳其一带，我们怎能说中国已受到了影响。据日本史学专家原随园所说，谓近世考古学者就印度所发现的古代货币来研究，西徐亚的文化传入印度，大约在二世纪之初（一三五年顷？），迦腻色迦王（Kaniska）之时。（详见《印度文化ト希臘及ヒ西南亞細亞ノ文化トノ交流》一书）然则传至我国，当又在其后。即退一步说，在春秋初年或战国初期已有交通，如郭沫若氏所言，则郭氏谓传布的媒介人不得属之秦人，何得谓之“秦式”？况我们今日所见的两方面的铜器，一为青铜，一为白铜，一大，一小，已如梅原氏所云云，实亦不得硬说其同出一源。反之，若谓为这种铜器式样为在中国自由衍度，如刘节氏所考证，渊源均可寻溯指证，事实具在，大可覆按。故“秦式”之说，外来文化所影响，均不足信。矧“西洋学者所谓秦镜，大部皆出寿州，郑，洛之间，亦有出土者。而竟无秦甸之物”①。则昌言“秦式”，宁不可笑？！然则长广水野二氏之说，确能举出周式铜器以后，如附图所见，镜里的兽纹活泼，纷乱而不整齐；而饕餮文器则动物化达于极点。这种又当怎样解释？以我的意见看来，这只是从“周末式”或“战国式”发展到“汉式”的一种过程，非关外来文

---

①编者按：此句与前文引文为同一段文字，但文字及标点有个别处不同，今一仍其旧。

化所影响，这是显而易见的事。即如水野所谓解说，以“明德”与“霸道”为其分野，这正是说明这个变化过程顶好的注脚。汉承秦旧，汉式样既为秦式样的纯化，则秦式样又实为战国式样风行以后的混合化。故“秦式”铜器之说，万无可以相信之理。

到了这里，我们应该替它重定一个名称，就是叫做“战国式”。罗振玉氏《贞松堂集古遗文》于这一类的铜器，屡有“战国时器”之说。郭氏在《陈骍壶》文中云：“盖战国时七国之交涉繁，故于器制呈现一共同色彩，则此等器制似可直称之为‘战国式’也。”是“战国式”一词，近人经已习用。而证之刘节氏所研究，这一类的铜器又散布楚，韩，郑，虢诸国，虽其时代不能齐同，而要以战国时为多。若以“周末式”名之，则恐不能得清晰的界限与观念。

六、论文化多元与交流作用

文化交流作用，当然是常有的事。但是应当有千真万确的真凭实据，不可随便附会的。我记得瑞典的大考古家孟德鲁斯（Gustaf Oscar Augustin Montelius）的《考古学研究法》里的“型式学的研究”（Typologische Methode）所注重，只可比较得各各的前后顺序的“组列”（Series），为各各器物作成的年代平行而进，因之假定其各各的相当年代，以这种组列的平行性（Parallelismus）再定其何者为同时代之物而已。万不能因偶见其有一二相同或类似之点，硬谓其同出一个母型。这是我们的桌上考古家应该负的责任。

大抵人类的各种文明，决不是一元的而为多元的。散居各地老死不相往来的各民族，受了天然环境的支配，进步达到了相当的程度，自然各有各的创造，其经过的阶段，因为智识的进展的力所推荡，自然也由石器而铜器而铁器的历程相同，同时各时代的形制、纹样的嬗变[①]情形也相似，我们千万不可以这一点相同或类似的地方，便附会其同出一母型，除非是有了互相往来的交通，和完全同型的真凭实据。所以早年盛唱的我国人种西来说，现在已打得粉碎，就是为着它是不合科学的方法而是由于附会的。不但如此，即使在我们国内，在古昔不相往来的时候，各事物的发生也有先有后，有这里早已发明，而那里又有人重为发明，不得谓这里一个人发明凿井的方法，而那里的人非先到过这里便也不能凿井的。如果不信这话，请先熟读《世本》一类的书，便知其详。须知古代交通的情形与现代绝然不同，以今日之事推测古昔之事，这是与汉儒以汉制解经全没两样。

二十四年二月二十八日写成于沪上四部书斋

（原载《岭南学报》第4卷第2期，1935年）

①编者按：原稿为“蟺变”，当以“嬗变”为是。今改。

我国铁器时代（Iron age）之新考察[1]

一、楔子

我国铜器时代（Bronze age）一问题，在前数年曾经有过很热烈的讨论。最初是马衡在日本演讲中国之铜器时代，谓《尧典》《禹贡》等记载虞夏时用金属器之不可信，以为研究“中国之铜器时代，必数商周二代”，吾友缪凤林即为文辨之，举安特生《甘肃考古记》为证，前三期均无铜器，后三期则铜器次第增加，且有颇精致者，因信安氏甘肃出土铜器在殷商以前之说。这一场的笔墨官司虽然没有结案，而双方各举古物发掘为证，可谓最合考古家的精神了。

可是在铜器时代以后，即为铁器时代。在我国这个铁器时代，究竟在何时开始，虽于数年前在《大公报·文学副刊》《新晨报副刊》上讨论至为热烈，可是直到现在，尚没有比较可信的断案，著者这篇文字的动机，为的就是要解决这个问题。

---

①编者按：本篇局部标点、外文字母有改动。

二、关于这问题的一般意见

对这个问题，曾经提出研究的，就著者个人短视所及，在我国有：章鸿钊的《中国铜器铁器时代沿革考》、姜子润的《我国古代金属器物之起源》、朱希祖的《中国古代铁制兵器先行于南方考》、陈汉章的《中国古代铁兵考》、王兴瑞的《关于中国古代用铁之研究》；在日本有：松本文三郎的《古代支那鐵器ニ就イテ》、原田[①]淑人的《支那古代铁刀剑考》、滨田耕作的《东亚文明黎明》等篇论文。可是各人的意见就相差很远。姜子润谓："铁器起源，必不在皇帝以后"；陈汉章亦谓："当在五帝之前。"章鸿钊则与姜陈二氏的意见相反，谓："三代时似已有铁之名，不得谓铁器时代即始于三代之初。武器用铁，似始于周秦之间，然固犹未通行也。"朱希祖则谓："至于铁器，则春秋战国之际，早已盛行，不待秦汉以后"，又谓："时代虽同，而地方不同，则制造程度，即为之不齐。故商周之时，大部虽用铜器，而局部亦有间用铁器者。秦汉之时大部虽用铁器，而局部亦有间用铜器者。"最为通达事理之论。原田之文不在手边未及翻检。松本主张中国用铁始于春秋以前，并攻击铁之用始于战国之说。滨田则谓："自周末起，中国已渐行铁器，到了汉代，完全进入铁器时代了，如此说法，我以为最是适宜。"诸家所说如此矛盾、冲突，我现在为不一一去批判，我现时只就我个人所见及现时所可得的材料，分述于下，则何者合理？何者不合理？阅者可再翻读各人的论文，自下批评了。

---

①编者按：原稿为"因"，当以"田"为是。今改。

三、现在研究的材料与方法

章鸿钊说："吾所以求之之道惟二，曰古物，曰记载。"盖今日考古之学已兴，固不能抹煞古物不说，而利用考古发掘的材料，比较古文传说，藉以考定古传说的真伪，这正是考古家应有的责任。所以我以为今日的研究，仍然可以依照章氏所提示的话来做一个入手研究的办法。在这里我拟分为：一、书本记载，二、古物发掘两项来说。

甲、书本记载

孟子曰："尽信书则不如无书"，书之有真伪，自古而然，于今为甚。现在欲从书本上的记载，以考证我国铁器时代，于这一点不得不下相当的注意。虽然辨伪之风，今日似较往昔为盛，然必欲明定是非，抉别真伪，也殊非易事。兹姑从近人成说，别为（一）信书、（二）疑书、（三）伪书三种，试一探究古代书本上记载我国用铁的史迹以资讨论。

（一）信书所载　信书即确实可信之书，以其叠经前人考证，其成书时代及其所记载的材料，确然无疑。兹就其先后顺次排列如下：

《墨子·备城门篇》："铁锁县正当寇穴，铁锁长三丈。"

同篇又有："铁鏶环錭、铁矢、铁钻、铁纂、诸藉车皆铁什"之文。

又《备穴篇》有："沙砾铁、铁鈇、铁钩钜、铁校"之文。

又《备蛾传篇》："以铁璅，敷县二脾上衡为之机，……为铁璅，钩以两端之县。"

又《杂守篇》："寇近函，收诸杂乡金器，若铜铁及他可以左守事者。……寇至，先杀牛羊鸡狗鸟雁，收其嚼革筋角脂前，羽彘皆剥之。吏橝桐卣且铁钍。"

《孟子·滕文公篇上》："许子以釜甑爨？以铁耕乎？"

《荀[1]子·议兵篇》："楚人，较革犀兕[2]以为甲，鞈如金石；宛巨铁釶，惨如蜂虿；轻利僄遬，卒如飘风。然而兵殆于垂沙，唐篾死。"

《战国策·赵策》："苏秦谓赵王曰，吾所苦夫铁钻，然自而出夫人者。今臣使于秦，而三日不无见有谓耳铁钻者乎？"

又《韩策》："苏秦说韩王曰，天下之强弓劲弩，皆自韩出。……韩卒之剑戟，皆出于冥山、棠溪、墨阳、合膊、邓师、宛冯、龙渊、太阿，皆陆断马牛水击鹄雁，当敌即斩。坚甲，盾鞮鍪铁。幕革扶吠芮，无不毕具。"

《艺文类聚·弩部》引《战国策》："苏秦为楚合从，元戎以铁为矢，长八寸，一弩十矢俱发。"

《韩非子·南面篇》："人主者明能知治，严必行之，故虽拂于民心，立其治，说在商居之内外，而铁殳重盾而豫戒也。"

又《内储说·七术篇》："是以明主推积铁之类，而察一市之患。"

又同篇："夫矢来有乡，则积铁以备一乡；矢来无乡，则为铁室以尽备之。"

又《八说篇》："搢笏干戚，不适有方铁铦，……古人

①编者按：原稿为"笲"，当以"荀"为是。今改。

②编者按：原稿为"儿"，当以"兕"为是。今改。

亟于德，中世逐于智，当今争于力。”

又《五蠹篇》：“当舜之时，有苗不服，禹将伐之，舜曰不可，上德不厚而行武，非道也，乃修教三年执干戚舞，有苗乃服。共工之战，铁铦矩者及乎敌，铠甲不坚者伤乎体，是干戚用于古不用于今也。故日事异则备变，上古竞于道德，中世逐于智谋，当今争于气力。”

《吕氏春秋·贵卒篇》：“赵氏攻中山，中山之人，多力者曰吾丘鸩，衣铁甲，操铁杖以战，而所击无不碎，所冲无不陷。”

《史记·苏秦列传》：“天下之强弓劲弩，皆从韩出。……韩卒之剑戟，皆出于冥山、棠溪、墨阳、合赙、邓师、宛冯、龙渊、太阿，皆陆断牛马，水截鹄雁。当敌则斩。坚甲铁幕，革扶拔芮，无不毕具。”

又《魏公子列传》：“朱亥袖四十斤铁椎，椎杀晋鄙。”

又《范睢蔡泽列传》：“秦昭王曰，吾闻楚之铁剑利而倡优拙，夫铁剑利则士勇，倡优拙则思虑远。”

又《田单列传》：“燕师长驱平齐，而田单走安平，令其宗人尽断其车轴末，而傅铁笼。……唯田单宗人以铁笼故得脱。”

又《留侯世家》：“良……得力士为铁椎重百二十斤。……击秦皇帝博浪沙中，误中副车。”

又《货殖列传》：“铜铁则千里往往山出基置。……倚顿同盐铁起，而邯郸郭纵，以铁冶成业，与王者埒富。……汉兴，……通都大邑，……铜器千钧，素木铁器千石，此亦比千乘之家。……蜀卓氏之先，赵人也，用铁冶富。……致之临邛，大喜，即铁山鼓铸，运筹策，倾滇蜀之民。……程郑，山东迁虏也，亦冶铸贾椎髻之民，富埒卓氏，俱居临邛。宛孔氏之先，梁人也，用铁冶为业。秦伐魏，迁孔氏南阳，大鼓铸，……家致富数千金。……鲁曹邴氏以铁冶起，富至巨万。”

又《太史公自序》：“司马氏……在秦者名错，错孙蕲，蕲孙昌，昌为秦主铁官。”

《淮南子·览冥训》：“若以慈石之能连铁也。而求其引瓦则难矣。物固不可以轻重论也。……慈石之引铁，……虽有明智，弗能然也。故耳目之察，不足以分物理；心意之论，不足以定是非。”

又《氾论训》：“为鸷禽猛兽之害伤人而无以禁御也，而作为之（案：依上语语气当作‘后世为之’字样）铸金锻铁以为兵刃，猛兽不能为害。”

又《兵略训》：“人无筋骨之强，爪牙之利，故割革而为甲，铄铁而为刃。”

《汉书·食货志》：“董仲舒曰，秦用商鞅之法，改帝王之制，田租口赋盐铁之利，二十倍于古。”

又同篇论汉法云：“敢私铸铁器者釱左趾，没入其器物。”

又同篇云：“县官作盐铁器苦恶，贾贵，或强令民买之。”

以上所列俱为铁器使用未盛以前的文献。自前汉元封元年（公元前一一〇年）桑弘羊建议置盐铁官凡四十主鬻铸及出纳以后，铁的生产管理，为国家政策之一，显然是使用铁器已经盛行，桓宽至集当时儒士①与盐铁大夫辨难的意见为《盐铁

①编者按：原稿为“懦士”，当以“儒士”为是。今改。

论》一书。故以后诸家著作所载拟不列及。惟有梁江淹，清顾炎武、孙诒让三家所推论考证，足供参考，附列如左：

江淹《铜剑赞序》："古者以铜锡为兵器，春秋迄于战国，战国至于秦时，攻争纷乱，兵革互兴，铜即不充给，故以铁足之，铸铜既难，求铁甚易；是故铜兵转少，铁兵转多，年甚一年，岁甚一岁，渐染流迁，遂成风俗，所以铁工比肩，而铜工稍绝，二汉之世，愈见其微。及汉建安二十四年，魏文帝为太子时，铸三宝刀、二匕首，天下百炼之精利，而悉是铸铁，不能从铸铜矣。按张华《博物志》亦称'矿铜之工，不复可得，唯蜀地羌中，时有解者。'由此言之，斯妙久绝。"

顾炎武《日知录》卷十一："古金三品，黑金是铁，赤金是铜，黄金是金。……始皇收天下之兵，铸金人十二，即铜人也。吴王阖闾冢，铜椁三重，秦始皇冢，亦以铜为椁，战国至秦，攻争纷乱，铜不充用，故以铁足之。铸铜既难，求铁甚易，是故铜兵转少，铁兵转多，年甚一年，岁甚一岁，渐染流迁，遂成风俗。所以铁工比肩，而铜工稍绝，二汉之世，愈见其微。建安二十四年，魏太子铸三宝刀、二匕首，天下百炼之精利，而悉是铸铁，不能复铸铜矣。考之于史，自汉以后，铜器绝少。惟魏明帝铸铜人二，号曰翁仲。又铸黄龙凤凰各一，而武后铸铜为九州鼎，用铜五十六万七百一十二斤。自此之外，寂尔无闻，止有铜马铜驼铜匮之属。昭烈入蜀，仅铸铁钱，而见存于今者，如真定之佛，蒲州之牛，沧州之狮，无非黑金者矣。"

孙诒让《周礼正义》七十八："太古唯有石兵，中古用铜，最后乃用铁。依《世本》蚩尤已以金为兵，故自黄帝至周初，大抵皆用铜兵，而铁兵亦渐兴，迄晚周始大盛，故矢人二郑注，皆以刀为铁，孟子云铁耕，即镈器也。是知夏禹作贡，已有铁镂，殷周之际，铁器必繁，唯究不及铜之多，故今所传古戈剑等有款识可征者，率皆铜质，明铁兵尚鲜，且易朽蚀，故不经见也。”

以上为信书所载的文献。

（二）疑书所载　疑书者，其著作或其著作时代不明，不足代表其著作人或著作时代真实性的，或经人多提出疑问久讼不决的。这一类书籍，记载我国古代用铁的史实，汇列如下：

《禹贡》：“淮海惟扬州，……厥贡惟金三品。荆及衡阳惟荆州，……厥贡……惟金三品。华阳黑水惟梁州，……厥贡璆铁银镂砮[①]磬熊罴狐狸织皮。”

《山海经·中山经》：“禹曰，天下名山，经五千三百七十山，出铜之山四百六十七，出铁之山三千六百九十。”（案：姜子润尝统计《五藏山经》所载，产铜之处，四十有三，产铁之处，三十有七，与《中山经》所言，相[②]去甚远。其余《海外经》《海内经》《大荒经》等成书疑在汉后，兹不引列。）

《越绝书·外传记宝剑》：“越王勾践曰，巨阙（案：宝剑名）初成之时，穿铜釜，绝铁鑑，胥中决如粢米，故曰巨阙。”

①编者按：原稿此处空一格，应是脱一“砮”字。今补。

②编者按：原稿此处多一“相”字。今删。

又同篇："楚王召风胡子而问之曰，'寡人闻吴有干将，越有欧冶子，此二人甲世而生，天下未尝有，精诚上通天，下为烈士，寡人愿赍邦之重宝，皆以奉子，因吴王，请此二人作铁剑可乎？'……乃令风胡子之吴，见欧冶子、干将，使人作铁剑。欧冶子、干将凿茨山，泄其溪，取铁英，作为铁剑三枚，一曰龙渊，二曰泰阿，三曰工布，毕成……楚王曰，'夫剑，铁耳！固能有精神若此乎？'风胡子对曰，'时各有使然，轩辕神农赫胥之时，以石为兵。……至黄帝之时，以玉为兵。……禹穴之时，以铜为兵。岂非圣王之力哉！当此之时作铁兵，威服三军，天下闻之，莫敢不服，此亦铁兵之神'。"

《吴越春秋》："吴王阖闾请干将铸作名剑二枚。干将者吴人也，与欧冶子同师，俱能为剑，越前来献三枚，阖闾得而宝之，以故使剑匠作为二枚，一曰干将，二曰莫邪。莫邪，干将之妻也。干将作剑，采五山之铁精，六合之金英，候天伺地，阴阳同光，百神临观，天气下降，而金铁之精不销沦流，于是干将不知其由。……莫邪曰，'夫神物之化，须人而成，今夫子作剑，得无得其人而后成乎？'干将曰：'昔吾师作冶金铁之类不销，夫妻俱入冶炉中，然后成物；至今后世即山作冶，麻绖①葌服，然后敢铸金于山。今吾作剑不变化者，其若斯耶！'莫邪②曰，'师知烁身以成物，吾何难哉！'于是干将妻乃断发剪爪，投于炉中，使童男童女三百人鼓橐装炭，金铁乃

---

①编者按：原稿为"经"，当以"绖"为是。今改。

②编者按：原稿为"莫耶"，当以"莫邪"为是。今改。

濡，遂以成剑，阳曰干将，阴曰莫邪，阳作龟文，阴作漫理。干将匿其阳，出其阴而献之，阖闾甚重。”

以上为疑书所载的文献。

（三）伪书所载　伪书者即后世伪撰之书，托为古人之言以欺骗后世的。于理似不必采及，惟其书向为学者所熟习，故亦为之钧稽排比，以资辨证。

《太公六韬·军国篇》：“太公曰，……方首铁棓维朌，重十二斤，柄长五尺以上。……方首铁锤，重八斤，柄长五尺以上。……黄帝所以败蚩尤氏，败步骑，要穷寇，遮走北，狭路微径。张铁蒺藜，芒高四寸，广八寸以上。……狭路微径地陷铁械锁参连。……铁螳螂矩内圆外，径四尺以上，环络自副。……铁锁长二丈以上。……车一具，以铁杙张之。……鹰爪方首铁杷，柄长七尺以上。……方胸铁叉，柄长七尺以上。……方胸两枝铁叉，柄长七尺以上。……委环铁杙，长三尺以上。……此举兵军用之大数也。”

《管子·海王篇》：“今铁官之数曰，‘一女必有一针一刀，若其事立。耕者必有一耒一耜一铫，若其事立。行服连轺辇者必有一斤一锯一锥一凿，若其事立。不尔而成事者，天下无有’。今针之重加之一也，三十针一人之籍。刀之重加六，五六三十，五刀，一人之籍也。耜铁之重加七，三耜铁，一人之籍也。其余轻重皆准此而行，然则举臂胜事，无不服籍者。”

又《地数篇》：“管仲曰，出铜之山四百六十七山，出铁之山三千六百九山。……戈矛之所发，刀币之所起也。”

又同篇："伯高对（黄帝[1]）曰，上有丹沙者，下有黄金；上有慈石者，下有铜金；上有陵石者，下有铅锡、赤铜；上有赭者，下有铁；此山之见荣者也。……管子对（桓公）曰，山上有赭者，其下有铁；上有铅者，其下有银；一曰上有铅者，其下有鉒银；上有丹沙者，其下有鉒金；上有慈石者，其下有铜金；此山之见荣者也。"

又《轻重乙》："桓公曰，衡谓寡人曰，'一农之事，必有一耜一铫一镰一耨一椎一铚，然后成为农。一车必有一斤一锯一釭一钻一凿一銶一轲，然后成为车。一女必有一刀一锥一箴一鉥，然后成为女。请以令断山木，鼓山铁，是可以毋籍而用足'。管仲对曰，'不可！……未见山铁之利而内败矣！'"

以上为伪书所载的文献。

计现在所集古代用铁的文献，见于信书的凡十二种，疑书的凡四种，伪书的凡二种，仓卒之间，虽不能谓搜罗详尽，然最经见之书，大都业已荟萃。《太公六韬》为后世伪造之书，已成定论。其中所述铁兵器最为详备，但其时间性绝不足信，可不必论。《管子》一书，半出后人附益，《轻重》诸篇，尤鄙俗不堪，叠经孔颖达、叶水心、黄震诸人所考证谓非管子之真，似亦不能作为信史。疑是前汉以后，榷铁为国家主要政策，好事者愤世疾邪，闻管仲时有官山府海之说，因而附会其事。其余则"疑书"中未必无保留古代最可宝贵之材料。尤以《越绝书》风胡子所称石器、铜器、铁器三时代与今日考古学上所发见者暗合，可以相信。《吴越春秋》虽不得作者

①编者按：原稿为"皇帝"，当以"黄帝"为是。今改。

主名（以姚际恒说），然谓“断发剪爪，投于炉中，使童女童男三百人鼓橐装炭，金铁乃濡，遂以成剑”，确为最初用铁的信史。据《安阳发掘报告》第四期刘屿霞的《殷代冶铜术之研究》，谓“至于近代冶炼事业上所常用的炼炉有两种：一种是鼓风炉（Blast Furnace），又一种是倒焰炉（Rever-beratory Furnace）。这两种炼炉之中，以倒焰炉的构造及处理为繁杂。殷代人所用的炼炉，未必是这一种。现在的补锅匠近用风箱去化铁，首饰店用吹管去镕金银，他们都是借鼓风的作用得到高温度。从前埃及的金匠用皮囊伸缩去炼金，也是利用鼓风。最近山西和江西两省的些土法炼铁炉，也是些鼓风炉。照这些情形推想追溯起来，殷代人炼铜的炉子，多半是属于鼓风式的（Blast Type）”。从铜器时代进入铁器时代，无疑地是燃料，炼锅手术，都是现成的，惟最困难的是求得高温度。这种“断发剪爪，投于炉中，使童女童男三百人鼓橐装炭”，大约是我国上世的先民积长期经验艰难困苦而求得的得高温度的惟一方法。鼓橐装炭自然是鼓风式炼铁炉的惟一记录。虽发明之人，不可究诘；而父子相传，兄师所绍，经无数试验而来，已非一手一足之烈了。所谓“昔吾师作冶金铁之类不销，夫妻俱入冶炉中，然后成物；至今后世即山作冶，麻绖葌服，然后铸金于山”云云，只不过是一种神话而已。《山海经》记产铁之区，其数与《管子》相同，疑同出于一种传说，未可视为实数。《禹贡》惟金三品，疑铁不在其中。《汉书·食货志》称：“古者金有三等，黄金为上，白金为中，赤金为下。”黄、白、赤即金、银、铜的代称，章鸿钊谓：“周之一代，铁犹未称金也。”其说可信。惟云梁州贡铁，疑不可解耳。

以上对曰（二）（三）两类的文献，都已一一批判，现在回头再讨论“信书”所载的材料。孟、荀、韩非最为战国晚年大师，其言最为可信。墨子与孟子时代相上下，喜守御而非攻，为战国诸侯素所畏服。他的非攻主义，不重空论，而尚实行，诸侯中有不悦服的，墨家学者即与之争守，务至息战乃已。虽其弟子可使蹈汤赴火以殉主义，而其守御的工具，实较别人为高出一筹。疑当时铁兵器已渐使用，惟墨家精于物理化冶（详见《墨经》各条）之学，其使用程度为独高，故《备城门》诸篇所称，确是以为我国用铁的信史。《史记》源出《国策》诸书，苏秦当时所陈说，必非完全捏造。而其称述当时铁器，又只不过铁钻、铁幕、铁椎、铁剑、铁笼等，与墨子所记铁锁、铁鍱、铁矢、铁钻、铁纂、铁鈇、铁钩钜、铁校、铁钺，有难易先后之分。疑铁器始用在春秋战国之际，至墨家加工改造，遂利于用。《孟子》书称当时争地以战，杀人盈野，争城[1]以战，杀人盈城；盈野盈城，实为铁兵器使用的成绩表。吾尝谓战国与春秋分野，实以杀人的多寡为别，而铁器的发明，实足以左右于其间。《韩非子·五蠹篇》“共工之战，铁铦矩者及乎敌，铠甲不坚者伤乎体”，所谓共工，必非虞夏时人，故云：“搢笏干戚，不适于有方铁铦”，“干戚用于古不用于今”，“事异则备变”，“上古竞于道德，当今争于气力”。这是韩非子议论的本意，与《氾论训》所论相同。所谓当今指战国而言。未几乃有以铁冶起家之人，乃有主铁之官，禁铸之律，慈石吸铁之物理学说，这些都足以说明铁器时代发展的历史。与江淹顾炎武所谓“战国至秦，攻争纷乱，铜不充用，故以铁足之”一语相合。惟这些只是书本上的材料，地下出土率皆铜质，考据

①编者按：原稿为“域”，当以“城”为是。今改。

家虑不足以见信，孙诒让乃创为铁兵易朽之说，朱希祖则谓："铁遭湿气，即易酸化，故埋于土中，久即失形。秦汉以前铁器，殆无保存至今之理；即有保存，而所刻花纹字形，必至消失，与寻常之烂铁同，无从认为何代之物，故秦汉以前铁器之有无须待出土之古铁器证明，恐永无此一日。"朱氏所言，即据孙氏以引申其说，然而考古学家的态度，总以求得其真凭实据，不惮烦劳，请进而求诸近世发掘所得的实物。

乙、古物发掘

考古学（Archaeology）为遗迹与遗物研究之学，即以遗迹的层位学的（Stratigraphical Method）研究与遗物的型式学的（Typological Method）考察，以考究人类过去的文化之学，与我国所谓金石学（Epigraphy）者不同。这里所说的古物发掘，系专指现代的考古学[①]而言，故虽容庚[②]所撰集的《秦汉金文录》中收集秦铁权三、诏版疑铁权二，这里不举以为例证。

虽然，我国发掘事业，以安阳殷墟为最大规模，发掘研究的时间又最长久，今遍检其《安阳发掘报告》四册，只《民国十七年十月试掘安阳小屯报告书》里《殷墟出土甲骨及器物统计表》载有出土铁器十件，其余各册，则遍觅不得。在刘屿霞的《殷代冶铜术之研究》一文里"殷墟青铜器的化学成分"，其试验结果，在试料第一中有铁百分之一.一四，试料第二中有铁百分之二.一六。据刘氏的解说，谓："从第一和第二两个试料的分析结果，可以找到一.一四％至二.一六％铁的成

①编者按：原稿为"古考学"，当以"考古学"为是。今改。

②编者按：原稿为"容庚"，当以"容庚"为是。今改。

分。其中一部分的铁，固然可以是土里铁溶液的浸入，又另一部分的铁，似乎是由于冶炼时的革除未尽。”又谓：“一部分的铁是铜矿里的，因为铜矿里时常夹杂着铁矿；又一部分的铁很可能的是由于地下铁质的浸入。”窥刘氏之意，实不承认殷人已知铸铁之术。董作宾试掘报告所列铁器十件，疑为上层文化出土所得，非殷墟之物。这里须请董氏作见证的。

其次为谭国城子崖发掘，其报告尚未得见，恕不论列。浚县出土，则没有铁器。

此外石器时代遗址，如周口店、仰韶、沙锅屯、《甘肃考古记》[①]、西阴村、甘夏镇、万泉各地出土，均无铁器，足证姜子润陈汉章“铁器起源，必不在黄帝以后，当在五帝以前”之说之不能成立。

惟燕下都出土，在台东二百步岗上发现铁斤一件，其时代为战国末年。河南信阳县古坟有铁器出土，为前汉时物。现时我国考古事业，时代较古，足资考证的只此。

求之国外学者，则日本在朝鲜辽东两地发掘，与吾国文化东被极有关系。乐浪为汉代文化输出的仓库，已因乐浪王盱墓的发掘，完全证明，其出土中亦有铁器。辽东貔子窝有铁器铁片。滨田耕作在报告书的结论，谓为在汉武帝征服辽东朝鲜以前，汉民族流入此地殖民者所为。牧羊城出土铁器有铁斧残片、铁镞、铁斧、铁制刀子残片、铁制刀子。原田淑人，在其报告结论说道：

> ……中国自周末以至秦代，一方已见铁制兵器的存

---

①编者按：原稿此处为“《甘肃老古记》”，“老”当为“考”，今改。这几个字疑为衍字，在句中语义不通。存疑。

> 在，而一般被使用的兵器，依然为青铜所制。……当秦末汉初大骚乱时，兵器的大制作必被促进，其时青铜制的旧兵器渐次废止，自战国以后所抬头而起的铁制新兵器遂代铜兵而为主要用品了。当时铁的需要益激增，汉武帝时遂至以铁为官营之物，不是可于此中泄露消息吗？……要之：在秦末汉初之际，南满洲为朝鲜及日本内地全属文化的发足地，而其文化的扩大，其波纹渐次扩至东方，从北鲜至南鲜，又从南鲜及于日本。而文化的，染明示浓厚的色彩，在中国内地，已入于纯然的铁器时代了。所留存于东方者，只不外袅袅余音吧了！这话甚为切要。盖文化的传布，必于本土非常盛行，乃以次传播于外。

总之：我国铁器时代，已有古物为之证明，至迟不出战国末年或秦汉之际。惟我国考古事业，尚未发达，材料尚未充足。然安知不如陈汉章所云“且古铁兵亦安知必不一见于后之世耶？”郭沫若在《周代彝铭进化观》[①]说：“周代铁兵迄未有见。”疑是言郭氏所未亲见，非谓燕下都出土铁斤不足凭信。故欲彻底[②]明白我国古代用铁的真相，尚有待于我国的考古事业的新发展。

四、尾声

我国铁器时代，就现时研究的结果，大约是开始于春秋战国之际，发展于战国至秦汉之交，至前汉时已完全到达于铁器时

---

①编者按：原稿为“《周代彝铭进文化观》”，查郭沫若所作为“《周代彝铭进化观》”。今改。

②编者按：原稿为“撤底”，当以“彻底”为是。今改。

代。过此以后，则登峰造极。这是无可疑的。惟现时材料不足，不得视为不变的结论。这里所再欲提出讨论的，有以下诸问题。

（一）东方西方用铁的先后　关于这问题，姜子润谓：“欧土文明，导源东方，其铜铁之用，亦自小亚西亚输入，输入之期，据西史所载，一在西元前三千年，一在西元前十三世纪，度其流布民间，制为杂器，当又需若干岁月。”以吾所见西史又称公元前三、四世纪时，中央亚细亚诸国，直至罗马市场，铁的供给，均仰赖远东。罗马输入各铁有中国铁（Se icum Ferrum）一种，这是未曾经过考古学工作的传说。最近日本的《世界历史大系》大山柏《史前文化史》谓：“在欧洲则纪元前约一千年前后，地中海东部沿岸地方已知铁器的使用法，至纪元前约九百年顷，扩至意大利及中欧，其后很急速地被使用于西方的地域。这说在大体上欧洲考古学者的意见是一致的。”如果这句话可信，则欧洲用铁早于我国。

（二）铁器传入我国的路径　假如我国的铁器不是在本土发明，究当如何传入？德国经济学者西摩勒耳（Gustav Schmoller）《国民经济学纲要》卷一说：“铁的制造，系由蒙古条耳诸族（Mongolischturanische）传入中国，这是可以征实的。”美人威尔斯（Wells）《世界史纲》说：“铁之输入中国或北部匈奴为之媒介也。”这种假说，我颇不以为然，但也节录下来，以供参考。

（三）我国古代采冶铁矿的方法　关于这话，似乎亦不能不讨论。在王琎的《中国古代金属原质之化学》[1]一文里，大

---

①编者按：原稿为“《中国古代金属质之化学》”，查王琎先生所作为“《中国古代金属原质之化学》”。今改。

略谓从掘井或表面采取铁沙，以洪炉鼓风制造，炉用砖泥和盐砌成。这话似乎与我上文所假设的相合。但其所谓古代，疑非指秦汉以前。

这些问题，不免画蛇添足，然既为提供研究的材料，固不得不为之录入，以供我们讨论之用。所以说是尾声，就是这个意思。

民国二十四年二月二日成于沪上四部书斋

（原载《复兴月刊》第3卷第12期，1935年）

日本考古学界最近之概况[1]

一、日本考古学之认识及其意义

自从去年春天写成了一本《日本考古学之过去与现在》（日本研究会小丛书第六十四种）之后，当时因为字数所限制，不能为普遍的叙述，与及迟到的材料不及添上的原故，久欲续写一篇最近的概况，彷彿如《大英百科全书》之Supplement。日昨接到社中第二期《社刊》集稿之讯，希白兄并为拟定这个题目，使著[2]者得早了心愿，这是极感激的。

但是在这里我须预先说明日本考古学与我国考古学的关系，及我们研究日本考古学的重要性，然后顺次说入本文。

考古学的定义，为依据过去人类的物质的遗物，以研究人类之过去的真相的学问。日本虽为岛国，以密迩我国沿海东北岸的缘故，与我国交通甚早。虽则《禹贡》里的“岛夷皮服”“岛夷卉服”之岛夷，究竟即今何地，尚待考证；然而日

---

①编者按：本篇局部标点、外文字母有改动。

②编者按：原稿为“箸”，当以“著”为是。今改。本篇此字统改。

本与我国的交通，至迟应始于周秦之交，至两汉而大为频繁，这是在书本上有记载，而近日辽东半岛，朝鲜半岛，日本筑前国的叠次发掘也足以证明。昔人谓礼失而求诸野，日本在文化史上虽于我国为后进，而其材料之完整，实足以为我国考古学界他山之一助，这是我们所不能不承认的。犹之我国铜器时代最为发达，金石之攻究亦最多，为彼邦考古学界所不得不借鉴云耳。

二、日本原始民族问题之最近决定

日本从明治十年（公元一八七七）以后，科学的考说的日本石器时代住民论渐渐发生。最初为外国居留人摩尔斯（Ed. S. Morse）所说，谓日本石器时代住民非“矮奴”（ひイヌ）人，而为“矮奴”以前古人种Preaino人云。同时欧美留居的研究者如弥因氏（Milne）则以前说为无理，而为“矮奴”论者。而西保罗特（H.Siebold）亦断定其石器时代住民为“矮奴”。这是明治十一年前后“矮奴”说与非“矮奴”说辩难的情形。两说之中，非“矮奴”说最先有名，其代表者为坪井正五郎氏所谓“ュロボツクル”（Korop okguru）说。即“蕗叶下人”说。其意盖谓在蕗叶之下生活之小人也。明治十九年（一八八六）渡濑庄三郎说道：“我邦在历史上居住虾夷人之古洞穴者，非今日之‘矮奴’，而实为‘蕗叶下人’。何则？尽以今日的‘矮奴’无穴居之事，又不知粗陶器制作之术的原故。”所以在《人类学杂志》第三十卷中，八木奘三郎谓渡濑氏说为坪井氏说强有力的拥护者。其后坪井氏发表论文甚多，如：

东京《人类学会杂志》第五卷明治二十二年

同志第六卷明治二十三年

同志第十七卷明治三十五年

同志第十八卷明治三十五年

同志第十九卷明治三十六年

《东洋学艺杂志》第十一卷明治二十九年

同志第十四卷明治三十年

同志第十五卷明治三十一年

同志第十六卷明治三十二年

同志第十七卷明治三十三年

同志第二十卷明治三十六年

《史学杂志》第五卷明治二十九年

均有重要论文。其论据的要点：

一　日本石器时代人多龋齿，而人骨的形态与“矮奴”人不似。

二　就石器时代土偶所示身体的特征，与现代“矮奴”不一致。

三　从遗物遗迹所探知石器时代衣食住的式样及工艺的手法，与现代“矮奴”不一致。

四　日本地名，从日本语及“矮奴”语不得解释者甚多。

五　在“矮奴”的口碑中，每谓“蕗叶下人”为异种。而这口碑中所述的“蕗叶下人”的风俗，与日本石器时代人的风俗，可指出其相似之点。

因此坪井氏遂下了一个肯定的判断。可是坪井博士“蕗叶下人”说的后半部，又谓这种人与爱斯基摩人相似。即就“矮奴”口碑中所传说的“蕗叶下人”矮小，口边穿孔，带有口饰，用遮光器等各点观察，及使用石器，粗陶器，居住竖穴等都有类似之点。坪井博士所认为这种土俗的类似事项，据小金井博士所统计，共有十九项。《东洋学艺杂志》第十七卷[①]明治三十三年（一九〇〇）里坪井氏曾说：

> 我所谓主要的日本石器时代的人民，与爱斯基摩人同一种族者，盖两者之间，有多少的人种关系的缘故。

所以坪井氏后半部的主张“蕗叶下人”，不必为独立人种的存在了。是则坪井氏的日本石器时代人，已由“蕗叶下人”说变而为爱斯基摩人说了。

可是坪井氏虽为动物学出身之人，而于人种的决定当从体质研究的材料以决定一点，其材料甚为缺乏。所以这学说发表不久，起而攻击的人实在不是少数。主要的人物，计白井光太郎，小金井良精，森鸥外，门禄（Neil Goldon Munro），山中笑，佐藤蕃，滨田耕作，足立文太郎，河野常吉，喜田贞吉等诸考古学家。

其中大部分的学者系站在“矮奴”说的立场以攻击坪井氏。惟足立博士所说略有不同，系就坪井氏说后半部爱斯基摩人说而发，似反足为“蕗叶下人”为特殊人民添一加强之反证。原文见东京《人类学会杂志》第二十二卷明治三十九年（一九〇六）中，现在恕不细引了。不幸大正二年（一九一三）坪井博士死于俄京，于是“蕗叶下人”说便烟消[②]云散了。

反之，其后“矮奴”说便风行一世。然其科学上的论据如何，似有探讨之必要。最初白井光太郎氏曾在《人类学会报

---

①编者按：原稿为“第十一卷”，根据上文，《东洋学艺杂志》明治三十三年刊当为第十七卷。今改。

②编者按：原稿为“销”，当以“消”为是。今改。

告》第二卷攻击坪井氏说二次。其所论据，谓纹样及胫骨扁平度，日本石器时代人与“矮奴”人相似。其次明治二十二年（一八八九）小金井博士东京《人类学会杂志》第五卷，报告北海道调查的结果，主张“矮奴”说，谓从“矮奴”的土俗上可以证明，说：

由是推察，石器时代的遗迹，当为“矮奴”人种所为无疑。

又其次，同年山中笑氏在同杂志第五卷中就地名及意匠纹样诸点，又盛唱“矮奴”说。佐藤蓟氏也于同志，以粗陶器形式的差异，及印于粗陶器面上指痕之大，谓石器时代人，殊非小人，反对坪井氏之说。翌年小金井博士又调查贝冢人的四肢骨。在东京《人类学会杂志》第六卷，东京《医学杂志》第四卷发表论文，谓从今日所见，恐怕材料尚属贫弱。总之，其与“矮奴”人相似之点可以指示，而这人种的身长，比之“矮奴”不小，其事亦可明白云。同年森鸥外博士在《医事新报》第八上亦以匿名投稿，揶揄坪井氏之说。此外欧美留居学者方面，明治三十三年（一九〇〇）洛乌佛尔（B. Laufer）踏查桦太的结果，断定其原住民为“矮奴”人。而翟波留斯基（Eaborowski）所说，也与之相同。（Bull. et mena. d. 1，Soc. d’Anter. de P. aris V. S’er T. 2，1901）

明治三十四年（一九〇一）鸟居龙藏在《人类学会杂志》上发表北千岛调查的结果。在这结果中所报告的，谓北千岛土人为最后制作石器并使用石器之人，迄今尚有穴居并使用粗陶器之事。但所住居者并非竖穴。粗陶器的意匠，与南千岛以南出土的粗陶器的式样不同。若北千岛土人与“矮奴”为同一人种，则坪井说的有力根据，可以推翻云云。

明治三十五年（一九〇二）滨田耕作在东京《人类学会杂志》第十七卷中谓从地名一点说“蕗叶下人”的存在，是极危险的。又云若谓日本石器时代人非“矮奴”，则“矮奴”人祖先所遗留的何等遗迹而又不加以考察，殊属非理。滨田之说遂与坪井肉迫了。

同年佐藤传藏博士对于“蕗叶下人”说介绍巴徐腊（I. Batchelor）氏的意见，大意谓“蕗叶下人”即“矮奴”。这论文亦刊布于东京《人类学会杂志》第十七卷中。

次年小金井博士在帝国学士院举行反对坪井说的演说。这恐怕是“矮奴”说与“非矮奴”说对抗的最高峰也未可知。其演说稿现在已有单行本。又载《东洋学艺杂志》第二十卷中。另有德文本载《地球》（*Globus*）第八十六卷第七册中。但以今日观之，小金井氏当时所根据的基本材料，亦甚贫乏。只就其常识的见地，谓：

> 日本领土曾为“矮奴”的领土。Das japanische Reieh Wareinst ein Aino-Reich。

不过小金井博士也说，在日本石器时代的“矮奴”与现代的“矮奴”其间亦有差异。他的图解如下：

> 日本人祖→现代日本人
>
> 日本石器时代“矮奴”→现代“矮奴”人

可见他的见解了。

又次明治三十七年（一九〇四）滨田耕作在《考古界》第四卷报告“矮奴”人有使用石镞的记事。翌年滨田氏又以纹样的研究，与坪井博士论战，而同年足立博士又发表贝冢人头盖的测计，攻破“蕗叶下人”及“爱斯基摩”人之说。同时贝冢人头盖与“矮奴”人头盖之间也有差异，其事亦因之证明。

其翌年门禄氏又于其同一材料中选出最特别者三个，以之与“矮奴”头盖比较，得到与“矮奴”相一致的结论。这文是发表东京《人类学杂志》第二十二卷中。又翌年氏又以英文著成《史前之日本》。

同年约厄罗森（Jochelson）发表“蕗叶下人”为现代“矮奴”人祖先之说。又同年河野常吉在《历史地理》第十二卷中大论“蕗叶下人”说的谬误。及坪井博士逝世之大正二年高桥健自刊布他的著作《考古学》，谓日本石器时代人，在北方应呼为虾夷，南方为土蜘蛛云。

查坪井博士在晚年时对于自说的修补或答辨殆无宁日。及坪井殁后，“蕗叶下人”说顿然衰灭。然在今日已无有存在之可能了。自此以后，“矮奴”说完全战胜了。虽然这种讨论，尚无科学的根据，未甚可信。

大正十六年（一九二七）松本彦七郎博士在《动物学杂志》第二九号刊布津云贝冢人头盖骨中确认与“矮奴”类似的特征。小金井博士又在《人类学杂志》第三十二卷报告国府石器时代人四肢骨与“矮奴”有相类似之点。又小金井博士在《中央史坛》增刊《土中之日本史》上报告其大正十二年（一九二三）头盖骨及其他研究的材料，其结论谓“石器时代民族实为‘矮奴’人种的祖先”。

喜田贞吉博士于大正九年（一九二〇[1]）在《民族与历史》第三卷里发表《石器时代“矮奴”民族考》，呼使用绳纹陶器的日本石器时代人为“石器时代矮奴”，而现代“矮奴”则为其直系。两者之间，稍有差异，而其后代则确

①编者按：原稿为“一九〇二”，大正九年当为一九二〇年。今改。

受他种族的影响。又现代日本人与日本石器时代人之间有多少的类似，而前者的根干确受有后者的影响了。图表之如下：

日本石器时代“矮奴”→现代“矮奴”人

日本人祖→现代日本人

又大正七年（一九一八）鸟居龙藏博士著《有史以前的日本》。大正十五年（一九二六）大野云外著《从遗迹遗物观察日本先住民之研究》。皆为“矮奴”说的有力刊物。盖据鸟居之说，绳纹式文化为“矮奴”文化，弥生式文化为固有日本人的文化。这文化与民族的体质，共有截然不同之处。两者无相互移行之事。他也以图表来代表其中的关系：

绳纹式石器时代文化人→现代“矮奴”人

弥生式石器时代文化人→现代日本人

即从鸟居氏之说，日本在石器时代，“矮奴”与日本人的对立，与今日无异。而喜田博士之说，此点也与之同样。盖因弥生式文化的发见，而“矮奴”说便自然推移呢。

鸟居氏初期所说，实为中间说的代表之一。其后进一步而试为折衷两说的，有沼田赖辅的《日本人种新论》。这书在明治三十六年（一九〇三）出版。据沼田氏之说，坪井博士的“蕗叶下人”即北千岛土人（矮奴），而北千岛土人不过为虾夷人的一派云。沼田氏于坪井，小金井两说，“一得一失，全然不得为左右袒”。

以上所说大体是为明治十年以后直至明治之末的辩难情形。至大正，昭和时，则于以上诸说引伸而已。不过大正，昭和时代为“矮奴”说全盛时代，我们是要知道的。现为使阅者明白起见，列表于下：

一、日本石器时代人非日本人说
- 蕗叶下人说（坪井等）
- 矮奴说（小金井，门禄等）
- 中间说及折衷说（鸟居，沼田等）

二、日本石器时代矮奴说及固有日本人说（喜田，鸟居等）

及至大正年间，多数的人骨出土，于是日本的原始民族问题，议论为之一变。先是明治三十七年（一九〇四）贝冢人骨初次完全发见。四十二年（一九〇九）秋清野谦次在三河国保美贝冢偶然亦获得人类的胫骨，上膊骨与腓骨的断片。大正五年（一九一六）偶然因为开凿道路的机会，山崎春雄氏于肥后国阿高贝冢采集多数的人骨。然而石器时代人骨采集的系统发掘，要算大正六年（一九一七）滨田博士的河内国国府遗迹发冢。至昭和四年（一九二九）中谷氏所调查古人骨的出土的遗迹，在日本全国共有一百二十二处。其中又经过五年长岁月的今日，增加当然不少。在这一百多处的遗迹中，每一处古人骨的出土，少则数十体，多则三百体以上。其主要者自北而南数之，为：

陆前国青岛贝冢　陆前国宫户岛贝冢　陆前国中泽滨贝冢　下总国姥山贝冢　三河国小坂井村稻荷山贝冢　三河国保美贝冢　三河国龟山贝冢　三河国吉胡贝冢　河内国国府贝冢　备前国粒江原崎贝冢　备中国津云贝冢　备后国太田贝冢　备后国轰贝冢　肥后国阿高贝冢

等。而发掘古人骨的多数，在东北大学则在松本，长谷部两博士之手；东京帝大在小金井博士之手；京都帝大在清野博士之手。大阪[①]帝大曾经大串博士所搜集。熊本医大曾经山崎氏所搜集。此项石器时代人骨的发见总数，在今日不明，疑近一千五百体，而其中在清野博士手中者，约有半数，计七百余体。

以此，日本石器时代人种研究的方法，与从来全然大变了。所以以前如玉本正英的《风水草管规》，迹部良显的《中臣祓清净草》，伊势员文的《神道独言》，新井白石的《古史通第一》等书所非议的天上说为荒唐无稽，固然已无再述的必要，即其所假定的大和说，常陆说，高天原说等，也无一顾的价值。此外如日本汉学家所假拟的吴太伯说，夏后少康说，秦徐福说，汉人种说；甚而至新近的藤井贞干所唱的朝鲜说，喜田贞吉博士的秦韩人说，金泽庄三郎博士的“日鲜同祖”说，小谷部金一郎的犹太说，木村鹰太郎的希腊说，哥列佛士（W. Griffis）的虾夷人说，赫克尔（Haeckel）的鞑靼说，田口鼎轩博士的土耳其说，戴尼特尔（W. Daenitz）的马来说，及三宅米吉博士的蒙古马来合种说，沼田赖辅的蒙古马来虾夷合种说等等皆为不负责任无科学上证据的谰言。

这回就石器时代人骨调查的结果，如铃木文太郎，滨田耕作等则认“现代日本人祖”，为日本石器时代人。但这说是否可信，应研究的方法有二：第一，须就现住日本人的地方别的体质详细测计为基础的调查；第二，须搜集日本古代人骨及日本周围地带的古代人骨为比较的研究。设使这两事研究的结

①编者按：原稿为“大陵”，当以“大阪”为是。今改。

果，可以证明，则这说可信。

幸而近年因考古学进步，因而“近接古代人”的研究亦随之进步。如东亚考古学会的貔子窝周末人骨的研究，牧羊城及南山里的汉代人骨的研究，朝鲜总督府所发掘的北鲜雄基贝冢人骨的研究，其报告书次第发表，于现代日本人形成的由来一问题，有不少的贡献。现在就以上的科学前提，关于日本人种问题看到的报告，第一，《京大考古室报告》第二册，铃木文太郎博士于调查河内国国府石器时代人骨的结果，谓“与现代矮奴人绝无关系，毫不容疑”。并主张“日本石器时代为今日日本人的祖先所栖息，自己手制石器，粗陶器而又使用之”云。其次，佐藤亀一博士于尾张国热田贝冢人骨调查之后，谓现代日本人与该人骨有类似之事，发表论文于《人类学杂志》第三十三卷中。

滨田耕作氏参考诸家学说的结果，于大正十一年（一九二二）《京大考古学教室研究报告》第六册发表意见云：

> 以余观之，作为现代日本民族的大体之“原日本人”，于日本国土上经过其新石器时代，伴有弥生式粗陶器出土的石器时代遗迹为其后期，而伴有贝冢粗陶器者则为其前期。

因而唱日本石器时代人为“原日本人”说。

最近清野谦次博士因其古代人骨的采集独多，从大正十五年（一九二六）至今日止，前后发表报告论文九篇，其第六号论文与第九号论文的意见大体如左：

> 在太古日本的石器时代使用绳纹粗陶器的一种人种，似日本人又似“矮奴”人，然因为现在这两种人离开太远，所以这人种不得叫作日本人，又不得叫作“矮奴”

> 人。然为避免误解起见，宜名之为“日本石器时代人”。不过无论如何从日本石器时代人至“矮奴”人的体质差别，总比“矮奴”人与日本人间的体质差别为大。又从日本石器时代人至畿内日本人的体质差别，比之“矮奴”人与日本人间的体质差别为大。这种日本石器时代人与日本人间及日本石器时代人与“矮奴”之间血属的相互的区别可明。这事要澈底明了，尚有待于发掘事业的高度进步。

实则清野的“日本石器时代人”与滨田的“原日本人”，其意义无二无别。总之：所谓日本原始民族一问题，在现在已理出头绪，慢慢地走向建设的路上了。

三、日本旧石器时代之存否问题

其次，在日本考古学界里有一个严重的问题，就是旧石器时代的存否问题。盖以日本旧石器时代的遗物甚属可疑。而向来关于日本旧石器时代的论述，又甚稀少。在明治三十八年（一九〇五）门禄始于相模的酒勾川，早川ノ谷的地下十四尺地层中发见类似旧石器的遗物。其后又于河内国国府得类似旧石器的大形石器与大兽骨。但是仍甚可疑，因为只就旧石器形状及其伴出物以为推定，其事甚为困难的原故。第一，以形状论，难免有因天然压力而生的石器排物（Rejects）或残石（Nukkus）之类的危险。第二，以伴出物证明，必然这伴出物有充分的科学上证据。现在试以后者而论，检查日本地质的门禄氏曾发见第三纪的中新世以后的动物遗骨，及在洪积纪发见Clephas Steg odon等水象化石。从此等动物与人类同住以为考察，但那人类的遗物尚无出土。又动物遗骨不出而推定同样之古的地层里遗物亦未闻存在。所以门氏从民族论的立场，谓日本的先住居民为“矮奴”，而“矮奴”实为亚洲旧石器时代的人种 Palaeolithic race，同时亦可称为古代人类Palaeonthropcs；其新石器时代的遗物有旧石器时代一部分的特征遗存于其中。故此等遗物之中有形如旧石器者殊为当然之事。又东北帝国大学松本彦七郎博士研究津云贝冢，谓这人类使用磨石器为主，而比之冲积纪的古期欧洲同年代的人类，实为原始的云。大概在东方全体同文化时代，较之欧洲顺次为迟。日本的石器时代的石器之中往往有旧石器的形式存在。

但这些皆为十数年前所发表的议论，在现在的情势已有不同了。昭和六年（一九三一[①]）直良信夫氏从播磨国明石郡大久保村西八木之地发见旧石器时代的石器及其当时的动植物化石，报告详见《人类学杂志》四六，五期氏著《播磨国西八木海岸洪积层中发见的人类遗品》一文中。大略谓与新石器时代遗物伴同出土的打制石器全然异样的有价值的遗物获得了。旧日的学说可以推翻。因此日本旧石器时代遗物已发现了，数万年前的旧石器时代出现于日本人间了。可是材料的根据尚属薄弱。所以在今日谓日本旧石器时代文化的所在，求之日本国土，为时尚早。要澈底明白，应求之与日本接近诸地带的旧石器时代。

四、日本考古学界之最近国外发掘

日本考古学界的国外发掘足以补足我的旧著《日本考古学之过去与现在》一书者，其事有：

一、为营城子的发掘　营城子在旅顺大连公路的中间，古

①编者按：原稿为“九一三一”，昭和六年当为一九三一年。今改。

坟垒垒，为汉代古遗迹的集群。明治四十五年（一九一二）大正二年（一九一三）日人滨田耕作，八木奘三郎等曾经在这地发掘古坟二，发现陶器，瓦器，漆器等物，定为汉代之墓。其报告详见《东洋学报》第二卷第三号及第三卷第一号中。昭和六年七月二十九日，关东厅偶然在营城子沙岗子屯发现一砖墓，得无釉陶器，两耳杯，知为古墓。遂从事发掘，继续又得一与有连带关系的另一古墓。结果编成一报告，名叫《营城子》（《前牧城驿附近之汉代壁画砖墓》），即《东亚考古学丛刊》第四册。发掘与主编，为关东厅博物馆馆员森修，内藤宽二人，京都帝大教授滨田耕作担任校阅并写英文撮要。内容分：本文，图版，插图三部。一、本文：（一）序说：（甲）绪言，（乙）遗迹之状态。（二）第一号墓：（甲）发掘之经过，（乙）墓室之构造，（丙）遗物出土之状态，（丁）遗物之种类。（三）第三号墓：（甲）位置及外形，（乙）发掘之经过，（丙）砖墓之构造，（丁）遗物之出土状态，（戊）遗物之种类，（己）壁画。附录：（甲）滨田耕作的《汉代壁画》，（乙）水野清一的《营城子古坟壁画的画迹》。二、图版四十七幅，如彩色砖，瓦灯，瓦灶，瓦盘，瓦甑，瓦壶，瓦狗，瓦猪，瓦杯，破铁片，五铢钱，墓形，壁画等。插图四十七幅，即各种实测图等。汉代壁画，现存的甚少，甚有漫漶不清者。惟这次营城子的发现则完整明晰。且为学者亲自发掘，并有伴同出土的汉代五铢钱为之证明，其为汉代壁画毫无疑义。此种第一等遗物，实为研究汉代绘画的最新而又重要的资料。至于大量明器，犹其余事。

二、何家沟的发掘　何家沟为我国东北吉林省顾乡屯的地方。民国二十年（一九三一）八月间，北平国立地质调查所派员与东省哈尔滨特别区文物研究会合作，曾在这地发掘。地质所参加者为尹君，文物会参加者皆为白俄人。所得的结果为洪水后，自然露出的化石类。调查报告载《中国地质调查汇报》第十一卷第二期。昭和八年（一九三三[①]）六月，日本早稻田大学理工学部，满蒙学术调查研究团得关东军，伪国，日本振兴会，原田积善会，南满铁道株式会社等机关的助力，重在这地发掘。中虽有不少的白俄人参加，而主要的则为日人，尤以早大教授为最多。如：早大古生物学教授德永重康担任团长；早大教授伊原敬之助，中井猛之进，八幡一郎等皆为团员。工作分六部：（一）古生物方面，德永重康，清水三郎，松泽勋等主之；（二）地质，岩石，矿床方面，伊原敬之助，佐藤舍二，小南不二男等主之；（三）地理方面，多田文男主之；（四）植物方面，中井猛之进，本田正次，小川政夫等主之；（五）动物方面，森为三，岸田久吉等主之；（六）人类学方面，八幡一郎主之。所出刊物，亦分为六种：（一）古生物研究报告，（二）地质研究报告，（三）地理研究报告，（四）植物研究报告，（五）动物研究报告，（六）人类学研究报告。闻此次在何家沟发现旧石器时代的古物，其价值与桑志华（E. Licent），德日进（Teilhard de Chardin）的河套的旧石器时代发见相颉颃云。

此外这两年来日本考古学界的国外考古事业，还有：昭和八年五月以东亚考古学会为主体，由京大教授滨田耕作，金关丈夫，清野谦次，三宅宗悦等组成的考古团，在旅顺郊外方家屯，发掘羊头洼的石器时代遗物，掘出大量的石器，粗陶器与

①编者按：原稿为“一九三二”，昭和八年当为一九三三年。今改。

人骨。在六月有东京帝大教授池内宏，原田淑人等在宁古塔南十里地方，调查发掘存在于东京城的渤海国首都上京龙泉府的遗迹。同时参加这次发掘的驹井和爱，水野清一两氏在东京城的发掘后，又去调查昂昂溪的细石器遗迹。六七月之间梅本俊郎等在辽阳太子河汉代石椁墓的发掘。从八月到十月有德永氏主领的热河自然科学调查队，东京帝大人类学教室的八幡一郎氏也参加工作，在北票，承德，滦平，赤峰，辽河流域一带地方，采集多数粗陶器石器类的遗物。又从八月至十二月有鸟居龙藏氏全家四人的调查热河省内的契丹文化，关于热河省古文化的研究上，获得不少的新资料。同年梅原末治氏又在朝鲜平壤府贞柏里发掘砖椁坟。所以最近的日本考古学界，可说是最活跃的。

五、日本考古学界对于我国铜器研究之新趋向

日本考古学者对于我国铜器的研究，向来是借镜于我国的。他们的著录，拓印，与我国无二无别。近年以来因受欧洲学者的影响，采用摄影制版的方法，印刷上大为进步。然其窠臼，仍是我国的。如：《泉屋清赏》《支那古铜器精华》《歐美ニ於ケル支那古鏡》等巨著皆是。惟近来所发表的论文，大多拈出一个小的问题，就其范围内将各种著录为分析综合的研究，以求澈底的整理。甚至有欲就这种研究以窥测我国古代文化的实际者。如：梅原末治的《北支那發見ノ一種銅容器ト其ノ性質》《支那古代ノ銅利器ニ就イテ》，水野清一的《支那古銅器ノ一考察》，长广敏雄的《工藝史上ヨリ見タル漢様式ト銅鏡》《漢代ッ中心トヤル動物表現ニ就イテ》《支那古銅器ノ藝術學的分析》，小松茂，山内淑人的《東洋古銅器ノ

化學的研究》，梅原末治的《支那古銅器ノ化學的研究ニ就テ》等（以上均载《东方学报》京都一——五册中）确已出乎我们的款识考释，器形审定的老把戏之外。这是我国学人所应当知道的。

六、尾声

这篇文字的规模，本来是很大的，原来目次共有十个，可是因为动笔不久，家人接连有病，为了看护调治的麻烦琐屑事，中间搁笔约有两旬；现在为急于交卷计，只得删去四个重大的节目，很草率地写成这篇短文，以敷衍塞责。这是应向社友们及读者们告罪的。其中亦有采录他人文字不暇声叙之处。统乞原谅罢！他日有暇，当再为修正补足。

民国二十四年四月二十日写成于沪上四部书斋

（原载《考古》1935年第2期）

印度考古学发达史①

一、楔子

我们《考古学社社刊》第三期付印在即，那天我接到征稿的通知书，我低头自问“这回该作什么文章”？后来一想，就这样吧！因为年来研究中西文化交流的问题，略略买了几种关于印度古史和印度考古发掘的报古书，趁这机会，就写成一篇这样的叫做《印度考古学发达史》，以报告于我考古学界的诸同志，请为指正！

二、佛教遗迹调查的史略

印度考古学以十九世纪初叶以来佛教遗迹的调查为始，可以说是美术考古学，建筑考古学，或宗教考古学方面的发展。即是，在建筑美术方面，调查中印度波保尔（Bhopal）地方散蔡（Sanchi）及东南印度麻打拉萨（Madras）地方阿马拉华太（Amaravati）的大塔，中印度阿拉哈巴（Allahabad）南方巴克

①编者按：本篇局部标点、外文字母有改动。

（Bharhut）的佛塔等最重要的遗迹，此外并调查发见阿育王敕碑，舍卫城址，迦毕罗城址，祇园精舍遗迹等。因而阐明古代印度的佛教关系的建筑美术及资以解释佛教史之处甚大。至于雕刻绘画方面，则早已注意到西北印度白沙瓦（Peshawar）及其古昔繁盛中心的都城的古犍驮罗（Gandhara）所谓犍驮罗式的雕刻，及西印度阿古太（Ajanta）窟院的壁画，开东洋美术史重要的部门。

阿育王（Asoka）敕碑，遍布印度全境，现时已发见的有二十余处以上，有圆柱刻文，摩崖刻文，岩窟内部铭文等。但在考古学上最著名的，莫过在萨尼斯（Sarnath）发见的阿育王敕碑圆柱的柱头，刻有写实的狮子和牡牛，雄丽已极。在公元前三世纪阿育王时代印度艺术文化的盛大，足以窥见其鳞爪。又劳里耶喃哒迦尔（Lauriya–Nandangarh）的圆柱碑为阿育圆柱敕碑中的最完整者，其柱头戴有狮子像，其圆柱的表面刻有一种自左而右的Brahmt文字的敕文。此等阿育王敕碑，为有史时代的重要遗物，后经多数学者的考究，至普鳞萨（H. T. Prinsep）氏苦心攻读的结果，乃能将圆柱敕碑解读成功，于一八三七年发表于孟加拉的亚细亚协会《会报》中。其后氏又继续读明其他摩崖碑文及圆柱刻文，因而提供古代印度史的重要史料不少。至一八七七年堪林干（A. Cunningham）氏刊出《印度刻文集成》（*Corpus Inscriptionum Indicum*）的第一卷“阿育王刻文”，补正普鳞萨的解读不少。

散蔡大塔自一八一八年以来，已为泰罗大佐（Colonel Taylor），裴尔大尉（Captain Fell）等所注意，至一八五一年堪林干氏乃与弥萨大尉（Captain Meisey）协力举行忠实的学术的发掘调查，结果揭载孟加拉《亚细亚协会杂志》中，因而喧传于世。其石栅[1]，华表的表面，悉施细密的浮雕，对于佛陀的行迹，本生谭，佛的礼拜供养等行事，表现无遗，因而略知当时的信仰，风俗，礼仪等事。并得考定其年代略为公元前百五十年至百年间的建筑。至关于散蔡大塔的著作，有一八五四年出版堪林干氏的“*The Bhilsa Topes*”，一八九二年发表的弥萨氏的“*Sanchi and its Remains*”等。其后柯森（H. Cousen）氏于一九〇一年乃完全将其全部摄影。此外有佛格森（J. Fergusson）氏的《树木及龙蛇崇拜》（*Tree and Serpent Worship*）一书，也是从散蔡大塔的雕刻的宗教学上研究出来的结果。

阿马拉华太的大塔，为古代印度雕刻装饰中最华丽的一例。可惜在十八世纪末至十九世纪初期，因其地的土人利用之为廉价的建筑石材，遂被完全破坏。今日者仅剩少数的遗石保存于大英博物馆及麻打拉萨的中央博物馆中。然距今百年以前麦肯基大佐（Colonel Mackenjie）访得其地，制作大塔石雕的图样，综合其各方面，因得推测阿马拉华太大塔及其石栅的庄大华丽建筑装饰的一斑。其年代则根据二个铭刻记有Deccan的Andhra王朝的王名，大略察知为公元后一五〇年至二五〇年间所建筑。卑耳格斯（Burgess）氏的“*Amaravati*”为这塔最精细的研究。至前记佛格森的《树木及龙蛇崇拜》中，关于其雕刻的记述，亦占重要的部分。

巴克大塔在一八七三年为堪林干氏所发见，其翌年至一八七六年间，氏乃与其助手贝拉（J. D. Beglar）专心发掘，获得多数的刻石，送至加尔各答，今日这些遗石为印度博物馆的

---

①编者按：原稿为“棚”，当以“栅”为是。今改。

主要宝物。其石栅及门的华表内外两侧有以本生谭及佛陀行迹为主题的精细浮雕，因其铭记，考知施主的姓名。东门及其附属的玉垣有Sunga王朝时代（185—173B. C.）所建立的铭刻，据此，足以确知其年代。现存的印度佛塔中，以巴克大塔为最古，而散蔡，阿马拉华太继之。堪林干氏的“*The Stupa of Bharhut*”大作在一八七九年刊出，为关于这塔最贵重的文献。

至于所谓犍驮罗的艺术品，直至一八七〇年力德挪（Leitner）赍归大量的遗品于英国时，始引起一般人的注意。尤其是机刺德（Gerard）氏夙于一八三三年从喀布尔（Kabul）附近的佛塔废址中发掘得佛陀的浮雕像。这是犍驮罗艺术品最初见知的一例；不过当时未至唤起学界的注意而已。又堪林干氏于一八四八年在白沙瓦的东南Jamalgarai发掘遗迹，其雕刻的一部即为犍驮罗氏，一八五二年贝黎（E. C. Bayley）氏即据以图载于孟加拉《亚细亚协会杂志》中。惜其图版极贫弱，世人不能感得宝物的艺术价值，所以犍驮罗艺术广为介绍于欧美的学术界中，以西北印度艺术的一分派的繁盛事实为广告者实可说是力德挪氏的功绩。氏尝称犍驮罗艺术的流派为“希腊佛教派”（Gracco-Buddhist）。其后逐年犍驮罗艺术的遗品出土增加，其繁盛的地域，为白沙瓦地方，喀布尔河盆地方等，即包括西北边疆州（North West-frontier Province）的北半部之事，渐次阐明。其实即是古代犍驮罗国的领域。白沙瓦地方为迦腻色迦王（Kanishka）前后的贵霜（Kushan）朝都城所设置的地方。盖当时繁盛于这处的艺术，普通呼为犍驮罗艺术。这种艺术最繁荣的时期为迦腻色迦王时代与否尚未确定，但大略可以推定为公元后五十年至百五十年之间。犍驮罗艺术取佛传为主题者最多，或者佛陀被表现于Apollo的形象[①]，或者梵天被表现于圣彼得（St. Peter）的相貌均有。即是犍驮罗艺术，以佛教的主题而依据希腊雕刻式样以为表现的，所以谓之“希腊佛教的艺术”（Die Hellenistische-buddhistische Kunst）。关于犍驮罗艺术以孚社（A. Foucher）为最初发表，经格蓝威特尔（A. Grunwedel），勒叩克（Le Goq），马沙尔（J. Mashall）等诸氏的研究，而发表图录，发掘报告等不少。

阿占太窟院的壁画，在一八一九年初为欧人所知，一八四三年佛格森曾劝东印度公司作摸写之事，其余世无所知。盖数年之后吉尔少佐（Major Gill）受公司之命，从事摸写制作，时时以其摹本寄归英国，至一八五七年，这摹本遂被陈列，至一八六六年火灾，大部分丧失。其后自一八七二年至一八八五年由格利非斯（Griffiths）氏及其助手补行摸写，至一八九六年，乃以“The Paintings of the Buddhist Cave Temples of Ajanta，Khandesh，India”一题发表于世。又卑尔格斯氏为全部壁画摄影，其年代约自公元后一世纪或稍前直至七世纪间的长岁月写成。这窟院不特在东洋，即在世界，可说是最古的最可惊叹的绘画艺术之一。

三、史前遗物研究史略

以上所述只是就佛教关系的遗迹遗物的调查研究而言。至关于石器时代，金石并用的时代遗迹遗物的调查研究，亦可得而说。即是：一八六四年佛特（R. B. Foote）最初在琛勒普特（Chingleput）地方的Pallavaram发见旧石器。这发见于一八六八

①编者按：原稿为“相”，当以“象”为是。今改。

年八月，在挪威（Norwich）的国际先史学会的席上发表，自此以后，欧洲的学界渐渐始有印度石器时代的问题。如戴勒（E. B. Tylar）于一八七〇年顷认为印度新石器时代与旧石器时代共同存在，佛特氏更于一八七三年于维也纳陈列彼所搜集的系南印度出土的旧石器，努力主张运动旧新石器时代的存在，其后彼于一八八七年为印度地质调查所所长，更加埋头于印度石器时代之研究，而其搜集品则寄赠于加尔各答的印度博物馆中，其图录题为《印度史前及原史时代遗物》（*The Foote Collection of Indian Prehistoric and Protohistoric Antiquities*）于一九一六年出版。虽然，印度考古学，或则更可以说是东洋考古学上近时的大发见却为印度河畔的Mohenjo-Daro及Harappa等遗迹遗物的发见。

印度政府则于一九二二至一九二七年，从事金石并用时代遗迹的考古学的发掘，以印度考古学局局长马沙尔氏为主干，在奈拉（Nile）发掘。奈拉为Baluchistan的地方，现在尚未见报告。

Mohenjo-Daro的遗迹为雅利安（Aryan）民族占居以前，公元前三〇〇〇年顷在印度地方金石并用期文化的显示者。因其占居印度考古学史上最重要的地位，特为另行详述于次章，而以Harappa附说于其末。现在依次先述其初期旧石器时代及后期旧石器时代的大概。

一八七〇年顷戴勒氏主张印度不特有新石器时代的存在，且有旧石器时代，已如前述。其后勃兰德福（W. T. Blandford），勃龙（J. C. Brown），霍邦（J. Cockburn），佛特，密特拉（P. Mitru）氏等对于印度旧石器时代文化的解释，咸有重大贡献。

关于原石器（Eolith）等发见，其事情的真伪，尚缺确实性，姑置不论；至于欧洲初期旧石器如阿齐乌尔期（Acheul）

及毛斯台尔期（Moustier）的石器和形式等遗物，在中印度的东北部及东南印度已有多数发见，为不争的事实。尤其特殊的是马德里（Matros）及海达拉巴（Haidarabad）的喀达巴（Cuddapah），干图耳（Gunter），涅罗耳（Nellore），琛勒普特，亚科特（Arcot），甘特拉（Gundla），勃兰喀佛林（Bhramhesvaram），吉打罗尔（Giddalur），勃哈华那斯（Bhavarasi）等地方多数出土，已认为初期旧石器，这些均以石英为主要制品。洛干（A. C. Logan）氏至谓："印度最古的人类是石英岩的使用者。"密特拉氏谓："库台巴尔为印度初期旧石器文化的中心地，实际上不外因为是石英岩的主要出产地，对于古人有最大引诱力的结果。"印度初期旧石器时代人虽说是石英岩的使用者，然其石器的形式，与我国周口店出土的相类似，这可暗示东亚最古人类文化有某种共通性的存在，但其时尚不能往来交涉。

东南印度的初期旧石器，则在其地红土（Laterite）以后。所以冈密挨第（L. A. Commiade），柏尔吉特（M. C. Burkitt）等均谓："东南印度的红土生成时代——这时期确是长雨期——以后，便入干燥期，人类栖处其地，遗有最古形式的旧石器，但其后再入烈雨时代，故其旧石器与烁石共同流出，形成沈下的烁层；又入干燥期，人类在栖其新地层上，因而又留遗新形式的旧石器，这种状态，曾反覆数度"云。而红土生成后第一次及第二次印度古代人类生息年代从其遗物中的初期旧石器的发见之层位的地质学的考察上，又从其石器形式的考古学的考察上观之，恐不减于欧洲第四纪中期的地质年代。而其石器是以由打击砾石作成的手斧（hand-axe）及砾石被打缺了的薄片作成的石刀（flaka-knife lame）之类为主。无论如何，在欧洲及非洲的齐里斯期的后斯（Late Chellean），阿齐乌斯期，毛斯台尔期初期（Early Mousteuan）的石器中，已被发见了同样的形状。然而，比这等形式上遥远的原始的所谓鸟嘴龙骨形（Rostre-Carinate type）的石器也有存在，此外又有细小的平盘形石器（disque），刻刀（burin）之类。在我国的周口店，也同类可以窥见在最古旧石器时代文化的细石器的手法的存在。

至于印度旧石器时代的后期，在这里不妨略说一说。从前佛特氏曾经主张印度不特有初期旧石器时代和新石器时代，这中间的石器时代，也有很长时间的间隙。最近密特拉氏等也认定印度在很短的后期旧石器时代及新石器的中间石器时代，即所谓中石器时代（Epipalaeolithic Age）的存在。他们认为最足代表后期旧石器时代遗迹的，算是麻打拉萨的Karnul地方的Billa Surgam和其他的洞窟。这Surgam洞窟于一八四五年为奈保尔持（Captain Newbold）所发见，曾经略为调查，其后久被遗忘了。至一八八四年，由麻打拉萨政厅派遣佛特氏父子（R. B. Foote，R. A. Foote）组织发掘，洞窟深约五十米许，发掘时从表面至九米或十一米深为止。其间从表面至一米前后之处属新石器时代，获有粗陶片；至三四米深之处，则发见木炭残屑及炉址，自此直下，即从表面至三米前后之处，有多数骨器及一个石器出土。而由此达至深部则石器骨器之类，皆可获得，并有确然用石器刻划目形的兽骨发见。而这洞窟的地层中，包含着化石动物群。据赖特克（R. Lydekker）氏的研究，有猿，马，犀，蚁喰[①]，鹿等的代表物，及经已绝种，在今印

①编者按："喰"疑为衍字。

度已无而现在仅生息于非洲的动物，也有多种。赖特克并推定这洞窟的地层的大部分的年代为第四纪后期，狄斯库特氏则认为第四纪最后期。谓包含于这地层中的炉址及骨器石器均属后期旧石器时代，其事略略确实。而其骨器的形式与西欧马地伦期（Madeline）的骨器相应，这说为多数学者所承认。这些骨器包含骨锥，骨枪，石针，骨镞等各种利器类，其发见数量据佛特氏所见已达二百个云。所以在南印度有后期旧石器时代的洞窟住居址的存在，其事略略可信。又在北印度的Vindhya山脉之北及其东支脉及Banda地方出土的，与西欧的苏鲁特尔期（Sdutre），马地伦期石器酷似的石器异常丰富。密特拉氏在这等地方也发见细小的石刃截石等细石器类，断定印度后期旧[①]时代文化与中石器时代文化的存在。

最后与印度的后期旧石器时代或中石器时代文化有关连而最饶兴味的事实，则为洞窟内现有狩猎及假面舞蹈等图样的绘画及雕刻存留之事。这种洞窟内的艺术品，早于一八八三年为科本（J. Cockburn）在印度北部的Mirzapur地方发见，就中以Ghormangur洞穴的绘画为最有兴味。这些大抵以赤土（haematic）描写狩猎犀牛之图，狩猎者皆以枪（铦）向犀，犀则以角抵触狩猎者的一人的样子，稚绝素朴，有相当明确的表现。而发见者科本氏以犀为现今印度所没有的动物，因而推论这绘画的描写年代很古，而狩猎者所有的枪则或为石制或为骨制云。这Mirzapur地方的洞窟绘画殆全同样，一九一〇年在中部印度的Raigark地方的Singanpur，有安特生（C. W. Andersson）的发见，包温（P. Brown）等的调查。这洞窟在原野

①编者按：此处疑脱漏“石器”二字。

之上，约二百米的位置的岩山山腹的一洞窟，土人呼为社殿或“神圣的场所”（Madirs），现在崩坏，有绘画的部分多已露出。这绘画全用赤色描写，狩猎野牛，象及其他兽类及人物群集舞蹈，和动物表现的图样——例如鹿及蝙蝠等——为主。而全体图样的主题及表现的方法，其巧拙的阶段，近似西班牙的Cogul或其他岩壁绘画，多数学者所说如此，然又有谓为与非洲的埃及斯坦的极同似。只是后者以多彩绘画为主，印度的岩窟绘画则悉为单色，而以赤色一色为主，二者不同而已。

此外同样的遗迹，在锡兰岛也有，即是萨拉因（P. and F. Sarazin）兄弟曾在锡兰岛的洞窟中拾得类似马地伦期石器的石英岩制的石器。又从锡兰岛各地出土细石器之事，则早已周知。

四、Mohenjo-Daro的发掘

这Mohenjo-Daro的发掘，与上述各地发掘有些不同。这一次的发掘是比较地大规模的，遗品的种类很广，数量很大。依这地的发掘，不特于某时代的史前文化状态可以知道，且于观察这时代文化与后世文化的关系时，足以给予从来的学说上一个大变革的影响。

盖这回大发掘的端绪，于一九二二年班那遮（R. D. Baneiji）在Mohenjo-Daro高邱的最高处，得知古昔佛教废塔的遗址，加以研究，在这目的之下，试行发掘。在发掘进行中获得刻有不能通读的象形文字的印章。这与早年在Harappa（或作Harapoda）的发掘所留存于学界的谜同一性质，至是俄然唤起学界的注意。

关于Mohenjo-Daro的发掘，最初的发见者班那遮氏在

一九二二—三年曾作种种报告如*Archaeological Survey of India*, *Annual Report*。又在一九二三—四年的报告中，印度考古学局长马沙尔氏也曾论这事。又于一九二四年九月二十日发行的周刊*Illustrated London News*说到印章在考古学上所以居极重要的地位的话；次期斯士教授（Sayce）又举其与苏马连文化相类似之点，继而又有葛德（Gadd）及斯密士（Smith）两氏发表论文论及Mohenjo-Daro，Harappa及俾路支斯坦的发掘品与苏马连文化相似之事。自是以后学者继续发表其研究的论文很多，不一一细说了。

这种大发掘，最初在班那遮氏指挥之下举行，一九二三—四年有韦特士（M. S. Vats），一九二四—五年有狄克薛（N. Dikshit）诸氏等参加，一九二五年以后局长马沙尔亲临其事，并聘请各部门专家[1]，每日督率人夫一千名以上，于是这回大规模的发掘乃得完成。

这次发掘的结果，马沙尔氏总括一切，于一九三一年发表*Mohenjo-Daro and the Indus Civilization*三卷，本文约七百页，图版百六十四叶的巨著；为局长马沙尔及Ernest Machay，Rai Bahadur Daya Ram Sahni，P. Hargreaves，G. I. Gadd，Sidney Smith，S. Langdon，Muhammad Sana Ullah，A. S. Hemmy，R. B. Seymour Sewell，B. S. Guha，Edwin Pascoe 等诸学者共同执笔，各担任专门的部门。

就中除马沙尔氏执笔记述第九章窣堵波地域外，其余概说相当的部分，分为：一、Mohenjo-Daro的中心地域，气候，河流；二、发掘地概观；三、建造物；四、发掘品；五、宗教；

---

①编者按：原稿为“部专门家”，当以“部门专家”为是。今改。

六、死者的葬法；七、Indus文化的范围；八、Indus文化的年代及其作者综合各专门学者的研究而加之论断。欲从其中试为检讨诸学者所提出的略说以期得到Mohenjo-Daro的知识，则只一读其概说，已可满足。若更欲就每个发掘品试加以详细的研究，则不得不要熟读全三卷报告书了。

原来Mohenjo-Daro的位置，系在北纬二十七度十九分，东经六十八度八分即在印度的西北铁路线（North-Western Railway）距离Dokri地方七哩，Larkana地方二十五哩的所在。为印度河的分歧①点与河口之间，为本流及Western Nara的环流所包围，只不过一荒丘而已。即以Mohenjo-Daro一名称的字义而论，即所谓“死山”是也。

这丘西北隅最高处七十尺，其他则概为二三十尺。其中古代街市层层相重。据今所考定，旧为大都市，异常繁荣，后因气候变迁，雨量减少，风带移动，遂至荒废。然其文化，实在五千年以前，以今日发掘所得，即建筑物一项而论，家屋栉比，秩序整然，可断定为一壮大都会。多数建筑物自身备有泉井，以砖瓦为之，非常精致，作圆形或椭圆形。除私井之外，又有公井。有寺院建筑，又有公众浴场，为都市建筑的最大特征。

再从食料方面考察，发掘结果，有小麦，有大麦，有枣及椰子；有牛肉，羊肉，豚肉，家禽肉，鱼肉，龟肉，干鱼及贝等；又有此等骨壳作半焙状态在住居的内部，或周围或死人的供物中发见；有牛乳，野菜及果实等食品；又有金属的钓鱼针。可以推知其为人口稠密的都市生活。

至于衣服之制，则与今日之印度人不同。男女之像，竟有

①编者按：原稿为“岐”，当以“歧”为是。今改。

全裸者，或者是当时的一种习惯。其衣料，有织布，有丝纺，其家屋中并有纺织器发见。又其材料中，有羊毛，有木绵，生人之事大备。

其次关于头部的装饰，不独男女有别，而头发上卷发的狭长发带也有种种。发见品中有发带，以金属打成延长为薄平板，其端作纽孔结纽的。又女性像中，头发后垂；有一舞女，后头部斜大，横束其发。又其发掘品中最有兴味的为颈环，胸饰，臂腕的环钏，指环及足钏等装身具。

印度人关于矿物的智识，非常进步，也从这回发掘中可以考见。金属中如金银等贵金属以至铜锡铅都已采用。不但如此，即不产于印度而远隔异地如阿拉伯的金银铜，西藏的金砂，及从南印度输来的绿色Amazon-stone都有发见。矿物中石的用途最广，除建筑物中所用大量外，即如比较硬的农具，或家庭用品如皿，壶等类，都是以黑硅石制的。又有美色的准宝玉的矿石类作珠用的装饰品。此外还有沥青，赭土，绿土及砒素矿等发见。

以上所述为Mohenjo-Daro先民衣食住的大概，至于其他生活上所表见也极多，出土品中如武器类，家庭用具类及玩具类亦甚丰富。最特色者为陶制器中的釉药陶器。这种釉药陶器，为世界的最早便用者。为不透明的如玻璃的光艳。据麦克琪（Mackay）的意见，釉药陶器在美索不达米亚为纪元前千年所用，埃及则于罗马时代用之；所以在印度为独自创造及发展的。以上是Mohenjo-Daro发掘的大概。

此外还有一个大发掘，为Harappa，虽不及Mohenjo-Daro的巨观，但在印度的文化史上也极重要，顺便在这里说说。Harappa距离Mohenjo-Daro约四百哩之遥，为南旁遮普州

(Danjal)的Montgomery站十五哩的所在。系存留于Ravi川的旧河床的铜器遗迹。

这Harappa的发掘，系于一九一八年开始。这回发掘所得与Mohenjo-Daro相同，有同样的象形文字的捺印类，细工的腕环类，彩色的无釉瓷器及陶器类，其他天然石制的食器类等。与Mohenjo-Daro的为同时代的遗物。依据所得发掘品来推测，两地的文化，全然同一。家屋以砖瓦建筑，设排水渠，有整然的道路，作成都市的结构；彼此所用的家具，武器及其他装饰品，殆全无别。不过在Harappa地方只缺少大浴场；而Mohenjo-Daro则缺少廊屋(Corridor Hold)而已。

五、赘语

就现时印度考古学的发达情形而论，已足推究印度文化起源的状态，如象形文字的捺印，彩色陶器类，埋葬风习，女神崇拜等。惟事业正在萌芽，诸家所论证，尚难认为定说，概拟留待异日再行介绍，现在打算照此作一结束。

然尚有不得不请我考古学同人原谅者，作者收藏这类书籍，并不丰富，同时又只看英日文字的书籍，不能直接读印度学者的原文著作，参考不多，至深抱歉。又于这文写成后，偕胡肇椿社友至上海亚洲文会图书馆参观，得获见印度考古学，印度发掘报告及印度博物院书籍二十余种，不及采入，尤为憾事。特记于此，以俟异日。

民国二十四年十一月二十三日写于住无定处之时

(原载《考古》1935年第3期)

现代化的考古学①

现代化的考古学，在我国发生极迟，后研究此学者南北散居，尤不易互通消息。去年九月全国考古学界因有考古学社的组织，以“我国古器物学之研究、纂辑及其重要材料之流通”为宗旨。现时社刊第一期已出版，内容有：容庚《考古学社之成立及愿望》、郑师许《通俗考古学丛书编辑计划》、唐兰《理想中之商周古器物著录表》等十余篇。又该社社员多潜心著述，与从来玩古收藏者不同。最近河南出土汉袁安、袁敞等碑，世未著录，由该社容庚辑为《古石刻零拾》。安徽寿州出土楚器，由该社刘节撰为《楚器图释》，皆为考古界最新而又最精的著作。

（原载《现代》第6卷第2期，1935年）

①编者按：本篇篇名为整理者所加。

我国考古事业之回顾①

一、引论

我国向来只有骨董家（Antiquarian）没有考古学者（Archaeologist），故真正的脱离玩古董的玩意，而为现代化的考古攻究，是最近二三十年间的事。《现代》杂志社主编汪馥泉先生来信为《现代》杂志征文，嘱为《一九三四年我国考古的成绩》，约三千字的短文，因最近作者已为《申报年鉴》第三回刚写了这样的文字，不便重复，因改为本题，其意盖欲使吾国人明白这种新事业的真面目。

二、我国考古事业的前驱

我国考古事业的前驱，要数到九百年前左右的北宋末年。其时的学者，因受史学发展的影响，盛行搜集考证金石古器；如李公麟、刘敞、赵明诚、吕大临、薛尚功、洪迈等辈，均可算为此学的先锋队。他们研究古器物的态度，不外乎“明其制

①编者按：本篇局部标点、外文字母有改动。

度”“正其文字”“考其世谥”而已。至清朝末年，因考证学发达的结果，此学更为盛行。如冯云鹏、阮元、吴式芬、刘心源、吴大澂、孙诒让、叶昌炽、蒋斧，皆为此学著名的人物。民国以后，罗振玉、王国维振其遗风，此学遂以大盛。计这一类的著作，总在一千种以上，但我们严格的考核一下，这些只能算是金石学（Epigraphy），不能算是考古学（Archaeology）。所以我们只好叫它做考古学的先驱吧了！

三、外人在华的考古事业

至于真正的近代意义的考古学攻究，其事实始于十九世纪的末年。最初由几位在华的外国学者先行发掘，然后引起我国人士的考古兴趣。一九〇〇年英吏斯坦因（M. Aurel Stein）便开始被派至新疆和阗故址从事发掘。未几遂至敦煌千佛洞盗去唐人写本二十四箱。其后法人伯希和（Paul Pelliot）闻风追至，在敦煌运去斯坦因所遗千佛洞唐人写本六七千卷。同时沙畹博士（E. Chavannes）为我国北部的旅行，调查鸭绿江畔的好大王碑，及山东各地的汉画象石，山西大同云冈的石窟，河南洛阳龙门的石窟，陕西省内的周秦诸陵。而魏晋西陲的木简，又为斯坦因所得，运往欧洲。俄人柯智洛夫（Captain P. R. Kozloff）到蒙古探险，至甘肃张掖额齐纳河畔发掘西夏废址，得有古写本《易经》《本草》《法华经》等书籍数十卷，古佛画及纸币等甚多，并有中文藏文及西夏文的《西夏字书》《韵统》等书籍。同时日本人大谷光瑞在伦敦闻得消息，即赶至新疆查察，归国后即遣橘瑞超到新疆考古。这些大概是二十世纪初年的事情。其后欧洲考古学日益发达，对于远东方面，自然影响更大。一九一九年瑞典地质学者安特生（J. G. Andersson）博士，因为调查地质，在我国各地调查，依其所见，认为我国有新石器时代的存在。一九二一年夏天在奉天省锦西县沙锅[1]屯洞窟发掘，是年秋又到河南省渑池县仰韶村的住居遗址调查。从这些遗迹检查，并无何等金属器使用的痕迹，只发见石器与陶器，证明这是属于新石器时代的遗物。其出土的陶器中，除我国青铜器时代的鬲或鼎的雏型的粗陶以外，并有彩色陶器，察其共通的特色，知在同一的文化层内，安氏因称之为"仰韶期文化"。一九二三年至二四年，安氏又在甘肃省沿青海附近一带考古，又在甘肃省碾伯县马厂一带的古坟发掘，复发见从新石器时代至金石并用期的遗物，因分别这一段的年代为齐家期、仰韶期、马厂期、辛店期、寺洼期、沙井期六期。虽其所假定的年数，尚未得一般考古家的承认，但证明我国确有新石器时代这一段史前历史，其功迹实不可没。同时奥人师丹斯基（O. Zdansky）又在北平[2]房山县周口店采得化石很多。在一九二六年在这些化石中发见两个"人的牙齿"，定名为"中国人"（Sinanthropus Pekinensis），又名"北京人"。这一回的功绩更大，把我国的历史展长至距今三十万年前的始石器时代（Eolithic Age）了。

这时候考古学界有个很新的倾向，谓欧洲西部或其他的地方，并不是人类最初发生的地方，真正人类的摇篮地，当在中亚或蒙古。美国奥士彭（Henry Fairfield Osbon）博士主张最力。一九二一年美国派遣大探险队到蒙古来。安德留斯（Roy Chapman Andrews）等学者陆续地得到了伟大的结果，

---

①编者按：原稿为"窝"，当以"锅"为是。今改。

②编者按：原稿为"河南省"，当以"北平"为是。今改。

一九二九年发表报告书，使以中亚高原为原始人类的发详地这个学说有了很大的根据。这队里的队员考古学专家纳尔逊（Nilo C. Nelson）在戈壁沙漠中，发见旧石器时代的遗物。同时在鄂尔多斯地方，法国学者德日进（Teilhard de Chardin）、桑志华（E. Licent）又发见了确实的古象与犀等动物遗骨及旧石器。于是学者之间，便认定自我国北部到蒙古一带，为原始人类栖息的地方。这是外人在华考古事业的大概。

四、中央研究院考古组的工作

我国学者受了在华外人这种考古气氛的包围，自然也引起了不少的注意。一九二三年河南新郑县县城东南隅发见古坟，出土铜器甚富，北京大学教授现任故宫博物院院长马衡即亲往调查。一九二六年清华大学教授李济遂开始在山西省夏县西阴村发掘史前的遗存，这是我国考古学的破土礼。以后奠基，建筑，大半是中央研究院历史语言研究所考古组的工作，现在分别述说如下：

中央研究院的工作，最初是安阳殷墟的发掘。在一九二八年的秋天，该所研究员董作宾有到殷墟甲骨出土的地方刨宝贝之议，得了院长蔡元培的认可，遂于是年十月十三日开始试掘。到一九二九年春，中央研究院便在历史语言研究所正式成立了考古组，聘请李济为主任，那年三月才正式在安阳殷墟作大规模的发掘。直到现在，已经有六年以上，发掘已达十次，刊行《安阳发掘报告》四册，虽然总报告书尚未发表，而成绩已着实可观了。计现时所得，除已证实甲骨非“作伪有须臾之便”不说外，还有殷人版筑的基址，仰韶式的陶片，黑陶文化的圆坑，俯身葬的习俗，铸冶用的将军盔、石庖丁、石斧、铜矛、铜刀子、铜斧等，提供了不少关于我国青铜器时代的始原问题及西方文化交涉的资料。

同时李济董作宾梁思永吴金鼎又在山东省济南附近龙山镇，相传为谭国城址的城子崖发掘，发见其曾经利用与殷墟同样的兽骨作为占卜的工具，及与甲骨同型的陶器文字。这报告书不日可以刊出。

同时中央研究院的考古组，又在安阳的后冈、侯家庄、武官村，浚县的莘村，巩县的马峪沟塌坡村，广武县的陈沟村傲王顶，山东滕县的安上村等处发掘，为有计画的探检黑陶文化分布及接触地域。

又该院田野工作专家梁思永于一九三〇年与哈尔滨博物馆合力，发掘昂昂溪附近砂丘地带保存石器时代遗物的古墓，调查其磨制石斧、粗陶器、骨器、碎石等副葬物。所以我国考古学的研究，当以中央研究院为最伟大。

五、燕下都考古团的工作

燕下都考古团为北京大学、北平研究院、古物保管委员会所合组，性质疑是临时的，大约以北京大学为中心。一九三〇年河北省易县的练台村，被侦知为战国时燕国故城遗址，遂由马衡等从事发掘。出土瓦片、明刀钱、铁斤和其他铜器，足为研究我国青铜器时代盛期的基准。

此外在北方的考古事业中，尚有一九三一年北平女子师范学院、山西公立图书馆和美国福利尔艺术陈列馆合作，在山西省万泉县荆村的石器遗址发掘，发见黄土层断崖中一穴口，呈袋状，为古代居住遗址。这回发掘，在我国考古事业上很有位置，亦当附述于此。

六、西北科学调查团的工作

我国西北方面自从汉唐以来，便蕴藏着无量数我国中古时代的文化。可是自斯坦因三次劫夺以后，这些可宝贵的材料，已经十之八九流出海外了。在一九二七年的夏天，北平中国学术团体协会与瑞典人斯文赫定（Sven Hedin）有西北科学考查团的组织。这是我国学者自动地向西北方面作有系统的考古的开始。团中设团长二人，中国方面为徐炳昶，外国为斯文赫定。另有中国科学家四人，即袁复礼、黄文弼、丁道衡、詹蕃勋，及学生五人。外国团员十七人。结果，以黄文弼逗留最久。考古的地点为吐鲁蕃一带。在雅尔崖的古坟群发见墓表百三十余方，陶器八百余件。报告书有黄文弼著《高昌陶集》等。这回的贡献，是明了了在海道未通以前，东西两方民族交通的情势。新疆譬一水管，其本身原无文化可言，以适居东西交通之陲①，故所有文化皆自外来，文化之推动，亦极活跃。如匈奴人、突厥人、蒙古人的西移，景教、摩尼教、回教的东来，莫不与之有极大的关系。此外黄氏又掘得汉木简于罗布淖尔及木特札河旁。

现在外国团员虽已因故散去，惟斯文赫定尚往来其间，欲知后事如何，且听下回分解。

七、黄花考古学院的工作

在南方这种事业，发生较迟。除于一九二八年间谦利（C. M. Heanly）等在香港附近收集新石器时代的石器、粗陶器，

---

①编者按：原稿为“邮”，当以“陲”为是。今改。

芬纳（D. J. Finn）在香港附近舶辽洲的西部海岸大挛[1]肚调查，发见若干石器、粗陶器和青铜器外，我国学人所组织的，有黄花考古学院。

一九三一年，因广州[2]市东郊执信学校的校园和东山叠有汉冢的发见，于是市立博物院便和黄花考古学院合作，在是年十二月发掘西郊大刀山的晋冢，遗物有布块、铜器、陶器、墓砖等。砖土文字为“大宁二年甲申”，证明了在两晋时，广东的文化已很高。

同时汉冢出土墓砖中有雕刻罗马数字的一方，文分四行，XIII XIII为第一行，V V为第二行，IIIX IIIX为第三行，XIII XIII为第四行。据容肇祖的考证为汉末或纪元后三世纪之物，明了了当时的交通，由罗马至安南东京再至广州的。其是否可信，尚有待于广州考古的新发展。

八、因考古事业引起的纠纷

李济在《中国考古学之过去与将来》一文中说：“中国毁古的能力恐怕要超过任何民族。”这句话包含着好些悲惨的事实。故此考古学的大敌，一是无知的民众或官僚，将好些古代的遗物如佛像、碑碣之类作为新建筑的材料，这是随时随地可以遇见的；一是贪利之徒私掘盗卖，或在华外人巧取豪夺，这些事亦未尝无所闻见。其中尤以盗卖劫夺最是令人伤心。我们试一翻《论语》中董作宾的《考古闲话》及《大公报·史地周刊》第二十期吴世昌的《近五十年中国历史文物之丧失》两

①编者按：原稿为“挛”，疑为“湾”。

②编者按：原稿为“广洲”，当以“广州”为是。今改。

文，大略可以知道一点吧！

这里所谓因考古事业而引起的纠纷，除开小有波折的不计外，最大的为一九二八年美国纽约自然历史博物馆在张家口偷运蒙古化石十余箱。和一九三〇年法国汽车公司的爬行车队殴辱我国“一九学术考察团”的团员。

自此以后我国政府便制定古物保存的法令和采掘古物的规则。最近并设立中央古物保管委员会，进行调查及保管的工作。这是很可喜的消息。

九、考古团体与考古刊物

考古事业不单靠公家的力量去进行，还须靠私人团体的帮助。我国考古事业虽然历史尚浅，但学者之间，已甚重视其事。在一九三三年的夏天，上海已成立中国考古会，系中央研究院院长蔡孑民，名流叶誉虎、刘海粟，考古家李济元、关百益、顾鼎梅，画家王济远、滕若渠等所发起。（据是年五月十三日《申报》）常务理事为：蔡元培、叶恭绰、刘海粟、顾燮光、杨杏佛、吴湖帆、张天方。下设调查、编辑两委员会。工作在进行中。去年九月北平又成立考古学社。为南北考古学者容庚、徐中舒、董作宾、商承祚、容肇祖、张荫麟、郑师许、孙海波等所发起，会址设在北平燕京大学燕东园。（去年七月廿二日《申报》）选举容庚、徐中舒、刘节、唐兰、魏建功五人为执行委员。大概偏重在“学”的一方面。这二者比之日本的东亚考古学会，规模相去甚远。然而事在人为，希望我们更加努力吧！

至于考古刊物，此时尚甚缺乏。除中央研究院的历史语言研究所《集刊》和《安阳发掘报告》外，杂志只有黄花考古学院的《考古杂志》、考古学社的《社刊》，书籍只有滨田耕作《考古学通论》《东亚文化之黎明》的几种译本，和张凤的《考古学》、卫聚贤的《中国考古小史》、郑师许的《日本考古学之过去与现在》。其余散见各种杂志中的考古论文，大率已见《国学论文索引》正续三集中。

十、结论

我国考古事业发展的史略，大抵已如上述。惟北平方面尚有一中国营造学社，由朱启钤、梁思成主持，专事研究和调查吾国古代建筑，为考古学中的支派。

考古学在我国虽只在萌芽，成绩已如此可观。他日倘能发扬光大，对于我国治历史的学者，必然有很大的益处的。

民国二十四年二月四日写于沪上四部书斋

（原载《现代》第6卷第3期，1935年）

考古学研究法译者序①

考古学（Archaeology）之在我国，仅仅不过二三十年间以来之事，其间由我国学人亲自动手的，又不过十年。虽现时在我们学术界中信从的人比较反对咒骂的人为多，可是仍然幼稚得可笑。但试一探究其故，实因现时我国出版界，对于这类的书籍供应得太少，以致有志从事考古学的青年，得不到参考的机会，除非是可以直接读外国文字的。

民国二十一年余因沪战移居迈尔西爱路诚德里，同居有同乡胡肇椿君，治考古学极勤，知余为同道，引为知己，日夕讨论，拟为我国考古学界尽些许②之力，有开办考古学书店专印考古学书籍之拟议。其后胡君移居真如，往来杭、沪，聚谈较少，然每周晤面必一二次，晤则必作长日谈，谈则必及考古学，友人中每嗤吾二人为中考古学迷也。一日谈及这书，知余已译过半，胡君亦译过半，因相勉合译，各于炎暑中挥汉成之。

---

①编者按：本篇局部标点有改动。

②编者按：原稿为“须”，当以“许”为是，今改。

民国二十三年春间，胡君自杭州来，促为这书出版，并嘱余拟一考古学丛书编印计画，胡君自任将英人吴理（Charles Leonard Woolly）的《考古发掘方法论》（*Digging Up the Past*）译出。直至那年秋天北平容庚徐中舒董作宾商承祚容肇祖张荫麟等与余发起考古学社，有《考古学社社刊》的刊行，嘱余为撰一稿，余感于我国考古事业的幼稚，思有以促其进步，遂拟一《通俗考古学丛书编辑计画》，为文投请社中同人指正，以：

一、《考古学讲话》

二、《考古发掘法》

三、《考古学研究法》

四、《古器物的整理与陈列》

五、《考古学书目》

六、《考古学辞典》

七、《在华外人考古记》

八、《考古闲话》

九、《安阳发掘小史》

等九种，为第一期拟着手编辑的书籍；以：

一、《有史石器通释》

二、《史前石器通释》

三、《铜器通释》

四、《兵器通释》

五、《镜鉴通释》

六、《玉器通释》

七、《陶器通释》

八、《钱币通释》

九、《东洋考古学》

十、《西洋考古学》

等等，为第二期进行编辑的书籍。当时已将这书和胡君译的《考古发掘方法论》两书排入计画中。不意这计画书印成以后，遍送我国出版界的前辈，悉为婉词拒绝，徒法不能以自行了。其后胡君的《考古发掘方法论》卖把商务印书馆出版，剩下来这一本研究法，因为插图有四百九十八幅，很容易惹起出版家的制版上的害怕，终之留下来搁在我的四部书斋中一年多了。本年夏初陈柱尊先生倡议数年之《学术世界》呱呱出世，余遂商得胡君同意，先行分期交《学术世界》发表，然后印入《学术世界丛书》中。以后虽然考古学丛书的计画或不免变更，而深喜这两书都能如愿出版，这未始非我国考古学界的快事！

就现时的出版界而论，关于《考古学讲话》一类的书，已有滨田耕作的《通论考古学》及《东亚文明之黎明》的几种译本；关于《考古发掘法》一类的书，已有胡君的《考古发掘方法论》及中央研究院的各种报告书如《安阳发掘报告》《城子崖》，北平研究院的《周口店洞穴层采掘记》等；所谓锄头考古家勉强可得几种参考书以为田野工作的引证。惟是桌上的考古家截至这书出版时止，尚无一本精确而周密的参考书籍，这未免令人气短了。

孟德鲁斯博士一生的生活，为未尝操持过锄头的生活，又未尝埋头为一遗物的详细记述；始终坐在书桌上详较他人发掘的报告书而推定其年代先后及嬗变分布的迹象，以完成其大组织大综合的研究的学者。这本书即为孟氏一生研究经验得来的自然结论。其最大的成绩即在本书所论“型式学的研究”。滨田耕作译本序谓：“……博士殁后垂且十年，犹未有若此书第一册所述研究法之详尽者，此中型式学的方法论为尤精确而周密。当余攻习考古学时，若此书之深刻且坚强地影响于我的学问，可说没有再多的例子。”可见孟氏头脑的清楚和见解的高超，令人佩服的所在了。吾辈担任介绍翻译工作的人马，深望这书一出，其影响所及，我国有志考古事业的青年，也能成就一两位如滨田氏的权威学者。这可不算是一种奢望吧！

现代学术，分工至精至细，即以考古学而论，田野工作者和研究的专家确有分工的必要。吴理的《考古发掘方法论》第五章“考古材料的应用”里说道：

> 野外考古作业者的首要责任，乃在收集和整理材料，无论其当时对于该材料能否有见解。

这句话已经把锄头考古家最大的责任说出，其他不必苛求。但反过来说，这些由比较研究而得到结论的责任，应求之有综合与解释能力及有创造精神和文学天才的历史学者。而且在事实上田野工作人员毕生埋头埋脑于一地的发掘与整理，所得常为片段的，我们应该不必勉强他也同时担任研究的工作。所以在这时应该另有一部分的人们罗致大量的报告，充实有记录的历史常识，立志终身为桌上的研究工作如孟氏的一样。发掘与研究分工合作，这两方面的进行，如辅车之相依。

在这里一定有人笑着问我，“在这万方多难的年头，谁愿意听您的噜苏的话？”我可以很恭敬的答覆：“我愿意终身做一位考古学的牧师，无论人们的愿意不愿意来听，我总是一般布道的。”万一我国或者世界是需要学术来救起它的，这考古学一门无疑地是一种新兴的科学。如果时间和金钱许可的话，我愿意集合我近年来已发表过的《一年来的中国考古学》（《中华月报》）、《十年来之中国考古学》（《大夏学报》）、《两年来我国考古事业》（《申报年鉴》）、《我国考古事业之回顾》

(《现代》)、《殷周吉金彝器之辨伪方法论》(《学艺杂志》)、《沈子它敦盖新释》(《国立中山大学文史研究所月刊》)、《读殷商无四时说》《论所谓秦式铜器》(《岭南学报》)、《饕餮考》(《东方杂志》)、《小檀栾室镜景》(《图书评论》)等三十几篇论文，印成一本叫做《中国考古学论丛》，这更是一种牧师分散布道小册子的无聊事情。这不是更不愿意听的一回事吗？

中华民国二十四年十月序于全国大运动会闭幕车阗马喧之日

（原载《学术世界》第1卷第7期，1935年）

评秦汉金文录金文续编两书

《金文续编》为燕京大学教授容庚撰，为国立中央研究院历史语言研究所专刊之八，于去年六月由商务印书馆发行。卷首有容氏自序云：

> 当民国十三年，余之写定《金文编》也，拟殷周金文为上编，秦汉金文为下编。下编约字五百余，重一千一百余，以采摭未富，故未印行。嗣是年有增益，然摹写至艰，乃发愤为秦汉器铭之搜集，于二十年编辑《秦汉金文系》，得秦器八十六，汉器七百四十九，由中央研究院印行。乃得排比其文字，三年乃成此编，约得字九百五十一，重六千〇八十四，附录三十三，重十四，视前稿五倍之。

呜呼！容氏用功之勤，可见于此矣！犹九一八前月余，容氏偕商承祚徐中舒两君来沪，与余访善斋，摄景善斋所藏器，得秦汉金文拓本若干，其后又来函索借善斋所藏前贤旧拓，择其精者印入《秦汉金文录》中。其后往来京粤，过沪必访余及善斋，得一佳拓，辄喜而不寐。其行囊中皆随事搜集之佳拓本也。其所得远过前人，宜哉！

《秦汉金文录》于民国二十年十二月出版，亦为国立中央研究院历史语言研究所所印行。其卷首容氏自序云：

> 《金文编》之印行，于今七年矣，当时所写定者，仅上编殷周金文，其下编秦汉金文，虽三易稿，仍感材料之不足，未敢印行。十五年夏，任燕京大学教席，俸给略丰，得节其余资以购金石书籍拓本之属；然职务繁，反不若读书北京大学时之专于所学，未遑续为之也。邹安先生编行《周金文存》后，即欲继编《汉金文存》。余尝贻书敦促之。去年过杭，承以目录见假，然终未睹其成。……自是常怀策励之心，欲代邹先生成之。……今全书告成矣，回思……经过，有三难事足述者：一曰搜集，……二曰鉴别，……三曰整理。……此书成，继而作《秦汉金文编》，乃吾志也。

文中于借助诸家之处，言之綦详，亦以见成一书之不易也。然此二书实为孪生姊妹，《秦汉金文录》未成，则《金文续编》实无由作也。此《秦汉金文录》之所以尤重要也欤！

《秦金文录》所收秦器权四十四、量一十六、诏版二十一、兵符二，凡八十三器，附录三器。其为诸家所已著录而未收者，权五、诏版一，凡六器。其疑伪未收者一、伪者一。《汉金文录》所收鼎一百一十一、钟五十四、钫十九、壶二十六、权度量二十八、镫七十三、乐器二十五、杂器一百二十七、洗一百五十四、钩三十五、兵器六十，凡七百一十二器。补遗鼎四、钟一、壶四、镫一、乐器一、杂器四、洗二十二，凡三十七器；校正前书者凡九器，合前书都七百四十九器。诸家所已著录而未收者鼎十四、钟三、壶九、权度六、镫十二、乐器十六、杂器二十六、洗十七、钩三十九、兵器三十二，凡一百七十四器。虽未得谓尽宇内之秦汉金文，然已确洋洋乎大观矣。自序中谓：“祝陶斋著录已四倍之”，诚然哉！其中间或有战国晚周及魏晋器，要以秦汉为主。学者而欲印证《说文解字》一书笔画讹误，或求两汉文字演变之迹，舍此书莫属也。抑也学者而欲操笔摹写篆隶，则此书诚一无上范本，字多而便翻检一也，字之疏密，结体之纵横，行气之雄奇，固无一不较汉石刻为真且佳者二也。

《金文续编》撰集方法一如前出之《金文编》，惟收同字异铭之同形字，此一点实较前出之《金文编》为进步多多。《金文编》市上已无存书，虽出高价亦购买不易。惟去岁商务印书馆辑入《古籀汇编》中，读者仿佛得一缩景。犹忆去岁某君瞩为函向容氏求购，据容氏覆书谓《金文编》有不自惬意之处，一、十余年来新出土之铜器日多，正宜及时补入；二、前出之书同字异铭不收，自今思之以全数收入为宜。谓有改编之意，旧版毁之不重印也。于此，更以佩容氏“不敢告劳”之勤也！

惟著书难，印书更难。《考古学社社刊》第一期容氏在《考古学社之成立及愿望》一文中曾记述其事曰：

> 民国十一年夏，余与弟肇祖偕来北平。……过津，以《金文编》稿本三册为贽，谒罗振玉先生。奖励甚殷。茫茫人海中尚有见知者，则余之闭户数年之不为虚掷也。……越四年，余之《金文编》成，由胡适先生介绍求售于商务印书馆，欲得稿费六百元。馆中人审查不合退还。著书难，印书亦不易也。

今者国立中央研究院历史语言研究所既有财力印书，吾甚愿其《金文续编》宜有《金文编》，吾更愿容氏出其《金文编》新定本早日印行也。

于此，吾更有一事应为读者诸君告者。现今简体字之用，国人辩难者颇众，容氏为最热心简字之人，年来所著书，莫不援用简字。今者于《金文续编》自序中复畅论之。吾特为转录，以告世之未读容氏书者，并以结束吾文：

文字变迁，由繁而简。秦汉二代，其篆隶嬗变之时乎。由隶而楷，于今复千六百余年矣。使字体而尽美尽善也，虽百世不变可也。第此繁重之字体，已为识者所指疵，愚者所毁弃，有蜕变而为简字之趋势矣。言文字学者，其将听其自然，为不规则之蜕变乎，抑将整齐画一，为有条理之改革乎？顾世人犹有持“父子相传，何得改易”之论相尼沮者，请得就此秦汉金文之减笔者以折之。如豋之作豆，譱之作善，嵜之作者，幽之作山，爾之作丂，釧之作川，壽之作吉，𩰫之作㚖，不可悉数。或为今楷书之所从出，或视楷书为更省，已为简字之先例。今之楷书，已变为符号，非复象形指事之旧。试思四足之鸟，两脚之犬，方形之日，白水之泉，象何形状？奉秦奏泰春之首皆从𡗗，奚冥具樊莫之足皆从大，能区别之者有几何人？将欲遵古，何不遵《说文》之古，或金文之古，或甲骨文之古，而独抱守此不新不旧之楷书？将谓楷书较《说文》金文甲骨文为更适用，则简字较楷书岂不更为适用？观于秦汉简字之流行，益坚吾改革字体之信矣。

民国二十五年五月七日写成于沪上四部书斋

（原载《学术世界》第1卷第12期，1936年）

评十二家吉金图录

《十二家吉金图录》一书为番禺商承祚所撰集，盖合南北十二藏家，选其器之尤精者而为之者也。十二家云者，为：海城于省吾双剑誃、定远方焕经宝楚斋、定海方若旧雨楼、北平王辰贮盦、至德周进居贞草堂、北平孙壮雪园、衡水孙政式古斋、固始张玮镜菡榭、山阴张允中补萝盦、江夏黄濬尊古斋、番禺商承祚契斋、番禺叶恭绰遐盦等。除于省吾双剑誃方焕经宝楚斋已著录外，其余多为世未经见之藏器。全书所撰集凡一百六十八器，计：钟四、钟钩二、铙五、铜鼓二、鼎三二、鬲六、毁二五、甗二、簠九、盨一、豆四、罍一、壶五、卣四、斝三、盉二、尊四、觚六、觯四、爵一七、勺五、盘二、匜一、剑一、刀二、句兵八、戈二、戟一、斧一、矢括一、铃一、带钩一、杖首一、量一、升一、钟一。包括礼乐器、兵器、服御器、量器等部门，其不同之类别，三十有六。亦可谓尽吉金之大观矣。

余识商君，在民国二十年之秋，其时余与容希白兄同为庐江刘氏摄制其善斋所藏吉金，商君在座，彬彬一儒者也；怀拓具，携细纸，见器之精者，即出而椎拓焉。其后商君数往来沪上，屡得相见，询之，则访藏家而求其拓片者也。其用力之勤如是。原书于省吾序曰：

……锡永之逐于物而不返也，……复欲遍征海内收藏家之钟鼎彝器以为之图录，限于时与地，其仅得者十有二家而已。……以锡永之俊才伟抱，……乃屏百为，甘落莫，撢古寻幽，日从事于钟鼎彝器之学。

则其搜罗之功，岂吾一人之私言哉！据其自序所云："比岁以来，共得二百有奇，择其尤者百六十又八器，颜曰《十二家吉金图录》"；则其鉴别又至精慎也。

昔人著[①]录，惟图其文字。近则规仿外籍，兼摄其全象。吾与董彦堂兄尝倡为三位一体之说，即：景本，拓本，抚本合印也。今商君是书，全用景本拓本，兼用抚本者尚少，虽不无遗憾。然而凡器之有花文者，无论为耳，为腹，为足，则罔不著录之。则可谓近人著录中之尤精备者也。苟能进而图之，若外籍之考古发掘报告每器皆附有透视图以明其肉之厚薄者，则更善矣。至于每器必著其色泽，详其尺寸，溯其旧藏，考其出土，以撰集者之目验故闻，为吾人告，其有益于金石学界岂浅鲜哉！

于此学之尤有益者厥有二，一为器，二为铭文。原书自序云：

若夫吴之遗物，流传素鲜，兹编所录，则有阖庐造戈、吴王师比；楚之遗物，发掘虽夥，其尤异者，则酓忎鐈鼎，郤铸提盘；又如酓章之钟，曾著录于宋代，而酓章之剑，又复出于今日，凡兹古物之尤，咸在网罗之列。此

①编者按：原稿为"箸"，当以"著"为是。今改。本篇此字统改。

录虽未尽诸家之藏，然其精英备著。

此言器也。原书《居》一四叶云：

《陈侯午錞》传世凡三器，一藏盛京行宫，今移置故宫博物院宝蕴楼，一藏热河行宫，今在武英殿，一即此器。宝蕴楼器铭少一字，且摩灭可辨者十九字，武英殿器亦仅存三十二字，以此器铭为完整。

此言铭文字多且备也。又原书《贮》三叶云：

铭一字在顶内，阳识，㡪亦见甲骨文，象纳贝于椟中，故有藏意。小篆作贝在宁旁，意不若是之显矣。

此言铭文之有益于小学也。凡此皆其荦荦大者。宜乎其书一出，而《中国博物馆协会会报》第二期即为之赞不绝口也。夫又岂吾一人所得私言之哉！

民国二十五年三月十日读毕，书于沪上四部书斋

（原载《学术世界》第1卷第11期，1936年）

古钱与艺术

一

古钱有钱母钱范钱币之分，研究此等学问者，谓之钱货学（Numismatics），欧西各大学中，每设有此等讲座者，在我国则只有少数嗜古之士为之，为金石学中之一小部分而已。

惟吾国于日常用钱之外，又有压胜、吉语、撒帐、洗儿诸钱，其特制者，往往精妙可爱，为古钱家所同嗜，近则洋银、铜元亦有搜藏者，今后研究之人，将必开辟一新途[①]径焉。

中国古泉学会成立，有创刊《会刊》之议，嘱为一文，以便补白，因择其有关于艺术者聊述一二，以明搜集者之不为无因云耳。

二

古钱之足以考证古史，余尝于《大学历史系课程分配之商榷》《前汉海上交通考》诸文中略言之，然亦为研究古钱者之所已知，兹拟不再论及，最近丁仲祜会长又有由古钱以追究汉

①编者按：原稿为“涂”，当以“途”为是。今改。

以来之权度制度，可谓已指示吾人以一新方法，惟言古钱与艺术关系者尚少，古钱本身为一艺术品，言者莫不知之，惟其关系若何，则言者尚少耳。

吾尝见钱母数种，雕刻异常精工。秦汉以来之雕刻，固未尝不可于其所遗留之碑碣中见之，惟风雨剥蚀，真而佳者不可常见，今则可置之抚玩之中，汉玉则售价高昂，得者不易，古钱及钱母则购置尚易。

压胜钱有特制者，在当时疑亦为名工匠所刻，其名贵与刻玉刻石相同，友人李渡生藏压胜钱二枚，曾以示余，余把玩不忍释手。

历代钱文，多出名家手笔，尤以赵宋一代为盛，当时君臣，均能书画，故钱文真、行、草、篆，无一不精。

《玉海》云：

> 淳化元年五月乙未，改铸淳化通宝钱，上亲书其文，作真行草三体。

《侯鲭采》云：

> 前世钱未有草书者，淳化中太宗始以宸翰为之，既成以赐近臣，王元之谪商於，有诗云："谪官无俸突无烟，惟拥琴书尽日眠。还有一般胜赵壹，囊中犹贮御书钱。"

此宋太宗所书者也。《玉海》又云：

> 祥符元年六月癸巳，赐辅臣新铸御书祥符通宝钱。

此宋真宗所书者也。

又有圣宋元宝钱，翁宜泉谓为笔法飘逸，疑即徽宗所书，案宋徽宗在当时为书画能手，今人往往有传其制作者，翁氏为覃溪哲嗣，精于鉴赏，所言未必无因。

《宋史·食货志》云：

> 崇宁四年，立钱纲验样法，崇宁监以所铸御书当十钱来，上诏颁其式于诸路。

又云：

> 大观元年，蔡京复相，再主用折十钱，二月首铸御书当十钱，以京畿钱监所得私钱改铸。

是此等钱均为宋徽宗所书无疑也，凡此皆钱文可得主名者也，其不能确知为何人手笔者，其书法亦甚端庄。

今人偶得一碑帖，往往宝视如命，实则其中翻刻翻印，真迹十不存一二，偶得一初印或旧拓本者价值奇昂，何如得古钱一批，精拓分贻同好，岂不与遗赠碑帖相等，此亦雅人雅事也，或责令子弟摹写，亦胜写坊本恶帖万万。

至于铸铜之工，圜法之善，好肉分配，随在可以发见其艺术性焉，此则就其本身言之者也。

三

今后法币推行，一切硬币均将成为博物馆之陈列品，吾意法币中亦不无艺术性可见者，即以书法而论，中国银行法币，其书法出梁任公师手笔，交通银行法币，为本会副会长叶恭绰所书，此众人周知者也，此皆现代数一数二之大书家也。日本纸币，多为高田忠周所书，在彼邦亦为第一流书家，此则不但有关掌故，盖将来从古币考见艺术者所当注意也。

钱范多为沙泥制，不具论。

民国廿五年五月十一日写于上海市博物馆艺术部

（原载《古泉学》1936年第2期）

为上海市博物馆接收晴韵馆收藏古钱小记①

上海市博物馆在这回征集陈列品的时候，我因为丁仲祜先生在这几年来收买古钱不少，我便托周云青兄为馆方先容，后来我自己亲自去了一封信，叶誉虎先生又写了一封信，果然得到丁先生的答允，愿尽出所藏捐赠。在本年二月廿五日遂由馆方派鄙人偕艺术部干事黎协万君同赴诂林精舍接受。当时丁先生便说他所收买晴韵馆主人金锡鬯所藏全份古钱已经整理清楚，请先接收，其余则待他所编《古钱大辞典》制版完竣后再来接收云云。我登时便与黎君逐枚检点，费了半日的工夫，把他全部收受了。

兹先将接收时所点收的品目，数量开列于下：

秦半两三品	汉八铢半两一品	四铢半两五品
三铢一品	三铢半两七品	五铢七品
赤仄五铢二品	四出五铢三品	五铢小钱二品
直百一品	蜀汉直百五铢一品	东吴大泉五百一品
大泉当千一品	宋四铢一品	孝建四铢二品

---

①编者按：本篇局部标点有改动。

梁公式女钱（五铢）一品	四出铁钱五铢二品	陈太货六铢一品
北魏永安五铢四品	齐常平五铢一品	周布泉一品
五行大布二品	永通万国一品	隋五铢一品
唐开元通宝十二品	乾封泉宝一品	乾元重宝九品
建中通宝一品	会昌开元通宝三十一品	汉汉通元宝二品
周周通元宝六品	宋宋元通宝八品	太平通宝八品
淳化元宝四品	至道元宝四品	咸平元宝三品
景德元宝二品	祥符元宝四品	祥符通宝一品
天禧通宝二品	天圣元宝四品	天圣后宝一品
明道元宝二品	景祐元宝二品	皇宋通宝七品
庆历重宝一品	至和元宝三品	至和通宝二品
嘉祐元宝二品	嘉祐通宝二品	治平元宝七品
治平通宝二品	熙宁元宝四品	熙宁重宝四品
元丰通宝十二品	元祐通宝十品	绍圣元宝十一品
元符通宝七品	圣宋元宝十品	崇宁通宝二品
崇宁重宝三品	大观通宝二品	政和通宝七品
重和通宝一品	宣和通宝九品	建炎通宝四品
绍兴元宝五品	绍兴通宝二品	隆兴元宝二品
乾道元宝三品	淳熙元宝二十六品	绍熙元宝九品
绍熙通宝二品	庆元通宝十九品	嘉泰通宝十品
开禧通宝六品	嘉定通宝二十七品	大宋通宝六品
绍定通宝十一品	端平元宝一品	端平通宝二品
嘉熙通宝八品	嘉熙重宝一品	淳祐元宝十四品
皇宋元宝十品	开庆通宝二品	景定元宝十品

咸淳元宝十品	贞祐通宝一品	辽太康通宝一品
金正隆元宝三品	大定通宝三品	泰和重宝一品
泰和通宝一品	元至大通宝二品	大元通宝一品
至正通宝三品	明大中通宝四品	洪武通宝十五品
永乐通宝一品	宣德通宝二品	宏治通宝二品
宏治之宝一品	嘉靖通宝一品	隆庆通宝一品
万历通宝五品	泰昌通宝一品	天启通宝十品
崇祯通宝二十九品	大明通宝一品	大泉五十七品
小泉直一一品	货布二品	大布横千一品
货泉五品	男钱布泉一品	丰货一品
顺天元宝一品	唐国通宝三品	大唐通宝一品
通正元宝一品	乾德元宝一品	光天元宝一品
咸康元宝一品	阜昌重宝一品	天盛元宝一品
乾祐元宝一品	皇建元宝一品	光定元宝一品
龙凤通宝一品	天启通宝一品	天定通宝二品
天佑通宝二品	宏光通宝四品	隆武通宝四品
永历通宝十九品	永昌通宝二品	大顺通宝三品
兴朝通宝二品	利用通宝七品	昭武通宝四品
洪化通宝三品	裕民通宝三品	和同开珍一品
庆长通宝一品	宽永通宝四品	正元通宝一品
仙台通宝一品	中山宽永通宝十一品	海东通宝一品
三韩重宝一品	朝鲜通宝一品	常平通宝十二品
天圣元宝一品	绍圣元宝一品	天兴通宝一品
顺天元宝一品	绍平通宝一品	延宁通宝一品

大和通宝三品	广和通宝一品	光顺通宝一品
洪德通宝一品	景统通宝一品	端庆通宝一品
洪顺通宝一品	明德通宝一品	大正通宝一品
保泰通宝一品	泰德通宝二品	景兴通宝十八品
景兴重宝一品	景兴巨宝四品	景兴永宝一品
景兴顺宝一品	景兴正宝一品	景兴太宝一品
景兴大宝一品	景兴泉宝一品	景兴至宝一品
景兴内宝一品	昭统通宝一品	乾隆安南九品
光中通宝九品	光中大宝一品	景盛通宝四品
嘉隆通宝八品	宝货一品（益贝）	一画龙文一品（一刀）
明月二品（召刀）	异品五铢五品	左右五铢一品
双五一品	五朱一品	太平百钱二品
元聪道宝一品	元和通宝一品	景元通宝一品
明定宋宝一品	福平元宝一品	永寿通宝三品
平安通宝一品	永盛通宝二品	绍符元宝二品
乾符元宝一品	大世通宝一品	治元通宝一品
世高通宝一品	绍丰平宝一品	乾元通宝一品
元隆通宝二品	治平元宝二品	开建通宝一品
永定通宝一品	安法通宝二品	天符元宝一品
咸绍元宝一品	祥元通宝二品	祥圣通宝二品
熙元通宝一品	太圣通宝一品	太圣平宝一品
治圣平宝三品	治元圣宝一品	明命通宝二品
去凶除灾一品	天下太平一品	千秋钱一品
张字钱一品	五男二女一品	长命富贵一品

生肖钱一品	符咒钱一品	追风马钱一品
德胜马钱一品	日有钱一品	古刀十六品
齐刀二品	武布二品	古异布一品
古布十四品	古刀五品	蚁鼻钱九品

以上共计凡捌佰陆拾叁品。

金氏晚年已有成书，述其所收古泉及古泉文献，稿存刘燕庭处，嘱付梨枣，燕庭亦预书封面及开雕年月；不意未果，遂无刊本。其后辗转为陈叔通所得，近乃由宗惟恭付中国书店景印。闻其原稿已卖罢中央银行。余回寓后遂将现收丁氏所藏晴韵馆原物与《晴韵馆收藏古钱述记》所录逐一细对，而补述其收藏故事于次。

查金氏名锡鬯，字蒨穀，一字伯卣，为浙江桐乡籍，乾嘉时人，道光季年卒。生平藏古钱极富，卒时遗言以所藏悉畀其得意弟子刘燕庭，故嘉荫簃所弆藏泉货，半皆为金氏旧物。

今《述记》篇首有金氏道光五年十月四日自序，述其搜藏事甚详，大略云：

> 予之好在古钱，……自乾隆庚戌，薄游济南，有所见辄收之。迨壬子淹滞于丰润县之宋家营几两载，有高平甫（沄）者为从弟石和（钧）辈课读师，亦有古钱之好，收百余品，靳不与人观，心鄙之。于时亦间有所得。甲寅，乙卯间，复游济南，泰安，见曲阜颜广文心斋（崇规）弆极富，心窃艳焉；手摹其拓本而归。嘉庆丙辰时，至嘉定，从外舅可庐先生游，与钱氏臬弟亦轩（东垣）小庐（绎）叔愿（侗）僚婿瞿木夫（中溶）相过从，亦皆有是好者，所得异同，交易拓其文以广之，见从父菘坡（堉）搜罗鞠夥，

许观而不许借拓，恐椎拓或损其钱，珍惜之过也。乙巳于嘉兴获交于同宗寿承茂才，见其尊甫砚云先生（忠淳）所著[1]《古钱考》一书，手拓精妙，因假而摹其不经见者为一册。于是奔走吴越间有年，见古董[2]肆，必购其未有者。壬戌以选贡试成均，始见翁比部宜泉（树培）收藏古钱，几倍于颜氏心斋，从叔菘坡，同宗砚云诸家，于以见物之聚于所好，几几乎不胫而麕至也。壬申谒选人于京，宜泉已死，而所聚者散之同好，孙袭伯古云（均），刘农部吉甫（喜海），各以重资争购之。时予目睹而一无所得，不觉素所好者澹忘焉。癸酉后宦游岭南数年，既无同好，无所得，亦不暇求其得。道光辛巳又至都下，于刘吉甫案头见翁宜泉所著《古钱汇考》稿本，已有残缺，因询其所得之由，知得自彼家臧获，出以售人耳。于是叹宜泉积数十年，旦暮是编不能卒业，无后，不能守；今虽残简得见于世，畀之同好，亦可为幸已！吉甫为予徒，出所收古刀布数十百，太半宜泉物也。予由是所好若无好焉，庋之高阁而已矣！壬午权澳门同知任，官廨在前山寨城；案牍不繁，冷官无事，时与吴江同宗甦楼茂才（奉尧）篝灯谭艺，偶及古钱，不谓甦楼亦有是好，与儿子凤沼互相搜辑，已各得百余品矣。予结习未忘，见而心喜，间亦有一二续得者。乙酉之春，倾囊排次，拟存目录，合三十余年所收，八百九十二品。因述史志旧谱及他书所载者，辄录于钱文之左，又取所收钱文，度其径围，权其轻重，一一详记

①编者按：原稿为“箸”，当以“著”为是。今改。

②编者按：原稿为“谷董”，当以“古董”为是。今改。

之，编而名之曰《晴韵馆收藏古钱述记》，厘为十卷。凡所见诸家之钱，及同好诸君寄拓之文，皆不与焉。……

我们从这一篇短短的序文里，可以考见者：

一、金氏搜集之勤劳，始于乾隆的庚戌，迄于道光的乙酉，凡三十六年。约当公元一七九〇年至一八二五年。而所收仅八百九十二品。当时舟车不便，流通甚难，未免事倍功半。

二、乾、嘉、道三世间，凡与金氏有往还的收藏家收集古钱的情形，和古钱的聚散，均有叙及，我们于此，可以略窥一二。

三、凡《述记》中目录所有者，均为金氏所收藏，所见及寄拓者，不与于《述记》目录之内。其《凡例》第二条又云："此编非予所收，不入。"可相印证。

四、金氏搜集地域，北至河北、山东，南至吴、越、岭南，凡沿海各省，皆已亲历其地。

现在我将丁氏所购得者与《述记·自序》所说，试为比勘，见存的总数为八百六十三品，《自序》云是八百九十二品，相差之数为二十九。丁氏购入时，原庋藏的木箧，三个已毁坏一个，我们所见到的只有现存上海市博物馆的两个。后来我在一个木箧上，发见光绪壬午八月铁牛老人的追记，原文云：

晴韵馆藏泉八百余品，金蒨縠先生于道光季年手赠刘燕庭丈，至咸丰八年，燕庭丈又以赠品尧仙先生，越二年，此泉复归于余。余庋藏维谨，一日忽为臧获窃去百余枚。余留心二十余年，见所缺者，即购补之，已得十之九，尚有不能全备者。去年又为馆僮窃去安南泉无考泉数十枚，买饼饵食之，此泉本不足贵，亦不为之补也。

云云。丁氏于一·二八后自铁牛老人后嗣买来，费值八百余元，但铁牛老人为何姓名，则卖者坚不肯吐。则其间聚散，又经几许变化矣。彼臧获馆童何人，岂视铁牛老人为守钱虏而必欲演青蚨飞去恶剧耶？吾国古物书籍之散失，往往不免由此，是则大可哀矣！

其后，我再费一日工夫为之寻究，其间实在情形，尚不止如此。大概最少有两点我要在此处说明：其一疑金氏晚年续有新得，将钱文录入目录中，故原目有与原书内容不尽相符合处。其二为现存古钱品量，与《述记》不尽相合，竟至有《述记》本无其钱而今日箧中有之。

现在请先说明其第一点。《自序》云："厘为十卷"，今观原书不差。除卷十为著①录外，前九卷均为藏钱。卷一正用类，自秦半两至隋五铢，凡二十四品。其中惟北魏永安五铢四品，目录列作二品，而书中已有说明，此为成书时所已藏无疑。卷二正用类，自唐开元通宝至周周通元宝，凡五十六品。其中原删去"晋黎天福镇宝"一品，以其为安南钱而移置卷六外国钱中。卷三正用类，自宋宋元通宝至德祐元宝，共三百六十品。卷五僭窃类，自大泉五十至平南通宝，共九十二品，货布二品目录误列一品，其中原删去二品，一"大兴平宝"为"太平兴宝"之误读，应归入外国类中，一"常平通宝"注云应归入外国类列朝鲜后。卷七未详类，自宝货至嘉兴通宝，凡六十七品。卷八厌胜类，自去凶除灾钱至追风马钱，凡十一品。卷九古刀布类，自古刀至蚁鼻钱凡四十四品，目类中漏去古币二品未列。以上为成书时金氏所藏钱，符合未动者。卷四正用类，自辽大康通宝至大明通宝凡九十品，目录中漏去嘉靖通宝一品，万历通宝六品未列。其中万历有一品为又收者。又清宁、咸雍、大安、寿

---

①编者按：原稿为"箸"，当以"著"为是。今改。

昌、天庆五品，原书注云续收，应作一百零二品。卷六外国类，自和同开珍至嘉隆通宝，凡一百五十二品。光中通宝目录作十二品，书内实作十品。其中已删而实不应删者有梵字钱一品，原书眉上有刘燕庭手批云：“喜海所得西夏天祐民安五年碑文正面即作此等字，则此钱为西夏钱无疑”云云，是刘燕庭藏时尚得见此钱也。又中山宽永通宝书中有铁钱二品，目录漏去未列。又大平通宝二品，其一为误读“大兴平宝”移来的。此二品与天福镇宝一品书中无说明，疑是金氏晚年续收者。全书无说明的只此二条而已。此为原目与原书不符合处。又卷三以下眉批中有九条云“又收一品”而未加入原目品量中的。然则《自序》所谓“所收八百九十二品”，当有不尽不实之处。又查眉批中有为金氏手笔，有非金氏手笔，则所谓“又收”者为金氏呢？为刘氏呢？为吕尧仙呢？为铁牛老人呢？殆莫可考证了！

至现存品量，与《述记》不合的，如：唐会昌开元通宝现存三十一品，原书仅二十五品；后汉汉通元宝原书三品，现存二品；宋宋元通宝原书九品，现存八品；太平通宝十一品，现存八品，据丁氏信其中且杂有安南钱；祥符通宝三品，现存一品；天禧通宝三品，现存二品；天圣元宝五品，现存四品；治平元宝六品，现存七品，增一品；治平通宝六品，现存二品；熙宁元宝三品，现存四品，增一品；元丰通宝十四品，现存十二品；元祐通宝十二品，现存十品；圣宋元宝十三品，现存十品；绍兴通宝一品，现存二品，增一品；淳熙元宝二十四品，现存二十六品，据原书所说仅二十品，当增六品；绍熙元宝十品，现存五品；绍熙通宝一品，现存二品，增一品，案原书所说绍熙元宝有十一品，或即绍熙通宝所误分；庆元通宝十二品，现存十九品；嘉泰通宝十二品，现存十品；嘉定通宝二十四品，现存二十六品，增二品；绍定通宝十品，现存十一品，增一品；嘉熙通宝九品，现存八品；淳祐元宝十四品，注又一品，现存十四品，案原书只说十四品，疑又一品为后收；皇宋元宝十二品，现存十品；咸淳元宝九品，现存十品，增一品；金正隆元宝四品，现存三品；明大中通宝五品，现存四品；洪武通宝十三品，现存十五品，原书眉批又收一品，实增一品；万历通宝六品，现存五品；崇祯通宝三十二品，现存二十九品；中山宽永通宝九品，现存十一品，增二品；常平通宝三品，现存十二品，增九品；保泰通宝三品，现存一品；泰德通宝四品，现存二品；景兴通宝二十七品，注又二品，现存十八品；景兴重宝二品，现存一品；景兴巨宝八品，现存二品；景兴泉宝三品，现存一品；昭统通宝十三品，现存九品；光中通宝十二品，实十品，现存九品；景盛通宝九品，现存四品；嘉隆通宝六品，现存八品，增二品；异品五铢六品，现存五品；绍丰平宝二品，现存一品；元隆通宝一品，现存二品，增一品；安法元宝一品，现存二品，增一品；祥元通宝一品，现存二品；治圣平宝一品，现存三品，增二品；明命通宝一品，现存二品，增一品。全然失去的，为宋德佑元宝一品，辽清宁通宝一品，咸雍通宝一品，大安元宝一品，寿昌元宝一品，天庆元宝一品，天顺通宝一品，天汉元宝一品，阜昌通宝一品，阜昌元宝一品，平南通宝一品，神功开宝一品，正和通宝一品，天明通宝一品，海东重宝一品，梵字钱（即西夏钱）一品，圣元通宝一品，绍圣通宝一品，太和通宝一品，大平兴宝二品，天福镇宝一品，景兴中宝一品，景盛大宝一品，绍宋元宝一品，建顺通宝一品，正法元宝一品，绍元通宝一品，崇明通宝一品，永治之宝一品，皇元通宝一品，皇佑宋宝一品，太丰平宝一品，绍圣平宝一品，祥元宋宝一品，元通通宝一品，宝兴通宝一品，永治通宝一品，立元通宝一品，太元通宝一品，嘉兴通宝二品，招财利市钱一品，凡四十一种四十三品。金氏《述记》所无而现存有之者，为元圣后宝一品，贞祐通宝一品，隆庆通宝一品，治平元宝二品，治元圣宝一品，日有钱一品，武布二品，古刀五品，凡八种十四品。其失去者已不必问，然而增益之者果又谁耶？是又不可知矣！

总之：这回上海市博物馆接受得这一批古钱，其最大的好处：一为收藏经过明白，二为存钱皆属真品，三为搜集已成系统，这与馆接受吴愙斋铜器同一特色。而其中珍品如：丰货、双五诸泉币，尤为难得。

至于其中尚有可资研究之处甚多，兹以匆匆不暇细及，只得留俟异日。是为记。

民国廿五年四月廿九日写于上海市博物馆艺术部

（原载《考古》1936年第4期）

中石器时代之研究①

一

“中石器时代”（Mesolithic Age）一个名词，在我国看来大概是很新鲜的吧！在我国出版的这一类书籍里说到的很少，不但六七年前如：俞剑华译《考古学通论》，张凤编《考古学》等书，绝未谈及，即最近出版的，张资平译《化石人类学》里，也不过这样说：

> 在今日之欧洲人，大都承认在铁器时代、青铜器时代以前已有石器时代之存在。在此石器时代，除制造石器以外，尚制造骨、角、木材等武器及用具。但此等石器时代之石器制作法，亦分两种：以上所述石器皆用打击法制成之，使用此类石器之时代，为古石器时代。在此时代之后，石器之制造法，则用磨制方法，使用此石器之时代谓之新石器时代。此乃周知之事实也。

查旧石器时代，新石器时代等名辞，在我国确已不少人知

---

①编者按：本篇局部标点、外文字母有改动。

道。或者旧石器时代前的原石器或曙石器的名辞，在我国也有人说过。惟中石器时代，则在此时确有介绍的必要。

不但在我国，即东亚方面如东邻的日本，在它的考古学界里最近才有人说及。最初不过大山柏氏在《史前学杂志》里有过介绍的文章，其后昭和五、六年时（公元一九三〇、三一）雄山阁发行《考古学讲座》，在宫板光次著的《欧洲新石器时代》里，略作有系统的叙述；然附在第一章第二节中，连十一幅图表在内，只寥寥地占到十五页，可说简略已极。最近平凡社发行《世界历史大系》，在《史前文化史》里，由池上启介执笔，始有七十八页的详述。良由这中石器时代文化期的研究，在欧洲大战后，乃有专家的研究，其中所假设的学说，经过不足二十年的岁月，在今日尚属初期的研究，文献不足之故。而且同一遗迹的研究，在某甲以为是古文化的阶梯，在某乙又以为是新文化的产物，莫由衷于一是。

现在我一个地质学、古生物学门外汉的人，对于这种与地质学、古生物学相依为命的中石器时代的研究，要作有系统地介绍，实在只能作一个轮郭的闲谈而已。至于细部的研究，还是请大家看看外国书吧！且此中所云，全以欧洲所已发现者为主，间有讲及欧洲以外的，只是很少数的少数。

二

自从丹麦的学者汤姆孙（Christian Jurgensen Thomsen，1788—1865）设定以石器、青铜器、铁器三大文化编年以来，北欧于石器时代的研究，甚为发展。特殊地在新石器时代的研究，大有进步。

北欧新石器时代研究稍迟之后，法国人彼露特氏（Boucher de Perthes，1788—1868）出，始以旧石器时代研究为主。其后两者研究渐次进展渐次追近，然后有人为之调整内容，从而发生新的事实。即新旧两文化相鸿沟之一段，有可疑之事。在文化进展的理论上，从旧石器的古文化，文化渐次进步，乃成为新石器文化。今所发见的事实，两者不容易结合。据所见情形观察，文化相异之处加增，且浑沌不明。此文化移行上，缺乏一种连锁性（Missing Link），在许久之间，经几多的讨论，所谓新旧两石器时代间的“沟渠问题”，欧洲史前学者遂发生种种的议论。

但积年既久，东鳞西爪的事实发见增加，今日欲综合此等事实，于浑沌之中找寻一种文化的阶梯，于此等罅隙（Tbiatus）之中，从这阶梯可以从旧的渡至新的，使文化移行的局面得以判明。

这样“沟渠问题”的解决，是最近的事，全然是近今的事，属于欧洲大战以后的事。虽然，每个的事实发见已久，但大都弃置不顾，或以为是旧石器末期（Epipalaeolithic），或以为是新石器初期（Protoneslithic）。

然至莫尔甘（J. de Morgan）等以后，谁也研究中石器时代（Mesolithic Age）这一名称。元来所谓Mesolithic一语，即中间时期的意味，至是考古学界人士遂认为这种旧有的称呼，最适于用在说明新旧两石器时代中间期进步发展时期的用语。

像这样Mesolithic一名称的起源，换言之即是中石器时代的设定，其历史不甚久。在今日而欲说明中石器时代一般的概念，约言之，中石器时代者，以地质学为主，从洪积期

（Diluvium）的终末以至冲积期（Alluvium）的初期，其主要的动物群渐次与现生森林系动物群相交替的时期；在史前学上含有旧石器时代的遗承乃至新石器时代的原始文化而且属于两者中间的文化阶梯而言。

三

现在“中石器时代”一名称的假定与成立，既已说明，请得进而说明中石器文化的研究史。

（1）最初华沙氏（Thans Jucob Asmusen Warsace，1828—1885）在丹麦的贝冢里发见构成巨石坟（Megalithgrab）的石器时代，其文化比新石器文化较高一段的文化，在一八五九年发表其事。只可惜对如此的先觉者所研究，因为不得继承之人，研究遂以断绝。而此贝冢期其后久久之间，有称为前期新石器（Fruhneolithikum）乃至前新石器（Vorneolithikum）等。

（2）一八六三年，有塥斯它氏（F. A. Pereira de Costa）发见葡萄牙末根（Mugen）贝冢，不为人所注目；同样地葛利哥（E. Garigou）调查法国的马斯特埃杰罗（Mas d'Agil），也不为人注意。

（3）一八六五年英国赖卜克氏（Sir John Lubbock，1834—1913）制成新旧两石器时代编年，但编年的意义不明。

（4）一八六九年莫尔特厄（G. de Mortillet，1821—1898）的旧石器编年制成后，更进而为编年研究，但罅隙（Tbiatus）仍未能弥缝。

（5）其后皮厄特氏（E. Piette，？—1906）研究马斯特埃杰罗，但是未见编年设定。一八九〇年时莫尔特厄由Fere-en-Tardenois的研究，遂有塔尔邓尼森（Tardenoisien）的设定。

（6）一八九五年皮厄特设立埃杰罗森（Azilien），编年于旧石器[1]之末，及着眼于罅隙（Tbiatus）一问题，始渐渐为人所注目。

（7）一八九八年萨禄满（Ph. Salmon），麦斯乃禄（L' Ault du Mesnil）及皮顿（L. Cupitan）等史前学者设定康比乃安（Campignien）。

（8）一九〇〇年麦迪生（A. P. Madsen），穆勒（S. Müller）等发表丹麦贝冢的综合研究。

（9）一九〇三年萨禄（F. L. Sarraw）氏等发表丹麦的默哥列摩萨（Maglemose）研究。

（10）一九〇八年布禄遮（A. W. Brögger）氏发表关于挪威的域斯它（Viste）贝冢之研究。

（11）一九一九年，即欧洲大战后，约汉森（Früs Johansen）博士发表足为丹麦，默哥列摩萨文化第二遗迹之斯瓦禄特波利（Svaerdbory）之发掘研究，于是默哥列摩萨得以确定设立。

（12）一九一九—二〇年，奥明马尔萨（Tbugo Obermaier）氏研究西班牙的厄斯它（Astur）洞窟，设定厄斯它利安（Asturien）。

（13）一九二〇年维纳（E. Vignard）氏本于埃及的萧尔利（Seuil）的调查，设定萧尔利安（Sevilian）。

（14）其后有各地中石器文化的遗迹遗物发见研究，不暇枚举。一九三三年在国际史前学大会中关于中石器时代的各国史前学者，各有研究发表。

---

①编者按：原稿为“期”，当以“器”为是。今改。

以上所述，是为中石器文化研究的略史。

四

关于中石器时代文化的地理分布，自然以欧洲为主，即：葡萄牙、西班牙、法兰西、比利时、丹麦、德意志、挪威、瑞典、波兰、奥大利、苏俄南部及英国等，悉有分布。密度虽薄，而所发的范围甚广。尤其西欧，北欧方面更见进展。而东欧，中欧方面旧石器文化的分布甚粗略，同样地关于中石器文化亦不明的部份甚多。

欧洲以外的地方，非洲大陆分布甚广，北非，东非，南非各地，每有发见，又叙利亚，巴勒斯坦及印度，澳大利亚各地亦有中石器文化发见的报告。东亚方面，限于所闻，中石器文化尚无发见。美洲石器时代编年学的研究，尚未充分。故中石器时代的存在，虽为一部份学者所提倡，但这文化期的设定，尚未见确。

五

在叙述中石器文化内容之前，自不得不先说明文化发展的根元的自然环境的大略。盖自然环境为文化发展之母，未有无母而子可以生产的。特别的是在文化较低时，受自然的支配力较大。从而史前文化，多半培养在自然环境之内。故自然环境的复原，不止单是时代标定的准据，而另一方面应以文化遗物的内容为基础。

但是这里所谓中石器文化期的自然环境的研究云云，在这中石器文化研究尚未进步的今日，自不得不有待于其姊妹学的研究有高一段的进步。

如上文所述中石器文化地理的分布范围甚广，从这一点观之；又从其此等自然环境材料尚不充足言之，现在亦能叙述一个大概的情形。本期的环境，就一般而言，系在旧石器时代的后期，欧洲的寒气之处，当第四冰期终了之后，续有小冰河期后，气候次第趋向稳和，人类从洞窟里向野外解放，在环境上来一大变化的时期。而地质学方面，止云冲积初期。但其经过年代一如旧石器时代，不甚长大，像冲积层的内分与地质学同，不过是其末端而已；苟不得不把住何等的自然环境，自不得不有待于所谓第四纪地质学的发展。仅在这根据，其所知的概要的一部，不外北欧而已。

在北欧中石器时代的研究，特别地是形成其编年学的研究的根底者，主要者是动物编年和植物编年。前者不能如后者一样显著；但如冰后期的地质编年，得以各种贝类名种为代表。植物编年多为北欧编年的准据，其中于泥炭遗物层，殆有不可分离的关系。

此等据动植物的编年研究，当知北欧冰后期代表的动植物的变迁，根据此等习性，然后当时一般的自然环境，得以考察。

这里先移录日本史前学权威大山柏所制表示北欧冰后期各科综合的编年表①，以为讨论的根据。

---

①编者按：下表表头不符合现代规范，但为了使读者一览原表情形，今一仍其旧。

自然 Nature / 文化 Kulture	地质 Geologic			动物群 Fauna		植物群 Flora	
	时代 Zeit (Geochronologic)	土地运动 Erdebewegung	气候 Klima	贝类 Muschel	鹿类 Hirsch	树木 Holz	泥炭 Torf
铁时代 Eizenzeit 青铜时代 Bronze-zeit ?	米亚期 Mya	上升 Hebung	大陆的 Continentalisch	海螂属 Mya 椎实螺 Limnäea	Rothirsch鹿 Ren鹿 Damhirsch鹿	灌木 Buche 赤杨 Alnus Japonica	新水苏泥炭 Jungerea Sphognum Torf
新石时代 Neolithikum ? ? 中古时代 Mesolithikum	历托列纳期 Litorina	下降 Senkung	海洋的 Atlantisch 准海洋的 Subatlantisch	湖滨螺 Litorina 蛤 Tape	赤鹿 Rothirsch	灌木 Buche 槲 Eiche	境果线 Grenghorizont 绵菅泥炭 Wall-Gras Torf 古水苏泥炭 Aelterer Sphagnumtorf 树木芦苇泥炭 Holz-n.Schelf-Torf
?	安息勒斯期 Ancylus	上升 Hebung	北的 Boreal 准极北的 Subarktisch	楯螺 Ancylus 扁卷螺 Planorlis	大角鹿 Elch	松 Kiefer 桦其他 Espe.u. Birke	肝脏泥炭 Lebertorf 泥土状泥炭 Jorfonudde
? 旧石时代? Palaeolithikum	沃罗特亚期 Yoldia	下降 Senkung	极北的 Arktisch	贝花蛤 Yordia Astarte Cthrina	驯鹿 Ren	桦其他 Espe. Birke 山林 Dryas	

（一）沃罗特亚期（Yoldia Epoch）　在欧洲以法国平地为中心之旧石器时代，有地质学上洪积时代及几次冰河现象（Gletscher），尤特殊者为旧石器时代后半期所受最后冰河的袭击。而认为此冰河之一大中心者，如从斯干的纳维亚至丹麦一带，完全陷于冰雪遮盖的状态之下，所以一部分旧石原人，不得居住。从而有斯干的纳维亚不能发见旧石器之理由。越过此最后冰期之顶点，渐渐冰间期即向温暖，冰河的一部分，与此成比例，而开始溶化，因其雪溶化，受冰块剥削之地形，亦渐渐表现。

那时以波罗的海为中心之北欧诸地方，土地遂起沈降作用。现时芬兰（Finland）地方，全没于海。斯干的纳维亚半岛，全成岛屿①。此在地质学上为沃罗特亚期，寒气尚甚酷烈。今日生存极北地方之动植物，已不能栖息。这沃罗特亚期于西欧文化上约当旧石器时代末之马地伦时期（Magdalénien）。但在沃罗特亚期的终末，人类的栖息，已被确认。即中石器时代初期，相当于旧石器遗承文化期者，与沃罗特亚期之初期迥异，气候为向温期，与驯鹿（Ren）为伍之大角鹿（Elch），植物中与Dryas同生存之白桦，同时出现。

（二）安息勒斯期（Ancylus Epoch）　在沃罗特亚期之次，即安息勒斯期。在波罗的海附近，其情形与前期相反，土地隆起已著，在芬兰地方，陆地继续上升，丹麦附近，依然继续隆起，现今诸岛，连续不绝，与瑞典西南连接。波罗的海成一大内湖。盐分减低，终至淡度极强，内海地方至繁殖楯螺（Ancylus）及其他淡水产的贝类。

---

①编者按：原稿为“欤”，当以“屿”为是。今改。

气候继续向温，但是在斯干的纳维亚则残冰尚存，笼盖大地。植物则松树全盛。在这种松林中有所谓森林系动物（Wald-Fauna），而赤鹿、野猪之类，渐次南迁。与今日斯干的纳维亚之气候，日以接近。斯时颇适应于人类的生存。而另一方面，气候温暖的代价，因冰河的溶解，泛滥以起，从丹麦始，北部德意志平原，泛滥复泛滥，迄今与寒气相搏战之石器时代人，至谓水为大敌。

（三）历托列纳期（Litorina Epoch） 又其次为历托列纳期。在波罗的海东部、芬兰地方，土地变化已止，大略成为今日状态；但丹麦附近将成之土地，则复行沈降，与瑞典之间，成为今日之奥厄尔新地（Oere Sund）海峡，而其他则成为今日之岛，北部德意志北海岸及西部地方，完全陷没。

气候甚为温暖。在安息勒斯期末期，松林之外，槲已茂盛；在历托列纳期槲遂达于全盛。同时灌木及桧等亦已增殖。气候比之今日，据奥柏马尔（H. Obermarér）氏所计算，约高十度，可以想见其非常之暖云。

这历托列纳期的初期，即史前学上所谓贝冢时代者，海岸生活者的遗迹，因环境而生变化。以上所述为北欧自然环境变化的大略。

要之中石器时代的自然环境，为冰期的过去，即所谓冰后期，为气候趋向温暖之时。虽然中石前期，人类或尚有逃避洞窟以避寒冷气候之事，但中石器时代人已不以洞窟为居住的地方了。因此之故，中石器时代人，甚见繁荣，从海岸地带开始，向各地广为分布。新石文化，遂以移行。然则文化发展之基础，根于自然环境的变化，最为人类适应生活之结果云。

六

史前文化的诸现象，多培养于自然环境之中。旧石器时代的末期为冰河环境，不特其所生文化事业既已异常，即后期旧石器时代，如马地伦时期的艺术等，亦成所谓冰河艺术也。不独艺术为然，基于环境的变化，即生活式样，当然亦生变化。即所谓文化式样的差异以起。惯于冰河环境的人们的一部分，因环境变化而不能顺应，依然多数遗承冰河环境的生活式样，结果，不适应环境的生活现象以起。那么，文化的倒退，必被认识。若基于自然环境的变化而顺应之，其所生生活式样之力如果高强时，决决不起倒退现象。这中石器时代的文化，在地的环境上，可变化者甚多，如自沃罗特亚期末期至安息勒斯期初期所经过之事是也。本期文化人的直接祖先，在今日已不明白，但彼等祖先的每人，因以上环境变化，而各与以本期文化的基础。故本期文化人必为对环境顺应性的保有者，如后述的种种新文化要素，亦所以因此而生。

在本文化期内，不单是气候向上，人类栖息甚为舒适；但气候向温，与冰河溶解而泛滥了，初期的中石人，受水的洗礼，终于与水亲近。

然而这些决不得止于积极的场合，在所谓越出涉水的程度时，进而为入水的状态，这是第二次的尝试。此间的事情，于根本上有人类习性的人们，与其他多数哺乳类相异者，为缺乏游泳习性。如不熟习，是游泳不得的。从而最初不是亲水的动物。

因之，从中石期的中半，气温益益上升，人们且至得着亲水的本领，一方面天然物可以获得，而适应于海岸生活了。在本文化期的末期，例如丹麦贝冢时代的设定，一度已占着水产获得的意味。当然以此为导火线，遂有专门从事渔者生活的引导了。

又一方面，安居的希望，不独人类为然，亦为动物的通有性。其故人类的食物，不限于陆产，即海岸亦得一并包括在内，于是食料的范围，着着扩大，直至以少许劳力得满意食欲为止，此又人人所倾向者也。

如此，保有顺应自然环境的文化要素，为彼等各石器时代人们生活的必须条件。一面以这些为今日文化的特征。

然就中石文化的内容观之，不充分者甚多。从而如旧石器时代或新石器时代，文化阶梯不明白、文化交涉不明显的各个中石文化，不过以欧洲为中心，各处独立存在而已。但是中石文化者，以旧石器时代终末的传说同时培植新石文化的始原，此为不动的事实。而其地质时代为冲积期，与新石器时代相比较，其层位的共存动植物亦较古。

此外更与旧石器文化比较，于其生业上旧石器时代的人们只是“猎者”，中石器时代的人们，加以水的洗礼，新发明钓针，于是从事渔获，产业上起一大革命，因而有“渔者”的分业。

又从食料上考察，殆不止以陆产为食料，并用鱼贝等水产矣；其范围着着扩大，从而“无猎之饥”的侵袭机会①亦以减少。

更有中石器时代人新饲畜家犬，人类从兹得一生活伴侣。

---

①编者按：原稿为“位”，当以“会”为是。今改。

为其后来在新石文化时“牧者”分业的原始。

中石文化的构筑术，其各个文化不悉见；在西欧的后期中石文化的一个文化期中的法国西北部坎皮尼（Campigny）里，发见精妙的竖穴住居迹，同时在后期丹麦的贝冢文化中也有敷设小石的炉迹。以故，中石器文化后期，野外构筑住居的存在，得以考定，但特种的营造如坟墓等则不能考定，此与欧洲新石文化的阶段相同。

更从文化遗物考察之，如石器以打制为主一点，与旧石文化无变。特地个个抽出观之，中石文化不尽由旧石文化发达而来，其中有较旧石文化苏鲁特时期（Soltrean）之石枪为劣者。不论就其内容言，与旧石器有特殊异征之处，如掘槌则近于打突具；在巨石器（Macrolith）及细石器（Microlith）等中亦可举出者。在中石后期，祖型斧已经出现，如新石文化中普遍可见之磨石斧及尖头镞等，则尚未有也。

于骨角器与旧石文化对比，此不能适可对比者，惟有有钩[①]钓针等发育之点可以见之。然就各文化的个个观之，若如丹麦马腊毛斯（Maglamose）的式样石入骨铦同样发育的器具，则以坎皮尼式样之石器为主体。骨角器的发达，殆不可见。在各文化中个个亦不一样。又贝器一向不发育。

中石文化的艺术，则欧洲后期旧石文化的式样已稀。且有写实的倾向，近于变化的纹样艺术。此时绘画雕刻，已全衰灭，惟彩砾（Painted Pebbles）仅有留存而已，系以氧化铁之赤色颜料，以指描画，疑亦为初期文字之一种。

中石文化比旧石文化进展之一要素，即为粗陶器一事。无

---

①编者按：原稿为“拘”，当以“钩”为是。今改。

论其不能绵亘于全般，且在中石器文化所有者，常为其后期所产。其出土虽尚稀，然既有粗陶器，则其食料及其他之储藏，亦殊有可能性也。而日常生活自不得不大与以安定性，即彼等的生活从来多在所谓日暮之时不能离开饥饿之事，到如今却可赍来大大安稳也。而彼等之愿望，亦随时得以满足食欲。即不断的食料之充实的要求，得以满足也。其生活上已有余裕。于是以其余力为基础，可行文化之运动。所以可称为次期新石文化之发展的原始。

要之：中石器时代为人类文化发达过程上之一过渡期，为新旧两石器时代中间连锁文化之一阶梯。盖中石文化之鲜明，为明示人类石器时代文化之发展过程，而于石器时代研究一事中，确信为当前之急务，因敢集合诸家成说，介绍于吾国人之前。

民国廿五年八月廿五日于沪上四部书斋

（原载《学术世界》第2卷第1—2期，1936年）

论吾国急宜提倡博物馆事业①

一、甚么叫做博物馆

博物馆（Museum）一字，原来是供奉专司文艺美术的女神（Muses）的神庙之意，后来即以之为研究学问的场所，学者交际的聚会室。换言之，即是文艺及哲学的研究所在地。在公元前三百年时，Ptolémée I皇帝把亚历山大利亚的宫殿划出一部分，建筑一馆，其中附设神龛、公开演讲室、植物园、动物园等，以为养成学生学问向上之用，是为古代最重要的博物馆。神龛内供奉Muses的肖像。招集精通希腊文学、哲学、历史、艺术等专家，共同研究。其经费由国库支出，以国王所任命的僧侣为之监督。及后埃及移归罗马所领，由皇帝亲自管理。亚历山大利亚在罗马支配之下，渐次衰微，至第四世纪之末，乃全闭馆。我们就这个故事看起来，博物馆为政府经营的事业之一，而其中极富学术的及教育的意味。至搜集古物，陈列展览，则为后来的事。及至今日则分门别类，至为繁复。就范围

①编者按：本篇局部标点有改动。

大小分，有中央博物馆、地方博物馆等；就作用异同分，有学校博物馆、民众博物馆等；就内容偏全分，有美术博物馆、历史博物馆等；甚而至于考古学博物馆、卫生博物馆、电机博物馆、印刷博物馆等等。故今日而言博物馆，其涵义已与古代不能全同了。故现在博物馆的定义，大概可以说：

> 博物馆乃保存最足以说明自然的现象及人类的业绩等物品，利用之以为民众知识的向上，及文化事业的发展之一种设施。

至于或由国际共立，或由一国设立，或由政府公立，或由个人私立，其所维持的方法虽然不同，而其目的则一，那可不必管了。著者拟另写一篇详明的博物馆的类别及性质的文章，关于这一方面的话暂时放下不说，现在先就博物馆本身说明其在教育上及学术上的作用，然后再论我国对于这种新兴事业的急宜提倡。

二、博物馆在教育上的作用

近来在欧美各国的教育思潮中，大多数主张实验主义的教育和直接的教学法。这种话在我国的出版物中，也唱导已有多时。而我们回顾国内的学校，真能有这种完备的设备，和真能做到这一步的，究竟有几所？教者还是读课本，学者还是读课本，历史一科是只好读读课本，地理一科也是只好读读课本，甚至理化自然等科有时也只好读读课本。无怪人们说我国的教育是打了折扣的教育，不是耳眼口手全到的教育。说儿童的天才不及别人家吗？教师的本领不及别人家吗？不是，可以说全然不是。实在是因为课本上所讲及的事物，儿童有时绝少机会可以看得到的，尤其是历史地理等社会科学，有时并且连当地上的东西也无法见到。

近来在美国和其他诸国开始设立儿童博物馆，利用放学后，或休假日，集合全校儿童为实物的观察，或用幻灯为之说明，或举行野外采集，加工整理所采集的物品，依据其他种种作业或游戏，以教育儿童，于是学校教育不特异常充实，而且更加活动。

此外各都市又特设各种博物馆，依照教育的目的常设陈列，专门供给当地学校教学上利用的，各学校职教员自行分级统率学生到馆观察；并且同时准备着丰富的复制品，供应各学校借出的需求。

现在则中等学校以上，大多数设备学校博物馆，以为学习上的利用。专门学校以上，有时为各种专门学科博物馆的设备。换句话说，自儿童以至小学、中学以至大学均有设备博物馆的趋势，博物馆在学校上的地位，将与图书馆相同。以上是专就学校教育一方面讲的。

至于社会教育的一方面呢？博物馆的地位也很重要。从前欧美各国的博物馆，其目的在收藏古物，几乎成为珍罕物品的仓库，除少数专门家以外，与民众极少关涉的。（其实从前我国的藏书楼，何尝不是这样！）现在已经不是这样了。眼见各图书馆公开给一般民众阅读，成为社会教育的有力机关；于是各博物馆也渐渐开放了。在博物馆里对社会上各阶级以至年龄不同的人物，尽量为教育和娱乐的设备，不特有大规模的美术馆或博物馆，并且各地遍设小规模的地方博物馆，为社会教育的第二种有力机关。因此之故，地方博物馆遂不得不成为地方色彩极浓厚的所在，陈列品中不得不尽量网罗当地的历史考古学及其动物植物地质的材料、产业资料及地方的工艺品、美术品的代表作等等。当地市民在观览之下，从历史科学或艺术的见地上以深切认识自己所居的市镇或附近地的一切。市民在业余的时候，可以带同家人父子游览博物馆，共同欣赏，他们这种愉快、满足，殆不可形容的了。同时于安慰之外，更得到较有益较有系统的智识。这种教育的收效，比演讲、宣传、标语，来得大了何止千万倍。

博物馆的最大特色，是对于观览者毫没有何等的强制、压迫，以半娱乐的性质出之，全然是自由意志的，为民众最容易自己举行的自己教育。而又能使民众的常识提高其水准线，民众的趣味加强其向上性，为一种最健全的教育机关。所以博物馆大众化，在欧美已叫得半天价响。

同时地方博物馆对于所在地的工商业的发达改善，也有大大地帮助。第一，博物馆为当地的工艺品、美术品的代表作以及产业资料的常设陈列机关，于各物品的出品家、用途各点，详细加以说明，一般的游客于该物品的精美各点心领神会之余，并认识了出品的所在，除引起购买心之外，且也容易找求。这不啻当地特种生产的有永久性广告。第二,一般手工业工人每不是很漂亮的读书人，他的参考书每每不多，甚且无从见到。现在博物馆里面，从专门的书籍中，披揭了各种图案，并说明其制造过程，手工业工人对于自己的本行，已有相当的学识经验，一旦看见了新式东西，不特可以理解，而且马上起了一种新印象，将来创造自易。兼之博物馆所陈列的名工的作品，形状色彩都非常讲究，手工业的工人得随时来馆观察，眼界因之日高，自然生改善之心。例如最近我国在伦敦的美术展览，其中形状色彩已引起观览者的巨大注意，说不定明年伦敦、巴黎间时装衣饰要改变不少新花样。

又地方博物馆除对于当地的工艺品、美术品等代表作尽量搜集外，并且尽量搜集当地伟大美术家或名工匠的肖像、遗品，辟室陈列，使观览的人油然生爱慕之心，养成更优美的鉴赏能力，这种无形中助长工商业的好处，真是意想不到的。

至于由美术的鉴赏而改变了人的人生观，因理解人类过去的生活而惹起爱乡的观念、养成爱国的精神，尤其是博物馆对于社会教育的最高功绩。以上是就社会教育一方面讲的。

故在不久的将来，博物馆要成为教育的大本营。

三、博物馆在学术上的作用

博物馆的本身，原来就是一个学术研究的机关。在欧洲各国的博物馆里便养成不少的学术专家。例如最近胡肇椿君翻译的英人吴理C.L.Woolly的《考古学发掘法》(*Digging Up the Past*)的那位吴理便是英国伦敦博物院及本雪云尼亚大学博物院联合远征队的职员，这便是一例。所以博物馆在学艺的研究及发明创作上，贡献非常之大。第一，博物馆为要求本身事业的进步起见，继续研究为其惟一生命的所在，故在设备上，图书馆、研究室、工作室等为必不可少的条件；而罗致各项专门学者，以搜集得来的地方史料及发掘品等，分头研究；复以研究所得为基础，对于这些材料，加以适当的整理，并发行各种报告研究心得的专书。有时为要提高它的研究效率起见，在馆内设置研究员名额，指定研究某项题目，这些研究员在馆的指导监督之下，不兼涉其他职务，专心研究。或者竟许可馆外研究员共同合作。有时将馆内研究室、工作室扩大范围，举行田野工作；或特设发掘团，探查地方史迹。这样，博物馆本身，简直是一个学术的大本营。第二，博物馆对于馆外的专门学者，虽无职务或名义上的关系，为供应其种种研究上便利计，尽量许可其自由入仓库内观览，或许可将馆内研究室的参考品借用，或特别为之供给必不可缺的研究材料。故博物馆不啻为当地专门学者的外府。第三，当地的非专门家而对某项题目或材料，有志研究，博物馆常尽其指导之责，有难题时极喜欢代为解答，或尽量诱导使之增加研究上的兴趣。第四，博物馆对于所在地的史地学会、考古学会、博物学会、美术协会等及其他以研究学艺为目的的学术团体，常常联络，互相提携，使得双方各得增加其学术上的效率。第五，博物馆常常发行小册子或专刊，以报告学术上的新消息；或分送馆内陈列品的目录、图样，为学术上的公开研究。即使不是当地的专门学者，也可以见到他们所需要的材料。这样，博物馆对于学术界的贡献，恐怕不少了。

四、本文的目的

以上既从教育和学术两方面说明博物馆的作用，使国人明了博物馆这种新兴事业的意义和其在欧美各国进步的情形，现在再说著者作本文的动机和目的，以为结论。

大约博物馆在我国已有三十余年的历史，即以南通博物苑而论，系在清光绪三十一年开始。北平旧日内政部古物陈列所，则成立于民国二年。规模较大者为故宫博物院。而北平图书馆金石部直为北平一部分学者的研究根据地。这些在我国都属彰彰较著者。最近则有中央博物馆之筹设，建筑连设备费约一百五十万元；上海博物馆之筑成，建筑费亦达三十万元；这博物馆事业方兴未艾，殊为可喜。惟著者更愿进一步希望政府当局对这新兴事业极力提倡，公私学术团体量力扶植，而各地方人士竭力合作；使不特有中央博物馆，并有地方博物馆；不特有大规模的地方博物馆，更有小规模的地方博物馆，推而至有大、中、小学的学校博物馆。不特有普通的博物馆，并有各种专门的博物馆，更进而有像展览会性质的流动博物馆。而各博物馆都能尽其使命。使博物馆事业，宛如二十年来的图书馆事业的进展，则著者这一次微弱的呼声，为不至于冤枉了吧！

民国二十四年十二月二十四日
成于上海市博物馆筹备处

本文参考书如下：

一、眼に訴へる教育機關　棚桥源太郎。

二、Harold Ward “A Museum Makes Friends with Today”。

三、Jackson “The Museum”。

四、John Cotton Dana “A Museum of Service”。

五、John Cotton “A Museum of Everyday Life”。

六、Laurence Vail Coleman “Manual for Small Museum”。

七、歐米に於けろ博物館の施設　后藤守一。

（原载《学术世界》第1卷第9期，1936年）

我最初对于考古学的兴趣①

在我升入东莞县立中学的第一年，担任我一级的国文历史教员，是我的表妹倩邓以煊华农，他的年纪虽轻，因为他是曾经受过大经学家王舟瑶和《国粹学报》派黄节的教育的，确没有一般秀才举人们的固陋。那时我便对于《说文解字》和《文选》二书有了趣味，可是那时为英文数理化各科的诱迫，忙不过来。及至投身小学教师生活以后的一年，大约是民国六七年吧，刚巧商务印书馆景印《窸斋集古录》的预约样本给我看见了，欢喜得欲狂，急忙托人买了一部，便认识了比《说文》更古的字。整天去看，不忍释手。民国九年秋间，考入南京高等师范文史部，适值铁云藏龟渐渐卖出，校中买了一部分；同时又购到《艺术丛②编》和《广仓学窘丛书》，知道钟鼎文字之上，又有甲骨文，文字之外，又有花纹式样，遂不经不觉地像着了魔。

那时柳翼谋师教授我级的国文历史，他藏有甲骨数百，和

---

①编者按：本篇局部标点有改动。

②编者按：原稿为“从”，当以“丛”为是。今改。

王襄的《殷契类纂[1]》诸书；他住在学校附近，我每每晚饭后顺步到他家里谈天，有一次他把甲骨给我看，有一片他释为“取羔卜其三”，我说应作“取羔亡其三”，蒙他奖借了一两句，我便因此发愤了，一有机会作到古史的论文，便喜欢硬排一两个甲骨文字上去。

从此以后，便迷头迷脑地日夜购读这类的僻书，到如今虽然一点没有成就，可是兴趣却甚为浓厚。

到上海教书以后，买书愈加容易，往往左手拿来的薪金，右手便送到书店里去。到如今这些金石书委实搜集得不少。后来读到了日本滨田耕作诸人的许多考古学书籍，便觉得他们所用的方法，确有些比我们的老法来得精密，便又欲另寻出路。初时注意到伪器伪铭刻的辩证，其后又注意到花纹式样的比较。最近则极力搜集国内外的发掘报告，注意发掘的手续是否精密，以为有系统的发掘品中的破陶片残骨头，其价值乃高出一切的来历不明的高价古董。兴趣一日一日地转移，思想便一天一天的变动。现在不知怎的急欲跳出从前金石家的旧圈套，而欲走向纯然科学的路子上去。

最近已经发誓：不愿再干别的，只是要做一个考古学的牧师。

民国廿四年写完了《印度考古学发达史》之后

（原载《中国学生》第2卷第1—4期，1936年）

①编者按：原稿为“篡”，当以“纂”为是。今改。

考古学与乡村政治

最近日本《考古学杂志》第二十六卷第八号，有黑板胜美撰的《史迹保存与考古学》一文，大意谓：日本自大正八年（一九一九）四月颁布《史迹名胜天然纪念物保存法》以来，已有十七年，其间日本的史迹，经内务，文部两省，所指定而保存者，已有多数；又在朝鲜自两三年前以来，经朝鲜总督府以保存法指定保存的半岛内重要史迹亦不少，在台湾亦有同样的设施，在学术界的研究上，不为不可贺。但是自保存法颁布以来，被指定的史迹，其中保存设施并未讲究者，实际上必非少数。然在现在，史迹如何指定，其言也不易说。全国最重要的史迹，必须顺次调查以指定之，以期其无遗漏。但是在指定以前，作为准备的调查，各府县全体的调查没有实行。此种应全体的调查所指定的东西，不查也不管不问。因为日本今日考古学尚未发达，所谓重要的史迹的指定，其标准定立甚为困难。所以在今日提倡考古学的基础调查，实为在史迹保存上甚为急务。若果不借重考古学者的力量去作基础调查，其事等于未办。在很早以前，德国已实行账簿式史迹保存。所谓账簿式史迹，就是顺次选定可被指定的史迹，以国家的力量，讲求保存之法，这是必要的。此《史迹名胜天然纪念物保存法》颁布以来，已十七年；而此史迹账簿之作成，殆全不注意，则其余实迂阔千万。文部省当局宜令各府县协力，以京都，奈良，大阪，及其他近畿等地尤富重要史迹之处作始，此殆不必踌躇。闻本年度京都府有国宝，重要美术品等遗物，举行史迹基础的调查的豫定。果然如此，于史迹保存，第一希望其实现不已。又昨年在群马县全体小学校教员下总动员利用暑假举行散在全县的古坟调查，凡作成八千三百四十五座，从本年度其重要者更为精查而讲求其保存方法。黑板氏以为不限古坟，切望其他史迹同样地先行基础的调查，例如碑板，寺址，其数亦必不在少。此种基础的调查，必能唤起其所在地人人对史迹保存的必要的注意力，于其爱护乡土的精神必然提高无疑。若举行全国各府县此种基础调查时，至少其指导，监督必需考古学者；但是今日当得指导，监督的考古学者，全国各府县至少一人，除经费余裕的及近畿之二三府县以外，有聘得起考古学者之可能乎？此不得不悲考古学者之人数太少也！黑板氏所说，大略如上。

黑板胜美为彼邦考古学会会长，而又屡次主持彼邦发掘之事，其声誉地位，远出彼邦考古学权威滨田耕作之上，其感慨沉痛言之如此，我们不得不深为注意。在彼邦考古事业发生较我国为早，发达较我国为盛，尚犹慨叹其考古学人材太少，考古事业应举办者太多，则事业落后之我国，究应如何提倡如何振作，不言可喻。我现在讲一两件最近亲见亲闻的事情，为我考古学社同人告，并为我国衮衮诸公告。

在本年八月我因为上海市博物馆需要一尊丈把高的大佛，东访西问，后来得程演生先生告我，谓松江某古寺，有佛数尊，颇合此用；并且寺已倾圮，佛身露立多年，久久必毁云云。我得此消息后，即托馆中同事松江籍者密查。后数日果查得寺为昭果寺，即唐大中年建之长寿寺，经明清屡次重修，近则久已倾塌大半，寺址愈缩愈少。于败墙丛草中迹得之，佛像巍然耸立；但佛前丛草满地粪溺，即以粪计，何止五六百次，余等欲寻尺寸地置一摄影机为佛像拍照，已无隙地可寻。余辈愤不可遏，佛即无灵，何至佛前着粪乃尔。但沪博物馆金碧辉煌，移置其中，岂不两得其所。但欲一动手，则阻力横生。试问再过数十年，此等古佛像，糟塌至何等地步。此一事也。

又本年暑假，因事至内地旅行，竟闻见有分巡官哄骗农民利用六朝古坟坟砖造井为之乱掘古墓者。须知此等古墓，虽属荒坟，然究为“无名古代文化功劳者”之长眠地，其间埋葬古代文化必不在少数。如安阳之俯身葬者，乐浪之王盱墓，王光墓等，其价值甚高。即不然，其墓制建筑，亦为考古学者研究上宝贵材料。奈何如此糟塌之也！此又一事也。

此犹就近者言之，其他远者，内地之善盗墓，偷割佛头，及我国《古物保管法规》颁布以前，我国古代文化遗物，其损失将何可胜计！

今为补救此等缺点起见，我以为亦如黑板氏所言我国全国各省县史迹亦应急作基础调查，一一记账，以便讲求保管之法。每县设有古物保管代办所，仿佛邮政未发达之地设邮政代办所一样，交由中小学史地教员去办，而由中央古物保管委员会遣派考古学者出巡指导。

同时在每年各地所举行之中小学教员暑期讲习会，应请专家讲演考古学常识，以唤起其研究的兴趣。其余则各地民众教育馆多开辟博物馆部或考古部陈列各种古物标本、古迹影片，务使考古学普遍化，务使考古学成为乡村政治的动员。必然乡村政治之间有了保存古物的智识和热心，然后考古学者得有长久研究史迹和古物的机会。

民国廿五年十月廿二日写于广州岭南大学怡乐村

（原载《考古》1936年第5期）

铜鼓考略①

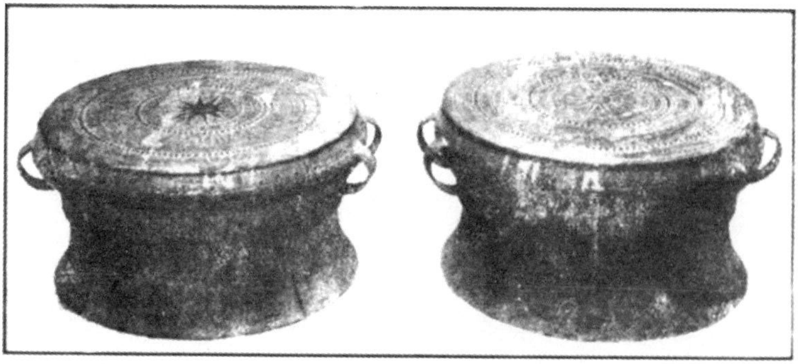

（艺古—51）　　（艺古—49）

第一图　上海市博物馆所藏铜鼓（窸斋旧藏）

附注：括号中数目为本馆登记编号

①编者按：本篇局部标点、外文字母有改动。

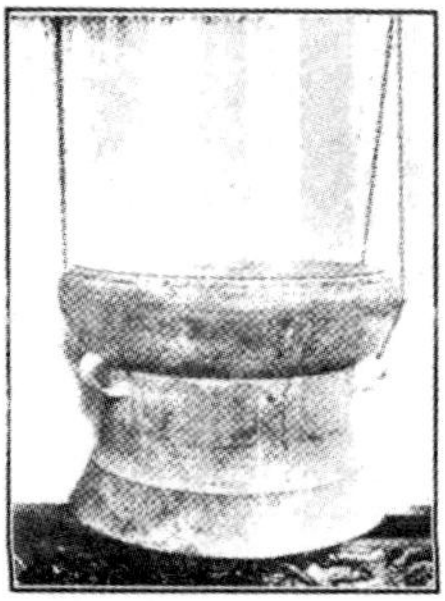

第二图 东京发见之
第一式铜鼓

（艺古—53）
第三图 铜鼓鼓面花纹全部

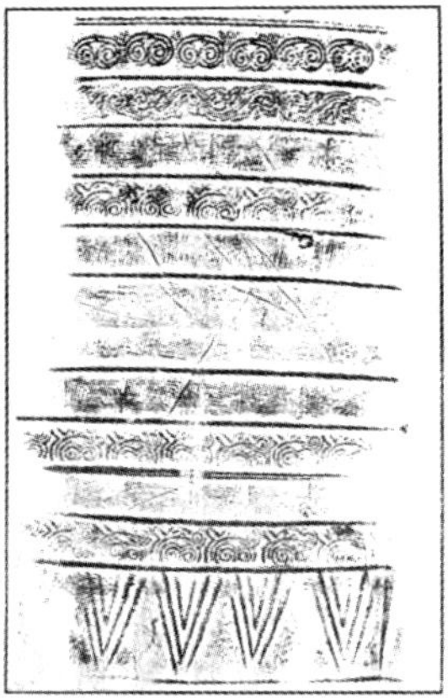

（艺古—53）
第四图 铜鼓胴围花纹
之一部

铜鼓赛神来，
满庭幡盖徘徊。
水村江浦过风雷，
楚山如画烟开。
离别橹声空萧索，
玉容惆怅妆薄。
青麦燕飞落落，
卷帘愁对珠阁。

——右温廷筠《河渎神》词

木绵花映丛祠小，
越禽声里春光晓；
铜鼓与蛮歌，
南人祈赛多。
客帆风正急，
茜袖偎樯立；
极浦几回头，
烟波无限愁。

——右孙光宪《菩萨蛮》词

此为唐末词人歌咏楚越间蛮人以铜鼓赛神之小词。其他类此者，不一而足。即如杜牧诗：“滕阁中春绮席开，柘枝蛮鼓殷晴雷”；亦说蛮鼓。至许浑《送客南归》诗：“瓦樽留海客，铜鼓赛江神”；亦与温孙诸词同。铜鼓赛神在唐时，南方确已盛行，故诗词文人，不惜再三采入诗词文中，此外如戴纮有《咏铜鼓诗》，吾辈读其书者，可藉窥知一二也。

惟铜鼓发生历史，向所不明，或谓马援征交阯时带回，因以传入中国；或谓诸葛亮征孟获，创制于蛮中。甚者异说纷纭，演为神话。则考古之士不容无所用其心焉。

案诸葛亮创制之说，《三国志·亮本传》无一言，特蛮人之传说耳。戴纮《咏铜鼓诗》有云："问是当年谁所留，尽说传自汉武侯。"不足置信也。谢堃《金玉琐碎》谓："据传记所载，蛮夷各有铜鼓，无一语及诸葛亮者。"其言是矣。贵州《安顺府志》云：

> 诸葛武侯获铜鼓处在清镇县西四十五里。

此亦后世之传说而已。至马援带归之说，《后汉书·援本传》云：

> 又交阯女子徵侧及女弟徵贰反，……于是玺书拜援伏波将军，……南击交阯。……与越人申明旧制，以约束之。自后骆越奉行马将军故事。二十年秋，振旅还京师，军吏经瘴疫，死者十四五。赐援兵车一乘，朝见位次九卿。援好骑，善别名马，于交趾得骆越铜鼓，乃铸为马式，还，上之，因表曰："夫行天莫如龙，行地莫如马。马者甲兵之本、国之大用，安宁则以别尊卑之序，有变则以济远近之难，昔有骐骥，一日千里，伯乐见之，昭然不惑。近世有西河子舆亦明相法。子舆传西河仪长孺，长孺传茂陵丁君都，君都传成纪杨子阿。臣援尝师事子阿，受相马骨法，考之于行事，辄有验效。臣愚以为传闻不如亲见，视景不如察形。今欲行之于生马，则骨法难备具，又不可传之于后。孝武皇帝时善相马者东门京，铸作铜马法献之，

有诏立马于鲁班门外，则更名鲁班门曰金马门。臣谨依仪氏䩭，中帛氏口齿，谢氏唇鬐，丁氏身中，备此数家骨相以为法。”马高三尺五寸，围四尺四寸。有诏置于宣德殿下，以为名马式焉。

依文义解之，马援于交阯得骆越铜鼓，乃铸为马式，谓得见以铜铸鼓之法，乃仿为铸铜马者也。下文全表言马式，非言铜鼓，本传别处，亦不言铜鼓，疑其时铜鼓实未流入中国。传末言马援带还薏苡事，不言铜鼓可证。明珠文犀，权贵皆望之；矧铜鼓新怪，宁能不言耶？谢启昆《铜鼓考》云：“自石湖有伏波所遗一语（按指《桂海虞衡志》），遂误为伏波所制，且因伏波附会及于诸葛，至于大者为伏波，小者[1]为诸葛鼓（按指《赤雅》），真误中之误矣。”又云：“自放翁有用之战阵一语（按指《老学庵笔记》），后人遂误为伏波军器。”（见《粤西金石略》）其说是也。

唐章怀太子贤《注》引裴氏《广州记》曰：

狸獠铸铜为鼓，鼓唯高大为贵，面阔丈余，初成，悬于庭，克晨置酒，招致同类，来者盈门，豪富子女，以金银为大钗，执以叩鼓，叩竟留遗主人也。

《隋书·地理志》又云：

自岭以南，二十余郡，……并铸铜为大鼓，初成，悬于庭中，置酒以招同类。来者有豪富子女，则以金银为大钗，执以扣鼓，竟乃留遗主人，名为铜鼓钗。

杜佑《通典》同，是唐时人著作，所言铜鼓事较详尽。

其余诸书，《后汉书·南蛮传》无言铜鼓事。至《晋书·食

①编者按：原稿此处多一“者”字。今删。

货志》则曰：

孝武太元三年诏曰：钱，国之重宝，小人贪利，销坏无已，监司当以为意。广州夷人，宝贵铜鼓，而州境素不出铜，闻官私贾人，皆于此下贪比输钱，斤两差重，以入广州，货与夷人，铸败作鼓。其重为禁制，得者科罪。

《南史·欧阳頠传》曰：

年三十，其兄逼令从官，梁左卫将军兰钦少与頠善，故頠常随钦征讨，钦南征夷獠，禽陈文彻，所获不可胜计，献大铜鼓，累代所无。頠预其功，还为直阁将军。钦征交州，复启頠同行，钦度岭而卒，頠除临贺内史，启乞送钦丧还都，然后之任。……及陈武帝释而礼之，……乃授安南将军、衡州刺史、始兴县侯[1]。……时頠合门显贵，威振南土，又多致铜鼓生口，献奉珍异，前后委积，颇有助军国。

《水经注·温水·东北入于郁》条注引《林邑记》云：

浦通铜鼓，外越安定黄冈心口。盖藉度铜鼓，即骆越也。有铜鼓，因得其名。马援取其鼓以铸铜马。

《晋书》《南史》为唐人所著书，年代较晚，故其说加详，曰：“广州夷人，宝贵铜鼓”；曰：“献大铜鼓，累代所无”；曰：“多致铜鼓生口，献奉珍异，前后委积，颇有助军国”；是晋梁陈间，南方铜鼓大盛，故传闻愈多也。其言与章怀太子所见材料无异。独《水经注》为六朝人书，与《后汉书》著者范晔时代不甚相远，而其言：“马援取其鼓以铸铜马”，同一故事演变，虽稍有出入，要不能谓为非取同一史料也。《后汉书》

---

①编者按：原稿为“候”，当以“侯”为是。今改。

仅谓“得骆越铜鼓，乃铸为马式”，《水经注》直谓：“取其鼓以铸铜马”，则演变愈明晰矣。

时代愈晚，记载愈详。唐刘恂《岭表录异》云：

蛮夷之乐有铜鼓，形如腰鼓，一头有面，圆一尺许，面与身连，其身遍有虫鱼花草之状，击之响亮，不下鸣鼍。

又云：

贞元中，骠国进乐，有铜鼓。咸通末，幽州张方直贬龚州刺史，到任后，修葺州城，因掘得一铜鼓，载以归京，到襄汉以为无用之物，遂舍于延庆禅院，用大木鱼悬于斋室，今见存焉。僖宗时，林蔼守高州，乡野牧童闻田中蛤鸣，欲进捕之，一蛤跃入穴中，掘而取之，得一铜鼓，其上隐起，多铸蛙黾之状，岂鸣蛤乃铜鼓之精耶？

自是始有言掘得铜鼓者矣。宋《太平广记》亦云：

蛮夷之乐，有铜鼓焉，形如腰鼓，而一头有面，鼓面圆二尺许，面与身连，全用铜铸，其身遍有虫鱼花草之状，通体均匀，厚二分以外，炉铸之妙，实为奇巧，击之响亮，不下鸣鼍。贞元中，骠国进乐，有玉螺铜鼓，即知南蛮酋首之家，皆有此鼓也。

所言与刘氏全同。

宋范成大《桂海虞衡志·志器》条云：

铜鼓古蛮人所用，南边土中，时有掘得者。相传为马伏波所遗。其制：如坐墩而空其下。满鼓皆细花纹，极工致，四角有小蟾蜍。两人舁行，以手拊之，声全似鞞鼓。

《志金石》条又云：

铜邕州右江峒所出，掘地数尺，即有矿。故蛮人好用铜器。

范氏自紫薇出帅广右，以乾道八年三月至郡，留居二年，其所记风物土宜，皆其亲见者，其言可信。所谓百闻不如一见是也。其谓："满鼓皆细花纹，极工致，四角有小蟾蜍"；与刘氏《岭表录异》所云："多铸蛙黾之状"，所言不殊。迄今出土铜鼓，亦仍以四角有小蟾蜍者为贵。惟刘云："鸣蛤乃铜鼓之精"，未免涉于神怪，范氏学人，故不述耳。铜鼓之精美者，于鼓面"四角有小蟾蜍"之外，另有作赛马状者，尝见合肥刘铭传氏旧藏有之。又陈少白氏亦藏此物，《河北第一博物院画报》第六十六期刊有照片。

《唐书·南蛮传》仅云：

盘盘在南海，曲乐有琵琶、横笛、铜钹、鼓、蠡。

宋朱辅《溪蛮丛笑》曰：

麻阳有铜鼓，盖江水中掘得，如大钟长筒，三十六乳，重百余斤。今入天庆观。并有铜像二，相传唐明皇像，余散他处。鼓尤多，其文环以甲士，中空无底，名铜鼓。

又云：

溪洞爱铜鼓，甚如金玉，模取鼓文，以蜡刻板，印布入靛缺渍染，名点蜡幔。

宋周去非《岭外代答》亦云：

广西土中铜鼓，耕者屡得之，其制正圆，而平其面，曲其腰，状若烘篮，又类宣座，面有五蟾，分据其上，蟾皆累蹲，一大一小相负也。周围款识，其圆纹为古钱，其方纹如织簟，或为人形，或如琰璧，或尖如浮屠，如玉林，或斜如豕牙，如鹿耳，各以其环成章，合其众纹大类细画圆阵之形，工巧微密，可以玩好。铜鼓大者阔七尺，小者三尺，所在神祠佛寺皆有之，州县用以为更点。交趾尝私买以归，复埋于山，未知其何义也，按《广州记》云：俚獠铸铜为鼓，唯以高大为贵，面阔丈余，不知所铸果在何时。按马援征交趾，得骆越铜鼓，铸为马式。或谓铜鼓铸在西京以前。此虽非三代彝器，谓铸当三代时可也。亦有极小铜鼓，方二尺许者，极可爱玩，类为士夫搜求无遗矣。

明魏濬《西事珥》云：

旧府中有伏波将军所铸铜鼓，其一尚存其形，不似今制，深三尺许，而径可三尺五寸，旁围渐缩如腰形，复微展而稍弇，其口似今人家竹培篝，体绝薄，纯绿色，纹甚精古，面环绕作蛙黾十数，昂首如欲跳状，中受击处亦平，但略厚如镜耳，已有断裂痕，击之声不甚发，闻一完好者，近为税监献之内廷，所悬木架，尚存堂之左右，有铜铸狼数柄，倒于地，制亦精，必非近时物矣。制府厅事左右，亦有铜鼓两架，径之小减半，而制作色质无异，出入遥见，款识之同异，不得就而辨焉。

支允坚《异林》云：

《岭表录异》唐时有牧童，闻田中蛤鸣往捕之，蛤跳入深穴，乃蛮酋冢，掘之得铜鼓，其旁多铸蛙黾之状，正与今总府所见者合，当是原有此体制，今铜鼓两粤滇黔皆有之，又或以为诸葛武侯者，不必尽伏波也。

夷俗最尚铜鼓，时时击之以为乐，土人偶于土中掘得，辄称是伏波将军或诸葛丞相所藏者，土豪富室必争重价求购，即至百牛不惜，与售赝骨董者亡异。

铜鼓古传置酒招同类，来者以金钗叩之，此所谓金声，非锣也。今灵壁侯汤念嵩家有之。

朱国祯[1]《涌幢小品》云：

蛮中诸鼓有剥蚀而声响者为上上，易牛千头，次者七八百头，藏二三面者即得僭号为寨主矣。凡破蛮必称获诸葛铜鼓，有多至数十面者，此必诸葛倡之，后人仿式而造，其精巧反有过之者。

邝露《赤雅》云：

伏波铜鼓深三尺许，面径三尺五寸，旁围渐缩如腰形，复微展而稍弇，其口锦纹精古，翡翠焕发，鼓面环绕作蛙黾十数，昂首欲跳，中受击处，平厚如镜，两粤滇黔皆有之，东粤则悬于南海神庙，西粤则悬于制府厅事。东粤二鼓，高广倍之，雌雄互应，夷俗赛神宴客，时时击之，重资求购，多至千牛，制度同而小过半者诸葛鼓也。价差别矣。

清陆次云《峒谿纤志》亦云：

铜鼓多马伏波及武侯所制，故称曰“诸葛鼓”，大苗峒方能有之，其大如钟长筒，三十六乳，重百余斤，中空无底，亦有土中掘得如坐墩者，周簇细花纹，极工致，四角有小蟾蜍，两人舁行，以手拊之，声如鞞鼓。人传铜鼓，有此峒之鼓，盗于彼峒，夜见有虎，欲出啮人，迹之鼓也，还之乃静。

檀萃《说蛮》亦云：

马流人常识其处，常击铜鼓祀伏波，盖所祖也。铜鼓

---

①编者按：原稿为“桢”，当以“祯”为是。今改。

与铜船，俱伏波所铸。船凡五，以其四征林邑，留其一焉，在今合浦。天阴两船出浮，人常见之，因名铜船湖。伏波将军庙，极灵异，过者必祠以犬。

近人刘锡蕃《岭表纪蛮》第十九章《音乐·铜鼓》条又云：

又名“孔明鼓”，相传亦为武侯所造。或谓“《后汉书·马援列传》：已载铜鼓之名，铜鼓实非从武侯始”。但西南蛮族，绝无马援造鼓之说。或许马援造鼓，武侯亦造鼓，其名虽同，其式则异，蛮人崇拜武侯，仿造其式最多，“孔明鼓”之名，因之乃独著耳；“问是当年谁所留？尽说传从汉武侯”，戴纮《咏铜鼓诗》有此二语，盖纪实也。其制：全体皆铜质，面平底空，中腰凹束，镌满旗帜及各种花纹形状；中心花瓣突起，形式光润，如被油脂；两旁有耳，亦有狮、龙、花瓣各种形状。其面有蟾蜍而镌汉文者，为上上品。鼓身大小不一，据《宾州志》(今改宾阳)称：该邑从前得有铜鼓一具，面阔丈余，其大可以想见。今苗山所遗留者，大者圆径四五尺，小者仅二三尺，重量由二三十斤至六七十斤，百斤之物，已极罕见。予家藏一具，高尺有三寸，径口一尺九寸，重三十二斤。系其两耳悬于架上，附之，其声隆隆，颇为可听，然而次品也。

盖盛行于晋、梁、陈、隋、唐，久所埋藏于地下者，至是每有出土，故闻者记之。明乐明盛有《浔江获铜鼓记略》云：

明盛于天启乙丑奉学政檄至浔，谒郡学，见铜鼓一，登观风楼，又见其一，形声同而窳完异，询之邑博袁鸣谦，曰：岁午端阳日铜鼓滩渔人网于水，莫举，入水探之，知为器，举而出之献于官，其文质全，守宰令置文庙中。白石山人又得一唇稍窳者，置观风楼，旧谓马伏波征交阯，舟经八桂，有二铜鼓，跃入水中，今三千年同日异地而出，此神明之所呵护也。

清代铜鼓出土仍多，颇有可考者，金铁《铜鼓记》云：

雍正八年春粤西北流县农民获铜鼓一，完好无剥蚀，翡翠丹砂，古色斑驳，非人间所宜私宝者，敬进阙下。是年秋，浔江铜鼓滩之下，衔波啮浪有隐隐欲跃者，渔人纠众力举之，铿然又一铜鼓也。舁以来告，谛视审量，高广轻重，文理色泽，虽皆不逮所献，而宏壮之模，缜密之文，绿沈之色，要非秦汉以下物也。权之得一千六百五十一两，絜之高一尺六寸而稍缩，面径二尺六寸有奇，周三尺，其径腰微束，仅六尺九寸余，底如其面而空，面有蟾蜍叠踞，大小各六，重之为数十二，意取律吕相生而应十二月盈虚之象与？中边圆纹，亦十二道，疏密相间，内皆细文，不一其状，旁有两耳如环，用以舁，通体完整，不缺不窳，似有呵护之者。

《叙州府志》云：

宜宾县，横江乡水洞坎，嘉庆三年，土人掘获，今置城北师来山元祖殿，高一尺二寸，面阔二尺，鼓心作莲瓣，圆六尺，无字迹，通体皆细花纹，四耳缺一，腰微细，一面空，击之作革音，后又得二面，一存城南土主庙，一存城北崇报寺，式同。

长宁县，铜鼓，相传武侯铸以镇夷者，今田间往往耕出之，邑中士大夫家常购之以为轩斋古玩。

《县志》原按：万历元年，巡抚曾省吾平九丝夷，获诸葛铜鼓九十三面，同时又得铜铁锅二口，系酋长阿大所

蓄，制甚奇古，识者曰：此非锅，乃鼎类也，其名曰鬶，今三江所出之器，疑即当年所遗者。

�县，铜鼓，巡司场村人，咸丰二年于土中掘得铜鼓，高尺余，阔称之，面有四蝉，空有底，腰微细，击之其声如鼓，惟无字迹。考《忠武志》所载武侯铜鼓图，其制相似，又《读史方舆纪要》：庆符北八十里汉阳山，孔明征南蛮驻军处，据此，则审为诸葛军中所遗，同治元年为发逆所毁，高邑焦村亦掘得一面稍小，制亦相似。

雷波厅铜鼓，嘉庆时天姑密乡人掘地得之，今存关帝庙中，又黄螂土人掘地得铜鼓四，亦存关帝庙，鼓高尺许，所铸皆奇文异状，互相错蟠，其雕螭刻鹭，犹可辨识，边际间缀虾蟆，扣之有剥蚀声，疑武侯制以镇蛮者。

《遵义府志》云：

铜鼓，按鼓四周花草虫黾纹，古致斑驳，世传铜鼓诸葛所遗，此或然也。嘉庆十九年，遵义县永安庄土人掘得置永安寺，典史陈丙移置桃源山晚香阁中。

《南宁府志》云：

宣化城北山下，农人犁田得铜鼓土中，形如坐墩而空其下，满腹皆苍纹细花，极工致，四角有小蟾蜍，悬其旁耳，击之声极清越，又城隍庙后寝有小铜鼓，形制相同，其文若古鸟篆，而不能辨。

铜鼓宋时已有藏之秘府，明清二代出土者，颇多置于寺庙楼阁，以供众览。明张穆《异闻录》云：

铜鼓昔马伏波征蛮物，以山溪易雨，因制之。一悬之梧州镇府左廊，昔沉潭中，声震十里，鼓出遂无怒波，人言其为祟，人舟赖以无险。

《郁林州志》又云：

文昌阁中有铜鼓，高一尺五寸，面径二尺六寸，底径二尺六寸，边出广一寸，腰束减二寸，自边至中央，凡十九晕，晕间或为雷文，或为螺文，或为五铢钱文，或为籧篨文，中央隆起，内廓有横斜十字文，沿边近里四分强，有六蟾蜍，相去一尺三分，蟾蜍前高一寸，足间一寸二分；后高八分，足间亦八分，鼓身凡三重带二十七晕，晕间文与面同，两旁近上有耳，前后对出，近下亦有耳，左右对出，文如贯索形，模中度镂刻精工，色如绿沉，土花斑驳，盖西汉时物也。豸塘岭北帝庙石脚堡岩额庙，亦有鼓，较此为差小耳。

铜鼓之埋藏于地下者，或不尽出于自然，疑皆蛮人所自埋也，其故亦可得而言。《晋书》称夷人宝贵铜鼓，《隋书·地理志》章怀太子注《后汉书》，又谓狸獠铸鼓既成，乃招致同类，来者盈门，其重视铜鼓如此。《唐书》云：

西爨以南，有东谢蛮，居黔州西三百里，南距守宫獠，西连夷子……无赋税，刻木为舟，见贵人无不执鞭而拜，赏有功者，以牛马铜鼓。

此言铜鼓与牛马，同为蛮人赏功之用，是铜鼓乃蛮人唯一宝贵之财货矣。故蛮人献贡，亦常以铜鼓。《志林》云：

建武二十四年，南郡男子献铜鼓有铭。

《岭表录异》《太平广记》言贞元中骠国进乐有铜鼓。《宋史·蛮夷传·西南诸蛮》条云：

乾德四年，南州进铜鼓内附；下溪州刺史田思迁亦以铜鼓、虎皮、麝脐来贡。

又《南丹州》条云：

> 淳化元年，洪蕾卒，其弟洪皓袭称刺史，遣其子淮通来贡银碗二十，铜鼓三面，铜印一纽，旗一帖，绣真珠红罗襦一。

蛮人宝贵愈甚，而汉人搜求亦愈烈，宋时已有藏之秘府者，《老学庵笔记》谓此“初非古物，实不足辱秘府之藏，然自梁时已珍贵之如此，不知何理也。”《异林》称土豪富室，重价求购，即百牛不惜。《涌幢小品》谓上上者易牛千头，次者七八百头，《赤雅》又谓重资求购，多至千牛。梁欧阳頠征蛮，已以获铜鼓为战功，谢启昆《铜鼓考》云：“所谓迁其重器也。”《宋史·五行志》谓熙宁元年，元丰元年，横州共获古铜鼓一十七，七年十一月，宾州获古铜鼓一。又《明史·刘显传》云：

> 克寨六十余，获贼魁三十六，俘斩四千六百，拓地四百余里，得诸葛铜鼓九十三，铜铁锅各一，阿大泣曰：鼓声宏者为上，可易千牛，次者七八百，得鼓二三，便可僭号称王，击鼓山岭，群蛮毕集，今已矣。锅状如鼎。大可函牛，刻画有文彩，相传诸葛亮以鼓镇蛮，鼓失则蛮运终矣。

汉人搜求愈烈，蛮人宝贵更甚。其所以埋藏地下者，此其故欤？近人刘锡蕃《岭表纪蛮》云：

> 即数十年前，黔桂边境一带，往往掘得此物，连续埋藏，动辄以数十计，均在深溪密箐之间。吾人由此推测，可知有鼓者，亦不限于行军，凡民多财而好之者，皆可以铸。故其物之多如此。其所以得于林间，大概由蛮民屡服屡叛，官军攻剿战事激烈，蛮人自度必败，以其笨重难携，遂埋于僻地。一败之后，仓卒奔逃，或远徙不还，或

寨焚人歼，地盘为敌所据，而此物遂亦久藏于地中，不复出世，年湮代远，山洪冲圮，始复为后人所得耳。说者谓“系武侯所埋，以其张疑兵惊敌人之用”；《一统志》又谓“此物出于融县，系武侯散埋以厌獠人”，其词迂而且诞不足信也。近来交通日密，汉人入苗山者，收买殆尽，得之益不易矣。

其说近是。按《岭外代答》称交趾买归后，复埋于山。蛮人因宝贵而埋藏之，固信而有征。

今南方地名铜鼓者甚夥，大抵均因铜鼓得名，《水经注》引《林邑记》称有地名铜鼓，因铜鼓而得名，即在今广西。《西清古鉴》有铜鼓图十四，云：

此器，今世多谓之“诸葛鼓”，盖武侯渡泸后所铸。然考马伏波平交趾，亦铸铜为鼓，则先诸葛有之矣。今岭南一道，廉州有铜鼓塘，钦州有铜鼓村，博白有铜鼓潭，则因以为地名矣。大抵两川所出为诸葛遗制，而流传于百粤群峒者，则皆伏波为之。今未能差别，统名为“汉铜鼓”云。又按唐岭南节度使郑絪，出镇时春州守林霭得之峒户，以献絪，纳诸庙，面阔五尺，脐隐起罗布、海鱼、虾蟆等纹，旁设两耳，语与此合。而是鼓更作骑士，科洗乘而驰，旁挟一马，则旧说所未有也。

《博白县志》云：

铜鼓潭离县治北二十里，深十余丈，西岸石壁峭立，旧传有铜鼓浮出，声闻数里，乡人来观，久之复沉。明弘治间，邑人获其一，解送制府。

《柳州府志》云：

铜鼓山在融县城西南二十里，旧传诸葛武侯埋铜鼓以厌蛮獠，后人得铜鼓于此山下，为铜鼓滩。

《安顺府志》有云：

明《一统志》：威清卫铜鼓山在卫城西四十五里，相传蜀汉诸葛亮征南，于此获铜鼓。

其他小地名作铜鼓者，恐犹不止此，古时南方铜鼓之盛行，于此可见，后人因得铜鼓而名其地，其重视铜鼓，亦于此可见也。

诸书漫谓铜鼓古蛮人所用，然所谓古蛮人，时代实不明，盖文献无征久矣。《苗族说略》谓："有谓自秦汉以来已有铸者"（见《河北第一博物院半月刊》第九期），未审何据。以吾思之，大抵在前代之世，南方蛮人，固已有用之者，五胡乱华后，异族文化，蜂集而至，乃渐由传闻而得目睹，故言之日益加详。然其盛行时代必不出由晋至唐即公元三世纪至九世纪之间，其后渐次衰歇，得之者视同古玩，非复日用品矣。惟宋陆游《老学庵笔记》云：

予初见梁《欧阳頠传》称頠在岭南，"多致铜鼓，献奉珍异"，又云："铜鼓累代所无。"及予在宣抚司，见西南夷所谓铜鼓者皆精，铜极薄而坚，文镂亦颇精，叩之冬冬，不作铜声，秘阁下古器库，亦有二枚，此鼓南蛮，今用之战阵祭享，初非古物，实不足辱秘府之藏，然自梁时已珍贵之如此，不知何理也。

据陆氏之说，当时蛮人所用鼓，非古物，似非土中掘出者，殆宋时蛮人尚有铸铜鼓者。《宋史·蛮夷传·抚水州》条云：

融州蛮其族铸铜为大鼓，初成悬庭中，置酒以召同类，争以金银为大钗，叩鼓去则以钗遗主人。

所言与《广州记》《隋书》同，陆游之言疑是也。惟所铸当不如前代之多，铜鼓之流传亦远不如前代之盛，得之已不易，故宋人藏之秘府，而《宋史》于铜鼓获得又不惜再三记之也。

至其制作之法，《晋书·赫连勃勃载记》略有言及，惟语焉不详。其言曰：

> ……以叱干阿利领将作大匠，发岭北夷夏十万人于朔方水北黑水之南，营起都城。……阿利性尤工巧，然残忍刻薄，乃蒸土筑城，锥入一寸，即杀作者而并筑之。勃勃以为忠，故委以营缮之任。又造五兵之器，精锐尤甚。……复铸铜为大鼓、飞帘、翁仲、铜驼、龙、兽之属，皆以黄金饰之，列于宫殿之前。凡杀工匠数千，以是器物莫不精丽。

虽其所记为赫连勃勃一姓之事，其他蛮人或不如此；然蛮人制铜器之求精丽，于焉可见。蛮人既宝贵铜鼓，制作自必求精细，求之过甚，乃至不惜杀工匠数千。今人得一古器，玩摩不忍释手，岂知前世工匠，固有以此流血者乎！

铜鼓之用途，大抵为赛神乐器，吾人读温孙诸氏小词已明。《宋史·蛮夷传·西南诸蛮》云："雍熙元年，黔南言：溪峒夷獠疾病，击铜鼓沙锣，以祀神鬼，诏释其铜禁。"则铜鼓为祀神之用，更信而有征。《太平御览·乐部》引《大周正乐》曰："铜鼓铸铜为之，虚其一面，覆而击其上，南蛮扶南天竺类皆如此。"而《黔苗图说》则云：

> 捕笼狆家贵阳南笼安顺三府，定番[1]广州二州皆有之，以十二月朔为大节，岁时击铜鼓为欢，掘地即得铜鼓，武侯南征时所遗者，重价争购。

①编者按：原稿为"审"，当以"番"为是。今改。

《贵州通志》又云：

> 狆家……其种有三，一曰补笼，一曰卡光，一曰青狆……岁时击铜鼓为欢，土人或掘地得鼓，即以为诸葛所遗，富者不吝价争购。

《贵阳府志》亦云：

> 狆苗有二种，曰卡光，曰青狆。贵阳惟有青狆；在府属者，居阿所平山瓦窑诸寨；在长寨者，居者贡谷龙摆伦古羊诸枝；在定番者，居抵娘、老奤诸寨；在大塘者，杂处各土司地；在开州龙里贵定者，与汉人零星杂处；在贵筑、修文者，散居四境，亦与汉人杂处。……岁首，以铜鼓为欢，土人或掘地得鼓，即以为诸葛所遗，富者不吝价值争购之。

是铜鼓不特用祀鬼神，且为岁时欢乐之用矣。考《隋书·地理志》则云：

> 自岭以南，……并铸为大鼓，……俗好相较，多构仇怨，相攻则鸣此鼓，到者如云，有鼓者，号“都老”，群情推服。

《宋史·蛮夷传·抚水州》条亦云：“相攻击鸣鼓以集众，号有鼓者为‘都老’，众推服之。”《老学庵笔记》谓蛮人用之战阵祭享，《岭表纪蛮》又云：

> 今蛮人集议军警公益一切事件，亦以撞击铜鼓，为其唯一号召之方法，流俗相沿，犹不稍变，但此物不尽用之于行军集会，私家娱乐，亦尝制之。

是铜鼓为蛮人唯一重要之乐器，亦唯一之信号也。《隋书》《宋史》皆谓有鼓者号“都老”，群情推服，《涌幢小品》谓藏二三面者即得僭号寨主。蛮人尊重铜鼓如此，宜乎其宝贵之矣。

《桂海虞衡志》称邕州产铜取之甚便，故蛮人盛用铜器。《晋书》则云："小人贪利，以入广州，货与夷人，铸败作鼓。"又似南方无铜，辗转贩入者。即《宋史》亦作如是言，疑莫能明矣。

至于西洋学者之间，最初于铜鼓问题作考察者，则为哥禄贝氏（Goloubew）。哥氏在安南河内远东史前学会议席上，尝作《关于铜鼓之起源及其流布》一题之演讲。氏力谓铜鼓表面之花纹与汉代青铜器之纹样相类，而铜镜尤绝似。其中如鸟飞之形，与中国山东孝堂山或武梁祠石室雕刻中所表现之飞鸟图，手法相同。又其吻端为菱形之水禽类图样，盖自汉砖鹭（即水鸟）衔鱼之吻之图样转化而来。又谓铜鼓之起源，在北安南等山地，受来自中国之工匠之影响，因而发达。安南土人普通安置于藤制置台上之大鼓，为其原型。今日住居北安南山地之土著民族之间，尚有行之云云。哥氏为最初对于铜鼓原型作考察者，其着想之点，不得不认为超拔，但谓久已称为学界之谜之铜鼓问题，因此悉已解决则犹未也。

铜鼓一物，在东亚为来历不明之古物，于西洋学者之间，早已惹起注意，在五十年前东印度群岛各地发见铜鼓之时即已开始。一八八四年迈尔（A. B. Meyer）著《东印度群岛之古代遗物》（*Alterthümer aus dem Ostindischen Archipel*）一书，其中已介绍群岛发见之铜鼓及今日欧洲之所存者。已而迈尔与其助手夫瓦（Foy）氏合著一书，名为《东南亚细亚之青铜鼓》（*Bronzepauken aus Südost-Asien*），于一八九八年刊行。其后夫瓦氏又于一九〇三年至一九〇四年在维也纳（Wien）《人类学会杂志》（*Mitteilungen der Anthropologischen*

Geseleschaft in Wien）发表《东南亚细亚之古代铜鼓》（Ueber alte Bronzetrommeln aus Südost Asien）一论文，继续其研究。但认此类铜鼓，与出自中国史料之铜鼓为同属一类，于是此问题遂移于“支那学者”之手，而开始其激烈之论战。

先是，十九世纪末年称为第一流“支那学”者夏德氏（Friedrich Hirth）于一八九四年函询维也纳专门铜鼓研究家黑智尔氏（Hegel），因得录送关于铜鼓之中国学者之学说；一八九六年夏德氏为巴斯棠（Bastian）《祝贺论文集》（*Festschrift Fur Adolf Bastian*）寄稿著《赵汝适所见之海南岛》（Die Insel Hainan Nach Chau Ju-kua）一篇小论文，其中注文有云：

> 在今日为中国南部西部及安南最有趣味之古物铜鼓，恐本为中国工艺品，后其制法流入半岛住民之手，因而依据模仿者。

但谓此时尚未充分观察遗物，不敢径取中国人之记载以为考证，因而断为一方面之意见，先将收到黑智尔氏之私人通信公开披露。此私信于中国学者关于铜鼓之考证略为介绍，在观察遗物未充分之前，暂时赞同其说，以铜鼓之制作，归功于马援或诸葛亮，盖依中国人之通说也。

反对夏德氏之说者，为荷兰“支那学”者狄葛乐氏（De Groot），一八九八年一九〇〇年先后用其国语及德语发表论文，题为《东印度群岛及东京亚细亚大陆铜鼓考》，主蛮族起源说。今为译述如下：铜鼓在一世纪之顷已流布于广东之西南隅。（《后汉书·马援传》）四世纪上半稘，乃盛行于长江沿岸南部。（《志林》）当时南方铜鼓制造极盛，广州住民用铜大半为铸铜鼓，贵重现金，不绝投于熔炉，因此政府禁之。（《晋书》)更有南方狸獠之间，铜鼓亦甚流行，每当大飨宴，辄以夸其盛，或战时鸣之，以征集人众等。(《广州记》《隋书》)次之，南方蛮夷，屡屡进献。(《岭表录异》《宋史》)蛮夷疾病，用之祈神求愈，因此十世纪时，朝廷乃解除制造买卖之禁(《宋史》)，在十二世纪时南方已视为古物，俗传因有马伏波将军创制之说。(《桂海虞衡志》)更有元丰中湖南西北，即洞庭湖之西，有云雷文铜鼓发见。推定为与祈雨仪式有关。(《湖广通志》)又次铜鼓之上多镌带甲武夫(《乐书》《溪蛮丛笑》)，此亦极可重视。最后夷蛮之间，于铜鼓乃信为威权、势力、门地之徽识，失之则去蛮运，而诸葛亮制作之传说，亦并起矣。(《明史·刘显传》)狄葛乐氏归纳此等文献，谓铜鼓为公元之初，广东西南蛮人所创作，其后渐为广东以西广西贵州湖南诸省所使用。此决非长江以北诸地所产。而与今日安南、东印度群岛及中国所发见者同一式样。且铜鼓之上，既无年号，又无铭文，其属于汉字及中国作风之云雷纹及鹤、龙等文样者，实为破格。此又不可不注意也。盖铜鼓固为蛮人所手创，蛮人归顺中国以后，采用其文字，或亦以之铸造铜鼓。狄葛乐氏之推定如此。至于东印度群岛之铜鼓，由何处发源之一问题，迈尔氏尝创为柬埔塞(Cambodia)发源说，以柬埔塞为铜鼓发见之焦点，而排击森民诺氏之印度传来说，结论谓自蛮族聚居之处所移入者。以为在铜鼓上之象、孔雀、棕榈等，中国南方皆产之。昔日本为蛮人居住地，至今犹然。最后又论及用途，谓中国寺院用之，暹罗王宫佛事时亦用之，安南内地诸种族土人今日仍尊重铜鼓，与中国史料中所载之南方蛮族，其状态不少变异，此可注意者也。又谓附于铜鼓表面之蛙，意为呼雨，又举安南文献为证。关于乐器用途，中国文献向守沉默，此说甚足珍贵。被[①]又列举文献非难夏德氏之说，谓马援因所得青铜利器战利品改铸而为铜鼓，其后遗存于蛮人之间，其说实不合理。又攻击诸葛亮铸造说，谓为依据诸葛亮殁后千三百年所笔之于书之传说立论，全无科学根据。狄葛乐氏之论，当时以充分材料立脚，所说正当，虽在今日，犹价值不坠。

夏德氏接此攻击后，乃发愤读一九〇二年黑智尔关于铜鼓说之集大成诸作，辩护其旧说，于一九〇四年刊行《中国人关于铜鼓之见解》（Chinesische Ansichten über Bronze-trommeln）小论一种。此中略谓马援所过发见铜鼓。又此等地方暑热甚厉，革鼓弛皮消音，因作铜鼓；马援没收蛮人所用兵器，依据之以作铜鼓以赐蛮酋，使之为附近诸蛮之宗主国。引用《广东新语》所说，以为理由，实际中国文献中，有以白鹭鼓吹以赐有功者或外夷之例，又有以赐州县而使之威胁夷狄之例，使用以鹭为饰之革鼓，因而铜鼓之上亦有水禽类图案，铜鼓之制作优美者，其文样全受中国影响，非蛮人所发明，不外为马援或诸葛亮所制作云。夏德氏之说相信中国晚出史料，有非纯粹学术解释之嫌。夏德氏[②]用力虽勤，但谓铜鼓为马援或诸葛亮所创，其说终不为吾人所信。反之，铜鼓之文样及其形式固极富外国作风。比较而言，狄葛乐氏之蛮人起源说自较允审。但是蛮人创制，其后如何流布邻近诸国，如何弘布于东印度群岛，其经行路径如何等等，又为极困难之问题也。谓狄葛乐氏之论文，已能解决此等问题，则又不然也。

---

①编者按：此处“被”字疑为衍字。

②编者按：原稿此处多一“氏”字。今删。

与“支那学”者之研究相并行者，又有考古学家对于铜鼓实体，作进一步之研究。黑智尔氏在一九〇二年刊行《东南亚细亚古代金属鼓》(*Altemetallrommeln aus Sudostasien*)大著时，举当时现存铜鼓一六五品，分之为四类：其第一形式分三部分，自横看之，上部膨大，中部垂直，下部为截头圆锥；第二形式，上部至中部接合点之角度，渐为S字形。下部续为圆锥部，其上部安置青蛙或骑马像；第三形式多小形青蛙，圆胴自大而下扩为小；第四形式则具备中国要素而形小。第一式为最古，附有异形鸟类装饰或人物或舟等文样，分布东京中国南部等地。第二式则发见于中国南部及东京。第三式现行于卡兰(Cullen)族之间。第四式中国最多云。此种黑智尔分类法，今日犹大体不动。次为法人巴门特尔(Parmentier)氏，于一九一八年《远东学院杂志》中发表《古代青铜鼓》(Ancient Tambours de Bronze)一论文，于黑智尔所集大成之外，追加漏载铜鼓二十三品。其中所发表属于第一式者，有一从东京河内州Ngoe-Lu寺购入而现归学院博物馆所藏之铜鼓(见卷首第二图)，其文样复杂之点，为从来发见品之冠。巴门特尔氏尝详为记述：以其象鸟而异样之战士，与见于新几内亚之巴布亚族习俗中之假装祭仪者比较，与其图中居住安南山地之摩族(Moi)等相似之习俗甚多。要之：其图为示在祖先动物保护之

三九

Ngoe-lu铜鼓内之船图

下举行战狩，为表显村中执事之蛮人生活之缩图云。

关于此等铜鼓诸研究之后，哥禄贝氏乃提供新说。哥氏谓东京之南北安南等为铜鼓发生地。而其制作之起源则由于来自中国之工人所影响。此说实可认为夏德说之复活与修正也。以铜鼓之制作，不归功于马援或诸葛亮个人，但谓其在公元一世纪左右于中国起源。此说大半可从。然而关于哥氏之解释，种种可疑问之点尚多。第一，哥氏所言鸟文及其他文样，与汉代文样符合，其言必不可通。宁可谓为铜鼓制法，全体为一异样文化系统所产生，其可能性甚多。又铜鼓制作之年代，安南清化（Thanh Hoa）东山（Dong-Son）之发掘，不得称为纯粹学术之事，最遗憾者，直谓其时为其发生时代，使人不得不甚为踌躇。又今有一难点，铜鼓既为安南东部之一隅印度支那长头人种一族之间在受中国工人影响之下而发生，然则又何故北上而传播于居住中国南部山地蛮夷种族之间，此一说实成问题。大抵中国南部原住民，自北向南移动。今日东京山地之蛮夷种族为在明代时从广东或广西南下者。在汉代实居于北也。盖此种族者在东京时乃受安南文化之影响；然彼等之间尚有一宗主国，可为说明此事之贵重材料，此由南而北上之文化传播路径，自可十分证明。至主张青铜器文化自北而南下传于安南者之一方面，不得不推论土人之青铜器之一形式，逆转路径，认为北上传播为甚困难矣。又自形式方面而言，哥氏以铜鼓之制作为自安置于藤制台上之普通大鼓演变而来，此说甚有趣味。但此等论证亦甚难立也。铜鼓横挂吊下以便鸣击之习俗，在今日尚有可见，即普通之庙寺尚多如此也，若铜鼓制作之初，即用此法，则鼓之上部与鼓胴初接之处，便可考得为同一固体所成。勿论表面上安放青蛙，其事即已发生；其下部之构造与置台，亦即可联想。其台式，已为文样化而已。哥氏所言，盖因后世制作，使用置台意匠，以此等事实追溯古代，谓当初实由安放于藤制置台上之普通大鼓演化而生铜鼓之形，其推论甚为无理。要之：关于铜鼓之起源及其流布问题，哥氏之意见，亦不能十分解决也。

又以东南亚细亚石器时代研究著名之革尔登氏（Heine-Geldern）在“*Asia Major*”杂志一九三二年号发表《最古印度支那金属鼓之意义及其由来》一论文介绍哥氏关于北安南之青铜器时代论文而批评之，大体承认哥氏所称Ngoe-Lu铜鼓上所图为表死者祭仪之说。但另一方面解释，以铜鼓为一种财物，推演为富之形成，或结婚式中亦如其他货币之配搭。即在东山所发见铜鼓之中，与大形者同时发见之一种小形者退化之形式，此时代铜鼓，已为数世纪发达后之产物。其起源当在纪元之前。因不信马援制作之说。哥氏之印度支那人制作说，谓为在同种族侵入安南之公元前二千年时，其年代不相符合。又谓在东京安南地方，若依中国文献，以公元一世纪为当时安南人之祖先骆越人所居住，东山文化者即骆越人所有之文化。其持论如此。

革尔登氏以为铜鼓使用之目的，不仅限于葬仪及祭祖先之用，而信为东亚诸民族之初期部族制度时代，铜鼓实为普遍存在宝器之一种；因为贵重视之，所以为死人殉葬物品，不得解说埋葬为铜鼓之主要目的云。又关于印度支那人为铜鼓之制作者一说，革尔登氏所反对亦不必妥当。其言分安南人为今日居住北安南山地之原住民族与居住平地之普通安南人两种，前者为固有安南人，即印度支那人种所孳生者也。安南人即普通印度支那人与黄色人种相混合者也。革尔登氏之说盖与哥禄贝氏不相背驰。又革氏之说，以为印度支那人南下之时当属公元前二千年时，其年代观亦未可采为定说。因而革氏从年代上之反对说，亦无十分根据也。但以东山文化，归于骆越人，革氏所考证，大体稳当。又其说以铜鼓之起源，追溯在数世纪以前，其推察亦甚正确。但东山文化中铜鼓之发明，果可归于骆越人所为否，此种判定，因其人种在古代史上无从知悉，此为最感困难。革氏关于此点，信赖奥卢骚氏（Lèonard Aurousseau）关于安南人起源之研究所说以骆越为扩布于古代中国南部之越人之南支族。讵知奥氏之研究，尚不得信为十分科学之研究也。要现时铜鼓问题可谓尚未解决，不过仅仅可以测知在纪元前后盛行于中国南方蛮族之间而已。

至南方蛮族如何形成，疑是由于苗族土族（Tho）等所成印度支那系中之一种族也。且经后者之手，铜鼓乃能传播于东印度群岛，大约是以铜鼓为器物，经当时殖民者或贸易商人之手转运于东印度群岛也。故欲解决铜鼓之起源、流布问题，东山之发掘，犹嫌不足。今后第二第三青铜时代之调查，在中国南部及安南各地实为必要。例如最近香港芬氏（Finn）发掘之结果，发见中国青铜文化之受广东影响者，其事甚古，认为与广东有密接关系之东京地方，其青铜器文化，必不能抑制[①]于公元一世纪时也。尤特殊者，如东山文化之各层，于混合地带内，古代遗物混入新遗迹中，有发见之可能性。要之：吾人依据东山发掘，其铜鼓之成立年代，若限定于公元一世纪者，尚堪踌躇者也。因之，认为发生于此附近地带，殊为危险。

由此观之：西洋学者之间，关于铜鼓之起源，其辩论已

---

①编者按：原稿为“抑置”，当以“抑制”为是。今改。

四五十年，而其一致之结论，尚不能得。仅知纪元前后，南方确已应用，马援诸葛亮皆不得为创制之人，至是否出自蛮族或中国人之手，又无定说。此亦与中国史料相去不远也。要铜鼓一问题，比较之材料尚不多，姑假定如上，以俟新材料之发现。至于花纹之比较研究、化学成分之分析研究，则又此篇之所不及。

此次上海市博物馆所藏者，计有八品，为吴愙斋遗物，盖愙斋官广东湖南时所搜罗者。形如坐墩，中空无底，即所谓自安置于藤制置台之上之普通大鼓演变而来者欤！全面及胴围遍布花纹，惟无款识，其为南方蛮鼓无疑。兹冠其形式图样及花纹拓本于卷端（见第一第二第四图），并表其大小尺寸于下[①]，以供世之有志研究者。

编号	鼓面直径	鼓面周围	胴围	圈足直径	圈足周围	鼓高
艺古—00046	47.0cm	149.2cm	134.3cm	47.0cm	148.2cm	26.1cm
艺古—00047	50.8cm	160.8cm	146.1cm	50.2cm	159.8cm	27.7cm
艺古—00048	46.5cm	148.0cm	133.7cm	46.3cm	146.0cm	26.4cm
艺古—00049	46.7cm	148.2cm	135.3cm	47.3cm	149.1cm	27.1cm

①编者按：该表表头有所改动，以符合现代规范。

（续表）

编号	鼓面直径	鼓面周围	胴围	圈足直径	圈足周围	鼓高
艺古一00050	50.8cm	161.0cm	140.8cm	50.4cm	159.0cm	28.5cm
艺古一00051	46.6cm	148.2cm	133.2cm	46.2cm	145.5cm	25.6cm
艺古一00052	47.0cm	149.0cm	130.2cm	47.2cm	149.2cm	27.4cm
艺古一00053	47.3cm	151.0cm	140.7cm	47.4cm	148.8cm	26.5cm

校后附记

本书付印后，得本馆杨宽干事面告，谓关于铜鼓文献，尚有福开森（John C. Fergason）著之《周铜鼓考》及鸟居龙藏著《苗族调查报告》中第八章《铜鼓》两文，或有不少材料。福氏文载《大公报·艺术周刊》第四十一期中，尝恳本馆旧同事司徒乔冯伊湄伉俪代觅，尚未赐寄，未得寓目。鸟居氏书经以一昼夜之力，细读一通，其所述海外学者之研究，尚有为管窥所未及者，特为节钞，作为附录，以供世之有志研究者并读焉。

余尝于中国贵州省贵阳附近得铜鼓一，后收藏于东京帝国大学理科人类学教室；于是余乃作铜鼓之研究，并记出研究结果。……

日本学者中，注意于铜鼓之研究者，亦不乏其人，若举其最著者，则首为松崎复（益城）氏；氏在其所著《慊堂遗文》（文化七年）第二卷中，有《铜鼓考》一章，在当时颇具卓见，兹摘录之：

> 宫川领主堀田侯，旧藏铜鼓一，高九寸，围五尺四寸，为三历录，面如拓文，叩之冬冬，不似铜声无底，仰之可盛水为盘。《西清古鉴》云：此器，今世谓之“诸葛鼓”，盖武侯渡泸后所铸，然考马伏波平交趾，亦铸铜为鼓，则先诸葛有之矣（卷三十七）。大抵两川所出，为诸葛遗制，而流传于百粤群峒者，则皆伏波为之。今未能差别，统名为“汉铜鼓”云。余曰：《古鉴》所说为悬断。《三国志·诸葛本传》：后主建兴元年，南中诸郡，并皆叛乱。三年春，亮率众南征，五月渡泸，其秋南中悉平。自春至秋，往还五六千里，平定四郡；日少事殷，孔明虽多材，何暇铸此多鼓哉。……又《后汉书·马援传》，援于交趾，得骆越铜鼓，乃铸为马式，马高三尺五寸，围四尺四寸。此镕铜鼓铸为马式，或用铜鼓铸法铸此马式耳，非铸铜为鼓也，且云：流传于百粤群峒之鼓，皆援之所为不亦妄也哉！《援传》注引《广州记》。《隋地理志》又有此事云：“岭南廿余郡，狸獠铸[①]铜为鼓，……初成悬于庭，克晨置酒，招致同类，来者盈门，豪富子女，以金银为大钗，执以叩鼓，叩竟，留遗主人，名为铜鼓钗，其俗尊有鼓者，号为都老，群情推服。”近世，明末有邝露者，为

①编者按：原稿为“鏄”，当以“铸”为是。今改。

> 猺獞云弹娘记室，作《赤雅》二卷，亦云：峒中酋长生子者，铸铜为鼓。即《隋书》所载“都老”也；盖两湖广贵州云南，东西五六千里，犬牙联络，多蛮夷巢窟，或曰“猺獞”，或曰“峒苗”，此唐虞三苗，殷商之鬼方，周之庸蜀、羌髳、微卢、彭濮之属所卵育，其俗顽犷猛，历代以为羁縻州，则此鼓也，不特诸葛伏波之所创，从来西南蛮夷所传铸，自秦汉前以至邝湛若所记，亦皆此物也。盖《古鉴》所载，凡十四鼓，铜色品格极高，故以为汉鼓也，此鼓，余尝借览月余，铜气未化，不出于七八百年物，盖唐宋间所铸也。西条三堀氏得拓本，装为立幅，属题，遂作《铜鼓考》，书其颠还之，庚午正月。

明治十六年，大给恒氏著《古铜鼓考》一书，此书关于古铜鼓之考核，极称该博，录其一段如次：

> ……若夫伏波马式，则慊堂所说是，然其谓用铜鼓铸法则非，何则？殷周以来，铸铜之法具备，何苦效蛮夷法为。思西南蛮夷，久有铜鼓，由马援孔明获之，其名始显，故后世谓此鼓之类，统名为“汉铜鼓”乎？有兵器，有乐器，此鼓为何器，未得其考，姑记之以俟他日审定云云。

苟铜鼓非创自汉族，而实由印度支那及中国南部蛮族所手造，则适为苗族研究上之大好材料。

现今关于铜鼓作学术上之研究者，首推德国与荷兰学者，吾人如欲知其研究已达于如何程度，则须于现已刊行之彼辈著述中求之，兹按次录其篇名如左①：

（A）A. B. Myer:*Alterthümer aus dem ostindischen Archipel und angrenzenden Gebieten*, *unter besonderer Berucksschtigung derjenigen aus der hindiusehen Zeit*,Leipzig, 1884.

（B）T. de Lacouperie:*On Antique and bacred bronze brums of Non-China*?

（C）F. Hirth:*Ueber hinterindische Bronzetrommeln*, 1890.

（D）F. Hirth:*Alte Bronzepauken aus Ostasien*, Wien, 1891.

（E）F. Hirth:*Die Insel Hainan nach Chao Ju-Kaa*, Berlin, 1896.

（F）J. D. E. Schmeltz:*Bronze-Pauken in Indischen Archipel*, Leiden, 1896.

（G）Myer und Foy:*Bronzepauken aus Südost Asien*, 1897.

（H）J. J.M. De Groot:*Die antike Ketetrommen in den Oast-Indischen Archipd en of het Vasteland Van Zuidoost-Azie-Amsterdam*, 1898.

（I）W. Foy:*Zu den Bronzepauken aus Südost-Asien*, Dresden, 1900.

（J）J. D. E. Schmeltz:*Natiz uber die Trommeln von Allor*,

---

①编者按：下文所列外文文献中存在单词与上下文不一致现象，今保存原貌，且序号中有两个“L”，前一个按排序应为“K”，今改。

1901.

（K）J. J. M. De. Groot:*Die antiken Bronzepauken in Ostindischen Archipet und auf dem Festlande von Südostasien*, Berlin, 1901.

（L）F. Hegel:*Alte Metalltrommeln aus Süde Asien*, Leipzig, 1902.

（M）W. Foy:*Über alte Bronzetrommeln aus Südostasien*, Wien, 1903.

（N）Van Hoëvell: *Nlitteilungenüber die Kesseltrommel Zu Boutobangan Insel Saleyer*, Lerden, 1903.

以上十四种论文，于今日铜鼓之研究上，均极重要；其中，除（A）（G）及（L）外，概由学会及其他杂志发行；（A）文虽不限于铜鼓之研究，但其于铜鼓研究之历史上，极有价值，是书初出，颇引起欧洲学者之注意而从事于此，观于此后研究铜鼓之论文，陆续出版，可以知之。

其中最主要者为（G），其以今日发现之铜鼓，制为图版，此于铜鼓研究史上，实可大书特书也。

次则为Groot氏之论文（H）及（K），最初氏写（H）篇时系因荷兰文，（K）篇则用德文写成；后者曾载柏林《东方语学校报告》（*Mattheilungen des Seminars für Orientalische Sprachen in Berlin*, IV）中。氏以Myer与Foy合著之论文（G）为基础，更参以中国历代之载籍，研究极其精湛。博采汉籍以自由征引考证而从事于铜鼓之研究者，舍氏以外，尚不见其人，即日本人中，亦未见有孜孜研究汉籍中之铜鼓如氏者。氏论文之要点，则在将铜鼓之地理学的分布、花纹、突起物及记载中之事实，作极密之研究，吾人读此，极感愉快，盖价值极高之作也。

日本坪井九马三博士，曾将此文译成日文，题为《东印度诸岛及东南大陆之古铜器考》，载于《史学杂志》第一三篇第三、四、五等号；此译文于日本学者铜鼓研究，极有贡献，且使其了然于此中之趣味。又博士著有《史学研究法》（二二八—二五〇页）一文，亦有关于此项记载。

自Groot氏之论文发表后，关于铜鼓研究，乃有更可惊之发展，于是Hegel氏之（L）论文遂出问世，氏与Foy、Groot、Myer三人，为今日有名之铜鼓研究家。（D）论文虽曾涉及此事，然远不及此篇之重要，余现乃记Hegel氏论文之内容如左。

氏之论文（L）原分两部，一为文章，一为图版，前者共八章，页数二四五。即：

Ⅰ. Einleitung.

Ⅱ. Aufzahälung der bischer bekaunter Trommeln.

Ⅲ. Eintheilung in Typen.

Ⅳ. Geographische Verbreitung.

Ⅴ. Beschreibung des Materiales.

Ⅵ. Vergleichende Betrachtungen.

Ⅶ. Herkunft and Bedeutung der Trommeln.

Ⅷ. Literatur.

吾人读此文时，对于铜鼓之形式、花纹、化学成分以及其地理学的分布等，即可洞悉无遗。其另一册图版，共有图四五，其中有八图为铜鼓之照片，余则为铜鼓之耳及花纹之解剖图。氏所用为论文材料之铜鼓，不限于今日世界上尚存之实物，即图籍中（如《西清古鉴》）之所有者，亦搜罗于其中而不使遗漏。此论文可谓最完备且为庞[1]然巨帙矣。此书苟存，余书大可不要。吾人实抱此感。

有此论文，吾人获益实多，然其中最能启发吾人之知识者，厥为其依照形式分类一事。据氏之意，铜鼓可由其形式不同，别为四类，兹说明其相异之概略如次：

第一形式

此形式为铜鼓之基础形式，氏所取作材料者，约三四具（《西清古鉴》有图），言其特质，则形状方面，大都胴部高，表面及胴部附以各种花纹，轮廓中图有人、兽、鸟、鱼、植物、房屋、器具及船等，而表面更现有蛙及其他动物；此第一形式除上述图画花纹等外，余则较其他形式为最具古风。至其地理学的分布，则达于中国南部、东京、马来群岛及其极南端新基尼（New Guinea）岛附近之奎岛（Cayes）。

第二形式

此种形式，其变化较第一形式为少，图画及其他方面，颇有省略。其地理学的分布，主要的为中国东南部，北则终于长江口之希伯岛（译音）。

第三形式

此种形式者，现今英属缅甸之Rothen Karen及Weissen Karen之间，以及老挝地方之掸族与盘谷附近地方，均尚用之，主要者皆在宫中及寺院等。此种与前者，其形式及花纹[2]甚类似，表面亦描蛙状，似由前二者脱化而来。

第四形式

---

①编者按：原稿为“龙”，当以“庞”为是。今改。

②编者按：原稿为“丝”，当以“纹”为是。今改。

此种，在形式上略有变化，胴部较短，表面之蛙图，亦有省略及蜕变之处，或则无之。花纹亦混入汉族之气分；表面及胴部，无人物、兽、鸟等图；形状则颇类似中国之太鼓，且现有中国文字及中国绘画，故此种铜鼓显与汉人有关系，而其发掘地多在中国南部地带，接壤贵州湖南两省之广西北部苗族，至今尚有使用之者。

以上乃Hegel氏依铜鼓形式所行之分类，彼又曾就以上各式之铜鼓作化学的分析，其结果如下表：

形式	铜	铅	锡
第一形式	60.82—71.71	14.25—26.69	4.90—10.88
过渡形式	76.02	10.64	12.39
第二形式	71.15—79.02	16.54—16.69	8.85—11.94
过渡形式	73.19—78.70	7.55—10.94	11.72—15.44
第四形式	73.30—85.48	3.75—14.80	9.19—17.60

此项研究，价值极高，吾人三复之可也。

一九〇三年，Foy氏尝于*Mitteilungen der Anthropologischen Wien*上，发表其对于Hegel论文之意见，又其对于铜鼓之各形式，亦有所批评；读Hegel之著作者，宜参观读之。

印度支那之Karen族及掸族，至今尚有使用铜鼓者，而其使用之铜鼓，与土中掘出之古铜鼓，大致无甚差异。故吾人正不必限于过去之遗物而仅作考古学之研究，且须兼作土俗学之研究也。

Groot在其所著 *Die antiken Bronzepauken in Ostindischen*

*Archipel und anf dem Festlande von Südostasien*一书中，曾记之如下（第九十页）：

广州西南部之人至迟在耶稣纪元初年即已造成铜鼓，除广东外，经明白指出者尚有其西界之广西及贵州湖南各省，此吾人今日所知者也。吾人于中国书籍之中，绝不见一字可使吾人断定铜鼓曾由他处运来也。

此说实具卓见，如氏所云，铜鼓初发生于广东西南地方，为其地之蛮族所铸，后乃次第流入广西、贵州、湖南等省。惟此等地方之铜鼓，其由他地传入之事实，中国文献无有记载之者。……

余于由贵州流注珠江之北盘江上游毛口附近，调查狆家使用铜鼓之情形，所得结果如下：

吾辈与苗族（Maio-tze）及猓猡（Lolos）异，昔本不居此，明洪武时，始迁斯土。吾辈乐器无笙类，独用铜鼓，名曰Nan-yen，往往由土中掘得之，即近时犹用此物，洎汉族侵入，尽被夺去，今也则无，故乃代以无皮之太鼓云。

余调查彼等所得仅此，Hegel于其*Alte Metalltrommeln aus Südost-Asien*中有云：

西江注入于此，西江发源之地在广西北部与湖南、贵州交界之处，其地尚有生苗子居之。

氏所云广西生苗，盖狆家之一派；氏又曰：

关于铜鼓之事，吾人必注意于云南省及四川南部，因四川南部金沙江之曲折处，今尚有生猓猡居之。

余于云南省蛮族之使用铜鼓，情形则不甚明了，所知者仅僰夷（P'oy）耳。《滇系》中云："僰夷……滇之西南，旷远缅平，滨海多湿。……乐有三，曰：僰夷乐、缅乐、车里乐。……车里乐者，车里人所作，用羊皮蒙三五长鼓，以手拍之，间以铜铙、铜鼓、拍板……（卷十之二）”此种事实，虽尚未得承认，但据《明史》所记，所获铜鼓九十余具，其地为四川；或则其后于深山内猓猡中发现，亦未可知也。

征之今日之事实，中国南部此时尚使用铜鼓者，均得谓之狆家。彼辈栖息于今贵州者，其主要分布地厥为贵州南部接近广西一带地方。就民族血系论，彼辈与其他苗族异。据其传说及其他苗族口中之事迹，又以地理学之位置论，其中心地似宜在广西省。

吾人今后之工作，则在将今日使用铜鼓之狆家，与昔日铸造而且使用铜鼓之狸（Li）獠（Lao），作人种学上之比较研究。海南岛尚有称曰黎（Li）之民族，又獠族遗种广西、贵州附近均有之。

此种比较之后，乃更进有将其与掸族及Karen族等作一比较之必要。

现今中国南部使用之铜鼓，全系古物，未有自行新造者，此恰为生物学的事实；即印度支那亦不曾绝迹，仍为生物学的事实而存在。此两种比较研究，实给吾人以无限趣味也。

狆家使用铜鼓，已如上述，但彼等使用之铜鼓，决非今日所制造，全系土中掘出之物。……

Groot氏云：

> 东印度群岛之铜鼓起源于中国长江以北之说，吾人须力辟之，因长江北之人除自南方携来铜鼓而视为珍玩外，固未尝知其铜鼓也。

苟如上述，认定铜鼓绝非长江以北之物，则此地之铜鼓，在地理学的分布上，属于极北端，而此地亦即分布之终点，渡江而北，不见铜鼓矣。

余所得之铜鼓，虽确由贵州之贵阳附近出土，但其地名甚模糊，不可辨认，余又于该省见其一具，与此完全相同。

铜鼓果在何种地方，何种状态之下掘出乎？此则大可研究也。余于旅行之际，颇注意此点，结果毫无所得，唯闻其开垦土地时，无论丘陵或平地，均有掘出者，此外则无所知，又不幸此次旅行中竟未躬逢其新发掘地也。……

（据《上海市博物馆丛书》丙类第二种，中华书局1936年版）

铜鼓考略追记①

余在本年暑假中曾为《上海市博物馆丛书》担任撰述《铜鼓考略》，维时匆匆，一因上海市博物馆有九月开幕之拟议，须在期前将丛书印成；一因余受寿县史迹考察团所委托，须于七月初旬赴皖，在火伞高张，馆中热气蒸腾之环境中，于古物杂陈，工作纷更之隙，匆匆执笔，俭腹搜枯，寒书翻遍，仅得万字，乃遂交卷。

匝月由寿县归，书已校样，得馆艺术考古部杨宽干事面告，谓关于铜鼓文献，尚有福开森（John C. Fergason）著之《周铜鼓考》及鸟居龙藏著《苗族调查报告》中第八章《铜鼓》两文，或有不少材料。鸟居氏书已节入附录，于《校后附记》中言之。

逾月回里省亲。又逾月藏书八箱由沪居寄粤至，一日偶检行箧，则福氏文果在箧中，得之，急读，乃言周代吾国先民自创铜鼓，与蛮夷铜鼓异趣，不附论。又逾月偶翻吴贯因《史之梯》，得其述《史学与考古学》之关系一文，中多日本考古学

①编者按：本篇局部标点、外文字母有改动。

家对于铜鼓发生之意见，因亟录之。

吴贯因《史之梯》第二章第六节论史学与考古学云：欲明考古学之有裨于文明史，兹再举一事以为证。中国湖南贵州广东广西诸省，常发见有古代铜制之遗物一种，即世所称铜鼓是也，铜鼓体圆而面平，且曲其腰，清乾隆时出版之《西清古鉴》，尝图其形，且详记其尺寸，六朝以后之载籍，其记有此物者，不一而足，一鳞一爪，随处可见，而记述最详者，莫如南宋之周去非。周于乾道年间，旅行广西，考察风土，有记述铜鼓之言如左：

> 广西土中铜鼓，耕者屡得之。其制正圆，而平其面，曲其腰，状若烘篮，又类宣座，面有五蟾，分据其上，蟾皆累蹲，一大一小相负也。周围款[①]识，其圆纹为古钱，其方纹如织簟，或为人形，或如琰璧，或尖如浮屠，如玉林，或斜如豕牙，如鹿耳，各以其环成章，合其众纹，大类细画圆阵之形，工巧微密，可以玩好。铜鼓大者阔七尺，小者三尺，所在神祠佛寺皆有之，州县用以为更点。交趾尝私买以归，复埋于山，未知其何义也。……亦有极小铜鼓，方二尺许者，极可爱玩，类为士夫搜求无遗矣。

此种铜鼓，为何人所造，不得其详。古来传说，有谓为马援征交趾时所铸造者，有谓为诸葛亮征南蛮时所铸造者，故有伏波铜鼓诸葛亮铜鼓汉铜鼓之称，即《西清古鉴》，亦采此等传说，以故前代词章家，其吟赋诸葛铜鼓之作品，不一而足。其持论有与此稍异者，则谓非马援诸葛亮所铸造，实为马援诸

①编者按：原稿为“颖”，当以“款”为是。今改。

葛亮所发见，若然，则其铸造年代，当在汉以前矣。及近世东西交通，此种铜鼓，又流入各国。德国德勒斯丁（Dresden）之博物馆，即藏有铜鼓一，谓系得之爪哇（Java）。日本现亦有铜鼓四：一系德川公爵藏品，一系羽后国仙北郡大曲村小西氏藏品，一系轰氏藏品，一系大给恒子爵藏品，此外东京帝室博物馆，尚藏有铜鼓标本一，系暹罗皇族所寄赠，乃仿古新铸者。此物现既分散于各国，于是引起考古家之研究，而研究之结果，遂发见有与古来传说相反之二点：第一，此物非汉族所铸造；第二，此物在古代，非仅中国南部能铸造，即南洋群岛亦能铸造；兹试述其原委，以见其与亚洲南部文明之关系。

今先就第一点论之：谓铜鼓为马援或诸葛亮所铸造，绝无根据，遍翻汉代遗书，未见有此等记载，附会此说者，特欲借马援诸葛亮之名，为铜鼓增加声价而已。今日本考古家，已不信此说，而中国古籍，亦有翻案之论调。兹先述日本考古家之意见如左：

> 大给恒子爵云："余近获铜鼓，前面径一尺六寸八分，施轮廓十一，边侧旁高九寸四分，施轮廓十四，边廓间画纹处，每处异样，铸法极精致，铜色黯淡，衬水银色，点赤绿斑，古色郁然，试叩之，革声也。……思西南蛮夷，久有铜鼓，由马援孔明获之，其名始显，故后世谓此鼓之类，统名为汉铜鼓？……"又云："古铜鼓在我邦者：其一，公爵德川家藏；其二，子爵清冈家藏，此鼓四隅有蛙，余得观之；其三，宽政年间丰前守从五位堀田正毅藏，观其图与余之家藏，形相似，而非也。不知堀田氏今犹有之否？其四，冈内氏藏；其五、六二商人所藏云，余未及观之。盖此鼓之类，形质年代，大概相同，皆二三百

年前赍来于我邦者，想应千余年前南蛮制之，非马援孔明所造也。而《古鉴》拘传说。夫乾隆帝古今之英主，编纂官亦一代之博识，岂不之知而为然乎？盖射中国而讳蛮夷耳。”

大给恒子爵之论，发表于明治年间，其所言清冈冈内等藏品，今是否犹存，不得而知；而近今日本考古界，未尝言及，故余不以之列入上举藏品之内。至其主张铜鼓为南蛮所制，而谓《西清古鉴》拘于传说，确合事实，可矫附会之弊。而我国古藉，已先有主张此说者，则《桂海虞衡志》是也。兹揭之如左：

铜鼓古蛮人所用。南边土中，时有掘得者，如坐墩而空其下。满鼓皆细花纹，四角有小蟾蜍，两人舁行之，拊声似鞞鼓。

此书主张铜鼓为古蛮人所用，不赞成伏波孔明铸造之说，极有见地，虽古为何种蛮族所制，未尝言明，要之非汉族所创造，则可无疑。推由伏波发见之说，不无可采，因《后汉书》亦称：“援于交阯得骆越铜鼓。”国史之上，已有左证也。惟汉时已有此物，可知其起源必甚古，因蛮族能制此种花纹精致之美术品，当在秦汉以前之隆盛时代，而不在秦汉以后之衰微时代也。而因考证此物之结果，遂知中国古代，汉族之外，南方尚有能发明文明利器之民族。

又再就第二点论之：主张伏波孔明铸造说者，特欲举古代东亚发明之功，皆归纳于汉族而已。岂知此种古物，不特中国南部有之，即南洋群岛，亦多有之，非汉族所能垄断也。兹试举南洋有铜鼓之地如下：

（1）越南　越南有此种铜鼓，自昔即闻于世，《后汉书》

称：马援于交趾得骆越铜鼓，即一确证。

（2）暹罗　暹罗内地，亦常于土中发见此物，日本东京帝室博物馆所藏铜鼓标本，即暹罗所寄赠。

（3）马来群岛　马来群岛中，此种铜鼓，常随处发见，其最著名者，为左列二地：

（一）撒来耶耳。

（二）爪哇　德勒斯丁博物馆所藏之铜鼓，即得自爪哇。

南洋群岛，其遗有此种铜鼓，并非由中国输入。明末张燮尝记述爪哇之状况，谓：其地盛铸铜鼓。可知此种作法，必系自古代传来，故至明末，犹能铸造，不必买自中国也。由是以观：可知古代铜鼓之流行，自中国南部，以迄越南暹罗，延而至马来群岛，崇尚铜鼓之俗，其范围甚广，谓为中国独有之特产，其去事实远矣。

上述两节，既举古来之传说，推翻旧案，而别树新帜，吾缘是于中国文化史上，发见有两新蹊径焉：其一为古代诸创作，不必皆由汉族所发明，即其他民族，亦有所发明。他民族对于中国文化，其贡献最大者，莫如苗族。《桂海虞衡志》谓：铜鼓为古蛮人所用，南方古代蛮人，其势力最强者，莫如苗族，其能创造文明者，亦无过苗族，铜鼓既为南蛮所发明，当必系苗族所发明。奚以明其然也：苗族盛时，不特大江南北，皆为其所有，且其大英雄蚩尤，尝逐帝榆罔至北方，又与黄帝战于涿鹿之野（涿鹿在今河北省北部仍名涿鹿县），使此役之胜利，归于蚩尤，则汉族全为征服，中国成为苗族之天下矣。幸而蚩尤战败身死，故中国全局，仍由汉族执牛耳。然观《书经》所载，自唐虞以至商周，此族犹常为汉族之患，则其势力之伟大，可以想见。而苗族在上古，所以常思与汉族抗衡者，不徒恃武力也，即关于文明之创造，亦极有可观。兹试举其荦荦大者：一曰发明干戈，古史称："蚩尤好兵喜乱，作刀戟大弩"，又《山海经》云："蚩尤作兵伐黄帝。"《管子·地数篇》云："蚩尤受金作兵。"是蚩尤所发明者，共有三项：一为刀戟，二为大弩，三为兵戈。此等武器之发明，即苗族对于中国文明之贡献也。二曰甲胄，《史记·五帝纪·正义》引《龙鱼河图》云："蚩尤兄弟八十一人，并铜头铁额。"实则头戴甲胄，汉族因未见此物，遂疑为铜头铁额耳，此等武器之发明，亦为苗族对于中国文明之贡献也。三曰发明刑法，中国古代刑法，为世界古法典之一，各国学者，论及古代法系，辄称述之，而发明者实为苗族。《书·吕刑》称："苗民弗用灵，制以刑，惟作五虐之刑曰法。"夫既名之曰法，知不徒特有刑名也，必更编有法典在焉。苗族发明之后，我族始虽讥之曰虐，旋复袭用之，直至汉文帝时，诏除肉刑，苗族传来之五刑，始稍改变，而此刑法之发明，亦为苗族对于中国文明之贡献也。古代南方蛮人，其能有此等发明者，惟一苗族，若其他小种族，则未之闻。执是以推：则此花纹精致之铜鼓，其亦必为苗族所发明，可以无疑矣。苗族既发明利器于南方，而东北之息慎，亦有所发明。据《竹书纪年》所载："舜二十五年，息慎氏来朝，贡弓矢。"而《孔子家语》亦载："武王克商，息慎氏贡楛矢[①]。"既以之为贡器，必由其地所发明，可以推测而知。而在古代，苗族在南方，既有刑法及兵器之发明；息慎在北方，亦有弓矢之发明；乃一部学者，竟以发明之功，全归于汉族，其对于史学，未免不忠实，此则因研究铜鼓之结果，而

①编者按：原稿为"夫"，当以"矢"为是。今改。

知中国文明之起源，断非出于一元也。

其二，古代中国南部之文明，与南洋群岛之文明，彼此业已沟通；纵非亲子之关系，亦必属兄弟之关系。就铜鼓研究之：中国南部之铜鼓，与南洋群岛之铜鼓，其大小广狭，虽不必全相同，然其形式及花纹，各地实大同小异；尤有一特征可纪者，则各地之铜鼓，十之八九，其面皆铸有蟾是也。周去非谓广西所掘得之铜鼓，面有五蟾，即《西清古鉴》所载铜鼓各图，亦泰半有蟾，而南洋各地之铜鼓，亦率有蟾蹲据其面，据南省及南洋各地之传说，谓蟾为雨天之物，铸蟾于面，隐寓降雨之意，其在古代，当为祈雨之用。又周去非称：广西所在神祠庙宇，皆有铜鼓，而南洋各地之铜鼓，亦率藏之祠庙，甚或视为神秘之宝物，与中国南部，其风尚固相同也。又马来群岛中之波尼涡（Borneo）岛，古来盛用一种铜锣，其面铸有像龙之花样；考亚洲风俗，除中国与南洋外，无喜图龙者，就此点而论，又可见波尼涡与中国，亦有同一之好尚也。要之此等铜器之铸造，中国南部，与南洋群岛，其形式相同，其花纹相同，其对于此物之信仰亦相同，而其起源又均甚古，则此诸地之文明，远自上世，已有深切之关系，而闭关自守时代，昧者乃视南洋各地为化外，其对于南方文明之真相，可谓毫未窥见矣。

维时书已出版，得上海市博物馆总务主任陈端志兄函告数日矣。

忆余旅皖时，得安徽省立图书馆馆长吴天植兄面托为计画合肥双墩集魏晋古墓开掘事，顺道偕商锡永吴天植朱拜石诸兄等赴合肥大潜山刘老圩访刘肃曾先生，观其先曾大父铭传先生所藏古器物，其中有大铜鼓一，鼓面有蟾蜍间以飞马先后分立，为世珍品。

又回粤后得观岭南大学博物馆长冼玉清女士寓中度藏之大铜鼓一，花纹精致异常，鼓面有大蟾蜍负小蟾蜍双双分立。皆希世珍品也。

以书成不及补入，因为追记于此，俟再版时附入焉。是为记。

民国二十五年十二月十七日记于广州怡乐村

（原载《学术世界》第2卷第4期，1937年）

铜鼓考略追记续补①

拙著②《铜鼓考略》出版之后，因从吴贯因《史之梯》一书中发见有材料一段，已于本刊发表《铜鼓考略追记》一文，录入之矣。顷又读梁任公师《国史研究六篇》于其第十页得材料三、四，因再录之，以供学者并读焉。

梁师之言曰："五岭之外，古称百粤；以其族繁多，不能指名也。《通典》云：'五岭之南，人杂夷獠，不知教义，以富为雄。铸铜为大鼓，初成，悬于庭中，置酒以招同类；人多构仇怨，欲相攻击，则鸣此鼓，有鼓者号为都老。'（《广东通志·铜鼓山》条下，文略同。山在今文昌县，以土中掘出大铜鼓得名也）余案此数语者，于人种之研究，大有价值。近数年来，西人往往于'印度支那'（安南暹罗缅甸诸地总名）及南洋巫来由群岛得铜鼓，其模范款识与吾国所记悉吻合。近世史家以此物为研究南亚诸民族之关系一大要具焉。大率自贵州之南部，广西之西南部，广东之全部，以及安南暹罗缅甸南

①编者按：本篇局部标点有改动。

②编者按：原稿为"箸"，当以"著"为是。今改。

掌，下逮南洋英属荷属群岛，乃至南印度之一小部分，皆为同一民族所占地域。其某地为最初发生，某地为后起移殖，则今尚未有定论。要之：与中华民族及其他腹地诸族绝不相蒙，可断言也。又《通典》所谓好构仇怨，常相攻击；此风至今不衰焉。”梁师之意，以铜鼓为百粤族人种研究之分野，则其决非汉族先民所创作可知。惟梁师所指定该族所占之地域未免太广耳。

原文附注引书有三：

一曰：“宋周去非《岭外代答》云：‘广西土中铜鼓，耕者屡得之，其制正圆，而平其面，曲其腰，面有五蟾分据其上，蟾皆累蹲一大一小相负也，周围款识，其圆纹如古钱，其方纹如织簟，各以其成章，合其众纹，大类细书图阵之形。’今日本之帝国博物馆（在东京上野）藏有铜鼓三，一为广东所得者，一为在爪哇国所得者，一为暹罗王室所赠者，其模范款识皆若一，与周去非所记无纤毫异。”

二曰：“研究铜鼓始于德儒哈士氏，实现今欧美人中第一汉学家也。其言谓：‘今印度支那及巫来由岛民，皆以此物为宗教品，极重视之。’余按日本博物馆所藏暹罗赠品，乃其王赠与日皇者，其必为至贵品可推见。周去非记又云：‘交阯人往往私买以归，复埋于山，未知其何义也。’此亦可为此物含宗教性质之证。《通典》称有鼓者号为都老，然则亦非尽人所能有也。粤人与南亚诸族既同有此物，其用法亦同，则其人种必有关系可断。”

三曰：“明人某所著《八十二蛮略记》云（据哈士所引，不著作者姓名，今无从指出）：‘广顺安顺兴义各属蛮，每岁首击铜鼓，若掘地得鼓，则富者出重价争购。'余按广顺安顺兴义等在黔省南部，经广西之西隆，云南之广南等地以达安南，其道甚近。彼诸府已在苗族势力范围外，必与百粤有瓜葛矣。"

梁师所谓哈士，疑即夏德，其字原文为Hirth，日本书译为ヒルト，疑梁师即从其字译音，夏德其中国名也。盖当时德儒而精研铜鼓者，舍夏德莫属也。

其附注若《岭外代答》，若夏德书多已引入拙《铜鼓考略》中，今兹直录，为便省览耳。吾粤所藏铜鼓，吾自南归后，已见不少。今年一月初与友人游南海王庙，得见隋唐铜鼓二，悬置庙隅，其一大逾恒，为生平所仅见，已腐蚀鼓面少半，余摄有影片，他日另为文记之。

民国二十六年三月三十一日记于怡乐村

（原载《学术世界》第2卷第5期，1937年）

漆器考[1]

一

漆料原产于暹罗以东，为安南中国朝鲜日本等地漆树之一种树脂。据英国南垦星吞博物馆（South Kensington）馆员之报告，谓印度古代亦有漆料出产，但以无实物可资证明，学者向不之信。故漆树虽产于东方，但以暹罗以东为限。在我国则四川浙江两地出产独多而良。

漆树虽为天然植物，然其材质非常复杂；以今日科学之进步，仍未足以明其性状。现时以其性状付之化学研究者，大不乏人。上海国立交通大学科学院，特有油漆分析室设立，聘有专家研究，此时正在试验中。据一般报告，谓漆液涂着木器后，其阴干作用，比之普通物品之干燥，全然异样。即此种液体吸入多量养气，起化学作用后，形制[2]渐渐变为固体。自来作漆器者，其所涂着之漆，若欲令之使干，必预设阴室，先行

①编者按：本篇局部标点、外文字母有改动。

②编者按：原稿为“质”，当以“制”为是。今改。

施放水气，然后将漆件运置其中，在阴室内蒸发水气时，自然发散多量养气，由漆件自行吸入，受一种化学作用，因而干固。此点极可注意。

现在漆液普通可分析为四：

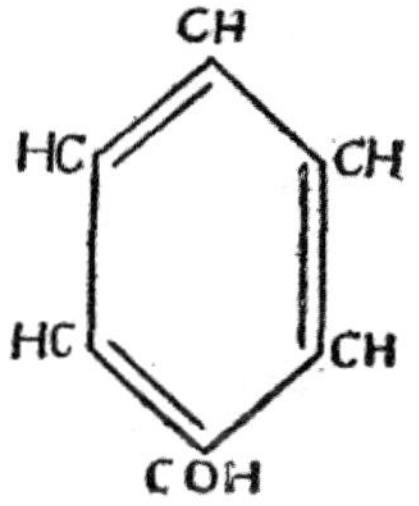

一、漆酸

二、卵白质淡气

三、胶质

四、水分

此种漆酸果为何物，现尚未明，疑为石炭酸（Phenol）之一种，为漆液中之主要成分，有甚可惊异之魔力。其中含有卵白质淡气，此物常为结合养气与主要成分之媒介物；故若除之，则漆液将失其干固作用。

漆在未干固之前，其力甚弱，若加以盐分、酢、油等或其他弱酸类，则必受侵蚀而妨害其干固之力。然若经一度干固之后，则任何强酸类或任何碱类，皆可对抗；除非浓硫酸或浓碱类。不但如此，对电气亦能绝缘。是故吾国漆器，实包有西洋抹油、喷漆、电木三种特长。埋没泥土中，虽经长岁月，亦决决不受腐蚀。传说四川古代棺木，近有出土者，其中人骨已坏，木质全无，惟表面之漆，依然如故，致成一薄棺，亦趣事也。近来日人在乐浪发掘古坟，如王旴王光诸墓，其出土漆器，完好者尚多，可资为确证。昔时吾国老年人，往往先行购备棺木，每年涂漆一次，其意即在于此。曾国藩早年为四川主考时，其家书每每言及买漆并言及此等事，此亦考古界极有趣味之事。

由此种种事实观之，此类漆液，实为一不可思议之液状材料。以此纤弱液体状态之物质，仅仅与以湿气，忽而变化，为此类可惊强力之物体。而其干固之迟速，亦得自由加减，此亦天惠之一大特色。

二

我国漆器，年代久远。《韩非子·十过篇》云：

> 尧禅天下，虞舜受之，作为食器，斩山木而财之，削锯修之迹，流漆墨其上，输之于宫，为食器。诸侯以为益侈，国之不服者十三。舜禅天下，而传之于禹。禹作为祭器，墨染其外，朱画其内。

《唐书》曰：

> 舜作祭器，而谏者十七人，则器之布漆，自舜始也。

是舜禹禅让之际，传已有漆器矣。东方民族间漆之应用，疑于野蛮时代久已用之。《史记·刺客列传·豫让》条云：

> 赵襄子与韩魏合谋灭智伯，灭智伯之后而三分其地，赵襄子最怨智伯，漆其头以为饮器。

《战国策·赵策》《吕氏春秋·义赏篇》《淮南子·道应篇》亦均记此。此虽战国时事，漆髑髅为饮器之习俗，实野蛮时代所遗留也。（此习俗相沿至久，详《桑原博士还历记念东洋史论丛》、重松俊章《髑髅饮器考》。）《史记·大宛传》《汉书·张骞传》称匈奴之老上单于破月氏，取王头以为饮器，共饮血盟。《后汉书·南蛮传·武陵蛮》条“其（武陵蛮）西，有噉人国，生首子辄解而食之，……今乌浒人也”。注引万震《南州异物志》云：

> 乌浒地名也，在广州之南；交州之北恒出道间，伺候行路，辄出击之，利得人食之……又取其髑髅，破之以饮酒。

疑先民亦与东方诸蛮族同，每当出征凯旋，辄以所得髑髅，以漆涂之，使成饮器，共相庆祝。漆器之起源，或即由于此也。

漆器技术之精，用途之广，疑在周代。《周礼·春官·御史》条云：

> 御史掌邦国都鄙及万民之治令，以赞冢宰。凡治者受法令焉，掌赞书。凡数从政者。巾车掌公车之政令，辨其用与其旗物而等叙之，以治其出入。王之五路：一曰玉路，锡樊缨十有再就，建大常，十有二斿，以祀。金路，钩樊缨九就，建大旂，以宾同姓，以封。象路，朱樊缨七就，建大赤，以朝异姓，以封。革路，龙勒条缨五就，建大白，以即戎，以封四卫。木路，前樊鹄缨，建大麾，以田，以封蕃国。王后之五路：重翟锡面朱總，厌翟勒面缋總，安车雕面鹥總，皆有容盖；翟车贝面组總，有握，辇车组挽，有翣，羽盖。王之丧车五乘：木车蒲蔽，犬複，尾櫜，疏饰，小服皆疏；素车棼蔽，犬複，素饰，小服皆素；薻车薻蔽，鹿浅複，革饰；駹车雚蔽，然複，髹饰；漆车藩蔽，豻複，雀饰。服车五乘：孤乘夏篆，卿乘夏缦，大夫乘墨车，士人栈车，庶人乘役车。凡良车、散车不在等者，其用无常。凡车之出入，岁终则会之。凡赐阙之毁折，入赍于职币。大丧饰遣车，遂廞之，行之；及葬，执盖，从车，持旌；及墓，呼启关陈车。小丧共匶路，与其饰，岁时更续，共其币车。大祭祀，鸣铃，以应鸡人。

文中有“髹饰”“漆车”字样。又周时以漆为墨，所谓“墨车”，意即谓黑漆涂饰之车。是周时用漆，确较前代为广矣。故“周时漆林之征二十而五”。《史记·老庄列传》有“庄子者，蒙人也，名周，尝为漆园吏”之语，是周时于漆林不独有征，且已置吏视其产销矣。《史记·货殖列传》又云：

木器髤者千枚。陈夏千亩漆。皆与千户侯。

其所述虽云秦汉之际，而漆树栽①植之富，漆器制作之多，漆事业之盛，寥寥于此数语得之。惟三代漆器，世未之见，此时尚无法为之说明。及至前汉，则制作益盛，流布益远，汉漆之名，遍传东方。近二十年来日本考古学者在朝鲜古乐浪郡遗址先后发掘王盱、王光等墓，漆器出土极多，于是汉漆之体制，工匠之手法，绘画之工细，皆一一可见；吾人如置身汉武之廷，与西蜀及武都工官对语，岂不懿哉！

旧乐浪郡在今朝鲜平壤府沿大同江一带，其下游凡二里余，当时汉武帝振其雄威，征服朝鲜北部，设置为郡。其时为扶植势力计，曾努力输入汉文化，故漆器之输入不少。又当时官其地者，子孙世守，离去故土，人情思旧，故带来汉家用器，其数亦实可惊。死后殉葬，往往举其所有而埋藏之。迄今荒墟废址中，累累数千百大小古坟，不啻汉文化之仓库，而此等仓库内，尤以漆器窖藏为最多。

日本大正五年（公元一九一六年）乐浪漆器始有发见。其详情见朝鲜总督府《古迹调查特别报告》第一册第二册第四册中。此报告书成于日本工学博士关野贞之手，其言可信。关氏在《乐浪郡时代之艺术》一文中云：

自明治四十二年以来，余等曾数度调查，于是乐浪郡治土城，在今平壤府对岸大同江下流一里许之处发见。在以土城为中心之周围，见有无数古坟，星罗棋布。发掘

①编者按：原稿为“裁”，当以“栽”为是。今改。

其中十数茔，获得大量古物，乐浪郡时代之文化，次第明确。加以土人盗掘大起，出土遗物丰富，好事者竞为搜集，于是乐浪的遗迹遗物，遽至喧传于世间。

惟此时发掘之漆器尚无铭文可得，不能确认其在文化史上之地位。及至大正十三年（公元一九二四年）朝鲜总督府发掘，始获铭文漆器，如始元二年、阳朔二年、永始元年、元始三年及舞阴家郑氏等字，乃得为前汉漆器考证。其明年大正十四年（公元一九二五年）九月，遂由黑板胜美、田泽金吾、小泉显夫、原田淑人等发掘王盱墓等。当时所获遗物，最重要者有“五官椽王盱印”“王盱印信”两颗木印，及建武二十一年铭漆杯、建武二十八年铭漆杯、永平十二年铭神仙龙虎画象漆盘、永平十二年铭漆盘、漆镜匣、长宜子孙镜、小盒子、化妆用白粉、赤黑色物、黄色土块状物、式占天地盘、玻璃制耳珰、冠、缨、绢、纽等物无数。其他漆器、铜扣器、木皮制器、瓦器、果核、玳瑁、琥珀、石炭、水晶等，亦发见甚多。其后刊行《乐浪》（《五官椽王盱之坟墓》）一巨册，作为此次发掘之总报告。其中漆器之整理，出东京美术学校教授六角紫水之手。其第七章结论云：

本墓内发掘诸遗物，于其质及量，虽不比已发见者为优，然棺椁之完全，及其大部分保留旧态，殊足窥见当时工艺进步之情形。至如漆盘上所描写之神仙画像、玳瑁小匣所画之人物像，足以证明汉代绘画之盛行。自来研究汉代绘法者，大抵仅以山东及其他各地所存之石室石阙等雕刻画类推其性质而已。而此等画象因已属于雕刻之物，不能会得其中真趣。今本墓所出土之漆画，其笔致之优丽遒劲，正足以代表汉代绘画也。

此言汉代绘画之法，可因王盱墓出土而见也。其所画之人物，虽或为彩色，或为素描，而汉代画风及其独殊式样，咸得窥见。彩色中有黑色、褐色、朱色、黄色、绿色等。铭文之书体，全为汉隶；大多似针刻而成，再施以朱漆，其书法最佳。

此次发掘漆器之中，除漆盘、漆镜匣之外，尚有漆案、漆碗、漆棺、匕、枕、化妆用家具等等，其胎或为木制，或为布制，与今日所流行之木胎、脱胎无异。其技工精绝之点，殊足令人佩服。其有若干神秘作法，虽今日之专门家尚有未能发见者。依据此等实物，不独二千年前之髹漆工进步状况，确实可知，即关于其以前时代之进步程度，亦可以推想而得也。

其有铭文者，大抵刻有制作年代、地点、作者姓名或其他有关工事之记录；今略举两三例如左：

（一）始元二年，蜀西工长广成亟何放护工卒史胜，守史母弟啬夫索喜，佐胜髹工当画工文造。

（二）常乐大官，始建国元年正月，受第千四百五十四至三千。

（三）永平十二年，蜀郡西工綊纻，行三丸治千二百，卢氏作宜子孙牢。

其铭文之年代，据关野贞所统计顺次为：

（一）前汉昭帝始元二年（公元前八五年）

（二）成帝阳朔二年（公元前二三年）

（三）成帝永始元年（公元前一六年）

（四）成帝绥和元年（公元前八年）

（五）平帝元始三年（公元三年）

（六）平帝元始四年（公元四年）

（七）平帝居摄三年（公元八年）

（八）平帝居摄三年（公元八年）

（九）王莽始建国元年（公元九年）

（十）后汉光武帝建武廿一年（公元四五年）

（十一）光武帝建武廿八年（公元五二年）

（十二）明帝永平十二年（公元六九年）

由右十二器铭文观之，最早者为公元前八十五年，最晚者为公元五十二年①，此时代之汉漆器演进状况，皆可于王盱墓中得之。

其后又于昭和七年（公元一九三二年）九月以日本学术振兴会之援助，由小场恒吉、榧本龟次郎、藤田亮策、梅原末治诸人主持，复在乐浪发掘王光墓。发掘凡五十三日，获得遗物，凡陶器一七件、漆器八四件、金属器一二件、马具七件、武器五件、玉石二三件、甲革二件、木竹一九件、染织一〇件、毛制品五件，计共一八四件。其中以漆器为最多。漆器八十四件中，夹纻者五品，余多为木心。其中完全者凡四件、破损者六十余件、破坏者四件、大破者一件、折损者二件、残缺者四件、残片六件。以器物分，则漆案七件、几一件、果盘七件、饭盘四件、耳杯五十件、高杯一件、杓一件、匕一件、洗一件、圆形奁三件、方奁一件、合子一件、匣盖一件、小匣盖一件、大匣一件，各种日用品，大致均备。有铭文者凡三十一器。漆案有“利王”二字者四器，果盘捺有“□牢”之黄漆印二颗者一器、捺有“巨王□”之朱漆印者一器，饭盘有“利王”二字者四器，耳杯有“王氏牢”及“利王”两

①编者按：联系上文，最晚者似应为公元六九年，非“公元五十二年”。此处存疑。

铭语者三器、因残缺而失“利王”二字仅存“王氏牢”者二器、存“王氏牢”及“王”字者一器、有“王大利”及“利王”字样者二器、又“王大利”三字因破损缺失仅存“利王”二字者一器、有“益光”二字者二器、作“番氏牢”者八器，圆形奁有“利王”二字者一器，大匣作“长寿延年宜子孙”字样者一器。字体皆作汉隶，与印文之作篆书者异。惟铭文中全无作年号者，故时代不易断定。

竹木器中有两面木印一器，文曰：

乐浪太守椽王光之印

臣光

字样。又鼻纽木印一器，文曰：

王光私印

字样。据当时发掘者所推测，王光为乐浪郡之属官，即太守之椽属，其妻则番氏也。但以一属之官而殉葬之漆器达八十余品，亦可见汉时漆器使用之盛矣。

案自大正五年（公元一九一六年）至昭和九年（公元一九三四年）凡十八年间，乐浪遗址古坟之被调查者凡三十九墓，最著为王盱，次即王光获漆器最富。此外则彩箧冢及第一百十九号冢而已。人名之可考知者，有王平、王宜、王扶、王云、王盱、王光六人，当时乐浪王氏之盛，亦可想见。然使无漆器留存，则王盱王光之名，宁能再度喧赫于人世间乎！是则区区漆器之铭文，亦足以补史籍之不足矣。

由以上考古事业观之，汉代漆器使用极盛，杨雄之赋及《后汉书》亦皆载蜀汉之雕镌扣器等实物。其工匠以四川之蜀工及甘肃之武都工官为最占重要地位。其制作手法，则金银鏶之装饰已有之，似即后世金银半脱之所本。由其铭记得知其已能分工合作，有素工、髹工、上工、铜耳扣黄涂工、画工、雕工、清工等分职。不独髹漆极精，即其绘事亦精妙生动，与后世无异。大抵黑漆器则绘以赤漆，赤漆器则绘以黑漆。最可惊异者，其用刀镌刻，宛如画写，美妙绝伦。而夹纻之制法，亦已萌芽于此时。此外如宋之剔红、元之戗金，似亦早已于此发端。并疑此时髹漆技术，久已传于朝鲜。

三

及三国时，曹魏已有言密陀僧漆画之事。其法即以养化铅倾入油中而煮沸之，然后以绘具髹饰，以为色漆之代用品。与今日油画无异。于油漆中另辟蹊径，实则为“油”之演进，非“漆”之演进也。吾国油漆本分二途：漆器以漆液为主，密陀僧则不以漆而以油。此等密陀僧漆画，其主要用料，一为油、二为树脂、三为颜料、四为促干料等。吾国向用植物油，大抵以桐油为主。树脂则大率用松香之类。颜料各种各色皆有，大概以无机物为多。然此等用料殊不易干，于是有天聪者，创为加以促干料之法。或以密陀僧（Pbo）或以银炉底（Mno）。密陀僧三字疑是外来语译音字，傥亦西域传入之秘法欤！自是以后，“油”与“漆”分道扬镳，虽当时漆工家付以密陀漆之名，然吾人一经研究，不得不谓为“油”一系统之演进也。

至于“漆”一系统，则魏晋六朝以来，夹纻最为进步。在乐浪发掘以前，学者每以为由日本传入，法人伯希和则以为始于梁陈；今则乐浪既有出土，则原为中国创制，自不烦待言。而其创于两汉之际，则已有实物可证。不过至魏晋六朝而盛耳。兹先引伯希和《中国干漆造像考》一文于下，其言曰：

殁于一九〇八年之Ernest F. Fenollosa，于其《中日美术时代》(*Epochs of Chinese and Japanese Art*, London, Heinemann, 1912)遗著中，以为干漆造像之术，纯为日本圣武天皇时(七二四至七四八年)之发明。然予以为此法实传自中国，圣武天皇二百年前，中国已有此术也。其技术专名，称为“夹纻”。

中国撰述中夹纻之名首见者，为梁简文帝之《为人造丈八夹纻金薄[①]像疏》，此文见《汉魏六朝百三名家集》卷一。梁简文帝生于五〇三年，于五四九至五五一年间君临中国者也。此文为其未即位时所撰，疏语有云：“某甲久发誓愿，遍为六道四生造夹纻丈八佛像一躯。”此六世纪上半叶首见夹纻之名，中学家鲜有知之者。百年之后，《西域记》中亦有夹纻之名。由是遂有人讨论此问题矣。

考《大唐西域记》卷十二瞿萨旦那国条(今和阗)云：王城西南十余里有地迦婆缚那伽蓝，中有夹纻立佛像。本从屈支(库车)国而来至此，昔此国中有臣被谴，寓居屈支，恒礼此像。后蒙还国，倾心遥敬，夜分之后，像忽自至，其人舍宅，建此伽蓝。(寒山考夹纻今称脱沙)

日玉莲(Julien)译《西域记》以夹纻义为“以绢二层覆之”，毕耳(Beal)以为此夹纻为一特名，哇特斯(Watters)以为即突厥之Gai及印度之Gash译音，义犹硬灰塑之。此二说皆非。

考《新唐书》卷十三《礼乐志》述明堂云：“至则天始毁东都乾元殿；以其地立明堂，其制淫侈，无复可观，皆不足记。其后火焚之，既而又复立。开元五年

---

①编者按：原稿为“荡”，当以“薄”为是。今改。

（七一七）复以为乾元殿而不毁。初则天以木为瓦，夹纻漆之。二十五年（七三七）玄宗遣将作大匠康䛒素毁之；䛒素以为劳人，乃去其上层，易以真瓦。”

右文有“以木为瓦，夹纻漆之”之语（《旧唐书》卷二十二作刻木为瓦，夹纻漆之），此夹纻之意自明，与漆像之法盖同，可证予说之不虚也。

哇特斯又以为其硬灰抟塑作像之解，又见于“义解”，虽未举所引之书名，今姑就《解说西域记》及《新唐书音义》之书求之。《新唐书》之《音义》，撰于宋时，于夹纻之名无一解说。至佛教之音义之书有二：一为八一七年慧琳撰之《音义》，一为九四〇年可洪撰之《音义》耳。可洪之《音义》惟注其音，慧琳之《音义》释夹纻（宋元明《藏经本》作綊，《高丽本》及《西域记》本作夹）曰：“上音甲、下除卢反。案方志本，美夹纻者，脱空象漆布为之。”此文或为哇特斯硬灰抟塑解说之所本也。

要之，九世纪初年夹纻之定义为“脱空象漆布为之”。今之日本干漆造象，即用此法也。又考《旧唐书》卷十一曰：“大历十三年二月甲辰（七七八年三月三十）太仆寺佛堂有小脱金刚，右臂忽有黑汗滴[1]下，以纸承之，色类血。”此脱空金刚，或亦为干漆造像耳。

此外尚有二书载有夹纻之名。

（一）七〇九年五月三日立道教龙泉碑，碑载有夹纻像之名。

（二）《宣和画谱》（序文撰时为一一二〇年）云：“滕

①编者按：原稿为“摘”，当以“滴”为是。今改。

昌祐画花鸟蝉蝶，未尝专于师资也，其后又以画鹅得名，复精于芙蓉茴香，画为夹纻果实，随类傅色，宛有生意也。”

右文似转录《益州名画录》。此书据李畋撰序之年为一〇〇四年，距滕昌祐殁时不过半世纪，所志当较翔实，其卷三记滕昌祐云：“造夹纻果子，随类傅色。”其为《宣和画谱》所本之文可知。

此自六世纪至十世纪末年之夹纻之术，业为前引诸书证明，其为干①漆造像无疑。十世纪以后有宋一代此法似不适用。但至一三〇〇年时，《元史·刘元传》所记之造像，名称虽殊，造法稍异，亦似为同一造像也。

考《元史》卷二〇三《工艺传·阿尼哥传》：阿尼哥，尼博啰（Népal）人也。于一二六三年来中国，“颇知画塑铸金之艺。有刘元者，从阿尼哥学西天梵相，亦称绝艺。元字秉元，蓟之宝坻人，始为黄冠，师事青州杞道录，传其艺非一。至元中（一二六四至一二九四年），凡两都名刹，塑土范金，抟换为佛像出元手者，神思妙合，天下称之”。

“抟换者，漫帛土偶上而髹之。已而去其土，髹帛俨然成像”云。（下文为《辍耕录》所增）“昔人尝为之，至元尤妙。抟丸又曰脱活，京师语如此。”

抟换及脱活之名，他书不见；《西域记》注之脱沙，似为明人时所增，亦不见他书。凡此诸名，皆难索解。顾脱沙、脱活，首一字皆为脱，本相连而离去谓之脱，此今日瓷器之所以有脱胎也。则昔之所谓脱沙，必先以沙为

①编者按：原稿为“造”，当以“干”为是。今改。

型，像成去沙。脱沙者含有中空之意。《辍耕录》之脱活，或为脱沙之讹。至如抟换，或为当时方语，与古名似无关系也。

总之，其为漆造像无疑。惟昔日以木为范，像存而木在；后以土为型，像成去土耳。至覆像之布，梁唐之文皆为纻，乃粗布也。今日日本所存之古干漆造像亦然。《元史》云漫帛，似有误也。

如前所述，六世纪之中国干漆造像术，至十四世纪时尚实行也。第观玄奘所记，七世纪中叶时，和阗有从库车来之夹纻佛像。又据《元史》所载十三世纪刘元造干漆像。此术固非日本人之发明，似亦非中国人之发明，或为印度经中亚输入中国之技术也。

然予不信有此事也。夫中国之造像史，固难判决其画师之派别及技术，第不乏类集之书，可以参考。夫造像之术，作者之名，从未流传，惟于文中偶一言之。干漆云者，不可误会纯以漆造，如明代之漆盒也。漆中亦杂以釉灰，且玄奘百年前流行库车之造像术，或为中国所输入，亦非不可能之事。玄奘所记之像，或仅加釉，而玄奘误为夹纻，亦未可知。至元代之造像，史未言授自阿尼哥，仅言其弟子刘元独长于塑像耳。又况陶宗仪有言，刘元之前已有人为之。故予以为干漆造像之术，不仅中国早有此术，且为中国之发明也。

尚有一问题须解决者，此术既已在中国流行八百年之久，何以无一作品流传至今耶？唐代作品，吾未见之，或者日本之古干漆造像中，尚留有中国之古作品也。至刘元之塑像，今北平之东岳庙、宝坻之广济寺、易州之四贤祠，或有其作品；顾不能必其为干漆而非常见之土偶耳。

据吾人所知，中国之干漆造像，除书籍所志之外，惟有一尊现藏费城（Philadelphia）大学博物馆中。其像为佛坐像，为干漆金箔所造。像重约十公斤，中空无木胎；里为粗布，涂以胶或他物。此为元代之遗物无疑也。

伯氏文末有补录五条：

（一）此文脱稿之后，予又发见一文，可将中国干漆造像术再溯至四世纪时。据七世纪释法琳撰之《辩正论》卷三所志戴安道建招隐寺，手造五夹纻像。招隐寺不知其所在；戴安道即《晋书》之戴逵，殁于三九五年。此术或为戴逵始倡于斯时也。

（二）一二六九年[1]一二七一年撰之《佛祖统纪》卷五十三，又载有魏孝庄时（五二八至五二九）孟仲晖造夹纻像之纪事。

由《辩正论》及《梁简文造像疏》，可知此术流行于扬子江流域。又据《佛祖统纪》之记载，纪元六世纪之上半叶，此术亦行于中国之北方。

（三）据日本一九一五年刊之《日本寺宇及其宝藏》（*Japanese Temples and Their Treasures*）所志脱空干漆像造法，传自七五四年随鉴真至日本之一僧人。

（四）本文所引诸书，有数事并见一九一五大森（Omura）撰之（宋以前）《中国雕刻术史》，脱稿后始见之。

（五）日本骨董家山中（Yamanaka）数年前携有三

①编者按：此处疑脱漏“至”字。

> 数中国古干漆造像至美国，其一尊现藏纽约美术馆（Metropolitan Museum）。

案伯希和此文，乃一九二三年四、五、六月发表于《亚洲报》，疑当时尚未见日本《乐浪》报告等书，故所言如此。然仍谓“中国干漆造像术可再溯至四世纪时”，查此时正值八王五胡叠次扰乱之后，人民播迁，不当在此时创作，实则脱胎干漆之术，两汉已有发明，此时乃盛行耳。

四

隋唐承五胡之后，交通大盛，塞外民族，奔集长安。各自携来远道文化，音乐美术，咸受影响。至于漆器，遂有所谓平脱者。平脱之器，日本正仓院宝藏至富，大村西崖称其中有唐制之金银平脱琴，装饰纤秾绮丽，腹内有“司兵韦家造此琴”之铭。近人傅芸子《正仓院考古记》亦云：

> 按“平脱”本唐代盛行之工艺美术，玄宗及太真所遗安禄山金银平脱器物甚多，有金平脱装具、金平脱铁面碗、银平脱五斗淘饭魁、金平脱杓、金平脱合子之目，具见唐人乐史《杨太真外传》及姚汝能《安禄山事迹》。平脱技法，系用金银薄片，断成各种文样，以胶漆粘于器上，再髹漆[①]数重，然后细磨之，现出文样，遂成。尚有于金银片上，更镌以极纤细花纹者（即所谓毛雕），尤称工细。至唐代宗大历七年（公元七七二）[②]，杜奢侈，禁造

---

①编者按：原稿此处多一“漆”字。今删。

②编者按：原稿为“唐代宗七年（公元一一四〇）”，据《正仓院考古记》，此处应为“唐代宗大历七年（公元七七二）”。今改。

> 作，平脱技法遂绝。而日本亦未有仿效传世者！正仓院所藏金银平脱器物，种类甚繁，且多完整之品。近年吾国河南出土古镜，虽间有平脱者，惜多残蚀，且又流于域外，殊堪浩叹也。

又云：

> “漆胡瓶”，口有盖，鸡形，即吾国所谓之“天鸡尊”。竹丝为胎，张布涂漆于上，更饰以银平脱花草鹿鸟诸文样。瓶形本出自波斯萨珊朝，传入中国，又美而化之。制以竹胎髹漆，饰以银平脱，即其明证。

又云：

> “金银平脱皮箱”，表面为金银平脱花纹，中作金凤衔银叶，周有银鸳鸯衔金叶银花，俱以平脱巧艺表现之。

又云：

> “银平脱八角镜箱”，全具有银平脱之凤凰宝相华文，其上施以极细毛雕，尤见工细。

傅氏记中，又有“银平脱合子”四，又有“上述各镜，多附以箱。箱之制，亦各具其美，或遍张丽锦，或金银漆绘，或饰银平脱，益觉华贵”等语。据此则日本正仓院中所藏古物，唐代平脱已属不少。即平脱之盛行于唐代，可以得一旁证。惟平脱如何发生，其工技是否由西域诸国如吐火罗一带传入，尚有待于考证耳。

此外唐代漆器中，又有所谓“末金缕”及密陀彩绘者。傅氏《正仓院考古记》云：

> 此刀鲛皮柄，鞘身有“末金缕”文样。“末金缕”者，于漆面播金屑，磨而现其文样，即今日本“莳绘”之所由昉。

又云：

> “密陀彩绘箱”，黑漆地，以密陀彩绘雁雕诸花鸟文样，附有铜鐷，鐷与今式同。

据此，可见唐代漆器发展之大概。同时前代干漆工业亦盛行不替，故傅氏记中谓南仓阶上伎乐面，有干漆者二十七面，其言是也。至于剔红，亦始于唐，至宋而发达，唐代之剔红，多用印版刻之平锦，雕法古朴，确为宋代剔红之先驱。

五

五代两宋，其制造中心，初为湖南，后移江西。湖南接近四川，遍地产生漆树，惟所产多带淡黄色，纯白者极少。迄今湖南人尚以漆实为家畜之饲粮。江西则以吉安、庐陵为制作中心。至元代乃渐移至扬州及嘉兴一带。明代漆工业更盛，北平、广东、苏州、扬州、宁波、福州，各地均能发挥其特色。而尤以福州为最盛，迄今不替。上海附近之昆山、嘉定，在明代时亦制作极精美，今则寂焉无闻矣。至于清代，北平颇多精品，今亦继续不衰。

张应文《清秘藏·论雕刻》条有云：

> 宋人雕红漆器，宫中所用者多以金银为胎，妙在刀法圆熟，藏锋不露，用朱极鲜，漆极坚厚而无敲裂，所刻山水楼阁人物鸟兽，皆俨若图画为佳绝耳。

宋代漆器之精，于焉可见。民国九、十年间巨丽[①]邑民发掘大观二年湮没之故城，出土漆器甚多，惜多散诸海外矣，天津市博物院藏有漆屐与漆盏托二件。盏托宋代甚流行，状如杯而带

---

①编者按：原稿为“巨丽”，疑为“巨鹿”。

托盘，下有足，杯之外与托内赭红色，杯内及足黑色。

考宋初北有契丹，西有西夏，横绝沙漠，西域诸国交通顿绝。惟汴河漕运极盛，海道亦渐有交通。故东方与朝鲜往还极盛。说者谓宋代音乐，全由朝鲜传入，与唐代之得自西域者相同。迄今吾乡东莞所用之丧乐，传宋亡后李用东走日本，用卒，日人以乐队一部送其丧归者，盖亦朝鲜乐也。朝鲜自汉时传受漆器工业，至是其工技倒流以入中国，故吉安、庐陵、扬州最盛。惜此说尚有待于考古学上之证明耳。

至于元代，《清秘藏》云：

> 元时张成杨茂二家，技擅一时，第用朱不厚，间多敲裂。

是较宋已稍差。及至明初，似又较元代为精，《清秘藏》云：

> 我明永乐年果园厂所制及宣庙所制，不独用朱用胎，精美之甚，其款文尤胜。（底刻大明永乐年制者用针刻而填以黑漆，大明宣德年制者刀刻而填以金屑，宋元所无。）第刀法视宋人尚隔一舍。薄胎沙金蜔嵌金银片嵌等漆器，惟倭称最，伪作者质重易辨也。

是明代之漆器固不如日本。明代宁波、福州两地漆业，实均为日本所传。近人邓之诚《骨董琐记·倭漆传入中国》条下云：

> 古有戗金，无泥金，有贴金，无描金，有铁铳，无木铳，有硬屏风，无软屏风，有剔红，无缥霞，彩漆皆起自本朝，因东夷或贡或传而有也。描金洒金，浙之宁波，多倭国通使，因与情熟馅而得之，洒金尚不能如彼之圆，故假倭扇，亦宁波人造也。泥金、彩漆、缥霞，宣德年间遣人至彼传其法。软屏弘治间入贡来使，送浙镇守，杭人遂能之。鸟嘴木铳，嘉靖间日本犯浙，倭奴被擒，得其器，

遂传造焉。宣德间有杨埙者，精明漆理，各色俱可合，奉命往日本学制漆画器，其缥霞山断人物，神气飞动，描写不如，愈久愈鲜，世号洋倭漆。天顺中上书讼李达袁彬之冤，奏发锦衣门，挞二十余，尤为世论所贵。见《七修类稿》。按埙或作瑄，未知孰是。

而近人许衍灼《中国工艺沿革史》亦云：

永乐年制者，用针刻而填以黑漆。宣德年制者，刀刻而填以金屑。是则宋元所无。然刀法视宋人尚隔一舍耳。后复变戗金之法，而为泥金、描金、洒金诸法。变剔红而为缥霞、彩漆诸法。其法皆传自倭国。描金、洒金二者，先传入于浙之宁波。泥金、缥霞、彩漆，宣德年间遣人往师之。后由彼国求工师入中传习。及英宗时，有杨埙者，精明漆理，得缥霞彩漆法。而于倭漆尤妙。其缥霞山水人物，神气飞动，描写不如，世号杨倭漆。

此为第二次漆工业技术倒流入中国者。实则东邻之有漆器，乃始于遣唐使及留学生所带归者。孔尚任藏有一嘉靖雕漆盘，其《享金簿》云：

雕漆盘一具作银锭样五爪双龙，拱一宝盆，盆中宝气结成“圣寿万年”四字，边松梅皆极精工，漆底滑凝，针刺金填“大明嘉靖年制”，细楷皆工，故鲁宫中物，族弟继昭赠予，每于除夜盛木香丹丸。

是款文针刺之法，不但永乐年用之，至嘉靖年间犹沿用焉。民国六年北平西山农商部农林试验场掘地，发见明宣德太监王贵墓，亦有漆器出土，有一刻花漆碗，漆深褐色而裹以银镶，今藏天津市博物院。

六

宋明以来，漆工业大盛。漆器之外，有髹漆、屈轮、堆朱、存星、沈金、螺钿、干漆、戗金、钻漆诸作法，次第盛行。而广东之花漆，尤极彩色之美。

漆汁原为无色透明之液体，今兹所显彩色，乃各种颜料配合而成。例如：

一、黑漆　以木炭兽骨灰加合木汁为主，乃以“铁丹”即硫化铁为配剂云。前人所用，大抵以铁屑入醋为汁耳。

二、白漆　加合铅粉。

三、栗壳漆　加合朱与硫化铁与油烟。

四、红漆　加入红花。

五、浓绿漆　加合石黄与蓝

六、黄漆　加合镉（Cadmium）或石黄。

七、绿漆　为铬（Chromium）类所出之色。

八、朱漆　真者加炼朱，伪者加猪血，或一种植物油。

九、金漆　加合金粉。

十、银漆　加合银粉末。

十一、琥珀漆　加合砷（Arsenic）。

以上各种颜料，依法配合，便成种种彩漆云。

彩漆之精者，莫过于螺钿。《骨董琐记 · 周制》条下云：

考周制唯扬州有之，明末周姓所创，故名。以金、银、宝石、真珠、珊瑚、碧玉、翡翠、水晶、玛瑙、玳

> 瑁、车渠、春金、绿松、螺甸、象牙、密蜡、沈香，雕成山水、人物、树木、楼台、花卉、翎毛，嵌檀梨漆器之上，大而屏风、棹几、窗隔、书架，小则笔床、茶器、砚匣、书箱，五光陆离，难以形容，洵未有之奇玩也。

盖漆器至是，叹观止矣。

七

漆器名匠，著录者不多，在前代除乐浪漆器，蜀工著姓氏者外，宋代有杨汇，元代有张成、杨茂、彭君宝，明代有方信川、姜千里、高深甫、杨埙、蒋回等，均为名漆工。至于著作，则南唐时有朱遵度著《漆经》，今已失传。明新安平沙黄成者出，本其经验所得，著《髹饰录》乾坤二集，乃为今世言髹漆学者必不可不读之书。其乾集分：

利用第一
楷法第二

皆言髹具与工匠修善之法。其坤集分：

质色第三
纹匏第四
罩明第五
描饰第六
填嵌第七
阳识第八
堆起第九
雕镂第十
枪划第十一
编斓第十二

复饰第十三

纹间第十四

裹衣第十五

单素第十六

质法第十七

尚古第十八

皆言制作之法。为古今言漆器者第一部著作。惟文字过简，术语不易通晓耳。明天启间西塘杨明为之作注。杨氏《自序》曰：

漆之为用也，始于书竹简。而舜作食器黑漆之，禹作祭器，黑漆其外，朱画其内，于此有其贡。周制于车漆饰愈多焉。于弓之六材，亦不可阙，皆取其坚牢于质，取其光彩于文也。后王作祭器，尚之以著色涂金之文，雕镂玉珧之饰，所以增敬盛礼，而非如其漆城其漆头也。然复用诸乐器，或用诸燕器，或用诸兵仗，或用诸文具，或用诸宫室，或用诸寿器，皆取其坚牢于质，取其光彩于文。呜呼！漆之为用也其大哉！又液叶共疗疴，其益不少。惟漆身为癞状者其毒耳！盖古无漆工，今百工各随其用，使之治漆，固有益于器，而盛于世。别有漆工，汉代其时也。后汉申屠蟠，假其名也。然而今之工法，以唐为古格，以宋元为通法，又出国朝厂工之始制者殊多，是为新式。于此，千文万华，纷然不可胜识矣！新安黄平沙称一时名匠，复精明古今之髹法，曾著《髹漆录》二卷，而文质不适者，阴阳失位者，各色不应者，都不载焉。足以为法。今每条赘一言，传诸后进，为工巧之一助云。天启乙丑春三月西塘杨明撰。

杨氏之注，较为通俗。如乾集《雨灌》条下云：

> 雨灌，即髹刷。有大小数等，及蟹足、疏鬣、马尾、猪鬃。又有灰刷、染刷。沛然不偏，绝尘膏泽。

上数语为解释术语“雨灌”之文，末两句为赞，言其手技之精美。惟下级工匠，不易领解。杨氏乃为之注曰：

> 以漆喻水，故蘸刷拂器，比雨麹面，无类；如雨下尘埃，不起为佳。又漆偏则作病，故曰不偏。

如此解释，则浅人亦易懂矣。又如坤集《油饰》条下云：

> 油饰，即桐油调色也。各色鲜明，复髹，饰中之一奇也。然不宜黑。

桐油为吾国特产，今日统用植物油。本条所言，已甚清楚；然“然不宜黑”一语尚有未明处。杨氏注之云：

> 比色漆则殊鲜妍，然黑唯宜漆色。而白唯非油则无应矣。

寥寥数语，于油与漆之分途应用，则愈清晰矣。诸如此类，不胜枚举。杨氏不特为黄氏功臣，实相得而益彰，不可不谓“漆器学”之曙光也。今日得由此而考见唐宋以来之髹法，全赖此书。吾尝恨吾国文人，每不留心形而下学，如建筑裁缝及一切百业，以为形诸吾笔墨，则于[1]吾道有损；而梓匠轮舆百工之人，每每读书不多，不能执笔为文以记载之，于是巧者创业，多不能传，岂不大可哀乎！

天启乙丑为明天启五年，公元一六二五年。在十七世纪上半期，有此名著，已不为晚。惟杨明除自著字清仲外，身世无考，未免可惜。本馆叶恭绰董事长跋此书云：

---

①编者按：原稿为“与”，当以“于”为是。今改。

《清秘藏》称：穆宗时新安黄平沙造剔红，可比园厂。又西塘杨茂、杨埙漆器之工，均见记载。但未见杨明之名。以兹编考之，殆亦专门名家也。

明穆宗在神宗之前，在位六年，为公元一五六七至一五七二。是黄氏较杨氏早半世纪矣。至杨氏究为何许人，则尚待新材料之发见耳。

《髹饰录》在吾国旧无刊本，著者最初所见，为日本专门家六角紫水氏所征引。至民国十五年朱启钤①氏始为之校刊。朱氏近十年潜心建筑顾绣之学，殆所谓有志于道而不舍形而下学者欤！兹录阚铎校刊记于下，以结吾文：

右《髹饰录》二卷，明黄成著，杨明注。日本享和年间，当我国乾嘉之际，木村孔恭氏蒹葭堂藏钞本一部。嗣是展转传钞，而原钞本入昌平坂学问所及浅草文库，最后乃归帝室博物馆。其现在帝国图书馆及美术学校所藏钞本，皆自《蒹葭堂本》钞出者也。此本寿碌堂主人眉批夹注，灿然满目，于正文有所增益，亦极精审，引证群籍，颇为繁博。偶有寻章摘句之嫌，而为学之笃，诚不可及。惜姓氏不传，末由景仰。甲子乙丑间紫江朱公桂辛于校刊宋李明仲《营造法式》之暇，命铎搜辑古今髹漆之书，理董以成漆书。求朱遵度《漆经》，苦不可得。适读日儒大村西崖氏《支那美术史》，极道此书之美，亟移书索之，历数月始以此本邮寄朱公。又与西崖商榷体例，亲加雠校，先以正文付梓，以复明本之旧。以原钞本付铎装订，谨受而识其缘起如右。中华民国十五年八月合肥

①编者按：原稿为“钤”，当以“钤”为是。今改。

阐铎。

又记云：

卷中引书，皆细校一过，似此本亦非寿碌原本，殆亦从《蒹葭堂本》中录出者。

（据《上海市博物馆丛书》丙类第三种，中华书局1936年版）

上海博物馆1937年6月29日信

重熙先生伟鉴：

敬启者，事业藉匡扶而振兴，学术赖研求以精进。本馆职司网罗各时代各地方文化演进之业迹〔绩〕，作系统之陈列，以期活现于观众之前。惟方今草创伊始，经纬万端，正宜广事搜求。凡有关文化业迹〔绩〕之品物，与夫风俗习惯之用具，无不多所搜集，以期蔚为大观。素仰先生为考古专家，海内宗尚，于民族文化之贡献蜚声流丹，夙所钦佩。而前在海南岛采集之黎人生活用具凡百余件，尤属珍贵罕品，其于阐扬文化之价值至巨且大，爰拟商恳将该项用具全部寄存本馆，以沾艺光，谅亦先生所慷慨乐允也。相应函达，尚乞俯允所请，不胜感盼。此上，敬请

大安

上海博物馆馆长　胡肇椿①

艺术部主任　郑师许②

［廿六年］六月二十九日

（原载周桂发、杨家润、张剑编注《书信选编》，上海科学技术出版社2015年版）

---

①胡肇椿（1904—1961）：广东人，燕京大学毕业，曾留日入京都帝国大学读研究生，专攻考古学。历任中山大学副教授、黄花考古学院主任研究员兼《考古学》杂志总编辑。1933年任暨南大学教授，曾兼文学院院长、图书馆主任等。1936年任上海博物馆馆长。后曾任立法院立法委员。

②郑师许（1897—1953）：原名沛霖，字惠侨，广东东莞人。东南大学毕业，历任交通大学、暨南大学、大夏大学、持志大学、正风文学院、中华艺术大学、广东省立勷勤大学、无锡国学专修学校、中山大学等校教授，并兼任上海博物馆筹备委员和艺术考古部主任、《广东年鉴》编纂委员会总编纂、教育部史地教育委员会委员。战后曾任广东文献委员兼整理组组长，中山大学训导长、代校长等。

关于铜器蟠虺纹的通讯[①]

次舟先生大鉴：

久仰大名，无缘识荆，至为怅愧！

顷承惠寄《历史与考古》第一回，拜读甚佩。尊论蟠虺纹为战国器物普遍装饰，不限于秦，与弟昔年《论所谓秦式铜器》（刊《领南学报》中）说合，去春梅原在沪晤弟，亦然其说。

弟去秋曾亲观虢季白盘，并摄照片，惟尊论未得读，甚怅！未可赐寄否？至盼！谢谢，顺颂祝[②]安！

制弟郑师许顿首！四月一日

编者案：郑先生对拙作过加推许，甚以为愧！蟠虺纹为战国铜器之普遍装饰，此意实自日本梅原末治发其端，吾人所论，只是使其理论加强而已！此实当共同对此异邦学者表示谢

①编者按：本篇局部标点有改动。

②编者按：原稿为“箸”，当以“祝”为是。今改。

意。拙作《虢季子白盘年代新考》，最近或可刊出，届时再邮呈请教，目下无以应命，罪甚！罪甚！（孙次舟）

（原载《历史与考古》1937年第2回）

我国史前文化①

就现代史家的通例，人类的历史，例分为两大时期：有文字以前的一期叫做先史时代，以后的一期叫做有史时代。前一期很长，约有几百万年；后一期则短，不过几千年而已。

我国的有史时代，依据现代考古学的研究结果，可说是始于距今约三千七百年左右（据董作宾《殷商疑年说》）的殷商，前此的黑陶文化和彩陶文化，以至地质学范围的，概属先史时代。从前旧史家的三皇五帝说，因术数者流附会上五行的学说，推算得极远；以至近日的冒牌考古家的横算，拉长得极远：均因未曾经过科学的考证，和实物加以证明之前，我们只能把他们当作个人的幻想，或者最多是古人的传说。

可是我国的史前史，又因我国古生物学，地质学，考古学等科学的研究为期极短，而且研究的区域和范围均尚极其有限，现在还不能加以详细的论述。何炳松的《我国史前史的轮廓》说道：

> 我国的史前史，就现代中外学者研究的结果，或者暂

---

①编者按：本篇书名号为整理者所加。局部标点、外文字母有改动。

时可分为四个时期：

第一期为生物萌芽和恐龙出现的时代，

第二期为哺乳动物代兴和原人出世的时代，

第三期为黄土形成和石器文化发展的时代，

第四期为中国文化起源的时代。

此处第一期约和[1]石史上古生代和中生代两期相当，其时间约在离今三六〇百万年到四〇百万年。第二期约和近生代相当，离今四〇百万年到一百万年或五十万年。第三期约在近生代最后一期后新纪的末期，离今至少约五十万年到十万年。第四期在新生代中，离今约五千年。

然其中所说的，大半为古生物学家和地质学家之事，今者划分范围，拟专从考古学者所得的我国史前文化，连类以追述至“北京猿人”为止，其他概不阑入。换言之，今兹所述者，即为：（一）北京猿人之发现，（二）旧石器之发现，（三）新石器之发现。

原人之出世，据地质学家的研究，约距今五十万年至一百万年。世界上已经发现的原人，有一八九一年爪哇特利尼（Trinil）地方的立行猿人（Pithecanthropus Erectus），一九〇八年德国海德堡格（Heidelberg）地方的原人（Homo Heidelbergensis），和一九一一年英国辟而当（Piltdown）地方的曙人（Piltdownman，Eoanthropus The Down Man）等三个。爪哇猿人有牙齿颅骨及左大腿骨发见，年代约在五十万至三十万年前。辟而当曙人有骷髅及颚骨发现，年代约在二十五万年前。海德堡格原人仅得下颚与齿，旁有最粗简石器，年代约

---

①编者按：原稿此处脱漏一“和”字。今补。

在十五万年前。而我北京猿人的发现最后，其年代则较他们三者为更古，他不但是世界原人的始祖，而且是世界真人的始祖。所以他不但是中国的第一人，而且是全世界的第一人。初是民国十年至十一、二年间澳洲古生物学家师丹斯基（Dr. Otto Zdansky）在北平西南一百十里房山县属周口店附近俘[①]得化石甚多。其《直隶周口店发现骨化石报告》（Wber Eim Sau-Gerhnochenlager-in Chok，or-Tien，Prouing Chili）说道：

周口店乃京汉路琉璃河支路之终点，以产石灰岩著名。车站北不数步有西向之谷名老牛沟，该处南坡为奥陶纪石灰岩，北坡为石炭纪煤系，骨化石即发现于沟内石灰岩坑之最东部。该处壁立之灰岩层，距坑面约六公尺，其中一部变为砂土，似为昔时一洞穴，后被砂土充填者。今因开坑遂得发现。稍上复为石灰岩，显为洞穴之顶。砂土层之东面底部，有一狭形之管，向下贯穿甚深，为黄色硬砂岩所充塞。以上所述砂土层及硬砂岩中，皆含有同类之骨化石。

惟因国内无术测验，送至瑞典乌布苏拉（Uppsala）大学韦曼（Wiman）教授的古生物学实验室。十五年夏，师氏整理所得化石时，发现前臼齿及臼齿各一枚，与今日人齿相近。据步达生著的《周口店储积中一个荷谟形的下臼齿》（*On a Lower Molar Hominid Tooth from the Chou Kou Tien Deposit*）一书，翁文灏序谓："据彼鉴定，当属人类遗骸，但所属时代，应隶第四纪而非第三纪"云云。其研究结果，断为人齿，年代则或言去今五六十万岁，或言且百万岁，较爪哇猿人尤古。十五年冬，世界考古学会会长瑞典皇太子来华，由安特生氏于十月

①编者按：原稿为"桴"，当以"俘"为是。今改。

二十二日北平各学术团体欢迎太子席上公布这齿定名叫做北京齿（Peking Tooth），而称生这齿的人为北京人（Peking man）。十六年冬步林博士（Dr. B. Bohlin）续在原穴得下臼齿一枚，经步达生（Davidson Black）测量研究，亦断为原人遗骸，并定名生这齿的人为北京种的中国猿人（Sinanthropus Pekinensis）。其后俘获[1]愈多，事实愈为明显。杨钟健的《中国人类化石及新生代地质概论》第一篇说道：

自十六年起，采掘事由地质调查所担任，而由罗氏基金会予以经济上之补助。是年从事工作者为李捷及步林，于工作将终了之时，曾发见保存极佳之左下臼牙，由其性质，步达生得以确定中国猿人为一新属（名之曰中国猿人）。

十七年之工作，由步林，裴文中及余担任。在此年中，除其他化石，若干零星中国猿人之牙外；又在B地点复见一年轻之下颚。并在工作将终了时，于A地点发见一成年之下颚。计两年间采去之物，约六千立方公尺，于A地点发见一成年之下颚。计两年间采去之物，约六千立方公尺，化石约一千箱，均运至北平修理。

十八年正式成立新生代研究室，以后采掘工作，概由裴君担任。裴君于此年中又发掘CDE三猿人地点。完美之E头骨，即采自E地点者。

十九年之采掘工作，仍由裴君担任。工作地仍在下裂隙。发见F地点，并在主要堆积之南，大事发掘。本年又将产化石地点之权，购归地质调查所。在研究室中

①编者按：原稿为“桴获”，当以“俘获”为是。今改。

发见D头骨（出自D地点）。是年秋英国人类学家斯密斯（E. Smith）来平，由地质调查所邀请至周口店考察一次。

二十年之工作，由裴君担任，而副以卞美年君。工作地为鸽子堂中，大批无疑义之石器及用火遗迹，均于是年发见，或G证明地点亦于是年发见。是年秋，法国布吕儿（H. Breuil）来平①视察。

二十一年之工作，仍由裴卞二君担任，是年并由方俊君测成极详之地形图。采掘地位，则在东坡，亦发见不少之石器及其他重要标本。

二十二年上半年之工作，仍由裴卞二君担任，工作先由上洞开掘。曾发见若干人类遗迹如牙及腿骨等。惟与其他共生之化石及石器除少数例外外，并不卓著特性。究竟是否此部分为一较新堆积，抑与周口店堆积同时，尚有待将来之工作及研究。但就目下已知之材料推断，十九当代表一旧石器后期文化。

步达生的《中国猿人北京种头盖骨之研究》（*On an Abolescent Skull of Sinanthropus Pekinensis in Compasison with an Adult Skull of the Same Sbecies and with other Hominid Skulls Reecent and Fassil*）一书，对于中国猿人与其他现代人化石人及似人化石之比较，其结论谓：

在第六章中，曾将中国猿人头骨与其他化石人，现代人以及近似人之化石，作精详之比较。可证中国猿人与尼安德泰人罗底斯人近代人与其他与近代人相似之“人”，均不相同。

①编者按：原稿为“平来”，当以“来平”为是。今改。

由外表观察（但非由大小与比例），中国猿人与尼安德泰人确有若干相似之点，尤其是直纵线部，和头鞍部，最为相像。但此等较微的相似性质，于一般推论，无何重要影响。有极多其他性质中国猿人标本，确是进步而新式之性质。总括起来，中国猿人头骨，颇具若干人类头骨极共同之性质，但却十分古式。

以前，即已确知中国猿人与爪哇猿人甚为相似。比其与任何尼安德泰一类的人，罗底斯人，以及现代人较为相近。在本文第七章，曾将两猿人头骨与爪哇猿人头骨，作一精详之比较。由此比较之结果，可证以前观察之正确。知中国猿人与爪哇猿人间之关系最密。但在另一方面，有许多性质以及大小比例等，足以充分证明中国猿人与爪哇猿人，不特不能为一种，且确当划分为两属。

由爪哇猿人已知头骨各部性质研究，代表一特别古式而原始之种，与中国猿人之头与牙能保存许多一般的古式性质，尤不相同。中国猿人除其厚大之睫部，与缩小之第三臼齿外，其头骨并无一特殊性。但其头骨上各部之比例，牙齿之形态，以及听骨部分，与其他头骨部分，均证明中国猿人为一极概括而进步之种类。此外其头骨各部之特殊厚度，又可证明其变异之程度特大。由此种种特殊性，可推知中国猿人于人类进化史之起点上，必占一重要位置。……"中国人猿头骨与牙齿具有之性质，可知其去尼安德泰人罗底斯人以及其现代人类共同之理想祖先，必不甚远。"

其后裴文中的《周口店洞穴层采掘记》则明谓二十二年开掘的山顶洞中所居住的人类，与现代亚洲人种相同，为真正人类，似为亚洲旧石器时代后期所居住之土著人种，由地质学的原理看来，山顶洞的含化石沉积，堆在周口店含人化石沉积之上，中间隔离很长的时间不能为后者最后最上的一部分；更由洞顶的崩碎，石钟乳的存在，证明山顶洞的堆积时期距现代已甚遥远。而于洞穴层中的中国猿人文化，则详记道：

> 自此以后，我们才知道中国猿人，已有文化，所研究之结果，概要如下：
>
> （甲）用火的痕迹　中国猿人能用火，可由遗物及遗迹证明。遗物为已烧过之石块及骨骼及木炭等。至遗迹则为黑色土层中含有炭质及因火力而变色的土层等。此等遗物及遗迹，均与中国猿人化石伴生，故我们可推论这种“火”为中国猿人所使用者。
>
> （乙）石器　我们因石器的分布，分中国猿人化石堆积为子丑寅三文化层，惟子丑实无分别，寅层则稍有不同，将来详细之研究，或可得较多的知识。现在所谈石器，皆就子丑两层所得的标本，寅层的标本，则尚未详加研究。石器之中，多半为石英所制造，仅有第一步的打击工作，第二步修理工作则极简单。除石英质者之外，尚有绿色砂岩所制者，多为较大的石器，可为匝裂物品（如骨等）之用。
>
> 石英石器可分四种：（一）尖状器；（二）圆形器；（三）刮削器；（四）[1]凿状器。皆甚简单，确为旧石器时代最初期之物。与我国河套地方，沙拉乌苏河附近所发见的旧石器时代之石器比较，周口店的石器的制作技术，似略

---

①编者按：原稿此处脱漏“（四）”。今补。

低下，故周口店时期，似较沙拉乌苏河时期为古。

（丙）骨器　中国猿人是否已使用骨器，至今尚为争论问题之一。惟与中国猿人同时发现之碎骨中，确有经人工制作刻划者，无人可以否认。至骨器之研究，尚待将来的开掘及标本的整理。

又谓：

中国猿人之脑量，约为九百六十四立方公分，现代人类约为一千立方公分，故较现代人类者稍小。至脑中各神经之构造，由头盖骨内面之纹可知，与现代人类稍有不同，大体则相似。小脑之右边比左边大，大脑则左边比右边大，故可证明中国猿人已多使用右手。

至于中国猿人与世界上其他猿人的比较，裴氏书又详论道：

由上边所述中国猿人各种性质言之，中国猿人确为介乎“人”与“猿”中间之原始人类。世界上已知之猿人，已有三种：（一）爪哇猿人；（二）英国辟尔当猿人；（三）即我国周口店之猿人。

前二种猿人的发见，皆为偶然者，且发见地点之地质情形亦不甚明了，故对二者的时代问题，颇争论。至周口店之中国猿人，自发见之初，至现在止，所有材料，皆为正式开掘所得；更加周口店他方之地质及地文之情形，特别明晰，古生物上之材料又极丰富，故对于周口店中国猿人之时代问题，无可争论，我们可以确定中国猿人为地质上所谓第四纪最初期所生活之一种原始人类。爪哇猿人及辟尔当猿人，就大体上讲，与中国猿人为同时代之人类。

中国猿人与英国辟尔当猿人，就头骨而论，大小相似，仅辟尔当猿人较中国猿人之脑盖骨稍高，其他部分，与中国猿人无甚区别。不过我们应当知[①]道，辟尔当猿人，尚有许多性质（如脑量及耳骨等）与现代[②]之人类颇相似。大概当第四纪初期之时，欧洲生存之人类与亚洲生存之人类，已不相同。

至中国猿人与爪哇猿人，则相似之处较多，然若详细分析，不同之处亦不少。例如中国猿人之脑量，较爪哇猿人者稍大，及额骨稍隆起等。这许多性质都能代表中国猿人之智力较爪哇猿人者稍大。

以上是我们对于中国猿人研究结果，这种结果已为世界上大半的人类学者赞许。但亦有一部分[③]人的见解不同。有的认为中国猿人即爪哇猿人之一种[④]，有的认为中国猿人是欧洲尼安德特（Neanderthal man）的东方代表者，这两种说法不无相当理由，但是现代的人类学者尚多不甚重视。周口店的开掘工作尚在进行，将来之发见不无希望，我们希望将来的材料，能够解答这一部分的疑问。

刘咸的《第十五次国际人类学及史前考古学会议记》说道：

在古人类学（Human Paleontology）诸般贡献中，北京人（Sinanthropus Pekinensis）之发现，实为斯学放一异彩。其重要将突破前此记录，盖北京人实为联结爪哇

---

①编者按：原稿为“猿”，当以“知”为是。今改。

②编者按：原稿此处多一“人”字。今删。

③编者按：原稿此处脱漏一“分”字。今补。

④编者按：原稿此处脱漏这一句话，根据裴文中《周口店洞穴层采掘记》增补。

猿人（Pithecanthropus erectus）及辟唐曙人（Eoanthropus dawsoni）失传线之中间物。人类天演历史及谱牒树，将因此而加一新枝。

步达生德日进杨钟健裴文中合著《中国[1]猿人史要》（*Fossil Man in China*）则谓：

周口店堆积比洪积流之黄土较古，比上新统后之三门系较新。……由动物及植物化石，可知周口店时代之气候，比现在为温和，由红色土质之存在，可知当时纬度较现在为低。

当此时代，生物群与南方生物群当有关系，如水牛等。但猕猿见于周口店，并不足为此说之佐证，亦不足以证明中国猿人与南方生物群有何密切关系。因爪哇猿人之牙，过于特殊化，不足以为中国猿人之祖先。当时中国南方长江流域之化石，与黄河流域者绝对不同，似彼此南北已有一隔离地段，如今之秦岭，便南北生物有显然之别。

……若与爪哇猿人比，中国猿人之牙比较普遍化，故中国猿人绝不能自爪哇人演化而来。……中国猿人头骨虽多相似之点，但精密测算纸究之结果，知其相差甚大。中国猿人头骨为极普遍化而十分进步式头，而爪哇猿人则为特殊化而守旧式者。由中国猿人头骨内型之研究，知其脑之构造，大致与现代人无异，中国猿人或系用右手而能语言。

又谓：

关于中国北方古文化及周口店文化，可节要于下：

---

①编者按：原稿为“中学”，当以“中国”为是。今改。

（一）下洪积统初期，在泥河湾无人类遗迹发见，故周口店文化代表中国最古之文化，而此遗迹，从未在其他地点发见过。

（二）上洪积纪黄土期之文化，曾在中国各地发见者如下：

a.黄土底砾岩中，零星石器，在甘肃东部陕西北部山西口部均有发见。

b.此等石器在黄土中亦曾发见（庆阳保德）。

c.确曾居住之地具有炉灶器具与厨房遗品，发见于河套之水洞沟，可分为数层，均有石英及砂质石器。化石有犀牛、土狼、蛇、鸟等。沿无定河及榆林河上游，仅发见一文化层，石器均甚小，鹿角或亦被利用，化石甚富（食用器残余）土狼、犀牛、驴、骆驼、鹿、黄牛、水牛、牛、象等。此等文化均似代表中国北方之旧石器时代上部。

石英砂岩石器，亦发见于戈壁沙漠中。

d.最不大明了者如满洲[1]里附近之达赖湖[2]石器。石器之性质为新石器时代，并在同地发见之化石有犀牛、牛、象。如所观察不误，此地之堆积或可表示上洪积统之堆积现象在蒙古、东三省[3]若干区域完结较晚，而达赖湖之石器或可介于中国北方旧石器与新石器之间（中石器）。

秦岭以南尚无旧石器之发见。

---

①编者按：原稿为“州”，当以“洲”为是。今改。

②编者按：原稿为“期”，当以“湖”为是。今改。

③编者按：原稿为“东三真”，当以“东三省”为是。今改。

（三）冲积统

a.戈壁沙漠中多有石器甚或中石器，但无陶器。又由地形观之，亦当较古，但由石器之形式观之，可知与真正黄土各石器极相近。

b.真正之新石器文化，在蒙古、东三省、中国北方以至新疆等地，所藏甚富。

c.其次则为石器末期之仰韶文化，有着色陶器与磨光之石器，但至今仰韶文化，未曾直接发见于新石器之上。

就上所述中国远古文化可分为三大段：

1.黄土期下段——周口店文化，工作之人为北方性之中国猿人。

2.黄土期中段——代表旧石器时代，北方及西北方文化性甚著，其工作之人与现代人无大差别。

3.黄土期上段——为中石器及新石器，此期东西交通，其工作之人则全为现代人。

在周口店之外，于中国北方各地文化，作比较综合之研究，分析缕述，记载最为详尽。据此，则中国人在世界文化史上的地位和价值，大略可以测定了。又最近德日进博士（Pierre Teilhard de Chardin）的《周口店北京人发现后所给与中国地质学界之影响》一文说道：

洞穴中一个较大约高五十公尺长二百公尺的当中，除去杂乱的巨石外，可见到数级兽类居住的遗层，内中骨化石极多，大多为熊虎狼狗等择居的地点。当中另外的几个由洞穴土层直至下层，内中满藏着黑灰杂拌着工作过的石器，中国最古的人类遗痕，即发现于该处。以非研究考古学家的眼光看来，这种微小的寻获（两具不完全的头骨及几个颚骨）似乎没有若何重要。但实际上，这种骨化石实是一种极宝贵的发现。按着发现的地层及寻获的兽类来讲，这种地层已证实为古代第四地质层，按照寻获的人种骨化石的状态论，这类人种是居于比翟人种及内昂达人种中间期的。火迹及制造石器的寻获，是证明这种“北京人”是已具有理智，因为这种“北京人”已具有制造器皿的能力。在另一方面观察，我们既已找到一组“北京人”的遗迹，则极足证明在中国“黄土期”前，就是红土时代，已有人类的生存。这种人类是与欧西瑟肋期人种同时的。这实在是中国洪荒史上极重要之发掘与供献。

这北京人的发现，于我国文化史和史前史也生色不少了。这是北京猿人发现的大概。

至于我国的石器，早年东西学者如洛乌弗尔（Berthold Laufer）、鸟居龙藏皆云没有。洛乌弗尔的《中国古玉考》（*Jade, A Study in Chinese Archaeology and Religion*）曾博引群籍，并证以所见，论断道：

一、凡中国所出石器，率皆磨制，其稍精良者，尤非率尔为之；方之欧、美、埃及、印度有史以前之物，略与新石器相仿佛，若旧石器，中国概未曾见焉。

二、石器散布之地，常有限，亦常甚少，略别二种：一则发见于地上或地面稍下处，亦或在河流中，其制尤粗鲁；一则古墓中物，工作则稍胜。然二者时代之先后，尚难论断。亦或时代相同，而一为日用之需，一为礼器或葬具耳，且比较之者，即地域与人种之差别，亦不能无所权衡焉。

三、所发见者，以钻凿（Chisels），锤斧（Hammershapedaxes）及镬（Mattocks）等为多。

四、中国未有石器堆砌一处，形形色色而出之不尽者，则谓其人必有一时全无金属器物，而惟持石器为生，或谓石工已发达完备足应一地方人民之需者，皆非确论也。自吾人观之，第称为中国之石器时代亦为未当。更从中国之载籍考之，欲遽称为中国人之石器时代，尤未当也。

五、凡所发见之石器，不敢谓其时期必甚久远，即谓为有史以前，亦良未当。盖所谓有史以前者，非漫无限制之辞也，必从各区域比较以求精密之标准。又按古代流传碑碣记录，准其时限，斟酌损益，以示其间之相当时期者也。以玉石为葬，自周至汉，此风甚炽。余所得于陕西者，固出于周，亦有貌若尤古者，不敢谓必出于周以前也。惟察其形制，朴素少华，甚有古风。要之，所谓石器时代者，仅从晚出之物，加以无形之论证，而锻炼成之者，实乃不过吾人论理上至简至纯之臆说，盖理想而非事实也。欲以事实证之，固犹远耳。

案洛氏不信中国有石器时代，尤不信有中国民族的石器时代。氏曾于陕西西安城西古墓地得玉器十五件，又曾得见山东青州所出石器十二件；陕西出的断为周物，山东出的，为青州教会医士库全英（S. Couling）所得，洛氏察之，定为古代夷族所遗，而非中国民族的遗物。又在洛氏之前，外国人在我国寻获石器的如安特孙（John Anderson）及勃朗恩（J. Coggin Brown）等在云南，白勃（E. Colborne Baber）在四川，威利安母（Wrlliams）在蔚州，达维特（Armand David）在蒙古，均有寻获。至是洛氏参考诸家记载，在《中国古玉考》文中断为：

> 往时中国境内，似亦非无用石器者，然与其谓为出于中国人之手，毋宁谓为出于异族人之手之为当也。而此异族人固尝生息长养于中国者，故仅谓为中国之石器犹可，谓为今中国人之石器则不可也。

又日本鸟居龙藏曾著《南满洲古人种考》(*Riuzo Torii: Etudes Archeologiques et Ethnologiques Populations Prehistoriques de la Mandchourie Meridionale*)谓：旅顺，朝阳，铁岭等处均出石斧(Haches)，普兰店，熊岳城出石枪头(Lances)，辽东及辽河出石镞(Pointes de fleshes)，又有石刀(Cauteaux)，石钻(Poincons)，石锤(Marteaux)，纲石(Pierres de filets de Peche)，石锯(Racloirs)，卷综石柱(Rondelles en Krerre Fuseau bobine)，石环(Anneaux en kicrre)及石镯(Bracelet en jade)等物；北满洲长春南石碑岭土中有石斧石刀及陶器，长春东兴隆山亦有之，所得与铁岭略同。鸟居氏又著《东蒙古古人种考》(*Etudes Archeologiqueset Ethnologiques*, *Populations Primitives de la Mongolie Orientale*)，谓蒙古满洲朝鲜日本皆无旧石器，东蒙古除玉制剃刀石珠颈环之外，其余皆不及中国玉石器之精妙；但亦有石斧，石剪(Ciseaux)，石刀，石剃刀(Rasoir)，石锯，石锤，石枪头，石镞，石剑(Sabre Percair martiers)诸形。但鸟居氏皆认为东胡种族及通古斯种族的石器，与洛乌弗尔主张相同。

同时德人夏德(Hirth)著《中国古代史》，据《越绝书》风胡子之言，“轩辕神农赫胥之时，以石为兵；黄帝之时，以玉为兵；禹益之时，以铜为兵；当此之时，作铁兵”一语，断为我国确有石器时代。日人林泰辅著《从中[1]国古代底石器玉上看到的汉民族》一文，也以《越绝书》这般话为证明中国的石器时代的存在的材料。吾国刘师培在《国粹学报》刊布《中国古用石器考》一文，搜集《说文解字》,《尔雅·释器》,《礼记·檀弓》,《周礼·考工记》,《左传》,《禹贡》,《国语》,《国策》,《华阳国志》,《晋书》,《唐书》，任昉《述异记》，洪迈《容斋随笔》，王渔洋《池北偶谈》等书所记材料，以为我国先民确有石器时代这一阶段。章炳麟《原变》则谓：

> 阖胡观于鞞琫璗具之用，以知璋之邸射，古之刀也；圭之上锬，古之锬也；大圭杼上而终葵首，古之铁椎也；琮之八隅，古之矛与戟也；及玉不足以刃人，而仅存其瓏珌以为容。观武库之兵，出之典瑞，以为聘祭之币，其无以竞矣。

章氏之论，以后世玉器隐寓军器之形，证明太古确有王兵。维时尚未有石器发现，不足以资证明。

及至最近十余年来，我国新旧石器日有出土，而史实乃昭然可信。先是民国八年春北平地质调查所技师朱庭祜在辽宁、热河采集石器多种。次年刘长山复在河南得石器数百件。安特生（J. G. Andersson）继之，初于河北、河南略有所获，其后经年考古，东自辽宁，中至河南，西及甘肃，均有重要发见，而我国的新旧石器时代的情形渐明。

民国九年安特生在河北、宣化得桂叶形的石剑，万全得击凿而成的燧石器，前者似梭卢川式（Solutrean type），后者似奥林拿西式（Aurignacian type）。安氏初不敢断定，至民

①编者按：原稿此处脱漏一“中”字。今补。

国十四年六月出版的《甘肃考古记》(*Preliminary Report on Archaeological Research in Kansu*)，始明言其属旧石器时代的遗物。又法国传教师桑志华(Emile Licent)于一九一四年在天津创立北疆博物院，经营关于黄河、白河地方的地质学，古生物学，动植物，并土俗学，考古学的研究所，于一九一九以来开始在蒙古东部的赤峰林西附近调查，遂于一九二〇年在甘肃庆阳附近新家口、赵家寨发见旧石器时代[1]遗物。其后在一九二三年桑志华乃与德日进(Pierre Teilhard de Chardin)共同出发鄂尔多斯地方探检，在宁夏县对岸三十哩的地方，北连鄂尔多斯高地，南连甘肃省的谷底黄土层(Loess)中发见多数的遗址。从这遗址采集得人骨化石，及伴同土的羚羊，野牛，鸵鸟卵，毛犀，袋狼等化石及粗大石英岩制石器及纤美的小形的璧玉制石器等。桑志华以为这等粗大石器，可与欧洲的莫斯利特期(Moustierian Ekoch)、奥林拿西期[2](Aurignacian Ekoch)相比，而纤美的则相当于欧洲的麦达□连期(Magdalonian Ekoch)云。又证明鄂尔多斯南部的黄土层，继续延展至蒙古西伯利亚土耳其斯坦，更远至东欧，其中含有的动物化石亦相等云。计其所指出土旧石器的地方，有：

一、甘肃庆阳附近；

二、宁夏南的水东沟；

三、鄂尔多斯东南角萨拉乌苏沟，此址并得单色陶器；

四、榆林南油坊头。

据阿尔纳(T. J. Arne)的《河南石器时代之着色陶器》

---

①编者按：原稿为“旧旧时代”，当以“旧石器时代”为是。今改。

②编者按：原稿为“奥林西拿期”，当以“奥林拿西期”为是。今改。

（*Painted Stone Age Pottery from the Province of Honan, China*）记载道：

一千九百二十三年法国教士桑志华及德日进氏所组织之科学探险队，曾游华北及蒙古等地，二氏于陕西北部之油坊头发见产化石及含旧石器时代器物之地层；并于鄂尔多斯东南隅之斯加拉阿①楼果尔（Sjara-Osso-Gol）及宁夏东部黄土中之粘土层，检出旧石器时代之器物多件。并有废物堆及燃余灰烬，计仅一处所得，共有石器四百公斤，率为石英岩及砂化页岩所制。常有大者，其刮磨器及穿孔器等，则属莫斯利特式。化石有马，犀牛，鬣狗，鸵鸟及数种家畜之骨。在斯加拉阿棱果尔河成层之最下部（约深六十公尺之处），见有旧石器时代之遗物多种。此层与黄土中之粘土层相当。器物之形式，与宁夏无甚差异，亦以石英及石英岩为之。大抵出自含泥层中之罅隙，或得含有化石之沙砾层中。化石为犀，象，羚羊，卷角羚羊，水鹿，野牛，鬣狗，野豕，骆驼，鸵鸟之属。在油坊头仅获旧石器时代之器物数种（石英岩所制之刮磨器等），及犀，野牛，鸵鸟之化石。尚有于他处，亦有相似之器物。且地面更有新石器时代之燧石器及石斧等。此等研究，非常重要。但德桑二氏所公布者，仅一简单之论著耳。

其后安特生于《甘肃考古记》说道：

当一九二三年之夏法国博物学者德日进氏及桑志华氏于鄂尔多斯发现旧石器时代之器物与多数洪积统之哺乳类化石同产于情形明了之地层中，此又不啻为吾人考证华北

①编者按：原稿此处脱漏一“阿”字。今补。

人类遗迹之新发轫点也。此种重要之发现，二氏虽仅将其大略公布于世，然已足为吾参考之左证。

石器之为石英岩及他种岩石所制者，多为尖锐器物（为穿孔之用），刮磨器物（刮磨石器之用）及扁杏状武器（为防御及猎兽之用）。据二氏所述，当系莫斯利特式或早期之奥林拿西式（Moustierian or early Aurignacian type）。

与石器同得之物，为哺乳类及鸟类之化石，前者如犀、象、马、骆驼、野牛、水鹿、羚羊、鬣狗及獾之属，后者则仅有鸵鸟一种。

遗物之一部，似自黄土下层理分明之岩石中所得，其一部分则来自黄土层之本身。

与石器同伴之生物群，类皆洪积纪之亡种。故诸器物为旧石器时代所遗，却无疑义也。就德桑二氏简短之报告，此次所获，大都得自黄土下之河成层，或黄土之本身之底部。则由黄土层中之地位，证明此等器物之邃古，固不待言矣。

但其关系，尚不止此。盖由此可知黄土层[①]停积之后，华北地质史上，饱经繁复之变迁。即近期猛烈之垂直侵蚀是也。惜学者尚少注意及此。德桑二氏于鄂尔多斯地质之论文中，载有位于黄土上之沙砾阶段，视为黄土发生以后重要侵蚀之证。……

据以上诸事实推之，旧石器时代之人类，与毛犀古象及古鸵鸟同居于鄂尔多斯。其后华北地文上发生二次重大之变迁，一则为黄土停积之最盛期，一则为直垂侵蚀之

①编者按：原稿为“可黄知土层”，当以“可知黄土层”为是。今改。

分割期。终至沟渠纵横，峡谷交错，而演成现代残破之遗痕。

据此，则这回发现的旧石器的年代，以类似欧洲旧石器，及观其所在地层证之，约距今五万年前。其后民国十四年夏，美国中亚探险队（Central Asiatic Expedtion）主任安竹恩式（R. C. Andrean）组织第三次探险队，加入奈尔逊氏（Dr. N. Nelson），在外蒙古阿罗淖尔（Qrok nor）得有重要发现。据安竹恩的《蒙古探险记》（Explorations in Mongolia）一文谓，除现今蒙古人外约分五期：

第一期，始有石器时代　在阿罗淖尔有岩石碎片数千，年岁甚古，间有似人工琢磨而成的，当属原始石器，然或因风化剥削而成，或系骆驼足力所致，亦未可定。

第二期，前旧石器时代　这地又得少数石器，与德桑二氏河套发见的相类似，亦颇似莫斯利特式及奥林拿西式。惟仅有零星小件，且或因风化而成，亦未可知。

第三期，新旧石器过渡时代　在阿尔泰山东支脉之北的“沙布克系统”（Shabarakh formation）发现，石器形式与下第四期相似。然没有磨光的，亦无枪头，箭镞及陶器。有锤石，薄石片及尖锐器，刮磨器。又有恐龙卵及鸵鸟卵壳制的盘珠及介壳制的饰物，时代约与阿什灵期（Azalian　欧洲旧石器时代的末期）相当。

第四期，新石器时代　承前期而来，其发见地层或在前期上，或与前期混合。然石器中有略磨光的，故属新石器初期。有石枪头，有镞。又有灰色绛色的手制陶器，花纹为线纹或几何图形。这期与上期所得甚富。奈尔逊名它叫做“沙布克文化”（Shabarakh Culture），名这时期的人

> 叫做“沙丘的居民”（Dune Dwellere），谓其范围甚广，历时约有数千岁。
>
> 第五期，金属器时代　在外蒙古中部及他处，每有聚石成堡形的，盖系葬地，石面顶端间，有人兽形的图画，兽形中有骆驼羚羊牡鹿牛马及山羊绵羊等。观其牵马之象，知这时的人已有畜养之事。人形中作弯弓射箭之状的。又发坟墓多处，有阔头人的遗骸。一墓中，除骨殖外，有弓箭鞍轿等物，殆为殉葬之具。箭镞中有铁制的，盖为今日蒙古人的先驱，大约距今二千余岁云。

据此，除第四、第五两期文化不计外，确有旧石器时代的发现。“九一八”事变后，日本强占我东北四省，彼邦以暴力主持发掘事业，由化石哺乳动物研究专家永德重康博士担任团长，组织满蒙学术研究调查团先发队，在哈尔滨市郊外顾乡屯发见与动物遗骸化石及石器骨角器多量，在民国廿二年发表一文（Tokunaga, Sand Waora, Fossil Manimals and Human Artifacts, Excavated Near Harbin）断谓北满确有旧石器时代遗迹，其遗物已开始依据学术的发掘得有确证云。同时裴文中在周口店山顶洞发见旧石器时代后期人类遗骸遗物遗迹，裴文中在《周口店洞穴层采掘记》详记道：

> 山顶洞是民国十九年春季发见的，洞口北向，当时我们就由洞内采了许多化石，由化石看来，好像没有含猿人化石的地层古远；后来因为山顶洞的石灰石墙及洞顶，都有些破碎，难于保存，我们即将洞墙和洞顶移去，只剩下洞内含化石的石和土。……
>
> 山顶洞未开发之先，我们已看出有一层薄的黑土，中有碎木炭，在我们想来，也许有人类寄居过。这种人类，

大概比中国猿人晚，我们从书本上得来，中国猿人之后，即是旧石器的后期，欧洲的考古学者分了许多文化期。据说：在未必有一公尺厚的薄层中，即可有不同的文化。我们这开掘工作，若稍微大意一点，恐怕把这文化的层次都马虎过去。我决定，开掘时，以一平方公尺为一方，以半公尺为一层，每个技工管辖两公尺宽的地方……

技工们因二十一年训练，他们工作时，并不感觉什么困难。只是我们忙了一些，不像二十一年时，可以偷闲了。

二十二年春季，我们得了许多人的零碎东西——单个的牙齿，牙根很短，完全与猿人不同，破碎的头骨很薄，也与猿人头骨大别。所有的化石，与含猿人层中所得者完全不同。最要紧的没有肿骨鹿，没有中国鬣狗。因此我们断定山顶洞是旧石器后期人类寄居之地。

我们并发见了人类的腿骨和脚骨。……

二十二年七月八日，是我们发见骨针的日子；十五日是我们发见带孔的狐犬齿的日子。

当我们发见骨针之后，我很怕山顶洞也许属于新石器时代，因为这个骨针与安特生在辽宁锦西县沙锅屯所发见的仰韶时期（新石器时代末期）的骨针太相像了。大小一样，粗细相同，而破的地方也一样，同是[①]由针眼的地方破了。但是又接连发见了带孔的鹿犬齿，方使我们怀疑去了一半；因为带孔的鹿犬齿，常在欧洲的旧石器时代的地层内发见。……

秋季工作开始，工作方法，稍微变一点，即每一个技

①编者按：原稿为“时”，当以“是”为是。今改。

工，只开掘四平方公尺的地方，每人管一个区域，除去有整的骨架的时候，不许越界。在山顶洞中，我们时时发见整齐骨骼，有时一个全付的骨架常连在一起。……我们曾连续发现了四个人的头骨，和一部体骨。

十一月二日我见一个人的头骨稍微压扁一些。这是老年人的头骨，牙齿多已脱落（大概是死后脱落的）。次日又找见一个人的头骨，比第一个好一点，虽稍压破一些，但大形尚未改变。……但是那两个头骨，除第一个人头的太阳穴地方，稍有一些红色以外，并没有什么“葬的遗迹”可寻。……九日又发见一个，这第三个一点也没有压坏，下颚骨尚与上颚骨相接，并有大腿骨肩胛骨等，最初我以为是整齐骨架了，但是只有一部分，各部并不连接，尚说不定是否同一个人。……

除了人骨外，在山顶洞中我们也发见了许多考古学上的材料。考古学上最多的材料是带孔的牙，有多少，我已记不清了，总有七八十个罢！……此外尚有带孔的圆石和海蚶壳，并有鱼骨和蚌壳等。这许多考古学上的材料，都足以证明，这山顶洞的人类属于旧石器时代后期。

再者我们开掘山顶洞之时，时常找见赤铁矿矿石，这赤铁矿矿石，是很好的染红色的材料，磨之成末为红色，用它在硬的东西上一画，也可以成一个红道。在欧洲旧石器时代的洞穴中，所有的壁画等，多用这种材料染红色。这种东西，周口店附近并没有，据我们现在所知，最近的出产地，大约是察省宣化县附近的龙关县。山顶洞住的人类，从这么远的地方运来，或交换来，他们一定有用途。用途是什么？当然以用在艺术上最可能。然而也可以是葬时涂身，或葬时撒在尸旁。但是就大体看来，我们并没有看出很清楚的墓葬，至少是虽有墓葬也为后来的人(亦为旧石器时代之人)或兽给损毁了，因之我们不能不注意山顶洞中人类的艺术作品。我于是许下了愿，向技工人说，如果找见艺术作品，包括壁画，洞画，骨角画及雕刻物品；我请他们吃一个全猪。吃全猪的希望，至开掘的终止，总没有达到。

裴氏又断定谓：

山顶洞的开掘，是我们二十二年的主要工作。由开掘的结果，完全证明山顶洞为另外一种较新的人类所居住，与中国猿人毫无关系。我们研究的结果，节要如下：

(甲)山顶洞中所居住的人类，与现代亚洲人种相同，为真正人类，似为亚洲旧石器时代后期所居住之土著人种。

(乙)由地质学的原理看来，山顶洞的含化石沉积，堆在周口店含猿人化石沉积之上，中间隔离很长的时间，不能为后者最后最上的一部分。更由洞顶的崩碎，石钟乳的存在，证明山顶洞之堆积时期，距现代已甚遥远。

(丙)由山顶洞所产动物化石看，多与我国北部黄土期的化石相同，并有许多种为现在中国北部所无，只产于南部动物之化石。由此可知，山顶洞堆积时期的动物群，与现代之动物群已大有变迁。

(丁)山顶洞中所发现之骨针、孔牙、石器等，与我国北部之新石器时代之器物，颇不相同。且所用石器尚多，无磨光石器及陶片发见，故山顶洞之时期，实非新石器时代，当为旧石器时代后期。

据此，是周口店山顶洞有旧石器发现是无可疑了。

这是现时我国旧石器被发现的一斑。

至论到我国旧石器时期年代的考定，颇为困难。日本松村瞭博士曾据古生物学家H. F. Osborn及人类学家A. Keith所推算的年数，制作欧洲旧石器时代绝对年代简表，发表于《岩波讲座地质学生物学》中，兹转录于下，以便学者自行比较研究。

Time Scale B. C.	Cultural Periods	
	Osborn1923	**Keith1931**
	Iron	Iron
5000	Bronze	Bronze
10000	Nevlithic	Nevlithic Azilian
15000	Azilian Magdalenian	Magdalenian Solutrean
20000		Aurignacian
30000	Solutrean?	
40000		Mousterian
50000	Aurignacian	
100000		Acheulean
150000		Chellean
200000	Mousterian	Early Chellean
300000		Pre-chellean Pliocene
400000	Acheulean	
600000	Chellean	
700000	Pre-chellean	
1000000	Pliocene	

至于新石器的发现，范围较广，出土较多。其最初用科学方法发掘，而最信赖者，实惟安特生所揅掘的辽宁锦西县沙锅屯及河南渑池县仰韶村两史前遗址。安特生《奉天锦西县沙锅屯洞穴[1]层》（*The Cave Deposit at Sha Kuo T'un in Fengtien*）记载道：

余于民国十年夏赴奉天锦西县一带调查煤矿，于六月十日由京奉路支线至锦西县沙锅屯站。……吾人所发现之第一石穴，位于沙锅屯东南，距车站一千二百公尺，……此址显系新石器时代遗迹。……石洞在沙锅屯流域之南部一沟中，……洞顶穹曲颇整齐，当以人力为之。穴土中层屡见灰岩碎块，或系洞中之火力，石裂而堕落者。如图中U字处有碎罐一，显系堕压者。洞中沙土率无层理，每以焦炭渣滓之散布，土变灰色，第三第五两层即以此色为别。第三层土于图剖面1见之，位于第二层（巨骨层）之上。第五层土厚二十公分至四十公分。最多为沙石土，杂以石灰岩细块，堆积洞口者尤大。或当时欲垫平洞底之斜坡，由外运石以实之，故有此情形。……

洞之上层犹是细沙土，惟参杂焦炭及人类遗物。第三层第五层及第二层外部，焦炭益多，致沙土几全为黑色。第二层内部焦炭较少，第一层则极稀。

沙锅屯洞人所用之燧石，约可分为两大类：一为石灰岩内之黑色矽石，此类矽石散布颇广，质密致与燧石同，多裂面锤击不易。所得七种石器中，其二为矽石作者；其他即今所谓锦州石，乃火山熔岩中之石髓。余在沙锅屯曾

---

①编者按：原稿为“洞屯”，当以“洞穴”为是。今改。

于邵集屯车站附近之孟家啊发现之。火山熔岩中气泡即含有此。粒大者不过三至四公分。色较他石器为蓝。丁文江先生及李君捷亦曾于锦西县北百里之处得较大石髓结核，每具层理。石髓在有史之初，即用制石镞。周武王时肃慎氏成朝，贡石矢，当即此也。如章演群先生《石雅》中所述，自殷周以至于唐，东北肃慎靺鞨贡矢之事，史不绝书，虽不能证明其确为石髓所制，又要之所谓黑水靺鞨者当在黑龙江左近，东北夷狄之族，在中国有史以后，尚沿用石器者盖可信也。

至其出土遗物，该报告下文各有分论，大略言之，可分为：

石器：石斧四个，尚完整。燧石镞。石环多扁平。石扣甚多，形如圆珠，孔自两端钻起，成大钝角。石珠为大横圆式，细长式，小横式三种。石圆板。大理石兽形物等。

骨器：骨针，针孔甚细，缝纴所用，有一插入空骨中以为保护的。骨锥为麋鹿足骨制，亦有用猪骨制的，骨制凿刀，骨镞等。

陶器：粗陶器有席印纹、绳印纹、刻纹各种。中有鬲、碗、盆罐等碎片。并有陶环大小不等多种。彩陶五块，与仰韶略同。

遗骨：有人骨及兽骨。人骨虽无全副，但可知为四十二体男女老少不等的骨骸，头骨多破碎，有一部分被烧过，并搀入他骨，腿骨每似生时折断。

其可注意之点有五：

一、为当时手艺已甚精巧；

二、石扣既皆极小，则彼时人民所制的布线，必极工细，始能适用；

三、细长式石珠，据孟德鲁斯氏所著《罗马时代以前之意大利历史》所假定，为新石器时代之末与铜器时代之初所用；

四、兽形刻物，有孔穿过全身，足证其为坠物；

五、骨骸皆散乱无序。

而第五点尤为重要，故安氏结论谓：

吾人设想古代建此址之原意，可别之为三：（一）或为葬地；（二）或为食人民族之穴居；（三）或为用人作享之祭地。第一设想不能成立，盖骨骸零散，不若出诸坟墓之整齐。又每有烧印，似系人为，而非野兽啮啮所遗。各骨折处尚遗肉痕，显系人生时即被折断者。

若谓该时民族尚未开化而有食人肉的风俗，依据所得结果，尚不能加以可否。然未折之腿骨颇夥，如系食人民族，宁有不其取髓即弃之者。又凡食人者皆以人肉为希有之珍，亦未有兽骨转少于人骨者。此址所见，适反于此。故此亦未[①]为确当。（又使此址四十二具骨骸，经战乱同时死难，则骨亦不致零散至此。）视其零星散乱之迹，当阅年集积而成。故余以为此地为祭址，用人作享之外，或兼有食人肉之习俗，如是则人骨所以多于兽骨，庶得解矣。

即器用察之，亦可参证。所有器用可略[②]分为三类：（一）关于服饰者，有石扣二十四，石珠大小不等，兽形石坠一，石环多种。（二）关于用器者，钻一，石乳一二，石镞三四，小石刀四，他种石器十，外尚有陶器片。（三）

---

①编者按：原稿此处脱漏一“未”字。今补。

②编者按：原稿为“路”，当以“略”为是。今改。

关于祭祀者，多数贝环，除九种较为完全，见第七版图外，尚有破碎者，二百零三，石环无数，石刀四。余以此为祭祀之用者，盖贝环脆薄，不适佩带，而多至如此，则不能不疑与作俑同一用意。今以纸箔代制钱，纸元宝代金钱，则古以贝环代较贵重之石环亦宜也。石环原系佩服者，此址仅见之，或亦偶以享神者耳。又此址石刀皆小而宽。在河南所得，虽亦有此式，然率粗大，可实用。故余疑此等细小者，只作祭祀用，又中国祭祀石刀，已属久远，此址当时或已有之。故暂假定此址为祭祀而设。

又谓：

此址所得，如石斧磋磨之精良，陶器形色之美备，与工艺之细致，皆足以知为新石器较晚的时期。

更进而研究之，即当与他址作一比较，与鸟居龙藏氏在南满及东蒙所得相同者，只有锤击作成之石镞。鸟居氏谓石髓质之石镞，经锤击作成者属蒙古式；其为页岩制而磋磨平滑者为满洲式，然余以为所用石质不同，则制法自异。吾人在河南所得石镞皆页岩制而经磋磨者，则经锤击而成。盖一部落之民族，僻处一隅，只依左近岩石发达其工业。河南与奉天有同式之石镞，或有接触之迹，然余以为鸟居氏满洲式及蒙古式之别，乃非民族之不同，实由石质之不一也。除石镞外，与鸟居氏所得相同者颇少。彼曾论及陶器，然书中陶器图说既少，论述亦不精详。吾人陶器中常见者，如鬲足等，或鸟居氏亦曾得之，然无由识其梗概，为可憾耳。如以吾人在河南与奉天沙锅屯所得者比较之，有相似之四点如下：

（一）沙锅屯穴中所得之碗形器，质细，色暗，表面磨砺甚精，光泽滑腻如皮革。此等陶片在河南常见之。

（二）二址均有鬲足，已如上文所述。然不足以断为同时，或同一文化。盖后世有历史时期尚沿用鬲器也。

（三）奉天穴中常见之海产贝环，在河南亦发见之，同质同形，亦细脆易裂。

（四）奉天穴中极下层所含之陶片，面皆平滑，红地异花。河南亦有之。且为最有研究价值者。

依上述诸点，尤以末二点为最要。予意以为此二址不特同时，复为同一之民族文化所遗。即予所谓仰韶古代文化者是。其有如此不同者，为多数碗形器及刻纹花样。二址距离既远，民族离居，各自发展势或有之。

又奉天遗穴或较河南为晚，似河南之器物几经转徙，始至天津，而仍不稍变者。此[1]与鸟居氏在东蒙发见后汉钱与石镞同出一地之事同。然予以为复色之陶器，有史时代中从未发见，故以当属远古或初有历史时代之人迹。

研究结果，认为是新石器时代遗址。

其次关于河南渑池县仰韶村遗址的发掘，安特生于《中华远古之文化》（*An Early Chinese Culture*）记载道：

吾人于河南考古之发端，……盖自采集员刘长山由河南某村带回石器数百件后，余即预料此村左近当有石器时代遗址。……遂于十年孟夏实行前往。其地即仰韶村，在陇海铁路渑池县车站北十五里。渑池县城坐于一小河流域之北，河两岸平坦，作东西行。地势由县城向北渐高，略似平原。北至廿里许始遇山岭，山为寒武纪或寒武纪以前

①编者按：原稿为“比”，当以“此”为是。今改。

之岩石所成，地层倾向东西，仰韶村即位于东南之高原。高原为第三纪红土及第四纪黄土所成，被河渠冲刷，沟壕累累。深有三十至五十公尺者。十年四月二十一日，予由渑池县向仰韶村北行，在此村南约二十里处过一深沟（其两旁土壁矗立，一如山峡，盖此为是地之普通景象），过此沟之北，道旁沟壁地层剖面显露如下：第三纪红土在下层，覆其上而不整合者有土如灰，颇富陶器碎片。初见之，余即以为太古遗址，可得石器者。余即在该灰土层底详细采掘，数分钟后，果得一小块陶器，红色黑花，磋磨光平。彼时余于美国学者本柏里氏（Puns Pelly）在中亚细亚安诺（Anan）地方所采集红色及黑色之细陶器尚未有所闻知，尤不知欧洲新石器时代及新石器时代后期之复色陶器，故予当时以为此优秀器皿绝非远古石器时代之遗物，遂亦未甚措意。后二日……吾人始知此址面积甚广阔，遗留器物甚多，破碎陶器尤夥，其中多有磨光而带彩色者。

至是年秋季，……采掘共一月余，自十月[①]二十七日起至十二月一日止。……

仰韶村遗迹甚广，其面积自村南端起，南行至东沟西沟接近处，南北为九百六十公尺，东西为四百八十公尺。北部少有采获，南部于每公尺中，必有灰土层厚一至五公尺不等，平均约三公尺。……今就河南仰韶村言之，按之所含诸器仅一短期，如前述之长九百六十公尺，宽四百八十公尺，平均三公尺计之，则可知在石器古人时代其地当为一大村落无疑矣。

---

①编者按：原稿为“日”，当以“月”为是。今改。

……仰韶遗址尚有一事当叙述者，如第五图所示道旁土壁所露之剖面是。底部为红土层，其上部为文化纪之灰土。此二土层接触处，灰土层每作袋状，包于红土上部，形如长筒，而上下直径不一，计其直径一.九至二.八公尺，深〇.五至一.五公尺。此种袋形层中，未曾发现骨骸，故不能为坟墓。又中皆实以此址各处寻常所见之灰土，而所藏陶器及他器物又复极为破碎。推究其成因，在未经灰土湮没之前形状颇似地穴，或即古时石器时代人民所居之地穴。在欧洲石器时代同期之遗址数处，亦有同式圆屋，或亦仰韶袋形土层之原意欤。但仍有不可解者，盖据所有器物观之，仰韶古纪人民之文化，已灿然大备。所用器具繁多，兼亦有粗重者，而谓其犹蛰居此窄小之洞穴茅屋者，殆未合也。

……盖吾人初次调查，偏重于地形及地层方面，希望将来得便关于袋形层处，再为详查，或可多得新证也。

至其出土遗物，安氏又记载云：

兹就仰韶遗址所采器物之形状，叙述如下：

石斧极多，形式大小不一。无孔，其用法盖置柄于孔，柄或为木制，或为骨制。……更有石凿，及如凿刀之石斧如近世之锛者。小者手持之，作修琢之用。大者置柄中，作斧用。

据石器之大者观之，如耨，如锄，可知在该石器时代亦已有农业矣。更有石或泥烧制之圆锭，作纺织上合线底坠之用，纺织材料，当出于植物，可知当时亦已有种植矣。又如陶器上之印文，有绳印有布印者，其绳印显系苎麻所编之绳，亦可见其时已种苎麻。

长方石刀碎片甚多，中有一完整者。只具一孔，此为区域内所特见者。

少数石杵，作磨捣之用。

扁平石环，与奉天石穴所得者相类。此外尚有剖面作三角形之瑗，或系作镯用者。

页岩所制之石镞颇常见，形亦不一。此处更有骨制，甚有以贝壳制者，形式多奇异，俟后详细研究，对于当时文化，当有所贡献，又一泥器形式特别。据师丹斯基①博士意以为矢人作护指之用者（如中国班指）。

此外更有尖削之器多种，为骨或角所制。有少数精小缝纴之骨针，穿孔之工皆颇精细。余等初得此等针时，以为该石器时代当属较近之时期。后余详查，在欧洲旧石器时代末期，叟鲁垂思（Solutrean）及麦革达连（Magdalenian）二期中已有之矣。

骨制之他器作锥用者外，尚有他种。其功用尚未及细考。

此外可提及者有二斧，为鹿角所制。与丹麦弃秦密顿（The Kitchen Middens）遗址所得者颇相似。

惟仰韶遗址所得诸器中，最显著者确为陶器，破碎块片数既众多，散布复广，惟完全者极稀。自骨董家眼光观之殊少意味。但据所得碎片，加之科学研究，足使吾人知仰韶远古时②代文化之阶级。但余研究陶器今始着手，兹不过简略述之而已。

---

①编者按：原稿为“斯丹斯基”，当以“师丹斯基”为是。今改。

②编者按：原稿此处脱漏一“时”字。今补。

因便利起见，将陶器暂分二类分论之：

一、粗陶器，灰色上有印纹或刻纹，多系手制，工亦粗糙。但亦有经“陶人之磨轮”推圆者，薄而小，手工精细。手制之陶器，其制法多先由布或麻绳作模形，外敷以泥，然后烧之。故各器每有此印纹。有刻纹者，或使印纹不甚明显，然印纹究系烧陶时所印无疑。

二、此类较前者精致。色多红，因烧时火力养化所致。其上每有黑色，或间有白色花样者。面皆磋磨光平。至于器上之花样，于篇尾当详述之。

其后阿尔纳（T. J. Arne　或译作阿恩）著《河南石器时代之着色陶器》，于仰韶村不招寨，秦王寨，池沟寨等处出土陶器的陶质，火候，形式，彩色与纹饰，均有详细论述。且与外国史前陶器相比较，而论定其年代，略云：

仰韶村与秦王寨之着色陶器，因陶质精美，得与西亚及东南欧同代所出者颉颃。若论陶器之薄，仅苏萨（Susa）第一，差可比拟。且亦惟苏萨及河南陶器，于最早时代，采用陶钧法。亚诺虽于第二文化期，不无已有陶钧踪迹，但其实至第三文化期始盛行耳。中国陶窑之火候，大致不如斯本里池（Schipenitz）者之高。盖其内部，常有灰色结核。若在斯本里池则烘烧极透，击之成声。

河南陶器，含铁成分极高（养化铁多至百分之二十）。若烘烧佳良，表面俱匀静美红色。世罕其匹。若与此相仲伯者，当推亚诺第二文化期之陶器。亦具美丽暗红色，但稍笼黑雾。

若论陶器之形式，河南之小钵，多与亚诺第一及苏萨第一相似。而梨形陶器则同东南欧。

> 至河南之花纹，见者莫不回忆卑路芝斯坦（Baluchistan）、阿簿雪伦（Abu Shabraion）及亚诺第一之陶器。而与苏萨第一第二相似甚多。尤与帖钵模襄（Tepc mussian）极酷类。盖后者陶器，乃合苏萨第一第二，兼而有之。具凹边之三角花纹各顶点引伸成弧者，在河南及域莱茵（Ukraine）之陶器中犹为习见。但于二区域之间则甚少。
>
> 就用陶钧与花纹言，中国陶器与苏萨第一及第二互有关系。尤以苏萨第二为然。若据花纹与彩色而论，又与亚诺第一及第二衔接。但不信河南之陶器，与亚诺第三之单色陶器，为陶钧所制者相近。
>
> 故欲定河南遗墟之时代，当视苏萨亚诺第一二期，及古域莱茵与底撒黎（Thessally）之铜器时代为断。予虽未涉其详，但世之学者率愿置此等文化时期于纪元前二千五百年已往，殆甚近于纪元前约三千年者。则河南陶器亦当属于同时耳。

据此，故仰韶遗址的时代，咸认为新石器时代末期无疑。惟尚有一问题，仰韶文化为中国的，抑为夷狄的；为自创的，抑为外来的，安氏《中华远古文化》解答道：

> 自仰韶器物形状观之，则全似为汉族遗迹。推想此址历史，当系一生聚已繁之村落，农业亦已甚发展者。所有兽骨尽属豕类，亦有以猪骨作镰刀环玦者。仍以猪肉为食品大宗，而蒙古人则未尝有此。
>
> ……余个人意见，则以为仰韶文化之人种当为现代汉族之远祖，或与汉族极近之一民族。（又中国民族已属支派复杂，汉族之名实亦不能尽表之。）换言之，据已发现

之各器观之，余以为仰韶遗址，实为未有文字记载以前汉族文化所遗留也。

至仰韶文化与古代外国文化之关系，安氏则以为欲完全解决此问题，为日尚远。而以拉克伯里倡中国文化西源之说，殊无科学根据，为不足信云。

其后安特生博士一九二一年至一九二四年于我国北部各省作了不少考古的工作，发现了不少的古代文化遗址，尤以在甘肃一带为最多。自是石器时代文化的材料出土渐富，而研究渐易明白。安氏《甘肃考古记》记载道：

> 此次甘肃考古，为期二年（一九二三至一九二四）。足迹所涉，几及甘省大半。所得结果，颇出意料所及。盖不仅器物丰盈之仰韶纪遗址，为吾人所获，而多数前古未闻之重要葬地，亦竟发现，其中完整之彩色陶瓮多件，类皆精美绝伦，可为欧亚新石器时代末叶陶器之冠。
>
> 除于仰韶文化更为阐明者外，又得一遗址于齐家坪，此中绝无彩色陶器之迹，但美丽之单色压花陶器，极为特别，余观此等遗物，似较仰韶者为早。……仰韶时代以后又有数文化时期，渐有紫铜及青铜之器物，并可以陶器种类之异同，以为之别。就中以辛店期及沙井期似最重要。
>
> 甘肃考古之结果，共得远古文化时期有六，虽各期先后不能完全无疑，其绝对年代，尤只能知其概略。

又云：

> 所谓住址者，乃古代村落之遗址，常例除陶器之破片或他[1]遗物之存在外，在地面全无何等标识可见。遗址

---

①编者按：原稿为“物”，当以“他”为是。今改。

地基，亦无踪迹可寻。想系此等古族极喜奠居于黄土之中。以其性松易掘，而其后随即消灭也。窑基古址，在贵德县之罗汉堂，发见一处。想为制陶器之用，但亦属仰韶纪。……

此等村落遗址，所见陶器之残破状况，若与葬地[1]遗址中完整之陶瓮相较，则其差别，大可明了。余之所谓葬地者，盖须以采掘所得者为衡。尤须明了此中并无何种石质之装置，亦无何种棺椁之痕迹。但仅有一人体之遗骸，外附殉葬之陶瓮，一枚或数枚，石器骨器数枚，而年代较晚，文化较高者，则稍附有金属器皿若干耳。

葬地情形，大致相同。死者仰卧地中，头均北向。有时身体亦有俯卧者。亦有头向西或他方者。最奇者，莫若宁定县半山附近仰韶纪之葬地二处，其中人体蜷伏，向左侧卧。其他与例不符者，尚有辛店之葬地遗址。其中人骸作仰卧姿势，但不成水平，自头至足，约成二十度至廿七度之角度。吾人由此地形观察所得，分遗址为下列五项：

（一）青海沿岸遗址；

（二）河谷遗址；

（三）四时定葬地之遗址；

（四）半山区葬地之遗址；

（五）镇番西部沙漠中之遗址。

至其出土文化遗品，则又分期记载谓：

齐家期　此期为多数小件物所代表，例如洮沙县新店丙址之所获，及宁定县齐家坪遗址巨大之文化层。所谓齐

①编者按：原稿此处脱漏一“地”字。今补。

家期者，即从该地名得名。但齐家期之遗址均为村落古址。至葬地遗址，则尚未见焉。

此期所产石器，大致与仰韶期者相同，内中多研磨之石斧及石镰等，亦有各式尖锐之骨器。

齐家期之陶器，金属单色，可别为以下三大类：

（一）灰色陶质上缀席纹或压成蓝纹之陶器，其表面与河南仰韶遗址中之数种陶器相似。

（二）灰色陶质之陶器，大部与前类相似，但领及耳则满缀压成之美丽花纹，有时器之多部，亦复如是。此种压花陶器，与出自西伯利亚及北欧所谓之康式陶器（Kamm-keramit　即一种陶器，其花纹颇似以梳齿[①]所压而成多数行列之点）关系极为切近，以其花纹制作酷似故也。

（三）形色秀丽之薄肉瓶，系浅色黄质之陶质，此器领部颇高，表面光滑，有大耳二，……此种类似安佛拉（Amphora）之薄肉高领瓶，为吾人采掘所得者，其数较少，但大件之标本，均系购买而得。

仰韶期　甘肃所见仰韶期之古址，为数极夥，其中村落遗址及葬地遗址，吾人均有发现。

甘肃仰韶古址之石骨各器，就[②]全体而论，与河南者相似，但细察之则微有不同。最明显者，如河南常见之矢镞，其为骨贝及板岩制之品，则甘肃极为稀少。

河南稀见之饰珠，在甘肃则甚夥，据此及其他情形，

---

①编者按：原稿为“疏齿”，当以“梳齿”为是。今改。

②编者按：原稿为“而”，当以“就”为是。今改。

觉甘肃之仰韶与奉天沙锅屯仰韶之关系，当较河南者为近。

最近引人注意者，莫如仰韶期之墓地中，发现曾经琢磨之玉片及玉瑗数件，其形质吾人常认为来自新疆和阗者也。

解说者谓甘肃石铜器时代过渡之民族，与新疆似有贸易上之连络，但就吾人所知，仰韶之民族，缺乏金属，则彼等竟能制作脆薄如瑗，坚韧如玉之器物，宁不足怪耶。

甘肃之古址中，有小族器物，为河南从来未见及者。如多数之骨刀，其上切口，为薄片之燧石镶嵌而成。

甘肃仰韶期之陶器，其与河南异者，为单色之粗陶器，极为不丰富，而陶鬲陶鼎之属，则几付阙如，但无论如何，此种陶器，实非常之稀少也。

至村落遗址之彩色陶器，则与河南者之关系，极为密切，虽其陶质之色，较模范址仰韶村所出暗红之陶片稍淡，但其上之花纹，实为相同之图案也。如河南之陶碗等，即可为例。惟甘肃家用之陶器，其内部，则另有彩纹之特点。

吾人于仰韶村之葬地遗址中，见殉葬之器，颇不丰饶，而甘肃之墓地则异是。其中大件之殉葬陶器，类皆辉煌华丽，确可为石铜器时代过渡期中，陶器之艺术，放一异彩也。至其表面之花纹，种类非常繁复，吾人附图所示，仅其中选出之一部耳。但图案繁重之中，有一种花纹，与吾人常见不爽者，乃一红色条纹，红纹与三黑纹之间，各留一缝，不施彩绘，并自黑纹之里边，向中心红带，伸出若干如锯齿之纹……然此种图案，凡同期之殉葬陶瓮，几于无器无之，但同期之家用陶器则无踪迹可寻，是以吾人视为与葬礼有关之“丧纹”，固实有理之依据也。

在殉葬诸器物中，尚有数址（如西宁县朱家寨之遗址等）之小件，吾人当于此特为表出者，即长方形之小骨板是也。……著者因思及上刻之纹，或即一种原始之文字，否则为一种抽象之意义，盖均与死者有多少之关系也。

马厂期　此期之存在，多由吾人购买所得之陶瓮而知。

其为吾人发掘之墓地，计有二处，在碾伯县马厂沿之第四址，吾人因得略知与陶瓮相偕之其他陶器，而马厂期者，即由此得名。此期村落遗址之器物，至今尚无所获。

新店期　一九二四年多事之时，为洮沙县新店之奇异发现，即一富厚之葬地（名曰新店甲址）中藏殉葬之陶器，绝不与以上各期所得者相类。其后更于新店南十二里之会嘴地方，获一完好之村落古址。而吾人夏季之光阴，全耗于采集此期器物之中。是以甘肃远古各期，当以新店期为吾人知之最稔。

至于石骨各器，除牛马胛骨所制之鹤嘴锄外，其余均为他期广布之品，故不多赘。

新店期遗址，所获之铜器，极为稀少，就中有形似刀剑之品。陶器则不类仰韶者有葬地与住地之别，其来自村落遗址之陶器破片，与来自葬地遗址之图案，并无显然差异之处。

此期陶质则较疏松，若与仰韶及马厂二期所出致密之陶质相较，当然大有逊色。且新店期陶瓮之底，自下视之多作凹形，故与早期平底之陶器较之，相异之处颇为明了也。……

至彩绘之花纹，多为横行之黑色条纹及细狭之波纹。此外并有颠倒列置之三角纹，其间致成之字之缝。

又有一种花纹，其上为一横线，下垂二相反之弧线，略与兀字相彷佛。……此种陶器尚有一种令人注意之花纹，于新店较大之陶瓮上最为普遍，即连续之回纹（Meander）是也。在中国早时之古铜器，于兽形花纹之中，常实以类似回纹之图案。此种雷纹，非吾人所谓之真正回纹，大都为成双之方角螺旋纹所组合。雷纹之种类最繁，而中国铜器上之花式，亦以此为最多。……

此等陶器之装饰，除大要之图案，为吾人已经说明外，尚有小件花纹杂置其间，即与N字相似之图形是也。又有小动物之图形，如犬及羊者，点缀重要花纹之间。有一得自新店之陶器，上见马形之纹，更有得自新店期另一址之陶器，其领部发现人形之纹，至其上绘有鸟纹与车形之图案者，尚不多觏。

寺洼期　此期包含两种古址，若细考之则时代微有不同。

寺洼期之模范址，在狄道县之寺洼山。附近仰韶期之村落古址，有一葬地，其中马鞍口之单色大陶瓮及足部肥大之陶鬲，最为特色。此外于同一之葬地中，又获铜器若干件，因是为甘肃文化较晚之期，可断言也。

西宁县属之下窑及下西河，吾人[①]采获数单色陶器及多数之铜器小件于葬地之中，陶器之形式与寺洼山者不同，是合并此处器物，暂为一族。

沙井期　吾人于镇番县之附近，寻获古址多处，为沙

①编者按：原稿为“下西吾人河”，当以“下西河，吾人”为是。

丘所没[①]。古址之中，葬地住处均有发现，后者四侧，围以土壁。盖地势坦平之中，自当藉此以为屏障也。

此等古址中之各种器物，颇相类似，故确可视为一期所出。著者因名曰沙井期，盖从距镇番西三十里模范址之名。

至葬地遗址及村落遗址之中，吾人采集铜器之小件无数，内有带翼之铜镞，乃精工之作。识是之故，著者因视与沙井相同之文化，当为甘肃各期之最晚者。葬地古址之中，陶铜器外，尚有多数之贝货及绿松石饰珠等，陶器则质较粗，其形颇杂。器之大半均无彩文，否则器之一部，另加红色之衣。更有少数陶器，上绘精致彩文，其主要者，为直立之三角形及有鸟形之横带纹。此等彩色[②]陶器，显与[③]苏萨陶器之有鸟形花纹者极为相似。……但沙井期之文化似又较苏萨期者为晚。

似此，甘肃各地，发见彩色陶器极多，足为研究的出发点。巴尔姆格伦（Nils Palmgren）的《半山及马厂随葬陶器》（*Kansu Mortuary Urns of the Pan Shan and Ma Chang Groups*）说道：

从陶器之形式及其耳环之位置，可将半山陶器分为数类，更以此与马厂陶器互相比较，即可见后者大部脱胎于前者而更加以逐渐演化。因此可知马厂时略晚于半山。由马厂期而至辛店期则其递嬗关系稍欠明晰，其间或尚有若

---

①编者按：原稿为“设”，当以“没”为是。今改。

②编者按：原稿为“色彩”，当以“彩色”为是。今改。

③编者按：原稿此处脱漏一“与”字。今补。

> 干期之缺失。从陶器之花纹上研究，亦可见半山而马厂逐渐演化。半山陶器几何图案，尚不发达。马厂陶器上已渐显著，卐字形之渐次发展，尤其注意。马厂陶器上又有贝币形之花纹。由马厂而辛店陶器花纹亦略有递嬗之迹。但其中亦非密相连接，因辛店陶器实有多新花样也。陶器之底面有时显刻画之形迹，大致颇为粗简，然非尽无意之作，或系一种简单文字之草创试验。

巴氏所论甚善。安特生于甘肃各地出土文化，所以分为：齐家，仰韶，马厂，辛店，寺洼，沙井六期，虽由石器为别，要亦未始非由各地陶器花纹花样有许多显著不同而暗示出来。至谓其花纹非尽无意之作，疑系一种简单文字的草创试验，近人唐兰已昌言之。我亦颇赞成其说。详见另篇，兹不具论。

阿尔纳的《河南石器时代之着色陶器》亦论述甘肃出土诸器谓：

> 西宁及镇番出幼稚铜器，其文化殆较河南为晚。但又若与远古文化之诸中心，更为接近。河南葬地数处，未见铜器之迹者，亦或偶然之事耳。否则人必设想河南所见，乃文化西迁之第一步。因时尚早，故无铜器，或因与西方之隔离过远，致金属贸易遽尔绝断。更有怀疑者谓河南纯粹石器时代之文化，是否较西亚及东南欧之已用铜器者为早。且此文化是否兴自中国，或其近处。若然，则是否自此向西发展。著者对于后说，实难取信。盖甘肃之著色陶器较河南者数多且繁复。且其花纹与形式，显与西亚愈相符合。更著者，甘肃又有图形安佛拉。其颈长短不一，颈部或腹部上有一耳或二耳。花纹如排成行列之直立三角纹，方形及十字形之钩纹，格纹，及中国式之回纹（但不

连续），及镇番流行之鸟纹绘成横行之带，尤使人回忆苏萨同式之图样。此等不相连续之回纹，帖钵模襄亦有之。与甘肃“安佛拉”相当者，为河南半图形之陶器，此不仅发见于着色石器中，欧洲之石器时代，亦得有之。甘肃之锥状或圆形小铜扣与欧洲石器时代常见之琥珀扣或他扣（有V字形孔）相当。

俟甘肃采集之器物，研究较详，当复回顾河南文化之一日。

结论　若因此而遽论定中华民族西来旧说实为不智之论。而希望将来在从中国东土耳基斯坦，更向东西北三面广事发掘，以期得稳固之基础，以旷观旧大陆主要文化之发展。

至步达生的《甘肃河南晚石器时代及甘肃史前后期之人类头骨与现代华北及其他人种之比较》（*A Study of Kansu and Honan Aeneolithic Skulls and Specimens from Later Kansu Prehistoric Sites in Comparison with North China and Other Recent Crania*）一报告书，谓：

本处亦当述及安特生博士所分之甘肃河南之史前各时期。兹据其报告并附以所得标本可识别之性别，且足供本书研究之成年头骨的数字，列表如下：

红铜器时代及铜器时代

（五）寺洼时期（甘肃）——男性四具及女性四具

（四）辛店时期（甘肃）——男性十具及女性两具

晚石器时代

（三）马厂时期（甘肃）——男性三具

（二）仰韶时期（甘肃）——男性二十七具及女性十具

（河南）——男性六具及女性四具

新石器时代末期

（一）齐家时期（甘肃）——未采得遗骸

本书所谓晚石器时代系之头骨或一部头骨，共有三十六具。成年男性者从三个地方采得，能代表晚石器时代的两个文化时期。又有成年的女性头骨，由两个地方采得，只能代表晚石器时代的一个文化时期。本书所谓史前混系，共有六十四具成年男性头骨或头骨之一部，其采集地方皆能代表史前各文化时期，还有二十具成年女性头骨或头骨之一部，由四个地方采来，只能代表三个史前文化期。马厂期及沙井期皆无成年女性头骨。……

由上述河南甘肃史前人种之头骨与现代华北者之比较研究的结果，各系各组的测量研究，及各系各组的头形关系，我们可以没有什么疑虑的说，史前人种的头骨在物理性质方面很明显的代表一种东方派的人种。

因为史前及现代华北人种有许多相同之点，我们可以谓史前人种为中华原始人。

于甘肃遗址文化的年代及种属问题，说得最为明白。

其次为山西西阴村史前遗址之发掘。李济的《西阴村史前的遗存》记载道：

近几年来，瑞典人安特生考古的工作已经证明中国北部无疑的经过了一种新石器时代晚期的文化。西自甘肃东至奉天，他发现了很多这一类或类似这一类文化的遗址。因为这种发现，我们对于研究中国历史上的兴趣就增加了许多。这个问题的性质是极复杂的，也包括着很广的范围。我们若要得一个关于这文化明了的观念，还须多数的细密的研究。这文化的来源以及它与历史期间中国文化的关系，是我们所最要知道的。安特生在他的各种报告中，对于这两点已有相当的讨论。他所设的解释，好多还没有切实的证据。这种证据的需要他自己也认得很清楚。所以若是要得关于这两点肯定的答覆，我们只有把中国境内史前的遗址完全考察一次。不作这种功夫，这问题是解决不了的。自然因此发生的问题不只这两个；其余的也是同等的重要，具同样的兴趣。我们现在的需要，不是那贯串一切无味的发挥；我们的急需，是要把这问题的各方面，面面都作一个专题的研究。

这个小小的怀抱，就是我们挖掘那夏县西阴村史前遗迹的动机。在民国十五年三月二十四日那一天，当着我们第一次往山西南部考古的时候，我们发现了这个遗址，按袁复礼先生的测量，这个遗址的区域极广，我们的目的既是在最详细的研究，所以我们动手挖掘的时候，就没有想把这遗址完全掘开，我们把我们的精力集中在一段很小的面积，这遗址俗名叫做灰土岭，大部分现在都化为耕地，……挖掘时间由十月十五日起，直至十二月初，中间因为下雨了停五天的工。

至其储积的遗存品，则谓：

就灰土岭所占的面积说，我们虽说是知道它一定是一个古村落的遗址；……破碎的陶片差不多把灰土岭塞满了。挖出来的有好几片，都是极碎的，整个的陶器，一个也没有。陶器的质料极不一样，从一种极粗，极厚，灰色，不带彩，手作的片子，到一种极细，极薄，蛋白，带色彩，轮作的，及这两种中间各种阶级，我们都找着了。看这陶片种种的不同，我们可以想像那时陶人争胜斗奇的功夫。我们不能按着它们的形状及用处分类，因为太碎了，但是，我们还可以按着它们的窑法类别它们。

除了陶片，我们发现了不少的零块的石头；其中也有少数的整个的石器。兽骨，尤其是猪头骨，木炭烧过的土块，琉璃，贝壳片，陶环，石环，陶球，石球，以及各种骨器也找着不少。间或我们也找些破碎的人骨。全副人骨我们也找着一副，是少年的；但是没有找着他的头骨和颈椎。……沿着其余的骨殖有好些黑的碎发。头发的存在可以证明这头骨一定是有的；或者它仍埋在所挖的地点以西，南边离这人骨不远有一块球形的赭色赤石；但是骨殖上并没有赭红颜料，除此以外，我们没有在这骨殖左右找出来可以使我们推想那埋葬风俗的东西。陶片在这地方的是尤其细碎。骨殖以上，有好多土块；以下就是净土。这一部份的泥沙层似乎是经过骚扰的。

各种物件在各层保存的情形是不一样的。虽说是我们只找着破碎的陶片，那破碎的程度在各方却[1]不同。在灰层的陶片，外部都有一层石灰。有的土层，各种遗存，杂土杂皿杂泥，形成极硬的块头。披拣这种块头是很难的工作；但是在沙土层及一部份的灰土层，披拣却是极容易。

有些[2]东西是后来的侵入。起点下第二层及第三层之间，在那第三层的南部，有一块黄土与周围的土色全不一样。在这黄土堆中，上下公分内，有两块金属的破片：铁

①编者按：原稿为“确”，当以“却”为是。今改。

②编者按：原稿为“此”，当以“些”为是。今改。

一块，铅一块。又有一处后来侵入在深坑的下部；第三“方”及第四“方”的里面我们找着一个耗子洞。从这洞里耙出了好些谷糠。因为我们披拣得极细，记载极详，这种后来的侵入并不扰乱这层次问题。在考论这灰土的年岁，这层后来的侵入倒可以给我们一点间接的帮助；因为至少我们可以说：灰土中没有金属的物品，不是偶然的一件事。

……我们最有趣的一个发现，是一个半割的，丝似的半个茧壳。用显微镜考察，这茧壳已经腐坏了一半，但是仍旧发光，那割的部份是平直。清华学校生物学教授刘崇乐先生替我看过好几次，他说，他虽不敢断定这就是蚕茧，然而也没有找出必不是蚕茧的证据。与那西阴村现在所养的蚕茧比较，它比那最小的还要小一点。这茧埋藏的位置差不多在坑的底下；它不会是后来的侵入，因为那一方的土色没有受扰的痕迹；也不会是野虫偶尔吐的，因为它是经过人工的割裂。

当着我最初发见他的时候，我知道这意义很重大，就非常注意这件事。但是我还没找着第二个。……

假如我们根据这个性质未十分定的一个孤证，来断定中国新石器时代蚕业的存在，我们就未免过于“妄”了。但是我们也要知道：这个发现替我们辟了一条关于在中国北部史前研究的新途径。中国有历史就有关于蚕业的记载，它是中国文化的一个指数，较之安特生所说的陶鼎与陶鬲尤为可靠。

故其结论谓：

比较西阴村全体的遗存与安特生所分之六期，那西阴村的遗存是最近于仰韶期。不但带彩的陶器是极相类，别的遗存也是这样。其中却也有分别；有的分别也许是偶尔的。宽边的石环，贝壳的箭头，鹿角斧，陶鼎，陶鬲——这都是在仰韶村找着，在西阴村没有找着的；带穿的石斧，带糟的石锤，燧岩的箭头，绿泥石及贝壳的各种坠子，陀螺，绿松石——这都是在西阴村找着，在仰韶村没找着的。大部份我们可以当着地方化的产品看；但是有三件我们似乎不能如此解释：陶鬲，带糟的石锤与燧石的箭头。安特生说：陶鬲是中国文化的特产；洛佛尔说：带糟的石锤的家在太平洋北岸，至于燧石的箭头，是否中国文化区域内所有的也是一个疑问。

西阴村的遗存，既具有那中国文化的特产，是否因此代表一种不同的文化？据我看，现在我们只能把这问题当一个悬案看待。他们两人所说的话，在事实上虽有根据，却并没有完全成立。这三件东西也许不过是地方文化的产品；那就没有什么严重的意义了。

但是，这文化的时代咧？我没有找着什么新的，比安特生所说更靠得住的证据。没有金属器，没有文字，用陶轮，带彩的陶器，与安诺及苏萨的类似，仍旧是我们考证这文化时代的几个标准。单靠着这些标准，是有好些困难的。这次我研究西阴村各陶片①的结果——尤其是那不带彩的与带彩的关系，可以使我们看出来：这地方陶业的演化自成一个系统。并且那最高境界是别处没有得到的。要与别处的“对照”比较起来，西阴村带彩的陶片并不显著什么抄袭的痕记，换一句话，我们还不

①编者按：原稿为“骨片”，当以“陶片”为是。今改。

能反证“西阴村带彩的陶片原始于西阴村”的这个可能。

又其次则为哈尔滨昂昂溪史前遗址的发掘，梁思永的《昂昂溪史前遗址》记载道：

十九年八月中在地质调查所遇见丁文江先生，他对我谈起调查所德日进先生十三年在热河省林西县城南发现一处新石器时代遗址，希望历史语言研究所派人前往调查。回研究所与傅斯年李济两先生商量，结果由我去走一遭。但是当我预备出发的时候，辽源（即郑家屯）通辽一带发现剧烈的鼠疫，将原定入热河的北路路口阻断。

正在这进退犹豫之际，我接到丁文江先生来信，并附带有德日进由滨江（即哈尔滨）给他的一封信。信中略谓新近有中东铁路俄籍雇员路卡徐金（Lukashkin）在昂昂溪附近地方发现了一处新石器时代的遗址。如林西[①]之行不能实现，可往一观；路卡徐金在相当酬报之下愿充向导，我就乘机要求得傅李二先生的同意，改变了行程，先往昂昂溪，等到昂昂溪工作完毕之后，再决定去不去林西。

计划改定后，研究所请丁文江先生预先同代表路卡徐金的俄籍地质学者阿尼阿特接洽，请路卡徐金向导，并允许在工作完毕之后送他相当的酬金。至于挖掘的工作，路卡徐金只可以帮助，挖掘所得标本，全归研究所。

各事停当，九月十九日由北平出发，先到天津。二十日早助手王文林携带应用仪器用具赶到，适值北宁路上军运吃紧，客运完全停止。在天津耽搁三天，二十三日客运恢复，搭当日午前二时车离天津。沿途在辽宁停留了一

①编者按：原稿为“西林”，当以“林西”为是。今改。

天。二十六日早八时抵滨江。下午三时半在阿尼阿特住所与路卡徐金会面约定出发时间。二十七晚十一时离滨江。二十八早七时半到昂昂溪。是早九时十五分由路卡徐金向导向沙冈中之遗址出发。巡视第一、二、三、四四沙冈，在第三沙冈发见此行所发掘的惟一墓葬。

二十九日赴龙江。正式通知地方当局。

三十日挖出第三沙冈的墓葬。同时以墓葬为中心，向东西南北四方挖掘探坑。

十月一日继续在第三沙冈挖掘探坑。测绘发掘图。在第一沙冈挖掘探坑。

二日巡视镇东镇南沙冈。

三日天气骤寒停工。

其实在我国东北部境内为史前考古的，不始自梁氏，不过在松花江以北，即黑龙江省境内，为有组织的挖掘者，以梁氏这回为始而已。梁氏在该报告中说道：

在东三省考查石器时代遗存最早的人要算日本东京帝国大学的鸟居龙藏①教授。他在一九一五年就发表了一篇关于东三省南半部史前文化的文字，这篇文字是他在辽宁吉林两省考查多年的结果。他虽然发现了许多遗址，收集了许多的标本，陶器，石器，骨器，并且得了许多的结论，但是他的工作，几乎完全是地面上的，所以他的结论，也没有十分深固的根基。他当时考查的范围，只限于辽宁吉林两省，他所发现的遗址，最北的在长春附近，他

---

①编者按：原稿为“乌孙龙藏”，当以“鸟居龙藏”为是。今改。下段人名统改。

考查最详细的地方，是辽东半岛的南端。

鸟居龙藏以后，日本考古学者在东三省工作的人数逐渐增加。但是他们大部份的力量依然用在辽东半岛。最近貔子窝发掘的报告的印刷是他们最惹人注意的成绩——在沿海岸的一个介壳堆里，他们挖出一种与仰韶不同的带彩陶器。

在日本人还没有发现貔子窝的带彩陶器之前，地质调查所安特生已在沙锅屯挖掘，结果将仰韶文化的带彩陶器的分布推入辽宁省境内。

但是梁氏这回挖掘出来的遗品不多。据其自称亲手所采集的标本约三百件。路卡徐金的约七百件，一共约一千件。其中石器最多，陶片其次，骨制最少，梁氏记载云：

石器　我们自己的采集里，不算破碎不成的，有一百三十四件石器。路卡徐金的采集里有三百七十二件。路卡徐金的石器种类，比较我们多。……墓葬中挖出的殉葬石器有：磨光的玄武石锛一件，绿燧石沿边精琢的桃形小石片一件，玛瑙沿尖精琢小钻刮器一件（？），石打尖钻一件，净白石髓小石核一件，红白色石髓屑皮六件。共十二件。

骨器　骨制器物，虽比较木制器物稍为耐久一点，但是也经不得风雨长久的侵蚀。所以偶然的地面采集就是腐烂的骨器都不能多得。这次我们在一个墓葬里挖出在沙里保存着的十三件骨器，不能不认为极可宝贵的发现。……这些骨器与黄河流域各省和东三省（已发现的）新石器时代的骨器完全不同。除了任何时期任何地方都有的骨锥之外，只有刀梗一种拜喀尔湖沿岸与甘肃有同样的发现。至于枪头和镖，虽然拜喀尔湖岸的新石器时代遗址里也曾发现过，但都是两边带倒钩的。如果，往远处——如欧洲新石器时代的骨枪，镖等——找比较的材料，又似乎没有甚么根据。较近的堪察加和阿留西安群岛的史前骨枪，镖，又与我们的大不相同。

角器　兽角尖头一段做成的磨擦具一个。

陶器　这遗址里出土的陶器和陶片很少；完整的陶器只有两件：一件在我们的采集里，一件是在路卡徐金的采集里，破碎的陶片也不出二百块。……关于这遗址的陶片，虽然所得的数量很小，我们可以指出以下几种特点：

（一）全部手做。分段叠筑的方法最普遍。

（二）除了少数的几片以外，全部棕色。有少数几片似乎带有色衣。又另有少数的几片外面曾经磨光。

（三）料质有粗细两种，细料里所渗合的强煅料几乎没有例外的是介壳末；粗料里所渗合的强煅料也几乎没有例外的是砂粒。细料的陶片烘烤得较软，粗料的陶片烘烤得较硬。

（四）边口没有十分复杂的样式，除了几片属于头圈的陶器和两个近球形罐的边口外，都是稍向外张直边片。所有的底片，都是平底的底片——内中也有微凹的几片。没有柄把一类的附件。有流。完全的陶器只有一个近球形罐和一个带流的碗。

（五）装饰照例成带，都在器物的上半部份。只有低凸与刻划两种方法；低凸又分黏合和捏起两种。带刻划装饰的陶片（质多软细）比较带低凸装饰的陶片（质多粗硬）少。刻划的花纹有：简单的平行线，错对的三角，平行相间的直线和点线，指甲痕。低凸的花纹有：简单的平行条，链索条，绳形条，直线段条，斜截段条，指甲截段条。花纹完全是直线的。

（六）陶器的大小无从确定。陶片的厚度大部份在四—七公分之间，偶然有比七公分厚的也非常少见。

又云：

在第一和第三沙冈的黑沙层挖得蛙、鱼、鸟、猪、鹿、兔和狗七种动物的碎骨，内中和人骨同出的，有从我们发现的墓葬里挖出来两块鹿腿骨和几块鸟骨。鹿骨和鸟骨都在人架的脚端，和殉葬器物夹杂在一处。鹿腿骨的两端都有锯切的痕迹——还是锯切生骨的痕迹。这些就是埋葬时的祭肉的残余。

故其结论谓：

昂昂溪沙冈的墓葬所代表的文化已实行比较繁重并且多少已有定格的葬礼。两座墓葬里各出一个近球形和一个带流的陶罐绝不是偶然的事。根据殉葬器物可以推定：我们挖的是一座男子的墓——出枪镖刀等打猎用的兵器，路卡徐金发现的是一座女子的墓——出精琢器，削刮器，饰珠等。但是后者有石镞而前者没有的原因，我们还不能确定。

根据地质学者的观察，昂昂溪一带的沙冈是从前大湖边的堆积。而我们所发现的又是一种水边文化的遗存。这遗存里的兵器，大部份是专为打水兽用的猎器。所以在用这种猎器的人的墓葬里发现用鹿肉做祭品，使我们感觉到特别的兴趣。因为这情形我们联想起楚克次科律雅克以及其他猎水兽畜鹿的极东西伯利亚民族。

我们在墓葬里没有挖得一件幺石器，所以这遗址的幺石器和骨器的关系，还不能十分确定。但是我们在墓葬里挖出来的骨刀梗——和在拜喀尔湖，欧洲所发现的带沟嵌幺石器的骨梗，完全是一类的器物——除了嵌置幺石器别无用处，而且这些沙冈的黑沙层又是单纯的堆积。因此我以为我们可以将这些幺石器和骨器归入一个文化期。如此我们不但将幺石器和磨光的石器同时的关系弄清楚，并且将这幺石器所代表的文化的内容加丰富。

在路卡徐金所发现的墓葬里所得的石珠的原料都不是本地的岩石。这表示这文化和外界已有相当的接触。

以幺石器与遗址沙冈的环境为标准，昂昂溪的新石器文化不过是蒙古热河的新石器文化的东枝而已。

然按之实际，在我国东北方的考古，对于新石器的发现，不止沙锅屯昂昂溪两地，据八木奘三郎《满洲考古学》里《南满洲的古迹与遗物》一文所载，在长春辽阳间，经八木氏所发现的：

（一）石牌岭　有打制石斧五，磨制石斧二，磨制石镞二，磨制小砥石形一。陶器片若干。

（二）铁岭城外帽儿山及龙首山　有打制石镞，打制磨制二种石斧，磨制环石，石庖丁，纺锤车形石器，绪締形稍长的有孔石器，小刀样有孔石刀，有孔札石形。陶器片若干。

（三）浑河河畔，渤海城址　有磨制石斧断片，打制石斧五六个。

（四）抚顺的千金寨南麓遗迹　有打制石斧。

（五）抚顺的永安□方面遗迹　有打制石斧，局部磨制石斧，砥石，石镞等。

（六）抚顺的塔湾方面遗迹　有打制石斧，全部磨制石斧，局部磨制石斧，石庖丁，陶器片。

（七）辽阳南门城及东京城古址丘上　有磨制石斧，磨制石镞，陶器细片。

鸟居龙藏氏则先后往我国东北调查古迹八次，除在海城与岫岩间析木城附近姑嫂石一地发现“多尔门”（Dolman）即巨石文化（Megalithic Culture）谓与欧洲新石器时代所盛行者相同外，其他如门希尔（Menhin），斯涵沙克尔（Stonerirele），斯通亨基（Stonehenge），丢密拉斯（Tumulne）等巨石遗址，Megalithic Monments亦发现不少。并在齐齐哈尔附近三家子，郑家屯附近鄂博山，凤凰城附近，析木城附近，普兰店附近诸地获有石斧石镞石刀诸物。

其后东亚考古学会成立，自民国十七年（即昭和三年）以来，在我国辽东半岛举行数次大规模的发掘，亦获得史前文化不少。

（一）貔子窝　单砣子岛遗物，石器有石斧，石庖丁，石镞，石凿，石剑，管玉。骨器有牙器，骨器，骨针，贝轮片。陶器有彩色小壶片，鬲片，高环，纺锤车。金属有青铜片。高丽寨台地遗物，除与上述相同者外，并有鹿角，兽骨，鱼骨，铜镞，弩机，铁器铁片，明刀，一刀钱布泉等。

（二）牧羊城　计在牧羊城址出土的遗物，石器有石斧，石庖丁，石制纺锤车，石镞，石锤，铜斧石范，石制管玉。骨器有骨针残片，骨镞，骨制管玉，鹿角加工器，骨制半加工品。铜器有铜镞，带钩，铜扣残片，铜□，铜制弭。铁器有铁斧残片，铁镞，铁斧，铁制刀子残片，铁制刀子。古钱有明刀圆钱，明字刀钱残片，一刀钱，半两五铢，大泉五十，及瓦当残片，玻璃制耳珰，玻璃断片，玉器。土制纺锤车，玻璃制钏残片，长未瓦当残片，乐央半瓦当，双马画象半瓦当等。牧羊城附近古墓所得，有瓦盘，瓦壶，瓦豆及各种贝壳等。

其中虽掺杂汉代文化，但都以史前文化器物为多。

其后我国梁思永氏在热河查不干庙，林西双井，赤峰等处亦获得大批新石器时代遗物。梁氏的《热河查不干庙林西双井赤峰等处所采集之新石器时代石器与陶片》记载道：

> 十九年冬黑龙江工作完毕之后，就转道通辽入热河调查。十月二十一日由通辽启程经过开鲁天山林东林西经棚赤峰围场承德。十一月二十七日回到了北平。在热河境内头尾三十八天，所走的路程在一千里以上……所以地面采集的成绩也很少。一共在五处地方采得遗物：查不干庙、林西、双井、陈家营子、赤峰。内中林西、赤峰二处是鸟居、桑志华二氏先已到过的，其余三处恐怕还是第一次被发现。

其实在热河察哈尔绥远一带新石器文化的发现，为时已久，梁氏报告谓：

> 在热河境内作考古工作的先有日人鸟居龙藏，后有法人桑志华。鸟居龙藏由一九〇六年至一九〇八年三年内入热河三次，前后共居留约二十七月，足迹遍全省，在六十处地方发现了新石器时代的遗物。桑志华由一九一九年起，就在中国北部一带开始他古物采集工作。他入热河的次数很不少，但是每次逗留的时间不十分久，不过也在二十二处地方探得新石器时代的遗物。至于二十二处地方中，有几处是鸟居龙藏先已到过的，因为二人没有发表关于采集地点详细记载的原故，无法确定。不过无论如何

在作者入热河时至少有六十处地方已发现新石器时代的遗物。

不过，梁氏这次所采集，虽在他们之后而收获颇不少。该报告谓：

（一）查不干庙　遗址在天山设治局西北，翁木伦河西岸之查不干山南麓。绵长约一里，东南去翁木伦河之南口约六十五公里。土地新经耕种，表面黑土里暴露的遗物新旧杂陈。可认为新石器时代者有以下数种陶片：（1）素面；（2）闪面；（3）印纹；（4）绘彩；（5）压纹。

（二）林西　遗址在距林西县城约四公里之砂窝中，从林西到赤峰的南北大道正由它的中心穿过。大道西有一座极惹人注目的山名叫锅承山，顶有三尖适如锅承，又如朝天的鬲底，是遗址最好的标帜。遗址所在之砂窝①，土名哈拉海，所占地面略作不规则的方形，东西南北都长约四公里，北边去木石匣河水畔约二公里半，东西南三面为群山所包围，恰倚在切入这些山间的哈拉海沟的北口斜坡上。遗址的地形极其破碎，全面密布砂邱及风掘的坑穴，几乎找不着广袤几十步的土地。……站在较深的风成坑底向周墙看，我们发现砂邱是三层重叠的砂层所构成。最下一层为净黄砂，纵剖面承带，为旧砂面之堆积，厚度在一公尺至二公尺间。上层即为近代之砂邱。中上两层因为随下层之邱面起伏，所以在遗址，各部份所占的高低不一致。据地质学者德日进观察，最下层的净黄砂是更新期蒙古式的堆积。在它上面的中上两层时代当然较晚了。经过

①编者按：原稿为“锅”，当以“窝”为是。今改。

极小心的寻求后，我们可以绝对的肯定遗物的出土只限于中黑砂层，上下两层的黄砂里，是找不着遗物的踪影的。所以我们如果直呼这黑砂层为“新石器层”亦无不可。这新石器层在遗址范围内各处暴露面所表现的，全部只单成一层，没有分层的现象。因此各种遗物，在层内纵的分布并经极精细的发掘分析不能确定。……但是在几处极肤浅的探坑里我们挖得以下的几种遗物：

（1）中孔石锤一件，残缺；磨石碎块二件。第二砂窝砂层最下部出土，发现时原位未动半埋①黑砂中。

（2）龟形石片一件。第八砂窝黑砂层顶上部出土，下离更新期砂面一.〇〇公尺。

（3）大幺石片制凹刮器一件。第四砂窝黑砂层中部出土，下离更新期砂面〇.五〇公尺。

（4）素面灰色陶片一块。第四砂窝黑砂层中部出土，下离更新期砂面〇.五〇公尺。

（5）大石片，石锤，石砧，磨石，碎块等十件。第六砂窝黑砂层下部出土，下离更新期砂面〇.三〇公尺。

以上这十五件实物的出土位置虽然不能替我们解决遗物纵的分布的问题，但是证实了以下几件颇为重要的事实：

（1）制作粗简如龟形石片之石器直到黑砂层堆积将要完结时还在通用。

（2）幺石片与陶片是同时的。

（3）陶器最迟在黑砂层堆积的中期已通用。

---

①编者按：原稿为“动”，当以“埋”为是。今改。

（4）石砧，石碰，磨石等石器在黑砂层堆积的早期已通用。

既不能发掘，只好作地面的采集。在采集开始不久之后，就得到了一种印象，觉得在这许多砂窝里所见的遗物的成份似有显著的分别。……林西的陶片依色料的不同可分为十二类：（一）灰色陶片；（二）蓝灰色陶片；（三）光黑陶片；（四）绿灰色席纹陶片；（五）软黄陶片；（六）红色陶片；（七）粗灰陶片；（八）褐色粗陶片；（九）灰色褐色砂质陶片；（十）黄色砂质陶片；（十一）红色砂质陶片；（十二）礤红陶片。总括以上所述，林西陶器有以下几种特点：

（1）质料有细、粗、砂、礤四种，内中细质者最多，砂质者次之，粗质者又次之，礤质者仅见一片。

（2）颜色（外面）有灰、黑、褐、黄、红五种。以灰色者为最多。

（3）制作大部皆轮制，但偶亦有手制者。

（4）装饰有印纹、凸饰、旋纹、宽压、绳纹、压画、划纹、涂浆、麻面、轧纹十种。内中以印纹为最普通。上述十二类，除第四类外，均有印纹，凸饰次之，炼纹特多；旋纹又次之，其余极少数。

石器　幺石器共一三五件。非幺石器共九四件。石核制器十九件。关于林西石器，……还得举出几点请读者注意：

（1）制作方法，几乎完全限于打、琢、捶三种，磨是例外。所以形式极进化的磨制石斧之出现是可留心的。

（2）粗琢技术不发达。琢痕浅狭，并且只限于器物的边缘部份。大概是退化的现象。

（3）用料以脱剥片为最多。除捶制各器外，差不多没有真正完成的核制器。

（4）幺石片有大小两种。幺石器工业的表示专门化。

（5）雕刻具之多，并有专门化的样式。

（6）捶制磨研器之特多。

假若我们大胆的根据这些地面采集的实物进一步作点概括的推论，我们可以说林西遗址是一个有固定居住的人民的残迹。那里出土的大量的陶片同笨重的石器都可以证明这一点。笨重石器里占最大多数的手磨盘，磨棒同几件石杵，石犁铲，显示这些人不但有固定的住处，并且依赖农产品维持生活。其余如幺石雕刻具，也许是现在已完全毁灭了的木工业，骨工业的遗留，暗示打猎采樵等补助的活动。在艺术方面他们留下了饰纹颇复杂的印纹陶器。此外绳纹，宽压纹，带拔的陶器，月牙长方刀，带柄脚的石器（斧铲等等）大概是由南边输入的外货。

（三）双井与陈家营子　双井遗址南约三里，北去林西约五十余里，正在好软沟流进西辽河入口的西岸。这里沟深约三〇—四〇公尺，两岸陡立，在西岸黄土中部的斜坡上有一带宽约三—四公尺断面的黑砂层。石器陶片等遗物，就是这层中出土的，数量不多，只收得陶片六件，残石三件。……由双井遗址循西辽河北岸，西行约二十里到陈家营子（在西辽河南岸，百叉沟入口处，属经棚县治）。在这二十多里地内第一河台上几乎随地都可以看见陶片同碎石块，台北山坡的黄土里常遇着暴露的黑砂层。在陈家营子对面的台面上拾得陶片两块，它们质料纯净，没有粗砂粒，制作不能确定。陶肉外面一半砖红色，内面一半黑色（一片杂有黄斑）。表里两面都磨光，里面尤亮，同双井划纹陶片的里面磨光相像。这种陶片很像没有绘彩的仰韶陶片。

（四）赤峰　遗址在城北（隔英金河，在北岸），城东（在英金河南岸）的砂窝中，面积很大，南北宽约二三里，东西绵长约四五里，正夹在赤峰县城同红山嘴（乌兰哈达）间。遗物都出土于更新期黄土上的黑砂层。黑砂层之上有的地方还在移动的现代砂丘。城北砂窝中的地面遗物比起城东的较多，但是城东出了几件颇有意思的石器。

赤峰北砂窝中出土遗物，陶片，除去少数褐色（三片），黄色（一片）的以外，都是灰色的。石器很少，只得四件。赤峰东砂窝中出土遗物，陶片十三件，石器只得七件。赤峰遗址地面上所见的遗物，比较林西虽然少得多，但是所包含的文化内容与时期却较为复杂。尤可注意的是仰韶式的彩陶，鬲足与磨背贝。

梁氏因为这回发掘工作很少，十九是采集来的，故不下结论，惟附记谓：

热河同东三省新石器时代遗物的分布，我们知道得比较详细一点。大致可以分为两大区域：西辽河以北之热河同松花江以北之东三省为一区，打制石器及印纹（至少在热河）陶器；辽东流域（广义的）为一区，磨制石器。这两大文化区域早已一同发现在老哈河流域，但是他们的时代的关系始终还没有弄清楚。至于这两个文化系统的相对的时代关系须待至发现他们同“长城以南”的彩陶文化和绳纹陶文化的地层关系然后能够确定。长城南北几个新石器时代晚期的文化系统的相对的时代关系确定之后，我们才能脚踏实地的去做对比上古史与考古学发现的工作。所以这几个文化系统的遗物在地下层次的关系是长城以北的新石器时代的发现已暗示解决地层问题的方向。绳纹陶器彩色陶器之出现于热河南部与辽宁南部极明白的暗示给我们解决地层问题的地方。在这“沿边文化接触区域”作发掘工作，就有解决(至少一部份)问题的机会。

梁氏所说，最为平允，若鸟居龙藏江上波夫诸人之论，则未免流于武断。鸟居龙藏在《有史以前之日本》一书中，曾经论及关于我国东北各地的新石器时代，谓：

蒙古有史以前的遗物，与满洲出土者不同，惟蒙古以内至老哈河止之间，与满洲相似。同时东蒙古以迄老哈河亦与满洲相似。换言之：满洲有史以前的遗迹，可说是及于老哈河为止，蒙古自身之遗迹，遗物，与蒙古西部更而及于西方，则非常之似。此处不出磨制石镞，石庖丁，石剑；而出土的打制石□，石皮剥，石剃刀等非常之多，而陶器的□样又不同。

江上波夫、水野清一合著《内蒙古长城地带》一书，其第一编论蒙古细石器文化，则谓：

蒙古的细石器文化，为弘布于旧大陆的细石器的技法的特征之新石器文化圈的东方的延长，亦即细石器文化总连环中最东的一环。从此而东而南，离开兴安岭阴山山脉则这种细石器的技巧不见。

又一方若根据伴同细石器出土的石皿，石棒以为分别，则这文化系统当从中亚向西南亚细亚北西非利加以至中欧扩延。若持栉目文陶器而言，则其文化系统又当往西伯利亚以至北欧，其脉络可寻。

又谓：

> 蒙古的细石器文化，得名为细石器文化的蒙古样相，或新石器文化的蒙古样相。又从替代彩文陶器，栉目文陶器一点而言，可名为北方的细石器文化。无论如何与西伯利亚的新石器文化样相一致。……要之，西伯利亚蒙古一带为北方的细石器[①]文化与以黄河流域为中心的南满，朝鲜扩延至日本的磨石器为二大系统里得认为极东的新石器时代。

只可惜梁氏的“沿边文化”发掘计划，因九一八事变中绝。而追随日本军队之后，除了政治经济等团体外，还有所谓学术团体。这些学术团体最先入热河工作的要算早稻田大学教授德永重康所领导的第一次满蒙学术调查研究团。该团在二十二年七月二十三日由东京出发，八月五日经北票入热河，十月十二日返回日本。调查范围在北票，朝阳，凌源，承德，兴隆，赤峰一带。考古工作，由八幡一郎担任。所作的似乎仍然是地面采集工作，所以关于新石器时代的几个大结论都是前人说过多次的。又日本考古学重镇，京都大学教授滨田耕作领导一个考古团体，二十四年六月里在赤峰附近发掘了三个星期，滨田这次发掘的发现，或者能够解决几个关于“长城以北”的新石器时代文化的基本问题。

据八幡一郎的《朝阳附近之新石器时代遗迹》记载谓：

> 朝阳为发源于凌源南方山地的大凌河的流域，大凌河从其源地向东北方向流去，自朝阳的东北北票附近，折而东南，于锦县北部注于渤海。

---

①编者按：原稿此处脱漏一“器”字。今补。

这流域的地方，拥有标高五百米内外的丘陵地带，带圆形[1]的山地，刻划其间的溪谷有浅有广，厚者有一米内外的黄土掩之。现在全由汉人之手，辟作耕地。以前这一带，森林繁茂，今日山之高地，犹有森林残存。而满蒙学术调查研究团即在这地采集。

其采获遗物，计：

（一）朝阳县梢赔营子遗迹　在朝阳府南约四千米，沿大凌河的部落，名叫梢赔营子。在其背后一带，是标高二百米的丘陵地，其面临河部分，有新石器时代的遗迹。在其竖穴居址，获有三种陶器，关于第一种，第二种，第三种相互的系统乃至年代的关系，仓卒难定。兹只考出：第一种该当于中国北部与及满蒙新石器时代陶器，第三种当为周汉以降已发达之窑器，前者太古，后者太新。第二种为中国北部所已发见之彩色陶器的系统，与第一种同时或稍后可以测定。但如朝阳去中国北部黄河支流已远之土地，其三者关系应就个别立场有一应考查之必要。三种陶器相互之间有若干型式的关连既如上述，换言之如次：第一种认为素纹陶器者，有轻微研磨之迹，系受第二种技术的影响。尤特殊的在第一种可说是特有的，鬲的脚部破片之一，其陶质与第二种全然一致。其次第三种中，有绳纹及并行线纹。与第一种的关系甚可考虑。他方面其口缘部，有研磨之迹，所以推测为第二种技术之借用，而第三种中，灰色系统者，绳纹甚少，加之形态一段的端整，足示属于与第一种及第二种全异的范畴。

---

①编者按：原稿为“圆味”，当以“圆形”为是。今改。

所以得解释为：梢胋营子初行第一种，渐而参加第二种，同时第三种褐色系统发达之后，乃有第三种灰色系统。

石器：硅质砂岩制石槌一个，石英粗面岩制扁平有肩石斧片二个，石锤一个，粗面安山岩质打制石器二个。

（二）朝阳县二旗营子遗迹　朝阳府的东北三四千米的地方，丘陵的南缓轻倾斜面有一遗迹。这地当二旗营子的西北〇.五千尺，故名二旗营子遗迹。从这里所发见的遗物，殆与梢胋营子同样，获有三种陶器。……从而二旗营子的陶器，骤看之，殆与梢胋营子含有同一种类，但其实不得不说是稍呈异样。具体的解作：第一种比梢胋营子为后起，与第二种并行，第三种则继续之。

石器：白色石灰石岩制圆盘一个，粗面岩制扁平石器二个，粘板岩制及流纹岩制扁平石器各一个，流纹岩质磨制石斧一个等。

（三）朝阳附近其他的遗迹　朝阳府的西方约七千米为罗家沟，北方约一千米为蒙克章营子，东方约十八千米为塔子山，西方约二十千米为戛岔，于此等处均得有断片的先史时代遗物。

罗家沟得有第一种及第二种陶器，第三种若干碎片。扁平有孔磨制石斧一点，又得与梢胋营子及二旗营子所得同样的粗面岩板打制而砥磨的一片。

蒙克章营子有极少量的第一种及第二种陶片，稍多量的第三种陶片。石灰岩制石庖丁（？）破片，片麻岩制磨制石斧（？）破片各一点。

塔子山上得有第一种鬲脚一，绳纹破片一，见于第一种也见于第三种的绳纹面中而水平并行线纹破片一。

戛岔仅得第一种有绳纹陶器一片，第二种略得一二。

此外在凌源西方约三千米的十里堡及十五里堡得有第一种背刻沟纹的半环状把手，此外纯然为第三种陶器居多量。

在北票西南约二千米的宋家营子，初得有四个鬲脚，而第一种陶器也采集若干。绳纹的比素纹[①]的为多。第二种及第三种亦得若干。石器得有粗面岩制扁平有肩石斧一个，打制扁平石器二个。在小凌河流域，天津桑志华牧师所报告朝阳县南松树咀子（Song Chou Tchoei Ze）的遗物。这遗址在朝阳东南四十千米小凌河左岸的低台地，杂出新石器时代，金石并用时代，历史时代的遗物。松树咀子的东南十五千米，即安特生博士所调查的著名锦西县沙锅屯的洞窟遗迹。根据博士的报告书，其地所出遗物与朝阳附近者相比，彼分沙锅屯陶器三大类：

（一）粗质陶器——灰褐、褐、赤褐色，大形、厚手、绳纹，并条线纹。

（二）精质陶器——鲜赤褐色、小形、薄手、单色陶器。

（三）精质陶器——赤褐色、小形、薄手、墨彩文。

其中（一）即为本文第一种，（二）（三）相当于本文第二种。

八幡一郎的结语讲：

安特生博士以在沙锅屯洞窟所发见的文物与中国北部河南省仰韶出土品相似，所以两者一括呼为仰韶文化期。

①编者按：原稿为“文”，当以“纹”为是。今改。

今以相似而论，朝阳附近的第一种及第二种陶器及若干石器，得认为在仰韶之间。概括地言，朝阳附近亦含在仰韶文化扩展的范围之内。……但沙锅屯缺去第三种陶器，即见做这个发现以前的遗迹。然在朝阳附近三者混然存在，又据遗迹可以研究相互的影响。尤特殊梢胋营子的第三种中褐色系统者，得被认定为与第一种的过渡的乃至中间的型式。

其次石器只少少地与第一种及第二种相伴出土，而与第三种的关系不明白。罗家沟蒙克章营子宋家营子等地则不但第三种丰富，而第一种少量，以至最后期又因精美的石器出土，可以判明第一种的终止期及第三种的普及期初头。特殊地从此等遗迹出土有与中国北部相反的石器为最感兴味。更而青铜器在松树咀子有显著的一群，北票附近出土有秦式铜盘等。从此可以考察青铜器传播时期。

又据滨田耕作的《赤峰附近发见的完形彩文陶器》一文谓：

在昭和十年（一九三五）六月东亚考古学会调查队在热河赤峰的东郊红山遗迹发掘中，不图经同行者岛村孝三郎之手，获有多量的彩文陶器破片，明为在同地存在，而其手法与南满洲貔子窝等出土者相异，却与安特生氏甘肃河南奉天等地所发现者酷似。这彩陶文化的分布及东渐的状态，愈得详知，非常可喜。尤其是这地的彩文陶器早在一九二五年天津桑志华牧师踏查之际，仅采集一片。（见《人类学杂志》四六编三号）然我则获多量，且变化非常之富。关于此等的详细报告目下起草中，预定在昭和十二年中出版。然我最近在赤峰红山东南三（日本）里许之地得有出土的四个完全彩文陶器，敢以此为新资料而介绍于学界。

（一）第一器厚手长颈壶　有涡纹，安特生氏发见的甘肃陶器等，或可认为其祖形。

（二）第二器浅坯形　近两边缘处各穿一小孔。

（三）第三器低高坯形　与甘肃马厂期的高坯形陶器，其形甚殊。

（四）第四器钵形　甚不规则。

故其结论谓：

以上关于余在赤峰附近，新发见的四个彩文陶器的纪载已完，至以此等诸器与奉天河南甘肃等地安特生氏发见的彩文陶器作比较研究等，可与我们于红山发见诸例试探其关连，从而可达其整理记载的完成期。今者试就程序加以若干预察的感想，新发见诸器与同形之器，例如长颈壶，高坯，则于红山未得知，但其纹样的各要素，两者殆皆有共通之处。惟长颈壶有三角卷纹为其特征耳。故此两地发见的彩文陶器，可以想见其全属于同一文化及系同一民族所制作。其发见地的接近，就此一点言，谁人都赞同的。

今以此等赤峰发见的彩文陶器与安特生氏发见的物品相较，只有少数的破片，不得详知其器形及纹样性质，殊以为憾。只得认为最接近于奉天锦西县沙锅屯者，所以与甘肃河南等发见品相似之处，其间有若干距离存在，其事恰如发见地地理上大距离存在成正比例。即于其色彩，于其纹样，两者共存有西方的趣味，这一点严密地说，不得云同一。抑有进者，彩文陶器，自安特生氏于一九二一年在中国注意以来，已于山西省夏县西阴村（一九二六年李济氏），万泉县（一九三一年北京师范大学等），河南省安阳县殷墟（一九二八年李济氏），浚县大赉店（刘曜）等地知其存在。惟我们聊就其手法不同的彩文陶器在南满洲貔子窝等发见者，如前所述。加之于最近发行的《田野考古报告》第一册所见，梁思永氏数年前在赤峰东北更数十里的查不干庙发见一片的彩陶片，为仰韶系统抑或貔子窝系统都不甚相像云。而以这地为中国彩陶分布的最北地点云。

如此在中国今日所见，彩陶文化，西从甘肃地方向山西方面，南至河南，东至满洲各地，即北方赤峰，查不干庙的边境，广布非常，便可知了。此等诸地方的中间，今日于其Blank土地，当然不得不可以之连络，所以此等只有将来继续出现者不远。而此等各地的发见品，从各地方示有若干地方色彩，固不外是单一文化的变化分派。我们今日更就西方文化东渐（勿论一方，东方文化亦有西流）于新石器时代进入金石并用期之际，认得如斯显著的存在。更有这文化于西方扩至南俄，巴尔干半岛，南方至印度北部。东西文化的交涉历史如何之古，如何之广，不得不惊为意味如何深长之事。又古代希腊的秀美彩绘陶器（Painted Vase）毕竟是这陶器文化的系统所引延者，不特如此，即日本所谓弥生式陶器者，从其性质器形观之，不能说是失去彩文的彩文陶器的末流吗？不必作如此空漠的想像论。今者得新自赤峰附近发见的完成陶器，于东方彩陶文化研究上，可说是提供最紧要的资料于我们了。

可是这回日本东亚考古学会赤峰调查队不止在红山麓发掘约一个月便算完事，还有所谓豫察队，在赤峰的西方进行。据赤堀英三三上次男合著《大庙》一文记载谓：

这数日的旅行，其目的之一为调查结合出土多量彩文陶器及其他遗物的赤峰及发见细石等物的多伦，这两地沿东西线而流的英金河流域。

用马车由赤峰出发，初一日泊初头朗，翌日到着大庙，发见遗迹，第三日在大庙塔子山最初达到目的，第四日在元宝山，第五日在鸡冠子山，继续发见各种遗物，收豫想以上的成功。第七日返赤峰。

大庙系西去赤峰凡六十米的地点，这里在从西向东流的英金河的北侧，有四五十户的民家，即更从西北流入挟一支流而成一部落。中央有朽败的喇嘛庙，其后方山上有真白塔高高耸立。水系截断周围的玄武岩台地为三，东北为元宝山，西为塔子山，南为鸡冠子山，西北及北面山麓大概为黄色土砂所覆的缓斜面，但东及南面多断裂，露出覆以砾岩的凝灰岩的地层的地点。考古学的□品，即在这三块山坡望着部落的斜面或台地上。热河省考古学的探检，早时有鸟居龙藏博士，桑志华牧师，近则有八幡一郎等，但大庙则常在探检家路□之外，为考古学之处女地。……

（一）元宝山侧的遗迹　A地点出土细石器如石镞、尖石、石刃、石匙、石核等，大形石器有作锄状者。……要之：细石器遗物，蒙古高原到处看见。为游牧的石器时代文化所产，从现在齐齐哈尔，郑家屯，赤峰结成一线的西方各地发见其遗迹。盖在蒙古高原的细石器文化更向西方西南亚细亚，或与北部欧罗巴有连络，或可考为欧罗巴编年上中石器文化形体的残存。最可注意者，以兴安岭为中心的这种遗迹从来有森林农耕的大形石器伴出的混在状态。本地点出土大形锄状石器，即其一例。

B地点出土二个磨制石斧，两者形式不同，一为石质安山岩，厚手中位长形，刃部作片刃，侧面平磨；一为石质凝灰岩，中位平型，幅广，刃部甚是磨灭，且刃部倾斜，一侧面（短边）特平擦，有细石器的细工屑，惟无完形器可见。

陶器发见后期栉目纹陶器片及精质褐色磨研陶器片。后者穿孔。

（二）鸡冠子山侧遗迹　C地点获得打制石器有：（一）石镞为透明的石英所作长三角形的精巧品，（二）石斧三个，（三）大形石器刃部，（四）环石二个，疑与何等耕作用具有关系。磨石器有：（一）巨大有孔石斧二个，（二）石斧四个，一个为完形品，他三个为断片，（三）石棒，（四）凝灰岩及大理石所作的二个扁平有刃石器破片，（五）粘板岩制的石庖丁断片。陶器有：（一）鬲形陶品四个脚部，（二）磨研陶器有一个高坯胴部含四个把手，（三）硬质带状隆起纹陶器。

要之本地点出土陶器，含有以上三系统品。

D地点获有细石器如石镞，石刃，石匙，石核等。

陶器有彩文陶器及赤色磨研陶器。

（三）塔子山侧遗迹　E地点获有打制石器（一）石斧四个，（二）小形石斧，（三）薄的小形石斧，（四）环石五个，环石之多，殊可注意。磨制石器有（一）石斧二个，（二）大形锄形石器断片，（三）石庖丁断片四，（四）砥石，用砂岩一片，一边如平砥的磨灭，一边有二条深沟。

以上出土，要之以E地点存有种种形式的农耕用石器一事为可注意。例如锄形陶器，环石，石庖丁等出土，大约E地点的住地系在既行农耕事之后。

陶器在E地点多含各种形式，（一）斜纹线纹陶器，想像是极粗质的鬲脚的一部，（二）带状隆起纹陶器，（三）硬质平行隆起带陶器，式样似汉式陶器，（四）鬲形陶器，从袋脚部部分始，含有脚部，口缘部，（五）平行栉目纹陶器，（六）赤色磨研陶器，与彩文陶器同系统的薄手赤色磨研陶器断片。

盖从E地点出土如以上所述多种类的陶器，此等鬲形陶器系统，彩文陶器系统及其他，更含有与北方陶器有关系的性质，（五）的陶器，为同时代共存与否，尚有待于将来精密发掘的结果，相互间的或年代的若干距离也不可知。总之出土各种陶器的本地点，自不得不说是大庙遗迹中最可注意的了。

F地点获有细石器如尖石、石刃、石锥、石匙、石核等，就中以石英制的石锥及石匙为最精巧。

要之：本遗迹E地点与F地点出土遗物，其性质殊异，即从高地E地点出土农耕的大形石器，从低地F地点出土游牧的细石器。

赤堀三上两氏复购入石器陶器若干，兹不复述，只述其结论：

要之：大庙先史时代遗迹，其位置为结合察哈尔多伦淖尔与热河赤峰的重要地带英金河谷交通路上，从西向东，从东向西，种种文化的传入流出，是复杂的样相。从西方内蒙古方面传入的以游牧的细石器为代表的一群文化，通其河谷关东，入热河的中部。又于河北不见出土的西方彩文陶器文化或于拔出河谷的赤峰，次从热河诸方以达于关东州者也未可知。一方满洲固有的森林的新石器文化，或繁荣于黄河流域的农耕的新石器文化，由这河谷从东向西进出。沿英金河的大庙之地，从任何方面进入的文化或者适应石器时代人的住地。与砂漠地带相违的，这岩石地带提供最好适合石器的材料的种种石材，盖细石器文化人大概居近河水，但从自东来的大形石器使用者在高地营种各各的住居。于大庙遗迹，分别细石器分布地与大形石器散布地比较的明了之事，特别要注意。居住在这地的石器时代人，其自身存留种种复杂的遗物，彼等并不一度来一度去，而去者又来来者又去，其事屡屡有了。即某时代从西方来的人们，又某时代从东方来的人们，轮替居住了。所以土地上势力从而强大了。

以故，大庙的遗迹极为重要而又有深兴味的遗迹。我们只根据表面上采集的遗物，已知如许多种复杂的事了。遗迹如果用精密的发掘调查，恐怕关于这方面的石器代的许多疑问，确信可以提供得解决的重要锁钥。

这话说得着实有理，这里“沿边文化”的发掘调查确可以能够解决几个关于“长城以北”或中国北部的新石器时代文化的基本问题。

又在民国二十三年（昭和九年）六月东亚考古学会发掘宁安县东京城镇的渤海国首都遗址时，参加人员驹井和爱三上次男曾在牡丹江的三灵屯遗迹采集石器时代文化，获得全部二十七件，即：

磨制石斧六个

半磨制石斧四个

打制石斧一个

打制有肩石器一个

敲石六个（内石斧状敲石二个）

石镞二个

石皿附属石棒破石四个

锤石三个（尚有一个同形陶制锤）

于是驹井和爱三上次男发表《宾江省（ ？ ）三灵屯的石器》一文，结论说道：

要之：本遗迹的石器，于石斧则磨制石斧与半磨制石斧打制石斧一同出现，于磨制则含有特殊形式品。又出打制有肩石器及石皿石棒一事，不得不加注意。其他又发现打制及磨制敲石，无柄镞，锤石等。如一览发现品目，此等为与从东满洲出土的石器共通者居多，本遗迹可说是东满洲石器时代的标式的一遗迹。更有，根据此等石器所形成的东满洲文化圈[1]，与北鲜咸镜北道方面有密接关系一事也为已知之事。即打制有肩石器，半磨制石器及石皿等为特征的共同之事，即我们所云东满洲与北鲜为属于同一文化圈的主张亦成立了。更有本遗迹的石器远方与蒙古方面有文化的交涉。同用途的石皿或石棒亦有出土，而磨与截的手法也被认出等，也不外暗示这些了。然不只这遗迹的石器与外部有交涉，又磨制石斧之中，其断面为不整形的梯形，或不是只见于这遗迹的特殊的遗品吧。

尚有关于本遗迹与中国石器时代的交涉，从本遗迹出土者，并无发见中国石器时代的特征的豆或鬲足。这点，与出豆及鬲足最多的吉林省团山子的遗迹异其性质。这遗

①编者按：原稿为“文化围”，当以“文化圈”为是。今改。

迹被浸润于中国本土的文化不少，在这处出土如前此驹井和爱的《吉林省宁安县附近三灵屯的石器时代遗迹》一文所报告，石庖丁也被发见一二。要之：在昔日悠久的石器时代，沿水清的牡丹江的丘陵，为占居向南的暖的斜面的古代人，不但经营聚落，而且为原始的农耕，这是不错的。被发见的多数石斧之内，或者就是对付野兽的武器，又或者为切开森林的要具，盖切倒森林的一部分而焚烧了它。加以农耕的□力，可得几多的收获吧！打制有肩石器的存在，或石皿石棒的发见，亦可资为谈话。彼等亦特因这地方多捕杀野兽及禽鸟固可勿论；但同时在多鱼类的牡丹江下网，享乐自然恩惠之事，也以多数锤石的发见而证明了，牡丹江多鱼类一事为有名的事实。彼等仍未知使用金属器（因未发掘，不能明确）。彼等的社会组织，可想知为氏族制的。

于东满洲石器时代文化的阐明，近时益感必要。这遗迹不仅为东满洲古代文化自身的解明，且同时又为包含北鲜及沿海州一文化圈的制定，其与日本古代文化的交涉关系也愈益认为有重要性了。

新石器时代遗址的发见，尚有山西万泉县的荆村，南京栖霞山东站西北五里的甘夏镇，浙江杭州的古荡，据云均有新石器出土，但前二者报告迄今未印，后一地虽有《杭州古荡新石器时代遗址之试探报告》一书印行，惟以多属市上购买品，出土者仅为不成形之数器，只得存而不论。

惟山东之城子崖，河南的后冈侯家庄大赉店辛村及陕西的斗鸡台六地的发掘，为新石器时代晚期与有史时代相接近[1]的文化，或土层为铜器文化，下层为石器文化，最足推究史前文化递进到初史时代的情形。因而分别述说于次。

城子崖的遗址，西去历城县约七十五里，南距胶济铁路之龙山车站一里，东北距平陵古城三里半，正在龙山镇范围之内。龙山镇适在泰山山脉北斜坡之黄土地带以内，南去鸡山十余里，北去白云湖二十余里，地势大致平坦，惟滨湖之地多有崎岖。吴金鼎氏因在齐鲁大学教书，先后往游六次，采集遗物不少，曾在《国立中央研究院历史语言研究所集刊》第一本第四分发表《平陵访古记》一文记其事。其后中央研究院拟在山东境内建立一个考古中心，吴金鼎氏陪李济氏往龙山镇城子崖看过一面，遂决定选择城子崖作山东考古发掘的第一个工作地点。李济氏在发掘后第一次与新闻记者谈话，曾经说明选择的理由，道：

> 近数年来，中国考古界对于中国石器时代文化的研究，已有很重要的贡献。在奉天山西河南甘肃一带作过些较有系统的发掘。这类研究，不但替中国史学界开了一个新纪元，并且已得了世界考古学者的充分注意。换一句话说，中国石器时代文化问题，已成为一有世界性的学术问题。但由这类材料的发现，再回顾到中国文化的原始问题，虽说添了好些光明，同时也把它弄得更复杂了。因为这几年在奉天山西河南甘肃一带所发现的石器时代的遗址，大部分都包含着一种特殊的陶器，陶器上有彩画的装饰。这种带彩的陶器，与中亚小亚细亚以及东欧所出的均有若干相似处。这就是外国考古家注意中国这种发现的基

①编者按：原稿此处多一“进”字。今删。

本原因。由这种材料的比较，就有好多学者指它们为中国文化原始于中亚的证据。所以数年来那沉默了三十年的“中国文化原始于西方”的学说，差不多又复活起来。这学说自然由此得了些强有力的新依据。不过就这些已经发现的石器时代的遗址地域上的分配看，尚不能给这“西来说”一个完全实证。因为这种带彩陶器所占据地方，只在中国西部与北部，东北部的大平原。如河北省的东南，河南的东部，以及山东一带，尚没有发现这类的陶器。所有这些新发现研究的结果，令人自然的想到下列的问题。中国内地东北大平原是否也有个石器时代？要有的话，是否也有带彩的陶器？城子崖的地点居这东北大平原的中心点，它不但出了石器，并且出了与西部北部石器时代遗址完全不同样的贵重陶器。这种陶器是单色的，色黑发光像漆一样。它们的样子有好多像后来的铜器。这种石器时代的遗存，在中国内地尚是头一次的发现，与中国商周的铜器文化的关系很密切。它的重要性，是研究这类问题的人一看，就知道的。

后来研究院与山东省政府合组山东古迹研究会，由李济率同工作人员董作宾梁思永等先后于民国十九年十一月，二十年十月在城子崖发掘了两次，后来编成了报告书，即《城子崖》，为我国考古学上最重要的收获。关于这遗址的地势，该报告道：

遗址，乡人称为城子崖，亦河边台地之一。惟其占积，在附近诸台中为最大，平面作长方形，西边与南边齐整，高出平地三至五公尺，远望之宛如城垣，惟东北部为一斜坡，故自平陵方面望之，不甚清楚。遗址之表面，中部有凹陷，如立西壁之下，令两眼与遗址地面相平，则可见中部之凹陷极为明显。西南最高，南北面次之，东面又次之，东北面最低。水流之方面，多先汇集于中部向东北流去。

这遗址原为城墙废址，发掘后，知其文化层本身为灰褐土，惟黑陶层土色较深，灰陶层土色较浅。层上之硬灰褐土或复杂之黄土，大石子等，皆灰陶文化之建筑物，及原有城墙废坏后才经造成，故含物极为复杂。该报告分章记载道：

片　本报告陶片之考验，颇有限制，凡最大长度不及2公分，且不能辨别其究属全器上之何部分者，概搁置之。在此严格之限制下，所研究之陶片，业已逾二万三千余片。城子崖陶器之颜色，虽应视为单纯类；然灰、黑、红诸色之由浅入深，以及其内部与外表之歧异所演成的废类，亦不下十余种。陶器之质料，除似磁胎器为特殊之质料外，其余各器均为泥，砂二种，合似磁胎共三种，陶器之制法，有手制，范制，轮制[①]，复制诸法。陶器之表面上则有范文，轮文，印文，刻文，指甲文，涂色等种种装饰，有时且刻有记号或文字。陶器之形状，因质料之柔软及功用不同，遂演成种种形式。吾人于两度发掘中，曾未见两个绝对同样的陶器。本报告所载整个之陶器，所代表者不过一小部分，其纷歧之情形，亦见一斑。城子崖陶业之技艺，无论前期后期，其基本原理，实去现代未经洋化之山东土窑，并不甚远，惟在用料及修饰方面，有显然之差别而已。

①编者按：原稿为“论制”，当以“轮制”为是。今改。

陶器　城子崖出土陶类成器者少，规模具备及可推算复原者不及百件。但所表现之形式颇复杂，可分二门，九式，三十五类：

容器门：杯类，盘类，盆类，甍类，盂类，碗类，簋类，箪类，豆类，皿类，盘二类，盆二类，臼类，鼎类，鬲类，甗类（附笼箅），杯二类，盆三类，缶类，瓿类，罐类，瓮类，壶类，小圈足器类，鬶[①]类。

非容器门：弹丸类，尖头器类，纺轮类，瓦类，泥饼类，杵类，索隔类，玩具一（碗类），玩具二（罐类）。

吾人于整理之余，以为城子崖之陶器，依据其时代与作风可分为四系：

一、第一灰陶系　此系陶器位于遗址之下层。其形式仅数种，其制作多以手制，或具乱杂粗疏之横麻纹，其特征鲜具陶耳。

二、黑陶系　黑陶出土皆在遗址下层，颜色有灰黑各种，最精者漆黑，表面磨光，制作即极精工。形式极复杂。

三、粉黄陶系　黄陶与黑陶为并着现象。

凡有黄陶之地，必有黑陶同出，但黄陶形制只鬶类一种。绝无例外，而鬶类质料，又均为黄陶，亦绝无例外。

四、第二灰陶系　黑陶器至上层与第一灰陶同尽；起而代之者，为第二灰陶系，形制粗略简单。

……陶器上，尤其是器盖和豆的边缘上，刻划文字，或数码作记识的习惯，是殷商时代已经有的。在殷墟出土

①编者按：原稿为“规鬲”，当以“鬶”为是。今改。

的陶片上，我们已发现了不少的文字。城子崖的上层文化，由两次的发掘亦得到些有文字刻划的陶片，还有一块划着成行的文字。

刻在陶器边缘外的有两个字：一个是子字，一个是犬字。子字与甲骨文之子字相近，犬字也类于甲骨文和金文的。……陶器的底上或口缘上，往往有数字一个，这也许是一种特别的记号，这种有七，十，十二，二十，三十五种，也都和甲骨文金文为近。……二十年冬，第二次发掘城子崖发现了一块刻字的陶片，文曰："齐人网获[1]（？）六鱼一小龟"，前四字认得不大清楚，后五字都不错。……"齐人网获"四字近于臆度，获字有释此者，亦不似；姑如此释之，待将来考证。这字是在大陶瓮的里面，又是成器之后，加以刻划的，划痕极浅，似金属器所划，笔划有光泽，乃一时记载的文字。……从这，我们可以知道城子崖上层文化的大略，那时有文字的使用。像陶器上的刻文（那是未烧成时刻的）记识，很可以见那时的人们使用文字已经甚便而普通。

石制品　土石器共三〇二件，砺60件，磨2件，锤13件，斧104件，锛15件，凿10件，铲30件，刀37件，矢26件，杂器5件。

骨制器　城子崖出土骨制品器共收得三百四十四件，内除卜骨二十一件，骨料一百十九件，净得骨器二百零四件，凿类九件，针类八件，梭类若干件，笄类若干件，簪类一件，矢类六件，鱼叉一件，杂器若干件。

---

①编者按：原稿为"只"，当以"获"为是。今改。

角制器　角类的器物，共掘获一三六件，原料皆为鹿角。其中只有十五件可认作器具，皆制作极粗性质普遍化的工具，如磨擦器，近锥形，近斧形，近凿形器。

蚌制品　蚌器之本质，原较骨石等质为脆弱，更兼历年久远，外皮上之角状质及本体内所含之有机胶质，均已失掉；所余多系石灰质，极易受炭酸质之消蚀，而散为白粉。故掘得了蚌器，形状不完整者很多，铲类，刀类，锯类各若干件，矢类四件，环类一件。

1.骨　城子崖发掘以前，我们所知道的卜骨出土堆点，本只限于河南安阳小屯村；城子崖发掘所得是这范围以外的第一次发现。前后发掘两次共得卜骨十六片，皆破碎残缺，……全部没文字，其中除去地面拾得之一片，六片属于上文化层，三片属于上下两文化层间之混合层，六片属于下文化层。

金属制器　城子崖所掘得的金属器物，除去业已判明其为墓葬物者之外，其余共四件：铜刀一，铜矢二，刀货一，这几件金属器物为数虽少，但是根据它们的土层，我们可以推定，城子崖上层已入铜器时代。

董作宾于附录《城子崖与龙山镇》说道：

自从民国十九年开始发掘，龙山城子崖“黑陶文化”已成为中国考古学上一个重要题目。二十年春秋两季发掘安阳的后冈，得同样的黑陶，并且断定这“黑陶文化”是前于殷墟，后于仰韶。至少在殷墟故土上如此。由此我们也可以藉以推求城子崖所蕴藏的遗物的时代，更使黑陶文化的声价倍增。……黑色有光的薄陶，代表东方文化的一个特点，已成为一般学者所公认的问题。自城子崖发现黑

> 陶后，在小屯也往往看见似乎着色的大黑陶器，这大概已属于黑陶晚期之孑遗，而在小屯却又为早年之物。后冈在小屯之东三里许，也居滨水南岸，于二十年春季同样发现了黑色薄陶，更因了与小屯相类的文化层和黑陶文化层[①]的相互关系，证明了黑陶文化是早于殷墟。二十年的秋天，第二次发掘后冈，又找到了同于仰韶的带彩陶片，这是很大的发现，得到了小屯，后冈，仰韶三个文化期的先后程序。他们关系是：
>
> 上层　小屯文化，灰陶，其他遗物，同于殷墟。
>
> 中层　后冈文化，黑陶，其他[②]遗物，同于城子崖。
>
> 下层　仰韶文化，彩陶，其他遗物，同于仰韶村。
>
> 这就是仰韶早于后冈，后冈早于小屯。城子崖的黑陶文化，是与后冈的黑陶文化相同的。所以因此也可以估定了城子崖早期（黑陶时代）的文化的相当时代。城子崖文化原有两期，早期为黑陶文化，晚期似谭文化。谭文化与周代相终始，或当在殷之末叶，所以其前期相当于殷墟，黑陶文化之末期，或与谭文化衔接，或相去若干年，其晚期要到在殷商之世。他的早期，则当在仰韶文化之后，所以要定黑陶文化的时期，不能在先知道仰韶文化的时代。

仰韶文化的时代，也是一个悬而未解决的问题。李济先生在他的《小屯与仰韶》论文中，引安特生的计算，他说：“仰韶文化期约在纪元前三千年。……”李济先生的意见，却以为

①编者按：原稿为“黑文化陶层”，当以“黑陶文化层”为是。今改。

②编者按：原稿此处脱漏一“他”字。今补。

这种标年问题，尚有若干疑问，而他自己的断定则如下：“不过这次殷墟的工作，可以确切证明，仰韶的文化，不得晚过历史上的殷商，并且要早过若干世纪。”所谓早于殷商若干世纪，实在就相当中国历史上的夏代了。

遗址	相当于公元前	约当中国历史上时代	为此说者
仰韶	3000年	黄帝以前（？）	安特生
苏萨安诺一、二期（仰韶同）	3000—2500年	黄帝少昊颛顼之世（？）	阿尔纳
仰韶	约1800年以前	殷商以前	李济
仰韶	约2200—1800年	虞夏时代	徐中舒

徐中舒先生《再论小屯与仰韶》更就鸟兽纹饰，夏民族居住地遗物，传说等等推论的结果说：“在本文中，仅得依据中国史上虞夏民族分布的区域断定仰韶为虞夏民族的遗迹。……”作者现在就李徐两先生之说而折衷之，把仰韶时代，姑且定在公元前二〇〇〇年以前，那么仰韶文化，就可以自公元前二〇〇〇年开始了。这里姑且把黑陶文化时期的起讫，定如次：一、黑陶文化（并城子崖后冈而言）大约开始于公元前二千年之讫于公元前一千二百年。二、黑陶文化，是上承彩陶，下启灰陶的，所以早不到仰韶以前，晚不在殷墟以后。

董氏所说的话，可谓十分谨慎，但是仰韶文化的时代着实是十分难定。即如斐文中在《旧石器时代之艺术》附录中就把仰韶时代定得太早。兹移录斐文中所拟的“中国史前文化期与欧洲史前文化期之比较表”如左：

<table>
<tr><th colspan="5">人类文化之分期</th><th colspan="3">地质上之分期</th></tr>
<tr><td>中国</td><td colspan="4">欧洲</td><td colspan="3"></td></tr>
<tr><td colspan="5">文字时代</td><td colspan="2" rowspan="5">地质学上之现代
(Geologic Present
or Holocene)</td><td rowspan="10">第四纪(Quarternary)</td></tr>
<tr><td colspan="5">铁器时代</td></tr>
<tr><td colspan="5">铜器时代</td></tr>
<tr><td>仰韶文化期</td><td colspan="3">新石器时代</td><td rowspan="9">石器时代</td></tr>
<tr><td rowspan="2">?</td><td>阿奇文化期
(Azilian)</td><td rowspan="4">后期</td><td rowspan="8">旧石器时代</td></tr>
<tr><td>马格德林文化期
(Magdalenian)</td><td rowspan="3">后期</td><td rowspan="5">更新统(Pleistocene)</td></tr>
<tr><td rowspan="2">周口店山顶洞文化期</td><td>梭鲁特文化期
(Solutrean)</td></tr>
<tr><td>奥瑞聂文化期
(Aurignacian)</td></tr>
<tr><td>河套文化期</td><td>莫思耶文化期
(Mousterian)</td><td>中期</td><td>中期</td></tr>
<tr><td rowspan="2">周口店猿人文化期</td><td>阿哈文化期
(Acheulean)</td><td rowspan="2">前期</td><td>前期</td></tr>
<tr><td>舍利文化期
(Chellean)</td><td colspan="2" rowspan="2">上新纪
(Pliocene)</td><td rowspan="2">第三纪
(Tertiary)</td></tr>
<tr><td></td><td colspan="2">古石器时代
(Eolithic)</td></tr>
</table>

距今年代之估计[①]	人类化石	
纪元前一〇〇〇年	中国	欧洲
纪元前二〇〇〇年	真人（Homo Sapiens）	
纪元前五〇〇〇年		
纪元前七五〇〇年		
二五〇〇〇年		
由五〇〇〇〇年 至七五〇〇〇年		尼安德特人 （Homo neanderthalensis）
由七五〇〇〇年 至一二五〇〇〇年	中国猿人 （Sinanthropus Pekinensis）	海德学哥人 （Homo heidelbergensis）
由二五〇〇〇〇年 至四〇〇〇〇〇年		曙人 （Eoanthropus dawsoni）
?		

像这样比附欧洲史前文化期的石器时代，定仰韶文化期在公元前五〇〇〇年以前，这又如何说法呢？所以傅斯年氏说得最好，他在《城子崖·序》里说道：

我们以为中国考古学如大成就，决不能仅凭一个线路的工作，也决不能但以外来物品为建设此土考古年代学之基础，因为中国的史前史原文化，本不是一面的，而是多面混合反映以成立在这个文化的富土之上的。……到山东去考古发掘，本是假定山东一带，当有不同于陕甘及河南

①编者按：原稿为“估价”，当以“估计”为是。今改。

西部之文化系，已而发见很别致的黑陶，众多情形使工作者不能不设定黑陶为一种文化系的代表，其作用一如彩陶之在黄河上游。到殷墟以东作考古发掘，本是想看看殷墟文化系之向东分配情形，已而在城子崖发见甚多物件，足与殷墟出土品比较连贯。先在城子崖作考古发掘，本是想藉此地为发掘临淄琅琊及其他海滨地带之初步尝试，已而此一发掘所得者，使我们遵循海滨工作之兴致更炽盛。科学的工作不是孤立的，一工作之影响所及，要待其他工作出来，然后可以认定。盼望这个工作堪为史前时代考古之一基石，在中国考古知识之征服上，建一形胜的要塞，替近海地方的考古学作一个前驱。

李济在《城子崖·序二》里也说得很详细精到，他说：

有了城子崖的发现，我们不但替殷墟一部份文化的来源找到了一个老家，对于中国黎明期文化的认识，我们也得一个新阶段。这一本报告所纪录的城子崖文化的内容有几点是应该特别注意的。

（一）遗址内无疑的包含两层文化，在地层上及实物内容上均有显然的区别。

（二）上层文化已到用文字时期；证之古史之传说，似为春秋战国之谭城遗址，其时代当即可由此推定。

（三）上层文化最著的进步为用青铜，有正式的文字，陶器以轮制为主体，其余的物质均似直接承袭下层，略有演变。

（四）下层文化为完全石器文化。陶器以手制者为主体，但已有轮制者，所出之黑陶与粉黄陶技术特精，形制尤富于创造，此类工艺，到上层时似已失传。

（五）城子崖最可注意之实物为卜骨。由此城子崖文化与殷墟文化得一亲切之联络。下层兼用牛鹿肩胛骨，上层只用牛肩胛骨，故上下两文化层虽属两个时期，实在一个系统。

这组文化包含的意义，与仰韶殷墟附近之后冈遗物比而更显明。构成殷墟文化最紧要之成分——骨卜，遂得一正当之归宿。……因此，我们至少可以说，那殷商文化最重的一个成分，原始在山东境内。

这是一个很重要线索，这关系认清楚以后，我们在殷墟殷商文化层下又找出了一层较老的文化层，完全像城子崖的下层黑陶文化。事实上证明殷商文化就建筑在城子崖式的黑陶文化上。在殷墟附近的后冈，我们也找到同样的证据。故城子崖下层之黑陶文化实代表中国上古文化史的一个重要的阶段。它的分布区域，就我们所知道的，东部已达海岸，西及洹水及淇水流域。继续的搜求，或可证明更广的范围。……

单就骨卜言，除了孕育殷商期中国早期的朝代文化外，后来东传至日本，北至通古斯及西伯利亚①的海滨民族，历史期间的鞑靼民族也浸染了这个习惯，以后西播，直到爱尔兰摩洛歌一带。现在我们可以知道这习俗的沿革最早的一段，似与黑陶文化有分不开的关系。最显要的证据，就是在我们现在所知道的黑陶文化遗址中，都有卜骨的遗存。黑陶的遗址，既散布在山东及河南的东部，中心地点大约总在山东一带。他与西北部及北部的彩陶文化

①编者按：原稿为“西北利亚”，当以“西伯利亚”为是。今改。

> 对峙到若干程度，尚无从知悉。但他们是两个独立的系统，在各地方的发展有早晚的不同，都是很清楚的。在殷墟所代表的中国最早期的历史文化中，据一切的经验看来，骨卜不但是那时一切精神生活之所系，中国文字早期之演进大约骨卜的习惯有极大的推力。城子崖的卜骨虽无文字，然那时的陶片已有带记号的，可见下层的城子崖文化已经完全脱离了那“草昧”的时代了。凡此一切都给予我们一个强有力的暗示，就是构成中国最早历史期文化的一个最紧要的成分，显然是在东方——春秋战国期的齐鲁国境——发展的。要是我们把城子崖的黑陶文化寻出他的演绎的秩序及所及的准确范围，中国黎明期的历史就可解决一大半了。我们相信这不但是田野考古[①]工作一个极可遵循的轨道，对于中国上古史的研究将成一个极重要的转点。

我们看了傅斯年李济两氏所说的话，可以推知城子崖石器文化的重要性了。

中央研究院在第一次发掘城子崖之后，同时就在殷墟附近之后冈发掘，以探查地下文化分布的情形，可是结果查出了我国东部和西部两地石器文化的交接情形，成为考古学上一个重要的发现。梁思永《后冈发掘小记》记载发掘的经过道：

> 遗址在河南安阳县西北约三千公尺的高楼庄以北的高冈上。本地人因为他在高楼庄之北，所以称他为后冈，即今以此名这遗址。
>
> 后冈北临洹河，隔河对着豫新纱厂，正落在一个小河

---

①编者按：原稿为“老古”，当以“考古”为是。今改。

湾南岸的舌地上，西北面是河面矗立约十二公尺的黄土壁，东北面是一大片河水沉积的沙滩，东边去平汉铁路堤二百五十公尺，间是一带低地，南面西面与高楼庄薛家庄相接，地势平坦。记得民国二十年春第一次到安阳，跟随董作宾先生去游殷墟，曾经过高楼庄之北，并没有看见什么高冈，只是地面上各处散布的破碎陶片，当时已惹起我的注意。发掘团第二次到安阳，就注意到后冈的遗址，同时又发现沿洹河两岸的高冈多数有文化的遗存，——西北去后冈约二千四百公尺的殷墟也是这样一座高冈。……第四次考古组同人全体出发安阳，发掘团工作人员增加，就产生了扩张工作范围的计划，而计划中之第一处，就是后冈。

发掘工作开始的前二日吴金鼎先生和我到后冈作最后一次的考查以决定工作的步骤，并作地面标本的采集。……考查的结果，我们决定从最高处向东西南北挖掘纵横交叉的两道沟以探视全冈遗存内容的大概。在地面检拾的标本里，我们发现了很多种与在山东龙山镇城子崖出土的相像的陶片和石器。……第一次的发掘是在二十年春季，由四月十六日至五月十二日……实际在田野工作的时间只有十八天。……我们一共只开了二十五个坑，支坑在外，合计挖掘地面二百十六方公尺。……在岗东的两个坑，发现了白灰面。岗南的面积最大，所以挖的坑也最多，但是其中以南30以及附带的坑最有意思；在这坑里我们发现了白灰面被后来的小屯式的长方坑破坏，长方坑又被一个乾隆墓葬破坏的情形。……第二次的发掘在同年秋季，岗上棉花收割之后，由十一月十日至十二月四日……实际工作时间十九日。……这次我们开了二十个坑（支坑在外），合算挖掘地面积二百八十五方公尺。……

后冈的遗存，不像城子崖的遗存，并没有整齐的范围，但是……我们知道他有很分明的边界。在边界之内，土色或灰或绿，各处不同，但一律含有文化的遗物，在边界之外，一律是生黄土。……后冈地面下的土层，在初发掘的时候，发现各种深浅的灰，黄，绿，黑，褐等颜色，纵横交错，似乎情形很复杂，但是挖掘了几个坑之后，就知道地层比较简单。在第二次发掘停工之前，我们已能将这些各色的土层分别的归并成三大层。第一层，以浅灰色土为主，土质颇松，土质与颜色皆与小屯的灰土极相似，无论在冈的任何[1]部份皆居遗存的上层。第二层以绿色土为主，为无数极薄之土层所积叠成，土质紧粘，在冈之中北部，居遗存之下层，在西南部居上层，在东南部居遗存之全层。第三层以深灰色土为主，土质紧粘，无论在冈之任何部份皆居遗存之下层。这[2]三层在地面下之关系是：第一层在第二层之上，第二层在第三层之上。在全冈上还没有发现过第一、二、三三层重叠的情形，也没有发现过第一层直接堆在第三层上的情形。第一层与第二层之间，黄土绿土混杂，没有清楚的界线；第二层与第三层之间，有硬褐色土一层（山东龙山镇土人称为鸡矢瓣土），界线分明，可以一目了然。他们在冈上又有一定的平面分布：第一层只限于冈中心最高部份，第二层只限于冈的西

---

①编者按：原稿为“任位”，当以“任何”为是。今改。

②编者按：原稿此处多一“第”字。今删。

南部，惟独第三层布满了遗存面积的全部。……

后岗上，这上，中，下三层，除了土质的分别之外，每层还包含有一种与其他两层不同的文化遗物。……根据从地层得来的知识，我们知道最初高楼庄的北地，只是一片平地，并没有一个高冈。这平地经过三次的居住然后堆积成现代的形势。第一次彩陶文化的人在西南角留下一个小土堆。第二次黑陶文化的人来了，在这小土堆的东北建筑了一个较大的村庄，这村庄废弃后，后冈的规模大体已成。第三次白陶文化的人在这黑陶废墟上加上了一个顶尖，完成了现代的后冈。

这回发掘以发现建筑的遗留为最可宝贵，梁氏的《小记》说道：

后冈的地面以下并没有房屋的遗迹，我们只找到几片用途不明不知名称的圆形白灰面，一个长方坑，一片夯土，一个石堆……“白灰面”这种建筑的遗留在发掘后冈以前还没有见过，是一种新发现。……灰皮外的“草拌泥”与周围的土分得很清楚。由他的构造，我们可以推出筑造白灰面的大概程序：（一）在地上挖一圆坑，（二）在坑底和周围搪草拌泥一层，（三）抹周围的直立灰皮，（四）抹灰面在中部留一小凹穴，（五）凹穴里填满沙土，（六）烧用后将沙土浇湿磨平。我们一共发现了白灰面八处，二十三面——其中四处只有一层，两处二层，一处六层，一处九层——清出十六面。这八处白灰面在冈上平面的分布是很可[①]以注意的。……白灰面之属于黑陶时期的

①编者按：原稿此处脱漏一“可”字。今补。

中层（即绿土层），是没有疑问的。

长方坑……出小屯式陶器，全龟甲，字骨，刻花白陶片，石锛，鹿角等。这和小屯村发现的长方坑完全是一类的建造，时代也相同。

夯土是属于上层（即浅灰土层）的，并且是和小屯村北地的夯土同一个时期的——夯印与夯层的厚度和小屯的一样。夯土里还夹有铜锈。

至于后冈出土的几种文化遗物，梁思永氏在每层挑选那层所包含的文化遗物中最显著的器物做代表，列成后冈三层出土遗物表，发表于《小屯龙山与仰韶》一文中，据其图版二的说明谓：

（一）后冈上层（即小屯文化层）出土器物：

1.厚重绳纹陶砵

2.小孔陶耳带牛头凸饰

3.小孔陶耳

4.划纹绳纹陶片

5.划纹陶片

6.刻纹白陶片

7.刻纹白陶片

8.卜骨

9.卜龟

10.骨镞

11.石器

12.石斧

13.石刀

（二）后冈中层（即龙山文化层）出土器物：

14. 划纹黑陶片
15. 半月形陶耳
16. 壶形光面小陶器
17. 陶作的纺坠
18. 划纹黑陶片
19. 砖红色小陶器
20. 陶鬲
21. 方格纹陶片
22. 黑陶带耳底
23. 蓝纹陶片[①]带宽耳（即宽压纹）
24. “鬼脸式”陶鼎足（侧面）
25. 小碗盖
26. a. 陶甑　b. 陶甑底面
27. 骨凿
28. 绳形陶耳
29. “鬼脸式”陶鼎足（正面）
30. 划纹黑陶片
31. 骨鱼镖
32. 骨镞
33. 骨镞
34. 蚌刀

（三）后冈下层（即仰韶文化层）出土器物：

35. 琢成石器，残
36. 琢成石器，残

---

①编者按：原稿为“图片”，当以“陶片”为是。今改。

37. 陶鼎足

38. 陶鼎足

39. 陶鼎足

40. 粗陶鼎

41. 划纹红陶片

42. 划纹红陶片

43. 带红色花纹的红陶片

44. 陶器的圈口

45. 沿口红色宽边的红陶[①]片

46. 大口带红色花纹的红陶钵

47. 带红色花纹的红陶片

不久，吴金鼎氏复在小屯附近的侯家庄亦发现与后冈相仿的情形。董作宾的《侯家庄出土之甲骨文字》一文说道：

根据王湘君之调查，知到侯家庄西北滨河地方有一块遗址，于是在二十一年春季，就派他同了吴金鼎前往发掘[②]，统共作了八天，他们工作的地点在庄村之西北约里许的洹河北岸上，地名土人叫曰高井台子。

吴金鼎的《摘记小屯迤西之三处小发掘》记其出土的情形道：

此址所出之仰韶期物，陶之带彩者极少。且颜色单纯，形状甚简。骨角器皆就天然料略加磨修以成之。蚌器全无。石器极为单调。……反观其黑陶期情形则不同，其黑陶片有带刻纹者。骨、蚌、石诸器皆有之，且形制皆较复杂。并有卜骨作龙山式。总之，此地之龙山期，较之仰

---

①编者按：原稿此处脱漏一“陶”字。今补。

②编者按：原稿此处多一“八”字。今删。

韶期，显然为进化。

吴金鼎在《高井台子三种陶业概论》文中也说：

总之，此址最复杂，最完备的文化堆积包含三层。其次第，红色层最下，黑色陶层居中，灰色陶层在表面。就此以推其时代，红陶层最早，黑陶层次之，灰陶层最晚。

“三叠层”式之堆积，不独后岗高井台子大赉店为然，考古组同人年来又在洹淇流域发现数处相类之遗址。时至今日，吾人已能断言，此种连续的“三叠层”，至少在豫北一带，可视为通常情形。

吴氏又在文中的结论说道：

高井台子红黑灰三种陶业实足表示陶业技术之三个进化阶段，即（一）由半球模进到（二）半环模，再进到（三）半环模。总之，此三种技术均已脱离纯粹手制之时期，而尚未达到纯粹轮制之时期。三者之共同工具即转盘。

此址，红陶之时代，约与后岗之红陶期相同。而其黑陶却早于后岗之黑陶。二者显然之别，即后岗黑陶乃系轮制，而此址黑陶乃系在转盘上模制。

此址之灰陶分粗范文与细范文两种。前者仅见数片，其技术与殷墟同，当系从小屯或附近之殷代遗址移来。后者占主要部分，与豆同层。

此种细绳文陶及豆之形制与山东龙山址之上层极相近。吾人认其为周代春秋间遗物。

其后依照这线路而从事发掘工作的，有中央研究院在浚县大赉店的发掘。据刘曜的《河南浚县大赉店史前遗址》记载道：

这史前遗址在大赉店南门外约半里的地方，在浚县的正西，离县城约有六十余里。它较高于此处普通的地面，据本地人说，在水患来临的时候，附近人们多避难于其上。西边紧靠着淇河，往西一里许便是平汉铁路。它的西部被河水冲刷成绝壁似的断崖；南部形成较广的斜坡；东部为一个南北路沟毁去了不少；北部也断断续续的被毁灭了许多。仅就这残余的部分去看，也算得上伟大了；它南北长约四百多公尺，东西宽约三百多公尺。在地面上见不到许多的陶片；但是那南北路沟却给我们不少的方便，在那里我们见到了酷似安阳后岗的“白灰面”和龙山式之黑而薄的陶片。在西南斜坡中发见了仰韶式之红色和带彩的陶片。这是二十一年春季第一次发掘浚县辛村时所发见的遗址，当于此季邀我前往开掘。……自五月五日至五月二十二日是我们的工作期，除掉星期和下雨，实际工作的日子只有十四天。……总计发掘的面积约有二三〇方公尺；体积约有三四〇立方公尺。这遗址的地层和其含有之文化遗物的关系，似乎颇为复杂。东区和西区显然的是两种不同的现象。在东部农耕土以下是一层黄灰土，黄灰土之下是灰土；西部则松灰土和红褐土相间的存在着。东部的黄灰土里含有龙山式的黑陶，红褐土里是仰韶式的陶片。

当彩陶时期的人们占据着这遗址的时候，河床还在现在淇水的西边，所以那时的人们居住的中心地带偏向遗址的西部。在彩陶时期的人们走了之后，黑陶文化的人们来到了之前，河床已向东有了相当的移动。所以黑陶时期的人们的居住中心不得不偏向遗址的东部。至于黑陶文化层的比较深厚，占面积比较广大，大概是因为居住的时间较长或居住①的人口较多的原故。

由以上的现象所给予我们的启示，知道这遗址经过了彩陶时期，黑陶时期和灰陶时期才堆积成功，后来这遗址的一部分曾经作过葬地。

这遗址的文化遗存，可分三层，上层是灰陶遗存，中层是黑陶文化的遗存，下层是彩陶文化的遗存。刘氏原文分别记载道：

甲、彩陶文化层的遗存② 我们没有找到一个完整的居住遗迹，不过在红褐土的文化层里常时见到烧成淡红色的烧土块，它通常有一个平面，有时平面上带有席纹印。在河南的广武曾发见过被烧过的竖穴③，它们的底部和立壁都是平面的烧土，和我们在大赉店所见的这些烧土块相同。遗物：（一）带彩的陶片一块，作风和我们在西部所见的仰韶式陶片一样。（二）陶器完整的……只得到一个钵，其余都是些碎片。……钵和瓶都是深红色，光泽异常，质较陶鼎为细。鼎为淡红色，砂质。（三）石器共得十三件。大部分没有经过仔细的磨工，都是些粗糙且未加修饰的东西。其中只有一件有磨成的平面，但残缺得太很了，不能知道它的用途。其中较大的三件石器，都是三面有打制的刃。其余八件都像是雏形的斧刀之类的器物。

乙、黑陶文化层的遗存 我们发掘所得黑陶文化的遗

---

①编者按：原稿为“居位”，当以“居住”为是。今改。

②编者按：原稿此处多一“陶”字。今删。

③编者按：原稿为“坚穴”，当以“竖穴”为是。今改。

存，尚不算少。遗迹有“白灰面”和袋形穴的发见，遗物有陶、石、骨、蚌等类。……这白灰面的形状和构造差不多和后岗所见的完全相同，它是一个圆形的平面，周线不甚整齐。……白灰面的上面是黑陶文化的遗物，下面是彩陶期的文化遗物，这现象适足证明它是黑陶期的遗存。大赉店和后岗的白灰面同样都没有找到周围竖立的痕迹，所以对于它们的用途终于没有得到正确的解答。二十三年冬季，徐旭生先生在陕西宝鸡县斗鸡台发见了和这些“白灰面”几乎完全相同的遗迹。它有一公尺多的立壁，上面也涂有极薄的灰皮。因此我们知道大赉店和后岗的白灰面当为竖穴底部的残余。中央烧土面是当时的人们烧饭的地方。……竖穴……安特生（J. G. Andersson）在仰韶村（河南渑池）发见过这样相似的袋形穴。他据哈同（Hooton）的意见，以为是储藏五谷或其他品物所用的穴窖。

遗物以陶片为最多，石器共得十五件，骨器八件，角器二件（卜骨一块，只有灼痕）。蚌器……数量最多，但是大部因为侵蚀太甚，都残缺得看不出原形了。

丙、东部上层的灰陶遗存　这层的遗物并不丰富，除陶片外，几乎没有可说的其他物品，陶片为灰色，多为粗绳纹，形制笨重，厚大，间有细把豆的残片，它和龙山遗址的上层相似。大概这层的遗物，是小屯期以后的东西。

刘氏根据出土的情形，下一结论，说道：

后岗在中国史前史上地位的重要，梁思永先生在他的《小屯龙山与仰韶》和《后岗发掘小记》里曾经详细的加以叙述。它具有小屯龙山和仰韶三期的文化遗存，错综的[1]分层堆积在地下。我们顺着层位的关系自上而下的揭开，由小屯而龙山而仰韶，便很清楚的一层层的见到了。这发见解决了中国的史前期的社会。在后冈未发见以前，中国新石器时代的材料，虽说已有相当的收获，而各遗址之时代的顺序，始终在推想和假说的途程在摸索。后冈发见之后，则小屯龙山与仰韶各期之时代的系列问题，得到了具体的观念。以这遗址各期的文化遗存作基石，精密的去考究中国所发见的其他新石器时代的遗址，则它们[2]的先后系列不难找到。

后冈发见后，吴金鼎先生在安阳西北的侯家庄又发见了和它相似的遗址。吴先生在《摘记小屯迤西之三处小发掘》里说：

吾人发见此地之表面一层，有细柄豆及灰色陶片，与龙山浅处颇有相似之处。掘破此层之后，便不外乎下列几种可能：（一）纯粹仰韶式物，以下为生黄土。吾人名为仰韶区。（二）类似龙山下层之物，不过未见纯正之黑陶，而单见厚片之黑陶，且带有刻纹者，大概较龙山黑陶为晚。吾人名之为黑陶区。（三）先出黑陶，再出仰韶。换言之即灰陶[3]黑陶红陶三层文化相压置。吾人名之为三层区。

后冈与侯家庄同在洹水的沿岸，相距不过十余里，这相似的遗址之发现，自然是意料中的事。

---

①编者按：原稿此处多一“有”字。今删。

②编者按：原稿此处多一“时”字。今删。

③编者按：原稿此处脱漏一“陶”字。今补。

侯家庄发见之后，接着又有浚县大赉店史前遗址的发见，它同样是三层文化的积压，和后冈及侯家庄相似。它和后冈不同的地方，只是没有上层的“白陶文化”层（即小屯期）而有相似于侯家庄上层的灰陶文化层。现在就彩陶文化和黑陶文化两期的遗物，和后冈的中下两层比较一下：

两遗址中彩陶文化遗物的比较。后冈彩陶文化期的彩陶纹饰的基本母题很简单，和大赉店检得的一块彩陶，几乎完全相同。他如陶钵的形状，鼎足的样式，和圈口瓶的口部残片都很相似。

两遗址中黑陶期文化遗存的比较。两遗址中黑陶期的特征几乎完全相同。遗迹中的白灰面，陶器中的鬼脸式的鼎脚，蓝纹竖鼻罐子，方格纹的罐子等都是它们共同的特点。若将两遗址中的遗迹和遗物放在一处，很难找出其大不相同的地方。……两遗址对比的结果，使我们知道彩陶文化推进到河南北部的时候，就蔓延到洹水和淇水的两岸。彩陶文化消灭之后，黑陶文化同时也来到这两河的沿岸。

辛村东北的较远处，发见了灰陶的遗存。它所包含的遗物，颇似安阳小屯遗址所出的东西。在里面我们找到了残铜片，大批骨料和细致的石器。这文化层都被铜器时代的葬地（卫国的陵墓）所破坏。因此我认为它是从新石器时代走向铜器时代之过渡期的遗存。

辛村近东的地方发见了黑陶期的遗址。它和后岗及大赉店的中层（即黑陶文化层）几乎完全相同。

辛村东三里多的刘庄南有彩陶期的文化遗存。就陶器的形制和纹饰上观察，比后岗和大赉店的彩陶期为复杂。它们却和甘肃的辛店期相似。因此我疑心这遗址是晚于“后岗期”的彩陶文化的遗存。

现在将这三个遗址和大赉店中下两层的遗存加以排比，依其时代的先后列表于下。

淇滨史前文化简表

时代	遗址及文化特征	备注
新石器时代	大赉店之彩陶文化	与后岗彩陶文化相似
	刘庄之彩陶文化	疑似甘肃之辛店期
	大赉店及辛村之黑陶文化	疑为龙山晚期
金石并用时代（？）	辛村之灰陶文化	与安阳之小屯相近
铜器时代	辛村之铜器时代葬地	周代之卫陵

据刘宝钧的《浚县辛村古残墓之清理》记载道：

辛村在[①]河南浚县西南隅，东距平汉路浚县车站约六里。墓地位村之平坡上，远负黑山，近濒淇水，隔岸与浮山相望。……吾人清理是墓，为民国二十年春。……第一次发掘，开始于民国二十一年四月十六日，收工于五月二十六日，共四十一日，连带清理残墓二座。第二次发掘，开始于同年十月十一日，收工于[②]十二月六日，

①编者按：原稿为“右”，当以“在”为是。今改。

②编者按：原稿为“作”，当以“于”为是。今改。

> 共四十六日，连带清理残墓十一座。第三次发掘，开始于二十二年四月一日，收工于五月十四日，共五十四日，连带清理残墓二十一座。第四次发掘，开始于同年十月二十日，收工于十二月十二日，共五十日，连带清理残墓五十一座。以上四次工作，约六阅月，清理残墓八十余。其中经昔人盗过者三分之二，经今人盗过者三分之一。

可惜该文所发表的只不过残墓的清理之事，关于遗址发掘报告，尚未刊布，故只能仅就刘氏的“淇滨史前文化简表”以为讨论耳。

总之，自山东城子崖和河南的后岗侯家庄大赉店辛村各遗址先后发掘后，我们新石器时[1]代东北部的大平原如河北省的东南，河南的东部，以及山东一带文化分布的情形十分明了。且与西部的山西甘肃及其北部的热河辽宁吉林黑龙江各地近年来考古学上的收获，有了许多的互证，或互明的地方，可以说已经得到了史前研究的锁钥了。

同时依照这线路而相反地欲研究我国西部史前文化分布的情形，则有国立北平研究院的发掘陕西斗鸡台的工作。国立北平研究院的史学研究会自从接受了中央庚款董事会补助费后，即由考古组主任徐炳昶与陕西省政府合组陕西考古会从事陕西西部古物的发掘，又组织察绥古迹考察团从事探查察哈尔绥远两省的史前石器时代的古物，及周秦以来盘据此地的猃狁匈奴突厥回纥等各时代各民族的文化古迹。为的就是研究我国西部古代文化分布的情形。关于有史以后的，现在不说，只说其斗鸡台所发现新石器文化的

---

①编者按：原稿此处脱漏一“时”字。今补。

情形。徐炳昶的《陕西最近发现之新石器时代遗址[1]》一文记载这事道：

到了二十三年春天，我们就开始在斗鸡台作发掘。夏季停工，秋天又继续发掘。一直作到二十四年春天暂作结束。通共作了一年半。这一年半作工的结果，知道这个地方，作民居的时间很长：从新石器时代起，一直到隋朝陈仓县治搬走以后，人民才比较稀少——此地直到现在，还继续有民居，不过比较稀少而已。……我们认定我们所发掘的地方，就是陈仓县治的遗址；这大体不致有错误的。

我们所发掘的地方，分为二区，中间隔一条大沟叫作戴家沟，我们在沟东开了几个坑子。这一区我们通常叫作沟东区。过戴家沟稍远，有一个废堡子。我们在堡子内外又开了几个坑子。这个区域，我们通常叫它作废堡区。这两个区的鸟飞距离，有五六百公尺。废堡区的遗物，差不多全是属于秦以后的，同今天所要说的新石器时代遗址，没有很深的关系，这不多说。这两区的时期大致可分为四：由后往前溯，第一，就是秦以后，有城址及墓葬。第二，是秦以前千余年，或可叫作三代。这一时期，有很多的墓遗留下来。它们的特征，是凡属于这一期的无论贫富，不管墓中遗物的多少，却总有必不可少的一件：就是一个匋质的鬲。并且这个鬲不是特别制的明器，却是墓中人生前所用的。我们把它们发掘出来的时候，它们上面全有一层黑烟煤盖着，足以为证。大约那就是古人用的炊具

①编者按：原稿为“遗地”，当以“遗址”为是。今改。

兼饭器，每人一器。他们以后，就把他每日所用的鬲殉葬。这一类墓我们通常叫它们作瓦鬲墓。再往上溯，第三，为以彩匋为特征的仰韶时期，仰韶为河南渑池县的一村。自从前十几年，瑞典人安特生博士在那里工作以后，他又在甘肃河南找着些同时代的遗址，中央研究院在河南也曾发现了不少。在陕西，从前人还没有工作过。这一期为新石器时代的末期。有人说：在夏以前，有人说：这就与夏朝的文化相当，纷纭聚讼，现在还无法解决，也不必谈。第四，就是我们今天所要谈的新石器时代。……

我们自从二十三年春天开始发掘，不久，就注意到：在仰韶层的匋片里面，有若干匋片，上面的条纹，比普通的绳纹宽的多——我们此后，叫它①作篮纹，——颜色及质料同此层里面所常见的红匋片无大差异。数量的比较却很小，并不常见。当时我们以为这不过是仰韶匋片中之一种，并没有感觉到它是另外一个时代的制造品。直至是年跟，**H**坑的东南角，发现一个汉晋的墓，编为**H**坑第八号墓。次年开年，把墓身作清楚以后，就向南面找寻它的墓道，在墓道南段下层稍偏西的地方，又发现一个口中含贝的墓，编为**H**坑十四号墓。此墓中有石器而无瓦鬲或其他匋器，匋片。（此类的墓，我们也曾遇到几个。依所出的遗物推测，或可断为比瓦鬲时期较早。）这个墓做完以前，在其稍偏东处，立时发现一个蒙古包式的古代民居。上口甚大，当为民居所从出入的地方。这样住所，就是《诗经·大雅·绵》中所说的“陶复匋穴”的“复”。王静安

①编者按：原稿为“定”，当以“它”为是。今改。

先生对此字有详明的考证。——此处离地面的深度，已经有七公尺强，看遗物的情形，像是没有扰乱过。我们大家因为发现了这样不易得的民居，全很高兴，就很谨慎往下作。我们通常对于匋片，因为数量太多，看有特征可见的，比方说：耳、口、底等类，完全留下；其他太普通，毫无特征的，也弃置了一部分。至于这个居民里面的遗物，却是不遗一片的完全留下，里面没有一个完整的匋器。匋片检出来以后，经本组技术员白万玉先生的辛勤黏合，居然有四五件，虽不甚完整，但是原来的形状已经可以看出来。从这个民居里面所找出来的各种遗物：匋片，骨器，石器等类，仔细观察，才晓得仰韶时期匋器①的特征，在这些匋片里面，完全没有。这是一个另外时期的遗物。这个时期，比仰韶古。我们因为这个民居未曾扰乱，可作标准，就戏之曰“标准坑”。拿它同②别坑的匋片比较，才晓得我们所遇见的同时期的遗址，共有六处：（一）即标准坑。（二）H坑八号墓上面，有一个圆角长方形的遗址，其底及壁有一层极薄的石灰皮。大部分因土松，已陷入H坑八号墓里面，我们因为时间关系，只把它的西北角掏作出来，西墙及北墙尚未作出。东及南墙陷入墓中。据所作出及陷入的匋片观察，也属于此时期。（三）G坑（此坑在各坑中为最高）中间，有一粗圆土筒，已稍移，深③至七公尺八。至今尚不能明其用途。匋

①编者按：原稿为“期”，当以“器”为是。今改。

②编者按：原稿此处多一“列”字。今删。

③编者按：原稿为“已”，当以“深”为是。今改。

片不多，但属于此时期。（四）M坑东头五号墓上面有一坑，形式与“标准坑”同。内人头骨四具，其骨架已乱。尚有兽骨（杨钟健先生定为猪骨）。底的大部分，陷入于M坑的五号墓中。（五）I坑南端有一底及壁较极薄石灰皮的遗址。西墙有缺口，彷佛是门。中间小圆圈，斜底数公分，为置火处。它的南半已经为本坑三号墓所破毁。匋片不多，也属于此时期。（六）K坑有一制匋工场，面积颇大。有一部分为几个瓦鬲墓所破毁。它的南部，有两个炉灶残余，旁有匋器，已成碎片。西南部有一小池，深约两公寸。向南稍偏东有一沟，甚完整，未知当日如何用法。其北部也有一个小池，大小，深浅，向南稍高的沟，全[①]同西南部的小池相类。惟北墙未嵌瓦罐，有小坎台各二，疑当时可横放二小箸于坎台上，箸上置物，下置火以烤之。全工场底甚平，为一二公分厚的烧过坚土所成。它的匋器属于同时期。此薄石灰片的遗址，所见尚多。从前不能确认为何时期，现在推断属于同一时期。但此类均尚未发掘，只好俟之将来。

……匋器进化到仰韶时期，几乎可以说达到顶点的。以后的瓦鬲时期，以及秦汉的匋器，全不及这一时期的精美。秦汉以后，带釉匋器，逐渐发达，进化为磁器，那又是附庸蔚成大邦。至于我们所发现新石器年代的匋器，就颜色说：有红的，有灰的，有黑的，但均是天然色，绝无[②]加彩。就饰纹说：一部分绳纹的，与仰韶期及瓦鬲期

①编者按：原稿为“会”，当以“全”为是。今改。

②编者按：原稿为“然”，当以“无”为是。今改。

> 的纹相同，至篮纹则为仰韶期内之所无有。另外有一种细刻纹及点状纹，也是此期之所独有。形状就我们所黏合成形的数器来看，则有细颈，鼓腹，平底之罍形器，直壁，平底，双唇之角形器，及有鍪之薄肉瓶等，均为仰韶期中所不及。质地比较粗糙，无仰韶期之精制红陶。
>
> 新石器时代坑中，尚有若干骨器，石器等类。这些同仰韶期的分别尚不显著。
>
> 再就地面的坡度来比较，仰韶期的同现在的，可以说没有多大的差异。至于新石器时代的坡度同现在的坡度差异却不很小。

所以徐氏在文末下一结论：

> 狭义的考古学术在我国发达的很晚，所以许多问题，尚在空白的状态。桑志华神父（Pere Licent）及德日进神父（Pere Teilhard）在陕西北部榆林附近及河套里面鄂耳多斯一带，发掘到旧石器时代的遗址。至于安特生博士所作的仰韶遗址，是属于新石器时代末期者。各处仰韶期及较后的遗址很多。比方说：中央研究院历史语言研究所发现的黑陶文化，就是比彩匋文化——仰韶时期较晚的文化。他们作的仰韶时期的遗址也不少。可是比仰韶时期较早的遗址他们似乎还没有见着。安特生断定甘肃齐家坪遗址比仰韶时期早，又因河南渑池县不招寨的遗址未曾发现彩匋，也疑惑它较早。其实我们在瓦鬲墓的时期，也没有见到一片彩匋。我们并且有决定的证据（Argument decisif）可以证明瓦鬲墓在仰韶期以后。不招寨的遗址里面所含瓦鬲残片不少，所以可决定它只能比仰韶晚，绝不会较早。至于齐家坪的遗址，同仰韶期的遗址散见于各处，并无地层上

下的关系，不过因为匋器的作风间接的推断，至于直接的证据却是没有。复次从匋器的作风上看，我们也可以承认齐家期较仰韶期早，但是它的匋片虽然朴素，却仍是有彩色，同我们所作的六个遗址绝无一片彩匋者异。齐家期虽说较仰韶早，却相距不远，仍属于新石器时代的末期，并非真正的新石器时代。在东三省及内蒙古一带，桑志华及德日进，中国西北科学考察团，美人安德思（Andrews）及其他采集家均有不少新石器时代遗址的发现。但是，这全是在地面上采集，并没有真正作过发掘。它相对的时期到现在也还没有研究清楚。并且这一带的文化同中国本部的文化，在本质上，似乎也很有差异，不能相提并论。所以我们可以说：从前在旧石器时代以后，新石器时代末期以前，有一页的空白；我们这一次斗鸡台的发掘才算把一页空白补起了一部分。

在我国考古学事业的幼稚，地下的发掘甚少，无疑地史前文化的空白页数是很多。据这回北平研究院在斗鸡台的发掘，居然发现了比仰韶期还早的新石器文化，的确足以补上一页的空白。希望地不爱宝，将来出土日富，便可以在殷墟期，龙山期，仰韶期之上，添增了一个斗鸡台期，则我国史前文化可考证得更详密了。

但是长江流域及珠江流域则所知较少。虽然最近有外人在四川西藏调查，我国人亦有在江苏浙江一带作地面采集，可是尚无成绩可言。较之黄河流域，可谓瞠乎其后。

惟广东则雷州半岛在唐时曾发现石器，见于刘恂的《岭表录》中，只可惜记载简略，假设错误，不足为我们研究之助。最近香港附近，据亨来博士（Dr. Heanly），史可斐先生（Mr.

Schofield），许尔薛教授（Prof. Shellshear）诸氏所收集，亦有新石器时代的石器，陶器等遗物，石斧之中则有肩石斧甚多，陶器有类似罍者。其地的石器时代之年代，比较中国北部则较迟。而其文化则类似印度支那及东印度之处极为显著。鉴于此等业债，于是芬·但尼尔牧师（Daniel Finn）乃着手调查香港附近舶辽洲的西部海岸大湾肚地方，发见石器陶器及若干青铜器。氏谓从陶器的文样研究，这遗迹只能认为公元前后时代之物。

据黄素封译芬牧师的《香港舶辽洲史前遗物发现记》云：

近年来不乏学者探寻与研究香港及其附近一带以搜集古时人类活动之遗物，所得者多属石器、武器、陶器碎片、石环等类，均在地面上岩石上水流中得之，其原来位置因早已移动，故余认为公物。亨来博士史可斐先生及许尔薛教授对寻求此种古物，目光极为锐利。当许尔薛教授今岁（按即一九三二）因休假离此，语我寻求古物之兴趣，余乃利用假期从事搜求，果觉兴味盎然。数日后余尚无所获，不料余在经过香港亚部定（Aberdeen　华名香港嘴）码头时，步行沙堆之上，忽踏碎一古代陶器碎片，俟由市返回，又拾得一染色铜片，显系古物武器，或即为剑头。次晨余与友人同去，并携一铲，余友掘得一枚已生黄色锈之石剑头，颇为满意[①]。此外并获得陶片很多。其中之一式余已从许尔薛氏收集物中见之。在此二十四小时内，前后发现之遗物，是否有连带关系，实属一重要问题。第二步即寻求此处沙土自何处而来，结

①编者按：原稿为“注意”，当以“满意”为是。今改。

果亦如愿寻得。此时并查知余等此刻所在地，实即许尔薛教授及其友人前次获得丰富成绩之处所。回忆史可斐先生曾告余云，当彼初次觅得该地时，须留心行走，以免踏破古物。但在今日之情形则不同，所有遗物已不见于地面，须艰苦发掘，方可获得。惟沙船及取沙所抛弃之废物中，就可见之。吾人如欲得到较多而较确定之联系证据等事，不难在此处求得。然欲发现此地未移动之沙内之古物，应澈底并小心作大规模之开掘，否则仅可略述如上云。

舶辽洲之西岸名大湾，此岛西海岸之大部分几成由北向南之直线。北端伸出，转而向西，中间成为自东南而向西北之小海岸。本文所述之发现，即得之于此海滩之上及其西南一带，盖此处似为真正之大湾或大湾肚。海滩之后，地土肥沃，有一村庄，亦名大湾，中有树林处，即发现物所在地之南界。……在海面一百英呎高的山地中，有稻田栽种，此地即大湾村。

海滩农田之间有一海岸，长约一百二十呎，阔约一百二十呎，在过去数年间因沙船运沙，掘下二三呎，已不能保留原来平面，而成平底之洼地，将沙滩划分为许多小格，此区划部分而今乃成为接近沙岸背后之走廊。许尔薛教授的大部古物，皆发现于此段海岸。此类古物显为沈积物，或为掘沙人不要之废物，同样事件，现在尚可遇到。沙船来运沙时，工人常破坏陶器片，据说二年前更多，因工人向不注意古物，多已损失。一天见一妇人掘沙，有古物发现，如无我窥见，将与沙混合运去。今欲决定发现古物地点，颇为困难。于海岸山谷分界上，已找到多数古物大碎片。此处似非古物之原址，大概是在掘沙时弃于其旁，而后又为坭土所盖覆者。当农夫耕耘时，遂将沙土扫去。

此地属[1]沙质地面，可以取沙。上面为一草泥地带，介于边缘及农田之间。草泥之平面，适在今之沙地斜坡下端之上约十三英呎，沙质坚硬而细（大部分为石英），故极易滑下。故在开发之后，沙壁上纵断面不能长久存在，遂即崩塌，成一斜坡，长达二十余呎。当吾队正在开掘时，为余自此山坡下行至半途时，余之脚踝陷入沙土数吋，有一陶片出现沙中，因未能即取出，遂随沙滑下，不知去向。而是时另获一片，乃自上面滑来者。欲求工作有好结果，须将沙运去，方始可以探寻，然此工程不易举也。

在说明地方情形后，将发现古物加以分类。首为陶器，包括数种显然不同之形状及制法。次为金属器及石器。此种分类法不依年代的顺序，乃为研究的准备办法。

据[2]其所记载，由于实际的发掘而得来的材料甚少，实则皆属于地面的采集，地面搜集发生困难时，乃加以人力爬梳耳。盖其出品地原为海滩农田之间的沙堤，沙质坚硬而细，极易滑下，古物又埋藏不深，实在不须发掘的缘故。

又芬牧师记载其发现物云：

（一）发现物

---

①编者按：原稿为“屡”，当以“属”为是。今改。

②编者按：原稿为“掘”，当以“据”为是。今改。

一、瓮形瓶

其特点如下：瓶口圆形，有一短颈直立，瓶身球形，下面无脚，底面甚平，此种瓮多只，在窑中烧时，可以叠起，因底平口平，颜色不同，底片如大碟，瓶身相合处，有线条可见，通常高十吋，瓶颈高一吋，口约六吋半，瓶身最大宽度约十吋至十二吋。另有一个较小之瓶，有耳在瓶肩上，所以用绳穿过各耳，花纹甚美，瓶口有边伸出。

关于该项瓶之制法方面①如下：瓶下部，瓶管印花纹，似为竹制，用放大镜细察之，每格花纹有空地，并有大黑点。内部磨平，留有痕迹，似为瓶立于木架上，以便作花纹，瓶子上部如用小轮从右向左划过线条，瓶之内部，瓶身与瓶底相连处，可以看见，因瓶颈易破，可推知瓶颈为另做而装上者。观察点有三：(一)土层厚度，(二)瓶肩上有梳压沟纹，(三)瓶下各部连合技术甚为重要。

有许多古物上，有的网形花样多在上部或瓶颈上，好像有将新瓶放入网后遗留之纹。而下部布纹花样，极为精细，不过有二件，余曾注意，下部全黑色，花样不同，亦非来自一地。

瓶之上部从中部到瓶颈连合处，此段花纹可细查如下：

甲、有时下部布纹花样，亦见于上部。这种花纹甚

①编者按：原稿为“制方法面”，当以“制法方面”为是。今改。

坚，因多在地面下十七吋二十四吋[1]至三十吋等下面寻得者，别处亦有多种，花纹各异。

乙一、印花布花样，有中心为斜方形者。在中国周代鼎一类铜器上，多有此花纹。

乙二、瓶上有小方格花纹，汉时古墓内有此古物，又安南北部古墓外亦有之。在地面三呎以下寻得一件及碎片。

丙、方格印花，有不同点，为其方格角度，或为正方，或为斜方。

丁一、金刚石形花纹，或菱形花纹。

丁二、斜方菱形，或小方格，每格各自成金刚石的菱形。余寻得多片，似为一瓶之碎片，兹收一片作图，广东博物院有一古砖，在一五层塔上寻得者，亦同此花样，谓为汉宋时之砖。

丁三、方格花纹，再加大方格与小方格，成对角线。

戊、圈形花纹，有圈绕中心圆形花纹，外有许多小圈，其他类似花纹，有不同点，一近方形，一近长方形[2]。

己、第四号碎片很大，而富于研究，瓶颈上有管形花纹，另装在瓶身上的。瓶内有制造厂名，瓶身花纹如英文字母Z字，系在地面寻得者，瓶为土红色，体不甚坚硬。

庚、有一陶器片，黄红色，砖质，似汉代的壶，口斜形，宽约七吋，口下一吋有四条带形花纹。

---

①编者按：原稿为“时”，当以“吋”为是。今改。下文“三十时”亦改为“三十吋”，不再出注。

②编者按：原稿为“长形方”，当以“长方形”为是。今改。

辛一、陶片第十六号至第三十六号等花纹，为便利起见，姑定一名称，为英文字母“双F花纹”。此种花纹别处似少见。在未研究该种花纹原因前，先将不同各点指示如下：

辛二、双F不是一个真的花样，不过重要线条之表现。

辛三、双F是指明花样。

辛四、在两个花瓶之间留有空地横分各花纹。

辛五、双F互相配合像鸽尾式。

辛六、双F互相接手或上下[①]相碰式。

辛七、双F分开成S形互相连接，每一个S与其近邻花纹有三处相碰。

辛八、中间双F花样似有点与其他种不同处。

辛九、花纹末端像犬牙。

辛十、有种花纹，中段如枝，技术颇美观。

辛十一、花纹末端成结。

辛十二、这样花样有二边飞动凹线。

辛十三、陶器上有一半印花纹者，或上部一半印花或下部一半印花。

辛十四、有相反的混合印花纹。

辛十五、花纹重叠式样。

辛十六、有卍字形花纹。

除以上各样不同花纹，F字花纹时常变换，忽左忽右，成各种印花，在第三十四号陶片，F花纹造成长方形方格。

制瓶黏土亦各不同，表面上有粒状，可以分别之，多半在瓶之内部，好像斑点。为深蓝或绿色。恐系在炉上，

---

①编者按：原稿为“上上”，当以“上下”为是。今改。

接触木炭灰而有斑点，有等陶片为红色，质与砖同。有等陶片内面灰色，外面土红色，除第三十五号陶片漂白外，第廿五及第六等号陶片内面深棕色，外面红色。总之：香港附近土地多含铁矾土，故概作紫色。大部硬石器，以及此种岩石之粉化坭土所制成之陶器，均呈此色。

……此等陶片为硬的红色陶器，有双F花纹。以现在情形推测，这些物件属较后古人遗留者。

据此，其所得遗物，最深不过在地面下三呎寻得，其在器时代不能太早。故芬牧师的结论[①]云：

双F花纹[②]系从中国古铜器上推想得之，为汉代以前或为秦代之物。……研究汉代古铜器，精于镶嵌金或银是一种进步作风。此第三图古钟，系清代乾隆皇帝所有，花纹与古陶器上有相同处，而每个花纹，自成一单位，均为方形。详见《西清古鉴》，所有花纹多属一样。或相反的，其作风与陶相似。

现在试以圆圈为范围，来研究内部图画，双F花纹有点不同，因F字母之两横是向内弯的，而非直的。这种图画，圆形发展好像三个鸟围绕成一单位圈，这是在秦始皇时代物与周秦有关。我相信此推测时代不致有错。因双F花纹合于中国人所喜。周代古物，均有此花纹。……而近代[③]器具亦具此花纹，其来源恐系受古铜器上花纹影响。所以其他花纹，关于蛇鸟鱼狗等，均用双F花纹。这些铜

①编者按：原稿为“法论”，当以“结论”为是。今改。

②编者按：原稿为“花瓶”，当以“花纹”为是。今改。

③编者按：原稿此处脱漏一“代”字。今补。

器，均为汉代以前之物。

有几个普通的问题可资研究。好多的瓶没有脚。中国或上古酒瓶为祭祀用，一样无脚。瓶身上部有装饰，颈为直立。瓶口有唇，但无盖子。在汉代时，普通称为壶。中国古铜器有三足脚，或有一圆形座子。古铜尊其颈直立于方的肩上，身为圆形，可以稳立，下有座子。关于脚之研究，古器从何时起方有脚，汉代古物，均为平底。在舶辽洲发现各陶片，下面未见有任何痕迹，系脚被损失。查周代古物，脚不属重要。寻得古物中，有几片显为古物之脚。时代为铜器的模型，许尔薛教授，有一很精致陶片藉一古瓶脚。我亦得一脚片，认为系古瓶之脚。第七图一片为脚，一片为颈。许尔薛教授有一大片脚，二片瓶身，一片带颈。因此我们可以合起来看瓶的原形。可以推论，脚为后来加上去的；因瓶身乃黑泥，脚为很清楚的红色物。瓶身有蓝形花纹，脚部亦有此花纹。我们陶片中，可以看出脚为后加上去的一部分，因脚的里部外部均有缝道。据说是汉代装饰。在舶辽洲所见各瓶加以研究，可以推想，这些瓶盖均有釉发光亮。可知原瓶亦预备上釉。是双F花纹好的标本，后来加上脚的部分，最后上釉。在安南有几个瓶，脚是另外做好的，在上部被火烧黏。瓶的内部在颈下，成一肩形的边，如第一号瓶片，但非全系此样。这一片是从瓶口到瓶颈，再到瓶肩。里面相接处可以看见。舶辽洲[1]所见古瓶，瓶颈与瓶身相接处无缝可寻，做得较为精致。第一号陶片，在瓶上有一条点纹，认为将加釉的。

①编者按：原稿此处脱漏一“洲”字。今改。

关于一种陶器——瓶——的叙述，在此告一段落，如研究其他陶器，亦应从头叙起。至于上述陶器时代，依据他人考古理论，可以推定为西元前三世纪或相近年代。

兹余可归纳一结论如次：上述在地层中发现之陶器，同时有很好的石器武器发现，又有铜器时代的戈、箭头及其他武器，安南及东京（Tonkin）二地亦有同样古物发现。希望再进一步寻求，可以增加研究华南古史之兴趣。

芬牧师所下结论，多少受了黑儿克绿司博士（Herk Lots）的影响，其所假定虽不无可商之处，但其所给我国南方史前文化的史料不少，颇可以增加我们研究的兴趣。

芬牧师文末有附录一段，附录一云：

在本文将完结时，有新的古物发现。此为黑儿克绿司博士所赐，为节省时间计，并将一瓶形状列述如下：

外表——黑色，在底部有棕色圆圈，有黄色分界线。

内部——灰色，质甚坚硬，声音铿然。各处有气泡，底部斜形。

大小——外高十寸半，内高十尺四分之一。最宽度为十三寸，有装饰分高六寸四分之三。颈高半寸，口宽五寸八分之一。

花纹——双F式两手相交。

第二个小瓶无头，大概形状如下：

外表——灰白色，质坚而重，底部有花纹甚平整。口甚光滑，无颈。

大小——高二吋，最宽度为四吋八分之五，口宽三吋。

装饰——车轮花纹一面为长圆形，另一面则为平线形。

内部——口下一寸半，有火烧黑色。想系作灯用，故不颈。

上面二瓶，为比较完整者，故能作辨认之研究。

但芬牧师《香港舶辽洲史前遗物发现记》一文原分上下两篇，其下篇系继续研究，大略云：

上篇所记陶器，为西历纪元前时代者，系受秦代文化所成之式样。本篇拟将舶辽洲附近各种陶器作一继续研究，惟铜器石器及其他各物，则留待他日再为文发表。

一、陶器

二、杯

本篇所指之杯与上篇之有连带关系，如花纹、记号、装饰等项及年代，均可谓在同一时期。

杯分为二种，(甲)不上釉的，(乙)上釉的。

(甲)不上釉杯① 杯之形状，有如“西”字形，或如“豆”字形，其下面有脚。杯之脚大多为圆形小圈，或如衣领。在杯的下面，常见有杯无脚，或有脚无杯。起初造时，二物分开的，故能有此现象。杯身筒形，如碗，口向外伸。杯与脚连接外有蛛网花纹。杯底形状为圆形圈子。脚的形式不一，尤在内部。口亦不同如茶杯，据云系受铜器式样而仿制的。又每一杯上可以查出一记号，似为制造商人特留者，以备分别认识。同时亦可藉此推言该瓶②该杯年代，是否属一时代的。

---

①编者按：原稿此处多一“釉”字。今删。

②编者按：原稿为“杯”，当以“瓶”为是。今改。

若加以详细研究，这种杯子实很多不同点，如外表、轮廓、大小、体态、泥土、装饰等不同点。但大体上属于一类。疑当日陶器师曾作种种试验有新的配合材料，假如有二片陶片，看去是很像属于一个杯的，如有破合缝处，即能合成一物。脚边及杯口等处均为斜形，然每杯均各不同。至杯之外表不同点有三，第一点为杯身体凸出圆形，第二点为杯口凹形，亦各不同，似有西方希腊罗马作风，第三点为杯口向外伸出或向上伸。

杯体比例如下，口的对径部为身高二倍，而身高通常的是较脚部平面的对径略大，不上釉的杯，高约三寸，但有一碎片，量之近四寸四分之下，看上去好像是属于上釉的泑，是比不上釉的杯大点。其他各碎片均系二寸高。制杯陶土与瓶[①]相同，如第十一板第十二图为紫红色，有亮粒，据地质学博士比罗克（Dr. Brock）云：这种土有铁质。另有数杯[②]土质较软，为红砖色。许多的杯[③]是深棕色，有红点，也有带白色的。凡乳白色的，似为预备上釉的。像唐代古坟中的物，外面装饰花纹是有限的，并简单的数种。同样花纹重覆印出，为大多数作风，至陶瓶上大的花纹，在杯[④]上从未见过，在杯口的内部，有一点足资注意，即为有花纹是预备上泑的，然未有上釉的，以我的经验，由此可以确定这些杯是上釉的一类。不上釉的杯，口内即

①编者按：原稿为“釉”，当以“瓶”为是。今改。

②编者按：原稿为“釉”，当以“杯”为是。今改。

③编者按：原稿为“瓶”，当以“杯”为是。今改。

④编者按：原稿为“瓶”，当以“杯”为是。今改。

无上述花纹，偶有白色圈子或其他花纹，只能认为陶器师的器具与杯相碰的花纹。

（乙）上釉杯　查陶杯与陶瓶寻得均在同时，并同在一地，颇有研究的价值。几块碎片，在数日中寻得者合起来可成一器，是在地面下二十吋之间掘得者。有一片是我自己掘得者，在地面下二十吋，另外一脚，有上釉的痕迹可见，一天在地面下三十一吋寻得者。一小杯上面有带形花纹，近口处有颜色条子，是在地面下二十吋寻得者。又一大杯有布形花纹，在一处，见沙已被人运去数尺而露出者。附近亦掘得数片陶瓶很属特别的。上釉杯的成分，形状，装饰等与前节述的可作同样看法。

上釉陶器的陶土是软的，中间无他种媒介物，所以容易落去。内部又有许多小点成带形，杯的上部及内部全上釉的。釉是黄色。杯烧的时候向上直立。所以釉流到下面较厚。外面及底部有泡。H杯上有七条带形纹（并非螺形）。另外一杯，是颇有趣味，可资观察，杯口较通常的小一寸，但高与通常的杯相同，杯身较为直立，内部系中心集中的圆形。底部有沟形圆圈。又有几个小的杯，釉上在沟纹上面。有一个烧得过火成黑色，但釉较好并上得厚。普通的杯均为白色，但有例外。……

在陶器的瓶，上釉的杯及不上釉的杯上，有标记可寻，疑是商标（Trade Mark），分述如下：

我为便利起见，另作标记以区分上述三种陶器而非原有标记，切勿相混为要。如在本文及各图上，用J字示为瓶[1]类，U字为不上釉的杯，G为上釉的杯。

如将所有陶器碎片上的标记，全行印出，太费地位，史可斐（Schofield）先生及许尔薛（Shellshear）有两种收集，标记至少有三打。我将自己的收集品，同许尔薛教授的一件，作为标准，研究各项标记。

（一）简单的直立线，或近长方形的线条。

（二）点形花纹，或梨形花纹。

（三）线条与点相混合的花纹。

（四）花纹像[2]字母N。有时旁加小点。

（五）花纹如中文字“七”。

又有花纹似中文“十”字，在汉代古物有此花纹，但有时许多“十”的互成长方形，又像“七”字。

又有花纹在未上釉杯上，像中文“卜”字。

又有花纹在未上釉杯上，像中文“乙”古写。

（六）花纹像英文“J”字。

（七）花纹系用模形印成的，在瓶及未上釉杯的外面及上釉杯的内面。至花纹点数，各物不同，即同一物上，花纹有深有浅，以在中央者为较深，想系模形关系。

（甲）点形花纹重覆式。

（乙）线条花纹重覆式。

（丙）特有花纹重覆式。

（丁）点与字画相混合的简式。

（戊）相同花纹的混合组织。

---

①编者按：原稿为“杯”，当以“瓶”为是。今改。

②编者按：原稿为“线”，当以“像”为是。今改。

（己）用点成字形花纹。

上述各标记是技术的，由不同各物上集合起来，加以研究，可认为均属一时代之物，但标记可以决定属于何窑。最近广州李经宏（？）先生来函告我，寻得陶器古瓶，似为秦代坟中物。我虽未见广州古物，然愿考查该物标记属于何厂所造者，在伦敦阿亚倍博物院中有一个石器瓶，是壶的一种，肩上有二排小鸟相连成带，每一个鸟身上，有点形花纹，想系用模印造成的。在第三世纪之后，为中国秦代。广州博物院内有一汉陶器，有鲱鱼骨花纹，上釉的陶器上，亦有此花纹，想系用梳印成。在舶辽洲上有几个瓶器，颈上亦有此花纹。然有一点颇为希奇的，即各花纹均不似中国文字，我们可认为当时工人多不识字，用他们特有记号，备作技术之用。总之，这些标记对于研究古物颇属重要，因此可以推论各陶器的关系，及如何分属各类。至其他古物在本文中发现者，尚无如瓶杯等件有此标记，可以寻查。

三、陶器有模形花纹的

有许多陶器片上的花纹显然的与前述各项不同。我得一片较为完整，但不能认识。有二吋大的小片等可以看出是陶器的口，在颈处被断，陶土软性，烧得不好，表面不平，有点形花纹，形式受铜器影响，有点像意大利的Bucchero。此器可作盛饮料之用，两面光滑，颇为合用。下列数种研究，以备作陶器分类。

甲、一种单独的陶器瓶，陶土是很特别的，仅有一色，像“巧格力”薄片。质脆不坚。瓶身有树枝形花纹，这物在一堆垃圾土中寻得，地面下二尺。

乙、“柳条”制的花纹陶器，约一吋[1]长，破片甚多，最好能得一整个的，可以研究。颜色不同，从黑色灰转变到淡灰色奶白各种，又从粉红色到大红色各种。花纹如英字“Z”字，在地面下五尺寻得。表面甚光滑。内部陶土则粗糙，含有石英。

丙、陶器上用印模制花纹的，在舶辽洲沙土中寻得一小片，花纹似为刻成的，但此为例外，其他各物上均为印花，此类包括白的及牛奶色的陶器。有一种在地五十吋是完整的，但掘出即破。有一片最大的。此瓶无脚，底部较黑，破口处为黑灰色，全部高约五吋四分之一，宽约七吋，颈高一吋，瓶唇很好，上面斜平。花纹方形，互相连接。有一片是在地面下三十八吋寻得者，牛奶色，甚光滑，花纹为线条，中有空地。有一片，花纹为长圆形，此片各处均见。

丁、黑色陶器为模仿铜器者。惜未得较好陶片。花纹方面，可以制板者，仅为一片，已经消耗，不甚清楚。我记曾得一片，比这片较好，但不知放在何处，是为恨耳。花纹有像鹰头，头纹重覆成带形，陶片表面有硬印方形痕迹，可以证明在技术方面的来源与前述陶瓶同一来源。还有一种陶片，花纹混乱。又有陶器，色黑如煤。花纹颇粗。在地面下三尺寻得者。……花纹进步，如同花布。我认为世人好古，所以后来织布，仍用陶器上花纹。中国古书上所示花布包袱亦应作如是解。

---

①编者按：原稿为“时”，当以“吋”为是。今改。

四、陶器无印花的

我们首先应注意的是几片陶器[1]中，亦有一片属重要的。第二图L及第十四板第一图，这是一个上颜色壶的下部，是一块很宽大的碟子，下有脚一吋半高。陶土属软性红砖质，上面一层很薄的白色颜料。红色波纹线条及许多小点纹。形状颇属特别，虽为碎片，尤可合成一器，像一个浅碟，有六寸直径，深有一吋四分之三，下面有脚，直径约五寸，高一寸四分之一。脚亦上漆，但每逢相距[2]二寸间，即有一洞，不知何意。广州李先生解说，指此器为汉代古坟中井的模型，同样的陶器碎片，尚有不少，看上去为装饰品，不似普通用品，想仍为古人坟中陪葬物。

五、陶器碎片上，有雕刻的波形花纹像新月

只有两片寻得，汉瓶上多此花纹。

六、粗陶器，有绳形花纹或无花纹

在地面下二吋，寻得多数粗陶器，多属完璧。不能详述，因需作图解说，颇占篇幅。兹略举数件，第十四板第五图的一片，花纹清楚，在地面下四尺寻得者，棕黑色，有方形花纹。这种粗的陶器上的花纹，可以推想为陶器工人用小石片刻的。有时颇为美观。再查粗的陶器，系为人民家用品，体质厚而光滑，便于使用。惜受潮湿易于破裂，不能掘得一完整者。……有二个瓶完整美观。第十五板第三图的瓶亦破裂，其底部涨出，与第十五板

①编者按：原稿为“几陶片器”，当以“几片陶器”为是。今改。

②编者按：原稿为“相拒”，当以“相距”为是。今改。

第一图同属一瓶。不过第一图为未涨裂之形。表面虽粗，但技术方面甚为精致，口为宽斜形，总之，此瓶决非原始时代器具。

上述粗陶器与前述的陶器瓶等，同在一地发现，约在地面下二尺左右，并可认为属于一时代的古物。又在一地掘得一古陶器时发现一物，如第十五板第二图，似为陶器工人的用具，一个平碟，上面有一层陶土，未经火烧的，如图所示，一部分陶土已取下，离开该平碟，而陶土下面光滑平整。由此可知在此附近地方定有陶器制造厂。惟本文仅限于发现地，故不向远处考查。以所得陶器观之，有烧得过火的上釉杯，几个预备上釉的杯，一个杯底尚未经火烧等等。同时我们可以推论，离此不远，古时定有人民寄居。

这些陶器，初看觉为元始古物，但年代不致到周朝。依据安南考古史及其他考古书籍，可认为最早应在汉代。此地发现古物，乃古时人民与地理的关系，非中国历代古物遗留之所，古时中华民族流寓此地，将文化带来。与他种民族同居，因有伐木之斧与汲水之桶等，均不能与古时富人之坟内古物相比。

发掘古物，应具小心，注意种种，以便记载，我们在此小地方掘得陶器不少，极力保存原形。惜未能如愿多得整个陶器。好的陶器，多属破片，仅粗的陶器有完整者。有一次得一粗陶器古瓶，预备考查该瓶，外面有方形花纹，瓶口斜形，高九寸半，宽十三寸，全部完整，仅旁边有一小洞，大约因此一洞，认为无用，被弃于地。内面全是沙土，致瓶身破裂。据余个人经验，古物中很少有完整者，总是有缺口的，可以猜想此地古时定为垃圾堆，无用破物，均弃于此，粗陶器不值钱，易有缺口，好的陶器耐用，故有破片存在，这种推论而待研究。

古物既已发现，应知其年代，是一疑问。我个人认为在此地寻得陶器，不分粗细，均属于一时代。但对于其他各物，同时发见者，如石器铜器等，另外推测，刻下不加以推定。好友李君系美术家，住广州，考古已二十七年，他的意见有附记于此必要。据他在广州附近所发现古物，均认为秦代物。上釉的陶器是永嘉年代。但他未见标记，仅认为秦代以前古物。这种古物均属私人，我尚未见。在广州五层楼博物馆内，见一古瓶，据说是上一类的，我对于他的意见，未能完全同意。

由这些搜集得来的材料推究的结果，芬牧师因而续下结论，论及民族的移殖及文化的异同，原文云：

本篇所讨论者除原拟青铜器外并论及铜斧与石斧，而所需更正者遗物之时代也。虽至今仍有若干疑点，然遗物之所代表之文化较上文早无疑。其所以使余加以更正之主由有二：一因港政府在担任发掘该地之经费（一九三三年五月至六月），二因予同年七月至八月赴河内（安南）法国远东学院（Ecole Francaise de I' Extreme Orient）研究。按当时余在该发现中有所新收获。其时适逢许尔薛教授（Prof. Shellshear）发表[①]其大作《香港与新[②]界史之讨论》（Contribution to the History of Hongkong and New Territories），而河内“史前学者大会”（Prehistoric Congress）亨莱博士（Dr. Heanly）之

---

①编者按：原稿此处多一“起”字。今删。

②编者按：原稿此处多一“世”字。今删。

文亦已公布，使作者得获参考不少。读者如欲详知香港遗物，下列论文当可作为参考，纪登博士（Dr. Robert Heine-Geldern）所著《亚洲东南部后石器时代之遗物》（原名Urheimat und Fruheste Wanderungen Astronesier），见《人类学[①]杂志》（*Antoropus*，1932，Vol. XXII）一九三二，十二期，五四三页。

据纪登博士之意见谓当时有不断之移民曾至亚洲之东南部，文化程度为后石器时代。

第一次移殖之特点，为应用椭圆形剖面之石斧，并有“织纹”式陶器及用泥带绕成圆椎形式，而不用旋轮制成之陶器。该次移殖若起自中国与日本必经台湾斐律宾西里伯士岛（Celebes）及摩鹿加群岛（Moluccas）而直至新口尼与美兰尼西亚（Melanesia），或曾影响澳洲。纪登博士虽未提出正确时代，但以已往之发现观之，约于纪元前五（三？）千年。该民族可认为巴布亚言语之鼻祖（注：按其原名Papuan，意为“卷发”，指新几内亚及美兰尼西亚各岛之土著）。

后在东南区之大部居民有用“肩斧”（Shoulder axe）之民族。此“肩斧”为石斧之一种，由宽大斧口进步而成狭而锐，自侧面观之略如肩。该次移殖民族似为蒙古种并为澳亚语言始祖（Austroasiatic）（为原始马来与安南族），其来源现尚不详，然彼等曾散布于外印度（即安南）华南沿海台湾斐律宾北西岛日本及朝鲜东北部，或曾至内印度（Hither India）。彼等以贝壳作装饰品，并当作钱币，

①编者按：原稿此处脱漏一“学”字。今补。

无疑与前者之文化相同。并传袭前人应用“织纹”陶器。关于该次移殖时代约在纪元前二三千年。

由各点观之，香港似为第二次移殖所居之地，然一切尚需确实证明，盖因少数日本考古学家仍否认日本有“肩斧”之发见。

第三次之移殖，据纪登博士谓于香港史前遗物有重要之关系。彼认为其时期约在纪元前一千五百年而至一世纪（由Dong Sung遗物中见之），然余以为此项须确实考据，盖遗物或有混杂也。该族为初期太平洋岛民（Proto-Austronesian），文化特点为应用四角剖面之斧（斧口薄面成扁形）。彼等似由西南大陆（即今中国云南或附近各地），经云南边界（Upper Laos Country）而入安南，沿湄公河乘装有桨叉架之小船（Outrigger）而下。此次移殖之文化遂与第二次沟通。但在此前有一支已进展至未开化之马来群岛。此支移民改良原始式之桨叉船，成今日之桨叉船（即由两块浮板改成一块如马来独木舟然），遂能作遥远之海航。故由马来——大西洋岛民最后之共居地——分散两系移殖。一系之分支曾穿越别支殖地。一系经苏门答腊爪哇沿巽达群岛（Sunda Islands）西南群岛与东南群岛直向东进而与初次殖民同化（按：该次移民应用圆椎式斧），即原始巴布亚族；另一系越婆罗洲斐律宾台湾而至日本。在台湾斐律宾[1]及西里伯士[2]岛等发现包兰尼西亚文

---

[1] 编者按：原稿为“斐列宾”，联系上文，当以“斐律宾”为是。今改。

[2] 编者按：原稿为“斯”，当以“士”为是。今改。

化（Blynesian）（注：包兰尼西亚系太平洋之中部与西部岛屿，实则指该处三大群岛之东部而已），为“方斧”族与“肩斧”族沟通之后裔。同时米兰尼西亚（Melanesian）之言语与文化（以弓为武器），亦为第三次移民文化（用长方斧）与首次文化（用圆锥斧）之合并而沿递传下者。纪登博士即由某种斧型而获得包兰尼西亚文化起源之线索。于香港遗物中该项斧甚[①]为显著，舶辽洲遗物——实为香港遗物——为第三次移殖文化之代表无疑。（该次移殖之起源，似由北欧与东欧始，而扩至亚洲沿海，散布太平洋各地。其区域之广大，至今犹未正式确定，而少数尚未开发。）

若纪登博士关于亚洲东南部遗物结论无讹，则仅香港有该次由亚洲移至大西洋群岛之确实遗迹。为使全事明了起见，作者当举出纪登氏论及香港之各要点。

第三次移民之文化（即用长方形斧者）与安特生氏（Andersson）所发现之仰韶文化（于黄河各地与甘肃）甚接近，故间接与欧洲多脑河（Danubian）文化或北部文化发生关系。吾人必须认清此黄河与甘肃新石器时代文化与已具历史性之文化（纯中国典型）者不同。该文化纯为安阳新石器时代者，而其中于中国文化起源之关系仍不明，事实上舶辽洲遗物为仰韶与安阳文化之联系更使情形复杂不易了解。

又除（一）用长方形石斧外，该族具有几点特性。彼等制石器时，（二）用一圆锥为坯，（三）用锯制成[②]各石工具

①编者按：原稿为“甚斧”，当以“斧甚”为是。今改。

②编者按：原稿为“也”，当以“成”为是。今改。

（如斧凿等），（四）在轮制陶器上有特殊花纹，（五）织纹坯子，或（六）一种几何图案成环形并用，（七）枪头为平扁石所制，及（八）工具与箭头为骨制，（九）石环，（十）贝壳圈作装饰品，并用作货币，（十一）爱石圆块，（十二）长圆形者更甚，（十三）为屋居人，（十四）种植米麦，（十五）畜猪牛，（十六）为巨石碑之建造者，（十七）猎人头族，（十八）并用原始式之桨叉船（两浮板式），航于急流中，（十九）或略知制皮方法。以上皆为实证，由四十多种不同遗物中获得，分散于亚洲东南部，与中国及太平洋文化有密切关系。余以为香港遗物与（一）（二）（三）（四）（五）（六）（七）及（九）各条相符合（当再作文论及），与（十八）（十九）甚接近。其余各点因地理上之关系而不同。舶辽洲曾有屋居人或有种谷族文化之可能。并由弯形武器可证明其为猎人头族所用之刀（虽战利品未发见，以后或有良缘未定）。关于第（十）条须特别说明，余等有一块雕石像之石块内有极多舶辽洲特殊之环与项圈，为牛油色并若贝壳之带（贝壳圈形状奇特，当于后文论及），并于别处发见贝壳项圈。第（十五）与（十六）条似在所谓“宗教”（牺牲）关系上相仿，确实情形，不得而知。

关于第（八）条（骨制工具与箭头），香港遗物中有一部所见之箭头为小型之枪头，用扁平石块制成；而另一部青铜箭头有两种，皆为原有骨制品之改良品。以上观之，香港遗物颇接近仰韶时代文化，并有一特殊之紫铜武器。据余所知，甚与高丽东南部（见《史前学杂志》1933，Taf. 4）发见之骨制品相像，并和爪哇三宝音（Sampoeng）所发见之骨制工具相似。第（八）与第（十）

条涉及第三次移殖之后期风俗习惯，当时文化已较原始进步，故少数遗物发见地由香港之发见，须再度考查，除非证据确实，盖普通皆将石武器与金属武器[1]分为不同之文化。中国行仪式时所用之玉器，极似石器时代之武器。高路贝先生（M. Galubau）Dong Sung遗物之发表曾供给适当实情。于舶辽洲由石工具与装饰品之关系观来，似为来自用纯新石器并铸铁箭头之地，故于未说明遗物之前，予当先加以说明。

在前两篇中关于在舶辽洲大湾村垦掘之困难，曾略加说明。该处沙细而干，且甚光滑不易挖掘，为不能得准确结果之主因也。当五六日间政府开发团工作时，曾顾及此点，并竭尽速度与工作范围之可能，设法使深度记录准确。工作范围与速度，不仅须视经济情况而定，且须顾及不使有考古价值之物品遗失。大体上此次范围占地甚广，而开销[2]合乎预算，成绩尚美满。物体之较大者，不会滑脱，而工人若发见较重要之物，即召予亲视。在予未临场前，寸毫不移动。对碎小原片不能如上述之谨慎，盖亦不可能也。盖因常遭践踏而散于各处，与原藏埋地相隔甚远故也。现当举述颇有趣之例子，以上（图板三十五第一部）所发表之瓶上部之另一半为五月十九日发见于F口48寸深。去年十二月所发表之由沙堆检起较新者，却由从未翻动之沙土中发见。由此可见此两片已隔离甚远（或埋藏时已如此）。另有六条青铜带（由五处不同掘口中检出）正

①编者按：原稿此处脱漏一“器”字。今补。

②编者按：原稿为“消”，当以“销”为是。今改。

凑成一“戈”刀片，有两片相离二十尺（水平距离），此数物虽小（口为粗筛筛去），然所寻见之地位颇相合。余两块在24寸，一在二十九尺（一）七十四寸（一）九十寸，另一不详。该次开掘之地位，沿大湾村高耸之沙土台之南边，约长二百四十英尺，各掘口依编号由西至东分I，Z，G，FF，F，C，D，E，B，A，K，L及N，第二批编为X1，X2，X3，X4，X5，由东至西从C，D，E，FF，G倒回而更远。以下所用字母，并量度表明物品之于场中何部。除此外尚用数字母较重要，即W与H。W在沙台西边之掘口，H则在邻处作极相似之工作（青铜器虽少，然碎石器甚丰），掘口Z，I，N表明一地势自草面垂直约五六尺深。此下挖为空沟。由表面观之，似为草地下约九寸至一尺厚之绝平坦层，并有约一尺厚之黑线，划明草地和草下之深色黄沙。草地除一处外，余皆甚平坦。该处向北有一小沙丘，堆积于沙台上掘口，归B，为分别起见，并用华文“东西山中”数字。于此吾人须掘一甚深之掘口，约十尺口至小丘中心，其时工作更困难，而遗物又少。吾人因沙土堆积过高，筛清时耗费①人力将不少，才停止工作。较重要者，即该水平黑带直穿越此掘口而继续前进，向前不顾水平地位之更变。小丘草平面之尽处高过黑带四尺九寸，如掘口B处高九十寸，计算时须列入该4尺9寸，以便更正即须减去五十寸（以上刀片碎片即由此掘口检出），如七十寸者应减去三十六寸。所有遗物似发现于尚为平坦之地层，离海边之西北部当更深。普通线脉地位，平均在

①编者按：原稿为“耕费”，当以“耗费”为是。今改。

> （除小沙丘外）草地下二尺至六尺，储藏最丰富处约三呎至四呎之间。关于编置之情形与原因，当于后文论之。现吾人暂承认下点已足，即香港海滨与各处现代海滨所具情形相同，有无数近代破碎陶器（为足踏碎）。即于乡村也到处可见。此种陶器于穷困落后之村落内，本当作玩具用，大概多少与小孩有关。

按芬牧师在香港发掘史前遗物，获得了不少古物，像石斧、箭头、陶器、古铜制器，以及各种色样的金属饰物；这些东西现在都保存在香港仔（即鸭巴甸）的一家神学院（Regional Seminary）里，可以供给我们研究和参考。但是最后结论谓在中国开化之前，原始人是怎样移居到亚细亚大陆来，依据纪登博士的推测，这结论是不能马上承认的。虽然如此，可是芬神父一生的最伟大的贡献，仍属于香港舶辽洲的发掘，开创了我国南方史前工作的新园地，遗留了翔实的纪录，引起人们对于华南史前文化的注意。芬神父这些关于东亚史前推考的作品发表后，确引起世界上许多学者密切的注意，而对于生真挚的友情。在一九三五年初春，他曾经被香港政治当局委派为三代表之一，去[1]参加在马尼剌（Manilia）举行之讨论史前事迹的代表大会。该会闭幕之后，好几个世界著名教授像卡里飞尔斯氏（Callenfels）和爱培白里雨氏（Able Breuil）等，都专程[2]赶到香港来参观芬神父所研究考古工作处那所教会博物馆。到了一九三六年六月他曾以香港政府和香港[3]大学

---

①编者按：原稿为“夫”，当以“去”为是。今改。

②编者按：原稿为“专诚”，当以“专程”为是。今改。

③编者按：原稿此处脱漏一“港”字。今补。

的代表名义，去参加喔斯罗（Oslo）之世界研究史前学家代表会议。他在大会中报告在香港发现史前之遗物经过，引起全场异常兴奋。嗣后芬神父被不少学者的邀请，到欧美许多文化中心区去考察。史当可尔（Stockholm）之安迪生教授，和芬神父预先约定将来香港拜访。他曾在瑞士、丹麦和法国等地设宴，和著名学术界领袖们会议。他原定计划是包括同样情形，到维也纳，罗马等地观光一番后，再渡海到远东，和马来支那印度的学者们，一同到香港继续发掘史前古物工作。可是世事不尽能测揣的，在那年十月伦敦，和英国博物馆里的几位学者一起努力工作时，突然害病，在十二月一日就告不治。

从此以后，我国方面的考古学家，引起了大多的兴奋，甚而有不少的跑到香港去研究或试掘①。首先对这事有兴趣者为陈公哲氏。据民国二十九年二月廿一日《大公报》记载云：

> 精武体育会创办人陈公哲于首都沦陷后，避地香港，在居处之余，每去野外寻求古迹。后在香港附近各岛屿中，发见史前遗迹，于是买一小舟，取名“一芥”，每日往来于各岛中，从事探求，并用科学的方法，作有秩序之考古发掘，在民国二十七年间，费时八阅月，计发掘史前遗迹十六处之多，所得石器之石锛、石环、石珥；陶器的陶斧、陶镬、陶碗、陶碟；铜器之铜镞、铜戈、铜矛、铜币；玉器之玉圭、玉璋、玉环、玉珥；及磁器、铁器、银器等约二百余件。复经数月之整理，并会同专家考证，其最古者属于新石器时代，次为铜器时代，其次为三代秦汉时代之遗物。其出土地

①编者按：原稿为“遗”，当以“掘”为是。今改。

点皆在本港及新界范围，如在陆上者为九龙之打鼓岭，青山公路上之扫管笏、屯门，海岛的则在舶寮洲之榕树湾、大湾、鹿洲，及大屿山之东湾、沙岗背等处。又在沙岗背中并发见史前摩崖，上刻回文六。其所得古物中，有铜制之鱼钩，为南方出土独有之古物，香港史前亦为渔区，可为明证。各项古物在明日开始之广东文物展览会中公开展览。自经此发现后，香港历史可倒推回千余年。闻陈君已著有《香港考古发掘》一书，为中西文合订本，内容丰富，考据翔实，将来出版，当飨香港人士以史前历史智识，为向来未见于史藉者。其发掘经费亦颇不资，全由私人负担，陈君之工作，所贡献社会者亦可谓大矣。

是陈氏工作始于民国二十七年，其后陈志良氏亦于次年五月由上海赶往香港，参观这“新的古物”和探检出土古物的遗址，于是香港的史前文化，遂成为我国人南方考古的新事业。据陈志良《香港访古记》云：

五月二十六日，就是我们考古远足之明天，我到陈公哲先生府上去参观他所得的古物，以及他的考古报告。

他所得的古物已编成二百多号，都预备放进报告中去的。共分七类：（一）石器，（二）匋器，（三）铜器，（四）玉器，（五）铁器，（六）磁器，（七）银器。古物以类分，不以地分，可得“总合”的概念，其中值得注意的几件古物，略志如下：

（一）石器　其中有一枚石斧，形颇大而“把”甚长，作凸形，其把长的缘故，显系扎在树枝上而应用的。

又有许多石铲，大小均备，最小的比骨牌还小，这当然难以作为工具之用，或许是当财帛来使用的。

（二）陶器　匋器方面，值得介绍者颇多，分述于后：

1.匋器　完整的陶器有好几个，有陶尊一件，与中央研究院在安阳所得者相同。

2.陶片　陶片上的几何形花纹为[1]大多数，其特殊的为“雷纹”及“饕餮片纹”，已经接近钟鼎纹了。

3.匋盘　匋盘一件。

4.匋兽　没有头的匋兽，只存四条粗腿与不大配称的身体，其制作是非常古旧，看惯了原始[2]艺术的人，一定不会判断这件匋兽是史后之物。

5.匋箭猪　这是土黄色的匋土制作物，猪形背上有粗鲁的箭鬣，这也是很旧的制作。从匋兽与箭猪而论，这些东西终是新石器时代的制作物。

6.匋豚　红土所制，甚精致，刻线与姿势，均甚进步，这件的时代较4、5两件为近。

在古物中发现了两只陶猪，颇为奇特。未知我国南方民族中是否有以“猪”为图腾的。

（三）铜器　铜器中有铜戈、铜矛、铜斧、铜渔钓之类。铜器的年代虽较近，但亦可作比较研究的资料，而证明其时代与文化的关系。

（四）玉器　其中有的薄而透明如水晶者，有的如石英，有的已变成石灰质的。其中颇多薄而透明的环形物，其状如，陈先生因它在一个髑髅的耳旁发现的，定为古代的“珥”。又有一枚尺余长的玉璋，质已变成石灰形，颇为名贵。

---

①编者按：原稿为“几作形花纹”，当以“几何形花纹为”为是。今改。

②编者按：原稿为“原开”，当以“原始”为是。今改。

又有红褐色的玉俑一个，制作甚为朴质，大有武梁祠石刻象的作风，或许这是汉代的遗物，而这俑，显系殉葬之物。

（五）铁器　铁器的时代更晚。但是在同一地点，同一地层中而有铁器发现，由此可以决定出土古物的年代了。陈先生因为要存真，所以铁器也收入著作之中。

我感到香港的古物，一方面是与江浙及安阳的古文化相一致，一方面又受到南洋群岛的影响，另一方面是南粤的本土文化的表示，故其关系，颇为重大。

其次，我感到侥幸的，能得先行读到陈先生的考古报告原稿，这是八个月来的奋斗，十七处地方出土古物的总成绩。那十七处地方是：石澳、狮子山、扫管笏、屯门、青山、柱角、榕树湾、十湾、洪胜斧、鹿洲、东湾、沙冈背、急水门、龙鼓、沙洲、屏山、海陆丰之白沙湖，其中以东湾出土的古物为最多，而所受的苦也最甚，去发掘三次，一次遇时疫，一次遇飓风。

书名叫做《香港考古发掘》，英文名 *The Archaeological Excavation of Hongkong*。内有图版二百多幅，都是些古物原形，或出土古物的地形照片。全书分中文英文两部，英文为正，中文为副，将由商务印书馆出版，其内容如下：（一）绪言、（二）考古调查、（三）考古发掘、（四）遗物图说、（五）遗物推论、（六）时代推论、（七）民族推论、（八）结论。其中“遗物推论”一章，颇见精彩，“时代推论”一章，陈先生以为其时代从商周以迄于明清各代都有，“民族推论”一章，陈先生以为香港附近的古代民族，亦由中原民族移殖于东南者。

据此陈氏的工作推论，亦极审慎。深望后此能继续努力，使得南方考古能与北方并驾齐驱，则我国史前文化，庶其有豸乎！只自太平洋战事爆发后，香港沦陷，考古事业未免中辍，为可惜耳！

其次，南方考古，与香港有相连关系者，为广东海陆丰的史前发掘。一九三四年八月，亚部定（又名鸭巴甸，华名香港嘴）区立神学学校学生在海丰县汕尾发现一古代陶器，送给芬神父，因而到海丰从事试掘。有马可昂尼神父（R. Maglioni）所著的《海丰史前遗物发见记》（Archaeological Finds in Hoifung）发表于《香港自然科学杂志》《*Hongkong Naturalist*》八卷三四期中。现已由黄素封氏译成中文，大略说道：

> 芬·但尼尔神父（Daniel J. Finn）于香港附近考古时，最重要之发现系在广东之海丰。一九三四年八月，亚部定（Aberdeen）区立神学学校某生，在汕尾（Swabue）之Pou-tsio-tun发见一陶器，以之示芬神父，俾供参考，神父乃赴其地考察，由著者伴行，因对考古学发生兴趣，而留居汕尾从事古物之搜集。
>
> 芬神父曾拟将海丰搜寻所得，作文专纪其事，不幸溘然逝世。著者系其老友，理应将此行之工作情形与各种发见作一概略之记载，俾将香港与华南各地之古代情形，有作启示，惟著者并非[1]专家，心有余而力不足耳。
>
> 余等考寻之地，系在海丰沿海各处。曾发见古物存在地约三十处，而有二十一处仅发现少许陶器与石器，与古代文化皆有关系。于此二十一处所在地内，皆史前之人居

①编者按：原稿为“作”，当以“非”为是。今改。

住区域，由会集之遗物可窥知此处或即为居处繁盛之区域。

古物发见时，有全露于地面，有半埋此土中，故不需发掘，余等工作时未曾发见古墓与其他有价值之古物，并无玻质或石质之物件获得，仅有一小盘及一已经蚀损之斧头，似为贝壳所制者。

古迹之基址，有在沿海之沙岸上，有在峭壁之花岗石顶，惟发现古物最众之处，则在山腹及高原等地。此间无房屋痕迹，即石堆亦未得觏，故据此推测，此地居民或藉泥土与木材为棚，与今世沿海捕鱼之所居者相似。

此次所得之古物皆为新石器时代（Neolithic Period）及青铜石器（Aeneolithic）时代的型式，并得磨光之器皿及陶器之碎片数事[1]。此外又曾得粗石甚多，皆留有经人用过之痕迹。该项器皿瓷片，恒自新石器时代之遗物内获得。而纯粹旧石器时代文化遗迹则未曾一见。石器内有数种系日常应用之粗糙工具，如重锤等相似之物，皆不曾琢磨者；有数种则为较精细之工具，已加琢磨。除此更有确属旧石器时代（Palaeolithic Period）之artefacts，亦有发见。此外余又曾在其中获得刮刀型之器皿二事，及磨光之火石碎片一块，该火石片之表面皆生烂斑绣纹，为他石所无。余学识有限，不足以应付再高深之研究，故至为止。此项“旧石器时代”之器皿，似为新石器时代所有者，无论如何，此项发见足以代表一极悠久之时代，即是从一新石器时代之粗糙，混砂与烘火不足的陶器，而至一比较近世之时代，盖此时之陶器，已经高火加硬，并加釉彩。

①编者按：原稿为“牧事”，当以“数事”为是。今改。

海丰之史前情形中最足注意者，即我等所发见之各种陶器皆具有一特点，由此可分别各种文化之分布情形。余等又曾发见几处独特之地带，仅代表某一种文化及奇特之性质与环境，由此可推知其已往人种之迁徙[①]情形。至于香港[②]考古上之缺点，厥为缺乏事实上之证迹，至混杂其时某人种之事物，尤为憾事。故由性质独特的遗物，而发见某种清晰之特征，以及时代之前后，更由人种上的证据，可以推知“极东”(Extreme Orient)之史前史。因此著者对于每一处独异地带及遗物，皆加以精密之考查。

著者所用之地名，皆取古物遗址附近之村落之名名之，仅狮子地(Sai-ea-ti)与过港山为专用地名，间有二处古迹遗址皆接近某一村落，命名乃觉不易，故余等编有“地名简字”一套，用以指示考古之地点，如逢历史最近之村落，方用其原来之全部地名。因古物类别之众多，而又缺乏统一之“学术专名”，著者仍采习用之名称而由附图与注铨加以解释。

各种文化中具有特性之古物遗址为Sow（沙坑），Sos（沙坑），Pat[③]（菠仔园），Sak（三角尾），Keb（径尾），故在指示文化之种类时，仍沿用此项简字，下表所示系古物遗址及文化之分布：

---

①编者按：原稿为“迁徒”，当以“迁徙”为是。今改。

②编者按：原稿为“首港”，当以“香港”为是。今改。

③编者按：原稿此处脱漏“Pat”。今补。

海丰古物遗址表

（一）习惯名称	（二）最近村名	（三）文化
1.Sow 沙坑	Soa–kho（西）	Sow
2.Sos 沙坑	Soa–kho（南）	Sos
3.Kiw 桥仔头	Kio–ea–chau（西）	Sos
4.Pat 菝仔园	Pa–ea–hui	Sos Pat
5.Sai 狮仔地	Sai–ea–ti	Sos Pat Keb
6.Kou 石鼓	Tsioh–kou	Sos Pat Sak
7.Tek 竹岭脚	Tek–nea–kha	Pat
8.Out 湖东	Ou–tang	Pat
9.Gut 牛肚	Gu–tou	Pat Keb
10.Tou 牛肚	Gu–tou	Pat
11.Tas 东坑	Tang–khe（南）	Sos Pat Keb
12.Tan 东坑	Tang–khe（北）	Pat Keb
13.Zen 浈祥	Tseng–cho	Pat Sak
14.Pou 埔上墩	Pou–tsio–tun	Sos Pat Keb
15.Xit 石脚桶	Tsiok–kha–thang	Sos Pat Sak
16.Sin 新径	Sin–ke	Pat
17.Sak 三角尾	Sa–kak–bue	Sak
18.Kue 过港山	Kue–kang–soa	Keb Sak
19.Nan 南町	Nam–tea（北）	Pat Sak
20.Nas 南町	Nam–tea（南）	Pat Sak
21.Keb 径尾	Ke–bue	Keb

马可昂神父文中于《海丰古物遗址表》之下，详述捷胜半岛沙坑村各地出土物情形，兹以其过于琐细，不加移录。惟马可昂神父以为中国仰韶彩陶与中国青铜器间之文化间隙（hiatus），或可由华南之发现而满足。即Sos及Pat文化兴盛之时，Sow及Sak文化则正在香港昌盛。在较近时期内，此二地间之交接更形繁数。如一部Sak人民已由香港而达Sak，其Pat人民已从Lamma学[①]得青铜器之制作技术，故Keb文化奋然兴起。同时神秘之中国文化已达此间，故最近的Lamma艺术实为中国的原始艺术，马可昂神父因为假说二节，兹先录之如次：

> 第一节假说甚为重要，作者敢言其为一伟大之发见，即Sow文化实为仰韶文化。Sow文化又与奉天的沙锅屯（Sha-kuo-t'un）及甘肃之齐家坪（Chi-chia-p'ing）有密切关系。其主要点即为上述之一种平边扁豆斧，因其于Sow及沙锅屯皆为独特之一型，此外鬲与鼎之三足器，二地并有发见，尤其是一种刻纹及彩陶器，二地亦相类同。于上土墩（Sha-tuo-t'un）发见之刻纹陶器，与Sow纹饰陶器种类甚似。该地绘色陶器[②]亦如Sow地一般为数甚少。而所发见陶器碎片，似皆属于一种足部涂有颜色之祭祀器物。安特生君因未寻到该项陶器之足部，故疑为盘碟，惟依其形状考之，似尚须有一足部配置其底。此实为一重要之点，因此项彩饰而有足部之盛器显然为中国古代祭盘之类。维多利及亚尔培博物院（Victoria & Albert Museum）内卜歇尔君（Bushell）陈列之属周朝之祭器标本，其形状

①编者按：原稿为“举”，当以“学”为是。今改。

②编者按：原稿为“绘陶色器”，当以“绘色陶器”为是。今改。

与比例竟与Sow祭器完全相同。

发见于齐家坪之梳形而具点线之陶器，与此间者甚为相似。Sow之彩饰陶器，共有两种，饰有花纹，其一如沙锅屯之刻纹，曲直皆有；其二如甘肃之点状图形，非常雅致。至二种纹饰并刻于一器者，亦曾见及；而宗教教仪祭器中具有此二种纹饰者，亦间或有之。此外著者查得一种仰韶涂色陶器，其设计图形与Sow刻纹器之设计图形亦相类似。余等于仰韶期未能发现几项陶器之下半部，惟可推测其或属于宗教祭器者。

余等在Sow曾得悉此项Sow文化之早期情形，若低火陶器，纹刻式陶器上之混砂质黏土，大量粗石碎片，青铜之缺乏，以及Sow于新石器时代Sos文化时之高占优势等事实，皆足以得一结论，即是Sow文化为新石器时代之原始(前仰韶文化　Neolithic Proto-yong-shas Cioiligation)。故可说仰韶系原始Sow文化之后裔，而是从柬埔寨香港黄海或从缅甸云南四川而达华北及奉天省者。

第二种假说，关于Sos及Pat人民之历史。此种假定仅为一试验，其目的系欲为研究工作属一新径，而征求各学术专家之意见。根据兰荪神父(Father Licent)所著其在绥远鄂尔多斯蒙古及满洲考察所见之记[①]述内，余曾见有关于Sos人民历史之启示。其中除包含新旧石器之中间时代(Mesolithic)之赫拉乌苏河(Sjara-osson-gol)外，并有散布区域甚广之新石器时代文化之资料，著者固疑以前已曾有人作过比较之研究，而从华北蒙古满洲各地是否可得其

①编者按：原稿此处多一“清”字。今删。

新石器时代之结论。余意Sjara-osson-gol与兰荪神父所得新石器时代之资料，以及其与仰韶间之连系证迹，迄今仍全不可得。著者深信余等在Sos所发现之一种文化与新石器时代有直接之关系，故余名之谓“蒙古之新石器时代”。依事实而判断，一种绳纹陶器及粗糙之原始网式陶器，此项遗址内皆曾发见。在热河的林西（Linnsi）发见一枚[1]磨光爪形斧，与前见爪形斧甚相似。此外石环及其他各省皆极类同。惟于Sin所见之一硬瓷陶器碎片，颇有可疑，因其面上之凸形粒纹，与小张坪（Sias-kiao-pan）所得者无异。

马可昂神父所拟的假设，目前欲下结论，似当太早，而尤其于中国沿海东南各部尚须加以研究。其所谓当原始Sow文化从西方进入华北而变成仰韶文化后，蒙古新石器时代之原始Sow文化亦抵达香港，亦需要将来相当遗物发现的证明。故谓蒙古文化与香港文化两者原始文化相混杂后乃产生一种中国文化，暂时只得认为马可昂神父一理想的结构而已。今者先移录马可昂神父之结论：

一、海丰与香港新石器时代遗物之缺乏，年代学上地层之证迹，则海丰独特史前遗址相互之异点，可假定为人种学之真切证据。

二、Sow型文化（包括扁豆状斧、刻纹及黑色陶器，而与仰韶Yang-Shao文化密切连系者）系于新石器时代最先到达此间者。此项文化于香港有极大之进展，而在海丰则否。

---

①编者按：原稿为“枝”，当以“枚”为是。今改。

> 三、Sos型文化系第二批抵达海丰及香港者，包括爪形斧及网式陶器。此项文化仅于海丰进展而成一新型独特之文化，其遗物如Pat型硬质陶器，短型斧，釉彩黄皿等。
>
> 四、以香港为中心之Sak型文化，系受Sos型文化影响而由Sow文化转变而成者。其后曾显示与中国Pat型及其他西方文化互有关连。
>
> 五、从Pat型及Sak型文化产生Keb型文化，具有古铜及绿色釉彩之特点。而Lamma型文化则系自Keb型及中国文化蜕化而来，特征遗物有双F及中国古铜武器。
>
> 六、香港与海丰显然有一种相互之关系。由此关系余等可进而研究中国之新石器时代及中国文化之起源。

其结论亦殊足引起人们的注意。

总之：就现时考古的业绩而言，已由北京猿人之发现，证明我中国人确为土著的民族；由旧石器时代之考查，已足推知我国史前文化的源泉及最初活动的地域；又由新石器时代石器陶器初期铜器之分布，北自蒙古黑龙江，南达广东香港，更可测知中国文化在最早的时期中，已有其整个性及统一性，而确然无疑。

初稿成于民国二十七年八月十五日，至三十一年十一月廿一日修正于坪石

（原载《中山学报》创刊号、第1卷第8期、第2卷第1—2期，1941—1944年）

史前之东北与中原的关系①

我国考古事业，发生较晚。惟东北方面，则自中日甲午战后，俄日两国学者纷往踏查与采集。

八木奘三郎《满洲考古学》页二一〇云：满洲一地，在甲午战后，神保博士在半岛的一角采集石斧，而发见之始，为其他军人中拾获石斧的一人，然在当时未能悉其详细；其后日俄大战终了，南满铁道经通之际，多数日人来住，在大连旅顺的近傍，次第发见遗迹。已而鸟居君为调查来满，结果遂成《南满洲调查报告》一书。至与鸟居相前后者，则有大连的岛村君，旅顺的石川、松室、立花诸君，皆热心发见遗迹，采集遗物，因之南满古代状态得以略明。至蒙古遗物，有鸟居君、岛村君采集。

同书页二〇九云：朝鲜一地，于明治三十三年（公元一九〇〇）余在彼地调查之际，于庆尚道通忠清道的道路中偶然发见凹石类，当时不能确知为遗迹，其后朝鲜合并，初在京城开共进会之际，鲜人方面出品，有咸镜道地

①编者按：本篇书名号为整理者所加。局部标点有改动。

方的磨石斧类于昔日明治十年时为彼邦人所采集，皆记载为肃慎的遗品，鲜人以其为他民族的使用物而珍藏之。然仁川测候所长和田雄治博士于赴任后亦时时于其近傍之地发见石器。又釜山方面小林君探查金海边的贝冢，确认为先史时代的遗迹。然这不过开始而已，其后为大大的研究调查，友人鸟居龙藏君以其采集品存在总督府博物馆及东京帝国大学理科人类学教室中，又报告一端，于大正五年（一九一六）度发行《古迹调查报告》（总督府发行）及题为《朝鲜满洲》杂志等。盖朝鲜一地，为总督府的方针之遗迹、遗物，一切免触他人之手，结果，为担任鸟居君所独占。

鸟居龙藏《满蒙古迹考·绪言》云：余在北方，与满洲朝鲜蒙古（在朝鲜亦研究调查十年余，今暂不录）关系甚深，不能一日忘怀。……余最初之探查旅行，在明治二十八年。是时因余之宗旨与东京人类学会相合，受该会之嘱托而赴满洲。自是年八月至十二月，凡费五个月时间，当时满洲尚无南满铁道；大连旅顺亦不似今日之整齐美丽，故无一完全道路。……时中日之战将终，适当清日两国讲和之际，故为良好时期。当时日人能旅行之地域，惟有占领地之辽东半岛，北方则以海城至营口为限。辽阳奉天不能涉足一步。……第二次探查，在明治三十八年，东京帝国大学所派遣者。自秋至冬，凡数阅月。是次较第一次情形大异，俄人所筑之南满铁道已成（后割让于南满铁道株式会社），旅行者极其便利。……第三次，在东蒙古探查。……自明治三十八年春，至四十年冬，探查三年之久。……第四次在明治四十三年。……第五次在明治四十四年。……第六次自大正元年至二年受朝鲜总督嘱托调查满鲜，佐藤醇吉泽俊一两氏同行。……第七次在大正八年自五月至十二月，调查东部西伯利亚。当时本以沿海州黑龙州后贝加尔及伊尔库次克等地为主，但因调查上之必要，并着手于北满洲方面。除此七次外，又曾由朝鲜入满洲三四次，但不过小旅行耳。故略而不记。……此下记述第八次之满蒙探查。（陈念本译本）

《世界历史大系》（2）《东洋考古学》页十云：我国经明治二十七、八年，三十七、八年两次战役后，我国政治的、军事的及经济的势力向南满洲伸张，而各种学者其研究的领域也得扩张至彼地。鸟居博士也是其中的一人，于明治二十八年甲午战役后，又三十八年日俄战役后，更于四十二年三次调查南满洲各地，其调查的范围为满铁沿线的石器时代以至汉代遗迹并鸭绿江上流高句丽遗迹。而其结果成《南满洲调查报告》一书。……又同时南满洲铁道株式会社的八木奘三郎在南满各地于考古学上的开拓所尽的劳绩也不可没。

同书页三二云：于北满则哈尔滨特别市博物馆的多尔马秋夫（V. J. Tolmat Cheff）既于一九二三年至一九二四年踏查金代上京的故城遗址，复以西伯利亚旧石器时代的遗迹存在的事实与理论以推测北满旧石器时代遗物的出土有可能。其他，氏与同馆的路卡徐金氏（A. S. Lukashkin）在一九二八年以来于海拉尔附近砂丘地带采集细石器，更于昂昂溪附近，调查并发掘有细石器出土的古墓。又同馆于一九三一年在E. E. Ahnut氏之下，由路卡徐金氏等组织吉林探检队举行考古学调查。

鸟居龙藏《满蒙古迹考》第六章论哈尔滨之俄罗斯学者云：自九月四日始，留哈尔滨数日，其时留最有兴味之印象者，为俄国学者之一团，该集团乃自然科学人文科学等学者，以满洲某处为中心，而从事研究者。会名“东省文物研究会”。该集团名虽为会，实有壮大研究室与大学组织，各自分部，设壮大之博物馆，各部有益报告及论文出版颇多。……考古学者，为多尔马秋夫氏，多氏原在乌拉尔大学，对于乌拉尔地方之考古学，有伟大论文。数年前至哈尔滨专研究北满洲之考古学，就中对于哈尔滨以东阿什河之金上京，大有研究，结果对于其城作有论文二册。多氏不仅研究哈尔滨也，又为贝加尔湖以东极东俄土之考古学者中有数人物。其次为祁特夫氏，祁氏为伊尔库次克之土俗学者，近顷至哈尔滨，专调查黑龙江土人。祁氏又告余以伊尔库次克方面学者现今之研究，又以其地人类学考古学之论文数册赠余。此外有少年考古学家泡诺邵夫氏，泡氏方作八面城之论文，与余有所商榷。会中又有第爱罗尔库斯格氏，莫斯科大学地理学人类所教授也。敖特斯青哥氏善操日本语，读日本书甚多。……其中又有修克尔金氏者，其年已老，然元气旺盛，究不可及。……现今之哈尔滨之历史年[①]—人类—考古等之俄国学者，以以上各人为中心，皆恳切热心之学者。我日本学者极宜学之。（陈念本译本）

其发现史前文化的地域，为奉天（今名辽宁），朝鲜北部咸镜南道、平安南道、江原道、黄海道、中部京畿道、忠清南

①编者按：此处“年”字疑为衍字。

北道、全罗南北道、庆尚南道，我国东北北部黑龙江及俄属东部西伯利亚。然真正采用科学方法以从事考古研究的，则当首推安特生（J. G. Andersson）的奉天锦西县沙锅屯的发掘，日本东亚考古学会所主持的貔子窝、牧羊城的发掘，梁思永的昂昂溪发掘等，足与黄河流域的仰韶村、城子崖、后冈、斗鸡台诸发掘相比。

查沙锅屯出土最为丰富，有石器、骨器、陶器、人骨兽骨等。

安特生《奉天锦西县沙锅屯洞穴层》云：沙锅屯洞人所用之燧石，约可分为二大类。一为石灰岩内之黑色矽[①]石，此类矽石散布颇广，质密致与燧石同。多裂面锤击不易。所得七种石器中，其二为矽石作者。其他即今所谓锦州石，乃火山熔岩中之一石髓。余在沙锅屯，曾于邵集屯车站附近之孟家喇发见之。火山熔岩中气泡即含有此。粒大者不过三至四公分。色较他石器为蓝。丁文江先生及李君捷亦曾于锦西县北百里之处得较大石髓结核，每具层理。石髓在有史之初，即用以做石镞。周武王时肃慎氏成朝，贡石矢，当即此也。如章演群先生《石雅》中所述，自元周以至于唐，东北肃慎鞨鞢贡矢之车[②]，史不绝书。虽不能证明其矢确为石髓所制，又要之所谓黑水鞨鞢者当在黑龙江左近，东北夷狄之族，在中国有史以后，尚沿用石器者，盖可信也。……日人鸟居龙藏自蒙古东部及铁岭亦曾发见同式之石镞（石髓所制）。鸟居氏以为此乃蒙古

①编者按：原稿为“砂”，当以“矽”为是。今改。

②编者按：原稿为“车”，似当以“事”为是。存疑。

式之石镞，与所谓满洲式者有别，当于末章详论之。……石穴第二土层中，发见远古人所遗石刀四。……石刀之质以未能磨制薄张，以显微镜检察之，故不能确定。……河南所得与此稍异，最多为对称之石斧，及对称之石凿。但亦间有石刀如此址所得者。此遗址中最足注意者，为多数扁平之石环，率极薄。……其所以择此石制器，固足惊奇。然已可见当时手艺精巧之一斑也……又瑗在河南仰韶村发见甚少，虽一二与出沙锅屯者相似，然剖面率作三角形，此为异也。此外尚有二圆碎块，质为洁白细粒之大理石，工作甚为奇巧，其剖面外圆而内尖。……贝壳所制之环，物皆细脆之贝壳，当属淡水蛤蚌类，劈裂处呈珍珠光泽。……所得石扣为数颇夥，形皆如圆球，孔自两端钻起一成大钝角。……石扣皆极小，则彼时人民所制之布线必极工细始能适用也。……所得石珠，按其形像大小可分为三类：（一）大横圆式，（二）细长式，（三）小横式。……雕刻兽物，系步博士在协和医院研究骨骸时，于一骨上得之。因归余以备研究。此奇巧物，状似兽，尤似猫。……有孔穿过全身，足证其为坠物之用。……石圆板，两面皆光平，惟一面稍具细长磨纹。……此址骨器较少，但皆有研究之价值。……第九版二图为一缝纴所用之骨针，置一空骨中以护之。当发见时，针尖稍外露。但此空骨之长，足以纳针全体。计长八十三公厘，稍弯曲，尖处较钝，针孔破裂，只余其半。日人鸟居龙藏氏曾论述满洲各处之骨针，形有异同，长短亦不相等。余在河南仰韶村所得之石针，有较此短而粗者，亦有较此长而细者。……一骨锥，……一小骨镞，……骨制之凿刀。……此址之陶器皆破碎不堪。惟有二罐之碎片皆聚在一处，故可凑聚成器形。余皆零星散布于全址，至京后经余助手罗森卿女士耐心审查，始由零块，推测原物之形，并知原穴中之人曾知用何器也。此项研究须从四方面入手，（一）陶器之原质，（二）器物之原形，（三）采色花样，（四）此种陶器与他处陶器之关系，此址陶器之原质，可分粗细二种。……惟此址无灰色陶器，是与河南古址不同者。……由上所述，吾人可按原质之粗细，器物之大小，及表面所加之花样，分陶器为三类：（一）粗质器，灰褐、褐或砖红色。大且厚。上有席或绳之印纹。（二）细质器，淡砖红色。小且薄。单色。（三）细质器，砖红色。小且薄，上加黑色绘花。然亦有介于第一类与第二类之间者，第二第三两类皆工作精细，所差惟着黑彩否耳。此二者极近似处，以河南诸器所表示者为尤显。又此等陶器非自外输入者，在奉天沙锅屯及河南仰韶村所得，皆为当时本地土著自制，以器之工用不同，故材料制造花样有粗细精妍之别。沙锅屯之陶器皆用手制，间有一二碎块，似为磨轮制。非手制者与磨轮制往往同在一处。又与河南古址相同。陶器花样，约可分别为四种：一席印纹，二绳印纹，三刻纹，四黑花纹。席印纹……惟其印迹不甚明显，与河南诸器较之，相去远甚。日本鸟居龙藏氏于此等印纹曾加论述。又日本松本氏以为日本旧石器时代亦有之。依余观察所及，此种印纹非有修饰之意。就河南所得诸器考之，此当为制造陶器应有之手续。以席作团，中敷以泥，乃能成圆器，故须与修饰之花纹有别也。此种印纹中国有史以后，尚沿用之。锡纶教授曾以陕西咸阳所得之砖石示余，砖为西汉墓砖，其上即有席印纹。又余于民国十年夏在北戴河左近，亦曾见此。其时又当在汉后。今日炼瓦内面，亦有细席之印纹。故仅据席印纹，不能定陶器瓦器之年代。绳印纹乃修饰之纹与席印纹有别，而又易与之相混。绳印系单根绳，印于软陶土上者。两系绳纹互相交切成锐角。河南所得诸器之绳印纹有互相交切者，亦有从底部四射而出者。又此等陶器上加印纹之艺术与欧洲新石器时代之陶器颇相似。惟在欧洲以绳印表示花样形体，亚东则绳印遍布陶器之面，是为异耳。……陶器之最普通者为碗式器。……尚有饰纹作垂穗状，自边缘下向尽处如圆锤。然中部稍凹，有二穗顺排者，亦有单独者。……第十一版三图所示，与他片有特异处。……惟此器现已碎裂，底部原形无从考证。其或为带高足之盘，或为敦豆之盖，盖周代之敦盘皆具此形者也。……第十一版五、六两图乃圆斗状之碎片。器厚，上具绳印纹。此种在河南亦常见，乃鬲器之足。余著《中华远古文化》第七版六、七两图及第八版一图即是，惟较此稍薄耳。又于直隶数处亦曾发见与此相同之形，虽尚未精细研究，似当较沙锅屯与河南仰韶所见年代或尤新也。……单色陶器，此组皆为薄片，代表碗形之器。……黑花细陶器，此组乃于第一层土中曾得三片，见第十二版五至七图。余在第二层土中得者皆经毁损，不堪绘图。此等陶器色赤或灰，质较前者坚且粗。用放大镜察之，细质中含小石粒。就中最堪注意者为第十二版七图，此器全形当如插图二十四所拟。器为磨轮制，面平滑，上盖薄红颜料，再加黑花，黑花只轻着面上。质较河南所出器皿为软。第十二版七图内外皆有黑花，外部作二圆带形。中隔之红地与二黑带，宽窄相等。内部作三带形。带较中隔红地为宽。插图二十五所示即此器内外之花样。此外尚有三片陶器，内部皆粗糙有深刻纹。内线灰而外红，盖烧时内部易还原而外部易养化故欤。……此穴距海五十公里，穴中介壳之属于海产者，必经人移置，始能至此。介壳每多蚌类，亦有螺旋壳，今北戴河一带尚产之。……动物骨骸今送至美国京城国家博物院密乐氏，俟检定再行发表。人类骨骸则步赖克博士鉴定。……第二层土中含人类骨骸甚多，故余等称之为大骨层……骨骸皆散乱无序，未尝有依天然结构连接在一处者。据步博士云，骨骸可以代表四十二体，男女老少不等，头骨皆破碎，中亦搀入他骨。腿骨每折断，即生时似已折断者。人类头骨肋骨腿骨脊椎骨外，尚有兽骨，碎陶片等杂然堆积一处，似此址原为弃尸之所。头骨往往一端烧成石灰质，中部薰黑，而他端或乃无一烧痕。此又似穴中人于取火时，无意中烧死者。……此址所得，如石斧磋磨之精良，陶器形色之美备，与工艺之细致，皆足以知为新石器时代较晚之时期。更进而研究之，即当与他古址作一比较。与鸟居龙藏氏在南满及东蒙所得相同者，只有锤击作成之石镞。鸟居氏谓石髓制之石镞经锤击作成者属蒙古式；其为页岩制而磋磨平滑者为满洲式。然予以为所用石质不同，则制法自异。吾人在河南所得石镞，皆页岩制而经磋磨者。惟一熔岩制者，则由锤击而成。盖一部落之民族，僻处一隅，只依左近岩石发达其工业。河南与奉天有同式之石镞，或有接触之迹，然予以为鸟居氏满洲式及蒙古式之别，乃非民族之不同，实由石质之不一也。除石镞外，与鸟居氏所得相同者颇少。彼曾论及陶器，然书中陶器图说既少，论述亦不精详。吾人陶器中常见者，如鬲足等，或鸟居氏亦曾得之，然无由识其梗概，为憾耳。

故安特生氏据此断谓与河南仰韶村出土遗器相同，为同时期同一文化之民族所遗留，名为仰韶文化。

安特生《奉天锦西县沙锅屯洞穴层》云：如以吾人在河南与奉天沙锅屯所得者比较之，有相似之四点如下：㈠沙锅屯洞穴中所得之碗形器，质细，色暗，表面磨砺甚精，光泽滑腻如皮革。此等陶片在河南曾见之。㈡二址均有鬲足，已如上文所述。然此不足以断为同时或同一文化。盖后世所有历史时期尚沿用鬲器也。㈢奉天穴中常见之海产贝环，在河南亦发见之，同质同形，亦细脆易裂。㊃奉天穴中极下层所含之陶片，面皆平滑，红地黑花。河南亦有之。且为最有研究价值者。依上所述诸点，尤以末二点为最重要。予意以为此二址不特同时，复为同一文化之民族所遗，即予所谓仰韶古代文化者是。其有彼此不同者，为多数碗形器，及刻纹花样。二址距离既远，民族离居，各自发展，势或有之。又奉天遗穴或较河南为晚。似河南之器物几经转徙，始至奉天，而仍不稍变者。此与鸟居氏在东蒙发见后汉钱与石镞同出一地之事同。然予以为复色之陶器有史时代中从未发见。故以为当属远古或初有历史时之人迹。

同书安特生叙云：吾人搜寻远古人迹，历二年后，于民国十年始发见堪注意之遗址二：一即此著所论，二在河南仰韶村。此二遗址殆属同时，故因河南遗址所在，悉命名为仰韶古代文化层，彼时石器陶器工业皆甚发达。其文

> 化程度与考古学者所谓新石器时代末期适合，亦即新石器时代与铜器时代过渡期也。证以遗址中所得器物，当时人类殆已进化。惟于研究地层，判别其先后次第诸方法，皆须借重地质学。况河南古址左近所见，沟壕壁立，皆于古址既成之后由河流冲刷而成。是皆于研究地质，饶有兴趣者。

虽然，安氏所举，仅及陶器、贝环诸遗物而已。至于人骨的研究，则沙锅屯居民及仰韶居民之体质与现代华北居民的体质为同派，根于步赖克所报告而征实。

> 步赖克（Black）著 "*Sha Kuo Tun and Yang Shao Human Skltal Remains*" 云：就我们所有的材料论，我们惟一可得的结论，是仰韶及沙锅屯居民体质的专化，比之现代华北居民体质的专化几同。虽或较少，亦甚微。

其间虽有微细的不同，乃由后世华北人民与异族混血的结果，非原始之有异云。

且即舍此等遗物遗骨不论，而专就沙锅屯山穴研究，亦知其与中原古代人民生活无异。

> 《世界历史大系》(2)《东洋考古学》页二九八云：且关于此沙锅屯的洞窟虽不能仓卒论其性质，但无论如何此种利用自然洞窟的事实业已明了。利用此等洞窟的中华民族，与有其他型式的住居之中华民族，其生活状态的如何不同，现在不能知之。惟中华民族早从新石器时代营定着的生活于黄河流域，据各地黄土层（Loess）所残存断面的住居址，加一层的明征。安特生氏于河南渑池县北十五里的仰韶村偶在道路发见其露出断面的住居址，该址不特为黄土层，而其下层及于红土层而止，其底面殆成圆型，为

直径一.九米至二.八米，深〇.五米至一.九米的竖穴，疑是以植物性物葺其屋顶。这个处所，不出土人骨，却于灰层发见陶器及其他加工品，以此谓为当时的住居址无疑。……而其后日在山西省万泉县荆村的断崖，又于同样的遗址中出土有骨镞、骨制笄、陶制环、彩色陶器、鬲型陶器等，依此确据，愈愈详知中国北部新石器时代住居址竖穴的形式。而此等类似的竖穴又于河南省安阳县小屯附近（案即指后冈白灰面），发掘得之。这是从金石并用时代（Aneolithic，Chalcolithic）至青铜器时代所盛行者甚明。因此，我们确认其为中国北部新石器时代的一般的住居竖穴。

刘耀《河南浚县大赉店史前遗址》云：我们发掘所得的黑陶文化遗存，尚不算少。遗迹有“白灰面”和袋形穴的发见。……这白灰面的形状和构造差不多和后冈所见的完全相同。……大赉店和后冈的白灰面同样都没有找到周围竖立的痕迹，所以对于它们的用途终于没有得到正确的解答。二十三年冬季，徐旭生先生在陕西宝鸡县的斗鸡台发见了和这些白灰面几乎完全相同的遗迹。它有一公尺多的立壁，上面也涂有极薄的灰皮。因此我们知道大赉店和后冈的灰面当为竖穴底部的残余，中央烧土面是当时的人们烧饭的地方。……竖穴……安特生在仰韶村发见过和这样相似的袋形穴。他据哈同（Hooton）的意见，以为是贮藏五谷或其他品物所用的穴窖。

徐炳昶《陕西最近发现之新石器时代遗址》云：这个墓做完已前，在其稍偏东处，立时发现一个蒙古包式的古代民居。上口甚大，当为居民所从出入的地方。这样住

> 所，就是《诗经 · 大雅 · 绵》诗中所说的“陶复陶穴”的“复”。王静安先生对此字有详明的考证，——此处离地面的深度，已经有七公尺强，看遗物的情形，像是没有扰乱过。我们大家因为发现了这样不易得的民居，全很高兴，就很谨慎往下作。

据此，可见史前的东北，如沙锅屯一带人民的住居习惯，与黄河流域的仰韶荆村后冈斗鸡台一带相同，其关系是很深的了。

次为貔子窝牧羊城的发掘，其出土亦颇丰富，且易与其他遗址比较研究。

> 郑师许《日本考古学之过去与现在》（正中书局版）云：貔子窝在日本人所谓关东州的最东北部，与我国辽宁省庄河管内相邻之处。距貔子窝城邑东北四里许，近碧流河口，其前与岬状小台地相接，其间有三个小岛，棋布于千泻之上，这回所发掘的遗迹，即与此台地最接近的一岛屿。此台地在现时行政区域上，属于貔子窝管内东老滩会，火神庙屯；但所谓小岛，即台地与岛的中间，以小流为界，而附隶于碧流河会杏树房屯的。这貔子窝管内东滩附近的石器时代遗迹，在十余年前，八木奘三郎已于碧流河会三岛子发见贝冢，石器及陶器，而尤特殊的有彩色陶器的发见。这种类似的彩色陶器，据岛村孝三郎云，在其前大连滨町的贝冢已有发见，旅顺大台山贝冢，亦有出土，其后遂至注意。这班考古家得了这些彩色陶器，遂特别起了兴味，从此貔子窝附近遗迹的必需完全调查，遂成为东亚考古学界的中心问题。自大正十五年以来，日本东亚考古学会开始树立计划，其后得日本外务省文化事业部

与关东厅的援助，至昭和三年四月这计划遂得实现，主持这遗迹发掘事务的为东亚考古学会与关东厅博物馆两者。……四月二十九日一行人从普兰店经貔子窝，达距遗迹地西南约一里的东老滩，次日踏查遗迹并决定发掘方针，是日下午即开始发掘，至五月十五日经两星期的时间，乃得终了。计这回发掘所得，单砣子岛遗物石器有石斧、石庖丁、石镞、石凿、石剑。管玉。骨器有牙器、骨针、贝轮片。陶器有彩色小壶片、鬲片高坯、纺锤车。金属有青铜片。高丽寨台地遗物，除与上述相同者外，并有鹿角、兽牙、鱼骨、铜镞、弩机、铁器、铁片、明刀、一刀钱、布泉等。其后各遗物送至京都帝大考古学教室，在滨田耕作指导之下，由岛田贞彦、田泽金吾及水野清一三人整理，于昭和三年十一月编纂成书。人骨方面由清野谦次及金关丈夫、平井隆三人研究，铁片由工学博士斋藤大吉研究，作为附录，由东亚考古学会印行，作为《东方考古学丛[①]刊》第一册，题为《貔子窝》(《南满洲碧流河畔先史时代遗迹》)。这回发掘最重要所得为彩色陶器及彩色陶器破片，滨田耕作、八木奘三郎、岛田贞彦等均有单篇论述，这里恕不再赘。而其价值如何，拟节译该报告书第十六章结论以作答覆。这结论说道："关于这遗迹的绝对年代，我们幸由发见的中国古钱，大略得以确实知道。而这岛与台地之间相隔若干年代，文化的外观如何，均得考知。然因其年代互相接近，故以此两遗迹，为有别种民族曾经居住则凭证不足，我们只以其为不外同一民族

①编者按：原稿为"从"，当以"丛"为是。今改。

的居住地而已。但果为如何人种，如何民族，此问题又须提出。我们偶然在单砣子发现二个埋葬墓的人骨，因之与以最有力的资证。由清野博士等这人骨研究的结果，与现代朝鲜人现代中国人比较相差甚远，与奉天沙锅屯及河南仰韶村的人骨则相近；以之为现代中国人的祖先，实无不可。然此只不过二个人体的骸骨，而这遗迹的构成，或出于此边一带先史民族之手，即以此断为中国人的祖先，未免过早。与住居于古代满洲地方而又见于文献上的肃慎氏（其后的挹娄、勿吉等）有无关系，亦不得不一应诠议。鸟居博士夙以南满洲石器时代遗物，为见于《晋书》等的肃慎氏，即通古斯族所遗留。以砖墓贝墓等类，为其后来的汉民族所遗留。这论确是有力的一说。虽然，肃慎氏疑即通古斯族，果彼等于周末汉初之顷，曾住居此地方，确实的文献上，或考古学上，或人类学上，有没有证据呢？而与此相别异的，在汉武帝征服辽东、朝鲜以前，汉民族流入此地殖民，其事全不可考吗？即在汉武帝时代的汉族扩张屡行于其地以前的汉族膨胀，在其以前的人种以其文化浸润于这地本无文化的素地之上，始告成功，果无可能吗？我们一方以此仅仅的人骨上所见为傍证，而信此想像有可能。而这认为中华民族固有所产的鬲甗同形式的陶器，及周末汉初的中国古钱存在的丰富的事实以之为其民族所流入所引放，认为单是物品的，及文化影响的结果，宁可谓为失当。所以我以这貔子窝附近的石器时代遗迹输入，如假令肃慎氏即通古斯族民族要素稍稍浓厚时，则必为受汉民族人种的文化的影响最强的民族所产生。这是人骨的研究与考古学的遗物及其研究的结果所给与我们的自然结论吧了。总之：我们一部分的学者，考究古汉族的成立，应置于悠久的史前时代，或表现于史后的膨胀移动呢？后屡次反覆考究，毕竟以为是史前时代了。盖人种上的问题如何决定为一问题，而这遗迹所示的文化，于中国周末汉初的文化的色彩，颇有显著的存在。即如有孔石斧即所谓中国式石器呀，如鬲甗即中国特有的形式的陶器呀，中国汉式的青铜器具呀，又周末汉初的钱货的存在，皆足为其证明。凡此种种，若单认为输入品，或皮毛的文化的影响的结果，实不可能。何则？盖不外以混合于彼等生活的根本的存在性以为推测而已。但在另一方面，如认为彩色陶器的存在，与中国固有文化或西方文化，都绝无关系，则又如何解释它呢？这是因将来中国内地或其他地方的考古学的调查的进运而生，或以之为汉族固有的文化，也不可知。或另以为出于西方文化的系统，也不可知。总之：彼等就遗物所示，主要的是渔捞之民，或狩猎之民，而彼等只限于实际的生活，至于营丰富的美术的宗教的生活等余裕，例如日本石器时代的土偶，则在彼等遗物中，全付缺如，即就这点可以想像了。但是如斯文化的生活的贫弱的聚落，在东亚的文化史上决不是全无有要的意义。实则汉民族如斯的自己植民，或以这辽东半岛所有沿岸的地方点[1]为其自己文化殖民地，如这碧流河畔的遗迹，毕竟不过为其一例吧了。而此地即为往古从山东至朝鲜半岛汉民族植民的踏石，由此而行于沿岸交通的结果，遂确立如朝鲜乐浪的植民地。又如南鲜唐津等明刀发见

①编者按：原稿此处多一“点”字。今删。

地，遂又与日本交通，即为实现此沿岸航路的结果。金属文化所以流入于朝鲜日本者，全然不外此文化的交涉的结果，可以见了。然则此东方今日名为貔子窝的海岸边土的遗迹，实为中国文化的黎明，次第光被于土著原住民族之间，可说是东亚文化进行的历史上，最有兴味的职务。”

同书云：牧羊城在日人所谓关东州的老铁山西北麓鸠湾附近刀家疃刘家疃二聚落之处，当刀家疃南数町，接近刘家疃之东隆起的一丘陵便是。《盛京通志》卷十五《木羊城》条下云：“牧羊城，城（金州）西南一百五十里，周围二百五十四步，门一。”今日人即以这条比定，谓为牧羊城之误。疑即《前汉书·地理志下·辽东郡》条所称沓氏县故地。原来旅顺市西南所耸的老铁山山麓，丘陵起伏，遗迹颇多，自来遗物出土亦不少。滨田耕作教授夙留意这城址，曾于明治四十三年十月、四十五年六月两度调查，并于第二回调查之际，于其北边，穿一小沟，获有铜镞四十三、角制弭、铁斧、明刀残片等物。当时调查的日子甚短，有组织的发掘，则期诸后日。自东亚考古学会成立以后，拟定第一回发掘貔子窝，第二回则发掘牧羊城。昭和三年（一九二八）九月，诸种手续准备完毕，东亚考古学会依旧与关东厅博物馆合作。……从是年十月一日开始发掘，至二十五日终结。同时认为其间与城址关联的附近古墓有调查的必要，特组别动队，从十月九日发掘刁家疃、于家疃、官屯子等贝墓、石墓、瓮棺等，至二十三日终了。这回发掘，不但确定城址的性质，及贝墓的进一步的研究，实则从所知的瓮棺、石墓及伴铜剑而出的一异例的古墓，皆为最重要的发现。计在牧羊城址出土的遗物，石器有石斧、石庖丁、石制纺锤车、石镞、石锤、铜斧石范、铜镞石范、石制管玉，骨器有骨针残片、骨镞、骨制管玉、鹿角加工器、骨制半加工品，铜器有铜镞、带钩、铜扣、残片、铜镦、铜制弭，铁器有铁斧残片、铁镞、铁斧、铁制刀子残片、铁制刀子，古钱有明刀圆钱、明字刀钱残片、一刀钱、半两、五铢、大泉五十，及瓦当残片、玻璃制耳珰、玻璃断片、玉器、陶制纺锤车、玻璃制钏残[1]片、长未瓦当残片、乐央半瓦当、双马画像半瓦当等。牧羊城附近古墓所得，有瓦盘、瓦壶、瓦豆及各种贝壳等。其后将所有遗物，运回东京帝大考古学研究室，由田泽金吾驹井和爱从事整理编纂，而原田淑人负其全责。人骨方面则由清野谦次金关丈夫关政则三人从事研究。贝壳及各墓中残存的动物遗骨，则由东京帝大理学部动物学教室泷庸氏，塱周墓发见的剑把金质则由东京帝大工学部助教授三岛德七氏指导研究。于昭和六年十一月编成《牧羊城》(《南满洲老铁山麓汉及汉以前遗迹》)一书，由东亚考古学会刊行，作[2]为《东方考古学丛[3]刊》第二种。这回发掘所得的价值，据其报告的结论说道："……抑中国自周末以至秦代，一方已见铁制兵器的存在，而一般被使用的兵器依然为青铜所制。盖秦始皇帝没收民间兵器，铸造钟镰金人，即以这事为证，不难推想而知。而始皇销却兵器，于考察中国古代兵器的沿革上大可促吾人注意，即

①编者按：原稿此处多一"残"字。今删。

②编者按：原稿此处有一"授"字，当为衍字。今删。

③编者按：原稿为"从"，当以"丛"为是。今改。

秦始皇时假令民间的兵器全然绝灭，同时又禁断兵器的新铸造，总之，当秦盛时，民间的兵器，极度减少，确是事实，从而当秦末汉初的大骚乱时，兵器的大制作必被促进，其时青铜制的旧兵器渐次废止，自战国以后所抬头而起的铁制新兵器遂代铜兵器而为主要用品了。当时铁的需要激增，汉武帝时遂至以铁为官营之物，不是可于此中泄露消息吗？当中国内地铜铁两兵器交替的时候，南满洲北朝鲜方面的文化又成如何的状态呢？南满洲已自石器时代认出有中国人居住的痕迹，稍晚，自周末至汉初，已有相当多数的中国移民入居，无论从文献上或遗物上，均可考察得出。例如官屯子发见塱周墓的遗存，决决不是偶然的事。又如北朝鲜的箕氏卫氏，假令其时只是少数，而为中国移民所占据，确是事实。在汉武帝建置四郡大规模扶植势力以前，中国文化所浸润已不少，这话谁也承认。当时南满洲或北朝鲜的土民，适置于从石器时代进入金石并用时代程度的文化状态，但是中国的移民，已挟有青铜器时代的高级文化，实不容疑。在汉乐浪郡管内所遗留的遗迹，其出土状态不明，而与南满洲出土物属于同一系统的铜剑，已发见的，已归朝鲜总督府博物馆或平壤居民诸氏所藏。又大正十四年原田等调查一砖椁墓，发见一插入漆鞘铜剑断片。此等铜剑，或者不可说是汉武帝以前所使用，而为与同地出土的秦始皇二十六年在铭的铜戈，同样地自古以来存在[1]的。总之：与[2]其以此等铜剑为汉武帝

①编者按：原稿为“存生”，当以“存在”为是。今改。

②编者按：原稿为“愈”，当以“与”为是。今改。

以后渡来的中国新移民[1]所遗留，毋宁谓为汉武帝以前的旧移民或其子孙，乃至被存留于此地的土民之间的遗物，所解释为合理。与从黄海道黑桥面以至南满官屯子墅周墓出土的枕状铜器有形体上关系的结纽状铜器同时相伴出土的铜剑，发见其汉宣帝神爵二年所铸造的穿上横文五铢二字共存者，余等下同一的解释而不容踌躇了。其次，南朝鲜及日本内地出土的细形铜剑，与南满及北鲜出土的，属于同一系统，已可勿论；但与之同时所谓马来族高里斯式形铜剑，细线锯齿文镜，铜剑等，亦属同一文化系统，或于某时期有共同存在性，如学界所周知，在朝鲜庆尚北道庆州郡入室里有细形铜剑，高里斯形铜剑及细锯齿文镜出土，长门国丰浦郡安冈村大字富任梶栗滨有细形铜剑及细线锯齿文镜出土，安艺国安佐部福木村福田有细形铜剑，高里斯形铜剑及铜铎出土，而大和国南葛城郡吐田乡村名柄有细线锯齿文镜，铜铎共同发见，据此事足以证明。高里斯铜剑及铜铎，到现在南满洲及中国内地这类遗物，尚无发见。所以多数学者，不认为中国文化直接所生，而为中国文化所影响的东方民族之间所制作。细线锯齿文镜为在西伯利亚浦潮斯德（Vladivostok）附近有与细形铜剑共同发见者。关于此等制作者的推定，在今日尚非其时。高里斯形铜剑，如高桥健自博士所称道，认为与中国铜戈的钩兵有关系。但是中国铜戈盛行的时代，却为周朝。汉初以后，宁可谓为失去钩兵的形态。从而高里斯形铜剑出现亦少。故可以置于汉武帝以前。尤其是汉乐浪郡时代的遗

[1] 编者按：原稿此处脱漏一“民”字。今补。

迹，遗留尚多，从汉式镜出土最夥的大同江畔发见此种细线锯齿文镜二面，到底在乐浪郡时代此地土民不是取汉镜及其范而仿制之，从而细线锯齿文镜的出现，亦可同置于汉武帝[①]以前。又铜铎，除一部分的学者外，咸认为与支那的钟有关系，但在中国钟的制作盛行之时并被尊重为一种宝器之时，则为周代；及汉代以降，对于此事，则思想大为变化了。从而铜铎的出现亦少，所以不得不置于汉武帝以前。至如平形铜剑，与其他退化型青铜兵器，引长青铜器时代的流风余韵，为出现于汉武帝以后浸润于新文化时代的产物，余等并无何等异议。要之：在周末汉初之际，南满洲为朝鲜及日本内地金属文化的发足地，而其文化的扩大，其波纹渐次扩至东方，从北鲜至南鲜又从南鲜及于日本。而文化的浸染，明示浓厚的色彩。在中国内地，已入于纯然的铁器时代了。所留存于东方者，只不外袅袅余音吧了。”

故清野谦次谓貔子窝人遗骨实为近代中国人的祖先。

《貔子窝》附录清野谦次的《人骨研究》结论云：总结说来，貔子窝人在许多点上与近代中国人及朝鲜人较远，而与石器时代之仰韶村人及沙锅屯人为近。如想到貔子窝人与近代人种的体躯的关系，吾人可说，在甚多骨骼的形质上，貔子窝人对近代人种中，独与中国人为最近。然则此石器时代之貔子窝人，谓为与近代中国人之祖先为一事，实最可通之说也。

滨田耕作则以为在石器时代中国人已在朝鲜满洲殖民。

---

①编者按：原稿为“武汉帝”，当以“汉武帝”为是。今改。

滨田耕作《东亚文化之黎明》第十章汉代文化底东渐与南满北鲜云：汉武帝时代的汉民族底人种的文化的扩展，在汉民族是有史以来的大事件，实在这在东亚底文化史上是一重大的事件；从辽东半岛占住朝鲜半岛而居住的汉民族与通古斯族等底混合而成的民族（其中以韩民族为主）及占据日本群岛而居住的日本民族，只在周末时稍稍与金属文化接触，在全体上还是做着石器时代的长梦，移植金属文化，使入于中国文化底圈内，终至使成为历史时代底民族，我以为东亚底历史上超越这个的大事件，此外怕不多罢。所以我想就满洲及与满洲连续的北部朝鲜底情势，来讲一下。满洲在石器时代中国人已在殖民，其文化也波及了，以后，并不继续追随中国中央底文化底发达，在石器时代中彷徨着；但自周末春秋战国，其文化尽是流入，成了汉代的文化移植底素地。这例如北自奉天附近，渐渐南下，至大石桥，瓦房店，熊岳城，貔子窝，金州旅顺营城子等，发见明刀与方足布等的周末底钱货便可知道了。但这辽东半岛全然浸浴汉民族底文化，而入金属时代，也是武帝时底势力大扩展底结果，终于成了汉底一部，是人种的文化的流波冲入后的事，且主要是，辽阳以南底中国化。即以鸟居博士，岛村孝三郎氏，八木奘三郎氏为始，我们调查的辽阳、熊岳城、旅顺底贝墓、砖墓、石棺、石室的墓，不外于这结果所显现的遗物；从它底内部，与五铢、货泉、大泉五十、小泉直一等自前汉至王莽时代的钱泉一同丰富地出土了汉式镜、汉代底明器、泥象、漆器、铜器等，不外于最有力地讲述这事实。又古坟中特别显著的，可以举我所发掘的旅顺南山里刁家屯底五

> 室砖墓与营城子底砖墓等罢。又在古坟以外，今年以东亚考古学会底原田淑人君为始，我们调查了的旅顺牧羊城，也是有趣的遗迹；去年发掘了的貔子窝管内碧流河畔底遗迹，是自石器时代至周末汉初的居住地，作为石器时代底东西，出土了埋葬墓，与安特生发见品异趣的彩色陶器等，其次作为周末汉初底东西，与明刀、方足布、半两、一刀钱等，同出土了鬲甗等陶器，是显示辽东半岛自武帝以前已浸浴中国文化，成了武帝以后汉民族殖民地底根据的重要的遗迹。北部朝鲜，大体上与南满洲是同样的情况的。这地方，也是以通古斯及中国人等混合民族为主，自古占居着，有石器时代底文化，这可以用平安南道及其它地方底石器陶器等底发见来证明，传着与满洲地方底东西大体上同色彩的文化。殷末时箕子向北鲜殖民的传说，即令这到现在，不能从考古学上证明，但到周末，由于平安北道宁边发见的明刀等，明了了其交通之迹，告诉我们海东渐渐地浸浴中国文化了。在这素地上，中国文化底大规模的移植，自汉武帝时即公历前一世纪时起遂行，朝鲜底北部，作为汉底四郡，成了其领土了。如此，北部朝鲜，自石器时代或金石并用期，一跃而接触铁器时代的优秀的汉文化①了。

不可谓非无见。

且貔子窝牧羊城两地均有贝墓的遗迹，大连滨町及旅顺大台山各有贝冢发见，其事与黄河旧河口，山东半岛北海岸一带的贝冢相同。

---

①编者按：原稿为“汉化文”，当以“汉文化”为是。今改。

《世界历史大系》(2)《东洋考古学》页三〇〇云：且当时聚落的遗址，有在海岸地带者，其所供食用后的贝壳，自然积成贝冢(Kjoekkenmoeddngs)。到现在可以观察出其存在中国的贝冢，据最近我们的调查并法国桑志华教士所介绍，主要的存在在山东半岛的北海岸旧黄河河口地带。我们所发见的经调查所得的贝冢，系在山东半岛的北海岸连锁庙岛列岛而与南满洲的辽东半岛一带的位置，积成于面临渤海的寄港地著名的龙口附近。就地形言，龙口市町的北方，有广袤的砂滨连续着，那砂滨往西拉长形成半岛状，而贝冢恰在市町的北方，正当半岛部的颈的丘状数基点。我们选择其中直径一五米高三米余的略圆丘，就其中央从南方向北方调查。在南端有疑为遗址的灰层存在，发见有腐植土交杂的贝冢，最厚的计一米弱，渐渐达至原砂地。从这贝冢的发掘地，有鼎型陶器，鼎部壶形陶器，钵型陶器破片等中国新石器时代普通所见陶器类出土，呈露赤褐色或黝黑色的原始的遗品，仅有不完全的辘轳痕存在。又桑志华氏同时在龙口附近的贝冢出土的陶器中有鼎型陶器及钵型陶器的底部等物，与南满洲的旅顺附近的大台山、文家屯、郭家屯等贝冢中发见物颇相类似，这是最值得注目的。又同样的遗物的分布，一直及于关东州的最北部与奉天省庄河管内相邻的貔子窝附近的我们呼为高丽寨的台地。而貔子窝高丽寨所出的有环石、石庖丁、石斧、纺锤车、鬲型陶器、甗型陶器等，并发见有三翼式铜镞、钱斧，又中国周末的货币一刀钱、明刀钱等亦有发见，南满洲新石器时代遗迹所表示的极与中华民族相类似，其年代的下限，最少近于中国本土青铜器时代的末期的时候。……又积成贝冢的贝壳，无疑地为当时食用的异类。兹试将山东省龙口贝冢与南满洲貔子窝两地所发见的贝类表列如次：

龙　口	貔子窝
マガキ	ハマゲリ
ッソタガヒ	アカガヒ
アカニシ	アカニシ
アサリ	アサリ
ウネウラシマ	シホフキ
カキ	カキ
サルボウ	サルボウ
フトヘナタリ	ホソウミニナ
ヘソアキクボカヒ	オキシジミ
クボカヒ	カガミガヒ
	ウネナシトセマガヒ

就此史前遗物比较研究，我国东北部沿渤海各地，在新石器时代，早为中华民族中原人士所开发无疑。

最北则为梁思永氏昂昂溪的史前发掘，其出土幺石器所代表的文化的内容更加丰富，其新石器文化只不过是蒙古热河的新石器文化的东枝，实则在我东北边疆上原系联成一气。

梁思永《昂昂溪史前遗址》云：沙冈所在的昂昂溪地方正在东三省大平原北部的中心，所以沙冈四周都是一望无际的平地，眼力所能达到的范围之内没有比散布在各方的沙冈更高的陵阜。不但如此，这地方又是在嫩江泛滥面的范围里，所以终年都是为水所浸没，是一片真正的泽地；春秋两季江水高涨时水面去中东铁路堤的顶面有时只一二公尺。我们九月底到昂昂溪，江水已渐退了。……挖掘这种的遗址，比较说，是件简单的事。……地面采集与挖掘，初步的地面工作，只是检拾路卡徐金（Lukashkin）屡次采集的胜余而已。我们从坑底遗存之稀少的情形可以推定沙冈内所藏有的遗存极有限。因为风力所挖刮的面积约占冈面的五分之一，而坑底暴露的遗物（沙土被风吹走，留下吹不走的石块陶片在坑底），只不过几百件。在进行地面工作的时候，同时又在沙冈的各部份坑崖暴露的地方作试探的挖掘。第一沙冈试挖了七八处，除南头出了几块陶片之外，都一无所得。第三沙冈的探坑比较有结果，在第一处坑东岸，近冈北头，就发现了我们这次挖掘惟一的成绩：一座墓葬。据路卡徐金说，他从前在这附近曾发现过一座不完全的墓葬。第一冈既然没有希望，我们决定挖第三冈。……这报告所根据的材料大部份是我们自己挖出来的，有一部份是路卡徐金采集的。我们所采集的标本约三百件，路卡徐金的约①七百件，一共约一千件。其中石器最多，陶片其次，骨制品最少，完整的标本石器比较还多些。陶器只有两件，骨器却有十件。……昂昂溪沙冈的墓葬所代表的文化已实行比较繁重并且多少已有定格的丧礼。两座墓葬里各出一个近球形和一个带流的陶罐绝不是偶然的事。根据殉葬器物可以推定：我们挖的一座男子的墓——出枪、镖、刀等打猎用的兵器，路卡徐金发现的是一座女子的墓——出精琢器、削刮器、饰器珠等。

①编者按：原稿为“路卡徐的约金”，当以“路卡徐金的约”为是。今改。

但是后者有石镞而前者没有的原因，我们还不能确定。根据地质学者的观察，昂昂溪一带的沙冈是从前大湖边的堆积。而我们所发现的又是一种水边文化的遗存。这遗存里的兵器大部份是专为打水兽用的猎器。所以在用这种猎器的人的墓葬里发现用鹿肉做祭品，使我们感觉到特别的兴趣，因为这情形使我们联想起楚克次科律雅克以及其他猎水兽畜鹿的极东西伯利亚民族。我们在墓葬里没有挖得一件幺石器，所以这遗址的幺石器和骨器的关系还不能十分确定。但是我们在墓葬里挖出来的骨刀梗——和在拜喀尔湖，欧洲所发现的带沟嵌幺石器的骨梗完全是一类的器物，——除了嵌置幺石器别无用处，而且这些沙冈的黑沙层又是单纯的堆积。因此我以为我们可以将这些幺石器和骨器归入一个文化期。如此，我们不但将幺石器和磨光的石器同时的关系弄清楚，并将这幺石器所代表的文化的内容加丰富。在路卡徐金所发现的墓葬里所得的石珠的原料都不是本地的岩石。这表示这文化和外界已有相当的接触。以幺石器与遗址沙冈的环境为标准，昂昂溪的新石器文化不过是蒙古热河的新石器文化的东枝而已。

抑尤不止以上所说而已。即以墓葬一事而论，我国东北部在史前时代，其墓葬的风俗，与中原各地一般无异。

《世界历史大系》(2)《东洋考①古学》页三〇二云：在新石器时代，中华民族的埋葬方法颇为简单。河南省仰韶村的遗迹，经由与安特生一同调查之师丹斯基（O. Z. Dansky）博士发掘多数葬地，其墓并无任何棺椁，

①编者按：原稿此处脱一“考”字。今补。

主要的其头部向东南伸展，殆不认有可记的副葬遗物。又安特生氏在甘肃省各地发见之墓，即甘肃省宁定附近的半山并与导河县城相对的洮河西岸的四时定等，这等墓亦不施何等棺椁而遗骸呈水平线仰身的状态，其头部殆系北向。此等墓中多发见彩色陶器及不施彩色的鬲型陶器等，略略完全的；其他石器、骨器、子安贝等亦有出土，又次则有青铜器。殊别可注意的为宁定县半山屈身葬的一例。以此观之，其时中国北部从新石器时代至金石并用时代必有一如今日见于中华民族之间的伸展葬而头部北向的葬风存在无疑。而其中如半山的一例，却是异例，此处关于彩色陶器的系统问题，疑足为解释中国北部古代文化的性质的秘密的所在。抑犹有进者，南满洲在当时属于中国北部的文化圈内，已如上述，其葬法在貔子窝的单砣子岛所发掘的二个墓葬，足以征之。其一为壮年以上的男子的墓，推测为中华民族的；而于深约二.三米之处，发见其头部向西北而足部向东南。这遗体从不完全中有残存头盖骨的上肢，下肢殆成完整，作一直线状的伸展葬。亦不存何等的棺椁，于六个陶器之外，有美观的有孔石斧一个，珠玉三个为副葬品。而中华民族，当其营墓之时，必伸展死体，其头部北向或西向的风习，殆至其次时代的金石并用时代或青铜器时代初期，乃得确定。即如从河南省安阳县小屯发见的许多墓葬为其好例。其一头北向而胸部遗存副葬的青铜制戈；其他一例则头西向而脚部有鬲型陶器及青铜器的爵及觚等副葬物，而皆不见有任何棺椁之迹，这时代大约表示中华民族尚未营造大规模的坟墓。唯自南满洲的旅顺附近老铁山为始，以至双台子山大台山等的山顶，残存有用大小石块堆积成二三坪广阔的馒头形的石冢（Cairn）群。今就双台子山而言，其处为从营城子的奥陶纪石灰岩而成半岛状的山块，其南侧为略低的耕地，有当时的贝冢积成。据我们的调查，山顶的石冢为残存贝冢的住民之墓，这是确然的事实。而我们前此屡屡言及南满洲的石器时代残存的遗迹乃是中华民族所留遗，然则中华民族亦经营如堆积石冢之墓亦未可定。试就从来石冢所发见的遗物观之，其出土的如鬲型陶器，豆型陶器等，这显然是受中国文化的影响。

又我国东北部与中原各地出土石器，其器形、器质、彼此制法，亦几乎一致。

《世界历史大系》(2)《东洋考古学》页三一云：新石器时代的中华民族又制作使用弓矢的石镞。此等石镞主要的以粘板岩磨制成者，如仰韶村所发见是，有柄部作出的；又如在南满洲的貔子窝及其他所出土的，则为扁平，而插入矢柄则作两脚状。呈前者的形状者在山西省夏县西阴村等以骨制，而安阳小屯出土的则以贝制。其他当时中华民族所使用的石斧，大概为致质的砂岩、闪绿岩、斑粝岩或髓石质所磨制者，其形状则依据河南省、山西省、甘肃省及南满洲各地所出土者而知之。而中国北部普通所见者，为仰韶村、西阴村、沙锅屯、张家口附近等地所发见，而南满洲出土最夥为有蛤刃而呈长方形或广形的磨制石斧。此种石斧其柄可以装上而无何等的穿孔，为固着在木柄上而使用者，其长大者恐与锹或鹤嘴相同。其次为仰韶村所出者，为呈白色的变质石灰岩质所制，其形状稍稍细长者不少，此种石器疑为所使用的石凿。又南满洲亦有呈同样形状者，以发见为两刃者为多。此等石器在中国北部新石器时代的石斧中具特殊的形式者稍带扁平的石斧，以便自其中央当若干上部装着木柄，故作成穿孔。此有孔石斧如上文所述貔子窝单砣子岛的墓中出土者，在中国内地各处亦常被发见者，可为中国新石器时代的石器中的标准型而□[①]用任何变质石灰岩、蛇纹岩，或如软玉般的美丽石质制成者，其形状为青铜器时代的铜斧、玉斧的祖型。这是很明白的。……以上所述，为我们在中国北部以黄河流域为中心的地带所采获的石器，以磨制的石斧、石镞、石庖丁、石镰、石凿为主则使用磨制石器的事实已明；而此地域中的北边则出土打制的石器。即我已在张家口附近元宝山的洞窟采集打制石器，又在南满洲的双台子山调查其石冢中所发见的打制石镞，已如前述。更有在北满洲的吉林省，依据八木奘三郎所介绍，石牌岭出土有打制及磨制的石器类，我们自身在宁安县西南十里余的三灵屯的台地，采集其所散布的石器时代遗物，其中得见若干打制的石器。又关于张家口附近的，有宣化县出土的打制石剑，同时万全县有打制的石核（Nucleus）发见。又安特生博士所发掘的沙锅屯洞窟，亦有多数玉髓制的打制石镞。又山西省西阴村出土的彩色陶器，磨制的石斧与打制的皮剥，石镞等，均有发见，这是根据李济教授所报告的。而西阴村所发见之中，殆皆不成整形，为如何目的而使用，则殊少判明。此种石器安特生博士曾在甘肃省西宁县朱家寨采集得之，夹于骨片之中，与小刀相同。……又

①编者按：原稿模糊不清，疑为“利”字。

在昂昂溪车站的西方铁道线路的南边，……据路卡徐金氏的调查，并发掘当时的墓所，其中的一墓，为头部向西北，脚部向东南的伸展葬，人骨周围有二个陶器和打制的石器。其后中国中央研究院的梁思永氏因此引起动机，在那地发掘，亦云有伸展葬的人骨略略完全的出土，同墓头盖骨的附近有陶器，腹部有碎石髓，脚部有磨制石斧夹插有细石器的石刃的骨制器具，其他如铦的骨器类等副葬品。又同氏关于出土的磨制石斧的论述，认为同时代的遗物。……又据桑志华教士所推测在热河围场附近东家营子所发见被发掘的古坟出土的遗物，及赤峰小库伦出土的遗物等，可以测知热河在金石并用时代的文化。桑志华所发掘的东家营子的坟墓□[①]在一丘陵之麓，为粗面石版所成的箱式石棺，中葬屈曲的尸体。而从此等坟墓中发见石制的槌斧，有突起的石制棍棒头，磨制石斧、敲石等石器类，铜刀子、铜锥等的青铜器，小管□[②]，陶器等。又尸体之旁发见大的兽骨，疑其以犬为副葬。如就其出土物略说，石制槌斧，有舟形的平面而中央有可以插入柄部的比较的大的孔，其孔的周边较厚的形式。但像这样的槌斧，在中国山西省大同附近出土有之，在朝鲜的咸镜北道亦有发见。又其形为动物的头型，为前述的旅顺双台子山的新石器时代所出土，盖石制槌斧，分布于中国北部蒙古东部及南满洲，北朝鲜各地，为一周知之事。

而陶器的形质色彩，亦殊足以资证明为同一种族人所制作。

---

①编者按：原稿模糊不清，疑为“处”字。

②编者按：原稿模糊不清，疑为“器”字。

《世界历史大系》(2)《东洋考古学》页三二七云：在中国北部新石器时代中华民族营农耕定居的生活，以其使用磨制的石庖丁、有孔石斧、磨制石镞可以知之，已如前述；又中华民族制作陶器如是之夥，其中彼等有呈特有的形状者，为次时代青铜器时代的铜器所传承者不少。此等陶器制作的灶炉，在山西省万泉县荆村的石器时代穴居址附近已有发见。……石器时代的陶器既已使用辘轳，则中华民族陶器制作的优秀可知。安特生氏在仰韶村所发见的陶器多为手制，不使用辘轳，呈黝黑色，其表面有席文或绳文，其形状有钵型、壶型，又有载在高台状的脚之上的豆型等；而最显著的为鼎型、鬲型及甗型等陶器。这鼎型的陶器，最初为钵型器载在三个石上，以便用于炊煮的，这是它的起源，其后以土代石，不过为器体的一部分。这些类似的事情，安特生经已说过，在南俄曾有发见。惟从鬲型发生甗型，则为中华民族所独自创造，这是可注目的。即鬲型陶器呈类似鼎型陶器的形状，而其三脚为夫袋形，中空，这是大特色。这种鬲型器的用途，如滨田博士所述，勿论沸水，且可煮出汁气。但宁以沸水为主要目的，以其水蒸气熟煮置于器上的甑中的谷物。安特生氏在仰韶村所发见的壶型陶器之一，其底部存有穿孔，周围有石灰质附着，供沸水之用，业已甚为明白，这恐是上记在鬲之上架着的甑类。而蒸煮谷物之际，鬲之三脚充满清水，火焚其间，其器体所受热度，比之其他形状，可高数倍，从而可迅速地发散多量的水蒸气云。又甗型陶器为鬲型陶器与甑所结合无疑。从南满洲貔子窝，高丽寨所出土的鬲型陶器，实为属此形式的陶器的标准型的形状。但此甑部的底并不作何等中算，恐在此部分在其他的陶器片穿孔者置于其中。盖如此的鬲型及甗型的陶器，不闻在其他任何地方有所发见，则有此等形状的陶器，无疑地为中华民族所发明。即在此处反映中华民族的生活，彼等是农耕民族，而其主要的食物为热蒸谷类，或炊而调理之。我们再述中华民族间为研碎谷物成粉而被使用的石皿一事。实则中华民族以鬲或甑等陶器为必要。同时石皿的使用系不重要。彼等中华民族供炊或蒸食用的谷类为何，今不得而详，但疑是粟或黍之类。又安特生氏在甘肃省所发见的陶器残片，有米的籾壳附着，但在中国的中原遗迹所检的米的例则不可知，而当时米之存否亦俄顷难断也。而鬲型甗型陶器与其他鼎器的发见，则为中国中原新石器时代遗迹最显著之事；又此等陶器的脚部，如上文所述在山东省龙口的贝冢、南满洲郭家屯贝冢、张家口元宝山洞窟、奉天省沙锅屯洞窟等的新石器时代的遗迹中，都可检获。又如次记在甘肃省洮沙县辛店及狄道县寺洼山遗迹，伴青铜器出土的，亦可见及。因此足以指示中华民族在新石器时代其文化所波及的区域。以安特生氏之贤明，其所论述，如鬲型陶器的研究，实为投予中国古代文明的解释以一大光明，前无论何人不得再有异论。中华民族自新石器时代至金石并用时代所盛行使用的豆型、鬲型、甗型及鼎型陶器等，其形状在青铜器时代以青铜铸成，为宗庙重要礼器（鼎器），为世人周知的事情。……我们以为鬲型陶器等为中华民族间独自发生，渐次波及奉天省与甘肃，已如前述。……但彩色陶器的制作甚为精巧，使用辘轳，施以彩色，带有研磨的光泽。这色彩恐是陶器在未烧制以前所施为不容易剥落的了。而其特色，在前述的河南的仰韶、秦王寨，奉天的沙锅屯，山西的西阴村及其他各地发见的彩色陶器的共通性，而林西的彩色陶器，看来略略与中国本部及满洲各地出土的彩色陶器略略相同。然其纹样比较简单，其色彩则甚美丽，其发达在黄河流域则不甚显著。此点与朝鲜雄基贝冢出土的彩色陶器相类似。

故就今日所得的史前文化而论，殊无法可以诬我国东北一部非吾先民手足之烈所开发也。

（附注）作者不承认“满洲”二字为地理区域的名词，在拙著《中国边疆史讲义》中，已有专章辩论。兹因引用外国书籍，不好一一为之改译，故仍之耳。惟识者谅之！

（原载《现代史学》第4卷第4期，1942年）

明清两代军器变革及其影响①

一、神机箭铳输入之始

我们在《马哥博罗游记》中，看见了一个记载，说蒙古皇帝因为攻打襄阳城多年未下，便在西域聘请了亦思马因等一班造炮工匠，造成了一种叫做“茫贡诺”，便把襄阳城打下来。其实这事亦见《元史》一百二十八卷，“茫贡诺”仍然只能算是石炮，与古代弩机所掷的“弹丸”无异，不过起重力大了，石炮重至一百五十斤，入地深至七尺，一炮中其谯楼，把襄阳城内的人吓煞了，不得不开门投降。其时用的仍不能算是火炮或铳炮。铳炮的开始创造或传入，只能说是起于明初。或谓始于明成祖征交趾时，或谓始于明宣宗征高煦时。照现在从《明史》的研究，这两说是一贯的。明成祖平定安南缅甸，武功最盛，当时好望角虽未通航，但火药已传入西方多时，而海上贸易仍然全操于阿剌伯商人之手，明成祖时传入是很可能的。成祖的儿子仁宗在位不及一年，而他的孙子宣宗亲征高煦时，便

①编者按：本篇书名号为整理者所加。局部标点、外文字母有改动。

用了神机铳箭，显然是成祖时遗留下来的。而且在《明史·兵志》里明明记载着成祖时设神机营以习神枪火箭；后复兼用内臣以监神机火器，曰监枪，更足为其旁证。

二、成祖靖难与高煦兴师

成祖靖难，因为违背了我国伦常主义的旧习惯，恐怕得不到部下的死力，便挟宁王权，拔大宁之众及朵颜三卫的番兵，结果靖难成功了。其成功的因素之一，为高煦的武勇。当时成祖抚高煦背曰：“世子多病，汝当努力！”并许以事成立为太子，已引起了后日高煦夺位的动机。及仁宗崩后，高煦真的要清君侧，宣宗听了杨荣的话，御驾亲征，大兵临乐安城三日，便把高煦解决，说者多归功于三杨的足智多谋，与建文委任李景隆督师不同。其实照我们历史学者看来，这回军事上的胜利，实在全靠使用了新式军器以征服乐安城里使用石炮的高煦。其后三杨当国，政治上做到了明初的太平时代；虽日后不免有土木之变，于谦等仍能转危为安。中叶以后，内治窳败，外患日急，以至明末，日在风雨飘摇之中。

三、佛朗机炮传入伊始

明末，中国炮铳的落后，不下于马来人，不与欧人冲突则已，一有冲突，无不败衄。明人亦知其然，当时为挽救中国危机起见，明人向外要求者有二，就是新军火与新炮手。嘉靖二年（一五二三）佛朗机国将官别都卢（Pedro）以战舰五艘来寇新会西草湾转战至赵州。明军捕获其炮，即名其炮为佛朗机，以铜为之，长五六尺，大者重千余斤，小者百五十斤，巨腹长颈，腹有修孔，以子铳五枚贮药置腹中，发及百余丈，所击辄糜碎。副使江鋐进之于朝，上言：

> 今塞上墩台城堡，未尝不设，乃寇来辄遭蹂躏者，盖墩台只瞭望，城堡又无制远之具；故往往受困。当用臣所进佛朗机，其小止二十斤以上，远可六百步者，则用之墩台，每墩可用其一，以三人守之；其大至七十斤以上，远可五六里者，则用之城堡，每堡用其三，以十人守之。五里一墩，十里一堡，大小相依，远近相应，寇将无所容足，可坐收不战之功。

帝悦，信从其言。火炮之有佛朗机，自这时始。明廷谓其炮为大将军，发诸边镇应用。其后和兰人至，其炮更大，以铁为之，长二丈余，重者至三千斤，可洞裂石城，震数十里，世所称为红夷炮。其后意大利亚善制炮，视西洋更巨，既传入内地，华人多效而不能用。万历二十年①（一五九二）日本关白丰臣秀吉寇朝鲜，明兵御之，得力于炮铳者不少，故常以之破贼。

四、招请专家入都效力

至天启元年（一六二一）有招聘在澳葡人之议，然其到达，大抵在天启二年（一六二二）以后。天启崇祯间东北用兵，数召澳中人入都，令将士学习，其人亦甚为尽力，详见教士鲁德昭（Semedo）所著②《中国》（*China*）一书中。先是天启元年部臣议招寓居澳门精明火炮的西洋人来内地协助攻御，至崇

---

①编者按：原稿为“万历二年”，丰臣秀吉寇朝鲜当在万历二十年。今改。

②编者按：原稿为“箸”，当以“著”为是。今改。

祯三年（一六三〇）龙华民、毕方济奉旨前往，招劝殷商等集资助火炮。教士陆若汉（Johannes Rodrigues）绅士公沙的西劳（Gonsales de Texeira），率本国人多名，携带铳炮，前来效力。宁远涿州等屡次退敌。后登莱之役，公沙的西劳及同伴多人阵亡，陆若汉亦受伤。兵部请赐恤，公沙的西劳等赐御祭，陆若汉优诏褒异，赏假回澳调理。公沙的西劳所率带来者大炮四门，葡人二百，及在澳门训练的中国人二百，全部与战。关于招请专家入都效力一事，毕方济主张最力。崇祯十二年（一六三九）毕方济上疏曰：

> 臣蒿目时艰，思所以恢复封疆而裨益国家者，一曰明历法以昭大统，二曰辨矿脉以裕军需，三曰通西商以官海利，四曰购西铳以资战守。……天启元年，边疆不靖，准购用西铳，募用西兵，以此辈陆若汉等二十四人，进铳四尊，缓急击敌，屡建奇功，更乞敕从澳门聘招熟识于制铳之西教士数人，使授以制药点放之术，摧锋破敌之奇。……

毕方济所言，最合实际。按当时的澳门不但为远东的贸易要埠，且为制造军火的场所。据荷兰人莱希登（Seyger Van Rechtern）所刊印马克达瓦罗（Marc d' Avalo）的《澳门志》，志中言十七世纪初叶澳门事甚详。谓葡人在澳有铸炮厂一所，可造各种钢铁炮。毕方济所称乞敕从澳门招请专家，实为最便当最迅速的一桩事情。

五、明末制炮用炮的专家

明末首称善西洋炮的为孙元化。《明史·徐从治传》云，孙元化者故所号善西洋大炮者也。其附传称：孙元化嘉定人，天启间举于乡，从徐光启习西洋炮法；广宁覆没，条备京防边二策。孙承宗请于朝，得赞画经略军前，主建炮台教练法，因请据宁远前屯，以策干王在晋，在晋不能用。承宗行边，还奏，授兵部司务。其后承宗代在晋，遂破重关之非，筑台制炮，一如元化所言，还授元化职方主事。已而，元化赞画袁崇焕于宁远。还朝，寻罢官。崇祯初年，起武选员外郎，进职方郎中。崇焕已为经略，乞元化自辅；遂改元化山东右参议，整饬宁前兵备。二年（一六二二）二月明廷命元化仿制西洋炮，翌年三月成，封巨炮为“安国全军平辽靖虏将军”，遣官致祭。这足见明朝需要西洋火炮的迫切，而元化的仿制和使用的高明。可惜元化以不能讨孔有德之叛而弃市，自毁长城吧了。

六、鞑靼战争记所记天崇间事

据马耳著①的《鞑靼战争记》所称述天启崇祯时的战事，亦有关于火药火炮的记载，据云，天启帝立，防御诸要害，就中以山海关附近的皮岛为最重要的城砦，在此屯驻大兵。其中最善于牵制鞑靼的为勇武总督毛文龙，以强大的海军，据鸭绿河口朝鲜附近的一岛，文龙不特从其背后大窘鞑靼，且尝侵入鞑靼，试为种种掠夺，使其不得不全向文龙注意。抑尤有进者，文龙为广州人，其地接近葡人，彼熟习海上事项，尝于海岸捕获一大破船，有和兰运来火药，且其中一部分配备于宁远城内。以文龙的忠勇，力却鞑靼的甘言，归心于宁远城而给以援助，故这年鞑靼攻宁远城时，痛遭击退，死者一万，敌王一

---

①编者按：原稿为“箸”，当以“著”为是。今改。

子亦在其内。其后崇祯帝立，鞑靼人屡寇辽东，全然占领辽东东部。但欲侵略西部，仍屡蒙损害而退。盖这时葡萄牙炮术之士来者七人，彼等所教练中国人颇为皇帝所乐用，尤殊异者为基督教首要信徒孙元化以巡抚为行军司令故也云云。案《鞑靼战争记》所述不可尽信，如文中贬抑袁崇焕，褒扬毛文龙，与《明史》所称相反。又《明史》谓毛文龙为仁和人，《鞑靼战争记》谓毛文龙为广州人，亦似不实。不过谓文龙镇守皮岛与登莱，成犄角之势，又谓其使用和兰火药，并招致葡萄牙炮术之士七人，其言当是事实。后日登莱旧将孔有德、耿仲明、尚可喜以是降清，清人始有火炮，未免可惜。

七、宁远大捷

《鞑靼战争记》谓宁远大捷死敌一王子，王子为谁，即清太祖努尔哈赤是也。这役功劳，全属袁崇焕和他所招徕的福建炮手。《明史·袁崇焕传》云：

> 袁崇焕东莞人，万历四十七年（一六一九）进士，授邵武知县，为人慷慨负胆略，好谈兵，遇老校退卒，辄与论塞上事，晓其厄塞情形，以边才自许。天启二年正月朔朝觐在都，御史侯恂请破格用之，遂擢兵部职方司主事。无何，广宁师溃，廷议扼山海关，崇焕即单骑出阅关内外，部中失袁主事，讶之，家人亦莫知所往。已，还朝，具言关上形势，曰：予我军马钱谷，我一人足守此。廷臣益称其才。……（天启）六年（一六二六）正月，（清）举大军，西渡辽河，二十三日抵宁远。崇焕闻，集将士誓死守，乃尽焚城外民居，携守具入城，清野以待。明日大军进攻，戴楯穴城，矢石不能退。崇焕令闽卒罗立，发西洋

巨炮，伤城外军，明日再攻，复被却，围遂解。而（金）启倧亦以然炮死。……中外谓宁远必不守，及崇焕以书闻，举朝大喜。

稻叶君山《清朝全史》记载这次大捷较为详细，据称：

天命十一年（天启六年，一六二六）正月，大军西征，……太祖此次之兵数，不下十万，可谓倾国之师。正月二十三日，太祖进下辽西诸城，遂越宁远五里，横截山海关大路而驻营，袁崇焕集满桂祖大寿等将士誓死守，乃尽焚城外民居，悉令入城中，逃者处斩。崇焕此时守城，其确以为可恃者，葡国新输入之多数巨炮，及善于施放火器之闽卒，彼所视之如生命者也。二十四日午前二时，太祖之兵攻城之西南隅，被大炮击退，乃凿城根以攻之，又不成，城兵见敌有怯色，乃携棉花火药，进而烧敌之战车，翌日又攻城，终不能克。据清记录则此时损伤游击二人，备御二人，兵五百。太祖谓诸贝勒曰，予自二十五岁以来，战无不胜，攻无不克，何犹宁远一城不能下耶？不怿累日。其实太祖已负重伤。

这役有朝鲜使者在宁远城中，就其所亲见者详记其事，比之《明史》所记，亲切有味。据谓：

我国译官韩瑗随命入朝，适见袁崇焕，崇焕悦之，请其入镇。崇焕战事节制，虽不可知，而军事甚静。崇焕与三数幕僚闲谈。及报贼至，崇焕乘轿至战楼，又与瑗等谈古论文，略无忧色。俄顷放一炮，声动天地，瑗惧不能仰视。崇焕笑曰：贼至矣！乃开窗见贼兵蔽野而进，城中了无人声。是夜贼入外城，盖崇焕预空外城，为诱入之地也。贼并力攻城，又放大炮，城上一时举火，明烛天地，矢石俱下。及战方酣，从每堞间推出甚大且长之木柜，半在堞内，半出城外，柜中伏甲士，俯下矢石，如是数次，又从城上投枯草油物，及棉花无数，须臾地炮大发，土石飞扬，火光之中，见胡人及胡马无数，腾空乱堕，贼大挫而退。翌朝见贼队拥聚于大野之一边，状如一叶。崇焕遣一使备物谢曰：老将久横行天下，今日败于小子，岂非数耶？奴儿哈赤先已负重伤，及是供礼物及名马回谢，而约再战之期，因懑恚而毙。

据此，清太祖确为西洋火炮所伤，不治而毙，与《鞑靼战争记》所说相同。

八、孔耿降清

清太祖既死，太宗嗣立，后金所急需者为西洋火炮。如无西洋火炮，清人实在不能入关，而且实在不能统一中国。不幸毛文龙、孙元化相继死后，孔耿降清，为两朝交替最大关键。《明史·徐从治传》云：

孔有德者辽人，与耿仲明李九成毛承禄辈，皆毛文龙帐下卒也。文龙死，走入登州，登莱巡抚孙元化官辽久，素言辽人可用，乃用承禄为副将，有德仲明为游击，九成为偏裨，且多收辽人为牙兵。是年，大凌河新城被围，部檄元化发劲卒泛海，趋耀州盐场，示牵制，有德诡言风逆，改从陆赴宁远。十月晦，有德及九成子千总应元统千余人，以行经月抵吴桥，县人罢市，众无所得食。一卒与诸生角，有德抶①之，众大哗。九成先赍元化银市马塞

①编者按：原稿为“扶”，当以“抶”为是。今改。

上，用尽，无以偿，适至吴桥，闻众怒，遂与应元谋劫有德，相与为乱。……有德既破登州推九成为主，已次之，仲明又次之，用巡抚印檄州县饷。……贼益攻莱，辇元化所制西洋大炮，日穴城，城多颓。……朱大典围登，九成战死，城破，追剿，有德仲明入海遁，生禽承禄等，斩应元，贼尽平，事详《朱大典传》。

我们看了这传文，已大概明白了。但是为的要澈底明白这事，不得不再看《朱大典传》。《明史·朱大典传》云：

天启五年（一六二五）四月李九成孔有德围莱州，山东巡抚徐从治中炮死。擢大典右佥都御史代之，诏驻青州，调度兵食。七月登莱巡抚谢琏复陷于贼，总督刘宇烈被逮，乃罢总督及登莱巡抚不设，专任大典，督主客兵数万及关外劲旅四千八百余人合剿之，以总兵金国奇将，率副将靳国臣、刘邦域，参将祖大弼、祖宽、张韬，游击柏永福及故总兵吴襄、子三桂等以中官高起潜监护军饷，抵德州。……祖宽至沙河，有德迎战，宽先进，国臣继之，贼大败，诸军乘胜，追至城下，贼夜半东遁，围始解。守者疑贼诱，炮拒之。起潜遣中使入谕，阖城相庆，明日南路兵始至，国奇等遂击贼黄县，斩首万三千，俘八百，逃散及坠海死者数万，贼窜归登州，国臣等筑长围守之。……贼不能出，发大炮，官军多死伤。李九成出战相当。十一月九成搏战，降者泄其谋，官军合击之，馘于阵，贼乃晓夜哭，贼渠魁五，及是杀其二。……六年二月中旬有德先遁，载子女财帛出海。仲明以水城委副将王秉忠，已亦以单舸遁。官军遂入大城，攻水城未下，游击刘良佐献轰城策，匿人永福寺中。穴城置火药，发之，城崩，官军入，贼退保蓬莱阁，大典招降，……贼尽平。有德等走旅顺，岛帅黄龙邀击，生禽其党毛承禄陈光福苏有功，斩李应元。惟有德仲明逸去。

后于崇祯六年（天聪七年，一六三三）四月十一日遣副将刘承祖曹绍中二人致投降书于后金汗庭，遂携带毛文龙孙元化所遗下之四洋大炮以降于清。

九、后金仿制西洋铳炮

时外国传教士所传入的新式军火红衣炮之事，已由马耳的《鞑靼战争记》所载可见一斑。时居澳门之人多属葡商，以供给军资及铳炮射手请愿于明廷，以作通商传教的凭藉。时明廷极需要西洋夷炮。除于天启二年曾命孙元化制炮外，又请龙华民罗如望阳玛诺诸人制造枪炮。当战争时以司礼监魏忠贤发来之炮，大著威力，毙敌甚多。而西洋炮当时为明廷所特有，后金国实无与此相当的火器。意大利耶稣会士龙华民毕方济奉明廷命前往澳门募捐铳炮当在天启元年，后金国掳获汉人自制之炮，尚在此四岁以后，如《清实录》所载，“天聪五年正月壬午，初造红衣大将军炮成，炮身镌有文字为‘天祐助威大将军，天聪五年孟春吉旦，督造总兵佟养性附监造游击丁启明备御祝世荫铸工王天相窦守位铁匠刘计平’五十字”，丁启明以下诸汉人，大约为明之降人可知。是年十月金始用红衣炮击破辽西的于子章，后金国颇为喜悦。当时纪录云：

是台连攻三日；举红衣大将军炮击破台身垛口，台内无措足之地，力不能支，至第四日遂降。其余各台闻风而降，所遗粮糗，足供我军士马一日之费云。自创红衣炮后，是役始用之。若非红衣炮，于子章必不能克。今日克此，

> 固守之。周围百余台闻之，或逃或降，且士马资其粮饷，以固守大凌河，克成此功者，皆因创造红衣大将军炮故也。

以此推之，自上次宁远战役以来，后金国上下畏惧西洋炮心理可以想见。其后清人又得西洋教士为之制炮，而明诛袁崇焕，清人擒满桂，形势乃一大变，明人力量渐渐不继，而后金乃复利用其新式军火，以获军事上的胜利，进攻明室而有天下。

加以明将之降金者，有明叛将孔有德耿仲明等。叛将降清后，金国乃得最新的西洋炮。盖是时明廷与清廷之间，其胜败全然在于军器问题上，至是清遂占取优势而肇造其兴起之基。因孔有德围莱州时，用孙元化所制之西洋大炮。此大炮在明廷为最新式军器，而孙氏素奉西教，又于澳门招致西人为之效力，如登州莱州两役，葡人公沙的西劳等阵亡者数名，受明廷谕祭，耶稣会士陆若汉负伤得褒奖，彼等西人实为在孙元化之下制造大炮之人。孔有德载运此种新式大炮渡海归降，关系至为重大。金国前次铸造红衣炮多为捕虏汉人所仿制，比之前次所得大有精粗之殊。有德始入奉天时，清太宗传旨曰："卿携红衣大炮，已运至通远堡，即付于卿，当使军士演习之"，此种大炮究有几何，虽不能确知，然天祐军尔后固以炮手著名的。

十、明清之交与西洋炮术

崇祯晚年，国事日非，清人兵力日盛。明廷为要支持残局，汲汲然讲求新式军器。费赖之《入华耶稣会士列传·汤若望传》云：

> 鞑靼势力日盛，渐有进迫京师之势，一日朝中大臣某过访若望与言国势颠危，及如何防守等事，若望在谈话中言及铸炮之法，甚详明，此大臣因命其铸炮。若望虽告其

> 所知铸炮术实得之于书本，未尝实行，因谢未能，然此大臣仍强其为之。盖其以为若望既知制造不少天文仪器，自应谙悉铸炮术也。
>
> 一六三六年（崇祯九年，清崇德元年）在皇宫旁设立铸炮厂一所，若望竟制成战炮二十门，口径多大，有足容重四十镑炮弹者。已而又制长炮，每一门可使士卒二人或骆驼一头负之以行。所需铸炮之时亘两全年。
>
> 明朝末年为奖若望勤劳，赐金制匾额二方，上勒文字，一旌其功，一颂其教。

近人张思龙《明清两代来华外人考略·汤若望》条亦记其事，称：

> 崇祯十三年（一六四〇）奉命督造战炮有功。十五年，兵部尚书陈新举荐再铸洋炮，谕命将造法传授“兵仗局”并监制“无间大将军”五百位，授焦勖译《火攻挈要》，详述诸式火器之制法。

惜乎明廷命若望随李建泰剿贼，因从建泰降清，为清人入关统治的工具。终世祖之世，宠幸优渥。顺治十年（一六五三）赐号通玄教师，后避康熙庙讳，改名通微教师。说者谓清初统治中国，虽由多尔衮康熙帝诸人之能利用西洋文化学术以控制文化优厚的民族，而汤若望南怀仁之受清人利用，为其铸炮，实为惟一重要原因。其言不为无见。

十一、南明的守御

南明三王，福王在位凡一年，唐王在位凡一年零二月，为时甚短。惟桂王喘息两粤，竟可支撑十四年，历时最长，且叠获胜利。我以为这事于西洋铳炮有十分重大关系。桂王由榔称号永历，在清顺治四年（一六四七）。时太监庞天寿随毕方济神甫为唐王在澳门定炮，炮成而唐王已灭，天寿奔走肇庆，以炮献与桂王，因以天主教理陈说于其嫡母桂王常瀛的继室王太后。太后既奉天主教后，复令由榔生母马氏及妃王氏皆入教，受洗礼于司铎瞿纱微。是年由榔生子慈烜亦受洗礼，教名君士坦丁，盖其时，南方教士均以东罗马期待南明。太后尝遣使至澳门，求司铎行弥撒大祭，使者至澳门，澳门炮台鸣炮致敬，教中修士，排队欢迎。于是同至天主教堂陈述太后之意，并呈所赍礼物。遂于阳历十月三十一日举行大弥撒礼。礼毕，澳门葡总督设盛筵款待使者，并赠火枪百枝，以佐其行。时南方教士拟将西洋铳炮驾设五岭山巅，严防清兵南下，使清军不能越大庾岭入广东；其后曾否实行不得而知。惟瞿式耜桂林之役，反败为胜，则全恃西洋铳炮，其将官焦琏，同为天主教徒而精于西洋炮术者。据伯希和著的《卜弥格传补正》页一二六云："一六四七年三月二十日至七月一日，清兵围广西桂林时，Nicolas Ferreira所统率的葡萄牙援兵三百名在永历帝所，或者就因为葡萄牙人的炮火，清兵始解围而去云云。"今者证之《行在阳秋》，其言益信。《行在阳秋》云：

> 己丑清兵攻桂林焦琏击走之，翌日又追，败之。清侦兵变，积雨城坏，猝薄城，环攻文昌门，式耜与琏分门婴守，用西洋铳击中胡骑，琏出城战，击杀数千人。

查庞天寿教名Achilleus，由龙华民授洗；瞿式耜教名Thomas，卜弥格书中称其入教受洗；焦琏教名Lucas，见伯希和《卜弥格传补正》页一二九末，萧一山误译为丁魁楚者，坂口昂误译为陈邦传。这三人可说是南明守御的中坚人物，他们既与公教发生特殊关系，故倚重西洋铳炮极深切。

永历帝在位的最初三年，以瞿式耜何腾蛟的努力，不特能保全两广的地方，而云南、贵州、江西、湖南、福建皆为其所恢复，奉永历正朔者凡七省，耶稣会士们系望极深，咸愿为之尽力。不幸在永历三年（一六四九）形势一变，两路俱败。翌年，清兵克韶州，由榔奔梧州，太后欲遣使至罗马谒见教皇，为明祈福，庞天寿愿往，以其年老任重，不许。天寿遂荐神父卜弥格充使，赍书二通，一为太后肃教皇笺，一为太后致耶稣会总统书；庞天寿另有奉教皇书，嘱卜弥格附呈，卜弥格遂偕两位中国随员前往，其中武官一人，即游击Andre Sin。稻叶君山谓此行动机，系企图得基督教诸国同情，援以精锐武器，间接再造明室。这话不免有心造谣。伯希和谓此事发动于耶稣会士，而非出于永历左右的中国人；至中国人方面，对于这事未必乐从，未必抱有很大的幻想，永历帝本人毫无参加之迹，就是信奉基督教的要臣瞿式耜也未参加，仅由太后烈纳同太监庞天寿致书，则其情可知。这话最可相信。卜弥格至澳门，为已降清朝的教士所阻，留至一年始得放行。其时清兵已于永历四年十一月二十五日入广州，后三日取桂林，瞿式耜被擒，后此不久被杀。永历帝遂偕其左右自梧州走南宁，太后亦于次年卒于田州。卜弥格途中屡被留难，虽备历艰险，然亦无甚效果。及还至中国境外，于暹罗不能径赴澳门，改由交趾，又以交趾禁止传教，苦求几许，始得通过。卜弥格抵广西边界后，不意边界关口俱为清兵把守，不能入境，因于永历十三年（一六五九）殁于界上。时永历帝已退走到云南西南隅的永昌腾越等地，庞天寿亦于两年以前死于云南府。又一年，南明遂亡。

十二、清初平定吴三桂战役

清初以利用吴三桂的兵力，追击桂王于缅甸，以灭南明。及至康熙十二年吴三桂联合尚之信耿精忠称兵西南，清廷举朝震动，大学士索额图至请诛建议撤藩诸臣以谢三桂。时三桂兵威甚盛，如火燎原，不数月西南六省，全归三桂之手。清兵虽以荆州为中心，云集于襄阳、汉口、武昌、宜昌等处，然竟无一人敢撄其锋。三桂分军为南北二路，一自长沙窥江西，一自四川伺陕西。清帝知西洋铳炮为用兵利器，乃命南怀仁督制大炮以为平定三藩之用。张思龙《明清两代来华外人考略·南怀仁》条称：

> 自康熙十三年至十五年间，有吴三桂之叛，谕命南怀仁督制西洋大炮，试验有效。迄十九年十一月，又成神武炮大小三百二十具，着于卢沟桥试放，圣祖率领诸王公大臣，莅场观验，俱各中鹄，奖慰有加。

近人姚宝猷《基督教教士输入西洋文化考》亦云：

> 康熙十三年（一六七四）清廷以三藩相继叛乱，平定非易，而先年所铸铳炮，又率皆笨重，不易运用，乃命南怀仁等依照洋式，铸造新炮。自十三年至十六年，共铸造大小铁炮八百五十四门，配布陕西、湖南、江西等省应用。二十年（一六八一）铸成神武大炮之后，并编《神武图说》一书以献，书中分理论二十六，图解四十四，论述甚为详尽。康熙帝验得新铸各炮较前所铸各炮更为精坚，特加赐南怀仁以工部右侍郎职衔，以示奖励。

据此，则吴三桂军事之不能进展，实因铳炮不及清廷新式，陕西湖南江西皆为南怀仁新铸各炮所堵塞，而卒归于失败，可以决然无疑了。

十三、曾李与洪杨之役

最近一例咸丰时洪杨据江浙以抗清廷。李鸿章利用西洋更新式铳炮，攻下苏常，且以戈登常胜军之助收复淞沪。于是曾国藩李鸿章对于西洋枪炮认识更加清楚。李鸿章在同治二年（一八六三）四月致曾国荃的函中说：

此间三月望日克复太仓，实借戈登大炮之力。程方忠督所部逼扎昆山城下，该逆死拒不出，中隔大河，无法攻打，仍须参用开花炮或可得手。

在这一月中，李氏又两次致书曾国藩，其一次书内说道：

西洋炸弹，重者数万数千斤，轻者数百数十斤，战守攻具，天下无敌。鸿章现雇洋人数名，分给各营教习；又募外国匠人由香港购办造炮器具，丁雨生即来监工。又托法英提督各代购大炮数尊，自本国寄来，大约今年底可渐集事。每思外国用兵，口粮贵而人数少，至多一万人即当大敌。中国用兵多至数倍，而经年积岁，不收功效，实由于枪炮窳滥。若果能与西洋火器相埒，平中国有余，敌外国亦无不足。俄罗斯日本从前不知炮法，国日以弱；自其国之君臣卑礼下人，求得英法秘巧，枪炮轮船，渐能制用，遂与英法相为雄长，中土若于此加意，百年之后，长可自立。仍祈师门一倡率之！

又一次的书内说道：

洋务最难措手，终无办法。惟望速平贼氛，讲求洋器。中国但有开花炮轮船两样，西人即可敛手。日本小国，现与英人构衅，提督纠伯临之以兵，日本君臣欲与开仗，纠酋遂一再展期，此明证也。

李鸿章对于西洋之长技，着实体验一番，在此两书中已经表现得清楚。他以为只要有了开花炮，铁甲船两样，便可对付外人。故他们在方与洪杨争斗时，便购买造炮机器，设局制造。到一八六五年便与曾国藩协议奏请设立江南机器制造局于上海，不久又设分局于金陵。在他奏请设立江南机器制造局的奏语末段中，可以看出李氏对于西洋枪炮重视的心理；他说：

> 中国文物制度，迥异外洋獉狉之俗；所以郅治保邦，固丕基于勿坏者，固自有在；必谓转危为安，转弱为强之道全由于仿习机器，臣亦不存此方隅之见。顾经国之略，有全体，有偏端，有本有末；如病方亟，不得不治标，非谓培补修养之方即在是也。……臣于军火机器，注意数年，督饬丁日昌留心仿求又数月；今办成此座铁厂，当尽其心力所能及者而为之，日省月试不决效于旦夕，增高继长，尤有望于方来。庶几取人之长技以成中国之长技，不致见绌于相形，斯可有备而无患，此臣之区区愚诚所觊幸者也。

李氏为达到自制枪炮的目的起见，并在江南机器制造局内设立翻译馆，聘请英国教士傅兰雅、伟烈亚力，美国教士玛高温、林乐知等选译西洋科学及其他有裨制造的书籍数百种。其关于兵器及军制的重要译著，计有下列各种：

《列国陆军制》 美国欧泼登著，林乐知瞿昂来合译。

《营工要览》 附图，英国武备工程课编，傅兰雅汪振声合译。

《水师操练》 附杂说，英国战船部编，傅兰雅徐建寅合译。

《西炮说略》 附图，傅兰雅著。

《制火药法》 英国利稼孙华斯德合著，傅兰雅丁树棠合译。

《开地道轰火药法》 附图，英国武备工程学校编，傅兰雅汪振声合译。

《英国水师考》 傅兰雅钟天纬合译。

《美国水师考》 傅兰雅钟天纬合译。

《回特活德钢炮说》 傅兰雅徐寿合译。

《营城要说》 傅兰雅徐寿合译。

《火药机器》 傅兰雅徐寿合译。

《防海新法》 傅兰雅华衡芳合译。

《海用水雷法》 傅兰雅华衡芳合译。

《炮与铁甲论》 傅兰雅徐建寅合译。

《轮船布阵》 傅兰雅徐建寅合译。

《水师章程》 林乐知郑昌棪合译。

《水师章程续编》 林乐知郑昌棪合译。

《螺丝兵船表》 伟烈亚力徐寿合译。

《行轮兵船表》 伟烈亚力徐寿合译。

《炮架表》 伟烈亚力徐寿合译。

是则曾李不特利用西洋更新式枪炮以削平洪杨，且因洪杨之削平，而欲更能仿制西洋最新式枪炮以完成其心目中之中兴大业，为我们所能看得到的。

十四、结论

据上所述，明清两代军器的渐次变革与军事政治的关系，可谓全盘托出。依我个人的见解，以为近六百年来军事势力的消长，政治的成功或失败，莫不与使用的军器优劣有关。今者我国抗战建国正在进行中，欲求澈底驱除日寇，达到抗战完全胜利，非得盟邦有大量的优良飞机大炮坦克车及一切机械化兵器之援助不可。所谓以牙还牙，以力还力，敌人所有的一切，我有更优良更新式的所有的一切以加诸敌人，胜利自有十分把握。今后建国尤当以重工业为主，这是人人所已认为必然的。但我以为重工业之中，尤以军械工业为最重要，战后我国建国建军，固吾国防，似应以空军为主，陆军为辅，更慢慢地重兴海军，则于制造飞机大炮坦克车之外，主力舰潜水艇商船等制造尤为不可忽视。

（原载《新中华》复刊第2卷第6期，1944年）

郑师许文集

（三）

郑师许 著

罗志欢 李炳球 主编

考古文博

史地交通

东莞历代著作丛书

莞城图书馆 编

齊鲁書社

·济南·

我国史前文化研究之现阶段[①]

一、发端

史前文化的研究，端赖考古发掘的盛行，以为协助。可是我国的考古事业发生极迟，且极不普遍，故我国史前文化的研究，较之各国，瞠乎其后。大约最初开始的时候，系在民国八年（一九一九）春，工作的人员，为北平地质调查所的技师朱庭祐和刘长山，工作地点，为辽宁热河河南等地。其后安特生（J. G. Andersson）继之，在河北河南诸地发掘，逐渐延展，东至辽宁，西至甘肃。其报告或论文发表于《地质汇报》和《古生物志》中，始渐为学人所注意。其后缪凤林等为之撮述，刊登于《东方杂志》和《科学杂志》，乃得普遍宣传，益为学人所重。先是西洋史家谓我国文化发生极早，在历史上实无石器时代，夏德（F. Hirth）诸人至欲以《越绝书》的记载权充物证，刘师培附和其说；后章鸿钊撰《石雅》，搜集纪载所说，合之目验，以为解释，梁任公师《中国历史研究法》盛称之。

①编者按：本篇书名号为整理者所加。局部标点、外文字母有改动。

至是这书已成为一种古董的陈言了。

幸喜我国的考古学发生虽迟，而进步较速，近二十年来逐渐发达，逐渐普遍，除中央研究院在河南山东四川[①]工作外，北平研究院在河北陕西，西北科学考察团在新疆甘肃，吴越史地研究会在江苏浙江，寿县史迹考查团在淮南一带不断地努力。外国的学者，俄人在哈尔滨蒙古，日人在朝鲜半岛辽东半岛，英人在香港海丰，法人在安南马来半岛，先后均有所工作，其后中央研究院曾派梁思永远至哈尔滨热河试掘，而西部四川一带原为英美所试探者，于抗战以后，我国学人继迹追踪，成绩亦甚昭著。故以今日而论，我国史前文化的研究，其突飞猛进的情形，已由附庸蔚为大国了。

二、现阶段的特点

我国史前文化的研究，在考古学初期发生的时候，因为是东来一发掘，西来一发掘，只是片段的，零碎的，故当时的认识，以为东部是殷民族，西部是周民族，南部是楚民族；或以为这是海岱民族的，那是河洛民族的，哪是江淮民族的。因为材料不足，见闻不多，故往往以有史以后的种姓分布情形，推想史前的种人生活。到了现在发掘多了，报告书多了，材料多了，然后恍然明白了从前的错误。

以我国文化一般情形而论，虽则因为后来交通进步，文化分播到了距离较远的地方，发育滋长，成了面目不同的子弟叔侄，而最初则同出于一母型，由于一民族的移植。今日发见材料已多，足资比较，可以寻出根源，可以看见演变的

---

①编者按：原稿为“常川”，当以“四川”为是。今改。

迹象。故现阶段的史前文化研究的特点有二，一为系统性，二为整个性，这是在今日研究我国史前文化的人们应急为注意的。

三、我国史前文化的系统性

依照世界各国考古学的通例，由地质学的范围，进入史前史的范围，进化的历程，秩然可见，即由旧石器时代到中石器时代，再到新石器时代，到石铜器并用时代，到青铜器时代，然后进入铁器时代，一一可查。现在即以此为例，从前人说我国没有石器时代，已而修正其说谓我国没有旧石器时代。后来周口店发现了旧石器，蒙古发现了始有石器，前期旧石器，新旧过渡石器，新石器各种遗物，于是已往的错误，全然改正。最近又因汉中区史前文化的发现，打制石器在下，磨制石器在上，虽未发掘，层位未明；然已足以推测最初黄河流域文化发生的次第与传播分布的情形了。在旧石器时代人们的生活，是捕捉野兽，采食野果。及新旧石器过渡期即中石器时期，冰河时代逐渐过去，气候渐向温暖，人们不必避居洞窟中，渐渐到洞窟外去活动，又因为受过了水的洗礼，甚至于涉水泅水，已能渔捞，获得水产的滋味，完成其渔猎的分业。这一期的遗物是以卵石打制的石器，以广西四川出土为多，这些遗址中没有陶器，故绝没有陶片发现。广西洞穴出土石器十一种，除雕纹的石碰外，都和四川所发见者相同，很容易看明是中石器时代的遗物。新石器的遗址，分布很广，北至内蒙甘肃，南至浙江江苏，已经发现的，差不多均属于一个典型，可以彼此凑合，成为我国新石器分期的一个标准。及至新石器时代的末期，农业逐渐兴起，人们已知利用土壤，栽培植物。其时又有家畜出现，为农业社会的副业。故这时期所有的遗址，已很少食人的痕迹发现。这时的人们，已经不杀俘虏了。辛店期已有少数铜器发见，初入石铜并用时代，在这时不久，便进入殷虚文化了。

试再举一例，我国北部的史前陶器，以河南后冈，侯家庄，大赉店，仰韶及山西西阴村的红陶为最古，山东河南的黑陶次之，这两种均为新石器时代后期的遗物。自从梁思永李济诸人在后冈和城子崖叠次发掘以后，考知公元前三千五百年左右至二千三百年左右出现于甘肃齐家坪马厂一带的彩陶器，由甘肃沿黄河向东发展，移殖于河南仰韶，再延展至[①]后冈。后来山东城子崖的黑陶器沿黄河向西发展，刚巧在后岗彩陶文化的废墟上移殖起来，作成了后来白陶文化的基础。若以我国文字发生史而论，这种文化发展的系统性最易看得出来。我们在马厂墓葬的彩色陶器花纹上已见到有此卍字米字人字鸟字的画文，巴尔姆格伦（Nils Palmgren）称为一种简单文字的草创试验。但是我们严格说来不能称为确有含义的文字。在黑陶器里确已有了原始文字。及至白陶文化时代，则有甲骨文字出现，堪称为我国文字的创造成熟之期。稍后进入石铜器并用时代，殷器金文周初金文，传世不少。及至青铜器时代，西周金文，已成为很富语法规律的长篇记事文字。同时江淮方面的楚器文字也已发育滋长起来，稍后秦民族所盛行的“石鼓文”体式的小篆文字也发育滋长起来。这时铁器早已使用。及秦统一，李斯等整齐文字，然后“书同文”而“车同轨”了，史前文化演进至是，久已进入历史时代的成熟期，我国文字也已成熟，

---

①编者按：原稿此处多一“到”字。今删。

由成熟而蜕化了。

现在再举第三个例，以马来半岛的史前文化为例，马来半岛因近数十年举行发掘之多，得到遗物不少。其史前石器之演进，亦可以看到一个大概。最初为卵石打制工业，次为打磨制石器，又次为磨制石器。前二期的文化，与越南广东广西四川各地联成一系。其第三期文化，则与其他诸区史前文化类似。其演进的情形，发达程序绝无紊乱。近世史家谓马来民族为我国苗族的最先传出，越南民族为我国苗族的第二次传出，其言不为无据。

故以今日而言，我国史前文化演进的系统，随处可见，确非如二十年前的东处一鳞[①]，西处一爪，有许多阙叶，不可加以解答的。

四、我国史前文化的整个性

我国史前文化，自各地先后出土，引起了各方面注意后，北平地质调查所不仅以采集为满足，首先用了西洋科学方法发掘。中央研究院继之，除用科学方法发掘外，并且做到了有计划的发掘。加之其他学术团体的分头进行，现在所得的智识，已足窥见我国史前文化的全豹。试举一例，以秦岭以北的洛水渭水汾水等流域为中心，来说明史前的东北与中原的关系。自安特生白万玉在辽宁锦西县沙锅屯发掘后，以石器、陶器、贝环、人骨、兽骨诸出土品，证明沙锅屯居民，和河南渑池县仰韶村居民，在史前时期文化相同，其两者的体质与现代华北居民为同派；又就沙锅屯山穴研究，亦知其与中原古代人民生活

---

①编者按：原稿为“麟”，当以“鳞”为是。今改。

一般无异。其住居习惯完全相同。日本医学博士清野谦次亦于貔子窝发掘所得的遗骸，检验的结果，谓貔子窝人遗骨实为近代中国人的祖先。又因貔子窝牧羊城贝墓与山东半岛北部海岸的贝冢相同，日本考古学权威滨田耕作博士以为在石器时代，中国人已在朝鲜半岛及我东北四省一带殖民。其后梁思永在昂昂溪史前发掘，其出土幺石器所代表的文化，不过是蒙古热河的新石器文化的东支。其墓葬风俗，亦完全相同。因为东北部与中原各地出土的石器、器形、器质彼此制法等均一致，陶器的形质花纹相一致，亦殊足以证明其为同一种族人所制作。故我国史前文化的整个性，于此可见一斑。

现在再举一例，海丰、香港、安南、马来半岛等地的史前文化也与中原出土相一致。原来长江以南的史前材料，寥寥无几，阙失尚多。所可考者，旧日只有广西洞穴文化的打制石器而已。及至最近，芬神父（Daniel J. Finn）及国立中山大学研究院等在香港和海丰的采集与发掘，材料乃渐丰富。加以越南各省遗物的发掘，多至不可胜举。马来半岛遗物的出土，数量亦与之相当，其事乃大显于世。以越南出土而论，非惟打制石器在下，打磨石器在上，层位分明，且有地质学与古生物学为之佐证，其为旧石器时代末期及新石器时代前期的遗物，当无可疑。又以前十数年越南及马来半岛出土的石兵而论，如中石器时代的刻花纹石兵器及新石器时代的腰形石斧（即腰向内凹）等颇多，与广西四川新疆蒙古宁夏东北四省等地出土的石兵，同其形式，同一渊源，足证为一民族所使用的器物无疑。亚洲各民族的文化艺术的相互关系，亦往往可以由其古兵器的研究，而获得其痕迹与线索。试又专以石兵器而论，如近年爪哇出土的旧石器时代石兵，颇似我国西北方面出土的遗物。考古学家正在研究中。又如抗战前杭州出土的小脚形石斧，与二十余年前越南东京东山（Dongson）出土的石兵，酷相类似，宛如一手所制成的。十五六年前广西出土的中石器时代的深刻花纹石兵器，与安南及马来半岛出土的石兵，其原始艺术，颇相类似，同出一源，极有关系。又如蒙古新疆宁夏西康西藏及马来半岛等地出土的腰形石斧形式相同。其来源为出于一文化相同的人种，即同种的人群，渐渐可以证实。又如最近广东南部海丰及香港石器时代的发现，据芬神父所转述纪登博士（Dr. Robert Heine-Geldern）之言，谓第二次太平洋上移殖民族，使用肩斧（即腰形石斧），似为蒙古种，并为澳亚语言的始祖，为原始马来族及越南族；曾散布于外印度（即越南）及华南沿海一带；第三次移殖，为使用四角剖面石斧的民族，似由西南大陆（即今云南）或附近各地经云南边界而入越南，沿湄公河乘桨叉小船而下。这是很可能的。又以铜器而论，铜兵器如斯基泰（Scythia）式的青铜刀剑，则确曾遍及亚洲各地。斯基泰族旧称为塞族，为我国古代的边塞民族，在中古初期早已混合于我中华民族里面。在沙井期的遗存里，曾出现有斯基泰式的铜器，沙井期的时代，据梁思永的推算，大约在公元前八百年东周初年时代。郭沫若假定这种式样的铜器为外来文化，为古鲜虞或匈奴上世所媒介。以吾所见，是否为外来文化，固为另一问题，而古鲜虞在战国末年早已混于晋赵，而匈奴除芬王阿提拉（Attila）一支外，盖大半混于汉唐时代中。故斯基泰式铜器所以遍及我国边塞，也就是我民族所传播。又如南方民族所用的铜鼓，据今日出土所见，遍布于湖南、广东、广西、贵州、云南、越南、缅甸、马来半岛等地，相传为只行于苗瑶族中所使用的蛮鼓，这一种特殊铜器的制造与使用，也极可以证明是同一典型，同一民族的文化。

试再举第三个的例证，四川史前的文化与越南及中原的关系。原来四川史前文化的调查，已有五六十年的历史，民国十九年（一九三〇）国立中山大学教授赫音（Arnold Heim）至川边考察地质，发现石器数枚，报告见*Minya Gonko*一书中。次年（一九三一）美人包戈登（Gordon Bowles）得石器数十种，其报告刊《中国地质学会会志》中。民国廿三年（一九三四）葛维汉（D. C. Graham）发掘广汉史前遗址，得石器陶器玉器数百件，现存华西大学博物馆，初步报告见《华西边疆学会会志》，其事遂为学者所注意。民国廿六年（一九三七）安特生与中央研究院四川大学华西大学合组川康考察团，得古物甚富。及至抗战以后，中央研究院迁蜀，研究员吴金鼎凌纯声马长寿等分别至各地调查，史前遗址，屡有发现。据郑德坤所著《华西的史前石器》所纪载，遗迹的发现，可靠的记录，共约九十处，其分布地带，集中于长江岷江大渡河及鸦砻江四河流域。嘉陵江流域尚未闻有石器发现。各遗迹出土古物，以石器为最多，陶片次之，骨角器物很少。试以石器的技术而论，大略可分为四类，即：一、打制石器，二、打磨石器，三、打琢磨石器，四、磨制石器。华西出土，第一类打制石器可分为四十一种，第二类打磨石器十一种，第三类打琢磨石器五种，第四类磨制石器十七种。打制石器种类的繁多，正表现其工业经过长期间的演进，而为这区最占有势力的工业。其他三类，都立于次要的地位，假使不是外货，也应是较晚期的产物。郑德坤氏的解释，是很合理的。他的结论有五：第一，华西史前石器不是一种独立特殊工业的产物，从大体上观察，华西史前文化不过是泛东亚史前文化的一支；第二，华西第一类四十一种打制石器，有三十二种已在他区发现，其年代多系于旧石器时代，在越南即称为华宾文化（Hoa-Bin-Hian Culture）及巴宋文化（Bacsonian Culture）的产物。因华西离开文化的发源地很远，所以华西第一类打制石器的年代，或可认为中石器时代及新石器时代前期；第三，华西打磨石器的主要工具，是由打制石器演进出来的，这种情形与东亚其他区域正相同；第四，华西第三类打琢磨石器是一种特殊技术的产物，在东亚分布的地域并不广，偏于东北、华北、热河、辽宁、吉林、黑龙江及冈札德加等地，华西五种打琢磨石器，中有三种已在他区发现，而其在地内的层位，常与磨制石器发生共存的关系，所以其年代多数是新石器时代的晚期；第五，华西十七种磨制石器只有一种未在其他区里发现，其年代延长到很晚。华北一带中石器时代及新石器时代前期的遗迹很少。而新石器时代后期的材料比较丰富，已报告的遗址不下百余处，其中经过精细发掘的也不少。石器之外，还有各色各类的陶片。华北陶片的原始，以河南后岗侯家庄大赉店仰韶及山西西阴村的红陶为最古，山东河南的黑陶次之，这都是新石器时代后期的遗物。华西第三类打琢磨石器及第四类磨制石器，和华北出土的毫无二致；而其形式又与江浙闽粤云贵各省所得者亦无异，越南的史前文化与中国的史前文化最相近。两地所得的遗物约略相同，初为打制石器，为旧石器时代的遗物；次为打磨石器，法国学者称之为“新石器的原型”。故华西的史前文化与越南出土的关系极深。此外如云南贵州出土的石器，与川南诸县出土的石斧石锛亦似同出一型。故四川的石器工业的演进，正可反映全东亚史前文化进展的程序。

五、赘语

由于以上所说各种事实的证明，据目前所知道的材料而言，除戈壁文化另属一系外，东亚史前的文化自更新纪结束以后，至历史时代的殷商，其系统性十分明白，即自中石器时代进入新石器时代，进入石铜器并用时代，以至进入青铜器时代，其发现的材料确已足资证明。至于史前文化的整个性发展，北自蒙古，南至马来半岛，东自山东江苏浙江，西至四川西康，东北自黑龙江吉林朝鲜半岛，西北自新疆甘肃，西南自云南缅甸，东南自广东海丰香港越南，皆同出一型，与中原的关系极密切。我国史前文化的研究发展至于现阶段，这两种特性，是我们今后研究史前文化的人们所不可不注意的。

民国卅二年三月廿九日讲于贵阳大夏大学
同年十二月二十七日补正于坪石国立中山大学

（原载《文学》）1948年第2期

【附译作】

埃及美术的特征①

一国的美术，与其住民的特性，同样受国土山川的支配。每一个国所有的气候风景与自无物的对照（Contrast）等，往往付与人民自身以种种特色，同时影响到美术的冲动。以毛皮和玉饰缠身而强健华美的迦勒底人（Chaldean），和穿着腰裙异常优美的褐色的印度人；假令将其服装交换互用，一定看做很奇怪的。所以在世界中以那一种服装为最善良的呢，这是不成问题。无论那一个对于其周围的事情，相对的有认为最善良的，同时对于除此以外的事情，也有认为不适当的。在美术的场合，也同样是这样的，即是美术也者，于其周围的事情，表现出调和的思想感情的东西。因此所谓全然恶劣的美术，就只有一种，没有别的，这个就是机械的东西，在其中并无何等表现的能力以为强烈的冲动，与实际的事情，为无关系的式样或动机，而单堕落于模仿之一途。所以模仿的时代，就是唯一的卑劣时代。

以一国的美术，与他国的相比较，将要分出高下，这是谬误的思想。例如哥林多（Corinth）的神殿，诺尔曼（Norman）的

---

①编者按：本篇为日本石山彻郎著，郑师许译。局部标点、外文字母有改动。

会堂，中国的亭，这种种都是完全在其自然的条件之下的产物。若以为神殿是由亚伯丁（Aberdeen）的花岗岩出来的，会堂是由太平洋岛的珊瑚出来的，亭是由布来屯（Brighton）的丘陵中出来的，这样的时候，不论那一个，也全然是不对的。所以我们要理解美术，首先要将其周围的事情，大略看个明白；不得不开始领略自然物的对照及其必然性，和做成表现全体的基调的环境势力（Atmosphere）等。

那吗，就埃及而论，所谓主要的自然的条件何在？第一，不得不先举威迫人们的炽烈的太阳之光。其次，则为广漠的不毛的砂漠与极丰饶的绿地[①]，狭长的平原地，为强烈鲜明的对照。第三，则为耕作地，砂漠，石灰层等的渺茫的水平线，及与各方面相交叉直立数百尺之间而无一裂口的隆起的断崖绝壁。在这样的条件之下，他国的建筑，无论如何，不能超过它的特异的艳美。埃及的美术的式样，虽千差万别[②]，但是关于这一点，决不会失败。

透进辉光的光线，在其建筑上采用全没窗牖的白色的墙壁。通过开放的户口，返照而入的光线，可以十分表示建筑物的最奥之部。因为从外部的户牖而行隔离的各房室，就其屋顶的各方面，装置大约六英寸（inch）的角穴；还添上二英寸幅的子口于壁上，可以十分的采光。从这样的构造，壁的区别，视其构造如何以为比例，被雕刻于其上的家具，也多受其支配。壁的表面，与凡建筑物的主要部分的式样，都呈书画扁额之展开的情趣。埃及人所写象，因为相信灵妙不可思议的魔术的价值，

①编者按：原稿为“滴”，当以“地”为是。今改。

②编者按：原稿为“利”，当以“别”为是。今改。

所以种种的崇拜物如神殿或坟墓之壁，都有这种的象征。而又勤修不绝，就是因为其偶像有当被装新的必要的原故。所以吾人今日所目睹的建筑物，实为包有崇拜中心的图解的经典式样的东西，而非普通意味的建筑物。直射的可怕的光线的影响，也往往及于其雕刻。像浮雕虽然极美，但从正面突然映以光线则殊不清楚。因此之故，所以施以强烈的彩色而令其明了令其有效之事也往往有之。最美的雕刻，因为受色而被加之漆附着于其上面，所以时时采用差不多像窒息的彩色。雕刻家虽近于悭吝，然不能蔑视纤细的（Delicate）技术的作法此事见于第十三王朝。此为托勒密（Ptolemai）时代的作品的通常手段。

就其人民的美术心而附与这样的调子的东西，则为砂漠与耕作地的极端的对照。没有生物，没有草木的无垠的荒野，恶灵与猛兽的跋扈相互构成的恐怖的土地，以防备蚕食而没有一定的领域的国土，袭击原野掠夺家畜的游牧民族的住所，挟于这样的荒野之间，而横有最丰饶的狭长的地带，——在这样炽烈的太阳之下，黑色的湿润膏腴的土地，培养生之能力，产生浓绿的谷物，年中受充分的水之供给的地带。在这样的地带里，其地年年收获多量的农产物如麦，豆之类，或供给多量的果实于棕榈树之下，每年有三回完全地发育，毕竟有时发育四倍的生产物，则其丰饶可知。

绝对的不毛与这样的丰饶相对照，影响于建筑上，则为雄大与纤细的调合。极巨大的建筑物，其表面蔽以纤细的雕刻，致密的彩色；则其间的消息，真是不可思议了。在这样的自然对照之下，恐怕其他各地不能有这样的调和；而埃及独能为极度的调和，可以想见了。

划然分开的水平线，与垂直线而成的埃及的风景，以这样的条件交付于建筑的式样之上；与其背景之前相应的东西很和合的。多数的神殿，案照这样的实际表示出来，建筑的主要线，案照尼罗河畔的绿的平野的绝对的水平（稍微一点的隆起或倾斜也没有）。见于建筑物的背后的东西，则为从砂漠的高原的平顶，接以天空①。其高原虽然有时候纵面为谷所分裂，而其山顶则决不会有突出者。很严整的稍为摇动都没有的②断崖之面，通过地层的水平线以断崖之面为布纹的背景，还有交叉于石细工之前，横曳群线的墙壁，屹然毕露。断崖者受了风化作用的岩壁峭削地排列着垂直之柱，柱与柱之间，作了很深的阴影。这样雄大的多角的构造之前，像埃及的建筑，若不是庞大的四角的建筑物，到底不能有调和之望。希腊的搏风罗马的圆拱，英吉利的尖顶拱等等，若皆拿来为严整的装置，一定是被压碎了。为表示其最明白的调和，就其背后控以被蔽的断崖。在这种情形之下的建筑物，则有第十八王朝绝壁之下的寺院，Deir of Bahri神殿。若在断崖而置有与此神殿相异的其他种类的建筑物，一定有完全不调和的东西闯入。然而在建筑物中，长而平的屋顶的水平线，很多的柱廊的垂直的影子，与周围的自然物，保持完全的调和。埃及人对于圆拱（Arch）抱很亲爱的态度，居常使用大规模的砖为之，或以石摹仿其曲线，但无论如何，只是隐于建筑物的内部，而不表于外形。彼等使用圆拱对于装饰的构造，并无何等的贡献，这些事情，完全是由其本能的感悟而来。

埃及人在建筑上最初所负的使命，即如以上所述的原则，

①编者按：原稿为“大空”，当以“天空”为是。今改。

②编者按：原稿此处多一“的”字。今删。

至其在雕刻上所负的，则两倍于此。自然景色不但构成平原与断崖，而其龙大的壁，四角的柱，偏平的檐桷，被重复反映于其构造之中，雕刻则占其中重要的位置。所以成与自然为两倍如上的原则的支配的事情。实际上在这样的神社之中，安置以只脚支身的胜利神像或回环跳跃的半人半羊神像（Faul——林野牧畜之神）等，未免甚不相合。彼等以急奔的河流分配于以森林围绕的希腊的小山，实相适合，所谓属于瞬间的流动美的世界的东西；而与悠久的自然与悠久的建筑不相合。然而埃及美术虽很豪放或轻快，然常常形成于自然的条件的暗默的基础之上，所以很能取得调和，只有最生动的描法，最优美的调和，最纤细的表现等领土的条件的范围之内，埃及人曾得这种条件，从这条件所成就的东西，却十分贤明。埃及人的伟大，实因顺从性而存在哩！

所谓"美术"的性质，就托尔斯泰（Tolstoy）式的严正分析，结局则美术的性质实为情绪所引起的情绪；表现这种性质的东西，无论为善为恶，都是美术。依据情绪而传达的事情，或者依据形状或音响而传达的事情；种种传达机关，不能相同，种种传达机关异其种类，然皆为艺术的容器。对于人心为情绪的知解的传达，除掉情绪的知解的传达以外，艺术便没法子存在。虽然，就情绪言之，捕捉事物的特性，或捕捉心灵与自然的本然的意味的最高级的东西也有，不过惹起他人的一时的兴味或兴奋的低级的形体也有，还有嗜人之所恶，在所有的当中而为最恶的性质的东西也有。在这样分析之下，埃及人所表现出来的是怎样的呢？其艺术将要表现出如何的情绪？其目的是怎样的呢？我们可以想想啦！埃及以如何的程序与鉴赏者以表出的情绪，而成功传达的事情，可以想出吗？以下稍为就这几点观察一下。

因为要理解艺术家的心理，不得不注意被保存于其一国的文献之中所谓人生的理想的东西。在埃及，凡是公共的纪念物，大都加上所谓“坚实的物”于其名字之前，这样的安定与强固，被认为最可赏赞的性质。万目之所见，埃及的作品，确有胜过任何一国家之处，则以其具备如上的性质。埃及的作品，不单止口头云云，并记识于最坚牢的岩石之上，其中虽有多少难办之处，亦必被实现于其耐久的精神之中。就雕像而论，其所用材料，与实物不能区别；其实即是以闪绿岩或花岗岩等坚牢的岩石制造而成。这样的作法，皆因其耐久之故。虽然，在其主要的性质之上，还建设一特异的贵重的特性。这种特性，于其巨大的记念物并没抵触，而被反映于遮蔽的精巧美丽的雕刻之中。于其人生多被搜求的性质为真实与正义。而此种特性，用艺术家之手，实现于广大的石材之上，毫不用构造上之策略或奇计，却能成为很佳丽的东西；总之，被表现于保存匀整的材料之上。埃及的美术家，初期的作物的全是用一拳之石的圆柱或角柱造成。这些[①]作物，可以断定为不得不以单一（Unity）表示构造上的单位（Unit）的东西，及为就其自身支持别物而不可划分的东西。或据其保存建筑物全体的秩序，或就其全面而图解建筑物各部的效用以实行单纯的装饰的设计，以示社会生活的基础，及其纪律与调和，总之，结合其各部分而所见为完全适宜，而能很使全体平均。还有表示于古圣贤的格言之中的勇壮的动作，与细心的慎重，适当的调和，像蔽于墓碑的壁面的雕刻，失其逼真的诸景象的根底。而其企图

①编者按：原稿为“这部些”，“部”当为衍字。今删。

反对美术家的意见实为可[1]能之事，而过使显露的事情，常常不绝。

至于真正的美术，表现作者的存在，即对于他通达其最善的情感或理解是也。

就这种意味言之，埃及的作品，实在占美术中最高的位置，可以断言。若埃及人采用哥德式（Gothic）的建筑术去做，必至时时压碎其基底，并且如果用不合式的支柱石，则不能有兼支高塔或尖阁的希望；而其对于埃及的自然的关系上，必定与失败无异。幸而彼等从没有想要这样造。此外尚有彼等倾向超越安静的限界，努力要表示敢于构造空想的（Romantic）美。凡此等东西，很适于提鲁巴特（Troubadour——自十一世纪至十三世纪风靡于法国南部及意大利北部的抒情诗人的一派）骑士的遍历的世界，埃及的山川，到底是调和的东西。作兴埃及人完全有了强力，恒久，庄严，谐调及有效的活动的性质。所以这种东西，是融合同情与亲切的。埃及人以其美术具体化地表现其人生的理想。而其表现，就其鉴赏的大凡言之，不止以工力与真实来印象其特性。其实埃及人就其完全成就纯正的美术的标准之点言之，无论如何不劣于其后任何种族所表现的。

一九三〇年一月廿一日译于沪上四部书斋

（原载《文华》1930年第10—11期）

①编者按：原稿此处多一“可”字。今删。

埃及古代的象牙细工①

埃及在有史以前时代，象牙的被使用已很多了。这事可不用思疑，因为在南埃及里头，到那个时候，象是很多的。往往有依照牙的自然的形状遗留下来的，表面上施以薄浮雕的细工。有些比较的古代的细工，是用小片造出来的。不单是使用象牙，河马之牙也被使用了。第一王朝之初，象牙被使用于小像或雕刻物很广了；最好的例子之一，为老王之像。至于少女，少年，猿，狮子和犬的像，也很多。这些东西一块儿在阿拜多斯（Abydos）被发见了。在喀拉康勃利斯（Hierakonpolis）长约六呎的沟里，象牙细工被发见的很夥，其中大多数的东西，尚被保存着；如男女之像，雕刻的牙，杖及圆柱均有。在拿其特（Nakadeh）的米拿（Mean）女王的坟墓里，有象牙的狮子及象牙的犬发见，而且这同样的物品在阿拜多斯的哲扼罗王的坟墓里也有呢。这些象牙的狮子或象牙的犬，乃是古代用为游戏的棋子的东西。这古代象牙细工，无论那一种，都具有古

①编者按：本篇为日本石山彻郎著，郑师许译。局部标点、外文字母有改动。

代美术的特性和象征。

就已知的象牙细工，其中最漂亮的作品，为大金字塔（Pyramid）的建设者库佛（Khufu）之像。其颜面不过四分之一吋的高已经表示得很称了；就这样小的场所而言，实堪称为最悦目的像之一。从这样小的部分表现出来的，已知其有先见的决心，精力和意志去鼓舞后世造“等身像”（译者按：意谓与人身相等的造像）呢。在后世的雕刻里头，往往有耳朵安放在很高的地方，所以正确的位置不得不注意咧。这个作品，可以说不可思议的微小的事情，实在不关涉想出来的。吾人今日幸得这个东西留存在吾人之许，为最精巧的人物雕刻之一，实在不能不尊重它。

少女挺立的一个镶嵌细工，大半为古王国之物；其头发的梳法的式样，与中期或新王国的不同。而且在锡提（Seti）时代里头模仿以前时代的式样，其细工，较之这个为姿势恶劣，过于详细，样子是不好看的。从棺的镶嵌得来的象牙造出来的建筑之型，其美满可爱的也有几种，即如第五王朝之像，便是其一。

中期王国的东西里头，有一匹象牙的狒狒（译者按：为猿猴之一种），实在是最精巧的细工吧。这个细工在部拉克（Bulak）的时候，从博物馆散失了，现已不知所在。持犊的少年的坏像，尚能表示其大大的真实与精神。在第十八王朝里，用象牙造成的，有狮子的头形的“棋之驹”（译者按：即围棋用黑白子）。但在这时代造出来的东西，并不是漂亮的作品。

在第二十六王朝的东西，有两件很好的作品，在孟斐斯（Memphis）发见了。就是莲华一轮和手持供物（译者按：即供神之物）的一男子。这些东西就是手箱之侧和别的小小木细工所附着的东西。这个男象不过为王国的细工中粗杂模写的东西，缺乏古代的真实和自由的。

在埃及，有特色的象牙细工的式样不多见。用象牙作物的手顺和性质，与其同时代的镶木或石的东西，全然相同。在中国的象牙细工的式样里，基于材料的几种发达的形迹在埃及是没有的。

一九三〇七月十六译于沪上四部书斋

（原载《文华》1930年第13期）

中国髹漆之研究①

（一）漆是只是产出于东洋，尤其是暹罗以东的天然植物；从而以这种树液为材料发达而成的漆工艺，是东洋特有的物品；这种的精华，是世界上所公认的。中国建国甚古，从而它的漆工艺的发达，也有非常古远的历史。

漆树元来是野生的树木，自从它的利用法被发见以后，渐次地成为特别被培植的东西了。除去可以从其果实取蜡及其木有绝对不受腐蚀的性质不计外，尚有其他种种特性是不能比类的。

在中国开利用此漆液的途径，其事是非常之古；似依据《仇池笔记》所说："孔壁汲冢，竹简蝌斗皆漆书"，则在墨的发明以前，凡是竹简上的文字，皆是以漆书写的，其后渐次用于器物等的涂饰之用，其事也被发见了。

在《韩非子·十过》里说："尧禅天下，虞舜受之，作为食器，斩山木而财之，削锯修之迹，流漆墨其上，输之于宫，以为食器，诸侯以为益侈，国之不服者十三；舜禅天下，而传

①编者按：本篇为郑师许译。书名号为整理者所加。局部标点有改动。

之于禹，禹作为祭器，墨染其外，朱画其内。”云云。又《事物纪原》说：“唐太宗[①]曰：舜作祭器，而谏者十七人；则器之布漆，自舜始也。”根据这种记载，则中国在四千年前，很优美的髹漆的技术，已经发达了。尤其是在舜的时候，在食器的制作上是有一大进步。即使除此不计，但在陶器等的上面，以漆涂之，也许是有的；就我的考虑以为只不过是涂补陶器的缺点，决不是因为奢侈而用漆的这种解释，作兴是最适当了。尤其是在禹之时，漆的应用技术上有了更深一层的进步；在《史记》本纪有以漆为贡物的制造之事被见到了。至于制作祭器，以墨漆其外部，以朱画其内部；其进步的程度，实在可以惊异。不过因为此等实物的遗传品尚未发见，所以关于作法上的顺序或程度，实际上不能证明出来。虽然，在《史记·老庄传》里，又有“庄子者，蒙人也；名周，尝为漆园吏”，云云；所以在三千年的古昔，已经有因为监视漆园，而设置官吏的事情，因此古昔进步的程度也很明白地可以推测了。

（二）不但如此，从近年朝鲜乐浪的古迹被发见以后，这种漆器的实物，成为可以推考其进行的系统的唯一的材料。根据这些材料以为考证，全然思过半了。

所谓乐浪云者，在朝鲜北部，从平壤府沿至大同江的下流，地凡二里余；古昔中国汉武帝征服朝鲜北部，振其雄威，设置为郡的名称。在这地方盛置郡主，努力输入汉文明，扶植势力的处所。时至今日，只是荒废田野中，散见千数百大大小小的古坟墓，令人追怀往昔而已。

数年前在朝鲜总督府支配之下，发掘其中数穴，取出其埋

---

①编者按：原稿为“唐大原”，当以“唐太宗”为是。今改。

藏品，其中有得多量的漆工品。其出土品虽多，但不免多少受有腐蚀；因此漆工品的木质也同受腐蚀，只是涂漆的所在，不受其害而已。在其表面上详细刻画物品作成时的年号，作者及制作监督官之名。依据这些，关于其各时代的制作技工上，其进步的程度，可以判明，同时，关于在这时代以前的发达情形，也可以推测。在其铭文里有如左的很古的东西：

（1）在羽觞之底的周围，刻有这样的铭文，“始元二年，蜀西工长广成亟何放，护工卒史胜，守史母弟啬夫索喜，佐胜髹工当画工文造”。所谓羽觞云者，椭圆形而有两耳；其耳之两端，大体为铜涂金之覆轮；其素地为夹纻漆，即有类于现今脱干漆的东西：以一枚之文藻（译者案原文应译作海藻）为中心，其两面作厚施漆下地的形状；其内部则画黑色漆于所涂朱色漆之上，即汉时代所最流行的式样。在普通上其精巧的作品之底面周围，大概都刻有制作年代或作者的姓名，或其他的记录。此外尚列举如左的数种铭文。

（2）元始三年（案即前汉平帝时，西历纪元三年）蜀郡西工造乘舆髹泪画木黄耳棓容一升十六仑素工丰髹工赣上工谭铜身工充画工谭泪工戎清工改造工宣造护工卒失章长良丞凤椽隆令宽主。

（3）居摄三年（案即汉王莽元年，西历纪元八年）蜀郡西工造乘舆髹泪画纻黄扣果槃髹工广上工广铜扣黄涂工充画工广泪工丰清工平造工宣造护工卒史章长良守丞[①]巨椽亲守令史严主。

这个饭槃也与羽觞同，以夹纻漆为其素地；其内面落底的

---

①编者按：原稿为“亟”，当以“丞”为是。今改。

处所用黑涂再抹于朱漆之上，画以动物组合的式样而处处配以青色漆。此外又有阳朔二年，永始元年，绥和元年，元始三年等年号的铭文。

被发掘的漆器的种类，可分为漆盘，羽触，角形函类，丸形函，化妆用家具，桌，刀鞘漆案，漆碗，漆棺，涂靴，七枕及其他等等。其素地略如前述：或以木制或以干漆制。木质则或为柜箱，或为杯棬盒子，或为辘轳挽等。

这等作品如仍然行于今日之上等的和普通的制作品一般，这可见其使用之广了。至于以上各物的制作法，在木质东西的面上，黏贴布类，就其上施以漆的下地，研之使成平滑，以次施行漆涂与现行的方法，其作法并无何等的差异；不但如此而其技工精绝之点，却足令人惊服。

在普通的制品中，其利用不施漆的下地，与今日此种制品为同样。特别的是其夹纻漆的作品，其外见则与今日的贴拔漆即脱干漆大略相同；至其内容则进步之极，其中有些作法虽则今日专门家尚有未能发见者。依据此等实物，不独二千年前的髹漆工的进步，确实得知，即关于其以前时代的进步程度，也可以推度出来呢。

又依据精查施于此等涂面上的装饰式样之事，更可得加一层的惊叹。其所画的东西，无论如何，为汉时代独特的式样；但其所画的人物，或为彩色的，或为素描的，而全得视为纯粹的绘画的一两点已被发见了。单就这些而论，不独可知汉时代的画风，足为头一个的模范，而东洋最古的彩色画，可得一种最贵重的实物。

（三）被用于这时代的彩色，有：黑色，褐色，朱色，黄色，绿色等。其装饰画式样等的技工，实达详细巧妙之极。其笔力勇健而意义之点，实足惊叹，而当时用如何器具，依如何方法，以为描出不失，殆非想像所可及。

又如毛雕，其外形用戗金[①]即类似今世所称的沈金，但是与之全异其趣。这些东西系依赖如何的刀以为作成的，即用今日沈金用的刀，到底如此自在有意义的毛雕不能作成。这些东西在只是刀代笔的时候，像这样普通的雕真是想不到的。故这些东西可以说是纯然的刀画。但是这些东西为后世的沈金雕或堆朱雕堆黑雕等的基本。

此外施金银薄板或青贝之类配合于漆画之中以为装饰的也有；所以这些东西为后世的平文，金贝，螺钿[②]及青贝等的根据。

凡是铭文的书体，都用汉隶，而多数是用类似针刻的纤细毛雕而成，其中施以朱漆为最佳的书法。

在汉时代官设的工场极盛，凡是帝室御用的名器皆由其制作，其事尝见于文献；但是在出土品的铭文里不论那一个，都记有蜀郡或广汉郡乘舆等文字或列记监督官的名字，依据这些当更为明了。

虽然，达于如此进步之极的漆工业，其后将成为如何？于后世，真正可视为此等汉时代作品的系统之作品，尚未被发表，所以不能无异样之感。偶然从这些属于唐宋元各时代的漆工作品的系统分离的东西不惟不多，而且这些东西于各时代依赖如何的制度以制作成功的，也不能判然。下至明朝，关于漆工上的事，始能明知；所以关于宋元时代的作品，今日除开依

①编者按：原稿为“创金”，当以“戗金”为是。今改。

②编者按：原稿为“螺细”，当以“螺钿”为是。今改。

赖明时代的作品或记录以为考究之外，别无他法。

（四）但是在日本正仓院御物之中，可以视为唐时代的作品的漆器亦有数点。如平文琴，平脱镜及螺钿[①]镜等种类是。

此时称为密陀画的东西，至为盛行。这所谓密陀即是倾入酸化铅于油中而煮沸之，以绘具入于其中，以为色漆的代用，以为漆涂器类及其他装饰用的东西；与今日的油画为同种。不过漆工家以之为漆遂付以密陀漆之名。

在宋元时代于漆工上可以特笔称道的，算是堆朱雕或堆黑雕。

这些东西在任何一种素地之上，昨涂漆数十回以至数百回的漆层；以之雕刻花纹鸟兽等的，其用朱色的称为堆朱雕，用黑色的称为堆黑雕。在中国则称为剔红，剔黑。此等作品，因其色彩或技术有几分的不同，而被附以桂浆，红花，绿叶，金线，剔金犀皮等其他种种的名目。

在明时代实行种种漆工上的研究，派遣漆工留学生于日本，日本所独有的莳绘的研究。所以作品有种种的工夫，直至今日不特品名遗留甚多，而且有不少的记录，散见于群书之中。在这时代所编集的漆工专门书叫做《髹漆录》。此书在中国只传其名，实际上已成绝本。幸而日本浅草文库只传有写本一部，所以近年有志之士付之印刷以分送中国。依赖此书关于明时代的漆器，可以全部判明；同时亦为推想前时代作品的珍本。此书分为乾坤两集，关于其制作上的主要部分，则全在坤集。至于明以后直至今日，中国漆工所取用的方法，则与此相差不多。

---

①编者按：原稿为“螺细”，当以“螺钿”为是。今改。

译者案：今日动辄曰东洋漆，一般人的心目中，莫不以为漆工业是日本人的专长。译者近年来因为编著《中国金石学概论》，其中有一章是专论我国漆器的，于是立意搜集此种材料，但国人此种名著殊不多见；目前在《北大研究所国学门月刊·考古学专号》里发见燕京大学教授容庚所译日本内藤虎次郎所著《乐浪遗迹出土之漆器铭文》一文，知彼邦有乐浪出土之事，于是遂发愤网[①]罗彼邦此等书籍及论文，现在收集此等文字及图录已甚丰。除已译内藤氏《乐浪出土之漆器铭文再考》一文（已送付《青年进步》，不知可刊出否也？），现在又再译此篇，其他论文，则拟次第译出，然后再加以整理。因知此等漆工业在我国汉魏时代已极发达，东邻日本，不过由我国输入而能继守而已。彼邦考古学专家滨田耕作所著《东亚文明之黎明》（案此书译者已译竣，闻友人汪馥泉先生亦已译出）一书，称我国为日本的母国，一切人种与文化，都由我国汉时代输入彼邦；今证之乐浪漆器，至少可以算是一个证据。

《髹漆录》一书，译者只看见坤集，即附录《大支那大系》此文之后；其篇目，为：质色第三，纹匏第四，描饰第六，阳识第八，堆起第九，雕镂第十，枪划第十一，煸斓第十二，纹间第十四，裹衣第十五，单素第十六，质法第十七，尚古第十八；至于全书尚欲求一见也。原作者不知是甚样人，存以俟考。

（原载《文华》1931年第25期）

---

①编者按：原稿为“罔”，当以“网”为是。今改。

敦煌杂考①

一、石室发见之年代

最初王道士在敦煌千佛洞之一室，发见千年壁藏之遗书遗物，其时果为何岁乎？普通定为西历一九〇〇年。然果真如此乎？请举余所疑以就正于世之博雅君子。

遗品之发见定为一九〇〇年者，乃据王道士之言以推定之者也。据斯坦因博士所记述（一），谓王道士于博士一九〇七年访问千佛洞之约八年前来住此地，着手重修千佛洞，因略迟缓，积渐二三年，乃克扫除沙砾。其时助手一人从罅隙中发见一室之存在云。此为斯坦因博士所自述，而为其助手蒋四爷就王道士所闻而言之者。然所言年数皆甚概括，不能明白。伯希和教授所记述，原亦可以参考，以手边无书，殊为遗憾。疑其所述，亦不外本之王道士之言，难以凭信。年数不清，每足误事，如余经验屡屡如此，况王道士去余非远乎？所以搜求确实足为旁证之其他记录，以证考之，实为不可少之事。现在遗品

①编者按：本篇为日本石滨纯太郎著，郑师许译。书名号、脚注为整理者所加，尾注为原稿文字。局部标点有改动。

发见之事在敦煌或兰州衙门中尽量保存〔二〕，吾以为衙门所记录，定必有之。然是等材料难于调查，为余手所不及。不得已而思其次，则中国其他记事书籍，可得一二，得以想像其为一九〇〇年以前者。

叶昌炽《语石》卷一（二十九叶左）曰：

> 敦煌县千佛洞，即古之莫高窟也。洞扉封以一丸泥，十余年前，土壁倾陊，豁然开朗，始显于世。中藏碑版经象甚夥，楚北汪栗庵大令宗翰以名进士作宰此邦，助余搜讨，先后寄贻宋乾德六年水月观音画象写经卷子本梵叶本各二，笔画古拙，确为唐经生体，与东瀛海舶本无异。

叶氏〔三〕曾于光绪二十八年奉视学甘肃之命，度陇一次，然大约与右则记事无关，王道士报告之程度，诸官人调查之态度，完全意外，亦未可知也。又叶氏与敦煌令汪栗庵在职务上之关系〔四〕，特别是金石拓本搜集之依赖，殊为亲信。其所见闻，大可相信，然可惜其所谓十余年前一语，殊欠明白。《语石》刊本为宣统己酉二月刊成，当于一九〇九年，若本此记事己酉之年而逆算之，必为一九〇〇年以前之事。汪栗庵赠与叶氏以敦煌出土品，其事已见上记文字；然尚有贻赠他人者，如曹君直之《沙州石室文字记》〔五〕云：

> 光绪戊申，同年陆季良示余甘肃敦煌令汪宗翰所遗后唐天成四年己丑岁五月廿九日樊宜信造药师琉璃光如来像绢本，长三尺许，笔意古拙，彩色鲜明，其所题记文，皆右行，盖千佛岩莫高窟物也。

即其一例。戊申者一九〇八年也。又有栗庵手书，载于上海《广仓学窘》之《艺术丛编》第三册中，题“唐画大士像纸”者。其上部有栗庵手题曰：

甘肃敦煌县千佛洞宋初石室所藏唐画大士像

光绪卅年四月朔奉檄检点经卷画象毕迎归署中供养信士敦煌知县汪宗瀚谨记

此处翰字加水旁作瀚字。此题记为检点之本人所记，故甚可贵重。但光绪卅年为一九〇四年，乃斯坦因博士往访之三年前事也。何时检点尚不明白，而迎归署中者亦可见不少，以其曾由此方贻赠彼方故也。优秀之典籍图画，早已出世，且尤居多数。此大士像《艺术丛编》中加以“近归江西蔡氏”之附记。(八)又与列载于《广仓学会第一次开会陈列金石书画录存》中之“唐人画观音大士像纸本出燉煌千佛洞吴健秋君藏”，同物不异。疑在此时即民国五年九月，从吴氏让渡于蔡氏之手。

关于汪栗庵事余所知者只此而已。但斯坦因博士在《敦煌杂话》(九)中有县官Wang Ta-Lao Yeh者，是不是一人，亦难决定。据斯坦因博①士所称，此Wang氏者为新任不久之人，而栗庵者则据上记题记已于三年前为知县矣；则此事置之存疑可也。Wang大老爷之真容与其家族，共见于斯坦因②博士之*Ruins of Desert Cathay*，vol. Ⅱ图版二〇九中。

又次在《艺术丛编》第二十三册载一观音画像。画像右侧云：

宋灵修寺开宝八年观音画像　光绪二十五年出敦煌千佛洞　严金清自兰州寄赠

左侧云：

匋斋尚书永充供养　光绪三十三年元旦信士王清瓘敬书

---

①编者按：原稿为“傅”，当以“博”为是。今改。

②编者按：原稿此处脱漏一“因”字。今补。

字体均作篆书。此说足信，光绪二十五年即一八九九年，较普通所说为早。题此字时之三十三年即一九〇七年。余于严王两氏身世未详，总之经过兰州小吏之乎散布于人间，此其一例，其题记决决可信。王静安先生抑此画像为“盖不足道矣”（十一），谓其题记无补史实，只不过文字之巧而已，余于外侧之纪年独加注意。

余于以上所言之一二单言只句，不敢遽以断定，盖无此勇气也。或在一年以前为开扉年代，亦未可知，疑不能决也。

（注一）参照Stein著*Ruins of Desert Cathay*，vol. Ⅱ，P. 173及*Serindia*，vc，P. 808。

在*Serindia*，vol. Ⅱ，P. 801中有约七年前来住之说，但疑是传闻之误。其他约八年前一语则散出诸处。参照两书之索引王道士。

（注二）*Ruins*，vol. Ⅱ，P. 29，P. 166—7。

Serindia，vol，P. 801—2，P. 803—4。

（注三）《语石自序》书后。

（注四）《语石》卷二之十三叶左。

（注五）被收于《敦煌石室遗书》中。

（注六）此画疑为《广仓学宭·艺术丛编》的编者邹景叔所编《艺术类征》中物。因此丛编其后改编为《广仓学宭[①]艺术丛书》，被收于第一集《艺术类征》第一册中者。

（注七）栗庵手题，因为余所藏本之照片极恶劣难读，所以有就余所想像填补者。

---

①编者按：原稿此处脱漏一“宭”字。今补。

（注八）出于《广仓学窘演说报》第四期。

（注九）参照斯坦因前著两书之索引。特别关于新来之事实，见*Ruins*，Ⅱ，P. 15及*Serindia*，Ⅱ，P. 586。

（注十）与注六同，出于《艺术丛书》第二集之《艺术类征》第二册中。因此画像题记被著录于罗氏之《沙州文录补》，题为"敦煌灵修寺尼，戒净画观音菩萨象记"，注为"出敦煌丰润端氏宝华庵藏"。

（注十一）王静安之言盖出于《艺术丛编》第二十二册《水月观音画像》跋文文中。编者谓此文从《永观堂杂文》出。但收于《广仓学窘》之《学术丛编》卷二十三四之《永观堂海内外杂文》中不出此文。或者其后改编之为《学术丛书》时增补之亦未可定。然在《沙州文录补》著录此画像之功德记，注曰"出敦煌，藏乌程蒋氏"，并附录王氏之跋，此跋从前者补订，尤特殊者为删去末尾"浭阳端氏所藏开宝八年画观音象，盖不足道矣"之句。此文其后又收录在《观堂集林》卷十六，题为"曹夫人绘观音菩萨象跋"。此蒋氏水月观音画像或即汪栗庵贻赠叶氏之物亦未可知。详情不及知，然年号则相合矣。（未完）

（原载《枕戈》第1卷第7期，1932年）

考古学研究法①

原著者孟德鲁斯(Montelius)小传

孟德鲁斯博士，原名Gustaf Oscar Augustin Montelius，一八四三年九月九日生于瑞典的首府斯德哥尔摩(Stockholm)。其后肄业于当地的大学，一八六九年得了博士的学位。幼年时有志从事先史考古学之研究，在一八六九年时已有关于先史考古学的论文公布于世。翌年德国人舍利曼(Heinrich Schliemann)开始在推来城(Troy)从事发掘工作，以次及于希腊古传说中所见诸遗迹的发掘，这位青年考古学大家由是遂感受到极大的刺激，得以希腊的传说资为青铜时代的说明之机会。从而不独青铜时代得为比较研究，进而青铜时代及铁器时代之真实年代亦得试为考定。当时希腊地方及北欧地方之时代尚无比定之材料，迈锡尼(Mycenae)时代之年代亦不明了，今则全以这些为其键钥而可以考见了。及

①编者按：本篇为瑞典孟德鲁斯著，郑师许、胡肇椿译。脚注为整理者所加，尾注为原稿文字。局部标点、外文字母有改动。

至一八八八年斯坦马塔克氏（Stamatakes）在迈锡尼的城山从一墓中发见了二个留针，与在埃及阿门和忒普（Amenhotep）三世的饰物及在其后数年在意大利的柏斯歧亚剌（Peschiera）杙住居址——与我国古史所谓巢居相似——发见同形的留针，孟氏遂得完成其关于意大利留针之发达史的大研究。即以这基础的事实为出发，考定欧洲青铜时代的年代。一八九〇年出版他的名著《东方及希腊之青铜时代》（*Die Bronzezeit in Orient und Griechenland*）一书，从一八九五年始，孟氏又着手编著《意大利在金属输入以后之原始文明》（*La Civilisation Primitive en Italie depuis L'introduction des Métaux*）。其后许多论著公布于世，又因克利地（Crete）岛上克诺索斯（Cnossus）发掘的结果，得到与埃及为时代比定的资料，进而为更精细的研究，一九一二年遂出版《意大利古典以前之年代》（*Die Vorklassische Chronologie Italiens*）一书。其他孟氏的著作享盛名的有：《东方及欧洲古代文化诸期》（*Die älteren Kulturioden in Orient und in Europa* 1913–1923）及《古典以前之希腊》（*La Grece Prèclassique* 1924）两种。现在译者所译述之《考古学研究法》，即为《东方及欧洲古代文化诸期》的第一册的全译。原书为德文写成，日本考古学权威滨田耕作氏译为日文，已风行各国考古学界间多年了。一九一三年博士得七十岁高寿，各国友人群集祝寿，因为之出一纪念论文集。但博士以一九二一年十二月四日长逝，享年七十有八。孟氏于一八八八年被任为博物馆教授，一九一三年补瑞典国考古学员，久之被任为瑞典国立博物馆馆长，又为瑞典学士院会员，其他各国学会均推孟氏为名誉会员，成为考古学界重镇的地位。这是国内外所一致公认的。要之：博士未尝携有自掘之长物，又未尝埋头为一遗物的详细记述，只就他人所发掘的发见物以相比较，完成其大组织之伟大的综合的学者。吾人于这一点，特别地是孟德鲁斯博士的修学态度，自不能不表示大大地尊敬与渴仰了！

——以上系根据一九二二年二月发行*Man*志上Harole Peake氏的论文为主要资料。

目次

莲花纹与Palmette

——原书只分章节，并无目次；兹依滨田氏译本所定，以便阅者。

历史的研究中，年代的关系之确实知识，是非常重要的。这是普遍地明白之事。但就普通有史以前的时代而言，这年代学究竟能决定到何种程度一问题，实是议论纷纷，莫衷一是。

所谓先史时代，我们是依靠这时代造成的坟墓及其他纪念物，或用锄、锹掘出来，属于这时代的许多物品为主，经研究而审知的。可是这些纪念物或物品的年代，能直接知道的却很少。惟若精细地研究，平常虽属于很古时代，亦可靠间接的方法来晓得。

若有人要想知道某物品在年代上的位置，那末只要以相对的年代（Relative chronologie）或绝对的年代（Absolute chronologie）来研究就好了。

“相对的年代”是回答某物品和他物品比较的旧或新的问题。

“绝对的年代”是给我们指示究竟某物品是基督纪元前或纪元后什么世纪造成者。（一）

对于任何时期，任何国家，相对的年代能一一决定之。纵令某一国家在那时期尝孤立着，那么，只需依据该国内所制成适当的数量之物品及掘得该国相当的发见物，以为研究，便能决定其时期。

可是一国的某时期之绝对的年代是须有赖于该时期之与其他一国有历史根据的时期为同时代，及两国当时尝有直接或间接往来交通之情况下，方有决定可能。因此，该国所制成的器物和受国外输入的物品——有决定年代资格的——影响制成的器物，实有发见之必要。上述器物愈发见得多愈能实地决定其年代。

因此虽说是困难，但与恺撒（Caesar）或伯里克理斯（Pericles）同时代的，例如斯干的那维亚（Scandinavia）之发见物，可决定其绝对的年代学了。因当时的北欧和意大利或希腊间接地有交通。不宁惟是，与埃及之第十八或第十二王朝同时代的斯干的那维亚之发见物的年代也能确定。这是因为斯干的那维亚之诸国，虽在那样悠远的往昔时代亦早已不是孤立着的，当时与南欧诸国已有往来，一如南欧诸国与埃及已有交通。

反之，如墨西哥及秘鲁在哥伦布以前的时代是可以得到相对的年代，而决计不能求得绝对的年代。

为欲得有史以前的正确的年代起见，必须保有许多材料（Ein grosses material）与良善的方法（Eine gute methode）。[（二）]

一个国家所有的纪念物及其一切发见物，当然须具有相当认识，此[①]外，即古代其他各国的发见物亦需明了，才便于研究。现在欧洲中主要的地方已有考古[（三）]调查的作业[（四）]，而西方亚细亚与埃及的极古的时代亦因前世纪中已有发掘事业之进行，故较前更为世人所熟悉，因之，着手于年代学上的问题，已属可能了。

现将我所视为良好的研究法，备举于下。

有史以前年代的知识，并非仅在决定某一国某一时期时代上的位置而已；若用年代学的眼光来研究那国的时期的全部时，当更正确。且能获得某各部分互为关联的年代学的体系

---

①编者按：原稿为“比”，当以“此”为是。今改。

（System）。曾受精妙的雕琢受艺巧地构合的建筑物中之石材是完全和那杂乱无序的时候不同其意味的。

年代学不仅限于一国自身的年代，若能将史前时代和该国互生关系的他国年代学混合研究，当更满意也。

为了确定相对的年代起见，必须决定次列事项。

一、究竟何种型式（Typus）是同时代的，换言之，是在同一时期所造成之物？

二、各时期的相互接续应依怎样的顺序（Ordnung）？

欲知何种型式为同时代的产物在得到具有该型式的发见物充分的件数时，比较容易明了。然而为了上述的理由，无论如何是必要理解所谓发见物是什么，所谓型式究竟是什么一回事。

所谓含着这种意味的发见物（Fund）——即是能利用到年代学研究上的发见物。约言之，一个“确实的发见物”（sicherer Fund），或仅称为“一发见物”（ein Fund）——这种发见物可说是在应认为完全同时埋藏的状态下所发见的一批的物品。

此问题是很重要的。古代所制的物品，普通能在住居遗址或坟墓中发见。此外所谓“埋藏物”（Depot）而埋没于地中或水中者，好像是偶然遗失掉似的物品，在此处是不能当作研究的材料。因那样的东西仅个别地散见而已。

住居（Wohnplatz）——即在洞窟之内部，湖上住宅的遗迹中，或Terramara之中，在城或都会中——所发见的东西，一般地不能认为我们所称“确实的发见物”。洞窟或湖上住宅遗迹，城或都会，都是在非常长久时期中，人类居住着的。因此，其中发见的古物一件物品较其他器物年代为高的情形总会有的。故上述的住居里的若干的物品，需待明显地认定为同时埋藏于一地时，方能作为“一个发见物”来观察。

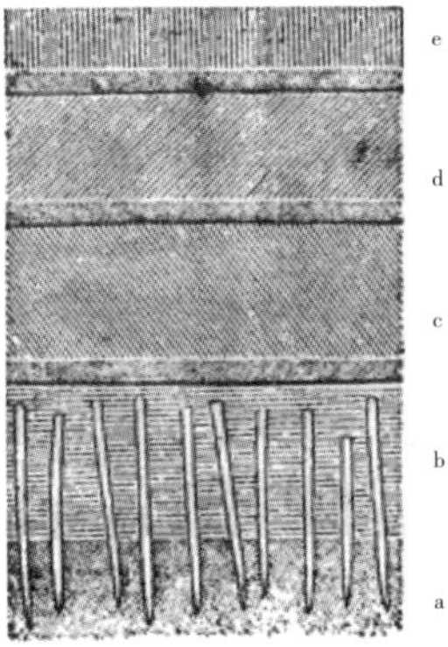

第一图　北意大利加斯帝奥乌奈“特拉马鲁拉”断面

意大利北部之Terramara（第一图）数处及其他洞窟数处，或其他的湖上住宅的废墟中，常有几种不同的包含层。在同一的层里所发见的物品是大致为在同时代之物，而与他层位的遗物显然全属不同时代者。例如：瑞士的Robenhausen之湖上住宅的遗迹里能区别出三个层次来。最下层者较中层时代为高，中层较上层为高，那是当然的事实。（五）因此但知从Robenhausen之湖上住宅的废墟里发掘两个物品，然而不知究竟是否皆由同一层出土者，仍无法证明该两物之是否同时代也。

从一块墓地（Grabfeld）里发见的物品通常当做“同一种发见物”看待。可是，这是完全错误的。一块墓地实际上在普通情形可会长久加添葬埋用着，所以其中的各墓是能属于各别世纪的。我们都熟知一座古旧寺院之内或附近的许多坟墓不是统属于同一时代。我们晓得某墓是在十二世纪而他墓是在十九世纪里筑成的。所以从那座①古寺之下，或斯类寺院之墓地内的一座坟墓里所发见的东西，并不能认为是对于从同一墓地所发见的其他的物品的时代之证据。

关于古代的墓域，我们亦全用此法同样地观察。虽仅知某

①编者按：原稿为“在”，当以“座”为是。今改。

物由墓地里掘出，但若在不明了它们是在同一的墓域，或至少在墓域之同一部分的场合，那末，就作算是Hallstatt或Dipylon之墓地里所发见的东西，亦不能成为对于在同一场所被发见的他物之证据。

实际上在数处的墓地，经慎重地调查过的结果，便知悉该各部是属于各不相同的时期的。由是我们明白波罗那耳母（Bornholm）岛上的Kannikegard之墓地的北部是最古的，愈南

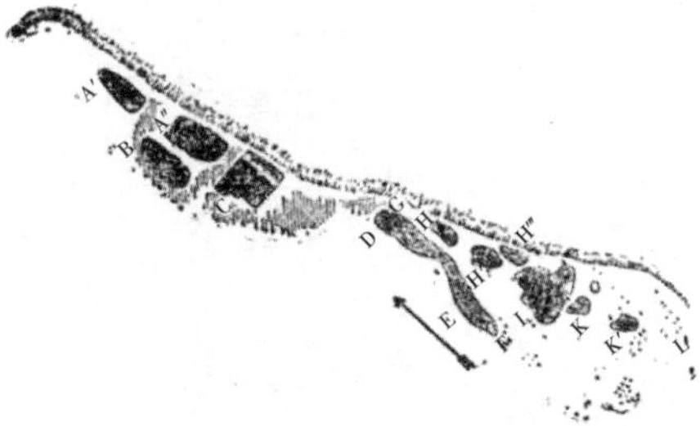

第二图　波罗那耳母（Bornholm）岛Kannikegard的墓地。A′为“拉·特伊奴”（La Taine）时代后期之墓（纪元后一世纪之墓颇稀少），A″亦为“拉·特伊奴”时代后期之墓及纪元后一世纪之墓居多数。B、C、D及H′为纪元后第一世纪之墓（其后之墓颇少），II″及H‴为纪元后第二世纪之墓——E、F、I、K及L多半是纪元后第三第四世纪之墓，亦间有第四世纪者——如G以上的后代之墓的小群——L及D之中间及其他斜线之处是被破坏了的坟墓

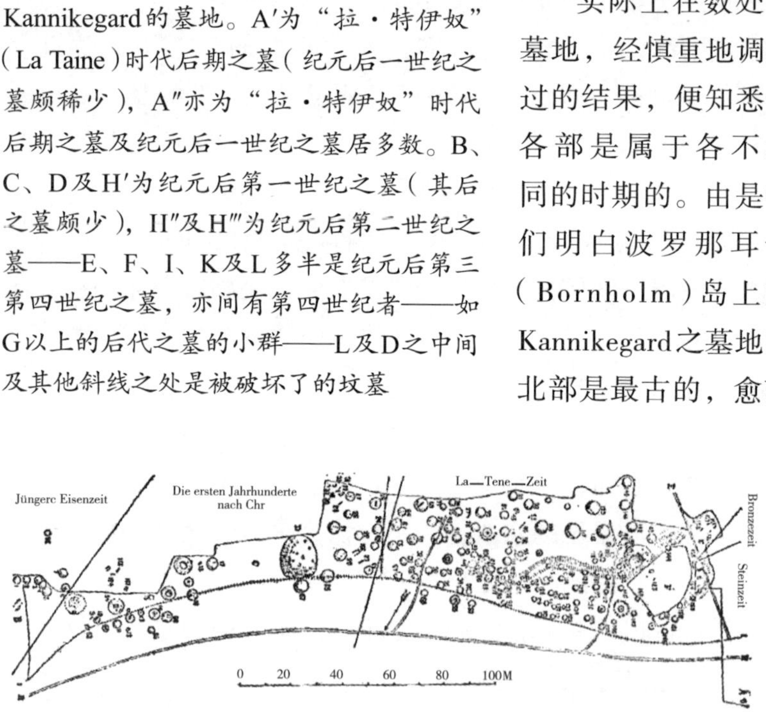

第三图　哥德兰（Gotland）岛Bläsnungs的墓地

向则时代愈近（第二图）。即是 A' 群之墓较B及C群者为悠古，而BC又较墓地之南部的H"E等等的坟墓要来得古些。（六）因此各个墓群中所发见的东西，大致上是同时代的，反之，墓地全体是代表着许多的世纪。哥德兰（Gotland）岛的Bläsnungs的墓地亦与上述情形差等（第三图）。在此墓地之一端发见了石器时代与青铜时代的坟墓数座。可是，其邻近的墓地却是铁器时代之最前期的坟墓。距离稍远的一群，则为旧铁器时代之后期者，墓地之另一端的坟墓则时代更后，为新铁器①时代的。（七）

虽从一座高冢（Grabhügel）掘出的物品，若仅知它们是在同一的封土里而不明了更进一步的详细的关系时，亦不能看作"同一种发见物"。因在一座坟丘里往往隐藏着许多坟墓。

因此，许久以前我所发掘过的南瑞典Eldsberga的坟丘是具有如次的情形（第四图）。——即是，（1）石器时代的石室坟墓（Ganggrab），（2）装有古青铜器时代之土葬遗骸的樫木棺两个，（3）具有新青铜器时代之火葬骨的坟墓三个。（八）这最后的坟墓是较石室坟墓迟至五百年以上的。

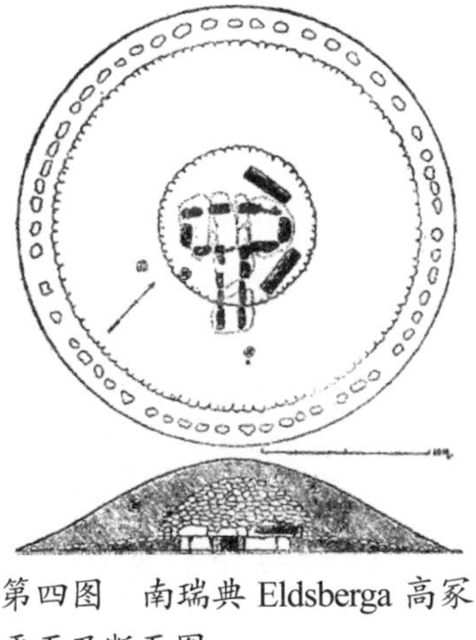
第四图　南瑞典 Eldsberga 高冢平面及断面图

我所调查过的另一座在Westgotland西部Lundby的瑞典的高冢是包藏着次述的东西。

①编者按：原稿为"石"，当以"器"为是。今改。

(1)石室坟墓,(2)新青铜器时代的坟墓两座,(3)旧铁器时代之武器,即距那最初在该高冢的埋葬的墓约迟至二千五百年之时代的产物。(九)

在一个坟墓(Grab)里的物品通常容易认为同时代的东西,惟这里亦须加深切注意。而以坟墓里葬有遗骸甚多时为尤然。因为这些东西在普通的情形下最低限度是在不同时期里埋葬的。

斯干的那维亚的石室坟墓的室中,大概每容遗骸甚多,有时竟达五十具至百具之数。就作算它们都是石器时代的,但其殉葬品却不能因此便说是同一时期的东西。

且虽在同一石室坟墓的室中,亦常能发见属于远隔石器时代以后的遗骸。在上述的Lundby的高冢里的青铜时代之墓即其例。该墓在墓室内其所处位置虽较石器时代之遗骨还要高,但两者仍是容藏于同一室中。在丹麦的某石室坟墓中亦有青铜时代的樫木棺(第五图)。(一〇)在法兰西的某石器时代之墓中,亦能发见铁器时代坟墓之葬入(第六图)。(一一)

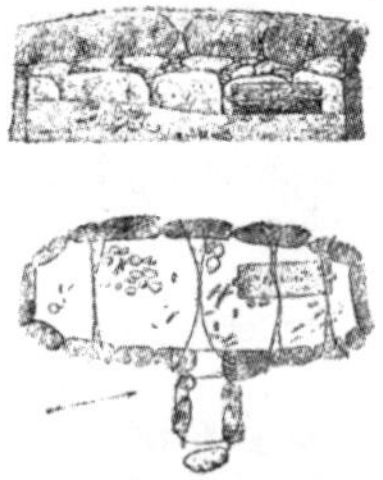

第五图 丹麦卫勒布(Wellerup)石室坟墓(遗骨及副葬品为石器时代樫棺在青铜时代以后所葬)

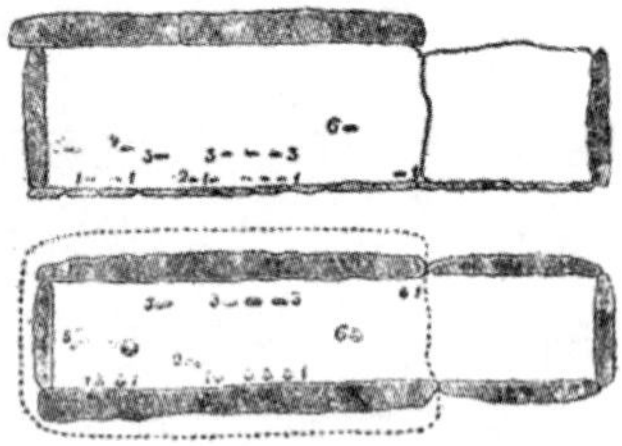

第六图 法国仁未甫利厄Genevrier(亚维伦州Aveyron)古坟平面及断面

伊特鲁立亚(Etruria)的墓室里通常埋藏着许多土葬的

遗骸。在这类的墓室中，有些墓室里发见一种陶器——安置土葬遗骸的长凳之旁或该凳之上——绘有希腊“阿提喀”（Attica）——风派纹饰者。其中装着烧过的骨骼，惟此容器的年代却远在那墓中的其他的容器之后。[一二]因此，在这类坟墓里的种种遗物未必是同一时期的产物。

在一座坟墓里埋葬着死者多具之情形下，为了把发见物利用到年代研究方面起见，不得不要知道各遗骸旁边究竟安置着什么东西。墓室若构造得容易进入，那末，在遗骸旁边的所有的物品，决不能放心认为是同时期的东西（即在埋葬的时候被安置在该处的东西）。因为若干物品是较他物的年代要稍后，这多半是与遗族每年供奉死者的牺牲同时带来，这种场合亦是可能的。

当那些物品不是放在墓室中而置于进入墓室的通路上的时候，我们尤易明了上述的事体。希腊的Menidi地方有在“迈锡尼”时代造成的圆盖墓（Kuppelgrab）之通路上，发见了不同时代的许多毁坏了的容器，惟这些业经证明是坟墓筑成以后五百年，遗族携带来了的容器以为供奉死者的物品者。[一三]可是普通的坟墓，例如“伊特鲁立亚”之竖穴墓（Pozzo）或沟墓（Fosso）等，其中仅埋着一具遗骸，并且那些坟墓的构造上好像是埋葬之后立刻封闭了。在这种坟墓里所发见的东西，只要正确地观察和保存，或至少把在那墓中表现着的一切的型式简明地记述下来，那么，墓中所发见的东西便可成为充分利用到年代的研究上面的发见物了。

埋藏发见物（Depot-Fund）中对于我们的研究每能供给非常良好的材料。因为，在普通的情形很容易明悉一切殉葬品是否同时埋入者。即物品通常是装在粗陶器或金属容器里，或显系同时埋入者，那自然是在一起的。

可是对于“埋藏发见物”亦有应注意的事项。

第一是两个那样的发见物发见于极接近之位置时。在这种时节，是应认为两个发见物而不可认为是同一物品。如在那邻近瑞典之都会Westeràs的Badelunda地方，发见了青铜器时代之第五期的埋藏物，惟其近旁则有属于青铜时代之第六期的其他的埋藏物了。（一四）

其次供品亦有积年累月供奉于同一场所者。这种事实常发见于视为神圣的泉或其他神圣的场所的。Pyrmont著名的泉之侧所发现的供品多为罗马时代之物品。但可知这不是同时放置的东西，却是几世纪以来积渐加入者。（一五）瑞典某一神圣之泉中早年发现货币二三千及其他供品，其中最古的是中世纪之物，其最近者为十九世纪后半期之品。（一六）此等埋藏物亦有在墓中或高冢中发见者。这当然不足以证明那墓或高冢的年代。不过显示墓与高冢之时代视埋藏物为远而已。（一七）

第七图a

第七图b

第八图a

第八图b

第九图a

第九图b

不特此也，在吾们研究中，最合于研究最确实的发见物，是否全体品物同时埋入者，现尚无一例可以证明。至于全部品物是否同时代所制作，此等发见物中也没有甚么确证呈现出来。这在埋藏的时候，或有一件时代异常的高古，而恒杂有极新的东西也说不定。若充分的整理出来的话，这种事实自然会屡有发见罢。即一件是经时间使用之迹判然而见，而其他的一见便可知系不常使用的。例如就第七至第九图瑞典发见青铜器时代埋藏品的青铜制扣看来最为明显。

最新的一个扣（第九图a）那里面的小横焊自铸好以来崭新的样子显然，他扣（第八图a）之横焊，则经使用由磨滑而致耗损，最古之品（第七图b）横焊残留于扣之中部者殆极仅而已。

武器装饰品以及贵重的容器在埋置地下以前恒经使用于异常的长时间或亘数世纪之久者。在今日的家庭或教会的藏品中也常有经数世纪之品。此类的事，在昔富有此保守性时代为尤惯见。又同时代使用的品物大部分中，今日的样式与以前的殆如同时代，其实系二三十年间的制品也。

由上述的事例观之，所谓同一种发见物，其中所有的型式殆暗示为同时代之物的结论而已。但实际上两件品物中时代本不同而偶然现出一致的风味也未尝没有。

但两个或其以上型式的结合而使二发见物相一致时，此等型式在同时代的可能中愈增加其盖然性了。又此等型式经三度或四度认为一致时，那就没法说是偶然的巧合①了。属于同样组合的发见物之数愈多，愈能于实际上安全地认为同时代所制作之物。

由上述的事实兹加述下列的事例。即如纪元前七二九年建筑了一个都会，那么，内里最古的墓便有和都会的建筑同年，或其后所建造的而埋入古墓的殉葬品，则不尽是七二九

①编者按：原稿为“考合”，当以“巧合”为是。今改。

年间或其后的作品，其以前的作品也未尝没有。六十岁的妇人，譬如在纪元前七二八年死了，把她的装饰品全部埋入时，那装饰品无疑地是已经长期间的使用品了。她的墓里所藏存的别针发针大约总是她二十岁上下结婚时所用的罢！就或者是当时还新着没有用过的，又或由祖母或母亲传赠下来的东西也不可知。那么，男子和他那武器亦未尝不可那样说，所以纪元前七二八年间的墓里头的东西，在七二八年以前，七五〇年间以至七六〇年间所制的固然有，就是比这时代还高的不能准说没有的。

从此，在年代的研究上所谓发见物的意味当然有加以理解的必要了。又最重要的事为型式（Typus）是怎样的东西，及相互酷肖的时候从各个型式所见的关系如何而已。

那么说起来，常常不得不要从本质的品物来观察了。更不得不从各个型式的特征上，下一确实的判断。

考古学者也须取自然科学者以各个的“种”与其他区别而加以理解的态度一样，有以一型式与他型式作一正当区别的必要。自然科学若不是那样治学，那谁都不认他是自然科学者了。但当完全差异的型式混同在一起的时候，考古学的研究，实很容易惹起异常的混乱呢。

利用过年代的研究而成的发见物的型式假然既经明白了是怎样的东西以后，拿一国已能审知了的古物和发见物的关系详加研究时——这是一件十分重要的事——什么型式是同时代，或同时期之东西即可查出。于是我们即可将长短各种的时期的若干数划出来了。

但决定此等时期的前后关系，怎样才是可能呢？何时期为最古，何时期居次，何时期之物为最后，这又怎样看出来呢?

这又往往由各个发见物相互的排列中可察其究竟。

在数处的Terramara和其他的湖上住居址中，恒有三个重叠的住居遗迹发见既如上述。发掘之际若是发见物从各处互异的居住地出土了时——有遗憾的情形在外——最低层发见之物，总比中层之物为古，中层者又视上层为古。

但在一个高冢之内常有多墓发见，且地位相互密接，则时代那个古些，那个近些常是问题。

其例若第十图所举南瑞典高冢是。冢底部的中央置有大的石棺（a），这是盛入土葬的遗骸的，而此[①]冢之内更有其他火葬遗骸的墓（b），时代为古远。但最上部的棺下方僻置直角方面的小棺，其时代却视前者为古。

第十图　瑞典南部 Dömmestarp 高冢古坟断面图

今复有他例，即上述瑞典的高冢（第四图）是其中的石室墓，视那二个樫木棺为古，又其中二个置有土葬遗骸覆有大石块的棺也视火葬的三个墓时代为高。

欧洲北部所有的青铜时代高冢，多数也同一关系，即遗骸

①编者按：原稿为“比”，当以“此”为是。今改。

土葬法的墓恒视火葬法的为古。

按这事实看来，北欧的高冢那底部中央的大棺恒比之其上部的小柩，火葬骨壶等，其时代尤属于青铜初期，很可证明的了。

又发见物与各时期的相对的年代，由存在位置而决定的时候，是比较少的。但幸而因时期前后关系的决定，得利用某种场合，现在已有另一方法。

那便是型式学的方法(Typologische Methode)。(一九)

要知进化的过程——换言之即其系统——且由型式特有的标准，来判断的场合，怎样排列其前后的顺序还不晓得，所以如武器，工具，装饰品，容器等，我曾因它们的花纹样式，一个一个的分了几种重要的组列(Serie)出来。

由这型式学的研究而得许多型式的组列，乃由其种种变化的形(Form)之内特征而构成者。

某一组列有视其他一组列进化为早者。如型式学上“锐感的”(Empfindlich)组列中，例若留针(衣服针)，乃由形状易于变化的品物所成，其变形之故，乃因种种关系而生。其自身之大小容易变化，饰有特征的纹样的品物，其组列则更为锐感的，这样的组列视变化不易的东西，其兴味也不殊，这所以考古学者认为有重要的意义者。

这种变化性也各视组列之不同而异其程度。但各组列共通的情形，为各各的型式，即某连锁的各镮的样式，比之组列内其余的样式其变化为少。相似的相比次两个各镮在未熟练的观察者看来，其间不同之点，恒不易察出。但将组列内最初型式与最后的型式比来，在普通一见之下，很像没甚关系而不相类者。但经全体详细整理一下，实际时代的新的形体，由古旧的形体脱胎下来，恐怕需要几世纪的渐进的变化的罢！这也可以发见的。

在相当长远的型式的连锁的两端的各镮观之，其形与形之间，其时间相互的距离，大抵都非常之大的。有种组列的型式，其锐感愈强，则变化愈易；或在一定的期间内，例如在一世纪中，其一世纪间相应型式的数目更多了。

在无论那样的型式学的研究之下，各镮间相互的配列一定要正确，实属必要。又各镮间的是否相对的古旧，不应有误，我们切须注意勿看错以为最古的型式的东西，而实际上反是最新的东西。以一连锁之始与终弄错了的时候，则全体的研究将成为全没价值了。

幸而在普通情形之下，有避免杂作的危险错误的方法。很多是从那原始性，或其他显著的特征，自最古的物样及原型式（Prototypus）中脱胎而生其他型式而显示其单纯自然的形态，这种事实只要略为下些工夫便看出那单纯性，发见其最古的形式却不是原始的了。

考古学者的型式学的研究——与自然科学者的研究法相同——须特别注意其“失能的”（Rudimentär）成体。此即指曾含有机能的器具的某一部分已次第失其实用的意义之谓。从前的“器官”（Organ），因为用不着了工作而生变化，好容易才把它看出来了。像这样失能的成体其自身兴味的现象，关于那朝着什么方向而生的问题却含有很大的意义。某种器官尚有机能的品物，视既已失能的品物，其时代当更古远，甚明。

其故在大抵情形之下，仅依据型式学的关系，什么形态较古或较新，这是可以明了的。但在极少数的不可能情形之下，年代之差别，能由发现物之关系以知之。

且在无论怎样的型式学研究之下，发见物的互相关系（Fund-verhältnis），在研究上亦须加以非常的注意，实属重要。

型式学上的组列与确实的发见物——确实的发见物一辞的定义已见前述——比观时，因着此种确实的发见物全体所呈现的怎样可惊的确实情态，在实际型式学的研究上，依了我们的想像的顺序而研究，那么，其型式便次第显现出来了。

这时候最上的统制的一个方法，为某一方比他方作成较早虽未必可知；但大体上是平行而进的。同一地方的发见品物的两个组列，我们应该怎样去说明，是亟待探究的。

关及这问题的所谓两个重要的组列之物，为在北欧青铜器时代出土的留针和青铜制的容器是。今在各组列的种种型式，试附以A、B、C的名目。A为最古的型式，B居次位，以下类推。今将发见物中两组列代表品就观察所得分列如次。[二〇]

A型式的留针，并非与A型式的容器一齐发见的。即这留针视A型式的容器为古。

B、C、D型式的留针与A型式的容器为同时代。

反之，E、F、G型式的留针却与B、C、D型式的容器为同时代。

H型式的留针与E、F型式的容器为同时代。

但是A至D型式的留针之与B、C、D、E、F型式容器，或E、F、G型式的留针之与A、E、F型式容器，又或H型式的留针之与A、B、C、D型式容器并非在一起发见的。

同样的关于其他的组列，也是如此。例如拙作《关于青铜时代的时代决定》（*On Tidsbestämning Inom Bronsáldern*）一书所添加的表上面，有对于这问题具重大贡献的一八八五年的斯干的纳维亚[①]（Scandinavia）的已知的发见物全部内容，一看便可一目了然了。

我自从把上述的研究公布以来，在十七世纪的末期斯干的纳维亚所出的青铜时代的大量的发见物，以及德国北部所出土同样的多数发见物中，总能到达同样的结果而具有重大的意味的。

若只在一次的发见物中，H型式的留针和E及F型式的容器同时存在的话，这也不过实际上暗示着（Andentung）两方的型式是同时代的罢了。但其他的发见物中，假若此等的型式时常同时出现的话，那么，前述的形态的留针与容器实际同时代的可能上其真确率即次第增加。即是这些一起发见的回数与其真确率其增加当是平衡的。H型式的留针与E及F型式的容器一起发见的度数实际上已经有那样的——三十次以上——情形，则所谓“或然性”（Wahrscheinlichkeit）一辞即可用“确实性”（Gewissheit）一辞代用，这是无所用其踌躇的。这种型式的留针与容器，固可主张系实际上同时代者也。

前述的表可见发见物怎样可惊的情形的次数，或其型式与型式之同组合次数，其组合中若剑与斧，颈饰与腕镯，较之留针与容器的时候也是一样，并无妨碍。

关于此点，在实际的情形之下，或属于一个组列的型式经几度的和其他具有一个组列的特征，或一种型式一起发见时，这种组列若既经认定较古与较新的型式决不能同时发见时，其

①编者按：原稿为“斯干的纳维亚”，上文多处出现“斯干的那维亚”，均保留原貌。

证明的力自属很大。但我们此际不得不就同一地方出土的型式来观察了。

像这样方法所作成的种种组列的平行性（Parallelismus）对于前述的问题之解决具有非常的重要性。所谓平行性者，即以某一组列的稍古的一型式与其他组列的稍古一型式，或其他组列的稍新的一型式与后一组列的稍新的一型式为同时代之物之谓。

所以在下列的样式那相互组合而成的三个组列是平行的：

A B C D E　　　　　　A　　B　C　D
　　　　　　等或
A B C D E　　　　　A　　BC　DE　F

但下面的组列，则非平行的：

　B A E D C

A B C D E F

在平行而相并的组列是很正确的。像这样相互而一致的组列愈多见则愈能确定矣。

但是当两个组列无论如何不能平行的时候，那么，在那些配列里头总有错误了。

又在研究型式学之际有决不可忘的事实：即由一个型式而生的两个型式或两个以上不同的组列依据而进化的物品，每每显了分歧的情形出来。那样一个型式的组列（Typen-serie）并不是像那没有分枝纯直的椰子树一样，不如比它是多枝的樫树或所谓系谱学上的系统树较为切当。

又人类制作细工的情形，至今日犹依进化的法则，且其遵行的成就尤足令人惊叹者也。所谓人间的自由的发挥实际上做不出悦意的形态的情形是否也受了相当的束缚呢？又我们对于由一种形态到其他的形态一步一步的转移——其转移虽或不甚显著——但那是否出于不得已的呢？

关于这个问题未详加研究时，上面的问话很容易答一个“不”字罢？但人世上那主要的事，就其历史的研究以来，就不得不说一个“对”字了。尤以进化方法来说，有迟的固然也有早的。但人间制作新形式的时候，也还是要随着其他自然物进化的法则的。

在型式学的关系上，欧洲和东方诸国比较看来，这点还是欧洲很清楚地比东方活跃得多。欧洲的东西，形态上流动性的丰富，而喜变化——这即在许多情形下与实用上的改善同其意味——所以其结果即进化锐速。那么，这锐速的进化，和那保留至亘千年不变的东方保守主义成为特色的对立了。于欧洲以形态的丰富对东方以材料的优越，各渐以为标榜了。

这种西方与东方型式学的对立，自很古的时候已甚显著，且相始终。这种对立，即为与民族性差异上发生密切关系之物。这种差异，即含有东方与欧洲全民族进化的重大定义，因这一点，其历史与对立的关系犹为今日待决的问题呢。

第十一图　附有木柄的铜斧

型式学上的组列是怎么样的东西，下面的事例便很用得着。

请先观察古代意大利的金属制斧（Italienische Metall-axt）。[二一]

意大利晓得用铜的时候，一般人还是用石斧的。斧的长侧面有纯平或略带弯曲的。其中有的上部非常的狭（第十二图），其他的狭的两边几乎要成了平行的样子，刃部仅比上部稍为阔大些而

第十二—十四图　石斧（12）及铜斧（13.14）（意大利）

已（第十五图）。

最古的金属斧所制大抵和石斧同其形态的。那就是铜斧，里头有一些也是上部非常的狭的（第十三四图）。又有长侧面平直或去平直不远的，而两短侧面俱成平行，刃部则较其他部分稍见阔展者（第十六七图）。但有才晓得采用新材料不久所制的斧，那刃部比其他部分特别开张（第十八—二十一图）。若是石斧要造成这样的，实不可能。斧而能有此种形体，的确是实用的。因为这个而省却了许多材料，尤以铜在非常宝贵的时代，这实在含有重大的意义的。第十九和二十图的斧且有很平直而几乎平行的短侧面。刃部的话，前者（十九图）之比其上部成两倍的宽度，后者简直有三倍呢。这种斧是含有铜及锡少许的青铜造的，而以下各图的原物其青铜质则含锡分颇多。

总观这些斧头，全没有柄孔，就是绝非像今日普通斧的法式的。那柄是像人膝的形状用屈曲的木材制成，切开了那

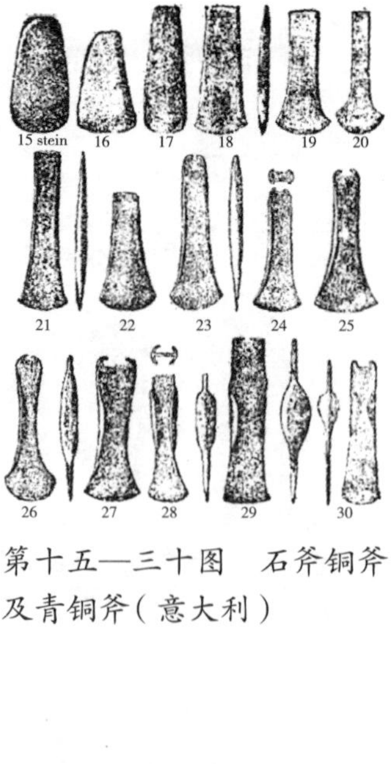

第十五—三十图　石斧铜斧及青铜斧（意大利）

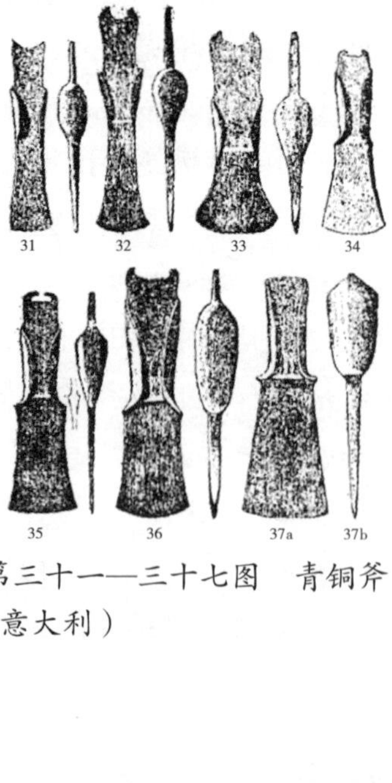

第三十一—三十七图　青铜斧（意大利）

短的部分以容斧的插入，长的部分便是柄了（第十一图）。那么，斧头便十分固着了。为免得松动发响的原故，这是采用金属制品以来所使用一种装置法，也是石斧时代所不能制造方法，这装置方法即斧的侧边加了高一点儿的边缘。这种边缘起初是极低的（第二十一图），到后来次第的高了起来（第二十二图—二十五图）。这也经了长的时间由上端起到刃为止附着的东西。这边缘既非常的加高，同时，长度复渐渐减短（第二十六图—第三十图），那么一来，斧和柄更为固着，尤以柄耳（Schaftlappen）——即高而短的边缘——在打开的柄的周围曲折得更利害了。

那么，柄耳在使用的时候，斧便没有松动发响的情形了。在用力打击之际，为免斧身没入柄中起见，于是柄耳下端的距离和上端比起来就有像第三十一图那般稍为狭些的。在这样预防没入的设备里头，在斧面上直角的加了一个隆起的连关，这么一来，更稳当了（第三十二—三十六图）。这在当初不过小小的一点儿的东西，到了后来渐渐的增高，就像第三十七图的那样高而且大的东西了。这种连关即在柄耳的下端成一直线的模样。从此在以前这个位置渐渐地且向上方移动。柄耳呢，经过长的时间保存着广阔的形态，柄的周围是很高的，到了后来，渐渐地又向下移动，而且以垂直者为多。

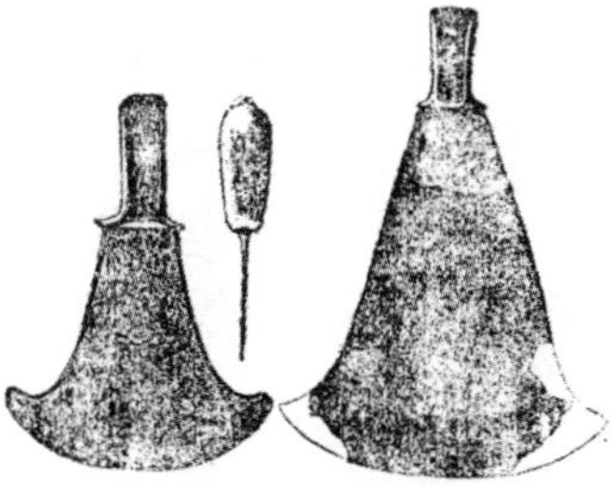

第三十八图—三十九图
青铜斧（意大利）

第四十图　青铜斧
（意大利）

斧，自来大抵都非常硕大的，降至后代，慢慢地薄起来了，而同时却异常的广阔（第三十八图），时代最近的斧乃成为特别的大而薄的样式，这真是不大像含有实用目的的东西呢。

第十五图和第四十图比起来，后者是由前者发达而来的东西，这好容易才弄清楚了的，但那形体进化是经过多次追寻其连续的样式，那么，才发现了各种形态是和它的邻近有很类似之点。这种相似虽然在这里没有显示出来，但从寻出的中间形观察的话，或许还有更可惊的形态存在诚未可知。

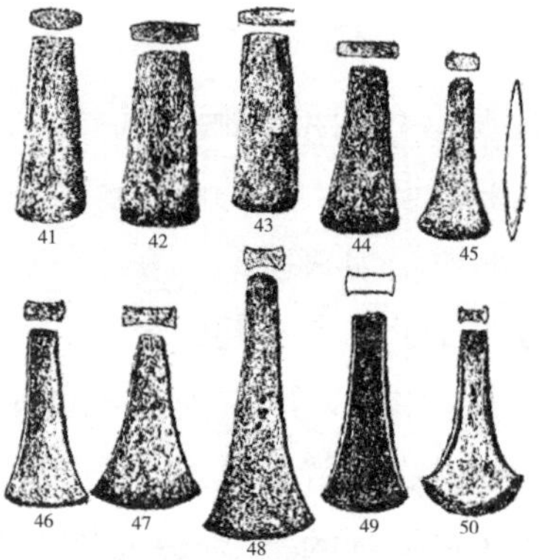

第四十一—五十图　铜斧及青铜斧（瑞典）

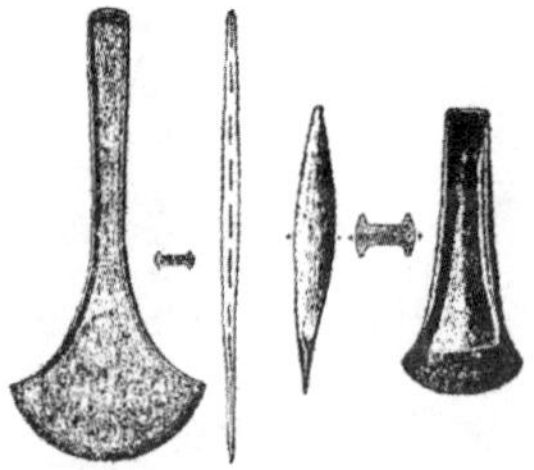
第五十一—五十二图　青铜斧（瑞典）

至若研究到其他欧洲诸国最古代的金属制斧（Metall axt）——例如斯干的纳维亚——也全是一致的进化的。

这是北欧和南欧也同样的，最古的金属斧是根据同时代的石斧形态造成。就是那些都有平滑的刃部且均视上端稍为开张些（第四十一图—四十四图）。这类的金属斧是纯铜制的，铜的含量占百分之九十者殊属惯见。时代稍近的，最初是略含有锡少许的青铜，愈后则含锡愈多矣。大抵都是刃部广阔而有突出的边缘，这突缘其始非常之低，以后次第增高的（第四十五图—五十二图）。且多数为刃部极宽但上部却异常之狭者（第五十一图）。

北欧的青铜斧也就和意大利的一样，也附带有连关的。那也在最初是不大引人注目似的东西，但其后便和突缘同其高度了，且是在斧面直角的放着（第五十三图—五十八图）。而间有例外者则用铰钉将柄部绊住的也有。

在北方附有连关的青铜斧，其起源大抵有两种型式。

一种型式（第五十五图），并非装饰品，本来很清楚地便是实用的工具，其用途当然就是武器了。

又一型式（第五十六图—五十八图）富有优美的形态，往往具有涡圈或其他模样的装饰。这分明也是武器，像这样的东西和短剑，剑及枪头一起发见者亦所在多有。这种斧时代较古者之中（第五十六图），就像第五十二图及五十九图一样突缘还容易认得出。连关的下突缘下部却是由斧的上部直线的连续下来者。时代较近之物（第五十八图），高高的缘部呈露非常变态的外观。这因为连关的下部显著的弯曲着。

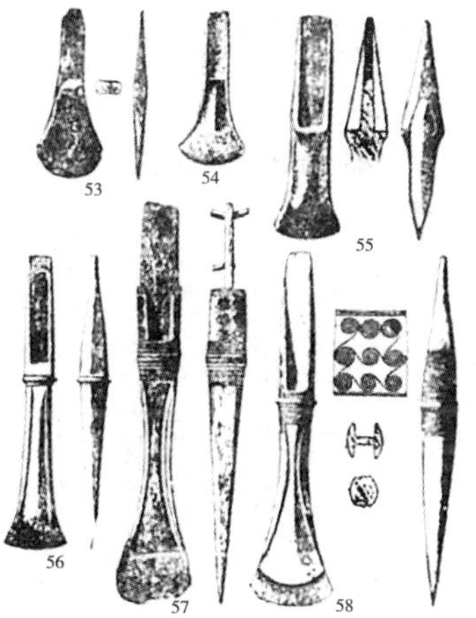

第五十三—五十八图　青铜斧（北德意志）瑞典[①]

木制的柄就靠着纽把斧牢牢地绊着。这种纽便像第

①编者按：原稿缺失此图，此图转引自《考古学研究法》，世界书局1936年版，第36页。

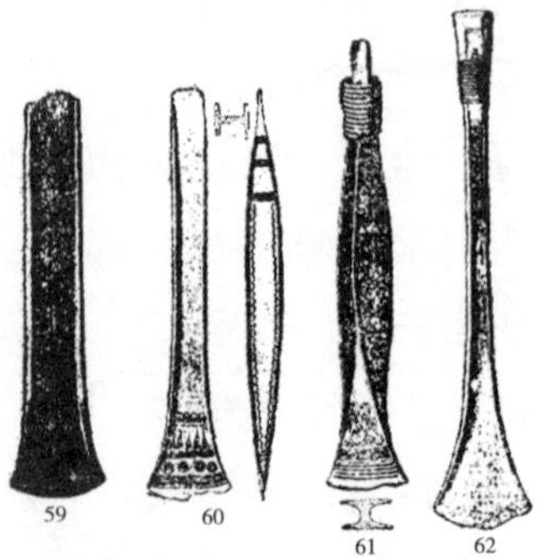

第五十九—六十二图　青铜斧（瑞典丹麦）

五十六图乃至五十八图那样青铜质用模造的实在不少。我们现在在下面要举一个别样的模仿只来看看。

北方青铜斧的突缘有些个是非常的狭长的东西。这里下部的刃并不比上部广阔了多少（第五十九图）。而且无纹饰的或具有涡圈纹及其他模样的都有（第六十图）。

第六十一图的一种青铜斧，其前端在适合劈开木柄之处有青铜的铜丝作螺旋的卷曲状的这么一个例子。现今还残留着那般青铜的铜丝仍作圆筒状者。

现在还有一斧（第六十二图），在上方仍具有同样形态的圆筒，但这并非铜丝，却是用青铜铸成的东西而已。

至于装入斧的上端的木柄，为便于插入起见，亦系割开，但须向圆筒形之中强行装入者。而那圆筒的表面所刻的平行线，却是装饰而已。亦即由第六十一图那卷用螺旋状的铜丝模仿而来者。又在圆筒的下部，柄的下端的形，是用模范造成，这也可以看得出来的。

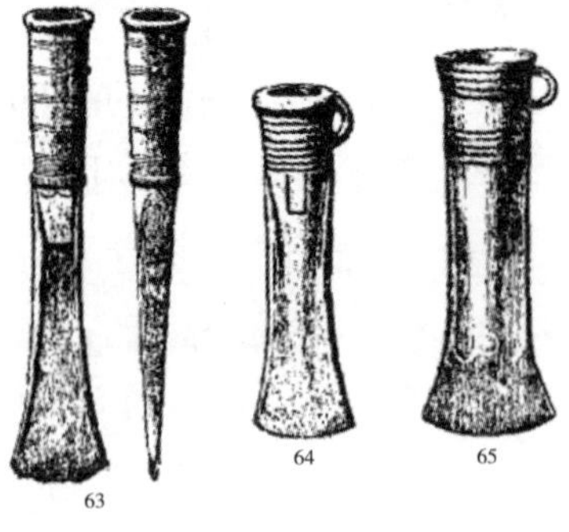

第六十三—六十五图　青铜斧（瑞典丹麦）

第六十二图所须插入劈开的木柄那斧的上端，却很容易办理，那么，因此柄也没有劈

开之必要，只要作管状的东西放入斧之上部即可（第六十三图）。这样“空首斧”（Hohleclt）的型式便成功了。（二二）

螺旋形的铜丝，和柄的下端，在当初是用范造的。有时还可看到一列的细平行线（第六十三图）。这种线有什么必要的用途，想已被人们忘记了。同样的在水平线的下部成直角的四角之物，以前是显示柄的下部的所在处者，今亦被人忘记了（第六十四图）。这个下部本来在插入时把两边的突缘的间隙全部填满。所以是非常细致的东西，柄在捆缚时为切实稳固之计，在斧缘之上部乃嵌有小孔。

昔日木柄的痕迹已经消失，即当时卷状的痕迹也全然没有了（第六十五图）。这斧的下半部却和同时代的斧（第五十五图）的下半部，是一种样式的。

铜或青铜制的短剑（Dolch）及剑（Schwert），于型式学的关系，亦有极富兴味的组列。但今仅列举此类的两组，即意大利和北方者。

在意大利的铜制短剑，像第六十六与六十七图那样，形态是广阔的。剑把上端为木或角质所制，用一两口包头钉钉牢的。（二三）最古的青铜短剑中具有这同样的三角形（Triangular）者甚多（第六十八图—七十六图）。并装饰有直线若干和两侧的刃平行而下，两边作大三角形。

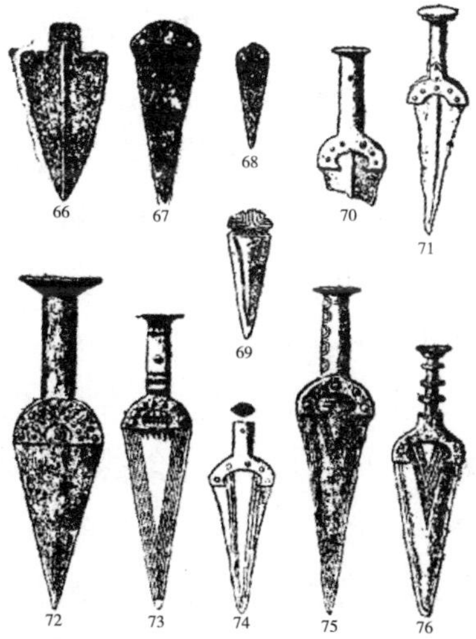

第六十六—七十六图　铜制及青铜制短剑（意大利）

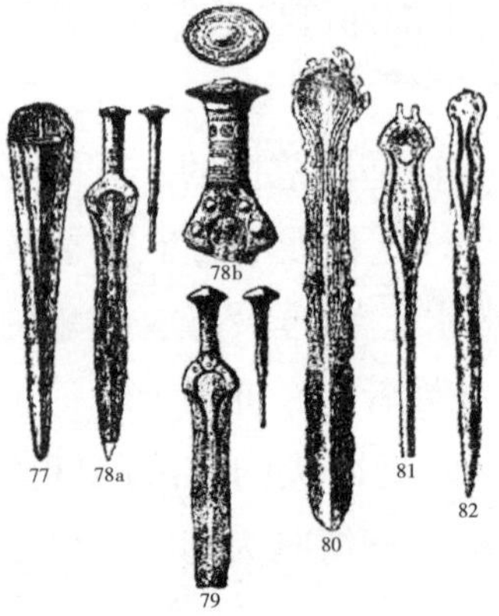

第七十七图—八十二图　青铜制长剑（意大利）

这种短剑的剑身比起最古之品通常是大的，但时常在近剑把的上部有平行的线条且在下还有小三角形成列地并排着的。又普通青铜把柄上部附有平头的也很多。本来用手握着来使用的那把的狭中央部全部是青铜制的，或一部分系青铜制的，间亦有之。

短的剑身以后渐变成长的了（第七十七图—八十二图），大的三角形也不达到剑的锋端。当初也像上述的一样是直线的，其后因刃部弯曲的形态，亦随之而作曲线了。

在阿尔卑斯（Alps）山之北，与斯干的那维亚（Scandinavia）亦皆依着同样的形态发展着（第八十三图——百图）。这里头固有若干是从意大利输入的，但大抵皆在中欧北欧一带受意大利影响之下制成者。其纹饰亦同，即不独仿其大三角形直线，成列的小三角形亦屡有发现也。

第八十三—八十七图　青铜长剑（中部欧罗巴）

此种武器之最古者比较短小，或用作短剑或作剑杖（Sohwertstab）用。短剑之柄如普通所见者然，剑杖者，则具长杆直角的缚着（第八十九图第九十图）[二四]（译者按：形态颇似我国古代之戈，而缺其内）。其后剑身逐渐加长，乃不能叫做短剑，不如叫做短的长剑比较好些；这虽然不叫做长剑，也实在是长了。

第八十八—九十四图　青铜制短剑及长剑（德国）

这种长的剑身，差不多纯直而广阔的刃部有之，或略曲而狭的刃也有。与剑身同时生变化者则上述的多而细的平行线所成的大三角形亦渐渐递嬗而为狭长式了。这通常率位置于剑身之中央，或多少在剑上端的终部者，其上部侧边弯曲与刃差作平行（译者按：第九十七，九十八图）。

柄把的本部充满条线的一列小三角形的形态已数见不鲜，既知上述，那也是像时代经过地同样地加长。而且许多意大利的三角形的短剑在上述的成列小三角形的上部（第六十九—七十七图），和那排列成直角的一种特有的装饰，亦随时代而保存（第八十三图第八十四图），但其后又渐次消灭，仅残留一个大三角形。又时时沿着旧有的内边成小半圆形的装饰。

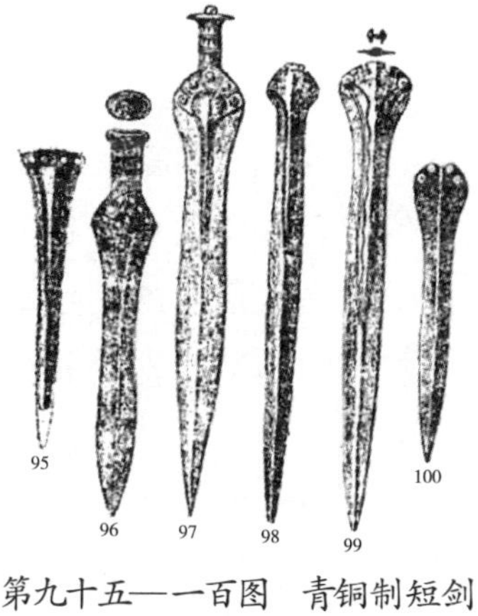

第九十五——百图　青铜制短剑及长剑（斯干的那维亚）

从阿尔卑斯山（Alps）的

北方所发见的长的短剑或长剑中，仍有用青铜制的剑把者（第八十三、八十四、八十七、八十八、九十一、九十四、九十六、九十七图）。但剑头的包头钉大致还固着于木把之上。至关及现在的问题的那一堆剑身里头，那圆的包头扣（Ringnieten）改用另造的大扣子也有。

我们现在所观察的意大利的剑与欧洲中、北两部所造的短剑，长剑之比较，其间显著的相似点，乃因当时意大利与北欧诸国有直接及间接交通所生的结果罢。

意大利所发见的三角形的青铜短剑系自该国青铜时代的第一期起产生的。

德国北部及斯干的那维亚（Scandinavia）和意大利形似的剑，其时代的古远亦大致相当。这些地方所发现的三角形意大利式短剑，又上述受意大利影响之下所产生的短剑、剑仗、短形长剑，皆为北方青铜时代第一期之物。

研究青铜第二期的北方古代青铜长剑（Nordische Bronzeschwert）的把，实富有异常的兴味。

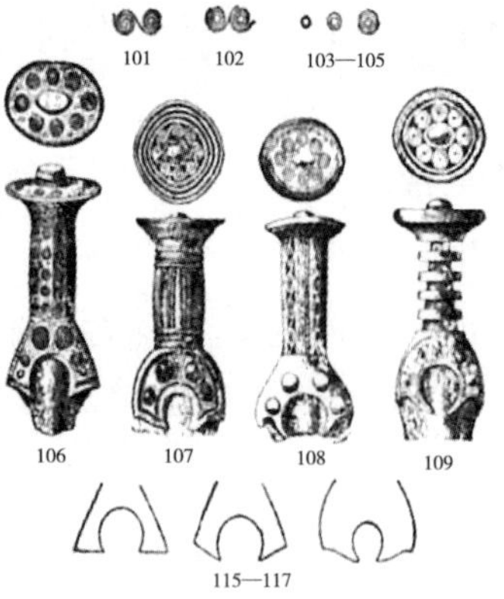

第一〇一——一〇九图　青铜长剑把部（北欧）

第一〇六图为丹麦发现的青铜剑的把。这种把清清楚楚地系用青铜模仿旧有木质角质等材料制成的。中央是八角形的，这样形态若用木或角制造时那固属很自然的，但用青铜器铸造时便十分不自然了。包着刀身的把的下部无论用有机物的材料抑用金属，绝不难作其他形态。其他的剑的其余部分皆属同样，但把的下部则有如第一一五图样式者。即下面的缘部纯直与剑身的中央线成直角形。第一〇六图即剑把部分即代表一一六图者，那下面的缘部真个的成了直线了，不过和上面所说的中央线却不是成直角的。

第一〇六图那种有八角形的把的青铜长剑为奥大利诸地特有之品。

这种形体的剑在北部青铜时代的第二期早已输入斯干的那维亚（Scandinavia）了。那么，由这型式却产生北部地方特有的同期美丽的长剑了。

第一一〇——一一四图　青铜长剑把部（北欧）

第一〇七图的剑，那把的下面缘部微作弯曲的状态（第一一七图）。这样的弯曲渐次成为两侧深入的形状，向着中央部略作屈曲，成为两角的突起。两角又逐渐加长，以后的型式便会合在一起成了一个圆形了（第一〇八——一四及一一八——一二一图）。第一一二图则两突起角会合之处尚留有一小沟未合。这还是没有达到剑身的表面的。这个小沟也曾存在着，这突起的隙间为残余的东西。

以上的部分既已说的，而把的下部的变化，和中部的形态，又把的上部的装饰，均同时呈着变化的痕迹。其中部已非八角形，而其断面复成广阔的椭圆形。本来这部分是纯质青铜造的，但其后只有一部分是青铜，其他部分全用了其他的材料。到了最后中部的竟体外面看得见的部分几全为有机物材料所制。那种物质到了现在，大抵当然腐朽了的。

把的上端——即把头——在当初是椭圆形的，其后椭圆形异常加宽遂浸假而为菱形。把头上所饰的纯正涡圈纹（第一〇一图）通常为八个，但以后有形似涡圈的纹样（第一〇二图），即有略为屈曲的连续线把周围的圆圈相互结连在一起，那么看来，就像是全体涡圈的排列一样。这种连续线不久即淘汰了，仅剩了成套的圆圈残留着（第一〇三图）。这种内圈数以前通常是八个的。现在却起始由多线渐次简单化了（第一〇四图）。又时代略后些，则这样的把头八个完全成了简单的圈（第一〇五图），其尤甚者或竟成为八个小圆洼入的圈头（第一二六图）。

此后长剑的把通常并不是青铜制的，只有把头是金属而已（第一二二——一二九图）。把头的中央尖头则略见加高（第一二七图）。那么，到了第一二九图的把顶便成了耸然高举之物了。而那八个的圆洼[①]还可看到。此则八个的圆的聚点又取涡圈而代之矣。

同形的小剑也发生了。（二七）那实在是一种具有同样的把的小刀罢（第一三〇图）！

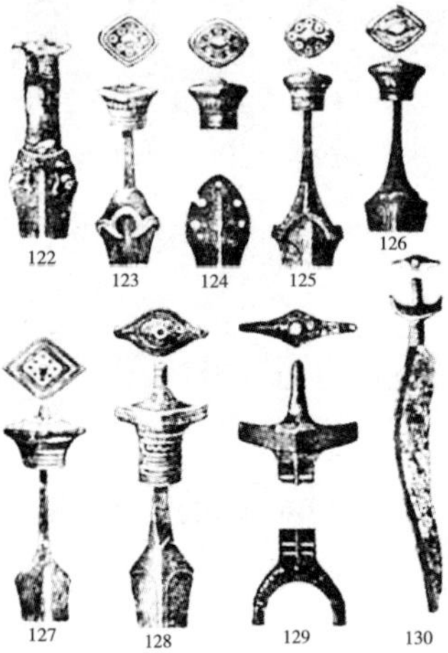

第一二二——一二九图　青铜长剑（北欧）

第一三〇图　青铜小刀（瑞典）

在型式学上富有兴味之品，留针（Fibel）亦其一种。那是非常

①编者按：原稿为“洼圆”，当以“圆洼”为是。今改。

锐感的（Empfindlich）而易于变化者。在三二国中，如意大利、希腊、匈牙利、北欧一带，这都是在青铜时代之间存在着的。所以其后滥觞至铁器时代则更多了。此外有二三处地方，则基督教传入以后才有。

在这里要研究意大利、希腊、北欧留针的古的组列是不容易的。

最古的意大利留针（Italienische Fibula）只有涡圈状的圆板（第一三一图）及沟状的针盘（Nadelhalter）（第一四〇图）二种而止。由此乃生出两个组列。即一为圆板组，二为针盘组。

但留针两段的情形，弓的部分系由上段作弯曲形，由此而得弹力的一点中分别之，所以意大利留针组列不得不区别而平列之为四组。

顺次先言第一组列（二八）：

由一口细长的针，其中央仅作涡圈状，更弯曲之，而留针遂成。本来针的根头因屈曲之势得以接近针端，最先作膝形的弯曲，于是达针端之处便是这涡圈状的板了。

这个涡圈板原来是小而狭的圆铜丝所制。而同样的圆而细的弓也是由此直接延长而成者（第一三一图）。涡线的数目在当初，普通是异常之多。但其后涡圈板的直径日渐加大，因此各个的涡圈连带的也宽广了（第一三一——一三五图），而圆的铜丝也不久成了锤平的一块纽状物矣。

涡线的数目自然亦减少，其始，和里线同其大小的外涡线，比较几乎消灭了的内线广阔了许多。圆板上的涡线形已渐次消失（第一三八图），时代最近的圆板，即涡线形的痕迹亦全泯矣（第一三六、一三七、一三九图）。

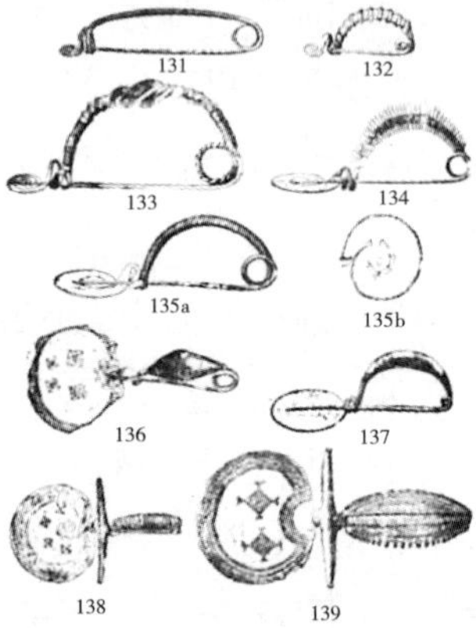

第一三一——一三九图　意大利留针（第一组列）

同时弓部亦生着变化。当初弓是全无问题的。当时留针的上部就像今日所用的安全留针一样，那弓的部分同样的成了几乎纯直的，和针部平行（第一三一图）。后来因着留[①]针贯通的余地，所以不久上部即改作弓形，同时弓部加大加宽（第一三二图）。这种弓形用简单的直线或饰以肋骨状的板，却并不希奇，中央部乃往往作螺旋状者（第一三三图）。其后，弓形的中央部变了非常之大，而有些留针之弓也有附了横板很多的（第一三四图）。这种圆板非常之薄而且相互的密接而并排（第一三六图）。而且这种成就真具有难以置信的技巧。又其他的留针的弓亦有宽平而作椭圆形者。有二三处地方却排有若干小环，及饰有其他附属品（第一三九图）。

前方弯曲的附近，将达涡线板的地方有加置横柱者亦数见不鲜。这也时常极度的加长（第一三八、一三九图），属于这一类而时代稍后的留针，间有作二重的横柱者。[（二九）]

第二组列之品，其他各部分和上述者全属同形，仅前方作沟状的针盘而非涡圈板罢了。最早的型式那和针部平行而差不多纯直的上部皆细而圆（第一四〇图），或弓的中央作平的椭圆形者（第一四一图），又其椭圆形板往往扩至极广阔者亦有之。间亦有以小圆板二枚以代大圆板者。[（三〇）]留针上部的两端亦常

①编者按：原稿此处多一“留”字。今删。

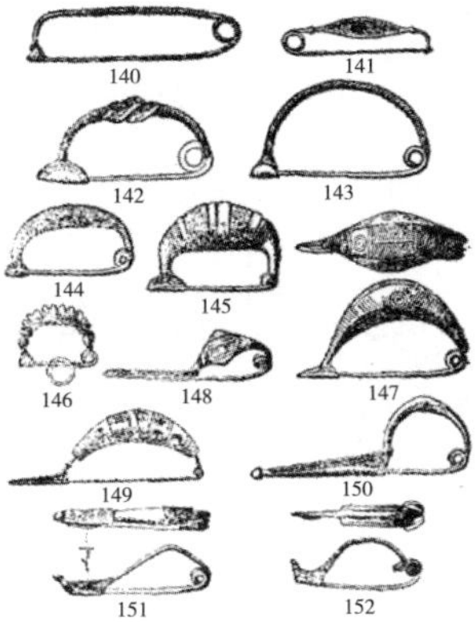

第一四〇——一五二图　意大利留针(第二组列)

作包头钉样式，且时而异常之广阔而突出者。

也像第一组列似的，留针的上部不久也改作弓形(第一四二图)。其始则恒为极高(第一四三图)，且全作半圆状伟巨异常而惯见之弓，厥后乃渐低小，细圆粗圆亦不一。再后，则时作非常重厚之品(第一四四—一四七图)。

古代作弓形的留针，其针盘时常是很大的，其后即渐小。针盘因其中部既经固定，所以后部亦与前部同其大小。其后因前部逐渐延长之故，后部便当然的消小，因而即有多少变了样子。像这样向前方伸延的针盘，以后更次第显著地加长了(第一四八、一四九图)。经过一度长的时间，这种针盘的前方是略作尖锐化的，入后又成为扣状。这扣状最初也很小，后来又成为异常之大的东西了(第一五〇图)。这种最后的样式，针盘的钉(按即上述的扣状物)更常移向上方。此所谓“却都萨式留针”(Certosa-fibula)(第一五一图)，而那弓的中央部所作的角度也是惯见的。

截至此，总说起来，留针的针的起点是涡圈一卷，这在最古常仅是一个大涡圈作成，后来普通的多作两个小涡圈了。若再由这组列区别出来，那么，便有第一五二图那样的二侧卷涡圈(Zweiseitige Spiral)的一类了。那许多留针的弓和针盘部和“却都萨式留针”一样。在这里我们虽然未能把“拉替奴式留针”(La-Tene-Fibula)的发展史述说出来，但这种“拉替奴式留针”为罗马风派(Römisch)留针的流行及其系统由民族向日耳曼诸国移动时代所残留的结果，这点至少也可以推知了。

现在我们从这两组意大利留针看起来，那弓的单纯(Emfach)之点——具有简单的弓的留针(Fibula ad arco Semplice)即上面所述前方全无弯曲的弓形——殆互相酷似。

其他两组的意大利留针为因增加弹力之故，像我们所看见的第一五三图一六〇图那样，弓的前部却又增加了一个小的涡圈。——涡圈的留针(Fibula Serpeggianti)。

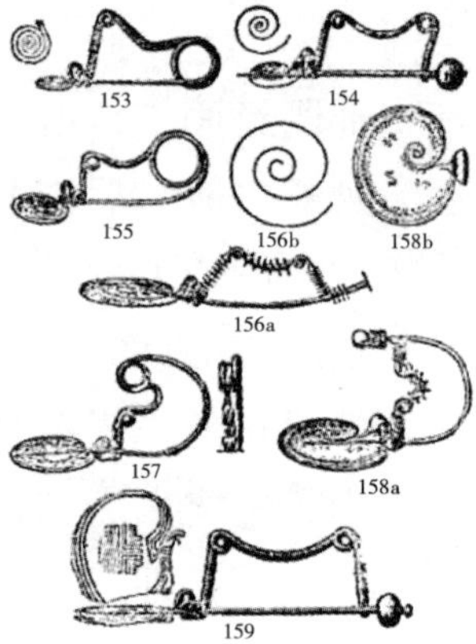

第一五三——一五九图　意大利留针(第三组列)

属于第三组列的那种留针里头有若干是针盘的前端也有附设涡圈板的(第一五三图——一五九图)。第四组列的一组则仍作沟状的针盘。

留针第三组列的涡圈板也像我们在第一组列所了解的，经过同样的发达。因为要在“布地”方面多令他曲折些，所以针便每每特别地弯曲(第一五七图)。设法令这样的针不容易于折断，那么，针用另外的一块铜造的也属惯见了(第一五八图)。这种针是从弓的末端的小龙头做起点弯曲而下者。其他的意大利留针大体皆针与弓并为一物，两段拼制者不多见。

第四组的意大利留针——即在前方有涡圈的针盘一种(第

一六〇——一七〇图），也是异常富有兴味之品。像第二组列的一样，针盘当初是短的，不久也就增长了。间有两三个仅少的例子，针部和第三组列同样地用另外的一片铜制成（第一六一——一六三图）。

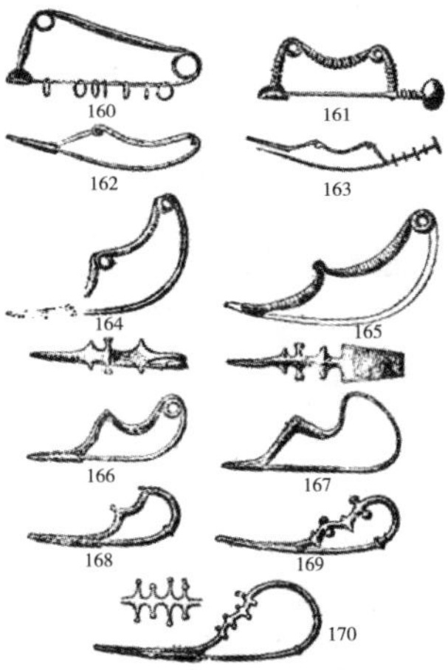

第一六〇——一七〇图　意大利留针（第四组列）

这种留针的针部乃特别地弯曲（第一六四图）。前端的涡圈便取后端膝状的弯曲圈而代兴，但不久又有附了两个小角的样子了。这具有膝状弯曲于两侧的弓面积很广阔而角成为两对突起的东西（第一六六图）。其后则弓的前后两涡圈俱消灭，而代以弯曲状之弓。又像以前弯曲之势在弯处却生了两角（第一六八、一六九图）。而上述两对小突起之处又变而为小角似的穿上圆钉的样子（第一七〇图）。

我们现在对于属第四组列的意大利留针发展史还不能研究出来。

第一与第二组列即第一三一与第一四〇图之物，系时代略同所制的。至于后面的第三第四两组则当然时代较迟。像第一五三与第一六〇图，前端作曲状的留针则比较第一三一图又第一四〇图那具有原始形的东西，时代当然为后。

多数的发见物中，意大利留针的型式在实际上下列的主要型式的概括表所规定，乃证明由型式学的关系而定其物品的次序排列者。[三一]（参看下列的表）

	青铜时代					
	三期	四期1	四期2	一期	二期	
1.组列。单一弦。涡线板						
小圆板；狭螺旋；无弓形 （131）	×	—	—	—	—	—
比较大；粗螺旋；弦 （132—134）	—	×	r	—	—	—
大；略有螺旋痕迹；无横柱 （135—137）	—	—	×	—	—	—
大；横柱 （138—139）	—	—	—	×	—	—
2.组列。单一弦。针盘						
针盘短；无弓形 （140—141）	×	—	—	—	—	—
短，大；弓半圆形 （141）	—	×	—	—	—	—
短，小；弓逼似半圆形 （143）	—	—	×	—	—	—
短，小；弓稍低 （144—147）	—	—	—	×	—	—
长；无扣 （148—149）	—	—	—	—	×	×
长；有扣 （150—151）	—	—	—	—	—	×
3.组列。前方弯曲。涡线板						
小圆板；细螺旋 （153）	?	×	—	—	—	—
稍大；粗螺旋 （154—158）	—	×	r	—	—	—
大；似有螺旋痕迹；无横柱 （159）	—	—	×	—	—	—
大；有横柱	—	—	—	×	—	—
4.组列。前方弯曲。针盘						
短针盘；二涡圈 （160—161）	?	×	r	—	—	—
长；二涡圈 （162—164）	—	—	×	—	—	—
长；一涡圈，一弯曲 （165—166）	—	—	—	×	r	—
长；二弯曲 （167—170）	—	—	—	—	×	r

括弧内的数字即表示本书内刊出插图的番号。

×号为表示该期中普通的型式。

r号表示数目稀少。

—号表示全无发现（或全属例外时有之）。

又请参看注（31）。

第三、第四组列比起第一第二组列时代虽较后，但在我们看来，这四个组列总起来说实在全是平行者。但有针盘的留针，其时期的延续性自较涡圈板的留针为长。针盘式留针中，前方作弯曲形（第四组列）之品亦较具有简单的弓（第二组列）者灭绝为早，这种简单式的弓亦较其他组列延续最久。

留针之在希腊，在纯迈锡尼时代之间犹未有之。在这时代的末期，始略有留针发现，这和意大利时代最古的同型。其前端为涡圈板（第一七一图）——但今已极少，最古者犹得见之——其终点或作小沟状的针盘（第一七二图）。留针的上部最初亦似意大利纯直而细圆，但入后又改为椭圆形纽状物（第一七三图）。

希腊留针的上部后亦渐作弓形。这部分的两端亦恒作小圆钉状，且时常特别的突出。这种形态时期上复持续甚久（第一七四、一七七、一八二——一八八图）。时代较高的弓，普通作圆形（第一七四图一七七图），但却有二三处地方作平而重直，且往往装饰甚富之板者。其后中央部变作极粗大之物（第一七八—第一八一图）。这种留针里头，弓部（第一七八图）间有用铁细工制者。此即暗示其为青铜器与铁器两时代之过渡品。在那时期，铁仍为贵重之品，所以有这样制法。其后的弓成了大椭圆的半圆形，渐渐又广宽而薄，一面洼入，一面高耸（Concavo-convex）之物（第一八二图）。其他的留针的半圆形弓又有分

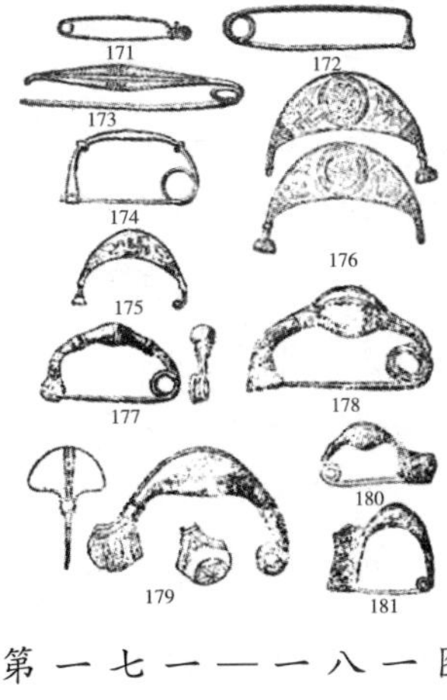

第一七一——一八一图 希腊留针

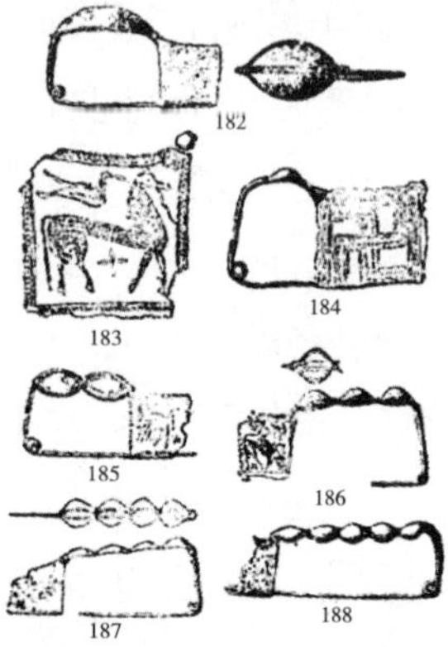

第一八二——一八八图　希腊留针

作两个、三个、四个，甚或五个半圆形者（第一八五——一八八图）。

针盘则经过一个长的年代都是很小的（第一七二——一七八图），不像意大利式的那般加长。但他方面却有二三处地方把针盘慢慢地做成大而薄，重直的板形东西（第一七九——一八八图）。在这里可以惯见其满饰以古代几何学的模样时代——即“铁比郎”（Dipylon）时代的纹样。据此，那么，这种型式的留针自然是从这时代起才有的了（第一八三图——一八六图）。又卍字形往往在希腊的留针上面可以看到（第一七五、一七六、一七九及一八四图）。

亚洲西部，希腊所发见其他的留针发展史，在这种还不能加以研究。[三二]意大利式的“涡圈留针”那样前方有迂曲的涡线形者，在希腊留针中则无此式。[三三]

北欧的留针（第百八十九图），系从像第百三十一图的意大利留针出来的，但是已属于青铜时代初期的东西。[三四]其间不同之处，前者的留针，全体为一个的东西做成；而后者与之相反，针却为别个配置的。这种留针，以后部为基点，可以自由活动。因为左右相称的原故，所以后端与前端同样卷于小涡旋线板之中。

北欧最古的涡线板，小于意大利最古的涡线板，但有多数的细圆的铜丝的螺旋。但是不久又起变化。即是螺旋互相卷合，一块儿穿过的铜丝系平平伸长，而为细纵的平纽。原

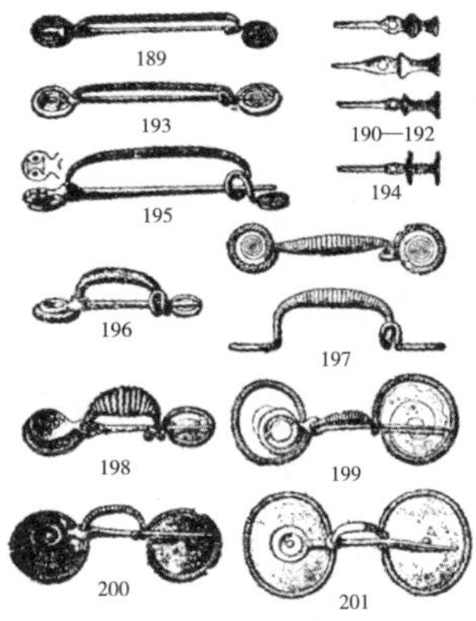

第一八九—二〇一图　青铜时代北欧留针

来，凡为螺旋必不是用同大模样的铜线。然今者最外部的螺旋，比之内部的非常之大；而被装饰以普通细的斜线。这个却不云在其他场合（第百九十六图——第百九十八图）。北方的圆板[①]，看起来，在其后如意大利一样大小，而于北方则内侧的螺旋较为广阔。反之，最外方的螺旋，一面保持其圆形，一面比之外部的更大，且有斜线装饰（第百九十九图）。内部的螺旋，次第地成为一块儿，遂作为一枚的平圆板，而最外方的更大的圆螺旋便分离了（第二百图）。卒之，这螺旋与其外的成为一块儿，全体的圆板为二三个螺旋了。这种圆板的或物，以前的螺旋形的痕迹，还认得出来。此外还有太大的圆缘，以圆板为缘，在以前最外方的螺旋的两端，如果偶然会合了而为完全的圆，便互相龃龉了。追怀往昔，昔日的螺旋已消失了。所以留针的两圆板，今暂为平而无纹的，但是后来则成为中高而被装饰以圆的铸物的边缘（第二百二图—第二百四图）。

北方的青铜时代留针的弓，与意大利的留针，大抵是同样的经过而变化的。其始于北方的留针，从外观之，其上的部分十分之直，殆与针平行（第百八十九图—第百九十五图）。但于北方，与意大利同样，不久成为弓形了（第百九十六图）。

①编者按：原稿为“版”，当以“板”为是。今改。

这弓大抵比较的短，有时却非常之大，又屡屡以斜线或多少，高而广的刺般为之装饰。斜线始则回绕全周围，后则下方无之。经过长的时期之间，弓遂成为圆的断面了。但其后，下方成为中洼。

时代又经过了，针头也起变化。北方最古的留针，如第百八十九图乃至第百九十二图所示作为样形。稍后则变为二重十字形（第百九十三图、第百九十四图）。又其后则成小圆板形。这样圆板若干，即为二重十字形之洼。因此，即可以想起针头的昔日形状（第百九十五图）。在圆板状的针头的中央部，屡屡有大圆孔，由此而全体作广镮形（第百九十六图—第二百一图）。卒之，针头消失，针的后部，仅仅取弓的基底卷成镮状而已（第二百四图）。

在北方诸地方中有许多发见物，如第百八十九图乃至第百九十二图的样子的留针，已证明是属于北欧青铜时代第二期之物。即如第百九十三图与第百九十四图的留针，属于第三期的前半期；又如第二百零一图乃至第二百零三图的留针，则属于同时期的后半期。

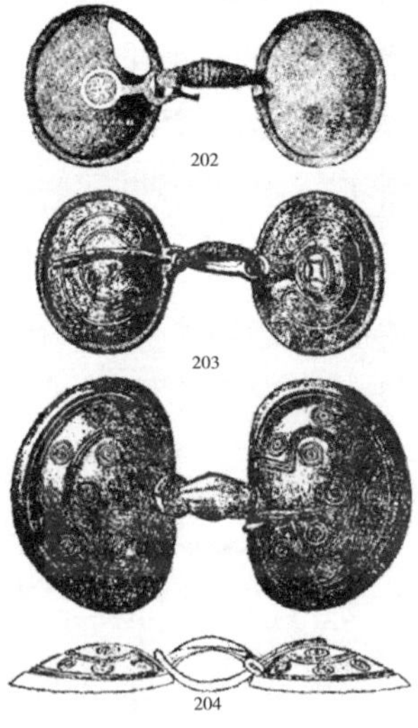

第二〇二—二〇四图　青铜时代北欧留针

至于第二百零四图的留针属第五期之事，又各自可以证明。

在如斯之发见物中，以型式的研究，正足以教训我们得以见青铜时代北欧留针发达史之全而加以证明。

在斯干的那维亚及北部德意志

青铜时代之间，有青铜制容器（Bronzegefäss）出来，这在型式学上有非常的兴味。

最古的物品为圆的小桶，平底而有同样的盖。其盖系以横棒的闩。因为穿插横闩之故，附有三个耳，二个在器的边缘，而其一则附在盖的中央（第二百六图）。底面固以树脂，以打击进去的细工模仿为之装饰。这小桶明是模仿在今日尚使用的小木容器而造成的。这木桶也是圆而平底，垂直的外周有盖，盖上系以横棒的闩。今云木小桶，往往从多数的木片安排而成，用木箍系牢之。这箍也于青铜小桶模仿而来。即是这样的青铜小桶，在外侧垂直部的周围，见有二三个高的边缘。这些，用斜线装饰的，恐怕是与木箍所卷绕的有同样的外观。

在青铜时代北欧的古坟墓中，发见被非常保存的一对木皿。器形颇异，但被装饰与木小桶有同样的法式。即是有烧黑的星形纹样出来（第二百五图），而与小桶底部的星形装饰相似（第二百七图）。这装饰系在辉光的青铜上嵌入黑色的树脂，与在白木之上的黑星有同样的印象。前记的木皿，又装饰有打击进去的小锡包头钉。这包头钉的头线作星的轮廓；但也是模仿青铜小桶而来的。即在底方见有小凹点之线而作同样的星之轮廓。见于小桶之

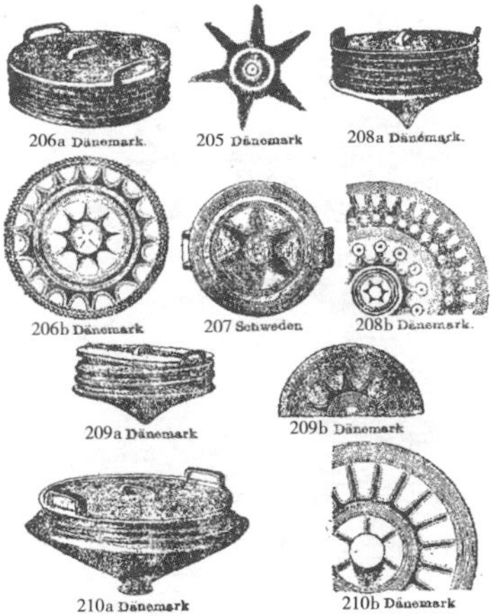

第二〇五图　木制容器纹样

第二〇六—二一〇图　青铜制纹样（北欧）

底的锯齿形装饰，也发现于青铜时代中。在北欧的木制品中似有木雕的纹样，其事可以无疑。

今就已著录的青铜制小桶而论，普通形制是小的。而大的其他的桶也有，平底代替以多少漏斗形的底；但是其他部分则与前者全同（第二百八图、第二百九图）。底部也有与前者同样的装饰；但中央部特尖，或者是小圆板造成的（第二百十图）。

第二百八图与第二百九图两器，垂直部分是主要的部分。反之，如第二百十图所示之器，在突出的底方之上，比垂直部分为最重要的东西；这器有与前者同样的盖，底部也与前者同样被装饰有同样的树脂的镶嵌。

第二百十一图与第二百十二图两器，就今说明，殆是同形；但其底部异常突出，且又无盖。被装饰于昔日风格的底之中央部，只见小而且圆。但是这些像在第二百十图则无突出。

第二百十三图所示，与第二百十一图、第二百十二图为同形之器。底部的装饰，虽然也见昔日的风格，但已无树脂的镶嵌，而作打出的细工线。

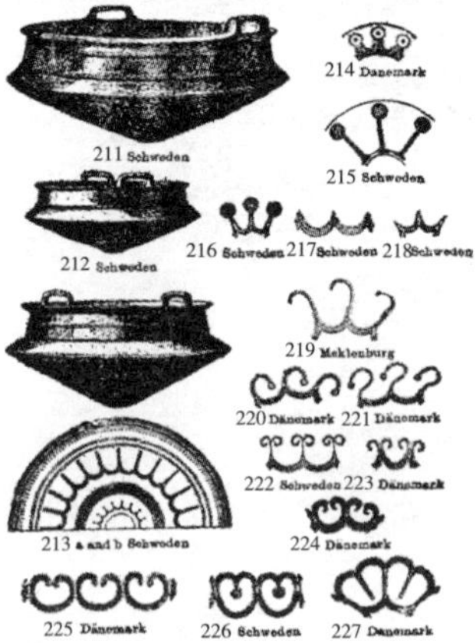

第二一一——二二七图　青铜制容器及同纹样（北欧）

底部次第成穹窿状（第二百二十八图、第二百三十五图、第二百三十六图、第二百六十二图），其中央突端部的小而圆已变为长的弧形了。这一部分往往有高起之处（第二百三十六图、第二百五十六图）。器缘把手之处，昔为耳状，其后渐渐降低，遂在边缘下部，为二个长方形的孔（第二百五十八图—第二百六十一图）。

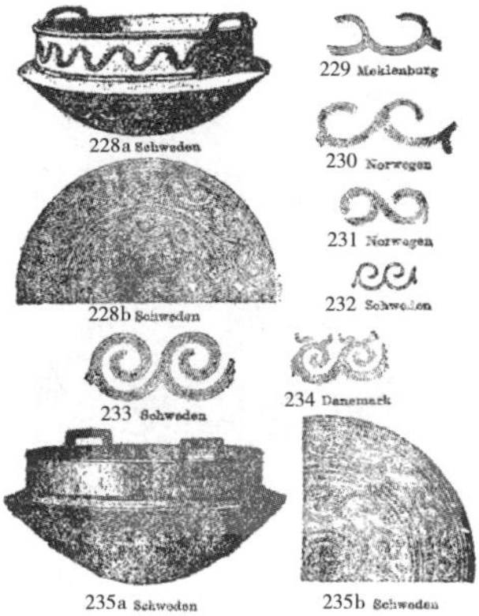

第二二八—二三五图　青铜制容器及同纹样（北欧）

上记的东西与其他部分，于同形者若干器，在口部倾近内侧之处，普通有透雕细工附于其边缘（第二百四十八图、第二百四十九图、第二百五十六图、第二百六十三图）。

在上文所已说明的，总之凡青铜制容器，其器缘之处必有二个把手，必有二孔。二孔之处而有二个高把手者，比较新器，可从型式学上明定之，又可由发见物本身而确知之。此外还有后起之器，在边缘之下有四个孔的容器，又有若干。这些器中有二三有兴味的发见物，像已证明者，为青铜时代与铁器时代的中间过渡期之物。即从北方青铜时代的第六期出来。但是原型式即有平底的青铜制小桶，属青铜时代的第三期。又在许多发见物中，如第二百八图乃至第二百十三图诸器，属于第四期；第二百二十八、第二百三十五、第二百三十六、第二百四十八、第二百四十九、第二百五十六、第二百六十二、第二百六十三图等，属于第五期，这都可以证明。

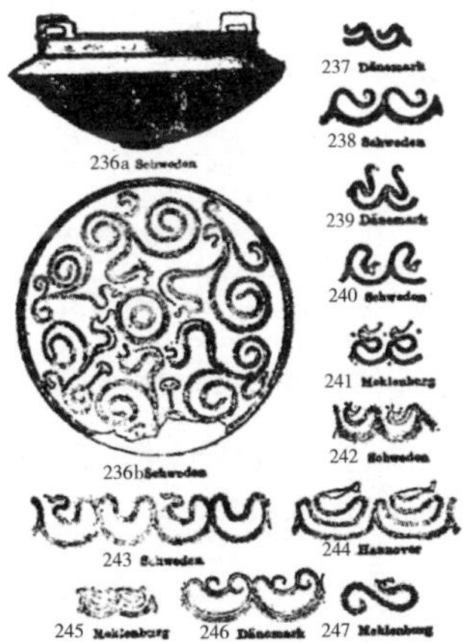

第二三六—二四七图　青铜制容器及同纹样（北欧）

第二四八图　青铜制容器（瑞典）

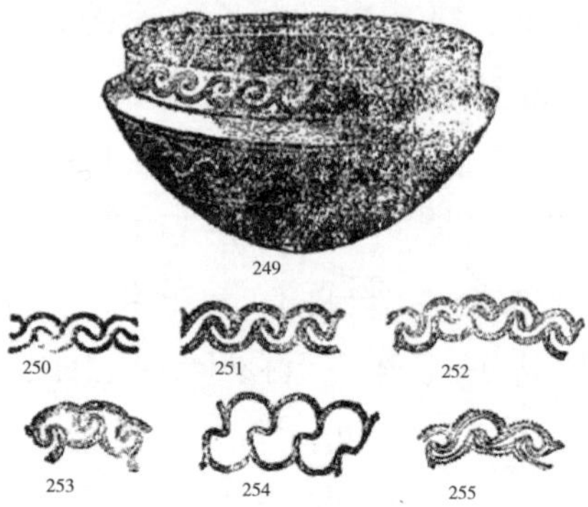

第二四九—二五五图　青铜制容器及同纹样（北欧）

这器的装饰，次第行非常的变化。

在以前通常所见，在青铜制小桶中，每现有异形之洼，在里被埋入树脂。又有在这里嵌入似树脂的弓形之洼，如第二百八图乃至第二百十二图诸器所见者。第二百十四图乃至第二百十六图所示，则为弓形与圆形的结合。但于第二百十四图为填实树脂；而第二百十五图则作打击进去的圆形细工。所以镶嵌树脂的洼往往狭窄，而弓形则不连续。第二百十六图只表示打击进去的细工之线。

第二五六图　青铜制容器（瑞典）

第二五七图　青铜制容器底部（丹麦）

非圆形的，如斯细线的弓形，见于第二百十七图与第二百十八图之中。元来弓形的底部，其前端是长的；或者一方呢（第二百十九图—第二百二十一图），或者两边左右相称的作曲线了（第二百二十二图），由是而像第二百二十三图乃至第二百二十五图的纹样便出来了，卒之两端相合（第二百二十六图、第二百二十七图）而看似同心圆了。

同形的其他青铜制容器，被装饰如第二百二十八图乃至第二百四十六图的纹样。其某种作涡形线（第二百三十二图—第二百三十四图），其他作曲线而有种种的风格。离开的前端有作动物头形者，不甚足珍（第二百四十图—第二百四十五图）。有时全体的纹样为一蛇形（第二百四十七图）。

嵌装树脂的技巧，疑是由于外国的影响。但今日所说明的，凡是这纹样的构图观察其不受影响的特有的东西。

但是这种北欧青铜制容器的其他纹样，是外国起源的。

如第二百五十七图的同心圆的集群，是从意大利或南欧青铜时代所屡屡发现的圆形器所施纹样的铸物上而模仿的。

第二百四十八图乃至第二百五十五图的纽纹样（Schnuro-rnament），也同样地起于南欧。互相结合的二纽，实际上是一本的纽样而不得描出。即其各部是不一致的。但是误认为一本的纽样也很常事。始而全体的纽是同广阔的，而其后如第二百五十三图或第二百五十五图的样子，纽便太不规则了。

262

第二六二图　青铜制容器（丹麦）

263

第二六三图　青铜制容器（瑞典）

至左右相称

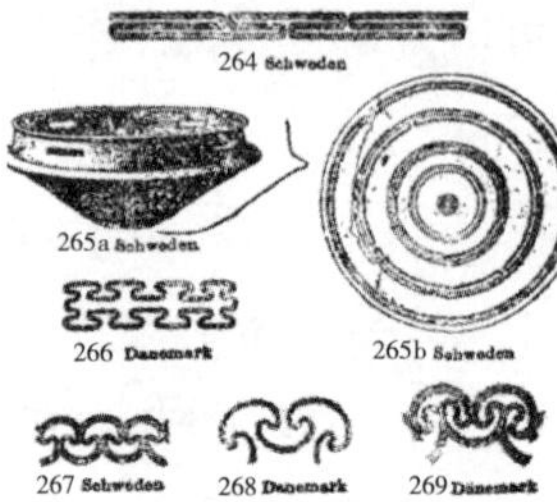

第二六四—二六九图　青铜制容器及同纹样（北欧）

的雷纹纹样（Meanderornament），也从南方的手本描摹出来。这些在南方元来殆作真直的直角之线（第二百六十四图—第二百六十六图），其后次第地作成圆的，只由于与古代的作比较，便足以说明这样的形了（第二百六十七图—第二百六十九图）。

在第二百六十二图（下）与第二百六十三图（下）的中央有的纹样见做为“特利士吉刺”（Triskele）或键手十字。偶然出来的形不见如此的，同样地也从南方出来。只有直线出来普通的直角的键手十字，在北方的这种青铜器中，决决尚未发现。

关于在意大利发见的许多容器，在这里只以一组列论定之。

在青铜时代终了的时候，意大利的墓里屡屡发见如第二百七十图乃至第二百七十四图的陶制容器。其中有双圆锥形者，有时作简单的线状纹样，被装饰出来。所以以倒皿为盖的，其事亦不足珍奇（第二百七十四图）。大抵其器元来附有二耳，而今则并为一耳，殆决然不是在埋藏墓里以前被损坏的。（三六）这容器全然无足，下部与上部同大。

第二七〇—二七七图　粗陶器（意大利）

器形如第二百七十五图乃至第二百八十六图所示的样

子[三七]次第地变化了。上部比较下部高出非常，器的全体从此很高。其后器便有足了，其足始则非常之低，渐渐地高起来了（第二百八十七图—第二百九十二图）。

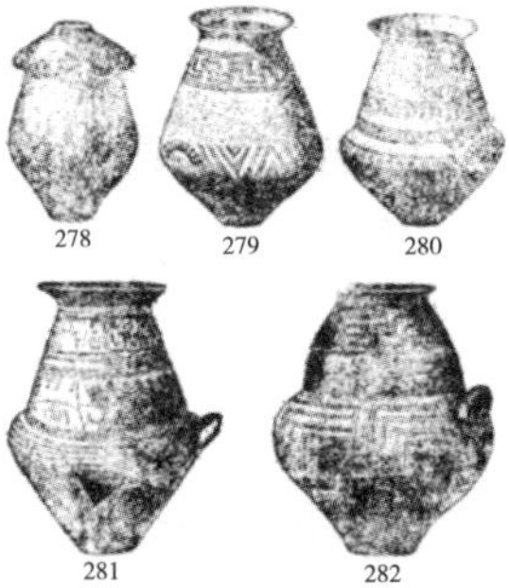

第二七八—二八二图
粗陶器（意大利）

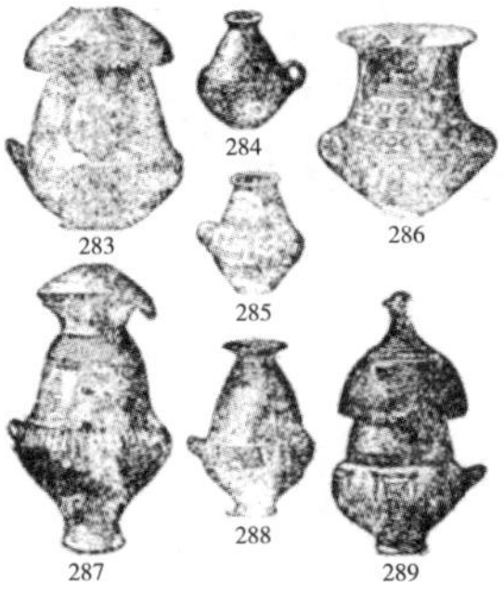

第二八三—二八九图
粗陶器（意大利）

这种器许多是被装饰有雷纹或其他的纹样；但这也是从外国起源的。纹样通常是刻著的，但在时代稍后的器中，有以刻印为押纹者（第二百八十六—第二百九十二图）。又第二百八十三图一器，被装饰有同样的纹样，但以伸张的细长青铜板作成。

在有高足的同形的器中，有青铜的东西（第二百九十三图—第二百九十五图）。惟青铜器品是以锤击作成，像这样的北欧器，便非铸物了。形成器的主

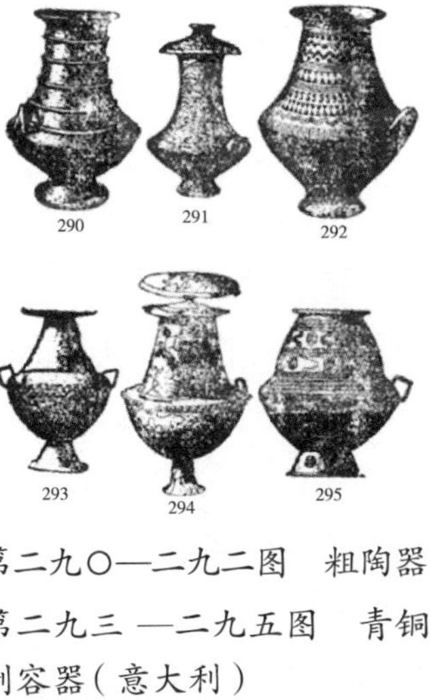

第二九〇—二九二图　粗陶器
第二九三—二九五图　青铜制容器（意大利）

第二九六—三〇〇图　彩画陶器（意大利）

要部分的二部分，大抵保持圆锥形的头而以高的包头钉为之结合。若干这种青铜器的纹样是打出的细工做成的（第二百九十五图）。

属于这群的后时代的陶器的多数，大抵有好些变化的形，而其纹样是描写的（第二百九十六图—第三百图）。

这种器物殆全是容纳火葬骨灰的骨壶（Ossuaries）而存留在墓中的。在北部意大利和中部意大利都同样地有发见。

以下的事情，从发见物上可得证明。

即是：如第二百七十图乃至第二百七十二图的粗陶器，属于前表的第三期和第四期（1）而被书写于青铜时代的时期中。

如第二百七十三图和第二百七十四图的粗陶器，则被发见于北部及中部意大利第四期（2）的墓中。

又如第二百七十六图乃至第二百八十一图诸粗陶器，则上部比较下部为大而无足，属于铁器时代的第一期即古“班那士”（Benacci）时代之间，在北部意大利是很普通的。

在中部意大利同形的粗陶器，属于铁器时代的第一期，即原“伊特剌斯基”（Proto-Etruskischen）的第一期。

有足的或没有足的，陶制或青铜制的器物稍后的器形，出现于上记的时期之终，普通看作次时期的。

这种青铜器明是模仿元来粗陶器而造成的。新材料被使用时，形式上惹起或大或小的变化，又这种变化自此以后在其后的若干粗陶器上也容易认出他的影响所及。

莲花（Lotus）及“婆罗麦特”（Palmette）纹样之名，为一般所深知，而其在美的装饰意匠的型式学的发达上，尤有应特别注意的价值。（三八）

于何处也有同样的，但在东洋最古的装饰意匠则为直线（Linear）。多数是从扁绦纽或织物中发生。（三九）动物或植物从早已被描写；但独自为装饰的意匠，则是在其后被利用的。而在一般则植物又比较动物为后。

植物的纹样中，莲花的描写，特别感到兴味。这些多少以写实的形，在数千年间艺术史上，从而表示重大的任务。同有大意义的“亚坎侏士”（Acanthus）不比莲花为后而始发现的。

莲花在图写之时，是从侧面或从上而下的，屡屡看见。（四〇）在后者的场合，便被呼为“乐煞他”（Rosetta）形（第三百三图）。这观察出来，只是从侧面所见的莲花而已。

在埃及莲花从早被摹写了。但是这些在古代是为生于水中的植物（第三百一图）。或手持被剪下来的花或以其他方法表示的花（第三百五图—第三百十一图），今日所发见的，莫不以这纹样为主题。

第三〇一—三二一图　莲花纹样（第三〇二，三〇四图，自然花写生）（埃及）

但是为装饰用的莲花，在古帝国时代已出现了（第三百十四图、第三百十五图）。花是写实的，或者从实际所见的样子描写的，或者纹样化了。以自然物描写的花甚纹样化的，看起来已在非常之古的时代了（第三百十一

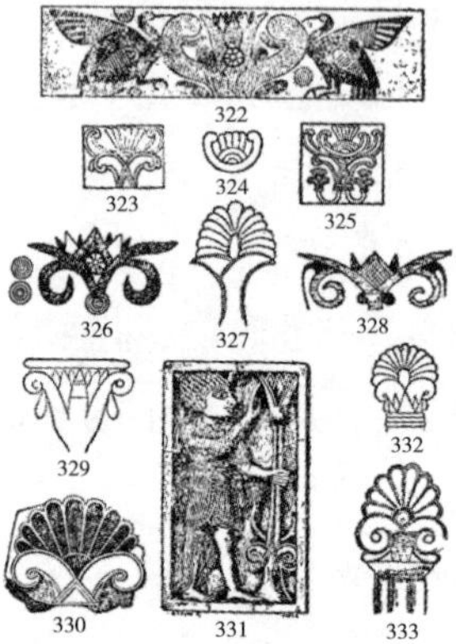

第三二二—三三三图　莲花纹样（塞浦路斯及腓尼基）

图）。式样化的莲花——前端有圆瓣的——形或物，被呼为“婆罗麦特”（Palmette）。（四一）

埃及的式样化的花，总是以莲花为代表吗？恐是一问题。（四二）这话虽不易说，但大抵是确实的。所谓“婆罗麦特”，明是实际已式样化的前端有圆瓣的莲花。其中前端有尖瓣与前端有圆瓣只这一点不同，其他全然相同的花也屡屡发见（例如：第三百九十八图、第三百九十九图）。外面的瓣是尖的而内面则为圆瓣的莲花，是极普通的。因此，在后世莲花的瓣，像以下的记述，在先有圆的倾向。

在写实风格的莲花，看起来是外面三枚大的尖的瓣与其内部多数的小的同样尖的瓣。花的上部的轮廓，屡屡表以直线或多数小点（第三百六图、第三百七图）。三枚大的花叶与内面用别色描写的，也是不足珍奇的东西。于自然的莲花中，也有三枚的萼是别色的。

从太古的时代既已纹样化的莲花，或者有多数的瓣，其花的前端皆为圆的（第三百十一图）。从此稍后的时代的别的花，不得不看做是这样的瓣五枚（如属于第六王朝时代的第三百十二图）。又其后这前端的圆瓣，其数限于三枚（如属于第十二王朝时代的第三百十三图）。其中二枚曲著于外方，而端处则成圆卷。由此，“涡旋的萼”（Volutenkeleh）便出来了（第三百五十六图）。

又拿第三百十三图和第三百五十六图比较来看，实际上是三枚的萼，或者有人力说是这样，因为二枚之间不是倒垂的蕾，这话已有证明了。（四三）

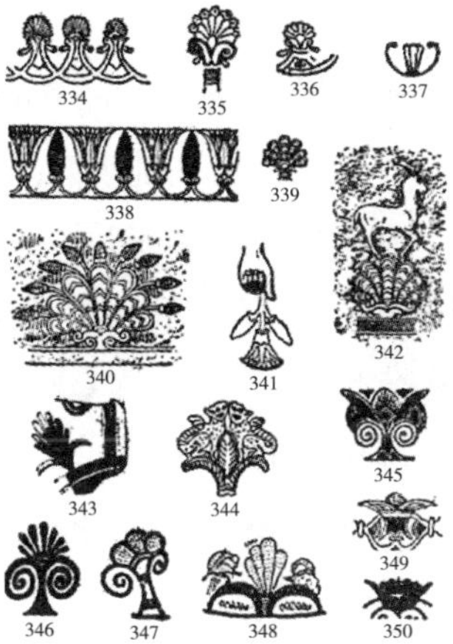

第三三四—三五〇图　莲花纹样（第三三四—三三七图，腓尼基及伊特拉斯基；第三三八—三四二图，亚述；第三四三—三五〇图，希腊）

见于莲瓣的下部像在第三百五图中的平弓形，及见于第三百七图及第三百十一图中的稍高弓形，明是表示花的圆形。若参照第三百五十三图，这里同样的弧线则看做莲的蕾了。

在第十八王朝之间，第三百十六图乃至第三百十九图的形出现了。这等如第三百四图明是摹写有三枚大的曲于外方的瓣的花。两方的外边的瓣屡屡曲著（第三百十七图）。这些次第地至成为像第三百十八图的形状。即是两边的最外端殆看做垂下的“水滴”（Tropfen）的样子（参照第三百二十图）。不久，这水滴的元来，谁也全忘记了，果然在瓣的两边也有二三滴了（第三百七十七图）。

在曲向两方的外边的瓣之间，总是看起来在其内边的瓣前端是圆的。像这样的“婆罗麦特”（Palmette）出来了。这些与自然的花形相一致（参照第三百四图）。上部是直线吗（第三百十八图）？——但是极少——或者多数是圆的扇形。

在内面的瓣的下部，普通看做弓形（第三百十六图—第三百二十图）。这些中如第三百十一图则所示为花的圆形；但是宁可如在第三百十三图中所表示的外边三枚的瓣的中央部。弓形则其始可成为很小的，但其后则纹样这部分的起原全被忘记，失了方向，而成为大且高的（第三百十七图）。

在埃及，花的下部不能看做自然的莲花，由于尖的花瓣围住而成的，亦不足珍奇（第三百二十图、第三百二十一图）。这些可由“重复”（Verdoppelung）一句话为之说明。即是在元来的花的基部上，再由第二回的花围住而成。这些在柱或容器的底屡屡由莲花围住，正与此同样（第三百六十九图、第三百七十图）。

在塞浦路斯（Cyprus）或腓尼基（Phoenicia）纹样化的莲花也与以写实风格描摹的莲花同时出来（第三百二十二图—第三百二十九图）。

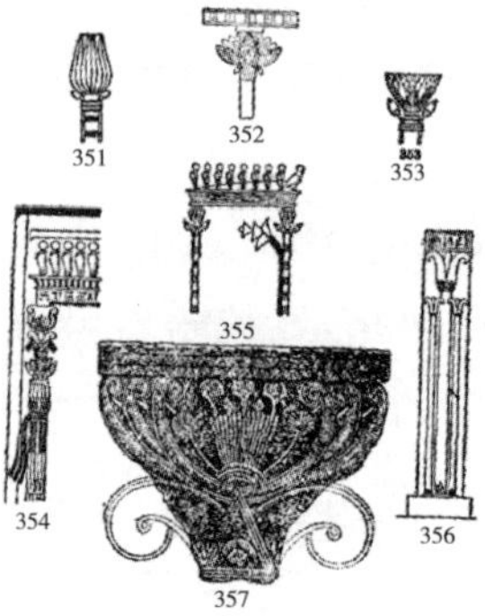

第三五一—三五七图
莲花柱头（第三五一—三五六图，埃及；第三五七图，塞浦路斯）

塞浦路斯岛上的花，两方大的外边的瓣，宛如埃及的，下部卷于外方。又像第三百二十图所示的水滴的场合，亦不足珍奇（第三[①]百三十二图）。

在塞浦路斯出来的纹样化的其他的形我们所知的为腓尼基式的“婆罗麦特”（Phoenicische Palmette）（第三百二十四图）。两方的外边大的花瓣的两端，其上部曲于内方。这些也时时见到上记的水滴（第三百五十七图）。还有垂直地立于内部的小瓣，皆保持约莫同大同高的；但是这些在第三百

①编者按：原稿为“二”，当以“三”为是。今改。

十八图里为描摹埃及的花。由三本的线作成的瓣的下部的弓形，与在第三百二十图里所说明的弓形同一起原。

在塞浦路斯岛也好，在腓尼基也好，一如在埃及的，花的基部屡屡由二回的尖花叶围绕起来（第三百二十五图）。这叶数元来是五枚（第三百三十二图），但在第三百三十图则变成三枚了。普通最大的中央的花叶在最后还存留着（第三百二十五图）。

第三五八—三六八图
后世莲花柱头形式（第三六八图，爱奥尼亚式柱头）

其外边的花叶曲向内方的莲花，外边的两叶则曲向外方，载其他的一花直上出的亦不足珍奇（第三百二十三图、第三百二十五图、第三百八十一图）。（四四）

第三百二十三图的纹样从三朵花出来的。1.最上的一朵如第三百二十四图的花。2.中央的一朵，看做曲于外边及下方的二枚的外边的花叶。3.最下的一朵花，只由中央的外边的花叶，代表全部的。

被莲花相配合的物品，时常有二个同大的动物互相向立的（第三百二十二图，并参照第三百四十四图）。

在亚述（Assyrien）也同样地，以写实风格描摹的莲花没有了，而纹样化的莲花发见了。在公元前九世纪的亚述的“婆罗麦特”（第三百三十九图、第三百四十图、第三百四十二图），外边有曲向上方与内边的二枚的瓣。在其间的股处屡屡有极小的弓形。这些与在第三百二十图与第三百二十四图的弓形，同样地可以说明。外边的两叶消失的也不足珍奇（第三百三十九图）。普通有七枚的内边的叶，最先是圆的，且屡屡有各别的色彩。花的下部有曲向下方与外边的花束成作纽的两尖端。最可注意的是纽已没有了而其两端却保留着(第三百四十二图)。

在伊特鲁立亚(Etruria)从东方所受的影响非常之显著，于这个国里与在东洋所见的莲花之形同样的被发见了。在纹样化的花之中，有亚述式的“婆罗麦特”(第三百三十四图—第三百三十六图)，而其他的物品，又似塞浦路斯岛式和腓尼基式的“婆罗麦特”(第三百三十七图)。

在迈锡尼(Mycenae)时代之间，于与埃及交通最盛的希腊，最初的莲花见于这时代。这些尚不甚纹样化(第三百四十三图)。时常在花之上有二个同种类的动物相向合立的(第三百四十四图，并参照第三百二十二图及第三百四十八图)。

在希腊诸岛上，这时代的次一时代，莲花出来了。这些不是特别地用写实的风格描摹的，而为很普通的(第三百四十五图、第三百四十六图)。

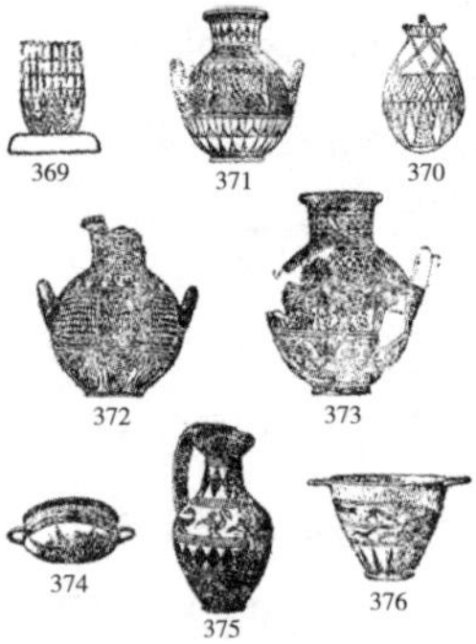

第三六九图　埃及柱头(下部被莲花围绕)
第三七〇—三七六图　粗陶器(底部有莲花附着)

在欧洲大陆的莲花，初期几何学的纹样时代早消失了，于同时代的终末时候，才开始受著东洋的影响，结果虽则再度出现，但通常颇难认出它的原形(第三百四十八图)。这些都有二个互相向合的同种动物与莲花相配合(第三百四十八图，并参照第三百八十六图、第三百八十八图)。再其次的时代，由于东洋的新影响，在希腊一般化的莲花纹样便通行了。这里用写实风格描摹的花与“婆罗麦特”同时被发见。

在其次的概观中，将详细观察莲花被利用以为装饰的种种类别和方法。

这种装饰已被发见为壁面及天井的装饰或柱或其他的各种装饰。但是我现在所得研究，这种装饰多现于粗陶器中。这种装饰的容器为数亦甚夥。

埃及在古帝国时代，已将柱头作莲花样形。这种花用写实的风格描摹的也有，或者纹样化的也有（第三百五十六图）。屡屡在花的两边见有小蕾（第三百五十二图—第三百五十五图）。柱头的全体作将开的蕾形是很普通的（第三百五十一图）。

在塞浦路斯岛上，柱或壁柱的柱头大抵作像第三百五十七图一样的形。在著有涡旋形的萼而纹样化的莲花之上，塞浦路斯的“婆罗麦特”可以认识出来（参照第三百二十四图）。花的内部，在属于这花的花叶之外，屡屡发见有纹样化的别花（第三百五十七图）。

卷取下方的花的底部的花，只见中央最大的花叶，是很普通的。但是在这中央部的叶的两边，被描摹着三枚的小的尖叶（第三百五十七图）。在中央的叶之中或在其上部作半月形或日轮形的，亦不甚珍奇。

在小亚细亚的柱头也屡屡见有莲花之形。如在第三百六十三图所示者，则保持着小而圆的中央花叶和二三枚的前端圆的内边花叶的涡旋形的萼，可以发见。在希腊同样地有三枚小的内边花叶的涡旋的萼的柱头也有（第三百六十四图）。在第三百六十五图所

第三七七—三八二图
莲花纹样

示，则为二枚外边似涡旋形的花叶。又其上部的轮廓离开而与内边的轮廓平行。其间的股由水平的直线分开。在其他的柱头（第三百六十六图、第三百六十七图）这线结合为两方的涡旋状，而其上部的轮廓消失了。爱奥尼亚（Ionia）式的柱头（第三百六十八图）就是如此发生的，关于这个从早已论定了。（四五）

埃及在古帝国时代，早时的圆柱或容器或其他的品物，于有莲花的装饰的，在其下端以莲的花叶围绕之者甚多（第三百六十九图及第三百七十图）。

莲花同样地被利用为装饰之事，于东部地中海地方亦有见着。时时见到二列放射线状的叶（第三百七十一图）。但是普通作一列的不见。

希腊在迈锡尼时代或初期几何学纹样时代，容器由这方法装饰的没有。在后期几何学的纹样时代始有若干“巴列朗壶”（Phaleron-Kanne），这种装饰乃在希腊出现（第三百七十五图）。因此在次时代便一般化了（第三百七十四图、第三百七十六图）。虽然，莲的花叶以意想不到的样子描摹出来的屡屡有之。但是这“放射线”（Strahlen）实际上系从莲花出来的已经证明。若从容器的下面来看的时候，这些地方是很容易辨别的（第三百七十四图）。

容器的下端，以一朵莲花为装饰的也有，通常又易之以莲花与莲蕾交互而为一列同形的花以之为装饰的也有（第三百七十二图、第三百七十三图）。

不独在以前说明的品物的大部分是

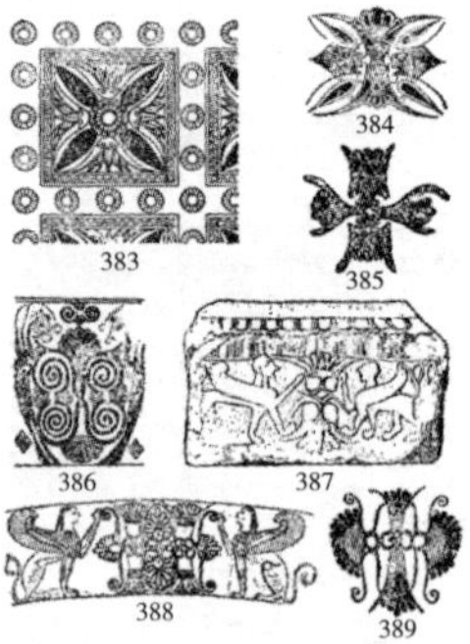

第三八三—三八九图
莲花纹样（第三八三图，亚述；第三八四—三八九图，希腊）

如此，在其他的场合，单独的莲花或其两边有蕾的，都有见着。尤其是在埃及出来的多。这些花以十分直立或倒立描写的。在希腊虽则非常之少，但是如此单独的莲花也有发见。即是在迈锡尼时代（第三百四十三图），像其后在初期阿提喀（Attica）作风的陶瓶（第三百四十八图）中，在岛屿地方，也都有发见（第三百四十六图）。

但是以多数莲花成为一团的，比较单独的莲花多了许多。

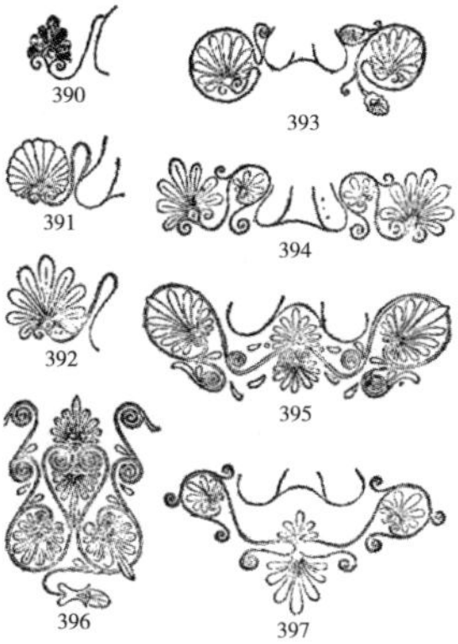

第三九〇—三九七图　希腊阿提喀陶器把手纹样

上下二重的有若干，而这些在埃及（第三百七十七图）与塞浦路斯岛（第三百八十一图）屡屡有之。从希腊出土的上下二重的莲花，我尚没有知道。

在亚述，多种式样化的花，屡屡有之，像第三百七十九图那样的“圣木”（Heilige Banm）是也。

在亚述，像现在所说明的第三百三十八图所示那样的装饰，莲花与莲蕾互相配合的其他方式，已有发见。即系由四个十字做成的花，与其间在四角的四个蕾为之者也有（第三百八十三图）。

在希腊后期几何学纹样时代所谓原科林多（Corinth）作风的容器或者其他（第三百八十四图），从第三百八十三图所示的器物出来的一个模样者已有发现。但是这些元来作成四个十字形的莲花内里，其中二个已无存留。这花的内部的瓣，其前端是圆的，而四隅的隅角有四个蕾已能认明。

在希腊不足珍奇的多少纹样化的其他莲花的编合，如第三百八十六图乃至第三百八十九图所见是也。如此纹样，屡屡由二个纹章形（Wappenförmig）相向合成的“狮身女面怪物”（Sphinxen）或其他动物形围绕之（第三百八十六图—第三百八十八图，并比较第三百二十二图、第三百四十四图、第三百四十八图）。

阿提喀陶皿的把手纹样（Henkelornament）在这里举出来说。其始只有一个“婆罗麦特”附着在把手的各片上的（第三百九十图—第三百九十二图）。这意匠发达次第的经过，一如在第三百九十三图乃至第三百九十七图所表示。[四六]

但是大概的莲花的纹样，在现下所说明的，是用别的方法所成。

有时花与蕾全然离开，而大概由涡线状的蔓和弓形互相结合而成。

通常的花是并列的，有全体一列向着同一的方向的，也有作为二列，一列向上，一列向下。

全体的花，同种类者为多。而或者用写实的作风，而或者是式样化，则视场合而定。但是多半是写实作风，或者多半是纹样化（莲花和“婆罗麦特”），而莲花与蕾互相交错的更多。

我们就全体的花，先从其同种类的观察它的纹样。如第三百七十八图与第四百三十一图（外边一列者），系由各个独立的花出来，这种的纹样，可示以二三例。

其他的纹样则为莲花以涡线互相

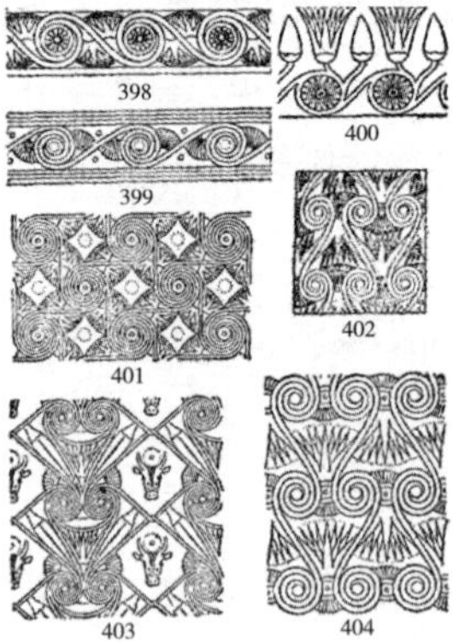

第三九八图—四〇四图
莲花及涡线纹样（埃及）

结合而成。这涡线多数是长而连续的，像第三百九十八图乃至第四百七图一样。这样子的东西在埃及的第十七及第十八王朝时代出来。或则花有尖瓣（第三百九十八图），或则其前端有圆瓣而其他各处全然相同的（第三百九十九图）。埃及罕有的为由涡线结合的花的中间有蕾，如第四百图所示一样的。

第四〇五—四一二图
希腊莲花纹样

像第四百一图乃至第四百四图的样子，乃由埃及的原形仿摹的多数的涡线连续而成的，屡屡有之。

同样的装饰，在希腊也有，在属于迈锡尼时代的奥昆麦那斯（Orchomenos）的墓室里的天花板有之，其花有三枚细而尖的瓣，与其间小小的前端的圆瓣的弓形，并成多列（第四百五图）。在泰麟兹（Tiryns）的宫殿的壁画里，也见有三枚细而尖的瓣，而其他的瓣却没有了，只有弓形的排列，而示以各别的颜色（第四百六图）。

在迈锡尼时代以后的时代，希腊多数的作品，同样地以莲花为装饰，而与涡线互相结合成的二重排列的样子也有看见（第四百七图、第四百十图、第四百十八图）。这涡线也屡屡有连续的，像第四百七图、第四百十三图乃至第四百十六图的样子。如此装饰，有时也发见间歇的波形线（Intermittirende Wellenranken）。这些在阿提喀的陶瓶中无论为黑绘法或为赤绘法都有。

在弥罗斯岛（Melos）发见的第四百八图的纹样，所示为纹

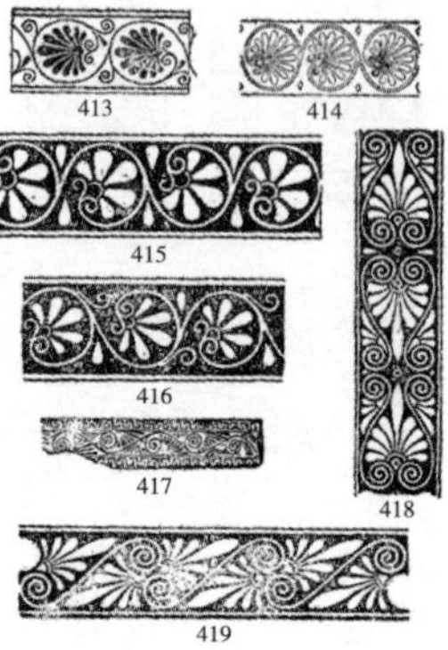

第四一三—四一九图
希腊莲花纹样

样化的一列的莲花。这些由萎缩的二重涡线（或间歇的波形线）互相组合成的瓣，向上下交互。同样的配列，在后一时代也有出来（第四百十一图、第四百十二图）。

有“外轮的婆罗麦特”（Umschriebene Palmette）的罗德斯岛的（Rhodischen）纹样如在第四百九图的，花同样地向上下交互。反之，如第四百二十二图和第四百二十三图有“外轮的婆罗麦特”，则从第四百二十一图的纹样发生出来；这些属于在以下说明莲花与“婆罗麦特”交互配置的一组（参照第四百六十二图—第四百六十四图）。

与纹样化的莲花一块儿的涡线状的波形线，则发见于克拉索麦那（Klazomenae）的陶棺之一中（第四百十七图）。克拉索麦那的其他陶棺，则为示莲纹样的组纽（第四百二十六图、第四百二十七图）。

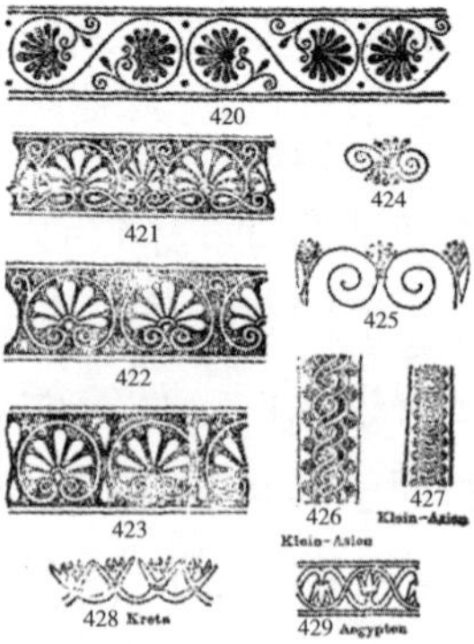

第四二〇—四二九图
希腊莲花纹样

总之：由同形的弓状线结着而成的莲花纹样，在第四百二十八图所示是也。于这些，则全数的花尽向同一方向。反之，在埃及的纹样的第四百二十九图，全数的花虽则同形，但向上下交互了。

现在所要说明的同形的花比较附着莲纹样更加普通的，有以莲花与“婆罗麦特”交互的或莲花与莲蕾交互的以为之装饰。

莲花和“婆罗麦特”交互而成的纹样，非常之多。

第四百三十图为埃及出产，这种所示为各花离立的纹样，第四百三十一图则为各列的花由线结合的埃及的其他纹样。

第四百三十五图所示者，为莲花与“婆罗麦特”交互而成的波形纹样。这些在一列上以弓形线为之结合的。

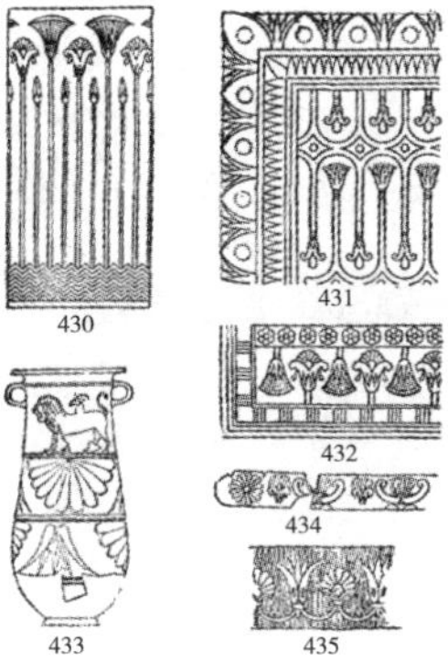

第四三〇—四三五图
莲花及“婆罗麦特”纹样

在希腊，尤其是在阿提喀，如第四百三十八图乃至第四百六十三图所见的配列，在陶瓶上现出来了；但是这些是从公元前第七世纪及次一世纪出来的非常之多。(四七)而一列向上一列向下的莲花与“婆罗麦特”成列，由蔓藤来结合；一列的花与别一列的“婆罗麦特”共为基地而描摹其式样。

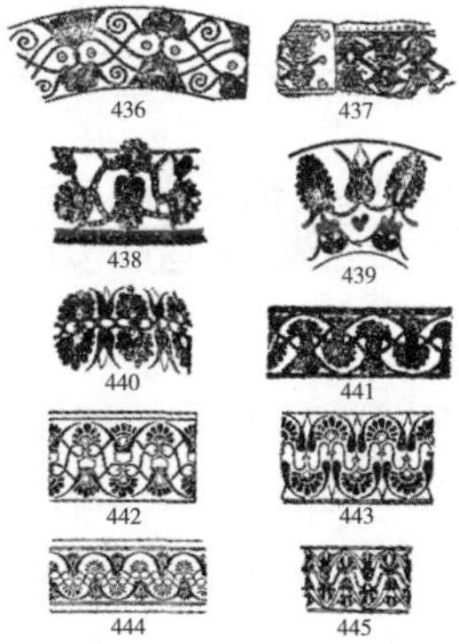

第四三六—四四五图
莲花及“婆罗麦特”纹样（希腊）

这莲花的古式，在阿提喀系以三枚大而尖的瓣与在其间的前端圆而小的若干瓣作成（第四百四十六图—第四百四十九图）。但其后中央的瓣在其他内边的瓣的式样上变为圆的，而外边的二枚长瓣仍然保存尖形（第四百五十图以下）。

同时上下两列，全数的莲花与全数的“婆罗麦特”以立在同一的基地之上而配列之（第四百四十九

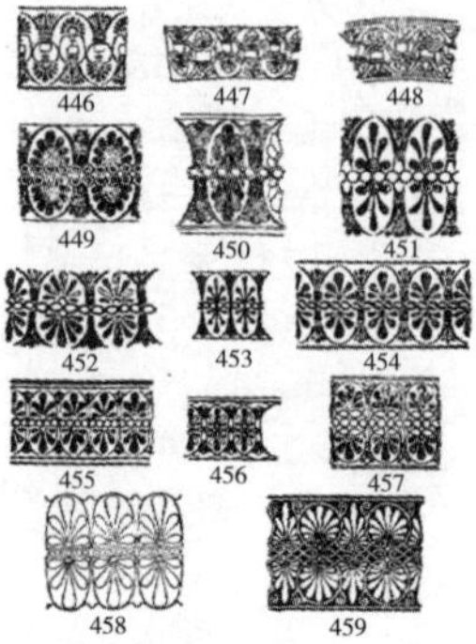

第四四六—四五九图
莲花及“婆罗麦特”纹样（希腊）

图）。内边的前端的圆瓣之数，不久变为非常之小，仅剩三枚（第四百五十图），而“婆罗麦特”同时放弛了。即是：原来互相密接的瓣，今则成为多少互相离开的样子，因此成为非直线的。而为多少曲向外边的“下垂”（Überfallend）。两方的外边的大莲瓣，次第长起来了，其间与“婆罗麦特”的上部有相合的样子。

卒之，莲花殆早已看不见了（第四百五十八图）。

古昔阿提喀的黑绘法的陶瓶，其纹样普通分描为黑、紫、白等色；其后则全体成为黑色了。

第四百三十六图的装饰，是非常古代的东西。这些的例[①]子，如在挨吉纳（Aegina）岛所发见的器皿是也。

如第四百四十六图的纹样——同样地中央的瓣是尖的——在佛朗沙陶瓶（Francois Vase）里出来。又大半受希腊影响疑是在意大利作成的所谓“替里亨尼”（Tyrhene）的双柄附壶，或者出现于同时代的器中如第四百四十七图乃至第四百四十九图的

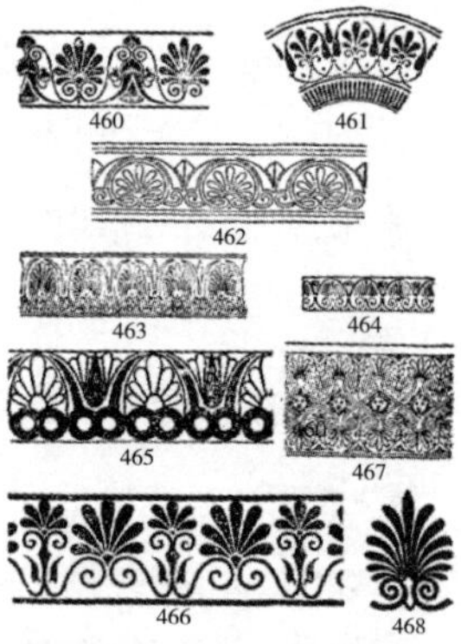

第四六〇—四六八图
莲花及“婆罗麦特”纹样（希腊）（第四六四图，小亚；第四六七图，意大利）

---

①编者按：原稿为“列”，当以“例”为是。今改。

第四六九图 莲花纹样（希腊雅典）

纹样，中央的瓣是尖的，而粗略描摹吧了。这些在阿米西（Amasis）所作的器物中有之。

如第四百四十五图的纹样——中央的瓣前端是圆的——在以前所说的陶器中没有见到。只系在达里尔得斯（Taleides）或者与之同时代作品的陶瓶中见到。至于第四百五十图乃至第四百五十二图的纹样，在阿米西或厄萨奇亚斯（Exekias）或尼科斯狄乃斯（Nikosthenes）作的器中见到。

如第四百五十四图的纹样，在后来的黑绘法陶器中出来。

如第四百五十三图乃至第四百五十五图已退化的形器，在最古的赤绘法的陶器中见着。

在以前说明的这种的全数的纹样，系从一列向上一列向下的二列出来。

只以莲花和“婆罗麦特”——或者宁可说是种种纹样化的莲花——共同交互成一列的装饰，比较的稀少。且大抵是比较后的（第四百六十图—第四百六十六图）。大抵在多数的场合中，这些花纹的全体向着同一方向。如第四百六十图所示的样子极少。

在伊勒克迪尔安（Erechtheion）的北大门上的柱头的颈部的纹样（第四百六十九图），是据这种纹样作成的；但是这些是受着亚坎侏士（Aeanthus）纹样显著的影响，已认识出来。

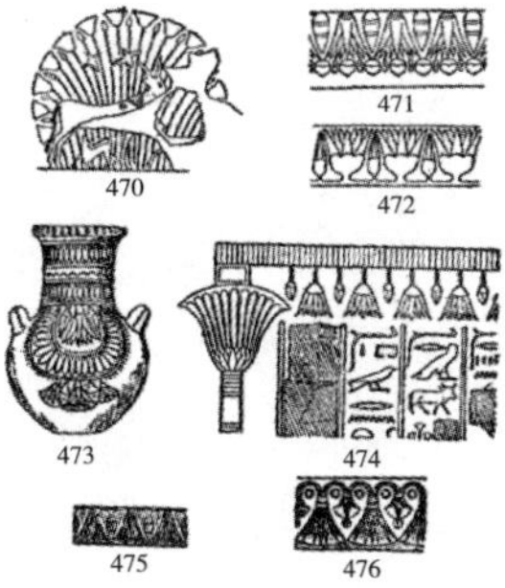

第四七〇—四七六图 莲花及莲蕾（埃及）

虽则东洋也好，仍如在希腊一样，

莲花与蕾交互描摹的纹样，屡屡见着。

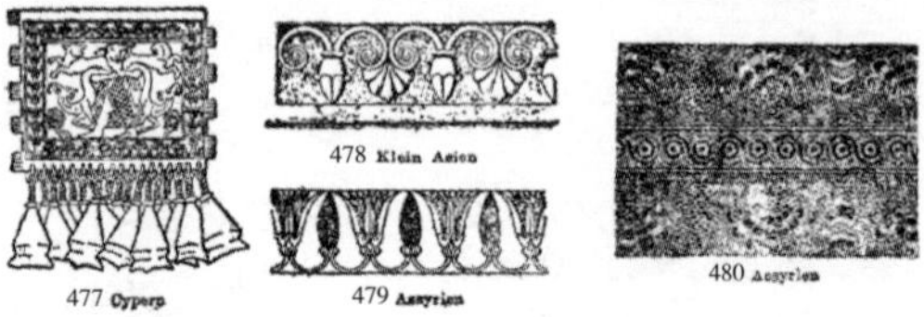

第四七七—四八〇图　莲花及莲蕾

第四百七十图乃至第四百七十五图是表示埃及这种的纹样。花与蕾不以弓形线结合而相离开。第四百七十六图是有弓形线的，而蕾大为发达，看来似小的花一样。

在东部地中海的诸岛，一列的莲花与蕾相离而交互配置者，已有见到（第四百八十二图）。其花已显著纹样化了。但是通常花与蕾交互，其间被弓形线结合成。

亚述的这种纹样之一，则已示于第四百八十图中。这些系一壁缘，而由尼尼微（Ninivitischen）的亚雪纳斯亚拍尔（Assurnasirpal）在公元前第九世纪初建筑的宫殿——即尼姆尔特（Nimrud）的“西北宫殿”——的谷仓的釉瓦上见之。在这种瓦的上面有一条中央线作成纽状，两旁各有一列植物纹样为其边缘。这种植物纹样乃由压平的纽状的弓形线互相结合而成。植物纹样系由莲花的“婆罗麦特”与莲蕾交换地结合为之。[四八]

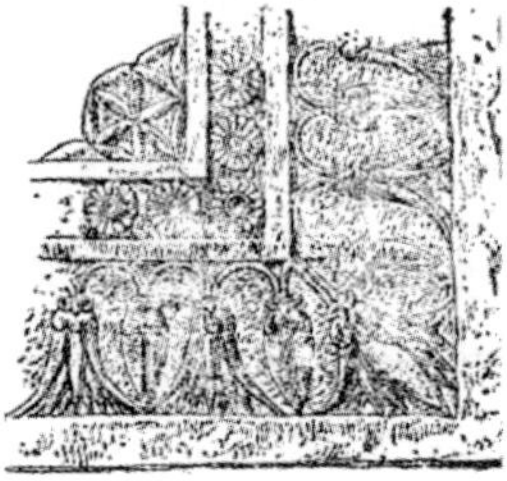

第四八一图　莲花及莲蕾（亚述）

稍后在亚述的可罗煞巴德（Khorsabad）及古鋆斯奇（Kujundschik）的宫殿中见到如第四百七十九图及第四百八十一图的纹样。以写实风格描摹的花与蕾由弓形线结合，各花之次则为蕾。其花有三枚太大的瓣，其间或云是正的，而在其内

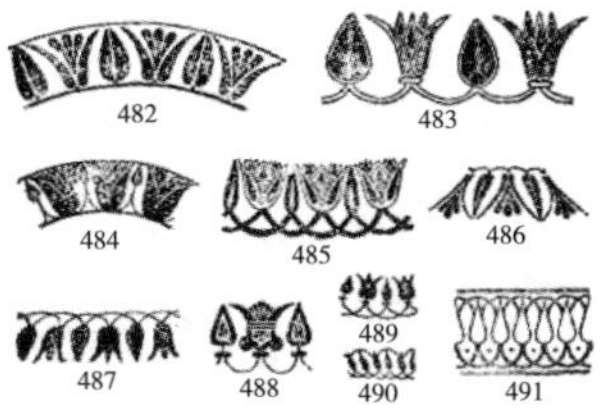

第四八二—四九一图　莲花及莲蕾（第四八七—四九一图，希腊）

部，则有其他的小瓣。总之，这瓣的前端是尖的。

在塞浦路斯，似这样莲花与莲蕾相结合的，亦很普通。花与蕾以弓形线结合的（第四百八十三图、第四百八十四图），或花用特别弓形相互结合而蕾则用别种弓状线相结合（第四百八十五图）的也有。时常花是显著地纹样化而蕾则萎缩，这些亦异常难忍（第四百七十七图）。

在小亚细亚西部罗德斯（Rhodos）或其附近的诸岛上，同样的纹样，已有发见。其花为写实风格或显著的纹样化作成（第四百八十六图）。在后者的场合，外边的细瓣，互着于蕾的上部，殆异常之长。

在西部希腊地方，这纹样很多见到。其花互相以弓状线结合，又以别的弓状线相互结合那些蕾。其初的花是用非常的写实风格来描摹的，而在后来则其数显著地减少，只有三枚的瓣了（第四百八十七图及第四百八十九图）。花的两面的外边的瓣次第长起来了，卒至相会于在其上的蕾的上部（第四百九十图）。又其后，蕾的上部也以弓形的线互相结合，由这样而花与蕾之间不见何等的相异（第四百九十一图）。

这种的装饰，莲花与莲蕾成为一列，殆常向同一的方向。只在全然特别的场合，这些乃二列并立（第四百八十图）。

这装饰屡屡垂下，向下方的花与蕾出来了。这些如在第四百七十四图的埃及原形，在非常之早的时候出现了。

如在第四百九十六图、第四百九十七图的缫形反曲

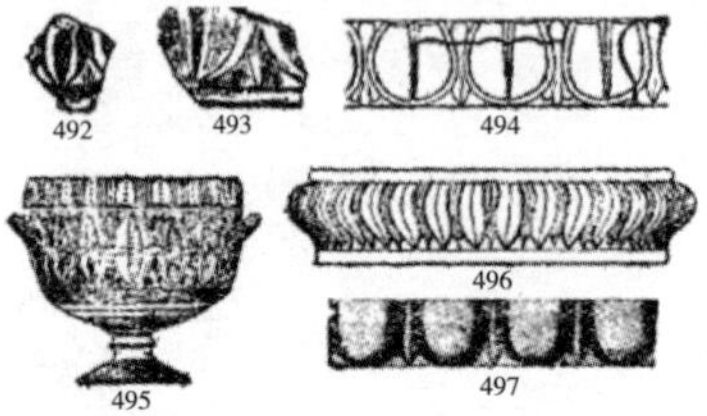

第四九二—四九七图　莲花及莲蕾

(Kyma)，是从已说明的莲花与莲蕾交互而成的装饰发达成功(第四百九十二图—第四百九十五图)，既已示例于前了。(四九)

在第四百九十二图中，花是离开的。但两方的外边的瓣，其前端来近蕾的前端，成为异常之长。第四百九十三图，花的外边的瓣在蕾的上部相会。内部的瓣一枚也不见了(在第四百九十四图，则又成为一枚与三枚交互。在第四百九十五图，则无论何处也有三枚)。在第四百九十六图(如第三百六十八图的上部)，各花的两面的外边的瓣与内部的瓣，均可见到。但插在花间的蕾，代以细而突起的了。卒之，蕾却全然消失了。而花只能见到三枚的瓣(第四百九十七图与第三百六十八图的下部)。两面的外边的瓣，在第四百九十七图是浓青色而内部的瓣却是赤色。

第四九八图　希腊

这种反曲多为莲花蕾纹样(Lotusblüthen-Knespen-Ornament)而向下。

注脚

(一)"绝对年代"者，鄙意以为不是用为说"绝对的确实"(Absolute sichere)年代的意味。自然由以下所记的研究法的帮助可得的年代决定，我们不得不以之为有很大的确实性而全然满足的。

（二）我详细的意见已于一八八四年在*Antiquarisk Tidskrift för Sverige*，Band 8，No.3中拙稿Den Förhistoriska Fornforskni-gens Metod och Material中述及。

（三）"考古学"的名称，鄙意以为不解作古典考古学（Klassische Altertumskunde）之义，而解作一般考古学之义。

（四）欧洲土耳其的地方，为关于欧洲古代的知识颇重要的所在，但吾人关于这一方面全然不知，殊可悲悯。

（五）第一图（a）为本来的地床，（b）为最初的Terramara，这住居的杙，打进入本来的地床，到现在还保存得非常之佳。（c）为第二的Terramara，（d）为第三的Terramara，（e）为罗马时代及以后的。

（六）E. Vedel，Bornholms Oldtidsmiden og Oldsager（Kjöbenhaven，1886），三二八页——Montelius，Den Nordiska Jernåalderns Kronologi（*Svenska Fornminnesföreningens Tidskrift*，Band 9），Stockholm，1855，二〇一页。

（七）F. Nordin，Graffältet vid Bläsnungs I Vestkinde Socken pä Gotland（*Svenska Fornminnesföreningens Tidskrift*，Band 7），Stockholm，1889，八九页——Montelius的前书一九一页。

（八）Montelius，*Der Orient und Europa*，*Einfluss der Orientalischen Kultur auf Europa bis zur Mitte des letzton Jahrhunderts V. Chr*；*J. Mestare*德译本（Stockholm，1899），一二二页，第一六四图。①

（九）Montelius，*Svenska Fornminnesföreningens Tidskrift*，

---

①编者按：原稿此条内容部分缺失，用《考古学研究法》补齐。见《考古学研究法》，世界书局1936年版，第114页。

Band 6（Stockholm，1885）中四〇页。

（十[①]）K. Bahnson，*Aarböger for Nordisk Oldkyndighed og Historie*，1892（Kjöbenhavn，1892），一八七页，第五图——V. Boye，*Tronvailles de Cercueils en Chêge d l' âge du Bronze en Danemark*（Copenhague，1895），一三二页。

（十一）G. et A de Mortillet，*Musée Préhistorique*（Paris，1881），第六四九—六五三图。

（十二）Bulletino Dell，*Instituio di Corrispondenza Archeologica*，1885，一二三页（Grab，VIII）——*Notizie degli Scavi di Antichità*，1884，七六页；1896，一八四页（Carneto的全土发掘）——S. Gsell，*Fouilles dans la Necropole de Vulci*（Paris，1891），一一七页。

（第六图）这墓被建造于石器时代，但其后于铁器时代初期再被利用。石室底部有许多燧石制石镞（图中1）及以野猪牙作成的管一个，在其上方更有哈尔斯大德（Hallstatzeit）时代的铁剑（3），青铜制扣（4），粗陶器的脚部及（5）燧石制品各一个存在。

（十三）P. Wolters，Vasen aus Menedi（Jahrbuch des kais，*Deutschen Archaeslogischen Instituts*，Band XIV），Berlin，1899，一〇三页以下。

（十四）Montelius，*Das Museum Vaterländischen Alterthümer in Stockholm*（Stockholm，1897），一一页。——参照Montelius，*Statens Historiska Museum*，7t Aufl（Stockholm，

---

①编者按：此处十至二十的序号与正文中一〇至二〇的尾注号不统一。今仍保持原貌。

1901），五〇、五一页（在歌忒兰Gotland岛的Mannegårda地方发见Wikingerzeit时代的二个相异的银造的宝器群，而从一方比较别一方出有较古的货币）。

（十五）Der Fund von Pyrmont（*Jahrb üchen des Vereins von Alterthumsfreunden im Rheinland*，XXXVIII，Bonn，1895）四七页以下。

（十六）这发见物在Stockholm国民博物馆保管。

（十七）在丹麦的一石室古坟的石室中，发见属于青铜时代第五期之一的容纳埋藏发见物（Depot-Fund）的一个粗铜器。Montelius，*Om Tidsbestämning Inom Bronsåldern Medsärskildt Afseende på Skandinavien*（Stockholm，1885），三八页。——接近于瑞典的一高冢，有纪元后第十世纪的银造装饰品的隐藏发见物。Montelius，*Das Museum Vaterländisecher Alterthümer in Stockholm*，三〇页。H. Hildebrand，Kongl，*Vitterhets Historie och Antiquitets Akademiens Månadsblad*，1882（Stockholm，1883），九七页。①

（十八）一八八五年在Södermanland的Ekudden的发见物，今属于Stockholm国民博物馆所有；但其物品尽尚有埋置地中，我曾经在前记的*Om Tidsbestämning Inom Bronsåldern*上发表过。（七三页）于此著我不得不以为如第七图的扣比较第八图的型式为古，又后者比第九图为古。而此事据其后不久出土的发见

---

①编者按：原稿此条内容部分缺失，用《考古学研究法》补齐。见《考古学研究法》，世界书局1936年版，第115页。

物可以充分确认。[①]

（第十图）在高冢的底部中央，有长二米突以上的一石棺（a），这是容纳一个火葬遗骸及一个青铜针。更在上面有三个小石棺。火葬骨及青铜制品藏在里面。又极近冢的顶上的小石棺之旁，有容骨片的陶瓶一个，又在小石棺（b）的附近的穴里有仅仅覆于一个扁平石中的火葬骨。

（十九）Montelius，Den Förhistoriska Fornforsknigens Metod och Material（*Antiquarisk Tidskrift för Sverige*，Band 8，Stockholm，1884）及Typologien eller Utvecklingsläran Tillämpad på de Menskliga Abetet（*Svenska Fornminnesföreningens Tidskrift*，Band 10，Stockholm，1899），二三七页以下。——S. Müller，Mindre Bidrag Tilden Forhistoriske Archaelogis Methode. I. Den Svenske Typologi（*Aarböger for Nordisk Oldkyndighed*，1884），一六二页。

（二十）Montelius，*Om Tidsbestämning Inom Bronsåldern*，八三页。（参照二六五页以下）

（二一）以下所记不是意大利的金属制斧的全型式史，我不过只论列其一组列的一章。

（二二）这只不过是若干的空首斧的发达史。他的东西又从他的踪迹发达而来。关于如斯的组列之一，我曾记述于*Compte Rendu du Congrès International，d' Anthropologie et d' Archéologie Préhistoriques de Bologne*，1871的二九二页中。

（二三）在拙著*Die Chronologie der ältesten Bronzezeit*

---

①编者按：原稿中本篇正文部分并未标注（一八），今对其所在位置存疑。

一二六页以下。关于这类的意大利出土的短剑及长剑，曾以型式学的处置之。

（二四）Montelius，*Die Chronologie der ältesten Bronzezeit*，二七页以下。

（二五）Montelius，Sur les Poignéss des épées et des Poign-ards on Bronze（*Compte Rendu du Congrès International，d' Anthropologie et d' Archéologie Préhistoriques*，7e Session，Stockholm，1874；Stockholm，1876）第二卷八八二—九二三页。①

（二六）关于在匈牙利与之同一的型式如何发展呢，我在前揭的*Compte Rendu du Congrès de Stockholm*，1874第二卷，九〇〇—九〇三页有所示例。

（二七）Montelius，*Antiquités Suédoises*（Stockholm，1873—75），第一六一图及一六二图。

（二八）关于意大利的留针的发达史，我曾在Spännen från Bronsåldern och ur dem Närmast Utvecklade Former，Typologisk Studie（*Antiquarisk Tidskrift för Sverige*，Bd. 6，No. 3，Stockholm，1880）及*La Civilisation Primitive en Italie*，I（Stockholm，1895）中详述。在这里我重与意匠的概观。

（二九）Montelius，*La Civilisation Primitive en Italie*，图版第二，第一七图及图版第三，第一八图。

（三〇）前书，图版第四，第二三图。

（三一）这概观向在中部意大利最为适切该当。关于北部意大利发见的型式的概观，我曾在*La Civilisation Primitive en*

---

①编者按：原稿中本篇正文部分并未标注（二五）（二六），今对其所在位置存疑。

Italie 第一卷，七页述说过。

有二个横棒同第一组列的留针一对，在伊特刺斯基（Etruskischen）的时代的第一期（Regulini-Galassi时代）出来——关于第二组列的留针，我在此处置只有一边的涡线，但有两边的涡线的留针为高耳（Gaur）罗马人及其以后的。——虽然属于第三组列的，有二个曲长而突起的大留针（*La Civilisation Primitive en Italie* 第二五八图以下），但在概观表不容考虑之。此等述于此处的有真直短而突起的细留针（第一六九，一七〇图），比较的是发生于后时代的。——尚有关于各时期的详见于 *Journal of the Anthropological Institute*（1807）中拙著Pre-Classical Chronology in Greece and Italy。

（三二）关于从来发见的希腊的留针的各种变形，我曾在Spännen från Bronsåldern（1880）一〇页以下论述之。

（三三）在意大利发见的Serpeggianti形留针的少数，在希腊特别地是在奥林比亚（Olympia）已有发见。这些是住在南部意大利的希腊人，与其他多数的意大利式的物品，一同传来此地。

（三四）我曾在 *Compte Rendu du Congrès de Stockholm*，1874中论述青铜时代的北欧留针的发达史。此外还有见于H. Hildebrand，Bidrag Till Spännets Historia（*Antiquarisk Tidskrift för Sverige*，Bd. 4，Stockholm，1874）。

（三五）以在第二六二，二六三图的外边的纹样，与斯干的那维亚的古代青铜器时代的涡线（第一〇一图）混同，现尚没有。于前者曲线向外面，后者如古代的纹样，则不向内面，这点甚可注意。类似的纹样于南欧不能没有出现，但是多半起源于北欧的。参照Montelius，Om den Nordiska Bronsåldern Ornamentik（Kongl，*Vitterhets Historie och Antiquitets*

Akademiens Månadsblad, 1881）二三页，第二七图及二八图。[①]

（三六）同样地所谓关于这类稍后的时代的容器也有。

（三七）参照L.Pigorini的*Bulletino di Paletnologia Italiana*, X，四六页及XX，一六八页。

（三八）关于论述莲花纹的发达的著作中，在此处不得不特别举出以下诸篇。——B.Salin，Studieri Ornamentik（*Antiquarisk Tidskrift för Sverige*，Bd. 11，Stockholm，1890）——W. H. Goodyear，*The Grammar of the Lotus*（London，1891）——A. Riegl，*Stilfragen*，*Grundlagen Zu einer Geschichte der Ornamentik*（Berlin，1893）。在此处成为问题的植物，神圣的莲，即是白莲（学名叫做Nymphaea Lotus）。在这里有青花的异种（Nymphaea Caerulea），但是一二人不信而以为全是别种（Nelumbium Speciosum）的尚没有。Goodyear的前书二五页以下。——第三〇二页所示为描摹自然的莲花之一。第三〇四图则示有垂下的四瓣。

（三九）Montelius，*Die Chronologie der ältesten Bronzezeit*，二二一页。——在若干的场合，从图画的东西发达而为线的意匠。H. Stolp，*Studier I Ameribansk Ornamentik Ettbidreg Till Ornamentets Biologi*（Stockholm，1896）。

（四〇）又主张描出莲花的全形观的半部的人也有（Riegl的前书五二页），但如这种看法在以下说明，而必不得正鹄也未可知。

（四一）这些与棕榈（Palmen）没有关系。在最古的时代已

①编者按：原稿中本篇正文部分并未标注（三五），今对其所在位置存疑。

见到以最忠实地描写自然的棕榈与“婆罗麦特”类似的莲花在同一的记念物之上。其故或如Goodyear氏以“婆罗麦特”看做莲花的半部，或如Riegl氏视为莲花全形观的半部，均不是正当的。

（四二）关于埃及所屡屡出现的钟形之花的侧面形，以为花叶的意味则没有（第三〇九，三一〇图）。往往误视之与Papyrus为同一。实际上这些亦是莲花不是其他。Riegl的前书四八页。

（四三）参照Goodyear的前书七三页，Riegl的前书六三页。

（四四）关于埃及也见此事。恐是受外国的影响出来的（第三一九，三七七图）。

（四五）J. Lange, Det Ioniske Kapitoels Oprindelse og Forhistorie（*Memories de I'Academie Royale de Copenhague*，5 Serie，Kopenhagen，1877）。——Revue Archèologique，（1873：1）二七页。参照（1895:1）二四页。——J. L. Ussing，*Den Graeske Söilbygnings Udvikling*（Kopenhagen，1891）。

（四六）Fr. Winter，Die Henkelpalmette auf Attischen Schalen（*Jahrbuch des Archaeolog Instituts*，VII，Berlin，1892），一〇五页以下。

（四七）在迈锡尼时代及初期几何学纹样时代或Protokorinlischen式陶器之上，见此配列。

（四八）Riegl的前书八八页以下。

（四九）参照Goodyear的前书一五五页以下（The egg-and-dart Moulding一条中）。

插图引得

1. 北意大利Parma州Castione Terramara的断面——

Montelius，*Civilisation Primitive en Italie*，Sp. 90。

2.丹麦Bornholm岛Kannikegard墓地——Vedel，*Bornholms Oldtidsminder og Oldsager*，S. 323。

3.瑞典Gotland岛Bläsnungs墓地——Nordin，*Svenska Fornminnesföreningens Tidskrift*，Bd. 7。

4.南瑞典Halland州Eldsberga墓地的平面及断面——*Montelius*，*Der Orient und Europa*，Fig. 164。

5.丹麦Seeland岛Wellerup石室墓的断面及平面——Bahnson，*Aarböger for Nordisk Oldkyndighed*，1892，S. 187。

6.南法兰西Aveyron 州Genevrier坟墓的断面及平面——De Mortillet，*Musée Préhistorique*，Fig. 649。

7—9.青铜金具的侧面及底面，——瑞典Södermanland州Ekudden（埋藏物）——Stockholm国立博物馆所藏。

10.南瑞典Halland州的Dömmestarp附近古坟断面——Montelius，*Les Temps Préhistoriques en Suède et dans les Autres Pays Scandinaves*（法译S. Reuach；Paris，1896），Fig. 179。

11.插入木柄的铜斧，——Montelius，Typologien——Sve. Forum Tidskr，Bd. 10. *La Civ. Prim. en Italie*，Taf. 13，Fig. 10。

12.石斧——北意大利Como州Brabbia附近的泥炭层——*La Civil. Prim. en Italie*，Taf. 4，Fig.1。

13.铜斧——中部意大利Roma州Casale di Sgurgola-Colini，*Bullettino di Paletnologia Italiana*，XXIV，898中，Taf.XV，Fig. 4及XXVI，233。

14.铜斧——中部意大利Aquila州Collelungo——Colini前书XXVI，S. 232，241，Fig. 120。

15.石斧——北意大利Brescia州Remedello墓地——*La*

Civil. Prim. en Italie，Taf. 36，Fig. 21。

16. 铜斧——中部意大利——Umbria——Bartels，Verhandl. *d. Berl. Anthrop. Ges.*，1900，S. 547。

17. 同上——北意大利Reggio nell’Emilia州Villa Chiozza——Colini前书XXIV，Taf. XIV，Fig. 3。

18. 同上——北意大利Como州Brabbia附近泥炭层——*La Civil. Prim. en Italie*，Taf. 4，Fig. 7。

19. 同上——（或为少量的锡及青铜之合金）北意大利Parma州Castione附近Terramara——前书Taf. 14，Fig. 2。

20. 同上——北意大利Modena州Montale附近的Terramara——前书Taf. 19，Fig. 2。

21. 青铜斧——中部意大利Arezzo州Battifole——Colini前书XXVI，Taf. VIII，Fig. 6。

22. 同上——中部意大利Teramo州Valle della Vibrata——Colini前书XXIV，Taf. XIV，Fig. 2。

23. 同上——中部意大利Umbria州Cittá di Castello（埋藏的）——Perugia市Bellucci藏。

24. 同上——中部意大利Urbino——Firenze自然史博物馆藏。

25. 同上——北意大利Genoa附近——N. Morelli，*Iconografia della Preistoria Ligustica*，I（Genoa，1901），Taf.IX，Fig. 11。

26. 同上——北意大利Reggio nell’Emilia州Campeggine附近Terramara——*La Civil. Prim. en Italie*，Taf. 15，Fig. 1。

27. 同上——北意大利Liguria——Morelli前书，Taf. IX，Fig. 9。

28. 青铜斧——北意大利Forli州Casalecchio（埋藏物）——*La Civil. Prim. en Italie*，Taf. 30，Fig. 2。

29. 同上——北意大利Bologna市San Francesco（埋藏

物）——前书，Taf. 66，Fig. 2。

30. 同上——北意大利Castione附近Terramara——前书，Taf. 14，Fig. 4。

31. 同上——北意大利Castione附近Terramara——前书，Taf. 14，Fig. 3。

32. 同上——北意大利Reggio nell’Emilia州Monte Venere附近Terramara——前书，Taf. 22，Fig. 3。

33. 同上——北意大利Campeggine附近Terramara——前书，Taf. 15，Fig. 2。

34. 同上——北意大利Macerata州Pisraco（埋藏物）——Roma先史博物馆。

35. 同上——北意大利Bologna附近（？）——*La Civil. Prim. en Italie*，Taf. 35，Fig. 2。

36. 同上——北意大利Bologna附近——前书，Taf. 35，Fig. 3。

37. 同上——北意大利Bologna市S. Francesco（埋藏物）——前书，Taf. 67，Fig. 3。

38. 同上——北意大利Bologna附近Benacci墓地——前书，Taf. 77，Fig. 3。

39. 同上——北意大利Bologna附近Benacci墓地——前书，Taf. 77，Fig. 3。

40. 青铜薄斧——北意大利Bologna附近Arnaoldi墓地——前书，Taf. 82，Fig. 12。

41. 铜斧——南瑞典Schonen州Vranarp–Montelius，Findet man in Schweden Ueberste von einem Kupferalter?（*Archiv f. Anthr.*，Bd. 23，Braunschweig，1895），Fig. 1。

42. 同上——南瑞典Schonen——前书，Fig. 3。

43.同上——南瑞典Schonen——前书，Fig. 4。

44.锡微少的青铜斧——南瑞典Schonen——前书，Fig. 6。

45.同上——南瑞典Schonen州Fjelie——前书，Fig.7。

46.同上——瑞典Westmanland州Munktorp——Montelius, *Die Chronologie der ältesten Bronzezeit*，Fig. 23。

47.同上——瑞典Schonen——*Archiv f. Anthrop*，Bd. 23, Fig. 8。

48.同上——瑞典Schonen——前书，Fig. 9。

49.锡少量的青铜斧——北瑞典Medelpad州Lunde——Montelius，*Antiquités Suédoises*，Fig. 141。

50.青铜斧——瑞典Uppland州Möjebro——R. Arpi, *Upplands Fornminnesföreningens Tidskrift*，Bd. IV（Uppsala, 1898）Fig. 3.

51.同上——瑞典Ostgothland州Knifuinge——*Die Chronologie der ältesten Bronzezeit*，Fig. 226。

52.同上——瑞典Uppland北部Torslunds——Arpi前书，Bd. III，S. 346。

53.锡少量的青铜斧——西瑞典Bohuslän州Stora Oppen——*Archiv f. Anthrop*，Bd. 23，S. 439，Fig. 16。

54.青铜斧——Hinter——Pommern，Babbin——*Die Chronol. d. Bronz.*，Fig. 127。

55.同上——瑞典——Stockholm国立博物馆藏。

56.同上——瑞典——Öland岛Smedby——Kalmar博物馆藏。

57.同上——瑞典Bleking州Ryssberget——Stockholm国立博物馆。

58.同上——瑞典Schonen东部Fröslöf Manadsblad，1890，S.

156。

59. 同上——瑞典Uppland州Jädra——Montelius，Bronsåldern I norra och Mellestra Sverige（*Antiquarisk Tidskrift för Sverige*，Bd. 3，Stockholm，1870—73），Fig. 69。

60. 同上——瑞典Schonen——Stockholm国立博物馆藏，参照Iduna，*Heft* 8（Stockholm，1820），Taf. I，Fig. 4。

61. 同上——丹麦——Kopenhagen国立博物馆藏。

62. 同上——丹麦Seeland岛Gunderboholm——Kopenhagen国立博物馆藏。Madsen，*Afbildninger af Danske Oldsager og Mindesmaerker*，Suiter，Taf. 22，Fig. 14。

63. 青铜斧——丹麦Kopenhagen国立博物馆藏。

64. 同上——丹麦——Montelius，*Les Temps Préhistoriques en Suède*，Taf. VII，Fig. 5。

65. 同上——瑞典Södermanland州Täckhammarsån——*Antiquités Suédoises*，Fig. 149。

66. 铜短剑身——北意大利Brescia州Remedello坟墓发见物——*La Civil. Prim. en Italie*，Taf. 36，Fig. 9。

67. 同上——北意大利Lago Maggiore湖Mercurago泥炭层遗迹——前书，Taf. 1，Fig. 7。

68. 青铜小短剑身——北意大利Varese湖上住居址——前书，Taf. 3，Fig. 12。

69. 同上——北意大利Peschiera附近Mincio湖上住居址——前书，Taf. 9，Fig. 21。

70. 青铜短剑——北意大利Reggio nell'Emilia州Cadè——前书，Taf. 35，Fig. 8。

71. 同上——北意大利Brescia州Polada附近泥炭层杙住居

址——前书，Taf. 4，Fig. 16。

72. 同上——北意大利Forli附近S. Lorenzo（1674年发见埋藏物）——前书，Taf. 29，Fig. 7。

73. 同上——中部意大利Toscana，Fossombrone——De Mortillet，*Musée Préhistorique*，Taf. LXVIII，Fig. 702。

74. 同上——中部意大利Ascoli Piceno州Ripatransone附近Castollano（二五青铜短剑一齐发见）——*Die Chronologie der ältesten Bronzezeit*，Fig. 309。

75—76. 同上——北意大利Parma州Castione dei Marchesi（六青铜短剑一齐发见）——*La Civil. Prim. en Italie*，Taf. 27，Fig. 10，9。

77. 青铜短剑身——北意大利Udine州——前书，Taf. 34，Fig. 18。

78.（a）青铜剑（b）同柄——北意大利Milano附近Cascina Ranza埋藏物——前书，Taf. 28，Fig. 10，11。

79. 青铜剑——同上。

80. 同上——北意大利Verona西南Povegliano坟墓发见品——前书，Taf. 37，Fig. 4。

81. 青铜长剑——意大利东北部Treviso附近——前书，Taf. 34，Fig. 20。

82. 同上——北意大利Venezia州Villa Strà——前书，Taf. 33，Fig. 5。

83. 青铜大形短剑——下奥大利Wiener——Neustadt西南Langen Wand——Sitzungsberichte der Akademie d. Wissensch. Philos.-histor，*Classique*，Bd. LXIX；*Die Chronol. d. ält. Br.*，Fig. 316。

84. 同上——Tirol 州 Landeck 附近 Perjen——*Mittheilungen der Anthrop. Ges. in Wien.*, Bd. XIV；Verhandl., *Die Chronol. d. ält. Bronz.*, Fig. 317。

85. 青铜短剑——Krain 州 Laibach 附近湖上住店址——Munro，*The Lake-Dwellings of Europe*（London，1890），Fig. 45，I；*Die Chronol. d. ält. Br.*，Fig. 318。

86. 同上——Mähren 州 Polehradiz——*Mittheil. d. Anthrop. Ges. in Wien.*, Bd. XXVI，S. 89，Taf. V，Fig. 12；*Die Chronol. d. ält. Br.*，Fig. 319。

87. 青铜长剑身——传是Macedonia发见，但德意志有此发见品确是事实——Bastian & Voss，*Die Bronzeschwreter des Königl. Museums Zu Berlin*（Berlin，1878），Taf. XII，Fig. 4 & Taf. XIII，Fig. 1；*Die Chronol. d. ält. Br.*, Fig. 320。

88. 青铜短剑——Rheinhessen，Gauböckelhein（与92图及其他三青铜短剑一同出土）——L. Lindenschmidt，*Die Alterthümer Unserer Heidnischen Vorzeit*，1—2，Taf. IV，Fig. 3；*Die Chronol. d. ält. Br.*，Fig. 63。

89. 青铜长剑杖——西 Preussen，Jastrow 附近 Bethkenhammer——*Die Chronol. d. ält. Bronz.*，Fig. 69。

90. 青铜剑杖——Posen，Jemzewo——前书，Fig. 70。

91. 青铜短剑身——Brandenburg 州 Beitsch. 埋藏物——前书，Fig. 722。

92. 青铜短剑——（与88图一同出土）——*Lindenschmidt, Alterthümer*，1—2，Taf. IV，Fig. 4；*Die Chronol. d. ält. Bronz.*，Fig. 64。

93. 青铜短形长剑——Holstein 州 Hohenaspe——*Die*

Chronol. d. ält. Br.，Fig. 539。

94. 同上——西Preussen，Daber（有类长剑的一同出土）——A. Lissauer，*Alterthümer der Bronzezeit in der Provinz Westpreussen*（Danzig，1391），Taf. 1，Fig. 8，S. 8；*Die Chronol. d. ält. Br.*，Fig. 74。

95. 同上——丹麦Jütland，Virring.（一齐的发见物）——*Die Chronol. d. ält. Bronzezeit*，Fig. 150。

96. 同上——瑞典Öland岛Karlevi——前书，Fig. 225。

97. 青铜长剑——丹麦Lolland岛Steensgaard——前书，Fig. 210。

98. 青铜长剑身——丹麦Jü tland，Assendrup——前书，Fig. 209。

99. 青铜树脂嵌装短形长剑——瑞典Ostgothland州Wretakloster——前书，Fig. 198。

100. 青铜短形长剑——瑞典Södermanland州Tackhammer——前书，Fig. 230。

101—105. 青铜长剑柄头模样——Scandinavia各地——Montelius，Sur les Poignées des êpees et des Poignards en Bronze（*Compte Rendu du Congrès de Stockholm*，1874），Fig. 17—21。

106. 青铜长剑柄——丹麦Seeland岛Sorgenfri（坟墓发见物）——前出书，Fig. 1。

107. 同上——Schleswig，Sylt岛（坟墓发见物）——前书，Fig. 3。

109. 同上——瑞典Öland岛Sandby——前书，Fig. 5。

110. 同上——瑞典Westgothland州Segerstad泥炭层——前书，Fig. 4。

111. 同上——瑞典Ostgothland州Tåkern湖——前书，Fig. 6。

112. 同上——瑞典Schonen Sölvesborg——Svanlund藏。

113. 同上——Meklenburg Peccatel——Montelius, Sur les Poignées, Fig. 8。

114. 同上——瑞典Småland州Dref（坟墓发见物）——前书，Fig. 7。

115—121. 北欧青铜长柄剑下缘——前书，Fig. 9—15。

122. 瑞铜扣附青铜长剑柄——丹麦Jütland, Hörning（坟墓发见品）——前书，Fig.23。

123. 青铜扣附青铜长剑柄——丹麦Jütland, Tastum（坟墓发见品）——前书，Fig. 22。

124. 同上——瑞典Ostgothland州Utterstad（坟墓发见品）——前书，Fig. 25。

125. 同上——瑞典Schonen州Hoftarp——前书，Fig. 25。

126. 同上——瑞典Småland州Bäckaryd（坟墓发见物）——前书，Fig. 26。

127. 同上——丹麦Bornholm岛Aaker（坟墓发见物）——前书，Fig. 27。

128. 同上——丹麦Falster岛Horbelev附近泥炭层——前出书，Fig. 28。

129. 同上①——瑞典Uppland州Vattholma（一齐发见物）——前出书，Fig. 29。

130. 青铜小刀（以金线卷把）——瑞典Schonenland博物馆。

131. 青铜留针——北意大利Reggio nell' Emilia州Servirola

①编者按：原稿此处脱漏“同上”两个字。今补。

附近泥炭层——*La Civil. Pr. en Italie*，Taf. 1，Fig. 1。

132. 同上——意大利——前书，Taf. 1，Fig. 3。

133. 同上——中部意大利Perugia州Narni附近Piediluco（一齐发见的物品，参照142图）——前书，Taf. 1，Fig. 4。

134. 同上——中部意大利Cività Vecchia附近Corneto——前书，Taf. 1，Fig. 8。

135. a. b. 同上——南意大利Bari附近——前书，Taf. 1，Fig. 5。

136. 青铜留针——意大利——前书，Taf. 1，Fig. 9。

137. 同上——（一部为琥珀及青铜制）——前书，Taf. 1，Fig. 11。

138. 同上——南意大利——前书，Taf. 11，Fig. 13。

139. 同上——中意大利Perugia州Norcia——前书，Taf. 11，Fig. 14。

140. 同上——北意大利Peschiera杙住居址——前书，Taf. IV，Fig. 19。

141. 同上——东意大利Picenum——Undset，*Zeitschrift F. Ethnolgie*，21（Berin，1889），Fig. 4。

142. 同上——Piediluco（一齐发见的物品，参看133图）——*La Civil. Pr. en Italie*，Taf. IV，Fig. 26。

143. 同上——北意大利Reggio nell' Emilia州Bismantova（坟墓发见物）——前书，Taf. V，Fig. 40。

144—145. 同上——北意大利Bologna附近Benacci墓地——前书，Taf. VI，Fig. 51，52。

146. 同上——北意大利Lago Maggiore湖南Golasecca墓地——前书，Taf. VI，Fig. 46。

147. 同上——中部意大利——前书，Taf. VIII，Fig. 87。

148. 同上——南意大利Napoli附近Puzzuoli——前书，Taf. IX，Fig. 101。

149. 同上（弓部系琥珀骨及青铜制）——北意大利Bologna附近Arnoaldi墓地——前书，Taf. VIII，Fig. 63。

150. 同上——意大利——前书，Taf. IX，Fig. 108。

151. 同上（Certosa-Fibula）——中部意大利Orvieto墓地——前书，Taf. XI，Fig. 146。

152. 同上（两边螺旋附Tène-Fibula）——北意大利——前书，Taf. XII，Fig. 164。

153. 同上——意大利——前书，Taf. XIV，Fig. 195。

154. 同上——意大利——前书，Taf. XIV，Fig. 205。

155. 同上——南意大利——前书，Taf. XIV，Fig. 197。

156. a.b. 同上——南意大利Capua附近S. Angelo in Formis——前书，Taf. XV，Fig. 208。

157. 同上——中部意大利——前书，Taf. XIV，Fig. 201。

158. 同上——中部意大利——前书，Taf. XV，Fig. 209。

159. 同上——中部意大利Teramo附近Silvi——前书，Taf. XV，Fig. 213。

160. 同上（针上附有七小青铜镮）——意大利——前书，Taf. XVI，Fig. 219。

161. 同上——中部意大利Chiusi——前书，Taf.①，Fig. 232。

162. 同上——意大利东岸Monte Gargano麓墓地——前书，Taf. XVII，Fig. 236。

163. 大青铜留针——南意大利Ordona（坟墓发见物）——

①编者按：原稿此处疑脱数字。

前书，Taf. XVI，Fig. 234。

164.青铜留针——意大利——前书，Taf. XVII，XVI，Fig. 235。

165.同上——中意大利Chiusi——前书，Taf. XVII，Fig. 249。

166.同上——中意大利Bologna，San Francesco（一齐发见的物品）——前书，Taf. XVII，Fig. 242。

167.同上——中意大利Chinsi——前书，Taf. XVII，Fig. 240。

168.铁制留针——北意大利Bologna附近Benacci墓地——前书，Taf. XVII，Fig. 245。

169.青铜留针——北意大利Bologna附近Villanova墓地——前书，Taf. XVII，Fig. 252。

170.同上——北意大利Villanova墓地——前书，Taf.XVII，Fig. 253。

171.同上——（希腊Mykenae石室墓）——Tsountas & Manatt，*The Mycenaean Age*（London，1897），Fig. 58。

172.同上——希腊Mykenae石室墓Εφημεδιζ，αδχαιολογιχη，1888，Taf. IX，Fig. 2。

173.青铜留针——希腊Mykenae——Εφημεδιζ，1891，Taf. 3，Fig. 5。

174.同上——小亚细亚Caria，Assarlik——W. R. Paton，Excavations in Caria（*The Journal of Hellenic Studies*，VIII，London，1887），Fig. 17。

175.同上——希腊Boeotia，Thebe附近——Montelius，Spännen från Bronsåldern och ur dem Närmast Utvecklade Former（*Antiq. Tids. f. Sevrige*），Bd.6（Stockholm，1880），Fig. 6。

176.同上（钉部为铁制）——希腊Boeotia，Thiabe——

Jahrbuch des Kaiserl. Deutsch. Archaeologischen Instituts，Bd. IX，1894；*Archaeologischen Anzeiger*，S.116。

177. 同上（螺旋部及针为由二片制成）——希腊Boeotia，Thebe——Berlin Antiquarium藏。

178. 同上（铁嵌装）——希腊Boeotia，Thiabe——Montelius，*Spännen f. Brons.*，S. II，Fig. 7。

179. 同上——希腊Boeotia，Thebe——前书，Fig. 8。

180. 同上——希腊Boeotia，Thebe——Berlin Antiquarium藏。

181. 同上——Rhodos岛——Berlin Antiquarium藏。

182. 同上——希腊Athen——Montelius，*Spännen f. Brons.*，Fig. 10。

183. 青铜留针饰板——希腊Boeotia——Εφημεφιζ，1892，Taf. 11，Fig. 1。

184. 青铜留针——希腊——Montelius，*Spännen f. Brons.*，Fig. 11。

185. 同上——希腊Boeotia——Εφημεφιζ，1892，Taf. 1，Fig. 2。

186. 同上——希腊Boeotia——从原品制成。参照Jahrbuch，1888；*Archaeolog. Anzeiger*，S. 362。

187. 同上——希腊——Athen，Polythechnicum搜集品。

188. 同上——希腊Boeotia，Thebe——Berlin Antiquarium藏。

189. 同上——瑞典Öland岛Bredsättra——Montelius，*Antiq. Suéd.*，Fig. 120。

190. 青铜留针针头——南瑞典Schonen州——Stockholm国立博物馆藏。

191. 同上——（189图）。

192.同上——瑞典Schonen州——Stockholm国立博物馆藏。

193.同上——丹麦（坟墓发见品）——Müller，*Ordning of Danmarks Oldsager*，1（Kopenhagen，1888—95），Fig. 70。

194.青铜留针针头——瑞典Schonen州Hofby（坟墓发见品）——Stockholm国立博物馆藏。

195.青铜留针——南瑞典Halland州Dömmestrop.（坟墓发见品），Stockholm国立博物馆藏。Montelius，*Hallands Fornminnesförinings Arsskrift*（Halmstad，1869）中，Taf. 3，Fig. 7。

196.同上——丹麦Seeland岛Frederikssund附近Maglehör古坟（与209图同墓）——V. Boye，*Memoires de la Société des Antiquaires du Nord*，1890，S. 28，Fig. 7。

197.同上——瑞典Öland岛Katorp——Kalmar博物馆。

198[①].同上——瑞典Schonen州Hagestad——Montelius，*Antiqu. Suédoises*，Fig. 221。

199.同上——丹麦Seeland岛Bögelund-Kapenhagen国立博物馆藏。

200.同上——瑞典Schonen州Amossen——Montelius，*De Förhistoriska Perioderna I Scandinavien*（Manadsflad，1893），Taf. 10，Fig. 3。

201.同上——丹麦Seeland岛Sperrestrup.（坟墓发见品）——Müller，*Ordning of Danmarks Oldsager*，1，Fig. 378。

202.同上——Lüneburg，Dörmte——Lindenschmidt，*Die Alterthüm. Uns. Heid. Vorzeit*，1—7，Taf. IV，Fig. 3。

203.青铜斧——丹麦Fünen岛Seden（一齐发见的物品）——

①编者按：原稿为“189”，当以“198”为是。今改。

Kopenhagen国立博物馆。（参照Müller前书，Fig. 379）

204. 同上——瑞典Gotland岛Stenbro（一齐发见的物品）——Montelius，*Svenska Fornminnesföreningens Tidskrift*，Bd. 6，S. 73，Fig. 4。

205. 木器模样——丹麦Jütland，Amt Ribe.（Kongshoi古坟）——Montelius，Om den Nordiska Bronsåldern Ornamentik（*Månadsblad*，1881），S. 24，Fig. 42。

206. 铜桶——丹麦Samsö岛——A. P. Madsen，*Afbildninger af Danske Oldsager og Mindesmaerker*，*Broncealderen*，*Suiter*（Kopenh.，1872），Taf. 37，Fig. 4。

207. 同上——南瑞典Schonen州Simris——Montelius，Om den Nordiska Brons. Ornam.，Fig. 43。

208. 青铜容①器——丹麦Seeland岛Solröd附近（Kassemosehöi古坟）——J. J. A. Warsaae，*Nordiska Oldsager*（Kopenh.，1859），Fig. 283；Madsen，前书，Taf. 37，Fig. 5。

209. 同上——丹麦Seeland岛Frederikssund附近（Maglehöi古坟）（与196图相同的古坟）——Boye，Memoires de la Soc. des Ant. du Nord.，1890中，Fig. 4。

210. 同上——丹麦Fünen岛Billeshöi.（一齐发见的物品）——Madsen，*Afb. af Danske Olds. og Mindesm. Bronc.*，*Samlede Fund*，Taf. 29，Fig. 1。

211. 同上——瑞典Schonen州Öllsjö——Montelius，*Antiqu. Suéd*，Fig. 247；参照Om *Tidsbestämning inom Bronsåldern*，S. 255。

---

①编者按：原稿为“客”，当以“容”为是。今改。

212.同上——(参照215，216图)——瑞典Schonen州Vemmerlöf——Montelius，*De Förhistoriska Perioderna I Scandinavien*，Taf. 10，Fig. 4。

213.同上——瑞典Gotland岛——Wisby博物馆。

214.青铜容器纹样——(208图)——Montelius，Bronsåldern Ornamentik，S. 24，Fig. 44。

215.同上——(212图)——前书，Fig. 45。

216—218.二青铜容器及一青铜装饰品纹样——瑞典Schonen州Vemmerlöf(与212图一同出土)——前书，Fig46—48。

219.青铜容器纹样——Meklenburg-Schwerin Klues.(一齐发见的物品)——前书，Fig. 57。

220—221.同上——丹麦Jütland，Jetsmark——前书，Fig. 58，59。

222.同上——瑞典Schonen州Östra-Torp——前书，Fig. 49。

223.同上——丹麦Seeland岛——前出书，Fig. 50。

224.同上——丹麦Seeland岛Holsteinborg——前书，Fig. 52。

225.同上——丹麦Lolland岛Kjettinge——前书，Fig. 51。

226.同上——(参照253图)——瑞典Småland州Thorstorp——前书，Fig. 55。

227.同上——丹麦Fünen岛——前书，Fig. 53。

228.青铜容器——(参照298图)——西瑞典Bohuslän州Hogstorp(一齐发见的物品)——Montelius，*De Förhist. Period. I Scand.*，Taf. 11，Fig. 5；*Bohuslänska Fornsaker*，*bihang*，Fig. 15。

229.青铜容器纹样——Meklenburg-Schwerin，Ruthen-Montelius，Brons. Orn.，Fig. 60。

230—231. 同上——挪威Amt Bratsberg Bentsrud——前书，Fig. 61，62。

232. 同上——（参照249图）——前书，Fig. 63。

233. 同上——瑞典Schonen——前书，Fig. 64。

234. 同上——丹麦Seeland岛Lille Fuglede——前书，Fig. 65。

235. 青铜容器——瑞典西Gothland州Senäte（一齐发见的物品）（参照243，258图）——Montelius，*Antiq. Suéd.*，Fig. 248，251。

236. 同上——瑞典Öland岛——Kalmar博物馆藏。

237. 青铜容器纹样——丹麦Fünen岛Fjellerup——Montelius，Bronsåldern Ornamentik，Fig. 66。

238. 青铜容器纹样——（228图）——前书，Fig. 67。

239. 同上——（237图）——前书，Fig. 68。

240. 青铜装饰品纹样——瑞典西Gothland州Slättäng（参照249图）——前书，Fig. 69。

241. 青铜容器纹样（参照245图）——Meklenburg-Strelitz——前书，Fig. 70。

242. 同上——瑞典Schonen州——前书，Fig. 71。

243. 同上——瑞典西Gothland州Senäte（参照235图）——前书，Fig. 74。

244. 同上——Hännover，Teyendorf——前书，Fig. 72。

245. 同上——（241图）。

246. 同上——丹麦Seeland岛Lundforlund——前书，Fig. 51。

247. 同上——Meklenburg-Strelitz，Lübberstorf（一齐发见的物品。参照250图）——前书，Fig. 75。（发见地Roga？）

248. 青铜容器——西瑞典Bohuslän州Wegestorp——Montelius，

Compte Rendu d. Congrès de Stockholm，1874，Fig. 19。

249. 同上——瑞典西Gothland州Slättäng（一齐发见的物品。参照232，240，251，269图）——Montelius，*Sveriges Historia från äldsta tid Till våra Dagar*，I（Stockho.，1877），Fig. 168。

250. 青铜容器纹样——（247图）——Montelius，Brons. Orn.，Fig. 85。

251. 同上——（249图）——前书，Fig. 86。

252. 同上——瑞典Småland州Bjurvik——前书，Fig. 87。

253. 同上——（226图）——前书，Fig. 88。

254. 同上——瑞典西Gothland州Åsled（一齐发见的物品）——前书，Fig. 89。

255. 同上——瑞典Småland州Rangelsbo——前书，Fig. 80。

256. 非铜容器——西瑞典Schonen州Ullstorp.（一齐发见的物品）——Stockholm国立博物馆。

257. 青铜容器底部——丹麦Seeland岛Fgitslev-Magle——Madsen，*Afbild.*，*Bronc.*，*Suiter.*，Taf. 36，Fig. 2。

258. 青铜容器耳——（235图）。

259—260. 同上。

261. 青铜容器孔。

262. 青铜容器——丹麦Seeland岛Söborg——V. Boye，*Fund af Gjenstande fra Olditden og Middelalderen I og Ved Söborg Sö*（Kopenhagen，1882），S.15。

263. 同上——瑞典Gothland岛Stenbro——Stockholm国立博物馆藏。

264. 青铜容器纹样——瑞典Schonen州——Montelius，Borns. Ornamentik，Fig. 96。

265. 青铜容器——瑞典Gothland岛Roma（一齐发见的物品）——Montelius，***Månadsblad***，1887中169，Fig. 91，92。

266. 青铜容器纹样——丹麦Seeland岛Åby——Montelius，Brons. Ornamentik，Fig. 97。

267. 同上——（249图器）——前书，Fig. 99。

268. 同上——丹麦Jütlan，Amt Vdiborg——前书，Fig. 98。

269. 同上——丹麦Seeland岛Hemmershöi——前书，Fig. 100。

270—271. 粗陶器——北意大利Bologna州Crespellano墓地——*La Civil. Pr. en Italie*，Taf. 39，Fig. 11，16。

272—274. 粗陶器（274倒转即为粗陶器的盖）——北意大利Reggio nell' Emilia州Bismantova墓地——前书，Taf. 41，Fig. 21，20，17。

275. 同上——北意大利Bologna州Bazzano墓地——前书，Taf. 94，Fig. 1。

276—278. 同上——（276，278等倒转即为粗陶器的盖）——北意大利Bologna州Villanova墓地（参照280图）——前书，Taf. 93，Fig. 6—8。

279. 同上——北意大利Bologna州Savigano墓地——前书，Taf. 97，Fig. 5。

280. 同上——北意大利Villanova墓地——前书，Taf. 93，Fig. 2。

281. 同上——北意大利Bologna州Benacci墓地——前书，Taf. 75，Fig. 10。

282. 同上——中部意大利Etruria，Corneto——Monumenti doll' Instituts，XI，Taf. LX，Fig. 15。

283. 同上（附有器盖）——北意大利Benacci墓地（参看281

图）——*La Civil. Pr. en Italie*，Taf. 75，Fig. 11。

284. 同上——意大利Latium——I. Undset，*Bullettino di Paletnologia Italiana*，IX，1883，Taf. VI，Fig. 13。

285. 同上——Latium——*Archaeologia*，XLII（London，1869），Taf. X，Fig. 5。

286. 同上——北意大利Bologna附近Arnoaldi墓地——*La Civil. Pr. en Italie*，Taf. 85，Fig. 4。

287. 同上（附有器盖）——中意大利Etruria，Vulci——Berlin王立博物馆藏。

288. 同上——中意大利Etruria，Corneto——*Notizie degli Scavi di antichità*，1881，Taf. V，Fig. 15。

289. 同上（附有兜形盖）——Etruria，Corneto——照片。

290—292. 同上（291器附有器盖）——Arnoaldi墓地（参看286图）——*La Civil. Pr. en Italie*，Taf. 85，Fig. 7，3，9。

293. 同上——Corneto——照片。

294. 同上（附二重盖）——Benacci墓地——*La Civil. Pr. en Italie*，Taf. 79，Fig. 36。

295. 同上——Corneto墓地——*Notizie degli Scavi*，1882，Taf. XII，Fig. 14。

296. 彩色陶器——Vulci——St. Gsell，Fouilles dans la Nécropole de Vulci（Paris，1891），Taf. 1，Fig. 4。

297. 同上——中部意大利Narce——原品。

298—299. 同上（299器附盖）——Narce——Monunenti Antichi，Publicati per Curadella Reale Accademia dei Lincei，IV，Fig. 135，137。

300. 彩色陶器（附有器盖）——Etruria，Vulci——Gsell，

前书，Taf. 1，Fig. 2。

301—467.莲花纹样

301.埃及——Goodyear，*The Grammar of the Lotus*，Taf. III，Fig. 2。

302.莲花（自然写生）——Goodyear，前书，Fig. 3。

303.罗塞达——Riegl，*Stilfragen*，Fig. 4。

304.莲花（自然写生）——Goodyear，前书，Fig. 4。

305.Usertesen，III王（第十二王朝）黄金装饰——埃及Dahchour——J. De，Morgan，*Fouilles à Dahchour*（Wien，1895），Taf. XXI。

306.埃及Saquara金字塔（古帝国时代）——C.R.Lepsius，Denkmäler aus Aegypten，II，BI，103.

307.埃及Denderah神祠浮雕——Goodyear，前书，Fig. 21。

308.埃及——Goodyear，前书，Taf. III，Fig. 6。

309.埃及——Goodyear，前书，Fig. 34。

310.埃及Saquara金字塔（古帝国时代）——Lepsius，前书，II，BI，97。

311.埃及石雕（第一王朝以前）——Flinders Petrie，*Hierakonpolis* I（London，1900），Taf. XXVI C，Fig. 3。

312.埃及壁画（第六王朝）——Lepsius，前书，II，BI，III。

313.埃及石雕（第十二王朝）——Petrie，*Koptos*（London，1896），Taf. XI。

314.埃及（第四王朝）——Goodyear，前书，Fig. 39A。

315.埃及（第十八王朝）——Goodyear，前书，Fig. 39B。

316—319.埃及Tell-el-Amarna（第十八王朝）——Petrie，*Tell-el-Amarna*（London，1894），Taf. XVI。

320.埃及——Goodyear，前书，Fig. 58。

321.埃及——Goodyear，前书，Fig. 59。

322.粗陶器——塞浦路斯——M. Ohnefalsch Richter, *Kypros, Die Bibel und Homer*（Berlin，1893），Taf. CVIII, Fig. 2。

323.石雕——塞浦路斯Tamassos——Oh. Richter，前书，CLXII，Fig. 7。

324.腓尼基作风的“婆罗麦特”——Riegl，前书，Fig. 42。

325.石雕——塞浦路斯Tamassos——Oh. Richter，前书，Taf. CXVII，Fig. 6。

326.粗陶器——塞浦路斯——Goodyear，前书，Taf. XVI, Fig. 3。

327.青铜楯——塞浦路斯Amathus——Goodyear，前书，Taf. XII，Fig. 12。

328.粗陶器——塞浦路斯——Goodyear，前书，Taf. XV, Fig. 13。

329.腓尼基陶制护符——Riegl，前书，Fig. 17。

330.象片品——亚述Nimrud——J. Lange，Det Ioniske Kapitoels Oprindelse，Taf. 1，Fig. 8。

331.腓尼基象牙浮雕——Nimrud——Perrot, *Histoire de l' art dans l' antiquité*, II，Assyrie，Fig. 80。

332.青铜器——塞浦路斯Tamassos——Oh. Richter，前书，Taf. LXX，Fig. 3。

333.青铜容器——腓尼基Sidon——Goodyear，前书，Taf. XIII，Fig. 1。

334—336.腓尼基金属制品——中意大利Cervoteri（Tomba

Regulini Gslassi发见）——Goodyear，前书，Taf. XII，Fig. 5，8，11。

337.Etruskisches粗陶器——照片。

338.石雕——亚述Niniveh Kujunds-chik，Assurbanipal王宫——Perrot，Assyrie，Fig. 131。

339.石雕——亚述——Salin，Studieri Ornamentik，Fig. 13。

340.石雕——亚述Nimrud——Perrot，前书，Fig. 137；Layard，Monuments，I，Taf. 47。

341.亚述浮雕——Goodyear，前书，Taf. XXV，Fig. 8。

342.石雕——亚述Nimrud——Perrot，前书，Fig. 140；Layard，前书，Taf. 44。

343.粗陶器——希腊Mykenae——H. Schliemann，*Mykenae*（London，1878），Fig. 89。

344.黄金装饰——Mykenae——Schliemann，前书，Fig. 266。

345.粗陶器——Rhodos——Riegl，前书，Fig. 71。

346.粗陶器——Melos——Goodyear，前书，Taf. XI，Fig. 3。

347.粗陶器——希腊Thebe——Böhlau，Frühhattische Vasen（Jahrb. d. Archaeolog. Instituts，1887），Taf. 4.

348.粗陶器——希腊Analatos——Boehlau，前书，Taf. 3。

349.粗陶器——（希腊）——Salin，前书，Fig. 23。

350.粗陶器——（参看436图）——希腊Aegina——Salin，前书，Fig. 21。

351—356.埃及壁画

351.Petrie，*Egyptian Decorative Art*（London，1895），Fig. 118。

352. Ussing，*Den graeske Söilbygnings Udvikling*，Fig. 13。

353.Petrie，前书，Fig. 117。

354.Lange，Det Ioniske Kapitoels Oprindelse，Taf. II，Fig. 16。

355.Ussing，前书，Fig. 14。

356.埃及Karnak（Thutmes III造立神祠）——Lange，前书，Taf. II，Fig. 10。

357.奉献牌石柱头——塞浦路斯Idalion——Oh. Richter，前书，Taf. LIX，Fig. 1。

358.石雕——塞浦路斯——Ussing，前书，Fig. 25；参见Perrot，*Histoire de l' art dans l' antiquité*，III，*Phénicié-Cypre*，Fig. 51。

359.同上——塞浦路斯——Lange，前书，Taf. I，Fig. 6。

360.希腊青铜器纹样——Goodyear，前书，Taf. XIII，Fig. 7。

361.腓尼基象牙制品——Niniveh——Goodyear，前书，Taf. XIII，Fig. 2。

362.石制——Macedonia——Goodyear，前书，Fig. 10。

363.石制——Neandria——Ussing，前书，Fig. 40。

364.彩色石制柱头——希腊Athen——Antike Denkmäler，I，Taf. 18。

365.汤腊陶器——Lange，前书，Taf. III，Fig. 24。

366.石雕——Lycia，Myra——Lange，前书，Taf. III，Fig. 22。

367.石雕——Lycia，Telmissos——Lange，前书，Taf. III，Fig. 23。

368.石雕——Karia，Priene Athen神祠——E. A. Seemann，*Kunsthistorische Bilderbogen*（Leipzig，1881），Taf. 4，Fig. 1。

369.坟墓壁画——埃及——Goodyear，前书，Taf. LIX，

Fig. 15。

370.青釉陶器（第十二王朝）——埃及Kahum——Petrie，*Illahun*，*Kahun and Gurob*（London，1891），Taf. XIII，Fig. 19。

371—373.粗陶器——塞浦路斯Amathus——A. S. Murray，A. H. Smith，S. H. B. Walters，*Excavations in Cyprus*（London，1990），Fig. 151，152。

374.粗陶器——Roma，Esquilin——R. Lancüani，*Bulletino della Comenissiane Archeologica Municipale*，III（Roma，1875），Taf. VI—VIII，Fig. 17。

375.粗陶器——Etruria，Corneto——Gsell，前书，Fig. 95。

376.粗陶器——Sicilia，Siracusa——Annali dell'Instituts，1877，Taf. CD，Fig. 7。

377.埃及——Riegl，前书，Fig. 40。

378.石雕——Syrien，Arados——Oh. Richter，前书，Taf. CXIII，Fig. 8。

379.石雕——Nimrud，西北宫殿——Riegl，前书，Fig. 39。

380.Etrurien——Goodyear，前书，XIII，Fig8。

381.石雕——塞浦路斯Amathus——Oh. Richter，前书，Taf. CXVII，Fig. 8。

382.银皿——塞浦路斯Kurion——Oh. Richter，前书，Taf. LXXXIX，Fig. 3。

383.石雕——Niniveh，Assurbanipal宫殿——Perrot，*Assyrie*，Fig. 131。

384.Korinthisches式粗陶器——A. Dumont & J. Chaplain，*Les Céramiques de la Gréce Propre*（Paris，1885），Fig. 39。

385.同上——E. Wilisch，*Die ältkorinthische Thonindustrie*（Leipzig，1892），Taf. III，Fig. 35。

386.粗陶器——Melos——Goodyear，前书，Taf. XVII，

387.大形粗陶器破片——Sicilia岛Megara Hyblaea Monum-enti Antichi，1—4，Sp.761。

388.Kliatias及Ergotimos作Amphora（Francois-Vase）——Chiusi——Wiener Vorlegeblätter，1888，Taf. III。

389.Nikosthenes作Amphora，前书，1890—91，Taf. I，Fig. 6。

390—397.阿提喀陶器把手模样——Winter，Jahrbuch d. Archaeol. Instituts，1892，Fig. 1，2，3，5，6，14，106，13。

398—399.埃及壁画——Prisse D'Avennes，*Histoire de l'art égyptien d'après les Monuments*（Paris，1878）。

400，401.同上——Riegl，前书，Fig. 56。

402.同上——Perrot，Histoire de l'art，I；Egypte，Fig. 51。

403，404.同上——Riegl，前书，Fig. 27，26。

405.石雕——希腊Orchomenos——Schliemann，*Orchomenos*（Leipzig，1881），Taf. 1。

406.壁画——希腊Tiryns——Schliemann，*Tiryns*（London，1886），Taf. V。

407—416.希腊陶器

407，408.Melos——Riegl，前书，Fig. 63，53。

409.Rhodos——Riegl，前书，78；参看Salzmann，前书，Taf. 38。

410.Th. Lan，Die Griechischen Vasen，*Ihr Formenund Decorationsystem*（München，1877），Taf. VIII，Fig. 7。

411.Lan，前书，Taf. XII，Fig. 6。

412.Cholchos作瓶子——Wien. Vorleg., 1889, Taf. 1, Fig. 2。

413.Lan，前书，Taf. XII，Fig. 1。

414.Riegl，前书，Fig. 96。

415，416.Lan，前书，Taf. XIII，Fig. 3，4。

417.陶棺——小亚Klazomenáe——Riegl，前书，Fig. 76。

418—423.希腊陶器——Lan，前书，Taf. XIV，4；Taf. XXX，Fig. 1；XIII，Fig. 6；Taf. XIV，Fig. 6，5；Taf. XIII，Fig. 5。

424.同上——Melos——Riegl，前书，69。

425.同上——Rhodos——Goodyear，前书，Taf. XIV，Fig. 14；参看Riegl，前书，Fig. 75。

426，427.陶棺——Klazomenae——Antike Denkmäler，II，Taf. 26 & 1，Taf. 44。

428.青铜器——Kreta——F.Halbherr & P.Orsi，Antichità dell’antro di zens Ideo in Creta（*Museo Italiono di Antichità Classica*，II），Taf. IX。

429.埃及——Petrie，Egypt. Decor. Art，Fig. 119。

430.埃及壁画——Prisse D’Avenens，前书。

431，432.同上——Riegl，前书，Fig. 23，21。

433.粗陶器——埃及Defennch——Petrie，Tanis，II，Taf. XXXVI，Fig. 8。

434.银器——塞浦路斯Amathus——Oh. Richter，前书，Taf. CXIII，Fig. 7。

435.釉画砖——波斯——Susa——Perrot，Hist. d. I’art，Perse，Fig. 532。

436.Aegina浅皿——Archäolog. Zeitung，1882，Taf. 10。

437.青铜板——希腊——Riegl，前书，Fig. 84。

438，439.Korinthisches式陶器——Wilsch，前书，Taf. III，Fig. 37；Taf. IV，Fig. 43。

440.Nikosthenes作Amphora，Wien. Vorleg.，1890—91，Taf. I，Fig. 5。

441.Korinthisches式陶器——Wilsch，前书，Taf. III，Fig. 36。

442—463.希[①]腊阿提喀陶器

442，443.Lan，前书，Taf. XI，Fig. 6；Taf. X，Fig. 9。

444.Wien. Vorl.，1888，Taf. VIII，Fig. 7。

445.Taleides作Amphora，Wien. Vorl.，1889，Taf. V，Fig. 1。

446.Lan，前书，Taf. XI，Fig. 7。

447，448.Amasis作瓶子——Wien. Vorl.，1889，Taf. IV，Fig. 1，2。

450.Exekias作Amphora，前书，1888，Taf. VI，Fig. 3。

449，451.Amasis作瓶子——前书，1889，Taf. III，Fig. 2，3。

452.Nikosthenes作Krater，前书，1890—91，Taf. VI，Taf. 1。

453.赤绘法Amphora（Vatican博物馆原品）。

454—457.Lan，前书，Taf. XII，Fig. 1，2，7；Taf. X，Fig. 2。

458.Riegl，前书，Fig. 91。

459—461[②].Lan，前书，Taf. XXIV，Fig. 1；Taf. VIII，Fig. 5；Taf. X，Fig. 10。

462.Riegl，前书，Fig. 98。

463.Wien. Vorl.，1889，Taf. XI，Fig. 2。

464.陶棺——Klazomenae——Riegl，前书，Fig. 99。

---

①编者按：原稿为“布”，当以“希”为是。今改。

②编者按：原稿为“451”，当以“461”为是。今改。

465—466.大理石轩回Sima（赤青彩色纹样）——（Athen）——Ant. Denk.，I，Taf. 50，38。

467.Ficoroni青铜桶——Wien. Vorl.，1889，Taf. XII，Fig. 2。

468.Parthenon破风波状缫形——Riegl，前书，Fig. 109。

469.Erechtheion北前室柱头颈部装饰——Riegl，前书，Fig. 113。

470.腓尼基银皿——（意大[1]利）——Goodyear，前书，Taf. 1，Fig. 12。

471，472.Prisse D'Avennes，前书。

473.青釉陶器——（埃及Gurab）——Petrie，*Illahun*，Taf. XX，Fig. 2。

474.坟墓壁画（第十八王朝）——Lepsius，前书，III，B1，62。

475，476.埃及——Petrie，*Egypt. Decor. Art*，Fig. 121，123。

477.银制带金具一部——塞浦路斯Marion-Arsinoë——Oh. Richter，前书，Taf. C，Fig. 7；参看Taf. XCIX，Fig. 8。

478.石雕——Phrygia——Perrot，*Histoire d. I' art*，V，Perse，Fig. 128。

479.与338图相同。

480.釉画砖——Nimrud，西北宫殿——Perrot，Assyrie，Taf. XIII。

481.石雕——Khorosbad——前书，Fig. 135。

482.粗陶器——Rhodos，Kamairos——A. Zaizmann，*Nécropole de Camairos*（Paris，1875），Taf. 52。

483.同上——Kamairos——前书，Taf. 37。

---

①编者按：原稿为“夫”，当以“大”为是。今改。

484.同上(参看372图)——塞浦路斯——照片。

485.同上——塞浦路斯——照片。

486.同上——Camairos——Salzmann，前书，Taf. 44。

487.Theozotos作酒杯[1]——Wien. Vorl.,1888,Taf. 1,Fig. 9。

488.粗陶器——(希腊)——Salin，前书，Fig. 24。

489，490.阿提喀陶器——前书，Fig. 16，17。

491.同上——Riegl，前书，Fig. 90。

492，493.石雕——埃及Naukratis——Goodyear，前书，Taf. XXI，Fig. 1—4。

494.石雕——Smyrna附近Larissa——Kjellberg氏写生图。

495.粗陶器——塞浦路斯——Goodyear，前书，Taf. XXI，Fig. 8。

496.Diana神祠石柱——小亚Ephesos——Perrot，*Histoire d. l'art*，VII，*Grèce Archaique*，Taf. X。

497.彩色Terracotta——南意大利Metapontum，前书，Taf. IX。

498.Korinthisches式陶器把手纹样——Riegl，前书，Fig. 100。

(原载《学术世界》第1卷第2—6期，1935年)

---

①编者按：原稿为“坏”，当以“杯”为是。今改。

史地交通

目　录

宋元漕运海运之兴革与当时经济上所受之影响①

一、序论

余不敏，未尝习经济之学，近数年来虽颇留心上世各时代中外交通往还之史迹，与夫文化交流之所由，然实不敢有涉于经济上之一切问题也。交通大学经济学会向有《交大经济》之刊，一日忽以书抵余，嘱为文以实篇幅。辞不获已，乃翻检《宋史》《宋会要》《文献通考》《续资治通鉴长编》《元史》《大元海运记》诸书，略究其当时漕运海运之兴革，命为是编，聊以塞责。非敢云文也。邦人君子，尚其教之！

二、漕运之意义及其发生

漕运者为国家所统制，集各地方官用之财物，尤主要者如租税收入之米粟钱绢，从水道以输送于京师者也。考其事始于秦。《文献通考·国用考三》云：

---

①编者按：本篇书名号为整理者所加。局部标点有改动。

> 秦欲攻匈奴，运粮，使天下飞刍挽粟，起于黄腄，琅琊负海之郡，转输北河。

是为漕运之始。汉魏晋南北朝，代有改进，至隋尤肆力经营。隋文帝开皇二年（公元五八二①）以京师仓廪尚虚，议为水旱之备。四年（公元五八四②）诏宇文恺率水工③凿渠引渭水，自大兴城东至潼关三百余里，名曰广通渠。关内便之。炀帝大业元年（公元六〇五）发河南诸郡男女百余万，开通济渠，自西苑引谷洛水达于河，又引河通于淮海，自是天下利于转输。四年（公元六〇八）又发河北诸郡百余万众，开永济渠，引沚水，达于北河通涿郡，运输益便。李唐统一，坐享其成，往往以京师不足自给，转漕东南之粟，以备水旱。然而人船不多，间歇无定，未足臻于极盛之境也。

三、宋代漕运之盛况及其衰落

宋初定鼎汴京，居天下之中心，漕运往还分黄河，广济河，惠民河，汴河四路，即所谓四河者是也，《文献通考·国用考三》云：

> 凡水运自淮南江南，荆湖南北路所运粟，于杨、真、楚、泗州处置仓，以受其输。既而分调舟船，溯流而入京师，发运使领之。荆、湘、江、涯④、两浙以及岭表金银香药犀象百货亦同之。惟岭表陆运至虔州而后水运。陕西诸州菽粟，自黄河

①编者按：原稿为“五八三”，开皇二年当为五八二年。今改。

②编者按：原稿为“五八五”，开皇四年当为五八四年。今改。

③编者按：原稿为“又”，当以“工”为是。今改。

④编者按：原稿为“涯”，疑为“淮”。

二门沿流，由汴河而至，亦置发运使领之。陈、颍①、许、蔡、光、寿等六州之粟帛，由石塘惠民河而至。京东十粟帛，由广济河而至，皆有京朝官廷臣督之。凡之水皆通漕运，而岁计所赖者惟汴流焉。河北卫川东北有御河达乾宁军，其运物亦有廷臣主之。川陕诸金帛，自剑门列传置，分辇负担以至。租布及官所市布，由水运送江陵，自江宁遣纲吏运送京师。

换言之，黄河所运，为今河北、山西、陕西诸省，广济河则为今山东及河南开封以东，惠民河为今河南开②封以西，汴河则为今江苏、安徽两省之长江以北及湖北四川两省及长江以南。其中黄河、广③济河、惠民河三路北方物产居多，汴河一路则属南方，地域广大，物产丰饶，控制愈多，规模益大，而中央之财政，实利赖之。此其大较也。

七州之今兹所论实以汴河为主。以其居漕运上主要之地位，史料丰富，而其控制之南方，所出米粟尤多。其主要生产地为当时淮南、两浙、江南东西、荆湖南北六路，而四川、广东、广西、福建等地，则以程途及产额关系而以钱绢代之。

即以漕米额而论，在太宗太平兴国六年（公元九八一）只不过四百万石，真宗景德四年（公元一〇〇七）增定为六百万石，仁宗除曾于天圣五年至八年（公元一〇二七至一〇三〇）改为五百五十万石外，即照景德四年所规定，亦以④百万石为定额，其实际漕米额，即与比相差不远。终北

---

①编者按：原稿为“颖”，当以“颍”为是。今改。

②编者按：原稿此处脱漏一“开”字。今补。

③编者按：原稿为“县”，当以“广”为是。今改。

④编者按：原稿为“以亦”，当以“亦以”为是。今改。

宋之世，可称为漕运极盛时代。兹为便于明了起见，钩稽诸书，列表如下：

年期	品目	漕米额	所载文献卷第	备考
开宝五年（公元九七二）	稻米	数十万石	会要食货志四亦[①]水运	
开宝九年（九七六）	米	百余万石	长编卷一七、开宝九年九月	
太平兴国二年（九七七）	米	数百万石	长编卷一八、太平兴国二年七月	
太平兴国六年（九八一）	米 菽	三百万石 百万石	宋史卷一七五、食货上三漕运	文献通考同
太平兴国八年（九八三）	熟米	四百万硕	会要食货四二宋漕运	
端[②]拱二年（九八九）		五百万斛	长编卷三〇、端拱二年四月	文献通考同
淳化四年（九九三）		六百万（石）	长编卷三四、淳化四年十二月	
至道元年（九九五）	米	五百八十万石	长编卷三八、至道元年九月	文献通考同
咸平二年（九九九）		五百六十万硕	长编卷四六、咸平二年三月	

①编者按：原稿为“亦”，疑为“六”。

②编者按：原稿为“瑞”，当以“端”为是。今改。

景德中（一〇〇四—一〇〇七）		四百五十万（石）	会要食货四二宋漕运	文献通考同
大中祥符二年（一〇〇九）		七百万（石）	长编卷七一、大中祥符二年四月	文献通考同
大中祥符三年（一〇一〇）	米	六百七十九万石	长编卷七四、大中祥符三年九月	
天禧二年（一〇一八）		六七百万石	会要食货四二宋漕运	
天禧中（一〇一七—一〇二一）		八百万石	欧阳文忠公文集卷二六、简肃薛（奎）墓志铭	
天禧五年（一〇二一）	米	六万余万石	长编卷九七、天禧五年十月	
天圣元年（一〇二三）	米	七百七十万石	长编卷一〇一、天圣元年闰九月	
天圣中（一〇二三—一〇三一）		六百五十万石	宋史卷一七五、食货三漕运	
天圣五年（一〇二七）		六百余万石	会要食货四二宋漕运	
天圣六顷年（一〇二八？）		五百五十万石内外	会要食货四六水运	

明道中（一〇三二—三）	米	六百万石	长编卷一一二、明道二年七月
宝元中（一〇三八—九[①]）		六百余万石	宋史卷一七九、食货下一会计
治平二年（一〇六五）	粟	五百七十五万五千石	宋史卷一七五、食货上三漕运
熙宁三年（一〇七〇）	米	六百二十万石	长编卷二一一、熙宁三年五月
熙宁四、五年顷（一〇七一—二）	米	四百万石内外	长编卷二一四、熙宁五年八月
元丰六年（一〇八三）	谷	六百二十万石	长编卷三三六、元丰六年闰六月
元祐六年（一〇九一）		四百五十余万石	长编卷四七五、元祐七年七月

自元祐以后则漕运渐衰，直至徽钦之亡，不能复振。

现欲考明其盛落所由，当先明白当时运输方法。据现代运输学原理，直接载运为最良，间接转般为最劣。昔闻海上有科学公司，设厂自制科学上玻璃用具，其初在山东产玻璃炮之地，购资原料，成本较重，继而往广东北海购买，虽比山东为廉然仍不甚合算，终乃遥向葡萄牙购买，用船运载，成本乃得

①编者按：原稿为“一〇二八—九”，宝元当为1038—1040年，所以文中应为“一〇三八—九”。今改。

最轻。彼何以故？盖山东出产之地，离运货铁路较远，不能直接载运，须经人工搬[①]运，多一次肩驳，即多一次费用，故也。孰知在一千年[②]前，其事乃大异于今所云。考宋初漕运，乃用转般之法，徽宗大观（一一〇七）以后，始改为直达法，或行或否，政令不一，而漕运乃大窳败。

《文献通考·国用考三》云：

> 转般之法，东南六路斛斗，自江浙起纲，至于淮甸以及真、扬、楚、泗，为仓七，以聚蓄军储，复自楚、泗置汴纲，般运上京，以发运使董之。故常有六百万石，以供京师；而诸仓常有数年之积。郡州告歉，则折纳上等价钱，谓之额斛。计本州岁额，以仓储代输京师，谓之代发。复于丰熟以中价收籴，谷贱则官籴不至伤农；歉则纳钱，民以为便。本钱岁增，兵食有余，国家建都大梁。足食足兵之法，无以加于此矣。

是当时漕运所会，则有转般仓；各路所运，皆就近程卸纳；其多积之处，亦别遣官专掌。水核之处，官为具舟，不得调发居民，以妨农作。太宗时又恐仓吏给受不平，遣皇城卒变服侦逻，廉得永丰仓持量者八辈，受赇为奸，悉渐之，监仓免官治罪。令所法立，运政日隆。同书又云：

> 江湖上供米，旧转运使以本路纲输真、楚、泗州转般仓，载盐以归，舟还其郡，卒还其家，而汴舟诣转般仓漕米输京。载岁擢公者四，河冬涸，舟卒还营；至春复集，名曰放冻。卒得番休，逃亡者少。而汴船不涉江路，无风波溺之患。

---

①编者按：原稿为“般”，当以“搬”为是。今改。

②编者按：原稿此处脱漏一“年”字。今补。

所以当时立法严密，民无不便，而官府坐享其利；此漕运之所以日盛也。

厥后吏卒舞弊，汴纲日坏。加以沿检点税务，豪夺无厌。《文献通考·国用考三》云：

其后发运使权益重六路上供米，团纲发船，不复委本路。独发运使专其任，文移坌[1]并，事目繁夥。有不能横察，则吏胥可以用意于其间。操舟者赇诸吏，辄得诣富饶郡市贱贸贵，以趋京师。自是江汴之舟，合杂混转无办督。挟舟卒有终身不还其家，而老死河路者，籍多空名，漕事大敝。嘉祐三年，复下诏责，汴纲不得复出江……江外船亦不得至京师。失商贩之利，而汴纲工卒讫冬坐食，苦不足，皆盗毁船材，易钱以自给。船愈坏，漕岁额又愈不及。

又云：

漕运吏卒，上下共为侵尽贸易，甚则托风水沉没以灭迹，而官物陷折者岁不减二万斛。

苏轼知杨州上书云：

运法之坏，一至于此。臣到任以来，所断粮纲欠折等，不可胜数，衣粮罄于折会，船车尽折卖，质妻鬻子，聚为乞丐，散为尽贼。……数年以来，官用窘逼，转运司督迫诸处税务，日急一日，谨案一纲三十只船，……一船检点，即二十九只船皆须住岸伺假。……缘此为奸，邀难乞取，十倍于官。遂致纲稍皆穷困骨立，亦无复富商大贾，肯以物货委令搭载，以此专仰攘取官米，无有限量，折卖船板，动使净尽。事败入狱，以命偿官。

---

[1] 编者按：原稿为“分土”，根据《文献通考》，当以“坌”为是。今改。

又因盐法已坏，回舟无所得，舟人逃散，船亦随坏。而转般之法，遂以不行。惟直达之法，不特不能挟此颓风，且有百弊而无一利。《文献通考》引吴氏《能改斋漫录》曰：

漕法渐坏，惟发纲发运未罢。及蔡京为相，不学无术，不能明考祖宗立法之意，遂废。改盐法，置直达江无水处不如此。是时奸吏多，虽有漕运之官，不过催督起发；其官亦有名无实。大抵用官船逐处漕运时，便都无奸计；若用直达，江经涉岁月长远，故得为奸。所费甚多，东南入京之粟亦少。此召乱之道也。

南渡以后，疆土益狭，军用益繁，仰食益多，督运益急。高宗建炎初（一一二七），民间有自毁其舟楫，不愿藏舟，自废其由，而不愿有田。王事鞅掌，人胥病之。至有议以陆运弥缝其缺憾者。噫！漕运之不得不革，盖事势之有所必至者。

四、宋元之兴替实由于经济势力之消长

然而南宋国用上损失如此，而犹不至于灭亡者，盖以其时东南海甚[①]贸易大兴，足以偿抵也。《宋史》卷一百六十七《职官志[②]》云：

绍兴二十九年（一一五九），臣僚言：福建、广南，各置务于一州；两浙市舶，乃分建于五所。

据《文献通考》所载，乾道时（孝宗年号，一一六五—一一七三[③]）依臣僚之言，在临安、明州、秀州、温州、江阴

①编者按：此处“甚”疑为衍字。

②编者按：原稿为“老”，当以“志”为是。今改。

③编者按：原稿此处多一“七”字。今删。

军等地置市舶务五所。是南京时国家财用，全恃此两浙福建、广南等处海港所入也。

考市舶司之创建。自北宋太祖开宝[①]四年（九七一）已始置于广州。（案此事详见《宋史 · 食货志》[②]、《文献通考》卷二十及卷六十二，以非本题范围，不节引。）其后又于杭、明置司。据《玉海》所载“海舶至者，视所载十算一，市其三四”。惟是时贸易不盛，故连年用兵辽夏悉恃汴河所输东南之粟而已。及偏安江左，顿失财源，筹备饷练兵，均虞不足。于是对于市舶事业，始竭力经营。《宋史》卷八十八[③]《地理志》云：

> 余杭，四明，通蓄巨市，珠贝外国之物，颇充于中藏。

吴自牧《梦粱录》卷十二《江海船舰》条云：

> 若欲船泛外国买卖，则是泉州便可出洋。

又云：

> 若商贾止到台、温、泉、福买卖，未尝过七州昆仑等大洋。若有出洋，即从泉州港口，至岱屿门，便可放洋过海，泛往外国也。

大抵南宋之世，与日本高丽贸易最盛，故云从泉州出洋。岱屿在泉州港内，七州洋，昆仑洋环于其间。此等海上诸国之产物所谓珠贝香药一类，一旦入于泉州，即从杭州运输各地。今只以杭州一港而论，其规制亦颇不少。《淳祐临安志》卷七云：

> 市舶务旧在保安门外，淳祐八年（一二四八）拨归户

---

①编者按：原稿为“开宗”，宋太祖的年号应为“开宝”。今改。

②编者按：原稿为“《宋吏 · 食货老》”，当以“《宋史 · 食货志》”为是。今改。

③编者按：原稿为“八卷十八”，当以“卷八十八”为是。今改。

部，于浙江清水闸河岸新建，曰行在市舶务。

同书卷十又说明其河运云：

南自浙江浦桥，北自浑水闸萧公桥，清水闸众惠桥，摆木桥，朱家桥转西，由保静闸至安水门入城，曰运河。

盖当时所谓运河，即今所谓钱塘江也。《咸淳临安志》卷九云：

市舶务在保安门，海商之自外舶至杭者，受其券而考验之。又有新务，在梅家桥之北，以受舶纲。

然则汴河漕运失败，南宋之经济，全以此等市舶为中心矣。

金人入中国后，上下荒淫，不足为患。南宋亦得以苟安。及元人灭金，对东南用兵。惟蒙古短于水战，舟师实不敌宋人。赵翼《二十二史札记》卷三十称：太宗、宪宗时，与宋战于蜀州，屡用皮船革舟，其不娴水战，无待烦言。而当时市舶既兴，操持南宋经济者实为一般之外籍提举市舶。其中尤以为提举市舶三十载之阿拉伯人蒲寿庚为举足轻重。其后蒲寿庚弃宋降元，最足为南宋之致命伤。日人桑原骘藏《蒲寿庚考》第四章云：

元世祖至元十三年（一二七六）春，元伯颜陷临安，恭宗出降，于是宋遗臣等奉恭宗之兄端宗入闽，图恢复，知非依赖寿庚不可，进寿庚福建广东招抚使，兼统此方海舶。旋端宗以避元军，于是年十二月，自福州航海移泉州，冀得寿庚兄弟之助，寿庚应之殊不力。元军之向东南也，知括降寿庚为第一要着。至元十三年二月，临安犹未下，伯颜即遣使劝寿庚兄弟降。寿庚如何应付，今无可考[1]，恐已略有二心。后宋军以船舶军资，两皆不足，在泉

---

① 编者按：原稿为“孝”，当以“考”为是。今改。

州强征寿庚之海舶资产，寿庚大怒，遂以其年之十二月降元，与宋取对敌运动。寿庚弃宋降元之举，有关于宋元势力消长实大。盖寿庚老于海事，拥海舶甚多，一旦降元，足为元南征之助。于元为莫大之利，于宋直致命之伤。

桑原氏所言，至为可信。盖至是宋之市舶海港几全归元人掌握，经济基础，已全动摇；此赵比一块肉，终于葬于江鱼腹中也。

五、元代海运制度之兴起

海运之制，倡于北宋神宗之时。《文献通考·国用考三》神宗熙宁八年（一〇七五[①]）条云：

京东察访邓润甫等言，山东沿海州郡，地广丰岁，则谷贱，可募人为海运。山东之粟，可转之河朔，以助军食。诏京东河北路转运相度。讫无施行。

然终宋之世，似迄未实行。盖疲弊之政，应兴应革，而卒不能兴革者，可以觇国运之兴替也。及元人长驱中原后，以河运不便，始创通运。《大元海运记》卷上云：

惟我世祖皇帝至元十二年（一二七五）既平宋，始运江南粮，以河运弗便，至元十九年（一二八二）用丞相伯颜言，初通海道漕运，抵直沽，以达京城。

又云：

世祖皇帝至元十九年，初命上海总管罗璧、张瑄、朱清造海船六十艘，募水工同官军，自海道漕运江南粮四万六千余石。明年（一二八三）三月至直沽，从丞相伯颜言也。

---

①编者按：原稿为“一〇七四”，熙宁八年当为一〇七五年。今改。

其后五十年间，而海运大盛。同书又云：

> 初，岁运四万余石，后累增及二百万石，今增至三百余万石。然春夏分二运，至舟行风信，有时自浙西不旬日而达京师，内外官府，大小吏士，至于细民，无不仰给于此。於戏！世祖之德，淮安王之功，逮今五十余年，裕之民泽，曷穷极焉！

又《元史》卷九十三《食货志·海运》条云：

> 元都于燕，去江南极远，而百司庶府之繁，卫士编民之众，无不仰给于江南。自丞相伯颜献海运之言，而江南之粮，分为春夏二运，盖至于京师者一岁多至三百余万石，民无挽输之劳，国有储蓄之富，岂非一代之良法欤！

是以元虽偏都蓟北而控制东南，国库裕如者，其能适应事势之要求，改造地理环境之功，实予以最大之助力。而其最初之动机之怕[①]缘于河运不便。《大元海运记》卷上云：

> 伯颜丞相奉旨取宋，既得江南而淮东之地，犹为宋守，乃令张瑄、朱清等自崇明州募船装载亡宋库藏图藉货物，经涉海道，运入京师。又命造鼓儿船运浙西粮，涉江入淮，由黄河逆水，至中滦旱站，般至淇门，入御河，接运赴都次。后创开济州泗河，自淮至新开河，由大清河至利津河，入运接运。因海口沙壅，又从未阿旱站，运至临清入御河。及创开胶莱河道，通海平运。至元十九年太傅丞相伯颜见里河之造运粮斛，前后劳费不赀，而未见成效，追思至元十二年海中般运亡宋库藏图籍货物之道，奏命江淮行省限六十日造平底海船六十只，听候调用。于是

① 编者按：原稿为“伯”，当以“怕”为是。今改。

> 行省委上海总管罗璧、张海、朱清等，依限打造。当年八月有旨。今海道运粮至扬州罗璧第就用官船军人，仍令有司召顾梢碇水手，装载官粮四万六千余。至二十年（一二八三）三月经由登州放莱州洋，方到直沽。因内河浅暨，就于直沽交卸。

《元史》卷九十三《食货志·海运》条所记，与此相同，而较为简略。则其动机当出于河运不便无疑也。余尝推测其意，所谓不便者，尤以江汴一带漕运舟卒，散亡为匪，积聚横行，自南宋以来，已苦此患。及宋亡以后，人人抱亡国之痛，严夷夏之分，有志者方纠合此辈逃亡，出为元患。规于后日，“汝颍[①]倡乱，湖广，江右，相继陷没”。（用《元史》卷九十七《食货志》中语）江、浙、皖、鄂一带，遂成反元之中心，则其百年之间，聚啸之众，自可知矣。此为创通海运之内因也。至若自唐以来，西亚，南亚诸国，与吾国沿海贸易已久。元人西征以来，南欧诸国，亦有至者，罗盘之用，虽创自东方，而应用于航海术中者，实以欧人为嚆矢。此时疑已有流入吾国沿海航行家之手。而其海运之水工官军，亦唯保无欧洲航海之人。故漕运水程，记标指浅，已见成规，而测候潮汛，预告风信，皆有歌诀。此则又为元代创通海运之外缘也。加以世祖以后叠饬运官押纲官用心约束军人船户不得扰民；鼠耗折合，定为则例；没水免偿，制为宪章。保护之周，视前代益厚。此元代海运之盛之所由也。兹将《元史·食货志》及《大元海运记》所载，汇列（甲）岁运粮数表（乙）艘数装泊表（丙）排年海运水脚价目表三表于下，以见一斑焉。

---

①编者按：原稿为“款”，根据《元史》，当以“颍”为是。今改。

甲 岁运粮数表

年期	该运额	运到数目	事故粮	备考
至元二十年（一二八三）	四万六千五十石	四万二千一百七十二石二斗二升五合	八百七十七石七斗五合	
至元二十一年（一二八四）	二十九万五百石	二十七万五千六百一十石	一万四千八百九十石	
至元二十二年（一二八五）	一十万石	九万七百七十一石五斗五升	九千二百二十八石四斗五升	
至元二十三年（一二八六）	五十七万八千五百三十石	四十三万三千八百五石四斗	一十四万四千六百一十四石六斗	
至元二十四年（一二八七）	三十万石	二十九万七千五百四十二石七斗	二千四百五十三石三斗	
至元二十五年（一二八八）	四十万石	三十九万七千六百五十五石八斗六升	二千三百四十四石一斗四升	
至元二十六年（一二八九）	九十三万五千石	九十一万九千九百四十三石	一万五千五十七石	
至元二十七年（一二九〇）	一百五十九万五千石	一百五十一万三千八百五十六石八斗	八万一千一百四十三石二斗	

至元二十八年（一二九一）	一百五十二万七千二百五十石	一百二十八万一千六百一十五石	二十四万五千六百三十五石	
至元二十九年（一二九二）	一百四十万七千四百石	一百三十六万一千五百一十三石六斗八升	四万五千八百八十六石三斗二升	
至元三十年（一二九三）	九十万八千石	八十八万七千五百九十一石五斗	二万四百八石五斗	
至元三十一年（一二九四[①]）	五十一万四千五百三十三石	五十万三千五百三十四石	一万九百九十九石	
元贞元年（一二九五）	三十四万五百石			俱到
元贞二年（一二九六）	三十四万五百石	三十二万七千二十六石六斗	三千四十三石四斗	
大德元年（一二九七）	六十五万八千三百石	六十四万八千一百三十六石九斗五升	一万一百六十三石五斗	
大德二年（一二九八）	七十四万二千七百五十一石	七十万五千九百五十四石五斗	三万六千七百九十六石五斗	
大德三年（一二九九）	七十九万四千五百石			俱到

①编者按：原稿为“一二八四”，至元三十一年当为一二九四年。今改。

大德四年（一三〇〇）	七十九万五千五百石	七十八万八千九百十八石二斗七升	六千五百八十一石七斗三升
大德五年（一三〇一）	七十九万六千五百二十八石	七十六万九千六百五十石	二万六千八百七十八石
大德六年（一三〇二）	一百三十八万三千八百八十三石六斗三升	一百三十二万九千一百四十八石一斗	五万四千七百三十五石五斗三升
大德七年（一三〇三）	一百六十五万九千四百九十一石三斗二升	一百六十二万八千五百八石八斗七升	二万九百八十二石四斗五升
大德八年（一三〇四）	一百六十七万二千九百九石八斗六升四合	一百六十六万三千三百一十三石五斗九合	九千五百九十[1]六石三斗五升六合
大德九年（一三〇五）	一百八十四万三千三石九斗	一百七十九万五千三百四十七石一斗一升六合二勺	四万七千六百五十六石七斗八升三合八勺
大德十年（一三〇六）	一百八十万八千一百九十九石五斗	一百七十九万七千七十八石三斗七升五合二勺	一万一千一百二十一石一斗二升二合八勺

①编者按：原稿为“八”，当以“十”为是。今改。

大德十一年（一三〇七）	一百六十六万五千四百二十二石八斗五升五合三勺	一百六十四万四千六百七十九石一斗七升八勺	二万七百四十三石六斗七升七合五勺
至大元年（一三〇八）	一百二十四万一百四十八石四斗八升八合七勺	一百二十万二千五百三石四斗七升三合九勺	三万七千六百四十五石一升四合八勺
至大二年（一三〇九）	二百四十六万四千三百四石八斗	二百三十八万六千三百石四斗八升一合	七万七千九百四石三斗一升九合
至大三年（一三一〇）	二百九十二万六千五百三十三石六斗四升九合	二百七十一万六千九百一十三石九斗九升五合	二十万九千六百一十九石六斗五升三合四勺
至大四年（一三一一）	二百八十七万三千二百十二石一斗	二百七十七万三千一百六十六石一斗九升六合	九万九千九百四十五石九斗四合
皇庆元年（一三一二）	二百八万三千五百五石四斗七合	二百六万七千六百七十二石八斗六升七合	一万五千八百三十二石五斗五升

皇庆二年（一三一三）	二百三十一万七千二百二十八石八升四合	六十五万四千三十六石一升五合	一十五万八千五百四十三石一斗一合	食货志云至者二百一十五万八千六百八十五石
延祐元年（一三一四）	二百四十万三千二百六十四石四斗三升四合	二百三十五万六千六百六石一斗二升二合	四万六千六百五十八石三斗一升二合	
延祐二年（一三一五）	二百四十三万五千六百八十五石九斗九升八合	二百四十二万二千五百五石一斗九升二合	一万三千一百八十石八斗六合	
延祐三年（一三一六）	二百四十五万八千五百十四石一斗八升五合	二百五十三万七千七百四十一石一斗八升五合	一万七百七十三石	
延祐四年（一三一七）	二百三十七万五千三百四十五石四斗三合	二百三十六万八千一百一十九石六斗四升二合	七千二百二十五石七斗六升一合	
延祐五年（一三一八）	二百五十五万三千七百一十四石三斗一合	二百五十四万三千六百一十一石五斗四升一合	一万一百二石七斗六升	

延祐六年（一三一九）	三百二万一千五百八十五石八斗九升九合	二百九十八万六千七百一十七石九斗七升八合	三万四千八百九十一石九斗一升一合	
延祐七年（一三二〇）	三百二十六万四千六石五斗六升七合	三百二十四万七千九百二十八石一斗六升二合	一万六千七十八石四斗四升八勺	
至治元年（一三二一）	三百二十六万九千四百五十一石五斗六升四合	三百二十三万八千七百六十五石九斗一升九合八抄[1]五撮	三万六百八十五石六斗四升四合九勺一抄[2]五撮	
至治二年（一三二二）	三百二十五万一千一百四十石	三百二十四万六千四百八十三石一斗五升七合	二万三千五百九十九石四斗五升五合	带起附余香白精米一万八千九百四十二石六斗一升二合
至治三年（一三二三）	二百八十一万一千七百八十六石九斗三升七合	二百七十九万八千六百一十三石九斗六升三合	一万三千一百七十二石九斗七升四合	

①编者按：原稿为"秒"，当以"抄"为是。今改。

②编者按：原稿为"杪"，当以"抄"为是。今改。

泰定元年（一三二四）	二百八万七千二百三十一石七斗八升九合	二百七万七千二百七十八石三斗六升九合	九千九百五十三石四斗二升
泰定二年（一三二五）	二百六十七万一千一百八十四石六升	二百六十三万七千七百五十一石八斗九升四合	三万三千四百三十二石七斗五升
泰定三年（一三二六）	三百三十七万五千七百八十四石二斗八升	三百三十五万一千三百六十二石二斗六升	二万四千四百二十一石九斗二升
泰定四年（一三二七）	三百一十五万二千八百二十石六斗六升	三百一十三万七千五百三十二石七斗七升	一万五千二百八十七石八斗九升
天历元年（一三二八）	三百二十五万五千二百二十四石四斗四升	三百二十一万五千四百二十四石三斗	三万九千七百九十六石四斗四升
天历二年（一三二九）	三百五十二万二千一百六十三石一斗	三百三十四万三百六石二斗	一十八万一千八百五十六石九斗

乙　艘数装泊表

年期	艘数总计	泊所	分泊艘数	开洋只数	备考
至顺元年（一三三〇）	一千八百只	昆山州太仓刘家港一带	六百一十三只		
		崇明州东西三沙	一百八十六只		
		海盐澉[①]浦	一十二只		
		杭州江岸一带	五十一只		
		嘉定州沙头浦官桥等处	一百七十三只		
		上海浦等[②]处	一十九只		
		常熟白茅港一带	一百七十二只		
		江阴通州蔡港等处	七只		
		平阳瑞安州云飞渡等港	七十四只		

①编者按：原稿为“敢”，当以“澉”为是。今改。

②编者按：原稿为“第”，当以“等”为是。今改。

	永嘉县外沙港	一十四只
	乐清白溪沙屿等处	二百四十二只
	黄岩州石塘等处	一十一只
	烈港一带	三十四只
	绍致[①]三江陡门	三十九只
	慈溪定海象山鄞县桃花等渡大高山堰头慈岙等处	一十四只
	临海宁海严奥铁场等港	二十三只
	奉化揭崎昌国秀山等路一带	二十三只
延祐元年（一三一四）?	浙西平江路刘家港	一千六百五十三只
	浙东业[②]元路烈港	一百四十七只

①编者按：原稿为“致”，疑为“兴”。

②编者按：原稿为“业”，疑为“庆”。

丙 排年海运水脚价目表

年期	海程里数	运僱数	品类	每石脚钱	备考
至元二十一年（一二八四）	一万三千三百五十里			中统钞八两五钱	依验千斤百里自开洋上海等处起运
至元二十九年（一二九二）				七两五钱	
元贞元年（一二九五）			头糙白粳米	中统钞六两五钱	（就直沽交卸）
			香糯	七两	（直赴大都醴源仓交纳）
大德七年（一三〇三）		二十万石	稻谷	中统①钞五两	
至大元年（一三〇八）				七两	（因物贵量添）
至大三年（一三一〇）			糙白粳	至元钞一两六钱	
			香糯	至元钞一两七钱	
至大四年（一三一一）			糙白粮	至元钞二两	

①编者按：原稿为“总”，当以“统”为是。今改。

		香糯	至元钞二两八钱	
		稻谷	一两四钱	
皇庆二年（一三一三）		糙粳	一十三两	斟酌道里远近此为福建远船
		糙粳	一十一两五钱	温台庆元船
		香糯	一十两五钱	绍兴浙西船
		白粮黑豆	一十一两	
		稻谷	八两	
天历二年（一三二九）	正粮三百万石		脚价不等	共中统钞六十四万九千[1]七三[2]二十八定二十八两五钱七十[3]
	增运附余正粮三千四百七石三斗六升九合	白糯香		七百三十八定三十四两局厚[4]四分三厘

①编者按：原稿为“兮”，当以“千”为是。今改。

②编者按：原稿为“三”，疑为“百”。

③编者按：此处“七十”疑为衍字。

④编者按：原稿为“局厚”，疑为“七钱”。

共支脚价钞六十五万五百分[①]一十二定十三两二钱四分三厘

六、结论

《大学》曰："生财有大道，生之者众，食之者寡，为之者疾，用之者舒，则财恒足矣。仁者以财发身，不仁者以身发财者。……孟献子曰：'畜马乘，不察于鸡豚；伐冰之家，不畜牛羊；百乘之家，不畜聚敛之臣。与其有聚敛之臣宁有盗臣。'此谓国不以利，以义为利也。"宋代漕运之毁，毁于吏卒共为侵盗，已如上文所述。而元代海运事业又如何者？《元史》卷九十七《食货志·海运》条曰：

> 元自世祖用伯颜之言岁漕东南粟由海道以给京师，始自至元二十年，至于天历至顺（一三二八——一三三二），由四万石以上，增而为三百万以上，其所以为国计者大矣！历岁既久，弊日以生，水旱相仍，各私俱困，疲三省之民力，以充岁运之恒数，而押运监临之官，与夫司出纳之吏，恣为贪黩。脚价不以时给，收支不得其平，船户贫乏，耗损益甚。兼以风涛不测，盗贼出没，剽劫覆亡之患自仍，改至元（案即顺宗年号）之后，有不可胜言者矣。由是岁运之数，渐不如旧。

是元代海运事业亦毁于贪黩也。自东南之粟，不给京师，

①编者按：此处"分"字疑为衍字。

而方国珍张士诚等鼠辈，遂足以为元人之患而有余，其关系不可谓不大。然而海运创通以后，明清因之，至今日而运输益盛则其利又岂仅及于元代也哉。

民国二十三年十二月五日初稿成于沪上四部书斋

（原载《交大经济》1934年第3期）

前汉时代海上交通考①

一、序论

二、论吾国交通陆路先于海上

三、论秦汉以后海运始开

四、研究前汉海上交通当以《汉书》为主说

五、前汉海上交通之动机

六、前汉时代海上交通之情形

七、近世史学家考古家所发见关于此事之新材料

八、交通工具与贸易状况

九、交通以后所受之影响

十、赘语

一、序论

吾国地理之学，发生最早；曩著《中国学术概论》时，已专章论之矣。至于域外史地之学，则逊清一代，研究极盛，如魏源，徐松，何秋涛，张穆，李文田，洪钧，屠寄，丁谦等，

---

①编者按：本篇局部标点、外文字母有改动。

均能以专家见称。顾其所攻究，大抵详于西北，而略于东南；尤以海上诸国，考证为略。迩三十年来太平洋上日益多事，世界学者之为东亚攻究，实为时尚所趋；而其中翻检旧籍，证以土人地名为海上考证之学者，更日有所获。如法国之伯希和（Paul Pelliot），沙畹（Edouard Chavannes），烈维（Sylvain Levi），费琅（Gabriel Ferrand），日本之桑原骘藏，藤田丰八等辈，其著作之宏富，考证之精详，已迥非前此英人亨利玉尔（Henry Yule），法人拉克伯里（M. Terrien de Lacouperie）之徒能翻译吾国古籍之时代矣。然犹有不惬于吾心者，诸氏所言，仅至唐宋而止，溯而上之，以至于汉魏，则固未尝有也，顷者读藤田丰八氏《前汉时代西南海上交通之纪录》，怦然心动，因删其芜杂，去其繁复，扩而充之，以成斯篇，或亦志吾近数年之蕴蓄于中，而欲试为吾国海上交通史之嚆矢也欤！

二、论吾国交通陆路先于海上

吾国古代地理专书若《禹贡》，若《职方》，大抵皆详于国内而略于域外，不足为古代交通史之研究。若《穆天子传》，若《山海经》，则其所言皆谓吾国交通，先起于西北，其时实为陆路往来。《山海经》有神话，有奇异产物，其真实性远过《禹贡》一书，已为近世学人所公认；然其中除《五藏山经》外，不免搀杂战国以后地理之智识。其他古史所载，若《诗经》，若《左氏传》等，皆云吾国尝与肃慎，猃狁，氐羌，山戎，赤狄相交涉，而不及东，南海上诸国。若《离骚》以下诸书，虽尝言昆仑，扶桑等地，然此为长江以南之文学，或战国晚年，南方已与交，广相往来，得之间接传闻，殊不足为此时已有海运之证。意者吾国地势，西北接连大陆，东南为大海所限，先民生活，尚在自然交通时期，此亦事势之无可如何者。

三、论秦汉以后海运始开

及秦代统一以后，吾国文化骤放异彩，一切典章制度，以至神仙方伎之说，大异于前。吾尝疑其已与西亚南亚先进之国互相往来，或未往来而间接得之四裔浅化民族之所传述。吾于此试述二事，以为讨论之端者，其确否未敢必也。一为秦始皇统一政治建立中央集权政府之创造。七雄人才，以秦为最盛，除韩非李斯俱为荀卿弟子，学有渊源外，一时猛将如云，谋臣如雨，莫不难究其所自。李斯上《谏逐客书》，有："西得由余于戎"，戎虽不指为何地，要必秦国以西之国也。其见于史册者如此，其不见于史册者正多也。据西史所载：西元前三三〇至三二四年，欧洲马其顿（Macedonia）王亚历山大大王（Alexander the Great）之大军自巴比伦城再向北而进渡过乌浒河（Oxus）及药杀河（Jaxartex），更南向渡过印度河直进恒河（Ganges）流域。其部将泥阿卡斯（Nearchus）得见自印度河上流传来之中国绸绢。中西之接触似于此时开始发生，其时盖当中国孟子出生后五十年，印度阿育王即位前五十年之顷。惟此事我国古籍绝未纪载，只西史言之凿凿耳。亚历山大为欧洲最初建立大帝国且为有统治天才之君主，其分部而治，与用巨资筑造境内大道，与秦始皇分天下为三十六郡，修筑驰道，以为其统治工具，其政策先后若出一辙。至是否秦始皇已得备闻其说，或当时自西入秦之策士携来其说，则无从考究矣。一为秦汉之际，方伎药医之书大盛。吾国向只有巫医，以巫术为人医病，其所用药物，大抵为厌胜（charms）之用，今《山海经》中尚多佩用服用字样，曩吾为《本草学之起源及神农本草经》

一文时，称其时期为魔法治疗时期。及至此时，乃已知用丸药矣。《史记·扁鹊仓公列传》称太仓公淳于意，高后八年时，师事元里公乘阳庆，庆悉以禁方予之。孝文四年，意家居，诏召问所为治病死生验者几何人？主名为谁？诏问故太仓长臣意方伎所长，及所能治病者？意一一具如所对。其中有："齐王故为阳虚侯时病甚，众医皆以为蹶，臣意诊脉以为痹，根在右胁下，大如覆杯，令人喘逆，气不能食，臣意即以火齐粥，且饮六日，气下，即令更服丸药，出入六日，病已"之语。观所云云，已不用厌胜诸法，而入于主观治疗时代。尤可异者，为丸药之开始应用，为前此时代所无。挽近法人马斯白罗（Georges Maspero，1846—1916）著《埃及上古药物使用之记载》云：其法用汤酒等渍于外，用散药，丸药，膏药等敷之；此法古埃及行之，其后传于希腊云云。今者发见尚少，不能一一为之比较；然其所用方法，则固暗合也。所以关于吾国与西亚南亚交通之历史，究竟开始于何时，近世学者迄未能定。梁任公先生《佛教之初输入》一文云：

> 朱士行《经录》称："秦始皇时，西域沙门室利防等十八人赍佛经来咸阳，始皇投之于狱。"（《历代三宝记》卷一引）此《经录》本不甚可信；此种断片且传疑的史实，似无征引之价值。但最当注意者，秦始皇实与阿育王同时（秦始皇西元前二四三—二一七，阿育王西元前二六六—二三〇）。阿育王派遣宣教师二百五十六人于各地，其派在亚洲者，北至俄属土耳其斯坦，南至缅甸，俱有确证。且当时中印海路交通似已开（法人拉克伯里考据此事颇详），然则育王所遣高僧，或有至中国者，其事非不可能。（《佛门掌教》称育王起四万八千塔，其二在中

国。此虽荒诞，然或是育王与中国有关系之一种暗示。）但藉曰有之，然既与当时被坑之儒同一命运，则可谓与我思想界没交涉也。

其所言亦只在疑似之间，不为定论。至汉以后，则东北通倭，西南通海，史书并有明文；且以今日地势道里计之，一一符合，宁得谓其时海运尚未通乎？

四、研究前汉海上交通当以汉书为主说

前汉言域外地理之书，确实可据者，有《山海经》之《海外经》，《淮南鸿烈》之《地形训》，《史记》之《匈奴》《南越》等传，《汉书》之《地理志》《匈奴传》《西南夷两粤朝鲜传》等。《山海经》传为伯益所作，据日人地学专家小川琢治所研究，谓：《五藏山经》五卷为春秋末期所作，《海外经》四卷为战国晚年作，《海内经》四卷为汉武帝时作，《大荒经》四卷及《海内经》一卷为汉以后人所增。其确否虽尚待考证，然《海外经》为前汉时学者已见之书，必可决也。其《海外南经》关于海外诸国之称述云：

> 海外自西南陬至东南陬者：结匈国，羽民国，讙头国，厌火国，三苗国（一曰三毛国），载国，贯匈国，交胫国，不死民，岐舌国，三首国，周饶国（一曰焦侥国），长臂国。

又《海外东经》云：

> 海外自东南陬至东北陬者：䃌邱（一曰嗟邱），大人国，君子国，青邱国，黑齿国，元股之国，毛民之国，劳民国（或曰教民）。

其所称述之国，与《淮南鸿烈》同。《淮南鸿烈·地形训》云：

> 自西南至东南：结胸民，羽民，讙头国民，裸国民，三苗民，交股民，不死民，穿胸民，反舌民，豕喙民，凿齿民，三头民，修臂民。自东南至东北方，有：大人国，君子国，黑齿民，玄股民，毛民，劳民。

其名称及详略虽不尽合，然一望而知其实出于同一之记载也。案《淮南鸿烈》一书实出淮南王安门下诸宾客之手，为当时一种类书，其所言必有来历，然则非抄[①]袭《山海经》而何？虽然，其所称述诸国名，以义译不以音译，又不详道里所在，故迄今无人能为相当之考证，故只在半疑半信之间。《史记》一书，非不详赡，然所记仅至武帝而止，其武帝以后之开拓疆土，使节往还，远不如《汉书》所载之详尽。吾尝遍翻其《匈奴》《南越》等传，竟无一语足为吾文之助。此外若东方朔之《神异经》《海内十洲记》，刘歆之《西京杂记》等，其言不雅驯，实难据为信史。朱希祖《中西交通史料汇篇·序》曰：

> 或又谓张君此书，一方采瑞典人安特生及赫丁之考古报告书，用最精之科学方法，鉴别史材，一方又采两汉六朝神异怪诞之书，与西人之说相附会，取材恐未尽真？余谓《山海经》之神话，庄周书之寓言，东方朔《神异经》之伪托，王嘉《拾遗记》之臆造，此等书籍，虽不免致人疑惑，然慎取精择，确能相互证明，亦不妨备为一说。

以吾所见，仍主不采用也。故吾意仍以为当以《汉书》为主。

---

①编者按：原稿为“鲜”，当以“抄”为是。今改。

五、前汉海上交通之动机

吾文至此，可以入本题矣。今于述说当时海上交通状况之先，先为研究其所以有此交通之动机。近世社会学者每据马尔萨斯（Thomas Robert Malthus，1809—1882）《人口论》，以为人类交通，只不过由于战争与和平两者，而人类之所以必需战争者，以人口增长不已故也。今者研究当时交通之动机，亦得以此理解释之。其大别可分为四项：

一曰由于开拓疆土也　汉代武功最盛，尤以武帝时为甚。《史记》《汉书》两《武帝记》，几乎全为武功与巡幸所占。除屡击匈奴有所斩获外，既于元鼎六年冬平定越地，以为南海，苍梧，郁林，合浦，交阯，九真，日南，珠崖，儋耳郡；定西南夷，以为武都，牂柯，越巂，沈黎，文山郡；复于元封三年夏朝鲜斩其王右渠降，以其地为乐浪，临屯，玄菟，真番郡。三年之间开拓至万余方里，为前此所无。自是渐用事于海上矣。

二曰由于使节往还也　战争之后，必继之以和平。《汉书·昭帝纪赞》曰："孝昭幼年即位，承孝武奢侈余敝，师旅之后海内虚耗，户口减半。……至始元元凤之间，匈奴和亲，百姓充实"；是也。然所以维此和平者乃在使节之往还。自是以后虽叠有战争，而使节仍未稍息。《汉书·王莽传》载莽奏太后曰："太后秉统数年，恩泽洋溢，和气四塞，绝域殊俗，靡不慕义。越裳氏重译献白雉，黄支自三万里贡生犀，东夷王度大海奉国珍，匈奴单于顺制作，去二名，今西域良愿等，复举地为臣妾。"可见终前汉之代，使节不绝。

三曰求神仙也　案求神仙之事为秦汉时代以前所无，有之，自秦始皇帝始。《史记·秦始皇本纪》二十八年云："齐人徐市等上书，言海中有三神山，名曰蓬莱，方丈，瀛洲，仙人居之；请得斋戒，与童男女求之，于是遣徐市发童男女数千人，入海求仙人。"三十五年云："始皇乃大怒曰，徐市等费以巨万计，终不得药。"三十七年又云："方士徐市等入海求神药，数岁不得。"《正义》引《括地志》云："亶洲在东海中，秦始皇使徐福将童男女入海求仙人，止在此洲，共数万家，至今洲上人有至会稽市易者。"又《史记·淮南王列传》，伍被述其事曰："昔秦使徐福入海求神异物，还为伪辞曰：臣见海中大神言曰：汝西皇之使耶？臣答曰然。汝何求？曰：愿请延年益寿药。神曰：汝秦之礼薄，得观而不得取。即从臣东南至蓬莱山，见芝成宫阙，有使者铜色而龙形，光上照天。于是臣再拜问曰：宜何资以献？海神曰：以令名男子若振女与百工之事，则得之矣。秦始皇帝大悦，遣振男女三千人，资之五谷播种，百工而行。"统观诸书所记，徐市又名徐福，入海不止一次，且所至确为今之日本。今日本所立徐福祠，不止一处，一在富士山下；一在纪伊国之熊野；一在尾张国之热田；或者皆其始至时，民间所立以纪念者也。及至汉武帝踵行往事，《史记·孝武本纪》云："齐人之上疏言神怪奇方者以万数，然无验者。乃益发船令言海中神山者数千人，求蓬莱神人。"所谓乃益发船，所谓令数千人，则其往来之盛可想矣。

四曰徙民也　徙民为当时一种有计划之政策。《汉书·武帝本纪》元朔二年夏募民徙朔方十万口，又徙郡国豪杰及訾三百万以上于茂陵。又元鼎六年秋分武威，酒泉地，置张掖，敦煌郡，徙民以实之。可见徙民实边，实与今日殖民无异。又《王莽传》言莽在平帝时又增法五十条，犯者徙之西海（案即西域），徙者以千万数。可见此种政策直至前汉末年不绝。至于海上殖民则吾国载籍未尝明言，惟在近代考古学上可以解释之。日人滨田耕作氏《东亚文明之黎明》第十章云："其次，西部日本，恰与南部朝鲜，几乎取相同的径路，受了中国文化底影响；证明汉以前与中国交通的遗物，比南鲜更少，除了在备前底三原町附近出土明刀钱这稍稍不确的事实，及在琉球底贝冢中发见明刀钱的报告之外，怕与汉以前底铜器——尤其是与南部中国底铜器有关系，且只想像为在日本变化了而制作的铜铎这东西，在近畿，东海等底地方发见。到了汉代，汉倭奴国王印与汉式的铜镜，剑，玉壁①等在九州发见；又在九州与山阴，因为有王莽底货泉出土，所以在中国底史籍底记事之外，可以用考古学的遗物证明其交通。固然这是通过朝鲜的交通居多，但想像直接与中国领土的交通也存在着，是妥当的。而且这些货泉，是与石器时代终末的金石并用时期的遗物一同发见的。所以西日本，迄于王莽底时代即公历一世纪时。大体上是石器时代底终末，可以看作由于这汉文化底影响，才进于金属时代文化底黎明期。这不能不说实是日本文化史上，最重要的划期的事件。但这汉文化是铁器时代的，所以虽输入铜剑等，在大体上，是铁器时代的文化，因此日本与南鲜地方，同

①编者按：原稿为"壁"，当以"壁"为是。今改。

自石器时代，一跃而进铁器时代。”氏又在《日本文化之黎明》云：“汉武帝时的大扩展，是最显著的，这实是东亚历史上最重大的事件。但我相信，这大扩展，决不是在武帝时突然发生的，定是以自前述的周末或这以前的汉民族底人种上文化上的扩展为基础才能开始进行而且成功的。汉代的中国，已进于自青铜器到铁器的时代，所以其结果，自辽东到北鲜，完全沐浴到自青铜器到铁器时代的文化了。这汉代底文化，再经由朝鲜的沿海，波及到日本底西南部，终于日本也由石器时代进于金石并用期了。”同时日人梅原末治氏著《铜剑铜鉾考》，集合日本全国已发见之铜剑铜鉾，观其分布之区域，严密统计，以北九州为中心，南及大隅。是等事实，足以表示中国文化所产之铜剑铜鉾，自西元前二、三世纪已经辨辰，对马，入于博多湾沿岸地方，逐渐至筑后，丰后方面矣。当时吾国殖民扩展情形，说得至为明白，迩者日本又有人类学者试为调查辽东，南鲜，西日本在秦汉时代之坟墓，而量其各部遗骨之长短，欲以进究其民族之由来。其事虽尚未完全成功，要亦将来研究古代殖民之最精密最合理之方法也。

上列四项动机，除第三项特别为当时时代思潮所推进者外，其余三项，盖皆因当时人口增长故也。

六、前汉时代海上交通之情形

当时海上交通之情形，可分为东南海上与西南海上两方面言之。大抵东南海上，属于东部者为多。东南则较少，其时以朝鲜为根据地，往来于辽东海峡与日本之间，以日本为其最远路程。今《汉书》记载此事附见于《地理志》及《西南夷两粤朝鲜传》中。《西南夷两粤朝鲜传·闽粤》条云：

于是天子曰：东粤狭多阻，闽粤悍，数反覆。诏军吏将其民，徙处江淮之间，东粤地遂虚。

《汉书补注》引洪颐煊谓当日仅虚东粤而不及闽粤，余意不然，东粤即今浙东地，与江淮为近，故《汉书》明言其将民徙处之法；闽中郡则较远，故以不了了之耳。总之：其地遂虚者近是。考台湾古称琉球，法人艾耳维侯爵（d' Hervey de Saint-Denys），希勒格（Gustave Schlegel），日人藤田丰八叠有考证，其地密迩闽粤，天气晴明，在海岸上隐约可见其山。而我国之最早纪录，明言其事者，为元陶宗仪之《书史会要》，其言曰：

琉球国职贡中华，所上表，用木为简，高八寸许，厚三分，阔五分，饰以髹，扣以锡，贯以革，而横行刻字于其上，其字体科斗书。

至《明外史·琉球传》：万历十四年日本有取鸡笼山之谋，其地名台湾，密迩福建；台湾二字，始见著录，则已为明时事矣。意者闽粤难治，故自前汉时徙虚以后，自后汉以迄唐宋，均不能切实发展，故于海上大岛，从无注意及之也。《汉书》言东粤地遂虚，就文法言，“闽粤”二字以承上文言隐而未书耳。此前汉时代海上交通未及东南之明证。至其东部，则事业最繁。《武帝纪》元封三年云：

夏，朝鲜斩其王右渠降，以其地为乐浪，临屯，玄菟，真番郡。

《补注》引钱大昕曰：

案《昭纪》始元五年罢真番郡，王伯厚谓临屯郡亦始元五年罢，然班史无之。

今《汉书·地理志》玄菟郡武帝元封四年开，有高句骊，上殷台，西盖马三县；乐浪郡元封三年开，有朝鲜，䛁邯，浿水，含资，黏蝉等二十五县。日人木宫泰彦《中日交通史》谓乐浪为平安南道，黄海道，京畿道之地，真番为鸭绿江上流附近之地，玄菟为咸镜南道之地，临屯为江原道之地，自昭帝并郡之后，玄菟地方之高句丽，逐渐势起而侵有其地，临屯地方之濊貊亦强盛，故其时统治甚难，后汉时代汉人之势力范围，大体仅及乐浪一郡。迩二十年来朝鲜总督府发掘乐浪遗迹，得漆器甚夥，其铭文有：始元二年，阳朔二年，永始元年，绥和元年，元始三年，元始四年，居摄三年，始建国元年，建武廿一年，建武廿八年，永平十二年等年号，有“永寿康宁”玉印，“王云”铜印，“五官椽王盱印”及“王盱印信”之两面木印。其余未发掘者尚多。可见终两汉之世，使节往来不绝。玄菟地位偏西，此时尚未发掘，其交通情形不明。是时日本北九州之住民，渐与乐浪郡开始交通。《汉书·地理志》云：

> 东夷天性柔顺，异于三方之外，故孔子悼道不行，设浮于海，欲居九夷，有以也夫。乐浪海中有倭人，分为百余国，以岁时来献见云。

《魏志·倭人传》云：

> 倭人在带方东南大海之中，依小岛为国邑，旧百余国汉时有朝见者，今使译所通三十余国。

《汉书》与《魏志》所谓倭人，即指日本北九州之住民，已为多数[①]学者所公认。然则当时之中日交通路线果何在乎？木宫泰彦解释曰：

> 据前章所述，似由海道中渡辨韩，沿马韩海岸，逐渐

---

① 编者按：原稿此处多一“数”字。今删。

北上，到乐浪郡者。乐浪郡之中心地为朝鲜县，即古朝鲜之首都王险城，在今之平壤附近。当时朝鲜县，为汉之极东互市场，濊貊，韩，倭人等远近诸民族，似多集于此。……既有连络中日间之交通路矣，则不可不有移入汉代文化之道路。案博多湾沿岸地，发见许多中国制之铜剑铜鉾；筑前国筑紫郡春日郡大字须玖并系岛郡怡土村大字三云，发见弥生式系统之瓮棺，内多中国古镜，璧玉之类；又由系岛郡小富士村之海岸遗迹，发见王莽时代之货泉等；意皆由此交通路移入者也。

其言最为可信。当时东部海上交通情形，大略如此。

至于西南海上，一以番禺，合浦，徐闻为中心，一以日南为中心，往来琼州及南洋群岛诸地，以非洲东北岸之已程不国为其最远路程,《汉书·地理志》云：

汉兴，复立摇为粤王，是时秦南海尉赵佗，亦自王，传国至武帝时，尽灭以为郡云。处近海，多犀，象，毒冒，珠玑，银铜，果，布之凑，中国往商贾者多取富焉。自合浦，徐闻南入海，得大州，东西南北方千里，武帝元封元年，略以为儋耳，珠崖郡。民皆服布如单被，穿中央为贯头，男子耕农，种禾稻纻麻，女子桑蚕织绩，亡马与虎，民有五畜，山多麈麖，兵则矛盾刀木弓弩竹矢，或骨为镞。自初为郡县，吏卒中国人，多侵陵之，故率数岁壹反，元帝时遂罢弃之，自日南障塞徐闻，合浦，船行可五月，有都元国。又船行可四月，有邑卢没国。又船行可二十余日，有谌离国。步行可十余日，有夫甘都卢国。自夫甘都卢国船行可二月余，有黄支国，民俗略与珠崖相类，其州广大，户口多，多异物。自武帝以来皆献见。……平帝元始中，王莽辅政，欲耀威德，厚遗黄支王，令遣使献生犀牛。自黄支船行可八月，到皮宗。船行可八月，到日南象林界云。黄支之南，有已程不国，汉之译使，自此还矣。

据此文可分为两节读。其一为内海交通，以番禺为中心，往来番禺，合浦，徐闻，儋耳，珠崖之间。大州即琼州，今称海南岛，当时以为儋耳，珠崖。兵器以竹木为之，或竟用骨镞，直是原始社会时代。自最初为郡县，至元帝时遂罢弃之，此一段文字是总述当时统治粤地经过，既云罢弃之，自是因统治不易而断行放弃。不过其地以地理环境天时人种诸关系，究不能与中国分离，故魏晋以后，迄于唐宋，久已成为中国通海之重镇。其一为海外交通，即本文所谓西南海上也。然其中古代国名，颇不易考证为今何地。十九世纪以来英法学者对此事考证已渐严密，最近日人藤田丰八以道里日程计之，并证以后日官私著①作之异译，核以风俗物产，其说大略可信。所谓都元国者，即隋之都昆或都军，《晋书·四夷传》及《水经注》卷三十六之屈都乾，《梁书》之屈都昆，在今苏门答剌岛（I. of Sumatra）之东北岸。为苏门答剌东岸Batak人之Simbiring部之一支，即Tekang族。今苏门答剌东岸，有名Takon者，其原字也。所谓邑卢没国②者，疑即《新唐书·南蛮传》之拘蒌密，为《锡兰年代记》Rajawansa之Arrama（niga）对音，今缅甸南部滨海地方也。所谓谌离国者，即《唐书·骠国传》之悉利移城，《唐书·地理志》所引贾耽《四达记》之悉利城，

①编者按：原稿为“箸”，当以“著”为是。今改。

②编者按：原稿为“邑没卢国”，当以“邑卢没国”为是。今改。

在今日缅甸伊拉瓦底河（Irrawaddy）沿岸，即新Pugan稍下之Sillah（Sa-lé）。其村落在川之东岸，为当时重要商埠，商船往来不少。所谓夫甘都卢国者，疑为Pugandhara，Pagandhara等之音译，即宋时之蒲甘，为缅甸旧Pugan之对音。颜师古夫甘都卢国注所谓“都卢国人劲捷，善缘高”者是也。所谓黄支国者，即《新唐书·南蛮传》之千支弗，千字为干字之讹，即《西域记》南印度达罗毗荼（Dravida）国大都城建志补罗（Kancipura）之古翻，今Conjeveram是也。皮宗与都元略为相近之处，即《通典·南蛮下·边斗》条之比嵩国，为Pisang之音译，在马来语为banana，在南洋群岛最著名之新加坡（Singapore）海峡之西，苏门答剌之Pasei附近之Pisang岛也。《汉书》谓都元至邑卢没可四月，自此至谌离国可二十余日，自此至夫甘都卢，步行可十余日，自此至黄支可二月余，如其所记不误，则自都元至黄支，约须七月有余，与“自黄支船行可八月，到皮宗”之语相合，盖即所谓归航也。黄支之南有所谓已程不国者，盖汉人西南海上交通极西极南之国也。“不”字为Pura之对音，“已程”为Kuta之对音，其原字为Kutapura，Kutalapura；即《唐书》之磨腊，贾耽之没来，《西域记》之秣罗矩吒（Malayakŭta），阿剌伯人之Koulam-malé，即《岛夷志略》及《郑和海图》之沙里八丹，今日之Negapatam也。Kutal在Kulam（Quilon）之内地，其海口为Kŭlam，南天竺之最南境也。或曰在今非洲东北沿海岸之地。

汉之日南郡，考其今地，北至横山，南至Varella角，所属五县，最南者为象林，即后日林邑之都城也。“障塞”二字，《汉书补注》引朱一新曰：“障塞犹筑亭乘障塞之障塞，非县名也”；是也。然则西南海上交通，最初为日南所独占，其后渐移于合浦，徐闻，唐宋以后，乃以番禺为中心。当时西南海上交通情形，大略如此。

从《汉书》本身研究，吾人可得一观察：前汉时代海上交通，就发生次第言，东南先于西南，盖承前代之遗也；就记载程途言，西南详于东南，盖交易事业日盛也。

七、近世史学家考古家所发见关于此事之新材料

此外尚有所谓黎轩者，亦当时通汉极西之国，《史记·大宛传·安息》条云：

> 其西则条枝，北则奄蔡，黎轩。

盖张骞第一次西使大月氏时得之传闻而还告武帝者，《大宛传》云：

> 骞身所至者：大宛，大月氏，大夏，康居，而传闻其旁大国五六，具为天子言之。

是也。《大宛传》又述其第二次西使，使于乌孙以后，记武帝遣使西域情形云：

> 初置酒泉郡，以通西北国，因益发使，抵安息，奄蔡，黎轩，条枝，身毒国。

此为张骞身抵黎轩国之证。据日本史家白鸟库吉及箭内亘所考证，此黎轩国即今埃及尼罗河(Nile)河口，古代最有名之亚历山大城(Alexandria)也。然《汉书》不列于海程中，明其为当时西南海上交通尚不能抵此也。张星烺《中西交通史料汇篇》第一册页三云：

> 罗马史家佛罗鲁斯(Florus，脱拉真Trojan皇帝时人)记奥古斯都皇帝在位时，中国有朝贺罗马之使。海上黄支

之国，亦于此时朝献中国。汉使之迹，于此甚早时期，已至印度斯河口及非洲东部矣。

其所记载是否可信，尚待考证。同时第一册页四十二云：

晚近西人在山西掘得罗马古钱十六枚。观钱面镌文，盖悉为罗马皇帝梯拜流斯Tiberius至安敦皇帝时代所铸者也。梯拜流斯为罗马帝第三代帝，即位于新莽天凤元年（西历十四年），崩于东汉光武帝建武十三年（西历三十七年），此为当时交通频繁，罗马金钱流入中国之确凿证据也。（见Bushell，Ancient Roman Coins from Shansi，*Peking Oriental Society*，1885，1，2）

此条既未明言何时，又未明为海程抑或陆路，姑录以备考而已。

总之：当时中国使者既已身抵亚历山大城，则与罗马交通当必可能。即不能直接往来，而间接由邻近诸国辗转传述，亦正情理之常。他日历史学考古学日益发达，材料日多，则研究自易矣。

八、交通工具与贸易状况

关于当时之交通工具与贸易状况，《汉书·地理志》亦有记载，其言曰：

有译长属黄门，与应募者，俱入海。市明珠，璧流离，奇石，异物。赍黄金杂缯而往。所至国皆禀食为耦，蛮夷贾船，转送致之。亦利交易，剽杀人。又苦逢风波溺死。不者数年来还。大珠至围二寸以下。

此文是专指西南海上而言。所谓“蛮夷贾船，转送致之”，明言汉时使者所乘为外国商船也。译长即今之通事，即舌人是也。当时语言不通，非有此等人不可。所至国皆禀食为耦，则各国使者可谓尽招待之劳，惟商人待遇情况不明。又因交通工具幼稚，航海术不精，故有“又苦逢风波溺死”之语。又疑各国政府不知保护航旅，故每有“剽杀人”之事发生。此交通方面情形也。

至于贸易状况，则汉人所赍往者为黄金，杂缯，杂缯指各种丝织物而言，日人藤田丰八尝谓西人Silk一字从“缯”字变化而来（见《人文月刊》第四卷第六期拙稿《交通史专[①]家藤田丰八博士及其所著书目表》），余意“缯”字古音读如“丝”，其物与其字音传于欧洲者极早，此时亦为出口大宗也。其所购入者为明珠，璧流离，奇石，异物等。明珠者非指真珠，《魏书·南天竺》条作麻尼珠。麻尼为Mani之对音，译为无垢，为珠之总名。《通典·黄支》条于明珠之下加一“玉”字，盖谓玉类也。璧流离者，徐松《西域传补注·罽宾》条补注璧流离云：

> 璧流离，梵书作吠琉璃，《一切经音义》旧言鞞稠利夜，亦言鞞头梨，或云毗琉璃，亦作鞞琉璃，皆梵音讹转，从山为名，鞞头梨山出此宝，青色，一切宝皆不可坏，亦非烟焰所能镕铸。……《说文》云：珋，璧珋，石之有光者也。段氏谓璧珋即此传之璧流离，今本《汉书注》脱璧字，读者误以璧与流离为二物矣。璧与吠音相近。

据此考证，璧流离者只是宝石而已。然则当时汉人所购者，奇石固为宝石，而明珠，璧流离亦为宝石，可见其交通诸国，尚均在石器时代。异物不明，疑亦珊瑚蚌珠之类，所谓“大珠

---

①编者按：原稿为“传”，当以“专”为是。今改。

至围二寸以下”是也。中国赍黄金往，盖汉时已进至铜器时代矣。至于乐浪倭人所得者为漆器，铜剑，铜鉾，古镜，其所输进我国者不明，据今满洲及貔子窝发掘所得，石器亦甚多，是否为东方诸国输进虽不能断定，要亦颇近于事实也。总之：当时中国文化，较四邻为高，而铜器亦正为石器文化之浅化民族所需要，因而文化遂起交流，而交通和贸易之事以起。此当时贸易之状况也。

九、交通以后所受之影响

交通以后所受之影响，大约有下列数事：

一、为以中国语言文字为东亚语言文字之中心，而朝鲜，日本，安南诸国，直至新加坡苏门答剌莫不使用中国之汉字或准汉字，使成为一种东亚之国际语。

二、为佛教文化之传入中国，辗转流被于朝鲜，日本，成为一种东亚之公同宗教及文化思想，而印度人所用之字母成为东亚各国之标准注音工具。

三、为各国之动物，植物及物质文明之美术，建筑等之交互传播，逐渐成为东方文明整统化之基础。

《汉书·西域传赞》曰：

孝武之世，……天下殷富，财力有余，士马强盛，故能睹犀牛，玳瑁，则建珠崖七部；感枸酱竹杖，则开牂柯，越嶲；闻天马，蒲陶，则通大宛，安息。自是之后，明珠，文甲，通犀，翠羽之珍，盈于后宫；蒲梢，龙文，鱼目，汗血之马，充于黄门；巨象，师子，猛犬，大雀之群，食于外囿；殊方异物，四面而至。于是广开上林，穿昆明池，营千门万户之宫，立神明通天之台，兴造甲乙之帐，落以随珠和璧[①]。天子负黼依，袭翠被，凭玉几，而处其中，设酒池肉林，以飨四夷之客，作巴俞都卢，海中砀极，漫衍鱼龙角抵之戏，以观视之。及赂遗赠送，万里相奉，师旅之费，不可胜计。

此为说明交通以后物质文明进步最活现之一篇文章，而同时经济方面受有影响，亦约略说及。吾意在交通各国之载籍中如此篇记述之大文章者亦必不少，只可惜尚未得读耳。

十、赘语

著者对交通史研究至少，临时搜集中外书报只及三十余种，匆匆写成，殊未足为定论也。大雅君子，进而教之，幸甚！

民国二十二年八月二十三日写于沪上四部书斋

（原载《交大季刊》1934年第14期）

①编者按：原稿为“壁”，当以“璧”为是。今改。

前汉时代陆路交通考[1]

一、楔子

二、国内交通与秦时无别

三、国外交通则前汉较盛

四、陆路交通应分西域东北两面分述

甲、西域方面

乙、东北方面

五、交通盛行以后文化波动交流之情状

六、结论

一、楔子

余自去岁撰《前汉时代海上交通考》后，即拟续撰《前汉时代陆路交通考》，以考明当时东西文化如何交流；奈以牵于人事，忽忽未就。今者《交大季刊》又有集稿之议，其主编胡粹士先生再三嘱勉，乃复钩稽诸书，绝人事而为之。自知不免误略，然以是就正于海内通人，受教或亦不少也。因不惜覆

①编者按：本篇局部标点、外文字母有改动。

瓿而存之。

二、国内交通与秦时无别

秦时路政建设，较前代为盛。柳翼谋先生《中国文化史》曰：

> 秦时道路之政最重开通道路，无有障塞，著于《月令》，决通川防，夷去险阻，见于刻石。而其尤有功于统一者，莫如开通四方之大道。燕齐吴楚皆为三十丈之广道，沿途植松树，其规模之大为何如乎?《方舆纪要》谓秦驰道旧迹，阔五丈余，盖经千数百年，其道已堙耳。

柳先生之说是也。考《史记·始皇本纪》二十七年（公元前二二〇[①]）治驰道，三十五年（公元前二一二）除道道九原（今河套地），抵云阳（今陕西淳化县北），堑山堙谷直通之。其《蒙恬传》又云："始皇欲游天下，道九原，直抵甘泉，乃使蒙恬通道自九原，抵甘泉，堑山堙谷，千八百里。"据此传及贾山《至言》观之，则二十七年所治者为东西之道；三十五年所治者为南北之道，此四方大道一开，前汉坐享其成，可以统一天下矣。《史记·滑稽列传》褚先生记西门豹事，曰：

> 到汉之立，而长吏以为十二渠桥绝，驰道相比近，不可欲合；渠水且至驰道，合三渠为一桥。

是汉因秦制，亦有驰道也。至于边鄙，秦时道路所不通者，复随时兴作。《史记·河渠书》云：

---

①编者按：原稿为"公元二二〇"，秦始皇二十七年当为公元前二二〇年。今改。下文秦始皇三十五年当为公元前二一二年，同样加一"前"字。

> 人有上书欲通褒斜道，天子以为然，拜张卬为汉中守，发数万人，作褒斜道五百里。

又《平准书》云：

> 唐蒙司马相如，开路西南夷，凿山通道千余里，以广巴蜀。

《后汉书·郑弘传》云：

> 旧交趾七郡贡献转运，皆从东冶泛海而至，风波艰阻，沈溺相系。弘奏开零陵桂阳峤道，于是夷通，至今遂为常路。

陕甘川滇今日尽皆列吾版图，当时实羁縻[①]之耳。其他则境内未闻更开他道，是前汉时国内交通与秦无别也。

三、国外交通则前汉较盛

至于国外交通，则前汉较秦更盛。近人盛称秦时与西域印度诸国已有交通，日人藤田丰八《中国石刻之由来》一文云：

> 中国在始皇以前，尚无石刻之风，何以至始皇此风盛行？此自有相当理由，然若吾人转目于西方，则此问题，似易解决。埃及巴比仑亚述等古代石刻，姑置不论。波斯Darius，Xeres之大小种数[②]石刻，现尚存在。如前者之Behistun Nakshirustam刻石，并有相当之长文。此等皆刻于岩石即所谓摩崖之碑。始皇之立石，其形式与此稍异。而始皇在碣石门所刻者，岂非此种？碣石一名，固已

①编者按：原稿为“羁縻”，当以“羁縻”为是。今改。

②编者按：原稿为“种数”，疑为“数种”。

见于《禹贡》，在今滦河入海之边。然据《说文》石部，碣“特立之石也”波斯此等刻石之文，盖颂帝功德教训臣民之意，始皇之刻石亦如此。波斯刻石之风传入印度，宣传佛教于四方之阿育王(Asôka)——公元前二七二至二三二——曾刻诏书于岩石，或石柱。仅论石柱，其数已达三十以上，现在已发现其十柱。阿育王归依佛教，在其即位后十三年(公元前二六一)，派遣佛教宣传僧于四方，系十五年(公元前二五九)事。由此时至其殁年(公元前二三二)屡次举行刻石。公元前二三二年即始皇即位之十五年，其后经十二年，始皇始刻石。固然，阿育王之刻石为圆柱，秦始皇之刻石为长方柱，形式虽然不同，而均为刻石，均刻含教训之颂德文，其间似系一脉相通。

藤田氏又以《史记·始皇本记》三十三年(公元前二一四)有“禁不得祠”之文，谓从来注《史记》者对此一句，未加注释；谓“不得”之古音为Pu-tuk或Bu-duk，并为Buddha之对音，即后世译为“浮屠”之对译，谓始皇三十三年以前，佛教已传入中国。其结论曰：

然谓秦时佛教已一度传入中国者，亦实难信。但当时刻石颂德之风新起，“禁不得祠”之“不得”，在声音上以之为Buddha之对音，最为适当。印度阿育王之刻石宣教，稍先于中国之刻石禁教。由此观之，以“不得祠”为佛祠之解释，亦不可谓为空想。而其不留遗迹于汉代者，因其传入中国未几，即被禁止。此亦非不可思议之事。

虽然，藤田之说，尚为推测之辞，未敢下一轻易之决断。余尝疑秦时与西域诸国或已有间接交通，与藤田氏所见同，然以无确实证据，未敢谬然判定。藤田氏始终不敢肯定言之，是也。至日人滨田耕作氏则不然，在其所著《东亚文明之黎明》中，有所谓秦式艺术者，谓：

> 秦原是西戎之国，在人种上，文化上，与西方蛮族有极深之关系者。在秦勃兴以后之周末战国时代，因中国政治组织之没落，北方西方诸民族大事侵入中国。此为可想像者。然戎狄之侵入，其事不能谓为于中国无利。盖一面破坏中国文化，同时又对中国民族输入新鲜血液，使中国振作新元气。

又曰：

> 周末汉初，影响中国文化最著之北方民族，大率为土耳其民族。此等民族，虽未尝建筑其自身之独特文化，但对于当时亚细亚北部通行之伊兰系文化，曾受过最浓厚之洗礼者也。此等文化，世称为西徐亚（Scythian）文化，或称为“西徐亚西伯利亚文化”。

滨田氏为东亚考古学权威，其所言乃由两方铜器之式样花纹推究而来，谓秦器中之变形雷纹，乃受西徐亚文化之影响，其言似若可信。惟最近安徽寿州出土楚器一大宗，其文字、形制、纹样，与近二十年来数次发现之重要铜器若新郑出土郑器、洛阳出土韩器、归化出土赵器，皆有连带关系。近经北平考古学社刘节考订，著为《楚器图释》一书，遍举东徐以来铜器纹镂衍变之迹，证明所谓变形雷纹者，在吾国本土自有渊源可寻，秦器之名，不攻自破矣。是秦时未尝与西亚诸国直接交通也。藉曰有之，亦为时甚暂，并不频繁，故于文化方面，未受若何大影响也。

至前汉时代，则开拓四境，史不绝书。即以西域而论，秦之西界，不过临洮；汉武置酒泉，武威，张掖，燉煌四郡，始通西域，而张骞使大夏，见邛[1]竹杖蜀布，知汉人之通西域久矣。其后在宣帝时（公元前六〇？）设官西域，天山南北，葱岭东西，诸国悉属。汉威远播，凡百余载。漪欤盛哉！清末燉煌附近发见流沙坠简，有小学术数方技及屯戍文牍；小学诸书，即其时学校课本，则汉之文教必远及葱岭内外，而西亚之美术音乐动植物以次输入，皆斑斑可考也。谓其国外交通，不较秦代为盛，其可得乎！

四、陆路交通应分西域东北两面分述

汉初边患，原在北方之匈奴，自高祖七年（公元前二〇〇年）受围于平城，其后则历世为患。至武帝时始奋发为雄，虽其时只征伐匈奴，而因与匈奴周章为患之异族，亦不能坐视其合匈奴为患，遂有断匈奴左右臂之议，此西域与东北两面之国外交通所由日盛欤，今为讲述便利起见，拟分为西域与东北两面分述。请得先言西域，以次及于东北。

甲、西域方面

西域方面之史迹，以《汉书·张骞李广利传》为主要材料，而《史记·西南夷列传》《大宛列传》,《汉书》之《武帝纪》《西域传》《西南夷传》辅之。间有采及别传者。近世中外学者所已考证，则分别疏证于其下，壹是皆以明其真相为目的。《汉书·骞本传》云：

建元中（公元前一四〇——一三五）……匈奴降者，言

---

①编者按：原稿为“卬”，当以“邛”为是。今改。

> 匈奴破月氏王，以其头为饮器，月氏遁而怨匈奴，无与共击之。汉方欲事灭胡，闻此言欲通使。道必更匈奴中，乃募能使者。

《史记·大宛列传》亦云：

> 建元中，……天子问匈奴降者，皆言匈奴破月氏王，以其头为饮器，月氏遁逃而常怨仇匈奴，无与共击之。汉方欲事灭胡，闻此言，因欲通使，道必更匈奴中，乃募能使者。

是《汉书》据《史记》之文为之，且当时官书具在，当可信。是汉武时初使[1]通西域，其动机固在欲事灭胡也。两书下文即接叙“骞以郎应募，使月氏”，此凿空之功所由归于骞欤！

《骞本传》又云：

> ……出陇西，经匈奴，匈奴得之，传诣单于，……留骞十余岁。骞因与其属亡乡月氏，西走数十日，至大宛。大宛闻汉之饶财，……为发译道抵康居。康居传致大月氏。大月氏王已为胡所杀，立其夫人为王，既臣大夏而君之。……骞从月氏至大夏，竟不能得月氏要领，留岁余还。并南山，欲从羌中归，复为匈奴所得。留岁余，单于死，国内乱，骞……亡归汉。……初骞行时百余人，去十三岁，唯二人得还。

其文亦全袭《史记·大宛列传》中语。是骞第一次使月氏，往来十三年可信也。惟两书不明言何年。王先谦《汉书补注》曰：

> 据下文骞以军臣单于死之岁还，为元朔三年（公元前一二六）。去十三岁，则出使在建元三年（公元前

---

①编者按：原稿此处多一“使”字。今删。

一三八）。

是我国与西域交通，史书信而可据者，当以此建元三年为始也。此凿空之一年，在吾国中外交通史上，固应大书而特书之者也。其后元朔六年（公元前一二三）骞受封为博望侯。元狩元年（公元前一二二）因蜀犍为求大夏道，始通滇国。其明年骞以击匈奴后期，当斩，赎为庶人，失侯。又后二年，骞因天子之问，对言宜以此时厚赂乌孙，断匈奴右臂，得复拜为中郎将，再通西域，至乌孙。据王先谦所考证为元狩四年（公元前一一九）时事。其后乌孙发译道送骞，与乌孙使数十人，马数十匹，报谢。骞还，拜为大行，岁余，骞卒。王先谦据《公卿表》元鼎二年（公元前一一五），拜官三年卒，与此略异。自以《公卿表》所记为可信。据以上所述，骞之始行，为建元三年，卒为元鼎三年，先后仅二十四年之事，而其影响于吾国者至大且巨，吁！何其盛哉。

考骞足迹所经，第一次使月氏时所至者为大宛，大月氏，大夏，康居诸国，以今日新疆为中心，凿通西北一道；第二次则因蜀犍为以通滇国，以今日川滇边境为中心，凿通西南一道；第三次使乌孙时又为向日所经诸国，惟远至乌孙而已。骞身所至者虽不多，而其使节四出，与所传闻者，较骞所履者广远，而我国人之世界观扩大无数倍，非复前此“四海之内”之见解矣。其影响为何如乎？

骞第一次出使归时，得同还者仅堂邑氏奴甘父。影响尚不大。惟骞所知，传闻其旁大国五六。《史记·大宛传》引骞具告天子之言，曰：

> 大宛在匈奴西南，在汉正西，去汉可万里。其俗土著耕田，田稻麦，有蒲陶酒，多善马，马汗血，其先天马子

也。有城郭屋室，其属邑大小七十余城，众可数十万，其兵弓矛骑射。其北则康居，西则大月氏，西南则大夏，东北则乌孙，东则扜罙于窴。于窴之西，则水皆西流，注西海；其东，水东流，注盐泽。盐泽潜行地下，其南则河源出焉。多玉石河，注中国。而楼兰，姑师，邑有城郭[1]，临盐泽。盐泽去长安可五千里。匈奴右方，居盐泽以东至陇西长城，南接羌鬲汉道焉。乌孙在大宛东北可二千里，行国，随畜[2]，与匈奴同俗，控弦者数万，敢战，故服匈奴，及盛，取其羁属，不肯往朝会焉。康居在大宛西北可二千里，行国，与月氏大同俗，控弦者八九万人，与大宛邻国，国小，南羁事匈奴。奄蔡在康居西北可二千里，行国，与康居大同俗，控弦者十余万，临大泽，无崖，盖乃北海云。大月氏在大宛西可二三千里，居妫水北，其南则大夏，西则安息，北则康居。行国也，随畜[3]移徙，与匈奴同俗，控弦者可一二十万。故强，轻匈奴。及冒顿立，攻破月氏；至匈奴老上单于，杀月氏王，以其头为饮器。始月氏居敦煌祁连间，及为匈奴所败，乃远去，过宛西，击大夏而臣之。遂都妫水北为王庭。其余小众不能去者，保南山羌，号小月氏。安息在大月氏西可数千里，其俗土著耕田，田稻麦，蒲陶酒，城邑如大宛，其属小大数百城，地方数千里，最为大国。临妫水。有市民商贾，用车及船行旁国或数千里，以银为钱，钱如其王面，王死辄更钱，效王面焉。画革旁行以为书记。其西则条

①编者按：原稿为“部”，当以“郭”为是。今改。

②编者按：原稿为“蓄”，当以“畜”为是。今改。

③编者按：原稿为“蓄”，当以“畜”为是。今改。

枝[1]，北有奄蔡，黎轩。条枝在安息西数千里，临西海。暑湿耕田，田稻，有大鸟，卵如瓮。人众甚多，往往有小君长。而安息役属之，以为外国，国善眩。安息长老传闻条枝有弱水西王母，而未尝见。大夏在大宛西南二千余里，妫水南。其俗土著，有城屋，与大宛同俗，无大王长，往往城邑置小长，其兵弱，畏战，善贾市。及大月氏西徙，攻败之，皆臣畜大夏。大夏民多，可百余万，其都曰蓝市城。有市贩贾诸物。其东南有身毒国。

骞又曰：

臣在大夏时，见邛竹杖蜀布，问曰："安得此？"大夏国人曰："吾贾人往市之身毒。"身毒在大夏东南可数千里，其俗土著，大与大夏同，而卑湿暑热云。其人民乘象以战，其国临大水焉。以骞度之，大夏去汉万二千里，居汉西南，今身毒国又居大夏东南数千里，有蜀物，此其去蜀不远矣。今使大夏，从羌中险，羌人恶之。少北则为匈奴所得，从蜀宜径，又无寇。

是所谓传闻其旁大国五六者，即乌孙，奄蔡，安息，黎轩，条枝，西王母，身毒诸国是也。其下文又云：

天子既闻大宛及大夏安息之属皆大国，多奇物，土著颇与中国同业，而兵弱，贵汉财物；其北有大月氏康居之属，兵强，可以赂遗设利朝也；且诚得而以义属之，则广地万里，重九译，致殊俗，威德遍于四海，天子欣然，以骞言为然，乃令骞因蜀犍为发间使，四道并出，出駹，出冉，出徙，出邛僰，皆各行一二千里，其北方闭氏，筰，

---

①编者按：原稿为"支"，当以"枝"为是。今改。

南方闭巂，昆明。昆明之属无君长，善寇盗，辄杀略汉使，终莫得通。然闻其西可千余里有乘象国，名曰滇越，而蜀贾奸出物者或至焉。于是汉以求大夏道，始通滇国。初汉欲通西南夷，费多，道不通，罢之。及张骞言可以通大夏，乃复事西南夷。

是则骞第二次奉命通西南夷时，其动机已不徒在欲事灭胡，而实有通商招来之意也。其第三次使乌孙时，则赍从更盛。《汉书·骞本传》云：

……拜骞为中郎将，将三百人，马各二匹，牛羊以万数，赍金币帛直数千巨万，多持节副使，道可便遣之旁国。

此真纯然以招来为目的矣。其多遣持节副使，道可便遣之旁国，其大规模有计画之探险，与今世何异？骞至乌孙后，即分遣副使使大宛，康居，月氏，大夏。至骞卒后岁余，其所遣副使通大夏之属者，皆颇与其人俱来，西北诸国始皆通于汉，是其功绩亦较前为大。《传》又称：

诸后使往者，皆称博望侯，以为质于外国，外国由是信之。……因益发使抵安息，奄蔡，黎轩，条支，身毒国。……使者相望于道，一辈大者数百，少者百余人，所赍操，大放博望侯时。其后益习而衰少焉。汉率一岁中，使者多者十余，少者五六辈。远者八九岁，近者数岁而反。是时，汉既灭越，蜀所通西南夷皆震，请吏，置牂柯，越巂，益州，沈黎，文山郡。欲地接以前通大夏，乃遣使岁十余辈，出此初郡。

其影响之大，可见于字里行间矣。甚至有欲因以富贵者，而其事亦毁于是。《传》称：

自骞开外国道，以尊贵，其吏士争上书言外国奇怪利害，求使，天子为其绝远，非人所乐，听其言，予节，募吏民，无问所从来，为具备人众遣之，以广其道。来还，不能无侵盗币物，及使失指，天子为其习之，辄覆按致重罪，以激怒令赎。复求使，使端无穷，而轻犯法。其吏卒亦辄复盛推外国所有，言大者予节，言小者为副，故妄言无行之徒，皆争相效。其使皆私县官赍物，欲贱市以私其利。外国亦厌汉使，人人有言轻重，度汉兵远不能至，而禁其食物，以苦汉使。

是其时大利所在，人人皆视为一种投机事业，班氏直斥为妄言无行之徒，盖有由矣！然就交通史之立场观之，苟不经此辈妄言无行之徒，皆争相效，则复演者少，不能成为社会事业，不久，人盖忘其途径，而不能成为交通之坦途矣。“而外国使更来更去”，则后世虽欲闭不与通，不可得矣。此凿空之效之可睹者也。

厥后李广利受命伐宛，发属国六千骑及郡国恶少年数万人以往。士卒不患战而患饥，愿且罢兵。天子至使使遮玉门关，曰：“军有敢人，斩之。”并案言伐宛不便者邓光等，赦囚徒，捍寇盗，发恶少年及边骑，岁余而出敦煌六万人。负私从者不与，牛十万，马三万匹，驴橐驼以万数，赍粮兵弩甚设。天下骚动，转相奉伐宛。其大军之浩浩荡荡，与欧洲中古末期十字军战役，后先辉映。奉使与战争，循环若无端焉，终前汉之世不绝。然而其有裨益于交通事业固甚大也。

兹为考明当时西域诸国所在，以近人成说，分述于下：

1.月氏　月氏又作月支。或作月氐，疑是氏字笔误也。《逸周书·王会篇》有禺氏，清何秋涛定为此禺氏即月氏，谓：

“禺月一声之转”是也。此为最初之文献。今以地望及产玉两点明之，何氏之说，更足凭信。至其种族何属，则我国古书向不能详，迄今学者之间，聚讼纷纭，几不能决。De Guignes氏认为鞑靼种族之一支。而Klaproth氏则最初断为西藏种族，有St. Martin及Fomaschek两氏附和其说，其后Klaproth氏不久便舍弃前说，而改定为Goth种族。Lassen氏又认为是突厥种族。最近夏德（Hirth）沙畹（Chavannes）白鸟库吉藤田丰八等，亦皆倾向突厥族之说，大概突厥族一说，可成定论，以学者之间已无异议故也。

在秦汉之际，月氏之根据地，为今日甘肃省境黄河以西之河西土地，据藤田丰八《月氏故地与其西移年代考》一文中所考证，谓：

> 依《史》《汉》本文所传而推察之，月氏曾一时蔓延至东方，几及今之凉州，惟其西移前之故地，却以敦煌为根据，似及天山。

案《史记·大宛传》云：“始月氏居敦煌祁连间”，《汉书·西域传》上亦有“本居敦煌祁连间”之说。考祁连山，在《史》《汉·匈奴传》及《霍去病传》均可见及，盖即今甘肃省之南山，或其一部分，亦有谓即今之天山者。《史》《汉》所云“间”字，疑是一带之意，非专词也。故藤田氏又谓：

> 根据《史记·匈奴传》及《大宛传》正文，得证明月氏原居甘州，肃州，瓜州，沙州等处，且得旁证其余众之保持南山羌焉。

藤田氏于《史》《汉》正文之外，又遍考隋唐前后学者之说如张守节，颜师古，杜佑，及《括地志》《旧唐书》《隋书》《后汉书》所载，详列一表，证明其说。兹为便利读者参考计，转录如下：

月氏故地

史记正义			酒泉（肃州）	敦煌
汉书注				敦煌以西
通典			酒泉（肃州）	敦煌（瓜州沙州）
括地志	武威（凉州）	张掖（甘州）	酒泉（肃州）	敦煌（瓜州沙州）
旧唐书	武威（凉州）		酒泉（肃州）	敦煌（瓜州）
隋书		张掖（甘州）		
后汉书		张掖（甘州）	酒泉（肃州）	

据此以观，是月氏故地，据藤田所考证，在今日甘肃省境黄河以西之河西土地无疑也。

后魏郦道元《水经注》卷四十云：

《春秋传》曰：允姓之奸居于瓜州。瓜州，地名也。杜林曰：敦煌古瓜州也。州之贡物，地出好瓜，民因氏之。瓜州之戎，并于月氏者也。

汉武帝元鼎六年，分酒泉置，南七里有鸣沙山，故亦曰沙州也。桑原隲藏在《张骞西征考》中据此文引申之曰:“按杜林为汉初居于河西之学者,对于此方面之地理,为最有信用之人。据杜林谓《左传》中之允姓之戎所占之瓜州,即为汉之敦煌,故居瓜州之允姓之戎,又因其地名,而名之曰瓜州之戎,依照《水经注》所记载,月氏灭此瓜州之戎而占据敦煌之地,按月氏之灭瓜州之戎,虽不明其时代,但或为战国时代。乌孙既与瓜州之戎无同一之确证,则可断定汉代之敦煌,即今之甘肃省安西州地方为月氏根据地,较乌孙为可信……其间南北朝时代之学者,一般俱信月氏之根据地为敦煌,此一事实,当可承认。在《旧唐书》之《地理志》中,明定敦煌为月氏之故地;吾辈由上述之事实推测,以月氏之根据地,认在河西之西部为允当。……月氏原据于河西之西部,但自并吞乌孙后,则东部乌孙之根据地亦归月氏,至此河西一带之地,均为月氏之领土矣。”桑原氏与白鸟库吉藤田丰八二氏站在相反之立场,关于月氏故地及大宛贵山城问题,激辩亘十年之久。桑原所称乌孙原在河西东部月氏则在西部一语,实为攻击白鸟氏《乌孙考》一文而发。贵山城及乌孙故地考证,留待次节。现专以月氏故地而论,则藤田之说,大体上与桑原之意见相同,同为相信《史记·匈奴传》、《大宛传》正文及《史记正义》等书,同以凉,甘,肃,瓜,沙等州为月氏故地。可见学者之间对此均无异议。

其时月氏势力强大,时凌匈奴。及至西汉初年,乃为匈奴冒顿单于所破,国势渐衰。在孝文帝时,蒙受冒顿单于之再度打击,复遭老上单于之最后痛击,于是除其羸弱者保守南山羌外,其大多数俱移转于故国后面之西北方,即今伊犁地方,新建大月氏国焉。

惟月氏西移年代，颇不易明了，近世学者之间，往往有任意决定之者。据桑原所记，西洋学者主要之说如下：

Lacouperie; *Western Origin of the Early Chinese Civisation*, P.219.

公元前百七十六年

Frank; *Beitrage aus Clinesischen Quellen Zur Kenntnis der Turk Volker und Skythen Zentralasiens*, S.30.

公元前百七十年顷

Klaproth; *Tableause Historiques de L'Asie*, P.132.

公元前百六十五年

Lassen; *Zur Geschichte der Griechischen und Indoskythischen Konige*, S. 240.

公元前百六十三年

De Guignes; *Allgemeine Geschichte der Hunnen*, Bd. 1, S.153.

公元前百六十二年

Gutschmid; *Geschichte Irans und Seiner Nachbarlander*, S.50.

公元前一六七——一六一年

Shinatoli; *Beitray Zur Geschichte und Sprache des Centralasiatischen Wusun-Stammers*, S.13.

公元前一七四——一五八年

Richthofen; *China*, Bd. 1, S. 449.

公元前百五十七年

Stein; *Ancient Khotan*, Vol. 1, P.53.

公元前百五十年

而迄无定论焉。最近叠经白鸟，桑原，藤田三氏所考定，大略可以相信。白鸟氏《乌孙考》中谓月氏之迁徙，成于匈奴之老上单于在位年间，而老上单于之时代，据《史记·匈奴传》适当公元前百七十四年至百五十八年，故断定月氏之西北方迁徙亦在此时。桑原则相信月氏之迁徙[①]当以依老上单于之时代为妥当，而不信其断言之公元纪年。据东晋徐广之单于纪年，断定老上单于之在位年代，为公元前百七十四年乃至百六十一年。因此谓月氏之迁徙[②]，当亦在此时。藤田氏则谓："关于月氏由河西地方西移至伊犁[③]之年代，据白鸟教授之考说，略得决定之。其见解，即以此事件起于老上单于之时为至当。惟教授以老上单于时，为公元前一七四年至一五八年，而置此事件于其间者，则如桑原教授所言以此说为有误。……然则老上死，军臣立，为孝文帝后元四年（B. C. 160），经岁余至后元六年而入寇者。予辈对于此点，同意桑原教授所说。关于大月氏由伊犁为乌孙驱逐之年代，学者所说，互不一致。但大体决定其年代，亦非难事。在张骞使乌孙时说武帝之言中，《史记》载："单于死，昆莫乃率其众，远徙中立，不肯朝会匈奴。"而《汉书》则记："昆莫既健，自请单于报父怨，逐西攻破大月氏。大月氏复西走大夏地，昆莫略其众，因留居，兵稍强。会单于死，不肯复朝事匈奴。"可知关于[④]乌孙西移之动机与时期两书所传，亦不一

①编者按：原稿为"徒"，当以"徙"为是。今改。

②编者按：原稿为"徒"，当以"徙"为是。今改。

③编者按：原稿为"犂"，当以"犁"为是。今改。

④编者按：原稿此处脱漏一"于"字。今补。

致，惟约略言之：其西移在“单于死”之前后，若知此单于为谁，则当知其西移之大体年代。是以乌孙之西移年代，即大月氏由伊犁更向西移之年代也。夫月氏由河西西移伊犁，根据《史》《汉》明文，为老上单于时固毋待赘言。于是上文所谓“单于死”，即月氏居于伊犁之时也。然则此单于非老上即为其后单于。按老上之次为军臣。此单于之死，谓为元朔三年（B. C. 126）时，则上引文所谓“单于死”之单于，其非军臣明甚。盖此年为张骞西使归朝之年，至少当提前二年，因张骞停留大夏颇久，由伊犁更向西徙之大月氏，骞得以目击之故也。上引文中之所谓“单于死”者，为其前事，……又《史》《汉》两书俱谓单于死后，因乌孙不来朝会，匈奴遂以兵相加，此事原为张骞在匈奴时之传闻，况张骞系乘军臣死后混乱而逃归者。由是而论，上文所谓“单于死”之单于，决非军臣也。既非军臣，则为老上无疑。据《汉书》，老上之死，为后元四年，即公元前一六〇年，苟以徐广之言为正，则其后元三年，即公元前一六一年也。月氏之移住伊犁，乃老上单于时（B. C. 174—161，160），而乌孙由伊犁逐出月氏，为老上单于死之前后（B. C. 161，160）之时。藤田之言是也。至桑原在《张骞西征考》中，另谓月氏由伊犁西移之年代，为张骞在使大月氏之途中囚于匈奴之时，约当百三十九年以后不久，则不必信矣。

关于大月氏西移后之都城，桑原与藤田争论甚大，以吾之意观之，应以《汉书·西域传·大月氏》条本文为准，争论之说，不足用也。《汉书》本文曰：

> 大月氏国治监[①]氏城，去长安万一千六百里，不属都护。户十万，口四十万，胜兵十万人。东至都护治所四千七百四十里，西至安息四十九日行，南与罽宾接，土地风气物类，所有民俗钱货，与安息同。……大夏本无大君长，城邑往往置小长，民弱畏战，故月氏徙来，皆臣畜之，共禀汉使者，有五翕侯[②]。

盖“自宣元后，单于称藩臣，西域服从，其土地山川王侯户数道里远近翔实”（本《汉书·西域传》语）可信也。据此，大月氏之都城，当即为大夏之都城。《史记》所谓“既而臣大夏而居，地肥饶”及“西击大夏而臣之，遂都妫水北为王庭”是也。大夏都城据《史记》称为蓝市城，故《汉书·西域传上》曰大月氏国治监[③]氏城。蓝监通，可作监。市氏通，以后史书无作市者。《后汉书》卷九十八作蓝氏城，《唐书》卷二二一下作蓝氏城皆是也。惟《北史》卷九十七曰大月氏国都剩监氏城，在弗敌沙西，数为蠕蠕所侵，逐西徙都薄罗城，去弗敌沙二千一百里，《魏书》卷一〇二作卢监氏城；剩卢声通，为一音异译，即监氏城，汉人译语，往[④]往省去首音也。故大月氏都城，为蓝氏城无疑。《周书》卷五十曰嚈哒国，大月氏之种类也，都拔底延城。《宋云行记》曰，云西出钵和国（Wakhan），谒嚈哒（Hephthalites）王。据沙畹（E. Chavannes）博士所考证，当时之嚈哒，应为今之巴达克山（Badakhshan）

①编者按：原稿为“蓝”，根据《汉书》及下文文义，当以“监”为是。今改。

②编者按：原稿为“候”，当以“侯”为是。今改。

③编者按：原稿为“蓝”，当以“监”为是。今改。

④编者按：原稿此处多一“移”字。今删。

城，在今Faizabad之东。弗敌沙，拔底延，均为巴达克山之古译。然则大月氏都城应在巴达克山附近求之也。马伽特（Marquart）曰：蓝氏为大夏之都城，大夏为吐火罗（Tokhares）种。考巴达克山为吐火罗之前部，故吐火罗之都城自应在其地。当元朔元年张骞至大月氏时，大月氏已居妫水（Oxus）之北，臣服妫水南之大夏。时大夏都城为蓝市城，在巴达克山之中也。张骞还汉后，大月氏逾妫水取蓝市为其都城。自是以后，大月氏即为吐火罗（Tokhares），亦即梵文之Tukharas也。关于后此八百年间之历史，沙畹博士考证甚详，以无关作者本文，不具录耳。

大月氏领地至是亦可明了，大约东至钵和（Wakhan），西至健驮罗（Gandhara）一带。其属国有五。据《汉书》所志如下：

（一）休密，治和墨城；去都护（今之库车）二八四一里，去阳关七八〇二里。

（二）双靡，治双靡城；去都护三七四一里，去阳关七七八二里。

（三）贵霜，治护澡城；去都护五九四〇里，去阳关七九八二里。

（四）肸[①]顿，治薄茅城；去都护五九六二里，去阳关八二〇二里。

（五）高附（《后汉书》作都密），治高附城；去都护六〇四一里，去阳关九二八三里。

今据马伽特考定此五国之方位如下：

---

①编者按：原稿为“肹”，当以“肸”为是。今改。

（一）休密即唐之护密，今之Wakhan也。

（二）双靡即《宋云行记》之赊弥，《玄奘西域记》之商弥，今之Tchiral也。

（三）贵霜，在健驮罗（Gandhara）北境，但据弗郎克（Franke）云即健驮罗国。

（四）肸[①]顿应位置于喀布尔河（Kaboul rond）支流，Pandjshivs河流之Parwan地方。

（五）都密即在喀布尔（Kaboul）附近，但与喀布尔有别也。

查当时五国君长，皆有突厥Jabgous官号，即汉时所谓翕侯唐时所谓叶护也。桑原氏于此点发表意见曰：

当研究张骞远征时代之中央亚细亚之状况时，吾辈平日最感不可思议者，为大月氏之五翕侯问题。……据《汉书》之本文，亦以五翕侯解释为大夏之事，而最正当最有力之根据，当推东汉荀悦《前汉纪》中之所载。……对此《前汉纪》之记载其自身由首至尾，以五翕侯均属小[②]夏之事实，当不容再有何等疑惑之余地矣。……大夏在张骞西征时，业已臣服于大月氏固不待论。惟当时大月氏居妫水即Oxus河之北，而大夏之五翕侯割据于妫水之南，二者判然有区别。后大月氏南徙，占领大夏之地，致此等五翕侯地域，次第变成大月氏之根据地，然此非张骞西征时之状况。据白鸟博士之考证谓五翕侯之地，略当Oxus河之上游至Hindu-Kush山脉之间，即以五翕侯之地，包

---

①编者按：原稿为“肦”，当以“肸”为是。今改。

②编者按：原稿为“小”，疑为“大”。

括大夏之四至，殆与《大唐西域记》之睹货逻Tokhara相一致。由此点以观，Marquart氏拟定大夏为Tokhara一说，更觉妥当。在《后汉书》之《西域传》虽似有以五翕侯为大月氏建立之记录，但此为后世之事殊难凭信。

桑原氏所云五翕侯原为大夏所建立，其后臣服于大月氏，遂变为大月氏之地域，此点与吾意完全相同，惟云非张骞西征时之状况一语，则实缘桑原氏以大月氏由伊犁西移至中央亚细亚时为公元前一百三十九年，较之老上单于死乌孙远徙为大月氏西移之动因之真实年代，推后二十年，因而致误。此一重要点不解决，则往往易致误也。骞至时，大月氏已臣属大夏，尽其五翕侯。及张骞归后，大月氏即迁都蓝氏城，故《史》《汉》所言如此。王莽篡汉后，五翕侯中之贵霜翕侯，换言之，即健驮罗之翕侯丘就却（Kozoulokaephises），攻灭四翕侯，自立为王，国号贵霜。而月氏亦为其所灭。此前汉以后事也。故《后汉书·西域传》曰：

诸国称之皆曰贵霜王，汉本其故号，言大月氏云。

此非本文范围所及，拟不具论。

最后吾所欲讨论者，当张骞凿通西域时，其自大月氏回归之途径究为南道，抑为北道？桑原氏定为南道，可信也。氏之言曰：

据《汉书·西域传》，在汉时大夏大月氏方面与汉之交通，普遍[①]乃系往来于所谓之南道。综合此等之事情，张骞概系取南道返，想必是由中央亚细亚溯Oxus河越Pamir高原而出Yarkand（莎车）Khotan（于阗）方面

①编者按：原稿为“通”，当以“遍”为是。今改。

者。观《史记·大宛传》有张骞并南山欲羌中归之句，则吾辈之想像，愈得确实矣。按此南山，固不待言，与《汉书·西域传》“从鄯善傍南山北波河，西行至莎车，为南道”之南山相同，即大体系指今之Altyn-Tagh也。若取南道，当经玉门或阳关，而归河西。但当时河西犹为匈奴领域，如是而有被匈奴捕获之忧虑，故张骞必在南道中途，越Altyn-Tagh避走大道，以通过婼羌之地者。《史记》中“欲从羌中归”之句，以如是解释，方觉妥当。按婼羌在大体上，即今之柴达木Tsaidam地方，后魏之宋云与惠生等在渡天之时，亦皆通过此处。

桑原所言，除即今地名何处[①]尚待考证外，其所推测张骞时汉与月氏交通必走南道，则极可信也。

2.大宛　大宛在《史记》有传，惟所详多张骞使西域时事，骞所传闻及对武帝所称道从蜀径通西南夷以来身毒者，非尽言大宛也。且骞居留大宛之日少，其言或雠或不雠，非若《汉书》据政府史料都护报告，“自宣元后单于称藩臣，西域服从，其土地山川王侯户数道里远近翔实”者比也。兹请先引《汉书》，而以《史记·大宛列传》旁证焉。《汉书·西域传上》曰：

大宛国，王治贵山城[②]，去长安万二千五百五十里。户六[③]万，口三十万，胜兵六万人。副王，辅国王各一人。

---

①编者按：原稿此处多“何处”二字。今删。

②编者按：原稿为“贵山域”，当以“贵山城”为是。今改。下文均照此改。

③编者按：原稿为“大”，当以“六”为是。今改。

东至都护治所四千三十一里，北至康居卑阗域千五百一十里，西南至大月氏六百九十里，北与康居南与大月氏接。土地，风气，物类，民俗，与大月氏安息同。大宛左右以蒲陶为酒，富人藏酒至万余石，久者至数十岁不败。俗耆酒，马耆目宿，宛别邑七十余城，多善马，马汗血，言其先天马子也。张骞始为武帝言之，上遣使者持千金及金马以请宛善马。宛王以汉绝远大兵不能至，爱其宝马，不肯与。汉使妄言，宛遂攻杀汉使，取其财物。于是天子遣贰师将军李广利将兵前后十余万人，伐宛连四年，宛人斩其王毋寡首，献马三千匹，汉军乃还。语在《张骞传》。贰师既斩宛王，更应贵人素遇汉善者名昧蔡[①]为宛王，后岁余，宛贵人以为昧蔡謟使我国遇屠，相与共杀昧蔡，立毋寡弟蝉封为王，遣子入传，质于汉，汉因使使赂赐镇抚之。又发使十余辈抵宛西诸国，求奇物，因风谕以伐宛之威。宛王蝉封与汉约，岁献天马二匹。汉使采蒲陶，目宿种归，天子以天马多，又外国使来众，益种蒲陶，目宿离宫馆旁，极望焉。

同书《张骞李广利传》曰：

汉使往既多，其少从率进孰于天子，言大宛有善马，在贰师城，匿不肯示汉使，天子既好宛马，闻之甘心。使壮士车令等，持千金及金马，以请宛王贰师城善马。宛国饶汉物，相与谋曰："汉去我远，而盐水中数有败，出其北，有胡寇，出其南，乏水草，及且往往而绝邑，乏食者多。汉使数百人为辈，来常乏食，死者过半。是安能

①编者按：原稿为"察"，当以"蔡"为是。今改。

致大军乎？且贰师马，宛宝马也。”遂不肯予汉使，汉使怒，妄言椎金马而去。宛中贵人怒曰：“汉使至轻我，遣汉使去。”令其东边郁城王遮攻杀汉使，取其财物。天子大怒。请尝使宛姚定汉等，言：“宛兵弱，诚以汉兵不过三千人，强弩射之，即破宛矣。”天子以尝使浞野侯攻楼兰，以七百骑先至虏其王以定汉等言为然。而欲侯宠姬李氏，乃以李广利为将军伐宛。……李广利女弟李夫人，有宠于上，产昌邑哀王。太初元年以广利为贰师将军，发属国六千骑，及郡国恶少年数万人以往，期至贰师城取善马，故号贰师将军。故浩侯王恢使道军。既西过盐水，当道小国，各坚城守，不肯给食，攻之不能下，下者得食，不下者数日则去。比至郁成，士财有数千，皆饥罢攻郁成城，郁成距之，所杀伤甚众，贰师将军与左右计，至郁成尚不能举，况至其王都乎？引而还。往来二岁，至敦煌，士不过什一二。使使上书，言道远多乏食。且士卒不患战而患饥，人少不足以拔宛，愿且罢兵，益发而复往。天子闻之，大怒。使使遮玉门关曰：“军有敢入，斩之。”贰师恐，因留屯敦煌。其夏汉亡浞野之兵二万余于匈奴，公卿议者，皆愿罢宛军，专力攻胡。天子业出兵诛宛，宛小国而不能下，则大夏之属渐轻汉，而宛善马绝不来，乌孙轮台易苦汉使，为外国笑；乃案言伐[①]宛尤不便者邓光等。赦囚徒，捍寇盗，发恶少年及边骑，岁余而出敦煌六万人，负利从者不与。牛十万，马三万匹，驴，橐驼以万数，赍粮，兵弩甚设。天下骚动，转相奉伐宛，五十余

---

①编者按：原稿为“代”，当以“伐”为是。今改。

校尉，宛城中无井，汲城外流水。于是遣水工徙其城下水空，以穴其城。益发戍甲卒十八万，酒泉，张掖北置居延休屠，以围酒泉，而发天下七科适，及载糒给贰师。转车人徒相连属至敦煌。而拜习马者二人为执驱马校尉，备破宛择取其善马云。于是贰师后复行，兵多，所至小国莫不迎，出食给军。至轮台，轮台不下，攻数日，屠之。自此而西，平行至宛城，兵到者三万，宛兵迎击汉兵，汉兵射败之。宛兵走，入保其城，贰师欲攻郁成城，恐留行，而令宛益生诈，乃先至宛，决其水原移之，则宛固已忧困。围其城，攻之四十余日。宛贵人谋曰："王毋寡匿善马，杀汉使。今杀王而出善马，汉兵宜解，即不，乃力战而死，未晚也。"宛贵人皆以为然，共杀王，其外城坏，虏宛贵人勇将煎靡，宛大恐，走入中城相与谋曰："汉所为攻宛，以王毋寡。"持其头，遣人使贰师约，曰："汉无攻我，我尽出善马，恣所取而给汉军食，即不听我，我尽杀善马，康居之救又且至，至，我居内，康居居外，与汉军战。孰计之！何从？"是时康居候视汉兵尚盛，不敢进。贰师闻宛城中新得汉人知穿井；而其内食尚多，计以为来诛首恶者毋寡，毋寡头已至，如此不许，则坚守，而康居候汉兵罢，来救宛，破汉军必矣。军吏皆以为然。许宛之约。宛乃出其马，令汉自择之。而多出食食汉军。汉军取其善马数十匹，中马以下牝牡三千余匹；而立宛贵人之故时遇汉善者名昧蔡为宛王，与盟而罢兵。终不得入中城，罢而引归。

于当时汉伐大宛及两国情势，言之綦详。《汉书·骞本传》直录《史记·大宛传》者为多。惟“贰师闻宛城[①]中新得汉人知穿井”句《史记》原作秦人，王先谦补注曰：“外夷称中国，秦汉一也。”余意作秦人为是。秦指雍岐，与西域密迩。其余则相一致。据此是贵山城为大宛国王治，当为人人所共认明矣。惟大宛国原名为何？贵山城之原名又为何？则东西学者所考订，至为纷纭。张星烺《中西交通史料汇篇》第五册页二六曰：“大宛之原音，余尚未能查出。《新唐书》卷二百二十一下云：‘宁远者，本拔汗那，或曰钹汗。元魏时谓破洛那。’《魏书》卷一百二《西域传》及《北史》卷九十七《西域传》皆仅作‘那洛国，故大宛国也’。《魏书·武帝纪》太延三年及五年，均书破洛那朝贡。此外并无洛那国名。故洛那上脱去破字无疑也。拔汗那及钹汗或破洛那皆为Ferghana之译音。今人译作费尔干那。古代原音必为拔汗那（Perghana）。唐时回教徒改从今读，盖阿剌伯文无P字音也。吾人由是故认大宛为今俄领费尔干那省也。”案张说是也。桑原骘藏博士《大宛国贵山城考》曰：“吾人对大宛国……之位置，自Remusat氏以来，学者之考订皆一致于Ferghana。《魏书·西域传》云：‘（破）洛那国，故大宛国也。’其破洛那显然为Ferghana之音译，是以拟定大宛国为Ferghana，由文献上言，亦极有根据而为学界坚不可拔之定说矣”，此为近数十年西北古地理研究进步之结果。故关于大宛之原音，可谓已无甚异说。惟关于贵山城之原音，则学者之间，尚不能一致。据桑原博士所述，计有五说：

（一）为Kokand说　是说为日本史家那珂通世所倡，见于氏著之未定稿《唐代西域图》中。

---

①编者按：原稿为“域”，当以“城”为是。今改。

（二）为Ura-tube说　是说为李希霍芬（Richthofen）氏所倡，于其名著[1]《中国》（*China*）第一卷四五一页中见之。

（三）为Akhsi-Kath说　是说为威利（Wylie）氏所主张，氏尝英译《汉书·西域传》，且加注释，题为Notes on the Western Regions，载于一八八一年之《英国人类学会杂志》（*The Journal of the Anthropological Institute of Great Britain and Ireland*）中。

（四）为Khodjend说　是说为谷士蔑（Gulschmid）氏所倡，氏于一八八八年刊印《伊兰地方之历史》（*Gescdichte Irans und Seiner Nachbarlander*），于其六十三页中推测贵山城似为Khodjend（Chodschend）云。其后经十三年，日本考古学家三宅米吉博士于《古代欧亚大陆交通考》一文，有此主张。原文发表于明治三十三年六月《地理与历史杂志》上，今已收入氏著《考古学研究》中，可覆按也。其后白鸟库吉之《乌孙考》一文中，亦颇赞成此说，未几放弃，改采Kasan说焉。

（五）为Kasan说　是说为法人拉克伯里（Lacouperie）氏所首倡。最近藤田丰八之《慧超传笺释》及赫尔曼（Herrmann）氏之《中国叙利亚古代绢贸易通路考》（*Die alten Seidenstrassen Zwischen China und Syrien*）等书，亦拟定贵山城为Kasan。而白鸟博士《西域史上之新研究》（明治四十四年十月《东洋学报》所载）一文，尤为热烈持护是说。

①编者按：原稿为“箸”，当以“著”为是。今改。本篇此字统改。

其中（一）（二）（三）三说，在今日已无人相信，惟（四）（五）两说，于十余年前在日本学术界上因桑原博士扬Khodjend说之死灰，因而与白鸟，藤田两氏辨论至激。大宛在汉时为西域诸国之代表国地位至为重要，殊不可以不讲明之也。

今者藤田，桑原二氏先后去世，辩论一时中止，然未得谓为定论也，兹请得先述白鸟氏所以改从Kasan说之意见。氏之放弃Khodjend说，其所持理由，乃因《史记·大宛传》及《汉书·张骞李广利传》同有贰师将军李广利伐大宛时，兵围贵山城，决其水源移之，则宛固已忧困之句。《史记·大宛传》并曰：

> （大）宛王（贵山）城中无井，皆汲城外流水，于是乃遣水工徙其城下水空，以空其城。

《汉书》作“以穴其城”。是句之解释，可姑置勿论。至李广利军之所以徙其城下河水，乃出于水攻之计画无疑。以此事实为根据，白鸟博士谓Khodjend临于大河之Sir darya，故苟拟为贵山城，则与《史记》《汉书》之文不合。反之Kasan乃远离Sir darya，而其侧复有同名之细流，与《史记》《汉书》等记事，互为一致，因改从是说。博士在《西域史上之新研究》三一四页曰：

> 若临贵山城之河水果为流于Khodjend城外之Syr（Sir）河之巨流，则汉之水工得争决其水源而移之他方，以涸渴城外之河水。吾人前所考贵山城为Khodjend说，其难支持之理由，全在此点。

此为白鸟氏最有力量之唯一理由。桑原氏于此点则绝对反对，在氏著《大宛国贵山城考》一文中谓：

然余以为其否定Khodjend所持之理由，殊觉薄弱。Khodjend固临于Sir darya，然Khodjend附近之Sir河水，浑浊不适饮用。唐玄奘《大唐西域记》卷一有“浩汗浑浊”之句，元邱处机《长春真人西游记》卷上则有“色浑而流急”云云，均指Khodjend附近之Sir darya而言者。今日之Khodjend市民，亦不饮用Sir darya河水，其饮料概取自流注Sir darya之小河Khadja Bakargan。汉代似亦如此。Vivien de Saint-Martin氏《世界地理辞典》(*Dietionair de Geogrophie Universelle*)第三卷第百十三页云：“Khodjend在Syr-darya左岸，位于Syr-darya及由左灌注之小潦流Khodja Bakargan之处。……Khodjend屡乏水，要之Khodja Bakargan，夏届则枯渴。”总之，其所言Khodjend屡乏水，及其城下Khodja Bakargan之记事等，与《史记》《汉书》所载贵山城之地势，至为吻合。此与白鸟博士之主张，适与相反，是以拟定Khodjend为大宛国之贵山城，实毫无不妥。

藤田氏于此点，倾向白鸟之说，而反对桑原；在氏著《大宛贵山城及月氏王庭考》一文中论之曰：

桑原教授之Khujandah（Khodjend）说之中坚，谓贵山城附近有饮用细流流于其间，《汉书》所载大宛，大月氏，大夏之里数，从休循行向大月氏必经大宛之贵山城等。今考贵山城附近之饮用细流，据白鸟教授谓不独Khodjend为然，凡Turkestan地方多数之都市，均有此地势。诚哉其如此，则贵山即Kasan说，亦不得以此为否定之理由也。

以吾考之，白鸟藤田提出李广利水攻之说，虽甚有理由，然未免误信汉书“以穴其城”之说。穴字为空字缺蚀，当以《史记》“以空其城”之句为确。古今地形，虽不无变化，而Khodjend城外Sir darya河水之浑浊不可饮用，在汉时然，在唐时亦然，在元时亦然，在今日亦然，此不可谓为偶然相同也。《史[①]记》《汉书》均有“贰师闻宛城中新得秦人，知穿井”之语，此时城围已四十余日，秦人何从而至，自必在战前招请可知。河水浑浊不可饮，细流又屡乏水，宛城之招徕知穿井之秦人，正所以解决此饮水问题也。贰师于出师时，稔知“宛城中无井”，及围四十余日而不能困之，侦而知其新得秦人，此“新”字非指围城后可知。故桑原氏所解释，最为精确可信也。

白鸟氏又创为大宛在以前以贰师城为国都，其后则迁移至贵山城之说，于氏著《大宛国考》四五至四七页详言之。谓尔时李广利所击之大宛王城实为贰师城，故《史记·大宛传》《汉书·李广利传》记此事，均单言大宛王城不明记贵山城，可证也。氏并拟定，贰师城为Nisa之音译，即今之Marghilan，在Shahi mardan流域之中。以图推翻其旧著《西域史上之新研究》一文中谓李广利所攻击之大宛王城即贵山城之说。氏又谓《史记》时代较《汉书》时代为早，故《汉书·西域传》所记大宛之都之贵山城，疑为自贰师城迁往之第二都城。又谓欲求贰师城之所在，当先求唯一可为键钥之郁成城以推定之。因而断定郁成城即为大宛东边之Osh，此城不特为李广利等征行所必经，而郁成与Osh之音声，亦复类似。藤田对于此点，在《大宛贵山城及月氏王庭考》发表意见曰：

予辈于李广利所攻贰师城即为大宛都城之说，已无

①编者按：原稿此处多一“史”字。今删。

异议。又教授不以《新唐书·西域[1]传》中贰师城为唐代之苏对沙那为然，不拟为即今之Uratube亦无异议。惟予辈对教授所谓推定贰师城之键钥之郁成拟为Osh，首先异议，从而对贰师城亦有异议矣。

是藤田已不能全然赞同白鸟之说明矣。其结论曰：

要之：予辈考证贰字字音在汉时因为djit或jit。故贰师当定为Gidghil之音译。据阿拉伯人所传，在Kasan之北方，有地名曰Gidghil；又在Sayhun之支流亦有地名Nahr Gidghil，其地据Le Strange氏所想像，疑为今之Naryn河。(*The Lands of Eastern Caliphate*, P. 476)因之《杜环经行记》之质河，《西域记》之叶河，《唐书·怖悍传》之叶叶河，与此为同名之异译而已。在此流之上流Kasan之北，所谓Gidghil地方者，即叶叶也，贰师即为其地。

余意不然，藤田之说，主观未免过甚。案《新唐书·西域传》云：

东曹或曰率都沙那，苏对沙那[2]，劫布呾那，苏都识匿，凡四名，居波悉山之阴。汉大宛贰师地也。

《新唐书》之率都沙那，苏对沙那，劫布呾那，苏都识匿等名，《隋书·西域传》作苏对沙那，《大唐西域记》卷一作窣堵利瑟那，《释迦方志》卷上作窣睹利瑟那。伊斯兰教徒重译则为Sutrushanah，今简称为Uratube。故贰师城为隋唐之苏对沙那，即今之Uratube，在今日已成定论，藤田氏何得以白鸟不从此说，而乐予赞同之！是亦不定信也，桑原氏《大宛国贵山城重

①编者按：原稿为“城”，当以“域”为是。今改。

②编者按：原稿为“郡”，当以“那”为是。今改。

考》曰：

考《史记·大宛传》大夏与大宛王城距离二千余里（但白鸟博士不信用里数），《汉书·西域传》则记大宛国都为贵山城[①]。今谓其以前以贰师城为国都，其后移于贵山城，此等事实，全未有何等之记录。且又Marghynan（Marghilan）小市耳，在公元十世纪之半顷，始见其名于Mogaddasy之地理书中，而又不为当时所特别注意之小市。（Sprenger；*Die Post-und Reiserouten des Orients*, S. 18；Le Strange；*The Lands of the Eastern Caliphate*, P. 479）要之：Ferghana地方者，则为比较起源甚古之市。故对白鸟博士之新主张，难予以多少之赞同也。

桑原之说是也。总之：大宛之为Ferghana，在今日已成定论，虽白鸟藤田之说，亦不得而翻之也。今所当考证者惟贵山城[②]之所在而已。

桑原氏于此，曾立下辩论之公约，其言曰：

欲完全解决贵山城问题，必须适合如下五条件：

（A）须为与《史记》及《汉书》所载贵山城之地势相一致之都市。

（B）须为位于Ferghana，而起源最古，至少须在公元纪元前二世纪顷既已占重要位置之都[③]市。

（C）须为近似贵山音之都市。

（D）据《史记·大宛传》所转，贵山城与大夏都城之

①编者按：原稿为“成”，当以“城”为是。今改。

②编者按：原稿为“成”，当以“城”为是。今改。

③编者按：原稿为“部”，当以“都”为是。今改。

蓝市城相距二千余里，故须为与此条件相一致之都市。

（E）据《汉书·西域传》所载，贵山城位于休循国至大月氏国之道之线中，故须为吻合此条件之都市。

如有一都[①]市具备上述五条件者，则毫无疑义立可断定为汉代之贵山城。

案关于贵山城一问题，纷纭聚讼，已不知费去如许笔墨。即以此次日人白鸟，藤田，桑原三氏而论，白鸟博士最初有《乌孙考》之主张，已而有《西域史上之新研究》之新主张，其后更有《大宛国考》之更新主张。藤田博士依违两者之间，自树一帜，有：《月氏乌孙故地考》《月氏西移年代考》《月氏故地与其西移年代》《大宛贵山城及月氏王庭考》四文。桑原博士则始终坚持Khodjend说，在《张骞西征考》《大宛国贵山城考》《大宛国贵山城重考》《读藤田君贵山城及监氏城考》等文中，反覆申述。若荟诸说而萃之，当可成一巨册。所谓“彼一是非也，此亦一是非也”是也。吾人今者对于桑原氏所提五项条件，将认为合理否乎？若以此五条件之公约为然，吾之意，亦以为舍Khodjend莫属也。且白鸟藤田两氏之考证法，似欠精密，即如不信《汉书》所载里数是也。时又于《史记》《汉书》之不合已意者，则往往视为脱字而增之，此最犯考据家之大病。如藤田氏《大宛贵山城及月氏王庭考》云：

白鸟教授谓《汉书·大宛国》条之西南至大月氏六百九十里，脱“一千”二字；以余考之，宁为脱“二千”字样。

---

①编者按：原稿为“部”，当以“都”为是。今改。

今有人焉试问白鸟氏此“一千”字样，将何所据而疑为脱文？白鸟氏疑脱“一千”，藤田氏忽而谓疑脱“二千”，则或人谓为脱去“三千”或“四千”可乎？举一足以例其余，则此等考证学为不足信也明矣。

反之，桑原氏所用方法，则甚精密，如所据俄国《实测图》，及汉代里数换算方法，汉代一里，约合今日四百米突等，均较诸家为精。故今者余意竟置诸家辨论之琐说不具引，暂定为依从桑原氏之说，以Khodjend为贵山城可也。他日者西北考古探险测量故道之事业更为进步，有新事实与新材料发现，再为之考订焉。

至其种族，则可决为伊兰民族。《汉书·西域传上》曰：

> 自宛以西至安息国，虽颇异言，然大同，自相晓知也。其人皆深目多须髯。善贾市，争分铢。贵女子，女子所言，丈夫乃决正。

是《汉书》明言大宛以西皆一种矣。近人张星烺《中西交通史料汇篇》第五册页三曰：

> 其在葱岭以西者，则属本书范围以内者也。西部土耳其斯坦为印度阿利安民族及波斯伊兰族之发祥地。故据西史考之，唐以前，所有葱岭以西诸国，大宛康居大夏之属，皆伊兰民族也。……仅大月氏及嚈哒为东方突厥民族之侵入者。唐以后，西突厥人契丹人汉人蒙古人递相侵入，为黄色人种之殖民地。晚近又有斯拉夫种之俄罗斯人之侵入。故其地人种至为复杂[①]，而文化亦极复杂也。

唐以后非本文范围，据张氏所言，在汉时固伊兰民族无疑也。

---

①编者按：原稿为“杂复”，当以“复杂”为是。今改。

《汉书·西域传上》又云：

> 其地皆丝漆，不知铸铁器，及汉使亡卒降，教铸作它兵器，得汉黄白金，辄以为器，不用为币。

不特其民情风俗可知，即其进化之程度，盖亦明记于其中矣。其他若领域四至，及出产农作，皆已详上文张骞具告天子之言中。可不再述。至其与汉代交通路线，实为当时北道。《汉书·西域传上》曰：

> 自玉门[①]阳关出西域有两道：从鄯善傍南山北波河，西行至莎车，为南道。南道西逾葱岭，则出大月氏安息。自车师前王廷随[②]北山波河，西行至疏勒，为北道。北道西逾葱岭，则出大宛康居奄蔡焉。

大月氏在大宛之西，大夏则在其西南，汉与大月氏往来走南道，与大宛则走北道，此二者为汉与西域交通最重要两道之重镇，故先述焉。

3.大夏　大夏在未为大月氏灭服之先，亦为伊兰民族所建国也。其所以名为大夏者，据柳翼谋先生《大夏考》释之云：

> 按骞之知有大夏之名，实得之大月氏。大月氏在印度西北境。所谓大夏者必是印度人呼立国于巴格德利亚之族之名。高桑驹吉《印度五千年史》第一编第三章[③]，谓最古之时，自西部及中部亚细亚而来印度之阿利安族，呼住于印度之诸种族曰Dasyus及Dasas，其义则Dasyus者敌也，

①编者按：原稿为“白王门”，当以“自玉门”为是。今改。

②编者按：原稿为“隋”，当以“随”为是。今改。

③编者按：原稿为“章三章”，当以“第三章”为是。今改。

Dasas者奴隶也。余意汉人所谓大夏，实自亚历山大东征后始立国，当时希腊人种与印度人种互相仇敌。或者印度人即呼此希腊人为Dasyus或Dasas。以汉字译之，则曰大夏。初非其国人自称为大夏也。又观《骞传》大夏之邛[①]竹杖蜀布得之身毒，知骞之先已有蜀人至身毒市易者。大夏之称，或即贾人得之于印度之名词，骞特因其旧称，亦未可知。

柳先生之说是也。考日人北村三郎《波斯史》，谓波斯教祖琐罗亚斯德尔（即琐罗斯德）大约在公元前一千二百年生于拔克德利亚（即巴格德利亚）。是巴格德利亚原为其国名，纯粹为伊兰民族所建之国，即《波斯志》所称败克缺拉帝国是也。自亚历山大东征后，受希腊文化所影响，国势聚盛，始见称于世。日人羽溪了谛《西域之佛教》第二章第一节论大月氏之征服大夏云：

大夏者，自亚历山大大王东征以来，浴希腊文化之民族也。大月氏与其接触，遂与彼等之风俗同化。此其时期，盖可以判然分辨者也。吾人于前章曾详说大夏之地，自古以来，为文化开发之区，复因亚历山大大王之东征，此等遂成为东方希腊文化之一中心点。

然自是以后，已与希腊之种族，文化相混矣。

其国都[②]曰蓝市城，已详见上文《大月氏》条中。《史记·大宛传》曰：

大夏在大宛西南二千余里妫水南。其俗土著有城屋，

---

①编者按：原稿为“卭”，当以“邛”为是。今改。

②编者按：原稿为“郡”，当以“都”为是。今改。

与大宛同俗。无大王长，往往城邑置小长。其兵弱，畏战，善贾市，及大月氏西徙攻败之，皆臣畜大夏。大夏民多可百余万。其都曰蓝市城，有市贩贾诸物。

《汉书·西域传上》亦曰：

大夏本无大君长，城邑往往置小长，民弱畏战，故月氏徙来，皆臣畜之。

惟《汉书》不为大夏立传，其监氏城则云为大月氏国治，是骞至时，大夏虽为大月氏所攻败，为所臣畜，仍未全灭国也。及骞归后，大月氏即移治其国都。《汉书》后出，故所言如此。

其国都蓝市城，即今之巴达克山城（Badakhshan），在现代学者之间，已无异义。日人羽溪了谛云：

大夏之都，若为巴尔克（Palkh），则以上诸名（著者案即指蓝氏城，监氏城等等），是否直为巴尔克之译音，皆未可必。西耳文烈维谓有Puskaravati一字，其义为“带青色之市”，因指大夏之都，即为蓝氏城之意译。（S. Levi；*Notes Sur Les Indoscythes*，J. A. 1897，tome IX，P. 9）斯佩奇特则反对此说，谓就Puskaravati之地位而论，决不能证为即大夏之都，是盖为巴尔克别名亚历山大（Alexandria）之转讹也。（Ed. Specht；*Les Indo-Seythes et L'Epoque de regne de Kanichka*；J. A. 1897，tome X，P. 158-61）或者斯佩奇特之说较为正确，亦未可知。

案巴尔克古称薄罗，距旧都巴达克山城西二千一百里，在公元五世纪时确曾因蠕蠕之侵逼，避移于其间，非谓此时已都之也。羽溪之说，亦不足信矣。总之：大夏国都蓝市城应于巴达克山地域之中寻之，如吾上文所言是也。

其四至地域，已详上文《大月氏》条所言五翕侯[①]中。据斯特累波（Strabo）所记，此地自古即已开发，盖有都市一千之多，当其为波斯王国之领土时，此地实为阿里阿诺（Ariana）——古代波斯东方之领土——精华所萃之地。波斯诸王之各时代中，此地尝设最高官吏以管理之，其简任者，大多为亲王，可见其重视也。自亚历山大大王东征，打破波斯之势力，亘此一带之诸国，皆被占领。其时，大王对于巴格德利亚人颇加优遇，而巴格德利亚人对于希腊文化亦颇容受而同化之，于是此国在东方遂为希腊文化之中心地。及大王西归后，即遣其部将统治此地。（V.Smith；*Early History of India*，P. 207）《史记》《汉书》称其“无大君长，城邑往往置小长”，可谓最得其实。亚历山大大王东征，约当我国周赧王之世，其时西域尚未与我国往来，故我国史书不详其事。意者当秦汉之际，亚历山大大王所遗留之部将，已无统治能力，因分散而为诸小国，所谓五翕侯者，当大夏大月氏兴替之交，被利用为统治之工具而已。所谓“兵弱，畏战”，得其情矣。

惟于此有不得不辨明者，厥维近人丁谦《汉书西域传考证·大夏考》所说是也。丁氏素迷惑于我国人种西来之说，故其文中历举《汉书·律历志》《贾谊新书》《山海经》《伊尹献令》《王会篇》，谓大夏立国在黄帝以前。因而谓吾国古书所言之大夏，即此一国。于是其四至地域，遂及吾国雍冀诸州矣。柳翼谋先生谓“可见其读书之不细心”，宜哉。

4.康居　康居在前汉西域交通史上地位之重要，与月氏，大宛，大夏诸国相同。月氏，大宛，大夏诸国，西通安息；康

---

①编者按：原稿为“候”，当以“侯”为是。今改。

居则西北通奄蔡。奄蔡，安息皆汉时西亚古国也，希腊，伊兰两系文化于此入中国焉。惟康居则东邻匈奴，于汉尤重。《史记·大宛列传》云：

> 康居在大宛西北，可二千里。……与大宛邻国。国小，南羁事月氏，东羁事匈奴。

汉代以灭胡为志，使张骞西通西域，已如前述。今者康居介于匈奴，月氏之间，月氏夙与匈奴有却，常怨仇匈奴，然则康居之强弱盛衰，及其附汉与否当影响于前汉边事者最巨，此搜求前汉时代西域交通史者之所急当讲明者也。

康居之原音，日人藤田丰八谓为即西藏所传与Gu-Zan王被连称之Kanika王之Kanika一字，详见氏著《西域研究》五《莎车与Ga-hjag》一文中。三宅米吉谓波斯古史所载，有王都名Kang者，康居之音为Kang或Kangkn欤。欧洲学者又以为即北史之粟特Sogdi。惟其证据及解释殊不详确，均不足置信。而日人白鸟库吉则谓为Kangar之音译，殊足令人注意也。白鸟氏《粟特国考》论康居与Sogdiana之异同云：

> 今泰西学者，多但见汉史有康居，辄不问其属何时代，直信以为Sogdiana而不疑。毕竟由于对《隋》《唐》二书之类，出于后世之编纂者，不加批评，遽尔信从，而于康居实际存在时所成之《史记》《汉书》之文，转不深考而谬也。……Sogdiana者，《汉书》所谓城廓国，乃营农作商业之Iran人也，康居则《史记》明言其为行国，逐水草之游牧民族也。康居冬夏易其住居之地，《汉书》明言之；此正与今日游牧于Kirghiz旷野之Kasak Kirghiz人习俗一致。……民族之风俗习惯，往往以所住地之境遇而发生。故据于Kirghiz旷野之康居，纵其习俗正同今日之

> Kasak人，亦未容遽断其即为亦同Kasak之属于土耳其族。然此外若有事实可举，足以证康居之属土耳其种者，余此推定，当不为无谋之臆测。决定民族种类之一有力证据为语言。……请先举突厥碑文中所见Kängáres一部落名称。据Vänmbéry氏：居俄属Trans–Kankasus州之土耳其种部落有名Kenger者，中央亚细亚之Tekle Turkman部族中有曰Köngör者，又Kokčai Kuba管区内，Teheran州内，有名Kengerbu之土耳其种部落云。（*Das Turkenvolk*，pp. 572，576）读Ibn Choretadhbih之文，Saihum河自Čac国境之处称Kankar。（Marquart；*Die Chronologie der Altturkisehen Inschriften*，p. 5）即谓今之Syr河，自今Taŝkend城以下，称Kankar河也。此河之所以得Kankar之名者，宁非其流域有称此名之民族住居故欤？……读东罗马皇帝Constantin Porphyrogenetus所编著之*De Administrands Jmperio*一书，中有Peceneg族所奉为首长之三部落称Kangar（或Kankar）云。Marquet氏研究此Kangar–Peceneg部族之迁移史，考定此部族当八世纪时，尚据Taxartes河（今Syr河）之下流以至Aral海沿岸。（*Die Chronologie,* p. 10）……则所谓此民族三部落之Kangar者，断为康居无疑；而康居之为土耳其种，可断言矣。（据钱稻孙译本）

白鸟氏论康居之非Sogdi，其言允矣。至疑康居为土耳其种族则非也。案康居初为伊兰人建国，在前汉之世。其后在后汉之末并兼Sogdi，遂有其他。至八世纪以后，始有土耳其之三部落移来，冒其旧名。在白鸟氏所引诸家之文，可以知之。惟白鸟氏欲完成其土耳其种族之说，不惜将康居最初建国之地域推广，而又将其服属Sogdiana地方提前，因而不能令人置信耳。

桑原隲藏《张骞西征考》注八六云：

> 白鸟博士原以康居国主在Syr Darya之北方，与其南隔Kizil Kum沙漠之大月氏相望，并考定大月氏系占领Zarafshan流域者。（明治三十四年二月之《史学杂志》二页）惟最近变更此说，以康居之五翕侯[①]国据《新唐书》之记载，考定多半在Sogdiana地方，则自然的结果，拟定大月氏为南方，即铁门关以南。（明治四十四年十月之《东洋学报》上所载《西域史上之新研究》三四〇至三四二页）张骞前往中央亚细亚时，由大宛经康居而至大月氏，在《史记·大宛传》亦明记"（大宛）为发导驿（译）抵康居，康居传致大月氏"之句。以大宛与大月氏间之距离远，在其中Sogdiana地方，设置康居之属地时，或为说明此记载之便利耳。然果如是，则康居之势力范围，失之过广。康居如白鸟博士所考定，与乌孙分国境在吹郭勒Chu Gol之上游地方认西边至少亦及于Aral海之东岸，其领土更包括南Sogdiana，则康居实为大国，而与《史记·大宛传》"（康居）国小，南羁事月氏，东羁事匈奴"相矛盾。（据杨炼译本）

是白鸟氏之说，亦有然有不然也。羽溪了谛《西域之佛教》"康居国之佛教"一节云：

> 白鸟氏又谓康居之名称，当为西元第八世纪之顷，咸海（Aral）沿岸及西耳河下流之康格耳（Kangar）——Cagatai语为勇健之义——种族之名，又或为西元第十三世纪之初，乌拉河（Ural）以东与热海（Issik-kul）间之游

---

①编者按：原稿为"候"，当以"侯"为是。今改。

> 牧种族，名康格里（Kangli）——Cagatai语为车之义——然此两种族之名，考西史上所记之年代，则宁以康格耳为康居，似较稳当。（参阅《东洋学报》第一卷三四五页及三三〇页）（据贺昌群译本）

Kangar一字疑即隋唐间“康国”一语之阿拉伯语音译，其后土耳其人沿用之。兹者重译，误为康格耳耳。《汉书补注》王先谦曰：

> 《逸周书·王会解》有康民，孔晁注康亦西戎之别名也。《后魏·西域传》：康国者康居之后也。《隋》《唐书》同。是前后皆有康国之称。《魏志》《晋书》仍为康居。又后魏有者舌国，云故康居国。又有悉万斤国，唐书以为即康居。盖后分裂国名，《唐书·康国传》：康一名萨末鞬，亦曰飒秣建。《西域图考》云：今为哈萨克右部地。

是康居一国在隋唐间固明为康国也。隋唐间西域人来居吾国者众，因而遂为Cagatai语之通用语欤！

至其种族，白鸟氏以为属土耳其种族，谓其语言亦为土耳其语。三宅米吉博士以为即希腊人所谓西徐亚人之一支，见氏所著《古代欧亚大陆交通考》中。以吾观之，皆未当也。惟藤田以《隋书·西域传·康国》条有“都于萨宝水上阿禄迪城”一语，“萨宝”为伊兰语祆教教长之称，推定康居为伊兰民族。伯希和亦曰：“康者今之撒马儿汗（Samarkand），古之康居（Sogdiana）之简称也，其人属伊兰种。”我国张星烺亦主张伊兰人种之说，在其所著《中国人种中印度日耳曼种分子》一文中曰：

> 葱岭以西，大宛，康居，安息诸国，今代人种学家皆以为即伊兰人种（Iranian）。

又曰：

康居国在撒马儿罕（Samarkand）附近柴拉夫香河（Zarafshan Valley）流域。希腊人称其国曰索格多（Sogdo）或索格的亚（Sogdia）。其人为伊兰人种之一枝。汉武帝时已通中国。……东汉末，其国人移居中国者甚多。……由上方记载观之，康居国诸僧多有世居中国，产生此邦者。使吾人不得不疑今代汉土之康氏祖先，多来自康居，为印度日耳曼种中之伊兰人苗裔也。

其言最为可信。惟所云索格多，索格的亚，则为康居之属地，不足以统称之耳。

至其建国情形，《史记》仅称为行国，其言简略。《汉书》则言之颇详，《西域传》曰：

康居国王冬治乐越匿地，到卑阗城。去长安万二千三百里，不属都护。至越匿地，马行七日，至王夏所居蕃内九千一百四里。户十二万，口六十万，胜兵十二万人。东至都护治所五千五百五十里。

《史记》称为行国，疑其治为西方一大游牧民族，无一定土地，《史记·大宛列传》又称其国小，疑张骞自大宛到月氏时，经过康居，康居所占领之地域尚小。其后历宣帝，元帝，成帝以后，匈奴多难，康居渐由行国改为居国，逐渐扩充，乃至有此泱泱大国耳。

近世史家称其根据地即今之撒马儿汗，若其言可信，则《隋书》所谓萨宝水者，当即今之柴拉夫香河无疑。其史迹叠见《后汉书》《北魏书》《高僧传》诸书中，是其国历汉魏南北朝未灭，则《隋书》所谓阿禄迪城，亦犹是汉代故都云耳。《汉书·西域传》又云：

康居有小王五：一曰苏䪥王，治苏䪥城，去都护五千七百七十六里，去阳关八千二十五里；二曰附墨王，治附墨城，去都护五千七百六十七里，去阳关八千二十五里；三曰窳匿王，治窳匿城，去都护五千五百六十六里，去阳关七千五百二十五里；四曰罽王，治罽城，去都护六千二百九十六里，去阳关八千五百五十五里；五曰奥鞬王，治奥鞬城，去都护六千九百六里，去阳关八千三百五十五里。凡五王属康居。

《汉书》此文为《史记》所未载，是则张骞去西域以后，以至前汉末年，康居国境屡有扩充，兼五小国而有之，足可知矣。关于此事，及五小国在今何地，《汉书补注》引徐松考证颇精。惟日人羽溪了谛在《西域之佛教》第三章论之最详，其言曰：

今据《西域传补注》略究此诸小王城之地域。第一苏䪥城[①]，即玄奘所谓羯霜那国（Kasanna），与今之Kesh相当。第二附墨城，即玄奘所谓屈霜儞迦国（Nusannika），在今Kerminch附近。第三窳匿城，玄奘所谓赭时国（Tyash），今Tashkend地方。第四罽城，玄奘所谓捕喝国（Bokh），即今之Bokhara。第五奥鞬城，玄奘所谓货利习弥伽国（Khorismika），即今之Khiva。总之，此五小王国者，盖包括今Tashkend及阿母河间粟弋（Sogdiana）——白鸟库吉氏考证《后汉书 · 西域传》所谓康居之属国，粟弋之字音为Zoku–Yoku，南京音为Suk–dok，故Sugdak即Sogdiana之对音，即《魏书》之粟特也。——之地与基

①编者按：原稿为“域”，当以“城”为是。今改。

华（Khiva）之地。然则，康居在张骞使西域以后至前汉末期，其势力已发展于南方明也。然白鸟氏则极力主张：张骞使西域时，至大宛，时大宛，西方领有Ura Tube，大宛闻骞言汉饶货财，遣骞为发驿通抵康居，康居始传致大月氏；时粟特与睹货罗之间，有铁门之险，两国天然之地势，为之断绝，其在睹货罗势力范围中之Zarafshan河流域及领有Tashkend与土耳其斯坦等地之国家，若欲发命令于此地，恐非容易，盖地势上殊多困难也，白鸟氏并反驳托马奇克（Tomaschek）及福兰克诸人以粟特原为大月氏领土之说，而后为康居所夺得者，白鸟氏谓康居自武帝已领有粟特之地矣。（参阅《东洋学报》第一卷三四〇—四二页）但白鸟氏却主张大月氏自《史记》之时代已征服大夏而领有其地，此虽有所证明，然强以粟弋之地为康居之领域，则未免过也。白鸟氏虽于张骞使月氏之行程有所提示，足以为其主张有力之证券，然考其时张骞与大宛王会见之际，骞必曾赴大宛之都贵山城即Kasan无疑，由此而赴大月氏之根据地——妫水北方之王庭，则不得不迂回而过康居南方之领域，即今Tashkend地方。若照《汉书·西域传·康居国》条记康居王冬期至卑阗城，——据白鸟氏考证，此城当在今土耳其斯坦至Chimkend一带之地，——然则，自Chimkend之南而至西耳河以北之地，当时必在康居国之势力范围中，盖当于今之拉马干（Namangan）西北之Kasan，再由康居之领域今Tashkend而至大月氏之根据地，盖为当然之顺路。今姑置地理的关系不论，须知大宛遣张骞出康居转放大月氏，吾人可以想见此事亦为外交上之可能，而白鸟氏仅据地势的考察即下论断，恐未为确论。更有进者，粟弋与睹货罗之间，虽有铁门之险碍，然当时犹具有游牧的风俗，勇悍善战之大月氏民族，谓其不能越铁门之险而监领粟弋①之地，吾人殊不敢言。要之，白鸟氏仅据其论证所示而谓自前汉武帝时粟弋已为康居之属国，尚未为确论。且《史记》与《汉书》所记康居国之事明有差异，《史记》以康居为小国，羁事月氏及匈奴，而《汉书》则仅言康居役属匈奴，而未言羁事月氏之语，加之，《汉书》之时代，康居之兵额已有二三万之增加，其人口亦约增加二十万——《史记》虽未明言康居之人口，而《汉书》所记其兵数与人口之比例，自可适用于《史记》所记其兵数推算——则张骞去西域之后，至前汉末之时，康居之国势犹见发展，可无疑义。再《史记·大宛传·月氏》条文云："始月氏居敦煌，祁连间，及为匈奴所破，乃远去过宛，西击大夏而臣之，遂有妫水北为王庭。"则大月氏民族明明通过大宛即Ferghana之地，而先据粟弋，逾铁门，然后征服大夏也。而当时月氏设王庭于阿母河以北之地，似已脱去《汉书》时代之游牧的风俗，更移其根据地于阿母河以南，故康居遂乘粟弋防御之薄弱而夺据之，国势骤增，何能有羁事月氏之事乎？据此考察，当时之真相，自可得而明了矣。

羽溪之言是也。白鸟氏为学成见最深，其论据每流于薄弱，羽溪所辩，实为有识。惟谓大宛之都贵山城即今Kasan无疑一语，未免为白鸟氏谰言所误耳。羽溪亦自知西北地理非其专长，故又云姑置地理不论，足见其虚心之处。要其所考证五小王国在

---

①编者按：原稿为"戈"，当以"弋"为是。今改。

今何处，可信也。同时三宅博士在《古代欧亚大陆交通考》一文中，于五小王国亦极注意据《隋》《唐》两书所载，并证以后世阿剌伯人之记录，推论汉世地域，其结论亦与羽溪相同。是则弥足珍矣。

惟张骞至时则国甚小弱，控弦者仅八九万人，《史记·大宛传》所记述是也。宣帝时匈奴乖乱，五单于并争，汉拥立呼韩邪单于，而郅支单于怨望，杀汉使者，西阻康居。其后元帝建昭三年（公元前三十六年）都护甘延寿副校尉陈汤，发戊己校尉西域诸国兵至康居，诛灭郅支单于。康居乃夤缘时会，得以坐大。《汉书·陈汤传》云：

先是宣帝时，匈奴乖乱，五单于争立。呼韩邪单于与郅支单于俱遣子入侍，汉两受之。后呼韩邪单于身入称臣朝见。郅支以为呼韩邪破弱降汉，不能自还，即西收右地。会汉发兵送呼韩邪单于，郅支由是遂西破呼偈，坚昆，丁令，兼三国而都之，怨汉拥护呼韩邪而不助己，因辱汉使者江乃始等。初元四年，遣使奉献，因求侍子，愿为内附。汉议遣卫司马谷吉送之。……既至，郅至单于怒竟杀吉等。自知负汉，又闻呼韩邪益强遂西奔康居。康居王以女妻郅支，郅支亦以女予康居王。康居甚尊敬郅支，欲倚其威以胁诸国。郅支数借兵击乌孙，深入至赤谷城，杀略民人，驱畜产。乌孙不敢追。西边空虚不居者，且千里。郅支单于自以大国，威名尊重，又乘胜骄，不为康居王礼。怒杀康居王女及贵人，人民数百。或支解投都赖水中。发民作城，日作五百人，二岁乃已。又遣使责阖苏大宛诸国岁遗。不敢不予。汉遣使三辈至康居求谷吉等死。郅支困辱使者，不肯奉诏；而因都护上书，言居困厄，愿归计强汉，遣子入侍。其骄嫚如此。建昭三年，汤与延寿出西域。汤为人沈勇有大虑，多策谋，喜奇功，每过城邑山川，常登望；既领外国，与延寿谋曰："夷狄畏服大种，其天性也。西域本属匈奴，今郅支单于威名远闻，侵陵乌孙，大宛，常为康居画计，欲降服之。如得此二国，北击伊列，西取安息，南排月氏，山离乌弋。数年之间，城郭诸国危矣。且其人剽悍，好战伐，数取胜，久畜之必为西域患。郅支单于虽所在绝远，蛮夷无金域强弩之守，如发屯田吏士驱从，乌孙众兵，直指其城下。被亡则无所之，守则不足自保。千载之功可一朝而成也。"延寿亦以为然。欲奏请之。汤曰："国家与公卿议大策非凡所见事必不从。"延寿犹与不听，会其久病，汤独矫制，发城郭诸国兵，车师戊己校尉，屯田吏士。延寿闻之惊起，欲止焉。汤怒，按剑叱延寿曰："大众已集会，竖子欲沮众邪？"延寿遂从之。部勒行陈。益置扬威白虎合骑之校。汉兵胡兵合四万余人。延寿，汤上疏自劾奏，矫制陈言状。兵即日引。军分行，别为六校，其三校从南通，逾葱岭，经大宛。其三校都护自将，发温宿国，从北道入赤谷，过乌孙，涉康居界。至阗池西，而康居副王抱阗将数千骑，寇赤谷城东，杀略大昆弥千余人，驱畜产甚多。从后，与汉军相及。颇寇盗后重，汤纵胡兵击之，杀四百六十人，得其所略民四百七十人，还付大昆弥，其马牛羊以给军食。又补得抱阗贵人伊奴毒。入康居东界，令军不得为寇。间呼其贵人屠墨见之，谕以威信，与饮盟遣去。径引行。未至单于城可六十里止营。复捕得康居贵人贝色子，男开牟以为导。贝色子即屠墨母之弟，皆怨单于，由是具知郅支情。明日引行，未至城三十里止营。单于遣使问汉兵何以来。应曰，单于上书，言居困厄，愿归计强汉，身入朝见，天子哀闵单于，弃大国，屈意康居，故使都护将军来迎单于妻子，恐左右惊动，故未敢至城下。”使数往来相答报。延寿，汤因让之，“我为单于远来，而至今无名王大人见将军受事者何？单于忽大计，失客主之礼也。兵来道远，人畜罢极，食度且尽，恐无以自还。愿单于与大臣审计策”。明日前至郅支城都赖水上，离城三里止营，傅陈。望见单于城上去五乘幡织，数百人披甲乘城，又出百余骑往来驰城下，步兵百余人夹门鱼鳞陈，讲习用兵。城上人更招汉军曰斗来，百余骑驰赴营，营皆张弩持满指之，骑引却。颇遣吏士射城门骑步兵，骑步兵皆入。延寿，汤令军闻鼓音皆薄城下。四面围城，各有所守，穿堑塞门户，卤楯为前，战弩为后，仰射城中楼上人，楼上人下走。土城外有重木城，从木城中射，颇杀伤外人，外人发薪烧木城。夜，数百骑欲出外，迎射杀之。初单于闻汉兵至欲去，疑康居怨己为汉内应。又闻乌孙诸国兵皆发，自以无所之。郅支已出，复还，曰：“不如坚守，汉兵远来，不能久攻。”单于乃被甲在楼上，谐阏氏夫人数十，皆以弓射外人。人射中单于鼻，诸夫人颇死。单于下骑，传战大内。夜过半，木城穿。中人却入土城。乘城呼。时康居兵万余骑，分为十余处，四面环城，亦与相应和。夜数犇营，不利辄却。平明，四面火起。吏士喜，大呼乘之，钲鼓声动地。康居兵引却。汉兵四面推卤楯，并入土城中。单于男女百余人，走入大内。汉兵纵火，吏士争入。单于被创死，军候假丞杜勋斩单于首，得汉使节二，

> 及谷吉等所赍帛书。诸卤获以卑得者。凡斩阏氏太子名王以下千五百一十八级，生虏百四十五人，降虏千余人。赋予城郭诸国，所发十五王。

据《陈汤传》所载，此为汉宣元时大战，而康居实为战争中主角之一，与汉，匈奴鼎立而三，有举足重轻之势，是康居此时已渐强盛也明矣。传云："疑康居怨[①]己为汉内应""由是具知郅支情""康居兵万余骑，分为十余处""康居兵引却"等语，则康居又不独参与战事，且于其中操纵焉。匈奴胜则附匈奴，汉胜则去之，情活如见。自此战后，匈奴由是而衰，康居由是而大。郅支亡后，康居遂进占都赖水诸地。桑原骘藏于《张骞西征考》附注中亦谓前汉末叶康居国势力之发展，为无可疑之事实。是也。其后亦渐骄嫚，虽汉家亦只得优容之而已。《汉书·西域传》云：

> 至成帝时，康居遣子侍汉贡献。然自以绝远，独骄嫚，不肯与诸国相望。都护郭舜数上言："本匈奴盛时，非以兼有乌孙康居故也。及其余臣妾非以失二国也。汉虽皆受其质子，然三国内相输遗，交通如故，亦相候伺，见便则发。合不能相亲信，离不能相臣没。以今言之，结配乌孙意未有益，反为中国生事。然乌孙既结在前，今与匈奴俱称臣，义不可距。而康居骄黠，讫不肯拜使者。都护吏至，其国坐之乌孙诸使下，王及贵人先饮食已，乃饮啖都护吏。故为无所省，以夸旁国。以此度之，何故遣子入侍？其欲贾市为好，辞之诈也。匈奴百蛮大国，今事汉甚备，闻康居不拜，且使单于有自下之意。宜归其侍子，绝

---

①编者按：原稿此处脱漏一"怨"字。今补。

> 勿复使，以章汉家不通无礼之国。敦煌，酒泉小郡及南道八国，给使者往来人，马，驴，橐驼，食，皆苦之。空罢耗，所过送迎骄黠绝远之国，非至计也。”汉为其新通，重致远人，终羁縻[①]而未绝。

案《汉书补注》引徐松曰：“舜为都护，当在永始中”，其人以廉平见称，而所言如此，则康居当日自恃强大不肯一心一意以服事汉室可知。而汉终羁縻不绝，亦可见其维持两国和平之苦衷矣。

《后汉书·班超传》称康居遣精兵救疏勒王忠，又曰：

> 是时月氏新与康居婚相亲，超乃使使多赍锦帛遗[②]月氏王，令晓示康居王，康居王乃罢兵，执忠，以归其国。

由此记事以推，当前汉末年，康居既失于汉，乃力自结于强邻月氏，以为与国。故公元前后月氏与康居异常亲密，汉家至多遗锦帛于月氏使得晓示康居。

《汉书·西域传》云：

> 疏勒国……西当大月氏，大宛，康居道也。

疏勒居葱岭东麓，为西逾葱岭之孔道，不得疏勒，无以通葱岭北道之西；而康居与之为邻，不得康居，亦无以服属疏勒。此前汉末世所以不得不羁縻[③]之之意欤！

最近据法人伯希和（Paul Pelliot）之报告，及斯坦因（A. Stein）于罗布泊，至敦煌之古道废堡所掘得公元前第一世纪时以粟特语所书之商业上之文件，及其他为斯氏发掘之古文书

---

①编者按：原稿为“縻”，当以“縻”为是。今改。

②编者按：原稿为“遣”，当以“遗”为是。今改。

③编者按：原稿为“縻”，当以“縻”为是。今改。

中，知第七世纪初期，唐国民族曾于罗布泊之南，土耳其斯坦南道之交叉地建一殖民地，其后百余年间，犹保有其自治体之组织。（见日本《艺文杂志》第三年第八号一四,五页）则其民族活动力之大可以想见。伯希和《沙州都督府图经及蒲昌海之康居聚落》云：

> 中亚康居侨民之所在，吾人已知吐鲁番地方有之，阿尔泰山久已有之；而哈喇巴尔迦逊（Kara-balgsun）之《九姓回鹘可汗碑文》，为汉文突厥文康居文之刻物，又可证康居语之流行外蒙古。兹据前引之康人写本，又发见一新康居聚落。

此虽为后日之事，与前汉无关，康居一族在吾国西北已往之史迹，足以助吾人理解前汉时代康居人之政治力及经济力者甚多，此不得不一为述之也。

于此更有一义焉，则康居之风俗如何是也。杜佑《通典》卷一[①]百九十三、马端临《文献通考》卷三百三十八均引韦节《西蕃记》云：

> 康国人并善贾，男年至五岁，则令学书，少解则遣学贾，以得利多为善。其人好音声，以六月一日为岁首。……俗事天神，崇敬甚重，云神儿七月[②]死失骸骨，事神之人，每至其月，俱著黑叠衣，徒跣抚胸号哭，涕泪交流，丈夫妇女三五百人散在草野，求天儿骸骨，七日便止。国城外别有二百余户，专知丧事。别筑一院，其院内养狗，每有人死者，即往取尸；置此院内，令狗食之。由

---

①编者按：原稿为“一卷”，当以“卷一”为是。今改。

②编者按：原稿为“日”，当以“月”为是。今改。

是尽收骸骨。殡无棺椁。

据其所记，虽鄙陋可笑，然吾意文化较低之国，而欲求其永久团结焉，则必有与众不同之习俗宗教相维系。是又不可不知也。

5.乌孙　乌孙据康居，大宛之东，于匈奴为近。《史记·大宛列传》曰：

乌孙在大宛东北可二千里。行国，随畜。与匈奴同俗。控弦者数万，敢战。故服匈奴，及盛，取其羁属，不肯往朝会焉。

乌孙亦为行国，《史记》已有明言。又云“随畜”，当即游牧民族逐水草而居之意。故关于乌孙故地，近世史家各有所考证，迄无定说。前在论月氏故地时，已略有说及白鸟氏至发愤为《乌孙考》一文以论定之。吾谓欲寻究此事，当先求之《史记》《汉书》本文。《史记·大宛列传》叙张骞说汉武帝言曰：

臣居匈奴中，闻乌孙王号昆莫，昆莫之父，匈奴西边小国也。匈奴攻杀其父，而昆莫生弃于野，乌嗛肉蜚其上，狼往乳之。单于怪以为神，而收长之。及壮，使将兵，数有功。单于复以其父之民予昆莫令长守于西域。昆莫收善其民，攻旁小邑。控弦数万，习攻战。单于死，昆莫乃率其众远徙，中立，不肯朝会匈奴，匈奴遣奇兵击；不胜，以为神而远之，因羁属之，不大攻。今单于新困于汉，而故浑邪地空无人。蛮夷俗贪汉财物。诚以此时，今而厚币赂乌孙，招以益东，居故浑邪之地，与汉结昆弟，其势宜听，听则是断匈奴右臂也。……

《史记》又叙张骞说昆莫之言：

乌孙能东居浑邪地，则汉遣翁主，为昆莫夫人。

但《汉书·张骞传》均叙为张骞说武帝之言，曰：

臣居匈奴中，闻乌孙王号昆莫，昆莫父难兜靡，本与大月氏，俱在祁连，敦煌间，小国也。大月氏攻杀难兜靡，夺其地，人民亡走匈奴。子昆莫新生，傅父布就翕侯[①]，抱亡置草中，为求食，还见狼乳之，又乌衔肉翔其旁，以为神，遂持归匈奴，单于爱养之。及壮，以其父民众与昆莫，使将兵，数有功。时月氏已为匈奴所破，西击塞王，塞王南走远徙，月氏居其地。昆莫既健，自请单于，报父怨。遂西攻破大月氏。大月氏复西走，徙大夏地，昆莫略其众，因留居。兵稍强。会单于死，不肯复朝事匈奴，匈奴遣兵击之，不胜，益以为神而远之。今单于新困于汉，而昆莫地空，蛮夷恋故地，又贪汉物，诚以此时，厚赂乌孙，招以东居故地，汉遣公主为夫人，结昆弟，其势宜听，则是断匈奴右臂也。

又《汉书·西域传》云：

始张骞言，乌孙本与大月氏共在敦煌间，今乌孙虽强大，可厚赂招令东居故地，妻以公主，与为昆弟，以制匈奴，语在《张骞传》。

又叙张骞说昆莫之言曰：

乌孙能东居故地，则汉遣公主为夫人，结为昆弟，其距匈奴，不足破也。

《史记》与《汉书》所载同一事实，而《史记》曰“故浑邪地空无人”，曰“招以益东，居故浑邪之地”，曰“乌孙能东居浑邪地”，《汉书》则曰“昆莫地空”，曰“招以东居故地”，

---

①编者按：原稿为“候”，当以“侯”为是。今改。

曰“令东居故地”，又曰“乌孙能东居故地”；然则乌孙故地，非即浑邪之故地耶？惟浑邪故地，在今何处？据《汉书·地理志下》张掖郡注云“故匈奴昆邪王地”，如其说可信，则乌孙故地，明是汉时之张掖，即今之甘州也。日人桑原骘藏所论如此。藤田氏于此说颇致疑问，在其《月氏乌孙故地考》文中云：

《汉书》明言“昆莫地空”，故以《史记》之浑邪故地，为昆莫故地，宜若可信。惟《汉书》云：“乌孙王号昆莫，昆莫父难兜靡本与大月氏俱在祁连，敦煌间，小国也”云云，是与大月氏（月氏）同居祁连，敦煌间者为昆莫之父难兜靡而非昆莫也明矣。故昆莫所居之地，与其父难兜靡所居之地同一与否，无从证明。因而乌孙与月氏俱居祁连，敦煌间，其时实居月氏之东一事，亦不可断定。此予辈对于桑原博士所说，不得不引起非常疑问之一点也。

如上文所述，《史记·大宛传》之证据，是叙乌孙昆莫生长以后之事，所以有“及壮，使将兵，数有功，单于复以其父之民予昆莫，令长守于西城”一语。此“西城”二字，王念孙等以为是“西域”二字之讹，然此不独与事实不合，且王充《论衡·吉验篇》有“乌孙王号昆莫，匈奴攻杀其父，而昆莫生弃于野，乌衔肉往食之，单于怪之，以为神而收长，及壮使将兵，数有功，单于乃复以其父之民予昆莫，命令长守于西城”之文，明是采自《史记》者，然与《史记》均作“西城”。关于此“西城”者，在《史记·大宛传》叙元狩二年（公前一二一年）霍去病攻祁连山有云：“是岁，汉遣骠骑，破匈奴西城，数万人，至祁连山”；而《汉书·张骞传》则云：“是岁，骠骑将军破匈奴西边，杀数万人，至祁连山”；改“西城”为“西边”。“数万人”之上，《史记》明脱“杀”字。此字叠见《史记》《汉书》之《匈奴传》《霍去病传》及《汉书·武帝纪》，其路径为出陇西，过居延海Gashiunnor，“遂臻小月氏，攻祁连山”（用《霍去病传》语）。盖《史记》之所谓西城（即《汉书》所谓西边），未为一定之城名，而为张掖即额济纳河流域地方相去不远。若果如此，则昆莫生长之后，匈奴单于所谓长守之“西城”，自不得不在此等地方也。又张骞说武帝昆莫[①]西移以前之故事，乃第一次西使之时，在匈奴中闻之，此自不得不为元朔三年（公前一二六年），即张骞第一次从西使归朝之年上溯若干年以前之事。而如上文所举，据《汉书·张骞传》云：“及壮，以其[②]父民众与昆莫，使将兵，数有功，时月氏已为匈奴所破，西击塞王，塞王南走远徙，月氏居其地”，《史记·大宛传》则云：“及壮使将兵，数有功，单于复以其父之民予昆莫，令长守于西城，昆莫收养其民，攻旁小邑，控弦数万，习攻战”；是则昆莫居西城即张掖地方，在月氏为匈奴所驱逐之后可知。而浑邪王杀休屠王降汉，则为霍去病元狩二年加以打击之结果，在此年以前，则浑邪王据张掖地方而居又可知。盖昆莫居张掖地方在月氏而移之后，浑邪王据此等地方而居，又在昆莫西移之后可知；昆莫之故地，与浑邪之故地，为同一地方可知，昆莫与月氏非同时居祁连，敦煌间又可知。要之：乌孙与月氏

---

①编者按：原稿为“夷”，当以“莫”为是。今改。

②编者按：原稿为“及”，当以“其”为是。今改。

> 俱居祁连，敦煌间者为昆莫之父难兜靡时之事，而昆莫故地，与浑邪故地，均为张掖地方，所以乌孙与月氏俱居祁连，敦煌间之相互所在，亦可以决定矣。
>
> 此外关于匈奴之西城一语，《史记·霍去病传》中有之，《汉书·霍去病传》中有之，在武帝嘉奖霍去病之功之言辞中，云“西域王浑邪王”。此所谓“西域王”殆即“西城王”之讹，此讹字之“西城王”，实为浑邪故地即张掖地方被称为“西城”者愈可以明矣。

以吾意断之，藤田氏之说宜甚辩，然亦不过桑原氏说之补充而已，非得全然推断其“乌孙故地为汉之张掖”一说也。

其后国势渐强，定为居国，未几改号大昆弥焉。《汉书·西域传下·乌孙》条云：

> 乌孙国，大昆弥，治赤谷[①]城，去长安八千九百里。户十二万，口六十三万，胜兵十八万八千八百人。相大禄，左右大将二人，侯三人，大将都尉各一人，大监二人，大吏一人，舍中大吏二人，骑君一人。东至都护治所千七百二十一里，西至康居蕃内地五千里。……最为强国。故服匈奴，后盛大取羁属。不肯往朝会。东与匈奴，西北与康居，西与大宛，南与城郭诸国相接。

按城郭诸国，谓即汉化最高之国，有城郭可居守者也，徐松以为姑墨，温宿，龟兹，焉耆是也。如其所言，乌孙在张骞西使归朝以后，俨然一有政治组织之大国也。赤谷城见《陈汤传》中，谓“郅支击乌孙深入至赤谷城”。疑即今伊犁南境阿克苏（Agsu）城北，盐山，土色纯赤者也。《后汉书》无考，仅

---

①编者按：原稿为“治”，当以“谷”为是。今改。

云："班勇击降焉耆，于是龟兹等十七国服从，而乌孙葱岭已西遂绝"云云。惟《后魏书》云："其国数为蠕蠕所侵，西徙葱岭"；是前汉以后，乌孙始西徙，《西域图考》云：

> 在今阿克苏北境木素尔岭之北，伊犁南境特克斯河之南。

是也。近世日人佐藤回山为一探险家，又为一研究东洋历史学者，在日俄战争时，为俄人所捕，流放中亚西部，其后又历探伊犁，居留三年，出入中亚诸邦，前后凡二十年。其遗著《伊犁见闻录》，亦主伊犁为前汉乌孙故地之说。瑞典人斯文赫定（Sven Hedin）为世界有数之地理学者兼中亚著名探险家，十年之中到我新疆考察者前后四次，最近撰《黑城探险记》（*The Black City of the Goli Desert*），亦谓在额济纳河流域发见不少汉朝文化，是则可信也。其言曰：

> 在已往两年中，我们考察团中的古物学家贝格满博士（Dr. Folk Bergman）曾经集中他的研究工作在额济纳河（Etsingol）流域。……贝格满也掘出了两千年前古代中国的废墟和荒芜的沙州以及这带草原域上备御蛮夷的边防。当他们在额济纳河上长期的逗留期间，……他所发现的汉代（纪元前二百年至纪元后二百年）钞本的数目，继长增高，到现在为止，其数目已经超过一万件了。这些东西的出土处是在大戈壁沙漠中——特别是沿额济纳河两岸。额济纳河从祁连山——即南山（Richthofen mountains——Nan Shan region）一带发源，北流注入嘎顺诺尔（Gashonor，按即居延海），索里诺尔（Sogonor）二咸水湖。一个叫作毛目（Moumu）的围墙颓败的小城，坐落在离额济纳河口一百七十哩的地方。在附近差不多一整列

的边陲堡塞——一种附有碉楼的边墙建筑——被发现了。这边墙与斯坦因（Sir Aurel Stein）所发现的同属一条。在戈壁的中央，额济纳河的边陲的古老的文化地带上，又发现了一带城堡一类的建筑，与万里长城是极相像的。……并且在汉朝被利用过作卫戍的重地。……在这一些废墟之北沿着额济纳河的方向，又有三十八处其他的废墟，就中有三十二处是属于汉朝的。

然则以额济纳河流域直至其发源地祁连山为前汉乌孙故地，已有考古学上之证明，其地汉化如此之深，非乌孙而何？此Richthofen氏之所以断定其在额济纳河流域者也。（见氏著*China*第一卷四四七页及附图第三）

至其种族何属？学者之间，迄无定说。De Guigens氏认为鞑靼族。Neuman氏则指为芬种族。而Klaproth氏根据《汉书·西域传》之颜师古注之记载，所谓乌孙种族之容貌为青眼赤须，遂考定其为印度日耳曼种族之一派。Klaproth氏之说，一时颇为有力。惟至近年俄国学者，多倾向突厥种族之说。Aristow或Radloff俱断定乌孙为西突厥种族，而Grigorieff或Petrowski则指为吉利吉思种族。至白鸟桑原两氏亦均采用突厥说。总而言之，在今日似以突厥说为最有力，换言之，即土耳其种族也。惟《汉书·西域传》云：

（乌孙）本塞地也。大月氏西破走塞王，塞王南越县度，大月氏居其地。后乌孙昆莫击破大月氏，大月氏从西臣大夏，而乌孙昆莫居之。故乌孙民有塞种，大月氏种云。

塞种梵文称Sakah，今称西徐亚（Scythians）。大月氏希腊古称Tochari，今称Indoscythes，是其种族殊复杂也。

《汉书·西域传》又云：

> 地莽平，多雨寒，山多松樠，不田作种树，随畜逐水草，与匈奴同俗。国多马，富人至四五千匹。民刚恶，贪狠无信，多寇盗。

是其习俗也。意者北方游牧之民逐水草迁徙，其富者马多至四五千匹，其贫者则以劫掠为生欤！

惟其与汉关系至深，汉常宠异之以合御匈奴。《汉书·西域传》曰：

> 如张骞言乌孙……虽强大，可厚赂招令东居故地，妻以公主，与为昆弟，以制匈奴，语在《张骞传》。武帝即位，令骞赍金币往。昆莫见骞如单于礼，骞大惭，谓曰“天子致赐，王不拜，则还赐”。昆莫起拜，其它如故。初，昆莫有十余子，中子大禄强，善将，将众万余骑别居。大禄兄太子，太子有子曰岑陬，太子蚤死，谓昆莫曰：“必以岑陬为太子。”昆莫哀许之。大禄怒，乃收其昆弟，将众畔，谋攻岑陬，昆莫与岑陬万余骑，令别居，昆莫亦自有万骑以自备。国分为三，大总羁属昆莫。骞既致赐谕指曰：“乌孙能东居故地，则汉遣公主为夫人，结为昆弟，共距匈奴，不足破也。”乌孙远汉，未知其大小，又近匈奴，服属日久，其大臣皆不欲徙；昆莫年老，国分，不能专制，乃发使送骞，因献马数十匹报谢。其使见汉人众富厚，归其国，其国乃益重汉。匈奴闻其与汉通，怒，欲击之。又汉使乌孙乃出其南，抵大宛月氏，相属不绝。乌孙于是恐。使使献马，愿得尚公主为昆弟。天子问群臣，议许。曰：“必先内聘然后遣女。”乌孙以马千匹聘。汉元封中，遣江都王建女细君为公主以妻焉。赐乘舆

服御物，为备官属宦官侍御数百人，赠送甚盛。

是汉通乌孙，在骞往时，未有结果。及乌孙为匈奴所迫，有求于汉，而和亲之议，遂得实现焉。及后公主至乌孙，语言不通，而昆莫又年老，因作歌以抒其悲愁，天子虽闻而怜之，亦只间岁遣使遗送不绝耳。则汉之羁縻乌孙者至矣。《西域传》又曰：

昆莫年老，欲使其孙岑陬尚公主，公主不听，上书言状。天子报曰："从其国俗！欲与乌孙共灭胡。"岑陬遂妻公主。

夫乌孙与汉，礼俗不同，公主上书言状，所以遵汉家礼法也，而天子竟报曰："从其国俗！"则汉之宠异乌孙可知。所以然者，盖欲与乌孙共灭胡也。此前汉通使西域之目的也，此骞之志也。然则汉与乌孙之关系不綦重裁！不特此也，《西域传下》文又曰：

岑陬尚江都公主，生一女少夫，公主死。汉复以楚王戊之孙解忧为公主，妻岑陬。

则汉之于乌孙，体贴入微，异于其他诸国矣。其后岑陬死，传国者为其季父大禄子，亦照例尚公主。《西域传》云：

岑陬胡妇子泥靡尚小，岑陬且死，以国与季父大禄子翁归靡，曰："泥靡大，以国归之！"翁归靡既立，号肥王，复尚楚主解忧，生三男两女。长男曰元贵靡。次曰万年，为莎车王。次曰大乐，为左大将。长女弟史，为龟兹王降宾妻。小女素光，为若呼翕侯妻。

自是以后，汉与乌孙及西域诸国间，已作成一大亲戚之网，可谓和亲政策极大成功，胡人不敢南下牧马矣。匈奴亦自知之，乃与车师并力攻乌孙，汉与匈奴遂不得不以兵戎相见。《西域传下》文云：

> 昭帝时，公主（解忧）上书，言“匈奴发骑田车师，车师与匈奴为一，共侵乌孙。唯天子幸救之”！汉养士马，议欲击匈奴。会昭帝崩，宣帝初即位，公主及昆弥皆遣使上书，言：“匈奴复连发大兵侵乌孙，取车延，恶师地，收人民去，使使谓乌孙，‘趣持公主来’！欲隔绝汉。昆弥愿发国半精兵自给，人马五万骑，尽力击匈奴。唯天子出兵以救公主，昆弥！”汉兵大发十五万骑，五将军分道并出，语在《匈奴传》。遣校尉常惠，持使节护乌孙兵。昆弥自将翕侯[①]以下五万骑，从西方入，至右谷蠡王庭获单于父行，及嫂居次，名王犁污，都尉千长骑将以下四万级，马牛羊驴橐驼七十余万头。乌孙皆自取所虏获。还，封惠为长罗侯。是岁本始三年也。汉遣惠持金币赐乌孙贵人有功者。

案本始三年为公元前七十一年，上距张骞始通西域之年汉武帝建元三年即公元前一百三十八年，已六十七年，历武、昭、宣三世，然后灭胡之事，始得少遂其志。苟非乌孙诚意与汉合作，其能至于此乎？此一大战，实为前汉西域交通史上之一大奇迹也。西域自此常通，汉化自此广布。自此以后，汉与乌孙历世和亲不绝。虽其间变故叠出，而汉帝优容之。《西域传》历记其事曰：

> 元康二年乌孙昆弥因惠上书，愿以汉外孙元贵靡为嗣，得令复尚汉公主，结婚重亲，畔绝匈奴，愿聘马骡各千匹。诏下公卿议。大鸿胪萧望之，以为乌孙绝域，变故

---

①编者按：原稿为“候”，当以“侯”为是。今改。

难保，不可许。上美乌孙新立大功，又重绝故业，遣使者至乌孙，先迎取聘。昆弥及太子，左右大将都尉，皆遣使，凡三百余人入汉，迎取少主。上乃以乌孙主解忧弟子相夫为公主，置官属侍御百余人，舍上林中，学乌孙言，天子自临平乐观。会匈奴使者，外国君长，大角抵设乐而遣之。使长卢侯光禄大夫惠为副，凡持节者四人，送少主至敦煌。未出塞，闻乌孙昆弥翁归[1]靡死，乌孙贵人共从本约，立岑陬子泥靡代为昆弥，号狂王。惠上书，愿留少主敦煌。惠驰至乌孙，责让不立元贵靡为昆弥，还迎少主。事下公卿，望之复以为乌孙持两端，难约结，前公主在乌孙四十余年，恩爱不亲密，边竟未得安，此事之验也；今少主以元贵靡不立而还，信无负于夷狄，中国之福也；少主不止，繇役将兴，其原起此。天子从之，征还少主。狂王复尚楚主解忧，生一男鸱靡，不与主和，又暴恶失众，汉使卫司马魏和意，副侯任昌，送侍子。公主言狂王为乌孙所患苦，易诛也。遂谋置酒会罢，使士拔剑击之剑旁下。狂王伤，上马驰去。其子细沈瘦会兵围和意，昌及公主于赤谷城。数月，都护郑吉，发诸国兵救之，乃解去。汉遣中郎将张遵，持医药治狂王，赐金二十斤，采缯。因收和意，昌系琐，从尉犁槛车至长安，斩之。车骑将军长史张翁，留验公主与使者谋杀狂王状，主不服，叩头谢，张翁捽主头骂詈。主上书，翁还坐死。副使季都，别将医养视狂王，狂王从十余骑送之。都还，坐知狂王当诛，见便不发，下蚕室。初肥王翁归靡胡妇子乌就屠，狂

[1]编者按：原稿为“锦”，当以“归”为是。今改。

> 王伤时，惊与诸翕侯俱去，居北山中，扬言母家匈奴兵来，故众归之。后遂袭杀狂王，自立为昆弥。汉遣破羌将军辛武贤，将兵万五千人，至敦煌，遣使者案行，表，穿卑鞮侯井以西，欲通渠转谷，积居庐仓以讨之。初，楚主侍者冯嫽，能史书习事，尝持汉节为公主使，行赏赐于城郭诸国，敬信之，号曰冯夫人，为乌孙右大将妻。右大将与乌就屠相爱。都护郑吉，使冯夫人说乌就屠，以汉兵方出，必见灭，不如降。乌就屠恐，曰愿得小号。宣帝征冯夫人问状，遣谒者竺次，期门甘延寿为副，送冯夫人。冯夫人锦车持节，诏乌就[1]屠诣长罗侯赤谷城。立元贵靡为大昆弥，乌就屠为小昆弥，皆赐印绶。破羌将军不出塞还。后乌就屠不尽归诸翕侯民众，汉复遣长罗侯惠将三校屯，赤谷因为分别其人民地界：大昆弥户六万余，小昆弥户四万余，然众心皆附小昆弥。元贵靡，鸱靡皆病死。公主上书，言年老土思，愿得归骸骨葬汉地。天子闵而迎之。公主与孙男女三人，俱来至京师，是岁甘露三年也。时年且七十，赐以公主田宅奴婢，奉养甚厚，朝见仪比公主，后二岁卒，三孙困留守坟墓云。

考楚主解忧死时为宣帝黄龙元年[2]，即公元前四十九年，自是汉朝和亲政策遂绝。而乌孙自大小昆弥分治以后，祸乱常不绝，不统于一，不足以为汉用。《汉书·西域传》称："乌孙分立两昆弥后，汉用忧劳，且无宁岁"；是也。此汉与乌孙关

---

①编者按：原稿为"龙"，当以"就"为是。今改。

②编者按：原稿为"黄龙三年"，公元前四十九年为黄龙元年，且黄龙年号仅有一年，故此处应为黄龙元年。今改。

系之始末也。

此外有近世关于乌孙考古足以证明汉与乌孙交涉者，即民国十九年西北科学考察团黄文弼在新疆发掘一事。据称在库车附近得有一“常公之印”。汉印铜质，出库车西沙碛中，为龟兹至乌孙大道，现尚有古道可稽。所谓常公者，疑即常惠也。然则常惠往来两国，中道遗失者欤！噫亦足多矣！

6. 扜罙　扜罙在于阗之东，为汉通西域南道必经之地。《史记·大宛传》叙张骞具告天子论大宛曰：

东则扜罙，于窴[①]。

扜罙与于窴同居大宛之东。《集解》徐广引《汉纪》曰：

拘弥国去于窴三百里。

《索隐》曰：

扜罙，国名也。音污弥二音。……拘音俱，弥即罙也。则拘弥与扜罙，是一也。

是扜罙去于窴三百里也。《大宛传》下文记张骞再使西域，至乌孙时曰：

骞因分遣副使使大宛，康居，大月氏，大夏，安息，身毒，于窴，扜罙及诸旁国。

是扜罙于张骞远征程途中，其地位与大宛，康居，大月氏，大夏，安息，身毒，于窴诸国相同。可知也。

考《汉书·西域传》曰：

扜弥国，王治扜弥城，去长安九千二百八十里。户三千三百四十，口二万四十，胜兵三千五百四十人。辅国侯，左右将，左右都尉，左右骑君，各一人；译长二

---

①编者按：原稿为“阗”，根据《史记》，当以“窴”为是。今改。

人。东北至都护治所，三千五百五十三里。南与渠勒，东北与龟兹，西北与姑墨接，西通于阗，三百九十里。今名宁弥。

又曰：

精绝国，……西通扜弥四百六十里。

是其国之四至颇易明也。惟因当时屡屡受于阗之侵略，依赖汉人支持，仅得保存其命脉，国势颇衰，至三国时代，遂为于阗属国之一，见《三国志·魏志》所引《魏略》中。然欲考定为即今何地则颇不易也。

《魏略》以后，以《宋云行记》为最古，《大唐西域记》次之。北魏杨衒之《洛阳伽蓝记》卷五引《宋云行记》谓，从左末（且末[①]）城西行一千二百七十五里至末城，从末城西行二十二里至捍么城，从捍么城西行八百七十八里至于阗国。据《大唐西域记》卷十二，则谓从于阗东行三百余里至战地，从战地东行三十余里至媲摩城，从此渡媲摩川，东入沙碛，行二百余里至尼壤城。然则《宋云行记》之里数一见难以置信可知。只其谓在捍麼城南十五里有丈六佛像传说“人有患，以金箔帖象，所患处即得阴愈”，与《西域记》在媲摩城有雕檀立佛像，传说“凡有疾病，随其痛处，金薄帖像，即时痊复”相同，故通常学者遂以《行记》之捍摩城为即《西域记》之媲摩地也。

又次，《新唐书》卷四三下《地理志》抄录贞元宰相贾耽所记云：

于阗东三百里，有坎城镇；东六百里，有兰城镇；南

---

①编者按：原稿为“且未”，当以“且末”为是。今改。

六百里，有胡弩镇；西二百里，有固城镇；西三百九十里，有吉良镇。

又述从且末至于阗之行程云：

又西经悉利支井，祆井，勿遮水，五百里于阗东兰城守捉，又西经移杜堡，彭怀堡，次城守捉三百里至于阗。

守捉即与镇字同义。所谓次城守捉，即次城镇也。西至于阗里数为三百里，两文对照，次城守捉之次字，明为坎字之讹。而其坎城镇对于于阗之方位及里数，通常学者以之为即《西域记》之媲摩，从而即与《宋云行记》之捍麽为同地可知。故沙畹（Chavannes）教授以为汉代之抒弥拘弥，就其大体上之位置言之，考定为《西域记》之媲摩，《新唐书》之坎城镇；多数学者从之也。

今者从Niya Oasis沿Niya河床，在其北方约七十五英里之处所谓Niyasite者，以为即汉时之精绝国。是说也，Grenard氏先唱之，其后Herrman氏和之。及至一九〇一年斯坦因氏（Stein）试在此地再度发掘，发见大量遗物及文书，其说略为确定。今《西域记》之媲摩（Bhima），《新唐书》之坎城镇，实际上如斯坦因氏所言在现在Chira casis之北端约十二英里之处Uzun-Tati（the distant Tati）或其附近（关于此点Hunting氏颇持异议）。而见于Muhmud Karam Kabuli之传说中之Kenhan城，殆即此也。《新唐书》之坎城，疑即此Kenhan之对音。至汉代之抒罙，抒弥，拘弥，与唐代之媲摩，坎城为同地与否，颇不得不疑。又抄录于《新唐书·地理志》中之贾耽所记，关于引用坎城镇（次城守捉）之外，又云：

有宁弥故城，一曰达德力城，曰汗弥国，曰拘弥城。于阗东三百九十里，有建德力河，东七百，有精绝国。

与右文相类似者同书《西域传》卷二二一上又云：

> 于阗东三百里有建德力河，七百里有精绝国。河之东有汗弥，居达德力城，亦曰拘弥城即宁弥故城，皆小国也。

此殆本之贾耽所传。若果然者，则三百里，不过三百九十里之略数欤。虽然，如汗弥，拘弥，宁弥等，固为汉代国名，而实际上此等地名在唐时尚存与否，颇属疑问。但当时所谓达德力城贾耽将何所根据，视之为汉时之扜弥，拘弥，宁弥乎？贾耽两次举于阗东之坎城镇次城守捉，而另又举所谓达德力城，以此点观之，盖直不视之为坎城镇也。然所谓达德力城在今何处，吾以为即一九〇一年斯坦因氏所发掘获有大量之遗物及文书之Dandan-Uilik者非欤？从而汉时之扜弥，拘弥，宁弥者即为此地，为当时之孔道，较之唐代，远在北方；非欤？

Dandan-Uilik者，依此地之方言，即Turki谓the houses with ivory之义。然此地以佛寺起名，其废址依斯坦因氏所发掘，视danda为ivory，因而与Sanskrit之danda同义；Dandan-Uilik者殆Sanskrit之Dantaloka之讹。在Sanskrit以loka为“家”之义。例如Deva loka在中国则译为“天宫”等。

Dandan-Uilik考证为Sanskrit之Dantaloka，如上文所述，然在健驮逻（Gandhara）国，则此为山名。《大唐西域记》卷二云：

> 跋虏沙Palusha城东北十余里，至殚多落迦Dantaloka山，岭上有窣堵波，无忧王所建，苏达拿Sudana太子，于此栖隐。

据此想必借健驮逻地方之山名，以为此地之专名。又《西域记》所传于阗东三百三四十里之媲摩城及媲摩川之媲摩，亦必从健驮逻地方借来者也。《西域记》卷二云：

跋虏沙Purushapura城东北五十余里至崇山，山有青石大自在天妇象，毗摩天女也。

此毗摩与彼媲摩，均为Bhima之对音。

盖Dandan-Uilik者Sanskrit之Dantaloka之讹，据Cunningham氏谓健驮逻之Dantaloka山者，Justin之Montes Doedali也。Cunningham氏之说明，于实用口语danta字一语之鼻音，与次字同化，重叠书之，有齿木之义，如datton是也。吾人以Dantaloka在Khotanese语言其言为何，虽无所知，然在Sanskrit，则danta云dat，在Prakrit则专以之云dat。盖与《新唐书》所传达德力城之名称益益相近也。

又从其与他国相距之关系言之，汉代之扜弥，拘弥，宁弥，与唐代之媲摩，两者颇相差异。据《汉书》，扜弥国东距精绝四百六十里，西通于阗三百九十里（依《汉纪》则为三百里）。而据《西域记》，从于阗东至战地三百余里，从战地东至媲摩三十余里。盖从于阗至媲摩距离约三百四十里，所以从于阗至扜弥三百九十里，相差不大。然依《西域记》则从媲摩东至尼壤为二百余里之距离，较之扜弥与精绝距离四百六十里者，不到一半。若以精绝为Niya site，扜弥为Dandan-Uilik，则其间之距离，从Dandan-Uilik至于阗略略相等，与《汉书》所传不大相差。

又依据斯坦因氏发掘Dandan-Uilik所得之公文书中有所谓“傑谢”者。其一附有大历三年三月二十三日字样，又其一附有大历十六年二月六日字样。大历者唐代宗之年号也。傑字在今日中国字书中不经见，Hoernle氏读为杰字，沙畹氏则采慎重态度，俟于中国文献中发见此地名时始得明之，依列字之音，当呼之为Li-sie（Li-hsieh）云。又伯希和（Pelliot）氏于敦煌千佛洞所发见《沙州都督府图经》之《废驿》条中有王孝杰之名，其文云：

又奉今年（证圣元年）二月廿七日敕，第五道中揔置十驿，拟供客使等食，付王孝杰，并瓜州沙州，审更检阅。

据《唐书》卷一一一《王孝杰传》云："证圣初，复为朔方道总管，与吐蕃战不利，免。"又同书卷四《本纪》云王孝杰为朔方行军总管，证圣元年（公元六九五年）正月为击突厥；又同年七月为肃边道行军大总管，击吐蕃；次年（万岁通天元年）三月，与吐蕃战，败绩云云。盖《图经》中之王孝傑者王孝杰也。傑字为杰字之误书。杰字之偏旁夕作歹，亦有其例，罗振玉《碑别字补》卷五隋《龙山公墓志》杰作傑也。又《图经》中作寸，寸作刂者，亦有其例，《碑别字补》卷一唐《魏公先庙记》冠作冠也。盖杰字者可书作傑或作傑也。

此傑字为杰字之别字，傑谢者为kil-sie或其近音之对译。《周书》卷五十《异域传 · 于阗国》条云：

城东二十里有大水北流，号树枝水，即黄河也。城西十五里亦有大水，名达利水，与树枝俱北流，同会于计戍。

此计戍在《北史》（《北魏书》）共作计式，《通典》作计成，计首。戍，式，成者字形相似，不知孰为讹误。总之，《通典》又举其一名谓为计首，由此观之，此河之名，于声音之上，近于傑谢（杰谢）无疑也。盖此镇名者即采自此河之名者非欤？藤田丰八氏之考证盖如此。近人冯承钧以为其地在今于阗县策勒村北沙中。吾之意则以为藤田氏之考证弥臻翔实也。

7. 于阗　至于于阗则近来东西学者研究颇多，最著者有英人斯坦因氏（A. Stein）《古于阗史》（*Ancient Khotan*），日人堀谦德氏《解说西域记》，藤田丰[①]八氏《西域研究》，白井长助氏《上代于阗国都之位置》等。近人纪彬曰："于阗在西域诸国中，为与中国本部关系最密之国家。其地当东西交通之孔道，夙由印度，伊兰及中国吸收三种不同系统之文化咀嚼融合，而形成一种新文明；蔚为西域文化之中心，且为东西文化沟通之关卡。北印度之佛教，一度流入于于阗，即形成为其向外发展之总枢纽；由此而普及于西域诸国，更传入中国本部及东方各民族。现行《般若》《华严》等大乘经典之梵本，多为得自于阗者。故东西学者关于研究于阗之著作特多。"其言是也。惟斯坦因氏之书，仅就考古学上所发见之古物言之，大概以其所发见之第三世纪佉楼文字之古籍为主。堀谦德则以我国古籍如《大唐西域记》之类及汉译经典为根据。皆详于前汉以后之事。白井长助氏虽通于上下古今，究于前汉所言较少。藤田氏所言虽精，但嫌尚未充畅。兹者更据《史记》《汉书》本文，钩稽成说，参以诸家所考订，以明张骞辈通西域时之于阗焉。

于阗之名，历代无异。据《西藏传》所记，其音为U-then，为表都与河之义（Rockill；*Life of the Buddha*，P. 233）。惟近世学者意见纷纭，多谓其渊源所自，实出玄奘所谓瞿萨旦那（Kustana），谓为梵语音韵之转化。（见Watters；*On Yuan Chuang*，II，P. 299，及《艺文》第三年四号荻原云来之说，及《解说西域记》九九三页）然玄奘所记，又有谓于阗俗称涣

①编者按：原稿为"封"，当以"丰"为是。今改。

那(Khan-na),匈奴称于遁(Khu-ton,Gu-ton),诸胡称豁旦(Kh'a-tan),印度人称屈丹(K'u-tan,Gu-tan)者,疑皆土音讹转。此外又有主于阗为玉石之义,如布锡尔(Bushell)白鸟库吉诸氏等。日人羽溪了谛则从多数人之说,吾亦以为然也。

《史记·大宛列传》张骞亡归汉时具告天子之言曰:

> 大宛在匈奴西南,……其东则扜罙,于阗。于阗之西,则水皆西流,注西海;其东,水东流,注盐泽。盐泽潜行地下,其南则河源出焉。多玉石。河注中国。

盖骞至大宛时所传闻其旁大国五六,所知者如此。《大宛传》下文云:

> 骞因分遣副使使大宛,康居,大月氏,大夏,安息,身毒,于阗,扜罙及诸旁国。

是骞二次往时,虽未暇亲至其国,固已分遣副使之矣。其下文又云:

> ……宛东姑师,扜罙,苏薤之属,皆随汉使献见天子,天子大悦。而汉便穷河源,河源出于阗,其山多玉石,采来,天子案古图书,名河所出山曰昆仑云。

此为汉使东归所述其亲见于阗产玉石之状,皆言而有征者也。《汉书·西域传》亦云:

> 河有两源:一出葱岭,一出于阗山。

故白井长助氏以为于阗国上代都城之位置,宜以河水为问题之中心。宋夹漈郑氏曰:"州县之设,有时而更,山川之秀,千古不易。故《禹贡》分州,必以山川定疆界,兖州可移,而济河之兖州不可移;梁州可迁,而华阳黑水之梁州不可迁。"今以郑氏之言推之,虽于阗之国势,历代盈虚消长或有不同,而汉时河源,固应与后世无异也。

惟《史记》《汉书》仅云于阗之水多玉石，而未记载其水名，学者憾焉。至《梁书》卷五十四《诸夷传·于阗国》条始云：

有水出玉，名曰玉河。

《周书》卷五十下《异域传·于阗国》条，其说乃详，曰：

城东二十里，有大水北流，号树枝水，即黄河也。城西十五里亦有大水，名达利水，与树枝俱北流，同会于计戍。

可为于阗国都推定之根据。但《北魏书》卷一〇二《西域传·于阗国》条有“于阗城东三十里有首拔河，中出玉石”之说。并云：

城东二十里，有大水北流，号树枝水，即黄河也，一名计式水。城西五十五里，亦有大水，名达利水；与树枝水会，俱北流。

于树枝水之外，复见首拔河，与《周书》所言稍异。据藤田氏所揣测，以为《北魏书》采自《北史》，而《北史》则撮诸史之文以成；故不暇计及。既言城东三十里有首拔河，更言城东二十里有树枝水，不知其为同一之河，而并举其异名耳。实则于阗之东相隔仅十里，决不能有二水也。《北史》卷九十七《西域传·于阗》条于“城西十五里”，作“城西五十五里”，亦是传钞之误。考于阗城东二十里之河，诸书概作树枝水，今作首拔河，拔字实为枝字之误，树，首一音之对转耳。《通典》卷一九二《于阗》条“河源出焉”句注云：

名首拔河，亦名树枝河，或云即黄河也。北流七百里，入计戍水，一名计首水，即葱岭南河，同入盐泽。

据此，则上文所云，可以置信矣。《北史》(《北魏书》)有首拔河中出玉石一语，盖即《梁书》所谓玉河。其河见于《新五代史》卷七十四《四夷传·于阗国》条所附录高居诲《行记》中之白玉河，即今玉陇哈什（Yurung Kash）河是也。Yurung Kash者Turk语白玉河之义。从而首拔，树拔等名，不为因“玉”字而语义之语可知矣。

玄应《一切经音义》卷二解释《大般涅槃经》卷一之颇梨云：

> 西国宝名也，梵言“塞颇胝迦”，亦言“颇胝”，此云水玉或曰白珠。大论云：此宝出山石窟中，过千年，冰化为颇梨珠，此或有也。案西域暑热无冰，仍多饶此宝，非冰所化也，但石之类耳。胝音竹尸反。（又见同书卷六，及《妙法莲华经》卷一）

“塞颇胝迦”者Sanskrit之sphatika之对音也。略称为“婆致迦”或“颇胝”或“颇梨”，即rock crystal，佛家七宝sapta ratna之第四品也。吾人得以首拔，树拔su-pat，为此sphatika之对音。不特高居诲之所谓白玉河，与今之所谓玉陇哈什河相合，而西藏所传其国之历史称为U-then-gyi shel-tchab者，殆即此河也。Shel-tchab者从文字学言之，crystal之义也。西藏语shel，蒙古语shil，均rock crystal之义。

次云于阗王城西五十五里（《北史》作十五里，殆脱去五字）有达利河。据高居诲《行记》有：

> 东曰白玉河，西曰绿玉河，又西曰乌玉河，三河皆有玉而色异，每岁秋水涸，国王涝玉于河，然后国人得涝玉。

然其文非高居诲《行记》之文，据《文献通考》卷二四《于阗国》条，宋建隆二年李圣天遣使者之言，曰：

国城东有白玉河，西有绿玉河，次西有乌玉河，源出于昆仑山，去国城千三百里，每岁秋水小之后，国人取玉于河，谓之捞玉，官取之后，方许私取。

盖《新五代史》之编者，并载使者之言，于高居诲《行记》中。而乌玉河自其名称上言之，与今之喀喇哈什（Kara Kash）河为同一。此外则所谓绿玉河者，自不得不为玉陇哈什与喀喇哈什间之河也。但是现从实际言之，绿玉及乌玉比较的多自喀喇哈什河中采出，从此推之，自不能称之为绿玉河或乌玉河也。然则以今之喀喇哈什河为《周书》《北史》《北魏书》之达利水宜矣。总之：达利水在于阗国城之西，亦为绿玉河，亦去国城不远。达利水殆即绿玉河，所谓达利者不缘绿玉得名。吾人以其名当与“塞颇胝迦”相同，均为佛家七宝之一，疑即Vaidurya之略译。玄应《一切经音义》卷二三注《摄大乘论》卷十《琉璃》条云：

吠琉璃也，亦云毗琉璃，又言鞞头梨，从山为名，谓远山宝。远山即须弥山也。此宝青色，一切宝皆不可坏，亦非烟焰所能镕铸，唯鬼神有通力者能破之为物。或云：是金翅鸟卵壳，此宝鬼神破之，以卖与人也。

此鞞头梨之鞞字若略去，则为“头梨”，其字极与“达利”相类似。现在称为琉璃，亦略去鞞（毗）字之形，然已通用于后世矣。

Vaidurya者Prakrit呼之为Veluriya，马来语呼之为Baiduri及Biduri，希腊语呼之为Bjpuaaog，拉丁语呼之为Beryllos，英法语呼之为Beryl，皆一音之转讹也。其物产于南印度，在公元一世纪前后，在罗马盛行，与金币交易。我中国于汉武帝遣使南海时实得此宝。此物不闻产于于阗，而如《一切经音义》所云，佛教传说中，称之为远山宝，远山即须弥山，因附会为发源于昆仑山之于阗河中绿玉之物欤！

若以上所考证者不误，则今日玉陇哈什河与喀喇哈什河两水之间，为前汉时代于阗王城无疑矣。《周书·异域传》又谓两水同会于计戍。计戍为扜罙国之傑谢（杰谢），于上文已考证明白，则《史记·大宛传》所云“其东则扜罙于阗”，两国同居大宛之东，更可信矣。

至其地理形势，日人堀谦德《解说西域记》言之甚详，其文云：

> 和阗南负昆仑，北邻沙漠，然有二水自昆仑发源，越境北流，两岸均为沃野；故随河所向而形成一南北延长之耕地区。此二河者，东曰玉陇哈什河Yurung Kash Darya（白玉河）；西曰哈喇哈什河Kara Kash Darya（黑玉河）；至和阗东北八十哩，合流而称Khotan Darya（和阗河）。白玉河与黑玉河之距离，虽仅十三哩，然以此为中心，灌溉南北狭长之农场，而构成一广大沃土。塔里木河流域诸国，均前面沙漠，皆依东西绵亘之山脉，故在地势上仅能为东西延长之农场。且沙漠与山脉之距离，在南道本甚狭小，故南道诸国之于农业均有特多之困难。惟有和阗受二河之赐，独能开拓南北长之农场。此即古代于阗国所以能有长期繁荣之历史也。斯坦因氏曾由现代和阗西北十六哩之地，向北行，发掘古迹多处。因以推知：古代于阗之首府，盖领有较今日和阗远为广大之面积也。

此以今事证古史也。惟山脉河流，历代不易；而又有考古学上为之发明，则其可信之程度更高耳。于阗为印度，伊兰，中国三系文化之总枢纽，其殆以此欤！

虽然，当张骞使大月氏时，既已有于阗其国，其人种为何？其建国时代，始于何时乎？自不得不为之考证矣。所幸关于此问题之传说，《西藏传》及玄奘《西域记》均有所记载，兹先录两传本文如下：

昔者此国虚旷无人，毗沙门天于此栖止。无忧王太子在呾叉始罗国，被抉目已，无忧王怒，谴辅佐，迁其豪族，出雪山北，居荒谷间，迁人逐物。至此西界，推举酋豪，尊立为王。当是时也，东土帝子蒙谴，流徙居此东界，群下劝进，又自称王，岁月已积，风教不通，各因田猎，遇会荒泽，更问宗绪，因而争长，忿形辞语，便欲交兵。或有谏曰，今何遽乎？因猎决战，未尽兵锋，宜归治兵，期而后集。于是回驾而返，各归其国，校习戎马，督励士卒。至期兵会，旗鼓相望，旦日会战，西主不利，因而逐北，遂斩其首，东主乘胜，抚集亡国，迁都中地，方建城郭，忧其无土，恐难成功，宣告远近，谁识地理。时有涂灰外道，负大瓠盛满水，自进曰：我知地理。遂以其水屈曲遣流，周而复始，因即疾驱，忽而不见。依彼水迹，峙其基堵，遂得兴功，即斯国治，今王所都城也。城北崇竣，攻击难克，自古以来，未能有胜。其王迁都，作邑，建国安人，功绩已成，齿老云暮，未有胤嗣，恐绝宗绪，乃往毗沙门天神所，祈祷请嗣，神像额上，剖出婴孩，捧以回驾，国人称庆，既不饮乳，恐其不寿，寻诣神祠，重请育养，神前之地忽焉隆起，其状如乳，神童饮吮，遂至成立，勇智光前，风教遐被，遂营神祠，宗先祖也。自兹已降，弈世相承，传国君临，不失其绪，故今神庙多诸珍宝拜祠享祭，无替于时，地乳所育，因为国号。

（《西域记[①]》卷二十）

达摩[②]阿输迦（Dharmasoka）之治世第十三年，其皇后一男，占者多以为此儿有伟大之相，其父王在生时，此儿亦当为王。王虑此儿将夺其王位，遂下命弃之。而母后恐此儿不弃，王将杀之，勉从其命。然王子被弃之时，地上出生一乳房，以乳养之，得不死。由是呼此儿为瞿萨旦那（Kustana），即地乳之义也。

当此之时，适有大菩萨——中国（Rgya）之王者住于此。彼有子九百九十九人，欲得一子以满千人之数，乃祈愿于毗沙门天（Vaisravana）。毗沙门天转眼望四方，知此被弃之小儿瞿萨旦那为将来有望之人物，故携之来为此中国王者之子，王遂养育之。一日王之众子与瞿萨旦那相争，众子告彼非王之子，此儿大闷，遂请于王，欲出寻本国。王告以彼确为其子，愿无他虑。瞿萨旦那转求王愿自得一王国之地，乃率一万人赴西方，来至和阗（Li-yul）之Me-skar。

当时，印度达摩阿输迦王之宰相耶舍（Yaca），大扩张其家族之势力，王深恨之，耶舍遂率领七千人去国，东西寻求安身之地，来至于阗（U-then）河之下流。

当时，瞿萨旦那之从者中，有二商人，著拖鞋逃出Me-skar，道出To-la。二人仍著拖鞋（babeu）步行，以故此地得名Ba-beu hbrangs-pai-sa或Hbruso-lo-nya。彼等见此大好去处，杳无人烟，不禁大喜，自思此堪为瞿萨旦

①编者按：原稿为“地”，当以“记”为是。今改。

②编者按：原稿为“磨”，当以“摩”为是。今改。

那王子之领地。其后，彼等于南方访见宰相耶舍之幕帐。耶舍已知瞿萨旦那为彼等之王，乃遣使至Me-skar，曰“汝为皇族，余为贵族，吾等何不协同建国于于阗之地。汝可为王，余为宰相”。于是瞿萨旦那乃率其从者，来至于阗河南Hang-gu-jo地方与耶舍会见。

而王子与宰相于领地之分划，意见未能一致，两方遂动干戈。于是毗沙门天与吉祥天（Crimahadevi）于彼等之前出现，彼等乃各于其地建立祠寺各供奉一神，尔后两神遂尊为护国神。于是瞿萨旦那与耶舍始相和睦，前者为王，后者为宰相。瞿萨旦那之中国从者则居于阗河下流及Mdo Me-skar与Skamshed之上部，宰相耶舍之印度从者，则居于于阗河之上流与Rgya及Kong-dzeny之下部。于彼等所居之两地间，则中国人与印度人杂居，无有区别。其后，乃共筑一城。（Rockhill; *Life of the Buddha*，PP. 2346）

以上两种传说，姑置其怪诞不经者及其矛盾冲突者不问，其对于阗建国始于阿育王（Asoka）时代，则二者全然一致，其言似可信也。两传说中均有涉及毗沙门天（Vaisravana）之处，《西藏传》谓Rgya之王子与阿育王之宰相耶舍战于于阗之时，有为此国所崇拜之护国神毗沙门天者出现；毗沙门天，原为印度古代婆罗门教之福神俱乞罗（Kuvera），其后为北方之守护神，夜叉（Yakasa）之王。据玄奘所记，当时于阗毗沙门天之神庙，尚多诸珍宝，拜祠享祭，无替于时。据此，可以想见此国对于毗沙门天之崇拜，必甚古远也。

然此等传说，在我国正史全无记载。《西域记》所谓东土之帝子，羽溪了谛以为若是中国人，疑为与阿育王同时代之周赧王及惠公之世，有皇子被谴之事；霍宁氏以为即土耳其族之畏兀儿（Uighurs）。（参阅*Antiquities from Central Asia*，P. 12）然前说不见我国正史中，后说则不为一般学者所置信，其然否迄未能明也。又慧玄《慈恩传》卷五云：

> 王之先祖即无忧王太子，在怛叉始罗国，彼被谴出雪山，养牧逐水草，至此建都久而无子，因祷毗沙门天庙，庙神额上剖出一男，复于庙前地，生奇味，甘香如乳，取而养子，遂至成长。王崩后嗣立，威德遐被，力并诸国，今王即其后也。

其所记于玄奘所记，与《西藏传》所言之外，另成一说，益使人眩惑。此等考证本甚困难，惟谓其中绝不可信，则又不然。善夫羽溪了谛之言曰：

> 《西域记》谓于阗国王之祖先，自毗沙门天神像额上剖出以来，弈世相承，传国君临，不失其绪；而《后汉书·西域传》记建武之末（公元五五年）莎车王贤强盛，攻并于阗，徙其王俞林为骊归王；明帝永平十六年（公元七三年），于阗将休莫霸反莎车，自立为于阗王，休莫霸死，其兄之子广德立为于阗王，是则所谓于阗国古来王统连绵不绝之语，未必可靠。……
>
> 再者，如下文所举，不知是否尤为附会。即《西藏传》中所记之总人数，若与《汉书》所示于阗人口之数相较，似不能谓为偶合之事，亦多少可与此传说加几分论证。《西藏传》中谓阿育王之子Kustana，率领壹万支那人，而阿育王之宰相Yacas，亦率有七千人移住于此，其总数当共一万七千人。而《汉书·西域传·于阗》条云："户二千三百，口一万七千三百人，胜兵二千四百人。"此为公元第一世纪时，于阗人口殆为二万人，然若在阿育

王时代，于阗建国之时，其移来者一万七千人，盖为极自然的增加率，其间实无矛盾也。

由此诸点考察，吾人对于此传说中之种种，似不能谓为无稽之谈，其骨子所谓东西移民于此地发生冲突之事，不无几分可靠之成分。

……要之，关于于阗建国之传说，枝叶丛杂，吾人虽不能完全确信，但其根本之部分，即当时于阗建国之际，其间所传，必含有若干真确之事实，盖可断言。（贺昌群译《西域之佛教》第四章）

吾人究研至此，似可假定于阗建国，始于阿育王之世，与我国周秦兴替同时，其后在后汉建武，永平之时，两度灭国，至南北朝时，为吐谷浑所灭，王被杀戮，寺院被焚毁，死者甚众，其人入唐为尉迟氏或译作伏阇氏。此其建国之始末也。

至其人种之考证，则说者颇多。格耳士（Giles）曾根据斯坦因所提供之研究资料，于一九〇三年在《人类学会杂志》（*Journal of the Anthropological Institute*）发表其研究之结果，大意谓和阗民族，大部分属于所谓阿利安血统，而亦混杂土耳其及西藏种族之血统，尤以西藏血统为最多。斯坦因曾于尼雅发见最古之佉楼虱底（Kharosthi）文之纪录，谓为确非印度语，亦非伊兰语，亦非土耳其语，其中所用称号名词等，盖多出于西藏语。又斯氏于邓昙乌利（Dandan Uilik）及思塔尔（Endere）等地所发掘之古文书，初以为“不可知的语言”，后据霍宁氏研究之结果，乃证明其为土耳其语及蒙古语而成之单音缀的西藏语。（*Ancient Khotan*，P. 149–50）然此就后世言之耳。又如《魏书·西域传·于阗》条云：

自高昌以西，诸国人等深目高鼻，唯此一国不甚胡，颇类华。

此谓于阗之住民，非如其他诸国人深目高鼻之胡颜，是公元六世纪之于阗国人，非阿利安人具有深目高鼻之特征可知矣。若再推而上之，其原住民究为中国人或印度人乎？除《西域记》与《西藏传》两传说有暗示外，斯坦因就尼雅城（Niya）所获之发掘物，可以证明，其言曰：

公元第三世纪中期有一种极类似北西印度之古Prakrit地方语言，尝通行于和阗一带，为日常行政上所使用者，即在尼雅（Niya）墟地所发见之佉楼虱底文书是也。自此项文书观之，皆为关于现实生活及社会组织各方面之事情，故可揣知此种语言，非但于此区域内流行甚广，且恐普遍知之，由此种印度语言之通用而所得到之结论，则此佉楼虱底书之文件甚与有力焉，盖吾人知在印度境内，此种书体为公元前后数世纪间历史上及文化上为中心地之塔克息拉（Taxila）及犍陀罗（Gandhara）所特有者。此等文书之言语及书体，舍佛教传播之理由而外，别无满意之解释也。佛教之入中亚，在传道上惟使用梵语，而书法则用婆罗门（Brahmi）体，此可确实证明者也。然吾人若认玄奘所记于阗之古传说，即由古代塔克息拉迁来之印度移民，曾占有于阗之一部，其骨子真有历史事实，则Prakrit语及佉楼虱底书法之流行，可不言而明也。（*Ancient Khotan*，P. 163）

斯氏又于约干（Yotkan）墟地掘得赤色陶色像，邓昙乌利废寺得若干彩色匾额及壁画，又于刺瓦克伽蓝（Rawak Vihara）所见之浮雕品等，皆准似蒙古人面颜，斯氏论之云：

吾人若思及和阗佛教美术，自始至终，皆受印度型范优越势力之影响，故如其颜骨之高，眼瞳之暗，而鼻之短平等特殊面容，以其制作年代之古远，吾人若不承认其所代表者确为本地之住民，则必无说明之道也。固然，亦不能谓为系摹仿中国之型范，盖中国自身，关于佛教艺术之事物，大多转乞于印度及和阗。除此事实而外，今吾人所论之此等遗像，不得不归之在尤为古远之时代，由中国方面所反射而来之趋向也。（*Ancient Khotan*，P. 166）

羽溪了谛甚赞同斯氏之说，以为斯氏根据和阗之发掘物，其所下推论，实不能不认为允当之见解。鄙意亦与之相同。大抵当前汉之世，于阗居民为大部分印度之阿利安民族混合少数之中国民族，语言，文字，宗教，文化等全类印度，而风俗则类中国耳。至六世纪则成为不甚胡而颇类华之人。及吐谷浑侵入后，则西藏血统之成分较多。如是而已。或谓在太古时或有西藏人移住，此则未免过于空想也。

至于于阗之四至及人口，则《汉书·西域传》[①]所言最详，兹特节录之，以明张骞时代之于阗国势焉。其言曰：

于阗国，王治西域。去长安九千六百七十里。户三千三百，口万九千三百，胜兵二千四百人。辅国侯，左右将，左右骑君，东西城长，译长各一人。东北至都护治所三千九百四十七里。南与婼羌接，北与姑墨接……西通皮山三百八十里。

8.盐泽　盐泽在当时实为地名，非国名。惟因楼兰、姑师，俱临盐泽，盐泽亦当时交通要道，盐泽不明，则楼兰、姑

①编者按：原稿为“《汉书·西藏传》”，当以“《汉书·西域传》”为是。今改。

师亦无以明，故不可不述之也。《史记·大宛列传》载张骞具为天子言之，其言曰：

> 于阗之西，则水皆西流，注西海；其东，水东流，注盐泽。

又曰：

> 盐泽潜行地下，其南则河源出焉。……盐泽去长安可五千里。匈奴右方居盐泽以东至陇西长城，南接羌，鬲汉道焉。

是其时地居重要，为通西域断绝匈奴一大地也。《汉书·西域传》则云：

> 于阗在南山下，其河北流，与葱岭河合，东注蒲昌海。蒲昌海，一名盐泽者也，去玉门，阳关三百余里，广袤三百里。其水亭居，冬夏不增减，皆以为潜行地下，南出于积石，为中国河云。

是盐泽又名蒲昌海，而《汉书》所记又加详焉。王先谦《汉书补注》曰：

> 《河水注》河水又东注于泑泽，即《经》所谓蒲昌海也。水积鄯善之东北，龙城之西南。龙城地广千里，皆为盐，而刚坚，行人所经，畜产皆布毡卧之，掘发其下，大盐方如巨枕，以次相累类。雾起云浮，寡见星日，少禽，多鬼。西接鄯善，东连三沙，为海之北隘矣。故蒲昌亦有盐泽之称也。《史记正义》引《括地志》云：蒲昌海一名泑泽，一名盐泽，一名辅日海，一名牢兰，亦名临海，在沙州东南。《说文》泑泽在昆仑下。今回部语谓之罗布淖尔。

其考证视《汉书》尤详，今回疆谓之罗布淖尔，则信而又征矣。《补注》又引徐松之言曰：

罗布淖尔水潜于地下，东南行千五百余里，至今敦煌县西南六百余里之巴颜哈喇山麓，伏流始出。山麓有巨石高数丈，山崖土壁皆黄赤色。蒙古语谓石为齐老，谓北极星为噶达素，谓黄金为阿勒坦；山麓之石，远望如北极星，故蒙古名其地曰阿勒坦噶达素齐老。伏流自壁上天池涌出，歕为百道，皆黄金色。东南流为阿勒坦河。又东北出，东流五十里，折而东南百四十里，又南流二百六十里，折而东南三百里，又东北二百四十里，经阿木奈玛勒占木逊山南麓，即大积石山。《汉书·地理志》金城郡河关县积石山在西南羌中，今在西宁府西南边外五百三十余里，即《禹贡》导河之地。自古言河源者多不了，独此传综括详尽，盖孟坚迎北单于，亲至私渠海，定远道长西域，本其家乘以为国史，故所言地形，与今若合符节。惟谓重源出于积石，仍因《山海经》之讹，而后儒异议，有指河州之小积石为《禹贡》之积石，转以班所言积石为妄。又谓载张骞穷河源事，乃意度之，非实见蒲昌海与积石通流，缪悠之论，不足依据。唐辨机《西域记》云：阿那婆答多池北面颇胝师子口流出徙多河，绕池一帀，入东北海。或曰潜流地下，出积石山。即徙多河之流，为中国之河源云。盖初唐人犹祖班说也。

其言更详，为王氏所本者也。于经流里数及曲折方向，足与《汉书》相发明，盖求之今日，目验而可睹者也。《汉书》云“广袤三百里”，此“三百里”三字有误，王念孙辨之甚详，其言曰：

三百里本作三四百里，谓之广袤，不能知其确数，大约在三四百里之间也。《河水注》无四字，亦后人据《汉书》删之。《御览》地部三十七引《水经注》作广输四百里，又脱去三字；然据此知《水经注》原有四字也。《汉纪》作广长三四百里，《西山经注》及《通典·州郡四》并作广袤三四百里，郭璞《尔雅音义》引《汉书》作广输三四百里，《禹贡正义》及《史记·大宛传正义》《尔雅·释水疏》并引作广袤三四百里，则今脱去“四”字明矣。

徐松又曰：

今测淖尔东西二百余里，北有圆池三，南有方椭池四。

则地形今古略有变迁，而污塞有日矣。盖盐泽附近原为西方一大草原，适于初民生活，而又随地产盐，便于人畜，近人黄文弼所谓“盐壳绉折，迤逦皆是，古盐泽之涸床也”，是也。此其所以为上世交通往来之一要道，而楼兰，姑师诸国所由环立于其间也欤！

张骞云：“盐泽去长安可五千里”，《汉书》则谓其去玉门，阳关三百余里。案玉门，阳关在长安西约四千五百里。可字疑辞，虽张骞之言不得视为确数，而《汉书》亦必不得作为三百余里也。王念孙曰：

戴震《水地记》云：玉门关在故寿昌县西百一十八里，阳关在县西六里，寿昌本汉龙勒县地，今安西府西百五十里有寿昌城，盐泽去玉门千三百余里，前后书皆脱去千字。念孙案郭璞《西山经注》及《尔雅音义》引《汉书》(见《释水》释文)皆无千字，盖后人据《汉书》删之也。《汉纪·孝武纪》作去阳关三千余里，即千三百余里之误。《河水注》作东去玉门，阳关一千三百里，以二书考之，则《汉书》原有千字明矣。

徐松又曰：

玉门，阳关在今色尔腾海之东，罗布淖尔在今吐鲁番城西南，自色尔腾海西北至罗布淖尔，相去千余里，不得云三百余里，明传写夺千字。

是则盐泽去玉门，阳关千三百余里，已无可疑矣。其间有楼兰，姑师两国临立，《汉书·骞本传》云：“楼兰，姑师小国，当空道。”空道即孔道也，犹言大道，通道云耳。然则彼两国者亦当时交通上之要地也。请得进而陈说楼兰，姑师两国。

9.楼兰　楼兰为鄯善国之本名，最在东陲，近汉，与汉交涉最繁，屡为匈奴所反间，其后汉，傅介子刺杀其王，更名其国为鄯善。《汉书·西域传》曰：

鄯善国本名楼兰，王治扜泥城，去阳关千六百里，去长安六千一百里。户千五百七十，口万四千一百，胜兵二千九百十二人，辅国侯，却胡侯，鄯善都尉，击车师都尉，左右且渠，击车师君各一人，译长二人。西北去都护治所千七百八十五里，至山国千三百六十五里，西北至车师千八百九十里。地沙卤少田，寄田仰谷旁国。国出玉，多葭苇柽柳胡桐白草。民随畜牧逐水草，有驴马多橐它。能作兵，与婼羌同。初，武帝感张骞之言，甘心欲通大宛诸国，使者相望于道，一岁中，多至十余辈，楼兰，姑师当道，苦之，攻劫汉使王恢等；又数为匈奴耳目，令其兵遮汉使。汉使多言其国有城邑，兵弱易击，于是武帝遣从票侯赵破奴，将属国骑，及郡兵数万击姑师。王恢数为楼兰所苦，上令恢佐破奴将兵。破奴与轻骑七百人先至，虏楼兰王，遂破姑师。因暴兵威，以动乌孙，大宛之属。还封破奴为浞野侯，恢为浩侯。于是汉列亭障至玉门矣。楼兰既降服贡献，匈奴闻，发兵击之。于是楼兰遣一子质匈奴，一子质汉。后贰师军击大宛，匈奴欲遮之，贰师兵盛，不敢当，即遣骑因楼兰，候汉使后过者，欲绝勿通。时汉军正任文，将兵屯玉门关，为贰师后距，捕得生口，知状，以闻。上诏文便道引兵，捕楼兰王，将诣阙。簿责王，对曰："小国在大国间，不两属，无以自安，愿徙国入居汉地。"上直其言，遣归国，亦因使候司匈奴。匈奴自是不甚亲信楼兰。征和元年，楼兰王死，国人来请质子在汉者欲立之，质子常坐汉法，下蚕室宫刑，故不遣。报曰："侍子，天子爱之，不能遣，其更立其次当立者。"楼兰更立王。汉复责其质子，亦遣一子质匈奴。后王又死，匈奴先闻之，遣质子归，得立为王。汉遣使诏新王令入朝，天子将加厚赏，楼兰王后妻，故继母也，谓王曰："先王遣两子质汉皆不还，奈何欲往朝乎？"王用其计，谢使曰："新立，国未定，愿待后年入见天子。"然楼兰国最在东垂，近汉，当白龙堆，乏水草，常主发导，负水儋粮，送迎汉使，又数为吏卒所寇，惩艾不便与汉通，后复为匈奴反间，数遮杀汉使。其弟尉屠耆降汉，具言状。元凤四年，大将军霍光白遣平乐监傅介子往刺其王，介子轻将勇敢士，赍金币，扬言以赐外国为名，既至楼兰，诈其王欲赐之，王喜，与介子饮醉，将其王屏语，壮士二人从后刺杀之，贵人左右皆散走，介子告谕以"王负汉罪，天子遣我诛王，当更立王弟尉屠[1]耆在汉者，汉兵方至，

①编者按：原稿为"尾"，当以"屠"为是。今改。

毋敢动，自令灭国矣”，介子遂斩王尝归首，驰传诣阙，县首北阙下，封介子为义阳侯。乃立尉屠耆为王，更名其国为鄯善。为刻印章，赐以宫女为夫人，备车骑辎重，丞相率百官送至横门外，祖而遣之。王自请天子曰：“身在汉久，今归单弱，而前王有子在，恐为所杀。国中有伊循城，其地肥美，愿汉遣二将屯田积谷，令臣得依其威重。”于是汉之司马一人，吏士四十人，田伊循以填抚之。其后更置都尉，伊循官置始此矣。鄯善当汉道冲，西通且末七百二十里。……

据《汉书》本传全文以观，楼兰与前汉之关系述说甚详，可毋庸置喙。惟当时楼兰疆域大小若何？都城在今何处？则迄今尚无定谳。幸近世考古学日益发达，而中央亚细亚探险之事亦日繁，据吾所见，重要论文有：斯坦因《新疆南路探访记》，斯文赫定《亚洲腹地旅行记》，藤田丰八《西域研究》之《扜泥城与伊循城》，大谷胜真《鄯善国都考》，冯承钧《楼兰鄯善问题》，黄文弼《楼兰之位置及其与汉代之关系》诸篇，皆能各详其说，不妨汇而核之，以资考定焉。

先是一九〇〇年瑞典人斯文赫定东来考古，在罗布淖尔北发见一片全无水草之沙漠。其后在楼兰废墟发见古代文书。及至一九〇六年十一月匈牙利人斯坦因再往考古，在窣堵波南之一平垤顶上发掘，其迹为一建筑华丽之住宅，各室多已坍塌，至于全圮，就残部搜检，得狭木片上及纸上之中国文件各若干，其他文件为海塞文，木简形势，与尼雅之发现相同，亦有写在纸上者。又西南有一大建筑，一部用日晒之砖筑成，虽残败已甚，犹可认识该迹为一衙门，即中国政府发号施令之所。其中某一屋似囚房，赫定博士曾于其中检获大宗木上及纸上之中国文籍，其上日期为公元二六四年至二七〇年。详细检查后，又得该类文籍甚多。此项中国古代文籍，其后由法国已故汉学家沙畹博士译注成书，由牛津大学印刷处印行。该书证明此遗址为楼兰古驿，而楼兰二字，原为全区之总名，说乃与赫定博士之说相合。文件中有西域大都护发出之通报，及呈大都护之报告，有关于他站军事行动之记录。惟大多数文件属于中国小屯田内管理开垦，积谷，运输等官吏之例行公事。足见驿站位置扼塞，纪元前二世纪之末叶时，为中国通塔里木盆地之通津。据斯坦因《新疆南路探访记》第八章所言如此。因此欧洲学者遂定楼兰故国都在罗布淖尔之北。吾国学者昔亦多从之。最近西北科学考查团团员黄文弼曾随斯文赫定前往考察，逗遛最久，乃大不以为然。黄氏曾在燕京大学史学会演讲《楼兰之位置及其与汉代之关系》一题，其中有一段曰：

> 楼兰亦为西域诸国之一，最在东垂，与汉邻接，据《汉书》说去玉门，阳关千六百里。近土人通称之为罗布淖尔，盖新疆南路有二块大沙漠，在西者名为塔克拉马堪，缘此沙漠之国都，北为焉耆，龟兹；南为沙车，于阗等古国。在东者名为罗布沙漠。沙漠之东，为古楼兰国，西为山国。罗布沙漠之南，有大海，为宽车河，塔里木河及车尔成河所泄之尾闾，故土人又称为罗布淖尔，即罗布海之义。在古时又为楼兰海，因泽在楼兰国北之故也。罗布时有迁移，罗布所受之水，环流罗布沙漠，故土人凡库鲁克达格（鲁克沁南）之南，阿拉腾达格（在婼羌之南）之北，中间数百里不毛之地，均以罗布淖尔呼之，而楼兰即罗布淖尔附近之一国也。
>
> 楼兰国都问题，《汉书·西域传》说："楼兰王治打

泥城”，然究未指明打泥城在何地。近来东西人士，数到新疆游历，在三十年前后，瑞典斯文赫定博士，游历罗布淖尔之北岸，发现一古城，采获若干文书，德人孔位第二考订为古楼兰国城地，在经度八十九度四十四分，纬度四十度三十(?)分。后英人斯坦因亦到此处，法人沙畹博士据所发现之文书，亦从其说。我国王静安先生本日人瑞橘超氏之遗物，定此地为海头而以龙城居庐仓当之。余意国都与国地为二事，赫定先生所发现者，谓为在古楼兰国地，尚无不合，谓即古楼兰国都，实无确证。《流沙坠简》所录关于言楼兰者有二：一曰“谨案文书前至楼兰”，二曰“八月二十八楼兰白疏恽惶恐白”。皆楼兰王所来之函件，而不能证明此地为楼兰王所居。且楼兰国都，自汉昭帝时即已南迁，而此所获文书，皆魏晋间物，决不能为西汉故址之证。故王先生疑非楼兰故都甚是。至以为即古龙城居庐仓，疑非尽然。龙城之说，本之《水经注》，词涉夸大，究否有此城，尚是问题。余疑龙城犹新疆土人名大沙漠为“开太克沁”即沙漠城，而实非城，取其形以名其地耳。中国古时，名沙漠为龙。如白龙堆即言白色沙漠之堆阜，同沙漠经风水之组织，稍成龙形，故以龙当之。此时居民适居于龙沙漠之旁，故名龙城。就此次发现之古地址地名土垠，此一带土阜重叠，故取以名其地耳。再就《水经注》所云之方位言之，亦有疑点。据云：“蒲昌海水积鄯善之东北，龙城之西南。”是明言鄯善在盐泽之西南，龙城在盐泽之东北。以余此次考查来证明，盐泽本在北岸，后渐南徙，近又恢复两千年前之故道，而赫定先生所发现之故址，适在故海之西南，而龙城尚在故海之东

> 北也。至于所云之居庐仓，则相差更远。《魏略·西戎传》云："从玉门关西出，发都护井回三陇沙北头，经居庐仓，从沙西井转西北，过龙堆，到故楼兰。"是居庐仓在三陇沙之西，白龙堆之东南，而楼兰尚在白龙堆之西也。据斯坦因路线图所谓玉门关西之三陇沙，疑即拜什托革拉克一带之沙漠，居庐仓疑在此沙漠之西沙，西井疑即库木呼都克一带，库木呼都克亦即沙井之义，由此往西北行，绕涸海盐层，疑即白龙堆之险，方能到故楼兰，即赫定先生发现之故址，与居庐仓有东南之隔，故赫定先生之城，与其谓为龙城居庐仓，毋宁谓为北城，在古楼兰国墟，较为妥善也。至所云海头，乃地名而非城名，与余之土垠同一意义，兹不论列。

其后冯承钧氏亦不以为然，氏在《楼兰鄯善问题》一文云：

> 二十多年前，瑞典学者斯文赫定（Sven Hedin）在罗布泊北发现了一座古城，并发现了许多魏末晋初的木简，城在格林威线北纬四十度三十分东经线八十九度四十五分之间。后来斯坦因又在其地发现了好几个城，得了不少材料，并在写本之上发现了一个Kroraina名称，曾假定是楼兰的对音；就算是对音不错，也不能说发现地名的地方便是楼兰。……
>
> 以前所说的，无非证明楼兰，鄯善的北界很远，而他的都城好像始终在罗布泊南；不能因为在泊北发现了一座古城，便来翻案。又况泊北的楼兰，鄯善人的居地不止一处，设若有人到拉布楚克去发掘，也许得着不少的史料。

冯氏之言，较之黄氏更为痛快。吾意楼兰故都固不应在罗布淖尔北岸，而在前汉时代其国力亦不能及于此地。盖斯文赫定与斯坦因所发现之文书，大率为公元二六四至二七〇年之物，其时距前汉已为二百六十余年矣。矧其文书又诚如黄文弼氏所言“皆为楼兰王所来之函件”乎。冯氏又恐读史者不察，误信鱼豢《魏略·西戎传》“从沙西井转西北，过龙堆，到故楼兰……凡西域所出有前史已具详，今故略说，南道西行且志国，小宛国，精绝国，楼兰国，皆并属鄯善也”之说，因再加以辩论云：

> 《魏略》的记载，有可以注意的两点，中道别有一“故楼兰”，南道鄯善所属又有一楼兰国。这样看来，楼兰，鄯善好像是二国了。所以沙畹曾经假定纪元前七七年楼兰改名鄯善之时，便迁都了。（见《通报》一九〇五年刊《〈魏略·西戎传〉笺注》）这一说完全是未细勘史文的错误。《魏略》中的且志国，是且末之误，沙畹的改正是不错的。不过南道中的楼兰国三字，怕是衍文。何以见得呢？《魏略》列举国名的次序，是按照《汉书》的，看他的后文“戎卢国，扜弥国，渠勒国，皮冗（应作山）国，皆并属于阗国”一段，可以知之。《汉书》精绝，戎卢二国中间，并未列举他国，想是鱼豢因楼兰，鄯善两个国名，误把楼兰加在里面；就算是别有一个楼兰国，也不应该列在精绝国之后。《汉书》说精绝国北至都护治所二千七百二十三里，西通扜弥四百六十里，扜弥大概在今于阗县治之北 Uzun Tati 地方，则精绝国似在哈喇木伦同尼雅两河之间。我们要是尽信《魏略》，岂不要把这个楼兰国位置于尼雅同克里雅两河之间吗？这当然是不对的。剩下来中道的故楼兰这个楼兰上加故字，下无国字，我想所指必是楼兰之一旧城，不是楼兰国都。

> 鄯善迁都之说，可以拿《水经注》来附会，卷二《伊循》条下又说“注滨河又东径鄯善国北，治伊循城，故楼兰之地也”。一看这条，好像伊循是鄯善国的都城，但是我觉得《水经注》此处必有脱讹。纵然不误，也只能假定鄯善都城六世纪初年在伊循，而不能证明五百多年前的楼兰迁都。
>
> 由此看来，《魏略》的记载不能补助赫定罗布泊北楼兰国一说了。

因此吾人大略可以决定前汉时代楼兰国境之所在矣。据冯氏之意，以为楼兰或鄯善境界，东近阳关，南接古之婼羌，西尽巴什什里（Vash-shahri），北边移民曾至哈密，辟展，其都城即在今婼羌县治。并云现今鄯善县土名辟展，辟展即昔日蒲昌一音之今读，疑唐时蒲昌县治即在其地。冯氏除根据《大唐西域记》卷十三“从此（睹货罗，Tukhara故国）东行六百余里，至折摩驮那故国，即沮末地也，……复此东行千余里，至纳缚波故国，即楼兰地也”及《大慈恩寺三藏法师传》卷五等书，以折摩驮那曾经有人还原为Calmadana，经新疆出土文件证明属实，因梵语写法与于阗语写法相同，所以纳缚波亦可还原为Nanapa外，并寻求大宗材料以证明楼兰都城即鄯善都城，其言曰：

> 以前所引诸文，还未说到伊循，伊循他书也有作伊修者，古籍中修循婆娑等字互相错用的例子颇不少见，现在还无法证明此城是伊循或是伊修。唐代有三种史料对于伊循特有说明：一种是斯坦因先在敦煌所得的一部《沙州都督府图经》写本；一种是伯希和（Pelliot）后在敦煌所得的八八六年《沙州都督府图经》写本；一种是贾耽所撰的

《入四夷道里述》，原书已佚，此文幸尚为《新唐书·地理志》卷四三下所保存。……

综合唐代的证据，皆说当时的鄯善就是古时的楼兰。此外唐人所修的史书，《周书·异域传》同《北史·西域传》皆云："鄯善国都打泥城，故楼兰国也。"

还有许多旁证，不过太简略，不能拿他来证明楼兰的方位；此处姑列两条，以见一般：

《法显传》云："从敦煌行十七日，计可千五百里，得到鄯善国。复西北行十五日，到偽夷国。"

法显是从三九九年出发，他的路程同别人不同，偽夷应是僧传中的乌耆，也就是史传里的焉耆。

《洛阳伽蓝记》卷五引《宋云行纪》云："从吐谷浑西行三千五百里至鄯善城，其城自立王，为吐谷浑所吞，今城内主是吐谷[①]浑第二息，宁西将军，总部落三千以御西胡，从鄯善西行一千六百十里至左末城。"

宋云等是五一八年出发的，他所行的路程是假道青海到鄯善。《行纪》中之左末城应是且末，他的里数比玄奘更多，可见诸行纪中之"里"，是无标准的。……

我们再把斯坦因新撰的*Innermost Asia*所附的地图对照一下，对照的结果如下。伊循是今之弥朗（Miran），打泥可当今之婼羌县治卡克里克（Charkhlik）。新城可当今之巴仕什里（Vash-shahri）。且末可当今之且末县治车尔城（Charchan）。

从上述的考证结果看起来，楼兰都城即是鄯善都城。

---

①编者按：原稿为"吞"，当以"谷"为是。今改。

其城在罗布泊南(?)三百余里。

冯氏为学之勤，搜罗证据之丰，吾人不得不为佩服。罗布淖尔迁徙或有其事，而楼兰在盐泽南或西南，则大略可以决定。

至于楼兰国都问题，则日人藤田丰八著《扜泥城与伊循城》一文所说最为详明，往往有足与吾国学者相发明者，其言曰：

据《汉书·西域传》谓："鄯善国本名楼兰，王治扜泥城。"又谓及昭帝元凤四年(B. C. 77)大将军遣傅介子刺杀其王，王弟在汉者降汉，立为新王，从汉归时有"王自请天子，……国中有伊循城，……愿汉遣一将屯田积谷，……伊循官置始此矣"之语。而《汉书·冯奉世传》又谓"使持节送大宛诸国客，至伊修城"。修字与循字以后者为是，此所谓伊修城即《西域传》之伊循城殆无疑也。关于扜泥城与伊循城之位置，北魏郦道元《水经注》卷二引释氏《西域记》云：

且末河东北流，径且末北，又流而左会南河，会流东逝，通为注滨河，注滨河又东径鄯善国北，治伊循城，故楼兰之地也。……其水东注泽，泽在楼兰国北扜泥城，其俗谓之东故城。

此文中之且末，即今之Charchan；且末河即今之Charchan河；注滨河者Charchan河与Tarim河相会合后以下之河名也。泽即盐泽，又名蒲昌海，即今之Lobnor也。所谓伊循城，殆在扜泥城之西，徐松已在其《汉书西域传补注》卷上言之，即据《水经注》此文，谓"是伊循在楼兰国西界"。及至近时，Aurel Stein氏以其第二次西域考古学的探检之结果，据《水经注》及其他中国史籍所传，乃考定今之Charkhlik oasis为伊循城之废墟，其东方之Miran

为扜泥城之废墟。

然在唐代文献则全然与之相反。其事在Stein在敦煌千佛洞所发见而想定为《沙州都督府图经》之断片之抄本云：

石城镇东去沙州一千五百八十里，去上都六千一百里，本汉楼兰国。《汉书·西域传》云，地沙卤少田出玉，傅介子既杀其王，汉立其第(弟)，更名鄯善国。隋置鄯善镇。隋乱，其城遂废。贞观中康国大首领康艳典东来居此城。胡人随之，因成聚落，亦曰典合城。其城四面，皆是沙碛。上元二年改为石城镇，隶沙州。

屯城西去石城镇一百八十里，鄯善质子尉屠耆归，单弱，请天子，国中有伊循城肥美，愿遣一将，屯田积谷，得衣(依)其威重，汉遣司马及吏士，屯田伊循以镇之，即此城是也。胡以西有鄯善大城，遂为小鄯善，今屯城也。

又云：

鄯善城周回一千六百廿步，西去石城镇廿步，汉鄯善城见今摧坏。

盖以汉之伊循城为唐之屯城，扜泥城为其石城镇，而屯城在石城镇之东一百八十里，殆即伊循城在扜泥城之东一百八十里矣。此两城之位置，与《水经注》相传，东西全相反如此。又此抄本之里面有“光启元年十二月廿五日张大庆因灵州安尉使嗣大夫等来至州，于嗣使边(处？)写得此文书记”等字样，此仅言抄本书写之年月，不云纂辑之年月。又有同为想定之此书断片为Pelliot氏燉煌发见之抄本。通览此两抄本，书中之纪元不及开元九年(A. D.

721年）以后者。又从唐代讳虎作武，四民作四人，隆作隆，基作其等推之，殆开元年间，迟则天宝年间或肃代以后出来者。从而见于《新唐书》卷四三下《地理志》中贞元宰相贾耽所传之西域通路，凡此等地方之记事，颇有据此书者，即是：

又一路，自沙州寿昌县西十里，至阳关故城。又西至蒲昌海南岸千里。自蒲昌海南岸西经七屯城汉伊修城也。又西八十里，至石城镇，汉楼兰国也。亦名鄯善。在蒲昌海南三百里，康艳典为镇使，以通西域者。

此文于大体上与引于Stein本文书为同一。尤其是"七屯城"之"七"字或即如Pelliot氏所指摘，误看"屯"字为"七"字，因而更于"屯"上加"七"字欤！"西八十里"则明是脱去"百"字。特贾耽所传接前文云：

又西二百里，至新城，亦谓之弩支城，艳典所筑。又西经特勒井，渡且末河五百里，至播仙镇，故且末城也。高宗上元中更名。

Stein本文书中则云：

新城东去石城镇二百廿里，康艳典之居鄯善，先循此城，因名新城，汉为弩之城。

幡仙镇故且末国也，《汉书 · 西域传》云：去上都六千八百廿里。隋置且末郡，上元三年，改幡仙镇。

如上所言，《水经注》所传，与想定之《沙州都督府图经》Stein氏发见抄本所传，及抄录于《新唐书 · 地理志》中贾耽所传者，关于扜泥城与伊循（修）城之位置，与东西正相反。若《水经注》所传为正，则Stein氏以Charkhlik为伊循（修）城Miran为扜泥城为有相当之理由；若Stein氏发见本抄本及贾耽所传为正，则Herrmann氏本于Grenard氏所见认Charkhlik为扜泥城为有相当理由。Stein氏关于此问题，以《水经注》所传较之《图经》及《唐书》为遥远，在此以前实不足以解决此问题。且此等地方，至唐代以前久离中国人之手，且于《图经》及其他记录撰成时，此等地方已久被吐蕃侵入，此不得不熟考也。虽然此等漠然之议论（其谬误之处姑不措论）抹杀《图经》及《唐书》所传，亦殊薄弱。

然则此等相反又将如何解释乎？唐初此等地方之中心为石城镇，在其东百八十里为屯城（七屯城），据《图经》及《唐书》所传，无疑是事实也。而谓当时称石城镇为大鄯善，屯城（七屯城）为小鄯善，据《图经》所传，亦无疑是事实也。特称接于石城镇之鄯善城为废城，谓之汉鄯善城，此疑是此书编者架空之言。若以石城镇为《汉书》鄯善城即扜泥城为有相当理由，从而其东百八十里之屯城（七屯城）为伊循（修）城亦有相当之理由。又石城镇傍之废城，果如当时所传为汉鄯善城乎？抑单称为古鄯善城乎？其问题实在此处。

就实际言，北魏时鄯善称扜泥城之外为东城者，其事在《北魏书》中已有记载。即据此书卷一〇二《西域传》云“鄯善国都扜泥城，古楼兰国也”。又同传叙北魏世祖平凉州，沮渠无讳走保敦煌，其弟安周击鄯善云：

（鄯善）王比龙恐惧欲降，会魏使者自天竺，罽宾还，俱会鄯善，劝比龙拒之，遂与连战，安周不能克，退保东城，后比龙惧，率众西奔且末。

《北魏书·西域传》已佚，今所传者就《北史》采补耳，然此等记事，自其内容观之，殆为《北魏书》之原文。又同书卷九九《沮渠蒙逊传》叙述同一事实处亦见东城之名。不特此也，安周自东向西击鄯善，且云“退保东城”，则当时鄯善王都此城之西方可知。且云“会魏使者在天竺，罽宾还，俱会鄯善”，又云“后比龙惧，率众西奔且末”，从此等言观之，益益觉其然矣。换言之，鄯善城在东城之西，当时之鄯善城与东城，于唐代之石城镇与屯城（七屯城）在方位上相当。予辈据《图经》以石城镇为汉鄯善城；所谓汉鄯善城者，或以为非北魏时代之鄯善城欤?

固如《北魏书》所举“鄯善国都扜泥城，古楼兰国也”，其文自不得不言北魏时代之鄯善城者汉代之鄯善城也，即扜泥城。予辈疑其文为插入者，以上所言，在北魏人郦道元已如此用于其《水经注》注鄯善国明言“治伊循城，故楼兰之地也”。盖北魏时代此国之都城不在扜泥城而在伊循城也。盖沮渠安周攻伐此国之时，此国之王比龙之都，不在扜泥城而为伊循城也。换言之，当时之鄯善城即伊循城是也。又郦道元谓“扜泥城其俗谓之东故城”，又谓安周“退保东城”之东城则在其东，故称东城汉代之故都，故称“故城”，不得不视为即谓扜泥城也。如是，不拘郦道元所传与历史的事实相吻合，而《北魏书》之编者亦谓“鄯善国都扜泥城，古楼兰国也”。中国史家通例，沿袭前史之文，不顾时与地之变化。如其文，不过改书《汉书》“鄯善国本名楼兰，王治扜泥城”之言而已。而《图经》之编者，则据传说以北魏时代之鄯善城即伊循城为汉代之鄯善城，东西位置倒转，至拟之为石城镇云。若夫无批判的解释《北魏书》所传之时，博识如贾耽，亦得谓其充分陷于谬误也。

又关伊循与伊修（脩），得费一言。此前举《汉书·西域传》及《水经注》其城名作伊循，《汉书·冯奉世传》及《沙州都督府图经》《唐书·地理志》作伊修（脩）。徐松于其《汉书西域传补注》卷上云：

按《淮南·俶真训》，处士修其道，《御览》引修作循，《后汉书·献帝纪》吴修，《袁绍传》作吴循。循修双声字。

此说只有一面理由。但是修字古时往往作脩，因此与循字字形颇类似。王念孙在《读书杂志》卷三之五谓“隶书循修二字相似”，举许多例证云：

《系辞传》损德之修也，《释文》曰“修，马作循”。《庄子·大宗师篇》以德为循，《释文》“循本亦作修”。《史记·历书》朕唯未能循明也，《汉志》循作修。《商君传》汤武不循古而王，《索隐》曰“《商君书》作修古”。汉《北海相景君碑阴》故修行都昌台邱暹，《金石录》曰“案《后汉书·百官志》注河南尹官属有循行一百三十人，而《晋书·职官志》州县吏皆有循行，今此碑阴载故吏都昌台邱暹而下十九人皆作修行，他汉及晋碑数有之，亦与此碑阴所书同，岂循修字画相近，遂致讹谬耶”?《隶续》曰，“循修二字，隶法只争一画，书碑者好奇，所以从省借用”。

想因“伊循”与“伊修”字画近似，可视为讹误。然至孰为讹误，则因此城原名不明之今日，不能决之，殊为遗憾。

其后日人大谷胜真著《鄯善国都考》，大率演绎藤田氏之说，而无甚新发明。谓:“汉魏之时,扜泥城为关系南北两道交通之冲要处,以意度之,当接近罗布泊之南岸,且可通北道,若是求其所在,当不外Miran,Abdal,Charkhlik三地中之一。若从《水经注》‘泽在楼兰北扜泥城’之语意判断,则扜泥城必系近于泽之Abdal,或其附近之处。即卡墙河(Charchan darya)与塔里木(Tarim)合并而入现在罗布泊之Kara Koshun地方,沿Apkol之渔村。据Stein氏之调查,不认其处有何旧迹。惟《新疆图志》卷八十一中记汉代玉门,阳关路南道有二路,其一沿湖岸而西至阿不旦(Abdal),其他则沿南山麓至密阮(Miran)。……著者最初亦以扜泥城应于此方面求之,后以其地接近南道,距离北方之孔道过远,致难同意原来之主张。”然则楼兰国都问题,亦大致可以决定。

至于楼兰国得名之由来,及其人种问题,则说者尚少,而冯承钧氏所言为详,因节录于下:

> 八六六年写本《沙州图经》云:“纳职县东去州一百二十里。”“右唐初有土人鄯伏陀,属东突厥,以征税繁重,率城人入碛奔鄯善,至并吐浑居住,历焉耆,又投高昌(哈喇和卓),不安而归;胡人呼鄯善为纳职,既从鄯善而归,遂以为号耳。”
>
> 《图经》之文似以纳职名称之起源在唐初,不过要注意的,“土人鄯伏陀”五字,既然是土人,必是居于本地之人。既然以鄯为姓,同当时归化中国的蕃胡以国为姓之例正合,可见其是鄯善人。虽有《图经》之文,我仍取《旧唐书》“后魏后周鄯善戎居之”一说,我以为鄯善戎在汉晋时早已到了此地。现在再将纳职的名称考究一下。
>
> 《元和郡县志》同《沙州图经》皆说胡谓鄯善为纳职,

> 可见纳职是个译名，本于何种胡语，这就很难说了。鄯善国除开假定原有的土著之外，还有吐火罗人康国人吐谷浑人吐蕃人同其他种种“胡”人。在西域的语言尚未研究整理告一段落以前，我们不敢断定他属于何种。不过我们知道纳职唐人读法等若Napcik而已。他的方位既在哈密西南或西一百二十里，我想只拉布楚克Lapchuk一地可以当之。楚克（Chuk）是突厥语的接尾词，新疆现在的地名，用的不少。比方巴尔楚克（Barchuk），此言虎地，现今的巴楚县治，虽然在玛喇尔巴什（Maral bashi），可是用的是巴尔楚克的省称。硕尔楚克（Shorchuk），今属焉耆县，此言硝地。拉布楚克（Lapchuk）拉布无义。
>
> 由拉布（Lap-）我就联想到罗布（Lop-）来了。我想楼兰鄯善与罗布泊的名称很有关系，不是拿国名作湖名，便是拿湖名作国名。《水经注》卷二引释氏《西域记》名罗布泊为牢兰海，这个牢兰与楼兰，恐怕也是同名异译。吐蕃语，别言之西藏语，名罗布泊为Nob，名大鄯善城为Nob-chen，名小鄯善城为Nob-chung，国与湖名同一称呼。西藏人的译法，向来是谨严的，可见罗布泊原来的发音用n，后来一转而为l，这样看起来，Lap，Lop，Nob诸名，都是指的是罗布泊或鄯善国，唐朝的纳职Napcik是n字发音，还未变作l字发音时的对音，也是指的是鄯善，-cik或者是同-chuk一样的接尾词。

广州人现在读音l往往变作n，而n亦往往变作l，声音演变之道，古今而然，冯氏之言是也。然则楼兰之国或起于罗布泊也欤！而其人则诚土耳其种也。

10.姑师　姑师，《史记·大宛列传集解》徐广曰即车师。

《汉书·西域传》"楼兰，姑师当道苦之"句，王先谦《补注》曰："胡注汉出西域有两道：南道从楼兰，北道从车师，故二国当汉使空道。"近人冯承钧曰："《汉书》的车师，《史记》卷一二三《大宛列传》作姑师，此处所指的当然是王治交河城（今雅尔和屯Yar-Khoto）的车师前国。"徐广明言姑师即车师，王先谦又以车师注姑师，今复以地望考之，冯氏之言可信。案《汉书·西域传》车师前国有传，可惜语焉不详。其言曰：

车师前国，王治交河城。河水分流绕城下，故号交河。去长安八千一百五十里。户七百，口六千五十，胜兵千八百六十五人。辅国侯，安国侯，左右将，都尉，归汉都尉，车师君，通善君，乡善君各一人，译长二人。西南至都护所千八百七里，至焉耆八百三十五里。

交河城冯氏谓在今雅尔和屯。又曰：

《史记》卷一二三《大宛列传》云："楼兰，姑师邑有城郭，临盐泽"，姑师就是车师，车师前部，王治交河，交河就是今吐鲁蕃县治西之雅尔和屯（《西域水道纪》作雅尔湖），盐泽就是罗布泊，似乎古时罗布泊在北方了。其实临[①]盐泽的话，是指车师国境，不是指交河都城。当时车师国境，可以南抵盐泽。

徐松曰：

《唐书·地理志》交河县有交河，水源出县北天山，今吐鲁蕃广安城二十里雅尔湖有故城，周七里，即古交河城，城北三里许有山谷，一谷出四泉，流径城东，一谷出

①编者按：原稿为"监"，当以"临"为是。今改。

五泉，流径城西，至城南三十余里入沙而伏。

《西域图考》又谓其在今吐鲁蕃广安城西二十里。然则姑师在今何地，因无异议而可决定矣。

《汉纪》以车师为小国，今案《汉书》其户口不繁，足征其言不误。惟以其地当孔道，北邻匈奴，叛服不常，屡为汉患，汉于其旁为置车师都尉国以监护之。《西域图考》谓："在广安城东七十里喀喇和卓即车师都尉国治"，是也。盖汉之征匈奴，其成功与否，全视争车师之得不得也。《汉书·西域传·车师后城长国》条云：

武帝天汉二年以匈奴降者介和王为开陵侯，将楼兰国兵，始击车师，匈奴遣右贤王将数万骑救之，汉兵不利，引去。

此汉争车师而未得者也，李陵以兵败降匈奴，此一役也。其下文又云：

征和四年，遣重合侯马通，将四万骑击匈奴，道过车师北。复遣开陵侯，将楼兰，尉犁，危须凡六国兵，别击车师，勿令得遮重合侯。诸国兵共围车师，车师王降服，臣属汉。

此汉争车师而得者也。又云：

昭帝时，匈奴复使四千骑田车师。宣帝即位，遣五将将兵击匈奴，车师田者惊去。车师复通于汉。

此汉争车师而再得者也。又云：

匈奴怒，召其太子军宿，欲以为质，军宿，焉耆外孙，不欲质匈奴，亡走焉耆。车师王更立子乌贵为太子。及乌贵立为王，与匈奴结婚姻，教匈奴遮汉道通乌孙者。地节二年，汉遣侍郎郑吉，校尉司马憙将免刑罪人，田渠犁积谷，欲以攻车师。至秋收谷，吉，憙发城郭诸国兵万余人，自与所将田士千五百人，共击车师，攻交河城，破之。王尚在其北石城中，未得，会军食尽，吉等且罢兵归渠犁田。秋收毕，复发兵攻车师王于石城，王闻汉兵且至，北走匈奴求救，匈奴未为发兵，王来还，与贵人苏犹议，欲降汉，恐不见信，苏犹教王击匈奴边国小蒲类，斩首略其人民，以降吉。车师旁小金附国随汉军后盗车师，车师王复自请击破金附。匈奴闻车师降汉，发兵攻车师，吉，憙引兵北逢之，匈奴不敢前。吉，憙即留一侯，与卒二十人留守王，吉等引兵归渠犁。车师王恐匈奴兵复至而见杀也，乃轻骑奔乌孙，吉即迎其妻子置渠犁东，奏事至酒泉，有诏“还田渠犁及车师，益积谷，以安西国，侵匈奴”；吉还。传送车师王妻子诣长安，赏赐甚厚，每朝会四夷，常尊显以示之。于是吉始使吏卒三百人别田车师。

此言汉争车师，车师复降汉，汉始田车师也。其下文又云：

得降者言：单于大臣皆曰，“车师地肥美，近匈奴，使汉得之，多田积谷，必害人国，不可不争也”。果遣骑来击田者。吉乃与校尉尽将渠犁田士千五百人往田。匈奴复益遣骑来，汉田卒少，不能当，保车师城中。匈奴将（左大将）即其城下，谓吉曰，“单于必争此地，不可田也”。围城数日乃解。后常数千骑往来守车师，吉上书言：“车师去渠犁千余里，间以河山，北近匈奴，汉兵在渠犁者势不能相救，愿益田卒。”公卿议以为道远烦费，可且罢车师田者。诏遣长罗侯，将张液，酒泉骑，出车师北千余里，扬威武车师旁，胡骑引去。吉乃得出归渠犁，凡三校尉屯田。车师王之走乌孙也，乌孙留不遣，遣使上书，愿留车师王，备国有急，可从西道以击匈奴。汉许之。于是汉召故车师太子军宿在焉耆者，立以为王，尽徙车师国民，令居渠犁，遂以车师故地与匈奴。车师王得近汉田官，与匈奴绝，亦安乐亲汉。

此言汉争车师，汉得其民，而匈奴得其地，自是车师与匈奴绝而乐亲汉矣。由此观之，汉与车师之关系甚巨，汉不得车师，汉无以制匈奴，车师归汉而匈奴不能为汉患彰彰明矣。

惟车师与楼兰相接境，故汉争车师，每将楼兰之兵。此征之《汉书》本传而可信者也。

宣帝时虽破姑师，未尽殄分以为车师前后王及山北六国。元康四年以后，置戊己校尉屯田，居车师故地，当并徙还前王，而后国之建，疑亦于此时也。至元帝时复置戊己校尉，屯田车师前王庭。是时匈奴东蒲类王兹力支将人众千七百余人降都护，都护分车师后王之西，为乌贪訾离地以处之。自宣元后，单于称臣，西域服从，汉与车师遂相终始焉。

11.张骞未到诸国　《史记·大宛列传》曰："骞身所至者，大宛，大月氏，大夏，康居。而传闻其旁大国五六，具为天子言之。……安息在大月氏西可数千里。……其西则条支，北有奄蔡，黎轩。"又曰："大夏在大宛西南二千余里，……其东南有身毒国。……以骞度之，大夏去汉万二千里，居汉西南，今身毒国又居大夏东南数千里，有蜀物，此其去蜀不远矣。"云云。曰传闻其旁大国五六，曰以骞度之，则此五六国者，当即安息，奄蔡，黎轩，条支，身毒等国无疑。传末又云："而汉始筑令居以西。初置酒泉郡以通西北国。因益发使，抵安息，奄蔡，黎轩，条支，身毒国。"盖以骞未尝到，因益发使以穷究之也。

今者西域与前汉交通诸国，如月氏，大宛，康居，大夏，乌孙，扜罙，于阗，楼兰，姑师诸国与盐泽之地，均已考证；则张骞所身未到而传闻之五六国，如安息，奄蔡，黎轩，条支，身毒等，亦应为之考证。因复糅合近人成说而分述之焉。

甲、安息　安息史实，最初见于《史记·大宛传》，张骞传闻之言曰：

> 安息在大月氏西，可数千里。其俗土著耕田，田稻麦，蒲陶酒。城邑如大宛，其属大小数百城，地方数千里，最为大国。临妫水，有市民商贾，用车及船，行旁国，或数千里。以银为钱，钱如其王面。王死辄更钱，效王面焉。画革旁行，以为书记。其西则条支，北有奄蔡黎轩。

惟语焉不详。所谓“可数千里”，亦不能明指确数，盖得之传闻者也。

其下文述天子以骞言为然，令骞因蜀犍为，发间使四道并出。而述副使所至云：

> 初汉使至安息，安息王令将二万骑迎于东界，东界去王都千里。行比至，过数十城，人民相属甚多。汉使还而后使随汉使来观汉广大，以大鸟卵及黎轩善眩人献于汉。及宛西小国驩潜，大益，宛东，姑师，扜罙，苏薤之属，皆随汉使献见天子，天子大悦。

此为汉使所亲历而汉朝在廷诸臣所亲见者，故言之亲切有味。其后《汉书·西域传》乃据此文而补足之。其言曰：

> 安息国，王治番兜城，去长安万一千六百里，不属都护。北与康居，东与乌弋山离，西与条支接。土地风气，

物类所有。民俗与乌弋罽宾同。亦以银为钱，文独为王面，幕为夫人面。王死，辄更铸钱。有大马(大)爵。其属小大数百城，地方数千里，最大国也。临妫水，商贾车船行旁国。书革旁行为书记。武帝始遣使至安息，王令将将二万骑，迎于东界，东界去王都数千里；行比至，过数十城，人民相属。因发使随汉使者来观汉地，以鸟卵及犁靬眩人献于汉，天子大说。安息东则大月氐。

今者欲考明安息，则其四至邻国，皆当熟知。除月氏康居已前见，条支留待下文外，则乌弋山离国当先于此言之。本传云："东与乌弋山离接。"王先谦《补注》引徐松曰："东当从《后书》作南"，是也。兹为读者易于明了起见，因不惮烦，复录《汉书·乌弋山离》条于下：

乌弋山离国王，去长安万二千二百里。不属都护，户口胜兵，大国也。东北至都护治所，六十日行。东与罽宾，北与扑挑，西与犁靬条支接。行可百余日，乃至条支。……乌弋，地暑热莽平。其草木畜产，五谷果菜，食饮宫室，市列，钱货兵器，金珠之属，皆与罽宾同。而有桃拔，师子，犀牛。俗重妄杀。其钱独文为人头，幕为骑马。以金银饰杖，绝远，汉使希至。自玉门阳关出南道，历鄯善而南行，至乌弋山离，南道极矣。转北而东，得安息。

所谓"转北而东"，则乌弋山离自当在安息之南可知矣。今所欲知者，乌弋山离是一国名，或二国名？本传下文云："乌弋，地暑热莽平"，《三国志》卷三十《魏略》又作乌弋，又云乌弋一名排持；而《汉书·陈汤传》记此则又作山离乌弋。似此乌弋山离疑是二国之连称。惟山离未见另述，亦不闻独立用，然则决决不是二国名。汉人译音每有省去语尾者，则乌弋实为乌弋山离之略称。原来希腊人称Seystan地方为Saranga Zarangiana，Drangiana等名。其都城称为Zarin Zaring（Zaranj），盖从Zarah（Zirrah）湖而得名也。Zarin Zaring者，伊兰语海之义，据阿剌伯人所传Zarah（Zirrah）湖在中世时，较今日为广。在汉代时则更大也。在此湖之南端有广大湖床，自此湖床而东南，又有第二湖床。在雨水季节，Zarah（Zirrah）湖水涨，流入此湖床中云。名第二湖床，为Gawd-i-Zarah（Gud-i-Zirrah），意即为"Zarah之洼地"之义。（此说见Le Strange氏著《东方大食地志》三三八页注引Sykes氏之*Persia*一书中）然则此附近沙地在汉代时必为Gawd-i-Zarah（Gud-i-Zirrah）无疑。吾意乌弋山离者即此Gawd-i-Zarah（Gud-i-Zirrah）之音译也。即乌弋者Gawd（Gud）之对音，山离者Zarah（Zirrah）之对音。又Gawd-i-Zarah（Gud-i-Zirrah）亦可称为Zarah-Gawd（Zirrah-Gud），此即山离乌弋之对音。乌弋者固省略之称呼也。盖汉人及希腊人均因湖水之名以呼此国。《汉书》谓其地莽平，益以见其形容湖边平地之用字之妙也。在此湖边之北即为安息所在，此在今日而尚可指数也。《魏略》所记亚洲极西诸国情形，极为详细，为《史记》《汉书》所不及。其言曰：

自是（案即指疏勒）以西，大宛，安息，条支，乌弋。乌弋一名排持。此四国，次在西。本国也无增损。前世谬以条支在大秦西，今其实在东。前世谬以为强于安息，今更役属之，号为安息西界。前世又谬以为弱水在条支西，今弱水在大秦西。前世又谬以为从条支西行二百余日，近日所入。今从大秦西，近日所入。大秦国一号黎軒，在安息条支西，大海之西。从安息界安谷城乘船直截海西，遇风利，二月到，风迟或一岁，无风或三岁。

《魏略》确能补正《史记》《汉书》等前人之误不少。今合此三书观之，则安息当日之国境可见矣。

番兜城王先谦《补注》曰：“番兜《后书》作和椟，又云其东界木鹿城号小安息，《后魏书》云都蔚搜城。《隋书》云城有五重，环以流水。”今人张星烺谓即帕提亚（Parthia）之讹音，乃部落名，非城名也。是也。其地临妫水，商贾车船行旁国，据王先谦《补注》引徐松曰：“妫水即《河水注》所谓发原身毒之河水，安息都城，安临妫水，《通考》云今谓乌浒河。”又曰：“安息西界临雷翥海。又有陆道绕海北行，出海，西至大秦，故车船辐辏。”又曰：“《河水注》引竺芝《扶南记》曰，安息国去私诃条国二万里，国土临海上，即《汉书》天竺安息国也。”水道古今可考，故安息都城当时所在之地，亦可见也。

关于安息建国始末，日人羽溪了谛言之甚详。其言曰：

公元前二四八年或二五〇年，叙利亚国王安秦奥卡斯二世时，巴克特里亚之守将第奥多特斯（Diodotos）一世，叛变而独立，占领今阿姆河两岸，建立大夏国时，有司克典（Skythen）族之一派特赫部之酋长名阿尔萨克斯（Arsakes）者，亦崛起于波斯之北，据帕提亚（Parthia）而建立中国史书所称为安息国。中国史称帕提亚王国为安息国者，盖本其国王名阿尔萨克斯（或阿尔刺卡Arshaka）而译其音以为其国号也。

帕提亚人与今之土耳古人风俗相同，为一粗野勇敢骑射之种族，居于里海东南比较的荒芜之地。但此民族，则不如巴亚特亚人之同化于希腊文化然。当其役属于波斯王及马基顿王时，尚未变其游牧的习惯。阿尔萨克斯一世时，所谓安息国者，不过仅据阿提里克（Atrek）河上流之地，其东方则受制于新兴之大夏国而西与叙利亚王国接境，故巴克特里亚人于独立后之数年间，实处于穷困之境，甚可想见矣。

公元前二四七年，阿尔萨克斯二世即提利达特斯（Tiridates）王即位时，虽尚未发展，但至公元二三七年叙利亚国王塞尔卡斯二世与大夏同盟来攻安息；王遂投奔司克典族之阿斯帕西卡部落，藉其助力而克叙利亚军，于是安息国独立之基础，及至此始形固定。其后经三世纪，至米斯理（Mithradates）大王（公元前一七四——三六）国势顿为兴隆，盖当大夏忙于侵略印度时，米斯理遂乘其国内防御空虚，占领其一部，更转而西向，乘叙利亚之内乱，并蚕食米太（Media）苏细亚那（Susiana）波斯巴比仑（Babilania），于是版图骤形扩大，东起大雪山，西至幼发拉的河，若从史密司之说，谓安息此时之领土，已越大雪山及印度河以东矣。（V. Smith；*Early History of India 2nd*，ed，P. 212）米斯理大王死后，其子发拉第斯（Phraatis）二世（Arsakes VII）立，与叙利亚战复胜之，旋遭塞种之侵寇，战殁。公元前一二七年，其叔父阿尔塔巴奴斯（Arthabanus）代立，又与塞种战，中毒矢阵亡。公元前一二四年，其子米斯理二世即位，遂击破塞种，平定东北境。其后与阿尔美尼亚王提格拉利斯（Tigranes）战，而失西部之地。但王于南方则极力扩张其势力，举凡印度安息王忽诺莱斯（Vonones）及其亲属所领之阿刺科细亚

(Arachosia)与栖斯坦(Sistan)皆在其领辖之下，于是安息独立之主权于此确立，其后又于塔克息拉(Taxila)征服印度安息王阿蹷斯(Azes)一世。

中国之知安息国当自此时始。汉武帝元朔三年(公元前一二六年)张骞使大月氏归，初述此国事情。……张骞使西域时，安息为西域诸国中最大强国，其领域东及于阿母河。然则当时安息人已脱离游牧的生活而为土著之民也。且据城郭，从事耕作，容受希腊文化，亦可得而知矣。

安息与中国正式交通，盖当安息王米斯理二世，即汉武帝之时。……自是以后，二百年间，中国与安息之交通……断绝。

如……《史记·大宛传》所述，安息国盖为一行商甚盛之国，东西诸国贸易之中心。中国所产之绢布缯彩，夙昔皆经由印度及安息而输入欧洲，尤以西罗马人最为珍视，而商业上所用之黄金与重量亦相同，故罗马欲与中国通使聘，常于其东境与安息交涉不绝，安息于其间，遂得垄断东方贸易之利，从可知矣。

羽溪氏钩稽中西史籍，详为叙述，其言可信。自此以后，安息从塞种诸国辗转输入佛教，佛法大盛。其后从西方入中国之高僧，凡以“安”字为名者，如安高世安玄等，皆安息国来者也。

乙、奄蔡　奄蔡在康居之西北，安息之北，今日苏俄所属也。初见于《史记·大宛列传》，张骞述安息既毕，曰：“其西则条枝，北有奄蔡，黎轩。”而语焉不详。《汉书·西域传》曰：“北道西逾葱岭则出大宛康居奄蔡。”《补注》引王念孙曰：“大宛康居奄蔡，皆在葱岭之西，自都护治所西至大宛四千三十一里，至康居五千五百五十里，又自康居西北至奄蔡可二千里。”此有里数可指者也。王先谦曰：“由疏勒而西为大宛，在大月氏北，亦葱岭西国也。其北为康居，为奄蔡。又极西北为条支。是为葱岭西北诸国。又极西为大秦。”此言其方向可考者也。又曰：“康居西北可二千里，有奄蔡国。控弦者十余万人。与康居同俗。临大泽无崖，盖北海云。”又曰：“西域诸国，大率土著，有城郭田畜，与匈奴乌孙异俗，故皆役属于匈奴。”此其社会政俗之大较也。

《魏略·西戎传》于康居后，云：“又有奄蔡国，一名阿兰。”法人沙畹博士《魏略西戎传笺注》云：“按夏德（Hirth）考定奄蔡即希腊古地理学者所名之Aorsoi。据《魏略》所志，此族一名阿兰，即中世纪之Alani也。此族先兼有奄蔡（Aorsi）阿兰（Alani）二称。后惟有阿兰之号。”案沙畹氏之言是也。《魏略》又谓其：“皆与康居同俗。西与大秦，东南与康居接。其国多貂，畜牧水草，临大泽。故时羁属康居，今不属也。”大泽即Lake Oxus。《汉书》言其服属于匈奴，《魏略》言其羁属康居，则两国势力消长之不同，因时而异也。

丙、犁靬　犁靬即黎轩。《史记·大宛列传》张骞谓安息“北有奄蔡黎轩”是也。《汉书·西域传》为综合《史记·大宛传》与其后使者往来所得之材料而成，其说当较《史记》张骞传闻之言为确。今试观其“安息国”条中所载，叙其四至曰：“西与条支接。”大体与《大宛传》同；惟至“北与康居接”之句，则《大宛传》作“北有奄蔡黎轩”矣。又“乌弋山离国”条中，云“西与犁靬条支接”。黎轩之与犁靬为同音异字，固不待言。然而《汉书·西域传》叙述条支则较详，而对于犁靬，则不见记载。可知班固时，对于犁靬之在何处与所在之如何关系，未见具有何等明确之知识也。若照班固之见解，犁靬在乌弋山离之西，固属当然，但于“乌弋山离”条中，只能详叙条支，而对于犁靬，仍不能道及只字，则又何也？要之，班固之说，关于条支奄蔡之知识，已渐较《史记·大宛传》时为多，而独于犁靬则不见胜于《史记·大宛传》也。盖前汉时，尚无人亲到此国也。其后甘英奉班超命，抵条支得观西海，乃始知犁靬即大秦。后世史家始于此得一曙光焉。《三国志》引《魏略》云：

> 大秦国一号犁靬，在安息条支之西，大海之西。……其国在海西，故俗谓之海西。

其后吴谢承之《后汉书》，晋司马彪之《续汉书》，宋范晔之《后汉书》，皆同此说。虽犁靬或作犁鞬，或作犁鞮鞬，要皆同音异字而已。

惟犁靬究在西方何地，近世学者，言之纷纭。法人鲍梯氏（Panthier）谓犁靬乃指叙利亚亚历山大部将赛流柯斯（Seleucus）后裔而言。一八八五年德人夏德博士（Dr. Friedrich Hirth）将中国历代史书所载大秦或拂菻汇译成书，题曰《中国与罗马东边地》（*China and the Roman Orient*），则谓犁靬在古代交通红海海头诸港，当东西贸易要冲，即希腊人之Petra（罗马人呼其四周地方曰Arabia Petraea）。盖其地土名曰Rekem或Rekam（Rokom，Arekeme，Arkem），故拟为犁靬之对音。同时爱德克斯（Dr. J. Edkins）又著一论文题为《罗马及比散丁姆（即君士但丁堡）之诉说》（A Plea for Rome and Byzantium）登于《中国杂志》（*Chinese Recorder*）中，谓大秦或拂菻，实指罗马帝国及东罗马帝国，而非专指叙利亚。我国学者王先谦，亦同此说，其《汉书补注》曰：

犁靬《张骞传》作犛靬，《后书》作犁鞬，《西域图考》云，犁靬即《后书》大秦，兼有今欧罗巴一洲之地，国都罗马，拓地直至土耳其东境，与安息邻。《后书》云，从安息陆路绕海北行，出海西，至大秦，十里一亭，三十里一置。又云有飞桥，数百里可渡海北诸国。其绕黑海之南，出海，及渡海，即渡他大尼里峡。由黑海通地中海处，阔仅数里者也。过峡为土耳其西土，则入欧罗巴洲境矣。犁靬为葱岭极西之国。

其后白鸟库吉在《史学杂志》发表《关于大秦及拂菻国》一文，以之拟于埃及尼罗河口历山港古代最有名之Alexandria城。其言曰：

……因Alexandria之名甚长，故他国对此，每作种种省略称呼。例如在巴利语所书Milinda（-panha）则作Alosadda（Alasanda），波斯阿剌伯人则作Skander，故以Skanderia呼Alexandria；匈牙利语则作Sander，故以Sandaria呼Alexandria，在阿输迦王之碑文中，则将Alexandria写为Alikasunari。依此考之汉史之犁靬，岂非（A）lek（s）an（dria）之讹。

其后伯希和（Pelliot）氏于一九一五年在《通报》著《犁靬为埃及亚历山大城说》一文，其说亦与白鸟氏相同。其言曰：

当纪元一世纪，中国人名地中海东部为大秦。据《三国志》引《魏略》云：大秦国一号犁靬，《前汉书》亦作犁靬，但《后汉书》《晋书》作犁鞬[①]，《史记》《北史》

①编者按：原稿为“犁靬”，根据《后汉书》《晋书》，当以“犁鞬”为是。今改。

《魏书》作黎轩。要之，纪元前一二六年张骞归国之时，地中海东部，初名犁靬，至纪元一世纪，始易名大秦耳。

犁靬之名何所本？夏德（Hirth）之《中国与罗马边地》（*China and the Roman Orient*，1885）一书，已列举pegnum，hellenekon，legions，lycia，badiliken诸名，皆断其非是。而以犁靬为Petra种族原名Rekem之译音。自是以后，三十年矣，无人提出异议也。夏德之解说，虽见敏思，然吾不解昔日张骞所至之大夏中亚人民，何以以一外省之城名，统名地中海全部耶？

吾以为应别为解说也。当纪元前二世纪时，尚属希腊化大夏国之真正地中海母国，盖为埃及之亚历山大城。吾前已于一九一四年九十月刊之《亚洲报》中说明。巴利文《那先比丘经》（*Milindapanha*）中之“我本生大秦国，国名阿荔散”二语中之阿荔散，即指埃及之亚历山大城。此犁靬亦即亚历山大之译音也。当时《史记》《汉书》所记此国之事，惟言纪元前一四〇至一八六年间①，安息王以犁靬眩人，献于汉。当时亚历山大之魔术者，颇著名。《后汉书》亦曾志及其人由印度赴东方也。则当时之犁靬，即指埃及之Alexandria。至纪元一世纪末年，中国人与希利亚（Orient Syrien）相接之处，始以大秦名其地。……

伯希和氏此论一出，学者之间，群焉宗之。我国学人及日人箭内亘等均主其说，惟小川琢治则谓小亚细亚以至美索不达迷亚波斯西部，中部，东部一带，古代以亚历山大名城者共有九②

①编者按：此处疑为“纪元前一四〇至八六年间”。

②编者按：原稿为“九”，疑为“十”。

处，其十则为尼罗河口历山港之亚历山大城；白鸟之说，容有修正之必要，或当于红海沿岸或叙利亚海岸或尼罗河口之间求之。藤田丰八则谓犂靬为Ragha（Raghä）之对音，其国不外为Magi宗教之国体。Ragha（Raghä）一语，Arrian，Strabo均谓之Rhaga，而Tobit则谓之Ragea，Judith则谓之Ragan；故在音韵上言，Ragan一音，最与黎轩，犂靬，犂鞬相近云。最近我国学者张星烺则袒护爱德京斯之说，谓：

> 犂靬原音，吾意即由Rome而来。今人译作罗马。闽南及粤东两地人，今所用之话，多真正古代汉音。靬字粤人读为gam（掱姆）或ham（哈姆）。犂靬二字就粤人之音而速读之，则与Rome或波斯人用之Rum相近矣。

云云。又近人又有谓："犂靬即拉丁。拉丁本人种之名，其字作Latin。此类人种，居于Latium，故以地得名。《汉书》之犂靬乃Latium之译音"云云。此外言者尚有多说，兹不俱引。

今请得以藤田丰八之说言之，Ragha（Raghä）原非独立国家，在当时不足震惊于异国，与安息条支相伯仲而见称于远道之人。而以Magi为即唐世传入之摩尼教，尤为附会不经，不足置信。犂靬为Rome或Latin之译音，在音韵上全无根据，作者为粤人，亦略习闽南语，无论如何读之，均不能相近也。小川琢治谓葱岭以西有十亚历山大城之说，此稍治西史者所熟知。马基顿王亚历山大帝，好大喜功，当其挥刀东指，兵威所及，无不建亚历山大城，不独西亚为然，即东欧亦有亚历山大城不少也。惟白鸟伯希和箭内亘诸人之说，必不得不信，盖以其在安息条支以西，又为海西之国，其地非尼罗河口之亚历山大城莫属也。此犂靬当日之所在地之可得断言者也。

《史记·大宛列传》称安息以犂靬善眩人献于汉，此善眩人者，殆欧人之最初至吾国者欤！

丁、条支　条支之名，最初见于《史记·大宛列传》张骞告汉武帝之言，其言曰：

> 条支在安息西数千里，临西海，暑湿耕田，田稻。有大鸟，卵如瓮。人众甚多，往往有小君长。而安息役属之，以为外国，国善眩。安息长老传闻：条支西有弱水西王母，而未尝见。

张骞虽得自传述，然其所言甚为正确，足资考证。《汉书·西域传》不为条支立传，附见“乌弋山离”条中。其言曰：

> 乌弋山离国……西与犁靬条支接。行可百余日乃至。条支国临西海，暑湿田稻。有大鸟，卵如瓮。人众甚多，往往有小君长。安息役属之，以为外国。善眩。安息长老传闻：条支有弱水西王母，亦未尝见也。自条支乘水西行可百余日，近日所入云。

《汉书》此文袭《史记·大宛传》语，惟加乌弋山离至条支行可百余日，及条支乘水西行可百余日，近日所入二语耳。王先谦《补注》据《后书》大秦国下所记，断为自条支乘水西行二百余日，近日所入。

惟《后汉书》所记独详，其言曰：

> 自皮山西南，经乌秅①，涉悬度，历罽宾，六十余日行，至乌弋山离国，地方数千里，时改名排持。复西南行百余日，至条支。条支国城在山上，周回四十余里，临西海，海水曲环。其南及东北三面路绝，唯西北隅通陆道。……转北而东复马行六十余日至安息。

---

①编者按：原稿为“耗”，当以“秅”为是。今改。

又云：

前世汉使皆自乌弋以还，莫有至条支者。

又云：

班超遣甘英使大秦，抵条支，临大海，欲渡，而安息西界船人谓英曰，海水广大，往来者逢善风，三月乃得渡，若遇迟风，亦有二岁者，故入海人皆赍三岁粮；海中善使人思土恋慕，数有死亡者。英闻之乃止。

盖以甘英曾亲至其地，所言独得其详也。至云前汉使者，莫有至条支者，则殊未可信。杜佑《通典·条支》条云：

条支，汉时通焉。去阳关二万二千一百里。在葱岭之西。城在山之上，周回四十余里，临西海，水曲环，其南及东北三面路绝，唯西北隅通陆道。土地暑热下湿，田宜稻。出犎牛，孔雀。有大鸟卵如瓮。人众较多，往往有小君长。安息役属之以为外国。其草木，畜产，五谷，果菜，食饮，宫室，市列，钱货，兵器，金珠之属，皆与罽宾同。而有桃[①]拔，狮子，犀牛。其钱独文为人，幕为骑马。绝远，汉使希至。自玉门阳关出南道，历鄯善，而南行乌弋山离，南道极矣。转北而东，复马行六十余日，至安息。后和帝永元中，班超遣掾甘英使大秦，抵条支。临大海欲渡，而安息西界船人谓英曰："海水广大，往来者遇善风，三月乃得渡。若遇恶风雨，亦有三岁者。"英闻而止。

杜氏之言，盖集合《史记》《汉书》《后汉书》三文而成，而独云"条支，汉时通焉"，可知其不信汉使莫有至者之语。而

---

①编者按：原稿为"挑"，当以"桃"为是。今改。

云“绝远，汉使希至”，则可谓得其情矣。

在纪元前后，回教尚未兴盛以前，条支与中国之关系，如此而已。

关于条支之考证，在西洋学者之间，至不一致。De Guignes氏“*Histoirdes Huns*”书云：

> 安息之西，有条支国。其所在恰与Perse相当。所谓国临西海者，无疑即指波斯湾而言。又谓地多稻田，且出大鸟卵，往往有小君长，后安息役属之以为蕃国，即谓Parthia曾对于Perse所行者也。

惟此说以条支为波斯，在中国史家，亦有言之，如《魏书·西域传·波斯国》条下云“古条支国也”云云，其说不自De Guignes始也。因《魏书》有“都宿利城”，并云“河经其城中南流”之语，宿利城即Seleucia，河即Tigris河，故De Guignes氏即据此考定所谓Perse者，即谓Persis也。然此说不能成立，学者不甚采用。

其后Hirth氏在“*China and the Roman Orient*”书中，以为条支即于罗，比定之为Hira，且考证甚为精细，故曾风靡一时，视同定说。其言曰：

> 具备关联于条支而为中国史籍所记载之二条件，即位于安息（Parthia）之极西界，且同时以临西海之地方，求之于Parthia帝国者，独一Chaldaea耳。……故其时由Parthia之西界一港而得航行之海洋，唯有波斯湾耳。
>
> 城在山上，三面路绝，唯西北一隅通陆路之条支城之记述，恰与Chaldaea湖中之半岛相符合。……
>
> 予欲取Chaldaea湖中之半岛为条支之遗址，且认为惟一适合中国史籍所记载之地。彼为波斯湾航路之终

点，自中央亚细亚经由Ktesiphon之旅客乘船，吾意此路为最便利者。何则？由Hira至湾头之水路，比之现今，由Ktesiphon至Tigris河口之水路，均近六百Stadia。苟如Strabo所言Euphrates（与Tigris）别有河口，或者Pallacopas运河更可为Chaldaea湖直达Persia湾之捷径，于是由湖中之一港出发之便利，益得明了矣。依此理由，予以为甘英耳闻航海可怖之处，即为条支，在现今Nedjef之附近。其地名不见于甘英征行记述中，盖Hira其名原为王国之大贸易市，且为其首都。其建设约在公元二〇〇年，即后汉末业。但在其建设以前，早为此半岛上之繁盛城市，固不难想像也。（现Nedjef与Hira废墟相距离极近。）予以为Hira之名，早为汉人所知，其所名之都城及国家，早经成立，业为《后汉书》所记载。然则予辈在由安息之都城西向大秦，至乘船海口之表中，见有于罗一名之记载。于罗者，与甘英所言之海口条支城，实为一地，至少亦占同样之位置。彼在安息（Parthia）之极西界，而由此历南方之海以至大秦。至条支国之所属，汉时系属Parthia，固不待言，然其城市有曾属罗马者，此即于罗被《魏书》记其为大秦属邦之故。当时罗马之境界线，盖在于罗（Hira）斯罗（Seleucia）之间。《魏略》记由于罗东北渡河（Euphrates）而至斯罗，又在其东北渡河者，盖斯罗属于安息，与大秦相接之故耳。最后，予考汉人之斯宾，与今之Ktesiphon同为一地。即斯宾至于罗之距离，据《后汉书》为九百六十里，按此里即Stadium，若就现在Kerbela经由之陆路测定之，略与此数相等。可知《后汉书》此篇所记，最足凭信。

又关于《魏略》之安谷城，氏之意见如左：

> 前述于罗即Chaldaea湖中半岛上之Hira，其理由为从Ktesiphon乘船而下Tigris之水路，较之由Hira更远。唯与Tigris，Euphrates相连之运河，在现今最大之Schattel Amara，河如乘小舟，或伴以陆路（此为近世中国屡见之状态，想在古代西方亚细亚，必甚普及），用作交易之通路，实欲往Hira者，予以捷径。此运河与现在Euphrates河相会处，其主要之都市为Uruku（Hebr Erek，Greek，Opxon，今之Warka）。予以为旅客欲至大秦，例当由此乘船，为Parthia第二海口。

惟此说其后为日人藤田丰八氏所痛驳，以为条支与于罗（即Hira）应分为两地，不得视为一地。氏在《条支国考》文中云：

> 通观Hirth氏所言，第一可注意者，位于安息之极西界，同时复以临西海之地方，求之于Parthia帝国，谓仅有Chaldaea一地而已。按此西海之为波斯湾，今日固绝无疑义。惟安息领内之极西界，其临波斯湾之地方，决不若氏所言，仅有Chaldaea一地而已也。前已言之，Persis固然，Carmania亦然也。若严密分析此西界乃西南界，现《后汉书·条支国》条中，示条支至安息（都城）之方位曰："转北而东，复马行六十余日，至安息。"且在《汉书》中，以条支与乌弋山离合传，其文末曰："转北而东，得安息。"是以若谓条支在乌弋山离之西时，则条支在安息之西南，亦与此书相同。然则，就安息（都城）而言，条支位于其西南界，乃临波斯湾之地，以此得求之于Chaldaea时，则同样亦得求之于Persis也。但如在当

时，Chaldaea为Parthia之领土，则Persis亦为其属地，《汉书》所谓“安息役属之以为外国”，与《后汉书》所载“(安息)役属条支，为置大将，监领诸小城焉”，均适合此两地也。

Hirth氏以位于安息西界，临波斯湾之地，断定在安息国内，独Chaldaea而已。因之，由安息国都西行至其极西，而临西海，由此向南，通大秦之于罗，与“城在山上，临西海，海水曲环，其南及东北，三面路绝，仅西北一隅通陆”之条支，同一视之，以此地求之于Chaldaea地方，乃得位于湖中半岛上之Hira城。Hira城之地形，与《后汉书》条支国传所说，略相近似。惟Hira城之建设氏以为约在公元二〇〇年之顷，按甘英之到达条支，乃后汉和帝永元九年，即公元九七年，此明记于《后汉书》安息国传中者，换言之，即此城之建设，较之甘英之到达条支约后百余年也。至氏言此城在建设之前，已为繁盛之城市，遂得传其名于中国，而为《后汉书》所载，惟此不过想像之谈，别无何等证据。且条支一名，在张骞之时，传闻之矣。

云云。其下文藤田氏复从音韵上辨驳Hira非条支之原音，以文长不具录。于是藤田氏自创一说，谓条支原音，当为Taôke。其言曰：

……G. Rawlinson氏于其所著“*The Five Great Monarchies of the Ancient Eastern World*”书中，列举Taôcene为古波斯王国之一区划，谓为：“Taôcê环近地方，为低海岸沙地之一部。”

……且自阿尔萨(安息Arsacidae)王朝末季迄萨珊

（Sassanidae）王朝，Mesopotamia地方，为与罗马争夺之区，因此可想见Taôkê地方之海口，实相当殷盛也。至被回教征服后，Siraf大兴，此等地方之海口，遂归衰落。

按条支之“条”字，在《汉书·周勃传》“乃封为条侯”之注中，有曰：“师古曰县在勃海。《地理志》作脩字，其音同耳。”又曰：“宋祁曰脩当作蓨，《集韵》音祧。”然则条与祧同音，其在今日，广东音为tiu，客家音为tiau，福建音为tau，温州音为dioe，宁波音为dioa，北平中国中部，四川音为tiaw，扬州音为tiou，安南音为diou，盖皆属古音tao或与tao音相近也。至于“支”字，在今虽为ei，si音，但在古音则为ki，证之《魏略·倭人》条中，以日本之壹歧作“一支”而得知之。且其在今之南音，亦有如古之ki音也。《史记》支作“枝”，枝与支音相通，不成问题。然则所谓条支条枝者，完全为Taôkê之对音也。

再Strabo于其Persis记事之末曰：“现在之Persis人，为一别个之人民而臣属于其他之王的王所辖治。（此王）昔（臣属）于Macedon之王，今则（臣属）于Parthea。”所谓“现在”者，乃Strabo当时，即纪元前后也。按此记载，无论如何，皆与《史记》《汉书》所载之“往往有小君长，安息役属之，以为外国”相符合也。……至于Touj（Toug，Tawaz），固不待言，为Taoke之转化，根据Arabia地理学家所传，Shapur（Granis）河上，距离河口，稍处于上游，在公元第十世纪顷，犹为重要商市，及至第十二世纪时，已归颓废，苟此Shapur河亦呼Tawwaj河（见Le Strange；*The Lands of the Eastern Caliphate*），则颇似Arrian

> 之Taoke也。因此，《后汉书》之条支，或即指此乎？惜其遗址，至今犹未明了，甚为憾事。……惟对于条支之为Taoke，乃予辈所确信不疑者。

藤田氏之说，确较前二说为佳，惟尚不得为确论也。法人沙畹博士谓条支国都之位置，应在Tigris河之河口。日人白鸟博士则以条支二字，为亚拉伯语语源，即Jezir，为汉时叙利亚语之当于美索不达米亚也。又谓条字之发音为tiao，与今音大异，支字《汉书·地理志》辽西郡全支，孟康注支音只，即ki，其所示古音与金城郡令居为同名异字云。其后日人小川琢治则谓：

> 两汉三国之条支国明为在安息国即Parthia及波斯国之西之叙利亚国之意味。

吾以为此说亦极当注意也。

戊、身毒　身毒之名，最初见于《史记·大宛列传》。其言曰：

> 大夏在大宛西南二千余里，妫水南。……其东南有身毒国。骞曰："臣在大夏时，见邛[①]竹杖，蜀布。问曰，'安得此'？大夏国人曰，'吾国人往市之身毒'。身毒在大夏东南，可数千里。其俗土著，大与大夏同，而卑湿暑热云。其人民乘象以战。其国临大水焉。以骞度之，大夏去汉万二千里，居汉西南。今身毒又居大夏东南数千里，有蜀物，此其去蜀不远矣。今使大夏从羌中，险，羌人恶之，少北则为匈奴所得。从蜀宜径，又无寇。"天子既闻大宛及大夏，安息之属，皆大国多奇物，土著颇

---

①编者按：原稿为"印"，当以"邛"为是。今改。

与中国同业，而兵弱，贵汉财物。其北有大月氏康居之属，兵强，可以赂遗设利朝也。且诚得而以义属之，则广地万里，重九译，致殊俗，威德[①]遍于四海。天子欣然以骞言为然。乃令骞由蜀犍为发间使，四道并出：出駹，出冉，出徙，出邛[②]，出僰。皆各行一二千里。其北方闭氐筰，南方闭嶲昆明。昆明之属，无君长，善寇盗。辄杀略汉使，终莫得通。然闻其西可千余里，有乘象国，名曰滇越，而蜀贾奸出物者，或至焉。于是汉以求大夏道，始通滇国。……初置酒泉郡，以通西北国。因益发使，抵安息奄蔡黎轩条枝身毒国。……是时汉既灭越，而蜀西南夷皆震，请吏入朝。于是置益州越嶲牂牁沈黎汶山郡，欲地接以前通大夏，乃遣使柏始昌吕越人等岁十余辈，出此初郡，抵大夏。皆复闭昆明，为所杀，夺币财。终莫能通至大夏焉。

其言因益发使，抵……身毒国，是汉使已曾至其地。又谓终莫能通至大夏焉，又疑未曾至其地。

至《前汉书·西南夷传》，则云：

元狩元年（公元前一二二年）博望侯张骞言使大夏时，见蜀布邛[③]竹杖，问所从来？曰从东南身毒国可数千里，得蜀贾人市。或闻邛[④]西可二千里，有身毒国。骞因盛言大夏在汉西南，慕中国，患匈奴隔其道。诚通蜀，身毒国

①编者按：原稿为“得”，当以“德”为是。今改。

②编者按：原稿为“卬”，当以“邛”为是。今改。

③编者按：原稿为“卬”，当以“邛”为是。今改。

④编者按：原稿为“卬”，当以“邛”为是。今改。

> 道便近，又亡害。于是天子乃令王然于柏始昌吕越人等十余辈，间出西南夷，指求身毒国。至滇，滇王当羌乃留为求道。四岁余，皆闭昆明莫能通。

则断言汉武帝时，欲通印度而未成也。

身毒原名Sindhu，Sind，专指印度西北部而言。后世又有欣都斯坦，其原音为Hindustan，则指印度北部，中部。今云临大水，大水即指印度河，则身毒实为印度西北部也。汉武帝时，既屡欲与印度直接交通，而屡为昆明所闭，则《佛祖历代通载》卷五记秦始皇帝癸未年（始皇二九年，公元前二一八年），"沙门室利防等一十八人来自西域，帝恶其异俗，以付狱，俄有金刚神，碎狱门而出之，帝惧，即厚礼遣之，时国事区区，弗克敬奉"；之室利防，其原名当为普通印度人Sribandhu之译音，为阿输迦王（Asoka）所派遣弘布佛教之僧人；及《佛祖统记》卷三十五，记迦叶摩腾谓汉明帝曰："昔阿育王藏佛舍利八万四千塔，震旦之境，有十九处"之言，宁复可信？梁任公师谓决无其事，宜哉！或谓更早时已有人来至中国，老子墨翟皆印度人，则"余尚何言哉"！

其后佛法东来，实由罽宾间接而至。罽宾为今之克什米尔（Kashmir），在印度北境。《汉书·西域传》言之甚详曰：

> 罽宾国，王治循鲜城。去长安万二千二百里，不属都护。户口胜兵多，大国也。东北至都护治所，六千八百四十里。东至乌秅国，二千二百五十里。东北至难兜国，九日行西北与大月氏，西南与乌弋山离接。昔匈奴破大月氏，大月氏西君大夏，而塞王南君罽宾，塞种多散，往往为数国。自疏勒以西北，休循捐毒之属，皆故塞

种也。罽宾地平温和，有目宿，杂草奇木，檀欀梓竹漆，种五谷蒲陶诸果，粪治园田，地下湿，生稻，冬食生菜。其民巧，雕文刻镂，治宫室，织罽，刺文绣。好治食，有金银铜锡以为器。市列，以金银为钱，文为骑马，幕为人面。出封牛，水牛，象，大狗，沐猴，孔爵，珠玑，珊瑚，虎魄，璧流离。它畜与诸国同。自武帝始通罽宾。自以绝远，汉兵不能至，其王乌头劳，数剽杀汉使。乌头劳死，子代立，遣使奉献，汉使关都尉文忠，送其使。王复欲害忠，忠觉之，乃与容屈王子阴末赴，共合谋攻罽宾，杀其王。立阴末赴为罽宾王，授印绶。后军候赵德使罽宾，与阴末赴相失，阴末赴锁琅当德，杀副已下七十余人。遣使者上书谢。孝元帝以绝域不录，放其使者于县度，绝而不通。成帝时复遣使献谢罪，汉欲遣使者报送其使。杜钦说大将军王凤曰："前罽宾王阴末赴本汉所立，后卒畔逆。夫德莫大于有国子民，罪莫大于执杀使者，所以不报恩不惧诛者，自知绝远，兵不至也。有求则卑辞，无欲则娇嫚，终不可怀服，凡中国所以为通厚蛮夷，惬快其求者，为壤比而为寇也。今悬度之阸，非罽宾所能越也。其乡慕不足以安西域。虽不足附，不能危城郭，前亲逆节，恶暴西域，故绝而不通。今悔过来，而无亲属贵人。奉献者皆行贾贱人，欲通货市买，以献为名。故使者送至悬度，恐失实见欺。凡遣使送客者，欲为防护寇害。起皮山南，更不属汉之国四五，斥候士百余人，五分夜，击刀斗自守，尚时为所侵盗。驴畜负粮，须诸国禀食，得以自赡；国或贫小不能食，或桀黠不肯给。拥强汉之节，馁山谷之间，乞丐无所得。离一二旬，则人畜弃捐旷野而不反。又历大头痛小头痛之山，混土身热之阪，令人身热无色，头痛呕吐，驴畜尽然。又有三地盘石阪道，狭者尺六七寸，长者经三十里。临峥嵘不测之深，行者骑步相持，绳索相引，二千余里乃到悬度。畜队未半坑谷尽靡碎，人堕势不得相收视，险阻危害，不可胜言。圣王分九州，制五服，务盛内，不求外。今遣使者，承至尊之命，送蛮夷之贾，劳吏士之众，涉危难之路，罢弊所恃，以事无用，非长计也。使者业已受节，可至皮山而还。”于是凤白从钦言，罽宾实利赏赐贾市，其使数年而壹至云。

自此文观之，罽宾自汉武帝时始通中国，终汉之世，时通时绝。

一八九五年法人烈维，沙畹在《亚洲报》合著《罽宾考》一文，谓汉时罽宾，即今之克什米尔，与唐时罽宾不同，其言曰：

中国史书以罽宾即今之克什米尔（Kacmira）。此译音或近是。盖迦腻色迦（Kaniska）一名，《悟空行记》有译为罽腻吒者，首一音相合也。后一音之宾，为印度文pil（a）或pir（a）之译音。盖中国译梵文，首尾无声母，则以鼻音代之，已有此例；如rahula译为罗云之例是也。则罽宾之原音，应为Kapil（a），或Kapir（a）。又考ptslêmée之地理，克什米尔名Kasperia，则汉时之名克什米尔为罽宾，亦不足异也。……唐之罽宾，与汉之罽宾不同。……唐之罽宾，与克什米尔毫不相涉。……此外《西域图志》之误以罽宾为痕都斯坦（Hindustan），则又以罽宾名别一地域也。

然则汉时罽宾，实指印度北境诸国而言无疑。乌秅与难兜亦皆在克什米尔，拉达克（Ladak）境内。则汉时印度虽未全通中国，而其北境诸国，则时有往来也。其后佛教辗转由罽宾历西域诸国而入于汉，则又交通之结果也。

以上考证，如：月氏，大宛，康居，大夏，乌孙，扜罙，于阗，盐泽，楼兰，姑师诸国，前已言之。张骞未到诸国，如：安息，奄蔡，犁靬，条支，身毒诸国，又已分别叙述。其他如婼羌，且末，小宛，精绝，戎卢，渠勒，皮山，西夜，蒲犁，依耐，无雷，桃槐，休循，捐毒，莎车，疏勒，尉头，龟兹，乌叠，渠犁，尉犁，危须，焉耆，乌贪訾离，卑陆，卑陆后国，郁立师，单桓，蒲类，蒲类后国，西且弥国，东且弥国，劫国，狐胡，山国，及夜郎，滇，印却[1]，巂，昆明，徙，莋都，冉駹，白马等城国，为当时汉使往来车轮马蹄所践踏者，咸详《汉书·西域传》及《西南夷传》中，其后或为大国所分并，或夷为汉郡县，或沦为沙漠，即今日大半皆属我国版图，山川不迁，城郭依旧，无待考证，恕不具论。

凡此皆当时陆路与西域交通之大概也。

乙、东北方面

前汉陆路交通，关于东北方面者，其交接之民族有二：一为北方，即与匈奴往来；一为东北，即与濊貉朝鲜等国往来。兹请得先言北方之匈奴。

考人类交通之起源有二：一为战争，一为和平。浅化时

---

①编者按：原稿为“印却”，根据《汉书》，似应为“邛都”为是。存疑。

代，两族邻居，时以争斗为事，故战争实为人类交通之第一步；积渐既久，乃始有出于和平方式之一途。匈奴上世混处于河套一带，自周以来，与我国屡有战争。秦始皇统一中国，筑长城以防之。汉兴，高祖被困白登，使娄敬（亦作刘敬）结和亲之约。至文景时仍许和亲如故，惟和绝不时，匈奴亦屡寇边塞。至武帝时征匈奴最急，匈奴寇汉最力，而汉与匈奴之交通亦最频繁。《汉书·匈奴传》曰：

> 武帝即位，明和亲约束，厚遇关市，饶给之。匈奴自单于以下皆亲汉，往来长城下。汉使马邑人聂翁壹间阑出物与匈奴交易，阳为卖马邑城，以诱单于。单于信之，而贪马邑财物，乃以十万骑入武州塞。单于既入汉塞，未至马邑百余里，见畜布野，而无人牧者，怪之，乃攻亭。时雁门尉史行徼，见寇，保此亭，单于得。欲刺之，尉史知汉谋，乃下具告单于。单于大惊，曰："吾固疑之！"乃引兵还出，曰："吾得尉史，天也！"以尉史为天王。汉兵约单于入马邑而纵兵。单于不至，以故无所得。将军王恢部出代，击胡辎重，闻单于还，兵多，不敢出。汉以恢本建造兵谋而不进，诛恢。自是后匈奴绝和亲，攻当路塞，往往入盗于边，不可胜数。然匈奴贪，尚乐关市，耆汉财物，汉亦通关市不绝以中之。自马邑军后，五岁之后，汉使四将各万骑击胡关市下，将军卫青出上谷，至龙城，得胡首虏七百人；公孙贺出云中，无所得；公孙敖出代郡，为胡所败，七千；李广出雁门，为胡所败，匈奴生得广，广道亡归；汉囚敖、广，敖、广赎为庶人。其冬匈奴数千人盗边，渔阳尤甚。汉使韩安国屯渔阳备胡。其明年秋，匈奴二万骑入汉，……又入雁门。于是汉使将军卫

青，将三万骑出雁门，李息出代郡，击胡，得首虏数千。其明年，卫青复出云中以西，至陇西，击胡之楼烦白羊王于河南。得胡首虏数千，羊百余万，于是汉遂取河南地，筑朔方，复缮故秦时蒙恬所为塞，固河而为固；汉亦弃上谷之斗辟县造阳地以予胡，是岁元朔二年也。其后冬军臣单于死，其弟左谷蠡王伊稚斜自立为单于，攻败军臣单于太子於单，於单亡降汉，汉对於单为涉安侯，数月死。伊稚斜单于既立，其夏，匈奴数万骑入代郡，……秋，又入雁门。……其明年又入代郡、定襄、上郡各三万骑。……匈奴右贤王怨汉夺之河南地，而筑朔方，数寇盗边，及入河南，侵扰朔方。……其明年春，汉遣卫青将六将军十余万人，出朔方高阙。右贤王以为汉兵不能至，饮酒醉，汉兵出塞六七百里，夜围右贤王，右贤王大惊，脱身逃走，精骑往往随后去。……其秋，匈奴万骑入代郡。……其明年春，汉复遣大将军卫青，将六将军十余万骑，仍再出定襄数百里，击匈奴，得首虏前后万九千余级，而汉亦亡两将军，三千余骑，右将军建得以身脱，而前将军翕侯赵信兵不利，降匈奴。……信教单于益北绝幕，以诱罢汉兵，徼极而取之，毋近塞。单于从之。其明年，胡数万骑入寇上谷。……明年春，汉使票骑将军去病，将万骑，出陇西，过焉耆山千余里，得胡首虏八千余级，得休屠王祭天金人。其夏，票骑将军复与合骑侯数万骑出陇西北地二千里，过居延，攻祈连山，得胡首虏三万余级，裨小王以下十余人。是时匈奴亦来入代郡，雁门。……汉使博望侯及李将军广出右北平，击匈奴左贤王。左贤王围李广，广军四千人，死者过半，杀虏亦过当，会博望侯军救至，李将军得脱，尽亡其军，合骑侯后票骑将军期，及博望侯皆当死，赎为庶人。其秋，单于怒昆邪王，休屠王居西方，为汉所杀虏数万人，欲召诛之。昆邪、休屠王恐，谋降汉，汉使票骑将军迎之，昆邪王杀休屠王，并将其众降汉，凡四万余人，号十万，于是汉已得昆邪。则陇西北地河西，益少胡寇，徙关东贫民，处所夺匈奴河南地新秦中以实之。西减北地以西戍卒半。明年春，匈奴入右北平、定襄，各数万骑……其年春，汉……令大将军青、票骑将军去病中分军，大将军出定襄，票骑将军出代，咸约绝幕击匈奴。单于闻之，远其辎重，以精兵待于幕北，与汉大将军接战一日，会暮大风起，汉兵纵左右翼围单于，单于自度战不能与汉兵，遂独与壮骑数百，溃汉围西北遁走，汉兵夜追之，不得，行捕斩首虏凡万九千级，北至窴颜山赵信城而还。单于之走，其兵往往与汉军相乱，而随单于，单于久不与大众相得，右谷蠡王以为单于死，乃自立为单于，真单于复得其众，右谷蠡乃去号复其故位。票骑之出代二千余里，与左王接战，……左王将皆遁走，票骑封于狼居胥山，禅姑衍，临翰海而还。是后匈奴远遁，而幕南无王庭。汉度河自朔方以西至令居，往往通渠置田官，吏卒五六万人，稍蚕食，地接匈奴以北。……会票骑将军去病死，于是汉久不北击胡。数岁，伊稚斜单于立十三年死，子乌维立为单于，是岁元鼎三年也。乌维单于立，而汉武帝始出巡狩郡县。其后汉方南诛两越，不击匈奴，匈奴亦不入边。乌维立三年，汉已灭两越，遣故太仆公孙贺将万五千骑，出九原二千余里，至浮苴井，从票侯赵破奴万余骑出令居数千里，至匈奴河水，皆不见匈奴一人而还。是时天子巡边，亲至朔方，勒兵十八万骑，以见武节，而使郭吉风告单于。……吉曰：“南越王头已县于汉北阙下，今单于即能前与汉战，天子自将兵待边；即不能，亟南面而臣于汉，何但远走，亡于幕北塞苦无水草之地为？”语卒，单于大怒，……留郭吉不归。……而单于终不肯为寇于汉边。……是时汉东拔濊貉朝鲜以为郡，而置酒泉郡，以隔绝胡与羌通之路。又西通月氏、大夏，以翁主妻乌孙王，以分匈奴西方之援国。又北益废田至眩雷为塞。……匈奴使其贵人至汉，病，服药欲愈之，不幸而死。单于以为汉杀吾贵使者，……于是匈奴数使奇兵侵犯汉边。汉乃拜郭昌为拔胡将军，及浞野侯屯朔方以东备胡。乌维单于立十岁死，子詹师庐立，年少，号为儿单于，是岁元封六年也。自是后，单于益西北，左方兵直云中，右方兵直酒泉敦煌。……是岁，汉使贰师将军西伐大宛，而令因杅将军筑受降城。其冬……左大都尉欲杀单于，使人间告汉，……其明年春，汉使浞野侯破奴将二万骑出朔方北二千余里，期至浚稽山而还。浞野侯既至期，左大都尉欲发而觉，单于诛之，发兵击浞野侯，……匈奴生得浞野侯，……军遂没于匈奴。单于大喜，……乃侵入边而去。明年单于……病死。……子少，匈奴乃立其季父乌维单于弟右贤王句黎湖为单于。是岁太初三年也。句黎湖单于立，汉使光禄徐自为，出五原塞数百里，远者千里，筑城障列亭至卢朐，而使游击将韩说长平侯卫伉屯其旁，使强弩都尉路博德筑居延泽上。其秋，匈奴大入云中、定襄、五原、朔方，……行坏光禄所筑亭障；又使右贤王入酒泉、张掖；……会任文击救，尽复失其所得而去。

闻贰师[①]将军破大宛，斩其王还，单于欲遮之，不敢。其冬，病死。……其弟左大都尉且鞮侯立为单于。汉既诛大宛，威震外国，天子意欲遂困胡。是岁太初四年也。……明年，浞野侯破奴得亡归汉，其明年，汉使贰师将军将三万骑出酒泉，击右贤王于天山，得首虏万余级而还。匈奴大围贰师，几不得脱。汉兵物故什六七。汉又使因杅将军出西河，与强弩都尉会涿邪山，亡所得。使骑都尉李陵将步兵五千人，出居延北千余里，与单于会，合战，陵所杀伤万余人，兵食尽欲归，单于围陵，陵降匈奴。……后二岁，汉使贰师将军六万骑，步兵七万，出朔方；强弩都尉路[②]博德，将万人，与贰师会；游击将军说步兵三万人，出五原；因杅将军敖，将骑万步兵三万人，出雁门。匈奴闻，悉远其累重于余吾水北，而单于以十万待水南，与贰师接战，贰师解而引归，与单于连斗十余日；游击亡所得，因杅与左贤王战，不利，引归。明年，且鞮侯单于死，……长子左贤王立为狐鹿姑单于，是岁太始元年也。初且鞮侯两子，长为左贤王，次为左大将，……狐鹿姑单于立，以左大将为左贤王。数年病死，……左贤王单于自以其子为左贤王，单于既立六年，而匈奴入上谷，五原，杀略吏民。其年，匈奴复入五原，酒泉，杀两部都尉。于是汉遣贰师将军七万人出五原，御史大夫商丘成将三万余人出西河，重合侯莽通将四万骑出酒泉千余里，单于闻汉兵大出，悉遣其辎重徙赵信城，北邸郅居水。左贤王驱其

①编者按：原稿此处脱漏一“师”字。今补。

②编者按：原稿此处脱漏“尉路”二字。今补。

人民度余吾水六七百里，居兜衔山。单于自将精兵，左安侯度姑且水。御史大夫军至，追斜径，无所见还。匈奴使大将与李陵，将三万余骑追汉军，至浚稽山合，转战九日，汉兵陷阵[①]却敌，……至蒲奴水，虏不利，还去。重合侯军至天山，匈奴使大将偃渠与左右呼知王将二万余骑要汉兵，见汉兵强，引去，重合侯无所得失。是时汉恐车师兵遮重合侯，乃遣闿陵侯将兵别围车师，尽得其王民众而还。贰师将军将出塞，匈奴使右大都尉与卫律将五千骑，要击汉军于夫羊，句山狭，贰师遣属国胡骑二千与战，虏兵坏散，死伤者数百人，汉军乘胜追北，至范[②]夫人城。匈奴奔走，莫敢距敌。会贰师妻子坐巫蛊收，闻之忧惧，……欲深入要功，遂北至郅居水上。虏已去，贰师遣护军将二万余骑度郅居之水。一日逢左贤王，左大将，将二万骑与汉军合战一日，汉军杀左大将，虏死伤甚众。军长史与决眭都尉辉渠侯谋，……谋共执贰师，贰师闻之，斩长史，引兵还，至速邪乌燕然山。单于知汉军劳倦，自将五万骑遮击贰师，……贰师降，……尊宠在卫律上。其明年，……贰师在匈奴岁余，卫律害其宠，会母阏氏病，律饬胡巫，言先单于怒，……言得贰师以社，……遂屠贰师以祠。自贰师没后，汉新失大将军，士卒数万人，不复出兵。三岁，武帝崩。前此者，汉兵深入穷追二十余年，匈奴孕重堕殰罢极，苦之，自单于以下，常有欲和亲计。

---

①编者按：原稿为“陈”，当以“阵”为是。今改。

②编者按：原稿为“花”，当以“范”为是。今改。

据《汉书 · 匈奴本传》所述，武帝之世，动用数十万众，汉兵深入穷追匈奴凡二十余年，匈奴远遁，亡匿于幕北寒苦无水草之地，而幕南无复王庭，其间经行之地，如：卖马城，龙城，焉耆山，居延海，祁连山，寘颜山，赵信城，狼居胥山，姑衍，翰海，令居，浮苴井，匈奴河（或云匈河），浚稽山，五原塞，涿邪山，蒲奴水，天山，夫羊，句山，范夫人城，郅居水，速乌邪，燕然山等，皆在汉塞以北，远者或至二千里。而匈奴则屡屡入寇，凡酒泉，张掖，上谷，五原，雁门等汉边塞，常为胡马所践踏。其败者至远渡余吾水，居兜衔山。然则因战争而两大民族迁徙流动之剧，不几可见乎！其间信使往还，为和平交际者，尚未暇计及之也。汉东拔濊貉，朝鲜，西通西域，无非为断匈奴左右臂之计，及至隔绝胡与羌通，分匈奴西方之援国，汉家之威德日震，陆路之交通益繁，此前汉陆路交通史上所由放一异彩也。武帝之勋业，对于吾国交通史之功绩，不綦大哉！及后蒙古一带全属吾版图，北亚诸地与吾国有深长历史关系者，皆食武帝之所赐也。

匈奴之名，出现甚早，据传说所载，当在唐虞之世；绵亘夏，商，周，春秋，战国，秦，汉以来，史不绝书。惟其名称则至不一致，巴克尔（E. H. Parker）《匈奴史》（*The Empire of the Hiung-Nu*）第一章云：

> 匈奴一辞，屡见后来正史，唯在古初，不曰匈奴而为其他音近之字。

日人三宅雪岭《冒顿传》第三章云：

> 往昔轩辕氏奠定国土以来，北方民族，不绝来寇。尧时曰荤粥，周曰猃狁，秦曰匈奴，虽三者互相异名，然种族则固相同也。在今日类不能确和上代之语音，惟曰荤，

曰猃，曰匈，元为北人自称所表之音；其他曰胡，曰羌，又疑于其音有多少关系。现时读荤为hiun，读猃为hien，读匈为hiung，读胡为hu，其发音皆同，即属日语“波行”者也。昔时地方方言则属“加行”，汉之朝廷，其普通读法，或亦为“加行”未可知也。而拉丁文则为hunni，稍有自“加行”移呼“波行”之意。

桑原骘藏《张骞西征考》则云：

所谓匈奴一种族，除匈奴之普通名称外，见于中国记录上者，复有左列种种名称：

1.猃狁（《史记·匈奴传》）

2.玁狁（《诗经·采薇篇》）

3.薰粥（《史记·匈奴传》）

4.獯粥（《史记·匈奴传》注）

5.荤粥（《史记·五帝本纪》）

6.獯鬻（《孟子·梁惠王下》）

7.薰育（《史记·殷本纪》）

8.薰鬻（《吴越春秋·吴太伯传》）

9.恭奴（《汉书·匈奴传》）

10.凶奴（《释迦方志》卷上）

11.猃允（《汉书·匈奴传》）

12.兇奴（《大唐求法高僧传》卷上）

13.熏粥（《史记·五帝本纪》注）

14.荤狁（《会昌一品集》卷二）

有清之何秋涛于其《王会篇笺释》中言曰：“按荤粥，猃狁，匈奴三名，并一声之转。”而白鸟博士于所著《匈奴及东胡种族语言考》中亦略述同样之意见。实则不仅荤粥，猃狁，匈奴三名为然，即上揭十数种名称，其间虽有轻重差别，然所表者毕竟为同一之音也。

据释迦传记中所书*Lalita-Vistara*，释迦在其学生时代，与师匠之Vicvârnitra毗奢蜜多（选友），就六十四种书问答之，而其六十四种文字中，有所谓Hoûna之书。*Lalita-Vistara*之汉译，在西晋时代完成之《普曜经》第三卷中，对此Hoûna以匈奴二字充之。又在唐时完成之《方广庄严经》第四卷中，则以“护那”二字充之。按梵语之所谓Hoûna（Huna），系指一般野蛮种族，尤其是指芬种族而言。《普曜经》中之匈奴，常被视为Hoûna之义译，但又为其音译。义译云者，以匈奴充Hoûna，其事颇饶兴味；若以匈奴与护那相等而为Hoûna（Huna）之音译时，则中文之匈奴一音与西洋之Hunni或Hunnen颇接近而得译也。

西洋学者中，以中国之匈奴与西洋Hunnen创唱为同一种族者，为De Guignes。氏于公元一七五七年公布其名著《匈奴通史》中，以Hunni或Hunnen之种族，即中国人讹称之匈奴。氏言匈奴与Hunni为同一发音。惟其后之Klaproth氏，谓中国之匈奴为突厥种族，而西洋之Hunnen属于芬种族，决难承认其为同一之种族。故卒致匈奴与Hunnen之同一说，一时颇失其势力。但至公元一八九九年时，Hirth氏于其所著《Volga=Hunnen及匈奴考》中，主张见于《魏书》之匈奴王忽倪，即Hunnen王之少子Hernac其人，自此以后，使De Guignes氏所唱之匈奴与Hunnen同一说，再得学者多数之赞同。……

据《史记》之《匈奴传》：匈奴祖先为夏后氏之后，即所谓淳维者是。其与夏后氏之关系，固难凭信，惟淳维（Shun-Wei）之发音，与Hunni想稍接近。或谓此因淳维始祖之名，方发生所谓匈奴种族之名称，然乎？否乎？始祖之名或有力之君主之名称，尝负有其种族或部族之名称，在塞外种族之间，其实例甚夥。如鲜卑种族之吐谷浑部，即取名于其祖先吐谷浑。又如白匈奴嚈哒Ephthal种族，亦系取其王之名，而定为种族之名称者。其余虽不甚可信，然又据Abulgusi传称突厥，蒙古，鞑靼等种族之名称，为其祖先Tiirk或Tiirk之六世孙因双生兄弟之Tatter-Chan或Mungel-Chan而得名。

视淳维与匈奴为同一之发音者，虽稍涉牵强附会，然Sh，Kh，H三音之彼此转讹在音韵学上，当非绝无其例。据乐彦之《括地谱》："夏桀无道，汤放之鸣条，三年而死，其子獯粥[①]……避居北野，随畜移徙，中国谓之匈奴。"然则《史记》之淳维与此獯粥，当为同一人矣。又唐司马贞之《史记索隐》中："唐虞已上曰山戎，亦曰熏粥，夏曰淳维，殷曰猃狁，汉曰匈奴。"右记所说就全体言，尚有彼此争论之点，惟总之，熏粥，淳维，猃狁，匈奴等文字纵异，而表示同一种族之证据却极充分，且足证所谓淳维之文字，用作种族名称，同时复为其祖先名称，因此吾侪前述之臆测，大可以此为根据之材料也。

吾国学者则崔述《丰镐考信录》卷七云：

郑氏以西戎为昆夷，猃狁为北狄；孔氏《诗疏》云，猃狁大于西戎，出师主伐猃狁，故戒敕戍役，以猃狁为主，而略于西戎也。余（指崔氏自称）按：大原（即今陕

---

①编者按：原稿为"鬻"，根据下文文义，当以"粥"为是。今改。

西固原）及方，皆在周之西北，猃狁之国，当在凉巩之间。所谓西戎，盖即猃狁。而变其文以叶韵耳。猃狁之为周患，见于《出车》《六月》《采薇》《采芑》四篇详矣，而传记初未[①]有言者。《国语》有犬戎，有姜氏之戎，而史伯则但称西戎。足为周患者皆戎也。《史记·秦本纪》厉王时反王室，灭犬邱大骆之族，宣王时以秦仲为大夫，诛西戎，西戎杀秦仲（在宣王之六年）。宣王召其子庄公，与兵七千，使伐西戎，破之。幽王时，戎围犬邱，庄公子世父为戎所虏（在幽王之六年）。厉宣间能为周患者惟西戎，然则《诗》之猃狁，即西戎也。是以一篇之中或称猃狁或称西戎，非两事也。盖西戎之国不一，而猃狁为最强；专言之则曰猃狁，概言之则曰西戎。犹赤狄有潞氏，甲氏，留吁，铎辰，而潞氏最为强，《传》或专言潞氏，亦或概言为赤狄也。猃狁文皆从犬，疑即《周语》之犬戎。犹鄋瞒之或称为长狄也。以猃狁，西戎为二国，而曲为之解，误矣。程子疑西戎兵不加而服，朱子疑既却猃狁而还师以伐昆夷，亦沿郑孔之误。

王国维氏《鬼方昆夷猃狁考》云：

我国古时有一强梁之外族，其族而自汧陇，环中国而北，东及太行常山间，中间或分或合，时入侵暴中国，其俗尚武力，而文化之度，不及诸夏远甚，又本无文字，或虽有而不与中国同。是以中国之称之也，随世异名，因地殊号，至于后世，或且以丑名加之。其见于商周间者，曰鬼方，曰混夷，曰獯鬻，其在宗周之季，则曰猃狁，入春

①编者按：原稿为“末”，当以“未”为是。今改。

秋后则始谓之戎，继号曰狄，战国以降，又称之曰胡，曰匈奴。综上诸称观之，则曰戎，曰狄者，皆中国人所加之名；曰鬼方，曰混夷，曰獯鬻，曰玁狁，曰胡，曰匈奴者，乃其本名；而鬼方之方，混夷之夷，亦为中国所附加。当中国呼之为戎狄之时，彼之自称，决非如此。其居边裔者尤当仍其故号。故战国时中国戎狄既尽，强国辟土，与边裔接，乃复以其本名呼之。

王氏下文更由古器物与古文字之助，言其名称异同之故，谓：

此族见于最古之书者，实为鬼方，《易·既济》爻辞曰，高宗伐鬼方，三年克之；《未济》爻辞曰，震用伐鬼方，三年有赏于大国；《诗·大雅·荡》之篇曰，内奰于中国，覃及鬼方。……《竹书纪年》称王季伐西落鬼戎……今征之古器物，则宣城李氏所藏《小盂鼎》，与潍县陈氏所藏《梁伯戈》，皆有鬼方字。……由是观之，鬼方地在汧陇之间，或更在其西，盖无疑义。虽游牧之族，非有定居，然殷周间之鬼方，其一部落，必在此地无疑也。然其全境犹当环周之西北二垂，而控其东北，……与下所考昆夷，玁狁正同。

又谓：

鬼方之名，《易》《诗》作鬼，然古金文作䰜或作魃，《盂鼎》曰，王口盂以口口伐䰜方；其字从鬼从戈。《梁伯戈》云，魃方緐；其字从鬼从攴，二字不同，皆为古文畏字。……从戈之䰜，亦即魃字。凡从攴从戈，皆有击意，故古文往往相通。……由此观之，则䰜魃二字，确为畏字，鬼方之名，当作畏方。……鬼方与昆夷，玁狁，其国名与地理上递嬗之迹，当详于下，其可特举者，则宗周之末，尚有隗国，《春秋》诸狄，皆为隗姓，是也。……原其国姓之名，皆出于古之畏方，可得而征论也。

又谓：

混夷之名，亦见于周初之书。《大雅·绵》之诗曰混夷駾矣；《说文解字》马部引作昆夷，口部引作犬夷。而《孟子》及《毛诗·采薇序》作昆夷，《史记·匈奴传》作绲夷，《尚书大传》则作畎夷。颜师古《汉书·匈奴传》注云，畎音工犬反，昆混绲并工本反，四字声皆相近。余（指王氏自称）谓皆畏与鬼之阳声。又变而为荤粥（《史记·五帝本纪》及《三王世家》），为薰育（《史记·周本纪》），为獯鬻（《孟子》），又变而为玁狁，亦皆畏，鬼二音之遗。畏之为鬼，混（胡本反或胡浑反）之为昆，为绲，为畎，为犬，古喉牙同音也。畏之为混，鬼之为昆，为绲，为畎，为犬，古阴阳对转也。混，昆，与荤，薰，非独同部，亦同母之字（古音喉牙不分），玁狁则荤，薰之引而长者也。故鬼方，昆夷，薰育，玁狁，自系一语之变，亦即一族之称，自音韵学上证之有余矣。

然征之旧说，则颇不同。鬼方，混夷，古人无混而一之者；至混夷与獯鬻，玁狁，则又画然分而为二。孟子言太王事獯鬻，文王事昆夷。《诗序》言文王之时，西有昆夷之患，北有玁狁之难。《逸周书序》亦谓文王立，西距昆夷，北备玁狁。然孟子以獯鬻，昆夷并举，乃由行文避复之故。据《绵》诗本文则太王所事，正是混夷；此诗自一章至七章皆言太王迁都筑室之事，八章云，柞棫拔矣，行道兑矣，混夷駾矣，维其喙矣。亦当言太王定都之后，伐木开道，混夷畏其强而惊走也。（《经》于第九章虞芮质厥成以下始言文王，郑笺以第八章系之，殊无所据。）太王所喙者既为混夷，则前此所事者，亦当为混夷。孟子易以獯鬻者，以下文云文王事昆夷，故以异名同实之獯鬻代之，临文之道，不得不尔也。此古书之不可泥者一也。《诗序》所言，亦由误解经语。案《出车》诗云，赫赫南仲，玁狁于襄；又云，赫赫南仲，薄伐西戎；既云玁狁，复云西戎。郑君注《尚书大传》据之，遂云南仲一行，并平二寇。序《诗》者之意，殆亦以昆夷当经之西戎，与郑君同。不知西戎即玁狁，互言之以谐韵，与孟子之昆夷，獯鬻错举之以成文，无异也。《不嬰敦》以玁狁与戎错举，正与《出车》诗同。此古书之不可泥者二也。然则旧说以昆夷与獯鬻，玁狁为二，盖无所据。昆夷之地，自太王之迁自北而南观之，则必从豳北入寇。又《史记》谓自陇以西，有绵诸，绲戎，翟豲之戎，杨恽亦谓安定山谷之间，昆戎旧壤，则其地又环岐周之西，与上所考鬼方疆域，若合符节。而自殷之武丁，讫于周之成王，鬼方国大民众，常为西北患；不容太王文王之时绝不为寇，而别有他族介居其间。后世玁狁所据之地，亦与昆夷略同。故自史事及地理观之，混夷之为畏夷之异名，又为玁狁之祖先，盖无可疑，不独有音韵上之证据也。

又谓：

獯鬻，玁狁，皆宗周以前之称，而当时书器，均不见獯鬻二字。其见于传记者，以《孟子》为最古。《史记·五帝本纪》称：黄帝北逐荤粥。《匈奴传》亦云，唐虞以上有山戎，猃狁，荤粥，居于北蛮，晋灼曰，尧时曰荤粥。皆后世追纪之辞，不足为据。犹伊尹《四方令》，

《周书·王会解》，并有匈奴，非事实也。然以理势度之，尚当为獫狁以前之称。荤薰之音，同于混昆，而獫字其声虽同，其韵已变，合獫狁二字，乃得薰音，其名或当在獯鬻之后也。《诗》獫狁之獫，《释文》云本或作猃，音险。《史记》以降，亦多作猃狁。古金文如《兮甲盘》《虢季子白盘》作厰執；《不嬰敦》作厰允，又作寂允。……寂自当读险，不当读鱼音反，陆音是也。此字之音，与畏，混，荤，獯异部，其变化唯可于双声求之。殆先有獯音，而后有獫狁之二合音也。然则旧说之先獯鬻而后獫狁，或非无据矣。

獯鬻地理，一无可考。唯獫狁出入之地，则见于书器者较多。其见于《诗》，曰焦获，曰泾阳，曰镐，曰方，曰朔方，曰太原，此六者昔儒考证至多，未有定说也。更求之于金文中，则见于《不嬰敦》者曰西俞，曰畧，曰高陵，见于《兮甲盘》者曰畐盧，见于《虢季子白盘》者曰洛之阳。此十一地中，方与朔方，畧与洛当为一地。故得九地。……可知獫狁自宗周之东北，而包其西，与鬼方，昆夷之地，全相符合也。

又谓：

于是胡与匈奴之名，始见于战国之际，与数百年前之獯鬻，獫狁，先后相应，其为同种，当司马氏作《匈奴传》时，盖已知之矣。

据此，则匈奴之名，其在古初，有鬼方，𩴢方，魃方，畏方，隗国，混夷，昆夷，绲夷，畎夷，犬夷，荤粥，薰育，獯鬻，薰粥，獯粥，薰鬻，熏粥，荤狁，獫狁，猃狁，厰執，厰允，寂允，戎，犬戎，西戎，绲戎，狄，北狄，胡，匈奴，恭奴，凶奴，兇奴等三十四种名称，除戎狄等六种名称为中国人所加之名外，其余皆为匈奴一辞近似之音，或为声转，或为阴阳对转，或为合音引长，要不出各时代音译之异变。或以为淳维亦其译音之异，则H，Sh，Kh三声母之转讹也。方庭《论狄》谓："《周易》《天问》《山海经》所称王亥丧仆牛于易，易与狄本可通用，则有易之疆域，自亦为后世狄人所踞之上党，常山。"盖亦以音转而异名也。至梁任公师则更有说，其少作《史记匈奴传戎狄名义考》云：

> 吾乃据群籍以比推之，臆断《史记》本文所述者，凡为三族，一曰根据今山西陕西而侵入杂居于内地者。……其根据今山西陕西之族，则《史记》本文所举，什八九属焉。其族为控弦游牧之众，最悍盛，而蹂躏之地最广。在黄帝时谓之獯鬻，《五帝本纪》所谓黄帝北逐獯鬻是也。在尧时谓之狄，其种可知者八，墨子所谓尧北教八狄是也。尧都平阳，即今太原，太原群狄之根据地也。自尧以前，我族皆宅河南，至尧乃渡河而北，突入狄窟奠都焉。尧之明德远矣。及舜封后稷弃于邰，弃，尧之母弟，而邰今陕西延安也。其地夙为我族势力所不及，至是开殖焉。自兹以往，周人与此族交涉最繁，《国语》所谓不窋失官，窜于戎狄之间（《史记》本文作公刘，而《周本纪》作不窋，与《国语》合，当从《本纪》），盖周之受封，本在狄地，至是而国为狄所陷也。公刘崎岖，稍复旧业，及太王又见逼南迁，孟子称太王事獯鬻，故知太王所避者与黄帝所逐者为同族也。其时彼焰张甚，史称武乙之世，犬戎寇边，故王季始即位，伐西落鬼戎，次乃伐义渠之戎，燕京之戎，余无之戎，始呼之戎，翳徒之戎。（见《后汉

书》及《竹书纪年》)至文王时，其在西者谓之昆夷，其在北者谓之玁狁，其总称曰畎夷，本文所谓西伯昌伐畎夷是也。《逸周书》曰：文王立，西距昆夷，北备玁狁；此《采薇》《出车》之所为作也。(《诗·采薇序》云：文王之时，西有昆夷之患，北有玁狁之难。)知昆夷，玁狁为同族者。《出车》之诗曰：天子命我，城彼朔方，赫赫南仲，薄伐西戎。是西北同一役，而主师皆南仲也。夫曰玁狁，曰畎夷，与獯鬻之獯皆从犬，故知即太王所避之狄，至西伯而始大雪其耻也。《史记·周本纪》又称：闳夭求骊戎之文马献纣以释西伯，则春秋时骊戎之原始，可得稽焉。王季所伐义渠之戎，则至战国而犹存者也。其余无之戎，后儒谓春秋之东山皋落氏也。是皆缘此可以推见春秋诸戎之关系者也。史称：武王始放逐之泾洛之北，则武王以前，其族错居泾洛南可知。是今之西安凤翔一带，皆戎迹也。穆王以还，周威坠地，其族复东南徙。《六月》之诗曰：玁狁孔炽，我是用急；又曰：玁狁匪茹，整居焦获，侵鄗及方，至于泾阳；又曰：薄伐玁狁，至于太原；是宣王时，其势力复及于泾水以南，今凤翔及甘肃平凉地矣。周伐之至太原，其迹不可谓不远，而终不能胜也。翌代而遂有犬戎入周杀幽王之事，周遂以东，此犬戎即文宣所伐之玁狁，王季所伐之畎夷，而太王所避黄帝所逐之獯鬻也。自兹以后，其族散居腹地，随王室而东，遍于扬，拒，泉，皋，伊，雒间(杜注云：伊阙北有皋亭，顾栋高《春秋大事表》云：今洛阳县西南有泉城，即皋戎地也)，统称曰赤狄；时最强悍，两次陷京师，又灭邢，灭卫，侵齐，侵鲁，侵晋，侵郑，前后百年间，患不绝于中国。知诸戎即为狄者，僖十一年，二十四年两次陷京师，《春秋》前书曰扬拒诸戎，后书曰狄，而皆王子带召之，事同一贯也。知其为赤狄种者，赤狄隗姓，而惠王之狄难（僖二十四年之难），由狄后隗氏也（晋文公取廧咎如二女叔隗，季隗即此族）。盖自周之既东，此族一部落，杂处中原；而其本部有在今陕西者，有在今山西者。在陕西者，则秦当其冲；在山西者，则晋当其冲。秦与此族世为仇雠，自周宣王时，使秦仲为大夫诛戎，为戎所杀，仲之子庄公兄弟五人，皆伐戎；庄公长子世父弃位让其弟，襄公自入戎窟者十数年，而骊山之难，襄公捍戎功最高焉。时戎夺我岐丰，平王命秦能逐戎，即以其地畀之。历襄公文公，戎地遂复，是为秦立国之始也。然岐丰以西，犹然戎也。及秦缪公用由余以霸西戎，辟地千里，益国十二。（此《秦本纪》文，《匈奴传》言服八国，未知孰是。）故此族之别部，虽跳梁于东，其本部已迫蹙于西，自是戎不能复为秦患。惟义渠一部，延残喘及于战国，秦昭王灭之，则秦地无复戎迹矣。晋始兴于曲沃，本戎狄之窟穴，故籍谈曰，晋居深山之中，戎狄之与邻，而远于王室，王灵不及，拜戎不暇。（《左传·昭二十五年》）故终春秋之世，晋与狄竞，未尝一日宁息。若东山皋落氏，若廧咎如，若潞氏，若甲氏，若留吁，若铎辰，皆赤狄也。若鲜虞，若肥，若鼓，皆白狄也。若鄋瞒，长狄也。若骊戎，则亦其种落也。大抵春秋之初，赤狄之本部在晋，而侵略及中原；白狄之本部在秦，而侵略及晋。（《左传》晋侯使吕相绝秦曰，白狄与君同州，君之仇雠，而我之婚姻也。）其后则竟东北趋入直隶界矣。（宣十五年荀林父败赤狄于曲梁，曲梁，今广平府也。白狄最后亡者为鲜虞，鲜虞今正定府也。）自晋灭潞，灭肥，灭鼓以后，腹地之狄大衰。昭公元年，荀吴败狄于太原，传美之曰，崇卒也；盖至是而我族声威始能复及唐尧，周宣所经略之地，盖自今甘肃之平凉，陕西之延安，山西之汾州，太原，直隶之保定，顺天，此界线以南，则我族之土地也。彼族虽有居者，亦既同化焉。界线以北，若今甘肃之巩昌，兰州，则翟貆，绵诸戎地也。庆阳则义渠戎地也。宁夏则朐衍戎地也。今山西之大同朔平间，则楼烦地也。今直隶之宣化，则林胡地也。此战国初期形势之大凡也。厥后经赵李牧，燕秦开，秦蒙恬数次大挫之，我族与彼族始划长城以为界。夫自秦以前，戎狄之名称以百数，而未闻有匈奴；及秦而此绝大之种族，忽发现于西北者，盖前此纵横驰突于我中原腴沃之地，各自趋利，而又有我族诸强国间隔犄角之故，其势莫能统一；及经春秋，战国，为我族歼击殆尽，其存者宛转窜于穹北苦瘠之地，蹉踬频续，则同胞互相急难之情生，地段毗连，则雄主臂指相使之势易，故头曼冒顿继起，遂能组织一大国，南向复与我族争也。当是时也，我族非有秦汉之统一，则必为彼所鲸吞，彼族非有匈奴之统一，亦将为我族所蚕食；两族相阋凡数千年，而其统一事业同成于前后数十年之间，岂不异哉！今更檃括黄帝至汉初数千年间彼族之形势综论之：自黄帝至尧，舜，彼族初起，殆自西北游牧而来，我名之曰獯鬻；时陕西之全部及山西什之九（山西入我族者，惟邻河南之平阳一隅），皆其所占地；尧起而攘之，有山陕之半，而彼之势力一挫，舜禹因之，威棱[①]更远，是为第一期。夏殷之衰，国威不振，于是彼族渐复唐虞以前所占地（成汤奄有氐羌时，彼族当一小挫，然其时不久），我名之曰獯鬻，曰畎夷，曰狄；殷，周之交，猾扰滋甚，始分两支，其在西者我名之曰昆夷，亦曰西戎，其在北者我名之曰猃狁，是为第二期。周之统一，并力攘之，辄复辟易，而我族势力之远，尚不能如尧禹时，是为第三期。穆王以后，西北二支，更迭交侵，逐亡宗周，徂东以避其锋，犹复蹑迹而至，蹂躏中原；至春秋上半纪，彼族声光达于全盛，是为第四期。秦晋急难，汲汲外攘，亘百余年，歼彼丑虏，卧榻之侧，无复鼾睡；洎春秋末，光复之烈，已过尧禹，战国时，赵燕秦三雄继之，驱[②]其余孽，投诸北裔，丰功伟烈，前古未闻，是为第五期。秦一天下，国力益充，威震殊俗，而彼族亦以忧患之余，亟相保聚，又得英鸷之主，整齐以令之，于是南北帝国对峙，至成汉代之剧争，是为第六期。以上就《史记·匈奴传》略加申诠次之，史公所记，大致盖不谬也。今更就六时代记其重要之名义，为表如下。

梁师之意，盖谓匈奴为游牧民族，其先世迁徙无常，在春秋战国时与我民族杂处西北各地，随地异名，至秦汉间，始统一残余部族，号曰匈奴；我国古代史传所以称呼不一者，即以此也。其晚年梁师得读王国维《鬼方昆夷猃狁考》后乃稍稍严密其说。其《中国历史上民族之研究》论群狄组一云：

---

①编者按：原稿为“梭”，当以“棱”为是。今改。

②编者按：原稿为“殴”，当以“驱”为是。今改。

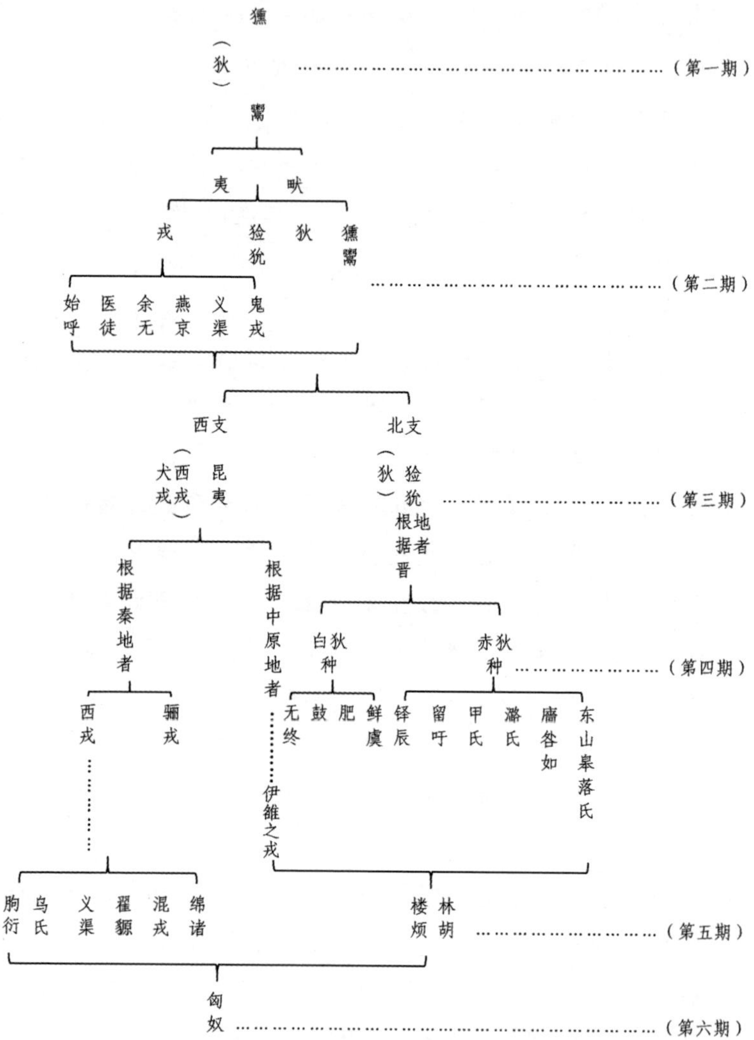

匈奴与我族交涉最早最密且最久，古代所谓獯鬻（亦作薰粥，荤粥），玁狁（亦作猃狁，㘿允，㘿䡅），鬼方（亦作鬼戎），昆夷（亦作昆戎，混戎，绲戎），犬戎（亦作畎夷），皆同族异名。（今人王国维著有《鬼方昆夷玁

狁考》，在《雪堂丛刻》中，考证最精核。)《史记·五帝本纪》称："黄帝北逐荤粥，合符釜山"，是否征信，今难确考。《易》爻辞："高宗伐鬼方，三年克之"（1300 B. C.？），是此族在殷时已劳征伐。周之先，太王居豳（今陕西邠县），为獯鬻所迫，迁于岐（今陕西岐山县，1260B. C.？），见《孟子》。王季伐西落鬼戎，俘二十翟王，见《竹书纪年》。文王初事昆夷，后駾昆夷，见《孟子》及《诗经》。(《诗·绵》："混夷駾矣，唯其喙矣"，言混夷畏周之强而惊走也。)武王放逐戎夷于泾洛之北（1134B. C.以后），穆王伐畎夷取其五王，遂迁戎于太原（今甘肃庆阳县，1001—909B. C.），见《史记》。而宣王（827—782B. C.）以伐玁狁之绩，号为中兴，《诗》之《采薇》《出车》《六月》及金文中之《小盂鼎》《梁伯戈》《虢季子白盘》《不忌敦》等，皆歌颂其功德。然非久至幽王（771B. C.），终有犬戎灭宗周之祸（771B. C.）。综合古籍所纪，大约匈奴当商周五六百年间，久以秦陇一带为根据地。商之末年，已侵入今陕西关中道之西北境，周初兴时攘斥之，乃西北徙，居于今陕西之榆林道及甘肃之泾原道，所谓泾洛以北也。及周中衰，此族渐次内侵，宣王时玁狁"侵镐及方，至于泾阳"；《不忌敦》又言："伐之于高陵"；泾阳，高陵皆今县，在长安之东，已到河渭合流处。盖宗周西北东三面，皆在玁狁包围中矣。宣王迫伐之至太原（《诗》"薄伐玁狁，至于太原"；薄迫也，太原即庆阳，非今山西省会），彼族乃稍戢威暴，蜷伏陇西，迨幽王时，遂入居泾渭间，夺取周故京，而周乃东迁洛阳以避之。

入春秋后，我族则称彼为狄（或作翟），前文所言，不过专指其居于西徼陕甘间之一部分而已。其实[①]彼族自周初，已在北部山西一带占有根据地。周成王以“怀姓九宗”封唐叔于晋（1115—1079B. C.），此九宗即匈奴部落（说详下），故晋人自谓：“在深山之中，戎狄之与居，王灵不及，拜戎不暇”（《左传》昭十五年），又曰：“狄之广莫，于晋为都”（庄二十八年），可见今山西一省，当晋霸未兴以前，殆全属狄族势力范围。春秋初期，此族之西方部落（戎），与北方部落（狄），相呼应，诸夏全体，皆受其敝，灭邢（今直隶邢台县。庄三十二年），灭卫（今河南淇县。闵元年），灭温（今河南温县。僖十年），伐晋（僖八，十六，宣六，七，成九，定三，哀元年），伐卫（卫为狄灭，迁于楚丘，今河南滑县。此所伐者，楚丘之卫也。僖十三，十六，二十一，三十一，文十三年），伐郑（今河南郑州。僖十四，二十四年），侵齐（僖三十，三十三，文四，九，十一，宣三，四年），侵鲁（文七年），侵宋（文十年），甚至两次残破京师（僖十一，二十四年），诸夏根据地之河南，山东，几于无岁无戎狄之难，其猖獗可想。当时为诸夏捍患者，前有齐后有晋，吾侪试将史迹比次研究，方知桓，文霸业之足贵，方知孔子曷为称“微管仲，吾其被发左衽矣”！

此族部落名称见经传者，赤狄有东山皋落氏（今山西垣曲县），有廧咎如（今地难确指），有潞氏（今山西潞城至直隶永年，皆潞氏辖境），有甲氏（今直隶鸡泽），有留

①编者按：原稿为“还”，当以“实”为是。今改。

吁（今山西屯留），有铎辰（今潞安附近）；白狄有鲜虞，有肥，有鼓（今直隶保定道全境及大名道北部，皆白狄辖境）；此皆积年出没于北徼，故谓之狄。其商，周以来居西徼久为边患者，则谓之戎，实则皆与后此所谓匈奴者同族也。晋自文公称霸以后，未尝一灭诸夏之国。然及春秋末年，晋之领土，占当时所谓中国者之半。盖因彼百余年间，尽灭群狄，凡狄地及狄人所掠诸夏之地，皆入于晋也。同时秦人亦向西部发展，一面服属西南诸羌，一面攘斥西北诸戎，此族始不复能逞志于内地。然犹散布于西北徼，《史记·匈奴传》所谓“自陇以西有绵诸，绲戎，翟貆之戎；岐，梁山，泾，漆之北，有义渠（今甘肃庆阳），大荔（陕西今县），乌氏，朐衍之戎；而晋北有林胡（今山西大同东北），楼烦（今朔州西南）之戎”。盖春秋末，西徼之匈奴，以今甘肃泾原道为根据地，复周武王时之旧观。其最深入一部落，则在潼关以西，长安以东，今之大荔县是也。北徼之匈奴，则屏居雁门关外，今朔州大同一带。逮战国之末，秦赵武功皆极盛，秦灭大荔，义渠，赵灭中山（今直隶正定），各筑长城为塞，今长城所界，西自宁夏，东迄大同，其南殆无复匈奴。商、周以来，累代为患之獯鬻，猃狁，至此乃告一结束。

此族人与诸夏错居垂千年，其间必有一部分同化于我，此事理之至易推见者。据可信之史料，则此族有姓曰隗，而与我族广通婚姻，周襄王有狄后，亦称隗后。晋文公出亡居狄，狄人赠以二女叔隗，季隗，文公娶季隗，以叔隗妻赵衰生盾，为则后此之赵氏，盖已混狄血之一半，而古金文中之《包君鼎》《包君盉》《郑同媿鼎》《芮伯作叔媿鼎》《邓公子敦》，皆为隗氏作。古器流传至今者如彼其少，而与隗姓有关系者且如此其多，则当时杂婚之盛可想。不宁惟是，据《世本》称：陆终取鬼方之妹，谓之女嬇（《大戴礼·帝系篇》作女聩。鬼贵同声，故餽亦通作馈，女隤即女隗，女隗即女媿也）。此虽神话，抑亦诸夏与诸隗通婚甚早之一暗示矣。（《国语·郑语》云："当成周者西有虞，虢，晋，隗"，是隗本为国名，即鬼方之鬼，古文中地名，后世皆加邑旁为识别，其例甚多。）其后秦始皇时有丞相隗状，汉有隗嚣，魏有隗禧，其籍贯皆在秦陇间，必为春秋时群狄遗种无疑。不宁惟是，晋初封时，所受"怀姓九宗"，据近世学者所推定，怀隗同音，则晋之民族，或最初即以诸隗为主要成分。再考晋文公兄弟所自出，则《左传》所记"大戎孤姬生重耳，小戎子生夷吾，骊戎之骊姬生奚齐"，殆无一不杂异种之血。注家谓小戎即阴戎（氐羌组），大戎即狄，"狐"音与"隗""怀"皆近，则文公母系，殆即诸隗；故出亡时处狄十二年，备蒙优待。而舅犯（狐偃）一族在春秋为晋贵阀者，实狄胤也。要之：春秋二百余年中，群狄之次第同化者必不少，而晋实管其枢。今山西直隶之中华民族，其与匈奴混血，盖在二千五六百年以前矣。

匈奴之部分，化为诸夏，已如上述。其未化者，经战国秦赵开边之后，远徙塞外，渐次蕃息，至汉而骤强，集合诸部，成一大国，南向与中国争衡。汉武殚国力，从事挞伐，仅乃却之（140—87B. C.）。至宣，成间，匈奴内乱，裂为南北。甘露二年（52B. C.）南匈奴呼韩邪单于遂款塞称臣。其北匈奴至后汉永元三年(91A. C.[①])为窦宪击攘，越阿尔泰山北遁。至晋武帝宁康二年(374A. C.)卒侵入欧洲，开西方民族大移徙之局。

综核全文，虽于殷前獯鬻史事不复称引，然其根本观念言匈奴上世环周民族西北东三面侵扰，其间分合之迹，固一如前文也。即以考证匈奴古史而言，梁师所言亦最详。近人钱穆谓西周戎祸，常在东方，周室避狄患，乃由东西迁(见钱氏《西周戎祸考》,《禹贡半月刊》二卷四期，十二期)；蒙文通谓匈奴即义渠,《本纪》言“韩，赵，魏，燕，齐，帅匈奴共攻秦”，即《秦策》言义渠事(见蒙氏《犬戎东侵考》,《禹贡》六卷七期)；皆为片面之考证，不赅不备者也。吕思勉《中华民族史》第三章“匈奴”亦谓：“其名称：或曰獫狁，或曰獯鬻，或曰匈奴，皆一音之异译。又称：昆夷，畎夷，串夷，则胡字之音转耳。”林惠祥《中国民族史》第九章“匈奴系”亦谓：“此族之名称甚多，所谓獯粥，荤粥；玁狁亦作獫狁，厰允，厰粇；鬼方亦作鬼戎；昆夷亦作昆戎，混戎，绲戎；犬戎亦作畎夷，串夷；皆由一音异译或音转而致，实皆一族。入春秋后且改称为狄或翟，又曰戎。”谓为汉族以外之异族。盖皆根据王国维氏，梁任公师诸家研究之结果也。

最近日人白鸟库吉著《塞外民族》一书，其第二章论匈奴云：

其民族在公元前三世纪，从所谓中国战国之顷，中国人既已知之。自古为北狄中之雄族。盖匈奴二字之汉字音，以现在官话音读之为Hsiung-Nu。但古音则为Kiong-

①编者按：原稿此处为“88A. C.”，后汉永元三年当为91年。今改。

> Nu或Khiong-Nu。其证据则《汉书·匈奴传》明记“号匈奴曰恭奴”；恭之音为Kung或Kioung而知也。
>
> 匈奴一族，中国又记作“胡”字，此“胡”为匈奴自称乎？抑汉人方面所与之名称乎？此亦值得考察之一问题也。据余辈所研究，其意义为“人”，蒙古语所讹转也。总之：汉人记外国名，每厌其音长，缩短其音字；有此风习，故省略匈奴（Hsiung-Nu）之首一字匈（Hsiung，Hun，Hu）而来。现在Da（ur）语“人”字意味之语呼为Hun，则事实胜于雄辩也，以周代之猃狁，獯鬻为匈奴类似音则可，若从而以为匈奴之先，则殊未确也。

白鸟氏为彼辈研究蒙古史东胡史之权威，独云匈奴“自古为北狄中之雄族”；又谓猃狁，獯鬻不足“以为匈奴之先”；倡为异说，则吾未之敢信。（未完）

（原载《交大季刊》1934年第15期，1935年第16—18期，1936年第19—21期，1937年第23期）

上海的将来

我今天早上到交通大学授课的时候，接到了新中华杂志社的一封征文的启事，拟定了《上海的将来》这一个题目，要我说几句话。今晚又遇见该社的编辑周宪文先生讨论了一番，催促了一番。我以为上海的将来，一定是没落的。一般上海迷的朋友们，请千万不要动气，待我慢慢地将我的观察所得的理由说了出来，请大家平心静气去想一想。

一、从现在的建筑物上观察出来　上海的投资者因为近几年来，工商业不景气的原故，大家的视线都集中在地产和建筑上，于是新式的建筑日高日大，尤其是以经营公寓者为多。可是这样的房屋越高大，一般的平民越居住不起。南京路有如许的待租的空房子，就是上海没落的朕兆。结果便成功一九二三年时的香港，有大部分的房屋没得人住，有大多数的人没得房屋住，而睡在马路两边的Sidewalk上。

二、从上海统治权的不统一上观察出来　上海本来已经有了一个特别市市政府，再来一个公共租界工部局，又来一个法界工部局，甚至有所谓三不管的地方；行政上这样的不统一，于是上海便成为一个退伍官僚、阔人、流氓、盗匪、反动分子、金元的企图者、挣扎生活的农村逃命者等等的渊薮，大营其投机事业与享乐生活。加以近年来帝国主义者倾销政策的成功，我国工商业的日趋崩溃，将来的上海，势将成为现在的澳门，将专靠那嫖、赌、吸、吃等不生产营业，以苟延它的残喘，我们只是有看在百业停顿的环境中，加速地开张着许多食物店彩票店等等，便可预测它的将来。

三、从过去的战争史上观察出来　一·二八以前的宝山路，可算是华界的八仙桥。今日我们试张目一看，满眼颓垣断壁；一九三六年太平洋上必然发生战争的话，如果属实，则黄浦滩一带的高楼大厦，势难逃出东方图书馆的命运。

四、从我国的交通史上观察出来　犹忆宋室南渡以后，杭州成为最大商埠，事见马哥博罗《中国游记》；又其时，松江的华亭，也为互市大港，宋孙觌《鸿庆居士集》卷三十四《朱公墓志铭》谓："华亭踞江瞰海，富室大家，蛮商舶贾交错于水陆之道，为东南一大县"；其后均以其江流渐隘，商舶遂以远移。今者黄浦江日益污浅，显然是一种事实。只要看我们大上海的运动，市中心区移至密迩江口的江湾一带，就是预想租界没落的一个实在证明。

（原载新中华杂志社编《上海的将来》，中华书局1934年版）

清末留学生考试的质疑①

又文丹林两兄：承惠《大风》，均得拜收。近代掌故，纪载甚译，至感至佩。我现在要告诉兄等一件事：《大风》六十七期到后，读到严南芳氏《关于留学生的考试》一文，偶然一数那帧留影，只得卅一人，与文中卅二人不符。后查《光绪政要》，得见光绪卅二年（一九〇六）九月赐游学生毕业出身论，全有了这一批人名单，数了一数，却又只得三十人，又与留影上卅一人的数目不对，该谕原文如下：

本日学部带领引见之考验游学毕业生，陈锦涛著赏给法政科进士，颜惠庆赏给译科进士，谢天保赏给医科进士，颜德庆赏给工科进士，施肇基赏给法政科进士，徐景文赏给医科进士，张煜全赏给法政科进士，田书年赏给法政科举人，施肇祥赏给工科举人，陈仲篪赏给医科进士，王季点赏给工科举人，廖世纶赏给工科举人，曹志沂赏给医科举人，黎渊赏给法政科举人，李应泌赏给医科进士，王鸿年赏给法政科举人，胡振平赏给法②政科举人，王荣

①编者按：本篇书名号为整理者所加。局部标点有改动。

②编者按：原稿为“政”，当以“法”为是。今改。

树赏给农科举人，路孝植赏给法政科举人，薛锡成赏给法政科举人，王宏业赏给法政科举人，陈威赏给法政科举人，权量赏给商科举人，董鸿祎赏给法政科举人，嵇镜赏给法政科举人，富士英赏给法政科举人，陈耀典赏给农科举人，罗会垣赏给农科举人，傅汝勤赏给医科进士，陈爵赏给商科举人。

细心比对一番，却发见进士名单上少了第六名李方和第九名胡栋朝两人，其余名次和学习科目，全然相符（惟路孝植法政科严文作农学科）。不同的小小错误只是字的误写，如：曹志沂（严作）曾志沂，王宏业（严作）周宏业，陈耀典（严作）陈耀西，罗会垣（严作）罗会坦，陈爵（严作）徐廷爵五人，疑是手民之误，无关大体。可是李方[①]和胡栋朝两个名字不见了，关系非常重要。李方是严氏所亲见过的，如何会误？如果误了，连那一张留影都要发生问题。未知是否李方胡栋朝二人没有引见，所以未赏给科名，据李方自述[②]自己确曾与颜惠庆施肇基见过皇帝，又疑未见皇帝的只是胡栋朝，所以未曾参加留影。可是《光绪政要》又不会单单脱了李方，因又疑这一张留影不能相信。且李方口述那帧留影，是：后排立者九人，中排立者五人，前排坐者十八人，合共卅二人。今《大风》登这留影，后排立者十人，中排立者十一人，前排坐者十人，合共卅一人。两者全不符合。这也是极可怀疑的。弟于廿五年冬回广州勷大时，已有一位学生告诉我，他的父亲是办矿务的，老同事中有一位李方是参加留学生考试得中进士的，约我往见。我当时不

---

①编者按：原稿为“芳”，当以“方”为是。今改。

②编者按：原稿此处有一“渠”字，应为衍字。今删。

知怎的没去，后来抗战军兴，鹳大迁往梧州遂未见过李方，可是我已经知道李方这一回事了。弟此时仍然无法解释这个疑团。不过这次金榜题名的人物，似乎尚有不少健在者，如颜惠庆、施肇基、路孝植、权量等等，请兄等将弟这篇质疑刊在补白上，径寄一册与健在诸老，未知尚存有此等原日文件，可资解答否？又当时香港《循环日报》、上海《申报》早经开办，当时如此大事，必有纪载，香港各西文报，亦必记载，烦兄等查出更正如何？又该文有述及徐季龙先生之处，兄等往询徐先生究竟认得李方否？事关近代掌故，后人将根据入史，兄等亦应负相当连带责任，不能不认真，以免后日做学术的人，执笔踌躇也。如最近《大风》七十一期冯自由校正《总理老同学访问记》，这是最应该的。第一次留学生考试，全是留日学生，如金邦平、唐宝锷、曹汝霖、陆宗舆等均是。严氏所记是第二次。其后尚有一次似乎在宣统初元，弟当时十一二岁，在高小读书，金榜是由我父亲给我看过的，现在有三十多年，已记忆不清了。弟同乡中有罗听余，留美学习织染，得了进士，乡中称为“洋翰林”，他的报条是弟亲眼见过的。当时据我父亲说还有一位亲戚在德国学习制革化学，因为加入了同盟会，不肯回来应试为其父所深责，后来父子竟成了仇敌，名字不便宣布了。又弟的高小校长阮福田先生，留学日本，亦是那第三次得了举人。似乎人数是很多的。弟四部书斋二十年来积存的史料已全给匪徒偷卖净尽了，此间硕果仅存的十余箱书，又已全运入山了，现在作考证的文字，非常困难，请先发表这一段小文，关于留学生考试的全文，俟有机会补写罢。郑师许。廿九、八、十七。

（原载《大风》1940年第76期）

广学会与戊戌前后之西洋文化运动①

一

原来西洋文化之输入中国，在明清之交确已呈现过五光十色地灿烂之观。不幸因为政治上的特殊原因，遭遇到雍正初年（一七二四）的严厉驱逐西洋教士，连带地把西洋文化一例拒绝，于是西洋文化的输入便顿然停止。虽乾嘉道时，或偶有一二教士偷来，亦只能匿居，其学术亦并不为我国人所喜。直到鸦片战争以后，才打破我国闭关自守政策的大门，西洋文化乃有再度输入的机会。这是一般学者所久已明了的史实。

在清代的思想家当中，有三位很特出的学者，为任何讲论近世哲学史或思想史的人们所不能不注意者：一是戴震、二是俞正燮、三是康有为。当我二十年前读到戴氏的《孟子字义疏证》《绪言》和《原善》诸书的时候，深深感觉到他的治学方法和他的学说无疑地是受到了西洋的科学方法和心理学伦理

①编者按：本篇书名号为整理者所加。局部标点、外文字母有改动。

学的影响；后来一查他的先生江永是一位最能吸收[①]西洋学说的人，才有多少明白。俞正燮的《癸巳类稿》和《癸巳存稿》是一部最新式的伦理学的书，对于女子解放——道德的解放和体育的解放，都有十分透辟的见地，我当时很觉疑惑，以为他是读圣贤书的人，如何会有如此的见解。后来询之吴瞿安师，然后俞氏所住的地方，邻近就有了一所礼拜堂。俞氏有无和教会中人往来，虽不可知，疑其见闻所及，必然受到西方尊重女子的影响。康有为是清末今文学的大师，但他不朽的著作，断断乎不是几部说经学的书，却是一部他自己创作的《大同书》，这是一般学人所承认的，但是我们试把《大同书》一口气读完，必定说它是受过西洋学说的影响的。所以当康氏著作《大同书》时，只得和其大弟子陈千秋商酌，虽以梁任公师的聪敏，也不能参与，则其秘密可知。后来我和今文学专家张西堂在北流同住月余，我便把这话告诉他，说康氏或者读到社会主义一类的书，西堂兄十分首肯。大凡新学说的发生，必然有一种渊源或一番酝酿，并不能从天掉下。戴俞氏的采纳西方学理的痕迹，尚待详细比对考证，才能断定，现下暂且不说，还是把最近的一位——康有为氏和他关系最深的广学会作一个较详明的介绍，这是作者写作这篇短文的动机。

二

鸦片战后，上海开为商埠，输入西洋学术的踏岸地，无疑地就是上海。远的不甚可考。咸丰（公元一八五一——一八六一）中，海宁李善兰客居上海，与英人爱约瑟伟烈亚

①编者按：原稿为“吸受”，当以“吸收”为是。今改。

力（Alexander Wylie）等游，译述重学、几何、微积等书，为世人所重视，是为西洋学术思想再度输入的开始。同治二年（一八六三）由李鸿章奏准设立广方言馆，八年（一八六九，按王云五广播《四十年来之中国出版界》作一八六七年，实误）乃于制造局西北建造平房五十间，楼房二十四间，以平房及楼下二十四间为广方言馆；楼上二十四间为翻译馆，后又于馆南另建造房屋五间迁入，于是始有专为翻译西书而设的学术机关。延聘西人伟烈亚力、傅兰雅（Dr. John Fryer）、林乐知（Young J. Allen）、金楷理（Charles Kreyer），华人徐寿、华衡芳、汪德均、徐建寅、李凤苞、赵元益诸人，专译西书。先后所出译本有《四裔编年表》等一百七十八种。大抵言船炮者最多，机器农矿之书次之，理化医药又次之，交涉政法史地者最少，而文学书则绝无。王云五谓："那时候中国政府所注意的西学，只限于格致化学制造等科。而于欧美之政治学，社会学等，仍存轻视的态度。只看驻英使臣郭嵩焘[①]所作游记，谓西人亦有二千年文明，而清廷竟下令毁其书，便可知其狃于故习"，这话是很对的。

自上海翻译馆专译西书以后，译业再兴，京师有同文馆，广州有医士所译各书，登州有文会馆所译学堂使用各书，上海益智书会又译各种图说，总税务司赫德译有《西学启蒙十六种》，傅兰雅译有《格致汇编》《格致须知》各种。译书事业，风起云涌，盛于通商各地。自今视之，虽属幼稚可笑，然在当日举国皆为帖括小楷之学，而有此新译，断断推而善本。时马

---

①编者按：原稿为"寿"，当以"焘"为是。今改。

达忠尝[①]议设翻译书院，所惜其言亦未能实行。甲午以后，学者多学日语，以译日本所译著之书，其浅劣殆更甚于翻译馆、同文馆及诸教会所译。但那时候却有一枝突起的异军，以译印西洋历史伦理宗教等书为主，这就是本文所说的广学会。该会出版物迄于十九世纪之末，多至二百五十余种。可算是当时出版界的最高纪录。

三

广学会原名叫做：Society for the Diffusion of Christian and General Knowledge among the Chinese，译为广学会，以便称谓。初是光绪十年（一八八四）在苏格兰的格兰斯哥，有人组织圣教书会，到光绪十三年（一八八七），这会因事解散，就把所有印刷机器，捐赠于我国上海韦廉臣教士。韦教士联络几位同志，组成广学会，为继续格兰斯哥未竟之功。意在广为译著有益书籍，发挥基督教义的精神，故韦教士实为创办广学会的第一人。

在这时我国的智识份子方沉迷于科举帖括的酣梦，自西方输来的文化，本来没人加以注意。又因该会以传教为目的，故颇多歧视。广学会的同志为唤醒他们的酣梦，已着手办报译书，特别注意感劝一般有学问有地位的人，早行改革，而谋维新。光绪十五年（一八八九）该会便发行一种公报，名《万国公报》（*A Review of Times*），由林乐知主撰，摘录京报及各国近事，每星期六日出书一次，以后这报销行最广，感动力最大，后来维新份子，受这报鼓动者不少。

---

①编者按：原稿为“赏”，当以“尝”为是。今改。

不幸，那年秋，韦廉臣因病逝世，会务无人主持，乃由会正总税务司赫德和同志商决，请李提摩太(Timothy Richard)继续其职。李氏刻苦耐劳，学行素著，自主持该会后，不特会务译业猛晋不已，且为戊戌变政的重要动力。

据苏特尔的《李提摩太传》记载，李氏于一八四五年(道光二十五年)生于英国南威尔斯的卡玛厅市雨的乡间。一八六九年(同治八年)十一月十七号起程来华，翌年二月十二号船抵上海。李氏仅二十五岁。自是遂在山东烟台，青州，辽宁，高丽，山西太原一带布道。曾经晤过曾国荃左宗棠张之洞李鸿章清权贵，游说其举办新政，建立大学，设立工厂，建筑铁路。一八八八年(光绪一四年)又往日本参观研究东洋的教育方法。那时中国政府要聘李氏为制造局翻译，年薪六百金镑，氏推辞不就。于一八八九(光绪十五年)李氏便就了天津《中华日报》的主笔，鼓吹素日的主张，提倡改革中国的计划，换言之，就是开始从事输入西洋文化的工作。李氏把调查采访各国的人民、铁路、电线、实业绘成画图，列为比较表，以发为言论，越显明中国是最落后的国家。这种立论绘表，很有感动力，触动我国人的眼目，许多官僚，乐意阅看这报，而清室宫廷[①]和总理衙门，也视这报为了不得的资料。

至是李氏受了广学会董事部所公举，他的心理，以为上海比天津北京作书撰报，消息灵过，当格外更有效果，所以马上答允。那时广学会所标榜的宗旨："为译著宗教、科学、政治以及各种有益的书籍，开通人民智识，改良中国社会，沟通中

①编者按：原稿为"宫庭"，当以"宫廷"为是。今改。

西的感情，灌输欧美的文化。”李氏到会以后，便极力进行，为继续扩张最重要的一人。

那年刚巧林乐知回国，因此，《万国公报》《教会公报》两刊物，统由李氏为主任。这时候《泰西新史揽要》（*Mackenzie' s History of the Nineteenth Century*）已着手编译，这新史出版之后，销售极□，在我国各地大着其效力。到了光绪十九年（一八九三），北京、辽宁、天津、西安、南京、烟台各地，都有广学会代销机关，因此《万国公报》销行最多。翌年，便得到各省的督抚大臣捐资赞助，如张之洞捐助一千六百元，山东道台聂缉椝先后捐助数千元之谱，聂氏的夫人就是曾国藩的小女，他的儿子就是后日上海青年会，著名的领袖聂其杰。光绪二十年，就是甲午中日战争的一年。那年《泰西新史揽要》印成，只就招商局一处而论，局中的职员便购了一百部分赠他们的亲友，可见那时西洋文化运动的热烈情形。那年，上海英商汉壁礼多马，捐助广学会六百两银子，为悬赏征文之用。讨论中国如何改良币制，建筑铁路，可见那时西洋文化运动的热烈情形。那年，上海英商汉壁礼多马，捐助广学会六百两银子，为悬赏征文之用。讨论中国如何改良币制，建筑铁路，扩充邮政，用机器制茶，制丝，敦睦外交，禁止鸦片诸大问题。意在激励中国的智识份子，对国家大政，各自发表改良的计划。及至中日战后，该会刊行林乐知氏的《中东战纪本末》，特论公允，纪载翔实，我国的学人争相传诵，于是一变向来歧视的态度，对于该会的出版物，极表欢迎。这不独算是广学会的成功，也可以说是我国再度对西洋文化起了信仰。翌年（一八九五）英商李德立夫妇便和李提摩太夫妇，四人商创立天足会，鼓吹改革缠足恶习，氏就利用广学会的教报，鼓励全国废除不良的习俗，除发行许多小册子之外，李德立夫人亲历南北各省，到处开会演讲，历十余年。上海天足会并办理女学，招考女生出洋读书，这些女生后来参加革命，为党国元勋的也有。这可算是广学会文化运动的外围。

那年（一八九五）李氏又物色一位少年教士，名李思伦白，很有才能，氏就请他翻译一篇《人类之教育》的论文，由氏的助手蔡尔康助译，印成之后，送给张之洞一册，张氏大加称赞，又捐银一千两，请广学会译一部西国通史，这位李思伦白，遂用了几年工夫译就《万国通史》一书，凡三十册，书成后送张氏一部，又得捐助印刷费三千两。这书销售通国，风行一时。以后维新潮流，受这史书的动力，不在少数。

那时广学会里还有几位译著同志，参加这回文化运动，如花之安、仲均安、丁韪良、梅滕更、庆丕、慕维廉、莫安仁、富翟氏、博恒理、高葆真、怀考文、秀耀春、安保罗、鹿完天、季理斐、刘乐义、狄乐播、山雅谷、马林、甘霖、韦廉臣夫人、李提摩太夫人等，译作不少。而卜舫济（F. L. Hawks Pott）、福开森（John C. Ferguson）则又以教育家而兼著作家，迄今犹享高龄。

四

李提摩太个人的译著，大小百余种，最有名的为：《泰西新史揽[①]要》《励国变通兴衰记》《三十一国志要》《古史探源》《欧洲八大帝王传》《教士列传》《近代教士列传》《大同学》

---

①编者按：原稿为“拟”，当以“揽”为是。今改。

《生利分利之别》《救华卮言》《醒华博议》《时事新论》《教世救益》《电学纪要》《八星之一总论》及地图年表多种。花之安则有《自西徂东》《性海渊源》《经学不厌精》；林乐知则有《中东战纪本末》《中国度支考》《广学兴国策》《兴华新议》《保华全书》《俄国政俗通考》《李傅相历聘欧美记》《路德改教纪略》；马林则有《足民策》《富民策》，以及山雅各的《富国真理》，李思伦白的《万国通史》，皆为脍炙人口的作品。而梅滕更的《医方汇编》，丁韪良的《性学举隅》，尤足一新当时医学界的耳目。张星烺《欧化东渐史》称："自明末有西洋传道师以来，功业之伟，未有如李提摩太者也。"这话固然很对。其实广学会那一班教士如李思伦白、花之安、林乐知、丁韪良等，其功业也不可埋没。

五

生在这个文化界出版界勃勃有生气的环境中，康有为以及"戊戌维新"的干部人物如梁任公师谭嗣同等，那有不受其影响之理。所以公车上书，集会演说，办报宣传，遂开古今未有之奇变；而当时自命为最新式最前进的智识份子，恬然不以为怪。能不令受着传统思想的埋头读书，身后刻集的旧人学者桥舌而不能下吗？

关于康梁诸氏以及长沙讲学，与广学会或李提摩太的关系，苏特尔的《李提摩太传》中述之甚详。大略说道：

> 一八九五年（光绪二十一年），氏在北京的时候，面会进士康有为，康氏的文名，当时冠盖京华，一般维新青年，群推戴康氏为首领人物。康氏著作和言论，力陈中国积弱，亟当改革。时朝廷仍持反对主义，诏焚毁这种维新

鼓吹的文字，不得出版。虽有这样禁阻，而维新运动，仍积极进行，……组织一强学会，相继而上海南京杭州天津武昌都有分会成立。康氏屡次会晤氏讨论研究如何改革，可使国家有维新的倾向，这强学会多得青年志士的同情。又组织一报，名《中外公报》，多转载广学会的报。……康氏和李教士二人最有相同的心志，想彼此协助，谋中国有维新的改革。康氏有著名的高足，名梁启超，才学极富，著作甚多，所出书籍，通国风行，还是后日的话。当时氏在北京要聘一临时秘书，梁启超自愿充当这职务，氏竭力欢迎。

在氏二次离华之日，维新已有动机；及至二次回华，维新已大有发达。梁启超在上海出一《时务报》，他的文字特别新颖，不但官绅学者乐于披览，就是平民也容易明白。许多大僚，鼓励而赞助他。一八九七年（光绪二十三年）湖南长沙请梁启超为时务学堂的主讲。湖南素有排外主张，如今已改变旧日趋向。又请氏助译蔡尔康先生去演说。蔡先生辞谢说："我本无所有，报的言论，多林李二先生的政见。不过作一留声机罢了！"

维新潮流，冲动很快，都知道再轻视西学西法，实在是自暴自弃。又知道旧日八股学问，不能适应现在的时势，不如彼此研求采取列国的政治宪法，择善而从。同时中文报纸，骤然增至七十多家。

再有维新的表示，是中国开办女学，一八九七年以前，就在这素称开通的上海，除教会而外，华人没有自立的女学。本年有电政局总办和几位同志，设立一女学堂。请李师母为监学，林乐知的小姐为教习，又请安立甘会的一位毕业女学生为助教，但李师母不是常川[1]住堂的。

一八九八年（光绪二十四年戊戌），强学会汇集一《时事丛刊》，共计：梁启超论著四十四篇，康有为论著三十八篇，李提摩太论著三十一篇。足征氏的言论，为二位维新大家所重视，所以多乐意引证他的著作。

这维新的运动，守旧派竭力反对的也大有其人。就奏明皇太后不可赞成这样改革。实因当时的维新党过于热烈，未免更张太急，以致守旧派设法阻止。一八九八年，康有为为总理衙门书记，在京开保国会，深受皇帝的知遇，言听谏行，因此维新改革的谕旨，接连下了几次，大要的政治：（一）废止八股科举考试；（二）北京建立大学，实习泰西科学；（三）各省庙宇，一律收改为学堂；（四）设译书局专译时务书籍；（五）设专利特许局，提倡人的创作品；（六）保护基督教传习自由；（七）改《时务报》为《政治公报》；（八）裁汰各省虚缺冗员；（九）遣派满人少年子弟，出洋学习各国方言，查考政治。守旧派看这种种上谕，大起惊惶，奏明太后说如此更张，是废堕祖法，贻害国政。由裕禄为首，请太后再垂帘听政。定计在天津秋季大操，太后阅兵，捕治康有为和他同志，并废光绪。康有为知道守旧派的计划，请光绪早为自备，光绪密谕袁世凯派兵围颐和园。袁氏也为保国会份子，为人多才多能，当面承受帝旨，退而自计：受太后恩重，又怕保国会人物不能成事，就密告太后，于是有八月的政变。

政变以前，在夏季，康氏屡次和氏商议国政，如何改

---

①编者按：此处“川”字疑为衍字。存疑。

革，并荐氏为皇帝顾问。到八月，保国会催促氏晋京就职。及氏到京，康氏告以政变将作，急谋退身自保之计。时太后知保皇党以康有为为首，着光绪下旨捕逮，帝一面下旨，一面密着康氏速走。康氏走天津上得英公司轮船，太后知康已逃，电烟台上海，就岸逮捕。由英公使电告上海英领事迎康氏于吴淞，转英国商轮赴香港而往欧洲。

在政变未作之前，原议定于九月二十三号，诸氏引见就顾问职。但未及那日，政变已成，太后再垂帘，把光绪囚在瀛海，大捕党人，有六之流血西市。

从此以后，太后再垂帘听政；用光绪谕诏说因病退位。诏谕虽用光绪名义，而实出于太后之手。但是各省人反对太后听政：有上海的绅学商联名①电到京，反对太后所为，由电政局总办经连三签名为首。经氏就是前此创办女学的人，电报到京的第三日，经夫人来求氏设法援救，说：已有旨逮捕电报领首的人。氏②劝他快赴澳门或日本暂为逃避。经夫人把女学关闭，一切交付李师母管理，免被朝廷充公收没，以备日后再接续开学。

由氏的见解，评论这次保皇党人的失败，改革未能成功，因为一般人过于激烈，过于急进，氏常劝诫改革的运动，须用和缓方法开导守旧派，并启迪皇太后而后可以成功的，以后论“戊戌政变”的事，有信寄香港的一位中国朋友说：“论现在救中国的问题，我是尽力所能，但满人仍喜黑暗，阻挡光的照亮！”

---

①编者按：原稿为“有”，当以“名”为是。今改。

②编者按：原稿为“是”，当以“氏”为是。今改。

这话为身经其事者所笔记，大致可信。其实“多年以来，李提摩太与广学会，一而二，二而一，广学会就是李提摩太”，李提摩太也就是广学会。该会为居留中国的英国绅士集团，李氏俨然成功领袖的地位。故康梁诸氏“戊戌政变”的全段运动，从萌芽到进展，从成功到失败，无不与广学会有关，无不与李提摩太有关。始而为西洋文化再度输入运动的学术团体，继而成为中国政治改革运动的大本营。这一点尚为一般谈欧化东渐的学人所不甚注意的。欧战停息以后，梁任公师游历欧洲。时李氏息影伦敦，梁师特意造门相访，并且说道：“到英后，有多人邀请宴会演说，但我先访李老博士的寓所，想来早会。因博士为吾人维新运动的一位良导师也！”这更足证广学会的领袖李提摩太与“戊戌政变”的主动人康梁诸氏的关系之深了。

六

自“戊戌政变”失败后，康梁诸氏及维新党著名人物多奔避国外，固然有梁任公师等在日本创刊《国风报》《清议报》《新民丛[1]报》，不断地发表：《论希腊古代学术》《霍布士学案》《斯片挪莎学案》《近世文明初祖二大家之学说》《天演学初祖达尔文之学说及其略传》《法理大家孟德斯鸠之学说》《乐利主义泰斗边沁之学说》《进化革命者颉德之学说》《亚里士多德之政治学说》《近世第一大哲康德之学说》《政治学大家伯伦知理之学说》《格里森货币原则说略》《斯巴达小志》《雅典小志》《意大利建国三杰传》《匈加利爱国者噶苏士传》

①编者按：原稿为“从”，当以“丛”为是。今改。

《近世第一女杰罗兰夫人传》《新英国巨人克林威尔传》等论文，为输入西洋文化再接再厉的运动。但是康梁诸氏久已成为清室的政治罪犯，其所刊布，只能秘密寄递，不能公开发卖。幸而广学会为外国学术机关，清廷无法禁闭；加之以李氏的毅力进行，出版如故，西洋文化的再度输入，未尝因此停顿。光绪二十六年（庚子，一九〇〇），广学会更联合了益智会（C. E. A.）为考试西学的运动，利中国人科举教育的观念，而转移其读书的兴趣与读物。据其当时所发布《推广实学条例》所说：

乡曲有志之士，初非不欲博习西学：实苦于不知入门之径，又无良师指授，未知应读何书。歧路多亡，迷途谁告？亦可惜已！今有广学会益智会之泰西教士，发大愿力，扶助中国学子，使皆能讲明西学，意欲中国速臻盛强，不致落他国之后，而仍为宇内驰名之大国。于是定议欲在中国各省，设立考试西学之法。苟能于三学中，历考卒业，然[①]后送入大学书院，递加肄习；或往外国读书游历以玉其才。并循照英国定例，给以上等考试文凭。将来学成之后，或为国家桢干之用；或应大学堂教习之聘。有此凭证，可无怀才不遇之感矣！

确足以鼓舞一时的人心。其所考试的课程：

初学级为：数学、地势学、地理志初学、格致初学、希腊国史、罗马国史、古史探源、肄业要览。

中学级为：代数（二次方程完）、形学或几何（头四卷并第六卷）、化学、格物学、欧洲史、英国史、美国史、

①编者按：原稿此处多一“然”字。今删。

富国策、五洲教务。

高等学级为：八线学（即三角数理）、平面三角形完、地学、十九周史、万国公法、古教汇参。

其所开列的书目：

算学为：《笔算教学》《代数备旨》《形学备旨》《几何原本》《八线备旨》。

格致为：《地理志略》《地理初桄》《卫生要旨》《启悟初津》《化学新编》《格物质学》《地学指略》《天文揭要》。

史学为：《希腊志略》《古史探原》《欧洲志略》《大英国志》《联邦志略》《泰西新史揽要》。

杂学为：《富国策》《公法会通》《肄业要览》。

道学为：《五洲教务问答》《古教汇参》。

虽其效果如何，不甚可以考见，但这一类的西书或广学会出版的新籍，确实因这一回的提倡而普遍风行于各地的乡曲之间。

及至“庚子”乱后，李氏又鼓吹设立山西大学堂，由氏兼任总办，并聘请英浸会教士郭崇礼为校长，氏在上海设立山西大学译书处，聘窦乐安教士为处长，中国编译十人，日本一人；所译的书，有：天文、地质、动物、植物、矿物、理化等书。后日风行一时的迈尔《通史》（Myers，*General History*）就是在这时译成。这译书处设有六年的长久，为稳定持久的西洋文化运动。直至北洋大学，南洋公学，京师大学堂次第成立后，各附有译书处，尤其是严复在南洋公学出版名译斯密亚丹的《原富》（A. Smith，*The Wealth of Nation*）等书以后，才有划时代输入西洋文化的另一异军突起。

七

总之：广学会在“戊戌”前后的西洋文化运动，其功绩实不可没，而维新领袖的康有为氏受其影响至深。至于《大同书》与其时译述的关系，著者此时以三度为国难毁家，沪上四部书斋所积存三十年的史料刊物杂志报章，悉为敌伪盗卖，散落于外，一时手边无书，无从对证。换言之：即社会主义一类的书，有无中译本或日译本为康有为陈千秋谭嗣同诸人所读过，须留待异日考证。最低限度，康氏日与诸外人往来交游，这种思想的大概，必已备闻其说。这样的肌测[①]是不会错误的。

民国三十年五月十七日午
匆匆草成于坪石镇岭皈上村何宅

（原载《现代史学》第4卷第3期，1941年）

①编者按：此处“肌测”疑为“臆测”。存疑。

新航路的发见与欧人东来之追溯①

在三保太监下西洋最后一次稍后大约十年的光景，葡萄牙人便开始寻觅海上的新航路了。原来自蒙古跨有欧亚以后，东西交通益繁，黑海沿岸克里米君士坦丁等地，皆为重要商埠。其后元顺帝退出中国以后，统治力日坏，中亚以及波斯南俄一带的四汉国，同中国也就断绝了往来。故在明太祖建国以来，中欧交通中断者约一百五十年。然当时东方货物尚可运入欧洲。据张星烺的《欧化东渐史》谓当时经由的道路有四：

第一道，经中央亚细亚萨马儿罕布哈拉里海北岸，再至黑海北岸，渡海至君士坦丁堡。

第二道，经印度大陆及印度波斯湾美梭博塔米亚梯格里斯河北至脱莱必松德（Trelrzund），抵黑海，再至君士坦丁堡。

第三道，经油付莱梯斯河至阿雷坡（Aleppo），再至安都城（Antiach），渡地中海达欧洲。

第四道，入红海抵埃及达地中海滨。

①编者按：本篇书名号为整理者所加。局部标点、外文字母有改动。

可是不幸得很，一四五三年（明景泰四年[①]），土耳其人兴起，攻陷君士坦丁堡，东罗马帝国灭亡，这四条大路，俱为土耳其人所封锁，欧洲人同东方的贸易，全为土耳其人所垄断。于是新路线的需要，自然因之而起。Hayes and Moon二氏合著的《中古世界史》（*Medieval History*）说道：

> 在欧洲方面，跟着黑暗时代而来的，是中世纪提高的文化和对于亚洲奢侈品的新需求。是以欧洲人，尤其是威尼斯和热那亚两处的意大利人，在中古时代，与阿剌伯人通商愈盛，获利亦愈厚。就是宗教上的差异，就是十字军的东征，都不能阻止奉基督教的意大利人，和奉回教的阿剌伯人互相往来。阿剌伯人向中国香料群岛（Spice Islands）和印度购买了货物，用船只和骆驼队运到巴格达或达马士革，或开罗去。又从这些地方，输送至地中海。再装上意大利船而至欧洲。关于这一点，前几次的十字军发生极重要的经济上的结果，它不但使意大利的商人能够把更多的亚洲的商品带到欧罗巴去，而且大增加这些货物的要求。从征十字军者，朝谒圣地者，和冒险者，自圣地归来后，说了许多关于东方富源可惊可怪的故事，他们逗留在小亚细亚或巴勒斯坦的时候，常常养成喜欢东方的丝绸和香料及他种奢侈品的嗜好，他们带回珍奇的珠宝和怪异的禁品，因而激动住在家乡的人们的欣羡或兴趣。这时候欧洲的财源激增，一般小康的中产阶级，以及王者和贵族，对于意大利商人所输入的货品，都踊跃购置，而且购

---

①编者按：原稿为“明景泰三年”，一四五三年当为明景泰四年。今改。

买力宏大。这种要求渐渐地超过了供给。那时商品的供给，总是有点不稳定。因为第一要靠着意大利人，其次要倚赖回教徒的阿剌伯人，最后还要靠着从远东用船只和骆驼队那样缓滞的危险的和昂贵的转运。当后几次十字军的时期，土耳其人节节前进，并在近东取得特殊的势力的时候，意大利的城市，失掉了许多它们的通商埠头，回教徒打起仗来，比经商还要有劲。所以这个用船只和骆驼队的畏途运输，变成了加倍的险恶，因为远东货物的供给更加不稳定，更加不满人意，而那种有加无已的需求，便使许多欧洲人在那里思想着，——不仅是意大利人，而且有葡萄牙人西班牙人法兰西人和英吉利人，——怎样可以直接跑到金银香料和丝织品最多的地方去，不一定要靠着阿剌伯人作媒介。

同时地理学天文学和航海学的知识，已于十三世纪时，在意大利南部腓特烈二世（Frederich II）的朝廷的奖励之下，由阿剌伯人的手里传入欧洲。尤其是罗盘、观像仪、分度器、天体日表等的使用。所以到了这时，葡萄牙遂有航海家亨利（Henry）亲王出现。接着就有了地亚士发现好望角的成功，和达伽玛直通印度洋得到新航路的事实。Hayes and Moon二氏合著的《中古世界史》说道：

葡萄牙人居于欧洲西南的极端，自然会想到开出一条新水程的。他们业经越过直布罗陀海峡，与回教徒的摩尔人（Moors）争战，并征服非洲西北部沿大西洋的海岸。为什么他们不再由水道继续南向呢？他们对于非洲大陆的全部，晓得不多。他们想像它是巨大而危险的。但是他们还梦想顺着他的西海岸驶下；可以绕非洲，然后再向东行，遵水程一直抵印度和中国。把这个梦想来实现的，便是葡萄牙王族中一个新王——亨利亲王，通常给人家称做航海家亨利（Henry the navigator，一三九四至一四六〇年），——的一生的抱负。亨利亲王自己实在并非一个航海家，可是他一心一意想发现方法，使他的国人能够最先得到世界上财富的重要部分。他在葡萄牙设立了一个训练航海人材的学校，他吸引着最有本领的意大利水手和那时最有学问的地理家来校，每年他由这里派出斗士和商人和传教师所组成的海上远征队。这些人重新发现，并置殖民地于马得拉（Madeira）和亚速尔（Azores）群岛。又沿着黑暗大陆（Dark Continent）未经航行的大西洋沿岸，一步一步慢慢驶下。

黑暗大陆的面积，比亨利亲王所悬揣的要大得许多，当他死于一四六〇年的时候，葡萄牙人不过驶下它西海岸一半的路程，但是在他死后，这种工作还继续下去。

一四八八年巴托罗缪地亚士（Bartolomeu Diaz）到了大陆极南的尖端，他命名为“暴风角”（Cape of Storms），因为他在这里碰着风暴。当地亚士回去报告他所发现的时候，葡王说暴风角应改称为“好望角”（Cape of Yood Hope），因为最后成功已有达到的希望了。

葡王的乐观态度是不错的。九年以后，在一四九七年那一年，另外一个葡萄牙的探险家瓦斯科达伽玛（Vasco da Gama）绕过好望角再向非洲东海岸上驶到了马林地（Malinda）。这里他寻到一个阿剌伯的领港者，指示路径，横渡印度洋，而达于印度。在他于印度境内科利库特（Calicut）登陆的当儿，伽玛竖起一根大理石的柱子，做他

> 发现由欧洲至东方的新航路的纪念品。他以后于一四九九年回到里斯本（Lisbon），满载东方货物，价值等于他远征费用的六十倍。

这是在三保太监下西洋末次距离不久的时候，这是空前的伟绩，自此以后中西的航路，再也关不住了。可是正当葡萄牙企图绕着非洲航行寻觅一条新路线，由水道直达远东的时候，由热那亚城里来了一位意大利航海者哥伦布（Christopher Columbus）。他是相信地球是圆的，所以忽然转了一个念头，以为由西向的海程可以直达东印度，而且航路较为捷省。哥伦布初请求资助于葡萄牙国王，国王却以为限制葡人的精力于开拓非洲附近之地，较为得许。哥伦布于是求助于西班牙的裴迪南和伊萨伯拉。卒之伊萨伯拉王后答应资助，哥伦布遂于一四九二年八月带着八十八人，乘着三只船出发，并带了一封送达契丹大可汗的介绍函，结果于是年十月十二日到达西印度群岛，即是后来的新大陆。其后在一四九三年，一四九八年和一五〇二年，哥伦布前后又到过美洲三次，携带商人和宣教士冒险家和移居者，于是欧洲人长了不少的新见闻。

其后欧洲人士渐渐明白美洲并非亚洲，而系一新世界的诧异事实。在西班牙的探险家拔尔波亚（Bolboa）跨越巴拿马地峡（Isthmus of Panama）并发现外有辽阔无际的大洋以后，于是欧洲再向前航中国的心理，更为迫切，一五一九年（明正德一四年）九月，葡萄牙航海家麦哲伦（Ferdinand Magellan）带了五只旧船，最大者一百吨，小者七十五吨，由西班牙起程遵西南向航行大西洋，经过五个星期，穿过近南美洲的南端，现时以他的名字为名的海峡，然后再横渡阔大的太平洋。一五二一年麦哲伦在菲律宾群岛为土人所杀死。但是他的船舶中有一只八十五吨重的船，却能够继续前进，绕过非洲，于一五二二年九月六日返回欧陆。这是第一次环绕世界的航行，这是惊天动地的伟绩。自是以后，不但欧洲人士有了新的世界观人生观，而我国的“下海之禁”“闭国主义”，也已为这高潮所冲激，日久便不可阻止，所谓中西文化的交流，从此酝酿成功，大有非流不可的趋势。

自从伽玛发现新航线的结果，葡萄牙的船舶，常取道好望角驶往东方并满载丰富的香料丝绸和珠宝等货物而归。基督教宣教士随同着葡萄牙的商人，得以寄身于印度，尤其是在卧亚（Goa）的市镇上。葡萄牙国王派出一位总督到印度保护通商区域及葡人的利益。在他的指导之下，商人和宣教士迅速地伸展他们拓殖和发现的事业，遂以卧亚为其根据地，并在辽东占取其他的立足地。葡萄牙商人，取得锡兰苏门答腊爪哇和香料群岛以后，遂于一五一七年（明正德一二年）到达我们中国境内的广州。《明史·外国传》称：

> 佛郎机（案：即葡萄牙）近满剌加，正德中据满剌加地，逐其王。十三年遣使臣加必丹末等贡方物，请封，始知其名。诏给方物之直，遣还。其人久留不去，剽劫行旅，至掠小儿为食。已而夤缘镇守中贵许入见。武宗南巡，其使火者亚三，因江彬侍帝左右。帝时学其语以为戏。亚三侍帝骄甚，从驾入都，居会同馆，见提督主事梁焯，不屈膝，焯怒，挞之。武宗崩，亚三下吏，自言本华人，为番人所使，乃伏法，绝其朝贡。

萧一山《清代通史》第五篇称：

> 自马剌加占领后五年，葡人剌匪尔别斯特罗（Rafael Perestrello）遂附帆船入中国，是为欧洲船舶入中国之始。

时正德十一年，西元千五百十六年也。其翌年印度总督阿布葵葵（Albuquerque）复遣使臣比勒斯，求与明廷缔约。遣卧亚市长斐迪南安剌德（Ferdinand Andrade）测量中国港湾。两人至广东，诸事驯良，地方官颇欢迎之，使碇泊上川岛（Shangchan），即欧人所谓圣约翰岛（St. John's Ialand）者也。明年，斐迪南弟西蒙（Simon Andrade）者踵至，有暴行，大为吏所恶。

这两书于欧人径航我国的东来年月，稍有出入，疑是东西记载的不同，盖无甚重要者也。

葡萄牙人东来之后，西班牙人继之，以菲律宾为其根据地。萧氏《清代通史》称：

当加罗之世，西班牙之舰队至菲律宾者三，然仅得出入其地而已，未暇占领也。及嘉靖三十五年（一五五六年），腓力布立（是为腓力布第二）（案：菲律宾群岛之名即以这王之名为名）益经营四方，逞其远略，其将勒迦斯比（Legaspi）遂以嘉靖四十四年（一五六五年）占据菲律宾，定马尼剌为列岛之都会。

这是说西班牙人最初东来的情形的。其后在一六〇二年（明万历三〇年）荷兰人创立东印度公司，通商于爪哇苏门答腊诸岛，以巴达维亚（Batavial）为根据地。高桑驹吉《印度五千年史》称：

一五九六年（万历二四年）荷兰人之回航喜望峰而至苏门答腊及万丹者，考纳辽斯霍脱曼（Cornelius Houtman）也。其后因欲直达东洋贸易之目的，建设于荷兰之诸私立会社，以一六〇二年（万历三十年）合并而为荷兰东印度会社，一六一九年荷兰创建爪哇之巴达维亚市府，为东印度殖民地之最高政府所在地。

同时英国探险家亦向东方航行，于一五九二年有一葡人大船千六百吨者，从印度归航，在大西洋上为英国船所捕获，船上满堆香料，尤其是在船上搜获文书，备知东洋贸易的密情。英人得此天惠，于接踵东来，设立东印度公司，为经营印度的基础。李长傅《中国殖民史》第四章云：

> 自一五九六年荷兰霍特航海成功时，英人亦绕好望角至印度，而与葡萄牙相竞争焉。一六〇〇年伦敦之商人设立东印度贸易公司（The Governor and Company of Merchants of London Trading to the East Indies），继[①]而类似之公司迭起，至一七〇九年遂合并为英吉利东印度贸易公司（The United Company of Merchants of English Trading to the East Indies），此为英国经管印度之基础也。初航东方之英船，为东印度公司所遣，一六〇二年由兰彻斯德（Captain Lancaster）领率抵亚齐，万丹，摩鹿加等地，一六〇三年建商馆于万丹。

其后英人叠与荷兰人葡萄牙人相冲突，扩充其势力于印度东海岸，而麻打拉斯，遂于一六三九年最早成为英国属地。

关于英荷葡东方贸易权力消长的情形英人法义耳氏（C.Ernest Fayle）说得最为详尽。氏在《十七世纪南洋群岛航海记两种》（Fryke and Schweitzer: *Voyages to the East Indies*，现有黄素封姚楠合译本）导言中说道：

> 十七世纪时，荷兰之航政商业，几为全球之冠。彼得氏于其《政治算学》一篇中，曾述及荷兰之商船，谓可载

---

①编者按：原稿此处多一“续”字。今删。

重九十万吨，英船可载重五十万吨，欧洲其他各邦之船只共计不过载重六十万吨，故“荷船为全球商业之主要运输物”。

荷兰既有偌大商舰，国境又处于纵流全欧富源大河流之汇集点，其海口已足为世界各国物产之唯一出入口，加以银行事业逐渐发展，利率逐渐降低，商法又逐渐完备，商战场中宜无敌手矣。

柴尔德氏（Sir Josiah Child）为不利颠东印度公司历史上主要人物之一，曾赓集各国商人所感觉之痛苦，大声疾呼曰：“荷兰国内外商业财货航政之发达如此神速，恐不独为今日各国之妒物，亦将为将来之奇观焉。”

溯自十七世纪初叶以来，英人以推翻葡人在东方专利权，曾备尝辛苦，但其势力终不能青云直上，超乎其竞敌之外。柴氏所认为妒物者，盖大半指东印度之商业而言也。

自伽马（Vasco da Gama，1469 ？—1524）航行远东，开拓印度航线以来，葡人固有发地之功，其得教主之特许状，保持其专权者，凡一世纪。迨一五七九年，英人之探险家德类克（Sir Francis Drake，1540—1596）于其环球航行中，抵丹拿特岛（Ternate 在西里伯斯之东），更与印度君主订约，乃开北方风云之端。一五八一年，西班牙葡萄牙二国联合，适将其遍及全球之属地，投诸英荷二虎之口。夫东方锦绣富庶之区，彼英荷新教徒，盖早已生觊觎之心，岂肯拱手让其仇敌独占？而德类克又于一五八七年夺得“山·福利普号”（San Felipe）大船，满载丝绸瓷器宝石与树胶而归，致劳傍人垂涎欲滴，对于东方之野心，亦蓬勃不可抑止矣。德氏并有笔记，将东方商业之秘密全部揭出，致兰加斯德氏（Captain James Lancaster）有一五九一至一五九四年之东航，绕道好望角而抵马来半岛与锡兰，史称英人最初东渡之第一人。虽然，如上所述，仅及英人最初东航之历史而已。至直接予英荷商人以东航之动力者，当推荷兰哈连姆城磷士哥登氏（John Huyghen van Linschoten）之航行。磷氏于一五八三年至一五八九年居果河（Goa），习葡萄牙大主教之职，著有游记，详述印度诸航线之情形，于一五九五年出版。是年霍德曼（Hautman）将军率四艘之舰出使好望角以外诸国，即赖磷士哥登氏之书作向导。迨一五九八年，磷氏之《旅行指南》（*Itinerario*），有英译本出版，为不列颠东印度公司创造之先声。

一五九五年与一六〇一年间，荷人远征计十五次，船数计六十九艘，或由好望角，或由麦哲伦海峡（Strait of Magellan）而东行，组织各种贸易公司。迨一六〇二年，联合东印度公司成立，此等公司，乃并而为一。

该公司与伦敦东印度公司性质迥异，英公司创办之初，纯系一中古式有组织的之永久独立团体，惟每次，或每节航海之资本，得藉国人投资而增加，每次营业，亦在完航后，或投资时期以结算。至一六五七年“克郎机大法章”（Cromwell's Charter）成立后，公司始成为一“联合连续永久的股份有限公司”。

公司之组织，全系商业性质，并无军事侵略之本意。经年累月，工厂逐渐增多，公司之地位日益增进，其盛衰有关于民族政策之大体，乃不得不藉外交以防御外来竞敌矣。故其专利权不严格执行，即以本国而论，十八世纪之末叶，公司犹致力于铲灭“无免许营业之商人”，至其事业渐入正轨，得渐握印度无上商权者，盖亦在新旧交替之后也。

荷兰公司创设之初，即为一大规模之国家机关，可代表国务总会，以抵御西班牙人及其他竞敌，使不致将东方胡椒香料等之售价抬高，而西方之销价减低，且得国务总会之特许，得自由作战休战与拘留外船及拓殖与造币，故其最高机关之“十七人会议”，名虽应向荷兰国务总会报告一切情况，实则已为独立机关，握远东各属之统治权，而有祖国外交军需作后盾。是以当时投资总数竟达六五〇〇〇〇〇盾荷币之巨额，约合英币五四〇〇〇〇与六五〇〇〇〇磅之间。

葡人受英荷双方之攻击，其东方霸权，大有一落千丈之势。但自另一方面观之，则葡人于初来时早已种下祸根。当时东航者非买卖之商人，盖为宗教牺牲之十字军也。当时耶回二教争斗有年，葡人之来，即欲扩张其势力，故侵占回教徒之土地，掠夺回教徒之商权，无所不为。充分言之，大凡异教之信徒，无不遭其毒害，即其所订商约，亦偏于杀戮，故其势力范围，所以能扩张至波斯湾与摩鹿哥群岛者，盖徒恃威胁而已。至于商业实业之经营，不足一述，人民全赖奴隶工作以活命，但月盈必亏，日中必昃，此短促之繁盛时代一过，其淫威恰似一场春梦，尤以与西班牙合并后，其属地之情形，更江河日下，甚至流为盗贼之巢穴，亦可悲矣。而马来半岛锡兰及印度沿岸各方，反向英人荷人联络，至是群以葡萄牙人为可憎矣。

一六一五年，荷人将葡人逐至摩鹿哥群岛以外，英人经二次苦战，亦夺得葡人在印度沿岸之海军权。一六二三年，复联合波斯人占领奥摩斯（Ormuz）堡，堡为亚尔勃寇克氏（Albuquerque）（或译亚布葵葵）于一五一五年所筑，用以防守波斯湾者也。一六四一年，荷人占领马六甲，乃得马来群岛之西入口，复历一六三八至一六四五年及一六五二至一六五八年二次大战，将锡兰之葡人完全逐出，获得土的歌磷（Tuticorin）之采珠权，一六六二年孟买又割归英有，作为"喀德邻（Catherine）幼儿之寄附金"。于是葡人在东方完全绝望。

上述各属，大半由荷兰东印度公司接收，惟亦屡经磨折，与英敌苦战多次，始得有此结果。公司最初之欲望，在得香料群岛之专买权，盖安汶丹拿特之玉桂，西兰岛之豆寇，素为东方物产中最生利者也。当一六〇九年荷属东印度第一任总督彼得保思（Peter Bath）赴任时，曾有言作座右铭曰："摩鹿哥安汶西兰诸岛之商业须属诸我公司，世界任何国家，不得侵占分毫。"氏既有此大志，莅任后，于其六年任期中，锐意经营，与诸土王缔结条约，使荷兰得握商业之专权。换言之，此数岛已变为荷兰之领土矣。

英人对此种专制政策，深为愤恨，极力反对，不许荷人霸占香料群岛，以德类克先至其地为藉口，提出要求，并斥责荷人，谓不应忘恩负义（按荷兰独立之战，英政府曾出兵相助）。但彼方反以英王詹姆士第一与西班牙媾和，为一莫大之欺诈，不愿将其辛苦经营之事业，与彼不忠实之英人分利，竟置之不理。

此后双方凭外交手段，争执不已，有时竟至公然宣战互争此香料群岛之商权，但英人终不能胜其富强之劲敌，其势力遂逐渐衰微。

法义耳氏所言是也。英荷两国商业势力在南洋群岛中对峙，迄今犹然。此外追踪东来者尚有法国，法人本于一六〇四年（万历三二年①）亨利四世治世时，已下许可设立王立印度公司之论，但这公司不久停办。明崇祯时（一六二八年至一六四二年）复屡立东印度公司，并占领马达加斯加尔岛，自是以后，遂为英人东方贸易的劲敌。其后欧人东来者尚不止此，举凡丹麦瑞典普鲁士西班牙亦均有印度公司之设，而印度遂从此成为欧人逐鹿之场了。

惟其时欧人东来，于我国的影响尚少。Hayes and Moon二氏《中古世界史》论此云：

中国受到欧洲人前来的影响，比印度还要少些。中国人所处的地位比较好些，很可以维持他们的独立，他们千百年来拥有一个很完固而殷盛的帝国，中华帝国，虽则像古代罗马帝国一样，包括好几种不同的民族和宗教，并且时时受外族入侵和强藩悍将互争雄长的内乱所骚扰，然而它的色彩鲜明的普通文化，广播于诸省和种别差异的诸民族间，实具有特别坚强的力量。中华帝国的文化表现于远近推崇中国的旧经典于学者应用一种普通文言，于某种社会的习尚，于种种艺术的样式，于民众信仰孔子的教

①编者按：原稿为“万历三三年”，一六〇四年当为万历三二年。今改。

> 训，尤其表现于崇拜祖先和崇拜皇帝这些事项上。共有这种文化的人民，中华帝国的人民，是“文明”，一切在这文化圈子以外的民族，依中国人的心理看来，都是“野蛮人”。蒙古族、鞑靼族和其他开始来侵犯中国的蛮族，最后总是成了“文明人”。这就是说采用中国的习尚，外来的宗教如佛教回教之类，传布于帝国的势力，是要看它适应于中国文化的程度。佛教是最能适应的，所以它在中国传播殊远。
>
> 我们记得一三六八年民众起义反抗外来的蒙古王朝，结果使属于本地人的明朝，据着中国的帝位。而欧洲商人和宣教士的活动，亦告一结束，一直等到十六世纪时，西部欧洲，才和中国发生新接触，就是在这个当儿，也并没有推翻中华帝国或摧残它的文明的企图。葡萄牙人于一五一七年到广州，但他们只要和平贸易，便已心满意足，而且除了在澳门小岛上面设立永久的殖民地而外，他们没有侵犯中华帝国的领土，或独立。十七世纪中英人和荷人都获得同样使用广州港口，及和中国南部通商的权利，但是他们也严格地以商业上的活动为限。

所以在这回新航路的发见和欧人东来以后，印度人在政治和经济上日见迫蹙，而我国则所受的影响尚少。Hayes and Moon二氏的论述，最为平允而有识。

虽然如此，可是这事对于西方文化的影响则巨大，桑戴克氏（Lynn Thorndike）《世界文化史》（*A Short History of Civilization*）第三十二章说道：

> 从前西方虽与东方互相往来，互相贸易，甚至知道东方的情形，然其关系决不像这次直接、稳定，而且长久。

至于非洲的南海岸，及印度太平两洋的辽远区域，更是到了此时才有欧人的足迹。自有史以来，决没有谁像这次一样环游全球，绕行大洲，从此游牧民族的势力，便完全让给航海的人们，世界大事，悉以海洋为中区。十五世纪时，葡西人民驾了船首与船尾都翘起的轻快帆船，即能作深海的长途航行，哥伦布所乘的海船，只有一百二十八呎长，二十六呎阔，载重二百三十吨，伽马的虽然大些，但也是旧式海船。自研究了东方的药材，发现了全世界的动物与植物，观察了另一半球的天文现象，以及增进了地理知识以后，科学的领域遂随之而扩大，怪病与奇异的气候，激动了研究医学的兴趣。新的国家，相继得势，殖民帝国与商业帝国，先后建立；伟大的经济组织，粗具雏形。新的陆地与新的海洋，刺激着冒险精神与丰富的想像。其学亦因之而受影响，艺术所受的影响虽较浅，然在华民的“马诺厄尔艺术”（Art Manuelina，因为葡王中有一个名叫马诺厄尔一世Manuel I，一四九五年至一五二一年，故当时的艺术即称马诺厄尔艺术），里面依旧有着印度和印度洋的影响。十七世纪末叶，欧洲人酷爱东方的艺术与货物，——磁器，织物，漆器箱笼，以及衣柜等等，同时中国人亦模仿西洋文化。在另一方面，自海权扩张，新地开扩以后，不良现象便随之而生。“骄傲，偏见，怠惰，及夸大心理，日益增高。商业主义与土地占有欲，日益发展。同时又养成贪财风气，藉剥削土著及非欧洲人的产业，以逞私欲。”此外可悲的现象，更有雪浮特（Shepherd）所说的：“因与弱小民族接触而发生的不道德，半开化民族的不幸，对待奴隶及‘退化’人种的不公与残忍，及土著受骗而后签订的不平等条约。”

欧洲人在新航路的发见以后，其世界观人生观顿起变化，诚有如桑戴克氏所说云。

这是拙著《中国域外交通史》下册的第六章，因与现在印度洋时局颇有关系，足供参考，故抽出发表。著者附注。

（原载《现代史学》第5卷第1期，1942年）

世界大战后之越南[①]

一、楔子

亚洲的印度支那半岛，其复杂的情形，说者谓与欧洲的巴尔干半岛一般无异，它的种族语言、文化、宗教固然各种各色，各有不同；而政治、外交上的纠纷，军事势力纵横捭阖，尤与巴尔干的复杂情形相似。自中日战争爆发，欧战复发，尤其是法兰西投降轴心以后，日本法西斯首先攫取越南泰国的实力以为先发制人之计。这个半岛简直是一个急待爆烈的火山，自一九四一年[②]冬太平洋战争爆发，自英军相继退出香港、马来亚、新加坡、缅甸以后，这座火山已不绝地喷火燃烧起来。最近日本法西斯魔高十丈伸手探取印度，以至英军反攻缅甸，这燃烧可说是已达到最高度的了。故战后的和平问题，或者退一步说，战后的亚洲和平问题或太平洋上的和平问题，简直就是印度支那半岛的处理问题。如果这问题解决得妥当，世界

---

①编者按：本篇书名号为整理者所加。局部标点、外文字母有改动。

②编者按：原稿为“一九一四年”，当以“一九四一年”为是。今改。

可长享安宁，否则解决得不好，或竟至不能解决，我敢断定一二十年后，人类必至再演屠杀。

竺藕舫（可桢）师在《中央周刊》四卷五十期所发表的《世界大战后的越南》一文，自然是高瞻远瞩最有眼光最有见解最足以唤起世界人士极大注意的大文，著者离开师门已是二十年了，自愧不能长进，谬膺大学讲席也十七八年了，刚巧这回在国立中山大学史学系又讲授越南史（国别史之二），所以一读师论，便引起极端赞仰，得闻师言，如亲欣謦，著者这时的心情彷彿似之。

案竺师原文大要分为四节：

甲、越南与中国历史上之关系

乙、越南与中国地理上之关系

丙、越南与中国经济上之关系

丁、越南与中国国防上之关系

就此四点，历历陈述越南与我国确切有不可分割性；其结论主张“同盟如得胜利，则和会中吾人应力争越南之独立，如因越南民族尚无充分之预备，而须另一国家暂为代管，则我国当仁不让。即越南民族，亦必乐于重归祖国之怀抱也”。竺师所论，确是至理名言。而要言不烦尤为著者所五体投地。然兹事体大，非要言所能尽，著者拟不厌求详，于竺师所论四点外，再就民族、文化、政制各方面为师论广而言之，以告世界人士之关心这问题者。并乞竺师不遗在远喟然叹曰：“吾党小子狂简，斐然成章！”于酌给及格考分之外，而思所以裁之，不胜幸甚，至若因竺师与著者的一点小小意见，而引起举世史地学者的考证撰文，更进而成为一种强有力的舆论，尤为著者所乐于拜读的。

二、越南与中国民族上之关系

越南民族，向称复杂，虽其土著，即安南人所谓蛮土人种，有：黄麻、赤蔓、冲毛之分，然近世史蒙如日本的引田利章仍谓其人种的由来不甚可考。一[1]其故实缘于亚洲各民族的习惯，禁掘古墓，我国发掘事业仅兴自近十余年间，南亚诸民族如泰国、缅甸、尼泊尔等族，尚无发掘成绩可言，印度、马来亚及越南虽赖一二西洋学者为之发掘，然其幼稚恐不亚于我国的史前史。故欲澈底明了越南土著民族的情形，尚无把握。今幸地不爱宝，我国南部西南部自广东、广西、贵州、云南诸边省以至香港、越南等地出土石器铜器渐多，已足以证明南方的古中国人逐渐南迁，由两广云贵等地推移以开辟越南缅甸泰国及马来群岛，后因天气酷热关系，肤色稍变而为马来人种及越南等地原始土人。故这时而欲证明越南与中国民族上的关系，已有可能。著者现欲从考古学、民族学、史籍记载三方面证之。

考古学的材料，大略可有两种，一为石器，一为铜器。以石器言，前数年越南及马来半岛出土的石兵，如中石器时代的刻花纹石兵具，及新石器时的腰形石斧（即腰向内凹）等颇多，与吾国广西、四川、新疆、蒙古、宁夏、东北四省等地出土的石兵，同其形式，同一渊源，足证为一民族所用器物无疑。亚洲各民族的文化艺术的相互关系，亦往往由其石兵的研究而获得陈迹。石兵如近年爪哇出土的旧石器时代石兵，颇似吾国

---

[1] 编者按：原稿脱漏附注一，按附注一内容，似应置于此处为妥。今补。

西北方面出土之物，考古学家正在研究。最近杭州出土的小脚形石斧与十余年前越南、东京、东山（Dong Son）出土的石兵，酷相类似，宛如一手所造成的。六七年前广西出土的中石器时代的深刻花纹石兵器，与安南及马来半岛出土的石兵其原始艺术，颇相类似，同出一源，极有关系。又如蒙古、新疆、宁夏、西康、西藏及马来半岛等地出土的腰形石斧形式相同，其来源出于一文化相同的人种，即同种的人群，渐渐可以证实。[二]最近广东南部海丰及香港石器时代的发现，据芬神父（Daniel J. Finn）转述纪登博士（Dr. Robert Heine-Geldern）之言，谓第二次太平洋上移殖民族，使用肩斧（即腰形石斧 Shoulder ex-axe），似为蒙古种并为澳亚语言始祖（Austro asratic），为原始马来族及安南族，曾散布于外印度（即安南）及华南沿海一带。第三次移殖，为应用四角剖面石斧民族，似由西南大陆（即今云南，或附近各地）经云南边界而入安南，沿湄公河乘桨叉小船（ulrigger）而下。此次移殖文化遂与第二次①者沟通。但在此前有一支已进展至未开化的马来群岛，此支移民改良原始式之桨叉船而为今日马来的独木舟，因成为两种民族。[三]以铜器言，铜兵如斯基泰式（Scythian）的青铜刀剑，则确曾遍及亚洲各地，是否直接来自西北，抑受周代文化的影响，而由其居间转递者，虽尚未确定。而两广、湖南、云、贵出土的铜鼓，前后不下千余，全数悉与越南所出土者为同一系统，同一形式，同一花纹，同属没有文字的铜器。铜鼓确为我国南蛮发明创制之物，已经中外考古学家所公认。甚且谓吾国苗族及越南、缅甸、泰国为铜鼓民族者。[四]是从考古学上所见越南原始土著与

---

①编者按：原稿为“第次二”，当以“第二次”为是。今改。

中国南方土著确有亲属关系可知。

自民族学言之我国南方的苗自称为mun或mon等名。《书经》称为三苗或有苗或苗。《山海经》论三苗国一曰三毛国，“毛”字发音为mao与苗音miao相近，故得通用。又苗人自称其部落或民族为mro，今越文民族其中尚有不少自称为毛罗（mro）的，仍然沿用旧名。[五]中文字音有限，只能译音为“苗”，或彼等昔日自称为miao，汉族初与彼等接触遂以其自称之音相近似的“苗”字以名之。我国古时总称南部的蛮族曰蛮（mon），称福建省附近的民族曰闽（min），均与miao、mun、mu等音相近。且现今越南尚有自称为man的民族居住。[六]可见其在上世，分布甚广。又其所用语言，与苗族相类，李济谓属蒙克麦语[七]，林惠祥谓为胶着语[八]，虽主张上各有不同，而皆谓两者的语言为同一系统。而马来语与此略远，则以语言的叠经化分与混合而不同，多少受了太平洋上其他岛民的影响。据现时西洋学者所研究，其中仍有为苗族语言的成分。[九]其他如骨骼、颜面、风俗、习惯，亦多相同，西洋学者正在研究中，未有一致的结论，暂且不说。故从民族学上所见越南民族与我国民族有甚深的关系可知。

自史籍记载言之，近世关于越南文献的研究，以法国汉学家为最博最精，尤其是河内的法国远东学院的一班学者。今据前远东学院院长鄂卢梭（L. Aurouseau）的《秦代初平南越考》所称：秦人军事未南下以前，浙江南部、福建、广东、广西、东京的平原，同隘云山以北的越南地方，当时皆属越人居地，谓之百越民族。又四川的南部，云南、贵州同东京（明河红河黑河等流域）的北部，皆是“西南夷”（罗罗苗子摆夷等民族）繁殖的地方。百越民族在公元前二一四年为秦始皇所平定，西南夷则到了公元前二世纪末年，乃为汉武帝所略并。隘云山以南，沿海的马来群岛土著，必尚未为越人驱逐到安南山系的高原之中。当时越人移殖到承天、沱瀼等地以南的，必定很少。因为三百年以后，广南全省尚属象林徼外蛮夷最北部落所繁殖之地方。这些蛮夷就是建设林邑国的祖先，占波人就是他们的后人。这些蛮夷在公元前三世纪最后二十五年中，是否已经到了越南中部，抑是否未逾伐勒拉角以北，抑是否尚与后来建设古罗（Kauthare）国同更晚的宾童龙（Pandaranga）国的种族密切联合，鄂卢梭氏以为这些问题均难断言。但以为越人所占地方之南，一直到伐勒拉角，所居的是无联络的马来群岛部落。后来为南下的越人，或北上的占波人所驱逐所吸收。[十]其实鄂卢梭氏所难断言的到了现在皆已不成问题，所谓马来民族与越南土著之于我国南方的古中国人，即苗、徭、罗罗的亲属关系不过有远亲与近亲的分别，而并非根据本上两者不同的民族。秦汉象郡的郡界虽不易考定，然公元前一三〇年时汉武帝欲通身毒国，乃先平定“西南夷”，迨至罗罗族的滇国与苗族的郎国降伏以后，象郡地必为中国所需交通的孔道，或者南越的象郡郡守，即于这时以郡归汉。[十一]故今日越南北圻及中圻全境的开发，我先民族所胼手胝足所出的力量，最低限度，当在秦始皇晚年至汉武帝平定“西南夷”之间。何况越南古称骆越，与于越、瓯越、闽越、南越、扬越（似在今江西地方）、山越（在今江苏、浙江、安徽、江西等省地）等有同为越种的传说。[十二]而今日苗族的地理分布，以贵州①为中心，一方面延及广西省境以至广东省北部，他方则达云南的东部并延至东

①编者按：原稿为“贵洲”，当以“贵州”为是。今改。

京的北部[十三]，所以越南民族为苗族的一支，可说亦毫无疑义。梁任[①]公师谓百越与群蛮可云同系，或亦合称苗越[十四]，其言不为无因。《尚书·尧典》有“宅南交”一语，《墨子·节用篇》谓昔者尧治天下，南抚交趾，为我国最早最可靠的实录。惟交趾疆域未详所属，或谓即今安南[十五]，或谓并言今之两广[十六]，以汉交趾郡证之，殆止为今日北圻之地。交趾之南又有越裳氏，周初裳入贡职。[十七]或者谓其时吾国只不过羁縻勿绝而已，吾国确有其地，当自秦汉时始。然即以秦汉时而论，竺师谓越南的北圻自秦迄宋为我国的州县时代已及一千一百八十年，自宋迄清，为我国藩属时代凡九百二十年，其历史可谓长远极了。现在河内法国远东学院院长伽[②]节（M. L. Cadiere）所撰《越南历朝世系》，有名于时，其始列庞鸿氏时代蜀氏时代，有相传建国二千六七百年之说[十八][③]，这是根据陈氏王朝官修《大越史记》而来，为其国家观念逐渐发达以后所杜撰，与朝鲜史上檀君时代日本史上神武天皇时代所说相同，为远东民族杜撰古史的通性，不足据为典要。此外迦节所述历朝世系，最可信赖的，自应以丁氏先皇帝丁部领时为始。故从史籍上记载所见越南民族与我国民族殆有不可区分的关系可知。

三、越南与中国文化上的关系

两国文化上的关系拟从宗教、文字、文学及建筑、工艺、

---

①编者按：原稿为“在”，当以“任”为是。今改。

②编者按：原稿为“加”，当以“伽”为是。今改。

③编者按：原稿此处标注“十七”，因上文已有“十七”，故此处应为“十八”，下文“十八”应改为“十九”。今改。

美术各方面说之。越南的宗教大抵北部与我国相同，南部则略与印度相近。据《三国志》所称许靖避董卓之乱，来居交州，其亲族附从，为集团的移住，是为儒教传入之始。其时中原扰攘，交州较为安靖，太守士燮又谦虚下士，喜延宾客，其兄弟并为列郡，皆能善加庇护，中国教化，遂以盛行。同时神仙之术，长生之道，亦以渐流入。而在学术上享盛名的牟子博亦居交趾，以不满足于老庄之说，皈依佛教，著《理惑论》一书。[十九]三世纪有康僧会、畺良娄至、摩罗耆域、丘陀罗等，为越南初期佛教布教的高僧。及至四五世纪，佛教遂以大盛。惟南部则以承受印度文化较早，印度教及佛教信徒较多，今日就其供神的殿堂遗址观之，亦可以想见其往昔的兴盛。李朝陈朝，佛教更盛，今日游其寺院，宛然与我国伽蓝无异。以言文字文学，则自秦汉统治以来，早已传入。汉间三郡后，不惟抚有其地，并能开化其民。故其语言文字，一切同于中国。及后独立为国，拓地渐广，杂以真腊、占城、老挝、柬埔寨的习俗，而语言文字，渐歧为二。一则公文史志所用，多是中国古昔的语言，文字亦用中国的文字；一则日常各人所谈话，或用中国语，或原本中国，而杂以古昔交趾各部落的土语，别为一种。虽亦用中国文字，而大变它的写法，其音不用中国音，全用土音，即所谓“字南”。[二十]直至法人吞并以后，乃用政治的力量，变更其文字，以罗马字拼缀安南语，谓为安南国语，这是近数十年以来的事，近且以法国语搀杂其中，然其成分，尚含有不少的广州话、潮州话、客家话、琼州话和厦州话融和在越南的土话里，这是可以分析得出的。至其文学著作，流传于今日的以诗文集为最多，史籍次之。据其历朝宪章类志文籍志所载，陈朝名著，有卅八种，一百廿四卷之多。上而君臣，下而僧侣，皆能赋诗作文，与中国学者无异。黎朝文献，比陈朝存者更多，文学史学，多足称述。其中如《蓝山实录》《洪德版图》诸史地书，竟是仿效中国的史籍体例而作。君臣唱和的诗集，盛于往代。《大越史记》全书凡历二百二十年（一四七九——一六九七）而成，亦撰修于这时。一九三五年河内远东学院所刊布Gaspardone氏的《蓝山陵墓碑文写真册》（*Les Stelos Royals de Lamson*），其碑文及所刻龙纹，全属中国样式，而律例等刑法书，亦大体准据中国法典。及至阮朝，外患日深，而明命嗣德诸帝，更不惜以全力保护汉文化，成书亦多，意图以此反抗法国文化的侵略。《大南实录》《大南会典》《大南一统志》《历朝宪章类志》诸巨著，及为普及教育用的《国朝（阮朝）史撮要》、《中学越史撮要》、《大越史约》、《皇越地舆志》、《嘉定通志》、《南国地舆志》、《桑沧偶录》[①]等精要本，先后也于此时急促完成。今日顺化王室古学院的藏书目录及河内的法国远东学院图书馆所藏安南本的搜集，所见阮朝出版汉文书籍之夥，殊足惊人。读者试闭目静思越南朝野上下为救危亡，为留民族意识，其所用为著作的工具，亦只有中国的语言文字，则其关系之深为何如乎？至其建筑工艺、美术，则为中国建筑、美术、工艺的外延，兼育有越南的特殊风土及西部南部接壤的印度文化，而稍带有不同的形式。近日清化出土的陶器，为从汉式至宋式所蜕变，颇惹考古学者的注目。青磁陶器的年代，大略比定于陈氏王朝，而大罗宦址出土施釉的残砖，可视为陈氏王朝以前的器物。李朝建筑，则今日河内的

①编者按：原稿为“《桑拥偶录》”，当以“《桑沧偶录》”为是。今改。

文庙，岿然独存，足资研究。除民间板屋低矮，陋劣当另解释外，其林泉的幽美，宫殿的华丽，大都仿中国式而为之。[廿二①]惟其不及占婆与柬埔寨建筑美术的发达，则可断言，这或者因文化来源略异的原故。其他各种工业：纸与陶器及织染各物，大都仍存村落手工业的旧体，饶有古代产业的趣味，又与中国内地农村无异。故仅就越南文化与中国文化的关系而言，实远出新近着力开发的边省之上。

四、越南与中国政制上之关系

越南自古属于中国，故其文化一般上，几与中土无异。兹复欲说明两国政制上之关系，史籍的记载尤多，拟分政治思想，政治制度和行政实施上的田制、赋税、贡举、兵制、刑法等方面述之。越南开化稍后，过去无甚哲学家政论家，根本就无所谓政治思想。其忠君亲上的见解，乱臣贼子的口诛笔伐，大悉是沐浴了儒教文化以后所生的信仰。宋代以前几与中国无异。《越史略》记历代守任八十三人，《安南志略》增至一百四十九人，又羁臣三十四人，其越人受中国爵命者五人，仕于中国者七人，忠臣武士节妇名僧的著名人物十余人。故其思想哲学，疑必是一切同于中国。独立以后，奉藩维谨，朝贡不绝，事大的观念，历世不渝，每有乱臣贼子敌国外患，必不惜千辛万苦，求援于中国为之诛罚征讨。如我们必欲明白越南人过去的政治思想，大约这是最具体的说明。至于政治制度，则自丁氏王朝创立以后，为中央集权的君立国。宋范成大《桂

---

①编者按：根据附注，此处似应为廿一注所在处，然后文又缺廿二注。存疑。

海虞衡志》记其国政制，有内职、外职：内职治民，外[①]职治兵，其名称品位，选举铨叙，舆服仪卫，全然仿自中国。李朝职官，大都仿宋官名；陈朝官职，略参元朝。黎氏、莫氏，损益甚微。阮朝统一，于中央置吏、户、礼、兵、刑、工六部，以其各部尚书等组成内阁，于御前审议庶政为行政最高机关，俨然与清廷无异，而同出于明制。地方行政划分全国二十三镇，四营二道，镇置镇守，营置留镇（留守），下设助理财政，和主理司法的人员。东京为黎朝旧，更登用黎朝旧臣，稍稍斟酌当地情形以为施政。交趾支那地方为新拓的殖民地，则划为特别区。前者称为北城总镇，即今河内；后者称为嘉定城总镇，即今西贡；设置总督。中法战役结束，越南与中国断绝关系以后，法人任意易置其君，变更其政制，统治政策，时弛时张，越南志士不绝地进行独立运动，仍时刻与中国革命同志保持联系，盖亦以十余年来政制相同，而思追纵母国，求一革新重兴的机会。

至于田制赋税，陈朝以前，文献无征。陈朝时则有公田、民田之分，计亩征实，其法大都采自中国。税制则有田土者从人丁出钱粟，无者全免，与一鞭税法相同。民丁徭役，亦深符中国力役之征之旨。黎朝土地制度，户籍税法，更备于前，贫富相资，轻重相等。晚季郑氏执政，曾一度施行租庸调法，模仿唐时。阮朝因之，或沿或革，要不出中国成规之外。

其以科举取士，三岁一选，试诗赋经义，并赐及第出身，有状元、榜眼、探花之称，其事始于李朝，直至一九二〇年乃废。又往往建国子监，教导贡生。兵制大率为征兵制，但

---

①编者按：原稿此处脱漏一“外”字。今补。

亦时有兴革，兹不细述。刑法有法有例，大抵是保护男权。刑罚分为数种，有：斩、绞、杖、棒、镇、流、徒之分，皆与中国旧例无异。故从政制上所见，越南与中国尤有不可分别的关系。

五、大战后之越南问题

越南问题，既为印度支那半岛（远东巴尔干半岛）首先碰到而急当解决的问题。大战以后，同盟国获得胜利，自由法兰西始能得到机会重新建国，是否需用盟国方面为之提挈，尚成问题。且征之过去五六十年间法国在越南统治时代，一贯的政策用浮浪少年，苛征暴敛，鱼肉越南人民，民族间的恶感已至无可调解，即无这次世界大战，越南人的反抗革命，不久亦必发作。故大战后，断无重归法人管理之理。日本战败后，其国内民主势力必然抬头革命，能否建国，尚成问题。日本为日本人的日本，而亚洲则必非日本人的亚洲，国际上已成定论。我国人收复一切失地，现时日人所横领我国的琉球、台湾、澎湖、东北四省以至东南沿海各地均须退出。则越南一地断无由日本人继续横领之理。是越南应于战后急速独立，已为铁定的事实。战胜国家亦无不明白此义。竺师已根拟《大西洋宪章》一、二、三条为之推定。而我国与越南的关系，竺师就历史、地理、经济、国防四点为之说明，著者复不揣固陋，再就民族、文化、政制三点为之，条分缕晰，源源本本，和盘托出，其两者关系的深切，已非美国与菲律宾所可比拟。则扶助越南独立，除中国外，确不能另觅一适当的国家。最近国际间有拟以越南换东北四省以图速决太平洋问题者。惟此事殊非我中国抗战的初意，东北四省是我中国的生命线，是整个细胞内不可分割的部分；越南则如分殖性的新细胞，最近千余年来久已与我中国保持宗主国与藩属国的关系，如非由越南民族投票公决，我国决不视同失土而恢复之。最近我国舆论界纷纷撰著辟孤立主义的论文，为的就是继续保守我们抗战的初旨。战后自由民主的中国，正如蒋委员长所昭告于世人者，决非闭关主义的中国，更非帝国主义的中国。吾人所有富饶资源之开发供给，必将使中国成为世界经济合作的要员；而吾人固有和平思想的发扬光大，亦必将使中国成为国际和平重建的要角。[二十三]故我国抗战的最终目的，在使“日本为日本人之日本”，而“中国为中国人之中国”。至于越南民族，在我中国人视之，一如哥哥之视弟弟，惟欲其早独立，早能自行走，免至失足，免至危险，免受强暴所侵凌而已，我国六年来的抗战，六年来的反侵略战争，六年来的反轴心，反法西斯强盗，也不过如是而已！

著者深恐战后越南不能独立，印度支那半岛不得合理处置，太平洋上不免再度大屠杀，心所谓危，故为竺师所论，广言之如此，惟愿关心此问题者切实考虑之！

三十二年二月二日

附注

一、见柳翼谋师所著《南亚各国史讲义》，转引引田利章《安南史》。

二、见周纬《亚洲古兵器与文化艺术之关系》页七至页九。

三、见芬神父《香港舶辽洲史前遗物发见记》(《香港自然科学杂志》)及纪登博士《亚洲东南部后石器时[①]代之遗物》(《人类学杂志》*Anthropology*，190，Vol.XXL)。

四、详见拙著《铜鼓考略》(以上二种均为上海市博物馆丛书)及谢彬云《南游记》一二五页。

五、T.de Lacouperie，*The Language of China Before the Chinese*。

六、见鸟居龙藏《苗族调查报告》第三章。

七、见李济 *The Formation of the Chinese People*。

八、见林惠祥《中国民族史》。

九、见同上注三条两书。

十、见鄂卢[②]梭《秦代初平南越考》。

十一、说从马伯乐(George Maspero)《秦汉象郡考》。

十二、详见鄂卢梭《安南民族之起源》。

十三、见鸟居龙藏《苗族调查报告[③]》第二章。

十四、见梁任公师《中国历史上民族之研究》。

十五、见黎越《安南志略》。

十六、见徐延旭《越南世系沿革略》。

十七、见刘恕《通鉴外纪》。

十八、见冯承钧编译《史地丛考续编》。

十九、参阅汤用彤《汉魏两晋南北朝佛教史》。

---

①编者按：原稿此处脱漏一“时”字。今补。

②编者按：原稿为“庐”，当以“卢”为是。今改。下文附注十二照改。

③编者按：原稿为“哉”，当以“告”为是。今改。

二十、梁任公师《安南小志》。

廿一、见伊东忠太的《东京之建筑》(《东洋学报》二卷二号)。

廿二、见松本信广《印度支那之文化》。

廿三、见邵毓麟《如何解决日本事件》(《大公报》桂林版三十二年一月十四日星期论文)。

(原载《时代中国》第7卷第2期，1943年)

朝鲜的过去与未来①

一、朝鲜文化为日本文化的老哥

日本考古学权威滨田耕作在《东亚文明之黎明》一书中尝称中国文化为日本文化的母亲；朝鲜文化与日本文化同为我国文化东渡后所产生，而且先到朝鲜，再由朝鲜渡海传到日本，故依据滨田的看法，朝鲜文化当为日本文化的老大哥。读者如果不信，待我在历史上找些根据给你看。东方史家有一种习惯，对于古代如不能解释清楚，则硬做一个谣言，说是什么神开始创国，即所谓神话时代，后世谓之传疑时代。我国在汉魏以后便有所谓盘古氏开天辟地，安南史家便有所谓庞鸿氏时代蜀氏时代，朝鲜史家便有所谓"檀君"时代，日本史家便有所谓神武天皇为人皇第一代之说。不过日本史家谣言造得多些，立意与别国夸嘴，一直从神武天皇造至仲哀天皇，多造了十四代。我现在据《古事记》所说，第十代崇神天皇活至仲哀七年乃死，而仲哀天皇活至应神天皇三十三年岁次壬戌六月

①编者按：本篇书名号为整理者所加。局部标点有改动。

乃死。查本庄可宗《世界文化年表》崇神天皇在位六十八年，下距仲哀七年为二百二十七年，则其人非活至三百余岁不可。仲哀元年至应神三十三年为一百一十一年，其间为神功皇后摄政，以一废君养活亦不应如是之长，而且垂仁天皇在位九十九年，求之世界史书亦无其例。举此矛盾数例，便可见其谣言漏洞之多，神功皇后为女君治国，尚未脱离女系时代。照我的观察，日本历史应从神功皇后时始，始稍具部落政治形式，自此以前，全属人工伪造，不可相信。近来日本史家亦知如此伪造，未免太长，令人难以相信，故吉田东伍主张神武天皇即位应移后二百三十五年，在我国春秋时代之末战国时代之初，但是如此亦不能令人相信。那珂通世又主张神武天皇应移后至公元前六十年，即汉宣帝神爵二年，那珂为史学重镇，所言似属合理。神武摄政始于公元二百零一年，即我国东汉献帝建安六年，上距神武天皇之世为二百六十年，以二百六十年为神话时代，其后渐入历史时代，与今日出土汉倭奴王印及《后汉书》所称桓灵之间，倭国大乱，互相攻伐，乃共立卑弥呼为王之说相合。新近日本史家高桥俊乘以著《国民日本历史》一书，受大正天皇特奖，以善于维持旧说，平明稳健称于时，其中三、四、五章解说神武崇神垂仁成务四皇，仅薄薄十四页书，几乎艰于造词，这可见谣言之难于巧造了。

查神功皇后摄政时，朝鲜半岛北部已有高丽，东南部已有新罗，西南部已有百济，为三国鼎立时代，上距箕氏王朝开始时公元前一千一百二十一年，为一千三百二十二年。林泰辅《朝鲜通史》谓：

古代朝鲜之兴起，当然受中国之影响，亦可谓汉民族之力而开拓者也。中国为东亚最古之国，至少距今当不下

> 四五千年。朝鲜虽不及此，当亦在三千年以上无疑。旧说：当中国唐尧之时，有神人降于太伯山（平安北道妙香山）檀木之下，因名之为檀君。此为后世佛教家附会之辞，殊不足信；然谓殷之箕子避地于朝鲜者必非无稽之谈也。

以文化开始早了一千三百二十二年的朝鲜，还不可称为日本的老大哥吗？然即舍此书本上史料不论，在今日考古发掘中，也有不少材料可以证明。日本考古学后起之俊梅原末治在其所著《从考古学上考察出来之古代日鲜关系》一文中说道：

> 在畿内大和发掘之铜铎形状，类似先秦时代之古钟。近年在朝鲜庆尚南道庆州入室里发现之四寸许之小铜铎及蒲鉾缘细纹镜，与大正七年（一九一八）在大和国葛城郡吐田乡发掘之遗物实属相同。其制造均受中国文化之影响，恐此先行之于辰韩，然后传至日本。

日本史前史滞于石器时代，石铜时代为时极短，忽然突进于铁器时代，这显然是受了我国文化东被的影响，由朝鲜半岛渡海以传于日本。梅原氏所言，是用科学方法整理出来的。其他考古学者鸟居龙藏喜田贞吉等亦咸谓此种古型铜铎，初由中国传至朝鲜半岛，继由朝鲜半岛传至日本山阴等地方，然后渐次东移至本洲腹部。其言可信。近来徐福东渡之说，在日本史学界里大有死灰复燃之势，日人栗山周一氏所著的《日本阙史时代之研究》第二章云：

> 铜铎民族之兴盛时代，概以西纪前二百年前后为中心，而上溯至西纪前四五百年；从此点看来，但马民族说及秦人说，确是最有力者。……换言之：秦代灭亡固不出西纪前二〇六年，而秦之大举由半岛南下，沿山阴之交通线而繁殖于近畿之中心地域者，似亦以西纪前二〇六年为

中心。

栗山氏又谓：秦汉人的渡涉年代，概在石器时代后期乃至古坟时代，非在石器时代。当时日本民族虽尚为石器时代人，而渡至日本的秦汉人，乃为由铜器时代渐移入于铁器时代民族；故日本太古文化为秦汉人所支配。这种主张，殊为公允。故即就地下史料言，朝鲜文化亦非为日本文化的老大哥不可。

二、任那府的设置与毁灭

日本虽为后起之国，然其侵略大陆，却为时甚早。彼邦史家谓在日本崇神天皇时，半岛尖端的任那曾遣使苏那曷叱知至日本乞镇将，日本以盐乘津彦命镇守之，其说虽不足信；而日本之侵略大陆，则确是首先侵略任那，其事至迟当在神功皇后之世。韩人金泽荣《韩国小史》称：

> 东汉光武建武十八年（公元四二）春三月，驾洛国始祖金首露立。……其弟五人分为五加耶：一曰大加耶（今庆尚道高灵县），一曰小加耶（今庆尚道固城县），一曰阿罗加耶（今庆尚道咸安县），一曰古宁加耶（今庆尚道咸昌县），一曰碧珍加耶（一作星山加耶，今庆尚道星州）。

林泰辅《朝鲜通史》亦云：

> 介在三国间之小国小部落，次第被灭，其中至后世仍存在者驾洛任那而已。驾洛之始祖名金首露，金首露登龟峰望驾洛之九村而始开国，在今庆尚道之金海郡，其有称为伽耶加罗狗邪者，皆同语异译也。……总称此等亦曰驾洛，即古之弁韩，而日本称之为任那十国者。其国在新罗之西南面相接壤，故与新罗或和或战之关系尤多，大伽耶又名任那，此国与日本关系尤深。……要之，或曰驾洛，

或曰任那者，其所指有广狭二义，或指一部，或指全部，其名义虽不同，其地方则大概同一也。

这是说明驾洛开国和其所在及分布的情形。其他朝鲜史书，或云五伽耶，六伽耶，或云浦上八国，其数多少，不能一定。柳翼谋师《朝鲜史讲义》云：

当三国鼎立时，新罗之南，别有一国曰驾洛，亦吾国种族也。其国数与新罗相攻，后亦属于新罗。日本神功皇后之攻新罗也，侵降大加耶等部，置行府曰任那。倭之常助百济攻高勾丽者，以有任那为转输之地也。

案神功攻新罗系在蜀汉延[①]熙十年（二四七），其侵降大伽耶等部，亦当在这时。

日本既在任那设置官府之后，经营不遗余力。今检《日本书纪》所载最多。先是，百济初都汉山（广州），至公元四七五年移都熊津（公州），至五八三年，更移泗沘（扶余），此为最后之都。百济三次南迁，大约是受了高勾丽南下压迫的原故。因此任那的领域受到影响。日本史称百济既迁熊津之后，“天皇闻百济为高丽所破，以久麻那行赐与汶洲王，救兴其国”；并以经营三十余年久已有名的任那四县上哆唎、下哆唎、娑陀、牟娄，及己汶（南原地方）、带沙（河东地方）等地割与百济。日本救兴百济，有无其事虽不可知，而所谓经营三十余年，则疑是事实。其次新罗方面情态如何，亦当略述。新罗都城自国初立国以来，始终未移。惟其都城庆州与任那的本源地洛东江江口西岸之地极为接近，日本为经营任那之故，常与新罗为地域的争夺战，在日本文献中，“新罗不朝”四字

---

①编者按：原稿为“廷”，当以“延”为是。今改。

层见叠出，便可以推知了。即以神功皇后征伐新罗而论，也有好几次了。直至六世纪时，日本继体天皇遂破灭南加罗（金海）喙（大邱）己吞（庆山）三国，于是倡为“复兴任那”之议，与新罗构怨。新罗攻锋，向洛东江下流江口方面进攻，上臣伊叱夫礼智干岐（异斯夫）遂有抄掠四村之举。四村者，一说谓为金官、背伐、安多、委陀；又一说谓为多多罗、须那罗、和多、费智。大约任那的本源金官加罗内属新罗之时，至迟不得过公元五二九年（梁武帝中大通元年），据朝鲜史书所载，驾洛灭亡年代有二：一是法兴王十九年（公元五三二，中大通四年），一是真兴王二十三年（公元五六二，陈文帝天嘉三年）。根据近今学者所研究，前者为金官加罗的灭亡，系因驾洛国王金仇衡见新罗日强，度难自保，举国归降新罗的原故。后者为高丽的大加罗的灭亡，系新罗进攻任那日本行府，此时破灭任那，摧毁倭府。日本史书于钦明天皇二十三年（五六二）明白记着“春正月，新罗打灭任那官家”，便是这事，任那中心大约移于安罗。残余诸国散在洛东江中流东岸山地，只有加罗，安罗，斯二歧，多罗，卒麻等数国而已。其后不出三十年顺次为新罗所并，日本虽屡与争，不能得志。这便伏下后来唐高宗龙朔三年（六六三）日本大败的张本。

三、唐高宗龙朔三年战役

所谓任那日本府，原是日本蚕食朝鲜半岛的总机关，同时并在任那各国遍置日本宰守，如哆唎国司穗积押山，即其一例。及金官加罗附属新罗，任那移于安罗之后，日本文献中即见“安罗日本府”之名，这是最后的挣扎。及安罗等地被灭后，日本侵略政策便归消灭，其后便入于海外发展不能进出时代，便成为消极的外交时代，便努力吸收中国文化。一方面坐待时机，一方面以朝鲜半岛为其文化吸收经过的食道。但是任那日本府的实在势力，只有四十年耳，其势力的失坠却已很早，不过至钦明天皇二十三年乃告结束吧了。日本于任那失坠以后，便设立所谓“太宰府”，为退一步的对外机关，且以检察西海诸国，其侵略大陆的传统思想始终存在。其前世倡导的“复兴任那”一问题，据《日本书纪》所记，历敏达、用明、崇峻、推古、舒明、皇极、孝德七朝不绝，便可见了。

其时半岛上新罗、百济、高丽三国抗争愈烈，尤以任那故地为新罗百济争夺的中心，日本此时要进兵半岛为情势所不许，因此时而调停两方，时而又倡新罗征讨。在这时恰值中国南北统一，隋唐新朝先后成立。日本对半岛的侵略，不免有所顾忌。据《日本书纪》所记数次派遣征新罗军，大半中途折回，实以此故。因此日本的着眼点，不限于对新罗对百济的关系，其第一义自不得不在对中国的关系。隋文帝炀帝前后三次出兵伐高勾丽，均属无功而还，与日本关系向少。及泉盖苏文当国，侵略邻国不已，唐太宗屡次出兵征讨。《新唐书·东夷传》云：

> 有盖苏文者，或号盖金，嗣父为东部大人，弑王建武帝更立建武之子藏为王，自为莫离支，专国政。

《通鉴》云：

> 贞观十八年，上曰：盖苏文弑其君，贼其大臣，残虐其民，又违我诏命，侵暴邻国，不可不讨。以张亮为平壤道行军大总管，帅江淮岭峡兵四万，战舰五百艘，自莱州泛海，趋平壤；李勣为辽东道行军大总管，帅步骑六万，趋辽东。十九年，自将诸军登洛阳济辽水，克盖牟沙卑辽东白岩等城，大破高丽兵于安市城东南，粮尽耀兵而旋。

《新唐书·太宗纪》云：

贞观二十一年牛进达为青丘道行军大总管，李勣为辽东道行军大总管，率三总管兵以伐高丽。……二十二年薛万彻为青丘道行军大总管，伐高丽。

太宗时虽不免耀兵而还，然于用兵东北的天时地利认识至为清楚。辽东天气，春夏多雨，积潦难行，秋冬早寒，草枯水冻，士马均难以久留，利在速战速决。其用兵路线有二：一为由今日山海关趋辽东，一为由今日古北口出热河。当时我国对东北用兵最近的总枢纽地当为洛阳，自洛阳至山海关，路迂而运粮不易；计惟有潜师出古北口，直趋热河，为闪击之战而已。唐高宗袭乃父之余威，乘泉男生兄弟相争之乱，迅速出师，然犹先后用兵八年始得平定高勾丽。

查此次胜算，在先灭百济以孤其势，《新唐书·百济传》云：

永徽六年（六五五）新罗诉百济高丽靺鞨取北境三十城。显庆五年（六六〇）诏苏定方为神丘道行军大总管，率刘伯英冯士贵等发新罗兵讨之，自城山济海，百济守熊津口，定方纵击，虏大败。百济王义慈挟太子隆走北鄙，定方围之。次子泰自立为王，定方令士越堞立帜，泰开门降。定方执义慈隆及小王孝演酋长五十八人送京师，平其国。

日本以向来亲近百济与新罗对抗之故，对于此次战役自不能置身事外，故高宗灭百济一事，不特威震朝鲜，且大败日本援兵，写成中日战争史上最有荣誉的一页。《通鉴》记载这事云：

龙朔元年（六六一）苏定方既平百济，留郎将刘仁愿镇守百济。百济僧道琛，故将福信，聚众据周留城，迎故

> 王子丰于倭国立之，引兵围仁愿于府城，诏起刘仁轨检校带方刺史，发新罗兵以救仁愿，仁轨转斗而前，所向皆下。百济立两栅于熊津江口，仁轨击破之，杀溺死者万余人，福信寻杀道琛，专总国兵。……二年（六六二）百济王丰袭杀福信，遣使诣高丽倭国乞师以拒唐。……三年（六六三）熊津道行军总管孙仁师与刘仁愿将陆军，仁轨与别将杜爽将水军，自熊津入白江，同趣周留城，遇倭兵于白江口，四战皆捷，焚其舟四百艘，烟焰灼天，海水皆赤，百济王丰脱身奔高丽。

四战皆捷，焚日本战船四百艘，这确是日本永远不能磨灭的大败！高谷赖夫《日本史·天智帝纪》云：

> 元年夏五月，使大将军阿昙比罗夫率舟师百七十艘至百济，立太子丰璋为王。八月，唐兵乘船百余艘，次白村江。我兵击之不利，朴市田来津死之。

据此，则日本不特大败，且死了极善战的将官。白江即今忠清南道的锦江，故又名锦江之役，唐既灭百济高勾丽，于是置安东都护府于平壤，以薛仁贵为都护，分五部，百七十六城六十九万户，九都督，四十二州，百县，使都护府统辖之。即世俗相传有名的薛仁贵征东故事，日本人的子孙万世听到而无限悲痛的。我们检查这役战事，日本所以失败，在任那府经已毁灭，早已拆除了侵略大陆的跳板；唐朝所以战胜，在新罗早已臣服，有新罗兵可供调遣，得道者多助之故。这事可供今日鉴戒的。

四、唐之中衰与渤海国之兴起

日本向来援助百济，故新罗与之为敌。及唐灭百济高勾丽以后，新罗不欲唐之郡县永久存在半岛之上，因又转与日本结托甚密，盖欲背唐而蚕食百济高勾丽故地。日本亦欲报龙朔三年的奇耻大辱，故亦与新罗摒弃前怨，共修盟好。唐高宗以新罗为鸡林州都督府，授新罗王金法敏为鸡林州都督，亦不能挽回颓势。计自天智天皇七年（六六八）以后至光仁天皇宝龟十年（七七九[1]），一百二十年间，新罗遣使日本二十七次，日本遣使新罗二十九次，这可见其互相勾结的作用了。不过当时浿江以北之地，已有渤海国兴起，渤海本称粟末靺鞨，在高勾丽之北，臣服于高勾丽已久。唐灭高勾丽时，粟末部人乞乞仲象率众保挹娄的东平山（今辽宁天柱山）。武后时仲象子祚荣自号震国王，略取高勾丽旧疆及夫余沃沮等地。唐睿宗封祚荣为渤海郡王，因称渤海国。数传至武艺仁秀，讨北海诸部，开大境宇，遂为海东盛国，有五京，十五府六十二州，南自大同江，北抵黑龙江，西自开原（今辽宁省地），东达日本海，领有之地颇广，日本亦屡屡遣使与之通问。

其建国始末，详见津田左右吉《渤海史考》及近人金毓绂《渤海国志长编》，兹不具述。但以此故，日本与唐及新罗之间，有渤海一国为其缓冲地带。故虽自唐高宗以后叠有武韦安史之乱，唐室中衰，而日本亦不得起侵略之兵。渤海立国凡二百十四年，为新兴的契丹所灭。以后东北隅，辽金元迭起，半岛上亦迭经高丽朝鲜两王朝，政治修明，日本亦无隙可伺而动。中间元世祖欲统一亚洲，尝由高丽以伐日本，日本与高丽遂不复通。后村上天皇正平五年（一三五〇）倭寇屡侵固城（在今庆尚道）竹林（在今巨济县）等地，高丽始被倭患。恭愍王时，倭寇愈炽，置六道巡察使，造战船以御之，而倭寇益

①编者按：原稿为“七八〇”，光仁天皇宝龟十年当为七七九年。今改。

甚，沿海诸州，几无不被其毒，直至高丽王朝灭亡时始熄。

五、丰臣秀吉的征韩思想及其传统政策

李氏朝鲜王朝创业之始，实为明洪武二十五年七月，其时正值明太祖成祖两世竭力防倭，至永乐十七年（一四一九）刘江在望海埚大败倭寇，诛戮甚众，日本遂不敢在我国沿海为患。朝鲜王朝之初，太祖太宗世宗世祖成宗诸王相继御国，号称贤明，文治武功，均称卓卓，日本军阀亦无隙可乘。虽世宗之世养虎贻患，祸亦不著。《朝鲜载记》云：

> 高丽之季，倭寇充斥，李氏开国，于海口要隘置万户及水军处置使，倭寇稍息。庄宪王祹（即世宗）时，有倭数户欲居三浦，祹许之，大臣许稠谏，不听，至今为患。三浦者，熊川之荠浦，东莱之釜山浦，蔚山之盐浦也，皆在庆尚道东南海口。

遂与日本对马岛主订约通商。中因寇乱，屡绝互市。及宣祖时，日本关白丰臣秀吉早有用兵海外之志，及扫荡国内，掌握霸权，其志愈决。欲假道朝鲜以攻明，朝鲜不允，遂于明神宗万历二十年（一五九二，朝鲜宣祖二十五年）秀吉遂大举攻朝鲜。林泰辅《朝鲜通史》谓：

> 丰臣秀吉怒朝鲜不奉其旨。四月，使小西行长，加藤清正，岛津义弘，小早川隆景等，率兵二十万人渡海。另使九鬼嘉隆，藤堂高虎等率水军九千余人，以战船为海上之应援。行长等先由釜山上陆，陷釜山东莱。盖由釜山至京城有三路：中路由釜山经梁山、清道、大丘及尚州、开庆，逾岛岭，过忠州而达京城。东路由机张、蔚山经庆州、永川，过安东、丰基，逾竹岭，亦至忠州与中路

合。西路由金海经星州金山，逾秋风岭，入忠清道，由清州、竹山以达京城。行长由中路，清正由东路，长政由西路达，沿道郡县，望风瓦解，无敢触其锋者，殆如入无人之境。

日兵直陷汉城开城平壤三都，宣祖走义州，乞援于明，《明史》云：

昖湎酒弛备，猝岛夷作难，望风皆溃。昖弃王城，令次子珲摄国事，奔平壤，已复走义州。倭入王京，毁坟墓，劫王子陪臣，剽府库，八道几尽没，旦暮且渡鸭绿江，昖请援之使络绎于道。

明遣李如松等援救朝鲜，破倭于平壤，复其四道。林泰辅《朝鲜通史》云：

宁夏之乱既平，李如松还。乃命如松为东征都督。于是如松分其军为三协，副总兵杨元为左协大将，副总兵李如柏为中协大将，副总兵张世爵为右协大将。凡四万三千余人，十二月渡鸭绿江，王亲迎劳之。廿六年（一五九三，万历廿一年）正月，如松军进达平壤，朝鲜之巡边使李镒别将金应瑞等亦从之。……先是行长使降人金顺良等四十余人为间谍，使探各地之情状；事露，顺良等被杀，明大军已至肃川而不知也。既而李如松直分三协之军环平壤城外，由七星，普通，合球三门攻之，炮声震地，烟气蔽天，奋击益力；行长不能支，弃外郭入内城，死伤益多，援军亦不来；乃率余众夜半乘冰渡大同江，遁入京城。此时柳成龙使黄海道防御使李时言，金敬老，要行长等之归路；然仅杀饥且病者数十人耳。李如松乃入平壤。

盖这时明廷已由西洋输入火药铳炮，李如松即以此利器胜敌。近人张星烺《欧化东渐史》云：

> 万历二十年（一五九二）日本关白丰臣秀吉寇朝鲜，明兵御之，得力于炮铳者不少，故常以之破贼。

即谓这役。日本为文化落后的国家，这时尚没有铳炮可用。丰臣秀吉虽一再出兵，明军亦时有失利，然以武器相形见绌之故，倭人亦未能得手。未几，丰臣秀吉气愤而死。出师未捷身先死，长使英雄泪满襟，丰臣秀吉的征韩思想遂郁郁而为日本民族的传统政策。《续通考 · 四裔考》云：

> 自倭乱朝鲜七载，丧师数十万，糜饷数百万，中朝与属国，迄无胜算，至（万历）二十六年（一五九八）七月平秀吉死而祸始息。

这也可见这回战祸之烈了。不过这种侵略大陆政策，迄未少息，至近百年而为祸益烈。即如明治维新志士的老前辈吉田松荫在狱中所著《幽囚录》中有云：

> 今急修武备，舰略具，炮略足，则宜调发，内诸侯，乘间夺加摸察加澳斯如，谕琉球朝贡，会关内诸侯，责朝鲜纳质奉贡，如古盛时。北割满洲之地，南收台湾吕宋诸岛，渐示进取之势。然后爱民养士，慎守边圉，则可谓善保国矣。

又其《狱是帖》中有言：

> 培养国力，兼弱攻昧，割取朝鲜满洲，并吞中国，所失于俄美者，可取偿于朝鲜满洲。

还有一位佐田信渊（德川时代人）所著的《混[1]同政策》略云：

---

①编者按：原稿为“沌”，当以“混”为是。今改。

> 凡侵略他邦之法，必自弱而易取始。当今世界万国中，我日本最易攻取之地无有过于中国之满洲者。何则？满洲之地与我日本之山阴、北陆、奥羽、松前等处，隔一衣带水，遥遥相对，距离不过八百里，其势之易于扰乱可知也。故我帝国何时方能征讨满洲，取得其地虽未可知，然其地之终必为我有，则无可疑也。夫岂但取得满洲已哉，支那全国之衰微亦由斯而始。既取得鞑靼以后，则朝鲜中国，皆次第可图矣。

这是一贯的征韩思想，后日西乡隆盛一派人的征韩论，近是受了吉田松荫的影响，远是受了丰臣秀吉的影响，丰臣秀吉是日本历史上的典型军阀，也是日本人最崇拜的英雄，如果没有精锐的军器把它逐出朝鲜，丧师糜饷是永无止境的。

六、朝鲜总督府为日本大陆政策的跳板

不幸末代李熙继嗣以后，大院君战胜法人，权势倾动内外，与闵妃交恶，互争政权，日本之祸以作。甲申之乱，日本与清订《天津条约》，约两国各撤驻兵，中国由优待属邦之意，转开日本干约朝鲜恶例。及甲午中日战后，朝鲜独立，自是始不复为我属国。以其开国五百零五年为建阳元年（一八九七），国号大韩，王称皇帝，明年又改元光武，名为独立，实已属于日本。维时俄国耽耽虎视其旁，遂有甲辰日俄之战。日本以逐次对外条约，攫取大韩权利。及《朴资茅斯条约》成，其第二条有“俄国承认日本在韩国有政治上军事上及经济上卓绝之利益，凡日本在韩国执行必要之指导，保护及监督之措置时，俄国不可以阻碍之或干涉之”的规定，日本遂进行所谓《日韩新协约》之骗局，于光绪三十二年（一九〇六）派伊藤博文为韩

国统监，迫令韩皇让位。虽有志士安重根枪杀伊藤，而朝鲜国命亦不能保。李熙父子移住东京，名为朝鲜贵族，与日本关内诸侯等，废去韩国国号，改称朝鲜，以统监为朝鲜总督，使总督统率海陆军，统辖诸般政务。因而有此“朝鲜总督府”不祥之物。

依照明治四十三年（一九一〇，韩国隆熙四年）八月二十九日天皇所发诏书，朝鲜总督府就是日本在朝鲜殖民地的最高统治机关，得从事设施缓急之宜，以永保众庶治平之庆，举凡一切军事政治经济上大权，莫不秉承其祖国殖民政策而实施之，必要时并得执行戒严法，不特亡国的朝鲜人民在这统治之下死活不得，并且利用作伥的韩国流氓为侵略我国东北的工具。后日万宝山事件即由此起。换言之：今日所痛心疾首的九一八事件，一·二八事件，七七事件，八一三事件，甚而至于太平洋扰乱的原因，莫不由此而起。加以关东军司令部，南满洲株式铁道会社，与朝鲜总督府三位一体，做成了它侵略大陆政策的跳板。你看他在朝鲜总督府设置了修史官，在关东军司令部设立了东亚考古会，在南满洲铁道会社设立了满洲历史地理研究室，无端端豢养着内藤虎次郎稻叶君山箭内亘松井等一班御用学者至于数十年之久，创造了满鲜满蒙北鲜南鲜北满南满东蒙等分裂名词，搜集了无数的满鲜史地材料，一套一套的研究，讲座或丛刊刊布出来，这种处心积虑地侵略大陆，无非是以朝鲜总督府为实施这政策的跳板。

七、朝鲜复国与太平洋上的和平关系

朝鲜人的历史文化如此久长深厚，其民族意识如此发达丰富，故自日韩合并之日起，即起而反抗挣扎，迄今未息。除安重根枪杀伊藤博文外，如原任议政大臣赵秉世闵冰焕儒生洪万植宋秉濬四人以保护协约成立后自杀，世称为殉国四忠士。闵宗植于忠清南道招集义勇，陷洪州城，老儒崔益铉与林炳瓒等谋于金罗北道起义，声势甚盛。田愚柳麟锡等纷纷举兵于各道。其后多为日本军司令官长谷川好道遣兵所捕杀。原任议政府参赞李相禹，故共进会会长李隽，俄国使馆书记李玮钟等奉韩皇旨诉于海牙和平会，抗议韩国未受参列和平会议通告，且欲得韩国独立的承认而废弃日本保护条约。日人尤深忌之。光武九年（一九〇六）李泽良为刺客所创，不知其主名。隆熙三年（一九一〇）李在明金秉铉等刺国贼李完用几死。前仆后继，史不绝书，悲壮牺牲，为世界各国亡国史之最。其组织团体为独立运动者，有闵冰韶金宗汉等组织的国事游说团，李钟浩等的大韩协会，孙秉照等的天道教，及基督教青年会，青年死团会，西北学会等。欧战结束，协约国开国际和平会议于巴黎，朝鲜志士认为时机已至，进行独立，预派全权代表金奎轼赴巴黎和会请愿。是年（一九一九）四月十二日得四国承认，提出独立请愿书，国外侨民亦函电交驰，求援大国。四月十七日组织临时政府，阁员为李承脱金奎轼安昌浩李东晖崔在亨文昌范李始荣李东宁等，五月十二日，美国默认李承脱为驻美大使，允假馆于华盛顿之独立馆。日人见其势日炽，调集军警大事屠杀，裸体火炙，钉足割膜，或三五活埋，或毁灭全闾，自二月至六月，惨死者约三万余人，女子二十余人，监禁者万余人。可是压迫力愈大，反动力愈大，朝鲜独立运动进行亦愈力，经过了二十余年长期奋斗，不绝地流亡，至一九四〇年九月朝鲜临时政府在陪都成立朝鲜光复军总司令部，加入抗日战争。最近为加强革命力量起见，朝鲜民族革命党等四党于本年一月在我陪都集会，议决合并，并于二月十五日另集大会，决定工作方针，宣布扩大巩固民族运动的统一，以及加紧在朝鲜国内与日本后方牵制工作等等，俾能一致团结，集中力量。这可见朝鲜民众不独对于国家民族有很深的认识与爱护，而且也有很雄厚的革命力量与很进步的独立运动。据本年三月二日《大公报》桂林版重庆中央社电，朝鲜临时政府于一日为朝鲜“三一”革命二十四周年纪念招待中外各界，主席金九因病不能出席，由临时政府外务部长赵素昂代表，详述“三一”运动之意义及最后胜利之不可分性。同日并在新运服务所礼堂举行“三一”节纪念大会，首由韩国临时政府内务部长赵琨九担任主席致开会词，次由尹云金奎光等分别致词，再次由韩国青年会代表韩国妇女代表演说，咸称愿在临时政府领导之下，更加巩固团结，积极展开工作；并相信与希望各民主友邦切实援助与澈底合作。说者谓：“朝鲜的沦亡，至今已逾一世代，为时不为不久，朝鲜的人民当中，虽然不免有少数的败类，甘作敌伥，供其驱使，但是三千万韩人，却大多数无不眷念宗社，对日切齿，流亡在国外的韩国志士，更能奔走呼号，卧薪尝胆，数十年如一日，尤其像尹奉吉志士那种搏浪一击，慷慨就义的浩然正气，诚足以照耀今古，这精神，这毅力，迥非其他萎靡的民族，所能望其项背。”像这样不屈不挠的民族，断然可以复国无疑。

现在我再就朝鲜复国以后，与太平洋上的和平关系，详细说明一下。从历史上的观察，日本的侵略大陆，扰乱东亚和平，向来是以朝鲜半岛为进兵的跳板，中古时代的任那日本府，近世的朝鲜总督府，均属显著的事实。如果这些跳板拆除以后，日本野心军阀必致大败，这于龙朔三年战役足为证明。明代倭寇之患最为厉害，但丰臣秀吉军队在朝鲜为铳炮所击退，中国大陆便可高枕安寝，这是次一个证例。又其次如果东北有一大国为之缓冲，日本的侵略野心亦可少戢。照此研究的结果，要包围日本的传统侵略大陆政策，非在朝鲜半岛上建立一个强有力的国家不可，非澈底消灭日本在半岛上的势力不可。然则朝鲜的独立，朝鲜的复国，确为保持太平洋上和平的先决条件无疑。

八、中英美苏协力扶助朝鲜独立

我们为要达到保障东亚的和平，为要达到此种永久和平起见，我以为中英美苏四大盟国确须负起责任，协力扶助朝鲜独立，有钱的出钱，有力的出力，在朝鲜半岛上建立十万架以上战斗机和轰炸机混合组织的大机队，在半岛的外围或半岛尖端的镇海，设立战后和平机构的国际舰队，包含主力舰巡洋舰驱逐舰航空母舰运输舰潜水艇炮垒配备充分的舰队，务使朝鲜一地成为太平洋上国际警察局一个重要分局，足以扫荡海贼的日本为最低限度的设备。如果不能如此，则太平洋上永远不能太平。负保障大战后世界和平责任的中英美苏四大盟邦，这是我们应该负起而不得不负起的艰巨责任。

民国卅二年七月十八日写于坪石国立中山大学文学院

（原载《新建设》第4卷第11—12期，1943年）

明太祖对于海上的设施[①]

一、明初守国海陆并重

明太祖承元代入主中原之后，驱逐胡元出塞，建立新国，收复自唐安史之乱以来沦陷几达六百年的东北诸州地；加以元顺帝出塞以后，尚能在蒙古负固一隅，偏安称帝，故明初守国，当然以防守东北为最重要。仅东北一隅，分封六王，即：北平燕王、宣府谷王、大宁宁王、广宁辽王、开原韩王、沈阳沈王；星罗棋布，使能以全力开辟东北，屏障王室。明初北边的第一道防线，为开平卫，这就是元朝的上都。其后元朝的大宁路来降，又设泰宁朵颜福余三卫，其地直抵今吉林境，都隶北平行都司，使宁王权居大宁以节制之。明朝这时候，东北方的防线，实在超越辽河，而达到现在的松花江流域。

但是明太祖又鉴于元朝自至元初（一二八〇）至大德初（一二九九）之膺惩日本凡二十余年不能达到成功的地步，日本小丑的跳梁不已，野性难驯，深恐将来海上不免有事，所以

---

①编者按：本篇书名号为整理者所加。局部标点、外文字母有改动。

对于海上的防守，亦异常注意。关于明太祖在陆上如何防守，拟另为文述说；兹则专论其对于海上的设施。大概当时的政策，约有三点：（一）筑海城防倭，（二）大封海外诸国，（三）培养航海的人力物力；这样大规模的设施，可说是明初建国的中心工作。

二、筑海城防倭

原来日本在明初就不断地骚扰中国，《明史纪事本末·沿海倭寇》条记载着："太祖洪武二年（一三六九）夏四月，时倭寇出没海岛中，数侵掠苏州、崇明，杀略居民，劫夺货财，沿海之地皆患之"，可见很早就如此。其后洪武四年（一三七一）十月寇台州，七年（一三七四）六月寇胶海，十三年（一三八〇）正月约胡惟庸谋乱，十七年（一三八四）正月频寇浙东，二十二年（一三八九）十二月寇宁海，寇广东，二十七年（一三九四）二月寇浙东，十月寇金州，三十一年（一三九八）二月寇山东浙东，永乐四年（一四〇六）寇沙门，九年（一四一一）三月寇辽东，五月寇浙东，十四年（一四一六）频寇沿海，十五年（一四一七）寇浙江松门金乡平阳，十七年（一四一九）寇辽东。故明初防倭，为建国中心工作的重要程序。

查明初防海卫所的设置，在《明史·汤和传》《周德兴传》《日本传》和《兵志》及《明书·日本传》，都有详明的记载。因倭寇出没，海上不靖，故于京师及各地分别设置卫所外，特有防海卫所的设置。《明史·汤和传》云：时帝春秋浸高，不欲诸将久典兵，和以间从容言，愿得归故乡为容棺之墟以待骸骨。帝大悦赐钞治第。既而倭寇上海，帝患之，顾谓和曰：

“卿虽老，强为朕一行。”和请与方鸣谦俱。鸣谦，国珍从子也，习海事，常访以御倭策。鸣谦曰：“倭海上来，则海上御之耳！请量地远近置卫所，陆聚步兵，水具战舰，则倭不得入，入亦不得傅岸。近海民四丁籍一，以为军，戍守之，可无烦客兵也。”帝以为然。和乃度地浙西东并海设卫所，城五十有九，选丁三万五千人筑之，尽发州县钱及籍罪人赀给役，役夫往往过望，而民不能无扰，浙人苦之。或谓和曰：“民讟矣，奈何？”和曰：“成远算者不恤近怨，任大事者不顾细谨，复有讟者齿吾剑！”逾年而城成，稽军次，定考格，立赏令。浙东民四丁以上者，户取一丁戍之，凡得五万八千七百余人。明年，闽中并海城工竣，和还报命。中都新第亦成。……嘉靖（一五二二至一五六六）间东南苦倭患，和所筑沿海城戍皆坚致，久且不圮，浙人赖以自保，多歌思之。《明史·周德兴传》云：“居无何，帝谓德兴：‘福建功未竟，卿虽老，尚勉为朕行。’德兴至闽，按籍佥练，得民兵十万余人，相视要害，筑城一十六，置巡司四十有五，防海之策始备。”《明史·日本传》云：“明年（洪武二十年，一三八七），命江夏侯周德兴往福建滨海四郡相视形势，卫所城不当要害者移置之。民户三丁取一，以充戍卒，乃筑城一十六，增巡检司四十五，得卒万五千余人，又命信国公汤和行视浙东西诸郡，整饬[①]海防，乃筑城五十九，民户四丁以上者以一为戍卒，得五万八千七百余人，分戍诸卫，海防大饬。”《明史·兵志》亦云：“沿海之地，自广东乐会接安南界，五千里抵闽，又二千里抵浙，又二千里抵南直隶，又千八百里抵山东，又千二百里逾宝坻卢

①编者按：原稿为“饰”，当以“饬”为是。今改。

龙，抵辽东，又千三百余里抵鸭绿江。岛寇倭夷，在在出没，故海防亦重。吴元年（一三六四）用浙江行省平章李文忠言，嘉兴海盐海宁皆设兵戍守。洪武四年十二月命靖海侯吴祯籍方国珍所部温台庆元三府军士及兰秀山无田粮之民凡十一万余人隶各卫为军。且禁沿海民私出海。时国珍及张士诚余众多窜岛屿间勾倭为寇。五年（一三七二）命浙江福建造海舟防倭。明年从德庆侯廖永忠言，命广洋江阴横海水军四卫增置多橹快船，无事则巡徼，遇寇以火船薄战，快船逐之。诏祯充总兵官，领四卫兵：京卫及沿海诸卫军，悉听节制。每春以舟师出海，分路防倭，迄秋乃还。十七年命信国公汤和巡视海上，筑山东江南北浙西东沿海诸城。后三年，命江夏侯周德兴抽福建福兴漳泉四府三丁之一，为沿海戍兵，复万五千人，移置卫所于要害处，筑城十六。复置定海盘石金乡海门四卫于浙，金山卫于松江之小官场，及青村南汇嘴城二千户所。又置临山卫于绍兴，及三山沥海等千户所。而宁波温台并海地先已置八千户所：曰平阳三江龙江霩霩大松钱①仓新河松门，皆屯兵设守。二十一年（一三八八）又命和行视闽粤，筑城增兵，置福建沿海指挥使司五：曰福宁镇东平海永宁镇海，领千户所十二：曰大金定海梅花万安莆禧崇武福全金门高浦六鳌铜山元钟。二十三年（一三九〇）从卫卒陈仁言，造苏州太仓卫海舟。旋令滨海卫所每百户及巡检司皆置船二，巡海上盗贼。后从山东都司周彦言，建五总寨于宁海卫，与莱州卫八总寨，共辖小寨四十八。已复命重臣勋戚魏国公徐辉祖等分巡沿海。帝素厌日本诡谲，绝其贡使，故终洪武（一三六八至一三九八）

①编者按：原稿为“贱”，当以“钱”为是。今改。

建文（一三九九至一四〇二）世不为患。永乐六年命丰城侯李彬等缘海捕倭，复招岛人蜑户贾竖渔丁为兵，防备益严。十七年（一四一九）倭寇辽东，总兵官刘江歼之于望海埚。自是倭大惧，百余年间，海上无大侵犯，朝廷阅数岁一令大臣巡警而已。”傅维鳞《明书·日本传》云：“初方国珍据温台处，张士诚据宁绍杭嘉苏松泰，诸郡皆在海上，方张既降灭，诸贼豪强者悉航海纠岛倭入寇，以故洪武中，倭数掠海上。太祖既遣使命将筑城增戍，又命南雄侯赵庸招蜑户岛人鱼丁贾竖，自淮浙至闽广，凡人尽籍为兵，分十千户所。于是海上恶少，皆得衣食县官。洪武末，海中方张诸逋贼，壮者老，老者死，以故旁海郡县得休息。”诸书所载，至为详明。洪武三年始置水军二十四卫，每卫船五十艘，军士三百五十人，遇征调则益兵操之。四年置长淮卫于临濠，统领水军。其年十二月又诏吴祯籍方国珍所部温台庆元三府军士及兰秀山无田粮之民尝充船户者凡十一万一千七百余人，隶各卫为军，为的就是防海。五年诏浙江福建濒海九卫造船六百六十艘，防备倭寇。六年（一三七三）用廖永忠言，命造海舟，剪捕倭寇。十七年命汤和巡视海上，筑海城备倭，二十年命周德兴筑海城十六，籍民戍守，即浙江的定海盘石金乡海门及临山卫，又青浦南汇三山等千户所。二十五年（一三九二）建山东宁海卫五总寨，莱州卫八总寨。二十九年（一三九六）命沿海卫所指挥千百户获倭一船及贼，升一级，赏银五十两，钞五十锭，军士水陆擒杀倭贼，赏银有差。在洪武建文两朝多年设置防海卫所，仍至倭寇为患不绝于史，直至永乐六年招聚沿海岛人蜑户贾竖渔丁为兵，十七年辽东总兵都督刘江大破倭寇于望海埚以后，百余年间，海上才无倭贼侵犯。日本海贼乃转寇别国及小笠原群岛一带，不来中国。我们观于明初建国防倭问题的严重，便可想见日本海贼的凶悍了。

三、大封海外诸国

明太祖既已深虑将来海上必不免有事，自然应当有所设施。其筑海城防倭，不过是消极的办法；设法领导海上诸国，和培养航海的人力物力，才是积极的工作。故明太祖于筑海城防倭之外，另一步的工作，就是大封海外诸国。计洪武年间所封海外诸国，凡朝鲜日本琉球安南占城真腊暹罗彭亨三佛齐爪哇浡泥西洋琐里等十二国，除日本始终不与明和好外，余皆拜受太祖的颁赐。兹分别说明如下：

一、朝鲜　朝鲜自箕子建国后，与我国关系甚深。汉武帝时改为乐浪四郡，受中国直接统治；其后三国分立，至唐高宗平定百济高勾丽后，设立关东都督府，又复受我国直接统治。五代时中原扰攘，其力不暇远及东方，于是高丽王朝兴起，始具独立国家形式。洪武初年，高丽王朝日就衰弱，闻明灭元，即受明封，废除元至正年号，奉洪武年号。茅瑞征《皇明象胥录》卷一朝鲜条云：“国朝洪武元年遣符宝郎契斯赐高丽王颛玺书，二年颛表贺，贡方物，诏赍金印，封为高丽国王，颁《大统历》。复谕王固圉搜乘，谨备倭，无崇信释氏；赐六经、四书、《通鉴》、《汉书》。”《明史·朝鲜传》亦谓“明兴，王高丽者王颛，太祖即位之元年，遣使赐玺书，二年送还其国流人，颛表贺，贡方物，且请封；帝遣符玺郎契斯赍诏及金印诰文，封颛为高丽国王，赐历及锦绮。其秋颛遣总部尚书成惟得千牛卫大将军金甲两上表谢，并贺天寿节，因请祭服制度；帝命工部制赐之。惟得等辞归，帝从容问：王居国何为？城郭修乎？兵甲利乎？宫室壮乎？顿首言：东海波臣惟知崇信释氏，他未遑也。遂以书谕之曰：‘古者王公设险，未尝去兵，民以食为天，而国必有出政令之所，今有人民而无城郭，人将何依？武备不修则威弛，地不耕则民难于食，且有居室无厅事，无以示尊威，此数者朕甚不取。夫国之大事，在祀与戎。苟图斯二者，而徒事佛求福，梁武之事可为明鉴。王国北接契丹女直，而南接倭，备御之道，王其念之！’因赐之六经、四书、《通鉴》。自是贡献数至，元旦及圣节，皆遣使朝贡，岁以为常。三年正月，命使往祀其国之山川，是岁颁科举诏于高丽。颛表谢，贡方物，并纳元所授金印”。这是明初封朝鲜的经过。

二、日本　日本原为徐福率领渡海的童男女所开化，东汉初封为倭奴国王，使自王其国，然其文化犹不甚进步，后由朝鲜间接传入我国文字衣服及铜镜铁刀，始稍慕大国。唐时派遣留学生留学僧不绝，直接传入字母建筑漆器及社会文化，与我国关系极深。未几藤原氏起，日本遂入幕府时代，天王守府，全国政令尽操军阀之手。元朝加以膺惩，亦不能驯伏。明初即为我国沿海患，太祖遣使封之，反以为怨，傅维鳞《明书·日本传》称：“国朝洪武二年，倭寇山东并海郡县，又寇淮安。三年寇山东，转掠浙东福建旁海诸郡，是年遣莱州同知赵秩赐玺书，谕其王良怀，言倭寇海上，书至日，如臣我，奉表来庭；不臣，则修兵自固。秩至，谕王中国威德，责其入贡。王曰：‘吾国未尝不慕中国，顾蒙古戎狄莅华，以小国视我，乃使赵良弼诛我，初不知其觇我国也，既而发舟数千袭我，比至，一时风霆漂覆，几无遗类。自是不与通者数十年，尔得非良弼后乎？’将刃之，秩徐曰：‘圣天子生华帝华，非蒙古比；

我亦非良弼后，尔杀我，祸不旋踵。’王气沮，礼秩其物，遣僧随秩，奉表称臣入贡。使未至，又掠温州。”其后亦屡入寇不绝。明太祖亦知其没有诚意和好，故专心一意筑海城备倭。已详上文，兹不赘。

三、琉球 琉球在福州正东一千七百里之遥，合附近多数岛屿而成国。依中山王世系，琉球自天孙氏开国，传二十五代。至南宋孝宗淳熙十三年（一一八六）而绝，国人奉浦添按司舜天氏为主，三[①]传而衰，仍传位于天孙氏别裔，是为英祖。英祖五传至察度，值明太祖初定中原，遣行人杨载赐玺书招谕，察度即遣使贡方物，与我国发生宗主国与藩属的关系。《明史·琉球传》云：“琉球居东南大海中，自古不通中国。元世祖遣官谕之，不能达。洪武初，其国有三王：曰中山，曰山南，曰山北；皆以尚为姓，而中山最强。五年正月，命行人杨载以即位建元诏告其国。其中山王察度遣弟泰期等随载入朝，贡方物。帝喜，赐《大统历》及文绮纱罗有差。”这是明初封琉球的经过。

四、安南 安南的北圻与我国南部毗连，其民族与我国南方苗傜为同系，故在史前时代实为我国先民胼手胝足所开发，秦始皇三十三年（公前二一四）略取陆梁，始置象郡；及汉武帝元鼎六年（公前一一一[②]）平定南越，置九郡，其三郡皆今安南地，从此即为我国直接行政的地方政府。其后叛服不常，吴晋吏治亦时见得失。唐高宗调露元年（六七九）八月改

---

①编者按：原稿为“王”，当以“三”为是。今改。

②编者按：原稿为“公前一一六”，元鼎六年当为公元前一一一年。今改。

交州都督府为安南都护府，安南之称，沿至于今。然以其地为流徙罪人之用，官吏多不愿往，往者又往往贪暴不法。唐末，土豪蜂起，诸州大乱；丁部领崛兴，遂受宋封为交趾王，始稍具独立形式。黎李诸氏继起，宋不能制。南宋孝宗淳熙二年（一一七五）遂正式赐以安南国名。元兴，正当安南陈氏王朝鼎盛的时候，虽前后三次用兵，屡入其都，而不能有其土地。明太祖定两广，遣使招谕，安南王陈日煃即遣使来贡，遂命侍读学士张以宁等往封之。《明史·安南传》云："洪武元年，王日煃闻廖永忠定两广，将遣使纳款，以梁王在云南，未果。十二月，太祖命汉阳知府易济招谕之。日煃遣少中大夫同时敏，正大夫段悌黎安世等奉表来朝，贡方物。明年六月达京师，帝喜，赐宴，命侍读学士张以宁典簿牛谅往封为安南国王，赐驼纽涂金银印，赐日煃《大统历》织金文绮纱罗四十匹，同时敏以下皆有赐。以宁等至，日煃先卒，侄日熞嗣位，……遂命编修王廉往祭，赙白金五十两，帛五十匹，别遣吏部主事林唐臣封日熞为王，赐金印及织金文绮纱罗四十匹。廉既行，帝以汉马援立铜柱镇南蛮，厥功甚伟，命廉就祀之。寻颁科举诏于其国，且以更定岳渎神号及廓清沙漠，两遣官诏告之。"这是明初封安南的经过。及至黎季犛篡窃陈氏王朝，明成祖乃命张辅等往讨之，设置交趾布政司，安南遂复为我国郡县，这是以后的事。

五、占城　占城即今安南的中圻及南圻等地，古名林邑，素与我国交通。唐代宗大历二年（七六七）以后，悉服回教。宋初，臣贡于宋。元至元十九年（一二八二）征之，未能得志。二十一年（一二八四）复假道交趾以伐占城，不果行。后占城与安南王室缔婚，二国互成犄角之势。元明之际，安南大饥，占城袭其南鄙，遂复失和。明太祖统一中国，即遣使封之，并谕其息争。《明史·占城传》云："洪武二年，太祖遣官以即位诏谕其国，其王阿答阿者，先已遣使奉表来朝，贡象虎方物。帝喜，即遣官赍玺书,《大统历》文绮纱罗，偕其使者往赐；其王复遣使来贡。其后或比岁贡，或间岁，或一岁再贡。"这是明初封占城的经过。

六、真腊　真腊即今柬埔寨，在越南的西南。隋唐之世，尝臣服于中国。宋庆元（一一九五至一二〇〇）中，灭占城而并其地，因改国名真腊。其后占城恢复，真腊仍自立为国。明初遣使赍诏抚谕，真腊朝贡不衰。《明史·真腊传》云："洪武三年遣使臣郭征等赍诏抚谕其国。四年其国巴山王忽尔那遣使进表，贡方物，贺明年正旦。诏赐《大统历》及彩币，使者亦给赐有差。"这是明初封真腊的经过。

七、暹罗　暹罗据丁谦考证，即古狼牒裸国。或谓即隋唐时赤土国。至元时，始合为一国，元以前，其南境先隶扶南，后为杜和钵底国。暹国之名，始见《元史》。明时分为罗斛及暹两国，暹国土瘠，不宜耕稼；罗斛地势平衍，种植多获，暹国常仰给为生。元时暹国入贡，其后罗斛强盛，并有暹地，遂称暹罗斛国。据日本名尾去乘所考证，称暹人自谓其族来自西藏。实则与我国南部罗罗为同系。今名为泰族，谦本图谓泰的意义，疑即自由之义。明初遣使诏谕其国，即受封朝贡。《明史·暹罗传》云："洪武三年，命使臣吕宗俊等赍诏谕其国。四年其王参列照毗牙遣使奉表与宗俊等偕来，贡驯象六足龟及方物。诏赐其王锦绮及使者币帛有差。已复遣使贺明年正旦，诏赐《大统历》及彩币。五年贡黑熊白猿及方物。"十一年（一三七八）赐名为暹罗，以后朝贡不绝。这是明初封暹罗的经过。

八、彭亨　彭亨在今英领海峡殖民地，马来联邦之内，为各州中极廖廓的区域。其立国年代，不知所自始，至明初受封，尝朝贡于我国。《明史·彭亨传》云："彭亨在暹罗之西，洪武十一年，其王麻哈剌惹答饶遣使赍金叶表，贡番奴六人及方物，宴赉如礼。"这是明初封彭亨的经过。

九、三佛齐　三佛齐立国颇古，《明史》谓即宋梁时的干陀利，冯承钧谓即梵文载籍中的金洲（Suvarnadvipa），盖我国南北朝时翻译外国地名，往往简略首尾字音。义净《求法高僧传》称为室利佛逝，赵汝适《诸番志》称为三佛齐国。汪大渊《岛夷志略》谓此国都所在名曰浡淋邦，一名旧港，其中心在今Palembang。宋孝武帝（四五四至四六四）时，尝遣使奉贡，梁武帝（五〇二至五四九）时数至中国。唐末及宋，朝贡频繁。宋真宗咸平六年（一〇〇三）尝赐其新建佛寺寺额及钟。明初遣使诏谕，其国三王皆遣使朝贡，太祖命人封之。《明史·三佛齐传》云："洪武三年，太祖遣行人赵述诏谕其国。明年，其王马哈剌扎八剌卜遣使奉金叶表随入贡黑熊火鸡孔雀五色鹦鹉诸香苾布兜罗被诸物，诏赐《大统历》及锦绮有差。六年王怛麻沙那阿者遣使朝贡，又一表贺明年正旦，时其国有三王。七年王麻那哈宝林那遣使来贡。八年正月复贡。九月，王僧伽烈宇兰遣使随招谕拂菻国朝使入贡。九年怛麻沙那阿者卒，子麻那者巫里嗣。明年遣使贡犀牛黑熊火鸡白猴红绿鹦鹉龟筒及丁香米脑诸物，使者言嗣子不敢擅立，请命于朝，天子嘉其义，命使臣赍敕印，封为三佛齐国王。"这是明初封三佛齐国的经过。

十、爪哇　爪哇为苏门答腊东南的大岛，故为马来土国。

冯承钧谓即《法显行传》的耶婆提国；《宋书》称为阇婆婆达，阇婆为其对音，婆达二字则为衍文；《高僧传》称为阇婆，《唐书》又作诃陵，《岛夷志略》始有新译，名曰爪哇。宋文帝元嘉二十六年（四四九）使献方物，二十八年（四五一）复来朝，为交通我国之始。唐贞观（六二七至六四九）以后，贡献尤繁。其后阿剌伯人来，乃改奉回教。当宋元间此岛全盛时，统辖二十五岛，北涉婆罗洲，东抵巽他各岛，东北至摩鹿加，西北至麻剌甲海峡。元代尝用兵征之，费力最大。至明，爪哇东西二王并遣使朝贡。《明史·爪哇传》云："爪哇在占城西南。洪武二年，太祖遣使以即位诏谕其国，其使臣先奉贡于元，还至福州而元亡，因入居京师，太祖复遣使送之还，且赐以《大统历》。三年，其王昔里八达剌蒲遣使奉金叶表来朝贡方物。其国又有东西二王，十年东蕃王勿院劳网结，西蕃王勿劳波务各遣使朝贡。"这是明初封爪哇的经过。

十一、浡泥　浡泥亦今英领海峡殖民地总督兼辖之地，在北婆罗洲内，梁武帝时尝入贡中国，隋唐之世，亦来朝贡，《宋史》译其名为浡泥，《明史》有婆罗，浡泥两传，实则一国。明初遣使诏谕，遂遣使泛海来朝。《明史·浡泥传》云："洪武三年八月命御史张敬之福建行省都事沈秩往使，自泉州航海，阅半年抵阇婆，又逾月至其国。王马合谟沙傲慢，不为礼，秩责之，始下座拜，受诏。时其国为苏禄所侵，颇衰耗，王辞以贫，请三年后入贡。秩晓以大义，王既许诺，其国素属阇婆，阇婆人间之，王意中沮，秩折之曰：'阇婆久称臣奉贡，尔畏阇婆，反不畏天朝邪？'乃遣使奉表笺，贡鹤顶生玳瑁孔雀梅花大片龙脑米龙脑西洋布降真诸香，八月从敬之等入朝。表用金，笺用银，字近回鹘，皆镂之以进。帝喜，宴赉甚厚。八年命其国山川附祀福建山川之次。”这是明初封浡泥的经过。

十二、西洋琐里　西洋琐里即琐里，在印度沿岸。《明史》误分为两传。《西洋琐里传》云：“洪武二年命使臣刘叔勉以即位诏谕其国；三年平定沙漠，复遣使臣颁诏。其王别里提遣使奉金叶表从叔勉贡方物，赐文绮纱罗诸物甚厚，并赐《大统历》。”《琐里传》云：“洪武三年命使臣塔海帖木儿赍诏抚其国。五年，王卜纳的遣使奉表朝贡，并献其国土地山川图。帝乃赐《大统历》及金织文绮纱罗各四匹，使者亦赐帛有差。”别里提与卜纳的为同名异译，其实即一事而已。这是明初封西洋琐里的经过。

以上十二国，据《明史》所载，其诏谕受封，皆在洪武年间，为三保太监郑和下西洋以前时事。

四、培养航海的人力物力

明太祖对于海上的设施，除上述二事外，尚有一事应当注意的，即培养航海的人力物力是。明太祖鉴于元朝征伐日本的失败，知道我国将来必得在海上有一番举动，又虑赵逑张敬之沈秩刘叔勉塔海帖木儿等远道航海诸臣年老力衰，后无继起之士，于是立四夷馆以养成通译的人才；又于太学中收受外国学生，以期华化南洋诸番人使为我用。这是培养航海人才的实施办法。又在南京钟山设立桐园漆园[1]，植树数千万株，以备造船时涂油抹漆之用。这是培养航海物力的实施办法。后世徒然震惊于三保太监郑和七次下西洋的大功绩；不知郑和下西洋的

①编者按：原稿为“国”，当以“园”为是。今改。

第一次出国虽在永乐三年(一四〇五)六月，距成祖即位实尚不久，如果没有明太祖为之预早培养人力物力，试问如何能准备得及?

五、颁赏海外诸物的研究

明太祖遣使大封海外诸国，与郑和时率领大船六十二艘将士卒二万七千八百余人(据《明史·郑和传》所载第一次出发时情形)大规模航海，准备战斗征伐的不同。往往遣使臣数人，携带登极诏书或平定沙漠诏，和《大统历》、六经、四书、《通鉴》、《汉书》、文绮、纱罗、币帛等，不动干戈，不烦兵甲；其开化早的，如朝鲜等须助其政治文化进步，则更多颁以太祖素所熟读的《通鉴》，和其他我国文化所寄的六经、四书、《汉书》,《通鉴》为最好的皇帝历史教科书，即东方政治的理论读本；其开化较后的则仅颁以一纸文告和一本历书，虽然历书是表示奉正朔的意思，但是那些后起的国家，不知纪载时日的办法，得到了这一本《大统历》，实在也是一种最适用的礼物，故受封诸国莫不乐于接受。今日读史的我们，追想当时大国民的风度，是如何艺术的?

六、太祖时远航海外的研究

明太祖时海外的往来，所到的地方，最西是印度沿岸的西洋琐里，最南是爪哇与北婆罗洲，其余则为与我国东北接境的朝鲜，西南接境的安南占城真腊暹罗，而尤注意于东海的日本琉球。明知日本不肯就范，故于我国沿海筑城备倭之外，造成了一个大包围日本的海上防御，自朝鲜及我国沿海以至暹罗西洋琐里彭亨三佛齐爪哇浡泥及我国的台湾澎湖海南岛，联成一大袋形，琉球则为袋口的活塞。如是则日本不得在此袋内活动，这是何等的高瞻远瞩！观其告诉海外诸国“固圉搜乘，谨备倭”语，更足以知其用意的所在。其后郑和扩大至波斯湾，至阿剌伯沿岸，至非洲东岸；本来南海与印度洋之间，自隋唐以来，交涉日密，明初出海，非不能远航至此，实在因为用意只在防倭，没有远航的需要，在此而不在彼。然则这种大封海外的政策，并不是全无目的的。

七、此种设施的效果

明太祖这种设施，其所发生的结果：一则自永乐十七年以后，直至嘉靖年初，日本在我国沿岸骚扰的祸患顿息，这可算是太祖的最大成功。其次则永乐时海外诸番来朝，赵翼《廿二史札记》记其事云：“《明史·外国传》：永乐三年（一四〇五）浡泥国王麻那惹那率其妃及弟妹子女泛海来朝，王卒于会同馆，葬之安德门外。六年（一四〇八）冯嘉施兰国酋玳瑁里欲二人俱来朝。九年（一四一一）满剌加国王拜里迷苏喇率妻子陪臣五百余人来朝。十年（一四一二）浡泥王子遐旺又偕其母来朝。十五年（一四一七）苏禄国东王巴都葛八哈喇、西王麻哈叱葛喇麻丁、峒王妻叭都葛巴喇卜，俱率其家属头目三百四十余人泛海来朝，东王回至德州卒。是年又有古麻喇朗国王干喇义亦奔率其妻子陪臣来朝，还至福建卒。十七年（一四一九）满剌加王西里麻哈喇率妻子来朝。宣德六年（一四三一）又来朝。盖皆海外小国，贪利而来；是时内监郑和奉命出海，访建文踪迹，以重利诱诸番，故相率而来。宣德以后，遂无复至者。当时三保太监下西洋为永乐朝盛事云。”这班海外诸番相率来朝，固然也是后日郑和所招致，而太祖时的海上设施，怀柔远人，以大国下小国的政策，亦未始非其重要原因之一。呜呼！漪欤盛哉，吾不禁感慨系之矣！

民国卅三年四月十七日
写成于坪石国立中山大学文学院

（原载《南洋研究》第11卷第3期，1944年）

战后太平洋问题[①]

一、楔子

最近几天，大家大概都读过《大公报》社评《读太平洋学会报告书》一文，说到这个太平洋学会中意见仍呈纷歧，最厚的疑虑则集注于两点：第一是美国是否愿意履行《大西洋宪章》中主张战后国际合作一节；第二是英国保证以自决权予各殖民地之诺言是否诚意。这两点都很重要。但是就我个人的意见以为这仍然不是今天最急迫要讨论的问题。今天所最急迫的问题在那里呢？我以为是在澈底解决日本的问题。如果战后日本没有澈底解决，那太平洋上简直没有可以得到太平的日子。因为日本的海贼生涯最低限度已有六百年之久，他的子子孙孙充满着一脑袋的海贼遗传性，非得把这种海贼行为澈底消除不可。换一句话说，战后的太平洋问题，就是澈底解决日本的详细分晰的问题。

---

①编者按：本篇书名号为整理者所加。局部标点有改动。

二、要防止日本的侵略，应首先除去他侵略的跳板

日本的侵略政策发生极早，大约是在神功皇后之世，约当于我国东汉建安之时，其时攻掠新罗，侵降朝鲜半岛的尖端大加耶等部，置任那日本府，为侵略半岛的跳板。其后在我国南北朝梁陈之世，这任那倭府为新罗所摧毁，跳板拆去，无可为运输之地，故唐高宗龙朔三年（六六三）日本遂为我苏定方诸将所击败。但是他的侵略思想不但丝毫没有减少，而且日益加强。如后日丰臣秀吉出兵攻打朝鲜，即其一例。直至一九一〇年（清宣统年）合并朝鲜，设置朝鲜总督府，于是复造成日本人所谓北进政策的跳板，这个跳板造成后，于是我国的东北四省不得不首当日本野心军阀外侵之冲，所谓万宝山事件，九一八事件，一·二八事件，七七事件，八一三事件纷然而起。在欧战开始，法国败亡，日本军阀遂从法人手上抢夺了安南的实权，于是又造成了日本南进的跳板，这个跳板造成了，自然抢夺香港马来半岛，抢夺新加坡，甚至太平洋上层出不穷的战争，抢夺不已。是以为要防止日本的侵略，不得不首先拆除日本南进的跳板。

三、朝鲜应当独立

朝鲜开化虽不及我国之古，但自箕氏王朝开国以来，距今当亦在三千年以上无疑。较之日本有史时，当早一千三百二十二年。历史文化如是之长，其在东亚国际和平关系如是之重，已具有应独立为国的理由。何况自日本合并朝鲜以来，朝鲜三千万民众，除少数甘作虎伥以外，人人

眷恋故土，除安重根枪杀伊藤博文彰彰在人耳目以外，其复国志士杀身成仁，前仆后继，足足继续了三十余年。在一九一八年“三月一日”革命以后，便成立韩国临时政府，至今亦已二十四周年。自一九四〇成立光复军，实际参加对日作战，至今亦已三年，近且为集中革命力量起见，各革命团体，合并为一，咸愿在临时政府领导之下，积极展开工作。以这样大无畏精神的民族，我们中英美苏四大盟邦可不澈底扶助其独立吗？所以很敢坚决地说，在大战结束以后，朝鲜首先应当独立。

四、安南应当独立

安南为我铜鼓民族的支系，在史前时代由两粤移居于安南的。首先由我汉人为之开化。秦始皇三十三年（公元前二一四）平定南越，距今二千一百余年。自汉迄唐，常为我国郡县。宋丁部领以后，始具立国形式。自明宣德时三杨主张放弃安南，撤除交趾布政司，安南遂自是成立一国，然历代犹向我国臣贡，执藩属之礼甚恭，不幸在我国乾嘉时候，安南发生内乱，阮嘉隆王依赖法国的援助，取得安南的王位，因此渐受法国势力的支配。法国先用武力夺取下交趾，据西贡为根据。至同治十三年（一八七四）法人用诡诈的手段，与安南政府成立一种条约，表面上说是承认安南为独立国，实际上已把安南作法国的保护国了。谅山战后，安南与我国的藩属关系完全断绝，而安南亦不久亡国。但是安南的人民民族意识至为发达，有志之士不甘亡国，革命运动澎湃全国。而过去五六十年间法国在安南统治时代，一贯的政策用浮浪少年，苛征暴敛，鱼肉安南人民，民族间的恶感已至无可调解。大战后安南既不能仍然作为日本侵略南洋的跳板，亦断无重归法人管理之理，故只得由我盟邦助其独立。

五、琉球应当独立或归我保护

琉球立国已久，与中国保持宗主国与藩属国的关系，亦已多时。其国在福州正东一千七百里之遥，合附近多数岛屿[①]而成国。中山王世系，琉球自天孙氏开国，传二十五代。至宋淳熙十三年（一一八六）而绝，国人奉浦添按司舜天氏为主，三传而衰，仍传位于天孙氏别裔，是为英祖。英祖五传至察度，值明太祖初定中原，遣行人杨载赐玺书招琉球王臣服，察度即遣使贡方物，是为通中国之始。明太祖待之恩礼有加，赐善操船者三十六姓，以便往来，自此习法度，奉明正朔，按岁朝贡不绝。其子，武育王以下，历世皆受明之封册。顺治十一年（一六五四），世子尚质来朝，缴明故印，请封重给。康熙元年（一六六二）遣正使张学礼副使王垓，赍诏敕新印往其国，册封尚质为王，兼定二年入贡之例。自此每新王即位，必来请封，异常恭顺，称我国为父国。不幸鸦片战后，欧美诸国皆认琉球为独立国，引发[②]日本兼并琉球的野心。至副岛种臣为外务大臣时，持侵略主义，不仅欲收琉球，且欲夺台湾生番地为己国属地，进行侵略不已。光绪元年（一八七五[③]）日本禁琉球用中国正朔，不得朝贡，尚泰王拒绝，不具遵书者亘数年，哀

---

①编者按：原稿为“欤”，当以“屿”为是。今改。

②编者按：原稿为“引琉”，当以“引发”为是。今改。

③编者按：原稿为“一七八五”，光绪元年当为一八七五年。今改。

诉于我国。五年（一八七九）日本竟废琉球藩为县，勒令藩王上京，其遗臣来请援者多老死天津。英国公使虽一再干涉，向日本提出“琉球曩系中日两国属邦，望两国同为保护”之议，日本悍然不顾，于是琉球全并于日本。今后大战结果，琉球应照民族自决，独立为国。如或认为毛羽未丰，须邻大国为之扶植，则我国亦须当仁不让，勉尽保护之责。

六、台湾澎湖应还我国

台湾澎湖列岛本是汉人开发的区域，居民向来读中国书，涵育于中国的文化，其地屹峙东南，久为我们中国的屏藩。据《福建通考·海防考》，台湾的发见，始于隋代，唐朝以前，尚未开辟，迨宋元以后，汉人渐移此岛，元时我国设巡检司于澎湖，明初曾迁回汉人，废除巡检司，嗣于永乐三年（一四〇五）郑和远征西洋，曾履其地称之为东蕃。明末流寇为乱，沿海居民，多视台湾澎湖为乐土，移居者日众。万历二十七年（一五九九）荷兰人以武力侵澎湖，被明廷驱逐。天启二年（一六二二）荷人复率舰[①]拾七艘再据澎湖，明军与战八月，乃缔和约，许荷人弃澎湖而占台湾。天启六年（一六二六）西班牙人占台北，与荷人对峙。已而西班牙人为荷人所逐。清顺治十八年（一六六一）四月十三日郑成功率兵二万余，船舰百余艘，大败荷军，收归汉人所有。及康熙二十二年（一六八三）清廷取台湾改为本部的一部，隶于福建省。自是以来，全然汉化。至同治十三年[②]（一八七四）日兵侵

---

①编者按：原稿为“艘”，当以“舰”为是。今改。

②编者按：原稿为“同治三年”，日兵侵台湾当在同治十三年。今改。

台湾，美其名为保民，实欲占为己有。甲午战役结束，澎湖台湾遂于《马关条约》中为日本所夺去，时唐景崧刘永福宣布独立为共和国，已而战败。自是四十八年来，台湾志士谋恢复者，不知流尽多少鲜血。全台四百三十万同胞日以投回祖国怀抱为望。这次大战结束，凡是海贼日本在近世掠夺得来的地方，悉须交还原主。则台湾澎湖自当交还我国，组织为我国一个行省，与海南岛同为我国东南沿海一双眼睛。这是毫无疑义的。

七、香港九龙应还我国

香港居南中国海之西，伶仃孤岛向为渔人栖息之所，其对岸为九龙半岛，其间相隔不及半公里，两地互为犄角，同为广东宝安县属境。不幸在“鸦片”战败，道光二十二年（一八四二）订立中英《江宁条约》，把香港割让给英国。及法国租借广州湾时，英人以为己国对于中国南部数省之势力，将被法国蹂躏为口实，遂要求租借九龙地方以为抵制。其后新界日辟，遂扩展至于深圳。日本发动太平洋战争，遂首先攫夺香港九龙，经过十八日战事，英人遂全部退出。日本占领香港九龙以后，遂以之为侵掠南洋的出发点。

及至中英平等新约订立时，香港九龙遂为双方讨论的中心。蒋总裁在《中国之命运》一书中论及这问题云：“九龙租借地本为我国领土，而英国未能将此问题在新约内同时解决，实为中英两国间美中不足的缺点。但我国政府于中英新约签字之日，即向英国政府提出正式照会，声明我国保留有收回九龙之权。故九龙问题仍可随时提出交涉。惟国人所当知者，九龙与香港在地理上确有相依恃的连带关系，且不能不同时解决。

今日英国之有所待者，其故当在于此，无待详述，吾人且信英国政府不致为此弹丸之地，而妨碍中英两国永久的友好之邦交，盖可断言。”总裁所言最为国内外人士所赞同。英国贤明当局最近亦确能深切明白此点，故在大战结束的时候，必能从日本的手中夺回以交还我国。

八、小笠原群岛及一切南洋代管岛屿应交与美国

小笠原群岛原名波宁群岛（Bonin Is.），是西太平洋沿岸附近的一群小的岛屿。于明嘉靖二十二年（一五四三）为西班牙探险家维拉罗布斯第一次发见，经历半世纪之久，始有日本航海人小笠原氏（Ogasawara）寄迹其间。日本对此初不十分感觉兴趣。及十九世纪后半期，日本对于海上霸图，已在萌芽，开始要求凡日本人居住的地方，或天然联系于日本本岛的地方，均应当隶属于日本的版图，受天皇的统治。小笠原群岛往横须贺仅五百海哩，往东京仅五百二十海里，呼应灵便，为日本人理想中的夏威夷。光绪元年（一八七五）十一月廿六日，日本占有千岛列岛以后不久，劳易港（Port Lloyl）上便插上日本国旗，过了三年，日本便用天皇名义把小笠原群岛占为己有。

在小笠原群岛的东南面，有四堆大小不一的岛屿，即是欧战以后国联委托日本代管的前德属太平洋赤道北诸岛，现已由日本经营成为军事根据地。小笠原群岛与琉球群岛台湾及一切南洋代管岛屿联合，便把关岛与菲律宾群岛隔绝起来，将菲律宾群岛包围得不能透气，威胁菲律宾使不得独立。美国为菲律

宾独立的扶植人，照我的见解，为要达到菲律宾[1]完全独立起见，这些地方小笠原群岛及一切南洋代管岛屿在大战以后应由日本交出来，让与美国代管。

九、库页岛应交与俄国

库页岛古称女国，亦名毛人国，其东北隔海之堪察加，《唐书》称为流鬼国。曹廷杰《东北边防辑要》谓《后汉书》北沃沮海中有女国，《唐书》日本东北限大山，外即毛人，今库页岛在海中，恰与混同江口东西相值，正与所谓北沃沮海中合。案北沃沮在今宁古塔东北之地，曹氏所说至确。在明初名苦夷，又名苦页，属奴儿干都司，与今日俄国沿海滨省阿穆尔省同为我国的领域。自俄将木喇福岳福在远东探险，发见库页岛后，于咸丰初年遂占为已有。及日俄战后订和约于朴资茅斯，俄人将库页岛北纬五十度以南之半部，及其附近一切岛屿，该地方内之一切公共房屋的主权，完全让与日本，日本改名桦太岛，但相约两国皆不于库页岛及附近岛屿的自领内部建筑堡垒及其他军事上的工作，又相约不为有妨害宗谷海峡及鞑靼海峡自由航海的军事上事件。及俄国革命事起，日本遂利用机会，横夺权益。直至今日，两国屡因库页岛煤田及渔场诸琐事而惹起纠纷。是以为澈底解决太平洋上的争端起见，应于大战结束时，勒令日本将库页岛整个交还俄国。

十、结论

是以战后太平洋的问题，实在只是澈底解决日本的问题。

---

①编者按：原稿为“滨”，当以“宾”为是。今改。

就我的愚见，解决亦并非困难：

第一，应勒令日本人退回其原有的三岛上建立真正的民主国家。

第二，日本一切海军舰队及商船渔船应全数交出，作为赔偿盟邦在太平洋上所受损失之用。应由盟邦组织国际空军国际舰队作为国际警察，监视日本往后不得再在海洋上有所活动，以结束其海贼行为。

第三，日本皇室应澈底摧毁，日本戎首应立即惩办。如果不把日本帝国主义的侵略体系整个犁庭扫穴，根本推翻，澈底粉碎，即是战后的太平洋问题没有解决，没有处理得适宜。（本稿系作者前在重庆国民外交协会之讲演辞）

（原载《国际编译》第2卷第2期，1944年）

玄奘三藏之行脚与取经[①]

一、楔子

我们常常听见人说："读万卷书，行万里路，是学问成功的秘诀"，这句话很有道理，司马迁历游国内名山大川，然后其文益进，这是很好的例证。现在我举出一个古今中外第一位——即使退一步说，也应该是第一流——的大学问家，就是唐朝的和尚，玄奘法师，他的学问做到了登峰造极的地位，就全靠他一生的行脚与读书。他本来是一个中国到印度去的留学生，后来竟成为印度学术界的权威学者。他是印度最著名的大学那烂陀寺的学生，是印度第一位大学问家戒贤大师的弟子，但是他在印度最后的两三年，学术的地位高极了，竟代替了戒贤，担任那烂陀寺的首席教授。那烂陀寺是印度新兴哲学——法相宗——的大本营，后来玄奘就做了法相宗的第一位大师，曾经用梵文著作了《会宗论》三千颂和《真唯识量颂》，在印度当时的学术擂台上竟无人敢难破他一字。他不特精通大乘学，同

①编者按：本篇书名号为整理者所加。局部标点、外文字母有改动。

时还精通小乘学；不特博通佛教，还博通外道的一切。后来回到中国，开创了法相宗，翻译了各宗各派的佛经，又成为我国佛教史上前无古人后无来者的一位学者。对于佛学，对于唐宋的学术界，直至今日的学术界，都发生过无数的影响。他这种成功，完全靠他一生的行脚与读书。所以读万卷书，行万里路，是我们学术界同人惟一成功的秘诀，这可为铁一般的实证。

可是他的生平，似乎不甚为人所注意。甚而他的十七年的长途旅行所经过六千万里的奇迹，也不甚为人所注意。除开了几位确有学问的佛学家，和喜欢研究交通史的学人，很少人真的知道他和理会他的。虽然有他的弟子慧立替他写了一本很好的专传，道宣的《续高僧传》也有一篇很好的本传，可是读过的人却很少很少。虽则在外国有不少的学者，如Stanislas Julien，Samuel Beal，Thomas Watters，T. W. Rbys Davids，S.W.Bushell，堀谦德等在不绝的努力写成法文、英文、日文的《玄奘西行记》，翻译和考证他所著的《大唐西域记》，而我们的中国士大夫所知道的，大半是《西游记》上的唐三藏。这是万分可惜的事。笔者不揣冒昧，利用这个机会和大家讲讲真的唐三藏取经的故事，免得大家为《西游记》的著者吴承恩所迷惑。现在为限于篇幅与体例，仅[①]先说说他“行脚与取经”，他的一生无数无数的别事，留待以后再讲。（笔者近著有《玄奘评传》，由重庆胜利出版社印行，读者可以参阅。）

二、玄奘国内行脚

玄奘本来是唐朝洛州缑氏县陈姓人家的子弟。他在大业四

①编者按：原稿为“尽”，当以“仅”为是。今改。

年（六〇八）出家的时候，不过十三岁。因为他的二哥长捷，先已出了家，携带他到道场去习业，所以他便在这样年轻的时候，受度为僧。可是因为他生有慧根，一诵便能通晓，所以在国内很早便成了名。他的发誓往访佛国，寻求经典，便在他二十一岁的时候已经决定。他于十三岁受戒，不久即在东都净土寺熟读了《摄大乘论》诸书，但不自满足，便于武德元年（六一八）偕同他的哥哥经由子午谷同入汉川，后来又到成都。在这时已经开始了他的行脚生涯。在成都二三年间，又听讲了好几回《摄大乘论》诸书，究通诸部。吴、蜀、荆、楚各地，无不知有玄奘法师其人。到了他二十一岁的时候，又觉得蜀中经论，都已读完，于是即在那年——武德五年（六二二）——瞒了他的哥哥，私与商人结伴，放舟三峡，沿江而遁，到达了荆州的天皇寺。大约有半年的光景，便又北游，先到相州，后到赵州，然后再入长安。他的国内行脚，可说是行遍了这新兴国家的一半。

三、玄奘国外行脚的前奏

玄奘当时决定西行取经的意志后，本欲联合同志结队西游，不料上表陈请，又值政府禁止百姓出番，有诏不许；于是各人为圣旨所吓退，惟有玄奘不为所屈。于是只得一人孤游。又因素稔西路艰险，乃自试其心以人世间种种苦痛调伏堪任不退。乃开始国外行脚的前奏。

贞观元年（六二七）八月中秋的时候，玄奘时年二十六，跟随一位秦州和尚自长安西行，在秦州住了一晚，又随伴去至兰州，又住了一晚，遇凉州人送官马归，又随至凉州。那时凉州都督李大亮，奉到严敕，向玄奘多方留难。幸得河西领袖和尚慧威法师与他同情，秘密派徒护送，昼伏夜行，才得走至瓜州。

但是到了瓜州以后，苦难重重。闻说玉门关外，西北有五座烽火墩台，官军日夜严密把守，难得偷渡。玄奘这时心中郁郁不乐，旧日所乘熟马又死，不知计从何出。如是月余，凉州访牒又到，要捕捉玄奘。幸亏主管州吏李昌崇信佛法，替他设法，催促玄奘早行。玄奘这时正值走头无路，因在所停寺里弥勒像前，虔心启请，乃得胡僧以瘦老马相让，始得成行。

那天晚上，玄奘与少年胡僧乘夜出发，三更时分，走了五十余里，至到瓠胪河上，远远地望见玉门关上流十里许的地方，两岸可阔丈余，胡人斩木为桥，铺草填沙，玄奘乃得策马而过。玄奘既渡大喜，与胡人各自下榻而眠，两人相去可五十余步。不意卧下未几，胡人忽拔刀起身，徐徐向法师奔来，玄奘大吃一惊，但细看胡人，未到十步许，忽又折回睡下。玄奘即起诵经，念观音菩萨。次晨起来，胡僧力陈不可西去之状。玄奘知其心里苦衷，遂任他归还；并告以彼个人为求大法，发誓西行，若不至婆罗门国，纵然死在中途，亦无所悔；但如被擒捉，亦决不供扳。胡人乃让法师独行，彼自别去。

自是，玄奘孑然一身，孤游沙漠，一路别无所见，只以沿途白骨马粪相指引，凄寂前进。

四、玄奘沙漠行脚

这时玄奘一人独行沙漠中，但无数妖鬼偏要与他开玩笑，易貌移质，倏忽千变，如是者经行八十余里，始见第一烽台。烽西见水，即下取饮，盥手刚完，正拟取出皮囊盛水的时候，冷不防一枝暗箭射到身旁，须臾再来一箭，几中膝盖。玄奘心里一想，知已为守候兵士所见，乃大呼“我是和尚，你勿射我！有话待我慢慢说来！”一面叫着，一面牵马向着烽火台急行。幸得入见台上校尉王祥，这人心肠甚好，又见玄奘不似河西僧徒模样，知是京师来者；具问行意，果为西向婆罗门国求法取经的玄奘法师，乃起怜悯之心，并为介绍与第四烽主管王伯陇照料。明天起来，王校尉使人盛水及麦饼相赠，并亲自送法师十余里，指点捷径，径向第四烽台。玄奘是晚到了第四烽时，又恐为彼人留难，正拟悄悄取水而过，不意刚至水边，说时迟，那时快，一枝飞箭又到头来，法师只得回答如前，急向烽行。入烽，烽官相向，法师具告西行取经之志，并告以王祥叮咛之意。那人闻言大喜，留宿一宵，更施大皮囊及马麦相送。并谓第五烽烽官粗率，不如由此径去百里许，向野马泉取水，直至莫贺延碛，法师拜谢而别。

这个莫贺延碛，长有八百里余，是一望无际的大沙漠，古名沙河，上无飞鸟，下无走兽，复无水草。这时法师踽踽独行，形单影只，一心但念观音菩萨和《般若心经》。虽曾叠逢恶魔诸鬼，奇状异类，绕他前后，但是一念《般若心经》，发经声时，魔鬼皆散，心中毫无惧怕。可是已行百余里后，却已迷失道路，遍觅野马泉不得。乃取水欲饮，不意袋重失手，将水全然打翻。妖魔不能难他，但无水则人马均行不得。这时正在进退两难，乃欲回身东归，还向第四烽取水。行十余里，忽复自念：“我先发愿，若不到天竺，终不东归一步。今何故来？宁可就西而死，岂可归东而生？”乃复回转马头，专念观音菩萨，西北而进。

可是到了这时，四顾茫然，人踪马迹，俱无所见。如是者四夜五日，没有滴水沾喉，口腹干焦，势将死在地上。那时渴到不能再前，只得倒卧沙中，听天由命，但仍默念观音，虽困极不舍。因此启请菩萨说道："玄奘此去，既已不求财利，又复不沽名誉，但只为无上道心而来。仰惟菩萨慈念群生，以救苦为务。现在玄奘所处，可谓极尽人世的至苦了！菩萨慈悲，宁有不知？"如是祷告，心心无辍。直至第五夜夜半，忽有凉风触身，冷快如沐浴寒水，双眼渐明，马亦能起。玄奘既渐苏息，得稍睡眠，即于睡眼蒙眬中，见一大神，身长数丈，执戟麾道，"何不勉强前行"！法师于是惊醒，勉强举步。再行约莫十里左右，瘦老赤马忽向异路，制之不回。又约数里，忽见青草数亩，下马让它大吃一顿。去草十余步，方欲转身，忽见一池清水，甘澄镜澈，乃下而就饮，身命重获生全，人马俱得苏息。即就草池停息一日，后日盛水取草进发。复经两日，方才出了流沙，到达伊吾国境。

五、玄奘在中印边境上行脚

玄奘到达伊吾国后，得到高昌王麴文泰的遣使邀请，遂改变程途，行涉南迹，经了六日乃到高昌界白力城。从此玄奘与高昌王发生很大的交情，约为兄弟，由高昌王写信介绍与突厥叶护可汗，嘱其保护转送。又作了二十四封私函，分别通知屈支等二十四国，嘱咐妥为照料。因而一路顺利，西行渡过无半城、笃进城，而入阿耆尼国（旧译焉耆），历经屈支国（旧译龟兹或库车）、跋禄迦国（旧译姑墨）、素叶城（旧译碎叶），与叶护可汗相遇，得其照拂，作诸国书，令人送至迦毕试国。从此西行，复经笯赤建国（今赛喇穆城）、赭时国（唐言石国）、窣堵利瑟那国（《唐书》作东曹国）、飒秣建国（唐言康国）、屈霜你迦国（唐言何国）、喝捍国（唐言东安国）、捕喝国（唐言中安国）、伐地国（唐言西安国）、货利习弥伽国、羯霜那国（唐言史国）等。西南入山，更山行三百余里，入铁门，峰壁峭峻，这是突厥的关塞。出铁门后至睹货罗国。从此数百里渡缚刍河，至活国，为叶护可汗长子的所居，又是高昌王妹婿。适值国乱，不能久留，遂至缚喝罗国。又西南至锐末陀胡实建国，南至揭职国。东南入大雪山，行六百余里，出睹货罗境，入梵衍那国。度大雪山，出小沙岭，经黑山乃至迦毕试境。这回行脚中印边界上，以度过雪山最为困难。凝云飞雪，从不暂霁。其中往往逢到最厉害的地方，则平途数丈，层冰峨峨，飞雪千里。昔年法显西行，他的同伴慧景，便在这里冻死，口吐白沫。亦可推想玄奘所受的寒苦了。

到了迦毕试国后，东进六百里，越过黑岭，乃入北印度境。玄奘留学的目的地，乃是中印度摩揭陀国的那烂陀寺，距离北印度尚远，于是又经行三年余，然后得达。其中最危险的关头，算是在殑伽河上遇贼的一次。那天，玄奘离开阿逾陀国，顺着殑伽河，与八十余人，同船东下，欲南向阿耶穆国，河的两岸，监是阿输迦树林，船行已可百余里，忽然林中两岸各拥出十余船贼，群贼又是突伽天神邪教徒，正在祭神时节，急须寻觅一人质状端美，杀取肉血，用以祭神，但尚未有人，偏又看中了玄奘一表仪容，体质伟丽，正合他们的需要。于是便把玄奘捆绑起来，提刀要杀，忽然一阵黑风，刮得河流涌浪，船只漂覆，骇走那群盗贼，玄奘才免为刀下之鬼，得至中印度求学。因为那时北印度一带，外道势力甚大，各国文化又低，政治又坏，盗贼滋多，遍地荆棘，最足为旅行的大害。玄奘去时的行脚生涯，遇贼何止三番四次，不过以这一次为最危险，因为那班突伽天神教徒，目的不止谋财，简直是要害命。故同船八十余人，莫不个个放声大哭，其中有几个人，竟然愿为玄奘替死。

六、玄奘印度行脚

玄奘自从贞观五年（六三一）年底到了那烂陀寺，直至九年（六三五），受了戒贤本师的优待，规规矩矩地专心读了五年的书。有暇便到五印度各国巡礼圣迹，搜取佛经，研究各种学问。所以这七八年的生涯，大半也常在行脚之中。兹为便于一目了然起见，特将玄奘自著的大唐西域地列成一表，说明五印度国境的所在，和玄奘经行的里数，以为读者研究之一助。

印度境别	国名	由某地来共行若干里	备考
北印度境	滥波国	自迦毕试境东来六百余里	
	那揭曷罗国	自滥波南来二十余里	
	健驮罗国	自那揭罗东南山行五百余里	
	乌仗那国	自健驮罗北来六百余里	
	钵露罗国		玄奘未到
	呾叉尸罗国	自乌仗那国乌铎迦汉荼城渡河至此	
	僧诃补罗国	自呾叉尸罗东南来七百余里	
	乌剌尸国	自呾叉尸罗东南山行五百余里	
	迦湿弥罗国（即罽宾）	自乌剌尸东南行千余里	
	半笯蹉国	自迦湿弥罗西南行七百里	

（续表）

印度境别	国名	由某地来共行若干里	备考
北印度境	曷逻阇补罗国	自半笯蹉国东行四百余里	
	磔迦国	自曷逻阇补罗东南来七百余里	
	至那朴底国	自磔迦东行五百余里	
	阇烂达那国	自至那朴底东南行约二百里	
	屈露多国	自阇烂达那东北行七百余里	
	设多图卢国	自屈露多南行七百余里	
	婆罗吸摩补罗国	自秣底补罗北行三百余里	
	钵伐多国	自茂罗三部卢东北行七百余里	
	弗栗恃国（即三伐恃国）		待考
中印度境	波理夜呾罗国	自设多图卢西南行八百余里	
	秣菟罗国	自波理夜呾罗东行五百余里	
	萨他泥湿伐罗国	自秣菟罗东北行五百余里	
	窣禄勒那国	自萨他泥湿伐罗东行四百余里	
	秣底补罗国	自窣禄那东境殑伽河东行八百余里	
	瞿毗霜那国		待考

（续表）

印度境别	国名	由某地来共行若干里	备考
中印度境	垩醯掣呾罗国	自婆罗吸摩补罗东南行四百余里	
	毗罗删拿国	自垩醯掣呾罗南行三百余里	
	劫比他国（即借迦舍国）	自毗罗删拿东行二百余里	
	羯若鞠阇国（即曲女城）	自劫比他西北行二百余里	
	阿逾陀国	自羯若鞠阇东南行六百余里	
	阿耶穆佉国	自阿逾陀顺殑伽河东下行可四百余里渡河而至	
	钵罗耶伽国	自阿耶穆佉东南行七百余里渡殑伽河而至	
	憍赏弥国（即拘睒弥国）	自钵罗耶伽西南经五百余里	又玄奘归时自钵罗耶西南行七日至此
	鞞索迦国	自憍赏弥东行五百余里	
	室罗伐悉底国（即舍卫国）	自鞞索迦东北行五百余里	
	劫比罗伐窣堵国（即迦毗罗卫国）	自室罗伐悉底东南行八百余里	

（续表）

印度境别	国名	由某地来共行若干里	备考
中印度境	蓝摩国	自劫比罗伐窣堵东行五百余里	
	拘尸那揭罗国	自蓝摩东大林中行百余里	
	波罗痆斯国（即波罗奈国）	自拘尸那揭罗经大林行五百余里	
	战主国	自波罗痆斯顺殑伽河东行三百余里	
	吠舍厘国	自战主国东北渡殑伽河行百四五十里	
	尼波罗国		待考
	摩揭陀国（即摩伽陀国）	自吠舍厘南境去殑伽河百余里渡河而至	
	伊烂拿钵伐多国	自摩揭陀来不详里数	
	瞻波国	自伊烂拿顺殑伽河南岸东行三百余里	
	羯朱嗢祇罗国	自瞻波东行四百余里	
	奔那伐弹那国	自羯朱嗢祇罗东渡殑伽河行六百余里	
	憍萨罗国	自羯餧伽西北行一千八百余里	
	摩醯湿伐罗补国	自掷枳陀东北行九百余里	

（续表）

印度境别	国名	由某地来共行若干里	备考
东印度境	迦摩缕波国	按此国王迦摩罗王闻玄奘名发使来请玄奘自那烂陀寺往未详里数	
	三摩呾吒国	自羯罗拿苏伐剌那东南来不详里数	
	耽摩栗底国	自三摩呾吒西行九百余里	
	羯罗拿苏伐剌那国	自奔那伐弹那东南行九百余里	
	乌荼国	自耽摩栗底西南来不详里数	
	恭御陀国	自乌荼西南大林中行一千二百余里	
南印度境	羯餧伽国	自恭御陀西南行大荒林一千四五百里	
	案达罗国	自憍萨罗南大林中东南行九百余里	
	驮那羯磔迦国（即大安达罗国）	自案达罗南行千余里	
	珠利耶国	自驮那羯磔迦西行千余里	
	达罗毗荼国（唐言建志补罗）	自珠利耶南经大林行一千五六百里	建志城在印度南之口

（续表）

印度境别	国名	由某地来共行若干里	备考
南印度境	秣罗矩吒国（即枳秣罗国）		距达罗毗荼国三千余里玄奘未往
	恭建那补罗国	自达罗毗荼西北归行二千余里	
	摩诃剌佗国	自恭建那补罗西北经大林行二千四五百里	
	跋禄羯呫婆国	自摩诃剌佗西北行千余里渡耐秣陀河而至	
	摩腊婆国（即南罗罗国）	自跋禄羯呫婆西北行二千余里	
	阿吒厘国	自摩腊婆西北行二千四五百里	
	契吒国	自阿吒厘西行三日	
	伐腊毗国（即北罗罗国）	自契吒北行千余里	
	邬阇衍那国	自瞿折罗东南行二千八百余里	
	掷枳陀国	自邬阇衍那东北行千余里	
西印度境	阿难陀补罗国	自伐腊毗西北行七百余里	

（续表）

印度境别	国名	由某地来共行若干里	备考
西印度境	苏剌侘国	自阿难陀补罗西北行五百余里自摩醯湿伐罗补罗西还未详里数	
	瞿折罗国	自苏剌侘东北行千八百里	
	信度国	自阿耆国东北行七百余里	
	茂罗三部卢国	自信度国东北行九百余里渡河而至	
	阿点婆翅罗国	自苏剌侘西行至此未详里数	
	狼揭罗国	自阿点婆翅罗西行二千余里	
	臂多势罗国	自狼揭罗东北行七百余里	
	阿耆荼国	自臂多势罗东北行三百余里	
	伐剌拏国	回程时自滥波国南行十五日至此	

据右表看来，玄奘于五印度的全境，八十国中，似只有五个国未到，经行的地方已占全境百分之九十五以上了。

七、玄奘归程行脚

玄奘于贞观十六年（六四二）上半年学业已经圆满成就，便思东归，戒贤亦劝其行。恰巧那年年底法师受鸠摩罗王戒日王相继的礼请，在曲女城开大辩论会，濒行前收拾一切，预向戒贤本师和那烂陀寺诸友话别。次年，会毕；戒日王复与法师在钵罗耶迦开七十五日无遮大会以饯其行，会毕复留连十余日，于春末夏初，玄奘遂即东归。两王和诸众人等相饯数十里而别，将分之际，哭声震天，人人呜咽，各不能已。玄奘乃以经像等物附北印度乌地多王军，乘鞍渐进。戒日王并预饬所经诸国，发乘递送，终至汉境。这时的玄奘可谓阔绰极了，处处有人招待，事事有人帮忙，比起来时，实不啻天堂地狱之别。

可是这回归国，玄奘绕行西域南道，与来时走的道路又不同。在印度自钵罗耶国启程后，经憍赏弥国、毗罗删拿国、僧诃补罗国、呾叉尸罗国、迦湿弥罗国，与乌地多王作别，复与迦毕试王同行。迦湿弥王亦来参拜。在迦湿弥渡信渡大河时，曾失去五十夹经本，因停五十余日，遣人往乌丈那国重抄。自此西行一月余日至滥波国境，时国王亦为七十五日大施，请法师参加。由此复南行十五日，往伐剌拿国巡礼圣迹。又西北往阿薄健国，又西北往漕矩吒国，又北行五百余里至佛栗氏萨傥那国。自此东出至迦毕试国境离开了印度。这回得到迦毕试王饬使将百余人护送，度雪山时虽亦行十五日乃渡凌崄，但已履险如夷了。

如是经五六日至睹货罗故地的安坦罗缚婆国，又西北下山行四百余里至阔悉多国，又西北山行三百余里，至活国。又东行二日至瞢健国。自瞢健东行入山三百余里，至呬摩呾罗国。自此东行二百余里，至钵铎创那国，这一带都是睹货罗国的旧境。自此东南行二百余里，至淫薄健国。又东南履危蹑崄行三百余里，至屈浪拿国。从此又东北山行五百余里，至达摩悉铁帝国（亦名护密）。从此国大山北至尸弃尼国。又越达摩悉铁帝国至高弥国。从此复东山行七百余里至波谜罗川。从这川东出，登危履雪，行五百余里，至朅盘陀国。复东北行五日，逢群贼后，冒寒履崄行八百余里，出葱岭，至乌铩国。从此北行五百余里，至佉沙国（旧称疏勒）。又从此东南行五百余里，渡徙多河，逾大岭，至斫句迦国（旧称沮渠）。从此东行八百余里，至瞿萨旦那国（旧称于阗）。玄奘因前渡河失经，到此后更使人往屈支疏勒访本，乃为于阗王留连，未获即还。因修表使高昌小儿逐商伴入朝陈昔日往婆罗门国求法，今得归还到于阗的事。得敕后，即进发，行三百余里，东至媲摩城。从媲摩城东入沙碛行二百余里，至泥壤城。又从此东入流沙，又行四百余里至睹货罗故国。又行六百余里至折摩驮那故国，即沮沬地。又东北行千余里至纳缚波故国，即楼兰地。展转达于自境，得鞍乘已，放于阗使人及驼马还，有敕酬其劳，皆不受而去。

玄奘既至沙州，乃兼程而进，于贞观十九年（六四五）正月，回至长安。玄奘这样一去一归，不觉已经过了十九个年头了。

八、取经与钞经

玄奘在西游归来，所得大乘经二百二十四部，大乘论一百九十二部，上座部经律论十四部，大众部经律论一十五部，三弥底部经律论一十五部，弥沙塞部经律论二十二部，迦叶臂耶部经律论一十七部，法密部经律论四十二部，说一切有部经律论六十七部，因明论三十六部，声论一十三部，凡五百二十夹，总六百五十七部，以二十匹马驮负而归。其他法器法物，在西方所得如来肉舍利一百五十粒，金佛像一躯，通光座高尺有六寸，拟摩揭陀国前正觉山龙窟留影金佛像一躯，通光座高三尺三寸，拟婆罗痆斯国鹿野苑初转法轮像刻檀佛像一躯，通光座高尺有五寸，拟憍赏弥国出爱王思慕如来刻檀写真像刻檀佛像一躯，通光座高二尺九寸，拟劫比他国如来自天宫下降宝阶像银佛像一躯，通光座高四尺，拟揭摩陀国鹫峰山说法华等经像金佛像一躯，通光座高三尺五寸，拟那揭罗曷国伏毒龙所留影像刻檀佛像一躯，通光座尺有三寸，拟吠舍厘国巡城行化刻檀像等。玄奘带归各种资料，于我国佛教和艺术的影响至大。

其中钞经工作，亦备极辛苦，如在迦湿弥罗国时，以寻读无本，由国王给书手二十人，令写经论，玄奘于诵习自修之外，又须选辑督造，智力宏赡，为彼邦大德所积颂。又如归途在迦湿弥罗国信渡河上失经，遣人往乌仗那国写迦叶臂耶部三藏，都是很繁重的工作。

大约玄奘取经的标准，以搜集原本初本为主，如不能得，即从事钞写，所以巡礼各地，大半为此。以上所举，只是最显著的一二例罢了。

九、玄奘行脚与他高僧比较

玄奘西行，原为《摄大乘论》已于六朝末年由梁僧真谛译出，印度新兴的法相宗已渐渐传入我国；法师在国内遍谒众师，备闻其说，而欲详考其义，则各擅宗途，不能一致，而译本太少，资料不足，因而发誓远游，追踪法显、智严。

但法显行脚为时仅十五年，游历仅三十余国，得《摩诃僧祇律》及《萨婆多部钞律》可七千偈，《杂阿毗昙心》可六千偈，《缒经》可二千五百偈，《六[1]等般泥洹经》可五千偈，《弥沙塞律》《长阿含》《杂阿含》及《杂藏》等，较之玄奘，可谓渺乎小哉。此外前后诸人，如悟空留印四十年，智猛三十七年，义净二十五年，虽似较玄奘时日为多，但除义净略有成绩外，余皆无足称述。所以我们敢说玄奘是前无古人后无来者的佛学大师。

一〇、赘语

末了，玄奘行脚取经的故事说完了，我们除极端佩服外，我们试研究他所以能有如此成功的原故，第一，因为他是一个佛教徒，受了严密的宗教训练，有信仰心，有忍耐性，所以能不惧魔鬼，不怕困难，务必达到目的为止；第二，因为他在国内已读遍了《摄大乘论》诸书，认识十分清楚，深知非亲自到那烂陀寺去苦功潜修，不能再有所得；第三，因为他少年出家，具五足戒，平素修养极讲究，体格极好，所以能战胜一切困难。玄奘去时虽于后日成功无甚希冀，而自然做到如此成绩。今日我们出国学生，交通极稳便，招待极周到，供给极丰富，似应立志做到与玄奘有同等的成绩，即是第一流学者，第一位的权威大师，才不负国家的期望和自己的怀抱。

（原载《东方杂志》第40卷第7号，1944年）

①编者按：原稿为“六”，疑为“方”。

王玄策使印度及其勋业①

一、发端

近年来我国人士对于印度的研究可说是已稍稍感到兴趣，坊间出版的印度史地或历史上中印关系一类的小册子，间有见到一二，但远不及欧美人士的著作之多，恐怕连我们的敌人日本也不如了。我彷佛看见一本书上说，我国与印度是一个邻邦，只不过给一个帕米尔高原隔开了，两国人士时常经由帕米尔高原往来，可是几千年来这两个国家从来没有交战过的。这句话固然可信。其实帕米尔高原就是两国接境的地方。但是这两个国家不但没有交战过，而且在历史上发生过很友谊的关系。这就是本题所讲的故事，王玄策出使印度借兵为印度平乱。这故事，实在是很重要的故事，很有名的故事。可是在我国知道的人很少，近世最先发表研究这故事的人，是法国汉学家烈维及沙畹，他俩合撰《王玄策使印度记》，于一九〇〇年（清光绪二十六年）刊于《亚洲报》中。其次是日人小野玄妙，

①编者按：本篇书名号为整理者所加。局部标点有改动。

题为《极东之三大艺术》。又其次为我国柳翼谋师，题为《王玄策事辑》。最近许公武著《中印历代关系史略》，对这事虽然也有说及，但是仅仅占了八行小字。此外说的人更少了。著者感觉着这事有详为述说的必要，因此不揣冒昧，勾稽史实，试为述说。

原来自前汉时张骞通西域归来，已知我国商人与身毒（印度旧译名）早有交通，筇竹蜀布由印度间接转售于大夏。及至佛教东来以后，西域胡僧来我国布教并翻译经典者甚众。自然大多数是西域僧徒，即今新疆省内或其附近的人士，而其中自印度来的也有。即如大名鼎鼎的译经专家鸠摩罗什，他的父亲是龟兹国人，他的母亲却是北印度人，他少时曾往印度肄习的。其后法显偕伴西行，归来著有《佛国记》一书，我国人士慕法西游者日众。直至玄奘取经时止，两国往来交际的频繁，直与今日一般无异。王玄策这番的赴印，却并不是为了佛法，而是奉唐朝政府的命令为国际上外交的使节。著者拟不嫌辞费，一说这事的始末。

二、王玄策出使前的印度国情

在印度史上最盛的时代为阿育王和戒日王时，阿育王为孔雀王朝建国的旃陀罗笈多之孙即摩揭陀及北部印度王侯，距释迦寂灭后约二百年，其时武功最盛，征服今日的俄利萨及孟加拉，大为扩张领土，使北部印度的宗教和文化直接影响及于东海岸；又能大兴佛教，广建寺塔，于第三次结集后，佛教远播各国，南及锡兰。不幸阿育王死后二十一年，至公元前九十五年，孔雀王朝亡。其后叠经珊伽王朝、案度罗王朝，无甚可纪。至公元四世纪时，印度的羯若鞠阇国勃兴，其王朝名为格普塔朝。其第三王羌特拉格普塔一世，始自称毗讫罗摩阿迭多，译言诸王之王。其子萨姆特拉格普塔时，国势大振，征服北印度诸王，如孟加拉，尼泊尔及阿萨密等边境诸王国皆执臣礼，纳贡税；西方诸王国及锡兰诸王，亦贡方物。其后迭出名王，至公元四百六十年，斯堪他格普塔即位，其领地南至于海，为格普塔王朝最后的大君主。又能奖励文学，提倡宗教，号称为印度史上的黄金时代。后经二王，在公元五百年时白匈奴侵入印度，格普塔王朝亡。未几，别有所谓毗讫罗摩阿迭多兴于邬阇衍国，世称为超日大王，文治武功，均称极盛，惟其在位时代，未能确定，大约在公元六世纪时而已。

及至七世纪初，戒日王乃兴起于羯若鞠阇国，国势尤极其盛。《大唐西域记》卷五云：

> 羯若鞠阇国（唐言曲女城，中印度）王，本吠奢种也。字曷利沙伐弹那（唐言喜增），君临有土，二世三王，父字波罗羯逻伐弹那（唐言光增），兄字曷逻阇伐弹那（唐言王增）。王增以长嗣位，时东印度羯罗拿苏伐剌那（唐言金耳）国设赏迦王（唐言月）诱而杀之。辅臣执事，咸劝王弟即袭王位，号尸罗阿迭多（唐言戒日）；于是命诸臣曰："兄仇未报，邻国不宾，终无右手进食之期！凡尔庶僚，同心戮力！"遂总率国兵，讲习战士，象军五千，马军二万，步军五万；自西徂东，征战不臣，象不解鞍，人不释甲，于六年中，臣五印度，既广其地，更增甲兵，象军六万，马军十万，垂三十年，兵戈不起，政教和平，务修节俭，每以一日分作三时，一时理务治政，二时营福修善，孜孜不倦，竭日不足矣。

《大唐西域记》为玄奘所著书，玄奘于唐贞观五年（公元六三一）岁暮至其国，后在那烂陀寺从戒贤大师专心攻习诸经论凡五年，旋复巡礼各地五年，再返那烂陀寺，于贞观十六年（六四二）应鸠摩罗王戒日王礼请，以其年腊月，戒日王开大会于曲女城，玄奘为破恶见，维护大乘，与戒日王居处多时，今其所言如此，自属可信。

戒日王雄才大略，与玄奘论及东方国势，闻唐太宗神武，四夷宾服，大悦，谓愿东面而朝，因与中国通使。《新唐书》记载道：

> 天竺国，汉身毒国也，或曰摩伽陀，或曰婆罗门，分东西南北中五天竺，皆城邑数百。中天竺在四天竺之会，都城曰茶镈和罗城（案即《西域记》的曲女城）。武德中（六一八至六二六），国大乱，王尸罗逸多勒兵战无前，象不驰鞍，士不释甲，因讨四天竺，皆北面臣之。会唐浮屠玄奘至其国，尸罗逸多召见，曰："而国有圣人出，作《秦王破阵乐》，试为我言其为人。"玄奘粗言太宗神武，平祸乱，四夷宾服状。王善曰："我当东面朝之！"贞观十五年（六四一），自称摩伽陀王，遣使者上书，帝命云骑尉梁怀璥持节尉抚，尸罗逸多惊问国人"自古亦有摩诃震旦使者至吾国乎？"皆曰："无有！"戎言中国为摩诃震旦。乃出迎膜拜，受诏书，戴之顶，复遣使者随入朝。诏卫尉丞李义表报之，大臣郊迎，倾都邑纵观，道上焚香，尸罗逸多率群臣东面受诏书，后献火珠、郁金、菩提树。

这是中印两国正式国交之始，也是中印关系史上最重要的一段。不幸六四七年戒日王死，即贞观二十一年，为唐太宗的晚年。《大慈恩法师传》云：

> 于夜中忽梦见那烂陀寺房院荒秽，并系水牛，无复僧侣，法师从幼日王院西门入，见第四重阁上有一金人，色貌端严，光明满室，内心欢喜，欲登上无由，乃请垂引接，彼曰："我曼殊室利菩萨也，以汝缘业，未可来也。"乃指寺外曰："汝看是！"法师寻而望，见寺外火焚烧村邑，都为灰烬。彼金人曰："汝可早归，此处十年后，戒日王当崩，印度荒乱，恶人相害，汝可知之！"言讫不见。法师觉已，怪叹，向胜军说之，胜军曰："三界无安，或当如是。既有斯告，任仁者自图焉。"及永徽之末，戒日王果崩，印度饥荒，并如所告，国家使人王玄策备见其事。

这个梦中预言，据王玄策所见的篡立，果当如是。至谓永徽（六五〇至六五五）末，则误，盖其时戒日王崩已八九年了。日本高桑驹吉《印度五千年史》谓尸罗迭多以六百五十年殁，即唐高宗永徽元年。说亦不确，合新旧两《唐书》观之，便自可知。

三、王玄策三次使印并借兵吐蕃泥婆罗平定其乱

王玄策初为融州黄水县令，次为右卫率府长史，前后使印凡三次。第一次以贞观十七年（六四三）三月奉敕，李义表为正使，王玄策为副使，偕二十二人至印度摩揭陀，为报戒日王之聘而往，勒铭于耆阇崛山，至贞观十九年（六四五）又立碑于摩诃菩提寺，其归国当在贞观二十年（六四六）。那时戒日王未死，率群臣东面受诏书，观《旧唐书·天竺传》及《法苑珠林》所引王玄策行传自明。柳翼谋师《王玄策事辑》考证

更为详确。

至第二次使印，两《唐书》记载文字略有异同，时戒日王已死，而王玄策所立殊勋，即在这一次。《旧唐书·天竺国传》云：

> 贞观十年(六三六)，沙门玄奘至其国，将梵本经论六百余部而归。先是遣右率府长史王玄策使天竺，其四天竺国王咸遣使朝贡。会中天竺王尸罗逸多死，国中大乱，其臣那伏帝阿罗那顺篡立，乃尽发胡兵以拒玄策，玄策从骑三十人，与胡御战不敌，矢尽，悉被擒，胡并掠诸国贡献之物。玄策乃挺身宵遁，走至吐蕃，发精锐一千二百人，并泥婆罗七千余骑，以从玄策，玄策与副使蒋师仁率二国兵进至中天竺国城，连战三日，大破之，斩首三千余级，赴水溺死者且万人。阿罗那顺弃城而遁，师仁进擒获之，虏男女万二千人，牛马三万余头匹。于是天竺震惧，俘阿罗那顺以归。二十二年(六四八)至京师，太宗大悦，命有司告宗庙，而谓群臣曰："夫人耳目玩声色，口鼻耽于臭味，此乃败德之源，若婆罗门不劫掠我使人，岂为俘虏耶？昔日中山以贪宝取弊，蜀侯以金牛致灭，莫不由之。"拜玄策朝散大夫。

《新唐书·天竺国传》则云：

> 贞观二十二年，遣右卫率府长史王玄策使其国，以蒋师仁为副，未至，尸罗逸多死，国大乱，其臣那伏帝阿罗那顺自立，发兵拒玄策，时从骑才数十，战不胜，皆没，遂剽诸国贡物。玄策挺身奔吐蕃西鄙，檄召邻国兵，吐蕃以千人来，泥婆罗以七千骑来，玄策部分进，战茶镈和罗城，三日破之，斩首三千级，溺水死万人，阿罗那顺委国

走，合散兵复降，师仁禽之，俘斩千计，余众奉王妻息阻乾陀卫江，师仁击之，大溃，获其妃王子，虏男女万二千人，杂畜三万，降城邑五百八十所。东天竺王尸鸠摩送牛马三万馈军，及弓刀宝缨络；迦没路国献异物，拜上地图，请老子像。玄策执阿罗那顺献阙下，有司告宗庙，帝曰："夫人耳目玩声色，口鼻耽臭味，此败德之原也。婆罗门不劫吾使者，宁至俘虏耶？"擢玄策朝散大夫。

柳翼谋师谓："第二次以贞观二十二年使天竺，其奉使俘王皆一年以内之事，推其行时当在春初，盖《旧唐书》本纪载玄策擒阿罗那顺在五月间，至早必于春初已往；而其归国则在贞观二十三年（六四九），以日本碑文证《法苑珠林》，知其所谓有使图写字迹来者，即王玄策也。"柳师考证甚是。《旧唐书》谓贞观二十二年俘阿罗那顺至京师固误，《新唐书》谓贞观二十二年使玄策至其国而不明言其归期，亦未为首尾完具之文。至于抵印以后，值戒日王已死，国中大乱，为篡臣所拒，从骑三十人以矢尽被擒，玄策只身至吐蕃，发其兵及泥婆罗兵平定印度内乱，擒其篡臣以归，建立殊勋，则两《唐书》皆同。当时此固为炳炳烈烈震动中印及东方国际的大事。

其第三次出使则以显庆二年（六五七）使天竺，景礼名迹，参观幻术，周历诸国，将持宝器，至龙朔[1]元年（六六一）始归。法人烈维考证其第三次奉使的行程云：

六五七年（唐显庆二年）敕卫率府长史王玄策往西国，送佛袈裟。时有中国法师玄照者在印度，玄策后携之归国。玄策此次奉使之行程，可约略知之。六五七年复路

①编者按：原稿为"龙翔"，当以"龙朔"为是。今改。

经泥婆罗国，六五九年（显庆四年）至婆栗阇国，六六〇年（显庆五年）至摩诃菩提寺，寺主戒龙曾厚赠之。十月一日西行时，寺主及余众僧曾饯送之。六六一年至罽宾（Kapica）国。此外吾人知其曾经吠舍厘（Vaicali）国，并赴西国天王欢迎盛会也。

案王玄策三次奉使印度，撰有《中天竺行记》十卷，惜其书久佚，而名亦不彰。至波结（Pauthier）日玉莲（Stanislas Julien）两氏所译中国史书《天竺列传》，今世治印度学者始知有其人。然其书虽佚，幸唐高宗总章元年（六六八）时道世纂集《法苑珠林》，曾节引若干条，足供吾人的研究。据其所引，或名《王玄策行传》，或名《西国行传》，或名《西域行传》，似皆为《中天竺行记》的残文。当时别有一官书名《西域志》，亦名《西国志》，志六十卷，画图四十卷，为高宗乾封元年（六六六）成书，乃取材于王玄策及玄奘行记诸著作者，此书亦散见于《法苑珠林》中。今《法苑珠林》所引凡二十一条，烈维所说，乃由此等材料考证得来，其言至为可信。柳翼谋师综论其三次使印，谓："其于文字，则有山寺碑铭、西国行传；其于图画，则有佛迹图，至今犹留其孙本于日本（案：即奈良药师寺佛迹碑）。较之汉之班超甘英，有过之无不及。世徒夸法显玄奘游历印度，而于玄策事详载正史及内典者罕道之，岂不异哉！"这是何等可惜的事！

四、吐蕃泥婆罗的国势

王玄策这回所经的路线，与法显玄奘诸人不同。盖因这时吐蕃王弃宗弄赞（Srong-Tsan-Gam-Po）已于贞观十五年（六四一）尚唐公主，与唐交亲，玄策往返，乃经由吐蕃泥婆罗（Nepal）诸国以径抵中印度，不走天山南北及北印度迂绕之路。

但是这时吐蕃的国势如何，泥婆罗又与唐皇有何关系，则似有研究的必要。关于吐蕃的国势及其与唐交亲一事，《旧唐书·吐蕃传》记载云：

吐蕃在长安之西八千里，本汉西羌之地也。其种落莫知所出也，或云南凉秃发利鹿孤之后也，……以秃发为国号，语讹谓之吐蕃。其后子孙蕃昌，又侵伐不息，土宇渐广，历周及隋，犹隔于诸羌，未通于中国，其国人号其王为赞普。……贞观八年（六三四）其赞普弃宗弄赞始遣使朝贡。弄赞弱冠嗣位，性骁武，多英略，其邻国羊同及诸羌并宾伏之。太宗遣行人冯德遐往抚慰之；见德遐大悦，闻突厥及吐谷浑皆尚公主，乃遣使随德遐入朝，多赍金宝，奉表求婚。太宗未之许。使者既反，言于弄赞曰："初至，大国待我甚厚，许嫁公主，会吐谷浑王入朝，有相离间，由是礼薄，遂不许嫁。"弄赞遂与羊同连，发兵以击吐谷浑。吐谷浑不能支，遁于青海之上，以避其锋，其国人畜，并为吐蕃所掠。于是进兵攻破党项及白兰诸羌，率其众二十余万，顿于松州西境。遣使贡金帛，云来迎公主，又谓其属曰："若大国不嫁公主与我，即当入寇。"遂进攻松州。都督韩威轻骑觇贼，反为所败，边人大扰。太宗遣……步骑五万以击之，……自松州夜袭其营，斩千余级，弄赞大惧，引兵而退，遣使谢罪，因复请婚，太宗许之。弄赞乃遣其相禄东赞致礼，献金五千两，自余宝玩数百事。贞观十五年太宗以文成公主妻之，令礼部尚书江夏郡王道宗主婚，持节送公主于吐蕃，弄赞率其部兵

> 次柏海，亲迎于河源，见道宗，执子婿之礼甚恭。既而叹大国服饰礼仪之美，俯仰有愧沮之色。及与公主归国，谓所亲曰："我父祖未有通婚上国者，今我得尚大唐公主，为幸实多，当为公主筑一城以夸示后代。"遂筑城邑，立栋宇以居处焉。公主恶其人赭面，弄赞令国中权且罢之，自亦释毡裘，袭纨绮，渐乐华风，仍遣酋豪子弟请入国学以习诗书，又请中国识文之人典其表疏。太宗伐辽东还，遣禄东赞来贺。……作金鹅奉献，其鹅黄金铸成，其高七尺，中可实酒三斛。

《新唐书·吐蕃传》关于这一段记事，大致与《旧唐书》同。据此，则吐蕃为当时西方新兴的国家，击败吐谷浑党项及白兰诸羌，雄峙西方可知。惟自与唐交亲后，渐慕华风，时来贡献；王玄策出使印度适在交亲之后，备悉其国情，故能利用其兵力，以平定印度内乱。

案吐蕃今名西藏，弃宗弄赞在西藏史上名为松赞岗薄，近人法尊和尚《西藏民族政教史》第二章第二节云：

> 自尼墀薄王至拉陀陀日宁赞，传说有五百余年，虽名为藏王，实际仅大荒原中一小部落之酋长而已。后至曩日松赞，势力渐增，与内地亦略有往还。至隋唐之际，藏王名松赞岗薄，生于陈宣帝元年（五六九），十三岁登位，雄才大略，邻国宾服。因与附属诸国礼节往返，及治理民众，颁行法令，深感无文字之不便，乃遣屯弥三补札赴印度学习文字，先从离谨婆罗门学习各种字书，再依天明论师学习声明；回藏后，即以梵文之字母为蓝本，取藏地语言中所需要者，略加删补，造成四母韵三十父音，并仿梵文制定楷书草书，关于文字运用之方法等，著有《八论》，

奉献藏王，并译《宝云经》《宝箧经》等二十余种。传说藏王亦掩关四年专学藏文，并讲《观音六字明》《大威德明王》《摩诃哥罗》及《吉祥天女》等法。自造文字后，西藏政治，大见起色。……风化大行，万民庆乐。

藏王崇信佛教，除令人翻译经典外，复派人往印度寻求蛇心栴檀观音圣像，以资供养。初娶尼泊尔（案即《唐书》泥婆罗）王之墀尊公主，携有不动金刚佛像（传为释迦佛八岁时之身量），弥勒佛像及栴檀度母像等。次娶唐太宗之文成公主（贞观十五年），又携有释迦佛十二岁身量之造像等。次为安置诸佛菩萨圣像，以便民众供养礼拜。传说建庙宇时，经文成公主审观地形，拉萨为一罗刹仰卧形，中心有一海眼，名窝塘措，即罗刹之心窍，必须先压其四肢，次填其海眼，乃可建筑一永久兴盛之佛寺；藏王信之，先建迦刹诸寺，次乃建成拉萨中心之大招寺，藏名惹萨初曩，内供尼泊尔公主携来之不动佛像，又塑千手千眼大悲观音圣像等；文成公主自建小招寺，藏名惹摩伽，供义释迦佛等，此西藏有佛寺之始也。尔时翻译经典，沟通汉印文化者，印度有孤萨惹论师及向迦惹婆罗门，尼泊尔有尸罗曼殊论师，汉人有大天寿和尚，西藏则有屯弥三补札、达摩廓沙、拉垄金刚祥等。松赞王八十二岁崩（唐高宗元年，公元六五〇年）。藏史有说：“文成公主及尼泊尔公主皆无嗣。后娶蒙萨墀绛，乃生王子贡日贡赞，十三岁践祚，十八岁卒。子芒松芒赞尚幼，仍由松赞王摄政，至高宗元年松赞王八十二岁崩。芒松年十三践祚，在位三十年卒。明年文成公主薨。”考文成公主从贞观十五年入藏，至高宗永隆元年（六八〇）薨，仅四十年。

芒松十三岁践祚，在位三十年，已有四十三年，生于文成公主进藏之前，贡日贡赞当更早十余年也。

《西藏民族政教史》系根据藏文史料编纂而成，案其所言，足补两《唐书》所不及。在弃宗弄赞以前，西藏未有文字，未有宗教，未有城郭，亦未有政治组织，五百余年间仅为大荒原中的一小部落而已。至是得弃宗弄赞雄才大略之主，文字自印度传入，宗教自印度、泥婆罗、中国三国传入，城郭寺院自中国、印度传入，政治组织自中国、印度传入；故吐蕃于唐室及印度、泥婆罗三国，同样地视为先进国家，同样地爱护。照我们研究西域史和中外交通史的人们的观察，在当时先进国家和后起国家的分别，端在城郭的有无，即居国与行国的分别，弃宗弄赞建筑拉萨时，经由文成公主审视地形，就是说文成公主带来了唐朝建筑的经验为之指示经营而已。那时中印文化的沟通已至水乳交融的程度，当玄奘初回国时，唐太宗即请其用梵文译出老子《道德经》以惠印度学者；此种提议虽不为玄奘所赞成，后卒译送印度，已足为沟通中印文化之证。况《西藏民族政教史》明谓尔时沟通汉印文化者，印度尼泊尔汉藏各地大有其人，断可知当时四国间往来交际的频繁，与夫四国相互间的密切了。

《旧唐书·泥婆罗传》称：

泥婆罗国在吐蕃西，……其王那陵提婆，父为其叔父所篡，那陵提婆逃难于外，吐蕃因而纳焉。克复其位，遂羁属吐蕃。贞观中卫尉丞李义表往使天竺，涂经其国，那陵提婆见之，大喜，与义表同出观阿耆婆涉池，周回二十余步，水恒沸，虽流源暴集，烁石焦金，未尝增减，以物投之，即生烟焰，悬釜而炊，须臾而熟。其后王玄策为天

> 竺所掠，泥婆罗发骑与吐蕃共破天竺，有功。永徽二年（六五一）其王尸利那连陀罗又遣使朝贡。

《新唐书·泥婆罗传》谓："初，王那陵提婆之父为其叔所杀，提婆出奔，吐蕃纳之，遂臣吐蕃。"只一个"篡"字改为"杀"字而已，余文悉同。据此，那时泥婆罗王正为吐蕃所纳，而吐蕃王弃宗弄赞又为唐宗室女文成公主婿倩，以故两国与唐关系亦深。王玄策第一次使印时，道经吐蕃泥婆罗，李义表与泥婆罗王同观阿耆婆沴池，玄策为其副使，当亦一同往观。故第二次使印，遭遇印乱，玄策得只身往征两国之兵。第三次使印，去时亦道经两国。这是史籍上告诉我们当时西方国际的情势。及唐高宗时，曾一度犯藏；睿宗时的金城公主下嫁吐蕃，汉藏和亲，边域稍宁。元明讫清常为我国藩属。

五、余论

综上所述，王玄策当时能只身运用邻邦二小国之兵以平定友邦印度大国的内乱，其功勋固足纪述，其忠勇固堪佩仰；而其时四国的国交之纯洁与和平，尤足令人发思古的幽情。当时唐代声威远震遐迩，突厥徙居，高昌内附。史又称永徽二年波斯国求援于唐，以道远不纳；三年（六五二）高丽、新罗、百济并入贡，又十一年，龙朔三年（六六三）大败日本援师于百济白江口。我们生千余年以后，读唐代初年开国的史实，真不觉油然生向往之心了。

民国三十三年夏写于坪石国立中山大学史学系

（原载《东方杂志》第40卷第19号，1944年）

国都问题[①]

战后我国首都应该设在那一个地方？这一个问题，实在是我国十年来许多有识人士所关心的问题，以著者个人短视所及，战时在粤北坪石交通极度不便的地方，看见到讨论这问题的文章，凡有傅斯年，翁文灏（壱士），张其昀[②]，沙学浚，张印堂，钱穆，胡秋原，谭炳训，龙德柏，谷春帆，张君俊，王芸生，陈尔寿，墨宁公，劳幹，齐植璐，周立三，朱文长，柯璜，谷风，丘良任，余络秋，沈天冰，程晓华，黄廷柱，李荫农，王世昭，宋厚诚，黄照熹，王康，桂林版《大公报》的社论及其读者等三十余人，有主仍在南京的，有主在北平的，有主在长春的，有主辽宁者，有主在济南的，有主在西安的，有主在武汉的，有主在兰州的。著者个人颇自信为对于这问题很有研究，最低限度可以说对于我国历朝建都和时代偏安者的国都曾经作过整个的研究，有系统地研究，所以不禁技痒，曾经写过一篇《战后建都平议》在卅二年十二月十九日桂林版

①编者按：本篇书名号为整理者所加。局部标点有改动。

②编者按：原稿为“张其的”，当以“张其昀”为是。今改。

《扫荡报·星期专论》上发表。就我经过长时间很精细地研究的结果，认为北平作国都的条件最为完备，所以我就坚决地主张战后的国都应在北平。我当时是这样地说：

> 著者近方著论，大呼于这次战争结束之际，中英美苏当联合以全力扶植朝鲜独立，澈底消灭日本侵略者的武力；并在重庆中央文化会堂及国民外交协会叠次演讲，向友邦旅渝人士，恳切说明，今者中英美三国领袖会议，决定惩剔日本的侵略，使日本自从一九一四年第一次世界大战开始后，在太平洋上所夺得或占领的一切岛屿，在使日本所窃于中国的领土，例如东北四省、台湾、澎湖群岛等归还中华民国，其他日本以武力或贪欲攫取的土地，亦务将日本驱逐出境。并决定在相当时期，使朝鲜自由独立。则这回抗战的胜利，决决不至稍有折扣，可以预为证明。他日者台湾澎湖皆交还我国，以海陆空的领土领空权而论，这个立体的新中国，实应以北平为中心。其先天的条件如此，其他一切交通经济政治外交各方面，均属建都的后天问题，以今日科学发达的程度如此之高，我敢断定，必能以人力为之补救。

这是我当时说话最重要的一段。

现在胜利经已一年，东北几省台湾澎湖均已交还我国，朝鲜的自由独立可能地在逐渐实现中，我当时所讲的话都一一猜中了，这个急待解决的国都问题，又因为这回国民大会开会，制定宪法的时候，《宪法草案》第七条，关于中华民国国都的规定，为“中华民国国都定于南京”，于是又引起各方面的注意，又在热烈地讨论，著者见猎心喜，所以今天特地提出了这个问题，再来作一个讨论，也可说是再来一次献议。

据本月一日上海《大公报》载，国民大会绥远代表祁志厚向大会提出一案："为保卫东北，巩固国防，防止国土再被侵略起见，应建都北平，当否请公决案"；原文并列举十四项理由：

一、北平建都，接近强邻，感觉敏锐，自易收先事预防因应咸宜之便；

二、北平形势雄伟，可控制全局；

三、北平交通便利，为铁路中心；

四、北平位冀鲁豫晋东北九省热察绥三省人口中心；

五、北平为将来华北建设重工业之中心；

六、北平接近东北，且海运河运便利，食粮绝可无虞，肉类并可取自蒙古一带；

七、北平气候凉爽，适于人类健康条件，宜于政府人员终年工作；

八、北平建都，可以吸引人民向北发展，养成坚忍耐寒习惯与精神，以充实边陲；

九、北平建都，可以均衡南北发展，打破南北隔阂；

十、北平为历代首都，有悠久历史；

十一、北平临近海洋，可兼顾海上发展；

十二、北平建筑，规模宏大，足敷建都需用；

十三、北平为文化中心；

十四、北平风景优美。

这个提案，有代表于右任，张继，莫德惠，孔德成，丁惟汾，白云梯，溥儒，苏挺，童冠贤，赵青誉等三百八十的连署。这个提案的理由的确写得很充分了，没有一个理由是靠不住的。所以南京《中央日报》于前月三十日的社论，刊布了一篇《建都议》，作了一个主张。它说：“我们是主张国都定在南京的，但是我们的意见并不是这样的简单。在国父建都计划里，有海都与陆都并建的主张。可惜计划的底稿毁于观音山的炮火，没有详明著于遗教。我们以为在此建国事业开始之今日，应当善师国父之意，确定首都于南京，并另行建设陆都于适当的地点。”作一方面维持南京的首都地位同时另一方面又顾到了北方人士的向心力。其后接二连三地著者又在《大公报》上看到了孙科，陈诚，陈立夫，张继，傅斯年，陶希圣，刘盥训，张善舆，胡适诸人对建都问题的意见。此外又看到胡焕庸，刘炳藜，胡秋原，谷春帆，李白华等的意见。傅斯年仍旧是主张他的老话，建都北平；他说：“国都问题我以为北平有比南京好的三个大理由：（一）就天气说，北平一年三百六十五天都可做事，夏天虽不是避暑胜地，但晚上中等人家的设备可以睡着觉，南京则至少有七八十天实在不容易做事。这便把首都人的工作打个折扣，这损失是很大的。（二）调和南北，中国人是有南北之见的，这是不能讳言，一般来说，北方文化落后，所以近百年的政治运动都起于大江之南，而现在的政府自然也是南人压倒的形势，这也是不足怪的，若政府在南，北人易于自成风气，若政府在北，尽管仍旧是南人压倒的形势，却容易团结些。此次会中，北人呼吁建都北平，实在是向心力的表现。（三）北平离上海远，甚妙！甚妙！离东北近，甚要！甚要！但是北平也有一大毛病，就是今天离边疆太近了。以张家口为防线，实在不够；我很想忠告若干蒙古代表和‘前进’的报社，就中国整个的局势看看，与其分裂于地方，如何结合于中央？如果内蒙走上新疆‘自治’之路，那么，北平还有撤退之一日，还谈甚么国都呢？”胡适对这个问题不肯发表意见，说："我有权不奉告"，但是我的猜度如果需要投票决定国都地点时，他是不会忘情北平的。其后又见有江浙南京等省市代表反对，他们主张仍建都南京；南京的市参议会为了这事招待新闻记者，陈光裕参议长说要向政府请愿。但是据说国大代表赞成定都北平的，已经有六百多位代表。昨天《中山日报》载中央社南京电，国大宪草第一审委会十一日下午会议于三时开始，到代表一五三人，仍由张知本主席，讨论宪草第四第五第六第七等各条，对第七条国都争论甚烈，提案可获七类：（一）南京（二）北平（三）西安（四）武汉（五）以兰州为中都，南京为东都，疏勒为西都（六）以建都南京北平西安为原则（七）将宪草第七条删去，讨论未获结果。电文简略，我想争论的情形，一定是很热烈的。果然，今晨起来捧读《广州日报》，据中央社南京十二日电，第一审查委员会十一日以整个下午激辩之国都问题，十二日上午九时在中央党部会议室继续讨论，夏尔康主席，到一九一人，突破五日来出席人数纪录，会场中宣传小册及传单纷纷出现，铃声甫毕，南北都论战开始，经过山东代表宋东岱，南京代表杜心如，河北代表李荷，南京代表王宜声互相激辩，会场秩序几乎纷乱，结果交付表决，赞成南京者六十七人，赞成北平者一一七人，主张北平者鼓掌如雷，以祝其最后胜利。这个国都问题的讨论，遂得了一个初步的决定。

我是拥护这个决定的，我所拥护的理由约有四点，现在提出来分别说说。（一）以北平为国都是有国防上的必然需要的。既云国防计划，当必先知历史上国难的轻重以为对象。著者自九一八以后，便开始专心我国边疆史的研究，不意十余年研究的结果，乃发现我国的国难东北常多于西北，其严重性东北亦更甚于西北，我因此日常这样地说："东北一日不得收复，我中国人一日不得高枕安寝。"闲尝考之：东北夷祸自两汉始，盖汉自武帝在朝鲜半岛上建置乐浪临屯玄菟真番四郡后，因屡次用兵的原故，以致人口减少，府库空虚，昭帝继立，东北又为夷貊所侵，遂罢临屯真番二郡，以其所余的属县，并入乐浪玄菟。综计汉廷统属东北汉水与大同江流域全部及鸭绿江流域的大部分势力圈的经过期间，前后不过三十年余，即已破坏殆尽。其间祸乱的经过，大略可分为三期：昭帝畴为第一期，王莽末光武初为第二期，东汉中叶以后为三期。而后二期实较第一期为尤烈。第一期仅为东北夷貊的侵迫，第二三期则兼受乌桓鲜卑的寇掠。《后汉书·鲜卑传》称光武初，匈奴强盛，率鲜卑与乌桓寇抄北边，杀略吏人，无有宁岁。今更以《祭肜传》比较以观，知《鲜卑传》的所谓北边，实包括辽东辽西在内。据《三国志·魏志·田畴传》及《晋书·地理志》所载，第二期的东北祸乱，其性质异常严重。盖西汉辽西郡十四县，自今喜峰口以南至辽西方面的全部，与当大凌河上流的朝阳附近土地，俱属其统辖范围；右北平郡十六县，则举今大凌河上流的土地与平泉建昌一带，并北平东方以达于海岸的部分，俱包举在内。而我国内地与辽东的交通，自昔以喜峰口经平泉建昌一过朝阳，经义县锦州，由海城而达辽阳为通途者。今因建武（公元二五至五五）以来，乌桓鲜卑为患，右北平郡治的平冈（今热河平泉附近）至辽西郡的柳城（今热河朝阳西南），全部沦陷，我国与辽东的通途，遂以断绝。至于沿今日北宁线附近一带的陆路交通，亦以乌桓鲜卑等的猖獗，致不及由山东浮海至辽东的安全。于是原属幽州的辽东等郡，因之不得不改属青州，以期为海上联络。然因此著一失，全棋皆坏，环迫诸族，毛羽渐丰，后日历史上的骚扰中原，即据这地域以为策源之地。光武建国初年，兵力未充，加以定都洛阳，远统东北，似嫌鞭长莫及，乃一面□□[①]乌桓，使为汉侦侯，助击匈奴鲜卑；一面另于辽西郡与辽东郡未尽沦没的属县的一部，设置辽东属国，使介居二郡之间以维持我国内地与辽东的陆上交通，以为补救。明帝章帝之世，边塞幸得无事。及至和帝（公元八九至一〇五）以后，诸夷猖獗，寇钞频年，这是汉时东北祸乱的第三期。以迄桓灵，缘边诸郡，无岁不被鲜卑寇抄杀略至不可胜数，东北至是复入东汉初年的厄运。幸其时立国北方诸郡，边防迫切，曹操征讨乌桓，公孙氏北辑扶余，东剪高勾骊，使东北得以平靖无事。否则五胡的祸乱，当必早见于三国初年了。其后毌丘俭讨平高勾骊，刻功丸都，我国在东北的声威再振，胡祸稍止。然自此以后，东北扰攘凡三百余年，鲜卑一族，如慕容氏，宇文氏，段氏等，莫不由东北出来，乘时奋发，在我国北部纷纷建国，以蹂躏我黄农虞夏的子孙。其间高勾骊的数度进陷辽东，夫余勿吉豆莫娄的先后崛起，在南北朝对立期间，北部的中国人民，何尝能得一日的安枕高寝。故以我国的全部历史而论，东北祸乱的严重，东北祸乱的长期，固不待辽金满洲之于宋明而已明，孰谓西北夷祸有那一个时候所能比拟。今者在这回抗战胜利而后，欲使东北九省，长为我有，并欲有以严防日本的再起，巩固东亚的和平，惩前毖后，著者以为舍建都北平，殊无更适当的地点。

（二）北平为国都是有其历史的悠长性的。北平自元朝奠都，以迄民国初元，已有六百余年的历史；近古人事日进，北

①编者按：原稿此处模糊不清，以□□替代。

平气象雄伟，足以控制全局；回视西安洛阳及其他诸故都瞠乎后矣。或谓明太祖驱逐胡元，高瞻远瞩，独定都南京，则南京似较北平为优胜。讵知太祖，初年定都南京，实以胡元未退，其后确有志迁都北平，只以年高不果而止。尹守衡《明史窃·开国纪》于洪武元年七月，见诏置燕山六卫，改为北平府；又见诏以汴梁为北京，金陵为南京，以春秋往来巡狩；廷臣议都北平，歙人修撰鲍颖曰："胡主起朔北，故都燕，天运已改，不可因也，传曰，在德不在险"乃止。这是说群臣献议的。又查朱国桢《涌幢小品》[①]卷四云："太祖集诸地师数万人，卜筑大内，填燕尾湖为之。虽决于刘基，实上内断，基不敢尽言也。二十五年后知其误，乃为文祭光禄寺灶神云：'朕经营天下数十年，事事按古有绪，惟宫城前昂中洼，形势不称。本欲迁都，今朕年老，精力已倦；又天下新定，不欲劳民。兴废有命，只得听天！惟愿鉴朕此心，福其子孙！'云云。"据此，是又明为太祖拟议迁都可知。其后国都问题，经成祖仁宗宣宗三世，成为朝野上下研究的焦点，而卒无以易北平一地，则其大势所趋，历史性的重要，信而有征了。

（三）以北平为国都，是适合现代重工业化的条件的。据齐植璐《从工业化观点论建都》云："所以在战后工业化建设的过程之中，华北的冀鲁豫三角地带，实为全国之中心区域，其他各区的主要任务，西北是运送燃料，东北是运送铁矿，以直接供应其基本工业之原料，西南是输出钨锡锑汞等出口矿产，东南是输出丝茶桐油等出口农产，以间接供应其基本工业之器材，而以华北铁路网为其输送线，秦皇岛天津烟台青岛等

①编者按：原稿为"《幢涌小品》"，当以"《涌幢小品》"为是。今改。

沿海口岸为其吐纳口，其今后的发展，实有无穷之希望！……所以今后全国最有希望的重工业区，只有华北一区，政府为了把握统一全国之锁钥，为了达成领导建国的使命，自有迁都该区之必要。”翁文灏是地质学专家，最能明了我全国铁矿的分布情形，所以他便提出定都济南的主张。傅斯年是东北史地学专家，最能明了东北的祸乱与我国安全与否的关系，所以他便提出定都北平以便就近布置国防。但著[①]者认为北平确较济南为便，北平交通便利，而物质设备有六百年的丰富遗产，战时复未经破坏，于重建新都最为容易。齐氏亦深明此点，故其结论说得最为透辟，谓：“今后的华北三角地带，将为‘中心’‘重心’的合一区域，将来不但在政治上及经济上最有发展之望，即在国防及文化各方面亦均可相随而发展，因为我国建国工作之最大目标，为经济国防文化之合一，工业化不但可改变经济形态，同时也可建立高度国防与现代文化，在工业建设占领导地位之区域，其国防建设和文化建设也必可成为全国之表率。至于交通的便利，人口的集中，民族的健康这些条件，则更都是迎刃而解的事了，所以该区是今后最适宜的建都所在，所谓‘当数千年复兴之运，肇亿万世有道之基’，只有该区，庶足当之。”这是经用过现代科学详细分析研究的结果得来的。

（四）以北平为国都，是符合了现代市政工程的学理的。现代市政工程，应包括道路、沟渠、建筑、给水及卫生工程等项，现在就这些条件来考核，北平是最符合的。谭炳训在《战后我国之都市建设》一文谓：“我国的城市大都是污秽湫隘，

①编者按：原稿为“箸”，当以“著”为是。今改。

实为文明古国之玷；惟有北平一市，有整个都市的计画，宫殿园林城郭皆有完美的配置，有系统的宽广街道与排泄雨水的沟渠，有点缀风景的引水工程，市民也无形中分区居住，堪称为代表中国文明的世界都市。”这个优良的条件，是南京西安兰州疏勒等地方所万万不及的。加之我国交通经济事业如铁路网、电信网、航运网等等，均兴建于逊清末年，其时清室首都为北平，故一切建设计划，均以北平为中枢。近代航空建设，北平不特为我国航空中心，且为东亚航空的中心。这后天条件的优良，也为其他的地方所不及。

总之：以北平为国都，在一切的理由上都无可非难，而就事实论更是非常急迫的。现在正当制宪，定都北平，只不过是审查会的决议；究竟建都何地，尚有待于大会的决议。著者这一次再提出这个问题和我的小小意见，是拿来供给大会代表来审慎参考的。百年大计，慎勿轻易出之！

民国三十五年十二月十三日下午二时广播于广州革新广播电台

（原载《建国评论》第2卷第1期，1947年）

【附译作】

中国地理学家朱思本传略[1]

一

元代的地理学家朱思本，他的名字，在学者之间，已经周知的了，见于《元史·地理志》之后所附的关于河源的记事中，翰林学士潘昂霄（《金石例》的著者）从河源的探险者都实之弟阔阔得其说，为撰《河源志》；临川朱思本又从八里吉思之家，得帝师所藏《梵字图书》，以华文译之，与昂霄所志，互有详略；《元志》本文举昂霄之志，而附注思本的译文于其间。从这个看来，思本为江西临川人，梵字（恐是西藏文字）也能通晓的地理学家，可以考知了。更有，思本所著书，有《广舆图》一书，为数百年间中国地理学界的权威。思本的《广舆图》的原本，今现存者好像没有了。在明代据原本修订的《广舆图》尚往往存在。京都帝国大学（译者案：指日本）的藏本，为明嘉靖季年所刻的罗念庵（名曰洪先，有名的学者）的《广舆图》万历七年重刻于山东的东西。卷首有思本的自序，云：

予幼读书，知九州山川；及观史司马氏周游天下，慨

①编者按：本篇为日本内藤虎次郎著，郑师许译。局部标点有改动。

然慕焉。后登会稽，泛洞庭，纵游荆襄，流览淮泗，历韩魏齐鲁之郊，结辙燕赵，而京都实在焉。繇是奉天子命，祠嵩高，南至于桐柏，又南至于祝融，至于海，往往讯遗黎，寻故迹，考郡邑之因革，核河山之名实，验诸滏阳安陆《石刻禹迹图》，建安《混一六合郡邑图》，乃知前人所作，殊为乖谬，思构为图以正之。阅魏郦道元注《水经》，唐《通典》《元和郡县志》，宋《元丰九域志》，今秘府《大一统志》，参考古今，量校远近，既得其说，而未敢自是也。中朝士夫使于四方，遐迩攸同，冠盖相望，则每嘱以质诸藩府，博采群言，随地为图，乃合而为一。自至大辛亥迄延祐庚申（译者案：即西元一三一一至西元一三二〇年），而功始成。其间河山绣错，城连经属，旁通正出，布置曲折，靡不精到。若夫涨海之东南，沙漠之西北，诸蕃异域，为朝贡时至，而辽绝罕稽，言之者既不能详，详者又未必可信，故于斯类，姑用阙如。嗟乎！予自总角，志于四方，及今二毛，讨论殆遍。兹图盖其平生之志，而十年之力也。后之览者庶知其非苟云。是岁日南至临川朱思本本初父自叙。[一]

以此得知其作《广舆图》所由来，而思本的传记，从罗念庵时，既已不得详见，罗氏的序言，只不过说，“朱为抚之临川人，博学多闻，足迹遍海内”而已，又说，“然考郡志，不载姓名”，其余绝不多及。

然近年乌程张钧衡收入《适园丛书》中有《贞一斋诗文稿》二卷，即朱思本集，从这里略略得知朱思本的行事。今先征其行履，刺取材料，次乃及其关于舆图著述的事迹。

《贞一稿》里有：至治三年范椁，刘有庆，及欧阳应丙序，泰定二年虞集序，泰定四年吴全节序，天历元年柳贯序。

据欧阳应丙序说：

> 本初大父以科举仕宋，至淮阴宰；

刘有庆序说：

> 吾友朱公本初，故礼义家；

吴全节序说：

> 临川朱本初儒家子也；

得知其生家。又据吴序说：

> 为黄冠，与予同道，居龙虎，与予同山，处京师，与予同朝，雅志诗文，与予同好；

刘序说：

> 厌世溷浊，霞裾星弁，访历名山大川，与太初溟涬，游于无穷，而嗜圣经史传诸子百家，若饥渴然；

得知其曾入南方道教的本山——张天师所住江西信州的龙虎山为道士。明吴宽在这集的跋里说过，出家于上清宫，范梈序里也说，上清朱君，与吴跋所言相合。

元世祖重道教，至元十三年平江南，召三十六代天师张宗演，待以客礼。其后三十七代天师张与棣，三十八代天师张与材，三十九代天师张嗣成等，并受世祖、成宗、武宗、仁宗各帝的优遇。其中最大信用的为张宗演的门下张留孙；初与张宗演同入朝时，称世祖之旨，留大都燕京，主崇真宫；虽曾受命为天师，然固辞，遂至开府仪同三司上卿辅成[二]赞化保运玄教大宗师知集贤院事领诸路道教事，至治元年七十四岁卒。嗣其道为玄教大宗师者，即为吴全节，后特进上卿，称崇文弘道玄德真人。吴全节至元二十四年至京师，从张留孙见世祖，好像从此以后便留京师的。朱思本始入大都究在何年，虽不能明，然与之最亲，诗的应酬也最多；又在虞集的泰定二年序里发见有：

集与朱君本初从于京师，廿有余年矣。

之语，或者作兴是在大德年间三十岁前后的吗？初则师事张留孙，后则帮助吴全节，好像是从事江南道教的管理。吴全节已于成宗朝，奉命代天子祀五岳四渎等名山大川，而思本亦好像其后屡次受有同样的使命，柳贯序说：

比年奉将使指，代祀名山，车辙马迹，半天下矣！

思本于其《诗稿》中也有题着：

至大四年辛亥，予年卅九，承应中朝，奉诏代祀海岳，冬十二月还京师云云。（译者案：时为西元一三一一年。）

又《衡岳赋序》说：

仁宗皇帝践祚之初元（即皇庆元年，译者案：为西元一三一二年），思本以外史承应中朝，奉诏代祀。

又《游庐山记》说：

延祐三年冬（译者案：时西元一三一六年）余行役江淮。

好像他关于地理学的智识，多在这时候得来的。

思本直至至治元年张留孙卒的时候，仍在大都，这事从《祭玄教大宗师张上卿文》及《开府大宗师张公诔》两文，可以知之。他在《圣治太平宫神龙记》文里，有：

至治三年多（译者案：时为西元一三二三年）十一月，予被玄檄，至江州圣治太平宫

字样；同年范椁序，有：

来南州，君主玉隆别馆，去年冬，行县田，有乌山小兵，驰田间，得君寄诗二章

字样；同年刘有庆序，有：

暨主教玉隆，余来江右，云云

等字样；像是从至治二年顷住居江西玉隆宫的。在《送相师沈无庵诗[①]序》里，有“泰定改元（译者案：时为西元一三二四年）春暮，访予玉隆”之语，截至这年止，仍在玉隆宫的。又《游庐山记》云：

泰定二年春三月（译者案：即西元一三二五年），奉诏芘卫玄教，思本乘传，播告江南。云云。

在这事以后，好像是入大都为吴全节的补佐（译者案：疑是辅佐之误）。其至江南，特不过一时播告的原故。又《诗稿》中有题着

至顺二年夏五月二十八日（译者案：即西元一三三一年）自通州登舟南归

字样的，在这时候所作的《发都中》诗里，见有：

畴昔居上京，结交翰墨场，壮志日以舒，归心已遗忘；重来感斑鬓，故旧半存亡，（中略）浩然发幽兴，驾言还故乡（下略）

之句，可知其前后居大都二次，此时又在南归之际。

思本的生卒，据集中之诗，得知其生年，卒年未详。

至大四年辛亥，予年卅九，承应中朝，奉诏代祀海岳；冬十二月还京师，与欧阳翰林同舍守岁，赋诗和东坡“龙钟三十九，劳生已强半”韵；至治元年辛酉，又与欧阳偕留京师，除夕用韵述怀，迩来十年，春秋五十有九矣，云云。

---

①编者按：原稿此处无“诗”字，根据下文，当加上“诗”字以求统一。今补。

这篇诗序，和次一首诗并序相符合。即是有：

戊辰年腊月，大雪弥旬；云云。

之序的诗里有句云：

揭来五十六，老态日夕至。

案戊辰为天历元年（译者案：即西元一三二八年），从这年推算，与至大四年云云的诗序里所云相密合。思本实（译者案：原书误作宝）生于至元十年（译者案：即为西元一二七三年）。至其卒年，则无可以确征的资料。但吴全节序里有：

予长于本初四岁

之语，据《元史·释老传》，全节卒年八十有二。然则在至大辛亥时为四十三岁的吴全节，可知其卒于至正十年（译者案：即是西元一三五〇年）。但在《贞一稿》的诗文里，并没有关于吴全节死殁的事，作兴朱思本在吴以前死殁也未可定呢。所以假定思本的死卒，像是在（元顺）帝的初年当元统（译者案：即西元一三三三年）后至元（译者案：即西元一三三五年）之间也不可知呢。

思本的诗文天才，为当时学士大夫所推重，他的集里作序的人们，像虞集（道园）为元代第一位大家，而与思本交态极笃；序中说：

其治事也，讨论如议礼，严分若持宪，立志之坚确精敏类如此。施之功业，必不苟且循习而已。然既从事于道家之学，不屑于世用，乃折而托之文章，宜其过人之远也。

云云，这话固可不必论；而范梈称其诗，曰："六朝庾鲍而唐太白之流也"；欧阳应丙称其四十余岁时，"排体五言学工部，长句与文，则驰骤老坡间"，又称："久之，文进于韩，复进于选，迄今十有余年，其所进方未已也。”明吴宽跋于《贞一稿》末云：

> 故元文章之盛，虽方外道流，亦有其人，如：吴全节、薛玄卿、张伯雨辈，是已。此则朱本初所著《贞一稿》，观其所得，尤为精深。

同时学者的称扬，可知必不是出于谀词。且就思本所作观之，其性质又宁可谓为适于儒家文人，像喜与公卿大夫交游，虽其同道中人吴全节，对他不免颇有微词。吴序中说：

> 予自四十年来，言语词章，渐刊落而无为；非无为也，吾闻诸教父，曰：“为道日损，损之又损，以至于无为，无为而无不为矣。”今观本初示予《贞一稿》，其文皆四十后作，而用志方锐也，用志锐则学日益矣。损与益二者，又不可同日语焉。或曰，本初其亦良贾之深藏者欤！方其处山林也则以损，及升于朝也则以益。盖山林以道相尚，而朝廷以才学相雄长，本初又不得不资益之道以自混其处焉，亦孔子齐人之猎较也。若是者又岂吾之所望于本初乎？！孔子曰：“行有余力，则以学文”，是则本初之志也。

然思本的长处，亦实以其性行所至，尽在有通儒之风。集中《星命者说》及《答族孙好谦书》，详述反对星命术士的理由，以“君子居易”为其所主持；又于《送相师沈无庵诗序》里，明言不信相术，且称前代的善相者虽则唐举许负等，也应与“若人之俦”一笔抹去；《与欧阳南阳书》，戒服有燥烈性的药品，像这些地方，其识见的高超，与羽流黄冠之人，异其旨趣；他的思想，像全从儒家来的呢。他的诗文，也恰如其为人，有真作家之风，不若宋之白真人等可以认出其道家的特色的。盖元明之际，在僧家如全室等亦与文人作家为同一的趋向，所作诗文，全无那些所谓蔬笋气；从朱思本的集子看来，可知当时道家也有同一种的人，似乎是时世风气所使然呢。

（译者注：这文登在大正九年一月《艺文》第十一编第一号里。）

二

关于朱思本的《广舆图》，拟分三节说明之：一、书名；二、著述的年代用意，并在当时的评骘；三、成为典据的期间。

朱思本的原图，恐怕今世不传，以此之故，现时所根据的最旧的本子，即所见罗念庵本，题名为《广舆图》的。然《贞一斋杂著》所载的序文有《舆地图自序》；且罗念庵的《广舆图序》里说道：

> 于是悉所见闻增其未备，因广其图，至于数十

等语，可得推定朱思本的原本，单称《舆地图》，罗念庵增补之际，改称《广舆图》的。

其次关于那书著述的年代。据前所举他的自序所说："自至大辛亥，迄延祐庚申，而功始成"；可知是思本从三十九岁至四十八岁十年间所制成的。他的原图为何样的体制呢？罗念庵序说：

> 访求三年，偶得元人朱思本《图》，其《图》有计里画方之法，而形实自是可据，从而分合，东西相侔，不至背舛。

又说：

朱《图》长广七尺，不便卷舒，今据画方，易以编简。

又朱思本的自序说：

博采群言，随地为图，乃合而为一。

据此，是朱思本最初制成各地的分割图，再合为长广七尺的一大图，以计里画方的方法，以期其正确。

抑又在中国，地图用计里画方之法，不始于朱思本；在远昔晋之裴秀的《禹贡地域图》，说是已经起始采这方法了。《禹贡地域图》虽则今已不存，但《晋书·裴秀传》载有他的序文。根据这文，当时秘书里，既无三代的地图，即汉萧何所得秦代的图籍，又已不见；唯有汉代的舆地及括地诸杂图，说是各不设分率，又不考正准望的。而秀所作地图十八篇，他制图的体例，见说是：

制图之体有六焉：一曰，分率，所以辨广轮之度也；二曰，准望，所以正彼此之体也，三曰，道里，所以定所由之数也；四曰，高下；五曰，方邪；六曰，迂直；此三者各因地而制宜，所以校夷险之异也。有图象而无分率，则无审远近之差；有分率而无准望，虽得之于一隅，必失之于他方；有准望而无道里，则施于山海绝隔之地，不能以相通；有道里而无高下、方邪、迂直之校，则径路之数，必与远近之实相违，失准望之正矣；故以此六者，参而考之。然远近之实，定于分率，彼此之实，定于道里，度数之实，定于高下方邪迂直之算；故虽有峻山巨海之隔，绝域殊方之迥，登降诡曲之因，皆可得举而定者。准望之法既正，则曲直远近，无所隐其形也。

清胡渭《禹贡指锥》引这文，解释道：

今按分率者计里画方，每方百里五十里之谓也。准望者辨方正位，某地在东西，某地在南北之谓也。道里者人迹经由之路，自此至彼，里数若干之谓也。路有高下方邪迂直之不同。高谓冈峦，下谓原野，方如矩之钩，邪如弓之弦，迂如羊肠九折，直如鸟飞准绳，三者皆道路夷险之别也。人迹而出于高与方与迂也，则为登降屈曲之处，其路远；人迹而出于下与邪与直也，则为平行径度之地，其路近。然此道里之数，皆以著地人迹计，非准望远近之实也。准望远近之实，必测虚空鸟道以定数，然后可以登诸图，而八方彼此之体皆正。否则得之于一隅，必失之于他方，而不可以为图矣。

实则计里画方之法，起于西晋之初；而且高下方邪迂直之算，也已具备，比之后世的中国地图，像是极精密的了。[裴秀在晋泰始七年（西历二七一），年四十八殁。]但近时清马徵麟谓："裴氏十八篇，以二寸为千里。"果何所据，却不详了。其后唐贞元之顷，有宰相贾耽，又以计里画方之法制图；在《新唐书·耽传》，见有这样说：

图海内华夷，广三丈，从三丈三尺，以寸为百里，并撰古今郡国县道四夷，述其中国，本之《禹贡》，外夷本班固《汉书》；古郡国题以墨，今州县以朱。

贾耽用计里画方之法以外，后世更有王光鲁的《阅史约书》六严的《历代地理图》等，为朱套本（译者案：套字当为思字之误）地图之祖。贾耽之图虽然不存于今，但其遗制的地图，作兴是《阜昌石刻禹迹图》。这图为伪齐刘豫阜昌七年四月（译者案：时为西元一一三七年）所刻石，现存于西安的碑林中。长广各为日本曲尺（译者案：即是规矩尺或木工尺）二尺六寸许，画有横七十方纵七十三方，每方折地百里，载《禹贡》山川名、古今州郡名、古今山水地名。以其系石刻，不能分朱墨，可视为贾耽图的缩本。且在西安，与这图俱为阜昌七年十月所刻的，有《石刻华夷图》，不用计里画方之法，得推定其为同一人的作品；载在这图的四方蕃夷的国名，记明取于唐贾魏公（耽被封为魏国公）图所载的，《禹迹图》也同出于贾耽无疑。那吗，贾耽的计里画方图在宋代仍然存在，亦无可疑。思本所见滏阳安陆的《石刻禹迹图》，建安《混一六合图》等，与阜昌《禹迹图》有无关系，今不可知，但思本的计里画方图，必有所本，则足以此推知。

罗念庵说：

> 至其所为画方之法，则巧思者不逮也；

又近时清之李兆洛题《贞一斋[1]杂著》说：

> 盖地图之计里定方，自思本始也；

似乎失考。

思本《舆地图》的制作，已见于范椁的序文中；关于这图，极口称扬者为虞道园：

> 至于职方之学，尤所偏善，遇辅轩远至，辄抽简载管，累译而问焉。山川险要，道径远近，城邑沿革，人物土产风俗，必参伍询诘，会同其实，虽糜金帛费时日不厌也。

在这序文中所见，与他的自序参看，则其用心之勤，可以考见了，并且他的学业已为当时所推重，也可知了。

思本的地图，成为典据的时代，实弥满数百年间。罗念庵的《广舆图》，在其重辑之后，经过二十年，在嘉靖四十年

---

①编者按：原稿为“齐”，当以“斋”为是。今改。

（译者案：即西元一五六一年）由浙江布政使胡松之手，更补上倭、琉球两图，然后刊行；其后数年为嘉靖四十五年，又为韩君恩所补刊，至万历七年（译者案：即西元一五七九）又为钱岱所重刊；观现存罗《图》各序，可以知之；截至这刊本止，犹存朱思本及罗念庵的序；但其后万历三十二年汪作舟以刊行的《广舆考》，里面朱序罗序以下，可征朱《图》的源流之各序，总之刊去；然于图中，其为根据朱《图》的痕迹，犹存而不能全掩。

《贞一斋杂著》中，连于《舆地图自序》之后，有：《北海释》《和宁释》《八番释》《两江释》四条；盖节取考释图中地名的文字的。其《和宁释》曰：

> 和宁即哈喇禾林，乃圣武始都之地；今岭北行中省治所，常以勋旧重臣为之，外则诸王星布棋列，于以藩屏朔方，控制西域，实一巨镇云。

然罗《图》里有《朔漠图》者，载明成祖北征的地名，其原图出于朱思本，有确实证据；图中云：

> 和宁即哈喇禾林，元初建都于此，名元昌路。太宗建万安宫迦坚茶寒殿于图苏湖迎驾殿。后为岭北行中书省，常以勋旧领之，元之巨镇也。

明明白白说出了，只是其文互有详略而已。而汪作舟的《广舆考》也同有《朔漠图》，关于和宁的文字，与罗《图》一字不违，是汪《图》亦根据罗《图》，可以明白了。

及至明末，陈祖绶著《皇明职方图》，据卷首所载《或问》，说道：

> 地图之修，肇于乙亥之春正月，越八月而编次讫，丙子初夏，而剞劂竣，凡十有六月图成。

这地图成于崇祯八年、九年（西元一六三五、六年）之间，但著者在《或问》里，辩明这《图》所以不仍旧罗念庵的《广舆图》之名，而改其书名的原故，因其广不同，即《广舆图》所载的地方中，今北不及和林，南不及交趾，东不及日本，西不及织皮，这样的说法。又此图的著者，虽然既已见过利玛窦的《万国图》，而所谓五大洲，概不存论云云，单限于明职方司所司云云。虽则这样说法，其实《广舆图》里所载《朔漠图》依然收载其中，而关于和林的文字，与《广舆图》《广舆考》全然同一。

以上为余所见古地图，统是属于朱思本地图的系统者，这《职方地图》算是最后了，思本《图》成功以后，实有三百十六年间，用为典据的痕迹，得以认明。余关于清初的地图，没有所识，恐怕是出于耶稣会宣教师之手，截至康熙《内府地图》成功时为止，作兴依然是《广舆图》行世的时候。

但是在朱思本《图》成功以后，不属于这系统之其他地图，盛行于世，亦历然有证据。（日本）西本愿寺所藏的明建文二年（译者案：即西元一四〇〇年）制于朝鲜的《混一疆理图》，于都会等也见明代的地名，大体上是根据元代的地图的，很为明白。但小川如舟博士尝谓其制图之法，与《元史·天文志》所载西域仪象中，苦来亦阿儿子所谓汉言《地理志》者相合。然这《图》与朱思本《图》，余迄今日的研究，因不能发见其有何等关系的痕迹，所以不得不断定它为同时代并行的异种的呢。

（译者注：这文登在大正九年二月《艺文》第十一编第二号中。）

三

附注：

（一）《广舆图》卷首所载的朱思本自序，与《贞一斋杂著》所载的，往往有异同。建安《混一六合郡邑图》作樵川《混一六合郡邑图》，今秘府《大一统志》作《皇元一统志》，像“详者又未可信”的未字下有必字，这是最著者，其余小异之处，则略而不说。

（二）张留孙的赐号，《元史·释老志》及《贞一斋杂著》中的《开府大宗师张公诔》《祭玄教大宗师张上卿文》里，辅成二字作辅相。

附记：

据近时印行的姚际恒的《好古堂书目》地理部有：

《舆图》元朱思本　大字一本

字样，然则朱思本的原图，在清康熙年间尚存呢。

译者案：右两则为内藤氏于昭和四年把这文刊入他的《读史丛录》时所补记的，附注是三月补记，附记为四月补记的。又小川琢治在《中国地图学发达史》文里说道：“朱思本《舆图》在本邦已不传，在中国或者尚存也未可知。”这图果尚存于人间乎？不禁馨香祷之！特为将这文译出，使藏有这图者为同声之应，而是图得以复见于学者之间，则这文为不虚译了！

（原载《科学月刊》第3卷第2期，1931年）

交通史专家藤田丰八博士及其所著书目表[1]

日人藤田丰八，为彼邦地理历史学专家，与我国罗振玉王国维诸位相师友，生平专攻西域南海诸古国地理，考证博赡，著[2]述宏富。于昭和四年七月逝世，罗振玉为作墓表。其友人池内宏辑其遗文为《东西交涉史之研究》一书，分《南海篇》《西域篇》两篇。兹特摘译小柳司气太博士所作略传，并附录《南海篇》《西域篇》目录，以告我国之研究西南地理者。译者志

一、修学时代

文学博士藤田丰八者，号剑峰，明治二年九月十五日生于德岛县美马郡郡里村。祖父名米藏，父名真七郎，村之旧家子也。真七郎君生三男三女，博士其第二子也。

博士由乡里小学校，进入德岛中学校，于明治十九年卒

①编者按：本篇为日本小柳司气太博士著，郑师许译。局部标点有改动。

②编者按：原稿为“箸”，当以“著”为是。今改。

业，时仅十八岁耳。翌年赴大阪入学第三高等中学校，二十三年进本科，二十五年卒业，径入东京帝国大学文科大学汉文科。二十八年卒业，乃入大学院，专攻支那哲学史。同时卒业者，有今京都大学名誉教授狩野博士。

二、文笔时代

维新改革，教育上驱逐汉学，然其后以加藤弘之先生之尽力，于东京帝国大学内新设古典科，为和汉学复兴之计，寻而更于本科设汉学科。明治二十七年校中举行第一次卒业，当时受卒业者，为宫本正贯、中野重太郎（即《逍遥遗稿》之著者）、西谷虎二三氏。此外有：田冈佐代治（即《岭南遗稿》之著者）、木造高俊、宫内金平、米津仲次郎四氏及记者，凡五人（刻下只宫内、米津二氏及记者尚存）。当时之汉学，则经学（今之支那学）史学（今之东洋史学）文学（今之支那文学）纷然杂陈，其研究法亦殊旧式。

其时博士大为纠合前记诸氏，以宫木正贯氏称最长老，推为首，先历访胜海舟、谷隈山等诸当道，陈说汉学研究之必要。次鼓舞当时汉学者团体斯文学会，而与之提携；斯文学会者今之斯文会之前身也。更与本城佐吉氏（字贇，三岛中洲先生之门人，著有《问亭遗稿》）、藤田精一氏（二十七年国史科卒业学士，后任陆军教授，今退老广岛）等相交，设立所谓东亚学院者之一学校于神田区骏河台，大事宣扬东洋思想。入学者忽达百余名，更发行讲义录。虽然学校维持，非有巨额资金不行；其在当时，谈何容易，故东亚学院，仅及半载遂告锁闭。然而此二十七八岁血气方盛之集团，不得不谓为一时之线香花火也。

博士乃更联合笹川临风博士、田冈岭云氏、藤田精一氏及记者等发行所谓《东亚说林》之月刊杂志，且是刊与帝国大学乃至当时文学界杂志界等关系亦复不少。当时坪内先生之于小说界，矢田部、外山、井上三先生之于新体诗，三宅雪岭之于操觚界，号称卓异，然其大多数为学究生活；而是刊直接与文士世界接触矣。然《东亚说林》一兴以后，帝大有《帝国大学》出现，故人如大町桂月、盐井雨江、高山樗牛；今人如姉崎潮风、笹川临风等，继续辈出。在创作上，在批评上，顿呈千红万紫之观，当时博士之火焰，已闪烁于此《说林》之中矣。

二十九年，博士二十八岁，于田冈笹川两氏之外，又与故白河次郎（号鲤洋，著《古典教育学》，汉文科出身文学士，后为代议士）发行《江湖文学》。又投稿本域氏发行之《精美》杂志，又出版《中等教育东洋史》于山县悌三郎氏主干之文学社。

而文部省以故那珂通世博士、故三宅米吉博士等建议，于中等教育学科，改支那史为东洋史，于明治二十七年新建此科。（见《那珂通世遗书》第四章）于是宫本氏依照文部有所指示之教科细目，著成《东洋历史》三册，归富山房出版。此书疑是《东洋历史》中等学校教科书之嚆矢。而博士所著，亦不久出世。晚年博士于此学卓然自成一家，当以此书为前兆焉。

三十年，前记之《江湖文学》出至第六号停刊。而其五月，博士又出版《先秦文学》于东华堂。旋又与大町桂月等发行《支那文学大纲》，其中司马迁与司马相如诸传实为博士手笔。

此外博士于经营学校及著述之余，又受东京专门学校（即早稻田大学之前身）及哲学馆（即东洋大学之前身）之嘱托，而得讲师之令名。

明治廿九年二月，博士在《太阳杂志》揭载《〈诗经〉诗人》一文时，以应该志编者之请，附一自传；文章虽短，而当时之耒采跃如也。其辞曰：

余生阿波之北陲，洗芳水之门础，映剑山之窗纱，自小学以至大学卒业，此平庸之学校生活，无足录也。而学余为文，醉后吟诗，穷措大之风，人或以狂生目焉。庸讵知孔子有所谓“狂者进取”欤！于东京专门学校、哲学馆担任讲师之外，别无常职。今博士馆征余小传，则马齿二十六加一矣，自顾觍然，对世不足夸耀，殊可耻也。

三、支那时代

博士有创业之才，而时运不齐，空假酒杯，自浇块磊耳。然而天乃与博士以别一使命，此博士所以有支那之行也。此行与支那之教育以多大之贡献；而博士自身学问之成功，亦与之有因缘焉。

明治三十年，博士年二十九岁。在此年之春，博士遂渡清国，与马建忠等经营新闻。（据《东亚学界杂志》本年五月号）其时罗振玉氏等主办上海农学报馆，关于农学书籍之汉译，苦无其人，久之得知友宁波袁子壮君之介绍，从上海海苔公司农学士某君之所，仄闻博士大名，遂招聘之以当其事。盖某君者博士同县人，而其姓名已佚也。（此事经过，记者访问罗氏于大连之墨缘山房，而纪其实者也。）自是以后，与罗氏关系日深，而日益亲善。罗氏之教育事业，多为博士所规画，而博士从罗氏得学问上之启蒙亦不少也，故罗氏碑文曰：

> 君授课之暇辄就予论学，恒至午夜，如是者，十有六年。

后日清国革命之际，博士保护罗氏，移住日本，所以报其前此知遇之深也。

明治三十一年，罗振玉等创立上海东文学社，聘君教授日本语文。王国维氏者实为当时受业之一人。故王氏每致博士书必称“剑峰夫子大人函丈”，而自署为“受业国维顿首”也。在《国学论》以第三号“王静安纪念号”所揭载之王氏二十三岁时之自传云：

> 是时社中教师，为日本文学士藤田丰八田冈佐代治二君。二君故治哲学，余一日见田冈君文中有引汗德（Kant）叔本华（Schopenhauer）之哲学者，心甚喜之，顾文字暌隔，自以为终身无读二氏之书矣。次年而社中兼授数学、物理、化学及英文，其时担任数学者，即藤田君，以文学而授数学，亦未尝不自笑也。

又在王氏二十六岁时之自叙云：

> 留东京四五月而病作，遂以是夏归国。自此以后，遂为独学之时代矣。……此时为余读书之指导者，亦即藤田君也。

明治三十三年博士三十二岁，以清国事变起归朝。

明治三十四年，罗振玉氏等受盛宣怀之嘱托，于南洋公学创建附属东文学堂，招博士为学堂教授，因之再渡清国。

明治三十五年罗氏受两广总督岑春煊氏所聘，其时博士亦为教育顾问，赴任于广东，卜居粤秀书院，以余暇每游双门底府学东街诸书肆，涉猎古书。当时岳雪楼孔氏藏书出售，其中一半归于罗氏，其他则多归博士之邺架。是年末遂伴留学生三十余名归朝。此行与后日博士在广东发行新闻或不无因缘也。

明治三十八年，罗氏受江苏巡抚端方氏之招，创设寻常高等师范学堂于苏州，博士就任总教习，从日本罗致各科专门学士及师范学校卒业生十数名，分充教职。此事疑是支那师范教育之嚆矢。其后清国政府录其功绩，赏赐所谓三等双龙章宝之勋章。端方氏又赠以“汉沇州刺史杨叔恭残碑拓本”，题有“剑峰先生雅鉴，甲辰嘉年端方记”等字，其时盖明治三十七年十二月事也。（关于此碑之考证，见端方撰《陶斋藏石记》卷二。）

明治四十二年，罗振玉受任北京农科大学学长，于是又延聘博士为总教习。时法国支那学者伯希和氏发掘敦煌石室，赍古钞本数千卷过北京。博士以其《慧超往五天竺传》一篇为稀世珍籍，其翌年八月撰《慧超往五天竺传笺释》，梓于北京。博士于东洋史学界占特殊地位，谁谓非此书刊行之故？

博士质实真挚之学风及其研究志趣，开自何时乎？在明治三十八年（？）八月《苏州日记》有一段记事，兹录之如下：

> 八月二十四日　土曜，来苏已过六日，残暑殊酷。今年夏初有句云：“春行也，恨难消，浇酒细思量。”去年秋有句云：“水为城壁秋将暮，孤灯静待中宵月。”购《通雅》。参订徐松首尾，十一元。
>
> 二十五日　陈生（名文熙，案此人事迹见日记后段）赠《铜琴铁剑楼藏书目录》二十四卷共十册，盖前曾托购也。
>
> 九月十日，火、晴，西人Silk一字从“绘”字变化而来，

惟“绘”字无e或r音为苦耳。疾凌切。又接尾语之“儿”字，古代有其例否，犹待考证。又“儿”字为“尔”字之平声，“儿”从“尔”转变，似“尔”为接于名词之尾者。

十八日　水、微雨，日来未购好书，只录其目录而已。（揭载《周礼会通》外二十种，拓本五种之目。）

更就其日记中，摘录重要者数则：三十九年五月条，购求之书物有《东国舆地胜览》及《满洲通志》。并从大阪《朝日新闻》摘录内藤湖南博士所说《清朝之祖先》。又载戒酒之事；且在三周间后之日记有之：“身体上觉有心结，气郁不散；今已求得其故，戒酒岂不难哉。”又从新闻中转录题为《日本人最初在满洲之足迹》。又在六月条记录（1）*Anglo-Chinese Calender*，A. D. 1751-2000，compiled by Charles Kleine及*Western Culture in Eastern Lands*，by Arminus Vambery二书。（2）就巴丁氏探险记记录其一端。又谓氏著之《中央亚细亚及西藏》一题者必不可不购。四十一年一月十日条，揭载六年来购入书籍画幅之目录，有《文徵明集》外五十七种。且同日记事云：

峠字九州读为“タホ”，实为“ホフ”之转音，突厥语为“山”之义，与Tag，Tagh同一语源。

此外又所谓《避尘录》者，又思为《宋史》校勘之草稿。

明治四十四年，因为百斯笃流行，姑还东京，补订《慧超传》再版。同年又刊布《岛夷志略校注》。

明治四十五年，博士四十四岁，再赴北京。未几辛亥革命事起，博士扶掖罗氏一家避难我邦，更得内藤湖南、狩野子温两博士协力，卜居京都之东山。罗氏直至大正八年寄居此地，而王国维亦寓其间。罗王二氏贡献我邦支那学界，其结果之大，尽人皆知；而博士助力之多，亦不能不称述也。

大正二年，博士四十五岁。博士自前年从北京归朝后，卜居东京郊外池袋，专心从事研究。自是至大正六年，五年间投寄《东洋学报》《史学杂志》《艺文史林》等杂志论文十数篇，皆关于东西交通者，大惹历史学界之注意。

大正七年，博士五十岁，再赴广东，与山阴樊炳清氏等创刊日刊《岭南新报》。博士此举竟抱究有如何之目的乎？抑不禁雄心勃勃乎？关于此事，记者曾函诘当时外务次官即今之币原外相，兹移录外相书翰大要如下：

承询故藤田博士主办《岭南日报》始末，谨以所知奉覆：博士夙滞支那，对于该国文化及教育事业，深感兴味，以此关系，故有在广东经营汉字新闻之计画。以得支那各方面赞助之故，曾于大正七年末征求小生之意见则有之，小生以其计画，足资以沟通中日两国民间意志者不鲜，愿为竭尽棉薄以为后援，辞旨相答，博士遂愈益决心，于其明年二月，遂在广东发行《岭南日报》。其新闻向无代表政府对支宣传机关之意味，而政府对其论调亦不加干涉，全然为博士倾其自身之蕴畜则有之。然经营一年余之后，以遭资金调达之困难，小生亦曾努力为其百方斡旋，卒以不能发见适当之方法，于大正九年九月停刊。（昭和六年八月五日付）

四、教授时代

依前文所述，自明治四十二年《慧超传》出版以来，博士之学力，渐次为世人所认识；大正九年，得博士会决议，授与学位，时博士五十二岁也。自是以后，博士以研究与教育为主志，大正十二年，博士五十五岁，以早年之关系，受早稻田大学之聘，讲授“东西海上交通史”及“西域史”；十四年受东京帝国大学之嘱托，为文学部讲师，授“汉魏六朝时代西域史”；十五年七月升任东京帝国大学教授，担任东洋史学第一讲座，叙高等官三等。

昭和三年，博士六十岁。于是年三月十七日，转任台北帝国大学教授，补文政学部长。而当时政府于台湾创立大学，又特设所谓文政学部之名，其所以者何？据记者就当时台湾总督伊泽[①]多喜男氏所谈，台湾大学之使命，即所以为帝国向南洋方面扩张文化者也，文政云者，广义之Literature也；毕竟大学之学，有文科、理科，而其他若法律、经济、工科、医科等，则为应用技术；其见地只不过如是而已。今者此大学之特色，堪为注意者，征之伊泽[②]总督之言，大要如左：

> 该大学有世界无此类例之“南洋史学”讲座；盖设有以台湾为中心之“民族心理学”及“言语学”之讲座。在其他大学称为“支那哲学”“支那文学”等者，今则改冠以东洋之名称。而政治学、经济学及诸般法学，概取东洋者为主要资料。又加“东洋伦理学”于政学科。在此时何人堪推为此文政学部长者，虽学界济济多士，而舍博士外则不见有此人也。盖博士者滞在南支那甚久，其所研究之题目，为东洋及南洋历史，且曾在东京帝国大学教授，见重于世，而支那之哲学、文学，亦极精通者也。

因有以上各种情形之关系，所以伊泽总督与总长币原坦氏

①编者按：原稿为“译”，当以“泽”为是。今改。

②编者按：原稿为“译”，当以“泽”为是。今改。

协议之结果，以有如此意味，故文政学部长一职，在藤田博士之外，绝无适任者云。故不得不求其就此职也。观于币原总长之追悼文，可以知之矣。博士当时以罹病之故，因辞再三，卒以总督之劝诱，总长之恳请，感奋而起，所谓“士为知己者死”非欤！由是只身赴任，不徒担任教授，并就任所谓文政学部部长，而台湾大学之使命亦努力求其实现。博士拟于昭和三年度讲授“东洋史概说（古代）”及“东洋史演习”；于四年度讲授“东洋史概说（唐宋时代）”及“东洋史讲读（用通史）”。当之时东京帝国大学嘱托博士讲“西域史”；因于五月从任地出发径来东京。未几罹肾萎缩症卧床，并并发狭心症，在六月二十日前后，一时濒于危笃。寻稍轻快，至七月十二日急激发作，遂在十五日午后三时五十分，竟作不归之客。享年六十一。越至十七日行假葬礼于池袋之自邸。二十日营本葬于小石川区护国寺。其戒名为“弘学院义丰剑峰大居士”。朝旨特叙勋四等，且赐币帛。吊者千有余名，更相兆域于多摩墓地，罗振玉为建撰墓表。

博士于明治三十年娶丸桥氏光子，翌年举一女，不幸夭折，乃以妹婿金之丞氏为养嗣子。丸桥氏贞淑且长心计，以故博士无内顾之忧。

博士之为人，自其青年时代已极强固，绝无一毫求助于人之态度。在高等学校肄业时，尝与故滨口首相现第五高等学校校长沟渊进马、须藤传藏诸氏议论，涉及板垣伯之事；博士极口非难板垣，贾土佐人三氏之怒，曾演铁拳飞空之活剧云。

博士嗜饮酒，其事不知始于何时，然其自在高等学校时代，已有酒豪之称矣。博士丰采不扬，加以孱瘦之驱，疑素有肺患，而博士毫不介意，卒以嗜酒之故，压倒病魔。

博士边幅不修，在学生时代为尤甚。名为“丰八”，而其人则殊不相称也。其在苏州时，以天气炎热，尝裸体行书肆间，西洋人目博士为“裸先生”云。

博士藏书，汉文书约三千余部，三万余册，洋文书约及三百部。就中以明版大字本《晋书》五十四册，宋版明代补刻本《魏书》六十四册，元刊本《贞观政要》四册，明刊本《东夷考略》等，尤为稀觏之本。（详细见昭和五年十二月六日东洋文库故博士纪念展览会陈列图书目录及藤田文库目录。）博士殁后，汉文书一概寄赠东洋文库，洋文书为台北帝国大学所购入，有益于学界不少云。

记者与博士结交约在三十余年前，成岛柳北所谓“文苑偏怜才子句，教坊徒听美人歌，青云黄壤回知少，绿酒红灯新感多”。惟博士善饮而健谈。中更二十余年，及其再晤，则其学识之超凡，殊堪惊异，窃自叹吾进境之迟也。今当草此小传。转不得不叹身世之落莫也。

记者承诺起草此小传约在一年以前，平素以妨于俗事，难得执笔机会，今者以时期切迫，加以滞在海外，未能如意搜集资料，唯纪其一端而已。而对博士令嗣金之丞君及博士诸故人知交，真深致感谢也。

昭和六年九月小柳司气太书于北平东城甘雨胡同侨寓

附录

《东西交涉史之研究》全目于次：

一、南海篇

狼牙修国考　　东洋学报第三卷第一、二号

唐宋时代关于南海之支那史料　东亚研究第三卷第二号
室利佛逝、三佛齐、旧港果何处乎？　艺文第四年第四号
Yule 氏注 Marco Polo 纪行补政二则　东洋学报第三卷第三号
大小葛兰考　史学杂志第二五编第二号
前汉时代西南海上交通之记录　艺文第五年第一〇——号
欧势东渐初期之海外日本人　东洋时报第一九四号
南汉刘氏祖先考　东洋学报第六卷第二号
Ibn Khurdaabah 之 Kantu，Khantou 释　史学杂志第二七编第六号
宋元时代海港之杭州附上海、胶州　史学杂志第二七编第九、一〇、一二号
宋代层檀国考　史林第一卷第四号
宋代市舶司及市舶条例　东洋学报第七卷第二号
东蛮来袭考　艺文第八年第六号
琉求人南海通商之最古记录　史学杂志第二八编第八号
葡萄牙人东来至占据澳门之诸问题　东洋学报第八卷第一号
宋代输入之日本货考　东洋学报第八卷第二号
象　史林第九卷第四号
古代支那人关于棉花棉布之知识　东洋学报第一五卷第二号
传于支那之二三 myth 考　白鸟博士还历纪念东洋史论丛[①]
榻及毾㲪氍毹考　支那第一七卷第一号
支那港湾小史　东洋史讲座第七、八、一五号
叶调、斯调、私诃条考证　史学杂志第三八编第七号
佛徒印像考　史学杂志第三八编第一号

①编者按：原稿为“从”，当以“丛”为是。今改。

二、西域篇

大宛之贵山城与月氏之王庭　　东洋学报第六卷第二号
月氏之故地及其西移年代考　　东洋学报第六卷第三号
释迦、塞、赭羯及乣军考　　史林第二卷第四号
胡床考　　东洋学报第十二卷第四号
胡床考补遗　　东洋学报第十四卷第一号
蠕蠕国号及可汗号考证　　东洋学报第十三卷第一号
条支国考　　东洋学报第十三卷第二号
西域研究第一回　　史学杂志第三五编第一一号
（一）扜泥城与伊循城
（二）扜弥与Dan-dan-uilik
（三）于阗之树枝河及达利河
西域研究第二回　　史学杂志第三六编第三号
（四）萨宝考
西域研究第三回　　史学杂志第三六编第一〇号
（五）莎车与Ya-hjag
（六）吐谷浑与Drug
焉支与祈连　　内藤博士还历祝贺支那学论丛①
关于佛教传来之魏略本文考释　　史学杂志第三七编第七号
关于佛教传来之魏略本文考释补遗　　史学杂志第三七编第八号
问题之二语（乣与淍）附清工　　史学杂志第三七编第九号
西域研究第四回　　史学杂志第三八编第四号
（七）月氏、乌孙之故地

①编者按：原稿为“从”，当以“丛”为是。今改。

（八）月氏西移之年代

支那刻石之由来附何谓“不得祠”　　东洋学报第一六卷第二号

黎轩与大秦　　史林第一三卷第一号

钟镈金人考　　狩野教授还历纪念支那学论丛[1]

右论文凡四十一篇

民国二十二年一月二十八日成于诚德里

（原载《人文》第4卷第6期，1933年）

[1]编者按：原稿为“从”，当以“丛”为是。今改。

前汉时代西南海上交通之纪录①

一

中国与西方海上交通之记载,《后汉书·南蛮西南传》曰:

永宁元年，掸国王雍由调，复遣使者诣阙朝贺，献乐及幻人，能变化，吐火，自支解，易牛马头，又善跳丸，数乃至千。自言我海西人，海西即大秦也。掸国西南通大秦。

同书《西域传》曰:

至桓帝延熹九年，大秦王安敦遣使，自日南徼外，献象牙，犀角，玳瑁，始乃一通焉。其所表贡，并无珍异，疑传者过焉。

《梁书·诸夷传·中天竺》条曰:

其西与大秦安息，交市海中，多大秦珍物，……汉桓帝延熹九年，大秦王安敦遣使，自日南徼外来献，汉世唯一通焉。其国人行贾往往至扶南，日南，交趾，其南徼诸

① 编者按：本篇为日本藤田丰八著，郑师许译。局部标点、外文字母有改动。

国人，少有到大秦者。孙权黄武五年，有大秦贾人，字秦论，来到交趾，交趾太守吴邈遣送诣权，权问方土谣俗，论具以事对。时诸葛恪讨丹阳，获黝歙短人，论见之，曰：“大秦希见此人。”权以男女各十人，差吏会稽刘咸送论，咸于道物故，论乃径还本国。

右三则，在中国实为最古之史料。永宁元年者，当于西元一百二十年；延熹九年者，当于西元一百六十六年。其中朝贡之事，亦见于帝纪之中。即从西元二世纪中叶以来中国与西方海上已开始直接交通，业已证明。黄武五年即西元二百二十六年时也。其时交通之事，愈益频繁，亦得以判明也。此等记载，与西方之纪录，大略一致，固可无容疑矣。至如《梁书》所云“其南徼国人少有到大秦者”，信如其说，则扶南，日南，交趾等国人，从海上往大秦者已少，汉人则更不必说也。虽然谓此时汉人未越交趾扶南海上一步未始非非常之误也。否则在前汉武帝之时，汉之使节已往来于印度之东岸矣。武帝经略西域，已西开陆路之交通，其南海经略亦当开水道于海上印度也。此其为事，固有极可信之证据在也。西洋之支那学者何独不注意于此证据乎？此证据非他，即见于《汉书·地理志》之末段者也。兹录其记载如左：

自合浦，徐闻南入海得大州，东西南北方千里，武帝元封元年，略以为儋耳珠崖郡。……自日南障塞徐闻合浦，船行可五月，有都元国。又船行可四月，有邑卢没国。又船行可二十余日，有谌离国。步行可十余日，有夫甘都卢国。自夫甘都卢国船行可二月余，有黄支国。民俗略与珠崖相类，其州广大，户口多，多异物。自武帝以来，皆献见，有译长属黄门与应募者俱入海，市明珠，

> 璧[①]流离，奇石，异物；赍黄金杂缯而往，所至国皆禀食为耦；蛮夷贾船，转送致之，亦利交易，剽杀人；又苦逢风波溺死；不者数年来还，大珠至围二寸以下。平帝元始中，王莽辅政，欲耀威德，厚遗黄支王，令遣使献生犀牛。自黄支船行可八月至皮宗。船行可二月，到日南，象林界云。黄支之南有已程不国。汉之译使，自此远矣。

文中所见诸国名，以吾人今日之智识，欲为精确之考定，固属困难；然其方向，大体可以判明。因略述愚见，惟大方者教焉。

二

合浦，徐闻者，今日犹存其名，无解释之必要。在汉代合浦有为郡名及县名者。如说合浦，徐闻，则闻者以为合浦郡徐闻县。若云徐闻，合浦，则见者皆以为县名。此两县者，当时航行儋耳珠崖（即今海南岛以直通西南海上诸国之海口也），从此船行五月至都元国云者，都元国即今何地？即谓所谓何地者不能判明，大略指今何处？

《通典》（卷一百八十八）《南蛮下·边斗》条曰：

> 边斗国（亦云班斗）都昆国（一云都军）拘利国（一云九离）比嵩国，并隋时闻焉。扶南度金邻大湾，南行三千里，有此四国，其农作致金邻同，其人多白色。都昆出好栈香，藿香及流黄。其藿香树生千岁，根本甚大，伐之四五年，木皆朽败，唯中节坚固，芬香独存，取以为香。

《太平御览》《太平寰宇记》以下诸书皆载此文，疑皆采

---

①编者按：原稿为“壁”，当以“璧”为是。今改。

自《通典》者。"九离"或作"九稚"，然此为"拘利"之异，译则"稚"字固"离"字之讹也。予尝以为所谓"都昆"一名"都军"者，当即汉时之"都元"。如此说不误时，则此国者与拘利，比嵩，边斗三国，皆当视为从扶南（Pnam Comboja）渡金邻大湾南方三千里之处。盖里数虽不甚当，要其大体须于马来半岛或荷领东印度群岛西南部之苏门答剌岛（I. of Sumatra）之近傍求之。比嵩与《汉书》之皮宗同音，同为Pisang之音[①]译，可决然也。此音在马来语为Banana，为有名大岛，不下于马来群岛五六，在最著名之新加坡（Singapore）海峡之西。特所谓谓Banana为Pisang为限于马来语者，即此以推，不得不谓此Pisang岛即马来人之本据，最早命名者也。其后航海渐次推广，以此为名之岛亦渐多。（参考Crawfurd，*Descriptive Dictionary of the Indian Islands*，P. 355）但是名此岛为国，有如何之意味？在海客有如何目标，而成为重要之岛屿？在《郑和航海图》中曾举"毗宋"之名。若从以"宋"字表Sang字字音观之，则以"嵩"或"宗"字为译，亦毫不足为异也。隋时此岛在航海上最为重要而又著名，故特举其国也。特在《汉书》，则归航途中，乃举皮宗，则其为航海上重要之岛名，亦最适当也。不然何以Gerini氏于此外又举苏门答剌[②]东岸音德勒几利河口之同名岛屿，在苏门答剌北岸Pasei河之西方，而Pasei纪年所谓Pisatgan及Pasangan河上地方诸名乎？（详看*Researches on Ptolemy's Geography of Eastern Asia*，P. 716）

---

①编者按：原稿为"首"，当以"音"为是。今改。

②编者按：原稿此处有一"腊"字，根据下文，"腊"字应为衍字。今删。

次为边斗，一名班斗，其他类似之名不见。若以“斗”为Tau或Dau之发音，则实际上类似之名，在他书不可得也。若以Gerini例之调子例此，则马来半岛西岸Lingi河上之Sungai U-jong之处有Bantau，此与Battak人Sembiring部之一支之Pandiya有关。然此只不过相似，并无何等证据也。但“斗”有“陡”音，犹之“注”有“主”音。则边斗或班斗者，或亦为Panchur之对音乎？疑即《诸蕃志》之宾窣，《岛夷志略》以下诸书班卒之异译。若不如此，或为阿剌伯人之Fansur Panstr，为今日苏门答剌西岸之Barus。此地曾以“片脑”为从古有名之国家。就予见解，边斗或班斗当信为即今日之Barus也。

次为拘利，一名九离。是二名皆见于《梁书》。在《诸夷海南传·扶南》条云：

> 蔓勇健有权略，复以兵威，攻伐旁国，咸服属之，自号扶南大王。乃治作大船，穷涨海，攻屈都昆，九稚，典孙等十余国，开地五六千里，次当伐金邻国。

又《中天竺》条云：

> 唯吴时扶南王范旃，遣亲人苏物使其国，（中天竺）从扶南发投拘利口，循海大湾中，正西北入，历海边数国，可一年余，到天竺江口，逆水行七千里，乃至焉。

案《扶南》条所谓“九稚”，即“九离”之讹；“曲孙”即“顿逊”（见《通典·顿逊》条）；又《中天竺》条“九离”作“拘利”；皆因采取材料不同而异。在《中天竺》条中尚传有此使伴中天人于四年归，时值吴中郎康泰使扶南，见中天竺人，问天竺土俗云。又郦道元《水经注》卷一引康泰《扶南传》云：

> 发拘利口，入大湾中，正西北入，可一年余，得天竺江口，名恒水。江口有国，号担袂，属天竺。

盖《梁书·中天竺》条之记事，疑即据吴时康泰之传而来。所谓康泰《扶南传》云者，《隋志》不见著录，但《太平御览》屡云，“吴时康泰中郎表上扶南土俗”，并引用之。此外又引用所谓吴时《外国传》。据《梁书·诸夷传》序言：

> （上略）及吴孙权时，遣宣化从事朱应，中郎康泰通焉。其所经及传闻，则有百数十国，因立记传。

然则谓之《外国传》，疑即所谓《扶南传》也。

又讹作“九稚”之“九离”，即“拘利”者，在《梁书·中天竺传》中，“拘利”之上有一“投”字，《南史》亦然。《文献通考·边斗四国》条作“拘利”，《天竺》条云：

> 从扶南发投拘利口。

亦有“投”字。疑其《边斗四国》条依《通典》，而《天竺》条则据《梁书》《南史》也。《太平寰宇记·南蛮二》《南蛮四》，皆无“投”字。Gerini氏依据《通考》，谓投拘利为Ptolemy之Takola，其口在马来半岛之西岸Pakchan河口。（*Researches*，P. 93）盖以其元来“拘利”之上有“投”字也。又谓拘利者从扶南渡金邻大湾三千里而南，“从扶南发投拘利口”一语，至“发”字截止为一句，谓从扶南发也；则下句不得不读为投于拘利口也。更详细言之，则为从扶南出发，渡金邻大湾三千里而南，投于拘利口；亦可解释也。《水经注》谓发拘利口，明明是略去“投”字。然投拘利，略称为拘利，又即九离者，今当于何处求之？盖在马来半岛西岸可无疑也。《通典》云：

> 薄剌国隋时闻焉，在拘利南海湾中。其人色黑而齿

白，眼睛赤，男女并无衣服。

“薄剌”殆即Barusae Balus之对音，即义净《求法高[1]僧传》所谓裸人国，而阿剌伯人所谓Lanja-balus也。《诸蕃志》举其一为晏陀蛮国Andamon，《岛夷志略》有罗婆斯，罗婆斯即婆罗斯之倒置；故Balus之对音，疑即所谓Lanja-balus nicobar也。于是所谓在拘利南海湾中者，拘利即投拘利，固不得不于马来西岸求之。

在唐时求其名称方位与拘利相类似者，依据贾耽《四达记》以成书之《新唐书·地理志》云：

又西出峡三日，至葛葛僧祇国……其北岸则个罗国。个罗国西则哥谷罗国。

个罗或哥谷罗即与相似。九世纪阿剌伯人所知之Kalah国疑即个罗。此处“峡[2]”字即为新加坡海峡从无一人持异议者。而个罗及哥谷罗为出海峡而在其北岸之地，由此言之，则在马来西岸为拘利即投拘利，其情形全同。“罗”字与“利”在译音可以通用，为同音之异字。哥谷罗固为阿剌伯人之Kakula，《本草拾遗》有肉豆蔻nutmegs，为外国国名，其字与迦拘勒为同音异字，疑其国名所由来，是因药名而致。尤足证者，则阿剌伯语称白豆蔻Cardamum为Kakula也（参考Tloirth，*Lohau Jukua*，P. 210），圣斯各利伲谓Kakkola一语在巴里岛（Barry Is.）人读为Takkola（详见Gerini，*Researches*，P. 754），然则投拘利即拘利者，与哥谷罗为同一，即Ptolemy之Takola也。

又其次宋代有所谓古罗者。《宋史·外国传五》注辇

---

①编者按：原稿为“商”，当以“高”为是。今改。

②编者按：原稿为“硖”，当以“峡”为是。今改。

Chuliya条中称其国使者有三文者，从其本国航行中国，述其水程云：

三文离本国，舟行七十七昼夜，历郍勿丹山，婆里西兰山至占宾国，又行六十一昼夜，历伊麻罗里山，至古罗国。国有古罗山，因名骞。又行七十一昼夜，历加八山，占不牢山，舟宝龙山，至三佛齐国。

其事亦见于《文献通考》。注辇者《西域记》之珠利耶Chulya，今日之Orissa也。当时三文航海所经过之地名，颇苦不得考定。其中占宾，Tloirth氏等不明所在（参考*Lohau Jukua*，P. 100），吾以为即《西域记》之瞻波Lohamp，《唐书》之瞻博，及被称引于《水经注》中恒河口之担袟也。又加八山原音为Kava或Kawa，谁谓非即Lankawi乎？占不牢山，Tloirth氏等谓为不明，予谓殆即Sembilan，即明人所谓九洲山也。舟宝龙之“舟”字，为“丹”字之讹，丹宝龙为Tambrau之对音，旧称新加坡古水道为Salat Tambrau，故所谓丹宝龙山者即谓新加坡岛也。Salat马来语即海峡之义，Tloirth氏等不明“舟”字即“丹”字之讹，因而不明之也。“舟”字与“丹”字讹混，在《岛夷志略》等书，不少其例。三佛齐者原音为Sarbaza，即Sribaja也，为苏门答剌东北岸之国，今更无须说明矣。

古罗在马来西岸大约河边，今尚不能判明。据Groeneveldt氏谓阿剌伯人之Kalak为今日之Kora。（详看*Notes on the malay archipelago and malacca*，P. 122）然则在个罗之北之哥谷罗者即在今日Kora之北，可断言也。Gerini氏以Takola位置于Pakchan河口，其说大略可信，又《通典》谓拘利一名九离，隋时闻焉；其实九离者梁时已投；拘利，投拘利，吴时已闻，依据《梁书》即《水经注》所引，便可明白。

此外尚有宋时所谓古罗国者。《宋史·外国传·阇婆》条云：

其国东至海一月，泛[1]海半月至昆仑国，西至海四十五日，南至海三日，泛海五日至大食国，北至海四日，西北泛海十五日至勃泥国，又十五日至三佛齐国，又七日至古逻国，又七日至柴历亭，抵交阯，达广州。

此条在《诸蕃志》及《文献通考》皆同。但《勃泥》条云："去阇婆四十五日程，去三佛齐四十日程"；业已与此不相合。若以勃泥以下所叙述者为从阇婆Java至广州之航程，则以谓古逻国者当在马来东岸；但其日数又抵牾。若谓为从勃泥Brunei至三佛齐者，则其事甚怪，而上段所叙述为非常混乱。因此古逻之考定为不可能矣。此外尚有《诸蕃志·大食》条云："其国人附古逻国船舶来"一语；《宋史》《文献通考·天竺》条云："僧法遇往天竺，表乞给所经蕃国，遂赐三佛齐国王，葛古罗国王，柯兰国王，西天王子仙书以遣之"云云。宋代之古罗，古逻，正即葛古逻，即唐之哥谷罗，古代之投拘利，当通天竺之要道，且为大国。柯兰者迦陵也，即今印度之Kalinga。

三

所谓边斗四国中之三国，可于马来西岸，苏门答剌西部求得之，已如右述。都昆即都军，大抵亦在此边，其国产物，据《通典》所举为好栈香，藿香与硫黄等。其中最堪惹目者为硫黄一物。《宋史》举以为阇婆之产物，此固不成问题。吕宋产

①编者按：原稿为"汛"，根据《宋史》，当以"泛"为是。今改。本段"汛"均改为"泛"。

出甚多，此更不成问题。Gerini氏谓在马来西岸从其流黄泉得之，更足举为产物之证。在后世所记录，《瀛涯胜览·苏门答剌国》条云：

山产硫黄，出于岩穴之中，其山不生草木，土石皆焦黄色。

又《星槎胜览·花面国》条云：

其国与苏门答剌邻境。……那姑儿一山产硫黄，我朝海船，驻札苏门答剌，差人船于其山采取硫黄。

花面国者即那姑儿Nakur也；以其“人民面上刺三尖青花”，故以“花面”名。硫黄所产出之山亦在此中，郑和云自苏门答剌Sumatra遣人采之。所以苏门答剌条举此为言。苏门答剌者在今日苏门答剌岛西北岸之城名，Gerini氏①谓在Pasei川之左岸。而那姑儿在其西，与之接境。又Bealieu者在于其中，“从首城（Achin）向Pedir六里格（League，原指约长四哩之长度名）之处，中有断崖之形，高山耸峙，其中可采多量之硫黄”。（依据Prevost yloistorie generale des voyaze tomeix, P. 340，见Gerini，*Researches*，P. 976 n所引）实际从此边至Wai岛出产硫黄，乃是事实也。

此国在元时确曾存在，以《岛夷志略》曾载“花面”等事，以故知之。同书又云：“舶经其地，不过贸易以供日用而已，余无可兴贩也。”则当时已不是重要海口矣，元以前那姑儿或花面，均无其名。但在义净《求法高僧传》有羯荼，《岭外代答》《诸蕃志》有吉陀，《岛夷志略》有吉陀，疑在其近傍，疑古代与印度海上交通，皆在彼边海口也。

①编者按：原稿为“民”，当以“氏”为是。今改。

那姑儿果为Nakur之对音乎？Marco Polo曾谓在Samara（Sumatra）之西有国曰Dagroian，Yule氏谓所谓Darian-Zade者只不过小港而已。Dagroian与Darian是否形似而误，固不足信。（详见Marco Polo，vol II，P. 280）而Phillips氏谓大花面读厦门音为Ta-ko-bin，故以Dagroian表之。此说确为进一步之见解。（详见*Journal of the China Branch of the Royal Asiatic Society*，vol. XX，P. 221）虽大花面之音不能以Dagroian表之，然其位置实际相当。又次Gerini氏以其前调查为例，Dagroian之正写当为Tanah-Gayu，即Gayu人之国。其说过于穿凿。（详见*Researches*，P. 674n）即氏谓Tanah-Gayu 即Nakur nagur，亦不足信也，予宁以为那姑儿之原名为Dakur Dagur，da与na中国人往往误混，毫不足怪也。

那姑儿之原名若为Dakur Dagur，则大体从其位置与产物，而汉代之都元，隋时之都昆或都军为Dakur Dagur之对音，可无妨碍。但那姑儿之原名为Dakur Dagur，不能发见直接证据，从而都元，都昆，都①军为那姑儿之考定，不能确执。不特如此，花面，那姑儿，在元以后只不过一见，并非重要海口。绵亘唐宋元三时代，于此边与印度为海上交通重要海口者有羯荼，吉陀（尤以元时已夺苏门答剌港之席矣）。然则与都元，都昆，都军并无何等关系乎？此诚一问题也。

据《梁书》所称扶南王范蔓所攻略之国，有：屈都昆，九稚（离），典孙等。屈都昆非都昆之原形乎？中国人于地名，人名之三字者，往往省为二字，此中国之癖性也。此例颇多，即如投拘利之为拘利，是其一例。所以都昆之原形为屈都

①编者按：原稿为“者”，当以“都”为是。今改。

昆[①]，此种想像，并非无理。又据《晋书·四夷传·林邑》条，范文所攻取之国，有所谓屈都乾者，其国疑与屈都昆同一。又《水经注》卷三十六云：

《晋书地道记》曰：朱吾县属日南郡，去郡二百里，此县民汉时不堪二千石长史调求，引屈都乾为国。《林邑记》曰，屈都夷也。

然则所谓屈都乾者，在汉时已有此名，可以明矣。又《水经注》载有永嘉元年交州刺史阮弥之征伐林邑记事，其中有“杨迈出婚不在”及“杨迈携婚都部落三百许船来相救援”等语。“婚”字上脱去“都”字，婚都疑即都婚之倒置。然则屈都昆在晋时已略称为都婚矣。屈都昆，屈都乾实际上不在林邑 Lohampa 扶南 Lombeja 附近。《太平御览》卷七九引交州以南《外国传》云：

从西屠南去百余里到波辽，十余国皆在海边。

又云：

从波辽国南去，乘船可三千里，到屈都乾国，土地有人民，可二千余家，皆曰：朱吾县民叛居其中。

《地道记》中“引屈都乾为国”之“引”字为“入”字之讹，以此文中“朱吾县民叛居其中”一语为之益明。西屠一名屡见于《通典》《唐书》等书，后世作尸头，在奔陀浪 Panduraneja 即今 lhanrang 以南，从此南经百余里，更南三千里至屈都乾即屈都昆；与从扶南在南三千里有边斗，都昆，拘利，比嵩四国，全无差异。然则都昆即屈都昆，在位置上可全无妨碍。

---

①编者按：原稿为“屈部昆”，当以“屈都昆”为是。今改。

都昆或都军者，从名称上或从位置上观之即为屈都昆或屈都乾之省称，可无疑义。而又就其方位及所谓出产硫黄两事观之，则在苏门答剌岛之东北岸上，实有此国或此港。又唐时之羯荼，即宋元之吉陀，在苏门答剌岛之北岸，大略不疑。（见拙著《室利佛逝三佛齐旧港果何处乎？》一文）如此说可信则羯荼或吉陀者当为屈都昆或屈都乾之异译。予深信其说，而屈都乾或屈都昆者若以Gerini氏调音例言之，当作Katha-Sarit Sagara等之Kataha之音译。氏又以其中之一为九德殊属可笑。（见*Researches*，PP. 568-76）大约此地在苏门答剌北岸Pasei之近旁。都昆既已为屈都昆之省称，则可视为与都昆为同名异译之，汉时都元，亦当此边，Gerini氏此外又举一为苏门答剌之异名为Takon-Bapis（Tekong-bs？）。但氏以此与Leclere为极可疑之名，而不示以何等证据。氏又以为若Takon（Tekong？）实际有其地者，则为苏门答剌东岸Batak人之Simbiring部之一支，可为Tekang族。而Tekang及其邻Pandiya可以比定为《隋史》之边半即班斗，及都昆及都军。（详见*Researches*，PP. 641-2）在苏门答剌东岸，实际上有名为Takon者，则都昆，都军及都元，皆足当之。又Leclere不知何所据而生疑问。Gerini氏又谓此外位于新加坡海峡柔佛河（Johore）口之Tekong二岛或即都昆，都军；否则称庇能岛中央称为Tokun之处。（详见（*Researches*，P. 719）然此只不过其名称之类似，并无何等依据，其可笑较前更甚。

四

《汉书》谓从徐闻，合浦船行五月有都元国，又船行四月有邑卢没国，又船行二十余日有谌离国，又步行十余日有夫甘都卢国。都元国在苏门答剌北岸，从徐闻，合浦来约经五个月，则从此约经四个月之邑卢没国，大略是缅甸，而为东印度之边。然同样以此为国名者，在中国书籍不可见，勉强求之，则《新唐书·南蛮传》有拘蒌蜜。同传《盘盘》条云：

> 东南有拘蒌蜜，海行一月至，南距婆利，行十日至，东距不述行五日至，西北距文单行六日至，与赤土，堕和罗同俗。

若文单为陆真腊之一名，则所谓拘蒌蜜者不得不为在陆真腊东南六日程之处，如此则其国不得不于今日交趾支那边境求之，但其事颇怪。据《唐会要》卷一百云：

> 拘蒌蜜在林邑之西，陆路三月行，山居饶象，并养之，以供用。

所谓在林邑之西，陆路三月行者，今之暹罗，即缅甸边境。且当陆续判明如下。然则此果不为Kalyani inscriptions之Golainatika（或曰在Pegu海岸）乎？如果邑卢没果为拘蒌蜜之异译，则当在此边。“邑”与“拘”音读虽不同，而“邑”字为遏合切，音始，所以不得不为gu go之对音。又《唐会要》谓其山居，与此地不合，但疑从“饶象”一语想像其为“山居”。其国传在显庆元年朝贡，然无论如何，当从海上来。

又所谓拘蒌蜜之所在地，亦尚有疑问之余地。又邑卢没与拘蒌蜜同否，不无可议之点。但邑卢没在Pegu附近，至少当在缅甸南部滨海地方，此种想像在别一方面可以确实证明。Soleyman之Rohmy（见Reinaud Relation des Voyages faits par Arabes et les Persans dans I’Inde eta la Lohine，tome 1，P. 27）或Macoudi之Rahma（见Meynord Prairies D’Or，tome 1，P. 384）等，即其地。其国为Pegu及其附近，则所谓Rahmaniya

殆无可疑，Yule氏之见如此。（见*Cathay and the Way Thither*, vol. 1, ClXXXVI）又Kalyani刻文呼Bassein，pegn，Martabin为Ramanna-des，因此如果见于《锡兰年代记》Rajawanga之Arramamjya即是此地，则邑卢没当为Arrama（Njya）之对音。在古代其都固非Yloansanati（Pegw）也。较近于Salwan河口有Thahtun（Thatung），自从Telingana来殖民以后，成立此国。从而从Irawady之上流自内地北印度来建国之蒲甘Pugan，室利差呾罗Srikhettra为其别国，则绝未道及。

以上孰为邑卢没，可于Thatung或其环境求之，然则从此国船行二十日之谌离国在何处乎？颜师古注此“谌”字，音士林反。同样海国在中国书籍，绝不可见。又谓从此国步行十余日有夫甘都卢国。颜师古谓夫音扶。此“扶”字有“蒲”或“匍”等字音。义净等曾以扶南作跋南（Pnam）。所以“夫甘”者在宋时与蒲甘为同音，即Pugan，Pagan是也。其“都[1]卢”想是dhara等之音译，然则夫甘都卢者非Pugandhara，Pagndhara等音译乎？后世之缅甸人称中国云南地方即与古代Pugan接壤地方为Gandu-larit，而此字为Gandbararattha之Gandhara而来。此固为想像，但古代Pugan，Pagan原称为Pugandhara，Pagandhara不几可信乎？后世之Pugan，Pagan源出于是，又不几可信乎？

依缅甸传记所说今之Pri，Prome，即室利差呾罗Srikhettra，Tharekhettia所建国，其时盖在西元前四百八十三年；而新Pugan之建国，则为西元后百八年。自此更古，则在伊拉瓦底河（Irawadi）上流之Tagaung，有Kshattriya族诸王，是为东方

①编者按：原稿为“郡”，当以“都”为是。今改。

Gandalarit，即被灭于从云南侵入之种族者，寻复由印度有同族之移来，接邻Tagaung城建立国都，是称为旧Pugan国。此国亦因他族侵入而被灭族，在伊拉瓦底河下流而有Pri，Prome之建都。若此传果属正确者，于前汉时此国之都城，不得不为Prome也。而所谓Tagaung为自云南侵入之种族所灭者，实因汉朝加西南夷以压迫而为其起因。若此说果然，则缅甸纪年，当有数世纪之折扣。Phayre氏所说如此（参考*Tloistory of Burma*，PP. 13－14），而其证据尚不少。也依缅甸传记所说，Prome王朝亡于西元后八十四年，新Pugan王朝建于西元后百八年；但是玄奘称此国为室利差咀罗Srikhettra。《旧唐书·骠国传》云："华言谓之骠，自谓突罗成，阇婆人谓之徒里拙。"在《新书》则突罗成之"成"字作"朱"。此突罗成，突罗朱，徒里拙，并为Threkhettrara之音译。当时有朝贡之使，国人有自国之称，以别异于中国之名为"骠"者，所以Prome王朝不得不谓其在唐时亦尚存在。中国人名之为"骠"，所以不言传其古名。故其王朝之亡，新Pugan之兴，皆在唐时。在《唐会要》《寰宇记》等书，尚有名为金利毗逝（或作"迦"）者。其四至颇难证明，然金利毗逝为Thiri－pits－tsa－ra之对音，则确无疑义。所以依Phayre氏所言，此为新Pugan许多异名之一。（参考*Tloistory of Burme*，P. 278）自是以后，至宋则明白称为蒲甘，遂以此名传。

如此，缅甸纪年，有数世纪之折扣。在前汉之顷，伊拉瓦底河流域之此国之都，接近于其上流之Tagaung，今尚有存留此遗迹之旧Pugan。此所以名为夫甘都卢Pagandhara也。或以为内地而于汉有海上使节，颇致奇怪，然此事不无理由。当时云南为独立夷族，从其地试通印度而失败。依《后汉书》所称引，掸国（Shan）献乐及幻人。幻人者为海西人，即大秦人也。又说掸国西南通大秦。本纪谓永昌徼外之掸国为掸国。盖印度[①]以西诸国民，当时交通中国有从缅甸入云南，及从海上至日南二道；其经由缅甸，不得不从印度为陆路交通；其由海上者，则以上溯Irawady，为较便利。盖此地为水路上东西交通之孔道也。其在水上之都会，即为东西贸易之市场。谓为汉代海上往来之使节，毫不足怪。况经云南之陆路不可达到其地乎。

又此国据中国人所传，谓其“轻趫”。颜师古夫甘都卢国注云：

> 都卢国人劲捷，善缘高，故张衡《西京赋》云：“乌获扛鼎，都卢寻橦。”又曰：“非都卢之轻趫，孰能超而究升也。”

张衡《西京赋》在《文选》中。李善注“都卢寻橦”云：“《汉书》曰：武帝享四夷之客，作巴俞都卢。音义曰：体轻善缘。”又注“都卢之轻趫”云：“《汉书》曰：自合浦南，有都卢国。《太康地志》曰：都卢国其人善缘高。《说文》曰：趫善缘木之士也。”其中《汉书》自合浦南云云，即《地理志》中语；武帝享四夷之客云云，即《西域传赞》语。《汉书·帝纪·享四夷之客》条只举“角抵”，《西域传赞》则谓：“作巴俞，都卢，海中砀极，漫衍，鱼龙，角抵之戏，以观视之。”其注云：“晋灼曰：都卢，国名也。李奇曰：都卢体轻善缘者也。”盖都卢即夫甘都卢国人，体轻以能缘竿名于汉代。“俞”，《汉纪》作“渝”，巴州，渝州之人，当时以劲锐

①编者按：原稿为“印虔”，当以“印度”为是。今改。

善舞闻。与此等并称，则夫甘都卢或为永昌徼外之国，而固无证据者也。

所谓谌离者殆不能考定。求其稍稍相似之名，则见于《唐书·骠国传》，其九镇城之一有悉利移城。即所谓“贞元中，献乐工乐曲，王弟悉利移城主舒难陀至成都”者也。尤以《旧唐书》及《册府元龟》以悉利移为王弟之名，而《新唐书》以之为城镇名，以王弟为其城主；《新唐书》改《旧唐书》及《册府元龟》乎？抑别有所据乎？即当时此国有以悉利为名之城，与悉利移极相似，据被称引于《唐书·地理志》中之贾耽《四达记》所说最为明白。其言曰：

> （自永昌故郡）又西渡怒江，至诸葛亮城二百里，又南至乐城二百里，又入骠国境，经万公等八部落，到悉利城七百里，又经突旻城至骠国千里。

诸葛亮城据《云南通志》云：“废诸葛亮城在赵州东南弥渡市北”；则诸葛亮城固不在此矣。即从永昌故郡向西渡怒江二百里，大略即今腾越Momien附近。乐城不明，自[①]腾越向南二百里为Bhamo附近。此为自然国境，与实际相合。自此入骠国境；经万公等八部落七百里至悉利城，谓由此千里至骠国都城Prome则新Pugan过近矣。

在Irawady沿岸，似悉利地名，在新Pugan稍下者，有Sillah（Sa-le）。其村落在川之东岸。旧迹亦有，即示所谓古处。特别在其下游，自Wet-ma-sut至此处止，川幅颇广，自此以下，则狭隘矣。从而此处为最重要之商埠，商船往来不少。当Lorawfurd使阿瓦Ava时，碇泊之船有八十只，其中所见以此

①编者按：原稿为“向”，当以“自”为是。今改。

国为最大云。又小卖商人兜揽过客，呼卖其货物者，在其国中亦只此处云。（参考Journal of an Eombassy from the Zovernor-Zeneral of India to the Court of Ava，vol 1，P. 105）又在此稍稍下游，离川而西，有所谓Salin者，从此地通于Arakan城，只六日程途云。要之：Sillah（Sa-le）之为都城，在旧Pugan，抑在Prome朝，抑在新Pugan，其重要性不失也。里数虽有多少出入，然悉利移即悉利城大半当在此地矣。

以唐代之悉利为今日之Sillah（Sa-le），其事已判明如上；然则《汉书》之谌离国，尚不得为悉利之异译乎？Irawady之下流，为当时邑卢没Arauoniga之一部；自其国之都城Thatum船行二十余日，则至谌离即悉利。此处为重要商埠，且川幅狭隘，所以从此处步行十余日乃至夫甘都卢即旧Pugan，其言不几可信乎？又次，《汉书》云自夫甘都卢船行可二月余有黄支国，今校其实，自夫甘都卢步行回至谌离，再由此船行可二月余，非即至黄支乎？以不[①]知地形之史臣书之，难免有错误矣。此外尚须附加说明者，《汉书·西域传赞》称鱼龙之戏，以巴，俞，都卢并举。颜师古注之云：

> 鱼龙[②]者，为舍利之兽，先戏于庭极，毕，乃入殿前，激水化成比目鱼，跳跃漱水，作雾障日，毕，化成黄龙八丈，出水敖戏于庭，炫耀日光。《西京赋》云，海鳞变而成龙，即为此色也。

尚有《补注》举刘昭《礼仪志》注引蔡质《汉仪》云："舍利从西方来戏于庭极"云云，此处所云舍利，直以名兽。

---

①编者按：原稿此处多一"不"字。今删。

②编者按：原稿为"鲁龙"，当以"鱼龙"为是。今改。

疑兽形为一种幻人，然则与谌离有无关系乎？非即谓舍利人即谌离人善此戏者乎？观其与都卢并举，则其故可想矣。此与在后汉时献永昌徼外之幻人，在唐代贡献乐典乐工，其所想像相合。

五

《汉书·地理志》更谓自夫甘都卢船行二月余有黄支国；又谓“民俗略与珠崖相类，其州广大，户口多”。以上诸国，自武帝以来，皆献见云。且在平帝元始中，王莽辅政时，欲耀威德，厚遗黄支王，王遣使献生犀牛云。又《汉书·王莽传》云：

> 莽既致太平，北化匈奴，东至海外，南怀黄支。莽奏文云：太后秉统数年，恩泽洋溢，和气四塞，绝域殊俗，靡不慕义，越裳氏重译献白雉，黄支自三万里，贡生犀。

其符命亦云：“受瑞于黄支。”黄支当时为交通汉人极南大国，王莽且利用以窃位。入后汉时，班固《两都赋》，杜笃《论都赋》叠见其名。惟不见交通之迹。又不闻于《汉书》以外之事实。《通典》云：

> 黄支国汉时通焉，在合浦日南之南三万里，俗略与珠崖相类，自武帝以来皆献见，有明珠玉，碧琉璃，奇石，异物，大珠至围二寸以下，而至圆者，置之平地，终日不停。

然比不过《汉书·地理志》之省文，依据王莽奏文，加上“三万里”三字而已。合浦之“浦”字，此书明刻本误作“海”字，宋刻本正作“浦”字。

《新唐书·南蛮传》有所谓千支弗者。“千”字无论如何不能说明；疑是“干”字之讹，此字何人皆当注意。“弗”字固为Pura之对音。然则千支弗者，正字作干支弗，即《西域记》建志补罗Kancipura之同名异译字。南洋者为印度人所移住，为印度文化所影响，所以用印度地名为其地名，其例最多。干支弗与《西域记》之建志补罗相同，为达罗毗荼Dravida国之都城，非即指今之Conjeveram乎？或指达罗毗荼人所移住之南洋或地方乎？此颇滋疑问，从来多于南洋求出此地。吾以为解决此问题，则《唐书》之本文，殊有解剖之必要。原书云：

> 赡博或曰赡婆，北距兢伽河，多野象群行。

此一节疑是依据《西域记》为主。《西域记》卷十云：“瞻波国，围四千余里，国大都城，北背殑伽河。”又云：“国南境山林中，野象猛兽，群游千数。”瞻波者Lohampa也。兢伽者殑伽Ganga也。次云：

> 显庆中，与婆岸，千支弗，舍跋若，磨腊四国，并遣使者入朝。

此为依据唐朝所记录。其原文尚存于《册府元龟》。即：

> 高宗显庆元年五月，婆岸国遣使献方物。
>
> 二年六月，瞻国博国遣使献驯象犀牛。
>
> 三年八月，千私弗国王法陀拔底，舍利君国王失利提婆，摩腊王施罗地多，并遣使朝贡，三国并南天竺属也。国皆绝远，未尝与中国通，至是泛[①]海累月，方达交州并献其方物[②]。

所谓瞻国博国者，即瞻博国，“瞻”字下衍一“国”字。

---

①编者按：原稿为“汎”，当以“泛”为是。今改。

②编者按：原稿为“略”，根据《册府元龟》，当以“物”为是。今改。

千私弗者千支弗也，即为干支弗。《册府元龟》尚有龙朔二年五月干弗国，摩腊国等来贡之说。干弗国为于“干”字下脱“支”字，此即可为千支弗[①]为干支弗之证。又《唐书》之舍跋若即《册府元龟》之舍利君，疑即为舍利若。即《西域记》之珠利耶Chuliya，今日Orissa之边境也。磨腊即摩腊，贾耽所谓天竺最南境之没来，《西域记》之秣罗矩咤Malayakuta，五世纪阿剌伯所传之Kulam-Male，宋代之古临，元代之俱蓝，明代之葛兰也。所以《唐书》以千支弗（干支弗）舍跋若（舍利若）磨腊（摩腊）与瞻婆及婆岸（Pago Pegu Pagan？）连称。而《册府元龟》特以此三国为南天竺之属，即南天竺中之三国。且云：“国皆绝远，未尝与中国通。至是泛海累月，方达交州，并[②]献其方物。”然则千支弗者，正字为干支弗，视为达罗毗荼国之建志补罗，即今之Conjeveram，并无如何阻碍。

《唐书》又云：

> 千支弗在西南海中，本南天竺属国，亦曰半支跋，若唐言五山也，北距多摩苌。

此处有“本南天竺属国”一语，与上文所引《册府元龟》所谓干支弗等三国，南天竺属也一语，互相发明。“南天竺属也”“南天竺属国”，意义如何？所谓南天竺之属者与南天竺之类意义相同，与南天竺内之国，意义不同。所以“属国”二字殆不得不谓为有误。又所谓：“亦曰半支跋，若唐言五山也，北距多摩苌”者，据《通典·多摩苌》条云“南与半支跋，华言五山也”一语而来，疑千支弗与半支跋为同样。故附加

①编者按：原稿为“佛”，当以“弗”为是。今改。

②编者按：原稿为“其”，当以“并”为是。今改。

“亦曰半支跋”一句。但谓半支弗（Panca-Palli Panca-Pura?）南千支弗，即干支弗为同样，《唐书》之仍据《通典》固非也。《唐书》之著[1]者，单因字形相似而臆断者乎？又《唐书·多摩苌》条中“南千支弗”一语，在《通典》改为半支跋。所以此条全依《通典》，别无何等材料。予谓《唐书》以千支弗与半支跋为同样，并无何等根据，单因字形相似以臆断而已。

千支弗为干支弗之讹，干支弗为《西域记》之建志补罗，今之Conjeveram也。《汉书》之黄支，非即《唐书》之干支，《西域记》之建志乎？建志补罗者据《三藏法师传》谓，航行三日程，至僧伽罗（Sinhala Ceylon），为南印度之海口。僧伽罗者明珠奇石所出，所谓宝洲是也。此海口在印度东岸，疑是此等宝物之集散地。其时颇在后世，地亦离南方颇遥；但《Marco Polo纪行》及《岛夷志略》对此事情，皆有明白记事。Polo氏未举其地名，所以只得引用《岛夷志略》。其《沙里八丹》条云：

> 国居古里佛山之后，其地沃衍。……循海而居，珠货之马头也。……珍珠由第三港来，皆物之所自产也。其地采珠，官抽毕，皆以小舟，渡此国互易，富者用金银，以低价塌之，舶至，求售于唐人，其利岂浅鲜哉！

此书之古里佛者，即Kulam Columbum也。（详见拙稿《大小葛兰考》）“山之后”者疑为“之后山”。第三港者锡兰之Putham也，在其海上取珍珠云。“皆物之所自产也”之“皆”字为“此”字之讹，即珍珠所产之义。珍珠者元时从锡兰运

---

①编者按：原稿为“箸”，当以“著”为是。今改。

于所谓沙里八丹，在此处售之唐人云。沙里八丹者，曾见其名于所谓《郑和海图》。Phillips氏以Masulipatam当之（详见（J. C. B. R. A. S.，vol. XX，P. 222），大略疑即今之Negapatam。但在唐代更有由此Conjeveram通于锡南之海口，其地亦为珍珠奇石之集散地。《魏书·南天竺国》条谓在其伏丑城出摩尼珠，珊瑚云。伏丑城今地不明，但所谓出于其城中之摩尼珠，即明珠，为锡兰所产。异物颇多，特谓出围至二寸许之大珠之汉代黄支，谓为与唐代之干支，建志为同一地方，并无何等不可。因为黄支与建志，干支，不独字音相似也。

《汉书·地理志》于黄支之名产，不举犀牛。王莽以其国绝远，利用之窃位称，其贡献生犀牛然，则黄支与生犀不可离也。在唐代如《唐书》所传，以堕和罗国之犀为最良，谓之堕和罗犀，尤其是犀角，不是生犀。下至宋代，《诸蕃志》传各地之犀角，举大犀角为弼琶罗Berbera之产物。黄支献生犀，所以其国当于亚非利加之边求之；然其事与王莽欺瞒汉人为同样。

《汉书》尚有黄支之南有所谓已程不国，汉之译使自此归还云。盖汉人所通极西极南之国，即已程不也。其国全无可以下手调查之处。“不”疑为Pura之对音，“已程”或即Kuta之对音乎？即《唐书》之磨腊（摩腊），贾耽之没来，《西域记》之秣罗矩咤Malayakuta，阿剌伯人之Kulam-Male乎？据Abu Riban及其所抄录者Rashiludin，分别Malya及Kutal（或作Kunak）为二州，后者在前①者之南，且为印度之极端，即最南地方云。（参考Cunningham，*Ancient Geography of India*，

①编者按：原稿此处多一“前”字。今删。

P. 551）《唐书》之磨腊（摩腊），贾耽之没来，疑即此书之所谓Malya（Malayo）。据《西域记》卷十云："从此山（布咀落迦Potalaka）东北，海畔有城，是往南僧伽罗国路，闻诸土俗曰，从此入海，东南可三千余[①]里，至僧伽罗国。"依《法师传》，玄奘实际未到此等地方云。三千余里固嫌过远，或亦传闻之误也。若从后世推之，往僧伽罗国之海口，即《岛夷志略》《郑和海图》之沙里八丹，今日之Negapatam也。Kutal者在Kulam（Zuilon）之内地，与Courtallum同留其名者也。此字原非为Kutapura Kutalapura即已程不乎？又Cunningham氏以今之Cochin为Ptolemy之Kottiara；是又为已程不Kutapura之转讹，其海口为Kulam也。

六

地名之考定，如此暧昧，已如上述。所以谓从都元至邑卢没只四月许，自此至谌离国可二十余日，自此至夫甘都卢步行可十余日，自此至黄支要二月许，其说果确，则从都元至黄支约须七月余。《地理志》尚有从黄支船行可八月至皮宗之语。是固所谓归路也。盖都元与皮宗略为相近之处，其事业已判明矣。从而自扶南而南方，在约三千里之边之都昆，比嵩，与都元，皮宗为同一地方，可以全无阻碍矣。即今苏门答剌之Pasei附近之Pisang岛也。

《地理志》又有自皮宗只二月至日南象林界之语。日南象林者，即日南象林县，后日之林邑，即占波Lohampa也。《通典》所谓"林邑国象郡林邑县，汉为象林县，属日南郡"者是

---

①编者按：原稿为"颇"，当以"余"为是。今改。

也。因此所谓象林界者，奔陀浪Fanduranga也；即今Fhaurang附近。自此以南为西屠国Choudec（ ? ），当象林南界云。

又据《地理志》，当时汉人与外人海上交易之状态，亦可以明白。汉人所赍往者为黄金，杂缯（即各种绢织品），所购入者为明珠，璧流离，奇石，异物等。所谓明珠者，非指真珠，《魏书·南天竺》条作麻尼珠。麻尼为Mani对音，译为无垢，又为珠之总名。《通典·黄支》条于明珠之下加玉字，足见其为玉类。璧流离者，徐松《西域传补注·罽宾》条补注璧流离云：

> 璧流离，梵书作吠琉璃，《一切经音义》旧言鞞稠利夜，亦言鞞头梨，或云毗琉璃，亦作鞞琉璃，皆梵音讹转，从山为名，鞞头梨山出此宝，青色，一切宝皆不可坏，亦非烟焰所能镕铸。……《说文》云：珋，璧珋，石之有光者也。段氏谓璧珋即此传之璧流离，《汉武梁祠堂画》及《吴国山碑》，皆有璧流离，今本《汉书注》脱璧字，读者误以璧与流离为二物矣。璧与吠音相近。

盖璧流璃为梵言Vaidurya之对音，阿剌伯波斯语之Billaur，希腊语之Bipurros，拉丁语之Beryllos，英语之Beryl皆自梵言出云。（参考Yule and Burnell Tlovbson-Jobson，P. 89）隋唐以后谓之玻璃，与Glass相混，然汉时只有宝石之名，《后汉书·南蛮传·哀牢》条所举产物，有琉璃之名，与此为同一物云。

当时汉人所购者只为明珠，璧流离，奇石，异物，特不举香料，此最足注意。香料为三国时代以后，中国与西南海上诸国之主要商货，而汉代无之。疑香料与佛教大有关系，在佛教移入以前，香料在中国为用不广也。

又当时中国船舶航行海外，其情况不明。从而中国商人从事海外贸易之情况亦不明。汉使所到诸国，皆给食随行。所谓“蛮夷贾船，转送致之”；是汉使所乘者为外国商船也。但是译长与应募者入海达印度之南端，不单一度，且屡屡也。又武帝募使绝域者，不单遣于西域，亦有送西南海国者云。此种应募者亦可以考知矣。

译自藤田丰八遗著《东西交涉史研究·南海篇》中

（原载《新亚细亚》第7卷第5期，1934年）

唐宋时代关于南海之中国史料①

本题所论，予之目的，并不欲胪列此时代所有之史料，仅欲就其主要者深入其内部而批评之耳。其中亦并无何种新奇史料足供介绍，此皆诸君子所深知也。然则为唐之《蛮书》乎？《酉阳杂俎》乎？《北户录》乎？《岭表录异》乎？宋之《桂海虞衡志》乎？《文昌杂录》乎？《东南纪闻》乎？《萍州可谈》乎？此等书籍，固足参考，然予不以此为主要也。然则《大唐西域记》乎？《南海寄归传》乎？《大唐求法高僧传》乎？甚而至于佛书乎？此固为此时代南海研究之必要书籍，然内容复杂，今者亦全省略之也。

盖唐代于此方面之根本史料，不得不推杜佑之《通典》。此书以唐代人传述唐代之事，且著者得披阅当代公文之便宜，所以可称为唐代南海最可凭信之根本史料。然著者若对于南海知识不富，则其取舍之间必不无多少谬误。若就此点言之，则义净之《南海寄归传》《求法高僧传》等书，殊为庸劣；而其

①编者按：本篇为日本藤田丰八著，郑师许译。书名号为整理者所加。局部标点有改动。

包含于此二书中之史料，不为零碎，而实居重要之地位者也。至于《通典》一书，则对于后世记述南海方面者，实予以绝大影响。宋初所编辑之《太平御览》，以及各时期之正史，咸采材此书。乐史之《太平寰宇记》，殆全出自此书。《唐会要》亦采用此书。《文献通考》虽颇加以多少斟酌，然有八九分转载此书所记事。就中以《太平御览》一书为至妙。如书中所引用曰"《梁书》曰""《隋书》曰""《唐书》曰"诸记事，往往为今日所传之《梁书》《隋书》《旧唐书》所无。而此等记事，则与《通典》中"梁时通焉""隋时闻焉"，及其所载唐时朝贡之该国记事相同。此中例证甚多，可不烦枚举，读者诸君自行对照一阅可也。盖李昉等编辑《御览》之时，对于《梁书》《隋书》《唐书》一一未见，只以《通典》中有"梁时通焉""隋时闻焉""唐时朝贡"等字样，遂以为杜佑引用《梁书》《隋书》《唐书》，因而改为"《梁书》曰""《隋书》曰""《唐书》曰"也。从来敕撰之书，由多人合编，往往有此粗漏，固不限于《太平御览》一书也。加以南海诸国之事，中国学者每不经意，故谬误常不免焉。此外尚有一极可笑之事，为诸君所易知者，则岑建功《旧唐书》校勘记凡《御览》中引用《唐书》曰之纪事，今本《旧唐书》不见者，概收于《旧唐书》逸文中。庸讵知此为《通典》之文，而岑氏并未注意及之乎？所以虽不能谓《御览》为宋时以前之南海史料为毫无价值，然苟其不是如此，则其价值更大矣。今者《御览》所引用之书籍，传者已少。殆全赖此书以传，所以无论如何，亦足资校订也。

《通典》之外，足为唐代南海之史料者，有《册府元龟》。此书为宋王钦若等所编辑。唐代官文书尽量保存于其中，其史料亦不少也。又次为《旧唐书》，此书有为他书所不见之独特记事。至《新唐书》，则大约为采用《通典》与《册府元龟》《旧唐书》等诸书编辑而成。但如《诃陵传》则有《通典》《旧唐书》以外之新事实，《骠国传》则较《旧唐书》为详，《室[①]利佛逝传》则增加许多新材料。(案此等史料《唐会要》及《寰宇记》均有之，而《通典》与《旧唐书》则不见。)其中可称为此书之大功者，为《地理志》中所抄录之贾耽《四达记》。从此书考察，则唐时通于西南海上诸国之海路，大略可以判明。不独如此，即海上诸国之位置，亦大略可以判明。《四达记》在元时尚存，《文献通考》尚见引用。明初则此书已逸，《永乐大典》已不见引用矣。此事虽不能十分判明，然若此书被引于《永乐大典》中者，则热心录出唐宋旧书之清代学者，必不肯失之交臂也。总之：今者吾人得见此书之鳞爪者，皆《新唐书》之赐也。

唐代事业，移于宋代，今者吾人所有之中国史料，其中成于宋人之手者，最重要者有：《岭外代答》、《诸蕃志》及从《永乐大典》抄录而来此时尚无印本之《宋会要》等三书。其中成于元人之手者，有《宋史》及《文献通考》。《岭外代答》一书，坪井博士曾加研究，发表于在罗马开会之东洋学会中。此书有函海本及学津讨原之二种本。函海本卷首刊有刻者李调元之序文。讨原本卷首则载有《四库全书提要》之提要，而卷末则载有李调元之序文以为跋文。由此可以判明讨原本为出于函海本者。予于去冬从缪君处得相传为徐松旧藏之《诸蕃志》旧钞本。此本为从《永乐大典》抄录而来之原钞本。此抄本有

---

①编者按：原稿为“尸”，当以“室”为是。今改。

函海本及讨原本所无之赵汝适序文。其言曰：

《禹贡》载："岛夷卉服，厥篚织贝"；蛮夷通货于中国古矣！繇汉以后，贡珍不绝。至唐时市舶有使，招徕懋迁之道，自是益广。国朝列圣相传，以仁俭为宝，声教所暨，累译奉琛；于是置官于泉广以司互市。盖欲宽民力而助国用，其与贵异物穷侈心者，乌可同日而语。汝适被命此来，暇日阅诸蕃图，有所谓石床长沙之险，交洋竺屿之限，问其志则无有焉。回询诸贾胡，俾列其国名，道其风土，与夫道里之联属，山泽之蓄产，译以笔言，芟其秽渫，存其事实，名曰《诸蕃志》。海外环水而国者以万数，南金泉犀珠香玳瑁珍异之产，市于中国者，大略见于此矣。噫！山海有经，博物有志，一物不知，君子所耻，是志之作，良有以夫！宝庆元年九月日朝散大夫提举福建路市舶赵汝适序。

根据此序，则此书之成，实为理宗宝庆元年九月。夏德（Friedrich Hirth）以此书白达纪事"佛麻霞勿直下子孙相袭，传位至今二十九代，经六七百年"；推定为十三世纪中叶所成者。今据此序则成于一千二百二十五年，可以判明。夏氏又谓陈振孙《书录解题》有提举福建市舶赵汝适字样，则此书成立可以相像而得。今据此序，当可更为明白。"询诸贾胡"一语，贾胡者亚剌伯之商人也。故与亚剌伯人所传，往往一致，亦不为无理。

宋代关于南海之主要史料，除此以外，复有《宋史》及《文献通考》。此二书关于南海之材料，采自《诸蕃志》者不少。然其采自《诸蕃志》以外之材料亦不少。此等材料究从何书采集乎？予去年在北京得见《宋会要》抄本。此抄本为徐松自《永乐大典》所抄录者。《西汉会要》《东汉会要》《唐会要》《五代会要》等书，皆为后人所编辑，故以之为史料，其价值甚少。《宋会要》则与此等书异。为宋人据当时之公文编辑而成，以之为史料，有充分之价值。全书二百册（？），惜今尚无刻本。当时中国有人拟为翻刻，以革命事起而中止。抄本今疑入于缪君友人之手。予所抄录者，仅为关于南海之一部，其不必要者概行省略。此书名为《宋会要》，实则为《国朝会要》《续国朝会要》《中兴会要》等书之总称。此书为当时敕撰，所以编辑年月具见于《宋史》。此书关于南海纪事，以予所见，知为《宋史》《文献通考》等书采用《诸蕃志》以外之材料。《宋史·占城真腊传》《文献通考·占城传》等，均采自此书。蒲端，真里富等在此书各有专传，而《诸蕃志》无之。而尤特殊者，所谓蒲端一国名者，只此书及《宋史》《文献通考》见之。《宋史·天竺传》则与此书全同。《宋史·拂菻[①]传》与此书略有不同，然亦不过抄略此书而已。又此书虽从《永乐大典》抄略而来，然不完全，从其他诸例观之，可以确定。《宋史》及《文献通考》诸记事，与《诸蕃志》不同者，今不见于此书中者，但是否即在此书中，尚不可知。

今者，《大唐西域记》有日玉连（Julien）毕耳（Beal）哇特斯（Watters）诸氏之翻译及研究，《大唐求法高僧传》有沙畹（Chavannes）氏之法译，《南海寄归传》有高楠顺次郎之英译，《岭外代答》有坪井九马三之介绍，《文献通考》有圣德里（Saint Denys）氏之法译，此时《诸蕃志》有夏德（Hirth）氏

---

①编者按：原稿为“献”，当以“菻”为是。今改。

之英译，此皆诸君所已知也。由此观之，唐宋时代关于南海之中国史料，殆全为欧洲人所知。只《宋会要》一书，尚未为彼等所知耳。虽其材料不甚丰富，然为《宋史》及《文献通考》所从出，即以此点而论，其足宝贵可知也。

译自藤田氏《东西交涉史之研究》(P.39—46)

二十二年三月二十六日译完于四部书斋

（原载《交大学生》第1卷第4期，1934年）

郑师许文集

（四）

艺文民俗
桑梓杂识
砚边絮语

郑师许 著
罗志欢 李炳球 主编
莞城图书馆 编

东莞历代著作丛书

齊魯書社
·济南·

艺文民俗

目　录

【附译作】

读了《初夜权》之后[1]

馥泉兄赐鉴：赐下《初夜权》，经已拜读乙过，觉得这个问题，凡是研究民族史生殖崇拜思想发生史民俗学考古学的人，都有讨论研究之必要，已将此意转告中山大学风俗研究会主持诸君，如能出一专号，为公开的研究，未始非学术上一种很有意义的工作。关于原书作家问题，弟亦怀疑即是序者废姓外骨，此点与尊意相同。关于粤东方面初夜权的风俗，可零零碎碎告诉足下。（一）八年前有一天与浙东人梁念萱君（前浦东中学国文教员）谈及这个问题，他说有一本笔记（大约在《笔记小说大观》里，但忘其名），说广东女子的处女膜部都有疯性，做父母的人恐怕这种疯性对于女婿有不利，所以在迎亲之前，必雇乡中无赖为之执行初夜，谓之卖疯，往往可出重价等语。当时梁君说完，带有一种嘲讽口吻。弟当时不暇考证，只大略解释“卖疯”二字的误会。因为广东地处南海，湿热交蒸，有一种麻疯之症，麻疯即古所谓大癞，系一种带有梅毒性之传染病，如果父母染有此疾，其子女必遗传有此种暗疾，其痛苦异常，往

①编者按：本篇局部标点有改动。

往于夜静更阑，候于乡中要道，勾引客途孤寂之男子，将这种麻疯转给该男子身上，俗名“卖疯”，无重价出卖，亦与处女膜的初夜执行，截为两事，恐怕该笔记作者传闻失实，误为此言。当时弟未阅读该笔记书，实属异常鲁莽，兄可否找该书一查。（二）《民俗》某期（似为《故事专号》）有一故事，说有姊弟二人，路经某处，弟先姊后，离十余丈远，其前大树下有一卖疯妇，强奸其弟，姊遥见之，情急异常，念祖宗血食，乃急前行，强迫其弟与之性交，以便将其疯毒，吸收净尽，因处女膜有此本领也。此文记忆不清，请兄一查该志。（三）广州人对于处女膜之崇拜，极其厉害，所以有“食猪”风俗。猪与朱同音，即是执行初夜的血迹之谓。凡女子出嫁，是晚即由夫婿执行，次晨拿到家庙（即祖宗神堂）在全族人面前，公开检验，如确有处女血迹，即由男家送上烧猪四五头给其岳父母分饷女家全族，视为极体面之事。如果该女子偶不留意，以前已和别人发生性交，那天男女两家大起争论，将该女子送回母家，索回茶礼，俗话叫做“无猪食”，邻里不齿。有因年少时劳动过甚，或自高跌下，以至处膜破裂，蒙不白之冤，亦往往有的。近年以来，多由西医检验，在报纸上发表，亦常有其事。（四）如《初夜权》所讲由父母或亲属执行初夜权，在广东已无所闻，大约进化已久，已逐渐脱离初民仪式呢？以上各点，是弟所能供给足下的。如能于再版时，印入跋尾，或可引起他人发表意见。

弟郑师①许十一月四日

（原载《语丝》第5卷第35期，1929年）

①编者按：原稿为“政”，当以“师”为是。今改。

我国古代宗教与文化的关系[①]

我国古代宗教发达的情形，似乎研究的人尚少。有一天我正在研究我国上古文化的起源，遂发见一件很奇怪的事实，就是上古一切的文化的事业，都与宗教有极重大的关系，因此便打算做一篇这样的文字。

在未入本题之先，不得不先把周秦以前的政治社会的组织略为说一说了。大约我国从前研究历史的人，有了一个最大的毛病，便是周秦以后“统一的局面”的观念，去读周秦以前的历史，这样的读法，无论怎样读来读去，都读不通呢！即如数年前顾颉刚刘掞藜对于夏禹后稷的讨论，无论其以为夏禹后稷之必如儒家所说，固然不对，即谓夏禹后稷之确无其人，又何尝见得是对的呢？

又如三十年前康有为辈以尧舜为儒家理想的人物，井田封建为刘歆王莽的理想制度；与及当时所谓古文学家拼命拥护《周礼》《左传》以维持其传统的学说的人，又何常不是因为他的读法不对，自己陷自己于谬误呢？这两回的大战，都没有

---

①编者按：本篇局部标点有改动。

结果，致令现在读历史的人们，还不明白周秦以前，中国的政治社会是怎么样的情形。大抵无论什么事情总是要比较才能明白，读历史的何尝不是这样。依照近世社会学者研究的结果，大抵社会的进化，多是由[①]渔猎时代进化至游牧时代，然后转入于农业时代，工商业时代，这是一定的。至于国家的组织，其始也必为部落并立，其后经过若干回战争吞并，才能至于统一的局面，也是不可逃的公例。在我国的历史，周秦以前，大抵是无数部落，生存于黄河南北，就中在黄河中部水土肥美之区，进步最早，已渐由游牧社会转为农业社会；但其四周尚有停顿在渔猎社会或游牧社会之中，成正在逐渐进化的。古书上所谓："禹会于涂山，执玉帛而朝者万国"，万国的国字当作部落解，犹近世所谓"盟地""土司"，万字也未见得一定是整万，不过形容其数目之多罢了。其后商汤时有国三千，周武王时包举"庸、蜀、羌、髳、微、卢、彭、濮"之人，犹有一千七百九十三国(见王充《论衡·艺增》)，则其战争吞并的迹象，显然可见了！我国读古史的人，动辄曰"唐、虞、夏、商、周"，须知所谓"唐、虞、夏、商、周"并不是如我国前此的历史学家所解释的先后继承的朝代的名称，却是并世而立的部落的名称。梁任公先生所谓："故夏、商、周各有其兴起之根据地，商周在虞夏时固已存在，但不必为虞夏所分封。此等小部落，无虑千百；而皆累千百年世其业，若近代之'土司'。诸部落以联邦式的结合，在'群后'中戴一'元后'。"(节录梁著《中国历史上民族之研究》)是近是的。所以在唐虞时，夏、商、周固已存在，即在夏、商、周鼎盛之日，唐虞

①编者按：原稿为"田"，当以"由"为是。今改。

之国也依然存在。据《山海经》谓放勋之子为帝丹朱，可知在虞舜受群后推戴以后，唐酋丹朱卸去联邦之长而自帝其部落了。又近人从甲骨文殷器文的研究，亦发见在殷商之世，已有周、卤、齐、召等国名。大约周世分封，不过是袭其旧日的名称而已！（见日人高田忠周著《学古发凡史》第六）后来蓄意要消灭各部落，造成大一统的局面者，自周公旦始，而秦始皇不过坐享其成；自是以后，我中国遂成为统一的国家，而政制文化遂统于一。然而在周秦以前，固不是如此！

在我国古史，某部落已进至井田封建，某部落尚逐水草迁居，不遑宁处；这正是很平常的事。或甚至某种文化在某部落已成陈迹，而另外一部落正在重演，如《世本》（据茆泮林辑佚文本）所载黄帝始穿井，又载化益作井，这也是应有的现象。依照这种进化不整齐，政制不统一的观念，去读周秦以前的古史，然后古书传所传说，往往有互相矛盾的现象，不特不相妨碍，而且可以相得益彰。而从来学术界一切意气之争，也可以涣然冰释了。

现在谈到我国宗教发达的一个问题。当我那回读美国摩耳 G. F. Moore 著的《宗教的出生与长成》时，竟发见了一句“古代诸大文明，当它们还在历史家们所能辨识的最早时代之中，已经都各具有宗教”（依江绍原译本页二）的话；我就想起来了：我中国也是古代诸大文明之一，当然也会在历史家们所能辨识的最早时代之中，已经有宗教的发生了。不过我们所能见得到的古代书籍，向来受了传统思想的包围，对于这些浅化时代的幼稚思想和事实，向不记载，我们查考是不大容易的。

现在我们查考古书，虽然对于古书所记载的话，不可尽信；要之，在唐、虞、夏、商、周各进步的部落里，对于

“天”的崇拜，确为不可否认的事实。《书经·尧典》有“钦若昊天”“钦哉，惟时亮天功”“肆类于上帝，禋于六宗，望于山川，遍于群神”，可见在很早的时候“唐”的部落里对于天的崇拜的态度了。《论语》述尧舜之命，说：“天之历数在尔躬”；孟子言舜禹禅让之事，亦谓：“尧荐舜于天，舜荐禹于天，禹荐益于天”，可见那时候政治上的推戴，有托于宗教的了。皋陶云：“天叙有典，敕我五典五惇哉；天秩有礼，自我五礼五庸哉；天命有德，五服五章哉；天讨有罪，五刑五用哉。”（《皋陶谟》）禹亦昌言曰：“惟动丕应徯志，以昭受上帝，天其申命用休。”（《益稷》）与夫《洪范》所谓：“天乃锡禹洪范九畴，彝伦攸叙”，其用心之苦，与摩西十诫，受之西奈山者正相同，可见我国宗教的思想，在夏部落里，较唐虞为更进步了。“商周之际，对于天之寅畏虔恭，可谓至极。如《书》之《高宗肜日》《西伯戡黎》《大诰》《康诰》《多士》《多方》；《诗》之《文王》《大明》《皇矣》等篇；俨然与《旧约》之《申命记》同一口吻。迨幽厉之交，宗周将亡，诗人之对于天，已大表其怀疑态度。……而有识之士，益不屑道。……惟墨子纯为一宗教家，毅然复古。《天志》诸篇所说，确为商周以前思想。”（节录梁任公先生《先秦政治思想史》四十七页）梁先生所说虽寥寥百数十言，然对于我国拜天观念变迁之迹，指示得异常明白。作者更认定“商”那部落，自汤以来，即以宗教立国，于天神地示以外，更为人鬼之礼拜。孟子谓汤一征自葛始；《书叙》也有葛伯不祀[1]，汤始征之，作汤征之说。夫葛何罪？不祀是其罪。不祀何以有罪？大抵汤以

---

①编者按：原稿为“杞”，当以“祀”为是。今改。

敬事鬼神设教，而葛那部落的首领，不以飨祀为然，两者之宗教不同，遂起宗教之战。《孟子》另有一段记事道："汤居亳，与葛为邻，葛伯放而不祀，汤使人问之，曰：何为不祀？曰：无以供牺牲也！汤使人遗之牛羊。葛伯食之，又不以祀。汤又使人问之，曰：何为不祀？曰：无以供粢盛也。汤使亳众往为之耕，老弱馈食；葛伯率其民，要其有酒食黍稻者夺之，不授者杀之。有童子以黍肉饷，杀而夺之。《书》曰：葛伯仇饷，此之谓也。为其杀是童子而征之。……"说得最为明白了。清儒龚定盦以为葛虽小国，葛伯俨然一国之君，何得夺童子之食？亳众往为之耕，老弱馈食，于葛无损，葛伯虽愚，何得率其民夺之而又杀之？大概往耕之众，尽为壮夫，老弱络绎，悉属逻卒；葛民为保卫其国计，不得不出于要而杀之。（大意见《定盦全集》）龚氏的解释，最合情理。我以为商之区域，即今中州，当时黄河未老，大河南北，水利为天下先，商之人民，受自然环境的恩赐，早已由游牧社会进入农业社会。正所谓"人的谋食之术更前进一步，他的依赖'玛纳'（manna，即'非人格力'）更为殷切"，祖宗披荆斩棘，以关草莱，子孙世守其遗产，以为祖宗实阴相之，故每于农功之余，罔不永志乃劳，思为之报；商汤遂利用这个弱点，更倡为敬事人鬼之说。《墨子·非命篇》上有"汤率其百姓，以上尊天事鬼，是以天鬼富之，诸侯兴之，百姓亲之，贤士归之"之语，大约确是当时的信史了。其后以巫掌宗教之事，文化遂益发扬，积而久之，巫遂操持全部落之最高主权，有点像西方罗马教皇的样子；墨子慕其可以理治天下，亟思恢复古制，故定为巨子之制。这是春秋以后的事，现在不必多说了。

现在所存的《诗经》，以《商颂·那》《烈祖》《玄鸟》《长发》《殷武》五篇为最古，然试一研究那五篇的内容，无一非与商时的祭祀有关。《烈祖》篇云："嗟嗟烈祖！有秩斯祜。申锡无疆；及尔斯所。既载清酤，赉我思成。亦有和羹，既戒既平。鬷假无言，时靡有争。绥我眉寿，黄耇无疆！约軧错衡，八鸾鸧鸧，以假以享，受命溥将。自天降康，丰年穰穰！来假来飨，降福无疆！顾予烝尝，汤孙之将。"这大约是当时祭祖的一篇祭文，然而当时祭祀的仪式，即此便可见了。其后子孙世守家法，凡属国事，事无大小，悉托为鬼神之命行之，用人行政，如田猎迁都之类，莫不夹杂有宗教的神话。商既居黄河下游，水患自是不能避免的事实，所以自汤至盘庚之时，已五迁其都，人民不胜其苦，那时盘庚又有治亳的意思，人民不欲迁居，相与怨上，盘庚乃多方晓喻他。现下所存《盘庚》三篇，大约是当时的文告或演词之类。其中最可笑的，如："兹予大享于先王，尔祖其从与享之，作福作灾，……罚及尔身，弗可悔"（《盘庚上》）；"我先后绥，乃祖乃父，乃祖乃父，乃断弃汝，不救乃死。……乃祖乃父，丕乃告我高后曰，作丕刑于朕孙。迪高后，丕乃崇降弗祥"（《盘庚中》）诸语，着实有点像《旧约·出埃及记》摩西[①]用上帝耶和华的话去鼓舞以色列民族的样子。后来果用了这个政策，"奠厥攸居，……绥爰有众"，也可见那时候的人民，受了宗教的训练，所生的效果了。《书·多士》周公称："自成汤至于帝乙，罔不明德恤祀，亦惟天丕建保乂有殷，殷王亦罔敢失常，罔不配天其泽。"是祭祀为殷人立国大法，所谓贤圣之君六七作，莫不尊天敬鬼；狂暴之主，率皆悖天慢神。如《殷本纪》称武

①编者按：原稿为"靡西"，当以"摩西"为是。今改。

乙无道，为偶人，谓之天神，与之博，令人为行，天神不信，乃僇辱之，为革囊盛血，仰而射之，命曰射天；武乙猎于河渭之间，暴雷震死。又《牧誓》声纣之罪，有曰“昏弃厥肆祀弗答”之语。凡此皆足以证明殷人对于宗教信仰的狂热。其流风余韵，至周时的宋国仍不少减；《史记·宋世家》称湣公九年宋水，鲁使臧文仲往吊水，湣公自罪曰：“寡人以不能事鬼神，政不修，故水。”也以水患为鬼神所降，可见商的部落的思想的一贯了。近时河南出土的甲骨文字，据罗振玉王国维所考证，卜辞中所贞之事，祀与田猎，几居其半，则商以宗教立国，在历史上证据是很多的。墨子生于鲁而仕于宋，他的思想的来源，确有一部分受之于商，今在他的遗书中发见有近于宗教的学说，这是更足以证明殷人尚鬼之确然无可疑的。

周自武王克殷，殷商文化，遂入于周；《洪范》一篇，有箕子陈畴的传说；清龚定盦《古史钩沈论二》谓：殷纣时，其史尹挚抱籍以归于周；即近人所共怀疑的《周礼》一书，据日人高田忠周所研究，谓当是康王时代改订殷制的作品。大约武王克殷，周公即搜集先朝礼制，至康王时，军事已定，乃为删削增补，遂以成为周家之礼制；今以殷商时代之钟鼎文甲骨文[1]考之，多有与《周礼》相同者，周因于殷礼，益有明证。（详见高田氏著《学古发凡》考证礼制条）周既对于前朝的文化，为全盘的承受，所以对于以宗教愚民的政策，也必是继承不替的。关于周人宗教祭祀的典礼，清儒的考据，极为详明；近来日本文学博士铃木虎雄，也有《周詩に見ぇんろ農祭》一文，为很精赡的考证（见《支那文学研究》一至二一页）；此

①编者按：原稿为“骨甲文”，当以“甲骨文”为是。今改。

时可以不必赘说了。

此外关于当时其他未开化的部落，对于宗教的信仰，是怎样程度，实在也有顺便说明的必要。在那时候黄河流域以外，水利不溥，其民族受自然之恩惠尚浅，或者尚滞留于渔猎游牧的社会，在我华夏文化之邦视之，直原人禽兽而已！故有内华夏而外夷狄之称。许慎《说文》释夷狄等字，谓："羌，羊种也；蛮，蛇种也；闽，亦蛇种也；貉，豸种也（谓长脊兽之种也）；狄，犬种也。"后人不通其解，遂疑为诬妄。我常常疑为这必是古代图腾（Totem）的崇拜。查图腾崇拜，本盛行于现今美洲土人之间，其俗常聚千数百人，尊奉一种动物以为神，认为其有保护全族的本领，图其形状，绘于旌旗之中，举族之人，群焉向之膜拜，说者谓即拜物教所由起。我以为所谓"羊""蛇""豸""犬"诸象，大概也是当时图腾之绘于旌旗之中以资识别的呢！（余另有《我国古代游牧社会之研究》一文宗教信仰节说明很详，兹不赘。）就这样的观察，是那时候黄河流域以内，在农业的社会里，已进至多神教；而环绕黄河流域的四周，其民尚未进至农业社会，而其宗教则仅具拜物的雏形罢了。

我国在春秋以前，宗教的信仰，大概如此。然而从这种宗教里所发生的文化，则极其伟大。当时掌握宗教文化的人物，在商为巫、祝，在周则为巫、史。现下就作者参考所得的，略说于下：

《说文》谓："巫，祝也；女能事无形，以舞降神者。象人两褎舞形。"然则巫的职务是专以事神为业者。在周时关于巫的记载的书籍很多，如《周礼》《礼记》《左传》《国语》各书里都有很明显的记载；然在周代以前，关于巫的历史，文献不足。最可靠的算是《墨子》所称："先王之书，汤之官刑有之，曰，其恒舞于宫，是谓巫风，其刑，君子出丝二卫。……"的几句话，其次《周书·君奭篇》周公数殷之贤臣，说道："在太戊时则有若伊陟，臣扈，格于上帝；巫咸乂王家。在祖乙时则有若巫贤。"可见商时巫的地位的重要。巫咸，巫贤，与伊尹，伊陟，臣扈，甘盘诸贤臣并举，且《书》之本文明言巫咸乂王家，显然非寻常的人物了。《尚书经典释文·书序·咸乂条》引马融云："巫，男巫也，名咸，殷之巫也。"又引郑玄云："巫咸谓之巫官者。"是则巫咸巫贤的巫字，确为一种宗教的职业的称号，而商时已设为专官，使之管理宗教上的事务，这是无可疑的。其后又有所谓祝。《说文》以祝字解巫字，可见巫与祝的性质相同。《礼记·檀弓》"君临臣丧，以巫祝桃茢执戈，恶之也"，巫与祝并举；《庄子·逍遥游》"尸祝不越樽俎而代之矣"，《释文》谓："传鬼神辞曰祝"，可见祝必是宗教上的司祭者了。《仪礼·士丧礼》有夏祝，商祝之别；郑玄注云："夏祝，习夏礼者；商祝，习商礼者。"则祝又似近世宗教上司祭仪的人。其后更有所谓"宗"，更其后又有所谓"史"，皆属宗教上专门职业的人物，犹今世所谓僧侣牧师之类。大抵上古蒙昧之世，神人之间，他俩的意思，不能直接互通，故立能事神的"巫"以通其意。其后文化稍进，祭祀的典礼，逐渐多加，普通的人民，不易记忆，于是不得不另立"祝""宗"，以分掌其事，而备人民的询问。又其后文化史进，祭祀的礼仪，祀神的文辞，渐有笔之于书者，于是更立祝史大史之类，以为之掌理；故史的职务，于管理宗教事务外，兼管一国的教育，所谓"成周之世，学在巫、史"，亦即《汉志》所谓"清庙之守"的呢。然则巫、祝、宗、史在社会上地位的变迁，实由于[1]人智发达的结果，这是研究我国古史的人们，所要首先知道的。

巫以邪术惑人，为近世文明国家所必禁，《清律例统纂集成》卷十六有“凡师巫假降邪神，书符咒水，扶鸾祷圣，自号端公、太保、师婆，及妄称弥勒佛，白莲社，明尊教，白云宗等会，一应左道异端之术；……佯修善事，煽惑人民者绞，为从者各杖一百，流三千里”一条，可见政府嫉视他的态度，而巫在社会上地位的卑下，也不必讳言了。虽然在古代则并不如此。《国语·楚语》观射父答昭王，说道：

> ……古者民神不杂。民之精爽不携贰者；而又能齐肃衷正；其知能上下比义；其圣能光远宣朗；其明能光照之；其聪能听彻之；如是则明神降之。在男曰觋，在女曰巫。是使制神之处位次主，而为之牲器时服。而后使先圣之后之有光烈，而能知山川之号，高祖之主，宗庙之事，昭穆之世，齐敬之勤，礼节之宜，威仪之则，容貌之崇，忠信之质，禋洁之服，而敬恭明神者以为之祝。使名姓之后，能知四时之生，牺牲之物，玉帛之类，采服之仪，彝器之量，次主之度，屏摄之位，坛场之所，上下之神，氏姓之出，而心率旧典者为之宗。于是乎有天地神民类物之官，谓之五官。各司其序，不相乱也。民是以能有忠信，神是以能有明德。……

梁任公先生谓：“吾侪今日读此，孰不以巫觋祝宗等为不足齿之贱业。殊不知当时之巫，实全部落之最高主权者；其人‘聪明圣智’，而‘先圣之后’‘名姓之后’皆由彼所‘使’以

---

[1] 编者按：原稿为“由实于”，当以“实由于”为是。今改。

供其职；而所谓‘五官’者，又更在其下。盖古代政教合一之社会，其组织略如此。彼时代殆无所谓政治理想。藉曰有之，则神意必其鹄也。”我也曾研究过，巫在古代何以能受人推崇，爱戴若此，然后知巫的本领实不弱。而我国古代的文化，其始也皆发生于宗教，与世界各文明古国的先例，若合符节。

第一，巫与医药卜筮的关系　在昔渔牧之世，人民日出而作，日入而息，饥则食肉，渴则饮血，其所要求于自然环境的，实不甚奢。然而一旦灾难与之为难，悬矢床沿，成为疾病，则群焉束手无策，或瞪目直视同辈死亡，而莫能为之救济。那时候，当必视来去无踪的疾病，为世间最可怖的大力——玛纳——了。巫利用这个弱点，就其已往的经验，施其神秘不可思议的魔术，为之医治；设或一旦偶然奏效，而病者立愈，则一族之人，必以为巫即是神，或为神的代表了。其有医而不愈，则群焉以为死者忤神，故神必罚之，于巫的手段的高下，固莫可测度的呢。《吕氏春秋·审分览[①]·勿躬篇》，总述古代事物的起源，有“大桡作甲子，黔如作虏首，巫彭作医，巫咸作筮”之句。许慎《说文》也有“古者巫彭初作医”。《世本》(秦嘉谟辑补本)也有：

> 巫咸，尧臣也；以鸿术为帝尧之医。
>
> 巫咸作筮。
>
> 巫咸作鼓。

又《山海经·海内西经》有：

> 开明东有巫彭、巫抵、巫阳、巫履、巫凡、巫相。夹

①编者按：原稿为“分审览”，当以“审分览”为是。今改。

窫窳之尸，皆操不死之药以距之。

《大荒西经》也称：

大荒之中有山，名曰丰沮玉门，日月所入。有灵山。巫咸、巫即、巫朌、巫彭、巫姑、巫真、巫礼、巫抵、巫谢、巫罗十巫；从此升降，百药爰在。

就以上各书所称引，可见医药之术，最初确为巫所擅长，其所以得时人之推崇尊敬即在此。

虽然，巫却用什么方法能为人治病的呢？这也是值得研究的。《周礼·春官·大宗伯·簭人》之条，举九簭之名：

一曰巫更，二曰巫咸，三曰巫式，四曰巫目，五曰巫易，六曰巫比，七曰巫祠，八曰巫参，九曰巫环，以辨吉凶。

宋刘敞《七经小传》注此云：

此乃前世通占者九人，其遗法存于书可传者也。古者占簭之工，通谓之巫。更、咸、式、目等，其名也。巫咸见于他书者多矣。易疑为昜，昜古阳字，所谓巫阳也。其他则未闻，虽未闻不害其有也。

这种解释，最为稳当。大抵古者巫师为人治病，与占筮有极密切的关系。即今我国乡村之间，迷信或守旧的人民，往往有病，不肯延医诊治，而求其所谓巫、祝的人物，为之祓禳祈祷，以为邪鬼可驱，则病者自愈。或有不明医理的方医，给病人以神赐的药方以外，更为之书写神符，黏贴病人寝室四周。这种的办法，大抵是我国四千年以来的国粹吧！

《左传》成公十年，“晋侯梦大厉，被发及地，搏膺而踊，曰：‘杀余孙不义，余得请于帝矣！’坏大门及寝门而入，公惧，入于室，又坏户。公觉，召桑田巫，巫言如梦。公曰：

‘何如？’曰：‘不食新矣！’公疾，求医于秦，秦伯使医缓为之。未至，公梦疾为二竖子，曰：‘彼良医也，惧伤我焉，逃之。’其一曰：‘居肓之上，膏之下，若我何？’医至，曰：‘疾不可为也，在肓之上，膏之下，攻之不可，达之不及，药不至焉，不可为也。’……”又昭公元年，“晋侯有疾，郑伯使公孙侨如晋聘，且问疾。叔向问焉，曰：‘寡君之疾病，卜人曰，实沈台骀为祟。……’……晋侯求医于秦，秦伯使医和视之，曰：‘不可为也。’……”又昭公七年，“郑子产聘于晋，晋侯有疾，韩宣子逆客私焉，曰：‘寡君寝疾，于今三月矣，并走群望，有加而无瘳，今梦黄熊入于寝门，其何厉鬼也？’……韩子祀于夏郊，晋侯有间。……”其他类似的神话，以疾病为疫疠[①]鬼物所为，在《左传》里着实不少呢。所谓“左氏艳而富，其失也诬”；我以为不是毁他的话，乃是誉他的话。我们从这里考见当时治疗疾病，皆借巫、祝之力，这是毫无可怪的。巫、祝与医药，自上古以来，关系至为密切。我以为古代唯一掌管医药的人物，便是巫、祝了。《礼记·缁衣篇》“子曰：南人有言曰，人而无恒，不可以为卜筮，古之遗言与？龟筮犹不能知也，而况于人乎？”《论语·子路篇》引此作“子曰，南人有言曰，人而无恒，不可以作巫医，善夫！”所以卜筮与巫医，固为同一职业；而间接并可以证明巫医二字连用，即巫以祷禳为人治疾，巫而兼医的呢！读者如不见信，请再翻阅《后汉书·方术传》（卷一一二上）有“许杨字伟君，汝南平舆人，少好术数，……及莽篡位，杨乃变姓名为巫医逃匿佗界”。同书《敦镇传》（卷七六）有“顺帝时，廷

①编者按：原稿为“厉”，当以“疠”为是。今改。

尉河南吴雄季高，少时家贫，丧母，营人所不封土者，择葬于其中；丧事趣办，不问时日，巫医皆言当族，而雄不顾”。这两条记事，也是巫医二字连用，可见巫而兼医这种习惯，在后汉时代，犹有残留呀。所以我为宗教在文化上的贡献，第一件就是医药与卜筮啊！

第二，巫与占星的关系　原来人类进步到农业以后，他依赖天时气候，更为厉害。所以他对于周而复始的四季，每一季的天气，所作的观察，比从前更精密；他因为看见每季有每季的星，或星群出现，每季的星群都对他有利害的关系，所以都想设法预先知道一点朕兆。上文大略已说过了。我国在很早的时候，已有了天文算学各种学问，并且国中都有观天台，即所谓灵台的设立，君主每逢时节，上台观看云气，平时有占天官，占察吉凶；大约就是这个原故。我国敬天授时两件事，自唐虞以来，都视为极重大的政务。以为降福降祸，都是上帝的威权。甚至日食，月食，星辰变动，土崩地裂，疾疫，饥荒，都是上帝降罚。天时气候在上古既然对于人事有这样大的关系，自然有一种人以说明天然现象对于人事的关系以为其职业者。这种职业，后世名之为占星；在当时只有巫、史能优为之。因为那时的人民，对于这种消息是很需要的，所以能占星的人，在一般的社会上就有非常之势力。

在汉以后，文化稍高，遂称为天人之学。当时的学者，议论政治道德，必附会他们所谓天道，以为说明。如董仲舒从《公羊春秋》说明灾异，刘向作《洪范五行传》皆是。《汉书·艺文志》著录阴阳家，天文，历谱诸书，概属与占星有关系的图籍。班固称：“阴阳家者流，盖出于羲和之官，敬顺昊天日月星辰，敬授民时，此其长也。及拘者为之，则牵于禁忌，泥于小数，舍人事而任鬼神。”又《天文》条又谓：“天文者，序二十八宿，步五星日月，以纪吉凶之象。”至于天文类所列，有《汉五星彗客行事占验》《汉日旁气行事占验》《汉日食月晕杂变行事占验》《海中星占验》等书目，我们可以想见自周至秦汉占星之术的盛况了。可惜在周以前，文献不足，不能为详细的考证。《史记·天官书》称：

> 昔之传天数者，高辛之前重黎；于唐虞羲和；有夏昆吾；殷商巫咸；周室史佚，苌宏；于宋子韦；郑则裨灶；在齐甘公；楚唐眛；赵尹皋；魏石申。夫天运三十才一小变，百年中变，五百岁大变；三大变一纪，三纪而大备，此其大数也。

嗣后《后汉书》以下的史书，它的《天文志》，都本于《史记》这段文字。只《后汉书》于《史记》所列举诸人以外，加入鲁之梓慎；《晋书》加入晋之卜偃。《后汉书·天文志》并谓其掌天文之官：“仰占俯视，以佐时政；步变摘微，通洞密至，采祸福之源，睹成败之势。……”《晋书》则谓：“皆掌著天人，各论图验，其巫咸甘石之说后代所宗。……”就上述各书所说的话，佗们当然是精于天文而兼属星占家的有名人物了。其后有人以甘氏石氏巫咸等的星占书，辑为《开元占经》。据《晋书》，武帝时太史令陈卓(《隋书》作三国时吴太令云云)总甘石巫咸三家所著星图。《隋书》也有“始立甘氏石氏巫咸三家星官，著于图录”的话。又《史记·天官书》的文句，时有出于《石经》;《汉书·天文志》，也往往引用石氏甘氏之说；可知巫咸之书或石甘二氏之书，虽发见稍后，然确为旧籍，则不必置辩了。然则《天官书》或《天文志》等于星占家何以必举巫咸呢？可以证明在上古之世，巫与星占的关系了。魏之石申，赵之尹皋，齐之甘公，皆为星占的专门家；(《汉书·艺文志》杂占类中，著录《甘德长柳占梦》廿卷，可知其兼掌占梦。)楚之唐昧，就传记所载，虽不甚明了，我疑也是同样的人物；鲁之梓慎，郑之裨灶，《左传》详载其推算天文，判断人事的吉凶，其地位则为鲁郑的大夫，其他事迹不甚明白。(《左传》昭二十八年杜注)至于子韦，苌弘，据《汉志》则子韦为宋景公时史、苌弘为周史。又史佚为周之大史，事甚显著。我以为《天官书》等历数古代星占专家，于巫咸以次，并列举那几位史官，这是值得注意的。

《周礼·春官》大宗伯所属，载有大史、小史、内史、外史等职官，其所掌与后世所谓史官不同。他们的职掌最大的为治历。《左传》等书，有天子诸侯之臣，掌天文的，称为日官或日御；即这里所谓大史。其实周之史官的职掌，除“治历”以外，还有其他种种任务。其一即关乎宗教的礼仪的事：“大祭祀，与执事卜日，戒及宿之日，与群执事读礼书而协事；祭之日，执书以次位常。”又“大丧，执法以莅劝防，遣之日读诔，凡丧事考焉”。(见《大史》条)“大祭祀读礼法，史以书叙昭穆之俎簋，大丧……佐大史，卿大夫之丧赐谥读诔。”(见《小史》条)从这里看起来，事鬼神奉祭祀，皆大小史的职掌了。现在再拿春秋时的事实，以征明《周礼》官制的规定的可信。例如《左传》闵公二年，狄人伐卫，……狄人囚史华龙滑与礼孔，以逐卫人，二人曰：“我大史也，实掌其祭，不先，国不可得也！”先之。又如《左传》庄公三二年秋七月有神降于莘，惠王问诸内史过曰：“是何故也？”对曰：“国之将兴，明神降之，监其德也；将亡，神又降之，观其恶也；故有得神以兴，亦有以亡，虞、夏、商、周皆有之。”王曰：

“若之何？”对曰：“以其物享焉。其至之日，亦其物也。”王从之。内史过往，闻虢请命；反，曰：“虢必亡矣！虐而听于神。”神居莘，六月，虢公使祝应，宗区，史嚚享焉；神赐之土田。史嚚曰：“虢其亡乎！吾闻之，国将兴，听于民，将亡，听于神。神聪明正直而一者也，依人而行，虢多凉德，其何土之能得？”这便可以证大史小史内史外史等是并掌管宗教的礼仪的了。此外他的任务是兼管星占。《左传》僖一六年春陨石于宋五，陨星也；六鹢退飞过宋都，风也。周内史叔兴聘于宋，宋襄公同焉。曰：“是何祥也？吉凶焉在？”对曰：“今兹鲁多大丧，明年齐有乱，君将得诸侯而不终。”可见当时史官之职，一方面治历，同时又掌星占，他方面则与事鬼神奉祭祀也有关系。关于巫祝宗史的发生史，上文已有说过；然则后世天文之学，其始也亦发生于宗教，不更可信吗？梁任公先生在《墨子之宗教思想》一节里说：“墨子这种宗教思想，纯是太古的遗物，想是从史角传来。”（见《墨子学案》五一页）原来巫与史在上古的职掌完全相同，梁先生的话，可谓千真万确了。

第三，巫祝与文学的关系　现在先从祝说起。《说文》：“祝，祭主赞词者；从示从儿口。”然则诵读文辞，告于神明，以求福免祸，当为他的主要职务。大凡神之降福于人，第一要主祭的人有十二分的虔诚；其次，则文辞之能感动鬼神，亦为极重要的条件。春秋时祝史诵读祝辞以告神明，或将文辞修饰，这是很常见的事实。《周礼·春官·大祝》条：“掌六祝之辞，以事鬼神示，祈福祥，求永贞。……作六辞，以通上下，亲疏远近，一曰祠，二曰命，三曰诰，四曰会，五曰祷，六曰诔。”《诅祝》条：“掌盟、诅、类、造、攻、说、禬、禜之祝号，作盟诅之载辞，以叙国之信用，以质邦国之剂信。”郑司农谓，“祠当为辞，谓辞会也”。在那时候，六辞的祠、命、诰、会、祷、诔这几种文辞，尽为大祝所掌，则其范围极广了。《左传》桓公六年随季梁谏随侯，说：“祝史正辞，信也。今民馁而君逞欲，祝史矫举以祭，臣不知其可也。”其意盖谓祝史奉君之命，祭祀鬼神，而祝辞徒然铺张扬厉，文饰君德，有溢美之辞；今民馁不食，君只逞其欲而不之恤；祝史诈称君德以欺鬼神，随以小国，欲与楚大国为敌，必知其不可的呢！又庄公十年齐师伐鲁，曹刿论战，问君何恃而战，则曰：“牺牲玉帛，弗敢加也，必以信。”然则祭神的祝辞，用虚伪的话去欺瞒鬼神，虽则牺牲玉帛较寻常有加，鬼神也必不赐福。可知当时祝的职务，以牺牲玉帛供神，并诵读祝辞；为不诬了。又春秋时，列国会盟，或君臣相约，皆质诸神明；其文辞也往往出于祝、史之手。可见祝、史与我国古代的文学，其关系极深了。这祝辞即为后世我国文体的一种，如哀祭类的祭文，祝文，哀词，诔词之类。说者谓我国诗歌流传于今者，以伊耆氏《蜡辞》“土反其宅，水归其壑，昆虫毋作，草木归其泽”为最古。据《礼记·郊特牲》所记，“伊耆氏始为蜡，蜡者索也，岁十二月合聚万物而索飨之也”。蜡辞即为祝辞，伊耆氏那部落的文化，今已不可知；然仅就其文辞观之，似确为农业社会的产物，大约也出于巫、祝之手，是无可疑的。《周书·金滕》，据称为周公所作，其实或出于巫、祝之手，或曾经巫史所修饰。武王克殷二年，获疾不豫，周公大以为忧，愿以身代之，而祷于大王王季文王之神灵。当时史官将所读册文，藏于《金滕》之匮中；次日，武王忽然而愈。在今《金滕》文中，自“惟尔元孙某，遘厉虐疾”至“尔不许我，我乃屏璧与珪”，凡百二十八字，即所谓祝词。祝词之前，有“史乃册祝曰”一语，郑玄以为“策，周公所作，谓简书也，祝者读此简书，以告三王”。《伪孔传》以为“史为册书祝辞也”。我以为《孔传》虽伪，或其说有所本；且其言比较合于事实，故亦可信。又《洛诰》：“王在新邑，烝祭岁，文王骍牛一，武王骍牛一，王命作册，逸祝册。……王命周公后，作册逸诰。”逸即史佚，盖谓史佚读有司所作册文呢。其他的祝词见于《左传》里的尚多，如哀公二年卫太子蒯祷于祖先的文辞之类，随处皆有，现下不一一列举了。

至于巫与文学的关系，文献上亦屡有所见。太古神明冯依巫身，以言告人，所以在那时候巫的势力最大。其后文化次第进步，祝遂渐次代去巫的职务，祝掌典礼，故对神诵读祝辞，常以祝史为之。然巫以舞蹈事神，舞时常伴以歌辞，所以巫与文学也有甚深的关系。今日我们试一案《楚辞》，则巫之名，屡屡出现于我们的眼帘了。《离骚》有“巫咸将夕降兮”之句；《招魂》有“帝告巫阳”之语；《九歌》之《东王太一》有“灵偃蹇兮姣服”，《云中君》有“灵连蜷兮既留”；汉王逸注：“灵巫也，楚人名巫为灵子。”大抵楚国方言，以巫可通神。有灵的动作，故呼为灵。或则灵字从霝从巫，在古音为一声之转，故以灵字代巫字。虽然，在《楚辞》里，不独偶有巫的名字，且巫与文辞的关系，明见于《九歌》；王逸《章句·九歌序》称：

九歌者屈原之所作也，昔楚国南郢之邑，沅、湘之间，其俗信鬼而好祠，其祠必作歌乐鼓舞，以乐诸神。屈原放逐，窜伏其域，怀忧苦毒，愁思沸郁，出见俗人祭祠之礼，歌舞之乐，其词鄙陋，因作《九歌》之曲。……

这里说明《九歌》的由来，称“其祠必作歌乐鼓舞”，可知其必出于巫了。《汉书·地理志》谓：“楚地信巫鬼，重淫祀。”《隋书·地理志》谓：“荆州尤重祠祀，屈原制《九歌》，盖由此也。”宋朱熹以为：“其祀必使巫觋作乐歌以娱神。”从这几方面的说明，可知屈原所作《九歌》，系因当时巫师所作祭祀鬼的歌曲，极为鄙陋，故为之改正其文句，后世以为新作而已。所谓“楚以巫祀神，亦从周旧典，神特其词句鄙俚，故屈子另撰新曲”者近是。然则巫在文学上的位置，与祝相同；而我国古代文学发生于宗教，当为事实而非捕风捉影之谈了。

此外我国的法律，政治，宗法社会种种，其始也源出于宗教，梁任公先生在《国文语原解》一文里已有零碎说明；现在暂时搁下不说，俟有机会时然后再为之考证。

（原载《青年进步》1931年第145期）

日本汉学家眼中所见我国平民文学发达的障碍①

在三年前著者在沪上各大学教授中国文学史的时候，偶然翻阅日本出版界所有的各种支那文学史，在日人宫原民平著的《支那小说戏曲史概说》第一章看到一节论及我国平民文学发达的障碍，说得颇为中肯，当时即为译出，写在我的尊汉阁日记中。宫原民平氏为彼邦拓殖大学教授，虽为初露头角的学者，然他的观察颇为切实，足供我国研究文学史者的借镜。今日偶检日记，特为录出，以告国人，于学问之道，不无少补云耳。

在中国的文学之中其发达最迟的，算是小说与戏曲了。中国文字的创造，至少有四千年的久远（若据黄帝时史官仓颉创造文字的传说，足有四千五百年以上的历史）。因而中国的诗歌文章，从上古已有很显著的发达，其所谓修辞，所谓思想，

①编者按：本篇书名号为整理者所加。局部标点有改动。

自吾人今日观之，其雄伟壮丽，有不少可惊之处。但是在小说或戏曲方面，颇感贫乏。其实说来，从纯文学的立场来看，小说戏曲是从元代（一二七七年——一三六六年）以后起来的；在其前，虽说是没有，也不为错。

为甚么中国的小说，戏曲，发达这样迟呢？我认为它的原因，有左列的五项：

一、中国人的现实的性格，

二、儒教思想，

三、科举的制度（官吏任用试验），

四、文字的困难，

五、言文的不一致。

一、中国人的远古的居住地，为黄河流域。在这个地方，人民游食于其间，自然的恩惠不丰，所以住民自然要劳役于耕作。因为日常生活的迫促，所以不得不留心劳动；因而没有耽于空虚乐于冥想的余裕。无论何种事业，须与现实的生活，有直接的利害，才可以引起住民的注意。像这样，所以雄伟的小说戏曲不能产生。

二、儒教为黄河流域住民的特产，最富现实的道德思想，以孔子为其代表的人物。在儒教思想中，凡是它的所谓道德，莫不算是保持现世群众生活的秩序的东西。像那荒唐不稽之谈的小说戏曲，正在所谓不语的怪力乱神之列，从孔子及其学徒看来，这是于世无益而有害的。

三、中国人的理想，是以升高官，治天下，显扬身家，流名后世为目的的。因而不得不先入仕途，欲入仕途，不得不先应科举。科举乃是采取文官必要的资格的试验。这种制度自唐代以来直至清末，——其内容虽有多少变更——都继续存在。

要之：儒教可被解释为对于中国皇室最为便利的东西；可以说是使天下读书之士，埋头埋脑于古人的糟粕之中，不暇计较其他的一种手段。故其字句之构成要极巧妙，记忆力要极强健，乃足以操胜算；所以伟大的思想家，非凡的政治家，已被塞其用世之途。假令小说，或戏曲，要具有充分的才能之人，乃优为之；则这种才能，已为科举消磨净尽。

四、汉字不独字形复杂，而且为数实多，平常使用的文字，也在一万左右。因为这样，所以文字教育，不能普及于一般民众。一般民众得以读书识字的，为数甚少。因而被称为平民文学的小说戏曲，它的爱好者或赞助者之民众，多数是不识字的，所以这种文学不能发达。

五、小说戏曲，因为其本身是平民文学，所以它的叙述的通例，是采用当时的口语文字，或是雅俗混合的文字。凡是新的，自由的思想，以古文体发表出来，是很不适当的；所以各国里称为小说戏曲的名著，大抵就是当时的口语，或近于口语的东西。然在中国以一种崇古思想的缘故，便过度的尊重古文，不重口语。况且从来的皇室，以尊重古文为其统治的一种手段，有利用它以维持阶级制度的倾向；所以同一“人类之死”的“死”字，又叫做“崩”，又叫做“薨”，又叫做“卒”，又叫做“死”；像这个，在口语里，并无多大区别，在文章里，如不区别清楚，则不得谓之文章。所以在这种朝野上下尊重古文的习惯中，稍为认识一点字墨的人，皆争以书写文言体的文章为事，对于口语体的文章，便不屑道，因而口语文之发达便迟，而小说戏曲的进步便不可得见了。

这段文在三年前译下来，写在日记中，本来不要发表的，尤其是著者在近三年中专任文字学金石学的功课，更不愿再弹此调了。不过在这二年来我国的学术界依旧一样地不长进，坊间所出版的中国文学史，依旧地是中国文学家人名大字典或中国文学书目录一类的书籍为多，于各种文学发生或盛衰的原因或背景，从不解释的。所以把它发表出来，仍然可以供给一般人的参考，所以便把它发表了。

（原载《枕戈》第1卷第8期，1932年）

艺术与哲学[1]

哲学有两个姊姊，即神话与艺术。两者之间，有互相密接的关系。就朴素的人间而悬念于艺术的东西即为神话；给与形态于其中而为可见的东西，即为神话时代的艺术品。盖人间社会有直观的能力；进而有以这些为材料的观念；更进而认出其特殊之点而有分类；又渐次舍弃某种的要素而成为抽象。即应付这些阶段而先有神话与艺术。其次基础于最具体的观念而有哲学。其次以分类为生命而有科学。又次以抽象的纯概念的东西为对象而有数学。虽然各因其特殊的范围而自为发达，然此等倘皆为我们人间的精神所产生，则其根本的不得不说有艺术的意义。

吾人倘如下等动物一样单纯地被支配于直接的生活，对于直接印象不生种种反应，简直没有艺术的创作的余裕。然而精神能力是可发达的，若有多少余裕，则单是受取必不满足。必须将所受取者发表于外，乃能满足。这种发表于外的东西，总称为“行为”。“行为”若就广义说，即“能于内外调和之道”

①编者按：本篇局部标点有改动。

是也。所谓直接生活者，姑勿论于其调和之道，不能相违；然而若其精神能力有多少余裕时，则其调和之道，亦有多少余裕。所被取用的方法，即为艺术与学问的组织。此外还有，简单言之我们一方从外面受取，同时于我所受取者再度发表于外。享乐这些，而又认识这些。若单于原始的直观的形式而享乐之者则为美意识，从结果上而悬念之者则为善意识，从概念调和上而考究之者则为真意识。此等真，善，美的详细内容，今不暇置论，总之我等有直观及悟性，理性之极限，即有美，真，善三者互相融和的评价之原理。然其评价的标准，于其内外主客的调和之如何程度而存在。

以上的议论若为抽象的说明，或有多少费解之处，亦未可知。其详细之点，置诸他日议论，今只就所谓艺术一点言之。我等直观，要求物质的材料；然受取这些，我却不是材料之一。必然要加入我自己于这些材料之中，再依此种材料发表于外者，乃谓之艺术。换言之，即是呈出已加入我自己之材料，依赖此种材料，再度直观这一个我，乃为有艺术的意义。其故为艺术者一面不能没有材料，同时在形式或精神上，须有“我”最大的要素，然后方可。即是说艺术者须得材料与对于这些材料之“我”相调和于直观的计画之者也。从而材料不能表现，而徒具有精神或思考力者，不能谓之艺术。而于其材料既已有种种，如石，或木等粗材，或色粉，或音感觉，等等，更进而有语言等等为之表现，此种艺术品，可分为建筑，雕刻，绘画，音乐，诗歌等种类。于这种材料而有种种之分，更就其材料发表出具体的全体的观念，谓之概念；再用形式名其艺术品则谓之哲学。

总之：艺术与哲学，于材料上大不相同；而无论如何须于自我的充实的场合上则相一致也。科学或数学只限于片面的抽象，不得直接谓之艺术，但是哲学的基本之点，如最具体的观念，然后能与艺术为大调和。姑勿论所谓调和如何，然于直观的调和如注意现象，则为极显然之事；而其不必要之点，则被拒绝于外。例如：绘画则以装裱及悬挂壁间为必要；演剧则以与观客的座位别异之舞台为必要。所以哲学为必须关于全体之学科，为可以包括一切之学科；而狭义的艺术，则不能没有差别，又为当然之事。于艺术则谓之烟士披里纯，即“神来”或“灵感”之意；于哲学则柏拉图谓之“爱”，斯宾挪莎谓之“神之知的爱”；无非以最充实的自我为必要的条件。其故则无论艺术的创作也好，哲学的组织也好，于善作者的立场为同一之事，即从自我的充实而表出的。在这种意味，无论为哲学为艺术，均有自我的目的。依这种目的，更不得有其他的手段，即所谓无用之用是也。从而在艺术上同一的作品不能制作二个以上，同一人之哲学家不能建设种种的哲学。故艺术品也好，哲学也好，其所结晶，真者与伪者其意义全然有别。姑勿论人乃是社会性的动物，一人不能单独为一个艺术家或哲学家，同时要得他人的承认，或要求自己的力量而为社会的力量。故艺术家出其作品展览会而求他人的批评，哲学家印刷自己的哲学而公之于众人之面前。然不是以此而号其人，为艺术家哲学家，乃是为以此人在内之社会的部分之人之所业。其故则以无论艺术家也好哲学家也好，如仅以此以谋衣食，或谋名誉，则不得谓之真艺术家或真哲学家也。像这一点则在善作者的态度，在艺术上与在哲学上均为一致的。其故则以哲学在另一面言之，又可说是艺术。叔本华早已说过“哲学即艺术”了。

说哲学是一种艺术，恐怕是科学家对于哲学的一种轻蔑的用意。即是说科学家以一种不挫不挠的精神，严肃的实验和观察，其事极为困难；而哲学家则不然，徒然在书桌上逞其空想，沈湎于观察的游戏。古来的哲学家对于人生果有何实用呢？所以詹姆士说："哲学是温和的弱心的人（Tender Minded）的东西，而科学乃为强固的粘韧之心的人（Tough Minded）之事。"然而我不能不问："科学果没有艺术的意义吗？"

如上所说，科学的直接动机为出于实用，而近世文明进步，又全为科学进步之赐，这是当然的事。然科学又只是基于共通的普遍而研究，在各人为共通的东西，而哲学反之，以具体的观念为其基础，所以一向像是不一致的，也是当然的事。因为如此，便说科学是一致的，哲学全然不是一致的，这只是皮相的见解。只不过合于这种程度而止，其实并不止如此，科学者运用抽象的概念而为之，组织所谓概念的材料而为之，所以组织的手段依然是有必要，即以此点"组织的手段有必要"而论，实包含有艺术的意义。又科学所为的是实用，而其所言又大抵为应用之事，所以从研究上否定它谓比为以共通的普遍为其立脚地，像是非人格的；其实这不过是表面上的事情，若根本上则善作者依然有活动之必要。例如：恺布来等忠实的自然界的运动现象的记述，根据奈端的数学天才，而开始组织的。这些学问所以为近代文化的大动力者，不是力学，然而他的力学，乃从今日新事实的研究，其根本的基础，甚为可危。又如克尔文汤姆孙勋爵的弹性论的物理学，马克斯维耳的电磁论的物理学等，都正好归入于艺术的意义之中。近世之初，数学变动绝少。然以之为哲学建设的式样，则甚可用，即如后说之数学的唯理论便是。如近世非欧几里得之几何学，则早已夺欧几里得几何学的唯一性了。然不但如此，如以〇为一数，进而考出小数，分数，更进而考出负数或虚数，无理数，或复素数，以此等为一切统一组织的时候的数学，固然需要大天才，而这些天才的数学家读数学公式时，与我们读小说书殆无以异。若谓诗歌是艺术，则数学世界亦只是别一种艺术，所以不得不说全然是艺术的世界了。

如以初步言之，我们一面以认识这些为我，同时又以这个的我为其改造的基础。而表示这些的时候，给与这些粗材料以我的精神，便成为狭义的艺术品。（所谓艺术品无论单为游戏的艺术，抑为实用的即为机械的制作之实用艺术，莫不如此。）就概念的形式而来便为科学（根据共通的普遍而为分类的主要者便是科学，根据纯然的抽象者则为数学）；根据观念形式的，则为哲学。所以“艺术是永久，而生命只不过是暂时”（Ars Longa，Vita Brevis）一语，不单指狭义的艺术而言，殆指人间情神创造的所产物全体而言也。若人间缺乏此种创造的产物，惟如自然科学者所分析的结果之所提示，则人间全然为下等生物乃至石或木片等等，只不过是机械的动而已，其灵的精神的存在物的意义便全然消失了。

民国十八年讲于东亚大学

（原载《新时代》第5卷第2期，1933年）

论乐工之词变而为文学家之词[1]

《乐府余论》说："慢词盖起于宋仁宗朝，中原息兵，汴京繁庶，歌台舞席，竞睹新声。永以失意无俚，流连坊曲，遂尽取俚语俗言，编入词中，以便伎人传习，一时动听，散播四方。其后苏轼，秦观，黄庭坚等相继有作，慢词遂盛。"这句话虽然是说慢词的沿革，可是其中大有分寸。大抵仁宗时，太平无事，朝廷里豢养着一班伶官文人替他编些乐歌以粉饰太平，犹之前代汉武帝养着一班词臣是一样的。吴梅《词余讲义》说道："宋时惟教坊致语，皆一时文人为之；宋人集中，多乐语一种。大抵铺陈皇猷，颂扬藻饰之词。其文节目颇繁，一、《教坊致语》，二、《口号》，三、《勾合曲》，四、《勾小儿队》，五、《队名》，六、《问小儿队》，七、《小儿致语》，八、《勾杂剧》，九、《放小儿队》，十、《勾女童队》，十一、《队名[2]》，十二、《问女童队》，十三、《女童致语》，十四、《放女童队》。此天子大宴时用之。民间宴会伎乐，至为简略，而歌词独存。"柳永既

---

①编者按：本篇局部标点、诗词格式有改动。

②编者按：原稿此处脱漏一"名"字。今补。

然接近伶人，他的词又大半是为伶工作的，所以他的风格，不免受乐工的牵制，而他的造句又为乐谱所困，故庸意坏句往往不免。如：

意中有个人，芳颜二八天然峭，自来奸黠最奇绝：是笑时媚靥，深深百态千娇，再三偎着，再三香滑。——《小镇西》

处处踏青斗草，人人偎红倚翠。——《内家娇》

吾皇诞弥月，瑶图缵庆，玉叶腾芳；并景贶三灵眷祐，挺英哲，掩前王，遇年年嘉节清和，颁率土称觞。——《送征衣》

银烛下细看俱好，个人人昨夜分明，许伊偕老。——《两同志》

等句都是。但不图号称江西诗派的开山老祖黄庭坚，他的词也是伶工习气很深，而恶劣语句，亦复不少。如：

堂有经纶贤相，边有纵横谋将，不灭翠蛾羞；戎虏和乐也，圣主永无忧。——《水调歌头》

问持节冯唐几时来？看再策勋名，印窠如斗。——《洞仙歌》

买个宅儿住着伊，刚不肯相随，如今却被天嗔你，永落鸡群受鸡欺。——《撼庭竹》

灯斜明媚梦，汗浃梦腾醉；奴奴睡，奴奴睡也奴奴睡。——《千秋岁》

有分看伊，无分共伊宿。一贯一文跷十贯，千不足，万不足。——《江城子》

之类，真是要较柳作为更甚。其中如“圣主永无忧”，与柳永之“颁率土称觞”，大抵算是，铺陈皇猷，颂扬藻饰之词，盖时代环境然也。

黄庭坚（一〇四五——一〇五）字鲁直，号山谷老人，分宁人，官至秘书丞，国史编修官，有《山谷词》二卷，他虽是苏门四学士之一，但他的作品绝不类苏。他喜欢用俚语白话入词，并描写男女间的恋爱，自是柳永一流。他自称："余少时间作乐府，以使酒玩世。道人法秀独罪余以笔墨劝淫，我于法（佛法）中，当下犁舌之狱。"（见《豫章文集》十六及毛晋刻本跋引语）他集中所以多恶劣语句，大抵是与乐工狎习的原故。但他的词也有白描得很好的，就《归田乐引》：

> 暮雨蒙阶砌。漏渐移转添寂寞；点点心如碎！怨你，又恋你，恨你，惜你，毕竟教人怎生是？！
>
> 前欢算未已；奈向如今愁无计。为伊聪俊销得人憔悴。——这里销，睡里销。睡里，梦里，心里，——一向无言但垂泪。

又：

> 对景还销瘦，被个人把人调戏。我也心儿有：忆我，又唤我，见我，嗔我，天甚教人怎生受？！
>
> 看承幸厮勾，又是樽前眉峰皱，是人惊怪，冤我忒撋就，拼了又舍了，一定是这回休了。及至相逢又依旧！

《沁园春》：

> 把我身心，为伊烦恼，算天便知。恨一回相见，百方做计；未[①]能偎倚，早觅东西。镜里拈花，水中捉月，觑著无由得近伊。添憔悴，镇花销翠减，玉瘦香肌。
>
> 奴儿又有行期。你去即无妨，我共谁？向眼前常见，

---

①编者按：原稿为"末"，当以"未"为是。今改。

心犹未足；怎生禁得，真个分离？地角天涯，我随君去，掘井为盟无改移！君须是，做些儿相度，莫待临时。

三首艳歌看来，已足证明他是擅长慢词的。

苏门还有一位大门徒秦观，也是擅长慢词的。陈师道说："今代词手，惟秦七、黄九而已"，我以为秦七、黄九在当日虽齐名一时，然就风格而论，秦高黄卑，固自不同；即以炼字铸句言，秦优黄劣，亦迥然各异。大抵自秦七后，乐工之词，一变而为文学家之词，他两人虽同隶苏门，而词之分野，自此发生了。其后经贺铸周邦彦以递入南宋，文学家不特不耻于为词，且视词为文学正宗，而甘于俯首钻研；周邦彦姜夔均谙声律，并能自度曲，词遂渐渐地由伶伎乐工之手而跻于文学家之手，久而久之，词便脱离音乐独立而为无拘无束的自由诗了。

秦观（一〇四九——一一〇〇）字少游，一字太虚，高邮人。少时已溢于文词，因苏轼荐，除秘书省正字，兼国史院编修官。后坐元祐党籍，屡次被贬，徙郴州、横州、雷州，元符三年放还，卒于藤州，有《淮海词》三卷。他的词也不像苏轼，大抵是取法柳永张先，而意境高出柳张二人之上。后之论者或竟称许他较苏轼为优。

张綖云："少游多婉约，子瞻多豪放，当以婉约为主。"

蔡伯世云："子瞻辞胜于情，耆卿情胜于辞，辞情相称者，唯少游而已。"

这种话虽是褒奖太过，但也可以想见秦观在北宋词人中的地位了！

他的词特点有四：

一、就是秀雅过于前人。秀雅即上文所谓婉约，为当时正统派的词家所最佩服，所以晁无咎有“近来作者皆不及少游”之语。例如《忆仙姿》：

遥夜沉沉如水，风紧驿亭深闭。梦破鼠窥灯，霜送晓寒侵被。无寐，无寐。门外马嘶人起。

《减字木兰花》：

天涯旧恨，独自凄凉人不问。欲见回肠，断尽金炉小篆香。

黛蛾长敛，任是东风吹不转；困倚危楼，过尽飞鸿字字愁。

这种秀雅之词，真是苏黄诸人所不能及。

二、就是词中每含有画意。即如《满庭芳》：

山抹[①]微云，天粘衰草，画角声断谯门。暂停征棹，聊共引离尊。多少蓬莱旧事，空回首，烟霭纷纷。斜阳外，寒鸦数点，流水绕孤村。

消魂，当此际，香囊暗解，罗带轻分。漫赢得青楼，薄幸名存！此去何时见也？襟袖上空染啼痕。伤情处，高楼望断，灯火已黄昏。

一起“山抹微云，天粘衰草”已有画意；虽则苏轼尝有“山抹微云秦学士，露花倒影柳屯田”之语，病其气格不高（见叶梦得《避暑录话》卷下），实则这两句含有画意已很丰富，不愧为一名句，苏轼的话有几分酸意；再往下读去，“斜阳外，寒鸦数点，流水绕孤村”，即使不能认得字的人们，只许听得别人歌唱，已可想像而得此中佳趣，此种景地，惟秦七始有

①编者按：原稿为“林”，根据下文，当以“抹”为是。今改。

之。又如《风流子》：

东风吹碧草；年华换，行客老沧州。见梅吐旧英，柳摇新绿，——恼人春色，还上枝头。寸心乱——北随云黯黯，东逐水悠悠。斜日半山，暝烟两岸，数声横笛，一叶扁舟。

青门同携手。前欢记，浑似梦扬州。谁念断肠南陌，回首西楼？算天长地久，有时有尽；奈何绵绵此恨无休？！拟待倩人说与，生怕人愁。

写初春景色，虽然刻画太过，但是“斜日半山，暝烟两岸，数声横笛，一叶扁[①]舟”，简直是一幅绝妙的图画；又如《点绛唇》：

醉漾轻舟，信流引到花深处。尘缘相误，无计花间住。

烟水茫茫，回首斜阳暮。山无数，乱红如雨，不记来时路。

一首是写桃源的，也是要对于桃花源的风景，体会甚深，然后能描写得出的。

三、他的词蕴蓄着很丰富的情感。这种情绝不是虚伪的，是要从心坎自然流出来的。如那首是他赠给倡妓娄东玉的《水龙吟》：

小楼连苑横空，下窥绣毂雕鞍骤。疏帘半卷，单衣初试，清明时候；破暖轻风，弄晴微雨，欲无还有，卖花声过尽，斜阳院落，红成阵，飞鸳甃。

玉佩丁东别后，怅佳期参差难又。名缰利锁，天还知

---

①编者按：原稿为“孤”，根据上文，当以“扁”为是。今改。

道，和天也瘦。花下重门，柳边深巷，不堪回首；念多情但有，当时皓月，向人依旧。

“卖花声过尽”，已不胜美人迟暮，多少慰藉之情；“天还知道，和天也瘦”？天已如此，则人事更可知了。又如《踏莎[1]行》：

雾失楼台，月迷津渡，桃源望断无寻处。可堪孤馆闭春寒，杜鹃声里斜阳暮。

驿寄梅花，鱼传尺素，砌成此恨无重数。郴江幸自绕郴山，为谁流下潇湘去？

里的“可堪孤馆闭春寒，杜鹃声里斜阳暮”，把郴州旅舍的情况写得十足真切。那一个说一定要男女色欲然后可以把人生真情寄托的呢？秦七的风格高出柳张之上，也就在这一点，无怪近人王国维不停口地称赞它，而这两句词要在一本薄薄的《人间词话》里出现了三次呀！

四、他的词工于造句，尤为工于结句。晚唐五代小令盛行时代，词人工于造句的很多，入宋以后，则不然，柳黄已不必讲，即以苏轼而论，只是大气磅礴，团转而下，间有不及修饰；至秦七则造句极工致，非诸人所及，尤以每篇的结句为最好。如赠陶心儿的《南歌子》：

玉楼迢迢尽，银潢淡淡横。梦回，宿酒未全醒，已被邻鸡催起怕天明。

臂上妆犹在，襟间泪尚盈。水边灯火断人行，天外一钩残月带三星。

用一句“天外一钩残月带三星”，把心儿的名字，在有意无意

---

①编者按：原稿为“沙”，当以“莎”为是。今改。

中轻轻地一写，这是何等功力；你看看黄九便不同，“你共人女边著子，争知我门里挑心”，把“好”“闷”两字，拆得如何生硬勉强。所谓功力就是要从学问中做出来，这一点的确算是秦七的长处。其他的好句，如：

春色着人如酒。——《如梦令》

烟暝酒旗斜。——《望海潮》

鹧鸪啼破春愁。——《梦扬州》

问篱边黄菊，知为谁开。——《满庭芳》

飘零疏酒盏，离别宽衣带。——《千秋岁》

结句如：

那堪片片飞花弄晚，蒙蒙残雨笼晴，正销凝，黄鹂又啼数声。——《八六子》

惟有画楼，当时明月，两处照相思[①]。——《一丛花》

人人尽道断肠初，那堪肠也无。——《阮郎归》

衡阳犹有雁传书，郴阳和雁无。——《阮郎归》

旧欢新爱谁为主，啼笑两难分付。——《调笑令》

乱山何处觅行云，又是一钩新月照黄昏。——《南歌子》

随便举几句出来，都是很工致的。只就这四点而论，谁都会承认他是一位很好的词手，并且是一位文学家的词手。求之前代，只有李煜庶几足以媲美。

但是他的短处，在只能婉约，而豪放不足。例如《望海潮·广陵怀古》一首：

星分牛斗，疆连淮海，扬州万井提封。花发路香，莺

---

①编者按：原稿为“想思”，当以“相思”为是。今改。

啼人起，朱帘十里春风。豪俊气如虹。曳照春金紫，飞盖相从。巷入垂杨，画桥南北翠烟中！

追思故国繁雄。有迷楼挂斗，月观横空；纹锦制帆，明珠溅雨，宁论雀马鱼龙。往事逐孤鸿！但乱云流水，萦带离宫。最好挥毫万字，一饮拼千钟。

是有意追踪“大江东去”的。他因为首句有“疆连淮海”，所以他的集子就叫做《淮海集》，并且把那篇摆在一集之首（从《四部丛刊》本），你就可见他的自负了。可是豪放之气毕竟不及苏轼，这是天才所限，我们只好原谅他吧了！

其次，有意改造伶工之词而为文学家之词的词手，要数到贺方回了。贺氏名铸字方回（一〇六三——一一二〇），卫州人，孝惠皇后族孙。元祐中通判泗州，又倅太平州，后退居吴下，筑室横塘，自号庆湖遗老。自裒集其歌词为《东山乐府》三卷。后世传钞不无遗挩，今《彊村丛书》[①]中校印贺氏词两种本子，并《东山词补》一种，互有多少便可知了。

贺氏状貌奇丑，有贺鬼头的绰号，然其词以幽丽凄艳为工，往往以旧谱填新词。张耒《序》谓：“方回乐府之词，高绝一世。……其盛丽如游金张之堂，妖冶如揽嫱施之祛，幽索如屈宋，悲壮如苏李”；殊非过誉。其《青玉案》：

凌波不过横塘路；——但目送芳尘去。锦瑟年华谁与度？月台花榭，琐窗朱户，惟有春知处。

碧云冉冉蘅皋暮，彩笔新题断肠句。试问闲愁都几许？一川烟草，满城风絮，梅子黄时雨。

---

①编者按：原稿为“《疆村丛书》”，当以“《彊村丛书》”为是。今改。

最为当时士大夫所赏识，至以“贺梅子”称之。黄山谷诗云，“少游醉卧古藤下，谁与愁眉唱一杯。解道江南断肠句，只今惟有贺方回！”山谷与贺氏同时，而称道如此。其实他自己也极满意他的“梅子黄时雨”之句，故也曾将这句的意思重复运入《感皇恩》一词里。其词云：

兰芷满芳洲。游丝横路，罗袜尘生步迎顾。整鬟颦黛，脉脉两情难语。细风吹柳絮，人南渡。

回首旧游，山无重数。花底深，朱户何处。半黄梅子，向晚一帘疏雨。断魂分付与，“春将去！”

可谓真不愧为贺梅子了。

他的词也工于铸句，并且是凄艳的句。如《薄幸》：

淡妆多态，更滴滴频回盼睐。便认得琴心先许，欲绾合欢双带。记画堂风月逢迎，轻颦轻笑娇无奈。待翡翠屏开，芙蓉帐掩，羞把香罗暗解。

自过了烧灯后，都不是踏青挑菜。几回凭双燕，丁宁深意往来，却恨重帘碍。约何时在，正春浓酒困，人闲昼永无聊赖。厌厌睡起，犹有花梢日在。

一词，下半阕自“几回凭双燕”至“厌厌睡起，犹有花梢日在”，无一句不工，无一字不凄艳。贺氏也工于结句，如《晕眉山》下半阕：

殢酒伤春，添香惜夜，依稀待月西厢下。梨花庭院雪玲珑，微吟独倚秋千架。

《宛溪柳》下半阕：

已恨归期不早，枉负狂年少。无奈风月多情，此去应相笑。心记新声缥渺，翻是相思调。明年春杪，宛溪杨柳，依旧青青为谁好？

《减字浣溪沙》下半阕：

临水登山漂泊地，落花中酒寂寞天，个般情味已三年。

《烛影摇红》末句：

半窗斜月，照人肠断，啼乌不管。

《想车音》末句：

占得春色年年，随处随人到，恨不如芳草。

皆是极力从句的构造上著想的。虽然，《东山词》不特是能从字句上做工夫，即就文学的内容而言，也有极好的，如《踏莎行》：

急雨收春，斜风约水，浮红涨绿鱼文起。年年游子惜余春，春归不解招游子。

留恨城隅，关情纸尾，阑干长对西曛倚。鸳鸯俱是白头时，江南渭北三千里。

《柳色黄》：

薄雨催寒，斜照弄晴，春意空阔。长亭柳色才黄，远客一枝先折。烟横水际，映带几点归鸦，东风消尽龙沙雪。还记出门时，恰而今时节。

将发。画楼芳酒，红泪清歌，顿成轻别。已是经年；杳杳音尘都绝。欲知方寸，共有几许清愁；芭蕉不展丁香结。枉望断天涯，两厌厌风月。

《望湘人》：

厌莺声到枕，花气动帘，醉魂愁梦相半。被惜余熏，带惊剩眼，几许伤春春晚。泪竹痕鲜，佩兰香老，湘天浓暖。记小江风月佳时，屡约非烟游伴。

须信鸾弦易断，奈云和再鼓，曲终人远。认罗袜无踪，旧处弄波清浅。青翰棹舣，白蘋洲畔，尽目临皋飞观。不解寄一字相思，幸有归来双燕。

《下水船》：

芳草青门路，还拂京尘东去。回想当年离绪；送君南浦，愁几许？尊酒流连薄暮，帘卷津楼风雨。

凭阑语，草草蘅皋赋，分首惊鸿不驻。灯火虹桥，难寻弄波微步。漫凝伫，莫怨无情流水，明月扁舟何处。

诸阕，皆能“镕景入情”（周济语）而出以沉著痛快之笔，所谓幽丽者是也。

贺氏固善写缠绵悱恻之音，如《国门东》：

车马匆匆，会国门东。信人间自古销魂处；指红尘北道，碧波南浦，黄叶西风。

堠馆娟娟新月从，今夜与谁同？！想深闺独守空床思；但频占镜鹊，悔分钗燕，长望书鸿。

《忆秦娥》：

风惊幕，灯前细雨檐花落。檐花落，玉台清镜，泪淹妆薄。

良时不再须行乐；王孙莫负东城约。东城约，一分春色，为君留著。

然其豪放处，上足以继大苏，下足以开辛刘；秦七当之，应有愧色。如《将进酒》：

城下路，凄风露；今人犁田古人墓。岸头沙带，兼葭漫漫，昔时流水今人家。黄埃赤日长安道。倦客无浆马无草，开函关，掩函关，千古如何不见一人闲。

六国扰，三秦扫，初谓商山遗四老。驰单车，致缄书，裂荷焚芰，按武曳长裾。高流端得酒中趣。深入醉乡安稳处，生忘形，死忘名，谁论二豪，初不数刘伶。

《行路难》：

> 缚虎手，悬河口，车如鸡栖马如狗。白纶巾，扑黄尘，不知我辈可是蓬蒿人。衰兰送客咸阳道，天若有情天亦老。作雷颠，不论钱，谁问旗亭美酒斗十千。
>
> 酌大斗，更为寿，青鬓常青古无有。笑嫣然，无翩然，当炉秦女十五语如弦。遗音能记秋风曲，事去千年犹恨促。揽流光，系扶桑，争奈愁来一日却为长。

皆气畅神来，大声疾呼以出。

虽然统观《东山词》全集，其铸句写景，随处皆带书卷气，确是变伶工之词为文学家之词的一位健将。然其短处即在于此。《词原》谓其善于炼字，多于李长吉，温庭筠诗中出来。考其《柳色黄》词"芭蕉不展丁香结"句，本玉溪代赠诗；《雁后归词》"人归落雁后，思发在花前"句，本隋薛道衡《聘陈为人日诗》；《青玉案》词"梅子黄时雨"句，亦用寇莱公诗。自是遂开用典故，工字面一派，而渐流于形式了。

同时复有周邦彦者，少时浪漫不羁，与柳三变走上同一的路子，多写儿女之情，《宋史·文苑传》谓"美成疏隽少检不为州里所重"，张炎词中屡用"周情柳思"四字来代艳情，便可见了。然必其"博涉百家之书"，中年以后，功力愈深，便愈有意为文学家之词，往往融化诗句，隐括入律，冶秦七贺铸诸词人为一炉，刘潜夫[①]说，"美成颇偷古句"，张叔夏说，

---

①编者按：原稿为"刘潜文"，而"美成颇偷古句"在刘克庄《后村诗话》中出现，克庄字潜夫，故"刘潜文"当为"刘潜夫"之讹。今改。

"美成词浑厚，善于融化诗句"，这可见其晚年作风渐变。其实"用唐人诗入律"为当时词界里很时髦的事。风会所趋，虽有大力者，莫之能挽。我们研究文学史的人们，贵在寻出文学上转变的关键，与夫进行的路径，以明告读者，至于主观的见解，能愈说得少便愈妙呢。近人胡云翼《宋词研究》谓："在有宋发生影响最大的周清真，后人凭藉各人的主观，对于周词的批评形成了几种对峙的见解。"郑振铎《文学大纲》说他，"善于作慢词，有的时候，辞句很典雅，有的时候也杂入些口语"；如果我们明白了宋词渐变的历史和文学史上常有的现象，便可以知道这种种矛盾的批评，是都合于事实的一面的。汉魏乐府，至两晋便成为文匠诗匠的文学；元人杂剧，至有明便成为骈四俪六的传奇。所以词的发生，虽由于伶伎乐工，与夫接近伶伎乐工的文人，其特色为不事雕琢，词句通俗，然往往格卑语劣，显然是未成熟的样子；其后文匠日事尝试，风格日益进步，这种文体日趋成熟，其流弊也，创造的能力日不如前，而这种新兴的文字，便愈趋于古典化。虽以周清真之才力，也不得不为时代所牺牲。盖宋词至是，已集唐末五代之大成矣。

周邦彦字美成，清真便是他的号，史传不载他的生卒年月，王国维所作的《清真先生遗事》，谓他生于嘉祐二年（一〇五七），死于宣和三年（一一二一），胡云翼据《宋史·文苑传》《处州府志》和《玉清新照》所载考证，断定他卒于宣和七年（一一二五），美成年六十六岁，倒数上去，该当生于嘉祐五年（一〇六〇）；似以胡说为可靠。

美成生在西子湖边的钱塘，幼年时感受了湖山的优美，便养成他"湖平春水，菱荇萦船尾"的自然文学的根性。神宗元丰初，他在太学时，献《汴都赋》万余言，大为神宗所赏识，召赴改事堂，自太学诸生一命而为太学正。后出教授庐州，知溧水县。哲宗时监秘书省正字。徽宗设议礼局，以他兼检讨；旋出知隆德州，徙知明州。徽宗颁《大晟乐》，召入为秘书监，进徽猷阁待制，提举大晟府。美成能自度曲，名所居曰顾曲堂，既受命，复得晁端礼为协律郎，万俟雅言为制撰官，乃与诸人讨论古音，审定古调，又复增演慢、曲、引、近或移宫换羽，为三犯，四犯之曲，又按月律为之，其曲遂繁。又严于音律，所制论调，不独音之平仄宜遵，即仄字中上去入三音亦不容相混，所谓分刌节度，深契微芒。今所传有《片玉词》二卷，补遗一卷（毛晋汲古阁本），《清真集》二卷，附集外词一卷（王鹏运《印斋》[①]本），陈元龙集注《片玉集》十卷（朱孝臧《彊村丛书》[②]本），以毛晋本搜集为最完备。

美成以诗人而兼音乐家，“其意淡远，其气浑厚，其音节又复清妍和雅，为词家之正宗”（用戈载原语）。又因其少年浪漫，故颇受知遇于名妓，南宋人陈郁说他“以乐府独步。贵人，学士，市侩，妓女，皆知其词为可爱”。他平生佳话极多，汴都名妓，都爱唱他的词。相传一天晚上，徽宗驾幸李师师家，他伏在师师的床下偷听了他俩的戏谑，便隐括成一首《少年游》：

并刀如水，吴盐胜雪，纤指破新橙。锦幄初温，兽烟不断，相对坐调笙。

①编者按：原稿为“《昂斋》”，当以“《印斋》”为是。今改。

②编者按：原稿为“《疆村丛书》”，当以“《彊村丛书》”为是。今改。

低声问："向谁行宿？城上已三更。马滑霜浓，不如休去，——直是少人行。"

徽宗闻知大怒，立刻贬押美成出都门，李师师为他饯行，美成作了一首很哀痛的《兰陵王》：

柳阴直，烟里丝丝弄碧。隋堤上曾见几番，拂水飘绵送行色？登临望故国。谁识京华倦客？长亭路，年去岁来，应折柔条过千尺。

闲寻踪旧迹，又酒趁哀弦，灯照离席。梨花榆火催寒食。愁一箭风快，半篙波暖，回头迢递便数驿。望人在天北。

凄恻，恨堆积。渐别浦萦回，津堠岑寂，斜阳冉冉春无极。念月榭携手，露桥闻笛；沉思前事，似梦里，泪暗滴。

后来这首词也给徽宗知道了，大为感动，召还为大晟乐正。这个传说虽或有过火之处，总之：美成之词，在当时为贵人，学士，市侩，妓女所传诵，足以为有力的证明了，迄今词选诸家，也没有一个不把《少年游》推为上选呢。

美成少年时，词宗耆卿，故所作往往有与《乐章集》相似处，即今《片玉词》所收也往往与《乐章集》互见，即以《庆春宫》：

云接平岗，山围寒野，路回渐转孤城。衰柳啼鸦，惊风驱雁，动人一片秋声。倦途休驾，澹烟里微茫见星。尘埃憔悴，生怕黄昏，离思牵萦。

华堂旧日逢迎——花艳参差，香雾飘零。弦管当头，偏怜娇凤；夜深簧暖笙清。眼波传意，恨密约匆匆未成。许多烦恼，只为当时，一晌留情。

而论，其风格之高，造句之巧，确是美成的作品无疑，而或者也把它刻入柳耆卿集中，可见他的工力逼似耆卿的了。《片玉词》往往有很好的白话句子，想是源出耆卿的。如《迎春乐》:

> 人人花艳明春柳。忆筵上，偷携手；趁歌停舞歇来相就。——“醒醒个；无些酒。”
>
> 比目香囊新刺绣，连隔座一时薰透。——为甚月中归，长时他随车后？

《红窗迥》:

> 几日来真个醉！不知道窗外乱红已深半指，花影被风摇碎。拥春酲乍起。
>
> 有个人人生得济楚，来向耳畔问道“今朝醒未？！”性情儿慢腾腾地，恼得人又醉。

《归去难》:

> 佳约人未知，背地伊先变。恶会称停事，看深浅。如今信我，委得论长远，好彩无可怨。自合教伊，推些事后分散。
>
> 密意都休，待说先肠断。此恨除非是天相念，坚心更守，未死终须见。多少闲磨难。到得其间，知他做甚头眼！

诸篇，简直全用白描，方之耆卿的《昼夜乐》《秋夜月》，亦未肯多让。谁敢说他“无半点市井气，下字运气，皆有法度”（用宋人沈义父语）呢？

其实美成的集中，有很多“驱心若游丝之缳英，含毫如郢斤之斫蝇翼”的作品，不独传诵当时，且为后代所宗仰。周济《宋四家词选叙论》说，“清真集大成者也。稼轩……碧山……梦窗，是为四家，领袖一代；余子荦荦，以方附庸”。

又说，“问涂碧山，历梦窗稼轩以还清真之军化，余所望于世之为词人者盖如此”。其推崇美成可谓至矣。即后世论词诸家，也往往奉为圭臬。周济《词选》，分有宋词人为四家，各以流统源，搜罗爬梳较之他家，独具只眼。其所称为美成一派者，为晏殊、韩缜、欧阳修、晏几道、张先、柳永、秦观、贺铸、韩元吉诸人。两韩词不多见，至于晏氏父子、欧阳修、张先、柳永诸家，源出《花间》《阳春》，婉丽缠绵；美成少年既有意追踪耆卿，六一，当属同派；其后有意仿法秦贺，融化唐人诗句入调，作风遂变，周氏许为同途，自属不谬。现在把美成这一期作品的特色，略述一述。

一、他的词善于敷陈题义，有古赋之风。如《片玉词》卷上《六丑·蔷薇谢后作》：

> 正单衣试酒，怅客里光阴虚掷。愿春暂留，——春归如过翼，一去无迹！为问花何在，夜来风雨，葬楚宫倾国。钗钿堕处遗芳泽；乱点桃蹊，轻分柳陌，多情更谁追惜？但蜂媒蝶使时叩窗槅。
>
> 东园岑寂，渐蒙笼暗碧。静绕珍丛底，成叹息。长条故惹行客，似牵衣待话，别情无极。残英小，强簪巾帻，终不似一朵钗难颤袅，向人欹侧。漂流处，莫趁潮汐；恐断红尚有相思字，何由见得？

写谢后二字，用“葬楚宫倾国”，用“钗钿堕处”，用“蜂媒蝶使时叩窗槅”，熨贴得十分真切。写蔷薇二字，从蔷薇之刺，写到“故惹行客”，写到“牵衣”。非博读群书，而心思细密者，不能下笔。回头用“莫趁潮汐”，多少悲思，直诉而出。像这样赋物的文章，在古赋里只有荀子的《云赋》，有如此本领，后世词家，只有王碧山的《齐天乐》咏蝉，姜白石的

《齐天乐》咏蟋蟀，史梅溪的《绮罗香》咏春雨，庶几足以及之。又如《苏幕遮》：

燎沉香，消溽暑。鸟雀呼晴，侵晓窥檐语。叶上初阳干宿雨；水面清圆，一一风荷举。

故乡遥，何日去？家住吴门，久作长安旅。五月渔郎相忆否？小楫轻舟，梦入芙蓉浦。

又如《玉烛新》咏早梅：

溪源新蜡后，见数朵江梅，剪裁[1]初就。晕酥砌玉芳英嫩，故把春心轻漏。前村昨夜，想弄月黄昏时候；孤岸峭，疏影横斜，浓香暗泣襟袖。

樽前赋与多才，问岭外风光，故人知否？寿阳谩斗，终不似照水一枝清瘦。风娇雨秀，好乱插繁花盈首。须信道，羌管无情，看看又奏。

也是善于敷陈题义，写早梅却用“春心轻漏”，轻字衬贴早字，妙极。用“秦阳谩斗”“一枝清瘦”，把早梅二字显得玲珑清楚，这是何等功力；又如《水龙吟》咏梨花，“传火楼台，妒花风雨，长门深闭，亚帘栊半湿，一枝在手，偏勾引，黄昏泪”；也写得很好。周济说：“清真浑厚，正于钩勒处见。他人一钩勒便刻削，清真便愈钩勒愈浑厚。”殆即指这个。

二、他的词意境清高，声调幽咽；令人读之，最易引起同情。如《金[2]陵怀古》：

佳丽地，南朝盛事谁记？山围故国绕清江，髻鬟对起，怒涛寂寞打孤城，风樯遥度天际。

---

①编者按：原稿为“栽”，当以“裁”为是。今改。

②编者按：原稿此处缺字，“情。如《金”为整理者所加。

断崖树，犹倒倚，莫愁艇子曾系。空余旧迹郁苍苍，雾沉半垒，夜深月过女墙东，伤心东望淮水。

酒旗戏鼓甚处市？想依稀王谢邻里。燕子不知何世，向寻常巷陌，人家相对，如说兴亡斜阳里！

“其妙处不在豪快而在高健，不在艳冶而在[①]幽咽”（用毛光舒语），是善于宣泄哀怨者。又如《玉楼春》：

桃溪不作徙容住，秋藕绝来无续处。当时相候赤阑桥，今日独寻黄叶路。

烟中列岫青无数，雁背夕阳红欲暮。人如风后入江云，情似雨余黏地絮。

《解连环·怨别》：

怨怀无托，嗟情人断绝，信音辽邈。纵妙手能解连环，似风散雨收，雾轻云薄；燕子楼空，暗尘锁一床弦索。想移根换叶，尽是旧时，手种红药。

汀洲渐生杜若。料舟依岸曲，人在天角。漫记得当日音书，把闲话闲言，待总烧却。水驿春回，望寄我江南梅萼。拼今生对花对酒，为伊泪落。

也是很能证实这个特色的。

此外他的词，严于音律，善于融诗，上文已大略说过，这里可以不必复述。虽然，美成的长处固不少，而其影响于后世的最坏的几点，也在于此。王国维的《人间词话》说，“词忌用替代字，美成《解语花》之‘桂华流瓦’，境界极妙，惜以‘桂华’二字代‘月’耳。梦窗以下，则用代字更多，其所以然者，非意不足，则语不妙也；盖意足则不暇代，语妙则不必

①编者按：原稿此处脱漏一“在”字。今补。

代。……沈伯时《乐府指迷》云：‘说桃不可直说破桃，须用红雨刘郎等字。说柳不可直说破柳，须用章台霸岸等字。’若惟恐人不用代字者。果以是为工，则古今类书具在，又安用词为耶？”南宋名家为姜白石，吴梦窗，史梅溪，王碧山之流，往往模拟美成；下马者如方千里，杨泽民辈只知拟和清真词，亦步亦趋，直视之为词界的《圣经》；周济《介存斋论词杂著》说，“美成思力，独绝千古；后有作者莫能出其范围”；可见他的影响之大。这是后话，然而宋词僵化的命运，已隐伏于这个时候了。

（原载《大陆杂志》第2卷第5期，1933年）

三行佬作怪①

“三行佬作怪”！“三行佬作怪”！这是我三十年前做小孩子的时候，在家里头常常听到的。这句话怎么讲呢？相传有某一邻家，他的主人原来是富贵人家。“富易妻，贵易友，饱食则思暖衣”；这是人类的常情。所以那位主人也就不要从前的半破门户了。不意他的新居进伙了不久，接连出了六七丁人口，老头子——即是那位主人——死了以后，房屋也变卖了。后来新买进的新主人也不愿就此居住，便雇了些泥水匠替他改拆，忽然在墙角上发见了一个大秘密，就是夹墙中有一个木人持弓搭箭，向神台上的家神——大约是观音菩萨和些神主牌位吧！——放射。于是就有人解释，谓这是犯死主人的压殃法。大凡三行佬——泥水匠，木匠，石匠三行的工人——替人家起造房屋，总得有这样一套压殃法安放在夹墙上，地位虽然没有一定，压殃的把戏虽然没有一定，但是总不能免掉不用。否则这三行佬等到这房屋建造好了，必然也要死去几个。这个解晰一传出去，于是一而十，十而百，百而千，千而万，大家嚷着

①编者按：本篇局部标点有改动。

“三行佬作怪”的话。后来我的父亲也把祖宗遗下的旧房屋改造，我的祖母便天天犒工，——就是买些好的点心给三行佬食；或者办了好些酒菜请他们食饭，这是叫做大犒工。——希望他们替我们安上一套比较好点的法宝。

实则这一个传说，这一个风俗，不是一个地方有的，许多地方也有的。我们东莞一县是如此，而其他广东各县如新会，阳江，惠阳，封川，也都如此。后来我跑到中原来以后便知道浙江的诸暨，新昌，奉化，江苏的六合，盐城，安徽的庐江，当涂，也都有这种传说。虽然说法不一样，但总是说这是三行佬的老祖宗鲁般师父传下来的。他们有一本书，——即是三行佬的经典——里面绘有许多图样，有好的，也有歹的，有散发鬼，有吐舌鬼，也有招财进宝的。等到上梁那一天，他们为首的一人，就很虔诚地当天上祷告，用口一吹，吹开了一叶，就将那一套法宝安放上去。不管你主人家待遇他好也好不好也好，总是照祖师吩咐行事。虽然所说的作用不同，或者办法不同，或者立心不同，但是这个传说总是有的。可见这个故事的普遍性了。

后来我有一天——大约是十二年前吧！——读严幾道译的《社会通诠》，里面有一段话，论“礼刑之始”说道：

> 谓其为刑法之起点者，蛮夷法律观念，皆负而无正，一切皆禁而不得为者，夫然为之答布。答布所由始，多可笑者，而其意皆本于捍患。设有人患焉，行蹊间而为断梗堕枝之所击，彼于此不以物理解也。而云维树有神，恶人之出其道者，则从此为答布之蹊，为禁路，虽有勇者，莫敢出也。横木而梁津，以其便而众由之，顾其功非坚善也，则有时断，适过者溺焉，彼不以此为物理所必至也，

而云水之神，怒梁设而夺其血食，以不涉而梁，人少溺故。虽然，梁固甚便，而不可以卒废。于是有为之说者曰："使成梁之顷，而以人为牺，投诸河以落之，神其妥诸！"则于是有反手，缚足，逐洪波而去者矣！假使后成之梁，材良功坚，巫之为言，固有验也。此古祭礼衅歃之所由兴，而初民于其事虽至虐，常严而莫敢废也。德儒孤林雅各言，落桥之祭，日耳曼东部，犹有行者。惟其投之也，以俑不以人，沿缘至于本期，其俗乃绝。至今非洲，及他所蛮，为宫室，犹先薶人于址①，以谢土神，不然，居者必祸云。

我便恍然大悟，知道这个传说是有世界性的。所谓"先薶人于址，以谢土神"，就是吾国三行佬所用的压殃法。所谓木人草人，即"以俑不以人"之意。所以建筑万里长城便要活埋孟姜女的丈夫，建造石桥便要用活人去做桥柱的柱脚。疑皆出于古代野蛮时代的遗俗。我记得早年中山陵园正在兴工的时候，南京就发生收买儿童魂灵的谣言，大约也是这种传说的复活吧！

后来我研究这种习俗的发生，疑其初是出于建造房屋的主人的请求，因为"薶人于址"是很不经济的事，而又"莫敢废之"，所以只好用"俑"。到后来俗定法成，三行佬便不待主人的命令，自行处理。而无知的主人莫明其妙，三行佬畏其胡闹，只好于上梁之日，暗中作怪而已。江绍原的《现代英吉利谣俗及谣俗学·导言》引安得鲁兰的《书城探险》说道：

我们所有的诗歌，法律仪式，其原料是自然人或云民

①编者按：原稿此处为"人薶于址"，与下文"薶人于址"不统一，今改。

> 众不识不知的供给我们的；天才则从而拣选之，将风俗变为法规，童话变为传奇，神话变为科学，俗歌变为史诗，法术的野戏变为洋洋大观的典礼。

这句话是很对的。我们今日只知道“百无禁忌兴工大吉大利”的烧纸人以及上梁时祷拜鲁般师父的圣经，那还有知道其出于野蛮时代的“答布”呢？！所以种种误会如“三行佬作怪”等妄言妄语，便自发生了。

白居易的《凶宅》诗说道：

> 长安多大宅，列在街西东。往往朱门内，廊房相对空。……

大抵富贵之家，理无久享，由来已久。居住房屋的人不善自谋耳，于“三行佬”夫何尤！

（原载《民俗》1933年第113期）

秘戏饰文之研究

这一个题目酝酿了一年多，但是直到今天才拿起笔把它写出来；读者诸君不要怀疑，我不是艺术叛徒，又不是性学博士，并不是在提倡邪说，正经点讲句话，也是一种考据上的学问呢。

事因去年五月我答应了庐江刘氏善斋，为他整理铜器，——刘氏为国内第一流收藏家，他所藏的书籍杂器不计，即以金属中的礼乐器而论，达七百件之多，甲骨文字约三万五千余片，金属拓片约二万片，石属拓片约四万片，若连古兵铜镜计在一块儿，这个数目着实不少了。——第一天便有人向我谈及秘戏镜的话。其后他把善斋铜器目录给我看，便发见《善斋吉金录》第四十三册中，有《唐秘戏竟》一件，我拿来一看，就是现世最摩登的裸体雕刻也勿得这样精致。当时看过便算，也没留心去研究它。

直至前一个星期六我家里来了几位考古学的朋友，——董彦堂张天方卫聚贤鲍扶九胡肇椿等等——无意中也讨论到这个问题，——虽然当时所讨论的还有许多问题——鲍扶九很兴奋地告诉我，说他去年在罗雪堂家里也看到一个古钱，面上刻有

“风花雪月”四字背面刻有人物八位，两相拥抱，与善斋藏的秘戏竟大同小异。

后来我再三思想起来，这大概是从前宫闱中所特制的用品，是皇帝御用的，或者是贵族人家用的，当时也很秘密，彷彿与今日秘戏画片一样。不过后来物换星移，帝子不在，才流落民间，故现在流存也不很多。而民间日用诸器，这种饰文尚属没有。

不意事有凑巧，后来我在砖文中也有发见以秘戏为饰的，大抵是墓砖为多。可是我便不能说出他的理由来了。但是我仔细想过，这大约是为压胜之用的。这正如小说书里说樊梨花生薛刚的时候，正在阵中，临盆之际，一道血光，便把敌人的法宝冲破了一样。疑心男女构精，正是人门无上的英雄，所以有甚么不好的风水，不吉利的方煞，也只好埋放了这种秘戏墓砖以冲破它。

这些话在书本上究竟有没有证据，我不暇翻阅，我只好信手写来，作为一个楔子，希望有许多见闻广博的朋友，供给我多少材料，以后可以成为一个有系统的研究，那么，无论在艺术史上，在风俗史上便可以得到正确的解答。

近来山东滕[1]县发见壁画甚多，未知这一类的东西有没有在壁画上发见过。我疑心武梁画象，或其他食堂画象，或者有不少的秘戏画，不过拓本模糊，不容易看得清楚。慢慢地有人留心去研究。自然可以有发见的可能性。

二十二年五月七日写于沪上四部书斋

---

①编者按：原稿为“藤”，当以“滕”为是。今改。

文成后在善斋又与扶九谈及这事，他说最近又在许多明器里见到秘戏饰文，如铜盒盖上，据他与几位考古家商量过，据说是子孙繁荣之意。不及补入正文，特为附志于此。

五月八日又记

（原载《民俗》1933年第119期）

汉唐时代四裔民族之妇女地位①

一、绪论

吾国典籍，对于妇女社会，向不记载；以故吾民族妇女过去之真象，疑莫能明，一若自昔如此，而未尝变化者。自西方甄克思《社会通诠》，莫尔甘《古代社会》，卫斯脱马斯《人类婚姻史》诸书次第传入我国而后，国人稍稍措意及此，如刘师培、严幾道及梁任公先生等辈莫不竭力搜罗爬梳，疏通证明，而我国上世妇女地位之变迁，乃得以窥见一二。只以吾国进化日久，去古已远，文献不足，学者之间，尚未深信。至于向以吾国为文化中心之四裔民族（即古传记所谓东夷南蛮西戎北狄），其进化较吾国迟二千余年，凡浅化民族之蛮风陋俗，尚未尽泯；其昭然揭著于我国史籍者，屡见不一。兹特录汉唐间此等民族之妇女社会，汇而存之，命曰《汉唐时代四裔民族之妇女地位》。傥亦考古者所不废欤。

---

①编者按：本篇局部标点有改动。

二、女性本位时期之婚姻

现在一般古社会学者，咸认人类在男性本位社会之前，原为女性本位社会。其事发端于野蛮时代，父与子之间，不认为有何等血族之关系；而为之子者，常从母姓，为母家之一员，须属于母亲之血统，是谓之女性本位时期。《白虎通》所谓："古之时民但知有母而不知有父"者，即此时也。故其社会特尊重母权。而其时之婚姻，男者则就居于女者，一如今世之出嫁焉。

1. 女权社会

女权社会，在吾族无征。梁任公先生曾举姓字为说，谓："姓《说文》从女从生，言女所生也；古代著姓，若姚若姒若姬若姜若妫若嬴若姞若妘，文皆从女。实本于是。"（见《国文语原解》）然不能以是坐实其即为女权社会。若四裔民族则不然。马氏《文献通考·四裔考》十六东女云：

> 东女亦曰苏伐剌拿瞿咀罗，羌别种也。东与吐蕃、党项、茂州接，西属三波诃，北距于阗，东南属雅州罗女蛮白狼夷；有八十城，以女为君。官在外者率男子为之，凡号令女官自内传，男官受而行之。王侍女数百，五日一听政。王死，以金钱数万纳王族，求淑女立之，凡二次为小王，王死因以为嗣，或姑死妇继。

其国在隋开皇六年及唐武德时贞观时均曾遣使入贡。其地约当今日西藏之西，和阗之南。据右文所记录，则宛然《镜花缘》中之女儿国也。又云：

> 俗轻男子，女贵者咸有侍。男被发以青涂面，惟务战

与耕而已。子从母姓。

非所谓女性本位的家系而何？又同书《四裔考》七尾濮云：

尾濮，汉魏以后，在兴右郡（今云南郡地）西南千五百里徼外。其人唯识母不识父。

则其俗为女权制无疑也。又同书《四裔考》五獠云：

獠盖蛮之别种。往代初出自梁益之间。自汉中达于邛笮川谷之间，所在皆有。俗不辨姓氏，又无名字。性同禽兽，至于忿怒父子不相避，惟手有兵刃者先杀之。若杀其父，走避于外，求得十狗以谢其母，然后敢归，母得狗谢，不复嫌恨。若报怨相攻击，必杀而食之。

其所叙述，完全为原始社会状态。其夫妇父子之关系，不及母子间之亲密。不辨姓氏，则男性家系，决未成立可知。若杀其父，则走避于外，又须谢其母，疑其时尚有女权制之遗风。又同书《四裔考》十九乌桓云：

乌桓者，本东胡种也。汉初保乌桓山，因以为号。俗，怒则杀父兄，而终不害其母，以母有族类，父兄无相仇报故也。（以己为种，无复报者故也。）

谓不害其母，以母有族类，则女性本位社会之有家系组织，男性无之，尤为显而易见之事。然在其时我民族正当汉唐之盛，文化大放光明，闻者莫不以此为蛮俗奇闻，宁复知此为浅化民族必经之阶段，而吾民族之涵濡孕育于黄农尧舜之治为已久乎！是则可念也已！

2. 婿就女家

婿就女家为女权社会之必然现象，其事与今者女就婿家相同，盖所以保持本系之繁荣而不至于陵替者也。《文献通考·四裔考》二十一铁勒云：

铁勒之先，匈奴之苗裔也。其俗大抵与突厥同，唯丈夫婚毕，就便妻家待产乳男，然后归，此其异也。

案原书所云，为隋大业年间之事。所谓就便妻家，即居女家不返之意；待产乳男然后归，疑即今人所云归宁父母，非待其妻产乳后，便不得归宁也。今乡间诗礼之家犹然，然以是施之男子，自不得不谓为女权社会之特色。同书《四裔考》三勿吉云：

勿吉在高丽北，一曰靺鞨。初婚之夕，男就女家，执女，乳。

其事亦见《北史》及《魏书》，《北史》卷九十四列传八十二云：

初婚之夕，男就女家执女，乳而始罢。

《魏书》卷百列传八十八云：

初婚之夕，男就女家执女，乳而罢，便以为定，仍为夫妇。

所谓执女者，为女执役也，犹今人所谓侍奉巾栉。乳而罢即所谓产子以后，于其族为有德，服役可免也。然则其时女性之养尊处优可知矣。今者妇人操持家政世多代为鸣不平，谓当解放；其亦知世固有男子为妇家执役如此者乎？则所谓分工合作，主外主内，各量其力，征之异时异地，莫不皆然，不足怪也。《文献通考·四裔考》二高勾丽云：

高勾丽其先出夫余。其婚嫁，皆就妇家，生子长大，然后将还。

待生子长大然后得归，则其留居妇家之时期较他族为长，要亦同一习俗而已。

3. 夫妇别居

夫妇别居亦为女权社会之遗俗，大抵夫婿畏为妇家亲属所见，不愿居留妇家，故出于此。然而其俗以女性为主体，以男性为附属，固与一般女权社会无不同也。《文献通考·四裔考》五充州条下引石湖范氏《桂海虞衡志》曰：

> 西南番俗，大抵介别，男夫甚刚，妻女甚洁。夫妇异居：妻所居，深藏不见人；夫过，其妻挂剑于门，而后入。或期于深山，不亵秽其居。谓否则鬼神祸之。此诸蛮皆未尝为害，故其事亦不能详。

据原书其地与牂牁接境，其人知尚诸葛武侯制服，其事疑在隋唐之世。谓未尝为害，则当已知有汉化，或即今日熟番之类耳。

4. 入寮

夫妇别居，带有夫婿避匿之意。有其事夫妇不同栖而亦非避匿者，谓之入寮。入寮者于女家若干里之外，建草屋以居婿者也。盖古者部落与部落之间互相仇敌，今既得佳婿，又恐其非我族类其心必异，故分别居之耳。《三国志》卷三十《东夷传》云：

> 高勾丽在辽东之东千里，南与朝鲜濊貊，东与沃沮，北与夫余接。其俗作婚姻，言语已定，女家作小屋于大屋后，名曰婿屋。婿暮至女家户外，自名，跪拜，乞得就女宿，如是者再三，女父母乃听，使就小屋中宿。傍顿钱帛，至生子已长大，乃将妇归家。

《文献通考·四裔考》四扶桑云：

> 扶桑国者齐永元元年，其国有沙门慧深来至荆州，说云：扶桑在大汉国东二万余里，地在中国之东，其土多扶桑木，故以为名。其婚法则婿往女家，门外作屋，晨夕洒扫。经年，而女不悦即驱之；相悦乃成婚，婚礼大抵与中国同。

疑其俗盛行于东方海上诸国。世谓居于水者其民族性常和平，故出诸防闲而不必出之击杀也。同书《四裔考》七西原蛮条下引《桂海虞衡志》曰：

> 侬智高反，朝廷讨平之，因其疆域，参唐制，分析其种落，大者为州，小者为县，又小者为洞，凡五十余所。举洞纯一姓者，婚姻自若。酋豪或娶数妻，皆曰媚娘。洞官之家，婚嫁以粗豪汰侈相高，聘礼仪多至千担，少亦半之。婿来就亲女家，于五里外结草屋百余间与居，谓之入寮。两家各以鼓乐迎男女至寮，女婢妾百余，婿僮仆至数百，成礼之夕，两家各盛兵为备，小有言则兵刃相接。成婚后，婿常抽刃，妻之婢妾迕意则手杀之。自入寮能多杀婢，则妻党畏之，否则谓之懦，半年而归夫家。

其写夫妇两族间之敌对行为，绘影绘声，盖非如此则不能相安也。婿能多杀婢，则妻党畏之，疑此时男性本位之家系，逐渐成立；故带有征服妻子之意。其酋豪或娶数妻，及半年而归夫家二语，尤足证妇女地位之低降。其俗自唐以来已然，此则追述之耳。

5. 买婿

此外尚有一例，则为求买男子以为夫婿，是也。《文献通考·四裔考》五南平蛮云：

> 南平蛮东距智州，南属渝州，西接南州，北治州。俗

女多男少，妇人任役。婚法：女先以货求男；贫者无以嫁，则卖为婢。

此明言以货求男，则必为买婿无疑。然云妇人任役，则夫之地位渐高矣。又同书《四裔考》八林邑云：

林邑国，秦象郡林邑县地，汉为象林县，属日南郡，古越裳之界也。在交趾南。嫁娶必用八月，女先求男，由贵男而贱女也。

求者求买之意，疑女权社会，男子不为重视，至此时男性因受逼迫而衰落；物固以少为贵以多为贱，及其衰落，则供不应求，因而男贵女贱，为其自然现象。或谓此时男性本位家系逐渐兴盛，男子不肯就女家，故有此现象。《南齐书》卷五十八列传三十九林邑条亦云：

妇先遣聘求婿。

聘者聘财之意，则其聘买男子之义更为显明。其事与今日聘买妇女为妻无异。疑自此以后，女性本位社会不能维系，而男性本位代兴矣。

三、男性本位时期之婚姻

男性本位家系之制度，或谓其发生较迟于女性本位家系，或谓与之同时，为一种环境不同之民族所创造。然姑勿深究其如何起源，而其为保持男系之发展，固无疑义。此时儿女均从父姓，为父家之一员；社会亦以男性为主体，女性为附属。我国自有史以来，即已如此，而四裔民族则进化各有先后，步骤极不一致。卫斯脱马斯《人类婚姻史》分析此等社会之婚姻，为掠夺婚、买卖婚、条件同意婚三种。条件同意婚又有有经济关系与无经济关系两种。有经济关系者又称劳役婚，其性质近于买卖婚；无经济关系者，略近近人所谓恋爱，古代以媒会出之。兹就史实性质，略为论述。

1. 掠夺婚

原始社会，不知礼仪，劫夺妇女之风，最为盛行。《说文》毋，止之也，从女有奸之者。意盖谓见人之奸女而从旁禁止之，则曰毋，其后凡禁止之词皆曰毋。《说文》安，竫也。从女在宀中，谓得女而安也。朱骏声曰：饮食男女，人之大欲存焉；宁从宀心皿，饮食之欲也，安从宀女，男女之欲也。夺妇之风，今虽久亡，然可考而知也。梁任公先生以《说文》取字婚字合之《易经》匪寇昏媾一语，谓我族古昔实有此俗，然不能举事实为证。刘师培《中国历史教科书》举《礼》之阳侯杀穆侯劫其夫人为证；然此为偶然一事，非全族之风尚，于例不合。实因吾族脱离此习俗已久，故不能言之也。其邻之四裔民族，则史书往往明言其确实如此者。如《文献通考》二十四室韦云：

> 室韦有五部，后魏末通焉，并在靺鞨之北。婚嫁之法：二家相许，婿辄盗妇去，然后送牛马为聘。

《北史》卷九十六列传八十四吐谷浑条云：

> 吐谷浑本辽东鲜卑……与突厥族同。至于婚，贫不能备财者，辄盗女去。

此皆明言其有掠夺者，盗女即掠夺妇女也。《旧唐书》卷一九八列传一四八吐谷浑条云：

> 其婚姻富家厚出财，贫人窃女而去。

则又明言富者社会行买卖婚，贫者社会行掠夺婚也。惟其如此，以暴力得妇，恐女家之报复，故有女夫逃避之俗。《旧唐书》卷一九七列传一四七记述东谢蛮云：

> 东谢蛮其地在黔州之西数百里，南接守宫獠，西连夷子，北至蛮。婚姻之礼，以牛酒为聘，女归夫家，皆母自送之。女夫惭逃避，经旬方出宴聚，则击铜鼓吹大角，歌舞以为乐。

疑后世蜜月之举源出于此。

2. 买卖婚

人事稍进，知掠夺妇女容易伤生，乃改而出于买卖妇女之一途。刘师培《中国历史教科书》曰："伏羲之世，虑劫略之易于造乱，乃创为俪皮之礼，定夫妇之道。而女娲亦佐伏羲定婚礼，并置女媒。然俪皮之礼，即买卖妇女之俗也，故视妇女为财产之一。后世婚姻行纳采、纳吉、问名、纳征、请期、亲迎六礼。纳采纳吉皆奠雁，而纳征则用玄纁束帛，所以沿买卖妇女之俗也。"其说是也。今乡间议婚，重视聘金；城市订婚，昂其钻戒；皆此意也。四裔诸民族，亦有此俗。《文献通考·四裔考》十九高车云：

> 高车盖古赤狄之种也。婚姻用牛马纳聘，以多为荣。迎娶之日，男女相将持马酪熟肉，即主人延宾，亦无行位，穹庐前丛坐饮宴终日，复留其宿。明日将妇归。

同书《四裔考》二十一都波云：

> 都波者铁勒别种。南去回纥十三日。婚姻富者以马，贫用鹿皮及草根为聘礼。

又同书《四裔考》二十五黠戛斯云：

> 黠戛斯古坚昆国也。地当伊吾之西，焉耆北，白山之旁。婚嫁纳羊马以聘。富者或百千计。

又同书《四裔考》七松外诸蛮云：

松外诸蛮数十，自夜郎滇池以西皆庄蹻之裔，富室娶妻，纳金银牛羊酒，女所赍亦如之。

又同书《四裔考》八哥罗云：

哥罗国汉时闻焉，在槃槃东南，亦曰哥罗富沙罗国。嫁娶初问婚，惟以槟榔为礼，多者至二百盘。成婚时惟以黄金为财，多者至二百两。妇人嫁讫，则从夫姓。

盖皆行买卖婚姻之制者也。然居北者其代价每为牲畜，居南者则每为金银，其地理环境使然也。然妇女而可以如货物之买卖，则其地位之低下可想矣。

有买则必有卖，于是为之父母者往往执女之手以授其婿，婿则牵之以归。《北史》卷九十五列传八十三记林邑国之婚法云：

林邑其国延袤数千里，物产大抵与交趾同。每有婚媾，令婚者赍金银钏、酒二壶、鱼数头至女家，于是择日夫家会亲宾，歌舞相对，女家请一婆罗门，送女至男家，婿盥手，因牵女授之。

《梁书》卷五十四列传四十八亦记述林邑国云：

使婆罗门引婿见妇，握手相付，咒曰吉利吉利，以为成礼。

媒者即今之介绍人也，婆罗门者今之牧师也，皆贸易上见证作中者也。《文献通考》八赤土国云：

赤土国扶南之别种也。在南海中，水行百余日而达。每婚姻，择吉日。女家先期五日，作乐饮酒；父执女手以授婿，七日乃配。

其事在隋大业年间，其地疑即今暹罗之一部。盖必以执手授

婿，交付已毕，而其买卖乃可完成也

3. 劳役婚

劳役婚其初原为女权社会时期婿就女家为女家执役之遗制；及后男性本位社会成立，婿不能久居女家，遂成为条件婚姻之一。《文献通考·四裔考》十九乌桓云：

> 其嫁娶先私通掠将女，或半岁，或百日，然后遣送马牛羊以为聘币。婿随妻至家，无尊卑，朝朝拜之。而不拜其父母。为妻家仆役一二年间，妻家乃更厚遣送女，居处财物，一皆分办。

《后汉书》卷一百二十《乌桓鲜卑列传》第八十所云，大略如此。其文云：

> 乌桓者本东胡也。其嫁娶则先略女通情，或半岁或百日。……居处财物，一皆为办。

只文字有出入耳。然其时乌桓实为女权社会，故知其制源出于此。《旧唐书》卷一九九下列传一四九记室韦云：

> 室韦者契丹之别种也。居猛越河北，东至黑水靺鞨，西至突厥，南接契丹，北至于海。婚嫁之法：男先就女舍，二年役力，因得亲迎其妇。役日已满，女家分其财物，夫妇同车而载，鼓舞共归。

《新唐书》卷二百十九《北狄列传》第一百四十四亦云：

> 室韦契丹别种，东胡之北边，盖零丁苗裔也……婚嫁则男先佣女家三岁，而后分以产，与妇共载，鼓舞而还。

室韦为盛行掠夺婚之国，今者又云其以劳役三年代买价，盖混行掠夺婚、买卖婚、劳役婚三者之民族也。

4. 媒会

媒会为婚姻中最进步之手续，其事为男女双方绝对平等，而又有公共机关监督者也。《周礼·媒氏》曰：

> 中春之月令会男女，于是时也，奔者不禁。若无故而不用令者罚之。司男女之无夫家者而会之。凡嫁子娶妻入币纯帛无过五两。

故者父母大故也，古者女子二十而嫁，有故则二十三年而嫁，合于父母之丧三年而毕之谊。若无大故，则未婚之男女，皆令其于中春之月为媒会也。否则罚之矣。先王所以准情酌理，不令其婚姻或迟或早，有害于生理及生育也。盖积久经验，乃始知之。不谓四裔民族中其进化较高者亦皆如是。《文献通考·四裔考》五盘瓠引《桂海虞衡志》云：

> 傜本盘瓠之后。其地山溪高深，介于巴蜀湖广间。十月朔日，各以聚落祭都贝大王，男女各成列，连袂相携而舞，谓之踏傜。意相得则咿呜跃入女群，负所爱去，遂为夫妇，不由父母。其无配者俟来岁再会。女三年无所向，父母或杀之，以其为人所弃云。

同书《四裔考》七交阯条又引《桂海虞衡志》云：

> 今安南国。历代为郡县。上巳日男女集会为行列，结五色彩为球，歌而抛之，谓之飞驼。男女自成列，女受驼，男婚以定。

盖皆所谓奔者不禁也。两事虽为宋人所追记，然观其历代皆为郡县一语，则其开化固当在汉唐间也。同书《四裔考》十九鲜卑云：

> 鲜卑亦东胡之支也，别依鲜卑山，因号焉。婚姻先髡

> 头，以季春月大会饶乐水上，然后配合。

亦犹周代媒会之意，唯季春较中春为稍迟耳。同书《四裔考》二十突厥云：

> 突厥之先，平凉杂胡也，盖匈奴之别种。春夏死者候草木落，秋冬死者候华叶荣茂，然后坎而瘗之。于墓所立石建标，其石多少依平生所杀人数。是日男女咸盛服饰，会于葬所。男有悦爱于女者，归即遣人聘问，父母多不违也。

其婚姻之媒会于葬式行之，最为奇特。闻犹太旧俗在纪元前第一世纪之顷，亦有祭日会舞男女，处女选夫于男子中之习俗，未知是否传自其间也。自媒氏之职不修，而世之男女亦每多凉薄，此夫妇间一与之齐终身不改之美德所由日事崩溃欤！然而君子之道，造端乎夫妇；离异之事件日多，其影响于社会自日深矣。

四、关于婚姻上之一般现象

关于婚姻上之其他一般现象，亦足窥见妇女在社会上所居之地位，兹者不辞琐细，零星记之，以观其一斑焉。

1. 同姓婚姻

同姓婚姻原为婚姻史中最初之现象，盖以小部落聚处，四周均为仇敌，只同血族者见面之机会较多，男女之间容易引起恋爱。惟进化较早之民族始知禁止耳。《文献通考·四裔考》三新罗云：

> 新罗魏时新卢国焉。其先本辰韩种也。其族第一骨第二骨以自别。兄弟女、姑、姨、从姊妹皆聘为妻。王族为

第一骨，妻亦其族。生子皆为第一骨。不娶第二骨女，虽娶常为妾媵。

《旧唐书》卷一九九上列传一四九新罗条云：

新罗国本弁韩之苗裔也，其国在汉时乐浪之地，东及南方俱限大海，西接百济，北邻高丽。

可见新罗行纯然同姓婚姻之制。又《文献通考·四裔考》八林邑云：

同姓还相婚姻。

同书《四裔考》九多摩云：

多摩长国居于海岛。婚姻无同姓之别。

皆同姓自为婚姻者也。同姓婚又最易引起近亲婚，如上文新罗条所言："兄弟女、姑、姨、从姊妹皆聘为妻"；是也。此为极端之近亲婚，即亲子婚及兄弟姊妹婚者也。此外则波斯安息亦然。同书《四裔考》十四安息云：

安息汉时通焉。……妻其姊妹。

同书《四裔考》十六波斯云：

波斯后魏时通焉。婚合不择尊卑，于诸夷中最为丑秽。

《北史》卷九十七列传八五波斯条亦云：

波斯古条支国也。多以姊妹为妻妾，自余婚合亦不择尊卑，诸夷之中最为丑秽矣。

2. 异姓婚姻

人事稍进，乃知同姓不婚，以其生不蕃故也。《文献通考·四裔考》一濊云：

濊亦朝鲜之地。南与辰韩，北与高勾丽沃沮接。东穷大海，西至乐浪。其人性谨愿，少嗜欲，有耻，同姓不婚。

自汉以来，其族已甚进化。《旧唐书》卷一九八列传一四八党项羌条云：

党项羌，在古析支之地，汉西羌之别种也。……不婚同姓。

四裔民族中能知异姓相婚姻者，在汉唐时仅此两族而已。

3. 亲属继婚

汉唐时四裔民族中，亦有父死子妻其后母，兄终弟纳其嫠嫂，亲属相继为婚姻，现象至为普遍。《文献通考·四裔考》十七北方诸国总序引杜氏《通典》曰：

北狄……父死妻其后母，兄弟死者，皆取其妻妻之。

同书《四裔考》十西方诸国总序引杜氏《通典·边防·序略》曰：

西羌出自三苗，盖羌姓也……其俗氏族无定，或以父名母姓为种号，妻后母，纳嫠嫂，如北狄之俗，故国无鳏寡，种繁炽。

是古代北狄西羌有此现象矣。《旧唐书》卷一九八列传一四八党项羌条云：

妻其庶母及伯叔母、嫂、子弟之妇，淫秽烝亵，诸夷中最甚。

《北史》卷九十六列传八十四宕昌条云：

宕昌羌者，其先盖三苗之胤。父子、伯叔、兄弟死者，即以继母、世叔母及嫂、弟妇等为妻。

《北史》卷九十九列传八十七突厥条云：

父兄、伯叔死，子弟及侄等妻其后母、世叔母、嫂，唯尊者不得下淫。

《北史》卷九十六列传八十四稽胡条云：

稽胡一曰步落稽，盖匈奴别刘元海五部之苗裔也。兄弟死者，皆纳其妻。

《北史》卷九十六列传八十四吐谷浑条云：

父兄死，妻后母及嫂等，与突厥俗同。

《旧唐书》卷一九八列传一四八吐谷浑条亦云：

父卒妻其庶母，兄亡妻其诸嫂。

《文献通考·四裔考》六附国云：

附国隋代通焉，在蜀郡西北二千余里，即汉之西夷也。妻其群母及嫂，儿弟死父兄亦纳其妻。

同书《四裔考》一夫余云：

夫余国在元菟北千里，南与高勾丽，东与挹娄，西与鲜卑接，北有弱水。其俗……兄死妻嫂。

皆汉唐时四裔民族之亲属相继为婚姻者。盖视妇女亦如一般之货物财产，父兄已死，子弟可以继承之者；非能以人格视之也。其时妇女之地位为最低矣。

4. 兄弟共妻

一妻多夫之俗，世固有行之者。兄弟共妻之俗，其事源出于古者集团结婚，演变而为兄弟合营一妻焉，积久乃成为习俗。《文献通考·四裔考》十五滑国云：

滑国车师之别种也。后汉顺帝永建初八滑从班勇击北虏有功。……兄弟共妻。

同书《四裔考》十五嚈哒云：

嚈哒国大月氏之种类也，亦曰高车之别种。其俗兄弟共一妻，夫无兄弟者妻戴一角帽。若有兄弟者，依其多少之数，更加帽角焉。

嚈哒亦别呼悒怛，《隋书》卷八十三列传四十八悒怛条亦云：

兄弟同妻，妇人有一夫者冠一角帽，夫兄弟多者，依其数为角。

又《文献通考·四裔考》九多蔑云：

多蔑国其人短小，兄弟共娶一妻，妇总发为角，辨夫之多少。唐贞观中通焉。在南边。南阻大海，西俱游国，北波刺，东真陀桓。

此皆汉唐时四裔民族中兄弟共妻之俗。然兄弟既共妻矣，则此妻所生之子，将如何处理？此亦不得不研究也。《文献通考·四裔考》十六吐火罗云：

吐火罗一名土壑宜，后魏时吐呼罗国也；隋时通焉。俗奉佛，多男少妇人，故兄弟通室。妇人五夫则首戴五角，十夫戴十角，男子无兄弟者则与他人结为昆季，方始得妻。不然，终身无妇矣。生子属其长兄。

《北史》卷九十七列传八十五吐火罗条亦云：

吐火罗者，都葱岭西五百里。其俗事佛，兄弟同一妻，迭寝焉。每一人入房，户外挂其衣，以为志。生子属其长兄。

此为其解决之法也。

5. 娶后分居

《文献通考·四裔考》八赤土国云：

既娶即分财别居，唯幼子与父居。

同书《四裔考》九真腊云：

> 真腊国在林邑西南，本扶南之属国也。娶妻者唯送女人，女择日遣媒人送妇，男女二家各八日不出，昼夜燃灯不息。男婚礼毕，即与其父分财别居。父母死小儿未婚者以余财与之。若婚毕财物入官。

娶后即与父分财别居，犹后世所谓有室有家，自立门户之意。若以现代语译之，即所谓小家庭主义是也。

6. 女淫妇贞

四裔民族男女间有一极奇异之现象，即女淫妇贞是也。当其未嫁之时，与男子恋爱自由，社会不但不以为责，且每每以情夫之多寡而定名誉之高下。及其结婚以后，则监视极严，有谨守贞节之义务；此至可异也。《文献通考·四裔考》三挹娄云：

> 挹娄云即古肃慎之国也。将嫁娶，男女以毛羽插女头，女和则持归，然后致礼聘之。妇贞而女淫。

《北史》卷九十六列传八十四记稽胡之俗云：

> 俗好淫秽，女尤甚，将嫁之夕，方与淫者叙离，夫氏闻之以多为贵。既嫁颇亦防闲，有犯奸者随事惩罚。

此皆对于未嫁女子市以宽大而妇人则否也。《文献通考·四裔考》二高勾丽云：

> 风俗尚淫，不以为愧。俗多游女，夫无常人，夜则男女群聚为戏，无有贵贱之节，有婚嫁取男女相悦即为之，男家送猪酒而已，无有财聘之礼，或有受财者，人共耻之，以为卖婢。

此亦指未婚女子之恋爱自由也。同书《四裔考》七松外诸蛮云：

> 奸淫则强族输金银请和，而弃其妻，处女嫠妇不坐。

《北史》卷九十四列传八十二百济条云：

> 妇犯奸，没入夫家为婢。

皆所以禁止妇淫也。此为男性加于女性之特定法律。

五、女性本位让渡男性本位之迹象

女性本位之社会让渡于男性本位，其事已久，世难得其真相。今存于汉唐间之四裔民族中者，尚有数事，彷佛可以推得迹象，因拉杂书之。

1. 立嗣

妇人饲子，乃其天职。惟蛮夷中则有丈夫为之者，其俗以为必能如是然后可以定其父子之关系。希腊地理学者斯梯里本（Strabon）谓古代占据法兰西南部之伊布斯族（Iberes）有此奇习，为夫者须代妻坐褥云。《文献通考·四裔考》五僚条引《桂海虞衡志》云：

> 唐房千里《异物志》言：僚妇生子即出，夫惫卧为乳妇，不谨则病，其妻乃无苦。

此为从女性本位时代移向男性本位过渡期中，为父者公示其所生之子为自己之子之一种必需仪式也。

2. 奴婢

奴婢为男性本位社会之特征，在古代每每没入犯罪者之家人充之。《北史》卷九十四列传八十二豆莫娄云：

> 豆莫娄国在勿吉北千里，旧夫余也。用刑严急，杀人

者死，没其家人为奴婢。

《文献通考·四裔考》一夫余云：

其俗用刑严急，被诛者皆没其家人为奴婢。

同书《四裔考》二高勾丽云：

有罪诸加主议，便杀之，没妻子为奴婢。

又云：

盗则偿十倍，若贫不能偿者，以及公私债负，皆听凭其子女为奴婢以偿之。

及《北史》百济条“妇犯奸，没入夫家为婢”，皆是也。

3. 女市

女市者置为处女市场而竞卖之者也。古代巴比伦国有之，据希腊史家希罗多德所记录，每村落一年一次，在政府监督之下，设立女市，罗致及时处女而呼卖之，男子竞围于外，初卖美女，顺次及于丑女，美女价格最高，归于富人，最丑者则价格最低归于贫者云。不意汉唐时代之四裔民族亦有此事。《文献通考·四裔考》十三龟兹云：

龟兹汉时通焉。俗性多淫，置女市，收男子铁以入官。

铁者货币也，以铁入官，是官卖也；其事与巴比伦正同。然而人肉市场，其道苦矣；彼被卖之女子，竟不能反抗，则其地位之低，岂不可知耶。

六、结论

呜呼！前事之不忘，后事之师也。吾国在汉唐时代已进于礼义之邦者近千年，而环顾四境，诸后进民族，则正在进化路线中；迄今日本考古学专家滨田耕作氏犹称吾国为文明先进国，为东亚文化之母国。（见氏著《日本文明之黎明》中）今者四裔民族其文化早已同于我国，而我国则旧德日漓，新知未启；岂不大可哀哉！噫！

（原载《新中华》第1卷第16期，1933年）

礼与新生活①

一、引论

大学杂志社有《新生活运动专号》之刊，一日忽以书抵余，嘱为文以作蒭荛之献，并命题为《礼与新生活》。余自维不文，又素乏研究，愧无以应。惟近十年来专攻考古之学，日以吉金礼器，诸家著录及各种发掘报告为研究之资料，于我国民族固有生活之风俗道德，自问知之甚明。近年来为海上各藏家整理铜器，有刘氏善斋者藏三代器可七百余件，置身其间，彷彿如登三代之堂。每见我先民起居饮食之丝毫不苟，衣裳棺椁之秩然有序，莫不肃然起敬；知我民族立国之久远，其所以维持我民族于不坠者，其来有自。因参稽《荀子》《三礼》《左氏春秋》及个人私臆，拉杂书之，未知有当于新生活之意义否也。知我罪我，是在吾亲爱之编者与读者。

①编者按：本篇局部标点有改动。

二、礼之由来

今于未入本题之先，试先研求礼之所由来。夫礼何自起？盖起于人类进化之后。《荀子·王制篇》曰：

> 夫两贵之不能相事，两贱之不能相使，是天数也。势位齐而欲恶同，物不能澹（杨倞注，澹读为赡）。欲必争，争则必乱，乱则穷矣。先王恶其乱也，故制礼义以分之。

又曰：

> 水火有气而无生，草木有生而无知，禽兽有知而无义，人有气，有生，有知，亦且有义，故最为天下贵也。力不若牛，走不若马，而牛马以为用，何也？曰人能群，彼不能群也。人何以能群？曰“分”。分何以能行？曰“义”。故义以分则和，和则一，一则多力，多力则强，强则胜物，故宫室可得而居也。故序四时，裁万物，兼利天下，无它故焉，得之分义也。故人不能无群，群而无分则争，争则乱，乱则离，离则弱，弱则不能胜物，故宫室不可得而居也。——不可少顷舍礼义之谓也。

荀子所称先王，虽不明指何时，然而谓“能群”，则必为人事进化之后，可以想见。彼人类之初生也，固与禽兽牛马无别也，经几许之相争相夺相斗相杀，而后知彼之不能相安也，于是进而求所以相安之道。故曰“先王恶其乱也”。久之，制礼义以分之，于是人类相争相夺相斗相杀之祸息，而“群”居之义兴焉。积久遂不可废，此礼之由生也。

三、礼为人生所必不可废

有礼则宫室可得而居，无礼则宫室不可得而居也。推荀子之意，亦必曰："有礼则衣服可得而御，无礼则衣服不可得而御；有礼则饔飧可得而供，无礼则饔飧不可得而供；有礼则舟车可得而用，无礼则舟车不可得而用也。"然则人之生活不可须臾去礼也明甚。兹更欲从以下三者以阐明之：

甲　从日常生活上说

吾国哲人思想发生之初，其姓即有阴阳，五行两派。阴阳见于《易经》，五行见于《洪范》。然阴阳偏于玄理，五行切乎人生，故夏禹箕子墨子一系相承，莫不以五行为说。吾意五行最初只为人生日常生活上物质之五大分类，其后以之比于五事而验，始渐流为哲理，而西汉今文家悠谬之说，不足信也。《洪范》为治理天下国家大经大法之书，今其开端，即曰："初一曰五行，次二曰敬用五事"；则其以日常生活之本以为治可知。五行具备，然后五事[①]可得敬用，此即衣食足而后礼义兴之义也。夫五行者何？《洪范》曰："一、五行：一曰水，二曰火，三曰木，四曰金，五曰土。"今试问吾人之生活，几何其可须臾离此五者也。《左传》曰："天生五材，民并用之"，不几可以为证乎？！故《洪范》一书，以五行为统，列在初一，即所以尊民之衣食住行也。昔郑子产言礼，亦以五行明之。《左传》子太叔曰："吉也闻之先大夫曰：'礼，天之经，地之义，民之行也。则天之明，因地之性，生其六气，用其五行，气为五味，发为五色，章为五声，淫其昏乱，民失其性。故为六畜五牲三牺以奉五味，为九文六采五章以奉五色，为九歌八风七音六律以奉五声，为君臣上下，以则地义，为夫

①编者按：原稿为"聿"，当以"事"为是。今改。

妇内外，以经二物，为父子兄弟婚媾姻娅，以象天明，为政事庸力行务，以从四时，为刑罚威狱，以类其震曜杀戮[1]，为温慈和惠，以效其生殖长育。是故好恶不忒，哀乐不失，乃能协于天地之性，是以长久，故人能自曲直以赴于礼者，谓之成人。’”然则礼为天经地义，生于五行之用，益以明矣。《洪范》又以五事次五行，曰：“二、五事：一曰貌，二曰言，三曰视，四曰听，五曰思。貌曰恭，言曰从，视曰明，听曰聪，思曰睿。恭作肃，从作乂，明作哲，聪作谋，睿作圣。”盖五事者，民彝之始事也，曰貌、曰言、曰视、曰听、曰思，五事之目也。恭、从、明、聪、睿，礼之本也。孔子之传颜子以道，曰：“非礼勿视，非礼勿听，非礼勿言，非礼勿动”；即所以明礼须从貌、言、视、听、思五事做起也。肃、乂、哲、谋、圣，礼之所终极也。《诗》曰：“天生烝民，有物有则，民之秉彝，好是懿德。”孟子曰：“皆所以明人伦也。人伦明于上，小民亲于下。”所谓居之安也。盖人之禀赋而生，既各有此貌、言、视、听、思之官能，即有此恭、从、明、聪、睿之美德，若于五行之所需，无稍欠缺，则其由礼之本，以至于终极无难也。否则饱食终日，无所用心，则其异于禽兽者几希矣。《荀子·富国篇》曰：“礼者，贵贱有等，长幼有差，贫富轻重，皆有称者也。”故《左氏》于国之盛衰存亡，人之祸福生死，每以礼断之，而不爽毫发，岂无故哉？盖道德仁义，蕴之于心，礼则行之于事；蕴于心者，人所难知，行于事者，人所共见也。孔子赞禹，菲饮食，恶衣服，卑宫室，此克勤克俭之德也。而至孝鬼神，致美黻冕，尽力沟洫，敬天勤民，非

①编者按：原稿为“戳”，当以“戮”为是。今改。

皆礼之事乎？吾乃知治天下国家者，舍礼无以为治也。此从日常生活上言礼有必不可废之道在也。

乙　从人伦道德上说

吾国礼教，莫重于五伦，五伦者人生之大道也，如日月之经天，江河之丽地，亘千古而必不可废者也。虽然，《易》首乾坤，《诗》首《关雎》，圣人教民之旨深矣。《中庸》曰："君子之道，造端乎夫妇。"盖有夫妇然后有父子，有父子而后有兄弟朋友，人伦之所生，王道之所本也。故王化始于闺门，《家人》利在女贞。然则夫妇有别，相敬如宾，其义岂不重哉。考之上世，夏殷之礼，杞宋不足征，吾无论矣。彼多才多艺之周公，制为周礼，乃有周监于二代，郁郁乎文哉之盛。今《周礼·媒氏》曰：

> 中春之月，令会男女，于是时也，奔者不禁。若无故而不用令者罚之，司男女之无夫家者而会之。凡嫁子娶妻入币纯帛无过五两。

此政府设官管理人民婚媾之见于经传者也。吾尝细味其义，知自来诸家注疏，实不可从，惟清儒汪中《媒氏解》思过其半。盖故者父母大故也，古者女子二十而嫁，有故则二十三岁而嫁，合于父母之丧三年而毕之谊。若无大故，则未婚之男女，皆令其于中春之月为媒会也，否则罚之矣。先王所以准情酌理，不令其婚姻或迟或早，有害于生理及生育也。盖积久经验，乃始知之。今媒氏之职不修，而父母之命，又不可用，于是世之男女，每多迟婚或竟昌言不婚。而黠者又创为卤莽灭裂之论，以遂其荡检逾闲之私。试问以此夫妇，何以父子？五伦之道，由是亏矣。此兄弟争财，朋友无信之所以接踵于天壤间也。迟婚之结果，往往两姓个性俱强，因而世之男女遂多凉薄，此夫妇间一与之齐终身不改之美德，所由日事崩溃欤！然而离异之事件日多，其影响于社会自日深矣。孟子以太王爰及姜女之喻，证王齐之易于齐宣王之前，又曰："内无怨女，外无旷夫"；夫怨女旷夫之祸不止，则天下国家必不可得而治。而礼仪三百，威仪三千，亦从无由施诸正身也。必也夫夫妇妇，父父子子，然后礼乐乃兴。此从人伦道德上言，礼所必不可废者也。

丙 从历史进化上说

更进而就我国历史进化上言之。夫生民之初，固未有婚姻制度也。《易》曰"匪寇昏媾"，此言掠夺妇女者也。《礼》言阳侯杀穆侯，劫其夫人，知上世奸杀夺室之风甚盛，圣人有忧之，乃创为俪皮之礼，定为夫妇之道，于是劫略之祸熄。《易》曰："重门击柝，以待暴客，盖取诸豫。"盖上世甲兵不完，城郭不固，人不可得安居乐业也。圣人有忧之，弦木为弧，剡木为矢，弧矢之利，以威天下，然后制为上下尊卑之分，使强暴者有所畏惧而不敢发也，而人民安。道不拾遗，居不掩户，熙熙攘攘，同登于重熙累洽之天。其他养生送死，慎终追远之礼，由是生焉。礼虽不知其所自始，而传于尧舜禹汤文武，而盛于周公，固可指而数也。孔子曰："殷因于夏礼，所损益，可知也。周[①]因于殷礼，所损益，可知也。其或继周者，虽百世，可知也。"夫所谓因者，三纲五常也。所谓损益者，文质三统也。其中有礼之意，有礼之文，故百世可知。吾

①编者按：原稿为"礼"，当以"周"为是。今改。

今乃知中国真礼治之国也。六经皆典礼之书也。周公而后，孔子集群圣之大成，赞《周易》，删《诗》《书》《礼》《乐》，而礼教大昌。孔子以六经教万世，遂为礼教之大宗。后日之诸子百家，皆礼教之支流余裔也。自是以来二千余年，而莫之敢废。夫礼者所以明人伦，形孝弟而显仁义者也。其始也起于饮食之微（说详《礼运》中），其继也范以纲常之大，其终也可以参天地而赞化育。是故天之经也，地之义也，孔子以言孝，子产以言礼，天地之经，而民则之，故曰民之行也，民之所以生也。余尝谓圣人因人情而制礼，实因人性而制礼。孟子性善之语，见道独真。乃若其情，则可以为善，可以为不善矣。人惟性善，故教之以明人伦，形孝弟，显仁义，与夫恭敬谦让之道，拜起坐立之节，成之若天性，而无待勉强，狙猿之形，非不若人，设使教以人伦爱敬忠信之道，揖让擎跪曲拳之节，则惟有穿山林遵沮泽而走耳。何也？其性不同也。然则中国成为礼治之国，人类不至同于禽兽之伦者，岂非先王先圣之遗泽长哉。此从历史进化言，礼之必不可废者如此。

故曰：礼为人生所必不可废也。

四、礼与法消长论

自后世礼教废弛，而刑法生焉。礼与法者，一消极，一积极，一防范未然，一裁制已然，用之所趋异也。故有画地为牢，势不可入，削木为吏，议不可对，盖以礼教之诛，严于斧钺也。《传》曰："刑不上大夫"，夫岂独以其为上流社会而尊之哉。太史公于《酷吏列传》言此旨最详，曰：

> 孔子曰："导之以政，齐之以刑，民免而无耻，导之以德，齐之以礼，有耻且格。"老氏称："上德不德，是

以有德，下德不失德，是以无德。法令滋章，盗贼多有。”太史公曰：信哉是言也！法令者治之具，而非制治清乱之源也。昔天下之纲尝密矣，然奸伪萌起，其极也上下相遁，至于不振。当是之时，吏治若救火扬沸，非武健严酷，恶能胜其任而愉快乎？言道德者溺其职矣！故曰："听讼吾犹人也，必也使无讼乎！”“下士闻道，大笑之。”非虚言也。

然则治国治天下者，徒恃法令，则不足以为治。苟人人犯法，必执法以相绳，其事将必烦而不易治也。其不然者，能以礼教相尚，人尽知非，必不自陷于罪。其吏治烝烝不至于奸，黎民乂安。岂不盛哉！岂不盛哉！

五、论新生活运动当从礼入手

今者我国朝野上下鉴于人心之不古，风俗之浇漓，民族道德之日事堕落也，于是有新生活运动之发起。其事始于南昌，不旋踵而风靡全国。昔曾国藩曰：“风俗之厚薄，系乎一二人之心，一二人之心欲善，则天下皆善矣。”故当晚清咸同之际，人心败坏已极，曾氏登高一呼，而应者四起，虽曾氏事功无足论要，其所为亦足以振起一时之人心。可见事在人为，天下之风气，往往转移于一二人之手也。今者国势阽危，如欲转弱为强，反败为胜，则恢复我民族固有之道德，拯人心于陷溺者，诚救时之良药也。然则新生活运动也，诚为目前救国建国与复兴民族最有效之革命运动也。

虽然，其始也，心当从礼入手，管子言：“礼义廉耻，国之四维。”礼也者，所以示人以仁义之道，而属之以廉耻之节。孔子曰：“君子博学于文，约之以礼。”其教伯鱼也，曰：

“不学诗，无以言；不学礼，无以立。”则礼为生活之始基，可以明甚。

六、结论

余生也晚，于礼学习焉未精，语焉未详。惟知礼为人生所必不可废，敢为当世之贤人君子告者，惟此而已。蒋委员长曰：“有礼守法，处处便宜。”诚然哉。

（原载《大学》第2卷第4期，1934年）

我国民族学发达史①

一、西洋古社会学学说之传入

我国学者对于民族调查的事业，大约总算是新文化运动以后才有的吧！其初是民族学与民俗学不分，而推原其始，不能不归功于西洋古社会学学说之传入。在逊清末年，严复翻译英人甄克思（E. Jenks）的《社会通诠》（*History of Politics*），斯宾塞尔（H. Spencer）《群学肄言》（*Study of Sociology*）两书，于书中之说之与我国古代社会之性质相近的，译者即为之附注于其中；于是我国古书中之不可解说者，至是咸得其解。同时刘师培编《中国历史教科书》，也往往喜欢引用西洋学说以广传我国经传，如《礼》言阳侯杀穆侯，劫其夫人，刘氏即谓为是古代掠夺婚姻之遗迹。一时读者咸视为新奇之论，大加赞赏。而二人之文笔，亦足以夺读者之心魄，用是风行全国。民国初元，梁任公先生主办《大中华杂志》，其中有所谓《国文语原解》者，即从《说文解字》一书中搜求其字之

①编者按：本篇局部标点、外文字母有改动。

合于解说我国古代社会的，逐字为之引申，如又耳为取，昏时为婚，说古人嫁娶之礼所以必以昏时者，为源出上世男子掠夺女子的习俗，引《易经》“匪寇昏媾”为证，并时引甄克思之说。于是“图腾”“答布”“么匿”等译音字，遂时时出现于我国学人文笔之中。当时作者甫十五六龄，每购到这种书报时，即视为佐谈的秘宝，大有如蔡邕之隐匿王充《论衡》一般。至今日而犹对于我国古史，四裔风俗，换言之，即对于我国考古学，民族学，民俗学特别感到兴趣的，恐怕在这时已种下根苗了。虽然，吾恐我国今日之研究古社会学，民族学，民俗学的学人，年在三十岁以上者，在当年也是如此吧！其后“五四”运动骤起，一时定期刊物不定期刊物，多至不可胜计。而北平之《晨报副镌》《京报副刊》、上海《时事新报·学灯》，尤为读者所喜。于是这种奇谈怪论，更如潮涨[①]般的涌入。如卫斯脱马斯（Edward Alexander Westermarck）的《人类婚姻史》（*History of Human Marriage*）的巨著竟在《晨报副镌》译登至一年之久，而不为阅者所厌恶。其后莫尔甘（Lewis Henry Morgan）的《古代社会》（*Ancient Society*）也以读者的需要而翻译出来了。最近涂尔干（Emile Durkheim）的《社会分工论》（*De la Division du Travail Social*）也被译印。这是我国探幽索奇之学的简史。

二、北京大学歌谣民俗搜集之开始

同时北京大学在“五四”运动以后，以新文化运动相号召。当时运动诸人为要证明其所提倡的白话文学很有历史上的根据起见，便于民国七年（一九一八）在该校设立歌谣征集处。

---

①编者按：原稿为“长”，当以“涨”为是。今改。

发出征求全国近世歌谣的简章，所征集来的歌谣，便不惜在最高学府的宝贵学术园地《北京大学日刊》上发表，而其教授周作人，学生常惠均屡屡为文提倡。民国十一年（一九二二）正式在国学系里成立了一个歌谣研究会，并且发行《歌谣周刊》。次年又在国学门里成立了一个风俗调查会，于《国学季刊》第一卷第三号里登载它的《风俗调查表》和调查方法，请该校学生于暑假回乡时顺道调查。在今日反[①]观已往，虽然草创之际，未免幼稚，然而这一个初步，正是后日一种专门学术——民族学——的先驱。直至民国十七年春间，广州国立中山大学语言历史研究所继续北京大学已往的历史，组织民俗学会，并在学会之下，开办了民俗学研究班，聘请庄泽宣，汪敬熙，顾颉刚，容肇祖诸人教授民俗学上的诸问题。并刊行《民俗周刊》及丛书，同时又计画实地调查，及登报征求材料。一时研究之风甚盛。然而这些只能算是民俗学，尚未正式进入民族学的。

三、我国民族调查的诞生和民族学的意义

虽然，在这里我们不能不研究民族学和民俗学不同之点究竟在什么地方。本来这两种是新兴的学问。其初也同出于古代社会研究的一源，所以很难分别。不过在现在确已进步到分化的田地，不能不为之分析，即使中间有彼此相跨及的地方，也不能不勉强下一界说了。大抵民俗学的界说，是：

> 研究传袭的信仰、习惯、故事、歌谣、俚语等流行于文化较低的民族或保留于文明民族中的无学问阶级里面的东西。——采自林惠祥编的《民俗学》中

---

①编者按：原稿为“返”，当以“反”为是。今改。

而民族学的界说，则为：

> 研究一个民族的生存的重要原素，及其演进的过程，而尤在重视其血统的异同，伦理的表现，社会的组织，及其为唯生机能所推荡，所支配而产生的一切工具和学艺。

所以研究的对象虽也包括有传袭的信仰、习惯、故事、歌谣、俚语等种种，但其目的不专在于此。故其所需要的基本学识，除民俗学外，实须兼有人类学、考古学、伦理学、心理学、社会学、宗教学、语言学、文字学等等为之分工合作，乃得以完成其使命。所以在我国学术界，真的能有这种大规模的调查工作，能符合民族学的意义的，当推民国十七年（一九二八）暑假的时候，国立中山大学教授史禄[1]国（Prof. S. M. Shirokogoroff）夫妇及容肇祖杨成志等调查西南民族这一次开始。

四、国内浅化民族调查略史

据说那年夏天，史禄国教授等以暑假之便，由中山大学语言历史研究所及中央研究院历史语言研究所两机关派赴云南从事调查。史禄国为俄国帝制时代著名人类学专家，在我国清华大学掌教人类学多年。对于民族的研究极有心得，通习各种浅化人种的语言。容肇祖为该校民俗学主要教授，杨成志为岭南大学高材学生，都对于这项工作极感兴趣。所以这次出发的时候抱有极大的决心与规模，同时该校生物采集队队员任国荣石声汉等为调查猺族[2]状况起见，入猺山居留两月。猺山在广西中部为平南、修仁、象县、桂平、蒙山、昭平、武宣七县所包

---

①编者按：原稿为“绿”，当以“禄”为是。今改。

②编者按：“猺族”，即现在的瑶族。

围，为正花猺、寨山猺、花蓝猺、板猺、山子猺五种猺人所居住，汉人前此所未到的。而中央研究院社会科学研究所亦于是时派专家颜复礼，商承祖至广西凌云调查猺人。凌云距百色约二百华里，陆行须三日可到。有红头猺、蓝靛猺、盘古猺、长发猺之别。一时蛮族调查事业盛极一时。结果，杨成志因留滇共一年零八个月，所得较多。调查区域，为滇南迤东，川滇交界之巴布凉山、昆明、河口及安南。收集民俗品大小数百件，内分为独立罗罗、花苗、青苗、夷人、散民、猺人、安南、滇川之汉人等等。其中以独立罗罗、夷人、青苗、摆夷、散民、子居、罗罗、安南土字各种书籍为最宝贵。其详见杨著①《云南民族调查报告》一书中，读者可自行参考。任石两氏调查事业，有《猺山调查专号》一册。其后于二十年（一九三一）春，该校生物系采集队第四次入猺山，队员庞新民有《广西猺山调查杂记》记其事，亦属至可宝贵的材料。颜商两氏则有《广西凌云猺人调查报告》一册，于巫风之盛，结绳刻木之俗，记述尤详，而所附图照，足资参考。此为西南蛮族调查的大概情形。至东南方面，则有民国十九年中央研究院社会科学研究所派林惠祥调查台湾一役。厥后林氏著《台湾番族之原始文化》一书引起国人注意不少。余二十年投登《东方杂志》之《饕餮考》一文，即本林氏之说以为解释的。此外若史禄国的《北方通古斯族之社会组织》（*Social Organization of the Northern Tungus*），姜哲夫的《记广东北江猺山荒洞猺人之建醮》，杨成志的《云南罗罗族的巫师及其经典》，林惠祥的《猡猓②标本图说》，徐益棠的

①编者按：原稿为“箸”，当以“著”为是。今改。本篇此字统改。

②编者按：“猡猓”，即现在的彝族。

《浙江畲民研究导言》，白霞[①]人的《滇边摆夷民族概况》，《国立中山大学语言历史研究所周刊·西南民族研究专号》，《岭南学报》的《沙南蜑民调查专号》等，皆为这学的重要文献。

五、现时研究上的成绩

我国民族学的正式诞生，距今不过六年，成绩已斐然可观，这是我们值得欣慰的一件事。但是我们仔细考究一下，在以上已发表的报告书中，大抵是偏重在宗教信仰，方音歌谣，以及风俗习惯，婚礼丧仪而已。至于最重要的各民族的血统的略同，演进的过程，及其地理环境如何推荡如何支配这个民族的唯生机能，大多数是过于忽略。换言之，即是应[②]用人类学、考古学、伦理学、心理学去分析研究的地方，尚嫌有所未尽。《猺山调查专号》里引有丁文江致辛树帜教授的一封信说道：

> 《西南民族专号》，读之颇为失望。其中惟先生与任君通信与石君之《猺人调查》系实地观察；此外则大抵出于编译，错误极多。例如贵州之狆家，实与獞[③]人言语相同，与苗无关，《专号》中误以为苗。云南之人种，弟略有所知。十年前，曾在北京讲演一次，其文之节略，登入*China Medical Journal*，专号中所言，皆非科学的也。
>
> 獞、狆[④]、猓之为西南人种之重要分子，因凡土司皆不出此三种人。獞狆言语与摆夷略同，即缅甸语之所谓

①编者按：原稿为“露”，当以“霞”为是。今改。

②编者按：原稿此处多一“行”字。今删。

③编者按：“獞”，即现在的壮族。

④编者按：“狆”，即现在的布依族。

Shan，《汉书》之所谓掸人，因曾建大理国，政治原有过组织，故其言语比较的统一。侬智高失败，曾逃入大理，亦即因为同种之故。广西旧日之土司，悉皆獞人为之，其大部分已经汉化。现广西所有之侬、蒙、莫、韦、岑、洗①诸大姓，实皆其后。其言语，形容词在所形容之名词后，且为Shan系语言之特色。兄能翻Tos. Esquirel之Dictionaire Dioi–Francaise即可知之。

但獞（粤西）、狆（黔）、摆夷（滇）之势力，全在纬度二十五度之南，其北则土司皆为猡猡及与之相近之摩梭（云南之丽江），其大姓为禄（东川如最著名之禄万钟，禄千钟）、安（贵州之大定、安顺、普安——安顺、普安、安平各城皆"水西"安氏旧地，故地名皆有安字）、龙（龙济光，龙云皆是）、沙、普、白、自等。现惟在四川宁远之大梁山者尚能保存其原有之性质，其人之体格极强，女子高六尺者极多（此为弟所亲见），皮肤及鼻颇有似欧人者。此外如猺、黎、苗皆为以上两种人之所征服，未闻有作土司者矣。

故弟以为西南人种，可分为三大类：

苗、猺、黎为一类（或可与安南人之Mon，Khmer同为一类）。

獞、狆、摆夷、掸、大及暹罗人，同为一类［在广西为獞，在黔为狆，在云南为摆夷，在安南为大（Thai），在缅甸为掸（Shan）］；猡猡（摩梭，黎素等皆与猡猡近）缅甸，同为一类。

此外尚有小类，则非印度来之Indonesian，即小黑人

---

①编者按：原稿为"洗"，疑为"冼"。存疑。

Negritto之杂种。至于各通志之种种名称，则不过其Tribe之名，与科学分类毫无关系也。

以上种种，乞转告傅顾诸君，于将来调查时用为Working hypothesis如何。

丁氏的批评，虽然不过是一种举例，然而作者的意见，以为民族学的研究，应该在其“生存的重要原素，及其演进的过程，与夫血统的略同，及地理环境如何推荡如何支配其唯生机能”种种方面着手。假使这种种方面的工作，尚未做到，这与民俗学的研究有什么分别？这句话，想来是研究这学的人们所赞同的。

六、今后进行的动向

虽然，我们要晓得这种报告所以不能完全称为科学研究的结果者，实是在因为规模仍然不大，各方面——如人类学、考古学等——的专家参加尚少的缘故，今后进行的动向，第一，应集合全国的专家，共同研究。最近在《新社会科学季刊》第一卷第二期里看见了《中国民族学会简章》及其发起的消息，据十二月十八日《申报》南京通讯该会已经成立。其中社会学专家如孙本文、黄文山，家族学专家如杨堃，人类学专家如陈映璜，地理学专家如胡焕庸，民族学专家如徐益棠、商承祖、凌纯声等均有参加，苟能扩充质量，集思广益，他日的成绩，必更有可观。第二，须尽量利用最新科学上的工具。即以调查方音而论，今日的著作如史禄国的《记猡猓音》，李方桂的《广西凌云猺语》，的确是极有用的著作。但作者的私意，以为今后再事调查，直应采用灌音方法，制成留声机片，随时可以复演给一般未往调查的语言学专家分析研究。其他如能适用电影方法者则尽量摄制，如能采购实物或仿造者则尽量采造。积丰富的材料，为有系统的陈列，则随时可供考古学、历史学的专家比较研究。这是一件极应办到的事。

写于上海交通大学

（原载《申报月刊》第4卷第2号，1935年）

我国民俗学发达史①

一、序论

自从我在《申报月刊》发表了拙著《我国民族学发达史》之后，便有意为这新兴科学的姊妹学——民俗学——也写一篇发达史，因为这两种科学之在我国，传入发生的时候相同，来源相同，性质也差不多相同，有同时介绍的必要的缘故。不过作者在当时有一个小计划，拟写一本三万字左右的《中国民俗之研究》的小册子，并拟定了目录：

一、民俗之意义及其研究的范围

二、我国民俗之成因及其性质

三、我国民俗史的鸟瞰

四、我国各地民俗的鸟瞰

五、我国风俗在教育上的意义

六、移风易俗的未来展望

预备在寒假里全把它写成。这种民俗学发达史的材料留待那里

---

①编者按：本篇局部标点、外文字母有改动。

发表。可是人事荏苒，到现在还没有动笔，所以便愿意乘着春假的空间，搜集些材料，先写成这篇不完备的文章来向专家请教。

二、我国民俗学之史的发展

我们在动笔之先，似乎应该先将民俗学的界说，再说一说，林惠祥编的《民俗学》下的界说道：

> 研究传袭的信仰、习惯、故事、歌谣、俚语等流行于文化较低的民俗或保留于文明民族中的无学问阶级里面的东西。

我以为这个界说尚属适用，不必自我作古，不妨拿来作讨论的根据。我国既然不是文化较低的民族，所谓民俗学的研究，自然是民族里无学问阶级里面的传袭的信仰、习惯、故事、歌谣、俚语各方面所表现的民族心理。所以神话（Myth）宗教（Religion）习俗（Custom）传说（Tradition）民间说话（Folktale）口碑（Legend）均在研究讨论之列。但是如果只有记录而无解释或论究，如《荆楚岁时记》《东京梦华录》《桂海虞衡志》《岭外代答》《梦粱[1]录》以及宋明以来各文人的笔记小说等，只能说是各地民俗的记载，决不能说是一种民俗学。所以严格一点说我国这种学问在三十年前是没有的。

自海外大通，西洋人得入我国内地传教，于是各地的奇风异俗，便引起那些西洋传教师的注意。最初还是照实记载，如卡奔德（F. G. Carpenter）（ ? ）的中国地理书，便印入无数的缠足、拖辫、长指甲、拜神、打醮等怪异照片，其后又有人收

---

①编者按：原稿为“梁”，当以“粱”为是。今改。

买“天皇皇”“出卖重伤风”的揭贴，或者“引路菩萨”“路引”等冥纸，以为研究的材料，渐渐地转移到汉代纬学上的开天辟地等传说或《天问》《山海经》等神话上。于是西洋人对于这学的著作，遂散见于各杂志报章中了。最近金陵大学中国文化所出版贝德士（M. S. Bates）编《西文东方学报论文举要》（*An Introduction to Oriental Journals in Western Languages*）一书中，关于神话的有十篇，关于民俗的十二篇，习俗的十四篇，关于宗教的除道教、佛教、回教、摩尼教、基督教等正式宗教外，只是原始宗教或拜神事的有十二篇，亦可谓热闹极了。贝德士没有收入的及贝德士成书以后发表的，当然是还有。即以贝德士所收题目而论，如：新狄尔（B. Schindler）的《中国神之观念的发展》（The Development of the Chinese Conceptions of Supreme Beings）、厄克士（E.Erhes）的《中国开辟神话之遗闻》（Spuren Chinesischer Weltschop-fungsmythen）、霍德士（L. Hodus）的《关圣帝君——宗教之研究》（The God of War——A Study in Religion）、沙畹（Éd Chavannes）的《中国通俗艺术上之吉祥语及装饰上之象征》（De'Irpression des Voeuse Dans, I'art Populare Chinois）等，都是很有趣的题目。后来日本方面的学者看到了，便起来研究，如小川琢治、稻叶君山、白鸟库吉、八木奘三郎、藤田丰八等史学家考古学家便发表论文不少。最后我国的学者也看见了，便也有人起来研究。恰巧那时新文化运动正在开始，于是“天后”“槟榔女”“彭祖”“洛阳桥”等向视为不经之谈的，也起而登大雅之堂，与“诗经”“楚词”等论文，同在一个杂志里发表了。未几风俗调查会民俗学会等，又因而呱呱诞生。这种新兴科学便正式成立。现时各方面研究的情形如何，下面拟分三节叙述。

三、欧美学者对于我国民俗学研究的情形

民俗学本来是在欧洲发生的科学，所以当到这种新材料带到了欧洲之后，便有专家学者很正式地从事研究。譬如一个病人是客观的事物，欧美的旅华医生，虽然不是中国人，于中国的特殊生活不甚明白，但是他有了专门医学上的智识，他自然会诊看出是什么毛病。这种保存在我国无学问阶级里的民俗材料，他们用了他们专门的学识和学理，自然分析得比我们自己还要清楚。除非这个本来不是专家，而只是一种皮相的观察。这句话自然是很实在可以相信的话。

现在说及欧美方面这种研究的情形，除了上文贝德士所记的论文以外，如厄克士于十年前（1925—26）在《通报》（*Toung Pao*，Vol. XXIV，No. I，P. 32-53）发表的《支那传说研究》（Chinesicsh Amerikanische Mythen Parallelen）于我国传说的研究上提示了一个新态度，尤特殊的在南方诸民族的传说里，与因材料搜集困难因而忘却的亚洲北族的传说相比较，他注意到这一点，实可谓这学里的另辟途径。厄克士最近于一九三一年刊布一本与坎勒底（August Conrady）合著的名叫《屈原楚辞中天问的译注》（*Das Alteste Dokument Zur Chinesischen Kunstges Chichte T' ien-Wen*，*Die "Himmelsfragen" des K' ük Yüan*，SS. 266，verlag Asia Major，Leipzig）一书，虽然从一四四页至二六六页里《天问》各节中的汉字不无误排之处，但其从文字上的考察而指示同类的传说，可谓周到而中肯了。同时在这近几年中刊行的著作，尚有：

1. Danald A. Mackenzie, *Myths of China and Japan*.（PP. 388, London）

2. E. T. C. Werner, *Myths and Legend of China*. (PP. 456, London)

3. J. C. Ferguson and M. Anesaki, *Chinese Japanese Mythology*. (PP. 416, London)

三种。又前年刊行集合各地各民族专门学者分任撰述的 *Asisatie Mythology* (PP. 447, Y. Harrap)一书中，有马伯乐 (Henri Masspere)撰的The Mythology of Modern China (PP. 252-384)一章，也属重要的作品。

总之：现时欧美学者对于我国民俗学的研究，虽然偏重于神话和传说，这是因为太隔膜的缘故，但是成绩已很有可观。其中尤以法国的马伯乐和格拉勒(Marcel Granet)两氏于这学的开拓成绩最大，可说是这学的两大明星。马伯乐为法兰西“支那学”的巨子，以第一流的坚实学者而又有伟大的贡献。今舍别的不说，单举其最显著的，即《表现于书经中的神话的传说》(Légendes Mythologiques dans le Chov-king, *Journal Asiatique*, Janvier-Mars, 1924, PP. 1-100)一书，这是一本指示研究我国传说的方针的书，为这学的研究者所永远[①]不能忘记的。格拉勒所著书，为这学披荆斩棘，虽然不免时有非难之声，但以其清新的观察，于我国民族的社会思想，纵横批判，实不失为现代学界一伟观。一九二九年氏所发表的《支那古代的祭祀与歌谣》(*Fêtes et Chansons Anciennes de la China*, PP. 301)一文，内容分作四章，先于其前提中说明我国原始宗教研究的经过及其方法，阐明古文献的性质，然后就其所表现的事实，试为解释，终乃以“表现于诗经中的恋歌”(Les

①编者按：原稿为“永永”，当以“永远”为是。今改。

chansons d'amour du Che-King）及“古代的祭祀”（Les fêtes ancieunes）两论为其结语。此外还有一本名著，虽则不是纯以民俗学的考察为其目的，而于我国民俗学的影响极大的，就是一九二六年所刊布《古中国的跳舞与神秘故事》（*Danses et Légendes de la Chine ancienne*）两巨册。其中大胆地批判我国上代的传说，勉力以阐明我国古代社会的种种真相为务，这真足令人佩服了。格拉勒两本大著，前者先涉猎其文献，或究明字句的异同或语义，然后综合其片断的资料，以对于以《书经》为中心所显现之上代汉民族的神话的体系为研究的对象。后者则以奔放的想像力，试为事实的综合整理，然后对于传说为大胆率直的解释，以阐明其与社会的习俗仪式离合的关系。氏的《支那古代的祭祀与歌谣》一书，在我国尚无译本。《古中国的跳舞与神秘故事》最初有署名幼椿君译登《长风杂志》一至四期中，是节译的。其后即用李璜名义交中华书局出版，只加上“格拉勒的治学方法”一章，可是尚非全璧。

总之，马伯乐，格拉勒两氏，确为现代欧洲研究我国民俗学的泰斗或明星。

四、日本学者对于我国民俗学的研究情形

在日本研究我国民俗学的，大概以京都帝国大学为中心。最初有彼邦地理学权威小川琢治博士发表《支那上古的天地开辟及洪水传说》（《艺文》四年一号，四六—七一页）一文，为天地开辟的传说的攻究，未几小川博士又发表《关于东西文化民族地震之神话》（《艺文》十五年一号，一—二六页）为足供地理关系之参考的论文。其后神田喜一郎氏发表《从山海经中所观察的支那古代之山岳崇拜》（《支那学》第二卷五

号，二六—四二页）一文，为我国崇拜山岳的研究。稻叶君山博士发表《支那五岳之由来》（《支那学》二卷六号，二九—四八页），森鹿三氏发表《支那古代之山岳信仰》（《历史与地理》二十八卷六号，一——一五页），继续有所讨论。同时狩野直喜博士发表《支那古代祭尸风俗考》（《支那学》二卷五号，一—二六页，九号，二九—三九页），为我国习俗的研究。铃木虎雄博士发表《采桑传说》（《支那学》一卷七号，二二—三五页），《关于桑树之传说》（《支那学》九号，一——一四页）两文，桥木循氏发表《关于桃之传说》（《支那学》十一号，四五—五六页），为我国植物故事的研究。一时风起云涌，竞相研究，于这学有了不少的贡献。在东京帝国大学里于这方面的研究虽似稍为冷淡，但自白鸟库吉博士担任教授以来，常常提示新说以奖掖后进，即其所发表的一鳞一爪之说，亦有足多者，就中如《关于尚书之高等批评——特别地是尧舜禹》（《东亚研究》二卷四号，明治四十五年二月二十二日汉学研究会讲演要项），《周代古传说考》（《史学杂志》三十二编三号，东洋史谈话会讲演要项）等，均于我国传说有相当之见解，尤其是对于古代文献加以锐利的批评，试为纵横剖面的解释，这种态度，于其后学的影响很大。博士最近数年在东洋文库大开讲筵，在东洋讲座的名义之下，发表其研究的心得，或题为《极东诸民族之古传说》，或题为《支那古代史批判》，于博士的高说之中，亟待今后精密的研究者不少。以透澈纸背的眼光，为检核传说的工作，其中所阐明诸点，殊可惊异呢！其中又有从白鸟博士的学说出来而更加精深博洽、勤于搜讨文献的学者，有津田左右吉博士，于这学的攻究，成绩也属不少。他的著作如《支那开辟传说考》（《东洋学报》

十一卷四号，六九—八六页），《支那上代的天及上帝的观念》（《东洋学报》十二卷三号，二四—四六页）等论文，便有些精到的见解。最近白鸟清氏继承白鸟博士这方面的开拓，所发表的论文，如《殷周感生传说之解释》（《东洋学报》十五卷四号，五五—八二页），《支那古代神判之型式》（《东洋学报》十六卷三号，九七——二五页）等，皆于传说的研究上从事开垦。最近又发表《关于龙之形态的考证》（《东洋学报》二十一卷二号，一〇五——三五页），《关于豢龙氏御龙氏之臆说》（《东洋学报》二十一卷三号，——四五页）两文，皆阐明天之精灵为龙之理。其他《民族志》上所刊布的，有井上芳郎的《支那古代信仰中星辰与蛇之关系》（二卷三号，一四—二九页），《关于龙蛇崇拜的氏族关系》（三卷五号，二五—四六页）两文，亦有足供参考之处。此外留居我国东北及辽东一带最久之考古学权威八木奘三郎氏，于这学亦有相当研究，其早年所发表的，如：《道教与天齐庙》附论《地狱变相与冥府十王》（大正十一年《调查时报》所载），《女子乘马风习与民族关系》（大正九年《新满洲》所载），《地方风气与个人性质》，《天圆地方之说及其思想的由来》，《五行四神及五数之根源》附论《四灵与四神》（大正十五年一月六日《□东新报》所载）等，均足代表其锐利的眼光与新颖的见解。又留居我国南方最久之已故藤田丰八博士，于这学亦有不少留意，他曾在《白鸟还历纪念东洋史论丛》发表《支那所传二三神话（Myth）》一文，颇得窥见其研究之一斑[①]。最近彼邦东方文化学院京都研究所于这学亦有攻究，《东方学报》京都第一册，

①编者按：原稿为“班”，当以“斑”为是。今改。

有松浦嘉三郎的《支那古代长子相续制度》（九一——一二九页），冢本善隆的《引路菩萨信仰考》两文，研究上尚见精到。这是日本方面对于我国民俗学研究的情形。

五、我国学者自行研究的情形

《诗》曰："他山之石，可以攻玉。"我们虽生长在这种传袭的信仰、习惯、故事、歌谣、俚语的大氛围之中，但因为久而与之俱化，便反而不大会引起注意。及至新文化运动以后，一方面因为当时运动诸人为要证明其所提倡的白话文学很有历史上的根据起见，便于民国七年（一九一八）在北京大学里设立歌谣征集处（详见《申报月刊》四卷第二号拙著《我国民族学发达史》），另一方面因为当时的青年求知欲与发表欲非常发达，眼见别人家如此努力，自己便也自动起来研究。所以在当时雨后春笋的刊物中，这学的论文，便随处可以看到。即以现在中华图书馆协会丛书中之《文学论文索引》正续二编而论，正编中有神话论文二十六篇，故事三十九篇，续篇中有神话十六篇，童话十七篇，故事五十五篇，虽其中属于只是记录无甚研究者不少，但数目已很可观了。在外有该索引未及收入的，又有集合多人研究记录而成为单行本的，如中山大学民俗学会出版的"民间文艺丛书"十四种及北新书局"民间故事丛刊"三十三种，这可见我国学人注意的程度了。关于这学在我国发展的过程，容肇祖最为清楚，他在《民俗》复刊号里《我最近对于民俗学要说的话》一文里说道：

"民俗学"在我国的情形，又是怎样呢？我们知道我国地方面积的广大，历史的久长，人口的众多，交通的不方便，政治上、经济上、社会上以及种种册籍、记录、调查均不完备，故此民俗的调查，更觉参考困难。从前国立北京大学开始印成《风俗调查表》，分发各生暑假回乡调查，卒以收回的调查表不多，而详细无遗的亦甚少。因为调查表里分类甚详，而暑假的时间甚短，又学生中负责调查填表的亦有限，故收效不多，自国立中山大学语言历史研究所开始印行《民间文艺周刊》，注意于民歌、民谣、故事的搜集，渐而进向民俗的调查，由《民间文艺周刊》改为《民俗周刊》，由《民俗周刊》以互通声气，各发表部分的调查，及部分的所知，以互相讨论；又另印行《民俗学会丛书》以发表部分调查，或研究的结果。同时并注意翻译外国各种民俗研究的书籍，以为参考。又设风俗物品陈列室，以搜集实物，为研究的资料，在这种民俗研究运动当中，以不多的经费，为广大的宣传，不能派人专门去调查，而仅能唤起各地方各学人肩负其乡土及居寓地方的调查、搜集以及研究的责任。由丛书及周刊的分类分期的报告，以唤起各人对于某类某种的民俗相当的注意，而贡献其所知，或所得。以贫瘠的中国，以乏人提倡，而广大无垠的一种学问，何可指日告成。

我们在今日追述往事，这学在我国，自然要算民国七年时北京大学为开辟草莱时代，民国十六七年时中山大学为耕耘播种时代。然而开花结实也在这时，在民国十八年六月容肇祖接任民俗学会主席以后，便拟具计划请求扩充，由该校校长朱家骅拨支每年经费二千二百元，可说是这学有人力有财力最盛时代。除该校办有民俗学研究班外，《民俗周刊》竟出至一百一十期，支付稿费等项约二百元之谱。由民国十六年一月至十九年一月这三年努力的结果，成绩着实不少了。其后虽因故停顿，可是这一班民俗学干部人才却因此四散，反而播散这学的种子于各地了。于是我国沿海各地如上海、杭州、福州、汕头等地便有不少的新进和旧日的干部人才合作从事研究，甚而至自行刊印刊物。至民国二十二年一月底容肇祖复任中山大学文史研究所民俗学会主席，《民俗》便又复刊。可是又仅支持半年光景，至第一百二十三期止，又复停刊。这方面的工作，可算暂告无形停顿。不过民俗学和社会学有分不开的关系，社会学者往往利用民俗学的材料以解释文化社会一般的异象，所以社会学家对于民俗研究每有不能舍弃的态度。民国十八九年国立中央研究院社会科学研究所成立以后，便有广西凌云猺人，台湾番族的调查，虽然他的目的是在民族学的研究，但其所得的材料，大部仍然属之民俗学的。并闻最近因求知欲旺盛的缘故，有好些从前很为我国民俗学努力的学人出国求学，专攻民俗学调查和研究的新方法。所以我国民族学的发展，正在方兴未艾呀！

话又说转来了，在我们自己研究的成绩当中，究竟可以举得出的论文或著作有多少？著者自问读书不多，见闻不广，不过据我个人短视所及，把最重要的略举一二吧！以单行本而论，最重要的有：江绍原的《发须爪》、顾颉刚的《妙峰山》《孟姜女故事研究集》、钱南扬的《祝英台故事集》、赵景深的《民间故事丛话》等。论文最重要的有：容肇祖的《占卜的源流》（《国立中央研究院历史语言研究所集刊》第一本第一分，四七—八七页）、《西陲木简中所记的田章》（《岭南学报》二卷三期，一二五[①]——一三一页）、《田章故事考补》（《民俗》一百一十三期，一——三页），郑振铎的《汤祷篇》（《东方

①编者按：原稿此处多一“期”字。今删。

杂志》三十卷一号，一二二——三七页)、《伍子胥与伍云召》(《一般》二卷三号，三八六—三九三页)，钟敬文的《楚辞中的神话与传说》(《大江月刊》第一年十一月号，一——四页)，竺藕舫先生的《中国历史上之旱灾》(《史地学报》三卷六号，四七—五二页)，德佑①氏的《扬子江泛滥及洪水的传说》(《东方杂志》二十九卷二号，九二—九六页)，郑师许的《三行佬作怪》(《民俗》一百一十三期，一二——五页)，朱希祖的《山海经内大荒海内二经古代帝王世系传说》(《民俗》一百一十六至一十八期，一—十一页)，姜哲夫、张伋、庞新民合著的《拜王》(《国立中央研究院历史语言研究所集刊》第四本第一分，八九——一九页)，赵邦彦的《汉画所见游戏考》(国立中央研究院《庆祝蔡元培先生六十五岁论文集》上册，五二五—五三八页)等。最近北平燕京大学发刊《史学年报》，于这学也有真挚的研究，如第二期里顾颉刚的《洪水传说及治水等之传说》(六一—六七页)，第三期里吴晗的《山海经中的古代故事及其系统》(八一——〇五页)，第四期里郑德坤的《山海经及其神话》(一二七——五一页)等，其所解释，足供考虑的不少。此外重要的还有，但为避免繁琐起见，恕不一一介绍了。

六、结论

我国民俗学发达的历史，无论在欧美、在日本、在我国研究的情形如何，都一一说过了。现在在结论的地方，拟提出四点，拉拉杂杂写出来，以便结束。

---

①编者按：原稿为“佔”，当以“佑”为是。今改。

一、是民俗学的重要性　彷佛在朱家骅离开中山大学的时候有一封《别同事诸先生书》，说道：

> 从前民俗学会的《民俗周刊》，是一种有价值的出版物，应该设法把它恢复起来。

为什么一种专谈不经的刊物停顿了反而有些可惜呢？因为凡是研究历史、人类学、社会学、宗教学、民俗学、考古学等，都是需要借助于民俗学的。所以民俗学之成为“学”，是学术之林中所必不可少的一株小树。这种重要性是我们应该认识的。

二、是研究的范围应该扩大　在江绍原编译的《现代英吉利谣俗及谣俗学》里，我们见到了瑞爱德（A.R.Wright）的原书目次如下：

> 1.生婚丧葬　2.业务与工作（习惯法与各业谣俗）3.时令　4.动植物和无生物　5.鬼和超自然存在　6.占卜征兆和运气（吉凶趋避）7.厌殃法，便方，和黑白巫术

在他的尾声中又列举几个较大的子目：

> 1.民间故事　2.民歌　3.民乐　4.民舞　5.民戏　6.谚语与成语　7.歌诀（母歌、儿歌、乡村讥笑的韵语等）8.谜语　9.游戏　10.民间艺术

等等。我们现在研究的人，既然见到了别人的方法，似乎应该把研究的范围略为扩大，以便容纳民俗学材料的全体。同时另一方面于现在流行的白话材料外，近来出现的古器物中，如汉魏的镜鉴、唐宋的明器，我们似乎也应当依据以考究古代沈埋的民俗。

三、一般人的期望　一般人对于民俗学的期望，恐怕各有各的不同，我也难于猜测。现下举出朱希祖来作个代表吧！他在《恢复民俗周刊的发刊词》中说道：

> 不过民俗学的学问，我国尚属幼稚，未曾作大规模的从事搜集材料，研究整理。今后要从两方面着手：一是纵的，从历史的记载上搜集材料；一是横的，从地理的分布上调查材料；再须协合历史学家、社会学家、人类学家、宗教学家、艺术家以及民俗心理家等等，共同商定条理，着手搜集调查，研究整理，所以书籍费调查费以及延揽人才费三者缺一不可，非有大规模的计划和预算，不能完成此学的使命，和极大的贡献。此在中央政府应当提倡奖励，特设机关，宽筹学费，延揽各项专门人才，分代搜集，分省调查，分析综合研究，且须宽以岁月，五年十年以后，则中国民俗学，不患不和欧美并驾齐驱。而中国民俗学材料，必能整理完备，汇成种种刊物，供给各种学问的取材，此种梦想，将来必有实现的一日。

朱氏为我国史学界的前辈，而所言如此有识。这一番话确足以代表一般人对于我国民俗学的期望。

四、我的一个小小提议　天下事分工合作，民俗学的成立，也是需要如此。刘万章在《为民俗周刊复刊说几句话》一文里说道：

> 民族的文化，是要全民族的人去干，一代一代地积，一人一人地积，合拢起来才能成为民族的文化。民俗学如其它学问一样在文化中占一个位置，我们自认了这一样工作的民俗学同志，我们该尽我们自己的责任，不断地做去，教它在文化上确立了一个位置，如其它的学问。

所以我现在要求一个提议，关于这学的今后进行，最好由国立中央研究院历史语言研究所或社会科学研究所成立一个民俗学组，延揽人才去主持，如上文朱希祖所说。否则公家尚未能举办，则我希望这学的老将如容肇祖等再发起一个中国民俗学会，再来干一下，不特办一个供给人们发表的民俗学定期刊物，并且要大规模地编译丛书，一是把外国学者对于我国民俗学的重要论文尽量译出，一是把国内学者已发表的论文分类编集，仿《清经解》《续清经解》一样印成丛书。然后再由专家分工合作结一个总账，这是我的小小提议。

（原载《中山文化教育馆季刊》第3卷第2期，1936年）

四十年来公文程式之变革[1]

斯篇原系本校《四十周年[2]纪念特刊》之征文，嗣以该刊篇幅已多，故改载《季刊》以飨阅者。　　编者志

一

公文程式的改革，在近年已高唱入云。作者不敏，在本校担任这项功课的教学，已有五年，先后参加行政院行政效率委员会会事的朋友王荣佳，李朴生等屡屡来信，误认为老马识途，嘱为这事发表一点意见。可是屡以事阻，直到现在尚未得暇报命。日昨接到本校四十周年纪念筹备会主席胡粹士院长通知，嘱为本刊撰一“四十年……”文一篇，以本校教科或与有关者为限。作者是专攻考古学的，最近由考古学扩充到博物馆学，并且预备专心为我国博物馆事业服务，视为终身的事业。但是我国的考古学发达史和东方各国的考古学如日本如印度（最近预备为考古学社写一篇《安南考古学发达史》）都写

---

①编者按：本篇局部标点有改动。

②编者按：原稿此处脱漏一“年”字。今补。

过不下十数篇的论文，近且又在《学术世界》第九期写了一篇《论我国急宜提倡博物馆事业》和在《历史周刊》上写了一篇《我国博物馆事业之回顾与前瞻》，倘要句句不离本行，恐怕要重复而乏兴味；因此就作者年来担任这门功课对于这个问题的见解，写成了这样一个题目的文章，一则可以交卷，一则用以请教王，李两兄以至热心讨论公文改革的朋友。

二

今年是一九三六年，距今四十年是一八九七年，那时正是前清庚子义和团之乱的酝酿成熟之年。在庚子战后，我国事业开始维新，在这时正是旧制度旧思想的总结束。现在讲公文程式的变革要从这时讲起，那自然前清的公文程式不能不讲了，更何况民国初元有多少制度是沿袭前清的呢。

前清的上行文大概有：奏疏，片奏，附片，章表，密奏，密呈，申状，牒，笺，揭，咨呈，详，禀，折子等；平行文有：移，咨，关，照会等；下行文大概有：训，诰，令，册，玺书，檄，制，诏，敕，批，札，告示，堂谕等。虽其中或有沿自元明，未见明令规定；然各官署所用的申，详，咨，移，牒，禀，批，札等，莫不皆有一定不移的格式。我们今日若读清官的档案和各大臣的奏议，便可看见不少的公文术语和程式了。

至民国成立，则公文程式变革甚繁。民国初元临时政府，制甚简易，其所公布的公文程式，仅分五种：一、令，二、咨，三、呈，四、示（或布告），五、状。及后袁世凯时代，政府已迁至北京，遂在元年十一月六日重颁公文程式，计二十条，分为：大总统令，院令，部令，委任令，训令，指令，处分令，布告，任命状，咨，公函，呈，批十三种。这回的改革，可谓上结清代公文的旧体制，而下开近代公文的新体制。其中公布，副署，署名盖印等手续，均有规定。至民国三年五月袁氏已入全盛时代，顾盼自雄，于是年五月公布的公文程式，全属帝制思想。其程式分为三部：（一）大总统公文程式令，共十一条，分为四种：一、策令，二、申令，三、告令，四、批令。（二）大总统府政事堂公文程式令，共七条，亦分为四种：一、封寄，二、交片，三、咨呈，四、公函。（三）官署公文程式令，共十二条，分为八种：一、呈，二、详，三、饬，四、咨，五、咨陈，六、示，七、批，八、禀。究其全部，俨然前清公文程式的复活。至民国五年夏，洪宪帝制已终，共和恢复，乃于是年七月二十九日复经改定公文程式，大体略与元年十一月之旧制相仿。分令为六：曰大总统令，各部院令，委任令，训令，指令，合之任命状，布告，咨，公函，呈，咨呈，批等，共十三种。至十四年以后，国民政府在广州成立，为我中华民国划期时代，凡百庶政，咸与更新。是年八月乃公布新定公文程式，令及训令，指令三者不复以机关为区别，改称布告为通告，批曰批答，并废去委任令不用，共分为七种。即：令，通告，批答，任命状，呈，咨，公函是也。及至十六年，国民政府迁至南京，以公文程式，不敷应用，重新修正公布，即依照十四年八月在广州时国民政府所公布的程式，而加入训令，指令，咨呈三种，凡为十类。即：一、令，二、通告，三、训令，四、指令，五、任命状，六、呈，七、咨，八、咨呈，九、公函，十、批答是。至十七年六月十一日国民政府复重新公布公文程式条例，废咨及咨呈，恢复布告与批的旧称；并别称人民之呈曰状，而以呈为下级机关所专用。其特点则在公文书得用语体文，并得分段叙述及使用标点。其第二条公文书的类别，有：一、令，二、训令，三、指令，四、布告，五、任命状，六、呈，七、状，八、公函，九、批，共九种。同年冬，五院成立，体制稍异，因于十一月十五日重新改定，即现行的公文程式。其所不同于是年六月所公布者之点，为废状不用，使人民对于官署所用的，与下级机关对于上级机关所用者相同。二为语体文及分段叙述，使用标点各项，废弃不用。其制共分令，训令，指令，布告，任命状，呈，咨，公函，批九种。同时对于含有概括性质的条例又逐渐加以具体地规定，如十七年九月七日国民政府训令各机关，规定以后各机关对于人民有所通知时，宜用公函。十八年四月二十四日行政院训令各省市政府，规定以后各省商会对于本省主管官署行文时，一律用呈。同年七月十三日又规定县商会对于县政府一律用呈。二十年四月三日行政院通令对于铨叙部行文程式有特别的规定，大略云："……揆之公文程式，凡不相隶属之机关，原应用函。惟铨叙关系公务员之任免升降，为便于督促起见，似又以用令为宜。……以后对于中央各部会所属京内各机关往复行文时，概由各主管部会咨转，其部会所属京外各机关及省政府所属各厅所，局所与该部公文往来时，以此照公文程式内关于有所指挥或谕饬及指示时得用令之规定，一律用令，其各该机关对该部行文时，一概用呈，以归一致……"同月十六日又由国民政府训令各机关规定各公署以后行文，于名称上均冠"本"字。自是无论上行平行或下行公文，于自称时一律于本机关名称之上，皆得冠以"本"字矣。这是四十年来公文体制的大概。

三

及后九一八事起，继之有一·二八战役，国难日益严重，朝野内外，莫不憬然觉悟，叹国事之日非。而究其根源，则行政效率之太不讲究，实为其主要原因之一。于是怀疑我国公文程式之不善，而思有以改革之者日益多。同时衮衮诸公亦早见及此。二十二年八月二十八日行政院纪念周，汪精卫院长遂报告行政院关于公文处理之改革的经过，大致说：

> 关于处理公文，兄弟觉得过去积弊，对于行政效率上之影响甚力，故于六月二十日在行政院会议席上，提出召开审查会议计划改革，参加审查者，为行政院秘书处政务处及各部会共十四个机关，历时两个多月，开会凡五次，各审查人员均能不辞劳苦，且于酷暑之下照常工作，继续研究，卒于前星期二日完成初步工作，这是兄弟所感佩的。

这可见当时行政院里大家都怀疑我国处理公文的不善了。据这回报告所说的坏处有五点：一是迟，二是复，三是没标点，四是没检查的规定，五是处理档案的法子不好。其中迟复两事，简直是和程式有了关系了。次日上海《晨报》便有一篇论文，题为《公事监禁》，畅论迟慢的弊病。于是国内的出版界里渐渐有人讨论到现行公文应当改革及应如何改革了。

后来接到王荣佳兄寄来《行政院会议关于处理公文改良办法决议案附各部会审查报告》一书，原来就是八月二十八日汪院长所报告的那一回事。其中最重要而与程式有关的，算是十六，十七两案。十七案内政部提议改革公文体式草案俾供研究案一条云：

本部对于改革公文问题，曾经指定人员从事研讨，迄未得有澈底解决之妥善办法，嗣有人提出改用代电式办法，其理由具见原案，……兹特将是项原案开列，俾供研究之用。

改革公文体式办法

一、本办法所称公文，暂以左列各项为限：

甲、训令

乙、指令

丙、呈文

丁、咨或公函

二、凡公文起首处，均冠以收文之机关，结尾处，殿以发文之机关或职官姓名，与普通电文体裁略同。

三、公文内用语，应力求切要。

四、公文前半页事由一栏，仍照向例详细摘录。

五、公文号数，应力求详确，凡复文须一律叙明原发文字号，以便查考。

六、原发文有附送文件者复文时须将附送文件数目叙明。

七、本办法施行后各机关管理档案手续及收发文稿等簿，有须另行改善者，应将改善办法，随时呈报行政院。

这案大体上可说是易而可行，可惜审查结果，暂从缓办。故其后所认为改革范本者仍只是蒋梦麟编的《教育部公布的画一教育机关公文程式》一书而已。

其十六案内政部提议改革公文用语案原案云：

一、同一案件，同时须分办咨、呈、函、令、批等稿，各稿中应注重之点，各有不同，摘引来文时，其取材应有区别。

1.非必要时不得录全文。

2.各稿所摘来文，不必一样。

例如本部准铨叙部函复审查陕西现任县长资格一案：

内有1.某某等县县长已审查合格，且系现任……须呈行政院荐任。

2.某某等县县长审查不合格，……须咨陕西省政府立予撤换。

3.某某等县县长发还证件，……须咨陕西省政府转发。

4.某某等县县长证件不全或履历不明，……须咨陕西省政府转饬另送履历证件。

5.某某等县县长须候[①]前任县长免职事由查明后，一并呈请任免。

6.某某等县县长准省政府来文已经调省，虽已审查合格，无庸呈荐。

7.…………

此类案件，如呈行政院之呈文，只须摘引铨叙部来文中之"某县县长已经审查合格"一语，其余不须呈荐，与审查程序未合之各县长姓名事实，均可不必牵入。倘系不会办稿之人，对于此类呈文，必全录铨叙部来文，或摘录来文而与咨陕西省政府文稿用同一式样之语句，结果必须于"等由准此"之下，再加以"除某事已如何办理，某人已如何处置，某件已如何送发外"等字样，每有呈荐一个县长而连篇累牍不下千数百字之呈文（此系就缮文计

①编者按：原稿为"侯"，当以"候"为是。今改。

算，若办稿时则只有“云云”两字，在办稿及核稿者均不觉其累赘耳），殊属太不经济。故此类稿件须分别摘引来文，求其一字不能增，一字不能减，但办稿者须经过一番考虑，稍觉费事耳。

二、查复转行之案件，不必录来文全部，其式如下：

为呈复事：案查前奉发交……一案，当经咨请〇〇省政府查复在卷（或用去后），兹准咨复（此处原文前半段所叙本案往来行文经过完全删去），本案经据民政厅呈复……等情，咨请查照转呈等由准此……

三、指示办法处，如原文太长，是否应置在“相应……”之前，则前文既已有“应如何如何”字样，末尾又说“相应〇请……”，无论如何闪避，语尾总不免有所重复，如将指示办法全文置在“相应〇请……”之后，则文句太长，形式不合，且似近于例案，不大郑重，究应如何改良，经已详加讨论，认为应以避免重复为原则。

四、“职”字之用法，文义不可通，考其起源，系因前清内阁办稿之人，遇有应写全衔之处，均写一职字以为代表，而正文仍须缮录全衔。嗣后辗转沿用，将“职”误作形容词，与“敝”字“贵”字同一用法，已不可通，又有用作“卑职”意义，为对长官之谦称，更属费解（无论何种字书辞典，均无此解说）。况且民国官吏职务上纵有统系，人格上不分尊卑，亦毋须保存此种专制时代之“奴才”意义（满清时代，汉人称卑职，满人称奴才，同一意义）。北京中央各部在民国二、三年，即已革除此“职”字之用法，国民政府行政院亦屡次通令不准用“职”字

（对上公文统用本字），惟下级官吏为格外讨好长官起见，每不能切实奉行。本部为环境所迫胁，亦未能革除此种陋习，至今仍有沿用所谓“职部”“职署”“职司”“职科”“职某某”等类之名词，习俗移人，贤者不免，曷胜浩叹。嗣后本部部内外公文私文，拟一概不用“职”字，“职部”“职司”“职科”，统改称“本部”“本司”“本科”，倘用个人名义对长官呈签，则可直称官衔（如部长司长署长科长科员……之类），以昭画一。

五、关如人事方面之部令，只须表明某职某姓名应予以某种奖惩即可，似不必更冠以所隶属之司室，例如考绩部令“本部土地司科长陈湛恩进支荐任一级俸，李锡五进支荐任二级俸……”余可类推。

六、呈请简荐职员案，应叙以请简某员为本部司长，某员为本部科长，不必冠某司或某司科字样，盖司科为组织上之职官，掌理某司科之事务，系职务上之分配，其性质为截然两事。如呈请简荐时，注明某司司长或某司某科科长，如遇职务上分配上有所调更时，势须重请任命，手续上亦多繁复，似有改良之必要。

七、委任科员“委任状”与“部令”之内容应有区别，其式如下（每次均应有一状一令）：

委任状——兹委任○○○为本部科员，此状。

部令（一） 兹派○○○为本部科员，此令。

部令（二） 派科员○○○在案司室服务，此令。

八、叙俸进级及各种奖惩，部令应一人一令，不能汇案办理。

九、摘录来文或照录全文内已有检同原件字样，则

（等因/由/情）下即可不用计附〇件等字样，以免重复。

一〇、呈咨起首语，如为呈请事为咨行事之类，均可不用（凡一切通套首语均可不用）。

一一、事由以简明为要，无关紧要之语，不必摘入。更不必用内开等因/由/情，理合合行相应除外等字样。

一二、公告本部/奉令前因各司室会各件，似应通知或不必用令。

一三、准咨前由/据呈前情等语非必要时，可不用。

一四、某处请转行之件，已转行某机关，随后某机关已复，再行某处，此类行处文件，应先叙来源及办理经过，不可仅抄某机关复文，其他与此类相似之件，亦宜照此办理，举例如左：

案查前准〇〇〇〇第〇〇号咨〇〇〇〇一案，当经转〇〇〇在案，兹准〇〇〇〇复开（可摘叙时仍须摘叙）/〇〇〇〇〇〇〇〇〇〇等由，相应复请查照，此咨。

一五、凡复文内，绝对不可将原来文完全照录，只可摘叙来文。

一六、凡用本机关口气，摘叙来文（即未用内开，称等字样者），文内相应贵部等字样，不可摘用。

一七、呈/咨/函某某机关公文末尾，上款只书某某机关。

一八、凡应在本文内附送之件，文内不能用“除检送〇〇件外”等语。

一九、“呈件均悉，准予留备查考，此令”之下，不可再用件存字样。

二〇、“相应检同表册〇分函请贵〇查收为荷”此系通用式，若上句“同”字改为送字，则下句“函”字，应以改为“即”字为妥。

二一、“相应函达/复咨达/复查照”，此系通用语，若查照二字下，再添“办理见复”“转饬知照”等字样，或“为荷”二字，则上面应改为“函/咨请”或复请等字样。

二二、“案准贵部咨送〇〇表〇分过部”，此系通用语，咨送二字，本可联读，若咨字上加来文号数，则不能联读，应于送字上加一“检”字或一“转”字，或其他字样，其他与此相类之件，亦须注意。

二三、上行平行用“以便”字样，下行用“以凭”字样。

二四、对上用下部
平行用过部
对下用到部
此系旧式，现时拟改一律用到部。

二五、“为荷”二字不可用，即勿用，如某机关咨请办理之件，本部已经照办咨复查照，则查照二字下，即可不用为荷字样，余可类推。

二六、应行纠正习用错误各字如下①：

1. 计划 筹划 策划 划分 区划 划一之划字应作画字。

2. 佔用 侵佔 佔领 佔有之佔字，应作占字。

3. 迭经 经据 迭准之迭字，应作叠字。

4. 祇得 祇有 祇可之祇字，应作祇字。

5. 祇请〇安之祇字，应作祇字。

6. 份数 份资 附件几份之份字，应作分字。

7. 记账 账簿之账字，应作帐字。

上述各条，仅略举例，以供参考。尚有未详尽之处，务希各部会同仁共同研究，俾臻完善，是为厚幸。

这案审查的结果，议决由行政院令行各部会参酌办理。所以在民国二十二年九月以后各机关所用的公文，除依照《教育部公布的画一教育机关公文程式》一书之外，更清新的便采用内政部这一个提案。可是这提案的内容，不但是程式方面有了不少的改革，连用字的正误都有说及，于是“职”字便永远不能出现于公文之中而可作上行自称的了。

此外行政院这次关于公文处理的改革，各部会的提案，凡十八条，再审查时新提案有六条，除军政部有提议再拟改良公文体式一案外，大都是关于档案保管或公文标点符号的。总之：这次的提议改革，可说是一种新划期的改革。

四

其后行政院认为这一件事，有慎重研究的必要，乃在内政

---

①编者按：为保留形近字比较，下文之“佔”“祇”均保留繁体不简化。

部设立一“行政效率研究会筹备处”，聘请专家共同研究，并出版《行政效率》半月刊一种。廿四年二月乃改为行政效率研究会，现时半月刊已出至三卷五期，各方面讨论的文章，确可说是不少。就中关于程式的改革而最值得注意的，有：李朴生的《公文改革底商榷》，邱祖铭的《外交文书之研究》，孔充的《公文程式之革新与试验》《批与指令之程式的改良》，冯介如的《一个改革“签呈”的试验》诸文，而尤以冯介如一文最切实用而急待实行的。李朴生于文后附记云：

> 介如先生这个试验，是极有价值的。签呈纸应有一定的尺度格式，以便归档保存，本刊在前一期曾提出讨论(《改善公文用具之我见》)。介如先生在天津商品检验局把平常签呈最多的事由按类编定格式，用时只抽来填上便成，很是便利。各机关手续上照例的签呈也应该依法来做。在这签呈的格式上，分条注重事实的报告，一清油腔滑套，足证明拙著《县政府公文的处理》，献议“简易公文”的体裁是行之甚便的，只要长官不因看惯“呈请鉴核”的老架子，不以为不恭便行了。

这便可见他改革的价值了。

虽然这回改革的公开讨论已有二年余，而政府的最后决定尚未发表，将来究应如何改革，现在尚不可得而知啦！

五

最后说到与我本校同学最有关系的一桩公文改革的事情了。在民国二十一年三月五日金士宣君发表一篇《北宁铁路改革文书制度之成功》的论文，这本在行政院报告处理公文之改革的一件事情以前，可是他的试验尚早于此时。其原文第四节新公文程式之要素，主张：（一）关于文字方面，以简明浅近为要素，复文只叙来文之日期号数及事实，勿叙全文，以省繁冗；（二）关于程式方面的，所定分抄关系部分之办法，以减省分办稿文手续，原文用点句法，以免有上下句联解之误会或纠纷；（三）关系用纸方面者，主张均用单页，既便复写，且资节省；（四）关于缮写方面，拟将公文纸按其需要之张数，夹垫炭纸，用打字或铅笔抄写，则缮成一份，其他各份可同时印成。其原文第六节并谓：

> 北宁路新订公文程式，自试用而实行，至今已有二年之历史，从未发现何项弊端。兹将施行以后之利益，约举于次。
>
> （1）内外员司凡文理通顺者均能执笔办理公牍，稍明文理者，亦能了解之。现除电报以及与洋员有关之公牍，仍用洋文外，所有公牍一律改用国文，毫无阻碍，本路数十年沿用英文之积习，竟得藉此而改革之。
>
> （2）普通文稿，每件只须数十分钟，即可办出。
>
> （3）缮写公文，利用复写办法，费时少收效多。
>
> （4）公文用纸，以前因文字之冗长，与夫折叠之式样，颇不经济。现在文字简约，纸式全系单页，打字所占地位复少，每件公文，至多不过用纸二页，较之以前，节省过半。

这文经过本校公文程式教授田一贯与作者一番研究，以为在现在青黄不接的改革当中，在我铁路上同人确是最切实用的。

凡是人事的进化一是由繁复而趋于简便，一是由粗略而趋于细密公文之事，也不能逃出这例。试观近四十年来公文程式变革的演进史，可谓无时不在这进行中。取其易于办稿，易于了解，舍此别无他途。

我以为今后公文种类，可省并的便当省并，如咨文与公函同类，则宁舍弃咨文而存公函，则平行机关可用，不相隶属之机关也可用；批与指令为同类，则当舍弃指令而用批，其格式同一，可用于人民呈请的批示，亦可用于直辖下级机关呈请的批复。这是由繁复趋于简便这一方面的。至于用纸的单页复写，尺度大小，行格宽窄，均须规定；行文术语，标点符号，以及改用表格以替代油腔滑调等又复为严格地编订，这是由粗略而趋于细密这一方面的。这两点我敢说是必然的趋势。

至于如何定立出一种新程式，则恕不在这文中论列了。

民国二十五年三月七日匆促地写于沪上四部书斋

（原载《交大季刊》1936年第22期）

中国文化之特点[①]

我国文化的特点，这个题目本来不是一个容易解答的题目。盖我国位居亚洲大陆的东南，其平原从北部西部而南部，三面以及高原山脉，重重围绕，其东部则大海茫茫，为地理环境所限制，与其他诸国的交通往来，全被遮断或妨害，自然地为孤立性质，独自发展，故其文化从早已具备独有的特点。这些特点受自然环境，即大陆的，平原的，温带的，沃土的，太阳恩惠不啬不丰的等等所支配之点极多，又自其有史以前至有史以后，直至今日数千年间社会生活的伟力强烈地所支配，因而制造成功；从上世浅化时代先民所活动，以至历代圣贤豪杰所倡导，光垂于史帛文献之上，过去数千年的纪述，反映于后世的社会生活，精神生活，所见的价值，以至现代我国民族北面东北四省，南面闽粤云贵，从山地至平原，从平原至海外，而南洋群岛，而南北美洲，凡我中华民族所活动之地，人间所可到之处，高山之巅，绿水之湄，太阳所出入，而我国人的社会生活精神生活，始终如一，令人一望而知，皎然不同于

①编者按：本篇书名号为整理者所加。局部标点、外文字母有改动。

其他民族，这些文化上的特点，可说是亘万古横大地而不磨灭的了。

但是，我国文化的真相，殊不易研究，日人后藤朝太郎在其所著的《中国文化之研究》第五十八章结论中说道：

> 然则所谓中国文化研究者，本来是一种哑谜的研究，类似掴击幽玄之云。盖中国文化者，实谜般之疑团也。自三千年以前所通行的甲骨文字出土以后，在今日已增加几多可靠之材料，其可认读之象形文字甚多，其殷代及其以前远古文化的传说所附着之东方最古文字得以明了。然而历史学者之间所与以解决历史之谜者尚嫌缺乏。实则中国文化，其深度，其广阔，其质，其量，其种类，其变迁，其新陈代谢者，无论从任何方面所见，亦不能测知者也。又所谓现代文化者，在中国各省各地的文化状态，其各自的渊源的古代泉源的研究，又至复杂多样，其文化的每一现象，无不古色苍然。其文化材料的丰富为无尽藏，其特质的神秘不易窥见，苟非得有中国文化独特的锁钥，则其宝库之双扉，殊不能开启者也。

又其自序谓：“要理解真中国，须先明白中国文化的特色。……中国文化，其现象的广泛，其根柢的复杂而无限量，其社会生活，或其社会心理的真相，殊不容易触着。”

后藤氏自号为我国文化研究的专家，谓研究我国的文化须从与我国的社会、家庭、个人的生活问题，有直接关涉之处入手，先后来朝我国五十余次，游踪遍历我国南北，而所言如此。虽然，后藤为彼邦无聊学者，始终无法明白我国文化的特质，固不足怪。即号称彼邦学界泰斗久已卓然成名的故内藤虎次郎博士，亦深谓我国文化难知，于其所著《民族的文化与文明说》一文中说道：

要之：所谓中国文化生活者，从原始生活进入文明生活之过程，通于数千年前，除以文明生活的利用厚生为主体外，更有生活的趣味化，艺术化，亦应从早考察。即不以征服天然及[①]人工的极度使用为满足，更求醇化天然，故努力于天然之保护育成，所谓人类应选择最天然者与之同化的生活，乃为其最后的目的。这种文化，其中间过程，迥非专以利用厚生为主为其最高目的之文化生活的欧美人士所能想像其万一。

盖以我国历史的悠久，幅员的广阔，人民的众多，文化的复杂，史料的丰富，文字的艰古，故虽以同种同文的学人，号称能读我国古书，颇识甲骨文字如后藤、内藤两氏，已有殊不易知之叹，则其他诸人更可知了。

虽然，他人不能知我，尚无不可，而吾人则不可不自知。且吾人生斯息斯，衣食于斯，读书考察于斯，日浸浴于我国文化之中，何得习焉不察，反茫然不知所以的？且舍此不知，更将何以讲明我国文化演进的历史？因敢不揣固陋，就政治，军事，经济，社会，理论，宗教，物质，艺术等方面，说明我国文化的特点，以期推之古今四海而皆准，现在大略条述于下：

（一）政治方面　近世学人已渐有主张文化史与通史有别，故柳翼谋师《中国文化史》，已有“于帝王朝代，国家战伐，多从删略”之议。然人为政治动物，其说已不可移；矧政治良否，常足以影响于文化的进展。今者舍帝王朝代，国家战伐不言可也，然而政治上的理想及军事上的见解，为先民活动力出

---

①编者按：原稿为“即”，当以“及”为是。今改。

发的指针，其特点实不容不说。以我的观察，我国文化史上，在政治方面，其特点在重统一。德国大哲学家黑智尔（Georg Wilhelm Friedrich Hegel）在他的名著《历史哲学》第一编中说道：

> 历史者不得不以中国为始。何则？盖中国者在历史的记录所遗留的范围内最古之国。其国虽最古而同时又以最新的实体性为其原理因而成为一新式国家者，惟此而已。如中国民族有一定的连络有多数的历史学家的民族，求之他族尚无其例。即以亚洲而论，在其他的国民中，有根源的传承的历史者尚没有。印度人的《吠陀》不是历史。又阿刺伯人的传说非常之古的也有，但在这传说里关于国家及其发达的则全没有。在其中则中国从早就成立国家，并形成独特的存在。中国旧记可上溯至基督诞生前三千年，其旧记的原史料书经从尧的政代为始，其时期系在基督诞生前二三五七年。总之：在此点，其他亚洲诸国可以上溯至非常的古代者，其事则甚可注意。或依英国人的计算，埃及的历史可上溯纪元前二二〇七年，亚述（Assyria）的历史为前二三二一年，印度则为前二〇二四年。从而东洋的主要国家其传承最古的可到达纪元前二三〇〇年。以这些与《旧约》圣书里的历史相比较，从一般的算出自诺亚的洪水至基督诞生，可数为二四〇〇年。但亦有唱反对此说者，谓《摩西书》里的洪水为前二四七三年，殆大约提早一世纪了。但《吠陀》《摩西旧记》《荷马歌谣》等类似的书与《书经》大相径庭了。

虽然，黑智尔未免过于相信《古文尚书》之说。然即退一步说，以秦始皇兼并六国为我中国真确的统一，亦已在纪元前二二一年。日人桥本增吉《东洋古代史·自序》谓："其实，在印度犍陀罗的大统一之前，先有佛教徒的大统一的教义出现；在中国秦始皇大统一之前，先有儒家的大统一的思想出现；在亚历山大大王的大统一作业之前，先有柏拉图的理想的国家思想出现。……"这话最为有识。但是在我国的大统一思想，何止发生于儒家，即其他道，墨，法三家，莫不如是。梁任公师《先秦政治思想史》第十七章论统一运动："先秦学者生当诸国并立之时，然其学说皆共向此鹄无异同，而且积极的各发表其学理上之意见，成为一种'时代的运动'，其在儒家，孔子作《春秋》，第一句曰'元年春王正月'，《公羊传》云'何然乎王正月，大一统也'。道家以自然为宗，其气象博大，亦不下于儒家，《老子》书中言'以天下观天下''以无事治天下''抱一为天下式'，诸如此者不一而足，其为超国家主义甚明。墨家言兼爱言尚同，其为超国家主义也更明。抑彼宗之世界主义，尤有一极强之根据焉，曰'天志'。《尚同》篇言以'天子一同天下之义'，其世界主义的色彩，最明了矣。法家本从儒道墨一转手，其世界观念亦多袭三家。彼辈之渴望统一，与余同宗，特所用手段异耳。勉以今语比附之，则儒墨可谓主张联邦的统一，和平的统一，法家可谓主张帝国的统一，武力的统一也。其后秦卒以后者之手段完成斯业，然而不能守也。汉承其绪，参用前者之精神，而所谓'定于一'者乃终实现焉。当时人士，异国间互相仕宦，视为固然，不徒纵横家之朝秦暮楚而已；虽以孔墨大圣，亦周历诸侯，无所私于其国。若以今世欧洲之道德律之，则皆不爱国之尤者，然而吾先民不以为病，彼盖自觉其人为天下之人，非一国之人，其所任者乃天下事，非一国之事也。欧洲幅员，不当我半，而大小国数十,二千年来，统一运动间起，卒无成效，德、法夹莱因河而国世为仇雠，糜烂其民而战，若草芥然；巴尔干区区半岛，不当我一大郡，而建国四五，无岁无战，我国则秦汉以降，以统一为常轨，而分裂为变态，虽曰干戈涂炭之苦亦所不免，然视彼固有间矣，谓彼由民族异性各不相下耶，我之民族，亦曷尝不复杂，而终能冶为一体，则又何也？我之统一，虽物质上环境促成之者亦与有力，然其最主要之原因，则圣哲学说能变化多数人心理，抟之以为一也。吾固言之矣，同类意识，宜扩大不宜缩小，使吾先民常以秦人爱秦，越人爱越为教，则秦越民族性之异，又宁让德、法。吾惟务滋长吾同类意识，故由异趋同；彼惟务奖借其异类意识，故异者益异。呜呼，心理之几至微，而末流乃滔天而不可御。”据此，则在始皇之前，先秦圣哲无论何家何派，无不以团结我国诸族以为统一的天下，信而有征了。不宁惟是，孔子的思想出于周公，周公便是一位最初播种“统一”种子的政治哲学学者而兼实行家。在钱穆译的林泰辅的《周公与其时代》的弁言中说道：

> 中国之有孔子，其影响之大且深，夫人而知之。然孔子之学术思想，亦本于中国固有之民族性，构成历史的自然发展，决非无因而致者。孔子晚年，有久矣不复梦见周公之叹，则其壮年以来之于周公，其思慕之忱为何如。孟子云：“周公仲尼之道”，后世亦每以周、孔并称，非无故也。意殷末周初，实产出春秋战国时代之文化的渊源之涵养期也。决非枯澹寂寞，而郁勃有兴国之气象焉。周公者，又其时代思想最好的代表人也。苟能于周公其人，博考详察，则于探中国古代文化之渊源，与夫孔子学术之由来，皆思过半矣。近人或谓中国历史，自春秋战国以后，

始有可考，其前之文化率不过后人之假托，此又速断之论也。观于春秋战国之时，繁文缛礼，已臻其极。终而为纷乱之世，战斗攻伐，惟日不足，而学术文采，照耀百世。诸子竞出，不可胜数。是岂突然而起者，其心有所渊源于数百年之前矣。殷末周初，实涵育其渊源之时也。苟明社会进化之以渐不以骤，则其理亦非难见。

老子为周守藏吏，当尽读周室所藏书。墨子生于鲁，其少年也曾“学儒者之业，受孔子之术”，当然也受周公仲尼的思想的影响不少。故先秦诸圣哲自周公以迄孔子、老子、墨子一系相承，无不以宣传“统一”主义为事。这种思想，试问求之同时开化诸古国，在纪元前一千一百年左右时，有无共例。虽然，即舍此政治思想不谈，而独言实际政治，则梁任公师所谓“我国则秦汉以降，以统一为常轨，而分裂为变态”，则固已事实胜于雄辩，其为向心力最大的民族可知了。友人缪凤林《中国通史纲要·自序》里说道：

秦、汉、隋、唐为统一时代，故内则经济富庶，物力充盛，国都之宏伟，宫殿之壮丽，交通之发展，帝王之靡费，皆反映社会之富力；外则国威远扬，冠带百蛮，疆土之开拓，夷狄之款贡，文化之传播，商贾之懋迁，亦随国势而繁隆。余如方域之区处，官吏之分职，应统一之需要而规画，帝王之权力，学者之思想，亦多与统一之国势相应。

缪氏所言，已甚明白。虽然，以吾观之，尚不止此。即舍此秦、汉、隋、唐四时代不言，宋、明以来固犹是也。即又舍此统一时代不言，在三国六朝五代十国分裂甚剧的时代，上而学者的思想，下而庶民的期望，固无一不以统一为重。观于后日晋、隋、唐、宋的统一成功，何莫非这种统一思潮伏流于民族意识之中牢不可破有以致之。明乎此，然后知内之据地自雄者之终归失败，而外族之以强大力迫我土地分裂造成特殊局面，或竟割夺我完整国土破坏我统一政治者之遭吾中华民族全体一致之猛烈反抗为其来有自。吾中华政治之重统一；这种文化的特征，实吾先民数千年来全民族心理的结晶。

（二）军事方面　至于军事上的见解，则又与他族迥异。他族军事设备的动态，常在侵略别民族以自肥，而我民族则自昔鄙视侵略行动，尤其嫌恶攻伐胜利。在周代以前，尚不十分明了，但我中国劈头第一位哲学大家老子，便诅咒道："兵者不祥之器。"自此以后，大多数学者，无不标举"去兵"主义为猛烈的运动，恳挚的宣传。老子以后，儒墨两家哲学，平分中国，儒家较早，主张"去兵"以后，以德服人，故曰"春秋无义战"，又曰"壮者以暇日修其孝悌忠信，入以事其父兄，出以事其长上，可使制梃以挞秦楚之坚甲利兵。故曰仁者无敌"。（以上均节录孟子语）墨家较晚，眼见战国时代"杀人盈城杀人盈野"的惨状，那向戍一流的"弭兵谈"是挽不转这种狂澜了，于是在主张"非攻"以后，须善守御，故墨家学者无不精攻军事学术，今其所存书如备城门、备高临、备梯、备水、备突、备穴、备蛾傅、迎敌祠、旗帜、号令、杂守等十一篇专言守御的兵法。虽两家应付并国而立的环境之手段不同，而其嫌恶攻伐胜利的见解则一。兹请先言儒家。梁任公师《先秦政治思想史》第六章说道：

我儒家之言则曰："能以礼让为国，夫何有！"（《论语》）此语入欧洲人脑中，其不能了解也，或正与我之不能了解权利同。彼欲以交争的精神建设彼之社会，我欲以交让的精神建设我之社会。彼笑我懦，我怜彼犷，既不相喻，亦各行其是而已。

日人五来欣造的《儒教政治哲学》第五章说道：

中国三千年之历史，毕竟为中国文化扩张之历史。故中国人之征服他人，非如罗马人之以武器为之，乃以文章哲学为之。尤有不可思议者，中国屡经蛮族征服，于中国树立外国人之王朝如金、元、清等，然皆不出五十年，忽为儒教教化所开通。故福尔特耳（Voltoire）对中国文明之教化力，有非常热烈之赞美。是则中国人之厌恶战争，轻视武力，自无足怪。子贡问政，孔子曰："足食足兵民信之矣。"子贡曰："必不得已而去，于斯三者何先？"曰："去兵。"子贡曰："必不得已而去，于斯二者何先？"曰："去食，自古皆有死，民无信不立。"（《论语·颜渊》）此可见孔子轻视武力也。孟子更进一步而论曰："君不行仁政而富之，皆弃于孔子者也，况于为强战？争地以战，杀人盈野，争城以战，杀人盈城，此所谓率土地而食人肉，罪不容于死；故善战者服上刑，连诸侯者次之，辟草莱任土地者次之。"（《孟子·离娄》）此极言名将应处死刑也。要之：孟子认为，以武力征服者，非真征服，以德征服者，始为真征服。其言曰："以力服人者，非心服也，力不赡也，以德服人者，中心悦而诚服也，如七十子之服孔子也。"（《孟子·公孙丑上》）故仁政为有力之武器，优于军队。孟子曰："有人曰：我善为陈，我善为战，大罪也；国君好仁，天下无敌矣。"（《孟子·尽心》）是则文化的征服，乃儒教的生命。故儒教之教化主义，要不外修道德以服蛮族。外国人虽征服中国，终为被征服者所教化，其秘密即在此。

据此，则儒家去兵修德的法宝已大概明白了。请再言墨家。墨家的中心思想在“兼爱”，因而“非攻”主义直接从“兼爱”一义演出，自为势所必然，然墨子非徒能言之，且能实践其所言的主义。梁任公师《墨子学案》第六章说道：

> 墨子主张非攻，并不是空口讲白话，听见有要攻国，他便要去阻止那攻的，救护那被攻的。有一段最有名的故事，各书都有记载如下：“公输般为楚造云梯之械，成，将以攻宋。墨子闻之，起于鲁，行十日十夜，足重茧而不休息，裂裳裹足，至于郢，见公输般。……于是公输般墨子解带为城，以牒为械，公输般九设攻城之机变，墨子九距之。公输般之攻械尽，墨子之守圉有余。公输般诎而出曰：“吾知所以距子矣！吾不言。”墨子亦曰：“吾知子之所以距我矣！吾不言。”楚王问其故，墨子曰：“公输子之意，不过欲杀臣，杀臣，宋莫能守，乃可攻也。然臣之弟子禽滑釐等三百人，已持臣守圉之器，在宋城上而待楚寇矣。虽杀臣不能绝也。”楚王曰：“善哉！吾请无攻宋矣。”（本书《公输篇》，《战国策·宋策》，《吕氏春秋·爱类篇》，《淮南子·修务训》）这一段故事，把墨子深厚的同情，弥满的精力，坚强的意志，活泼的机变，丰富的技能，都表现出来，细读可以见实行家的面目。此外当时事迹可考见的，如齐欲攻鲁，墨子见项子牛及齐王，说而罢之。楚欲攻郑，墨子见楚国的执政鲁阳文君，说而罢之。《诗经》云：“凡民有丧，匍匐救之。”墨子真当得起这两句话了。因为墨子有这种精神和技能，所以各国贪暴之君不能不敬服畏惧他几分。当时的战争因墨子反对而

停止的，很不少哩！墨子既专以牺牲精神立教，所以把个“死”字看成家常茶饭。鲁人有因子墨子而学其子者，其子战而死，其父让子墨子，子墨子曰：“子欲学子之子，今学成矣。战死而子愠，是犹欲粜，粜售则愠也。”（《公输》）所以《淮南子》说：“墨子服役者百八十人，皆可使赴火蹈刃死不旋踵。”陆贾《新语》说：“墨子之门多勇士。”

虽然，儒墨两家的哲学思想分据我中国人士之心理，自秦始皇焚书坑儒，汉武帝独尊儒术两次摧歼以后，两家思想潜伏不彰，而墨家为尤甚。大抵自汉以来以武犯禁的侠士这一派人，就是墨家思想的托身。积而久之，遂成吾国民族的共同心理。迄今上流人士饱读儒书者，多持德化主义，表面上类似懦弱无能；而下级社会徒凭耳目者，多带武侠色彩，每遇国事蜩螗，外侮日益的时候，往往出万死不顾一生之计赴火蹈刃死不旋踵。结果上下互相维系，而我整个中华民族所表现的特性遂为贱攻伐重守御的民族性。梁任公师《墨子学案·第二自序》说道：

吾尝谛观思惟，则墨学精神深入人心，至今不坠，因以形成吾民族特性之一者，盖有之矣。我国人二千年来言军旅之事，其对于开边黩武，皆轻贱而厌恶之；对于守土捍难，则最所尊崇。若关羽、张巡、岳飞之流，千百年后妇人孺子犹仰之如天神者，皆捐躯于所职以卫国土御外难者也。此种观念，皆出于墨子之非攻而尊守。故吾国之豪杰童话，与他国多异其撰。故吾国史迹中，对外虽无雄略，且往往受他族蹂躏，然始终能全其祖宗疆宇勿失坠，虽百经挫挠而必光复旧物者，则亦墨子之怯于攻而勇于守，其教入人深也。而斯义者，则正今后全世界国际关系改造之枢机，而我族所当发挥其特性以易天下者也。

（三）经济方面　近世言经济学的最重要的为生产与分配和国家财政政策三者。经济学的原字Economy，本来的训诂，就是“节用”。而我国民族向以刻苦耐劳著称于世。换句话说，即是肯出大力从事生产，而消费则力求减省，老子所谓：“见素抱朴，少私寡欲。”又谓：“去甚，去奢，去泰。”儒家所谓“节用”，墨家所谓“节用”“节葬”“非乐”。我国古昔圣哲无不主张物质的享受减至最低限度，这些都是与西洋Economy一语意义相同。惟外国人这种学说发生迟至近代，而我国则三千年前久已盛行。这在经济学上劳力与消费两方面，素来如此，可不必言。兹者只言其最重要的生产、分配及国家财政政策这三方面，老子时代较早，农业尚未甚发达，工商业则才在萌芽；老子对政治经济等问题向不感到十分的兴趣，所以主张“小国寡民”，主张“镇之以无名之朴”，主张“剖斗折衡而民不争”，故道家最大的特色，在撇却卑下的物质文化，去追寻高尚的精神文化，在教人离开外生活以完成其内生活。这种见解，当时最流行之儒墨两家皆不如此说，而实为道家所独有。在当时社会未甚进步，老子欲逆转这物质渐趋发达的大潮流，故有此主张，使返归于自然。这种主张在人生问题的价值上大小若何，本不在本文所讨论的范围之内，但我们要问我民族经济思想的特征，可不必请教于他了。纵然请教于他，也是无益的，因为老子这种返归自然的主张在我们全民族的经济进展史上作用甚微的原故。至于儒家，其生产的方式，有一个基本的主张，《礼记·大学》曰：“生财有大道，生之者众，食之者寡，为之者疾，用之者舒，则财恒足矣。”从现代用机械生产的立场观之,《大学》这几句话最违反经济学的原理。照现时的说法,若果真“为之者疾,用之者舒”,必将使存货委积市面停滞,引起闭厂失业的恐慌。而这几句话却偏又为孔门经济学的中心思想,则其中必有一种原故,不能不为之细心体认了。梁任公师《先秦政治思想史》第六章说道:

当时唯一之生产机关,自然是土地。孟子于是提出其生平最得意之土地公有的主张(即井田制度),其说则“方里而井,井九百亩,其中为公田,八家皆私百亩,同养公田”。(《滕文公上》)“五亩之宅,树之以桑,五十者可以衣帛矣。鸡豚狗彘之畜,无失其时,七十者可以食肉矣。百亩之田,勿夺其时,八口之家,可以无饥矣。”《梁惠王上》既以人人有田可耕有宅可住,无忧饥寒。

虽这井田制度,除在北魏隋唐时昙花一现外,始终未能全部实行,然其精神已深入人心,迄今农村之间,有六七十亩田可耕,有桑可树,有鸡豚狗彘可畜的,尚居大多数,这些中产阶级日益盛多,赖太阳恩惠不丰不吝的温带平原自然长育,苟能“生之者众”“为之者疾”,则八口之家便可悠然度其太平之境了。所以“食之者寡”“用之者舒”,不特不足以引起生产过剩的恐慌,而为最合理的生产方法哩。至于分配方面,孔子则曰:“丘也闻有国有家者不患寡而患不均,不患贫而患不安。盖均无贫,和无寡,安无倾。”故儒家于分配的理想,为“均贫富”主义。董仲舒《春秋繁露·调均篇》解释道:“孔子曰:‘不患贫而患不均’,故有所积重,则有所空虚矣。大富则骄,大贫则忧,忧则为盗,骄则为暴,此众人之情也。圣人则于众人之情,见乱之所从生,故其制人道而差上下也。使富者足以示贵而不至于骄,贫者足以养生而不至于忧,以此为度而调均之，是以财不匮而上下安。”董氏解释得最为确当。《礼运》有“货恶其弃于地也，不必藏诸己；力恶其不出于身也，不必为己”二语。梁任公师在《先秦政治思想史》第三章解释云：

> 此专就社会组织中关于经济条件者而言。货恶弃地，则凡可以增加生产者皆所奖励，然不必藏诸己，则[1]资本私有甚非所重，不惟不肯掠取剩余价值而已。力恶不出，故常认劳作为神圣，然不必为己，不以物质享乐目的渎此神圣。此其义蕴，与今社会主义家艳称之“各尽所能各取所需”两格言相函。但其背影中别有一种极温柔敦厚之人生观在。有一种“无所谓而为”的精神在，与所谓“唯物史论”者流适得其反。

虽然，儒家的大同世界，只不过是一种悬之以为进行的鹄的，迄今尚距离这鹄的奚啻一万八千里，然而这最高的理想，却早已发生而为我民族几千年进行的目标了。故吾国向无“阶级意识”，亦无“阶级斗争”。五来欣造在《儒教政治哲学》第八章说道：

> 著者以为，西洋有阶级斗争，遂发生社会主义，扰乱社会和平；何以东方能由阶级之调和支配数千年之文化，毫无阶级斗争与社会主义之痕迹？西洋历史，如马克思（Marx）所言，“人类从来之历史，皆为阶级斗争之历史”；何以东方历史为阶级协调之历史？盖西洋方面，上层阶级与下层阶级皆主张权利，除利己外别无他事，反之，东方则上下各以义务为重，而上层阶级之义务，尤较下层阶级

①编者按：原稿为“到”，当以“则”为是。今改。

为重；东西文明之差别，其秘密即在于此。

吾意：此中秘密，义务心重固为一因，如孟子所谓“不违农时”，便是上层阶级的义务；而中产阶级之异常发达，生产分配之几近平均，尤为其主要的原因。至于墨家，梁任公师《墨子学案》第三章论及墨子的经济学，有七个公例。而其生产的方式，则主张要人口众多。梁师说道：

墨子又极注意人口问题。他有第六个公例，是“欲民之众而恶其寡”(《辞过》)。墨子愁的是人少，人少确是当时的通患，所以梁惠王因“寡人之民不加多”，对着孟子发牢骚(《孟子·梁惠王篇》)，商鞅弄许多把戏，“徕三晋之民”(《商君书·垦令篇》)。墨子对于这问题，第一是主张早婚，他的制度是“丈夫年二十，毋敢不处家；女子年十五，毋敢不事人”(《节用上》)。第二是反对蓄妾，他说：“内无拘女，外无寡夫，则天下之民众，故蓄私不可不节。”(《辞过》)这些主张，都是以增加人口为增加劳力的手段，所以看得很郑重，反对久丧，也是为这个原故。因为儒家丧礼，禁男女同栖，服丧时候很多，于人口繁殖自有妨碍。墨子说：“此其为败男女之交多矣。以此求众，譬犹使人负剑而求寿也。”(《节葬下》)反对战争，也是为这个原故。他说：“战争除病死战死不计外，而且攻伐邻国，久者终年，速者数月，男女久不相见，此所以寡人之道也。”(《节用上》)这都是注重人口问题的议论。

我以为墨子所以要人口多，为的就是要增加生产的劳力，与儒家“生之者众”“为之者疾”的主张全然一致。盖我国地居平原，便于耕植，故很早入于农业时代；又处温带，太阳的恩惠不丰不吝，收成的多寡，全视人手多少为正比例差。故儒墨两家的主张全然一致。迄今农村之间，儿子早婚，蓄养童媳，为的就是胜似多买一条耕牛。其他多妻习俗百子千孙的念头，老人家不怕负担太重，为的就是要增加生产的劳力的不合理的算盘主义。又如农忙的时候，兄弟妯娌子侄等远道赶来帮着收获，也无非是这自然环境造成的伦理道德。因此我国始终停留于小农制度，无使用机械耕植的必要，在坏的方面说，是不长进，长久不进入大农业制度，机械不进步。在好的方面说，是永没有“阶级斗争”的发生。这是我们所应观察出来的。其次讲到分配方面，梁任公师又说：

> 墨子定出第七个公例，是“有余力以相劳，有余财以相分”(《尚同上》)。自己的劳力和光阴，做完自己分内事业，还有余剩，拿去帮别人做，这就是“余力相劳”。自己的资财，维持自己一身和家族的生活，还有余剩，拿去分给别人，这就是“余财相分”。这两句话《墨子》书中讲得最多(《天志篇》《辞过篇》《兼爱篇》皆有)。其实只是“交相利”三个字的解释。《节葬篇》说：“疾从事焉，人为其所能以交相利”，意义更为明了。余力相劳，就是孔子讲的“力恶其不出于身也，不必为己”；余财相分，就是孔子讲的“货恶其弃于地也，不必藏诸己”。(《礼记·礼运篇》)两圣人的经济学说，同归宿到这一点，质而言之，都是梦想一种完全互助的社会。

这种社会究竟是不是梦想的呢？在我国文化上有没有发生过关涉呢？据我的观察，虽然迄今尚未完全实现，或者尚没有这种组织和制度；可是在我全民族上已受到影响不少，大多数人已认为是一种天经地义的了。我少时读曾文正公家书，见其每年年终周济族中贫困的亲族，每人分赠若干；我当时只有发生一种仰慕心，并不发生惊疑心。证之我家中的父母祖父母外家的祖父母，无不人人如此。这不是“余财相分”的一鳞一爪的表见吗？不特曾氏一人是如此，不特一家一姓，甚至一乡一村有人是如此，恐怕各省各地行之是很普遍的。所以我国失业的人数，作兴是占世界第一位，而从未有如外国的失业暴动，这是一个最大的维持力，这是我国民族的美德，这是我先民所遗留的教化深入人心的独步处，这是我国文化的特征。这是外国人研究中国文化所绝对看不出的。

至讲到国家的财政政策，我国先民向有一个与外国人相反的主张，就是从积极方面说要“保民”，从消极方面说要不扰民，所有圣哲贤豪无不如此主张。所以号称善于理财的如孔仅桑弘羊这一流人物，向不为人所称道。求知古先圣人，道家墨家可不必称引；现在只就与我国政治上关系最深的儒家说说吧。《大学》说道：

> 仁者以财发身，不仁者以身发财。未有上好仁而下不好义者也！未有好义其事不终者也！未有府库财非其财者也！孟献子曰畜马乘不察于鸡豚，伐冰之家不畜牛羊，百乘之家不畜聚敛之臣；与其有聚敛之臣，宁有盗臣。此谓国不以利为利，以义为利也，长国家而务财用者，必自小人矣！彼为善之。小人之使为国家，灾害并至。虽有善者，亦无如之何矣！此谓国不以利为利，以义为利也。

案所谓聚敛之臣，即是谓对国家财政极有本领搜罗的人物，在儒家的眼中视之，算是小人。谓“与其有聚敛之臣，宁有盗臣”；谓“长国家而务财用者，必自小人矣”；这可见儒家嫌恶的态度。这种态度，在《孟子》书中说得尤为痛快。孟子在

《告子篇下》说道：

> 今之事君者，皆曰：我能为君辟土地，充府库。今之所谓良臣，古之所谓民贼也。君不乡道，不志于仁，而求富之，是富桀也。我能为君约与国，战必克。今之所谓良臣，古之所谓民贼也。君不乡道，不志于仁，而求为之强战，是辅桀也。由今之道，无变今之俗，虽与之天下，不能一朝居也。

孟子这一番话，全从大学"小人之使为国家，灾害并至"一段话引申出来，是儒家一贯的主张。其他诸如此类的话，散见全书各篇中，指不胜屈。梁任公师在《先秦政治思想史》第六章解释道：

> 孟子既绝对的排斥权利思想，故不独对个人为然，对国家亦然。……由孟子观之，则今世国家所讲军政、财政、外交与夫富国的经济政策等等，皆罪恶而已。

这话最能道出儒家对国家财政政策的心理和态度。其后司马迁在《货殖列传》也发挥先秦圣哲的这种见解，说道：

> 故善者因之，其次利道之，其次教诲之，其次整齐之，最下者与之争。

自秦汉以来历世相承，无不一以"利道"为政策。有与民争利者，则在朝之臣群起而反对之。如汉之盐铁，宋之青苗，其政策本极正当，而当时所谓文学之士，名儒之臣，无不反对之，至被谥为迂儒而不悟。这亦可见先圣哲言的深中人心了。

（四）社会方面　我国文化在社会方面所表现的特点，以我的观察有四：一、重组织，二、有秩序，三、尚和平，四、同化力极强。我国社会与西洋社会不同之点甚多，外人游历我国者偶一观察，辄谓我国人不能团结，宛如一盘散沙；而我国人士为警醒群众计，亦往往转述之以为论据。其实我国民族的重视团体生活，其发达的历史，远在西洋人之前。今者即舍古先圣贤哲学说如孔子的大同社会，孟子的井田社会，墨子的兼爱社会等等不说，而独从现实的社会来考察，其组织力的坚强往往有出人意表者。在其现实社会生活中，其国家思想的发达，三千年以来，虽屡遭内乱外患，而迄因向心力的坚强，终必统合全体形成统一的国家，已如前述可不必论。即就其形成国家的最小单位，已与西洋不同。朱进之师译美国社会学专家洛史氏《中国社会之研究》其第四章说道：

> 泰西社会，以个人为么匿；中国法制，以家族为单位。

其第五章又说：

> 虽然泰西独立之制，亦不能无弊。为人子者，朝离母怀，夕同陌路。抚育之恩不报，云何杖履承欢？赡养之义未明，徒承箕裘之教。华人则不然，壮幼之年虽受家庭之压制，耄老之日则有侍奉之子孙。盖人老工愁，年高寡乐，无人奉养？其何以堪！吾人视之，当有愧色。

洛史氏所说，虽寥寥数语，然于我国社会的特殊组织，即家族制度的精义，可谓洞中肯綮。试问这种家族制度的束缚，使为人子孙者失却不少自由，而我国人人人甘之如饴，绝无愠色，这称重视家族组织的恭敬心，何莫非我民族数千年来文化生活所养育成功？又其姓氏制度，在社会国家的组织上关系至为重大。日人田崎仁义的《王道天下之研究》，桥本增吉的《东洋古代史》，均言之甚详。今试至乡村间，观其聚姓而居，“死徙无出乡，出入相友，守望相助，疾病相扶持”，雍容亲睦，这称平居的维系力，试问求之他国，能得有几？又如

“行头”制度，如广东人所谓“七十二行”之类，其见于文献上的记载，则早已发生于赵宋的时代，较之西洋之“基尔特”制度，早五百余年。又如各商埠的“商业公所”“行帮”，如“绍兴公所”、“广肇公所”、川帮、闽帮、粤帮等等异常发达，尤其于南洋及新旧金山各地最足见其作用与精神。说者谓我国华侨经营事业，不倚仗政府为后盾，庸讵知其活动的机枢，乃全恃我国民这种组织力的坚强。又如各重要都市的各地方会馆对于流寓同乡的竭诚招待，医药丧葬的同情周恤；各姓氏的试馆对于读书子弟的鼓励与津贴；何莫非这种小规模的组织力所表现？这种种事业，其无形中为国家政府举办了不少的人民自治的事情。又如各乡村中的神祠庙舍，骤视之若无甚用场，以致足供下流社会借神道设教以为藏垢纳污的所在。然就我个人的观察，藏垢纳污的固未尝没有，极其坏处亦不过如欧洲中古时代的礼拜堂；而其好的方面，如施医、义教等等则往往一神祠而可兼医院、学校、救火会、聚集所、社交场所等用场。而考其活动的机能，则地方人士，一二有识者虑及灾难之方至，事业之常办，倡为兴举，而邻近数十乡村群焉从之，举一二人为司理，若干人为首事以监督之，而事可立就，这种组织力，苟非训练有素浸润于不自知不自举之中，如何可以成功。虽其幼稚可笑，不敢恭维。然试问如我国幅员的广大，山陬水涯，无不有二三村落，而为之政府者又从未顾及绸缪，为之逐一设立，则这种维护社会的功用，又何可非难？其他如乡村自治，如团练，如联保等等，其组织力亦不可轻视。昔曾国藩至以一乡的团练与太平军对抗。湘勇之名，闻于天下，这是利用小规模的部勒子弟的结织力发挥光大使成为步伐整齐的劲旅。是在我们的领袖善于领导而已。以我的考察，在历史上，在现实社会上，惟有求如外国的职业同盟，阶级意识发达，众至数千百万，有严密律规使人人遵守；这种大规模的组织，在我国确是无有。所谓我国人的组织力不如外国人者，惟此而已。然则谓我国民族无可为团结的因素，而确如散沙般的离立，则吾未之能信。

其次说及我国社会的秩序性，随处可见，内而一家的老少安怀夫妇唱随，外而一乡的长幼敬悌，一业的师徒融泄，皆足为守序秩的表现。其余如“徐行后长者”“言及之而言，言不及之而不言”，其待人接物揖让进退中规中矩之处，不可胜言。又如各乡村警察军队所不到的地方，其地方上的治安，往往付之一抱关击柝人之手，而太平盛乐有出人意表之外者，虽近年受外国经济侵略，农村破产，间有宵小发生之事，然求如外国的同盟罢业故意扰乱社会秩序者，则尚不多见。

我国人士向以和平著名于世界，不特对家人然，对邻人亦然，不特对国人然，对异国人亦然。洛史氏《中国社会之研究》第四章说道：

> 华人夙以文弱著，惟西北回族，尚具好勇斗狠之概。长城以内，则激昂慷慨之夫，久已绝迹于燕赵；武侠仗义之风，亦已不存于关陕。大江以南，则靡靡之音，更不堪问矣。欲求其好勇乐战如白人者，则如凤毛麟角焉。不必言其怯于公战，即私斗亦未有勇夫之气概也。尝见儿童寻衅，瞠目攘臂，而不敢手捣，摩拳擦掌，而未尝肉搏。若夫臧获役夫，逢彼之怒，则效刘四骂人，恶声载道，而不敢一交臂焉。闻有某商船驶入新嘉坡，为关吏所拘留，华人三千日人三百，均不得登岸，日人于是迁怒同舟，故意要求，每饭必无；华人不与争而让之，此细故也，可以喻

大。华人盛怒之下，亦能作虎狼斗；但其天赋沈厚，不与人较，以为战争者，成事则不足，肇衅则有余。且两虎相争，必有一伤，何必不忍小忿而误大事哉？故华人以调解讲和为天职，以度德量力为美事；虽于鼓噪暴动之际，亦必前后审顾，不逾规范，不若日本或东印度等人之轻举妄动也。

据朱进之师言，洛史氏为美国韦斯康新大学社会学教授，一九〇九年至一九一〇年之间曾游历我国，足迹遍历十有三省，“以科学眼法，察我群治，勤搜博访，详为掎推”；归而著为巨册，而所言如此，这可见我国人尚和平确足为民族文化上的一特点。

至于同化力的强大也不得不说。在三四千年前我国民族活动的舞台，仅在洛水与渭水两流域，所占的地盘极小。其四周则为浅化的民族所居住。未几即能沿黄河两岸地方向南方发展，其时中原的地方常为苗族、羌族、匈奴、东胡等民族所蹂躏，但不久则渐渐同化于汉族，而变为我民族的一成分。故我民族的同化力，从昔已甚强大。其后五胡乱华，结果五胡悉成为隋唐贵族。至于辽、金、元、清，更无论了，满清入关以八旗兵驻防各省，镇压汉族，迄今二百余年，八旗兵久已同化为汉人，这是最不可思议的一件大事。洛史氏《中国社会之研究》第二章说道：

且中国文教远被，东至扶桑，西暨身毒，北达匈奴，南至交趾，皆熏德沐化，一道同风，何其盛哉！是以景教入中夏，而渐归消灭；犹太人之在河洛间者，已尽失其固有言语宗教。中国者一盐海也，外物投入，不为其所消解不止。今有论华人为劣种者，其说之肤浅不待辩矣。

又最近日人和田清著[①]《支那》一书，其序言亦谓：

中国文明的发达，不止普及渗透于国内，更向国外发展，四周诸国次第受其影响，极为显著。盖东亚文明不外以中国为中心而成一大文化圈之谓。自余诸国皆受中国的刺戟与影响。朝鲜成为儒教化，在李朝之初。日本成为儒教化，则在德川时代。

案这两人所说的话，至为可信。迄今中国文字盛行东方各国，南洋新嘉坡一带已全然通用，其他采用汉字而异加变化的也有，至若日本、朝鲜、安南，其家族、社会的组织制度，宛如我国，甚至风俗习惯，如：送灶、迎年、清明、祭扫、端午角黍、七夕双星、中秋赏月、种花养鱼、玩鸟畜犬、烧饭造饼、饮酒吃茶，无不全同，或几几乎与我国内地生活一样。欧美人士至有误呼日本为我国人者。日本考古学权威滨田耕作氏在《东亚文明之黎明》一书中，直认我国为彼邦文化之母亲。

从这四点：一、重组织，二、有秩序，三、尚和平，四、同化力极强，观之，我国文化在社会方面的特点，可以思过半了。

（五）伦理方面　我国伦理从早有所谓五伦的制度，“父子有亲，君臣有义，夫妇有别，长幼有叙，朋友有信”（《孟子・滕文公上》）。虽迄今我国尚的遵守勿替，然这不过是儒家所言，为狭义的伦理道德，其他各家学者不尽如此说，即今西洋人亦无此种制度，不足以资比较，现下舍此不言。专言广义的伦理道德，道家主张将人类生活成为艺术化，无所为而为，不以利己为目的，也不专以利人为目的，故老子曰：

①编者按：原稿为“箸”，当以“著”为是。今改。

"生而不有，为而不恃，长而不宰。"又曰："既以为人己愈有，既以与人己愈多。"虽然，这种以生活为目的，为生活而生活的理想的人生，其境界最高，平常人不易领会，后世言黄老，言老庄，已不是道家的真面目了。儒家则孔子言"仁"，梁任公师谓仁即今日所谓"同情心"，即所谓"己所不欲，勿施于人"，即所谓"己欲立，而立人；己欲达，而达人"。孟子言"仁义"，言"恻隐之心""羞恶之心""辞让之心""是非之心"。荀子言"礼"，言"度量分界"。虽所说精粗广狭不同，然其同为儒家的伦理道德观则一。在墨家的眼光视之，为"别爱"，为"差等爱"，其结果对于人类的同情心不能普遍，对于人类的恻隐心不能普遍，对于人类的度量分界不能普遍。故墨子非儒而自倡"兼爱"主义，墨子的"兼爱"与儒家的"泛爱"有别，《小取篇》说道："爱人，待周爱人然后为爱人，不爱人，不待周不爱人，不周爱，因为不爱人矣。"故墨子的"兼爱"主义，就是人类中有一人未受其爱，便是不能"兼爱"。推兼爱的结果，必然做到"视人之室若其室，谁窃？视人之身若其身，谁贼？视人之家若其家，谁乱？视人之国若其国，谁攻？"故墨家的伦理的道德确为人生理想的极致。孟子曰："墨子兼爱，摩顶放踵利天下而为之。"这一句话最能道出墨家全部精神。但是同时又有杨朱提倡"为我"主义，孟子在《滕文公篇下》说道："杨朱墨翟之言盈天下，天下之言，不归杨则归墨。杨氏为我，是无君也；墨氏兼爱，是无父也。无父无君，是禽兽也。……杨墨之道不息，孔子之道不著。……吾为此惧，闲先圣之道，距杨墨，放淫辞，邪说者不得作。……能言距杨墨者，圣人之徒也。"《尽心篇下》又说道："逃墨必归于杨，逃杨必归于儒。"据此，可见当时确有杨朱提倡“为我”主义的一派。只可惜其书失传，今日所传《列子》里的《杨朱篇》是晋朝人的伪作。我们对于杨朱学说，只见到《孟子·尽心篇上》孟子批评他的一句话，“杨子取为我，拔一毛而利天下，不为也”，不足以供研究。虽然，儒家的“别爱”、墨家的“兼爱”，无一不以人类利己心为前提。故汉魏以后，我国人的伦理道德，是别爱兼爱互荡互激，实际上既能为我，又能为他；这是我国文化上伦理方面的特点。梁任公师《墨子学案·第二自序》说道：

墨教之根本义，在肯牺牲自己。《墨经》曰：“任，士损己而益所为也。”（为读去声）《经说》释之曰：“任为身之所恶以成人之急。”墨子之以言教以身教者皆是道也。是道也，秦汉以后士大夫信奉者盖鲜，而其统乃存于匹夫匹妇。今试行穷乡下邑，辄见有弱嫠襁负呱呱之子褴褛而行乞者，吾人习见，莫之或奇，莫之或敬也。而不知此种行为之动机，乃纯出于“损己而益所为”，纯是“为身之所恶以成其子之所急”。其在文化与我殊系之民族，则妇女为葆其肤颜之美姣而弃子弗字者，比比然矣。又恒见有壮夫侍其老羸废疾之父母昆弟，因以废其固有之职业，虽百艰而不肯舍去，亦有齿落发白垂尽之年，不肯稍自暇逸，汲汲为其子孙谋者。若此之类，就一方面论，或可谓为妨害个性之发展，就他方面论，则互助精神，圆满适用，而社会之所由密集而永续也！夫所谓“摩顶至踵利天下”者，质言之，则损己以利他而已。利亿万人固利他，利一二人亦利他也。泛爱无择固利他，专注于其所亲亦利他也。己与他之利不可得兼时，当置他于第一位而置己于第二位，是之谓“损己而益所为”，是之谓墨道。今之匹

> 夫匹妇，曷尝诵《墨子》书，曷尝知有墨子其人者，然而不知不识之中，其精神乃与墨子深相悬契。其在他国，岂曰无之，然在彼则为畸行，在我则为庸德。呜呼！我国民其念之！此庸德非他，乃墨翟禽滑釐孟胜田襄子诸圣哲，濊百余年之心力以莳其种于我先民之心识中，积久而成为国民性之一要素焉。我族能继继绳绳与天地长久者，未始不赖是也。

从梁师的观察，以为我国民的伦理道德的优点是从墨家的“损己而益所为”精神发展出来。又日人后藤朝太郎在《中国文化之研究》第十三章论“中国文化之特色”中说道：

> 又次，在公共事业方面，出资毫不吝啬。如：社会、会馆、病院、婴育院、学校、义塾、义仓、粥厂等等，中国人对于社会事业所出的力殊出意外之多。从其利己心甚强的个人主义观之，实为一种矛盾现象。但是仔细一考察，然后知其从豫想自己得到幸福的心理出来的较多。一方面政府施政的设备，不十分完全，故以自治的精神起而代之；他方面则宗教鼓舞的助力不少。现时耶稣宣教师的种种设备，固不待言；而一般的礼俗间，道教的渲染甚深，故修积善行可以计算功德多寡，幸福与罪过结算总账时，多积善行者必受余庆，从这种欲心来者实居多数。中国人在闾巷之间其个人主义随处可见，但时有意外的阴德，亦数见不鲜；为公共事业添力者亦往往而有。例如年中行事为一县公益而将其自己一年间收入的大半费去，以请求城隍庙或关帝庙祝福的也有。其他道教祀神，施与功德于乞食，从此以求幸福于神的也有。在儒教方面，有“积善之家有余庆，积不善之家有余殃”的格言，以因果

关系招来幸福。因此为要得自己的福利而施与，以积善行。以故，其利己心本来甚强，故慈善事业亦意外之多。就这点考察，这不是矛盾，宁可谓为从广义的利己心发现出来，也可以判明了。

据后藤氏的观察，以为我国民的伦理道德是从广义的利己心发展出来。总之无论如何，我们可以断定它是既能为我又能为他了。

（六）宗教方面　我国宗教，向甚幼稚。大约因为在石器时代，死人的处置问题，灵魂出现的防止问题，就发明了符咒、厌胜等种种魔术，成功了原始宗教的举动。其后人事进步，我国学者多不语怪力乱神，故民间信仰始终停滞在原始宗教时代，不能进步。许地山的《道教史》第七章说道：

> 中国古时，人死未葬，立一个灵魂所寄底“重”，既葬以后，立“主”；未殓向尸体礼拜，葬后于祭时使关系人著死者底衣服以享受祭品，也名为“尸”。葬后底“主”等于未葬的“重”，“尸”等于未殓底尸体。立“尸”是中国古礼中特异的事。……从代表祖先底“尸”，渐次演进为专门事神及传达神意底“巫”。最初的“巫”恐怕有一部分是从“尸”流衍而来。“巫”在原始时恐怕都是女子，她能以歌舞降神，预言吉凶。

有人说我国是多神教，有人说我国是无神教，我以为多神也好，无神也好，我国上世宗教的实在情形，只不过是如此。其后社会进步，职业分工，“巫”之外，便另有“祝”“宗”，有“史”，以分掌各事，并造为种种“天意”“天志”等谰言以为政治、社会等学说的论据。至老子出，劈头便骂“天地不仁”，叫人不要迷信这些邪说。同时孔子亦谓“获罪于天，无所祷也”（《八佾》），也不是宗教的人物。美人白璧德（Irving Babbitt）教授在《民治与领袖》（*Democracy and Leadership*）第五章说道：

> 若夫孔子，骤观之，似与亚洲三大圣人中其余二人，（案即指耶稣[①]基督，释迦牟尼）绝不类者，盖如前所言，孔子以人文化世，而不以宗教为务也。

梁任公师《中国历史研究法补编·分论三》第四章里说道：

> 外人称中国人奉多神教，名词颇不适当。多神教是对一神教而言。基督教，犹太教是一神教，其他都是无神教，佛教尤其是无神教，西洋人不曾分别这点，说印度人奉佛教即奉多神教。中国孔子不讲神，说“未能事人，焉能事鬼”？“未知生，焉知死”？然而孔子对于祭祀却很看重。《论语》说：“祭如在，祭神如神在。”孔子一面根本不相信有神，一面又藉祭祀的机会，彷佛有神，以集中精神。儒家所讲的祭祀及斋戒，都只是修养的手段。《论语》说，“非其鬼而祀之，谄也”。“其鬼”和“非其鬼”的分别，和西洋人的看法不同。意思只是鬼神不能左右我们的祸福；我们祭他，乃是崇德报功。祭父母，因父母生我养我；祭天地，因天地给我们许多便利，父母要祭，天地山川日月也要祭；推之于人，则凡为国家地方捍患难建事业的人也要祭；推之于物，则猫，犬，牛，马的神也要祭；只此“报”的观念便贯彻了祭的全部分。这种祭法，和希腊埃及的祭天拜物不同。他们是以为那里面有甚么神秘，乃是某神的象征，并不因其有恩惠于人而去祭他，老实

①编者按：原稿为“耶苏”，当以“耶稣”为是。今改。

讲，中国所有的祭祀，都从这点意思发源，除了道教妖言惑众的拜道以外。

是梁师与白璧德二人均以为孔子不是宗教上的人物。法人沙畹（Chavannes）教授的《中国人之道德理想》（*Quelques Idées morales des Chinois*）一文说道：

盖孔子所代表者，乃远古传来之精魂；孔子所教导者，乃若辈之祖先所窥见之真理。

氏盖直认孔子为道德意志的完人，中国道德真理的代表。然则孔子是彻首彻尾不为一位教主甚明。在中国圣哲中要找一位带有宗教气味的人物，惟有墨子。在《墨子》书中，《天志》《明鬼》《非命》数篇宗教色彩极浓，亦即以“天志”“明鬼”“非命”三义，组成墨子的宗教。墨子所说的“天”，纯然是一个“人格神”，有意欲，有感觉，有情操，有行为的。“天志”之外，还加上“明鬼”这一套，书中并引证了许多鬼的故事，讲的都是报仇作祟，叫人害怕。墨子便装成了活模活样的宗教家。其中又有“巨子”制度，配足了“教主”的附条件。但是梁任公师也不承认他是宗教，在《中国历史研究法补编·分论三》第四章说道：

宗教史里边，教义是一部分，教会的变迁还是一部分。教义是要超现实世界的，或讲天堂，或讲死后的灵魂，无论那一宗教都不离此二条件。其次，宗教必有教会；没有教会的组织，就没有宗教的性质存在。根据这两点来看，中国是否有宗教的国家，大可研究。近来推尊孔子的人想把孔子做宗教，康南海先生就有这种意思，认孔子和外国人的宗教一样去研究。一般攻击孔子的人又以为孔子这种宗教是不好的，如吴稚晖先生和胡适之先生，其实两种看法都失了孔子的真相。第一点，可以说，宗教利用人类暧昧不清楚的情感，才能成功；和理性是不相容的，所以超现实，超现在。孔子全不如此，全在理性方面，专从现在现实著想，和宗教原质全不相容。第二点，教会，孔子以后的儒家是没有的，现在有的是冒牌。

再看孔子以外的各家：关于第一点，道家，老子庄子虽有许多高妙的话，像是超现实超现在，而实质上是现实的现在的应用，道家实在不含宗教性。比较的，古代思想只有墨家略带宗教性，讲天志，讲明鬼，稍有超现实的倾向，但仍是现实的应用。墨家并未讲死后可以到天堂，亦未讲死后可以做许多事业，不过讲在现实的几十年中，好好的敬天，做好事，天自然会赐以幸福；所以墨家仍不能认为宗教。关于第二点，道家也没有教会，墨家有巨子，颇像罗马的教皇，但未能明了他如何产生，虽然当战国时代，许有百余年曾有过教会的组织，但后来消灭了。现在留存的材料极少，除了讲巨子的几条以外，别无可找。

据此，则我国在先秦时代，确没有土产的宗教。至汉以后，便有道教的发生，迄今我民族中犹有一部分人信奉不衰。而梁任公师也谓：道教是一面抄袭老子庄子的教理，一面采佛教的形式及其皮毛，凑合起来的，很是无聊的玩意；他们所做的事，对于民族毫无利益，而且以左道惑众，扰乱治安，历代不绝；讲中国宗教，若拿道教做代表，实在是很不愿意。许地山《道教史》第七章说明道教的根源道：

巫虽分为祝与宗，地位卑下，而民间对他底信仰仍不减。秦汉神祠还有置祝官女巫底。《史记·封禅书》记汉高祖于长安置祠祝官女巫，说：

梁巫 祀天地、天社、天水、房中、堂上之属。(天社、天水、房中、堂上，疑为星名。)

晋巫 祀五帝、东君(日)、云中(云)、司命(文昌四星)、巫社、巫族人、先炊之属。

秦巫 祀社主、巫保、族累之属。(巫保、族累或是古巫底名字。)

荆巫 祀堂下、巫先、司命、施糜之属。

九天巫 祀中央钧天、东方苍天、东北旻天、北方元天、西北幽天、西方皓天、西南朱天、南方炎天、东南阳天，即所谓九天。

河巫 祀河。

南山巫 祀南山、秦中。

以上梁巫、晋巫、秦巫、荆巫、九天巫，皆以岁时祀于宫中。河巫祀河于临晋。这些巫祠，是后来道教崇拜的根源。

所以我们若将道教详细分析一下，便可以发见其以我国原始宗教的资料，裹上佛教形式与皮毛，外面糊裱些老庄的渣滓，怪不得梁任公师以为我们若拿出这些家伙夸为我民族地道的宗教，便是我们的大羞耻。所以我说：我国宗教，向甚幼稚，无论说是多神也好，无神也好，只不过这些东西而已，惟其如此，我先民对宗教的兴趣不浓，创造也少，所以全部的文化里，向来不尚一宗，兼收并蓄。迄今乡村间，观音大士可与关羽华陀同住一堂，南巫道士可与和尚尼姑同时咒诵。这是外国人所不明不白的。梁任公师在《中国历史研究法补编·分论三》第四章解释道：

中国人信佛宗释迦牟尼，信道宗太上老君，信基督教宗基督，同时可以并容，决不像欧人的绝对排斥外教。佛教输入以后，经过几次的排斥，但都不是民众的意思，北魏太武帝，北周武帝，唐武帝三次摧残佛教，其动机都因与道教争风。当时两教的无聊教徒，在皇帝面前争宠，失败了的，连累全教都失败，这和全国民众有何相关？中国所以不排斥外教，就因为本来没有固定的宗教，信教也只是崇德报功的意思。基督教输入以后，所以受过几次的激烈排斥，也只因基督教徒本身有排外的思想，不容外教的存在。回教穆罕默德出于麦加，也是排外的教。摩西之所以起，即因争夺南方膏腴之地而起。基督教到罗马，以教会干涉政治，回教所到之处，亦以教会干涉政治；那自然和本地方人的权利思想不相容，自然会引起相当的反感。当他们初入中国，未现出侵略的野心以前，中国人是无不欢迎的。自唐朝景教流行到明末基督教再来，都不曾有甚么反动。后来因为旧教天主教有垄断政权的嫌疑，新教耶稣教又有侵略主义的野心，所以我们才排斥他。回教输入中国的情况，也是一样。关于这点，中国人对外来宗教的一般态度，很值得一叙。我们常常看见有许多庙里，孔子，关羽，观音，太上老君，同在一个神龛上，这是极平常的现象。若不了解中国人崇德报功的思想，一定觉得很奇怪。其实崇德报功，只一用意，无论他的履历怎样，何妨同在一庙呢？譬如后稷和猫都有益于农耕，农人也常常同等供祀，又有何不可呢？

所以我说这是我国文化上的一个特点。

（七）物质方面　我国民族自昔长于控制自然，利用自然，故进入畜牧时期农业时期为时甚早。迄今甲骨文字出土，纪载极详。学者试一翻郭沫若的《卜辞通纂·食货》类，便可以知道详细。日人小岛祐马曾撰《殷代产业》一文，发表于《支那学》三卷十号中，采卜辞中所载狩猎、卜渔、卜年、卜风雨诸辞，以证殷代狩猎及农业之盛。日人梅原末治《中国文化的源泉》第五章论殷虚的物质文化说道：

> 其出土的兽骨中有牛、猪、鹿、羊、马、兔、虎、熊、象、龟、鲸、鹰等，是以考见当代生活。

郭沫若氏在《卜辞通纂·食货》中也说道：

> 大抵殷人产业以农艺牧畜为主，且已驱使奴隶以从事于此等生产事项，已远远超越于所谓渔猎时代矣。于礼有告刍告麦祈年观藉之事，多已与周人同。孔子所谓“周因于殷礼”者是也。

同时周民族亦早已开始农业，我们读豳风之诗，便可以想见当时田畴快乐的景象。早年友人李济之在山西夏县西阴村发现半个蚕茧，梁任公师谓“假使地层的部位不错，那么，中国在石器时代已有丝了”。梁师在《中国历史研究法补编·分论三》第三章又谓：

> 渔猎、畜牧，最初的社会已经有了，一直到现在还是很重要的生产事业。矿业到周代也已发明，已利用，到今日，变成多种生产事业的发动力，假使没有矿业，多种生产事业都得停顿。

这句话也说得不错，我们今日即以眼见的殷周铜器而论，已着实吃惊了。大自然的物料足供我们衣、食、住、行、乐、育上的利用者，大略分之只不过动物、植物、矿物三者而已。我们在三千余年以前的殷周之世，久已尽量利用如此，这不是善于控制自然的铁证吗？近人陈文涛著《先秦自然学概论》，其第十三章据《通志·鸟兽昆虫草木略》、《离骚草木疏》、《尔雅翼》、《尔雅正义》、《毛诗品物图考》、段氏《说文解字注》诸书统计我国先秦时代所用的动植物，凡微虫小草与人生无甚关系者不录，凡汉以后得自外国的动植物不录。除麦、粱、稻、黍、稷及茶、蔗、棉不计外，计植物有：菽、麻、葛、瓜、瓠、匏、荧、菱、葱、薤、蒜、韭、葑、葖、芋、菼、姜、果蠃、艾、蒿、荠、蕨、薇、葵、萧、芥、芝、苴、莪、荃、芸、芙蕖、菊、兰、芍药、芎䓖、蓝、茈草、茹藘、萍、蘋、藻、蕢、荇、苋、茆、芹、蓬、芭、茅、菅、葭、茑、萝、免丝、萹竹、菉、陵苕、卷耳、郁、蓼、苏、萑、荏、参、蓍、蘦、虻、虋冬、苄、堇、杜若、杜衡、卷施、萋、苣、蓟、芣苢、茨、荔、蔧、龙、莞、萱、葝、蒤、薜荔、款冬、孟、台、稗、稂、莠、竹、櫐、藟、松、柏、桧、枞、榛、楸、楛、椵、梓、桑、杻、柽、梧桐、棘、椇、楝、楚、棣、栘、枫、枢、柞、樗、漆、樧、栎、豫章、檀、莱、射干、木堇、卮、辛夷、枸杞、榄、木兰、杨、柳、桂、棪、檓、槐、楠、榖、六驳、并闾、梅、杏、桃、李、樱桃、枣、栗、楂、梨、杜、橘、柚、包、橙、柿、樗、柀、棶、椒等一百六十二种；动物有：凤、孔雀、鹤、雉、鹦鹉、燕、雁、鸿、鹔鹴、鹅、鹜、凫、鹛鹰、鹥、鸡、天鸡、雀、鹫、乌鸦、鹊、鸺鹠、鹰、鸢、鸤鸠、隹鸠、雎鸠、鹳鹆、反舌、鴐、仓庚、斫、木、鳸、桑鳸、子巂、鸨、鶂、鹑、鷊、鸻、鹳、鸿、鹚、比翼、鹯、鹰、隼、雕、鸮、鸱鸮、枭、鹏、鸇、鸩、服翼、戴鵀、鹖、卢鹚、鸳鸯、鹭、鹈、鹙、鸧、鹡鸰、麟、狻猊、麃、夔、貘、驹、驺虞、六驳、虎、豹、犀、兕、象、貙、玃、熊、貀、豺、狼、豻、猩猩、狒狒、鹿、麋、麇、麝、麢、猴、猿、蜼、獭、兔、貂、蟨、猬、猫、狐、狸、貉、犹、鼠、鼷、鼳鼠、鼯、鼵、豕、牛、马、羊、牦、羱、豪豕、狗、驴、骡、駃騠、驼、鲤、鲔、鳣、鲸、鲂、鲄、鲋、鳟、鰋、鮥、鳢、鲦、鲨、鳜、鳺、鲵、鳗、鮆、鮧、鳝、鳛鳅、比目、王余、乌鲗、文鳐、鲛、蛇、虾、龟、鳖、鼋、鳄、鳆、蟹、蜃、贝、蠃、蚄、魁陆、螷、珧、蛣、蛇、蜥蜴、蝍蛆、蜘蛛、蜂、蛭、蛙、蜗牛、蜉蝣、蟋蟀、螳螂、青蛉、蜣螂、虿、蜩、蟪蛄、虻、蝗、螟、蟦、蠡、贼、蚕、蛱蝶、尺蠖、蛅蟴、蟫、蚰蜒、蚓、蜮、萤、蚁、蝇、蚊、蚤、虱、蟗、蜚等二百零一种。虽其中有直接利用，有间接利用；有积极利用，有消极利用；利用的方法不同，而且善于利用则一，亦可见其不丰不啬了。陈文涛在本文也说道：

中国古称天府，物产之富，莫之与京。若言其略，则九州职贡，详于《禹贡》：

冀州　无贡。

兖州　贡漆丝、篚织文。

青州　贡盐絺海物丝枲铅松怪石、篚檿丝。

徐州　贡五色土、夏翟孤桐浮磬玭珠鱼、篚玄纤缟。

扬州　贡三品金瑶琨筱簜齿革羽毛包橘柚、篚织贝。

荆州　贡羽毛齿革金三品、杶干栝柏、砥砺砮丹、箘簬楛菁茅大龟、篚玄纁玑组。

豫州　贡漆枲絺纻磬错、篚纤纩。

梁州　贡璆（玉磬）铁银镂砮磬熊罴狐狸、篚织皮。

雍州　贡球琳琅玕、篚织皮。

九州利害，详于《职方》：

扬州其利金锡竹箭，其畜宜鸟兽，其谷宜稻。

荆州其利丹银齿革，其畜宜鸟兽，其谷宜稻。

豫州其利林漆丝枲，其畜宜六扰，其谷宜五种。

青州其利蒲鱼，其畜宜鸡狗，其谷宜稻麦。

兖州其利蒲鱼，其畜宜六扰，其谷宜四种。

雍州其利玉石，其畜宜牛马，其谷宜黍稷。

幽州其利鱼盐，其畜宜四扰，其谷宜三种。

冀州其利松柏，其畜宜牛羊，其谷宜黍稷。

并州其利布帛，其畜宜五扰，其谷宜五种。

九方之美，著于《尔雅》：

东方之美者，有医无闾之珣玗琪焉。

东南之美者，有会稽之竹箭焉。

南方之美者，有梁山之犀象焉。

西南之美者，有华山之金石焉。

西方之美者，有霍山之多珠玉焉。

西北之美者，有昆仑虚之璆琳琅玕焉。

北方之美者，有幽都之筋骨焉。

东北之美者，有岸山之文皮焉。

中有岱岳与五谷鱼盐生焉。

若《山海经》之所载，王会之所贡，穆天子西征之所获，率多异物，颇难征信。及至战国，赵拓北徼，燕服东胡，秦开西蜀，楚灭南邦，闽中，南海，桂林，象郡，相继咸入中国版图，幅员既广，天产自增，于是丹砂玳瑁，珠玑齿革，笮马旄牛，筋角旃裘，充斥于中国矣。

案《禹贡》《职方》《尔雅》三书作成年代，虽聚讼纷纭，然不能晚至秦汉以后，则其所载各地所贡所利所美，皆为先民所自生产无疑。据此，则其中不特有农产品，直有工作品了。陈氏又在《先秦自然学概论·自序》说道：

人之生，日与自然界相触，而演化之深浅，则视制裁自然之能力大小以为差。我国上古圣哲辈出，仰观俯察，常以利用厚生为前提。自高阳绝地天通，而宗教不能梏人之思想，迄成周知无德者亡，而政学不为愚民而设施。故当时人民精神活泼，探究自然亦时有发明。

陈氏所谓制裁自然，与我所谓控制自然无异。殷商之世，既已进入农业社会，则农业社会所最需要的天文历数，自然应当有相当的发明。今所存甲骨文字，有六十甲子表，有十又三月，有春夏秋冬，殷历已具雏型。友人董作宾有《卜辞中所见之殷历》《殷历中几个重要问题》诸文，学者可自行参考。近人朱文鑫《天文考古录》中《中西天文史年表》说道：

天文为最古科学，上古穴居野处，宫室制度未兴，夜观星象，昼测日景，日出而作，日入而息，鸡鸣戒旦，星见而昏，天文之学，固随有史以俱来。中国星象历数，见于经史者浩如烟海，未能尽读。而群经疏传，诸史考异，复汗牛充栋，治丝益棼，欲寻绎系统，如满屋散钱，贯串为难。西洋天学，早有专史，而种类繁夥，言文各异，钩稽亦非易易。考中国天学发达早而故步自封，西国天学进化迟而飞皇腾达。观我古人日食之推算，日斑之测验，彗孛流陨之纪载，远非西史所能望其项背。至西国天学之所以突飞猛进者，全恃制器之精，凡目力所不能见者，藉远镜以明之；远镜所不及者，藉照相以摄之；照相所不得者，藉分光镜以验之；宇宙虽大，众象毕现。故中国天文史详于十六世纪以前，而西洋天文史详于十六世纪以后。

朱氏“笃嗜斯学，负笈美洲，曾入彼国观象台有年，归国后，以疏通经史天文历法为己任，二十年来，天算名著[①]之行于世者多种，皆为专家所推崇”；今其所言，殊可信赖。友人日本天文学权威新城新藏博士，亦主东洋天文学为中国人所自创造，尤主殷历之说，除已刊布《东洋天文学史研究》诸书之外，最近对于甲骨文字殷铜器铭所载殷历刻意研究，不日当有文发表。此外与天文，历学有关的数学，光学，音学，甚而力学等，亦均有粗浅的发明。不特如此，即建筑水利工程，亦有相当进步，见于《史记》各书中。其伟大者如蒙恬监造长城，郑国凿通秦渠，为同时他民族所不及。这些都是我国先民长于控制自然的特征。梁任公师《中国历史研究法补编·分论三》第三章说道：

> 如城郭，许是中国特有的文化，最少也是亚洲民族特有，而且是中国人所发明。《史记·匈奴传》《汉书·西域传》，以城郭的有无为开化半开化民族的符号，中国所谓城郭和欧洲中世所讲堡垒不同。堡垒似碉楼，是少数君主，贵族，专保自己财产用的。城郭不专为一人，不专为统治者的安全，而为保护一般人民的利益而设。大概古代人民，春秋散在田野；冬日把所有的收获品聚在一处，初为墙，后为城郭，以防御外来的强盗和外族的掠夺。这种城郭，春秋时代，见于纪载的很多，可见已是一件很重要的事。后来竟变成文明人的标志。最古，长城以外，没有城郭，西域各国，或有或没有。

但是后来，我国这方面的创造力，在秦汉以后忽然消沈，

---

①编者按：原稿为“箸”，当以“著”为是。今改。

不长进，这是何故呢？陈文涛归其罪于儒家及禅宗，他在《先秦自然学概论》第十四章说道：

秦后之人袭遗迹，因旧业，化大辂于椎轮，宜事半而功倍，顾何以故步自封，永无长足之进；海禁一开，遂使中国学术几沦于破产乎？溯自汉武帝表章六经，罢黜百家，儒家一流，俨若天骄，操中国学术界牛耳垂二千余年。夫通天地人之谓儒，一物不知，儒者之耻，则儒者于格致之学似宜大有所贡献矣。又何以历数千年竟无丝毫之发明乎？细推其故，盖亦有可言者焉。吾之必为儒家讳也。儒家好讲求道德，自然科学无论如何精微，在儒家观之，总不离形而下之器，而不得预于形而上之道，宜其不屑研究之也。……宋儒最讲格物，然终于物无所格，何也？盖宋学实与禅学相出入，小程之日格一物，积习既多，自然贯通，与朱所云用力之久则一旦豁然贯通，同惑于禅宗之顿悟，而不能如科学之悟已悟人；大程之穷理以至于物，与陆子之此心此理不容有二，同惑于禅宗之明心见性，而不合科学之观察实验。小程之物各付物，不役其知，与大程之更生枝节，便恐有差；同过于主张直觉，而科学之假设证明将无所用。言格物而失所格物之法，犹欲航海而舍舟楫，宜其无济。

友人向达则以为印度文明输入的罪过，他在《中西交通史·叙论》说道：

印度文明不仅在中国哲学上发生了重大的影响，社会各方面如风俗、习惯、信仰，都渗有印度文明的成分，化合渗透，无迹可寻，与中国人的人生观也已融而为一。然而中国文明印度化的结果，在中国的历史上很发生一点障碍，激烈一点，也可以说是危害。自从印度文化传入中国，中国人的向后思想日益增长，对于控制自然的努力，远逊于前。中国的文化，从汉以后，创造的思想远赶不上先秦，科学方面的发明同进展，一天一天的衰落；这种现象的养成，印度文化的传入恐怕要负一大部分的责任呢！

照我的观察，以为印度文化的输入应该负的责任多一点。考西洋思想的沿革史，其中有极显著的三种倾向，曰科学内倾向（Scientific Tendency），曰神秘的倾向（Mystic Tendency），曰人本的倾向（Humanistic Tendency），这三种倾向，自希腊以来，即已有之，至中世基督教兴起，这种神秘的思想，遂与之融化，而成中世的精神生活。自文艺复兴以后，直至现在，人本主义，乃甚发达；而科学思想与之俱盛。以彼例我，在先秦时代，这三种倾向确已同时发生，而阴阳家以及道家、杂家、小说、星占、龟卜、术数、房中、方技之流，本来神秘的倾向已甚发达，至印度文化输入以后积久而与之融合，故我国中世，上流者讲究精神生活，下流者即溺于迷信古怪而不自知。至清初反王学以后，国人渐带科学头脑，故胡适有清代汉学家用科学方法之说，这时彷彿西洋文艺复兴时代。苟自今以后，一如西洋人之趋重人本倾向与科学倾向，则我国物质的发达，将无已时。以我国民族的自昔长于控制自然利用自然这一点文化因素验之，可前知也。近人梁漱溟的《东西文化及其哲学》谓："中国人走的是另有他的路向，当然不能有什么征服自然的魄力。"这句话完全是错误的，对于我国文化全部的过程，没有研究清楚。

（八）艺术方面　我国艺术，最古者尚少发现，无从测知。斐文中《旧石器时代之艺术 · 序》说道：

考古学在中国，近数年来始行发达，然旧石器时代之艺术作品，除河套地方之一刻纹之骨片外，则尚无发现。周口店中国猿人时代无艺术作品，周口店山顶洞中（旧石器时代后期）则仅有带孔之装饰品，故在中国而谈旧石器时代之艺术，颇觉为时尚早。

据此，则知我国石器时代绝无艺术可言。至新石器时代，则辽宁沙锅屯彩陶，河南着色陶器，甘肃彩陶，山东城子崖黑陶文化，热河查不干庙、双井、赤峰处等陶片，先后发现，今者我们就《奉天锦西县沙锅屯洞穴层》《中华远古之文化》《河南石器时代之着色陶器》《甘肃考古记》《城子崖》《田野考古报告》等诸报告书所附载的残陶器及陶片，其器形及色绘，无不质朴厚重，而又注重美观。这可说是我国艺术从早的特点。其后进入铜器时代，在殷周时代，其铜器的形态，固依照着这传统的习尚而进展，而其花纹也无不素朴美观，变化较少。至秦汉以后，始渐呈活泼飞跃之态。日人梅原末治《中国青铜器时代考》第六章说道：

……其次再观尊彝所饰花纹，其特征为所谓饕餮、虺龙、夔凤、夔龙等奇怪之动物文及雷文，而尤以饕餮文最为惹人注意，恰为装饰之中核，而附属以其他之文饰。关于饕餮文之起源，有种种不同之见解，在今日尚无定说，盖以其最显著之特色，及地文之雷文，同为极难研究之问题。然铜器上适用此文，其文样所取之形式，恰恰以动物之头部为中心，而向左右开展，又器物周围之文饰，其关系亦然。而此图文之左右，同时各成一单图形，余假定称之为正侧面同时表出法，则又为一种特征。此点与大洋洲、北美等未开化民族间之动物文，以及南俄斯克泰者皆不同。饕餮文在各种尊彝，其变化较少，盖与器形之固定化，有共同之倾向。惟所有用为器物装饰之资料则甚多，其间且颇有不同。如上述用浮雕所作各种奇怪状态之饕餮文极多，他方面在各部分之表现又加以雅致之线文，其四肢或变化或消失，仅颜面显著，又有象征化为仅有耳目，其他则雷文化者。于此等之间，若考其文饰之推演，亦非不可能。譬如形式上部分之省略，或一部分象征化者，当在全体形状之后，此于形式上甚为明显。他方面战国秦式铜器上之兽面及所谓蟠螭文，与以上仅有颜面之饕餮文在系统上之关系，亦可以考见。……考查铜器各别之形式，如以形态与文样之所示相并而观，则形式之严肃而非现实者，多浮雕繁缛图文，此与形式轻快而附以雅致有趣之图文者，当为并行之状态。然后者其文样多仅以为装饰，而施于器物之一部分；前者，其器之全面则满覆以图文。至于兕觥及敦，此种文饰与其器形部分之构成，两者尤有不可分之联系，而为最有特色之器体。故在今日所谓三代铜器中，形式严肃而附以繁缛之装饰者，换言之，即以为尊彝之标准形式者，在形式上其时代最早。由此以往其形态图文即渐取轻快实际化之倾向。而战国秦式铜器及汉器，又承其系统。若汉器虽在其器形图文上，多加以崭新之分子，然从来皆以所谓三代铜器与汉器并论对举，实因其形式上之连锁，盖有充分之证明。

瑞典人加尔白克（Oscar Karlbeck）《中国古铜镜杂记》也说：

> 予所见淮河流域[1]最古之镜，皆极质朴，故不影印于此。镜极薄，稍凸，其朴也，甚且并圆边亦无之。纽为半圆柱形，有槽，其时代或在纪元前三世纪。

据此可见殷周铜器，自尊、彝、敦、觥以至镜鉴，无不质朴美观，其特征为我国所独有，与其他民族不同。

与铜器同时发展的有玉器，在古代也极质朴厚重，兼且美观。日人滨田耕作《中国古玉概论》结论说道：

> 中国的玉器，脱胎于石器时代的石器，又昆仑产玉之地入禹域之版图，故昭示我们其特殊的发达在金属时代以后。但在最初其器物不过全用在日常实际的用途，其后改作装饰礼仪上的特殊目的，至周代和文物制度之发达俱进，始附加以中国人通有的哲学伦理解释。……汉以后宗教的意义渐失，乃渐成装饰的器物了罢！……中国古玉之美的价值，其天照之色泽，在土中分泌出古色，颇能与其简古的工艺的器形调和一致者。

玉器在初原为日常用品，固甚质朴，即由周而汉，亦无不然。至宋明乃始于轻巧耳。又占中国艺术重要地位的漆器，就今日乐浪王盱墓，彩箧冢，王先墓等出土及传世物品观之，从汉至明各器，亦无不质朴美观，入清以后，乃细致佻巧，渐渐不及从前。竹木易朽，传世甚稀，不可臆说。至建筑雕塑，亦无不以美观为主。城郭桥梁，固不必论。即殿宇建筑上的斗拱柱头，亦莫不皆然。至如云冈伊阙两石窟，虽受外来文化的影响，但仍然带有中国艺术的特色，尤以伊阙为甚。《魏书·释老志》记载云冈窟道：

①编者按：原稿为“清域”，当以“流域”为是。今改。

初昙曜白帝，于京城西武州塞，锲山石壁，开窟五所，镌建佛像各一，高者七十尺，次六十尺，雕饰奇伟，冠于一世。

又载：

皇兴中又构三级佛石图，榱栋楣楹，上下重结，大小皆石，高十丈，镇固巧密，为京华壮观。

又《水经注·渭水》条上记载道：

其水又东北流注武州川水，武州川水又东南流。水侧有石祇恒舍，并诸窟室，比邱尼所居也。其水又东转径灵岩，凿石开山，因岩结构，真容巨壮，世法所希，山堂水殿，烟寺相望，林渊锦镜，缀目新眺，川水又东南流出山。

近人白谦武《大同云冈石窟寺记》亦谓：

沿武州川水东南岸，自西向东绵亘约三里有余，斩山为壁，凿壁为窟（窟[①]高约当冈高四分之三），因窟为佛，大者数十，小者不可胜记，容态缥缈，雕饰奇伟，窟别异形，无有复制，诚世界上最有价值之雕刻物也。

《释老志》又记载伊阙石窟道：

景明初世宗诏大长秋卿白整，准代京灵岩寺石窟，于洛南伊阙山，为高祖文昭皇太后，营石窟二所。初建之始，窟顶去地三百一十尺。至正始二年中，始出斩山二十三丈。至大长秋卿王质，谓斩山太高，费工难就，奏求主移，就平去地一百尺，南北[②]一百四十尺。永平中中

①编者按：原稿为“窝”，当以“窟”为是。今改。

②编者按：原稿为“南化”，当以“南北”为是。今改。

尹刘腾奏为世宗复造石窟一。凡为三所，从景明元年至正光四年六月以前，用工八十万二千三百六十六。

据此，可知凿石造像为北魏一代风尚。迄今所存造像亦以这时为多，凡民间富人与外国使者，无不竞相开窟造像，故北魏文化实可以造像为其代表。白氏在《大同云冈石窟寺记》第三章说明其建造艺术系统道：

石窟寺建造之艺术，系仿健驮罗（Candhara）式，此式始发达于印度，由健驮罗传于西域，终及于北魏，盖北魏自太武帝嗣位，灭夏，平北燕，并北凉，逐吐谷浑，破柔然（Avares），并征服西域乌孙（Ousson），疏勒（Kachgar），龟兹（Kouteha），鄯善（Lopnor），焉耆（Karachar），高勾丽（Korea）等笃信佛教之国；当时乌孙疏勒各国所有佛教艺术之性质，率皆同于大月氏（Tokharestan）之健驮罗氏，故诸国于朝贡北魏时，并将健驮罗艺术亦连带输入。至太武帝太平真君七年，信崔浩，寇谦之道教之说，潜抑佛教，诏毁佛像，坑杀沙门，而石窟寺之工程，亦受此影响，同时毁坏。迨文成帝即位，重兴佛教，诏造佛像，石窟之工程当亦继续营造；斯时波斯（Persia），嚈哒（Hephthalites），于阗（Khotan）等来贡，而萨珊（Sassam）艺术，亦同输入。至太和元年，西天竺之舍卫国（Crayasti）来贡，而印度艺术亦从此输入。至孝文帝太和十八年迁都洛阳，又造石窟于伊阙（即今洛阳县龙门），至宣武时，佛教益盛，由西域至洛阳之沙门三千人，佛阁之数一万三千余，州郡之僧约二百万左右。胡太后摄政熙平元年，在城内建永宁寺，起九级浮图一所，架木为之，高九十丈，其刹十丈，为我国最大的佛塔，足征建筑雕刻之工，转盛于伊阙。同时胡太后又命洛阳僧人惠生与敦煌人宋云往西域求佛典，得大乘经典一百七十部。而石窟之工程，当亦于此时告竣。惟至此以后，艺术渐与汉人融和，不尽为西域式也。综观伊阙石窟，后于云冈石窟五十年。而其艺术亦可分为两期，自道武帝至献文帝约一百一十年间，为平城时期，当此时北魏尚保存其鲜卑族固有之风俗，一切人情，习惯，言语，皆与汉人相异，其艺术以西域式为根据，而多参以希腊古典式的结构，并略参北魏特有之形式，云冈石窟其代表也。自太和季叶，至东西两魏灭亡，约七八十年间，为洛阳时代，当时受孝文帝禁胡服胡语之影响，北魏已废其故有之风俗，言语，习惯，处处仿汉人之制，故其艺术于西域式及希腊古典式之结构外，已多参加汉式，伊阙石窟其代表也。

日人后藤朝太郎《中国文化之研究·天篇》第十五章也说道：

吾人实地来中国一观察，例如北平紫禁城内武英殿所宝藏的几万件古代美术品，云冈石佛寺及龙门洞窟内所见千古的佛像雕刻，则中国艺术的发达，真令人意想不到。其艺术之古在奈良时代传来的正仓院中，尚可见到不少。

案唐代的建筑，今日所存只有日本奈良朝前期诸大伽蓝如药师寺等。在中国则用石材建筑的殿宇，可以上见至南北朝时，以云冈伊阙为代表，已如前述。用木材建筑殿宇仅仅可见至辽代；惟其特点，严肃整齐，气象万千；而其归结仍在质朴美观两点，学者欲知其详，可读中国营造学社出版各刊物。同时塑像与壁画与建筑雕刻有连带关系，塑像可见至唐时，杨惠之作品为其代表；壁画多出西北，亦可上见至唐时，无不质朴厚，至明以后则纤巧了。

在陶器系统演进的有瓷器。据友人日本故中尾方三博士所说，中国瓷器来源有二，一是中国人所创作，从殷虚出土的白色陶器直至汉釉陶器，为一个系统，是质朴的；一是西亚传入中国的，其事大抵在六朝以后。在唐宋时乃融和为一，而为中国独步的美术品。此后中国精美的古瓷，向来称为“柴、汝、官、哥、定”。柴窑已不可见，今日所谓出土柴窑，全是赝品。其余汝、官、哥、定等窑，据我所见，无论是凸花、划花、暗花、影青、绣花、印花、堆花；是青色、粉红色、白色、粉青、天青色、油灰色；是蟹爪纹、鱼子纹、牛毛纹、柳叶纹等等，无不一以质朴美观为主。与今日日本瓷英国瓷迥然不同。至①清代以后，受了西洋的影响，尤其是仿洋瓷，才有轻巧不纯朴的。

以上所说，是立体的艺术品的大概。至于平面的如我国人独步的书法，或平面而有立体的幻觉如绘画、缂绣，或竟至不占空间位置的如诗歌音乐等，也无不一以质真美感为主。中国山水画固然不应分为南北宗，近人童书业已辨其伪，文详《考古》第四期中。即退一步而言南北宗派，而言花卉、禽鱼、人兽，其精品多存质朴浑厚之气；惟今日之月份牌市侩画之类乃始异其趋。元夏文彦《图绘宝鉴》卷一，论画有六长云：

> 粗卤求笔，一也；僻涩求才，二也；细巧求力，三也；狂怪求理，四也；无墨求染，五也；平画求长，六也。

又论古今优劣云：

---

①编者按：原稿为“致”，当以“至”为是。今改。

> 顾恺之、陆探微、张僧繇、吴道元及阎立德、立本，皆纯重雅正，性出天然。

又云：

> 古人笔法圆熟，用意精到。初若率易，愈玩愈佳。今人虽极工致，一览而意尽矣。

夏氏元末人，已有工致意尽之叹，可知其前皆尚纯重雅正了。明末西洋画法入中国，我国画法始大变，吴历与四王齐名，已有"意在欧罗西海边"的定评，则其他可知了。至于书法为各种横的竖的线条的运用①，然其精粗浓淡疏密曲直，却有至理，不能苟且草率。然近人宗北碑，上焉者书篆隶钟鼎，其意无非欲归于质朴苍古而已。音乐诗歌受西北民族影响最深，先秦遗法，在时已亡佚。然历世相承无不以靡靡之音为戒。这也可知由于质朴的环境所致。

总之：我国文化在艺术方面所表现者为既尚质朴，又重美观，无论何种类的艺术皆然；这可以说是我国的特征无疑。而试探究其何故如此，疑是与我国地理环境，温带的，大陆的，平原的，农业的等等有莫大的关系。

我们就以上八点观察，政治方面尊统一，军事方面重守御，经济方面均贫富，伦理方面崇为他，宗教方面主兼容，物质方面善利用，艺术方面尚质朴，已如上述。所以我们讲述我国文化史的人们，应当善于描写，使其各方面的过去事迹，一一活现眼前，惟妙惟肖。徐养秋师《历史教学法》说道：

> 我们为什么要教历史？就教历史的目的而论，有二条件：

---

①编者按：原稿为"用运"，当以"运用"为是。今改。

1.要使学生重度本国古人的生活，因而引起己群的觉心，所以要教本国史。

2.要使学生重度外国古人的生活，因而引起大群觉心。有己群觉心而后知爱国；有大群觉心而后能与世界民族表同情。

有此二重目的，用想像为主要工具，学生始能心领神会，与古人共同生活，而后能晓得古今生活如大河一般，长流不息，现在的生活，上承过去的生活，下起将来的生活，互相继续，绵延不断。

我们所以应当善于描写到惟妙惟肖的原故，一以使本国人引起己群的觉心，一以使世界人士与我同情；而我先民努力创造的遗业，庶几得以为将来全人群生活的因素。

（原载《新建设》第2卷第3期，1941年）

民族主义的历史教学上之三大问题[1]

一、民族主义教学之新趋势

教学之法，代有不同，大率因缘时间空间而异，换言之，要不外乎适合国情而已。我国自总理创立三民主义以来，迄今数十年，我中国国民党日夕宣传，深入民间几于家喻户晓。三民主义就是救国主义，几乎无人不知。总理在民族主义内曾说："我们鉴于古今民族生存的道理，要救中国，想中国民族永远存在，必要提倡民族主义"，"民族主义这个东西，是国家图发达和种族图生存的宝贝"。可是这宝贝，在我国的教育上尚欠充分利用。在这次神圣抗战当中，而竟有投身暴敌为虎作伥的汉奸和出卖民族出卖国家的败类，则我国最近二三十年来的教育，其效果何在？我们担任教育工作的同人，可不引为奇耻大辱，痛心疾首，而思所以改途易辙吗？欧美诸国如英如苏如德如意[2]如法如美，自上次欧洲大战以后，莫不各本其固

---

①编者按：本篇书名号为整理者所加。局部标点、外文字母有改动。

②编者按：原稿为"义"，当以"意"为是。今改。

有的文化习俗和历史的精神，极力发展其民族主义的教育，极力提高其国民的民族意识，以图应付其非常艰巨的前途。故我国之采用民族主义的教学，自为必然的趋势，况在以三民主义立国已久之今日，苟不能将民族主义的教育顺利推行，充分发展，则将何以慰总理在天之灵，何以对国家，何以对民族，何以对我们未来无穷无尽的后代。所以在今日的教育上应充分改进其教学以期与民族主义相吻合，也无疑义。

总裁于党化教育的重要的演讲中曾说："倘使要中国教育能达到我们所理想的那种成功的地步，民族主义实是这种成功的唯一要素。目下中国在这种国际帝国主义和军阀交相宰割的时候，中国的小学生、中学生、大学生以及各阶级的同志、同胞，都要明了民族主义的意义和受民族主义的教育。大家如果不懂民族主义的意义，没受民族主义教育的机会，中国的国民革命是难得有希望的。"这几句话可说是千真万确。总裁当时是为国民革命进行中的国内情形说的，可是到了今日，抗战建国工作更为艰巨，这些话尤其重要而急待实行。

二、民族主义应用于历史教学之重要性

民族主义应实施于一般教学上的重要，已如上述。今姑不言别种学科，而单言历史教学，在今日国家至上民族至上的非常时期，其急当采用民族主义，更不待言。总裁曾于革命的教育的训词中为我们的教育工作同人剀切说明，兹特举以为证。

> 明了了上述的意义以后，大家一定明白我们今后教育的重心在于提高国家民族的意识，和国民自觉的责任心，换言之，就是要以爱国为中心。我们要教一般学生有爱国的精神，要激发他们爱国的思想，最重要的科目和教材，就是历

史与地理。历史是纪载我们先祖功烈和国家民族文化发达之所由来；地理是说明我们国家在世界上的地位和我们民族生活栖息之所在。我们要生存，要发展，就一定要知道我们生命之所自，和我们生活之所在，要知道我们祖宗创造遗传下来的是有如此悠久光荣的历史，有如此广大丰富而壮丽的山河，我们固有的道德精神是如此伟大高尚，一切固有的文化，是如此宏博优美，我们更有如此蕴藏无尽的物产和如此优秀众庶的同胞，试想我们的国家在过去是如何高尚的地位，我们的祖先在历史上曾创造如何的光荣！我们能认识历史，才能获得历史的教训，继续我们祖先艰难创业的精神；我们知道地理，就一定知道爱护我们的祖国，来保卫我们完整无缺的锦[①]绣山河。亦惟有使一般学生和国民认识本国的历史和地理，始能使他们明礼义知廉耻，以激发其爱国的良知，燃烧其爱国热忱，而发挥他救民救世的良能。如此我们爱国爱民的精神，自然会蓬蓬勃勃的发扬起来，民族的自信心，也一定会恢复而坚定起来！有了这种爱国爱同胞的思想和精神，坚定了民族生存发展的自信心，就一定能够发挥我们革命的力量，挽救我们国家的危亡！所以历史地理的教育，实在是我们革命建国教育的中心科目，不论在各级学校和民众教育上都应该特别注重。尤其在这抗战建国时期，对于这两科目我们一定要广搜教材，充实内容，一方面精编教本，详细讲解，同时并要提倡课外研究，随时供给补充教材，使各级学生和国民对于我们国家的过去和现在都有明确的认识，对于我们国家的将来都有坚决的自信。过去我们一

---

①编者按：原稿为“绵”，当以“锦”为是。今改。

般学校只重教授外国文和理化数学等功课，对于史地教学，教师与学生都不知注重，虽有这两门科目，或是偏重世界部分的讲授，或是与世界部分相并列，从来没有以本国为中心而讲授世界史地，也没有特别充实本国历史地理的教材内容。至于语文音乐各科中应采用本国史地为中心材料，更为一般教师所不曾注意，这实在是我国教育最严重的错误。以致教出来的学生，大多缺乏史地的知识。多数学生对于本国的历史地理所得知识既浅薄，多半模糊影响，甚至忘记了自己的祖先，忘记祖先所遗传下来的固有的疆土！不知自己历史和地理的人，怎能叫他爱国呢？我们国家民族今日之所以要受人家的侵略压迫，危殆急迫到这样的地步，推厥原因，就是由于从前教育的失败！古人说："数典忘祖"，我们国民不知道本国历史的光辉，如何能深切体认今日的耻辱？不熟习本国地理，如何能有恢复失地的决心，从今以后，大家不好再蹈以前的覆辙，一定要特别注重历史地理的教育，以激发国民爱国卫国的精神，开拓我们民族光辉灿烂的新生命！

总裁所昭示我们史地教育者如此确实详明，对于以前教育上的病态，抉择[①]得如此尽致，我们对于民族主义在历史教学上的重要性，尚有丝毫的疑义吗？

我国舆地之学，向列史科，故吾人有"左图右史"之说。近日人事进步，地理独立成科。然史地互相联系，如孪生姊妹，研究历史者迄今仍必须依倚地理之学。惟笔者与史学为缘垂三十年，自为学生时已专攻史系，近十余年教课亦日以史学为务，于近世地理学汇缘较浅，今兹所论，只能偏于历史教学

①编者按：原稿此字模糊不清，疑为"择"字。今改。

方面，惟读者谅之。

今就笔者直觉所及，吾国史地教学之失败诚如总裁所昭示，无可讳言。然其失败的症结，由于教学设备的贫乏，较重于教学者的本身工作。总裁所昭示："尤其在这抗战建国时期，对于这两个科目，我们一定要博搜教材，充实内容，一方面精编教本，详细讲解，同时并要提倡课外研究，随时供给补充教材，使各级学生和国民对于我们国家的过去和现在，都有明确的认识，对于我们国家的将来，都有坚决的自信"①，可谓最得其要了。故今兹历史教学上的急待解决的问题有三：一为史学理论之统一，二为历史课本之写作，三为历史标本之复制；这三者最为重要。笔者不揣冒昧，试为提出，愿我当代教育贤哲，不吝赐教为幸。

三、史学理论之急应统一

我们研究历史的或学习历史的，无不需要一种专门的技术，即是对于史学理论须有相当的了解；对于史料的搜集和排比，须有相当的方法。故近世各大学历史系的课程，往往有史学原理，或史学概论、历史哲学、史学研究法、历史教学法等等一类的科目，为理论或方法的讲习，这无疑地是因为史学的理论尤其是所谓"史观"，乃研究历史的指南针。一切史料的搜集和系统的记述，都凭这指南针的指挥。

但是人类社会是天天进化的，所以史学的见解也随着进步。我国的史学专书《文史通义》较《史通》为详备，就

① 编者按：此处引文与前文为同一段内容，但文字及标点有个别处不同，今一仍其旧。

是这个道理。求之外国，亦何独不然。据拉波播尔（Charles Rappoport）《历史哲学》一书所说，分历史哲学为神学、玄学、科学三个时代，谓“史观”最初发生于西洋中古神学极盛时代，以为人类一切生存的形式，一切秩序，一切种类，一切有数量的可测量的、有重量的，一切以任何类别、任何价值而存在于自然中的，都是一样。历史进化，依照一个神的方案而预先画定其路线。这叫做神学史观。如：圣奥古斯丁（Saint Augustine）萨尔文（Salvin）波须埃（Bossuet）诸氏所主张的便是。其次则发生玄学史观，谓精神即合理的意志，在过去和现在都支配世界上的事变。把全部历史的过程看作观念（Idea）的进行，说：“观念治理人民。”承认必要有一个指导的观念来解释历史，只是不要在历史之外去找寻这观念。如：汉波尔（Hombold）墨林（Mehring）诸人所主张的便是。又其次为科学史观，谓历史的真正目的，在使我们明白人类的社会状态，即所谓文明，并使我们知道自然地连系其中的那些现象，而归结在一个合理的分类里，成为很明白的三大范畴。第一，是物质或地理的因子，第二，是生理的和心理的因子，第三，是社会的或历史的因子。凡百社会制度，如经济的、政治的、法律的，和其他体制、习惯、俗尚以及语言的、艺术的、宗教的传统，这一切的东西，都构成社会或历史的因子之极端，变化而不稳定的内容。这些因子的作用，对于进化，异常重要。自然、人、历史，就是历史哲学用科学方法以检证事实之大的源泉，可以从中汲取出解释进化这个大问题的原素。拉波播尔以为到了科学史观时代是最进步的。

可是到了近代，又有所谓经济史观和自然史观等说，因为各国国情的不同，顿呈五光十色之异。今者我们既经感觉民族主义教学的重要，则我们自当一致采用总理所倡导的民生史观。总理在民生主义第一讲说：

> 马克斯发明物质是历史的重心，经过欧战后几年的试验以来，有许多人说是不对。到底甚么东西才是历史的重心呢？我们国民党只讲民生主义，……近来美国有一位马克斯信徒威廉氏（M. Williams）说马克斯以物质为历史的重心是不对的，社会问题才是历史的重心，而社会问题又以生存为重心，他说古今人类的努力，都是求解决自己的生存问题，人类求解决生存问题才是社会进化的定律，才是历史的重心。民生问题就是生存问题。这位美国学者最近发明，适与吾党主义若合符节。这种发明，就是民生为社会进化的重心，社会进化又为历史的重心；归结到历史的重心，不是物质。……民生是政治中心，就是经济的中心，和种种历史活动的中心。我们现在要解除社会问题中的纷乱，再不可说物质问题是历史中心，要把历史上的政治和社会经济种种中心，都归之于民生问题，以民生为社会历史中心。先把中心的民生问题研究清楚了，然后对于社会问题才有解决的办法。

总裁在第三次全国教育会议致词又告诉我们道：

> 我要求我们教育界齐一趋向，集中目标，确确实实为实现三民主义而努力。我们自民国十七年四月第一次教育会议，决议了推行三民主义教育案以后，到今天已过十年，就是十八年中华民国教育宗旨的颁布，距今也已十年，但是在抗战以前，我们全国民众和一般青年实际上并没有普遍受着三民主义的教化，就是在抗战之中，也还不能真诚一致的信奉三民主义。这固然是国家的不幸，实在也是我们教育行政方面以及教育界共同的耻辱。我以为革命建国的最高原则，

如果不能普遍传授于民众，则革命是无法成功，国家是无法脱离危险的。我们教育界负着存亡兴衰的大责任，对于立国最高原则，决不可阳奉阴违，决不可形式上是接受了而实际上还是各逞所见，各行其是。教育的责任是教民，民无信不立，如果教育界先是心口相违不讲信义，不重实行，我们如何能导引民众入于意志统一精神集中的地步。我们知道国家民族盛衰兴亡，中外古今，何代不有，凡是转危为安，必定由这一个国家的知识分子和教育界，从众志纷歧、民气衰颓的当中，集中志同道合的人为一个目标而奋斗，来担负旋转气运的责任。现在抗战已入最重要阶段，敌人所畏忌而欲打击的，就是我们革命救国的三民主义。我们教育界要救国家危亡就不可不以实行三民主义引为自身的责任。中国国民党对于全国有志救国的贤智之士，始终是殷切期待加入本党，共同奋斗的。尤其在此国家存亡呼吸的抗战时间，对于全国先知先觉者大学校校长教授，更切风雨同舟之感。我们革命同志愈多，抗战力量愈大，而救国事业不仅愈易，而且成功时期亦必更快。我们革命加速成功，要抗战提早胜利，至少要担负教育责任的同胞们，同心一德，为三民主义而努力。

救国之道，虽属多途，而在今日国难日深，恢复国土日益迫切的非常时期，尚何能如宋人议论未定而兵已渡河，贻后代子孙疾首蹙额痛言吾辈之未能同心同德，采用整齐的步调，一致的史观，树立救国家救民族的大计？苟有人心，自当一致趋向总理的民生史观而毫无顾虑。

四、历史课本应采集体写作之法

我国历史的著作，真是浩如烟海，据《四库全书·史部》

所录一切正史别史编年等等大著[1]，真是琳琅满目。然以今日眼光观之，大部分只能称为史料，不能用作历史教科书。据梁任公师的意见，只有司马光的《资治通鉴》堪称为一种历史教科书，然又只可为旧日教皇帝用的课本而已。所以我国历史著作虽多，但良好的历史课本仍然缺乏。在前清末年，学校初兴，各校历史教员须编讲义，大都感觉着无标准式样。及日人桑原骘藏所著《中等学校东洋历史教科书》传入我国后，陈庆年樊炳清诸氏竞为翻译，于是我国遂有较为简明扼要堪充讲授的课本。民国以后，历史教科书出版不少，可是都是继承这衣钵而来。其后虽有所谓混合历史教科书出现，仍嫌偏重理论，缺乏内容，"或是偏重世界部分的讲授，或是与世界部分相并列"，不合我国国情，不久遂废弃不用。及至最近又有日本森谷克己的《中国社会经济史》及佐野袈裟美的《中国历史教程》等书传入我国，而译者纷起，甚至有改头换面，半编半译的类似外货的史书出现，而学校中竟有用为课本以号时髦者，岂不大可哀乎？须知此等书籍原为异国人教授其本国学生粗知我国大势之用，浅薄空疏，或竟乖曲解释，决非站在我们国家民族的立场，决非能体验我们祖先艰难创业的精神，在我国人读之，可说是有百害而无一利。须知人事日进，此等桑原骘藏森谷克己佐野袈裟美式的著作时代，早已过去，绝无留恋的价值。我国今日既应一致以民族主义为教学中心，以民生史观为史学的新指南针，则历史教学上所用的课本，自当从新编定，以求其适用。对于我们祖先艰难创业的功劳，对于我民族辛勤开拓的往迹，无不一一广为搜集，以最有情感的笔锋描写

---

①编者按：原稿为"箸"，当以"著"为是。今改。本篇此字统改。

叙述，使读之者不至忘记了自己国家最宝贵的历史，不至忘记了自己的祖先创业的艰难，不至忘记了祖先所遗传下来的固有疆土。这是新编的“中国通史”所首应肩负的责任。

惟兹事体大，不能责备于一二个人。就鄙意而言，应由国家的学术机关如国立编译馆或中央研究院北平研究院之类为之倡导，集合全国史学界同人的力量，在民族主义教学中心，在民生史观指挥之下，从事写作。本来我国自隋唐以后开局修史，已为极进步的集体写作的不可更易的善法。须知人事日繁，个人的精力有限，隋唐以后，司马迁班固的时代已过；虽有大力，莫之能挽。以今日所见，《史》《汉》两书，亦非个人所能秉笔，不过是父子兄弟的集体写作而已。旧日官局修史之不善，在不得其人，非其所用方法有逊于私人著作也。

就鄙见所及，我国各大学的断代史及专门史功课讲习有年，若上古史，若秦汉史，若魏晋南北朝史，若隋唐五代史，若宋辽金元史，若明清史，若现代史或近三十年史，或国民革命史等断代史课程；若中国文化史，若中外交通史，若中外文化交流史，若中国经济史，若中国商业史，若中国艺术史，若中国民族史，若中国边疆史等专门史课程，各大学莫不有史学专家讲座，同者或至三、四、五、六人不等，而专门学者闭户著书，不任功课者，多至不能悉数。因其所习至精至博，其专业所届，靡不周知。今宜由倡导机关广为物色，多聘专才，先将大学用书之“中国通史”分时代或分专目函请各专家发表意见或详拟细目，收集整理，然后将已定细目分请专家撰述长篇，重酬稿费。另由倡导机关聘定声望素著，精力富强，虚心接受他人意见者数人，为之监修。先成堪适合今日需要标准者一种。由政府公布颁行，一如前世公布正史的隆重。然后再定高中历史用书标准，初中历史用书标准，一般国民历史用书标准，各就其所需要，拟定其内容，逐渐编修。则三五年后各级新编课本可以完成，而我们民族主义的历史教学的目的必可达到。而今日的光怪陆离，轻重失宜的教材，可以完全消灭。

五、历史标本之复制与流布

此外我们历史教学当中，尚有一件极重要的大事，就是现在历史教学上流于枯燥，不生兴趣。我们在许多初年级的大学生的口中，常常听到他们在埋怨其从前历史教员教得太坏。这或者因为乡村间所办的中学经费太少，或偏枯地方的史地专科教师太少，往往以一般国文教员兼教四五小时历史，或因某种科目时数不足因而凑合几小时历史，以平素绝无此种修养之教师而强加以此等工作的重责，其敷衍塞责，自无足怪，然而仔细考察的结果，民国以来全国六高等师范的史地部，师范大学的文史系，各大学的历史系或史地系或史地专修科所养成的中等学校教师，其数量也不算少。可是往往不能如其所愿以加浓学生学习上的兴趣，以打破讲课上的枯燥，这是不能全然怪责他们的。

本来人们都有爱听故事的兴趣，尤其讲及与自己有关系的祖先的故事。历史教学，自然与讲演祖先故事的性质相类，宜如何使听者眉飞色舞精神弈弈，而乃一堂之内，教者谆谆，听者藐藐，或竟至奄奄欲睡，一离课堂，如脱牢笼，则又何故？以历史教学上的设备太贫乏的原故。这是我们历史教学的同人所一致承认的。

我们广东民间有一种价聘“讲古先生”讲演故事的习尚。尤其是在我们的故乡东莞县城，大率在天气晴和之夜，街头巷尾，荧然一灯，高台拱立，口讲指动，环而听之者常百数十人，城厢内外，每每有数处或十数处不等。笔者自七八岁时至十岁左右，最爱往听。其实他们所讲不过是《三国演义》《隋唐演义》或《大宋杨家将》等小说而已。一般所谓“讲古先生”也并不是曾受教育之人，比起我们的中等历史教员相去何啻倍蓰。就中有一位“爆仗辉”先生者，他在演讲故事当中，最为出色，最为特别，他是自备有几套“讲古”仪器，如长枪大戟弓刀藤牌之类，无不具体而微，于讲至某大将时即取出其所用武器，现身说法，听者无不动容。今日历史教学之毫无生气，则以课本上许多事物，在今日未见均已莫明其妙，以故全不发生兴趣。下焉者讲授历史时，只能逐字逐句作解，与讲授国文无异。中焉者记忆颇熟，与讲故事无异。上焉者亦不过能携带几幅地图几幅系统表几本参考书而已。求能于课本中的英雄豪杰一一得其画象，用兵路线边疆今古异名的地图，各时代的用器、服装、社会生活的模型或图画，则课本中十不能具一二，而有志收集者则往往欲购买而无从。这是历史教学上所常常感到的痛苦。

我们知道，理化教学需有仪器，于是有上海科学仪器公司或各大书店的供给，动植矿物或自然现象，如无实物，即有标本，逐课搬演，每见新鲜，故虽以味同嚼蜡的功课，亦可引起注意，犹忆二十年前某友担任各中学算学教师颇为有名，他有一次亲往香港将算学中各国货币一段，每种货币买实物一二枚，据某友称从此以后，每次授课，必出货币见证，于是最难记最不爱听的各国货币一段，生徒亦能记忆。这可为标本帮助教学效能的证明。

我国博物馆或历史陈列所，尚未发达。历史上的实物，不特在校生徒没有机会见过，还恐怕连担任教课的教师，也都模糊彷彿，认识不清。试问如此教学，如何能使学生明白而加以深刻的注意。笔者不敏，于民国二十四五年在上海市博物馆担任艺术部兼考古部主任时，曾发愿创办史地书局，拟于编纂参考书、地图、统计表之外，并选择历史教学上之必需标本，一一为之复制，先从高级小学及初中课本入手，全套制成，自北京猿人以至甲骨、铜器、古钱、兵器、车服、宫室、城市、关津、书画、画象等等，可制为模型者则制模型，否则制为标本挂图，与理化博物仪器标本相仿。进而制为幻灯或活动影片，以廉价供给全国中小学之用。不幸奔先祖母丧南归，留粤教书，数月而七七、八一三国难叠作，迄今未果。但在今日仍极希望能为文化服务的各大书店即时复制这种标本，以廉价出售，广为流布。于原物求其真，或托专家先事考订，或托专家代为搜集，妥慎复制。一面于各课本内，尽量插图。一洗从前讲坛上放言高论的毛病，变而成为实事求是的精神，于激发国民爱国卫国的热诚，补益非浅。

六、结语

孟子曰："徒善不足以为政，徒法不能以自行。"在今日我国民族主义教育的历史教学当中，苟于以上三大问题，不得早日解决，其结果必至影响于我国抗战建国前途甚大。当代贤哲幸勿河汉斯言，幸甚！

民国三十年三月八日

写于国立中山大学文学院教员住宅

（原载《教与学》第5卷第11/12期，1941年）

地方行政人员对于本国文化应有之认识

这大概是二十年前的事情吧！那一年有一大批清华大学的毕业生准备赴美留学，请胡适之教授介绍他们一些带去外国用功的中国书籍。胡教授很费苦心地开了一张书目，当中自然是些诗词文史之类，于是引起了学术界的争论。有些人的见解，以为学工程的人，学自然科学的人，何必读这些应该丢在毛厕里的线装书呢？有些人以为这一批人既然是准备着做中国的高等智识份子，自然应该对于本国文化要有相当认识，读读这些书自然是必要。结果开列最低限度国学书目，成了一种风气，你也来一个，我也来一个，闹到了题外去。

事过去了不到十年，我又听到一个故事，说某省因为建筑公路，把河堤上堆积了多年的土牛，一概杀光。路是很快筑成了，可是不久河道崩溃，闯下了一场大祸，沿河的鸣锣动众，找了老河工来看，竟至束手无策，老河工说不出话来，结果，累了许多老百姓倾家荡产。何以故呢？因为照我国的老规矩，河道两旁，准备着有时崩溃，要做抢救的工作，所以在河堤上相隔的地方，堆了一大堆草，一大堆泥，这个名叫土牛。土牛被杀光了，路是筑得很快，可是荡荡之水，虽有千手百脚，也无材料可以塞得住呢？这位从外国回来的工程师如果有了一点本国文化的常识，何至于此呢？

听说广州市有过一回山洪暴涨，我的家乡东莞县城也有一回山洪暴涨，都是损失很大，都是因为一连下了几天雨弄来的，与河水泛滥毫无关涉。后来大家推测这两事的原因，同样因为筑路的工程师不懂这两地相距稍远的附近旧日山水流泄的情形，把路基筑高了，附近大小池沼全填塞了，渠道改窄了，结果山上的水，欲流无地，那得不坏事呢？

不久听说规定了出洋留学的学生须在本国先服务过若干年限，才准出洋，无非要他先懂得一点本国的情形和习惯。这是一个很好的办法。最近新办的师范学院，无编文组，或理组的学生，都替他设了一门必修科目——中国文化史。这无非也是要他们都认识一点本国文化。

我又回想到从前广州拆城筑马路的时候，硬把一座有史迹和有学术研究价值的“双门底”拆去。连带把“铜壶滴漏”都拆卸下来。难道马路不可以让开这座“双门底”如南京鼓楼一样吗？

我又听说过某地筑路把塑像佛像一概打得粉碎铺作马路面了。某地因为要取用石材翻刻什么，不惜把浮雕也磨平了。甚而因为破除迷信，把千几百年的建筑物——神庙佛寺——除拆下来，不留片瓦。这是何等苦煞了办理历史博物馆的搜集人员的事！

有一年我在双墩集为某省图书馆探查古坟的时候，当地区长出而阻止，并怂恿乡民出而拆毁古坟里的砖料来作砌井的材料，急得这位吴天植馆长要命。这是何等没有认识本国文化和不知保存本国文化的事！须知此等古墓，虽属荒坟，然究为“无名古代劳绩者”的长眠地，其间埋葬着古代文化必不在少数，如安阳的俯身葬者，乐浪的王盱墓，王光墓等其价值甚高。即不然，其墓制建筑，亦为考古学者研究上宝贵的材料。奈何如此糟塌！

在廿五年八月，我因为上海市博物馆需要一尊丈把高的大佛，东访西问，后来得程演生先生告我，谓松江某古寺有佛数尊，颇合此用，并且寺已倾圮，佛身露立多年，久久必毁云云。我得此消息后，即托馆中同事松江籍者密查。后数日果查得寺为照果寺，即唐大中年建筑的长寿寺，经明清屡次重修，近则久已倾塌大半，寺址愈缩愈少。于败墙丛草中迹得之，佛像巍然耸立。但佛前丛草满地粪溺，即以粪计何止五六百次，我们欲找尺寸地置一摄影机为佛像拍照，已无隙地可寻，我们数人愤不可遏。佛即无灵，何至佛前着粪乃尔。但上海市博物馆金碧辉煌，移置其中，岂不两得其所。可是一欲动手，则阻力横生。试问再过数年，此等古佛像糟塌至何等地步！

环视各文明国家对于古物古迹，一一由政府登记，由政府保管，古寺古庙，莫不改为小小博物馆，供中小学史地员生的考察。所以我常常以为乡村政治之间必然须有认识本国文化的行政人员，然后本国史料才可以保存。那些地方行政人员，必须对于本国文化有了一些认识，然后不至卤莽灭裂。即使研究工程水利或其他自然科学的人们，如有相当中国文化的素养，也是有百利而无一害的。我希望在干训团里添设一个中国文化史的课程，未知这一个提议可能采纳否？

民国三十年十月廿一日
写于国立中山大学史地系办公室

（原载《行政干部》第2卷第9期，1941年）

方志在民俗学上之地位[①]

方志为一地之史，往昔学人以之归入地理书类，自章实斋出，始大声疾呼，援之入史，力倡方志为史之说。《文史通义·外篇三·修志十议》谓“志属信史”，《章氏遗书·湖北通志政略叙例》谓：“夫方志比于古者，列国史书尚矣”，《文史通义·外篇一·州县请立志科议》谓：“且有天下之史，有一国之史，有一家之史，有一人之史，传状志述，一人之史也；家乘谱牒，一家之史也；郡府县志，一国之史也；综纪一朝，天下之史也”；章氏史学精深，其生平得力之处，尤在方志之学，故其所言，洞中肯綮。今吾人若以“六经皆史料”的眼光观之，方志一类，实为综纪天下之史的最佳材料。

方志之书既为偏记一地方之事，则其所记，必甚详尽，故其间所包藏史料之丰富，殆无可伦比。故章实斋以方志为国史要删，至为有见。年来方志学之所以特盛，由附庸蔚为大国，实非幸然而致。过去如上海徐家汇天主堂藏书楼，上海南洋中学图书馆，南京国学图书馆，国立北平图书馆，其所收藏已

①编者按：本篇书名号为整理者所加。局部标点有改动。

属不少；近者如朱士嘉《中国地方志综录》所综录，计著录五千八百三十二种，尤为洋洋大观。即以侵略我国为目的的暴敌日本而论，近十年来对于我各地方志之收买，由北平人文科学研究所上海自然科学研究所两机关搜集及捆载而去者，何止千数百种，而南满洲铁道会社的数十年的收购，尚未计入，则其注目所在，当可概见。又美国国会图书馆及哈佛大学图书馆所藏，亦不下二千种之多。

惜乎方志编纂，自宋元以来，义法未能尽醇。迄于明清两代，因修《一统志》而征志各省，地方官吏一旦奉命督责，往往徒应功令，匆促网罗，率尔以成，官吏视同具文，文人资以糊口，以之为粉饰太平之具，成书惟恐不速，甚或因袭旧志，无所增益，欲求一良善方志，苦不易得。故四库开馆，广搜群籍，独于方志一门，所收不过百五十部，虽一则出于轻视方志之习气使然，而一则实亦较优之作太少。阮元序道光《仪征志》云：

> 史家之志地理，昉于《汉书》。旧典与新编，前后相联，而彼此各不相混，乃古人修志之良法。上溯汉晋，下迄宋元，旧式具存，昭然可考。明代事不师古，修志者多炫异居功，或蹈袭前人而攘善掠美，或弁髦载籍而轻改妄删。由是新志甫成，旧志遂废，而古法不复讲矣。

故明清志书，多无当于史裁，固所难免。甚焉者文不雅驯，为搢绅先生所难言。顾千里序《广陵通志》云：

> 郡邑志乘，滥觞晋宋。后此继之，盈乎著录，其为书也，能使生是邦者，晓前古事迹，至其地者，验方今物土，洵为善矣。降及明叶，末流滋弊，事皆归官，成于借手，府县具文，撰修类皆不学。虽云但糜餐钱，虚陪礼

帼，犹漫俗语丹青，后生疑误。

洪亮吉《泾县志序》云

一方之志，苟简不可，滥收亦不可。苟简则舆图疆域，容有未详，如明康海《武功志》韩邦奇《朝邑志》等是也；滥收则或采传闻，不探载籍，借人才于异地，侈景物于一方，以致讹以传讹，误中复误，如明以后迄今所修府州县志是也。

沈世枫序乾隆《广平府志》云：

郡国有志，昉于春官外史，夏官职方，所谓书外令以周知利害，原期为一代致用之书。而近今之志，非杂即鄙，无稽者据为典要，不驯者搜为艺林。凡国计民生之利害，茫然无所据，其于治道何补哉！

刘淇纂的康熙《山东堂邑县志序》云：

自汉以降，郡书都簿，所在多有，如《三辅黄图》《华阳图志》之属，益斐然成章，星陈诸史之外。而马端临亦云，唐宋以来，郡邑志凡数百家，顾今所流传，十无二三，其近世所为志，多自明以来，大都随时缀葺，削旧增新，初犹锦蒯相参，继则纯乎大布。浸更浸陋，以迄于今。观天察地，则道听而涂言；稽古证今，则吠声而逐影。曩篇经其剪截，则天吴紫凤，颠倒补于童褐；今事籍其结构，则街谈巷议，浅鄙均于市嚣。冠每篇以小序，乃属宇内公言，载不类之篇翰，斯实无因嫁祸。一切勛勷，归之卤莽，遂使尧禹山川，沦于讹册；褒鄂面目，死于庸毫。诸如此类，不可缕述。简牍至此，良可叹也！且每有编录，工拙比肩，识判偏乖，十羊九牧。自古拙多工少，伐异党同，狂者既以不狂为狂，斯能者以不能束手矣！夫是非大者，尚须精鉴卓裁，乃后知其优劣；事若疆里短长，姓氏舛逸，即芸夫牧竖，起而叫呼之！

诸氏所说，诚慨乎言之！即以力援方志入史的章实斋，亦不能为之庇护。《文史通义·方志三·书议》云：

方志久失其传，今之方志，非方志也，其古雅者，文人游戏，小说短书，清言从说而已耳。其鄙俚者，文移案牍，江湖游乞，随俗应酬而已耳。搢绅先生，每难言之。

其《论修史籍考略》亦云：

其书数盈千，又兼新旧杂揉，不下三千余种。而浅俗不典，迂谬可怪，神俚不根，猬劣可憎者，殆过半焉。若胥吏簿书，经生策括，犹足称为彼善于此者矣。是以言及方志，搢绅先生难言之！

又《州县请立志科议》云：

州县纪载，并无专人典守，大义阙如！间有好事者流，修辑志乘，率凭一时采访，人多庸猥，例罕完善。甚至挟私诬罔，贿赂公行。是以言及方志，荐绅每难言之！

故方志的通病，诚百辞而莫可辨也。

虽然，前人史学，每多侈言大义，高谈是非，其历史观念，多未正确，治史方法，多未完备，其搜集史料，多喜欢矿产中之自然铜，若夫凿山采冶，淘沙见金，拣泥得铁者，恒视为畏途，而不知方志之中，固多可宝之佳作也。梁任公师《清代学者整理旧学之总成绩三》论方志学云：

省志中，嘉道间之广西谢志，浙江广东阮志，其价值久为学界所公认。同光间之畿辅李志，山西曾志，湖南李志等，率皆踵谢阮之旧，而忠实于所事，抑其次也。而宣统新疆袁志，前无所承，体例亦多新创，卓然斯界后起

> 之雄矣。各府州县志，除章实斋诸作，超群绝伦外，则董方立之《长安》《咸宁》二志，论者推为冠绝古今。郑子尹莫子偲之《遵义志》，或谓为府志中第一，而洪稚存之《泾县》《淳化》《长武》，孙渊如之《邠州》《三水》，武授堂之《偃师》《安阳》，段茂堂之《富顺》，钱献之之《朝邑》，李申耆之《凤台》，陆祁孙之《郯城》，洪幼怀之《鄢陵》，邹特夫谭玉生之《南海》，陈兰甫之《番禺》，董觉轩之《鄞县》《慈溪》，郭筠仙之《湘阴》，王壬秋之《湘潭》《桂阳》，缪小山之《江阴》，皆其最表表者。

孰谓近世方志之书，全是不堪卒读的废物？！即舍此等佳作不论，诚如上文所述顾洪沈刘诸家及章实斋所非难的下等方志，亦不过谓其所作，为："俗语丹青，后生疑误""讹以传讹，误中复误""非杂即鄙""无稽""不驯""道听涂言""吠声逐影""街谈巷议""浅鄙市嚣""拙多工少""言不雅驯""文人游戏""小说短书""清言从说""文移案牍""江湖游乞""随俗应酬""浅俗不典""迂谬可怪""神俚不根""猥劣可憎""人多庸猥""例罕完善"诸点，以吾观之，惟其如此，则其必于一地之社会文化，风俗习惯，婚姻丧葬，歌谣俚谚，神话传说，以及一切特殊制度，照原样保存，未加"雅"化者，必然甚多。或者无甚作用于从前之圣贤的微言大义，是非褒贬的史学，然而确有大大作用于今日新兴的民俗学，确为今日新兴的民俗学保存不少的历代经千万人从事调查的活材料，断然无疑。则其失于陈旧的史学，正其得之于注重调查而用科学方法从事整理的民俗学也。

今日民俗学的研究者，审定调查门类，编制调查格纸，发付各地学者从事调查，汇为报告，俾得为研究的材料。则此一项经长时期的调查，无数人的采访，已成有纪录的报告，何可不加以研究乎？

使今日民俗学的研究者，亦以其已经编制的调查格纸，依就其门类，向这一大宗的地方志书钩稽搜集，注明出处，各就地方区域之相邻近者，或民族相同的州县，制为种种统计。以广东一省论，如以讲潮福语之潮汕一带及海陆丰以至海南岛上之潮福语州县及中山县之隆都镇等列为一区，以讲客话之东江各县及非东江县份之能说客话者列为一区，北江之有傜民族者列为一区，海南岛上之有黎民各县列为一区，就各州县志所记其特殊风俗语言比较研究。则于潮福人如何由福州樟州东来，及客家人之如何由浙江江西移入，及原有苗傜黎民族的分布情形，似属不无小补。

又如以某一特殊风俗为单位，如“童养媳”“继婚制度”“接门婚”“溺女习俗”等等，无论为原始风俗或进化风俗，列成一表，亦似可研究某一风俗在某一时代的移动或演进情形；若再加之以今日调查所得的材料，当必更为明白。推而广之，其他佳时令节，或宗教信仰，讼狱，歌谣，皆可如法炮制[①]。或更就以上从方志书中研究得来的结果，制为各种调查门类，从事现代调查，于民俗学上的研究，必更能推陈出新。

近人瞿兑之于方志研究甚为精博，其《国史与地方史》一文云：

> 中国是几个文化区域结构起来的，这种文化区域之疆界，不一定随行政区域之疆界而变迁。……大抵因山川水土之殊，而生性情风俗之异，所谓广谷大川异调，民生其

①编者按：原稿为“泡制”，当以“炮制”为是。今改。

> 间者异俗。久而久之，各成其文化，各具其历史，可说是数千年来天然的力量与人为的力量相搏垸，相榨迫，相旋斡，相映发，决非偶然的。要希望切实了解中国民族性，非从了解各地方文化历史入手不可。……将全国分为几个文化区，比如大概潼关以西为一区，蜀滇黔为一区，晋绥为一区，太行以东至海为一区，榆关以北为一区，齐鲁为一区，河洛汴宋为一区，荆襄南阳为一区，淮西为一区，淮南为一区，太湖为一区，岳鄂湖南江西为一区，赣南与广东为一区，广西为一区，瓯闽为一区。

其言甚是。今日民俗学的研究者，如果将现存方志，就此种区分，制为以上种种统计，则于风俗文化之异同及其分布情形，亦必较为确实。

且方志书中民俗史料之丰富，着实可惊。即以瞿氏所著《方志考稿》甲集所列举者而论：于乾隆《永清县志》则记北街贾氏，以女真部族而汉化之事；于乾隆《丰润县志》则杂记特产工业如桃花碱、丰胰、麦笠、煤窑、绠酒等事；于乾隆《景州志》则附镌刻工价；于康熙《宣化县志》则记宣府左卫军官里宅之事；于光绪《曲阳县志》则记石工杨王二氏同业世婚之事；于光绪《宁河县志》则记禁建回民礼拜寺之事；于康熙《新城县志》则记中叶风俗及物价之事；于嘉庆《禹城县志》则记漯川韩氏村人民世奉西洋教之事；于同治《宁海州志》则记金元间传道传说之事；于光绪《益都县图志·风俗志》则记明清两代风气大概之事；于乾隆《新安县志·风土门》则记工匠日价之事；于康熙《内乡县志》则记吁请豁免额解黑铅之事；于乾隆《榆林县志》卷三则记匠价沿革之事；于光绪《五台新志·生计篇》则记农工商贾之生活状况之事；于同治

《苏州府志》则记太湖渔船及孙春阳南货铺沿革之事。诸如此类，皆方志中包含特别有价值的史料，而为吾辈研究社会学民俗学者所求之不得的史料。苟有人焉，详考博搜，汇而录之，实不啻近五六百年社会史的大观。

今试更举一实例为证。如道光癸未《苏州府志》一百五十卷卷首十卷，凡六十四册，其中风俗杂记各门，包含社会史料颇多，为民俗学者的良友。《风俗门》全录旧志时序、节物、耕渔、蚕织之文，更增入吴门补乘数条。所载方言、方音、俗字、山歌颇多。记人民生计、画具、鱼网、舟船等形制亦详。唐陆龟蒙《耒[①]耜经》及《祝牛宫调序》并录之。其于本地陋俗，如奢侈、浮华、晏安、游荡、赌博、好讼、媚神、信鬼，无所忌讳，深合民俗史料之用。篇末附录《汤文正公抚吴告谕》及《陈文恭公风俗条约》，亦可见其风尚的大略。又言：吴俗以斗数鱼，大抵以二斤半为一斗。又言昭文抟土为人物，穷极工巧。又言男子不著衣裤，止穿围裙。又言开元等寺妖僧创报母之说，煽惑妇女，裸体燃烛肩臂，谓之“点肉身灯”。皆为治民俗学或社会学的好资料。《物产门·器用类·眼镜》条下云：用水晶为之，单照，明时已有。旧传是西洋遗法，本朝吴江诸生孙云球创为眼镜，有老花远近光之类，凡七十二种，著《镜史》。今市坊依法制造，各处行之。《饮馔类》述食尚、类别、做法、资料。《工作类·装潢》条下云：米南宫《画史》有苏州褙工之名，其来久矣。《捏像》条下云：虎邱人抟土肖人，像逼真。皆是足吴人的机巧。是又不只为民俗史的资料，亦复不少。如其中载：吴俗奉妖神，号五圣，又曰五

①编者按：原稿为“来”，当以“耒”为是。今改。

显灵公，呼为五郎神。盖深山老魅萧山客之类，云云。实为宗教信仰之久经调查的实录。此盖故老传闻，不尽可弃，野说璅语，或有所本，因而笔之于书。使无方志的不嫌“文不驯雅”，则此等史料，当必埋没不少。故方志之功用，虽或不能全然显之于史，而其于民俗学上之地位固甚高也。因为钩稽诸书，表而彰之，以告我当世研究民俗学的同志。

（原载《民俗》第1卷第4期，1942年）

我国文化发生的年代[1]

我国文化发生的年代，原来也是不容易查考的一个问题，从前的解答虽然很多，但是能满人意的却极少。纬书所言，虽似历历可据，然而学人之间信者绝鲜，《春秋元命苞》谓："天地开辟，至春秋获麟之岁，凡二百七十六万岁。"《广雅》卷[2]九引之，王念孙《广雅疏证》云：

> 《续汉书·律历志》引蔡邕议云：《元命苞》《乾凿度》，皆以为开辟至获麟，二百七十六万岁。

然宋人盛如梓《庶斋老学丛谈》已斥其非，谓："《广雅》因之，均为诞妄。"学者之间，早不置信。

又《春秋命历序》云：

> 天地初立，有天皇氏十二头，淡泊无所施为，而俗自化，木德王，岁起摄提，兄弟十二人，各立一万八千岁，地皇十一头，火德王，一姓十一人，兴于熊耳龙门山，亦各万八千岁，人皇九头，……出于提地之国，九男九兄弟

---

①编者按：本篇书名号为整理者所加。局部标点、外文字母有改动。

②编者按：原稿为"券"，当以"卷"为是。今改。

相似，别长九国，凡一百五十世，合可万五千六百年。

又谓：

> 自开辟至获麟，二百二十七万六千岁，分为十纪，每纪为二十六万七千年，凡世七万六百年。一曰九头纪，二曰五龙纪，三曰摄提纪，四曰合雒纪，五曰连通纪，六曰叙名纪，七曰循蜚纪，八曰因提纪，九曰禅通纪，十曰疏仡纪。

虽宋人罗泌著《路史》，杂采诸书，傅会其说，然柳翼谋师《中国文化史》已斥为臆造亦不可置信。

此外郑玄《六艺论》谓："遂皇之后，六纪九十一代至伏羲。"《通鉴外纪注》谓："自伏羲至无怀，或云五万七千七百八十二年。"《史纪·补三皇本纪》引皇甫谧《帝王世纪》谓："炎帝神农氏凡八代，五百三十年。"《春秋命历序》谓："黄帝传十世，一千五百二十岁（一本作二千五百二十岁），少昊传八世，五百岁，颛顼传二十世纪，三百五十岁，帝喾传十世，四百岁"，亦多荒诞无征。至历家的庞大年数，如：四分上元至伐桀之岁十三万二千一百一十三岁，三统上元至伐桀十四万一千四百八十岁，殷历甲寅上元讫春秋获麟二百七十五万九千八百八十六年，后汉四分庚申上元讫获麟二百七十六万年，则为依术数推得的历元，与古史的历年毫无关系。良由生民之初，关于时间观念，十分模糊，与对于空间观念的模糊一般无异，或更厉害。古人对于数的认识与联系，与今日的小孩无异，非得生活环境内的具体事物作依凭，简直无法清楚。故最初不知纪年。其后人事演进，因占星术和卜吉凶的需要，而渐为发达。故秦汉以后史家得以荒大的时间装置于上世的古史中。然亦即以此之故，故书本上的材料，遂绝不能为这个问题研究的根据。

及至最近，我国地质学和考古学先后兴起，于是对于我国文化发生的年代，开始提出新的假设。最初安特生在《甘肃考古记》说道：

> 今者吾人以调查所得，共分甘肃之远古时代为以下六期：
>
> 新石器时代之末期，与新石器时代及铜器时代之过渡期（以后简称石铜器时代之过渡期）：
>
> 齐家期
>
> 仰韶期
>
> 马厂期
>
> 紫铜器时代及青铜器时代之初期：
>
> 辛店期
>
> 寺洼期
>
> 沙井期
>
> 于此六文化期，怀疑[①]者将谓时代之区分，既基于陶器之不同，则斯六期者，亦何常不可谓为同时。其所异者惟地理及人种之文化耳。
>
> 但如上所述，吾人于辛店及仰韶之文化，其初亦起同样之怀疑，后经地层之证明，吾人乃确信辛店时期当较仰韶为晚。
>
> 又如寺洼及卡窑之遗址，至今证据充分，始视二者为同时，而统曰寺洼期。但异日更作较详研求，则所谓寺洼期者，当有再分之可能。

---

①编者按：原稿为“疑怀”，当以“怀疑”为是。今改。

> 至沙井遗址，吾人视为各文化期中之最晚。其划分之理由，于地理上颇有关连之处。盖沙井所有遗址，其面积均甚狭小且距其他各址亦远。总之：沙井器物之丰盈，及其制作之进步，吾人实难信其与以上何期为同时也。其余各期如齐家仰韶马厂辛店寺洼等所占之面积大都不甚广阔。但各期均有特别显著之陶器为其表征。以吾人尽力研究所得，各期绝不相混。是则甘肃远古之文化，分为六期，不可谓无充分之理由也。

先是安特生曾著《中华远古之文化》谓：

> 仰韶层所存之陶器既多数为磨轮所制，似可证明其已非新石器时代。然如将来或能证明远东所用之磨轮，非由西方传来，乃系独自发明者，则其时代便不能强相比附。然即就其他物器观之，究觉年代较近。未可轻持分别发明之说，置外国研究中之结果于不顾也。据此理论，则吾人当知仰韶层不能古于石铜时代，或尚属铜器时代。

至是则详分远古文化为六期，并为之划定绝对年代，谓仰韶期的年代，暂定为纪元前三千年，假定各文化期的年代平均为三百年，则六期共为千八百年，起于纪元前三千五百年，终于纪元前一千七百年。同时安氏在调查中所得一同出土的人骨，经步达生博士（D. Black）的研究说明，谓为中国的原始人。［见氏著的《甘肃河南晚石器时代及甘肃史前后期之人类头骨与现代华北及其他人种之比较》（*A Study of Kansu and Honan Aeneolithic Skulls and Specimens from Later Kansu Prehistoric Sites in Comparison with North China and Other Recent Crania*，1928）］

安氏《甘肃考古记》刊布后，吾友缪凤林首先介绍于世，并附以辩论。兹录其辩论于次：

言其根据，分期以器物品式之精粗为断。年岁则以（一）“苏萨之第一第二期Susa Ⅰ—Ⅱ（波斯西南，摩根氏M. G. De Morgan 发现）、亚诺之第一第二期Anau Ⅰ—Ⅱ（里海西岸，彭伯赖R. Pumpelly、薛米特Hubert Schmidt二氏发现），约在西元前三千年，仰韶期与之相当”；（二）“孟特留斯Montelius析斯坎狄纳维亚之新石器为四期，后三期约四百年（第一期约千余年，后三期，亦不一律，此盖举其平均数）。铜器为六期，期约二百年”；（三）“沙井期之铜器，远逊殷墟铜器，知其时当尤古”三者推定。[由（一）知仰韶期之年岁，由（二）知期约数百年，由（三）知沙井期在殷前，以每期三百年计之，沙井适在殷初，因即据以为说。] 安氏又从而断之曰：凡此所得，皆新石晚期或铜器时代过渡期之品，至新石器时代之初期及中叶，则今尚寂寂无闻者也（《甘肃考古记》中名之曰新石时代之缺失）。夫“泰古关梁不通，故合宫衢室，黄唐粗备，及古公迁岐，犹陶复陶穴，未有室家，此见质文变革，远及千年，禹域一隅，自为吴越”（章炳麟《尊史》）。奉晋豫甘相去万里，乃以名物偶类，目为同年，其谬一也。若曰迁徙互通，故属一期，则自西徂东或自东徂西，年月遐长，已非同时，且同期者，何品物又往往殊异，或此有彼无，或甲多乙寡（如河南有石耨石锄石纺织轮等，而沙锅屯无之，沙锅屯有豕牙之雕刻物等，而河南无之，石斧及陶器刻纹，亦多不同。甘肃仰韶与河南仰韶异者尤多。前者有玉片玉瑗骨刀，而后者无之。后者有陶鬲，陶鼎，而前者无之，前者多饰珠及明器，而后者极少，后者多板岩及骨贝制之矢镞与单色陶器，而前者甚鲜。至西阴村则有孔石斧，带槽石碪，燧岩矢镞，陶陀螺，绿松石及贝石制之坠子，而仰韶村无之，仰韶村有石环贝镞鹿角斧陶鼎陶鬲，而西阴村无之。此其各各创造，岂不明甚，然安特生则曰同期矣，李济则曰相近矣，所谓科学家每如是），其谬二也。神州西国，进化异年，陶器近似，故非一时，今以苏萨诺亚，拟我仰韶，惟见其似，不知其异，其谬三也。诸研仰韶陶器者，或言当亚诺一二期（阿尔纳），或言当二三期（奥人法郎士L. Franz），亚诺年代，或言在西元前九千岁（彭伯赖），或言在西元前二千岁（薛米特谓第二期在二千年至千五百年，第三期在千五百年至千年）。今独折中臆定，非有明表，其谬四也。文物演化，古缓今速，故孟氏十期，始则期逾千祀，终则财百余岁，既以孟氏为据，而皆概以三百，其谬五也。一地所得，量有多寡，精粗之度既殊（如齐家马厂陶器，皆无甚精粗之分。西阴仰韶所得，则相去悬远），历年故不齐一，今则地为一期，期复相等，其谬六也。仰韶西阴，陶器万数，举其粗则劣齐家，言其精又越马厂以下诸期，次列第二，情事相违，其谬七也。安特生谓甘肃古址，未见与三代相同器物（《甘肃考古记》页二十八），则最后年岁，应在夏前，乃寺洼沙井，适当夏殷，其谬八也。……奉天山西，皆无铜器，或当与河南同，然辽东开化最晚，疑不能定也。至最初年岁，观品物精粗，相去悬远，其间当不下数千年，则豫晋甘肃，远者或在万年外矣。安氏谓遗物皆属新石晚期，则以年岁计算，最古不出五千左右故耳。今知古物或亦在万年外，其间石陶器之单纯者，固非全属晚期，亦未可遽疑为初叶中期之缺失矣。六期之分，仰韶最谬，宜析奉晋甘肃所得（即安氏以入仰韶期者），与仰韶各别为期（河南所得，亦非全属仰韶期；不招寨陶器，安氏已言或早于仰韶矣，特不别立一期耳）。期或逾千祀，特年岁先后，不能臆耳。甘肃诸期，马厂器物，购自土人，似可不立，而各期年岁，亦绝不能以三百概之也。又安氏于奉（沙锅屯外）热燕鲁出土石器，亦大抵入之仰韶，其失似与前同。

案安氏的假设原不十分精密，虽经其自行修订（见Der Weguber die Steppen，*The Museum of Far Eastern Antiquities*，Bulletin No.1），然可议之处尚多。缪氏虽非科学专家，所提诸点未免有过疑之处，要亦足为安氏的诤友。

直至最近梁思永计算小屯文化与后冈文化的结果，刊布《小屯龙山与仰韶》一文，根据安氏《甘肃考古记》的远古文化的绝对年代表，谓：

彩陶文化在公历纪元前三千五百年出现于甘肃，由甘肃沿黄河向东发展，沿途留下了不小的遗址，公元前三千二百年来到仰韶村，占据了三百年，公元前二千九百年突然消灭或移往他处。不过我们在后冈所发现的（二公尺厚的下层的）彩陶遗存，如果如上述比仰韶村的时代早，按这年表彩陶就几乎没有由西方发展到河南的时间了！补救这困难的方法，理论上虽然有两个：一将齐家期的时代提早，二将仰韶期的时代推晚，然而实际上只有第二个方法。因为若是将齐家期的时代提早，时间上要和彩陶文化西来的假定和这假定根据的事实[1]发生冲突。但是若依照第二个方法，将仰韶期的时代推晚，又发生推晚多少年，到什么时候的问题。这问题是一时解决不了的，但是有两件与这问题有关[2]系的事实我们应该特别注意，因为它们指示给我们解决这问题的方向。一、安特生在他的Der Weguber die Steppen（Bulletin No.1，Ostasiatiska Samlingarna，P. 153）一文里，因为甘肃沙井期的遗存里曾出现斯西安式（Scythian）的铜器，将沙井期的时代推晚了一千余年。二、甘肃彩陶文化的六期里，齐家期与仰韶期之间似乎隔了很长的时间，辛店与寺洼，寺洼与沙井期间也隔了相当的时间。安特生在《甘肃考古记》英文第二十四面也承认，"It is Quite possible that additional stages will be found to link up such ceramic groups which now seem to follow abruptly，the one upon the other"。若是我们依着这两件事实所指示的方向修改安特生的甘肃年代表，可以造成下列的表：

第一：齐家期　公元前三千五百年至三千二百年
第二：××期　公元前三千二百年至二千九百年
第三：后冈期　公元前二千九百年至二千六百年
第四：仰韶期　公元前二千六百年至二千三百年
第五：马厂期　公元前二千三百年至二千年
第六：辛店期　公元前二千年至一千七百年
第七：××期　公元前一千七百年至一千四百年

①编者按：原稿为"事际"，当以"事实"为是。今改。
②编者按：原稿此处脱漏一"关"字。今补。

第八：寺洼期　公元前一千四百年至一千一百年

第九：××期　公元前一千一百年至八百年

第十：沙井期　公元前八百年—

这年代表，虽然没有坚固的根基，但是有几点可取之处。一、保留充份的时间给齐家与仰韶，辛店与寺洼，寺洼与沙井间文化的变迁。二、将后冈的彩陶遗存插入相当的位置。三、将彩陶文化由甘肃发展到河南所费的时间延长，并预备相当的功夫给彩陶文化在河南演化出仰韶期的文化。四、把沙井期推晚到与斯西安前后的时代，仰韶期与马厂期（两期很相似）合并的时间和我根据渤海黄海东海南海沿岸新石器时代文化与仰韶文化比较所得的仰韶期年代，公元前二千五百至二千年，只差一百年，和法郎士（L. Franz）根据美索布达米亚彩陶比较所得的公元前二千七百年（安特生《甘肃考古记》英文第二十五面）只差二百年。但它依然不过只是为方便归纳现有事实到一齐的一个假定而已。

若是我们更进一步试用这年代表来计算，龙山文化（后冈中层）应该在公元前二千三百年至二千年之间——下层堆积停止了三百年之后中层才开始堆积——仰韶彩陶文化在河南消灭之后。但是龙山文化在占领后冈之前已在公元前二千五百年左右侵入仰韶村，它在河南有了相当的势力之后渐渐向西发展，沿途与先在的彩陶文化混合，大约在公元前二千年出现于甘肃，与辛店期的彩陶文化混合。

假若后冈中层的堆积在公元前二千年就停止了，中层与上层之间有六百年时间的间隔，在这期间[①]小屯文化的陶制器物有充分演化的时间，但是否能演化出兽形装饰，青铜器，文字等小屯文化的精华，是个不易解决的问题。

梁氏得着龙山后冈新发现的事实，明白了各期文化发展的趋势，以研究的结果，为安氏的《甘肃考古记》的远古文化的绝对年代加以修正，确是较安氏精密了许多。但梁氏谓只能向后推晚，不能将齐家期的时代提早。换言之，即是谓我国文化开始发生的年代只不过在公元前二千五百年左右，这一点是与安氏的假设相一致的。

照考古学的说法，在旧石器时代人们的生活是捕捉野兽，中石器时代，冰期过去，气候渐向温暖，人们不必避居洞窟，因受水的洗礼，甚至敢由涉水而入水，且能渔捞，获得水产的滋味，完成渔猎的分业。新石器时代，农业兴起，人们已知利用土壤，栽培植物，又有家畜的出现，这是新石器时代的特征。据安氏《甘肃考古记》称：

著者于甘肃地文上曾作多数之观察，其主要之事实，已于上章述及。洮河河谷及他数河谷中，旧有之侵蚀平原，大都自高出河床五百公尺之处，为冲刷作用所剥解。其垂直侵蚀之行程，可于旧平原下之各阶段见之。此种垂直侵蚀之期，大部确较黄土为早，盖五十至一百公尺间之阶段，为黄土所覆故也。此较黄土为早之侵蚀可与中国东北部之汶河期相印证。

但此种垂直侵蚀之末期则发生于黄土之后。著者可自黄河河谷，渭水支流之清河河谷等之观察证之。又自靖远

①编者按：原稿此处脱漏一“间”字。今补。

县附近之黄河河谷使吾人于甘肃之地文更加明了。盖当黄土之末期，其所成之草原，倾斜极微。但经黄土期后之侵蚀，后遭猛烈之分割。不仅深至黄土以下之沙砾层，且达贵德层或他较古之地层。但黄土期后之侵蚀，其侵蚀旧有河床之程度如何，或竟另辟新道，凡此皆现时所不易言者也。吾人确信无疑者，为黄土期后，甘肃广受侵蚀之摧残，以致地文上起根本之变迁。若此处沙砾层与黄土之停积，与中国东北部之马兰期相当，则黄土期后之侵蚀，似应列入北京附近之板桥期也。……

欲论此事，则须就吾人于甘肃所发现之六文化期加以考订。

吾人之各文化期，均有共同之特点，如石斧（后期则渐稀少），长方式石镰，饰珠，尖锐骨器及陶鬲（早期颇少）等。且营葬之习，亦都相似。

至著者对于时代之区分，则根据前三期无金属器物之存在，后三期有紫铜或青铜器物之发见。其余小部之区别，则在多数显明之陶器也。

此六文化期之互有关系，此刻大致可信。但各期代表之民族，容或不限一种，盖此区之人种，既有混合之可能，则新文化之影响，决非仅一次之流传也。可异者，自齐家期以至沙井期，似均有人群继续居住，保留其文化之特点，牢不可破。

甘肃文化期之石器，类多单简，而属新石器时代之制作。一至为铜器所瓜代，不改旧观。且决不如北欧新石器时代末期石器之完美可爱。此则甘肃远古之居民，似均致力于陶器艺术之创作，而于此等单简之石斧及长方式石镰等已觉满足，不欲有所改进也。……

此等种类繁复，制作进步之陶器，即其最早之期，吾人亦不敢以新石器时代名之，而称曰石铜器时代之过渡期。甘肃远古文化之前三期中，并无金属器物可见。但其早期器物，似受一种文化使用金属者之间接影响。如河南仰韶遗址所得之石镞中，大半均属新石器时代式。内有少数，似仿金属矢镞之制作。若斯说可信则此种文化所创作之形式，其流传远较金属之使用为广。上说仅著者个人之暗示，能否成立，必待异日之研究，方能确定。但未经确定之先，著者以为甘肃远古之诸文化期，不如名曰新石器时代之末期及石铜器时代过渡期之为愈也。

吾人于甘肃曾判别一较仰韶期为早之文化曰齐家期者，前已述之矣。其中彩色陶器极少。但他式者则灿然大备。与上情形相类者，如不招寨之少数古址，其中亦无彩色陶器可寻。所得者，极与仰韶村之单色陶器相近。吾人至今于二者时代之关系，尚未十分确定。但此等未经彩色陶器流入之文化期，似当较早。若此为吾人所许，则河南与甘肃同有一较仰韶期为早之古址……

著者当甘肃之采集中，每见有击凿作成之石器及幼稚陶器之存在，必以为较古之址为吾人所得。但一稍事发掘，则彩色陶器之碎片，又复涌现于吾人之前，足为石铜器时代过渡期遗址之确证而无疑。如此情形，吾人屡见不鲜。其后著者始渐悟此种具有粗陶器之遗址，并非时代不同。乃此处之民族较贫，或居住之时间较短故也。……

但就吾人地质上之观察，黄土草原既成之后，暨石铜器时代过渡期文化未来以前，此处之江河，自少亦有数千年之悠久。其气候似专为新石器时代之民族而设者。盖石铜器时代过渡期民族繁殖之速，及其来势之骤，则谓为气候变化所致，尚不如谓文化进步所致之为愈也。

据此，则甘肃文化最早的一期齐家期，也不过是新石器时代的末期，或竟至金石并用期的过渡期，深合考古学上文化发生于新石器时代农业兴起家畜出现之世的法则。其出土器物多在黄土草原既成之后，则又与李希霍芬的结论谓“中国文明的发生实被黄土的恩惠所赐”一语相合。又我国传说谓有五千余年的历史，今齐家期文化下距公元为三千五百年左右，合之今日，约五千四百年，与传说相差不远。又仰韶文化据近人徐中舒丁山的推定为夏后氏时代，今依梁氏定为公元前二千六百年至二千三百年，考之书本上的史料谓禹即位在公元前二千二百零五年，又几几乎暗合。其后为白陶的殷墟文化，则继承黑陶的龙山文化和彩陶的仰韶文化，时次器物，均可层次井然。又沙井期的遗存里曾出现Scythia式的铜器，推晚至公元前八百年东周初年时代，与近人假定外来文化为古鲜虞或匈奴上世所媒介之说相合。现时甘肃文化已因步达生博士人骨的检定而断为是吾华夏民族的遗物，而殷商之前确已先有东土西土两文化系统，则亦不妨假定其已得着齐家文化仰韶文化的遗承。殷商既已考定为我国历史开始时代，基于上述种种理由，不妨假定我国文化发生的年代为公元前三千五百年左右。

所以关于我国文化的起源，现时大概可以决定为，在公元前三千五百年左右，在秦岭以北的黄土地带即洛水渭水汾水等流域的土著所独自创造。这是较合于科学的说法。

（原载《文讯》第3卷第6期，1943年）

中华文化流被史略[①]

——为中华文化学会成立大会而作

中国文化为东亚文化的母亲这一句话，在我们抗战以前，国内的汉学家考古学家所常称道的，今者我们翻开我国的史籍和各地的考古学报告，熟察我国文化数千年流被国外的情形，深深觉得这句话是千真万确，著者拟专就这一个小小题目作一略述。

我国的文化最初发生于渭水流域，洛水流域，汾河流域和淮河流域，在今日已成定论；其后逐渐向四周扩展，据我们今日从考古学上所得的材料而言，除戈壁文化另属一系外，东亚史前的文化，自更新纪结束以后，至历史时代的殷商，其系统性十分明白，即自中石器时代，进入石铜器并用时代，以至进入青铜器时代，其材料确已足资证明，至于史前文化的整个性的发展，北自蒙古，南至马来半岛，东自山东，江苏，浙江，西至四川西康，东北自黑龙江，吉林，朝鲜半岛，西北自新

①编者按：本篇书名号为整理者所加。局部标点有改动。

疆，甘肃，西南自云南，缅甸，东南自广东，海丰，香港，越南，皆同出一型，与中原的关系极为密切，故进入历史时代不久，我国的政治地区，即与这文化分布情形相应，详见拙著《我国史前文化》和《我国史前文化研究之现阶段》两文中，兹不再赘，及至秦始皇汉武帝的努力，我国国境的雏型，略成定形。而我先民的心思才力所造的高度文化，又因交通往来，遂以流被于国外。《书经·尧典》所称“光被四表”，说者谓光字即广字假借，这种我国文化广被四表的情形，在秦汉以来即可见之。以我个人短视所及，大约有下列数事：

一、为以中国语言文字为东亚语言文字的中心，而朝鲜，日本，越南诸国，直至后起的琉球，新加坡，苏门答剌莫不使用中国汉字，或准汉字，使成为一种东亚的国际语言。

二、为佛教文化的传入中国，辗转流被于朝鲜，日本，成为一种东亚的公同宗教和文化思想，而印度人所用的字母成为东亚各国的标准注音工具；至于祭天祀祖建祠立庙的习惯，东亚各地大抵相同。

三、为各国的动物，植物及物质文明的美术建筑等的互相传播，逐渐成为东方文明整统化的基础。

四、因各国民族互相往还，其文化高下不齐，生活方式亦各异样，于是中国人对于世界智识日有增加，而朝鲜，日本，安南等后起民族的政治社会遂得长足的进步。

今者如将世界的文化分为三大类型，我国文化自然足与西洋文化印度文化对立而自成一系统与范围。兹拟分别称引史实，就政治，社会，语文，宗教，物质文明等方面加以阐明。

政治

在我国由部族国家进步到封建制度的政治时，朝鲜，日本，安南等国尚落后在初期氏族社会，各族咸以族长为一族的主祀人，同时即为一族的政治首长，朝鲜史所谓檀君时代，当然是氏族社会无疑。及周武王伐纣灭殷，箕子远奔塞外，率殷民五千，至平壤建国，是为朝鲜历史时代的开始，其后所谓箕氏王朝卫氏王朝，尚不出部族国家形式，直至汉武帝元封三年（公元前一〇八）朝鲜诸臣杀右渠降汉，朝鲜乃为汉的郡县，而其南端三韩不属于汉的，则部落林立，《后汉书》所谓："马韩在西，有五十四国，辰韩在东，十有二国，弁辰在辰韩之南，亦十有二国，其南亦与倭接，凡七十八国，大者万余户，小者数十家，各在山海间，合方四千余里，东西以海为限，其国王先皆是马韩种人焉。"其所谓若干国，即是若干部落，其所谓种人，即是氏族，韩与汗同音，即君长之义，史载三韩各数十国，意当时必为三汗分统，与我国汉朝政治情形相较，落后何止千年，及中华文化流被以后，朝鲜始有政治组织，隋唐以来，渐具独立形式，据郑麟趾《高丽史》所载，其典章制度，多仿唐宋。日本开化约后于朝鲜千年，据日本史学权威那珂通世所主张，神武天皇应移后至公元前六十年，即汉宣帝神爵二年，又距后二百六十年始渐入历史时代。其初中华文化由朝鲜间接传入隋唐之世，先后遣小野妹子，犬上御田锹等来华二十余次，以竟大化维新之功，日本政府乃渐具政治形式，而其典章制度，亦大半效法隋唐。越南自古属于中国，故其文化一般上，几与中土无异。独立以后，朝贡不绝，事大的观念，历世不渝，至于政治制度，则自丁部领父子创立王朝，受宋册封，始为中央集权之形式，宋范成大《桂海虞衡志》记其国政制，有内职，外职：内职治民，外职治兵，其名称品位，选举铨叙，舆服，仪卫，全然仿自中国。李朝职官，大都仿宋官名；陈朝官职，略参元朝。黎氏莫氏，损益甚微，阮朝统一，于中央置吏、户、兵、礼、刑、工六部，以其各部尚书等组成内阁，于御前审议庶政为行政最高机关，俨然与清廷无异，而同出于明制，地方行政划分全国三十三镇，四营二道，镇置镇守，营置营守，下设助理，财政和主理司法的人员。东京为黎朝旧壤，稍稍斟酌当地情形；交趾支那地方为新拓的殖民地，则划为特别区。前者称为北城总镇，即今河内，后者称为嘉定城总领，即今西贡，设置总督，故越南全境，除西贡外，其政制法令，皆为中国所传入无疑。

社会

四裔民族，其社会的演进，皆后于中国，举凡家庭的制度，婚姻的结合，女子的地位，社交的往来，皆有奇闻异志，备载于《文献通考》中。惟我中国则在殷周之间早已进化，父子有恩，君臣有义，兄弟有序，朋友有信，夫妇有别，五伦制度建立已久，今日欲勾稽史料，研究其原始状态，颇觉困难。朝鲜建国于箕子之时，据《汉书·地理志》所载，箕子至时教其民以礼义田蚕织作，乐浪朝鲜民犯禁八条，相杀以当时偿杀，相伤以谷偿，相盗者，男没入为其家奴，女子为婢，欲自赎者人五十万，虽免为民，俗犹羞之；嫁取无所雠；是以其民终不相盗，无门户之闭，妇人贞信不淫辟。是朝鲜社会在周初业已进步，其伦常道德，往往取法我国。日本自徐福东渡后社会制度已受中华文化影响，隋唐以降，更全盘汉化，来我国长安留学者，往往住二三十年之久，当时长安为唐朝文化中心，留学生耳濡目染，久而自化，不特我国儒家道家及来自印度之佛教哲学的圣经贤传，皆已传入日本，即举凡一切宫廷礼仪以至个人道德亦一一向东流被，使今日游于其间者，几见其与我国无异。越南服属中国最久，亦早已自进于文明，其忠君亲上之见解，乱臣贼子的口诛笔伐，大率是沐浴了儒教文化以后所生的信仰。宋代以前，几全然与中国相同，据《越史略》记历代守任八十三人，《安南志略》增至一百四十九人，又羁臣三十四人，其越人受中国爵命者五人，仕于中国者七人，忠臣武士节妇名僧的著名人物十余人。故其社会习惯，人伦道德，疑必是一切同于中国。及至中法战争结束，渐与中华文化隔离，从前中华文化流被越南的史迹，遂被泯灭不见。

语文

亚洲语言文字大致分为中国，印度，阿拉伯三大系统，而朝鲜，日本，琉球，越南诸国语言文字则与我国关系最深。据今考古学材料所见，我国“北京猿人”已能语言，并有理智，早在各国之先。至于文字则创始于石器时代，今日见于甘肃马厂彩陶，和山东城子崖黑陶中者，已有草创试验文字和原始文字，及至白陶文化时代则有甲骨文字出现，堪称为我国文字的创立成熟时期，稍后进入石铜并用时代，殷器金文周初金文传世不少，及至青铜器时代，西周金文，已成为很富语法规律的长篇记事文字，同时江淮方面的楚器文字也已滋长起来。求之同时东亚诸国则尚在浑浑噩噩之中。朝鲜被我国开化最早，我国语言文字早已流入，详见杨雄所著《方言》中。日本则自朝鲜间接传进，秦汉以来，有多数秦人汉人来归，其子孙大为繁殖，遂为日本民族的一要素，据木宫泰彦所称，秦人汉人等对于日本的文化之影响亦不可忽视，彼等所用之语言文字，乃以数千年的汉人文化为背景而有复杂的内容，因而使日本语的内容益深，国民的思想益富；是时日本人习外来的汉字，非常困难，而秦汉人等则深与汉字相亲，故处理政治上的事务等，概属彼等之职。这是我国语言文字流被日本的初期状况。及后所遣隋唐使僧回国，乃采用中国文字偏旁，制定日本字母，遂成今日所谓日本文字。越南则自秦汉统治以来，我国的文字文学，早已传入，汉开三郡后，不惟抚有其地，并能开化其民，故其言语文字，一切同于中国。及后独立为国，拓地渐广，杂以真腊，占城，老挝，柬浦寨的习俗，而语言文字，渐歧为一：一则公文史志所用多是中国古昔的语言，文字亦用中国文字；一则各人的日常谈话，或用中国语，或原本中国而杂以古昔交趾各部落的土语，别为一种，虽亦用中国文字，而大变它的写法，其音不用中国音，全用土音，谓之“喃字”。直至法人吞并以后，乃用政治力量，变更其文字，以罗马字拼缀安南语，谓为安南国语，则是近数十年来的事情，近且以法国语搀杂其中，以致我国文字流被越南的迹象，几难发见。然其成分，尚含有不少的广州话，潮州话，客家话，琼州话和夏门话融和在越南的土话里。这是可以分析得出的。又次则为琉球①，于与我国通商以后，多用汉字，读中国书，其书写公文史志，也以中国文字为准。及至明太祖大封海外诸国，以六经，四书，《通鉴》，《汉书》和《大统历》分别赏赐高丽，琉

①编者按：原稿为“流球”，为使上下文统一，当以“琉球”为是。今改。

球，占城，真腊，暹罗，彭亨，爪哇，浡泥，西洋锁里，安南，三佛齐诸国，于是我国文字，遂大量流出，其后郑和下西洋，华侨渐次移殖海外，于是南洋一带，遂以我国语言文字为其交通意志的工具。

宗教

我国古代虽无正式宗教，然慎终追远，祭天拜祖，不啻为其最普遍的宗教信仰，儒家的宗教形式，其基础即在于此，西汉之末，佛教来自印度，未几而我国道教亦因而创立，魏晋南北朝以来，两教在我国发达至最高峰，其时我国叠经变乱，违难者遂远至边裔[①]。《三国志》所称，许靖避董卓之乱，来居交州，其亲族附从，为集团的移往，是为儒教传入越南之始。其时交州较为安靖，太守士燮又谦虚下士，喜延宾客，其兄弟并为列郡，皆能善加庇护，中国教化，因而盛行。同时神仙之术，长生之道，亦以渐流入，甚至在学术上享盛名的牟子博亦居交趾，以不满足于老庄之说，皈依佛教，著《理惑论》[②]一书。三世纪时有康僧会，畺良娄至，摩罗耆域，丘陀罗等，为越南初期佛教布教的高僧。及至四五世纪时，越南佛教遂以大盛。惟南部西贡一带，以承受印度文化较早，印度教及佛教信徒较多，今日就其供神的殿堂遗址观之，亦可以想见其往昔的兴盛。李朝陈朝佛教更盛今日，游其寺院，宛然与我国伽篮无异，故越南的宗教大抵北与我国相同，南部则略与印度相近。日本佛教虽间接由朝鲜传入，而其发达则较朝鲜为早，遣隋唐

①编者按：原稿此处多一“蒙”字。今删。

②编者按：原稿为“《理感论》”，当以“《理惑论》”为是。今改。

使中，留学生之外，兼有留学僧甚多，凡我国佛教的宗派，日本亦多有之，迄今尚称为佛教最流行的国家。朝鲜宗教亦多由我国传入，在其三国对立时代百济，新罗的佛教最为盛行。后晋高祖天福元年（九三六）王氏创立高丽王朝，太祖①承新罗之后，尊佛教为国教，设坛兴众，遍于全国，当时首都人口，不过十三万人，而寺院之多，竟在三百以上，寺院之大者且有僧兵僧军的组织，朝廷饭僧，动以万计。说者谓王氏高丽王朝的灭亡，实由于崇信佛教太过，其说未始无因。迄今佛教道教尚盛行于朝鲜，琉球虽自昔已有神教，然与中国交通以后，亦有祀关圣观音土地诸神。及至华侨足迹遍至南洋、美、澳以后②，天后宫关帝庙致公堂等遂至大盛行于其足迹所至之处，所惜其影响于当地土人者尚少耳。

特质文明

我国秦汉以前，向来重视物质文明，详见拙著《我国文化之特色》中，兹不再赘。惟建筑雕刻以受佛教影响，较上古进步特多，自与外国交通以后，动物植物③的优良种子，农田水利的机械使用，城堑舟车的兴建制造，瓷陶漆器的奇技淫巧，被冠枕席的应用设备，酒浆香料的调和食味，逐渐流被国外，朝鲜、日本、琉球④、越南无不受其实惠，而视我国的享受为丰美辉煌，其中如蚕丝织绣，印刷书藉，胫行远至欧洲。

①编者按：原稿为“太组”，当以“太祖”为是。今改。

②编者按：原稿为“于”，当以“后”为是。今改。

③编者按：原稿为“殖物”，当以“植物”为是。今改。

④编者按：原稿为“琉珠”，当以“琉球”为是。今改。

今日漫游东亚诸国，朝鲜的建筑工艺美术直与中国无异，而乐浪时代的器物，直接来自汉代长安广汉亭名都，日本奈良若干古代建筑，实为唐代良工渡海所成，说者谓平安一京系仿唐京长安规制，今代学者已有证明，越南建筑工艺美术，则为中国建筑工艺美术的外延，兼育有越南的特殊风土及西部南部接壤的印度文化而稍带有不同的形式，至于诸国林泉的幽美，宫殿的华丽，大都仿中国式样而为之。漪欤盛哉！我国文化流被国外之富，叹观止矣！今者，我国抗战八年，卒已获取最后胜利，我国的物质文明，虽已被破坏不少，然而政治、社会、语文、宗教，却因八年的磨砺锻炼，更若新发于硎，即以语言文字为例，闲尝论之，中、英、美、苏号称四强，而语言文字的使用，只有三种，英语的地位，已取法语而代之，成为国际酬应的主要言语；东欧语言，号称复杂，大抵能操俄语者多；若论东亚则始终以中国语文为主，久有东亚国际语之称。我国人宜如何推广我国语文于海外，著者在前年元旦已著文于《文讯》月刊论之。至于我国政治思想的崇高，社会道德的优美，与夫对宗教信仰的兼包并容，素为外国汉学家们所称读，今者宜如何广为传播，由东亚而推广至于全亚，或更进一步，善为整理，写成各国文字，从事传布；或更善用盟邦往来交际的机会，使外国人遍地流被世界各地，我国既为四强之一，则以其本国的文化贡献于世界林林总总的大舞台之中，似属责无旁贷，义不容辞的事情，是在肩负中华文化的从事工作者。

民国卅四年十一月廿五日为中华文化学会成立大会作

（原载《中华文化》第1卷第1期，1946年）

关于吾国学术独立的我见[①]

一、开端

我在十余年前，已深深地感觉着我国学术有独立的必要。最初是因为看见着我国史地之学不及外国的汉学家，坊间出版的我国史地教科书不是翻译的本子，便是摭拾外人的牙慧；认为这是最可耻的事，比我们没有飞机大炮，不会造新式的生产工具，还要丢脸。后来看见了外国人关于我国经学的著作，关于我国音韵学的著作，都有足以令我国学者佩服之处，甚而我国学者大大地把它翻译过来，或者明钞暗摭，我便更加认为我国学术急需独立，不依赖日本，也不依赖英法。十余年来我的意见曾经写成长文，发表于《教育杂志》读经专号及贵州教育厅出版的《贵州教育》中，这里恕不再赘述。

及至本年九十月间先后在京沪穗各大报见到了胡适之先生的谈话，主张我国政府应用全力办成几所国际上大家承认为第一流大学，近之如日本的京都帝大，东京帝大，远之如美国的

---

①编者按：本篇书名号为整理者所加。局部标点有改动。

哈佛大学，耶鲁大学或霍金斯大学，芝加哥大学。后来胡先生并发表了《争取学术独立的十年计划》一文，我见到了十分高兴，我以为政府在这时（建国的时候）应该重视学术，应该有两三个十年计划用全力办到学术独立这件事。不特要如日本明治维新后之办理京都帝大东京帝大，最低限度也应该如印度中古时代或日王祖孙父子之办理那烂陀大学，充实图书，尊崇学者。凡是一个国家之所以能取得一等国地位，必须有几所最高学府，几个最有权威的学术研究机构，养成若干国际有名的学人，创造若干最有价值的学术思想，一切稗贩杂钞雷同剿说归于淘汰。

不意胡说一出，因为五所一流大学问题，重点教育问题，便引起了一场口舌战争，就我先后所见，已有邹海滨校长，陈安人教授，汪通祺，刘季洪，陈剑翛诸位先生的反对；又因为留学问题，外汇浪用问题，受了陈序经，翁文灏，李石曾诸先生等反对。笔墨官司，闹遍了我国朝野上下。其中也有不少的无条件赞成胡先生这话的。例如吴世昌的《论重点教育和留学政策》，全汉昇的《谈留学》等是。萨本栋的呼吁却模棱两可。而杨祖庆的《论重点教育》（见南京《中央日报》卅六年十月十四日第十版）主张将重点置于科系之上，不以学校为单位，而以科系为单位，算是最平允的主张。沙玉彦的《学术如何方能独立》一文，将胡适计划商讨了一番，以为这个学术独立责任应该由中央研究院负起，于胡说之外，另树一帜。南京《中央日报》在十月廿一日写了一篇《争取学术独立的必要与可能》的社论，又在该报周刊一卷十期中用德成的笔名写了一篇《与胡适之谈大学教育》的论文，连续又于该刊一卷十一期中约了邹海滨罗家伦吴贻芳几位老校长各人写了一点《我对于大学教育的意见》。同时朱家骅部长又发表了一篇《大学与大学生的使命》，胡适之又继续发表了一篇《大学即研究院》的演词，一篇《考试与教育》的演词，无非欲藉此对于我国学术独立的计划，研究出一个真正可以着手进行的办法。真使我高兴极了。

可是国立中山大学的许多老友，与及南方的许多学人和新闻记者，屡屡以此为问，要我发表一些关于这个问题的意见。我是主张我国学术要独立的，但是不能废止派人留学，并且永远要派人出国留学。我是向来主张要办成几个那烂陀般大学的，但是对于全国普遍设立大学，一面为质的提高，一面为量的扩展也很赞成。所以我也不能不说几句话。而且这几句话是现时诸学人所未曾说及的。

二、问题症结的所在

这个学术独立的问题已经由大家提出来了。但是又争论得如此热闹，这个问题争论的症结究竟在什么地方？据胡适之先生最初对《申报》记者发表的谈话，称他在南京曾向蒋主席提供了一个十年教育计划的建议，说：“在今后十年中，先五年政府集中精力，以大批款项发展已经有了基础的五个大学，后五年再发展其他五个大学，使之成为国际上第一流的大学。先五年的五个大学，是北大、清华、浙大、中央、武大，后五年的五个大学，现在看不出来，就看各校努力的程度了。假如国立大学不努力，在学术上没有成就，很可能是几个教会大学取而代之。”这段话最遭人反对，因为他是没有考证出“已经有了基础”而应该用大批款项发展的大学的客观条件，而谬谬然硬性地推荐了几个大学，无怪乎别人说他只凭着“一点偏私的感情作用”而要他“拿证据来”，此其一。第二点胡先生事前未有从详计划究竟先五年应该发展几个，后五年应该发展几个，而谬谬然提出五所。究竟这“五”字从怎样估计出来的？从客观需要估计的呢？从政府的财力估计的呢？怎么不说三所？怎么不说七所？恐怕人家一问，胡氏将无辞以答。老的数不到交通大学，新的数不到台湾大学，而条件最具备又兼设在南方革命策源地的中山大学，又再三向邹海滨先生说是不在他理想的第一流大学之内，所以问题就在这里发生了。假如说了先办八所，而又经过精密调查统计不忘记上说最合资格的几个大学，自然有目共赏，闲气不要多淘了。此其二。他又反对花大宗外汇选派学生出国留学，以为此举不啻否认自己在学术上的独立地位，我以为胡氏不仔细研究今日政治与社会所给予留学生的打击，不知过分地看重了“镀金”的留学生，与过分地蔑视留学生，一样是错误的。无怪乎陈序经教授质问他，“康有为比不上梁启超，梁启超比不上胡适之”，这是不是有“留学”的道理在里面，他便答覆不出来。假如胡先生后来再没有机会居住纽约，《水经注》的板本不能找得齐备，又将怎样继续研究？我们有句土话，说“过桥拆桥”，不让人后来居上，是不是这样呢？此其三。胡先生又在《考试与教育》的演词里说：“现在人家择女婿，不以高考及格为条件了，小姐们的理想丈夫，也不是高考第一名的先生了，现在大家所仰慕的，高考还不够，娶留学生，顶好是个博士，而且是研究工程的。”胡先生这话也错了，如果“花街红粉女，争看留学生”，有这现象恐怕还是重视学术的表示，真正是留学生而又是博士，而且又研究工程，这对于国家民族何尝有了损害，何尝是留学政策的罪恶？因为平常的小姐不容易辨别人家有没有学问，留学生、博士、工程师是表示学问的符号，如果人们仍然重视学问，自应如此表示。只可惜时代变迁，今日的“花街红粉女，争看发财翁”了。别人说，胡先生对于“十年来的中国真面目，或未必很了解”；我最初不肯相信，我现在倒有点相信了。在这样庞大的中国，文化参差不齐，农村事业落后，都市社会剧变，我们要整个了解，非多作旅行，深刻考察不可。假如能作一个通体的检查，则固然知道大学教育的不宜偏枯，然而留学制度的不能遽然废止，亦必知道了。此其四。你如果知道了现今理工科毕业生的失业情形，不亚于文法科的毕业生，你必晓然于凡百事业不能进步之有害于高等教育，高考及格先生因不能维持生活而不为人重视的原故了。

我现在为了要发表一些意见，所以又复将胡先生的《争取学术独立的十年计划》一文，再三拜读。看见了胡先生对于他以前的没有什么修正，不过把他的意见加以详明的解释而已。其中最重要的话为“凡能训练研究工作的人才的，凡有教授与研究生做独立的科学研究的，才是真正的大学。凡只能完成四年本科教育的，尽管有十院七八十系，都不算是将来最高学府”，这总算将讨论的焦点标明了。关于这话我留待后说。胡氏又谓：“照去年夏天的统计，全国有廿八个国立大学，十八个国立学院，二十个私立大学，十三个省立学院，廿一个私立学院，共计一百个，此外还有四十八个公私立专科学校，眼前的人才实在不够分配到一百多个大学与学院去。试问中国第一流的物理学者，国内外合计有多少人？中国专治西洋历史有成绩的，国内外合计有多少人？这都是大学必不可少的学科，而人才稀少如此。”主张集中第一流的人才，以经营五个十个最高学府做学术研究的大本营。这话似乎说得较前回实在些。可是这些物理学人才西洋历史人才，如不从速派些人出国留学，如何会在国内闭门造成的呢。可见留学政策是不妨碍吾国学术独立，反而有加速独立的作用了。在这里更请读者读一读汪通祺先生《论大学教育》一文（九月廿三日南京《中央日报》第二版），这文正是针对胡先生这一段话，他根据最近教育部的统计，我国现在公私立专科以上学校共有一百九十余所之多，若依人口比例，来和教育进步的欧美国家去比较，简直差得老远。以为即使有些大学办得次一些，但总比之那些地方没有一间大学来得好。然则也不应以物理学人才不足，西洋历史人才不足，反而因噎废食，要把其他（五个以外的大学）的都让他不生不死，不予重视了。

三、我的意见

好了，我们在这里确已“诊断”出胡氏所说话的病症在甚么地方了，我拟对病下药，补正胡先生的错误。“学术独立”，原是一件很复杂很烦重的工作，是要多方面发动的，办大学与“留学政策”不过是多方面的几方面而已。现在请先说说关于今后办理大学的一方面。胡先生提议，就现时的大学中先行办好几所，使它成为国际上合于第一流的大学，即所谓重点教育，这一层我可能赞同，不过我以为不必先举出校名，我以为应该先研究胡氏所谓“已经有了基础”而应该用大批款项去发展的大学的客观条件，当然也不说是五所。如果确属合于此等条件的，即使多一二所或少一二所也无妨。今试研究合于第一流大学的客观条件是那几种？我以为应就校舍、经费、教授、学生、院系、设备、区域分配七点分别来说，以说明其在第一个五年计划中应不应用大批款项去发展它的理由来。

第一，校舍问题　在今日而言办理大学，当然再不能说“山林讲学”了。美轮美奂似乎是最低限度的条件。若者为“取光”之影响于生徒的身体，若者为“呼吸新鲜空气”，坐立舒适，合乎现代学人的修养，物质之影响于精神者甚大。在《玄奘西域记》和《大慈恩寺三藏法师传》中描述那烂陀寺的华丽，在今日犹令人神往，无怪乎当年能吸引东西各地的青年，而成为国际的大学了。罗家伦先生说得好，“我主张一个学校应修得美轮美奂，图书馆应该漂亮舒适，运动场要宽大”；这样才能吸引生徒整天坐在图书馆看书而不厌，这样才能使生徒不再出外游散。假如被指定的五所大学，根本没有很大的校舍，很美的房屋，则我们所用大批款项供给它，无疑地是终日在建造房屋上了。何如我们在未指定之先，于全国的大学中先找寻几所够得上合格校舍的大学为省事呢！

第二，经费问题　吴贻芳先生说：“学校要办好，经费首先要充足。”这话诚然不错。现时各大学的当年经费的多寡，莫不各有其历史性的。积数十年的历史关系，就其院系的多少，员生的众少，图书设备、仪器购置、工厂规模、农场广狭，推广事业费的盈绌，而各定出一个预算来。今日而言扩充，自然以此为基础而加以补助，于事势为顺。若故为轩轻，不但他人视之为不公，有“优越感”与“自卑感”之嫌；而且“多食难以消化”，“穷人暴富”，“手足无措”，揠苗助长，非徒无益而又害之了。若夫历史长久的学校，校友维护的力量甚多，若其与国际学术团体合作的事业多，或与华侨发生密切关系大，则校外财力的帮忙，数目亦往往足以惊人，这也是一种自然优胜的条件，所以选择者自然蔑视这种事实不得。

第三，教授问题　胡氏谓：“中国的大学教育应该朝着研究院的方面去发展，凡能训练研究工作的人才的，有教授与研究生做独立的科学研究的，才是真正的大学。”诚然，这自然是最低限度的条件。庸讵知教授是流动的，今日之东，明日之西，这是今日一般的常态。譬如所谓著名的学者，有由岭南大学跑去北京大学的，有由清华大学跑到中山大学的，有中山大学训练出来的毕业生去浙江大学教书的，有在中山大学当副教授而至中央大学当教授的。所谓能训练研究工作一事，也往往是“其人存则其政举，其人亡则其政息”吧了。故教授而能与研究生做独立的科学研究，也不是一种永远固定在某一大学的现象。至于研究发表，也有高有下，其价值颇不易量度。依我的愚见，应当看看各大学的主要课程，有没有专家担任；譬如胡氏所提出的物理学，西洋史，各校衡量一下，检查其轻重大小。如再不然，则将各校现任教授，统计其审定合格的有多少。我们今日提倡考试制度，国家铨选的标准，是有最高权力的，是我们所最应该拥护的。若有以不合格的人滥竽充数，自然是不合这第一流大学的条件。

第四，学生问题　学生的问题，我的意思可分为几方面讲。一是考试入学时的标准高不高，譬如同一样深浅的题目，甲校取至平均分数至四十五分为止，乙校则最高为三十五分，自然是甲校高于乙校。二是学生的人数多不多。如果同样的取录标准，甲校人多，乙校人少，自然是甲校的作用强于乙校。三是各年级学生的成绩优不优问题。在甲校管理严而考试勤，而生徒能平均发达，无大参差；乙校则不然，自然甲校也高于乙校。四是毕业生在国家社会服务上的作用问题，若甲校的毕业生，服务人多，而且成绩优良，例如中山大学的历史长久、毕业生众多，不特服务遍于广东广西两省，我记得我三十二年春间到重庆出席教育部史地教育委员会，偶然看到一本中山大学在重庆的校友名录，就有了六百余人。在党政军各机关服务的有六百余人，以这样的一个陪都，就得有六百多个中山大学的毕业生为之出力支撑，便显得中山大学的作用不少了。反之，如乙校的历史短，毕业生的服务人少，自然就不及它了。五是研究生的工作问题，研究生、助教、讲师是大学里的优良子弟，学业的继承人。如果这些人个个有做学术的兴趣的，这大学自然有希望，否则绝无希望。老教授能永远指导研究院毕业生继续研究，如中山大学研究院的教育研究所，共同努力完成三民主义的教育哲学，其刊物《教育研究》出至一百多期，病理研究所蜚声于美国（详见国立中山大学校刊第三期），这是一个最有希望的例证。如果更能积久而有所发明有所创造，自然配得上第一流的标准。

第五，院系问题　院系多而所开的学程完备普遍，自然是一所优良大学。胡氏说："至于学院多少，毫无关系。反之，只能完成四年本科教育的，尽管有十院七八十系，都不算是最高学府"，胡先生这一句话，最不为我所佩服。天下那得有办至十院七八十系而不算是最高学府之理？在今日教育由政府严格管理之下，各大学设立院系都得教育部严密调查之后，然后准许设立，如果是教授人才不足，设备简陋，教育部绝不会准许设立的。譬如北京大学把生物系分作动植物两系，动物学系由汪敬熙教授主持，植物学系由张景钺教授主持，俱是大名鼎鼎的学者，自然会比没有分作两系的来得好。又如中山大学最近把数学系分作两系，其天文系原为天文组在全国成立最早，现又由其系主任张云教授跑到美国，与哈佛大学天文台合作，并得哈佛大学赠送一副最新的天文台仪器，自然也是多分一系来得好。而且院系多，自然教授也聘得多，教授多，自然优良的教授也会多。如果就以这样的一个大学来充实它扩充它，也是一件易事。假如说一定要集中大多数外国第一流学者来讲学，像这样十院七八十系的大学，也一定容易成为在国际上最露头角的一所大学。难道就胡氏的意思偏不让这样一个大学改进，还须另找一个“先天不足”规模狭小的大学，拼命地加以后天的改造吗？这未免一偏之见了。

第六，设备问题 设备完善为研究科学的基本条件，这是不容异议的。可是一个学校的设备，是有历史性的，不可一蹴而几；有许多东西，是不可以有钱即有办法的。故在我们挑选几个大学之先，“设备如何”是我们首先应当详密调查的。例如胡氏这次所选的五个大学之中，却忘记了台湾大学，是一件最不智的事情。据本年十月十七、八日，上海《大公报》的记载，国立台湾大学，虽然只有二十年的历史，但其农医两院的设备，规模最为宏大。医学院的各科设备，附属医院的规模，真足令人佩服，其中热带病医学研究所，为吾国唯一的大规模医学研究所，其血清疫苗研究与制造设备，冠于全国，出品三十种，如鼠疫菌疫苗，破伤风血清，蛇毒血清及其他各种痘苗等。均经严格的检查，行销台湾全省及上海福州等处。农学院分为八系，农业化学系的规模最大。各系设备都是国内所罕见，农艺系有作物学，育种遗传学，农业气候学，生物统计学等研究室，附设水田旱田共五公顷，山地农场二万亩。园艺系附设果树园三公顷，栽培热带果树八十二品种，温带果树四十九品种，柑橘类二百二十五品种，香料植物十五品种，其他药用植物、观赏用植物等六十余种。畜牧兽医系仪器标本图书等设备完善，附设牧场亦颇完全。农业化学系有土壤肥料研究室，生物化学研究室，纤维化学研究室，酿造学研究室，制糖化学研究室等，附设精糖工厂及无水丁醇试制工厂各一所。制糖化学研究室对于过去台省制糖技术的改进贡献很大。酿造化学研究室，曾有丁醇[1]菌的重要发明。纤维化学研究室，对于甘蔗渣制纸也有重要发明。农业生物学系有植物病理研究所，昆虫学研究室，农业微生物研究室。昆虫学研究室搜集标本一万余号，除台湾外，有采自东北东南诸省及海南岛、日本、朝鲜、库页岛、琉球、安南、菲列宾等地者。农业工学系，分农业土木与农业机械二研究室，附设土壤试验室、水力学试验室等。此系在国内大学尚属创见。其他文、法、理、工四院的设备也不简陋。即如台大图书馆里所保存的《敦煌秘籍留真新编》未钉装本，也是国内各大学所渴望欲读的本子。像这样有设备的一个大学是很合于我们选择条件的。

第七，区域分配　像我国这样广阔的国家，若在西欧南美，有人家十余个国家一样大，不能偏重任何一段区域，这是事实的需要。所以宪法第一百六十三条规定“国家应注重各地区教育之均衡发展”。这是人为的区域分配。最近邹海滨校长说：“我对于教育的根本意见，认为学校教育应该适合社会情况，配合社会需要。有几个好大学作研究工作，我也同时注意；但是主要的要使学校教育不和社会离开。所以我主张高等教育应该因地区、因事业来普遍设立，譬如在畜牧发达的地方，就设立畜牧学校，工业区就设立工业学校。这样，教育事业即可与生产事业配合起来。教育经费便可由牧场、工厂和事业机关担负，而不再加诸国家和学生的家庭。”这话是有意义

①编者按：原稿为“谆”，当以“醇”为是。今改。

的。这是自然的区域分配。我以为将来真的选择先期发展的大学，这种人为的自然的区域分配，也不失为其重要条件之一。关于地域分区问题，刘季洪先生和陈剑脩先生均有很好的意见，现在节引出来作为我的意见。刘先生说："我国地区辽阔，学术研究应注意自然环境之便利及各地社会之需要；如研究考古水利畜牧等，自以西北为宜。故发展学术，应注重地区之分布，不容偏在。且所谓某校具有基础云云，亦不可全凭主观意见，如言交通，交通大学自最有基础。言教育，师范大学自最有贡献。他如中山大学设在革命策源地之广东，无论就地区分布及社会需要而言，亦应使之充分发展。若对此竟予忽视，其在教育文化上所造成之严重后果，实不堪设想。"（见南京《中央日报》本年九月二十五日刘氏谈话）陈先生说："最好依胡氏计划，除北大五校外，另加华南、西南、西北等区，各选若干大学，如中山大学及广西大学等，力求完备，加以扶植，其余大学则予维持相当标准。"（见南京《中央日报》本年十月二日陈氏谈话）其实据我们所知广西大学的矿冶系及农学院是有相当历史和设备的。刘陈两氏所讲的话是最平允而合于我们理想的。

归纳以上所说的话，全国合于第一流大学标准的，也不过十个大学左右，把先后两个五年合为一个十年大学教育计划，先用全力把这十来个大学办好，最低限度发展它的已有基础的院系，这是一件不十分难而较有计划的事。如果说蕞尔日本在明治维新后能办好了两个大学，以偌大的我们中国在十年内也不难办好了十来个大学。这是我赞同胡氏学术独立计划的一面。

至于废止留学的另一面，我是不敢赞同了。写到这里，忽然《民主时代》的主持人送来该刊第一卷第二期来，使我得到拜读张作人教授《关于学术独立问题》一文，我是最感谢的。张教授是一个法国留学生，而在我国大学校里从事科学有三十年的历史，文中对于我国学术不能独立的根本原因最为鞭辟入里，十分佩服，我希望胡适之先生于百忙中也得平心静气地读一读。我是主张依旧不能废止“留学政策”的。如果在国内各大学的确没有的新科系，赶快派有根底的学生出国去学；文化是多方面的，“学术独立”也是多方面的，缺一不可，赶快赶快。从今以后也应该赶快。如果在我国各大学里已有这种设备，可以完成我们的学业目的，自不必有以“镀金主义”为目的，而浪用金钱提早出国。所以派遣老教授或老学者出国进修，以携带在国内所不能解决的问题去研究为目的，或者以“他山之石可以攻玉’为目的而勤求进步，或侦查人家的学术秘密，自然事半功倍，费钱少而收效大。所以留学政策是决计不能废止的。最低限度要与费大宗金钱聘请百多个有名外国学者来我国各大学训练（这是陈剑翛先生的话）是有同等的重要。所可惜者眼前事实不是这样。张作人教授说得最为沉痛，他说：“我们痛心的，是一边造林，一边烧山。一边派遣大批的青年去留学，一边却置已留学回来而有相当成就的人于不生不死之地。所谓教授学者并不是一出厂就成货的。他像花卉，需要时时灌溉，时时培养。所以充分供给已成的教授学者以物质精神的营养，是争取独立既快而最有效的步骤。至于派遣大批青年，花[①]几个钱，到底小数而又小数，只要各有成就，实不能算是浪费。”我也认为派遣留学生不算是浪费，最怕是学成

①编者按：原稿为“化”，当以“花”为是。今改。

归国而置于无用之地吧了，譬如名贵瓷器自然是好的，不能因为有人将名贵瓷器堆放在厨房里，反而怀疑到名贵瓷器不应该制造出来。这是我的见解与胡先生不同之处。

四、结论

总之：我国自清末提倡新式教育以来，到现在才引起大家注意，齐唱“学术独立”，虽然稍嫌迟些，可是仍然是一件可喜的事情。朱家骅部长说，“大学原意是国际与综合，大学教育的基本使命是求人类智识的进步，并培养继起的学术研究人材”。希望在大学任教的教授，“除了继续不断从事研究之外，一方面还得指导已由大学毕业的助教以及已有教学经验的讲师，从事研究工作，一方面更要养成学生自动研究的习惯和独立研究的能力”。（录朱氏《大学与大学生的使命》文中语）今者我国号称五强之一，交换学生与互派教授是常有的事，如不办成十来所第一流的大学，而又能做到主动研究的领导资格，是不能应付现今的国际的。将来我国的教授，不但要指导本国的助教讲师，还要指导国际上的助教讲师；不但要养成本国的学生有自动研究的习惯和能力，并且要养成外国送来的交换学生。所以这个十年高等教育的计划，有从速实施的必要。如果政府财力办不了时，也该鼓励私人或法人财团去办。我想明年行宪以后，全国教育经费加多了，实施是不难的。企予望之！

卅六年十一月十七日写于广州四部书斋

（原载《民主时代》第1卷第3期，1947年）

【附译作】

儒教与中国文学①

（译自日本铃木虎雄《支那文学研究》第四卷）

问题的范围

这个问题太大啦！甚么叫做“儒教”？甚么叫做“中国文学”？它的意义甚广；它的性质也跟随时代变迁，所以考察儒教对于中国文学各方面的影响，这是不容易的事。就孔孟之教与中国的诗的关系而论，其功罪都要注意；但是古语有说，君子成人之美，故此我于它②的罪过的方面少说一点，于它的功绩方面多说一点。

孔孟之教

假定这里所谓儒教就是孔孟之教，考孔孟之教大体是说仁，义，忠，孝，是说五伦，为现世道德的基础，以实施伦理的政治为理想。虽对于人力以外，不甚注重，然其说“天”有

①编者按：本篇局部标点有改动。

②编者按：原稿为“她”，当以“它”为是。今改。

点似宗教，又其主义，不崇尚法律。孔孟之教，大要如此。这种教特为中国而发，最足以矫正中国人的缺点。数千年来中国的君民都尊重他。中国的主要的教有三——儒，道，佛，但是如儒教之被崇尚而永无盛衰的，恐怕没有别的了。

他的影响

以这样被崇尚的教，那个国家的文学，受了它的影响，这是显而易见的道理，而其影响所及，善的也有，恶的也有，所以我说它是有功有罪呢。

孔子对于诗的态度

孔子对于诗的观察是怎样的呢？孔子曾经编纂《诗经》（至于删否另当别论），元来西周时代有

天子听政，使公卿至于列士献诗(《周语》上)

的话；又有天子巡狩，至于岱宗，

命大师陈诗，以观民风(《礼记·王制》)

的话。周朝的天子，他要知道政治的善恶的手段，在中央则使官吏献诗，在地方则使人民献诗。《诗经》的诗，殷之作品，传于殷的后身宋国；周之作品，传于周朝的太师，更传于鲁国的太师；至于孔子然后加以整理，恐怕孔子编纂《诗经》的目的，也是想在知道政治的善恶呢。孔子直接论诗的话，屡屡见于《论语》；在《阳货篇》，孔子说道：

诗可以兴，可以观，可以群，可以怨。

迩之事父，远之事君，多识于鸟兽草木之名。

依照古注，“兴”就是诗人托以起兴的事；“怨”就是申诉怨情。这两句话，已经说明诗在文学上的性质了。“观”

就是观察风俗的盛衰；“群”就是说受过诗的教育的人，他的性情自然敦厚，能保持和谐的态度，以与众人相处（《礼记·经解篇》孔子曰，温柔温厚，诗教也。与此相近）。所以“观”“群”“事父”“事君”“多识”这五件事实有教育的色彩，那七个条件就是孔子对于学诗的目的和效果。说得最详细的了。其他还有对于《诗经》全体的细评，则以“思无邪”为断定。但我以为“不是由虚伪情操做成的作品”乃为足信。

诗之中有托兴的，有诉怨的，非由于伪情由，既如上述，这是就文学的看法；但孔子决定以为只是就赏玩诗的文句。以求知其为人，是不可以的。所以孔子与诸门人谈诗，称许为某也可与言诗，某也可与言诗；这无非是看他们答辩，把诗的文句，应用在道德上的那一种的人，给与称赞吧了。又以孔子自身为例，《子罕篇》

> 唐棣之华，偏其反而。岂不尔思？室是远而。

是称引歌咏恋爱的逸诗的；接着便说，

> 子曰：未之思也！夫何远之有！

的话。还有各各应用的

> 仁远乎哉？我欲仁，斯仁至矣。（《述而》）

这个意思，也可应用于诗的。

这种将诗把来应用的风气，自孔子之门，直流传于汉代以后。

从上文所说的看来，孔子也是解诗的人；以诗为政治上的参考，供教育上的利用底人物；但其是否就文学上以为赏玩，表面上是不能知道的。

孟子与诗

孟子是怎样的呢？他有

> 颂其诗，读其书，不知其人可乎？
>
> 是以论其世也，是尚友也。

种种的话。换言之，即是诵读这个作者的作品，必要首先知道这个作家是怎么样的人和这个时世是怎么样的背景。虽然孟子以为时世的状态明白了，然后那时世发生的文学，才可以比较研究；然欲是就古来传下的文学，可以为研究那个时代的材料以为例证。孟子视诗犹之乎书，沾用他以为代用的史料。

孟子较之孔子不过在实际的方面，深一层观察而已。

倘若孔孟的见解，果真如此，那吗，信奉孔孟之徒也继续抱有类似这样的思想；则这种思想，无论在诗的解释上，或制作上，往往与后世以妨害。

汉代诗赋家的思想

虽然，诗（译者案：作者大约是指五言古诗）的发生，要在前后汉之际，但是他的辞赋在文学上已很光荣了。那班辞赋家依然是孔子的门徒，直接用孔子说诗的态度，转用于辞赋方面。即以劝善讽恶为辞赋的本色，排斥过度的修饰。这件事一读后汉班固的《汉书·艺文志·诗赋略》叙论，便可知了。

魏代的思想

虽然以为文学系鼓吹道德思想的手段，才有价值，那种思想已经很久了；但是要注意文学本身的价值，这种思想自魏以后，已经起来了。大概这种思想发生于曹丕（即魏文帝）。查六朝文学所以特别隆盛，“文学脱离道德而独立”，这可算是一个很重要的原因。

文士与品行

自从文学脱离道德以后，所谓纯粹的文学家生出了；六朝以下的文士便是。大抵那时所称为文士的人，就是巧于舞文弄墨的；至以至诚动人，则有所不能。每有不顾品行，不能脱所谓“文士轻薄”之流的。六朝本来是政治上变化最多的时代，但直至唐宋以下，以文学的技能秀出众人的作家，比较上对于人格之点，不甚注重，而反以为可贱的，占大多数。虽然，凡是恶劣的人物，他的作品，都不足取；但是在那时候，作品是好的而人物也是好的，也未尝没有。

道学家与文学

其次说到有人格而又顾虑及道德的人物，然而所谓可贵的文学的生出，又不可能；既就诗而论，宋代的程明道程伊川邵康节诸道学家，他们的作品，含有道学的气味，非常浓厚，很难直接说他是第一流的诗的作家。间有一二优越的作品，则偶因那位作家具有诗人的技能，所以有了这种优越的成绩，故既成功道学家，而又得成就优越的诗，这几乎是不可能的了。

名贵的文学

道学家的作品吗？文士的作品吗？皆不足以称为名贵的文学。我们相信，“必然要有天性近于文学的技能，而又身体力行夫道德的作家，始有名贵的文学出世”。幸而在中国备有这种资格的文学家也有的呢。其数虽属寥寥，但其所造就却非常伟大。中国的主要思想乃是儒教，而信仰儒教，并能身体力行，而又有文学的技能，这样的大诗人已有了。站在道教或佛教的立场上的诗人却没有。虽然立在儒教的思想上的诗人，不过是特有的，但中国这种特有的诗人，已经是很可能了。这几位诗人比较的算是儒教思想和文学完全结合，不流于空理，不陷于浮薄，所以名贵的作品遂能产出呢。

中国的三大诗人

这样的诗人，就我所见，只有三个：第一个，就是介在晋宋之际的陶渊明；第二个，就是唐之最盛时期所出的杜甫；第三个，就是明之最盛时期所出的李梦阳；就是了。

虽然这几个诗人都是很著名的，无人不知道的，但也摘出一二点来讨论讨论。

一般文学家与三大诗人

中国虽也有“天下”“国家”等名辞，然考“天下”文义甚广漠；“国家”也没有团结的意义。这种国民，国家的思想素不发达，而且革命（译者案：疑即指朝代变更，革命二字只是汤武革命的解法）频繁，国民对于政治非常冷淡。所以从这种国民之中产生出来的文学家自然是，对于国家的政治，也就非常冷淡的。又兼之这个国家的学问，成为官吏的专有物。所谓文学家亦不是没有学问的所能产生出来，因此有学问的官吏之中，而又有天才的，便能成为文学家，这就是中国文学史的通例。那么，这种有学问的官吏，真能以治国平天下为志的很少很少，大多数不过以利禄为志而已。从怀抱这种心术做出发点，名贵的文学，怎么可以生出呢？至于一时失足的，或不甘失足，轻于富贵功名，勇于高蹈括退，所谓隐遁者流，却能有高尚的作品出世。又每当革命之际，前朝的遗臣，往往感情兴起，也有很好的作品。上记三人，李梦阳虽然是一个进士，但陶杜二人却不然了。陶当时亦不过系在这样制度当中，仅做过参军，等于县令的微官而已。杜则试验落第，特别任用，授为参军，拾遗等官。如果就这点观察，他们亦不过所谓有学问的官吏出身的诗人吧了！然而他们第一是有是诗才人的天才；第二是崇尚儒教，这一点表面上似乎与一般诗人同样；第三能于儒教体会入微，在其特别的环境的生活中实行儒教的精神。现在就第三点略略说一说。

陶渊明

说起陶渊明来，他原是晋朝宰相陶侃的后裔，在晋的末世尝与刘裕为同僚。其后刘裕握有中央的大权，攻入长安以后，遂以余力倾覆晋室，建设宋的局面。渊明性刚，壮年时代曾由甘肃方面旅行到辽东深窥北狄的情形，尝恐晋受北狄的压迫，而思所以避免。其初亦尝有志于仕宦，欲出握政权或受任要职，然终之所欲不遂；又见同僚刘裕贵为天子，更起不平之思；遂成为以后居耕的生活。相传《渊明诗集》晋义熙以前，悉题年号，以后则不记年号，只题甲子。沈约的《宋言》，五臣注的《文选》皆依照这个记载，以资传播，以图说明渊明的为人，然精神[①]其事实际上当不如此，这种谬误，古人已有辩明的了。虽然，他的不事二姓的甚明。渊明性嗜饮酒。而未尝有放浪生活；且信奉儒教的精神，每散见诗中。又有一名言，

①编者按：此处“精神”二字疑为衍字。

即当他送一个苦力与他的儿子时，他并为之书曰，“此亦人子也”，则他的人格足以窥见了。他所以能不误大节，实以他出自陶侃的一家之故。就我的观察，以为他是“道家的生活，而又保持儒教的精神的人物”。

杜甫

其次说到杜甫。杜甫也是每饭不忘其君的诗人，他的世系如下：

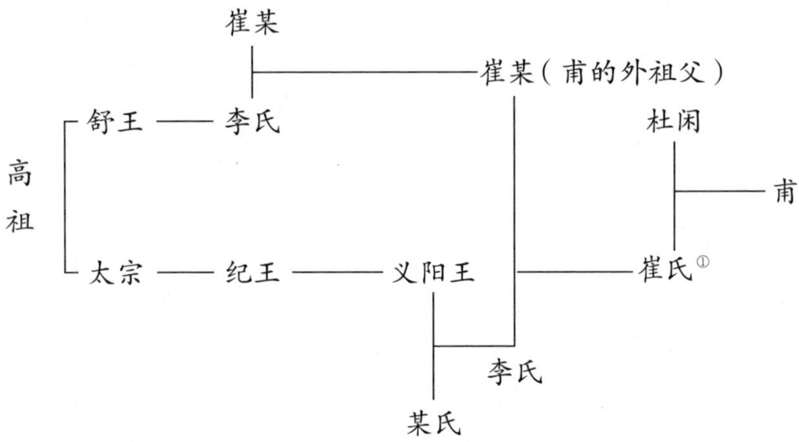

照右文的记载，即是甫的外祖母当为太宗的三世孙，而他的外祖父又当为高祖的三世孙。

考杜甫本来系一个自比稷契上致君于尧舜下以使天下风俗淳厚的人物；而他的世系又是这样，则他视唐代的皇室为他的本宗，实不足怪。又他尝与贵族往来，甫有至友郑虔，虔的侄儿郑潜曜，潜曜乃玄宗与皇甫淑妃所生临晋公主的女儿姬君的

①编者按：原稿为“崖氏”，当以“崔氏”为是。今改。

夫婿；甫与潜曜为交，所以皇甫淑妃的碑文是他撰述的。甫有诗句：“宫中行乐秘，少有外人知”，可见宫中种种行乐的秘密，只有他是知道的了。所以他在天宝扰乱之际流了不少的伤心泪，这种眼泪真实是从胸底中迫出来的，与寻常诗人的虚泪，不是一样。从这一点研究起来，他的作品，确是富于热情的作品。

李梦阳

李梦阳河南开封人，在二十二岁时，中明弘治六年进士，这个人的诗，依我的考究，算是杜甫以后的一人而已。他的主要的事迹，一为弘治十八年弹劾外戚寿宁侯张鹤龄。同年孝宗被毒杀（据《梦阳笔记》所载）武宗继立，武宗正德元年冬梦阳起迁至户部郎中，代户部尚书韩文草拟奏书弹劾极跋扈[①]的宦官当时称为八虎的刘瑾等八人。梦阳的妻左氏，左氏乃明太祖四代的孙儿，系统如下：

左梦麟 —— 左氏

（第五子）　（第八子）

太祖——周定王——恭靖王——□——朱氏

李梦阳

梦阳与明的皇室既有重大关系，加之左梦麟[②]又为宗人府仪宾之官，梦阳之父李正又为周王府的封丘王教授，这个周王府又是与文学关系甚深的皇族。杜甫与唐之李家关系甚深，李梦阳与明之朱家关系亦复相类，真是不可思议了。所以梦阳也是忧心君国甚厚的人物。

---

①编者按：原稿为“跋扈”，当以“跋扈”为是。今改。

②编者按：原稿为“父”，根据上图，当以“麟”为是。今改。

三诗人的特殊的境遇[①]

从这样看来，这几位诗人特殊的境遇就是忧心君国无殊自己的一家的。是以他们对于儒教所说的主义，做出一致的行为。我以为这几位大诗人，一方面能于儒教身体力行，一方面又具有诗人的大天才，自是中国遂得有融合儒教精神与大文学的人物，而中国可以大夸耀了。

文艺与道德的融合

中国有“名教中自有乐地”的一句话，即是说横竖道德不为我辈设，只求目前的快乐的意思。所以文艺与道德相冲突，这个问题，往往见诸讨论。惟在上文所说的三位诗人的场合上，却没有冲突，而实是融和混合的呢。

教育上的价值

如果就诗的利用于教育上说，固然天然的吟咏与人事没有直接的关涉，不过如绘画的有趣而已；但是关于人事的感情兴起，亦未为不宜，所以上述的三位诗人的作品，真是最适当没有的了。

十七年十二月八—九日译完

（原载《知难》1929年第109期）

①编者按：原稿为“过”，当以“遇”为是。今改。

柳翠传说考①

我景仰徐文长先生很久了，曾于本志（译者案：即指《支那学》）略叙他的行事和艺术。其后大正十四年春（译者案：时为我民国十四年）再游江南的时候，至绍兴访其“青藤书屋”的遗迹，礼拜其神位；旋出杭州探访其所作的杂剧《四声猿》里的柳翠的故址。城中有“柳翠井巷”，南宋之始，妓女柳翠所居之处；有沟渠流于其西，渠上架一石桥，名曰“柳翠桥”，相传为柳翠投其私财所建造的。巷中旧有“柳翠井”，柳翠所掘，所以供公众之用的；但于今业已湮灭了。询之巷中一老人，立在柳翠桥的东边上，口讲指授；但他所告诉我的，颇属暧昧。总之：柳翠为实在的人物，遗迹昭然，无半点可疑之处。但是见之明人之书，关于柳翠的传说，颇有不尽可信之点。

柳翠的事迹，以明嘉靖二十六年的时候田汝成所编《西湖游览志》（卷十三）所载，为最早且详；其事亦转载于明梅鼎祚《青泥莲花记》卷一中。据此，柳翠为南宋之始，居于

①编者按：本篇为日本青木正儿著，郑师许译。局部标点有改动。

杭州抱剑营的妓女。初绍兴年间，其父柳宣教者，赴任为临安府尹，经过这地的时候，以水月寺僧玉通，不来参谒，怀恨于中，计以妓女吴红莲诱惑玉通，遂以一破其色戒。玉通悔之，且恚愤已中宣教的奸计，必欲败坏他的门风，抱怨自杀了。已而宣教去世，其遗腹孕即为柳翠。分娩之夜，其母梦见一僧，曰："我是玉通"，柳翠乃出世。不久，其家零落，翠遂在抱剑营为妓女。但是她好佛法，喜施与，造柳翠桥，掘柳翠井，图谋种种公益。久之，皋亭山显孝寺僧清了使净慈寺僧如晦往柳翠处说以因果之理，翠稍悟，生出家之愿，如晦乃引导她会见清了。清了为说佛法的奥旨和本来的面目；末了，厉声喝道："二十八年烟花业障，尚尔耽迷？"翠言下大悟，归，废艺者业，沐浴端坐自化。其遗骨葬于清了所居的寺中云。

徐文长的杂剧的编排，大体与之相同。但是超度柳翠的人物为月明和尚。明万历间世德堂刊本《绣谷春容》（卷八）收录的《月明和尚度柳翠传》，为小说体，虽至细微的情节，大概与文长的杂剧相一致，但省略了月明和尚使柳翠大悟的结束，而以"观者端的要知详细，请看《月明和尚度柳翠》"二句为结。而所谓见《月明和尚度柳翠》，或者为元人同名的杂剧，或即指这个也未可知。这篇小说与徐文长的杂剧的孰前孰后的关系，遽难断定。以其书的新旧而言，勿论文长的《四声猿》，或者是成于嘉靖隆庆之间的作品，出现在先；而《绣谷春容》为丛刊之书，较古的作品也有收录，所以这篇小说的年代，不限定是当时出版的东西。但以理推测之，若小说是把文长的杂剧改为故事的风格而作的，结局的月明和尚的事实也应写完了；或者不然，必不如此说，"看《月明和尚度柳翠》"，当举文长的杂剧的题目《玉禅师翠乡一梦》了。照这样看起来，小说不为根据文长的杂剧的，就此恐怕可以断定了。然则文长是根据这篇小说的吗？也不能断定。何则？盖柳翠之事，为从早流行于杭州的通俗歌曲；田汝成的《西湖游览志馀》（卷十二）所举当时杭州流行的陶真（原注：即盲人的歌曲。译者案：《尧山堂外记》，杭州瞽女，唱古今小说评话，谓之陶真）的曲目中，发现有《红莲柳翠》。即谓小说和戏曲的编排，为取材于这种陶真，也未可知。要之：这些东西，像上述明人的传说，大略是一致的。清陆次云的《湖壖杂志》也不消说是根据明人的旧说而已。但就我所考据，以为红莲之事与柳翠之事，旧属不同系统的传说，至明代乃被结合的，可不是吗？以下是考证这些。

今《元曲选》有无名氏的《月明和尚度柳翠》。据说，柳翠乃是观世音的净瓶内的杨柳的枝叶，因为偶然受污于微尘的原故，受罚遣居于人世，化身而为杭州的抱鉴营街（原注：抱剑营之误吗？）的妓女。这事为戏曲作家的惯用手段（原注：如明初的新剧《金童玉女》等是；像这样笔法的剧本，在别处也有），与传说并无关涉，但所可注意的，柳翠的父名为谁，这剧里没有说出；又无红莲与玉通一条，但全篇只以月明和尚三次超度柳翠的事做首尾一贯而已。即是：柳宣教与红莲与玉通的关系，和玉通的冤魂投生而为柳翠云云的前段的事情没有了。而这前段的事情，很为曲折，很有趣味，若果从最初出来的柳翠传说，已有了这前段，元曲作家必然演之于楔子或者上场白之中，或者暗示于其中，也未可知。关于前面所称柳翠的父亲宣教在绍兴年间为临安府尹一事，清翟灏曾有考证，《通俗编》（卷三十七）谓，“按咸淳《临安志》，载绍兴间尹于临安者二十五人，除罢日月，秩然无紊，并无柳宣教姓名”；果然如此，元曲里没有翠的父亲的名字，想起来这个当可为最古的传说。其次，红莲破和尚之戒一条，作兴旧为别一独立的故事。这个，大略考得如次。

宋张邦基的《侍儿小名录》，载有五代时，至聪僧修行十年，严守戒行，一日下山，见道旁美人自称红莲者，大为动心，遂与合欢，翌朝沐浴，共其妇人自杀云云的传说。因而从这里脱胎的作品，或者也有；成为短篇小说，流行于明代。即是：万历时的《绣谷春容》（卷十二）所载题为《东坡佛印二世相会》的那篇小说。这个故事的编排，为宋英宗时杭州净慈孝光禅寺的五戒禅师，拾一女儿，取名红莲，置寺内养育，红莲生长至十六岁，禅师一日见之，道念乱，遂犯之，五戒的僧弟有名明悟禅师者知之，赋一诗讽谏之，五戒悔，遂坐化，红莲被别嫁；其后轮回五戒投生为苏东坡，明悟投生为佛印禅师，共为亲交云云。（原注：《绣谷春容》本所收录的，其安排或者是删节结尾的；但这个事情不明了。）关于这个场合，据长泽规矩也君的调查，这篇小说与嘉靖版（？）的《清平山堂》残本（原注：内阁文库藏本）的《五戒禅师私红莲记》及《古今小说》的《明悟禅师赶五戒》大略相同云云。（原注：见《东洋学报》第十七卷第二号《京本通俗小说与清平山堂》）又大略，万历间（？）人陈汝元的杂剧《红莲债》（原注：《盛明杂剧》第二集本）也是演作这事。这种小说，戏曲，做资料的，只是嘉靖以后的东西而已。彼红莲与柳翠并存的《西湖游览志》，以或者同时，或者其后的材料而成；明代的短篇小说，颇多像是改铸（译者案：原文直译当为“锻冶修补”，似较有意味）宋元小说的东西；所以这篇小说也有格外古老的历史，也未可知。那么，原只是红莲之事，赖或人之手，合并柳翠之事而成一种传说；又以柳宣教之事为两者的楔子，润色之而为又一种传说；是不是呢！

然则原始的柳翠的传说，有些甚么东西呢？柳翠为实在的人物，其事既如前述；而月明和尚或为架空的人物，是不是呢？《武林旧事》（卷二）列举元夕舞队的名目中有叫做《耍和尚》的。只是名目，而做成怎样的跳舞，没有明了；但是依据名目以为想像，后世文献里，往往有这样记载着的。杭州名产，成为元夕儿童的游戏之一的东西，和尚戏女的跳舞，叫做《跳鲍老》，又叫做《大头和尚①》者，有连络的材料没有呢？（乾隆年间的书《武林新年杂咏》里断为"《大头和尚》，亦宋时镫夕舞队之《耍和尚》也"，但无确证。）康熙时的《湖壖杂志》有"《跳鲍老》者儿童之戏也。……今俗传之月明和尚驮柳翠，镫月之夜，跳舞宣淫，大为不雅"。《武林新年杂咏》里有，"《大头和尚》……兼扮山神童子，跳舞而来，皆戴彩绘之假头，故曰大头和尚"。今在较古的文献里，明末范文若的《鸳鸯棒》传奇第四出，杭州元夕演热闹一场，其科介中有"杂、扮舞鲍老调柳翠上介"。又这戏不独杭州有之，北京（译者案：即今之北平，下同）从早已被输入，明末崇祯年间编的《帝京景物略》（卷二春场）里见载。"（正月）八日至十六日，集东华门外，曰灯市。……戴面具，耍《大头和尚》。"这种跳舞，据最近傅芸子君所计，近顷流行于北京，名之曰《大秃和尚斗柳翠》；戴和尚与妇人的面具者二人，相跳跃，无复歌唱，仅有动作表演，像是哑剧的样子云云。（原注：见《南金杂志》第十期）

---

①编者按：原稿为"尚和"，当以"和尚"为是。今改。

儿童的游戏种种，比较看起来，往往有未经修饰过的古俗存留着。例如今北京由旧历年末至正月所做的“跑旱船”等，也有宋代的遗俗；范成大的《上元纪吴下节物》诗的“旱船遥似泛”的自注有云：“夹道陆行，为竞渡之乐，谓之划旱船”；《武林旧事》的元夕舞队的名目，有《旱划船》。而《大头和尚》等也是由宋代存留的跳舞，恐怕《耍和尚》是有的。但是那个女子是否即为柳翠，尚属疑问。恐怕元夕舞队的《大小斫刀鲍老》《交兖鲍老》之类，是扮演某特定的故事的，可不是吗？所以名叫“月明和尚”者，盖由扮演这种戏的上元（正月十五日夜）的明月而来，没有实在的人物的。月明和尚相当于《游览志》的清了；《湖堧杂志》云，“清了又号月明”，但恐为便宜捏造之说；《通俗编》（卷三十）辨道：“《五灯会元》[①]谓清了字真歇，亦无月明之号。”果然如此，柳翠为某禅师所超度云云，事实之有否呢，今可不信，文献也可否定，以资料也找不着故；然假令有之，月明和尚与柳翠元来已无关系，于考证上没有障碍的。

今又得一旁证。即元初时人李寿卿的杂剧，有名叫《月明三度临歧柳》的（原注：今不存，《录鬼簿》见其目）。王国维氏以为这个与今《元曲选》所收录无名氏的《月明和尚度柳翠》为同一的东西（原注：见《曲录第二》）；我以为不能断为同一。今李寿卿的作品的题目有“临歧柳”字样，可解作三度迷临歧路的柳翠的意思，或者是采取柳翠的事实；似得以考证李寿卿的作品与《元曲选》的为同一的东西；但《元曲选》

① 编者按：原稿为“《五杂会元》”，根据《通俗编》，当以“《五灯会元》”为是。今改。

中的杂剧，并不见柳翠有迷惑于人生的歧路的样子，故我不能承认其为一致。就我的考证，以为《临歧柳》决不是柳翠的故事，是立在歧路上的柳树，或者这篇剧本是柳精出现呢，可不是么？元曲说柳精出现的，有马致远的《吕洞宾三醉岳阳楼》一剧，即是编排吕洞宾超度岳阳楼下的老柳树的故事；明初谷子敬改作为《吕洞宾三度城南柳》。（原注：并存《元曲选》中）就我的想像，李寿卿的《月明三度临歧柳》为与马致远的作品相对抗的东西，是以佛教的剧本对抗那个道教剧本的，是不是呢？且“月”与“柳”在诗的景色上关系是很深的，古来几多诗人吟咏悬于柳树的明月的事，尤其是新月；虽则月明与元宵时候的枯柳配合，也不觉讨厌。《度柳翠》剧里像“若不是月正明，柳也你可有谁倸问？”等句，往往月明与柳相对照。因此更可以想像言之，这篇戏曲，或者是从《耍和尚》脱胎出来的；《耍和尚》是元宵的戏曲，因为十五之夜的月亮的关系，遂生“月明和尚”的名称；以之与“歧路之柳”为配角；叫做超度迷惑于死生歧路的众生，为表演宗教的意味的剧本，可不是吗？那个柳精现实化了，拿“柳翠”来掉换了它，恐怕就成为无名氏的元曲。这是《耍和尚》扩大出来的，《度柳翠》杂剧第一折描写月明和尚装①成疯僧，调戏柳翠，劝说“无常”的模样，或者是《耍和尚》的流风余韵，表现出来的呢。

从以上的考证，我欲下个结论了。宋朝的《耍和尚》与近时的《大头和尚》大略为同样的滑稽的儿童游戏以讽劝堕落和尚勿过一次皮肉生活的东西；但是元曲的作家，得了这个

①编者按：原稿为“妆”，当以“装”为是。今改。

暗示，把“月”与“柳”拟人化了而成为宗教剧；其后“柳”更与妓女柳翠结托，至明代小说家或瞽词的作者，更将红莲的故事与之牵合，这个传说遂扩大了。其后渐渐地那些东西因街谈巷议而生为事实，《游览志》的著者至采用这些发为文字，遂益备史实的形态。但追溯其源，实乌有子虚之类而已！一方面在儿童游戏中还没有修饰过，为从古至今不守清规的和尚舞，为天真烂漫的跳舞。以此，与《度柳翠》的故事，其间生出非常的距离。像《湖壖杂志》的著者颇注意这不守清规的和尚舞，发为警告曰，“父老乎！盍亦令儿童改正度柳翠乎！”但直至今日，经二百年间，一向无改之者。却得为我们所采取，确是快活极了！何则，这些或者是那《度柳翠》的最原始的东西。傅芸子君谓今北京的下乘俳优，尚有为《大头和尚》舞者，如徐狗子尚优为之。（原注：见《南金杂志》）余不幸，未得一观，殊以为憾。

青木正儿为日本东北大学教授，虽年辈后于狩野直喜、铃木虎雄等老支那学者，然即以其所著书《支那文艺论丛》而论，于青藤文学，通俗文学，再三致意，实不愧为后起之俊。日本学者迩来研究我国俗文学的风气甚盛，我国汪馥泉君曾一再译登《小说月报》和《语丝》，颇足以引起我国研究文学者的注意。这文（原文登载本年《支那学》第五卷第一号）虽属考证的文字，然于《临歧柳》《度柳翠》《红莲债》《四声猿》的演变史，尚能别出心裁，言之成理；未始不足以为我国学者研究拟人化的故事文学之助。译者迩来研究《孔雀东南飞》，也疑其为拟人化的故事演变而来。初为黄鹄的故事“鹄欲南游，雌不能随”，渐讹为孔雀的故事，其后又演变为夫妇情死的故事诗，以警告闾里凶悍的恶姑，其后以焦字与雀字字形相像，遂至与庐江小吏焦仲卿的故事相结托。考其源流，案之郭茂倩《乐府诗集》的汉乐府瑟调歌，“飞来双白鹄，乃从西北来。十十五五，罗列行行。妻卒被病，行不能相随。……”和徐陵《玉台新咏》所收“飞来双白鹄……”一诗，当为《孔雀东南飞》的最原始曲调。与我故乡的土文学《二荷记》以莲花拟人的故事歌曲相似。因此对于青木氏的见解，颇为赞同，因亟为移译。他日有暇，当另为文论之。译文中如有错误，尚乞大雅指正！

十八年夏节日译成于沪上四部书斋

（原载《民众文学》第18卷第4期，1929年）

本草学的起源及神农本草经[①]

（原文见《支那历史地理研究》第十章）

一、序说

本草原为中国的一种药物学，后随医术的发达，而成为中国固有的博物学。其在日本，与其他的文物一同传入，终进而为自然科学的博物学。当西洋博物学传到日本之际，此本草学依据汉方医家以为之研究，遂成为很进步的日本植物学。所以名为本草者，大约以其做药品用的植物占最多数的缘故；实则其中又包含动物与矿物，为一种博物学。其于中国的自然科学中，与天文学同为最著名的学问呢。

著者试为此种研究的动机，当在研究中国最古的地理书《山海经》之时，将书中所记载的产物如植物动物等，其具有药用者，取与原始的本草的古书比较。

著者最先感想到神农的《本草经》初为如何之书，而欲知其究竟；当读森立之的重辑的《本草经》之时，又从橘瑞超师

①编者按：本篇为日本小川冢治著，郑师许译。局部标点有改动。

处得观其从燉煌石室获归之陶弘景的《本草集证》的第一卷，因对于本草的古本，就发生了很大的兴味。今日现存的本草的完本，只有《宋证类本草》，在日本除此书之外，尚有仁和寺的唐《新修本草》零本五卷。此外的古本，则为从来所未知。但以上二书的古本，从未看见。据橘师所称，疑此为六朝末即唐以前的古写本，今既出世，不特可补仁和寺本所缺的《序录》的部分，且得以窥见梁陶弘景的原本。

进而为此种研究者，有德川时代的森、小岛、丹波等诸医家(译者案日本安政元年—六年景印之从五位下行针博士兼丹波介丹波宿祢康赖撰之《医心方》卅卷，卷首校勘人名，有：外班直医医学助教臣小岛尚真，奉朝请权充医学讲书校正医书福山医员森立之，均德川末期人，疑这里所指诸医家，即为其人)及冈本况斋，同试为本草古本的考证。读诸氏所著书，知其与明代以前的学者只吟味于本草的内容，斤斤于一草一木的名实异同的研究，异其方向，足见其为先知先觉者了。

著者亦照此为追溯古本的研究，本文的顺序，对上古的药物的幼稚考察以为出发，以寻求其次第进步的路径，使易于理解。故先简单的追求时代顺次的进步，然后略述已成为文化史的一部分的药物学的变迁。

二、山海经中所见的药物

欲考见中国最幼稚的药物，《山海经》第五卷《五藏山经》便有了。《山海经》大概是战国以前的书籍，其中关于药物使用的方法，除所谓“食之”一法外，所谓“佩之”字样也很多；间有用“服之”字样者，如《西山经》翼望之山有兽名讙，服之已瘅，有鸟名鵸鵌，服之使人不厌之类。即药物的效用，有可以为厌胜Charms（Amulets）之用，如后世所用咒符是已。吾人今日有一熟语曰“服药”，实则“服”字与“佩”字同义，或即由“佩”字原始的意义变化而来的。

《山海经》里所见玉、石、草、木、鸟、兽、虫、鱼之类甚多，即以矿物而论，有黄金、赤金、白金、银、赤银、铜、赤铜、铁、锡、赤锡、雄黄、青雄黄、丹粟、青雘、丹雘、碧绿、流赭、礜、青碧、石涅、磁石、箴石等名，种类极为繁富。与《本草》所见，凡同种的药物，效用全然相一致。间有一二不同如礜石之类，殆不多见。所以从此考查，战国之际，博物的知识，已有相当的进步，但所谓药物学，尚未能十分成熟，大体上可以断定了。所谓药物者，必然要确实明了它的效用与反应，才配称为药物；然在当时却不能置重于此，只知依据巫觋厌胜的方法以禳疾病，不知依据医术以为治疗；因为当时民族尚在幼稚的未开化的境遇中，所以不能为长足的进步呢。《尚书·金縢》之篇武王有疾，周公为之祷祀于先王；《论语》又有“子疾病，子路请祷”之语；战国以前，一般医药的状况，大概是这样的。

三、战国时代的药物与医术

至战国时，医术业已进步，药物使用的知识，也有长足的长进。从《孟子》所谓“若药不瞑眩，厥疾不瘳”一语，可以推测而知了。《周礼·天官》医师有食医，疾医，疡医，兽医等官，则那时候医师的分科，也可以窥见。《史记·列传》百五篇《鹊仓列传》：“扁鹊名闻天下，过邯郸闻贵妇人，即为带下医；过洛阳，闻周人爱老人，即为耳目痹医；来入咸阳，闻秦人爱小儿，即为小儿医。”大约医术的分科，至此时又已渐渐进步，为极明显的事实了。其治疗的法子，除服药外，又用针灸按摩[①]等方法，并能施行割皮，解肌等外科的手术。虽然，所谓扁鹊受于长桑君的禁方，究为什么东西，因为已无传流于世，所以当时药物的智识如何，现在已不明白。至汉以后，仓公之时，所谓医药医方及受师同郡元里公乘阳庆所传禁方书等等，虽见载于《史记》，然其所言究属什么东西，我们也不明白。唯据《史记》之文，则其对于病源及治疗法的根本义，即所谓原理，亦只以阴阳五行说为其出发点，与《黄帝内经》所传大体无异；这是确实无可疑的。所以《黄帝内经》完成的时代，究竟属于何时，是很值得注意的。大概这书也属于战国时代，——即我国文化的起源，五帝生成论的神话时代将要出世，这种倾向大盛的时候；所谓医学，便产生于这个时候了。其后秦汉之间，或有多少增补订正，但其根本义为大变化的进步，却是没有；这可想像得出的。

四、前汉末年出现的本草

“本草”一语，最初出现的时候，为前汉末年。至于“本草”独立成书，则为《汉书·艺文志》所不载。“本草”一语，在《汉书·平帝本纪》元始五年，有

> 征天下通知逸经古记天文历算钟律小学史篇方术本草及以《五经》《论语》《孝经》《尔雅》教授者，在所为驾一封轺传，遣诣京师

之语；同书《楼护[②]传》也有

①编者按：原稿为“针按摩灸”，当以“针灸按摩”为是。今改。

②编者按：原稿为“凄护”，据《汉书》，当以“楼护”为是。今改。

诵医经本草方术数十万言

的话；皆足以为证。

《史记·仓公传》所载确为处方之用的药名，仅有滑石，半夏，莨砀（竹简斋本《史记》作赏砀），苦参几种，而其效用之确然可指者，仅得苦参一味而已！即就其效用而论，又为今世所传《本草》的药物所不载，直至大观《本草经》始引《史记》补其效用。由此观之，春秋战国之间，已知的药物应该不少，直至汉世，乃能用以处方，这是不用怀疑；而医术的进步，连同药物智识的增进的一斑，可就仓公楼护两传想像得之，而与今世《本草》所记载，不相符合。换言之：即是"本草"之名，已出现于前汉之末，但尚未完全成为"本草学"呢。

关于此点，尚有一句话要说，即是清孙星衍所说的。（见《问字堂集·神农本草经序》）在他校定《神农本草经》的时候，就贾公彦《周礼·医师》疏食医条所引以为考证，谓《艺文志》之《神农黄帝食禁》（据王先谦《补注》本叶德辉校或作食药误）七卷，即为《神农本草经》。虽然，所谓禁方一语与所谓食禁一事，虽可考知，然欲假设食禁之方，即与《本草经》为同一物，则殊不能断定。又以《本草经》所举的产地，时有今世所传后汉的地名，谓可为此书即彼书之证，尤为无理。故以本草为《艺文志》所载书的别名，孙星衍之说，实属全无价值。

至后汉时，神农与子仪之名，见于郑玄所注"疾医"

以五味五谷五药养其病

那一条中。大意谓："五药，草木虫石谷也，其治合之齐，则存乎神农，子仪之术云"；文中以神农，子仪并称。直至后汉末造，有华佗者出；其弟子吴普所著《本草》一书，在唐代尚行于世，于是《本草经》，遂为最时髦的书了。当梁陶弘景著《本草集注》的时候，即以此书为基础；实则当时传流所谓《神农本草经》，大半与晋张华的《博物志》，同为一物呢！这部书，直至明李时珍所著《本草纲目》出世以前，即为历代用来增补的底本。至宋时刊板，陶隐居的序文，脱去草字，遂被后世称为《神农本经》；明卢复审知其误，乃为恢复原来的书名。现今燉煌石室所得本的序文出现，此种谬误的事实，得以考知。

五、神农本草经的性质及其作成年代

于中国《本草经》一书，添上了神农的名字，这大概以郑玄

神农、子仪之术

一语为最古。至晋张华《博物志》乃明白记载其名，至梁陶弘[①]景，乃增补其全文，加之以注释，所以冠以神农字样，直如所谓《三坟》《五典》之类，固无论其书最初出于神农手笔难以证明；即所谓被称为神农也者，亦不能确证其为真有其人。《黄帝内经素问》冠以黄帝之名，其本文假为黄帝问病于岐伯，岐伯答之，问答体的文章。《周髀算经》假为周公问天文之事于商高的形式，周公因传其书。《本草经》亦不过具这样的形式而已！即就书之内容观之，此虽为假托上古圣贤所以为，以眩惑世俗之目，然亦无何等的恶意。以故，这本书的性质，比较《黄帝内经素问》《周髀算经》，其假托的精神，不

①编者按：原稿为“宏”，当以“弘”为是。今改。

相上下。这书假托神农之意而作，其后不知何人以《本草》为最可宝贵的经文，附会而成所谓神农尝百草发见医药的传说，并附加神农的名字于其上了。中国的伪书或赝品，往往依制作者作伪的意志而行，以见其古，其后经若干人添上古代有名的人或古代年号于伪物之中，这是很常有的事。所谓伪书之《神农本草经》，正与一般的伪书同其性质哩！

陶弘景以这书为未有文字时代的神农的不刊之书，语其智识所传，实为后世桐君雷公之辈所制作；究其出产的地名，亦不过是从后汉的制度而来，入于张仲景华佗一辈之手的作品而已！这种的考证，较为合于当时的事实。现今观察其药品中植物一类，如葡萄，则为汉世自西域传来之物；又其效用，与汉以前的医家所承认者不合之点也有。以之与《山海经》的药物相比较，便显著了更加一层的差异；彼则代表极幼稚的民族的思想，此则为医学的智识大有进步时的产物。由上文所述来说，《本草经》一书，大约为汉末，即西域交通以后，综合一切进步的药物学智识之大成，为最合情理。像这样进步的药物学书，在《山海经》等书以前，断不会著作出来的。我以为自《艺文志》以后，至后汉之间，即西历第二世纪的时候，《本草经》一书作成于此时；这是可靠的考证。

与西洋交通以后，西洋药物的智识，有没有附加上去呢？这个疑问当然要起来的，马斯白罗（Maspero，1846—1916）《埃及上古药物使用之记载》云，其方法是用汤酒等渍于外，用散药、丸药、膏药等敷之；这种使用法古埃及行之，其后传于希腊。现就《序录》之文一比，恰与西方的古代药物学相符合。现在还未能将种种药物，就西洋古代药物学的书籍，一一为之比较，所以《本草经》的种种药物之中，曾否含有西洋的智识，还不能断定。虽然，若张仲景、华佗诸人创始新的内科及外科的治疗法，则中国药物学，受了西域交通的相当影响，这是可以想像而得。就事实方面来说，《汉书·艺文志》所载方技三十六家八百六十八卷，《隋书》竟含有医方二百五十六部，合四千五百一十卷，照这样比较，便容易知道了。

要之：在毕奴士著《博物志》(*Natural History*)一书时，虽不能说这种适当的智识，或类似的思想，即由汉与西域交通的关系，以传入中国，以致受了很重大的影响；但是，因为有了交通，中国便渐渐地得着许多博物的智识，较战国以来为更有进步，这个事实却不能全然否认的啊！虽然，与《博物志》异其系统的药物学之进步，与[①]其说是由于输入，毋宁说是医术与药物在那时已有非常长足的进步为较妥当的见解。《神农本草经》者，即受了西域交通的影响，随着此内外时势而进步的产物，这是万万不能否认的。

六、神农本草经的原形

为本草学结晶品的《神农本草经》，今世所传本子，必不能与原形一样。就现传的篇目，以调查于古书目，便可知其稍有区别。据《隋书·经籍志》所举，有：

《神农本草》八卷(梁有《神农本草》五卷，《神农本草属物》二卷，《神农明堂图》一卷)

及

《神农本草》四卷(雷公集注)

《神农本草经》三卷

①编者按：原稿为“愈”，当以“与”为是。今改。

二种。由它的小注，可以想知所谓八卷本，是合本文五卷及附录三卷而成立。然陶隐居《集注·序》文说：

今之所存有此四卷。

宋掌禹锡重修《嘉祐补注本草》时，尝考证陶氏《序》文，谓：

谨按：四字当作三，传写之误也；

下了这样一个断定。他的理由是：

按《梁七录》云,《神农本草》三卷；

举此以为根据。关于掌禹锡的谬误，日人森立之已有驳正，燉煌本即唐以前（或者隋以前）的古写本，陶《序》作四卷，所以陶弘景所见本，确为四卷本无疑。

又次,《隋志》所举称为三卷本者，为陶隐居所校定而成的，即《隋志》所举八卷本的注脚，称引《梁七录》云：

《隐居本草》十卷，

《陶弘景本草经集注》七卷；

与其中所谓集注本，分别记载于《隋志》之中，这可想像而知。掌禹锡按《梁七录》之语，不单是可疑，实则并漠视其沿革关系哩！

要之:《神农本草经》的篇目，其区别大略如此；它的内容，则包括于陶弘景《集注》之中。陶弘景以前的古本，一为《集注》陶《序》所谓四卷本，恐怕就是《隋志》所举第二种雷公集注本；一为《隋志》所举第一种《神农本草》八卷本中之初五卷。

七、神农本草经的内容

《神农本草经》在陶隐居以前的古本的内容，大略可以窥

见者，据张华《博物志》的药物，有

《神农经》曰

等字样的凡三项，其两项大体一致，无论在今之《序录》及序例所见的；仅有一项则否。可见张华所见本与今本同一系统；或尚有异本乎，则陶隐居所增减多少者是已！

要之：从此推测，《序录》即总论之部，药物各论之部，两部分所合成的，可以明白了。今日所传《本草经》的形式，以流行于三国两晋之间的本子为基础，随时代的进步，自陶隐居以来，经几许新药物的附加，而为唐宋诸《本草》之集体。

就此等今书，加以再造，使成为陶隐居以前的《神农本草经》，为此种尝试的学者，有明卢复万历刊本（现日本有宽政十一年铃木旸谷的复刻本），清孙星衍乾隆刊本，及任何以《神农本草经》为名的学者。日人森立之的《神农本草经》（日本嘉永七年刊）最后出，他能睹明清学者所未睹，而依据钞本《新修本草》《医心方》等的宋槧本以前之医书，以为考定；与上两书相比，大异其面目，可算最近古本之真了。卢孙两氏的书名，皆以宋以后的《本草》陶《序》的：

旧说皆称《神农本经》

一语为本；实则以燉煌本考之，知为脱去"草"字。森氏则依据燉煌本，因袭隋唐志的书名，其识解的高超，可见一斑了。

然而此等诸家的努力，至多且大，同时，为《神农本草经》复原的考证者，大抵凡经陶氏删添的地方，不是陶氏以前的旧话者，都一定要记忆的。

陶《序》云：

今之所存，有此四卷，是其本经。所出郡县，乃后汉时制，疑仲景，元化等所记。又有桐君《采药录》，说其华叶形式，《药对》四卷，论其佐使相须，魏晋以来，吴普李当之等，更复损益；或五百九十五，或四百卅一，或三百一十九；或三品混糅，冷热舛错，草石不分，虫兽无辩；且所主治，互有得失，医家不能备见；则识致浅深。今辄苞综诸经，研括烦省，以《神农本经》三品合三百六十五为主；又进名医副品三百六十五，合七百三十种，精粗皆取，无复遗落，分别科条，区畛物类，兼注詺世用土地所出，及仙经道术所须，并此《序录》，合为七卷。

即今①世本草，为以出自陶氏之手者作底本；其以前的所谓《神农本草》者，或则科条的分别，物类的区畛，不十分清楚的，或不完全的，或则草石虫兽的区别，亦不能清楚。陶氏所依据的四卷本，到底是不能复原的，可以明白了。

故此，诸家所举的药物的种类名称，最古者是怎样的，虽大略可得推知；但其顺序及记载，决不能详细知道了。

像这种次序，由近时燉煌出见的《本草集注》的卷一的《序录》，这大概是整篇的发见；本草学的研究史上，获得非常有趣的材料，据此以为研究，或可以窥见陶隐居本以前的旧观。

今以此最古的抄本与从来的本草的文字相比勘，颇有异同可以发见；又就其体裁上研究，也得追踪其变迁的过程。

八、朱墨文与白墨文

中国古书，于经文、传文与注文的区别，常为朱与墨分写

---

①编者按：原稿为“令”，当以“今”为是。今改。

的；这是惯用的体裁。如儒家的五经等经书，在墨字的经文中，书以朱字的注文；但在《本草经》，则原经文用朱，后世补加的文字则用墨，以为区别。

陶《序》云：

朱墨杂书，并子注，大书分为七篇。（诸本皆作子，疑是予误。）

由此考证，这种区别，大约是经陶隐居之手整理过的。宋初，编纂《开宝本草》，上木之际，朱字代以墨地白文，用资区别，以为保存元来的面目。与其他经书如文字的大小及空格、割注等体裁相异。

然而宋椠本以前的古抄本唯一的残篇，现今日本仁和寺尚存有唐《新修本草》，但其传写之间，概不用朱，全文都是墨字，关于这种区别，全然漠视。于各割注之下，加入谨案二字，以为代替；所以在宋椠本中尚得考见所称唐本注云的区别。

燉煌本于每章的行数不改，就其章头加以朱点以资区别，也不用朱字之文。

唯于陶《序》之次：

《本草经》卷上（有割注）《本草经》卷中（同上）《本草经》卷下

的十五字中，特别施以朱点于各字的中央。今世《本草》序例，连白字“上药二百廿种”以下的经文，章首之处仅仅加以朱点的这种区别也没有。又就上文所举陶《序》“《药对》四卷，论其佐使相须”一语推测起来，可以考知陶隐居时《序录》的上药云云以下的文字，为名医所附加；因其未施朱点，当然为真正的陶氏校定本。

《唐本草》以下，以细字割注陶《注》，而《序录》的陶《注》如何照样大书，则以已有残阙，不能确知了。虽然，从宋椠本里所载《序录》的大字陶《序》，大半可以推知为《唐本草》里《序录》的陶氏旧样的存留。

然而，其后在大书中的陶《注》，冠以“本说如此，今案”之语，以之与原经文对照，妄断为名医的所传；像上药云云这样的本文，尽属《神农本草》的经文，因为施以朱点，所以所传宋椠本是白文的。

据燉煌本，试为陶氏本的探讨，大约以朱墨分书的体裁，为避其麻烦起见，一转而为墨书全文，而于字之中心，加以朱点，这是可以确知的。日人狩野直喜博士在巴黎图书馆得见燉煌本的断片，也是施以朱点的（见日本《艺文》第六年第二号《唐钞本尚书释文考》一文中）；但是，朱墨杂书，代用以朱点区别法，为自六朝至唐代时所最通行的办法；那是应该知道的。

抑尤有进者：仁和寺本《新修本草》，从像这样的写本传到日本时，当其传写之际，朱墨杂书的办法，当有存留，大约也视朱点为无甚用场，而省略之，终之成为全无朱墨的区别的本子，这是可以推定的。

九、唐宋讳字

燉煌本《本草集注序录》，卷末有

开元六年九月十一日尉迟卢麟

于都写《本草》一卷辰时写了记

二行的跋文；其前行所著墨色较浓，而前后的书法又甚异，显为后人所加入。即就此点便可以断定其为六朝抄本，其理由：

一为书法不同，而文中所有唐代天子的讳字，没有避改阙画；二为此本所用的纸张的废纸（waste paper）其里面所写的《大智度论》，即为极讲究的唐写经，此为极有力的旁证。

以之与现行本对照，唐代所撰《新修本草》，则唐初三代的讳字，悉行改避；宋以后本，则将历代讳字，悉行改避，便可知了。举其著者，如陶隐居《序》文的

惠被生民（生民改作群生）

世用（改作时用）

又《序录》文的

许世子（世子改作太子）

世用（改作俗用）

密覆勿泄　泄精（泄字概作为洩[①]）

等，皆以太宗讳世民，因为避改，即那个字的字画而含有讳字者，亦悉行改易。现世本中尚存有二三世或民字样者，恐为一时遗漏，或后世恢复阙画的原故。

又如《序录》文中

主治　治病（治字悉改作疗字）

采治（治字改作造字）

至殆命（殆字改作殒字）

治葛（治字改作野字）

之类；

治病　疗病

治病理难即效　疗病固难即效

采治　采造

---

①编者按：为保留形近字比较，此处保留繁体不简化。

治数百杵　捣数百杵

所以必如此改易者，则以避高宗讳治之故；至于

至殆命　至殒命

治葛　野葛

也要改字者，则以治字的一部字画为台，亦在避改之列呢。

盖所以避此唐初三帝之讳，此为高宗显庆间苏敬编纂《新修本草》时所加入，殆不容疑了。

此外《序录》陶《注》的竟字，多作毕字，地名恒山改作常山，恐怕与一般宋椠本常常于镜，恒等字施以阙画同例；大抵是避忌唐穆宗讳恒，至宋代而悉行改窜的结果。又如殷渊源三字的改易，至另成别一人之类，尤为可笑。《序录》有名医殷渊源，今本作商仲堪，盖避唐高祖讳渊，故《新修本草》改为殷仲堪；宋时又以避宋太祖讳匡胤，改殷作商，姓名悉改，遂成商仲堪字样，此为极端的恶例。

凡此等例，从唐抄本至宋椠本，为读我国古书者所不得不记忆，非独《本草经》的问题呢。今日宋椠本既属罕见，但如本书为唐宋的敕撰，得以追溯①源流，在文献学上颇有重大的意义。

十、译者一个小小的见解

照小川氏研究的结果，确实可以证明：《神农本草经》一书，在前汉末年始出现于世，其后经历后汉魏晋唐宋，代有增补，直至明李时珍《本草纲目》出世以前，此书即为我国药物学发达史的总集。据近人江绍原的研究，《神农本草经》载药

①编者按：原稿为“追溺”，当以“追溯”为是。今改。

品三百六十五种，梁陶弘景的《名医别录》增为一倍，《唐本草》又增一一四种，宋嘉祐时掌禹锡重修，定旧药九八三种，新补八二种，新定一七种，共成一〇八二条。李时珍著书时，整理诸书所记药品，复增入金元明诸医新用药三九〇种，自补三七四种，共得一八四六种之多，以后《纲目拾遗》等所补，还不在内。（见《贡献》）至于六朝隋唐之间，虽有百二十翁甄权的《药性本草》，陈藏器的《本草拾遗》，九十三翁孟诜所谓《食疗本草》《海药》，与及集合外国药物之《胡本草》，只见于书目，今皆亡佚不传，无从考究。

在今日科学昌明之世，这种分类不清，用途不确的《本草》书虽无甚大用，然而欲作我国古代药物学史或动植物学史的研究，非向这里找材料不可。小川氏这篇粗浅的东西，固无益于当世之学，然未尝不可以作为研究这种学术的一个途径。

抑译者尤有一点小小的感想，即是，就世界各国已过的史实观之，药物学的发达，大抵经过三个程序：

（一）巫医时代——即魔法治疗时代；

（二）意想的医学时代——即主观治疗时代；

（三）科学的医学时代——即客观治疗时代。

我国在先秦以前，大约完全为巫医时代，译者在《我国宗教发达史》一文里已有详细的考证。《论语·子路篇》："子曰，南人有言曰，人而无恒，不可以作巫医，善夫！"巫医二字连用，《后汉书·方术传》（卷一百十二上）有"许杨乃变姓名为巫医，逃匿他界"。同书《郭镇[①]传》（卷七十六），也有巫医

① 编者按：原稿为"敦镇"，根据《后汉书》，当以"郭镇"为是。今改。

字样，可见古代巫以祷禳为人治疾，巫而兼为医。即在《左传》一书中，如成公十年，“晋侯梦大厉，……召桑田巫，巫言如梦，……曰，‘不食新矣！’”昭公元年，“晋侯有疾，……卜人曰，实沈台骀为祟[①]。……”之类，以疾病为疫厉鬼物所为的神话，着实不少。鬼而可驱，则病者自愈；而以魔法驱鬼，实为巫之专技。那时候为巫医时代，断然无疑。故那时的药物，多为厌胜（Charms）之用，今所传《山海经》一书，其中不少佩用或服用之药，即足以为代表。其后人事日进，古代粗浅的现实的阴阳五行学说，至战国秦汉之际，一变而为深奥的玄秘的学理；于是五行生克之说，遂与一切学术相纠缠，不幸，进步的医药学恰巧发生于这个时候，结果遂成我国意想的医学时代。在医学方面，《内经素问》，日以五行生克为学理上的说明；在药学方面，自然只能是就药品的外形、色度、香味等质别以说明它的功用。《神农本草经》遂为这时期的结晶的产物。如人参、五加皮等药材，其植物上生育发达的状态，与五行说相合，遂为适用的药料。五加皮属五加科（Araliaceae）植物。观察此科植物生育的状态，像分歧的茎，有点像天地人三才，其次生叶，象水、火、土、木、金的五行[②]，而叶上生裂踞如掌状。采用阴阳五行说的人们，以其生育状态全象五行，故极力称赞它的效能，有用之以增进健康之说。又如人参为我国最宝贵的药品，实则前人亦只就它的形态以定它的药效上的价值，谓其极粗处似人之头，旁支似两手，根则为脚，宛然人形，所以有补养人身的功效。与天地为参，所以又

---

①编者按：原稿为“崇”，根据《左传》，当以“祟”为是。今改。

②编者按：原稿为“形”，当以“行”为是。今改。

叫做参。这种学理上的根据，全由想象测度而得，在今日似乎非利用现代的植物学的智识，将它从新分类，利用现代化学的智识，将它从新分析，以从新估定它的价值不可。又如黄色属五色中最正的色，所以得以黄色代表吾人体内诸机关中的主要部分的色；因而谓用呈现黄色的药品，主治人身中至要的机关的病症为有伟大的效力。所以黄莲（Coptis anemonaefolia）黄芩（Scutellaria baicalensis）黄檗（Phellodendron amurense）每为治理人体中主要部分之用。实则此等所以呈黄色的原故，验其[①]成分中，以含有黄色的色素之故，苟以化学的构造分析之，不能直谓有如《本草经》中所称的效能。又如动物性的药品有麝香，植物性的药品有柴胡、蒡芎、紫苑、白芷等，以其含有极高的香气，谓为辟邪的特效药，此亦由于前人想像得来，大抵香气为人所好，遂谓神亦好此香气；（案古人祭祀，奠以郁鬯之酒，使臭气下入于地，或以火烧萧草，使臭气上升于天，皆是这个意思。）所以依神得福，或籍神除祸，或乞神治病的时候，皆得用含有芳香的物品，而香气遂为治病的要药。实则此等植物性的香气药品，其主成分，不过含有芳香的挥发油；像麝香一物，近世可用人工合成，而与之为同一之物。所以这几种东西，与[②]其称为药料，毋宁称为香料，较为有意义咧！

自近世科学日有进步，各国医学，已努力从事为客观的研究，虽然这种学术尚未离幼稚时期，人世的健康，未可全然乐观；但实在确能摆脱一切主观的臆度的见解。即以药物而论，

①编者按：原稿此处多一“其”字。今删。

②编者按：原稿为“愈”，当以“与”为是。今改。

已渐有不用原料（如整个的植物或动物的皮骨毛之类）而用从原料提取的原质以为医疗之趋势；近且努力制造血清，为未病预防的设计。回顾我国尚停滞于千余年前的意想的医药时代之中，自非努力革新不可咧！

（原载《科学月刊》第2卷第7/8期，1930年）

桑梓杂识

目　录

爆竹之制造①

我国烟火以东莞为最精，往时运输外洋者岁以数百万金计。近者北京城南游艺园招致莞人之往其地作烟火工，以供彼都人士之游观者已不下百人，东莞烟火遂宣腾京津各大报张之上。国内惟浙之温台为能仿制外洋，则日人及香港英人皆先后仿制，然皆莫之及也，谓非我地之一大发明不可得已。莞人之业此者万数千家，附城居民无老幼男女悉能制作，从未有述其制法者，吁可痛矣。虽然烟火种类约有数十，制法各自不同，诚非数千字小文所能毕述者，若简略言之，则记载与不记载等亦无补于工业。然则将如之何？曰择其重要者言之。烟火种类虽繁，要以制造爆竹为其基础学，苟能制造爆竹，则其他九龙、朗月、满星、水龙、花筒、珠筒等数十种亦当能变化而出之。兹篇所述，则爆竹之制造法也，余俟有暇再述焉。爆竹之原料为色纸、粗纸、火药、药引、泥土、松脂，而其由未有以迄，常有中间凡经切纸、卷纸、切条、搓纸、集壳、入药、涂泥、涂脂、插引、固引、打辮十一手足之烈，而后爆竹成焉。

①编者按：本篇标点为整理者所加。

色纸、粗纸、火药、药引、泥土、松脂各有专业，非爆竹人之所事也，爆竹人之所事者，其始也为切纸。爆竹之修饰大小有数，色纸、粗纸有比例，切之不正则卷纸人所卷成之条不能两端如一也，故切纸人所职于全业为最重。纸已切矣，卷纸人乃就所切之纸卷为纸筒，色纸在外，粗纸在内，以直铁条为心，黏以浆糊，晒而干之。全筒既干，切条人乃以一定之距离切而短之，使为廓大之壳，名曰浮壳。是故阴雨天昏之际，卷纸人、切纸人不能有所事也。浮壳既已成矣，若不搓之使实，则所成之爆竹不能响亮有力也，故又必有搓纸人焉。搓纸人有搓纸机一、实壳床一、两端大小不同之短铁条一，其名为镅镯，围之大小视壳内部之大小，壳内部之大小视药分量之多寡。搓纸机高可人立，长约五尺，状若学校之木马，下有四足，中有横木，横木自首至尾作弧形，平滑如镜。

上有架柱系一倒丁字尺，类倒悬西洋之锄具，其底面凸弧形，平滑与搓纸机中部之横木适相切合，无有缓弛。搓纸时人因所需要壳之大小，弛其机之上部，察浮壳两端之顺逆而贯之以镯，持倒丁字尺于前面，乃置浮壳于横木之首，然后推倒丁字尺以压之，浮壳因上下之压迫及所受人力之大小，因以成坚实光滑之纸壳，乃于横木之尾端出之，脱去其镯，视其顺逆，置之壳床，是曰实壳。然而搓人之初为是业者，往往不明其理，以机之上部太弛，或不辨其两端之顺逆，而所成之壳浮廓不实；或机之上部太紧，与夫加力太猛而纸壳遂因之以裂。不实与裂不可为用，故业此者必手术甚精焉。集壳者从实壳床取壳以绳束之，约数百枚为一集，上下两端胶以白纸，而于其一端口之大者志以符号，又从而钻孔焉。故每集之壳从其钻孔之端自远观之，宛若蜂房。入药人取而置之板上，有孔者朝天，无孔者接板，必使平正不倚；乃因其内容之深浅先敷以粗泥，次以泥粉中以火药，次以泥粉，又次以粗泥，于是空壳遂成为有药之壳，其名曰等，爆竹由切纸至成等已具雏形矣。涂泥人具小锥一、粗刀一、长方实木一、类蒙师之戒方撞针一、类东洋之铁钉，于是取一集之等喷以水，涂以湿泥，平之以刀，左手握撞针，右手持方木，向等口打击，如是者凡四，乃毕一面焉。又复以向之接于板者翻之使上，以小锥去其白纸，先以撞针向等口打击，使粗泥坚实，再以小锥打击，使有小洞，洞之深浅以能达其中部之火药为度，如是者涂泥人工毕矣。涂脂者以火溶松脂，向有洞之面逐等涂上，而留其小洞，或涂一面，或两面并涂焉。涂一面者，其手续不甚繁也。插引人取长条之药引集，使长短划一，以纸绳束之，视小洞之深浅，分长引为若干等分，每分又裹以纸绳，以刀切之，于是以手向洞插引，每一小洞，插一药引，其工亦毕。于是又有固引人以铁闸器，器为上下二利刃，中有齿形，固引人高其上刃持等，距等口约一分，置于凹处，徐徐下其上刃，等之有引一端外面遂现齿痕而药引遂固而不可脱。然而不善为者，又必至断其等及引也。引已固矣，打辫人遂以韧纸条、长药引、细麻条编等为辫，遂成市上发售之爆竹。业虽小而手续繁，技虽末而理至精。苟切纸、卷纸、切条、搓纸、集壳、入药、涂泥、涂脂、插引、引固、打辫诸人偶有一人惰其守者，虽有良好之原料，莫能为响亮有力之爆竹矣。彼燃爆竹者，又乌从而知之。

此文原为作者国文课稿，原文题目为“任择一习见常闻之物述其制作之法”，乃柳先生上星期在文史科一年级所命题也。作者为东莞人，一时以莞中习见之工业略为叙述以应发。课后柳先生嘱以发之日刊，以质研究国内工艺者。作者近日课忙，不暇再为修改，又不暇绘图，仓猝付之日刊，歉仄已极。如有同学君子怀疑或研究愿意在日刊上详细讨论者，请将意见开示作者，极表欢迎也。作者附识

（原载《南京高等师范日刊》1921年第444—445期）

我国学者与政治生活[①]

——为哀悼梁任公先生而作

梁先生长逝了!正在放弃政治生活，努力从事学术的梁任公先生，在前月十九日下午二时，抛弃了他最可宝贵的光阴而长逝了。当他病危时候，沪上各大报均不厌求详地登载他的病状和病源，正因为梁先生讲学逾南北，门弟子知交甚众，想晓得他的近状的人必甚多的原故。梁先生逝世的消息证实以后，《民国日报》首先载着陈德徵氏的悼辞；同时《民众日报》也有金满成氏的志语，《时报》彬彬氏的《梁启超》也继续登载了三天，《中国评论周报》也有很简括的纪载和评语。就作者现时所知的已是如此。说不定将来也有学报或杂志，如清华国学院的《国学论丛》之类，替他出一个专号的。总之，梁先生在事业上或学术上确曾有了相当成绩，不愧他生活过五十七[②]年。

In the death of Mr. Liang Chi-Chao China has lost another

①编者按：本篇标点为整理者所加。

②编者按：原稿为“五十九”，当以“五十七”为是。今改。

scholar and a reformer of the by gone age……During his later years however, Mr. Liang seemed to have lost much of his vigor and with it his political judgment and vision……His faults notwithstanding, his contribution to the early awakening of New China will be appreciated more when history is written and passions subside.

——*The China Critic* Vol. II,No. 4

这一段话的当可以说是梁先生很好的盖棺定论了。不过在下的也是当年选修梁先生的"中国政治思想史"的一个无名小卒，亲身受过梁先生教导的。对于梁先生学问道德，都有相当的佩服；所以这回梁先生之丧，似乎不能不写出几句哀悼的说话，这篇文章是这样的动机写出来的！

作者是个有历史的人，近年来研究中西学术的历史，发见了一个特殊的现象，就是我国的学问成为官吏的专有物。截至这回梁先生之丧之日止，凡是可以占有学术史上一个位置的人物，没有一个不曾和政治发生过关系的。这是一个很特殊的现象。还有一层，在我国历史上凡是有名的学者，固然都是在大大小小的政治舞台上或台后发生过关系；但是如果政治生命断送愈早，或不甘失足而回头愈早的人物，便是学术史上愈有深造的人物。否之，如果是高官厚禄，令闻终身的，不是中才以下的人物，便是那时候的政治发生了一种变态，那位学者不过是一位"伴食宰相"而已。在历史上的例子，很容易找，从梁先生称为与但丁的《神曲》齐名的《离骚》的作家屈原起，以至贾谊、司马迁、陶潜、韩愈、杜甫、司马光、王安石、苏轼、朱熹，一直到王守仁、李东阳、顾炎武、戴震、汪中、王怀祖父子，没有一个不是这样的，只王氏父子是个合了上文所谓变态而已。这是什么原故呢？在作者推想出来，大约（一）

因为在我国的历史上，士农工商，士人的职业就是做学问，做学问这事情只有士人得有这种机会，其他种田的做工的做买卖的便可以不必有学问。当时农工商事业没有发达，没有多大分功，也没有多大空闲给他们去做学问。（二）当时有“学而优则仕”的一句话，即便他本来是种田的，因为他学问做到家了，便也跑上了做官的路上去。（三）做官的就叫做显者，显者的名字易为一般人所知。如果有了学问，一定为当时的公卿大夫交口称誉，死后也容易得几个学者为之作传作墓志，便可以流传于后世。如果不是做过官的，便老死牖下，没世无闻，那一个知道[①]他的呢！（四）其他画工、垩墁，一切奇技淫巧形而下学者流，向来视为贱业，屏不与于学术之林。所以我国在从前，便是做官的人和做学问的人分不开的。虽然在政治上失败过的人物，便应该消极、厌世才是，何以还能很有勇气做学问呢？这大概因为我国的学术和西洋的学术有点不同，尤其是老、孔、庄、墨诸人的学说，比人家有特殊的异点。我们一读他们的遗书，便发见满纸里有了无数的“知足不辱，知止不殆”“不义而富且贵，于我如浮云”“死生有命，富贵在天”“顺天者必得其赏”“我为天之所欲”诸如此类的话。读书愈多的人，愈能从书本里得着安慰，便愈能从书本里去度过他失意的残年，而他的学问便愈能到家。仿佛有一个学者说过：“政治的失意场中，然后可以专心去做学问。”就是这个原故。因此，无形中我们为站在学术的立场上来说，如果希望那位学者对于学术方面有了满意的成绩，便应当希望他的政治生命早一天停止。

①编者按：原稿为“知到”，当以“知道”为是。今改。

以上所说一大段的话便是我国学术史上普遍的现象。如果我的观察是不错的呢，那吗，我们便可以明白了梁先生的环境造成了梁先生一生的成绩，而一切毁誉的话，也可以不必多说了，因为梁先生总算是这部有了特殊现象的学术史里的最后一位的原故。梁先生在事业方面，曾经做过“维新”舞台的主角，曾经做过“倒帝”舞台的副角，这些都是彰彰在人耳目，我也可以不必再说了。我现在只就他在学术上的成绩略略说几句话吧了。

梁先生在创办《清议报》《新民丛报》《国风报》的时候，虽曾作过不少文章，对于当时的思想界，投过清导剂，并且于当时人心学术发生过影响的。但是那时的文章，都是朝写晚登，有时竟剿袭东洋一些一知半解的学说。我们学术界希望于梁先生的断断乎不是这些，而梁先生自己的理想成绩也断断乎不是这个。所以在梁先生晚年以后，便把从前所有《饮冰室集》《新民丛报》之类，自行大加删定，便是现时中华书局所发行的《乙丑重编饮冰室文集》。所以我希望以后研究梁先生学术思想的人们，不要向这里搜材料。梁先生在袁、段当国的时候，不能忘情于政治生活，经过十多年很没意义的日子，那时的文章，除掉《异哉所谓国体问题者》一篇有功世道人心的文章以外，其余的都是些无聊的官书电报，研究梁先生的学术的人们，也不要向这里取材。这些作品，我们研究学术史的人对它是很失望的。欧战以后，梁先生亲自游欧考察，返国后，思想遂大改变，决心放弃政治生活，从事学问，即其所著书，也着实对于学术界有益的，举其最著的，如《墨经校释》《墨子学案》《陶渊明》《清代学术概论》《先秦政治思想史》《大乘起信论考证》，散见于各杂志的如《近三百年学术史》《中国历史上民族之研究》《老子哲学》等，都是经心结撰的，其余尚有已经着手编著而尚未完成的，听说有《中国文化史》《辛稼轩年谱》等，并且说梁先生之死，是因为《辛稼轩(年)谱》之急欲成书呢。总之，这几种书，实在是梁先生最后的贡献于学术界的成绩，而为后来研究梁先生的学术的人们所不可不读之书。

唉，在这个做学问的兴趣正浓而识力较往时高超，持论较往时谨慎的时候的梁任公先生，怎么可以死的呢？而梁先生竟然以身殉学术了，这真是我国学术界的大不幸啊！犹忆前岁王静安之丧，清华大学《国学论丛》为出专号，梁先生的序里说："……先生没齿仅五十有一耳，精力尚弥满，兴味飙发，曾不减少年时；使更假以十年或二十年，其所以靖献于学者云胡可量！"大约这回因梁先生之溘然长逝因而起这样相同的感想的人们，一定不是少数呢！虽然，梁先生在四十岁以后，政治生命忽然复续，所以他的造就不能达到他理想的标准，这是值得可惜的，但较之其师康有为[①]中年以后，学术的生命便死掉，因而走入魔道，身败名裂实有足多。我因此希望以后的学者，一方努力学问，同时并能有一技一艺之长，能谋可以供给生活的职业，而有了相当职业的人们，也能努力从事学问，以求打破这种畸形发展的学术界的特殊现象。我于是很恭敬地对于梁先生表示十二分的悲悼，可惜他政治生命之复续，而学术生命之中绝！

一月三十一日于上海

（原载《新闻报》1929年2月17—18日）

①编者按：原稿此处脱漏一"为"字。今补。

广州怀圣寺的故事[①]

大约在十三年前的时候，我有一天读一本西史（书名经已忘记），有九世纪末年，Banshoa（黄巢）攻陷Khanfou（广府），杀死阿刺伯商民凡十二万人的话，于是引起我的好奇心。后来适值梁任公先生来东大讲书，我便以此问他，他说："在唐时阿刺伯人侨商我国者所作游记中，确有此项记载。"他拿了乃劳特（Reinaud）的《印度中国闻见录》给我看，据说，黄巢攻陷Khanfou时，在回历二百六十四年，杀死回回教徒，犹太教徒，基督教徒，Magupat教徒凡十二万人。我当时一想："唐时侨居广州的外人这般的众多，宗教又这般的复杂，在我们广州必定要留下多少风俗，美术或至建筑物，何以中国书藉一些记载也没有呢？"当时也没有细心去考究它，久久便忘记了。

直至前几天，我遇见了叶遐庵先生，也谈及了这件事，他说："这种记载是有的，《广东通志》中便有记载，似乎番塔街的光塔，便是当时的建筑物。"我回寓后，便把阮元《广东通志》翻查，果在卷二百二十九《古迹略十四》，看见怀圣寺

①编者按：本篇局部标点、外文字母有改动。

一条说道：

怀圣寺在府城内西二里。唐时番彝所创。明成化四年，都御史韩雍重建。留达官指挥阿都刺等十七家居之。(《黄志》)番塔始于唐时，曰怀圣塔，轮囷直上，凡六百十五丈。(《黄志》作高一十六丈五尺)绝无等级，其颖标一金鸡随风南北，每岁五六月，夺人率以五鼓登其绝顶[①]，呼佛号以祈风信。下有礼堂，历代沿革，载怀圣将军所建，故今号怀圣塔。(《南海百咏》)明洪武二十年金鸡堕于飓风。(《金志》)

其下有案语云：

谨案塔在南海县之番塔街，俗呼光塔。今有回回寺在其左，即礼拜堂之故址也。《桯史》[②]海獠事别见。

我看完了这一段，依然不大满足，遂急翻冯端本重修的《广州府志》一看，在卷八十八《古迹略》也见到了，说：

怀圣寺在府城西二里，唐时番夷所创，明成化四年都御史韩雍重建，留达官指挥阿都刺等十七家居之。寺有番塔，始于唐时，轮囷直上，凡一十六丈五尺，绝无等级，其颖标一金鸡，随风南北，每岁五六月夷人率以五鼓登其绝顶，呼佛号以祈风信，下有礼堂，历代沿革载怀圣将军所建，故今称怀圣塔。明洪武二十年金鸡堕于飓风。(据《南海百咏》、黄《通志》、金《通志》参修)

其下也有案语云：

谨案《南海百咏》云塔高六百十五丈，盖传写之讹，

①编者按：原稿为“项”，据《广东通志》，当以“顶”为是。今改。

②编者按：原稿为“《程史》”，当以“《桯史》”为是。今改。

今从黄《通志》。塔在今番塔街[1]，俗称光塔，有回回寺在其左，即礼拜堂之故址也。

可是府志于光绪五年重修，大抵全录《阮志》，我本拟再查《南海县志》，可惜客中无书，只有清道光十五年《续修南海志》，于怀圣寺遍寻不获，不能得很丰富的材料。

据《省志》《府志》所载，番夷不明记某国人，当是唐时经商于广州之外国商人无疑。其下有回回寺，则其为阿剌伯人，更为明显的事。南海与波斯通商最早，义净《南海寄归传》《大唐西域求法高僧传》等书中，屡有称道波斯船的。自八世纪后，始有大食及其他贾舶。盖当时阿剌伯兴起，航海经商者极众。希尔德《中古地理新资料之赵汝适》（1896，T. R. A. S，P. 57）云：

中世东洋之海上贸易，其最为活跃者，实推阿剌伯人。当葡萄牙人为东洋贸易之竞争者以前，殆为彼等独占之场。西自摩洛哥，东至日本朝鲜，从从一大海原，均彼等之势力圈也。

《新唐书·地理志》有《广州通海夷道篇》，记当时航路甚详，此书盖自贾耽《皇华四达记》抄录而来，而耽记所言，大约是得自阿剌伯海商的；今伯希和氏《交广印度两道考[2]》，已有马承钧译本，与《新唐书》合读，可以思过半了。《全唐文》卷七十五有文宗太和八年上谕云：

南海蕃舶，本以慕化而来。……其岭南，福建，及扬州蕃客，宜委节度观察使常加存问。除舶脚收市，进奉

---

①编者按：原稿为“衔”，当以“街”为是。今改。

②编者按：原稿为“者”，当以“考”为是。今改。

外，任其来往通流，自为交易，不得重加率税。

他们当时船舶往来既然如此的兴盛，所以在我们广府的城内西二里建筑一座光塔，以便照料船舶的航行内河，自然是应有的事。我疑心他这一座光塔就是今日航海用的灯塔的初制。所谓“其颖标一金鸡，随风南北”，这就是最初指示风向的信号，可惜这金鸡在明初已堕于飓风，我们今日不能考见他的规制呢。

普通佛寺浮图，其制多为六角，角上系铃，中有等级，拾级而的上。我们除了今日目验以外，试一读《洛阳伽蓝记》中诸寺，便可知道。这里却说“轮囷直上”，明是尖圆筒形。“绝无等级”，则与佛家所用者迥异，而却近于今日的灯塔。所谓“夷人以每岁五六月率以五鼓登其绝顶，呼佛号以祈风信”①，这就是五六月番舶来时，张灯以为指导之意。呼号或即欢呼之意，语言不通，误以为呼佛号耳。祈风信者非他，指示风向使便于航行也。《黄志》作高一十六丈五尺，《南海百咏》云塔高六百十五丈，《黄志》误不可信。即今塔高亦不十六丈五尺，疑所指殆谓高出海面而言，非离地面计算。

《续修南海县志》卷二十六《杂录下》云：

> 南汉时上元中秋辄登塔燃灯，以兆丰稔，号曰赛月灯，各里巷亦累瓦为塔，集薪燔之，火遍三城，亦奇观也。至今其俗尚存。

我便想起儿年的时候，每于中秋节日竖竹竿高三四丈，上系灯笼其上，疑即时人仿番俗为之，而转忘了他的意义的。后世沿

---

①编者按：此处与前文引文为同一段文字，但文字及标点有个别处不同。今一仍其旧。

习成风，不求其解。怀圣塔俗呼为光塔，殆即见其发出异光，不明他的作用，即以其异状称呼它，这并非无意义及不可能释的。

番塔街在今南海学宫西壁，当时河道宽广，油栏门，竹栏门一带当为河北岸边，光塔高出海面六百十五丈，在城外远近必可看见。《续修南海县志》卷二十六《杂录下》云：

小市街邓大林药肆，掘地得铁索，引之不尽，冗江底殆千寻矣。迹之，乃出巨舶中，亟掩之。频海数里许，亦小阅沧桑者。

据此，小市街且为江心，则我的猜度，必不甚谬。今市中有街号曰木排头及水母湾者，或谓即从前的江岸，以没有证据，不敢相信。

东莞附城有金鳌洲塔，有榴花塔，均矗立增江岸旁，不知作何用途，附记于此。

《续修南海志》卷十一《金石略一》铁柱附条云：

前邑志已参录《古迹略》元妙观一条内，但删去“状豪恶可憎，俗称蕃鬼是也”数语。而铁柱亦附录《金石略》。

疑元妙观亦与当时夷商有关，今不克查考，也附记于此。

这里关于故乡文献的书籍，非常缺乏，故为文很觉材料不足。他日若再搜得丰富的材料时，再为文论之。

民国二十二年五月二十五日写于沪上四部书斋

文成后二日友人黎维岳先生找了世界书局民国十五年出版的《广州快览》给我看，在名胜古迹栏有光塔怀圣寺一条云：

> 光塔怀圣寺在今光塔街内。考唐开海舶，西域回教默德那国王谟罕蓦德，遣其母舅番僧苏哈白赛来中土贸易，建光塔及怀圣寺。寺塔告成，寻殁，遂葬于此。时唐贞观间也。塔轮囷直上，高十六丈五尺，形如大笔，四围光滑，外圆而上锐，似不可级登；而内容实可盘旋而上至极顶，复环绕而下，往复如太极。塔外四附苔萝，古色苍翠。是为回教清真寺之鼻祖。明成化四年，都御史韩雍重修，以所留达官指挥阿都刺等十七家居之。相传塔顶旧有金鸡，随风南北，每岁五六月，番人望海舶至，率以五鼓登塔顶，呼号以祈风信。不设神像，惟书金字为号，以礼拜焉。洪武二十五年七月，金鸡为风所堕，送京贮内库，复以铜易之，亦賈于飓风，万历庚子重修，易以葫芦，清康熙八年，复堕于风，更易以风磨。此塔与六榕寺之花塔遥对，为一城之标。形胜家常谓会城如大舶，二塔其樯，五层楼其舵楼云。

在这里所记载较详，不知其本于何书。惟中有“番人望海舶至，率以五鼓登塔顶，呼号以祈风信”等句，与阮《通志》冯《府志》略有不同。“番人望海舶至”一语，至可注意。“呼号以祈风信”，是否为“呼佛号”之挩文，另待考证。兹先附录于此。

五月二十七日又记

（原载《民俗》1933年第123期）

江泰殉难舰长莫耀明传

莫君耀明，字仲亮，又字汉魂，世居广东东莞县麻涌乡。父演容先生，业木工，生二子一女，君其次也。演容先生以勤俭耐劳，诲人不倦著于乡，乡人咸尊为容师傅。年三十，设肆授徒，出其门者皆精工作，而教养子女，尤足取法；盖虽穷居乡间，而于儿辈书资不少惜，凡学校应用册籍，罔不先事购备，故君兄弟于学业咸能有所成就，异于常童。

余始知君名，在民国前三年，时科举观念未废，乡中高小毕业，咸得称秀才。余时始业东莞县立第一高等小学，班中主讲经学者为莫师友篪，君之族叔，而今五十万卷楼主人之兄也。向为麻涌乡古梅高等小学教员，三世理学，有名于时。其年冬，古梅高小第一届毕业，成绩仅亚于县立一高，榜发视之，君兄弟褎然举首[①]，人咸谓此容师傅之子也。时余尚未识君，仅闻诸莫师，知君兄弟有志于学矣。

民国初元，余高小毕业，考入东莞县立中学，同舍中有操麻涌乡音者，居邻舍，即君兄弟及君同乡莫衍钧袁以宏诸人

---

①编者按：原稿为“裒然居首”，当以“褎然举首”为是。今改。

也。顾余性素怪僻，恶闻异乡人语，始终未与君交谈。惟每月月考榜发，则重视君名，钦慕之不已。三年春三月，君毕业去。余亦由学而教，教而复学，忽忽数年矣。

九年秋，余就学南雍。其年冬，南京海军鱼雷枪炮学校，有新从烟台来者一班，学生十有二人，籍广东者十一，籍安徽者一，皆操粤语。友人有介绍君来谒者，见之，则固前日之邻舍生而操麻涌乡口音者也。相视哑然失笑。然后知君自中学毕业后，先后历黄浦吴淞烟台海军各校，来宁所以完毕其海军专门之学也。自是以后，往还频繁。休沐之日，非君抵余寓就食，纵谈终日，则余必访君。君时潜心理学，案头置宋儒书无数。问之，则云："军中人，当有学术修养，胡林翼、曾国藩，是吾师也。"

十一年，君出任海琛舰海副，十二年升军需副，十四年升枪炮正，数年之间，遵海航行，远历南北，然每至一地，即驰书报余，殷勤慰勉，兄弟之爱，不过是也①。十六年冬，君补江泰军舰副长，赴东北海军江防舰队服务，游弋松花江上下游。每以书来，辄述江防重要，云："吉黑界中俄之交，当道计划，先从松花江流域作始，以次而及黑龙江、乌苏里江，此中线路，比吾粤东西北三江为更长，事在人为，有志竟成，未敢以浅近之见自限也。同人之中，仰体此旨，兢兢②自求，多有朝气。现时初步，已著成效。故松花一江，近在中国，已算一段清流，所有权益，均未旁落于外人之手，亦无有藏垢纳污之事，可与人以口实者。攘外必先安内，信然。然而抱攘外

①编者按：原稿为"不是过也"，当以"不过是也"为是。今改。

②编者按：原稿为"竞"，当以"兢"为是。今改。

之心，必先立安内之业，安内之业既立，则外不期攘而无不攘。”君之志节亦略可窥见于此矣。

十八年五月十一日，君奉令率水兵，参加奉安典礼，甫发北平，即致余书曰：“足下近于国学，有登峰造极之势，魄力宏毅，曷胜钦佩。弟文质无底，比年以来，于役戎行，文艺之道，荒疏已甚。到哈以后，公务之余，颇留心于治兵之道。昨年江防考绩，江泰名列前茅，舰则甚小，而事在人为耳。冬春之间，冻防训练，上游嘉其勤劳，记功昭奖，以示鼓励。嗣以江防兵士，积年暮气，有应洗革，爰立军士班，以造就中下级枪炮帆缆之干才，弟奉派相助为理，名为教官兼分队长，而实则仍江泰副长职，以是常川驻哈兵营中，未曾随舰出巡。近以奉安典礼，复奉令参加，行将率水兵一队，由辽而转赴北平，现正在整装待发中，下星期即可成行矣。”

其后由辽而平，由平而哈，均有书来。未几调任代理江泰舰长，而中俄战事起矣。君来书以乡先贤袁崇焕自期许，谓今番当尽杀敌人。君最后家书，亦云：“中俄国交严重，防务十分紧张，所谓项庄起舞，项伯亦拔剑起舞也。现时江防主力，集中于同江三江口一带，为严密防备。俄舰亦调集于黑龙江混同江一段，彼此对垒，以待交涉之解决。苏俄残暴，万国公敌，东亚之斯拉夫民族，将见其不血食于今世。乘此时机，海界同袍，飙起奋发，纵未能犁庭扫穴。亦具有涤尽腥膻，还我山河之概。”其后战事日急，音信寂然。不意君竟殉难于是时也！

盖自十八年八月下旬至十月初旬，彼此相持，敌迄未敢犯。迨十月十一日三江口外俄舰忽增，其最大旗舰亦来泊口外，与其他四舰共扼松花江中下两口，同夜又来俄舰四艘，分泊上口对岸及莫力洪一带，形势极严重。我方海陆各军，知将有变，员兵澈夜警戒。十二日午前五时半，各舰信号兵报告，赤俄旗舰忽悬红旗。同时俄舰陡向我利捷旗舰发炮，我方虽有警戒，尚恐误会，特引满以待。旋见第二弹击我利绥，知彼实欲大冒不韪，我海军为自卫计，乃由利绥先行还炮应战，利捷东乙陆战队等继之。是时俄舰炮火，均集中于我方海军，及三江口之陆战队。敌旗舰被我集弹攻击，舰体倾斜，渐就沉没，向后溃退矣，两舰亦中炮起火，均逃出三江口战线以外。旋敌飞机十五架，三五成群，整队来攻，君所乘江泰舰被炸起火，江平亦然。敌舰乃又折回攻击，续战半日，敌舰发射二千四百余炮，我舰亦五六百发，弹如雨下，江水沸腾。又击沉敌舰两艘，其他四艘起火分窜。我江安亦被敌飞机炸毁，利捷船尾，及利绥船头，各被巨创。利捷之舵已被击去，犹复以俥叶为进退，与敌鏖战。利绥之前炮被毁，炮员血肉横飞，舰首几成肉团，而炮员之奋勇如故。东乙炮火较巨，决战尤久，亦被敌机炸洞船底，炮员既救水，且应战。迨利捷与东乙先后沉没，利绥始以被创过巨，绕出战线以外。敌之残舰及飞机乃以次集中炮火于我陆战队及我陆军战线。其时敌之机关枪队四五百人，拟自三江口正面强行登岸，被我陆战队及陆军守兵击退，前仆后继，死伤甚重，卒不得逞。乃复以步骑三千余人，机关枪百余尊，手提机关枪四百余架，小山炮数百尊，绕道下游十余里处，由海军及飞机掩护登岸，海陆空同时猛攻。我陆军殊死抵抗，堑壕尽平，炮垒为墟，犹复以血肉之躯，奋死迎敌，激战至午后二时许，弹尽援绝，炮军蜂拥来攻，而我员兵全部五百余人，均及于难。我海陆军仍由同江向富锦，分水陆两路，节节布防，同时退后补充休养，准备再举。敌军队于十二日午后三时许始进占我同江。

是役也，我海陆军以寡敌众，敌器精良，百倍于我，卒赖将士忠勇，鏖战竟日，击沉敌主力舰三艘，击伤小舰四艘，击落飞机四架，歼敌海陆军七百余人，其极东舰队司令官，及其指挥官四人死焉。君所长之江泰舰，船身甚小，毫无战斗能力，而犹奋勇若此，诚所谓事在人为矣。

时君之父年已六十有九，母年六十有六，君死之耗，不敢以闻于家。遗骸寄同江海军医院中，君之友皖人徐君国杰始终经纪其事。其年十一月十八日君之兄乃文自古梅国民小学以书来，并检附君之家书若干札，及君手书《家君略传》一篇，嘱余为君作传。余诺之，久未就。沪上一·二八事变作，余所居在战区中，仓皇逃出，疑君之家书及存稿将付灰烬矣。战事略定，文件幸完好无缺，而忧心如焚，未遑整理。二十三年三月十七日检视故纸，恐其久而湮没也，爰略事排比，次之如上。君生于民国前某年某月某日，殉难时，凡若干岁。先娶某氏，早卒无所出。十四年与皖籍女师毕业生江惠琴结婚，生二子一女，长绍南，次绍中，皆男子，又次则女绍华，于君卒后生。

论曰：君之忠烈已可敬矣，而君之学行与识力，尤有不可及者。忆君任职海琛时，一日忽以书至，嘱余在沪为君购备《论语》、《学庸》、《苏批孟子》、《左氏春秋》、王阳明《传习录》、吕新吾《呻吟语》、陈宏谋《五种遗规》、康德《人心能力论》、《中学生理学教科书》各一部以供讽诵，盖皆君在宁时所已熟读者也。其为温故知新何如哉！家书所言，多立身处世教育治家之道。致兄书有云："因女儿无教育，故一般旧社会，处男易而处女难。又因把持子女之婚姻权，故儿女及年，则烦累多而事务急，总之弃其教育而夺其婚姻，则为父母者之过也。”又云：“乡中女儿，终身不出里门，此为禁锢之变式。吾辈皆当善为改革：一、幼时出入要常随父母到市廛会所，使知各环境之情状，及一般人之言行。二、在乡入小学，离乡入中学，只放心俾其求学，一如吾父母之于吾兄弟。男子不出里门，犹且蠢陋如野人，何况女子？若谓远行便成不正当，此则无教育之人，逆臆武断，非所语于知教育受教育之男女也。”又云：“丈夫处世，家事、乡事、国事，皆有一分担在肩膊，方为健者。”其切中事理有如此！君能诗，留居北平时，与余亡弟惠民，时有唱和。今遗诗虽不多，而所存之零篇单句，多清婉可诵云。

（原载《人文》第5卷第5期，1934年）

关于莫耀明传之通信三件

自作者在本刊第五卷第五期发表《江泰殉难舰长莫耀明传》以后，接连收到关系人来信三件，对于该文有所补正，兹谨将三信节录，以告世之关心掌故者。

一、莫君胞兄乃文先生本年七月十三日来函：

大略云："明弟得我兄表扬，九原有知，当亦含笑，感谢感谢。抚恤事件，曾由东北长官函请省当局转饬县政府调查家属状况两次。但自东三省沦陷之后，想已不成问题矣。是诚不幸中之不幸也。舍弟妇前蒙陈达材县长委以书记之职，月薪五十元，藉以维持生活。黎国材、邓庆史两县长任内，继续供职。现在舍侄绍南（八岁）绍中（七岁）就学县立小学，稍知读书。家严慈年逾古稀，差幸尚健。"（下略）

二、广东勷勤大学工学院教授莫衍钧八月廿八日来函：

大略云："惠以大著《江泰殉难舰长莫耀明传》见示，回环朗诵，惬心浃髓，神往意追，佩服之至。吾乡数百年来，对外为国捐躯者，惟汉魂一人。其官虽卑，而功烈甚伟，宜与共难诸人，立传国史，荣其旌表，昭劝来兹；即官史不详，吾乡人亦当纂述其生平事迹，作行状上之，以备采择；或为私传，以实家乘。仆与汉魂少同砚，悉其家世，有志为之久矣；而才质驽下，其文不足以光吾汉魂，又于其殉国始末，所闻不详，未敢轻于下笔。读大著于汉魂家世，生平言行，概括无遗；至于殉国事实，尤能详尽。有此一传，汉魂为不朽，而仆蓄数年未发之积蕴，至今得以尽宣，岂徒佩服而已，其可感实多也。足下此传，以考据家论学方法，为古文家步趋，斟酌至当，立言有体，故足佩服。大抵传记之作，因人而施。尝见前人为人作传，其人事功本不著，而有道德学问者，则以其言论著作为纲领，而以生平行事联缀而贯串之。记叙之法，以言见行，即行证言，故能尽得其人本色。古文家有不取此者，则为声音格调所拘，而不免顾此失彼矣。窃尝谓此盖本于《尚书》记言之体，至《史》《汉》而其体更备；如《孔子世家》《仲尼弟子传》取材于《论语》，战国诸人传取材于《国策》者，皆重记言，而徐乐、严安传惟载其上言事书，杨王孙传则仅载其辩裸葬一书，徐严王孙无他事迹，亦以一节之行，一篇之意而传耳；至贾生司马相如各传，并载其所为文，往往连篇累牍，则又类推应用之尤尽者；窃又以此意用于作学术家传为宜。足下治小学，通经训，得著述之法，笔有成规，立言不苟，固宜如此。汉魂治事至精，其位不尊，故无赫赫之名，而其殉国之烈，至为可传；为学立身，亦殊不苟，为之传者，虽不如学术家之例，然倘非足下以论学方法诠次叙述，则汉魂之为人不可得而尽见也。若徒为古文家者言，嗟叹其死烈，慷慨激昂，用以感人，其空文泛调，亦仅能擅胜于文笔驰骤之间，而于其人之言行，恐不免因强就行文而多所忽略矣。汉魂少时已能自立，处一乡能亲炙一乡最贤达之人，行于一国，则志求良师益友，读书能规范古贤，其死事之烈，亦由其好学问，慕古人而致，非匹夫激于一时者也。其崇拜曾胡二公，亦能善学二公，使其所遇非厄，赴国难而有利，则其勋业亦必有可观者。其死也忠烈炳然，其志事则有未尽；然而求仁得仁，汉魂可以无憾矣。大著所称五十万卷楼主人，尝与仆言汉魂事，曰：‘乡人多谓汉魂之死可惜，第知汉魂所学何学，其职志固如此，由今观之，不可谓不得其所也。’汉魂平生所亲贤达，其言如是，九原之下，不亦深以为慰乎？抑汉魂所景仰曾胡二公，诚军国巨公之模范也。近人有以种族之说，稍加非议者，此当别论。然二公功业之隆，道德之尊，学问之深，皆未容轻议。前人笔记载二公行事，仆每叹非今人所能及，心识之不能忘，聊复言之。曾左意见参商，文襄以陕甘总督入关剿乱，道出湖北，遇曾沅浦，为言与文正绝交之故，且曰：‘今彼为两江总督，恐掘我后，败我功。’然文正为西征筹饷，不遗余力，又选精兵健将，以助文襄之成功，适与其言相反。曾公凛于公义而忘私怨，其雅量吾人所当学也。李鸿章入曾公幕府，公知其才气不羁，故欲折之使就范。初至公每日必召幕僚会食。一日李以头痛辞，公使差弁连催之，既至，公终食无言，食毕，舍箸正色曰：‘少荃既入我幕，我有言相告，此处所尚，惟一诚字而已。’遂无他言。李为之悚然，自是事事小心。其陶冶人才，用心如此，又所当学也。胡文忠抚湖北时，军书旁午，而每日文书悉自手裁，有劝其少休者，曰：‘必如此，僚属精神乃能振起，不然，犹耳旁风耳！’其精勤可学也。太平之役，楚军既围安庆，文忠亲往视师，策马登山，瞻盼形势，已有破敌成算，既复驰至江滨，忽见一洋船鼓轮而上，疾如飘风，公骤变色，勒马而回，中途呕血，几至坠马。又公平日与客论及洋务，辄摇手闭目，神色不怡。盖老谋精算所忧者深，目前之大乱未平，未来之祸患难测，忠诚热血远识高窥，尤吾人所欲学而深致切慕者也。曾公为公义而损私怨，其德盛矣。夫不公者不可以办天下事，而殉私之甚者，至不可以处家庭。公而[①]忘私，故曾公能助文襄之成功，徇私不已，故蔡京、卞攸兄弟父子之亲，亦生怨怼。曾公陶冶人才，为国致用，此事自古大臣贤相皆以为己任，而公用心尤深细矣。至胡公身亲细务，不避烦劳，至于忧国呕心，真与宗留守疽发于背同一血诚；谋国荩臣，求之今日，何可复得？汉魂景仰二公，资之者深，其殉身之烈，非偶然也。足下知汉魂亦深矣！为之传，尽传汉魂心事，良不负死友。仆愧无补于汉魂丝毫也。所以斤斤于道二公者，亦庶几汉魂之志，聊以示吾心所同然耳。足下刻苦励学，仆心仪久矣！犹记往年归自东瀛，道出春申江，七月炎暑，骄阳煎迫，日未晡，谒足下于一楼一底之室，案旁置木椅三四，仆据其一，斜日晒入，厅事中摊书满架，墨匣张而不闭，笔帽脱而不戴，有未完之文字学讲义，置于案头，足下挥汗疾书，举首相视，则停笔款客。仆问此何为者？足下云将持向暑期学校讲授。仆心殊以足下之事为苦，而不知此正足下之所以成

①编者按：原稿为“尔”，当以“而”为是。今改。

功也。今足下不负死友，高义如彼，立言之要又如此，安得不令仆俯首至地乎！”（下略）

三、青岛海军司令部徐国杰九月二日来函：

大略云：“金陵一别，计已十有余年。顷由古梅转到所赐《人文月刊》一册，展读大著《莫君传》，其中所叙同江战役，与弟所发表者相符。惟（一）君任海琛舰航海副，漏一‘航’字。（二）遗体寄同江海军医院中，系当时情形。其后移葬哈尔滨公墓，由海军公葬之。（三）殉难时三十四岁。（四）先订袁氏，后娶陈氏，均早卒。以上各条，原无关，略举所知耳。就军国主义言，莫君抗外敌殉难，至荣；就目下情形言，东北失守，远埋异域，至痛；就个人友谊言，同学同袍十余年，无异断我手足，至惨；就军中将校言，文学武事兼备者，不可多得，至惜。弟每欲作传，以扬忠烈，无奈文不足以达意；兹承兄台传登名刊，至感至谢。”（下略）

此三函中以徐君来函补正四点至为重要，作者事前未及调查清楚，而谬然下笔，至为抱歉。当中俄战争时，徐君适居哈尔滨，亲见亲闻，独谓“所叙同江战役，与弟所发表者相符”；是见作者当时所搜集材料，正确可信，颇堪告慰耳。莫教授衍钧，与殉难舰长同乡同亲同学，而相处最多，来书于殉难舰长个人性格、行为、心事最能道其详，则作者前作，差未“言出滥其真”而堪为信史也。凡此皆当节引以为补正。五十万卷楼主人姓莫名伯骥[①]，字天一，于辛亥革命时，主持粤中某报，

①编者按：原稿为“伯泖”，当以“伯骥”为是。今改。

最为革命党人尽力。现以著[①]述自娱，为粤中藏书家第一，详见广州大学《图书馆季刊》第一卷第三期《广东藏书家考》一文中。

民国二十三年十月五日写于沪上四部书斋

（原载《人文》第5卷第9期，1934年）

---

①编者按：原稿为“箸”，当以“著”为是。今改。

杨铁夫改正梦窗词选笺释[①]

上海医学书局总发行
民国二十年八月初版
共两卷　　九十四张
定价　大洋一元六角

词学晚潮，复崇古派。倚声之士，侈语周吴。周则众论佥同，吴则自毛焕以后，由元迄清，沉埋已六百余年。自王半塘发微阐幽，以梦窗为号召，朱彊村加以笺订，时贤继起，递有同声。世人于是始知梦窗之足重。然周词勾勒明显，意味深长，人所易明；吴词典实饤饾，意境幽邃，人所难喻。是以读吴词者，见其字句雕琢之处，不敢不谓其佳；又见其上下断续之痕，究难得其真意之所在，信之在口，疑之在心矣。此张玉田七宝楼台之讥之所由致也。又从来笺词，止笺故实，每略其命意运笔，虽观外貌，未睹真诠，《片玉草堂》，前例具在。惟《梦窗》一集，朱夏两氏止事笺题，读吴词者，仍有望洋之叹。

①编者按：本篇局部标点有改动。

今作者选集中佳词笺之释之，句之与他人异者校之；以初版之未尽善，又从而改正之；此作者之苦心也。

今即其书而剖解之，优点固多，缺点亦所不免。兹分别列之：

梦窗事迹，诸书少见，作者搜罗志乘，旁及专集，籍贯定为鄞县，仕宦定为僚幕，一切交游之所及，足迹之所经，于本集勾稽之，又足为事迹之考证，旁征博引，不限一途，优点一。

梦窗生年不明，卒年因之难考。毛晋主淳祐十一年之说，虚造于前；《四库书目提要》又沿而未订。刘毓盘氏断为卒于淳祐十一年以后，亦未定为卒于何年。兹选以集中《瑞龙吟》《绕佛阁》《三株媚》《古香慢》四词，定为亲见宋亡，亦属不可移易之论。虽亦未尝明定何年，然在宋亡之后，盖彰彰矣。或以草窗碧山诸人曾结词社，梦窗如果同时，何不入社？然《群玉刻集》，亦无梦窗，不能谓与梦窗不同时，此不足为反证也。优点二。

词家喜言冶游，梦窗专写遗恨。遗恨者何？琴客是。闻初印本成书时，见者咸以为笑。谓《梦窗词》何独满纸皆为忆姬之作，毋乃与朱氏说风诗之为淫奔者相似？岂吴词皆作于姬去之后乎？抑刊落少作，独存晚著乎？当时曾以此点转询友人叶淇渔，相顾而笑。今读其《事迹考》，将吴词分为四个时期：一、少年期，如德清诸作是；二、中年期，如宦游苏州时诸作是；三、晚年期，如由苏返杭后诸作是；四、宋亡以后期，如《瑞龙吟》《绕佛阁》《三株媚》《古香慢》诸作是。少年中年诸作，绝无忆姬之语。所有忆姬者，皆在晚作中。界限既判，印证自明，知绝非凭空揣测者比。中年时《澡兰》一阕，语近忆姬，今断为久客思家，忆之于未去之先，非忆之于既去之后，尤为眼光独到处。又以词中屡有十年语，为其与姬居苏真实年月，绝非向壁虚造，是较未改本精密多矣。优点三。

《惜红衣》一调，创自姜白石。梦窗此词，题有余从姜石帚游苕霅间语，人遂指石帚即白石。毛晋纪昀俱信而不疑。遂使年岁本不相及之人，一堂聚首，亦考古者之疏也。如果石帚即白石，何《白石集》中绝无与梦窗投赠之作？且梦窗以石帚以盆莲宴客尚有《拜新月慢》之作，会饮总宜堂尚有《三株媚》之作，石帚为义人，应居首倡，否则亦有和章，今《白石集》两无之，何也？作者援引诸说，一一疏通证明其为二人，不致张冠李戴。优点四。

史宅之之为人，据夏承焘引俞文豹《吹剑录外集》，实为聚敛之臣，与生平充隐之迹，责善之争，显相违背。梦窗与之往来甚密，唱酬屡见集中，不无滥交嫌疑。作者表明此为云麓晚节之愆，非梦窗犯比周之戒。其阐发幽光之用心，亦云至矣。优点五。

词中又有《过秋壑故居》《寿秋壑》《秋壑西湖小筑》诸词，知梦窗亦一半闲堂客也。人于是有疑梦窗谤梦窗者矣。作者援《似道刻寿词》《群玉刻词集》，皆遗梦窗，据为梦窗晚年以似道挤排吴履斋之故，毅然与似道绝。是从无字句间想出，尤见精细，亦阐发幽光之一也。优点六。

凡读人文字而不明其真意之所在，则每见其下句与上句之不联续，及何以用此与题无关之故实。玉田之毁谤交攻，惠言之摈弃不录，讵非读《梦窗》而不明真意乎？今作者于全局之结构，笔势之承转，句语之回应与含吸，皆一一拈出，使梦窗诸词无不成为一气呵成，首尾相应，绝无支离破碎之嫌。恐玉田惠言复生，当亦首肯也。优点七。

上述优点讫。今再列评其缺点：

梦窗事迹虽少，若能于其同辈专集中仔细披寻，当更有所发现。发现既多后，并以之制成年谱，较为完备，今尚不足。缺点一。

选中虽有二百首，较之原集尚少三分之一，未敢云吴词之美者必尽萃其中。盖见仁见智，各人眼光不同，有甲之所谓不美者，乙则反以为至美无伦者矣。不如统释全集，任读者之自择，尤为完善。缺点二。

错写太多，不观校勘表，使人疑为改易原书矣。即校勘表外，尚有遗漏。缺点三。

笺以典故之浅深为去取，作者既注重充学校课本，体侔教科，则作者之所谓浅，保无学生之所谓深，所笺尚嫌太略。缺点四。

吴词先出丙丁二稿，其甲乙乃续出者。实则，四稿次序，绝无先后可言。今既将吴词划分四期，似依期编序，不当老守旧集原次，更能使读者了然。缺点五。

以上诸点，实为美中不足。如著者能于三版出书时加以改良，则其嘉惠学者，更不少矣。

（原载《图书评论》第2卷第6期，1934年）

广东棉花杂考[①]

提起了广东棉花，凡是在上海虹口地的广东人与及非广东人，无不熟习的。但是它怎么样来源，恐怕连广东人也不大清楚。我偶然翻开了《广东通志·舆地略》十四，有了这样的一段说：

> 木棉有草木二种：似木者名古贝，似草者名古终，或作吉贝。交广木棉，树大如抱，其枝如桐，其叶大如胡桃叶，开花红如山茶花，黄蕊，花片极厚，结实大如拳，实中有绵。《南史》所谓林邑诸国，出古贝，花中如鹅毳，抽其纺为布；张勃《吴录》所谓交州永昌木绵树，实大如杯，花中绵软白可为缊絮及毛布者，皆指似木之木棉也。江南淮北所种木绵，四月下种，茎弱如蔓，八月采球，谓之绵花。《南史》所谓高昌国有草实如茧中丝，为细纑，名曰白叠，取以为绵，甚软白；《南越志》所谓桂州出古终藤，结实鹅毛，纺如丝绵，染为斑布者，皆指似草之木绵也。《本草纲目》正二月开大红花，结子，老则坼，有

①编者按：本篇局部标点有改动。

絮与芦花相似。花开时无叶，花落半月始有新绿。其絮土人取以作茵褥，女工不能治，询之粤人，亦无有织者。广州阅武厅前与南海庙各有一株甚大。《郝志》。木棉花一名攀枝花，以吉贝苗接乌桕根，结花为绵。《肇庆府志》。灶山上有炭坑，又有木绵树，一实得软绵数两，冬夏开花而不实。《寰宇记》。

这一段掌故，描写木棉树开花结实的情形甚真确。我在十一岁的时候，在东莞第一高小读书，校园有木棉数株，每逢开花结实的时候，情形大率如《广东通志》所说。不过有一件事，它没有说，就是俗谚所说：

木棉开花，狗虱成揸。

木棉开花的时候是正二月，那时天气潮湿异常，狗虱乘势发生，那一双尊足是很难挨的。木棉开的是红色的花，所以又叫做红棉。讲到东莞公园内的红棉山庄是一顶讲究的所在，门前那几株的木棉树，参天并峙，开的花愈热闹好看了。所以在上海侨生的东莞小孩，若然回去一游，必然是乐不思上海了。

可是《广东通志》里，并没有说出木棉的来历，这值得我们考一考了。在《后汉书》卷一一六《西南夷传·哀牢夷》条说道：

土地沃美，宜五谷蚕桑，知染采文绣，罽毲帛叠，兰干细布，织成文章，如绫锦，有梧桐木华，绩以为布，幅广五尺，洁白不受垢污，以覆亡人，然后服之。

《华阳国志》记永昌郡产物云：

土地沃腴。黄金、光珠、虎魄、翡翠、孔雀、犀、象、蚕桑绵绢、采帛文绣。又有貊兽食铁、猩猩兽能言，其血可以染朱罽。有大竹，名濮竹，节相去一丈，受一解许。有梧桐木，其花软如丝，民绩以为布，幅广五尺以还，洁白不受污，俗名曰桐华布，以覆亡人，然后服之，及卖与人。有兰干细布，兰干獠言纻也。织成纹，如绫锦。又有罽旄帛叠、水精琉璃、轲虫蚌珠。宜五谷，出铜锡。

帛叠在东汉时为木棉总名，疑是译音字。《太平御览》卷八二〇引晋郭义恭《广志》云：

白叠布毛织，出诸薄国。

诸薄国即Javaka'，今谓之Java'，古人轻重唇音是不分的。或又谓出剽国，剽国即今缅甸。《梁书》卷五四《西域传·高昌国》条云：

多草木，草实如蚕，蚕中细丝如纻，名白叠子，国人多取，织以为布，布甚软白，交市用焉。

至这时白叠子已专用为草本棉花[①]了。同《传·渴盘陀》条云：

风俗与于阗相类，衣吉贝布。

吉贝即白叠，是又往往混用不分了。从这样的推测，木棉树最初产于南洋爪哇，其后传入缅甸，由缅甸传入我国西南如永昌一带，最后乃传入广东成为交广的特产。

又《辍耕录》说：

闽广多种木棉，纺绩为布，名曰吉贝。松江府东去五十里许，曰乌泥泾，其地土田硗瘠，民食不给。因谋树艺以资生业，遂觅种植之。初无踏车椎弓之制，率用手剖去子棉，弦竹弧置按间，振掉成剂，厥功甚艰。元初时

---

①编者按：原稿为“绵花”，当以“棉花”为是。今改。

有一妪名黄道婆者，自崖州来，乃教以做造杆弹纺织之具，至于错纱、配色、综线、挈花，各有其法。以故织成被褥，带帨其上，折枝团凤其局，字样粲然若写，人皆受教，竞相作为，转货他乡，岁既就服。未几妪卒，莫不感思洒泣而共葬之。人为立祠，岁时祀之。越三十年祠毁，乡人赵愚轩重立。今祠复毁，无人为创建。道婆之名日渐泯灭无闻矣。

或说后复有人为道婆立祠，即某校校址。现某校以扩充迁移，原址卖去拆毁，后人不易见了。这是木棉花传入江浙的历史。松江府东五十里，即今日上海境内。然则开发一千年前上海的纺绩业，实在是一位广东崖州的老婆婆呢！

民国念四年五月九日写于沪上四部书斋

（原载《粤风》1935年创刊号）

东莞反正的前后[1]

粤风社的主编拟在本年的双十节日出一特号，嘱作者为撰一短文，无奈双十节的盛典，是每年一度的，自从作者懂得作文以来，同样的题目，不知写过了多少次，现在搜索枯肠，再无新鲜的意境；惟是推却了多次，终不得允，只好就去年为交通大学三日刊写的《双十节之前夕》一文旧料翻新，截长补短，写成了一篇故乡的史乘，叫做《东莞反正的前后》。

东莞县位居东江的下游，南邻香港，为广东的一等县，这是我们广东同乡大家所知道的。那时城内驻有军队，约五六十名左右，分布四城，每城约四五名，其余则驻扎县衙门及都阃府衙门。城外有水陆缉捕队，可二十名，算做最干练的部队。石龙、中堂各有都司，虎门则有水师提督。在当时清朝政治腐败，防守空虚的当中，像这样驻有大兵的地方，实在可说是南方第一。

我那时只是十四岁的一个高等小学三年级的学生（当时学制是高小四年制的），除读古文作策论外，对于国家大事，全

[1] 编者按：本篇标点为整理者所加。

觉茫然。惟自中秋节后，渐闻同学中间有说革命风声甚急的。一日，在某君的桌上见到一本奇书，红皮小册，题为《南无观世音菩萨救苦救难真经》。我当时除读四书五经外，也曾念过《关帝经》《观世音经》，但似乎这本小册有点异样，信手打过一看，登时吓了一跳。原来这是一本鼓吹革命痛骂清朝的书，小孩子心房是脆弱的，遂缩手不敢再看下去。不多几天，东莞县立初级师范学生有四出演说，劝人信服革命道理的。当时听的人是怎样一个心理，我是不懂，不过眼看见着县衙门里的人及所谓巡警，城门伯爷等也有来听，不说什么，也没拿人，如是而已。

县立师范为吾邑最高学府，后闻人说，革命机关就是在它的宿舍某号房间。犹忆光绪末年，我是十一岁，新从家塾里跑到东莞县立第一初级小学读书，就有许多学生，假座私立群益两等小学开崇祯殉国的纪念大会，我当时没有去看，闻同校年长的学生有多人去看，结果给徐亦良老师大骂一顿。闻说广州有些女学生，专程为这事来赴会的，我们老师骂：尤其不合是男女坐在一道开会，女学生演说给男学生听。我事后怀疑这一次的开会，大约算是我邑学生革命思想的萌芽。未几，有剪辫学生在县城出现，即后日我邑革命前辈李文甫，林直勉，莫纪彭，陈哲梅，黄侠毅诸人。此外还有我的老师李翰香的第二世兄李璇枢，又名璇三郎，系幼童入学的秀子，这时[1]在广东法政学堂读书，为丁仁长所赏识的，也常常与这班人往来，大叫革命。

及至风声日急，剪辫学生不知去向，而又有所谓学生军出

①编者按：原稿为“是”，当以“时”为是。今改。

现。早晨在盔盂山脚大草地上操练，有广州来的人担任教练。然皆“徒手奋呼，无尺寸兵”。惟邑中绅士之流，间有侧目嫉视的。

到十月十日后数日，闻武昌已有起义之事，报纸亦间有登载。我校数理化教员邓庆镳先生为广东留学预备馆出身的学生，在校里是一个最通时务的教员，一日上课，便向我们说及外间革命的消息。我们以后便稍稍留心报纸所记载，而渐加推测。

至旧历九月十九日广东省城已有革命之事。“京陷帝崩”的电报，已传遍人们的耳鼓。次日，“梢潭渡”自广州回来，闻载有广州来的革命党人。余年少好奇，急急出城往观，行至西门大街，见所谓革命党者只不过二人，一人骑马，手持一大炸弹，一人从后大呼。遂入城，城门伯爷早已逃之大吉，守城兵并不挡拒。于是街市中人为了这一颗炸弹，胆小的不免发脚便走，做买卖的间有闭户，亦有出户立观。是日晚间，遂闻县城已为革命党所得。闭城二日，以待援兵。县正堂老爷已不知于何时逃去。人民有燃爆竹[①]以欢迎革命军的。后闻璇三郎言当时仓卒遍觅炸弹军器不可得，骑马入城者所手持的，实为一大芋头而上竖鸡毛二根外裹以白布，伪称为炸弹云。

二三日后，城内外贴有新式布告，首称“东莞临时县正堂”，末用“黄帝纪元四千六百零九年”。间有贴“孔子纪元”的。知吾邑此时真已反正了。绅士有不敢出门者。街市中有持剪刀劝人剪辫者多辈。又有手缠白巾之兵士十二三人，荷着[②]

①编者按：原稿为“烨竹”，当以“爆竹”为是。今改。

②编者按：原稿此字模糊不清，疑似“着”字。存疑。

枪，游行街市，曰维持治安。实则全城景况，与昔日无甚不同。只见走路之人无不小心翼翼，惧辫发为人剪去，如是而已。间有胆识较大的，自己在衣臂上套上白毛巾，称为革命同志，以夸耀邻里。从安南或智利归的，均云是老同盟会中人，闻者只有称颂。

久之遂闻有公推黄侠毅为县长之事。

（原载《粤风》第1卷第4期，1935年）

龙溪书院考略[1]

楔子

本年三月间，《岭南学报》委员会有《广东专号》之辑，而尤注重于地方文献，以余生长东莞，嘱为《龙溪书院考略》，辞不获已，乃摭拾遗闻，辑为是稿，非云详备，聊以供参考而已。兹拟分为：

一、建置沿革

二、院址及外馆

三、经费来源

四、作育述要

甲、山长

乙、生徒

五、废弃始末

五项，就其文献足征者汇述如下，惟贤达者正之！

---

①编者按：本篇局部标点有改动。

一、建置沿革

龙溪书院始建于清乾隆四年（公元一七三九年），为知县印光任率绅士所倡建。袁枚《随园文集》云："印光任字黼昌，江南宝山人。雍正四年（公元一七二六年）举孝廉方正，以知县发广东。初署石城，实授广宁，调高要。"乾隆二年（公元一七三七年）知东莞县事。《东莞彭志》称其为政平恕，严吏胥，杜请托，豪猾屏息，勤于造士。捐俸迁建宝安书院，增膏火田七十亩。暇进诸生讲学论文，娓娓不倦，士民爱之如父母。《东莞彭志·龙溪书院》条云："在石龙镇，乾隆四年知县印光任率绅士倡建。"此龙溪书院始建之大略情形也。

其后在道光元年（公元一八二一年）重修。《广府戴志》云："龙溪书院道光元年知府罗含章率知县暨戎厅京山两属士民重修。"罗曾任东莞县知事，喜奖拔士类。《东莞陈志》云："罗含章云南景东厅人，乾隆五十七年（公元一七九二年）举人，嘉庆六年（公元一八〇一年）大挑知县，分发广东，署封川，以事落职。九年（公元一八〇四年）投效海疆，叙功擢知州。十一年（公元一八〇六年）署邑令。喜奖拔士类，于龙溪，宝安两书院尤注意。寻调署海安同知，升惠州府知府。二十五年（公元一八二〇年）调广州。逾年，率邑令及戎厅京山两属士民重修龙溪书院。复判分龙溪，宝安两院膏火。道光二年（公元一八二二年）复姓为程。是年秋巡抚广东，甫下车，邑绅尹廷铎等请撰《龙溪书院碑记》，含章勉以勿尚文辞，而忘圣贤远大之业，勖励甚至。"然则此次重修，实为含章所主动，而其邑绅尹廷铎等参与其间。至于是年邑令何人，以及后此有无再修，则尚待查考。

二、院址及外馆

院址在石龙镇。《南越游记》云：“东莞石龙镇为广惠二州舟楫往来必经。”以著[①]者儿时闻之父老，石龙镇实为东江上溯潮梅，直达漳厦之总枢纽。当时海运未通，福建之茶，烟，东江之纸，均由此以输运广州，佛山，其冲要为全省冠。自清末展筑广九铁路经其旁，客货不聚，乃日渐衰落耳。

试绘略图[②]于下，以代说明。

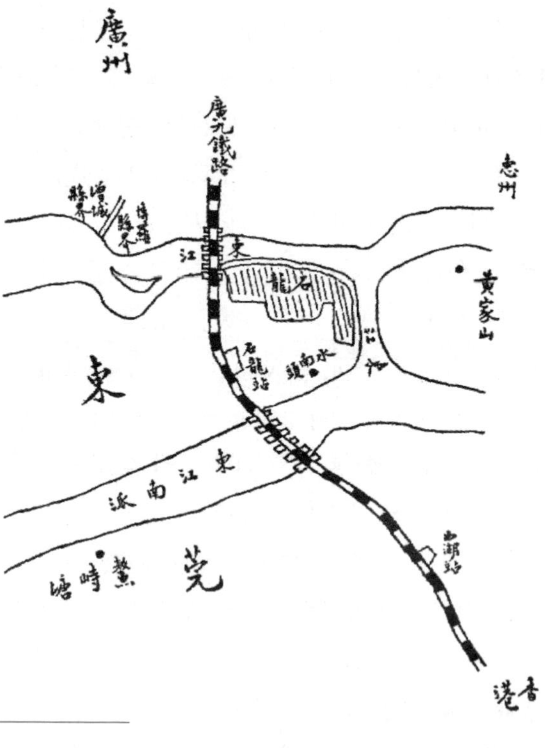

①编者按：原稿为“箸”，当以“著”为是。今改。本篇此字统改。

②编者按：下图为保留原貌，繁体字不简化。

故当时建置书院于此，其文化所及，不仅及于一乡一邑而已。

其后书院倾圮日甚，于道光元年（公元一八二一年）重修本院。其时又以院址太隘，复于水南头建置书院外馆，盖所以为多庇寒士之计也。《东莞陈志·龙溪书院外馆》条云："在水南头，道光元年邑人尹廷铎等倡修龙溪书院，以丙舍无多，增筑外馆，阅三年始成。巡抚程含章有记。"程含章即罗含章，事详前。兹附录其记于下，以明颠末：

政莫大乎培养人才，以供国家之用，而化民成俗之道，即在其中，则书院是已。道光壬午冬，奉命巡抚粤东，甫下车，东莞绅士尹廷铎等来言："龙溪书院倾圮已久，前蒙捐金为倡，士民踊跃，鸠工庀材，始事于辛巳六月，就旧址葺而新之，规模视昔有加。特以亥市杂处，丙舍无多，不足以大庇寒士，谨遵前谕，择距旧基里许水南乡之种花地，增筑外馆一所。北枕罗浮，南临杯渡，山川映发，水木清华，洵造士之胜区，藏书之福地也。斤斧三年，聿成院宇三大进，翼以两厢，环以园墙。新旧两院，计费万金。拟于明年正月落成，请为文以记其事。"余曰："美哉斯举！既葺其旧，复增其新，可不谓勤乎？虽然，斯院之设，岂徒供诸生会文艺，取科第，为乡党光荣已哉。必将明体达用，为国家栋梁柱石之材。且夫学莫先于立志，立志莫要于法古，法古莫要于读书。盖书传所云，自天地名物之理，修齐治平之道，与夫圣贤之言行，古今之得失，下而至于食货之源流，兵刑之法制，莫不毕载其间。贤豪杰士，观其本末，必有以激发吾之志气，开拓吾之心胸，增益吾之聪明闻见。逮行成名立，凡所为功名事业之本，皆于是乎在矣。自正学不明，世之为士者，非不读书讲学，而所求于书者，不越乎记诵词章之末以钓声名干利禄而已！是以志趣日以卑陋。朱子有言：‘书愈多而理愈昧，读书愈勤而理愈肆，浮名愈盛而其行谊德业愈无以逮乎古人。’夫读圣贤之书而不通于心，不有于身，犹不免为书肆，况所读者之又非圣贤书乎？东莞为羊城之左臂，而石龙则东莞之上游，其地广大而宽平，其民繁庶而殷富，考之志乘，奇人杰士，代不乏人，迄今科名仕宦，犹络绎不绝。士非不足于文者。余惧其仅知有文而忘圣贤远大之业也。”于是乎书。

三、经费来源

初龙溪书院经费常[①]与宝安书院相合，正课生童膏火仿照粤秀越华书院支给办法。《东莞彭志》云：“乾隆十三年（公元一七四八年[②]）知县王灏拨入徐屋洲租银二十两。又详奉藩宪拨入八社蚬塘租银五百两，充宝安，龙溪两院修金膏火。三十九年（公元一七七四年）署知县宋清源增拨牛侧沙租银二十三两零（其在拨数已被水冲刷者不载）。嘉庆元年（公元一七九六年[③]）知县彭仁杰又增拨牛侧沙坦税新升租银三百八十九两零。增两院正课生童膏火，仿照粤秀越华书院，定立规条，在院肄业者，方准全支。每月三课，扃门命题，酌

①编者按：原稿为“经常费”，当以“经费常”为是。今改。

②编者按：原稿为“公元一七四年”，乾隆十三年当为公元一七四八年。今改。

③编者按：原稿为“公元一七九八年”，嘉庆元年当为公元一七九六年。今改。

加赏罚。”是在嘉庆初元，全年经费，只合九百三十二两零，为宝安，龙溪两院修金膏火之用。其后拨两院膏火一千两。至嘉庆二十五年（公元一八二〇年）由罗含章判定本院经费与宝安书院划分。《东莞陈志》云：“仲振履字临候，号云江，江苏泰州人。嘉庆十三年（公元一八〇八年）进士，二十一年（公元一八一六年[1]）署邑事。精于校士，县考前列，多隽才。念书院为育才地，拨南新洲租千两，以增宝安，龙溪两书院膏火。”《广东阮志》云：“嘉庆二十三年（公元一八一八年）知县仲振履又拨南新洲租银一千两，增两书院修脯膏火。嘉庆二十五年（公元一八二〇年）知府罗含章判定该县两书院膏火。从前合而为一，原可通融，今乡间既欲修复龙溪书院，自当将龙溪书院应得膏火拨还，以符原案。内除牛侧沙税一项六亩租银三十四两九钱八分，又牛栏二沙坦税四十亩租银十两，原详拨归宝安书院，应专归宝安书院。又四隅义学，系在城内，原拨梧州税租银，应专归宝安书院。又徐屋洲坦税二十亩，租银二十四两，原详拨归龙溪书院，应专归龙溪书院。均无庸议外。其牛侧沙正坦八顷九十四亩六分二厘五毫，租银二百九十五两二钱二分六厘；又牛侧沙溢坦四顷二十六亩五分零七毫六丝，租银一百四十两七钱四分八厘；又八社蚬塘租钱五百两；查核详定原案，系宝六龙四分派，应照原案定议，以六分归宝安，四分归龙溪。至南新洲租银一千两，原详系拨归宝安，龙溪两书院膏火，亦应照宝六龙四分给。毋得以将来添建书院，各半均分为词。”盖自是以后，龙溪书院始有独立经

---

① 编者按：原稿为“公元一八一八年”，嘉庆二十一年当为公元一八一六年。今改。

费，而来源亦确实可靠也。

四、作育述要

考书院之作用，原以作育人才为最要。惟龙溪以规模未宏，废置已久，当时文献，早已云散风流。询之邑人，能道其详者盖寡。余生也晚，未尝厕身其间，近且久客江南，十余年未归，欲搜集故乡文献，而有志未逮也。幸太老师张豫泉世丈，同寓海滨，特为此事，怀铅置椠[①]，日侍其侧。豫丈榜名其淦，旧为龙溪书院正课生，与陈子砺丈同侍太姻丈容青田公讲席，晚年为龙溪山长七年，于当时作育之盛，略能记忆。今更参稽陈子砺丈新修之《东莞县志》（本文简称《东莞陈志》），豫丈旧著《吟芷居诗话》《东莞诗录》，校其文献之确可征信者，分山长，山徒两项，略述于左。至其教规，月课诸大端，则俟诸异日搜访焉。

（甲）山长

山长之职，与今日学校校长相类，而其责任则较重。大率当时必须经明行修之人乃克当之。龙溪书院因为地理环境关系，其地位与惠州府之丰湖书院，肇庆府之端溪书院相当，故所聘山长，颇多杰出之士。可惜文献不足，今日可得称述者，只有：林茂封，黄之球，卢应，邓淳，韩荣光，陈澧，蒋理祥，容鹤龄，邓佐槐，黄崿[②]，崔永安，张其淦，桂坫，尹庆

---

①编者按：原稿为“椠”，当以“椠”为是。今改。

②编者按：原稿为“黄萼”，下文为“黄崿”，依据《东莞县志》，当以“黄崿”为是。今改。

举十四人而已。兹分别述说于下：

林茂封　茂封字松次，东莞县人。蒲封季弟。少孤，抚于诸兄。博通群籍，善属文，工行楷，弱冠补弟子员。诸兄没，甫壮即主家政，以身率教，财帛无所私。邑令俞亦临，戴求仁重其行，先后延主龙溪，义学讲席。多所成就。《东莞陈志》载其《赛海神词》四首云："三月江城赛海神，软风迟日飘轻尘，金铙彩仗逶迤出，绘尽承平锦绣春。夹道霓裳舞袖轻，玉箫金管入云清，春风吹满千门里，尽是钧天广乐声。宝盖阴圆幡影重，银鞍小队结芙蓉，当先騕褭谁家子，半领鹅黄粉黛浓。凌波直渡碧江渍，甲帐当涂列众芬，遥盼风车才过处，烟丝万缕结香云。"其香艳不减温李。惟茂封性端厚，少有老成风规，生平不面斥人过，而有过者亦窃恐闻之，人谓克肇道学家声云。乾隆四十八年（公元一七八三年）癸卯岁贡，未几卒。（据《东莞陈志》）

著书：《拙存斋诗集》。未见。

黄之球　之球字天玉，号侣石，东莞县人。弱冠应增城县考，补弟子员。雍正四年（公元一七二六年）丙午以《诗经》领乡荐，五上春官不第，截选知县归，隐居不仕。邑令印光任，王灏屡聘主宝安，龙溪两院讲席，邑中名士，多出其门。（据《东莞陈志》）

著书：《棠棣集》（与其弟之琪合稿）。未见。

卢应　应字锡垣，号梅关，东莞县人。少聪慧，精制艺。为诸生时，学使吴鸿器之。偕赴湖南襄文衡焉。乾隆二十七年（公元一七六二年）壬午领乡举第二。三十一年（公元一七六六年）丙戌成进士，选庶常。旋授检讨，入直武英殿，充国史馆纂修，《四库全书》分校。念嫡母陈年臻八十，乞终养归，家居谦和，非公事，未尝于谒，大府雅重之。聘主粤秀书院，应恐违色笑，辞不就，改主龙溪书院及宝安书院讲席，凡二十余年。邑士出其门者甚众。（据《东莞陈志》）

著书：有诗集曾录入《东莞诗录》中。

邓淳　淳字粹如，号朴庵，东莞县人。嘉庆二年（公元一七九七年）补府学生员。嘉庆二十三年（公元一八一八年）阮元督粤，纂修《广东通志》，命淳采访东莞事，淳修《东莞草志》五十卷以进，旋命入局，增删明以前列传。道光元年（公元一八二一年）辟举孝廉方正，粤督卢坤，重其为人，聘主龙溪书院。《东莞诗录》录有《乙丑岁暮龙溪讲院感怀诗》，“虚堂寂寂一身闲，心恋从书百虑删，时命凭天成定局，劳生借酒壮衰颜，俗仍未免痴奚卖，诗尚难工祭亦顽，瑟缩袁安眠不稳，梦魂夜夜绕梅山”。乙丑为嘉庆十年（公元一八〇五年），淳二十八岁。又《六十自述》诗有：“皋比滥拥两经霜”，注云：“时主龙溪书院讲席”，疑为两度掌院，否则曾为该院正课生也。尝手辑《岭南从述》六十卷，征用书目凡五百五十，稿五易而始成。其后林则徐督粤严禁鸦片，淳为条陈善后十策。道光二十一年（公元一八四一年）又上平夷诸策。为人言方行规，不愧儒林之选，生平著述甚富。（据《东莞陈志》《吟芷居诗话》《邓徕岭南从述集后跋》）

著书：《粤东名儒言行录》二十四卷。存。（道光刻本）

《岭南从述》六十卷。存。（道光庚寅刻本，道光乙未补刻本）

《家范辑要》二十卷。存。（道光刻本）

《主一斋随笔》十二卷。未见。

《乾惕录》二卷。未见。

《宝安诗正》六十卷。存。(《吟芷居诗话》云：余之得据以成《东莞诗录》者，征君力也)

《邓氏献征录》八卷。未见。

《朴庵存稿》八卷。附赠言一卷，年谱一卷。未见。

《东莞县草志》五十卷。未见。

《朴庵遗文》三卷。未见。(据《吟芷居诗话》云：旧藏东莞苏泽东处)

韩荣光　荣光字珠船，博罗人。嘉庆十八年(公元一八一三年)癸酉科拔贡生。官御史，有直声。工诗善画，时推三绝。以母老乞养归。主讲龙溪书院。其《龙溪竹枝词》第十首云："我住龙溪已四年，采风问俗吊前贤，竹枝歌付双鬟唱，谱入银筝锦瑟弦。"居龙溪久，莞人善诗者多出其门。(据《东莞陈志》)

著书：《黄花集》。存。何仁山校刊。

陈澧　澧字兰甫，番禺县人。道光十二年(公元一八三二年)领壬辰乡举。十四年(公元一八三四年)被选为学海堂专课肄业生。问诗学于张维屏，问经学于侯康。二十年(公元一八四〇年)补学海堂学长。六应会试不第，大挑二等，选授河源县学训导。两月，告病归。拣选知县。到班不愿出仕，请京官职衔，得国子监学录。为学海堂长数十年。咸丰十年(公元一八六〇年[①])曾为龙溪书院山长，与莞人往来甚密。东莞陈伯陶，张其淦等出其门下，其序蔡守白诗云："东莞陈君友珊，言其乡蔡君守白，用《玉台新咏》诗题集《玉台新咏》

---

①编者按：原稿为"公元一八五三年"，咸丰十年当为公元一八六〇年。今改。

句为五律二百余首，工妙不减黄石牧《香屑集》。蔡君没已久矣，旧有刻板，欲刷印以贻朋好。余闻之，愿先睹为快，后数日友珊复与蔡君之侄煦春来，以旧印本见示，余循览一过，叹其工巧，虽刻意自为之，亦未易得此，诚如友珊之言。”友珊名铭珪，即伯陶之父也。时澧方为《东塾读书记》日手注疏一篇，莞人士请益者随问随答，无不惬其意而去。同治六年（公元一八六七年）秋，运使方濬颐创设菊坡精舍，聘为山长。生平读书，心有所得，即手录之，积数百册。汉学宋学，能合其通。《东塾读书记》尤精粹。（据《东莞陈志》，《吟芷居诗话》，汪宗衍《陈东塾先生年谱稿》）

著书：《汉儒通义》七卷。存。（《东塾丛书》本）

《声律通考》十卷。存。（同上）

《切韵考》六卷。存。（《东塾丛书》本，涵芬楼排印本）

《切韵考外篇》三卷。存。（同上，又北京大学出版部排印本）

《汉书地理志水道图说》七卷。存。（同上）

《东塾读书记》十二卷。又三卷。附一卷。存。（家刻本，《续经解》本，商务印书馆排印本）

《东塾集》六卷。存。（菊坡精舍刻本，又另有梁鼎芬编本八卷）

《申范》一卷。存。（同上，又《古学丛刊》本）

《三统术详说》四卷。存。（广雅书局刻，《东塾遗书》本）

《水经注西南诸水考》三卷。存。（同上）

《弧三角平视法》一卷。存。（同上）

《摹印述》一卷。存。（同上，又《印学从书》本）

《说文声表》十七卷。存。（廖景曾藏稿本）

《孝经纪事》一卷。未见。(《自序》见《东塾剩稿》)

《读诗日录》一卷。存。(《古学从刊》本,《微尚斋从刻》本)

《声律余考》。未见。

《古乐微》一卷。存。(廖景曾藏本)

《古乐余论》。未见。

《等韵通》一卷。未见。(《东塾集》卷三有《自序》)

《东塾类稿》。存。(刻本)

《钟山集》。存。(刻本)

《初学编音学》一卷。存。(自刻本,《粟香四笔》本)

《字体辨误》一卷。存。(刻本)

《学海堂志续》。存。(附刻《学海堂志》各章后)

《老子注》一卷。存。(汪兆镛先生藏钞本)

《香山县志》二十二卷。存。(光绪五年刻本)

《自记》一卷。存。(陈氏家藏稿本)

《水经注提纲》四十卷。未见。

《琴律谱》一卷。存。(陈氏家刻本)

《东塾杂俎》十卷。未见。

《朱子语类日钞》五卷。存。(家刻本)

《陆象山书钞》六卷。存。(家钞本)

《公孙龙子注》一卷。存。(汪兆镛先生校刊本)

《陈东塾先生遗诗》一卷。存。(同上)

《忆江南馆词》一卷。存。(同上)

《唐宋歌词新谱》。未见。(据《东塾集》卷三有自序)

《东塾随笔》。未见。

《东塾剩稿》。存。(陈氏家藏稿本)

《读陶渊明诗札记》。存。（钞本）

《识月轩诗话》。未见。

《陈东塾先生遗稿》。存。（岭南大学藏钞本，曾摘登《岭南学报》二卷二，三期。又国立北平图书馆藏稿本）

《东塾集外文》四卷。存。（汪宗衍辑，未刻）

蒋理祥　理祥字汝宸，号吉云，东莞县人。道光二十九年（公元一八四九年）己酉选拔。咸丰二年（公元一八五二年）壬子领乡举，越年成进士，选庶吉士。同治三年（公元一八六四年）奉旨免令散馆，特授编修。当道聘主龙溪书院讲席，以德行课士，脯修外不妄取一钱。地方义举，罄所有不之吝。弱冠时馆潘仕成家，仕成辑《海山仙馆丛书》，殚心检校，垂二十年。后仕成获罪，查抄，力为营救。曰："非敢市义，少受鲁子敬恩弗敢忘，所以报也。"（据《东莞陈志》《东莞诗录》）

著书：有诗集曾录入《东莞诗录》中。

容鹤龄　鹤龄字青田，东莞人。少承家学，有文名。咸丰十一年（公元一八六一年）辛酉领乡荐，同治二年（公元一八六三年）癸亥成进士。授知县，以折腰非所好，援例为六部补用郎中。性夷旷，诱掖后进无不至。掌教龙溪书院十余年，多所裁成。其邑中凤台诗社，久歇绝。鹤龄提倡风雅，为诗课，他邑人投诗者毋虑数十百篇。《吟芷居诗话》云："吾邑自赖介山，简东洲后，何梅士、陈友珊两夫子，及罗秋浦明经继起主持风雅，故邑令能诗者甚多。光绪某年，容青田夫子提倡续凤台诗社，月课一诗。"其后仿行之，到今不绝。（据《东莞陈志》《吟芷居诗话》）

著书：待考。

邓佐槐　佐槐字振动，号砺侯，东莞县人。少聪颖，五龄随游古刹，默识楹帖，无遗误。同治六年（公元一八六七年）丁卯领乡举第一，逾年成进士，授礼部主事。光绪四年（公元一八七八年）戊寅勦办惠陵工竣，加四品衔。逾年丁内艰，归里。以少孤不获留倚养，哀毁几绝。家居启簏，得亲友券无力偿者悉焚之。十年（公元一八八四年）入都，补祠祭司主事。寻回籍，主龙溪，宝安书院，莞人士多从之游。其邑人以“一时”两字为十一言夹联请其评阅，有卷云：“一生书债还待文章有价时”者，取列第一，盖以暗合其身世也。有《亦蘧庐诗草》，中多构思之作，如《燕台诗》云：“独怜伏枥长鸣者，不为黄金不肯来。”《题团扇牡丹》云：“自从富贵名相被，减却天香一半春。”可见其怀抱也。（据《东莞陈志》《吟芷居诗话》）

著书：《中法战争记》。存。（稿藏于家）

《亦蘧庐遗稿》。存。（同上）

《亦蘧庐诗草》。存。（张其淦编选，未刻）

黄嵦　嵦原名家驹，字景仑，东莞县人。少劬学，工书法。年十八，补诸生，领同治九年（公元一八七〇年）庚午乡荐。逾年联捷成进士。授刑部主事。性廉静，不事奔竞。与归善邓承修，楚北杨守敬为文字交，搜藏六朝碑帖数百轴，终日研求，遂精金石之学。书法亦益进，为当时所重。以亲老南归，邑令张琮延主龙溪书院。历主惠州丰湖香山翠微增城炳蔚各书院，士薰其教，悉皆成通才。亲殁，改知县，授陕西洋县令，旋罢归。（据《东莞陈志》）

著书：《刑案异闻录》十卷。未见。（据闻有笔记藏于家，详论时政得失，有董狐直笔）

崔永安　永安字磐石，正白旗汉军人。光绪五年（公元一八七九年）庚午乡荐，逾年联捷成进士。散馆授编修。旋丁忧回籍，大府聘主龙溪书院，多所裁成。官至浙江，直隶布政使，护理直隶总督。晚年隐居上海，卒于杭州。工书法，善画梅花，年六十，犹能作蝇头小楷，见《岭南画征录》。（据张豫泉丈说）

著书：待考。

张其淦　其淦字豫泉，东莞县人。光绪五年（公元一八七九年）己卯领乡荐。十年（公元一八八四年）补学海堂专课肄业生。十八年（公元一八九二年）壬辰成进士，二十年（公元一八九四年）补殿试，授庶吉士。散馆，改山西黎城县知县，在任四年。义和团之乱，教民七名被戕，以保教不力被参。回籍，大府聘主龙溪书院七年。照旧制课诗文之外，又仿学海堂成法，兼课经史词章，每月榜其佳作于《文源书舍》，聚观甚众，裁成不少。后改捐安徽候补道，宦皖三年。宣统二年（公元一九一〇年）夏，署安徽提学使。民国改元后，寓居上海，著述自娱。今尚健存，年七十六。

著书：《邵村学易》二十卷。存。（民国十五年印本）

《洪范微》一卷。存。（排印本）

《左传礼记》十卷。存。（排印本）

《老子约》六卷。存。（排印本）

《松柏山房骈体文钞》四卷。存。（家刻本）

《梦痕仙馆诗钞》二十卷。存。（同上）

《五代咏史诗钞》六卷。存。（同上）

《邵村咏史诗钞》十八卷。存。（同上）

《明代千遗民诗咏初编》十卷。存。（民国二十年排印本）

《明代千遗民诗咏二编》十卷。存。（民国二十年排印本）

《明代千遗民诗咏三编》十卷。存。（民国廿一年排印本）

《元八百遗民诗咏》八卷。存。（民国二十二年排印本）

《东莞诗录》六十五卷。存。（家刻本）

《吟芷居诗话》四卷。存。（附《东莞诗录》后）

《春秋教旨》二卷。未刻。

《春秋持平》十卷。未刻。

《读老随笔》十卷。未刻。

《庄子旨归》十卷。未刻。

《郭子翼庄偶释》一卷。未刻。

《读列随笔》二卷。未刻。

《寓园文钞》二卷。未刻。

《两汉史论》二卷。未刻。

《孟子学说》十卷。未刻。

《紫筠籍杂缀》四卷。未刻。

桂坫　坫字南屏，南海县人。光绪十四年（公元一八八八年）选广雅书院肄业生。十七年（公元一八九一年）选学海堂专课肄业生。是年，领辛卯乡荐。二十年（公元一八九四年），成甲午恩科进士，改庶吉士。散馆授检讨。保送浙江知府。曾主龙溪书院讲席，今尚健存，年近七十。（据张豫泉丈说）

著书：《晋专宋瓦室类稿》五卷。存。（光绪戊戌刻本）

尹庆举　庆举字策廷，号翔墀，东莞县人。年十六补邑弟子员。光绪十七年（公元一八九一年）辛卯举于乡，二十一年（公元一八九五年）乙未成进士，选庶吉士，旋授编修。二十六年（公元一九〇〇年）庚子考试差，列高等，有内阉请谒，曰："予千金，学差可得也。"庆举婉谢，或问之，曰："学臣为多士矜式，己不正，如正人何！"遂告归，大府聘主龙溪宝安书院讲席，以实学课士。又以科举为世诟病，与莞令刘德恒设劝学所，县立初级师范暨小学各校。莞人学堂之设，遂为吾粤先。三十一年（公元一九〇五年）入都供职，历充国史馆纂修，编书处协修及详校官。宣统元年（公元一九〇九年）京察一等，赏侍讲衔，充实录馆纂修。旋以闽浙账捐赏花翎。宣统三年（公元一九一一年）京察以道府记名，九月授成都遗缺知府。将行，会革命军起，未能赴任，遂回里，不复出，性谦厚，遇事审慎，不执己见。与人交，无贵贱，一接以礼，人乐亲之。民国四年连丁父母之艰，哀毁成疾，十月终于里，年五十四。（据《东莞诗录》，《吟芷居诗话》，苏泽东《祖坡吟馆摭谈》）

著书：待考。

（乙）生徒

当时生徒状况，以无院中文献可据，搜讨更为困难，现综核所得，信而有征者，计得：何仁山，陈伯陶，张其淦三人，其余概俟考焉。

何仁山　仁山字颐贞，号梅士，东莞县人。夙承家范，敦品励学，工诗文。肄业龙溪书院时，为博罗韩荣光所器重。今其集中，有：《题韩珠船师蒲团挥尘图》（图作僧服），《龙溪渔隐图韩珠船师命题》诸篇，盖师而友者矣。道光二十九年（公元一八四九年）领己酉乡举第一，主司何绍基深赏其文，时称名元。以其季父鲲案被累，不得预会试。性孝友，事亲能以色养，视兄弟如手足，馆谷不以自私，数十口，世同居爨，怡然自乐。咸丰七年英法联军陷广州，仁山集团防御，钦差罗惇衍，龙元僖，苏廷魁，咸倚重焉。事平，洊保直隶州知州，以亲老，绝意仕进。当道聘主宝安书院，居丧遵古礼，赙助者悉婉却。生平不营生产，然为人任事，不避怨，不居功。晚岁诗酒自娱，爱罗浮茶山之胜，构屋黄仙观侧，复营生圹于前，植梅环之，其旷达如此。《吟芷居诗话》云："昔张南山先生主讲宝安书院，韩珠船先生主讲龙溪书院，何梅士夫子曾从之游，故诗学具有渊源，寝馈于唐宋大家，而于国朝六家诗致力尤深，佳句甚多，难屈指数。"殆东莞三百年间诗人之首出者欤！（据《东莞陈志》，《吟芷居诗话》，张维屏《听松庐诗话》，李文泰《海山诗屋诗话》）

著书：《草草草堂诗草》二卷。存。（门人东莞何寿泉注刻）

《锄月山房文钞二卷》。存。（门人东莞邓蓉镜刻于江西官署）

《东莞县志稿》。（据《东莞陈志》云，无卷数，原稿未见）

陈伯陶　伯陶字象华，一字子砺，东莞县人。少时与张其淦同肄业于龙溪书院。光绪五年（公元一八七九年）领己卯乡荐第一，七年（公元一八八一年），选学海堂专课肄业生。十五年（公元一八八九年），考取内阁中书，充咸安宫教习。馆李文田家。十八年（公元一八九二年）成壬辰进士，廷试一甲第三名，授编修。历充云南，贵州，山东副考官，武英殿纂修，起居注协修，文渊阁校理，国史馆总纂。光绪三十一年（公元一九〇五年）入直南书房。三十二年（公元一九〇六年）学部奏派赴日本考察学务，署江宁提学使。三十四年（公元一九〇八年）七月，署江宁布政使。宣统元年（公元一九〇九年）五月，再署江宁布政使。十一月，实授江宁提学使。二年（公元一九一〇年）三月，入觐，请假修墓。旋由粤督代奏开缺养亲。

民国改元，奉母避地九龙，因家焉。自号九龙真逸，沈潜于著述。民国四年（公元一九一五年）从东莞邑人之请，设志局于九龙，纂修《东莞县志》，民国十年（公元一九二一年）书成，凡九十八卷（案：即本文所称之《东莞陈志》是也）。后卒于九龙。（据陈宝琛撰《墓志铭》，张学华撰《传》，张豫泉丈说）

著书：《孝经说》三卷。存。（排印本）

《胜朝粤东遗民录》四卷。存。（《聚德堂从书》本）

《宋东莞遗民录》二卷。存。（同上）

《东莞五忠传》二卷。存。（排印本）

《重纂东莞县志》九十八卷。存。（排印本）

《瓜庐诗剩》四卷。存。（排印本）

《瓜庐文剩》四卷。外编一卷。未见。

《宋台秋唱》一卷。存。（《聚德堂从书》本）

《辑袁督师遗稿》三卷。未见。

《东江考》四卷。未见。

《西部考》二卷。未见。

《增补罗浮志》十六卷。存。（刻本）

张其淦　详见山长。

五、废弃始末

及光绪三十一年（公元一九〇五年[①]）诏废科举，兴学校，院遂废置。莞人有营竹器业者，赁其地为店。民国以后，未知鞠为茂草否也。

---

①编者按：原稿为“公元一九〇四年”，光绪三十一年当为公元一九〇五年。今改。

赘语

吾为此文既竟，携文请谒豫丈，豫丈曰："院建凡二百六十余年，吾莞人士以肄业其间者，盖数百人，而足征者寥若晨星，何其可悯欤！就余所知，如邓莲裳，叶子勤，莫友箎，莫天一诸氏无不肄业其间，惜乎文献之不足也！苟能于吾邑各姓族谱各家遗乘而钩稽之，当不止此数。即推而广之，于新修南海，番禺各县志，及广东旧档案而尽翻检之，则山长之数，亦不止此。他日勉之可也。"又曰："当时院规甚严，正课生固当住院，即山长亦不得遥领也。犹忆湖南汪颂年（名诒书）太史，来粤就其同乡某大府，大府即札给邑令刘子占（名德衡），聘为龙溪书院山长，聘书已发出矣，汪欲在广州遥领，为刘面折，遂不敢到任，则于此可见一斑矣！"鸣呼！吾邑前辈为学之勤笃，岂不以此哉！因为附志于此。

民国二十三年九月二十八日成于沪上四部书斋

（原载《岭南学报》第4卷第1期，1935年）

我的老师徐亦良先生

这时我大概是十一岁吧！先一年的秋天，我因为在私塾读书，每天午后便逃学，去实行我的渔猎生活，给我的父亲发觉了；那年的春天，便送我到这一所县立第一初等小学堂（原名城南小学）里去念书。这学堂那年刚巧是徐亦良先生起始去接办的。徐老师榜名绍业，别字亦良，是清朝末届的邑庠生（俗叫秀才），是“百里奚不谏”那条题目考取的。据说当时还有一位姓徐的是抄了苏明允《谏论》“夫臣能谏，不能使君必纳谏”的大文，考取了第八名，徐老师却考了第七名，争得了爵长的地位。所以在各人的心目中，便承认了徐亦良老师的文章，比老苏还要高明，大家便起了信仰。兼之徐老师的管理法比别人来得严肃，所以生徒特别地多。我父亲送我到这里来，为的是要给我一位好老师的意思。

那年校里约有八十位生徒的光景，因为经费不足，所以徐老师只得一个人在那里唱独脚戏。虽然学堂里的功课以四书为主，然而修身、历史、地理、算学各科，徐老师也得在那里教。课本彷彿是用“无锡三级学堂的读本”和南洋公学编译的教科书。记得有一回在夏天的时候，徐老师穿起紫花布的短衣裤，召集了我们在学堂门口，便教我们柔软体操。我直到现在，还不知道徐老师从何处学习得来的。

当时读书总算是一件了不得的名贵事业。我虽是校里一位最年青的学生，却也自负不凡，穿起一件长衫，衣冠楚楚，走起路来，总得学老师一样，规行矩步，彬彬儒者。可怜呀！我初进校的时候，并没有开过笔作过文章。第一天上作文堂，看见了别人摇笔即来（他们大概在二十岁左右，当中有一位姓何的，已有三十多岁，听说家里头已生了几个小孩子了），自己便十分惭愧。不得已勉强选择一条乙种题目“说孝”来作了二十来字；因为起处还能以“忠”字陪起，徐老师便奖励了一番。那天放学回家，父亲叫我默了出来，说了一声：“小孩子还能读书。”从此以后，我便立志要作甲种题目，如什么：“朝秦楚论”“天命之谓性义”的一类题目。可是小孩子见了这一类的题目，便头痛起来，搜索枯肠，倒滴不出半点墨。但是我又不好意思不作，便硬着头皮，搬演了百来个字，徐老师便批了什么“是甘受和白受采者”。每星期作文两次，每次回家，父亲便也叫我默了出来。

但是徐老师的教法的确令人容易进步。不到七个月，像我这样的呆孩子，便喜欢作经义题，并且顶喜欢作“临财毋苟得临难毋苟免义”的一类双扇题目。到了那年孔子圣诞的前后，便听了徐老师的话要去投考新开办的县立中学。我把这消息回家告诉父亲，我父亲大不以为然，后来亏得母亲说了许多话，父亲才允许借给我两角钱的报名费（因为考试之日由学堂发还的）。徐老师在投考那一天告诉我，说：“如果场内的人都比你年轻，你可以不必考；如果比你年长的人多，你便有希望。”这句话很有道理的。后来榜发得了一名备取，我还记得当时的题目，是“武乡侯论”。但是父亲不许我入中学。后来在那年冬天，才经过初试“食无求饱论”覆试“孝弟为仁之本论”两个题目，考入县立第一高小。考试时适值慈禧后和德宗先后升遐，卷纸是用蓝格的。

我一生教育的转机全在这一年。可是我的渔猎生活便从此丧失了。第二年入了高小读书，仍然不愿意离开徐老师。直至离开乡村来中原读书时为止，每逢星期日必然要去见徐老师一趟。

听说现在徐老师年纪很大，但甚精健。我离开了我的故乡也有十五六年了。

二十三年十一月十五日写于交通大学文治堂

（原载《青年界》第7卷第1期，1935年）

广东民族性的环境因素①

不久以前，香港《工商日报》，有李朴生的《广东和广西》一文，说这次全国抗战，在前线作战的勇敢，使大家知道“有有怕”与“丢那妈”是异曲同工，而伤兵在后方又能守纪律，不扰害老百姓。“有有怕”是广西人的口音，“丢那妈”是广东兵士的通行语。余今先谈广东，至“有有怕”留待将来再说。

现在广东各市乡满贴上救国标语，其中有写着“把广东精神拿出来！”怎么解呢？我们知道的：在日前革命军北伐是以广东为基础的，以广东一隅的人力、财力、物力支持革命的工作，这种精神是何等伟大！在辛亥革命以前孙总理唱导革命，在广东各地四次三番的起义，其中最轰烈的黄花冈之役，殉难的也以广东人为最多。不止如此，在鸦片战争时，广东英勇的民众，烧鸦片，杀外兵，姑不论结果如何，也就充分表示忠勇守土的精神。广州三元里一役，民众们持着低劣的武器，杀死数千外兵，便是一例。不止如此，还有在南明时候，苏观生、

①编者按：本篇书名号为整理者所加。局部标点有改动。

张家玉、陈子壮等先后起义，尽力抵抗外族的侵凌。桂王定都肇庆，高要人也出了不少的力。所谓“广东精神”，每当我国家民族危急存亡的时候，处处表现着伟大的光芒。即以现下全国抗战而论，粤籍士兵出生入死，前仆后继，达到了持久消耗敌人的目的，而东战场战事广东士兵更拼命作战，“丢那妈”这口音，为敌人所最惧怕。

此外还有梁任公师及丁文江所统计历史人物分布表，《新唐书》始有广东人三名入史传，及至《明史》则有广东人五十名。清史尚未成书，《清史稿》未得公开统计，我以私意窥之，自清至民国，可以列入史传的人物当不在少数。（一）以政治言，自明末遗老义民以至清代科举显宦，太平天国，兴中会同盟会等革命志士及戊戌变政的康梁门徒，以及民国以后的各党派从事政治活动的人物，将来在史籍上可占一姓名者，必较前倍蓰。（二）以学术言，著名者如吴兰修、侯康、侯度、陈澧、朱次琦、黄遵宪、简朝亮、康有为、梁启超等不下数十辈，其他诗文人及著作家有集可考者，不下数百，此外如翻译西书或传布西学者，多至指不胜屈。（三）以殖民事业言，如叶来郑昭等辈早自树立者不计外，其能只身独往捆载而归者，不下千万人，南洋群岛华侨固以广东福建一带的百粤人为最多，而新旧金山各地广东人尤在不少数，俗谚至有“无广东人不成商埠”之谣，则其活动力之大可知。梁任公师《历史统计学》谓：“广东人向来差不多都是零度，倘将民国十年史编出来，恐怕也涨到百分之十以上。”我以为不止此数。所以广东开化虽然较迟，而进步确特别地加速。计其民族性的优点：诚实，俭朴，刻苦，耐劳，固其长处；而勇敢，活泼，敏捷，聪慧，尤为世界人士所赞佩。

顾考其所以致此之由，世固莫得而言，而中西载籍，犹无有系统的论述。鄙人不敏，尝闲搜集零星材料，从事研究，今择其重且大者，试为阐述其环境因素如下，以供共同之研究。

甲、地理环境　广东僻处海隅，居中国南海，在昔水陆交通尚未发达的时候，目为毫无用处的海陬。然自西人航海进步以来，广东不特为中国对海外交通的喉舌，亦且为世界往来的中心地点。故自明嘉靖以后，澳门即为通商巨口，“十三行”渐为中外贸易的中枢。在上海未正式开埠以前，中国对外税收，粤海关实首屈一指。然而欧美人士既纷至沓来，其中不少传教士，挟西洋文化以同来；故自内河文明转移趋入于海洋文明时，广东遂不得不为这种文明运输的仓库，故“通洋务”三字几为粤人最时髦的头衔。自鸦片战争以后，打倒“十三行”制度，五口通商，平均发展，粤人这种地利上的便宜，未免略有损失。然而其对外贸易的历史久远，世界人士认识最深，因而绝不蒙受影响。

乙、气候环境　广东濒临海岸，每年夏秋之交，风暴最多，裂栋折宇沉船毁屋，几成司空见惯。这是广东气候的最恶劣处；然而天之降大任于是人也，必先劳其筋骨，苦其心志，以为锻炼。粤人的体格，最适宜于航海与航空，而生性敏捷，最足以应付灾变者实亦以此。这是粤人的得天时处。据廿五年九月竺藕[①]舫师播音演讲，谓美国社会教育学者的统计，曾统计美国港湾地带与非港湾地带的学生工人工作效能，凡港湾地带有风暴季节者，成绩较优，否则较劣；又同一港湾地带，每逢无风暴之年，其学生工人成绩也较有风暴之年为劣。因知风

①编者按：原稿为“耦”，当以“藕”为是。今改。

暴与人们的工作效能大有关系。大约因为暴风经过，肌肤起收缩作用，足使人振刷精神，工作敏捷，有应付非常不测的才能。久之，子孙相传，神经渐生变化，成为优生的特点。我以为广东民族性的特点，这种天时，至少是一个重要的因素。

丙、种族环境　广东种族，至为复杂。在百粤民族时代，不甚可考。大概以使用铜鼓为其特征，故又称为铜鼓民族。其后迭[1]次受到徐楚文化，中原文化，种族渐次混杂。《汉书·地理志》谓武帝以来，番禺徐闻合浦为对海外交通的中心，远者达至夫甘都卢国[2]，黄支国，已程不国等，蛮夷贾船，转送致之。是广东在纪元前早已与南洋群岛缅甸一带交通往来。据《广东阮志·方伎传》云：晋时沙门有支法存者，本自胡人，生长广州。是晋时西域月氏人有居留广州长育子孙者。同志《释老传》有迦摩罗者，梵僧也，以太康二年（公元二八一）自西竺来。以其为僧，于种族无甚影响，似可不计。惟以此推知当时印度人已有来居广州者。民十九年（？）广州有罗马字砖出土，为汉晋间物，疑这时罗马人已有留居广州。《隋书·南蛮传》称："南蛮杂类，与华人错居，曰蜑、曰獽、曰俚、曰獠、曰㐌，俱无君长，随山洞而居，古先所谓百越也。其俗断发文身，好相攻讨，浸以微弱，属于中国，同之齐人。"据此是隋唐以来，南蛮杂类，已同于齐民。正史所载，考古所见，广东种族，已甚复杂了。明清两代与海外盛行交通以后，侨民留居安南马来半岛各地者，往往有娶当地土妇生育子女，迄今

---

①编者按：原稿为"叠"，当以"迭"为是。今改。

②编者按：原稿为"夫甘郁卢国"，根据《汉书·地理志》，当以"夫甘都卢国"为是。今改。

犹时或有之，及其携带土生子女回国婚嫁，则再传以后，遂成混血。以我全国而论，疑粤人与外族混血最深，断不止如五胡乱华以后，隋唐诗人学者每多异族已也。据近世优生学者言，凡一种族含混血最多者，其种族最为优良，反之，如为纯粹一血族者，往往因之衰弱而至于淘汰。是则只以种族因素而论，广东民族可谓最得“人和”。

有此三个因素，古人所谓天时地利人和，在广东都得到最佳美的环境，故广东民族遂得以养成其种种优良的民族性。今者积数千年民族的优点，代代相传，则其得天独厚，亦理所宜然。近十年来，日本日日以种族复杂文化全属外承自诩，梦想完成其东方罗马的雄图。惟我则甚愿粤人有此良好基地，更应加倍努力，做成东方的希腊，在战时则为斯巴达，在战后则为雅典。罗马帝国在不久是要分裂而至于灭亡的。据近日的军事专家谓，敌人如果侵略华南，为日本最困难的时期，其极大的危险亦要从此发生。我们有保卫乡土和民族的责任的广东人，更应该发展我“广东精神”！

（原载《大风》1938年第4期）

悼张豫泉先生[1]

一

不幸得很，有一天邮局送来一本讣告，有了张豫泉先生的遗像，说他已于丙戌年十一月二十四日申时病终沪寓正寝，这个消息，我不由得不放声大哭！豫泉先生不能再见了！

张先生是我的太老师，从前在上海对我的训示，照料，我在上海建造的四部书斋，张先生为我计划，为我筹款，送给我的食物，送[2]给我的好书，我两人的交情，这种种如在目前，令人想到，如何不哭。我决心要作一篇悼念的文字。初拟题目为“哭张豫泉先生”，后来想想，“哭”字题目，必须为韵文，或为诗，诗与韵文必不能详尽，而且我的文笔又拙劣，不能运用如意，不如改为“悼”字，可作语体文，可以详尽一点，所以索性改成现在的题目。

①编者按：本篇书名号为整理者所加。局部标点有改动。

②编者按：原稿为“遂”，当以“送”为是。今改。

二

先生姓张名其淦，字汝襄，别字豫泉，为东莞篁村乡人。少时聪颖勤劬，除家学外，尝请益于东莞名进士郑莲裳蓉镜容[①]青田鹤龄蒋太史吉云理祥及陈子砺的父亲陈友珊铭珪等，与陈子砺伯陶等同学。年十六入邑庠，光绪己卯科举孝廉。自是来广州读书，为陈兰甫先生澧入室弟子，尝转述陈兰甫先生“作诗须由王渔洋入杜工部”之说以教我，故先生之诗一以唐人为宗。旋补学海堂专课生，张之洞督粤观风太老师撰《岭南名臣序》骈文，录取冠军，文名藉甚；故先生之学，亦以诗骈文为最高。壬辰成进士，在京发痘乞准补试，陈子砺以是科入翰林授编修，先生于甲午补殿试，乃入翰林授庶吉士，散馆改山西黎城县知县。宦途蹇滞，为晋抚岑春萱奏参“保教不力”革职永不叙用，罢归田里，充龙溪书院山长七年，成就者众，先父郑经畲公书田于是时从先生游，我在十余年前曾著《龙溪书院考略》，刊布《岭南学报》中，兹不复赘。光绪末晋抚奏请开复原官，捐升候补道，分发安徽，与皖抚朱家宝为同年，最称友善，宣统二年（一九一〇）署安徽提学使，加头品顶戴，赏花翎。辛亥革命军兴，遂避上海，隐居不出。太老师身世，详见所撰《重游泮水》《重赋鹿鸣》及《八十生朝感怀》《八十二生朝感怀》诸诗中；诸诗久布人间，世所多见，兹亦不赘。惟先生晚节，有足称者：方民国初年朱家宝为直隶督军，邀任财政厅长，辞不就；其后袁世凯筹备帝制，某权贵求代撰劝进表亦力却之，甘以首阳薇蕨终老，这是难能可贵

---

①编者按：原稿为“蓉”，当以“容”为是。今改。

的。在八年对日抗战中，先生在上海租界，眼见大小汉奸奔聚伪京，深恶痛绝，来书每谓“某某已不在人间矣”，其伤心可知。先生主持罗浮酥醪观四十六年，晚因号罗浮豫道人，又号岭南迂叟。

三

先生著述凡三百卷，计已刊：

《邵村学易》三十卷
《左传礼说》二十卷
《老子约》六卷
《洪范微》五卷
《松柏山房骈文》四卷
《梦痕仙馆诗钞》二十卷
《汉唐五代咏史诗》十七卷
《元八百遗民诗咏》八卷
《明遗民诗咏》四十卷
《东莞诗录》六十卷
《吟芷居诗话》四卷

其未刊稿本计：

《春秋教旨》二卷
《春秋持平》十卷
《读老小言》六卷
《郭注翼老偶释》一卷
《庄子旨归》十卷
《读列随笔》二卷
《寓园文钞》二卷

《两汉史论》二卷
《孟子学说》二卷
《邵村麈谭》八卷
《紫筠簃杂缀》四卷
《寓国丛书》四十八卷
《清代遗民诗》二百余首

余在上海各大学任课凡十年，至民国二十五年十月乃奔先祖母丧回粤，在沪上共侍先生凡九年，自沪上四部书斋落成后，与先生咫尺[①]而居，每星期日必来召往共午餐，其一书之成，必嘱为校读，因而知之颇详。先生经子之学，甚有根柢，能镕铸经子以入诗骈文，以故诗骈文成就最大。其《松柏山房骈文》《梦痕仙馆诗钞》两集当为必传之作。《五代咏史诗》见解甚高，足见其知人论世之识。而遗民诗诸作勾稽考证，足征正史的未备。于诸子中尤精于老子，尝谓老子书中玄牝二字，玄为男子阳具象形，玄牝二字即阴阳二字的另一符号，故“玄牝之门，是为天地根”。又谓荀子性恶之说，较孟子性善之说为合理；谓精虫在受胎时互相搏斗，必吞噬者众乃能生存，足证在先天时确已性恶云云。于论诗多精到语，尝读《蒹葭楼诗》谓无一语足录入诗话，尤与众见不同。当时我在上海主办《学术世界》月刊，《吟芷居诗话》四卷分期刊入《学术世界》中。

四

先生晚年手不释卷，咏史之外，每感怀时事，余南归后，

---

①编者按：原稿为“只”，当以“尺”为是。今改。

先生每成一诗，必嘱人录示，八一三抗战以后，余由粤入桂，由桂回粤北，先生每有书来，必示以诗，至广州湾失陷后，沪与粤北，两成孤岛，书渐不能来，遂不复得先生诗，胜利以后，诗亦不来，疑因年高少作矣。

其《丙子九月由闸北迁居法租界蒲石路感赋二首》云：廿载鷦鷯借一枝，春申江树草离离，怕听鸿雁哀鸣候，又是龙蛇起陆时（时日兵占入华界示威），黯黯长大真欲问，茫茫大地竟何之，钓徒本有烟波志，我愿乘桴居九夷。

白石仙人煮作粮，菖蒲涧忆白云乡，屡看时事新花样，可有疗饥本草方，淡定襟怀归旷达，寂寥身世感苍茫，穷愁已减登高兴，黄菊东篱劝举觞。

又用前韵再赋云：

休忆琼林最上枝，伤心芍药赠将离，浮家范蠡九千日（即二十五年），赁庑梁鸿又一时，好月桂花如吐艳，满途荆棘问安之，陆沉真有神州感，闻欲迁都避岛夷。

朝露秋风屈子粮，蓬台吟到铁崖乡，惓怀遗老诗千首，洄溯伊人水一方，每忆旧游心悄悄（原注北平山西皆旧游地，闻消息不佳），大难来日事茫茫，陶然入梦华胥国，曾醉罗浮桂酒觞。

又三叠前韵云：

长堤杨柳万千枝，不向春风绾别离，龙战畏逢垂老日，麟来岂是太平时，我心孤月明常在，尘世浮云随所之，感事每怀陈独漉，江山无地限华夷。（独漉句）

曾分红粟太仓粮，回首承明旧帝乡，铜辇秋衾多恨语，金华宵露忆仙方，南园旧两股酬唱，东海雄风接混茫，四百芙蓉一壶酒，安期酌我九霞觞。

又四叠前韵云：

蓬莱万寿老藤枝，丹灶仙坛愿不离，松柏山中霞幂处（原住寓园有幂霞楼），梅花村外月明时，偶吟白虎李长吉，常作云龙韩退之，逐浪飘萍踪迹惯，尚欣载酒有鸱夷。

旅雁依然觅稻粮，登临望远更思乡，传将悱恻缠绵念，写出长生不老方，高士菊花为伴侣，美人香草寓冥茫，会携醇酒珠江去，镇海楼头泛满觞。

晚年遭遇外患，其怆痛可知。闻后得桂南屏太史坫八叠韵和诗，先生亦足成八叠韵。然其时尚未开战，不过几次紧张而已；未几迁归广肇路寓庐。

及后丁丑八一三上海抗战，先生又迁法租界格罗希路（今改名延庆路）四十八号三楼，即先生正寝的地方。旧历八月初九日[①]闸北寓庐为日飞机炸毁，藏书七十余箱，悉付劫灰，字画椅棹什物皆尽，先生又成诗一首云：

沧海横流直到今，杜陵秋兴自沈吟，印泥鸿爪年年换，起陆鲸波渐渐深，白骨莽丛休纵目，绛云灰烬自惊心，本来破甑悲身世，留得奚囊返故林。

这时上海抗战经已一月，先生寓庐遭毁，悲愤极矣，复叠韵再成三首。余得书，和以一诗而慰之，云："倭寇猖狂古复今，那堪卒读五噫吟，万间广厦烧无迹，一幅流亡恨最深，喜见歼仇同戮[②]力，定知毁室不伤心，登楼四望烽烟在，何日升

①编者按：原稿为"月"，当以"日"为是。今改。

②编者按：原稿模糊不清，疑为"僇"，当以"戮"为是。今改。

平返故林。”先生然之，复为四叠韵诗来，时我军退出闸北，余疑复兴村四部书斋已毁，叠前韵再成一首“沧桑世变岂惟今，闻讯中宵苦自吟，三舍退人悲可极，一楼疑我恨殊深，江生有笔应何怨，清照无书讵疚心，最是撩愁灰烬处，九泉难弟稿如林”。末句盖谓亡弟郑惠民润霖在北京大学读书时译著《人类婚姻史》等稿庋四部书斋内，未刊恐遭失落，今果失落了。痛何如之！其后抗战转进，每失一地，先生必写诗哭之，一诗比一诗凄怆，咽不成声了。其《北平即事》云：

年年笑我杞人忧，阅尽沧桑今白头，已见关门来虎豹，又闻京国叫鸺鹠，棘生南苑迎新客，瓜熟东陵访故侯，剩有遗黎垂泪语，北平自古帝王州。

鼙鼓渔阳声震天，山河风景异从前，只应华表招归鹤，讵有台城堕纸鸢，木榻管宁东渡日，麻鞋杜甫北征年，不堪往事从头说，空自临流叹逝川。

神州无术御鲸鲵，蛟蜃东来气吐霓，山海关前胡马度，天津桥上杜鹃啼，烟霾蓬岛嗟难觅，水去芦沟永不归，休上金台看落日，五陵风雨草萋萋。

又是长安一局棋，玄黄龙战血淋漓，高歌燕市人仍醉，披发伊川我早知，黑劫红羊忧悄悄，白衣苍狗变迟迟，伤心怀古情无限，北斗京华怅望时。

已极见沈痛，而《杭州感事》云：

浪浪滔滔似泻瓴，不须更说小朝廷，红羊湖土谈灰劫，白马银涛带血腥，宋代国亡天水碧，秦时舟系佛头青，孤山鹤去梅犹在，华表归来语忍听。

凤凰山下路应迷，百雉城倾走马蹄，淮海长鲸传信急，罗平妖鸟向人啼，六桥烟聚莺巢散，三竺烽高鹫岭低，却羡僧归龙井寺，夷氛应不到云栖。

秋月平湖挈榼尊，六和塔影夕阳村，奔腾潮咽前朝恨，凄绝襟留旧酒痕，碧涧有池皆饮马，青山无洞可呼猿，最怜一炬成焦土，指点行宫剩断垣。

云边航影岸边舟，弹雨硝烟瓦不留，春梦醒时三劫炽，冬青划尽六陵秋，湖堤杨柳撩诗兴，潭水桃花贮别愁，二十六年兴废感，为君挥泪说杭州。

尤为沈痛之极。

先生长于骈文，以手边无《松柏山房骈文》一书，不能遍举；兹举其晚年之作《词林辑略序》，以见一斑[①]。序云：

翰林为侍从之臣，清华之选，由来旧矣。汉代设玉堂内署，金马外门，得人甚多，斯道大振。自唐以来，名流辈出，房谋杜断，并登瀛洲，燕公曲江，爰调丹鼎。改供奉为学士，谓调臣实神仙。冰署一条，钱经万选。岂不以庙堂钧轴，多珥笔于蓬山；禁院瑶台，荷分光于莲炬。自宋以后，得士尤盛。莫不墨妙词芬，攀云步月，振苏黄之妙响，留欧王之巨制。御书飞白，扁曰词林，延英则使侍经筵，史馆则群推修撰，风流文采，照耀古今。沿及元明，翰林尤重。探名金瓯，量才玉尺，丹青彪炳，史册可稽。即至时值百六，运当阳九，板荡之朝，忠节昭著，宋有文陆，元有余李，明有倪黄诸公，吾粤亦有陈文忠张文烈二公，浩气凌云，丹心炳日，舍生取义，杀身成仁，或则松柏之节后凋，菴卷之心不死，顽廉懦立，匪伊异人。岂非洙泗邹峄之教所留贻，濂洛关闽之学所兴起乎！彼夫

①编者按：原稿为“班”，当以“斑”为是。今改。

梦炎所作书，使招文山；危素老臣，贬守余墓；梅村祭酒，作艾灸瓜喷之词；红豆尚书，悔丹顶鞠裳之误。嗟乎！人岂以科名重哉！科名因人而重耳！我朝养士数百年，八风棣通，九能课绩，经学绍汉唐，史才擅班马，文章轶屈宋，诗歌追李杜，得入清华之选，尤多宰辅之材；历著史册，无待缕述。即如同光之朝，中兴贤佐，若胡文忠，曾文正，李文忠诸公，勋业烂然，是可证也。国步忽更，四海鼎沸，圣道湮塞，邪说并作，遂谓诸夏无君，有臣非贰。割席龙头，记曾同谱；栖梁燕子，飞入谁家。至于樊山词客，甘献媚以赓诗；壬秋经生，且腾笺而劝进。内史誊十旬之录，新华歌第一之春。天水后裔，岂修史之蔡邕；竹村老人，图商山之绮季。天夺其魄，闰位难成。禅让之诏，已出袖中；筹安之名，交驰海内，委质为臣，恬不知耻；十重铁甲，抑何颜厚。然而伍员覆楚，包胥则痛哭秦庭，李陵降胡，子卿则独持汉节；附逆者稀，效忠者众。崇陵复土，既洒泪于空山，方镇勤王，遂借筹于幕府；或经帷进讲，或饘橐从亡，以至东海乘桴，西台晞发，各葆贞素，无玷清班。虽未能挽虞渊之日，开衡岳之云，式微作歌，播迁兴叹；而汉厄十世，终有真人，夏旅一成，仍仗臣靡，前史具在，谁谓不然。在昔翰院新书，备留笺表，玉堂嘉话，多述掌故；未有详列一代人物，记凤池之注牒，如雁塔之题名者。至我朝仁和沈氏，辑馆选录，仅载庶常名藉；固始吴氏，据词林典故，辑馆选爵里谥法考；仁和许氏，及同馆诸人，又有续辑，载至道光辛丑科止。清远朱隘园太史，惧沧桑之变易，谱录之失传也，因补纂之，成《词林辑略》一编，都为十一卷，迄于科举停止；凡游学毕业考试得馆选者，皆著于篇，既历叙其官阶，并详考其著述，近复补其阙漏，重付梨枣。嗟乎！自辛亥至今，三十年矣！海内同馆，闻尚存七十余人，话杏坛之弟子，数恰相符，记蓬岛之光阴，事成昨梦。玉蛛金鳌，久生荆棘；柯亭刘井，难觅巢痕。隘园枕葄经史，痛读《离骚》，杜工部之麻鞋，世传忠爱；陆宣公之谏草，天鉴肫诚；昔扈从于天津，今隐沦于香海；迭承来翰，属作引喤。一代清流，请阅《金坡遗事》，千秋撰述，何殊《玉海》名篇。是为序。辛巳三月馆愚弟张其淦撰于上海时年八十三。

右序主观见解，不加批评；只以文章而论，不特铸词清新，典实华贵，而大气磅礴，今世所难，足见其工力了。

余自抗战以来，六次毁家救国，先生所赐赠诸大著，十之八九同散失于沪上四部书斋中，偶存一二，尚在广西萝村未出，今兹所举先生诗及骈文，实是以蠡测海而已。

五

先生晚年处境颇困，又以广肇路寓庐为日本飞机炸毁，更不免耿耿于怀，移居法租界以后，复颜所居曰寓楼以见其志。某教授为绘寓楼读书图，为文跋之，颇能写出先生心事，余曾为题一诗："九十老翁日有程，焚香注易又诗成，微醺美睡新天地，朗诵高吟旧甲兵，世幻何能醒眼看，月明难写寓楼情，宜骚宜雅陈洪绶，画出人间一老彭。"先生即次韵答赋二首：

久思珠海闻归程，起陆鲸波去不成，卅载栖迟增齿录，万方多难触心兵，陶潜卧牖闲居赋，王粲登楼旅客情，梦入罗浮见坡老，契虚仇欲绝三彭。

休问山程与水程，陆沉空自想平成，吟诗当学杜工部，饮酒难追阮步兵，木榻凉风遗老感，芜城落日故园情（原注吾邑沦陷半载有余），乘桴浮海宣尼志，好古伊思此老彭。

此次抗战，沦陷地区太大，不特客居的上海沦为鬼域，即归去来兮的故园，亦早已落日芜城。先生在这八年中感慨伤怀，自不免难致期颐之寿。但眼看在抗战期中，老人一个一个地弱下去，独先生犹能及见“王师北定中原”，亦属不幸中之幸了。

六

以先生这样待我之厚，而其积学既如此之深，风节又如此之高，为我素所景仰的一人，而我自愧不才，未能哭之以诗，仅为挽[①]语一联：

至道通圣上，海若无倪托秋水

及门惭诗礼，武城有瑟怅春风

未能说出吾二人之交情，及发潜德之幽光于万一，用特不惜辞费，再为琐屑一文，泄其愤思。天乎！复何言哉！

中华民国卅六年一月廿一日即丙戌除夕匆匆写于广州四部书斋

（原载《综合评论》第1卷第1—2期，1947年）

①编者按：原稿此字模糊不清，疑似“挽”字。存疑。

关于广东风俗①

广东风俗，有其优点，亦有其劣点。良风美俗，应加发扬；恶风陋俗，应速改革。当兹建国行宪声中，移风易俗，实为急务。本会爰于三月六日函邀各学者专家，举行座②谈。由罗委员香林主持，陈正宇先生笔录。兹承陈先生将座谈结果整理竣事，特发表于此。——编者识。

郑师许：刚才岑先生所讲的话，我同意。风俗原无好坏之分，即后来所谓恶俗陋俗，亦必有其作用。游牧民族间的虐老，到农业社会里就变成了拜寿，这是很好的例子。而陋俗恶俗能加以改革，即成为良风美俗，亦是一个很好的例子。我们过去因处于农业社会，许多风俗都由于农业社会遗留下来，现在已进入了工农业社会，自然是有落伍之感了。例如有许多人请政府取缔中医，这是很有问题的，在中国的社会里，有的

---

①编者按：本篇本为各学者专家在座谈会上的发言，兹仅收录编者识、郑师许先生的发言及罗香林先生最后的总结。局部标点有改动。

②编者按：原稿为“坐”，当以“座”为是。今改。

地方固然进入了二十世纪，有的却还在一世纪的方式下生活着，许多三家村里，还脱不了有病便求神问卜的方法，假如有了中医，则可改用药物治疗。其次如神庙，我从小孩子的时代，便看到有些人用革命的手段破坏神像，把神庙出卖，甚至于把当地的谷仓出卖，买受的人都把它通通拆平，把砖瓦用到别方面去了，然而到现在政府实行征实，而感到没有贮藏那大量积谷的地方，假如当时的神庙还存在的话，自然没有了今天的顾虑。而庙里往往藏有救火用的水龙水桶，那么神庙更成了当时的救火馆。虽然说是落后了，但总比没有好些。从前庙里还有一位医生，现在则没有了；从前庙里可以作村中请客的厅堂，现在也没有了。所以像取缔神庙这类办法，用革命的手段是不行的。又如我家乡里有一所医院，办理的人非常有学识和精神，但是这医院的前身，便是殓房，因此许多人都不敢去就医，尤其是产妇，更不敢去留产。我以为今天对风俗改革的问题，主要的还是士大夫的倡导和示范，就原有的习惯引导向善良的方面去。刚才岑先生认定新年以红包赏小孩等为一种毫无作用的陋俗，殊不知这是使小孩乐于亲嬺的媒介。现在工业较发达的上海及各地，有较新式的家庭，戚友间的聚会接触，自较便利，但在农村的社会，没有这种条件，许多亲朋戚友，很容易便隔膜起来，故新年的探访，给“利市”予小孩等，乃成了一种作用——维系情感的作用。在农村里，旧历年不必禁，不然便有脱节之虞。故我主张有些风俗如无好的以代替旧的，还是保留的好。现在有许多大家已认为是恶陋的风俗，但其实社会已具了不同的质素，故应该先认清了现社会的本质，从而从事善良风俗的培育与养成，此则一般智识份子更属责无旁贷的。

罗香林：今天“关于广东风俗座谈会”，各专家学者所发表的意见很多，对于风俗之形成及其与社会法政制度诸方面的关系，都有深刻而精到的论述。至优良的风俗应如何倡导，恶陋的风俗应如何改革等问题的探究，尤简易可行。且深能体会本省实际情况，诚为一不可多得的收获，归纳起来，计有下列各点：（一）风俗与社会风气法政制度文化教育等，均有极密切的关系；（二）风俗良恶的判别，应以时代及理性为依归；（三）改良风俗的有效办法，有应用新风俗来代替的，有须用制度来制定代替的，有直接用法令宣导和禁止的；（四）智识份子对改进风俗有最大的责任；（五）应有一研究和调查本省风俗的机构，可谓美不胜收。此外[①]如王兴瑞先生所提及本省过去尤其国立中山大学的民俗研究情形及民众教育教材的选择，当负责转知两负责当局参考。郑师许先生智识份子的责任之说，诚至确当，且可与岑先生的意见相互发明。今天各位的意见，当于整理完毕后，拟订方案提供政府采择参考，今天时间短促得很，诸位专家学者一定还有许多宝贵见解，将来拟再举行一次，希望有更丰美更具体的收获，谢谢诸位费心！（散会）

（原载《广东建设研究》第2卷第2期，1947年）

---

①编者按：原稿为“比外”，当以“此外”为是。今改。

番禺二山①

现时在广州市熙攘往来的人，你如问起番禺二字作何解释，恐怕十分之九瞠目不知所对！现在让我来写这一个题目了！

番禺二字，大概最初见于《史记》《汉书》，《史记·南越尉佗列传》载南海尉任嚣召龙川令赵佗语曰："闻陈胜等作乱，秦为无道，天下苦之，项羽刘季陈胜吴广等州郡各共兴军聚众，虎争天下，中国扰乱，未知所安，豪杰畔秦相立。南海僻远，吾恐盗兵侵地至此，吾欲兴兵绝新道，自备待诸侯变，会病甚。且番禺负山险阻，南海东西数千里，颇有中国人相辅，此亦一州之主也！可以立国。郡中长吏，无足与言者，故召公告之。"《汉书》文字较简洁，而语意相同。其言谓："番禺负山险阻，南海东西数千里。"是番禺背负二山，李吉甫《元和郡县志》谓县即因番山禺山而得名。以云险阻，即可知其不是现在坦坦荡荡的大道而能车驰马骤的。然而试执今日广州的途人而问之"孰为番山？孰为禺山"？只恐所答又非所问了。

---

①编者按：本篇书名号为整理者所加。局部标点有改动。

虽然番山禺山究竟位置在现在广州市的那一角落呢？我现在可以告诉你。据志书和父老相传（其中当面告诉我的自然有一位是汪憬吾先生），禺山自西而东，横贯今日广州市的正中，大约从现在广大路口起的惠爱中路，蜿蜒起伏于今日财政厅前，禺山中学，城隍庙，直至仓边路口的惠爱东路旁而止。番山则自北而南，约略垂直于汉民公园禺山中学之间，经过教忠中学孔圣庙而迤逦于禺山市场一带；其地势蟠结的山坡则西至旧日的双门底。邓淳的《岭南丛述》引《广州府志》云："拱北楼唐之清海楼也，其地本番禺二山之交，刘龑凿平之，叠石建双阙其上。"又引《广语》云："宋经略某改双阙为双门，民居其下，今号曰双门底云。"双门底盖在今日中华书局之附近。又云："禺山至番山五里，二山相属如长城，南控溟海，木棉松柏刺桐之属，一望葱青，实为灵穴之所结，故佗墓营焉。"《番禺杂志》谓"耆旧相传佗死营墓者数处，及葬，丧车从四门出，故后不知墓之所在"，故"佗墓营焉"一语无考。惟云"禺山南至番山五里，二山相属如长城"，其说与我上文所述符合。今者教忠中学广场侧边尚有当日开辟广场工人计算土方的余埿，足以考见山势斜坡的高度。

大概广州市地面的剧变，一为刘氏南汉时代的大营殿宇园林陂池的时候，一为民国时代拆城筑马路的现代化时候。关于南汉时候的营造，宋人笔记及明清两代的志书，尚有记载；惟民国所改建的，则时代愈后，记载愈少，一旦老成凋谢，目验者不多，这一回的大改变，真令人不知从何说起了。今者漫游惠爱路的东中，汉民路的南北，洋楼矗耸，高入云霄，霓虹厉光，目迷五色，谁复知当年"木棉松柏刺桐之属，一望葱青"，番禺二山相属，险阻难行者乎？然使游者坐其吉普之车，自西而东，一至广大路口，必可见地势陡高，蛇行而上，又试闲逛禺山中学左右一带商店，又必见每一楼房，后座渐高，拾级而升；又试一游城隍庙一带街巷，由忠祐大街抠衣直上，至聚星里为最高，不旋踵而往北下趋，联珠里为山腰，梯云里为山麓，东为旧仓巷，北为越华路，全形山势宛然尚在。昔年山上大树木，犹有存者。近人有谓“广州市区内只有柏树，而无松树”，这句话我正在搜求例外以便解答；这一些原来山水风景人物的研究，在广州确实有其重要性呢！

（原载《旅行杂志》第22卷第10期，1948年）

越华考[①]

本文是国立中山大学郑教授师许徇本校之请而特地撰写的。郑教授是当代的史学兼考古学家，历任沪粤各大学教授，海内知名，现于百忙中替本校校名做了这篇考据文字，虽然来书自言离乡三十年，广东掌故，诸有隔膜，手边又无参考材料难得其详。但这种屑玉零金，已使我们觉得很可贵了。兹把它送给《越华学生》发表以谂读者，并藉以向郑教授敬致谢意。

欧广瀚谨识

越华二字的起源，没有很可靠的资料来查，《羊城古钞》卷七据《广州记》谓："越南王赵佗以陆大夫有威仪文采，为越之华，故即江浒作楼以居之"，楼在城西十里戙[②]滘澳。陆大夫疑即指开越大夫陆贾。或谓一名越华馆，佗筑之以送陆贾

---

①编者按：本篇书名号为整理者所加。局部标点有改动。

②编者按：原稿此处空白无字，据《羊城古钞》，当以"戙"为是。今补。

的。这种传说，颇不容易考证，似可不必辞费。

现在的省立越华中学，虽是抗战时新办，然其命名取义，必有所本。或谓清代吾粤有越华书院，人才辈出，或是取名于这个了。《番禺县续志》云：“越华书院在布政司后街，光绪△△年院长翰林院侍读丁仁长更定院章，除例课制艺外，兼课经史各古学；课皆随月升降，二十九年十月废。”道的兴废，各有其时。越华书院久已停废，其院址亦已改为民居，粤人久已淡而忘记它了。

可是越华中学从民国廿八年创办，至今已至九周年，济济多士，为吾粤后起诸中学之秀，将来积久而校誉益著，或者又因越华中学之名，人们又联想及于旧日越华书院。是亦一可喜之事了。

（按）“尉佗傍江构筑越华馆，以送陆贾。”语见《太平寰宇记》;《广东通志》和《广州府志》的《古迹略》并有引及，似越华二字确是起源于赵佗时代。其取义则为“越之华”，《羊城古钞》所载，当属可信。以后清乾隆年间在广州所建的越华书院，及现在广州的《越华报》，大约都是取名于这些光荣的地方掌故。那由越华书院旧址开成的马路，今尚称为越华路，自然更是由于历史的关系。至于本校在民国廿八年创办时，初名广东省立中区临时中学；至卅一年二月改为广东省立粤华中学，同年四月廿四日复奉令将原粤字改为越字，而成了现时的校名，也大概是要与越华书院名字相符之故。查“粤古越字”，两《汉书·异姓诸侯王表》“外攘胡粤”注：“粤即今之越字”，见《考工记》“粤无镈[①]”疏。故百粤亦作百越；粤秀山又作越秀山；《书·高宗肜日》越有雊雉[②]，《汉书·外戚传》作粤有雊雉。粤与越既然相通，为什么“粤华”一定要改正为“越华”？这恐怕是因为我粤地方光荣的掌故，一向是用“越华”，改正后就可藉以表明其取名所自而已。我们广东现有的中等学校拿从前的书院名称来做校名的为数颇多。像在广州的广雅中学，沿用了广雅书院之名，禺山中学沿用了禺山书院之名；在番禺的贲南初中，沿用了贲南书院之名；在新会的冈州初中，沿用了冈州书院之名；在茂名的丽泽初中，沿用了丽泽书院之名；在清远的滨江初中，沿用了滨江书院之名；在吴川的川西中学，沿用了川西书院之名；都是显著的例子，本校不过是其中之一例罢了。

越华书院建筑于乾隆二十年，至光绪三十年二月改建为广州府中学堂，历时约一百五十年之久，历任山长，大概都是文质彬彬讲求实学的人师，先后养成了人才不少。改办广州中学（或称广府中学）之后，学风也向称纯善。现在我们在这沿用了越华书院名称的学校来服务或念书，知道了这些光荣的历史，景仰前徽，顾名思义，能不发生一种继往开来循名责实的感想吗？郑教授希望本校“积久而校誉益著”，这责任自然要大家共同努力来担负了。

还有一点，越华书院最初是由盐运司范时纪及诸商捐建以

---

①编者按：原稿此处空白无字，据《考工记》，当以“镈”为是。今补。

②编者按：原稿两处“有　雉”之间均空白无字，据《尚书》《汉书》，当以“有雊雉”为是。今改。

为商籍子弟藏修息游之所的，其后嘉庆十一年及二十五年经两度重修，前者是由盐运使蔡共武捐廉提倡的，后者是由诸商捐款的（详《广东通志》及《番禺县志》），当时商民与政府的合作，及其对于作育人才嘉惠子弟的热心与远见，真是令人敬佩，现在本校的校舍，只是租赁而来，一劳永逸的办法，还有待于设法兴建，倘当世贤达，不肯让前人专美，而助成此伟举，这真是郑教授说的一件“可喜之事”，而令“联想及于旧日越华书院”的我们，不能不对之寄予无穷之望了。

欧广瀚又志

（原载《越华学生》1948年第4期）

广州市的鸟瞰[①]

地形

浩浩西江，自广西东流入粤。至三水后，会合北江；再东行，受东江来水，乃成珠江，或称粤江。其下游以一巨大而完善的漏斗状河口，朝南开向太平洋，出口介于香港和澳门之间，宽达六、七十公里，这三江之水挟大量的泥沙以俱，会合后乃构成一宽阔的泛滥平原，伸展于珠江及其支津的崖门之间，纵横广达八、九十公里，高出海面则在十公尺以下。平原之上，河道网结，帆樯如织，交通便利；桑田果园密布，为粤省富庶之所聚；广州城区即发育滋长于这广大的珠江平原的北缘。

自最近的地质时代以降，粤省海岸即已在大体的下沉之中。由于海岸的大量陷落的结果，形成了一条显著的里阿型沉降岸线：海湾岬角相继，岛屿星罗；珠江漏斗湾便即为著名的溺谷之一，崖门亦然。珠江口的伶仃洋，浪涛汹涌；“崖门春

---

①编者按：本篇为郑师许、陈国达合著。

浪”（新会八景之一），主要的亦系受漏斗状河口之所赐。虽然更晚的地质时代中的较小隆起运动，曾使这岸线的形式实际上变为一类似缅因型的复式岸线，可是过去的海底大量沉降，已足阻碍入海诸河的河口沉积物露出水面，非最近的较小隆起运动所能抵消者。珠江口除虎门以南经有狭小的沙滩向海增长外，至今实未有广大三角洲平原的生成。这种现象，除其漏斗状河口所促致的浪潮二者的破坏力外，过去的海岸沉降历史无疑地系其另一主因。

构成珠江平原的冲积层，原系盖覆于一接近海面的红色岩层（及其他岩石）古准平原上，故冲积层的厚度实际甚小，基层岩石随处出露地面；散布在平原上的诸山岭小丘，即为此古准平原上的原有残丘，伸露于此极薄的冲积层之上者。一般学者每仅据网状河道的发育而称珠江平原曰三角洲，但从地质构造的观点立论，这实非一真正的三角洲。

珠江平原之北，为一丘陵地带，主要的由花岗岩及砂岩、页岩等所组成。这丘陵地带自广州城区的东北角向东伸延，至石牌中山大学附近而更广宽开展。诸丘高度，大多海拔不过五十公尺，而以四十公尺左右者为最普遍。群峰缓起，有如浪涌；其齐一的高度，正代表一台地之遗迹，与散布平原上诸丘陵所代表者，同属一地文期的产物，其时代则略古于珠江冲积层所盖覆的准平原。

自丘陵地带更向北行，便入一丛峦叠嶂的山岭区域。诸山一般高度，约在四百公尺左右，大多数由石英岩及花岗岩所构成。正踞广州市区北端而最显著者曰白云山，海拔三八二公尺。“白云晚望”为羊城八景之一，故为游览广州者所必登。

山岭地区诸峰的高度略相近似，可能为一更古准平原遗留部分。其下海拔一百公尺许之处，另有古壮年河谷的存在，如市区东北的铜锣潭瀑布，飞泉百尺，击石成潭，便即由于这期地面的上升结果所生成。

地质

构成广州市区地盘的岩石，最发达者为花岗岩，乃良好建筑石材之一种，其分布主要在市区的北部，东部及南部。依其岩质复可分为块状花岗岩和流状花岗岩两类。块状花岗岩多浅灰至白色，间亦有作肉红色者；采为建筑，其美丽不让香港花岗岩。流状花岗岩则含黑色矿物较多，且排列呈流动之状或带状，建桥造屋，亦颇雅观。块状花岗岩的山坡，每多圆形的巨砾，累累满山，时为构成佳丽风景的因素；石牌一带及市区东北火炉山上的奇石，均其著例。流状花岗岩的砾石，则多呈尖锐岩巉的外貌，所成景物，别具风格。在南中国的气候下，花岗岩每易受化学的风化作用而分解，故丘陵地带所见的表土甚厚，经流水冲洗下蚀结果，常成恶地的外观，狭谷深沟纵横，土塔点缀其间。市区东北外缘的花岗岩山岭，赖有无数巨厚石英脉的支撑，乃得成峻岭崇山，形势壮伟，矗起于低丘所构成的台地的北缘。白云山亦为花岗岩所构成，因有数层坚强的石英岩的保护，遂能奇峰突起，雄视一方，为羊城北面的天然屏障。

石英岩原系生成比花岗岩为古的砂岩，间夹页岩，或为盛见于市区西北方的含煤地层之一部分。砂岩因受高温的花岗岩浆的侵入，受热而发生变质，乃成石英岩。以其抵抗力强大之故，恒为构成山脊及悬崖的主要材料。自城区东北①的瘦狗岭起，向东展延，直至石牌中山大学的武夷山（鸡笼岗）以东，即有一石英岩弧，断续构成一列豚背状山岭；挺秀奇险，脊棱骨突；俯控珠江平原，为保卫广州城区的一个重要军事据点。白云山东坡上的郑仙岩，危崖倒挂，峻险不可仰视者，即系同样得自这些石英岩的赐与。他如八景之一的“石门反照”，怪石枕流，峭壁对峙；反映残阳，诗意不尽。此石门者，亦即由这种石英岩所构成。至于发育于市区西北边缘一带的含煤地层，主要岩石为砂岩、页岩，并夹有煤层，惟因煤质颇劣，故无大价值。

此外，红色岩层亦为广州附近分布甚广的地层，且实际上目前的城区大部分和重大的建设如球江②铁桥等，以至现在建筑中的黄埔商港，都是奠基在这一系岩石之上。红色岩层常为造成美妙风景的因素，所包括的岩石有砂岩、页岩和砾岩，概呈红色，鲜艳夺目。这些岩石，乃在炎热而带半干燥性的气候下所产生的浅水沉积物；红色即系砂粒砾石间胶结物所含的三价铁氧化物的表现。其中砂岩为当地通用石材之一，其坚度仅次于花岗岩，而美观则或过之。除构成广州城区的基地外，红色岩层并广布于市区的中部及东、南、西诸部分。市西的滴水岩，崩口岗一带，水平的红色砂岩砾岩构成顶平坡直的山岭，赤壁绿林相衬，天然桥跨空际；危崖如削，深谷若渠。盘桓细赏，尤觉其富于奇峰怪石之胜；其堪受赞美者，一如粤北的丹霞风景然。市区的中南部一带红色岩层，则以昔日所成准平原

①编者按：原稿为“东东北”，当以“东北”为是。今改。

②编者按：原稿为“球江”，似当以“珠江”为是。存疑。

为近代冲积层掩蔽之故，出露较疏，然实际分布甚广而且相连续，随处隐约出露于珠江平原地面之下。其为原日准平原上的残丘而伸露地面之上者，亦多仅属抵抗力略较强大的砂岩或砂质页岩所成的低丘，轮廓圆滑，呈一起伏和缓之地形，与丹霞风景大异其趣。

代表古准平原的残丘，伸露于珠江平原之上者，除上述的红色岩层丘陵外，还有几个流纹岩小丘，此即羊城胜迹之一的漱珠岗及其邻侧的葫芦岗和五凤山是也。这里的流纹岩，乃广州附近所已发见的唯一喷出岩，为昔日从火山喷出的岩流所成者。色微紫，成层状。其处山清庙静，径幽林密；泉石之间，休憩至宜。

人文地理

现在说到广州市的人文地理了。广州古称楚庭，详见《寰宇记》中，是为本市最初的遗迹。其城为周赧王时越人公师隅所筑，称为南武城。秦始皇统一以前所可考者如此。及秦置郡县，属南海郡番禺县。汉献帝建安十五年刺史步骘始改称广州。隋唐以来为广州郡治，明太祖洪武元年始称广州府，乃为府治。至广州市之有正式专办市政机关，殆始于民国七年（一九一八）十月二十二日成立的市政公所。及至九年（一九二〇）护法政府成立于广州，制定广州市暂行条例，划定广州市区。旋于十年（一九二一）二月十五日成立广州市政处，总管[①]区内市政。十四年（一九二五）国民政府成立于广州，是年七月改组市政厅为市政府，并增设市政委员会，设市

①编者按：原稿为“绾”，当以“管”为是。今改。

政委员长一人。迄十八年（一九二九）八月市政委员会制复改为市长制，以前委员长为市长。十九年（一九三〇）一月十五日依照特别市组织法改称为广州特别市政府，直隶于中央。同年八月又依国府新颁市组织法之规定，取消“特别”两字，改为广州市政府，隶属于广东省政府。直至去年（一九四七）七月复为直辖市，又直隶于中央。

广州市的原有区域，系以原有警界地方为范围，与南海番禺两县分划，独立为市，计东由鹿鸣冈之东至大涌口之东，南由大涌口之东至白鹤洞之南，西由白鹤洞之西至增埗之西，北由增埗之北至鹿鸣冈之东南，水陆面积合共三万五千七百五十八亩九分。至民国十三年（一九二四）一月复呈奉大元帅府核准，将原有区域扩展，故又有权宜区域拟定区域的两种四至。（甲）权宜区域：东至瘦狗岭之东，牛面冈之南，龙船冈之西，南至赤冈塔之南，鹭江村之北，及岭南学校之南，西至坑村之东，横遮广三铁道，沿涌至五眼桥、贝底水，北至牛牯沙之北，增埗之西，牛角围之东，及沙河市瘦狗岭之东北，牛面岭之西南，水陆面积共约九万二千余亩；（乙）拟定区域：东至黄埔对河之东圃，及沿下车陂涌至水土岗，南至河南黄埔，西至增埗对河之两岛，西南至贝底水、石围塘，北至白云山，水陆面积共约二十九万亩。南海番禺两县县治先后移至佛山、新造，将辖境割让广州市，至二十六年（一九三七）春，权宜区域次第接收完竣。

未几，抗战军兴，广州于二十七年冬陷敌，情形不可究诘。复员以还，初为省辖市，全市水陆分：德宣、小北、大东、前鉴、东山、沙河、汉民、东堤、惠福、靖海、太平、西禅、长寿、陈塘、逢源、黄沙、蒙圣、海幢、珠江、洪德、南岸、沙面、芳村、西山等二十四区。

及三十六年七月一日广州市改为院辖市后，奉命接收市郊各乡。将市区域内的彬社、公和、敦和、沥滘、崇文、龙洞堡、石牌、车陂、洗猎扬、恩洲等十乡，及葵蓬洲一地战时曾割与番禺南海两县接管，至光复后呈奉广东省政府卅五年五月间指令核准归还市府建制者，经会同南番两县府派员办理接收。其中只车陂一乡因辖界问题，呈候行政院核办者尚未接收耳。计现时广州市所辖区域，虽与民十三年一月六日大元帅府所核定者尚有多少出入，然大致北以白云山为界，西以牛牯沙为界，南以沥滘西滘为界，东以黄埔车陂为界者约略相同。其乡区则编为彬社、沥滘[①]、恩洲、崇文、敦和、公和、石牌、龙洞九个区。

（原载《旅行杂志》第22卷第10期，1948年）

①编者按：原稿为“教”，当以“滘”为是。今改。

陈兰甫先生的诗学[①]

一

我于陈兰甫先生，大概应称为私淑弟子。先师梁任公先生尝自称为兰甫先生的再传弟子，我曾亲炙过任公老师；又我的先太老师张其淦豫泉曾亲侍兰甫先生之门，承其面命耳提；我就孔孟二圣的前例，亦得自称为兰甫先生的私淑弟子。日昨接到广东省文献委员会来信，谓本月十一日为先贤陈兰甫先生诞辰，本会订于是日举行纪念祭，并嘱撰述一文藉扬文献云云。我于义实不容辞，可是我战前所藏所读，《东塾丛书》《东塾读书记》《东塾集》诸书，经过八年抗战，一切遗失，不在手边，不能就记忆臆说，所以几回执笔又复放下，不敢随便去写，惭愧惭愧。

二

大概兰甫先生的学问，最为切实，最为脚踏实地，与乾嘉

①编者按：本篇书名号为整理者所加。局部标点有改动。

时代的竞尚文字音韵训诂校勘辑佚之学者固然不同，即与明末清初的学者扯起汉学旗帜以推翻宋学的，亦大大有别。兰甫先生当道咸同光时候，眼见外患日深，内忧日甚，帝国主义者接二连三地攻陷广州城，胁迫订下种种不平等条约；而长发红头（俱用《东塾集》中的字眼）的豕突狼奔，清朝的危机四伏，所以兰甫先生的学术处处以保国家保民族为其出发点。其序李光廷的《汉西域图考》，即大声疾呼谓："今则大秦之外，西北滨海之人，已夺据天竺，距云南仅千余里，自中国罢兵议款，增立互市，游行天下而馆于京师；安息之外，西南滨海之人，入中国千余年，生育蕃多，散处诸行省，近且扰乱关陇，用兵未休，呜呼！其为中国患如此！"谓今日之患，为千古所无之患，以是嘉许李氏之书，谓李君之书，为今日不可无之书。其自称为"泛滥群籍，凡天文地理乐律算术古文骈文填词篆隶真行书，无不研究"；而实则其自称得意之作，无过于《汉志水道图说》《水经注提纲》《水经注西南诸水考》，其著书以安内攘外为目的，与李光廷不谋而合。其《声律通考》《切韵考》等书，用精密统计，用科学方法考证，莫不因其精通算术，精通弧三角，精通三统术，有此根底，有此脚踏实地，故能为有用之书。为时贤曾国藩诸人所佩服。其《汉儒通义》《东塾读书记》诸作，则为其用世之书，欲以此收效于数十年之后，数百年之后。尝谓："吾之书，但论学术，非无意于天下事也，以为政治由于人才，人才由于学术。吾之意专明学术。幸而传于天下，此其效在数十年后。"其抱负甚大，其见解亦高。《东塾集》中只议八股，时文试帖诗小楷及科场制度凡数十见，并欲变法而更张之。我向者颇疑后日康梁戊戌变政的思想来源，受兰甫先生言论的影响最大，故这一回轰轰烈烈地违反时俗的新思潮，断断然必定发生于广东，今者重读《东塾集》，更足以证明我的怀疑是不错的。又集中极论粤城大馆讲学的可法，后日长兴学舍万木草堂讲学的大胆抨击时文，提倡实学，不能不说是受兰甫先生的暗示出来的。

三

兰甫先生的《切韵考》，我少年时读之数篇，至欲以近世所发见的《切韵》残本校之。家贫，逼于衣食，久久未就，今者上海四部书斋为敌伪拆毁净尽，书籍全部被盗卖，校读稿散佚无踪，重作不知何日，今而欲为文以表扬先生，仓卒不能成就。无已，请得以闻诸豫泉太老师之语，拉杂写成《兰甫先生的诗学》，聊备交卷而已。

四

《国史儒林传》来进稿云："陈澧，字兰甫，广东番禺人，幼聪慧，九岁能为诗文。"又谓："复问诗学于张维屏"，又谓其"以经史及汉魏六朝唐宋诗文教士"，又谓其"少好为诗，及长弃去"；则其确长于诗学可知。

当时兰甫先生的攻据义理之学声名遍于中国，南北的学者群推为儒林的宗匠，至有疑先生未学为诗者，先生即正义严辞以驳斥之。《东塾集》卷四《与陈懿叔书》云：

> 来示云：闻之兰汀言澧不学为诗，乃为讲汉学者所误，此澧前日告兰汀者。澧十五六岁时，笃学好诗，立志欲为诗人；稍长知有经史之学，虽好之不如好诗也。张南山先生见澧诗，大赏之，时教以诗法。及赴会试，与同年梁玉臣同舟，为诗唱和，玉臣专毛诗之学，虽与澧唱和心

弗善也，而澧刻意为之。玉臣曰，君自视其诗去古人几何？澧始愧汗自失。会试不中，留京师，犹时时为之，与同年翁药房唱和，先师程春海侍郎为澧言，近人诗多困卧纸上。澧呈所为诗，侍郎大喜曰，此能于纸上跃起者。是时年二十六矣，嗜好乃益多，小学音韵天文地理乐律算术古文骈体文填词篆隶真行书，无不好也，无不为也。杨浦香谓澧曰，东坡所谓多好竟无成，不精安用夥，君之谓也，澧亦自念，人之一生，岁月几何，精神几何，才智几何，如我所好，一一为之，虽寿如彭祖，不能毕其事，乃稍稍损减，有索诗者则为诗，不摹仿古人诗矣，有索书者则书字，不临写古人书矣，以为不得已应酬而已，自尔以来二十余年，不惟不学诗，不学书，乃并小学音韵之属亦皆辍业，近年惟读经史，日有课程，如学童初入塾者，安得有余力以学诗哉，近日倪云衢甚爱拙诗，见辄钞录，澧谓云衢，君钞我诗，他日慎勿刻板，云衢问其故，澧告之曰：诗者我所笃好，若我有诗集，当卓然成一家，乃快心尔，若如近日应酬诗而刻为一集，适违我心耳。因来示所言，而自述其意如此。

兰甫先生少年好为诗，而又请益于张南山前辈，南山为当时南方推尊的大诗人，主盟广东诗坛数十年。壮年受知于程春海，春海，为遵义诗人郑子尹的老师，开贵州小学音韵诗文之学。其浸润渐渍，而又刻意为之，知兰甫先生之诗，虽自谦让不能卓然成一家，而其诗学的造诣当必甚深了。

其《默记》云：“少时喜为诗，年廿四岁始弃，自此以后，兴到为诗者，一年不过数首，亦竟有终年无一首，偶有应酬之作，皆不惬意，等于不作耳，故皆不存稿也。”先生殁后，门人汪兆镛为采辑古今体诗凡二百六十余首，刻为一卷，然不足以见先生之诗。

偶忆一·二八战役的次日，我跄踉地拖男带女避入英界。小舍上海四部书斋所藏丝毫未及携出，无书可读，当时颇喜为诗，欲买一集以消解愁闷，先太老师豫泉先生乃嘱买一部《渔洋精华录》读之，谓："由王渔洋入杜工部，其诗可卓然成家，此兰甫先生当年教吾辈学诗法也！"我听了这话即买《渔洋精华录》预备熟读。结果《渔洋精华录》读了三遍不能熟读。《杜工部集》则读了十余遍，并选了一部分熟读。大概是渔洋诗清淡如水，工力甚深，使我望而生畏的原故。后与友人冯振心谈及这话，振心兄谓：兰甫先生之说为成材者说法，渔洋诗无一坏句，固然可学，但亦无甚夺目句，自然令初学者不好；初入门者自当以近人夏敬观先生之说，由王荆公入杜工部为宜。荆公诗无体不精，无句不警，初学诗者读之容易引起兴趣。由王渔洋入杜工部，此为学唐诗者说法也；由王荆公入杜工部，此为学宋诗者说法也。豫泉先生学唐人诗者，其说当得之兰甫先生。近人杨云史诗能卓然成家，即学渔洋杜甫者。后来我得郑子尹《巢经巢集》，迄今尚日日读之，即所谓能于纸上跃起者，颇有欲由郑子尹入杜工部的趋势，然由王渔洋入杜工部，实为一"平正可行"的康庄大道，今有欲学为诗者，仍可持兰甫先生此语告之。

兰甫先生于渔洋诗爱好与否，今不易知。惟于《东塾集》卷三《听松庐诗略序》中约略见之。序云：

> 张南山先生晚年仿昔人《精华录》之意，选刻其诗三百余首。当是时澧欲为先生选之，而未以告也。先生殁后……乃读先生诗数遍，抄二百余首为一卷，意在精华，

不必多也。……先生长澧三十岁，尝教澧为诗，澧学诗不成，以为愧负，安敢选先生诗，谨题曰诗略而已，其精华恐不止此也。

序中谓："仿昔人《精华录》之意"，或即师生间平时对《渔洋精华录》有好评的原故。又谓："诗者天下至清之物也，诗人者天下至清之人也，以至清之人，怀其至清之物。"(《东塾集》卷三《送韩螺山舍人序》语)知先生取诗，以一"清"字为主。又谓诗当"嵚崎磊落，不摹仿古人，尤不随逐时人"(《吴子序阁读尚䌹庐诗集序》语)；又谓诗当"质"，当"拙"，当"雄而直"，不当"曲而婉"，当"无摹拟，无涂泽，真气盘薄而出"(《蔡树百诗集序》语)；又谓诗当"其可以言者，则慷慨淋漓而不能自止；其不可言者，亦不得不纡回隐约而出之"(《李恢垣诗集序》语)；又于《拙园诗选序》中极口称美冯子皋之诗，以为"凡耕植丝布之业，沙草鱼蟹之利，岁时灯火酒食之乐，男女婚嫁思慕之感，历历如绘，此近于古诗人之诗，陈之可以观民风者"。凡此皆学唐人诗所常言，而渔洋诗之胜人处，每在于此，或即先生爱好渔洋诗的原故。

五

兰甫先生的诗学论述即竟，匆匆复将《东塾集》翻检一过，于卷四末得《复王峻之书五首》，峻之疑为先生的弟子，兹录书中数语于下，作为这文的附录。其第四书云：

仆至龙溪半月，游罗浮而归，甚欲如来书所云，得读书好古之士，但匆匆未能知也。……仆以刻《皇清经解》事，不能不急急回省。然颇恋龙溪风景也。

第五书云：

所论者，海内我不敢知；岭南则甚少。若乃本于身，明于学，切于时，通于古今，有根柢有实用，仆安能不以此望足下。今虽未能，俟之他日。杜诗云，青眼高歌望吾子，眼中之人吾老矣。

案龙溪即东莞县石龙镇龙溪书院，先生于咸丰十年（一八五三）三月为龙溪书院山长，闰三月归，时年五十一岁，详见《岭南学报》第四卷第一期拙著《龙溪书院考略》一文中。"若乃本于身，明于学，切于时，通于古今，有根柢有实用"，这是兰甫先生的自道语，即我上文所谓"最爱切实，最为脚踏实地"句的注脚。

民国卅六年三月三日匆匆写成于广州四部书斋

（原载《学艺》第18卷第1号，1948年）

莞旅中学创办一年来之经过

人生而有天赋的教育权利，其事为生存权利的一部分，与衣食住行等视齐观。从前有国有家者应负此责任，在国家为驱除文盲，在家庭为教育子弟，其后人事进步，社会人士莫不引教育事业为社会一种共同事业，在外国有许多宗教团体、学术机关、职业社团或能努力筹款兴办学校，在我国则一千年来已有书院讲学制度，早已认定兴办学校，免费收容失学学童为其一种天职，以补救国家及家庭的力量之不足。我邑明伦堂积百余年来热心教育文化事业人士之努力，薄有教育产款，故我邑兴办中小学校可是说在全国办得风气之先。自民国卅四年复员归来，旅省教育同人咸感于我邑教育事业有力求普遍，机会均等之必要，于是在明伦堂始而设置教育座谈会，继而经常设立教育委员会，为全盘计划的机构。于是邑内各属普遍设立中学，各乡普遍设立国民中心学校的理想次第实现。此与麦克阿瑟提高日本义务教育以读完普通中学为最低限度一理想相去不远（据王芸生《日本半月》所载，日本现已无一人不受中等教育，可说是麦帅经已成功）。

在卅六年七月卅日晚上，旅省教授联谊会同人在占元阁召集茶话会，偶然谈及广州各私立中学收费之昂，旅省同乡公教人员无力负担子弟入学者日见增加，于是即席提议创办东莞旅省中学一所，以期补救此社会需要的不足。由祁士恭、胡章、陈安仁、邓杜燊、郑师许、何作霖等十二人，每人捐助开办费二十万元，分别推定名誉校董及校董各若干人，公推蒋光鼐为董事长，卢颂芳为校长，加速进行。旋于八月四日、八月九日，继续开筹备会议两次，即于八月廿七日招生，取录初中学生两班，高中学生一班，定九月中旬上课。惟时尚未与明伦堂取得联络，开办费及经常费尚无完满解决，乃于八月三十日由校董会发起捐募开办费，其募捐缘起云：

> 盖闻捐资兴学，奖有专条，斥款济人，俗所甚贵。我东莞旅省中学之创设，旨在免费培育失学青年，惟兴办伊始，在在需财，同人等绵力有限，绠短汲深，非众擎莫举，爰设捐册，乞诸其怜，所望仗义君子，慷慨解囊，庶几集腋成裘，广庇寒士。

旬日之内，承蒙蒋光鼐、徐景唐诸先生捐助开办费贰仟四百壹拾五万元，得办筹备开学之用。又蒙广东国民大学吴校长鼎新慨借毕公巷校舍，乃得于九月十八日开学。并于九月七日在明伦堂开第一次校董会，推定郑师许为校董会秘书，胡章为司库，呈报教育局立案，并函明伦堂请求补助。旋接明伦堂董事会函覆准予补助开办费干谷五百司担。又于十一月廿四日接到广州市教育局穗教三甲字第三四五七号批示，准本校校董会立案，附发木质钤记乙颗，并改名为私立莞旅中学，于是本校遂得以呱呱坠地，正式诞生了。

惟是校址问题急待解决，叠开筹建会议，于十月间承蒙蒋董事长将其逢源北街自居大屋一所迁出，借让本校为校舍，即于十月廿六日召集临时校董会议，议决接受，并兴工修理，准卅七年二月开学前迁入，即今现用校址。卅七年元月四日开第二次校董会，卢校长颂芳以原有职务确属纷繁，请予辞职，校董会一致再三挽留，不获卢校长收回辞意，乃体谅卢校长辛劳，推人接替，由卢校长推举邓董事柱燊为校长，经祁士恭、胡章、何作霖等附议，一致通过。并议决请求明伦堂照邑内所办各中学经常费数额拨付经费。旋接明伦堂董事会函覆本学期补助经常费干谷三百司担，于本校经常费用裨益颇大。故本学期所发聘书，所有专任兼任教员得依照邑内中学待遇，致送干谷，校务进行较前更为顺利。

但是本校立案问题又接踵而至。充实图书仪器为前提，而本校筹办仓卒，一切未备。一日，郑秘书、胡司库与蒋董事长偶谈及此，认为本校自创办至是，已非属某某某私立学校，而为我邑旅省同乡共立学校，充实图书仪器为费颇巨，不妨向全体同乡请求赠送。于是乃由本校教员张兆标先生撰写启事一则（略）。

另分函本校各校董及旅省士绅，先后已得邓植仪、邓柱燊、郑师许等捐书数百种，李扬敬、王若周、王光海、何仲达、简作桢、莲溪局及联兴船务行等捐助高中标准物理仪器、化学仪器、化学药品全套、生物标本一部分及五组双音风琴乙座、童军乐器全副，及商务印书馆、中华书局新中学文库各一部，于是本校图书仪器渐告充实。

最近本校更进一步，拟澈底解决校舍问题，欲在本市大东门或小北门外购地建筑，因又请张兆标先生撰成募建本校校舍启事（略），发动大规模募捐，希望在最近之将来，完成此初步计划。

广州市私立莞旅中学卅七年五月份教工薪金表

姓　名	职　别	月发薪金
陈沛霖	校务主任	七百司斤
谭锦培	军事训练教官	六十司斤
盛连猷	数学、物理教员	六百卅司斤
崔泽钊	国文教员	四百司斤
李光维	英语教员	二百十司斤
麦语诗	图画教员	八十二司斤
张兆标	生物学教员	九十司斤
林庆培	音乐教员	八十二司斤
郑师许	历史教员	五十二司斤
祁士恭	公民教员	五十二司斤
李观韶	地理教员	六十司斤
祁允恭	体育组长、体育教员、童子军教练	二百六十八司斤
冯质义	历史、地理公民教员导师	三百司斤
黄云尉	英语教员	三百六十四司斤
李　伦	劳作教员	八十二司斤
张俊惠	教导员	四百司斤
谢泰进	书记兼助理其他校务	三百司斤
施　钧	事务员	四百司斤
吴　崇	校　役	一百五十司斤
蔡　桐	校　役	一百五十司斤
李　女	校　役	一百司斤

1948年4月18日

（据手稿整理）

东莞市常平中学校歌

惟我常平，毓秀钟灵，擅山川之形胜，萃岭海之菁英，控广九之交通，握陆运之重心，为南方之国际孔道，吸取世界之文明。常中于是孕育，常中于是诞生，常中于是发展，常中于是长成。惟我常中同学，生也何幸！惟我常中同学，责任匪轻。惟我常中同学，当认识使命之神圣，完成神圣之使命。

（创作于1948年）

砚边絮语

目　录

【附译作】

一九二五级级友小传（摘录）①

方君国铭

方谦，字国铭，别署痴人。籍隶姑苏，生长海上。天性好友，落落大方，容光焕发，顾影翩翩，一倜傥少年也。君多情感，质颖异，喜吟诗，精西语，善滑稽，颇自得，因以痴人为号。尝谓人当如痴如醉，方可免却战争嫉妒之观念，然非厌世消极之意也。

曹君维淇

君字竹虚，金山人，一九二一年来本校。君性爽直，富于爱情，精数理之学，待友以诚，壹志向学，不尚虚荣，青年中之佼佼者也。慎与君相交四年，甚敬君之为人。君下学期将升入汉阳兵工专门学校肄业，前途正未可量。

（原载《清心钟》第3卷第7—8期，1925年）

①编者按：本篇标点为整理者所加。

重游武林三首[①] 乙丑四月

吊雷峰塔遗址

去春来游西湖滨，雷峰古塔何嶙峋。今年复来西湖滨，不能塔影愁杀人。可怜名胜难持久，从此十景只存九。瓦砾一堆如培，不早摄影呼负负。（去岁游杭未带摄影器）

题退省庵

四围山接天，一片水浮地。修廊若回文，小亭成卐字。群鱼阶下游，扁舟柳外迟。避暑最相宜，悔不六月至。

冒雨重游云林寺

虎林今又到，灵隐复来游。雨大泉愈响，林深山自幽。阴阴不知夏，飒飒似交秋。如此清凉地，吾乡何处求。

（原载《清心钟》第3卷第7—8期，1925年）

---

①编者按：本篇标点为整理者所加

贺新郎乙丑暮春作

嫩绿帘栊静，悄无人，春光渐老，芳菲重领。乳燕流莺飞啼处，遍惹柔条满径。更那堪危栏独凭，楼上离人楼外月，尽无聊，一醉迟迟醒。当日事，且休省！

蛮腰丝鬓今初整；短风前，笙歌懒奏，独羞鸾镜。杏姊梅兄昏嫁了，依旧佳期未定。恨风雪前朝正劲！十里章台归来日，永丰坊换却新风景。谁伴我？此宵永。

（原载《持志年刊》1931年第6期）

最苦行

壬戌[1]十二月三弟惠民自北京大学病返，卒于香港。癸亥十二月作此志哀。

去年今日我最苦，泪不垂眶倒入肚。弟病临危母捶胸，勉强慰弟复慰母。医经有语弟不治，九曲肠如遭鬼斧。母子三人局一隅，夜深灯映眉峰聚。苦哉诀别弟呼兄，负债累累兄是主；惟念慈亲独爱儿，中道别离伤肺腑；阿兄事母当倍劳，弟死不瞑念阿母。言时作势请母出，虑母痛儿不忍睹。阿兄闻言中心摧，欲再问时转无语。回看母倒弟长眠，慰生哀死知何所？白人黑人共悲伤，䴕舌咿哑首齐腑。悠悠生死别经年，联床无复听鼍鼓！愁来晨起忆香江，翘首白云亲舍处。

（原载《持志年刊》1931年第6期）

①编者按：原稿为“壬戌”，当以“壬戌”为是。今改。

哭画家马孟容①

马君孟容，永嘉世家子，工诗善画，以花卉蜚声于沪上，民十九年春，余任中国文艺学院金石学中国文学史等功课，君任教务长，始识君及介弟公愚，自是交益深。二十年春，余以事忙，不常来校，每间旬日，君必函约或加面促。今春战后，各自奔避，消息渺然，久乃知君已返永嘉，不见者数月矣。九月初旬，忽遇君于正风文学院，时君寓福煦路方介堪兄处，余寓迈尔西爱路，颇密迩也，一日余往访君，君为余乞介堪《古玉印汇》送余，并出墨水蟹一帧，花卉一帧，示余曰，君亦嗜此乎？将落款以为赠，余笑诺之，翌日，同饭于同兴楼，君固不胜酒量也，越数日，晨起读报，忽有君不治之讯，哀哉！余与君交三载，尚未得君画迹，当时固不料酒楼一别，遂成永诀也，赋此一篇，以志吾哀。

天地有奇葩，秘不使人知，惟君画最工，顷刻立致之，千年幽香蝶绕丛，万年古树花满枝，盛年才气正横逸，画到工处

①编者按：本篇书名号为整理者所加。

神鬼疑，灵秘一泄造化妒，遽使风雨摧灵芝，永嘉画统今中绝，海内无人称画师。忆我昔年初见君，知君名士奇中奇，山川钟其秀，家学植其基，兄弟驰名机与云，弟书兄画称当时，春申江上一月劫，烧天野火来东夷，奈何半载不见君，我不自危为君危，忽然一日觌颜面，君喜握手吾伸眉，君乃许我画数帧，持赠留作他年思，晨起读报哭无泪，君竟不死炮火死之医，君名不朽可勿悼，吾独哭之以其私。

（原载《中华学艺社报》第5卷第3期，1932年）

大厦大学教授郑师许君致满智比丘函①

满智法师赐鉴，久仰法名，无缘拜谒，至为怅愧。师许向治文字金石之学，来沪担任各大学讲座，亦六七年，比来为攻究佛教艺术，亦颇涉猎佛籍，但以根缘浅薄，迄今仍一无所知。近拟假途东籍，从浅近入手，以期深造。凡东籍中之佛教辞林、佛学通论、佛教史乘，略购一二，以备研诵。比得常盘大定新著《中国佛教思想史》读之，通俗简明，甚喜其可为一般浅根者说法，乃从事翻译，投向贵社逐月发表。当此思想庞杂，信仰多歧之时，未始非指导人生，启牖蒙昧之一助。惟自苦学无根柢，陨越堪虞，敢请大法师严加校勘，俾免舛误，未知浅人亦可得佛力扶持否。附上近著《中国金石学概论》全目一份，并《中国佛教思想史》译稿两章，乞为赐阅。如该译稿可用，并乞为删正刊入。专肃即颂。

撰安

俗弟郑师许顿首拜上

（原载《海潮音》第13卷第1号，1932年）

①编者按：本篇标点为整理者所加。

卖书篇①

沪难中屡电南中催索船费，久不得覆，戏而赋此。

少年意气殊雄豪，买书不计书价高。每欲读书破万卷，网罗图籍冠其曹。节衣缩食何足论，往往典质到衾裯。人情世故俱不管，酬酢讵肯拔一毛。朝斯夕斯为书仆，捕鱼驱蠹忘其劳。人言书痴何自苦，书痴渴读如贪饕。一朝夷氛异地来，天翻地覆若奔涛。朝野上下奋抵抗，五都之市弄兵刀。富者能避贫者跑，书痴抱书何能逃。有钱可使鬼推龙，无钱奈何空号咷。何如尽卖旧藏书，舟车可买举家逃。用钱不肯为钱奴，买书卖书亦人豪。

（原载《枕戈》第1卷第2期，1932年）

①编者按：本篇标点为整理者所加。

从婴儿的衣服说到儿童本位①

《文华》画报预备出一期儿童专号，它的编辑张亦庵先生嘱我对于儿童问题发表一点意见，所以我就预备了这个题目，可是拈起笔来作这篇文章的时候，猛然地忆起一件故事，现在先把这故事写出来，作为本文的楔子。

我的大舅父的儿子袁辅贤现在已有三十岁了，娶妻生子，已有多年。可是他出世的时候，却闹了一桩大笑话。他是我的外祖父的第一个男孙儿，老人家晚年抱孙，这是了不得的欢喜；所以在他在娘胎十月将满的时候，我的外祖母便替他——那未出娘胎的小孩子——预备好了许多衣服。在乡下的规矩，是：初出世的小孩，应该找他直系的亲属中享高寿的老年人，如祖父母之类，尤其是男性的最好找他穿着多年的衣裤，拆下来，裁作小孩的衣服给初生的小孩穿上，那便可以长生福寿了。我的外家是居乡的，当然也免不掉这个俗例。可是那布料太好了，经过多年的洗涤，所以便坚厚得和铁一般的硬。小孩子给这穿上了，不到三天工夫，全身的嫩皮都剥落下来，像是

①编者按：本篇书名号为整理者所加。

脱了皮的老鼠一般。我的大妗母是第一次生小孩的，看见了小儿害了病，多哭，不肯吃乳，便找小儿科先生来看，但是吃了几帖水药，都不见效，小孩哭得愈加厉害，于是举家的人以为那小孩著了朝数，大约是短命关不能逃过，便把那小孩抛在村外的竹林下。可是做母亲的当然是舍不得，便大哭一场。刚巧那时我的二姨母的家姑从邻村来探访，见了这个事故，甚为惊异。到底伊是有年纪的人，懂得一点事理。伊说这个小孩不像害病；皮脱去了，全因为是布料太硬。便吩咐把小孩抱回家中，用棉花包裹好。于是过十来日的工夫，小孩居然全好了。

这一桩事情是我的母亲告诉我的。所以现下我家里头要生小孩子，虽则守旧到万分的我的祖母，从不敢替我预备这许多老年人的衣裤来做小孩的衣料，而我的小孩也未穿着过把旧衣服改削来的衣服。

因此我便想到[①]一个问题，大抵我们中国人，向来不以儿童算作家庭中的一个单位，儿童只算是家庭中的附属品。所以老年人的衣服坏了，便可留作小孩的衣料。美其名曰可以托庇老人的福气，长生福寿，实则是悭钱吧了。可惜许多人还不晓得“省了这一点钱；很容易有断送儿童的性命的危险”。这又何苦来呢!

所以父母读完了的陈旧书籍，可以留给儿童阅读；父母用坏了的毛笔自来水笔，可以留给儿童写字；父母不能用的皮包，可以留作儿童的书包。

于是儿童穿上了长袍马褂，拿起了破陈包皮，套上了半旧的自来水笔，携带了甩皮的华英初阶，华英进阶大宋杨家将薛

---

①编者按：原稿为“道”，当以“到”为是。今改。

仁贵征东；在马路上行起路来，俨然老气横秋，成人十足。我每逢着了这种儿童走过，我便想到我国的前途究竟在那里！

我想：这些无非是看不起儿童不以儿童作家庭里的单位的原故。所以我便要代替全国的儿童向他的父母们请命，以后儿童的生活，都应该以儿童为本位。这是儿童应有的权利，这是我们做父母的应尽的义务。虽然不可矫枉过正，养成奢华，但切不可剥削儿童的法益，以造成父母的富厚。

因之学校里的教师，也该以儿童为本位。社会国家的公共场所，也应该随处尊重儿童。儿童是国家的未来的战斗员，社会上未来的活动细胞，是家庭内的美丽之花，请大家善为爱护才好。

末了我为全国的儿童向《文华》的编者表示谢忱！

民国二十二年儿童节日为《文华》画报作

（原载《文华》1933年第37期）

闻苏将军败绩[1]

长白山头野火烧，金瓯已破奋欲出。将军真个好男儿，不信补天竟无术。叱咤风云神鬼愁，鲁阳挥戈能逐日。大明阁部苏观生，誓死支撑复明室。二百六十年后有将军，疑是一家善继述。百战百捷将军功，朝野闻之百忧失。奈何中原劫运已难回，不用詹尹卜凶吉。敌兵纡回出山谷，迤如长蛇毒逾蝮。飞机炸弹如雨投，迫击炮车轰林木。非关变化来者奇，无险可守难隐伏。弹尽矢绝呼吁哀，呼天不闻天胡酷？将军徒手犹奋呼，且图后效待兴复。力足拔山亦何为？可奈何兮天使独。嗟我远居海上徒离忧，闻君败退伏地哭。

（原载《因社集》，台北文海出版社1977年版，原文最早刊于1933年）

---

①编者按：本篇标点为整理者所加。

和祁武垣《周甲唱和》①

昔我初读书，师为授五经。愚蒙未有知，大义见叮咛。兼为说文章，文章宗桐城。受之命惟谨，拳拳思服膺。儿时学稍进，一一皆师成。沧桑忽变幻，驰逐多浮萍。于今二十年，文字误苍生。国事嗟日非，吾道亦艰贞。莫愁白发添，老眼倍分明。海上同闲居，复亲欬謦声。新著乡贤书（原诗注云：在沪课余之暇，曾成《三朝东莞遗民咏》三卷），潜德于斯呈。踪迹吴越间，诗篇亦九坑。倦游欲南归，未忘万里情。课徒三十年，桃李多敷荣。惟我衣钵传，申江事舌耕。遥闻先生寿，愧无杯酒倾。远寄先生诗，百感已交并。君家骐骥贤，年少早成名。鱼虾句足珍，骚坛祖武绳。老骥鸣伏枥，实剑日夕横。（受业来中原后，专治文字学逾十年。近五年来，又在沪上各大学掌教文字学、金石学功课。去冬某校学生问有可以此等功课打倒帝国主义否？为发一噱故云。）

（原载《周甲唱和诗》，1933年东莞城鉴文楼铅印本）

---

①编者按：本篇标点为整理者所加。

世界学术消息（三则）[①]

上海市年鉴出版讯

上海市通志馆编纂《上海市通志》之努力，叠经发行《市通志馆期刊》六册，已为世人所洞悉。兹该馆又奉市政府之命，编辑《民国二十四年上海市年鉴》一书。年鉴各编目录及子目、编辑方法，早经去年拟就。共分二十五门，举凡上海市政府、公共租界、法租界之市政、金融、社会事业等，无不包罗，内容务求详确实用。该馆得各重要机关之协助，编辑方面，异常顺利。已编竣者，有党务、政治、劳工、学艺、工业、外交、社会事业、金融等，其中如金融尤为详尽。其他如司法、交通、商业，均在赶编。闻本年四月内，该年鉴即可出书，售价极廉，以便普及云。

考古学社近况

考古学社于去年六月由容庚、徐中舒、董作宾、商承祚、

①编者按：本篇标点为整理者所加。

容肇祖、张荫麟、郑师许诸人发起后，社务异常发达。第一期社员五十八人，其中如徐鸿宝、明义士、杨树达、徐炳昶、谭戒甫、于省吾、柯昌泗、唐兰、闻宥、刘节、魏建功、谢国桢、柯昌济、吴其昌、梁思永、赵万里、戴家祥等皆为积学之士，对于考古方面，有极深研究。本年第二期社员，闻又加入沈兼士、胡朴安等数十人。除于去年底曾出社刊第一期外，现又发函该社社员征集第二期稿件。大略云："社刊第二期定于本年五月底出版，由刘节先生编辑。征求下列稿件（一）论文、（二）自述、（三）中国及东西洋考古学消息等，于四月底以前寄到云。"想出版时必有相当精采也。

清史稿解禁消息

民国三年袁世凯为羁縻逊清诸遗老计，开馆修纂清史。其间叠经变故，至民十六年始有倡刊稿待正之议。期一年印成，于是发售预约，价百元，分两期交书。是年冬，印行纪志表传之各一部分，凡五十册。其余五十册，云于十七年端午节以前刊竣。第二期书印成未付，只辽宁方面取去数百部。国民革命军适于是时到达北平，史馆由故宫博物院接收。十八年十二月该院具呈国民政府，谓《清史稿》乖谬百出，开千古未有之奇，列举反革命、藐视先烈等十九项。并称该书不宜再流行海内，贻笑后人，应永远封存，禁其发行。国府准其请。遂将史馆所有印本及史料捆载而南。除由府颁给五十九部及留放洛阳者外，净存二百四十五部，又残本二万二千六百六十九册。然在禁令之下，除国外图书馆及租界内或私人收藏者不计外，国内公开收藏者，有北平图书馆、北京大学图书馆、清华大学图书馆、南京江苏省立国学图书馆等公家机关。私立大学则燕京大学图书馆、辅仁大学图书馆、岭南大学图书馆。昔皆预约购得前半部者，亦莫不再斥巨金，重购全部，故此书虽禁等于未禁也。其后关外之本，渐有流入，每部约五六百金，亦有索价至八百金者。而国外大学闻屡有不惜重价收买。惟一般穷学者每不易得见，无由参考。前年孟森首为一文《清史稿应否禁锢之商榷》，刊于北京大学《国学季刊》三卷四号中；去年九月容庚复为一文《清史稿解禁议》，刊于《大公报·史地周刊》创刊号，均为解禁之呼吁。据本年一月三日《大公报》所载，最近行政院院长汪精卫氏亦以该项《清史稿》关系学术甚巨，乃毅然呈请国府，将该《清史稿》发交行政院若干部，由院聘人先事检校，正其谬误。俟勘正编定后，再予印行，加于《清史稿》之前或后，然后再呈请国府解禁。自本年一月起已聘请曾编纂《庐山志》之吴宗慈君担任检校之责，预拟于六个月内完竣。大约本刊出版之际，可望实现解禁云。

（原载《学术世界》第1卷第1期，1935年）

吾国学校减短假期之商榷①

本志欲发刊减短假期特辑，遍征教育专家及从事教育者之意见，嘱为一文，略布鄙见。余自维于教育一学原是外行，以既经从事教育，自学生时代以迄今兹，三十年与学校为缘，似于此严重问题不能恝然置之，因为文以论其事。

兹者在未入本文之先，拟先将民国十年时所成旧文直录于下，以代说楔。当时余尚肄业南京高等师范史地部，一时见学校放假之多，自维是一贫苦自给之学生，旅费筹措不易，以如许金钱，作无益消耗，遂发愤为之。文成后交教育科同学核阅，群焉以为此教育专家范围内事，岂有以全国之大，专家之众，而犹虑不及此？此中必有至理，非局外人所得置喙。嘱勿发表。因将文稿收入我云如是丛书卷一中，秘之缄策，遂不敢示人矣。来沪掌教十年，间有与教育院同学论及之者，未尝不点首称是。盖以十年之间，吾国经济变迁极大，昔之有宽裕经济之农村子弟可作此不经济之消磨者，今已不多，时势所趋，事有必至，理有固然者也。兹不复珍秘，钞录如下：

①编者按：本篇局部标点、外文字母有改动。

中国学校制度大改革之又一问题

星期制度还有存在的理由吗?

暑假的制度还不该改良吗?

秋季始业还要全国呆守吗?

中国学校制度，快要根本改革，已成一般人的思想言论了。诸君试看近日《中华教育界》《新教育》《教育杂志》的言论很多，有的是说中学制度的改革，有的是说专门学校制度的改革，有的是农业学校制度的改革，有的是说教科书的改革，有的是说儿童用书的改革，可谓盛极一时了。但是有几件事情是老前辈盲从西洋的，没有科学上的价值的，现在还没有人提出来供大家的讨论，所以我今天大胆地提出来，供全国教育界学生界的讨论，这是作者意见。望关心此事的人拿来研究，把研究所得发表意见，待有废除的必要时才废除，有改良的方法时才改良，岂不较胜盲从西洋吗？现在把他逐条提议如下:

(一)星期制度问题　世界现行七日为一星期的制度，怎样起源的呢？因为在文化未开的时候稍有思想的人，见太阴的盈亏，自上弦至月望，月望至下弦，下弦至月晦，月晦至上弦，为期各约七日。经了许多年头，验之不爽，因是有以七日为一周之期。其周期内日名，即以日月五星命名。因为当时天王星、海王星还未发现，太阳系中所知的除地球外，只有日月五星的原故。七曜的次序，自星期日起，为日 Sunday 月 Lundi 火 Mardi 水 Mercredi 木 Jeudi 金 Vendredi 土 Samedi，推原其始，实出于埃及。据这样看起来，七曜周期，实源于初民野蛮时代，并无科学上之价值。当十八世纪末叶，法兰西大革命时，法国国会也曾废除星期制度。然以历史上的习惯，宗教上的限制，反力过大，没有几年又恢复这种恶习。我国历史上本无七曜的制度，又不是宗教的国家，为甚么要采用这个制度呢？大概是在最初兴办学校的时代，一般的崇拜西洋主义的人，以为无论什么，凡西洋人所有的，不问有科学上的价值没有，都是好的，都可以救中国的贫弱的。所以急忙拿他到中国来应用。最可笑的，又创为六日读书，一日完全休息，是顶讲究体育的方法。是学校急宜采用的。例如□□省有一位视学员，他视学的时候，不问这个学校怎样办，如果星期日不放假，就要把这个学校解散。咳！中国人素无精益主义——说见朱进之先生译的《中国社会之研究》——无论事情如何，只要中国古来有的，或是西洋有的，便说是对的。不然，则说是不对。这可算是情性的符号了。今把星期制度分功课方面和休息方面研究如下：

甲、功课方面　一年以三百六十五天计算，应有五十二个星期。那么，每星期休息一天，就得五十二天了，加之暑假寒假及例假（例如专门学校暑假得七十天，寒假约三十天，例假约十天。内除是星期日约十五天外，实得放假日九十天），大概每年是放假五个月之谱。咳！这个数目不是很大的吗？试问一个专门学生，在校不过三四年，每年竟少了五个月，实在在校修习功课的，究竟有多少日子？学问是无穷的，环境是变化的，以这么少的日子来修习功课，一旦毕业，恐怕门径工夫也没有，那能够在社会上适应环境呢？所以我以为提高高等教育，不特应该把年限改长，还应该把星期制度，完全废止。读者不要怀疑，我并不是一个复古家主张复古的，也并不是一个书痴子，不喜欢讲卫生的，我是一个诚恳的学者，研究真理的。关于休息方面，请细心看我下段文字。

乙、休息方面　一个人精神有限。精神疲了，急宜休息，俾他逐渐恢复能力。这是稍为研究过体育的人所承认的。我岂有不承认的吗？但是我要问一问："一个人的劳动——指精神肉体两种——睡眠、吃饭、消化是不是天天一样的？能不能于一定的人为的期限内，完全停止其官能？"我想无论怎样讲卫生的人，也不能不承认是这样的。那么，星期日当然也应该有精神劳动。不过因为你所定的方法不好，非星期日的功课太多（往往有一日上课九小时者，加之自修时间呵，真的不得了啊！），致令学生忙个不了。还有工科理科学生，平时功课教不完，藉星期日来补足。所以有许多学生以为非放星期假不可。但依我看来，这种劳逸不均的卫生法，恐怕为害实大。且也有等学生，平时功课已少，星期日又无事可做，因而干出伤身之事者很多。抑又进者，学校的生活，如网球足球等肉体运动，岂不能补救精神运动的疲劳吗？必要完全停止其官能，休息一天，才合卫生吗？又次有一种学生平时功课已多，星期日还忙不了，肉体运动日少，因而害病者也很多。所以我以为与其行劳逸不均的星期制度，何如废除星期制度，把每日功课时间减少，把娱乐精神的事项加多。在那时候学生的体育，当然比较现在好一点。未识读者以为如何？

（二）暑假制度问题　暑假寒假，两者本来是一样的一个问题，不过暑假日子太多，我拿他来作代表罢了。我这里所讲的暑假问题，实包括寒假在内，读者幸勿误会。

读者看了我上文讲星期制度问题时，已经晓得我们一年当中有百多日的放假，即使小学也许有五六十天，我现在不和你们讲暑假的本体，我只谈暑假本身所发生的利害。放暑假的本意，不是因为这个时候天气太热不能作工才放假吗？放寒假的本意，不是因为这个时候天气太冷不便作工才放假吗？但是为什么要预先颁定一种日期，说这个时候应放暑假，这个时候应放寒假呢？或者暑假寒假指定的日期，还没有到，天气已很热很寒，为什么在那个时候不能放假呢？或者在暑假寒假指定的日期当中，天气并不很热很寒，为什么在那时候还要放起假来呢？（这个例子很不少，如广东在七八月本不甚热，已经放假，及至九月时天气很热，反要上课。又如广东本不甚冷，顶冷的不过是摄氏十六度左右。摄氏表十六度左右在北方是很平常的。但是在广东也要照样放寒假。）又为什么大学专门的放假日期以次多，中学小学以次少呢？年纪大的人怕热怕冷，小孩子不怕吗？大学专门的教员独得长的假期，中学小学的教员应得短的假期吗？天气的冷热关系于同地域的人类不是一样吗？异地域的人类不问天气怎样，只要指定的时候一到，就应该放假吗？这种没理由的不平等制度，还有存在的必要吗？而且天气的寒热，是人类所不能逃避的，只有设法补救才是。学校放假给学生，学生跑到家里去，家里的天气不是同学校一样吗？以我看出来，恐怕学生的家里还没有学校这样适宜寒暑啊！与其用笨拙的放假方法，何如在这个时期改变读书的形式呢？如那一天天气的确太热，不适宜于课堂式或众人围坐的生活，可以临时改为教员学生在林荫处举行读书会。或那一天太冷，可以在课室内用火炉来补救。既无呆定日期，不适应天气的流弊，又可以使学生得适宜的学校生活。不比较更好吗？假如我们住在寒带如西伯利亚，那一天不是冷的？或住在热带如阿刺伯半岛，那一天不是热的？若不设法改善天气，只有完全不办教育吗？而且有些学生在这时期，因为失了学校生活的时间分配适宜方法，一个人在家里忙个不休，以致身体日弱；也许有一部分学生因环境的改变，在这时期干出伤身的事情。岂不是本来打算调节他的身体，反而有害于他吗？更有许多实业学校在这个时期派学生到工厂或农场里实习，这又怎么讲法呢？所以我说暑假寒假制度有改良的必要。大约改良的办法，学校建筑务求适宜，图书务求丰富，在这个时期将课堂授课的形式，改变一下子，也可算是一个较好的方法。

（三）秋季始业问题　秋季始业本来不成问题。我们念书，在那个时候开始不好呢？在春季也好，在秋季也好。但在中国的习惯看起来，总是春季始业为便。因为在内地的人民，无论何事，总是以一年为结束的。所以他们把儿子送到学校里，多是在正月的时候的。你们办学的人，采用秋季始业，他们宁可把儿子不送到学校去。我日前在乡间眼见一间高等小学在秋季招生，往往招不到几个学生，在春季招生，又要受那班无意识的教育行政人员的处罚，说这个学校不遵守部章。弄得这位校长没有办法，后来想出一个特别办法，行半年预科制度，在春季招生，不到县教育行政机关报案，这半年只得当补习国民学校的功课，待秋季才去报案。你说秋季始业还有规定的必要吗？从前我国初办学校的时候，大都是春季始业的。后来不知为什么又要弄全国一致秋季始业的花样？大概也是崇拜西洋主义生出来的。所以我说这个制度，可以不必全国遵守，各校办事的人视自己的情形而定。春季始业也好，秋季始业也好。但是如果学生毕业以后，仍没有去处，也得在校补习一下子。

我作完这文之后，给一个朋友看看。他说："照你这样看起来，不是恢复前时我国的旧办法吗？"我立即回答道："从前我国的学塾教育，实在因为是时间分配不好，教法不好，所教的教材不好，并不是因为没有星期日和暑假寒假不好，并不是因为春季始业不好。又何必矫枉过正呢？试问我国早年所办学的人，只能采用此等制度，并不研究时间分配，改善教法，精选教材，他的成绩又在何处呢？"（下略）

世事变迁，如行云流水，不图十五年前旧文，在今日尚有一顾者。今者学校始业已改为秋季春季并行制，暑假寒假期已酌予缩短，甚至有利用为补习、讲习、实习或集中军训之用，寓不放于照放之中。其余国耻纪念或先烈纪念，又多以开纪念会而不停课为原则。此两者可勿论。惟星期日则以关涉太大，尚无公然倡议废之者。吾之意：今日国际间险象环生，先进之国均为有计划之精进主义，吾人事事落他人后，虽急起直追，恐犹不及，更何可不讲求时间经济，以黄金之时间置之于无用之地乎？准情酌理，宜暂时于星期日但放上午半日休假，下午则照常工作，以一年计之，可得赚回一个月也。他日者再由全国专家讨论决定，另订永久可行之新办法焉。此缩短假期之一种过渡办法也。

今日农村破产，商工不景，吾国经济，日事枯竭。子弟教育之费，谁不愿求减轻？此又有关整个教育制度问题。吾虽非教育专家，亦欲有所建议。甚望今后吾国学生每阶段所得之教材分量与各国学生相等，而在校年期，则较现在略为缩短。至如何统筹兼顾，截长补短，使成为有弹性之制度焉，是则专家之责也。

廿四年四月三十日写于沪上四部书斋

（原载《学术世界》第1卷第3期，1935年）

总提高运动[1]

一九三六年是国际上一个最危险的关头，这是谁也知道的。现在我们已经跨入了一九三五年，距离这关头不过一年。我们中国正是国际上最重要的一员，负有极大的使命和责任，在现在来准备，实在已经恐怕太迟了。但是如果仍然毫无预备，这个前途宁堪设想？

现在撇开别的话不讲，专就我们应该如何提心吊胆地准备着说说吧！大约在早一两年里，我们的朝野上下也正预备了不少，什么购买飞机呀，什么发展实业呀，什么普及教育呀，什么提倡国货呀，有计画的便计画，能实行的便实行，已经算是手忙脚乱了。不过据作者的愚见，以为我国现在的情形，什么都在国际上不及人家，现时如果真的要准备的话，实在是应该全国一致总提高。无论政治也好，经济也好，军备也好，外交也好，甚至士、农、工、商的百行百业，一直数到倒马桶的粪夫，马路上的清道夫，厨房里的烧火夫，一切的一切，无不应该提高。提高到甚么程度，大约与国际上同等的事业，在同一

①编者按：本篇局部标点有改动。

的水平线上。

什么是提高呢？提高了什么？怎么样去提高？我现在不能不详细说出来了。我这里所谓提高，系指这种种事业的效能和人家一般无二。如果要做到这一点，则我全国执业的一切人员个个准备提高，提高他自己的做事本领，提高他自己的律身道德，提高他自己的观察能力，提高他自己的与人合作的精神。（同时也有必须减低的数事：第一，要减低自己的享受和娱乐；第二，要减低自己的功劳和虚荣；第三，要减少自己的成见和固执。）全国一切的一切执业人员或正在失业的人员，个个应该如此做去。

譬如今日正是元旦，家家人人都在准备着新年，除夕日的大扫除大清理大摆布，忙个不了。在今朝早晨一清早便起来，忙着这个，忙着那个，可说是全国一致人人紧张，十二分紧张的日子。古人说："一年之计在于春，一日之计在于晨"，正是这样的用意。假如我全国的同胞，在今年的三百六十五日当中，日日像今日这样的紧张，虽然一九三六年是快要光临，还是来得及呢。

否则一方面有了飞机，别的方面没有道德或经济，或者一方面有了道德，别的方面又没有飞机和经济。或者这部分的人很紧张很忙碌，而另一部分的人却闲着。这是绝对不中用的。所以现在谁也不应该怨谁，只有大家一致地去苦干。

（原载《长城》第2卷第2期，1935年）

我的投考邮政局的故事

本来我在高小毕业的时候，已经找到了一个初小教席，是李翰香老师介绍的，当时恰值民国初元，县长岑学吕竭力提倡办学，所以稍微有点钱的乡村，无不创办小学。可是我却愿意升入中学，决不肯就。后来我的姨婆又替我答应了一家小学教席，又遭我拒绝。为了这事，累得姨婆深夜下乡，跌了一交，现在想起已去世的姨婆，未免有点难过。我那时正是十五岁的孩子，如何可以担得起那“人之患最好为”的事情呢？

荏苒光阴，旧制的中学读完了。那时恰好是洪宪时代中学毕业生可以应考普通文官试验，我的同学正在兴高采烈；我这个决定不读法政学堂的怪孩子——这是李翰香老师在我高小毕业的时候竭力向我劝告的，那时高小毕业生可以投考法政别科，可是这事留待另文记述。——正在彷徨无措。我的入学攻读，原来在我入中学时已经决定，可是我的弟弟惠民的中学毕业期，和我差不到一年，他是一个十四岁的小孩，如何可以去找职业，所以大家决定由他入北京大学读书（那时全国唯一的大学），由我去找职业。

刚巧有一位同学是前一届毕业的已经考入邮政局做邮务练

习生，生活尚称稳定。于是引起我们的注意。在元宵左右我便约同邓柱桑——现任广东勷勤大学工学院的教授兼训育主任——一同去考。在考试的时候，我十分郑重其事，战战兢兢，换一句话说，就是对于找寻职业的重视。当时考的是：一篇中文作文，一篇英文作文，四个翻译题目，两段是英文报纸译成中文，两段是中文报纸译成英文，一场英语会话，这是重要的。其余的是：英文地理、英文数学等。考的人数又多又杂，考的方法又怪又僻，好容易考完了，便向旅馆结了账，大家决定将多住一晚旅馆的房钱挪来去戏院里看一晚戏，那时是通宵唱演的。这是我自己第一次由乡下出省城，横竖在天亮时便可以趁乡渡回乡，岂不甚是经济。那晓得那天半夜里戒严起来，奉督军令限演至十二时为止。那才是狼狈呢！

过了一个月的光景，接到邮政管理局的通知书，说经已取录，嘱即觅同铺保两家来局练习。接信时的欢喜情形不在话下，及至四处找人商量，听到待遇如何优厚，保障如何周到，更是喜出望外。

光阴一天一天的迫近，铺保也找齐了，手续也办好了，忽然一天思念起来，要是天天坐在柜面里卖卖邮票，写写挂号单据，如此机械，对于喜欢读书欢喜研究的本性，岂不是全被消磨净尽！晴天里来了一声霹雳，便坚决地对母亲说："我决计不去邮局练习了！"母亲本无成见，便答应了。

从此，便做了三年高等小学的国文历史教员。

（原载《青年界》第9卷第1期，1936年）

我的破题儿第一遭暑假生活①

话又说转来了！自从那年（清光绪三十四年）春天我被送进城南小学跟徐亦良老师念书之后，我便开始度着现代式学校的生活。不到几个月暑假就近在目前了。

从前在私塾里是没有暑假的。如果老师要入围考试——甚而至于省城去考府试——的话，我们便可以躲懒十几日或至三四十日。这个差不多可以算是我们小孩子的暑假。我似乎也享受过一二次，可是这不是正式的暑假生活。我破题儿第一遭的暑假生活，总得以进入城南小学那一年开始。

期考总算匆匆地考过了，积分榜张贴起来了，先生给我们的奖金也发了。我们开始不到学校去了。（我家距离不远，我当时是一个通学生。）但是我在暑假的第一天便觉得很寂寞了。原来我在私塾时代是一向过着渔猎生活的：每天在先生睡午觉的时候，便瞒着家里去摔羊角、捕小鱼、打花果山。不料在进了城南小学的第一个星期日，这种生活给徐老师侦着了，我挨了一顿骂，以后便改变得干干净净了。照理暑假开始，便可以

---

①编者按：本篇局部标点有改动。

复演一回旧有的渔猎生活，何至反而觉得寂寞无聊呢？不过，看官们有所不知。凡是渔猎生活不是一个人所能实行的，必定要有一个集团的群，——十个八个的同志小孩，甚而至五六个。——才能有兴趣去干。自从进了城南小学——这是当时一所很有名的小学，在全县首屈一指的小学——之后，便慢慢地跟那一班老同志相远了。他们那一班人里或者也有一二个去学生意了。无端地便找不着人。过了四五个月有规则的学校生活，到这时坐在家里，便不知不觉地感觉着苦闷、岑寂。

二来我所住的家，是一座明末建筑的老家，地方远不及学校来得宽敞、通风，困坐在家里挨热挨苦闷，是觉得很不舒服的。于是我便开始咒骂暑假了，我便怀疑暑假的制度不好了。像这样过了三四天，后来幸亏我父亲替我想了一个好的解决方法，叫我去跟徐老师补习。当时补习的办法，是不读书的，不授①新书的，徐老师在那里看书，在那里忙他自己的，我每日到校约齐一两个同学，写写字，温温书，大约每三天徐老师给我们一个作文题目，我照常作一篇给他批改。像这样，这一个第一次可爱的暑假生活便度过了。

以后我入高小、中学，直至大学都喜欢在暑期里请先生补习，这习惯大约算是在城南小学里那一年养成的。

直至来上海教书以后，在暑期里不避流汗，奔走烈日之中，往来于大夏大学等各暑期学校去教书，大约可算是习惯相承的了。

（原载《青年界》第10卷第1期，1936年）

---

①编者按：原稿为“受”，当以“授”为是。今改。

客苍梧晤欧傅二先生[①]

本年五月间，本校欧副校长偕傅式说校董由香港入桂，转南宁视察本校附属南宁中学，途经梧州，郑先生往江干欢迎，赋诗贻二先生，郑先生系前本校中国学术史及考古学教授，三年前离校应广东省立勷勤大学之聘，在该校教育学系担任要职。抗战寓兴，勷大迁在梧州开学，郑先生亦随校播迁，现仍在勷大供职。——编者

一

客里春光剧可怜，申江一别已三年；漫天烽火人□寿，惆怅明朝送客船。

二

六一先生风采真，十年如昔最相亲；笑谈不是流离者，犹似前时共苦辛。

---

①编者按：本篇局部标点有改动。某些文字模糊不清，用“□”代替。

三

永嘉佳士才纵横，海上诗坛久著名；靖节堪夸今日事，南山似否贵阳城。

四

无家为别倍伤神（民二十四年在沪宝山路建一小巢，存书近五十余箱，亦同毁于敌），闻道天涯多故人；亲友殷勤如见出，为言忧国不忧贫！

（原载《大夏周报》第14卷第10期，1938年）

坪音两则

内寄书

别来才几日，致书问归期。结发三十年，此景最堪思。
人生要有别，不别不知悲。儿女早成行，两鬓白如丝。
岂云依依情？太阳葵藿倾。念子衣裘薄，况复多甲兵。
饱饥忧失时，喜怒梦魂萦。谁能就浅深？最是解朝酲。
既已无封侯，又薄有文名。远离何所求，胡为事长征？
唱随共天涯，无间雨与晴。令人一回首，珠泪双盈盈。
此意不可忘，油盐柴米轻。

书寄内

来书问归期，归期未有期。结发三十年，朝朝乐画眉。
如何年少时，不知别可悲。上庠勤诗书，闺中勤织丝。
阿母爱抱孙，谓尔何迟迟。寄书远相慰，欢乐会有时。
此行咫尺近，更兼驱自饥。乱世多离别，家家咸若斯。
夫妇每参商，行踪似奕棋。颇愧为人父，远道邮礼诗。
乐育天下英，荒嬉所生儿。郁郁结中肠，报书相泪垂。

固穷誓相守，当归耕东陂。

两诗作于民国三十三年冬十二月十六日，时家人留居连县东陂，余于十二月初回坪石，未几倭寇自东陂穿星子而窜坪石，坪石于三十四年一月二十三日陷敌，此亦离乱之音也。

（原载《粤秀山》第1卷第9期，1948年）

【附译作】

美足的艺术：卓别麟夫人的经验之谈①

卓别麟太太宝莲·高黛的银幕上一双健美的脚，是久为影迷所羡慕的，不久前，她在《泰晤士报》发表一文，题为《美足的艺术》，兹照译如下：

短的衣服，需要美丽细长的玉腿来辅助，才能显出女性的青春；要是腿部过肥，最好勤习足部运动，使其减瘦些。游泳和和骑脚踏车，能使肌肉坚强，多走，能使腿部血液循环增加效力，以达健美之境地。

最要紧的问题，就是腿部汗毛过多，有碍美观，要解决此难题，大概不外乎剃刀，漂白，用去毛药，电除或照爱克司光。

假使你是幸运者，腿部多余的汗毛很少时，那只需用二份淡阿莫尼亚和以一份的双氧水漂白之，最好加入一些法兰西滑石粉，则漂白之力更大，漂白后涂以冷霜，可使因漂白而变为干燥之皮肤，复趋滑润。

①编者按：本篇为美国宝莲·高黛著，郑师许译。局部标点有改动。

用去毛药亦是很好的办法，可是以次数少抹为宜，否则恐有伤皮肤。女友中有腿上涂蜡，去蜡时连根拔去汗毛者，时间方面可久长些；大概一二个月，不致再生；电除汗毛，费用较贵，可使毛根细胞全部除去，惟须择一有经验之皮肤美容医师。

照爱克司光虽能永久去除皮肤上的汗毛，惟照之不得其法，有破坏里皮的危险。比较最好的办法，还是每日用硬毛刷及净肥皂细细磨擦，复用干毛巾擦干，这样能使健美的腿部，益见美丽和自然。

原载《香海画报》1940年第204期

附录

目 录

赠郑师许[1] 并序

田一贯

昨过四部书斋，获睹邺架收藏之富，眼福匪浅。左图右史，四壁琳琅。主人坐拥百城，大有南面王不易之乐。赋此以识快幸，并乞郢政。

望重经师高密郑，中东图籍富收储。石铜考定千年物，甲乙签分四部书。眼福自矜真不浅，心仪已久信非虚。等身著作尤精博，朴学宁夸简竹君。

（原载《学术世界》第1卷第5期，1935年）

①编者按：本篇标点为整理者所加。

郑师许先生①

仲　祜

郑师许先生，邃于金石甲骨文字之学。少孤，母袁太夫人抚育成立。今闻太夫人没于广东坪石寓庐，不胜伤感，寄联挽之。

惟太君守节抚孤岭海避兵灾遘疾竟穷针砭术
有令子通今博古泷冈传母训能文足遂显扬心

（原载《佛教杂志》1942年第3期）

①编者按：本篇篇名、标点为整理者所加。

和郑师许梧州见寄韵，并示吴辛旨[①]

陈中凡

湖海交游忆往年，茫然万里各华颠。遥闻南海培风翼，近泛西江载月船。书翰连犴令长质，图经赅洽广文虔（师许近著《中国边疆史》）。江山文藻予怀渺，望断苍梧起暮烟。

（原载《清晖集》，书目文献出版社1987年版）

①原注：作于一九三八年七、八月间。

郑师许兄任教国专将及两载突应中山大学之聘苦留不住诗以送之

冯　振

浮沈沪海多年共，患难南邦两载同。颇信交情非泛泛，如何别话说匆匆。龙蛇合有腾天日，荆棘犹伤满路中。愧我披肝沥胆语，留君不抵石尤风。

（原载《自然室诗稿与诗词杂话》，广西师范大学出版社1989年版）

勤奋治学　教书育人[①]

——纪念先父郑师许先生诞辰101周年

郑永用　郑永芳　郑永乐

先父郑师许先生（1897—1953）离开我们45年了，去年是他诞生100周年，曾酝酿要写一点纪念文字，后未能如愿。今应东莞市政协《东莞文史》编辑部《近百年来东莞文化名人专辑》之约，撰写此文，追忆先父生平片断，作为该刊补白。并以此作为纪念。

一、少年好学　高考夺魁

父亲原名沛霖，字惠侨，1897年阴历12月15日生，祖上原系虎门白沙人，早几代时迁入城内北门正街一巷一号（旧门牌）。父亲出生时，祖父书田公曾以中医糊口。但我们祖父去世甚早，遗下双目失明的曾祖母（即经畬公夫人）、祖母（袁氏）和父亲两兄弟（即惠民叔叔）。家道急转直下，家计由祖母勉强维持，在这种家境下，父亲和惠民叔叔原不敢奢

---

①编者按：本篇局部标点有改动。

望读书升学，幸有东莞明伦堂的奖掖，得以为继。父亲中学毕业后为挑起家庭重担就到太平虎门一带教书数年。然而他在中学时就品学兼优，有一批同学少年跟随他读书，并结拜为兄弟。这班书友中何作霖先生和惠民叔叔后来升学北京大学。何作霖先生参加“五四”运动，火烧赵家楼被捕，后与同时被捕的许德珩先生等同学同时获释。以后在中山大学法学院任教授。至于惠民叔叔，在北大学习期间，住在沙滩宿舍，不慎中了煤气，虽救活而体质下降，染肺结核，辍学南归，在香港养病不到一年，终于病逝。惠民叔叔聪明勤奋，以一名在校学生竟译出一部《人类婚姻史》，这部书写工整的手稿，有一寸厚，父亲曾千方百计保存。抗日战争胜利后从上海一家私人银行保险箱中取出，但终无力为之出版，现已散失，这是后话。

父亲在虎门教书时正值“五四”运动前后，同一般当时的爱国青年一样，目睹国家积弱，关心祖国向何处去，曾报考赴法勤工俭学，拟习打铁（今之冶金），后因我曾祖母谓漂洋过海，万一家中有事无人照料，坚不允行，遂止。但父亲一边教书，一边继续研习各门功课，继续求学之心甚切。家中至今唯一保存的当时书籍——《纳氏英文法第三册》（英文版）上有父亲写的一段话：

> 余习旁行文字五年于此矣，然竟不能作书属文，是知文法之不可不讲也。乃发愿熟此书以固根柢，然后进语于修词之学。余恐久而忘之乃撰数言。
>
> 民国四年暑假中沛霖志

在该书中旁批与各色笔画线比比皆是。其中还有作c/符号之处，注为：“陈先生所谓宜注意者也。”最后一页又作两条附记，其一："民国5年12月7日学完。"又一："1920年4月再读一遍。"

教父亲英语的陈老师，深受父亲敬重，抗日战争前还常通信问候，可惜我们已忘记他的名字。但记得父亲讲过陈老师在堂上念which一字时，声音拖得特别长，故同学间送一雅号陈which先生。

纳氏文法是当时英国人写的最权威著作，由浅入深共四册。父亲对该书第四册也是自学过的，圈点划线，花花绿绿，儿时在家亦曾见过，因永用离家北上唐山求学时嫌第四册太厚，只带了第三册，今已完全散失。

及至南京高等师范在广州招生，由于是公费，父亲就前往应试。当时到省城是件大事，到省城赶考之初就去拜见一位东莞在省城教书的长辈。这位长辈见我父亲一付乡下佬打扮，恐他思想不合潮流，因为"五四"之后大兴白话文，故问："近日读何书报？"父答："常读《新青年》。"那位长者就说："那就考考看吧！"不料一鸣惊人，竟以南京高师广州考区第一名录取。南京高师是公费，又有东莞明伦堂资助路费，遂得以成行。

由于父亲中学毕业后曾经边教书边继续自学数年，所以养成极强的自学能力。在南京高师时并不满足于课堂上听课，而且还努力利用文化资源比较集中的条件，在校内校外寻找更多书籍学习。父亲后来诗中有"秦淮河、夫子庙，课余我便驱车到"之句，描写当年自己在夫子庙一带书坊浏览的情景，与旺盛的求知欲望。

父亲进入南京高师时，正是郭秉文长校，延聘了许多一流师资。儿时听父亲常常提到的老师有陈钟凡、竺可桢、张其旳①等。他们讲授的史地专业课，博采众长，方法科学，态度严谨。影响所及可以说父亲一生持之。陈钟凡先生北京大学毕业并在蔡元培先生直接领导下的北京大学国史编纂处任编纂员，深受蔡先生“以科学方法整理国学”之影响。当时一代爱国学人为振兴中华力图肃清科举遗毒，克服在故纸堆里埋头训诂的方法，而采取既精通本国文化又融合西方文化，择善而从，接受西洋文化不能光接受西洋文化的成果，最紧要的是接受西洋科学方法等治学思想与态度都深刻地影响着青年时代的父亲。父亲对陈钟凡先生非常尊敬，记得40年代初在坪石时，还常通讯。陈钟凡先生在离开南京高师（后称东南大学）之后，1925年曾担任过中山大学文学院院长，1931年任上海暨南大学文学院院长，著有《两宋思想述评》等。

二、呕心沥血　勤奋治学

（一）潜心研究古文字学、考古学

父亲离开东南大学（南京高师在父亲在校期间改名为东南大学，亦即中央大学前身）之后，在上海担任教席，并开始独立的学术研究。近代人要研习古代历史必须读古人的书，因为古今文字含义不同，假使不掌握古文字的工具，则决不能读懂古书，于是开始从事古文字学的研究，并改名师许。许即东汉《说文解字》一书的作者许慎。表示自己师从许慎从事古文字学研究之决心。

父亲开始研究古文字学时，是在1898年殷墟甲骨出土之

①编者按：原稿为“旳”，当以“旳”为是。今改。

后，正是史学大师王国维创始应用甲骨文、金文研究和解释中国古代史卓有成果的年代（王国维1915—1933年间出版了许多专著）；也是中央研究院考古组先后三次在河南安阳发掘殷墟遗址（1928—1929），发现大量的刻字甲骨、陶器陶片及石器铜器，以及对山东史城龙山城子崖进行考古发掘（1930），首次发现黑陶的时代。自然深受王国维以及当时新兴考古学的实物成果的影响。父亲在1928至1933年五年间写过几十篇文章及讲义，其中主要的是训诂学、甲骨文、钟鼎文方面的。由于在东南大学打下的以科学方法研究历史的基础，对当时陆续出土的甲骨、钟鼎进行了科学的研究。对某些尚未能辨认的文字，进行辨认、释义。如是，对古文字研究的进展，进而探究有文字记载古代社会和文化的史实，每有收获。循此思路，继而又对当时新兴的考古学以及出土的铜器等实物发生兴趣。这是父亲开始独立学术研究头十年的主攻方向。

父亲对浩如烟海的前人著作，有自己的一套研究方法，在博览群书的基础上，尤其注重读杰出学者的权威著作，读第一手资料。父亲写的《近三十年来中国治文字学者的派别及方法》就是自己考察当时这方面研究工作的全局后写出的心得。

父亲在这方面的研究心得为学术界注意，在文史学界崭露头角，并为当时在上海的同行赞许。胡朴安先生所著《中国训诂学史》一书中，胡先生在序中讲及该书有一章《方言》，是胡先生在上海持志大学任教时因请假而委托父亲代课，该章大部分（主要有两节）系由父亲所撰。成书时胡先生直接采纳于书中。

父亲在1936年离开上海回广东任教之前的十年间，在上海潜心钻研古文字学，考古学，做出大量有价值的学术论文及学术专著。例如古文字学与考古学方面的（以下所列目录中个别是1936年离开上海后所写，已予写明）：

《说文解字集注》（1936）、《说文中译音学之研究》（1934）、《训诂学史讲义》、《训诂学目录》、《北溪字义在训诂学上之地位》（1935）、《文字学杂论》（1934）、《古文字的章句学》、《古文字的语音学》、《古文字学论文》（选集）、《古文字学概论》（编）、《古文字学通论》（1937）、《甲骨文文字学》、《金甲文发凡》（1931，编）、《金文之铮友》（1933，集稿）、《金石书平》（1932）、《善斋金石编校记》（1933）、《善斋彝器录7卷》（附善斋彝器别录）（1931）、《吉金彝器之辨伪方法》（1932）、《十年来之我国考古学》（1934）、《日本考古学界最近之概况》（1935）、《考古拾零》（1933）、《考古论文拾零》（1936）、《考古学研究法》（1933）、《考古学论丛》（1936）、《殷墟之发掘及其价值》、《殷墟文字杂论》、《异哉所谓殷墟文字年代问题者》、《合肥县双墩集六朝古墓调查小记》（1936）、《陶瓷之研究》（1933）、《漆器考》、《写在漆器考出版之后》（1930）、《铜鼓考略》（1936）、《铜鼓考略追记》（1937）、《论所谓秦式铜器》（1935）。

三十年代初，父亲受命筹备上海市博物馆，历时数年，博物馆于1935年落成，任该馆美术考古部主任。

在考古学方面，铜器、漆器、陶瓷，考古发掘等等做了大量的认真深入研究。在这些研究中屡有真知灼见，例如比较早以生产工具划分古代史，提出“铜器时代”说法，开了“铜器时代”历史研究的先河。这个时期的著作已经刊行于世的，主要有《铜鼓考略》《漆器考》《吉金彝器之辨伪方法》，还有与人合译的《考古学研究》。解放后多次重印的是《铜鼓考略》与《漆器考》。在《漆器考》中，采用了当时刚刚用有机化学分析而得的分子结构，使一个古老的传统工艺，有了现代科学研究的新内容。这种用现代科学手段来研究历史的求实精神，是得益于南京高师的老师们，也可说是与同时代的学者一起开一代风气之先，并使其著作历经几十年而仍为人称道。近阅云南民族学院历史系主任、教授汪宁生著《铜鼓与南方民族》（1989年吉林教育出版社出版）称《铜鼓考略》是我国第一部研究铜鼓与少数民族文化的专著。《铜鼓考略》是父亲的著作中解放后重印较多的一种。

父亲治学态度严谨，常以极高的标准自励。为了详实占有资料，并了解世界上治史的动向及成果，三十多岁开始学习日语。那时在上海可以每小时一元的代价请到日本人到家里来教授。就是用这种硬挤时间的方法，居然学通日语，家中藏有日文书籍甚多。大多通过内山书店买来或邮购而来。

记得父亲为了筹备上海市博物馆，特意写信向当时在日本的郭沫若先生求教。他与郭沫若未曾谋面，但不久即得到郭先生从东京寄来的关于外国博物馆的日文书籍数种，从布置到展品保存，展出橱柜都有详述，橱柜且有图样，盖当时对于展品的防潮、恒温在国内尚无经验。后来上海市博物馆按图制作，当时不失为有国际水平的博物馆。

结合上海市博物馆的工作，曾与商承祚教授同赴安徽合肥调查双墩集六朝古墓的田野考古工作。写有调查报告。并曾与容庚、徐仲舒、董作宾、商承祚、容肇祖、张荫麟等考古学界朋友共同发起成立“考古学社”，并受托为创社撰写发刊词。为当时在中国新兴的考古学做出贡献。

纵观父亲的一生，在上海十年是写作最多的一个时期。那时，白天到几个大学讲课，课余又到图书馆或旧书店寻找古籍，为了抢时间，常常晚上读书、研究、著述到两三点，第二天一早又要到各校授课。记得妈妈讲过，那时家中不做鱼吃，怕父亲急于去上课，被鱼骨刺伤着，最常吃的是鸡蛋拌肉馅蒸的肉饼，吃得虽快但可保无虞。上海冬天很冷，晚上坐下看书写字，手脚都冻得冰凉，只好用两个电热器，一个对着脚，一个对着写字的手。正是由于这种拼搏精神，一天几乎做出常人2—3天的工作。

（二）开创性地开展中西交通史的研究

在上海的十年，父亲历任或同时担任上海大夏大学、暨南大学、光华大学、持志大学等校教授，而且像上海交通大学这样一所理工科大学也延揽任教。当时上海交大国文科，自陈柱尊教授（原名陈柱，字柱尊）出任主任之后，锐意改革，教学要求极其严格，所聘教员，除一名兼职讲师外，均是专任。这名兼职讲师即我们父亲。父亲与陈柱尊先生始以文会友，相识之后成为至交。后来我家在抗日战争中逃难到广西，曾得陈教授嘱他弟妇及侄子陈二百等照料，1938年秋，搬到他在广西北流的老家暂住两年，这是后话。父亲自1930年进入交大任教后，结合自己在考古学研究中接触到的通西域的文物（如敦煌）以及史料，又针对当时理工科学生一般比较专注于西方科技，遂又开设“中西交通史”一课，一则中国古代汉唐盛世文化发达，国威远播，使学生增加对文明古国理解，加强振兴中华的信心与志气，再则也应了解与西方通过古丝绸之路以及后来郑和下西洋水上丝绸之路，进行文化交流，及后来西方传教士来华，西方文化再度输入等对中国的影响，从而弄清楚今日研习西方科学，目的是振兴中华。当时把中西交通史作为一个专题来研究的人很少，父亲是研究该专题史的先驱之一。如果说父亲在交大时开始了这个专题研究，那么，一直沿袭多年，直到回到广东，又将中西交通史扩大到中西文化交流，从陆上丝绸之路扩展到水上丝绸之路的历史研究，历时十余年，前后写下的主要著作有：

《前汉时代海上交通考》(1933)、《前汉时代陆路交通考》(1934)、《中西交通史》、《中国域外交通史大纲》(1936—1937)、《中国域外交通史》(第17章)(1940)、《宋元漕运海运之兴革与当时经济上所受影响》(1934)、《宋辽金元明清马政通考》(1944)、《玄奘三藏之行脚与取经》、《玄奘传》(1942)。

由于深入研究关于西域的史料，父亲常常谈到佛教传入中国的经书多是梵文，虽然历代有人作过翻译，然误译或不解其义亦多。父亲说只有陈寅恪教授不仅通英、德等多国文字，也通梵文，能直接研究梵文资料，多有发现，十分佩服。在坪石时，陈寅恪教授到中山大学讲学，师生十分雀跃，父亲尤其珍惜。

(三)明清史的研究

1936年夏，父亲离开上海，回到广东勷勤大学教育学院任教授。应学校之要求，讲授中国文化史，写有讲义多种。

1939年在广西北流，任无锡国学专修学校(解放后合并于苏州大学)教授，以及1940年底返回广东坪石任中山大学教授这两个阶段，父亲继续深入作中西交通史的研究同时，由于研究水上丝绸之路而接触到明清两代大量史料，写过许多专题论文和明史、清史讲义。而在明史方面是这个时期研究的重点。

这个阶段的主要著作有：

《中国文化史》(勷勤大学教育学院铅印)、《我国史前文化》(1938)、《我国文化之起源》(1938)、《我国史前文化研究之现阶段》(1943)、《中华文化流被史略》(1945)、《元明交替的重要因素》、《明清史》(上卷)、《明史史料研究》、《明史研究》(1946)、《明清史专题研究》、《明太祖建国后之反文化侵略运动》、《明成祖对于海上的设施》(1944)、《明代初年地方政治之整理》(1942)、《明代教士与西洋文化之输入》、《西洋教士与南明复国运动》、《明清两代军器之渐次变革与军事政治之关系》(1943)、《明清史专题研究》、《清史研究》(1947)、《清史稿目录》、《广学会李提摩太与西洋文化之再度输入》、《广学会与戊戌前后之西洋文化运动》(1941)。

(四)洗雪国耻、常记心头

在坪石中山大学讲授明清史，特别是清史常看到列强入侵，清廷腐败，丧权辱国之事历历纸上。而当时眼前更是日寇入侵，国土沦陷，生灵涂炭。遥望前途，虽然坚信抗战必胜，然而中国疆土被蚕食[①]太多了，作为一位史学工作者，父亲敏感地察觉到战后收复失地、废除不平等条约问题还需激烈斗争，自己有责任为恢复历史本来面目说话。为此曾开设了中国边疆史，写有《中国边疆史》《中国边疆史纲要》。

为研究中国与周边国家历史上关系，对周边国家的历史，写出了讲义与论文。主要如下：

---

①编者按：原稿为“蚀”，当以“食”为是。今改。

《东亚国别史》、《世界大战后之朝鲜》(1943)、《明清日本之朝鲜争夺战》(1944)、《高句丽诸王世系表》、《越南史讲稿》、《越南复国运动》、《读竺藕舫师世界大战后之越南》(1943)、《越南最近政情》(1947)、《暹罗通史》、《中暹关系大事年表》(附泰族建国史)、《亚洲诸国史印度史》。

以后又针对台湾、澎湖、香港、澳门等被帝国主义强迫清廷签订不平等条约而丧失的领土，结合当时手头资料写过台湾、香港、澳门问题的论文，《台湾与丘逢甲》(1944)、《刘铭传与台湾》(1945)、《香港问题》(1943)、《澳门问题研究》。以种种史实说明台、港、澳是我国固有领土。此外，还写有《东北史稿》一种。

记得父亲在抗日战争胜利前后，还曾多次讲过他对定都何处的见解。他从近代历史和军事地理观点，认为中国应定都北京。近百年史中，日俄两个帝国主义者都以我东北为侵略目标，为了中国自身的安全，自应全力经营东北，定都北京必然使首都与东北以及北部边疆成唇亡齿寒之势，而使国家领导着力于东北建设，不致成为第二个“九·一八”。更不用说北京具有的文化古都的种种优点了。他甚至说孙中山先生定都南京时可能想摆脱当时北洋军阀反革命势力，然而它却是一个失着。

到了抗战胜利之后，他又针对当时国际上觊觎我国南方诸群岛的问题，写过东沙群岛和西沙群岛的论文，从历代我国封疆建制及当地出土文物，证明历来受我国管辖。写有《我国在东沙西沙等群岛的主权上之历史证据》(1946年)。以后又受命担任《西沙群岛志》编纂委员会总编纂。

父亲一生著作甚丰，共170余种。以上根据父亲遗作的主要篇目，可以看到他以毕生心血，倾注于历史研究，以期对国家民族做出自己贡献。他一生的学术研究始于古文字学与考古学。然后开创性地研究中西交通史这个专题史，继而致力于明清史的研究。晚年更着力于边疆史的研究。大抵每个时期有所侧重，而各方面却又有联系。这几个方面是父亲最着力研究的，是他一生学术研究的主要部分。此外，为了各校课程设置，亦曾讲过中国通史、秦汉史、南北朝史，均写过讲义。还对历史的研究方法写过论文，期望对有志习史的青年有所帮助。晚年还将多年从事考古学心得写过《今后怎样开展考古学的研究工作》，还利用自己古文字学的心得写过一篇《盘庚今译》。这些已是父亲最后所写的几篇文章之一了。

三、关于《读经问题的我见》

父亲研究中国历史与文化，不惜花了毕生精力艰苦奋斗去研究古文字、考古学等等，以期立论正确，发扬优秀文化传统，以有益于后人。父亲又是一位教育工作者，他善于分别对不同的人在发扬国学优秀传统上应有不同要求。对于专门从事文史研究的人自应与一般广大群众有不同要求，这一点到了九十年代似乎已是不言自明，父亲那时早已如此看待。

这里记述父亲常常说及的一则关于读经的故事。

30年代初，上海有过一次读经的论战。主张读经的人认为国人从小就应该读四书五经以继承中国文化的传统，反对的人认为四书五经与现代潮流已格格不入，主张废除。于是《东方杂志》特向社会有识之士征集稿件编一专辑。父亲也应征写一篇文章《读经问题的我见》（1935），阐述了继承中国文化传统的重要性，又指出，这个工作可以由专门从事国学研究的人来做，经由他们普及而不必要求小孩子从小读经。《东方杂志》的编者将父亲这篇文章列入主张读经的一方中。当时父亲兼任上海交通大学国文科讲师，有一天，父亲造访科主任陈柱尊教授。陈教授的儿子陈一百先生（当时从美国留学回来，以后曾历任中山大学师范学院教授、院长）在座，觉得我父亲怎么也变成读经派了呢？于是坐下来细读该文，发现该文的主张是反对小孩从小读经的。于是同我父亲说这是反对读经的，编者弄错了。父亲哈哈大笑，从此同陈一百先生也成了莫逆之交。父亲处理这件事的态度是由它去吧！是非自有人说，所以也没有去信要求编者改正。

四、“四部书斋”藏书与逃难

父亲常说在中国做知识分子十分艰难，不像外国图书馆系统管理完善，随处可以借阅，可以利用，在中国要做学问只有自备图书馆。

父亲在上海时，同时兼任几个大学教授，收入不算少，但绝大部分都买了书。一个亭子间竟全是放满了书的书架，其中不少是珍本古籍。自己起了一个名字叫“四部书斋”。在几个大学讲授的课程并不是完全重复，每开一门课都力求详细占有资料，达到国内外该项研究的最高水准。“言之有物，不能误人子弟”，这句话是父亲常讲的。

1936年夏，父亲应广东勷勤大学教育学院之聘，离开上海返广州，行前设想过一二年后还要回上海任教，所以大部分书籍留在上海，而且全部集中放在亭子间中，内安装铁门，外面用砖全部砌上，外人只看到这是一面墙，很难察觉是个秘室。

不料第二年抗日战争爆发，上海十分紧张，父亲有意自己去把自己的藏书搬离上海，无奈永用当时正割盲肠住在柔济医院，父亲不能马上就走。于是写信拜托好友张豫泉先生设法运到苏州张家。但是当时上海已经兵荒马乱，已经没有办法。不久，“八·一三”淞沪抗战开始，该屋地处宝山路是华界，战火很快波及。但上海沦陷后，经过几年始终没被人发现。到了40年代初美军飞机轰炸日本占领下的上海，邻居中弹，秘室外露。有友人写信来说四马路有一旧书店专门卖郑先生“四部书斋”藏书（书上有“四部书斋”的印章）。当时我们家住坪石，闻之只有叹息。这是父亲常说的抗日战争中他三次毁家救国的一次，也是损失惨重的一次。

抗战中背着图书逃难也不是容易之事。幸而几次都是得到朋友的帮助，将图书疏散了。如在梧州时托梧州电力公司经理龙纯如先生将一部分疏散到桂平，在北流时托朋友陈实夫先生、陈二百先生疏散到山中，以后随身携带的是少了，但仍然有好几担。最狼狈的一次是1944年夏从坪石疏散到连县途中，一家人和父亲的几位学生一起徒步四天到达星子。那时人尚可走，但挑书的挑夫是到星子为止，不再往前，没法就在星子停下来。从星子到连县可以坐船，但钱不够了。开始母亲和我们姐弟在路边摆出一些衣物（毛衣之类，当时是夏天）出售，但都是逃难之人，那有人要呢？不得已，父亲拿着一只怀表去找星子镇的商会会长，说明我们是一群逃难的师生路过贵境，请予帮助，强说硬乞终于将表换成钱才坐船到了连县中大接待西迁的办事处。父亲本来是没有表的，说来实在可笑，在大学教书20余年，仍然穷困如此，这只怀表是1941年容肇祖教授（我们的堂舅父）经过香港去坪石中大任教，因为要经过好几个不同货币的地区才能到坪石，觉得带一件实物比带钱好处理一些，所以带到坪石。有一天容教授说起此事，将此表让给父亲，没想到在这个紧要关头还只有这只表还值一点钱，终于解救了流落星子镇之苦。

父亲幸存疏散到北流和桂平的书，在抗日战争胜利之后才陆续托人搬回广州。上面提到这些朋友是帮了大忙的。

几次逃难中，父亲最着急的是疏散书。而八年抗战中仍能手不停挥，本着求实严谨作风，写出一部一部著述，也是靠的是书，为了做学问，再艰难也就这样走过来了。

五、寄语诗词　抒发积愤

父亲原来埋头教学研究，很少写诗词。1938年秋，举家由梧州搬到北流萝村，将一家老少安顿下来后，他又回到由梧州迁到藤县的勷大教育学院教了一个学期的课。是时，广州沦陷，学校又拟北迁到广西融县。父亲又回到北流萝村。这次到藤县，适逢广州沦陷，家乡东莞亦陷敌手，目睹人民流离失所，国破家亡，感慨万千。回到萝村后，见父亲常常拿着唐宋诗词，高声朗读。谈吐间流露出一种悲愤激情。

当时，既忧心国事，战火蔓延，原来的教书与研究计划不得不暂时放下；又担心家事，一家大小近十口人，嗷嗷待哺，开门七件事柴米油盐，精神压力可知。虽然父亲是个务实的人，什么事情都想得开，也都有办法，但是内心的震撼可以想见。

就是在这种心情下，父亲开始写作诗词。平仄音韵、对仗格律无不仔细推敲，边吟边唱，感慨系之。写好之后，必先邮寄几位好友，请求斧正，然后抄录于一个十行红格纸厚本中，记得当时通信研讨诗词最多的友人是住湖南兰田在国立师范学院任教的阮乐真教授，和时住上海的李秩田先生、张豫泉先生等等。

依稀记得诗词内容题材很广泛，有写颠沛流离的、有怀念亲友的、也有自勉的。其中有一首是悼念两位学生的。父亲在大革命时代受聘于广东陆安师范任教。当时海陆丰正是彭[①]湃烈士开展农民运动建立红色苏维埃的区域，陆安师范在当地是最有影响的学校，彭湃烈士常到学校，勉励师生将学校搞好。父亲在校深得学生爱戴。这两位青年学生深得父亲喜爱，过从甚密，不久大革命失败，两位学生被杀害牺牲。这首诗吐出了压在心中十多年的抑郁。记述了当年师生深情，以及对逝者深切的无比的哀痛与悼念。也许是那时是第二次国共合作初期，政治环境比较宽松了一些，所以才能将埋在心中多年的积愤，寄于笔端。因为父亲在大革命失败时，被国民党的广东省政府通缉，满腔悲愤，只有深埋于心。这首诗的第一句是："×生×生从我游，……。"打×处是两位烈士的姓，今已记不起来。

以往家中生活，都是父亲拿到月薪之后，交母亲负责日用开支。可是逃到萝村之后，一方面薪水不能按时收到，一方面物价飞涨，难于应付。所以，父亲不时亦要亲自出主意。那时餐桌上肉食几乎难见，有一点肉主要顾及四个小孩，所以父亲想到利用农村环境，自养几只鸡鸭。父亲的诗对这种不得已的"田园生活"，自诩为落乡随俗，亦有记述。

1942年，父亲去重庆开全国史地学会。从坪石到重庆，经过粤汉、湘桂铁路，黔桂与川黔公路，真可谓行万里路。父亲

---

①编者按：原稿为"澎"，当以"彭"为是。今改。

一路考察风土人情，也写下了古诗词数首。其中记载黔道难，九曲十八盘，写有“陡坡陡坡复陡坡”之句。

这本记载着父亲诗词的厚册，可惜在“文革”中已散失。

我们还见到父亲在教课之余，常应友人及学生之请，用宣纸书写甲骨文的对联，留作纪念。现在亦很难找到了。

六、教书育人　桃李芬芳

父亲教书生涯开始于入大学之前，以后几十年不离教书岗位。以教书育人为乐是他生平事业的一个重要方面。

父亲在课堂上讲得好，同他认真备课有密切关系，而备课又与他勤奋治学联系在一起。每讲一课，必综合自己心得、前人研究成果，使言之有物、言之有理，从容道来，如数家珍，精彩纷呈，发人深省，使人深受教益，这是受到学生欢迎的基本原因。即使在颠沛流离的战时生活中，仍然是事先写出种种讲义，准备充足然后上课。我们儿时，曾见他从北流往藤县上课，以及坪石沦陷前由连县东陂返回坪石上课，这两次都是他将家人安顿后，自己回去上课，只见衣物带的甚少，而讲义书籍却是不能不带的。坪石沦陷后，中山大学在连县三江设分教处复课，教学条件比坪石更为简陋，且因部分教授从坪石撤出后去了东江分教处，父亲宁愿自己多开课程，在这种情况下，备课仍认真如故。

由于课讲得好，听课学生踊跃。父亲自己更是不论课堂内外，只要学生有问，必定津津乐道。就我们见到的几段时间，他在勷勤大学、迁桂无锡国专、中山大学，都经常有一大群学生在课上课下围绕他探求学问，或就一些事情请教他，甚至是一些私事求助于他，师生情谊弥笃。

记得抗日战争爆发后，勷勤迁到广西梧州，时第一届毕业生即将毕业，又是离乡别井，师生一起都漂泊异乡，所以学生们常到我家来，话题除了课程上事外，还谈论战事、谈论如何走上社会。曾听到学生们询问出校后如何当好老师。父亲即以“为人师表”“教书育人”“不要误人子弟”以及“亦师亦友”等等勉励。继而循循告诫一定要上好第一堂课。初上讲坛不免心里紧张，要紧的是要做好课前备课工作，准备充足。如果到时紧张讲不出十成，或因时间把握不好，讲不完所要讲的内容都会使第一堂课逊色。但如果有准备或者事前自己试过，至少能把应讲内容、要强调重点一五一十交代清楚，使听的人感到有启发有收获，下次课越想听，以后就不会紧张了。为了讲好这第一堂课，他甚至连上堂前要检查一下穿着有无引人发笑之处，堂上眼睛应望什么地方，讲堂上要利用墙壁，使声音能传到每个同学耳中，不要大声喊叫未到下课嗓子已发不出声，板书不宜过多，字要端正更不许写错别字等等都详细嘱咐，夹杂过去成功失败的小故事，好象第二天就是自己去上课一样。每每在这种亲切的恳谈中，引发一片欢笑声。

我们曾亲自见到学生挽留父亲的动人情景。在1940年夏，当时父亲在广西北流萝村担任迁校于此的无锡国学专修学校（解放后并入苏州大学）教授。这年夏天，接到中山大学校长许崇清先生聘书，要他到广东坪石任中山大学师范学院史地系主任兼研究院教授，及其后担任文学院历史系教授。父亲当然很愿意返回广东（中山大学在1938年迁云南澄江，1940年迁回粤北）。消息传出后，国专的同事、学生纷纷到家里来挽留，谈到激动处，往往声泪俱下，流露出非常真挚的感情，那些天常有谈到深夜不散的。父亲对迁北流的无锡国专，除认真授课外，的确协助冯振校长做了不少好事。除了教课本身以外，学校迁来之前的寻觅校舍，设法帮助学校延揽教授，出主意度过困难等等，几乎可以说只要能想到的都尽了自己全力。记得国专聘请谭之良教授来教地理就是父亲的推荐。谭之良先生和父亲同期考入南京高师的同学，他几乎能把世界地图背出来，永用当时是一个小学四年级学生，有时下午没课就跑到国专去玩。只见谭先生上了课堂拿颜色粉笔，完全不用看地图飞快地在黑板上一个连笔就将一幅当天要讲的国家（或大洲）的轮廓[①]画了出来，而且海岸线或国界线的弯拐、角度也都能按比例画在黑板上，然后添上河流、城市。讲到地理特征、风土人情、战争形势等等如数家珍。谭先生脑子里就是一本活的地图，他的板画（做老师的都讲究板书——黑板上写的字，这里套用，指在黑板上画地图）真是一绝。凡此种种，国专师生都对父亲的去留十分关切。虽然最后父亲仍然决意东行，但这种难舍难分的师生感情，使我们深受教育。

父亲在长期教书生涯中，逐渐形成许多为人师表的准则，虽然他不曾向我们系统道及，但从他身体力行中反映出哪些可以做，哪些不可以做等为人师表的准则。

父亲对学生倾注大量心血。父亲热爱教育事业，具体表现之一是热爱学生，盼望他们成为对社会有用之材。

在上海教书时，最得意的学生是杨宽先生。父亲喜欢杨先生国学根底好，人又勤奋。甫出校门，就把他带到当时国内新兴考古学的前沿，在上海市博物馆做父亲助手。上海市博物馆当时学术活动较多，不但出版了学术小丛书，也有一些考古发

---

①编者按：原稿为“轮廓”，当以“轮廓”为是。今改。

掘，如寿县发掘，父亲总是把杨先生带在自己身边，并加以耐心指导。一直到父亲南返之后，仍然书信不绝。杨宽先生后来在上海复旦大学任历史教授。相对来说，后来在勷勤大学、无锡国专、中山大学教的学生就没有条件这么做了。这个时期父亲得意的学生也有不少，毕业离校时只要有可能，父亲总是乐于向各教学单位推荐。即使劳燕分飞各奔前程，师生情谊仍然一直保持，过从密切。像黄廷柱先生、关履权先生等等，一大批学生，有的是后来广州市华南师范大学、暨南大学、中山大学历史系教授，或者广州或广东优秀的中学教师。

除了对得意门生爱护有加之外，对于广大学子，亦倾注许多心血。早在陆安师范任教时，学生对学校卫生环境不佳，蚊虫肆虐十分不满。他了解到后，遂命人买来药物，将校园荷花池中孑孓窒息消灭，同学们十分称赞。在陆安师范时，他同学生感情甚好，从这些教学活动中自己渐渐悟到教书育人的道理。为人之师，不仅是传授知识，更重要的是育人，育人则非倾注满腔热情，爱护青年学生不可。自是每到一处，课内课外均注意学生实际得益之多寡，以此为鉴。

父亲在八年抗战中亦受到学生们的诸多帮助，仅就我们身受的就有几次。一次是1940年秋举家从广西回到粤北。中大刚自澄江迁回，许多学院院址尚未安顿停当。于是一家人需要在韶关到坪石一线先找一处住下，不能像刚到韶关那几天暂住在一位乡亲看管的仓库里。这时父亲也为了安排永安姐姐上学（初中一），到了广东女师，正巧父亲的学生秦紫葵在广东女师教书，女师在韶关北面粤汉线河边厂站河对面的黄塱坝。秦是父亲勷勤大学第一届毕业的学生，非常热心，虽然女师附近民居不多，终于找到一个阁仔，我们可以暂时住下。黄塱坝远离韶关，空袭的威胁少些，父亲想将家人安顿下来，自己再去坪石看个究竟，所以秦紫葵的帮助对于刚从远道历经舟车劳顿而来的人确是十分珍贵。在这里还闹了一次笑话。原因是住下来以后父亲给上海友人李秩田先生写信（李先生女婿是抗战中襄樊战役同张自忠将军同时殉国的钟毅师长，钟的妹妹钟薇坤是父亲在国专学生）。这位李先生看到父亲的通信地址是广东女师，又看转信人名叫秦紫葵，误认为是一位女性，所以在回信的信封上竟写“秦紫葵小姐转交”，不料信寄到学校被学生先行看见，她们认为可笑，遂将信放在秦先生要上课的课堂黑板上。秦先生进门后，同学都抿着嘴笑，等到秦先生转身欲去写黑板，同学们哄堂大笑。秦紫葵先生帮助我们很多，可惜1945年日本人从衡阳向南侵犯韶关，即所谓“打通粤汉线”之役后，渺然失踪，可能在这一战役的逃难中牺牲了。

还有一位父亲在上海大夏大学的学生黄伟才先生，大约在1941年上半年，突然在坪石街上遇见父亲，叫了声“郑老师”。异地重逢，大家都很高兴，交谈之下知道黄先生正在坪石白沙河畔筹建培联（广州有名的培正、培道中学在抗战时期的联合中学）中学，并担任事务主任。父亲对于永安和永用上中学的问题正非常伤脑筋，闻知这一消息十分高兴，决计将永安从女师转入培联，并让在家自修高小课程的永用去投考。以前在广州父亲已知道培正、培道校风较好，所以很快作此决定。培联是私立学校，每学期要交二个小孩的学费实属不易，幸得黄伟才先生（后来可能还有父亲在培联教书的其它学生）帮助，虽然那时不能减免，但常常得到缓期交纳，即推迟一点交的帮助，这样永安和永用才能在培联读了三年。黄先生等对我家的帮助，亦即对永安和永用一生的成长是在关键时刻作了至关重要的帮助。

在坪石时，陆安师范学生黎希干已当了中山大学医学院的细菌学教授，他虽住乐昌亦常来坪石探望郑老师。在战时，有一位学生在医学院，顿时使人感到有了依靠。黎教授也确实帮了我家和父亲的亲友许多忙。

这里还要记述的是我们的表兄容燃深先生。他不仅是父亲的内侄，也是父亲的学生，而且战时曾给我家很多帮助。抗战开始时，他在广州读中学，学业成绩很好，广州沦陷学业中断。辗转逃难，只身远道投奔时在北流萝村的父亲。由于我们年纪尚小，表兄比我们稍大，常常成了父母亲的好帮手。后来迁广西的无锡国专在北流萝村复课，燃深表哥考入该校就读。虽则这是战事促成而父亲却是悉心指导。燃深表哥的勤奋，国学根基非常扎实，又写得一手好字，抗日胜利后，父亲曾推荐他到培英中学任教。1947年虎门中学成立，父亲征得表哥同意，推荐他回虎门中学任教。当时深表哥在广州培英中学任教，并已接到下一学年聘书，毅然放弃广州名校的教席和优厚待遇，将培英聘书退回，回家乡任教。自始与东莞教育结下不解之缘，成为东莞一代师表。

七、危难中见学识与胆略

我们小时候，正是抗战时期，日机空袭、战火蔓延、时局多变、生活很不安定，常听父、母亲嘴上挂着“未雨绸缪”的话，并处处表现在一家人的日常生活中，前面说过，父亲在抗战初期迁到梧州之后，就安排将自己的部分书籍疏散到桂平。当然在抗日战争时期，个人的思想和行动，无不受到战争大环境的支配。

1944年是抗日战争末期了，上半年日本侵略军大举进犯河南、湘北等地，国民党军队节节败退，河南大部分沦陷，湘北又失守。使人很自然联想到日本侵略军的动向是打通平汉、粤汉两条铁路线。所以，夏天之前，中大就有从坪石西迁连县之议，而且也派了人去连县打前站，建办事处，号房子。就是在这样的背景下，我们一家在暑假搬到了连县东陂。不料秋季时日本侵略军攻下衡阳之后，沿着湘桂铁路，转向桂林、柳州，一直打到贵州独山。于是，中大在10月之后决定在坪石继续开课，消息传来，父亲一方面不以为然，但又不得不去上课，正好有东陂青年谢泰进先生（祖籍东莞）非常迫切要去升学，遂与父亲同行。在准备要走前的一个早晨，大家都未起床，忽然父亲隔着蚊帐对妈妈、永安和永用说：这次去坪石最不放心的一件事是：如果日本侵略军从衡阳向南打粤汉线这一仗不是沿铁路线走，而是迂回湘南的兰山、临武这一带，进入粤北连县再转向坪石、乐昌。这样一来就很难跳出敌人包围回到连县来。他说日本人是重视研究中国地理的，《读史方舆纪要》亦都熟悉，从兰山、临武出连县确系古时一条通路。如果发生这种情况，你们就给我发一个电报。估计到时关于战事的电报，邮局不肯收发，你们就写："我已搬入冯家"，我就明白这边出事了。父亲这种判断是同几十年史地研究有深刻联系，也可以说是学识过人。

到了1945年1月，果然发生了这种情况。那天永安、永用、永芳三人到粤秀中学上课，校长突然宣布在湘粤边界发现了日本侵略军，离东陂约十余里，学校宣布停课解散，各人自行回家或疏散。由于父亲临走有吩咐，永安姐姐和妈妈立即去邮局打电报，邮局没有什么阻拦就收下了电稿。随后，妈妈领着大家迁往冯家（永用在粤秀同班同学冯正已的家，当时他祖父在，离东陂墟有几里路）。父亲临走时同冯家预先谈过，请他帮助的。

后来知道，这份电报当天上午父亲就收到了。父亲马上找当时住在坪石的湖南省政府秘书长王光海（也是东莞人）想进一步了解敌情，不料王说他尚不知道，要查一下。父亲又马上将消息告诉中大以及一些周围的亲友、师生，早作准备以策万全。不料从王光海处或中大当局都迟迟得不到回音，反而在第二天闻讯而来向父亲打听消息的坐满一屋子人，以为父亲不知有什么能耐，消息灵通。其实，父亲知道的实在仅限于这份暗语式电报。到了第三天，才从王光海处证实确有一股敌人从湘粤边进入连县星子区向坪石运动，中大就在这时宣布疏散，方向是粤东梅县，于是各奔前程。

由于父亲比别人提前两天知道消息，对如何逃离敌人魔掌，自己作了分析判断。认为日军这次侵犯是沿粤汉线打韶关，以打通粤汉线，所以如果向南逃则日本侵略军老是跟在屁股后面，很难摆脱被动，万一被敌人赶上则不堪设想。如果向东则越走离家人（在连县东陂）越远，而且也有遇上从江西经南雄迂回过来的敌人的危险。想来想去只有向西即向连县方向迎着敌人走，终究敌人兵力只是一股，总不能像梳篦式扫过来，因而可以乘隙穿过去，跳到敌人迂回包围圈外。父亲这种判断也可以说胆略过人。父亲常说临难无苟免，到了这种关头，愈显得过人的冷静与胆识，顺着这条思路，终于找到也想向西走的中大总务长何春帆等人结伴同行。何是连县三江人，曾在连县一带做过官，他带着校警队和该队几条枪，带着手摇电话机，走到那里将电线接到电杆上问明前面没有敌人才往前走。终于平安走回连县东陂。父亲学生谢泰进（祖籍东莞）一路同行，父亲得到他许多照料。

这次中大师生在坪石就地疏散，许多人因事出仓惶，有丢了命的，有遇上敌人的，损伤惨重，是国民党不顾人民死活，又一次大溃退。

八、子女教育种种

在家里，父亲是很有权威的。但权威从来不表现在疾言厉色。记得小时候，常听妈妈说父亲从来不许打骂小孩，甚至说父母打骂小孩是父母无能。然而家里四个小孩并不是任由无法无天，而且像早起早睡、清洁卫生、每天自觉完成作业等等都在父母自己行为的氛围下自动培养而成。遇有做错了事情，都是耐心启发说服让你明白然后改正。

到了我们上中学时，常常听父亲说德智体群美，应该是体为基础。没有一个好的体格，如何可以担当将来升学与步入社会的重压呢！他不但对我们这样讲，而且也到培联同老师们讲（培联中学有他好几位好学生任教。教务主任林瑞铭老师后来也同父亲相熟，成了好朋友）。回想起来，他首先注意到每天有一定的运动量。当时我们是走学，每天早晚上学和放学都要背着书包沿着武水旁边的一段公路步行约45分钟，对此父亲十分满意。因为永安和永用，原来身体都不是太强壮，三年下来竟然有了进步，后来从坪石步行到连县逃难，我们都能连续几天背着书包大步向前行进。

父亲对于“体”的重视，可能还由于惠民叔叔的早逝，以及我们的一位兄长（父母第一个孩子）早夭有关。家中卫生习惯甚严，饮食碗筷必须用开水烫，饭桌上每人两双筷子（取食与自食分开），勤洗手等等。到了坪石以后，一家人都得过疟疾。但八年抗战颠沛流离中都没得过当时经常流行的霍乱、伤寒。家中有一只装过饼干的铁箱，其中都是收集来的各种西药：扑疟母星、奎宁、大健王、红药水、碘酒、纱布等等。记得我们最后一次疏散（即搬入冯家那次，详见前面）除几个衣被小包外，就是抱着这个饼干箱。

父亲自己坚持晚饭后散步。在广西北流萝村以及后来在广东坪石时，常常是一家人跟着散步。父亲边散步边同我们讲些有趣的事。讲过的事真是古今中外，历史地理，山川人物，科学小常识等等，内容广泛，谈到历史上外来侵略，昏君奸臣，感慨良多，我们心上悬着疑问，他借用古人一句话“文官不爱钱，武官不怕死”来教育我们。讲到文天祥的正气歌、三元里抗英、外国人盗走中国许多文物包括敦煌壁画、台湾的沦陷等许多故事，还讲过某次帝国主义侵略战争，前方打了胜仗，清朝的大臣却签了不平等条约，盖因朝政腐败，又加上通信手段落后，书信靠跑马传递，消息不灵；北流萝村盛产荔枝，又讲到“妃子笑”的由来，说杨贵妃在京城想吃荔枝，全靠驿站一站一站传递，为了吃到新鲜荔枝，马匹累死无数；又讲到清朝科举制度的误人与后来废除科举办学堂后，学校办学无方，种种使人误入歧途而沉沦的往事。我们听着听着有时感叹、有时悲愤，辨别了是非，增添对实际社会的了解，又令人深思。有时讲着讲着意犹未尽，索性回到家中，搬几条长凳放在天井，边纳凉边继续。家中有一本学生用小地图册，每当讲到战事，常常边讲边同大家查地图，找出当日战火蔓延地点，有时夹杂着古战场故事、当地地理民情作些讲解。记得在“七七”芦沟桥事变之后不久，永用割盲肠，躺在医院里不能动，父亲每天都拣报上几条战事消息读给永用听，那时永用只念过小学一年级，要自己看报也是不可能的。后来，家里读报查地图的习惯随着我们学业升级而达到成为自己习惯。

父亲自然也不是不管我们的学业或成绩。永用上小学时，学校要求练毛笔字，对此父亲常常从旁加以引导，字写得端正纯熟不仅对今后做事效率十分重要，而且通过每天习字，运笔练气也有利于个人思想修养。到我们上中学时，记得他曾给永安、永用讲过中文的语法（以傅东华编中学国语教科书所列文法内容）。也请中大的一些师生辅导永安、永用英语发音等等。父亲对于中学时一定要学好英语是很重视的，生怕我们跟不上学校授课进度。认为英语是中、西方文化交流重要工具，必须从小就学好。抗战胜利之后回到广州，甚至对我们说过："现在生个小孩让他学英语也不晚。"而对子女升中学升大学，要选一所好学校，更是花费双倍的精力。到永芳考大学时，他无意中讲他自己原也曾想学医，但后来认为研习历史却有益于众多的人，所以学了历史。但是到永芳上大学时，他认为医学是社会十分需要的，所以加以鼓励。

到了我们上高中的时候，又常听父亲对来访的友人说："但愿生儿愚不肖"一句话。从父亲对我们说的其它一些话来理解，可能是希望子女实实在在做人做事，"父亲怎样，做儿子的不一定要与他一样"。当然有希望青出于蓝而胜于蓝的意思，而更是怕我们太循规蹈矩，没有青年人的朝气，不知求进步。

九、造福桑梓

父亲从事学术教育几十年，常将欧美日本的教育状况与我国作比较，认为欧美日本等发达国家，国民素质（当时亦称民族性）之优秀与教育普及程度关系极大，结合自己青年时代求学经历，认为东莞青年要求升学的甚众，而学校不敷亦很明显。所以在日本投降，回到广州之后，于1946年积极倡议在东莞境内多办几所中学，以利在乡青年升学。后得明伦堂董事会赞同，并推举父亲任筹办主任，为此，父亲多次亲自到太平、常平、莞城等地，选择校址，最后决定筹办虎门中学于太平，常平中学于常平，并特意在广州市办了莞旅中学，以尽量利用广州的师资。这三所中学筹办的许多具体事情，如校舍建设的图样等，父亲都亲自参与审查，定案。当时明伦堂董事长蒋光鼐先生极力支持，并拿出自己在西关的一所大屋供莞旅中学作校舍，使筹备工作时间大大缩短。这个实际行动就是最坚定的支持。父亲以多年从事教育的经验认定物色优秀人选任校长是关键，经过多方面物色，推荐谭之良先生出长虎门中学，胡章先生（中山大学数学教授，东莞人）出任莞旅中学校长，黄吉瑞先生任常平中学校长（另一说是常平商会会长张寿朋先生所荐，黄是父亲在坪石中山大学师院任教时学生）。我们的表哥容煜辉先生当时随黄吉瑞校长去常平中学任职，经历过建校初期种种艰苦，贡献颇多。今存父亲所作常平中学校歌歌词是他寄赠。父亲对筹办三校的大小事诸如学校登记立案等等都亲自过问、指导。经过紧张筹备，三校开学。1948年父亲还专为莞旅中学开办一年，写过一篇《莞旅中学创办一年来之经过》，今尚存。虎门、常平两校经过五十年演变在原来基础上已大有发展。莞旅中学在解放后，因历史条件变化，改名广州市的中学。然在抗日战争刚结束就办了这几所学校，无疑地是非常适时的，使许多青年受益。

现今尚存常平中学校歌歌词一篇，是父亲当时所写，录此可见当时寄厚望于在学诸同学。

“惟我常平，毓秀钟灵，擅山川之形胜，萃岭海之菁英，控广九之交通，握陆运之重心，为南方之国际孔道，吸取世界之文明。常中于是孕育，常中于是诞生，常中于是发展，常中于是成长。惟我常中同学，生也何幸，惟我常中同学，责任匪轻，惟我常中同学，当认识使命之神圣，完成神圣之使命。”

后记

父亲生平事业，我们母亲是作出了巨大贡献的。母亲容丽钗女士，东莞城外旨亭街容家人，容庚、容肇祖教授是母亲的堂兄弟。与父亲结婚之后，几十年支持父亲事业，操持家务，崇尚节俭，虽颠沛流离始终患难与共，相父教子，功不可没，父亲去世后，曾将父亲诗词手稿留在身边，不肯与人，直至“文革”。

父亲、母亲于1953年和1983年先后逝世。父亲、母亲共有四个子女长大成人，即永安（女）、永用、永芳（女）、永乐，还有一位男孩是我们四人的兄长，不幸幼年时夭折了。在党的领导下，我们都陆续走上了为人民服务的岗位。永安原在广州市农科所从事科研工作，六十年代因人工试植蘑菇成功，被评为先进工作者，83年病逝。永用、永芳均在北京工作。永用是北京有色冶金设计研究总院教授级高级工程师，已离休。永芳是北京协和医科大学教授、博士生导师、中国医学科学院基础医学研究所研究员。因工作成绩突出，1992年起获国务院颁发的政府特殊津贴。永乐长期在石油物探战线上工作，高级工程师，曾任石油部物探局二处副总工程师，并获部级科技奖励。已退休。这次回忆的撰述历史地落在永用、永芳和永乐身上。但是，我们出世时父亲已经三十多岁。等到我们能记事时，父亲青年时代刻苦攻读、在史学界初露头角的许多事情只从父母偶尔谈话中了解片断，本文有些记述不免语焉不详，难以反映全貌。然而，就所记内容亦可窥见父亲从事学术研究、教书育人孜孜以求的一生。

一九九八年四月十二日写成于北京

一九九八年七月再次，三次修改

（原载《东莞文史》第29期，政协东莞市文史资料委员会1998年）

郑师许寄示连县纪游诗赋此报谢①

詹安泰

为别忽已五月余，近来始得通一书。媵以新诗记历览，文字险劲归敷愉。类欧学韩梅学孟，不犯死执柴翁徒（师许喜柴翁诗）。面貌岂必俗士喜，真气足润山川枯。中间瑰玮自闷伏，令人坐卧迷鸿都。譬米家画惟水墨，不施勾勒神理俱。亦犹荆川论古文，放笔直干遗精粗。兹游毋乃得天助，顿使十指生灵珠。惜哉我未履其地，末由共洗千烦行。闻子避难入境初，一饱不易胡清娱。失之于彼得之此，事果不可常理拘。德人自昔无所累，忧患百虑云烟如。腰脚挺健乃真乐，银鞍煜爚徒区区。

（原载《詹安泰全集》，上海古籍出版社2011年版）

①编者按：本篇局部标点有改动。